2020

AGENTE DE POLÍCIA CIVIL DO DISTRITO FEDERAL

EDITORA
AlfaCon
Concursos Públicos

Diretor Presidente
Evandro Guedes

Diretor da Editora/Operações e Gestão
Javert Falco

Diretor de Marketing/TI
Jadson Siqueira

Coordenador Editorial
Wilza Castro

Supervisora de Editoração
Mariana Castro

Analista de Conteúdo
Mateus Ruhmke Vazzoller

Assistente Editorial
Tatiane Zmorzenski

Supervisor de Editoração
Alexandre Rossa

Capa
Alexandre Rossa

Projeto Gráfico e Diagramação
Alexandre Rossa
Nara Azevedo

Língua Portuguesa
Adriano Paciello
Giancarla Bombonato
Glaucia Cansian

Redação
Giancarla Bombonato

Língua Inglesa
Guilherme Figura

Conhecimentos Sobre o Distrito Federal
Ítalo Trigueiro

Legislação
André Adriano
Evandro Guedes
Gustavo Muzy
Thállius Moraes

Matemática e Raciocínio Lógico
Daniel Lustosa

Noções de Direito Administrativo
Evandro Guedes

Noções de Direito Constitucional
Gustavo Muzy

Noções de Direito Penal
Evandro Guedes
Eduardo Labruna

Noções de Direito Processual Penal
André Adriano
Robson Fachini
Wallace França

Noções de Direitos Humanos
Nilton Matos

Informática
João Paulo Colet Orso
Luiz Rezende

Estatística
André Arruda

Contabilidade
Gustavo Muzy

C35pcdf

CASTRO, Wilza (Org.) - **Agente de Polícia Civil do Distrito Federal - PCDF.** Cascavel: Editora AlfaCon, 2020.

848 p 20,5 x 27,5

ISBN: 978-65-9901-327-0

Língua Portuguesa. Redação. Inglês. Conhecimentos do DF. Legislação. Matemática e Raciocínio Lógico. Noções de Direito Administrativo. Noções de Direito Constitucional. Noções de Direito Penal. Noções de Direito Processual Penal. Noções de Direitos Humanos. Informática. Estatística. Contabilidade. Concurso Público. AlfaCon. Agente. Polícia do Distrito Federal.

CDU: 342

Dúvidas?
Acesse: www.alfaconcursos.com.br/atendimento
Núcleo Editorial:
Rua: Paraná, nº 3193, Centro - Cascavel/PR
CEP: 85.810-010
Núcleo Comercial/Centro de Distribuição:
Rua: Dias Leme, nº 489, Mooca - São Paulo/SP
CEP: 03118-040
SAC: (45) 3037-8888

Data de fechamento 1ª impressão: 07/07/2020

EDITORA AlfaCon Concursos Públicos
www.alfaconcursos.com.br/apostilas

APRESENTAÇÃO

Fazer parte do serviço público é o objetivo de muitas pessoas. Por esse motivo, os processos seletivos relacionados a essa área de atuação costumam ser muito concorridos.

Nesse sentido, a obra para o cargo de Agente de Polícia Civil do Distrito Federal, reúne todos os conteúdos cobrados no último edital do concurso. Na elaboração deste material, a Editora AlfaCon teve o cuidado de trazer as indicações mais importantes dos tópicos que fazem parte do conteúdo programático das disciplinas abordadas. Além disso, durante a explanação dos conteúdos, o estudante encontrará dicas essenciais à sua compreensão (no box "Fique Ligado"), e a cada capítulo constam exercícios gabaritados, provenientes de vários concursos anteriores. Toda essa disposição de assuntos foi pensada para auxiliar o concurseiro na melhor compreensão e fixação do conteúdo.

A partir do dia **19/08/2020,** você terá acesso a questões comentadas de Contabilidade, Estatística e Língua Inglesa, por meio da plataforma AlfaCon. Além disso, você também terá acesso a videoaulas de Contabilidade e Informática específicas para o seu concurso.

O material também se destaca por agregar ao seu estudo a tecnologia educacional AlfaCon Notes, ferramenta cuja funcionalidade consiste em registrar suas anotações por meio do QR Code. O objetivo é justamente o de deixar tudo organizado e acessível na área do aluno AlfaCon e em seu smartphone. Por isso, você tem em mãos um material que é um grande facilitador para seus estudos, pois a finalidade maior é auxiliar você a compreender os conteúdos de forma didática e eficaz.

Trata-se, então, de uma obra de excelência, resultado da experiência e da competência da Editora e dos Autores, que são especializados em suas respectivas disciplinas. Ressaltamos a importância e a necessidade de haver uma preparação direcionada e organizada, pois somente assim o candidato pode ter o desempenho que almeja nas provas. Tenha a certeza de que esta obra será o diferencial para a conquista de sua aprovação.

Bons estudos e rumo à sua aprovação!

EDITORA

AlfaCon Concursos Públicos

App Alfacon Notes

Neste livro você encontra o **AlfaCon Notes** que é um App perfeito para registrar suas **anotações de leitura**, mantendo tudo **organizado e acessível** em seu smartphone. Deixe **sua leitura mais prática** e armazene tudo que puder! Viva a experiência Alfacon Notes. É só seguir o passo a passo para instalação do App.

Se liga no **vídeo!**

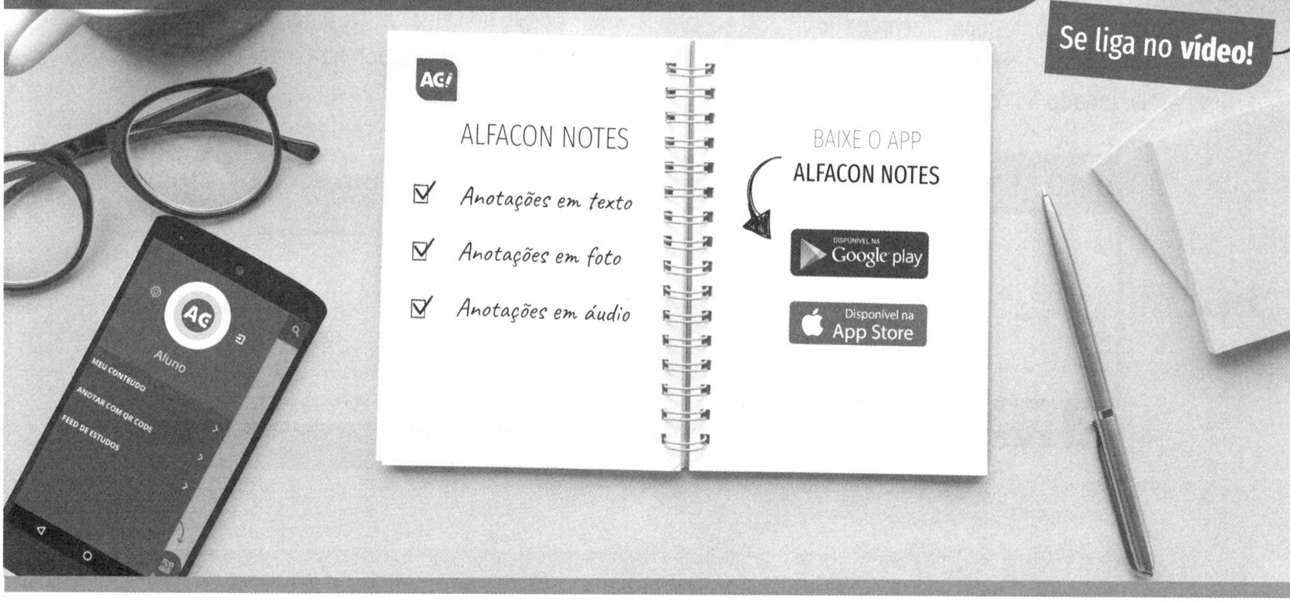

Passo 01:

Instale o **Aplicativo AlfaCon Notes** em seu smartphone.

Disponível na Google play

Disponível na App Store

Passo 02:

Faça o cadastro na plataforma **AlfaCon** ou entre com seu Facebook.

Passo 03:

Você terá acesso ao seu Feed de estudos, no qual poderá encontrar todas as suas anotações.

App AlfaCon Notes

Para criar uma nova anotação, clique no ícone localizado no canto inferior direito da tela.

Passo 04:

Cada tópico de seu livro contém **um Código QR** ao lado.

App AlfaCon Notes

Escolha o tópico e faça a leitura do Código QR utilizando o aplicativo AlfaCon Notes para registrar sua anotação.

AlfaCon

Passo 05:

Pronto! Agora você poderá escolher o formato de suas anotações:

Texto:
Basta clicar no campo ***"Escreva sua anotação"*** e digitar seu comentário, **relacionado ao conteúdo** escolhido.

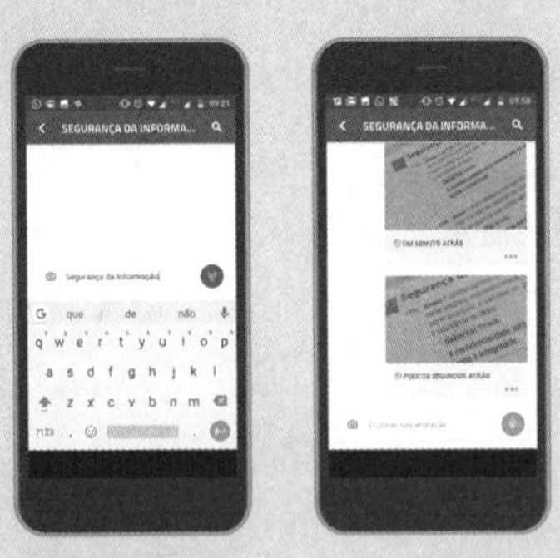

Áudio:
Clique no ícone ***"microfone"***, na lateral inferior direita, mantenha o ícone pressionado enquanto grava suas considerações de voz sobre o tópico que está lendo.

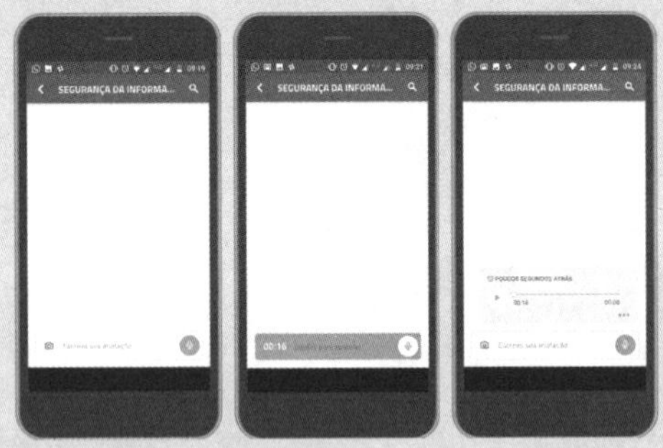

Foto:

1) Clique no ícone, na lateral **inferior esquerda**.

2) **Fotografe** as anotações realizadas durante sua leitura.

3) Envie no ícone na lateral **inferior direita**.

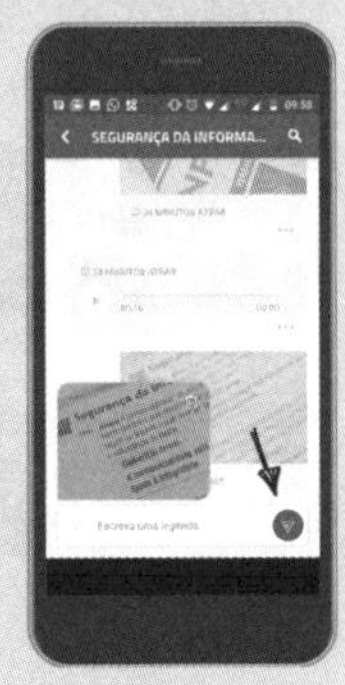

» Agora você tem suas **anotações organizadas** e sempre à mão. Elas ficarão **disponíveis** em seu smartphone.

» Pronto para essa **nova experiência?** Então, baixe o app **AlfaCon Notes** e crie suas anotações.

Disponível na App Store

DISPONÍVEL NA Google play

Mais que um livro. É uma experiência!

Utilize seu código de acesso e descubra mais sobre o seu material didático!

CÓDIGO DE ACESSO

PCDF AGENPOLI RESGATAR

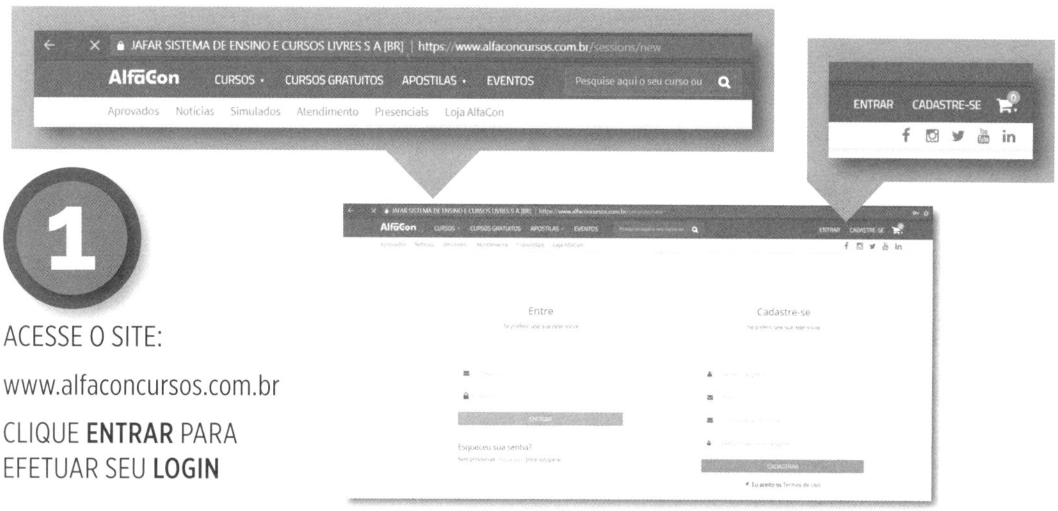

1

ACESSE O SITE:

www.alfaconcursos.com.br

CLIQUE **ENTRAR** PARA EFETUAR SEU **LOGIN**

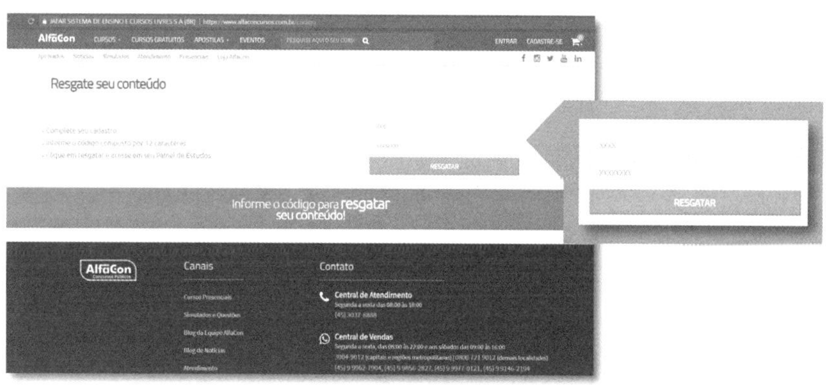

2

DIGITE O CÓDIGO:

Insira o **código** que se encontra Na **última página** do material.

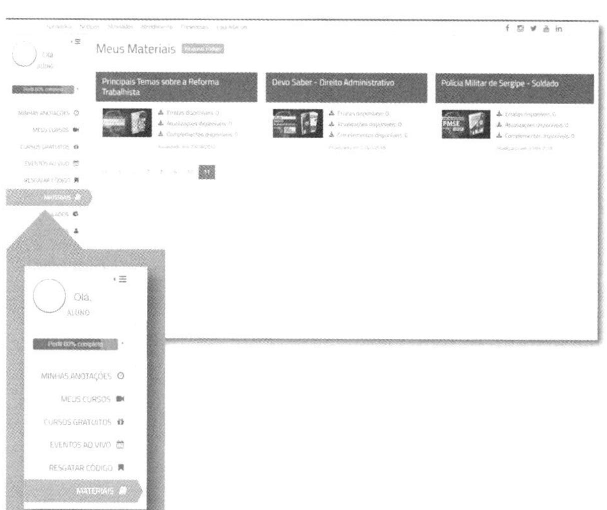

3

VISUALIZE SEUS MATERIAIS:

Você será redirecionado para a página onde constam os seus **materiais**

CLIQUE:

Nessa tela você terá acesso as erratas, atualizações, material complementar e o leia digital.

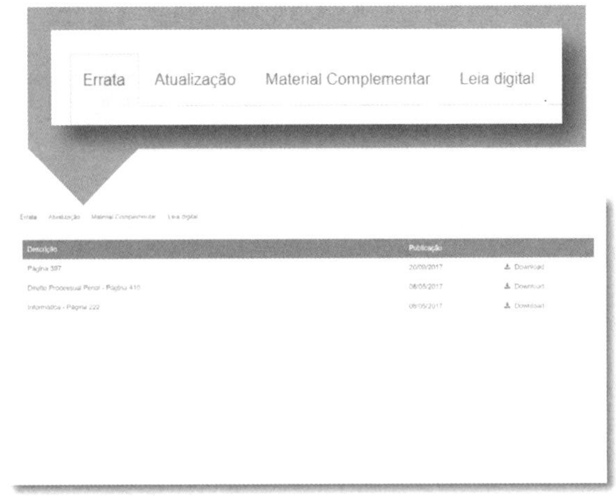

Navegue:

Nessa tela você também terá aesso ao conteúdo gratuito disponibilizado no material.

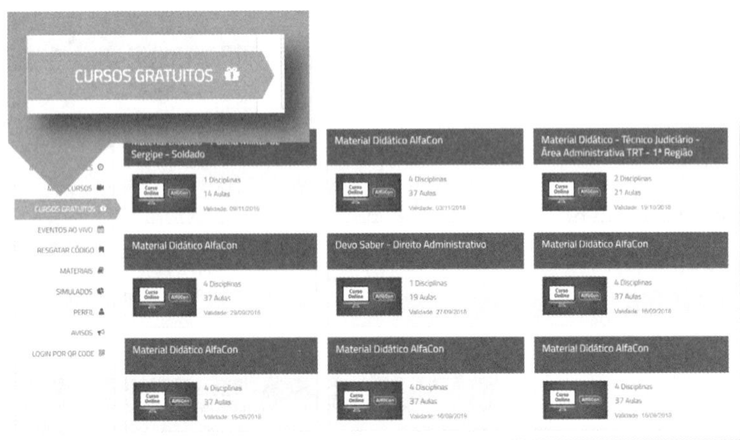

Pronto!

Agora é só aproveitar todo o conteúdo impresso e digital que SÓ o AlfaCon proporciona para você!

COMO ESTUDAR COM SEU MATERIAL DIDÁTICO!

AlfaCon Concursos Públicos

Com a profissionalização das formas de preparar-se para um concurso público, não basta simplesmente estudar o conteúdo. É preciso que sejam usadas ferramentas, como o plano de estudo, que ajudem o concurseiro na organização e manutenção do que foi visto. Por isso, organizamos esta seção, que traz indicações de como estudar para concursos. Vale destacar que as informações aqui disponibilizadas são o produto de muitos anos de experiência nessa area. Além disso, estudar de forma direcionada traz ótimos resultados para o aluno.

CURSO ON-LINE

Como montar caderno
Como estudar
Como e quando fazer simulados
O que fazer antes, durante e depois de uma prova!

Ou pelo link alfaconcursos.com.br/cursos/material-didatico-como-estudar

ORGANIZAÇÃO

A organização é fundamental e começa pelo conhecimento do edital que regrará o concurso público. Geralmente, os concursos seguem uma tendência e as matérias são previsíveis. Por isso, conhecer o conteúdo programático é essencial para um estudo eficiente. Usar o edital anterior como base é uma boa maneira de nortear os estudos; afinal, há um núcleo de matérias comuns que englobam 85% dos editais. Dessa maneira, quem estuda com base em um núcleo comum precisa somente ajustar os estudos quando os editais são publicados. Eis o segredo de uma preparação eficiente e, sobretudo, eficaz.

O PLANO DE ESTUDO

Organizar um plano de estudo é fundamental para que se estude corretamente e se tenha um aprendizado uniforme, seguindo o conteúdo programático do edital.

Depois de conhecer as disciplinas, as regras determinadas para seu concurso e as características das bancas examinadoras, é preciso construir uma tabela de horários, em que todas as matérias e atividades desenvolvidas na fase preparatória estejam dispostas.

PASSO A PASSO
ABAIXO, VOCÊ CONFERE OS PASSOS FUNDAMENTAIS PARA SUA ORGANIZAÇÃO

PASSO 1	PASSO 2	PASSO 3	PASSO 4	PASSO 5
Selecionar as disciplinas que serão estudadas.	Organizar sua rotina diária: marcar pontualmente tudo o que é feito durante 24 horas, inclusive o tempo que é destinado para dormir, por exemplo.	Organizar a tabela semanal: dividir o horário para que você estude duas matérias por dia e também destine um tempo para a resolução de exercícios e/ou revisão de conteúdos.	Seguir rigorosamente o que está na tabela. Ou seja, destinar o mesmo tempo de estudo para cada matéria. Por exemplo: 2 horas diárias para cada disciplina.	Reservar um dia por semana para fazer exercícios, redação e também simulados.

Esta tabela é uma sugestão de como você pode organizar seu plano de estudo. Para cada dia, você deve reservar um tempo para duas disciplinas e também para a resolução de exercícios e/ou revisão de conteúdos. Fique atento ao fato de que o horário precisa ser determinado por você. Ou seja, a duração e o momento do dia em que será feito o estudo é você quem escolhe.

TABELA SEMANAL

SEMANA	SEGUNDA	TERÇA	QUARTA	QUINTA	SEXTA	SÁBADO	DOMINGO
1							
2							
3							
4							

SUMÁRIO

1. MORFOLOGIA - SUBSTANTIVO E ADJETIVO

1.1 Substantivo

Todos os seres recebem nomes, e este nome é a classe gramatical chamada substantivo. Os substantivos nomeiam os seres: pessoas, objetos, fenômenos, sentimentos, qualidades, lugares ou ações. Observe os exemplos:

Exs.:

O ***carro*** está estacionado na ***rua***.
objeto lugar

Estava cansada da ***corrida***.
ação

A ***sinceridade*** é uma virtude desejável nos amigos.
qualidade

A ***chuva*** nos obrigou a cancelar, com ***tristeza***, a festa na piscina.
fenômeno estado

Os substantivos são classificados em:

Comum

São os substantivos que indicam nomes comuns, como os que aparecem no início deste capítulo: casa, criança, sol. Não indicam nada específico.

Próprio

São os substantivos que individualizam os seres. Nesta classe estão os nomes próprios:

Exs.: Maria Clara, Porto Alegre, Pernambuco, Japão

Classificam-se, aqui, os nomes próprios de:

> Pessoas
> Cidades
> Estados
> Países
> Rios
> Ruas

Os substantivos próprios se diferem dos comuns porque devem ser escritos com a inicial maiúscula.

Concreto

São os substantivos que indicam seres (reais ou imaginários) cuja existência é independente de outros seres.

Ex.: *Casa, Brasil, cama, fada.*

Abstrato

São os substantivos que indicam seres (reais ou imaginários) cuja existência depende de outros seres.

Exs.: *Banho*: **Alguém** toma banho.

Cansaço: **Alguém** fica cansado.

Felicidade: **Alguém** fica feliz.

Portanto, são abstratos os substantivos que indicam sentimentos, ações, estados e qualidades.

Tradicionalmente, estuda-se a noção de substantivo concreto ou abstrato considerando abstratos os substantivos que indicassem seres invisíveis, como os sentimentos. Porém, é preciso atentar-se ao fato de que os fenômenos da natureza, como vento e calor, embora não sejam palpáveis, tem existência independente e, por isso, são substantivos concretos.

Coletivo

São substantivos comuns que, apesar de estarem no singular, indicam mais de um ser da mesma espécie.

Exs.: *Enxame*: grupo de insetos.

Manada: grupo de búfalos, elefantes ou cavalos.

Século: período de cem anos.

Relação de Alguns Substantivos Coletivos

> Acervo: bens patrimoniais, obras de arte;
> Alavão: ovelhas leiteiras;
> Álbum: fotografias, selos;
> Alcateia: lobos, feras;
> Antologia: reunião de textos literários;
> Armada: navios de guerra;
> Arquipélago: ilhas;
> Arsenal: armas;
> Assembleia: parlamentares, membros de associações;
> Atilho: espigas;
> Atlas: mapas reunidos em livros;
> Bagagem: objetos de viagem;
> Baixela: utensílios de mesa;
> Bandeira: garimpeiros, exploradores de minérios;
> Banca: examinadores, advogados;
> Banda: músicos;
> Bandeira: exploradores;
> Bando: aves, ciganos, crianças, salteadores;
> Batalhão: soldados;
> Bateria: peças de guerra ou de cozinha; instrumentos de percussão;
> Biblioteca: livros;
> Boiada: bois;
> Boana: peixes miúdos;
> Cabido: cônegos (conselheiros de bispo);
> Cacho: bananas, uvas, cabelos;
> Cáfila: camelos;
> Cainçalha: cães;
> Cambada: caranguejos, malandros, chaves;
> Cancioneiro: canções, de poesias líricas;

- Canzoada: cães;
- Caravana: viajantes, peregrinos, estudantes;
- Cardume: peixes;
- Casario: casas;
- Caterva: desordeiros, vadios;
- Choldra: assassinos, malfeitores, canalhas;
- Chusma: populares, marinheiros, criados;
- Cinemateca: filmes;
- Claque: pessoas pagas para aplaudir;
- Clero: a classe dos clérigos (padres, bispos, cardeais...);
- Clientela: clientes de médicos, de advogados;
- Código: leis;
- Conciliábulo: feiticeiros, conspiradores;
- Concílio: bispos em assembleia;
- Conclave cardeais para a eleição do Papa;
- Colmeia: cortiço de abelhas;
- Confraria: pessoas religiosas;
- Congregação: professores, religiosos;
- Conselho: vereadores, diretores, juízes, militares;
- Consistório: cardeais, sob a presidência do Papa;
- Constelação: estrelas;
- Corja: vadios, tratantes, velhacos, ladrões;
- Coro: anjos, cantores;
- Corpo: jurados, eleitores, alunos;
- Correição: formigas;
- Cortiço: abelhas, casas velhas;
- Elenco: atores, artistas;
- Enxame: abelhas, insetos;
- Enxoval: roupas e adornos;
- Esquadra: navios de guerra;
- Esquadrilha: aviões;
- Falange: soldados, anjos;
- Fato: cabras;
- Fauna: animais de uma região;
- Feixe: lenha, capim, varas;
- Filmoteca: filmes;
- Fornada: pães, tijolos;
- Frota: navios mercantes, ônibus;
- Galeria: quadros, estátuas;
- Girândola: foguetes, fogos de artifício;
- Grei: gado miúdo, paroquianos, políticos;
- Hemeroteca: jornais, revistas;
- Hostes: inimigos, soldados;
- Irmandade: membros de associações religiosas ou beneficentes;
- Junta: médicos, credores, examinadores;
- Júri: jurados;
- Legião: anjos, soldados, demônios;
- Magote: pessoas, coisas;
- Malta: desordeiros, ladrões, bandidos, capoeiras;
- Mapoteca: mapas;
- Matilha: cães de caça;
- Matula: desordeiros, vagabundos, vadios;
- Magote: pessoas, coisas;
- Manada: bois, búfalos, elefantes, porcos;
- Maquinaria: máquinas;
- Miríade: astros, insetos, anjos;
- Molho: chaves, verdura, capim;
- Multidão: pessoas;
- Ninhada: pintos;
- Nuvem: gafanhotos, mosquitos, poeira;
- Panapaná: borboletas em bando migratório;
- Pelotão: soldados;
- Penca: bananas, chaves, frutos;
- Pente: balas de arma automática;
- Pinacoteca: quadros, telas;
- Piquete: soldados montados, grevistas;
- Plantel: atletas, animais de raça;
- Plateia: espectadores;
- Plêiade: poetas, artistas;
- Pomar: árvores frutíferas;
- Prole: filhos de um casal;
- Quadrilha: ladrões, bandidos, assaltantes;
- Ramalhete: flores;
- Rancho: pessoas em passeio ou jornada, romeiros;
- Récua: cavalgaduras (bestas de carga);
- Rebanho: ovelhas, carneiros, cabras, reses;
- Renque: árvores, pessoas ou coisas enfileiradas;
- Repertório: peças teatrais ou musicais interpretadas por artistas;
- Resma: quinhentas folhas de papel;
- Réstia: cebolas, alhos;
- Revoada: aves voando;
- Ronda: grupo de soldados que percorre as ruas garantindo a ordem;
- Rol: lista, relação (de pessoas ou coisas);
- Ror: grande quantidade de coisas;

- > Roda: pessoas, amigos;
- > Romanceiro: conjunto de poesias narrativas;
- > Súcia: pessoas desonestas, velhacos, patifes;
- > Sínodo: párocos (sacerdotes, vigários);
- > Tertúlia: amigos, intelectuais em reunião;
- > Talha: lenha;
- > Tríade: conjunto de três pessoas ou três coisas;
- > Tríduo: período de três dias;
- > Tripulação: aeroviários, marinheiros;
- > Tropilha: cavalos;
- > Tropa: muares;
- > Trouxa: roupas;
- > Turma: estudantes, trabalhadores;
- > Vara: porcos;
- > Vocabulário: palavras.

1.2 Flexão do Substantivo

O substantivo é uma classe variável. Ou seja: os nomes sofrem alterações (variações) para indicar gênero, número e grau.

Exs.:

gato (**substantivo masculino)**

gata (**mudança de gênero: feminino)**

gatinha (**mudança de grau: diminutivo)**

gatão (**mudança de grau: aumentativo)**

A alteração do substantivo para formar o feminino não ocorre em todos os casos e nem sempre da mesma maneira. Acontecerá nos substantivos biformes, que são os que apresentam uma forma para o masculino e outra para o feminino.

Formação do Feminino

Nos substantivos biformes, alguns casos, por indicarem nomes de seres vivos, geralmente indicam o sexo ao qual pertence o ser, apresentando uma forma para o masculino e outra para o feminino.

Exs.: menino – menina

leão – leoa

O feminino pode ser formado de diferentes formas:

Alterando a terminação o por a:

aluno – aluna.

Alterando a terminação e por a:

mestre – mestra.

Acrescentando a no final da palavra:

português – portuguesa.

Alterando a terminação ão por ã, oa ou ona:

Exs.: aldeão – aldeã;

varão – varoa;

comilão – comilona.

Acrescentando esa, essa, isa, ina ou triz:

Exs.: barão – baronesa;

ator – atriz.

Em alguns casos, o feminino é indicado com uma palavra diferente:

Exs.: homem – mulher;

carneiro – ovelha.

Substantivos Uniformes

Em alguns casos, há apenas um substantivo para indicar tanto o sexo feminino quanto o masculino. Esses substantivos classificam-se em:

Epicenos

São os substantivos uniformes que indicam nomes de animais e para especificar o sexo, utiliza-se macho ou fêmea.

Exs.: a girafa fêmea;

a girafa macho.

Sobrecomuns

São substantivos uniformes que indicam tanto masculino quanto feminino. A identificação do sexo correspondente se dará através do contexto.

o indivíduo (**homem ou mulher).**

Criança de oito anos comove público ao competir em triatlo carregando irmão deficiente.

Comovente a atitude de Noah Aldrich, de 8 anos, que não queria participar sozinho de uma competição de triatlo infantil nos Estados Unidos e resolveu levar o irmão caçula, Lucas, de 6 anos, com ele. Porém, Lucas sofre de deficiência cerebral, que o impede de andar ou falar. Noah se preparou durante três meses para as provas de natação, corrida e ciclismo e usou um carrinho, uma bicicleta e um pequeno bote adaptado para que Lucas pudesse acompanhá-lo.

Fonte: http://amazonrunners1.blogspot.com.br/2014/07/menino-de-oito-anos-comove-publico-ao.html (adaptado)

Comuns de dois gêneros

São substantivos que utilizam a mesma forma para indicar tanto o masculino quanto o feminino. A diferença, nesse caso, é o artigo, que será variável para indicar o sexo:

Exs.:

O colega;

A colega;

O chefe;

A chefe.

Mudança de gênero com mudança de sentido

Em alguns casos, a mudança de gênero implicará na mudança de sentido do substantivo.

Exs.:

O moral: ânimo;

A moral: caráter;

O capital: valores (bens ou dinheiro);

A capital: cidade;

O cabeça: líder;

A cabeça: parte do corpo;

O grama: unidade de medida de peso;

A grama: planta rasteira;

O rádio: aparelho sonoro;

A rádio: estação;

1.3 Adjetivo

A palavra que caracteriza o substantivo é chamada adjetivo estas características, denominadas qualidades, podem ser positivas ou negativas.

1.4 Formação do Adjetivo

O adjetivo, assim como o substantivo, pode ser formado de diversas maneiras. Ele pode ser:

Primitivo

Quando não é derivado de nenhuma outra palavra:

A menina era tão ***bonita***!

Derivado

Quando deriva de outras palavras, como verbos ou substantivos:

Ex.:

Rancorosa, a avó não quis atender o neto.

(derivado do substantivo rancor)

Simples

Assim como ocorre no substantivo, o adjetivo simples é aquele formado por apenas um radical:

Ex.: As ruas da cidade estão ***agitadas***.

Composto

Assim como ocorre no substantivo, o adjetivo composto é aquele formado por mais de um radical:

Ex.: A Literatura ***afro-brasileira*** vem ganhando destaque.

O adjetivo não aparece sozinho na oração, sem um substantivo que o complemente. Quando isso acontecer, ele assumirá a função de substantivo. Observe:

Exs.: O professor carioca se adaptou bem ao Norte.

O carioca se adaptou bem ao Norte.

No primeiro enunciado, o termo carioca expressa uma característica ao substantivo professor. No segundo caso, não há substantivo, e o termo carioca assume a função de substantivo, sendo precedido por um artigo.

Questões

01. (CESPE) Eu seria o último dos mortais a duvidar que os bons escritores foram abençoados com uma dose inata de fluência mais sintaxe e memória para as palavras.

A palavra "último" foi empregada com valor de substantivo.

Certo ( ) Errado ( )

02. (CESPE) No fragmento "Não lhe chamo a atenção para os padres e os sacristães, nem para o sermão", todos os substantivos terminados em ditongos nasais apresentam as mesmas possibilidades de formação de plural.

Certo ( ) Errado ( )

03. (CESPE) "Contudo, ele nem sempre é valorizado como deveria. Infelizmente, muitos diretores entendem que quem atua nessa função deve apenas controlar os espaços coletivos para impedir a ocorrência de agressões, depredações e furtos, vigiar grupos de alunos, observar comportamentos suspeitos e até mesmo revistar armários e mochilas."

O vocábulo "suspeitos" foi empregado, no texto, como substantivo, no sentido de aqueles sobre os quais recaem suspeitas.

Certo ( ) Errado ( )

04. (CESPE) "Com os avanços das tecnologias informáticas, atividades como ir ao banco, assistir a filmes, fazer compras, acompanhar processos judiciais, estudar a distância e solicitar serviços passaram a ser realizadas até mesmo a partir de um simples smartphone."

Na linha 2, a alteração na posição do adjetivo "simples" em relação a "smartphone" – escrevendo-se smartphone simples – não prejudica a correção gramatical nem altera o sentido do texto.

Certo ( ) Errado ( )

05. (CESPE) "Quando me lembro do meu pai me proibindo de mudar de escola, a voz que ouço dele é a de hoje, e me pergunto se algo parecido acontece com ele: se a lembrança que ele tem de mim aos treze anos se confunde com a visão que ele tem de mim agora, depois de tudo o que ficou sabendo a meu respeito nessas quase três décadas, um acúmulo de fatos que apagam os tropeços do caminho para chegar até aqui, e o que para mim foi um capítulo decisivo da vida, a briga que tivemos por causa da mudança de escola, para ele pode não ter sido mais que um fato banal, uma entre tantas coisas que aconteciam em casa e no trabalho e na vida dele com a minha mãe e as outras pessoas ao redor durante a adolescência do filho."

Seria mantida a correção gramatical do texto caso a expressão "mais que" (l.10) fosse substituída por mais do que.

Certo ( ) Errado ( )

Gabaritos

01	CERTO
02	ERRADO
03	ERRADO
04	ERRADO
05	CERTO

2. MORFOLOGIA - ARTIGO, INTERJEIÇÃO E NUMERAL

2.1 Artigo

Observe a oração a seguir:

Uma ligação mudou meu dia: era o médico de minha mãe, dizendo que eu podia buscá-la.

O artigo é um nome que acompanha o substantivo, definindo-o. Observe que no primeiro caso destacado, o artigo indefine o substantivo, mostrando que é uma ligação como qualquer outra, nada específico. Já no segundo caso temos um artigo definido, especificando a pessoa: não era um médico indeterminado, mas o médico específico.

Observa-se, portanto, que o artigo classifica-se em definido ou indefinido.

Artigo definido: utilizado para especificar o substantivo - *o, a, os, as.*

Ex.: ***A*** encomenda chegou.

Artigo indefinido: utilizado para apresentar o substantivo como algo não específico, como parte de um grupo, e não um ser determinado.

Encontrei ***uma*** vizinha na festa.

Combinações e Contrações dos Artigos				
Preposições	**Artigos**			
	o, os	a, as	um, uns	uma, umas
a	ao, aos	à, às	-	-
de	do, dos	da, das	dum, duns	duma, dumas
em	no, nos	na, nas	num, nuns	numa, numas
por (per)	pelo, pelos	pela, pelas	-	-

2.2 Interjeição

Observe o exemplo a seguir:

Exs.: ***Cuidado!*** O piso está molhado.

Algumas palavras são utilizadas para expressar advertência, surpresa, alegria, etc. Essas palavras são classificadas como interjeições. Geralmente, aparecem sozinhas na frase, podendo ser seguidas ou não por ponto de exclamação:

Exs.: ***Parabéns!*** O trabalho ficou lindo!

Adeus, meninas, foi um prazer conhecê-las.

Aleluia! Meu projeto ficou pronto!

Puxa! A festa foi maravilhosa!

Locução Interjetiva

Em alguns casos, a interjeição poderá ser formada por mais de uma palavra:

Exs.: ***Meu Deus!*** Você viu essa notícia?

Que pena, não conseguirei chegar a tempo.

Advertência	Calma! Olha! Cuidado! Atenção!
Agradecimento	Obrigado!
Alegria	Oh! Oba! Viva!
Alívio	Ufa!
Animação	Força! Coragem! Firme!
Apelo	Psiu! Hei! Socorro!
Aplauso	Parabéns! Ótimo! Viva! Bis!
Concordância	Pois não! Claro! tá!
Desejo	Tomara! Oxalá!
Dor	Ai! Ui! Que pena!
Admiração	Opa! Puxa!
Pena	Coitado!
Satisfação	Boa! Oba! Opa! Upa!
Saudação	Olá! Salve! Adeus! Viva! Alô!
Silêncio	Calada! Silêncio! Psiu!
Susto	Valha-me, Deus! Nossa!
Medo	Credo! Cruzes! Ui!

2.3 Numeral

Outra classe de palavras que se relaciona com o substantivo é o numeral. Observe as orações a seguir:

Exs.: Comprei maçãs hoje cedo.

Comprei ***quatro*** maçãs hoje cedo.

O numeral especifica o substantivo dando a ideia de quantidade, ordem, multiplicação ou fração. Observe os exemplos:

Exs.: Encontrei ***dois*** amigos do tempo da faculdade. **(quantidade)**

Ele foi classificado em ***segundo*** lugar na prova.

(ordem)

O preço daqui é quase o ***dobro*** do que era no ano passado. **(multiplicação)**

Metade das contas foi paga com atraso. (fração)

De acordo com a ideia expressa pelo numeral é que se fará sua classificação. O numeral pode ser:

Cardinal

Quando expressa a ideia de quantidade: um, oito, trinta.

Ordinal

Quando expressa a ideia de ordem: primeiro, décimo, milésimo

Multiplicativo

Quando expressa a ideia de multiplicação: dobro, triplo, quádruplo.

Fracionário

Quando expressa a ideia de fração: terço, sexto, oitavo.

Questões

01. (CESPE) "O aspecto da implantação do português no Brasil explica por que tivemos, de início, uma língua literária pautada pela do Portugal contemporâneo."

O emprego do artigo definido imediatamente antes do topônimo "Portugal" torna-se obrigatório devido à presença do adjetivo "contemporâneo".

Certo ( ) Errado ( )

02. (CESPE) "A Mata Atlântica concentra cerca de 80% de todas as aves ameaçadas no país, fato que resulta de muitos anos de exploração e desmatamentos. Atualmente, restam apenas cerca de 10% da floresta original, não sendo homogênea essa proporção de floresta remanescente ao longo de toda a Mata Atlântica. A situação é mais séria na região Nordeste, especialmente nos estados de Alagoas e Pernambuco, onde a maior parte da floresta original foi substituída por plantações de cana-de-açúcar. É nessa região que ainda podem ser encontrados os últimos exemplares das aves mais raras em todo o país, como o criticamente ameaçado limpa-folha-do-nordeste (Philydor novaesi)."

Nas sequências "toda a Mata Atlântica" e "todo o país", os artigos definidos "a" e "o" são opcionais, podendo ser suprimidos sem que haja prejuízo à correção gramatical e à significação dos períodos de que fazem parte.

Certo ( ) Errado ( )

03. (CESPE) "O 29 de julho de 2007 será lembrado como o dia em que os iraquianos usaram suas armas para comemorar."

O emprego do artigo determinando a expressão "29 de julho de 2007" desrespeita as regras gramaticais da norma culta a ser usada em documentos oficiais; por isso, se a informação da primeira linha do texto for usada em um documento oficial, o artigo deve ser omitido.

Certo ( ) Errado ( )

04. (CESPE) "O Conselho Superior da Justiça do Trabalho, instância de supervisão administrativa dos tribunais trabalhistas, provocado pelo TCU, recalculou o montante devido desses passivos, reduzindo o valor de R$ 2,4 bilhões para R$ 1,2 bilhão, aproximadamente."

O emprego do plural em "bilhões" e do singular em "bilhão" deve-se à presença dos numerais "2,4" e "1,2", respectivamente.

Certo ( ) Errado ( )

05. (CESPE) "De acordo com a organização não governamental Transparência Internacional, o país ocupa a 73.ª"

Se o numeral ordinal "73.ª" fosse escrito por extenso, a forma correta seria: seteptuagésima terceira.

Certo ( ) Errado ( )

Gabaritos

01	CERTO
02	ERRADO
03	ERRADO
04	CERTO
05	ERRADO

3. MORFOLOGIA - ADVÉRBIO, CONJUNÇÃO E PREPOSIÇÃO

3.1 Advérbio

Observe os exemplos a seguir:

Pegamos nossas coisas ***rapidamente***.
Modo

Corremos muito ***naquele dia***.
Tempo

A menina caiu ***na escada***.
Lugar

O advérbio indica ou modifica a ação expressa pelo verbo. Pode indicar:

Tempo	Ontem, hoje, agora, já, sempre, etc.
Lugar	Aqui, lá, perto, longe, etc.
Modo	Rapidamente, tranquilamente (a maioria dos advérbios de modo terminará em -mente).
Intensidade	Muito, pouco, tão, tanto, etc.
Afirmação	Sim, certamente, etc.
Negação	Não, tampouco, etc.
Dúvida	Talvez, porventura, possivelmente, etc.

Locução Adverbial

Os netos foram almoçar ***apressadamente***.
Advérbio de modo

Os netos foram almoçar ***com pressa***.
Locução adverbial

Considera-se locução adverbial o conjunto de duas ou mais palavras que formam o advérbio, como no caso acima, em que "com pressa" é o advérbio de modo.

Exs.: O casal se animou com o passeio ***a cavalo***.

A entrevista foi feita ***ao vivo***.

Os filhos almoçam com ele **de vez em quando**.

Adjetivos Adverbializados

Observe a afirmação a seguir, que faz parte de uma crônica de Luis Fernando Veríssimo:

"A sintaxe é uma questão de uso, não de princípios. Escrever bem é escrever claro, não necessariamente certo. Por exemplo: dizer "escrever claro" não é certo mas é claro, certo?"

Escrever ***claro*** = escrever ***claramente***.

Escrever ***certo*** = escrever ***corretamente***.

Os adjetivos adverbializados são adjetivos empregados no lugar do advérbio. Normalmente isso ocorre na linguagem coloquial.

3.2 Conjunção

Conjunção é o elemento que liga duas orações ou dois termos em uma mesma oração.

Ela é uma menina doce, ***mas*** quando precisa, vira uma fera.

As aulas vão começar ***logo que*** o professor chegar.

Ela pode ser:

Coordenativa: Quando liga duas orações independentes:

Ex.: Vendeu tudo ***e*** mudou de cidade.

Subordinativa: Quando liga duas orações dependentes:

Ex.: Soube ***que*** a empresa vai fechar.

Classificação das Conjunções

Coordenativas

> Aditivas: e, nem, mas também, como também, bem como, mas ainda.
> Adversativas: mas, porém, todavia, contudo, pelo contrário, não obstante, apesar de.
> Alternativas: ou...ou, ora.... ora, quer.... quer.
> Explicativas: pois (antes do verbo), porque, que, porquanto.
> Conclusivas: pois (depois do verbo), logo, portanto, por conseguinte, por isso.

Subordinativas

> Temporais: quando, enquanto, logo que, desde que, assim que, até que.
» Mal será conjunção subordinativa temporal quando equivaler a logo que:

Mal cheguei e já me cobraram o projeto.

> Causais: porque, visto que, já que, uma vez que, como, desde que.
> Condicionais: Sse, caso, contanto que, desde que, salvo se.
> Proporcionais: à medida que, à proporção que, ao passo que.
> Finais: a fim de que, para que.
> Consecutivas: de modo que, de maneira que, de sorte que, que, para que.
> Concessivas: embora, conquanto, se bem que, ainda que, mesmo que.
> Comparativas: como, tal qual, assim como, tanto quanto.
> Conformativas: conforme, segundo, como.
> Integrantes: que, se.
» As conjunções integrantes introduzem orações substantivas (que equivalem a substantivos):

Ex.: Não sei se ele virá (não sei da sua ***vinda***).

3.3 Preposição

Observe o exemplo a seguir:

Exs.: Gosto muito das músicas ***de*** Chico Buarque;

Chegou da viagem ***com*** febre.

As palavras em destaque estabelecem uma relação entre outros termos. Elas são chamadas de preposição. São elas:

A, ante, após, até, com, contra, de, desde, em, entre, para, pelo, perante, por, sem, sobre, sob, trás.

Algumas palavras pertencentes a outras classes gramaticais podem, eventualmente, aparecer como preposição em alguns casos. Por exemplo: salvo, fora, durante, segundo, etc.

As preposições podem ser:

> Essenciais: quando são sempre preposição. São as palavras listadas acima;
> Acidentais: quando não são preposições essenciais mas em alguns casos exercem a função de preposição;
> Puras: quando não há junção com artigo;
> Contrações: quando aparecem junto com o artigo. Por exemplo: de+a, per+o, etc.

Relação estabelecida pela preposição	
Assunto	Conversamos **sobre** a viagem.
Autoria	Apaixonei-me por um quadro **de** Picasso.
Causa	Foi preso **por** roubar dinheiro público.
Companhia	Fui jantar com meu marido.
Conteúdo	Traga, por favor, um copo **de** (com) água.
Destino	Vou **para** casa mais cedo.
Distância	A casa fica **a** duas quadras da praça.
Finalidade	Eles vieram **para** a palestra.
Instrumento	Ele abriu a embalagem **com** uma faca.
Limite	As meninas correram **até** a casa da tia.
Lugar	Gostava de ficar **em** casa. As coisas estão **sobre** a mesa.
Matéria	Comprei um brinco **de** ouro.
Meio	Tivemos que fazer a viagem **de** ônibus.
Modo	As coisas foram resolvidas **com** tranquilidade.
Oposição	O movimento do bar aumenta nos dias de jogos do Brasil **contra** a Argentina.
Origem	Eles vieram **do** interior.
Posse	Gostei da camiseta **de** Raul.
Preço	Estava feliz com meu livro **de** dez reais. Vendia as tortas **por** vinte reais.
Tempo	Tivemos que sair **após** a discussão. Chegaremos **em** uma hora.

Questões

01. (CESPE) "Primeiro fazia uma cara de indecisão, depois um sorriso triste contrabalançado por um olhar heroicamente exultante, até que esse exame de consciência era cortado pela voz do interlocutor, que começava a falar chãmente em outras coisas, que, aliás, o Juca não estava ouvindo..."

Caso o advérbio "heroicamente" fosse deslocado para logo após "contrabalançado", haveria alteração de sentido do texto, embora fosse preservada sua correção gramatical.

Certo ( ) Errado ( )

02. (CESPE) "O homem que traficava – membro da classe lucrativa ou aquisitiva –, para se qualificar socialmente, embriagou-se, perdidamente, na imitação do estilo ou nos traços secundários da classe proprietária e do estamento. Elevava-se, se enriquecido – elevava-se é o termo certo – a uma categoria superior no desfrute ostentatório de rendas, transformando a natureza de seu patrimônio, ou ingressava na política e no governo, preocupado em amortecer a cintilação equívoca da origem."

Feitos os devidos ajustes de maiúsculas e minúsculas e de pontuação, o deslocamento dos advérbios "socialmente" e "perdidamente", para o início e para o fim do período em que eles ocorrem, respectivamente, manteria a correção e o sentido original do texto.

Certo ( ) Errado ( )

03. (CESPE) "Os diálogos antigos eram uma lástima. Em certos romances, os indivíduos emudeciam, em outros, falavam bonito demais, empregavam linguagem de discurso"

Os termos "escandalosamente" e "bonito" exercem, nas orações a que pertencem, a mesma função sintática..

Certo ( ) Errado ( )

04. (CESPE) "Oficialmente, o presidente Nazarbayev justificou a mudança alegando o risco permanente de terremoto em Almaty e a falta de espaço para crescimento."

Os vocábulos "Oficialmente" e "permanente" pertencem à mesma classe gramatical.

Certo ( ) Errado ( )

05. (CESPE) "Temos observado que os empregados dos postos de trabalho de pior remuneração são os que moram mais distantes dos locais de trabalho e cotidianamente saem de casa duas ou três horas antes da jornada, gastando o mesmo tempo para retornarem às suas casas."

A alteração do vocábulo "distantes" para distante manteria a correção e o sentido do texto.

Certo ( ) Errado ( )

Gabaritos

01	CERTO
02	ERRADO
03	CERTO
04	ERRADO
05	CERTO

4. MORFOLOGIA - PRONOME, PALAVRAS "QUE" E "SE"

4.1 Pronome

Observe o trecho a seguir:

O bebê de Daniela nasceu perfeito. O bebê de Daniela tem olhos azuis. As mãos do bebê de Daniela são fortes, e os cabelos do bebê de Daniela são claros.

Para que não haja esta repetição desagradável durante a comunicação, utilizamos os pronomes:

O bebê de Daniela nasceu perfeito. **Ele** tem olhos azuis, suas mãos são fortes e **seus** cabelos são claros.

Os pronomes são palavras que substituem ou acompanham os substantivos. Eles podem indicar qualquer uma das três pessoas do discurso:

1ª pessoa: quem fala;

2ª pessoa: com quem se fala;

3ª pessoa: de quem se fala.

Classificação dos Pronomes

Pronomes Pessoais

Pessoa do discurso	Retos	Oblíquos
1ª pessoa do singular 2ª pessoa do singular 3ª pessoa do singular	Eu Tu Ele/Ela	Me, mim, comigo Te, ti, contigo O, a, lhe, se, si, consigo
1ª pessoa do plural 2ª pessoa do plural 3ª pessoa do plural	Nós Vós Eles/Elas	Nos, conosco Vos, convosco Os, as, lhes, se, si, consigo

Os pronomes pessoais funcionam como **sujeito** da oração.

Ex.: ***Eu*** estava cansada ontem.

Os pronomes oblíquos funcionam como **complementos**.

Ex.: Eu ***lhe*** escrevi uma carta.

Observe que o verbo escrever é transitivo direto e indireto: quem escreve, escreve algo a alguém. O objeto direto, o que se escreveu, é "uma carta", e o objeto indireto, a quem se escreveu, é o pronome oblíquo lhe, que tem valor de objeto indireto porque possui a preposição a subentendida. Ou seja: lhe equivale a a ele/a ela.

As formas o, a, os, as sofrem modificações dependendo da terminação do verbo que acompanham. Observe:

> Quando o verbo terminar em **r**, **s** ou **z**, ficarão **lo, la, los, las**:

Exs.: Começa***r***: começá***-los***;

Celebramo***s***: celebramo***-lo***.

Fi***z***: fi***-lo***.

> Quando o verbo terminar em som nasal, ficarão **no**, **na**, **nos**, **nas**:

Exs.: Comemora***m***: comemora***m-no***;

Vira***m***: vira***m-no***.

O pronome oblíquo jamais inicia frase. Por isso, ele aparecerá, em início de frase, depois do verbo, ou utiliza-se algum termo para que ele possa aparecer antes do verbo:

Ex.: Eu te liguei.

Liguei-te.

Pronomes de Tratamento

São pronomes utilizados para dirigir-se ou referir-se a autoridades ou pessoas com quem se tem menos contato. Os mais utilizados são:

PRONOMES DE TRATAMENTO		USADOS PARA
Você		Um tratamento íntimo, familiar.
Senhor, Senhora	Sr., Sr.ª	Pessoas com as quais mantemos um certo distanciamento mais respeitoso.
Vossa Senhoria	V. S.ª	Pessoas com um grau de prestígio maior. Usualmente, os empregamos em textos escritos, como: correspondências, ofícios, requerimentos, etc.
Vossa Excelência	V. Ex.ª	Usados para pessoas com alta autoridade, como: Presidente da República, Senadores, Deputados, Embaixadores, etc.
Vossa Alteza	V. A.	Príncipes e duques.
Vossa Santidade	V.S.	Para o Papa.
Vossa Magnificência	V. Mag.ª	Reitores de Universidades.
Vossa Majestade	V. M.	Reis e Rainhas.

> O pronome de tratamento concorda com o verbo na 3ª pessoa:

Vossa Excelência me ***permite*** fazer uma observação?

> Quando o pronome for utilizado para referir-se à 3ª pessoa, o pronome **Vossa** será substituído por **Sua**:

Sua Alteza, o Príncipe William, casou-se com uma plebeia.

Pronomes Possessivos

São pronomes que indicam posse. Observe os exemplos:

Exs.:

Andei tanto que ***meus*** pés estão doendo.

Pegue ***tuas*** coisas e vamos embora.

Marina ficou feliz ao ver que ***sua*** mala não estava perdida.

Os pronomes destacados indicam quem é o possuidor dos itens das orações: pés, coisas e malas. Observe que pelo pronome é possível identificar a pessoa. Isso acontece porque há um pronome possessivo específico para cada pessoa:

Pessoa do discurso	Pronomes possessivos
1ª pessoa do singular 2ª pessoa do singular 3ª pessoa do singular	Meu, minha, meus, minhas Teu, tua, teus, tuas Seu, sua, seus, suas
1ª pessoa do plural 2ª pessoa do plural 3ª pessoa do plural	Nosso, nossa, nossos, nossas Vosso, vossa, vossos, vossas Seu, sua, seus, suas

O pronome possessivo concorda:

> Em pessoa, com o possuidor:

Ex.: ***Meu*** irmão chegou de viagem.

1ª pessoa do singular

> Em número, com o que se possui:

Ex.: ***Teus filhos*** são lindos!

Masculino plural

Pronomes Demonstrativos

São os pronomes que indicam a posição de algo em relação à pessoa do discurso. Observe os exemplos:

Exs.: ***Este*** mês está sendo ótimo para o comércio graças a Dia das Mães. (mês atual);

Na última semana tivemos quatro provas. ***Essa*** semana foi uma correria! (passado próximo);

Quando meus filhos eram pequenos, viajamos para a Europa. ***Aquela*** foi uma viagem inesquecível. (passado distante)

O mesmo ocorre com os mesmos pronomes em relação à localização no espaço. Observe:

Exs.:

Acho que ***esta*** camiseta ficou bem em mim. (próximo à pessoa que fala);

Esse chapéu ficou ótimo em você! (próximo à pessoa com que se fala);

Você sabe de quem é ***aquela*** pasta? (distante de quem fala e da pessoa com que se fala).

Pronomes Demonstrativos	
Variáveis	Invariáveis
Este, estas, estes, estas Esse, essa, esses, essas Aquele, aquela, aqueles, aquelas	Isto Isso aquilo

Pronomes Indefinidos

São pronomes que se referem à 3ª pessoas mas sem a função de determinar ou definir. Pelo contrário: são pronomes que dão um sentido vago, impreciso sobre quem ou o que se fala.

Exs.: ***Muitos*** querem sucesso, mas ***poucos*** estão dispostos a pagar pelo seu preço.

Não se sabe sobre quem ou quantas pessoas se fala, por isso são utilizados pronomes que dão a ideia de quantidade indefinida.

Pronomes indefinidos	
Variáveis	Invariáveis
algum, alguns, alguma, algumas; certo, certos, certa, certas; nenhum, nenhuns, nenhuma, nenhumas; todo, todos, toda, todas; outro, outros, outra, outras; muito, muitos, muita, muitas; pouco, poucos, pouca, poucas; vário, vários, vária, várias; tanto, tantos, tanta, tantas; quanto, quantos, quanta, quantas.	Alguém Ninguém Outrem Tudo Nada Cada Algo Mais Menos

Pronomes Interrogativos

São os pronomes utilizados nas perguntas diretas e indiretas. Observe o exemplo:

Exs.:

Quantas pessoas se matricularam no curso?

Quem estava aqui ontem?

Gostaria de saber ***que*** dia você viajará.

Pronomes interrogativos
Quem, quanto, quantos, quanta, quantas, qual, quais, que

Pronomes Relativos

São pronomes que se relacionam com termos já citados na oração, evitando a repetição.

Exs.:

Trouxe um livro.

O livro que eu trouxe é o livro que você me pediu.

O pronome relativo que indica e especifica o livro ao qual o interlocutor se refere:

Trouxe o livro ***que*** você pediu.

O pronome relativo concordará:

> Com o seu antecedente:

As ***ruas*** pelas quais passou traziam lembranças.

Exceção: pronome cujo (e variações), que concorda com o consequente:

Estou lendo um livro cuja ***capa*** foi feita pelo meu irmão.

> A regência do pronome relativo seguirá a regra da regência pedida pelo verbo:

Exs.:

É uma menina ***de*** quem todos ***gostam***.

Era uma pessoa ***a*** quem todos ***admiravam***.

Pronomes Substantivos

Em alguns casos, o pronome atuará como substantivo, substituindo-o. Observe:

Poucos conhecem o segredo de viver em paz.

Pronome indefinido – substitui o substantivo

Pronomes Adjetivos

Em alguns casos, o pronome atuará como adjetivo, atribuindo uma característica ao substantivo. Observe:

Este quadro é ***meu***.

Pronome possessivo adjetivo

4.2 Palavra QUE

A palavra "que" possui diversas funções e costuma gerar muitas dúvidas. Por isso, para entender cada função e identificá-las, observe os exemplos a seguir:

Substantivo

Senti um ***quê*** de falsidade naquela fala.

Neste caso, o que está precedido por um determinante - um artigo, e é acentuado, pois assume o papel de um substantivo. Poderia ser substituído por outro substantivo:

Senti um ***ar*** de falsidade naquela fala.

Quanto atua como substantivo, o quê será sempre acentuado e precedido por um artigo, pronome ou numeral.

Pronome

Exs.:

Que beleza de festa! **(pronome exclamativo)**

O livro ***que*** comprei estava em promoção. **(pronome relativo)**

Que dia é a prova? **(pronome interrogativo)**

Interjeição

Exs.: ***Quê***? Não entendi.

Quê! Ela sabe sim!

Preposição

Temos ***que*** chegar cedo.

Observe que a regência do verbo ter exige a preposição "de": *Temos de chegar cedo.* No entanto, na fala coloquial, já é aceito o uso do "que" como preposição.

Advérbio

Que bela está a casa!

Neste caso, antecede um adjetivo, modificando-o: **como** a casa está bela!

Que longe estava da cidade!

Neste caso, antecede um advérbio, intensificando-o: Estava **muito longe** da cidade.

Conjunção

Exs.:

Que gostem ou ***que*** não gostem, tomei minha decisão. **(conjunção alternativa)**

Pode entrar na fila ***que*** não será atendida. **(conjunção adversativa)**

Não falte à aula ***que*** o conteúdo é importante. **(conjunção explicativa)**

Conjunção Subordinativa

Exs.:

Estava tão cansada ***que*** não quis recebê-lo.

(conjunção subordinativa consecutiva)

Gostei da viagem, cara ***que*** tenha sido.

(conjunção subordinativa concessiva)

Não corra ***que*** o chão está molhado! **(conjunção subordinativa causal)**

Partícula Expletiva (de realce)

Que bonito ***que*** está o seu cabelo! **(não tem função na oração, apenas realça o que está sendo falado)**

4.3 Palavra SE

A palavra "se", assim como o "que", possui diversas funções e costuma gerar muitas dúvidas. Por isso, para entender cada função e identificá-las, observe os exemplos a seguir:

Partícula Apassivadora

Vendem-***se*** plantas. **(É possível passar a oração para a voz passiva analítica: Plantas são vendidas)**

Neste caso, o "se" nunca será seguido por preposição.

Pronome Reflexivo

Ex.: Penteou-***se*** com capricho.

Pronome Recíproco

Ex.: Amaram-***se*** durante anos.

Partícula Expletiva (de realce)

Ex.: Foi-***se*** o tempo em que confiávamos nos políticos. **(não possui função na oração, apenas realça o que foi dito)**

Pronome indeterminador do sujeito

Transforma o sujeito em indeterminado.

Exs.:

Precisa-***se*** de secretária. **(não se pode passar a oração para a voz passiva analítica)**

Nessa casa, come-***se*** muito.

Parte do verbo pronominal

Alguns verbos exigem a presença da partícula "se" para indicar que a ação é referente ao sujeito que a pratica:

Exs.: Arrependeu-***se*** de ter ligado.

Outros exemplos de verbos pronominais: Lembrar-***se***, queixar-***se***, enganar-***se***, suicidar-***se***.

Conjunção

Exs.:

Vou chegar no horário **se** não chover. (conjunção condicional)

Não sei **se** dormirei em casa hoje. (conjunção integrante)

Se vai ficar aqui, então fale comigo. (conjunção adverbial causal)

Se queria ser mãe, nunca demonstrou amor pelas crianças. (conjunção concessiva)

Questões

01. (CESPE) "Aqui, neste escritório onde a verdade não pode ser mais do que uma cara sobreposta às infinitas máscaras variantes, estão os costumados dicionários da língua e vocabulários, os Morais e Aurélios, os Morenos e Torrinhas, algumas gramáticas, o Manual do Perfeito Revisor, vademeco de ofício [...]."

O emprego de "neste" decorre da presença do vocábulo "Aqui", de modo que sua substituição por nesse resultaria em incorreção gramatical.

Certo ( ) Errado ( )

02. (CESPE) "A facilidade de comunicações acabou com esses tanques em que floresciam as diferentes culturas."

Caso o pronome "esses" (R.1) fosse substituído por estes, seriam mantidas a correção gramatical do período e as principais informações veiculadas pelo texto, mas haveria maior distanciamento do autor com relação aos "tanques em que floresciam as diferentes culturas"

Certo ( ) Errado ( )

03. (CESPE) "Quanta inútil retórica se tem desperdiçado para provar que todos os nossos males ficariam resolvidos de um momento para o outro se estivessem amplamente difundidas as escolas primárias e o conhecimento do abc."

O vocábulo "Quanta" classifica-se, na oração em que ocorre, como pronome interrogativo.

Certo ( ) Errado ( )

04. (CESPE) "A partir de Sócrates, o ser humano voltou-se para si mesmo."

O pronome na forma verbal "voltou-se" denota reciprocidade, aspecto enfatizado pela expressão "para si mesmo".

Certo ( ) Errado ( )

05. (CESPE) "Na parede da esquerda ficaria a grande e sonhada estante onde caberiam todos os meus livros."

Seria mantida a correção do texto caso o trecho "onde caberiam" fosse substituído por que caberia.

Certo ( ) Errado ( )

Gabaritos

01	CERTO
02	ERRADO
03	CERTO
04	ERRADO
05	ERRADO

5. MORFOLOGIA - VERBO

5.1 Verbos

O estudo dos verbos representa uma parte bastante importante da gramática da Língua Portuguesa. A maioria das circunstâncias comunicativas acontece em torno dessa classe gramatical. Em provas, não se costuma cobrar toda uma conjugação de determinado verbo. Todavia, pode-se solicitar a análise da mudança semântica a partir da modificação das conjugações, ou mesmo se alguma conjugação está correta. Muitas vezes, as conjugações verbais trazem uma significação completamente diferente, dependendo do contexto em que aparecem.

Exs.: Não matarás - (**verbo no futuro do presente, mas com conotação de proibição).**

Pudera eu ser milionário - (**verbo no pretérito-mais-que-perfeito, mas com conotação de hipótese).**

5.2 Conjugações do Verbo

Todos os verbos em Língua Portuguesa, quando no infinitivo, terminarão em ar, er ou ir. Essa classificação é chamada de conjugação:

1ª conjugação: Verbos terminados em AR

2ª conjugação: Verbos terminados em ER

3ª conjugação: Verbos terminados em IR

5.3 Locução Verbal

É formada por um ou mais verbos auxiliares e um principal na forma nominal (infinitivo, gerúndio ou particípio).

Exs.: Vou Querer/Pode ter ocorrido/Deve ter sido feito/ Estou estudando.

5.4 Modo Indicativo

Indica certeza. Conseguimos precisar quando algo realmente acontece, aconteceu ou acontecerá. Mas isso nem sempre é recorrente, muitas vezes, dependendo do tempo verbal, teremos noção hipótese também.

Presente

Indica algo que se faz neste exato momento, algo que se faça rotineiramente, algo que se fará no futuro ou, muitas vezes, pode adquirir até uma conotação de passado (presente histórico).

Reaver: defectivo, possui apenas algumas pessoas no presente do modo indicativo e **inexiste** no presente do modo subjuntivo.

Nós reavemos e vós reaveis.

Aderir: eu adiro, tu aderes, ele adere, nós aderimos, vós aderis, eles aderem. (Competir e repelir seguem a mesma conjugação.)

Intermediar: eu intermedeio, tu intermedeias, ele intermedeia, nós intermediamos, vós intermediais, eles intermedeiam (MEDIAR, ANSIAR, REMEDIAR, INCENDIAR e ODIAR seguem a mesma conjugação).

Aprazer: eu aprazo, tu aprazes, ele apraz, nós aprazemos, vós aprazeis, eles aprazem. (ter prazer)

Pretérito Perfeito

Indica uma ação terminada, concluída no passado. Atenção para as gírias, muitas vezes elas aparecem na linguagem do dia a dia, mas a normal culta condena o uso delas. É o caso do exemplo: "Festa hoje? Fui!". Perceba que o verbo FUI indica uma certeza de algo, porém, na linguagem tradicional, o normal seria VOU ou IREI, mantendo a ideia certa de presença no evento.

Reaver: eu reouve, tu reouveste, ele reouve, nós reouvemos, vós reouvestes, eles reouveram.

Ter: eu tive, tu tiveste, ele teve, nós tivemos, vós tivestes, eles tiveram (Derivados do Ter se conjugam igualmente, **reter, manter, obter, abster, entreter, deter, conter**).

Vir: eu vim, tu vieste, ele veio, nós viemos, vós viestes, eles vieram. (Derivados do VIR se conjugam igualmente, **intervir, advir, provir, convir**.)

Prover: eu provi, tu proveste, ele proveu, nós provemos, vós provestes, eles proveram.

Pretérito Imperfeito

Indica uma ação não concluída no passado. Noção de movimento, algo em andamento, mas no passado. Existe a tendência de usá-lo como ação não feita, tal qual o futuro do pretérito.

Pôr: eu punha, tu punhas, ele punha, nós púnhamos, vós púnheis, eles punham. (Derivados do PÔR se conjugam igualmente, **supor, predispor, propor, repor, transpor, justapor, depor, compor, decompor, opor** etc.)

Amar: eu amava, tu amavas, ele amava, nós amávamos, vós amáveis, eles amavam.

Reaver: eu reavia, tu reavias, ele reavia, nós reavíamos, vós reavíeis, eles reaviam.

Ter: eu tinha, tu tinhas, ele tinha, nós tínhamos, vós tínheis, eles tinham. (Derivados do Ter se conjugam igualmente, **reter, manter, obter, abster, entreter, deter, conter**).

Pretérito-Mais-Que-Perfeito

Indica uma ação anterior ao pretérito perfeito ou uma ação hipotética.

Ex.: Eu abri a garrafa que eu pegara (**PEGUEI** ou **TINHA PEGADO**).

Trazer: eu trouxera, tu trouxeras, ele trouxera, nós trouxéramos, vós trouxéreis, eles trouxeram.

Saber: eu soubera, tu souberas, ele soubera, nós soubéramos, vós soubéreis, eles souberam.

Fazer: eu fizera, tu fizeras, ele fizera, nós fizéramos, vós fizéreis, eles fizeram. (**SATISFAZER** conjuga-se da mesma maneira).

Futuro do Presente

Ação futura ou proibição. Muitas vezes esse tempo verbal pode ser trocado pelo Presente do Indicativo ou pelo Imperativo Negativo, tudo dependendo do contexto!

Querer: eu quererei, tu quererás, ele quererá, nós quereremos, vós querereis, eles quererão.

Aniversariar: eu aniversariarei, tu aniversariarás, ele aniversariará, nós aniversariaremos, vós aniversariareis, eles aniversariarão.

Muitas bancas podem colocar verbos na mesma conjugação na locução, mas com semântica diferente.

Ex.: QUERERER ≠ DEVEREI QUERER, não se equivalem. QUERERER indica certeza, DEVEREI QUERER, hipótese.

O correto é **VOU VIR,** e não **VOU VIM**, construção frequente na linguagem coloquial.

Futuro do Pretérito

Indica ação não feita, hipótese, expressão de desejo e ação no passado. Aqui temos o exemplo típico de hipótese. É o tempo verbal do indicativo com mais simbologias, portanto fique atento ao discurso.

Fazer: eu faria, tu farias, ele faria, nós faríamos, vós faríeis, eles fariam. (**SATISFAZER** se conjuga da mesma maneira).

Querer: eu quereria, tu quererias, ele quereria, nós quereríamos, vós quereríeis, eles quereriam.

Dizer: eu diria, tu dirias, ele diria, nós diríamos, vós diríeis, eles diriam. (**MALDIZER** se conjuga da mesma maneira).

5.5 Modo Subjuntivo

Hipótese: usa-se esse modo quando não se sabe a precisão dos fatos. Quando tal modo aparece, consegue-se imaginar certo tom de dúvida, de hipótese. Imaginemos determinado anfitrião perguntando a uma visita: "você quer que eu PEGUE um copo d'água?". O tempo usado é o correto, porque não se sabe qual resposta será dada.

Presente (que)

Vale lembrar que não só a conjunção QUE determina a flexão nesse tempo verbal, pode-se também usar AINDA, QUE, EMBORA etc.

Aderir	Caber	Intervir
adira	caiba	intervenha
adiras	caibas	intervenhas
adira	caiba	intervenha
adiramos	caibamos	intervenhamos
adirais	caibais	intervenhais
adiram	caibam	intervenham

Obs.: os verbos defectivos **INEXISTEM** nesta conjugação, tais como REAVER, EXTORQUIR, FALIR, COLORIR.

Pretérito Imperfeito (se)

Vale lembrar que não só a conjunção SE determina a flexão nesse tempo verbal, pode-se também usar CASO, AINDA QUE etc.

Reaver	Requerer	Intervir	Manter
reouvesse	requeresse	interviesse	mantivesse
reouvesses	requeresses	interviesses	mantivesses
reouvesse	requeresse	interviesse	mantivesse
reouvéssemos	requerêssemos	interviéssemos	mantivéssemos
reouvésseis	requerêsseis	interviésseis	mantivésseis
reouvessem	requeressem	interviessem	mantivessem

Futuro (quando)

Destaca-se que não só a conjunção QUANDO determina a flexão nesse tempo verbal, pode-se também usar SE, CASO etc.

Ver	Vir	Pôr	Manter
Vir	Vier	Puser	Mantiver
Vires	Vieres	Puseres	Mantiveres
Vir	Vier	Puser	Mantiver
Virmos	Viemos	Pusermos	Mantivemos
Virdes	vierdes	Puserdes	Mantiverdes
Virem	vierem	puserem	mantiverem

Muitos tempos verbais no futuro do subjuntivo são conjugados do mesmo modo que o infinitivo impessoal. É o caso do verbo AMAR.

Ex.: Ele falou para eu AMAR (infinitivo).

Quando eu AMAR (futuro do subjuntivo).

5.6 Modo Imperativo

Imperativo: pode indicar ordem ou proibição.

Afirmativo

Ordem. Em linguagem coloquial, nota-se que, muitas vezes, o imperativo afirmativo é usado de forma inadequada, sem que o próprio falante se dê conta. Deveríamos usar a conjugação em terceira pessoa, já que esta é bastante frequente nas situações comunicativas cotidianas. O tratamento de VOCÊ é muito mais comum que o de TU. Porém, quando se usa o imperativo, nota-se a constante opção pela conjugação em segunda pessoa: TU.

Presente do Indicativo		Imperativo Afirmativo		Presente do Subjuntivo
Eu compro		-		Que eu compre
Tu compras	sem o **s**	Compra tu		Que tu compres
Ele compra		Compre você		**Que ele compre**

Nós compramos	sem o **s**	Compremos nós		**Que nós compremos**
Vós comprais		Comprai vós		Que vós compreis
Eles compram		Comprem vocês		**Que eles comprem**

Obs.: Todos os verbos se conjugam assim, com exceção de SER.

SÊ tu, SEJA você, SEJAMOS nós, SEDE vós, SEJAM vocês.

Negativo

Proibição. Existe uma equivalência com uma dos significados do futuro do indicativo.

Imperativo Negativo		Presente do Subjuntivo
Não sejas tu	←	Que tu sejas
Não seja você	←	Que ele seja
Não sejamos nós	←	Que nós sejamos
Não sejais vós	←	Que vós sejais

5.7 Correlação Verbal

As conjugações dos verbos, na maioria das bancas de concurso, não são cobradas de modo direto, senão pela correlação verbal. Ela consiste em situações cujas conjugações verbais aparecem de modo correlato, numa sintonia lógica ao que se queira dizer. Muitas vezes, ficar atento à conjunção ajuda bastante.

Exs.: Ainda que ela ***suponha*** a solução, nada ***mudará***.

Ainda que ela ***supusesse*** a solução, nada ***mudaria***.

Ainda que ela ***supuser*** a solução, nada ***mudará***.

Caso nós ***cheguemos*** cedo, ***iremos*** ao show.

* Caso nós ***chegássemos*** cedo, ***iríamos*** ao show.

Caso nós ***chegarmos*** cedo, ***iremos*** ao show.

*** Percebe-se que, pela conjugação verbal, tem-se a certeza de que ninguém foi ao show.**

Vale ressaltar que unir o conhecimento do idioma com a conjugação certa dos verbos é um estudo bastante eficaz para se entender a gramática e compreender como as bancas abordam tal recurso.

5.8 Verbos Abundantes

Geralmente, os verbos trazem apenas um particípio, que pode ser regular ou irregular. No caso dos verbos abundantes, os particípios podem aparecer de duas formas: regular (-**do**) e irregular.

Exs.: nascer: nasci***do*** → nato

benzer: benzi***do*** → bento

morrer: morri***do*** → morto

inserir: inseri***do*** → inserto

pagar: paga***do*** → pago

pegar: pega***do*** → pego

enxugar: enxuga***do*** → enxuto

Observações:

Usamos o particípio regular (-do), com os verbos auxiliares **TER** e **HAVER**.

Usamos o particípio irregular com os verbos auxiliares **SER** e **ESTAR**.

Ex.: Os boletos **FORAM PAGOS**.

A menina **TINHA PAGADO** os boletos.

Obs.: TINHA PAGO é aceito.

Os padres **HAVIAM BENZIDO** o bebê.

Os bebês **ESTÃO BENTOS**.

5.9 Vozes Verbais

Indicam a relação que o sujeito mantém com o verbo. A abordagem desse tema é muito comum em provas de concurso. Geralmente, nos enunciados das questões, as vozes verbais podem aparecer associadas a uma palavra que gera dúvidas aos candidatos: transposição.

As vozes verbais são divididas em três: analítica, reflexiva e sintética.

Voz Passiva Analítica

Formada por verbos auxiliares e particípios. Nela, o sujeito recebe a ação e é chamado de sujeito paciente.

Exs.: Eu ***corto*** o pão. (voz ativa)

O pão É CORTADO por mim. (voz passiva analítica)

Percebe-se que o tempo verbal na voz ativa determina o tempo do verbo auxiliar na voz passiva. Fique atento nas provas, muitas vezes a transposição da voz ativa para a passiva é possível, mas o verbo aparece em outro tempo e você pode se prejudicar. Exemplo: Ele CORTA a maçã/A maçã É CORTADA por ela. Veja que os verbos CORTA e É estão no mesmo tempo verbal.

Exs.: Pintei – **FOI** pintado.

Pintara – **FORA** pintado.

Pintava – **ERA** pintado.

Pintará – **SERÁ** pintado.

Pintaria – **SERIA** pintado.

Estou Pintando – **ESTÁ SENDO** pintado.

Estava Pintando – **ESTAVA SENDO** pintado.

Os verbos que aceitam transposição são os **transitivos diretos**, ou seja, aqueles que aceitam como complemento **algo** ou **alguém**.

Cortar, ver, pintar, amar, selecionar, ultrapassar, transpor, prejudicar etc.: percebemos que todos estes verbos pedem complemento **algo** ou **alguém**.

Não existe **voz passiva analítica** com verbos que exigem, no complemento, uma preposição.

Exs.: Eu gosto ***de*** você.

Eu assisti ***ao*** jogo.

Eu preciso ***de*** ajuda.

Como não existe sujeito preposicionado, não existe a possibilidade de haver **voz passiva analítica**.

Exceção: verbos OBEDECER e DESOBEDECER:

Exs.: Nós desobedecemos ***ao*** pai → ***O pai foi desobedecido por nós***.

Eu obedeço ***ao*** pai → O pai é obedecido por mim.

Existem transposições que fogem do comum, mas estão perfeitamente corretas.

Exs.: ***Vives rodeado*** de mulheres. (Mulheres te rodeiam - **voz ativa**)

Pareceis cercado de problemas. (Problemas vos cercam - **voz ativa**)

Reflexiva

Caracteriza-se pela presença de pronome reflexivo, ou seja, o sujeito faz e recebe a ação simultaneamente.

Eu ***me*** penteio - Ele ***se*** cortou.

Vejamos as formas reflexivas e seus respectivos pronomes.

eu **me** – tu **te** – ele(a)(s) **se** – nós **nos** – vós **vos**.

Sintética

Quando SE é um pronome apassivador ou partícula apassivadora, é possível transformar tal oração em voz passiva analítica. O verbo concorda com o sujeito. Assim, quando o sujeito estiver no plural, o verbo também estará.

Ex.: Vendem-**se** casas. - Casas **são vendidas**.

Pronome apassivador

Ex.: Fazem-**se** reparos. – Reparos **são feitos**.

Aqui **se** analisam as propostas.

Alugam-se salas.

Entender o conceito é o melhor caminho. Em provas, temos alguns exemplos que podem trazer confusão. Portanto, encontrar o sujeito sempre é uma saída. Descobre-se também a concordância correta quando passamos a oração para a voz passiva analítica.

Exs.: Não se ***contrapuseram*** nossos pontos de vista.

Nossos pontos de vista não **foram contrapostos**.

Aqui se **veem** problemas por toda parte.

Problemas **são vistos** por toda parte.

5.10 Verbos Impessoais

Não possibilitam a alguém exercer a ação. Só existem na 3ª pessoa do singular (em todos os tempos e modos). Aparecem em orações cujo sujeito é inexistente. São 4 os verbos impessoais:

Haver (no sentido de existir)

*Na sala, **há** alunos.*

Há = Existem

Exs.: ***Haverá*** problemas. (vai haver)

Existirão problemas. (vão existir)

> Quando for utilizado o verbo EXISTIR, o sujeito se torna PROBLEMAS. Há diferença gramatical, mas não semântica, ou seja, o sentido continua o mesmo. Cuidado: muitas vezes, a locução verbal pode trazer mudança semântica. Desse modo, se a locução for DEVERÁ HAVER PROBLEMAS, existe a possibilidade de haver ou não problemas.

Fazer (indicando tempo decorrido)

Exs.: Hoje ***faz*** 15 anos que me formei.

Lá ***faz*** invernos rigorosos.

Verbos que Indicam Fenômenos da Natureza

Exs.: ***Chove*** sem parar.

Amanheceu muito tarde.

Na oração "**O dia** amanheceu tarde", a semântica é a mesma. Porém, há sujeito. Desse modo, o verbo, mesmo representando semanticamente um fenômeno da natureza, deixa de ser impessoal.

Ser

Sentido de tempo e quantidade: pode vir no plural, ainda assim será impessoal.

Ex.: É meia-noite.

É 01 de maio.

É meio-dia e meia.

SÃO 14 horas.

É (dia) / ***SÃO*** 25 de agosto.

100 reais É suficiente.

Vimos, neste capítulo, como os verbos são determinantes em uma prova. Saber a conjugação para entender a correlação e os sentidos que dão ao texto é fundamental. Conhecer as regras gramaticais ajuda, porém, entender cada forma como o verbo se mostra e as relações que possui é primordial ao entendimento de uma mensagem, de um texto. Verbo é essencial em Língua Portuguesa e sempre estará presente em qualquer assunto gramatical.

5.11 Transitividade Verbal

Os verbos dividem-se conforme a sua transitividade. São eles:

Intransitivo

Quando o sentido do verbo é completo e não exige complemento.

Ex.: Meu vizinho morreu.

Transitivo

Quando o sentido do verbo não é completo e é necessário um complemento para que faça sentido. Dentre os transitivos, pode ser:

Transitivo Direto

Quando exige um complemento que não é seguido por preposição (objeto direto):

Ex.: Comprei uma bolsa.

Transitivo Indireto

Quando exige um complemento que é seguido por preposição (objeto indireto):

Ex.: Gosto de cantar.

Transitivo Direto e Indireto (bitransitivo)

Quando exige dois complementos para fazer sentido:

Ex.: Entreguei uma carta ao porteiro.

Verbo de Ligação

Quando não exprime uma ação e sim uma característica do sujeito:

Ex.: Marina é bonita.

São verbos de ligação:

Ser
Estar
Continuar
Andar
Parecer
Permanecer
Ficar
Tornar-se
Virar

Questões

01. (CESPE) "Raras vezes na história humana, o trabalho, a riqueza, o poder e o saber mudaram simultaneamente."

A coerência e a correção gramatical do texto seriam preservadas se a forma verbal "mudaram" (R.2) fosse substituída por mudam.

Certo ( ) Errado ( )

02. (CESPE) "Nesse futuro não tão remoto, teremos conquistado a utopia de uma verdadeira justiça social."

A substituição de "teremos conquistado" por conquistaremos manteria os sentidos originais do texto.

Certo ( ) Errado ( )

03. (CESPE) "Não sou de choro fácil a não ser quando descubro qualquer coisa muito interessante sobre ácido desoxirribonucleico. Ou quando acho uma carta que fale sobre a descoberta de um novo modelo para a estrutura do ácido desoxirribonucleico, uma carta que termine com "Muito amor, papai". Francis Crick descobriu o desenho do DNA e escreveu a seu filho só para dizer que "nossa estrutura é muito bonita"."

A forma verbal "termine", que denota uma ação incerta ou irreal, foi empregada para indicar que a carta que Crick escreveu a seu filho, na realidade, não se encerra com as palavras 'Muito amor, papai`.

Certo ( ) Errado ( )

04. (CESPE) "O Zoológico de Sapucaia do Sul abrigou um dia um macaco chamado Alemão. Em um domingo de Sol, Alemão conseguiu abrir o cadeado de sua jaula e escapou. O largo horizonte do mundo estava à sua espera. As árvores do bosque estavam ao alcance de seus dedos. Ele passara a vida tentando abrir aquele cadeado. Quando conseguiu, em vez de mergulhar na liberdade, desconhecida e sem garantias, Alemão caminhou até o restaurante lotado de visitantes. Pegou uma cerveja e ficou bebericando no balcão."

A forma verbal "passara" denota um fato ocorrido antes de duas outras ações também já concluídas, as quais são descritas nos dois períodos imediatamente anteriores ao período em que ela se insere.

Certo ( ) Errado ( )

05. (CESPE) "O Juca era da categoria das chamadas pessoas sensíveis, dessas a que tudo lhes toca e tange. Se a gente lhe perguntasse: "Como vais, Juca?", ao que qualquer pessoa normal responderia "Bem, obrigado!" — com o Juca a coisa não era assim tão simples."

Caso a forma verbal "era" fosse substituída por seria, a respectiva afirmação sobre o comportamento de Juca seria mais categórica que a que se verifica no texto.

Certo ( ) Errado ( )

Gabaritos

01	CERTO
02	ERRADO
03	ERRADO
04	ERRADO
05	ERRADO

6. SINTAXE DA ORAÇÃO

6.1 Frase

Observe os exemplos:

Cuidado!

Estou cansada.

Passei no concurso!

Mentira!

Jura?

Anda logo!

Toda palavra ou conjunto de palavras organizada de maneira coerente e que transmita informações ou tenha sentido é considerada **frase**.

6.2 Classificação da Frase

De acordo com o seu **significado**, uma frase pode ser:

Declarativa ou afirmativa:

Eu gosto de você.

Interrogativa:

Você sabe que dia é a prova?

Exclamativa:

Mentira!

Imperativa:

Fique onde está.

Nominal

Quando não possui verbos:

Exs.:

Silêncio!

Bom dia!

Verbal

Quando possui verbos:

Exs.:

João ***gosta*** de Química.

As crianças ***brincavam*** no quintal.

Os meninos ***são*** muito agitados.

A frase verbal também é considerada *oração*.

6.3 Oração

Todo enunciado que faz sentido e que possui verbo é considerado oração.

Exs.:

Cansei *de esperar.*

Eles ***estão estudando*** muito para a prova.

As meninas ***passaram*** horas se ***arrumando*** para a festa.

É preciso observar que:

- Nem toda frase é oração

Somente será oração quando houver verbo. Portanto, alguns enunciados serão apenas frases, pois terão sentido completo mas sem a presença de verbos:

Ex.: *Que calor!*

- Nem toda oração é frase

Em alguns casos, a oração não fará sentido sem um complemento. Portanto, haverá a presença de verbo, mas não será considerada uma frase:

Ex.: *Gostei | de você ter falado o que sentia.*

Observe que o primeiro verbo não faz sentido sem o complemento, sendo, portanto, uma oração, e não uma frase.

Período

Toda oração é chamada também de período, que pode ser:

Simples

Quando possui apenas um verbo, ou seja, apenas uma oração:

Exs.:

Eles ***gostaram*** do bolo.

As roupas ***secaram*** no varal.

Composto

Quando possui mais de um verbo, ou seja, mais de uma oração:

Exs.: ***Queremos*** que as coisas ***sejam resolvidas*** logo.

1ª oração 2ª oração

Era tarde quando ***chegamos*** do trabalho.

1ª oração 2ª oração

Quando houver uma locução verbal, será contado apenas o verbo principal, ou seja, será apenas uma oração:

Vai ficar tarde para ***ligar*** para ela.

1ª oração 2ª oração

6.4 Termos Essenciais da Oração

Observe o trecho a seguir:

Os alunos gostam das aulas de Inglês.

A oração faz sentido porque possui dois elementos essenciais: sujeito e predicado.

Sujeito é o termo sobre o qual a oração fala.

Predicado é o que se fala sobre o sujeito.

Os ***alunos*** gostam das aulas de Inglês.

Sujeito Predicado

Sujeito

Núcleo do sujeito

É o termo essencial na identificação do sujeito:

Os alunos.

Artigo substantivo

Núcleo do sujeito: alunos

Tipos de sujeito

Determinado

Quando é possível identificar o sujeito, ele é chamado sujeito determinado. Ele pode ser:

Simples

Quando possui apenas um núcleo:

Meus filhos gostam de almoçar aqui.

Núcleo: *filhos.*

Composto

Quando possui mais de um núcleo:

Meus filhos e meus netos gostam de almoçar aqui.

Núcleo: filhos, netos.

Oculto

Quando o sujeito não aparece na oração, mas é possível identificá-lo através do verbo:

Gostei de almoçar aqui.

Sujeito: eu.

Fomos embora cedo.

Sujeito: nós.

Indeterminado

Pode ser representado de duas maneiras:

01. Verbo na 3ª pessoa do plural.

Chegaram atrasado.

Falaram sobre ele.

Reclamaram dos preços.

Disseram que a fila estava enorme.

Note que nos períodos acima não é possível identificar o agente das ações. Por isso, é chamado sujeito indeterminado.

Observação: Dependendo do contexto, o verbo na 3ª pessoa não significará sujeito indeterminado.

Exs.: Os meninos vieram do banco. Disseram que a fila estava enorme.

Sujeito: os meninos – implícito na oração e identificado graças ao contexto.

02. Verbo + partícula "se"

Confia-se muito em medicamentos.

Sujeito: ?

A partícula "se", nesse caso, atua como índice de indeterminação do sujeito. Essa construção ocorrerá com verbos transitivos indiretos, verbos intransitivos e verbos de ligação. Observe:

Ex.: Precisa-se de vendedores.

verbo transitivo indireto

Quem precisa?

Sujeito indeterminado.

Ex.: Vive-se melhor no campo.

verbo intransitivo

Quem vive?

Sujeito indeterminado.

Note que as orações anteriores não estão na voz passiva, pois não é possível convertê-las para a voz ativa:

Vive-se melhor no campo.

Precisa-se de vendedores.

Diferentemente dos exemplos acima, a construção de "verbo + se" também pode indicar voz passiva sintética. Veja o exemplo a seguir:

Vende-se terreno.

verbo transitivo direto

Nesse caso, a partícula "se" é pronome apassivador, e o sujeito é "terreno". A oração na voz ativa ficará: Terreno é vendido.

Oração sem Sujeito

Em alguns casos, a ação expressa pelo verbo não terá sujeito. São eles:

Haver

Quando significar existir, acontecer, realizar:

Exs.:

Há muita gente passando fome. (existe)

O que ***houve***? (aconteceu)

Houve uma cerimônia rápida em homenagem aos pais. (realizou-se)

Fazer, ser e estar

Quando significar tempo decorrido ou tempo decorrido de um fenômeno da natureza:

Exs.:

Faz dias que não a vejo.

Faz dias que chove.

Estava calor.

Verbos que expressam fenômenos da natureza

Amanheceu, embora ninguém tivesse dormido.

Choveu a noite inteira.

Faz anos que não ***neva*** aqui.

Predicado

Embora seja possível existir oração sem sujeito, não existe oração sem predicado.

Faz duas semanas que não a vejo.

Predicado

Predicado verbal

É o predicado cujo verbo indica uma ação:

Os ***meninos levantaram*** com pressa.

As águas ***correm*** depressa nessa parte do rio.

O núcleo do predicado verbal sempre será o verbo:

Os meninos ***levantaram*** cedo.

Sujeito Predicado

Núcleo do predicado: *levantaram*

Predicado nominal

É o predicado cujo verbo indica um estado do sujeito:

Os alunos ***parecem*** cansados.

Raul ***estava*** atrasado quando me encontrou.

Os verbos do predicado nominal são os **verbos de ligação**, que não indicam ação mas características do sujeito. Os principais verbos de ligação são:

Andar

Continuar

Estar

Ficar

Parecer

Permanecer

Ser

Assim como ocorre no predicado verbal, o núcleo do predicado nominal será o verbo de ligação:

Os alunos ***parecem*** cansados.

Sujeito Predicado

Núcleo do predicado: parecem

Predicado verbo-nominal

Em alguns casos, o predicado verbal e o predicado nominal aparecerão juntos, ou seja, o predicado indicará uma *ação* e um *estado* do sujeito:

Os meninos ***subiram*** as escadas apressados.

Sujeito Ação Estado

(Estavam apressados.)

O predicado verbo-nominal apresentará dois núcleos: os verbo de ação e o verbo de ligação.

No exemplo apresentado acima, o núcleo será: *subiram* e *apressados*.

Termos Integrantes da Oração

Em alguns casos, o verbo ou nome expresso na oração não apresenta sentido completo, exigindo um complemento para que a informação seja transmitira. Estes complementos, por não serem opcionais mas obrigatórios, são chamados de termos integrantes da oração. Eles são divididos em: objeto direto, objeto indireto, complemento nominal e agente da passiva.

Objeto Direto

É o termo que completa o sentido do verbo transitivo direto. Observe o exemplo a seguir:

Ex.: *Compramos* frutas na feira.

O verbo comprar não possui sentido completo. Ou seja: é um verbo transitivo e exige um complemento para que a oração fique clara.

Como este complemento é ligado a ele de maneira direta, sem o auxilio de uma preposição, é chamado objeto **direto**.

Objeto Indireto

É o termo que completa o sentido do verbo transitivo indireto. Observe o exemplo a seguir:

Eu ***gostei*** da viagem.

O verbo gostar não possui sentido completo. Ou seja: é um verbo transitivo e exige um complemento para que a oração fique clara.

Como este complemento é ligado a ele de maneira indireta, com o auxilio de uma preposição, é chamado objeto **indireto**.

Complemento Nominal

Em alguns casos, o termo que terá o sentido incompleto e exigirá um complemento será um nome (substantivo, adjetivo ou advérbio). Observe o exemplo a seguir:

Ex.:

A **saudade de casa** agitava a menina.

Substantivo *complemento nominal*

Agente da Passiva

Quando o verbo aparece na voz passiva, ou seja, com sujeito paciente, o termo que pratica a ação verbal será chamado **agente da passiva**:

Ex.: *A festa* foi paga ***pelos funcionários do banco***.

Sujeito paciente Agente da passiva

Se a oração for passava para voz ativa, o agente da passiva será sujeito:

Os funcionários do banco pagaram a festa.

sujeito

Termos Acessórios da Oração

Adjunto Adnominal

Assim como o complemento nominal, o adjunto adnominal completa o sentido de um nome, caracterizando-o.

As luzes ***de Natal*** enfeitavam ***a*** sala.

Adjunto adnominal

Os termos que completam o sentido de um nome podem ser artigos, adjetivos ou numerais:

Ex.: *A* *cidade inteira acordou com* ***uma*** *sensação* ***estranha***.

Artigo numeral adjetivo

Diferença entre adjunto adnominal e complemento nominal

Considerando que ambos completam o sentido de um nome, é comum ter dúvidas entre o adjunto adnominal e o complemento nominal. Para distingui-los, é importante observar os critérios abaixo:

Complemento nominal	Adjunto adnominal
Sempre com preposição	Nem sempre com preposição
Se relaciona com substantivos, adjetivos e	Se relaciona somente com substantivos, nunca com adjetivos ou advérbios
Nunca se relaciona com substantivos concretos	Se relaciona com substantivos concretos
	Transmite a ideia de **posse**

Adjunto Adverbial

Este é um dos termos da oração, muito abordado em provas de concurso. Tem-se observado que a nomenclatura dos adjuntos adverbiais não é visada pelas bancas; o que se aborda é a significação que tais palavras adquirem no contexto de um enunciado.

É importante frisar que o ADVÉRBIO está ligado ao verbo, e não o complementa. Sua função é modificar um verbo ou outro advérbio.

Exs.:

Eu moro longe. *(Modificando um verbo)*

Eu moro muito longe. *(Modificando outro advérbio)*

É possível perceber que as nomenclaturas representam realmente o que simbolizam.

De Tempo (quando?)

Termo que sempre vai designar ideia de tempo.

Ex.: Hoje, geralmente, amanhã, ontem, nunca, jamais etc.

De Lugar (onde?)

Termo que sempre vai designar ideia de lugar.

Ex.: Aqui, lá, acolá, ali etc.

De Afirmação

Termo que sempre vai designar ideia de afirmação.

Ex.: Sim, certamente, com certeza, sem dúvida, amém etc.

De Negação

Termo que sempre vai designar ideia de negação.

Ex.: Não, nunca, jamais etc.

De Dúvida

Termo que sempre vai designar ideia de dúvida.

Ex.: Talvez, quiçá, oxalá, provavelmente etc.

De Causa

Termo que sempre vai designar ideia de causa.

Exs.: Tremeu com a palavra.

Vibrou com a notícia.

De Instrumento

Termo que sempre vai designar ideia de instrumento.

Exs.: Feriu-se com o anzol.

Enforcou-se com a corda.

De Companhia

Termo que sempre vai designar ideia de companhia.

Exs.: Saí com minha tia.

Viajamos com a mãe.

De Modo

Termo que sempre vai designar ideia de modo.

Ex.: Erroneamente, facilmente, às claras, às escuras etc.

De Intensidade

Termo que sempre vai designar ideia de intensidade.

Ex.: Muito, pouco, menos, mais, bastante etc.

De Assunto

Termo que sempre vai designar ideia de assunto.

Ex.: Falei sobre gramática.

De Proporção

Termo que sempre vai designar ideia de proporção.

Ex.: À medida que, à proporção que, conforme, quanto mais, quanto menos etc.

De Finalidade

Termo que sempre vai designar ideia de finalidade.

Ex.: Para que, a fim de (que), para etc.

De Consequência

Termo que sempre vai designar ideia de consequência.

Ex.: Tanto que, tamanho que, tal que, tão que etc.

De Concessão

Termo que sempre vai designar ideia de concessão.

Ex.: Embora, ainda que, por mais, apesar de, conquanto etc.

De Condição

Termo que sempre vai designar ideia de condição.

Ex.: Se, caso, desde que, contanto que etc.

De Comparação

Termo que sempre vai designar ideia de comparação.

Ex.: Como, tal qual, (do) que, qual, quão etc.

De Conformidade

Termo que sempre vai designar ideia de conformidade.

Ex.: Como, conforme, segundo, consoante, de acordo etc.

De Meio

Termo que sempre vai designar ideia de meio.

Exs.: Fui de trem.

Mandei via correio.

Aposto

Observe o exemplo a seguir:

João, ***morador do térreo***, reclamou do barulho das crianças na garagem.

O termo destacado acrescenta uma informação sobre o sujeito, identificando-o ou caracterizando-o. Este termo é chamado *aposto*.

Exs.:

São Paulo, ***maior cidade do país***, luta contra a poluição.

Fascinadas com o parque, as meninas não queriam ir embora.

Geralmente, o aposto aparece entre vírgulas. Entretanto, quando aparece sem elas, é chamado aposto restritivo. Observe a diferença:

Os alunos da tarde que vão viajar devem entregar a autorização até amanhã.

Os alunos da tarde, <u>que vão viajar</u>, devem entregar a autorização até amanhã.

No 1o caso, entende-se que apenas os alunos da tarde que vão viajar precisam entregar a autorização. Trata-se, portanto, de aposto restritivo.

No 2o caso, entende-se que TODOS vão viajar e o aposto, portanto, é uma informação que cabe a todos os alunos da tarde. Trata-se, portanto, de aposto explicativo.

Vocativo

Observe os exemplos a seguir:

Exs.:

Marina, você viu o edital do concurso?

Crianças, já bateu o sinal!

Corram, ***meninas***, vocês vão se atrasar!

Observe que os termos assinalados não possuem relação sintática com os enunciados. Trata-se de uma **interlocução**, uma relação entre quem fala e quem ouve.

Questões

01. (CESPE) "Se prestarmos atenção à nossa volta, perceberemos que quase tudo que vemos existe em razão de atividades do trabalho humano."

A locução "em razão de" expressa uma ideia de causa.

Certo ( ) Errado ( )

02. (CESPE) "Se prestarmos atenção à nossa volta, perceberemos que quase tudo que vemos existe em razão de atividades do trabalho humano. Os processos de produção dos objetos que nos cercam movimentam relações diversas entre os indivíduos, assim como a organização do trabalho alterou-se bastante entre diferentes sociedades e momentos da história."

No trecho "Os processos de produção dos objetos que nos cercam movimentam relações diversas entre os indivíduos", o sujeito da forma verbal "cercam" é "Os processos de produção dos objetos".

Certo ( ) Errado ( )

03. (CESPE) "Com uma chave de fenda na mão direita, Adílson mantém, de joelhos, uma linha de produção repetitiva. Desparafusa as partes mais volumosas de uma CPU carcomida, crava sua ferramenta em fendas predeterminadas e, com os dedos da outra mão, faz vergar parte do alumínio do aparelho. Com um solavanco, arranca do corpo da máquina uma chapa fina e esverdeada conhecida como placa-mãe. Com zelo, deposita-a perto dos pés. O resto faz voar por cima de sua cabeça: com um ruído estridente, tudo se espatifa metros atrás."

Sem prejuízo dos sentidos e da correção gramatical do texto, o trecho "O resto faz voar por cima de sua cabeça" poderia ser reescrito da seguinte maneira: As outras partes arremessa por cima da própria cabeça.

Certo ( ) Errado ( )

04. (CESPE) "A cultura brasileira sempre se viu como uma cultura da mistura. Louva-se a tendência brasileira à assimilação do que é significativo e importante das outras culturas."

O sujeito da oração iniciada por "Louva-se" é indeterminado.

Certo ( ) Errado ( )

05. (CESPE) "No começo dos anos 40, os submarinos alemães estavam dizimando os cargueiros dos aliados no Atlântico Norte. O jogo virou apenas em 1943, quando Alan Turing desenvolveu a Bomba, um aparelho capaz de desvendar os segredos da máquina de criptografia nazista chamada de Enigma. A complexidade da Enigma — uma máquina eletromagnética que substituía letras por palavras aleatórias escolhidas de acordo com uma série de rotores — estava no fato de que seus elementos internos eram configurados em bilhões de combinações diferentes, sendo impossível decodificar o texto sem saber as configurações originais."

O termo "um aparelho capaz de desvendar os segredos da máquina de criptografia nazista chamada de Enigma" introduz uma explicação a respeito do aparelho "Bomba", tal como o faz o termo "uma máquina eletromagnética que substituía letras por palavras aleatórias escolhidas de acordo com uma série de rotores" em relação a "Enigma"

Certo ( ) Errado ( )

Gabaritos

01	CERTO
02	ERRADO
03	CERTO
04	ERRADO
05	CERTO

7. SINTAXE DO PERÍODO

Observe as orações a seguir:

Exs.:

Fui *à fazenda.*

Cheguei *à fazenda e* ***corri*** *para ver o lago.*

Gostei *de* ***andar*** *pela fazenda.*

A primeira oração possui apenas um verbo e o sentido completo. Trata-se, portanto, de um **período simples**, ou uma oração absoluta.

No segundo caso, temos duas orações, ou seja, dois verbos, com sentidos completos e independentes uma da outra.

Ex.: Cheguei *à fazenda.* ***Corri*** *para ver o lago.*

Cheguei *à fazenda e* ***corri*** *para ver o lago.*

Por possuir mais de um verbo, trata-se de um **período composto.**

Por serem as orações independentes, trata-se de um período composto por coordenação. As orações são **coordenadas.**

No terceiro caso, as duas orações não possuem sentido completo e independente:

Ex.: Gostei *de* ***andar*** *pela fazenda.*

As orações dependem uma da outra para ter sentido, não sendo, portanto, independentes. Neste caso, trata-se de um período composto por subordinação. Há uma oração principal e uma **oração subordinada.**

Período Composto por Coordenação

As orações coordenadas são aquelas que possuem sentido independente.

As orações coordenadas podem ser:

Sindéticas

Quando possuem elemento de ligação, normalmente representado pelas conjunções:

Ex.: *Cheguei tarde* ***e*** *logo dormi.*

Assindéticas

Quando não possuem elemento de ligação, normalmente representado pelas conjunções:

Ex.: *Tentou, cansou, desistiu.*

1ª oração 2ª oração *3ª oração*

Aditivas

São as orações que dão a ideia de adição. Normalmente são ligadas por uma conjunção aditiva:

Ex.: *Chegou cansada* ***e*** *logo foi dormir.*

Alternativas

São as orações que dão a ideia de alternância. Normalmente são ligadas por uma conjunção alternativa:

Ex.: ***Ou*** *chega atrasado* ***ou*** *sai mais cedo.*

Adversativas

São as orações que dão a ideia de oposição. Normalmente são ligadas por uma conjunção adversativa:

Ex.: *Chegou* cansada, **mas** *deu* atenção aos filhos.

Explicativas

São as orações que dão a ideia de explicação. Normalmente são ligadas por uma conjunção explicativa:

Ex.: *Estava chateado,* ***pois*** não *conseguiu o emprego que queria.*

Conclusivas

São as orações que dão a ideia de conclusão. Normalmente são ligadas por uma conjunção conclusiva:

Ex.: *Choveu* o dia inteiro, **portanto** não *poderemos realizar* a reunião no gramado.

Período Composto por Subordinação

O período composto por subordinação é caracterizado pela presença de uma oração principal e uma a ela subordinada.

A classificação das orações subordinadas é semelhante à classificação dos termos no período simples. A diferença é que o termo será representado por uma oração.

Oração Subordinada Substantiva

As orações subordinadas substantivas classificam-se em:

Oração subordinada substantiva:	Função:
Subjetiva	Sujeito da oração principal
Objetiva direta	Objeto direto da oração principal
Objetiva indireta	Objeto indireto da oração principal
Completiva nominal	Complemento nominal (de um termo) da oração principal
Apositiva	Aposto da oração principal
Predicativa	Predicativo do sujeito da oração principal

As orações subordinadas substantivas exercem a mesma função sintática que os substantivos exerceriam na oração. Observe:

Ex.: Mariana *gosta* de doces.

Gostar: VTI

De doces: OI

Ex.: Mariana *gosta* de passear com o cachorro.

Gostar: VTI

de passear com o cachorro: por possuir verbo, é uma oração subordinada com função de OI. Portanto, trata-se de uma oração subordinada substantiva objetiva indireta.

Subjetiva

A oração subordinada substantiva subjetiva tem a função de sujeito da oração principal:

Exs.: *Não **convém** falar mal dos outros.*

*Foi **avisado** que a reunião ia demorar.*

Objetiva Direta

A oração subordinada objetiva direta tem a função de objeto direto da oração principal:

Ex.: *As meninas **falaram** que você gostou do presente.*

VTD

Objetiva Indireta

A oração subordinada objetiva indireta tem a função de objeto indireto da oração principal:

Os alunos ***gostaram*** de falar sobre as férias

VTI

Completiva Nominal

A oração subordinada completiva nominal tem a função de complemento nominal de um nome da oração principal:

Ex.: Nós ficamos ***cansados*** por viajar tanto tempo.

nome incompleto

Apositiva

A oração subordinada apositiva tem a função de aposto da oração principal:

Ex.: *Uma coisa era certa: **nada seria como antes**.*

Predicativa

A oração subordinada predicativa tem a função de predicado da oração principal.

Acontece quando a oração principal apresenta um verbo de ligação:

Meu medo ***era*** que ***chovesse no dia da viagem***.

7.1 Orações Subordinadas Adverbiais

Têm valor de advérbio e formam um total de 9 tipos de orações. O mais comum em provas é cobrar o valor da conjunção. Atenção: **oração = verbo** - *subordinada = dependência* - adverbial = valor de advérbio.

Oração Subordinada Adverbial Temporal

Possui valor de tempo e traz conjunções como QUANDO, DESDE QUE, ENQUANTO, ASSIM QUE, LOGO QUE etc.

Desde que trabalho, meus sonhos acontecem.

Conj. temporal

Trabalho = modo indicativo (tempo)

Oração Subordinada Adverbial Condicional

Possui valor de condição e traz conjunções como SE, CASO, DESDE QUE, CONTANTO QUE etc.

Desde que trabalhe, meus sonhos acontecerão.

Conj. condicional

Trabalhe = subjuntivo (hipótese)

Oração Subordinada Adverbial Proporcional

Possui valor de proporção e traz conjunções como À MEDIDA QUE, À PROPORÇÃO QUE, CONFORME, QUANTO MAIS, ASSIM COMO etc.

Ex.: ***À medida que*** leio, mais inteligente fico.

Conj. proporcional

Existem muitas conjunções que podem aparecer com valores distintos. Portanto, decorar não é a solução. Dependendo de como elas apareçam na oração e de como se relacionam com verbos, o valor de tais conectivos muda.

Oração Subordinada Adverbial Consecutiva

Possui valor de consequência e traz conjunções como TANTO QUE, TÃO QUE, TAMANHO QUE etc.

Ex.: O tombo foi ***tão*** feio ***que*** desmaiou.

Conj. consecutiva

Oração Subordinada Adverbial Causal

Possui valor de causa e traz conjunções como PORQUE, COMO, JÁ QUE, UMA VEZ QUE etc.

Exs.: ***Como*** você não apareceu, fui ao cinema.

Conj. causal

Nosso produto vende mais, ***porque*** é fresquinho.

Conj. causal

> É comum confundir conjunções causais com as explicativas. Para não cair em armadilhas, pergunte "O que acontece primeiro?". A causa sempre vem primeiro, se houver conjunção na causa, a conjunção terá valor de causa, se não, terá valor de explicativa.

Oração Subordinada Adverbial Conformativa

Possui valor de conformidade e traz conjunções como CONFORME, COMO, SEGUNDO, CONSOANTE, DESTA FORMA etc.

Ex.: Segui as instruções ***como*** nós havíamos combinado.

Conj. conformativa

Oração Subordinada Adverbial Comparativa

Possui valor de comparação e traz conjunções como QUE, TAL QUAL, QUAL, QUÃO, COMO etc.

Ex.: Ela me tratou ***como*** se eu não existisse.

Conj. comparativa

Oração Subordinada Adverbial Final

Possui valor de finalidade e traz conjunções como A FIM DE (QUE), PARA QUE, PARA etc.

Ex.: Rezei ***para que*** a prova fosse adiada.

Conj. final

Oração Subordinada Adverbial Concessiva

Possui valor de concessão (ceder) e traz conjunções como EMBORA, AINDA QUE, CONQUANTO, APESAR DE, POR MAIS QUE etc.

Ex.: **Embora** odeie minha sogra, dependo dela.

Conj. concessiva

7.2 Orações Subordinadas Adjetivas

Orações que têm valor de adjetivo. Se houver conectivos nessas orações, serão pronomes relativos QUE, O(A)(S) QUAL(IS), CUJO (A)(S) etc. Não é comum aparecerem nas provas com essa nomenclatura, porém é a vírgula quem dá toda a diferença delas. Fique atento à semântica, ao entendimento do contexto das orações.

O gelo ***FRIO*** – **adjetivo explicativo.**

Que é frio

A mulher ***GANANCIOSA*** – **adjetivo restritivo.**

Que é gananciosa

QUE é **um pronome relativo.**

Para transformar adjetivos em orações, colocamos verbos neles.

Adjetiva Explicativa

São aquelas orações que têm valor de adjetivo explicativo, ou seja, se retiradas não fazem diferença numa oração. Sempre são isoladas por vírgulas.

Ex.: A mãe, ***que tem filhos,*** detesta fraldas de pano.

Este menino, ***que rouba livros***, é analfabeto.

A menina, ***que nunca foi santa***, aprontou mais uma.

Perceba que aqui o entendimento da oração, do idioma, fica mais evidente que a nomenclatura gramatical. Perceba que todas as orações em destaque não fazem diferença na mensagem. Todo padre faz seminário. Já se sabe quem enforcou o rato e, se a menina aprontou MAIS UMA, significa que ela nunca foi santa.

Adjetiva Restritiva

São aquelas orações que têm valor de adjetivo restritivo, ou seja, são essenciais para pontuar uma mensagem. Literalmente restringem uma informação. A vírgula depois dela, uma só, é opcional.

O padre ***que é bêbado*** (,) sempre atrasa a missa.

O cão ***que latiu*** (,) estava bravo.

Perceba que não é qualquer padre ou qualquer cão, todos eles estão especificados, ou seja, restritos. Na terceira oração, o tempo verbal faz a diferença, veja que se falou do "cão que latiu", apenas dele.

Ex.: Almocei com meu irmão ***que se casou***. (restritiva)

Almocei com meu irmão, ***que se casou***. (explicativa)

A diferença entre as duas é gritante. Na primeira, o sujeito possui mais de um irmão, ele especifica com qual deles almoçou. Na segunda, ele possui apenas um irmão.

As nomenclaturas reforçam a tese. Repare que na segunda, sendo explicativa, já se sabe com qual irmão ele almoçou. Na primeira ele restringe com qual irmão almoçou.

Ex.: Vi o senador ***que é meu vizinho***. (restritiva)

Vi o senador, ***que é meu vizinho***. (explicativa)

Na primeira, sei de qual senador o sujeito se refere. Na segunda, pode-se falar que o sujeito esteja na Câmara do Senado, por especificar qual senador, entre muitos que lá trabalham, ele viu.

Vimos neste capítulo como o valor das conjunções pode e vai confundir você, caso sua mente não esteja atenta. Saber quais são as conjunções é válido, porém saber o valor que possuem é ainda mais útil e eficaz para êxito numa prova de concurso. Assim como na coordenadas, as subordinadas pedem uma atenção ainda maior. O lado positivo é que representam literalmente o nome que recebem. Já nas substantivas, não se esqueça de que a conjunção é sempre integrante e que você consegue substituir toda uma oração substantiva por ISSO. Nas adjetivas, as vírgulas diferenciam uma da outra, entretanto estar atento à mensagem é o essencial para ter êxito nas provas.

Questões

01. (CESPE) "Mas é difícil dizer se a maior turbulência depende de uma crise moral (de uma diminuição da crença em princípios fundamentais) ou de outras causas, econômicas, sociais, políticas, culturais ou até mesmo biológicas."

Todo o trecho subsequente ao termo "difícil" funciona como complemento desse termo.

Certo ( ) Errado ( )

02. (CESPE) "O revisor é a pessoa mais importante na vida de quem escreve. Ele tem o poder de vida ou de morte profissional sobre o autor. A inclusão ou a omissão de uma letra ou de uma vírgula no que sai impresso pode decidir se o autor vai ser entendido ou não, admirado ou ridicularizado, consagrado ou processado."

A palavra "se" classifica-se como conjunção e introduz uma oração completiva.

Certo ( ) Errado ( )

03. (CESPE) "É claro que a gramática do inglês não é a mesma gramática do português, mas o nosso ponto é que o plural só está em um lugar na oração do inglês e isso não recebe uma avaliação negativa."

A oração "que a gramática do inglês não é a mesma gramática do português" exerce a função de complemento do vocábulo "claro".

Certo ( ) Errado ( )

04. (CESPE) "Realizar mudanças permanentes na lei por conta de circunstâncias excepcionais e episódicas não parece recomendar o bom senso."

A oração "Realizar mudanças permanentes na lei por conta de circunstâncias excepcionais e episódicas" exerce a função de complemento da forma verbal "recomendar".

Certo ( ) Errado ( )

05. (CESPE) "Desligue as luzes nos ambientes onde é possível usar a iluminação natural."

A oração "usar a iluminação natural" exerce a função de complemento do adjetivo "possível"

Gabaritos

01	ERRADO
02	CERTO
03	ERRADO
04	CERTO
05	ERRADO

8. CONCORDÂNCIA VERBAL E NOMINAL

8.1 Concordância Verbal

A concordância verbal é dos assuntos mais cobrados em provas de concurso, justamente pela complexidade que envolve a detecção de certos erros. O assunto por si só gera problemas, e as bancas agravam a abordagem do conteúdo, conduzindo, muitas vezes, o candidato ao erro. Saber as regras é importante, mas seguir alguns passos para isso é ainda melhor. Uma dica: em primeiro lugar, deve-se encontrar o sujeito. Fazendo isso, o candidato perceberá a relação do verbo com o sujeito, de modo que fica mais fácil unir o conhecimento das regras à coerência da mensagem.

A concordância verbal ocorre quando o verbo concorda com o núcleo do sujeito. Porém, levar isso à risca é perigoso, pois nem todos os casos seguem tal teoria e definição. Por isso, atenção aos exemplos. Vale lembrar que todos os verbos seguem as mesmas regras, com exceção de SER, que possui uma regra específica.

1ª pessoa > 2ª pessoa > 3ª pessoa

eu, nós tu, vós ele(a)(s)

Eu e tu **fizemos.**

(nós)

Tu e ele **fizestes** – ou – Tu e ele **fizeram.**

(vós) **(eles)**

Percebe-se que a ordem de aparição dos sujeitos pode mudar a concordância do verbo:

Eu, ela, Maria e Paula **fizemos**.

(nós)

VAIS

VÃO tu e ele.

IDES

Quando o sujeito vier posposto ao verbo, a concordância pode ser feita de duas formas: com os núcleos ou com o mais próximo.

Exs.: Fizemos eu, ela, Maria e Paula.

Fiz eu, ela, Maria e Paula.

Um(a) Dos(as) Que

Pode-se concordar com o mais próximo ou a quem que se quer dar ênfase:

Ela é uma **das** que **vieram** – ou – veio.

Muitas vezes, a mudança de concordância dos verbos pode influenciar em prejuízo semântico. A ênfase pode mudar. Saber unir seu domínio do idioma com as regras gramaticais é essencial para ter êxito em uma prova.

Núcleos com Sinônimos

A concordância é feita de duas formas, com os núcleos ou no singular, como se fosse uma coisa apenas.

Dor e Sofrimento

Guiam – ou – guia minha vida.

(dor e sofrimento são sinônimos)

Sujeito Oracional

Verbo sempre no SINGULAR.

Ex.: Amar e agir não **denota** a mesma coisa.

OU como Inclusão no Plural

Ex.: Manga **ou** mexerica me **aprazem**.

(valor de E)

Aposto Resumitivo

Verbo concorda com ele. Único caso em que o verbo não concordará com o núcleo do sujeito.

Ex.: Cinema, música, arte, dança, **tudo** me **agrada**.

aposto

Preposição COM

Duas concordâncias, com um dos núcleos ou com os dois.

Exs.: José **com** o cão **passeou** – ou – **passearam**.

José passeou com o cão. – mesma semântica

Coletivo pelo Determinante

Duas concordâncias, com o coletivo e com os determinantes.

Exs.: A maioria **das pessoas** sofre – ou – sofrem.

Parte **dos alunos** vieram – ou – veio.

Mais De/ Menos De

Ex.: Mais de um cliente **surgiu** – Menos de dois clientes **surgiram**.

Mais de um caminhão ***se chocaram***.

Por causa do SE (pronome reflexivo), acredita-se que seja mais de um carro mesmo, ou seja, no mínimo dois.

Com Pronomes

Ex.: Nem eu nem ele ***vamos***.

Equivale a "eu e ele vamos".

(Nenhum) Nem um nem outro ***vai.***

Ninguém apareceu.

Ex.: Quem de nós ***foi***? – Qual de nós ***vai***?

Concordando sempre com o pronome no singular.

Ex.: Quantos de ***nós*** vão – ou – ***vamos***?

Pronomes no plural, tanto faz concordar com o coletivo ou com o determinante.

Sujeito Deslocado

Muitas vezes, achar o sujeito é o meio mais seguro de saber se a concordância está correta. Claro que saber a regra constitui um aliado. Em provas, o mais comum é a mescla dos dois.

Ex.: Não se ***contrapuseram*** o meu e o seu ponto de vista.

Sujeito

São dois os pontos de vista. Verifica-se que tudo fica no singular para induzir o candidato ao erro.

Couberam (**coube**) a mim, um ator jovem, num mundo de ambição, o papel de mordomo e o de vilão.

Sujeito: o papel de mordomo e o de vilão. São dois os papéis.

Verifica-se que o verbo, por anteceder o sujeito, poderia vir no singular. Mas, em um concurso, a banca tende a induzir o candidato ao erro. Nota-se que não existe uma palavra no plural, e isso pode confundir o candidato. A flexão no singular COUBE é aceita porque o verbo está anteposto, podendo concordar com o primeiro núcleo do sujeito, no caso, PAPEL.

Vejamos algumas orações que podem causar dúvida quanto à concordância verbal:

Exs.: ***Soaram10 horas*** no relógio.

Deu meio-dia nos relógios.

Deram 1 hora ***os relógios***.

QUE/QUEM

Fui eu ***QUE FIZ***

QUEM FIZ

QUEM FEZ.

Fomos nós ***QUE FIZEMOS***

QUEM FIZEMOS

QUEM FEZ.

Países/ Estados

Mesmo que o nome esteja no plural, o verbo ficará no singular, a menos que apareça um artigo, daí o verbo se flexiona no plural.

Exs.: Estados Unidos ***invade*** o Iraque – ***Os*** Estados Unidos ***invadem*** o Iraque.

Minas Gerais ***abraça*** o Brasil – ***As*** Minas Gerais ***abraçam*** o Brasil.

Os lusíadas **narra / narram** a saga portuguesa.

Pronomes de Tratamento

Sempre 3ª pessoa do singular.

Vossa Santidade está bem?

Locução Verbal

O verbo auxiliar concorda com o núcleo do sujeito.

Eles ***vão*** sair.

Exceção ao verbo auxiliar PARECER, que pode flexionar concordando com o núcleo ou ficar no singular.

Eles ***parecem*** dormir – Eles parece ***dormirem***.

Haja Vista

Pode concordar com o termo sucessor no plural ou ficar invariável.

Ex.: (...) ***HAJA*** VISTA ***o problema*** da saúde.

(...) ***HAJAM*** VISTA ***os problemas*** da saúde.

(haja vista)

Silepse de Pessoa

O verbo concorda com um termo implícito.

Os brasileiros ***estamos*** calmos. (***nós***, termo implícito)

(**estão**)

Concordância do Verbo Ser

As regras do verbo SER são diferentes. Ele concorda com o pronome do caso reto e/ou com pessoas, independente se estiverem no sujeito ou no predicado. Na ausência dessas duas possibilidades, o verbo SER concorda com quem estiver no plural.

Exs.: ***As crianças são*** o inferno.

Meu sonho ***são meus pais***.

O rei ***somos nós***.

Tudo ***são*** (é) ***flores***.

O verbo "ser", quando indica tempo ou distância, concordará com o predicativo:

Ex.: São seis quilômetros daqui até a cidade.

→ Se a oração estiver na voz passiva, com sujeito indeterminado, o verbo ficará na terceira pessoa do singular:

Ex.: Precisa-se de vendedores.

→ Se o verbo vier acompanhado do pronome apassivador "se", deverá concordar com o sujeito:

Ex.: Alugam-se barcos.

→ Quando o sujeito for composto, o verbo ficará no plural quando aparecer depois do sujeito:

Ex.: Filhos e netos aplaudiram o discurso do jardineiro.

→ Quando o verbo aparecer antes do sujeito composto, poderá aparecer no plural ou no singular concordando com o primeiro termo:

Exs.: Chegaram a filha, o genro e os netos.

Chegou a filha, o genro e os netos.

→ Verbos que indicam fenômenos da natureza, por não possuírem sujeito, ficarão sempre na terceira pessoa do singular:

Exs.: Ventou a semana toda.

Choveu por três dias.

→ O verbo "haver", quando apresentar o sentido de "existir", será impessoal e ficará sempre na terceira pessoa do singular:

Ex.: Há várias coisas para fazer aqui.

→ Os verbos "haver" e "fazer", quando indicarem tempo, também serão impessoais e ficarão sempre na terceira pessoa do singular:

Exs.: Faz duas semanas que não como doces.

Há meses que não vou até lá.

8.2 Concordância Nominal

Muitas vezes, a concordância nominal aparece junto à verbal. As bancas têm o hábito de colocar as duas num mesmo exercício. O grau de atenção que o tópico pede é o mesmo que o da concordância verbal. A concordância nominal ocorre quando existe a concordância com o nome em gênero (masculino e feminino) e número (singular e plural).

Quando houver os dois gêneros, na concordância, sempre prevalecerá o masculino.

Comprei toalha e tapete ***amarelos***.

(concorda com os dois)

Comprei toalha e tapete ***amarelo***.

(concorda apenas com TAPETE)

Comprei toalha ***amarela*** e tapete.

(concorda apenas com TOALHA e deve estar "colado" ao termo feminino)

Comprei ***amarela*** toalha e tapete.

(concorda com o mais próximo)

Comprei ***amarelos*** toalha e tapete.

(concorda com os dois)

Exs.: A cerveja que desce ***REDONDO***.

(advérbio, sem variação)

É ***PROIBIDO*** entrada de estranhos.

É ***PROIBIDA A*** entrada de estranhos.

(artigo muda o gênero)

Anexo

Ex.: Seguem ***ANEXAS*** as planilhas.

Seguem ***EM ANEXO*** as planilhas.

Bom / Boa

Exs.: Salada é **bom.**

A salada é **boa**.

Meio / Meia

Exs.: Ela ficou ***MEIO*** tensa. (advérbio)

Já é meio-dia e ***meia***. (numeral)

Menos

Ex.: Faça ***MENOS*** força.

Mesmo

Ex.: Joana ***MESMA*** fez o bolo.

Joana fez o bolo ***MESMO.***

Só

Exs.: ***Ele*** ficou SÓ com a menina. (**concorda com o sujeito**)

Eles ficaram ***SÓS*** com a menina. (**concorda com o sujeito**)

A Sós

Exs.: Ele ficou **A SÓS** com ela.

Eles ficaram **A SÓS** com ela.

(ambos são advérbios, portanto, não há variação)

Quite/Quites

Exs.: Eu estou ***QUITE***.

Nós estamos ***QUITES.***

Alerta

Ex.: As pessoas ficaram ***ALERTA***.

Muitas vezes, saber a quem o termo se refere ajuda, e muito, para entender o conceito de concordância. Em provas, é comum deslocar a concordância do termo com o qual ela se relaciona, e o candidato pode ser induzido ao erro.

Achei ***LINDA***, entre todos os presentes, homens de negócio, ambiciosos cujo poder suplanta qualquer caráter, ***a sua atitude***.

Adjetivos Compostos

Quando há dois adjetivos, em um mesmo termo, apenas o segundo se flexiona em concordância ao nome.

Reuniões afro-***brasileiras.***

Clínicas médico-***cirúrgicas.***

EXCEÇÃO: Crianças **SURDAS-MUDAS.**

Cores

Cores compostas, apenas **CLARO e ESCURO flexionam,** os demais termos não.

Exs.: ***Blusas*** verde-***claras***

Calças verde-***escuras***

Sutiãs verde abacate

Cuecas vermelho-sangue

Exs.: ***Saias*** laranja

Camisas vinho

Blusas violeta

Calcinhas creme

Sapatos cinza

Quando a cor funcionar também como substantivo, apenas o substantivo flexionará o adjetivo, ou seja, a cor não. O plural de CINZA, como substantivo ficará CINZAS, a cor não.

Vimos, neste capítulo, como a atenção ao sujeito é primordial para que tanto a concordância nominal como a verbal fiquem claras para o aluno. Saber as regras é importante, porém entender os conceitos e, principalmente, dominar a semântica da Língua Portuguesa é ainda mais essencial. A leitura ajuda muito. Quem lê bastante acaba dominando as mensagens, mesmo as mais peculiares que os discursos trazem.

Questões

01. (CESPE) "A invenção das técnicas para controlar o fogo, o início da agricultura e do pastoreio na Mesopotâmia, a organização da democracia na Grécia, as grandes descobertas científicas e geográficas entre os séculos XII e XVI, o advento da sociedade industrial no século XIX, tudo isso representa saltos de época, que desorientaram gerações inteiras."

Seria mantida a correção gramatical do texto caso a forma verbal "representa" fosse substituída por representam.

Certo ( ) Errado ( )

02. (CESPE) "A primeira turma de oficiais da PM/MA com Curso de Formação de Oficiais formou-se em 1966, na Academia de Polícia Militar do Estado de Minas Gerais; daí em diante, aconteceram formações em outras academias de diferentes estados."

A correção gramatical e o sentido original do texto seriam mantidos caso a forma verbal "aconteceram" fosse substituída por ocorreu ou por ocorreram.

Certo ( ) Errado ( )

03. (CESPE) 'Trata-se de uma visão revolucionária, já que o convencional era fazer o elogio da harmonia e da unidade."

Se a expressão "uma visão revolucionária" fosse substituída por ideias revolucionárias, seria necessário alterar a forma verbal "Trata-se" para Tratam-se, para se manter a correção gramatical do texto.

Certo ( ) Errado ( )

04. (CESPE) Seria mantida a correção gramatical do texto caso o trecho "Nenhum daqueles filhos de operários, meus irmãos ou eu havia ido ao pediatra" fosse assim reescrito: Nenhum daqueles filhos de operários, nem meus irmãos nem eu tínhamos ido ao pediatra.

Certo ( ) Errado ( )

05. (CESPE) "Houve, em resumo, uma ampliação no grau de complexidade da sociedade."

Seriam mantidos a correção gramatical e os sentidos originais do texto, caso a forma verbal "Houve" fosse substituída por Ocorreram.

Certo ( ) Errado ( )

Gabaritos

01	ERRADO
02	ERRADO
03	ERRADO
04	CERTO
05	ERRADO

9. COLOCAÇÃO PRONOMINAL

A colocação pronominal caracteriza-se quando o pronome oblíquo aparece relacionado ao verbo. Existem 3 formas de o pronome oblíquo aparecer junto ao verbo: depois, no meio e antes dele. Apesar de a próclise ser a mais recorrente em concursos, a colocação pronominal é comum nas provas, independentemente da banca.

9.1 Ênclise

Caracteriza-se quando o pronome oblíquo aparece depois do verbo. É a forma natural de o pronome aparecer. Existe apenas uma regra. É comum chamar o pronome oblíquo numa ênclise de pronome **enclítico**.

> Não importa o pronome, importa que a ele seja dado o nome de enclítico quando vier depois do verbo.

Jamais se inicia oração com pronomes oblíquos.

Ex.: Dê-***me*** - Fale-***me*** - Compre-***o*** - Diga-***lhe***- Faça-***o***- Fizeram-***me***.

A ênclise só é obrigatória nessas situações, fora isso, a próclise, quando o pronome oblíquo aparece antes do verbo, também pode ser correta.

> Não é interessante decorar regras. Entender o conceito é muito mais seguro para uma prova. Observemos a oração a seguir.

Ex.: Aqui (se) trabalha(***-se***).

O pronome SE viria antes ou depois do verbo?

É aqui que a Língua Portuguesa traz mais uma vez suas particularidades. Se a resposta for "depende", haveria alguns ajustes a serem feitos.

Vejamos a sentença a seguir:

Ex.: Aqui ***se*** trabalha.

A posição do pronome não só é correta como também é obrigatória, porque o termo AQUI é um advérbio, uma palavra atrativa, ou seja, o pronome oblíquo se torna proclítico, obrigatoriamente.

Ex.: Aqui, trabalha-***se.***

Caso se opte pela ênclise, significa que a vírgula, opcional, deve aparecer na sentença. O início da oração traz um advérbio reduzido, com isso, o uso da vírgula é opcional.

Caso se opte por colocar a vírgula, a oração vai se iniciar depois dela, logo aplica-se a regra da ênclise de jamais se iniciar oração por pronome oblíquo. O pronome tem de ser enclítico, obrigatoriamente.

Exs.: Em janeiro, permite-***se*** tudo.

Lá, perseguem-***me***.

Vejamos a oração:

Ex.: As meninas, ontem, (me) ligaram(-me).

Percebe-se que, se a regra de colocação pronominal for meramente decorada, com certeza, o candidato seria induzido ao erro. Na oração citada, tanto faz colocar o pronome antes ou depois do verbo.

O termo ONTEM, isolado por vírgulas, está no meio da oração, é como "se ele não existisse", é possível retirá-lo, de modo que a oração não será modificada sintaticamente. Convém observar que a oração começa com AS MENINAS.

> A ênclise inexiste no particípio e nos futuros do presente e do pretérito do modo indicativo.
> **Ex.:** Comprado-me – Dito-lhe – Compraria-me – Darei-lhe.

Conforme já afirmamos no início da abordagem desse tema, a próclise é tradicional no Brasil. Portanto, **tanto faz** falar "me ligaram" ou "ligaram-me".

Como as vírgulas são opcionais, ao retirá-las, o termo ONTEM (uma palavra atrativa) fica em evidência. Dessa forma, a oração apenas ficará certa com a seguinte formação:

Ex.: As meninas ontem ***ME*** ligaram.

9.2 Mesóclise

Caracteriza-se quando o pronome oblíquo aparece no meio do verbo. Os verbos que aceitam a mesóclise são os conjugados nos tempos futuro do presente e futuro do pretérito do modo indicativo. A mesóclise só será obrigatória em início de oração, caso contrário, a próclise também estará certa.

> Percebe-se que, quando a mesóclise não aparecer no início, a próclise também estará certa. Tanto faz "O casamento REALIZAR-SE-Á à noite" ou "O casamento SE REALIZARÁ à noite".

Exs.: Dar-***LHE***-ei - Comprar-***TE***-íamos

Ligá-***LO***-ei -

Trá-***LA***-á.

Vejamos a mesóclise em exemplos apontados a seguir. Verifica-se que, obrigatoriamente, os verbos estão no início da oração. Por isso, o pronome mesoclítico é a única forma correta:

Exs.: Comparemos a ti (TE) o pão (O).

Comprar-**TO**-emos.

Darei a ela (LHE) a palavra (A).

Dar-**LHA**-ei.

9.3 Próclise

Ocorre quando o pronome oblíquo aparece **antes** do verbo. É a forma mais comum no Brasil. Por isso, são as mais cobradas pelas bancas. A próclise só estará errada se aparecer no início da oração. Para que ela seja OBRIGATÓRIA, existem as palavras atrativas.

Vejamos as regras:

Advérbio

Ex.: <u>Não</u> ***me*** desanime.

Pronome indefinido, demonstrativo

Exs.: <u>Isso</u> ***o*** desapontou.

<u>Tudo</u> ***me*** anima.

Pronome relativo

Ex.: Este é o homem <u>que</u> ***lhe*** desobedecerá.

Conjunção subordinativa

Ex.: Ela falou <u>que</u> ***me*** deve dinheiro.

Frases exclamativas e interrogativas

Exs.: Como ***te*** maltrataram!

Onde ***a*** deixaram?

Expressão de desejo / Imprecação (desejo ruim)

Ex.: Deus ***o*** ilumine. O diabo ***te*** carregue.

Verbo no gerúndio precedido, porém, de outra oração

Ex.: <u>Em</u> ***se*** falando de política, cale-se.

Nas orações a seguir, é possível observar que ambas estão certas:

Ex.: Joana disse ***que*** a festa <u>se</u> realizará amanhã.

A conjunção subordinada atrai o pronome oblíquo, mas não de forma obrigatória, a ênclise também estaria certa aqui.

Ex.: Joana disse ***que*** vai chamar-<u>me</u>.

Mesmo que haja a palavra atrativa, existe uma locução verbal e o verbo principal no infinitivo, assim, mesmo se tivermos a oração abaixo, também estaria correta.

> Não existe ênclise com verbos no particípio. Assim como nem toda locução verbal exigirá o pronome oblíquo igual ao exemplo anterior. Ex.: O padre (ME) tinha (ME) chamado.

Exs.: Joana disse ***que*** vai <u>me</u> chamar. – Joana disse ***que*** <u>me</u> vai chamar.

Não irá convidar-<u>me</u>.

Não irá <u>me</u> convidar.

Não <u>me</u> irá convidar.

Vimos, neste capítulo, como a próclise predomina na colocação pronominal. Claro que saber as regras ajuda, e muito, a usar adequadamente os pronomes oblíquos em uma oração. Porém, perceber que tais termos em nada mudarão a semântica em uma mensagem é fundamental para que não se cometam erros ao se resolver uma questão.

Questões

01. (CESPE) "De acordo com Honneth, as demandas por direitos — como aqueles que se referem à igualdade de gênero ou relacionados à orientação sexual —, advindas de um reconhecimento anteriormente denegado, criam conflitos práticos indispensáveis para a mobilidade social."

A correção gramatical do texto seria comprometida se o termo "se" fosse posicionado após a forma verbal "referem", da seguinte forma: referem-se.

Certo ( ) Errado ( )

02. (CESPE) "Em razão disso, todos os países, lugares e pessoas passam a se comportar, isto é, a organizar sua ação, como se tal "crise" fosse a mesma para todos e como se a receita para a afastar devesse ser geralmente a mesma."

A correção gramatical do texto seria mantida caso, no trecho "passam a se comportar", o vocábulo "se" fosse deslocado para depois da forma verbal "comportar", da seguinte maneira: passam a comportar-se.

Certo ( ) Errado ( )

03. (CESPE) "Nós nos tornamos o único país com mais de 100 milhões de habitantes que ousou oferecer saúde para todos."

A correção gramatical do texto seria preservada caso se substituísse "nos tornamos" por tornamo-nos.

Certo ( ) Errado ( )

04. (CESPE) "Mas o senhor acha mesmo, sargento Gabriel, que ele poderia ter-me absolvido?"

Sem prejuízo para a correção gramatical e para o sentido do texto, o trecho "que ele poderia ter-me absolvido" poderia ser assim reescrito: que ele poderia ter absolvido-me.

Certo ( ) Errado ( )

05. (CESPE) "A abordagem desse tipo de comércio, inevitavelmente, passa pela concorrência, visto que é por meio da garantia e da possibilidade de entrar no mercado internacional, de estabelecer permanência ou de engendrar saída, que se consubstancia a plena expansão das atividades comerciais e se alcança o resultado último dessa interatuação: o preço eficiente dos bens e serviços."

A correção gramatical do texto seria mantida caso o trecho "que se consubstancia" fosse alterado para que consubstancia-se.

Certo ( ) Errado ( )

Gabaritos

01	CERTO
02	CERTO
03	CERTO
04	ERRADO
05	ERRADO

10. REGÊNCIA VERBAL E NOMINAL

10.1 Regência Verbal

A relação correta entre o verbo e seus complementos, ou seja, os termos regidos por ele.

Os verbos que exigem complemento, chamados transitivos, se relacionam de duas maneiras com seus complementos:

> Verbos transitivos diretos:

São os verbos que não exigem preposição antes de seus complementos:

Ex.: ***Comprei*** frutas hoje cedo.

> Verbos transitivos indiretos:

São os verbos que não exigem preposição antes de seus complementos:

Exs.: Os moradores ***gostaram da*** pintura do prédio.

Fui à cidade de ônibus.

> Verbos transitivos diretos e indiretos:

São verbos que exigem dois complementos, sendo um ligado por preposição:

Ex.: ***Entreguei*** a carta ***ao diretor***.

> Verbos intransitivos:

São verbos que não exigem complemento:

Ex.: O vizinho do apartamento ao lado ***morreu***.

Em alguns casos, o emprego ou não de preposição poderá alterar o sentido do verbo:

Assistir:

Verbo transitivo direto quando tiver o sentido de ajudar.

Verbo transitivo indireto quando tiver o sentido de ver.

Ex.: Assistimos ao filme na minha casa.

O médico assistiu os pacientes mesmo fora de seu horário.

Verbo	Sentido	Regência/Preposição	Pronomes	Exemplos
Chamar	convocar	TD (por)	o,a	O Diretor o chamou à sua presença. Chamei por você. (ODp)
	apelidar	TD TI > a	o,a lhe	Chamaram-no (de) charlatão. (PO) Chamaram-lhe (de) charlatão. (PO)
Chegar, vir, ir		VI > a	-	Chegou ao Rio ontem.
Custar	ser custoso/difícil	TDI > a	lhe	Custa ao homem o perdão.
Implicar	acarretar	TD		Isso implica punição.
Lembrar Esquecer		TD	o,a	Lembrou o fato Esqueceu a chave.
Lembrar-se Esquecer-se		TI > de	dele	Lembrou-se do fato. Esqueceu-se da chave.
Namorar		TD	o,a	Ele namora minha irmã.
Necessitar Precisar		TD TI > de	o, a dele	O País precisa (de) agrônomos. O País precisa deles. O País precisa-os.
(Des)obedecer		TI > a	lhe (pessoa)	Os filhos obedecem aos pais. Não devemos desobedecer-lhes.
Morar, residir		VI > em	-	Mora na Rua XV de Novembro.
Pagar Perdoar	coisa	TD	o, a	Deus perdoe nossos pecados.
	pessoa	TI > a	lhe	Perdoei aos meus devedores. Perdoei-lhes.
Preferir	algo a alguma coisa	TDI > a		Prefiro água a sucos.
Proceder	dar início, realizar	TI > a	a ele/ela	O professor procedeu-lhe.
Querer	desejar	TD	o,a	Ele não a quis para esposa.
	amar, ter afeto a	TI > a	lhe	Juro que lhe quero muito.
Referir-se		TI > a	a ele	Referiu-se à ajuda coletiva. (a ela)
Responder	dizer ou escrever em resposta	TI > a TDI	lhe	Respondeu ao telegrama. Respondeu-lhe que estava doente.

Visar	fazer pontaria pôr visto em	TD	o,a	Visou o alvo e atirou. O banco visou o cheque.
	pretender	TI > a	a ele	O vestiba visa a uma vaga na universidade. (a ela)
Agradar	causar agrado	TI > a	lhe	O vestibular agradou aos calouros.
Ajudar		TD	o,a	O filho ajudava o pai na roça.
Aludir	fazer, referência	TI > a TDI	a ele	Aludiu aos fatos acontecidos. (a eles) Aludiu os fatos aos ouvintes.
Ansiar	causar mal-estar, angustiar	TD	o,a	O cansaço ansiava-o.
	desejar ardentemente	TD TI > por	o, a por ele	Minha alfa anseia o infinito. Ansiava por me ver fora de casa.
	padecer ânsias	VI	-	Anseio em viagens.
Aspirar	sorver, respirar	TD	o, a	Aspirava o cheiro das rosas abertas.
	desejar, pretender	TI > a	a ele	O vestiba aspira a ser médio. (a isso)
Assistir	prestar assistência	TD	o, a	O médico assiste o doente. Os missionários são assistidos por Deus.
	presenciar, ver	TI > a	a ele	porque não assistes às aulas, vestiba? Tenho assistido a elas (às aulas)
	caber, ser de direito	TI > a	lhe	Não lhe assiste o direito de oprimir os vestibas.
	morar, residir	VI > em		Assistirei na capital enquanto estiver estudando.

10.2 Regência Nominal

Observe os exemplos a seguir:

Exs.: Temos muito ***admiração pelo*** seu trabalho.

A atitude dele durante a reunião foi ***contrária ao*** esperado.

Tenho certeza de que você tem ***capacidade para*** fazer um ótimo trabalho.

Observe que os nomes são acompanhados por preposições que lhes dão sentido. Estas preposições ligam os nomes ao termos de maneira coerente.

Cada nome possui um ou mais preposições específicas que devem acompanha-los. Esta colocação correta é chamada **regência nominal.**

Nomes e Respectivas Regências			
Acessível : a	Contíguo: a	Imbuído: de, em	Preferível: a
Acostumado: a, com	Contrário: a	Impróprio: para	Prejudicial: a
Afável: com, para, a	Curioso: de	Imcompatível: com	Presente: a
Aflito: com, por	Descontente: com	Indeciso: em	Prestes: a
Agradável: a	Desejoso: de	Inepto: para	Propenso: a, para
Alheio: a, de	Devoto: a, de	Insensível: a	Propício: a
Alusão: a	Diferente: de	Liberal: com	Próximo: a, de
Ambicioso: de	Entendido: em	Medo: a, de	Relacionado: com, a
Análogo: a	Equivalente: a	Misericordioso: com, para, com	Residente, situado, sito, morador: em
Ansioso: de, para, por	Essencial: para	Natural: de	Respeito: a, com, para com
Apaixonado: de (entusiasmado), por (enamorado)	Fácil: de	Necessário: a	Satisfeito: com, de, em, por
Apto: a, para	Falho: de, em	Nocivo: a	Semelhante: a
Aversão: a, por	Fanático: por	Obediência: a	Sensível: a
Ávido: de, por	Favorável: a	Ódio: a, contra	Suspeito: de

Benéfico: a	Favorável: a	Ojeriza: a. por	União: a, com, de, entre
Capacidade: de, para	Generoso: com	Paralelo: a, com, entre	Único: a, em
Capaz: de, para	Grato: a	Parco: em, de	Útil: a, para
Compatível: com	Hábil: em	Parecido: a, com	Vazio: de
Conforme: a (semelhante), com (coerente), em (concorde)	Habituado: a	Passível: de	Versado: em
Constante: de, em	Horror: a	Possível: de	Vinculado: a
Conteporâneo: a, de	Idêntico: a	Possuído: de, por	

Questões

01. (CESPE) "Ninguém poderia ficar impassível diante de uma mudança dessa envergadura. Por isso a sensação mais difundida é a desorientação."

Seria mantida a correção gramatical do texto se o trecho "diante de uma mudança" fosse alterado para ante a uma mudança.

Certo ( ) Errado ( )

02. (CESPE) No trecho "poucos tentam compreender no que exatamente se inscreveram", a substituição de "no que" por o que comprometeria a correção gramatical do texto.

Certo ( ) Errado ( )

03. (CESPE) "Lançado, desde a infância, no torvelinho da sociedade, aprendi cedo, por experiência, que não era feito para viver nela, onde nunca conseguiria chegar ao estado de que meu coração precisava."

No trecho "estado de que meu coração precisava", a preposição "de" é regida pela formal verbal "precisava", não pela palavra "estado".

Certo ( ) Errado ( )

04. (CESPE) "Entramos na liça ao nascer; dela saímos ao morrer. De que vale aprender a conduzir melhor seu carro quando se está no fim do percurso? Só resta pensar então em como abandoná-lo. O estudo de um Velho, se ainda lhe resta a fazer, é unicamente o de aprender a morrer e é precisamente o que menos se faz na minha idade, pensa-se em tudo, menos nisso."

A regência do verbo restar é diferente nos trechos "resta pensar" e "resta a fazer": neste, o sentido do verbo altera-se em relação ao empregado naquele.

Certo ( ) Errado ( )

05. (CESPE) "O trabalho desenvolvido pela contrainteligência tem foco na defesa contra ameaças como a espionagem, a sabotagem, o vazamento de informações e o terrorismo, patrocinadas por instituições, grupos ou governos estrangeiros."

O sentido do texto seria prejudicado, embora sua correção gramatical fosse preservada, caso a preposição presente na expressão "contra ameaças" fosse substituída pela preposição de.

Certo ( ) Errado ( )

Gabaritos

01	ERRADO
02	CERTO
03	CERTO
04	ERRADO
05	CERTO

11. CRASE

Assunto mais do que recorrente em qualquer prova, banca e nível. Por ser tão complexa, a crase tronou-se a vilã de qualquer concurso público. O importante é entender o conceito e não apenas decorar regras. Lembre-se de que o acento indicativo da crase é o grave e que crase é o encontro vocálico entre a preposição A e o artigo A.

Existem as regras obrigatórias, as proibitivas e as facultativas. Porém, há que se ter uma base delas para entender como as bancas optam por cobrar esse assunto.

11.1 Regras Obrigatórias

Em Locuções Conjuntivas

Ex.: à medida que**, à** proporção que.

> A medida que tomei foi a correta. - sem crase

Em Locuções Adverbiais

Ex.: à direita, à esquerda, à noite, às vezes, à vista, às 10h etc.

> Quando o assunto se refere aos períodos de tempo, principalmente as horas, é importante saber diferenciar um período de uma hora exata. Observemos que "Ele ficou as 10h em jejum" não leva acento grave, por representar o tempo total do jejum. Deve-se atentar também para as preposições, com exceção do ATÉ - nunca haverá crase com elas: "Estou aqui desde as 9h".

Em Expressões À MODA DE

Bife à milanesa – Escrevo à Camões – Fiz um gol à Maradona.

Antes de Senhora, Senhorita e Dona

Eu obedeço à senhora - Ele se referiu à dona - Eu paguei à senhorita.

Antes de Casa, Terra e Distância, Quando tais Palavras Vierem Determinadas

Exs.: Cheguei à terra ***dos meus pais.***

Fomos à casa ***amarela.***

Fiquei à distância ***de 50 metros.***

11.2 Regras Facultativas

Antes de Nomes Próprios Femininos

Exs.: Ele se referiu (a) (à) Mariana.

Nós obedecemos (a) (à) Carla

Eles pagaram (a) (à) Maria.

Com a Preposição ATÉ

Exs.: Todos foram ***até (a) (à)*** mais bela fantasia.

Ficaremos abertos ***até (as) (às)*** 23h.

Pronomes Possessivos Femininos

Exs.: Fomos ***(a) (à) sua*** casa.

Ele se referiu ***(a) (à) minha*** mãe.

11.3 Regras Proibitivas

Antes de Palavras Masculinas

Ex.: Graças ***a Deus*** - Fomos ***a pé***.

Entre Palavras Repetidas

Ex.: gota ***a*** gota – uma ***a*** uma – cara ***a*** cara – face ***a*** face.

Antes de Verbos

Ex.: Voltamos a apresentar – Contas a pagar – A partir

Antes de Palavras no Plural sem que Haja Encontro Vocálico

Ex.: Ele se referiu ***a mulheres*** – Fomos ***a missas.***

Observação: verifica-se que só há preposição nos exemplos acima.

Antes de Numerais

Exs.: Matrículas de 15 ***a 30*** de abril.

De segunda ***a sexta.***

Ficamos ***a 10*** metros de distância.

> Quando existir a contração da preposição DE com o artigo A, haverá uso do acento grave. Ex.: Da primeira à sexta fileiras - Escrevi DA página 1 à 40.

Antes de Pronomes

Exs.: Um beijo ***a todos.***

Graças ***a Sua Santidade.***

Dei um recado ***a ela.***

Este é o filme ***a que*** assisti.

11.4 Crase – Casos Especiais

Decorar regras de crase pode não ser tão eficiente. É importante atentar para algumas formas de o acento grave ser cobrado em provas. A probabilidade de aparecer isso nas questões é muito grande, principalmente quando a crase aparece com regras implícitas. Vejamos:

Ex.: Vivenciei uma situação análoga à que você contou.

Verifica-se que, pelas regras, antes de pronomes, não haveria acento grave. Mas, no exemplo, há uma palavra implícita: SITUAÇÃO.

A oração ficaria assim:

Ex.: Vivenciei uma situação análoga à ***(situação)*** que você contou.

Como a palavra não pode ser repetida, pois seria um eco, a crase dá a impressão de estar errada. É preciso ter cuidado com esse tipo de situação.

Ex.: O termo À QUE pode ser trocado por À QUAL (A+A QUAL).

> Muitas vezes, saber a regência do verbo ajudará, e muito, no entendimento do uso do acento grave. Além de assimilar o valor correto da mensagem, também trará ao leitor uma exatidão no uso da crase.

Outro Caso

Quando o aluno decora algo e toma aquilo como lei, pode sofrer consequências inesperadas. O acento grave pode aparecer em pronomes demonstrativos. Isso ocorre quando o verbo exigir a preposição A. Nesse caso, saber a regência do verbo é primordial ao entendimento.

> Muitas vezes, saber a regência do verbo ajudará, e muito, no entendimento do uso do acento grave. Além de assimilar o valor correto da mensagem, também trará ao leitor uma exatidão no uso da crase.

Exs.: Ele viu aquilo. **(quem vê vê algo)**

Obedeci ***àquele*** homem. (**Quem obedece obedece a alguém)**

A preposição ligada ao verbo, no caso o A, junta-se ao A do pronome aquele e tem-se tal formação. Mesmo sendo pronome masculino: a+aquele.

Ele se referiu ***àquilo*.**

(quem se refere se refere a algo) a preposição ligada ao verbo, no caso o A, junta-se ao A do pronome AQUILO e tem-se tal formação: **a+aquilo**.

Crase com Termos Implícitos

Ainda no campo de palavras implícitas, percebamos, nos exemplos abaixo, como o ato de simplesmente decorar pode atrapalhar o aluno.

Ex.: Não só fez uma homenagem à filha do vizinho como também à dele.

Não só fez uma homenagem à filha do vizinho como também **(fez uma homenagem)** à **(filha)** dele.

Neste capítulo, vimos como a crase é importantíssima para uma comunicação perfeita. Procuramos salientar como as bancas costumam agir, elaborando questões que tendem a eliminar o candidato que se ocupa em exclusivamente decorar regras. Entender o conceito que o conteúdo traz e associar as regras ao uso correto do acento será primordial para que o assunto se torne corriqueiro e de domínio do aluno, auxiliando-o, inclusive, em suas redações.

Questões

01. (CESPE) "Embora a chamada plasticidade das embrionárias seja maior, os desafios éticos de pesquisas com esse tipo de células levaram a atenção de muitos cientistas às células-tronco adultas."

O emprego do acento indicativo de crase em "às células-tronco adultas" é facultativo, dada a presença de termo masculino na palavra composta "células-tronco".

Certo ( ) Errado ( )

02. (CESPE) "Um zoológico serve para muitas coisas, algumas delas edificantes."

Sem prejudicar a correção gramatical tampouco alterar o sentido do trecho, a expressão "serve para" poderia ser substituída por convém à.

Certo ( ) Errado ( )

03. (CESPE) "A vida de Florence Nightingale, a criadora da moderna enfermagem, daria um romance. Florence estava destinada a receber uma boa educação, a casar-se com um cavalheiro de fina estirpe, a ter filhos, a cuidar da casa e da família."

A correção gramatical do texto seria mantida se fosse inserido o acento indicativo de crase no vocábulo "a" no trecho "destinada a".

Certo ( ) Errado ( )

04. (CESPE) "Embora a perspectiva analítica de cada um desses autores divirja entre si, eles estão preocupados em desenvolver formas de promoção de situações de justiça social e têm hipóteses concretas para se chegar a esse estado de coisas."

A correção gramatical do texto seria mantida caso se empregasse o acento indicativo de crase no vocábulo "a" em "a esse estado de coisas"

Certo ( ) Errado ( )

05. (CESPE) "Para fazer frente a essas transformações, é necessário um novo tipo de planejamento urbano. Conceitos rígidos dão lugar à flexibilidade, à análise de cenários alternativos e à inclusão da sociedade na formulação das políticas."

No trecho "à análise de cenários alternativos e à inclusão da sociedade na formulação das políticas", o emprego do sinal indicativo de crase é obrigatório em ambas as ocorrências.

Certo ( ) Errado ( )

Gabaritos

01	ERRADO
02	ERRADO
03	ERRADO
04	ERRADO
05	CERTO

12. PONTUAÇÃO

A pontuação assinala a melodia de nossa fala, ou seja, as pausas, a ênfase etc.

12.1 Principais Sinais e Usos

Vírgula

É o sinal mais importante para concurso público.

Usa-se a vírgula para:

Separar termos que possuem mesma função sintática no período:

Ex.: ***José, Maria, Antônio*** e ***Joana*** foram ao mercado. (função de núcleo do sujeito)

Isolar o vocativo:

Ex.: Então, ***minha cara***, não há mais o que se dizer!

Isolar um aposto explicativo (cuidado com essa regra, veja que não há verbo no aposto explicativo):

Ex.: O João, ***ex-integrante da comissão***, veio fazer parte da reunião.

Isolar termos antecipados, como: complemento, adjunto ou predicativo:

Ex.: ***Na semana passada***, comemos camarão no restaurante português. (antecipação de adjunto adverbial)

Separar expressões explicativas, conjunções e conectivos:

Ex.: isto é, ou seja, por exemplo, além disso, pois, porém, mas, no entanto, assim etc.

Separar os nomes dos locais de datas:

Ex.: Cascavel, 02 de maio de 2012.

Isolar orações adjetivas explicativas (pronome relativo + verbo + vírgula):

Ex.: O Brasil, ***que é um belíssimo país***, possui ótimas praias.

Separar termos de uma enumeração:

Ex.: Vá ao mercado e traga ***cebola, alho, sal, pimenta e coentro***.

Separar orações coordenadas.

Exs.: Esforçou-se muito, ***mas não venceu o desafio***. (oração coordenada sindética adversativa)

Roubou todo o dinheiro, ***e ainda apareceu na casa***. (oração coordenada sindética aditiva).

> A vírgula pode ser utilizada antes da conjunção aditiva "e" caso se queira enfatizar a oração por ela introduzida.

Omitir um termo, elipse (no caso da elipse verbal, chamaremos "zeugma"):

Ex.: De dia era um anjo, de noite um ***demônio***. (omissão do verbo "ser")

Separar termos de natureza adverbial deslocado dentro da sentença:

Exs.: ***Na semana passada***, trinta alunos foram aprovados no concurso. (locução adverbial temporal)

Se estudar muito, você será aprovado no concurso. (oração subordinada adverbial condicional)

Ponto final

Usa-se o ponto final:

Ao final de frases para indicar uma pausa total; é o que marca o fim de um período:

Ex.: Depois de passar no concurso, comprarei um carro.

Em abreviaturas:

Ex.: Sr., a. C., Ltda., num., adj., obs., máx., *bat., brit. etc.*

Ponto e vírgula

Usam-se ponto e vírgula para:

Separar itens que aparecem enumerados:

Ex.: Uma boa dissertação apresenta:

Coesão;

Coerência;

Progressão lógica;

Riqueza lexical;

Concisão;

Objetividade;

Aprofundamento.

Separar um período que já se encontra dividido por vírgulas:

Ex.: Não gostava de trabalhar; queria, no entanto, muito dinheiro no bolso.

Separar partes do texto que se equilibram em importância:

Exs.: Os pobres dão pelo pão o trabalho; os ricos dão pelo pão a fazenda; os de espíritos generosos dão pelo pão a vida; os de nenhum espírito dão pelo pão a alma.(Vieira).

O capitalismo é a exploração do homem pelo homem; o socialismo é exatamente o contrário.

Dois Pontos

São usados dois pontos quando:

Se vai fazer uma citação ou introduzir uma fala:

Exs.: José respondeu:

- Não, muito obrigado!

Se quer indicar uma enumeração:

Ex.: Quero apenas uma coisa: que vocês sejam aprovados no concurso!

Aspas

São usadas aspas para indicar:

Citação presente no texto. Ex.:

Ex.: "Há distinção entre categorias do pensamento" - disse o filósofo.

Expressões estrangeiras, neologismos, gírias.

Exs.: Na parede, haviam pintado a palavra "love". (expressão estrangeira)

Ficava "bailarinando", como diria Guimarães. (neologismo)

"Velho", esconde o "cano" aí e "deixa baixo". (gíria)

Reticências

São usadas para indicar supressão de um trecho, interrupção na fala, ou dar ideia de continuidade ao que se estava falando.

Exs.: (...) Profundissimamente hipocondríaco Este ambiente me causa repugnância Sobe-me à boca uma ânsia análoga à ânsia Que se escapa pela boca de um cardíaco(...)

Eu estava andando pela rua quando...

Eu gostei da nova casa, mas da garagem...

Parênteses

São usados quando se quer explicar melhor algo que foi dito ou para fazer simples indicações.

Ex.: Foi o homem que cometeu o crime (o assassinato do irmão).

Travessão

Indica a fala de um personagem:

Exs.: Ademar falou.

- Amigo, preciso contar algo para você.

Isola um comentário no texto.

Ex.: O estudo bem realizado - ***diga-se de passagem, que quase ninguém faz*** - é o primeiro passo para a aprovação.

Isola um aposto na sentença.

Ex.: A Semântica – ***estudo sobre as relações de sentido*** - é importantíssima para o entendimento da Língua.

Reforçar a parte final de um enunciado.

Ex.: Para passar no concurso, é preciso estudar muito — ***muito mesmo.***

Trocas

A Banca, eventualmente, costuma perguntar sobre a possibilidade de troca de termos, portanto, atenção!

» Vírgulas, travessões e parênteses, quando isolarem um aposto, podem ser trocadas sem prejuízo para a sentença;

» Travessões podem ser trocados por dois pontos, a fim de enfatizar um enunciado.

Regra de ouro

Na ordem natural de uma sentença, é proibido:

→ Separar Sujeito e Predicado com vírgulas:

"Aqueles maravilhosos velhos ensinamentos de meu pai foram de grande utilidade. (certo) Aqueles maravilhosos velhos ensinamentos de meu pai, foram de grande utilidade. (errado)."

→ Separar Verbo de Objeto:

"O presidente do maravilhoso país chamado Brasil assinou uma lei importante. (certo) O presidente do maravilhoso país chamado Brasil assinou, uma lei importante. (errado)"

Questões

01. (CESPE) "No Brasil, tal fenômeno ganhou espaço a partir do processo de redemocratização, nos anos 80 do século XX, alimentado pela difusão de discursos que enfatizam uma ampla crise da administração pública, cujo equacionamento demandaria novos paradigmas de gestão, capazes de superar as estruturas centralizadas, as hierarquias formais e os sistemas de controle tayloristas prevalentes. Em outros termos, acentuou-se a necessidade de superação dos tradicionais modelos de gestão pública, burocráticos e autocráticos, por meio da difusão de novos sistemas, mais democráticos, participativos e meritocráticos."

O emprego das vírgulas apostas aos termos "No Brasil" e "Em outros termos" justifica-se com base na mesma regra de pontuação.

Certo ( ) Errado ( )

02. (CESPE) "Após espiões poloneses terem roubado uma cópia da máquina, Turing e o campeão de xadrez Gordon Welchman construíram uma réplica da Enigma na base militar de Bletchey Park."

A vírgula logo após o termo "máquina" poderia ser eliminada sem prejuízo para a correção gramatical do período no qual ela aparece.

Certo ( ) Errado ( )

03. (CESPE) "Hospitalizados eram só os pobres, e Florence preparou-se para cuidar deles, praticando com os indigentes que viviam próximos à sua casa."

A inserção de uma vírgula logo após o termo "Hospitalizados" manteria a correção gramatical do texto.

Certo ( ) Errado ( )

04. (CESPE) "Logo após a detecção de focos positivos do mosquito em São José do Rio Preto, realizaram-se as delimitações e a aplicação de controle, as quais não foram suficientes para eliminar o vetor."

A inserção de uma vírgula imediatamente após o vocábulo "Logo" alteraria os sentidos do texto, apesar de manter sua correção gramatical.

Certo ( ) Errado ( )

05. (CESPE) "O Brasil, durante a maior parte da sua história, manteve uma cultura familista e pró-natalista. Por cerca de 450 anos, o incentivo à fecundidade elevada era justificado em função da prevalência de altas taxas de mortalidade, dos interesses da colonização portuguesa, da expansão da ocupação territorial e do crescimento do mercado interno."

A substituição do ponto empregado logo após "pró-natalista" por vírgula, com a devida alteração da letra inicial maiúscula para minúscula, manteria a correção do texto.

Certo ( ) Errado ( )

Gabaritos

01	CERTO
02	ERRADO
03	ERRADO
04	CERTO
05	ERRADO

13. REESCRITURA DE FRASES E PARÁGRAFOS DO TEXTO

A reescrita ou reescritura de frases é uma paráfrase que visa à mudança da forma de um texto. Para que o novo período esteja correto, é preciso que sejam respeitadas a correção gramatical e o sentido do texto original. Desse modo, quando há qualquer inadequação do ponto de vista gramatical e/ou semântico, o trecho reescrito deve ser considerado incorreto.

Assim, para resolver uma questão que envolve reescritura de trechos ou períodos, é necessário verificar os aspectos gramaticais (principalmente, pontuação, elementos coesivos, ortografia, concordância, emprego de pronomes, colocação pronominal, regência, etc.) e aspectos semânticos (significação de palavras, alteração de sentido, etc.).

Existem diversas maneiras de se parafrasear uma frase, por isso cada Banca Examinadora pode formular questões a partir de muitas formas. Nesse sentido, é essencial conhecer e dominar as variadas estruturas que uma sentença pode assumir quando ela é reescrita.

13.1 Substituição de Palavras ou de Trechos de Texto

No processo de reescrita, pode haver a substituição de palavras ou trechos. Ao se comparar o texto original e o que foi reestruturado, é necessário verificar se essa substituição mantém ou altera o sentido e a coerência do primeiro texto.

Locuções x Palavras

Em muitos casos, há locuções (expressões formadas por mais de uma palavra) que podem ser substituídas por uma palavra, sem alterar o sentido e a correção gramatical. Isso é muito comum com verbos.

Exs.:

Os alunos **têm buscad**o formação profissional.

(locução: têm buscado)

Os alunos **buscam** formação profissional.

(uma palavra: buscam)

Ambas as frases têm sentido atemporal, ou seja, expressam ações constantes, que não têm fim.

Significação das Palavras

Ao avaliarmos a significação das palavras, devemos ficar atentos a alguns aspectos: sinônimos, antônimos, polissemia, homônimos e parônimos.

Sinônimos

Palavras que possuem significados próximos, mas não são totalmente equivalentes.

Exs.:

Casa: lar - moradia – residência

Carro: automóvel

Para verificar a validade da substituição, deve-se também ficar atento ao significado contextual. Por exemplo, na frase "As fronteiras entre o bem e o mal", não há menção a limites geográficos, pois a palavra "fronteira" está em sentido conotativo (figurado).

Além disso, nem toda substituição é coerente. Por exemplo, na frase "Eu comprei uma casa", fica incoerente reescrever "Eu comprei um lar".

Antônimos

Palavras que possuem significados diferentes, opostos, contrários.

Exs.: Mal / Bem

Ausência / Presença

Subir / Descer

Cheio / Vazio

Possível / Impossível

Polissemia

Ocorre quando uma palavra apresenta mais de um significado em diferentes contextos.

A polissemia está relacionada ao significado contextual, ou seja, uma palavra tem um sentido específico apenas no contexto em que está inserida. Por exemplo: A eleição foi marcada por debates explosivos (ou seja: debates acalorados, e não com sentido de explodir algo).

Exs.:

Banco (**instituição comercial financeira; assento)**

Manga (**parte da roupa; fruta)**

Homônimos

Palavras com a mesma pronúncia (algumas vezes, a mesma grafia), mas com significados diferentes.

Exs.:

A**c**ender: colocar fogo. A**sc**ender: subir.

Con**c**erto: sessão musical. Con**s**erto: reparo.

Homônimos Perfeitos

Palavras com a mesma grafia e o mesmo som.

Exs.:

Eu **cedo** este lugar você. (**cedo = verbo)**

Cheguei **cedo** para jantar. (**cedo = advérbio de tempo)**

Percebe-se que o significado depende do contexto em que a palavra aparece. Portanto, deve-se ficar atento à ortografia quando a questão é de reescrita.

Parônimos

Palavras que possuem significados diferentes, mas são muito parecidas na pronúncia e na escrita.

Exs.:

Abso**l**ver: perdoar, inocentar. Abso**r**ver: aspirar.

C**o**mprimento: extensão. C**u**mprimento: saudação.

Conectores de Mesmo Valor Semântico

Há palavras, principalmente as conjunções, que possuem valores semânticos específicos, os quais devem ser levados em conta no momento de fazer uma substituição.

Logo, pode-se reescrever um período, alterando-se a conjunção. Para tanto, é preciso que a outra conjunção tenha o mesmo valor semântico. Além disso, é importante verificar como ficam os tempos verbais após a substituição.

Exs.:

Embora fosse tarde, fomos visitá-lo. (**conjunção subordinativa concessiva)**

Apesar de ser tarde, fomos visitá-lo. (**conjunção subordinativa concessiva)**

No exemplo acima, o verbo também sofreu alteração.

Exs.:

Toque o sinal **para que** todos entrem na sala.

(conjunção subordinativa final)

Toque o sinal **a fim de que** todos entrem na sala.

(conjunção subordinativa final)

No exemplo acima, o verbo permaneceu da mesma maneira.

Paralelismo

Ocorre quando há uma sequência de expressões com estrutura idêntica.

Paralelismo Sintático

É possível quando a estrutura de termos coordenados entre si é idêntica. Nesse caso, entende-se que "termos coordenados entre si" são aqueles que desempenham a mesma função sintática em um período ou trecho.

João comprou ***balas*** e ***biscoitos***.

Perceba que "balas" e "biscoitos" têm a mesma função sintática (objeto direto). Além disso, ambas são expressões nominais. Assim, apresentam, na sentença, uma estrutura sintática idêntica.

Os formandos ***estão pensando na carreira, isto é, no futuro.***

Tanto "na carreira" quanto "no futuro" são complementos do verbo pensar. Ademais, as duas expressões são formadas por preposição e substantivo.

Paralelismo Semântico

Estrutura-se pela coerência entre as informações.

Lucélia ***gosta de maçã e de pera.***

Percebe-se que há uma relação semântica entre maçã e pera, pois ambas são frutas.

Lucélia ***gosta de livros de ação e de pizza.***

Observa-se que os termos "livros de ação" e "pizza" não possuem sentidos semelhantes que garantam a sequência lógica esperada no período.

13.2 Retextualização de Diferentes Gêneros e Níveis de Formalidade

Na retextualização, pode-se alterar o nível de linguagem do texto, dependendo de qual é a finalidade da transformação proposta. Nesse caso, são possíveis as seguintes alterações: linguagem informal para a formal; tipos de discurso; vozes verbais; oração reduzida para desenvolvida; inversão sintática; dupla regência.

Linguagem Formal x Linguagem Informal

Um texto pode estar escrito em linguagem coloquial (informal) ou formal (norma padrão). A proposta de reescrita pode mudar de uma linguagem para outra. Veja o exemplo:

Exs.:

Pra que serve a política?

(informalidade)

Para que serve a política?

(formalidade)

A oralidade geralmente é mais informal. Portanto, fique atento: a fala e a escrita são diferentes, ou seja, a escrita não reproduz a fala e vice-versa.

Tipos de Discurso

Discurso está relacionado à construção de textos, tanto orais quanto escritos, portanto, ele é considerado uma prática social.

Em um texto, podem ser encontrados três tipos de discurso: o discurso direto, o indireto e o indireto livre.

Discurso Direto

São as falas das personagens. Esse discurso pode aparecer em forma de diálogos e citações, e vêm marcadas com alguma pontuação (travessão, dois pontos, aspas, etc.). Ou seja, o discurso direto reproduz fielmente a fala de alguém.

O médico disse à paciente:

– Você precisa fazer exercícios físicos regularmente.

Discurso Indireto

É a reprodução da fala de alguém, a qual é feita pelo narrador. Normalmente, esse discurso é escrito em terceira pessoa.

Exs.: O médico disse à paciente que ela precisava fazer exercícios regulamente.

Discurso Indireto Livre

É a ocorrência do discurso direto e indireto ao mesmo tempo. Ou seja, o narrador conta a história, mas as personagens também têm voz própria.

No exemplo a seguir, há um discurso direto: "que raiva", que mostra a fala da personagem.

"Retirou as asas e estraçalhou-a. Só tinham beleza. Entretanto, qualquer urubu... que raiva..." (Ana Maria Machado)

No trecho a seguir, há uma fala da personagem, mesclada com a narração: "Para que estar catando defeitos no próximo?".

"D. Aurora sacudiu a cabeça e afastou o juízo temerário. Para que estar catando defeitos no próximo? Eram todos irmãos. Irmãos." (Graciliano Ramos)

Exemplo de uma transposição de discurso direto para indireto:

Ana perguntou:

– Qual a resposta correta?

Ana perguntou qual era a resposta correta.

Nas questões de reescrita que tratam da transposição de discursos, é mais frequente a substituição do direto pelo indireto. Nesse caso, deve-se ficar atento aos tempos verbais.

Voz Verbal

Um verbo pode apresentar-se na voz ativa, passiva ou reflexiva.

Ativa

Ocorre quando o sujeito é agente, ou seja, pratica a ação expressa pelo verbo.

O aluno resolveu o exercício.

Passiva

Ocorre quando o sujeito é paciente, ou seja, recebe a ação expressa pelo verbo.

O exercício foi resolvido pelo aluno.

Reflexiva

Ocorre quando o sujeito é agente e paciente ao mesmo tempo, ou seja, pratica e recebe a ação.

Ex.: *A criança feriu-se com a faca.*

Não confunda o emprego reflexivo do verbo com a reciprocidade. Por exemplo:

Os lutadores de MMA feriram-se. (um ao outro)"

Formação da Voz Passiva

A voz passiva pode ocorrer de forma analítica ou sintética.

Voz Passiva Analítica

Verbo SER + particípio do verbo principal.

Exs.: A academia de polícia ***será pintada***.

O relatório é ***feito*** por ele.

A variação de tempo é determinada pelo verbo auxiliar (SER), pois o particípio é invariável.

Exs.: João ***fez*** a tarefa. (pretérito perfeito do indicativo)

A tarefa ***foi*** feita por João. (pretérito perfeito do indicativo)

João ***faz*** a tarefa. (presente do indicativo)

A tarefa ***é*** feita por João. (presente do indicativo)

João ***fará*** a tarefa. (futuro do presente)

A tarefa **será** feita por João. (futuro do presente)

Voz Passiva Sintética

Verbo na 3ª pessoa, seguido do pronome apassivador SE.

Abriram-se as inscrições para o concurso.

Transposição da Voz Ativa para a Voz Passiva

Pode-se mudar de uma voz para outra sem alterar o sentido da frase.

Exs.: Os médicos brasileiros ***lançaram*** um tratamento para o câncer.

Um tratamento para o câncer ***foi lançado*** pelos médicos brasileiros.

Nas questões de concursos, costuma-se cobrar a transposição da voz ativa para a passiva, e da voz passiva sintética para a analítica.

Exs.:

A fiscalização exige o passaporte.

O passaporte é exigido pela fiscalização.

Exige-se comprovante de pagamento.

É exigido comprovante de pagamento.

Oração Reduzida x Oração Desenvolvida

As orações subordinadas podem ser reduzidas ou desenvolvidas. Não há mudança de sentido se houver a substituição de uma pela outra.

Exs.: Ao terminar a aula, todos podem sair. (**reduzida de infinitivo)**

Quando terminarem a prova, todos podem sair.(**desenvolvida)**

Os vizinhos ouviram uma criança chorando na rua.(reduzida de gerúndio)

Os vizinhos ouviram uma criança que chorava na rua. (**desenvolvida)**

Terminada a reforma, a família mudou-se para a nova casa. (**reduzida de particípio)**

Assim que terminou a reforma, a família mudou-se para a nova casa.(**desenvolvida)**

Inversão Sintática

Um período pode ser escrito na ordem direta ou indireta. Nesse caso, quando ocorre a inversão sintática, a correção gramatical é mantida. Apenas é necessário ficar atento ao sentido do período.

Ordem direta: sujeito – verbo – complementos/ adjuntos adverbiais.

Exs.: Os documentos foram levados para o gerente.

(direta)

Foram levados os documentos para o gerente. (**indireta)**

Curiosidade: o Hino Nacional brasileiro é escrito em ordem indireta.

"Ouviram do Ipiranga as margens plácidas

De um povo heroico o brado retumbante."

As margens plácidas do Ipiranga ouviram o brado retumbante de um povo heroico.

Dupla Regência

Há verbos que exigem a presença da preposição e outros não. Deve-se ficar atento ao fato de que a regência pode influenciar no significado de um verbo.

Verbos Transitivos Diretos ou Indiretos

Sem alterar o sentido, alguns verbos admitem duas construções: uma transitiva direta e outra indireta. Portanto, a ocorrência ou não da preposição mantém um trecho com o mesmo sentido.

Almejar

Exs.: Almejamos ***a*** paz entre os países que estão em guerra. / Almejamos ***pela*** paz entre os países que estão em guerra.

Atender

Exs.: O gerente atendeu ***os*** meus pedidos. / O gerente atendeu ***aos*** meus pedidos.

Necessitar

Exs.: Necessitamos algumas horas para organizar o evento. / Necessitamos ***de*** algumas horas para organizar o evento.

Transitividade e Mudança de Significado

Existem alguns verbos que, conforme a mudança de transitividade, têm o sentido alterado.

Aspirar

Aspirar é transitivo direto no sentido de sorver, inspirar (o ar), inalar.

Aspirava o suave perfume. (Aspirava-o.)

Aspirar é transitivo indireto no sentido de desejar, ter como ambição.

Aspirávamos ao cargo de diretor.

Questões

01. (CESPE) "Se prestarmos atenção à nossa volta, perceberemos que quase tudo que vemos existe em razão de atividades do trabalho humano."

Seriam mantidos os sentidos do texto caso o primeiro período do segundo parágrafo fosse assim reescrito: Quando prestamos atenção a nossa volta, percebemos que quase tudo que vemos existe pelas atividades do trabalho humano.

Certo ( ) Errado ( )

02. (CESPE) "A luta dos trabalhadores, portanto, não é mais apenas por condições melhores de subsistência, mas pela própria dignidade do ser humano."

A correção gramatical e os sentidos originais do texto seriam mantidos caso o trecho "A luta (...) humano." fosse reescrito da seguinte forma: Logo, a luta dos trabalhadores apenas deixou de ser por mais condições de melhor subsistência para priorizar a própria dignidade do ser humano.

Certo ( ) Errado ( )

03. (CESPE) "Logo atrás de mim, uma senhora furiosa levantou-se."

O deslocamento do termo "furiosa" para imediatamente após a forma verbal "levantou-se" manteria a coerência do texto.

Certo ( ) Errado ( )

04. (CESPE) "Inversamente, se houver uma ideia desfavorável sobre alguém, tudo o que essa pessoa disser ou fizer pode ser rejeitado, mesmo que diga verdades ou se comporte corretamente."

A correção gramatical do texto seria mantida caso o trecho "tudo o que essa pessoa disser ou fizer pode ser rejeitado" fosse reescrito da seguinte forma: tudo o que essa pessoa dizer ou fazer pode ser rejeitado.

Certo ( ) Errado ( )

05. (CESPE) Seriam mantidos a correção gramatical e o sentido original do texto caso o trecho "Em geral, o preconceito positivo não é percebido pela sociedade" fosse assim reescrito: Não se percebe o preconceito positivo, em geral, pela sociedade.

Certo ( ) Errado ( )

Gabaritos

01	ERRADO
02	ERRADO
03	CERTO
04	ERRADO
05	ERRADO

14. INTERPRETAÇÃO E COMPREENSÃO DE TEXTO

14.1 O que é Interpretar Textos?

Interpretar textos é, antes de tudo, compreender o que se leu. Para que haja essa compreensão, é necessária uma leitura muito atenta e algumas técnicas que veremos no decorrer dos textos. Uma dica importante é fazer o resumo do texto por parágrafos.

14.2 Ambiguidade

Ambiguidade ou anfibologia é a falta de clareza em um enunciado que lhe permite mais de uma interpretação. É conhecida, também, como duplo sentido. Observe os exemplos a seguir:

Exs.: Maria disse à Ana que sua irmã chegou. (A irmã é de Maria ou Ana?)

A mãe falou com a filha caída no chão. (Quem estava caída no chão?)

Está em dúvida quanto à configuração da sua máquina? Então, acabe com ela agora mesmo! (Acabe com a dúvida, com a configuração ou com a máquina?)

Em alguns casos, especialmente na publicidade e nos textos literários, a ambiguidade é proposital; mas, para que ocorra a compreensão necessária, é preciso que o leitor tenha conhecimento de mundo suficiente para interpretar de maneira literal e não literal.

No entanto, ela se torna um problema nos textos quando causa dúvidas em relação à interpretação. Ela também pode gerar problemas e fazer com que o autor seja mal interpretado, como na frase "Sinto falta da galinha da minha mãe".

Ao escrever, para que não haja problemas relacionados à ambiguidade, é necessária atenção do autor e uma leitura cuidadosa.

> É importante observar que os textos não são estáticos e dificilmente apresentarão apenas uma tipologia. É comum que o texto seja, por exemplo, dissertativo-argumentativo, narrativo-descritivo ou descritivo-instrucional. É importante, portanto, identificar a tipologia que predomina.

14.3 Coesão e Coerência

Observe as orações a seguir:

Mariana estava cansada. Viajou a noite toda. Foi trabalhar no dia seguinte.

Perceba que a relação entre elas não está clara. Agora, veja o que acontece quando são inseridos **elementos de coesão**:

Mariana estava cansada porque viajou a noite toda. Mesmo assim, foi trabalhar no dia seguinte.

Os elementos de coesão são responsáveis por criar a relação correta entre os termos do texto, tornando-o coerente.

Os elementos de coesão são representados pelas conjunções. As principais relações estabelecidas entre eles são:

Concessão	embora - ainda que - se bem que - mesmo que - por mais que.
Adversidade	mas - contudo - no entanto - todavia - se bem que - porém - entretanto.
Conclusão	dessa forma - logo - portanto - assim sendo - por conseguinte
Causa	Porque - pois - já que - visto que - uma vez que
Tempo	quando - na hora em que - logo que - assim que

Leia o trecho a seguir, publicado no jornal Correio Popular:

"Durante a sua carreira de goleiro, iniciada no Comercial de Ribeirão Preto, sua terra natal, Leão, de 51 anos, sempre impôs seu estilo ao mesmo tempo arredio e disciplinado. Por outro lado, costumava ficar horas aprimorando seus defeitos após os treinos. Ao chegar à seleção brasileira em 1970, quando fez parte do grupo que conquistou o tricampeonato mundial, Leão não dava um passo em falso. Cada atitude e cada declaração eram pensados com um racionalismo típico de sua família, já que seus outros dois irmãos são médicos."

Correio Popular, Campinas, 20 out. 2000.

Observe que neste trecho há problemas de coerência.

"(...) costumava ficar horas aprimorando seus defeitos (...)"

Entende-se o que o redator do texto quis dizer, mas a construção é indevida, uma vez que a definição para aprimorar, segundo o dicionário, é *aperfeiçoar, melhorar a qualidade de.* Portanto, se interpretada seguindo esta definição, entender-se-ia que o jogador *melhorava seus defeitos.*

Além da escolha inadequada do vocábulo, há também um problema causado pelo uso indevido dos elementos de coesão. Observe o uso da expressão "Por outro lado", que deveria indicar algo contrário ao que foi dito anteriormente, mas neste caso precede uma afirmação que confirma o que foi dito no período anterior, deixando o texto confuso.

Perceba, portanto, que:

Coesão é a relação entre as afirmações do texto, de maneira a deixá-lo claro e fazer sentido:

Ontem o dia foi bom ***porque*** *vi Lucas.*

Ontem o dia foi bom ***apesar de*** *eu ter visto Lucas.*

A relação de sentido estabelecida pela conjunção fará o sentido do texto.

Coerência é o sentido do texto, é o fato de o texto fazer sentido e ser compreendido pelo leitor em uma primeira leitura. O que torna um texto coerente, entre outras coisas, é a escolha correta das conjunções. Por isso, a coesão e a coerência do texto andam juntas e muitas vezes se confundem.

15. COERÊNCIA TEXTUAL

Em provas de concurso, é muito comum as bancas abordarem os uso da coerência textual nas questões. Portanto, ficar atento ao texto é mais do que essencial, é vital para seu sucesso. Coerência é a união de ideias, é a harmonia entre as partes de um texto. Há um único sentido para o entendimento de um texto. O conteúdo da linguagem usada num texto deve ser compatível, não havendo oposição ou incoerência.

> Os nomes das coerências aparecem aqui apenas para divisar e ilustrar cada uma delas. As bancas não cobrarão tais nomenclaturas, porém a palavra COERÊNCIA é mais do que reincidente nos enunciados das questões.

15.1 Coerência Externa

Usemos a lógica: quando nos referimos à coerência externa, há que se ter o conhecimento geral de mundo, sobre política, esportes, cultura, atualidades; é necessário um conhecimento prévio do assunto. A coerência acaba sendo vital, não somente à prova de gramática, como também ao conteúdo referente a atualidades. Uma informação errada pode gerar outras mais, tornando a propagação deste erro algo tão grande e que se torna impossível ver quais proporções isso pode tomar e quais desastres pode causar. Seja numa prova, numa conversa, as consequências de um domínio falso de determinado assunto é constrangedor, especialmente em dias de globalização com o acesso tão rápido e fácil à informação.

Em uma questão da prova de Oficial de Promotoria/SP, houve uma questão sobre o seguinte *slogan*: "Nossa **guerra** é contra a fome". E o enunciado cobrava a quem ele pertencia? Sim, era do projeto FOME ZERO, do primeiro mandato do governo Lula.

Saber tais informações foi essencial para acertar a questão. Apenas a coerência externa bastaria. Isso em uma redação ajuda, e muito.

Podemos ver a coerência externa e seus benefícios nos exemplos a seguir:

"A ***fatídica curva de Ímola*** fez o Brasil chorar".

↓

Ayrton Senna, piloto brasileiro de Fórmula 1, morreu em 1º de maio de 1994 numa corrida no circuito de Ímola, Itália.

"O ***Boca do Inferno*** → foi o primeiro escritor brasileiro".

Gregório de Matos Guerra nasceu no século XVII, no Brasil. Sua obra não foi publicada em vida, mas ficou eternizada na memória do povo. Sua poesia trazia com ironia e sarcasmo situações cômicas da sociedade e do clero baiano.

Nos dois exemplos anteriores, vemos que a coerência externa é essencial para saber quais assuntos são tratados.

Já discutimos, neste estudo, a importância de se ter conhecimento do mundo, quando abordamos o assunto "Crônicas". Agora essa ideia vem reforçada pelo estudo da coerência externa. Verifica-se, inclusive, uma interdisciplinaridade entre gramática e Atualidades nesse caso.

15.2 Coerência Interna

Acabamos de conceituar a coerência externa, ou seja, aquela que vem fora do texto. A coerência interna acaba sendo o oposto: é aquela que aparece dentro do texto. Para que isso aconteça, há que se ver todo o ambiente que cerca determinado documento, narrativa ou dissertação. A maioria dos textos de concursos aborda tal coerência, principalmente no tocante ao cargo. O exemplo a seguir ilustrará melhor o assunto:

E você vai **rasgar meu papel**.
(...) Serei sempre seu confidente fiel.
E você vai molhar meu papel.
O que **está escrito em mim**
Comigo ficará guardado se quiser saber
A vida segue sempre em frente
O que há de se fazer
Só peço a você um favor se puder
Não me esqueça num canto qualquer.

(O CADERNO, Toquinho)

Se imaginarmos um caderno conversando com uma criança, perceberemos que nada de errado aparece nos versos. A coerência interna fica latente pela proposta do tema. É assim que deve ser feito nos textos. A coerência tem de estar ligada ao tema proposto.

15.3 Coerência Argumentativa

A argumentação deve concordar com o texto. Em concursos públicos, isso pode aparecer nos exercícios de maneira indireta para que o concursando seja induzido ao erro. Mas vejamos como a propaganda pode fazer isso:

"***Bombril*** tem mil e uma utilidades."
(slogan de uma propaganda de palha de aço)

↘ Pagando menos e com mais vantagens

"***Hollywood***, o sucesso"
(***slogan de uma propaganda de cigarros)***

↘ Mesmo prejudicial à saúde, o cigarro pode servir de status a alguém.

Numa prova de concurso, a coerência textual é o fator que mais aparece. A falta de habilidade de leitura dos mecanismos de coerência pode facilmente induzir o leitor ao erro. Vejamos essa característica em uma questão de prova:

15.4 Dissertação

A dissertação está presente em qualquer tipo de texto. Predomina em pensamentos, análises. Ela não poderia ficar de fora em concursos públicos, o que justifica sua maior aparição e predominância em tais provas. Este tipo de texto é mais complexo que a narração e a descrição, pois usa de um entendimento mais avançado para determinado assunto.

Dissertar é opinar sobre determinado assunto. Há que se ter, nesse caso, um conhecimento geral suficiente para que o texto possa ser mais lógico e coerente para o leitor. Uma dica: é sempre importante estar atento a noticiários, ler sobre o maior número possível de temas. E, junto a este texto, aparecem as linguagens, cada qual com um estilo, e muitas vezes o estilo do texto, o tema central pede tais linguagens, e estas vão ditar de um modo coerente o que se quer passar ao leitor.

Exemplo de dissertação:

Falar que o Brasil é um país repleto de problemas é como chover no molhado. Identificar os problemas quanto ao crescimento deixou de ser um recomeço. Talvez o lugar comum no Brasil seja mais do que promessas. A fé nunca esteve tão presente. Os sonhos se fortalecem e ficarão tão fortes que este texto acabou de dar mais um passo para o lado.

Uma dissertação está dividida em **três partes** que se interagem:

1ª parte: **introdução, apresentação do assunto**
2ª parte: **desenvolvimento, dados exatos**
informação nova
EVITE: **clichês, ditados populares.**
3ª parte: **conclusão coerente com toda a redação**

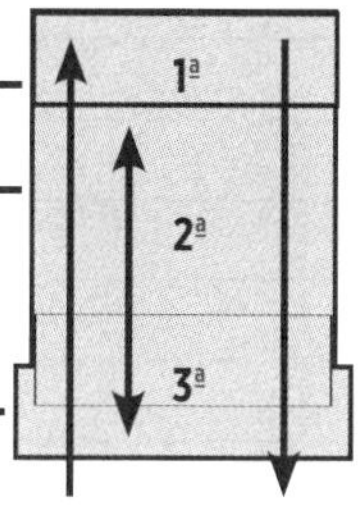

Introdução

Falar que o Brasil é um país repleto de problemas é como chover no molhado. Identificar os problemas quanto ao crescimento deixou de ser um recomeço.

Como no esquema citado encontramos um exemplo para textos dissertativos, aproveite-o para usar em suas redações, já que a dissertação é a forma textual mais frequente, no que tange à elaboração de um texto em provas.

Desenvolvimento

Talvez o lugar comum no Brasil seja mais do que promessas. A fé nunca esteve tão presente.

Conclusão

Os sonhos se fortalecem e ficarão tão fortes que este texto acabou de dar mais um passo para o lado.

15.5 Discurso

Discurso é a forma de uma mensagem aparecer. Ele pode vir em forma direta e indireta. Há bancas que pedem principalmente a transposição de um para outro. Ficar atento aos verbos, pronomes e advérbios ajuda, e muito, nos exercícios que as bancas trazem.

Discurso Direto

Representa a fala de alguém. Aparece literalmente num diálogo.

Ex.: "Eu não vou à sua casa hoje".

Discurso Indireto

Representa a fala de outrem. Aparece indiretamente, por meio da voz de uma pessoa, o que outra acabou proferindo.

Ex.: "Ele disse que não vai à minha casa hoje".

Vimos, neste capítulo, como a coerência rege um texto para que ele tenha um perfil fiel ao que se propõe a fazer. Aliada à dissertação, estilo mais comum nos concursos, ela constitui a base geral de uma comunicação clara e sem ruídos.

Questões

"O direito tributário brasileiro depara-se com grandes desafios, principalmente em tempos de globalização e interdependência dos sistemas econômicos. Entre esses pontos de atenção, destacam-se três. O primeiro é a guerra fiscal ocasionada pelo ICMS. O principal tributo em vigor, atualmente, é estadual, o que faz contribuintes e advogados se debruçarem sobre vinte e sete diferentes legislações no país para entendê-lo. Isso se tornou um atentado contra o princípio de simplificação, contribuindo para o incremento de uma guerra fiscal entre os estados, que buscam alterar regras para conceder benefícios e isenções, a fim de atrair e facilitar a instalação de novas empresas. É, portanto, um dos instrumentos mais utilizados na disputa por investimentos, gerando, com isso, consequências negativas do ponto de vista tanto econômico quanto fiscal.

A competitividade gerada pela interdependência estadual é outro ponto. Na década de 60, a adoção do imposto sobre valor agregado (IVA) trouxe um avanço importante para a tributação indireta, permitindo a internacionalização das trocas de mercadorias com a facilitação da equivalência dos impostos sobre consumo e tributação, e diminuindo as diferenças entre países. O ICMS, adotado no país, é o único caso no mundo de imposto que, embora se pareça com o IVA, não é administrado pelo governo federal — o que dá aos estados total autonomia para administrar, cobrar e gastar os recursos dele originados. A competência estadual do ICMS gera ainda dificuldades na relação entre as vinte e sete unidades da Federação, dada a coexistência dos princípios de origem e destino nas transações comerciais interestaduais, que gera a já comentada guerra fiscal.

A harmonização com os outros sistemas tributários é outro desafio que deve ser enfrentado. É preciso integrar-se aos países do MERCOSUL, além de promover a aproximação aos padrões tributários de um mundo globalizado e desenvolvido, principalmente quando se trata de Europa. Só assim o país recuperará o poder da economia e poderá utilizar essa recuperação como condição para intensificar a integração com outros países e para participar mais ativamente da globalização.

André Pereira. Os desafios do direito tributário brasileiro. In: DCI – Diário Comércio, Indústria e Serviços. 2/mar./2017. Internet: <www.dci.com.br> (com adaptações).

Os três aspectos que representam desafios para o direito tributário brasileiro, na ordem em que aparecem no texto 1A1-I, são

01. (CESPE) A alteração de regras para benefícios e isenções, a competitividade propiciada pela interdependência dos estados e a recuperação do poder econômico do país.

Certo ( ) Errado ( )

02. (CESPE) O conflito fiscal proporcionado pelo ICMS, a competitividade produzida pela interdependência dos estados e a recuperação do poder econômico do país.

Certo ( ) Errado ( )

03. (CESPE) A alteração de regras para benefícios e isenções, a competitividade gerada pela interdependência dos estados e a recuperação do poder econômico do país.

Certo ( ) Errado ( )

04. (CESPE) O afinamento com outros sistemas tributários, a adoção do IVA e o conflito fiscal favorecido pelo ICMS.

Certo ( ) Errado ( )

05. (CESPE) O conflito fiscal propiciado pelo ICMS, a competitividade gerada pela interdependência dos estados e o afinamento com outros sistemas tributários.

Certo ( ) Errado ( )

Entre os maiores poderes concedidos pela sociedade ao Estado, está o poder de tributar. A tributação está inserida no núcleo do contrato social estabelecido pelos cidadãos entre si para que se alcance o bem comum. Desse modo, o poder de tributar está na origem do Estado ou do ente político, a partir da qual foi possível que as pessoas deixassem de viver no que Hobbes definiu como o estado natural (ou a vida pré-política da humanidade) e passassem a constituir uma sociedade de fato, a geri-la mediante um governo, e a financiá-la, estabelecendo, assim, uma relação clara entre governante e governados.

A tributação, portanto, somente pode ser compreendida a partir da necessidade dos indivíduos de estabelecer convívio social organizado e de gerir a coisa pública mediante a concessão de poder a um soberano. Em decorrência disso, a condição necessária (mas não suficiente) para que o poder de tributar seja legítimo é que ele emane do Estado, pois qualquer imposição tributária privada seria comparável a usurpação ou roubo.

Internet: <www.receita.fazenda.gov.br> (com adaptações).

06. (CESPE) O referente da forma verbal "passassem" é o termo "as pessoas".

Certo ( ) Errado ( )

07. (CESPE) As formas pronominais presentes em "geri-la" e "financiá-la" possuem referentes distintos no texto.

Certo ( ) Errado ( )

08. (CESPE) O referente da forma pronominal "ele"é a expressão "o poder de tributar".

Certo ( ) Errado ( )

09. (CESPE) A inserção do sinal indicativo de crase em "a usurpação" não prejudicaria a correção gramatical do texto.

Certo ( ) Errado ( )

10. (CESPE) "As atividades pertinentes ao trabalho relacionam-se intrinsecamente com a satisfação das necessidades dos seres humanos — alimentar-se, proteger-se do frio e do calor, ter o que calçar etc. Estas colocam os homens em uma relação de dependência com a natureza, pois no mundo natural estão os elementos que serão utilizados para atendê-las."

As formas pronominais "Estas" e "las" referem-se a "necessidades dos seres humanos".

Certo ( ) Errado ( )

Gabaritos

01	ERRADO	06	CERTO
02	ERRADO	07	ERRADO
03	ERRADO	08	CERTO
04	ERRADO	09	ERRADO
05	CERTO	10	CERTO

16. GÊNEROS TEXTUAIS

Neste capítulo, são apresentados alguns gêneros textuais que circulam na sociedade (artigo, ata, atestado, apostila, carta, charge, certidão, circular, declaração, editorial, entrevista, edital, gênero literário, história em quadrinhos, notícia, ofício, parecer, propaganda, poema, reportagem, requerimento, relatório, portaria). Sobre esse assunto, é importante saber que esses gêneros estão relacionados à tipologia textual. Portanto, vale a pena fazer uma síntese dessas tipologias antes de tratarmos diretamente dos gêneros.

16.1 Tipologia Textual

Um texto pode ter várias características. Entre elas, estão a tipologia e o gênero textual. A relação é a seguinte: cada tipologia textual possui diversos gêneros textuais. Além disso, geralmente um texto não é escrito com base em apenas uma tipologia, ou seja, podem ser encontradas várias tipologias num texto, mas sempre há alguma que se torna predominante.

As tipologias mais importantes que devemos estudar são: narração, descrição, dissertação, injunção, predição, dialogal.

Narração

Modalidade textual que tem o objetivo de contar um fato, fictício ou não, que aconteceu num determinado tempo e lugar, e que envolve personagens. Geralmente, segue uma cronologia em relação à passagem de tempo. Nesse tipo de texto, predomina o emprego do pretérito.

Os gêneros textuais mais comuns são: conto, fábula, crônica, romance, novela, depoimento, piada, relato, etc.

Descrição

A descrição consiste em fazer um detalhamento, como se fosse um retrato por escrito de um lugar, uma pessoa, um animal ou um objeto. O adjetivo é muito usado nesse tipo de produção textual. As abordagens podem ser tanto físicas quanto psicológicas (que envolvem sentimentos, emoções). Esse tipo de texto geralmente está contido em textos diversos.

Os gêneros textuais mais comuns são: cardápio, folheto turístico, anúncio classificado, etc.

Dissertação

Dissertar significa falar sobre algo, explicar um assunto, discorrer sobre um fato, um tema. Nesse sentido, a dissertação pode ter caráter expositivo ou argumentativo.

Dissertação-Expositiva

O texto expositivo apresenta ideias sobre um determinado assunto. Há informações sobre diferentes temas, em que o autor expõe dados, conceitos de modo objetivo. O objetivo principal é informar, esclarecer.

Os gêneros mais comuns em que se encontra esse tipo de texto são: aula, resumo, textos científicos, enciclopédia, textos expositivos de revistas e jornais, etc.

Dissertação-Argumentativa

Um texto argumentativo defende ideias ou um ponto de vista do autor. Além de trazer explicações, esse tipo de texto busca persuadir, convencer o leitor de algo. O texto, além de explicar, também persuade o interlocutor, objetivando convencê-lo de algo. O mais importante é haver uma progressão lógica e coerente das ideias, sem ficar no que é vago, impreciso.

É comum encontrar essa tipologia textual em: sermão, ensaio, monografia, dissertação, tese, ensaio, manifesto, crítica, editorial de jornais e revistas.

Injunção/Instrucional

Com uma linguagem objetiva e concisa, esse tipo de texto orienta como realizar uma ação. Predominantemente, os verbos são empregados no modo imperativo, todavia há também o uso do infinitivo e do futuro do presente do modo indicativo.

Temos como gêneros textuais mais comuns: ordens; pedidos; súplica; desejo; manuais e instruções para montagem ou uso de aparelhos e instrumentos; textos com regras de comportamento; textos de orientação (ex: recomendações de trânsito); receitas, cartões com votos e desejos (de natal, aniversário, etc.).

Predição

A predição tem por características a informação e a probabilidade. O intuito é predizer algo ou levar o interlocutor a crer em alguma coisa que ainda irá ocorrer.

Os gêneros em que mais são encontrados essa tipologia são: previsões astrológicas, previsões meteorológicas, previsões escatológicas/apocalípticas.

Dialogal/Conversacional

A base para esta tipologia textual é o diálogo entre os interlocutores. Nesse tipo de texto, temos um locutor (quem fala), um assunto, um receptor (quem recebe o texto). Ou seja, temos um diálogo entre os interlocutores (locutor e receptor).

Os gêneros em que essa tipologia ocorre são: entrevista, conversa telefônica, chat, etc.

16.2 Gêneros Textuais

Os gêneros textuais podem ser textos orais ou escritos, formais ou informais. Eles possuem características em comum, como a intenção comunicativa, mas há algumas características que os distinguem uns dos outros.

Gêneros Textuais e Esferas de Circulação

Cada gênero textual está vinculado a uma esfera de circulação, ou seja, um lugar comum em que ele pode ser encontrado.

Cotidiana

Exemplos: Adivinhas, Diário, Álbum de Família Exposição Oral, Anedotas, Fotos, Bilhetes, Músicas, Cantigas de Roda, Parlendas, Carta Pessoal, Piadas, Cartão, Provérbios, Cartão Postal, Quadrinhas, Causos, Receitas, Comunicado, Relatos de Experiências Vividas, Convites, Trava-Línguas, ***Curriculum Vitae.***

Literária/Artística

Autobiografia, Letras de Músicas, Biografias, Narrativas de Aventura, Contos, Narrativas de Enigma, Contos de Fadas, Narrativas de Ficção, Contos de Fadas Contemporâneos, Narrativas de Humor, Crônicas de Ficção, Narrativas de Terror, Escultura, Narrativas Fantásticas, Fábulas, Narrativas Míticas, Fábulas Contemporâneas, Paródias, Haicai, Pinturas, Histórias em Quadrinhos, Poemas, Lendas, Romances, Literatura de Cordel, Tankas, Memórias, Textos Dramáticos.

Científica

Artigos, Relato Histórico, Conferência, Relatório, Debate, Palestra, Verbetes, Pesquisas.

Escolar

Ata, Relato Histórico, Cartazes, Relatório, Debate, Regrado, Relatos de Experiências, Diálogo/Discussão Argumentativa Científicas, Exposição Oral, Resenha, Júri Simulado, Resumo, Mapas, Seminário, Palestra, Texto Argumentativo, Pesquisas, Texto de Opinião, Verbetes de Enciclopédias.

Jornalística

Imprensa: Agenda Cultural, Fotos, Anúncio de Emprego, Horóscopo, Artigo de Opinião, Infográfico, Caricatura, Manchete, Carta ao Leitor, Mapas, Mesa Redonda, Cartum, Notícia, Charge, Reportagens, Classificados, Resenha Crítica, Crônica Jornalística, Sinopses de Filmes, Editorial, Tiras, Entrevista (oral e escrita).

Publicidade: Anúncio, Músicas, Caricatura, Paródia, Cartazes, Placas, Comercial para TV, Publicidade Comercial, E-mail, Publicidade Institucional, Folder, Publicidade Oficial, Fotos, Texto Político, Slogan.

Política

Abaixo-Assinado, Debate Regrado, Assembleia, Discurso Político, Carta de Emprego, Fórum, Carta de Reclamação, Manifesto, Carta de Solicitação, Mesa Redonda, Debate, Panfleto.

Jurídica

Boletim de Ocorrência, Estatutos, Constituição Brasileira, Leis, Contrato, Ofício, Declaração de Direitos, Procuração, Depoimentos, Regimentos, Discurso de Acusação, Regulamentos, Discurso de Defesa, Requerimentos.

Social

Bulas, Relato Histórico, Manual Técnico, Relatório, Placas, Relatos de Experiências Científicas, Resenha, Resumo, Seminário, Texto Argumentativo, Texto de Opinião, Verbetes de Enciclopédias.

Midiática

Blog, Reality Show, Chat, Talk Show, Desenho Animado, Telejornal, E-mail, Telenovelas, Entrevista, Torpedos, Filmes, Vídeo Clip, Fotoblog, Videoconferência, Home Page.

Exemplos de Gêneros Textuais

Artigo

O artigo de opinião é um gênero textual que faz parte da esfera jornalística e tem por finalidade a exposição do ponto de vista sobre um determinado assunto. Assim como a dissertação, ele também se compõe de um título, uma introdução, um desenvolvimento e uma conclusão.

Ata

A ata tem como finalidade registrar ocorrências, resoluções e decisões de reuniões, sessões realizadas por algum órgão, setor, entidade, etc.

Estrutura da ata:

> dia, mês, ano e hora (por extenso)
> local da reunião
> pessoas presente, devidamente qualificadas
> ordem do dia (pauta)
> fecho

Observações:

> não há disposição quanto à quantidade de pessoas que deve assinar a ata; pode ser assinada apenas pelo presidente e secretário.
> a ata deve ser redigida de modo que não sejam possíveis alterações posteriores à assinatura (há o emprego de expressões "digo" e "em tempo").
> não há parágrafos ou alíneas.
> a ata é o registro fiel.

Atestado

Atestado é o documento mediante o qual a autoridade comprova um fato ou situação de que tenha conhecimento em razão do cargo que ocupa ou da função que exerce. Destina-se à comprovação de fatos ou situações passíveis de modificações frequentes. É uma mera declaração, ao passo que a certidão é uma transcrição. Ato administrativo enunciativo, o atestado é, em síntese, afirmação oficial de fatos.

Partes:

> título ou epígrafe: denominação do ato (atestado).
> texto: exposição do objeto da atestação. Pode-se declarar, embora não seja obrigatório, a pedido de quem e com que finalidade o documento é emitido.
> local e data: cidade, dia, mês e ano da emissão do ato, podendo-se também citar, preferentemente sob forma de sigla, o nome do órgão em que a autoridade signatária do atestado exerce suas funções.
> assinatura: nome e cargo ou função da autoridade que atesta.

Apostila

Apostila é a averbação, feita abaixo dos textos ou no verso de decretos e portarias pessoais (nomeação, promoção, ascensão, transferência, readaptação, reversão, aproveitamento, reintegração, recondução, remoção, exoneração, demissão, dispensa, disponibilidade e aposentadoria), para que seja corrigida flagrante inexatidão material do texto original (erro na grafia de nomes próprios, lapso na especificação de datas, etc.), desde que essa correção não venha a alterar a substância do ato já publicado.

Tratando-se de erro material em decreto pessoal, a apostila deve ser feita pelo Ministro de Estado que o propôs. Se o lapso houver ocorrido em portaria pessoal, a correção por apostilamento estará a cargo do Ministro ou Secretário signatário da portaria. Nos dois casos, a apostila deve sempre ser publicada no Boletim de Serviço ou Boletim Interno correspondente e, quando se tratar de ato referente a Ministro de Estado, também no Diário Oficial da União.

A finalidade da correção de inexatidões materiais por meio de apostila é evitar que se sobrecarregue o Presidente da República com a assinatura de atos repetidos, e que se onere a Imprensa Nacional com a republicação de atos.

→ **Forma e Estrutura**

- título, em maiúsculas e centralizado sobre o texto:

APOSTILA;

- texto, no qual deve constar a correção que está sendo feita, a ser iniciada com a remissão ao decreto que autoriza esse procedimento;
- data, por extenso:

Brasília, em 12 de novembro de 1990;

- identificação do signatário, abaixo da assinatura:

NOME (em maiúsculas)

Secretário da Administração Federal

No original do ato normativo, próximo à apostila, deverá ser mencionada a data de publicação da apostila no Boletim de Serviço ou no Boletim Interno.

Carta

Pode ter caráter argumentativo quando se trata de uma carta aberta ou carta do leitor. Quando se trata de carta pessoa, há a presença de aspectos narrativos ou descritivos.

A charge é um dos gêneros textuais mais cobrados em questões de concurso. Deve dar atenção à crítica feita pelo autor, a qual pode ser percebida pela relação texto verbal e não verbal (palavras e imagens).

Charge

É um gênero textual em que é feita uma ilustração cômica, irônica, por meio de caricaturas, com o objetivo de satirizar, criticar ou fazer um comentário sobre algum acontecimento, que é atual, em sua grande maioria.

Certidão

Certidão é o ato pelo qual se procede à publicidade de algo relativo à atividade Cartorária, a fim de que, sobre isso, não haja dúvidas. Possui formato padrão próprio, termos essenciais que lhe dão suas características. Exige linguagem formal, objetiva e concisão.

Termos essenciais da certidão:

- afirmação: certidão e dou fé que.
- identificação do motivo de sua expedição: a pedido da parte interessada.
- ato a que se refere: revendo os assentamentos constantes deste cartório, não logrei encontrar ação movida contra (nome).
- data de sua expedição:
- assinatura: O Escrivão.

Circular

É utilizada para transmitir avisos, ordens, pedidos ou instruções, dar ciência de leis, decretos, portarias, etc.

- destina-se a uma ou mais de uma pessoa/órgão/empresa. No caso de mais de um destinatário, todas as vias distribuídas devem ser iguais.
- a paragrafação pode seguir o estilo americano (sem entradas de parágrafo), ou estilo tradicional. No caso de estilo americano, todo o texto, a data e a assinatura devem ser alinhados à margem esquerda. No estilo tradicional, devem ser centralizados.

Partes:

- TIMBRE: impresso no alto do papel.
- TÍTULO E NÚMERO: cerca de três linhas do timbre e no centro da folha. O número pode vir seguido do ano.
- DATA: a data deve estar próxima do título e número, ao lado ou abaixo, podendo se apresentar de várias formas:

CIRCULAR Nº 01, DE 2 MARÇO DE 2002

CIRCULAR Nº 01

De 2 de março de 2002

CIRCULAR Nº 01/02 Rio de Janeiro, 2 de março de 2002

- EMENTA (opcional): deve vir abaixo do título e data, cerca de três linhas.

Ementa: Material de consumo.

Ref.: Material de consumo

- INVOCAÇÃO: cerca de quatro linhas do título. Dependendo do assunto e destinatários, a invocação é dispensável.

Excelentíssimo Senhor:

Senhor Prefeito:

Senhores Pais:

→ **TEXTO: cerca de três linhas do título. Deve conter:**

- exposição do assunto, desenvolvida a partir dos objetivos;
- a sensibilização do receptor/destinatário;
- convite a agir;
- CUMPRIMENTO FINAL:

Respeitosamente,

Atenciosamente,

- ASSINATURA: cerca de quatro linhas do cumprimento final. É composta do nome do emissor (só as iniciais maiúsculas) e cargo ou função (todo em maiúscula):

Herivelto Nascimento

DIRETOR

- ANEXOS: quando houver documentos a anexar, escreve-se a palavra anexo à margem esquerda, seguida da relação do que está anexado:

Anexo: quadro de horários.

Anexa: cópia do documento.

Anexas: tabela de horários e cópia dos documentos.

> INICIAIS: na última linha útil do papel, à esquerda, devemos escrever as iniciais de quem elaborou o texto (redator), seguido das iniciais de quem a datilografou/digitou (em maiúscula ou minúscula, tanto faz). Quando o redator e o datilógrafo forem a mesma pessoa, basta colocar a barra seguida das iniciais:

PPS/AZ

Pps/az

/pps

/PPS

Declaração

A declaração deve ser fornecida por pessoa credenciada ou idônea que nele assume a responsabilidade sobre uma situação ou a concorrência de um fato. Portanto, é uma comprovação escrita com caráter de documento.

A declaração pode ser manuscrita em papel almaço simples ou digitada. Quanto ao aspecto formal, divide-se nas seguintes etapas:

- timbre: impresso com cabeçalho, contendo o nome do órgão ou empresa. Nas declarações particulares, usa-se papel sem timbre.
- título: no centro da folha, em caixa alta.
- texto:
  - identificação do emissor.
  - o verbo atestar ou declarar deve aparecer no presente do indicativo, terceira pessoal do singular ou do plural.
  - finalidade do documento: em geral, costuma-se usar o termo "para os devidos fins". Também se pode especificar: "para fins de trabalho", "para fins escolares", etc.
  - nome e dados de identificação do interessado.
  - citação do fato a ser atestado.
- local e data: deve-se escrevê-lo a cerca de três linhas do texto.

Editorial

É um gênero textual dissertativo-argumentativo que apresenta o posicionamento de uma empresa, revista, jornal sobre determinado assunto.

Entrevista

É um gênero textual em que aparece o diálogo entre o entrevistador e o(s) entrevistado(s), para obter informações sobre o entrevistado ou algum assunto. Podem aparecer elementos expositivos, argumentativos e narrativos.

Edital

É um documento em que são apresentados avisos, citações, determinações.

São diversos os tipos de editais, de acordo com o objetivo: pode comunicar uma citação, um proclame, um contrato, uma exoneração, uma licitação de obras, serviços, tomada de preço, etc.

Entre eles, os editais mais comuns são os de concursos públicos, que determinam as etapas dos processos seletivos e as competências necessárias para a sua execução.

Gêneros literários

Os gêneros literários costumam ser cobrados em algumas provas. É importante saber que há a presença tanto da linguagem denotativa quanto da conotativa. Geralmente, as provas trazem fragmentos de textos. Alguns gêneros mais cobrados são: novela, conto, fábula, crônica, ensaio.

Novela

É um texto narrativo longo, em que são narradas várias histórias. Sempre há uma história principal que caracteriza esse gênero. Exemplos: O Alienista, de Machado de Assis, e A Metamorfose, de Kafka.

Conto

É um texto narrativo curto, em que há, geralmente, um enredo (uma história) e poucos personagens.

Fábula

É um texto narrativo em que há uma história curta que termina com uma lição de moral. Geralmente, há a personificação, pois há personagens que não são humanos (animais, objetos) que adquirem características humanas.

Crônica

É uma narrativa breve, relacionada ao cotidiano. Pode ter um tom humorístico ou reflexivo (presença de críticas).

Ensaio

É um texto com caráter também didático, em que são expostas ideias, críticas e reflexões morais e filosóficas a respeito de certo tema. É caracterizado pela defesa de um ponto de vista pessoal e subjetivo sobre um tema (humanístico, filosófico, político, social, cultural, moral, comportamental, etc.), sem a necessidade de comprovação científica.

História em quadrinhos

É um gênero narrativo que consiste em contar algo por meio de pequenos quadros. Pode haver diálogos diretos entre personagens. É caracterizado pela linguagem verbal e não verbal.

Notícia

É um texto em que podem aparecer características narrativas e descritivas. Conta-se como ocorreu um determinado fato. Aparecem as seguintes informações: o que ocorreu, como, quando, onde e quem estava envolvido.

Ofício

O ofício tem o objetivo de informar, propor convênios, ajustes, acordos, encaminhar documentos, solicitar providências e/ou informações.

É uma correspondência que pode ser dirigida tanto ao Poder Público quanto a particulares.

Formatação:

- Papel timbrado;
- Número de ordem na margem superior esquerda;

- Local e data na mesma linha do número de ordem, ao lado direito;
- Vocativo (a forma de se dirigir à pessoa a que se destina a correspondência);
- O texto pode ser dividido em parágrafos;
- Fecho;
- Assinatura e cargo do remetente;
- Endereçamento.

Parecer

O parecer é o pronunciamento fundamentado, com caráter opinativo, de autoria de comissão ou de relator, snobre matéria sujeita a seu exame.

Partes de um parecer:

- designação: número do processo, no centro superior do papel. Não é um item obrigatório.
- título: denominação do ato, seguido de numeração (Parecer nº).
- ementa: resumo do assunto do parecer, de maneira concisa, a dois espaços do título.
- texto: introdução (histórico); esclarecimentos (análise do fato); conclusão do assunto.
- fecho: compreende: local e/ou denominação do órgão (sigla);
  - data;
  - assinatura (nome e cargo de quem emite o parecer).

Propaganda

Caracterizado como um texto expositivo, o objetivo é propagar informações sobre algo, para influenciar o leitor com mensagens que despertam as emoções e a sensibilidade.

Poema

É um texto estruturado em versos (linhas) e pode também ter estrofes (conjunto de linhas). É muito comum haver a descrição e a narração.

Reportagem

É um gênero textual que pertence à esfera jornalística e tem um caráter dissertativo-expositivo. A reportagem tem, por objetivo, informar e levar os fatos ao leitor de uma maneira concisa, clara, e direta.

Requerimento

O requerimento é o instrumento por meio do qual o signatário pede, a uma autoridade, algo que lhe pareça justo ou legal. Qualquer pessoa que tenha interesse no serviço público pode valer-se de um requerimento, que será dirigido a uma autoridade competente para conhecer, analisar e solucionar o caso, podendo ser escrito ou datilografado (digitado).

Os elementos constitutivos do requerimento são:

- vocativo: indica a autoridade a quem se dirige a comunicação (alinhado à esquerda, sem parágrafo, identificando a autoridade e não a pessoa em si;
- texto: nome do requerente (letras maiúsculas), qualificação, objeto do requerimento;
- fecho: pede deferimento, espera deferimento, aguarda deferimento;
- local e data;
- assinatura.

Relatório

Relatório é um documento em que se faz uma descrição de fatos, analisados com o objetivo de orientar o serviço interessado ou o superior imediato para possíveis ações a serem tomadas.

É, em última análise, a exposição circunstanciada de atividades levadas a termo por funcionário, no desempenho das funções do cargo que exerce, ou por ordem de autoridade superior.

É geralmente feito para expor:

- situações de serviço;
- resultados de exames;
- eventos ocorridos em relação a planejamento;
- prestação de contas ao término de um exercício etc.

Suas partes componentes são:

1) Título (a palavra RELATÓRIO), em letras maiúsculas.
2) Vocativo: a palavra Senhor(a), seguida do cargo do destinatário, e de vírgula.
3) Texto paragrafado, composto de introdução, desenvolvimento e conclusão.

Introdução: enuncia-se o propósito do relatório;

Desenvolvimento: corpo do relatório - a exposição dos fatos;

Conclusão: o resultado ou síntese do trabalho, bem como a recomendação de providências cabíveis.

4) Fecho, utilizando as fórmulas usuais de cortesia, como as do ofício.
5) Local e data, por extenso.
6) Assinatura, nome e cargo ou função do signatário.
7) Anexos, complementando o Relatório, com material ilustrativo e/ou ocumental.

Classificação de Relatórios

- Informativo: aborda um problema ou situação e oferece informações.
- Reativo: aborda um problema, examina as causas e as consequências e oferece sugestões.
- Conclusivo: aborda um problema ou situação e oferece conclusões.

Portaria

É um ato pelo qual as autoridades competentes determinam providências de caráter administrativo, dão instruções sobre a execução de leis e de serviços, definem situações funcionais e aplicam medidas de ordem disciplinar.

Partes:

> numeração (classificação): número do ato e data de expedição.

> título: denominação completa de autoridade que expede o ato.

> fundamentação: citação da legislação básica em que a autoridade apoia sua decisão, seguida do termo resolve.

> texto: desenvolvimento do assunto.

> assinatura: nome da autoridade que expede o ato.

Questões

É curioso notar que a ideia de porto está presente nas sociedades humanas desde o aparecimento das cidades. Isso porque uma das características das primeiras estruturas urbanas existentes na região do Oriente Próximo foi a presença do porto.

As primeiras cidades, no sentido moderno, surgiram no período compreendido entre 3.100 e 2.900 a.C., na Mesopotâmia, civilização situada às margens dos rios Tigre e Eufrates. A estrutura desses primeiros agrupamentos urbanos era tripartite: a cidade propriamente dita, cercada por muralhas, onde ficavam os principais locais de culto e as células dos futuros palácios reais; uma espécie de subúrbio, extramuros, local que agrupava residências e instalações para criação de animais e plantio; e o porto fluvial, espaço destinado à prática do comércio e que era utilizado como local de instalação dos estrangeiros, cuja admissão, em regra, era vedada nos muros da cidade.

Não se trata, portanto, de uma criação aleatória apenas vinculada à atividade comercial. O porto aparece como mais um elemento de uma forte mudança civilizacional que marcou o contexto do surgimento das cidades e da escrita. O comportamento fundamental dessa mudança localiza-se no aumento das possibilidades do agir humano, na diversificação dos papéis sociais e na abertura para o futuro. Houve, em resumo, uma ampliação no grau de complexidade da sociedade.

Cristiano Paixão e Ronaldo C Fleury Trabalho portuário — a modernização dos portos e as relações de trabalho no Brasil São Paulo: Método, 2008, p 17-8 (com adaptações)

01. (CESPE) O texto é predominantemente descritivo, na medida em que apresenta detalhadamente as características dos portos na Antiguidade.

Saiu a mais nova lista de coisas que devem ou não ser feitas, moda que parece ter contagiado o planeta. Desta vez, Arthur Frommer e Holly Hugues elencam os 500 locais que precisamos visitar antes que desapareçam (500 places to see before they disappear). O livro traz lugares naturais e históricos, de antigos centros de culto a paisagens em vias de extinção, assim como tesouros culturais únicos, como o Fenway Park, de Boston, inaugurado em 1912: um dos últimos estádios norte-americanos que mantêm sua construção original, diz o Atlanta Journal Constitution.

Revista da Semana, dez./2008 (com adaptações).

Certo ( ) Errado ( )

02. (CESPE) O texto é essencialmente informativo.

O Departamento de Atendimento a Grupos Vulneráveis (DAGV) da Polícia Civil de Sergipe atende a um público específico, que frequentemente se torna vítima de diversos tipos de violência. Idosos, homossexuais, mulheres, crianças e adolescentes têm recebido atenção constante no DAGV, onde o atendimento ganha força e se especializa diariamente.

A unidade surgiu como delegacia especializada em setembro de 2004. Agentes e delegados de atendimento a grupos vulneráveis realizam atendimento às vítimas, centralizam procedimentos relativos a crimes contra o público vulnerável registrados em outras delegacias, abrem inquéritos e termos circunstanciados e fazem investigações de queixas.

Internet: <www.ssp.se.gov.br> (com adaptações).

Certo ( ) Errado ( )

03. (CESPE) Predomina no texto a tipologia narrativa, a qual é adequada ao propósito comunicativo de apresentar ao leitor um relato linear e objetivo da história do DAGV desde o seu surgimento até os dias atuais.

Certo ( ) Errado ( )

As consequências da extinção de línguas são diversas e irreparáveis. O desaparecimento de línguas tem impacto imediato na perda de diversidade cultural.

O desconhecimento da diversidade linguística por grande parte da população brasileira é sustentado pela representação de uma suposta unidade da língua portuguesa, ou seja, pela ideia de que a língua portuguesa é a única língua falada no país. Essa falta de conhecimento e de valorização leva, por conseguinte, à marginalização e à discriminação de grupos falantes de outras línguas.

A construção de uma política específica para a diversidade linguística constitui uma iniciativa que busca a valorização da diversidade linguística do país. Atuar para a sustentabilidade da diversidade linguística, entretanto, exige a articulação de produção de conhecimento sobre as línguas existentes no território nacional e de valorização e promoção dessas línguas.

As línguas faladas por grupos sociais minoritários requerem atenção especial de uma política de salvaguarda da diversidade linguística, pois elas se encontram em posição de maior vulnerabilidade linguística. Tal situação decorre não só do fato de essas línguas serem faladas por grupos sociais pouco numerosos, mas também da falta de conhecimento sobre elas. Colocar no mapa as centenas de línguas ainda ocultadas pela representação majoritária de um país com uma única língua talvez seja o caminho mais significativo para o reconhecimento das línguas como patrimônio cultural.

Instituto do Patrimônio Histórico e Artístico Nacional. Guia de pesquisa e documentação para o INDL: patrimônio cultural e diversidade linguística. Brasília: IPHAN, 2016, p. 23-4 (com adaptações).

Com relação às ideias e à tipologia do texto CB3A1-I, julgue o item que segue.

04. (CESPE) O texto foi construído com o uso de elementos que caracterizam a tipologia argumentativa

Certo ( ) Errado ( )

O avião demorou a decolar, havia nevascas pela Europa, fui parar em Copenhague, perdi a conexão em Paris, me mandaram para Buenos Aires, mas gostei de chegar em casa quase à meia-noite. O menino já estaria dormindo, e mesmo a Vanda logo iria para a cama. Estaria bicando um vinho, ou fechando as cortinas, ou tomando um banho, ou em frente ao espelho, catando fios de cabelo branco, para mim era importante pegá-la desprevenida, queria ver com que gênero de surpresa me receberia. Girei a chave, na sala havia uma árvore de Natal, a Vanda estava no quarto, do corredor ouvi sua voz. Devo ter aberto a porta com muito ímpeto, pois a babá, que estava sentada na ponta da cama, se levantou num pulo. Mas o menino não se mexeu, continuou recostado na cabeceira com os olhos fitos na televisão.

Chico Buarque. Budapeste. São Paulo: Companhia das Letras, 2003 (com adaptações).

Julgue o item seguinte, relativo aos sentidos e a aspectos linguísticos do texto precedente.

05. (CESPE) O texto é predominantemente narrativo, haja vista, entre outras características, o emprego de verbos no passado.

Certo ( ) Errado ( )

Gabaritos

01	ERRADO
02	CERTO
03	ERRADO
04	CERTO
05	CERTO

17. ORTOGRAFIA

A ortografia em provas de concurso costuma ser cobrada com palavras homógrafas, homófonas e parônimas. Aborda-se também o uso de grafias similares em determinados níveis de comunicação. Nesse sentido, o hábito da leitura e o uso de dicionários ajudam muito na assimilação gradativa da grafia das palavras, bem como no processo de compreensão e de interpretação de uma mensagem.

Ortho= correto, *graphos* = escrita

A ortografia das palavras pode ser assimilada de várias formas. As mais eficazes, conforme acabamos de afirmar, consistem na leitura e na consulta ao dicionário. Todas as grafias têm sua lógica proveniente da etimologia (origem das palavras). Algumas, porém, possuem também regras que as determinam.

17.1 Regras Para o Emprego de Letras

Letras E e I

Emprega-se E

> Em sílabas finais dos verbos terminados em -oar, -uar

Exs.: magoar - magoe, magoes; continuar- continue, continues

> Em palavras formadas com o prefixo ante- (antes, anterior)

Exs.: antebraço, antecipar

> Em vocábulos como:

Exs.: cadeado, confete, disenteria, empecilho, irrequieto, mexerico, orquídea, etc.

Emprega-se I

> Em sílabas finais dos verbos terminados em -air, -oer, -uir

Exs.: cair- cai / doer- dói / influir- influi

> Em palavras formadas com o prefixo anti- (contra)

Exs.: Anticristo, antitetânico

> Nos seguintes vocábulos:

Exs.: aborígine, artimanha, chefiar, digladiar, penicilina, privilégio, etc.

Letras O e U

O emprego de o/u determina a diferença de significado de algumas palavras.

Exs.: comprimento (extensão) e cumprimento (saudação, realização) / soar (emitir som) e suar (transpirar).

Grafam-se com a letra O: bolacha, bússola, costume, moleque.

Grafam-se com a letra U: camundongo, jabuti, Manuel, tábua

Letra X e dígrafo Ch

Emprega-se X

> -Após um ditongo.

Exs.: caixa, frouxo, peixe

Exceção: recauchutar e seus derivados

> Após a sílaba inicial "en".

Exs.: enxame, enxada, enxaqueca

Exceção: palavras iniciadas por "ch" que recebem o prefixo "en-": encharcar (de charco), enchiqueirar (de chiqueiro), encher e seus derivados (enchente, enchimento, preencher...)

> Após a sílaba inicial "me-".

Exs.: mexer, mexerica, mexicano, mexilhão

Exceção: mecha

> Em vocábulos de origem indígena ou africana e nas palavras inglesas aportuguesadas.

Exs.: abacaxi, xavante, orixá, xará, xerife, xampu

> Outros casos.

Exs.: bexiga, bruxa, coaxar, faxina, graxa, lagartixa, lixo, puxar, rixa, oxalá, praxe, roxo, vexame, xadrez, xarope, xaxim, xícara, xale, xingar, etc.

Emprega-se Ch

> Em vocábulos como:

Exs.: bochecha, bucha, cachimbo, chalé, charque, chimarrão, chuchu, chute, cochilo, debochar, fachada, fantoche, ficha, flecha, mochila, pechincha, salsicha, tchau, etc.

Letra G

> Nos substantivos terminados em -agem, -igem, -ugem

Exs.: barragem, miragem, viagem, origem, ferrugem

Exceção: pajem

> Nas palavras terminadas em -ágio, -égio, -ígio, -ógio, -úgio

Exs.: estágio, privilégio, prestígio, relógio, refúgio

> Nas palavras derivadas de outras que se grafam com g

Exs.: engessar (de gesso), massagista (de massagem), vertiginoso (de vertigem)

> Outros casos.

Exs.: algema, auge, bege, estrangeiro, geada, gengiva, gibi, gilete, hegemonia, herege, megera, monge, rabugento, vagem.

Letra J

> Nas formas dos verbos terminados em -jar ou -jear

Exs.: arranjar: arranjo, arranje, arranjem / espejar:despejo, despeje, despejem / gorjear: gorjeie, gorjeiam, gorjeando / enferrujar: enferruje, enferrujem / viajar: viajo, viaje, viajem.

> Nas palavras de origem tupi, africana, árabe ou exótica

Exs.: biju, jiboia, canjica, pajé, jerico, manjericão, Moji.

> Nas palavras derivadas de outras que já apresentam j

Exs.: laranja - laranjeira / loja - lojista / cereja: cerejeira.

> Outros casos.

Exs.: berinjela, cafajeste, jeca, jegue, majestade, jeito, jejum, laje, traje, pegajento.

Letras S e Z

Emprega-se S

> - Nas palavras derivadas de outras que já apresentam s no radical

Exs.: análise – analisar / casa – casinha / catálise – catalisador.

> Nos sufixos -ês e -esa, ao indicarem nacionalidade, título ou origem

Exs.: burguês – burguesa / inglês – inglesa.

> Nos sufixos formadores de adjetivos -ense, -oso e -osa

Exs.: catarinense, gostoso, teimosa.

> Nos sufixos gregos -ese, -isa, -osa

Exs.: catequese, diocese, poetisa, profetisa, sacerdotisa, glicose, metamorfose, virose.

> Após ditongos

Exs.: coisa, pouso, lousa, náusea.

> Nas formas dos verbos pôr e querer, bem como em seus derivados

Exs.: pus, pôs, pusemos, puseram, pusera, pusesse, puséssemos / quis, quisemos, quiseram, quiser, quisera, quiséssemos / repus, repusera, repusesse, repuséssemos.

> Outros casos.

Exs.: abuso, asilo, através, aviso, besouro, brasa, cortesia, decisão, despesa, empresa, /freguesia, fusível, maisena, mesada, paisagem, paraíso, pêsames, presépio, presídio, querosene, raposa, surpresa, tesoura, usura, vaso, vigésimo, visita, etc.

Emprega-se Z

> Nas palavras derivadas de outras que já apresentam z no radical

Exs.: deslize – deslizar / razão – razoável.

> Nos sufixos -ez, -eza, ao formarem substantivos abstratos a partir de adjetivos

Exs.: inválido – invalidez / limpo – limpeza.

> Nos sufixos -izar, ao formar verbos e -ização, ao formar substantivos

Exs.: civilizar – civilizaçã

17.2 Homônimos

Os homônimos se diferenciam entre palavras **homógrafas** e as **homófonas**. São vocábulos que se pronunciam ou se escrevem da mesma forma e que diferem no sentido.

Homônimos Perfeitos

Possuem som e grafia idênticos, mas significado diferente.

Vela: substantivo e verbo (velar).

Saia: substantivo e verbo (sair).

Homógrafas

Mesma grafia; som, classe gramatical e significado diferentes.

Ex.: ***Almoço***: substantivo.

Almoço: verbo almoçar, 1ª pessoa do presente.

Colher: verbo.

Colher: substantivo, talher.

Conserto: substantivo.

Conserto: verbo consertar, 1º pessoa do presente.

Polissemia

Mesmo som e grafia, mesma classe gramatical, mas significado diferente.

Cabo: patente militar, acidente geográfico, fio, haste da panela (substantivos).

Palavras homônimas são aquelas que possuem som e grafia iguais, mas classes gramaticais diferentes. Palavras polissêmicas possuem som e grafia iguais; além disso, pertencem às mesmas classes gramaticais.

Homófonas

Mesmo som; grafia e significado diferentes.

Xá: título Persa.

Chá: bebida.

Xeque: título honorífico, posto em prova.

Cheque: ordem de pagamento, talonário.

Caçar: matar.

Cassar: tirar os direitos políticos de alguém.

Intenção: desejo.

Intensão: intensidade.

Cozer: cozinhar.

Coser: costurar.

Incerto: não certo.

Inserto: inserido.

Descente: que desce.

Decente: honesto.

Passo: verbo passar.

Paço: palácio.

Expectador: que tem expectativa.

Espectador: que assiste a algo, que vê.

Experto: perito.

Esperto: inteligente.

Incipiente: iniciante.

Insipiente: ignorante.

Seção ou **secção:** divisão, departamento.

Sessão: divisão de horário, reunião.

Cessão: ato de ceder.

Mau: adjetivo, contrário de bom.

Mal: advérbio, contrário de bem.

Extrato: aquilo que foi extraído.

Estrato: faixa, camada.

Taxar: determinar taxa.

Tachar: censurar, pôr defeito.

Com quanto: quantidade.

Conquanto: conjunção concessiva (embora).

Censo: recenseamento.

Senso: juízo, entendimento.

Calda: creme.

Cauda: rabo.

Porquanto: porque (justificativa).

Por quanto: quantidade.

Ainda com relação às palavras **homófonas**, temos particularidades que são bastante recorrentes em provas.

Senão / Se Não

Se não: caso (conjunção condicional) não (advérbio). Geralmente, essa expressão traz um verbo explícito ligado a ela.

Se não chover, haverá festa.

Nem sempre o verbo ligado a este termo aparecerá explícito.

Ex.: Ele fará da mesma forma, SE NÃO (fizer) melhor.

Respondam SE SIM ou SE NÃO.

Senão: caso contrário. Semanticamente, é igual ao SE NÃO, mas o verbo estará implícito.

Faça o certo, ***senão*** seus erros dormirão ao seu lado.

O verbo FIZER está implícito, logo depois do termo. Porém, se tornarmos o verbo explícito, o SE NÃO será escrito separado.

Ex.: FAÇA o certo, SE NÃO fizer, seus erros dormirão ao seu lado.

Senão: a não ser.

Ex.: Ele nada fez, ***senão*** (a não ser) dormir o dia todo.

Senão: mas sim. MAS é uma conjunção com valor de adversidade; o oposto de SIM é Não. Logo, esse termo, sempre que aparecer com essa intenção, implicará um NÃO, na oração.

Ex.: NÃO quis fugir, ***SENÃO*** (mas sim) buscar ajuda.

17.3 Uso dos Porquês

Por que: Como pronome interrogativo. (Nem sempre quando aparecer em frases interrogativas, o termo virá assim.)

Ex.: ***Por que*** eles odeiam gramática?

Por que: No meio da oração, pode ser substituído por O MOTIVO PELO QUAL, ou A RAZÃO PELA QUAL, ou somente por PELO(A) QUAL.

Exs.: Não sei ***por que*** ela se foi. (o motivo pelo qual)

Perguntamos ***por que*** a vida é injusta.(o motivo pelo qual)

A causa ***por que*** lutamos é digna. (pela qual)

Por quê:

Perto de pontuação. A pontuação deve vir logo após o termo.

Por quê?

Não responderam como nem ***POR QUÊ***.

Não se sabe ***POR QUÊ,*** mas a aula atrasou.

Porque: Justificativa. (Mas pode aparecer em frases interrogativas, conforme veremos adiante.)

Exs.: Eles odeiam gramática, ***porque*** preferem números.

Porque a mãe dele quis, ele se formou médico?

Obs.: pode-se perceber que a resposta será "sim", "não" ou "talvez". Esse termo virá escrito assim (PORQUE), mesmo que a frase seja interrogativa.

Porquê: *Substantivado, precedido por termos determinantes (adjetivos, artigos, pronomes, numerais).*

Exs.: O ***porquê*** não apareceu.

Dois ***porquês*** não apareceram na pauta.

17.4 Parônimos

A seguir, veremos alguns parônimos que são recorrentes em provas. Parônimos apresentam som e grafia parecidos.

Descriminar: *relatar, livrar do crime.*

Discriminar: *isolar, separar.*

Mandato: *período de cumprimento de um cargo, procuração.*

Mandado: *ordem judicial.*

Eminente: *sublime, elevado.*

Iminente: *inevitável.*

Deferimento: *aprovação.*

Diferimento: *adiamento.*

Flagrante: *pego no ato.*

Fragrante: *aroma.*

Inflação: *alta de valores, alta de preços.*

Infração: *ato proibido.*

Descrição: *ato de descrever.*

Discrição: *ato de ser discreto.*

Vultoso: volumoso, pomposo.

Vultuoso: *congestão facial.*

Delatar: *revelar.*

Dilatar: *aumentar.*

Em princípio: *em tese.*

A princípio: *no início.*

Retificar: *consertar.*

Ratificar: *confirmar.*

Tráfego: *andar, trafegar, movimento.*

Tráfico: *comércio ilegal.*

De encontro: *discordar.*

Ao encontro: *concordar.*

Ao invés de: *inverso.*

Em vez de: *no lugar de.*

Evasão: *sair.*

Invasão: *entrar.*

Vimos, neste capítulo, algumas observações de como a ortografia pode se apresentar em provas de concurso. É bastante importante atentar para os termos homônimos, envolvendo palavras homófonas e homógrafas. Tais conteúdos são determinantes para solucionar questões que podem induzir o candidato a erro. Vale lembrar que, nesse sentido, os parônimos também são recorrentes em concursos. Mais uma vez, ressalta-se a importância da leitura e do uso do dicionário para a assimilação desse conteúdo.

Questões

01. (CESPE) Julgue os fragmentos de texto apresentados no seguinte item com relação à grafia das palavras.

A excelência — definida como a qualidade do que é excelente, melhor — só pode ser alcançada por meio do aprimoramento contínuo.

Certo ( ) Errado ( )

02. (CESPE) Julgue os fragmentos de texto apresentados no seguinte item com relação à grafia das palavras.

Investir na formação dos educadores de forma contínua e permanente é uma premiça básica para melhorar a educação. Entretanto, há outros fatores envolvidos.

Certo ( ) Errado ( )

03. (CESPE) Julgue os fragmentos de texto apresentado no item com relação à grafia das palavras.

Uma pesquiza mostrou que a maioria dos educadores não relaciona o déficit de aprendizagem ao própio trabalho ou às condições da escola.

Certo ( ) Errado ( )

04. (CESPE) "A sociedade requer das organizações uma nova configuração da atividade econômica, pautada na ética e na responsabilidade para com a sociedade e o meio ambiente, a fim de minimizar problemas sociais como concentração de renda, precarização das relações de trabalho e falta de direitos básicos como educação, saúde e moradia, agravados, entre outros motivos, por propostas que concebem um Estado que seja parco em prestações sociais e no qual a própria sociedade se responsabilize pelos riscos de sua existência, só recorrendo ao Poder Público subsidiariamente, na impossibilidade de autossatisfação de suas necessidades."

A substituição de "no qual" por aonde prejudicaria a correção gramatical do texto.

Certo ( ) Errado ( )

05. (CESPE) "Muita gente se espanta com o procedimento desse amigo. Não sei por quê."

Sem prejuízo para a correção gramatical do período, a expressão "por quê" poderia ser substituída por o porquê.

Certo ( ) Errado ( )

Gabaritos

01	CERTO
02	ERRADO
03	ERRADO
04	CERTO
05	CERTO

18. ACORDO ORTOGRÁFICO DA LÍNGUA PORTUGUESA

O Novo Acordo Ortográfico busca simplificar as regras ortográficas da Língua Portuguesa e unificar a nossa escrita e a das demais nações de língua portuguesa: Portugal, Angola, Moçambique, Cabo Verde, Guiné-Bissau, São Tomé e Príncipe e Timor-Leste.

Sua implementação no Brasil passou por algumas etapas:

> 2009 – vigência ainda não obrigatória

> 2010 a 2015: adaptação completa às novas regras

> A partir de 1º de janeiro de 2016: emprego obrigatório, o novo acordo ortográfico passa a ser o único formato da língua reconhecido no Brasil.

Entre as mudanças na língua portuguesa decorrentes da reforma ortográfica, podemos citar o fim do trema, alterações da forma de acentuar palavras com ditongos abertos e que sejam hiatos, supressão dos acentos diferencias e dos acentos tônicos, novas regras para o emprego do hífen e inclusão das letras w, k e y ao idioma.

Entre a proposta (em 1990) e a entrada em vigor (2016) são 16 anos. Esse processo foi longo porque era necessário que fossem alcançadas as três decisões para que o acordo fosse cumprido. Em 2006, São Tomé e Príncipe e Cabo Verde se uniram ao Brasil e ratificaram o novo acordo. Em maio de 2008, Portugal também ratificou o acordo para unificar a ortografia em todas as nações de língua portuguesa.

18.1 Trema

Não se usa mais o trema (¨), sinal colocado sobre a letra u para indicar que ela deve ser pronunciada nos grupos gue, gui, que, qui.

Exs.: aguentar, bilíngue, cinquenta, delinquente, eloquente, ensanguentado, frequente, linguiça, quinquênio, sequência, sequestro, tranquilo.

Obs.: o trema permanece apenas nas palavras estrangeiras e em suas derivadas. Exemplos: Müller, mülleriano.

18.2 Regras de Acentuação

Ditongos abertos em paroxítonas

Não se usa mais o acento dos ditongos abertos éi e ói das palavras paroxítonas (palavras que têm acento tônico na penúltima sílaba).

Exs.: alcateia, androide, apoia, apoio (verbo), asteroide, boia, celuloide, claraboia, colmeia, Coreia, debiloide, epopeia, estoico, estreia, geleia, heroico, ideia, jiboia, joia, odisseia, paranoia, paranoico, plateia, tramoia.

Obs.: a regra é somente para palavras paroxítonas. Assim, continuam a ser acentuadas as palavras oxítonas e os monossílabos tônicos terminados em éi(s), ói(s). Exemplos: papéis, herói, heróis, dói (verbo doer), sóis etc.

A palavra ideia não leva mais acento, assim como heroico. Mas o termo herói é acentuado.

I e U tônicos depois de um ditongo

Nas palavras paroxítonas, não se usa mais o acento no i e no u tônicos quando vierem depois de um ditongo.

baiuca, bocaiuva (tipo de palmeira), cauila (avarento)

Obs.:

> *se a palavra for oxítona e o i ou o u estiverem em posição final (ou seguidos des), o acento permanece. Exemplos: tuiuiú, tuiuiús, Piauí;*

> *se o i ou o u forem precedidos de ditongo crescente, o acento permanece. Exemplos: guaíba, Guaíra.*

Hiatos EE e OO

Não se usa mais acento em palavras terminadas em eem e oo(s).

Exs.: abençoo, creem, deem, doo, enjoo, leem, magoo, perdoo, povoo, veem, voos, zoo

Acento diferencial

Não se usa mais o acento que diferenciava os pares pára/para, péla(s)/pela(s), pêlo(s)/pelo(s), pólo(s)/polo(s) e pêra/pera.

Exs.:

Ele para o carro.

Ele foi ao polo Norte.

Ele gosta de jogar polo.

Esse gato tem pelos brancos.

Comi uma pera.

Obs.:

> *Permanece o acento diferencial em pôde/pode. Pôde é a forma do passado do verbo poder (pretérito perfeito do indicativo), na 3ª pessoa do singular. Pode é a forma do presente do indicativo, na 3ª pessoa do singular.*

Ex.: Ontem, ele não pôde sair mais cedo, mas hoje ele pode.

> Permanece o acento diferencial em pôr/por. Pôr é verbo. Por é preposição. Exemplo: Vou pôr o livro na estante que foi feita por mim.

> Permanecem os acentos que diferenciam o singular do plural dos verbos ter e vir, assim como de seus derivados (manter, deter, reter, conter, convir, intervir, advir etc.).

Exs.:

Ele tem dois carros. / Eles têm dois carros.

Ele vem de Sorocaba. / Eles vêm de Sorocaba.

Ele mantém a palavra. / Eles mantêm a palavra.

Ele convém aos estudantes. / Eles convêm aos es tudantes.

Ele detém o poder. / Eles detêm o poder.

Ele intervém em todas as aulas. / Eles intervêm em todas as aulas.

> É facultativo o uso do acento circunflexo para diferenciar as palavras forma/fôrma. Em alguns casos, o uso do acento deixa a frase mais clara. Veja este exemplo: Qual é a forma da fôrma do bolo?

Acento agudo no u tônico

Não se usa mais o acento agudo no u tônico das formas (tu) arguis, (ele) argui, (eles) arguem, do presente do indicativo dos verbos arguir e redarguir.

18.3 Hífen com Compostos

Palavras compostas sem elementos de ligação

Usa-se o hífen nas palavras compostas que não apresentam elementos de ligação.

Exs.: guarda-chuva, arco-íris, boa-fé, segunda-feira, mesa-redonda, vaga-lume, joão-ninguém, porta-malas, porta-bandeira, pão-duro, bate-boca.

Exceções: Não se usa o hífen em certas palavras que perderam a noção de composição, como girassol, madressilva, mandachuva, pontapé, paraquedas, paraquedista, paraquedismo.

Compostos com palavras iguais

Usa-se o hífen em compostos que têm palavras iguais ou quase iguais, sem elementos de ligação.

Exs.: reco-reco, blá-blá-blá, zum-zum, tico-tico, tique-taque, cri-cri, glu-glu, rom-rom, pingue-pongue, zigue-zague, esconde-esconde, pega-pega, corre-corre.

Compostos com elementos de ligação

Não se usa o hífen em compostos que apresentam elementos de ligação.

Exs.: pé de moleque, pé de vento, pai de todos, dia a dia, fim de semana, cor de vinho, ponto e vírgula, camisa de força, cara de pau, olho de sogra.

Obs.: Incluem-se nesse caso os compostos de base oracional. maria vai com as outras, leva e traz, diz que diz que, deus me livre, deus nos acuda, cor de burro quando foge, bicho de sete cabeças, faz de conta.

Exceções: água-de-colônia, arco-da-velha, cor-de-rosa, mais-que-perfeito, pé-de-meia, ao deus-dará, à queima-roupa.

Topônimos

Usa-se o hífen nas palavras compostas derivadas de topônimos (nomes próprios de lugares), com ou sem elementos de ligação.

Exs.:

Belo Horizonte: belo-horizontino
Porto Alegre: porto-alegrense
Mato Grosso do Sul: mato-grossense-do-sul
Rio Grande do Norte: rio-grandense-do-norte
África do Sul: sul-africano

18.4 Uso do Hífen com Palavras Formadas por Prefixos

Casos gerais

Antes de H

Usa-se o hífen diante de palavra iniciada por h.

Exs.:

anti-higiênico
anti-histórico
macro-história
mini-hotel
proto-história
sobre-humano
super-homem
ultra-humano

Letras iguais

Usa-se o hífen se o prefixo terminar com a mesma letra com que se inicia a outra palavra.

Exs.:

micro-ondas
anti-inflacionário
sub-bibliotecário
inter-regional

Letras diferentes

Não se usa o hífen se o prefixo terminar com letra diferente daquela com que se inicia a outra palavra.

Exs.:

autoescola
antiaéreo
intermunicipal
supersônico
superinteressante
agroindustrial
aeroespacial
semicírculo

Obs.: Se o prefixo terminar por vogal e a outra palavra começar por r ou s, dobram-se essas letras.

Exs.:

minissaia
antirracismo
ultrassom
semirreta

Casos particulares

Prefixos SUB e SOB

Com os prefixos sub e sob, usa-se o hífen também diante de palavra iniciada por r.

Exs.:

sub-região
sub-reitor
sub-regional
sob-roda

Prefixos CIRCUM e PAN

Com os prefixos circum e pan, usa-se o hífen diante de palavra iniciada por m, n e vogal.

Exs.:

circum-murado
circum-navegação
pan-americano

Outros prefixos

Usa-se o hífen com os prefixos ex, sem, além, aquém, recém, pós, pré, pró, vice.

Exs.:

além-mar
além-túmulo
aquém-mar
ex-aluno
ex-diretor
ex-hospedeiro
ex-prefeito
ex-presidente
pós-graduação
pré-história
pré-vestibular
pró-europeu
recém-casado
recém-nascido
sem-terra
vice-rei

Prefixo CO

O prefixo co junta-se com o segundo elemento, mesmo quando este se inicia por o ou h. Neste último caso, corta-se o h. Se a palavra seguinte começar com rou s, dobram-se essas letras.

Exs.:

coobrigação
coedição
coeducar
cofundador
coabitação
coerdeiro
corréu
corresponsável
cosseno

Prefixos PRE e RE

Com os prefixos pre e re, não se usa o hífen, mesmo diante de palavras começadas por e.

Exs.:

preexistente
preelaborar
reescrever
reedição

Prefixos AB, OB e AD

Na formação de palavras com ab, ob e ad, usa-se o hífen diante de palavra começada por b, d ou r.

Exs.:

ad-digital
ad-renal
ob-rogar
ab-rogar

Outros casos do uso do hífen

NÃO e QUASE

Não se usa o hífen na formação de palavras com não e quase.

Exs.:

(acordo de) não agressão
(isto é um) quase delito

MAL

Com mal*, usa-se o hífen quando a palavra seguinte começar por vogal, h ou l.

Exs.:

mal-entendido
mal-estar
mal-humorado
mal-limpo

Obs.: Quando mal significa doença, usa-se o hífen se não houver elemento de ligação.

Exs.:

mal-francês.

Se houver elemento de ligação, escreve-se sem o hífen.

mal de lázaro, mal de sete dias.

Tupi-guarani

Usa-se o hífen com sufixos de origem tupi-guarani que representam formas adjetivas: açu, guaçu, mirim.*:*

Exs.:

capim-açu
amoré-guaçu
anajá-mirim

Combinação ocasional

Usa-se o hífen para ligar duas ou mais palavras que ocasionalmente se combinam, formando não propriamente vocábulos, mas encadeamentos vocabulares.

Exs.:

ponte Rio-Niterói
eixo Rio-São Paulo

Hífen e translineação

Para clareza gráfica, se no final da linha a partição de uma palavra ou combinação de palavras coincidir com o hífen, ele deve ser repetido na linha seguinte.

Exs.:

Na cidade, conta-
- se que ele foi viajar.
O diretor foi receber os ex-
-alunos.
guarda-
-chuva
Por favor, diga-
-nos logo o que aconteceu.

18.5 Síntese das Principais Regras do Hífen

	Síntese do Hífen	
Letras diferentes	Não use hífen	Infraestrutura, extraoficial, supermercado
Letras iguais	Use hífen	Anti-inflamatório, contra-argumento, inter-racial, hiper-realista
Vogal + r ou s	Não use hífen (duplique r ou s)	Corréu, cosseno, minissaia, autorretrato
Bem	Use hífen	Bem-vindo, bem-humorado

18.6 Quadro Resumo do Emprego do Hífen com Prefixos

Prefixos	Letra que inicia a palavra seguinte
Ante-, Anti-, Contra-, Entre-, Extra-, Infra-, Intra-, Sobre-, Supra-, Ultra-	H / VOGAL IDÊNTICA À QUE TERMINA O PREFIXO Exemplos com H: ante-hipófise, anti-higiênico, anti-herói, contra-hospitalar, entre-hostil, extra-humano, infra-hepático, sobre-humano, supra-hepático, ultra-hiperbólico. Exemplos com vogal idêntica: anti-inflamatório, contra-ataque, infra-axilar, sobre-estimar, supra-auricular, ultra-aquecido.
Ab-, Ad-, Ob-, Sob-	B - R - D (Apenas com o prefixo "Ad") Exemplos: ab-rogar (pôr em desuso), ad-rogar (adotar) ob-reptício (astucioso), sob-roda ad-digital
Circum-, Pan-	H / M / N / VOGAL Exemplos: circum-meridiano, circum-navegação, circum-oral, pan-americano, pan-mágico, pan-negritude.
Ex- (no sentido de estado anterior), Sota-, Soto-, Vice-, Vizo-	DIANTE DE QUALQUER PALAVRA Exemplos: ex-namorada, sota-soberania (não total), soto-mestre (substituto), vice-reitor, vizo-rei.
Hiper-, Inter-, Super-	H / R Exemplos: hiper-hidrose, hiper-raivoso, inter-humano, inter-racial, super-homem, super-resistente.
Pós-, Pré-, Pró- (tônicos e com significados próprios)	DIANTE DE QUALQUER PALAVRA Exemplos: pós-graduação, pré-escolar, pró-democracia. Obs.: se os prefixos não forem autônomos, não haverá hífen. Exemplos: predeterminado, pressupor, pospor, propor.
Sub-	B - H - R Exemplos: sub-bloco, sub-hepático, sub-humano, sub-região. Obs.: "subumano" e "subepático" também são aceitas.
Pseudoprefixos (diferem-se dos prefixos por apresentarem elevado grau de independência e possuírem uma significação mais ou menos delimitada, presente à consciência dos falantes.) Aero-, Agro-, Arqui-, Auto-, Bio-, Eletro-, Geo-, Hidro-, Macro-, Maxi-, Mega, Micro-, Mini-, Multi-, Neo-, Pluri-, Proto-, Pseudo-, Retro-, Semi-, Tele-	H / VOGAL IDÊNTICA À QUE TERMINA O PREFIXO Exemplos com H: geo-histórico, mini-hospital, neo-helênico, proto-história, semi-hospitalar. Exemplos com vogal idêntica: arqui-inimigo, auto-observação, eletro-ótica, micro-ondas, micro-ônibus, neo-ortodoxia, semi-interno, tele-educação.

1) Não se utilizará o hífen em palavras iniciadas pelo prefixo 'co-'.

Ex.: coadministrar, coautor, coexistência, cooptar, coerdeiro corresponsável, cosseno.

2) Prefixos des- e in- + segundo elemento sem o "h" inicial.

Ex.: desarmonia, desumano, desumidificar, inábil, inumano, etc.

3) Não se utilizará o hífen com a palavra não.

Ex.: não violência, não agressão, não comparecimento.

4) Não se utiliza o hífen em palavras que possuem os elementos "bi", "tri", "tetra", "penta", "hexa", etc.

Ex.: bicampeão, bimensal, bimestral, bienal, tridimensional, trimestral, triênio, tetracampeão, tetraplégico, pentacampeão, pentágono, etc.

5) Em relação ao prefixo "hidro", em alguns casos pode haver duas formas de grafia.

Ex.: hidroelétrica e hidrelétrica

6) No caso do elemento "socio", o hífen será utilizado apenas quando houver função de substantivo (= de associado).

Ex.: sócio-gerente / socioeconômico

Questões

01. (CESPE) É correta a forma variante de grafia do vocábulo "projeto de lei" com hífen.

Certo ( ) Errado ( )

02. (CESPE) Com base no que dispõe o novo Acordo Ortográfico da Língua Portuguesa, julgue o próximo item.

Está correta a grafia dos seguintes vocábulos: bilíngue, sagui, sequência, quinquênio, Müller, colmeia, joia, paranoico, papéis, feiúra, perdoo, pera, pôde (3.ª pessoa do sing. do pretérito), sobre-humano, co-herdeiro, subumano, coedição, capim-açu, semi-analfabeto, vice-almirante, contrarregra, infrassom, semi--interno, sub-bibliotecário, panamericano.

Certo ( ) Errado ( )

03. (CESPE) "Melhorar o mecanismo de solução de controvérsias é um dos requisitos para o fortalecimento do MERCOSUL, vide as últimas divergências entre Brasil e Argentina."

Mantém-se a obediência à norma culta escrita ao se substituir a palavra "vide" por haja visto, uma vez que as relações sintáticas permanecem sem alteração.

Certo ( ) Errado ( )

04. (CESPE) "O atual prefeito da cidade Hélio Queiroz (PSDB) recolheu centenas de notas fiscais que garante serem frias e que teriam permitido a seu antessessor Paulo Marinho (PFL) desviar mais de R$ 1 milhão do caixa municipal"

No terceiro período, há um erro gráfico na palavra "antessessor".

Certo ( ) Errado ( )

05. (CESPE) "Mas e antes dos sensores, como é que se fazia? Imagino que algum funcionário trepava na antena mais alta no topo do maior arranha-céu e, ao constatar a falência da luz solar, acionava um interruptor, e a cidade toda se iluminava."

A substituição da locução "a cidade toda" por toda cidade preservaria os sentidos e a correção gramatical do período.

Certo ( ) Errado ( )

Gabaritos

01	ERRADO
02	ERRADO
03	ERRADO
04	CERTO
05	ERRADO

19. ACENTUAÇÃO GRÁFICA

A acentuação gráfica, em provas de concurso, acaba aparecendo sempre de modo decisivo. Observa-se que, com o advento da informática e com a comodidade proveniente dos corretores automáticos de texto, muitas pessoas deixam de usar os acentos gráficos. Todavia, quando se trata de concurso, é essencial que se domine o uso da acentuação, independentemente da banca elaboradora.

O acento gráfico é usado, na maioria das vezes, para indicar o acento tônico das palavras. São considerados acentos gráficos:

- acento agudo (´);
- acento circunflexo (^);
- acento grave (`) (apenas para indicar a ocorrência de crase).

Ru**IM** - oxítona, quando a última sílaba é a tônica.

Exs.: co***lher***, cate***ter***, ure***ter*** etc.

Re**COR**de – **paroxítona**, quando a penúltima sílaba é a tônica

Exs.: ru***bri***ca, pu***di***co, a***va***ro etc.

ÍNterim – **proparoxítona**, quando a antepenúltima (limite de sílaba tônica) sílaba é a tônica.

19.1 Proparoxítona

Todas as **proparoxítonas recebem acento gráfico. Proparoxítonas são palavras que trazem a antepenúltima sílaba** como sendo a tônica

Exs.: ca***tás***trofe, bom***bás***tico, átomo etc.

19.2 Monossílabos

Acentuam-se os monossílabos tônicos terminados por **a, e, o(s)**.

Exs.: pá, fé, más, pés, dó, pós etc.

Obs.: monossílabos com "i" e "u" não recebem acento.

li, mi, cru, nu etc.

19.3 Oxítonas

Acentuam-se as oxítonas terminadas por **a, e, o(s)**.

Exs.: *maracu**já**, i**pê**, ca**fés**, ci**pó**, domi**nós**, vata**pás*** etc.

Acentuam-se as oxítonas terminadas por **em, ens**.

Exs.: *amém, re**fém**, con**têm**, inter**véns**, para**béns*** etc.

19.4 Paroxítonas

Acentuam-se as paroxítonas terminadas por **R, X, N, L**.

Exs.: ***hífen***, ***lá**tex*, *re**vól**ver*, ***mó**vel* etc.

Acentuam-se as paroxítonas terminadas por **i(s), u(s)**.

Exs.: *sa**fári***, ***lápis***, *ô**nus***, ***bô**nus*, ***ví**rus* etc.

O plural de hífen pode ser dois: hifens (sem acento) e hífenes. Existem duas separações silábicas para paroxítonas terminadas por ditongo.

Ex.: VO.CA.BU.LÁ.RIO – VO.CA.BU.LÁ.RI.O (chamada, neste caso, de proparoxítona eventual)

Acentuam-se as paroxítonas terminadas por **on, ons**.

Exs.: ***pró**ton*, *e**lé**trons*, *â**nion***, *í**ons*** etc.

Acentuam-se as paroxítonas terminadas por **um, uns**.

Exs.: *ál**bum***, ***mé**dium*, ***fó**rum*, ***quóruns*** etc.

Acentuam-se as paroxítonas terminadas por **ps**.

Exs.: ***bí**ce**ps***, ***fór**ce**ps***, ***trí**ce**ps*** etc.

Acentuam-se as paroxítonas terminadas por ão(s) ã(s).

Exs.: ***órgão***, ***ór**fãos*, *í**mãs*** etc.

Acentuam-se as paroxítonas terminadas por **ditongo(s)**.

Exs.: *vocabu**lário***, *ân**sia***, ***tênue***, *ín**dios***, *secre**tárias*** etc.

19.5 Ditongos Abertos

Acentuam-se os ditongos abertos **ÉI(s), ÉU(s), ÓI(s)**, somente os monossílabos e as oxítonas. As paroxítonas **não possuem** acento.

Exs.: pa**péis**, s**óis**, cha**péus**, he**rói** etc.

19.6 Hiato

Quando existe a junção de duas vogais, temos o hiato. As vogais se separam formando sílabas sozinhas.

Ex.: *po.**e**.ta*

Acentuam-se os **i(s), u(s) tônicos** formadores de hiato.

Exs.: *sa**ú**de, sa**í**da, mi**ú**do, ba**ú**s, sa**í**ste* etc.

Acen**tu**am-se os hiatos precedidos por ditongos, somente nas proparoxítonas e nas oxítonas. As paroxítonas não possuem acento.

Exs.: *Piau**í**, tuiui**ú**, fe**í**ssimo* etc.

Ainda que exista hiato na vogal "i", se esta vier seguida de NH ou por outra vogal "i", o acento deixará de existir.

Ex.: rainha, xiita etc.

A exceção é a palavra iídiche, que recebe acento por ser uma proparoxítona.

19.7 Trema

Utiliza-se o trema (¨) em palavras de origem estrangeira.

Exs.: ***Mü**ller*, ***fü**hrer* etc.

19.8 Acentos Diferenciais

Os acentos diferenciais existem para literalmente diferenciar palavras, a fim de que não haja problemas na comunicação. Nos verbos TER, VIR e seus derivados, os acentos diferenciais também estão presentes.

PÔR (verbo) e POR (preposição) - PODE (presente) e PÔDE (pretérito) - TEM (singular) e TÊM (plural) etc.

Obs.: em **FORMA** e **FÔRMA** o acento é opcional.

Vimos, neste capítulo, como a acentuação se apresenta em provas de concurso. É importante dar atenção aos acentos nas paroxítonas e, principalmente, em diferentes classes de palavras. Vale lembrar que não há regras que priorizem classes de palavras, todas as palavras recebem um mesmo acento pela mesma regra que o justifica.

Questões

01. (Cespe) Muita gente se espanta com o procedimento desse amigo. Não sei por quê. Eu, por mim, acho que Amadeu Amaral Júnior andou muito bem. Todos os jornalistas necessitados deviam seguir o exemplo dele.

Sem prejuízo para a correção gramatical do período, a expressão "por quê" poderia ser substituída por o porquê.

Certo ( ) Errado ( )

02. (Cespe) Presentes no texto, os vocábulos "caráter", "intransferível" e "órgãos" são acentuados em decorrência da regra gramatical que classifica as palavras paroxítonas.

Certo ( ) Errado ( )

03. (Cespe) As palavras "indivíduos" e "precárias" recebem acento gráfico com base em justificativas gramaticais diferentes.

Certo ( ) Errado ( )

04. (Cespe) A palavra "cível" recebe acento gráfico em decorrência da mesma regra que determina o emprego de acento em amável e útil.

Certo ( ) Errado ( )

05. (Cespe) Justifica-se com base na mesma regra de acentuação gráfica o emprego do acento gráfico nos vocábulos "sabíamos" e "procurávamos".

Certo ( ) Errado ( )

06. (Cespe) Os acentos gráficos empregados em "Agência" e em "Saúde" têm a mesma justificativa.

Certo ( ) Errado ( )

07. (Cespe) Os vocábulos "assistência", "potável" e "elétrica" são acentuados de acordo com a mesma regra de acentuação gráfica.

Certo ( ) Errado ( )

08. (Cespe) As palavras "idiomática", "construída" e "língua" são acentuadas em razão da mesma regra ortográfica.

Certo ( ) Errado ( )

09. (Cespe) As palavras "meteorológica", "científico" e "contêineres" são acentuadas segundo diferentes regras de acentuação gráfica.

10. (Cespe) A palavra "prejuízos" recebe acento gráfico porque todas as proparoxítonas devem ser acentuadas.

Certo ( ) Errado ( )

Gabaritos

01	CERTO	06	CERTO
02	CERTO	07	ERRADO
03	ERRADO	08	ERRADO
04	CERTO	09	ERRADO
05	ERRADO	10	ERRADO

1. REDAÇÃO PARA CONCURSOS PÚBLICOS

Os editais de concurso público disponibilizam o conteúdo programático das matérias que serão cobradas nas provas, mas nem sempre deixam explícito como se preparar para a prova discursiva, ou prova de redação – que, na grande maioria dos concursos, é uma etapa eliminatória.

Portanto, é necessário preparar-se com bastante antecedência, para que possa haver melhoras gradativas durante o processo de produção de um texto.

1.1 Posturas em Relação à Redação

Antes de começar a desenvolver a prática de escrita, é preciso que ter algumas posturas em relação ao processo de composição de um texto. Em posse dessas posturas, percebe-se que escrever não é tão complexo se você estiver orientado e fizer da escrita um ato constante.

Leitura

Apenas a leitura não garante uma boa escrita. Então, deve-se associar a leitura constante com a escrita constante, pois uma prática complementa a outra.

E o que ler?

Direcione sua prática de leitura da seguinte forma: fique atento às ATUALIDADES, que é um conteúdo geralmente previsto na prova de conhecimentos gerais. Ademais, conheça a instituição e o cargo a que você pretende candidatar-se, como as FUNÇÕES e RESPONSABILIDADES exigidas, as quais estão previstas no edital de abertura de um concurso. E, também, tenha uma visão crítica sobre os conhecimentos específicos, porque a tendência dos concursos é relacionar um tema ao contexto de trabalho.

Considere que, nas provas de redação, também podem ser abordados temas sobre algum assunto desafiante para o cargo ao qual o candidato está concorrendo. Uma dica é estar atento às informações veiculadas sobre o órgão público no qual pretende ingressar.

Produção do Texto

A produção de um texto não depende de talento ou de um dom. No processo de elaboração de um texto, pode-se dizer que um por cento (1%) é inspiração e noventa e nove por cento (99%) é trabalho. Escrever um excelente texto é um processo que exige esforço, planejamento e organização.

Escrita

O ato de escrever é sempre desta maneira: basta começar. Escrever para ser avaliado por um corretor é colocar pensamentos organizados e articulados, num papel, a partir de um posicionamento sobre um tema estabelecido na proposta de redação.

Tema

O seu texto deve estar cem por cento (100%) adequado à proposta exigida na prova, ou seja, você não pode escrever o que quer, mas o que a proposta determina. Desse modo, antes de começar a escrever, é necessário entender o TEMA da prova.

O tema é o assunto proposto que deve ser desenvolvido. Portanto, cabe a você entendê-lo, problematizá-lo e delimitá-lo, com base no comando da proposta.

Objetividade

Seu texto deve ser objetivo, isto é, o enfoque do assunto deve ser direto, sem rodeios. Além disso, as bancas dão preferência a uma linguagem simples e objetiva. E não confunda linguagem simples com coloquialismos, pois é necessário sempre manter a sua escrita baseada na norma padrão da língua portuguesa.

Além disso, é fundamental o candidato colocar-se na posição do leitor. É um momento de estranhamento do próprio texto para indagar-se: o que escrevi é interessante e de fácil entendimento?

1.2 Apresentação do Texto

Para que se consiga escrever um bom texto, é preciso aliar duas posturas: ter o hábito da leitura e praticar a escrita de textos. Além disso, é importante conhecer as propostas das bancas e saber quais são os critérios de correção previstos em edital.

Letra - Legibilidade

Escreva sempre com letra legível. Pode ser letra cursiva ou de imprensa. Tenha atenção para o espaçamento entre as letras/palavras e para a distinção entre maiúsculas e minúsculas.

Respeito às Margens

As margens (tanto esquerda quanto direita) existem para serem respeitadas, portanto, não as ultrapasse no momento em que escreve a versão definitiva. Tampouco deixe "buracos" entre as palavras.

Indicação de Parágrafos

É preciso deixar um espaço antes de iniciar um parágrafo (mais ou menos dois centímetros).

Título

Colocar título na redação vale mais pontos?

Se o título for solicitado, ele será obrigatório. Caso não seja colocado na redação, haverá alguma perda, mas não muito. Os editais, em geral, não informam pontuações exatas. No caso de o título não ser solicitado, ele se torna facultativo. Logo, se o candidato decidir inseri-lo, ele fará parte do texto, sendo analisado como tal, mas não terá um valor extra por isso.

O título era obrigatório, e não o coloquei... E agora?

Quando há a obrigatoriedade, a ausência do título não anula a questão, a menos que haja essa orientação nas instruções dadas na prova. Não há um desconto considerável em relação ao esquecimento do título, porque a maior pontuação, em uma redação para concurso, está relacionada ao conteúdo do texto.

É preciso pular linha após o título?

Em caso de obrigatoriedade do título, procure não pular linha entre o título e o início do texto, porque essa linha em branco não é contada durante a correção.

Quando se deve escrever o título?

O título é a síntese de sua redação, portanto, prefira escrevê-lo ao término da redação.

Erros na Versão Final

Quando você está escrevendo e, por distração, erra uma palavra, você deve passar um traço sobre a palavra e escrevê-la corretamente logo em seguida:

Ex.: exeção exceção

> Não rasure seu texto.
> Não escreva a palavra entre parênteses, mesmo se estiver riscada: (exeção) (exeção).
> Não use a expressão "digo".

Translineação

Quando não dá para escrever uma palavra completa ao final da linha, deve-se escrever até o limite, sem ultrapassar a margem direita da linha, e o sinal de separação será sempre o hífen.

Sempre respeite as regras de separação silábica. Nunca uma palavra será separada de maneira a desrespeitar as sílabas:

tran-
sformação

Caso a próxima sílaba não caiba no final da linha, embora ainda haja um espaço, deixe-a e continue na próxima linha.

trans-
formação

> Em relação ao posicionamento do hífen de separação, deixe-o ao lado da sílaba. Nunca acima.

Quando a palavra for escrita com hífen e a separação ocorrer justo nesse espaço, você deve usar duas marcações. Por exemplo: entende-se

entende-
-se

Se a palavra não tiver hífen em sua estrutura, use apenas uma marcação:

apresen-
tação

Impessoalidade

O texto dissertativo (expositivo-argumentativo) é impessoal. Portanto, pode-se escrever com verbos em:

> 3ª pessoa:

A qualidade no atendimento precisa ser prioridade.

Percebe-se que a qualidade no atendimento é essencial.

Notam-se várias mudanças no setor público.

> 1ª pessoa do plural:

Observamos muitas mudanças e melhorias no serviço público.

OBS.: NÃO escreva na 1ª pessoa do singular: Observo mudanças significativas.

Adequação Vocabular

Adequação vocabular diz respeito ao desempenho linguístico de acordo com o nível de conhecimento exigido para o cargo/área/especialidade, e a adequação do nível de linguagem adotado à produção proposta.

Portanto, devem-se escolher palavras adequadas, evitando-se o uso de jargões, chavões, termos muito técnicos que possam dificultar a compreensão.

Domínio da Norma Padrão da Língua

Deve-se ficar atento aos aspectos gramaticais, principalmente:

Estrutura sintática de orações e períodos

Elementos coesivos

Concordância verbal e nominal

Pontuação

Regência verbal e nominal

Emprego de pronomes

Flexão verbal e nominal

Uso de tempos e modos verbais

Grafia

Acentuação

Repetição

Prejudica a coesão textual, e ocorre quando se usa muitas vezes a mesma palavra ou ideia, as quais poderiam ser substituídas por sinônimos e conectivos.

Informações Óbvias

Explicações que não precisam ser mencionadas, pois já se explicam por si próprias.

Generalização

É percebida quando se atribui um conceito que é específico de uma forma generalizada.

Os menores infratores saem dos centros de ressocialização e retornam ao o do crime. (isso ocorre com todos?)

É preciso que o governo tome medidas urgentes para resolver esse problema. (que medidas?)

Gerúndio

É muito comum usarmos o gerúndio na fala, mas não se usa com tanta recorrência na escrita.

1.3 O Texto Dissertativo

Dissertar é escrever sobre algum assunto e pressupõe ou defender uma ideia, analisá-la criticamente, discuti-la, opinar, ou apenas esclarecer conceitos, dar explicações, apresentar dados sobre um assunto, tudo de maneira organizada, quer dizer, com início, meio e fim bem claros e objetivos.

A dissertação pode ser classificada quanto à maneira como o assunto é abordado:

I - EXPOSITIVA: são expostos fatos (de conhecimento e domínio público, divulgados em diversos meios de comunicação), mas não é apresentada uma discussão, um ponto de vista.

A dissertação expositiva também é usada quando a proposta exige um texto técnico. Este tipo de texto pode ter duas abordagens: Estudo de Caso (em que é feito um parecer a partir de sua situação hipotética) e Questão Teórica (em que é preciso apresentar conceitos, normas, regras, diretrizes de um determinado conteúdo).

II - ARGUMENTATIVA: há a exposição de pontos de vista pessoais, com juízos de valor sobre um fato ou assunto.

E qual a melhor maneira de abordar um assunto numa prova de redação para concursos públicos?

Para que seu texto seja MUITO BEM avaliado, o ideal é conseguir chegar a uma forma mista de abordagem, ou seja, escrever um texto dissertativo em que você expõe um assunto e, ao mesmo tempo, dá sua opinião sobre ele. Desse modo, os fatos que são conhecidos (domínio público) podem se transformar em exemplificação atualizada, a qual pode ser relacionada à sua argumentação de forma contextualiza e crítica.

Aspectos Gerais da Produção de Textos

Em face da limitação de espaço, é muito difícil apresentar muitos enfoques relativos ao tema. Por essa razão, dependendo do limite em relação à quantidade de linhas, a dissertação deve conter de 4 a 5 parágrafos, sendo UM para Introdução, DOIS a TRÊS para Desenvolvimento e UM para Conclusão.

Além disso, cada parágrafo deve possuir, no mínimo, dois períodos. Cuidado com as frases fragmentadas, ambiguidades e os erros de paralelismo.

Procure elaborar uma introdução que contenha, de maneira clara e direta, o tema, o primeiro enfoque, o segundo enfoque, etc. E mantenha sempre o caráter dissertativo. Por isso, no desenvolvimento, dê um parágrafo para cada enfoque selecionado, e empregue os articuladores adequados. Por fim, fundamente sempre suas ideias.

Quanto aos exemplos, procure selecionar aqueles que sejam de domínio público, os que tenham saído na mídia: jornais, revistas, TV. E nunca analise temas por meio de emoções exageradas – especialmente política, futebol, religião, etc.

Estrutura de um Texto Dissertativo

> Nunca use frases feitas, chavões.
> Não repita palavras ou expressões. Use sinônimos.
> Jamais converse com o leitor: nunca use você ou tu. Não empregue verbos no imperativo.

Para escrever uma dissertação, é preciso que haja uma organização do texto a fim de que se obtenha um texto claro e bem articulado:

I- INTRODUÇÃO: consiste na apresentação do assunto a fim de deixar claro qual é o recorte temático e qual a ideia que será defendida e/ou esclarecida, ou seja, a TESE.

II- DESENVOLVIMENTO: é a parte em que são elaborados os parágrafos argumentativos e/ou informativos, nos quais você explica a sua TESE. É o momento mais importante do texto, por isso, É NECESSÁRIO que a TESE seja explicada, justificada, e isso pode ser feito por meio de exemplos e explicações.

III- CONCLUSÃO: esta parte do texto não traz informações novas, muito menos argumentos, porque consiste no fechamento das ideias apresentadas, ou seja, é feita uma reafirmação da TESE. Dependendo do comando da proposta de redação e do tema, pode ser apresentada uma hipótese de solução de um problema apresentado na TESE.

TESE	**Introdução**	- Assunto - Recorte temático - TESE
	Desenvolvimento	- Tópico/TESE + justificativa
	Conclusão	- Retomada da introdução - Reafirmação da TESE

Introdução

É o primeiro parágrafo e serve de apresentação da dissertação, por essa razão deve estar muito bem elaborada, ser breve e apresentar apenas informações sucintas. Deve apenas apresentar o TEMA e os ENFOQUES e ter em torno de cinco linhas.

Desenvolvimento

É a redação propriamente dita. Deve ser constituído de dois a três parágrafos (a depender do tema da proposta), um para cada enfoque apresentado na Introdução. É a parte da redação em que argumentos são apresentados para explicitar, em um parágrafo distinto, cada um dos enfoques. Cada parágrafo deve ter de 5 a 8 linhas. Pode-se desenvolver os argumentos por meio de relações que devem ser usadas para deixar seu texto coeso e coerente.

Conectores

As relações comentadas acima são estabelecidas com CONECTORES:

Prioridade, relevância: em primeiro lugar, antes de mais nada, antes de tudo, em princípio, primeiramente, acima de tudo, principalmente, primordialmente, sobretudo.

Tempo: atualmente, hoje, frequentemente, constantemente às vezes, eventualmente, por vezes, ocasionalmente, sempre, raramente, não raro, ao mesmo tempo, simultaneamente, nesse ínterim, enquanto, quando, antes que, depois que, logo que, sempre que, assim que, desde que, todas as vezes que, cada vez que, então, enfim, logo, logo depois, imediatamente, logo após, a princípio, no momento em que, pouco antes, pouco depois, anteriormente, posteriormente, em seguida, afinal, por fim, finalmente, agora.

Semelhança, comparação, conformidade: de acordo com, segundo, conforme, sob o mesmo ponto de vista, tal qual, tanto quanto, como, assim como, como se, bem como, igualmente, da mesma forma, assim também, do mesmo modo, semelhantemente, analogamente, por analogia, de maneira idêntica, de conformidade com.

Condição, hipótese: se, caso, eventualmente.

Adição, continuação: além disso, demais, ademais, outrossim, ainda mais, por outro lado, também, e, nem, não só ... mas também, não só... como também, não apenas ... como também, não só ... bem como, com, ou (quando não for excludente).

Dúvida: talvez, provavelmente, possivelmente, quiçá, quem sabe, é provável, não é certo, se é que.

Certeza, ênfase: certamente, decerto, por certo, inquestionavelmente, sem dúvida, inegavelmente, com toda a certeza.

Ilustração, esclarecimento: por exemplo, só para ilustrar, só para exemplificar, isto é, quer dizer, em outras palavras, ou por outra, a saber, ou seja, aliás.

Propósito, intenção, finalidade: com o fim de, a fim de, com o propósito de, com a finalidade de, com o intuito de, para que, a fim de que, para.

Resumo, recapitulação, conclusão: em suma, em síntese, em conclusão, enfim, em resumo, portanto, assim, dessa forma, dessa maneira, desse modo, logo, dessa forma, dessa maneira, assim sendo.

Explicação: por consequência, por conseguinte, como resultado, por isso, por causa de, em virtude de, assim, de fato, com efeito, tão (tanto, tamanho)... que, porque, porquanto, pois, já que, uma vez que, visto que, como (= porque), portanto, logo, que (= porque), de tal sorte que, de tal forma que, haja vista.

Contraste, oposição, restrição: pelo contrário, em contraste com, salvo, exceto, menos, mas, contudo, todavia, entretanto, no entanto, embora, apesar de, apesar de que, ainda que, mesmo que, posto que, conquanto, se bem que, por mais que, por menos que, só que, ao passo que, por outro lado, em contrapartida, ao contrário do que se pensa, em compensação.

Contraposição: É possível que... no entanto...

É certo que... entretanto...

É provável que ... porém...

Organização de ideias: Em primeiro lugar ..., em segundo ..., por último ...; por um lado ..., por outro ...; primeiramente, ...,em seguida, ..., finalmente, ...

Enumeração: É preciso considerar que ...; Também não devemos esquecer que ...; Não podemos deixar de lembrar que...

Reafirmação/Retomada: Compreende-se, então, que ...

É bom acrescentar ainda que ...

É interessante reiterar ...

Conclusão

É o último parágrafo. Deve ser breve, contendo em torno de cinco linhas. Na conclusão, deve-se retomar o tema e fazer o fechamento das ideias apresentadas em todo o texto e não somente em relação às ideias contidas no último parágrafo do desenvolvimento.

Pode-se concluir:

- Fazendo uma síntese das ideias expostas.

- Esclarecendo um posicionamento e/ou questionamento, desde que coerente, com o desenvolvimento.

- Estabelecendo uma dedução ou demonstrando uma consequência dos argumentos expostos.

- Levantando uma hipótese ou uma sugestão coerente com as afirmações feitas durante o texto.

- Apresentando possíveis soluções para os problemas expostos no desenvolvimento, buscando prováveis resultados.

Conectores

Pode-se iniciar o parágrafo da conclusão com:

Assim; Assim sendo; Portanto; Mediante os fatos expostos; Dessa forma; Diante do que foi dito; Resumindo; Em suma; Em vista disso, pode-se concluir que; Finalmente; Nesse sentido; Com esses dados, conclui-se que; Considerando as informações apresentadas, entende-se que; A partir do que foi discutido.

1.4 Critérios de Correção da Redação para Concursos Públicos

Conteúdo

Neste critério, observa-se se há apresentação marcada do recorte temático, o qual deve nortear o desenvolvimento do texto; se o recorte está contextualizado no texto, por exemplo: quando a proposta propuser uma situação hipotética, ela deve estar diluída em seu texto.

Lembre-se: a proposta não faz parte de seu texto, ou seja, sua produção não pode depender da proposta para ter sentido claro e objetivo.

Em outras palavras: se há algum texto ou uma coletânea de textos, eles têm caráter apenas motivador. Portanto, não faça cópias de trechos dos textos, tampouco pense que o tema da redação é o assunto desses textos. É preciso verificar o recorte temático, o qual fica evidente no corpo da proposta.

O único gênero textual que permite a referência ao texto motivador, bem como a cópia de alguns trechos, é o estudo de caso, pois é preciso fazer uma análise em relação a uma situação hipotética.

Gênero

Neste critério, verifica-se se a produção textual está adequada à modalidade redacional, ou seja, se o texto expressa o domínio da linguagem do gênero: narrar, relatar, argumentar, expor, descrever ações, etc.

Os concursos públicos, quase em sua totalidade, têm como gênero textual a dissertação argumentativa ou o texto expositivo-argumentativo. Desse modo, a banca avalia a objetividade e o posicionamento frente ao tema, a articulação dos argumentos, a consistência e a coerência da argumentação.

Isso significa que há uma valorização quanto do conteúdo do texto: a opinião, a justificativa dessa opinião e a seletividade de informações sobre o tema.

Coerência

Neste critério, avalia-se se há atendimento total do comando, com informações novas que evidenciam conhecimento de mundo e que atestam excelente articulação entre os aspectos exigidos pela proposta, o recorte temático e o gênero textual requisitado. Ou seja, é preciso trazer informações ao texto que não estão disponíveis na proposta. Além disso, é essencial garantir a progressão textual, quer dizer, seu texto precisa ter uma evolução e não pode trazer a mesma informação em todos os parágrafos.

Coesão e Gramática

Neste critério, percebe-se se há erros gramaticais; se os períodos estão bem organizados e articulados, com uso de vocabulário e conectivos adequados; e se os parágrafos estão divididos de modo consciente, a fim de garantir a progressão textual.

1.5 Critérios de Correção da Bancas

Cada Banca Examinadora delimita, na publicação do edital de abertura de um concurso, que critérios serão utilizados para corrigir as redações. Por isso, é essencial que se conheça quais são esses critérios e como cada Banca os organiza. A seguir, são apresentados critérios de algumas Bancas. Você perceberá que são predominantemente os mesmos itens; o que muda é a nota atribuída para cada um e como a proposta é organizada.

Banca Cespe

Quando forem apresentados tópicos, deve-se escrever 1 parágrafo para cada tópico.

Aspectos Macroestruturais

1. Apresentação (legibilidade, respeito às margens e indicação de parágrafos) e estrutura textual (organização das ideais em texto estruturado).

2. Desenvolvimento do tema

Tópicos da proposta

Aspectos Microestruturais

Ortografia

Morfossintaxe

Propriedade vocabular

Banca FCC

O candidato deverá desenvolver texto dissertativo a partir de proposta única, sobre assunto de interesse geral. Considerando que o texto é único, os itens discriminados a seguir serão avaliados em estreita correlação:

Conteúdo – até 40 (quarenta) pontos:

> perspectiva adotada no tratamento do tema;
> capacidade de análise e senso crítico em relação ao tema proposto;
> consistência dos argumentos, clareza e coerência no seu encadeamento.

Obs.: A nota será prejudicada, proporcionalmente, caso ocorra abordagem tangencial, parcial ou diluída em meio a divagações e/ou colagem de textos e de questões apresentados na prova.

Estrutura – até 30 (trinta) pontos:

> respeito ao gênero solicitado;
> progressão textual e encadeamento de ideias;
> articulação de frases e parágrafos (coesão textual).

Expressão – até 30 (trinta) pontos:

A avaliação da expressão não será feita de modo estanque ou mecânico, mas sim de acordo com sua estreita correlação com o conteúdo desenvolvido. A avaliação será feita considerando-se:

> desempenho linguístico de acordo com o nível de conhecimento exigido para o cargo/área/especialidade;
> adequação do nível de linguagem adotado à produção proposta e coerência no uso;
> domínio da norma culta formal, com atenção aos seguintes itens: estrutura sintática de orações e períodos, elementos coesivos; concordância verbal e nominal; pontuação; regência verbal e nominal; emprego de pronomes; flexão verbal e nominal; uso de tempos e modos verbais; grafia e acentuação.

Banca Cesgranrio

A Redação será avaliada conforme os critérios a seguir:

> adequação ao tema proposto;
> adequação ao tipo de texto solicitado;
> emprego apropriado de mecanismos de coesão (referenciação, sequenciação e demarcação das partes do texto);
> capacidade de selecionar, organizar e relacionar de forma coerente argumentos pertinentes ao tema proposto; e
> pleno domínio da modalidade escrita da norma-padrão (adequação vocabular, ortografia, morfologia, sintaxe de concordância, de regência e de colocação).

1.6 Propostas de Redação

Proposta 01

As vendas de automóveis de passeio e de veículos comerciais leves alcançaram 340 706 unidades em junho de 2012, alta de 18,75%, em relação a junho de 2011, e de 24,18%, em relação a maio de 2012, segundo informou, nesta terça-feira, a Federação Nacional de Distribuição de Veículos Automotores (Fenabrave). Segundo a entidade, este é o melhor mês de junho da história do setor automobilístico.

Disponível em: <http://br.financas.yahoo.com>. Acesso em: 3 jul. 2012 (adaptado).

Na capital paulista, o trânsito lento se estendeu por 295 km às 19 h e superou a marca de 293 km, registrada no dia 10 de junho de 2009. Na cidade de São Paulo, registrou-se, na tarde desta sexta-feira, o maior congestionamento da história, segundo a

Companhia de Engenharia de Tráfego (CET). Às 19 h, eram 295 km de trânsito lento nas vias monitoradas pela empresa. O índice superou o registrado no dia 10 de junho de 2009, quando a CET anotou, às 19 h, 293 km de congestionamento.

Disponível em: <http://noticias.terra.com.br>. Acesso em: 03 jul. 2012 (adaptado).

O governo brasileiro, diante da crise econômica mundial, decidiu estimular a venda de automóveis e, para tal, reduziu o imposto sobre produtos industrializados (IPI). Há, no entanto, paralelamente a essa decisão, a preocupação constante com o desenvolvimento sustentável, por meio do qual se busca a promoção de crescimento econômico capaz de incorporar as dimensões socioambientais.

Considerando que os textos acima têm caráter unicamente motivador, redija um texto dissertativo sobre sistema de transporte urbano sustentável, contemplando os seguintes aspectos:

> Conceito de desenvolvimento sustentável; (valor: 3,0 pontos)

> Conflito entre o estímulo à compra de veículos automotores e a promoção da sustentabilidade; (valor: 4,0 pontos)

> Ações de fomento ao transporte urbano sustentável no Brasil. (valor: 3,0 pontos)

Proposta 02

I

Venham de onde venham, imigrantes, emigrantes e refugiados, cada vez mais unidos em redes sociais, estão aumentando sua capacidade de incidência política sobre uma reivindicação fundamental: serem tratados como cidadãos, em vez de apenas como mão de obra (barata ou de elite).

(Adaptado de: http://observatoriodadiversidade.org.br)

II

A intensificação dos fluxos migratórios internacionais das últimas décadas provocou o aumento do número de países orientados a regulamentar a imigração. Os argumentos alegados não são novos: o medo de uma "invasão migratória", os riscos de desemprego para os trabalhadores autóctones, a perda da identidade nacional.

III

Ainda não existe uma legislação internacional sólida sobre as migrações internacionais. Assim, enquanto que os direitos relativos ao investimento estrangeiro foram se reforçando cada vez mais nas regras estabelecidas para a economia global, pouca atenção vem sendo dada aos direitos dos trabalhadores.

(II e III adaptados de: http://www.migrante.org.br)

Considerando o que se afirma em I, II e III, desenvolva um texto dissertativo-argumentativo, posicionando-se a respeito do seguinte tema:

Mobilidade Humana e Cidadania na atualidade.

2. DISSERTAÇÃO EXPOSITIVA E ARGUMENTATIVA

2.1 Dissertação Expositiva

Na dissertação expositiva, o objetivo do texto é passar conhecimento para o leitor de maneira clara, imparcial e objetiva.

Nesse tipo textual, não se faz necessariamente a defesa de uma ideia, pois não há intenção de convencer o leitor, nem criar debate. Trabalha-se o assunto de maneira atemporal.

Distinção entre Texto Expositivo e Descritivo

É bastante comum que se confunda o texto dissertativo-expositivo com o texto descritivo. Vamos à distinção:

O texto expositivo tem por objetivo principal informar com clareza e objetividade. Predomina a linguagem impessoal e objetiva. De forma geral, segue a estrutura da dissertação (introdução, desenvolvimento, conclusão). Como exemplo desse tipo de texto, temos aqueles encontrados em livros didáticos, enciclopédias, jornais, revistas (científicas, informativas, etc.).

É bastante comum que um texto (um gênero textual) apresente diversos tipos textuais em sua estrutura, o que dificulta a diferenciação.

O tipo descritivo está relacionado à caracterização minuciosa de algo, sem, necessariamente, ter o objetivo de informar ao leitor. A linguagem utilizada na descrição nem sempre é objetiva ou impessoal, e sua estrutura não obedece necessariamente a regras.

Partes do Texto Dissertativo-Expositivo

Tipos de Introdução

Introdução Simples

É uma introdução direta, na qual é exposta apenas a delimitação do tema.

Introdução com Paráfrase

A paráfrase é uma reescrita de frases sem que haja alteração de sentido. Para que essa reescrita seja coerente, é necessário que seja mantido o paralelismo semântico. Este tipo de introdução geralmente é usado quando o tema da redação é uma afirmação.

Introdução com Conceituação

Neste tipo de introdução, a autor do texto apresenta seu ponto de vista ou a ideia central por meio da definição de algum conceito que tenha relação com o núcleo do tema.

Introdução com Indicação do Desenvolvimento

São apresentados o tema e os tópicos que serão esclarecidos no desenvolvimento. Numa dissertação-expositiva enumeram-se os aspectos que serão relatadas ao longo do texto.

É muito importante ter atenção com a ordem dessa enumeração, pois é necessário que ela seja mantida no decorre do desenvolvimento para que se garanta conexão lógica e a progressividade textual. Além disso, todos os itens enumerados devem ser abordados no desenvolvimento.

É imprescindível, também, que se trate cada tópico em um parágrafo diferente, porque facilita, para o examinador, a identificação de que foi redigido tudo o que foi apresentado.

Tipos de Desenvolvimento

O desenvolvimento deve conter a exposição de cada um dos aspectos enumerados na introdução. Não há uma forma específica para se escrever esta parte da redação. A continuidade do texto será dada de acordo com a introdução. Ou seja, a sequência do desenvolvimento deve estar já delimitada no parágrafo introdutório.

Procure escrever, em cada parágrafo, alguma palavra-chave sobre o tema e os fundamentos abordados na redação.

Nunca deixe mencionar tudo o que é solicitado na proposta. Se deixar em branco, será atribuída nota zero na correção da redação. Isso significa que você deve responder ao questionamento, sem se desviar do tema.

Tipos de Conclusão

Confirmação

É a forma mais simples. É feita uma síntese do que foi escrito na redação ou uma confirmação (reforço) da tese que orientou o texto e foi afirmado na introdução.

Solução

Este tipo é muito usado em pareceres e relatórios, pois há apresentação de solução ou soluções para a tese apresentada na introdução.

Expansão

Neste tipo de conclusão, usa-se o melhor argumento ou a melhor ideia exposta (no desenvolvimento) e é feita uma conexão com o desenvolvimento, de forma encerrar a discussão ou o assunto.

Finalização do Desenvolvimento

O parágrafo de conclusão também pode trazer algum aspecto relevante sobre o tema, em vez de expor uma "conclusão, síntese, expansão ou solução".

Para que a redação não fique sem fechamento, é recomendável que se use alguma expressão que indique conclusão, como: "por fim", "finalmente", "por último", "em último lugar", "em conclusão", etc.

Propostas de Dissertação Expositiva

Proposta 01

Convocada pela Defensoria Pública do Rio, a comunidade do Complexo do Alemão começou a chegar duas horas antes do combinado. Enfileiraram-se em busca, principalmente, de carteiras de identidade e de trabalho, ícones da entrada na sociedade formal. Houve duas dúzias de coleta de material genético para exames de comprovação de paternidade. Foram entrevistadas 180 moradoras sobre saúde, maternidade e violência doméstica. Uma cidadã transexual foi atrás de orientação para trocar de nome. Mães pediram tratamento psicológico para filhos com sintomas de síndrome do pânico. Segundo a presidenta da Associação de Defensores Públicos do Estado do Rio de Janeiro, "quando conversamos, percebemos que a violência permeia o discurso. Mas os moradores têm outras demandas. Denunciam a falta de alguma instituição que os defenda da vulnerabilidade". A agenda dos moradores do Alemão envolve cinco ações: moradia, saneamento, educação técnico-profissional, políticas para jovens e espaços de lazer, esporte e cultura.

Flávia Oliveira. Demanda cidadã. In: O Globo, 27/5/2015, p. 28 (com adaptações).

Considerando que o fragmento de texto acima tem caráter unicamente motivador, redija um texto dissertativo acerca do seguinte tema.

SEGURANÇA PÚBLICA: POLÍCIA E POLÍTICAS PÚBLICAS

Ao elaborar seu texto, faça o que se pede a seguir.

- Disserte a respeito da segurança como condição para o exercício da cidadania. [valor: 25,50 pontos]
- Dê exemplos de ação do Estado na luta pela segurança pública. [valor: 25,50 pontos]
- Discorra acerca da ausência do poder público e a presença do crime organizado. [valor: 25,00 pontos]

Padrão de Resposta da Banca

Espera-se que, relativamente ao primeiro aspecto proposto (a segurança como condição para o exercício da cidadania), o candidato afirme a impossibilidade real e concreta do pleno exercício da cidadania em um cenário de dramática insegurança. Tal como dicionarizado, o conceito de cidadania remete ao "indivíduo que, como membro de um Estado, usufrui de direitos civis e políticos garantidos pelo mesmo Estado e desempenha os deveres que lhe são atribuídos". Viver em paz, sem o contínuo temor de ser vítima de agressão — venha de onde vier — passa a ser entendido como direito essencial à vida em comunidade assentada nos princípios da cidadania.

Em relação ao segundo aspecto (exemplos de ação do Estado na luta pela segurança pública), espera-se que o candidato seja capaz de apontar alguns exemplos da necessária ação do poder público para a conquista e a manutenção do clima de segurança coletiva nas mais diversas comunidades, sobretudo as mais vulneráveis. Nesse sentido, basta que o candidato se reporte ao próprio texto motivador, tendo em vista que policiamento adequado e atendimento às demandas básicas da sociedade são faces de uma mesma moeda.

Por fim, no que concerne ao terceiro aspecto (ausência do poder público e a presença do crime organizado), convém que o candidato faça referência a uma preocupante realidade, por todos sabida: onde há omissão do Estado, a tendência é que esse vazio seja ocupado por grupos criminosos no atendimento às demandas das comunidades. Essa realidade está presente, inclusive, em instituições penitenciárias.

Proposta 02

Um relatório do Conselho de Segurança da Organização das Nações Unidas constatou que 15 mil pessoas viajaram à Síria e ao Iraque para combater pelo Estado Islâmico e por grupos extremistas semelhantes. De acordo com o relatório, essas pessoas saíram de mais de 80 países, o que inclui um grupo de países que não havia enfrentado desafios anteriores com relação à Al Qaeda. Os números reforçam recentes estimativas dos serviços de inteligência dos Estados Unidos da América sobre o escopo do problema dos combatentes estrangeiros, que, conforme o relatório, se agravou apesar das ações agressivas das forças antiterroristas e das redes mundiais de vigilância. Os números referentes ao período iniciado em 2010 são superiores aos números referentes ao total de combatentes estrangeiros nas fileiras terroristas entre 1990 e 2010 — e continuam crescendo.

Folha de S.Paulo, 1.º/11/2014, p. 10, caderno Mundo 2 (com adaptações).

Considerando que o fragmento de texto acima tem caráter unicamente motivador, redija um texto dissertativo acerca do tema a seguir.

A CIVILIZAÇÃO CONTEMPORÂNEA E O TERRORISMO

Ao elaborar seu texto, aborde, necessariamente, os seguintes aspectos:

- o 11 de Setembro de 2001 e a nova escalada terrorista; [valor: 4,00 pontos]
- o Estado Islâmico: intolerância e agressividade; [valor: 4,00 pontos]
- a reação mundial ao terrorismo. [valor: 4,00 pontos]

Padrão de Resposta da Banca

Espera-se que, relativamente ao primeiro aspecto (O 11 de setembro de 2001 e a nova escalada terrorista), o candidato mencione o impacto causado em todo o mundo pela ação do terror (Al Qaeda) em território norte-americano, atingindo o prédio do Pentágono, em Washington, e destruindo por completo as torres do World Trade Center, em Nova Iorque. A pronta e vigorosa reação dos EUA (governo Bush) alterou a legislação do país, com algum tipo de cerceamento das liberdades, e se estendeu por várias partes do mundo, a começar pela identificação de países considerados fontes permanentes de ações agressivas contra os EUA, definidos como "Eixo do Mal". Em verdade, o 11 de setembro de 2001 deu inédita visibilidade ao terrorismo impulsionado pelo fanatismo religioso, que se manifestou em outros locais, como, por exemplo, Londres e Madri.

Quanto ao segundo aspecto (Estado Islâmico: intolerância e agressividade), o candidato poderá destacar a intenção do grupo de instituir um califado muçulmano, com a conquista de territórios hoje integrantes da Síria e do Iraque, sua absoluta subordinação a uma visão estreita e radical do islã, além da chocante violência de seus atos, como a decapitação de prisioneiros, em cenas gravadas e divulgadas pelo mundo afora. Outro direcionamento para o segundo aspecto é o aliciamento de jovens para a luta armada por meio das redes sociais, por exemplo.

Por fim, o terceiro aspecto a ser focalizado (A reação mundial ao terrorismo) deverá levar o candidato a se referir às manifestações da opinião pública mundial, que tende a repudiar maciçamente atitudes dessa natureza, à ação de organismos internacionais (como a citada ONU) e à reação objetiva de muitos países (particularmente os ocidentais, à frente os EUA), agindo civil e militarmente para frear a ação terrorista. Além disso, ao abordar os aspectos citados no comando da prova, espera-se que o candidato mencione o interesse econômico subjante às atividades terroristas, o que decorre sobretudo do interesse por fontes naturais, tais como petróleo e gás natural.

Proposta 03

Em um lixão de Gana, carcaças de computadores espalhadas em meio a todo o tipo de dejetos chamam a atenção por etiquetas que identificam sua procedência: delegacias, conselhos públicos e até universidades britânicas. O mesmo acontece em lixões da China, com produtos oriundos da Europa ou dos Estados Unidos da América (EUA). Já na América Central, um navio saído dos EUA passa por países pobres tentando encontrar um terreno que aceite o depósito do que dizem ser fertilizante, mas que na verdade são cinzas de produtos eletrônicos. Parte do material, rico em arsênio, chumbo e outras substâncias tóxicas, é jogado em uma praia do Haiti, outra parte atirada no oceano. Não tão distante, 353 toneladas de resíduos de televisores são trazidos dos EUA em contêineres ao Porto de Navegantes, em Santa Catarina (carga devolvida à origem).

O Globo, 24/8/2015, p. 21 (com adaptações).

Considerando que o fragmento de texto acima tem caráter unicamente motivador, redija um texto dissertativo acerca do seguinte tema.

LIXO ELETRÔNICO: O PLANETA EM PERIGO

Ao elaborar seu texto, aborde os seguintes aspectos:

> lixo eletrônico: a outra face do desenvolvimento; [valor: 3,50 pontos]

> a globalização da rota do tráfico de resíduos eletrônicos; [valor: 3,00 pontos]

> os lucros gerados pelos resíduos e a ação do crime organizado. [valor: 3,00 pontos]

Padrão de Resposta da Banca

Espera-se que, em relação ao primeiro tópico proposto (lixo eletrônico: a outra face do desenvolvimento), o candidato identifique nesses resíduos eletrônicos a outra e danosa face do desenvolvimento trazido pelo processo de transformação do sistema produtivo conhecido como Revolução Industrial. O certo é que, em muitos países, ainda não há legislação plenamente ativa para controlar o descarte de eletrônicos. No Brasil, verifica-se reiterada tentativa de burlar a legislação a respeito. Esse descarte, feito de modo inadequado, agride violentamente o meio ambiente.

Quanto ao segundo aspecto (a globalização da rota do tráfico de resíduos eletrônicos), espera-se que o candidato aponte a relação existente entre a globalização da economia e a do tráfico desses resíduos. Em geral, como indicado no texto motivador, esse descarte criminoso é feito pelas economias mais desenvolvidas na direção de países periféricos e mais pobres.

Relativamente ao terceiro ponto (os lucros gerados pelos resíduos e a ação do crime organizado), espera-se que o candidato lembre que, devido à falta de monitoramento e à fragilidade da fiscalização, essa atividade ilegal torna-se por demais atraente em termos financeiros, sem maiores riscos para quem dela se ocupa. É onde entra o crime organizado global, que tem se diversificado e investido em resíduos. O próprio texto motivador deixa transparecer que o descarte do lixo eletrônico, tal como visto nos exemplos citados, acaba sendo mais um ramo do crime organizado global, integrando a extensa teia que envolve lavagem de dinheiro, comércio de armas, tráfico humano, fraudes na área esportiva, avanço ilegal sobre a biodiversidade, entre tantos outros.

Proposta 04

Considerando que o contexto que envolve as drogas ilícitas, redija um texto dissertativo que atenda, necessariamente, ao que se pede a seguir:

As drogas ilícitas na contemporaneidade

> O problema social das drogas ilícitas no mundo contemporâneo

> O fracasso da política antidrogas militarizada

> Alternativas à atual política antidrogas

Padrão de Resposta da Banca

Espera-se que, em relação ao primeiro item ("O problema social das drogas ilícitas no mundo contemporâneo"), o candidato aponte as drogas como um grave problema social da contemporaneidade. Sem distinção de classes sociais e presente em todas elas, o uso de drogas ilícitas instalou-se no interior das sociedades, e é, sob muitos aspectos, elemento fundamental para a desestruturação familiar e para a exacerbação da violência. Além disso, contribui decisivamente para o adensamento do crime organizado, cuja atuação, cada vez mais, ocorre em escala global.

No que concerne ao segundo item ("O fracasso da política antidrogas militarizada"), espera-se que o candidato pondere, por exemplo, que o custo do combate às drogas é elevado, seja no que se refere a vidas humanas, seja no que se refere ao dinheiro nele aplicado. Em suma, pode-se afirmar que, se determinados instrumentos utilizados por cinco décadas não apresentaram resultados, esses métodos são ineficazes, o que leva à reflexão sobre a conveniência de substituí-los.

Por fim, em relação ao terceiro item ("Alternativas à atual política antidrogas"), espera-se que o candidato alegue que estão em marcha atitudes que podem ser uma alternativa interessante à atual política antidrogas militarizada, por exemplo, a rejeição à pulverização pura e simples dos campos de cultivo de coca, planta da qual é feita a cocaína; a permissão para o cultivo de pequenas plantações de coca; a plantação de maconha para fins medicinais e, sobretudo, ação de lideranças políticas (no Brasil, com destaque para o ex-presidente Fernando Henrique Cardoso), que defendem a descriminalização do uso da maconha, a qual distingue claramente o usuário e o traficante.

Proposta 05

Considerando o contexto que envolve as drogas ilícitas, redija um texto dissertativo que atenda, necessariamente, ao que se pede a seguir:

A mobilidade humana na modernidade

> fatores que levam milhares de pessoas a enfrentar a perigosa travessia do Mediterrâneo

> o dilema moral vivido pela Europa entre receber ou rejeitar os imigrantes

> o papel da opinião pública internacional na sociedade contemporânea

Padrão de Resposta da Banca

Espera-se que, ao abordar o primeiro item proposto (fatores que levam milhares de pessoas a enfrentar a perigosa travessia do Mediterrâneo), o candidato enfatize, no mínimo, dois aspectos determinantes para as atuais levas de milhares de imigrantes que buscam, na Europa, as condições elementares de uma vida razoavelmente digna que não mais encontram em seus países de origem. De um lado, a fome e a miséria, quadro que tão bem representa a situação vivida, em larga medida, por habitantes da África subsaariana. De outro, a ação truculenta de governos despóticos e corruptos, além da multiplicação de guerras civis, às vezes, ensejando autênticos genocídios. Especificamente em relação ao Oriente Médio, destaca-se a caótica realidade experimentada pela Síria, na qual se associam um governo ditatorial, rivalidades religiosas levadas ao extremo e a ação implacável do terrorismo.

Em relação ao segundo tópico (o dilema moral vivido pela Europa entre receber ou rejeitar os imigrantes), espera-se que o candidato se reporte ao intenso debate travado no âmbito da União Europeia, quando alguns membros compreenderam a imperiosa necessidade de se encontrarem meios para a recepção de certo número de imigrantes, como é o caso, por exemplo, da Alemanha, enquanto outros, particularmente na Europa do Leste, ofereciam resistência explícita ao acolhimento desses imigrantes.

Por fim, quanto ao terceiro ponto (o papel da opinião pública internacional na sociedade contemporânea), espera-se que o candidato lembre ser este um elemento definidor da contemporaneidade: milhares de pessoas saem às ruas e se manifestam, por todos os meios, em face de determinados acontecimentos, como atos terroristas e o desespero desses milhares de imigrantes. Esse fenômeno de participação cidadã tem forçado os governos a tomarem certas atitudes que, muitas vezes, não se situavam em seu campo de alternativas.

2.2 Dissertação Argumentativa

A dissertação argumentativa consiste na exposição de ideias a respeito de um tema, de forma técnica e impessoal, com base em raciocínios e argumentações. Tem por objetivo a defesa ou a contestação de um ponto de vista por meio da persuasão. Por isso, a coerência entre as ideias e a clareza na forma de expressão são elementos fundamentais.

Estrutura

A estrutura lógica da dissertação consiste em: introdução (apresenta o tema a ser discutido); desenvolvimento (expõe os argumentos e ideias sobre o tema, com fundamento em fatos, exemplos, testemunhos e provas do que se pretende demonstrar); e conclusão (traz o desfecho da redação, com a finalidade de reforçar a ideia inicial).

Parágrafo

O parágrafo é uma unidade do todo que é o texto. Perceba que a redação trata de um único assunto, que é aquele apresentado no comando. Assim, dividimos o texto em parágrafos para que a leitura seja fluida, de acordo com a abordagem reservada a cada um dos parágrafos.

Elementos Contidos em um Parágrafo

Todo parágrafo possui uma ideia central, que é o tópico principal. Geralmente, ela se encontra na introdução do parágrafo. Em torno dessa ideia central, temos ideias secundárias que dão desenvolvimento ao parágrafo. Vale ressaltar que muitos parágrafos ainda possuem uma conclusão, a qual tem como função sintetizar o conteúdo dele.

Outro elemento não obrigatório, mas de suma importância, é o termo que faz a relação entre os parágrafos. Geralmente se encontra do segundo parágrafo em diante e objetiva fazer a conexão lógica das ideais presentes em cada parágrafo. Logo, podemos afirmar que um parágrafo adequado possui clareza, objetividade, coerência, coesão e conteúdo adequado.

Quanto ao tamanho dos parágrafos, é importante que haja uma harmonia entre eles. Dessa forma, deve-se redigir parágrafos de tamanhos semelhantes, não necessariamente iguais. Ademais, é importante não fazer parágrafos muito grandes.

> *Cada assunto deve ser objeto de um parágrafo específico.*

Como cada parágrafo possui uma ideia principal, não se recomenda escrever um parágrafo com apenas um período ou misturar ideias em um mesmo parágrafo. Dessa maneira, o ideal é reservar um parágrafo para cada ideia e(ou) argumentação abordada ou então daquelas contidas na enumeração feita na introdução.

Por fim, vamos novamente às regrinhas básicas: não faça parágrafos excessivamente longos e confusos, pois o examinador se cansará facilmente e não compreenderá seu texto. Por outro lado, também não faça parágrafos excessivamente curtos, que não contenham o devido desenvolvimento da ideia principal.

Exemplos

A seguir, há dois parágrafos que podem servir como introdução de um texto. Pode-se perceber que há uma organização interna que garante uma leitura rápida e eficaz. Além disso, há dois elementos básicos: a apresentação do assunto e o objetivo do texto.

01. Considera-se a humanização no ambiente de trabalho uma das principais características com a qual a empresa deve preocupar-se a fim de que alcance bons resultados, afinal, o capital humano é o bem mais precioso de uma instituição e o responsável por mantê-la ativa no mercado em geral. Além disso, a CF tem como um de seus fundamentos a dignidade da pessoa humana, a qual garante aos indivíduos um tratamento justo e igualitário para uma vida com qualidade. Logo, por ser um fundamento básico e irradiante, e alcançar todas as áreas do Direito, precisa ser garantido nas relações trabalhistas.

02. A fim de alcançar a cidadania, que de certa forma é um meio para a busca da ordem e do progresso social, o Estado tem o dever, como cita a Constituição Federal, de promover a segurança pública. Por esse motivo, é coerente afirmar que é preciso ofertar, de forma homogênea, a possibilidade de "execução" da cidadania por todos do povo.

Propostas de Dissertação Expositiva

Proposta 01

Elabore um texto dissertativo-argumentativo abordando o seguinte tema: É possível conciliar os interesses pessoais do trabalhador e os interesses da organização?

Proposta 02

A internet é uma mídia que ainda vai provocar muitas modificações entre as pessoas. Estamos apenas adentrando essa nova era, que, no Brasil, teve início em 1996. Capistrano de Abreu dizia que os colonizadores portugueses ficaram, durante vários séculos, como caranguejos, apenas arranhando as costas do Brasil, sem adentrar seu território, nem dominar as regiões desconhecidas. Em relação à internet, somos os novos caranguejos do início do século XXI, sem desvendar com segurança as possibilidades desse meio de comunicação revolucionário na produção e propagação de saberes. Não sabemos ainda o que acontecerá e como se dará; por isso, não podemos fazer previsões estanques.

SHEPERD, T.; SALIÉS, T. In: Linguística da internet. São Paulo: Contexto, 2012. p.91

Redija um texto dissertativo-argumentativo em que se discuta se o uso da internet trouxe mais benefícios ou mais malefícios ao indivíduo e à sociedade. Apresente argumentos que fundamentem sua posição.

Proposta 03

Apesar da presunção de veracidade que confere autoridade, interesse e sedução a todas as fotos, a obra que os fotógrafos produzem não constitui uma exceção genérica ao comércio usualmente nebuloso entre arte e verdade. Mesmo quando os fotógrafos estão muito mais preocupados em espelhar a realidade, ainda são assediados por imperativos de gosto e de consciência. [...] O problema não é que as pessoas se lembrem através das fotografias, mas que se lembrem apenas das fotografias.

(SONTAG, Susan. "Na caverna de Platão", em Sobre a Fotografia, São Paulo, Companhia das Letras, 2008)

A partir do trecho acima, escreva um texto dissertativo-argumentativo sobre o seguinte tema: A imagem como produtora de sentidos na modernidade

Proposta 04

Epicuro havia percebido que as leis não educam: que não eram feitas para serem propriamente obedecidas, mas para garantir, sobretudo, a possibilidade de punição. Ele se deu conta, por um lado, de que a educação e as necessidades básicas do ser humano deveriam ser gerenciadas pela pólis (Estado); por outro lado, viu que era preciso, de algum modo, isolar para educar, porém, sem reclusão, porque a virtude do caráter político não se reduz, afinal, a um modelo ou teoria, tampouco ao recinto de uma instituição ou de uma pólis.

(Adaptado de: SPINELLI, Miguel. Epicuro e as bases do epicurismo, São Paulo, Paulus, 2013, p. 8)

Com base no excerto acima, escreva uma dissertação justificando amplamente seu ponto de vista.

Proposta 05

I

Para além da fidelidade e integridade da informação, problema que se impunha com os veículos tradicionais da mídia, hoje, com a internet, o homem enfrenta um novo desafio: distinguir, de uma profusão de informações supérfluas, as que lhe importam na formação de um pensamento que garanta sua identidade e papel social.

II

Ponto de vista não é apenas a opinião que desenvolvemos sobre determinado assunto, mas também o lugar a partir de onde consideramos o mundo e que influencia de maneira cabal nossas percepções e ações.

III

Todos os homens voltam para casa.
Estão menos livres mas levam jornais
e soletram o mundo, sabendo que o perdem.
(ANDRADE, Carlos Drummond de. "A flor e a náusea")

Redija um texto dissertativo-argumentativo a partir do que se afirma em I, II e III.

Proposta 06

As Olimpíadas eram uma série de competições esportivas que, de quatro em quatro anos, reuniam atletas das cidades-estado que formavam a Grécia Antiga. Surgiram em 776 a.C. na cidade de Olímpia e se realizaram até 393 d.C. Tinham grande importância por seu caráter religioso, político e esportivo, e buscavam a harmonia entre cidades, com a trégua entre conflitos e guerras, além da valorização da saúde e do corpo saudável. Ressurgiram em 1896, com o objetivo de retomar os ideais olímpicos na interação entre os povos, e estiveram sujeitas a interferências políticas no decorrer do tempo. Os Jogos Panamericanos, mais recentes, também realizados de quatro em quatro anos, são evento multiesportivo, que tem por base os Jogos Olímpicos e, como indica o próprio nome, reúne atletas dos países do continente americano. Na atualidade, no entanto, parece haver confluência de interesses bastante diversos na realização desses eventos, de modo a acirrar o espírito competitivo e a expor o poder, até mesmo financeiro, de alguns países.

Diante do que se expôs acima, redija um texto dissertativo-argumentativo sobre o seguinte tema:

As competições esportivas internacionais como instrumento de manutenção da paz e da igualdade no mundo moderno.

SUMÁRIO

1. NUMBERS, DEFINITE ARTICLES, PRONOUNS, INDEFINITE ARTICLES

1.1 Cardinal Numbers

Os numerais cardinais são usados no nosso dia a dia para expressar diversas funções, dentre elas: informar o número de telefone, expressar endereços e falar sobre preços. Segue abaixo uma lista dos principais numerais cardinais:

0	zero
1	one
2	two
3	three
4	four
5	five
6	six
7	seven
8	eight
9	nine
10	ten
11	eleven
12	twelve
13	thirteen
14	fourteen
15	fifteen
16	sixteen
17	seventeen
18	eighteen
19	nineteen
20	twenty
30	thirty
40	forty
50	fifty
60	sixty
70	seventy
80	eighty
90	ninety
99	ninetynine
100	one hundred /a hundred
200	two hundred
300	three hundred
400	four hundred
500	fifty hundred
600	six hundred
700	seven hundred
800	eight hundred
900	nine hundred
1000	one thousand /a thousand
100000	one hundred thousand
1000000000	one million

Ex.:

Where do you live?

I live in that building, apartment 214.

1.2 Ordinal Numbers

Os números ordinais são utilizados para indicar ordem ou hierarquia relativa a uma sequência.

Na Língua Inglesa, a formação dos números ordinais é diferente da formação dos ordinais em Português: apenas o último número é escrito sob a forma ordinal.

Todos os outros números são utilizados sob a forma de números cardinais em Inglês.

Exs.:

1st – First

2nd – Second

3rd – Third

4th- Foruth

23rd - twenty-third

135th - a/one hundred thirty-fifth

1.234th - a/one thousand two hundred thirty-four

1.3 Articles

Artigo é a classe de palavras que se antepõe ao substantivo para definir, limitar ou modificar seu uso. Os artigos dividem-se em **definidos** e **indefinidos**.

A seguir, estudaremos cada um deles.

Definite article

"The" é o artigo definido na Língua Inglesa, e significa o, a, os, as e pode ser usado com substantivos contáveis no singular ou plural e com substantivos incontáveis. É utilizado quando queremos sinalizar especificamente a que elemento(s) estamos nos referindo especificamente, ou seja, que se trata de um elemento único. A seguir serão apresentadas situações típicas de seu uso:

→ Antes de substantivos com sentido específico:

The water in the world.

→ Antes de numerais ordinais:

The 4th of July.

→ Antes de nomes de países no plural ou de países que são união de estados, ilhas etc.:

The United States of America

The Falklands

→ Antes de adjetivos e advérbios no grau superlativo:

Mary is **the** most intelligent person of this class.

→ Antes de nomes de ilhas, desertos, montanhas, rios, mares etc.:

The Pacific Ocean

The Saara Desert

→ Antes de nomes de navios, modelos de carros e aviões:

The Titanic was enourmous.

→ Antes de nomes de famílias no plural:

The Smiths

→ Antes de nomes de instrumentos musicais:

He plays **the** guitar very well.

Quando não usar o artigo definido?

→ Antes de substantivos tomados em sentido genérico:

Grape juice is good for you.

→ Antes de nomes próprios no singular (pessoas, cidades etc.):

São Paulo is a big city.

Mike loves coffee.

→ Antes de possessive adjectives:

His car is over there.

→ Antes de nomes de profissões (se o nome do profissional for citado):

Judge Louis will talk to you later.

→ Antes de palavras que se referem a idiomas, desde que não sejam seguidas do termo "language":

Portuguese is interesting.

Indefinite articles

Os artigos indefinidos em Língua Inglesa na forma do singular são dois: a e an. Ambos só podem ser empregados com substantivos contáveis.

A é usado antes de palavras que iniciam com som de consoante e **AN** antes das que iniciam com som de vogal.

She has **a** doll.

Look! That's **an** apple tree!

Attention!

Existem casos em que a pronúncia determina o uso de artigos indefinidos. Observe as seguintes regras:

A

→ Antes de palavras que iniciam com **H** aspirado:

a house, a horse, a homerun

→ Antes de palavras que começam com os sons de **eu**, **ew** e **u**:

a European trip, **a** unicorn, **a** useful skill.

AN

→ Antes de palavras que iniciam com H não pronunciado (mudo):

an hour, **an** heir, **an** honest man.

1.4 Pronouns

São palavras que acompanham os substantivos, podendo substituí-los (direta ou indiretamente), retomá-los ou se referir a eles. Os pronomes são divididos em várias categorias. Neste módulo falaremos dos pronomes pessoais:

Personal pronouns

Os pronomes pessoais (personal pronouns) são termos utilizados para substituir nomes completos ou substantivos em frases. Eles são divididos de acordo com quatro classificações:

→ Quanto ao número: singular ou plural;

→ Quanto à pessoa: primeira, segunda ou terceira;

→ Quanto ao gênero: masculino, feminino ou neutro;

→ Quanto à função que cumprem nas sentenças: sujeito ou objeto.

Vejamos quais são os pronomes pessoais de acordo com as classificações a seguir:

	Pronomes Pessoais	Subjet Pronouns	Object Pronouns
1ª Pessoa do Singular	Eu	I	Me
2ª Pessoa do Singular	Tu/Você	You	You
3ª Pessoa do Singular	Ele Ela Ele/Ela (Neutro)	He She It	Him Her It
1ª Pessoa do Plural	Nós	We	Us
2ª Pessoa do Plural	Vós/Vocês	You	You
3ª Pessoa do Plural	Eles/Elas	They	Them

→ O elemento neutro representa vocábulos sem gênero na Língua Inglesa, tais como: objetos, animais, fenômenos da natureza.

→ A 2ª pessoa, tanto do singular quanto do plural, possui a mesma forma. Sendo assim, dependemos do contexto para identificá-la.

→ A 3ª pessoa do plural é a mesma para o gênero masculino, feminino ou ainda para os elementos neutros.

Agora veremos o uso dos pronomes pessoais em frases. Os verbos (ações) estão sublinhados para que ajudem a identificar a posição do pronome, seja antes (subject pronouns) ou depois (object pronouns).

I live in New York.

He bought a gift for **you**.

They didn't like **it**.

He saw **her** yesterday.

Boys, **you** don't have to wake up early tomorrow.

2. SIMPLE PRESENT, POSSESSIVE ADJECTIVES, POSSESSIVE PRONOUNS, GENITIVE CASE

2.1 Simple Present

Uso

Utilizamos a forma do presente simples para tratar de ações relacionadas à rotina, a fatos/opiniões ou verdades naturais.

Ex.: John has English classes on Mondays.

Sara loves pizza.

The moon is our natural satellite.

Estrutura

Forma afirmativa

Na forma afirmativa, é necessário prestar atenção na 3ª pessoa do singular(he/she/it), pois nesse caso os verbos recebem o acréscimo de s/es/ies. Entretanto, quando o sujeito da sentença for I/you/we/they, o verbo principal permanece na forma do infinitivo.

Ex.: Tony cooks very well.

I have an important meeting tomorrow.

Atenção!

Acrescentamos ES aos verbos terminados em ss,sh,ch,x,o e z.

Ex.: Miss -> Miss**es**

Acrescentamos IES aos verbos terminados em y antecedidos de consoante.

Ex.: Study -> Stud**ies**

Acrescentamos S às demais formações, por isso podemos chamar esta forma de regra geral.

Ex.: Take-> take**s**

Play-> play**s**

O verbo **have** é uma exceção. Sua conjugação na 3ª pessoa do singular é **has**.

Forma negativa

Na forma negativa do presente simples, temos a presença de dois auxiliares: do e does. Ambos acompanhados da partícula de negação "not" e seguidos por um verbo na forma do infinitivo. Contudo, é necessário estar atento ao sujeito da frase, pois utilizaremos a forma "Does" com he/she/it, e a forma "Do" com I/you/we/they.

Ex.: Jessica does not work on Sundays.

They do not live in New York.

→ Lembrando que podemos contrair ambas as formas: does not (doesn't) e do not (don't).

Forma interrogativa

Ao estabelecermos perguntas devemos posicionar o verbo auxiliar na frente do sujeito da frase. Vale lembrar que o verbo principal permanece na forma do infinitivo, vejamos:

Ex.: Does Jessica work on Sundays?

Do they live in New York?

2.2 Possessive Adjectives x Possessive Pronouns

Os pronomes possessivos adjetivos modificam o substantivo, por isso sempre o antecedem. A concordância nesse caso é sempre feita com o "possuidor" (ao contrário do Português, que se dá com a "coisa possuída").

Ex.: My name is Peter.

Juliet sent **her** father a letter.

Os pronomes possessivos nunca são usados antes dos substantivos, pois têm como função substituí-los. Esse recurso na maioria dos casos é empregado a fim de evitar repetições.

Ex.: This brand new car is **yours**.

Pronomes Possessivos Adjetivos Possessive Adjectives	Pronomes Possessivos Substantivos Possessive Pronouns
my (meu, minha)	**mine** [(o) meu, (a) minha]
your (teu, tua, seu, sua)	**yours** [(o) teu, (a) tua, (o) seu, (a) sua]
his (dele)	**his** [(o)/(a) dele]
her (dela)	**hers** [(o)/(a) dela]
its [dele, dela (neutro)]	**its** [(o)/(a) dele, (o)/(a) dela (neutro)]
our (nosso, nossa)	**ours** [(o) nosso, (a) nossa]
your (vosso, vossa, seu, sua, de vocês)	**yours** [(o) vosso, (a) vossa, (o) seu, (a) sua]
their [deles, delas (neutro)]	**theirs** [(o)/(a) deles, (o)/(a) delas (neutro)]

Os possessive adjectives acompanham os substantivos aos quais se referem, enquanto que os possessive pronouns substituem os substantivos aos quais se referem.

This is my book. That one is yours.

2.3 Genitive Case

Consiste no uso da forma do caso genitivo para indicar que algo pertence ou está associado a alguém ou a algum elemento, por meio de acréscimo de 's (apóstrofo + s) ou simplesmente '(apóstrofo). A ordem estrutural é estabelecida da seguinte forma:

Possuidor 's

ou + "objeto possuído"

Possuidor '

Ex.: Jane's sister is very smart.

The boy's room is a mess.

A forma com **'s** é somente usada quando o possuidor é um ser animado, o que abrange: pessoas e animais, além de nomes próprios, parentes em todos os graus, títulos, cargos, funções, profissões, e outros substantivos que só podem se referir a pessoas: criança, menino(a), amigo(a), vizinho(a), colega de escola ou trabalho, etc. No entanto, há algumas exceções para a aplicação de 's em seres inanimados. É o caso de tempo, medidas, lugares com nomes de pessoas, países, corpos celestes.

Ex.: St. Peter's park is near our house.

Usamos **'S**: **Substantivos no singular não terminados em "S"**.

Ex.: The boy's toy.

Substantivos no plural não terminados em "S".

Ex.: The children's toys

Usamos **'** : **Substantivos no plural terminados em "S".**

Ex.: The boys' room.

3. PRESENT CONTINUOUS, ADJECTIVES AND ADVERBS

3.1 Present Continuous

Uso

O presente contínuo é um tempo verbal usado para indicar ações que estão em progresso no presente; no momento da fala. Ele é empregado para falar sobre situações temporárias, ações contínuas que estão acontecendo ou ainda para indicar futuro.

Ex.: Jane is watching TV now.

Estrutura

Forma afirmativa

O present continuous é composto por um verbo principal e um verbo auxiliar.

Utiliza-se o verbo to be na forma do presente (is/am/are) como auxiliar e ao verbo principal, é acrescida a terminação -ing(gerúndio).

Ou seja, na construção frasal esse tempo verbal segue o seguinte padrão de formação:

Sujeito + verbo to be + verbo com -ing + complemento

Ex.: He is playing soccer.

I am talking to Jane now.

They are watching TV.

Forma negativa

Na forma negativa, acrescenta-se o not depois do verbo to be, ou seja, a construção das frases negativas é feita da seguinte forma:

Sujeito + verbo to be + not + verbo com -ing + complemento

Ex.: He is not playing soccer.

I am not Talking to Jane now.

They are not watching TV.

Forma interrogativa

Na forma interrogativa, o verbo auxiliar to be aparece no início da frase. O padrão da estrutura das frases interrogativas é o seguinte:

Verbo to be + sujeito + verbo com -ing + complemento

Ex.: Is he playing soccer?

Am I sleeping on the couch?

Are they watching TV?

Formação dos verbos no gerúndio (-ing)

Na maioria dos casos, basta acrescentar a forma do ing ao final do verbo (Ex.: play- playing). Entretanto existem alguns casos que exigem atenção:

> Quando o verbo principal termina em –e e é precedido de consoante, retira-se a vogal e acrescenta-se o –ing. (Ex.: Dance – Dancing).

> Quando o verbo termina com –ie, troca-se essa terminação por –y e acrescenta-se –ing. (Ex.: Die – Dying).

> Quando o verbo é monossílabo ou dissílabo e segue o padrão de consoante+vogal+consoante (CVC), duplica-se a última consoante. (Ex.: Cut – cutting).

Adjetivos

Os adjetivos são a classe gramatical responsável por caracterizar um substantivo. Diferentemente da Língua Portuguesa, em Inglês os adjetivos não flexionam em relação a número ou gênero e sempre são posicionados antes dos substantivos.

Ex.: Alice has a yellow dress.

Marcos bought an expensive car.

Ordem

Quando em uma sentença utilizamos mais de um adjetivo para descrever algo, é necessário seguir uma ordem em relação à disposição das qualidades citadas, vejamos:

Formação

Muitos adjetivos têm como origem de formação os verbos. Neste caso eles recebem o sufixo -ED ou -ING. Mas o que isso significa?

Nós usamos o particípio presente (que termina com "ing") como um adjetivo para descrever como o sujeito causa o efeito e usamos o particípio passado (terminando com "ed") como um adjetivo para descrever como o sujeito experimenta o efeito.

Ex.: Da raiz do verbo "surpreender":

"David is **surprising**." (David causes surprise.)

"David is **surprised**." (David experiences surprise.)

Vejamos alguns outros exemplos:

Verbo Original	Adjetivo "-ing"	Adjetivo "-ed"
bore	boring	bored
disappoint	disappointing	disappointed
disgust	disgusting	disgusted
embarrass	embarrasing	embarrassed
exhaust	exhausting	exhauted
excite	exciting	excited
interest	interesting	interested
satisfy	satisfying	satisfied
shock	shocking	shocked
surprise	surprising	surprised
tire	tiring	tired

3.2 Advérbios

Os advérbios em Inglês (adverbs) são palavras que modificam o verbo, o adjetivo ou o advérbio.

De acordo com o sentido que apresentam na frase, eles são classificados em: advérbios de tempo.

Modo: actively (ativamente); amiss (erroneamente); badly (mal); boldly (audaciosamente); faithfully (fielmente); fast (rapidamente); fiercely (ferozmente); gladly (alegremente); ill (mal); quickly (rapidamente); purposely (propositadamente); simply (simplesmente).

Ex.: She did it so quickly.

Lugar: above (em cima); anywhere (em qualquer parte); around (em redor); bellow (abaixo); everywhere (em toda a parte); far (longe); here (aqui); hither (para cá); near (perto); nowhere (em parte alguma); there (lá); thither (para lá); where (onde); yonder (além).

Ex.: There is a gas station near here.

Afirmação: certainly (certamente); evidently (evidentemente); indeed (sem dúvida); obviously (obviamente); surely (certamente); yes (sim).

Ex.: He is obviously disappointed with you.

Dúvida: maybe (possivelmente); perchance (porventura); perhaps (talvez); possibly (possivelmente).

Ex.: Perhaps he won't come.

Intensidade: completely (completamente); enough (bastante); entirely (inteiramente); equally (igualmente); exactly (exatamente); greatly (grandemente); largely (grandemente); little (pouco); merely (meramente); much (muito); nearly (quase); pretty (bastante); quite (completamente); rather (bastante); slightly (ligeiramente); sufficiently (suficientemente); throughly (completamente); too (demasiadamente); utterly (totalmente); very (muito); wholly (inteiramente).

Ex.: I love her so much.

Frequência: daily (diariamente); monthly (mensalmente); occassionally (ocasionalmente); often (frequentemente); yearly (anualmente); rarely (raramente); always (sempre); weekly (semanalmente); never (nunca);.

Ex.: I always go out on Fridays.

Tempo: already (já); early (cedo); formerly (outrora); hereafter (doravante); immediately (imediatamente); late (tarde); lately (ultimamente); now (agora); presently (dentro em pouco); shortly (em breve); soon (brevemente); still (ainda); then (então); today (hoje); tomorrow (amanhã); when (quando); yesterday (ontem).

Ex.: I have already done the paper.

Formação

Geralmente, as palavras terminadas com o sufixo –ly são advérbios. No entanto, existem exceções, como, por exemplo, os adjetivos: lovely (amável), friendly (amigável), lonely (sozinho), etc.

Alguns advérbios apresentam a forma irregular, ou seja, não mantêm nenhuma relação de proximidade ortográfica com o adjetivo correspondente. É o caso, por exemplo, do adjetivo good (bom) e do advérbio well (bem).

Posição

O posicionamento de um advérbio em uma frase, por norma, segue duas ordens básicas:

1ª

Adverb + verb + object (advérbio + verbo + objeto)

Ex.: He Always comes to class on time.

2ª

Verb + object + adverb. (verbo + objeto + advérbio)

Ex.: He sings very well.

Attention!

Alguns adjetivos e advérbios possuem a mesma grafia, logo só é possível identificar sua classe gramatical e sentido pela posição ocupada por ele na frase. Vejamos alguns exemplos:

Adjective	Adverb	Adjetivo - Advérbio
Daily	Daily	Diário - Diariamente
Far	Far	Distante - Distantemente
Fast	Fast	Rápido - Rapidamente
Free	Fre	Livre - Livremente
Long	Long	Longo - Longamente
Right	Right	Certo - Certamente

Ex.: I've always interested in fast cars. (Adjective)

You are driving too fast. (Adverb)

4. SIMPLE PAST, PAST CONTINUOUS, THERE TO BE

4.1 Simple Past

Uso

O passado simples é usado para indicar ações passadas já concluídas, ou seja, para falar de fatos que já aconteceram; que começaram e terminaram no passado.

Para reforçar o uso desse tempo verbal, muitas expressões temporais são utilizadas nas frases, como, por exemplo: yesterday (ontem), the day before yesterday (anteontem), last night (ontem à noite), last year (ano passado), etc.

Ex.: Mike visited Maria yesterday.

Estrutura

Forma afirmativa

A forma afirmativa tem como particularidade a presença de um verbo na forma do passado. Sua organização fica estabelecida da seguinte forma:

Sujeito + Verbo no passado + complemento

Ex.: Mike traveled to Curitiba.

Jonathan bought a TV last week.

Os verbos na forma do passado são divididos em dois grupos, os verbos regulares e os irregulares.

Regulares

Acrescentamos os sufixos D/ED/IED aos verbos considerados regulares seguindo os seguintes parâmetros:

01. Aos verbos regulares terminados em -e, acrescenta-se somente o -d no final do verbo. (Dance - danced)
02. Aos verbos terminados em -y precedido de consoante, retira-se o y e acrescenta-se o -ied. (Study - studied)
03. As terminações restantes são caracterizadas como uma espécie de regra geral, logo acrescentaremos -ed (Watch - watched).

Irregulares

Os verbos irregulares não seguem as regras estabelecidas pela gramática, logo cada um deles possui sua própria forma. Na sequência encontraremos alguns exemplos:

Forma no Infinitivo	Forma no Passado
Go	Went
Make	Made
Buy	Bought
Have	Had
Put	Put
Send	Sent
Come	Came

Forma Negativa

Para a construção de frases negativas no simple past, o verbo do, flexionado passado, é empregado como verbo auxiliar. O verbo principal não é conjugado no passado, uma vez que o auxiliar já indica o tempo verbal. A construção das frases negativas é feita da seguinte forma:

Sujeito + did not/ didn't + verbo no infinitivo + complemento

Ex.: Jonas did not come to class yesterday.

Forma interrogativa

Para a construção de perguntas, colocaremos o verbo -do, flexionado no passado, antes do sujeito. A construção das frases é feita da seguinte forma:

Did + sujeito + verbo no infinitivo + complemento

Ex.: Did you take the garbage out yesterday?

4.2 Past Continuous

Uso

O passado contínuo, basicamente, descreve uma ação que estava ocorrendo em certo período no passado.

Ex.: Fred was dancing with his girlfriend.

Estrutura

Podemos tomar como exemplo a forma do present continuous. A diferença entre esses dois tempos está nos auxiliares, pois o presente continuous utiliza a forma do verbo "to be" no presente(is/am/are), enquanto que o past continuous usará a forma do passado do verbo "to be"(was/were).

Forma afirmativa

Para as frases afirmativas no past continuous, organizaremos as sentenças da seguinte forma:

Sujeito + Verbo to be no Simple Past + Verbo com -ing + Complemento

Ex.: She was going to my house.

The kids were playing together.

Forma negativa

Para as frases negativas, a única diferença será a presença da partícula de negação "not" após o verbo "to be" na forma do passado. Sua construção será feita da seguinte forma:

Sujeito + Verbo to be no simple past + not + verbo com – ing + complement

Ex.: She was not going to my house.

The kids were not playing together.

→ Podemos contrair as formas negativas: was not (wasn't), were not (weren't)

Forma interrogativa

Para a construção de perguntas, colocaremos o verbo "to be" na forma do passado antes do sujeito. A construção das frases é feita da seguinte forma:

Verbo "to be" no simple past + sujeito + verbo com – ing + complemento

Ex.: Was she going to my house?

Were the kids playing together?

4.3 There To Be

Uso

Usamos o "there to be" para indicar a existência de pessoas, situações e objetos. A expressão tem o mesmo significado que o verbo "haver" (ou "ter" no sentido de existir), em Português. Podemos construir sentenças nas formas do presente, passado e futuro.

Ex.: There is a book on the table.

There was a car in front of your house.

There will be a party here tomorrow.

Estrutura

Mesmo podendo ser organizado no presente, passado ou futuro, a parte que realmente sofre alterações é o verbo "to be". A construção frasal será basicamente a mesma para todas as formas, o que será diferente são as flexões da forma do verbo "to be", bem como das expressões temporais que podem aparecer.

Afirmações

There + verbo "to be" +complemento

There are some children in the backyard.

There were some children in the backyard.

There will be an event tonight.

Negações

There + verbo "to be" + complemento

There is not milk in the fridge.

There was not a bag inside the locker last night.

There will not be available seats for you tonight.

Perguntas

Verbo "to be" + sujeito + complemento

Are there bottles of wine on the table?
Was there a car in front of your house last night?
Will there be a person to help me?

Presente: is/am/are
Passado: was/were
Futuro: will be

5. IMPERATIVO, SUBJUNTIVO, QUESTION WORDS, DEMONSTRATIVE PRONOUNS

5.1 Imperativo

Uso

O imperativo é usado pelo falante para dar uma sugestão, uma ordem, um conselho ou uma instrução para que uma determinada ação aconteça.

Call me now!

Do your job, Doug.

Estrutura

Em Inglês, utiliza-se o verbo sem a partícula "to" para montar uma sentença no imperativo, além de não ser necessário informar o sujeito, pois se subentende que este receberá a ordem, a sugestão ou o conselho implicitamente.

Afirmações

Verbo no infinitivo sem a partícula "to" + complemento

Ex.: Come with me.

Please, help me!

Negações

Do not (don't) +verbo no infinitivo sem a partícula "to" + complemento

Ex.: Don't eat this cake.

Do not hit that button!

5.2 Forma do Subjuntivo

Uso

O uso do subjuntivo não é muito comum na linguagem coloquial em Inglês. Entretanto, devido aos verbos e às expressões com os quais ocorre, trata-se de um tempo verbal bastante frequente na linguagem formal.

O subjuntivo é usado para expressar a **importância de algo ou a opinião, o desejo ou a ordem de alguém**.

A forma do subjuntivo é caracterizada pelo uso de verbos no infinitivo. Além disso, ao contrário do subjuntivo em Português, o subjuntivo em Inglês possui a mesma forma tanto no presente como no passado e no futuro.

Alguns verbos que tipicamente ocorrem com o subjuntivo:

→ to advise (that) – recomendar

→ to agree (that) – concordar, obrigar-se

→ to ask (that) – pedir

→ to beg (that) – implorar

→ to command (that) – determinar

→ to decree (that) – decretar, determinar

→ to demand (that)- exigir

Estrutura

a) Presente: The Chairman insists that they keep to schedule.

b) Passado:The Chairman insisted that they keep to schedule.

c) Futuro:The Chairman will insist that they keep to schedule.

Deve-se notar que após as expressões em itálico, os verbos sempre permanecem na sua forma original.

5.3 Question Words

Uso

As question words são palavras utilizadas no começo das sentenças com o intuito de realizarmos perguntas específicas, nas quais a resposta esperada vai além de "sim" ou "não". Cada uma delas possui um sentido/uso diferente e pode ser utilizada com qualquer tempo verbal.

Question Word	Tradução	Exemplo
What?	Qual/ O quê?	What's your name? What are you doing?
Which?	Qual (opções)?	Which do you prefer? Dark chocolate or white?
Who?	Quem?	Who is Peter?
Whom?	Quem?	Whom did you call?
Whose?	De quem?	Whose car is that?
Why?	Por quê?	Why are you crying
Where?	Onde/ Aonde?	Where does Mark live?
When?	Quando?	When did you come back from England?
How?	Como?	How did you do that?

> A forma HOW combinada com outros vocábulos pode ter outros sentidos, vejamos alguns:

→ **How much (Quanto custa)**

Ex.: How much is that dress?

→ **How many (Quantos)**

Ex.: How many dogs do you have?

→ **How old (Quantos anos)**

Ex.: How old are you?

→ **How long (Quanto tempo)**

Ex.: How long will it take?

→ **How often (Com que frequência)**

Ex.: How often do you go to the movies?

5.4 Demonstrative Pronouns

Uso

Os pronomes demonstrativos em Inglês são utilizados para indicar algo (pessoa, lugar ou objeto) e mostrar sua posição no espaço. Isso porque alguns deles são utilizados quando o falante está perto, e outros, quando está longe.

Diferentemente do que ocorre com o Português, os pronomes demonstrativos não variam de gênero. No entanto, há variação de número (singular e plural).

Demonstrative Pronoun	Exemplo
This (singular/perto)	This is my sister.
That (singular/longe)	That is my brother
These (plural/perto)	These are my dogs
Those (plural/longe)	Those are my bags

Attention!

Existem duas classificações existentes levando em consideração os pronomes demonstrativos: quando eles fazem função de substantivo e quando fazem função de adjetivo.

Sujeito: tem a função de substituir o substantivo na frase. Ele surge antes do verbo, ou sozinho na frase, e sua formação é: **demonstrative pronoun + verb**.

Ex.: This is my car.

Adjetivo: tem a função de atribuir qualidade ao substantivo, descrevendo-o. Ele surge antes do nome e sua formação é: **demonstrative adjective + noun**.

Ex.: This car is old.

6. COMPARATIVE ADJECTIVES, SUPERLATIVE ADJECTIVES

6.1 Comparative Adjectives

As comparações em Língua Inglesa podem ser estabelecidas em 3 níveis: igualdade, inferioridade e superioridade. Podemos comparar características envolvendo pessoas, animais, lugares ou experiências.

Comparativo de igualdade

Como o próprio nome sugere, é utilizado para estabelecermos comparações entre substantivos em um parâmetro de equivalência.

A estrutura básica pode ser caracterizada da seguinte forma:

P1 + verb to be + as + adjetivo + as + P2

Ex.: Derick is as tal as Bob.

Denis and Maria are as intelligent as Doug.

Comparativo de inferioridade

É utilizado para estabelecermos comparações entre substantivos em um parâmetro no qual um dos lados é "inferior" ao outro em relação a uma determinada característica.

A estrutura básica pode ser determinada da seguinte forma:

P1 + verbo to be + less + adjetivo + than + P2

Ex.: Jane is less emotional than Patricia.

Comparativo de superioridade

É utilizado para estabelecermos comparações entre substantivos em um parâmetro no qual um dos lados é "superior" ao outro em relação a uma determinada característica

Ao estabelecermos comparações neste nível, é necessário estar atento ao fato de que o "tamanho" (número de sílabas) do adjetivo/característica influencia diretamente na construção da frase.

Adjetivos longos

Os adjetivos longos são caracterizados desta forma por possuírem 3 sílabas ou mais. A estrutura básica da sentença com estes vocábulos é:

P1 + verbo to be + more + adjetivo + than + P2

Ex.: Marta is more beautiful than Teresa.

Adjetivos curtos

Os adjetivos curtos são caracterizados dessa forma por possuírem até 2 sílabas. Ao elaborarmos as sentenças, deveremos, ao invés de utilizar a palavra more (mais) para destacar superioridade, acrescentar os sufixos R/ER/IER ao final dos adjetivos. Vejamos:

P1 + verbo to be + adjetivo com -ER + than + P2

Ex.: Maria is older than me.

Derick is funnier than Tomas.

Brazil is larger than Argentina.

Attention!

Vejamos o padrão de formação dos adjetivos curtos:

01. Para a maior parte dos adjetivos, acrescentamos o sufixo -ER:

    Ex.: tall - taller

02. Para adjetivos terminados em "e", acrescentamos -R:

    Ex.: nice - nicer

03. Para adjetivos terminados em "y", acrescentamos -IER:

    Ex.: funny - funnier

04. Para adjetivos monossílabos terminados em consoante-vogal- consoante (CVC) , dobramos a última consoante e acrescentamos -ER:

    Ex.: big - bigger

→ Exceções

Existem alguns adjetivos que não seguem o padrão de formação. Eles são chamados de irregulares e possuem sua própria forma. São eles:

Adjetivo	Forma no comparativo de superioridade
Good	Better
Bad	Worse
Far	Farther/Further

6.2 Superlative of Superiority

Uso

Usamos o superlativo toda vez que queremos expressar a qualidade de um adjetivo no seu mais alto grau. Não há comparações com outros seres, uma vez que a intenção é intensificar uma determinada característica.

Estrutura

Assim como no comparativo de superioridade, na forma do superlativo de superioridade é necessário diferenciar os adjetivos de acordo com o seu número de sílabas.

Adjetivos longos

Os adjetivos com três ou mais sílabas seguem a seguinte estrutura:

Sujeito + to be + the most + adjetivo + complemento

Ex.: Sandra is the most beautiful girl of our school.

Adjetivos curtos

Os adjetivos curtos possuem até 2 sílabas e para formarmos o superlativo de superioridade é necessário acrescentarmos os sufixos -est/st/iest a eles.

A estrutura básica segue a seguinte ordem:

Sujeito + to be + the + adjetivo com –est + complemento

Ex.: My grandfather is the oldest person in my family.

Attention!

> Para a maior parte dos adjetivos acrescentamos o sufixo -EST

Ex.: Tall – tallest

> Para adjetivos terminados em "e" acrescentamos o sufixo -ST

Ex.: Nice – nicest

> Para adjetivos terminados em "y" acrescentamos -IEST:

Ex.: Funny – funniest

> Para adjetivos monossílabos terminados em consoante-vogal- consoante (CVC), dobra-se a última consoante e acrescentamos -EST

Ex.: Big – biggest

→ Exceções

Existem alguns adjetivos que não seguem o padrão de formação. Eles são chamados de irregulares e possuem sua própria forma. São eles:

Adjetivo	Forma no comparativo de superioridade
Good	Best
Bad	Wort
Far	Farthes/Furthest

7. QUESTION TAGS, REFLEXIVE PRONOUNS, PREPOSIÇÕES DE LUGAR E TEMPO

7.1 Question Tags

Uso

Question tags são perguntas de confirmação, antecedidas por uma vírgula, posicionadas ao final de sentenças afirmativas ou negativas.

Ex.: Today is a beautiful day, isn't it?

She doesn't like coffee, does she?

Estrutura

A question tag "discordará" obrigatoriamente da primeira declaração da frase. Quando a primeira for afirmativa, a question tag será negativa, e quando ela for negativa, a question tag será positiva. Para isso devemos levar em consideração o sujeito da frase principal, bem como o tempo verbal, com o intuito de utilizar o auxiliar correto.

Portanto, a estrutura será:

Frase afirmativa, **AUXILIAR COM NEGAÇÃO CONTRAÍDO + SUJEITO**

Ex.: She loves pizza, **DOESN'T SHE**?

He is sick, **ISN'T HE**?

Frase negativa, AUXILIAR + SUJEITO?

Tommy didn't help Marie, **DID HE**?

Monica will not come tomorrow, **WILL SHE**?

Attention!

→ Casos de exceção:

01. Quando a frase começar com a expressão LET'S, o tag será SHALL WE.

Ex.: Let's dance, shall we?

02. Quando a frase estiver na forma do IMPERATIVO, o tag será WILL YOU.

Ex.: Close the door, will you?

03. Quando a frase, na forma afirmativa, for iniciada com I AM, o tag será AREN'T I.

Ex.: I am crazy, aren't I?

7.2 Reflexive Pronouns

Uso

Os pronomes reflexivos são usados para indicar que a ação reflexiva recai sobre o próprio sujeito, ou seja, o sujeito sofre a consequência da ação por ele praticada.

Ex.: Jane cut herself with a knife.

Cada pronome pessoal possui um pronome reflexivo correspondente, vejamos:

Pronome Pessoal - Personal Pronouns	Pronome Reflexivo - Reflexive Pronoun
I (eu)	myselfe (a mim mesmo, -me)
you (tu, você)	yourself [a ti, a você mesmo (a), -te, -se]
he (ele)	himself (a si, a ele mesmo, -se)
she (ela)	herself(a si, a ela mesma, -se)
it [ele, ela (neutro)]	itself [a si mesmo(a) , -se]
we (nós)	ourselves [a nós mesmos(as), -se]
you (vocês, vós)	yourselves [a vós, a vocês mesmos(as), -vos, -se]
they (eles, elas)	themselves (a si, a eles mesmos, a elas mesmas, -se)

Os pronomes reflexivos também podem ser utilizados com o intuito de enfatizar que alguém fez uma determinada ação. Nesse caso, ainda podemos encontrar a presença das expressões "by" ou "all by" para reforçar isso.

Ex.: Jane wrote this book (all by/ by) herself.

→ Lembre-se: o pronome reflexivo sempre deve concordar com o sujeito da frase.

7.3 Preposições

Preposições de tempo

As preposições de tempo são termos utilizados para indicar alguns momentos relativos ao tempo em que ocorrem. Observe a tabela na sequência e conheça algumas delas:

Preposição	Uso	Exemplo
In	Ano	In 1945, the World War II ended.
	Mês(sozinho)	My birthday is in October.
	Estações do ano	We will travel again in the summer.
	Periodos do dia (exeto noite)	I will see you in the morning.
On	Dias da semana	I have Math classes on Mondays.
	Datas (mês e dia)	I was born on March 15 th.
	Feriados (dia)	Sue will come on Christmas.
At	Horas	I wake up at 7:00 A.M. every day.
	Feriados (períodos)	Juliet will be here at Easter.
	Noite	I'll see you at night.
For	Durante um determinado período de tempo até agora	I have studied French for 2 years.
Before	Antes de um período de tempo passado	I have never visited Chicago before.

Since	Marca o início de uma ação no passado que se estende até o presente	My father has worked here since 2000.
By	No sentido de mais tardar Até um certo tempo	I'll be back by 6 o'clock. By 11 o'clock, i will have read five pages.
Till/Untill	No sentido de quanto tempo algo irá durar	He will not be in Curitiba until Friday.
From	Indica um determinado período de tempo	From now on, we'll be friends.

Preposições de lugar

As preposições de lugar (ou posição) são utilizadas para indicar o local de determinadas pessoas e/ou objetos no espaço. Observe a tabela na sequência e conheça algumas delas:

Preposição	Uso	**Exemplo**
On	Sobre alguma superfície Indicar endereços	**The book is on the table.** **I live on the 5th street avenue.**
In	Dentro de algo/algum lugar Países Cidades	**Get in the car.** **She lives in Brazil.** **She lives in São Paulo.**
At	Indica um ponto em algum lugar ou endereço específico	**She is at Harvard's Universaty.**
Behind	Atrás	**The dog is behind the couch.**
Between	Entre	**The wallet is between the couch and the arm chair.**
In front of	Em frente	**There is a car in front of your house.**
Beside	Ao lado	**Your t-shirt is beside the bed.**
Among	Entre um grupo	**Our house is among the trees.**
Over	Acima/sobre	**The cat jumped over the dog.**
Next to	Próximo	**She is next to her brother.**
From	Indica origem	**She came out of the jungle.**
From/to	Indica abrangência de um lugar	**She is walking from one side to another.**

8. SIMPLE FUTURE, FUTURE WITH BE GOING TO

8.1 Simple Future

Uso

Simple future (futuro simples) é um tempo verbal usado para expressar ações futuras que irão ocorrer, ou seja, que ainda não aconteceram.

Ele pode indicar uma decisão que está sendo tomada no ato da fala. Além disso, pode expressar um pedido, uma promessa, um aviso, um convite e uma oferta.

Ex.: She will travel to New York next year.

Estrutura

Na presença de todas as formas, encontraremos o auxiliar "will" e também um verbo na forma do infinitivo.

Forma afirmativa

Para a formação de frases afirmativas, o simple future apresenta a seguinte construção:

Sujeito + Will + Verbo no infinitivo + Complemento

Ex.: Bob will help me next time.

Forma negativa

Para a formação de frases negativas, a única diferença será a presença do verbo auxiliar "WILL" seguido da partícula de negação "not", vejamos:

Sujeito + Will not/ Won't + verbo no infinitivo + complemento

Ex.: I will not come tomorrow.

Forma interrogativa

Na forma interrogativa ocorre a inversão da posição entre sujeito e auxiliar, vejamos:

Will + sujeito + verbo no infinitivo + complemento

Ex.: Will you marry me?

8.2 Future With Be Going To

Uso

Usamos o "be going to" para indicar uma ação futura que já está planejada e tem grande chance de acontecer num futuro próximo.

Ex.: I'm going to marry Susan next weekend.

Estrutura

O futuro com going to utiliza a forma do verbo "to be" (is/am/are) no presente como auxiliar e o verbo principal fica na forma do infinitivo.

Forma afirmativa

Para construirmos afirmações, encontramos a seguinte estrutura:

Sujeito + Verbo "to be" + going to + verbo no infinitivo + complemento

Ex.: She is going to visit us tomorrow.

I am going to help you tonight.

They are going to the movies on the weekend.

Forma negativa

A única diferença no caso das negações é a presença da partícula de negação "not" após o auxiliar, vejamos:

Sujeito + verbo "to be" + not + verbo no infinitivo + complemento

Ex.: She is not going to visit us tomorrow.

I am not going to help you tonight.

They are not going to the movies tomorrow.

Forma interrogativa

Ao elaboramos perguntas, devemos inverter a ordem entre sujeito e auxiliar, vejamos:

Verbo "to be" + Sujeito + going to + verbo no infinitivo + complemento

Exs.: Is she going to visit us tomorrow?

Am I going to see her again?

Are they going to the movies next weekend?

Em ambos os casos, tanto no simple future, quanto no future with be going to, será comum encontrarmos expressões que remetem ao futuro. Aqui estão as mais utilizadas a título de conhecimento:

Expressão	Significado
Tomorrow	Amanhã
Soon	Em breve
The day after tomorrow	Depois de amanhã
Next week	Próxima semana
Next Month	Próximo Mês
Next Weekend	Próximo final de semana
Next Year	Próximo ano
In a few days	Em poucos/alguns dias
In a short time	Em um curto período de tempo

9. MODAL VERBS, NOUNS, QUANTIFIERS, INDEFINETE PRONOUNS

9.1 Modal Verbs

É uma classe especial de auxiliares que possuem características próprias e não seguem algumas regras de gramática comuns para outros verbos.

Uso

Can: é utilizado para falarmos de capacidade/habilidade, pedidos de maneira geral ou para tratarmos de permissão de maneira informal.

Ex.: I can speak French very well.

Could: é utilizado para falarmos, assim como o can, de capacidade/habilidade. Entretanto, a diferença consiste no fato de esse verbo modal trabalhar com ações passadas. Além disso, podemos fazer pedidos de maneira mais educada ou ainda fazer deduções.

Ex.: My cousin could play the guitar when he was younger.

Should/ ought to: ambos modais têm em comum o fato de lidar com conselhos/sugestões. A diferença entre eles está no quesito formalidade. Apesar de ser pouco utilizada atualmente, a forma ought to é mais rebuscada.

Ex.: Jane shouldn't work so much.

Jane ought to help her family.

May: é utilizado para falar de permissão de maneira formal ou ainda em relação à possibilidade/probabilidade de algo acontecer(chance de mais de 50%).

Ex.: May I take your order sir?

Might: é utilizado também para indicar possibilidade/ probabilidade, entretanto apesar da semelhança de uso em relação ao verbo modal may, a chance de algo acontecer é pequena.

Ex.: I'm not sure but Denis might not come tonight.

Must: é utilizado para falarmos de obrigações, na forma afirmativa e de proibições na forma negativa. Podemos ainda estabelecer deduções em ambas as formas.

Ex.: A judge must be fair on a trial.

Would: é utilizado para fazermos pedidos, oferecermos algo de maneira educada ou ainda para tratarmos de situações hipotéticas.

Ex.: Would you like some tea?

I would love to buy a boat.

Shall: esse verbo modal é mais comum em perguntas ou quando se oferece algo, sugere alguma coisa ou fazemos convites; é considerado bastante formal. Shall só é usado na primeira pessoa do singular (I) e do plural (We).

Ex.: Shall I open the window?

Estrutura

Cada um dos verbos modais possui suas próprias funções semânticas. Entretanto, ao organizarmos as frases, a forma de construí-las é a mesma para todos.

Forma afirmativa

Sujeito + verbo modal + verbo no infinitivo + complemento

Ex.: Jane can sing very well.

Forma negativa

Sujeito + verbo modal com negação + verbo no infinitivo + complemento

Ex.: Jack should not walk alone in the park at night.

Forma interrogativa

Verbo modal + sujeito + verbo no infinitivo + complemento

Ex.: May I ask you a question?

9.2 Nouns

Os substantivos são as palavras responsáveis por nomear as coisas, pessoas, emoções, etc. Suas classificações e subdivisões são inúmeras, entretanto, focalizaremos dois aspectos em especial: a formação do plural e também a divisão existente entre substantivos contáveis e incontáveis.

Countable and uncountable nouns

Os substantivos são divididos em duas categorias: contáveis e incontáveis. Os contáveis, como o próprio nome sugere, podem ser contados, pois têm forma tanto no singular quanto no plural.

Ex.: cat – cats

dog – dogs

car – cars

person – people

day – days

Os substantivos incontáveis são aqueles que para serem quantificados exigem uma unidade de medida.

Ex.: coffee, bread, music, water, wine, milk, sugar, money etc.

Para podermos "contá-los", necessitamos de uma "unidade de medida", por exemplo:

I want a glass of water. (Eu quero um copo d'agua)

Josh drank a bottle of wine. (Josh bebeu uma garrafa de vinho)

I will grab a cup of coffee for you. (Eu pegarei uma xícara de café para você)

Plural of nouns

A construção da forma do plural em Língua Inglesa se parece em alguns aspectos com a Língua Portuguesa, entretanto temos regras bem específicas, vejamos:

Como em Português, a forma geral de se colocar uma palavra no plural consiste em acrescentar o –s:

Ex.: Boy – boys (garoto – garotos)

Book – books (livro – livros)

Quando o substantivo terminar em –s, –ss, –ch, –sh, –x, –z e a maioria dos substantivos que terminam em –o, receberá –ES no final:

Ex.: Box – boxes (caixa – caixas)

Hero – heroes (herói – heróis)

→ Entretanto, nos substantivos a seguir, acrescenta-se somente -s: photo (foto), radio (rádio), piano (piano), kilo (quilo), video (vídeo), avocado (abacate). Já alguns possuem as duas formas, como mosquito (mosquito) e volcano (vulcão).

Ao terminar em -y precedido por consoante, substitui-se o y por -ies:

Ex.: Body – bodies (corpo – corpos)

City – cities (cidade – cidades)

Alguns substantivos que terminam com -f ou -fe têm esse final trocado por -ves:

Ex.: Life – lives (vida – vidas)

Wolf – wolves (lobo – lobos)

Alguns substantivos advindos de outro idioma conservam o plural de origem:

Medium – media (meio – meios)

Alguns plurais irregulares:

Ex.: Man – men (homem – homens)

Woman – women (mulher – mulheres)

Tooth – teeth (dente – dentes)

Person – people (pessoa – pessoas)

Mouse – mice (camundongo – camundongos)

Child – Children (criança – crianças)

Goose – geese (Ganso – gansos)

Substantivos com a mesma forma no plural e no singular:

Ex.: Fish (peixe)

Species (espécie)

Apesar de terminarem com -s, há alguns substantivos que estão no singular:

Ex.: News – notícia

Politics – política

Outras só existem no plural e concordam com verbos também no plural:

Ex.: Clothes – roupa

Savings – economias

9.3 Quantifiers

Quantifiers são palavras usadas quando nos referimos à quantidade de alguma coisa, mas sem especificar essa quantia. Eles podem ser usados com substantivos contáveis e incontáveis.

→ Much (muito / incontáveis)

Ex.: There isn't much milk left in the fridge.

→ Many (muito/ contáveis)

Ex.: There are many things I want to tell you.

→ A lot of/ lots of

É utilizado para falar de uma grande quantidade, independentemente se o substantivo que está à sua frente é contável ou incontável.

Ex.: Jessica told a lot of things about her.

He has lots of money.

→ Few (pequena quantidade/ contáveis)

Ex.: I have few friends.

→ Little (pequena quantidade/ incontáveis)

Ex.: We have little food.

9.4 Indefinite Pronouns

Some e any são adjetivos indefinidos utilizados quando não se pode usar a/an, isto é, com os incontáveis e com substantivos no plural.

Some: algum, alguns, alguma, algumas; um pouco de.

Any: algum, alguns, alguma, algumas; qualquer; nenhum, nenhuma.

A possibilidade de uso e o sentido serão afetados dependendo do tipo de frase em que eles forem utilizados.

Some

Tipo de Frase	Sentido	Exemplo
Afirmativa	Algum/alguns/alguma/ algumas/um pouco	I have some friends. I have some money.
Interrogativa (oferecimento/pedido)		Do you want some?

→ Não podemos utilizar essa forma em sentenças negativas.

Any

Tipo de frase	Sentido	Exemplo
Afirmativa	Qualquer	Any person would remind me of her.
Negativa	Nenhum/ nenhuma	I don't have any friends.
Interrogativa	Algum/ alguma Alguns/ algumas	Do you have any idea? Are there any books here?

No

Usa-se no (= adjetivo; nenhum, nenhuma) com verbos na forma afirmativa para dar um sentido negativo à frase. Isso mesmo! O significado da frase indica negação, entretanto a estrutura dela será de afirmação.

Ex.: I have no friends.

There is no butter left.

As formas: some, any e no podem ainda dar origem a outras palavras recebendo os sufixos one/body, thing, where. Essas novas palavras são chamadas pronomes indefinidos. Elas são utilizadas para representar de maneira genérica e indefinida pessoas, coisas ou lugares. Vale frisar que as regras para sua utilização continuam sendo as mesmas de some/any/no.

→ Some

Someone/some-body	**Alguém**	**I know someone who can help us.** **Someone stole my bike.**
Something	Alguma coisa	I have something for you. Would you like something to drink?
Somewhere	Algum lugar	There must be a restaurant somewhere near you house.

→ Any

Anyone / anybody	**Qualquer um/ Alguém/ninguém**	**Anyone could do this.** **I didn't see anyone here.** **Did you see anyone here?**
Anything	Qualquer coisa/ alguma coisa/nada	Anything is possible. I don't want anything. Did you see anything strange?
Anywhere	Qualquer lugar/ algum lugar/ nenhum lugar	Where are we going to sleep? Anywhere. I can't find my shoes anywhere. Is there anywhere nice to go in theis city

→ No

No one/ nobody	**Ninguém**	**Nobody wants to see me.**
Nothing	Nada	There's nothing we can do.
Nowhere	Nenhum lugar	There's nowhere nice to go in this city

10. PRESENT PERFECT, PRESENT PERFECT CONTINUOUS

10.1 Present Perfect

Uso

O present perfect é um tempo verbal utilizado para falar sobre eventos que ocorreram em um tempo indefinido do passado e que podem perdurar até hoje ou já terem sido concluídos. Em Português, não temos um tempo correspondente a esse.

Ex.: I have lived there for a long time.

Estrutura

As frases no present perfect, independentemente da forma, contarão com a presença dos auxiliares HAVE ou HAS e de um verbo na forma do particípio passado.

→ O que são verbos no particípio passado ou também chamados de verbos na 3ª coluna?

Os verbos na forma do particípio passado seguem uma lógica parecida com as dos utilizados no simple past, ou seja, verbos regulares recebem o acréscimo de d/ed/ied e verbos irregulares apresentam uma flexão única, que pode ou não ser a mesma do passado simples.

Os verbos regulares continuam os mesmos seguindo as mesmas regras, o que realmente acaba dificultando são os irregulares que em sua maioria ganham uma nova conjugação, vejamos alguns exemplos:

Verbo no infinitivo	Verbo no simple past	Verbo no particípio passado
Go	Went	Gone
Do	Did	Done
Come	Came	Come
Drink	Drank	Drunk
Buy	Bougth	Bought
See	Saw	Seen
Get	Got	Gotten/got

Forma afirmativa

Na forma afirmativa do presente perfeito encontraremos dois auxiliares: have e has seguidos por um verbo na forma do particípio passado. Os auxiliares têm seu uso diferenciado pelo sujeito da frase. Utilizaremos has com a 3ª pessoa do singular (he/she/it). Em contrapartida, quando o sujeito da sentença for I/you/we/they, utilizaremos a forma have.

Sujeito + auxiliar + verbo no particípio passado + complemento

Ex.: Jonathan has worked here for years.

I have worked here for years.

→ Podemos utilizar as formas contraídas 's(has) e 've(have).

Forma negativa

Na forma negativa do presente perfeito teremos os auxiliares have ou has acompanhados da partícula de negação not, seguidos de um verbo no particípio passado.

Sujeito + auxiliar com negação + verbo no particípio passado + complemento

Ex.: I have not lived there for a long time.

Sara has not arrived on time.

→ Podemos contrair ambos os auxiliares: have not (haven't) e has not (hasn't).

Forma interrogativa

Ao estabelecermos perguntas no presente perfeito, devemos posicionar os auxiliares à frente do sujeito, que é seguido de um verbo na forma do particípio passado.

Auxiliar + sujeito + verbo no particípio passado + complemento

Ex.: Have you seen Patrick lately?

Has Doug visited Peter?

10.2 Present Perfect Continuous

Uso

O present perfect continuous é usado, basicamente, para enfatizar a continuidade de uma ação que começou no passado e que se prolonga até o presente.

Ex.: Jane has been watching TV for 2 hours.

Peter and Mike have been playing tennis for 1 hour.

Estrutura

O present perfect continuous utiliza os mesmos auxiliares do present perfect (have e has). O verbo principal aparece na forma do gerúndio (-ing). Vejamos:

Forma afirmativa

Sujeito + auxiliar + been + verbo com -ing + complemento

Ex.: Jessica has been studying for 2 hours.

They have been playing video game for 2 hours.

Forma negativa

Na forma negativa teremos o acréscimo da partícula de negação "not" ao auxiliar.

Sujeito + auxiliar com negação + been + verbo com -ing + complemento

Ex.: Jessica has not been studying all day long.

They have not been playing video game for 2 hours.

Forma interrogativa

Na forma interrogativa não podemos nos esquecer de inverter a ordem entre sujeito e auxiliar.

Auxiliar + sujeito + been + verbo com -ing + complemento

Ex.: Has Jessica been studying all day long?

Have they been playing video game for 2 hours?

11. PAST PERFECT, PAST PERFECT CONTINUOUS

11.1 Past Perfect

Uso

O past perfect é usado para descrever uma ação que ocorreu no passado, antes de outra ação também passada. Ou seja, de maneira simplista, podemos considerá-lo o "passado do passado".

Ex.: The film had already started when we got to the cinema.

(O filme já tinha começado quando chegamos ao cinema.)

Convém observar que ambas as ações estão no passado, entretanto, a que está representada pelo past perfect (filme ter começado) acontece antes do que aquela representada pelo simple past (nós temos chegado ao cinema).

Estrutura

O past perfect possui apenas um auxiliar (had), que é acompanhado por um verbo na forma do particípio passado. Vejamos:

Forma afirmativa

Sujeito + had + verbo no particípio passado + complemento

Ex.: She had done her job before the dead line.

→ Podemos contrair a forma had ('d).

Forma negativa

Na forma negativa o auxiliar vem acompanhado da partícula de negação "not".

Sujeito + had not/hadn't + verbo no particípio passado + complemento

Ex.: Denis hadn't realized that the place was so dangerous.

Forma interrogativa

Na forma interrogativa não podemos nos esquecer de inverter a ordem entre sujeito e auxiliar.

Had + sujeito + verbo no particípio passado + complemento

Ex.: Had she read the book before seeing the movie?

11.2 Past Perfect Continuous

Uso

O past perfect continuous é usado para enfatizar a repetição ou a duração de uma ação no passado anterior à outra ação também no passado.

Ex.: He had been studying for seven hours so he was tired to go out.

Estrutura

Assim como o past perfect, o past perfect continuous também utiliza como auxiliar a forma do passado do verbo "to have" (had). O verbo principal aparece na forma do gerúndio (-ing). Vejamos:

Forma afirmativa

Sujeito + had + been + verbo com -ing + complemento

Ex.: I had been saving my money to buy this house.

Forma negativa

Na forma negativa, o auxiliar, vem acompanhado da partícula de negação "not".

Sujeito + had not/hadn't + been + verbo com -ing + complemento

I had not been running for more than fifteen minutes when I felt tired.

Forma interrogativa

Na forma interrogativa não podemos nos esquecer de inverter a posição entre sujeito e auxiliar

Had + Sujeito + been + verbo com -ing + complemento

Ex.: Had he been waiting for her for a long time?

12. PASSIVE VOICE

12.1 Uso

Diferentemente da voz ativa, em que a ênfase está em quem praticou a ação, A voz passiva se preocupa em enfatizar o objeto, ou seja, aquele que sofre a ação expressa pelo verbo. Para entender isso vamos comparar sentenças:

Gina wrote this letter. (Gina escreveu esta carta)

This letter was written by Gina. (Esta carta foi escrita por Gina)

Repare que no primeiro exemplo, que está na voz ativa, quem faz o papel de sujeito é a pessoa responsável por desempenhar a ação. Em contrapartida no segundo caso o sujeito é a "pessoa" que sofre a ação.

A voz passiva é utilizada como recurso para mudarmos o foco do discurso. É um recurso bastante útil presente em vários gêneros textuais.

12.2 Estrutura

As construções na forma da voz passiva são variadas, pois para organizá-las, além de invertermos a posição entre agente e paciente, é necessário estarmos atentos ao tempo verbal da frase.

Cada tempo verbal sofrerá alterações pontuais em sua construção, vejamos:

Tempo na voz ativa	Voz Passiva	Exemplos
Presente simples	are/is + verbo no particípio passado	**Voz ativa: Daniel fixies cars.** **Voz passiva: Cars are fixed by Daniel.**
Presente contínuo	is/are + being + verbo no particípio passado	**Voz ativa: Daniel is fixing my car.** **Voz passiva: My car is being fixed by Daniel.**
Passado simples	was/were + verbo no particípio passado	**Voz ativa: Daniel fixed my car.** **Voz passiva: My car was fixed by Daniel.**
Passado contínuo	was/were + being + verbo no particípio passado	**Voz ativa: Daniel was fixing my car.** **Voz passiva: My car was being fixed by Daniel.**
Futuro simples	will be + verbo no particípio passado	**Voz ativa: Daniel will fix my car.** **Voz passiva: My car will be fixed by Daniel.**
Presente perfeito	has/have + been + verbo no particípio passado	**Voz ativa: Daniel has fixed my car.** **Voz passiva: My car has been fixed by Daniel**
Passado perfeito	had been + verbo no particípio passado	**Voz ativa: Daniel had fixed my car.** **Voz passiva: My car had been fixed by Daniel.**
Futuro com o "going to"	am/is/are + going to be + verbo n particípio passado	**Voz ativa: Daniel is going to fix my car.** **Voz passiva: My car is going to be fixed by Daniel.**
Verbos modais	Verbo modal + be + verbo no particípio passado	**Voz ativa: Daniel must write this paper.** **Voz passiva: This papper must be written by Daniel**

Attention!

Quando o sujeito da voz ativa for indeterminado (someone – alguém, people – pessoas), não se coloca o agente da passiva (aquele que sofreu a ação pelo verbo), nem by.

Ex.:

Voz ativa: Someone opened the gate.

Voz passiva: The gate was opened.

Quando o sujeito da voz ativa não for "importante" podemos omiti-lo na forma da voz passiva.

Voz ativa: He called the police officer.

Voz passiva: The police officer was called.

13. GERUND AND INFINITIVE, CONJUNCTIONS

13.1 Gerund x Infinitive

Nesta unidade, falaremos acerca dos usos das formas do gerúndio e do infinitivo.

Primeiramente, vamos lembrar como reconhecer essas formas.

Gerúndio: o gerúndio é representado na Língua Inglesa pelo sufixo -ING acrescentado ao final dos verbos.

Ex.: working, watching, swimming, etc.

Infinitivo: a forma do infinitivo é o estado básico/original do verbo. Podemos representá-lo utilizando a proposição "to" ou não antes do verbo.

Ex.: To work / work.

Vejamos as diferenças de uso.

→ Quando devemos utilizar a forma do gerúndio?

Além dos tempos verbais caracterizados como "continuous", podemos encontrar a forma do gerúndio nas seguintes situações:

Como um substantivo:

Ex.: Swimming is my favorite sport.
Painting is her favorite hobby.

Após preposições:

Segundo a gramática, faz-se necessário a forma do gerúndio após preposições (about, against, at, in, of, for, on, after, before, etc.)

As preposições podem formar unidades após adjetivos, substantivos ou ainda verbos.

Ex.: After watching this episode, I'll do the dishes.
Before opening the letter, she took a deep breath.
You can save 10% by booking on the internet.
They are afraid of losing the match.
I'm worried about making mistakes.
What are the chances of finding a taxi?
I thought about asking her on a date.

Após os verbos:

admit - appreciate - avoid - carry on - consider - contemplate - delay - deny - detest - endure - enjoy - escape - excuse - face - fancy - feel like - finish - forgive - give up - imagine - include - involve - keep - mention - mind - miss - postpone - practice - put off - recommend - resent - resist - risk - suggest - understand – quit

Ex.: He admitted being guilty.
They avoid talking to her.
I enjoy going out with my friends.

Após determinadas expressões como:

can't stand - can't help - be worth - feel like - it is no good - it is good - it is no use - look forward to

Ex.: I can't stand watching soap operas.
I can't help falling in love with you.
It was worth listening to her.

→ Quando devemos utilizar a forma do infinitivo sem o "to":

Além dos casos envolvendo os verbos modais e os auxiliares do e will encontramos a forma do infinitivo sem o "to" nas seguintes situações:

Após as expressões had better e would rather:

Ex.: You had better find a job urgently.
I would rather go home on foot.

Após os verbos let e make na seguinte estrutura: let/make someone do something:

Ex.: She makes me feel good.
Let me stay here with you.

Após verbos de percepção (feel, hear, notice, watch, observe, see) que seguem a estrutura: verb + object + infinitive without to:

Ex.: I didn't see you come in.

→ Quando utilizar o infinitivo com o "to":

Como sujeito de uma frase (é uma maneira formal e pouco utilizada):

Ex.: To be or not to be that's the question.

Após the first, the second, the third, the last, the only, the next, etc.:

Ex.: I was the first to arrive this morning.

Após adjetivos, quando não forem seguidos por preposição e quando um adjetivo ou advérbio estiver acompanhado de too e enough:

Ex.: It is easy to learn any language
I think my daughter is too young to get married.

Após alguns verbos; os mais comuns são:

afford - agree - appear - arrange - ask - attempt - be able - beg - begin - care - choose - consent - continue - dare - decide - expect - fail - forget - go on - happen - hate - have - help - hesitate - hope - intend - invite - learn - like - love - manage - mean - neglect - offer - plan - prefer - prepare - pretend - propose - promise - refuse - regret - remember - seek - seem - start - swear - trouble - try - want - wish

Ex.: I want to break free.
She asked to talk to me.

Após expressões derivadas de would: (would like, would love, would prefer, would hate)

Ex.: I would love to go out with my friends.

13.2 Conjunctions

Conjunções são palavras que ligam duas orações ou termos semelhantes, dentro de uma mesma oração. Estudaremos na sequência alguns tipos:

Contrast

Conjunction	Tradução	Exemplo
But	Mas	She works hard, but she doesn't earn much money.
However	Entretanto	This trip is going to be expensive, however, It's going to be fun.
Although/ even though/ though	Apesar de	Although it was raining, we had fun.
Despite/in spite of	Apesar de	Despite the rain, we went to the beach.
Nevertheless/ nonetheless	Todavia	There are serious problems in our country. Nevertheless, it is a good place to live.
While/ whereas	Enquanto	He must be about 60, whereas his wife looks about 30.

Addition

And	E	She is intelligent and beautiful.
Also/too/as well	Também	She is hardworking, as well, he is.
Besides/ moreover/ futhermore/in addition to	Além do mais, além disso	She is smart. Besides, she is very Humble

Reason

Because	Porque	We can't stop working because we haven't finished the job yet.
Because of	Por causa de	There were so many people at the shop because of the sale.
Due to	Devido a	She had five days off the work due to illness.
Since/as	Visto que	They are expensive, since is hard to find them.

Result

Therefore/ consequently	Portanto	Jack didn't buy the cake. Therefore, his mother yelled at him.
So	Por isso	We were tired, so we went to bed early.

14. CONDITIONAL SENTENCES, REPORTED SPEECH

14.1 Conditional Sentences

As orações condicionais são sentenças que expressam uma condição. Ou seja, quando conversamos com alguém ou escrevemos algo, nós podemos falar/ escrever sobre condições. Elas são divididas em quatro tipos: zero conditional, first conditional, second conditional e third conditional. Vejamos agora cada um desses casos separadamente:

Zero conditional

De modo geral, usamos o zero conditional em Inglês quando estamos nos referindo a fatos que são sempre verdadeiros. Esses fatos podem ser verdades científicas/ naturais ou ainda pode expressar um fato verdadeiro sobre uma pessoa.

Ex.: If you heat ice, it melts.

If I don't eat well, I get sick.

Observe que tanto o lado que representa a condição (parte com if), quanto o lado do resultado estão no mesmo tempo verbal. Logo, temos a seguinte estrutura:

If you heat ice,	It melts.
Condição	Resultado
Simple present	Simple present

First Conditional

First conditional sentences em Inglês são orações condicionais que indicam possibilidades ou prováveis ações futuras. Ou seja, desde que a condição seja satisfeita, a ação (resultado) acontecerá.

Ex.: If I go to Paris, I will buy a French guidebook.

If you tell her anything, we will say it's a lie.

Observe que, diferentemente de zero conditional, em first conditional combinamos dois tempos verbais distintos para formarmos a conditional sentence:

If I go to Paris,	I will buy a French guidebook.
Condição	Resultado
Simple Present	Simple Future

Second Conditional

Second conditional sentences são usadas para expressar ações ou situações improváveis, hipotéticas ou imaginárias no presente ou no futuro. Podemos dizer que são ações que dificilmente acontecerão.

Ex.: If I won the lottery, I would buy a castle.

If I lived on a lonely island, I would become a savage.

Observe que a estrutura do second conditional também é composta de dois tempos verbais diferentes:

If I won the lottery,	I would buy a castle.
Condição	Resultado
Simple past	Would + verbo no infinitivo

Caso utilize o verbo "to be" na parte referente à condição, ele deverá ser conjugado no simple past. Entretanto, independentemente do sujeito, você deverá utilizar a forma "were", excepcionalmente neste caso.

Ex.: If I were you, I would tell her the truth.

Third Conditional

Third conditional representa ações impossíveis de acontecer. Utilizamos essa formação para imaginar um resultado diferente para algo que já aconteceu.

Ex.: If I had studied for the test, I would have got a better grade.

If I had seen her, I would have talked with her.

Sua estrutura é composta de dois tempos verbais distintos:

If I had studied for the test,	I would have got a better grande.
Condição	Resultado
Past Perfect	Would + have + verbo no particípio passado.

14.2 Reported Speech

Uso

O reported speech representa o discurso indireto em Inglês.

Utilizamos essa forma quando vamos reproduzir a fala de outra pessoa, ou seja, quando vamos reportar o que já foi dito por alguém. Portanto, é muito empregada para narrar histórias e fatos que já aconteceram. Vejamos:

Ex.:

Direct Speech (Discurso Direto): I am not feeling well.

(Eu não estou me sentindo bem.)

Reported Speech (Discurso Indireto): He said that he wasn't feeling well.

(Ele disse que não estava se sentindo bem.)

Estrutura

Para que o discurso indireto siga as regras de formação corretas, é importante estar atento aos tempos verbais. Isso porque eles irão mudar, dependendo da utilização feita pelo falante.

Tabela de Formação do Reported Speech

Direct Speech	Reported Speech
Present Simple → Bob said "I like your new car". (Eu gosto do seu carro novo.)	Past Simple → He said (that) he liked my new car (Ele disse que gostou do meu carro novo.)
Present Continuous → Sara said "I am getting married". (Eu vou me casar)	Past Continuous → She said (that) she was getting married. (Ela disse que vai se casar.)

Present Perfect → John said " We have bought the tickets." (Nós temos comprado os ingressos.)	Past Perfect → He said (that) they had bought the tickets. (Ele disse que eles tinham comprado os bilhetes.)
Simple Past → Derick said "I missed the train." (Eu perdi o trem.)	Past Perfect → He said (that) he had missed the train. (Ele disse que ele tinha perdido o trem.)
Will → Bob said "I will see you later." (Eu verei você mais tarde.)	Would → He said (that) he would see me later. (Ele disse que ele me veria mais tarde.)
Am/I/Are Going to → Derick said "I am going to join the class." (Eu estou indo me juntar à turma.)	Was/Were Going to → He said he was going to a class. (Ele disse que ele estava inde se juntar à turma.)
Can → John said "I can help Lisa" (Eu posso ajudar Lisa)	Could → He said (that) He could help Lisa (Ele disse que podia ajudar Lisa.)

Além dos tempos verbais, devemos ficar atentos também aos pronomes e às expressões de tempo. Lembre-se: você está adotando o ponto de vista de quem está observando a ação acontecer.

I (eu) → **He/She** (ele/ela)

We (nós) → **They** (eles, elas)

Me (mim) → **Him/Her** (ele/ela)

This (este) → **That** (aquele)

These (estes) → **Those** (aqueles)

Here (aqui) → **There** (lá)

Today (hoje) → **Last day** (aquele dia) / **Yesterday** (ontem)

Toninght (hoje à noite) → **Last night** (noite passada)

Tomorrow (amanhã) → **The next day / The following day** (o próximo dia/o dia seguinte)

A year ago (um ano atrás) → **The year before** (no ano anterior)

Estrutura Perguntas

Ao transformarmos frases na forma interrogativa, as alterações nos tempos verbais, pronomes e expressões continuam as mesmas. Entretanto, no discurso indireto, as perguntas passam a ser afirmações ou negações. Vejamos:

Ex.: Direct speech: Bob asked me "Are you going to school tomorrow?"

Ex.: Reported Speech: Bob asked me if I was going to school the next day.

Outro fator importante é lembrar que existem 2 tipos de perguntas: as perguntas classificadas de "yes or no questions" e aquelas que utilizam pronomes interrogativos. Cada uma delas possui uma forma específica de ser construída.

Perguntas de sim ou não

Ex.: Bob asked me "Are you going to school tomorrow?" → Bob asked me if I was going to school the next day.

Estrutura: Sujeito + Asked + (objeto) + If/wheter + informação perguntada.

Perguntas que utilizam pronomes interrogativos

Ex.: Bob asked me "Where are you going?"

Bob asked me where I was going.

Estrutura: Sujeito +Asked+ (objeto) + pronome interrogativo+ informação perguntada

Frases no Imperativo

As frases no imperativo também merecem destaque, pois apesar de não haver mudança de tempo verbal, sua construção também é feita de maneira peculiar.

Forma afirmativa

Ex.: Bob "Call me at home!"

Bob told me to call him at home.

Estrutura: Sujeito + told/ordered/asked + to + verbo no infinitivo + complemento.

Forma negativa

Ex.: Bob "Don't do this!"

Bob ordered not to do that.

Estrutura: Sujeito + told/ordered/asked + not to + verbo no infinitivo + complement.

15. RELATIVE PRONOUNS AND ADVERBS, PHRASAL VERBS

15.1 Relative Pronouns

Os pronomes relativos são utilizados para introduzirem uma oração dependente ou relativa. Os pronomes relativos podem exercer a função de sujeito ou objeto do verbo principal. Lembre-se de que quando o pronome relativo for seguido por um verbo, ele exerce função de sujeito. Caso o pronome relativo for seguido por um substantivo ou pronome, ele exerce função de objeto.

Ex.: Josh is the boy who I met last party.

Susan is the girl whose car was stolen.

Pronome relativo	Faz referência a	Exemplo
Who	Pessoas	Mike is the boy who is sick at the hospital.
Whom (objeto)	Pessoas	The girl whom I saw was tired.
Which	Objetos/ animais	This is the book which was on the table yesterday.
Whose	Posse	Mike, whose car was stolen, is sad.
That	Pessoas/ objetos/ animais	Mike is the boy that is sick at the hospital.

O pronome relativo that pode substituir os pronomes who ou which. Entretanto, não podemos realizar essa substituição quando o pronome relativo estiver entre vírgulas.

Ex.: My bike, which is new, is very expensive.

Em Inglês podemos omitir os pronomes relativos (who, which, that) das frases:

Ex.: Jack is the boy who I met yesterday.

Jack is the boy I met yesterday.

Isso só pode acontecer quando o termo que sucede o pronome relativo fizer função de sujeito.

→ O pronome relativo whose é sempre seguido de um substantivo e nunca pode ser omitido.

→ O pronome relativo também não pode ser omitido quando estiver entre vírgulas.

Ex.: Mike, who is my friend, traveled to Europe last month.

Relative adverbs

Os advérbios relativos são palavras utilizadas para introduzir uma oração subordinada.

Relative adverbs	Faz referência a	Exemplo
When	Tempo	I will Always remember when I saw you for the first time.
Where	Lugar	The hotel where we spent our last vacation is very expensive.
Why	Razão	I don't have to tell you the reason why I came back.

15.2 Phrasal Verbs

Phrasal verbs (verbos frasais) são verbos que vêm acompanhados por preposições ou advérbios. Essa junção acaba resultando em um novo sentido para o verbo, que em muitos casos, não tem nenhuma relação com o sentido original do verbo. Vejamos:

Call (chamar)

Call + in = convidar.

Call + off = cancelar.

Phrasal verbs não podem ser traduzidos literalmente, ou seja, ao pé da letra. Portanto, a melhor forma de aprendê-los é treinando. Eles são tão importantes e constituem uma quantidade de informação semântica enorme, a ponto de existirem muitos dicionários de phrasal verbs.

Classificação

Os phrasal verbs podem ser divididos em dois grupos: aqueles considerados separáveis e os inseparáveis. Vejamos:

Separáveis: representam os verbos que acompanham complementos (objetos). Nesse caso, os verbos exigem a colocação do objeto entre o verbo e a preposição sempre que o objeto for um pronome.

Ex.: They called up the women.

They called the women up.

They called her up.

Inseparáveis: nesse caso, os verbos são chamados de prepositional verbs (verbos preposicionados) e geralmente não aceitam complemento (objetos). Ou seja, eles não permitem a colocação do objeto entre o verbo e a preposição.

Ex.: They called on the women.

They called on her.

Os phrasal verbs são muitos, logo seria impossível colocarmos todos nesta unidade. A seguir, disponibilizamos os mais comuns:

Phrasal verb	Tradução	Phrasal verb	Tradução
Blow up	Explodir	**Look foward to**	Esperar ansiosamente
Call for	Exigir requerer	**Look after**	Cuidar
Call out	Gritar para	**Look for**	Procurar
Call back	Retornar a ligação	**Look over**	Revisar

Get in	Entrar	**Make up**	Criar, inventar
Get out	Sair	**Make into**	Transformar
Get up	Levantar-se	**Put aside**	Guardar, economizar
Get away with	Safar-se	**Put on**	Vestir
Get over	Superar	**Put off**	Adiar
Get home	Chegar em casa	**Take apart**	Desmontar
Give up	Desistir	**Take off**	Decolar, tirar
Give away	Doar	**Take on**	Contratar
Give back	Devolver	**Take out**	Levar para fora
Go after	Ir atrás, perseguir	**Take over**	Assumir o controle
Go back	Retonar	**Turn on**	Ligar, acender
Go off	Explodir	**Turn off**	Desligar, apagar
Go out	Sair	**Take down**	Derrotar, destruir

16. APÊNDICE

Lista de verbos irregulares em Inglês

Infinitive	Simple Past	Past Participle	Translation
abide	abode	abode	permanecer, sobreviver
arise	arose	arisen	erguer-se, surgir
awake	awoke	awoken	despertar, acordar
be	was/were	been	ser, estar
bear	bore	born	nascer, produzir
beat	beat	beaten	bater
become	became	become	tornar-se, transformar-se
begin	began	begun	começar
bet	bet	bet	apostar
break	broke	broken	quebrar, romper
bid	bid	bid	fazer uma oferta (apostar)
bind	bound	bound	unir, ligar
bite	bit	bitten	morder
bleed	bled	bled	sangrar
break	broke	broken	quebrar
bring	brought	brought	trazer, executar
build	built	built	construir, fabricar
buy	bought	bought	comprar
catch	caught	caught	pegar
choose	chose	chosen	escolher, preferir
come	came	come	vir, chegar
cost	cost	cost	custar
cut	cut	cut	cortar
do	did	done	fazer, cuidar, funcionar
draw	drew	drawn	desenhar, traçar
drink	drank	drunk	beber
drive	drove	driven	dirigir, guiar
eat	ate	eaten	comer, mastigar
fall	fell	fallen	cair, descer
feed	fed	fed	alimentar, nutrir
feel	felt	felt	sentir, perceber
fight	fought	fought	brigar, lutar
find	found	found	encontrar, descobrir
fly	flew	flown	voar
forbid	forbade	forbidden	proibir, impedir
forget	forgot	forgotten	esquecer
forgive	forgave	forgiven	perdoar, desculpar
freeze	froze	frozen	congelar
get	got	gotten	receber, conseguir, pegar
give	gave	given	dar, entregar
go	went	gone	ir, partir
grow	grew	grown	crescer
have	had	had	ter, possuir
hear	heard	heard	ouvir, escutar
hide	hid	hidden	ocultar, esconder
hit	hit	hit	bater
hold	held	held	segurar
hurt	hurt	hurt	machucar, magoar
keep	kept	kept	manter, guardar
know	knew	known	saber, conhecer
lead	led	led	comandar, guiar
learn	learnt	learnt	aprender, estudar
leave	left	left	sair, deixar, partir
lend	lent	lent	emprestar
lie	lay	lain	deitar
lose	lost	lost	perder, desperdiçar
make	made	made	fazer, criar
mean	meant	meant	pensar, significar
meet	met	met	conhecer, encontrar
pay	paid	paid	pagar, saldar
put	put	put	pôr, colocar
read	read	read	ler, aprender
ride	rode	ridden	andar, passear
ring	rang	rung	tocar (campainha, telefone)
run	ran	run	correr
say	said	said	dizer, contar

see	saw	**seen**	ver, observar
sell	sold	**sold**	vender, negociar
send	sent	**sent**	enviar, mandar
set	set	**set**	definir, configurar, marcar, ajustar
shake	shook	**shaken**	sacudir, balançar, tremer
shine	shone	**shone**	brilhar
shoot	shot	**shot**	atirar, disparar, fotografar, filmar
show	showed	**shown**	mostrar
shut	shut	**shut**	fechar
sing	sang	**sung**	cantar
sit	sat	**sat**	sentar
sleep	slept	**slept**	dormir, descansar
slide	slid	**slid**	escorregar, deslizar
speak	spoke	**spoken**	falar, dizer
spend	spent	**spent**	gastar, passar (férias, feriado)
stand	stood	**stood**	ficar/estar em pé
steal	stole	**stolen**	roubar
swear	swore	**sworn**	jurar
swim	swam	**swum**	nadar
take	took	**taken**	pegar, tirar
teach	taught	**taught**	ensinar
tell	told	**told**	contar, saber
think	thought	**thought**	pensar, acreditar
throw	threw	**thrown**	jogar, arremessar
understand	understood	**unders-tood**	entender
wake	woke	**waked**	acordar, despertar
wear	wore	**worn**	usar, vestir
win	won	**won**	ganhar, conseguir
write	wrote	**written**	escrever, anotar

PDF

1. RIDE - LEI Nº 94/1998 E SUAS ALTERAÇÕES

REALIDADE ÉTNICA, SOCIAL, HISTÓRICA, GEOGRÁFICA, CULTURAL, POLÍTICA E ECONÔMICA DO DISTRITO FEDERAL E ENTORNO

O tema Realidade étnica, social, histórica, geográfica, cultural, política e econômica do Distrito Federal e da Região Integrada de Desenvolvimento do Distrito Federal e Entorno (RIDE), instituída pela Lei Complementar nº 94/1998 e suas alterações, tem feito parte da grade de edital de diversos concursos no Distrito Federal, inclusive do Concurso para Polícia Civil da Unidade Federativa. Esse enfoque retrata o caráter inovador da disciplina a partir da abordagem crítica.

A **Lei nº 5.768/2016** tornou obrigatória, nos concursos organizados pela administração direta, autárquica e fundacional do Distrito Federal, a cobrança de conhecimentos sobre a "realidade étnica, social, histórica, geográfica, cultural, política e econômica do Distrito Federal e da Região Integrada de Desenvolvimento do Distrito Federal e Entorno – RIDE, instituída pela Lei Complementar federal nº 94, de 16 de fevereiro de 1998".

Este material traz uma visão múltipla sobre o que chamaremos de Conhecimentos Gerais do DF, abordando especificidades físicas e humanas. Natureza e sociedade se embaralham e moldam o planeta em seus vários recantos. Os temas abordados adentram na explicação da natureza e do dia a dia dos habitantes dos continentes, de modo a fazer menção aos mais variados temas. Várias temáticas vêm acompanhadas de textos complementares para que um maior arcabouço teórico possa ser oferecido ao leitor. Acreditamos que, a partir dessa leitura, possamos ampliar o conhecimento de nossa realidade.

1.1 Localização, Extensão e Limites Territoriais

O Centro-Oeste é uma das cinco macrorregiões geográficas do IBGE ao lado de Nordeste, Sul, Sudeste e Norte. Nela, o Distrito Federal situa-se na parte leste da região, próximo da divisa com as regiões Sudeste e Nordeste. Esta localização gera integração com o restante do território brasileiro.

Região Centro-Oeste

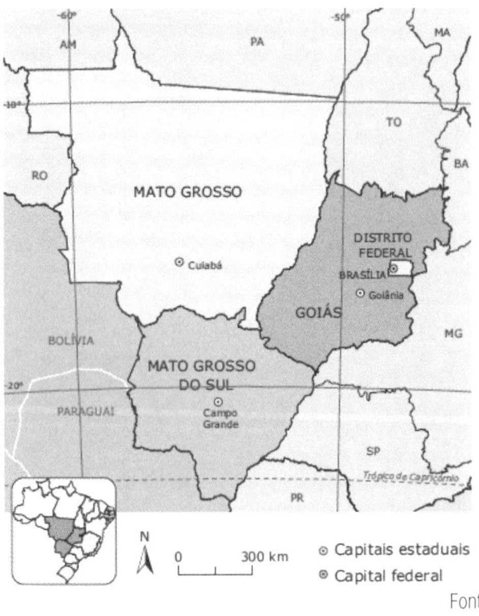

Fonte: IBGE

O DF é hoje uma unidade federativa importante nos cenários regional e nacional, assumindo significativas expressão quanto ao tamanho de sua população, dinâmica de suas atividades econômicas, importância de suas cidades, bem como pelas ricas manifestações culturais, intensa procura pelo turismo citadino, diversidade de belas paisagens.

O Distrito Federal está localizado entre os paralelos 15º3' e 16º03' de latitude Sul e os meridianos de 47º35" e 48º12' de longitude Oeste, posição geográfica essa que o insere por completo na zona intertropical.

Ocupa uma área de 5.789,16 km2 no Planalto Central do Brasil, centro-leste do Estado de Goiás, equivalendo a 0,06% da superfície do país.

Encontra-se nos limites do rio Descoberto a oeste, e do rio Preto, a leste. Ao norte e ao sul, o DF perpassa por linhas retas, que definem o quadrilátero correspondente à sua área. Limita-se a leste com o município de Cabeceira Grande, pertencente ao Estado de Minas Gerais, e com os seguintes municípios de Goiás:

LIMITES DO DF	MUNICÍPIO
Norte	Planaltina de Goiás, Padre Bernardo e Formosa;
Sul	Luziânia, Cristalina, Santo Antônio do Descoberto, Cidade Ocidental, Valparaíso e Novo Gama;
Leste	Formosa;
Oeste	Alexânia, Santo Antônio do Descoberto, Padre Bernardo e Águas

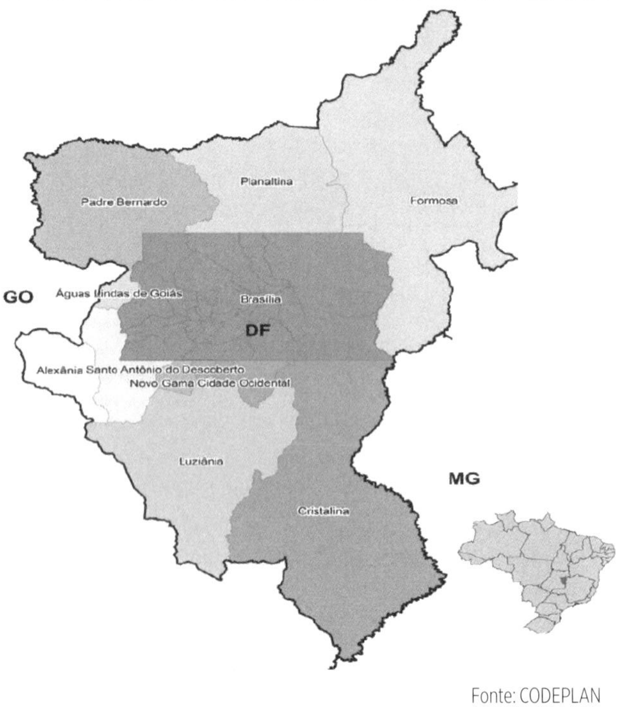

Fonte: CODEPLAN

A construção de Brasília representou um marco para a ocupação da região Centro-Oeste. Não vamos nos esquecer de que a Constituição de 1891 estabeleceu como pertencente à União, no Planalto Central, uma área de 14.000 km², para nela estabelecer-se a futura Capital Federal. O que a Comissão Exploradora do Planalto Central, chefiada pelo cientista belga Luiz Cruls, fez foi demarcar essa área.

A ideia de transferir a capital brasileira para o interior do Brasil é bastante antiga e remonta ao século XVIII. No entanto, ela se torna mais forte e mais objetiva em fins de século XIX, quando o Brasil deixa de ser um Império e se converte em República.

A partir de então, os primeiros presidentes do Brasil consideravam fundamental a integração do território nacional, de modo que a melhor estratégia para isso seria a construção de uma nova capital na região central do país.

Acreditava-se, naquele momento, que a capital deveria estar no centro do território brasileiro, pois assim asseguraria o poder e a soberania do Estado nacional em relação a todas as diferentes regiões do país.

Em 1892 foi criada a Comissão Exploradora do Planalto Central, capitaneada pelo engenheiro Luís Cruls, que era o diretor do Observatório Imperial do Rio de Janeiro. O trabalho dessa comissão consistia em localizar o lugar ideal para a construção da nova capital brasileira.

Apoiados em estudos anteriores, realizados ainda nos anos 1930 pelo IHGB (Instituto Histórico-Geográfico Brasileiro) que havia localizado e definido o Planalto Central como uma região de características naturais adequadas "clima agradável, existência de farto material de construção e de água abundante" foi demarcado o retângulo geodésico - ou seja, a localização precisa da região em graus de latitude e longitude - de 90 por 160 quilômetros, chamado de retângulo/quadrilátero Cruls.

Quadrilátero Cruls, definido em 1893 como a área destinada ao Distrito Federal.

Na primeira Constituição republicana, promulgada em 24 de fevereiro de 1981, o retângulo Cruls foi dado como área pertencente à União, onde oportunamente, seria estabelecida a capital federal. A partir daí, essa área passou a constar em todos os mapas oficiais do Brasil. No entanto, nessa época o projeto de construção de uma nova capital não foi além dessa demarcação e de algumas raras expedições enviadas ao local para reconhecimento do terreno.

Somente a partir de 1946, com o fim dos longos anos de ditadura de Getúlio Dornelles Vargas, período conhecido como Estado Novo, o assunto voltou a ganhar destaque, através da imprensa e de discussões no Congresso Nacional, onde se propõe a aprovação de uma lei que torne imperativa a construção e a mudança do Distrito Federal para o Planalto Central.

Assim, quando em 1956 Juscelino Kubitschek assumiu a presidência da república, ele não podia ignorar o assunto.

"Deste Planalto Central, desta solidão que em breve se transformará em cérebro das mais altas decisões nacionais, lanço os olhos mais uma vez sobre o amanhã do mau país e antevejo esta alvorada, com fé inquebrantável e uma confiança sem limites no seu grande destino".

Frase citada por Augusto Frederico Schimdt para o discurso de lançamento da pedra fundamental da nova capital da República por Juscelino Kubitschek.

DISTÂNCIA ENTRE BRASÍLIA E AS CAPITAIS DOS ESTADOS

CAPITAIS	DISTÂNCIAS (Km)
Aracaju (SE)	1293
Belém (PA)	1586
Belo Horizonte (MG)	614
Boa Vista (RR)	2940
Campo Grande (MS)	878
Cuiabá (MT)	876
Curitiba (PR)	1077
Florianópolis (SC)	1310
Fortaleza (CE)	1684
Goiânia (GO)	173
João Pessoa (PB)	1717
Macapá (AP)	1783
Maceió (AL)	1486
Manaus (AM)	1929
Natal (RN)	1775
Palmas (TO)	623
Porto Alegre (RS)	1614
Porto Velho (RO)	1902
Recife (PE)	1657
Rio Branco (AC)	2250
Rio de Janeiro (RJ)	931
Salvador (BA)	1062
São Luís (MA)	1519
São Paulo (SP)	871
Teresina (PI)	1309
Vitória (ES)	948

Fonte: IBGE

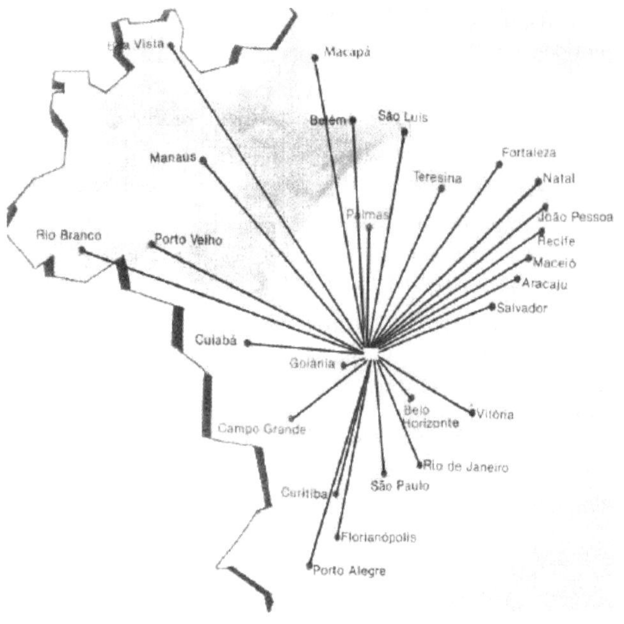

1.2 Quadro Natural

Clima: O clima no DF, de acordo com a classificação de Köppen, é predominantemente tropical de altitude, onde são identificadas duas estações distintas: quente e úmida - de outubro a abril, e seca - de maio a setembro, sendo julho o mês mais frio do ano. De acordo com a altitude, os tipos de clima do DF podem ser classificados em:

- **Tropical:** temperatura média do mês mais frio é superior a 18º C, ocorre nos locais com cotas altimétricas abaixo de 1.000 m, nas bacias hidrográficas do São Bartolomeu, Preto, Descoberto e Maranhão;
- **Tropical de Altitude I:** temperatura média do mês mais frio é inferior a 18º C e superior a 22º C no mês mais quente, correspondendo à unidade geomorfológica do Pediplano de Brasília que abrange as altitudes entre 1.000' e 1.200 m;
- **Tropical de Altitude II:** temperatura média do mês mais frio é inferior a 18º C, e no mês mais quente inferior a 22º, abrangendo as áreas com cotas altimétricas acima de 1.200 m, que correspondem à unidade geomorfológica Pediplano Contagem-Rodeado.

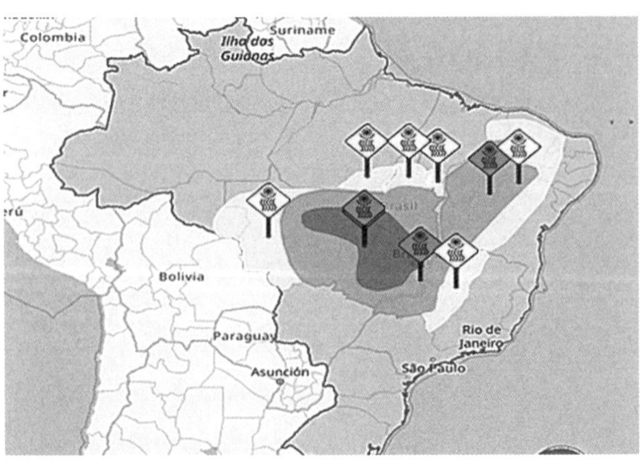

Alerta do INEMET de baixa umidade do ar em todo o DF.

Relevo: O Distrito Federal situa-se entre 850 e cerca de 1400 metros do nível do mar em uma das áreas mais elevadas da Região Centro-Oeste. Possui altitude média de 1.100 metros e o ponto mais alto é o Pico do Roncador, localizado na Serra de Sobradinho com 1.341 metros acima do nível do mar. O Planalto Central, correspondendo ao que restou dos aplainamentos que afetam esta região, caracterizam a forma de relevo mais frequente nesta área - as chapadas.

Hidrografia: A área do Distrito Federal está dividida em três regiões hidrográficas: Paraná, Tocantins/Araguaia e São Francisco. Sua rede de drenagem, na qual predominam os cursos d'água perenes, é constituída de sete bacias hidrográficas: São Bartolomeu, Lago Paranoá, Preto, Descoberto, Maranhão, Corumbá e São Marcos. As bacias drenam 95% do território, alimentando as bacias das Regiões Hidrográficas. A bacia do rio São Bartolomeu é a que se destaca por possuir a maior área, com aproximadamente 50% da área total do DF, nasce ao norte e corre no sentido norte/sul, drenando todo o seu trecho central.

Apesar de sua extensão, a rede hidrográfica do Distrito Federal não oferece condições de navegabilidade, no entanto, possui a 3ª maior frota registrada no País de lanchas, barcos e embarcações náuticas que navegam no Lago Paranoá (cerca de 31.000 embarcações registradas na Capitania Fluvial do Distrito Federal).

Criado à época da construção de Brasília, a fim de aumentar a quantidade de água disponível para a região, foi formado com o represamento do Rio Paranoá, Ribeirão do Torto e riacho Fundo. Cartão postal de Brasília, o lago é ladeado por clubes que proporcionam lazer aos moradores das cercanias.

1.3 Zoneamento de Usos do Espalho D'água do Lago Paranoá

(Deliberação CBH/Rp - n 01 de 10 de março de 2014)

(Decreto º 39.555 de 20 de dezembro de 2018)

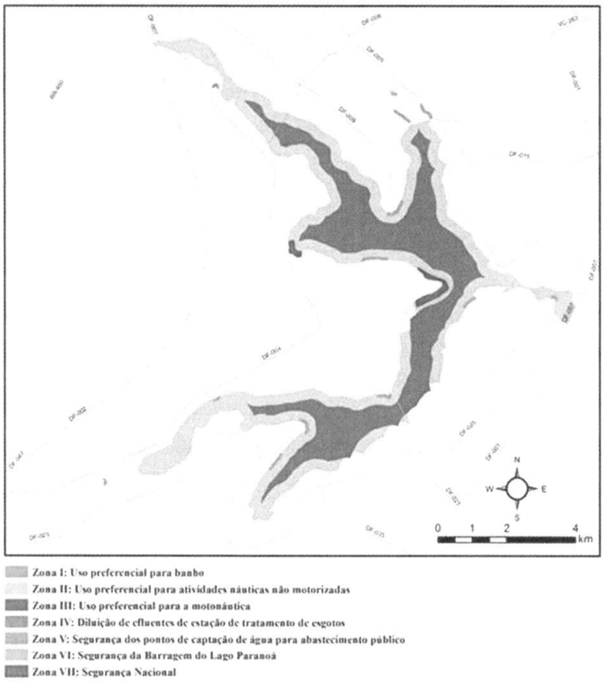

Formações Vegetacionais: A vegetação do Planalto Central, em sentido amplo, é caracterizada pelo Cerrado. O Distrito Federal encontra-se no núcleo da região dos cerrados e aqui alcança sua expressão mais típica. Existem todos os tipos de vegetação comumente englobados sob o termo cerrado, o tipo fisionômico encerra uma gama de aspectos naturais, que vão desde o campo limpo, muito aberto, até o cerradão, com árvores de porte elevado e alta densidade, passando pelo campo sujo, cerrado ralo e cerrado típico. A flora do Distrito Federal é rica e variada. Levantamentos botânicos registram cerca de 1.600 espécies de plantas, distribuídas em 600 gêneros pertencentes a 150 famílias. Cinquenta e nove por cento são naturais dos campos, cerrados e outros ambientes diferentes de matas, onde se encontram cerca de 650 espécies. No Distrito Federal, a vegetação representa um enorme potencial econômico e grande número de espécies fornecem madeira, cortiça e tanino, além das plantas forrageiras, medicinais, ornamentais e as fixadoras de nitrogênio.

1.4 Breve História do DF e da Capital

Diversos historiadores afirmam que, ao se reportar à ocupação territorial do DF, faz-se necessário destacar que o adensamento do Planalto Central é resultado do ciclo da mineração, da abertura de estradas, da utilização das vias fluviais nas bacias do Prata e do Amazonas, além da presença indígena, que remonta a oito ou dez mil anos, nas proximidades do DF e da numerosa mão de obra escrava, a partir da colonização.

Para o historiador e economista Paulo Bertan, a primeira expedição "moderna" a chegar à região do Planalto Central foi a do descobridor das minas dos Goyazes, Bartolomeu Bueno da Silva, o Anhanguera II, que quer dizer "diabo que foi" ou "diabólico". "Anhanguera II ao entrar em Goiás, em 1722, sabia aproximadamente o que encontrar: índios Caiapó, Carapitanguá, Araxá, Quirixá, Goiás, Bareri e Carajaúna [...] E ouro, prata e pedras preciosas".

A área hoje pertencente ao DF era ponto de encontro da tribo Jê, os caiapó, procedentes do sul do país e Xavante, Xerente e Xacriabá, do norte, segundo os historiadores. Pesquisadores encontraram restos de cerâmica e instrumentos de caça no DF e Entorno e indicam que a vida dos Jê mudou rapidamente quando os portugueses aportaram ao país.

Lenora Barbo afirma que a história do povoamento do Planalto Central está ligada à abertura das rotas terrestres e a conquista de vias fluviais a partir do século XVI, com a expansão das bandeiras, a partir de 1700. Destacam-se: Estrada Geral do Sertão, Picada da Bahia, Picada de Goiás, Estrada Real dos Goyazes, Estrada dos Currais, Estrada do Sal, Caminho das Minas dos Goyazes, Estrada dos Couros e Estrada de Contagem de São João. No trecho em que cruzava o atual DF, as estradas praticamente se sobrepunham na direção norte, de onde partiam duas picadas que se encontravam em Santa Luzia (Luziânia), ao sul do DF.

Segundo Júlio Miragaya até o início do século XX, o Centro-Oeste brasileiro ficou por quatro séculos à margem do processo da ocupação territorial e do desenvolvimento econômico desde a virada do século XIX para o XX. "Enquanto a população brasileira cresceu cerca de 11 vezes desde 1900, passando de 17,3 para 189,6 milhões em 2008, um dos ritmos mais acelerados do planeta, a do Centro-Oeste cresceu nada menos que 44 vezes em idêntico período, saltando de 372 mil para 16,5 milhões e quadruplicando sua participação no total nacional, de 2,1% para 8,7%.

Os Ideais Mudancistas

Alguns autores admitem que a primeira ideia de transferência da capital do Brasil foi sugerida pelo Marquês de Pombal, em 1761.

Sebastião José de Carvalho e Melo, o M. de Pombal

Os inconfidentes mineiros pretendiam interiorizar a Capital. De acordo com dados da época, em 1789, Joaquim José da Silva Xavier, o Tiradentes, propunha a mudança da capital para São João Del Rey, por ser aquela vila, mais bem situada e farta de mantimentos.

A partir de 1821, a questão da transferência da Capital foi abordada por José Bonifácio de Andrada e Silva. Em outubro do mesmo ano, ele redigiu instruções do Governo Provisório de São Paulo, recomendando: "Parece-me também muito útil que se levante uma cidade central no interior do país, para assento da Corte de Regência". Essa proposta, levada por deputados brasileiros ao plenário das Cortes, foi rejeitada.

Em 1823, José Bonifácio voltou a defender a mesma ideia. Apresentou à primeira Constituinte do Império um minucioso estudo: "Memória sobre a Necessidade e Meios de Edificar no Interior do Brasil uma Nova Capital para Assento da Corte da Assembleia Legislativa e dos Tribunais Superiores que a Constituição determina". No documento sugeria, inclusive, os nomes de Petrópole ou Brasília para a futura capital.

O nome "Brasília", no entanto, já havia surgido pela primeira vez em 1822, num folheto publicado no Rio de Janeiro, sem indicação de autor, que defendia a mudança da Capital e intitulava: "Aditamento ao Projeto de Constituição para fazê-la aplicável ao Reino do Brasil".

O historiador Francisco Adolfo de Varnhagen, desenvolveu intensa campanha pela interiorização da capital. Percorreu a cavalo, em 1877, a região do Planalto Central, de onde encaminhou um ofício ao então ministro da Agricultura, indicando as vizinhanças da Vila Formosa da Imperatriz (hoje, Formosa - GO), numa espécie de triângulo formado por três lagoas (Feia, Formosa e Mestre D'armas) como o sítio ideal para se instalar a futura Capital do país. Varnhagen destaca-se como autor do primeiro livro impresso exclusivamente sobre a interiorização da capital: "A Questão da Capital - Marítima ou no Interior?".

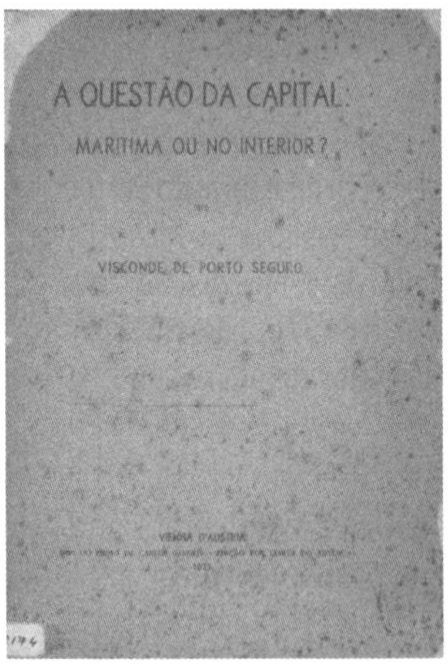

Finalmente a transferência da Capital para o interior transformou-se em preceito legal. Com a aprovação, pela primeira Assembleia Constituinte Republicana, de Emenda apresentada pelo deputado Lauro Muller e publicada na Constituição de 1891, conforme Artigo 3º "Fica pertencendo à União, no Planalto Central da República, uma área de 14.400 Km2 que será oportunamente demarcada para nela estabelecer-se a futura Capital Federal".

Em 1893, a Comissão Exploradora do Planalto Central do Brasil, a Comissão Cruls, chefiada por Luiz Cruls9, fez a primeira demarcação da área do futuro Distrito Federal, com 14.400 Km2, entre os paralelos 15º e 16º graus de Latitude Sul. Desse projeto, resultou a edição em 1894 do Relatório Cruls, estudo, incluindo a topografia, clima, geologia fauna e flora da região. Contém ainda fotografias, tabelas, cálculos e croquis, além de um altas com 83 caminhamentos (mapas) da região percorrida, somando 4.000 quilômetros.

Em setembro de 1922, como parte das comemorações do Centenário da Independência do Brasil, foi lançada a pedra fundamental da nova Capital no Morro do Centenário, na cidade de Planaltina - Goiás.

A Constituição de 1934 reafirmava que: "Será transferida a Capital da União para um ponto central do Brasil". Os anos se passaram e, em 1946, os constituintes incluíram no ato das Disposições Transitórias da Carta Magna, de 18 de setembro, normas sobre a mudança. No governo Eurico Gaspar Dutra (1946-1951), constituiu-se a Comissão Polli Coelho, encarregada de realizar estudos e reconhecer as vantagens oferecidas pelo local escolhido pela Missão Cruls.

Definida a mudança da Capital, em 1953, foram contratados os serviços da firma Donald Belcher para o estudo da topografia, geografia, solos para engenharia, suprimento d'água e drenagem, para posterior escolha do local onde seria construída Brasília. A área analisada pela equipe Belcher abrangeu um retângulo de 50.000 Km2, no qual foram selecionados cinco sítios prováveis para a implantação do Distrito Federal.

A escolha recaiu sobre o Sítio Castanho, por apresentar as melhores condições, em relação à configuração de terreno, tipo de solo, profundidade de rocha firme e potencial hidráulico, entre outros. Estava demarcada, em 1955, a área atual do Distrito Federal. O levantamento da área possibilitou a primeira edição do "Relatório técnico sobre a nova capital da República - Relatório Belcher", em 1954. Em 8 de setembro de 1955, o presidente Café Filho aprovou o sítio e a área da nova metrópole, entre os rios, Preto e Descoberto e os paralelos 15º30' e 16º3'5", abrangendo três municípios goianos: Planaltina, Formosa e Luziânia.

A Construção de Brasília

O presidente Juscelino Kubitschek, em 18 de abril de 1956, encaminhou ao Congresso Nacional a histórica "Mensagem de Anápolis", propondo, entre outras medidas, o nome de Brasília para a nova capital e a criação da Companhia Urbanizadora da Nova Capital - NOVACAP. Constituída em setembro daquele ano, Israel Pinheiro tornou-se presidente da Companhia e o arquiteto Oscar Niemeyer assumiu a chefia do Departamento de Urbanismo e Arquitetura. No dia 16 de março de 1957, um júri internacional selecionou o projeto do urbanista Lucio Costa, entre outros 26 concorrentes brasileiros.

Em outubro de 1957, Juscelino sancionou a Lei que marcava, para o dia 21 de abril de 1960, a transferência da Capital da União para o novo Distrito Federal. Com a entrega das chaves da cidade pelo presidente da NOVACAP, Israel Pinheiro, a Juscelino Kubitschek, na Praça dos Três Poderes, às 16h do dia 20 de abril de 1960, iniciaram as solenidades de inauguração de Brasília com a presença de autoridades da República, representantes estrangeiros credenciados e visitantes de toda parte do país.

Durante os 41 meses de construção que antecederam a mudança, foram levantados os principais edifícios públicos, 3.500 unidades habitacionais, hotéis, hospitais, escolas, estrutura básica de outros prédios, além do Eixo Rodoviário e a implantação dos serviços de água, esgoto, energia elétrica e telefonia. No mesmo período, a cachoeira do Paranoá desapareceu para que fosse construída a barragem e formado o lago artificial da cidade.

Durante a construção de Brasília, iniciou-se a criação de núcleos habitacionais para abrigar os trabalhadores que aqui chegavam. A Cidade Livre, posteriormente denominada Núcleo Bandeirante, surgiu em 1956. A Vila Paranoá abrigou os trabalhadores que vieram construir a barragem do Lago Paranoá, em 1957. Taguatinga foi criada em 1958, Gama e Sobradinho em 1960, as quais passaram à condição de cidades-satélites em 1967. Planaltina e Brazlândia já existiam como municípios do Estado de Goiás.

A Brasília que conhecemos por fotos ou cartões-postais é apenas um desses núcleos: o Plano Piloto. Os órgãos públicos, as moradias de funcionários da administração federal, as embaixadas e todo um setor de serviços que atende à população estão localizados nele.

As chamadas cidades-satélites de Guará, Gama, Núcleo Bandeirantes, Taguatinga, Ceilândia, Jardim, Paranoá, Cruzeiro, Sobradinho, Planaltina e Brazlândia existem além do Plano Piloto, cuja forma lembra a de um avião. Apenas as duas últimas já existiam antes da fundação da capital federal. Esses núcleos estão separados do Plano Piloto por distâncias que variam entre 10 e 50 quilômetros. Ao contrário do Plano Piloto, não foram planejados, mas hoje concentram a maior parte da população do Distrito Federal.

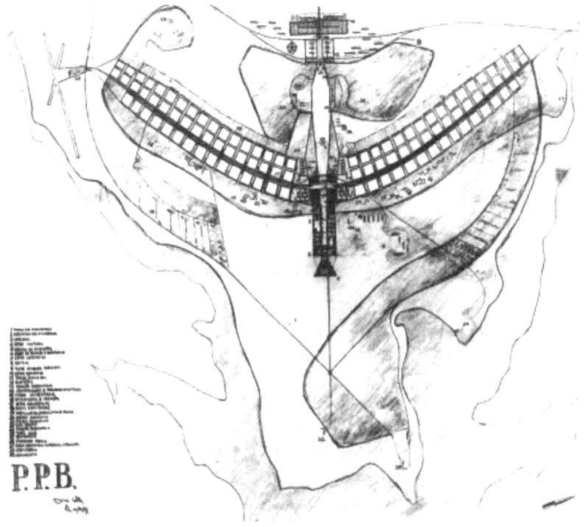

O projeto do Plano Piloto foi adotado após a realização de um concurso nacional, oficialmente lançado em 30 de setembro de 1956, durante o qual um júri internacional, formado por arquitetos mundialmente respeitados, selecionou os melhores trabalhos. O urbanista Lúcio Costa foi o vencedor e o encarregado de projetar os edifícios foi o arquiteto Oscar Niemeyer.

Ambos faziam parte de uma escola de pensadores que enxergou a cidade como uma "máquina de morar". Eles defendiam a ideia do planejamento em vez da ocupação espontânea. Para eles, a cidade que se desenvolve sem planejamento mistura, no espaço geográfico, as diversas funções urbanas: moradia, comércio, serviços, indústria, órgãos públicos, etc. Por outro lado, a "máquina de morar" separa cada uma dessas funções, atribuindo a elas localizações especiais.

Apesar de inaugurada há apenas 69 anos, Brasília tem uma história centenária de fatos e imaginários em constante mutação. A cidade materializada nesse curto período de tempo revela uma forma por ninguém prevista cinco décadas atrás. Difícil então falar de uma cidade por vir, diante de fatos ainda desconhecidos e difíceis de serem delimitados apenas pela lógica estatística.

Em se tratando de uma cidade com cerca de quatro milhões de habitantes em sua área metropolitana, capital de um País continental, eixo de desenvolvimento nacional e resultado de uma série de particularidades, o planejamento se faz fundamental. Quando projetado o Plano Piloto, já existia muita clareza a que se destinava e como se desenvolveria aquela cidade, com setorização de atividades econômicas e formação de um núcleo central corporativo. Contudo, antes mesmo de sua inauguração, uma série de fatores levou a uma realidade bem diferente do planejado.

O planejamento a que se propõe, logo, é de unificação e formação de identidade entre os retalhos urbanos, buscando apontar fatores novos que podem surgir, seja pela indução seja pela casualidade.

Contudo, antes de partir para um terreno obscuro, é importante mapear o ponto de partida, baseado no entendimento atual sobre território e principais propostas já existentes, estabelecendo as diretrizes.

Nesse sentido, é marcante a inexistência, até então, de um documento destinado ao planejamento regional elaborado no âmbito da RIDE. Existem planos de ordenamento territorial de alguns municípios e do Distrito Federal, mas esses planos não necessariamente se comunicam ou seguem diretrizes comuns, reflexo principalmente da confusão federativa envolvendo os três níveis. Apesar de boa parte dos municípios do entorno estar vinculada ao Distrito Federal pela história e dinâmica urbana, são geridos pelo Estado de Goiás, o que leva a um ambiente político federativo até certo ponto inexplorado, sendo necessária participação da União em diversos casos.

No que concerne ao Distrito Federal propriamente, existe um Plano Diretor de Ordenamento Territorial - PDOT, com vigência decenal. Aprovado em 2012 por meio da Lei Complementar no 854, o atual PDOT é o documento que registrou Brasília aos seus 50 anos, projetando os 10 anos seguintes. No decorrer da década, por sua vez, são elaborados marcos legais suplementares, como a Lei de Usos e Ocupação do Solo - LUOS, Plano de Preservação do Conjunto Urbano de Brasília - PPCUB, Plano Diretor de Transportes Urbanos - PDTU e Planos Diretores Locais - PDL.

O PDOT destina-se à regulação dos assentamentos humanos, atividades econômicas e sociais da população. O memorial descritivo do último PDOT delimita 11 categorias de zoneamento para o Distrito Federal, conforme imagem abaixo, havendo, portanto, um cartograma bem elaborado com a definição de zonas urbanas, rurais e de proteção, refletindo o histórico de criação da cidade e particularidades do relevo, constituindo, sem dúvidas, o ponto de partida para se pensar a cidade centenária.

O zoneamento estabelecido revela evidente política de proteção dos mananciais como fundamento básico de preservação da cidade. Esse é um dos fios condutores do planejamento urbano apresentado pelo PDOT, partindo-se dessa base para indicar a expansão urbana e os tipos de uso.

Deve-se criticar, contudo, a apresentação de diretrizes muito incipientes sobre contexto econômico e social, resumindo-se a delimitar novas áreas de dinamização econômica e novas áreas para assentamento humano, sem deixar claro qual é o fundamento para a escolha dessas áreas e respectivos tipos de atividade, assim como não traçando um panorama geral da dinâmica da cidade, seja atualmente, seja com o cartograma proposto.

Outro ponto de crítica é o Plano Diretor de Brasília não tecer nenhuma consideração sobre sua área metropolitana. Ainda que o PDOT não tenha jurisdição sobre os municípios vizinhos, deve indicar de que forma o Distrito Federal entende a integração e visa estabelecê-la em seu território, suprindo em partes o vácuo deixado pela inexistência de Lei Federal balizando o planejamento da região.

MACROZONEAMENTO DO DISTRITO FEDERAL

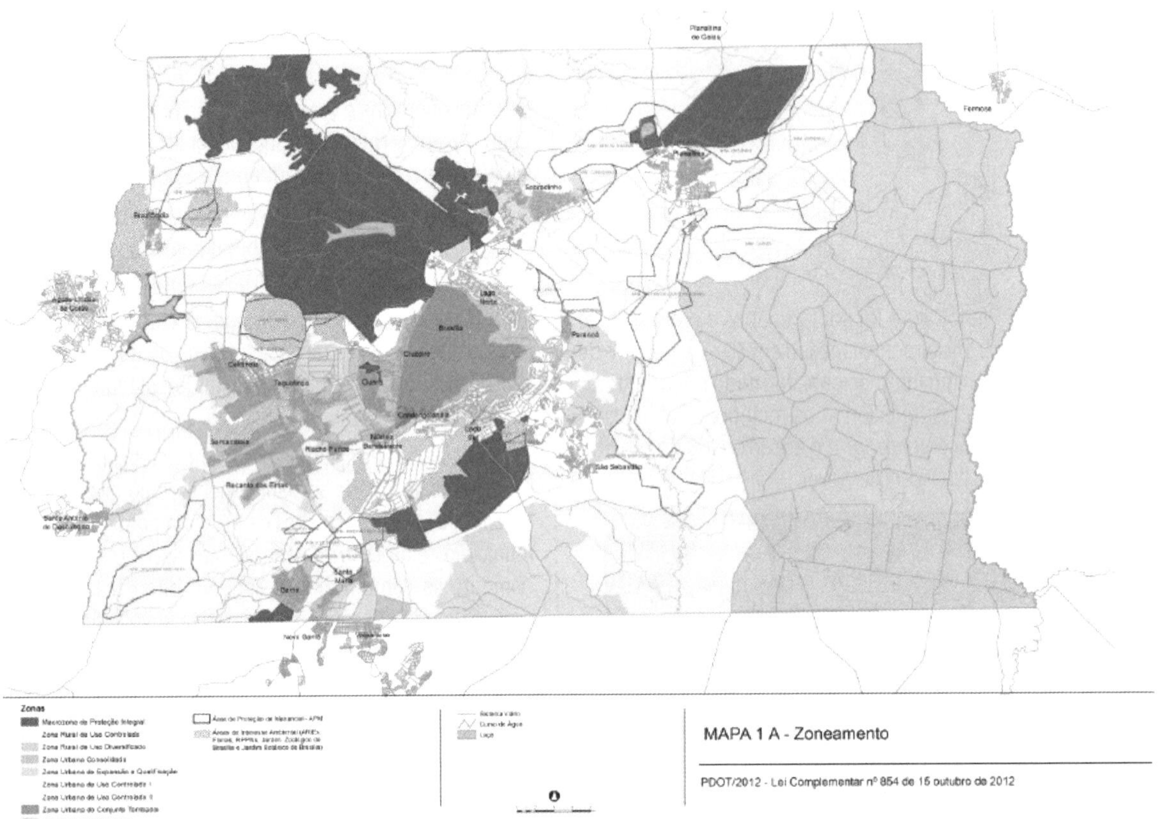

Fonte: PDOT 2012

A primeira agenda política que se impõe, portanto, é de apresentar propostas para essas lacunas, incluindo-as nas leis subordinadas ao PDOT. É necessário ainda iniciar um processo informal de revisão do próprio PDOT, com tempo suficiente para aprofundar a discussão acerca das diretrizes que serão apresentadas formalmente em audiências públicas. Por fim, deve-se realizar no âmbito do Conselho de Administração da RIDE - COARIDE um fórum intermunicipal com objetivo de elaborar projeto de lei que contemple as diretrizes do planejamento da RIDE, encaminhando-o ao Congresso Nacional.

Antes de partir para a arena política, contudo, é necessário delimitar o contexto econômico e social atual, além de propor cenários futuros.

Metrópole Brasiliense

A RIDE é constituída atualmente por 33 municípios, além de Brasília, totalizando uma população de aproximadamente 4.560.000 habitantes, segundo estimativa do Instituto Brasileiro de Geografia e Estatística - IBGE para o ano de 2018 (IBGE, 2018).

Os municípios da Ride-DF

Desse contingente, aproximadamente 69% residem dentro do Distrito Federal, enquanto outros 23% residem nos 8 municípios goianos justapostos à fronteira, totalizando 92% da população regional na região mais próxima a Brasília.

Em termos demográficos, a região tem apresentado crescimento populacional acelerado, reflexo da população relativamente jovem, predominantemente na fase reprodutiva, além do fluxo migratório que recebe.

Com base nas contagens populacionais e TCMGA verificadas, estima-se que a população do DF terá acréscimo superior a 600 mil habitantes na década atual.

1.5 Lei Complementar nº 94, de 19 de Fevereiro de 1998

Autoriza o Poder Executivo a criar a Região Integrada de Desenvolvimento do Distrito Federal e Entorno - RIDE e instituir o Programa Especial de Desenvolvimento do Entorno do Distrito Federal, e dá outras providências.

O PRESIDENTE DA REPÚBLICA Faço saber que o Congresso Nacional decreta e eu sanciono a seguinte Lei Complementar:

> ***Art. 1º*** *É o Poder Executivo autorizado a criar, para efeitos de articulação da ação administrativa da União, dos Estados de Goiás e Minas Gerais e do Distrito Federal, conforme previsto nos arts. 21, inciso IX, 43 e 48, inciso IV, da Constituição Federal, a Região Integrada de Desenvolvimento do Distrito Federal e Entorno - RIDE.*
>
> ~~***§ 1º*** *A Região Administrativa de que trata este artigo é constituída pelo Distrito Federal, pelos Municípios de Abadiânia, Água Fria de Goiás, Águas Lindas, Alexânia, Cabeceiras, Cidade Ocidental, Cocalzinho de Goiás, Corumbá de Goiás, Cristalina, Formosa, Luziânia, Mimoso de Goiás, Novo Gama, Padre Bernardo, Pirenópolis, Planaltina, Santo Antônio do Descoberto, Valparaíso e Vila Boa, no Estado de Goiás, e de Unaí e Buritis, no Estado de Minas Gerais.*~~
>
> ***§ 1º*** *A Região Administrativa de que trata este artigo é constituída pelo Distrito Federal, pelos Municípios de Abadiânia, Água Fria de Goiás, Águas Lindas de Goiás, Alexânia, Alto Paraíso de Goiás, Alvorada do Norte, Barro Alto, Cabeceiras, Cavalcante, Cidade Ocidental, Cocalzinho de Goiás, Corumbá de Goiás, Cristalina, Flores de Goiás, Formosa, Goianésia, Luziânia, Mimoso de Goiás, Niquelândia, Novo Gama, Padre Bernardo, Pirenópolis, Planaltina, Santo Antônio do Descoberto, São João d'Aliança, Simolândia, Valparaíso de Goiás, Vila Boa e Vila Propício, no Estado de Goiás, e de Arinos, Buritis, Cabeceira Grande e Unaí, no Estado de Minas Gerais. (Redação dada pela Lei Complementar nº 163, de 2018)*
>
> **§ 2º** *Os Municípios que vierem a ser constituídos a partir de desmembramento de território de Município citado no § 1º deste artigo passarão a compor, automaticamente, a Região Integrada de Desenvolvimento do Distrito Federal e Entorno.*
>
> **Art. 2º** *É o Poder Executivo autorizado a criar um Conselho Administrativo para coordenar as atividades a serem desenvolvidas na Região Integrada de Desenvolvimento do Distrito Federal e Entorno.*
>
> **Parágrafo único.** *As atribuições e a composição do Conselho de que trata este artigo serão definidas em regulamento, dele participando representantes dos Estados e Municípios abrangidos pela RIDE.*
>
> **Art. 3º** *Consideram-se de interesse da RIDE os serviços públicos comuns ao Distrito Federal e aos Municípios que a integram, especialmente aqueles relacionados às áreas de infraestrutura e de geração de empregos.*
>
> **Art. 4º** *É o Poder Executivo autorizado a instituir o Programa Especial de Desenvolvimento do Entorno do Distrito Federal.*
>
> **Parágrafo único.** *O Programa Especial de Desenvolvimento do Entorno do Distrito Federal, ouvidos os órgãos competentes, estabelecerá, mediante convênio, normas e critérios para unificação de procedimentos relativos aos serviços públicos, abrangidos tanto os federais e aqueles de responsabilidade de entes federais, como aqueles de responsabilidade dos entes federados referidos no art. 1º, especialmente em relação a:*
>
> ***I.*** *tarifas, fretes e seguros, ouvido o Ministério da Fazenda;*
>
> ***II.*** *linhas de crédito especiais para atividades prioritárias;*
>
> ***III.*** *isenções e incentivos fiscais, em caráter temporário, de fomento a atividades produtivas em programas de geração de empregos e fixação de mão-de-obra.*
>
> **Art. 5º** *Os programas e projetos prioritários para a região, com especial ênfase para os relativos à infraestrutura básica e geração de empregos, serão financiados com recursos:*
>
> ***I.*** *de natureza orçamentária, que lhe forem destinados pela União, na forma da lei;*
>
> ***II.*** *de natureza orçamentária que lhe forem destinados pelo Distrito Federal, pelos Estados de Goiás e de Minas Gerais, e pelos Municípios abrangidos pela Região Integrada de que trata esta Lei Complementar;*
>
> ***III.*** *de operações de crédito externas e internas.*
>
> ***Art. 6º*** *A União poderá firmar convênios com o Distrito Federal, os Estados de Goiás e de Minas Gerais, e os Municípios referidos no § 1º do art. 1º, com a finalidade de atender o disposto nesta Lei Complementar.*
>
> ***Art. 7º*** *Esta Lei Complementar entra em vigor na data de sua publicação.*
>
> ***Art. 8º*** *Revogam-se as disposições em contrário.*

É importante salientar que o Distrito Federal, ainda que seja uma das unidades federativas brasileiras, possui uma série de peculiaridades, isso ocorre na medida em que o nosso ordenamento jurídico é formado por quatro diferentes espécies de entes, sendo eles: **União, Estados, Municípios e Distrito Federal.**

Assim, o Distrito Federal não é um Estado, tampouco um Município, mas sim um ente federativo ***sui generis***. De acordo com a Constituição Federal, o Distrito Federal desempenha tanto as competências elencadas para os Estados quanto aquelas previstas para os Municípios.

No entanto, o Distrito Federal é dividido, para fins administrativos, em 33[1] diferentes regiões, sendo elas:

> Região Administrativa I: Plano Piloto
> Região Administrativa II: Gama
> Região Administrativa III: Taguatinga
> Região Administrativa IV: Brazlândia
> Região Administrativa V: Sobradinho
> Região Administrativa VI: Planaltina
> Região Administrativa VII: Paranoá
> Região Administrativa VIII: Núcleo Bandeirante
> Região Administrativa IX: Ceilândia
> Região Administrativa X: Guará
> Região Administrativa XI: Cruzeiro
> Região Administrativa XII: Samambaia
> Região Administrativa XIII: Santa Maria
> Região Administrativa XIV: São Sebastião
> Região Administrativa XV: Recanto das Emas
> Região Administrativa XVI: Lago Sul
> Região Administrativa XVII: Riacho Fundo
> Região Administrativa XVIII: Lago Norte
> Região Administrativa XIX: Candangolândia
> Região Administrativa XX: Águas Claras
> Região Administrativa XXI: Riacho Fundo II
> Região Administrativa XXII: Sudoeste/Octogonal
> Região Administrativa XXIII: Varjão
> Região Administrativa XXIV: Park Way
> Região Administrativa XXV: SCIA
> Região Administrativa XXVI: Sobradinho II
> Região Administrativa XXVII: Jardim Botânico
> Região Administrativa XXVIII: Itapoã
> Região Administrativa XXIX: SIA
> Região Administrativa XXX: Vicente Pires
> Região Administrativa XXXI: Fercal
> Região Administrativa XXXII: Sol Nascente / Pôr do Sol
> Região Administrativa XXXIII: Arniqueira

1.6 Aspectos Demográficos do DF

Em 1957, apenas 12.283 pessoas moravam em Planaltina, Brazlândia e fazendas próximas, constituindo os primeiros habitantes do Distrito Federal. Com o início das obras da construção de Brasília, deflagrou-se um processo migratório caracterizado por contingentes populacionais, que se diferenciaram quanto à origem e a função desempenhada na nova cidade.

Essa situação determinou até 1970, a predominância da contribuição migratória sobre a vegetativa na composição da taxa de crescimento, motivadas pela política governamental de incentivo à atração de mão de obra para a capital levando a uma taxa média geométrica de crescimento anual de 14,4% para o período de 1960/70 e 8,2% para 1970/1980. Sendo assim, no período mais intenso da construção de Brasília, as correntes migratórias constituíam o principal fator da formação populacional do Distrito Federal. No ano de 1960, 93,6% do contingente populacional do DF eram formados por migrantes. Em 1970, 77,1%, segundo informações elaboradas pela CODEPLAN.

Evolução da População do Distrito Federal, Taxa Média Geométrica de Crescimento Anual e Densidade Demográfica - 1957- 2010

Anos	População	TMGCA (1) (%)	Densidade Demográfica Hab/Km²
1957	12.283	-	2,12
1959	64.314	128,82	11,11
1960	140.164	117,94	24,21
1970	537.492	14,39	92,84
1980	1.176.935	8,15	203,30
1991	1.601.094	2,84	276,57
2000	2.051.146	2,79	354,31
2010	2.570.160	2,28	444,07

Fontes: Censo Experimental e Censos Demográficos - IBGE. Contagem da População - IBGE. (1) TMGCA - Taxa Média Geométrica de Crescimento Anual entre períodos.

O Censo de 1991 do IBGE registrou 1.601.094 habitantes no DF, distribuídos nas 19 RAs existentes, à época. No Censo de 2000, esse contingente era de 2.051.146 e, em 2010, chegou a 2.570.160 habitantes nas unidades residenciais das 30 RAs.

O Distrito Federal tinha em agosto de 2019, 3.015.268 habitantes, segundo estimativa do Instituto Brasileiro de Geografia e Estatística (IBGE).

O levantamento aponta crescimento de 1,36% da população do DF no período de um ano, taxa maior que a média registrada no Brasil. Entre 2018 e 2019, o número de habitantes em todo o país aumentou 0,8%.

Ao todo, a capital ganhou 40.565 moradores. Os números apontam uma reversão dos resultados do ano anterior. Entre 2017 e 2018, a população do DF caiu 2,1% e havia passado de 3.039.444 para 2.974.703 habitantes.

TAXA DE CRESCIMENTO (BRASIL / DISTRITO FEDERAL)

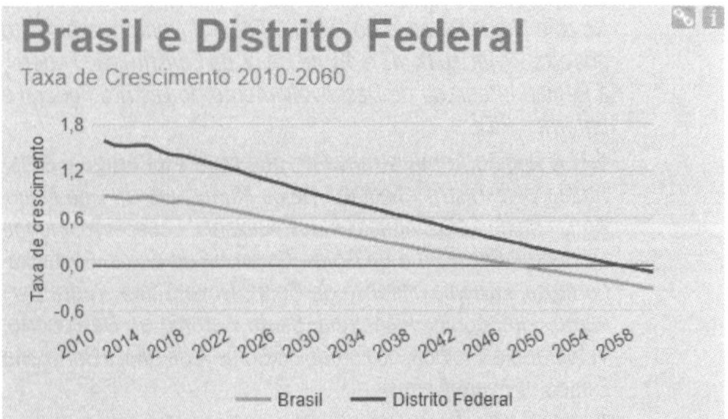

https://www.ibge.gov.br/apps/populacao/projecao/

1 As duas últimas RAs, no caso Sol Nascente/ Pôr do Sol e Arniqueria estão esperando a sanção do governador.

Para o professor da Universidade de Brasília Aldo Paviani, a alta no número de moradores da capital é puxada pela imigração de pessoas de outros estados e o crescimento no número de nascidos no DF.

TAXA BRUTA DE NATALIDADE (TBN) E TAXA BRUTA DE MORTALIDADE (TBM) - 2000/2030

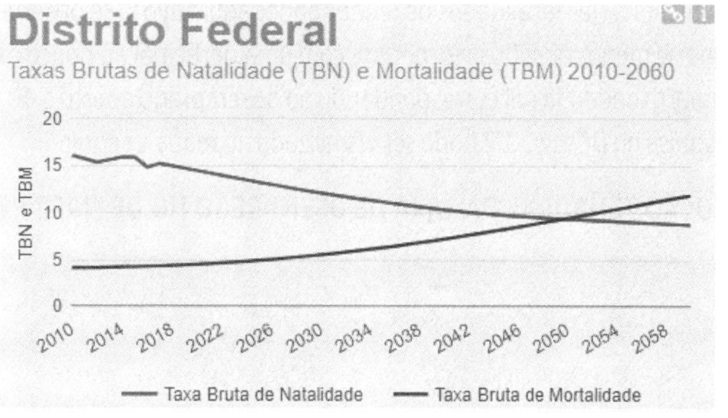

https://www.ibge.gov.br/apps/populacao/projecao/

Estrutura da População

Pirâmide Etária

A estrutura etária das populações no Brasil e no Distrito Federal apresentam dinâmicas semelhantes. Nos anos 80 a parcela de população jovem (0-14 anos) tanto no Brasil como na Bahia era de aproximadamente 40% do total das populações. Em 2010, esse percentual caiu para algo próximo de 25% dessas populações, evidenciando a transição demográfica vivida tanto no país como no DF.

O número relativo de idosos na população total, vem aumentando significativamente. Nos anos 80, as pessoas com 60 anos ou mais representavam algo próximo de 5% do total das populações brasileira e baiana, hoje em dia esse número aproxima-se de 11% nos dois casos.

Enquanto isso o grupo dos adultos aparece como a maior parcela da população brasileira e baiana. Nos anos 80 esse número representava 54% aproximadamente do total na população baiana nos dias de hoje ele representa cerca de 70% do total da população do estado como podemos observar na pirâmide etária abaixo:

PIRÂMIDE ETÁRIA DO DISTRITO FEDERAL (2020)

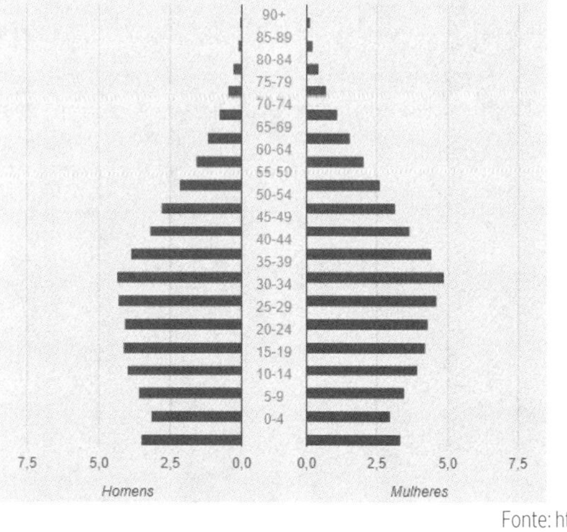

Fonte: http://www.ibge.gov.br/apps/populacao/projecao/

Assim, o DF iniciou um processo de transição demográfica, com menores taxas de natalidade, fecundidade, crescimento demográfico e com sensíveis alterações na estrutura etária da população, rompendo com o modelo tradicional de pirâmide populacional.

1.7 Economia do Distrito Federal

O Distrito Federal por ser limitado territorialmente para desenvolver de forma extensiva as atividades do setor primário, não dispõe também de muitas opções para atrair indústrias. O fato de Brasília ser a Capital do país e desempenhar preponderantemente funções institucionais e administrativas, a atividade econômica da população concentra-se na prestação de serviços, e no comércio, enquanto a indústria, seja de transformação ou construção civil é menos expressiva.

Segundo a Pesquisa de Emprego e Desemprego do Distrito Federal - PED/DF (realizada pela Secretaria de Estado de Trabalho - SETRAB em convênio com o DIEESE e a Codeplan) a População Economicamente Ativa do DF em 2012 era de 1.447 mil. Já a estimativa de pessoas ocupadas era de 1.269 mil, sendo que no comércio estão empregadas 18,85% do total de ocupados e no setor serviços 69,11%.

Do total de postos de trabalho do Distrito Federal, 47,72% estão concentrados no Plano Piloto de Brasília, enquanto 8,96% localizam-se em Taguatinga e 6,73% em Ceilândia. Nas localidades de menor poder aquisitivo já se observa a desagregação de empregos, voltados essencialmente para ocupações de menor qualificação, porém, com uma participação pouco expressiva. A massa de desempregados era de 178 mil em 2012 (média anual), sendo 138 mil correspondendo ao desemprego aberto e 40 mil ao oculto A taxa de desemprego no período 1992, ano do início da pesquisa no DF até 2012 pode ser visualizada no mapa a seguir.

EVOLUÇÃO TEMPORAL DA TAXA DE DSEMPREGO NO DF (1992 – 2012)

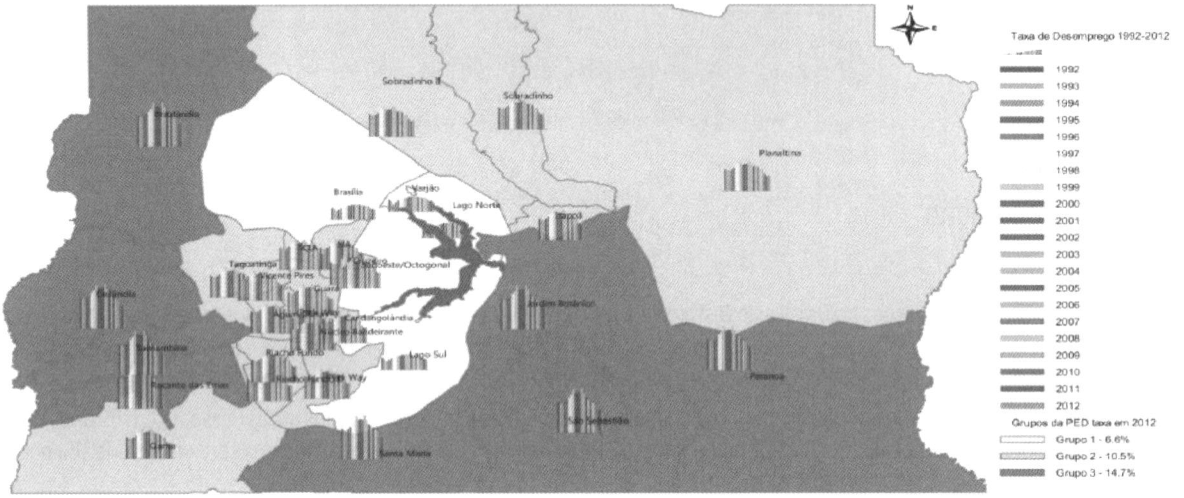

Fonte: CODEPLAN

PARTICPAÇÃO PERCENTUAL DAS ATIVIDADES ECONÔMICAS, AGROPECUÁRIAS, INDÚSTRIA E SERVIÇOS NO VALOR ADICIONADO BRUTO NO DF (2010)

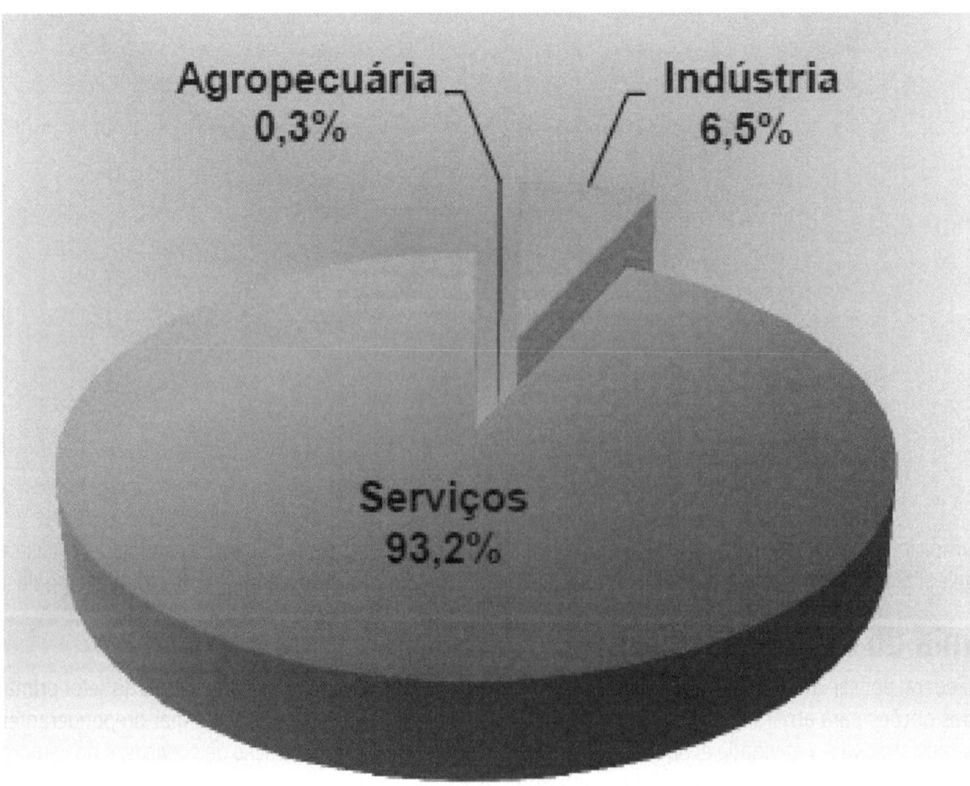

Fonte: CODEPLAN

Questões

(IADES-ADAPTADA) A construção de Brasília seria o ápice de um grande projeto de interiorização do desenvolvimento do Brasil. Sendo assim, as avaliações feitas ao longo do tempo tinham um caráter físico, econômico, político, social e, com menor intensidade naquela época, ambiental. Mais ampla territorialmente, a área do Distrito Federal também seguiu os mesmos princípios, mas sem a verve do planejamento. O desenvolvimento e o crescimento de Brasília e do Distrito Federal (DF) eram inevitáveis, e os graves problemas apareceram e não pouparam, de forma geral, a população.

Considerando essas informações, julgue o item subsequente.

01. A Região Integrada de Desenvolvimento do Distrito Federal e Entorno (RIDE) é composta pelo Distrito Federal, por municípios de Goiás e por três cidades de Minas Gerais, sendo essas fronteiriças com o DF.

Certo ( ) Errado ( )

Com relação à transferência da capital brasileira e à construção de Brasília, julgue os itens subsecutivos.

02. A construção de Brasília era a metassíntese do Plano de Metas do presidente Juscelino Kubitschek, cujo objetivo era acelerar o desenvolvimento do país em diversas áreas, como nas de energia, transportes, produção agrícola, indústria e educação.

Certo ( ) Errado ( )

03. Os objetivos da transferência da capital do Brasil para o Planalto Central incluem o estímulo ao povoamento e ao desenvolvimento das regiões interioranas do país, em face de a grande maioria da população brasileira estar concentrada nesse período nas regiões próximas ao litoral.

Certo ( ) Errado ( )

04. Apesar da grande imigração de nordestinos, os trabalhadores oriundos da região Centro-Oeste, sobretudo do estado de Goiás, predominaram na construção de Brasília.

Certo ( ) Errado ( )

05. A Companhia Urbanizadora da Nova Capital (NOVACAP) foi constituída pelo governo federal para planejar e executar a construção de Brasília em seus diversos aspectos.

Certo ( ) Errado ( )

(IADES-ADAPTADA) Acerca dos contextos históricos, políticos, administrativos e geográficos referentes ao Distrito Federal (DF), julgue os itens:

06. Na segunda metade da década de 1950, o presidente João Goulart começou o processo de instalação da nova capital e viajou ao Planalto Central. Depois de um concurso, a equipe do urbanista Lúcio Costa e o grupo de arquitetos encabeçados por Oscar Niemeyer começaram os trabalhos para projetar Brasília.

Certo ( ) Errado ( )

07. Ao longo de todo o processo histórico que norteou a transferência da nova capital, somente na segunda metade da década de 1940, no caso, em 1946, foram tomadas novas atitudes em relação à transferência da capital. Na Constituição promulgada naquele ano, estava previsto que um novo estudo sobre a região fosse feito e, em 1948, o presidente Eurico Gaspar Dutra nomeou a Comissão Poli Coelho, que chegou à conclusão que a área demarcada pela Missão Cruls, no final do século 19, era a ideal para a nova capital.

Certo ( ) Errado ( )

08. A equipe de arquitetos comandada por Lúcio Costa, com o tempo, realizou os trabalhos dos quais surgiram nos desenhos de vários prédios públicos. Já Oscar Niemeyer partiu do traçado de dois eixos, cruzando-se em ângulo reto, como uma cruz, para criar o projeto urbanístico brasiliense. Os dois eixos foram chamados de Rodoviário e Monumental.

Certo ( ) Errado ( )

(AOCP - Adaptada) Acerca da realidade étnica, social, histórica, geográfica, cultural, política e econômica do Distrito Federal e da Região Integrada de Desenvolvimento do Distrito Federal e Entorno - RIDE, julgue os itens que se seguem.

09. O Plano Piloto da cidade de Brasília foi escolhido através de um concurso, tendo sido escolhido o projeto de autoria do Arquiteto Oscar Niemeyer.

Certo ( ) Errado ( )

10. A RIDE foi criada com o objetivo de auxiliar no crescimento de Brasília, que, assim como sua construção, acontece de maneira planejada e ordenada.

Certo ( ) Errado ( )

Gabaritos

01	ERRADO	06	ERRADO
02	CERTO	07	ERRADO
03	CERTO	08	ERRADO
04	ERRADO	09	ERRADO
05	CERTO	10	ERRADO

SUMÁRIO

1. ESTATUTO DO SERVIDOR PÚBLICO CIVIL FEDERAL

Neste capítulo, trataremos do Estatuto do Servidor Público Civil Federal, dos cargos públicos, do provimento, da vacância, da remoção, da redistribuição e da substituição.

Diferentemente do trabalhador da iniciativa privada e dos empregados públicos, cuja relação funcional é regida pela Consolidação das Leis do Trabalho, o servidor público está vinculado à Administração Pública por um vínculo legal específico, chamado normalmente de estatuto, que define o seu regime jurídico, ou seja, quais os seus direitos, deveres e proibições.

A Lei 8.112/90 apresenta o Estatuto dos Servidores Públicos Civis da União.

Servidor público da União é o integrante dos quadros funcionais da Administração Direta Federal, autarquias federais e fundações federais de direito público. Ou seja, é aquele que trabalha, através de um vínculo permanente, em entidades de direito público da União.

O Art. 2º da referida Lei, define o servidor como a pessoa legalmente investida em cargo público.

Deve ser observado que os militares federais não se sujeitam à Lei 8.112/90, mas sim à lei própria (Lei 6.880/80).

1.1 Cargos Públicos

Cargo público é definido pelo Art. 3º da Lei 8.112/90:

> ***Art. 3º.*** *Cargo público é o conjunto de atribuições e responsabilidades previstas na estrutura organizacional que devem ser cometidas a um servidor.*

Em outras palavras, cargo público é a vaga ocupada pelo servidor público no quadro funcional da Administração Pública, e em relação à qual a lei define suas atribuições e responsabilidade.

Essa vaga pode estar já ocupada por um servidor, caso em que se diz o cargo está ocupado ou provido, ou pode estar sem ocupação, caso em que se diz que o cargo está vago.

A designação de alguém para ocupar um cargo público é chamada de provimento. Sua retirada produz a chamada vacância do cargo público.

A criação de cargos públicos somente pode ser feita por meio de lei. A extinção de cargos vagos, no entanto, pode ser feita por meio de decreto, conforme dispõe o Art. 84, VI,"b", da Constituição Federal.

De acordo com o parágrafo único do Art. 3º, os cargos públicos, acessíveis a todos os brasileiros, são criados por lei, com denominação própria e vencimento pago pelos cofres públicos, para provimento em caráter efetivo ou em comissão.

Embora tal dispositivo discorra somente de brasileiros, o § 3º do Art. 5º admite a que as universidades e instituições de pesquisa científica e tecnológica federais completem seus cargos com professores, técnicos e cientistas estrangeiros, de acordo com as normas e os procedimentos estabelecidos na Lei 8.112/90.

Já quanto aos brasileiros, o acesso é pleno, desde que preencham os requisitos da Lei.

E, em princípio, a Lei não fará distinção entre brasileiros natos e naturalizados, exceto para aqueles cargos que a Constituição Federal, em seu Art. 12º, § 3º, exige que sejam preenchidos por brasileiros natos.

O Art. 4º da Lei 8.112/90 proíbe expressamente a prestação de serviços gratuitos na Administração Pública, salvo os casos previstos em lei. Atualmente, o diploma legal que rege os serviços voluntários para o Poder Público é a Lei 9.608/98.

1.2 Provimento

Provimento de um cargo é o seu preenchimento, ou seja, é o ato administrativo através do qual a Administração Pública, por meio da autoridade competente para isso, atribui a um servidor a ocupação de um cargo público.

O provimento pode ser originário ou derivado.

Provimento Originário

Nesse caso, o cargo é preenchido por alguém que não era servidor público ou que, mesmo sendo servidor, prestou concurso público para ocupá-lo ou foi nomeado para um cargo em comissão.

Ou seja, no provimento originário, não há necessidade de que o novo ocupante do cargo já seja servidor público, embora possa sê-lo.

A única forma de provimento originário prevista na Lei 8.112/90 é a nomeação.

Provimento Derivado

No provimento derivado, o cargo necessariamente é preenchido por alguém que já ocupava outro cargo público anteriormente. Por conta disso, tal forma de provimento não depende de concurso público.

Existem seis formas de provimento derivado: promoção, readaptação, reversão, aproveitamento, reintegração e recondução, as quais serão estudadas adiante.

Requisitos para ser Servidor Público

O Art. 5º da Lei 8.112/90 traz os seguintes requisitos mínimos para que alguém ocupe um cargo público:

> ***I.*** *Nacionalidade brasileira*

Exceção: contratação de professores e cientistas estrangeiros por universidades e instituições de pesquisas federais;

> ***II.*** *Gozo dos direitos políticos;*
>
> ***III.*** *Quitação com as obrigações militares e eleitorais;*
>
> ***IV.*** *Nível de escolaridade exigido para o exercício do cargo;*
>
> ***V.*** *Idade mínima de dezoito anos;*
>
> ***VI.*** *Aptidão física e mental.*

Além desses requisitos genéricos, a Lei poderá prever requisitos específicos para cada cargo, como formação específica, inscrição junto ao órgão de regulamentação da profissão, comprovação de experiência anterior, entre outros.

Em regra, tais requisitos deverão estar preenchidos no momento da posse, e não da inscrição ou da data do concurso.

Assim, por exemplo, quem tem dezessete anos pode prestar um concurso público, desde que complete dezoito até a data da posse.

Nesse sentido, veja-se a Súmula 266 do Superior Tribunal de Justiça:

O diploma ou habilitação legal para o exercício do cargo deve ser exigido na posse e não na inscrição para o concurso público.

Portadores de Deficiência

Os portadores de deficiência, tanto física como mental, têm garantido um porcentual das vagas disponibilizadas em cada concurso.

A Lei 8.112/90, em seu Art. 5º, § 2º, determina que devem ser reservadas até 20% das vagas para deficientes, sendo que o Dec. 3.298/99, que dispõe sobre a "Política Nacional para a Integração da Pessoa Portadora de Deficiência", em seu Art. 37, define o percentual mínimo, que é de 5% (cinco por cento).

Havendo necessidade de arredondamento no número de vagas reservadas aos deficientes no concurso, este deverá ser feito para o número inteiro imediatamente superior, desde que não se ultrapasse o limite de 20%.

Assim, por exemplo, se o concurso tiver 50 vagas, deverão ser reservadas pelo menos 3 vagas para deficientes (arredondando 5%, que corresponde a 2.5, para cima). No entanto, se o concurso tiver somente 4 vagas em disputa, não será reservada vaga para deficientes, uma vez que, nesse caso, o número mínimo que poderia ser destinado (uma vaga) ultrapassaria o percentual máximo de 20%.

Nesse sentido, confira-se a decisão do STJ proferida no RMS 38.595/MG, Segunda Turma, Rel. Min. Mauro Campbell Marques, DJ 12/11/2013:

ADMINISTRATIVO. RECURSO EM MANDADO DE SEGURANÇA. CONCURSO PÚBLICO. CANDIDATO PORTADOR DE NECESSIDADES ESPECIAIS. RESERVA DA ÚNICA VAGA. LIMITES ESTABELECIDOS NO ART. 37, §§1º E 2º, DO DECRETO 3.298/99 E NO ART. 5º, §2º, DA LEI 8.112/90. PERCENTUAL MÍNIMO DE 5% DAS VAGAS. NÚMERO FRACIONADO. ARREDONDAMENTO PARA O PRIMEIRO NÚMERO INTEIRO SUBSEQUENTE. OBSERVÂNCIA DO LIMITE MÁXIMO DE 20% DAS VAGAS OFERECIDAS.

É claro que as atribuições de cargo devem ser compatíveis com as limitações impostas pela deficiência. Assim, por exemplo, por razões óbvias, não seria possível que alguém com paraplegia fosse nomeado para o cargo de salva-vidas municipal de uma cidade litorânea.

Na prática, a comprovação da deficiência e sua compatibilidade com as atribuições do cargo são feitas por laudo médico oficial, exigido normalmente antes da posse, confirmando a informação dada na inscrição de que a pessoa é deficiente.

É importante observar que o fato de a pessoa ser deficiente não a obriga a concorrer às vagas de deficientes, podendo, se assim o desejar, disputar as vagas de ampla concorrência.

Posse

Posse é a investidura de alguém nomeado para um cargo público. Ou seja, é através da posse que determinada pessoa torna-se um servidor público.

A posse do servidor não é um ato administrativo, mas um ato que deve ser praticado pelo candidato nomeado.

Antes dela, ele ainda não é servidor, mesmo que já tenha sido nomeado.

Prazos para posse e efetivo exercício

Após a nomeação, a pessoa tem o prazo de 30 (trinta) dias para tomar posse, assinando livro próprio. Se não o fizer, torna-se sem efeito o ato de nomeação (não se trata de exoneração porque o nomeado sequer chegou a tornar-se servidor).

A posse pode ser feita por procuração específica e depende de perícia médica oficial.

Na ocasião, deverão também ser apresentadas declarações de bens e valores, e quanto ao exercício ou não de outro cargo, emprego ou função pública, a fim de se verificar eventual hipótese de incompatibilidade.

Após tomar posse, começa a correr o prazo de 15 (quinze) dias para que o servidor entre em exercício, ou seja, para que ele comece a trabalhar efetivamente.

Se não entrar em exercício nesse prazo, o servidor será exonerado.

O início, a suspensão, a interrupção e o reinício do exercício serão registrados no assentamento individual do servidor.

Os prazos são todos em dias corridos.

1.3 Formas de Provimento

De acordo com a Lei 8.112/90, são formas de provimento de cargo público:

> Nomeação;
> Promoção;
> Readaptação;
> Reversão;
> Recondução;
> Aproveitamento;
> Reintegração.

Vejamos cada uma delas:

Nomeação

A nomeação é a única forma de provimento originário. Ou seja, a única forma através da qual alguém que não é servidor público pode ocupar um determinado cargo é por nomeação.

Ela pode ser feita:

> **Em caráter efetivo:** nesse caso, o servidor tem direito à estabilidade, após o estágio probatório, e somente pode ser feita após concurso público.
> **Em comissão:** livre nomeação e exoneração pela autoridade competente (contratação e exoneração ad nutum – sem estabilidade e sem concurso público).

A lei que regula o cargo é a que estabelecerá se ele será efetivo ou em comissão (cargo de confiança).

De acordo com a Constituição Federal, os cargos de livre nomeação e exoneração somente serão destinados às atividades de chefia, assessoramento e direção.

A ideia de conceder estabilidade ao servidor concursado consiste em garantir a sua independência em relação a forças políticas que ocupam temporariamente o poder. Além disso, objetiva-se permitir a continuidade do serviço público, pois, se assim não fosse, a cada nova eleição presidencial, todos os servidores poderiam ser trocados, prejudicando o bom andamento da máquina pública.

Estágio Probatório

Ao entrar em exercício, o servidor público efetivo estará sujeito à avaliação, fase denominada de estágio probatório, em que se verificará, na prática, se ele pode de fato desempenhar a contento as atividades do cargo.

De acordo com o Art. 20 da Lei 8112/90, durante o estágio probatório, a aptidão e a capacidade do servidor serão objeto de avaliação para o desempenho do cargo, observados os seguintes fatores:

> Assiduidade;
> Disciplina;
> Capacidade de iniciativa;
> Produtividade;
> Responsabilidade.

O prazo do estágio probatório é de 24 meses, sendo que o mesmo será interrompido em caso de interrupção do exercício (por exemplo, no caso de o servidor sair férias ou de licença médica).

O parágrafo 1º do mesmo dispositivo estabelece que, 4 (quatro) meses antes de findo o período do estágio probatório, será submetida à homologação da autoridade competente a avaliação do desempenho do servidor, realizada por comissão constituída para essa finalidade.

O estágio probatório aplica-se a todas as formas de provimento: nomeação, promoção, aproveitamento etc.

Cada vez que o servidor ocupar um cargo diferente na Administração Pública, estará sujeito a um novo estágio probatório, para que se verifique se ele tem condições de ocupar aquele novo cargo.

Assim, por exemplo, se ele ocupar cinco cargos públicos diferentes em sua carreira profissional, terá que passar por cinco estágios probatórios.

E se o servidor não for aprovado no estágio probatório?

Nesse caso, de acordo com o parágrafo 2º do Art. 20 do Estatuto, o servidor será exonerado (no caso de não ocupar nenhum outro cargo público antes da nomeação para o cargo para o qual foi reprovado ou ainda no caso de não ser estável) ou reconduzido ao cargo anteriormente ocupado na Administração Pública (em se tratando de servidor estável).

O servidor em estágio probatório poderá exercer quaisquer cargos de provimento em comissão ou funções de direção, chefia ou assessoramento no órgão ou entidade de lotação, e somente poderá ser cedido a outro órgão ou entidade para ocupar cargos de Natureza Especial, cargos de provimento em comissão do Grupo-Direção e Assessoramento Superiores - DAS, de níveis 6, 5 e 4, ou equivalentes.

De acordo com o parágrafo 4º do Art. 20, ao servidor em estágio probatório somente poderão ser concedidas as seguintes licenças e afastamentos:

> Licença por motivo de doença em pessoa da família;
> Licença por motivo de afastamento do cônjuge ou companheiro;
> Licença para o serviço militar;
> Licença para atividade política;
> Afastamento para exercício de mandato eletivo;
> Afastamento para estudo ou missão no Exterior;
> Afastamento para participação em programa de pós-graduação stricto sensu no País.
> Afastamento para participar de curso de formação decorrente de aprovação em concurso para outro cargo na Administração Pública Federal.

Estabilidade

O servidor habilitado em concurso público e empossado em cargo de provimento efetivo adquirirá estabilidade no serviço público ao completar 3 (três) anos de efetivo exercício (Art. 41 da Constituição Federal, com a redação dada pela EC 19/98).

A estabilidade visa dar continuidade à atividade estatal, evitando-se que, a cada nova eleição, todos os ocupantes de cargos públicos sejam trocados por pessoas alinhadas ideologicamente com o candidato eleito.

De acordo com a Constituição Federal (Arts. 41, § 1º e 169, §§ 3º e 4º), o servidor estável somente poderá perder o cargo nos casos de:

> Sentença judicial transitada em julgado;
> Processo administrativo disciplinar no qual lhe seja assegurada ampla defesa;
> Desempenho insuficiente, apurado mediante procedimento de avaliação periódica, na forma de lei complementar, assegurada ampla defesa.
> Descumprimentos dos limites de gastos com pessoal estabelecidos pela Lei de Responsabilidade Fiscal, desde que:
  » Tenha ocorrido a exoneração de pelo menos 20% dos cargos em comissão; e
  » Tenham sido exonerados todos os servidores não estáveis.

Assim, nesse caso do item "d)", somente após a efetivação dessas duas medidas citadas, e persistindo o excesso de gastos, é que se poderão exonerar os servidores estáveis, que terão direito à indenização de um salário por cada ano trabalhado.

Promoção

A Lei 8.112 define promoção como "a forma de provimento onde ocorre aumento do nível de complexidade das atribuições e, consequentemente, dos vencimentos".

Ou seja, é uma forma de provimento derivado na qual o servidor passa de um determinado cargo para outro, com uma remuneração maior e atribuições distintas (mais complexas).

A doutrina normalmente considera que, para que um cargo possa receber servidores por promoção de forma a não ferir a exigência constitucional de realização de concurso público, devem estar presentes dois requisitos:

> Provimento do cargo somente por servidores públicos (não se deve admitir a realização de concurso para aquele cargo, pois, se assim fosse, todos aqueles cargos deveriam ser providos por concurso);

> Necessidade de experiência anterior em cargo público que justifique o afastamento do concurso público.

Exemplo hipotético de caso em que isso seria aplicado: o cargo de Contador Sênior somente pode ser ocupado por Contadores Júniores.

Readaptação

A readaptação é a investidura do servidor em cargo de atribuições e responsabilidades compatíveis com a limitação que tenha sofrido em sua capacidade física ou mental verificada em inspeção médica.

Aplica-se no caso do servidor que, em função de acidente ou doença, acaba por adquirir uma deficiência física e mental que, embora não o torne incapaz de trabalhar, o torne inapto para continuar a exercer sua função.

Nesse caso, ele será colocado em outro cargo compatível com suas limitações, recebendo o salário que recebia antes, ou seja, não pode haver redução da remuneração.

Se, em razão da limitação adquirida, o servidor for considerado incapaz para o serviço público, será ele aposentado por invalidez.

Reversão

Reversão é o retorno à atividade do servidor aposentado.

De acordo com o Art. 25 da Lei 8.112/90, a reversão pode se dar em duas situações:

> ***I.*** *No caso do aposentado por invalidez, quando junta médica oficial declarar insubsistentes os motivos da aposentadoria; ou*
>
> ***II.*** *No interesse da Administração, desde que sejam preenchidos os seguintes requisitos:*
>
> ***a)*** *o servidor tenha solicitado a reversão;*
>
> ***b)*** *a aposentadoria tenha sido voluntária;*
>
> ***c)*** *o servidor seja estável quando em atividade;*
>
> ***d)*** *a aposentadoria tenha ocorrido nos cinco anos anteriores à solicitação;*
>
> ***e)*** *haja cargo vago;*
>
> ***f)*** *o servidor aposentado não tenha mais de 70 anos.*

Reintegração

Reintegração é a reinvestidura do servidor estável no cargo anteriormente ocupado, ou no cargo resultante de sua transformação, quando invalidada sua demissão por decisão administrativa ou judicial, com ressarcimento de todas as vantagens.

A reintegração ocorre quando o servidor é demitido injustamente. Havendo a anulação da demissão, ele será reintegrado ao cargo que ocupava anteriormente ou, se este foi extinto, ao cargo resultante de sua transformação.

Se o cargo for extinto, ele será colocado em disponibilidade, até o seu posterior aproveitamento em outro cargo.

De acordo com a Lei 8.112/90, encontrando-se provido o cargo no qual ocorrerá a reintegração, o seu eventual ocupante será:

> Reconduzido ao cargo de origem, sem direito à indenização; ou

> Aproveitado em outro cargo; ou ainda,

> Posto em disponibilidade.

Recondução

Recondução é o retorno do servidor estável ao cargo anteriormente ocupado e poderá decorrer de duas situações:

> Inabilitação em estágio probatório relativo a outro cargo;

> Reintegração do anterior ocupante.

Somente tem direito à recondução o servidor estável.

Encontrando-se provido o cargo de origem, o servidor será aproveitado em outro ou colocado em disponibilidade para posterior aproveitamento.

Aproveitamento

Aproveitamento é a realocação do servidor no mesmo ou em outro cargo, de atribuições e vencimentos compatíveis com o anteriormente ocupado.

Em regra, o aproveitamento aplica-se quando o servidor se encontrava em disponibilidade, e surge alguma vaga em algum cargo de atribuições e vencimentos semelhantes ao que antes ele ocupava.

Será tornado sem efeito o aproveitamento, e cassada a disponibilidade, se o servidor não entrar em exercício no prazo legal, salvo doença comprovada por junta médica oficial.

Disponibilidade

O servidor em disponibilidade é um caso bastante atípico. Trata-se de um servidor sem cargo público. Nesse caso, ele não trabalha e recebe proporcionalmente ao tempo de contribuição, calculado sobre a remuneração que recebia no último cargo.

É uma situação provisória, que cessa com o aproveitamento do servidor.

O servidor estável ficará em disponibilidade se ocorrer uma das seguintes situações:

> Extinção do cargo;

> Reintegração do servidor, não havendo cargo vago;

> Retirada do servidor do cargo por reintegração de outro servidor que anteriormente o ocupava, se não foi possível a recondução ou aproveitamento, (essa hipótese aplicar-se-ia também aos não estáveis, mas há controvérsias);

- Necessidade de cortes de servidores, por ter sido ultrapassado o limite de gastos permitido com pessoal, desde que tenham sido cortados, ao menos, 20% dos cargos em comissão e tenham sido exonerados os servidores não estáveis.

1.4 Vacância

Vacância é o fenômeno através do qual determinado cargo torna-se vago.

Através da vacância, o servidor deixa de ocupar certo cargo. Ou seja, a vacância produz o efeito oposto ao da nomeação.

A Lei 8.112/90 prevê 7 hipóteses de vacância:

> ***I.*** *Exoneração;*
>
> ***II.*** *Demissão;*
>
> ***III.*** *Promoção;*
>
> ***IV.*** *Readaptação;*
>
> ***V.*** *Aposentadoria;*
>
> ***VI.*** *Posse em outro cargo inacumulável;*
>
> ***VII.*** *Falecimento.*

Exoneração

Exoneração é o desligamento do servidor de determinado cargo e dos quadros da Administração. No entanto, ela não é uma punição. Se o servidor for retirado do cargo como punição por algum ilícito praticado, trata-se de demissão, que veremos a seguir.

De acordo com a Lei 8.112/90, a exoneração pode se dar nos seguintes casos:

> ***I.*** *A pedido do servidor; ou*
>
> ***II.*** *De ofício:*
>
> ***a)*** *a juízo da autoridade competente, no caso de cargo em comissão;*
>
> ***b)*** *no caso de não satisfação das exigências do estágio probatório - cargo efetivo; ou*
>
> ***c)*** *no caso de o servidor ter tomado posse e não entrar em exercício no prazo legal.*

Demissão

Demissão é a retirada do servidor de determinado cargo e dos quadros da Administração, como punição por uma infração cometida.

Assemelha-se à exoneração, mas difere dela pelo fato de ser uma penalidade, ou seja, não existe demissão "a pedido".

A doutrina costuma dividir a demissão em duas classes:

- Demissão simples: punição reservada a faltas graves, mas que permite ao servidor voltar a ocupar cargos públicos;
- Demissão a bem do serviço público: punição reservada para faltas gravíssimas, que impossibilita o ex-servidor de integrar novamente os quadros da Administração.

Posse em outro Cargo Inacumulável

Em regra, o servidor público somente pode ter um cargo público.

A Constituição Federal autoriza, porém, a cumulação de dois cargos públicos (três ou mais, nunca) nas seguintes hipóteses, desde que haja compatibilidade de horários:

- Dois cargos de professor;
- Um cargo de professor com outro técnico ou científico;
- Dois cargos ou empregos privativos de profissionais de saúde, com profissões regulamentadas.

Assim, não sendo o caso de acumulação permitida pela Constituição, o servidor que tomar posse em outro cargo deixará o anterior, ocorrendo a vacância.

No momento em que toma posse, o servidor deve apresentar declaração de que não ocupa outro cargo inacumulável.

1.5 Remoção

Remoção é o deslocamento do servidor, a pedido ou de ofício, no âmbito do mesmo quadro, com ou sem mudança de sede.

Na remoção, o servidor não muda de cargo nem de órgão de trabalho, mas somente de local de lotação.

Modalidades de Remoção

De acordo com o Art. 36, § único, da Lei 8.112/90, a remoção pode se dar:

> ***I.*** *De ofício, no interesse da Administração, sem a necessidade de concordância do servidor;*
>
> ***II.*** *A pedido, a critério da Administração: nesse caso, há uma solicitação do servidor e a Administração o defere se achar conveniente e oportuno;*
>
> ***III.*** *A pedido, independentemente do interesse da Administração (a Administração é obrigada a deferir o pedido do servidor), nas seguintes hipóteses:*
>
> ***a)*** *para acompanhar cônjuge ou companheiro, também servidor público civil ou militar, de qualquer dos Poderes da União, dos Estados, do Distrito Federal e dos Municípios, que foi deslocado no interesse da Administração;*
>
> ***b)*** *por motivo de saúde do servidor, cônjuge, companheiro ou dependente que viva às suas expensas e conste do seu assentamento funcional, condicionada à comprovação por junta médica oficial;*
>
> ***c)*** *em virtude de processo seletivo promovido, na hipótese em que o número de interessados for superior ao número de vagas, de acordo com normas preestabelecidas pelo órgão ou entidade em que aqueles estejam lotados.*

1.6 Redistribuição

Redistribuição é o deslocamento de cargo de provimento efetivo, ocupado ou vago, para outro órgão ou entidade do mesmo Poder. Assim, diferentemente do que ocorre na remoção, há uma transferência do cargo de um órgão para outro.

Na redistribuição, ocorre a transferência do cargo e não necessariamente de servidor (o servidor só será redistribuído se estiver ocupando o cargo trasladado).

A Lei 8.112/90 permite também a redistribuição entre cargos distintos, desde que semelhantes quanto à remuneração, atribuições, grau de responsabilidade e escolaridade. Porém, esse tipo de redistribuição não é bem aceito pelos Tribunais e TCU, bem como a redistribuição entre cargo ocupado e um vago.

1.7 Substituição

De acordo com o Art. 38 da Lei 8.112/90, os servidores investidos em cargo ou função de direção ou chefia e os ocupantes de cargo de Natureza Especial terão substitutos indicados no regimento interno ou, no caso de omissão, previamente designados pelo dirigente máximo do órgão ou entidade.

O substituto assumirá automática e cumulativamente, sem prejuízo do cargo que ocupa, o exercício do cargo ou função de direção ou chefia nos afastamentos, impedimentos legais ou regulamentares do titular e na vacância do cargo, hipóteses em que deverá optar pela remuneração de um deles durante o respectivo período.

Questões

(FCC) No tocante à disciplina da remoção dos servidores públicos, nos termos da Lei Federal nº 8.112/1990:

01. Remoção é o deslocamento do servidor, a pedido ou de ofício, no âmbito do mesmo quadro, com ou sem mudança de sede.

Certo ( ) Errado ( )

02. A remoção a pedido, para acompanhar cônjuge ou companheiro, também servidor público civil ou militar, de qualquer dos Poderes da União, dos Estados, do Distrito Federal e dos Municípios, que foi deslocado de ofício, é concedida independentemente do interesse da Administração.

Certo ( ) Errado ( )

03. A remoção a pedido, por motivo de saúde do servidor, cônjuge, companheiro ou dependente que viva às suas expensas e conste do seu assentamento funcional, pode ser concedida mediante declaração firmada por médico de confiança do interessado.

Certo ( ) Errado ( )

04. Na hipótese em que o número de interessados for superior ao número de vagas, a remoção a pedido se dará mediante processo seletivo, de acordo com normas preestabelecidas pelo órgão ou entidade em que aqueles estejam lotados.

Certo ( ) Errado ( )

05. A remoção a pedido não gera direito à percepção de ajuda de custo pelo servidor removido.

Certo ( ) Errado ( )

Gabaritos

01	CERTO
02	CERTO
03	ERRADO
04	CERTO
05	CERTO

2. DIREITOS E VANTAGENS DO SERVIDOR PÚBLICO FEDERAL

2.1 Do Vencimento e da Remuneração

Vencimento

De acordo com o Art. 40 da Lei nº 8.112/90, vencimento é a retribuição pecuniária pelo exercício de cargo público, com valor fixado em lei.

Ou seja, vencimento é o valor que o servidor receberá pelo exercício do cargo, sem considerar adicionais.

Remuneração

Já a remuneração, de acordo com o Art. 41, é o vencimento do cargo efetivo, acrescido das vantagens pecuniárias permanentes estabelecidas em lei.

A remuneração do servidor é irredutível, sendo que não pode ser inferior ao salário mínimo.

Isonomia de Vencimentos

O § 4º do Art. 41 estabelece que é assegurada a isonomia de vencimentos para cargos de atribuições iguais ou assemelhadas do mesmo Poder, ou entre servidores dos três Poderes, ressalvadas as vantagens de caráter individual e as relativas à natureza ou ao local de trabalho.

Descontos na Remuneração

O Art. 44 da Lei nº 8.112/90 afirma que o servidor perderá:

> A remuneração do dia em que faltar ao serviço;

> A parcela de remuneração diária, proporcional aos atrasos, ausências justificadas, ressalvadas as concessões de que trata o Art. 97, e saídas antecipadas, salvo na hipótese de compensação de horário, até o mês subsequente ao da ocorrência, a ser estabelecida pela chefia imediata.

As faltas justificadas decorrentes de caso fortuito ou de força maior poderão ser compensadas a critério da chefia imediata, sendo assim consideradas como efetivo exercício.

De acordo com o Art. 45, salvo por imposição legal, ou mandado judicial, nenhum desconto incidirá sobre a remuneração ou provento.

No entanto, o parágrafo único do mesmo dispositivo estabelece que, mediante autorização do servidor, poderá haver consignação em folha de pagamento em favor de terceiros, a critério da Administração e com reposição de custos, na forma definida em regulamento.

O total dessas consignações não pode exceder 35% da remuneração mensal, sendo cinco por cento reservados exclusivamente para a amortização de despesas contraídas por meio de cartão de crédito.

Reposições e Indenizações ao Erário

De acordo com o Art. 46, as reposições e indenizações ao erário devem ser previamente comunicadas ao servidor ativo, aposentado ou ao pensionista, para pagamento, no prazo máximo de trinta dias, podendo ser parceladas, a pedido do interessado.

O valor de cada parcela não poderá ser inferior ao correspondente a dez por cento da remuneração, provento ou pensão.

Quando se tratar de reposição por pagamento indevido no mês anterior ao do processamento da folha, a reposição será feita imediatamente, em uma única parcela.

Na hipótese de reposição de valores recebidos em decorrência de cumprimento a decisão liminar, a tutela antecipada ou a sentença que venha a ser revogada ou rescindida, serão eles atualizados até a data da reposição.

O Art. 47 estabelece que o servidor em débito com o erário que for demitido, exonerado, ou que tiver sua aposentadoria ou disponibilidade cassada, terá o prazo de sessenta dias para quitar o débito.

A não quitação do débito no prazo previsto implicará sua inscrição em dívida ativa.

2.2 Das Vantagens

O Art. 49 estabelece que, além do vencimento, poderão ser pagas ao servidor as seguintes vantagens:

> Indenizações;

> Gratificações;

> Adicionais.

As indenizações não se incorporam ao vencimento ou provento para qualquer efeito.

Já as gratificações e os adicionais incorporam-se ao vencimento ou provento, nos casos e condições indicados em lei.

As vantagens pecuniárias não serão computadas, nem acumuladas, para efeito de concessão de quaisquer outros acréscimos pecuniários ulteriores, sob o mesmo título ou idêntico fundamento.

Das Indenizações

O Art. 51 da Lei nº 8.112/90 estabelece que constituem indenizações ao servidor:

I. *Ajuda de custo;*
II. *Diárias;*
III. *Transporte;*
IV. *Auxílio-moradia.*

Ajuda de Custo

De acordo com o Art. 53, a ajuda de custo destina-se a compensar as despesas de instalação do servidor que, no interesse do serviço, passar a ter exercício em nova sede, com mudança de domicílio em caráter permanente.

É vedado o duplo pagamento de indenização, a qualquer tempo, no caso de o cônjuge ou companheiro que detenha também a condição de servidor, vier a ter exercício na mesma sede. Ou seja, a ajuda de custo será paga somente para um dos cônjuges.

O § 1º do Art. 53 afirma que correm por conta da Administração as despesas de transporte do servidor e de sua família, compreendendo passagem, bagagem e bens pessoais.

A lei assegura à família do servidor que falecer na nova sede ajuda de custo e transporte para a localidade de origem, dentro do prazo de 1 (um) ano, contado do óbito.

Não será concedida ajuda de custo no caso das remoções a pedido.

A ajuda de custo é calculada sobre a remuneração do servidor, conforme se dispuser em regulamento, não podendo exceder a importância correspondente a 3 (três) meses.

Não será concedida ajuda de custo ao servidor que se afastar do cargo, ou reassumi-lo, em virtude de mandato eletivo.

O servidor ficará obrigado a restituir a ajuda de custo quando, injustificadamente, não se apresentar na nova sede no prazo de 30 (trinta) dias.

Diárias

O Art. 58 afirma que o servidor que, a serviço, afastar-se da sede em caráter eventual ou transitório para outro ponto do território nacional ou para o exterior, fará jus a passagens e a diárias destinadas a indenizar as parcelas de despesas extraordinárias com pousada, alimentação e locomoção urbana, conforme dispuser em regulamento.

A diária será concedida por dia de afastamento, sendo devida pela metade quando o deslocamento não exigir pernoite fora da sede, ou quando a União custear, por meio diverso, as despesas extraordinárias cobertas por diárias.

Nos casos em que o deslocamento da sede constituir exigência permanente do cargo, o servidor não fará jus a diárias.

Também não fará jus a diárias o servidor que se deslocar dentro da mesma região metropolitana, aglomeração urbana ou microrregião, constituídas por municípios limítrofes e regularmente instituídas, ou em áreas de controle integrado mantidas com países limítrofes, em que a jurisdição e a competência dos órgãos, entidades e servidores brasileiros consideram-se estendidas, salvo se houver pernoite fora da sede, hipóteses em que as diárias pagas serão sempre as fixadas para os afastamentos dentro do território nacional.

O servidor que receber diárias e não se afastar da sede, por qualquer motivo, é obrigado a restituí-las integralmente, no prazo de 5 (cinco) dias.

Além disso, na hipótese de o servidor retornar à sede em prazo menor do que o previsto para o seu afastamento, restituirá as diárias recebidas em excesso, no prazo previsto no caput.

Indenização de Transporte

O Art. 60 da Lei nº 8.112/90 estabelece que será concedida indenização de transporte ao servidor que realizar despesas com a utilização de meio próprio de locomoção para a execução de serviços externos, por força das atribuições próprias do cargo, conforme se dispuser em regulamento.

Auxílio-Moradia

De acordo com o Art. 60-A, o auxílio-moradia consiste no ressarcimento das despesas comprovadamente realizadas pelo servidor com aluguel de moradia ou com meio de hospedagem administrado por empresa hoteleira, no prazo de um mês após a comprovação da despesa pelo servidor.

No entanto, o auxílio-moradia não é garantido a todos os servidores, mas, pelo contrário, para que o servidor tenha direito ao auxílio-moradia, devem ser atendidos os seguintes requisitos:

> Não exista imóvel funcional disponível para uso pelo servidor;

> O cônjuge ou companheiro do servidor não ocupe imóvel funcional;

> O servidor ou seu cônjuge ou companheiro não seja ou tenha sido proprietário, promitente comprador, cessionário ou promitente cessionário de imóvel no Município aonde for exercer o cargo, incluída a hipótese de lote edificado sem averbação de construção, nos doze meses que antecederem a sua nomeação;

> Nenhuma outra pessoa que resida com o servidor receba auxílio-moradia;

> O servidor tenha se mudado do local de residência para ocupar cargo em comissão ou função de confiança do Grupo-Direção e Assessoramento Superiores - DAS, níveis 4, 5 e 6, de Natureza Especial, de Ministro de Estado ou equivalentes;

> O Município no qual assuma o cargo em comissão ou função de confiança não se enquadre nas hipóteses do Art. 58, § 3º, em relação ao local de residência ou domicílio do servidor;

__Art. 58__, §3º, Também não fará jus a diárias o servidor que se deslocar dentro da mesma região metropolitana, aglomeração urbana ou microrregião, constituídas por municípios limítrofes e regularmente instituídas, ou em áreas de controle integrado mantidas com países limítrofes, cuja jurisdição e competência dos órgãos, entidades e servidores brasileiros consideram-se estendidas, salvo se houver pernoite fora da sede, hipóteses em que as diárias pagas serão sempre as fixadas para os afastamentos dentro do território nacional.

> O servidor não tenha sido domiciliado ou tenha residido no Município, nos últimos doze meses, aonde for exercer o cargo em comissão ou função de confiança, desconsiderando-se prazo inferior a sessenta dias dentro desse período;

> O deslocamento não tenha sido por força de alteração de lotação ou nomeação para cargo efetivo; e

> O deslocamento tenha ocorrido após 30 de junho de 2006.

O Art. 60-D limita o valor mensal do auxílio-moradia a 25% do valor do cargo em comissão, função comissionada ou cargo de Ministro de Estado ocupado, não podendo, de qualquer forma, superar 25% da remuneração de Ministro de Estado.

Por outro lado, o § 2º do mesmo dispositivo afirma que, independentemente do valor do cargo em comissão ou função comissionada, fica garantido a todos que preencherem os requisitos o ressarcimento até o valor de R$ 1.800,00 (mil e oitocentos reais).

No caso de falecimento, exoneração, colocação de imóvel funcional à disposição do servidor ou aquisição de imóvel, o auxílio-moradia continuará sendo pago por um mês.

Das Gratificações e Adicionais

O Art. 61 da Lei nº 8.112/90 estabelece que, além do vencimento e das vantagens previstas na própria Lei, serão deferidos aos servidores as seguintes retribuições, gratificações e adicionais:

> Retribuição pelo exercício de função de direção, chefia e assessoramento;
> Gratificação natalina;
> Adicional pelo exercício de atividades insalubres, perigosas ou penosas;
> Adicional pela prestação de serviço extraordinário;
> Adicional noturno;
> Adicional de férias;
> Outros, relativos ao local ou à natureza do trabalho;
> Gratificação por encargo de curso ou concurso.

Retribuição pelo Exercício de Função de Direção, Chefia e Assessoramento

O Art. 62 da Lei nº 8.112 prevê que, ao servidor ocupante de cargo efetivo investido em função de direção, chefia ou assessoramento, cargo de provimento em comissão ou de Natureza Especial é devida a retribuição pelo seu exercício.

O valor de tal gratificação é estabelecido por lei.

Gratificação Natalina

A gratificação natalina é o chamado "décimo-terceiro salário".

O Art. 63 estabelece que a gratificação natalina corresponde a 1/12 (um doze avos) da remuneração a que o servidor fizer jus no mês de dezembro, por mês de exercício no respectivo ano.

Ou seja, no cálculo do décimo-terceiro, divide-se a remuneração do mês de dezembro por doze e multiplica-se pelo número de meses em que o servidor esteve em exercício.

Assim, se o servidor trabalhou seis meses, terá direito à metade de um salário, se trabalhou o ano todo, ao valor integral, que corresponderá a um salário (com base nos valores recebidos pelo servidor em dezembro).

O parágrafo único determina que a fração igual ou superior a 15 (quinze) dias será considerada como mês integral.

A gratificação natalina deve ser paga até o dia 20 (vinte) do mês de dezembro de cada ano.

O servidor que for exonerado receberá sua gratificação natalina, proporcionalmente aos meses de exercício, calculada sobre a remuneração do mês da exoneração.

O Art. 66 estabelece que a gratificação natalina não será considerada para cálculo de qualquer vantagem pecuniária.

Adicionais de Insalubridade, Periculosidade ou Atividades Penosas

O Art. 68 estabelece que os servidores que trabalhem com habitualidade em locais insalubres ou em contato permanente com substâncias tóxicas, radioativas ou com risco de vida, fazem jus a um adicional sobre o vencimento do cargo efetivo.

O adicional por insalubridade será calculado conforme o grau de exposição. Já o adicional de periculosidade é fixo.

O servidor que fizer jus aos adicionais de insalubridade e de periculosidade deverá optar por um deles.

O direito ao adicional de insalubridade ou periculosidade cessa com a eliminação das condições ou dos riscos que deram causa a sua concessão.

O Art. 69 afirma que deverá haver permanente controle da atividade de servidores em operações ou locais considerados penosos, insalubres ou perigosos.

A servidora gestante ou lactante deverá ser afastada, enquanto durar a gestação e a lactação, das operações e locais insalubres ou perigosos, exercendo suas atividades em local salubre e em serviço não penoso e não perigoso.

O adicional de atividade penosa será devido aos servidores em exercício em zonas de fronteira ou em localidades cujas condições de vida o justifiquem, nos termos, condições e limites fixados em regulamento.

Os servidores que operam com Raios X ou substâncias radioativas deverão ser submetidos a exames médicos a cada 6 (seis) meses.

Adicional por Serviço Extraordinário

O adicional por serviço extraordinário é a conhecida "hora extra".

O Art. 73 estabelece que o serviço extraordinário será remunerado com acréscimo de 50% (cinquenta por cento) em relação à hora normal de trabalho.

Somente será permitido serviço extraordinário para atender a situações excepcionais e temporárias, respeitado o limite máximo de 2 (duas) horas por jornada.

Adicional Noturno

O Art. 75 da Lei nº 8.112/90 determina que o serviço noturno, prestado em horário compreendido entre 22 (vinte e duas) horas de um dia e 5 (cinco) horas do dia seguinte, terá o valor-hora acrescido de 25% (vinte e cinco por cento), computando-se cada hora como cinquenta e dois minutos e trinta segundos.

Em se tratando de serviço extraordinário, o adicional noturno será calculado sobre a remuneração acrescida do valor das horas-extras.

Adicional de Férias

O Art. 76 diz que, independentemente de solicitação, será pago ao servidor, por ocasião das férias, um adicional correspondente a 1/3 (um terço) da remuneração do período das férias.

No caso de o servidor exercer função de direção, chefia ou assessoramento, ou ocupar cargo em comissão, a respectiva vantagem será considerada no cálculo do adicional de férias.

Da Gratificação por Encargo de Curso ou Concurso

O Art. 76-A da Lei nº 8.112 trata da gratificação por encargo de curso ou concurso, paga ao servidor que participar da ministração ou organização de curso, concurso público ou vestibular.

De acordo com tal artigo, a vantagem é devida ao servidor que, em caráter eventual:

> ***I.*** *Atuar como instrutor em curso de formação, de desenvolvimento ou de treinamento regularmente instituído no âmbito da Administração Pública Federal;*
>
> ***II.*** *Participar de banca examinadora ou de comissão para exames orais, para análise curricular, para correção de provas discursivas, para elaboração de questões de provas ou para julgamento de recursos intentados por candidatos;*
>
> ***III.*** *Participar da logística de preparação e de realização de concurso público envolvendo atividades de planejamento, coordenação, supervisão, execução e avaliação de resultado, quando tais atividades não estiverem incluídas entre as suas atribuições permanentes;*
>
> ***IV.*** *Participar da aplicação, fiscalizar ou avaliar provas de exame vestibular ou de concurso público ou supervisionar essas atividades.*

Os critérios de concessão e os limites da gratificação de que trata este artigo devem ser fixados em regulamento, observados os seguintes parâmetros:

- O valor da gratificação será calculado em horas, observadas a natureza e a complexidade da atividade exercida;
- A retribuição não poderá ser superior ao equivalente a 120 (cento e vinte) horas de trabalho anuais, ressalvada situação de excepcionalidade, devidamente justificada e previamente aprovada pela autoridade máxima do órgão ou entidade, que poderá autorizar o acréscimo de até 120 (cento e vinte) horas de trabalho anuais;
- O valor máximo da hora trabalhada corresponderá aos seguintes percentuais, incidentes sobre o maior vencimento básico da Administração Pública federal:
- 2,2% (dois inteiros e dois décimos por cento), em se tratando de atividades previstas nos incisos I e II do caput deste artigo;
- 1,2% (um inteiro e dois décimos por cento), em se tratando de atividade prevista nos incisos III e IV do caput deste artigo.

A gratificação somente será paga se as atividades referidas acima forem exercidas sem prejuízo das atribuições do cargo de que o servidor for titular, devendo ser objeto de compensação de carga horária quando desempenhadas durante a jornada de trabalho.

O valor não se incorpora ao vencimento ou salário do servidor para qualquer efeito e não poderá ser utilizado como base de cálculo para quaisquer outras vantagens, inclusive para fins de cálculo dos proventos da aposentadoria e das pensões.

2.3 Das Férias

O Art. 77 da Lei nº 8.112/90 estabelece que o servidor fará jus a 30 (trinta) dias de férias, que podem ser acumuladas, até o máximo de dois períodos, no caso de necessidade do serviço, ressalvadas as hipóteses em que haja legislação específica.

Para o primeiro período aquisitivo de férias exigem-se 12 (doze) meses de exercício.

O parágrafo 2º define que é vedado levar à conta de férias qualquer falta ao serviço. Isso quer dizer que as faltas ao serviço não podem ser compensadas com dias de férias.

As férias poderão ser parceladas em até 3 (três) etapas, desde que assim requeridas pelo servidor, e no interesse da Administração Pública. Em caso de parcelamento, o servidor receberá o valor do adicional de férias integral quando da utilização do primeiro período.

O Art. 78 diz que o pagamento da remuneração das férias será efetuado até 2 (dois) dias antes do início do respectivo período.

O servidor exonerado do cargo efetivo, ou em comissão, perceberá indenização relativa ao período das férias a que tiver direito e ao incompleto, na proporção de um doze avos (1/12) por mês de efetivo exercício, ou fração superior a 14 (quatorze) dias, sendo que a indenização será calculada com base na remuneração do mês em que for publicado o ato exoneratório.

De acordo com o Art. 79, o servidor que opera direta e permanentemente com Raios X ou substâncias radioativas gozará 20 (vinte) dias consecutivos de férias, por semestre de atividade profissional, proibida em qualquer hipótese a acumulação.

O Art. 80 permite que a interrupção das férias, desde que seja por motivo de calamidade pública, comoção interna, convocação para júri, serviço militar ou eleitoral, ou por necessidade do serviço declarada pela autoridade máxima do órgão ou entidade.

Ocorrido tal ato, o restante do período interrompido será gozado de uma só vez.

2.4 Licenças, Afastamentos e Concessões

As licenças e afastamentos são situações em que é reconhecido ao servidor o direito de ausentar-se do serviço, com ou sem remuneração (dependendo da situação), tendo em vista previsão legal expressa a respeito.

Licenças

A Lei nº 8.112/90 expõe que serão concedidas as seguintes licenças ao servidor:

> ***I.*** *Por doença do próprio servidor (licença-saúde);*
>
> ***II.*** *Por motivo de doença em pessoa da família;*
>
> ***III.*** *Por motivo de afastamento do cônjuge ou companheiro;*
>
> ***IV.*** *Para o serviço militar;*
>
> ***V.*** *Para atividade política;*
>
> ***VI.*** *Para capacitação;*
>
> ***VII.*** *Para tratar de interesses particulares;*
>
> ***VIII.*** *Para desempenho de mandato classista.*

Licença-Saúde

É uma licença remunerada (ou seja, o servidor recebe como se estivesse trabalhando), reservada aos casos em que o servidor necessite se afastar do serviço para tratamento de doença que o tenha acometido.

Pode ser concedida a pedido ou de ofício, com base em perícia médica oficial.

A licença para tratamento de saúde inferior a 15 (quinze) dias, dentro de 1 (um) ano, poderá ser dispensada de perícia oficial, na forma definida em regulamento.

Licença por Doença em Pessoa da Família

Licença concedida ao servidor por motivo de doença do cônjuge ou companheiro, pais, filhos, padrasto ou madrasta e enteado, ou dependente que conste de seu assentamento funcional, mediante comprovação por perícia médica oficial.

Somente será deferida se a assistência direta do servidor for indispensável e não puder ser prestada simultaneamente com o exercício do cargo ou mediante compensação de horário.

Poderá ser concedida, sem prejuízo da remuneração, por até 60 dias, consecutivos ou não, num prazo de 12 meses (contados do deferimento da primeira licença). Excedidos esses 60 dias, no prazo de 12 meses, poderá ser concedida por mais 90 dias, consecutivos ou não. Porém, nesse caso, sem remuneração.

Não existe a possibilidade de que a licença seja concedida por mais de 120 dias (60 mais 90), dentro do período de 12 meses.

> **Ex.:** Um servidor pede licença para acompanhar tratamento da mãe, deferida por 30 dias em 05/03/2015 (início contagem dos 12 meses), mas a recuperação da mãe foi mais lenta do que o esperado, e ele pede a prorrogação por mais 30 dias.
>
> Até aí, a licença é remunerada.
>
> Após o fim da licença, volta ao trabalho, mas a solicita novamente por 20 dias em 12/11/2015 para acompanhar tratamento do filho, sendo deferida. Agora, a licença será sem remuneração, pois já ultrapassado o limite de 60 dias remunerados.
>
> Além disso, o servidor agora somente poderá solicitar mais 70 dias, até 05/03/2016, sem remuneração.

Licença por Afastamento do Cônjuge

Poderá ser concedida licença ao servidor para acompanhar cônjuge ou companheiro que foi deslocado para outro ponto do território nacional, para o exterior ou para o exercício de mandato eletivo dos Poderes Executivo e Legislativo.

A licença será por prazo indeterminado e sem remuneração.

Se o cônjuge ou companheiro também for servidor público, civil ou militar, de qualquer dos Poderes da União, dos Estados, do DF e dos Municípios, poderá haver exercício provisório do servidor que pede a licença em órgão ou entidade da Administração Federal direta, autárquica ou fundacional, desde que para exercício de atividade compatível com seu cargo.

> *A licença por afastamento do cônjuge se aplica inclusive no caso em que o cônjuge ou companheiro não é servidor público.*

Licença para o Serviço Militar

Ao servidor convocado para o serviço militar será concedida licença, na forma e condições previstas na legislação específica. Concluído o serviço militar, o servidor terá até 30 (trinta) dias sem remuneração para reassumir o exercício do cargo.

Obviamente, aqui não se trata do serviço militar obrigatório, uma vez que, para tomar posse, o servidor precisa comprovar que já o prestou. Trata-se de convocação para participação em campanhas militares, no caso de guerras.

A Lei nº 8.112/90 não diz se se trata de licença remunerada ou não, deixando o assunto para a legislação específica.

Licença para Atividade Política

O servidor terá direito à licença, sem remuneração, durante o período que mediar a sua escolha em convenção partidária, como candidato a cargo eletivo, e à véspera do registro de sua candidatura perante a Justiça Eleitoral.

Durante esse período, a licença será não remunerada. Porém, a partir do registro da candidatura e até o décimo dia seguinte ao da eleição, o servidor fará jus à licença, dessa vez remunerada, mas somente pelo período de três meses.

> **Ex.:** Um servidor é escolhido como candidato a vereador pelo partido em 01/06/2014. Nesse caso, já poderá sair de licença, que será sem remuneração até a data do registro da candidatura.
>
> Digamos que a candidatura seja registrada no TSE dia 01/07/2014. A partir daí, se quiser, poderá continuar em licença até dez dias após a eleição (ou começar a tirá-la imediatamente, se não a pediu antes). Neste caso, ela será remunerada, mas a remuneração ocorrerá somente por três meses.
>
> Assim, se a eleição for dia 05/10/2014, ele receberá somente até 01/10/2014, sendo que a partir daí a licença voltará a ser não remunerada.

Licença para Capacitação

Após cada quinquênio (cinco anos) de efetivo exercício, o servidor poderá, no interesse da Administração, afastar-se do exercício do cargo efetivo, por até três meses, para participar de curso de capacitação profissional.

É uma licença remunerada.

Os períodos de licença não são acumuláveis. Ou seja, se, vencidos os primeiros cinco anos, o servidor não pediu a licença, quando vencerem os próximos cinco anos ele perderá o direito à licença relativa aos primeiros cinco anos, não podendo, assim, tirar seis meses de licença.

Licença para Tratar de Assuntos Particulares

A critério da Administração, poderão ser concedidas ao servidor ocupante de cargo efetivo, desde que não esteja em estágio probatório, licenças para o trato de assuntos particulares pelo prazo de até três anos consecutivos.

Trata-se de licença não remunerada.

A licença poderá ser interrompida, a qualquer tempo, a pedido do servidor ou no interesse do serviço.

Licença para Desempenho de Mandato Classista

É uma licença assegurada ao servidor para o desempenho de mandato em entidade sindical, associação de classe de âmbito nacional ou entidade fiscalizadora da profissão ou, ainda, para participar de gerência ou administração em sociedade cooperativa constituída por servidores públicos para prestar serviços a seus membros.

Ela é não remunerada e terá a mesma duração do mandato, podendo ser prorrogada indefinidamente, no caso de reeleição.

Na concessão da licença, serão observados os seguintes limites:

- Para entidades com até 5.000 associados, 2 (dois) servidores;
- Para entidades com 5.001 a 30.000 associados, 4 (quatro) servidores;
- Para entidades com mais de 30.000 associados, 8 (oito) servidores.

A entidade na qual o servidor irá exercer o mandato deverá estar devidamente cadastrada junto ao órgão responsável.

O servidor beneficiado por essa licença não poderá ser removido ou redistribuído de ofício para localidade diversa de onde exerce o mandato.

Afastamentos

A Lei nº8.112/90 prevê que os seguintes afastamentos ao servidor:

> ***I.*** *Para servir a outro órgão ou entidade;*
>
> ***II.*** *Para exercício de mandato eletivo;*
>
> ***III.*** *Para estudo ou missão no exterior;*
>
> ***IV.*** *Para participação em programa de pós-graduação Stricto Sensu no País.*

Afastamento para Servir a outro Órgão ou Entidade

É previsto no Art. 93 da Lei nº 8.112/90:

> ***Art. 93.*** *O servidor poderá ser cedido para ter exercício em outro órgão ou entidade dos Poderes da União, dos Estados, ou do Distrito Federal e dos Municípios, nas seguintes hipóteses:*
>
> ***I.*** *Para exercício de cargo em comissão ou função de confiança;*
>
> ***II.*** *Em casos previstos em leis específicas.*

Nesse afastamento, o servidor continua vinculado (lotado) à sua unidade de origem (a unidade cedente), mas presta serviços em outra unidade (unidade cessionária). A cessão pode se dar tanto para unidades da Administração Direta como Indireta.

Afastamento para Exercício de Mandato Eletivo

O afastamento para exercício de mandato eletivo aplica-se ao servidor que foi investido em cargo eletivo (Prefeito, Vereador, Deputado etc.).

Ele não se confunde com a licença para atividades políticas, a qual se aplica ao candidato.

No caso de mandato federal, estadual ou distrital, ficará afastado, sem direito à remuneração do cargo efetivo (do qual foi afastado), ou seja, receberá a remuneração do cargo eletivo.

No caso de Prefeito, será afastado do cargo, mas poderá escolher entre a remuneração do cargo efetivo e a de Prefeito.

No caso de vereador:

- Havendo compatibilidade de horário, perceberá as vantagens de seu cargo, sem prejuízo da remuneração do cargo eletivo;
- Não havendo compatibilidade de horário, será afastado do cargo, sendo-lhe facultado optar pela sua remuneração.

Durante o período de afastamento do cargo, o servidor contribuirá para a seguridade social como se em exercício estivesse.

O servidor investido em mandato eletivo ou licenciado para desempenho de mandato classista não poderá ser removido ou redistribuído de ofício para localidade diversa de onde exerce o mandato.

Afastamento para Estudo ou Missão no Exterior

Trata-se do afastamento reservado para o servidor que precisar ausentar-se do País para estudo ou para missão oficial no exterior:

- Estudo: o servidor deixa o País para participar de algum curso (pós-graduação, por exemplo);
- Missão oficial: o servidor deixa o País na condição de servidor, representando a Nação em alguma tarefa específica. Não se aplica aos servidores da carreira diplomática.

É um afastamento discricionário.

De acordo com a Lei nº 8.112/90, o afastamento será concedido pelo Chefe do Poder respectivo.

A ausência não excederá a 4 (quatro) anos, e finda a missão ou estudo, somente decorrido igual período da concessão, será permitida nova ausência.

Ao beneficiado por essa licença não será concedida exoneração ou licença para tratar de interesse particular antes de decorrido período igual ao do afastamento, ressalvada a hipótese de ressarcimento da despesa havida com seu afastamento.

As hipóteses, condições e formas para a autorização da licença, inclusive no que se refere à remuneração do servidor, deverão disciplinadas em regulamento.

O afastamento de servidor para servir em organismo internacional de que o Brasil participe ou com o qual coopere dar-se-á com perda total da remuneração.

Afastamento para Participação em Programa de Pós-Sraduação Stricto Sensu no País

Pós-graduação stricto sensu refere-se somente a mestrado, a doutorado ou a pós-doutorado.

O servidor poderá, no interesse da Administração, e desde que a participação não possa ocorrer simultaneamente com o exercício do cargo ou mediante compensação de horário, afastar-se do exercício do cargo efetivo, com a respectiva remuneração, para participar em programa de pós-graduação stricto sensu em instituição de ensino superior no País.

Requisitos:

- Mestrado e doutorado: o servidor tem que ocupar cargo efetivo no respectivo órgão ou entidade há pelo menos 3 anos para mestrado, e 4 anos para doutorado, incluído o período de estágio probatório, e não pode ter se afastado, nos 2 anos anteriores ao pedido:
  - Por licença para tratar de assuntos particulares;
  - Por licença para gozo de licença capacitação;
  - Por esse mesmo afastamento (pós-graduação stricto sensu).

> Pós-doutorado: o servidor tem que ocupar cargo efetivo no respectivo órgão ou entidade há pelo menos 4 anos, incluído o período de estágio probatório, e não pode ter se afastado, nos 4 anos anteriores ao pedido:
  - » Por licença para tratar de assuntos particulares;
  - » Por esse mesmo afastamento (pós-graduação stricto sensu).

O servidor beneficiado por esse afastamento terá que permanecer no exercício de suas funções, após o seu retorno, por um período igual ao do afastamento concedido.

Caso venha a solicitar exoneração do cargo ou aposentadoria, antes de cumprido esse período, deverá ressarcir o órgão ou entidade. Também terá que ressarcir o órgão ou entidade caso não obtenha o título ou grau que justificou seu afastamento, salvo na hipótese comprovada de força maior ou de caso fortuito.

Concessões

O Art. 97 da Lei nº 8.112/90 traz diversas concessões ao servidor público:

> ***Art. 97.*** *Sem qualquer prejuízo, poderá o servidor ausentar-se do serviço:*
>
> ***I.*** *Por 1 (um) dia, para doação de sangue;*
>
> ***II.*** *pelo período comprovadamente necessário para alistamento ou recadastramento eleitoral, limitado, em qualquer caso, a 2 (dois) dias;*
>
> ***III.*** *por 8 (oito) dias consecutivos em razão de :*
>
> ***a)*** *casamento;*
>
> ***b)*** *falecimento do cônjuge, companheiro, pais, madrasta ou padrasto, filhos, enteados, menor sob guarda ou tutela e irmãos."*

Por sua vez, o Art. 98 estabelece que será concedido horário especial ao servidor estudante, quando comprovada a incompatibilidade entre o horário escolar e o da repartição, sem prejuízo do exercício do cargo.

Nesse caso, será exigida a compensação de horário no órgão ou entidade que tiver exercício, respeitada a duração semanal do trabalho.

Também será concedido horário especial ao servidor portador de deficiência, quando comprovada a necessidade por junta médica oficial, somente que, nesse caso, não haverá necessidade de compensação de horário.

Questões

01. (Cespe) É assegurada a isonomia de vencimentos para cargos de atribuições iguais ou assemelhadas do mesmo Poder, ou entre servidores dos três Poderes, ressalvadas as vantagens de caráter individual e as relativas à natureza ou ao local de trabalho.

Certo ( ) Errado ( )

02. (Cespe) O vencimento do cargo efetivo, acrescido das vantagens de caráter permanente, é irredutível, salvo nos casos de calamidade pública ou guerra externa.

Certo ( ) Errado ( )

03. (Cespe) As vantagens pecuniárias não serão computadas, nem acumuladas, para efeito de concessão de quaisquer outros acréscimos pecuniários ulteriores, sob o mesmo título ou idêntico fundamento.

Certo ( ) Errado ( )

Gabaritos

01	CERTO
02	ERRADO
03	CERTO

3. REGIME DISCIPLINAR DO SERVIDOR PÚBLICO

Regime disciplinar é o conjunto de deveres, proibições e punições aplicáveis ao servidor público.

No caso do servidor federal, tal regime disciplinar é previsto na Lei nº 8.112/90.

3.1 Deveres

Os deveres do servidor público estão elencados no Art. 116 da Lei nº 8.112.

Seguem os incisos comentados do referido artigo:

***Art. 116.** São deveres do servidor:*

***I.** Exercer com zelo e dedicação as atribuições do cargo.*

O servidor deve cumprir suas obrigações com o máximo de cuidado.

***II.** Ser leal às instituições a que servir.*

Ser leal significa que o servidor não deve agir contra a instituição que serve, prejudicando seus interesses. Assim, por exemplo, não se permite que um Auditor Fiscal da Receita Federal forneça Informações sobre procedimentos fiscais sigilosos a contribuinte.

***III.** Observar as normas legais e regulamentares;*

***IV.** Cumprir as ordens superiores, exceto quando manifestamente ilegais.*

O servidor deve obedecer às disposições normativas e às ordens de seus superiores, sendo essa é uma das consequências dos Poderes Normativo e Hierárquico.

No entanto, em relação às ordens (que diferem das normas pelo fato de serem dadas pelo chefe especificamente para que o subordinado faça algo, sendo normalmente verbais), o servidor não deve obedecê-las se forem manifestamente ilegais, ou seja, se forem claramente ilegais. Exemplo de ordem ilegal seria a ordem do chefe para que o subordinado agrida um contribuinte, ou desvie recursos públicos.

Se o servidor obedecer a uma ordem manifestamente ilegal, responderá pelo ato, juntamente com o mandante. Se a ordem for ilegal, mas não manifestamente, somente responde o mandante.

***V.** Atender com presteza:*

***a)** ao público em geral, prestando as informações requeridas, ressalvadas as protegidas por sigilo;*

***b)** à expedição de certidões requeridas para defesa de direito ou esclarecimento de situações de interesse pessoal;*

***c)** às requisições para a defesa da Fazenda Pública.*

Essas solicitações são consideradas como prioritárias em relação a outras atividades, devendo ser atendidas com urgência.

***VI.** Levar as irregularidades de que tiver ciência em razão do cargo ao conhecimento da autoridade superior ou, quando houver suspeita de envolvimento desta, ao conhecimento de outra autoridade competente para apuração.*

Irregularidade, nesse caso, tem o sentido de algo que não está regular, que não funciona bem, mas não se trata de dolo ou má-fé (essa hipótese é tratada no inciso XII).

Se o servidor vier a saber de alguma irregularidade, deverá comunicar imediatamente ao seu chefe, para que este tome as providências cabíveis para saná-la.

***VII.** Zelar pela economia do material e a conservação do patrimônio público.*

O material e os bens de que o servidor se utiliza em serviço são adquiridos com recursos de toda a coletividade e, portanto, devem ser conservados e utilizados com parcimônia.

***VIII.** Guardar sigilo sobre assunto da repartição.*

O servidor não deve levar para fora da repartição os assuntos profissionais e as informações a que tiver acesso em função do cargo. Em relação à comunicação com a imprensa, o servidor não deve falar sobre assuntos profissionais, exceto quando autorizado pelo órgão.

***IX.** Manter conduta compatível com a moralidade administrativa.*

Essa exigência aplica-se, inclusive, quando o servidor não estiver em serviço. Não se pode admitir, por exemplo, que um servidor explore uma banca de aposta de "jogo do bicho" nas horas vagas.

***X.** Ser assíduo e pontual ao serviço.*

Ser assíduo é ir trabalhar todos os dias. Ser pontual é entrar e sair no horário estabelecido.

***XI.** Tratar com urbanidade as pessoas.*

Urbanidade significa respeito, boa educação. O servidor deve tratar a todos com respeito, tanto os colegas de trabalho como os contribuintes em geral.

***XII.** Representar contra ilegalidade, omissão ou abuso de poder.*

Esse caso trata de ato ou omissão dolosos, que atentem contra a lei.

Deparando-se com uma situação dessas, o servidor deverá representar. A Lei nº 8.112/90 prevê que a representação deverá ser encaminhada pela via hierárquica e apreciada pela autoridade superior àquela contra a qual é formulada, assegurando-se ao representando ampla defesa.

3.2 Proibições

O Art. 117 da Lei nº 8.112/90 afirma ser proibido ao servidor:

***I.** Ausentar-se do serviço durante o expediente, sem prévia autorização do chefe imediato.*

Toda ausência do servidor deve ser comunicada ao seu chefe.

***II.** Retirar, sem prévia anuência da autoridade competente, qualquer documento ou objeto da repartição.*

Os documentos e objetos da repartição, em princípio, devem ser manipulados na repartição, local onde se pode garantir sua segurança e confidencialidade. Se o servidor sair com algum objeto ou documento da repartição, sem autorização, responderá pelos danos ocorridos a eles. No caso dos objetos, se o servidor utilizá-los para fins particulares, poderá responder por improbidade administrativa.

***III.** Recusar fé a documentos públicos.*

É inconcebível que a Administração duvide de si mesma, mesmo que se trate de documento expedido por esfera de governo distinta. Assim, o servidor não pode dizer, por exemplo, que não aceita uma certidão expedida por determinado órgão público.

***IV.** Opor resistência injustificada ao andamento de documento e processo ou execução de serviço.*

O servidor não pode impetrar subterfúgios para não exercer alguma atividade de sua atribuição, mas deve, como já vimos, exercê-la com zelo e dedicação. A resistência ao andamento de documento ou processo somente pode ser feita de forma justificada e deve ser expressa pelo servidor (falta de capacitação dos serviços, não observância de normas legais etc.).

> ***V.*** *Promover manifestação de apreço ou desapreço no recinto da repartição.*

O servidor deve ser profissional, e a repartição não é local de manifestações de opiniões pessoais, principalmente as que possam causar conflitos.

> ***VI.*** *Cometer a pessoa estranha à repartição, fora dos casos previstos em lei, o desempenho de atribuição que seja de sua responsabilidade ou de seu subordinado.*

O servidor não pode "delegar" suas atribuições a terceiro, a não ser que seja um caso em que a lei permita a delegação. Assim, um oficial de justiça, por exemplo, não pode pedir ao motorista que entregue uma determinada intimação a alguém enquanto ele cumpre outro mandado.

> ***VII.*** *Coagir ou aliciar subordinados no sentido de filiarem-se a associação profissional ou sindical, ou a partido político.*

A repartição é local de trabalho e não de atividades sindicais ou partidárias. O servidor pode até aconselhar a alguém que se filie ao sindicato, por exemplo, mas isso deve ser feito sem coação e sem que isso prejudique o andamento do serviço.

> ***VIII.*** *Manter sob sua chefia imediata, em cargo ou função de confiança, cônjuge, companheiro ou parente até o segundo grau civil.*

O servidor não pode ter sob sua chefia imediata, tratando-se de cargo de confiança, cônjuge ou parentes até 2º grau (parentes de até segundo grau incluem: filho, pai, avô, neto, irmão, cunhado, enteado, sogro, genro).

> ***IX.*** *Valer-se do cargo para lograr proveito pessoal ou de outrem, em detrimento da dignidade da função pública.*

O servidor, em respeito ao princípio da impessoalidade, não pode se utilizar do cargo público para fins pessoais.

Inclusive, em regra, quando o ele o fizer, estará praticando não só um ilícito administrativo, como também crime, como o de concussão ou corrupção ou ativa, por exemplo.

> ***X.*** *Participar de gerência ou administração de sociedade privada, personificada ou não personificada, exercer o comércio, exceto na qualidade de acionista, cotista ou comanditário.*

O servidor pode ser sócio de empresa, mas não pode exercer sua administração (ser diretor ou sócio-gerente).

Essa restrição não se aplica nos seguintes casos, de acordo com a Lei nº 8.112/90:

- Participação em conselhos de administração e fiscal de empresas em que a União detenha participação no capital social ou em cooperativa constituída para prestar serviços a seus membros;
- Quando o servidor estiver em licença para trato de assuntos particulares, observada a legislação sobre conflito de interesses.

> ***XI.*** *Atuar, como procurador ou intermediário, junto a repartições públicas, salvo quando se tratar de benefícios previdenciários ou assistenciais de parentes até o segundo grau, e de cônjuge ou companheiro.*

Essa proibição visa evitar o chamado "tráfico de influência", e afirma que o servidor não pode intervir junto ao Poder Público defendendo interesse de outras pessoas.

O dispositivo somente admite uma exceção: quando se tratar de benefícios previdenciários ou assistenciais de cônjuge ou parente de até segundo grau.

> ***XII.*** *Receber propina, comissão, presente ou vantagem de qualquer espécie, em razão de suas atribuições.*

Restrição que visa evitar parcialidade do servidor no exercício de suas atribuições. Além, obviamente, objetiva proibir a propina (recebimento de valor para fazer algo indevido ou deixar de fazer algo que deveria ser feito). Também proíbe o recebimento das chamadas "caixinhas" (valores que muitas vezes eram pagos por particulares aos servidores pelo desempenho de suas obrigações, como forma de "gratidão" ou "reconhecimento").

> ***XIII.*** *Aceitar comissão, emprego ou pensão de Estado estrangeiro.*

Visa à proteção aos interesses nacionais, lembrando que os servidores federais são, na verdade, aqueles que movimentam e representam o próprio Estado brasileiro.

> ***XIV.*** *Praticar usura sob qualquer de suas formas.*

Praticar usura é emprestar mediante juros. Servidor não é banco.

Nesse caso, não há nenhuma preocupação com questões religiosas (semelhantemente, por exemplo, com o que ocorria na Idade Média, em que a Igreja Católica proibia que seus fiéis emprestassem dinheiro a juros), mas sim combater uma prática que era relativamente comum no serviço público, e que fazia com que o servidor deixasse de se dedicar ao seu trabalho para desempenhar essa função "bancária".

> ***XV.*** *Proceder de forma desidiosa.*

Desídia é desleixo, indolência, negligência. Já vimos que o servidor deve ser zeloso e dedicado.

> ***XVI.*** *Utilizar pessoal ou recursos materiais da repartição em serviços ou atividades particulares.*

O servidor não deve misturar nem interesses nem recursos particulares com os profissionais, que, no caso dele, são bancados pela coletividade. Assim, não se pode, por exemplo, utilizar-se de máquinas e tratores da Prefeitura para fazer terraplenagem em um terreno particular do servidor, sob pena de condenação por ato de improbidade.

> ***XVII.*** *Cometer a outro servidor atribuições estranhas ao cargo que ocupa, exceto em situações de emergência e transitórias.*

Nesse caso, trata-se do servidor em cargo de chefia que ordena ou permite que subordinado pratique atividade que não consta das atribuições do cargo. A lei, porém, permite que isso seja feito em situações de emergência e transitórias.

Titular da repartição autoriza servidor que não é motorista a dirigir viatura por necessidade.

> ***XVIII.*** *Exercer quaisquer atividades que sejam incompatíveis com o exercício do cargo ou função e com o horário de trabalho.*

Esse inciso visa impedir:

- Conflito de interesses entre o exercício do cargo e de outra atividade (ex.: Auditor-Fiscal da Receita Federal que presta serviços de planejamento tributário);

> O prejuízo ao serviço público pelo exercício de outra atividade no horário de trabalho.

XIX. Recusar-se a atualizar seus dados cadastrais quando solicitado.

Essa proibição se justifica pelo fato de que a Administração deve ter controle sobre os dados funcionais de seus servidores.

3.3 Penalidades Disciplinares

De acordo com o Art. 127 da Lei nº 8.112/90, são penalidades disciplinares aplicáveis ao servidor:

I. Advertência;

II. Suspensão;

III. Demissão;

IV. Cassação de aposentadoria ou disponibilidade;

V. Destituição de cargo em comissão;

VI. Destituição de função comissionada.

Advertência

A advertência é a penalidade disciplinar mais branda.

É sempre aplicada por escrito, nos casos de o servidor:

> Ausentar-se do serviço sem prévia autorização;

> Retirar documento ou objeto da repartição sem autorização;

> Recusar fé a documentos públicos;

> Dificultar o andamento de processo ou serviço;

> Promover manifestação de apreço/desapreço na repartição;

> Cometer a pessoa estranha o desempenho de atribuição de sua responsabilidade ou de subalterno;

> Coagir ou aliciar subordinados para filiarem-se à associação profissional ou sindical, ou partido;

> Manter sob sua chefia imediata, em cargo ou função de confiança, cônjuge, companheiro ou parente até o segundo grau civil;

> Recusar-se a atualizar seus dados cadastrais, quando solicitado.

A advertência também é aplicada no caso de inobservância de dever funcional previsto em lei ou norma interna, que não justifique imposição de penalidade mais grave.

Competência para Aplicação da Advertência

A advertência será aplicada pelo chefe da repartição e outras autoridades, na forma dos respectivos regimentos ou regulamentos.

Cancelamento do Registro da Advertência

O registro da advertência será cancelado após 3 (três) anos, se não for cometida outra infração no período.

Prescrição

Praticada a infração, a Administração tem o prazo de 180 dias, a partir do momento em que tomou conhecimento do fato, para aplicar a advertência.

A abertura de sindicância ou instauração de processo disciplinar interrompe a prescrição, até decisão final.

Suspensão

A suspensão é aplicada em caso de reincidência das faltas punidas com advertência e de violação das demais proibições que não tipifiquem infração sujeita a penalidade de demissão, não podendo exceder a 90 (noventa) dias.

Ou seja, não sendo caso de advertência ou demissão, o servidor será suspenso.

Também será punido com suspensão de até 15 (quinze) dias o servidor que, injustificadamente, recusar-se a ser submetido à inspeção médica determinada pela autoridade competente.

Conversão em Multa

Quando houver conveniência para o serviço, a penalidade de suspensão poderá ser convertida em multa, na base de 50% por dia de vencimento ou remuneração, ficando o servidor obrigado a permanecer em serviço.

Assim, por exemplo, se o servidor foi punido com 15 dias de suspensão, sua pena poderá ser convertida em multa, caso em que ele sofrerá desconto de 50% durante 15 dias.

Competência para Aplicação da Suspensão

> Suspensão de até 30 dias: chefe da repartição ou outra autoridade, na forma dos respectivos regimentos ou regulamentos (idêntico à advertência);

> Suspensão superior a 30 dias: autoridade administrativa de hierarquia imediatamente inferior às competentes para aplicar a demissão (são competentes para aplicar demissão o Presidente da República, Presidente da Câmara, Presidente do Senado, Presidente de Tribunal Federal e Procurador-Geral da República, de acordo com o Poder, órgão ou entidade a que pertence o servidor).

Cancelamento do Registro da Suspensão

O registro da advertência será cancelado após 5 (cinco) anos, se não for cometida outra infração no período.

Prescrição

Praticada a infração, a Administração tem o prazo de 2 anos, a partir do momento em que tomou conhecimento do fato, para aplicar a advertência.

A abertura de sindicância (desde que não seja meramente investigativa) ou instauração de processo disciplinar interrompe a prescrição, até decisão final.

A sindicância investigativa é instaurada quando os fatos trazidos ao conhecimento da Administração não são suficientes a indicar sua autoria e materialidade, não bastando para justificar a instauração de uma sindicância acusatória, tampouco de um Processo Administrativo Disciplinar.

Os prazos de prescrição previstos na lei penal aplicam-se às infrações disciplinares capituladas também como crime.

Demissão

A demissão é reservada para faltas graves, sendo aplicada nos seguintes casos:

> Crime contra a Administração Pública;

Observação: é causa de demissão a bem do serviço público, ou seja, se for demitido por essa razão, o servidor não poderá retornar ao serviço público.

> Abandono de cargo;

Abandono de cargo é a ausência injustificada do servidor ao serviço por mais de 30 (trinta) dias seguidos.

> Inassiduidade habitual;

Entende-se por inassiduidade habitual a falta do servidor ao serviço, sem justificativa, por 60 dias, interpoladamente, durante o período de 12 meses.

> Improbidade administrativa;

Observação: é causa de demissão a bem do serviço público, ou seja, se for demitido por essa razão, o servidor não poderá retornar ao serviço público.

> Incontinência pública e conduta escandalosa, na repartição;

A incontinência pública refere-se ao comportamento do servidor fora do horário de serviço (exemplo: vício em jogos de azar ou embriaguez habitual). Já a conduta escandalosa na repartição refere-se a comportamento no ambiente de trabalho.

> Insubordinação grave em serviço;

Insubordinação é o descumprimento de determinações superiores. Será grave quando causar prejuízo para a repartição ou a terceiros.

> Ofensa física, em serviço, a servidor ou a particular, salvo em legítima defesa própria ou de outrem;

> Aplicação irregular de dinheiros públicos;

Observação: é causa de demissão a bem do serviço público, ou seja, se for demitido por essa razão, o servidor não poderá retornar ao serviço público.

> Revelação de segredo do qual se apropriou em razão do cargo;

> Lesão aos cofres públicos e dilapidação do patrimônio nacional;

Observação: é causa de demissão a bem do serviço público, ou seja, se for demitido por essa razão, o servidor não poderá retornar ao serviço público.

> Corrupção;

Observação: é causa de demissão a bem do serviço público, ou seja, se for demitido por essa razão, o servidor não poderá retornar ao serviço público.

> Acumulação ilegal de cargos, empregos ou funções públicas;

Em regra, o servidor somente pode possui um cargo público. A Constituição Federal somente admite três hipóteses em que o servidor poderá acumular dois cargos públicos: dois cargos de professor; um cargo de professor com outro técnico ou científico; e dois cargos ou empregos privativos de profissionais de saúde, com profissões regulamentadas.

Fora essas hipóteses, se o servidor acumular dois cargos públicos, será notificado, por meio de sua chefia imediata, a apresentar opção por um dos cargos no prazo improrrogável de dez dias. Se não optar por um deles, será demitido.

> Valer-se do cargo para lograr proveito pessoal ou de outrem, em detrimento da dignidade da função pública;

Observação: Se for demitido por essa razão, o servidor não poderá retornar ao serviço público por 5 (cinco) anos.

> Participar de gerência ou administração de empresa privada, de sociedade civil, ou exercer o comércio, exceto nas hipóteses permitidas;

> Atuar, como procurador ou intermediário, junto a repartições públicas, salvo quando se tratar de benefícios previdenciários ou assistenciais de parentes até o segundo grau, e de cônjuge ou companheiro;

Observação: Se for demitido por essa razão, o servidor não poderá retornar ao serviço público por 5 (cinco) anos.

> Receber propina, comissão, presente ou vantagem de qualquer espécie, em razão de suas atribuições;

> Aceitar comissão, emprego ou pensão de estado estrangeiro;

> Praticar usura sob qualquer de suas formas;

> Proceder de forma desidiosa.

Competência para Aplicação da Demissão

São competentes para aplicar demissão o Presidente da República, o Presidente da Câmara, o Presidente do Senado, Presidente de Tribunal Federal e Procurador-Geral da República, de acordo com o Poder, órgão ou entidade a que pertence o servidor.

Prescrição

Praticada a infração, a Administração tem o prazo de 5 (cinco) anos, a partir do momento em que tomou conhecimento do fato, para aplicar a advertência.

A abertura de sindicância (desde que não seja meramente investigativa) ou instauração de processo disciplinar interrompe a prescrição, até decisão final.

A sindicância investigativa é instaurada quando os fatos trazidos ao conhecimento da Administração não são suficientes a indicar sua autoria e materialidade, não bastando para justificar a instauração de uma sindicância acusatória, tampouco de um Processo Administrativo Disciplinar.

Os prazos de prescrição previstos na lei penal aplicam-se às infrações disciplinares capituladas também como crime.

Cassação da Aposentadoria ou Disponibilidade

A Lei nº 8.112/90 afirma que será cassada a aposentadoria ou a disponibilidade do inativo que houver praticado, na atividade, falta punível com a demissão.

É aplicada pela autoridade competente para aplicar a pena de demissão.

Destituição de Cargo em Comissão

Essa pena será aplicada nos casos de infração sujeita às penalidades de suspensão e de demissão.

É aplicada pela autoridade que fez a nomeação.

Destituição de Função Comissionada

Aplica-se somente em relação ao servidor efetivo que ocupar função comissionada, pois somente servidores efetivos podem assumir essas funções.

A Lei nº 8.112/90 não traz as hipóteses em que deve ser aplicada, mas se entende que seria aplicada nos casos de infração apenada com demissão. Nesse caso, a demissão do servidor do cargo efetivo acarretará necessariamente sua destituição da função comissionada.

Questões

(FCC) A Lei nº 8.112/90 estabelece uma série de deveres e proibições aos servidores públicos. Também estabelece o rol de penalidades aplicáveis, para cuja aplicação.

01. são consideradas a natureza e gravidade da infração, mas também são sopesados os danos advindos para o serviço público.

Certo ( ) Errado ( )

02. são considerados os antecedentes funcionais, como avaliação de desempenho, análise crítica de desempenho e relatórios correcionais.

Certo ( ) Errado ( )

03. são considerados apenas elementos objetivos, não sofrendo influência de circunstâncias atenuantes ou agravantes.

Certo ( ) Errado ( )

04. devem ser considerados todos os elementos subjetivos e objetivos, tais como tempo de serviço, histórico de apostilamento e avaliação de desempenho.

Certo ( ) Errado ( )

05. podem ser considerados outros elementos, além dos critérios de tipificação legais, tais como avaliação de desempenho, pontualidade e assiduidade.

Certo ( ) Errado ( )

Gabaritos

01	CERTO
02	ERRADO
03	ERRADO
04	ERRADO
05	ERRADO

4. PROCESSO ADMINISTRATIVO DISCIPLINAR

O processo administrativo disciplinar consiste em uma série de atos que visam apurar a prática de infrações por parte de servidores e aplicar as penalidades cabíveis.

No caso do servidor público civil federal, o processo administrativo disciplinar também é regulado pela Lei 8.112/90.

4.1 Disposições Gerais

Apuração

O Art. 143 da Lei 8.112/90 estipula que a autoridade que tiver ciência de irregularidade no serviço público é obrigada a promover a sua apuração imediata, mediante sindicância ou processo administrativo disciplinar, assegurada ao acusado ampla defesa.

Também se permite que a apuração seja feita por autoridade de órgão ou entidade diverso daquele em que tenha ocorrido a irregularidade, mediante competência específica para tal finalidade, delegada em caráter permanente ou temporário pelo Presidente da República, pelos presidentes das Casas do Poder Legislativo e dos Tribunais Federais e pelo Procurador-Geral da República, no âmbito do respectivo Poder, órgão ou entidade, preservadas as competências para o julgamento que se seguir à apuração.

Denúncias

As denúncias sobre irregularidades serão objeto de apuração, desde que contenham a identificação e o endereço do denunciante e sejam formuladas por escrito, confirmada a autenticidade.

Quando o fato narrado não configurar evidente infração disciplinar ou ilícito penal, a denúncia será arquivada, por falta de objeto.

Sindicância

Existem dois procedimentos de apuração de infrações: o processo administrativo disciplinar propriamente dito (mais formal e complexo) e a sindicância (menos formal e mais célere).

A doutrina costuma dividir a sindicância administrativa em dois tipos: sindicância investigativa e sindicância acusatória.

A sindicância investigativa é instaurada quando os fatos trazidos ao conhecimento da Administração não são suficientes a indicar sua autoria e materialidade, não bastando para justificar a instauração de uma sindicância acusatória, tampouco de um processo administrativo disciplinar.

Na sindicância investigativa, não existe ainda um investigado, e, por conseguinte, não existe direito ao contraditório e à ampla defesa.

Já na sindicância acusatória, existem elementos suficientes para a identificação de um acusado, podendo culminar na aplicação de penalidade ou na abertura de um processo administrativo disciplinar.

O Art. 145 da Lei 8.112/90 afirma que da sindicância podem resultar:

- O arquivamento do processo;
- A aplicação de penalidade de advertência ou suspensão de até 30 (trinta) dias;
- A instauração de processo disciplinar.

O prazo para conclusão da sindicância não excederá 30 (trinta) dias, podendo, no entanto, ser prorrogado por igual período, a critério da autoridade superior, quantas vezes forem necessárias.

Por sua vez, o Art. 146 afirma que, sempre que o ilícito praticado pelo servidor ensejar a imposição de penalidade de suspensão por mais de 30 (trinta) dias, demissão, cassação de aposentadoria ou disponibilidade, ou destituição de cargo em comissão, o fato não poderá ser apurado por meio de sindicância, sendo obrigatória a instauração de processo disciplinar.

4.2 Afastamento Preventivo

O Art. 147 da Lei 8.112/90 afirma que, como medida cautelar e a fim de que o servidor não venha a influir na apuração da irregularidade, a autoridade instauradora do processo disciplinar poderá determinar o seu afastamento do exercício do cargo, pelo prazo de até 60 (sessenta) dias, sem prejuízo da remuneração.

O afastamento poderá ser prorrogado por igual prazo, findo o qual cessarão os seus efeitos, ainda que não concluído o processo.

É importante observar que o afastamento preventivo não constitui uma penalidade, mas sim uma medida cautelar.

4.3 Do Processo Disciplinar - PAD

O Art. 148 da Lei 8.112 define o processo disciplinar como o instrumento destinado a apurar responsabilidade de servidor por infração praticada no exercício de suas atribuições, ou que tenha relação com as atribuições do cargo em que se ele encontre investido.

Comissão

De acordo com o Art. 149, o processo disciplinar será conduzido por comissão composta de três servidores estáveis designados pela autoridade competente, que indicará, dentre eles, o seu presidente, que deverá ser ocupante de cargo efetivo superior ou de mesmo nível, ou ter nível de escolaridade igual ou superior ao do indiciado.

A comissão terá como secretário servidor designado pelo seu presidente, podendo a indicação recair em um de seus membros.

Não poderá participar de comissão de sindicância ou de inquérito, cônjuge, companheiro ou parente do acusado, consanguíneo ou afim, em linha reta ou colateral, até o terceiro grau.

A comissão exercerá suas atividades com independência e imparcialidade, assegurado o sigilo necessário à elucidação do fato ou exigido pelo interesse da Administração.

As reuniões e as audiências das comissões terão caráter reservado.

Sempre que necessário, a comissão dedicará tempo integral aos seus trabalhos, ficando seus membros dispensados do ponto, até a entrega do relatório final.

As reuniões da comissão serão registradas em atas que deverão detalhar as deliberações adotadas.

Fases do Processo Disciplinar

De acordo com o Art. 151, o processo disciplinar se desenvolve nas seguintes fases:

I. Instauração, com a publicação do ato que constituir a comissão;

II. Inquérito administrativo, que compreende instrução, defesa e relatório;

III. Julgamento.

Prazo para Conclusão do Processo Disciplinar

O Art. 152 estipula que o prazo para a conclusão do processo disciplinar não excederá 60 (sessenta) dias, contados da data de publicação do ato que constituir a comissão, admitida a sua prorrogação por igual prazo, quando as circunstâncias o exigirem.

Do Inquérito

O Art. 153 da Lei 8.112 determina que o inquérito administrativo, que corresponde à apuração propriamente dita, obedecerá ao princípio do contraditório, assegurada ao acusado ampla defesa, com a utilização dos meios e recursos admitidos em direito.

Se tiver sido realizada sindicância prévia, os autos da mesma integrarão o processo disciplinar, como peça informativa da instrução.

Na hipótese de o relatório da sindicância concluir que a infração está capitulada como ilícito penal, a autoridade competente encaminhará cópia dos autos ao Ministério Público, independentemente da imediata instauração do processo disciplinar.

Na fase do inquérito, a comissão deverá promover a tomada de depoimentos, acareações, investigações e diligências cabíveis, objetivando a coleta de prova, recorrendo, quando necessário, a técnicos e peritos, de modo a permitir a completa elucidação dos fatos.

É assegurado ao servidor o direito de acompanhar o processo pessoalmente ou por intermédio de procurador, bem como arrolar e reinquirir testemunhas, produzir provas e contraprovas e formular quesitos, quando se tratar de prova pericial.

No entanto, o presidente da comissão poderá denegar pedidos considerados impertinentes, meramente protelatórios, ou de nenhum interesse para o esclarecimento dos fatos. Além disso, deverá ser indeferido o pedido de prova pericial, quando a comprovação do fato independer de conhecimento especial de perito.

Testemunhas

As testemunhas serão intimadas a depor mediante mandado expedido pelo presidente da comissão, devendo a segunda via, com o ciente do interessado, ser anexada aos autos.

Se a testemunha for servidor público, a expedição do mandado será imediatamente comunicada ao chefe da repartição onde serve, com a indicação do dia e hora marcados para inquirição.

O depoimento será prestado oralmente e reduzido a termo, não sendo lícito à testemunha trazê-lo por escrito, sendo que as testemunhas deverão ser inquiridas separadamente.

Na hipótese de depoimentos contraditórios ou que se infirmem, proceder-se-á à acareação entre os depoentes.

Interrogatório do Acusado

Concluída a inquirição das testemunhas, a comissão promoverá o interrogatório do acusado.

No caso de existir mais de um acusado, cada um deles será ouvido separadamente, e sempre que divergirem em suas declarações sobre fatos ou circunstâncias, será promovida a acareação entre eles.

O procurador do acusado poderá assistir ao interrogatório, bem como à inquirição das testemunhas, sendo-lhe vedado interferir nas perguntas e respostas, podendo, porém, reinquiri-las, por intermédio do presidente da comissão.

Quando houver dúvida sobre a sanidade mental do acusado, a comissão proporá à autoridade competente que ele seja submetido a exame por junta médica oficial, da qual participe pelo menos um médico psiquiatra.

Citação do Servidor e Apresentação de Defesa

O Art. 161 da Lei 8.112 estipula que, tipificada a infração disciplinar, será formulada a indiciação do servidor, com a especificação dos fatos a ele imputados e das respectivas provas.

O indiciado será citado por mandado expedido pelo presidente da comissão para apresentar defesa escrita, no prazo de 10 (dez) dias, sendo-lhe assegurada vista do processo na repartição.

Se, porém, houver mais de um indiciado, o prazo será comum e de 20 (vinte) dias.

Em qualquer hipótese, o prazo de defesa poderá ser prorrogado pelo dobro, para diligências reputadas indispensáveis.

No caso de recusa do indiciado em apor o ciente na cópia da citação, o prazo para defesa será contado da data declarada, em termo próprio, pelo membro da comissão que fez a citação, com a assinatura de (2) duas testemunhas.

O indiciado que mudar de residência é obrigado a comunicar à comissão o lugar onde poderá ser encontrado.

Se o indiciado estiver em lugar incerto e não sabido, será citado por edital, publicado no Diário Oficial da União e em jornal de grande circulação na localidade do último domicílio conhecido, para apresentar defesa.

Nesse caso, o prazo para defesa será de 15 (quinze) dias a partir da última publicação do edital.

Será considerado revel o indiciado que, regularmente citado, não apresentar defesa no prazo legal.

A revelia deve ser declarada, por termo, nos autos do processo e devolverá o prazo para a defesa, ou seja, o acusado terá mais 10 (dez) dias.

Para defender o indiciado revel, a autoridade instauradora do processo designará um servidor como defensor dativo, que deverá ser ocupante de cargo efetivo superior ou de mesmo nível, ou ter nível de escolaridade igual ou superior ao do indiciado.

Relatório

Apreciada a defesa apresentada pelo acusado, a comissão elaborará relatório minucioso, no qual resumirá as peças principais dos autos e mencionará as provas em que se baseou para formar a sua convicção.

O relatório será sempre conclusivo quanto à inocência ou à responsabilidade do servidor.

Reconhecida a responsabilidade do servidor, a comissão indicará o dispositivo legal ou regulamentar transgredido, bem como as circunstâncias agravantes ou atenuantes.

O processo disciplinar, com o relatório da comissão, será remetido à autoridade que determinou a sua instauração, para julgamento.

Do Julgamento

O Art. 167 determina que, no prazo de 20 (vinte) dias, contados do recebimento do processo, a autoridade julgadora proferirá a sua decisão.

Se a penalidade a ser aplicada exceder a alçada da autoridade instauradora do processo, este será encaminhado à autoridade competente, que decidirá em igual prazo.

Se houver mais de um indiciado e diversidade de penalidades, o julgamento caberá à autoridade competente para a imposição da pena mais grave.

Se for reconhecida pela comissão a inocência do servidor, a autoridade instauradora do processo determinará o seu arquivamento, salvo se flagrantemente contrária à prova dos autos.

O Art. 168 afirma que o julgamento acatará o relatório da comissão, salvo quando contrário às provas dos autos.

Nesse caso (relatório contrariando as provas dos autos), a autoridade julgadora poderá, motivadamente, agravar a penalidade proposta, abrandá-la ou isentar o servidor de responsabilidade.

Se for verificada a ocorrência de vício insanável, a autoridade que determinou a instauração do processo ou outra de hierarquia superior declarará a sua nulidade, total ou parcial, e ordenará, no mesmo ato, a constituição de outra comissão para instauração de novo processo. No entanto, o julgamento fora do prazo legal não implica nulidade do processo.

A autoridade julgadora que der causa à prescrição será responsabilizada.

Efeitos e Procedimentos Finais

Se a infração administrativa também estiver capitulada como crime, o processo disciplinar será remetido ao Ministério Público para instauração da ação penal, ficando trasladado (cópia) na repartição.

O Art. 172 determina que o servidor que responder a processo disciplinar só poderá ser exonerado a pedido, ou aposentado voluntariamente, após a conclusão do processo e o cumprimento da penalidade, acaso aplicada.

Em se tratando de servidor que houver sido exonerado pela não aprovação em estágio probatório, sua exoneração será convertida em demissão, se for o caso, em função da infração cometida.

Pagamento de Transporte e Diárias

O Art. 173 estipula que são assegurados transporte e diárias:

> Ao servidor convocado para prestar depoimento fora da sede de sua repartição, na condição de testemunha, denunciado ou indiciado;
> Aos membros da comissão e ao secretário, quando obrigados a se deslocarem da sede dos trabalhos para a realização de missão essencial ao esclarecimento dos fatos.

4.4 Revisão do Processo

O Art. 174 determina que o processo disciplinar poderá ser revisto, a qualquer tempo, a pedido ou de ofício, quando se aduzirem fatos novos ou circunstâncias suscetíveis de justificar a inocência do punido ou a inadequação da penalidade aplicada.

Em caso de falecimento, ausência ou desaparecimento do servidor, qualquer pessoa da família poderá requerer a revisão do processo.

Já no caso de incapacidade mental do servidor, a revisão será requerida pelo respectivo curador.

O Art. 175 determina que, no processo revisional, o ônus da prova cabe ao requerente. Ou seja, cabe ao solicitante demonstrar sua inocência ou inadequação da penalidade aplicada, diferentemente do que ocorre no processo administrativo disciplinar, em que cabe à acusação demonstrar o que alega.

E, nesse sentido, o Art. 176 acrescenta que a simples alegação de injustiça da penalidade não constitui fundamento para a revisão, que requer elementos novos, ainda não apreciados no processo originário.

O requerimento de revisão do processo deverá ser dirigido ao Ministro de Estado ou autoridade equivalente, que, se autorizar a revisão, encaminhará o pedido ao dirigente do órgão ou entidade onde se originou o processo disciplinar

Na petição inicial, o requerente pedirá dia e hora para a produção de provas e inquirição das testemunhas que arrolar.

Se for deferida a petição de revisão, a autoridade competente providenciará a constituição de comissão revisora.

A comissão revisora terá 60 (sessenta) dias para a conclusão dos trabalhos.

O Art. 180 estipula que se aplicam aos trabalhos da comissão revisora, naquilo que couber, as normas e procedimentos próprios da comissão do processo disciplinar.

O julgamento da revisão caberá à autoridade que aplicou a penalidade, sendo que o prazo para tal julgamento é de 20 (vinte) dias, contados do recebimento do processo, no curso do qual a autoridade julgadora poderá determinar diligências.

Se a revisão for julgada procedente, será declarada sem efeito a penalidade aplicada, restabelecendo-se todos os direitos do servidor, exceto em relação à destituição do cargo em comissão, que será convertida em exoneração.

Da revisão do processo não poderá resultar agravamento de penalidade.

Questões

(Esaf) A respeito do Processo Administrativo Disciplinar, de que trata a Lei n. 8.112/90:

01. os processos disciplinares não exigem a intimação do indiciado para o oferecimento de alegações finais após a conclusão do relatório final.

Certo ( ) Errado ( )

02. o fato de encontrar-se o servidor em gozo de licença médica para tratamento de saúde não constitui óbice à demissão.

Certo ( ) Errado ( )

03. antes da decisão final a ser proferida em Processo Administrativo Disciplinar, cabe a juntada de documentos que noticiam fatos novos que poderiam influenciar no julgamento, em observância ao princípio da ampla defesa.

Certo ( ) Errado ( )

04. quando o relatório da comissão contrariar as provas dos autos, a autoridade julgadora poderá, motivadamente, abrandá-la ou isentar o servidor de responsabilidade, sendo-lhe vedado agravar a penalidade proposta.

Certo ( ) Errado ( )

05. a circunstância de encontrar-se o servidor em vias de aposentar-se por invalidez não constitui óbice à demissão, como não constituiria a própria aposentadoria que, para tanto, estaria sujeita à cassação, na forma do Art. 134 da Lei n. 8.112/90.

Certo ( ) Errado ( )

Gabaritos

01	CERTO
02	CERTO
03	CERTO
04	ERRADO
05	CERTO

5. SEGURIDADE SOCIAL DO SERVIDOR

O Título VI da Lei nº 8.112/90 trata da seguridade social do servidor público civil federal.

De acordo com o Art. 194 da Constituição Federal, a seguridade social no Brasil abrange os direitos relacionados à saúde, à previdência e à assistência social.

Trataremos a seguir dos dispositivos mais importantes da Lei, referentes à seguridade do servidor.

As regras relativas à aposentadoria do servidor público foram sensivelmente alteradas por Emendas Constitucionais, que tornaram inconstitucionais diversas disposições da Lei nº 8.112/90.

5.1 Disposições Gerais

O Art. 183 da Lei nº 8.112 estipula que a União deverá manter Plano de Seguridade Social para o servidor e sua família, o qual, de acordo com o Art. 184, deverá cobrir os riscos a que estão sujeitos o servidor e sua família, e compreendendo um conjunto de benefícios e ações que atendam às seguintes finalidades:

> ***I.*** *Garantir meios de subsistência nos eventos de doença, invalidez, velhice, acidente em serviço, inatividade, falecimento e reclusão;*
>
> ***II.*** *Proteção à maternidade, à adoção e à paternidade;*
>
> ***III.*** *Assistência à saúde.*

Detalhando ainda mais, o Art. 185 estabelece que os benefícios do Plano de Seguridade Social do servidor compreendem:

> ***I.*** *Quanto ao servidor:*
>
> ***a)*** *aposentadoria;*
>
> ***b)*** *auxílio-natalidade;*
>
> ***c)*** *salário-família;*
>
> ***d)*** *licença para tratamento de saúde;*
>
> ***e)*** *licença à gestante, à adotante e licença-paternidade;*
>
> ***f)*** *licença por acidente em serviço;*
>
> ***g)*** *assistência à saúde;*
>
> ***h)*** *garantia de condições individuais e ambientais de trabalho satisfatórias;*
>
> ***II.*** *quanto ao dependente:*
>
> ***a)*** *pensão vitalícia e temporária;*
>
> ***b)*** *auxílio-funeral;*
>
> ***c)*** *auxílio-reclusão;*
>
> ***d)*** *assistência à saúde.*

No entanto, o servidor ocupante de cargo em comissão que não seja, simultaneamente, ocupante de cargo ou emprego efetivo na Administração Pública direta, autárquica e fundacional não terá direito aos benefícios do Plano de Seguridade Social, com exceção da assistência à saúde. Nesse caso, ele será atendido pelas regras gerais da Seguridade Social, aplicáveis aos trabalhadores da iniciativa privada.

O servidor afastado ou licenciado do cargo efetivo, sem direito à remuneração, inclusive para servir em organismo oficial internacional do qual o Brasil seja membro efetivo ou com o qual coopere, ainda que contribua para regime de previdência social no exterior, terá suspenso o seu vínculo com o regime do Plano de Seguridade Social do Servidor Público enquanto durar o afastamento ou a licença, não lhes assistindo, neste período, os benefícios do mencionado regime de previdência.

Por outro lado, será assegurada ao servidor licenciado ou afastado sem remuneração a manutenção da vinculação ao regime do Plano de Seguridade Social do Servidor Público, desde que o servidor efetue o recolhimento mensal da respectiva contribuição, no mesmo percentual devido pelos servidores em atividade.

O recebimento indevido de benefícios, havidos por fraude, dolo ou má-fé, implicará devolução ao erário do total auferido, sem prejuízo da ação penal cabível.

5.2 Benefícios

Aposentadoria

Sobre a aposentadoria do servidor público, ocorreram muitas modificações por alteração direta da Constituição Federal, no que se refere aos requisitos para fruição do benefício.

Atualmente, o Art. 40 da Constituição Federal estipula que a aposentadoria do servidor público poderá se dar:

> ***I.*** *por incapacidade permanente para o trabalho, no cargo em que estiver investido, quando insuscetível de readaptação, hipótese em que será obrigatória a realização de avaliações periódicas para verificação da continuidade das condições que ensejaram a concessão da aposentadoria, na forma de lei do respectivo ente federativo;*
>
> ***II.*** *compulsoriamente, com proventos proporcionais ao tempo de contribuição, aos 70 (setenta) anos de idade, ou aos 75 (setenta e cinco) anos de idade, na forma de lei complementar;*
>
> ***III.*** *no âmbito da União, aos 62 (sessenta e dois) anos de idade, se mulher, e aos 65 (sessenta e cinco) anos de idade, se homem, e, no âmbito dos Estados, do Distrito Federal e dos Municípios, na idade mínima estabelecida mediante emenda às respectivas Constituições e Leis Orgânicas, observados o tempo de contribuição e os demais requisitos estabelecidos em lei complementar do respectivo ente federativo.*

Os requisitos de tempo de idade de contribuição são reduzidos em cinco anos para o professor que comprove o tempo mínimo previsto em lei complementar do ente da federação de efetivo exercício das funções de magistério na educação infantil e no ensino fundamental e médio.

O valor dos proventos dependerá da data de ingresso do servidor no serviço público, pois para alguns eles serão integrais; para outros, serão a média das 80% maiores contribuições, calculadas sobre o salário integral; e, para outros, serão a média das 80% maiores contribuições, calculadas sobre o teto do INSS.

Auxílio-Natalidade

O auxílio-natalidade é devido à servidora por motivo de nascimento de filho, em quantia equivalente ao menor vencimento do serviço público, inclusive no caso de natimorto (bebê nascido sem vida).

Na hipótese de parto múltiplo (gêmeos), o valor será acrescido de 50% (cinquenta por cento), por nascituro.

O auxílio será pago ao cônjuge ou companheiro servidor público, quando a parturiente não for servidora.

Salário-Família

De acordo com o Art. 197 da Lei nº 8.112/90, o salário-família é devido ao servidor ativo ou ao inativo, por dependente econômico.

Consideram-se dependentes econômicos para efeito de percepção do salário-família:

> O cônjuge ou companheiro e os filhos, inclusive os enteados até 21 (vinte e um) anos de idade ou, se estudante, até 24 (vinte e quatro) anos ou, se inválido, de qualquer idade;
> O menor de 21 (vinte e um) anos que, mediante autorização judicial, viver na companhia e a expensas do servidor, ou do inativo;
> A mãe e o pai sem economia própria.

No entanto, não se configura a dependência econômica quando o beneficiário do salário-família perceber rendimento do trabalho ou de qualquer outra fonte, inclusive pensão ou provento da aposentadoria, em valor igual ou superior ao salário-mínimo.

Quando o pai e mãe forem servidores públicos e viverem em comum, o salário-família será pago a um deles, somente. Quando forem separados, será pago a um e outro, de acordo com a distribuição dos dependentes.

Equiparam-se ao pai e à mãe o padrasto, a madrasta e, na falta destes, os representantes legais dos incapazes.

O salário-família não está sujeito a qualquer tributo, nem serve de base para qualquer contribuição, inclusive para a Previdência Social.

O afastamento do cargo efetivo, sem remuneração, não acarreta a suspensão do pagamento do salário-família.

Licença para Tratamento de Saúde

O Art. 202 da Lei nº 8.112 determina que será concedida ao servidor licença para tratamento de saúde, a pedido ou de ofício, com base em perícia médica, sem prejuízo da remuneração a que fizer jus.

Em regra, a licença será concedida com base em perícia oficial. No entanto, se o prazo for inferior a 15 (quinze) dias, dentro de 1 (um) ano, poderá ser dispensada a perícia oficial, na forma definida em regulamento.

Sempre que necessário, a inspeção médica será realizada na residência do servidor ou no estabelecimento hospitalar onde se encontrar internado.

A perícia oficial será efetuada por cirurgiões-dentistas, nas hipóteses em que abranger o campo de atuação da odontologia.

Inexistindo médico no órgão ou entidade no local onde se encontra ou tenha exercício em caráter permanente o servidor, e não havendo convênio com o Sistema Único de Saúde, será aceito atestado proveniente de médico particular.

A licença que exceder o prazo de 120 (cento e vinte) dias no período de 12 (doze) meses, a contar do primeiro dia de afastamento será concedida mediante avaliação por junta médica oficial. Ou seja, nesse caso, não bastará a inspeção feita por um médico público, devendo ser feita por uma junta médica.

O Art. 205 determina que o atestado e o laudo da junta médica não se referirão ao nome ou à natureza da doença, salvo quando se tratar de lesões produzidas por acidente em serviço, doença profissional ou doenças que deem ensejo à aposentadoria por invalidez.

O Art. 206 estipula que o servidor que apresentar indícios de lesões orgânicas ou funcionais será submetido à inspeção médica, mesmo sem sua solicitação.

Todo servidor será submetido a exames médicos periódicos, nos termos e condições definidos em regulamento.

Licença à Gestante, à Adotante e Licença-Paternidade

Licença à Gestante

O Art. 207 da Lei nº 8.112/90 determina que será concedida licença à servidora gestante por 120 (cento e vinte) dias consecutivos, sem prejuízo da remuneração.

A licença poderá ter início no primeiro dia do nono mês de gestação, salvo antecipação por prescrição médica.

No caso de nascimento prematuro, a licença terá início a partir do parto.

No caso de natimorto, decorridos 30 (trinta) dias do evento, a servidora será submetida a exame médico, e se julgada apta, reassumirá o exercício.

No caso de aborto atestado por médico oficial, a servidora terá direito a 30 (trinta) dias de repouso remunerado.

Além da licença à gestante, o Art. 209 da Lei nº 8.112/90 estipula que, para amamentar o próprio filho, até a idade de seis meses, a servidora lactante terá direito, durante a jornada de trabalho, a uma hora de descanso, que poderá ser parcelada em dois períodos de meia hora.

Licença à Adotante

O Art. 210 estabelece que à servidora que adotar ou obtiver guarda judicial de criança até 1 (um) ano de idade, serão concedidos 90 (noventa) dias de licença remunerada.

No caso de adoção ou guarda judicial de criança com mais de 1 (um) ano de idade, o prazo será de 30 (trinta) dias.

Licença-Paternidade

O Art. 208 afirma que, pelo nascimento ou adoção de filhos, o servidor terá direito à licença-paternidade de 5 (cinco) dias consecutivos.

Licença por Acidente em Serviço

O servidor acidentado em serviço será licenciado, com direito à remuneração integral.

É considerado acidente em serviço o dano físico ou mental sofrido pelo servidor, que se relacione, mediata ou imediatamente, com as atribuições do cargo exercido.

Equipara-se também ao acidente em serviço o dano:

> Decorrente de agressão sofrida e não provocada pelo servidor no exercício do cargo;
> Sofrido no percurso da residência para o trabalho e vice-versa.

O servidor acidentado em serviço que necessite de tratamento especializado poderá ser tratado em instituição privada, à conta de recursos públicos.

No entanto, tal tratamento deverá ser recomendado por junta médica oficial, constituindo medida de exceção e somente será admissível quando inexistirem meios e recursos adequados em instituição pública.

A prova do acidente deverá ser feita no prazo de 10 (dez) dias, prorrogável quando as circunstâncias o exigirem.

Pensão

O Art. 215 da Lei nº 8.112/90 estabelece que, por morte do servidor, os dependentes, nas hipóteses legais, fazem jus à pensão a partir da data de óbito.

De acordo com a redação atual do Art. 217, são beneficiários da pensão:

> o cônjuge ou companheiro(a);

> o cônjuge divorciado ou separado de fato que receba pensão alimentícia determinada judicialmente;

> o filho de qualquer condição que se enquadre em uma das seguintes hipóteses:
  » menor de 21 anos;
  » inválido;
  » tenha deficiência intelectual ou mental;

> a mãe e o pai que comprovem dependência econômica do servidor; e

> o irmão de qualquer condição que comprove dependência econômica do servidor e que também se enquadre em uma das seguintes hipóteses:
  » menor de 21 anos;
  » inválido;
  » tenha deficiência intelectual ou mental.

A concessão de pensão a cônjuge (convivente, divorciado ou separado) ou a filho exclui a concessão a pais ou irmãos.

A concessão de pensão a pais exclui a concessão a irmãos.

O enteado e o menor tutelado equiparam-se a filho, mediante declaração do servidor e desde que comprovada dependência econômica, na forma estabelecida em regulamento.

O Art. 218 estipula que, ocorrendo habilitação de vários titulares à pensão, o seu valor será distribuído em partes iguais entre os beneficiários habilitados. Assim, por exemplo, se o servidor falecido deixar cônjuge e filho habilitado ao recebimento da pensão, ambos receberão metade do valor do benefício. Em caso de morte ou perda da qualidade de beneficiário, a respectiva cota reverterá para os cobeneficiários.

A pensão poderá ser requerida a qualquer tempo. No entanto, somente poderão ser reclamados os últimos 5 (cinco) anos.

O Art. 220 da Lei estipula que não terá direito à pensão por morte:

> após o trânsito em julgado, o beneficiário condenado pela prática de crime de que tenha dolosamente resultado a morte do servidor;

> o cônjuge, o companheiro ou a companheira se comprovada, a qualquer tempo, simulação ou fraude no casamento ou na união estável, ou a formalização desses com o fim exclusivo de constituir benefício previdenciário, apuradas em processo judicial no qual será assegurado o direito ao contraditório e à ampla defesa.

Pensão por Morte Presumida

O Art. 221 da Lei nº 8.112/90 determina que será concedida pensão provisória por morte presumida do servidor, nos seguintes casos:

> Declaração de ausência, pela autoridade judiciária competente;

> Desaparecimento em desabamento, inundação, incêndio ou acidente não caracterizado como em serviço;

> Desaparecimento no desempenho das atribuições do cargo ou em missão de segurança.

A pensão provisória será transformada em vitalícia ou temporária, conforme o caso, decorridos 5 (cinco) anos de sua vigência, ressalvado o eventual reaparecimento do servidor, hipótese em que o benefício será automaticamente cancelado.

A critério da administração, o beneficiário de pensão cuja preservação seja motivada por invalidez, por incapacidade ou por deficiência poderá ser convocado a qualquer momento para avaliação das referidas condições, sendo que o não atendimento à convocação ocasionará a suspensão do benefício.

Perda da Qualidade de Beneficiário de Pensão

O Art. 222 da Lei nº 8.112 aponta as hipóteses de perda do direito à pensão:

Art. 222. *Acarreta perda da qualidade de beneficiário:*

I. *O seu falecimento;*

II. *A anulação do casamento, quando a decisão ocorrer após a concessão da pensão ao cônjuge;*

III. *A cessação da invalidez, em se tratando de beneficiário inválido, o afastamento da deficiência, em se tratando de beneficiário com deficiência, ou o levantamento da interdição, em se tratando de beneficiário com deficiência intelectual ou mental que o torne absoluta ou relativamente incapaz, respeitados os períodos mínimos decorrentes da aplicação das alíneas 'a' e 'b' do inciso VII;*

IV. *O implemento da idade de 21 (vinte e um) anos, pelo filho ou irmão;*

V. *A acumulação de pensão (mais de uma pensão);*

VI. *A renúncia expressa; e*

VII. *Em relação aos cônjuges ou companheiros:*

a) *o decurso de 4 (quatro) meses, se o óbito ocorrer sem que o servidor tenha vertido 18 (dezoito) contribuições mensais ou se o casamento ou a união estável tiverem sido iniciados em menos de 2 (dois) anos antes do óbito do servidor;*

b) *o decurso dos seguintes períodos, estabelecidos de acordo com a idade do pensionista na data de óbito do servidor, depois de vertidas 18 (dezoito) contribuições mensais e pelo menos 2 (dois) anos após o início do casamento ou da união estável:*

1) 3 (três) anos, com menos de 21 (vinte e um) anos de idade;

2) 6 (seis) anos, entre 21 (vinte e um) e 26 (vinte e seis) anos de idade;

3) 10 (dez) anos, entre 27 (vinte e sete) e 29 (vinte e nove) anos de idade;

4) 15 (quinze) anos, entre 30 (trinta) e 40 (quarenta) anos de idade;

5) 20 (vinte) anos, entre 41 (quarenta e um) e 43 (quarenta e três) anos de idade;

6) vitalícia, com 44 (quarenta e quatro) ou mais anos de idade.

Auxílio-Funeral

O auxílio-funeral é devido à família do servidor falecido na atividade ou aposentado, em valor equivalente a um mês da remuneração ou provento.

No caso de acumulação legal de cargos, o auxílio será pago somente em razão do cargo de maior remuneração.

O auxílio deverá ser pago no prazo de 48 (quarenta e oito) horas, por meio de procedimento sumaríssimo, à pessoa da família que houver custeado o funeral.

Se o funeral for custeado por terceiro, este será indenizado, também no prazo de 48 horas.

Em caso de falecimento de servidor em serviço fora do local de trabalho, inclusive no exterior, as despesas de transporte do corpo correrão à conta de recursos da União, autarquia ou fundação pública.

Auxílio-Reclusão

O Art. 229 da Lei nº 8.112/90 garante à família do servidor ativo o direito ao auxílio-reclusão, nos seguintes valores:

> Dois terços da remuneração, quando afastado por motivo de prisão, em flagrante ou preventiva, determinada pela autoridade competente, enquanto perdurar a prisão;

> Metade da remuneração, durante o afastamento, em virtude de condenação, por sentença definitiva, a pena que não determine a perda de cargo.

> No caso de prisão em flagrante ou preventiva, o servidor terá direito à integralização da remuneração, se for posteriormente absolvido.

O pagamento do auxílio-reclusão cessa a partir do dia seguinte ao que o servidor for posto em liberdade, ainda que condicional.

5.3 Assistência à Saúde

De acordo com o Art. 230 da Lei nº 8.112:

A assistência à saúde do servidor, ativo ou inativo, e de sua família compreende assistência médica, hospitalar, odontológica, psicológica e farmacêutica, terá como diretriz básica o implemento de ações preventivas voltadas para a promoção da saúde e será prestada pelo Sistema Único de Saúde - SUS, diretamente pelo órgão ou entidade ao qual estiver vinculado o servidor, ou mediante convênio ou contrato, ou ainda na forma de auxílio, mediante ressarcimento parcial do valor despendido pelo servidor, ativo ou inativo, e seus dependentes ou pensionistas com planos ou seguros privados de assistência à saúde, na forma estabelecida em regulamento.

No caso de ressarcimento do valor despendido pelo servidor, o valor fica limitado ao total despendido pelo servidor ou pensionista civil com plano ou seguro privado de assistência à saúde.

Além disso, o mesmo artigo permite que a União e suas entidades autárquicas e fundacionais:

> Celebrem convênios exclusivamente para a prestação de serviços de assistência à saúde para os seus servidores ou empregados ativos, aposentados, pensionistas, bem como para seus respectivos grupos familiares definidos, com entidades de autogestão por elas patrocinadas;

> Contratem, mediante licitação, na forma da Lei nº 8.666, de 21 de junho de 1993, operadoras de planos e seguros privados de assistência à saúde que possuam autorização de funcionamento do órgão regulador;

Questões

(PR-4) Alvo permanente de setores que defendem a privatização de serviços essenciais prestados pelo Estado, a seguridade social é um direito fundamental e uma conquista dos trabalhadores. Assinale, adiante, a alternativa com afirmação correta sobre o que estabelece a Lei Federal nº 8.112/1990 a respeito da Seguridade Social do Servidor.

01. O servidor ocupante de cargo em comissão que não seja, simultaneamente, ocupante de cargo ou emprego efetivo na Administração Pública terá direito aos benefícios do Plano de Seguridade Social, com exceção da assistência à saúde.

Certo ( ) Errado ( )

02. Não será assegurada ao servidor licenciado ou afastado sem remuneração a manutenção da vinculação ao regime do Plano de Seguridade Social do Servidor Público.

Certo ( ) Errado ( )

03. As aposentadorias e pensões serão concedidas e mantidas pelos órgãos ou entidades aos quais se encontram vinculados os servidores.

Certo ( ) Errado ( )

04. O Plano de Seguridade Social assegura cobertura aos riscos a que estão sujeitos o servidor e sua família, exclusivamente nos casos do exercício de funções consideradas insalubres ou perigosas.

Certo ( ) Errado ( )

05. Os benefícios do Plano de Seguridade Social do servidor não compreendem, quanto ao servidor, o salário-família.

Certo ( ) Errado ( )

Gabaritos

01	ERRADO
02	ERRADO
03	CERTO
04	ERRADO
05	ERRADO

6. LEI Nº 13.869, DE 5 DE SETEMBRO DE 2019

A lei de abuso de autoridade é o epíteto da Lei 13.869, de 5 de setembro de 2019, que possui sua base constitucional no art. 5º, inciso XXXIV, alínea "a" de nossa Magna Carta, dispositivo que trata do direito de petição em face dos Poderes Públicos em defesa de direitos contra a ilegalidade ou abuso de poder. Seu objetivo é buscar combater a arbitrariedade no exercício do poder pelos agentes públicos em geral, criminalizando uma série de condutas que anteriormente no máximo eram considerados ilícitos administrativos.

Deve-se ter em mente, no entanto, que o conceito de "abuso de autoridade" usado pela lei refere-se ao seu conceito legal - subordinado ao princípio da legalidade penal - , sendo mais estrito que o conceito visto em Direito Administrativo em geral.

Essa nova lei revogou expressamente a Lei 4.898/1965, que tratava do mesmo assunto.

Importante observar que o prazo de "vacatio legis" (prazo para a lei entrar em vigor) previsto no art. 45 da lei é de 120 dias, contados a partir de sua publicação oficial, a qual ocorreu no dia 5 de setembro de 2019.

A lei sofreu diversos vetos pelo Presidente da República, sendo que vários deles foram derrubados pelo Congresso Nacional.

De uma certa forma polêmica, é certo que muitos dispositivos da referida lei estão sendo e serão questionados quanto à sua constitucionalidade, devendo estar-se atento a eventuais pronunciamentos do Supremo Tribunal Federal sobre a lei.

Por ser uma lei que trata diretamente da conduta de agentes públicos, deve ser bastante cobrada em provas, especialmente em carreiras policiais e jurídicas.

Para melhor clareza, estudaremos os dispositivos da lei um a um, comentando-os, desprezando-se, porém, aqueles que foram vetados pelo Presidente da República e cujo veto não foi derrubado pelo Congresso Nacional.

Disposições gerais

> ***Art. 1º*** *Esta Lei define os crimes de abuso de autoridade, cometidos por agente público, servidor ou não, que, no exercício de suas funções ou a pretexto de exercê-las, abuse do poder que lhe tenha sido atribuído.*
>
> ***§ 1º*** *As condutas descritas nesta Lei constituem crime de abuso de autoridade quando praticadas pelo agente com a finalidade específica de prejudicar outrem ou beneficiar a si mesmo ou a terceiro, ou, ainda, por mero capricho ou satisfação pessoal.*
>
> ***§ 2º*** *A divergência na interpretação de lei ou na avaliação de fatos e provas não configura abuso de autoridade.*

O Art. 1º da Lei deixa claro que suas disposições se aplicam aos agentes públicos em geral, seja ou não servidor (vide no próximo tópico o conceito de agente público, para os efeitos dessa lei).

Por outro lado, também deixa claro que as condutas previstas na lei somente serão consideradas criminosas se forem praticadas com o dolo específico de prejudicar ou beneficiar alguém, ou quando o ato for praticado por mero capricho ou satisfação pessoal. Sendo assim, os crimes previstos na lei não admitem a modalidade culposa (que é quando o agente não tem a intenção de produzir o resultado, mas age com imprudência, imperícia ou negligência).

Por fim, especialmente visando tranquilizar o trabalho dos juízes e autoridades policiais, e até para evitar que sejam vítimas de perseguições políticas, o parágrafo 2º do art. 1º estipula que a divergência na interpretação da lei ou avaliação de fatos e provas não configura abuso de autoridade.

Sujeitos do crime

> ***Art. 2º*** *É sujeito ativo do crime de abuso de autoridade qualquer agente público, servidor ou não, da administração direta, indireta ou fundacional de qualquer dos Poderes da União, dos Estados, do Distrito Federal, dos Municípios e de Território, compreendendo, mas não se limitando a:*
>
> ***I.*** *servidores públicos e militares ou pessoas a eles equiparadas;*
>
> ***II.*** *membros do Poder Legislativo;*
>
> ***III.*** *membros do Poder Executivo;*
>
> ***IV.*** *membros do Poder Judiciário;*
>
> ***V.*** *membros do Ministério Público;*
>
> ***VI.*** *membros dos tribunais ou conselhos de contas.*
>
> ***Parágrafo único.*** *Reputa-se agente público, para os efeitos desta Lei, todo aquele que exerce, ainda que transitoriamente ou sem remuneração, por eleição, nomeação, designação, contratação ou qualquer outra forma de investidura ou vínculo, mandato, cargo, emprego ou função em órgão ou entidade abrangidos pelo caput deste art..*

Sujeito ativo de um crime é a pessoa que pode praticá-lo, ou seja, é aquele a quem pode ser imputada a prática do crime.

No caso dos crimes previstos na Lei de Abuso de Autoridade, todo agente público pode incorrer em suas penas, ainda que não seja servidor público, trazendo os incisos do art. 2º apenas exemplos, conforme o "caput" deixa claro, ao dizer *"compreendendo, mas não se limitando a"*.

Por sua vez, o conceito de agente público utilizado pela lei é bastante amplo, assemelhando-se àquele utilizado pela Lei de Improbidade Administrativa.

Assim, para a Lei de Abuso de Autoridade, basta que a pessoa exerça um cargo, mandato, emprego ou função em órgão da Administração Direta ou entidade da Administração Indireta, mesmo que de forma transitória ou sem remuneração, alcançando, desta forma, até mesmo trabalhadores terceirizados ou temporários.

Ação penal

Os crimes previstos na Lei de Abuso de Autoridade são de ação penal pública incondicionada.

Isso quer dizer que quem é o titular legitimado para propor a ação, processando o agente público, é o Ministério Público, não havendo sequer necessidade de representação por parte de algum ofendido. Assim, tomando o Ministério Público conhecimento da prática de ato que configure abuso de autoridade, deverá ele propor de ofício a ação penal respectiva, mesmo que ninguém o requeira.

No entanto, até em obediência à norma constitucional, a mesma lei estabelece que será admitida ação privada se a ação penal pública não for intentada no prazo legal, cabendo ao Ministério Público aditar a queixa, repudiá-la e oferecer denúncia substitutiva, intervir em todos os termos do processo, fornecer elementos de prova, interpor recurso e, a todo tempo, no caso de negligência do querelante, retomar a ação como parte principal.

Ou seja, se o Ministério Público não apresentar a ação no prazo legal, poderá o ofendido - na condição de querelante - propor ele mesmo a ação, desde que o faça, de acordo com o § 2º do Art. 3º, no prazo de 6 meses contados da data em que se esgotar o prazo para oferecimento da denúncia.

Porém, ainda que seja o particular que proponha a ação (ação privada subsidiária da pública), continua sendo o Ministério Público o seu titular, podendo ele intervir no processo, inclusive interpondo recursos e retomando a ação como parte principal, no caso de negligência do querelante.

O Art. 39 da Lei de Abuso de Autoridade estipula que, na condução da ação penal, devem ser aplicadas as normas do Código de Processo Penal e da Lei dos Juizados Especiais (Lei 9.099/95), o que, permite, por exemplo, desde que atendidos os requisitos desta última, considerar-se o crime como de pequeno potencial ofensivo e aplicar-se o "sursis" processual, suspendendo o processo respectivo.

Efeitos da condenação e penas restritivas de direitos

O Capítulo IV da Lei 13.869/19 trata dos efeitos da condenação e também das penas restritivas de direitos que poderão ser aplicadas no caso dos crimes de abuso de autoridade.

Efeitos da condenação

A lei determina em seu art. 4º que são efeitos da condenação:

a) tornar certa a obrigação de indenizar o dano causado pelo crime, devendo o juiz, a requerimento do ofendido, fixar na sentença o valor mínimo para reparação dos danos causados pela infração, considerando os prejuízos por ele sofridos;

b) a inabilitação para o exercício de cargo, mandato ou função pública, pelo período de 1 (um) a 5 (cinco) anos;

c) a perda do cargo, do mandato ou da função pública.

Os efeitos previstos nos itens b) e c), porém, somente ocorrerão se houver reincidência em crime de abuso de autoridade e não são automáticos, ou seja, para que ocorram, o juiz deve prevê-los expressamente e de forma justificada em sua decisão.

Deve-se observar que, além desses efeitos específicos, existem outros, previstos na Constituição Federal ou em outras leis, como a perda dos direitos políticos após o trânsito em julgado da condenação (art. 15, inciso III, da CF).

Penas restritivas de direitos

A Constituição Federal, em seu Art. 5º, inciso XLVI, prevê a aplicação de penas alternativas à prisão, nos casos e na forma previstos em lei.

No caso dos crimes de abuso de autoridade, o Art. 5º da Lei 13.869/19 prevê as seguintes:

a) prestação de serviços à comunidade ou a entidades públicas; e

b) suspensão do exercício do cargo, da função ou do mandato, pelo prazo de 1 (um) a 6 (seis) meses, com a perda dos vencimentos e das vantagens.

Essas penas podem ser aplicadas de forma autônoma ou cumulativamente. Além disso, cabe ao juiz, com base nos critérios previstos no Código Penal, decidir se substituição da pena de prisão por essas penas é adequado e suficiente em cada caso.

Sanções de natureza civil e administrativa

Além das imposições de caráter penal - prisão ou aplicação de penas restritivas de direitos -, a Lei de Abuso de Autoridade prevê que podem ser aplicadas concomitantemente as penalidades de natureza civil e administrativa cabíveis em cada caso.

Isso decorre do princípio da independência entre as instâncias penal, civil e administrativa.

As notícias de crimes previstos na Lei 13.869/19 que também configurarem falta funcional deverão serão informadas à autoridade competente para a abertura de eventual processo administrativo disciplinar.

Embora o Art. 7º da lei estipule que as responsabilidades civil e administrativa são independentes da criminal, deixa ele claro que não se pode questionar sobre a existência ou a autoria do fato quando essas questões tenham sido decididas no juízo criminal.

Ou seja, se o juiz criminal decidiu que não houve crime ou que ficou provado que quem praticou o crime não foi o acusado, ele não poderá ser responsabilizado nas esferas cível e administrativo. No entanto, se o acusado for absolvido no âmbito penal por falta de provas, poderá ser condenado civil e administrativamente.

O Art. 8º também traz disposição importante, ao determinar que faz coisa julgada em âmbito cível, assim como no administrativo-disciplinar, a sentença penal que reconhecer expressamente ter sido o ato praticado com alguma excludente de ilicitude (estado de necessidade, legítima defesa, estrito cumprimento de dever legal ou exercício regular de direito).

Dos crimes e das penas

Em seus Art. 9º a 38, traz a Lei 13.869/19 a descrição dos diversos crimes que configuram abuso de autoridade no âmbito criminal, lembrando que o princípio da legalidade do direito penal estipula que alguém só pode ser acusado de um crime se a conduta respectiva estiver prevista (tipificada) previamente em lei e a mesma lei também preveja as penas aplicáveis.

Reproduzimos abaixo os artigos da lei que tipificam os crimes de abuso de autoridade, cujo estudo pertence ao campo do direito penal, devendo ser lidos com atenção:

> ***Art. 9º*** *Decretar medida de privação da liberdade em manifesta desconformidade com as hipóteses legais:*
>
> ***Pena*** *- detenção, de 1 (um) a 4 (quatro) anos, e multa.*
>
> ***Parágrafo único.*** *Incorre na mesma pena a autoridade judiciária que, dentro de prazo razoável, deixar de:*
>
> ***I.*** *relaxar a prisão manifestamente ilegal;*
>
> ***II.*** *substituir a prisão preventiva por medida cautelar diversa ou de conceder liberdade provisória, quando manifestamente cabível;*
>
> ***III.*** *deferir liminar ou ordem de habeas corpus, quando manifestamente cabível.*
>
> ***Art. 10.*** *Decretar a condução coercitiva de testemunha ou investigado manifestamente descabida ou sem prévia intimação de comparecimento ao juízo:*

Pena - detenção, de 1 (um) a 4 (quatro) anos, e multa.

Art. 11. (VETADO).

Art. 12. Deixar injustificadamente de comunicar prisão em flagrante à autoridade judiciária no prazo legal:

Pena - detenção, de 6 (seis) meses a 2 (dois) anos, e multa.

Parágrafo único. Incorre na mesma pena quem:

I. deixa de comunicar, imediatamente, a execução de prisão temporária ou preventiva à autoridade judiciária que a decretou;

II. deixa de comunicar, imediatamente, a prisão de qualquer pessoa e o local onde se encontra à sua família ou à pessoa por ela indicada;

III. deixa de entregar ao preso, no prazo de 24 (vinte e quatro) horas, a nota de culpa, assinada pela autoridade, com o motivo da prisão e os nomes do condutor e das testemunhas;

IV. prolonga a execução de pena privativa de liberdade, de prisão temporária, de prisão preventiva, de medida de segurança ou de internação, deixando, sem motivo justo e excepcionalíssimo, de executar o alvará de soltura imediatamente após recebido ou de promover a soltura do preso quando esgotado o prazo judicial ou legal.

Art. 13. Constranger o preso ou o detento, mediante violência, grave ameaça ou redução de sua capacidade de resistência, a:

I. exibir-se ou ter seu corpo ou parte dele exibido à curiosidade pública;

II. submeter-se a situação vexatória ou a constrangimento não autorizado em lei;

III. produzir prova contra si mesmo ou contra terceiro:

Pena - detenção, de 1 (um) a 4 (quatro) anos, e multa, sem prejuízo da pena cominada à violência.

Art. 14. (VETADO).

Art. 15. Constranger a depor, sob ameaça de prisão, pessoa que, em razão de função, ministério, ofício ou profissão, deva guardar segredo ou resguardar sigilo:

Pena - detenção, de 1 (um) a 4 (quatro) anos, e multa.

Parágrafo único. Incorre na mesma pena quem prossegue com o interrogatório:

I. de pessoa que tenha decidido exercer o direito ao silêncio; ou

II. de pessoa que tenha optado por ser assistida por advogado ou defensor público, sem a presença de seu patrono.

Art. 16. Deixar de identificar-se ou identificar-se falsamente ao preso por ocasião de sua captura ou quando deva fazê-lo durante sua detenção ou prisão:

Pena - detenção, de 6 (seis) meses a 2 (dois) anos, e multa.

Parágrafo único. Incorre na mesma pena quem, como responsável por interrogatório em sede de procedimento investigatório de infração penal, deixa de identificar-se ao preso ou atribui a si mesmo falsa identidade, cargo ou função.

Art. 17. (VETADO).

Art. 18. Submeter o preso a interrogatório policial durante o período de repouso noturno, salvo se capturado em flagrante delito ou se ele, devidamente assistido, consentir em prestar declarações:

Pena - detenção, de 6 (seis) meses a 2 (dois) anos, e multa.

Art. 19. Impedir ou retardar, injustificadamente, o envio de pleito de preso à autoridade judiciária competente para a apreciação da legalidade de sua prisão ou das circunstâncias de sua custódia:

Pena - detenção, de 1 (um) a 4 (quatro) anos, e multa.

Parágrafo único. Incorre na mesma pena o magistrado que, ciente do impedimento ou da demora, deixa de tomar as providências tendentes a saná-lo ou, não sendo competente para decidir sobre a prisão, deixa de enviar o pedido à autoridade judiciária que o seja.

Art. 20. Impedir, sem justa causa, a entrevista pessoal e reservada do preso com seu advogado:

Pena - detenção, de 6 (seis) meses a 2 (dois) anos, e multa.

Parágrafo único. Incorre na mesma pena quem impede o preso, o réu solto ou o investigado de entrevistar-se pessoal e reservadamente com seu advogado ou defensor, por prazo razoável, antes de audiência judicial, e de sentar-se ao seu lado e com ele comunicar-se durante a audiência, salvo no curso de interrogatório ou no caso de audiência realizada por videoconferência.

Art. 21. Manter presos de ambos os sexos na mesma cela ou espaço de confinamento:

Pena - detenção, de 1 (um) a 4 (quatro) anos, e multa.

Parágrafo único. Incorre na mesma pena quem mantém, na mesma cela, criança ou adolescente na companhia de maior de idade ou em ambiente inadequado, observado o disposto na Lei nº 8.069, de 13 de julho de 1990 (Estatuto da Criança e do Adolescente).

Art. 22. Invadir ou adentrar, clandestina ou astuciosamente, ou à revelia da vontade do ocupante, imóvel alheio ou suas dependências, ou nele permanecer nas mesmas condições, sem determinação judicial ou fora das condições estabelecidas em lei:

Pena - detenção, de 1 (um) a 4 (quatro) anos, e multa.

§ 1º Incorre na mesma pena, na forma prevista no caput deste art., quem:

I. coage alguém, mediante violência ou grave ameaça, a franquear-lhe o acesso a imóvel ou suas dependências;

II. (VETADO);

III. cumpre mandado de busca e apreensão domiciliar após as 21h (vinte e uma horas) ou antes das 5h (cinco horas).

§ 2º Não haverá crime se o ingresso for para prestar socorro, ou quando houver fundados indícios que indiquem a necessidade do ingresso em razão de situação de flagrante delito ou de desastre.

Art. 23. Inovar artificiosamente, no curso de diligência, de investigação ou de processo, o estado de lugar, de coisa ou de pessoa, com o fim de eximir-se de responsabilidade ou de responsabilizar criminalmente alguém ou agravar-lhe a responsabilidade:

Pena - detenção, de 1 (um) a 4 (quatro) anos, e multa.

Parágrafo único. Incorre na mesma pena quem pratica a conduta com o intuito de:

I. eximir-se de responsabilidade civil ou administrativa por excesso praticado no curso de diligência;

II. omitir dados ou informações ou divulgar dados ou informações incompletos para desviar o curso da investigação, da diligência ou do processo.

Art. 24. Constranger, sob violência ou grave ameaça, funcionário ou empregado de instituição hospitalar pública ou privada a admitir para tratamento pessoa cujo óbito já tenha ocorrido, com o fim de alterar local ou momento de crime, prejudicando sua apuração:

Pena - detenção, de 1 (um) a 4 (quatro) anos, e multa, além da pena correspondente à violência.

Art. 25. Proceder à obtenção de prova, em procedimento de investigação ou fiscalização, por meio manifestamente ilícito:

Pena - detenção, de 1 (um) a 4 (quatro) anos, e multa.

Parágrafo único. Incorre na mesma pena quem faz uso de prova, em desfavor do investigado ou fiscalizado, com prévio conhecimento de sua ilicitude.

Art. 26. (VETADO).

Art. 27. Requisitar instauração ou instaurar procedimento investigatório de infração penal ou administrativa, em desfavor de alguém, à falta de qualquer indício da prática de crime, de ilícito funcional ou de infração administrativa:

Pena *- detenção, de 6 (seis) meses a 2 (dois) anos, e multa.*

Parágrafo único. *Não há crime quando se tratar de sindicância ou investigação preliminar sumária, devidamente justificada.*

Art. 28. *Divulgar gravação ou trecho de gravação sem relação com a prova que se pretenda produzir, expondo a intimidade ou a vida privada ou ferindo a honra ou a imagem do investigado ou acusado:*

Pena *- detenção, de 1 (um) a 4 (quatro) anos, e multa.*

Art. 29. *Prestar informação falsa sobre procedimento judicial, policial, fiscal ou administrativo com o fim de prejudicar interesse de investigado:*

Pena *- detenção, de 6 (seis) meses a 2 (dois) anos, e multa.*

Parágrafo único. *(VETADO).*

Art. 30. *Dar início ou proceder à persecução penal, civil ou administrativa sem justa causa fundamentada ou contra quem sabe inocente:*

Pena *- detenção, de 1 (um) a 4 (quatro) anos, e multa.*

Art. 31. *Estender injustificadamente a investigação, procrastinando-a em prejuízo do investigado ou fiscalizado:*

Pena *- detenção, de 6 (seis) meses a 2 (dois) anos, e multa.*

Parágrafo único. *Incorre na mesma pena quem, inexistindo prazo para execução ou conclusão de procedimento, o estende de forma imotivada, procrastinando-o em prejuízo do investigado ou do fiscalizado.*

Art. 32. *Negar ao interessado, seu defensor ou advogado acesso aos autos de investigação preliminar, ao termo circunstanciado, ao inquérito ou a qualquer outro procedimento investigatório de infração penal, civil ou administrativa, assim como impedir a obtenção de cópias, ressalvado o acesso a peças relativas a diligências em curso, ou que indiquem a realização de diligências futuras, cujo sigilo seja imprescindível:*

Pena *- detenção, de 6 (seis) meses a 2 (dois) anos, e multa.*

Art. 33. *Exigir informação ou cumprimento de obrigação, inclusive o dever de fazer ou de não fazer, sem expresso amparo legal:*

Pena *- detenção, de 6 (seis) meses a 2 (dois) anos, e multa.*

Parágrafo único. *Incorre na mesma pena quem se utiliza de cargo ou função pública ou invoca a condição de agente público para se eximir de obrigação legal ou para obter vantagem ou privilégio indevido.*

Art. 34. *(VETADO).*

Art. 35. *(VETADO).*

Art. 36. *Decretar, em processo judicial, a indisponibilidade de ativos financeiros em quantia que extrapole exacerbadamente o valor estimado para a satisfação da dívida da parte e, ante a demonstração, pela parte, da excessividade da medida, deixar de corrigi-la:*

Pena *- detenção, de 1 (um) a 4 (quatro) anos, e multa.*

Art. 37. *Demorar demasiada e injustificadamente no exame de processo de que tenha requerido vista em órgão colegiado, com o intuito de procrastinar seu andamento ou retardar o julgamento:*

Pena *- detenção, de 6 (seis) meses a 2 (dois) anos, e multa.*

Art. 38. *Antecipar o responsável pelas investigações, por meio de comunicação, inclusive rede social, atribuição de culpa, antes de concluídas as apurações e formalizada a acusação:*

Pena *- detenção, de 6 (seis) meses a 2 (dois) anos, e multa.*

7. IMPROBIDADE ADMINISTRATIVA

A improbidade administrativa está prevista no texto constitucional em seu Art. 37, § 4º, que prevê:

> ***Art. 37, § 4º -*** *Os atos de improbidade administrativa importarão a suspensão dos direitos políticos, a perda da função pública, a indisponibilidade dos bens e o ressarcimento ao erário, na forma e gradação previstas em lei, sem prejuízo da ação penal cabível.*

A norma constitucional determinou que os atos de improbidade administrativa deveriam ser regulamentados para a sua execução, o que ocorreu com a edição da Lei nº 8.429/92, que dispõe sobre as sanções aplicáveis aos agentes públicos nos casos de enriquecimento ilícito no exercício de mandato, cargo, emprego ou função na administração pública direta, indireta ou fundacional e dá outras providências.

7.1 Sujeitos

Sujeito Passivo (Vítima)

A administração direta, indireta ou fundacional de qualquer dos Poderes da União, dos Estados, do Distrito Federal, dos Municípios, de Território, de empresa incorporada ao patrimônio público ou de entidade para cuja criação ou custeio o erário haja concorrido ou concorra com mais de 50% do patrimônio ou da receita anual.

Entidade que receba subvenção, benefício ou incentivo, fiscal ou creditício, de órgão público, bem como daquelas para cuja criação ou custeio o erário haja concorrido ou concorra com menos de cinquenta por cento do patrimônio ou da receita anual, limitando-se, nesses casos, a sanção patrimonial à repercussão do ilícito sobre a contribuição dos cofres públicos.

Sujeito Ativo (Pessoa que Pratica o Ato de Improbidade Administrativa)

Agente público (exceção agente político sujeito a crime de responsabilidade STF), servidores ou não, com algum tipo de vínculo nas entidades que podem ser vítimas de improbidade administrativa.

Conceito de agente público para aplicação da lei

Reputa-se agente público, para os efeitos dessa lei, todo aquele que exerce, ainda que transitoriamente ou sem remuneração, por eleição, nomeação, designação, contratação ou qualquer outra forma de investidura ou vínculo, mandato, cargo, emprego ou função nas entidades mencionadas no artigo anterior.

Qualquer pessoa que induza ou concorra com o agente público ou que se beneficie do ato.

As disposições dessa lei são aplicáveis, no que couber, àquele que, mesmo não sendo agente público, induza ou concorra para a prática do ato de improbidade ou dele se beneficie sob qualquer forma direta ou indireta.

7.2 Regras Gerais

Os agentes públicos de qualquer nível ou hierarquia são obrigados a velar pela estrita observância dos princípios de legalidade, impessoalidade, moralidade e publicidade no trato dos assuntos que lhe são afetos.

Ocorrendo lesão ao patrimônio público por ação ou omissão, dolosa ou culposa, do agente ou de terceiro, dar-se-á o integral ressarcimento do dano.

No caso de enriquecimento ilícito, perderá o agente público ou terceiro beneficiário os bens ou valores acrescidos ao seu patrimônio.

Quando o ato de improbidade causar lesão ao patrimônio público ou ensejar enriquecimento ilícito, caberá à autoridade administrativa responsável pelo inquérito representar ao Ministério Público, para a indisponibilidade dos bens do indiciado.

A indisponibilidade, a que se refere o *caput* desse artigo, recairá sobre bens que assegurem o integral ressarcimento do dano ou sobre o acréscimo patrimonial resultante do enriquecimento ilícito.

O sucessor daquele que causar lesão ao patrimônio público ou se enriquecer ilicitamente está sujeito às cominações dessa lei até o limite do valor da herança.

7.3 Modalidades

As modalidades estão previstas do Art. 9º ao 11, da Lei nº 8.429/92, e constituem um rol exemplificativo, ou seja, no caso concreto, podem existir outras situações capituladas como improbidade que não estão expressamente previstas no texto da lei.

Enriquecimento Ilícito

> ***Art. 9º.*** *Constitui ato de improbidade administrativa, importando enriquecimento ilícito auferir qualquer tipo de vantagem patrimonial indevida em razão do exercício de cargo, mandato, função, emprego ou atividade nas entidades mencionadas no Art. 1º desta lei, e notadamente:*
>
> ***I.*** *Receber, para si ou para outrem, dinheiro, bem móvel ou imóvel, ou qualquer outra vantagem econômica, direta ou indireta, a título de comissão, percentagem, gratificação ou presente de quem tenha interesse, direto ou indireto, que possa ser atingido ou amparado por ação ou omissão decorrente das atribuições do agente público;*
>
> ***II.*** *Perceber vantagem econômica, direta ou indireta, para facilitar a aquisição, permuta ou locação de bem móvel ou imóvel, ou a contratação de serviços pelas entidades referidas no Art. 1º por preço superior ao valor de mercado;*
>
> ***III.*** *Perceber vantagem econômica, direta ou indireta, para facilitar a alienação, permuta ou locação de bem público ou o fornecimento de serviço por ente estatal por preço inferior ao valor de mercado;*
>
> ***IV.*** *Utilizar, em obra ou serviço particular, veículos, máquinas, equipamentos ou material de qualquer natureza, de propriedade ou à disposição de qualquer das entidades mencionadas no Art. 1º desta lei, bem como o trabalho de servidores públicos, empregados ou terceiros contratados por essas entidades;*
>
> ***V.*** *Receber vantagem econômica de qualquer natureza, direta ou indireta, para tolerar a exploração ou a prática de jogos de azar, de lenocínio, de narcotráfico, de contrabando, de usura ou de qualquer outra atividade ilícita, ou aceitar promessa de tal vantagem;*
>
> ***VI.*** *Receber vantagem econômica de qualquer natureza, direta ou indireta, para fazer declaração falsa sobre medição ou avaliação em obras públicas ou qualquer outro serviço, ou sobre quantidade, peso, medida, qualidade ou característica de mercadorias ou bens fornecidos a qualquer das entidades mencionadas no Art. 1º desta lei;*
>
> ***VII.*** *Adquirir, para si ou para outrem, no exercício de mandato, cargo, emprego ou função pública, bens de qualquer natureza*

cujo valor seja desproporcional à evolução do patrimônio ou à renda do agente público;

***VIII.** Aceitar emprego, comissão ou exercer atividade de consultoria ou assessoramento para pessoa física ou jurídica que tenha interesse suscetível de ser atingido ou amparado por ação ou omissão decorrente das atribuições do agente público, durante a atividade;*

***IX.** Perceber vantagem econômica para intermediar a liberação ou aplicação de verba pública de qualquer natureza;*

***X.** Receber vantagem econômica de qualquer natureza, direta ou indiretamente, para omitir ato de ofício, providência ou declaração a que esteja obrigado;*

***XI.** Incorporar, por qualquer forma, ao seu patrimônio, bens, rendas, verbas ou valores integrantes do acervo patrimonial das entidades mencionadas no Art. 1º dessa lei;*

***XII.** Usar, em proveito próprio, bens, rendas, verbas ou valores integrantes do acervo patrimonial das entidades mencionadas no Art. 1º dessa lei.*

Prejuízo ao Erário

Dos atos de improbidade administrativa que causam prejuízo ao erário:

***Art. 10.** Constitui ato de improbidade administrativa que causa lesão ao erário qualquer ação ou omissão, dolosa ou culposa, que enseje perda patrimonial, desvio, apropriação, malbaratamento ou dilapidação dos bens ou haveres das entidades referidas no Art. 1º desta lei, e notadamente:*

***I.** Facilitar ou concorrer por qualquer forma para a incorporação ao patrimônio particular, de pessoa física ou jurídica, de bens, rendas, verbas ou valores integrantes do acervo patrimonial das entidades mencionadas no Art. 1º desta lei;*

***II.** Permitir ou concorrer para que pessoa física ou jurídica privada utilize bens, rendas, verbas ou valores integrantes do acervo patrimonial das entidades mencionadas no Art. 1º desta lei, sem a observância das formalidades legais ou regulamentares aplicáveis à espécie;*

***III.** Doar à pessoa física ou jurídica bem como ao ente despersonalizado, ainda que de fins educativos ou assistências, bens, rendas, verbas ou valores do patrimônio de qualquer das entidades mencionadas no Art. 1º desta lei, sem observância das formalidades legais e regulamentares aplicáveis à espécie;*

***IV.** Permitir ou facilitar a alienação, permuta ou locação de bem integrante do patrimônio de qualquer das entidades referidas no Art. 1º desta lei, ou ainda a prestação de serviço por parte delas, por preço inferior ao de mercado;*

***V.** Permitir ou facilitar a aquisição, permuta ou locação de bem ou serviço por preço superior ao de mercado;*

***VI.** Realizar operação financeira sem observância das normas legais e regulamentares ou aceitar garantia insuficiente ou inidônea;*

***VII.** Conceder benefício administrativo ou fiscal sem a observância das formalidades legais ou regulamentares aplicáveis à espécie;*

***VIII.** Frustrar a licitude de processo licitatório ou de processo seletivo para celebração de parcerias com entidades sem fins lucrativos, ou dispensá-los indevidamente; (Redação dada pela Lei nº 13.019, de 2014)*

***IX.** Ordenar ou permitir a realização de despesas não autorizadas em lei ou regulamento;*

***X.** Agir negligentemente na arrecadação de tributo ou renda, bem como no que diz respeito à conservação do patrimônio público;*

***XI.** Liberar verba pública sem a estrita observância das normas pertinentes ou influir de qualquer forma para a sua aplicação irregular;*

***XII.** Permitir, facilitar ou concorrer para que terceiro se enriqueça ilicitamente;*

***XIII.** Permitir que se utilize, em obra ou serviço particular, veículos, máquinas, equipamentos ou material de qualquer natureza, de propriedade ou à disposição de qualquer das entidades mencionadas no Art. 1º desta lei, bem como o trabalho de servidor público, empregados ou terceiros contratados por essas entidades.*

***XIV.** Celebrar contrato ou outro instrumento que tenha por objeto a prestação de serviços públicos por meio da gestão associada sem observar as formalidades previstas na lei;*

***XV.** Celebrar contrato de rateio de consórcio público sem suficiente e prévia dotação orçamentária, ou sem observar as formalidades previstas na lei.*

***XVI.** Facilitar ou concorrer, por qualquer forma, para a incorporação, ao patrimônio particular de pessoa física ou jurídica, de bens, rendas, verbas ou valores públicos transferidos pela administração pública a entidades privadas mediante celebração de parcerias, sem a observância das formalidades legais ou regulamentares aplicáveis à espécie; (Incluído pela Lei nº 13.019, de 2014)*

***XVII.** Permitir ou concorrer para que pessoa física ou jurídica privada utilize bens, rendas, verbas ou valores públicos transferidos pela administração pública a entidade privada mediante celebração de parcerias, sem a observância das formalidades legais ou regulamentares aplicáveis à espécie; (Incluído pela Lei nº 13.019, de 2014)*

***XVIII.** Celebrar parcerias da administração pública com entidades privadas sem a observância das formalidades legais ou regulamentares aplicáveis à espécie; (Incluído pela Lei nº 13.019, de 2014)*

***XIX.** Agir negligentemente na celebração, fiscalização e análise das prestações de contas de parcerias firmadas pela administração pública com entidades privadas; (Incluído pela Lei nº 13.019, de 2014, com a redação dada pela Lei nº 13.204, de 2015).*

***XX.** Liberar recursos de parcerias firmadas pela administração pública com entidades privadas sem a estrita observância das normas pertinentes ou influir de qualquer forma para a sua aplicação irregular. (Incluído pela Lei nº 13.019, de 2014, com a redação dada pela Lei nº 13.204, de 2015).*

***XXI.** Liberar recursos de parcerias firmadas pela administração pública com entidades privadas sem a estrita observância das normas pertinentes ou influir de qualquer forma para a sua aplicação irregular. (Incluído pela Lei nº 13.019, de 2014)*

Dos Atos de Improbidade Administrativa Decorrentes de Concessão ou Aplicação Indevida de Benefício Financeiro ou Tributário

***Art. 10-A.** Constitui ato de improbidade administrativa qualquer ação ou omissão para conceder, aplicar ou manter benefício financeiro ou tributário contrário ao que dispõem o caput e o § 1º do art. 8º-A da Lei Complementar nº 116, de 31 de julho de 2003. (Incluído pela Lei Complementar nº 157, de 2016) (Produção de efeito)*

A lei complementar a que o artigo acima se refere é a lei de ISS. Dessa forma, o agente público que conceder, aplicar ou mantiver benefício ligado ao ISS, contrário à lei, estará sujeito à condenação por improbidade administrativa.

Atos que atentem aos Princípios da Administração Pública

Art. 11. *Constitui ato de improbidade administrativa que atenta contra os princípios da Administração Pública qualquer ação ou omissão que viole os deveres de honestidade, imparcialidade, legalidade, e lealdade às instituições, e notadamente:*

I. *Praticar ato visando ao fim proibido em lei ou regulamento ou diverso daquele previsto, na regra de competência;*

II. *Retardar ou deixar de praticar, indevidamente, ato de ofício;*

III. *Revelar fato ou circunstância de que tem ciência em razão das atribuições e que deva permanecer em segredo;*

IV. *Negar publicidade aos atos oficiais;*

V. *Frustrar a licitude de concurso público;*

VI. *Deixar de prestar contas quando esteja obrigado a fazê-lo;*

VII. *Revelar ou permitir que chegue ao conhecimento de terceiro, antes da respectiva divulgação oficial, teor de medida política ou econômica capaz de afetar o preço de mercadoria, bem ou serviço.*

VIII. *Descumprir as normas relativas à celebração, fiscalização e aprovação de contas de parcerias firmadas pela administração pública com entidades privadas. (Redação dada pela Lei nº 13.019, de 2014)*

IX. *Deixar de cumprir a exigência de requisitos de acessibilidade previstos na legislação. (Incluído pela Lei nº 13.146, de 2015)*

X. *transferir recurso a entidade privada, em razão da prestação de serviços na área de saúde sem a prévia celebração de contrato, convênio ou instrumento congênere, nos termos do parágrafo único do art. 24 da Lei nº 8.080, de 19 de setembro de 1990. (Incluído pela Lei nº 13.650, de 2018)*

7.4 Efeitos da Lei

A lei de improbidade administrativa gera quatro efeitos. A suspensão dos direitos políticos e a perda da função pública somente se dão depois do trânsito em julgado da sentença condenatória. A indisponibilidade dos bens não constitui penalidade, mas, sim medida cautelar e pode se dar mesmo antes do início da ação.

O ressarcimento ao erário, por sua vez, constitui a responsabilidade civil do agente, ou seja, a obrigação de reparar o dano.

- Suspensão dos Direitos Políticos;
- Perda da Função Pública;
- Indisponibilidade dos Bens;
- Ressarcimento ao Erário.

7.5 Das Sanções

Natureza das Sanções

→ **Administrativa**

- Perda da função pública;
- Proibição de contratar com o poder público;
- Proibição de receber benefícios ou incentivos fiscais do poder público.

→ **Civil**

- Ressarcimento ao erário;
- Perda dos bens;
- Multa.

» **Política:** suspensão dos direitos políticos.

» **Medida cautelar:** a indisponibilidade dos bens visa à garantia da aplicação das penalidades civis.

Não estabelece sanções penais, mas, se o fato também for tipificado como crime, haverá tal responsabilidade.

Penalidades

Enriquecimento Ilícito: perda dos bens ou valores acrescidos ilicitamente ao patrimônio; ressarcimento integral do dano, quando houver; perda da função pública; suspensão dos direitos políticos de oito a dez anos; pagamento de multa civil de até três vezes o valor do acréscimo patrimonial; e proibição de contratar com o Poder Público ou receber benefícios ou incentivos fiscais ou creditícios, direta ou indiretamente, ainda que por intermédio de pessoa jurídica da qual seja sócio majoritário, pelo prazo de dez anos.

Prejuízo ao Erário: ressarcimento integral do dano; perda dos bens ou valores acrescidos ilicitamente ao patrimônio, se concorrer essa circunstância; perda da função pública; suspensão dos direitos políticos de cinco a oito anos; pagamento de multa civil de até duas vezes o valor do dano; e proibição de contratar com o Poder Público ou receber benefícios ou incentivos fiscais ou creditícios, direta ou indiretamente, ainda que por intermédio de pessoa jurídica da qual seja sócio majoritário, pelo prazo de cinco anos.

Atos que Atentem contra os Princípios da Administração Pública: ressarcimento integral do dano, se houver; perda da função pública; suspensão dos direitos políticos de três a cinco anos; pagamento de multa civil de até cem vezes o valor da remuneração percebida pelo agente; e proibição de contratar com o Poder Público ou receber benefícios ou incentivos fiscais ou creditícios, direta ou indiretamente, ainda que por intermédio de pessoa jurídica da qual seja sócio majoritário, pelo prazo de três anos.

Punições

Art. 12 da Lei 8.429/92				
Modalidades / Sanções	Enriquecimento Ilícito (Art. 9º)	Prejuízo ao Erário (Art. 10)	Concessão indevida de benefício tributário (Art. 10-A)	Afronta os Princípios (Art. 11)
Suspensão dos direitos políticos	De 8 a 10 anos	De 5 a 8 anos	De 5 a 8 anos	De 3 a 5 anos
Multa Civil	Até 3X o valor do acréscimo	Até 2X o valor do dano	Até 3X o valor do benefício	Até 100X o valor da remuneração
Proibição de contratar com a Administração	10 anos	5 anos	------------	3 anos

Aplicação das Sanções

Na fixação das penas previstas, o juiz levará em conta a extensão do dano causado, assim como o proveito patrimonial obtido pelo agente.

Independe da efetiva ocorrência de dano ao patrimônio público, salvo quanto ao ressarcimento.

Independe de aprovação ou rejeição de contas pelos órgãos de controle.

Concessão ou Aplicação Indevida de Benefício Financeiro\ Tributário: perda da função pública, suspensão dos direitos políticos de 5 (cinco) a 8 (oito) anos e multa civil de até 3 (três) vezes o valor do benefício financeiro ou tributário concedido. (Incluído pela Lei Complementar nº 157, de 2016)

→ **Características**

- > Ocorrendo lesão ao patrimônio público por ação ou omissão, dolosa ou culposa, do agente ou de terceiro, dar-se-á o integral ressarcimento do dano.
- > No caso de enriquecimento ilícito, perderá o agente público ou terceiro beneficiário os bens ou valores acrescidos ao seu patrimônio.
- > Quando o ato de improbidade causar lesão ao patrimônio público ou ensejar enriquecimento ilícito, caberá à autoridade administrativa responsável pelo inquérito representar ao Ministério Público, para a indisponibilidade dos bens do indiciado.
- > O sucessor daquele que causar lesão ao patrimônio público ou se enriquecer ilicitamente está sujeito às cominações dessa lei até o limite do valor da herança.
- > Nas ações de improbidade administrativa, admite-se a celebração de acordo de não persecução cível, conforme Art. 17, §1º da Lei 8.429/92 com redação dada pela Lei 13.964/19).
- > A aplicação das seguintes penalidades: perda da função pública e suspensão dos direitos políticos depende do trânsito em julgado da sentença condenatória.
- > A autoridade judicial ou administrativa competente poderá determinar o afastamento do agente público do exercício do cargo, emprego ou função, sem prejuízo da remuneração, quando a medida se fizer necessária à instrução processual.
- > Não existe foro por prerrogativa de função para processos que apuram atos de improbidade administrativa.

7.6 Declaração de Bens

A posse e o exercício de agente público ficam condicionados à apresentação de declaração dos bens e valores que compõem o seu patrimônio privado, a fim de que essa seja arquivada no serviço de pessoal competente.

A declaração compreenderá imóveis, móveis, semoventes, dinheiro, títulos, ações e qualquer outra espécie de bens e valores patrimoniais, localizados no país ou no exterior, e, quando for o caso, abrangerá os bens e valores patrimoniais do cônjuge ou companheiro, dos filhos e de outras pessoas que vivam sob a dependência econômica do declarante, excluídos apenas os objetos e utensílios de uso doméstico.

A declaração de bens será anualmente atualizada e na data em que o agente público deixar o exercício do mandato, cargo, emprego ou função.

Será punido com a pena de demissão, a bem do serviço público, sem prejuízo de outras sanções cabíveis, o agente público que se recusar a prestar declaração dos bens, dentro do prazo determinado, ou que a prestar falsa.

O declarante, a seu critério, poderá entregar cópia da declaração anual de bens apresentada à Delegacia da Receita Federal na conformidade da legislação do Imposto sobre a Renda e proventos de qualquer natureza, com as necessárias atualizações, para suprir a exigência contida na lei.

7.7 Prescrição

Os atos de improbidade administrativa prescrevem, segundo o Art. 23 da Lei nº 8.429/92:

> ***I.*** *Até cinco anos após o término do exercício de mandato, de cargo em comissão ou de função de confiança;*
>
> ***II.*** *Dentro do prazo prescricional previsto em lei específica para faltas disciplinares puníveis com demissão a bem do serviço público, nos casos de exercício de cargo efetivo ou emprego.*
>
> ***III.*** *Até cinco anos da data da apresentação à administração pública da prestação de contas final pelas entidades referidas no parágrafo único do Art. 1º desta Lei. (Incluído pela Lei nº 13.019, de 2014)*

As ações de ressarcimento ao erário são imprescritíveis.

Questões

01. (Cespe) As punições constantes da Lei de Improbidade Administrativa (Lei nº 8.429/1992) são aplicáveis a qualquer agente público, servidor ou não.

Certo ( ) Errado ( )

02. (Cespe) De acordo com a jurisprudência do STJ, estando presente o fumus boni iuris, no que concerne à configuração do ato de improbidade e à sua autoria, dispensa-se, para que seja decretada a indisponibilidade de bens, a demonstração do risco de dano.

Certo ( ) Errado ( )

03. (Cespe) Retardar ou deixar de praticar, indevidamente, ato de ofício configura ato de improbidade administrativa cuja configuração prescinde da presença de elemento doloso.

Certo ( ) Errado ( )

04. (Cespe) É necessária a comprovação de enriquecimento ilícito ou da efetiva ocorrência de dano ao patrimônio público para a tipificação de ato de improbidade administrativa que atente contra os princípios da administração pública.

Certo ( ) Errado ( )

05. (Cespe) Em caso de ato de improbidade, o ressarcimento do poder público só será cabível se causar prejuízo ao erário ou ao patrimônio público.

Certo ( ) Errado ( )

06. (Cespe) Se um agente público tiver percebido vantagem econômica para intermediar liberação de verba pública de qualquer natureza, ele terá praticado ato de improbidade administrativa que importará enriquecimento ilícito e, por essa razão, estará sujeito exclusivamente às sanções impostas na Lei de Improbidade Administrativa.

Certo ( ) Errado ( )

07. (Cespe) Se o suposto autor do ato alegar que não tinha conhecimento prévio da ilicitude, o ato de improbidade restará afastado, por ser o desconhecimento da norma motivo para afastá-lo.

Certo ( ) Errado ( )

08. (Cespe) Os atos de improbidade que importam enriquecimento ilícito sujeitam seus autores, entre outras sanções, à perda da função pública, à suspensão dos direitos políticos de oito a dez anos e à perda dos bens ou valores acrescidos ilicitamente ao patrimônio.

Certo ( ) Errado ( )

09. (Cespe) No sistema adotado pela referida lei; são sujeitos ativos do ato de improbidade os agentes públicos, assim como aqueles que, não se qualificando como tais, induzem ou concorrem para a prática do ato de improbidade ou dele se beneficiam direta ou indiretamente.

Certo ( ) Errado ( )

10. (Cespe) Durante a instrução processual, o agente público poderá ser afastado do seu cargo mediante determinação de autoridade administrativa competente.

Certo ( ) Errado ( )

Gabaritos

01	CERTO	06	ERRADO
02	CERTO	07	ERRADO
03	ERRADO	08	CERTO
04	ERRADO	09	CERTO
05	CERTO	10	CERTO

8. REGIMENTO JURÍDICO DOS FUNCIONÁRIOS POLICIAIS CIVIS DA UNIÃO E DO DF

A lei nº 4.878/65 dispõe sobre as peculiaridades do regime jurídico dos funcionários públicos civis da União e do Distrito Federal, ocupantes de cargos de atividade policial.

São policiais civis abrangidos pela lei em análise os brasileiros legalmente investidos em cargos do Serviço de Polícia Federal e do Serviço Policial Metropolitano, previsto no Sistema de Classificação de Cargos aprovado pela Lei nº 4.483, de 16 de novembro de 1964.

> O exercício de cargos de natureza policial é privativo dos funcionários abrangidos pela lei nº. 4.878/65.

Será considerado funcionário policial o ocupante de cargo em comissão ou função gratificada com atribuições e responsabilidades de natureza policial.

A ordem preferencial entre os integrantes das classes e séries de classes do Serviço de Polícia Federal e do Serviço Policial Metropolitano se estabelece básica e primordialmente pela subordinação funcional.

A função policial
Fundada na hierarquia e disciplina
É incompatível com qualquer outra atividade.

8.1 Das Disposições Peculiares

A nomeação será feita exclusivamente:

> em caráter efetivo, quando se tratar de cargo integrante de classe singular ou inicial de série de classes condicionada à anterior aprovação em curso específico da Academia Nacional de Polícia;

> em comissão, quando se tratar de cargo isolado que em virtude de lei, assim deva ser provido.

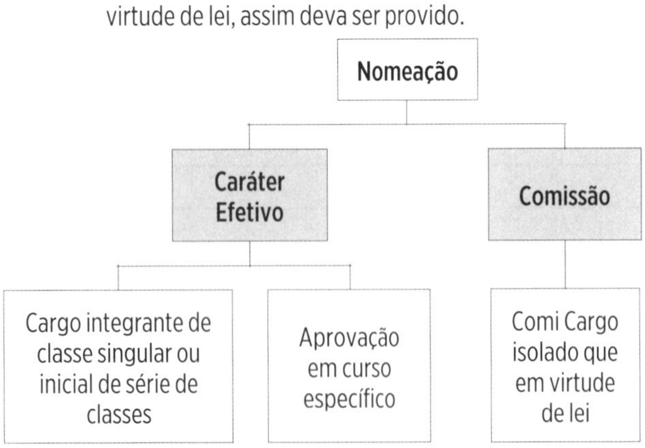

A nomeação obedecerá a rigorosa ordem de classificação dos candidatos habilitados em curso a que se tenham submetido na Academia Nacional de Polícia.

A Academia Nacional de Polícia manterá, permanentemente, cursos de formação profissional dos candidatos ao ingresso no Departamento Federal de Segurança Pública e na Polícia do Distrito Federal.

São requisitos para matrícula na Academia Nacional de Polícia:

I. ser brasileiro;

II. ter completado dezoito anos de idade;

III. estar no gozo dos direitos políticos;

IV. estar quite com as obrigações militares;

V. ter procedimento irrepreensível e idoneidade moral inatacável, avaliados segundo normas baixadas pela Direção Geral do Departamento de Polícia Federal.

VI. gozar de boa saúde, física e psíquica, comprovada em inspeção médica;

VII. possuir temperamento adequado ao exercício da função policial, apurado em exame psicotécnico realizado pela Academia Nacional de Polícia;

VIII. ter sido habilitado previamente em concurso público de provas ou de provas e títulos.

A prova da condição de quitação do serviço militar não será exigida da candidata ao ingresso na Polícia Feminina.

Será demitido, mediante processo disciplinar regular, o funcionário policial que, para ingressar no Departamento Federal de Segurança Pública e na Polícia do Distrito Federal, omitiu fato que impossibilitaria a sua matrícula na Academia Nacional de Polícia.

Competência para dar posse:	
Competente	**Empossado**
Diretor-Geral do Departamento Federal de Segurança Pública	Chefe de seu Gabinete, ao Corregedor, aos Delegados Regionais e aos diretores e chefes de serviço que lhe sejam subordinados;
Diretor da Divisão de Administração do mesmo Departamento	nos demais casos;
Secretário de Segurança Pública do Distrito Federal	ao Chefe de seu Gabinete e aos Diretores que lhe sejam subordinados;
Diretor da Divisão de Serviços Gerais da Polícia do Distrito Federal	nos demais casos.

O Diretor-Geral do Departamento Federal de Segurança Pública, o Secretário de Segurança Pública do Distrito Federal e o Diretor da Divisão de Administração do referido Departamento poderão delegar competência para dar posse.

O funcionário policial não poderá afastar-se de sua repartição para ter exercício em outra ou prestar serviços ao Poder Legislativo ou a qualquer Estado da Federação, salvo quando se tratar de atribuição inerente à do seu cargo efetivo e mediante expressa autorização do Presidente da República ou do Prefeito do Distrito Federal, quando integrante da Polícia do Distrito Federal.

A frequência aos cursos de formação profissional da Academia Nacional de Polícia para primeira investidura em cargo de atividade policial é considerada de efetivo exercício para fins de aposentadoria.

Conceitua-se como estágio probatório o período de dois anos de efetivo exercício do funcionário policial, durante o qual se apurarão os requisitos previstos em lei. Mensalmente, o responsável pela repartição ou serviço, em que esteja lotado funcionário policial sujeito a estágio probatório, encaminhará ao órgão de pessoal relatório sucinto sobre o comportamento do estagiário.

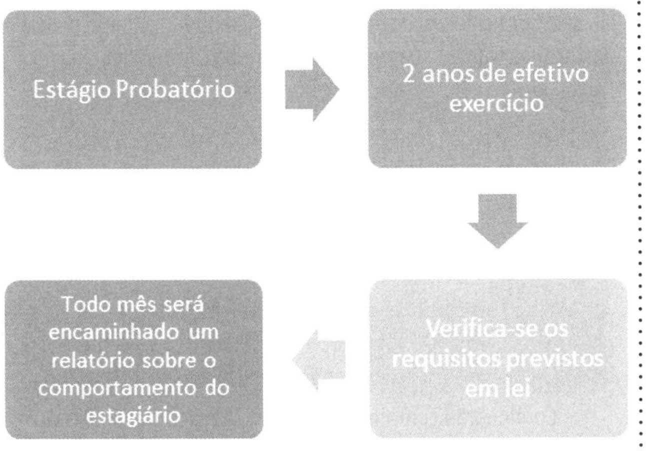

Sem prejuízo da remessa do relatório mencionado, o responsável pela repartição ou serviço em que sirva funcionário policial sujeito a estágio probatório, seis meses antes da terminação deste, informará reservadamente ao órgão de pessoal sobre o funcionário, tendo em vista os requisitos previstos em lei.

As promoções serão realizadas em 21 de abril e 28 de outubro de cada ano, desde que verificada a existência de vaga e haja funcionários em condições de a ela concorrer.

Para a promoção por merecimento, é requisito necessário a aprovação em curso da Academia Nacional de Polícia correspondente à classe imediatamente superior àquela a que pertence o funcionário.

Promoção por merecimento	=	Aprovação em curso da Academia Nacional de Polícia

O órgão competente organizará para cada vaga a ser provida por merecimento uma lista não excedente de três candidatos.

O funcionário policial, ocupante de cargo de classe singular ou final de série de classes, poderá ter acesso à classe inicial de séries afins, de nível mais elevado, de atribuições correlatas porém mais complexas.

A nomeação por acesso, além das exigências legais e das qualificações em cada caso, obedecerá a provas práticas que compreendam tarefas típicas relativas ao exercício do novo cargo e, quando couber, à ordem de classificação em concurso de títulos que aprecie a experiência profissional, ou em curso específico de formação profissional, ambos realizados pela Academia Nacional de Polícia. Essas nomeações abrangerão metade das vagas existentes na respectiva classe, ficando a outra metade reservada aos provimentos.

O funcionário policial que, comprovadamente, se revelar inapto para o exercício da função policial, sem causa que justifique a sua demissão ou aposentadoria, será readaptado em outro cargo mais compatível com a sua capacidade, sem decesso nem aumento de vencimento.

A readaptação será feita mediante a transformação do cargo exercido em outro mais compatível com a capacidade física ou intelectual e vocação.

O funcionário policial não poderá ser obrigado a interromper as suas férias, a não ser em virtude de emergente necessidade da segurança nacional ou manutenção da ordem, mediante convocação da autoridade competente. Sendo que neste caso o funcionário terá direito a gozar o período restante das férias em época oportuna.

Ao entrar em férias, o funcionário comunicará ao chefe imediato o seu provável endereço, dando-lhe ciência, durante o período, de suas eventuais mudanças.

8.2 Das Vantagens Específicas

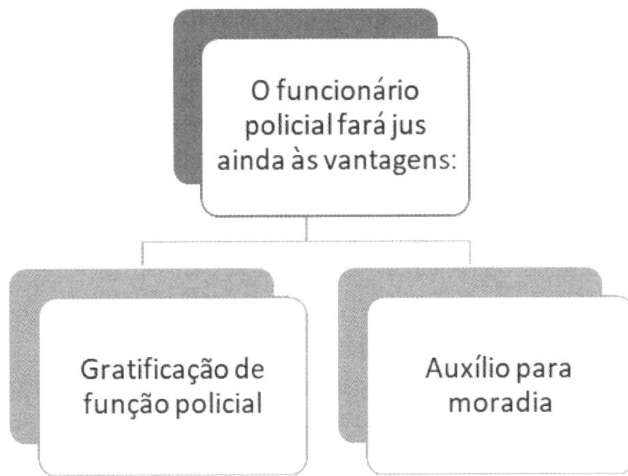

Gratificação de função policial

O policial fará jus à gratificação de função policial por ficar, compulsoriamente, incompatibilizado para o desempenho de qualquer outra atividade, pública ou privada, e em razão dos riscos a que está sujeito.

Esta gratificação será calculada, percentualmente, sobre o vencimento do cargo efetivo do policial, na forma a ser fixada pelo Presidente da República.

Quando se tratar de ocupante de cargo ou função de direção, chefia ou assessoramento com atribuições e responsabilidades de natureza policial, a gratificação será calculada sobre o valor do símbolo do cargo em comissão ou da função gratificada.

Ressalvado o magistério na Academia Nacional de Polícia e a prática profissional em estabelecimento hospitalar, para os ocupantes de cargos da série de classes de Médicos Legista, ao funcionário policial é vedado exercer outra atividade, qualquer que seja a forma de admissão, remunerada ou não, em entidade pública ou empresa privada.

O regime de dedicação integral obriga o funcionário policial à prestação, no mínimo, de 200 (duzentas) horas mensais de trabalho.

A gratificação de função policial não será paga enquanto o funcionário policial deixar de perceber o vencimento do cargo em virtude de licença ou outro afastamento, salvo quando investido em cargo em comissão ou função gratificada com atribuições e responsabilidades de natureza policial, hipótese em que continuará a perceber a gratificação na base do vencimento do cargo efetivo.

A gratificação de função policial incorporar-se-á aos proventos da aposentadoria à razão de 1/30 (um trinta avos) do seu valor por ano de efetivo exercício de atividade estritamente policial.

Para os efeitos da incorporação da gratificação de função policial, levar-se-á em conta também o tempo de efetivo exercício em atividade estritamente policial, anterior à data da concessão ao funcionário da vantagem prevista no artigo 23.

Auxilio para moradia

O funcionário policial casado, quando lotado em Delegacia Regional, terá direito a auxílio para moradia correspondente a 10% (dez por cento) do seu vencimento mensal.

O auxílio-moradia será pago ao funcionário policial até completar 5 (cinco) anos na localidade em que, por necessidade de serviço, nela deva residir, e desde que não disponha de moradia própria. Neste caso, quando o policial ocupar imóvel sob a responsabilidade do órgão em que servir, 20% (vinte por cento) do valor do auxílio previsto serão recolhidos como receita da União e o restante, empregado conforme for estabelecido pelo referido órgão de acordo com as suas peculiaridades.

Quando o funcionário policial ocupar imóvel de outra entidade, a importância de 20% terá o seguinte destino:

> a importância correspondente ao aluguel, recolhida ao órgão responsável pelo imóvel;

> o restante, empregado conforme for estabelecido pelo referido órgão de acordo com as suas peculiaridades.

Esgotado o prazo de 5 anos, o funcionário que continuar ocupando imóvel de responsabilidade da repartição em que servir indenizá-la-á da importância correspondente ao auxílio para moradia. Se a ocupação for de imóvel pertencente a outro órgão, o funcionário indenizá-la-á pelo aluguel correspondente.

Os funcionários do Quadro de Pessoal do Departamento Federal de Segurança Pública ocupantes de cargos não incluídos no Serviço de Polícia Federal, quando removidos ex officio, farão jus ao auxílio-moradia, nas mesmas bases e condições fixadas para o funcionário policial civil.

Da assistência médico-hospitalar

A assistência médico-hospitalar compreenderá:

> assistência médica contínua, dia e noite, ao policial enfermo, acidentado ou ferido, que se encontre hospitalizado;

> assistência médica ao policial ou sua família, através de laboratórios, policlínicas, gabinetes odontológicos, pronto-socorro e outros serviços assistenciais.

A assistência médico-hospitalar será prestada pelos serviços médicos dos órgãos a que pertença ou tenha pertencido o policial, dentro dos recursos próprios colocados à disposição deles.

O funcionário policial terá hospitalização e tratamento por conta do Estado quando acidentado em serviço ou acometido de doença profissional.

O funcionário policial em atividade, excetuado o acidente ou doença profissional, o aposentado e, bem assim, as pessoas de sua família, indenizarão, no todo ou em parte, a assistência médico-hospitalar que lhes for prestada, de acordo com as normas e tabelas que forem aprovadas.

As indenizações por trabalhos de prótese dentária, ortodontia, obturações, bem como pelo fornecimento de aparelhos ortopédicos, óculos e artigos correlatos, não se beneficiarão de reduções, devendo ser feitas pelo justo valor do material aplicado ou da peça fornecida.

Para os efeitos da prestação de assistência médico-hospitalar, serão consideradas pessoas da família do funcionário policial, desde que vivam às suas expensas e em sua companhia:

Pessoas da Família	
	cônjuge
	filhos solteiros, menores de dezoito anos ou inválidos
	as filhas ou enteadas, solteiras, viúvas ou desquitadas
	descendentes órfãos, menores ou inválidos
	ascendentes sem economia própria
	menores que, em virtude de decisão judicial, forem entregues à sua guarda
	irmãos menores e órfãos, sem arrimo

Continuarão compreendidos como pessoa da família viúva do policial, enquanto perdurar a viuvez, e os demais dependentes, desde que vivam sob a responsabilidade legal da viúva.

Os recursos para a assistência médico-hospitalar serão providos através das dotações consignadas no Orçamento Geral da União e do pagamento das indenizações.

As regras sobre Assistência Médico-Hospitalar são extensivas a todos os funcionários do Quadro de Pessoal do Departamento Federal de Segurança Pública e respectivas famílias.

Das disposições especiais sobre aposentadoria

O funcionário policial será aposentado compulsoriamente aos 65 (sessenta e cinco) anos de idade, qualquer que seja a natureza dos serviços prestados.

O provento do policial inativo será revisto sempre que ocorrer:

> modificação geral dos vencimentos dos funcionários policiais civis em atividade;

> reclassificação do cargo que o funcionário policial inativo ocupava ao aposentar-se.

O funcionário policial, quando aposentado em virtude de acidente em serviço ou doença profissional, ou quando acometido das doenças especificadas no artigo 178, item III, da Lei nº 1.711, de 28 de outubro de 1952, incorporará aos proventos de inatividade a gratificação de função policial no valor que percebia ao aposentar-se.

Da prisão especial

Preso preventivamente, em flagrante ou em virtude de pronúncia, o funcionário policial, enquanto não perder a condição de funcionário, permanecerá em prisão especial, durante o curso da ação penal e até que a sentença transite em julgado.

O funcionário policial ficará recolhido a sala especial da repartição em que sirva, sob a responsabilidade do seu dirigente, sendo-lhe defeso exercer qualquer atividade funcional, ou sair da repartição sem expressa autorização do Juízo a cuja disposição se encontre.

Publicado no Diário Oficial o decreto de demissão, será o ex-funcionário encaminhado, desde logo, a estabelecimento penal, onde permanecerá em sala especial, sem qualquer contato com os demais presos não sujeitos ao mesmo regime, e, uma vez condenado, cumprirá a pena que lhe tenha sido imposta, nas condições previstas no parágrafo seguinte.

Transitada em julgado a sentença condenatória, será o funcionário encaminhado a estabelecimento penal, onde cumprirá a pena em dependência isolada dos demais presos não abrangidos por esse regime, mas sujeito, como eles, ao mesmo sistema disciplinar e penitenciário.

Ainda que o funcionário seja condenado às penas acessórias, cumprirá a pena em dependência isolada dos demais presos.

Dos deveres e das transgressões

É dever do funcionário policial frequentar com assiduidade, para fins de aperfeiçoamento e atualização de conhecimentos profissionais, curso instituído periodicamente pela Academia Nacional de Polícia, em que seja compulsoriamente matriculado.

Por desobediência ou falta de cumprimento dos deveres, o funcionário policial será punido com a pena de repreensão, agravada em caso de reincidência.

São transgressões disciplinares:	Classificação	Sanção Aplicada
I - referir-se de modo depreciativo às autoridades e atos da administração pública, qualquer que seja o meio empregado para esse fim;	Grave	SUSPENSÃO
II - divulgar, através da imprensa escrita, falada ou televisionada, fatos ocorridos na repartição, propiciar-lhes a divulgação, bem como referir-se desrespeitosa e depreciativamente às autoridades e atos da administração;	Grave	SUSPENSÃO
III - promover manifestação contra atos da administração ou movimentos de apreço ou desapreço a quaisquer autoridades;	Grave	SUSPENSÃO
IV - indispor funcionários contra os seus superiores hierárquicos ou provocar, velada ou ostensivamente, animosidade entre os funcionários;	Não tem classificação	DEMISSÃO
V - deixar de pagar, com regularidade, as pensões a que esteja obrigado em virtude de decisão judicial;	Leve	REPREENSÃO
VI - deixar, habitualmente, de saldar dívidas legítimas;	Grave	SUSPENSÃO
VII - manter relações de amizade ou exibir-se em público com pessoas de notórios e desabonadores antecedentes criminais, sem razão de serviço;	Grave	SUSPENSÃO
VIII - praticar ato que importe em escândalo ou que concorra para comprometer a função policial;	Grave	SUSPENSÃO
IX - receber propinas, comissões, presentes ou auferir vantagens e proveitos pessoais de qualquer espécie e, sob qualquer pretexto, em razão das atribuições que exerce;	Não tem classificação	DEMISSÃO
X - retirar, sem prévia autorização da autoridade competente, qualquer documento ou objeto da repartição;	Grave	SUSPENSÃO
XI - cometer a pessoa estranha à repartição, fora dos casos previstos em lei, o desempenho de encargo que lhe competir ou aos seus subordinados;	Não tem classificação	DEMISSÃO
XII - valer-se do cargo com o fim, ostensivo ou velado, de obter proveito de natureza político-partidária, para si ou terceiros;	Não tem classificação	DEMISSÃO
XIII - participar da gerência ou administração de empresa, qualquer que seja a sua natureza;	Não tem classificação	DEMISSÃO
XIV - exercer o comércio ou participar de sociedade comercial, salvo como acionista, cotista ou comanditário;	Não tem classificação	DEMISSÃO
XV - praticar a usura em qualquer de suas formas;	Não tem classificação	DEMISSÃO
XVI - pleitear, como procurador ou intermediário, junto a repartições públicas, salvo quando se tratar de percepção de vencimentos, vantagens e proventos de parentes até segundo grau civil;	Não tem classificação	DEMISSÃO
XVII - faltar à verdade no exercício de suas funções, por malícia ou má-fé;	Leve	REPREENSÃO
XVIII - utilizar-se do anonimato para qualquer fim;	Grave	SUSPENSÃO
XIX - deixar de comunicar, imediatamente, à autoridade competente faltas ou irregularidades que haja presenciado ou de que haja tido ciência;	Leve	REPREENSÃO
XX - deixar de cumprir ou de fazer cumprir, na esfera de suas atribuições, as leis e os regulamentos;	Grave	SUSPENSÃO
XXI - deixar de comunicar à autoridade competente, ou a quem a esteja substituindo, informação que tiver sobre iminente perturbação da ordem pública, ou da boa marcha de serviço, tão logo disso tenha conhecimento;	Grave	SUSPENSÃO
XXII - deixar de informar com presteza os processos que lhe forem encaminhados;	Leve	REPREENSÃO

XXIII - dificultar ou deixar de levar ao conhecimento de autoridade competente, por via hierárquica e em 24 (vinte e quatro) horas, parte, queixa, representação, petição, recurso ou documento que houver recebido, se não estiver na sua alçada resolvê-lo;	Leve	REPREENSÃO
XXIV - negligenciar ou descumprir a execução de qualquer ordem legítima;	Leve	REPREENSÃO
XXV - apresentar maliciosamente, parte, queixa ou representação;	Leve	REPREENSÃO
XXVI - aconselhar ou concorrer para não ser cumprida qualquer ordem de autoridade competente, ou para que seja retardada a sua execução;	Grave	SUSPENSÃO
XXVII - simular doença para esquivar-se ao cumprimento de obrigação;	Grave	SUSPENSÃO
XXVIII - provocar a paralisação, total ou parcial, do serviço policial, ou dela participar;	Não tem classificação	DEMISSÃO
XXIX - trabalhar mal, intencionalmente ou por negligência;	Grave	SUSPENSÃO
XXX - faltar ou chegar atrasado ao serviço, ou deixar de participar, com antecedência, à autoridade a que estiver subordinado, a impossibilidade de comparecer à repartição, salvo motivo justo;	Grave	SUSPENSÃO
XXXI - permutar o serviço sem expressa permissão da autoridade competente;	Grave	SUSPENSÃO
XXXII - abandonar o serviço para o qual tenha sido designado;	Grave	SUSPENSÃO
XXXIII - não se apresentar, sem motivo justo, ao fim de licença, para o trato de interesses particulares, férias ou dispensa de serviço, ou, ainda, depois de saber que qualquer delas foi interrompida por ordem superior;	Grave	SUSPENSÃO
XXXIV - atribuir-se a qualidade de representante de qualquer repartição do Departamento Federal de Segurança Pública e da Polícia do Distrito Federal, ou de seus dirigentes, sem estar expressamente autorizado;	Grave	SUSPENSÃO
XXXV - contrair dívida ou assumir compromisso superior às suas possibilidades financeiras, comprometendo o bom nome da repartição;	Grave	SUSPENSÃO
XXXVI - frequentar, sem razão de serviço, lugares incompatíveis com o decoro da função policial;	Não tem classificação	DEMISSÃO
XXXVII - fazer uso indevido da arma que lhe haja sido confiada para o serviço;	Grave	SUSPENSÃO
XXXVIII - maltratar preso sob sua guarda ou usar de violência desnecessária no exercício da função policial;	Não tem classificação	DEMISSÃO
XXXIX - permitir que presos conservem em seu poder instrumentos com que possam causar danos nas dependências a que estejam recolhidos, ou produzir lesões em terceiros;	Grave	SUSPENSÃO
XL - omitir-se no zelo da integridade física ou moral dos presos sob sua guarda;	Não tem classificação	DEMISSÃO
XLI - desrespeitar ou procrastinar o cumprimento de decisão ou ordem judicial, bem como criticá-las;	Grave	SUSPENSÃO
XLII - dirigir-se ou referir-se a superior hierárquico de modo desrespeitoso;	Grave	SUSPENSÃO
XLIII - publicar, sem ordem expressa da autoridade competente, documentos oficiais, embora não reservados, ou ensejar a divulgação do seu conteúdo, no todo ou em parte;	Não tem classificação	DEMISSÃO
XLIV - dar-se ao vício da embriaguez;	Não tem classificação	DEMISSÃO
XLV - acumular cargos públicos, ressalvadas as exceções previstas na Constituição;	Não tem classificação	DEMISSÃO
XLVI - deixar, sem justa causa, de submeter-se a inspeção médica determinada por lei ou pela autoridade competente;	Grave	SUSPENSÃO
XLVII - deixar de concluir, nos prazos legais, sem motivo justo, inquéritos policiais ou disciplinares, ou, quanto a estes últimos, como membro da respectiva comissão, negligenciar no cumprimento das obrigações que lhe são inerentes;	Grave	SUSPENSÃO
XLVIII - prevalecer-se, abusivamente, da condição de funcionário policial;		DEMISSÃO
XLIX - negligenciar a guarda de objetos pertencentes à repartição e que, em decorrência da função ou para o seu exercício, lhe tenham sido confiados, possibilitando que se danifiquem ou extraviem;	Leve	REPREENSÃO
L - dar causa, intencionalmente, ao extravio ou danificação de objetos pertencentes à repartição e que, para os fins mencionados no item anterior, estejam confiados à sua guarda;	Não tem classificação	DEMISSÃO
LI - entregar-se à prática de vícios ou atos atentatórios aos bons costumes;	Não tem classificação	DEMISSÃO
LII - indicar ou insinuar nome de advogado para assistir pessoa que se encontre respondendo a processo ou inquérito policial;	Não tem classificação	DEMISSÃO
LIII - exercer, a qualquer título, atividade pública ou privada, profissional ou liberal, estranha à de seu cargo;	Não tem classificação	DEMISSÃO
LIV - lançar em livros oficiais de registro anotações, queixas, reivindicações ou quaisquer outras matérias estranhas à finalidade deles;	Leve	REPREENSÃO
LV - adquirir, para revenda, de associações de classe ou entidades beneficentes em geral, gêneros ou quaisquer mercadorias;	Não tem classificação	DEMISSÃO

LVI - impedir ou tornar impraticável, por qualquer meio, na fase do inquérito policial e durante o interrogatório do indiciado, mesmo ocorrendo incomunicabilidade, a presença de seu advogado;	Grave	SUSPENSÃO
LVII - ordenar ou executar medida privativa da liberdade individual, sem as formalidades legais, ou com abuso de poder;	Grave	SUSPENSÃO
LVIII - submeter pessoa sob sua guarda ou custódia a vexame ou constrangimento não autorizado em lei;	Não tem classificação	DEMISSÃO
LIX - deixar de comunicar imediatamente ao Juiz competente a prisão em flagrante de qualquer pessoa;	Grave	SUSPENSÃO
LX - levar à prisão e nela conservar quem quer que se proponha a prestar fiança permitida em lei;	Grave	SUSPENSÃO
LXI - cobrar carceragem, custas, emolumentos ou qualquer outra despesa que não tenha apoio em lei;	Não tem classificação	DEMISSÃO
LXII - praticar ato lesivo da honra ou do patrimônio da pessoa, natural ou jurídica, com abuso ou desvio de poder, ou sem competência legal;	Não tem classificação	DEMISSÃO
LXIII - atentar, com abuso de autoridade ou prevalecendo-se dela, contra a inviolabilidade de domicílio.	Grave	SUSPENSÃO

8.3 Das Penas Disciplinares

São penas disciplinares	
	repreensão
	suspensão
	multa
	detenção disciplinar
	destituição de função
	demissão;
	cassação de aposentadoria ou disponibilidade

Na aplicação das penas disciplinares, serão considerados:

> a natureza da transgressão, sua gravidade e as circunstâncias em que foi praticada;

> os danos dela decorrentes para o serviço público;

> a repercussão do fato;

> os antecedentes do funcionário;

> a reincidência.

É causa agravante da falta disciplinar o haver sido praticada em concurso com dois ou mais funcionários.

→ A pena de repreensão será sempre aplicada por escrito nos casos em que, a critério da Administração, a transgressão seja considerada de natureza leve, e deverá constar do assentamento individual do funcionário.

Repreensão → **Aplicada por escrito** → **Natureza leve** → **Deve constar no assentamento individual**

> A pena de suspensão, que não excederá de noventa dias, será aplicada em caso de falta grave ou reincidência.

Suspensão → **Não excederá 90 dias** → **Falta grave ou reincidência**

> A pena de demissão, além dos casos previstos no quadro acima, será também aplicada quando se caracterizar crimes contra os costumes e contra o patrimônio, que, por sua natureza e configuração, sejam considerados como infamantes, de modo a incompatibilizar o servidor para o exercício da função policial. Poderá ser, ainda, aplicada a pena de demissão, ocorrendo persistência na prática de transgressões disciplinares.

Demissão → **transgressões que não sejam leve ou grave** → **crimes contra o costume e patriônio infamantes** → **persistência em praticar faltas disciplinares**

A aplicação de penalidades pelas transgressões disciplinares não exime o funcionário da obrigação de indenizar a União pelos prejuízos causados.

Tendo em vista a natureza da transgressão e o interesse do Serviço Púbico, a pena e suspensão até 30 (trinta) dias poderá ser convertida em detenção disciplinar até 20 (vinte) dias, mediante ordem por escrito do Diretor-Geral do Departamento Federal de Segurança Pública ou dos Delegados Regionais, nas respectivas jurisdições, ou do Secretário de Segurança Pública, na Polícia do Distrito Federal.

A detenção disciplinar, que não acarreta a perda dos vencimentos, será cumprida:

> na residência do funcionário, quando não exceder de 48 (quarenta e oito) horas;
> em sala especial, na sede do Departamento Federal de Segurança Pública ou na Polícia do Distrito Federal, quando se tratar de ocupante de cargo em comissão ou função gratificada ou funcionário ocupante de cargo para cujo ingresso ou desempenho seja exigido diploma de nível universitário;
> em sala especial na Delegacia Regional, quando se tratar de funcionário nela lotado;
> em sala especial da repartição, nos demais casos.

Da competência para imposição de penalidades

Para imposição de pena disciplinar são competentes:		
1	Presidente da República	nos casos de demissão e cassação de aposentadoria ou disponibilidade de funcionário policial do Departamento Federal de Segurança Pública;
2	Prefeito do Distrito Federal	nos casos de demissão e cassação de aposentadoria ou disponibilidade de funcionário policial da Polícia do Distrito Federal;
3	Ministro da Justiça e Negócios Interiores ou o Secretário de Segurança Pública do Distrito Federal, respectivamente	nos casos de suspensão até noventa dias
4	Diretor-Geral do Departamento Federal de Segurança Pública	no caso de suspensão até sessenta dias
5	Diretores dos órgãos centrais do Departamento Federal de Segurança Pública e da Polícia do Distrito Federal, os Delegados Regionais e os titulares das Zonas Policiais,	no caso de suspensão até trinta dias
6	Diretores de Divisões e Serviços do Departamento Federal de Segurança Pública e da Polícia do Distrito Federal	no caso de suspensão até dez dias;
7	Autoridade competente para a designação,	no caso de destituição de função;
8	As autoridades referidas nos itens 1 a 7,	no caso de repreensão.

Da suspensão preventiva

A suspensão preventiva, que não excederá de noventa dias, será ordenada pelo Diretor-Geral do Departamento Federal de Segurança Pública ou pelo Secretário de Segurança Pública do Distrito Federal, conforme o caso, desde que o afastamento do funcionário policial seja necessário, para que este não venha a influir na apuração da transgressão disciplinar.

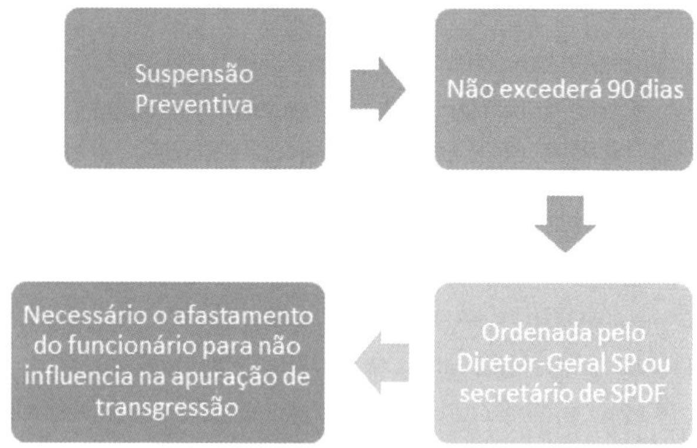

Nas faltas em que a pena aplicável seja a de demissão, o funcionário poderá ser afastado do exercício de seu cargo, em qualquer fase do processo disciplinar, até decisão final.

Do processo disciplinar

A autoridade que tiver ciência de qualquer irregularidade ou transgressão a preceitos disciplinares é obrigada a providenciar a imediata apuração em processo disciplinar, no qual será assegurada ampla defesa.

Ressalvada a iniciativa das autoridades que lhe são hierarquicamente superiores, compete ao Diretor-Geral do Departamento Federal de Segurança Pública, ao Secretário de Segurança Pública do Distrito Federal e aos Delegados Regionais nos Estados, a instauração do processo disciplinar.

Promoverá o processo disciplinar uma Comissão Permanente de Disciplina, composta de três membros de preferência bacharéis em Direito, designada pelo Diretor-Geral do Departamento Federal de Segurança Pública ou pelo Secretário de Segurança Pública do Distrito Federal, conforme o caso.

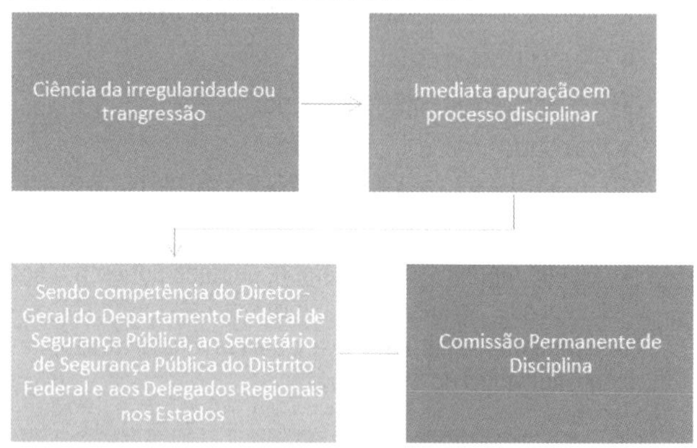

Haverá até três Comissões Permanentes de Disciplina na sede do Departamento Federal de Segurança Pública e na da Polícia do Distrito Federal e uma em cada Delegacia Regional.

Caberá ao Diretor-Geral do Departamento Federal de Segurança Pública a designação dos membros das Comissões Permanentes de Disciplina na sede da repartição e nas Delegacias Regionais mediante indicação dos respectivos Delegados Regionais.

Ao Secretário de Segurança Pública do Distrito Federal compete designar as Comissões Permanentes de Disciplina da Polícia do Distrito Federal.

A autoridade competente para determinar a instauração de processo disciplinar:

I - remeterá, em três vias, com o respectivo ato, à Comissão Permanente de Disciplina de que trata o § 1º do artigo anterior, os elementos que fundamentaram a decisão;

II - providenciará a instauração do inquérito policial quando o fato possa ser configurado como ilícito penal.

Enquanto integrarem as Comissões Permanentes de Disciplina, seus membros ficarão à disposição do respectivo Conselho de Polícia e dispensados do exercício das atribuições e responsabilidades de seus cargos.

Os membros das Comissões Permanentes de Disciplina terão o mandato de seis meses, prorrogável pelo tempo necessário à ultimação dos processos disciplinares que se encontrem em fase de indicação, cabendo o estudo dos demais aos novos membros que foram designados, esta regra não constitui impedimento para a recondução de membro de Comissão Permanente de Disciplina.

A publicação da portaria de instauração do processo disciplinar em Boletim de Serviço, quando indicar o funcionário que praticou a transgressão sujeita a apuração, importará na sua notificação para acompanhar o processo em todos os seus trâmites, por si ou por defensor constituído, se assim o entender.

Instaurado o processo disciplinar → **quando indicar o funcionário sujeito do PD** → **Será este notificado para acompanhamento**

Na hipótese de autuação em flagrante do funcionário policial como incurso em qualquer crimes contra os costumes e contra o patrimônio, que, por sua natureza e configuração, sejam considerados como infamantes, de modo a incompatibilizar o servidor para o exercício da função polícia, a autoridade que presidir o ato encaminhará, dentro de vinte e quatro horas, à autoridade competente para determinar a instauração do processo disciplinar, traslado das peças comprovadoras da materialidade do fato e sua autoria.

Flagrante de crime contra os costumes e patrimônio infamanetes → **Autoridade encaminhará em 24 horas provas da materialidade e autoria** → **Para que autoridade competente determine a instauracao do PD**

Recebidas as peças, a autoridade procederá a remessa, em três vias, com o respectivo ato, à Comissão Permanente de Disciplina os elementos que fundamentaram a decisão.

As sanções civis, penais e disciplinares poderão cumular-se, sendo independentes entre si.

A responsabilidade administrativa do servidor será afastada no caso de absolvição criminal que negue a existência do fato ou sua autoria.

A suspensão preventiva é obrigatória quando se tratar de transgressões aos incisos IX, XII, XVI, XXVIII, XXXVIII, XL, XLVIII, LI, LVIII e LXII do quadro acima.

Dos conselhos de polícia

Os Conselhos de Polícia, levando em conta a repercussão do fato, ou suas circunstâncias, poderão, por convocação de seu Presidente, apreciar as transgressões disciplinares passíveis de punição com as penas de repreensão, suspensão até trinta dias e detenção disciplinar até vinte dias.

No ato de convocação, o Presidente do Conselho designará um de seus membros para relator da matéria.

O funcionário policial será convocado, através do Boletim de Serviço, a comparecer perante o Conselho para, em dia e hora previamente designados e após a leitura do relatório, apresentar razões de defesa.

Após ouvir as razões do funcionário, o Conselho, pela maioria ou totalidade de seus membros, concluirá pela procedência ou não da transgressão, deliberará sobre a penalidade a ser aplicada e, finalmente, o Presidente proferirá a decisão final.

Votará em primeiro lugar o relator do processo e por último o Presidente do órgão, assegurado a este o direito de veto às deliberações do Conselho.

Das disposições gerais

→ O dia 21 de abril será consagrado ao Funcionário Policial Civil.

Aos funcionários do Serviço de Polícia Federal e do Serviço Policial Metropolitano aplicam-se as disposições da legislação relativa ao funcionalismo civil da União no que não colidirem com as desta Lei.

Os funcionários dos quadros de pessoal do Departamento Federal de Segurança Pública e da Polícia do Distrito Federal ocupantes de cargos não integrantes do Serviço de Polícia Federal e do Serviço Policial Metropolitano, continuarão subordinados integralmente ao regime jurídico instituído pela Lei nº 1.711, de 28 de outubro de 1952.

A Lei nº 4.878/65 será aplicada aos funcionários que, enquadrados no Serviço Policial de que trata a Lei nº 3.780, de 10 de julho de 1960 e transferidos para a Administração do Estado da Guanabara, retornaram ao Serviço Público Federal.

É vedada a remoção ex officio do funcionário policial que esteja cursando a Academia Nacional de Polícia, desde que a sua movimentação impossibilite a frequência no curso em que esteja matriculado.

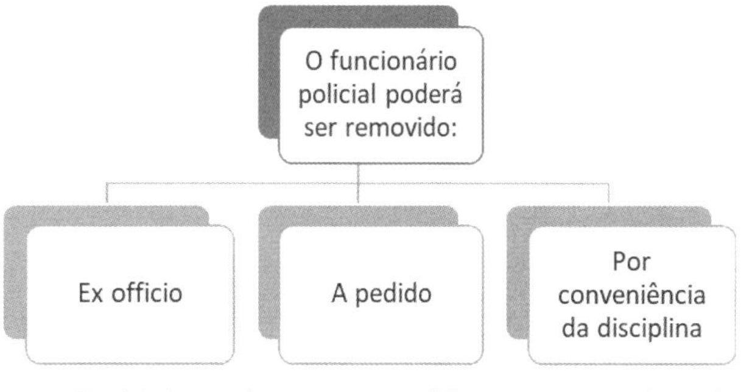

Nas hipóteses de remoção a pedido ou por conveniência da disciplina, o funcionário não fará jus a ajuda de custo.

A remoção ex officio do funcionário policial, salvo imperiosa necessidade do serviço devidamente justificada, só poderá efetivar-se após dois anos, no mínimo, de exercício em cada localidade.

Não são considerados herança os vencimentos e as vantagens devidos ao funcionário falecido, os quais serão pagos, independentemente de ordem judicial, à viúva ou, na sua falta, aos legítimos herdeiros daquele.

Será concedido transporte à família do funcionário policial falecido no desempenho de serviço fora da sede de sua repartição. A família do funcionário falecido em serviço na sede de sua repartição terá direito, dentro de seis meses após o óbito, a transporte para a localidade do território nacional em que fixar residência.

Questões

01. (CESPE) Se um agente de polícia aposentado reingressar no serviço público, por serem insubsistentes os motivos de sua aposentadoria, pode-se afirmar que ocorreu a sua reversão.
Certo ( ) Errado ( )

02. (CESPE) Para o cargo de agente de polícia, é vedada a posse mediante procuração.
Certo ( ) Errado ( )

03. (CESPE) A Secretaria Estadual de Saúde do Pará requisitou ao DPF o escrivão de polícia federal Anderson, para exercer cargo comissionado na área de gestão de recursos humanos. Nessa situação, seria ilícito que o DPF deferisse esse pedido, cedendo Anderson à administração estadual paraense.
Certo ( ) Errado ( )

04. (CESPE) Sendo Rodrigo um brasileiro penalmente inimputável, é vedado à Academia Nacional de Polícia matricular Rodrigo em curso de formação para agente de polícia federal.
Certo ( ) Errado ( )

Gabaritos

01	CERTO
02	CERTO
03	CERTO
04	CERTO

9. DECRETO-LEI Nº 2.266, DE 12 DE MARÇO DE 1985

O Decreto-lei nº 2.266/85 criou, no Quadro de Pessoal do Distrito Federal, a Carreira Policial Civil, composta de cargos de Delegado de Polícia, Médico-Legista, Perito Criminal, escrivão de Polícia, Agente de Polícia, Datiloscopista Policial e Agente Penitenciário.

> As atuais classes integrantes das categorias funcionais do Grupo Polícia Civil do Distrito Federal (PC-200) então existentes ficam transformadas nas seguintes:
> Segunda Classe
> Primeira Classe
> Classe EspecialOs ocupantes dos cargos das atuais categorias funcionais do Grupo PC-200 serão transpostos, para a carreira policial civil.

PC - 200 →	← Carreira Policial Civil

A progressão funcional será feita na conformidade do que dispõem a Lei nº 5.920, de 19 de setembro de 1973, e o Decreto-lei nº 1.462, de 29 de abril de 1976, e suas modificações subsequentes.

Constitui requisito básico para a progressão à Classe Especial das categorias funcionais de nível superior e médio, a conclusão, com aproveitamento, respectivamente, do Curso superior de Polícia e Curso Especial de Polícia.

Não haverá transferência nem ascensão funcional para a Carreira Policial Civil do Distrito Federal.

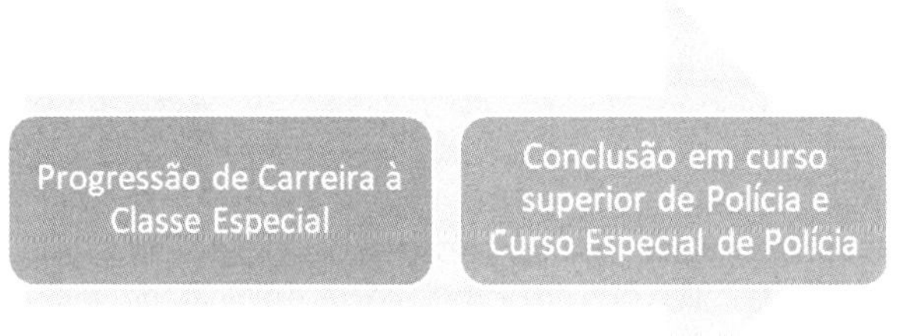

Os cursos superiores de Polícia e Curso Especial de Polícia destinam-se ao aperfeiçoamento dos servidores policiais civis que se encontrem no Padrão final da Primeira Classe das categorias funcionais de nível superior e médio, obedecidos os critérios estabelecidos nos referidos cursos, por ordem de antiguidade.

Os atuais ocupantes da classe especial das categorias funcionais de nível superior e médio serão matriculados nos referidos cursos, por ordem de antiguidade.

Ao servidor que completar com aproveitamento os cursos de formação profissional, realizados pela Academia de Polícia Civil da Secretaria de Segurança Pública do Distrito Federal, será atribuída Indenização de Habilitação Policial Civil, com os percentuais calculados sobre o vencimento básico correspondente, na forma seguinte:

10% (dez por cento)	Curso de Formação Policial Profissional
20% (vinte por cento)	Curso Especial de Polícia
20% (vinte por cento)	Curso Superior de Polícia

Na ocorrência de mais de um curso, será atribuída somente a indenização de maior valor percentual, sendo que a indenização de Habilitação Policial Civil será incorporada aos proventos da aposentadoria do servidor.

Considerado o interesse da Administração em aperfeiçoar o contingente de recursos humanos da Polícia Civil do Distrito Federal, o Governador do Distrito Federal poderá autorizar, assegurados todos os direitos e vantagens, inclusive o tempo de serviço, o afastamento de funcionários para cursos de pós-graduação, especialização e extensão, no País ou no exterior.

O policial civil que já tiver concluído os Cursos de Formação Profissional e Curso superior de Polícia, fará jus à indenização.

Para que o decreto em estudo seja executado, as despesas correrão por conta das dotações consignadas no Orçamento do Distrito Federal.

10. LEI Nº 9.264, DE 7 DE FEVEREIRO DE 1996

A Lei 9.264/96 dispõe sobre a Carreira Policial Civil do Distrito Federal, criada pelo Decreto-lei nº 2.266, de 12 de marco de 1985, determinando que ficará desmembrada em Carreira de Delegado de Polícia do Distrito Federal e Carreira de Polícia Civil do Distrito Federal.

> A Carreira de Delegado de Polícia do Distrito Federal é constituída do cargo de Delegado de Polícia.
> A Carreira de Polícia Civil do Distrito Federal é de nível superior e compõe-se dos cargos de Perito Criminal, Perito Médico-Legista, Agente de Polícia, Escrivão de Polícia, Papiloscopista Policial e Agente Policial de Custódia.

O ingresso na Carreira Policial Civil do Distrito Federal ocorrerá sempre na terceira classe, mediante concurso público de provas ou de provas e títulos, exigido o nível superior completo, em nível de graduação, e observados os requisitos fixados na legislação pertinente.

Os servidores ocupantes dos cargos de Agente Policial de Custódia passam a ter lotação e exercício nas unidades que compõem a estrutura orgânica da Polícia Civil do Distrito Federal, mediante designação de seu Diretor-Geral. A apresentação dos servidores ao Diretor-Geral da Polícia Civil do Distrito Federal deverá ocorrer no prazo de 180 dias, contado da data de publicação desta Lei.

> No caso de servidores afastados ou licenciados, no momento da publicação do Lei 9.264 em 7 de fevereiro de 1996, por período superior a 180 dias, as lotações serão alteradas automaticamente pela unidade administrativa competente.

As atividades dos servidores ocupantes dos cargos de Agente Policial de Custódia, no âmbito da Polícia Civil do Distrito Federal, deverão estar relacionadas às atribuições daquele cargo público.

O servidor afastado ou licenciado deverá, no momento de seu retorno à atividade, apresentar-se ao Diretor-Geral da Polícia Civil do Distrito Federal.

O ingresso na Carreira de Delegado de Polícia do Distrito Federal dar-se-á mediante concurso público de provas e títulos, com a participação da Ordem dos Advogados do Brasil, exigindo-se diploma de Bacharel em Direito e, no mínimo, 3 (três) anos de atividade jurídica ou policial, comprovados no ato da posse.

Será exigido para o ingresso na Carreira de Perito Criminal da Polícia Civil do Distrito Federal o diploma de Física, Química, Ciências Biológicas, Ciências Contábeis, Ciência da Computação, Informática, Geologia, Odontologia, Farmácia, Bioquímica, Mineralogia e Engenharia.

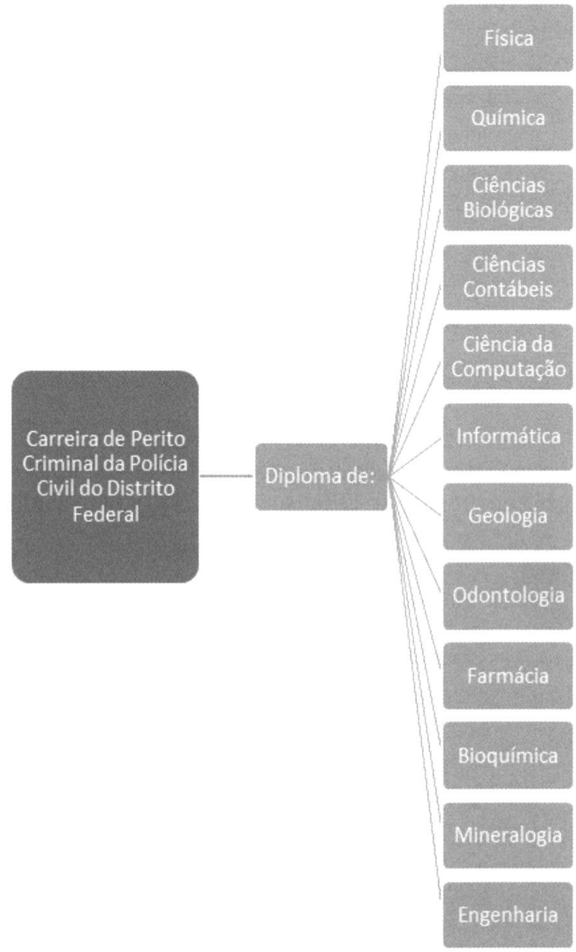

Será exigido para o ingresso na Carreira de Perito Médico-Legista da Polícia Civil do Distrito Federal o diploma de Medicina.

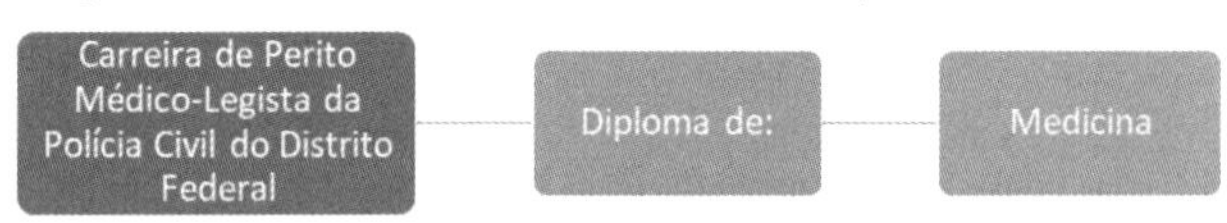

O enquadramento nos cargos previstos na da Lei 9.264/96 será feito mediante requerimento do servidor, em caráter irrevogável e irretratável, a ser apresentado no prazo de sessenta dias contado da data da publicação da Lei 9.264/96. Este requerimento conterá, obrigatoriamente, expressa renúncia do interessado relativamente a parcelas remuneratórias eventualmente deferidas às Carreiras de Delegado de Polícia do Distrito Federal e de Polícia Civil do Distrito Federal decorrentes de lei, ato administrativo ou decisão judicial.

> O Poder Executivo disporá, em regulamento, quanto aos requisitos e condições de progressão nos cargos das carreiras.

A não apresentação do requerimento nas condições mencionadas resumirá renúncia ao direito de enquadramento nas tabelas, às gratificações e aos percentuais fixados.

A Lei 9.264/96 se aplica aos inativos e pensionistas de servidores das Carreiras de Delegado de Polícia Civil do Distrito Federal ou de Polícia Civil do Distrito Federal.

As carreiras de Delegado de Policia Civil do Distrito Federal e de Policia Civil do Distrito Federal são consideradas típicas de Estado.

O cargo de Diretor-Geral, nomeado pelo Governador do Distrito Federal, é privativo de delegado de polícia do Distrito Federal integrante da classe especial.

A cessão dos integrantes das carreiras somente será autorizada para:

Presidência da República e Vice-Presidência da República	**Para o exercício de cargo em comissão ou função de confiança.**
Ministério ou órgão equivalente	Para o exercício de cargo em comissão ou função de confiança.
Tribunais Superiores, órgãos do Tribunal Regional Federal da 1ª Região situados no Distrito Federal, Tribunal Regional Eleitoral do Distrito Federal, Órgãos do Tribunal Regional do Trabalho da 10ª Região situados no Distrito Federal e Tribunal de Justiça do Distrito Federal e dos Territórios	Para o exercício de cargo em comissão cuja remuneração seja igual ou superior à de cargo DAS-101.4 ou equivalente.
Órgãos do Ministério Público da União situados no Distrito Federal	Para o exercício de cargo em comissão cuja remuneração seja igual ou superior à de cargo DAS-101.4 ou equivalente.
Órgãos do Tribunal de Contas da União situados no Distrito Federal e Tribunal de Contas do Distrito Federal	Para o exercício de cargo em comissão cuja remuneração seja igual ou superior à de cargo DAS-101.4 ou equivalente.
Governadoria e Vice-Governadoria do Distrito Federal,	Para o exercício de cargo em comissão.
Secretaria de Estado da Segurança Pública e da Paz Social do Distrito Federal	Para o exercício de cargo em comissão ou função de confiança.
demais órgãos da administração pública do Distrito Federal considerados estratégicos, a critério do Governador do Distrito Federal	Para o exercício de cargo em comissão cuja remuneração seja igual ou superior à de cargo DAS-101.4 ou equivalente.

É vedada a cessão de servidor que não tenha cumprido o estágio probatório de que trata o art. 41 da Constituição Federal:

São estáveis após três anos de efetivo exercício os servidores nomeados para cargo de provimento efetivo em virtude de concurso público.

É obrigatório o ressarcimento ao órgão cedente do valor correspondente à remuneração do servidor cedido, salvo quando a cessão ocorrer para órgão da União, Governadoria e Vice-Governadoria do Distrito Federal, ou Secretaria de Estado da Segurança Pública e da Paz Social do Distrito Federal.

A cessão à Presidência e Vice-Presidência da República, ao Gabinete de Segurança Institucional da Presidência da República, ao Ministério da Justiça, ao Ministério da Segurança Pública, à Presidência do Supremo Tribunal Federal, à Presidência do Tribunal de Justiça do Distrito Federal e dos Territórios, à Governadoria e Vice-Governadoria do Distrito Federal, à Secretaria de Estado da Segurança Pública e da Paz Social do Distrito Federal e às unidades de inteligência da administração pública federal e distrital e dos Tribunais de Contas da União e do Distrito Federal é considerada de interesse policial civil, resguardados todos os direitos e vantagens da carreira policial.

Resumidamente a Lei 9.264/96 tem como fundamento dispor sobre o desmembramento e a reorganização da Carreira Policial Civil do Distrito Federal, fixa remuneração de seus cargos e dá outras providências.

11. LEI ORGÂNICA DO DISTRITO FEDERAL

A Segurança Pública é considerada um dever do Estado, direito e responsabilidade de todos, e é exercida com base nos seguintes princípios

> respeito aos direitos humanos e promoção dos direitos e das garantias fundamentais individuais e coletivas, especialmente dos segmentos sociais de maior vulnerabilidade;

> preservação da ordem pública, assim entendidas as ordens urbanística, fundiária, econômica, tributária, das relações de consumo, ambiental e da saúde pública;

> gestão integrada de seus órgãos e deles com as esferas educacional, da saúde pública e da assistência social, com a finalidade de prestar serviço concentrado na prevenção;

> ênfase no policiamento comunitário;

> preservação da incolumidade das pessoas e do patrimônio público e privado.

À Polícia Civil, órgão permanente dirigido por delegado de polícia de carreira, incumbe, ressalvada a competência da União, as funções de polícia judiciária e a apuração de infrações penais, exceto as militares.

São princípios institucionais da Polícia Civil:

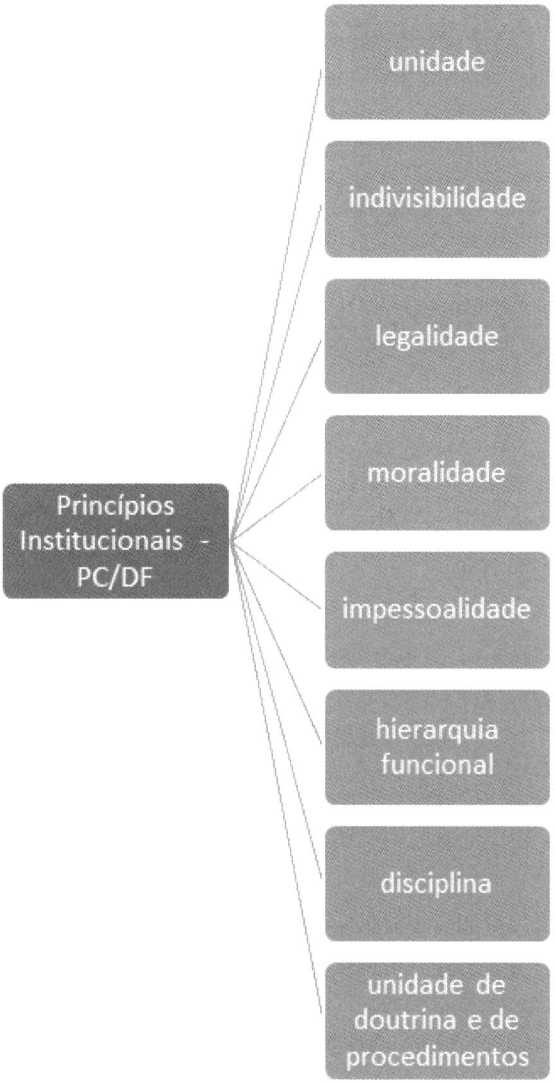

Aos integrantes da categoria de delegado de polícia é garantida independência funcional no exercício das atribuições de Polícia Judiciária.

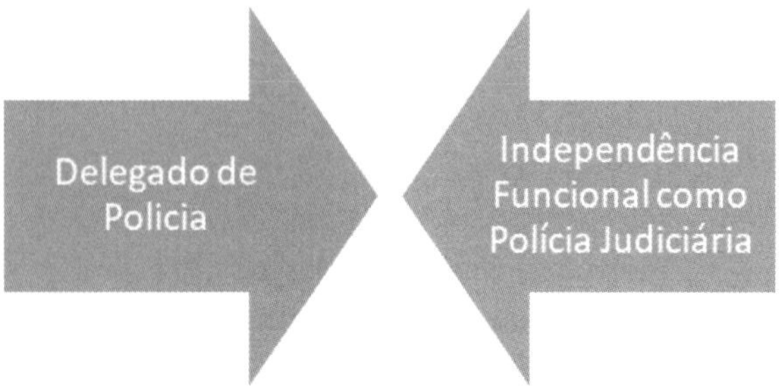

Os Institutos de Criminalística, de Medicina Legal e de Identificação compõem a estrutura administrativa da Polícia Civil, devendo seus dirigentes ser escolhidos entre os integrantes do quadro funcional do respectivo instituto.

> A função de policial civil é considerada de natureza técnica.

> O ingresso na carreira de policial civil do Distrito Federal é feito na forma da lei.

As atividades desenvolvidas nos Institutos de Criminalística, de Medicina Legal e de Identificação são consideradas de natureza técnico-científica.

Aos integrantes das categorias de perito criminal, médico-legista e datiloscopista policial é garantida a independência funcional na elaboração de laudos periciais.

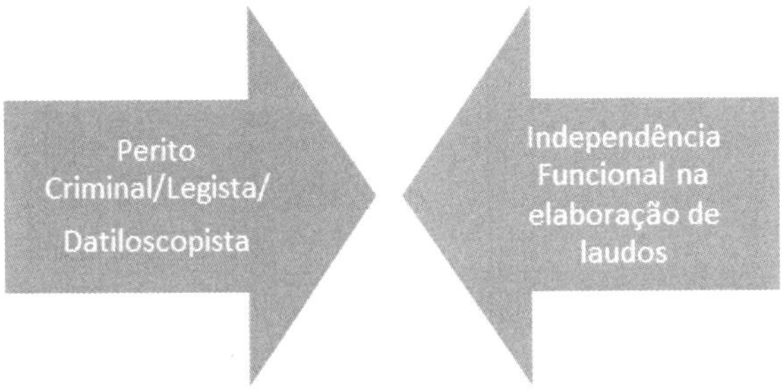

Compete ao Diretor-Geral da Polícia Civil do Distrito Federal, por delegação, autorizar a realização de concursos públicos para o provimento de cargos das carreiras da Polícia Civil, o que ocorre sempre que as vagas excedam a 5% dos respectivos cargos ou, com menor número, de acordo com a necessidade, bem como decidir sobre o provimento dos cargos e expedir normas complementares necessárias aos referidos fins.

A delegação exige prévia manifestação da Secretaria de Estado de Planejamento e Orçamento do Distrito Federal, antes da realização do concurso, que confirme a existência de disponibilidade orçamentária para cobrir as despesas com o provimento dos cargos.

É assegurado, pelo menos 1 vez ao ano ou quando da nomeação por concurso público, o concurso de remoção interno, na hipótese em que o número de interessados seja superior ao número de vagas, com critérios objetivos, pretéritos e determinados na Polícia Civil do Distrito Federal para todos os cargos e carreiras.

> É obrigatória a comprovação dos pré-requisitos objetivos e determinados exigidos de cada função para lotação pelo concurso de remoção.

O concurso de remoção abrange todas as unidades e seções da Polícia Civil do Distrito Federal, excetuando-se apenas as funções comissionadas.

Aos integrantes das categorias de agente de polícia, agente policial de custódia e escrivão de polícia é garantida a independência funcional na elaboração e no conteúdo dos atos legais delegados ou próprios sob sua responsabilidade.

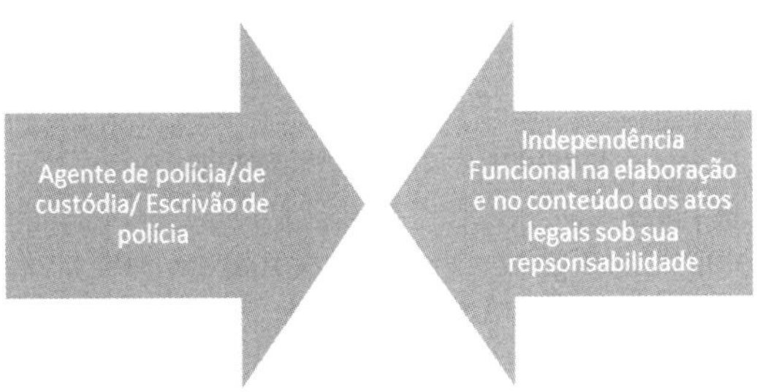

A Polícia Civil do Distrito Federal pode dispor de unidade especializada na custódia de presos provisórios e bens apreendidos, devendo seu dirigente ser escolhido entre os integrantes da categoria funcional de Agente Policial de Custódia.

Lei disporá sobre normas específicas e suplementará as normas federais sobre a organização da Polícia Civil do Distrito Federal e sobre direitos, garantias e deveres de seus integrantes, nos termos do art. 24, XVI, e § 1º, da Constituição Federal e do art. 17, XVI, da Lei Orgânica em estudo, sendo-lhes devido, sem prejuízo do subsídio e de outras verbas de natureza indenizatória, auxílio-moradia, auxílio-uniforme e auxílio-alimentação, na forma do regulamento.

> ***Art. 24.*** *Compete à União, aos Estados e ao Distrito Federal legislar concorrentemente sobre: XVI - organização, garantias, direitos e deveres das polícias civis.*

Aplica-se, ainda, aos integrantes das carreiras de Delegado de Polícia do Distrito Federal e de Polícia Civil do Distrito Federal, no que couber, a lei que trata de direitos e garantias dos servidores públicos civis do Distrito Federal.

12. REGIMENTO INTERNO DA POLÍCIA CIVIL DO DISTRITO FEDERAL

Título I - Das Disposições Institucionais e da Estrutura Orgânica

Capítulo I - das disposições institucionais

Seção I - Da natureza

A Polícia Civil do Distrito Federal é considerada uma instituição permanente da administração direta, essencial à função jurisdicional e vinculada ao Gabinete do Governador do Distrito Federal, é dirigida por delegado de polícia de carreira e tem relativa autonomia administrativa e financeira.

Seção II - Da missão

A Polícia Civil do Distrito Federal tem como missão institucional promover, integrada às instituições congêneres, a segurança pública, visando à preservação da ordem pública e à incolumidade das pessoas, por meio da apuração de delitos, da elaboração de procedimentos formais destinados à ação penal e da adoção de ações técnico-policiais, com a preservação dos direitos e garantias individuais.

Seção III - Dos princípios institucionais

São princípios institucionais da Polícia Civil do Distrito Federal:

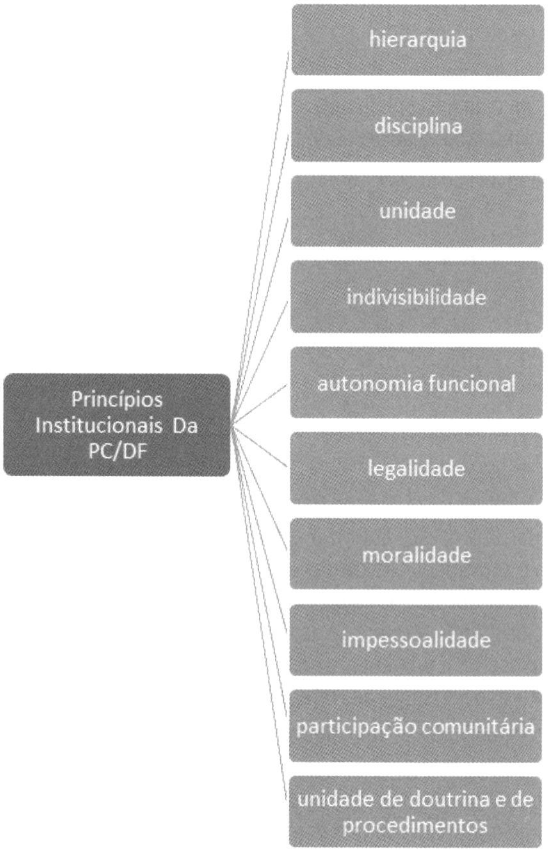

Seção IV - Das funções essenciais

São funções essenciais da Polícia Civil do Distrito Federal:

I. *Ressalvada a competência da União, executar as funções de polícia judiciária do Distrito Federal e a apuração de infrações penais, exceto as militares e eleitorais;*

II. *Organizar, executar e manter serviços de controle e fiscalização de armas, munições e explosivos, na forma da legislação pertinente;*

III. *Zelar pela ordem e segurança pública, promovendo e participando de medidas de proteção à sociedade;*

IV. *Promover o intercâmbio policial com organizações congêneres;*

V. *Colaborar na execução de serviços policiais relacionados com a prevenção e a repressão da criminalidade interestadual;*

VI. *Executar as atividades de perícia criminal, médico-legal e papiloscópica;*

VII. *Realizar as identificações civis e criminais;*

VIII. *Cooperar com as autoridades administrativas e judiciárias no tocante à aplicação de medidas legais e regulamentares;*

IX. *Cooperar com os demais órgãos de segurança pública.*

Capítulo II - da estrutura orgânica

A Polícia Civil do Distrito Federal, para o cumprimento de suas atribuições legais e a execução de suas atividades, compõe-se da seguinte estrutura administrativa:

DIREÇÃO-GERAL DA POLÍCIA CIVIL
Assessoria da Direção Geral da Polícia Civil
Secretaria Executiva da Direção Geral da Polícia Civil
Assessoria para Assuntos Institucionais da Polícia Civil

CORREGEDORIA GERAL DE POLÍCIA CIVIL	
Ouvidoria	Divisão de Registros Criminais e Controle de Procedimentos
Comissão Permanente de Disciplina	Divisão de Tramitação de Autos
Divisão de Investigação	Divisão de Procedimentos Administrativos Disciplinares
Divisão de Correição	

DEPARTAMENTO DE ADMINISTRAÇÃO GERAL	
Divisão de Planejamento Administrativo	Divisão de Recursos Materiais
Divisão de Recursos Humanos	Divisão de Apoio e Serviços Gerais
Divisão de Orçamento e Finanças	Divisão de Arquitetura e Engenharia
Divisão de Transportes	Policlínica
Divisão de Informática	Comissão Permanente de Licitação
Divisão de Telecomunicações	Comissão Permanente de Tomada de Contas Especial

DEPARTAMENTO DE POLÍCIA CIRCUNSCRICIONAL
Delegacias de Polícia Circunscricionais

DEPARTAMENTO DE POLÍCIA ESPECIALIZADA	
Coordenação de Repressão às Drogas	Divisão de Coleta, Análise e Difusão de Informações
	Divisão de Repressão às Drogas I
	Divisão de Repressão às Drogas II
	Divisão de Repressão às Drogas III
Coordenação de Investigação de Crimes Contra a Vida	Divisão de Homicídios I
	Divisão de Homicídios II
Divisão de Controle e Custódia de Presos	
Divisão de Cadastro de Roubos e Furtos de Veículos	
Delegacia da Criança e do Adolescente I	
Delegacia de Capturas e Polícia Interestadual	
Delegacia Especial de Atendimento à Mulher	
Delegacia de Defesa do Consumidor	
Delegacia de Falsificações e Defraudações	
Delegacia Especial do Meio Ambiente	
Delegacia de Crimes contra a Ordem Tributária	
Delegacia Especial de Proteção à Criança e ao Adolescente	
Delegacia de Repressão a Furtos	
Delegacia de Roubos e Furtos de Veículos	
Delegacia de Repressão a Pequenas Infrações	
Delegacia de Repressão a Roubos	
Delegacia da Criança e do Adolescente II	

DEPARTAMENTO DE ATIVIDADES ESPECIAIS	
Divisão de Apoio Logístico Operacional	Divisão de Estatística e Planejamento Operacional
Divisão de Repressão a Sequestros	Divisão de Inteligência Policial
Divisão Operações Especiais	Divisão de Repressão ao Crime Organizado
Divisão de Operações Aéreas	Divisão de Repressão aos Crimes de Alta Tecnologia
6.5. Divisão de Controle de Armas, Munições e Explosivos	Divisão Especial de Repressão aos Crimes Contra a Administração Pública
Divisão de Controle de Denúncias e Ocorrências Eletrônicas	Divisão de Comunicação

DEPARTAMENTO DE POLÍCIA TÉCNICA	
Instituto de Criminalística	Divisão Administrativa
	Divisão de Perícias Externas
	Divisão de Perícias Internas
	Divisão de Perícias em Laboratórios
Instituto de Identificação	Divisão Administrativa
	Divisão de Processamento e Arquivos Técnicos
	Divisão de Identificação
	Divisão de Perícias de Exames Técnicos em Papiloscopia
Instituto de Medicina Legal	Divisão Administrativa
	Divisão de Perícia no Vivo
	Divisão de Tanatologia Forense
	Divisão de Exames Técnicos Médicos Legais
Instituto de Pesquisa de DNA Forense	

ACADEMIA DE POLÍCIA CIVIL	
Divisão Técnica de Ensino	Divisão de Gerência de Concursos
Divisão de Apoio ao Ensino	Divisão de Polícia Comunitária

Título II - Das Atribuições Orgânicas da Polícia Civil

Capítulo I - da direção-geral de polícia civil

A Direção-Geral de Polícia Civil do Distrito Federal, órgão de direção superior, dirigido pelo Diretor-Geral de Polícia Civil, tem como atribuições:

I. *Exercer e coordenar as funções institucionais descritas no art. 4º deste Regimento;*

II. *Celebrar contratos, acordos e convênios, nos termos da legislação em vigor;*

III. *Propor a nomeação, exoneração, demissão ou reintegração de servidores do seu quadro de pessoal;*

IV. *Praticar atos de administração relativos ao regime jurídico de pessoal, nos termos da legislação específica;*

V. *Encaminhar a proposta orçamentária da Instituição;*

VI. *Propor a criação e extinção de cargos e funções;*

VII. *Propor a criação de unidades policiais;*

VIII. *Com o auxílio dos respectivos Diretores dos Departamentos e dos demais órgãos de direção superior, planejar, normatizar, dirigir, supervisionar, fiscalizar, administrar, coordenar, executar, controlar e avaliar as ações de polícia circunscricional, de polícia especializada, de polícia técnico científica, de atividades especiais, de ensino e treinamento e de correição;*

IX. *Praticar outros atos próprios de gestão conforme previsto na legislação em vigor.*

Capítulo II - da assessoria da direção-geral da polícia civil

A Assessoria da Direção-Geral da Polícia Civil, unidade orgânica de assessoramento, diretamente subordinada à Direção-Geral de Polícia, tem como atribuições:

I. *Assessorar o Diretor-Geral mediante a execução das atividades de consultoria e assessoramento técnico;*

II. *Fixar, através de notas técnicas, a interpretação de dispositivos legais e de atos normativos a ser seguida uniformemente;*

III. *Emitir nota técnica sobre assuntos de interesse da Polícia Civil do Distrito Federal;*

IV. *Realizar estudos e pesquisas para dirimir dúvidas acerca das atribuições institucionais da Polícia Civil;*

V. *Coligir e catalogar legislações, decisões, pareceres, julgados e jurisprudências de interesse da Polícia Civil, divulgando-os internamente, quando for o caso;*

VI. *Acompanhar projetos e processos em tramitação no Judiciário, Procuradoria Geral do Distrito Federal e em outras unidades públicas, que tratam direta ou indiretamente de assuntos de interesse da Polícia Civil do Distrito Federal;*

VII. *Elaborar ou revisar minutas de atos administrativos a serem praticados ou editados pela Direção-Geral;*

VIII. *Minutar informações em ações de mandado de segurança, habeas data e habeas corpus impetrados contra ato do Diretor-Geral, do Diretor-Geral Adjunto e por outras autoridades administrativas em questões que sejam de relevância para a Instituição;*

IX. *Providenciar as avaliações de desempenho funcional e de estágio probatório dos servidores da Unidade;*

X. *Assessorar a Direção-Geral na gestão do planejamento estratégico;*

XI. *Colaborar com as demais unidades orgânicas na elaboração dos planos de ações, projetos e programas que deverão integrar o planejamento estratégico;*

XII. *Avaliar e emitir parecer técnico sobre a implantação e gestão do planejamento estratégico;*

XIII. *Desempenhar outras tarefas que lhe forem atribuídas pela Direção-Geral.*

Capítulo III - da secretaria executiva

A Secretaria Executiva da Direção-Geral da Polícia Civil, unidade orgânica de execução e assessoramento, diretamente subordinada ao Diretor-Geral Adjunto de Polícia, tem como atribuições:

I. *Executar os serviços de assistência à Direção-Geral Adjunta de Polícia;*

II. *Executar as atividades de administração de pessoal, de material, de transporte e de comunicações de todo o Gabinete do Diretor-Geral, mantendo sistemas de arquivos e controles específicos;*

III. *Prover a segurança pessoal do Diretor-Geral e do Diretor-Geral Adjunto;*

IV. *Executar medidas de segurança física e manutenção do prédio-sede da Polícia Civil;*

V. *Providenciar as avaliações de desempenho funcional e de estágio probatório dos servidores lotados na Unidade;*

VI. *Elaborar e controlar as escalas de serviços, folhas de ponto e plano de chamada da Unidade;*

VII. *Encaminhar, mensalmente, à Direção Geral Adjunta, relatório das atividades desenvolvidas;*

VIII. *Desempenhar outras atividades que se enquadrem no âmbito de suas atribuições.*

Capítulo IV - da assessoria para assuntos institucionais da polícia civil

A Assessoria para Assuntos Institucionais da Polícia Civil, unidade orgânica de assessoramento, diretamente subordinada a Direção-Geral de Polícia, tem como atribuições:

I. *Assessorar diretamente o Diretor-Geral nos assuntos de interesse da Instituição, perante os organismos externos;*

II. *Emitir, quando solicitada, pareceres sobre matéria de interesse institucional;*

III. *Acompanhar os trabalhos parlamentares relativos à Polícia Civil, na Câmara Legislativa e no Congresso Nacional, informando a Direção-Geral:*

IV. *Oferecer subsídios aos trabalhos parlamentares no interesse institucional;*

V. *Acompanhar o Diretor-Geral , quando solicitado, para tratar de interesses institucionais;*

VI. *Acompanhar a tramitação de projetos, programas, acordos, convênios e demais processos que tratem de matéria de interesse institucional;*

VII. *Executar outras atividades que lhe forem cometidas pela Direção-Geral da Polícia Civil.*

Capítulo V - da corregedoria-geral de polícia civil

A Corregedoria-Geral de Polícia Civil, órgão de direção superior e de controle interno da atividade policial civil, diretamente subordinada à Direção-Geral de Polícia Civil, tem como atribuições:

I. Supervisionar e orientar os procedimentos formais relativos às funções de polícia judiciária e de investigação de infrações penais da Polícia Civil;

II. Realizar correição nos procedimentos penais e administrativos;

III. Controlar a permanência e a tramitação de autos de procedimentos penais e disciplinares;

IV. Controlar os registros de procedimentos penais;

V. Expedir, com exclusividade, certidões de registros criminais na Polícia Civil;

VI. Avocar inquéritos e demais procedimentos policiais;

VII. Expedir orientações e normas de serviços sobre procedimentos específicos da atividade de apuração de infrações penais;

VIII. Executar, com exclusividade, o cancelamento de registros criminais por ordem judicial;

IX. Controlar os registros de procedimentos administrativos disciplinares e criminais instaurados contra policiais civis;

X. Apurar, com exclusividade, infrações penais cuja autoria seja imputada a policial civil ou funcionários que exerçam suas atividades no âmbito da Polícia Civil;

XI. Instaurar e julgar sindicâncias objetivando a apuração de responsabilidade funcional de policial civil e demais servidores que exerçam suas atividades no âmbito da Polícia Civil, os licenciados para mandatos classistas ou cedidos para outras unidades da União, Estados, Distrito Federal e Municípios, com exceção daqueles servidores que exercem suas atividades junto à Secretaria de Estado de Segurança Pública;

XII. Requisitar informações ou documentos a todas as unidades da Polícia Civil;

XIII. Certificar-se dos casos de contumácia, na forma da legislação em vigor, dando conhecimento ao Diretor-Geral de Polícia;

XIV. Redistribuir procedimentos penais e autos de inquérito policial;

XV. Promover a padronização de sistemas eletrônicos, formulários, livros e documentos diversos destinados ao registro e controle dos atos cartorários relacionados com apuração de infrações penais, em conjunto com os demais órgãos;

XVI. Coordenar e executar a investigação ética social dos candidatos aos cargos das carreiras pertencentes ao quadro de pessoal da Polícia Civil do Distrito Federal;

XVII. Articular-se com a Magistratura, o Ministério Público, a Ordem dos Advogados e outras instituições afins, visando à eficiência da atividade Policial;

XVIII. Receber, manifestar e despachar requisições do Poder Judiciário e do Ministério Público nos casos atinentes a infrações penais ou administrativas, bem como no fornecimento de informações acerca de dados pessoais de posse desta Instituição;

XIX. Exercer rigoroso controle dos servidores em estágio probatório e avaliar o desempenho funcional dos demais servidores;

XX. Desempenhar outras atividades que se enquadrem no âmbito de suas atribuições.

Seção I - Da Ouvidoria

A Ouvidoria da Polícia Civil do Distrito Federal, subordinada à Corregedoria-Geral de Polícia, tem como atribuições:

I. Receber, processar, controlar e encaminhar à unidade competente as denúncias contra atos irregulares de servidores da Polícia Civil, servidores requisitados e terceirizados, e as reclamações contra serviços prestados pelas unidades orgânicas;

II. Receber, processar e encaminhar sugestões ofertadas sobre o funcionamento dos serviços prestados pela Polícia Civil;

III. Solicitar informações sobre o andamento das apurações referentes às denúncias e reclamações encaminhadas pela ouvidoria, visando responder ao cidadão no prazo regulamentar estipulado;

IV. Verificar, de forma sumária, a procedência das denúncias e reclamações, antes de encaminhá-las ao Corregedor-Geral de Polícia, sugerindo, se for o caso, arquivamento ou instauração de procedimento administrativo e/ou criminal;

V. Propor ao Corregedor-Geral, recomendações aos dirigentes de unidades, de providências necessárias ao aperfeiçoamento, racionalização e melhoria dos serviços públicos prestados pela Polícia Civil do Distrito Federal;

VI. Elaborar relatório das atividades desenvolvidas;

VII. Remeter, mensalmente, ao Serviço de Planejamento, Estatística e Informática as informações necessárias ao desempenho das atividades daquele Serviço;

VIII. Avaliar o desempenho funcional dos servidores lotados na Ouvidoria;

IX. Desempenhar outras atividades que se enquadrem no âmbito de suas atribuições.

Seção II - Da Comissão Permanente de Disciplina

A Comissão Permanente de Disciplina, unidade orgânica de execução, diretamente subordinada à Corregedoria-Geral da Polícia Civil, é incumbida de promover o processo administrativo disciplinar no âmbito da Polícia Civil do Distrito Federal.

A Comissão exercerá suas atividades com independência e imparcialidade, assegurado o sigilo necessário à elucidação dos fatos ou exigido pelo interesse da Administração, sendo suas audiências e reuniões realizadas em caráter reservado. A função de cada membro da Comissão é considerada de interesse relevante para a administração.

O Secretário da Comissão será indicado pelo Presidente, recaindo a escolha preferencialmente em integrante do cargo de Escrivão de Polícia.

A Comissão Permanente de Disciplina tem como atribuições:

I. Promover o processo administrativo disciplinar, com vista à apuração de transgressões disciplinares imputadas a policiais civis e demais servidores do Quadro de Pessoal da Polícia Civil do Distrito Federal, na forma prevista na legislação em vigor.

II. Realizar, em procedimento próprio, a revisão de processo disciplinar, quando deferida pela autoridade competente;

III. Solicitar ao Diretor-Geral, fundamentadamente, a prorrogação dos prazos previstos em lei para conclusão dos processos;

IV. Dar conhecimento à autoridade competente dos fatos que chegaram ao seu conhecimento no curso da instrução processual, que devam também ser apurados em procedimento diverso;

V. *Solicitar perícias, laudos, pareceres e outras informações necessárias ao bom desempenho das atividades da Comissão;*

VI. *Proceder às diligências que julgar conveniente à produção da prova, deslocando-se sempre que necessário para qualquer ponto do território nacional, recorrendo inclusive a técnicos ou peritos de outras unidades especializadas do serviço público;*

VII. *Encaminhar, mensalmente, ou quando solicitado, à Direção-Geral da Polícia Civil, relatório das atividades desenvolvidas;*

VIII. *Providenciar as avaliações de desempenho funcional e de estágio probatório dos servidores lotados na Comissão;*

IX. *Certificar-se dos casos de contumácia, na forma da Lei, dando conhecimento ao Diretor Geral da Polícia Civil;*

X. *Proceder ao arquivamento dos processos disciplinares e sindicâncias;*

XI. *Desempenhar outras atividades que se enquadrem no âmbito de suas atribuições.*

Seção III - Da Divisão de Investigação

A Divisão de Investigação, unidade orgânica de execução, diretamente subordinada à Corregedoria-Geral de Polícia, tem como atribuições:

I. *Realizar investigações destinadas à apuração de infrações penais com notícia de participação de integrantes da Policia Civil do Distrito Federal;*

II. *Organizar e manter em cadastro, registros de ocorrências, de qualquer origem, que noticiem o envolvimento de integrantes da Polícia Civil do Distrito Federal em infrações penais ou administrativas;*

III. *Acompanhar, em outras unidades policiais, investigações de interesse da Corregedoria Geral de Polícia;*

IV. *Organizar e manter atualizado arquivo fotográfico e dados dos integrantes da Polícia Civil do Distrito Federal;*

V. *Comparecer a locais onde haja ocorrido infração penal com indícios de autoria ou participação de integrantes da Polícia Civil do Distrito Federal;*

VI. *Conduzir procedimentos apuratórios de infrações penais, especialmente as funcionais, envolvendo integrante da Polícia Civil do Distrito Federal;*

VII. *Auxiliar as demais autoridades policiais da Corregedoria-Geral de Polícia, nos procedimentos sob suas responsabilidades, seja fornecendo-lhes informações, seja apoiando-as operacionalmente;*

VIII. *Consultar os cadastros especializados de pessoas, veículos e telefones, envolvidos em infrações penais ou administrativas com notícia de participação de integrantes da Polícia Civil do Distrito Federal;*

IX. *Analisar as informações emitidas pelos bancos de dados, existentes em autos e arquivos ou recebidas, em forma de laudos, listagens ou outros registros, visando à obtenção de indícios de prática de infrações em apuração na Corregedoria-Geral de Polícia;*

X. *Manter permanente contato com a Divisão de Inteligência Policial e congêneres, para a busca de informações que auxiliem as investigações desenvolvidas pela Corregedoria-Geral de Polícia;*

XI. *Apresentar, mensalmente, relatório circunstanciado sobre os trabalhos desenvolvidos, sugerindo a adoção de medidas que visem melhor desempenho do serviço;*

XII. *Emitir relatórios mensais e anuais com mapas estatísticos das atividades desenvolvidas;*

XIII. *Remeter, mensalmente, ao Serviço de Planejamento, Estatística e Informática as informações necessárias ao desempenho das atividades daquele Serviço;*

XIV. *Avaliar o desempenho funcional dos servidores lotados na Divisão;*

XV. *Desempenhar outras atividades que se enquadrem no âmbito de suas atribuições.*

Seção IV - Da Divisão de Correição

A Divisão de Correição, unidade orgânica de execução, diretamente subordinada à Corregedoria-Geral de Polícia, tem como atribuições:

I. *Realizar, por ordem e sob orientação da Corregedoria-Geral de Polícia, correições ordinárias e extraordinárias nas Unidades Policiais e em outras unidades orgânicas da Polícia Civil;*

II. *Executar correições nos autos de inquéritos policiais e termos circunstanciados antes da remessa ao Judiciário, zelando pela fiel observância das normas processuais e administrativas;*

III. *Receber e controlar as comunicações de prisão em flagrante;*

IV. *Propor normas de padronização de formulários, sistemas eletrônicos, livros e documentos diversos relativos às atividades de apuração de infrações penais e disciplinares na Polícia Civil;*

V. *Analisar as solicitações de redistribuição de autos de inquéritos policiais feitas pelas Unidades Policiais;*

VI. *Avaliar o desempenho funcional dos servidores lotados na Divisão;*

VII. *Emitir relatórios mensais e anuais com mapas estatísticos das atividades desenvolvidas;*

VIII. *Remeter, mensalmente, ao Serviço de Planejamento, Estatística e Informática as informações necessárias ao desempenho das atividades daquele Serviço;*

IX. *Desempenhar outras atividades que se enquadrem no âmbito de suas atribuições.*

Seção V - Da Divisão de Registros Criminais e Controle de Procedimentos

A Divisão de Registros Criminais e Controle de Procedimentos, unidade orgânica de execução, diretamente subordinada à Corregedoria-Geral de Polícia, tem como atribuições:

I. *Homologar e controlar os registros criminais decorrentes da instauração de inquéritos policiais e termos circunstanciados no âmbito da Polícia Civil;*

II. *Controlar o registro de tramitação de inquéritos policiais e termos circunstanciados no âmbito da Polícia Civil;*

III. *Expedir certidões sobre registros criminais na Polícia Civil do Distrito Federal;*

IV. *Fazer anotações das decisões judiciais relativas a processos criminais originários de procedimento policial;*

V. *Atualizar e cadastrar dados de indiciados com base nas informações prestadas pelo judiciário;*

VI. *Executar, mediante determinação judicial, o cancelamento de registros criminais;*

VII. Promover as anotações e eventuais retificações relativas a indiciados, denunciados ou condenados recolhidos nos estabelecimentos prisionais;

VIII. Acompanhar a instauração e analisar estatisticamente o resultado dos procedimentos policiais instaurados;

IX. Emitir relatórios mensais e anuais com mapas estatísticos das atividades desenvolvidas;

X. Avaliar o desempenho funcional dos servidores lotados na Divisão;

XI. Remeter, mensalmente, ao Serviço de Planejamento, Estatística e Informática as informações necessárias ao desempenho das atividades daquele Serviço;

XII. Desempenhar outras atividades que se enquadrem no âmbito de suas atribuições.

Seção VI - Da Divisão de Tramitação de Autos

A Divisão de Tramitação de Autos, unidade orgânica de execução, diretamente subordinada à Corregedoria-Geral de Polícia, tem como atribuições:

I. Controlar e fiscalizar a remessa de autos ao judiciário, às unidades policiais e aos demais órgãos interessados;

II. Controlar e fiscalizar o encaminhamento ao judiciário de peças e objetos vinculados a procedimentos policiais quando relatado;

III. Controlar os prazos de tramitação de autos de inquéritos policiais e termos circunstanciados no âmbito da Polícia Civil;

IV. Emitir relatórios mensais e anuais com mapas estatísticos das atividades desenvolvidas;

V. Avaliar o desempenho funcional dos servidores lotados na Divisão;

VI. Remeter, mensalmente, ao Serviço de Planejamento, Estatística e Informática as informações necessárias ao desempenho das atividades daquele Serviço;

VII. Desempenhar outras atividades que se enquadrem no âmbito de suas atribuições.

Seção VII - Da Divisão de Procedimentos Administrativos Disciplinares

A Divisão de Procedimentos Administrativos Disciplinares, unidade orgânica de execução, diretamente subordinada à Corregedoria-Geral de Polícia, tem como atribuições:

I. Promover as sindicâncias administrativas disciplinares, com vista à apuração de transgressões disciplinares imputadas a policiais civis e demais servidores do Quadro de Pessoal da Polícia Civil do Distrito Federal, na forma prevista na legislação em vigor.

II. Certificar-se dos casos de contumácia, na forma da Lei, dando conhecimento ao Corregedor Geral de Polícia;

III. Remeter as Sindicâncias Administrativas instauradas no âmbito da Polícia Civil à Comissão Permanente de Disciplina para fins de arquivamento.

IV. Emitir relatórios mensais e anuais com mapas estatísticos das atividades desenvolvidas;

V. Avaliar o desempenho funcional dos servidores lotados na Divisão;

VI. Remeter, mensalmente, ao Serviço de Planejamento, Estatística e Informática as informações necessárias ao desempenho das atividades daquele Serviço;

VII. Desempenhar outras atividades que se enquadrem no âmbito de suas atribuições.

Capítulo VI - do departamento de administração geral

O Departamento de Administração Geral, órgão de direção superior, diretamente subordinado à Direção-Geral da Polícia Civil, tem como atribuições:

I. Dirigir, coordenar, planejar e controlar a execução de atividades de recursos humanos, orçamento, finanças, contabilidade, planejamento administrativo, recursos materiais, patrimônio, transporte, serviços gerais, informática, telecomunicações, projetos de obras e reformas, edificações, reformas de imóveis, saúde do servidor, tramitação de documentos, processos e arquivo;

II. Propor normas relativas à sua área de atuação;

III. Implementar ações de organização e modernização administrativa;

IV. Promover licitação para execução de obras e serviços de engenharia e concessões e permissões para ocupação de áreas públicas, bem como para outros objetos que venham a ser definidos por legislação específica;

V. Acompanhar os procedimentos licitatórios;

VI. Desempenhar outras atividades que lhes forem atribuídas ou delegadas pela Direção-Geral.

Seção I - Da Divisão de Planejamento Administrativo

A Divisão de Planejamento Administrativo, unidade orgânica de execução, diretamente subordinada ao Departamento de Administração Geral, tem como atribuições:

I. Realizar estudos a respeito das necessidades de recursos humanos, material de consumo e permanente, viaturas policiais, armamentos e demais equipamentos para a Polícia Civil;

II. Promover estudos voltados à distribuição de servidores policiais às diversas Unidades integrantes da Polícia Civil;

III. Elaborar o plano plurianual de investimentos da Polícia Civil em articulação com a Divisão de Orçamento e Finanças;

IV. Manter mapa anual de gastos realizados pela Polícia Civil com a receita oriunda de fundos específicos;

V. Desenvolver estudos destinados ao contínuo aperfeiçoamento da Polícia Civil, propondo a reformulação, manutenção e investimentos nas suas estruturas, equipamentos, armamentos, viaturas e materiais em geral;

VI. Promover estudos quanto às necessidades para o suprimento logístico das unidades móveis da Polícia Civil;

VII. Promover estudos com o fim de definir a periodicidade de manutenção de máquinas e equipamentos;

VIII. Coletar dados estatísticos e elaborar documentos para subsidiar decisões do Diretor do Departamento;

IX. Elaborar a prestação de contas anual do Ordenador de Despesas, mediante a consolidação dos dados fornecidos pelas unidades subordinadas ao Departamento de Administração Geral;

X. Elaborar o Relatório Anual das Atividades da Polícia Civil;

XI. Providenciar as avaliações de desempenho funcional e de estágio probatório dos servidores da Divisão;

XII. Elaborar e controlar escalas de serviço, folhas de ponto, licença de pessoal, planos de chamada e de férias;

XIII. Emitir relatório das atividades mensais e anuais da Divisão;

XIV. Desempenhar outras atividades que se enquadrem no âmbito de suas atribuições.

Seção II - Da Divisão de Recursos Humanos

A Divisão de Recursos Humanos, unidade orgânica de execução, diretamente subordinada ao Departamento de Administração Geral, tem como atribuições:

I. Registrar e controlar os dados e informações funcionais e financeiras dos servidores lotados e em exercício na Polícia Civil, bem como dos servidores cedidos, aposentados e pensionistas;

II. Executar as atividades de administração de recursos humanos, obedecidas as normas legais pertinentes, com observância das diretrizes das unidades centrais;

III. Registrar e controlar pagamentos, descontos, consignações, empréstimos e transferências funcionais e financeiras dos servidores quer sejam ativos, aposentados e pensionistas;

IV. Cumprir a legislação e as normas expedidas sobre recursos humanos;

V. Propor a elaboração de normas relativas à sua área de atuação;

VI. Executar as ações relativas à revisão de aposentadorias e pensões;

VII. Manter atualizado o cadastro de servidores ativos, aposentados e pensionistas;

VIII. Elaborar documentos e coletar dados estatísticos para subsidiar decisões superiores;

IX. Controlar o Plano Anual de Férias das unidades orgânicas da Polícia Civil;

X. Organizar e apurar os resultados das avaliações de desempenho funcional do estágio probatório dos servidores da Polícia Civil;

XI. Desempenhar outras atividades que se enquadrem no âmbito de suas atribuições.

Seção III - Da Divisão de Orçamento e Finanças

A Divisão de Orçamento e Finanças, unidade orgânica de execução, diretamente subordinada ao Departamento de Administração Geral, tem como atribuições:

I. Planejar, executar e controlar as atividades de administração orçamentária, financeira e contábil da Polícia Civil do Distrito Federal;

II. Colaborar na elaboração do Plano Plurianual de investimento da Polícia Civil;

III. Elaborar a proposta orçamentária da Polícia Civil do Distrito Federal;

IV. Coordenar e controlar a celebração dos contratos e convênios da Polícia Civil;

V. Emitir e anular notas de empenho;

VI. Controlar a execução da contabilidade da Polícia Civil;

VII. Articular-se com a unidade de gestão orçamentária, financeira e contábil do Governo do Distrito Federal;

VIII. Propor a elaboração de normas e procedimentos relativos à sua área de atuação;

IX. Colaborar na elaboração da prestação de contas anual do ordenador de despesas da Polícia Civil nos termos da legislação vigente;

X. Desempenhar outras atividades que se enquadrem no âmbito de suas atribuições.

Seção IV - Da Divisão de Transportes

A Divisão de Transportes, unidade orgânica de execução, diretamente subordinada ao Departamento de Administração Geral, tem como atribuições:

I. Executar as atividades de transporte, de equipamentos motorizados, de controle, manutenção e abastecimento de combustíveis;

II. Propor normas relativas ao transporte e equipamentos motorizados, acompanhando sua execução;

III. Cadastrar, manter, avaliar e propor a renovação da frota de veículos da Polícia Civil do Distrito Federal;

IV. Manter o registro e controle de componentes e peças para manutenção dos veículos;

V. Propor a aquisição, locação e alienação de veículos oficiais;

VI. Proceder ao recebimento, registro, distribuição e regularização da documentação de veículos e equipamentos motorizados pertencentes à própria frota ou terceirizados;

VII. Supervisionar e providenciar a baixa ou transferência de propriedade de veículos;

VIII. Comunicar ao Departamento de Administração Geral a constatação de dano em veículos da frota da Polícia Civil, decorrentes de acidentes ou uso indevido;

IX. Providenciar o licenciamento e emplacamento de veículos da Polícia Civil;

X. Providenciar o recolhimento de multas e guarda da documentação dos veículos;

XI. Executar vistoria em veículos para remanejamento entre unidades usuárias;

XII. Coordenar a execução das atividades de controle e manutenção da frota de veículos da Polícia Civil;

XIII. Promover a vistoria, a revisão preventiva e a recuperação mecânica dos veículos;

XIV. Executar serviços de lanternagem, capotaria e pintura de veículos;

XV. Confeccionar peças e artefatos de metal, ferramentas e aparelhos para recuperação de veículos;

XVI. Propor o recolhimento de veículos antieconômicos para fins de alienação;

XVII. Propor critério de avaliação de veículo, para alienação;

XVIII. Vistoriar, avaliar e opinar acerca do recebimento de veículos a título de doação ou utilização de veículos apreendidos;

XIX. Desenvolver e executar as atividades típicas de borracharia, abastecimento, lavagem e lubrificação de veículos;

XX. Propor a fixação de critérios para abastecimento de veículos, controlando o fornecimento e consumo de combustíveis, lubrificantes, pneus, dentre outros componentes;

XXI. Promover com antecedência o levantamento das necessidades de peças, acessórios, lubrificantes, combustíveis e pneus, dentre outros componentes, com vistas à aquisição;

XXII. *Elaborar estudos, relatórios e projetos para divulgação e aprimoramento das atividades da Unidade;*

XXIII. *Registrar a produção diária de serviços e expedir relatórios estatísticos das atividades executadas;*

XXIV. *Desempenhar outras atividades que se enquadrem no âmbito de suas atribuições.*

Seção V - Da Divisão de Informática

A Divisão de Informática, unidade orgânica de execução, diretamente subordinada ao Departamento de Administração Geral, tem como atribuições:

I. *Coordenar, fiscalizar, orientar e controlar as atividades de informática da Polícia Civil do Distrito Federal;*

II. *Propor normas e procedimentos para utilização e conservação dos equipamentos de informática;*

III. *Elaborar o Plano Diretor de Informática da Instituição, que deverá ser atualizado de acordo com as necessidades e evolução tecnológica;*

IV. *Manter articulação permanente com outras unidades de informática, objetivando o aprimoramento tecnológico e o intercâmbio eletrônico de dados de interesse da Polícia Civil;*

V. *Elaborar programas e promover cursos na área de informática, em articulação com a Academia da Polícia Civil do Distrito Federal;*

VI. *Avaliar, propor, desenvolver e implementar soluções que objetivem a automação e otimização de rotinas da instituição, observando as normas de controle de segurança e auditoria dos sistemas;*

VII. *Participar do desenvolvimento e implantação de programas de melhoria de gestão dos sistemas informatizados das unidades orgânicas da Polícia Civil;*

VIII. *Elaborar estudos, relatórios e projetos, além do apoio técnico, para subsidiar decisões dos superiores hierárquicos;*

IX. *Planejar, orientar e coordenar, em articulação com a Divisão de Arquitetura e Engenharia, os serviços de instalações lógicas e elétricas de implantação, expansão de sistemas ou subsistemas de rede de comunicação de dados nas unidades da Polícia Civil;*

X. *Prestar apoio logístico de informática a todos os segmentos operacionais e administrativos da Instituição;*

XI. *Elaborar projetos básicos, com especificações técnicas da área de informática, objetivando a aquisição de recursos tecnológicos;*

XII. *Avaliar, inspecionar e emitir parecer técnico acerca do recebimento de equipamentos de informática pela Polícia Civil, a título de doação;*

XIII. *Propor estratégias que maximizem o valor da informática como incremento das atividades desenvolvidas pelas unidades da Polícia Civil;*

XIV. *Planejar e orientar a operação de computadores, dispositivos e acessórios;*

XV. *Desempenhar outras atividades que se enquadrem no âmbito de suas atribuições.*

Seção VI - Da Divisão de Telecomunicações

A Divisão de Telecomunicações, unidade orgânica de execução, diretamente subordinada ao Departamento de Administração Geral, tem como atribuições:

I. *Executar, orientar e controlar as atividades de telecomunicações e radiocomunicações da Polícia Civil do Distrito Federal;*

II. *Supervisionar e fiscalizar o cumprimento da legislação pertinente às telecomunicações;*

III. *Coordenar e executar serviços de instalação, manutenção, conserto e remoção de equipamentos e aparelhos de telecomunicações e radiocomunicações;*

IV. *Orientar os usuários quanto à adequada utilização dos equipamentos de telecomunicações;*

V. *Manter contato com as unidades da Polícia Civil, com o objetivo de coletar, processar, disseminar, padronizar e integrar os dados necessários ao desempenho das atividades de telecomunicações;*

VI. *Manter contato com empresas de telefonia e radiocomunicação, com vistas à atualização em novas tecnologias;*

VII. *Promover o controle de gastos das ligações telefônicas locais, interestaduais e internacionais;*

VIII. *Manter atualizada a lista dos telefones internos da Polícia Civil do Distrito Federal e colaborar na confecção do catálogo telefônico;*

IX. *Elaborar estudos, relatórios, projetos e mapas estatísticos, para divulgação e aprimoramento das atividades da Unidade;*

X. *Elaborar projetos técnicos para aquisição de equipamentos;*

XI. *Desempenhar outras atividades que se enquadrem no âmbito de suas atribuições.*

Seção VII - Da Divisão de Recursos Materiais

A Divisão de Recursos Materiais, unidade orgânica de execução, diretamente subordinada ao Departamento de Administração Geral, tem como atribuições::

I. *Planejar, executar e controlar as atividades de administração de material e patrimônio, móvel e imóvel;*

II. *Prever e prover a Polícia Civil do Distrito Federal dos recursos materiais necessários à execução das suas atribuições;*

III. *Elaborar relatórios semestrais referentes à aquisição de materiais;*

IV. *Propor normas e rotinas para a aquisição, distribuição, solicitação, utilização e conservação de materiais;*

V. *Coordenar, organizar e acompanhar a execução das requisições de material de consumo, com o controle do estoque;*

VI. *Realizar pesquisa de preços de materiais, bem como especificar, codificar e catalogar as mesmas;*

VII. *Proceder à realização dos inventários anuais;*

VIII. *Executar as atividades pertinentes ao recebimento, conferência, guarda e distribuição de material;*

IX. *Zelar pela manutenção dos bens móveis da Polícia Civil;*

X. *Proceder ao recolhimento de bens móveis considerados inservíveis, antieconômicos ou ociosos, objetivando a alienação, recuperação ou redistribuição;*

XI. *Desempenhar outras atividades que se enquadrem no âmbito de suas atribuições.*

Seção VIII - Da Divisão de Apoio e Serviços Gerais

A Divisão de Apoio e Serviços Gerais, unidade orgânica de execução, diretamente subordinada ao Departamento de Administração Geral, tem como atribuições:

I. *Executar e fiscalizar os serviços relativos alvenaria, carpintaria, marcenaria, serralheria e instalações hidráulicas, hidrossanitárias e elétricas de interesse da Polícia Civil;*

II. *Receber solicitações de serviço e providenciar o atendimento de acordo com as prioridades;*

III. *Promover a manutenção, recuperação e conservação de paredes em alvenaria, recuperação e instalação de revestimentos de forros, pisos e paredes, chumbamentos e colocação de vidros, espelhos e esquadrias, serviços de pintura, dentre outros;*

IV. *Realizar pequenas reformas nas edificações da Polícia Civil do Distrito Federal, em articulação com a Divisão de Arquitetura e Engenharia;*

V. *Efetuar revisões periódicas e preventivas dos sistemas elétrico, hidrossanitário, contra incêndios, telhados e calhas;*

VI. *Conferir a realização de serviços por terceiros e atestar as notas fiscais pertinentes, correlacionados à sua área de atuação;*

VII. *Levantar custos de mão-de-obra e materiais para subsidiar os orçamentos de obras e serviços;*

VIII. *Desempenhar outras atividades que se enquadrem no âmbito de suas atribuições.*

Seção IX - Da Divisão de Arquitetura e Engenharia

A Divisão de Arquitetura e Engenharia, unidade orgânica de execução, diretamente subordinada ao Departamento de Administração Geral, tem como atribuições:

I. *Planejar, dirigir, organizar, orientar, controlar e avaliar a execução das atividades relacionadas a obras e serviços de engenharia;*

II. *Avaliar as necessidades de construção, conservação e reparo dos imóveis da Polícia Civil do Distrito Federal;*

III. *Analisar projetos de fundações, cálculos estruturais, pavimentação e drenagem, bem como das instalações elétricas, hidrossanitárias, telefônicas e de combate a incêndio;*

IV. *Analisar projetos de arquitetura para construção ou reforma de prédios próprios ou locados à Polícia Civil do Distrito Federal;*

V. *Zelar dos bens imóveis da Polícia Civil, atentando pela sua correta utilização;*

VI. *Vistoriar imóveis próprios ou locados pela Polícia Civil do Distrito Federal, apresentando relatório técnico sobre as necessidades de execução de reparos e manutenções;*

VII. *Estabelecer as medidas necessárias para a preservação do meio ambiente nas áreas sob a administração da Polícia Civil;*

VIII. *Coordenar, controlar e avaliar o atendimento das solicitações de serviços de engenharia das unidades da Polícia Civil do Distrito Federal;*

IX. *Conferir a realização de serviços por terceiros e atestar as notas fiscais pertinentes;*

X. *Acompanhar a execução dos contratos pertinentes à sua área de atuação;*

XI. *Manter organizados e atualizados os documentos da unidade, em suporte eletrônico ou em papel;*

XII. *Promover a especificação de materiais e serviços relativos à construção ou reparos de imóveis da Polícia Civil;*

XIII. *Desempenhar outras atividades que se enquadrem no âmbito de suas atribuições.*

Seção X - Da Policlínica

A Policlínica, unidade orgânica de execução, diretamente subordinada ao Departamento de Administração Geral, tem como atribuições:

I. *Prestar atendimento na área de saúde para os policiais civis;*

II. *Gerenciar assistência médica, psicológica, fisioterápica, odontológica, farmacêutica, fonoaudiológica, laboratorial e enfermagem, preventiva e curativa prestada aos policiais civis;*

III. *Coordenar, participar ou implementar, isolada ou associadamente a outras unidades ou instituições de saúde, mediante convênios, programas de prevenção de agravos à saúde, tratamento de doenças e melhoria da qualidade de vida;*

IV. *Realizar atividades de medicina do trabalho;*

V. *Analisar, visando homologação, laudos e atestados médicos fornecidos por terceiros, para efeito de concessão de licenças médicas ou abonos de faltas ao serviço;*

VI. *Manter atualizados e de modo uniforme os prontuários das áreas médica, odontológica, psicológica e fisioterápica, e os registros de controle de tempo das licenças concedidas aos servidores, por motivo de doença ou tratamento de saúde;*

VII. *Proceder a perícias médicas nas áreas administrativa e trabalhista dos servidores, com vistas a exames admissionais, demissionais, periódicos, de verificação de capacidade laborativa, física e sanidade mental e outros exames da esfera trabalhista;*

VIII. *Realizar exames clínicos, diagnóstico e tratamento de doenças ou outros distúrbios orgânicos, bem como orientar e encaminhar pacientes para tratamento especializado;*

IX. *Solicitar, realizar, analisar e interpretar resultados de exames complementares de laboratório e exames radiológicos;*

X. *Emitir laudos relativos à saúde do servidor em seu ambiente de trabalho e em relação às atividades exercidas;*

XI. *Propor normas, rotinas e procedimentos para as atividades médico-periciais, trabalhista e administrativa;*

XII. *Estudar as causas médicas do absenteísmo propondo medidas de caráter preventivo;*

XIII. *Desenvolver e executar programas de prevenção e de tratamento de dependentes químicos e alcoólicos, integrantes do quadro da Polícia Civil do Distrito Federal;*

XIV. *Elaborar estudos, relatórios e projetos para divulgação e aprimoramento das atividades da Policlínica;*

XV. *Estabelecer cronograma de inspeção de saúde e psicológica dos policiais civis, os quais deverão ser submetidos a exames uma vez a cada quatro anos, cujas convocações serão realizadas pela própria Policlínica;*

XVI. *Desempenhar outras atividades que se enquadrem no âmbito de suas atribuições.*

Seção XI - Da Comissão Permanente de Licitação

A Comissão Permanente de Licitação, unidade orgânica de execução, diretamente subordinada ao Departamento de Administração Geral, tem como atribuições:

I. *Planejar, coordenar, implementar, acompanhar, supervisionar e orientar as atividades de licitações, referentes a Obras e Serviços de Engenharia, Concessões e Permissões;*

II. *Elaborar minutas de editais, convites e seus anexos, visando à formalização e à instrução adequada dos processos de licitação;*

III. *Organizar e controlar o cronograma de realização de licitações;*

IV. *Providenciar a publicação, na Imprensa Oficial e em Jornal de grande circulação, de avisos de licitação, de resultado de habilitação, de julgamento, de adiamento, de revogação e de anulação;*

V. *Acompanhar os prazos de impugnações dos editais e recursos interpostos contra decisões relativas à habilitação, inabilitação e julgamento e os prazos mínimos de publicações de editais;*

VI. *Analisar e responder as impugnações e recursos referentes a editais e convites;*

VII. *Desempenhar outras atividades que se enquadrem no âmbito de suas atribuições.*

Seção XII - Da Comissão Permanente de Tomada de Contas Especial

A Comissão Permanente de Tomada de Contas Especial, unidade orgânica de execução, diretamente subordinada ao Departamento de Administração Geral, composta de um presidente, dois membros e um secretário, todos designados pelo Diretor-Geral da Polícia Civil, tem como atribuições:

I. *Controlar, coordenar e executar as atividades formais de apuração de tomada de contas especiais instauradas no âmbito da Polícia Civil, de acordo com as normas estabelecidas pelo Tribunal de Contas do Distrito Federal e outros órgãos de controle;*

II. *Controlar a tramitação e os prazos dos procedimentos de Tomadas de Contas Especiais;*

III. *Expedir e controlar intimações e ordens de serviços, bem como realizar todas as diligências inerentes aos processos de Tomada de Contas Especiais;*

IV. *Articular-se com o Tribunal de Contas do Distrito Federal e com a Corregedoria do Distrito Federal para a execução de suas atribuições;*

V. *Encaminhar, mensalmente, à Direção-Geral da Polícia Civil, relatório das atividades desenvolvidas;*

VI. *Elaborar e controlar as folhas de ponto, licença de pessoal, planos de chamada e de férias dos servidores da Comissão;*

VII. *Providenciar as avaliações de desempenho funcional e de estágio probatório dos servidores da Comissão;*

VIII. *Desempenhar outras atividades que se enquadrem no âmbito de suas atribuições.*

Capítulo vii - do departamento de polícia circunscricional

O Departamento de Polícia Circunscricional, unidade central de coordenação técnica e operacional, diretamente subordinado à Direção-Geral da Polícia Civil, tem como atribuição:

I. *Planejar, coordenar, supervisionar e orientar a execução das atividades das Delegacias Circunscricionais;*

II. *Propor políticas e normas de prevenção e repressão à prática de infrações penais;*

III. *Prestar apoio operacional a todas as unidades subordinadas à Polícia Civil do Distrito Federal;*

IV. *Desempenhar outras atividades que se enquadrem no âmbito de suas atribuições.*

Seção I - Das Delegacias de Polícia Circunscricionais

As Delegacias de Polícia Circunscricionais, unidades orgânicas de execução técnica e operacional, subordinadas diretamente ao Departamento de Polícia Circunscricional, têm como atribuições:

I. *Planejar, coordenar e executar as atividades de polícia judiciária, de apuração das infrações penais ocorridas nos limites de suas circunscrições, bem como promover a fiscalização e vistoria de locais, produtos e serviços, no âmbito legal de sua atuação;*

II. *Planejar, coordenar e executar atividades operacionais de prevenção e repressão à prática de infrações no âmbito das suas circunscrições;*

III. *Prestar apoio operacional a qualquer outra unidade da Policia Civil no âmbito de sua atuação e circunscrição;*

IV. *Manter o funcionamento da delegacia em regime de expediente e plantão, cujos horários de trabalho e folga serão estabelecidos pela Direção-Geral;*

V. *Desempenhar outras atividades que se enquadrem no âmbito de suas atribuições.*

São atividades a serem executadas em regime de plantão nas Delegacias de Polícia Circunscricionais:

a) *Receber, cadastrar, controlar e investigar, preliminarmente, as notícias de práticas de infrações penais;*

b) *Registrar em boletins de ocorrência devidamente fundamentados, as notícias de práticas de infrações penais, a exceção dos requerimentos, representações e requisições que contenham elementos suficientes ao início da apuração;*

c) *Lavrar autos de prisão em flagrante e termo circunstanciado;*

d) *Promover rondas no âmbito de sua circunscrição;*

e) *Comparecer ao local de práticas delituosas promovendo o isolamento, preservação e auxílio para a realização do exame pericial, bem como diligenciar visando à colheita de prova testemunhal;*

f) *Promover apoio operacional a qualquer atividade policial regular que esteja ocorrendo na circunscrição;*

g) *Promover o apoio operacional policial requisitado por autoridade competente;*

h) *Promover o controle e identificação das pessoas que compareçam à delegacia, fazendo seu encaminhamento ao devido setor;*

i) *Promover o atendimento, com celeridade e presteza, de todas as pessoas que busquem auxílio policial;*

j) *Zelar pela segurança, vigilância e conservação das instalações físicas da unidade e de todos os bens ali existentes;*

k) *Cadastrar, guardar e zelar por todo e qualquer objeto, valores e documentos arrecadados ou apreendidos durante o serviço de plantão;*

l) *Cuidar da guarda, segurança, visitas, vigilância e alimentação das pessoas presas ou apreendidas na unidade orgânica;*

m) *Promover consulta aos cadastros de pessoas e veículos envolvidos ou não em ocorrência policial;*

n) *Manter o Delegado-Chefe da unidade e o Supervisor-de-Dia da Polícia Civil informados sobre ocorrências de repercussão;*

o) *Promover atendimento prioritário às gestantes, idosos e pessoas com necessidades especiais;*

p) *Desempenhar outras tarefas que se enquadrem no âmbito de suas atribuições.*

São atribuições do delegado responsável pelo plantão das Delegacias Circunscricionais, além das previstas no art. 95 do Regimento Interno e seus incisos:

a) *Coordenar as atividades da equipe de plantão, descritas no parágrafo anterior;*

b) *Presidir inquérito policial, inclusive auto de prisão em flagrante, adotando as medidas necessárias ao fiel esclarecimento dos fatos e suas circunstâncias até relatório final;*

c) *Lavrar termo circunstanciado;*

d) *Presidir outros procedimentos administrativos;*

e) *Comparecer aos locais de crime, priorizando os de morte violenta, a fim de orientar os trabalhos periciais e as diligências a serem realizadas;*

f) *Determinar o encaminhamento de vítimas ao Instituto Médico Legal para realização dos exames necessários ao esclarecimento do fato;*

g) *Formalizar termo de representação nas ocorrências alusivas aos crimes contra os costumes ou quaisquer outros de ação pública condicionada, verificada qualquer hipótese prevista no art. 39, 1º do Código de Processo Penal;*

h) *Determinar a realização de rondas na circunscrição da delegacia, supervisionando a sua realização;*

i) *Dar expressa destinação aos bens apreendidos ou arrecadados durante o plantão;*

j) *Zelar pelo uso das viaturas destinadas ao serviço de plantão, providenciando a sua regular vistoria no início e ao final do serviço, consignando as eventuais irregularidades;*

k) *Cientificar-se, ao assumir o serviço, acerca das pessoas eventualmente custodiadas na delegacia, da condição das viaturas, dos armamentos, da munição e dos demais objetos de carga específica do plantão;*

l) *Promover a verificação e controle das viaturas em pernoite na delegacia, consignando as eventuais irregularidades;*

m) *Substituir o Delegado de Expediente quando determinado, em seus afastamentos legais e impedimentos eventuais;*

n) *Desempenhar outras atividades que se enquadrem no âmbito de suas atribuições.*

São atribuições do delegado responsável pelo expediente ordinário das Delegacias Circunscricionais, além das previstas no Art. 95 do Regimento Interno e seus incisos:

a) *Supervisionar, coordenar, controlar e executar as atividades específicas de polícia civil ou de interesse da segurança pública;*

b) *Estudar e propor medidas destinadas a simplificar o trabalho e a redução dos custos das operações policiais;*

c) *Elaborar planos de estudos de situação de busca de informações e de operações policiais;*

d) *Proceder à análise de dados e elaborar informações no âmbito das atribuições da Polícia Civil;*

e) *Participar de estudos e pesquisas de natureza técnica sobre administração policial;*

f) *Representar à autoridade competente sobre questões de natureza penal, processual penal e administrativa;*

g) *Planejar operações de segurança e de investigações;*

h) *Supervisionar ou executar operações de caráter sigiloso;*

i) *Presidir inquéritos policiais e termos circunstanciados;*

j) *Presidir sindicâncias e outros procedimentos administrativos;*

k) *Proceder com todos os atos e formalidades necessários para a instrução do inquérito policial e outros procedimentos de natureza criminal ou administrativa;*

l) *Instruir e orientar pessoal sob sua coordenação visando estabelecer novas técnicas e procedimentos de trabalho;*

m) *Substituir o Delegado de Plantão quando determinado, em seus afastamentos legais e impedimentos eventuais;*

n) *Elaborar pareceres em expedientes criminais e administrativos;*

o) *Acompanhar e fiscalizar as atividades cartorárias da delegacia, orientando os Escrivães de Polícia;*

p) *Cumprir e fazer cumprir o presente regimento, regulamentos administrativos e leis em vigor;*

q) *Desempenhar outras atividades e funções que se enquadrem no âmbito de suas atribuições;*

Capítulo VIII - do departamento de polícia especializada

O Departamento de Polícia Especializada, órgão central de coordenação técnica e operacional, diretamente subordinado a Direção-Geral, tem como atribuições:

I. *Planejar, coordenar, supervisionar e orientar a execução de todas atividades das unidades subordinadas;*

II. *Propor políticas e normas de prevenção e repressão a pratica de infrações penais;*

III. *Prestar apoio operacional a todas as unidades da Polícia Civil do Distrito Federal, quando solicitado;*

IV. *Organizar, manter e disponibilizar bancos de dados de roubo e furto de veículos;*

V. *Executar a vistoria preventiva e repressiva em veículos automotores;*

VI. *Coordenar e controlar a custódia e movimentação de pessoas presas provisoriamente no âmbito da Polícia Civil;*

VII. *Desempenhar outras atividades que se enquadrem no âmbito de suas atribuições.*

Seção I - Da Coordenação de Repressão às Drogas

A Coordenação de Repressão às Drogas - CORD, unidade orgânica de coordenação diretamente subordinada ao Departamento de Polícia Especializada, tem como atribuições:

I. *Planejar, coordenar e executar, em todo o Distrito Federal, medidas para a repressão ao uso indevido, à produção não autorizada e ao tráfico ilícito de drogas por meio de investigação criminal e do exercício das atividades de polícia judiciária, na forma da lei em vigor e em observância às diretrizes, princípios e objetivos do Sistema Nacional de Políticas Públicas sobre Drogas– SISNAD;*

II. *Reprimir a semeadura, cultivo e a colheita de plantas que se constituam matéria-prima para a preparação de drogas, com a destruição imediata de plantações ilícitas, com o recolhimento de quantidade suficiente para exame pericial e a adoção de medidas necessárias à preservação da prova;*

III. *Reprimir as atividades das associações criminosas voltadas ao tráfico ilícito de drogas;*

IV. *Reprimir o financiamento e o custeio da prática do tráfico ilícito de drogas, bem como à lavagem de dinheiro e à aquisição, posse e propriedade de bens adquiridos por meio de recursos financeiros ou vantagens obtidas por meio dessa atividade criminosa;*

V. *Manter interação com os órgãos judiciais e promotorias especializadas, com o Ministério da Justiça, com o Departamento de Polícia Federal e com os demais órgãos afins integrantes do Sistema Nacional de Políticas Públicas sobre Drogas-SISNAD, visando a otimização e a celeridade das investigações e procedimentos policiais e de polícia judiciária e o intercâmbio de informações;*

VI. *Manter interação com os demais órgãos policiais, de inteligência e com outros responsáveis pela prevenção ou repressão ao tráfico ilícito de drogas ou pela fiscalização e controle do emprego e uso clínico de drogas;*

VII. *Incinerar periodicamente, na forma da lei, mediante autorização judicial, as drogas guardadas sob sua responsabilidade;*

VIII. *A guarda e o depósito de todas as drogas apreendidas por quaisquer unidades da Polícia Civil do Distrito Federal.*

Subseção I - Da Divisão de Coleta, Análise e Difusão de Informações

A Divisão de Coleta, Análise e Difusão de Informações, unidade policial diretamente subordinada à Coordenação de Repressão às Drogas - CORD, tem como atribuições:

I. *Produzir conhecimento, por meio da coleta, busca, processamento e análise, e realizar a difusão de informações que possam auxiliar as Divisões da Coordenação de Repressão às Drogas em suas atividades de investigação e apuração de crimes de tráfico ou consumo de drogas;*

II. *Assistir e informar o Coordenador acerca de informações de interesse relacionadas ao âmbito de atuação da Coordenação de Repressão às Drogas;*

III. *Desenvolver atividades de inteligência, contrainteligência e operações de inteligência policial em investigações de repressão ao tráfico e consumo ilícito de drogas;*

IV. *Elaborar relatórios analíticos e de inteligência policial voltados à investigação e à repressão ao tráfico de drogas, subsidiando e abastecendo de informes as Divisões de Repressão às Drogas;*

V. *Acompanhar e gerenciar os trabalhos policiais em andamento nas Divisões de Repressão às Drogas no intuito de se evitar a sobreposição ou concorrência de investigações;*

VI. *Apoiar as investigações das Divisões de Repressão às Drogas nas análises de informações complexas;*

VII. *Analisar, sintetizar e interpretar informações com o objetivo de formalizar e difundir o conhecimento produzido por meio de relatórios de inteligência.*

Subseção II - Das Divisões de Repressão às Drogas

As Divisões de Repressão às Drogas, unidades policiais diretamente subordinadas à Coordenação de Repressão às Drogas, têm como atribuições:

I. *Planejar, coordenar, executar, controlar e supervisionar as atividades de natureza policial, administrativa e judiciária, concernentes à apuração de crimes e à execução de investigações e operações relacionadas à repressão ao tráfico e consumo ilícito de drogas na sua área de atuação, definida pelo Coordenador;*

II. *Suprir a DCADI com informações e cópias de relatórios de investigações a serem iniciadas ou em andamento, com a finalidade de que esta acompanhe e previna a sobreposição ou concorrência dos trabalhos desenvolvidos pelas unidades orgânicas da Coordenação.*

Seção II - Da Coordenação de Investigação de Crimes Contra a Vida

A Coordenação de Investigação de Crimes Contra a Vida - (CORVIDA), unidade orgânica de Coordenação Direta subordinada ao Departamento de Polícia Especializada, tem como atribuições:

I. *Promover investigação, em todo o Distrito Federal, dos crimes dolosos contra a vida, em suas formas consumada e tentada, que permanecerem sem autoria por trinta dias, cujos inquéritos tenham sido instaurados nas delegacias circunscricionais, mediante redistribuição da Corregedoria Geral de Polícia;*

II. *Investigar, em todo o Distrito Federal, os mesmos delitos, independentemente de ter autoria ou não, excepcionalmente, em face de decisão fundamentada e por conveniência administrativa, da Direção-Geral e da Corregedoria Geral de Polícia;*

III. *Prestar auxílio técnico, por meio de recursos materiais e humanos, excepcionalmente e sempre que possível, às delegacias circunscricionais, quando houver determinação do Departamento de Polícia Especializada ou da Direção-Geral;*

IV. *Coordenar a elaboração de planos e projetos de combate aos crimes dolosos contra a vida, visando aprimorar a qualidade e eficiência da investigação;*

V. *Coordenar as atividades de polícia civil e polícia judiciária, que sejam afetas à sua competência.*

Subseção I - Das Divisões De Homicídios

As Divisões de Homicídios, unidades policiais diretamente subordinadas à Coordenação de Investigação de Crimes Contra a Vida, têm como atribuições:

I. *Planejar, coordenar, executar, controlar e supervisionar as atividades de natureza policial, administrativa e judiciária, concernentes à apuração de crimes e à execução de investigações e operações relacionadas à repressão dos crimes contra à vida na sua área de atuação, definida pelo Coordenador;*

II. *Integrar-se com os organismos policiais dos Estados e Territórios, assim como os municípios circunvizinhos, objetivando a troca de informações destinadas a reprimir e investigar crimes de homicídios, emprestando-lhes ampla colaboração;*

III. *Determinar o comparecimento de equipes de investigação, a locais de crimes contra a vida, quando designados pela Coordenação, orientando os agentes investigadores à entrevistar moradores, arrolar testemunhas, identificar vítimas, autores, amigos e familiares, qualificando-os, com seus respectivo endereços, locais de trabalho, e-mail, telefones, assim como descrever com minúcias, em informação elaborada pelos policiais, o local onde se deu o crime, com todas as suas características, elaborando, inclusive, croqui ilustrativo.*

Seção III - Da Divisão de Controle e Custódia de Presos

A Divisão de Controle e Custódia de Presos, unidade orgânica de execução, diretamente subordinada ao Departamento de Polícia Especializada, tem como atribuições:

I. *Controlar, orientar e fiscalizar a execução das atividades administrativas, no que se refere a expediente, material, transporte, comunicações, expedição, recebimento e tramitação de documentos, conservação, limpeza, e ainda, recepção, liberação, vigilância, alimentação, escolta e disciplina de presos;*

II. *Coordenar, controlar e fiscalizar os servidores escalados em regime de plantão;*

III. *Receber, cadastrar e controlar todos os documentos dos presos;*

IV. *Organizar e manter o cadastro dos internos;*

V. *Receber, controlar e cadastrar alvarás de soltura;*

VI. *Executar todas as atividades para liberação de presos como a elaboração da documentação, pesquisas de cadastros nas seções e unidades orgânicas pertinentes e encaminhamento ao plantão para liberação;*

VII. *Minutar e digitar ofícios de comunicação de liberação de preso ao Juiz competente e à Delegacia de Capturas e Polícia Interestadual;*

VIII. *Fornecer informações sobre presos e consultar bancos de dados especializados;*

IX. *Desempenhar outras atividades que se enquadrem no âmbito de suas atribuições.*

São atividades desenvolvidas em regime de plantão:

a) *Executar as atividades relativas à segurança das instalações físicas da Divisão, onde se encontram recolhidas presos;*

b) *Exercer a vigilância dos presos recolhidos na Divisão;*

c) *Receber presos oriundos de outras unidades orgânicas;*

d) *Executar a revista geral do preso procedente de outra unidade para recolhimento na Divisão ou após a ocorrência de qualquer atividade interna ou externa, como trabalho, banho de sol e visita;*

e) *Controlar, cadastrar, fiscalizar e executar a entrega de medicamentos aos presos e receber a receita médica;*

f) *Executar a vigilância e segurança dos presos nas celas, no banho de sol, nas movimentações em áreas internas e durante as visitas;*

g) *Liberar os presos que trabalham nos serviços internos e externos;*

h) *Controlar os horários de saída e retorno de presos;*

i) *Executar revistas periódicas nas celas;*

j) *Executar a conferência dos presos em cada cela, nos horários estabelecidos;*

k) *Efetuar rondas na área da Divisão, de acordo com escalas pré-estabelecidas;*

l) *Conduzir presos à presença de autoridades e outros profissionais;*

m) *Recolher, guardar e controlar objetos pessoais de presos;*

n) *Adotar medidas necessárias dos alvarás de soltura, nos dias de semana e finais de semana em tempo integral;*

o) *Executar todas as atividades relativas à guarda interna da Divisão, de pessoas custodiadas e outras de natureza similar.*

§2º *Ao servidor encarregado de coordenar as atividades de plantão, tem como atribuições:*

a) *Orientar os demais plantonistas no desempenho de suas funções;*

b) *Manter o Diretor da Divisão informado das ocorrências de repercussão;*

c) *Zelar pelo cumprimento das atividades a serem desempenhadas pelo plantão;*

d) *Desempenhar outras atividades que se enquadrem no âmbito de suas atribuições.*

Seção IV - Da Divisão de Cadastro de Roubos e Furtos de Veículos

A Divisão de Cadastro de Roubos e Furtos de Veículos, unidade orgânica de execução, diretamente subordinada ao Departamento de Polícia Especializada, tem como atribuições:

I. *Planejar, coordenar, controlar e executar os serviços de identificação de veículos automotores e de cadastro de roubos e furtos de veículos e respectivos agregados;*

II. *Registrar e controlar em banco de dados, informações sobre roubo e furtos e restrições administrativas de veículos automotores;*

III. *Executar a baixa de registros de roubo, furto e restrições administrativas, constantes no cadastro de veículos automotores, referentes aos fatos ocorridos no Distrito Federal;*

IV. *Elaborar relatório mensal de arrecadação de taxas na execução dos serviços de suas atribuições.*

Seção V - Das Delegacias da Criança e do Adolescente

As Delegacias da Criança e do Adolescente, unidades orgânicas de execução técnica e operacional, subordinada diretamente ao Departamento de Polícia Especializada, tem como atribuições:

I. *Prevenir, reprimir e investigar a prática de atos infracionais, na forma do Estatuto da Criança e do Adolescente na circunscrição do Distrito Federal;*

II. *Manter o controle das ocorrências policiais envolvendo criança e adolescente como autores de Atos Infracionais;*

III. *Manter o funcionamento da Delegacia em regime de expediente e plantão, cujo horário de trabalho e folga será estabelecido pela Direção-Geral;*

IV. *Desempenhar outras atividades que se enquadrem no âmbito de suas atribuições, em cada área de atuação definida pelo Departamento de Polícia Especializada.*

São atividades desenvolvidas em regime de plantão nessa Delegacia:

a) *Registrar, em boletins de ocorrência policial todas as notícias de Atos Infracionais, para que sejam devidamente apurados;*

b) *Lavrar os procedimentos de apuração dos atos infracionais;*

c) *Realizar trabalhos preventivos e repressivos, visando coibir a pratica de Atos Infracionais;*

d) *Auxiliar as Delegacias Circunscricionais e as demais Especializadas na investigação de crimes praticados em concurso com atos infracionais, na forma do Estatuto da Criança e do Adolescente;*

e) *Promover o necessário auxílio na realização do exame pericial no local de prática de ato infracional;*

f) *Controlar, identificar e fiscalizar a movimentação de pessoas nas instalações da Especializada;*

g) *Zelar pela segurança de pessoas, vigilância e conservação das instalações da unidade orgânica e de todos os bens públicos ali existentes;*

h) *Cadastrar, autuar, controlar e zelar por todo e qualquer objeto, valor e documento arrecadados ou apreendidos durante o serviço de plantão;*

i) *Cuidar da guarda, segurança e vigilância das pessoas apreendidas e acauteladas na unidade orgânica;*

j) *Desempenhar outras atividades que se enquadrem no âmbito de suas atribuições.*

São atribuições do Delegado responsável pelo plantão das Delegacias da Criança e do Adolescente, além das previstas no art. 95 e seus incisos:

> ***a)*** *Coordenar as atividades da equipe de plantão, descritas no parágrafo anterior;*
>
> ***b)*** *Presidir procedimentos de apuração de atos infracionais, adotando todas as medidas necessárias ao pleno esclarecimento dos fatos em apuração até relatório final;*
>
> ***c)*** *Determinar o encaminhamento de vítimas aos Institutos para realização dos exames periciais necessários ao esclarecimento do fato.*

Seção VI - Da Delegacia de Capturas e Polícia Interestadual

A Delegacia de Capturas e Polícia Interestadual, unidade orgânica de execução técnica e operacional, subordinada diretamente ao Departamento de Polícia Especializada, tem como atribuições:

> ***I.*** *Planejar, coordenar, controlar e executar as atividades de recebimento, cadastramento, controle, divulgação, encaminhamento e cumprimento de cartas precatórias e mandados de prisão, recambiamento de presos, troca de informações com Polícias de outras unidades da Federação, localização e captura de pessoas procuradas pela Polícia e pela Justiça;*
>
> ***II.*** *Receber, controlar e dar cumprimento a mandados de prisão oriundos de outras unidades da federação e deprecados à justiça do Distrito Federal;*
>
> ***III.*** *Coordenar, controlar e executar o encaminhamento e a busca de presos em outras unidades da federação;*
>
> ***IV.*** *Coordenar, controlar e executar os pedidos de localização de pessoas, feitos por polícias de outras unidades da federação;*
>
> ***V.*** *Organizar e manter arquivos e bancos de dados com informações sobre antecedentes criminais, mandados de prisão e pessoas procuradas;*
>
> ***VI.*** *Prestar informações às unidades policiais, de acordo com normas regulamentares;*
>
> ***VII.*** *Articular-se com delegacias congêneres das outras unidades da federação, órgãos similares do Governo Federal e com a INTERPOL, com o fim de trocar informações necessárias à execução e aperfeiçoamento das atividades de sua competência;*
>
> ***VIII.*** *Difundir, no Distrito Federal e em outras unidades da federação, mandados de prisão, bem como fotografias e individuais datiloscópicas de criminosos procurados;*
>
> ***IX.*** *Manter controle cadastral e fiscalizar, na forma das normas regulamentares, as atividades de hotéis e similares.*

Seção VII - Da Delegacia Especial de Atendimento À Mulher

A Delegacia Especial de Atendimento à Mulher, unidade orgânica de execução técnica e operacional, diretamente subordinada ao Departamento de Polícia Especializada, tem como atribuições:

> ***I.*** *Prevenir, reprimir e investigar os crimes praticados contra a mulher em todo o Distrito Federal, sem prejuízo das providências a serem adotadas pelas Delegacias Circunscricionais;*
>
> ***II.*** *Prestar apoio operacional às Delegacias Circunscricionais nas ações de prevenção e repressão às infrações penais de sua competência;*
>
> ***III.*** *Articular-se com as demais delegacias policiais objetivando troca de informações necessárias ao desempenho de suas atividades;*
>
> ***IV.*** *Programar e realizar operações policiais em conjunto com outras delegacias, visando inibir os crimes contra os costumes nos locais de maior incidência, especialmente o estupro;*
>
> ***V.*** *Manter o funcionamento da Delegacia em regime de expediente e plantão, cujos horários de trabalho e folga serão estabelecidos pela Direção-Geral.*

São atividades desenvolvidas em regime de plantão na Especializada:

> ***a)*** *Receber e registrar, em boletins de ocorrência devidamente fundamentados, as notícias de práticas de infrações penais contra a mulher;*
>
> ***b)*** *Lavrar os termos circunstanciados;*
>
> ***c)*** *Presidir auto de prisão em flagrante e inquérito dele originado, adotando as medidas necessárias ao fiel esclarecimento dos fatos e suas circunstâncias até relatório final;*
>
> ***d)*** *Promover o necessário auxílio ao serviço de investigação pericial no local de prática delituosa;*
>
> ***e)*** *Promover o controle e identificação das pessoas que compareçam na Delegacia, fazendo seu encaminhamento ao devido setor;*
>
> ***f)*** *Zelar pela segurança, vigilância e conservação das instalações da unidade orgânica e de todos os bens públicos ali existentes;*
>
> ***g)*** *Cadastrar, autuar, controlar e zelar por todo e qualquer objeto, valor e documento arrecadados ou apreendidos durante o serviço de plantão;*
>
> ***h)*** *Cuidar da guarda, segurança e vigilância das pessoas conduzidas à Delegacia em situação de flagrante delito;*
>
> ***i)*** *Promover consulta aos cadastros especializados, de todas as pessoas envolvidas em ocorrência policial.*

São atribuições do Delegado responsável pelo plantão da Delegacia, além das previstas no art. 95 do Regimento Interno e seus incisos:

> ***a)*** *Coordenar as atividades da equipe de plantão, descritas no parágrafo anterior;*
>
> ***b)*** *Presidir autos de prisão em flagrante, termo circunstanciado e inquéritos daí originados, adotando todas as medidas necessárias ao fiel esclarecimento dos fatos em apuração até relatório final;*
>
> ***c)*** *Comparecer aos locais de morte violenta, orientando pessoalmente os trabalhos periciais e as diligências a serem efetivadas, dando atendimento prioritário às ocorrências desta natureza;*
>
> ***d)*** *Determinar o encaminhamento de vítimas aos Institutos para realização dos exames periciais necessários ao esclarecimento do fato;*
>
> ***e)*** *Zelar pelo cumprimento das atividades a serem desempenhadas pelo plantão;*
>
> ***f)*** *Desempenhar outras atividades que se enquadrem no âmbito de suas atribuições.*

Seção VIII - Da Delegacia de Defesa do Consumidor

A Delegacia de Defesa do Consumidor, unidade orgânica de execução técnica e operacional, diretamente subordinada ao Departamento de Polícia Especializada, tem como atribuições:

***I.** Prevenir, reprimir e apurar as infrações penais praticadas contra a relação de consumo, saúde pública, economia popular e a ordem econômica;*

***II.** Fiscalizar os comércios e indústrias no Distrito Federal, quer seja na zona urbana, expansão urbana ou rural, podendo para tanto, requisitar o concurso dos demais órgãos especializados;*

***III.** Promover campanhas educativas conjuntas sobre os direitos e mecanismos de defesa do consumidor.*

Seção IX - Da Delegacia de Falsificações e Defraudações

A Delegacia de Falsificações e Defraudações, unidade orgânica de execução técnica e operacional, diretamente subordinada ao Departamento de Polícia Especializada, tem como atribuições:

***I.** Planejar, coordenar e executar as investigações relacionadas aos crimes praticados por meio de falsificações e fraudes de autoria ignorada em todo o Distrito Federal, sem prejuízo das providências adotadas pelas Delegacias Circunscricionais;*

***II.** Planejar, coordenar e executar atividades operacionais de prevenção e repressão à prática das infrações penais de sua competência;*

***III.** Promover campanhas educativas conjuntas de como evitar a vitimização ante fraudes.*

Seção X - Da Delegacia Especial do Meio Ambiente

A Delegacia Especial do Meio Ambiente, unidade orgânica de execução técnica e operacional, diretamente subordinada ao Departamento de Polícia Especializada, tem como atribuições:

Da Delegacia Especial do Meio Ambiente	
Prevenir, reprimir e apurar os crimes ambientais, inclusive o parcelamento irregular do solo, objetivando a proteção do solo, subsolo, água e ar	Planejar, coordenar e executar atividades operacionais de prevenção e repressão à prática das infrações penais de sua competência

Seção XI - Da Delegacia de Crimes Contra a Ordem Tributária

A Delegacia de Crimes Contra a Ordem Tributária, unidade orgânica de execução técnica e operacional, diretamente subordinada ao Departamento de Polícia Especializada, tem como atribuições:

Da Delegacia de Crimes Contra a Ordem Tributária	
	Prevenir, reprimir e apurar os crimes praticados contra a ordem tributária e demais crimes conexos;
	Acompanhar a Administração Fazendária nas ações de combate à sonegação fiscal, bem como quando por ela for solicitado apoio policial;
	Planejar, coordenar e executar, com apoio da Administração Fazendária, atividades operacionais de prevenção e repressão à prática das infrações penais de sua atribuição.

Seção XII - Da Delegacia Especial de Proteção à Criança e ao Adolescente

A Delegacia Especial de Proteção à Criança e ao Adolescente, unidade orgânica de execução técnica e operacional, diretamente subordinada ao Departamento de Polícia Especializada, tem como atribuições:

Da Delegacia Especial de Proteção à Criança e ao Adolescente	
	Fiscalizar, investigar e instaurar inquérito policial no caso de infração penal praticada contra criança e adolescente;
	Desenvolver estratégias, continuadas de investigação e repressão em locais públicos e privados;
	Desenvolver estratégias continuadas de investigação e repressão de forma a romper com o ciclo de impunidade dos agressores;
	Prestar informações ao Conselho da Criança e do Adolescente, quando solicitadas.

Seção XIII - Da Delegacia de Repressão a Furtos

A Delegacia de Repressão a Furtos, unidade orgânica de execução técnica e operacional, diretamente subordinada ao Departamento de Polícia Especializada, tem como atribuições:

Da Delegacia Especial de Proteção à Criança e ao Adolescente	
	Prevenir, reprimir e investigar os crimes de furtos, de autoria desconhecida, em todo o Distrito Federal, sem prejuízo das providências a serem adotadas pelas Delegacias Circunscricionais;
	Desenvolver estratégias, continuadas de investigação e repressão em locais públicos e privados;
	Articular-se com as demais delegacias policiais objetivando troca de informações necessárias ao desempenho de suas atividades;
	Executar outras atividades que se enquadrem no âmbito de suas atribuições.

Seção XIV - Da Delegacia de Roubos e Furtos de Veículos

A Delegacia de Roubos e Furtos de Veículos, unidade orgânica de execução técnica e operacional, diretamente subordinada ao Departamento de Polícia Especializada, tem como atribuições:

***I.** Prevenir, reprimir e investigar os crimes de roubos, furtos e receptação de veículos automotores, de autoria desconhecida, sem prejuízo das providências a serem adotadas pelas Delegacias Circunscricionais;*

***II.** Prestar apoio operacional às Delegacias Circunscricionais nas ações de prevenção e repressão às infrações penais de sua competência;*

***III.** Articular-se com as demais delegacias policiais e congêneres, objetivando troca de informações e apoio operacional necessários ao desempenho de suas atividades;*

***IV.** Emitir Carta Precatória referente a procedimentos policiais relacionados com sua competência;*

***V.** Zelar pela guarda e conservação de veículos, peças ou acessórios, apreendidos ou arrecadados, mantendo rigoroso controle de sua procedência e destinação;*

***VI.** Executar outras atividades que se enquadrem no âmbito de suas atribuições;*

***VII.** Manter o funcionamento do depósito de veículos da Delegacia em regime de plantão.*

São atividades desenvolvidas em regime de plantão no depósito de veículos apreendidos:

Plantão No Depósito De Veículos Apreendidos.	=	Zelar pela guarda, identificação e conservação dos veículos, peças ou acessórios, apreendidos ou arrecadados

Seção XV - Da Delegacia de Repressão a Pequenas Infrações

A Delegacia de Repressão a Pequenas Infrações, unidade orgânica de execução técnica e operacional, diretamente subordinada ao Departamento de Polícia Especializada, tem como atribuições:

> ***I.*** *Prevenir, reprimir e investigar as infrações penais de menor potencial ofensivo, ocorridas em todo o Distrito Federal e que estejam em situação de flagrante, à exceção daquelas em concurso com outros delitos;*
>
> ***II.*** *Promover a autuação em flagrante nos casos previstos em lei, quando da prática de infração penal de menor potencial ofensivo e de outros delitos caso tenha ocorrido no interior da Delegacia;*
>
> ***III.*** *Prestar apoio operacional as Delegacias Circunscricionais nas ações de prevenção e repressão às infrações penais de sua competência;*
>
> ***IV.*** *Manter o funcionamento da Delegacia em regime de expediente e plantão, cujo horário de trabalho e folga será estabelecido pela Direção-Geral;*
>
> ***V.*** *Executar outras atividades que se enquadrem no âmbito de suas atribuições.*

São atividades desenvolvidas em regime de plantão na Especializada:

> ***a)*** *Receber, cadastrar, controlar e investigar, preliminarmente, as notícias de práticas de infrações penais de menor potencial ofensivo que forem noticiadas à Delegacia;*
>
> ***b)*** *Registrar, em boletins de ocorrência devidamente fundamentados, as notícias de práticas de infrações penais, à exceção dos requerimentos, representações e requisições que contenham elementos suficientes ao início da apuração;*
>
> ***c)*** *Lavrar os termos circunstanciados de apuração de infrações penais de menor potencial ofensivo, na forma da lei;*
>
> ***d)*** *Promover o controle e identificação das pessoas que compareçam na Delegacia, fazendo seu encaminhamento ao devido setor;*
>
> ***e)*** *Zelar pela segurança, vigilância e conservação das instalações da unidade orgânica e de todos os bens públicos ali existentes;*
>
> ***f)*** *Cadastrar, autuar, controlar e zelar por todo e qualquer objeto, valor e documento arrecadados ou apreendidos durante o serviço de plantão;*
>
> ***g)*** *Cumprir ordens de missão e mandados;*
>
> ***h)*** *Promover consulta junto à Divisão de Controle de Denúncias e Ocorrências Eletrônicas e ao Centro Integrado de Atendimento e Despacho da Secretaria de Segurança Pública, de todos os veículos automotores envolvidos em ocorrência policial.*

São atribuições do Delegado responsável pelo plantão da Delegacia Especializada, além das previstas no art. 95 do Regimento Inter seus incisos:

Delegado responsável pelo plantão da Delegacia Especializada	
	Coordenar atividades da equipe de plantão
	Presidir autos de prisão em flagrante, termo circunstanciado e inquéritos daí originados, adotando todas as medidas necessárias ao fiel esclarecimento dos fatos em apuração até relatório final
	Determinar o encaminhamento de vítimas e objetos aos Institutos para realização dos exames periciais necessários ao esclarecimento do fato.

Seção XVI - Da Delegacia de Repressão a Roubos

A Delegacia de Repressão a Roubos, unidade orgânica de execução técnica e operacional, diretamente subordinada ao Departamento de Polícia Especializada, tem como atribuições:

> ***I.*** *Prevenir, reprimir e investigar os crimes de roubo e latrocínio, de autoria desconhecida, sem prejuízo das providências a serem adotadas pelas Delegacias Circunscricionais;*
>
> ***II.*** *Prestar apoio operacional às Delegacias Circunscricionais nas ações de prevenção e repressão às infrações penais de sua competência;*
>
> ***III.*** *Articular-se com as demais delegacias policiais e congêneres, objetivando troca de informações e apoio operacional necessários ao desempenho de suas atividades;*
>
> ***IV.*** *Executar outras atividades que se enquadrem no âmbito de suas atribuições.*

Capítulo IX - do departamento de atividades especiais

O Departamento de Atividades Especiais, órgão de coordenação técnica e operacional, diretamente subordinado à Direção-Geral da Polícia Civil, tem como atribuições:

> ***I.*** *Dirigir, coordenar, orientar e controlar a execução de todas as atividades que lhe estão subordinadas;*
>
> ***II.*** *Assessorar o Diretor-Geral de Polícia Civil nos assuntos de planejamento operacional, gerenciamento de situações críticas e atividade de inteligência policial;*
>
> ***III.*** *Propor políticas e normas de prevenção e repressão à prática de infrações penais;*
>
> ***IV.*** *Gerenciar, no âmbito de suas atribuições, situações críticas de motins, rebeliões e tentativas de invasão em órgãos da Polícia Civil do Distrito Federal;*
>
> ***V.*** *Coordenar e supervisionar as operações técnicas de interceptação de comunicação telefônica no âmbito da Polícia Civil do Distrito Federal;*
>
> ***VI.*** *Acompanhar as investigações dos crimes que sejam ou tenham sido alvo de investigação por Comissão Parlamentar de Inquérito, em matéria de atribuições da Polícia Civil;*
>
> ***VII.*** *Desenvolver programas de estudo, pesquisa, compartilhamento e transferência de conhecimentos de assuntos específicos atinentes ao exercício das atividades do Departamento;*
>
> ***VIII.*** *Prestar apoio às unidades da Polícia Civil acerca de investigações, cumprimento de mandados de prisão e localização de pessoas procuradas pela Justiça;*
>
> ***IX.*** *Dar proteção a policiais civis e autoridades dos órgãos do Distrito Federal e União, que estejam sendo coagidas ou expostas à grave ameaça, quando determinado pelo Diretor-Geral de Polícia;*

X. *Dar proteção a vítimas ou testemunhas de crimes que estejam sendo coagidas ou expostas à grave ameaça em razão de colaborarem com a investigação ou processo criminal;*

XI. *Elaborar Planos de Segurança Orgânica da Polícia Civil;*

XII. *Elaborar e supervisionar as Ordens de Missão expedidas pelo Diretor-Geral de Polícia, de acordo com as diretrizes da Secretaria de Estado de Segurança Pública do Distrito Federal;*

XIII. *Elaborar e expedir projetos, planos de trabalho e normas para a execução das atividades das unidades policiais subordinadas e;*

XIV. *Executar outras atividades que se enquadrem no âmbito de suas atribuições.*

Seção I - Da Divisão de Apoio Logístico Operacional

A Divisão de Apoio Logístico Operacional, unidade orgânica de execução e apoio técnico operacional, diretamente subordinada ao Departamento de Atividades Especiais, tem como atribuições:

I. *Desenvolver as atividades administrativas no âmbito do Departamento;*

II. *Coletar, processar e controlar dados de produção das unidades orgânicas do Departamento, para fins de estatística e planejamento estratégico das atividades operacionais;*

III. *Elaborar as ordens de serviço, emitidas pelo Diretor do Departamento visando o cumprimento e execução de missões operacionais determinadas pela Direção-Geral da Polícia Civil;*

IV. *Assessorar o Diretor do Departamento no desenvolvimento de medidas que objetivem o planejamento técnico operacional e estatístico das Divisões subordinadas ao Departamento;*

V. *Elaborar, sob orientação e controle do Diretor, o planejamento estratégico operacional do Departamento;*

VI. *Realizar estudos e levantamento das necessidades de recursos humanos, material de consumo e permanente, viaturas policiais, armamentos e demais equipamentos necessários ao suporte logístico das unidades vinculadas ao Departamento;*

VII. *Desenvolver e controlar programas destinados ao contínuo aperfeiçoamento das unidades vinculadas ao Departamento, propondo a reformulação, manutenção e investimentos nas suas estruturas, equipamentos, armamentos, viaturas, capacitação profissional e materiais em geral;*

VIII. *Desenvolver atividade logística em operações policiais, mediante execução de procedimentos administrativos e técnicos de apoio às unidades da Polícia Civil do Distrito Federal;*

IX. *Desempenhar outras atividades que se enquadrem no âmbito de suas atribuições.*

Seção II - Da Divisão de Repressão a SeqUestro

A Divisão de Repressão a Sequestros, unidade orgânica de execução e apoio técnicooperacional, diretamente subordinada ao Departamento de Atividades Especiais, tem como atribuições:

I. *Planejar, coordenar e executar, em todo o Distrito Federal, as atividades de polícia judiciária e de apuração, tão logo tenha conhecimento, das infrações penais de sequestro e cárcere privado, roubo com restrição de liberdade da vítima em concurso com extorsão, extorsão, extorsão mediante sequestro, subtração de incapazes e desaparecimento de pessoas, quando houver indício da prática de qualquer um dos delitos anteriormente referidos, sem prejuízo das providências preliminares efetivadas pelas Delegacias Circunscricionais onde houver ocorrido a conduta delituosa;*

II. *Planejar, coordenar e executar as atividades operacionais de repressão à prática de delitos de sua competência;*

III. *Participar, quando determinado por autoridade superior competente, de atividades policiais que visem à proteção da incolumidade das pessoas e do patrimônio, relacionados aos crimes de sua competência;*

IV. *Participar, com autorização de autoridade superior competente, de atividades policiais desenvolvidas por instituições policiais de outras unidades da federação, que visem à prevenção ou repressão a delitos de sua competência;*

V. *Articular-se com as demais unidades policiais congêneres, objetivando troca de informações, apoio operacional necessários ao desempenho de suas atividades e aperfeiçoamento dos métodos e técnicas aplicadas no exercício de suas atividades;*

VI. *Executar outras atividades que se enquadrem no âmbito de suas atribuições.*

Seção III - Da Divisão de Operações Especiais

A Divisão de Operações Especiais, unidade orgânica de execução e apoio técnico e tático operacional, diretamente subordinada ao Departamento de Atividades Especiais tem como atribuições:

I. *Planejar, coordenar e executar as atividades da Polícia Civil do Distrito Federal que exijam o controle e a resolução de situações policiais críticas e de alto risco e complexidade;*

II. *Executar operações e missões especiais desenvolvidas, planejadas e coordenadas pelo Departamento de Atividades Especiais da Polícia Civil do Distrito Federal;*

III. *Prestar apoio, quando solicitado, às demais unidades da Polícia Civil do Distrito Federal, no âmbito das suas atribuições;*

IV. *Executar atividades de segurança das instalações e do patrimônio das unidades orgânicas do Governo do Distrito Federal, quando solicitado, sempre que estas estejam ameaçadas de invasão, depredação ou qualquer outra conduta que ponha em risco essa segurança, garantindo a manutenção ou restauração do seu normal funcionamento;*

V. *Prestar apoio a policial civil do Distrito Federal que esteja em situação justificável de risco e grave ameaça;*

VI. *Prestar apoio à Divisão de Controle e Custódia de Presos do Departamento de Polícia Especializada, às Delegacias de Polícia Circunscricionais e ao Sistema Penitenciário, visando à prevenção, repressão à fuga, recaptura de presos e a restauração da ordem interna e proteção dos equipamentos e instalações;*

VII. *Prestar apoio nas escoltas de presos em deslocamentos diversos, cabendo ao seu Diretor, a avaliação técnica da necessidade do apoio solicitado;*

VIII. *Executar, por determinação do Diretor desta Divisão ou de autoridade superior competente, atividades relacionadas à proteção e segurança de pessoas que estejam em situação de risco;*

IX. *Articular-se com outros órgãos policiais objetivando o aperfeiçoamento dos métodos, técnicas e táticas aplicadas no exercício de suas funções específicas;*

X. *Administrar e executar as atividades ligadas ao treinamento e utilização de cães no âmbito da Polícia Civil do Distrito Federal;*

XI. Coordenar os atos necessários aos cerimoniais fúnebres de Policiais Civis mortos em serviço;

XII. Executar outras atividades que se enquadrem no âmbito de suas atribuições;

Seção IV - Da Divisão de Operações Aéreas

A Divisão de Operações Aéreas, unidade orgânica de execução e apoio técnico-operacional, diretamente subordinada ao Departamento de Atividades Especiais, tem como atribuições:

I. Planejar, coordenar e executar as atividades de policiamento aéreo em apoio às unidades da Polícia Civil, na prevenção e repressão da prática de infrações penais, obedecidas as normas e regulamentos próprios da Aviação Civil;

II. Planejar, coordenar e executar atividades de apoio a outras unidades de segurança pública do Distrito Federal e da União, quando autorizado pela Direção Geral da Polícia Civil ou pelo Diretor do Departamento de Atividades Especiais;

III. Planejar, coordenar e executar atividades de padronização das instruções de pilotos e tripulantes operacionais e dos procedimentos operacionais com aeronaves;

IV. Planejar, coordenar e executar atividades que garantam o suprimento, manutenção e segurança das aeronaves;

V. Executar outras atividades que se enquadrem no âmbito de suas atribuições.

Seção V - Da Divisão de Controle de Armas, Munições e Explosivos

A Divisão de Controle de Armas, Munições e Explosivos, unidade orgânica de execução e apoio técnico-operacional, diretamente subordinada ao Departamento de Atividades Especiais, tem como atribuições:

I. Planejar, coordenar e executar ações de fiscalização das atividades relacionadas à comercialização e manuseio de fogos de artifícios e artefatos pirotécnicos, e o uso e manuseio de explosivos no âmbito do Distrito Federal de acordo com as normas específicas;

II. Receber, guardar e controlar, para fins de recolhimento junto ao órgão competente, todas as armas de fogo, armas brancas, munições, explosivos e acessórios de explosivos apreendidos pelas unidades policiais, vinculadas ou não a ilícito penal;

III. Receber, guardar e controlar fogos de artifício e artefatos pirotécnicos apreendidos e não vinculados a ilícito penal, e encaminhar, quando for o caso, ao setor competente do Ministério da Defesa/Exército Brasileiro;

IV. Receber, guardar e controlar, para fins de recolhimento junto ao órgão competente, todas as armas de fogo, armas brancas, munições e explosivos vinculados ou não a ilícito penal;

V. Receber, guardar e controlar para devidos fins as armas institucionais da PCDF, bem como as armas de uso restrito, tipo pistolas .40 adquiridas por policiais civis do DF;

VI. Elaborar e processar a autorização para conservar o porte de arma de fogo do servidor Policial Civil aposentado;

VII. Expedir licença para o desempenho das atividades do encarregado de fogo (Bláster);

VIII. Expedir licença para o comércio e a queima de fogos de artifício e artefatos pirotécnicos;

IX. Fiscalizar e acompanhar as demolições com explosivos de acordo com as normas específicas;

X. Manter permanentemente atualizados os cadastros de registro e controle de armas de fogo junto ao SINARM / DPF;

XI. Propor a execução de operações policiais objetivando reprimir a comercialização ilegal de fogos de artifícios e artefatos pirotécnicos no Distrito Federal;

XII. Apoiar as unidades da Polícia Civil do Distrito Federal nas investigações criminais de tráfico, contrabando e descaminho de armas de fogo e explosivos;

XIII. Articular-se com órgãos congêneres e fabricantes de armas, munições e explosivos para troca de informações, com a finalidade de verificar a origem de produtos apreendidos e arrecadados;

XIV. Executar outras atividades que se enquadrem no âmbito de suas atribuições.

Seção VI - Da Divisão de Controle de Denúncias e Ocorrências Eletrônicas

A Divisão de Controle de Denúncias e Ocorrências Eletrônicas, unidade orgânica de execução e apoio técnico-operacional, diretamente subordinada ao Departamento de Atividades Especiais, tem como atribuições:

I. Coordenar e executar o teleatendimento do sistema de acesso telefônico de utilidade pública da Polícia Civil do Distrito Federal, efetuando registros, análises, correções, difusões e acompanhamento de resultados das denúncias recebidas;

II. Realizar monitoramento, análise, controle, tramitação, autenticação e envio de ocorrências criminais registradas via internet, procedendo à difusão para as Unidades competentes pela apuração;

III. Realizar o registro e gravação das comunicações operacionais de rádio afetas a PCDF;

IV. Manter atualizado plano de chamada das equipes de sobreaviso da Polícia Civil do Distrito Federal, para acionamento em situações de emergência;

V. Prestar informações aos dirigentes das unidades da PCDF sobre investigações em andamento;

VI. Prestar apoio em operações policiais, repassando denúncias e informações contidas nos sistemas corporativos;

VII. Executar outras atividades que se enquadrem no âmbito de suas atribuições;

São atividades a serem executadas em regime de plantão na referida Divisão:

a) Realizar o teleatendimento e gravação do sistema de acesso, garantindo o anonimato do denunciante;

b) Registrar, as denúncias anônimas recebidas;

c) Realizar monitoramento e correção das ocorrências recebidas via INTERNET;

d) Contatar as equipes de sobreaviso e de plantão dos segmentos da PCDF, quando necessário;

e) Registrar e gravar as comunicações de rádio da PCDF;

f) Prestar suporte investigativo ao policial em atividade operacional, com informações eletrônicas das atividades da Divisão;

g) Prestar suporte geral às autoridades policiais, com informações eletrônicas das atividades da Divisão;

h) *Executar outras atividades que se enquadrem no âmbito de suas atribuições;*

Seção VII - Divisão de Estatística e Planejamento Operacional

A Divisão de Estatística e Planejamento Operacional, unidade orgânica de execução e apoio técnico-operacional, diretamente subordinada ao Departamento de Atividades Especiais, tem como atribuições:

I. *Elaborar e propor diretrizes para o planejamento operacional da Polícia Civil, respeitando as competências específicas e as regras estabelecidas no sistema de segurança pública do Distrito Federal;*

II. *Prestar apoio técnico às unidades orgânicas da Polícia Civil, na elaboração de planos operacionais setorizados, relatórios estatísticos de índices criminais e levantamentos de áreas críticas;*

III. *Elaborar o planejamento de atividades operacionais que envolvam as unidades orgânicas da Polícia Civil;*

IV. *Elaborar as Ordens de Missão e escalas de serviço editadas pelo Diretor-Geral de Polícia Civil, que visem à execução de atividades operacionais;*

V. *Supervisionar, orientar e avaliar o desempenho e o resultado das unidades orgânicas envolvidas nas Ordens de Missão e planos operacionais da Polícia Civil;*

VI. *Coletar, processar, interpretar e avaliar dados estatísticos, administrativos e investigativos, desenvolvendo análise criminal, por prospecção e avaliação de tendências;*

VII. *Desenvolver metodologias para as atividades de planejamento operacional e coleta de dados estatísticos, no âmbito da Polícia Civil;*

VIII. *Desenvolver diagnóstico da criminalidade, propondo medidas de prevenção e repressão, para difusão a órgãos integrantes do Sistema de Segurança Pública;*

IX. *Representar a Polícia Civil junto aos órgãos de segurança pública e demais órgãos governamentais, em reuniões de planejamento operacional;*

X. *Executar outras atividades que se enquadrem no âmbito de suas atribuições.*

Seção VIII - Da Divisão de Inteligência Policial

A Divisão de Inteligência Policial, unidade orgânica de execução e apoio técnico-operacional, diretamente subordinada ao Departamento de Atividades Especiais, tem como atribuições:

I. *Planejar, coordenar e executar as atividades de inteligência e contrainteligência no âmbito da Polícia Civil do Distrito Federal em consonância aos princípios doutrinários do Subsistema de Inteligência de Segurança Pública;*

II. *Auxiliar a Direção-Geral da Polícia Civil na gestão da atividade de polícia judiciária e na proposição de políticas e estratégias para a Segurança Pública, por meio de diagnósticos, prognósticos e apreciações;*

III. *Produzir conhecimento por meio de relatórios de inteligência, com o objetivo de assessorar e antecipar a tomada de decisão pelas autoridades policiais no exercício das atividades administrativas, operacionais e investigativas;*

IV. *Difundir na Polícia Civil do Distrito Federal os métodos de análise e técnicas operacionais de inteligência, proporcionando um processo interativo entre policiais e profissionais de inteligência para produzir efeitos cumulativos de conhecimentos, visando aumentar a eficiência e eficácia das unidades policiais;*

V. *Produzir conhecimento por meio do processo de coleta, busca e análise de dados e informações obtidas de fontes humanas, tecnológicas e de conteúdo, visando subsidiar as unidades policiais no planejamento e execução de ações repressivas, na apuração de infrações penais e em operações policiais;*

VI. *Produzir e difundir conhecimento de contrainteligência que viabilizem a prevenção, detecção, neutralização e obstrução de ações adversas que comprometam a infraestrutura, a imagem, os servidores e os valores institucionais da Polícia Civil do Distrito Federal;*

VII. *Realizar, com exclusividade, e na forma da lei, o gerenciamento, fiscalização e suporte técnico na execução de interceptações de comunicações telefônicas, ambientais, em sistemas de informática e telemática, para prova na instrução criminal e processual penal, provendo as instruções e os recursos tecnológicos necessários para que as unidades policiais tenham acesso ao conteúdo interceptado e a compilação dos dados obtidos para análise;*

VIII. *Assessorar a direção da Polícia Civil do Distrito Federal na pesquisa e avaliação referentes a aquisição e utilização de tecnologias modernas na atividade de inteligência policial e na investigação criminal;*

IX. *Articular-se com órgãos congêneres para o intercâmbio, produção e difusão de conhecimentos, bem como para o aperfeiçoamento da doutrina de inteligência;*

X. *Difundir e fomentar a atividade de inteligência no âmbito da Segurança Pública do Distrito Federal;*

XI. *Desempenhar outras atividades que se enquadrem no âmbito de suas atribuições.*

Seção IX - Da Divisão Especial de Repressão ao Crime Organizado

A Divisão Especial de Repressão ao Crime Organizado, unidade orgânica de execução e apoio técnico-operacional, diretamente subordinada ao Departamento de Atividades Especiais, tem como atribuições:

I. *Planejar, coordenar e executar, em todo o Distrito Federal, as atividades de polícia judiciária e de apuração das infrações penais praticadas por quadrilhas especializadas e organizações criminosas;*

II. *Planejar, coordenar e executar atividades operacionais de prevenção e repressão a delitos praticados por organizações criminosas em conjunto com as demais unidades policiais do Distrito Federal;*

III. *Apurar os crimes que sejam ou tenham sido objeto de investigação por Comissão Parlamentar de Inquérito, em matéria de atribuição da Polícia Civil e que seja praticada por organização criminosa, após avaliação da Direção-Geral da Polícia;*

IV. *Participar e apoiar, com autorização do Diretor do Departamento de Atividades Especiais, de atividades policiais e investigações desenvolvidas por instituições policiais de outras unidades da federação, que visem à neutralização e repressão de quadrilhas especializadas e organizações criminosas de qualquer natureza;*

V. Articular-se com as demais unidades policiais congêneres, objetivando troca de informações, apoio operacional necessários ao desempenho de suas atividades e aperfeiçoamento dos métodos e técnicas aplicadas no exercício de suas atividades;

VI. Executar outras atividades que se enquadrem no âmbito de suas atribuições;

Seção X - Da Divisão de Repressão aos Crimes de Alta Tecnologia

A Divisão de Repressão aos Crimes de Alta Tecnologia, unidade orgânica de execução e apoio técnico-operacional, diretamente subordinada ao Departamento de Atividades Especiais, tem como atribuições:

I. Assessorar e prestar apoio técnico às unidades da Polícia Civil do Distrito Federal, nas ações de prevenção e investigação de infrações penais praticadas por meio de informática, internet e outros recursos de alta tecnologia;

II. Produzir relatórios de conhecimento sobre atividades criminosas com atuação em rede de computadores e outros meios tecnológicos;

III. Articular-se com órgãos congêneres e entidades afins, para compartilhamento de informações e apoio operacional, com vistas ao aperfeiçoamento de suas atividades;

IV. Atuar em conjunto com a Divisão de Informática da Polícia Civil, com o objetivo de implementar soluções de comunicação e segurança da rede corporativa, e possibilitar a proteção da informação;

V. Propor ao Diretor do Departamento a contratação de cursos e treinamentos específicos e aquisição de equipamentos e ferramentas tecnológicas;

VI. Promover orientação técnica sobre prevenção e repressão de crimes cometidos com emprego de alta tecnologia;

VII. Realizar sistematicamente a monitoração de fontes abertas com o objetivo de trazer conhecimento pertinente à ação policial;

VIII. Executar outras atividades que se enquadrem no âmbito de suas atribuições.

Seção XI - Da Divisão Especial de Repressão aos Crimes contra a Administração Pública

A Divisão Especial de Repressão aos Crimes contra a Administração Pública, unidade orgânica de execução e apoio técnico-operacional, diretamente subordinada ao Departamento de Atividades Especiais, tem como atribuições:

I. Planejar, coordenar e executar, em todo o Distrito Federal as atividades de polícia judiciária e de apuração das infrações penais praticadas contra a Administração Pública, e crimes conexos, de maior complexidade ou por tratar-se de criminalidade organizada, sobretudo aqueles causadores de consideráveis danos ao erário e que envolvam desvio de recursos públicos, fraudes à licitação, corrupção de autoridades públicas e/ou lavagem de dinheiro, que demandem atividades de análise criminal, contábil, financeira e de movimentação bancária, sem prejuízo das providências preliminares efetivadas pelas demais unidades policiais do Distrito Federal;

II. Planejar, coordenar e executar as atividades operacionais de prevenção e repressão a delitos praticados contra a administração pública em conjunto com as demais unidades policiais do Distrito Federal;

III. Apurar os crimes que sejam ou tenham sido objeto de investigação por Comissão Parlamentar de Inquérito, em matéria de atribuição da Polícia Civil, após avaliação da Direção-Geral da Polícia;

IV. Participar e apoiar, com autorização do Diretor do Departamento de Atividades Especiais, as atividades policiais e investigações desenvolvidas por instituições policiais de outras unidades da federação, que visem à neutralização e repressão de infrações penais contra a administração pública e questões conexas;

V. Articular-se com as demais unidades policiais congêneres, objetivando troca de informações, apoio operacional necessários ao desempenho de suas atividades e aperfeiçoamento dos métodos e técnicas aplicadas no exercício de suas atividades;

VI. Executar outras atividades que se enquadrem no âmbito de suas atribuições.

Seção XII - Da Divisão de Comunicação

A Divisão de Comunicação, unidade orgânica de execução e assessoramento, subordinada diretamente ao Diretor do Departamento de Atividades Especiais, tem como atribuições:

I. Exercer, por meio de seu Diretor, a função de porta-voz da Direção-Geral da Polícia Civil;

II. Planejar, coordenar e orientar a política de comunicação interna e externa da Polícia Civil;

III. Assistir o Diretor-Geral nos assuntos de comunicação social e mantê-lo devidamente informado sobre publicações e fatos que interessem à Instituição;

IV. Promover o relacionamento com instituições, órgãos e veículos de comunicação para divulgar atos, ações e eventos de interesse da Polícia Civil;

V. Acompanhar matérias jornalísticas relativas à área de atuação da Instituição;

VI. Coordenar e supervisionar procedimentos de apresentação de eventos que envolvam a Polícia Civil;

VII. Manter relacionamento com assessorias congêneres dos demais órgãos;

VIII. Centralizar a divulgação de matérias jornalísticas e promover o agendamento junto à imprensa de entrevistas de dirigentes das unidades da Polícia Civil;

IX. Coordenar, controlar e fiscalizar a utilização, manutenção e conservação das instalações, viaturas, material e demais equipamentos à disposição da Divisão;

X. Elaborar e controlar as escalas de serviços, folhas de ponto e planos de chamada dos servidores lotados na Divisão;

XI. Providenciar as avaliações de desempenho funcional e de estágio probatório dos servidores da Divisão;

XII. Desempenhar outras atividades que se enquadrem no âmbito de suas atribuições.

Capítulo X - do departamento de polícia técnica

O Departamento de Polícia Técnica, órgão central de coordenação das perícias técnico científicas, diretamente subordinado à Direção-Geral da Polícia Civil, tem como atribuições:

I. Planejar, coordenar, orientar, controlar e fiscalizar a execução das atribuições das unidades de polícia técnica que lhe são diretamente subordinadas;

II. *Elaborar e propor a programação anual de trabalho das unidades de polícia técnica que lhe são diretamente subordinadas;*

III. *Inspecionar as unidades sob sua subordinação, do ponto de vista administrativo, técnico científico e de polícia judiciária, verificando a regularidade do serviço e o cumprimento das diretrizes emanadas pela Direção-Geral da Polícia Civil;*

IV. *Autorizar o deslocamento de viaturas e servidores para municípios circunvizinhos com objetivo de serviço, desde que não importe em despesa;*

V. *Fazer a lotação de servidores quando a movimentação ocorrer no âmbito do Departamento;*

VI. *Propor políticas e normas para a execução das atividades de suas atribuições;*

VII. *Articular-se com outras unidades de polícia técnico-científica buscando o intercâmbio de informações e experiências, visando o aperfeiçoamento de suas atividades;*

VIII. *Promover a articulação dos institutos dentre si e com os demais órgãos de investigação da Polícia Civil, visando à integração da atividade fim de apuração das infrações penais;*

IX. *Fomentar estudos e pesquisas científicas no âmbito do Departamento, visando o aperfeiçoamento da investigação criminal técnico-científica e da identificação civil e criminal;*

X. *Elaborar, analisar e consolidar os relatórios das atividades das unidades que lhe são subordinadas;*

XI. *Expedir normas de caráter técnico-científico visando disciplinar as atividades das unidades subordinadas;*

XII. *Desempenhar outras atividades que se enquadrem no âmbito de suas atribuições.*

Seção I - Do Instituto de Criminalística

O Instituto de Criminalística, unidade orgânica de execução técnica e operacional, subordinada diretamente ao Departamento de Polícia Técnica, tem como atribuições:

I. *Dirigir, coordenar, controlar, fiscalizar, avaliar e executar perícias criminais em locais de crime, bem como em objetos e substâncias a eles relacionadas, necessárias à apuração de infrações penais, mediante requisição de autoridade policial da Polícia Civil do Distrito Federal, judiciária, do Ministério Público e de Presidente de Inquérito Policial Militar. IPM;*

II. *Fomentar a pesquisa no campo da Criminalística voltada para a investigação criminal técnico científica, desenvolvendo projetos e programas de estrutura e pesquisa, objetivando aperfeiçoar e criar novas técnicas de acordo com o desenvolvimento tecnológico e científico;*

III. *Propor normas sobre perícias criminais ou sobre atividades a ela relacionadas;*

IV. *Analisar os resultados das atividades de perícias criminais, propondo medidas de aperfeiçoamento dos métodos e técnicas;*

V. *Atualizar, ampliar e desdobrar funções, no campo da Criminalística, sempre que a estrutura jurídica ou a necessidade de melhor desenvolver o trabalho o exigir;*

VI. *Elaborar laudos e emitir pareceres técnicos;*

VII. *Articular-se com órgãos ou entidades congêneres buscando o intercâmbio de informações e o aperfeiçoamento de suas atividades;*

VIII. *Manter o funcionamento do Instituto em regime de expediente e plantão, cujo horário de trabalho e folga será estabelecido pela Direção-Geral da Polícia Civil;*

IX. *Articular-se com os demais órgãos de investigação criminal da Polícia Civil, visando o intercâmbio de informações necessário à unidade da apuração das infrações penais;*

X. *Encaminhar, quando solicitados pelos demais institutos de Polícia Técnica, cópia de laudos ou pareceres técnicos, em especial dos casos vinculados a perícias executadas pela unidade requerente;*

XI. *Desempenhar outras atividades que se enquadrem no âmbito de suas atribuições.*

Subseção I - Da Divisão Administrativa

A Divisão Administrativa, unidade orgânica de execução, diretamente subordinado à Direção do Instituto de Criminalística, tem como atribuições:

I. *Controlar, orientar e fiscalizar a execução das atividades de administração, no que se refere a pessoal, material, limpeza, transporte, comunicações, preparação e expedição de documentos, protocolo e arquivo, no Instituto de Criminalística;*

II. *Elaborar relatório mensal da arrecadação de taxas de pagamento das atividades de suas atribuições;*

III. *Elaborar relatórios mensais das atividades desenvolvidas pelas seções subordinadas;*

IV. *Orientar e fiscalizar as atividades de segurança das instalações físicas do Instituto de Criminalística;*

V. *Controlar a temporalidade de guarda de documentos;*

VI. *Executar outras atividades que se enquadrem no âmbito de suas atribuições.*

Subseção II - Da Divisão de Perícia Externas

A Divisão de Perícias Externas, unidade orgânica de execução, diretamente subordinada ao Diretor do Instituto de Criminalística, tem como atribuições:

Divisão de Perícias Externas	
	Supervisionar, controlar, orientar e fiscalizar a execução das atividades de perícias externas feita pelas seções sob seu controle
	Indicar o coordenador das equipes de plantão e supervisionar as atividades dos servidores da Divisão, quando em escala de plantão
	Desempenhar outras atividades que se enquadrem no âmbito de suas atribuições

São atribuições do coordenador das equipes de plantão:

a) *Coordenar e fiscalizar as atividades de perícia externa sob a responsabilidade das equipes que compõem o plantão do Instituto de Criminalística;*

b) *Registrar as alterações administrativas ocorridas durante o plantão;*

c) *Comunicar, imediatamente, ao superior hierárquico, os eventos fora de rotina, os de maior gravidade ou de repercussão;*

d) *Cientificar-se dos locais realizados, dos pendentes, das prioridades e dos casos de repercussão;*

e) *Orientar os peritos plantonistas com relação a deslocamentos e exames periciais;*

f) *Cumprir e fazer cumprir as normas e regulamentos em vigor;*

g) *Zelar pela segurança das instalações físicas e objetos durante o plantão;*

h) *Articular-se com as Autoridades Policiais e coordenar os atendimentos das requisições de perícias externas, podendo determinar a qualquer das equipes o atendimento preliminar de locais emergenciais, até a chegada da equipe de perícia com atribuições específicas para a realização dos exames;*

i) *Realizar os exames preliminares em tóxicos, quando ausente a equipe pericial responsável por referido exame;*

j) *Realizar os exames em veículos encaminhados para serem periciados, quando ausente a equipe pericial responsável pelos exames;*

k) *Acompanhar a imprensa, nas dependências e imediações do instituto ou do complexo de polícia civil, quando autorizada pelas autoridades competentes.*

l) *Desempenhar outras atividades que se enquadrem no âmbito de suas atribuições.*

São atribuições dos Peritos Criminais escalados para a atividade de plantão da Divisão de Perícias Externas, além daquelas previstas no art. 96 do Regimento Interno:

a) *Desenvolver a atividade pericial externa, coordenando a atuação dos demais policiais incumbidos do levantamento do local;*

b) *Conferir e inspecionar o material a ser utilizado, providenciando, quando necessário, sua reposição;*

c) *Realizar os exames em veículos envolvidos em infrações penais;*

d) *Em face de solicitações simultâneas, atender sempre que possível, aos locais mais próximos de onde se encontrar a equipe;*

e) *Observar, no local de exame, as condições de isolamento e preservação, reorientando-as, quando necessário, a fim de evitar o agravamento da ocorrência ou a perda de vestígios;*

f) *Efetuar o levantamento do local, mesmo quando o isolamento e a preservação tenham sido prejudicados, devendo, em tais circunstâncias, registrar, no laudo, as alterações e discutir as suas consequências na dinâmica do fato;*

g) *Comunicar, imediatamente, à chefia superior, as faltas ou irregularidades que tenham conhecimento, os eventos fora de rotina, os de maior gravidade e os de repercussão;*

h) *Manter sigilo sobre o resultado do trabalho realizado;*

i) *Registrar as coletas e exames realizados em local de crime, consignando os dados sobre armas e outros objetos arrecadados para exames internos, permanecendo em disponibilidade no Instituto de Criminalística;*

j) *Realizar, quando entender necessário, o levantamento fotográfico de vestígios materiais no local de crime;*

k) *Proceder ao exame preliminar em substâncias entorpecentes, emitindo o respectivo laudo.*

l) *Desempenhar outras atividades que se enquadrem no âmbito de suas atribuições.*

São atribuições dos demais servidores escalados para a atividade de plantão do Instituto de Criminalística:

a) *Desempenhar atividades inerentes a sua área de atuação e outras necessárias à consecução da atividade pericial;*

b) *Receber as requisições periciais e proceder ao acionamento da equipe responsável pelos exames;*

c) *Proceder a registros sobre controle de atendimento das requisições periciais;*

d) *Operar os sistemas de comunicações;*

e) *Controlar a entrada de pessoas na unidade, conduzindo-as pessoalmente até o setor de destino;*

f) *Zelar pela segurança física das instalações, comunicando ao chefe imediato as alterações, porventura verificadas durante o serviço;*

g) *O condutor de veículos oficiais de plantão tem como atribuições receber as viaturas e proceder a sua respectiva vistoria, comunicando as irregularidades detectadas e, ainda, zelar pela segurança pessoal e patrimonial da equipe, bem como auxiliar os peritos em suas atividades;*

h) *Desempenhar outras atividades que se enquadrem no âmbito de suas atribuições.*

Subseção III - Da Divisão de Perícias Internas

A Divisão de Perícias Internas, unidade orgânica de execução, diretamente subordinada ao Instituto de Criminalística, tem como atribuições:

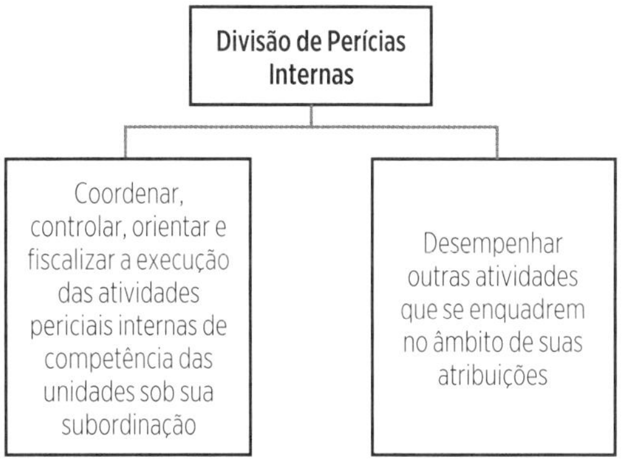

Subseção IV - Divisão de Perícias em Laboratórios

A Divisão de Perícias em Laboratórios, unidade orgânica de execução, diretamente subordinada ao Instituto de Criminalística, tem como atribuições:

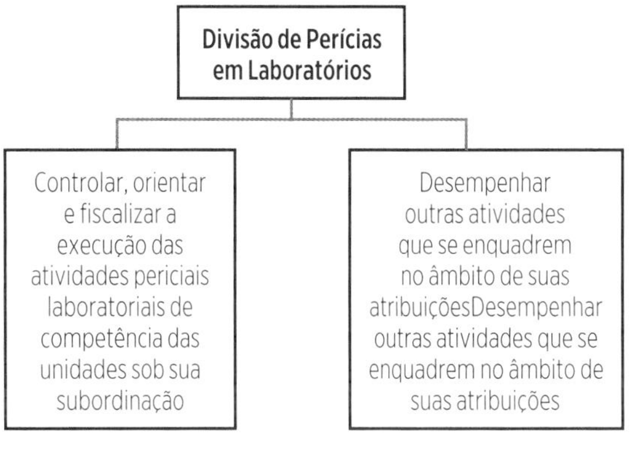

Seção II - Do Instituto de Identificação

Ao Instituto de Identificação, unidade orgânica de execução técnica-científica, subordinada diretamente ao Departamento de Polícia Técnica, tem como atribuições:

I. Dirigir, planejar, coordenar, supervisionar e controlar a execução das atribuições específicas e genéricas das unidades de identificação subordinadas;

II. Propor normas, elaborar pareceres e notas técnicas, sobre identificação civil e criminal, monodactilar e necropapiloscópica, de representação facial humana (no âmbito de sua competência) e retrato falado;

III. Proceder à identificação civil e criminal expedindo o documento de identificação civil, com base no sistema datiloscópico, e o registro monodactilar quando da identificação criminal;

IV. Planejar, supervisionar e realizar, por solicitação de autoridade competente, a execução de trabalhos periciais papiloscópicos e necropapiloscópicos relativos ao levantamento, coleta, análise, codificação, decodificação e pesquisa de padrões e vestígios papilares, trabalhos periciais de prosopografia (no âmbito de sua competência), envelhecimento, rejuvenescimento, retrato falado e de representação facial humana, expedindo os respectivos laudos;

V. Realizar estudos e pesquisas técnico-científicas visando o aperfeiçoamento da identificação humana papiloscópica, bem como, manter intercâmbio institucional e profissional com organizações congêneres nacionais e internacionais;

VI. Encaminhar, quando solicitado pelos demais Institutos de Polícia Técnica, cópia de laudos ou pareceres papiloscópicos e necropapiloscópicos, em especial dos casos vinculados a perícias executadas pela unidade requerente, devendo ser restritas ao Instituto de Identificação, as informações relativas à confirmação de identidades advindas de pesquisas e confrontos de padrões papilares,

VII. Encaminhar, por empréstimo ao Instituto de Criminalística, prontuário civil e individual datiloscópica, quando necessário à complementação de exames grafotécnicos em carteiras de identidade;

VIII. desenvolver e explorar o serviço de conferência biométrica online, bem como fornecer informações contidas em arquivos às unidades e entidades credenciadas pela Direção Geral da Polícia Civil do Distrito Federal;

IX. Prestar auxílio técnico aos serviços de acesso dos visitantes junto às unidades prisionais do Distrito Federal, através do método do confronto datiloscópico.

X. Autorizar as solicitações de atendimentos externos;

XI. Desempenhar outras atividades que se enquadrem no âmbito de suas atribuições.

Subseção I - Da Divisão Administrativa

A Divisão Administrativa, unidade orgânica de execução, diretamente subordinada ao Instituto de Identificação, tem como atribuições:

I. Controlar, orientar e fiscalizar a execução das atividades de administração, no que se refere a pessoal, material, limpeza, transporte, comunicações, preparação e expedição de documentos, protocolo, arquivo;

II. Elaborar relatórios mensais das atividades desenvolvidas pelas seções subordinadas;

III. Orientar e fiscalizar as atividades de segurança das instalações físicas do Instituto de Identificação e seus respectivos Postos;

IV. Controlar a temporalidade de guarda de documentos;

V. Supervisionar as atividades das empresas prestadoras de serviços no âmbito do Instituto;

VI. Executar outras atividades que se enquadrem no âmbito de suas atribuições.

Subseção II - Da Divisão de Processamento e Arquivos Técnicos

A Divisão de Processamento e Arquivos Técnicos, unidade orgânica de execução, diretamente subordinada ao Instituto de Identificação, tem como atribuições:

Divisão de Processamento e Arquivos Técnicos	
	Controlar, fiscalizar e inspecionar a execução das atribuições específicas e genéricas das seções que lhe são subordinadas
	Elaborar relatório mensal das atividades desenvolvidas pelas Seções subordinadas
	Desempenhar outras atividades que se enquadrem no âmbito de suas atribuições

Subseção III - Da Divisão de Identificação

A Divisão de Identificação, unidade orgânica de execução, diretamente subordinada ao Instituto de Identificação, tem como atribuições:

I. Controlar, fiscalizar e inspecionar a execução de todas as atribuições dos Postos de Identificação e das seções que lhe são subordinadas;

II. Elaborar relatórios mensais das atividades desenvolvidas pelos Postos e Seções subordinados;

III. Executar e controlar a emissão das carteiras funcionais;

IV. Realizar a identificação civil de pessoas enviadas pela Direção do Instituto de Identificação;

V. Executar outras atividades que se enquadrem no âmbito de suas atribuições.

Subseção IV - Da Divisão de Perícias e Exames Técnicos em Papiloscopia

A Divisão de Perícias e Exames Técnicos em Papiloscopia, unidade orgânica de execução diretamente subordinada ao Instituto de Identificação, tem como atribuições:

I. Controlar, fiscalizar e inspecionar a execução das atribuições específicas e genéricas das seções que lhe são subordinadas;

II. Fazer a numeração e o encaminhamento dos laudos datiloscópicos, papiloscópicos e necropapiloscópicos, mantendo o arquivamento da segunda via;

III. Elaborar relatórios mensais das atividades desenvolvidas pelas seções subordinadas;

IV. Manter o funcionamento da Divisão em regime de expediente e plantão, cujos horários de trabalho e folga serão estabelecidos pela Direção-Geral da Polícia Civil;

V. Coordenar as atividades de plantão, realizadas pelas Equipes escaladas no Instituto de Identificação e no Instituto de Criminalística;

VI. Desempenhar outras atividades que se enquadrem no âmbito de suas atribuições.

São atribuições das equipes de plantão criminal junto ao Instituto de Identificação:

a) *Proceder à identificação criminal e monodactilar dos indivíduos envolvidos em práticas delituosas, mediante requisição de autoridade competente;*

b) *Receber, conferir e preencher, no que couber, os prontuários de identificação criminal e monodactilar;*

c) *Relacionar diariamente os prontuários de identificação criminal e monodactilar referentes às pessoas atendidas durante o período de serviço, encaminhando-os à Seção pertinente;*

d) *Fotografar os indiciados ou acusados;*

e) *Coletar as impressões digitais, palmares e plantares, conforme o caso, dos indiciados ou acusados;*

f) *Classificar as individuais datiloscópicas decadactilares;*

g) *Informar à Autoridade Policial competente acusado que se recusar a ser identificado;*

h) *Expedir declaração sobre as pessoas civilmente identificadas neste Instituto;*

i) *Zelar pela conservação e adequada utilização do material permanente e de consumo, bem como pela segurança das instalações;*

j) *Impedir o acesso das pessoas estranhas à unidade, quando for o caso;*

k) *Conferir e inspecionar o material a ser utilizado, providenciando, quando necessário, sua reposição;*

l) *Comunicar, imediatamente, à Direção do Instituto de Identificação os fatos de maior gravidade ou repercussões ocorridas durante o plantão;*

m) *Cientificar-se, ao assumir o plantão, da existência e condição de utilização de equipamentos e materiais necessários para o desempenho das atividades;*

n) *Registrar em livro próprio os prontuários de identificação criminal ou fazer relatório de qualquer alteração ocorrida durante o plantão;*

o) *Manter sigilo sobre o resultado dos trabalhos realizados;*

p) *Prestar informações sobre indivíduos identificados civilmente, criminalmente ou no arquivo monodactilar, às autoridades competentes e demais órgãos autorizados pela Direção-Geral da Polícia Civil;*

q) *Auxiliar na identificação civil de pessoas enviadas pela Direção do Instituto de Identificação;*

r) *Apoiar o plantão junto ao Instituto de Criminalística, sempre que necessário;*

s) *Desempenhar outras atividades que se enquadrem no âmbito de suas atribuições.*

São atribuições das equipes de plantão junto ao Instituto de Criminalística, além daquelas previstas no art.98 do Regimento Interno:

a) *Realizar perícia papiloscópica em locais de crime;*

b) *Descrever com precisão os locais onde foram colhidos fragmentos, preenchendo corretamente a ficha suporte secundário.*

c) *Descrever no relatório do plantão o motivo do não levantamento de fragmentos, tais como: inadequação do suporte primário, condições climáticas e outros fatores.*

d) *Comunicar, imediatamente, à Direção do Instituto de Identificação, por meio de relatório, os fatos de maior gravidade ou repercussões ocorridos durante o plantão.*

e) *Conferir e inspecionar o material a ser utilizado, providenciando, quando necessário sua reposição.*

f) *Proceder à coleta de impressões papiloscópica em veículos envolvidos em crimes;*

g) *Disponibilizar, diariamente, via Intranet, dados relativos às perícias realizadas nos locais de crime, o suporte e o local onde foram coletados os fragmentos de impressões digitais;*

h) *Apresentar ao Perito Criminal responsável pela perícia em local de crime ou em veículos, quando solicitado, relatório padronizado sobre os pontos e suportes onde foram coletadas impressões papiloscópicas, a fim de possibilitar a correlação do resultado do laudo papiloscópico do local ao laudo pericial criminal;*

i) *Realizar, quando necessário, fotografias do local periciado;*

j) *Desempenhar outras atividades que se enquadrem no âmbito de suas atribuições.*

Seção III - Do Instituto de Medicina Legal

Ao Instituto de Medicina Legal, unidade orgânica de execução técnica-científica, subordinada diretamente ao Departamento de Polícia Técnica, tem como atribuições:

I. *Dirigir, controlar, fiscalizar, avaliar e executar os exames médicos legais necessários à apuração de infrações penais, mediante requisição da autoridade competente;*

II. *Fomentar a pesquisa no campo da medicina legal voltada para a investigação criminal técnico científica, desenvolvendo projetos e programas de estrutura e pesquisa, objetivando aperfeiçoar e criar novas técnicas de acordo com o desenvolvimento tecnológico e científico;*

III. *Propor normas sobre perícias médico-legais ou sobre atividades a ela relacionadas;*

IV. *Analisar os resultados das atividades de investigação médico-legal, propondo medidas de aperfeiçoamento dos métodos e técnicas;*

V. *Atualizar, ampliar e desdobrar funções, no campo da medicina legal, sempre que a estrutura jurídica ou a necessidade de melhor desenvolver o trabalho o exigir;*

VI. *Elaborar laudos e emitir pareceres técnicos;*

VII. *Articular-se com órgãos ou entidades congêneres buscando o intercâmbio de informações e o aperfeiçoamento de suas atividades;*

VIII. *Articular-se com os demais órgãos de investigação criminal da Polícia Civil, visando o intercâmbio de informações necessárias à unidade da apuração das infrações penais;*

IX. *Manter o funcionamento do Instituto em regime de expediente e plantão, cujo horário de trabalho e folga será estabelecido pela Direção-Geral da Polícia Civil;*

X. *Encaminhar, quando solicitados pelos demais institutos de Polícia Técnica, cópia de laudos ou pareceres técnicos, em especial dos casos vinculados a perícias executadas pela unidade requerente;*

XI. *Manter intercâmbio técnico-científico com as universidades;*

XII. *Escolher os coordenadores das equipes de plantão;*

XIII. *Desempenhar outras atividades no âmbito de suas atribuições.*

São atribuições do coordenador das equipes de plantão:

a) Controlar e fiscalizar as atividades de perícia sob a responsabilidade da equipe de plantão do Instituto de Medicina Legal;

b) Registrar as alterações administrativas ocorridas durante o plantão;

c) Comunicar, imediatamente, ao Diretor do Instituto, os eventos fora de rotina, os de maior gravidade ou de repercussão;

d) Cientificar-se dos casos pendentes, das prioridades e dos casos de repercussão;

e) Orientar os plantonistas com relação a deslocamentos;

f) Cumprir e fazer cumprir as normas em vigor;

g) Zelar pela segurança das instalações físicas e objetos durante o plantão;

h) Articular-se com as Autoridades Policiais e coordenar os atendimentos das requisições de perícias;

i) Acompanhar a imprensa, nas dependências e imediações do instituto ou do complexo de polícia civil, quando autorizada pelas autoridades competentes.

j) Desempenhar outras atividades que se enquadrem no âmbito de suas atribuições.

São atribuições dos Peritos Médico-Legistas escalados para as atividades de plantão, além daquelas previstas no art. 97 do Regimento Interno:

a) Desenvolver a atividade pericial;

b) Conferir e inspecionar o material a ser utilizado para perícia médica, providenciando, quando necessário, sua reposição;

c) Realizar, preferencialmente à luz solar os exames médicos legais;

d) Em face de solicitações simultâneas, atender prioritariamente aos periciandos escoltados e às demais prioridades estabelecidas em lei;

e) Comunicar, imediatamente, à chefia superior, as faltas ou irregularidades que tenha conhecimento, os eventos fora de rotina, os de maior gravidade e os de repercussão;

f) Manter sigilo sobre o resultado do trabalho realizado;

g) Registrar, os exames realizados;

h) Coordenar os trabalhos relacionados à execução da perícia médica;

i) Proceder ao exame preliminar, emitindo o respectivo laudo, quando previsto em legislação pertinente e solicitado por autoridade competente;

j) Comparecer ao local de crime e a hospitais quando necessário;

k) Desempenhar outras atividades que se enquadrem no âmbito de suas atribuições.

São atribuições dos demais servidores escalados para as atividades de plantão:

a) Receber as requisições periciais, dar abertura ao laudo pericial e proceder ao acionamento da equipe responsável pelos exames;

b) Proceder a registros no sistema informatizado do Instituto de Medicina Legal e/ou formulário próprio, sobre controle de atendimento das requisições periciais e saídas de rabecões;

c) Proceder à identificação do periciando;

d) Operar o sistema de telecomunicações;

e) Controlar a entrada de pessoas na unidade, conduzindo-as pessoalmente até o setor de destino;

f) Fornecer atestado de comparecimento;

g) Zelar pela segurança física das instalações, comunicando ao chefe imediato as alterações, porventura verificadas durante o serviço;

h) Aos condutores de veículos oficiais de plantão compete receber as viaturas e proceder a sua respectiva vistoria, preenchendo-se a Ficha de Vistoria Diária das Viaturas, encaminhando-a a Seção de Material, Patrimônio e Transporte, comunicando as irregularidades detectadas.

i) Impedir que haja venda, comércio, agenciamento de serviços ou qualquer outra atividade comercial no Instituto ou nas suas imediações, em especial providenciar a retirada, das dependências do Complexo de Polícia Civil, de funcionários de agências funerárias ou seus prepostos.

j) Desempenhar atividades inerentes a sua área de atuação e outras necessárias a consecução das atividades do Instituto;

Subseção I - Da Divisão de Administração

A Divisão de Administração, unidade orgânica de execução, diretamente subordinada ao Instituto de Medicina Legal, tem como atribuições:

I. Coordenar, controlar, orientar e fiscalizar a execução das atividades de administração, no que se refere a pessoal, material, limpeza, transporte, comunicações, preparação e expedição de documentos, protocolo e arquivo, no Instituto de Medicina Legal;

II. Elaborar relatórios mensais das atividades desenvolvidas pelas seções subordinadas;

III. Coordenar, orientar e fiscalizar as atividades de segurança das instalações físicas do Instituto de Medicina Legal;

IV. Controlar a temporalidade de guarda de documentos;

V. Elaborar e controlar as escalas de serviço, folhas de ponto, licença de pessoal, planos de chamada e de férias;

VI. Coordenar e fiscalizar a limpeza e conservação das instalações físicas do Instituto de Medicina Legal;

VII. Manter cadastro atualizado dos servidores que se encontrem afastados do serviço por qualquer motivo;

VIII. Supervisionar as atividades das empresas prestadoras de serviços no âmbito do Instituto;

IX. Controlar e encaminhar os processos de acompanhamento do desempenho funcional dos servidores em estágio probatório;

X. Organizar e manter arquivo dos documentos oficiais;

XI. Elaborar, controlar e encaminhar ao setor competente, os despachos com decisões emanadas da Direção do Instituto;

XII. Organizar e manter o acervo documental e bibliográfico de interesse específico do Instituto de Medicina Legal, coletando, registrando, classificando e arquivando atos oficiais, documentos e publicações;

XIII. Executar outras atividades que se enquadrem no âmbito de suas atribuições.

Subseção II - Da Divisão de Perícia no Vivo

A Divisão de Perícia no Vivo, diretamente subordinada ao Instituto de Medicina Legal, tem como atribuições:

I. Coordenar, controlar, orientar e fiscalizar a execução das atividades periciais internas de competência das unidades sob sua subordinação;

II. Elaborar relatórios mensais das atividades desenvolvidas pelas unidades sob seu controle;

III. Controlar o intervalo de tempo entre a realização da perícia e de entrega dos laudos conclusos, realizados pelos peritos médicos legistas designados, com o auxílio da Seção de Informática Planejamento e Estatística e tomar as providências cabíveis nos casos de atrasos de entregas;

IV. Distribuir as solicitações de perícias e os processos às Seções subordinadas;

V. Propor ao Diretor o remanejamento de pessoal entre os setores;

VI. Desempenhar outras atividades que se enquadrem no âmbito de suas atribuições.

Subseção III - Da Divisão de Tanatologia Forense

A Divisão de Tanatologia Forense, diretamente subordinada ao Instituto de Medicina Legal, tem como atribuições:

I. Coordenar, controlar, orientar e fiscalizar a execução das atividades periciais internas de competência das unidades sob sua subordinação;

II. Elaborar relatórios mensais das atividades desenvolvidas pelas unidades sob seu controle;

III. Controlar o intervalo de tempo entre a realização da perícia e de entrega dos laudos conclusos, realizados pelos peritos médicos legistas designados, com o auxílio da Seção de Informática Planejamento e Estatística e tomar as providências cabíveis nos casos de atrasos de entregas;

IV. Distribuir as solicitações de perícias e os processos às Seções subordinadas;

V. Desempenhar outras atividades que se enquadrem no âmbito de suas atribuições.

Subseção IV - Da Divisão de Exames Técnicos Médicos Legais

A Divisão de Exames Técnicos Médicos Legais, unidade orgânica de execução, diretamente subordinada ao Instituto de Medicina Legal tem como atribuições:

I. Coordenar, controlar, orientar e fiscalizar a execução das atividades periciais internas de competência das unidades sob sua subordinação, realizando todos os exames laboratoriais necessários à complementação das perícias;

II. Elaborar relatórios mensais das atividades desenvolvidas pelas unidades sob seu controle;

III. Controlar o intervalo de tempo entre a realização do exame laboratorial e de entrega dos resultados conclusos, realizados pelos peritos médicos legistas designados, com o auxílio da Seção de Informática Planejamento e Estatística e tomar as providências cabíveis nos casos de atrasos de entregas;

IV. Distribuir as solicitações de perícias, exames e os processos às Seções subordinadas;

V. Propor ao Diretor o remanejamento de pessoal entre os setores;

VI. Receber material para exame laboratorial, verificando anotações pertinentes e encaminhar às Seções ou aos institutos competentes;

VII. Encaminhar o resultado dos exames laboratoriais realizados.

VIII. Desempenhar outras atividades que se enquadrem no âmbito de suas atribuições.

Seção IV - Instituto de Pesquisa de DNA Forense

Ao Instituto de Pesquisa de DNA Forense, unidade orgânica de execução técnicacientífica, subordinada diretamente ao Departamento de Polícia Técnica, tem como atribuições:

I. Realizar perícias na área da genética forense, mediante comparação de amostras colhidas, solicitadas por autoridades competentes;

II. Realizar exames genéticos de DNA complementares a perícias realizadas pelos demais institutos do Departamento de Polícia Técnica, para fins de investigação criminal;

III. Realizar ou acompanhar autoridades em exumações para fins de perícia para identificação após a morte, por meio de exames genéticos de DNA;

IV. Elaborar os Laudos técnico-periciais e emitir pareceres técnicos;

V. Realizar pesquisa científica na área de genética forense, mediante a elaboração de projetos de pesquisa que visem aperfeiçoar os conhecimentos técnico-científicos voltados para a investigação criminal;

VI. Incentivar o intercâmbio com outras instituições com vistas a aprimorar o conhecimento na área de atuação;

VII. Manter articulação com as demais unidades técnicas e de investigação que compõem a Polícia Civil, visando maximizar a qualidade da atividade pericial;

VIII. Desempenhar outras atividades que se enquadrem no âmbito de suas atribuições.

Capítulo XI - da academia de polícia civil

A Academia de Polícia Civil, unidade orgânica de formação e capacitação profissional policial, diretamente subordinada à Direção Geral da Polícia Civil, tem como atribuições:

I. Planejar, organizar, coordenar, controlar e executar a política de seleção, formação e capacitação dos recursos humanos da Polícia Civil;

II. Planejar, orientar e coordenar o processo seletivo de pessoal para as carreiras da Polícia Civil;

III. Produzir pesquisa que vise à atualização e ao aperfeiçoamento da formação e capacitação do policial civil e a dar uniformidade à doutrina de procedimentos policiais;

IV. Coordenar a realização de concursos públicos, no âmbito da Polícia Civil do Distrito Federal, bem como firmar regras editalícias e demais atos relativos à espécie;

V. Propor medidas de atualização e de aperfeiçoamento dos cursos de formação e de capacitação do policial civil;

VI. Produzir e difundir conhecimentos que visem ao aperfeiçoamento da atividade policial civil;

VII. Manter intercâmbio cultural com outras instituições de ensino policial visando ao aperfeiçoamento e à adequação das práticas e das orientações pedagógicas às necessidades da atividade policial;

VIII. *Elaborar e executar, anualmente, o Plano Geral de Ensino e Cultural;*

IX. *Propor o Regimento Escolar da Academia;*

X. *Manter organizada e atualizada a Galeria de Fotografias de Policiais Mortos em serviço e promover as solenidades póstumas, quando determinadas pela Direção-Geral da PCDF;*

XI. *Promover a conscientização e incentivar o condicionamento físico dos policiais civis e demais servidores, fomentando a integração desportiva;*

XII. *Executar outras atividades que se enquadrem no âmbito de suas atribuições.*

São atividades desenvolvidas em regime de plantão na Academia de Polícia Civil:

a) *Zelar pela segurança, vigilância e conservação das instalações da unidade orgânica e do patrimônio público;*

b) *Proceder à recepção, à identificação, e ao encaminhamento das pessoas que ingressem nas dependências da Academia de Polícia Civil;*

c) *Proceder à guarda e posterior devolução das armas portadas por visitantes e alunos que ingressem no prédio;*

d) *Efetuar o registro de todas as ocorrências disciplinares e administrativas;*

e) *Realizar, diariamente, o hasteamento e o arriamento das bandeiras, e zelar pela sua guarda e conservação;*

f) *Controlar a utilização dos estandes de tiro, nos dias não úteis e nos horários fora do expediente normal, observando o cumprimento das normas;*

g) *Controlar, o horário de acesso e saída de alunos na Academia, observando as normas internas relativas ao uso de arma de fogo e de uniforme;*

h) *Prestar auxílio aos alunos, aos visitantes e aos servidores que necessitem de socorro médico durante as atividades desenvolvidas na Academia de Polícia Civil;*

i) *Cumprir e zelar pelo cumprimento das normas disciplinares, escolares e administrativas no âmbito da Academia de Polícia Civil;*

j) *Executar outras atividades que se enquadrem no âmbito de suas atribuições.*

Seção I - Da Divisão Técnica de Ensino

A Divisão Técnica de Ensino, unidade orgânica de execução, diretamente subordinada à Academia de Polícia, tem como atribuições:

I. *Coordenar, controlar e fiscalizar todas as atribuições das seções que lhe são subordinadas;*

II. *Traçar e fixar as diretrizes básicas das atividades didáticas e pedagógicas, visando à formação, ao aperfeiçoamento e especialização do Policial Civil;*

III. *Submeter à aprovação superior, planos, programas e projetos relativos a processos de formação e aperfeiçoamento dos recursos humanos da Polícia Civil e de conveniados, sugerindo os recursos financeiros e materiais necessários ao seu desenvolvimento;*

IV. *Elaborar pareceres sobre o desempenho dos corpos docente e discente da Academia de Polícia Civil;*

V. *Processar e controlar a expedição de certificados de conclusão de cursos;*

VI. *Propor diretrizes pedagógicas necessárias ao aperfeiçoamento do ensino na Academia;*

VII. *Consignar, no Livro de Ocorrências Escolares, os fatos dessa natureza, submetendo-o à Direção da Academia a cada lançamento;*

VIII. *Cumprir e fazer cumprir as normas disciplinares, escolares e administrativas no âmbito da Academia de Polícia Civil;*

IX. *Desempenhar outras atividades que se enquadrem no âmbito de suas atribuições.*

Seção II - Da Divisão de Apoio ao Ensino

A Divisão de Apoio ao Ensino, unidade orgânica de execução, diretamente subordinada à Academia de Polícia Civil, tem como atribuições:

I. *Coordenar, controlar e fiscalizar todas as atribuições das seções que lhe são subordinadas;*

II. *Planejar, gerenciar e executar as atividades de apoio logístico ao ensino praticado na Academia de Polícia Civil;*

III. *Acompanhar o desenvolvimento tecnológico, visando à aquisição e à utilização de novos equipamentos de apoio ao ensino;*

IV. *Minutar editais, avisos e ordens de serviço referentes à execução de cursos de formação e aperfeiçoamento;*

V. *Realizar treinamento de instrutores para a área de formação e aperfeiçoamento policial;*

VI. *Revisar apostilas para cursos e outros trabalhos necessários às atividades pedagógicas da Academia;*

VII. *Cumprir e fazer cumprir as normas disciplinares, escolares e administrativas no âmbito da Academia de Polícia Civil;*

VIII. *Desenvolver outras atividades que se enquadrem no âmbito de suas atribuições.*

Seção III - Da Divisão de Gerência de Concursos

A Divisão de Gerência de Concursos, unidade orgânica de execução, diretamente subordinada à Academia de Polícia Civil, tem como atribuições:

I. *Propor a seleção dos recursos humanos e a realização de concursos públicos da Polícia Civil;*

II. *Colaborar na elaboração de minutas de regras editalícias e dos demais atos relativos ao processo de seleção de recursos humanos;*

III. *Acompanhar os processos e as atividades relativas à seleção de pessoal;*

IV. *Analisar propostas, acompanhar e fiscalizar os processos que envolvam terceirização de concurso público e as diversas etapas da seleção de pessoal ;*

V. *Manter atualizado cadastro geral de candidatos inscritos em concurso público para os cargos da Polícia Civil do Distrito Federal, com informações referentes a conhecimentos, a habilidades e a aptidões;*

VI. *Realizar estudos e pesquisas relacionados à seleção de pessoal;*

VII. *Monitorar e assessorar o sistema de cargos da PCDF;*

VIII. *Realizar levantamento de dados referentes ao quantitativo de servidores da PCDF;*

IX. *Elaborar estimativas e projeções da necessidade de servidores para a PCDF;*

X. *Analisar dados estatísticos da realidade do DF que subsidiem as estimativas e projeções de necessidades de servidores para a PCDF;*

XI. *Propor cronogramas de processos seletivos para os cargos da PCDF;*

XII. *Acompanhar alterações na legislação que impactem as necessidades de provimento de cargos da PCDF;*

XIII. *Cumprir e fazer cumprir as normas disciplinares, escolares e administrativas no âmbito da Academia de Polícia Civil;*

XIV. *Desenvolver outras atividades que se enquadrem no âmbito de suas atribuições.*

Seção IV - Da Divisão de Polícia Comunitária

A Divisão de Polícia Comunitária, unidade orgânica de execução e assessoramento, diretamente subordinada à Academia de Polícia Civil, tem como atribuições:

I. *Elaborar o planejamento estratégico para sedimentação das ações do Programa de Segurança Comunitária no âmbito da Polícia Civil;*

II. *Implantar e Implementar ações que visem à participação da comunidade junto às unidades da Polícia Civil;*

III. *Coordenar projetos, programas e atividades de segurança comunitária, que visem à prevenção de crimes, em apoio às Delegacias Circunscricionais;*

IV. *Propor convênios, contratos, ajustes e demais instrumentos necessários à implantação, manutenção de Projetos ou Programas e melhoria das atividades de Segurança Comunitária, desenvolvimento de pesquisas e estatísticas;*

V. *Apoiar as Delegacias Circunscricionais e Especializadas, no desenvolvimento de ações que visem à melhoria do atendimento público, a prevenção de crimes, redução da criminalidade e combate à impunidade;*

VI. *Promover um amplo programa de integração com os conselhos comunitários de Segurança Pública e as demais unidades da Polícia Civil;*

VII. *Buscar junto aos órgãos públicos, do Distrito Federal e/ou Federal, apoio e recursos para os projetos de cunho preventivo, de interesse da comunidade e da Polícia Civil;*

VIII. *Elaborar relatórios técnicos objetivando o aprimoramento das atividades de segurança comunitária;*

IX. *Coordenar eventos relacionados com a filosofia de Segurança Comunitária a serem realizados pela Polícia Civil;*

X. *Estimular as iniciativas de profissionais de segurança em trabalhos de Programa Segurança Comunitária, sugerindo premiações e o reconhecimento institucional desses profissionais;*

XI. *Propor programas de ensino, treinamento e seminários, objetivando a formação e o aprimoramento dos policiais civis como das comunidades com foco na filosofia de Segurança Comunitária;*

XII. *Coordenar e acompanhar projetos comunitários desenvolvidos nas áreas dos Conselhos de Segurança;*

XIII. *Identificar as áreas prioritárias para implementação de projetos sociais que visem redução da criminalidade; no sentido de promover desenvolvimento de programas de inclusão social nas áreas das delegacias circunscricionais, em locais onde se constatam altos índices de criminalidade;*

XIV. *Fomentar o envolvimento de ONGs, e outras entidades civis, em projetos conjuntos com a PCDF.*

Título III - Da Composição Orgânica das Atribuições do Conselho Superior da Polícia Civil do Distrito Federal

O Conselho Superior da Polícia Civil do Distrito Federal, com atribuições consultivas, opinativa, normativa, de deliberação colegiada, presidido pelo Diretor-Geral da Polícia Civil tem a seguinte composição:

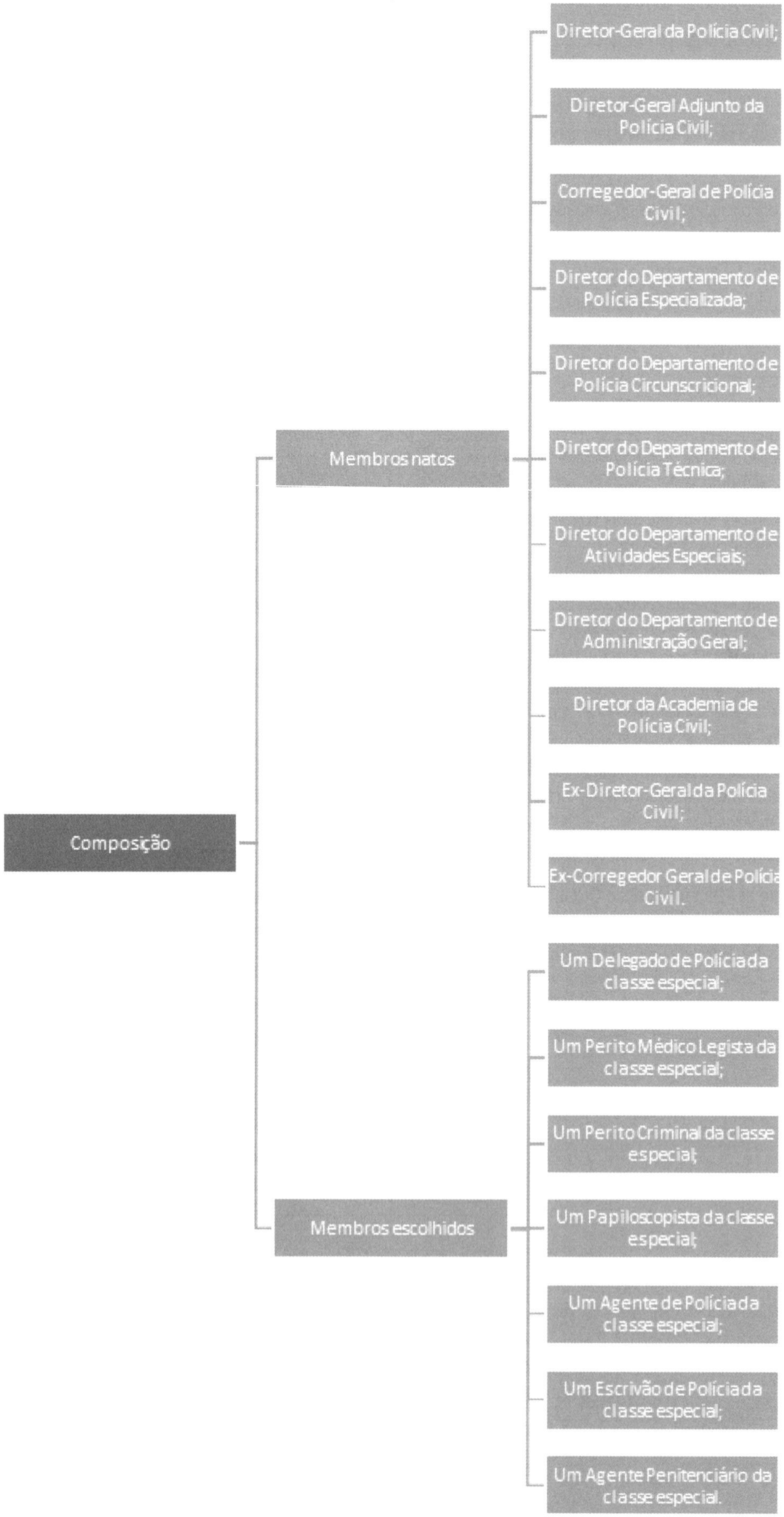
Composição
Membros natos
Diretor-Geral da Polícia Civil;
Diretor-Geral Adjunto da Polícia Civil;
Corregedor-Geral de Polícia Civil;
Diretor do Departamento de Polícia Especializada;
Diretor do Departamento de Polícia Circunscricional;
Diretor do Departamento de Polícia Técnica;
Diretor do Departamento de Atividades Especiais;
Diretor do Departamento de Administração Geral;
Diretor da Academia de Polícia Civil;
Ex-Diretor-Geral da Polícia Civil;
Ex-Corregedor Geral de Polícia Civil.
Membros escolhidos
Um Delegado de Polícia da classe especial;
Um Perito Médico Legista da classe especial;
Um Perito Criminal da classe especial;
Um Papiloscopista da classe especial;
Um Agente de Polícia da classe especial;
Um Escrivão de Polícia da classe especial;
Um Agente Penitenciário da classe especial.

O Ex-Diretor-Geral da Polícia Civil e o Ex-Corregedor Geral de Polícia Civil farão parte do Conselho até que completem o tempo regular para a aposentadoria.

Os membros escolhidos, serão selecionados em listas sêxtuplas na forma do Decreto Distrital nº 23.291, do dia 18 de outubro de 2002 e suas alterações. E serão substituídos pelo primeiro suplente nos casos de ausência ou impedimento e, por decisão do Diretor-Geral de Polícia Civil, até o final do respectivo mandato, no caso de vacância.

Qualquer um dos membros escolhidos poderá desistir de sua participação no Conselho Superior de Polícia Civil.

Ao Conselho Superior da Polícia Civil do Distrito Federal, tem como atribuições:

> ***I.*** *Conhecer as representações contra membros do Conselho, encaminhado-as, com parecer, ao Diretor-Geral de Polícia Civil;*
>
> ***II.*** *Opinar sobre as diretrizes básicas dos concursos públicos para ingresso nas carreiras da Polícia Civil do Distrito Federal;*
>
> ***III.*** *Opinar quanto à formação, especialização, treinamento e aperfeiçoamento dos servidores policiais civis;*
>
> ***IV.*** *Opinar quanto à concessão de comendas e outras honrarias da Polícia Civil para policiais civis e membros da comunidade;*
>
> ***V.*** *Opinar sobre a proposta Orçamentária da Policia Civil do Distrito Federal;*
>
> ***VI.*** *Funcionar como Conselho de Ética;*
>
> ***VII.*** *Opinar sobre pedidos de anistia;*
>
> ***VIII.*** *Aprovar medidas que visem ao aperfeiçoamento profissional e dos serviços prestados pela Polícia Civil do Distrito Federal;*
>
> ***IX.*** *Opinar sobre propostas de alterações na estrutura orgânica e no quadro funcional da Polícia Civil;*
>
> ***X.*** *Opinar em planos de aplicação de recursos;*
>
> ***XI.*** *Elaborar e aprovar regimento interno próprio;*
>
> ***XII.*** *Aprovar normas regimentais da Polícia Civil;*
>
> ***XIII.*** *Propor normas gerais de procedimentos de apuração de infrações penais e de gestão da Polícia Civil do Distrito Federal;*
>
> ***XIV.*** *Aprovar normas gerais de procedimentos para apuração do estágio probatório;*
>
> ***XV.*** *Propor ao Diretor-Geral de Polícia outras providências que visem a recompor a ordem disciplinar e administrativa das atividades da Polícia Civil;*
>
> ***XVI.*** *Formular moções sobre assuntos relevantes de interesse da Polícia Civil do Distrito Federal;*
>
> ***XVII.*** *Opinar sobre temas relativos à interpretação de normas disciplinares, administrativas e penais no exercício das atividades da Polícia Civil;*
>
> ***XVIII.*** *Opinar sobre a movimentação de dirigente de unidade orgânica da Polícia Civil;*
>
> ***XIX.*** *Deliberar sobre fato de relevância que envolva os interesses da Polícia Civil do Distrito Federal.*

As decisões do Conselho Superior da Polícia Civil do Distrito Federal serão tomadas por maioria absoluta de votos dos seus membros, mediante resoluções, cabendo ao seu Presidente o voto de qualidade.

Título IV - Das Atribuições Funcionais dos Cargos Efetivos e Comissionados

O quadro funcional da Polícia Civil do Distrito Federal é composto pela Carreira de Delegado de Polícia do Distrito Federal e a Carreira de Polícia Civil do Distrito Federal.

Carreira de Delegado de Polícia do Distrito Federal	Carreira de Polícia Civil do Distrito Federal
Composta pelos cargos de Delegado de Polícia	Composta pelos cargos de Perito Criminal, Perito Médico Legista, Agente de Polícia, Escrivão de Polícia, Perito Papiloscopista Policial e Agente Penitenciário.

Capítulo I - atribuições funcionais dos cargos efetivos

Seção I - Do Delegado de Polícia

São atribuições do Delegado de Polícia:

> ***I.*** *Supervisionar, coordenar, controlar e executar as atividades específicas de polícia civil ou de interesse da segurança pública;*
>
> ***II.*** *Desenvolver estudos e pesquisas com vistas à preservação da segurança pública;*
>
> ***III.*** *Estudar e propor medidas destinadas a simplificar o trabalho e a redução dos custos das operações policiais;*
>
> ***IV.*** *Elaborar planos de estudos de situação de busca de informações e de operações policiais;*
>
> ***V.*** *Proceder à análise de dados e elaborar informações no âmbito da Polícia Civil;*
>
> ***VI.*** *Participar de estudos e pesquisas de natureza técnica sobre administração policial;*
>
> ***VII.*** *Representar à autoridade competente sobre questões de natureza penal;*
>
> ***VIII.*** *Planejar operações de segurança e de investigações;*
>
> ***IX.*** *Supervisionar ou executar operações de caráter sigiloso;*
>
> ***X.*** *Instaurar e presidir inquéritos policiais e termos circunstanciados;*
>
> ***XI.*** *Presidir sindicâncias e outros procedimentos administrativos;*
>
> ***XII.*** *Presidir audiências e lavratura do respectivo termo;*
>
> ***XIII.*** *Proceder com todos os atos e formalidades necessários para a instrução do inquérito policial e outros procedimentos de natureza criminal ou administrativa;*
>
> ***XIV.*** *Instruir e orientar pessoal sob sua chefia visando estabelecer novas técnicas e procedimentos de trabalho;*
>
> ***XV.*** *Executar outras atividades decorrentes de sua lotação;*
>
> ***XVI.*** *Cumprir e fazer cumprir o presente regimento, regulamentos administrativos e leis em vigor;*
>
> ***XVII.*** *desempenhar outras atividades que se enquadrem no âmbito de suas atribuições, inclusive executar operações e ações de natureza policial ou de interesse da segurança pública, ou determinadas por superior hierárquico e inerentes à atividade policial.*

Seção II - Do Perito Criminal

São atribuições do Perito Criminal:

I. Planejar, coordenar e executar estudos e projetos de pesquisa, visando ao estabelecimento de novos métodos e técnicas no campo da Criminalística;

II. Instruir e orientar pessoal sob sua chefia visando estabelecer novas técnicas e procedimentos de trabalho;

III. Realizar exames periciais em locais de infração penal, suicídios e acidentes com vítimas;

IV. Realizar exames em armas e instrumentos utilizados ou presumivelmente utilizados na prática de infrações penais;

V. Efetuar exames documentoscópicos e grafotécnicos;

VI. Realizar perícias contábeis;

VII. Proceder a pesquisas e perícias microscópicas e identificação veicular;

VIII. Realizar coleta de elementos necessários à complementação dos exames periciais;

IX. Realizar perícias e análises laboratoriais, no ramo da biologia, física e química;

X. Elaborar a perícia merceológica;

XI. Proceder a exames de balística forense;

XII. Proceder a exames periciais de informática;

XIII. Proceder a exames periciais na área de engenharia legal e de meio ambiente;

XIV. Proceder às periciais audiovisuais;

XV. Proceder a exames e emitir laudos e pareceres em todos os assuntos de criminalística e da sua especialidade;

XVI. Efetuar trabalhos fotográficos para instruir laudos periciais;

XVII. Orientar servidores visando ao desenvolvimento técnico das atividades voltadas à perícia criminalística;

XVIII. Presidir sindicâncias e outros procedimentos administrativos;

XIX. Executar outras atividades decorrentes de sua lotação;

XX. Cumprir e fazer cumprir o presente regimento, regulamentos administrativos e leis em vigor;

XXI. desempenhar outras atividades que se enquadrem no âmbito de suas atribuições, inclusive executar operações e ações de natureza policial ou de interesse da segurança pública, ou determinadas por superior hierárquico e inerentes à atividade policial.

Seção III - Do Perito Médico Legista

São atribuições do Perito Médico Legista:

I. Supervisionar, coordenar e executar os trabalhos de perícias laboratoriais, toxicológicas, exames radiológicos e outros de mesma natureza, visando à elucidação de infrações penais, suicídios e ocorrências de natureza acidental;

II. Executar e complementar perícia médico-legal, no vivo e no morto;

III. Proceder a exames e emitir laudos e pareceres em todos os assuntos de medicina legal e da sua especialidade;

IV. Instruir e orientar pessoal sob sua chefia visando estabelecer novas técnicas e procedimentos de trabalho;

V. Planejar, desenvolver e executar estudos e projetos de pesquisa, visando ao estabelecimento de novos métodos e técnicas no campo da medicina legal;

VI. Estudar e propor medidas destinadas a simplificar o trabalho e a redução dos custos, das atividades periciais;

VII. Instruir e orientar pessoal sob sua chefia visando estabelecer novas técnicas e procedimentos de trabalho;

VIII. Executar necropsias, exames clínicos e outros de mesma natureza, visando à elucidação de infrações penais, suicídios e ocorrências de natureza acidental;

IX. Executar perícias na área da psiquiatria forense;

X. Efetuar trabalhos fotográficos para instruir laudos periciais;

XI. Presidir sindicâncias e outros procedimentos administrativos;

XII. Executar outras atividades decorrentes de sua lotação;

XIII. Cumprir e fazer cumprir o presente regimento, regulamentos administrativos e leis em vigor;

XIV. desempenhar outras atividades que se enquadrem no âmbito de suas atribuições, inclusive executar operações e ações de natureza policial ou de interesse da segurança pública, ou determinadas por superior hierárquico e inerentes à atividade policial.

Seção IV - do papiloscopista policial

São atribuições do Papiloscopista Policial:

I. Planejar, coordenar, supervisionar, organizar e realizar todas as perícias atinentes ao cargo.

II. Desenvolver, no âmbito de sua competência, pesquisas visando aprimorar as técnicas existentes buscando novas tecnologias que possam agilizar e melhorar os resultados dos procedimentos periciais.

III. Planejar, coordenar e controlar a realização de captura e pesquisa em sistemas automatizados de leitura, comparação e identificação de impressões papilares.

IV. Realizar pesquisas laboratoriais com reagentes para revelação de impressões e fragmentos, bem como para regeneração de tecidos papilares.

V. Coordenar, supervisionar e elaborar os laudos periciais atinentes ao cargo, com base em estudos técnico-científicos;

VI. Planejar e coordenar programas na área de identificação civil e projetos de atendimento à comunidade, visando assegurar o exercício pleno da cidadania.

VII. Realizar perícia papiloscópica em local de crime, em veículos e em materiais.

VIII. Realizar perícia necropapiloscópica em cadáveres com estágios diferenciados de decomposição e condição de morte, com a finalidade de estabelecer a identificação.

IX. Realizar perícia em vestígios papiloscópicos, efetuando análise técnico-científica de impressões e fragmentos papilares coletados em local de crime, tomando por base todas as minúcias presentes.

X. Coordenar e executar o processo de identificação papiloscópica e antropológica civil e criminal.

XI. Realizar perícia papiloscópica em documentos, efetuando análise e pesquisa de dados de identificação e de padrões papilares.

XII. Realizar perícia poroscópica, objetivando a identificação humana.

XIII. Realizar, no âmbito de sua competência, perícia de representação facial humana, a partir de descrição de caracteres somatoscópicos distintivos da face.

XIV. Efetuar a coleta, análise, codificação e decodificação de padrões papiloscópicos, visando possibilitar o acesso sistematizado.

XV. Realizar perícia de reconstituição facial humana, no âmbito de sua competência, com a finalidade de recompor caracteres somatoscópicos do cadáver que apresenta lesões prejudiciais à sua identificação visual.

XVI. Realizar perícias de projeção de envelhecimento e rejuvenescimento facial humano para fins de identificação.

XVII. Realizar captura e pesquisa em sistemas automatizados de leitura, comparação e identificação de impressões papilares.

XVIII. Realizar pesquisas nos acervos decadactilar, monodactilar, quiroscópico, podoscópico e fotográfico, bem como a organização sistematizada dos mesmos.

XIX. Realizar perícia prosopográfica humana, no âmbito de sua competência, visando estabelecer a identificação da pessoa, com base na comparação de pontos característicos do rosto.

XX. Supervisionar, elaborar e assinar laudos periciais papiloscópicos, necropapiloscópicos, poroscópicos e outros atinentes ao cargo.

XXI. Realizar pesquisas laboratoriais com reagentes para revelação de impressões e fragmentos, bem como para regeneração de tecidos papilares.

XXII. Efetuar trabalhos técnicos fotográficos e macrofotográficos para instruir laudos periciais.

XXIII. Cumprir e fazer cumprir o presente regimento, regulamentos administrativos e leis em vigor.

XXIV. desempenhar outras atividades que se enquadrem no âmbito de suas atribuições, inclusive executar operações e ações de natureza policial ou de interesse da segurança pública, ou determinadas por superior hierárquico e inerentes à atividade policial.

Seção V - Do Agente de Polícia

São atribuições do Agente de Polícia:

I. Investigar atos ou fatos que caracterizem ou possam caracterizar infrações penais;

II. Assistir a autoridade policial no cumprimento das atividades de Polícia Civil;

III. Coordenar ou executar operações e ações de natureza policial ou de interesse de segurança pública;

IV. Executar intimações, notificações ou quaisquer outras atividades julgadas necessárias ao esclarecimento de atos ou fatos sob investigações;

V. Dirigir veículos automotores em serviços, ações e operações policiais.

VI. desempenhar outras atividades que se enquadrem no âmbito de suas atribuições, ou determinadas por superior hierárquico e inerentes à atividade policial;

VII. Cumprir e fazer cumprir o presente regimento, regulamentos administrativos e leis em vigor.

Seção VI - Do Escrivão de Polícia

São atribuições do Escrivão de Polícia:

I. Planejar, controlar e executar todas as atividades específicas de cartório;

II. Providenciar o recolhimento das fianças prestadas;

III. Certificar as atividades cartorárias realizadas;

IV. Acompanhar a autoridade policial nas diligências externas, quando necessário ao desenvolvimento de atividades cartoriais;

V. Executar os registros das atividades cartorárias;

VI. Prestar contas ao chefe imediato do valor das fianças recebidas e custas depositadas, bem como acautelar objetos e valores ausentes;

VII. Atuar em processos de natureza administrativa;

VIII. Executar outras atividades decorrentes de sua lotação;

IX. Cumprir e fazer cumprir o presente regimento, regulamentos administrativos e leis em vigor.

X. desempenhar outras atividades que se enquadrem no âmbito de suas atribuições, inclusive executar operações e ações de natureza policial ou de interesse da segurança pública, ou determinadas por superior hierárquico e inerentes à atividade policial.

Seção VII - Do Agente Penitenciário

São atribuições do Agente Penitenciário:

I. executar atividades de atendimento, serviço de vigilância, custódia, escolta, revista pessoal e em objetos, guarda, assistência e orientação de pessoas recolhidas na Divisão de Controle e Custódia de Presos, do Departamento de Polícia Especializada, da Polícia Civil do Distrito Federal, ou que estejam nas demais unidades policiais da Polícia Civil do Distrito Federal aguardando recolhimento àquela Divisão;

II. desempenhar atividades de custódia e guarda provisória de presos sob a responsabilidade da Polícia Civil do Distrito Federal;

III. executar escoltas judiciais;

IV. executar a escolta de presos em ambientes hospitalares;

V. executar a escolta de presos sob a responsabilidade da Polícia Civil do Distrito Federal para apresentação ao Instituto de Medicinal Legal, ao Instituto de Criminalística e ao Instituto de Identificação, bem como para apresentação desses presos a outras instituições congêneres;

VI. executar a escolta de viaturas no transporte de presos sob a responsabilidade da Polícia Civil do Distrito Federal;

VII. atuar nas atividades de inteligência voltadas para segurança da custódia de presos sob a responsabilidade da Polícia Civil do Distrito Federal;

VIII. atuar na recaptura de foragidos da Justiça;

IX. efetuar o recambiamento de presos de outros estados da federação;

X. escoltar e conduzir adolescentes infratores a delegacias e demais órgãos especializados, nos termos da lei;

XI. participar de operações policiais;

XII. desempenhar outras atividades que se enquadrem no âmbito de suas atribuições, inclusive executar operações e ações de natureza policial ou de interesse da segurança pública, ou determinadas por superior hierárquico e inerentes à atividade policial.

Capítulo II - das atribuições funcionais dos cargos comissionados

Seção I - Do Diretor-Geral da Polícia Civil

São atribuições do Diretor-Geral da Polícia Civil:

I. *Praticar atos de gestão, administrativa, financeira e de pessoal;*

II. *Despachar, pessoalmente, com o Governador e o Secretário de Estado de Segurança Pública;*

III. *Representar a Polícia Civil junto aos Poderes Executivo, Legislativo e Judiciário;*

IV. *Decidir os assuntos atinentes aos objetivos e metas da Instituição;*

V. *Propor a nomeação, exoneração, demissão ou reintegração de servidores de seu quadro de pessoal;*

VI. *Propor nomeação ou designação de servidor para provimento de cargo ou função em comissão, bem como exoneração ou dispensa;*

VII. *Lotar e remanejar servidores, pertencentes ao quadro da Polícia Civil do Distrito Federal;*

VIII. *Determinar a instauração de procedimentos de natureza policial ou administrativo;*

IX. *Avocar procedimento instaurado e redistribuí-lo, se for o caso;*

X. *Expedir normas e regulamentos necessários ao funcionamento da Polícia Civil;*

XI. *Dirimir conflitos de atribuições entre as unidades integrantes da Polícia Civil;*

XII. *Prestar esclarecimentos ao Tribunal de Constas do Distrito Federal, quando solicitado;*

XIII. *Manter o Secretário de Estado de Segurança Pública e o Chefe do Poder Executivo informados sobre os eventos de grande repercussão social;*

XIV. *Assinar os atos de natureza administrativa na esfera de suas atribuições ou por delegação;*

XV. *Promover o relacionamento entre a Polícia e a comunidade, procurando canalizar os benefícios deste relacionamento para a consecução dos objetivos finalísticos da instituição policial civil;*

XVI. *Instaurar processo administrativo disciplinar;*

XVII. *Determinar o afastamento preventivo do exercício de suas funções, os policiais civis e demais servidores que exerçam suas atividades funcionais no quadro da Polícia Civil, quando indiciado ou acusado em processo administrativo disciplinar;*

XVIII. *Zelar pelo cumprimento da hierarquia e disciplina no seio da Polícia Civil;*

XIX. *Aplicar ou agravar pena disciplinar, observada as atribuições legais;*

XX. *Autorizar o deslocamento de servidores e viaturas para outras unidades da Federação, em razão de serviço;*

XXI. *Presidir as reuniões do Conselho Superior de Polícia;*

XXII. *Exercer outras atribuições, bem como praticar os demais atos necessários à consecução das finalidades da Polícia Civil, na forma da legislação em vigor;*

XXIII. *Cumprir e fazer cumprir o presente regimento, regulamentos administrativos e leis em vigor.*

Seção II - Do Diretor-Geral Adjunto da Polícia Civil

São atribuições do Diretor-Geral Adjunto da Polícia Civil:

I. *Dirigir, coordenar e controlar a execução de atividades das unidades subordinadas a Direção-Geral da Polícia Civil;*

II. *Assistir o Diretor-Geral de Polícia no cumprimento de suas atribuições;*

III. *Propor normas que visem o aperfeiçoamento da execução das atividades das unidades que lhe são subordinados;*

IV. *Sugerir a designação ou dispensa dos ocupantes de cargos ou funções de confiança que lhe sejam subordinados;*

V. *Despachar o expediente do Diretor-Geral da Polícia Civil;*

VI. *Substituir o Diretor-Geral da Polícia Civil no desempenho de suas funções, nos seus impedimentos e ausências;*

VII. *Despachar as ocorrências lavradas pelo Supervisor de Dia, levando, de imediato, ao conhecimento do Diretor-Geral da Polícia Civil, todas aquelas em que há indícios de transgressão disciplinar ou que possam causar repercussão;*

VIII. *Controlar, fiscalizar e supervisionar a execução da escala e atividades do Supervisor de Dia da Polícia Civil;*

IX. *Controlar e opinar acerca da conveniência de concessão de licença para o trato de interesses particulares;*

X. *Manter o controle da frota geral da Polícia Civil, bem como promover estudos com vistas à distribuição de veículos novos e remanejamento de usados;*

XI. *Manter o controle de lotação do efetivo da Polícia Civil, promovendo a distribuição equitativa e propor medidas com vistas ao remanejamento de pessoal entre as suas diversas unidades;*

XII. *Desempenhar outras atividades que se enquadrem no âmbito de suas atribuições;*

XIII. *Cumprir e fazer cumprir o presente regimento, regulamentos administrativos e leis em vigor.*

Seção III - Do Corregedor-Geral de Polícia

São atribuições do Corregedor-Geral de Polícia Civil:

I. *Planejar, coordenar, fiscalizar e controlar as atividades da Corregedoria Geral de Polícia;*

II. *Apoiar, orientar e facilitar o acesso das Autoridades Policiais na esfera Judicial, durante as representações de conveniência de decretação de prisão preventiva ou temporária e busca e apreensão;*

III. *Promover o bom relacionamento entre a Polícia Judiciária, Magistratura, Ministério Público e Ordem dos Advogados;*

IV. *Despachar as requisições de abertura de inquéritos policiais e termos circunstanciados dos representantes do Ministério Público e das Autoridades Judiciárias;*

V. *Despachar nos autos de inquérito policial e termos circunstanciados em correição;*

VI. *Instaurar e julgar sindicâncias no âmbito da Polícia Civil;*

VII. *Notificar os servidores policiais sobre as convocações para depor em juízo;*

VIII. *Controlar o quadro anual de férias da Corregedoria de Polícia Civil, atentando-se para o cumprimento das normas regulamentares pertinentes;*

IX. *Fazer remanejamento de servidores, quando a movimentação ocorrer no âmbito da Corregedoria;*

X. *Manter o Diretor-Geral da Polícia Civil informado sobre o andamento e conclusão de apurações em expedientes de interesse da instituição;*

XI. *Programar, acompanhar e coordenar as atividades de correições ordinárias e extraordinárias nas unidades da Polícia Civil;*

XII. *Requisitar inspeções médicas para servidores lotados na unidade sob sua subordinação;*

XIII. *Autorizar o deslocamento de servidores e viaturas para municípios circunvizinhos, em razão de serviço;*

XIV. *Sugerir ao Diretor-Geral da PCDF, a remoção e lotação de servidores;*

XV. *Expedir atos necessários ao pleno exercício de suas atribuições;*

XVI. *Conhecer das estatísticas das atividades das unidades sob sua subordinação, submetendo-as à apreciação do Diretor-Geral da Polícia Civil;*

XVII. *Desempenhar outras atividades que se enquadrem no âmbito de suas atribuições;*

XVIII. *Cumprir e fazer cumprir o presente regimento, regulamentos administrativos e leis em vigor.*

Seção IV - Dos Diretores de Departamentos e da Academia de Polícia Civil

Respeitadas as atribuições da unidade de lotação, são atribuições dos Diretores dos Departamentos e da Academia de Polícia Civil:

I. *Dirigir, coordenar e controlar a execução das atividades das unidades orgânicas sob sua responsabilidade executiva;*

II. *Despachar e prestar informações necessárias ao assessoramento do Diretor-Geral Adjunto de Polícia Civil e ao Diretor-Geral da Polícia Civil;*

III. *Expedir atos necessários ao pleno exercício de suas atribuições;*

IV. *Expedir normas e outros regulamentos que versem sobre o funcionamento interno das unidades orgânicas sob sua responsabilidade executiva, respeitada a orientação definida pela Direção-Geral da Polícia Civil;*

V. *Propor a programação e supervisionar a execução dos trabalhos das unidades que lhe são diretamente subordinados;*

VI. *Propor e promover a realização de eventos, visando o aperfeiçoamento das atividades das unidades que lhe são diretamente subordinados;*

VII. *Indicar o seu substituto eventual;*

VIII. *Encaminhar anualmente ao Diretor-Geral da Polícia Civil, minucioso relatório das atividades realizadas pelas unidades sob sua subordinação;*

IX. *Praticar atos de gestão administrativa, na medida de suas atribuições;*

X. *Verificar, mediante inspeções periódicas, a regularidade do desenvolvimento das atividades das unidades sob sua subordinação e o cumprimento das diretrizes estabelecidas;*

XI. *Requisitar inspeções médicas para servidores lotados na unidade sob sua subordinação;*

XII. *Autorizar o deslocamento de servidores e viaturas para municípios circunvizinhos, em razão de serviço;*

XIII. *Conhecer de irregularidades ocorridas na esfera de suas atribuições, e, após previamente instruído dos elementos necessários à instauração de sindicância, deverá o feito ser encaminhado à Corregedoria-Geral de Polícia para as providências legais;*

XIV. *Conhecer das estatísticas das atividades das unidades sob sua subordinação, submetendo-as à apreciação do Diretor-Geral da Polícia Civil;*

XV. *Inteirar-se e dar ciência ao Diretor-Geral da Polícia Civil dos principais eventos ocorridos no âmbito das unidades sob sua subordinação;*

XVI. *Fazer remanejamento de servidores, quando a movimentação ocorrer no âmbito da Academia de Polícia ou do próprio Departamento;*

XVII. *Exercer rigoroso controle dos servidores em estágio probatório e avaliar o desempenho funcional dos demais servidores lotados nos órgãos subordinados;*

XVIII. *Fazer cumprir os horários estabelecidos para início e término do expediente e plantão;*

XIX. *Controlar o uso das viaturas policiais, promovendo, mensalmente, minuciosa vistoria do seu estado de conservação;*

XX. *Controlar a observância do quadro anual de férias, atentando-se para o cumprimento das normas regulamentares pertinentes;*

XXI. *Cumprir outras atividades no âmbito de suas atribuições;*

XXII. *Cumprir e fazer cumprir o presente Regimento, regulamentos administrativos e leis em vigor.*

Seção V - Dos Coordenadores

São atribuições dos Coordenadores da Coordenação de Investigações de Crimes contra a vida e da Coordenação de Repressão às Drogas:

I. *Coordenar e orientar as atividades das Coordenações e Divisões, bem como dos serviços que lhe são diretamente subordinados;*

II. *Coordenar, administrar e distribuir os recursos humanos e materiais disponíveis empregados nas atividades de investigação, acautelados à Coordenação;*

III. *Transmitir ordens e recomendações emanadas do Diretor do Departamento e Diretor-Geral da PCDF;*

IV. *Conhecer de irregularidades ocorridas na esfera de sua competência, promover-lhes a apuração e aplicar a sanção cabível, ou encaminhar o expediente a quem couber aplicá-la;*

V. *Coordenar a elaboração de planos e projetos de combate aos crimes dolosos contra a vida;*

VI. *Inteirar-se e dar ciência ao Diretor do Departamento dos principais eventos ocorridos no âmbito de competência dos órgãos integrantes da Coordenação;*

VII. *Disciplinar por meio de Ordem de Serviços atribuições dos órgãos e autoridades subordinadas.*

Seção VI - Dos Delegados-Chefes

Respeitadas as atribuições da unidade de lotação, são atribuições dos Delegados-Chefes:

I. *Dirigir, coordenar e controlar a execução das atividades das unidades que lhe são subordinados;*

II. *Despachar, ordinariamente, com o Diretor do Departamento a que estiver subordinado e, extraordinariamente, com qualquer outra autoridade;*

III. *Propor a designação de servidor para provimento de função em comissão, bem como sua dispensa;*

IV. *Exarar despachos em quaisquer feitos que tramitem na Delegacia Policial respectiva;*

V. *Adotar providências necessárias às apurações das infrações penais de responsabilidade da unidade, orientando os policiais sobre a forma de proceder;*

VI. *Encaminhar, mensalmente, ao Departamento a que estiver subordinado, relatório das atividades desenvolvidas pela Delegacia de Polícia;*

VII. *Exercer rigoroso controle dos servidores em estágio probatório e avaliar o desempenho funcional dos servidores;*

VIII. *Fazer cumprir os horários estabelecidos para início e término do expediente e plantão;*

IX. *Controlar o uso das viaturas policiais, procedendo, mensalmente, minuciosa vistoria do seu estado de conservação;*

X. *Despachar as ocorrências registradas e quaisquer outros documentos;*

XI. *Instaurar inquérito policial fazendo-o de forma imediata nas ocorrências que versarem sobre morte violenta e nas requisições do Ministério Público ou de Autoridade Judiciária;*

XII. *Encaminhar cópia das ocorrências policiais à Delegacia Especializada competente quando a autoria for ignorada;*

XIII. *Comunicar ao órgão público competente sobre as ocorrências de acidente de trânsito relacionado com veículo oficial ou outro bem público;*

XIV. *Planejar e realizar operações policiais destinadas ao combate da criminalidade em pontos críticos da circunscrição;*

XV. *Comunicar, com antecedência, ao Departamento a que estiver subordinado sobre as operações que serão desencadeadas;*

XVI. *Comunicar ao Departamento a que estiver subordinado acerca de transgressão disciplinar que tiver conhecimento;*

XVII. *Comunicar e encaminhar à Divisão de Armas, Munições e explosivos, cópia de todas as ocorrências que envolvam arma de fogo, munições e explosivos;*

XVIII. *Encaminhar à Divisão de Armas, Munições e Explosivos, armas, munições e explosivos apreendidos ou arrecadados que não seja objeto de crime ou vinculado a procedimento de natureza criminal;*

XIX. *Comunicar e encaminhar à Divisão de Recursos Materiais do Departamento de Administração Geral, cópia de todas as ocorrências que envolvam extravio, dano ou subtração de armas de fogo e outros bens da Polícia Civil;*

XX. *Manifestar-se sobre a conveniência de funcionamento de empresas que explorem o ramo de diversões públicas em sua circunscrição, nos termos da legislação em vigor;*

XXI. *Promover a fiscalização das casas de diversões públicas, no âmbito de suas atribuições, adotando-se as providências cabíveis, quando constatada qualquer irregularidade;*

XXII. *Prestar irrestrito apoio às fiscalizações promovidas pelas unidades públicas competentes;*

XXIII. *Propor à Corregedoria-Geral de Polícia a redistribuição de inquérito policial à delegacia especializada competente;*

XXIV. *Solicitar à Corregedoria-Geral de Polícia, quando da primeira remessa ao Judiciário, a redistribuição de inquérito policial instaurado para apurar crime de autoria ignorada a Delegacia Especializada competente;*

XXV. *Realizar correições periódicas nas unidades orgânicas que lhe são subordinadas;*

XXVI. *Instruir e remeter ao Departamento que estiver subordinado as ocorrências de acidente em serviço, com vistas à instauração de processo especial;*

XXVII. *Zelar pela integridade física, moral e psíquica de indiciados, testemunhas e vítimas, bem como daqueles que, por quaisquer motivos, se encontrem na unidade;*

XXVIII. *Elaborar e controlar o quadro anual de férias dos servidores, das respectivas unidades, atentando-se para o cumprimento das normas regulamentares pertinentes;*

XXIX. *Cumprir e fazer cumprir o presente Regimento, os Regulamentos administrativos e leis em vigor.*

XXX. *Desempenhar outras atividades que se enquadrem no âmbito de suas atribuições;*

Seção VII - Do Chefe da Assessoria da Direção-Geral da Polícia Civil

Ao Chefe da Assessoria da Direção-Geral da Polícia Civil, além das atividades específicas da unidade, compete ainda, desempenhar as seguintes atribuições:

I. *Planejar, orientar, coordenar e controlar as atividades técnicas e administrativas inerentes às atribuições da unidade;*

II. *Assessorar o Diretor-Geral mediante a execução das atividades de consultoria e assessoramento técnico;*

III. *Assistir o Diretor-Geral no controle interno da legalidade administrativa dos atos a serem por ele praticados ou já efetivados;*

IV. *Exercer rigoroso controle dos servidores de sua lotação, em estágio probatório e avaliar o desempenho funcional dos demais servidores;*

V. *Controlar a execução das atividades inerentes à limpeza, manutenção, conservação e uso de bens móveis e imóveis pertinentes ou a disposição da Unidade Orgânica.*

VI. *Cumprir outras atividades que se enquadrem no âmbito de suas atribuições;*

VII. *Cumprir e fazer cumprir, na esfera de suas atribuições, o presente Regimento, as normas e leis em vigor.*

Aos demais assessores da Direção-Geral da Polícia Civil, além das atividades específicas da unidade, competem ainda, desempenhar as seguintes atribuições:

a) *Emitir pareceres ou proferir despachos interlocutórios ou decisórios da unidade;*

b) *Assistir o Diretor-Geral no controle interno da legalidade administrativa dos atos a serem por ele praticados ou já efetivados;*

c) *Assessorar o Diretor-Geral mediante a execução das atividades de consultoria e assessoramento técnico;*

d) *Cumprir e fazer cumprir, na esfera de suas atribuições, o presente Regimento, as normas e leis em vigor.*

e) *Cumprir outras atividades que se enquadrem no âmbito de suas atribuições;*

Seção VIII - Dos Assessores da Corregedoria-Geral de Polícia, dos Departamentos, dos Institutos e da Academia de Polícia Civil

Aos assessores da Corregedoria-Geral de Polícia, dos Departamentos, dos Institutos e da Academia de Polícia Civil respeitadas as atribuições específicas de sua unidade orgânica, competem:

I. *Assessorar e assistir o Chefe imediato no que couber;*

II. *Substituir o Chefe imediato, quando por este indicado, em suas ausências e impedimentos funcionais;*

III. *Elaborar ou rever minutas de despachos, ordens de serviço, portarias e de outros atos administrativos próprios da chefia;*

IV. *Analisar dados e informações de interesse das unidades subordinadas;*

V. *Realizar estudos técnicos e emitir parecer de interesse da unidade;*

VI. *Transmitir, acompanhar e orientar o cumprimento das instruções emanadas da chefia a que estiverem subordinados;*

VII. *Executar outras atividades que lhes forem atribuídas;*

VIII. *Cumprir e fazer cumprir o presente Regimento, regulamentos administrativos e leis em vigor.*

Seção IX - Dos Delegados Adjuntos

Respeitadas as atribuições da unidade de lotação, são atribuições dos Delegados Adjuntos das Delegacias:

I. *Colaborar com o Dirigente da unidade orgânica no exercício de suas funções e substituí-lo em suas ausências ou impedimentos eventuais;*

II. *Presidir inquéritos policiais, sindicâncias, processos especiais e outros procedimentos de acordo com as atribuições da unidade orgânica;*

III. *Zelar pela disciplina da unidade;*

IV. *Elaborar minutas de documentos próprios da chefia da unidade;*

V. *Orientar e fiscalizar seus subordinados, quanto ao cumprimento das determinações verbais ou emitidas em despacho e das atividades inerentes ao cargo ou função;*

VI. *Acompanhar e controlar os planos de policiamento semanal;*

VII. *Controlar as escalas de serviço, promovendo as alterações que se fizerem necessárias;*

VIII. *Cumprir e fazer cumprir o presente Regimento, os regulamentos administrativos e leis em vigor;*

IX. *Desempenhar outras atividades que se enquadrem no âmbito de suas atribuições;*

Seção X - Dos Diretores dos Institutos de Polícia Técnica

Respeitadas as atribuições da unidade de lotação, são atribuições dos Diretores dos Institutos de Polícia Técnica:

I. *Dirigir, coordenar e controlar a execução de todas as atividades das unidades que lhe são subordinados;*

II. *Designar peritos para realização de perícias e elaboração de laudos e pareceres técnicos;*

III. *Expedir normas técnicas, estabelecendo os protocolos mínimos a serem observados quando das realizações dos exames periciais de atribuição das unidades sob sua subordinação;*

IV. *Desenvolver projetos, programas e pesquisas na área de atuação da unidade sob sua subordinação, objetivando aperfeiçoar, criar e implementar novas técnicas, de acordo com o desenvolvimento tecnológico e científico;*

V. *Analisar os resultados das atividades da unidade sob sua subordinação e adotar ou propor medidas visando o seu aperfeiçoamento;*

VI. *Atualizar, ampliar e desdobrar funções, no campo de atuação da unidade sob sua responsabilidade executiva, sempre que a estrutura jurídica ou a necessidade de melhor desenvolver o trabalho o exigir;*

VII. *Propor a nomeação ou designação de servidor para provimento de cargo ou função em comissão, bem como a exoneração ou dispensa;*

VIII. *Prestar assistência ao Diretor do Departamento de Polícia Técnica e, quando solicitado, ao Corregedor-Geral de Polícia, ao Diretor-Geral Adjunto da Polícia Civil e ao Diretor-Geral da Polícia Civil em assuntos relativos à área de atuação da unidade sob sua responsabilidade;*

IX. *Determinar o registro de ocorrência de transgressão disciplinar cometida por policial civil ou servidor administrativo no âmbito de sua unidade, remetendo o registro ao Departamento de Polícia Técnica, para as providências cabíveis;*

X. *Promover a distribuição de funcionários nos diversos setores da unidade, fazendo as movimentações que julgarem necessárias;*

XI. *Encaminhar, mensalmente e anualmente, ao Departamento de Polícia Técnica, minucioso relatório das atividades realizadas na unidade;*

XII. *Exercer rigoroso controle dos servidores em estágio probatório e avaliar o desempenho funcional dos servidores;*

XIII. *Fazer cumprir os horários estabelecidos para início e término do expediente e plantão;*

XIV. *Controlar o uso das viaturas policiais, procedendo, mensalmente, minuciosa vistoria do seu estado de conservação;*

XV. *Providenciar a lavratura de ocorrência, alusiva, em tese, a acidente em serviço, instruí-la e encaminhá-la à Direção-Geral da Polícia Civil, via Departamento de Polícia Técnica, com vista à instauração de processo especial;*

XVI. *Indicar seu substituto eventual;*

XVII. *Elaborar e controlar o plano anual de férias atentando-se para o cumprimento das normas regulamentares pertinentes;*

XVIII. *Cumprir e fazer cumprir o presente Regimento, os regulamentos administrativos e leis em vigor.*

XIX. *Desempenhar outras atividades que se enquadrem no âmbito de suas atribuições;*

Seção XI - Do Secretário Executivo

São atribuições do Secretário Executivo da Direção-Geral da Polícia Civil:

I. *Manter atualizada a agenda do Diretor-Geral;*

II. *Preparar documentos a serem assinados pelo Diretor-Geral da Polícia Civil e Diretor-Geral Adjunto da Polícia Civil;*

III. *Secretariar reuniões e lavrar as respectivas atas;*

IV. *Prestar assistência administrativa ao Diretor-Geral da Polícia Civil e ao Diretor-Geral Adjunto da Polícia Civil;*

V. *Cumprir e fazer cumprir as normas administrativas e determinações superiores;*

VI. *Orientar e fiscalizar a execução das tarefas distribuídas aos seus auxiliares diretos;*

VII. *Desempenhar outras atividades que se enquadrem no âmbito de suas atribuições.*

Seção XII - Dos Chefes e Diretores de Divisão

Respeitadas as atribuições da unidade de lotação, são atribuições dos Diretores de Divisões:

I. *Planejar, dirigir e coordenar as atividades dos setores que lhe são subordinados;*

II. *Despachar as ocorrências administrativas de sua atribuição;*

III. *Elaborar as escalas de serviço dos setores sob sua responsabilidade executiva;*

IV. *Propor remanejamento de pessoal entre os setores;*

V. *Propor a indicação de seu substituto;*

VI. *Exercer rigoroso controle dos servidores de sua lotação, em estágio probatório e avaliar o respectivo desempenho funcional;*

VII. *Fazer cumprir os horários estabelecidos para início e término do expediente e plantão;*

VIII. *Controlar o uso das viaturas policiais, procedendo, mensalmente, minuciosa vistoria do seu estado de conservação;*

IX. *Propor projetos de pesquisa e medidas, na área de suas atribuições, com vista ao aprimoramento e desenvolvimento das atividades da unidade sob sua responsabilidade executiva;*

X. *Elaborar relatórios mensais e anuais das atividades realizadas pela divisão ou Seção;*

XI. *Cumprir e fazer cumprir o presente Regimento, os regulamentos administrativos e leis em vigor;*

XII. *Desempenhar outras atividades que se enquadrem no âmbito de suas atribuições.*

Aos Diretores das Divisões dos institutos de Polícia Técnica compete ainda, proceder com a revisão técnica e de correção na linguagem dos laudos periciais e demais documentos técnicos expedidos pelos peritos lotados nas unidades que lhe são subordinadas;

Seção XIII - Dos Diretores Adjuntos e Assistentes

Respeitadas as atribuições da unidade de lotação, são atribuições dos Diretores Adjuntos e Assistentes:

I. *Assessorar e assistir o chefe imediato em assunto de natureza técnica ou administrativa;*

II. *Substituir o Chefe imediato em suas ausências e impedimentos funcionais;*

III. *Transmitir, acompanhar e orientar o cumprimento das instruções emanadas da chefia a que estiverem subordinados;*

IV. *Elaborar projetos referentes às atribuições da unidade;*

V. *Elaborar ou rever minutas de despachos, ordens de serviço, portarias e de outros atos administrativos próprios da chefia;*

VI. *Realizar estudos técnicos e emitir parecer de interesse da unidade;*

VII. *Executar tarefas técnicas e outras atribuições que lhe forem confiadas do interesse da unidade orgânica em que estiver lotado.*

VIII. *Cumprir outras atividades que lhes forem atribuídas;*

IX. *Cumprir e fazer cumprir o presente Regimento, os regulamentos administrativos e leis em vigor.*

Seção XIV - Dos Chefes de Serviço, Núcleo e Seção

Respeitadas as atribuições da unidade de lotação, são atribuições dos Chefes de: Serviços, Núcleos e Seção:

I. *Planejar, orientar, coordenar e controlar as atividades técnicas e administrativas da unidade;*

II. *Distribuir, orientar, supervisionar e controlar a execução dos serviços sob a responsabilidade da sua unidade orgânica;*

III. *Propor ao superior hierárquico imediato, medidas corretivas diante de quaisquer deficiências ou ocorrências relativas aos trabalhos sob sua responsabilidade, quando a solução extrapolar sua esfera de atribuição funcional.*

IV. *Propor a indicação de seu substituto;*

V. *Exercer rigoroso controle dos servidores em estágio probatório e avaliar o desempenho funcional dos demais servidores;*

VI. *Controlar a execução das atividades inerentes à limpeza, manutenção, conservação e uso de bens móveis e imóveis à disposição da unidade orgânica.*

VII. *Cumprir outras atividades que lhes forem atribuídas;*

VIII. *Cumprir e fazer cumprir o presente Regimento, os regulamentos administrativos e leis em vigor.*

Seção XV - Dos Secretários Administrativos

São atribuições dos Secretários Administrativos:

I. *Receber e transmitir informações administrativas, bem como realizar o encaminhamento de pessoas no âmbito da unidade;*

II. *Executar serviços de digitação, revisão de textos, telefonia e mecanografia;*

III. *Exercer as rotinas dos setores que estiverem lotados;*

IV. *Organizar agendas e preparar locais de reuniões;*

V. *Cumprir outras atividades que lhe for atribuída;*

VI. *Cumprir o presente Regimento, regulamentos administrativos e leis em vigor.*

VII. *Desempenhar outras atividades que se enquadrem no âmbito de suas atribuições.*

Seção XVI - Do Presidente da Comissão Permanente de Tomada de Contas Especial

São atribuições do Presidente da Comissão Permanente de Tomada de Contas especial:

I. *Presidir todos os atos inerentes à Comissão, zelando pelos processos de sua responsabilidade;*

II. *Solicitar das unidades competentes perícias, laudos, pareceres e outras informações necessárias ao bom desempenho das atividades da Comissão;*

III. *Coordenar todas as ações dos integrantes da Comissão e fiscalizar o correto desempenho de suas atribuições;*

IV. *Solicitar à Direção-Geral, quando necessário e fundamentadamente, a prorrogação dos prazos previstos para conclusão dos trabalhos da Comissão;*

V. *Estudar a legislação pertinente ao processo de Tomada de Contas Especiais e verificar a ocorrência de alterações legais principalmente junto ao Tribunal de Contas do Distrito Federal e Secretaria de Estado, Fazenda e Planejamento;*

VI. *Prestar informações sempre que solicitadas pela Direção-Geral ou pelo Tribunal de Contas do Distrito Federal.*

VII. *Propor ao Diretor-Geral a indicação de seu substituto;*

VIII. *Exercer rigoroso controle dos servidores em estágio probatório e avaliar o desempenho funcional dos servidores;*

IX. *Fazer cumprir os horários estabelecidos para início e término do expediente;*

X. *Controlar o uso das viaturas policiais, procedendo, mensalmente, minuciosa vistoria do seu estado de conservação;*

XI. *Propor projetos de pesquisa e medidas, na área de sua atribuição, com vista ao aprimoramento e desenvolvimento das atividades da unidade sob sua responsabilidade executiva;*

XII. *Elaborar relatórios mensais e anuais das atividades realizadas pela Comissão;*

XIII. *Cumprir e fazer cumprir o presente Regimento, os regulamentos administrativos e leis em vigor.*

XIV. *Desempenhar outras atividades que se enquadrem no âmbito de suas atribuições.*

Seção XVII - Do Superior-de-Dia

São atribuições do Superior-de-Dia:

I. *Contatar com o Diretor-Geral Adjunto da Polícia Civil às dezenove horas nos dias úteis, relatando as alterações verificadas durante o serviço e recebendo ou entregando o livro próprio, conforme esteja iniciando ou concluindo o cumprimento da missão;*

II. *Tomar conhecimento de todas as ordens em vigor, assim que assumir o serviço, as quais serão mantidas em coletânea especial, na sequência cronológica e permanente, devidamente atualizadas;*

III. *Registrar, no livro próprio, as alterações verificadas durante o serviço e sugerir, se for o caso, as medidas pertinentes;*

IV. *Manter contato permanente com o Centro Integrado de Atendimento e Despacho, mesmo durante as refeições ou atendimento às ocorrências, fornecendo o prefixo da viatura policial em que se encontrar e o número do telefone onde possa ser localizado;*

V. *Visitar as Delegacias, Institutos e demais unidades da Polícia Civil, conforme escala prévia ou sempre que necessário, verificando detalhadamente a regularidade dos serviços;*

VI. *Prestar apoio técnico e jurídico aos Delegados de Plantão, sempre que solicitado;*

VII. *Comunicar ao Diretor-Geral ou, em sua ausência, ao Diretor-Geral Adjunto os fatos de natureza grave e/ou relevante ocorridos durante o serviço;*

VIII. *Acompanhar e inteirar-se de ocorrências envolvendo policiais civis;*

IX. *Manter contato com outras autoridades, sempre que necessário ao serviço;*

X. *Acompanhar e supervisionar as ordens emanadas da Direção-Geral para cumprimento de planos de operações policiais;*

XI. *Supervisionar os serviços de plantão realizados no Complexo da Polícia Civil;*

XII. *Exercer outras tarefas expressamente determinadas pelo Diretor-Geral ou pelo Diretor-Geral Adjunto da Polícia Civil;*

XIII. *Comunicar os fatos de natureza grave e/ou relevantes às autoridades que deles devam tomar conhecimento, tendo em vista a natureza, localização e repercussão.*

São consideradas ocorrências de natureza grave:

a) *Crimes, acidentes e qualquer outro incidente envolvendo autoridades federais, locais e membros do Corpo Diplomático;*

b) *Motins e evasão de presos;*

c) *Incêndios e desabamentos em áreas densamente povoadas;*

d) *Acidentes aéreos, rodoviários, ferroviários ou lacustres;*

e) *Sequestro de repercussão;*

f) *Roubos em estabelecimentos bancários ou empresas de transporte de valores;*

g) *Assalto com reféns;*

h) *Ocorrência de morte ou de lesão corporal de natureza grave em que figure como vítima servidor da Secretaria de Estado de Segurança Pública ou órgãos vinculados, desde que no cumprimento do dever;*

i) *Outros eventos de grande repercussão.*

Seção XVIII - Dos Membros da Comissão Permanente de Tomada de Contas Especial

São atribuições dos membros da Comissão Permanente da Tomada de Contas Especial:

I. *Assessorar o Presidente da Comissão no desempenho de suas funções;*

II. *Verificar a necessidade de formalização dos dossiês em Processos de Tomada de Contas Especiais;*

III. *Numerar e rubricar todas as folhas dos Processos de Tomada de Contas Especiais, verificando sua correta numeração;*

IV. *Relatar os processos de Tomada de Contas Especiais, atentando para a observância do seu conteúdo mínimo;*

V. *Analisar de forma clara e objetiva, juntamente com o Presidente, a dinâmica dos fatos que façam referência unicamente a Tomada de Contas Especiais, com apoio nas provas materiais e depoimentos coligidos, bem como todos os elementos que permitam formar juízo acerca da materialidade dos fatos e responsabilidade pelo prejuízo;*

VI. *Preparar o Pronunciamento, com a especificação das providências adotadas para resguardar o interesse público e evitar repetição do ocorrido;*

VII. *Cumprir o presente Regimento, regulamentos administrativos e leis em vigor.*

VIII. *Desempenhar outras atividades que se enquadrem no âmbito de suas atribuições.*

Seção XIX - Do Secretário Executivo da Comissão Permanente da Tomada de Contas Especial

São atribuições do Secretário Executivo da Comissão Permanente da Tomada de Contas Especial, tem como atribuição:

I. *Controlar a entrada e saída de todo o expediente da Comissão Permanente da Tomada de Contas Especial e ainda, receber os dossiês, verificando seu transcurso;*

II. *Controlar a formalização de dossiês em processos de Tomada de Contas Especiais;*

III. *Juntar os documentos em processos de Tomada de Contas Especiais;*

IV. *Proceder com todos os atos formais e informais das Tomada de Contas Especiais, quando determinado pela Comissão ou resultante dos trabalhos realizados;*

V. *Lavrar os termos de depoimentos que devem ser assinados pelos depoentes e integrantes da comissão;*

VI. *Controlar os prazos e elaborar a Ata de Encerramento dos processos;*

VII. *Elaborar a estatística dos trabalhos da Comissão;*

VIII. *Controlar as folhas de ponto, férias, licenças, abonos, estágio probatório do pessoal da Comissão, assim como confeccionar os mapas de ligações telefônicas;*

IX. *Controlar a movimentação de viatura, promovendo sua manutenção;*

X. *Expedir memorandos e ofícios relativos ao expediente administrativo;*

XI. *Controlar o patrimônio distribuído à Comissão;*

XII. *Controlar o material de expediente promovendo sua reposição quando necessário;*

XIII. *Cumprir o presente Regimento, regulamentos administrativos e leis em vigor;*

XIV. *Desempenhar outras atividades que se enquadrem no âmbito de suas atribuições.*

Seção XX - Do Presidente da Comissão Permanente de Disciplina

São atribuições do Presidente da Comissão Permanente de Disciplina:

I. *Dirigir, coordenar e controlar a execução das atividades das Seções que lhe são subordinadas;*

II. *Presidir audiências e administrar os trabalhos inerentes à Comissão, zelando pelos processos e expedientes em tramitação;*

III. *Autorizar a extração de cópias de processos arquivados na comissão;*

IV. *Expedir síntese das atividades desenvolvidas pela Comissão;*

V. *Solicitar das unidades competentes perícias, laudos, pareceres e outras informações necessárias ao bom desempenho das atividades da Comissão;*

VI. *Propor a designação ou dispensa dos ocupantes de função comissionada;*

VII. *Autorizar, no curso do processo, o afastamento do acusado quando este tiver que ausentar por mais de três dias do Distrito Federal;*

VIII. *Apresentar à Direção-Geral relatório conclusivo dos trabalhos da Comissão;*

IX. *Propor a indicação de seu substituto;*

X. *Exercer rigoroso controle dos servidores lotados na comissão, em estágio probatório e avaliar o respectivo desempenho funcional;*

XI. *Fazer cumprir os horários estabelecidos para início e término do expediente;*

XII. *Controlar o uso das viaturas policiais da carga da comissão, promovendo mensalmente, minuciosa vistoria do seu estado de conservação;*

XIII. *Cumprir e fazer cumprir o presente Regimento, regulamentos administrativos e leis em vigor;*

XIV. *Desempenhar outras atividades que se enquadrem no âmbito de suas atribuições.*

Seção XXI - Dos Vogais da Comissão Permanente de Disciplina

São atribuições dos Vogais da Comissão Permanente de Disciplina:

I. *Assessorar o Presidente da Comissão no desempenho de suas funções administrativas;*

II. *Participar de todos os atos praticados no andamento do processo;*

III. *Controlar os prazos dos processos e sugerir diligências para elucidação do fato;*

IV. *Substituir o Presidente durante os períodos de férias e eventuais licenças;*

V. *Atender as determinações do Presidente;*

VI. *Cumprir e fazer cumprir o presente Regimento, regulamentos administrativos e leis em vigor.*

VII. *Desempenhar outras atividades que se enquadrem no âmbito de suas atribuições;*

Seção XXII - Do Secretário da Comissão

São atribuições do Secretário da Comissão:

I. *Preparar autos de processos disciplinares;*

II. *Lavrar os termos de inquirição e as atas relativas aos trabalhos da comissão;*

III. *Secretariar e acompanhar a Comissão nos deslocamentos a outras Unidades da Federação, com o objetivo de inquirir testemunhas;*

IV. *Controlar os processos disciplinares, fixando a pauta de audiências com prévia anuência do Colegiado;*

V. *Manter atualizados os registros de processos disciplinares e suas anotações e averbações, com clareza, objetividade e fidelidade;*

VI. *Observar os prazos previstos em lei;*

VII. *Impedir que pessoas estranhas à Comissão tenham acesso aos autos, a não ser com a permissão da autoridade competente;*

VIII. *Prestar informações às partes interessadas sobre o andamento do processo, quando autorizado;*

IX. *Elaborar a correspondência pertinente aos feitos disciplinares;*

X. *Manter sob sua custódia os objetos arrecadados e apreendidos, devidamente etiquetados, de forma a serem facilmente relacionados com os autos do Processo Disciplinar, enquanto permanecerem na Comissão;*

XI. *Autenticar fotocópias de procedimentos disciplinares e documentos diversos, solicitados por outras unidades ou partes interessadas;*

XII. *Realizar o controle interno de dados dos Processos Disciplinares;*

XIII. *Desempenhar outras atividades que se enquadrem no âmbito de suas atribuições.*

Título V - Das Disposições Gerais

As unidades da Polícia Civil funcionarão em regime de mútua colaboração, respeitadas as atribuições específicas de cada uma.

Mediante proposta das unidades, supervisionada pelos respectivos Departamentos ou órgãos de igual hierarquia, a Direção-Geral da Polícia Civil estabelecerá regras de funcionamento interno de cada unidade.

A subordinação hierárquica das unidades da Polícia Civil é definida no enunciado de suas atribuições.

O Diretor-Geral da Polícia Civil é substituído em suas ausências e impedimentos eventuais pelo Diretor-Geral Adjunto da Polícia Civil e, na falta deste, pelo Corregedor-Geral de Polícia.

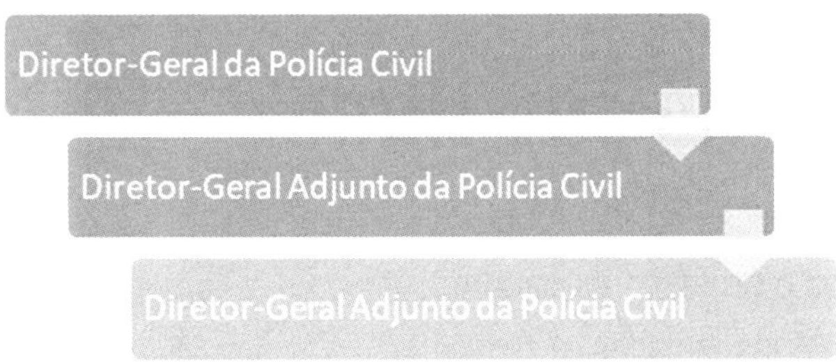

Os Delegados de Polícia deverão comparecer ao serviço trajando passeio completo, enquanto os demais servidores deverão fazê-lo em traje condigno com a função.

Os padrões das edificações, mobiliários e viaturas serão estabelecidos pelo Departamento de Administração Geral com a finalidade de uniformizar seus aspectos no âmbito da Polícia Civil.

Os servidores pertencentes ao quadro de pessoal da Polícia Civil deverão fixar residência no Distrito Federal ou cidades do entorno, face ao regime de dedicação integral e exclusiva inerente à função policial.

É vedado o uso de bens pertencentes à carga patrimonial da Polícia Civil para fins diversos da atividade policial.

Será considerado Supervisor de Dia o servidor escalado para representar o Diretor-Geral da PCDF no controle, supervisão, avaliação e acompanhamento das atividades da Polícia Civil do Distrito Federal, de acordo com o planejamento previamente elaborado pela unidade, zelando pelo fiel cumprimento das normas legais e regulamentares.

Aos servidores lotados na Academia de Polícia Civil incumbe o dever de coordenar cursos, seminários, palestras e outros similares, ministrados naquele órgão ou sob sua responsabilidade.

Ao servidor policial incumbe o dever de desempenhar o magistério na Academia de Polícia Civil, quando indicado para compor o corpo docente de cursos, seminários, palestras e outros similares, a fim de contribuir com seus conhecimentos adquiridos na Instituição para a formação e aperfeiçoamento dos demais servidores.

Título VI - Das Disposições Finais

Às autoridades policiais e aos demais dirigentes das unidades da Polícia Civil incumbem zelar pelo fiel cumprimento das disposições constantes do presente Regimento.

O presente regimento somente poderá ser alterado mediante ato do Governador do Distrito Federal.

Os casos omissos e as dúvidas surgidas na implantação e execução deste Regimento serão dirimidos pelo Diretor-Geral da Polícia Civil.

Sumário

1. PROPOSIÇÕES

O estudo da Lógica é o estudo dos métodos e dos princípios utilizados para distinguir o raciocínio correto do incorreto. Isso não significa que só é possível argumentar corretamente com uma pessoa que estudou Lógica. No entanto, um indivíduo que tem conhecimento de Lógica tem mais possibilidade de raciocinar corretamente do que aquele que não estudou esse assunto. Nem sempre é muito claro para o concurseiro o quanto esse assunto é relevante para o aprendizado das outras disciplinas e o quanto ele pode oferecer. O objetivo fundamental do estudo da Lógica é a elaboração de critérios que permitam analisar argumentos para mostrar ou não sua validade.

1.1 Definições

Proposição é uma **declaração** (sentença declarativa, com sujeito "definido", verbo e sentido completo) que pode ser **classificada** em valores como verdadeiro e falso.

São exemplos de proposições:

p: Daniel é enfermeiro.

Q: Leo foi à Argentina.

a: Luiza adora brincar.

B: Rosário comprou um carro.

Essas letras "p", "Q", "a", "B", servem para representar (simbolizar) as proposições.

Valores Lógicos das Proposições

Uma proposição só pode ser classificada em dois valores lógicos, que são o **Verdadeiro (V)** ou o **Falso (F)**, não admitindo outro valor.

As proposições têm três princípios básicos, sendo um deles o princípio fundamental que é:

Princípio da não contradição: diz que uma proposição não pode ser verdadeira e falsa ao mesmo tempo.

Os outros dois são:

Princípio da identidade: diz que uma proposição verdadeira sempre será verdadeira e uma falsa sempre será falsa.

Princípio do terceiro excluído: diz que uma proposição só pode ter dois valores lógicos, ou o de verdadeiro ou o de falso, **não existindo** um terceiro valor.

Interrogações, exclamações e ordens não são proposições.

Exs.:

"Que dia é hoje?"

"Que maravilha!"

"Estudem muito."

Sentenças Abertas e Quantificadores Lógicos

Existem algumas "sentenças abertas" que aparecem com incógnitas (termo desconhecido), como por exemplo: "x + 2 = 5", não sendo consideradas proposições, já que não se pode classificá-las sem saber o valor de "x", porém, com o uso dos **quantificadores lógicos**, elas tornam-se proposições, uma vez que esses quantificadores passam a dar valor ao "x".

Os quantificadores lógicos são:

$\forall$: para todo; qualquer que seja; todo;

$\exists$: existe; existe pelo menos um; algum;

$\nexists$: não existe; nenhum.

Ex.:

$x + 2 = 5$ (sentença aberta - não é proposição)

p: $\exists$ x, $x + 2 = 5$ (lê-se: existe x tal que, $x + 2 = 5$). Agora é proposição, uma vez que agora é possível classificar a proposição como verdadeira, já que sabemos que tem um valor de "x" que somado a dois é igual a cinco.

Negação de Proposição (Modificador Lógico)

Negar uma proposição significa modificar o seu valor lógico, ou seja, se uma proposição é verdadeira, a sua negação será falsa, e se uma proposição for falsa, a sua negação será verdadeira.

Os símbolos da negação são (~) ou ($\neg$) antes da letra que representa a proposição.

Ex.: p: 3 é ímpar;

~p: 3 **não** é ímpar;

$\neg$p: 3 é **par** (outra forma de negar a proposição).

Lei da dupla negação:

~(~p) = p, negar uma proposição duas vezes significa voltar para própria proposição:

q: 2 é par;

~q: 2 não é par;

~(~q): 2 **não** é **ímpar**; portanto;

q: 2 é par.

Tipos de Proposição

Simples ou Atômica: são representadas por letras minúsculas (p, q, r...). Ao separar a proposição em sujeito lógico e predicado lógico, não é possível encontrar um valor lógico para estes.

Ex.: Na proposição "João é professor" tem-se como sujeito lógico "João", e predicado lógico "é professor". Verifica-se que, quanto ao sujeito, não é possível dizer se é verdadeiro ou falso, e o mesmo ocorre com o predicado.

Composta ou Molecular: são representadas por letras maiúsculas (P, Q, R...). Ao separar a proposição, encontram-se outras proposições, chamadas de componente ou subproposição.

Ex.: "Pedro é advogado e João é professor". É possível separar em duas proposições simples: "Pedro é advogado" e "João é professor".

Simples (atômicas)	Compostas (moleculares)
Não têm conectivo lógico	Têm conectivo lógico
Não podem ser divididas	Podem ser divididas
1 verbo	+ de 1 verbo

Conectivo Lógico

Serve para unir as proposições simples, formando proposições compostas. São eles:

e: conjunção (^)

ou: disjunção ($\vee$)

ou..., ou: disjunção exclusiva ($\underline{\vee}$)

se..., então: condicional ($\rightarrow$)

se..., e somente se: bicondicional ($\leftrightarrow$)

Alguns autores consideram a negação (~) como um conectivo, porém aqui não faremos isso, pois os conectivos servem para formar proposição composta, e a negação faz apenas a mudança do valor das proposições.

O "e" possui alguns sinônimos, que são: "mas", "porém", "nem" (nem = e não) e a própria vírgula. O condicional também tem alguns sinônimos que são: "portanto", "quando", "como" e "pois" (pois = condicional invertido. Ex.: A, pois B = B $\rightarrow$ A).

Ex.:

a: Danilo foi à praia (simples).

b: Giovanna está brincando (simples).

p: Danilo foi a praia **se, e somente se** Giovanna estava brincando (composta).

q: se 2 é par, **então** 3 é ímpar (composta).

1.2 Tabela Verdade e Conectivos Lógicos

A tabela verdade nada mais é do que um mecanismo usado para dar valor às proposições compostas (que também serão ou verdadeiras ou falsas), por meio de seus respectivos conectivos.

A primeira coisa que precisamos saber numa tabela verdade é o seu número de linhas, e que esse depende do número de proposições simples que compõem a proposição composta.

Número de linhas = 2^n, em que "**n**" é o número de proposições simples que compõem a proposição composta. Portanto se houver 3 proposições simples formando a proposição composta então a tabela dessa proposição terá 8 linhas ($2^3 = 8$). Esse número de linhas da tabela serve para que tenhamos todas as relações possíveis entre "V" e "F" das proposições simples. Veja:

P	Q	R
V	V	V
V	V	F
V	F	V
V	F	F
F	V	V
F	V	F
F	F	V
F	F	F

Observe que temos todas as relações entre os valores lógicos das proposições, que sejam: as 3 verdadeiras (1ª linha), as 3 falsas (última linha), duas verdadeiras e uma falsa (2ª, 3ª e 5ª linhas), e duas falsas e uma verdadeira (4ª, 6ª e 7ª linhas). Nessa demonstração, temos uma forma prática de como se pode organizar a tabela, sem se preocupar se foram feitas todas relações entres as proposições.

Para o correto preenchimento da tabela, devemos seguir algumas regras:

> Comece sempre pelas proposições simples e suas negações, se houver;

> Resolva os parênteses, colchetes e chaves, respectivamente (igual à expressão numérica), se houver;

> Faça primeiro as conjunções e disjunções, depois os condicionais e por último os bicondicionais;

> A última coluna da tabela deverá ser sempre a da proposição toda, conforme as demonstrações adiante.

O valor lógico de uma proposição composta depende dos valores lógicos das proposições simples que a compõem assim como do conectivo utilizado, e é o que veremos a partir de agora.

Valor lógico de uma proposição composta por conjunção (e) = tabela verdade da conjunção ($\wedge$).

Conjunção ("e"): Sejam p e q proposições, a conjunção das proposições p e q, denotada por p $\wedge$ q, que é uma nova proposição que assume o valor lógico verdadeiro somente quando p e q forem verdadeiras simultaneamente.

Ex.: P $\wedge$ Q

P	Q	P$\wedge$Q
V	V	V
V	F	F
F	V	F
F	F	F

Representando por meio de conjuntos, temos: P $\wedge$ Q

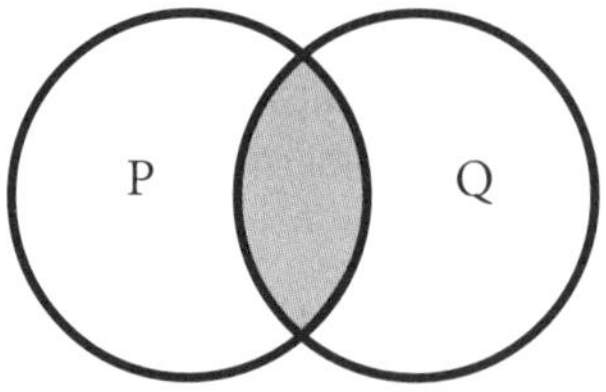

Valor lógico de uma proposição composta por disjunção (ou) = tabela verdade da disjunção ($\vee$).

Disjunção ("ou"): Sejam p e q proposições, a disjunção das proposições p e q denotada por p $\vee$ q, é uma nova proposição que assume o valor lógico verdadeiro quando p ou q forem verdadeiras (não necessariamente simultâneas), ou ainda, será falsa somente quando ambas as proposições forem falsas.

Ex.: P $\vee$ Q

P	Q	P$\vee$Q
V	V	V
V	F	V
F	V	V
F	F	F

Representando por meio de conjuntos, temos: P $\vee$ Q

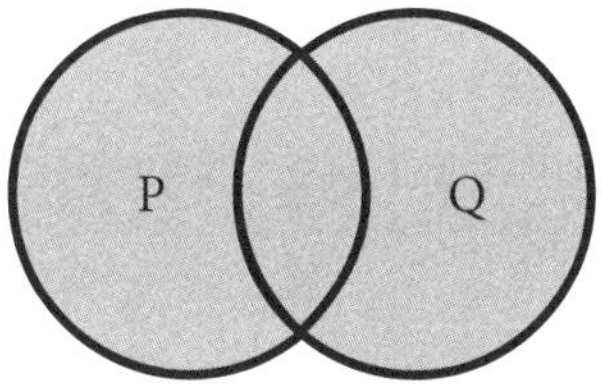

Valor lógico de uma proposição composta por disjunção exclusiva (ou, ou) = tabela verdade da disjunção exclusiva ($\veebar$).

Disjunção Exclusiva ("ou ..., ou ..."): Sejam p e q proposições, a disjunção exclusivas das proposições p e q denotada por p $\veebar$ q, é uma nova proposição que assume o valor lógico verdadeiro quando ou p for verdadeira e q falsa, ou quando p for falsa e q for verdadeira, ou seja, valores lógicos contrários. Caso contrário, quando elas tiverem mesmo valor lógico, a disjunção exclusiva será falsa.

Ex.: $P \veebar Q$

P	Q	$P \veebar Q$
V	V	F
V	F	V
F	V	V
F	F	F

Representando por meio de conjuntos, temos: $P \veebar Q$

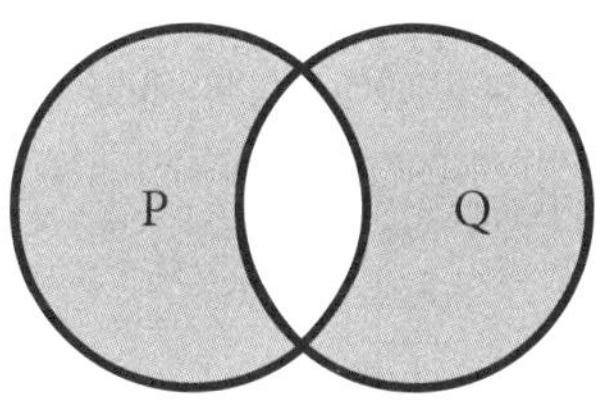

Valor lógico de uma proposição composta por condicional (se, então) = tabela verdade do condicional ($\rightarrow$).

Condicional ("Se p,então q"): Sejam p e q proposições, a condicional de p e q, denotada por p $\rightarrow$ q onde se lê "p condiciona q" ou "se p, então q", é a proposição que assume o valor falso somente quando p for verdadeira e q for falsa. A tabela para a condicional de p e q é a seguinte:

Atente-se bem para esse tipo de proposição, pois é um dos mais cobrados em concursos.

Dicas:

P é antecedente e Q é consequente = P $\rightarrow$ Q

P é consequente e Q é antecedente = Q $\rightarrow$ P

P é suficiente e Q é necessário = P $\rightarrow$ Q

P é necessário e Q é suficiente = Q $\rightarrow$ P

Ex.: $P \rightarrow Q$

P	Q	$P \rightarrow Q$
V	V	V
V	F	F
F	V	V
F	F	V

Representando por meio de conjuntos, temos: $P \rightarrow Q$

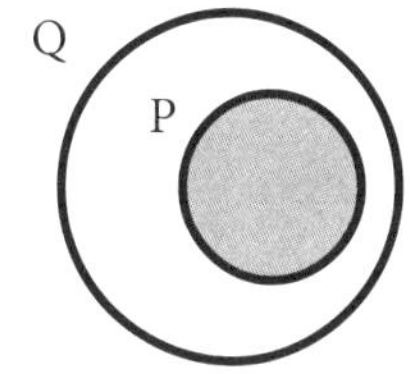

Valor lógico de uma proposição composta por bicondicional (se e somente se) = tabela verdade do bicondicional ($\leftrightarrow$).

Bicondicional ("se, e somente se"): Sejam p e q proposições, a bicondicional de p e q, denotada por p $\leftrightarrow$ q , onde se lê "p bicondiciona q", é a proposição que assume o valor lógico verdadeiro somente quando p e q forem verdadeiras ou p e q forem falsas.

No bicondicional, "P" e "Q" são ambos suficientes e necessários ao mesmo tempo.

Ex.: $P \leftrightarrow Q$

P	Q	$P \leftrightarrow Q$
V	V	V
V	F	F
F	V	F
F	F	V

Representando por meio de conjuntos, temos: $P \leftrightarrow Q$

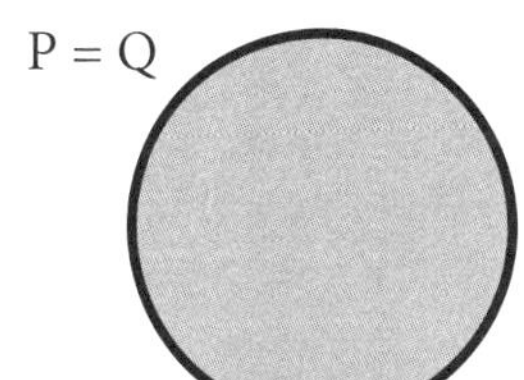

Proposição composta	Verdadeira quando...	Falsa quando...
$P \wedge Q$	P e Q são verdadeiras	Pelo menos uma falsa
$P \vee Q$	Pelo menos uma verdadeira	P e Q são falsas
$P \veebar Q$	P e Q têm valores diferentes	P e Q têm valores iguais
$P \rightarrow Q$	P = verdadeiro, q = verdadeiro ou P = falso	P = verdadeiro e Q = falso
$P \leftrightarrow Q$	P e Q têm valores iguais	P e Q têm valores diferentes

1.3 Equivalências Lógicas

Duas ou mais proposições compostas são ditas equivalentes quando são formadas pelas mesmas proposições simples e suas tabelas verdades (resultado) são iguais.

> Atente-se para o princípio da equivalência. A tabela verdade está aí só para demonstrar a igualdade.

Seguem algumas demonstrações das mais importantes:

$P \land Q = Q \land P$: basta trocar as proposições simples de lugar – também chamada de **recíproca**.

P	Q	$P \land Q$	$Q \land P$
V	V	V	V
V	F	F	F
F	V	F	F
F	F	F	F

$P \lor Q = Q \lor P$: basta trocar as proposições simples de lugar – também chamada de **recíproca**.

P	Q	$P \lor Q$	$Q \lor P$
V	V	V	V
V	F	V	V
F	V	V	V
F	F	F	F

$P \veebar Q = Q \veebar P$: basta trocar as proposições simples de lugar - também chamada de **recíproca**.

$P \veebar Q = \sim P \veebar \sim Q$: basta negar as proposições simples – também chamada de **contrária**.

$P \veebar Q = \sim Q \veebar \sim P$: troca as proposições simples de lugar e negam-se – também chamada de **contra-positiva**.

$P \veebar Q = (P \land \sim Q) \lor (\sim P \land Q)$: observe aqui a exclusividade dessa disjunção.

P	Q	$\sim P$	$\sim Q$	$P \land \sim Q$	$\sim P \land Q$	$P \veebar Q$	$Q \veebar P$	$\sim P \veebar \sim Q$	$\sim Q \veebar \sim P$	$(P \land \sim Q) \lor (\sim P \land Q)$
V	V	F	F	F	F	F	F	F	F	F
V	F	F	V	V	F	V	V	V	V	V
F	V	V	F	F	V	V	V	V	V	V
F	F	V	V	F	F	F	F	F	F	F

$P \leftrightarrow Q = Q \leftrightarrow P$: basta trocar as proposições simples de lugar - também chamada de recíproca.

$P \leftrightarrow Q = \sim P \leftrightarrow \sim Q$: basta negar as proposições simples – também chamada de contrária.

$P \leftrightarrow Q = \sim Q \leftrightarrow \sim P$: troca as proposições simples de lugar e negam-se – também chamada de contra- positiva.

$P \leftrightarrow Q = (P \rightarrow Q) \land (Q \rightarrow P)$: observe que é condicional para os dois lados, por isso bicondicional.

P	Q	$\sim P$	$\sim Q$	$P \rightarrow Q$	$Q \rightarrow P$	$P \leftrightarrow Q$	$Q \leftrightarrow P$	$\sim P \leftrightarrow \sim Q$	$\sim Q \leftrightarrow \sim P$	$(P \rightarrow Q) \land (Q \rightarrow P)$
V	V	F	F	V	V	V	V	V	V	V
V	F	F	V	F	V	F	F	F	F	F
F	V	V	F	V	F	F	F	F	F	F
F	F	V	V	V	V	V	V	V	V	V

$P \rightarrow Q = \sim Q \rightarrow \sim P$: troca as proposições simples de lugar e nega-se – também chamada de **contra-positiva**.

A disjunção exclusiva e o bicondicional são as proposições com o maior número de equivalências.

$P \rightarrow Q = \sim P \lor Q$: negam-se o antecedente ou mantém o consequente.

P	Q	$\sim P$	$\sim Q$	$P \rightarrow Q$	$\sim Q \rightarrow \sim P$	$\sim P \lor Q$
V	V	F	F	V	V	V
V	F	F	V	F	F	F
F	V	V	F	V	V	V
F	F	V	V	V	V	V

Equivalências mais importantes e mais cobradas em concursos.

Negação de Proposição Composta

São também equivalências lógicas; vejamos algumas delas:

$\sim(P \land Q) = \sim P \lor \sim Q$ (Leis De Morgan)

Para negar a conjunção, troca-se o conectivo e ($\land$) por ou ($\lor$) e negam-se as proposições simples que a compõem.

P	Q	$\sim P$	$\sim Q$	$P \land Q$	$\sim(P \land Q)$	$\sim P \lor \sim Q$
V	V	F	F	V	F	F
V	F	F	V	F	V	V
F	V	V	F	F	V	V
F	F	V	V	F	V	V

$\sim(P \lor Q) = \sim P \land \sim Q$ (Leis De Morgan)

Para negar a disjunção, troca-se o conectivo **ou ($\lor$)** por **e ($\land$)** e negam-se as proposições simples que a compõem.

P	Q	$\sim P$	$\sim Q$	$P \lor Q$	$\sim(P \veebar Q)$	$\sim P \land \sim Q$
V	V	F	F	V	F	F
V	F	F	V	V	F	F
F	V	V	F	V	F	F
F	F	V	V	F	V	V

$\sim(P \rightarrow Q) = P \land \sim Q$ (Leis De Morgan)

Para negar o condicional, mantém-se o antecedente e nega-se o consequente.

P	Q	$\sim P$	$\sim Q$	$P \lor Q$	$\sim(P \lor Q)$	$\sim P \land \sim Q$
V	V	F	F	V	F	F
V	F	F	V	V	F	F
F	V	V	F	V	F	F
F	F	V	V	F	V	V

$\sim(P \veebar Q) = P \leftrightarrow Q$

Para negar a disjunção exclusiva, faz-se o bicondicional.

P	Q	$P \veebar Q$	$\sim(P \veebar Q)$	$P \leftrightarrow Q$
V	V	F	V	V
V	F	V	F	F
F	V	V	F	F
F	F	F	V	V

$\sim(P \leftrightarrow Q) = (P \veebar Q)$.

Para negar a bicondicional, faz-se a disjunção exclusiva.

P	Q	$P \leftrightarrow Q$	$\sim(P \leftrightarrow Q)$	$P \veebar Q$
V	V	V	F	F
V	F	F	V	V
F	V	F	V	V
F	F	V	F	F

1.4 Tautologias, Contradições e Contingências

Tautologia: proposição composta que é sempre verdadeira independente dos valores lógicos das proposições simples que a compõem.

$(P \wedge Q) \rightarrow (P \vee Q)$

P	Q	$P \wedge Q$	$P \vee Q$	$(P \wedge Q) \rightarrow (P \vee Q)$
V	V	V	V	V
V	F	F	V	V
F	V	F	V	V
F	F	F	F	V

Contradição: proposição composta que é sempre falsa, independente dos valores lógicos das proposições simples que a compõem.

$\sim(P \vee Q) \wedge P$

P	Q	$P \vee Q$	$\sim(P \vee Q)$	$\sim(P \vee Q) \wedge P$
V	V	V	F	F
V	F	V	F	F
F	V	V	F	F
F	F	F	V	F

Contingência: ocorre quando não é tautologia nem contradição. **$\sim(P \vee Q) \leftrightarrow P$**

P	Q	$P \vee Q$	$\sim(P \vee Q)$	$\sim(P \vee Q) \leftrightarrow P$
V	V	F	V	V
V	F	V	F	F
F	V	V	F	V
F	F	F	V	F

1.5 Relação entre Todo, Algum e Nenhum

Também conhecidos como quantificadores universais (**quantificadores lógicos**), eles têm entre si algumas relações que devemos saber, são elas:

"Todo A é B" equivale a **"nenhum A não é B"**, e vice-versa.

"todo amigo é bom = nenhum amigo não é bom."

"Nenhum A é B" equivale a **"todo A não é B"**, e vice-versa.

"nenhum aluno é burro = todo aluno não é burro."

> Essas são as duas relações de equivalência mais comuns, porém há uma em que utilizamos o ALGUM.
> "Todo A é B" equivale a "algum B é A".
> "todo professor é aluno = algum aluno é professor."

"Todo A é B" tem como negação **"algum A não é B"** e vice-versa.

Ex.: ~(todo estudante tem insônia) = algum estudante não tem insônia.

"Algum A é B" tem como negação **"nenhum A é B"** e vice-versa.

Ex.: ~(algum sonho é impossível) = nenhum sonho é impossível.

Temos também a representação em forma de conjuntos, que é:

TODO A é B:

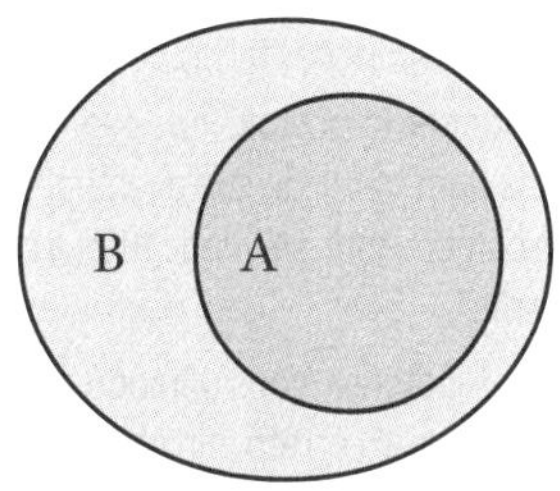

ALGUM A é B:

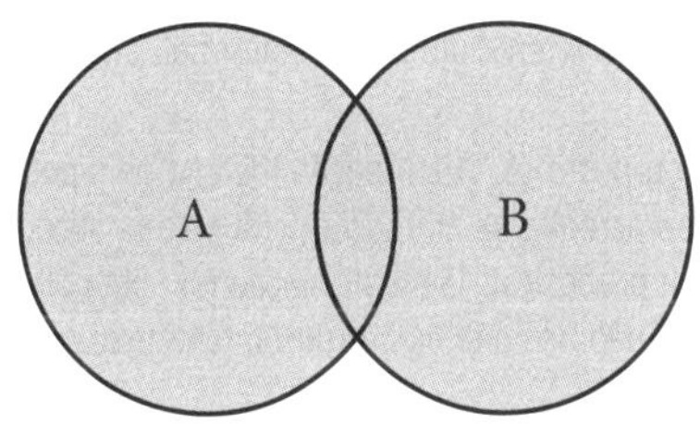

NENHUM A é B:

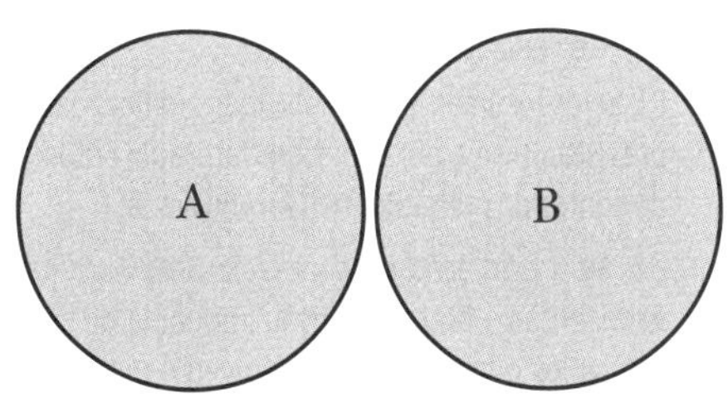

Relação de Equivalência:	Relação de Negação:
> Todo A é B = Nenhum A não é B. *Ex.: Todo diretor é bom ator. = Nenhum diretor é mau ator.*	> Todo A é B = Algum A não é B. *Ex.: Todo policial é honesto. = Algum policial não é honesto.*
> Nenhum A é B = Todo A não é B. *Ex.: Nenhuma mulher é legal. = Toda mulher não é legal.*	> Algum A é B = Nenhum A é B. *Ex.: Alguma ave é mamífera. = Nenhuma ave é mamífera.*

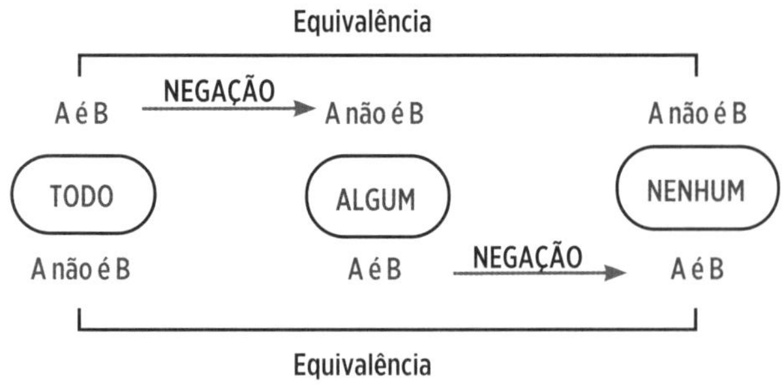

Questões

01. (CESPE) Acerca da lógica sentencial, julgue o item que se segue.

A lógica bivalente não obedece ao princípio da não contradição, segundo o qual uma proposição não assume simultaneamente valores lógicos distintos.

Certo ( ) Errado ( )

02. (CESPE) No exercício de suas atribuições profissionais, auditores fiscais sempre fazem afirmações verdadeiras, ao passo que sonegadores sempre fazem proposições falsas.

Saulo, sonegador de impostos, fez a seguinte afirmação durante uma audiência para tratar de sua eventual autuação: “como sou um pequeno comerciante, se vendo mais a cada mês, pago meus impostos em dia”.

Nessa situação hipotética, considerando as afirmações estabelecidas no texto acima, é correto afirmar que Saulo não vende mais a cada mês.

Certo ( ) Errado ( )

03. (CESPE) – 2019 Acerca da lógica sentencial, julgue o item que se segue.

Se as proposições “A afirmação foi feita pelo político.” e “A população acredita na afirmação feita pelo político.” forem falsas, então a proposição “Se a afirmação foi feita pelo político, a população não acredita na afirmação feita pelo político.” também será falsa.

Certo ( ) Errado ( )

04. (CESPE) No argumento seguinte, as proposições P1, P2 e P3 são as premissas, e C é a conclusão.

- P1: Se os recursos foram aplicados em finalidade diversa da prevista ou se a obra foi superfaturada, então a prestação de contas da prefeitura não foi aprovada.
- P2: Se a prestação de contas da prefeitura não foi aprovada, então a prefeitura ficou impedida de celebrar novos convênios ou a prefeitura devolveu o dinheiro ao governo estadual.
- 3: A obra não foi superfaturada, e a prefeitura não devolveu o dinheiro ao governo estadual.
- C: A prefeitura ficou impedida de celebrar novos convênios.

Com relação ao argumento acima, a sentença os recursos foram aplicados em finalidade diversa da prevista ou a obra foi superfaturada, mas a prestação de contas da prefeitura foi aprovada corresponde à uma proposição equivalente à negação da proposição P1.

Certo ( ) Errado ( )

05. (CESPE) Acerca da lógica sentencial, julgue o item que se segue.

Se uma proposição na estrutura condicional — isto é, na forma $P \rightarrow Q$, em que P e Q são proposições simples — for falsa, então o precedente será, necessariamente, falso.

Certo ( ) Errado ( )

Gabaritos

01	ERRADO
02	CERTO
03	ERRADO
04	CERTO
05	ERRADO

2. ARGUMENTOS

Os argumentos são uma extensão das proposições, mas com algumas características e regras próprias. Vejamos isso a partir de agora.

2.1 Definições

Argumento é um conjunto de proposições, divididas em premissas (proposições iniciais - hipóteses) e conclusões (proposições finais - teses).

Ex.:

p_1: Toda mulher é bonita.

p_2: Toda bonita é charmosa.

p_3: Maria é bonita.

c: Portanto, Maria é charmosa.

p_1: Se é homem, então gosta de futebol.

p_2: Mano gosta de futebol.

c: Logo, Mano é homem.

p_1, p_2, p_3, p_n, correspondem às premissas, e "c" à conclusão.

Representação dos Argumentos

Os argumentos podem ser representados das seguintes formas:

$$\begin{array}{c} P_1 \\ P_2 \\ P_3 \\ \cdots \\ \underline{P_n} \\ C \end{array}$$

ou

$$P_1 \wedge P_2 \wedge P_3 \wedge \cdots \wedge P_n \rightarrow C$$

ou

$$P_1, P_2, P_3, \cdots, Pn \vdash C$$

Tipos de Argumentos

Existem vários tipos de argumento. Vejamos alguns:

Dedução

O argumento dedutivo parte de situações gerais para chegar a conclusões particulares. Esta forma de argumento é válida quando suas premissas, sendo verdadeiras, fornecem uma conclusão também verdadeira.

Ex.:

p_1: Todo professor é aluno.

p_2: Daniel é professor.

c: Logo, Daniel é aluno.

Indução

O argumento indutivo é o contrário do argumento dedutivo, pois parte de informações particulares para chegar a uma conclusão geral. Quanto mais informações nas premissas, maiores as chances da conclusão estar correta.

Ex.:

p_1: Cerveja embriaga.

p_2: Uísque embriaga.

p_3: Vodca embriaga.

c: Portanto, toda bebida alcoólica embriaga.

Analogia

As analogias são comparações (nem sempre verdadeiras). Neste caso, partindo de uma situação já conhecida verificamos outras desconhecidas, mas semelhantes. Nas analogias, não temos certeza.

Ex.:

p_1: No Piauí faz calor.

p_2: No Ceará faz calor.

p_3: No Paraná faz calor.

c: Sendo assim, no Brasil faz calor.

Falácia

As falácias são falsos argumentos, logicamente inconsistentes, inválidos ou que não provam o que dizem.

Ex.:

p_1: Eu passei num concurso público.

p_2: Você passou num concurso público.

c: Logo, todos vão passar num concurso público.

Silogismos

Tipo de argumento formado por três proposições, sendo duas premissas e uma conclusão. São em sua maioria dedutivos.

Ex.:

p_1: Todo estudioso passará no concurso.

p_2: Beatriz é estudiosa.

c: Portanto, Beatriz passará no concurso.

Classificação dos Argumentos

Os argumentos só podem ser classificados em, ou válidos, ou inválidos:

Válidos ou Bem Construídos

Os argumentos são válidos sempre que as premissas garantirem a conclusão, ou seja, sempre que a conclusão for uma consequência obrigatória do seu conjunto de premissas.

Ex.:

p_1: Toda mulher é bonita.

p_2: Toda bonita é charmosa.

p_3: Maria é mulher.

c: Portanto, Maria é bonita e charmosa.

Veja que, se Maria é mulher, e toda mulher é bonita, e toda bonita é charmosa, então Maria só pode ser bonita e charmosa.

Inválidos ou Mal Construídos

Os argumentos são inválidos sempre que as premissas **não** garantirem a conclusão, ou seja, sempre que a conclusão **não** for uma consequência obrigatória do seu conjunto de premissas.

Ex.:

p_1: Todo professor é aluno.
p_2: Daniel é aluno.
c: Logo, Daniel é professor.

Note que, se Daniel é aluno, nada garante que ele seja professor, pois o que sabemos é que todo professor é aluno, não o contrário.

Alguns argumentos serão classificados apenas por meio desse conceito. Fique atento para não perder tempo.

2.2 Métodos para Classificar os Argumentos

Os argumentos nem sempre podem ser classificados da mesma forma, por isso existem os métodos para sua classificação, uma vez que dependendo do argumento, um método ou outro, sempre será mais fácil e principalmente mais rápido.

Falaremos dos métodos por ordem de facilidade:

1º método: diagramas lógicos (ou método dos conjuntos).

Utilizado sempre que no argumento houver as expressões: **todo**, **algum** ou **nenhum**, e seus respectivos sinônimos.

Representaremos o que for dito em forma de conjuntos e verificaremos se está correto ou não.

Esse método é muito utilizado por diversas bancas de concursos e tende a confundir o concurseiro, principalmente nas questões em que temos mais de uma opção de diagrama para o mesmo enunciado. Lembrando que quando isso ocorrer (mais de um diagrama para o mesmo argumento), a questão só estará certa se todos os diagramas corresponderem à mesma condição.

As representações genéricas são:

TODO A é B:

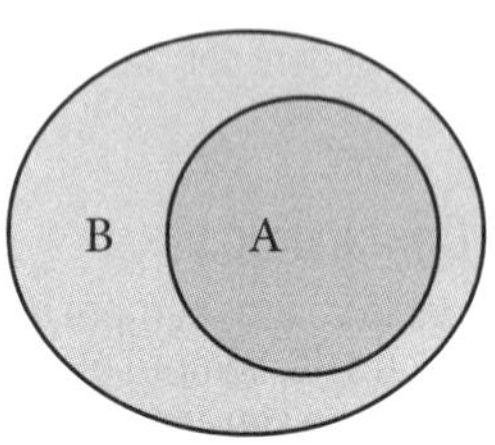

ALGUM A é B:

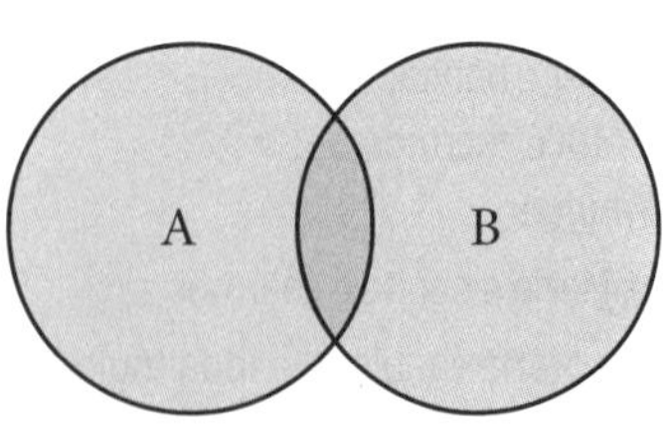

NENHUM A é B:

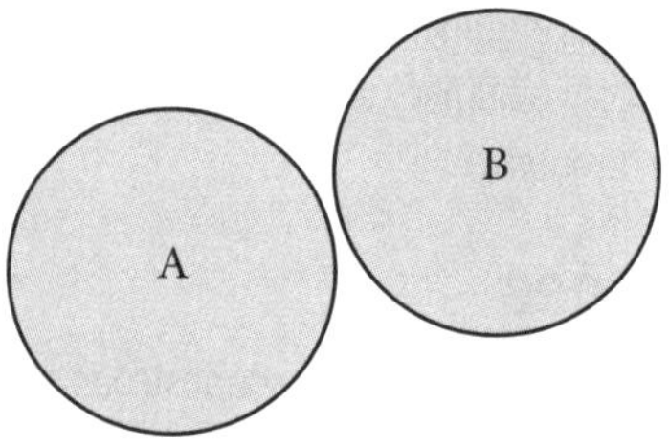

2º método: premissas verdadeiras (proposição simples ou conjunção).

Utilizado sempre que não for possível os diagramas lógicos e quando nas premissas houver uma proposição simples ou uma conjunção.

A proposição simples ou a conjunção serão os pontos de partida da resolução, já que teremos que considerar todas as premissas verdadeiras e elas – proposição simples ou conjunção – só admitem um jeito de serem verdadeiras.

O método consiste em, considerar todas as premissas como verdadeiras, dar valores às proposições simples que a compõem e no final avaliar a conclusão; se a conclusão também for verdadeira o argumento é válido, porém se a conclusão for falsa o argumento é inválido.

Premissas verdadeiras e conclusão verdadeiras = argumento válido.

Premissas verdadeiras e conclusão falsa = argumento inválido.

Esses dois métodos (1º e 2º) são os mais utilizados para a resolução das questões de argumento. Cerca de 70% a 80% das questões serão resolvidas por um desses dois métodos.

3º método: conclusão falsa (proposição simples, disjunção ou condicional).

Utilizado sempre que não for possível um dos "dois" métodos citados anteriormente e quando na conclusão houver uma proposição simples, uma disjunção ou um condicional.

Pelo mesmo motivo do método anterior, a proposição simples, a disjunção ou o condicional serão os pontos de partida da resolução, já que teremos que considerar a conclusão como sendo falsa e elas – proposição simples, disjunção e condicional – só admitem um jeito de serem falsas.

O método consiste em: considerar a conclusão como falsa, dar valores às proposições simples, que a compõem, e supor as premissas como verdadeiras, a partir dos valores das proposições simples da conclusão. No final, se assim ficar – a conclusão falsa e as premissas verdadeiras – o argumento será inválido; porém se uma das premissas mudar de valor, então o argumento passa a ser válido.

Conclusão falsa e premissas verdadeiras = argumento inválido.

Conclusão falsa e pelo menos 1 (uma) premissa falsa = argumento válido.

Para esses dois métodos (2º método e 3º método), podemos definir a validade dos argumentos da seguinte forma:

PREMISSAS	CONCLUSÃO	ARGUMENTO
Verdadeiras	Verdadeira	Válido
Verdadeiras	Falsa	Inválido
Pelo menos 1 (uma) falsa	Falsa	Válido

4º método: tabela verdade.

Método utilizado em último caso, quando não for possível usar qualquer um dos anteriores.

Dependendo da quantidade de proposições simples que tiver o argumento, esse método fica inviável, pois temos que desenhar a tabela verdade. No entanto, esse método é um dos mais garantidos nas resoluções das questões de argumentos.

Consiste em desenhar a tabela verdade do argumento em questão e avaliar se as linhas em que as premissas forem todas verdadeiras – ao mesmo tempo – a conclusão também será toda verdadeira. Caso isso ocorra, o argumento será válido, porém se em uma das linhas em que as premissas forem todas verdadeiras e a conclusão for falsa, o argumento será inválido.

Linhas da tabela – verdade em que as premissas são todas verdadeiras e conclusão, nessas linhas, também todas verdadeiras = argumento válido.

Linhas da tabela – verdade em que as premissas são todas verdadeiras e pelo menos uma conclusão falsa, nessas linhas = argumento inválido.

Algumas questões de argumento não poderão ser feitas por nenhum desses métodos apresentados anteriormente, porém a questão não ficará sem resposta uma vez que conhecemos os princípios das proposições. Atribuiremos valor para as proposições simples contidas nas premissas (considerando todas as premissas como verdadeiras).

Questões

01. (CESPE) No exercício de suas atribuições profissionais, auditores fiscais sempre fazem afirmações verdadeiras, ao passo que sonegadores sempre fazem proposições falsas.

Durante uma audiência para tratar da autuação da empresa X, um auditor fiscal fez as seguintes afirmações sobre essa empresa:

- A1: "Se identifiquei erro ou inconsistência na declaração de imposto da empresa X, eu a notifiquei".
- A2: "Se o erro não foi sanado, eu a autuei".
- A3: "Se a empresa não recorreu da autuação, eu a multei".

Nessa situação hipotética, à luz da premissa estabelecida no texto acima, a sentença a empresa X errou em sua declaração de imposto representa uma proposição necessariamente verdadeira.

Certo ( ) Errado ( )

02. (CESPE) Considere as seguintes proposições.

- P1: Se a empresa privada causar prejuízos à sociedade e se o governo interferir na sua gestão, então o governo dará sinalização indesejada para o mercado.
- P2: Se o governo der sinalização indesejada para o mercado, a popularidade do governo cairá.
- Q1: Se a empresa privada causar prejuízos à sociedade e se o governo não interferir na sua gestão, o governo será visto como fraco.
- Q2: Se o governo for visto como fraco, a popularidade do governo cairá.

Tendo como referência essas proposições, julgue o item seguinte, a respeito da lógica de argumentação.

O argumento em que as proposições Q1 e Q2 são as premissas e a conclusão é a proposição "Se a empresa privada causar prejuízos à sociedade e se o governo não interferir na sua gestão, a popularidade do governo cairá." é um argumento válido.

Certo ( ) Errado ( )

03. (CESPE) No argumento seguinte, as proposições P1, P2 e P3 são as premissas, e C é a conclusão.

- P1: Se os recursos foram aplicados em finalidade diversa da prevista ou se a obra foi superfaturada, então a prestação de contas da prefeitura não foi aprovada.
- P2: Se a prestação de contas da prefeitura não foi aprovada, então a prefeitura ficou impedida de celebrar novos convênios ou a prefeitura devolveu o dinheiro ao governo estadual.
- 3: A obra não foi superfaturada, e a prefeitura não devolveu o dinheiro ao governo estadual.
- C: A prefeitura ficou impedida de celebrar novos convênios.

As proposições P1, P2, P3 e C, que integram o argumento CB1A-5-II, são compostas por diversas proposições simples, e o argumento CB1A5-II pode ser escrito, na forma simbólica, como $P1 \wedge P2 \wedge P3 \rightarrow C$. Dessa forma, na tabela- verdade do argumento CB1A5-II, a quantidade mínima de linhas que precisam ser preenchidas para se determinar a validade ou invalidade do argumento é igual a 32.

Certo ( ) Errado ( )

04. (CESPE) As seguintes proposições lógicas formam um conjunto de premissas de um argumento:

- Se Pedro não é músico, então André é servidor da ABIN.
- Se André é servidor da ABIN, então Carlos não é um espião.
- Carlos é um espião.

A partir dessas premissas, julgue o item a seguir, acerca de lógica de argumentação.

Se a proposição lógica "Pedro é músico." for a conclusão desse argumento, então, as premissas juntamente com essa conclusão constituem um argumento válido.

Certo ( ) Errado ( )

05. (CESPE) Considere que as seguintes proposições sejam verdadeiras.

- "Se José pagou o IPVA ou o IPTU, então ele comprou o apartamento e vendeu a casa".
- "José não comprou o apartamento".

Nessa situação, é correto inferir que José não pagou o IPVA nem o IPTU.

Certo ( ) Errado ( )

Gabaritos

01	ERRADO
02	CERTO
03	ERRADO
04	CERTO
05	CERTO

3. PSICOTÉCNICOS

Questões psicotécnicas são todas as questões em que não precisamos de conhecimento adicional para resolvê-las. As questões podem ser de associações lógicas, verdades e mentiras, sequências lógicas, problemas com datas – calendários, sudoku, entre outras.

Neste capítulo, abordaremos inicialmente as questões mais simples do raciocínio lógico para uma melhor familiarização com a matéria.

Não existe teoria, somente prática e é com ela que vamos trabalhar e aprender.

01. (FCC) Considere que os dois primeiros pares de palavras foram escritos segundo determinado critério.

Temperamento → totem

Traficante → tetra

Massificar → ?

De acordo com esse mesmo critério, uma palavra que substituiria o ponto de interrogação é:

a) ramas.
b) maras.
c) armas.
d) samar.
e) asmar.

RESPOSTA: C.

Analisando os dois primeiros pares de palavras, vemos que a segunda palavra de cada par é formada pela última sílaba + a primeira sílaba da primeira palavra do par, logo, seguindo esse raciocínio, teremos AR + MAS = armas.

02. (FCC) Observe atentamente a disposição das cartas em cada linha do esquema seguinte. A carta que está oculta é:

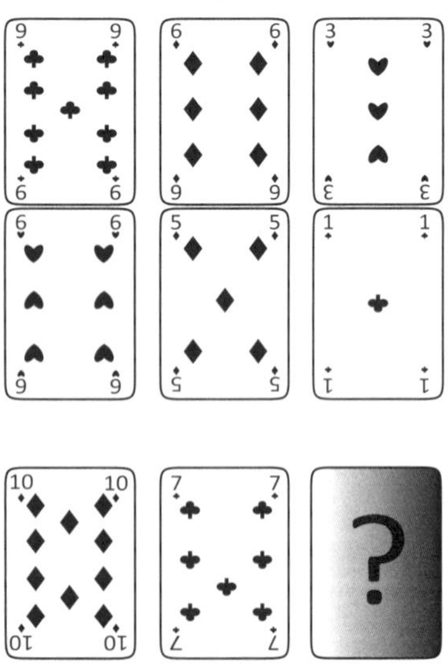

a) 

b) 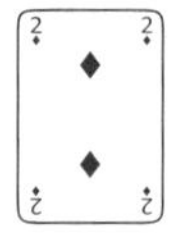

c) 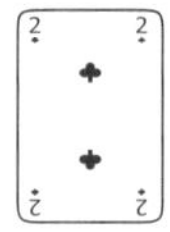

d) 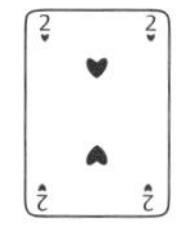

e) 

RESPOSTA: A.

Observando cada linha (horizontal), temos nas duas primeiras os três mesmos naipes (copas, paus e ouros, só mudando a ordem) e a terceira carta é o resultado da subtração da primeira pela segunda; portanto, a carta que está oculta tem que ser o "3 de copas", pois 10 – 7 = 3 e o naipe que não apareceu na terceira linha foi o de copas.

03. (FCC) Considere a sequência de figuras abaixo. A figura que substitui corretamente a interrogação é:

a) 

b) 

c) 

d) 

e) 

RESPOSTA: A.

Veja que em cada fila (linha ou coluna) temos sempre um círculo, um triângulo e um quadrado fazendo o contorno da careta; os olhos são círculos, quadrados ou tiras; o nariz é reto, para direita ou para esquerda; sendo assim, no ponto de interrogação o que está faltando é a careta redonda com o olhos em tiras e o nariz para a esquerda.

04. (Esaf - Adaptada) Mauro, José e Lauro são três irmãos. Cada um deles nasceu em um estado diferente: um é mineiro, outro é carioca, e outro é paulista (não necessariamente nessa ordem). Os três têm, também, profissões diferentes: um é engenheiro, outro é veterinário, e outro é psicólogo (não necessariamente nessa ordem). Sabendo que José é mineiro, que o engenheiro é paulista, e que Lauro é veterinário, conclui-se corretamente que:

a) Lauro é paulista e José é psicólogo.
b) Mauro é carioca e José é psicólogo.

c) Lauro é carioca e Mauro é psicólogo.

d) Mauro é paulista e José é psicólogo.

e) Lauro é carioca e Mauro não é engenheiro.

RESPOSTA: D.

É a única resposta possível após o preenchimento da tabela e análise das alternativas.

Vamos construir uma tabela para facilitar a resolução da questão:

Nome	Estado	Profissão
José	Mineiro	Psicólogo
Mauro	Paulista	Engenheiro
Lauro	Carioca	Veterinário

De acordo com as informações:

José é mineiro;

O engenheiro é paulista;

Lauro é veterinário, note que Lauro não pode ser paulista, pois o paulista é engenheiro.

05. (FGV) Certo dia, três amigos fizeram, cada um deles, uma afirmação:

Aluísio: Hoje não é terça-feira.

Benedito: Ontem foi domingo.

Camilo: Amanhã será quarta-feira.

Sabe-se que um deles mentiu e que os outros dois falaram a verdade. Assinale a alternativa que indique corretamente o dia em que eles fizeram essas afirmações.

a) Sábado.

b) Domingo.

c) Segunda-feira.

d) Terça-feira.

e) Quarta-feira.

RESPOSTA: C.

Baseado no que foi dito na questão, Benedito e Camilo não podem, os dois, estarem falando a verdade, pois teríamos dois dias diferentes. Então, conclui-se que Aluísio falou a verdade; com isso, o que Camilo esta dizendo é mentira e, portanto Benedito também está falando a verdade. Logo, o dia em que foi feita a afirmação é uma segunda-feira.

06. (Fumarc) Heloísa, Bernardo e Antônio são três crianças. Uma delas tem 12 anos a outra tem 10 anos e a outra 8 anos. Sabe-se que apenas uma das seguintes afirmações é verdadeira:

Bernardo tem 10 anos.

Heloísa não tem 10 anos.

Antônio não tem 12 anos.

Considerando estas informações é correto afirmar que:

a) Heloísa tem 12 anos, Bernardo tem 10 anos e Antônio tem 8 anos.

b) Heloísa tem 12 anos, Bernardo tem 8 anos e Antônio tem 10 anos.

c) Heloísa tem 10 anos, Bernardo tem 8 anos e Antônio tem 12 anos.

d) Heloísa tem 10 anos, Bernardo tem 12 anos e Antônio tem 8 anos.

RESPOSTA: D.

Como a questão informa que só uma afirmação é verdadeira, vejamos qual pode ser esta afirmação: se "I" for a verdadeira, teremos Bernardo e Heloísa, os dois, com 10 anos, o que pelo enunciado da questão não é possível; se "II" for a verdadeira, teremos, mais uma vez, Bernardo e Heloísa, agora ambos com 8 anos, o que também não é possível; se "III" for a verdadeira, teremos Heloísa com 10 anos, Bernardo com 12 anos e Antônio com 8 anos.

07. (FCC) Na sentença seguinte falta a última palavra. Você deve escolher a alternativa que apresenta a palavra que MELHOR completa a sentença.

Devemos saber empregar nosso tempo vago; podemos, assim, desenvolver hábitos agradáveis e evitar os perigos da;

a) Desdita.

b) Pobreza.

c) Ociosidade.

d) Bebida.

e) Doença.

RESPOSTA: C.

Qual dessas alternativas tem a palavra que mais se relaciona com tempo vago? Agora ficou claro! Assim a palavra é OCIOSIDADE.

08. (Esaf) Três meninos, Zezé, Zozó e Zuzu, todos vizinhos, moram na mesma rua em três casas contíguas. Todos os três meninos possuem animais de estimação de raças diferentes e de cores também diferentes. Sabe-se que o cão mora em uma casa contígua à casa de Zozó; a calopsita é amarela; Zezé tem um animal de duas cores - branco e laranja; a cobra vive na casa do meio. Assim, os animais de estimação de Zezé, Zozó e Zuzu são respectivamente:

a) Cão, cobra, calopsita.

b) Cão, calopsita, cobra.

c) Calopsita, cão, cobra.

d) Calopsita, cobra, cão.

e) Cobra, cão, calopsita.

RESPOSTA: A.

De acordo com as informações:

A cobra vive na casa do meio;

O cão mora em uma casa contígua à casa de Zozó; contígua quer dizer vizinha, e para isso Zozó só pode morar na casa do meio;

A calopsita é amarela e Zezé tem um animal de duas cores - branco e laranja; com isso o cão só pode ser de Zezé;

Vamos construir uma tabela para ficar melhor a resolução da questão:

	Casa	Casa	Casa
Nome	Zezé	Zozó	Zuzu
Animal	Cão	Cobra	Calopsita

No livro Alice no País dos Enigmas, o professor de matemática e lógica Raymond Smullyan apresenta vários desafios ao raciocínio lógico que têm como objetivo distinguir-se entre verdadeiro e falso. Considere o seguinte desafio inspirado nos enigmas de Smullyan.

Duas pessoas carregam fichas nas cores branca e preta. Quando a primeira pessoa carrega a ficha branca, ela fala somente a verdade, mas, quando carrega a ficha preta, ela fala somente mentiras. Por outro lado, quando a segunda pessoa carrega a ficha branca, ela fala somente mentira, mas, quando carrega a ficha preta, fala somente verdades.

Com base no texto acima, julgue o item a seguir.

09. (Cespe) Se a primeira pessoa diz "Nossas fichas não são da mesma cor" e a segunda pessoa diz "Nossas fichas são da mesma cor", então, pode-se concluir que a segunda pessoa está dizendo a verdade.

RESULTADO: CERTO.

Analisando linha por linha da tabela, encontramos contradições nas três primeiras linhas, ficando somente a quarta linha como certa, o que garante que a segunda pessoa está falando a verdade.

1ª pessoa: "Nossas fichas não são da mesma cor"	2ª pessoa: "Nossas fichas são da mesma cor"
Ficha branca (verdade)	Ficha branca (mentira)
Ficha branca (verdade)	Ficha preta (verdade)
Ficha preta (mentira)	Ficha branca (mentira)
Ficha preta (mentira)	Ficha preta (verdade)

10. (Cespe) O quadro abaixo pode ser completamente preenchido com algarismos de 1 a 6, de modo que cada linha e cada coluna tenham sempre algarismos diferentes.

1				3	2
		5	6		1
	1	6		5	
5	4			2	
	3	2	4		
4			2		3

RESULTADO: CERTO.

Vamos preencher o quadro, de acordo com o que foi pedido:

1	6	4	5	3	2
3	2	5	6	4	1
2	1	6	3	5	4
5	4	3	1	2	6
6	3	2	4	1	5
4	5	1	2	6	3

Questões

01. (CESPE) Em determinada cidade, foram fiscalizadas 20 empresas, classificadas quanto ao porte e quanto ao setor de atividade econômica em que atuam. Quanto ao porte, cada empresa recebe uma única classificação: microempresa (ME), pequena (P), média (M) ou grande (G). Quanto ao setor, cada empresa também recebe uma única classificação: 1, 2, 3, 4 ou 5. Não há empresa que receba, simultaneamente, a mesma classificação de porte e de setor que outra empresa já recebe. Para a realização dessa fiscalização, tais empresas foram distribuídas igualmente e designadas a quatro auditores fiscais, Aldo, Bruno, Carlos e Dário. Cada empresa foi fiscalizada por apenas um desses auditores. Após a conclusão do trabalho, os auditores fizeram as seguintes afirmações:

I Aldo: "Fiscalizei cinco empresas de porte médio".

II Bruno: "Fiscalizei quatro empresas de um mesmo setor".

III Carlos: "Fiscalizei cinco empresas cujo porte recebe uma classificação que começa com a letra M".

IV Dário: "Fiscalizei três empresas de um setor e duas empresas de outro setor".

Considerando que, nessa situação hipotética, somente uma das afirmações feitas pelos auditores seja falsa, o maior número de empresas de porte G que podem ser fiscalizadas por um mesmo auditor corresponde a 4.

Certo ( ) Errado ( )

02. (CESPE) Os indivíduos S1, S2, S3 e S4, suspeitos da prática de um ilícito penal, foram interrogados, isoladamente, nessa mesma ordem. No depoimento, com relação à responsabilização pela prática do ilícito, S1 disse que S2 mentiria; S2 disse que S3 mentiria; S3 disse que S4 mentiria.

A partir dessa situação, julgue o item a seguir.

Se S4 disser que S1, S2 e S3 mentiram, então, na verdade, apenas ele e S2 mentiram.

Certo ( ) Errado ( )

03. (CESPE) Os indivíduos S1, S2, S3 e S4, suspeitos da prática de um ilícito penal, foram interrogados, isoladamente, nessa mesma ordem. No depoimento, com relação à responsabilização pela prática do ilícito, S1 disse que S2 mentiria; S2 disse que S3 mentiria; S3 disse que S4 mentiria.

A partir dessa situação, julgue o item a seguir.

Se S4 disser que "pelo menos um dos 3 anteriores mentiu", então, nessa situação, S3 falou a verdade.

Certo ( ) Errado ( )

04. (CESPE) Os indivíduos S1, S2, S3 e S4, suspeitos da prática de um ilícito penal, foram interrogados, isoladamente, nessa mesma ordem. No depoimento, com relação à responsabilização pela prática do ilícito, S1 disse que S2 mentiria; S2 disse que S3 mentiria; S3 disse que S4 mentiria.

A partir dessa situação, julgue o item a seguir.

Considerando que, ao final do interrogatório, sem se chegar a uma conclusão, os suspeitos tenham sido novamente interrogados, na mesma ordem, e apenas S3 tenha mudado seu depoimento, dizendo que "S1 mentiu e que S4 mentiria", com base nesses novos depoimentos, conclui-se que apenas S4 falou a verdade.

Certo ( ) Errado ( )

05. (CESPE) No exercício de suas atribuições profissionais, auditores fiscais sempre fazem afirmações verdadeiras, ao passo que sonegadores sempre fazem proposições falsas.

Em uma audiência para tratar de autuações, formou-se uma fila de 200 pessoas, constituída apenas de auditores fiscais e sonegadores. A primeira pessoa da fila afirma que todos os que estão atrás dela são sonegadores. Todas as demais pessoas da fila afirmam que a pessoa que está imediatamente à sua frente é sonegadora.

Nessa situação hipotética, de acordo com o texto acima, a quantidade de sonegadores que estão nessa fila é igual a 100.

Certo ( ) Errado ( )

Gabaritos

01	CERTO
02	CERTO
03	ERRADO
04	ERRADO
05	CERTO

4. ANÁLISE COMBINATÓRIA

As primeiras atividades matemáticas da humanidade estavam ligadas à contagem de objetos de um conjunto, enumerando seus elementos.

Vamos estudar, aqui, algumas técnicas para a descrição e contagem de todos os casos possíveis de um acontecimento.

4.1 Definição

A análise combinatória é utilizada para descobrir o **número de maneiras possíveis** de realizar determinado evento, sem que seja necessário demonstrar todas essas maneiras.

Ex.: Quantos são os pares formados pelo lançamento de dois **"dados"** simultaneamente?

No primeiro dado, temos 6 possibilidades - do 1 ao 6 - e, no segundo dado, também temos 6 possibilidades - do 1 ao 6. Juntando todos os pares formados, temos 36 pares (6 . 6 = 36).

(1,1), (1,2), (1,3), (1,4), (1,5), (1,6),
(2,1), (2,2), (2,3), (2,4), (2,5), (2,6),
(3,1), (3,2), (3,3), (3,4), (3,5), (3,6),
(4,1), (4,2), (4,3), (4,4), (4,5), (4,6),
(5,1), (5,2), (5,3), (5,4), (5,5), (5,6),
(6,1), (6,2), (6,3), (6,4), (6,5), (6,6);

Logo, temos **36 pares**.

Não há necessidade de expor todos os pares formados, basta que saibamos quantos pares são.

Imagine se fossem 4 dados e quiséssemos saber todas as quadras possíveis, o resultado seria 1296 quadras. Um número inviável de ser representado. Por isso utilizamos a Análise Combinatória.

Para resolver as questões de Análise Combinatória, utilizamos algumas técnicas, que veremos a partir de agora.

4.2 Fatorial

É comum, nos problemas de contagem, calcularmos o produto de uma multiplicação cujos fatores são números naturais consecutivos. Para facilitar esse trabalho, vamos adotar um símbolo chamado fatorial. Sendo n um número inteiro maior que 1, define-se fatorial de n como o produto dos n números naturais consecutivos de n a 1. Indica-se n!.

$$n! = n\,(n-1)(n-2)\ldots 3.2.1, \textit{ sendo } n \in \mathbb{N} \text{ e } n > 1.$$

Por definição, temos:

→ $0! = 1$

→ $1! = 1$

Ex.: $4! = 4 . 3 . 2 . 1 = 24$

$6! = 6 . 5 . 4 . 3 . 2 . 1 = 720$

$8! = 8 . 7 . 6 . 5 . 4 . 3 . 2 . 1 = 40320$

Observe que:

$6! = 6 . 5 . 4!$

$8! = 8 . 7 . 6!$

Para n = 0, teremos: 0! = 1.

Para n = 1, teremos: 1! = 1.

Ex.: *Qual deve ser o valor numérico de n para que a equação $(n + 2)! = 20 . n!$ seja verdadeira?*

O primeiro passo na resolução deste problema consiste em escrevermos **(n + 2)!** em função de **n!**, em busca de uma equação que não mais contenha fatoriais:

$(n+2)(n+1)\,n! = 20n!$, dividindo por n!, temos:

$(n+2)(n+1) = 20$, fazendo a distributiva

$n^2 + 3n + 2 = 20 \Rightarrow n^2 + 3n - 18 = 0$

Rapidamente concluímos que as raízes procuradas são **-6** e **3**, mas como não existe fatorial de números negativos, já que eles não pertencem ao conjunto dos números naturais, ficamos apenas com a raiz igual a **3**.

Portanto:

O valor numérico de n, para que a equação seja verdadeira, é igual a 3.

4.3 Princípio Fundamental da Contagem (PFC)

É uma das técnicas mais importantes e uma das mais utilizadas nas questões de Análise Combinatória.

O PFC é utilizado nas questões em que os elementos podem ser repetidos **ou** quando a ordem dos elementos fizer diferença no resultado.

> Esses "elementos" são os dados das questões, os valores envolvidos.

Consiste de dois princípios: o **multiplicativo** e o **aditivo**. A diferença dos dois consiste nos termos utilizados durante a resolução das questões.

Multiplicativo: usado sempre que na resolução das questões utilizarmos o termo "**e**". Como o próprio nome já diz, faremos multiplicações.

Aditivo: usado quando utilizarmos o termo "**ou**". Aqui realizaremos somas.

Ex.: *Quantas senhas são possíveis com os algarismos 1, 3, 5 e 7?*

Como nas senhas os algarismos podem ser repetidos, para formar senhas de 3 algarismos temos a seguinte possibilidade:

SENHA = Algarismo E Algarismo E Algarismo

Nº de SENHAS = 4 . 4 . 4 (já que são 4 os algarismos que temos na questão, e observe o princípio multiplicativo no uso do "e").

Nº de SENHAS = 64.

Quantos são os números naturais de dois algarismos que são múltiplos de 5?

Como o zero à esquerda de um número não é significativo, para que tenhamos um número natural com dois algarismos, ele deve começar com um dígito de 1 a 9. Temos, portanto, 9 possibilidades.

Para que o número seja um múltiplo de 5, ele deve terminar em 0 ou 5, portanto temos apenas 2 possibilidades. A multiplicação de 9 por 2 nos dará o resultado desejado. Logo: São 18 os números naturais de dois algarismos que são múltiplos de 5.

4.4 Arranjo e Combinação

Duas outras técnicas usadas para resolução de problemas de análise combinatória, sendo importante saber quando usa cada uma delas.

Arranjo: usado quando os elementos (envolvidos no cálculo) não podem ser repetidos e quando a ordem dos elementos faz diferença no resultado

A fórmula do arranjo é:

$$A_{n,p} = \frac{n!}{(n-p)!}$$

$$A_{n,n} = \frac{n!}{(n-n)!}$$

$$A_{n,n} = \frac{n!}{(0)!}$$

$$A_{n,n} = \frac{n!}{1}$$

$$A_{n,n} = n!$$

$$A_{n,p} = \frac{n!}{(n-p)!}$$

Sendo:

n = a todos os elementos do conjunto;

p = os elementos utilizados.

Ex.: pódio de competição.

Combinação: usado quando os elementos (envolvidos no cálculo) não podem ser repetidos e quando a ordem dos elementos não faz diferença no resultado.

A fórmula da combinação é:

$$C_{n,p} = \frac{n!}{p! \cdot (n-p)!}$$

Sendo:

n = a todos os elementos do conjunto;

p = os elementos utilizados.

Ex.: salada de fruta.

4.5 Permutação

Permutação Simples

Seja E um conjunto com n elementos. Chama-se permutação simples dos n elementos, qualquer agrupamento (sequência) de n elementos distintos de E.

Podemos, também, interpretar cada permutação de **n** elementos como um arranjo simples de **n** elementos tomados **n** a **n**, ou seja, p = n.

Nada mais é do que um caso particular de arranjo cujo p = n.

Logo:

Assim, a fórmula da permutação é:

$$P_n = n!$$

As permutações são muito usadas nas questões de anagramas. Anagramas: todas as palavras formadas com todas as letras de uma palavra, quer essas novas palavras tenham sentido ou não na linguagem comum.

Ex.: Quantos anagramas têm a palavra prova?

A palavra **prova** tem 5 letras, e nenhuma repetida, sendo assim **n** = 5, e:

$P_5 = 5!$

$P_5 = 5 \cdot 4 \cdot 3 \cdot 2 \cdot 1$

$P_5 = 120$ anagramas

Permutação com Elementos Repetidos

Na permutação com elementos repetidos, usa-se a seguinte fórmula:

$$P_n^{k,y,\cdots,w} = \frac{n!}{k! \cdot y! \cdot \ldots \cdot w!}$$

Sendo:

n = o número total de elementos do conjunto;

k, y, w = as quantidades de elementos repetidos.

Ex.: Quantos anagramas têm a palavra concurso?

Observe que na palavra **CONCURSO** existem duas letras repetidas, o "C" e o "O", e cada uma duas vezes, portanto n = 8, k = 2 e y = 2, agora:

$$P_8^{2,2} = \frac{8!}{2! \cdot 2!}$$

$$P_8^{2,2} = \frac{8 \cdot 7 \cdot 6 \cdot 5 \cdot 4 \cdot 3 \cdot 2!}{2 \cdot 1 \cdot 2!} \text{ (Simplificando o 2!)}$$

$$P_8^{2,2} = \frac{20.160}{2}$$

$$P_8^{2,2} = 10.080 \text{ anagramas}$$

Resumo:

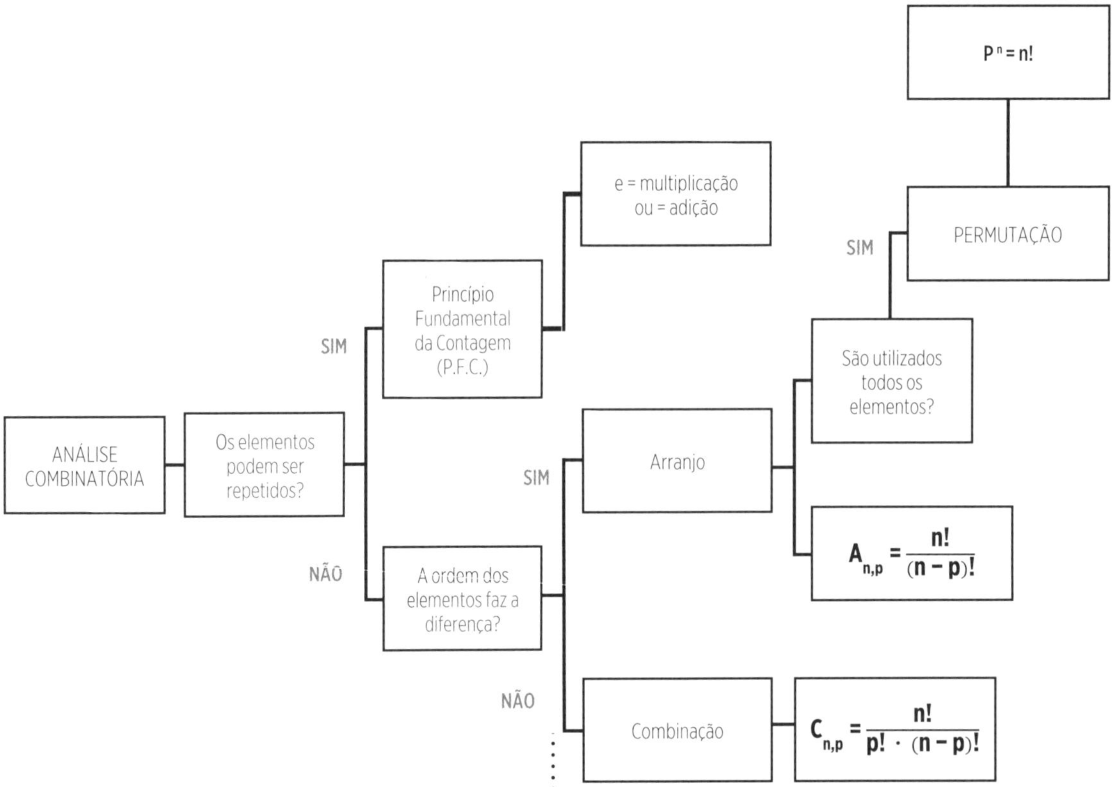

Para saber qual das técnicas utilizar basta fazer duas, no máximo, três perguntas para a questão, veja:

Os elementos podem ser repetidos?

Se a resposta for sim, deve-se trabalhar com o PFC; se a resposta for não, passe para a próxima pergunta;

A ordem dos elementos faz diferença no resultado da questão?

Se a resposta for sim, trabalha-se com arranjo; se a resposta for não, trabalha-se com as combinações (todas as questões de arranjo podem ser feitas por PFC).

(Opcional): vou utilizar todos os elementos para resolver a questão?

Para fazer a 3ª pergunta, depende, se a resposta da 1ª for não e a 2ª for sim; se a resposta da 3ª for sim, trabalha-se com as permutações.

Permutações Circulares e Combinações com Repetição

Casos Especiais Dentro da Análise Combinatória

Permutação Circular: usada quando houver giro horário ou anti-horário.

$$Pc(n) = (n-1)!$$

Sendo:

n = o número total de elementos do conjunto;

Pc = permutação circular.

Combinação com Repetição: usada quando $p > n$ ou quando a questão informar que pode haver repetição.

$$C_{r(n,p)} = C_{(n+p-1,p)} = \frac{(n+p-1)!}{p! \cdot (n-1)!}$$

Sendo:

n = o número total de elementos do conjunto;

p = o número de elementos utilizados;

Cr = combinação com repetição.

Questões

01. (CESPE) Considere as proposições P e Q a seguir.

P: Todo processo que tramita no tribunal A ou é enviado para tramitar no tribunal B ou no tribunal C.

Q: Todo processo que tramita no tribunal C é enviado para tramitar no tribunal B.

A partir dessas proposições, julgue o item seguinte.

Se 10 processos que chegarem ao tribunal A em determinado dia forem separados de forma aleatória em dois grupos de 5 processos cada, um para ser encaminhado ao tribunal B, e outro, para o tribunal C, então essa separação poderá ser feita de, no máximo, 240 formas diferentes.

Certo ( ) Errado ( )

02. (CESPE) No Porto de Itaqui, 16 contêineres serão embarcados em 2 navios: cada navio deverá levar exatamente 8 desses contêineres. Do total de contêineres, 8 estão carregados com frango congelado, 3, com carne bovina congelada e 5, com soja.

A partir dessas informações, julgue o item que se segue.

A quantidade de maneiras distintas de se embarcarem os 8 contêineres no primeiro navio, de forma que exatamente 7 deles estejam carregados com frango congelado, é inferior a 100.

Certo ( ) Errado ( )

03. (CESPE) Os indivíduos S1, S2, S3 e S4, suspeitos da prática de um ilícito penal, foram interrogados, isoladamente, nessa mesma ordem. No depoimento, com relação à responsabilização pela prática do ilícito, S1 disse que S2 mentiria; S2 disse que S3 mentiria; S3 disse que S4 mentiria.

A partir dessa situação, julgue o item a seguir.

Se os quatro suspeitos tiverem nascido nos estados da Bahia, de Pernambuco, do Rio de Janeiro e de São Paulo, cada um em um estado diferente, e atualmente residirem nesses mesmos estados, ainda que alguns deles possam ter se mudado de um estado para outro, a quantidade de possibilidades de naturalidade e residência dos acusados é inferior a 100.

Certo ( ) Errado ( )

04. (CESPE) Em um aeroporto, 30 passageiros que desembarcaram de determinado voo e que estiveram nos países A, B ou C, nos quais ocorre uma epidemia infecciosa, foram selecionados para ser examinados. Constatou-se que exatamente 25 dos passageiros selecionados estiveram em A ou em B, nenhum desses 25 passageiros esteve em C e 6 desses 25 passageiros estiveram em A e em B.

Com referência a essa situação hipotética, julgue o item que se segue.

A quantidade de maneiras distintas de se escolher 2 dos 30 passageiros selecionados de modo que pelo menos um deles tenha estado em C é superior a 100.

Certo ( ) Errado ( )

05. (CESPE) Para cumprimento de um mandado de busca e apreensão serão designados um delegado, 3 agentes (para a segurança da equipe na operação) e um escrivão. O efetivo do órgão que fará a operação conta com 4 delegados, entre eles o delegado Fonseca; 12 agentes, entre eles o agente Paulo; e 6 escrivães, entre eles o escrivão Estêvão.

Em relação a essa situação hipotética, julgue o item a seguir.

A quantidade de maneiras distintas de se escolher os três agentes para a operação de forma que um deles seja o agente Paulo é inferior a 80.

Certo ( ) Errado ( )

Gabaritos

01	ERRADO
02	CERTO
03	ERRADO
04	CERTO
05	CERTO

5. PROBABILIDADE

A que temperatura a água entra em ebulição? Se largarmos uma bola, com que velocidade ela atinge o chão? Conhecidas certas condições, é perfeitamente possível responder a essas duas perguntas, antes mesmo da realização desses experimentos.

Esses experimentos são denominados determinísticos, pois neles os resultados podem ser previstos.

Considere agora os seguintes experimentos:

> No lançamento de uma moeda, qual a face voltada para cima?

> No lançamento de um dado, que número saiu?

> Uma carta foi retirada de um baralho completo. Que carta é essa?

Mesmo se esses experimentos forem repetidos várias vezes, nas mesmas condições, não poderemos prever o resultado.

Um experimento cujo resultado, mesmo que único, é imprevisível, é denominado experimento aleatório. E é justamente ele que nos interessa neste estudo. Um experimento ou fenômeno aleatório apresenta as seguintes características:

> Pode se repetir várias vezes nas mesmas condições;

> É conhecido o conjunto de todos os resultados possíveis;

> Não se pode prever o resultado.

A teoria da probabilidade surgiu para nos ajudar a medir a "chance" de ocorrer determinado resultado em um experimento aleatório.

5.1 Definições

Para o cálculo das probabilidades, temos que saber primeiro 3 (três) conceitos básicos acerca do tema:

Maneiras possíveis de se realizar determinado evento (análise combinatória)

≠ (diferente)

Chance de determinado evento ocorrer (probabilidade).

Experimento Aleatório: é o experimento em que não é possível garantir o resultado, mesmo que esse seja feito diversas vezes nas mesmas condições.

Ex.: Lançamento de uma moeda: ao lançarmos uma moeda os resultados possíveis são o de cara e o de coroa, mas não tem como garantir qual será o resultado desse lançamento.

Ex.: Lançamento de um dado: da mesma forma que a moeda, não temos como garantir qual o resultado (1, 2, 3, 4, 5 e 6) desse lançamento.

Espaço Amostral - (Ω) ou (U): é o conjunto de todos os resultados possíveis para um experimento aleatório.

Ex.: Na moeda: o espaço amostral na moeda é $\Omega = 2$, pois só temos dois resultados possíveis para esse experimento, que é ou CARA ou COROA.

Ex.: No "dado": o espaço amostral no "dado" é U = 6, pois temos do 1 (um) ao 6 (seis), como resultados possíveis para esse experimento.

Evento: Qualquer subconjunto do espaço amostral é chamado evento. No lançamento de um dado, por exemplo, em relação à face voltada para cima, podemos ter os eventos:

> O número par: {2, 4, 6}.

> O número ímpar: {1, 3, 5}.

> Múltiplo de 8: { }.

5.2 Fórmula da Probabilidade

Considere um experimento aleatório em que para cada um dos n eventos simples, do espaço amostral U, a chance de ocorrência é a mesma. Nesse caso, dizemos que o espaço amostral é um espaço equiprovável e que a probabilidade de cada evento simples é $\frac{1}{n}$.

Para um evento simples A, indicamos: $\mathbf{P(A) = \frac{1}{n(U)}}$

Podemos ampliar essas definições de probabilidade de um evento simples para a probabilidade de um evento qualquer.

$$P(A) = \frac{n(A)}{n(U)}$$

Na expressão acima, **n (U)** é o número de elementos do espaço amostral **U** e **n (A)**, o número de elementos do evento **A**.

$$P = \frac{\text{evento}}{\text{espaço amostral}}$$

Os valores da probabilidade variam de 0 (0%) a 1 (100%).

Quando a probabilidade é de 0 (0%), diz-se que o evento é impossível.

Ex.: Chance de você não passar num concurso.

Quando a probabilidade é de 1 (100%), diz-se que o evento é certo.

Ex.: Chance de você passar num concurso.

Qualquer outro valor entre 0 e 1, caracteriza-se como a probabilidade de um evento.

Na probabilidade também se usa o PFC, ou seja sempre que houver duas ou mais probabilidades ligadas pelo conectivo "e" elas serão multiplicadas, e quando for pelo "ou", elas serão somadas.

5.3 Eventos Complementares

Dois eventos são ditos **complementares** quando a chance do evento ocorrer somado à chance de ele não ocorrer sempre dá 1 (um).

$$P(A) + P(\bar{A}) = 1$$

Sendo:

P(A) = a probabilidade do evento ocorrer;

P($\bar{A}$) = a probabilidade do evento não ocorrer.

5.4 Casos Especiais de Probabilidade

A partir de agora veremos algumas situações típicas da probabilidade, que servem para não perdermos tempo na resolução das questões.

Eventos Independentes

Dois ou mais eventos são independentes quando não dependem uns dos outros para acontecer, porém ocorrem simultaneamente. Para calcular a probabilidade de dois ou mais eventos independentes, basta multiplicar a probabilidade de cada um deles.

Ex.: Uma urna tem 30 bolas, sendo 10 vermelhas e 20 azuis. Se sortearmos 2 bolas, 1 de cada vez e repondo a sorteada na urna, qual será a probabilidade de a primeira ser vermelha e a segunda ser azul?

Sortear uma bola vermelha da urna não depende de uma bola azul ser sorteada e vice-versa, então a probabilidade da bola ser vermelha é $\frac{10}{30}$, e para a bola ser azul a probabilidade é $\frac{20}{30}$. Dessa forma, a probabilidade de a primeira bola ser vermelha e a segunda azul é:

$$P = \frac{20}{30} \cdot \frac{10}{30}$$

$$P = \frac{200}{900}$$

$$P = \frac{2}{9}$$

Probabilidade Condicional

É a probabilidade de um evento ocorrer sabendo que já ocorreu outro, relacionado a esse.

A fórmula para o cálculo dessa probabilidade é:

$$P_{\frac{A}{B}} = \frac{P_{(A \cap B)}}{P_B}$$

$$P = \frac{\textbf{probabilidade dos eventos simultâneos}}{\textbf{probabilidade do evento condicional}}$$

Probabilidade da União de Dois Eventos

Assim como na teoria de conjuntos, faremos a relação com a fórmula do número de elementos da união de dois conjuntos. É importante lembrar que "ou" significa união.

A fórmula para o cálculo dessa probabilidade é:

$$P(A \cup B) = P(A) + P(B) - P(A \cap B)$$

Ex.: Ao lançarmos um dado, qual é a probabilidade de obtermos um número primo ou um número ímpar?

Os números primos no dado são 2, 3 e 5, já os números ímpares no dado são 1, 3 e 5, então os números primos e ímpares são 3 e 5. Aplicando a fórmula para o cálculo da probabilidade fica:

$$P_{(A \cup B)} = \frac{3}{6} + \frac{3}{6} - \frac{2}{6}$$

$$P_{(A \cup B)} = \frac{4}{6}$$

$$P_{(A \cup B)} = \frac{2}{3}$$

Probabilidade Binomial

Essa probabilidade será tratada aqui de forma direta e com o uso da fórmula.

A fórmula para o cálculo dessa probabilidade é:

$$P = C_{n,s} \cdot P_{sucesso}^{s} \cdot P_{fracasso}^{f}$$

Sendo:

C = o combinação;

n = o número de repetições do evento;

s = o números de "sucessos" desejados;

f = o número de "fracassos".

Questões

01. (CESPE) Os indivíduos S1, S2, S3 e S4, suspeitos da prática de um ilícito penal, foram interrogados, isoladamente, nessa mesma ordem. No depoimento, com relação à responsabilização pela prática do ilícito, S1 disse que S2 mentiria; S2 disse que S3 mentiria; S3 disse que S4 mentiria.

A partir dessa situação, julgue o item a seguir.

Considerando que a conclusão ao final do interrogatório tenha sido a de que apenas dois deles mentiram, mas que não fora possível identificá-los, escolhendo-se ao acaso dois entre os quatro para novos depoimentos, a probabilidade de apenas um deles ter mentido no primeiro interrogatório é superior a 0,5.

Certo ( ) Errado ( )

02. (CESPE) Um tabuleiro quadrado e quadriculado, semelhante a um tabuleiro de xadrez, com 12 linhas e 12 colunas, e, portanto, com 12 × 12 = 144 quadradinhos pintados: 54, na cor azul; 30, na cor marrom; 40, na cor amarela; e 20, na cor verde. A cada quadradinho é associado um cartão com dois números, que indicam a posição do quadradinho no tabuleiro; o primeiro número corresponde ao número da linha, e o segundo corresponde ao número da coluna. Por exemplo, o cartão com os números 5,10 corresponde ao quadradinho posicionado na linha 5 e na coluna 10. Esses cartões estão em uma urna, da qual podem ser retirados aleatoriamente.

A respeito desse tabuleiro e desses cartões, julgue o item a seguir.

A probabilidade de retirar dessa caixa, de maneira aleatória, um cartão correspondente a um quadrado que não tenha sido pintado na cor marrom é inferior a 0,72.

Certo ( ) Errado ( )

03. (CESPE) O resultado de uma pesquisa acerca da satisfação de 200 papiloscopistas, no que diz respeito às tarefas por eles executadas de identificação de vítimas e de descobertas de crimes de falsificação, foi o seguinte:

- 30 papiloscopistas sentem-se igualmente satisfeitos ao executar qualquer uma dessas tarefas;
- 180 papiloscopistas sentem-se satisfeitos ao executar pelo menos uma dessas tarefas.

Considerando que todos os 200 papiloscopistas responderam à pesquisa, julgue o item seguinte.

A probabilidade de que um papiloscopista, escolhido ao acaso, tenha se dito igualmente satisfeito ao executar qualquer uma entre as duas tarefas mencionadas, dado que se sente satisfeito ao executar pelo menos uma das duas tarefas, é inferior a 0,15.

Certo ( ) Errado ( )

04. (CESPE) Em um aeroporto, 30 passageiros que desembarcaram de determinado voo e que estiveram nos países A, B ou C, nos quais ocorre uma epidemia infecciosa, foram selecionados para ser examinados. Constatou-se que exatamente 25 dos passageiros selecionados estiveram em A ou em B, nenhum desses 25 passageiros esteve em C e 6 desses 25 passageiros estiveram em A e em B.

Com referência a essa situação hipotética, julgue o item que se segue.

Se 2 dos 30 passageiros selecionados forem escolhidos ao acaso, então a probabilidade de esses 2 passageiros terem estado em 2 desses países é inferior a 1/30.

Certo ( ) Errado ( )

05. (CESPE) Uma operação policial será realizada com uma equipe de seis agentes, que têm prenomes distintos, entre eles André, Bruno e Caio. Um agente será o coordenador da operação e outro, o assistente deste; ambos ficarão na base móvel de operações nas proximidades do local de realização da operação. Nessa operação, um agente se infiltrará, disfarçado, entre os suspeitos, em reunião por estes marcada em uma casa noturna, e outros três agentes, também disfarçados, entrarão na casa noturna para prestar apoio ao infiltrado, caso seja necessário.

A respeito dessa situação hipotética, julgue o item seguinte.

Se os dois agentes que ficarão na base móvel forem escolhidos aleatoriamente, a probabilidade de André e Bruno serem os escolhidos será superior a 30%.

Certo ( ) Errado ( )

Gabaritos

01	CERTO
02	ERRADO
03	ERRADO
04	ERRADO
05	ERRADO

6. TEORIA DOS CONJUNTOS

6.1 O que é Conjunto?

Frequentemente, usa-se a noção de conjunto. O principal exemplo de conjunto são os conjuntos numéricos, que, advindos da necessidade de contar ou quantificar as coisas ou objetos, foram adquirindo características próprias que os diferem. Os componentes de um conjunto são chamados de elementos. Costuma-se representar um conjunto nomeando os elementos um a um, colocando-os entre chaves e separando-os por vírgula; é o que chamamos de representação por extensão. Para nomear um conjunto, usa-se geralmente uma letra maiúscula. Exemplos:

A = {1,2,3,4,5} → **conjunto finito**

B = {1,2,3,4,5,...} → **conjunto infinito**

6.2 Definições

Ex.: Se quisermos montar o conjunto das vogais do alfabeto, os ***elementos*** serão a, e, i, o, u.

A nomenclatura dos conjuntos é formada pelas letras maiúsculas do alfabeto.

Ex.: Conjunto dos estados da região sul do Brasil: A = {Paraná, Santa Catarina, Rio Grande do Sul}.

Representação dos Conjuntos

Os conjuntos podem ser representados tanto em **chaves** como em **diagramas**.

ATENÇÃO! Quando é dada uma propriedade característica dos elementos de um conjunto, diz-se que ele está representado por compreensão. Vejamos:

A = {x |x é um múltiplo de dois maior que zero}

Representação em Chaves

Conjuntos dos estados brasileiros que fazem fronteira com o Paraguai:

B = {Paraná, Mato Grosso do Sul}.

Representação em Diagramas

Ex.: Conjuntos das cores da bandeira do Brasil:

Elementos e Relação de Pertinência

Quando um elemento está em um conjunto, dizemos que ele pertence a esse conjunto. A relação de pertinência é representada pelo símbolo ∈ (pertence).

Ex.: Conjunto dos algarismos pares: **G** = {2, 4, 6, 8, 0}.

Observe que:

$4 \in G$

$7 \notin G$

Conjunto Unitário, Conjunto Vazio e Conjunto Universo

Conjunto unitário: possui um só elemento.

Ex.: Conjunto da capital do Brasil: K = {Brasília}

Conjunto vazio: simbolizado por ∅ ou {}, é o conjunto que não possui elemento.

Ex.: Conjunto dos estados brasileiros que fazem fronteira com o Chile: M = ∅.

Conjunto universo: Em inúmeras situações é importante estabelecer o conjunto U ao qual pertencem os elementos de todos os conjuntos considerados. Esse conjunto é chamado de conjunto universo. Assim:

- > Quando se estuda a geometria plana, o conjunto universo é formado por todos os pontos de um dado plano.
- > Quando se estuda a população humana, o conjunto universo é constituído de todos os seres humanos.

Para descrever um conjunto A por meio de uma propriedade característica p de seus elementos, deve-se mencionar, de modo explícito ou não, o conjunto universo U no qual se está trabalhando:

Ex.: $A = \{x \in R \mid x>2\}$, onde U = R → forma explícita

$A = \{x \mid x > 2\}$ → forma implícita.

6.3 Subconjuntos

Diz-se que B é um subconjunto de A se, e somente se, todos os elementos de B pertencem a A.

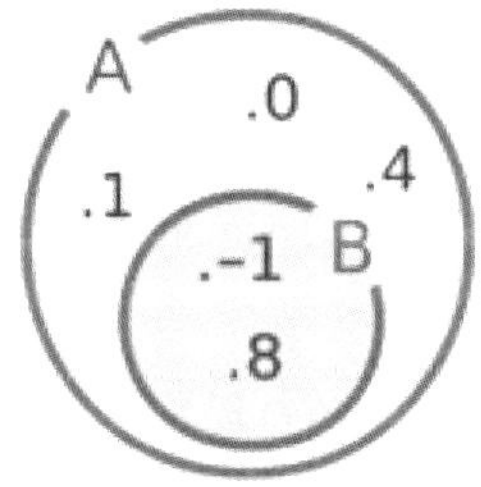

Deve-se notar que A = {-1,0,1,4,8} e B = {-1,8}, ou seja, todos os elementos de B também são elementos do conjunto A.

Nesse caso, diz-se que B está contido em A ou B é subconjunto de A. ($B \subset A$). Pode-se dizer também que A contém B. ($A \supset B$).

OBSERVAÇÕES:

- > Se $A \subset B$ e $B \subset A$, então A = B.
- > Os símbolos ⊂ (contido), ⊃ (contém), ⊄ (não está contido) e ⊅ (não contém) são utilizados para relacionar conjuntos.
- > Para todo conjunto A, tem-se $A \subset A$.
- > Para todo conjunto A, tem-se $\emptyset \subset A$, onde ∅ representa o conjunto vazio.
- > Todo conjunto é subconjunto de si próprio ($D \subset D$);
- > O conjunto vazio é subconjunto de qualquer conjunto ($\emptyset \subset D$);

> Se um conjunto A possui "p" elementos, então ele possui 2p subconjuntos;

> O conjunto formado por todos os subconjuntos de um conjunto A, é denominado conjunto das partes de A. Assim, se A = {4, 7}, o conjunto das partes de A, é dado por {Ø, {4}, {7}, {4, 7}}.

6.4 Operações com Conjuntos

União de conjuntos: a união de dois conjuntos quaisquer será representada por "A ∪ B" e terá os elementos que pertencem a A "ou" a B, ou seja, todos os elementos.

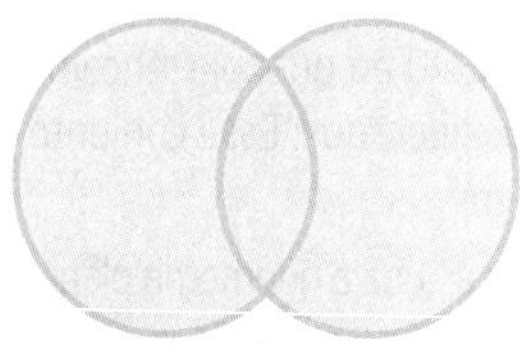

A ∪ B

Interseção de conjuntos: a interseção de dois conjuntos quaisquer será representada por "A ∩ B". Os elementos que fazem parte do conjunto interseção são os elementos comuns aos dois conjuntos.

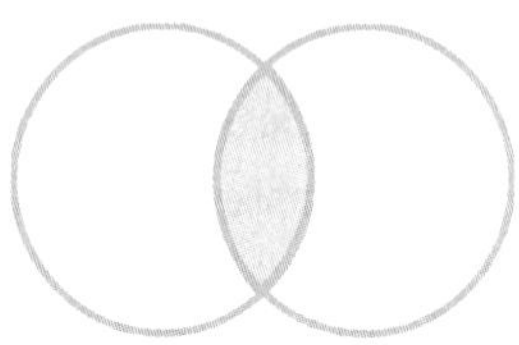

A ∩ B

Conjuntos disjuntos: Se dois conjuntos não possuem elementos em comum, diz-se que eles são disjuntos. Simbolicamente, escreve-se A ∩ B = Ø. Nesse caso, a união dos conjuntos A e B é denominada união disjunta. O número de elementos A ∩ B nesse caso é igual a zero.

n (A ∩ B) = 0.

Ex.:

Seja A = {1, 2, 3, 4, 5}, B = {1, 5, 6, 3}, C = {2, 4, 7, 8, 9} e D = {10, 20}. Tem-se:

A ∪ B = {1,2,3,4,5,6}

B ∪ A = {1,2,3,4,5,6}

A ∩ B = {1,3,5}

B ∩ A = {1,3,5}

A ∪ B ∪ C = {1,2,3,4,5,6,7,8,9} e

A ∩ D = Ø.

É possível notar que A, B e C são todos disjuntos com D, mas A, B e C não são dois a dois disjuntos.

Diferença de conjuntos: a diferença de dois conjuntos quaisquer será representada por "A – B" e terá os elementos que pertencem somente a A, mas não pertencem a B, ou seja, que são exclusivos de A.

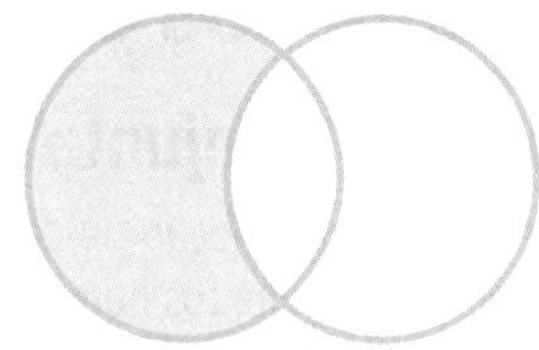

A - B

Complementar de um conjunto: se A está contido no conjunto universo U, o complementar de A é a diferença entre o conjunto universo e o conjunto A, será representado por "$C_U^{(A)}$ =U - A" e terá todos os elementos que pertencem ao conjunto universo, menos os que pertencem ao conjunto A.

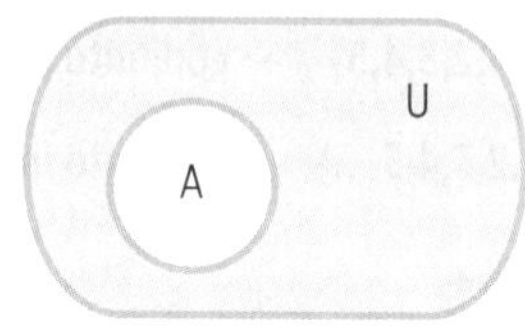

$C_p(A)$

Questões

01. (CESPE) – 2018 Para um conjunto qualquer X, n(X) representa a quantidade de elementos de X.

Nesse sentido, considere que os conjuntos A, B e C tenham as seguintes propriedades:

- n(A) = n(B) = n(C) = 50;
- n(A∩B) = n(A∩C) = n(B∩C) = 10;
- n(A∩B∩C) = 0.

Nessa situação, n(A∪B∪C) é igual a 110.

Certo ( ) Errado ( )

02. (CESPE) Determinado porto recebeu um grande carregamento de frango congelado, carne suína congelada e carne bovina congelada, para exportação.

Esses produtos foram distribuídos em 800 contêineres, da seguinte forma: nenhum contêiner foi carregado com os três produtos; 300 contêineres foram carregados com carne bovina; 450, com carne suína; 100, com frango e carne bovina; 150, com carne suína e carne bovina; 100, com frango e carne suína.

Nessa situação hipotética, 250 contêineres foram carregados somente com carne suína.

Certo ( ) Errado ( )

03. (CESPE) Em um aeroporto, 30 passageiros que desembarcaram de determinado voo e que estiveram nos países A, B ou C, nos quais ocorre uma epidemia infecciosa, foram selecionados para ser examinados. Constatou-se que exatamente 25 dos passageiros selecionados estiveram em A ou em B, nenhum desses 25 passageiros esteve em C e 6 desses 25 passageiros estiveram em A e em B.

Com referência a essa situação hipotética, julgue o item que se segue.

Se 11 passageiros estiveram em B, então mais de 15 estiveram em A.

Certo ( ) Errado ( )

04. (CESPE) Em um aeroporto, 30 passageiros que desembarcaram de determinado voo e que estiveram nos países A, B ou C, nos quais ocorre uma epidemia infecciosa, foram selecionados para ser examinados. Constatou-se que exatamente 25 dos passageiros selecionados estiveram em A ou em B, nenhum desses 25 passageiros esteve em C e 6 desses 25 passageiros estiveram em A e em B.

Com referência a essa situação hipotética, julgue o item que se segue.

Considere que, separando-se o grupo de passageiros selecionados que visitou o país A, o grupo que visitou o país B e o grupo que visitou o país C, seja verificado, em cada um desses grupos, que pelo menos a metade dos seus componentes era do sexo masculino. Nessa situação, conclui-se que o grupo de 30 passageiros selecionados tem, no máximo, 14 mulheres.

Certo ( ) Errado ( )

05. (CESPE) O resultado de uma pesquisa acerca da satisfação de 200 papiloscopistas, no que diz respeito às tarefas por eles executadas de identificação de vítimas e de descobertas de crimes de falsificação, foi o seguinte:

- 30 papiloscopistas sentem-se igualmente satisfeitos ao executar qualquer uma dessas tarefas;
- 180 papiloscopistas sentem-se satisfeitos ao executar pelo menos uma dessas tarefas.

Considerando que todos os 200 papiloscopistas responderam à pesquisa, julgue o item seguinte.

Menos de 30 papiloscopistas não se sentem satisfeitos ao executar alguma das duas tarefas mencionadas.

Certo ( ) Errado ( )

Gabaritos

01	ERRADO
02	ERRADO
03	CERTO
04	ERRADO
05	CERTO

7. CONJUNTOS NUMÉRICOS

Os números surgiram da necessidade de contar ou quantificar coisas ou objetos. Com o passar do tempo, foram adquirindo características próprias.

7.1 Números Naturais

É o primeiro dos conjuntos numéricos. Representado pelo símbolo $\mathbb{N}$. É formado pelos seguintes elementos:

$\mathbb{N} = \{0, 1, 2, 3, 4, 5, 6, 7, 8, 9, 10, 11, 12, 13, ... + \infty\}$

O símbolo ∞ significa infinito, o + quer dizer positivo, então $+\infty$ quer dizer infinito positivo.

7.2 Números Inteiros

Esse conjunto surgiu da necessidade de alguns cálculos não possuírem resultados, pois esses resultados eram negativos.

Representado pelo símbolo $\mathbb{Z}$, é formado pelos seguintes elementos:

$\mathbb{Z} = \{-\infty, ..., -3, -2, -1, 0, 1, 2, 3, ..., +\infty\}$

Operações e Propriedades dos Números Naturais e Inteiros

As principais operações com os números naturais e inteiros são: adição, subtração, multiplicação, divisão, potenciação e radiciação (as quatro primeiras são também chamadas operações fundamentais).

Adição

Na adição, a soma dos termos ou parcelas resulta naquilo que se chama **total**.

Ex.: 2 + 2 = 4

As propriedades da adição são:

Elemento Neutro: qualquer número somado ao zero tem como total o próprio número.

Ex.: + 0 = 2

Comutativa: a ordem dos termos não altera o total.

Ex.: 2 + 3 = 3 + 2 = 5

Associativa: o ajuntamento de parcelas não altera o total.

Ex.: 2 + 0 = 2

Subtração

Operação contrária à adição, também conhecida como diferença.

Os termos ou parcelas da subtração, assim como o total, têm nomes próprios:

M – N = P; em que M = minuendo, N = subtraendo e P = diferença ou resto.

Ex.: 7 – 2 = 5

Quando o subtraendo for maior que o minuendo, a diferença será negativa.

Multiplicação

Nada mais é do que a soma de uma quantidade de parcelas fixas. Ao resultado da multiplicação chama-se produto. Os símbolos que indicam a multiplicação são o **"x"** (sinal de vezes) ou o **"."** (ponto).

Exs.: 4 x 7 = 7 + 7 + 7 + 7 = 28

7 . 4 = 4 + 4 + 4 + 4 + 4 + 4 + 4 = 28

As propriedades da multiplicação são:

Elemento Neutro: qualquer número multiplicado por 1 terá como produto o próprio número.

Ex.: 5 . 1 = 5

Comutativa: ordem dos fatores não altera o produto.

Ex.: 3 · 4 = 4 · 3 = 12

Associativa: o ajuntamento dos fatores não altera o resultado.

Ex.: 2 . (3 . 4) = (2 . 3) . 4 = 24

Distributiva: um fator em evidência multiplica todas as parcelas dentro dos parênteses.

Ex.: 2 · (3 + 4) = (2 · 3) + (2 · 4) = 6 + 8 = 14

Na multiplicação existe "jogo de sinais", que fica assim:

Parcela	Parcela	Produto
+	+	+
+	-	-
-	+	-
-	-	+

Exs.: 2 . -3 = -6

-3 . -7 = 21

Divisão

Por ser o inverso da multiplicação, a divisão também possui o "jogo de sinal".

É o inverso da multiplicação. Os sinais que a representam são: "÷", ":", "/" ou a fração.

Exs.: 14 ÷ 7 = 2

25 : 5 = 5

36/12 = 3

7.3 Números Racionais

Com o passar do tempo alguns cálculos não possuíam resultados inteiros, a partir daí surgiram os números racionais, que são representados pela letra $\mathbb{Q}$ e são os números que podem ser escritos sob forma de frações.

$\mathbb{Q} = \frac{a}{b}$ (com "b" diferente de zero → $b \neq 0$); em que "a" é o numerador e "b" é o denominador.

Fazem parte desse conjunto também as dízimas periódicas (números que apresentam uma série infinita de algarismos decimais, após a vírgula) e os números decimais (aqueles que são escritos com a vírgula e cujo denominador são as potências de 10).

Toda fração cujo numerador é menor que o denominador é chamada de fração própria.

Operações com os Números Racionais

Adição e Subtração

Para somar frações deve-se estar atento se os denominadores das frações são os mesmos. Caso sejam iguais, basta repetir o denominador e somar (ou subtrair) os numeradores, porém se os denominadores forem diferentes é preciso fazer o M.M.C. (assunto que será visto adiante) dos denominadores, constituir novas frações equivalentes às frações originais e, assim, proceder com o cálculo.

$$\frac{2}{7}+\frac{4}{7}=\frac{6}{7}$$

$$\frac{2}{3}+\frac{4}{5}=\frac{10}{15}+\frac{12}{15}=\frac{22}{15}$$

Multiplicação

Para multiplicar frações basta multiplicar numerador com numerador e denominador com denominador.

$$\frac{3}{4}\cdot\frac{5}{7}=\frac{15}{28}$$

Divisão

Para dividir frações basta fazer uma multiplicação da primeira fração com o inverso da segunda fração.

$$\frac{2}{3}\div\frac{4}{5}=\frac{2}{3}\cdot\frac{5}{4}=\frac{10}{12}=\frac{5}{6}$$ (Simplificando por 2)

Toda vez que for possível deve-se simplificar a fração até sua fração irredutível (aquela que não pode mais ser simplificada).

Potenciação

Se a multiplicação é soma de uma quantidade de parcelas fixas, a potenciação é a multiplicação de uma quantidade de fatores fixos, tal quantidade indicada no expoente que acompanha a base da potência.

A potenciação é expressa por: **a**n, cujo "a" é a base da potência e o "n" é o expoente.

Ex.: $4^3 = 4 . 4 . 4 = 64$

As propriedades das potências são:

$a^0 = 1$

$3^0 = 1$

$a^1 = a$

$5^1 = 5$

$a^{-n} = 1/a^n$

$2^{-3} = \frac{1}{2^3} = 1/8$

$a^m \cdot a^n = a^{(m+n)}$

$3^2 \cdot 3^3 = 3^{(2+3)} = 3^5 = 243$

$a^m : a^n = a^{(m-n)}$

$4^5 : 4^3 = 4^{(5-3)} = 4^2 = 16$

$(a^m)^n = a^{m\cdot n}$

$(2^2)^4 = 2^{2\cdot 4} = 2^8 = 256$

$a^{m/n} = \sqrt[n]{a^m}$

$7^{2/3} = \sqrt[3]{7^2} = \sqrt[3]{49}$

Não confunda: (am)n ≠ am n

Não confunda também: (-a)n ≠ -an.

Radiciação

É a expressão da potenciação com expoente fracionário.

A representação genérica da radiciação é: $\sqrt[n]{a}$; cujo "n" é o índice da raiz, o "a" é o radicando e "$\sqrt{\ }$" é o radical.

Quando o índice da raiz for o 2 ele não precisa aparecer e essa raiz será uma raiz quadrada.

As propriedades das "raízes" são:

→ $\sqrt[n]{a^m} = (\sqrt[n]{a})^m = a^{m/n}$

→ $\sqrt[m]{\sqrt[n]{a}} = \sqrt[m\cdot n]{a}$

→ $\sqrt[m]{a^m} = a = am/m = a1 = a$

Racionalização: se uma fração tem em seu denominador um radical, faz-se o seguinte:

$$\frac{1}{\sqrt{a}}=\frac{1}{\sqrt{a}}\cdot\frac{\sqrt{a}}{\sqrt{a}}=\frac{\sqrt{a}}{\sqrt{a^2}}=\frac{\sqrt{a}}{a}$$

Transformando Dízima Periódica em Fração

Para transformar dízimas periódicas em fração, é preciso atentar-se para algumas situações:

> Verifique se depois da vírgula só há a parte periódica, ou se há uma parte não periódica e uma periódica.

> Observe quantas são as "casas" periódicas e, caso haja, as não periódicas. Lembrado sempre que essa observação só será para os números que estão depois da vírgula.

> Em relação à fração, o denominador será tantos "9" quantos forem as casas do período, seguido de tantos "0" quantos forem as casas não periódicas (caso haja e depois da vírgula). Já o numerador será o número sem a vírgula até o primeiro período "menos" toda a parte não periódica (caso haja).

Exs.: $0,6666... = \frac{6}{9}$

$0,36363636... = \frac{36}{99}$

$0,123333... = \frac{123-12}{900} = \frac{111}{900}$

$2,8888... = \frac{28-2}{9} = \frac{26}{9}$

$3,754545454... = \frac{3754-37}{990} = \frac{3717}{990}$

Transformando Número Decimal em Fração

Para transformar número decimal em fração, basta contar quantas "casas" existem depois da vírgula; então o denominador da fração será o número 1 acompanhado de tantos zeros quantos forem o número de "casas", já o numerador será o número sem a "vírgula".

Exs.: $0,3 = \frac{3}{10}$

$2,45 = \frac{245}{100}$

$49,586 = \frac{49586}{1000}$

7.4 Números Irracionais

São os números que não podem ser escritos na forma de fração.

O conjunto é representado pela letra $\mathbb{I}$ e tem como elementos as dízimas não periódicas e as raízes não exatas.

7.5 Números Reais

Simbolizado pela letra $\mathbb{R}$, é a união do conjunto dos números racionais com o conjunto dos números irracionais.

Representado, tem-se:

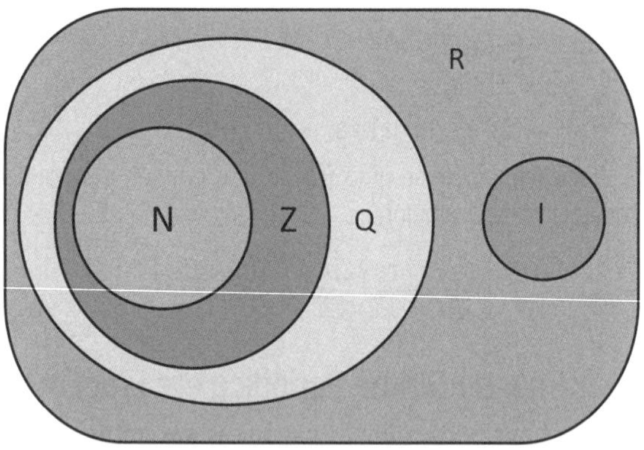

Colocando todos os números em uma reta, tem-se:

As desigualdades ocorrem em razão de os números serem maiores ou menores uns dos outros.

Os símbolos das desigualdades são:

$\geq$ maior ou igual a;

$\leq$ menor ou igual a;

$>$ maior que;

$<$ menor que.

Dessas desigualdades surgem os intervalos, que nada mais são do que um espaço dessa reta, entre dois números.

Os intervalos podem ser abertos ou fechados, depende dos símbolos de desigualdade utilizados.

Intervalo aberto ocorre quando os números não fazem parte do intervalo e os sinais de desigualdade são:

$>$ maior que;

$<$ menor que.

Intervalo fechado ocorre quando os números fazem parte do intervalo e os sinais de desigualdade são:

$\geq$ maior ou igual a;

$\leq$ menor ou igual a.

7.6 Intervalos

Os intervalos numéricos podem ser representados das seguintes formas:

Com os Símbolos $<, >, \leq, \geq$

Quando forem usados os símbolos $<$ ou $>$, os números que os acompanham não fazem parte do intervalo real. Já quando forem usados os símbolos $\leq$ ou $\geq$ os números farão parte do intervalo real.

Exs.:

$2 < x < 5$: o 2 e o 5 não fazem parte do intervalo.

$2 \leq x < 5$: o 2 faz parte do intervalo, mas o 5 não.

$2 \leq x \leq 5$: o 2 e o 5 fazem parte do intervalo.

Com os Colchetes

Quando os colchetes estiverem voltados para os números, significa que farão parte do intervalo. Porém, quando os colchetes estiverem invertidos, significa que os números não farão parte do intervalo.

Exs.:

]2;5[: o 2 e o 5 não fazem parte do intervalo.

[2;5[: o 2 faz parte do intervalo, mas o 5 não faz.

[2;5]: o 2 e o 5 fazem parte do intervalo.

Sobre uma Reta Numérica

Intervalo aberto $2<x<5$:

Em que 2 e 5 não fazem parte do intervalo numérico, representado pela marcação aberta (sem preenchimento - O).

Intervalo fechado e aberto $2 \leq x<5$:

Em que 2 faz parte do intervalo, representado pela marcação fechada (preenchida - ●) em que 5 não faz parte do intervalo, representado pela marcação aberta (O).

Intervalo fechado $2 \leq x \leq 5$:

Em que 2 e 5 fazem parte do intervalo numérico, representado pela marcação fechada (●).

7.7 Múltiplos e Divisores

> Números quadrados perfeitos são aqueles que resultam da multiplicação de um número por ele mesmo.
>
> Ex.: 4 = 2 . 2
>
> 25 = 5 . 5

Os múltiplos são resultados de uma multiplicação de dois números naturais.

Ex.: Os múltiplos de 3 são: 0, 3, 6, 9, 12, 15, 18, 21, 24, 27, 30... (os múltiplos são infinitos).

Os divisores de um "número" são os números cuja divisão desse "número" por eles será exata.

Ex.: Os divisores de 12 são: 1, 2, 3, 4, 6, 12.

7.8 Números Primos

São os números que têm apenas dois divisores, o 1 e ele mesmo (alguns autores consideram os números primos aqueles que tem 4 divisores, sendo o 1, o -1, ele mesmo e o seu oposto – simétrico).

Veja alguns números primos:

2 (único primo par), 3, 5, 7, 11, 13, 17, 19, 23, 29, 31, 37, 41, 43, 47, 53, 59, ...

Os números primos servem para decompor outros números.

A decomposição de um número em fatores primos serve para fazer o MMC (mínimo múltiplo comum) e o MDC (máximo divisor comum).

7.9 MMC e MDC

O MMC de um, dois ou mais números é o menor número que, ao mesmo tempo, é múltiplo de todos esses números.

O MDC de dois ou mais números é o maior número que pode dividir todos esses números ao mesmo tempo.

Para calcular, após decompor os números, o MMC de dois ou mais números será o produto de todos os fatores primos, comuns e não comuns, elevados aos maiores expoentes. Já o MDC será apenas os fatores comuns a todos os números elevados aos menores expoentes.

Exs.: $6 = 2 \cdot 3$

$18 = 2 \cdot 3 \cdot 3 = 2 \cdot 3^2$

$35 = 5 \cdot 7$

$144 = 2 \cdot 2 \cdot 2 \cdot 2 \cdot 3 \cdot 3 = 2^4 \cdot 3^2$

$225 = 3 \cdot 3 \cdot 5 \cdot 5 = 3^2 \cdot 5^2$

$490 = 2 \cdot 5 \cdot 7 \cdot 7 = 2 \cdot 5 \cdot 7^2$

$640 = 2 \cdot 2 \cdot 2 \cdot 2 \cdot 2 \cdot 2 \cdot 2 \cdot 5 = 2^7 \cdot 5$

MMC de 18 e 225 = $2 \cdot 3^2 \cdot 5^2 = 2 \cdot 9 \cdot 25 = 450$

MDC de 225 e 490 = 5

Para saber a quantidade de divisores de um número basta, depois da decomposição do número, pegar os expoentes dos fatores primos, somar "+1" e multiplicar os valores obtidos.

Exs.: $225 = 3^2 \cdot 5^2 = 3^{2+1} \cdot 5^{2+1} = 3 \cdot 3 = 9$

Nº de divisores = $(2 + 1) \cdot (2 + 1) = 3 \cdot 3 = 9$ divisores. Que são: 1, 3, 5, 9, 15, 25, 45, 75, 225.

7.10 Divisibilidade

As regras de divisibilidade servem para facilitar a resolução de contas, para ajudar a descobrir se um número é ou não divisível por outro. Veja algumas dessas regras.

Divisibilidade por 2: para um número ser divisível por 2 basta que o mesmo seja par.

Exs.: 14 é divisível por 2.

17 não é divisível por 2.

Divisibilidade por 3: para um número ser divisível por 3, a soma dos seus algarismos tem que ser divisível por 3.

Exs.: 174 é divisível por 3, pois 1 + 7 + 4 = 12

188 não é divisível por 3, pois 1 + 8 + 8 = 17

Divisibilidade por 4: para um número ser divisível por 4, ele tem que terminar em 00 ou os seus dois últimos números devem ser múltiplos de 4.

Exs.: 300 é divisível por 4.

532 é divisível por 4.

766 não é divisível por 4.

Divisibilidade por 5: para um número ser divisível por 5, ele deve terminar em 0 ou em 5.

Exs.: 35 é divisível por 5.

370 é divisível por 5.

548 não é divisível por 5.

Divisibilidade por 6: para um número ser divisível por 6, ele deve ser divisível por 2 e por 3 ao mesmo tempo.

Exs.: 78 é divisível por 6.

576 é divisível por 6.

652 não é divisível por 6.

Divisibilidade por 9: para um número ser divisível por 9, a soma dos seus algarismos deve ser divisível por 9.

Exs.: 75 é não divisível por 9.

684 é divisível por 9.

Divisibilidade por 10: para um número ser divisível por 10, basta que ele termine em 0.

Exs.: 90 é divisível por 10.

364 não é divisível por 10.

7.11 Expressões Numéricas

Para resolver expressões numéricas, deve-se sempre seguir a ordem:

> Resolva os (parênteses), depois os [colchetes], depois as {chaves}, nessa ordem;

> Dentre as operações resolva primeiro as potenciações e raízes (o que vier primeiro), depois as multiplicações e divisões (o que vier primeiro) e por último as somas e subtrações (o que vier primeiro).

Calcule o valor da expressão:

Ex.: $8 - \{5 - [10 - (7 - 3 . 2)] \div 3\}$

Resolução:

$8 - \{5 - [10 - (7 - 6)] \div 3\}$

$8 - \{5 - [10 - (1)] \div 3\}$

$8 - \{5 - [9] \div 3\}$

$8 - \{5 - 3\}$

$8 - \{2\}$

6

Questões

01. (CESPE) Uma companhia aérea fixou rodízio entre duas cidades para seus comissários de bordo de determinado voo diário. A escala estabelece que o comissário A trabalhe nesse voo a cada 8 dias; o comissário B, a cada 10 dias; e o comissário C, a cada 12 dias.

Nesse caso, se os três tiverem trabalhado juntos no voo do dia de hoje, então a próxima vez em que eles trabalharão novamente juntos nesse voo ocorrerá daqui a 120.

Certo ( ) Errado ( )

02. (CESPE) Uma assistente administrativa rasgou em n pedaços uma folha de papel que continha informação considerada sigilosa. Como ainda era possível ler alguma informação em um desses pedaços, ela rasgou-o também em n pedaços. Receosa de que a informação sigilosa pudesse ser recuperada de um desses últimos pedaços, rasgou-o também em n pedaços.

Uma quantidade possível de pedaços em que a folha foi rasgada é de 28.

Certo ( ) Errado ( )

03. (CESPE) A respeito de números reais e de funções de variáveis reais, julgue o item que se segue.

Situação hipotética: Carlos possui uma quantidade de revistas que é maior que 500 e menor que 700. Separando as revistas em conjuntos de 8 revistas, Carlos verificou que sobrou um grupo com 3 revistas. O mesmo acontecia quando ele separava as revistas em conjuntos de 14 ou em conjuntos de 20 revistas: sempre sobrava um conjunto com 3 revistas.

Assertiva: Nesse caso, é correto afirmar que Carlos possui 563 revistas.

Certo ( ) Errado ( )

04. (CESPE) A respeito de números reais e de funções de variáveis reais, julgue o item que se segue.

Situação hipotética: Sandra selecionou questões de concursos públicos passados para resolver e, assim, se preparar para o concurso em que pretende concorrer. Ela selecionou 98 questões de matemática, 70 questões de português, 56 questões de informática e 42 questões de direito, que deverão ser resolvidas em determinada quantidade de dias. Ela estabeleceu as seguintes regras de estudo:

- em todos os dias, ela deve resolver questões de todas essas disciplinas;
- de cada uma dessas disciplinas, ela deve resolver, diariamente, sempre a mesma quantidade de questões;
- essas quantidades de questões a serem resolvidas diariamente de cada disciplina devem ser as máximas possíveis para que, no período determinado, ela consiga resolver todas as questões de todas as disciplinas.

Assertiva: Nessa situação, de todas as disciplinas, Sandra deverá resolver 19 questões por dia durante 14 dias.

Certo ( ) Errado ( )

05. (CESPE) Paulo, Maria e João, servidores lotados em uma biblioteca pública, trabalham na catalogação dos livros recém-adquiridos. Independentemente da quantidade de livros a serem catalogados em cada dia, Paulo cataloga 1/4, Maria cataloga 1/3 e João, 5/12.

A respeito da catalogação de livros por esses servidores, julgue o item a seguir.

Sempre que trabalharem de segunda-feira a sexta-feira, os três servidores catalogarão uma quantidade de livros que será um número múltiplo de 12.

Certo ( ) Errado ( )

Gabaritos

01	CERTO
02	CERTO
03	CERTO
04	ERRADO
05	CERTO

8. SISTEMA LEGAL DE MEDIDAS

8.1 Medidas de Tempo

A unidade padrão do tempo é o segundo (s), mas devemos saber as seguintes relações:

1 min = 60 s

1h = 60 min = 3600 s

1 dia = 24 h = 1440 min = 86400 s

30 dias = 1 mês

2 meses = 1 bimestre

6 meses = 1 semestre

12 meses = 1ano

10 anos = 1 década

100 anos = 1 século

Ex.: 5h47min18seg + 11h39min59s = 26h86min77s = 26h87min17s = 27h27min17s= 1dia3h27mim17s;

Ex.: 8h23min – 3h49min51seg = 7h83min – 3h49min51seg = 7h82min60seg – 3h49min51seg = 4h33min9seg.

Cuidado com as transformações de tempo, pois elas não seguem o mesmo padrão das outras medidas.

8.2 Sistema Métrico Decimal

Serve para medir comprimentos, distâncias, áreas e volumes. Tem como unidade padrão o metro (m). Veremos agora seus múltiplos, variações e algumas transformações.

Metro (m):

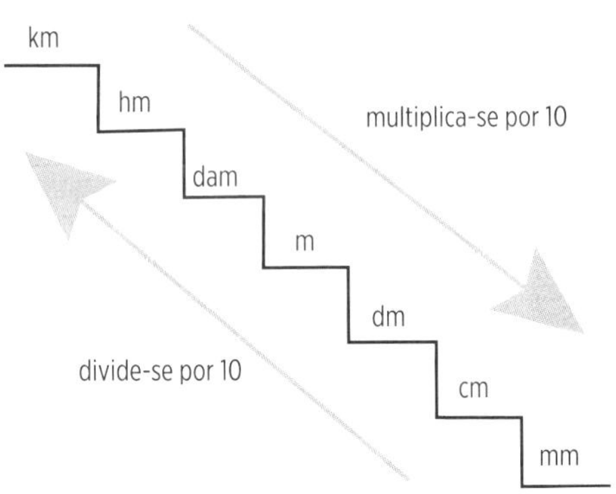

Para cada degrau descido da escada, multiplica-se por 10, e para cada degrau subido, divide-se por 10.

Ex.: Transformar 2,98km em cm = 2,98 · 100.000 = 298.000cm (na multiplicação por 10 ou suas potências, basta deslocar a "vírgula" para a direita);

Ex.: Transformar 74m em km = 74 ÷ 1000 = 0,074km (na divisão por 10 ou suas potências, basta deslocar a "vírgula" para a esquerda).

O grama (g) e o litro (l) seguem o mesmo padrão do metro (m).

Metro quadrado (m^2):

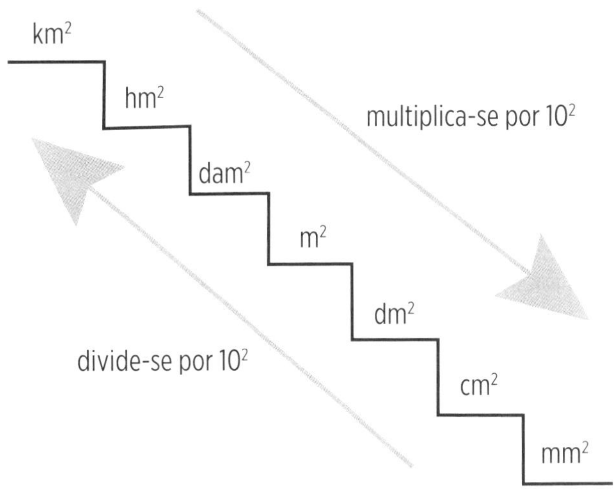

Para cada degrau descido da escada multiplica por 10^2 ou 100, e para cada degrau subido divide por 10^2 ou 100.

Ex.: Transformar 79,11m^2 em cm^2 = 79,11 · 10.000 = 791.100cm^2;

Ex.: Transformar 135m^2 em km^2 = 135 ÷ 1.000.000 = 0,000135km^2.

Metro cúbico (m^3):

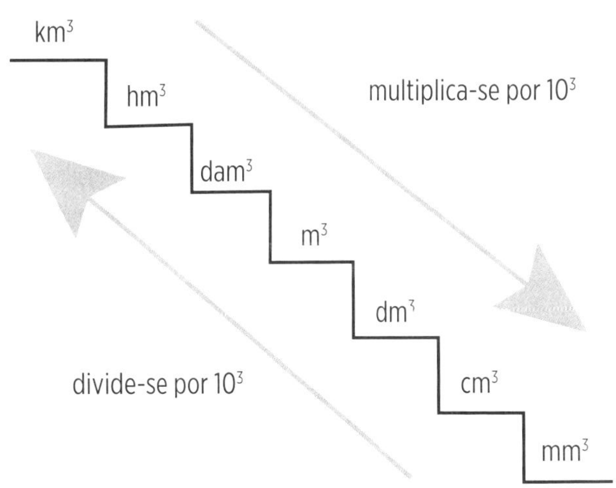

Para cada degrau descido da escada, multiplica-se por 10^3 ou 1000, e para cada degrau subido, divide-se por 10^3 ou 1000.

Ex.: Transformar 269dm^3 em cm^3 = 269 · 1.000 = 269.000cm^3

Ex.: Transformar 4.831cm^3 em m^3 = 4.831 ÷ 1.000.000 = 0,004831m^3

O metro cúbico, por ser uma medida de volume, tem relação com o litro (l), e essa relação é:

1m^3 = 1000 litros

1dm^3 = 1 litro

1cm^3 = 1 mililitro

Questões

01. (CESPE) O preço do litro de determinado produto de limpeza é igual a R$ 0,32. Se um recipiente tem a forma de um paralelepípedo retângulo reto, medindo internamente 1,2 dam × 125 cm × 0,08 hm, então o preço que se pagará para encher esse recipiente com o referido produto de limpeza será igual a R$3.840,00.

Certo ( ) Errado ( )

02. (CESPE) A represa X, que abastece de água determinada cidade, tem capacidade para 480 milhões de metros cúbicos de água.

A capacidade da represa X é de 4,8 km3

Certo ( ) Errado ( )

03. (CESPE) Lúcio, Breno, Cláudia e Denise abriram a loja virtual Lik, para a qual, no ato de abertura, Lúcio contribuiu com R$ 10.000,00; Breno, com R$ 15.000,00; Cláudia, com R$ 12.000,00; e Denise, com R$ 13.000,00. Os lucros obtidos por essa loja serão distribuídos de forma diretamente proporcional à participação financeira de cada um dos sócios no ato de abertura da loja.

A partir dessas informações, julgue o item a seguir.

Caso o volume de cada unidade de determinado produto vendido pela loja Lik seja de 1.800 cm3, então, se 200 unidades desse produto forem acondicionadas em uma única embalagem, o volume dessa embalagem será inferior a 0,3 m3.

Certo ( ) Errado ( )

04. (CESPE) Nas armas de fogo, calibre é o diâmetro do projétil ou do cano da arma. Nos sistemas americano e inglês, o calibre é expresso em polegadas — por exemplo, para uma pistola calibre .38, o diâmetro do projétil mede 0,38 polegada. Já no sistema europeu, essa medição é feita em milímetros: o calibre de uma pistola .38 — nos sistemas americano e inglês — é igual a 9,65 mm. Superinteressante. Julho/2008 (com adaptações).

Tendo como referência o texto acima, julgue o item seguinte.

Se o comprimento de um objeto for igual a 40% de uma polegada, então esse objeto medirá menos de 1 cm de comprimento.

Certo ( ) Errado ( )

05. (CESPE) Considere que a empresa X tenha disponibilizado um aparelho celular a um empregado que viajou em missão de 30 dias corridos. O custo do minuto de cada ligação, para qualquer telefone, é de R$ 0,15. Nessa situação, considerando que a empresa tenha estabelecido limite de R$ 200,00 e que, após ultrapassado esse limite, o empregado arcará com as despesas, julgue o item a seguir.

Se, ao final da missão, o tempo total de suas ligações for de 20 h, o empregado não pagará excedente.

Certo ( ) Errado ( )

Gabaritos

01	ERRADO
02	ERRADO
03	CERTO
04	ERRADO
05	CERTO

9. RAZÕES E PROPORÇÕES

Neste capítulo, estão presentes alguns assuntos muito incidentes em provas: razões e proporções. É preciso que haja atenção no estudo desse conteúdo.

9.1 Grandeza

É tudo aquilo que pode ser contado, medido ou enumerado.

Ex.: Comprimento (distância), tempo, quantidade de pessoas e/ou coisas, etc.

Grandezas Diretamente Proporcionais: são aquelas em que o aumento de uma implica o aumento da outra.

Ex.: Quantidade e preço.

Grandezas Inversamente Proporcionais: são aquelas em que o aumento de uma implica a diminuição da outra.

Ex.: Velocidade e tempo.

9.2 Razão

É a comparação de duas grandezas. Essas grandezas podem ser de mesma espécie (com a mesma unidade) ou de espécies diferentes (unidades diferentes). Nada mais é do que uma fração do tipo $\frac{a}{b}$, com $b \neq 0$.

Nas razões, os numeradores são também chamados de antecedentes e os denominadores de consequentes.

Exs.:

Escala: comprimento no desenho comparado ao tamanho real.

Velocidade: distância comparada ao tempo.

9.3 Proporção

Pode ser definida como a igualdade de razões.

$$\frac{a}{b} = \frac{c}{d}$$

Dessa igualdade, tiramos a propriedade fundamental das proporções: "o produto dos meios igual ao produto dos extremos" (a chamada "multiplicação cruzada").

$$b \cdot c = a \cdot d$$

É basicamente essa propriedade que ajuda resolver a maioria das questões desse assunto.

Dados três números racionais a, b e c, não nulos, denomina-se quarta proporcional desses números um número x tal que:

$$\frac{a}{b} = \frac{c}{x}$$

Proporção contínua é toda proporção que apresenta os meios iguais.

De um modo geral, uma proporção contínua pode ser representada por:

$$\frac{a}{b} = \frac{b}{c}$$

As outras propriedades das proporções são:

Numa proporção, a soma dos dois primeiros termos está para o 2º (ou 1º) termo, assim como a soma dos dois últimos está para o 4º (ou 3º).

$$\frac{a+b}{b} = \frac{c+d}{d} \text{ ou } \frac{a+b}{a} = \frac{c+d}{c}$$

Numa proporção, a diferença dos dois primeiros termos está para o 2º (ou 1º) termo, assim como a diferença dos dois últimos está para o 4º (ou 3º).

$$\frac{a-b}{b} = \frac{c-d}{d} \text{ ou } \frac{a-b}{a} = \frac{c-d}{c}$$

Numa proporção, a soma dos antecedentes está para a soma dos consequentes, assim como cada antecedente está para o seu consequente.

$$\frac{a+c}{b+d} = \frac{c}{d} = \frac{a}{b}$$

Numa proporção, a diferença dos antecedentes está para a diferença dos consequentes, assim como cada antecedente está para o seu consequente.

$$\frac{a-c}{b-d} = \frac{c}{d} = \frac{a}{b}$$

Numa proporção, o produto dos antecedentes está para o produto dos consequentes, assim como o quadrado de cada antecedente está para quadrado do seu consequente.

$$\frac{a \cdot c}{b \cdot d} = \frac{a^2}{b^2} = \frac{c^2}{d^2}$$

A última propriedade pode ser estendida para qualquer número de razões.

$$\frac{a \cdot c \cdot e}{b \cdot d \cdot f} = \frac{a^3}{b^3} = \frac{c^3}{d^3} = \frac{e^3}{f^3}$$

9.4 Divisão em Partes Proporcionais

Para dividir um número em partes direta ou inversamente proporcionais, basta seguir algumas regras:

Divisão em Partes Diretamente Proporcionais

Divida o número 50 em partes diretamente proporcionais a 4 e a 6.

$4x + 6x = 50$

$10x = 50$

$x = \frac{50}{10}$

$x = 5$

x = constante proporcional

Então, $4x = 4 . 5 = 20$ e $6x = 6 . 5 = 30$

Logo, a parte proporcional a 4 é o 20 e a parte proporcional ao 6 é o 30.

Divisão em Partes Inversamente Proporcionais

Divida o número 60 em partes inversamente proporcionais a 2 e a 3.

$\frac{x}{2} + \frac{x}{3} = 60$

$\frac{3x}{6} + \frac{2x}{6} =$

60

$5x = 60 \cdot 6$

$5x = 360$

$x = \frac{360}{5}$

$x = 72$

x = constante proporcional

Então, $\frac{x}{2} = \frac{72}{2} = 36$ e $\frac{x}{3} = \frac{72}{3} = 24$

Logo, a parte proporcional a 2 é o 36 e a parte proporcional ao 3 é o 24.

Perceba que, na divisão diretamente proporcional, quem tiver a maior parte ficará com o maior valor. Já na divisão inversamente proporcional, quem tiver a maior parte ficará com o menor valor.

9.5 Regra das Torneiras

Sempre que uma questão envolver uma "situação" que pode ser feita de um jeito em determinado tempo (ou por uma pessoa) e, em outro tempo, de outro jeito (ou por outra pessoa), e quiser saber em quanto tempo seria se fosse feito tudo ao mesmo tempo, usa-se a regra da torneira, que consiste na aplicação da seguinte fórmula:

$$t_T = \frac{t_1 \cdot t_2}{t_1 + t_2}$$

Em que "t" é o tempo.

Quando houver mais de duas "situações", é melhor usar a fórmula:

$$\frac{1}{t_T} = \frac{1}{t_1} + \frac{1}{t_2} + \ldots + \frac{1}{t_n}$$

Em que "n" é a quantidade de situações.

Uma torneira enche um tanque em 6h. Uma segunda torneira enche o mesmo tanque em 8h. Se as duas torneiras forem abertas juntas quanto tempo vão levar para encher o mesmo tanque?

$$t_T = \frac{t_1 \cdot t_2}{t_1 + t_2}$$

$$t_T = \frac{6 \cdot 8}{6 + 8} = \frac{48}{14} = 3h\ 25min\ e\ \ 43s$$

9.6 Regra de Três

Mecanismo prático e/ou método utilizado para resolver questões que envolvem razão e proporção (grandezas).

Regra de Três Simples

Aquela que só envolve duas grandezas.

Ex.: Durante uma viagem um carro consome 20 litros de combustível para percorrer 240km, quantos litros são necessários para percorrer 450km?

Primeiro, verifique se as grandezas envolvidas na questão são direta ou inversamente proporcionais, e monte uma estrutura para visualizar melhor a questão.

Distância	Litro
240	20
450	x

Ao aumentar a distância, a quantidade de litros de combustível necessária para percorrer essa distância também vai aumentar, então, as grandezas são diretamente proporcionais.

$$\frac{20}{x} = \frac{240}{450}$$

Aplicando a propriedade fundamental das proporções:

$240x = 9000$

$$x = \frac{9000}{240} = 37{,}5\ litros$$

Regra de Três Composta

Aquela que envolve mais de duas grandezas.

Ex.: Dois pedreiros levam nove dias para construir um muro com 2m de altura. Trabalhando três pedreiros e aumentando a altura para 4m, qual será o tempo necessário para completar esse muro?

Neste caso, deve-se comparar uma grandeza de cada vez com a variável.

Dias	Pedreiros	Altura
9	2	2
x	3	4

Note que, ao aumentar a quantidade de pedreiros, o número de dias necessários para construir um muro diminui, então as grandezas pedreiros e dias são inversamente proporcionais. No entanto, se aumentar a altura do muro, será necessário mais dias para construí-lo. Dessa forma as grandezas muro e dias são diretamente proporcionais. Para finalizar, basta montar a proporção e resolver, lembrando que quando uma grandeza for inversamente proporcional à variável sua fração será invertida.

$$\frac{9}{x} = \frac{3}{2} \cdot \frac{2}{4}$$

$$\frac{9}{x} = \frac{6}{8}$$

Ex.: Aplicando a propriedade fundamental das proporções:

$$6x = 72$$

$$X = \frac{72}{6} = 12 \; dias$$

Questões

01. (CESPE) O preço do litro de determinado produto de limpeza é igual a R$ 0,32. Se um recipiente tem a forma de um paralelepípedo retângulo reto, medindo internamente 1,2 dam × 125 cm × 0,08 hm, então o preço que se pagará para encher esse recipiente com o referido produto de limpeza será igual a R$3.840,00.

Certo ( ) Errado ( )

02. (CESPE) A represa X, que abastece de água determinada cidade, tem capacidade para 480 milhões de metros cúbicos de água.

A capacidade da represa X é de 4,8 km3

Certo ( ) Errado ( )

03. (CESPE) Lúcio, Breno, Cláudia e Denise abriram a loja virtual Lik, para a qual, no ato de abertura, Lúcio contribuiu com R$ 10.000,00; Breno, com R$ 15.000,00; Cláudia, com R$ 12.000,00; e Denise, com R$ 13.000,00. Os lucros obtidos por essa loja serão distribuídos de forma diretamente proporcional à participação financeira de cada um dos sócios no ato de abertura da loja.

A partir dessas informações, julgue o item a seguir.

Caso o volume de cada unidade de determinado produto vendido pela loja Lik seja de 1.800 cm3, então, se 200 unidades desse produto forem acondicionadas em uma única embalagem, o volume dessa embalagem será inferior a 0,3 m3.

Certo ( ) Errado ( )

04. (CESPE) Nas armas de fogo, calibre é o diâmetro do projétil ou do cano da arma. Nos sistemas americano e inglês, o calibre é expresso em polegadas — por exemplo, para uma pistola calibre .38, o diâmetro do projétil mede 0,38 polegada. Já no sistema europeu, essa medição é feita em milímetros: o calibre de uma pistola .38 — nos sistemas americano e inglês — é igual a 9,65 mm. Superinteressante. Julho/2008 (com adaptações).

Tendo como referência o texto acima, julgue o item seguinte.

Se o comprimento de um objeto for igual a 40% de uma polegada, então esse objeto medirá menos de 1 cm de comprimento.

Certo ( ) Errado ( )

05. (CESPE) Considere que a empresa X tenha disponibilizado um aparelho celular a um empregado que viajou em missão de 30 dias corridos. O custo do minuto de cada ligação, para qualquer telefone, é de R$ 0,15. Nessa situação, considerando que a empresa tenha estabelecido limite de R$ 200,00 e que, após ultrapassado esse limite, o empregado arcará com as despesas, julgue o item a seguir.

Se, ao final da missão, o tempo total de suas ligações for de 20 h, o empregado não pagará excedente.

Certo ( ) Errado ( )

Gabaritos

01	ERRADO
02	ERRADO
03	CERTO
04	ERRADO
05	CERTO

10. PORCENTAGEM E JUROS

O presente capítulo trata de uma pequena parte da matemática financeira, e também do uso das porcentagens, assuntos presentes no dia a dia de todos.

10.1 Porcentagem

É a aplicação da taxa percentual a determinado valor.

Taxa Percentual: é o valor que vem acompanhado do símbolo %.

Para fins de cálculo, usa-se a taxa percentual em forma de fração ou em números decimais.

Ex.: 3% = 3/100 = 0,03

15% = 15/100 = 0,15

34% de 1200 = 34/100 . 1200 = 40800/100 = 408

65% de 140 = 0,65 . 140 = 91

10.2 Lucro e Prejuízo

Lucro e prejuízo são resultados de movimentações financeiras.

Custo (C): "Gasto".

Venda (V): "Ganho".

Lucro (L): Quando se ganha mais do que se gasta.

$$L = V - C$$

Prejuízo (P): Quando se gasta mais do que se ganha.

$$P = C - V$$

Basta substituir no lucro ou no prejuízo o valor da porcentagem, no custo ou na venda.

Ex.: Um computador foi comprado por R$ 3.000,00 e revendido com lucro de 25% sobre a venda. Qual o preço de venda?

Como o lucro foi na venda, então L = 0,25V:

L = V – C

0,25V = V – 3.000

0,25V – V = -3.000

-0.75V = -3.000 (-1)

0,75V = 3.000

$$V = \frac{3000}{0,75} = \frac{300000}{75} = 4.000$$

Logo, a venda se deu por R$ 4.000,00 reais.

10.3 Juros Simples

Juros: atributos (ganhos) de uma operação financeira.

Juros Simples: os valores são somados ao capital apenas no final da aplicação. Somente o capital rende juros.

Para o cálculo de juros simples, usa-se a seguinte fórmula:

$$J = C \cdot i \cdot t$$

Nas questões de juros, as taxas de juros e os tempos devem estar expressos pela mesma unidade.

- > J = juros;
- > C = capital;
- > i = taxa de juros;
- > t = tempo da aplicação.

Ex.: Um capital de R$ 2.500,00 foi aplicado a juros de 2% ao trimestre durante um ano. Quais os juros produzidos?

Em 1 ano há exatamente 4 trimestres, como a taxa está em trimestre, agora é só calcular:

J = C . i . t

J = 2.500 . 0,02 . 4

J = 200

10.4 Juros Compostos

Juros Compostos: os valores são somados ao capital no final de cada período de aplicação, formando um novo capital, para incidência dos juros novamente. É o famoso caso de juros sobre juros.

Para o cálculo de juros compostos, usa-se a seguinte fórmula:

$$M = C \cdot (1 + I)^t$$

- > M = montante;
- > C = capital;
- > i = taxa de juros;
- > t = tempo da aplicação.

Um investidor aplicou a quantia de R$ 10.000,00 à taxa de juros de 2% a.m. durante 4 meses. Qual o montante desse investimento?

Aplicando a fórmula, já que a taxa e o tempo estão na mesma unidade:

Ex.: M = C . (1 + i)t

M = 10.000 . (1 + 0,02)4

M = 10.000 . (1,02)4

M = 10.000 . 1,08243216

M = 10.824,32

10.5 Capitalização

Capitalização: acúmulo de capitais (capital + juros).

Nos juros simples, calcula-se por: M = C + J.

Nos juros compostos, calcula-se por: J = M – C.

Em algumas questões terão que ser calculados os montantes do juro simples ou os juros do juro composto.

Questões

01. (CESPE) No item a seguir, é apresentada uma situação hipotética seguida de uma assertiva a ser julgada, a respeito de juros, divisão proporcional e regra de três.

Em uma loja, um produto que custa R$ 450,00 é vendido com desconto de 4% para pagamento à vista. Uma loja concorrente vende o mesmo produto por R$ 480,00. Nessa situação, para que a loja concorrente possa vender o produto à vista pelo mesmo preço à vista da primeira loja, ela deve dar um desconto superior a 9%.

Certo ( ) Errado ( )

02. (CESPE) Em um tanque A, há uma mistura homogênea de 240 L de gasolina e 60 L de álcool; em outro tanque B, 150 L de gasolina estão misturados homogeneamente com 50 L de álcool.A respeito dessas misturas, julgue o item subsequente.

Para que a proporção álcool/gasolina no tanque A fique igual à do tanque B é suficiente acrescentar no tanque A uma quantidade de álcool que é inferior a 25 L.

Certo ( ) Errado ( )

03. (CESPE)

Nesse período, intensificou-se o uso da TV por assinatura, segundo dados do IBGE. A tabela a seguir mostra o percentual aproximado de domicílios brasileiros que dispunham de diferentes modalidades de acesso à TV em 2014.

zona	sinal digital de TV aberta	TV por assinatura	antena parabólica
urbana	44%	36%	32%
rural	16%	8%	79%

Considerando essas informações e o fato de que, em 2014, 86% dos domicílios brasileiros situavam se na zona urbana, julgue o item subsequente.

Em 2014, a quantidade de domicílios brasileiros com antena parabólica localizados na zona urbana era superior ao dobro da quantidade de domicílios com antena parabólica situados na zona rural.

Certo ( ) Errado ( )

04. (CESPE) Paulo, Maria e João, servidores lotados em uma biblioteca pública, trabalham na catalogação dos livros recém-adquiridos. Independentemente da quantidade de livros a serem catalogados em cada dia, Paulo cataloga 1/4, Maria cataloga 1/3 e João, 5/12.

A respeito da catalogação de livros por esses servidores, julgue o item a seguir.

Em cada dia, Maria e João catalogam mais de 75% dos livros a serem catalogados nesse dia.

Certo ( ) Errado ( )

05. (CESPE) A tabela seguinte, com alguns valores não- identificados, mostra os resultados de uma inspeção visual no campo, relativos ao estado de conservação de 200 centros históricos de determinada região.

categoria	frequência	percentual (%)
ruim	50	C
regular	A	10
bom	100	D
excelente	**B**	E

Acerca dessa tabela, julgue o item subsequente.

A letra B, na tabela, representa 25 centros.

Certo ( ) Errado ( )

Gabaritos

01	CERTO
02	CERTO
03	CERTO
04	ERRADO
05	ERRADO

11. SEQUÊNCIAS NUMÉRICAS

Neste capítulo, será possível **verificar a formação de uma sequência** e também do que trata a P.A. (Progressão Aritmética) e a P.G. (Progressão Geométrica).

11.1 Conceitos

Sequências: conjuntos de elementos organizados de acordo com certo padrão, ou seguindo determinada regra. O conhecimento das sequências é fundamental para a compreensão das progressões.

Progressões: as progressões são sequências numéricas com algumas características exclusivas.

Cada elemento das sequências e/ou progressões são denominados termos.

Sequência dos números quadrados perfeitos: (1, 4, 9, 16, 25, 36, 49, 64, 81, 100...);

Sequência dos números primos: (2, 3, 5, 7, 11, 13, 17, 19, 23, 29, 31, 37, 41, 43, 47, 53...).

Veja que na sequência dos números quadrados perfeitos a lei que determina sua formação é: $a_n = n^2$.

11.2 Lei de Formação de uma Sequência

Para determinarmos uma sequência numérica, precisamos de uma lei de formação. A lei que define a sequência pode ser a mais variada possível.

Ex.: A sequência definida pela lei $a_n = n^2 + 1$, com "n" $\in$ N, cujo a_n é o termo que ocupa a n-ésima posição na sequência é: 0, 2, 5, 10, 17, 26... Por esse motivo, a_n é chamado de termo geral da sequência.

11.3 Progressão Aritmética (PA)

Progressão aritmética é uma sequência numérica em que cada termo, a partir do segundo, é igual ao anterior adicionado a um número fixo, chamado razão da progressão (r).

Quando r > 0, a progressão aritmética é crescente; quando r < 0, decrescente e quando r = 0, constante ou estacionária.

> (2, 5, 8, 11, ...), temos r = 3. Logo, a PA é crescente.

> (20, 18, 16, 14, ...), temos r = -2. Logo, a PA é decrescente.

> (5, 5, 5, 5, ...), temos r = 0. Logo, a PA é constante.

A representação matemática de uma progressão aritmética é:

$(a_1, a_2, a_3, ..., a_n, a_{n+1}, ...)$ na qual: $\begin{cases} a_2 = a_1 + r \\ a_3 = a_2 + r \\ a_4 = a_3 + r \\ \quad\vdots \end{cases}$

Se a razão de uma PA é a quantidade que acrescentamos a cada termo para obter o seguinte, podemos dizer que ela é igual à diferença entre qualquer termo, a partir do segundo, e o anterior. Assim, de modo geral, temos:

$$r = a_2 - a_1 = a_3 - a_2 = \cdots = a_{n+1} - a_n$$

Para encontrar um termo específico, a quantidade de termos ou até mesmo a razão de uma PA, dispomos de uma relação chamada termo geral de uma PA: an = a1 + (n-1) r, onde:

> a_n é o termo geral;

> a_1 é o primeiro termo;

> n é o número de termos;

> r é a razão da PA.

Propriedades:

P_1. Em toda PA finita, a soma de dois termos equidistantes dos extremos é igual à soma dos extremos.

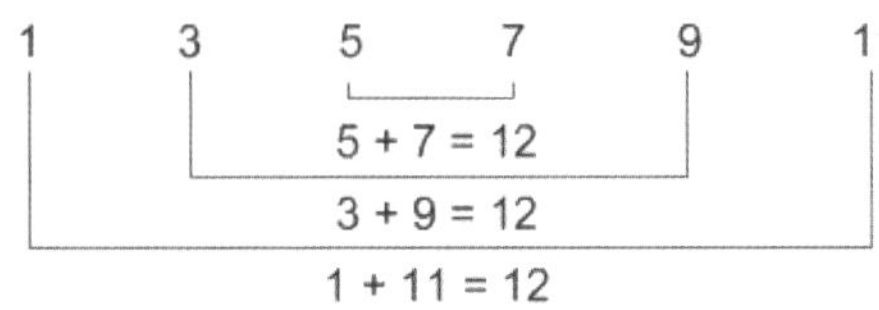

P_2. Uma sequência de três termos é PA se, e somente se, o termo médio é igual à média aritmética entre os outros dois, isto é: (a,b,c) é PA $\Leftrightarrow b = \frac{(a+c)}{2}$.

Ex.: seja a PA (2, 4, 6), então, $4 = \frac{2+6}{2}$.

P_3. Em uma PA com número ímpar de termos, o termo médio é a média aritmética entre os extremos.

Ex.: (3, 6, 9, 12, 15, 18, 21, 24, 27, 30, 33, 36, 39), $21 = \frac{3+39}{2}$

P_4. A soma S_n dos n primeiros termos da PA (a_1, a_2, a_3,...an) é dada por:

Ex.: $S_n = \frac{(a_1 + a_n)}{2} \cdot n$

Dois termos são equidistantes quando a distância entre um deles para o primeiro termo da P.A. é igual a distância do outro para o último termo da P.A.

Interpolação Aritmética

Interpolar significa inserir termos, ou seja, interpolação aritmética é a colocação de termos entre os extremos de uma P.A. Consiste basicamente em descobrir o valor da razão da P.A. e, com, isso inserir esses termos.

Utiliza-se a fórmula do termo geral para a resolução das questões, em que "**n**" será igual a "$\mathbf{k + 2}$", cujo "$\mathbf{k}$" é a quantidade de termos que se quer interpolar.

Ex.: Insira 5 termos em uma P.A. que começa com 3 e termina com 15.

Resolução:

$a_1 = 3$; $a_n = 15$; k = 5 e n = 5 + 2 = 7

$a_n = a_1 + (n - 1) \cdot r$

$15 = 3 + (7 - 1) \cdot r$

$15 = 3 + 6r$

$6r = 15 - 3$

$6r = 12$

$r = \frac{12}{6}$

$r = 2$

Então, P.A (3, 5, 7, 9, 11, 13, 15)

Calcule a soma dos temos da P.A. (1, 4, 7, 10, 13, 16, 19, 22, 25).

Resolução:

$a_1 = 1; a_n = 25; n = 9$

$$S_n = \frac{(a_1 + a^n) \cdot n}{2}$$

$$S_n = \frac{(1 + 25) \cdot 9}{2}$$

$$S_n = \frac{(26) \cdot 9}{2}$$

$$S_n = \frac{234}{2}$$

$$S_n = 117$$

11.4 Progressão Geométrica (P.G.)

Progressão geométrica é uma sequência de números não nulos em que cada termo, a partir do segundo, é igual ao anterior multiplicado por um número fixo, chamado razão da progressão (q).

A representação matemática de uma progressão geométrica é $(a_1, a_2, a_3, ..., a_{n-1}, an)$, na qual $a_2 = a_1 . q$, $a_3 = a_2 . q$,... etc. De modo geral, escrevemos: $a_{n+1} = a_n . q, \forall n \in N^*$ e $q \in R$.

Em uma PG, a razão q é igual ao quociente entre qualquer termo, a partir do segundo, e o anterior. Exemplo:

→ (4, 8, 16, 32, 64)

$q = \frac{8}{4} = \frac{16}{8} = \frac{32}{16} = \frac{64}{32} = 2$

→ (6,-18,54,-162)

$q = \frac{186}{6} = \frac{54}{-18} = \frac{-162}{54} = -3$

Assim, podemos escrever:

$\frac{a_2}{a_1} = \frac{a_3}{a_2} = \cdots = \frac{a_{n+1}}{a_n} = q$, sendo q a razão da PG.

Podemos classificar uma PG como:

→ Crescente:

> Quando $a_1 > 0$ e $q > 1$

(2,6,18,54,...) é uma PG crescente com $a_1 = 2$ e $q = 3$

> Quando $a_1 < 0$ e $0 < q < 1$

(-40, -20, -10,...) é uma PG crescente com $a_1 = -40$ e $q = 1/2$

→ Decrescente:

> Quando $a_1 > 0$ e $0 < q < 1$

(256, 64, 16,...) é uma PG decrescente,com $a_1 = 256$ e $q = 1/4$

> Quando $a_1 < 0$ e $q > 1$

(-2, -10, -50,...) é uma PG decrescente,com $a_1 = -2$ e $q = 5$

→ Constante:

> Quando q=1

(3, 3, 3, 3, 3,...) é uma PG constante,com $a_1 = 3$ e $q = 1$

→ Alternada:

> Quando q < 0

(2,-6,18,-54) é uma PG alternada,com $a_1 = 2$ e $q = -3$

A fórmula do termo geral de uma PG nos permite encontrar qualquer termo da progressão.

$$a_n = a_1 . q^{n-1}$$

Propriedades:

P_1. Em toda PG finita, o produto de dois termos equidistantes dos extremos é igual ao produto dos extremos.

1 3 9 27 81 243

9 . 27 = 243

3 . 81 = 243

1 . 243 = 243

P_2. Uma sequência de três termos, em que o primeiro é diferente de zero, é uma PG se, e somente, sem o quadrado do termo médio é igual ao produto dos outros dois, isto é, sendo $a \neq 0$.

Ex.: (a, b, c) é PG $\Leftrightarrow b^2 = ac$

$(2, 4, 8) \Leftrightarrow 4^2 = 2 . 8 = 16$

P_3. Em uma PG com número ímpar de termos, o quadrado do termo médio é igual ao produto dos extremos.

Ex.: (2, 4, 8, 16, 32, 64, 128, 256, 512), temos que $32^2 = 2 . 512 = 1024$.

P_4. Soma dos n primeiros termos de uma PG $S_n = \frac{a_1(1-qn)}{1-q}$.

P_5. Produto dos n primeiros termos de uma PG $P_n = (a_1)^n . q^{\frac{(n-1)n}{2}}$.

P_6. Soma dos infinitos termos de uma PG:

Ex.: $S_\infty = \frac{a_1}{1-q}$, se $-1 < q < 1$

$S_\infty = +\infty$, se $q > 1$ e $a_1 > 0$

$S_\infty = -\infty$, se $q > 1$ e $a_1 < 0$

Dois termos são equidistantes quando a distância de um deles para o primeiro termo P.G. é igual a distância do outro para o último termo da P.G.

Interpolação Geométrica

Interpolar significa inserir termos, ou seja, interpolação geométrica é a colocação de termos entre os extremos de uma P.G. Consiste basicamente em descobrir o valor da razão da P.G. e, com isso, inserir esses termos.

Utiliza-se a fórmula do termo geral para a resolução das questões, em que "**n**" será igual a "**p + 2**", cujo "**p**" é a quantidade de termos que se quer interpolar.

Ex.: Insira 4 termos em uma P.G que começa com 2 e termina com 2048.

Resolução:

$a_1 = 2; a_n = 2048; p = 4$ e $n = 4 + 2 = 6$

$$a_n = a_1 \cdot q^{(n-1)}$$

$$2048 = 2 \cdot q^{(6-1)}$$

$$2048 = 2 \cdot q^5$$

$$q^5 = \frac{2048}{2}$$

$$q^5 = 1024 \quad (1024 = 4^5)$$

$$q^5 = 4^5$$

$$q = 4$$

P.G. (2, **8**, **32**, **128**, **512**, 2048).

Produto dos Termos de uma P.G.

Para o cálculo do produto dos termos de uma P.G., basta usar a seguinte fórmula:

$$P_n = \sqrt{(a_1 \cdot an)^n}$$

Qual o produto dos termos da P.G. (5, 10, 20, 40, 80, 160).

Resolução:

$a_1 = 5$; $a_n = 160$; $n = 6$

$$P_n = \sqrt{(a_1 \cdot a_n)^n}$$

$$P_n = \sqrt{(5 \cdot 160)^6}$$

$$P_n = (5 \cdot 160)^3$$

$$P_n = (800)^3$$

$$P_n = 512000000$$

Questões

01. (CESPE) Se, em uma progressão aritmética, o segundo termo for igual a −1 e o quinto termo for igual a 11, então o décimo termo será igual a 31.

Certo ( ) Errado ( )

02. (CESPE)

	mês					
	1	2	3	4	5	6
quantidade	50	150	250	250	300	200

A partir dessa tabela, julgue o próximo item.

Situação hipotética: Os livros emprestados no referido semestre foram devolvidos somente a partir de julho de 2017 e os números correspondentes às quantidades de livros devolvidos a cada mês formavam uma progressão aritmética em que o primeiro termo era 90 e razão, 30.

Assertiva: Nessa situação, mais de 320 livros foram devolvidos somente a partir de 2018.

Certo ( ) Errado ( )

03. (CESPE) – 2017 No item a seguir é apresentada uma situação hipotética, seguida de uma assertiva a ser julgada, a respeito de modelos lineares, modelos periódicos e geometria dos sólidos.

Manoel, candidato ao cargo de soldado combatente, considerado apto na avaliação médica das condições de saúde física e mental, foi convocado para o teste de aptidão física, em que uma das provas consiste em uma corrida de 2.000 metros em até 11 minutos. Como Manoel não é atleta profissional, ele planeja completar o percurso no tempo máximo exato, aumentando de uma quantidade constante, a cada minuto, a distância percorrida no minuto anterior. Nesse caso, se Manoel, seguindo seu plano, correr 125 metros no primeiro minuto e aumentar de 11 metros a distância percorrida em cada minuto anterior, ele completará o percurso no tempo regulamentar.

Certo ( ) Errado ( )

04. (CESPE) Em determinado colégio, todos os 215 alunos estiveram presentes no primeiro dia de aula; no segundo dia letivo, 2 alunos faltaram; no terceiro dia, 4 alunos faltaram; no quarto dia, 6 alunos faltaram, e assim sucessivamente.

Com base nessas informações, julgue o próximo item, sabendo que o número de alunos presentes às aulas não pode ser negativo.

Se houver um número de aulas suficientes e se a regra que define o número de faltosos for mantida, então haverá um dia letivo em que todos os alunos faltarão.

Certo ( ) Errado ( )

05. (CESPE) De acordo com os dados obtidos em 100 auditorias realizadas pela SCT, os motivos desses desperdícios incluíam: amadorismo nas tomadas de decisão (o gestor não era formado na área de atuação) – 28 auditorias; incompetência nas tomadas de decisão (o gestor não possui conhecimento técnico no assunto) – 35 auditorias; má-fé nas tomadas de decisão (o gestor decide em detrimento do interesse coletivo) – 40 auditorias. Ao se defender da acusação de que teria causado desperdício de recursos municipais em razão de má-fé nas tomadas de decisão, o gestor da SEAGR apresentou o seguinte argumento, composto das premissas P1 e P2 e da conclusão C.

P1: Se tivesse havido má-fé em minhas decisões, teria havido desperdício de recursos municipais em minha gestão e eu teria sido beneficiado com isso.

P2: Se eu tivesse sido beneficiado com isso, teria ficado mais rico.

C: Não houve má-fé em minhas decisões.

Considere que o percentual de redução anual no montante de recursos desperdiçados dos cofres municipais se mantenha constante ao longo dos anos e que em 2010 tenham sido desperdiçados R$ 10 milhões. Nesse caso, considerando 0,2 como valor aproximado para $0,9^{15}$, é correto afirmar que de 2010 a 2024 — 15 anos — foram desperdiçados mais de R$ 70 milhões.

Gabaritos

01	CERTO
02	ERRADO
03	ERRADO
04	ERRADO
05	CERTO

12. MATRIZES, DETERMINANTES E SISTEMAS LINEARES

12.1 Matrizes

Matriz: é uma tabela que serve para organizar dados numéricos em linhas e colunas.

Nas matrizes, cada número é chamado de elemento da matriz, as filas horizontais são chamadas **linhas** e as filas verticais são chamadas **colunas**.

$$\begin{bmatrix} 1 & 4 & 7 \\ 13 & -1 & 18 \end{bmatrix}$$

→ Linha (primeira linha: 1, 4, 7)

↓ Coluna (segunda coluna: 4, -1)

No exemplo, a matriz apresenta 2 linhas e 3 colunas. Dizemos que essa matriz é do tipo 2x3 (2 linhas e 3 colunas). Lê-se dois por três.

Representação de uma Matriz

Uma matriz pode ser representada por parênteses ( ) ou colchetes [ ], com seus dados numéricos inseridos dentro desses símbolos matemáticos. Cada um desses dados, ocupam uma posição definida por uma linha e coluna.

A nomenclatura da matriz se dá por uma letra maiúscula. De modo geral, uma matriz A de m linhas e n colunas (m x n) pode ser representada da seguinte forma:

$$A = \begin{bmatrix} a_{11} & a_{12} & a_{13} & \dots & a_{1n} \\ a_{21} & a_{22} & a_{23} & \dots & a_{2n} \\ a_{31} & a_{32} & a_{33} & \dots & a_{3n} \\ \dots & \dots & \dots & \dots & \dots \\ a_{m1} & a_{m2} & a_{m3} & & a_{mn} \end{bmatrix}_{m \times n} \quad \text{com m, n e } N^*$$

Abreviadamente:

$$\mathbf{A}_{m \times n} = [a_{ij}]_{m \times n}$$

Com:

"i" ∈ {1, 2, 3, ..., m} e "j" ∈ {1, 2, 3, ..., n}

No qual, "a_{ij}" é o elemento da "i" linha com a "j" coluna.

$$B_{3 \times 2} = \begin{pmatrix} 4 & 7 \\ 6 & 8 \\ 18 & 10 \end{pmatrix} \textit{ matriz de ordem 3x2}$$

$$C_{2 \times 2} = \begin{pmatrix} 2 & 13 \\ 18 & 28 \end{pmatrix} \textit{ matriz quadrada de ordem 2x2, ou somente 2}$$

Lei de Formação de uma Matriz

As matrizes possuem uma lei de formação que define seus elementos a partir da posição (linha e coluna) de cada um deles na matriz, e podemos assim representar:

$D = (d_{ij})_{3x3}$ em que $d_{ij} = 2_i - j$

$$D = \begin{pmatrix} d_{11} = 2 \cdot (1) - 1 = 1 & d_{12} = 2 \cdot (1) - 2 = 0 & d_{13} = 2 \cdot (1) - 3 = -1 \\ d_{21} = 2 \cdot (2) - 1 = 3 & d_{22} = 2 \cdot (2) - 2 = 2 & d_{23} = 2 \cdot (2) - 3 = 1 \\ d_{31} = 2 \cdot (3) - 1 = 5 & d_{32} = 2 \cdot (3) - 2 = 4 & d_{33} = 2 \cdot (3) - 3 = 3 \end{pmatrix}$$

$$= \begin{pmatrix} 1 & 0 & -1 \\ 3 & 2 & 1 \\ 5 & 4 & 3 \end{pmatrix}$$

Logo:

$$D = \begin{pmatrix} 1 & 0 & -1 \\ 3 & 2 & 1 \\ 5 & 4 & 3 \end{pmatrix}$$

Tipos de Matrizes

Existem alguns tipos de matrizes mais comuns e usados nas questões de concursos:

Matriz Linha

É aquela que possui somente uma linha.

$$A_{1 \times 3} = [4 \quad 7 \quad 10]$$

Matriz Coluna

É aquela que possui somente uma coluna.

$$B_{3 \times 1} = \begin{bmatrix} 6 \\ 13 \\ 22 \end{bmatrix}$$

Matriz Nula

É aquela que possui todos os elementos nulos, ou zero.

$$C_{2 \times 3} = \begin{bmatrix} 0 & 0 & 0 \\ 0 & 0 & 0 \end{bmatrix}$$

Matriz Quadrada

É aquela que possui o número de linhas **igual** ao número de colunas.

$$D_{3 \times 3} = \begin{bmatrix} 1 & 4 & 7 \\ 13 & 10 & 18 \\ 32 & 29 & 1 \end{bmatrix}$$

Características das Matrizes Quadradas:

Possuem diagonal principal e secundária.

$$A_{3x3} = \begin{bmatrix} 1 & 2 & 3 \\ 2 & 4 & 6 \\ 3 & 6 & 9 \end{bmatrix} \text{diagonal principal}$$

$$A_{3x3} = \begin{bmatrix} 1 & 2 & 3 \\ 2 & 4 & 6 \\ 3 & 6 & 9 \end{bmatrix} \text{diagonal secundária}$$

Matriz Identidade

É toda a matriz quadrada que os elementos da diagonal principal são iguais a um e os demais são zeros:

$$A_{3\times3}=\begin{bmatrix}1&0&0\\0&1&0\\0&0&1\end{bmatrix}$$

Matriz Diagonal

É toda a matriz quadrada que os elementos da diagonal principal são diferentes de zero e os de mais são zeros:

$$A_{3\times3}=\begin{bmatrix}1&0&0\\0&4&0\\0&0&7\end{bmatrix}$$

Matriz Triangular

Aquela cujos elementos de um dos triângulos formados pela diagonal principal são zeros.

$$A_{3\times3}=\begin{bmatrix}2&5&8\\0&6&3\\0&0&9\end{bmatrix}$$

Matriz Transposta (A^t)

É aquela em que ocorre a troca ordenada das linhas por colunas.

$$A=[a_{ij}]_{m\times n}=A^t=[a^t_{ji}]_{n\times m}$$

$$A_{2\times3}=\begin{bmatrix}1&4&7\\6&8&9\end{bmatrix}\rightarrow A^t_{3\times2}=\begin{bmatrix}1&6\\4&8\\7&9\end{bmatrix}$$

Perceba que a linha 1 de A corresponde à coluna 1 de A^t e a coluna 2 de A corresponde à coluna 2 de A^t.

Matriz Oposta

É toda matriz obtida trocando o sinal de cada um dos elementos de uma matriz dada.

$$A_{2\times2}=\begin{bmatrix}4&-1\\-6&7\end{bmatrix}\rightarrow -A_{2\times2}=\begin{bmatrix}-4&1\\6&-7\end{bmatrix}$$

Matriz simétrica: é toda a matriz quadrada que a $A^t = A$:

$$\left.\begin{matrix}A\begin{bmatrix}1&3\\3&2\end{bmatrix}\\ A_t\begin{bmatrix}11&3\\33&2\end{bmatrix}\end{matrix}\right\}A=A^t$$

Operações com Matrizes

Vamos ver agora as principais operações com as matrizes; fique atento para a multiplicação de duas matrizes.

Igualdade de Matrizes

Duas matrizes são iguais quando possuem o mesmo número de linhas e colunas (mesma ordem), e os elementos correspondentes são iguais.

$$X=Y\rightarrow X_{2\times2}=\begin{pmatrix}1&0\\3&2\end{pmatrix}\text{ e }Y_{2\times2}=\begin{pmatrix}1&0\\3&2\end{pmatrix}$$

Soma de Matrizes

Só é possível somar matrizes de mesma ordem. Para fazer o cálculo, basta somar os elementos correspondentes.

Ex.: S = X + Y (S = matriz soma de X e Y)

$$X_{2\times3}=\begin{bmatrix}6&8&9\\10&13&4\end{bmatrix}\text{ e }Y_{2\times3}=\begin{bmatrix}18&22&30\\9&14&28\end{bmatrix}$$

$$S=\begin{bmatrix}6+18&8+22&9+30\\10+9&13+14&4+28\end{bmatrix}$$

$$S_{2\times3}=\begin{bmatrix}24&30&39\\19&27&32\end{bmatrix}$$

Produto de uma Constante por uma Matriz

Basta multiplicar a constante por todos os elementos da matriz.

Ex.: P = 2Y

$$Y_{2\times2}=\begin{pmatrix}7&4\\13&25\end{pmatrix}$$

$$P=\begin{pmatrix}2\cdot7&2\cdot4\\2\cdot13&2\cdot25\end{pmatrix}$$

$$P_{2\times2}=\begin{pmatrix}14&8\\26&50\end{pmatrix}$$

Para multiplicar matrizes, devemos "multiplicar linhas por colunas", ou seja, multiplica o 1º número da linha pelo 1º número da coluna, o 2º número da linha pelo 2º número da coluna e assim sucessivamente para todos os elementos das linhas e colunas.

Esse procedimento de cálculo só poderá ser feito se o número de colunas da 1ª matriz for igual ao número de linhas da 2ª matriz.

$$(A_{mxn})\cdot(B_{nxp})=C_{mxp}$$

Ex.: M = A2 x 3 **.** B3 x 2

$$A_{2\times3}=\begin{bmatrix}1&2&4\\5&7&6\end{bmatrix}\text{ e }B_{3\times2}=\begin{bmatrix}2&3\\8&1\\4&9\end{bmatrix}$$

$$M_{2\times2}=\begin{bmatrix}m_{11}&m_{12}\\m_{21}&m_{22}\end{bmatrix}$$

$$M_{2\times2}=$$

$$\begin{bmatrix}m_{11}=(1\cdot2+2\cdot8+4\cdot4)&m_{12}=(1\cdot3+2\cdot1+4\cdot9)\\m_{21}=(5\cdot2+7\cdot8+6\cdot4)&m_{22}=(5\cdot3+7\cdot1+6\cdot9)\end{bmatrix}$$

$$M_{2\times2}=\begin{bmatrix}m_{11}=34&m_{12}=41\\m_{21}=90&m_{22}=76\end{bmatrix}$$

$$M_{2\times2}=\begin{bmatrix}34&41\\90&76\end{bmatrix}$$

Matriz Inversa (A^{-1})

Se existe uma matriz B, quadrada de ordem n, tal que $A\cdot B = B\cdot A = I_n$, dizemos que a matriz B é a inversa de A. Costumamos indicar a matriz inversa por A^{-1}. Assim $B=A^{-1}$.

Logo: $A\cdot A^{-1} = A^{-1}\cdot A = I_n$

Para melhor compreender essa definição, observe o exemplo:

Ex.: $A \cdot A^{-1} = In$

$$A_{2x2} = \begin{pmatrix} 1 & -2 \\ 3 & 1 \end{pmatrix} \; e \; A^{-1}{}_{2x2} = \begin{pmatrix} a & b \\ c & d \end{pmatrix}$$

Logo:

$$\begin{pmatrix} 1 & -2 \\ 3 & 1 \end{pmatrix} \cdot \begin{pmatrix} a & b \\ c & d \end{pmatrix} = \begin{pmatrix} 1 & 0 \\ 0 & 1 \end{pmatrix}$$

$$\begin{pmatrix} 1a-2c & 1b-2d \\ 3a+1c & 3b+1d \end{pmatrix} = \begin{pmatrix} 1 & 0 \\ 0 & 1 \end{pmatrix}$$

$$\begin{cases} 1a-2c=1 \\ 1b-2d=0 \\ 3a+1c=0 \\ 3b+1d=1 \end{cases} \rightarrow \begin{cases} I \begin{cases} 1a-2c=1 \\ 3a+1c=0 \end{cases} \\ II \begin{cases} 1b-2d=0 \\ 3b+1d=1 \end{cases} \end{cases}$$

Resolvendo o sistema I:

$$I \begin{cases} 1a-2c=1 \\ 3a+1c=0 \; (\cdot 2) \end{cases}$$

$$I \begin{cases} 1a-2c=1 \\ 6a+2c=0 \end{cases} + \text{(somando as equações)}$$

$$7a = 1$$

$$a = \frac{1}{7}$$

Substituindo-se "a" em uma das duas equações, temos:

$$3\left(\frac{1}{7}\right) + 1c = 0$$

$$\frac{3}{7} + 1c = 0$$

$$c = \frac{-3}{7}$$

Resolvendo o sistema II:

$$II \begin{cases} 1b-2d=0 \; (\cdot -3) \\ 3b+1d=1 \end{cases}$$

$$II \begin{cases} -3b+6d=0 \\ 3b+1d=1 \end{cases} + \text{(somando as equações)}$$

$$7d = 1$$

$$d = \frac{1}{7}$$

Substituindo-se "d" em uma das duas equações, temos:

$$1b - 2\left(\frac{1}{7}\right) = 0$$

$$b - \frac{2}{7} = 0$$

$$b = \frac{2}{7}$$

a = 1/7; b = 2/7; c = -3/7; d = 1/7

Logo:

$$A^{-1}{}_{2x2} = \begin{pmatrix} 1/7 & 2/7 \\ -3/7 & 1/7 \end{pmatrix}$$

12.2 Determinantes

Determinante é um número real associado à matriz.

Só há determinante de matriz quadrada. Cada matriz apresenta um único determinante.

Cálculo dos Determinantes

Determinante de uma Matriz de Ordem 1 ou de 1ª ordem

Se a matriz é de 1ª ordem, significa que ela tem apenas uma linha e uma coluna, portanto, só um elemento, que é o próprio determinante da matriz.

$\mathbf{A_{1x1} = [13]}$

Det A = 13

$\mathbf{B_{1x1} = [-7]}$

Det B = -7

Determinante de uma Matriz de Ordem 2 ou de 2ª Ordem

Será calculado pela **subtração** do produto dos elementos da diagonal principal pelo produto dos elementos da diagonal secundária.

$$A_{2x2} = \begin{bmatrix} 2 & 4 \\ 3 & 7 \end{bmatrix}$$

Det A = (2 . 7) - (4 . 3)

Det A = (14) - (12)

Det A = 2

$$B_{2x2} = \begin{bmatrix} 6 & -1 \\ 8 & 9 \end{bmatrix}$$

Ex.: Det B = (6 . 9) - (-1 . 8)

Det B = (54) - (-8)

Det B = 54 + 8

Det B = 62

Determinante de uma Matriz de Ordem 3 ou de 3ª Ordem

Será calculado pela **Regra de Sarrus**, que consiste em:

1º passo: repetir as duas primeiras colunas ao lado da matriz.

2º passo: multiplicar os elementos da diagonal principal e das outras duas diagonais que seguem a mesma direção, e somá-los.

3º passo: multiplicar os elementos da diagonal secundária e das outras duas diagonais que seguem a mesma direção, e somá-los.

4º passo: o valor do determinante será dado pela subtração do resultado do 2º com o 3º passo.

$$A_{3x3} = \begin{pmatrix} 2 & 4 & 7 \\ 3 & 5 & 8 \\ 1 & 9 & 6 \end{pmatrix} \begin{matrix} 2 & 4 \\ 3 & 5 \\ 1 & 9 \end{matrix}$$

$$A_{3x3} = \begin{pmatrix} 2 & 4 & 7 \\ 3 & 5 & 8 \\ 1 & 9 & 6 \end{pmatrix} \begin{matrix} 2 & 4 \\ 3 & 5 \\ 1 & 9 \end{matrix}$$

Det A = (2 . 5 . 6 + 4 . 8 . 1 + 7 . 3 . 9) - (7 . 5 . 1 + 2 . 8 . 9 + 4 . 3 . 6)

Det A = (60 + 32 + 189) – (35 + 144 + 72)

Det A = (281) – (251)

Det A = 30

Se estivermos diante de uma matriz triangular ou matriz diagonal, o seu determinante será calculado, pelo produto dos elementos da diagonal principal, somente.

Matriz triangular

$$A_{3x3} = \begin{pmatrix} 2 & 4 & 7 \\ 0 & 5 & 8 \\ 0 & 0 & 6 \end{pmatrix} \begin{matrix} 2 & 4 \\ 0 & 5 \\ 0 & 0 \end{matrix}$$

$$A_{3x3} = \begin{pmatrix} 2 & 4 & 7 \\ 0 & 5 & 8 \\ 0 & 0 & 6 \end{pmatrix} \begin{matrix} 2 & 4 \\ 0 & 5 \\ 0 & 0 \end{matrix}$$

Det A = (2·5·6 + 4·8·0 + 7·0·0) - (7·5·0 + 2·8·0 + 4·0·6)

Det A = (60 + 0 + 0) - (0 + 0 + 0)

Det A = 60 (produto da diagonal principal = 2 x 5 x 6)

Matriz diagonal

$$B_{3x3} = \begin{pmatrix} 2 & 0 & 0 \\ 0 & 5 & 0 \\ 0 & 0 & 6 \end{pmatrix} \begin{matrix} 2 & 0 \\ 0 & 5 \\ 0 & 0 \end{matrix}$$

$$B_{3x3} = \begin{pmatrix} 2 & 0 & 0 \\ 0 & 5 & 0 \\ 0 & 0 & 6 \end{pmatrix} \begin{matrix} 2 & 0 \\ 0 & 5 \\ 0 & 0 \end{matrix}$$

Det B = (2·5·6 + 0·0·0 + 0·0·0) - (0·5·0 + 2·0·0 + 0·0·6)

Det B = (60 + 0 + 0) – (0 + 0 + 0)

Det B = 60 (produto da diagonal principal = 2 · 5 · 6)

Determinante de uma Matriz de Ordem Superior a 3

Será calculado pela **Regra de Chió** ou **Teorema de Laplace**.

Regra de Chió

Escolha um elemento $a_{ij} = 1$.

Retirando a linha (i) e a coluna (j) do elemento $a_{ij} = 1$, obtenha o menor complementar (D_{ij}) do referido elemento – uma nova matriz com uma ordem a menos.

Subtraia de cada elemento dessa nova matriz menor complementar (D_{ij}) o produto dos elementos que pertenciam a sua linha e coluna e que foram retirados, formado outra matriz.

Calcule o determinante dessa última matriz e multiplique por $(-1)^{i+j}$, sendo que i e j pertencem ao elemento $a_{ij} = 1$.

$$A_{3x3} = \begin{pmatrix} 2 & 4 & 7 \\ 3 & 5 & 8 \\ 1 & 9 & 6 \end{pmatrix} (I)$$

$$Det.\ A_{3x3} = \begin{pmatrix} 2 & 4 & 7 \\ 3 & 5 & 8 \\ 1 & 9 & 6 \end{pmatrix} = \begin{pmatrix} 4 & 7 \\ 5 & 8 \end{pmatrix} (II)$$

$$Det.\ A_{3x3} = \begin{pmatrix} 2 & 4 & 7 \\ 3 & 5 & 8 \\ 1 & 9 & 6 \end{pmatrix} = \begin{pmatrix} 4 - (2 \cdot 9) & 7 - (2 \cdot 6) \\ 5 - (3 \cdot 9) & 8 - (3 \cdot 6) \end{pmatrix} (III)$$

$$Det.\ A_{3x3} = (-1)^{3+1} \cdot \begin{pmatrix} -14 & -5 \\ -22 & -10 \end{pmatrix} (IV)$$

$$Det.\ A_{3x3} = (1) \cdot (140 - 110)$$

$$Det.\ A = 30$$

O Teorema de Laplace

Primeiramente, precisamos saber o que é um cofator. O cofator de um elemento aij de uma matriz é: $A_{ij} = (-1)^{i+j} . D_{ij}$.

Agora, vamos ao teorema:

Escolha uma linha ou coluna qualquer do determinante:

$$A_{3x3} = \begin{pmatrix} 2 & 4 & 7 \\ 3 & 5 & 8 \\ 1 & 9 & 6 \end{pmatrix}$$

Calcule o cofator de cada elemento dessa fila:

$$a_{11} = A_{11} = (-1)^{1+1} \cdot \begin{pmatrix} 5 & 8 \\ 9 & 6 \end{pmatrix} = (1) \cdot (-42)$$

$$a_{21} = A_{21} = (-1)^{2+1} \cdot \begin{pmatrix} 4 & 7 \\ 9 & 6 \end{pmatrix} = (-1) \cdot (-39)$$

$$a_{31} = A_{31} = (-1)^{3+1} \cdot \begin{pmatrix} 4 & 7 \\ 5 & 8 \end{pmatrix} = (1) \cdot (-3)$$

Multiplique cada elemento da fila selecionada pelo seu respectivo cofator. O determinante da matriz será a soma desses produtos.

Det. $A_{3x3} = a_{11} \cdot A_{11} + a_{21} \cdot A_{21} + a_{31} \cdot A_{31}$

Det. $A_{3x3} = 2 \cdot (-42) + 3 \cdot 39 + 1 \cdot (-3)$

Det. $A_{3x3} = (-84) + 117 + (-3)$

Det. $A_{3x3} = 117 - 87$

Det A = 30

Propriedade dos Determinantes

As propriedades dos determinantes servem para facilitar o cálculo do determinante, uma vez que, com elas, diminuímos nosso trabalho nas resoluções das questões de concursos.

Determinante de Matriz Transposta

Se **A** é uma matriz de ordem "**n**" e $\mathbf{A}^t$ sua transposta, então: Det. At = Det. A

$$A_{2\,x\,2} = \begin{bmatrix} 2 & 3 \\ 1 & 4 \end{bmatrix}$$

$$Det.\ A = 2 \cdot 4 - 3 \cdot 1$$

$$Det.\ A = 8 - 3$$

$$Det.\ A = 5$$

$$A^t_{2\,x\,2} = \begin{bmatrix} 2 & 1 \\ 3 & 4 \end{bmatrix}$$

$$Det.\ A^t = 2\ x\ 4 - 1 \cdot 3$$

$$Det.\ A^t = 8 - 3$$

$$Det.\ A^t = 5$$

Determinante de uma Matriz com Fila Nula

Se uma das filas (linha ou coluna) da matriz A for toda nula, então: Det. A = 0

Ex.: $A_{2\,x\,2} = \begin{bmatrix} 2 & 3 \\ 0 & 0 \end{bmatrix}$

Det. A = 2 . 0 – 3 . 0

Det. A = 0 - 0

Det. A = 0

Determinante de uma Matriz cuja Fila foi Multiplicada por uma Constante

Se multiplicarmos uma fila (linha ou coluna) qualquer da matriz A por um número k, o determinante da nova matriz será k vezes o determinante de A.

Det. A' (k vezes uma fila de A) = k · Det. A

Ex.: $A_{2\,x\,2} = \begin{bmatrix} 2 & 1 \\ 3 & 2 \end{bmatrix}$

Det. A = 2 . 2 - 1 . 3

Det. A = 4 - 3

Det. A = 1

$$A'_{2\,x\,2} = \begin{bmatrix} 4 & 2 \\ 3 & 2 \end{bmatrix} \cdot 2\ (k = 2)$$

Det. A' = 4 . 2 - 2 . 3

Det. A' = 8 - 6

Det. A' = 2

Det. A' = k . Det. A

Det. A' = 2 . 1

Det. A' = 2

Determinante de uma Matriz Multiplicada por uma Constante

Se multiplicarmos toda uma matriz A de ordem "n" por um número k, o determinante da nova matriz será o produto (multiplicação) de k^n pelo determinante de A.

Det (k · A) = k^n · Det. A

Ex.: $A_{2\,x\,2} = \begin{bmatrix} 2 & 1 \\ 4 & 3 \end{bmatrix}$

Det. A = 2 . 3 - = 1 . 4

Det. A = 6 - 4

Det. A = 2

$$3 \cdot A_{2\,x\,2} = \begin{bmatrix} 6 & 3 \\ 12 & 9 \end{bmatrix}$$

Det. 3A = 6 . 9 - 3 . 12

Det. 3A = 54 - 36

Det. 3A = 18

Det (k . A) = k^n . Det. A

Det (3 . A) = 3^2 . 2

Det (3 . A) = 9 . 2

Det (3 . A) = 18

Determinante de uma Matriz com Filas Paralelas Iguais

Se uma matriz A de ordem n ≥ 2 tem duas filas paralelas com os elementos respectivamente iguais, então: Det. A = 0

Ex.: $A_{2\,x\,2} = \begin{bmatrix} 2 & 3 \\ 2 & 3 \end{bmatrix}$

Det. A = 2 . 3 - 3 . 2

Det. A = 6 - 6

Det. A = 0

Determinante de uma Matriz com Filas Paralelas Proporcionais

Se uma matriz A de ordem n ≥ 2 tem duas filas paralelas com os elementos respectivamente proporcionais, então: Det. A = 0.

Ex.: $A_{2\,x\,2} = \begin{bmatrix} 3 & 6 \\ 4 & 8 \end{bmatrix}$

Det. A = 3 . 8 - 6 . 4

Det. A = 24 - 24

Det. A = 0

Determinante de uma Matriz com Troca de Filas Paralelas

Se em uma matriz A de ordem n ≥ 2 trocarmos de posição duas filas paralelas, obteremos uma nova matriz B, tal que:

Det. A = - Det. B

Ex.: $A_{2\,x\,2} = \begin{bmatrix} 5 & 4 \\ 2 & 3 \end{bmatrix}$

Det. A = 5 . 3 - 2 . 4

Det. A = 15 - 8

Det. A = 7

Ex.: $B_{2x2} = \begin{bmatrix} 4 & 5 \\ 3 & 2 \end{bmatrix}$

Det. B = 4 . 2 - 5 . 3

Det. B = 8 - 15

Det. B = -7

Det. A = - Det. B

Det. A = - (-7)

Det. A = 7

Determinante do Produto de Matrizes

Se A e B são matrizes quadradas de ordem n, então:

Det. (A · B) = Det. A · Det. B

Ex.: $A_{2x2} = \begin{bmatrix} 1 & 2 \\ 2 & 3 \end{bmatrix}$

Det. A = 1 . 3 - 2 . 2

Det. A = 3 - 4

Det. A = -1

$B_{2x2} = \begin{bmatrix} 2 & 5 \\ 3 & 4 \end{bmatrix}$

Det. B = 2 . 4 - 5 . 3

Det. B = 8 - 15

Det. B = -7

$A \cdot B_{2x2} = \begin{bmatrix} 8 & 13 \\ 13 & 22 \end{bmatrix}$

Det. (A . B) = 8 . 22 - 13 . 13

Det. (A . B) = 176 - 169

Det. (A . B) = 7

Det. (A . B) = Det. A . Det. B

Det. (A . B) = (-1) . (-7)

Det. (A . B) = 7

Determinante de uma Matriz Triangular

O determinante é igual ao produto dos elementos da diagonal principal.

Determinante de uma Matriz Inversa

Seja B a matriz inversa de A, então, a relação entre os determinantes de B e A é dado por:

$$\text{Det (B)} = \frac{1}{\text{Det (A)}}$$

Ex.: $A_{2x2} = \begin{pmatrix} 1 & -2 \\ 3 & 1 \end{pmatrix}$

Det. A = 1 . 1 - (-2 . 3)

Det. A = 1 + 6

Det. A = 7

Ex.: $B = A^{-1}{}_{2x2} = \begin{pmatrix} 1/7 & 2/7 \\ -3/7 & 1/7 \end{pmatrix}$

Det. B = (1/7 . 1/7) - (2/7 . -3/7)

Det. B = 1/49 + 6/49

Det. B = 7/49

Det. B = 1/7

$$Det\,.\ B = \frac{1}{Det\,(A)}$$

$$Det\,.\ B = \frac{1}{7}$$

$$Det\,.\ B = \frac{1}{7}$$

12.3 Sistemas Lineares

Equações Lineares: é toda equação do 1º grau com uma ou mais incógnitas.

Sistemas Lineares: é o conjunto de equações lineares.

Equação: 2x + 3y = 7

Sistema: $\begin{cases} 2x + 3y = 7 \\ 4x - 5y = 3 \end{cases}$

Equação: x + 2y + z = 8

Sistema: $\begin{cases} x + y - z = 4 \\ 2x - y + z = 5 \\ x + 2y + z = 8 \end{cases}$

Representação de um Sistema Linear em Forma de Matriz

Todo sistema linear pode ser escrito na forma de uma matriz.

Esse conteúdo será importante mais adiante para a resolução dos sistemas.

$$\begin{cases} 2x + 3y = 7 \\ 4x - 5y = 3 \end{cases}$$

Forma de Matriz

$$\underbrace{\begin{bmatrix} 2\ \text{(coeficiente de x)} & 3\ \text{(coeficiente de y)} \\ 4\ \text{(coeficiente de x)} & -5\ \text{(coeficiente de y)} \end{bmatrix} \cdot \begin{bmatrix} x \\ y \end{bmatrix} = \begin{bmatrix} 7 \\ 3 \end{bmatrix}}_{\text{termos independentes}}$$

Matriz Incompleta

$$\begin{bmatrix} 2 & 3 \\ 4 & -5 \end{bmatrix}$$

Matriz de X

$$\begin{bmatrix} 7 & 3 \\ 3 & -5 \end{bmatrix}$$

Substituem-se os coeficientes de x pelos termos independentes.

Matriz de Y

$$\begin{bmatrix} 2 & 7 \\ 4 & 3 \end{bmatrix}$$

Substituem-se os coeficientes de y pelos termos independentes.

Resolução de um Sistema Linear

> A Regra de Cramer só é possível quando o número de variáveis for igual ao número de equações.

Resolvem-se os sistemas pelo método dos determinantes, também conhecido como **Regra de Cramer.**

A regra consiste em: o valor das variáveis será calculado dividindo-se o **determinante da matriz da variável** pelo **determinante da matriz incompleta**, do sistema.

Então:

O valor de x é dado por:

$$x = \frac{\text{deteminante da matriz de X}}{\text{determinante da matriz incompleta}}$$

O valor de y é dado por:

$$y = \frac{\text{deteminante da matriz de Y}}{\text{determinante da matriz incompleta}}$$

O valor de z é dado por:

$$z = \frac{\text{deteminante da matriz de Z}}{\text{determinante da matriz incompleta}}$$

Se o determinante da matriz incompleta for diferente de zero (Det. In. $\neq$ 0), teremos sempre um sistema possível e determinado;

Se o determinante da matriz incompleta for igual a zero (Det. In. = 0), temos duas situações:

1ª: Se os determinantes de todas as matrizes das variáveis também forem iguais a zero (Det. X = 0 e Det. Y = 0 e Det. Z = 0), teremos um sistema possível e indeterminado;

2ª: Se o determinante de, pelo menos, uma das matrizes das variáveis for diferente de zero (Det. · $\neq$ 0 ou Det. Y $\neq$ 0 ou Det. Z $\neq$ 0), teremos um sistema impossível.

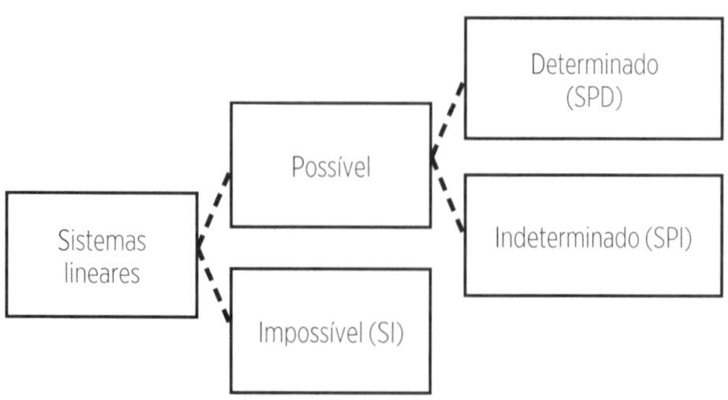

SPD: sistema possível e determinado (quando Det. In. $\neq$ 0).

SPI: sistema possível e indeterminado (quando Det. In. = 0, e Det. . = 0 e Det. Y = 0 e Det. Z = 0).

SI: sistema impossível (quando Det. In. = 0, e Det. . $\neq$ 0 ou Det. Y $\neq$ 0 ou Det. Z $\neq$ 0).

Ex.: $\begin{cases} x + y - z = 4 \\ 2x - y + z = 5 \\ x + 2y + z = 8 \end{cases}$

Matriz incompleta: $\begin{bmatrix} 1 & 1 & -1 \\ 2 & -1 & 1 \\ 1 & 2 & 1 \end{bmatrix}$ det. In. = -9

Matriz de X: $\begin{bmatrix} 4 & 1 & -1 \\ 5 & -1 & 1 \\ 8 & 2 & 1 \end{bmatrix}$ det. X = -27

Matriz de Y: $\begin{bmatrix} 1 & 4 & -1 \\ 2 & 5 & 1 \\ 1 & 8 & 1 \end{bmatrix}$ det. Y = -18

Matriz de Z: $\begin{bmatrix} 1 & 1 & 4 \\ 2 & -1 & 5 \\ 1 & 2 & 8 \end{bmatrix}$ det. Z = -9

Valor de x é: $x = \frac{-27}{-9} = 3 = 3$

Valor de y é: $y = \frac{-18}{-9} = 2 = 2$

Valor de z é: $z = \frac{-9}{-9} = 1 = 1$

Solução: x = 3, y = 2 e z = 1

Questões

01. (CESPE) Considerando a matriz $A = \begin{pmatrix} 2 & 0 & 10 \\ 4 & 10 & 20 \\ 0 & 2 & 40 \end{pmatrix}$, julgue o próximo item.

Se $B = \begin{pmatrix} 0 & x & -7 \\ 1 & 0 & z \\ y & 10 & 0 \end{pmatrix}$, e a matriz A + B for simétrica, então x + y + z = 0.

Certo ( ) Errado ( )

02. (CESPE) – 2013 Julgue o item subsequente, relacionado a problemas aritméticos, geométricos e matriciais.

Considere que A e B sejam matrizes distintas, de ordem 2×2, com entradas reais e, em cada matriz, três das quatro entradas sejam iguais a zero. Além disso, considere também que A×A=B×B=A×B=O, em que O é a matriz nula, isto é, a matriz em que todas as entradas são iguais a zero. Nesse caso, necessariamente, A=O ou B=O.

Certo ( ) Errado ( )

03. (CESPE) Considere que a empresa X tenha disponibilizado um aparelho celular a um empregado que viajou em missão de 30 dias corridos. O custo do minuto de cada ligação, para qualquer telefone, é de R$ 0,15. Nessa situação, considerando que a empresa tenha estabelecido limite de R$ 200,00 e que, após ultrapassado esse limite, o empregado arcará com as despesas, julgue o item a seguir.

Considere que, em uma nova missão, o preço das ligações tenha passado a depender da localidade, mesma cidade ou cidade distinta da de origem da ligação, e do tipo de telefone para o qual a ligação tenha sido feita, celular, fixo ou rádio. As tabelas abaixo mostram quantas ligações de cada tipo foram feitas e o valor de cada uma:

	celular	fixo	rádio
mesma cidade	6	3	1
cidade distinta	7	1	3

Tabela I: número de ligações realizadas por tipo de telefone

	mesma cidade	cidade distinta
celular	0,20	0,50
fixo	0,15	0,30
rádio	0,20	0,20

Tabela II: preço de cada ligação, em reais

Nessas condições, se $\begin{pmatrix} 6 & 3 & 1 \\ 7 & 1 & 3 \end{pmatrix}$ for a matriz formada pelos dados da tabela I, e $B = \begin{pmatrix} 0{,}20 & 0{,}50 \\ 0{,}15 & 0{,}30 \\ 0{,}20 & 0{,}20 \end{pmatrix}$ for a matriz formada pelos dados da tabela II, então a soma de todas as entradas da matriz

A × B será igual ao valor total das ligações efetuadas.

Certo ( ) Errado ( )

04. (CESPE) Um importante algoritmo para a resolução de problemas que envolvem matrizes (por exemplo, resolução de sistemas lineares, cálculo da matriz inversa, determinantes etc.) consiste em efetuar operações elementares sobre as linhas da matriz. Essas operações incluem multiplicação de uma linha da matriz por um número não nulo; adição a uma linha de um múltiplo de outra linha; permutação de linhas. Com relação a essas operações, considere a matriz B obtida da matriz $A = \begin{pmatrix} 1 & 0 & -2 \\ 2 & -1 & -2 \\ 2 & -1 & -1 \end{pmatrix}$ depois de efetuada a seguinte sequência de operações elementares: substituição da linha 3 pela linha 3 menos a linha 2; substituição da linha 2 pela linha 2 menos duas vezes a linha 1. Com base nessas informações, julgue o item que se segue, acerca da matriz B.

Na linha 3 da matriz B, há apenas um elemento nulo.

Certo ( ) Errado ( )

05. (CESPE) Um importante algoritmo para a resolução de problemas que envolvem matrizes (por exemplo, resolução de sistemas lineares, cálculo da matriz inversa, determinantes etc.) consiste em efetuar operações elementares sobre as linhas da matriz. Essas operações incluem multiplicação de uma linha da matriz por um número não nulo; adição a uma linha de um múltiplo de outra linha; permutação de linhas. Com relação a essas operações, considere a matriz B obtida da matriz $A = \begin{pmatrix} 1 & 0 & -2 \\ 2 & -1 & -2 \\ 2 & -1 & -1 \end{pmatrix}$ depois de efetuada a seguinte sequência de operações elementares: substituição da linha 3 pela linha 3 menos a linha 2; substituição da linha 2 pela linha 2 menos duas vezes a linha 1. Com base nessas informações, julgue o item que se segue, acerca da matriz B.

A soma dos elementos da linha 2 da matriz B é igual a 1.

Certo ( ) Errado ( )

Gabaritos

01	CERTO
02	ERRADO
03	ERRADO
04	ERRADO
05	CERTO

13. FUNÇÕES, FUNÇÃO AFIM E FUNÇÃO QUADRÁTICA

Neste capítulo será abordado um assunto de grande importância para a matemática: as funções.

13.1 Definições, Domínio, Contradomínio e Imagem

A função é uma relação estabelecida entre dois conjuntos A e B, em que exista uma associação entre cada elemento de A com um único de B por meio de uma lei de formação.

Matematicamente, podemos dizer que função é uma relação de dois valores, por exemplo: $f(x) = y$, sendo que x e y são valores, nos quais x é o domínio da função (a função está dependendo dele) e y é um valor que depende do valor de x, sendo a imagem da função.

As funções possuem um conjunto chamado domínio e outro chamado de imagem da função, além do contradomínio. No plano cartesiano, que o eixo x representa o domínio da função, enquanto no eixo y apresentam-se os valores obtidos em função de x, constituindo a imagem da função (o eixo y seria o contradomínio da função).

Demonstração:

Com os conjuntos A = {1, 4, 7} e B = {1, 4, 6, 7, 8, 9, 12} cria-se a função f: A $\rightarrow$ B definida por $f(x) = x + 5$, que também pode ser representada por $y = x + 5$. A representação, utilizando conjuntos, desta função é:

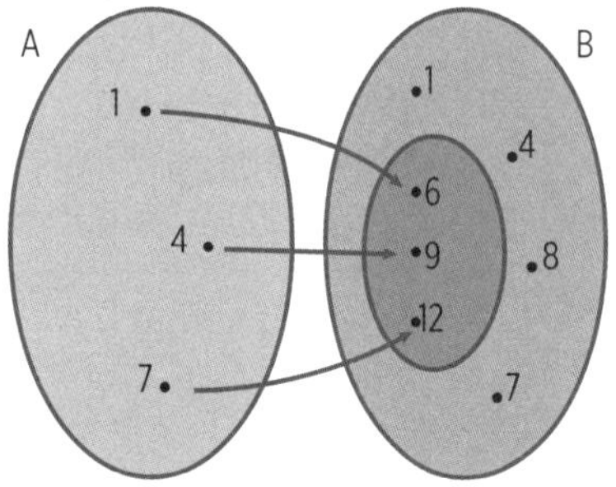

O conjunto A é o conjunto de saída e o B é o conjunto de chegada.

Domínio é um sinônimo para conjunto de saída, ou seja, para esta função o domínio é o próprio conjunto A = {1, 4, 7}.

Como, em uma função, o conjunto de saída (domínio) deve ter todos os seus elementos relacionados, não precisa ter subdivisões para o domínio.

O domínio de uma função também é chamado de campo de definição ou campo de existência da função, e é representado pela letra "D".

O conjunto de chegada "B", também possui um sinônimo, é chamado de contradomínio, representado por "CD".

Note que se pode fazer uma subdivisão dentro do contradomínio. Podemos ter elementos do contradomínio que não são relacionados com algum elemento do Domínio e outros que são. Por isso, deve-se levar em consideração esta subdivisão.

Este subconjunto é chamado de conjunto imagem, e é composto por todos os elementos em que as flechas de relacionamento chegam.

O conjunto Imagem é representado por "Im", e cada ponto que a flecha chega é chamado de imagem.

13.2 Plano Cartesiano

Criado por René Descartes, o plano cartesiano consiste em dois eixos perpendiculares, sendo o horizontal chamado de eixo das abscissas e o vertical de eixo das ordenadas. O plano cartesiano foi desenvolvido por Descartes no intuito de localizar pontos num determinado espaço.

As disposições dos eixos no plano formam quatro quadrantes, mostrados na figura a seguir:

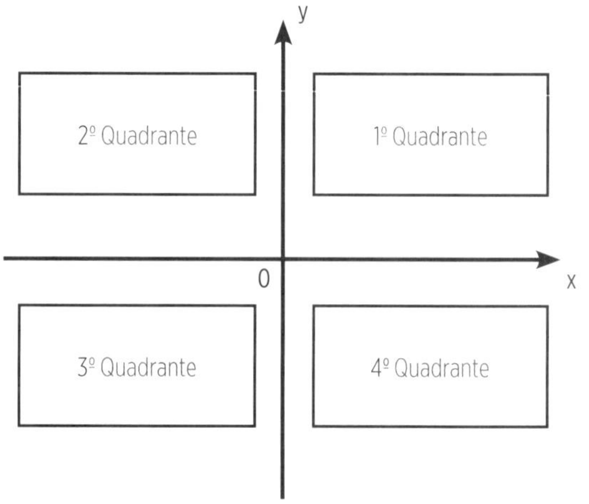

O encontro dos eixos é chamado de origem. Cada ponto do plano cartesiano é formado por um par ordenado (x, y), em que x: abscissa e y: ordenada.

Raízes

Em matemática, uma raiz ou "zero" da função consiste em determinar os pontos de interseção da função com o eixo das abscissas no plano cartesiano. A função f é um elemento no domínio de f tal que $f(x) = 0$.

Ex.: Considere a função:

$f(x) = x^2 - 6x + 9$

3 é uma raiz de f, porque:

$f(3) = 3^2 - 6 \cdot 3 + 9 = 0$

13.3 Funções Injetoras, Sobrejetoras e Bijetoras

Função Injetora

É toda a função em que cada x encontra um único y, ou seja, os elementos distintos têm imagens distintas.

Função Sobrejetora

Toda a função em que o conjunto imagem é exatamente igual ao contradomínio (y).

Função Bijetora

Toda a função que for Injetora e Sobrejetora ao mesmo tempo.

13.4 Funções Crescentes, Decrescentes e Constantes

Função Crescente

À medida que x "aumenta", as imagens vão "aumentando".

Com $x_1 > x_2$ a função é crescente para $f(x_1) > f(x_2)$, isto é, aumentando valor de x, aumenta o valor de y.

Função Decrescente

À medida que x "aumenta", as imagens vão "diminuindo" (decrescendo).

Com $x_1 > x_2$ a função é crescente para $f(x_1) < f(x_2)$, isto é, aumentando x, diminui o valor de y.

Função Constante

Em uma função constante qualquer que seja o elemento do domínio, eles sempre terão a mesma imagem, ao variar x encontra-se sempre o mesmo valor y.

13.5 Funções Inversas e Compostas

Função Inversa

Dada uma função f: A → B, se f é bijetora, se define a função inversa f^{-1} como sendo a função de B em A, tal que $f^{-1}(y) = x$.

Ex.: Determine a **inversa** da função definida por:

y = 2x + 3

Trocando as variáveis x e y:

x = 2y + 3

Colocando y em função de x:

2y = x - 3

$y = \frac{x-3}{2}$, que define a função inversa da função dada.

Função Composta

Chama-se função composta (ou função de função) a função obtida substituindo-se a variável independente x por uma função.

Simbolicamente fica:

$fog(x) = f(g(x))$ ou $gof(x) = g(f(x))$

Ex.: Dadas as funções $f(x) = 2x + 3$ e $g(x) = 5x$, determine $g_o f(x)$ e $f_o g(x)$.

$g_o f(x) = g[f(x)] = g(2x + 3) = 5(2x + 3) = 10x + 15$

$f_o g(x) = f[g(x)] = f(5x) = 2(5x) + 3 = 10x + 3$

13.6 Função Afim

Chama-se função polinomial do 1º grau, ou função afim, a qualquer função f dada por uma lei da forma $f(x) = ax + b$, cujo a e b são números reais dados e $a \neq 0$.

Na função $f(x) = ax + b$, o número a é chamado de coeficiente de x e o número b é chamado termo constante.

Gráfico

O gráfico de uma função polinomial do 1º grau, y = ax + b, com a ≠ 0, é uma reta oblíqua aos eixos x e y.

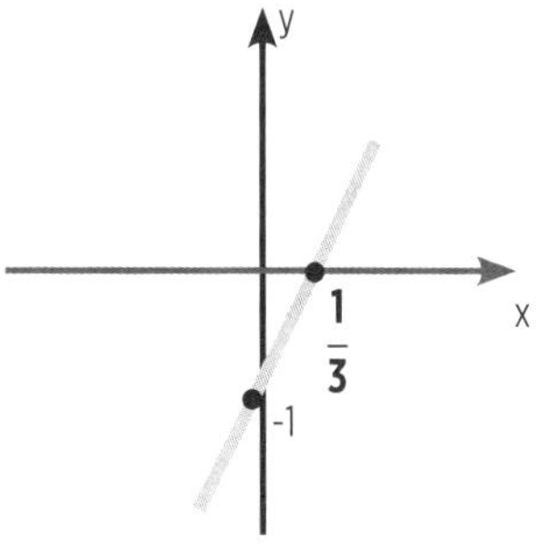

Zero e Equação do 1º Grau

Chama-se zero ou raiz da função polinomial do 1º grau $f(x) = ax + b$, $a \neq 0$, o número real x tal que f(x) = 0.

Assim: $f(x) = 0 \Rightarrow ax + b = 0 \Rightarrow x = \frac{-b}{a}$

Crescimento e Decrescimento

A função do 1º grau $f(x) = ax + b$ é crescente quando o coeficiente de x é positivo (a > 0).

A função do 1º grau $f(x) = ax + b$ é decrescente quando o coeficiente de x é negativo (a < 0).

Sinal

Estudar o sinal de qualquer $y = f(x)$ é determinar os valor de x para os quais y é positivo, os valores de x para os quais y é zero e os valores de x para os quais y é negativo.

Considere uma função afim $y = f(x) = ax + b$, essa função se anula para a raiz $x = \frac{-b}{a}$.

Há então, dois casos possíveis:

a > 0 (a função é crescente)

$$y > 0 \Rightarrow ax + b > 0 \Rightarrow x > \frac{-b}{a}$$

$$Y < 0 \Rightarrow ax + b < 0 \Rightarrow x < \frac{-b}{a}$$

Logo, y é positivo para valores de x maiores que a raiz; y é negativo para valores de x menores que a raiz.

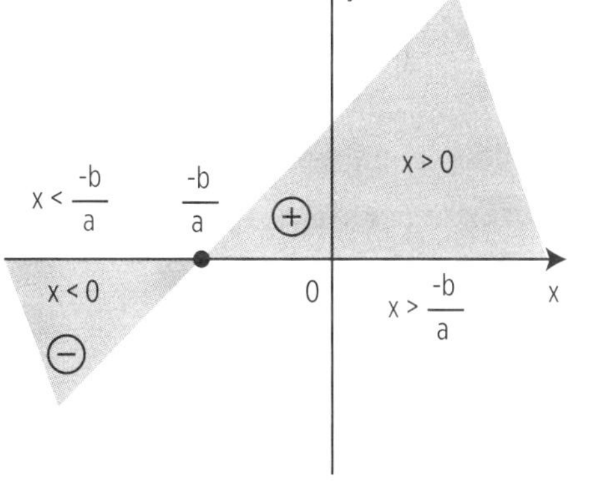

a < 0 (a função é decrescente)

$$y > 0 \Rightarrow ax + b > 0 \Longrightarrow x < \frac{-b}{a}$$

$$y > 0 \Rightarrow ax + b > 0 \Longrightarrow x < \frac{-b}{a}$$

Portanto, y é positivo para valores de x menores que a raiz; y é negativo para valores de x maiores que a raiz.

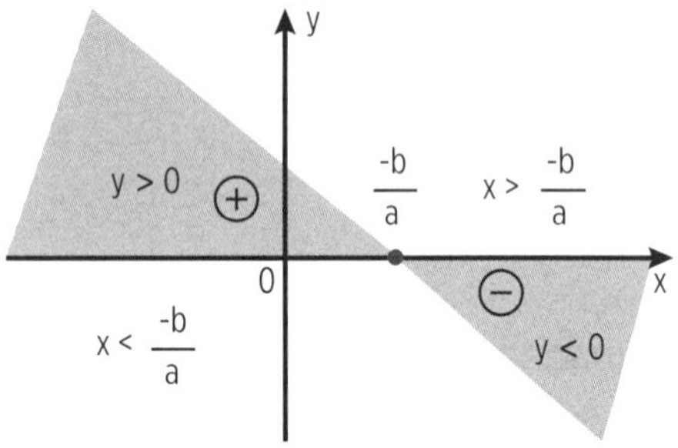

Equações e Inequações do 1º Grau

Equação

Uma equação do 1º grau na incógnita x é qualquer expressão do 1º grau que pode ser escrita numa das seguintes formas:

$$ax + b = 0$$

Para resolver uma equação, basta achar o valor de "x".

Sistema de Equação

Um sistema de equação de 1º grau com duas incógnitas é formado por: duas equações de 1º grau com duas incógnitas diferentes em cada equação.

Ex.:

$$\begin{cases} \mathbf{x + y = 20} \\ \mathbf{3x + 4y = 72} \end{cases}$$

Para encontramos o par ordenado solução desse sistema, é preciso utilizar dois métodos para a sua solução. Esses dois métodos são: Substituição e Adição.

Método da Substituição

Esse método consiste em escolher uma das duas equações, isolar uma das incógnitas e substituir na outra equação.

Dado o sistema $\begin{cases} x + y = 20 \\ 3x + 4y = 72 \end{cases}$ enumeramos as equações.

$$\begin{cases} x + y = 20 & \text{(1)} \\ 3x + 4y = 72 & \text{(2)} \end{cases}$$

Escolhemos a equação 1 e isolamos o x:

x + y = 20

x = 20 - y

Equação 2 substituímos o valor de x = 20 - y.

3x + 4 y = 72

3 (20 - y) + 4y = 72

60 - 3y + 4y = 72

- 3y + 4y = 72 - 60

y = 12

Para descobrir o valor de x, basta substituir y por 12 na equação:

x = 20 - y.

x = 20 - y

x = 20 - 12

x = 8

Portanto, a solução do sistema é S = (8, 12)

Método da Adição

Este método consiste em adicionar as duas equações de tal forma que a soma de uma das incógnitas seja zero. Para que isso aconteça, será preciso que multipliquemos algumas vezes as duas equações ou apenas uma equação por números inteiros para que a soma de uma das incógnitas seja zero.

Dado o sistema:

$$\begin{cases} x + y = 20 \\ 3x + 4y = 72 \end{cases}$$

Para adicionarmos as duas equações e a soma de uma das incógnitas de zero, teremos que multiplicar a primeira equação por - 3.

$$\begin{cases} x + y = 20 \ (-3) \\ 3x + 4y = 72 \end{cases}$$

Agora, o sistema fica assim:

$$\begin{cases} -3x - 3y = -60 \\ 3x + 4y = 72 \end{cases}$$

Adicionando as duas equações:

- 3x - 3y = - 60

+ 3x + 4y = 72

y = 12

Para descobrir o valor de x, basta escolher uma das duas equações e substituir o valor de y encontrado:

x + y = 20

x + 12 = 20

x = 20 - 12

x = 8

Portanto, a solução desse sistema é: S = (8, 12)

Inequação

Uma inequação do 1º grau na incógnita x é qualquer expressão do 1º grau que pode ser escrita numa das seguintes formas:

$ax + b > 0$

$ax + b < 0$

$ax + b \geq 0$

$ax + b \leq 0$

Cujo a, b são números reais com $a \neq 0$.

Ex.: $-2x + 7 > 0$

$x - 10 \leq 0$

$2x + 5 \leq 0$

$12 - x < 0$

Resolvendo uma Inequação de 1º Grau

Uma maneira simples de resolver uma equação do 1º grau é isolarmos a incógnita x em um dos membros da igualdade. Observe dois exemplos:

Ex.: Resolva a inequação $-2x + 7 > 0$:

$-2x > -7 \cdot (-1)$

$2x < 7$

$x < 7/2$

Logo, a solução da inequação é $x < 7/2$

Resolva a inequação $2x - 6 < 0$

$2x < 6$

$x < 6/2$

$x < 3$

Portanto, a solução da inequação é $x < 3$.

Pode-se resolver qualquer inequação do 1º grau por meio do estudo do sinal de uma função do 1º grau, com o seguinte procedimento:

Iguala-se a expressão ax + b a zero;

Localiza-se a raiz no eixo x;

Estuda-se o sinal conforme o caso.

Ex.: $-2x + 7 > 0$

$-2x + 7 - 0$

$x = 7/2$

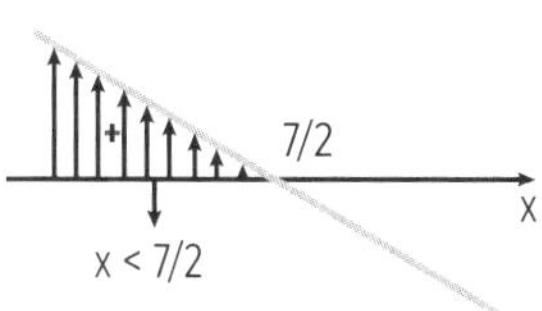

Ex.: $2x - 6 < 0$

$2x - 6 = 0$

$x = 3$

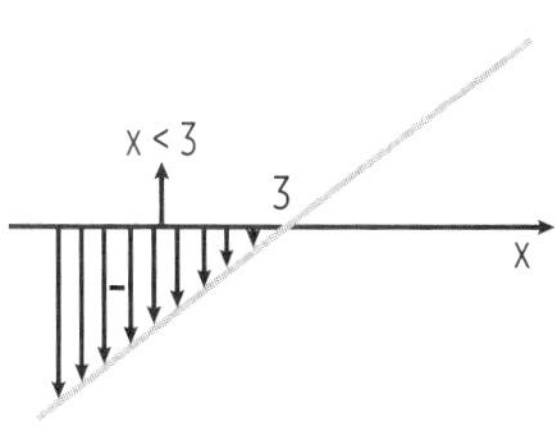

Questões

01. (CESPE) Quando o reservatório de água de determinado município atingiu sua capacidade máxima, iniciou-se um período de seca, sem nenhuma chuva. As autoridades municipais, temendo desabastecimento, estabeleceram que seria iniciado um racionamento quando o nível do reservatório atingisse 20% de sua altura máxima. Decorridos x dias sem chuva, a altura do nível da água no reservatório foi estimada pela função $y = -0{,}1x + 16$, em metros.

Nesse caso, não havendo chuva por um longo período, o racionamento será iniciado em mais de 128 dias.

Certo ( ) Errado ( )

02. (CESPE) Em uma tecelagem, o custo de produção e o custo de venda de x metros de tecido são expressos, respectivamente, por C p(x) = 2bx e C v(x) = c + dx, em que b, c e d são constantes reais e d é o valor da comissão a ser recebida pelo vendedor para cada metro de tecido vendido. Na produção e venda de 50 m de tecido, tem-se que C p(50) + C v(50) = 420 e a comissão do vendedor é igual a 100. No caso de produção e venda de 100 m de tecido, C p(100) + C v(100) = 620.

Nesse caso, c, b e d são, respectivamente, iguais a 220, 1 e 2.

Certo ( ) Errado ( )

03. (CESPE) Julgue o item subsequente, relativo a funções e

O valor de máximo para a função $f(x) = -2x^2 + 96x + 440$ ocorre em x = 28.

Certo ( ) Errado ( )

04. (CESPE) Considerando-se os 365 dias de um ano, numerados sequencialmente de 1 a 365, a função y = -0,1x2 + 40x, em que x = 1, 2, ..., 365, estima-se a quantidade de litros de água desperdiçados no dia x em vazamentos na rede de distribuição de determinada cidade. Nesse caso, o desperdício equivalente a 3 m3 ocorreu em um dia do mês de abril e em um dia do mês de outubro.

Certo ( ) Errado ( )

05. (CESPE) Em determinado dia, a quantidade Q de serviços administrativos demandados por usuários de determinado departamento da UnB, às t horas, pôde ser modelada pela função quadrática $Q(t) = at^2 + bt + c$, em que a, b e c são constantes reais e $a \neq 0$. Nesse departamento, o expediente inicia-se às 8 horas da manhã e, nesse dia, a demanda máxima ocorreu às 11 horas da manhã, com o atendimento de Qmáx = 54 usuários.

Com referência a esse modelo, julgue o próximo item.

Segundo o modelo apresentado, se, nesse dia, no início do expediente, havia a demanda de usuários por quatro serviços administrativos, então $Q(t) = \frac{50}{9}(t-11)^2 + 54$.

Certo ( ) Errado ( )

Gabaritos

01	ERRADO
02	CERTO
03	ERRADO
04	CERTO
05	ERRADO

14. FUNÇÃO EXPONENCIAL E FUNÇÃO LOGARÍTMICA

14.1 Equação e Função Exponencial

Chama-se de equação exponencial toda equação na qual a incógnita aparece em expoente.

Para resolver equações exponenciais, devem-se realizar dois passos importantes:

Redução dos dois membros da equação a potências de mesma base;

Aplicação da propriedade:

$$a^m = a^n \Rightarrow m = n \ (a \neq 1 \text{ e } a >)$$

Função Exponencial

Chamam-se de funções exponenciais aquelas nas quais temos a variável aparecendo em expoente.

A função $f: IR \rightarrow IR_+$, definida por $f(x) = a^x$, com $a \in IR+$ e $a \neq 1$, é chamada função exponencial de base a. O domínio dessa função é o conjunto IR (reais) e o contradomínio é IR_+ (reais positivos, maiores que zero).

Gráfico Cartesiano da Função Exponencial

Há 2 casos a considerar:

Quando a>1;

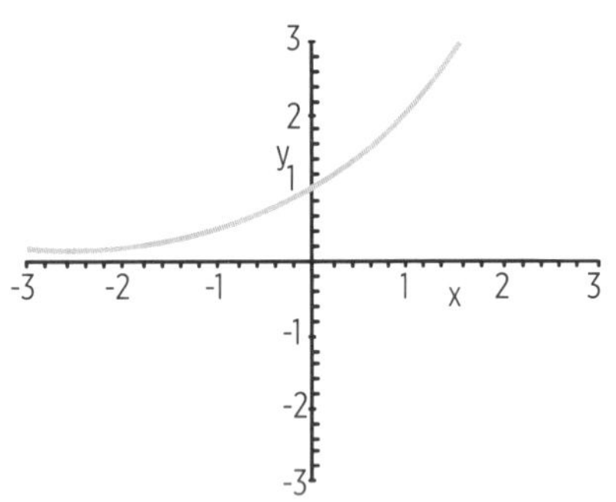

$f(x)$ é crescente e $Im = IR_+$

Para quaisquer x_1 e x_2 do domínio: $x_2 > x_1 \Rightarrow y_2 > y_1$ (as desigualdades têm mesmo sentido).

Quando 0 < a < 1.

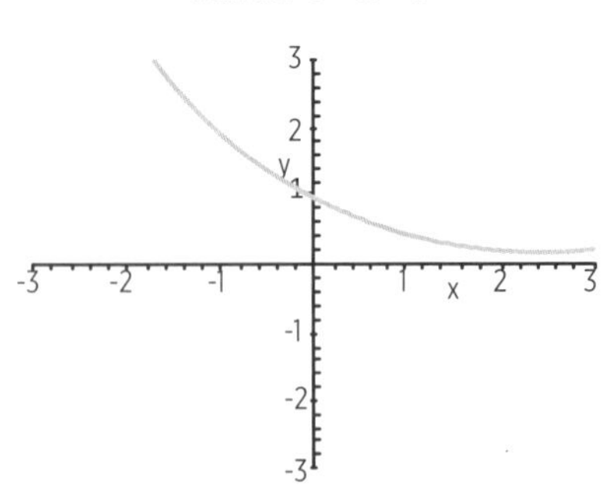

$f(x)$ é decrescente e $Im = IR_+$

Para quaisquer x_1 e x_2 do domínio: $x_2 > x_1 \Rightarrow y_2 < y_1$ (as desigualdades têm sentidos diferentes).

Nas duas situações, pode-se observar que:

> O gráfico nunca intercepta o eixo horizontal;

> A função não tem raízes; o gráfico corta o eixo vertical no ponto (0,1);

> Os valores de y são sempre positivos (potência de base positiva é positiva), portanto, o conjunto imagem é $Im = IR_+$.

Inequações Exponenciais

Chama-se de inequação exponencial toda inequação na qual a incógnita aparece em expoente.

Para resolver inequações exponenciais, deve-se realizar dois passos:

Redução dos dois membros da inequação a potências de mesma base;

Aplicação da propriedade:

$a > 1$

$a^m > a^n \Rightarrow m > n$

(as desigualdades têm mesmo sentido)

$0 < a < 1$

$a^m > a^n \Rightarrow m < n$

(as desigualdades têm sentidos diferentes)

14.2 Equação e Função Logarítmica

Logaritmo

$$a^x = b \Leftrightarrow \log_a b = x$$

Sendo $b > 0$, $a > 0$ e $a \neq 1$

Na igualdade $x = \log_a b$ tem:

a= base do logaritmo

b= logaritmando ou antilogaritmo

x= logaritmo

Consequências da Definição

Sendo $b > 0$, $a > 0$ e $a \neq 1$ e m um número real qualquer, há, a seguir, algumas consequências da definição de logaritmo:

$\log_a 1 = 0$

$\log_a a = 1$

$\log_a a^m = m$

$a^{\log_a b} = b$

$\log_a b = \log_a c \Leftrightarrow b = c$

Propriedades Operatórias dos Logaritmos

$$\log_a (x.y) = \log_a x + \log_a y$$

$$\log_a \left(\frac{x}{y}\right) = \log_a x - \log_a y$$

$$\log_a x^m = m . \log_a x$$

$$\log_a \sqrt[n]{x^m} = \log_a x^{\frac{m}{n}} = \frac{m}{n} . \log_a x$$

Cologaritmo

$$\text{colog}_a b = \log_a \frac{1}{b}$$

$$\text{colog}_a b = -\log_a b$$

Mudança de Base

$$\log_a x = \frac{\log_b x}{\log_b a}$$

Função Logarítmica

A função f: IR + → IR, definida por $f(x) = \log_a x$, com $a \neq 1$ e $a > 0$, é chamada função logarítmica de base a. O domínio dessa função é o conjunto IR_+ (reais positivos, maiores que zero) e o contradomínio é IR (reais).

Gráfico Cartesiano da Função Logarítmica

Há dois casos a se considerar:

Quando a>1;

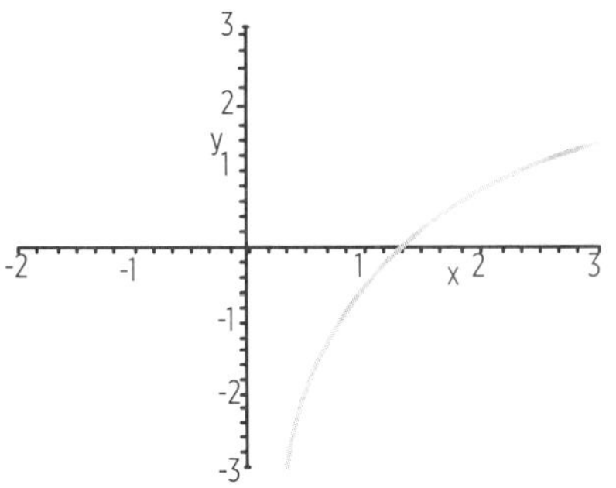

f (x) é crescente e Im = IR

Para quaisquer x_1 e x_2 do domínio: $x_2 > x_1 \Rightarrow y_2 > y_1$ (as desigualdades têm mesmo sentido)

Quando 0<a<1.

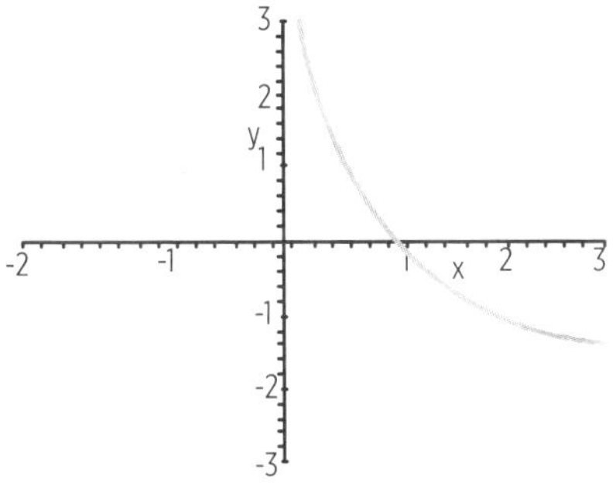

f (x) é decrescente e Im = IR

Para quaisquer x_1 e x_2 do domínio : $x_2 > x_1 \Rightarrow y_2 < y_1$ (as desigualdades têm sentidos diferentes).

Nas duas situações, pode-se observar que:

> O gráfico nunca intercepta o eixo vertical;

> O gráfico corta o eixo horizontal no ponto (1,0);

> A raiz da função é x = 1;

> Y assume todos os valores reais, portanto, o conjunto imagem é Im = IR.

Equações Logarítmicas

Chama-se de equações logarítmicas toda equação que envolve logaritmos com a incógnita aparecendo no logaritmando, na base ou em ambos.

Inequações Logarítmicas

Chama-se de inequações logarítmicas toda inequação que envolve logaritmos com a incógnita aparecendo no logaritmando, na base ou em ambos.

Para resolver inequações logarítmicas, deve-se realizar dois passos:

Redução dos dois membros da inequação a logaritmos de mesma base;

Aplicação da propriedade:

$a > 1$

$\log_a m > \log_a n \Rightarrow m > n > 0$

(as desigualdades têm mesmo sentido)

$0 < a < 1$

$\log_a m > \log_a n \Rightarrow 0 < m < n$

(as desigualdades têm sentidos diferentes)

Questões

01. (CESPE) Para avaliar a resposta dos motoristas a uma campanha educativa promovida pela PRF, foi proposta a função $f(x)=350+150*e^{-x}$, que modela a quantidade de acidentes de trânsito com vítimas fatais ocorridos em cada ano. Nessa função, $x \geq 0$ indica o número de anos decorridos após o início da campanha.

Com referência a essa situação hipotética, julgue o item que se segue.

Segundo o modelo apresentado, após dez anos de campanha educativa, haverá, em cada um dos anos seguintes, menos de 300 acidentes de trânsito com vítimas fatais.

Certo ( ) Errado ( )

02. (CESPE) Para avaliar a resposta dos motoristas a uma campanha educativa promovida pela PRF, foi proposta a função $f(x)=350+150*e^{-x}$, que modela a quantidade de acidentes de trânsito com vítimas fatais ocorridos em cada ano. Nessa função, $x \geq 0$ indica o número de anos decorridos após o início da campanha.

Com referência a essa situação hipotética, julgue o item que se segue.

De acordo com o modelo, no final do primeiro ano da campanha, apesar do decréscimo com relação ao ano anterior, ainda ocorreram mais de 400 acidentes de trânsito com vítimas fatais.

Certo ( ) Errado ( )

03. (CESPE) Julgue o item subsequente, relativo às funções $f(x) = 30 - log_2(x)$ e $g(x) = 7x - 2xcos(\pi x)$..

O domínio da função f(x) é o conjunto dos números reais positivos e f(8) = 27.

Certo ( ) Errado ( )

04. (CESPE) Às 19 horas de 22/2/2012, um cidadão telefonou para a central de atendimento da polícia da cidade comunicando que sua esposa se encontrava caída no chão da sala, aparentemente morta. Constatada a morte da vítima, os peritos iniciaram, às 20 horas do mesmo dia, os trabalhos de investigação, registrando que, nesse instante, a temperatura ambiente era de 20 ºC e a do cadáver, de 30 ºC.

De acordo com a Lei do Resfriamento de Newton, a temperatura $\theta(t)$ de um corpo, em graus Celsius, no instante t, em horas, em situações como a descrita acima, é expressa por $\theta(t)= 20 + 10*2^{-t}$, $t \in R$, em que t = 0 corresponde ao instante em que a temperatura do corpo é registrada pela primeira vez.

De acordo com as informações do texto, é correto inferir que a temperatura do referido corpo, uma hora após o primeiro registro da temperatura, era igual a 15oC.

Certo ( ) Errado ( )

Gabaritos

01	ERRADO
02	CERTO
03	CERTO
04	CERTO

15. TRIGONOMETRIA

Neste capítulo estudaremos sobre os triângulos e as relações que os envolvem.

15.1 Triângulos

O triângulo é uma das figuras mais simples e também uma das mais importantes da Geometria. O triângulo possui propriedades e definições de acordo com o tamanho de seus lados e medida dos ângulos internos.

Quanto aos lados, o triângulo pode ser classificado da seguinte forma:

Equilátero: possui os lados com medidas iguais.

Isósceles: possui dois lados com medidas iguais.

Escaleno: possui todos os lados com medidas diferentes.

Quanto aos ângulos, os triângulos podem ser denominados:

Acutângulo: possui os ângulos internos com medidas menores que 90°.

Obtusângulo: possui um dos ângulos com medida maior que 90°.

Retângulo: possui um ângulo com medida de 90°, chamado ângulo reto.

No triângulo retângulo existem importantes relações, uma delas é o **Teorema de Pitágoras**, que diz o seguinte: "A soma dos quadrados dos catetos é igual ao quadrado da hipotenusa".

$$a^2 = b^2 + c^2$$

A condição de existência de um triângulo é: um lado do triângulo seja sempre menor do que a soma dos outros dois lados e seja sempre maior do que a diferença desses dois lados.

15.2 Trigonometria no Triângulo Retângulo

As razões trigonométricas básicas são relações entre as medidas dos lados do triângulo retângulo e seus ângulos. As três funções básicas mais importantes da trigonometria são: seno, cosseno e tangente. O ângulo é indicado pela **letra x**.

Função	Notação	Definição
seno	sen(x)	$\dfrac{\text{medida do cateto oposto a x}}{\text{medida da hipotenusa}}$
cosseno	cos(x)	$\dfrac{\text{medida do cateto adjacente a x}}{\text{medida da hipotenusa}}$
tangente	tan(x)	$\dfrac{\text{medida do cateto oposto a x}}{\text{medida do cateto adjacente a x}}$

Relação fundamental: para todo ângulo x (medido em radianos), vale a importante relação:

$$\cos^2(x) + \text{sen}^2(x) = 1$$

15.3 Trigonometria em um Triângulo Qualquer

Os problemas envolvendo trigonometria são resolvidos em sua maioria por meio da comparação com triângulos retângulos. Mas no cotidiano algumas situações envolvem triângulos acutângulos ou triângulos obtusângulos. Nesses casos, necessitamos do auxílio da Lei dos Senos ou dos Cossenos.

Lei dos Senos

A Lei dos Senos estabelece relações entre as medidas dos lados com os senos dos ângulos opostos aos lados. Observe:

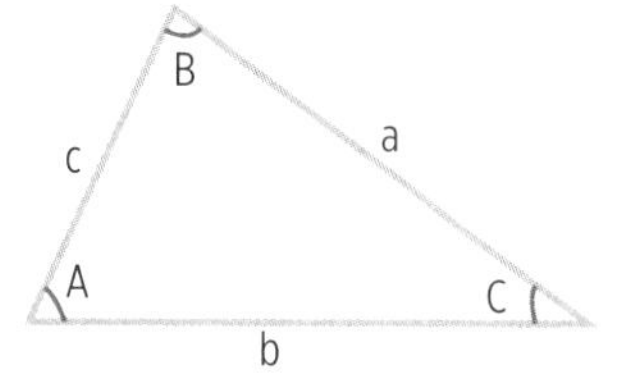

$$\frac{a}{\text{sen}A} = \frac{b}{\text{sen}B} = \frac{c}{\text{sen}C}$$

Lei dos Cossenos

Nos casos em que não pode aplicar a Lei dos Senos, existe o recurso da Lei dos Cossenos. Ela permite trabalhar com a medida de dois segmentos e a medida de um ângulo. Dessa forma, se dado um triângulo ABC de lados medindo a, b e c, temos:

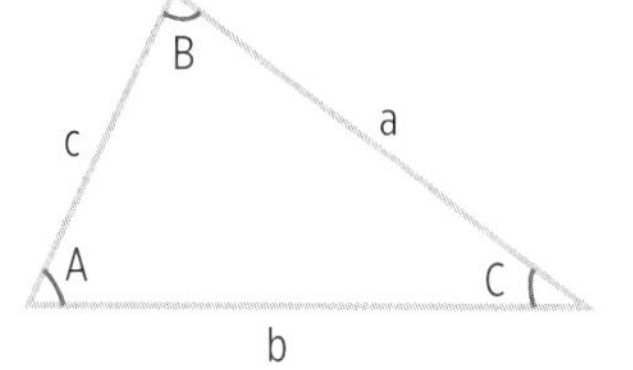

$$a^2 = b^2 + c^2 - 2 . b . c . \cos A$$
$$b^2 = a^2 + c^2 - 2 . a . c . \cos B$$
$$c^2 = a^2 + b^2 - 2 . a . b . \cos C$$

15.4 Medidas dos Ângulos

Medidas em Grau

Sabe-se que uma volta completa na circunferência corresponde a 360°; se dividir em 360 arcos, haverá arcos unitários medindo 1° grau. Dessa forma, diz-se que a circunferência é simplesmente um arco de 360° com o ângulo central medindo uma volta completa ou 360°.

Também se pode dividir o arco de 1° grau em 60 arcos de medidas unitárias iguais a 1' (arco de um minuto). Da mesma forma podemos dividir o arco de 1' em 60 arcos de medidas unitárias iguais a 1" (arco de um segundo).

Medidas em Radianos

Dada uma circunferência de centro O e raio R, com um arco de comprimento s e α o ângulo central do arco, vamos determinar a medida do arco em radianos de acordo com a figura a seguir:

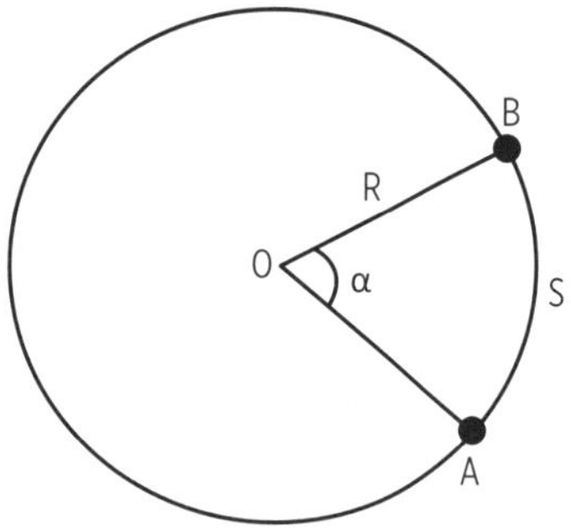

Diz-se que o arco mede um radiano se o comprimento do arco for igual à medida do raio da circunferência. Assim, para saber a medida de um arco em radianos, deve-se calcular quantos raios da circunferência são precisos para se ter o comprimento do arco. Portanto:

$$\alpha = \frac{S}{R}$$

Com base nessa fórmula, podemos expressar outra expressão para determinar o comprimento de um arco de circunferência:

$$s = \alpha . R$$

De acordo com as relações entre as medidas em grau e radiano de arcos, vamos destacar uma regra de três capaz de converter as medidas dos arcos.

360° → 2π radianos (aproximadamente 6,28)

180° → π radiano (aproximadamente 3,14)

90° → π/2 radiano (aproximadamente 1,57)

45° → π/4 radiano (aproximadamente 0,785)

Medida em graus	Medida em radianos
180	π
x	a

15.5 Ciclo Trigonométrico

Considerando um plano cartesiano, representados nele um círculo com centro na origem dos eixos e raios.

Divide-se o ciclo trigonométrico em quatro arcos, obtendo quatro quadrantes.

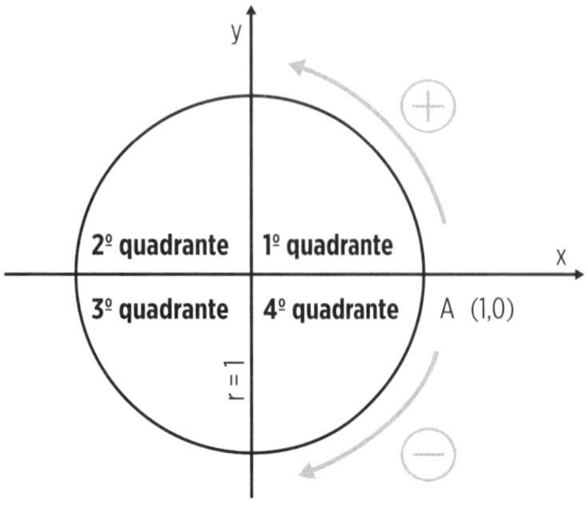

Dessa forma, obtêm-se as relações:

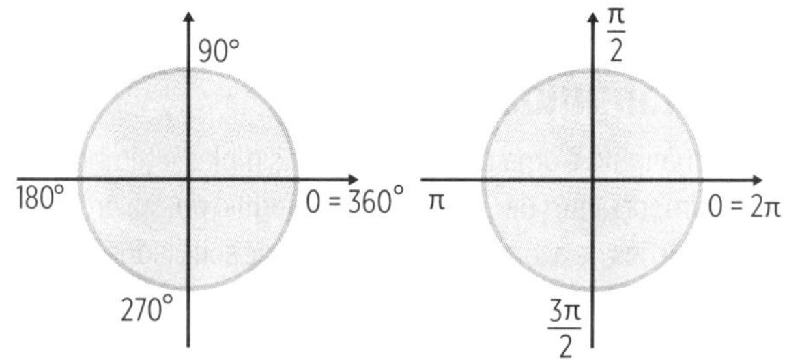

Razões Trigonométricas

As principais razões trigonométricas são:

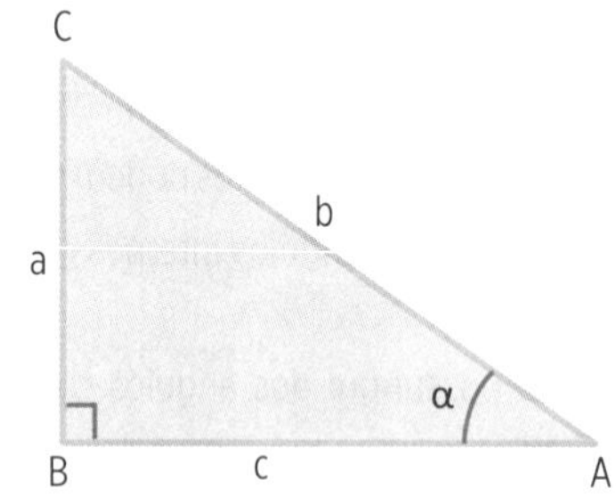

$$\text{sen } \alpha = \frac{\text{comprimento do cateto oposto}}{\text{comprimento da hipotenusa}} = \frac{a}{b}$$

$$\cos \alpha = \frac{\text{comprimento do cateto adjacente}}{\text{comprimento da hipotenusa}} = \frac{c}{b}$$

$$\text{tg } \alpha = \frac{\text{comprimento do cateto oposto}}{\text{comprimento do cateto adjacente}} = \frac{a}{c}$$

Outras razões decorrentes dessas são:

$$\text{tg } x = \frac{\text{sen } x}{\cos x}$$

$$\text{cotg } x = \frac{1}{\text{tg } x} = \frac{\cos x}{\text{sen } x}$$

$$\sec x = \frac{1}{\cos x}$$

$$\text{cossec } x = \frac{1}{\text{sen } x}$$

A partir da relação fundamental, encontram-se ainda as seguintes relações:

$(\text{sen } x)^2 + (\cos x)^2 = 1$ = [relação fundamental da trigonometria]

$1 + (\text{cotg } x)^2 = (\text{cossec } x)^2$

$1 + (\text{tg } x)^2 = (\sec x)^2$

Redução ao 1° Quadrante

$\text{sen}(90° - \alpha) = \cos \alpha$

$\cos(90° - \alpha) = \text{sen } \alpha$

$\text{sen}(90° + \alpha) = \cos \alpha$

$\cos(90° + \alpha) = -\text{sen } \alpha$

$\text{sen}(180° - \alpha) = \text{sen } \alpha$

$\cos(180° - \alpha) = -\cos \alpha$

$\text{tg}(180° - \alpha) = -\text{tg } \alpha$

sen(180° + α) = -sen α

cos(180° + α) = -cos α

sen(270° - α) = -cos α

cos(270° - α) = -sen α

sen(270° + α) = -cos α

cos(270° + α) = sen α

sen(-α) = -sen α

cos(-α) = cos α

tg(-α) = -tg α

15.6 Funções Trigonométricas

Função Seno

Chama-se função seno a função **f(x) = sen x.**

O domínio dessa função é R e a imagem é Im [-1,1]; visto que, na circunferência trigonométrica, o raio é unitário.

Então:

Domínio de f(x) = sen x; D(sen x) = R.

Imagem de f(x) = sen x; Im(sen x) = [-1,1] .

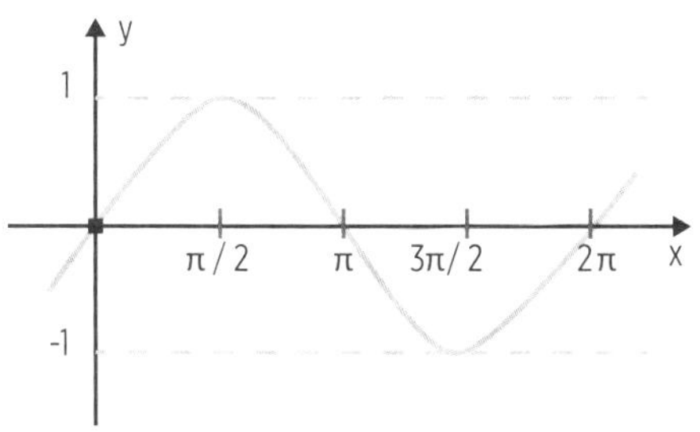

Sinal da Função

f(x) = sen x é positiva no 1° e 2° quadrantes (ordenada positiva);

f(x) = sen x é negativa no 3° e 4° quadrantes (ordenada negativa).

Quando $x \in \left[0, \frac{\pi}{2}\right]$, 1° quadrante, o valor de sen x cresce de 0 a 1.

Quando $x \in \left[\frac{\pi}{2}, \pi\right]$, 2° quadrante, o valor de sen x decresce de 1 a 0.

Quando $x \in \left[\pi, \frac{3\pi}{2}\right]$, 3° quadrante, o valor de sen x decresce de 0 a -1.

Quando $x \in \left[\frac{3\pi}{2}, 2\pi\right]$, 4° quadrante, o valor de sen x cresce de -1 a 0.

Função Cosseno

Chama-se função cosseno a função **f(x) = cos x.**

O domínio dessa função também é R e a imagem é Im [-1,1]; visto que, na circunferência trigonométrica, o raio é unitário.

Então:

Domínio de f(x) = cos x; D(cos x) = R.

Imagem de f(x) = cos x; Im(cos x) = [-1,1].

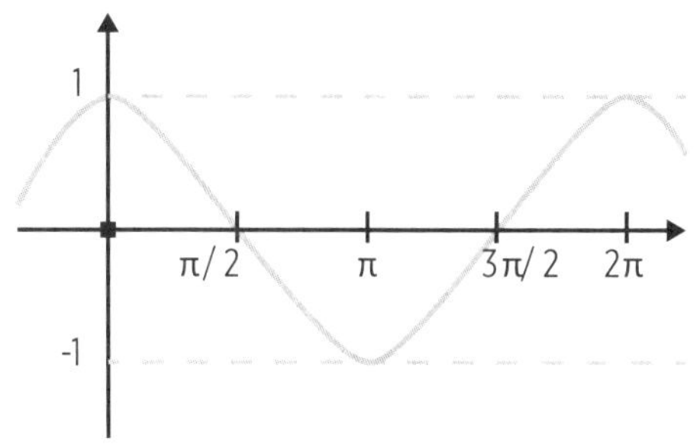

Sinal da Função

f(x) = cos x é positiva no 1º e 4º quadrantes (abscissa positiva);

f(x) = cos x é negativa no 2º e 3º quadrantes (abscissa negativa).

Quando $x \in \left[0, \frac{\pi}{2}\right]$, 1º quadrante, o valor do cos x decresce de 1 a 0.

Quando $x \in \left[\frac{\pi}{2}, \pi\right]$, 2º quadrante, o valor do cos x decresce de 0 a -1.

Quando $x \in \left[\pi, \frac{3\pi}{2}\right]$, 3º quadrante, o valor do cos x cresce de -1 a 0.

Quando, $x \in \left[\frac{3\pi}{2}, 2\pi\right]$ 4º quadrante, o valor do cos x cresce de 0 a 1.

Função Tangente

Chama-se função tangente a função **f(x) = tg x.**

Então:

Domínio de f(x): o domínio dessa função são todos os números reais, exceto os que zeram o cosseno, pois não existe cos x = 0

Imagem de f(x) = Im =] -∞, ∞[

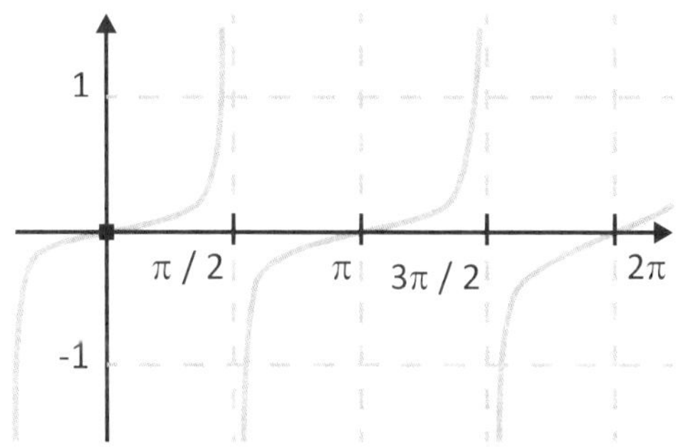

Sinal da Função

f(x) = tg x é positiva no 1º e 3º quadrantes (produto da ordenada pela abscissa positiva);

f(x) = tg x é negativa no 2° e 4º quadrantes (produto da ordenada pela abscissa negativa).

Outras Funções

Função Secante

Denomina-se função secante a função:

$$f(x) = \frac{1}{\cos x}$$

Função Cossecante

Denomina-se função cossecante a função:

$$f(x) = \frac{1}{\operatorname{sen} x}$$

Função Cotangente

Denomina-se função cossecante a função:

$$f(x) = \frac{1}{\text{tg } x}$$

15.7 Identidades e Operações Trigonométricas

As mais comuns são as seguintes:

$\text{sen}(a + b) = \text{sen } a \cdot \cos b + \text{sen } b \cdot \cos a$

$\text{sen}(a - b) = \text{sen } a \cdot \cos b - \text{sen } b \cdot \cos a$

$\cos(a + b) = \cos a \cdot \cos b - \text{sen } a \cdot \cos b$

$\cos(a - b) = \cos a \cdot \cos b + \text{sen } a \cdot \cos b$

$$\text{tg } (a + b) = \frac{\text{tga} + \text{tgb}}{1 - \text{tga} \cdot \text{tgb}}$$

$$\text{tg } (a - b) = \frac{\text{tga} - \text{tgb}}{1 + \text{tga} \cdot \text{tgb}}$$

$\text{sen}(2x) = 2 \cdot \text{sen}(x) \cdot \cos(x)$

$\cos(2x) = \cos^2(x) - \text{sen}^2(x)$

$$\text{tg}(2x) = \left(\frac{2 \cdot \text{tg}(x)}{1 - \text{tg}^2(x)}\right)$$

$$\text{sen}(x) + \text{sen}(y) = 2 \cdot \text{sen}\left(\frac{x + y}{2}\right) \cdot \cos\left(\frac{x - y}{2}\right)$$

$$\text{sen}(x) - \text{sen}(y) = 2 \cdot \text{sen}\left(\frac{x - y}{2}\right) \cdot \cos\left(\frac{x + y}{2}\right)$$

$$\cos(x) + \cos(y) = 2 \cdot \cos\left(\frac{x + y}{2}\right) \cdot \cos\left(\frac{x - y}{2}\right)$$

$$\cos(x) - \cos(y) = -2 \cdot \text{sen}\left(\frac{x + y}{2}\right) \cdot \text{sen}\left(\frac{x - y}{2}\right)$$

15.8 Bissecção de Arcos ou Arco Metade

Também temos a fórmula do arco metade para senos, cossenos e tangentes:

1. $\sin\left(\frac{a}{2}\right) = \pm\sqrt{\frac{1-\cos(a)}{2}}$

2. $\cos\left(\frac{a}{2}\right) = \pm\sqrt{\frac{1+\cos(a)}{2}}$

3. $\tan\left(\frac{a}{2}\right) = \pm\sqrt{\frac{1-\cos(a)}{1+\cos(a)}}$

Questões

01. (CESPE) Na preparação de uma ação policial, um agente fez algumas medições em uma casa noturna, mostradas na figura a seguir. O agente, em pé no ponto A, de frente para a casa noturna, estava a 10 m de distância do ponto C, correspondente à porta de entrada da casa noturna. Do ponto B, posição dos olhos do agente, ele visualizava uma câmera de segurança no ponto D, no prédio da casa noturna, segundo um ângulo de visão de 30º com a horizontal. Perpendicularmente a AC, e a 24 m de A, ficava localizada uma base móvel para apoio à operação, no ponto E.

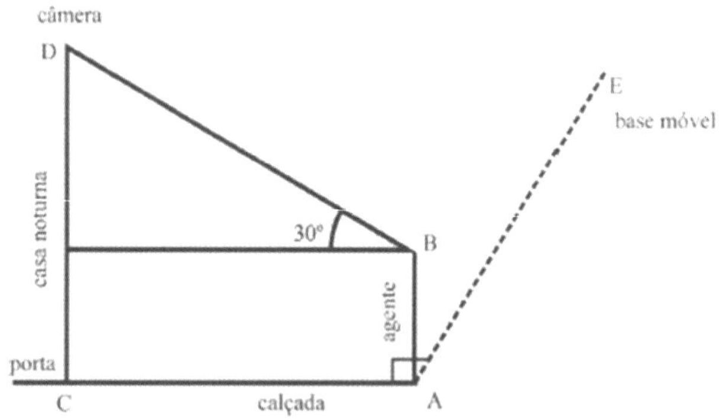

Com referência às informações contidas na situação hipotética e na figura anteriormente apresentadas, julgue o item.

Considerando que AB seja igual a 1,70 m, que essa seja a altura dos olhos do agente e que 0,58 seja o valor aproximado para tg30º, então a câmera estava a uma altura inferior a 7 m.

Certo ( ) Errado ( )

02. (CESPE) Julgue o item subsequente, relativo às funçõesf(x)=30−log2(x) e g(x)=7x−2xcos(πx).

A função g(x) é crescente e g(3) < 25.

Certo ( ) Errado ( )

03. (CESPE) A largura da faixa de areia de uma praia varia com o tempo devido ao movimento das marés. Em metros, a largura C da faixa de areia, em função do tempo t, em horas, é expressa por

$$C = 30 + 20sen\frac{\pi t}{12}, em\ que\ t > 0.$$

Nessa situação, o período de C e a largura máxima da faixa de areia são, respectivamente, iguais a 24 horas e 50 metros.

Certo ( ) Errado ( )

04. (CESPE) Considerando a função $f(x) = senx - \sqrt{3}cosx$ em que o ângulo x é medido em graus, julgue o item seguinte.

O valor máximo dessa função é igual a 2.

Certo ( ) Errado ( )

05. (CESPE) Julgue o seguinte item com relação a geometria do plano cartesiano, modelos periódicos e modelos lineares.

Considerando-se que Fmin e Fmax sejam os valores mínimo e máximo, respectivamente, da função $f(x) = 53 - \frac{3sen^4x}{2}$, é correto afirmar que $F^2_{mim} + F^2_{max} > 3$..

Certo ( ) Errado ( )

Gabaritos

01	ERRADO
02	ERRADO
03	CERTO
04	CERTO
05	ERRADO

16. GEOMETRIA PLANA

Conceitos Importantes:

Ceviana: as cevianas são segmentos de reta que partem do vértice do triângulo para o lado oposto. Alguns

Mediana: é o segmento de reta que liga um vértice deste triângulo ao ponto médio do lado oposto a este vértice. As medianas se encontram em um ponto chamado de baricentro.

Altura: altura de um triângulo é um segmento de reta perpendicular a um lado do triângulo ou ao seu prolongamento, traçado pelo vértice oposto. As alturas se encontram em um ponto chamado ortocentro.

Bissetriz: é o lugar geométrico dos pontos que equidistam de duas retas concorrentes e, por consequência, divide um ângulo em dois ângulos congruentes. As bissetrizes se encontram em um ponto chamado incentro.

Mediatrizes: são retas perpendiculares a cada um dos lados de um triângulo. As mediatrizes se encontram em um ponto chamado circuncentro.

16.1 Semelhanças de Figuras

Duas figuras (formas geométricas) são semelhantes quando satisfazem a duas condições: os seus ângulos têm o mesmo tamanho e os lados correspondentes são proporcionais.

Nos triângulos existem alguns casos de semelhanças bem conhecidos;

1º caso: LAL (lado, ângulo, lado): dois lados congruentes e o ângulo entre esses lados também congruentes.

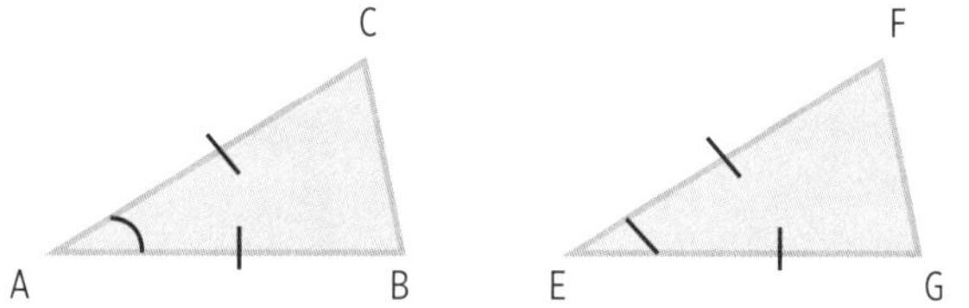

2º caso: LLL (lado, lado, lado): os três lados congruentes.

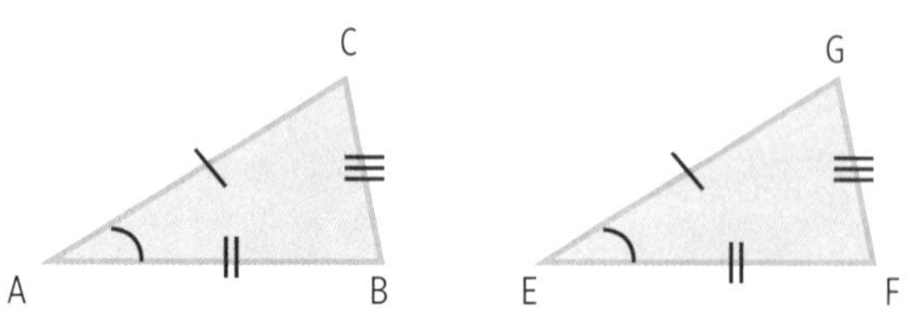

3º caso: ALA (ângulo, lado, ângulo): dois ângulos congruentes e o lado entre esses ângulos também congruente.

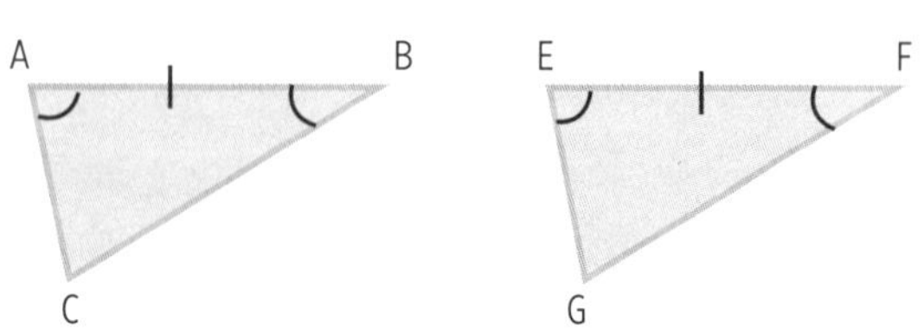

4º caso: LAA_0 (lado, ângulo, ângulo oposto): congruência do ângulo adjacente ao lado, e congruência do ângulo oposto ao lado.

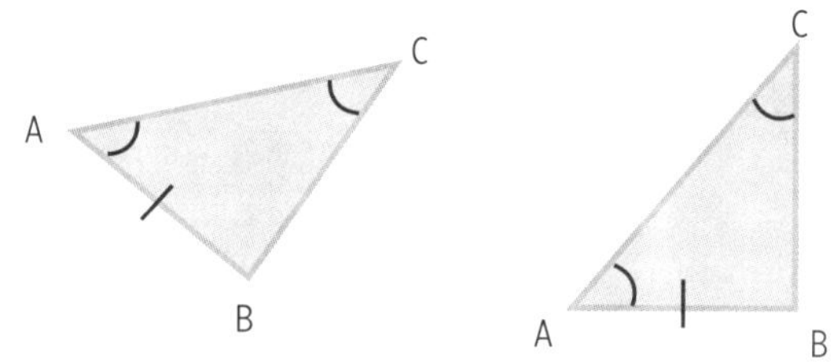

16.2 Relações Métricas nos Triângulos

O Triângulo Retângulo e suas Relações Métricas

Denomina-se triângulo retângulo o triângulo que tem um de seus ângulos retos, ou seja, um de seus ângulos mede 90°. O triângulo retângulo é formado por uma hipotenusa e dois catetos, a hipotenusa é o lado maior, o lado aposto ao ângulo de 90°, e os outros dois lados são os catetos.

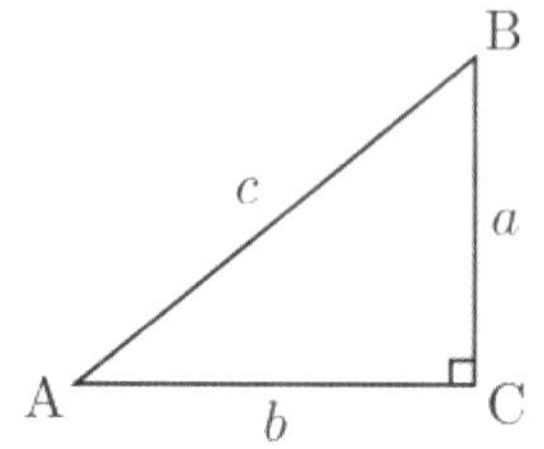

Na figura, podemos observar o triângulo retângulo de vértices A,B e C, e lados a,b e c. Como o ângulo de 90° está no vértice C, então a hipotenusa do triângulo é o lado c, e os catetos são os lados a e b.

Assim, podemos separar um triângulo em dois triângulos semelhantes:

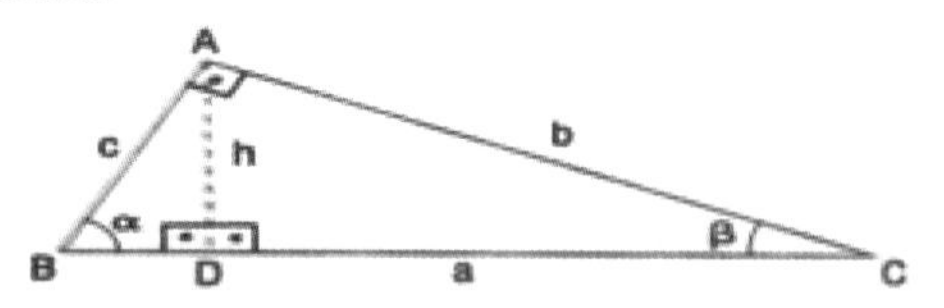

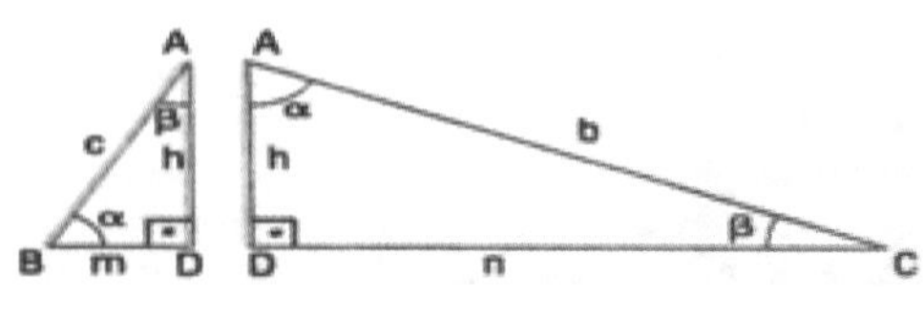

Neste segundo triângulo, podemos observar uma perpendicular à hipotenusa até o vértice A; essa é a altura h do triângulo, separando assim a hipotenusa em dois segmentos, o segmento m e o segmento n, separando esses dois triângulos obtemos dois triângulos retângulos, o triângulo ΔABD e ΔADC. Como os ângulos dos três triângulos são congruentes, então podemos dizer que os triângulos são semelhantes.

Com essa semelhança, ganhamos algumas relações métricas entre os triângulos:

$$\frac{c}{a} = \frac{m}{c} \Longrightarrow c^2 = am$$

$$\frac{c}{a} = \frac{h}{b} \Longrightarrow cb = ah$$

$$\frac{b}{a} = \frac{n}{b} \Longrightarrow b^2 = an$$

$$\frac{h}{m} = \frac{n}{h} \Longrightarrow h^2 = mn$$

Da primeira e da terceira equação, obtemos:

$c^2 + b^2 = am + an = a(m + n)$.

Como vimos na figura que m+n=a, então temos:

$c^2 + b^2 = aa = a^2$,

ou seja, trata-se do Teorema de Pitágoras.

Lei dos Cossenos

Para um triângulo qualquer demonstra-se que:

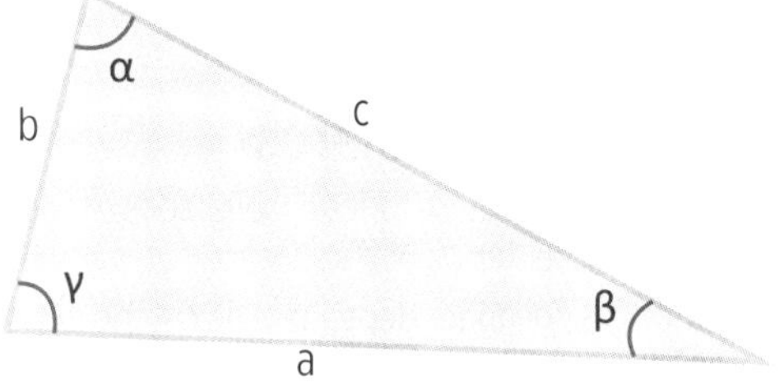

$$a^2 = b^2 + c^2 - 2 . b . c . \cos\alpha$$

Note que o lado "a" do triângulo é oposto ao cosseno do ângulo α.

Lei dos Senos

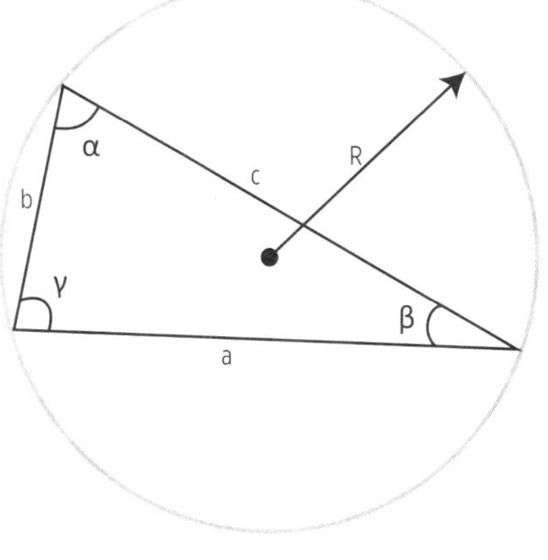

R é o raio da circunferência circunscrita a esse triângulo.

Neste caso, valem as seguintes relações, conforme a lei dos senos:

$$\frac{a}{\text{sen}\alpha} = \frac{b}{\text{sen}\beta} = \frac{c}{\text{sen}\gamma} = 2R$$

16.3 Quadriláteros

Quadrilátero é um polígono de quatro lados. Eles possuem os seguintes elementos:

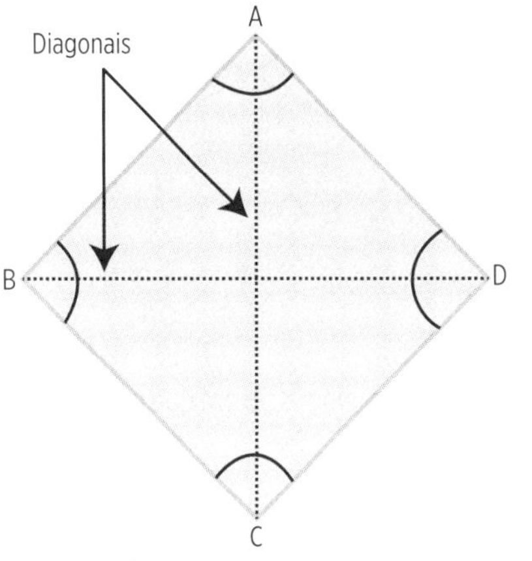

Vértices: A, B, C, e D.

Lados: AB, BC, CD, DA.

Diagonais: AC e BD.

Ângulos internos ou ângulos do quadrilátero ABCD: $\hat{A}$, $\hat{B}$, $\hat{C}$ e $\hat{D}$.

Todo quadrilátero tem duas diagonais.

O perímetro de um quadrilátero ABCD é a soma das medidas de seus lados, ou seja: AB + BC + CD + DA.

Quadriláteros Importantes

Paralelogramo

Paralelogramo é o quadrilátero que tem os lados opostos paralelos.

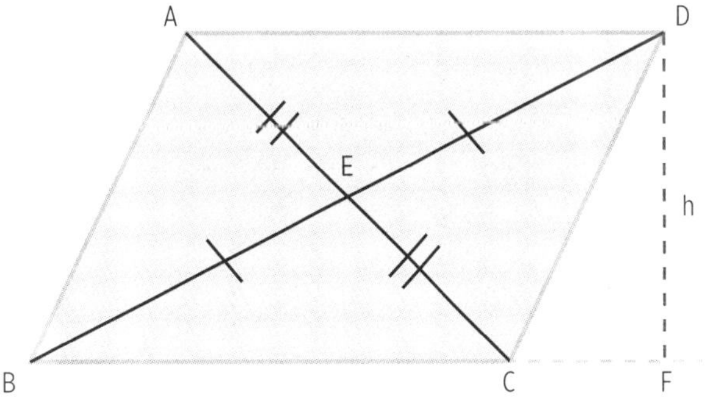

h é a altura do paralelogramo.

Num paralelogramo:

Os lados opostos são congruentes;

Cada diagonal o divide em dois triângulos congruentes;

Os ângulos opostos são congruentes;

As diagonais interceptam-se em seu ponto médio.

Retângulo

Retângulo é o paralelogramo em que os quatro ângulos são congruentes (retos).

Losango

Losango é o paralelogramo em que os quatro lados são congruentes.

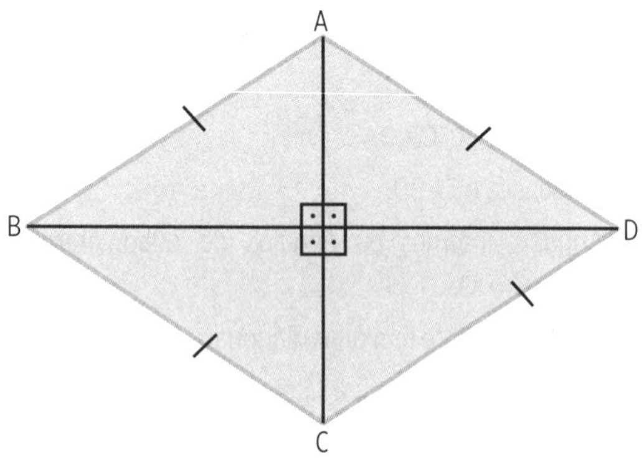

Quadrado

Quadrado é o paralelogramo em que os quatro lados e os quatro ângulos são congruentes.

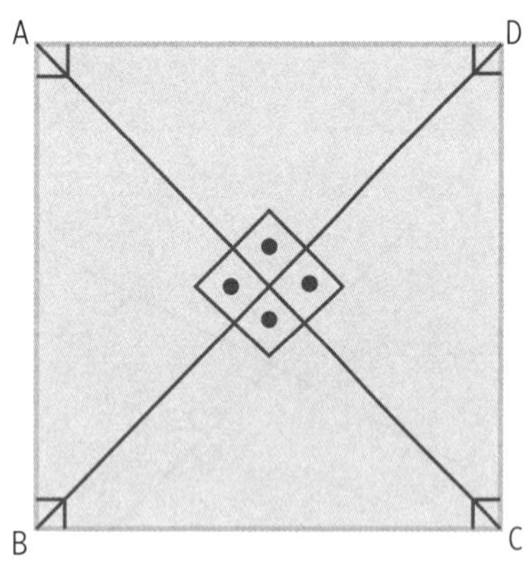

Trapézios

É o quadrilátero que apresenta somente dois lados paralelos chamados bases.

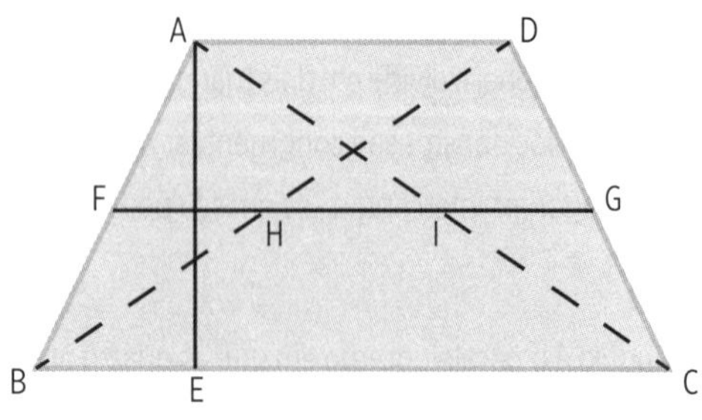

Trapézio Retângulo

É aquele que apresenta dois ângulos retos.

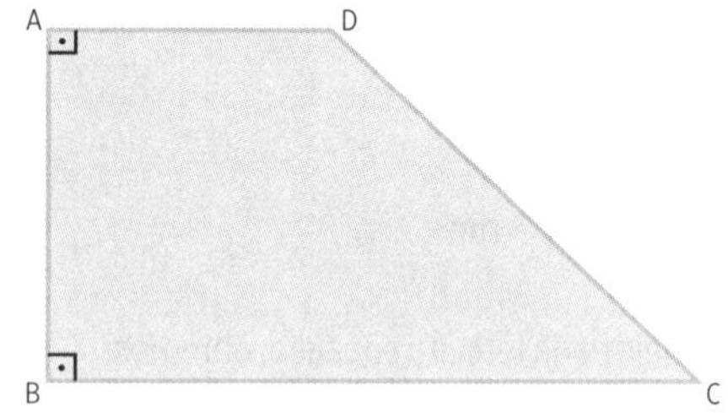

Trapézio Isósceles

É aquele em que os lados não paralelos são congruentes.

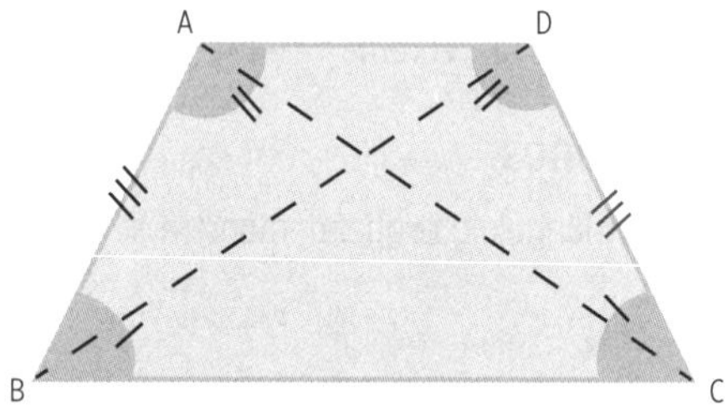

16.4 Polígonos Regulares

Um polígono é regular se todos os seus lados e todos os seus ângulos forem congruentes.

Os nomes dos polígonos dependem do critério que se utiliza para classificá-los. Usando **o número de ângulos** ou o **número de lados**, tem-se a seguinte nomenclatura:

Número de lados (ou ângulos)	Nome do Polígono	
	Em função do número de ângulos	Em função do número de lados
3	triângulo	trilátero
4	quadrângulo	quadrilátero
5	pentágono	pentalátero
6	hexágono	hexalátero
7	heptágono	heptalátero
8	octógono	octolátero
9	eneágono	enealátero
10	decágono	decalátero
11	undecágono	undecalátero
12	dodecágono	dodecalátero
15	pentadecágono	pentadecalátero
20	icoságono	icosalátero

Nos polígonos regulares cada ângulo externo é dado por:

$$e = \frac{360^\circ}{n}$$

A soma dos ângulos internos é dada por:

$$S_i = 180 \cdot (n - 2)$$

E cada ângulo interno é dado por:

$$i = \frac{180(n-2)}{n}$$

Diagonais de um Polígono

O segmento que liga dois vértices não consecutivos de polígono é chamado de diagonal.

O número de diagonais de um polígono é dado pela fórmula:

$$d = \frac{n \cdot (n-3)}{2}$$

16.5 Círculos e Circunferências

Círculo

É a área interna a uma circunferência.

Circunferência

É o contorno do círculo. Por definição, é o lugar geométrico dos pontos equidistantes ao centro.

A distância entre o centro e o lado é o raio.

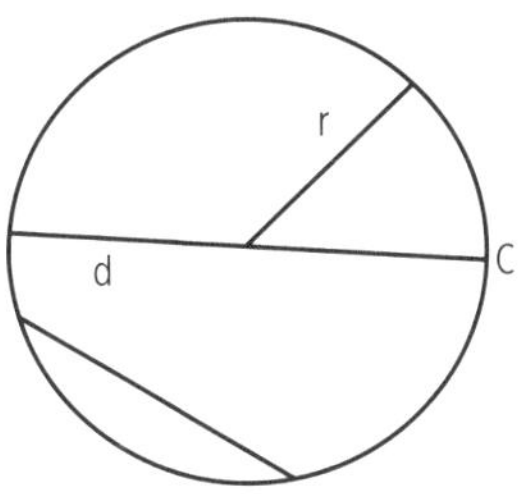

Corda

É o seguimento que liga dois pontos da circunferência.

A maior corda, ou corda maior de uma circunferência, é o diâmetro. Também dizemos que a corda que passa pelo centro é o diâmetro.

Posição Relativa entre Reta e Circunferência

Secante Tangente Exterior

Uma reta é:

> **Secante**: distância entre a reta e o centro da circunferência é menor que o raio.

> **Tangente**: a distância entre a reta e o centro da circunferência é igual ao raio.

> **Externa**: a distância entre a reta e o centro da circunferência é maior que o raio.

Posição Relativa entre Circunferência

As posições relativas entre circunferência são basicamente 5.

Circunferência Secante

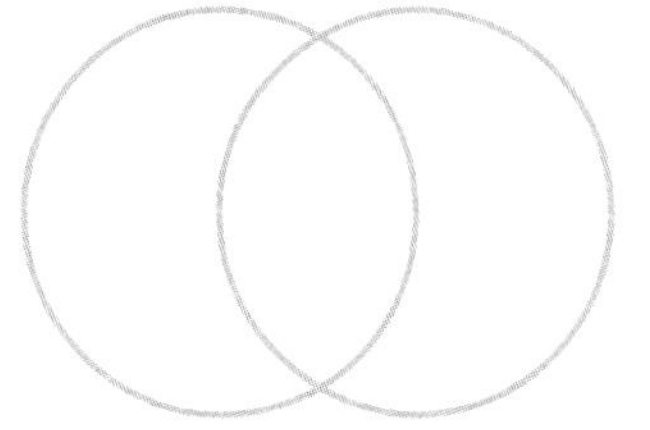

Característica: a distância entre os centros é menor que a soma dos raios das duas, porém, é maior que o raio de cada uma.

Externo

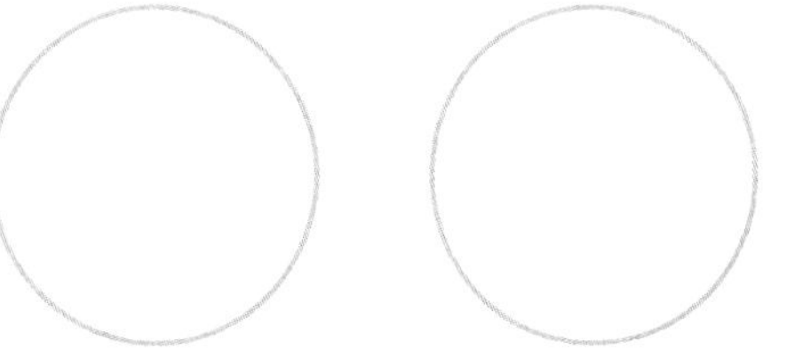

Característica: a distância entre os centros é maior que a soma do raio.

Tangente

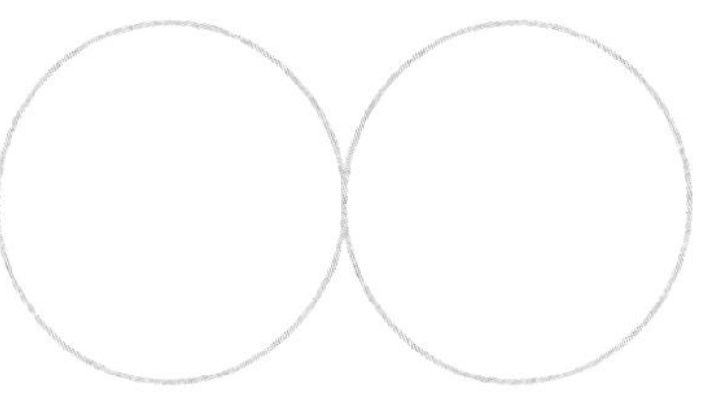

Característica: distância entre centro é igual à soma dos raios.

Interna

Característica: distância entre os centros mais o raio da menor é igual ao raio da maior.

Interior

Característica: distância entre os centros menos o raio da menor é menor que o raio da maior.

Ângulo Central e Ângulo Inscrito

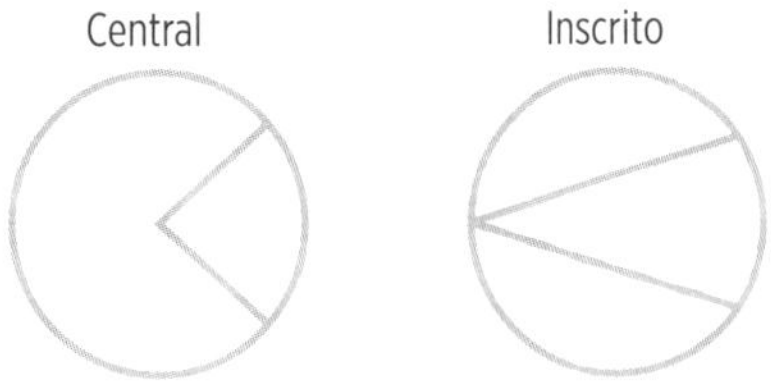

Um ângulo central sempre é o dobro do ângulo inscrito de um mesmo arco.

As áreas de círculos e partes do círculo são:

$$\text{Área do círculo} = \pi \cdot r^2 = \frac{1}{4} \cdot \pi \cdot D^2$$

$$\text{Área do setor circular} = \pi \cdot r^2 \cdot \frac{\alpha}{360^\circ} = \frac{1}{2} \cdot \alpha \cdot r^2$$

Área da coroa = área do círculo maior − área do círculo menor

> *Os ângulos podem ser expressos em graus (360° = 1 volta) ou em radianos (2π = 1 volta)*

16.6 Polígonos Regulares Inscritos e Circunscritos

As principais relações entre a circunferência e os polígonos são:

Qualquer polígono regular é inscritível em uma circunferência.

Qualquer polígono regular e circunscritível a uma circunferência.

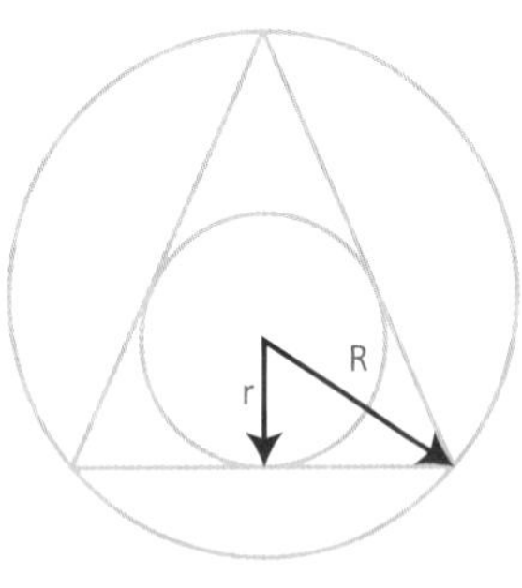

Polígono circunscrito a uma circunferência é o que possui seus lados tangentes à circunferência. Ao mesmo tempo, dizemos que esta circunferência está inscrita no polígono.

Já um polígono é inscrito em uma circunferência se cada vértice do polígono for um ponto da circunferência, e neste caso dizemos que a circunferência é circunscrita ao polígono.

Da inscrição e circunscrição dos polígonos nas circunferências podem-se ter as seguintes relações:

Apótema de um polígono regular é a distância do centro a qualquer lado. Ele é sempre perpendicular ao lado.

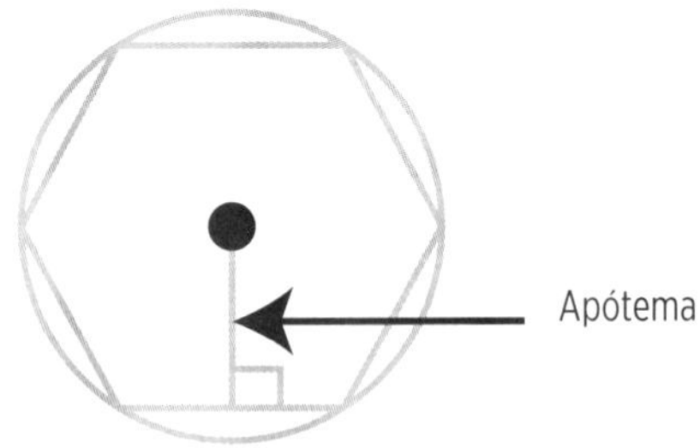

Nos polígonos inscritos:

No Quadrado

Cálculo da medida do lado (L):

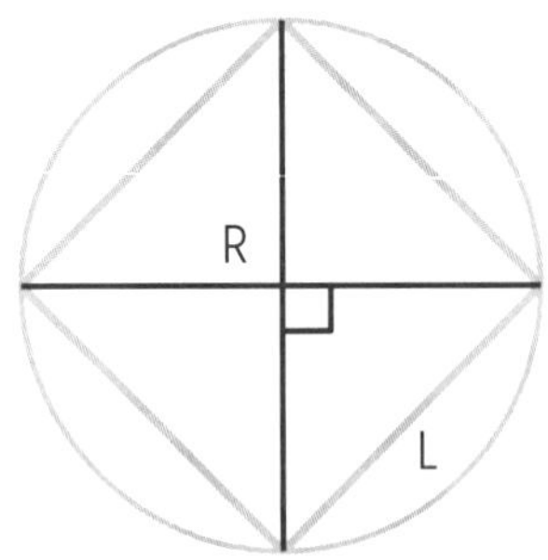

$$L = R\sqrt{2}$$

Cálculo da medida do apótema (a):

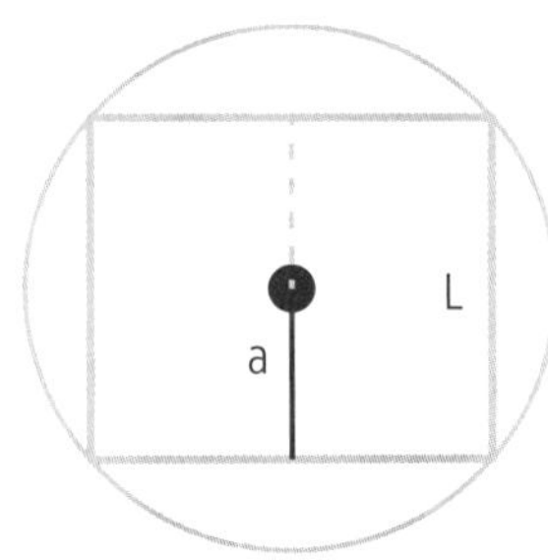

$$a = \frac{R\sqrt{2}}{2}$$

No Hexágono

Cálculo da medida do lado (L):

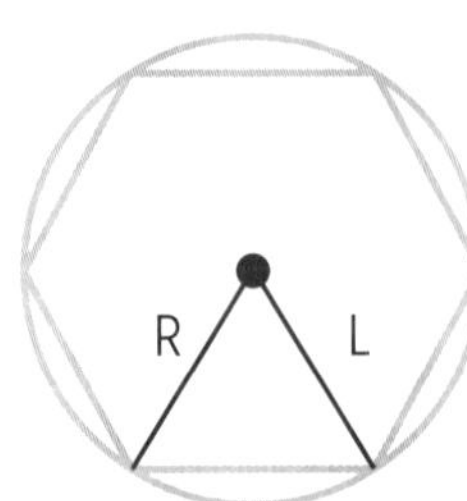

$$L = R$$

Cálculo da medida do apótema (a):

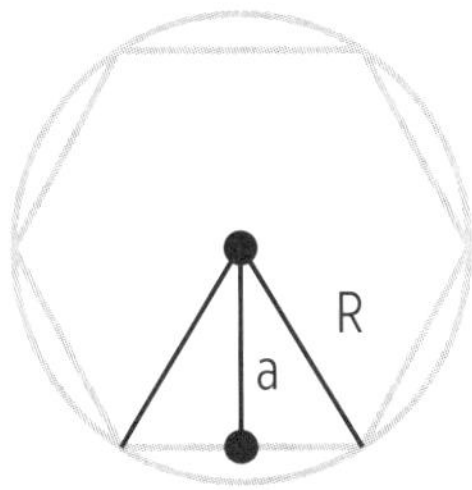

$$a = \frac{R\sqrt{3}}{2}$$

No Triângulo Equilátero

Cálculo da medida do lado (L):

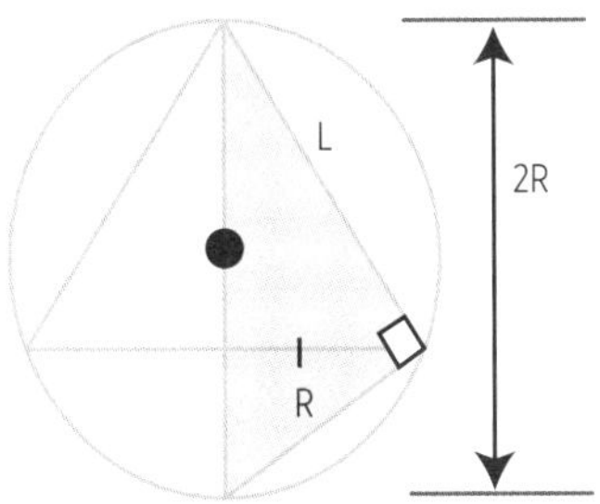

$$L = R\sqrt{3}$$

Cálculo da medida do apótema (a):

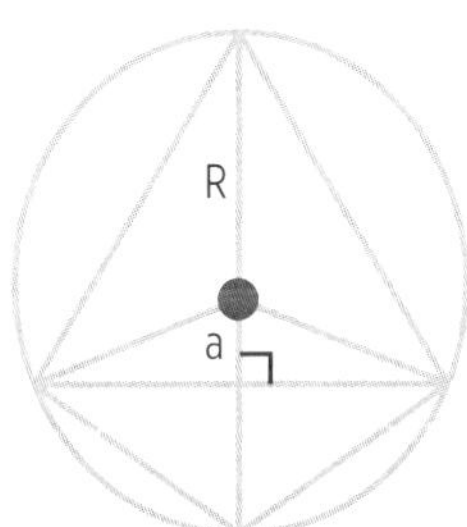

$$a = \frac{R}{2}$$

Nos polígonos circunscritos:

No Quadrado

Cálculo da medida do lado (L):

$$L = 2R$$

Cálculo da medida do apótema (a):

$$a = R$$

No Hexágono

Cálculo da medida do lado (L):

$$L = \frac{2R\sqrt{3}}{3}$$

Cálculo da medida do apótema (a):

$$a = R$$

No Triângulo Equilátero

Cálculo da medida do lado (L):

$$L = 2R\sqrt{3}$$

Cálculo da medida do apótema (a):

$$a = R$$

16.7 Perímetros e Áreas dos Polígonos e Círculos

Perímetro

Perímetro: É o contorno da figura ou seja, a soma dos lados da figura.

Para calcular o perímetro do círculo utilize: $P = 2\pi \cdot r$

Área

É o espaço interno, ou seja, a extensão que ela ocupa dentro do perímetro.

As principais áreas (S) de polígonos são:

Retângulo

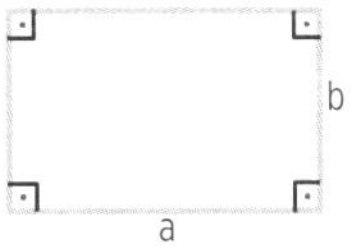

$S = a \cdot b$

Quadrado

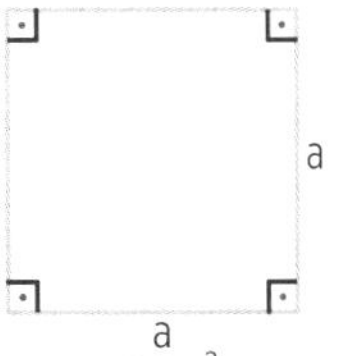

$S = a^2$

Paralelogramo

$S = a \cdot h$

Losango

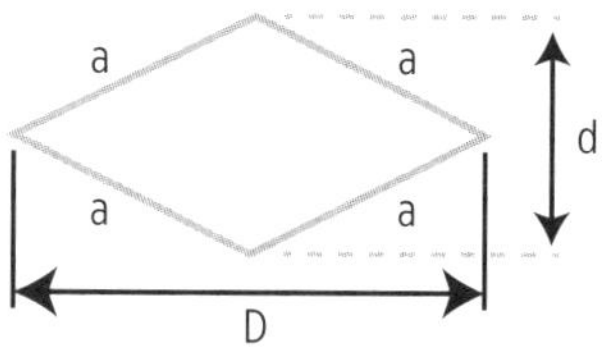

$$S = \frac{D \cdot d}{2}$$

Trapézio

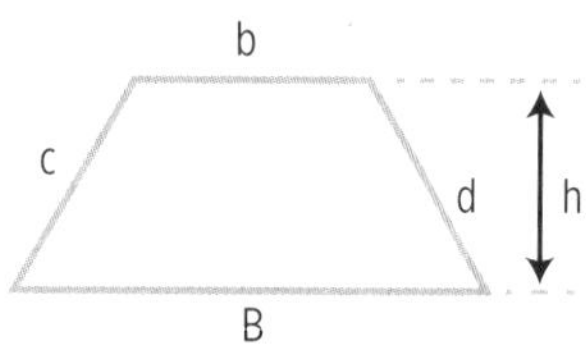

$$S = \frac{(B + b) \cdot h}{2}$$

Triângulo

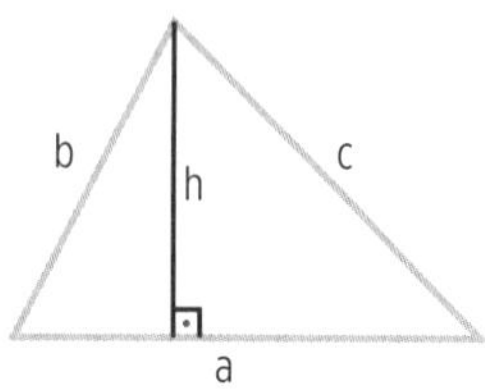

$$S = \frac{a \cdot h}{2}$$

Triângulo Equilátero

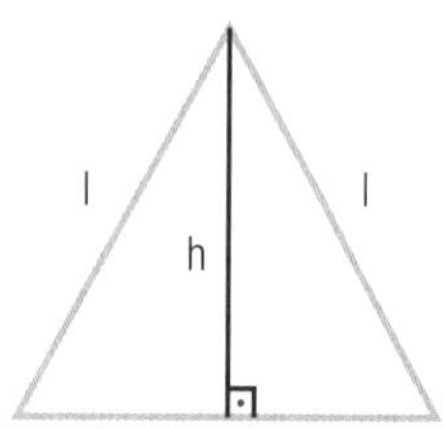

$$S = \frac{l^2\sqrt{3}}{4}$$

Círculo

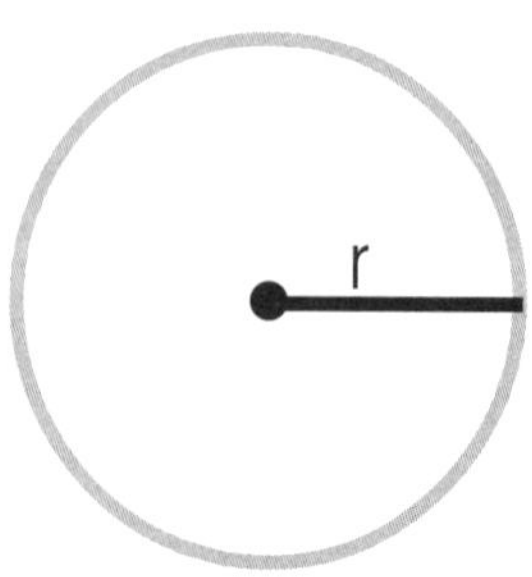

$$S = \pi \cdot r^2$$

Questões

01. (CESPE) O triângulo ABC mostrado a seguir está inscrito no retângulo incompleto, de lados pontilhados. As medidas dos lados do retângulo podem ser observadas na figura seguinte.

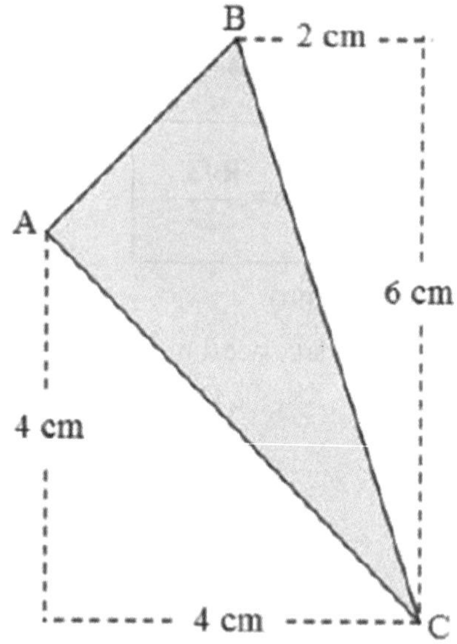

O valor da área do triangulo ABC apresentado anteriormente é igual a 12 cm2.

Certo ( ) Errado ( )

02. (CESPE) A figura seguinte mostra a planta baixa de um condomínio. O terreno ocupado pelo condomínio é um quadrado de lados que mede 60 m. Nesse condomínio, as áreas indicadas por E1, E2 e E3 correspondem aos locais onde estão construídos os prédios residenciais, e as regiões em branco correspondem às vias de livre circulação para pedestres e veículos.

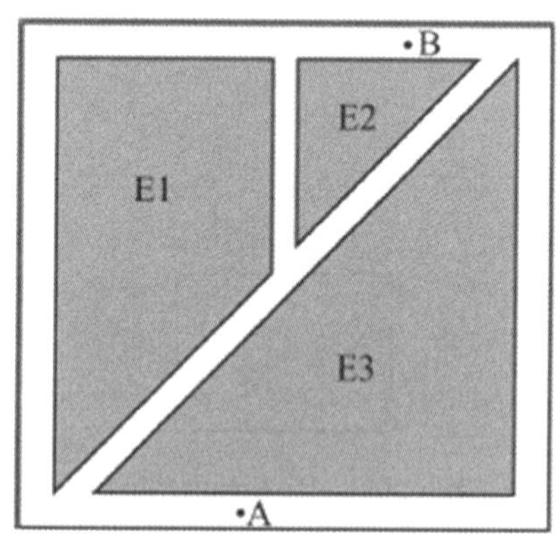

A partir da figura e das informações precedentes, julgue o item a seguir, considerando que a área de E2 seja igual a 200 m2.

Se a área de E3 for igual à área da região ocupada pelas vias de livre circulação e se a área de E1 for igual a 900 m2, então a área de E3 será igual a 1.250 m2.

Certo ( ) Errado ( )

03. (CESPE) A figura seguinte ilustra um terreno pentagonal no qual será semeado um cultivar que, para desenvolver-se livre de parasitas, receberá a aplicação, para cada hectare, de 0,5 L de um herbicida especial cujo litro custa R$ 60.

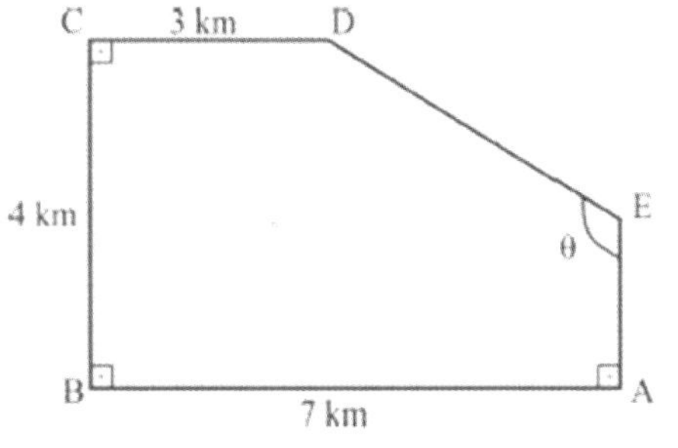

Os cinco lados do terreno são retos e formam o pentágono ABCDE antecedente, em que os ângulos nos vértices A, B e C são retos, AB = 7 km, BC = 4 km e CD = 3 km. Sabe-se também que o ângulo no vértice E é θ, em que $\tan\theta = -2$ e $\tan(\pi - \theta) = 2$.

Na situação apresentada, o custo do herbicida a ser aplicado no terreno será de R$ 7.200.

Certo ( ) Errado ( )

04. (CESPE) Em um triângulo retângulo, a hipotenusa mede 13 centímetros e um dos catetos mede 5 centímetros. Nesse triângulo, considere o retângulo inscrito, em que o comprimento do lado maior é igual ao dobro do comprimento do lado menor, e um dos lados maiores está sobre o cateto maior do triângulo.

Com base nessas informações, é correto afirmar que a área desse retângulo é igual a 1800/121.

Certo ( ) Errado ( )

05. (CESPE) A figura a seguir mostra uma mesa em que o tampo é um hexágono regular cujo lado mede 80 cm.

Julgue o item que se segue, a respeito da geometria do tampo dessa mesa.

A distância entre dois lados paralelos do tampo da mesa é superior a 1,3 m.

Certo ( ) Errado ( )

Gabaritos

01	CERTO
02	CERTO
03	ERRADO
04	CERTO
05	CERTO

17. GEOMETRIA ESPACIAL

Neste capítulo, serão abordados os principais conceitos de geometria espacial e suas aplicações.

17.1 Retas e Planos

Veja alguns conceitos:

A reta é infinita, ou seja, contém infinitos pontos.

Por um ponto, podem ser traçadas infinitas retas.

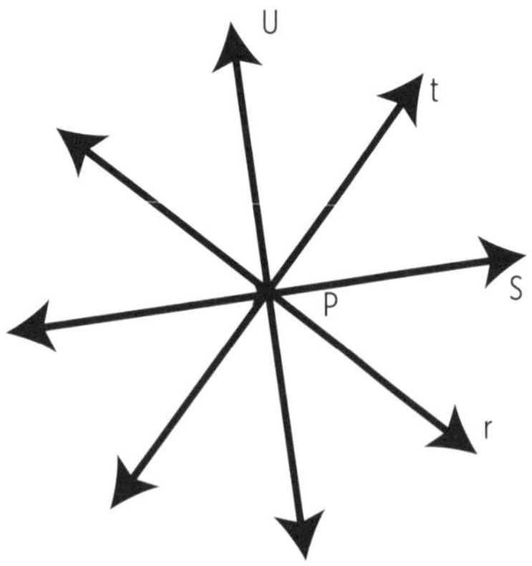

Por dois pontos distintos, passa uma única reta.

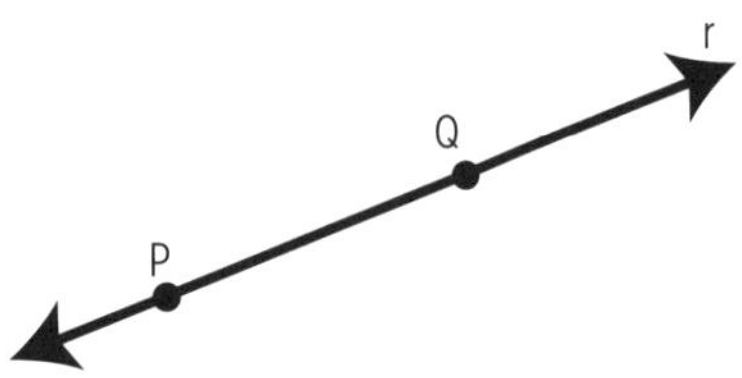

Um ponto qualquer de uma reta divide-a em duas semirretas.

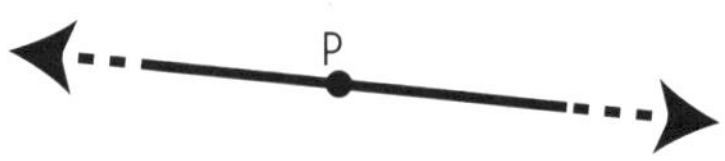

Por três pontos não colineares, passa um único plano.

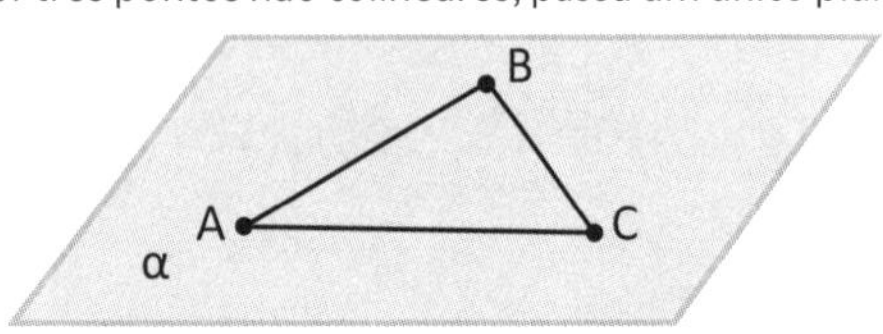

Por uma reta, pode ser traçada uma infinidade de planos.

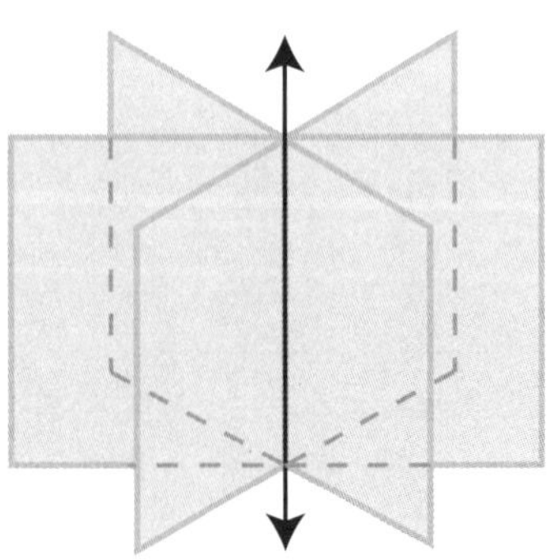

Posições Relativas de Duas Retas

No espaço, duas retas distintas podem ser concorrentes, paralelas ou reversas:

Concorrentes

$r \cap s = \{P\}$

$r \subset \alpha$

$s \subset \alpha$

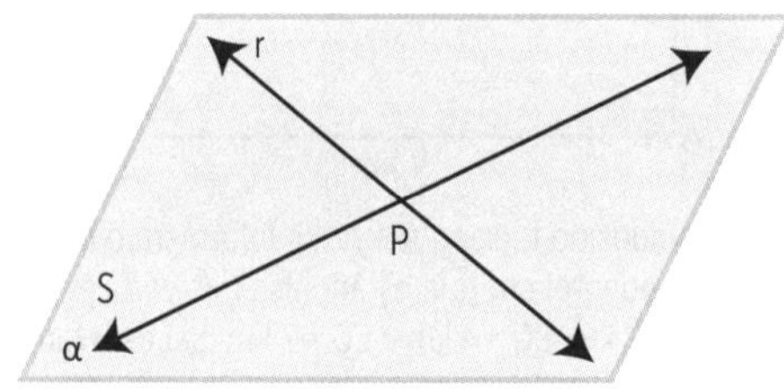

Paralelas

$r \cap s = \{\ \}$

$r \subset \alpha$

$s \subset \alpha$

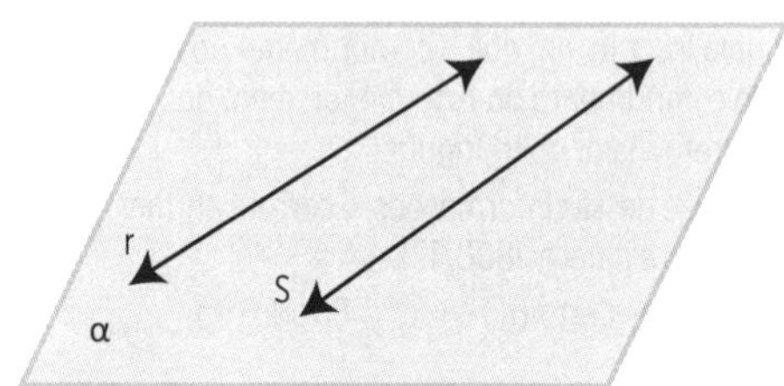

Concorrentes

$r \cap s = \{\ \}$

Não existe plano que contenha

r e s simultaneamente

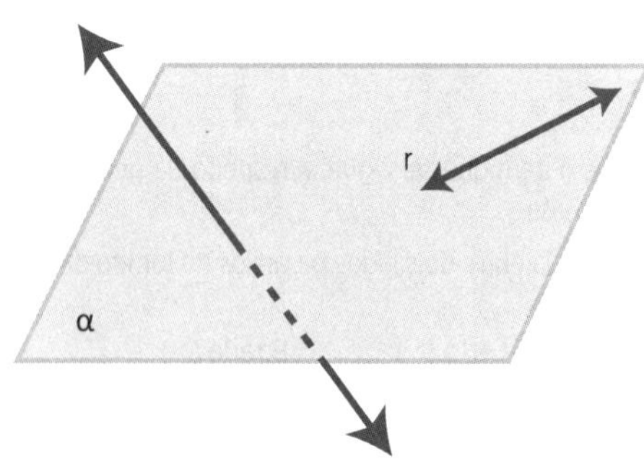

Em particular nas retas concorrentes, há aquelas que são perpendiculares.

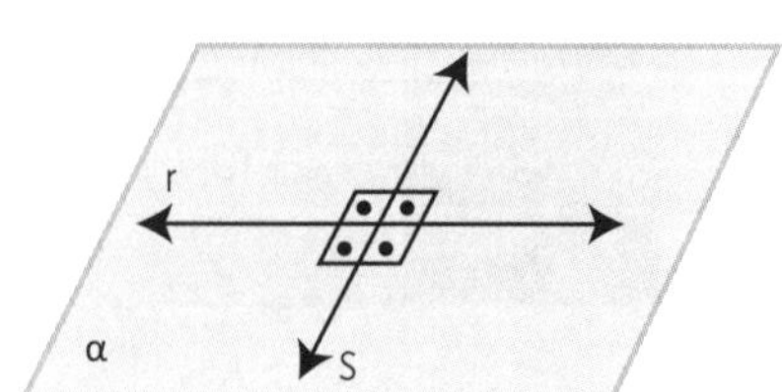

$r \perp s$

Posições Relativas entre Reta e Plano

Reta Contida no Plano

Se uma reta r tem dois pontos distintos num plano α, então, r está contida nesse plano:

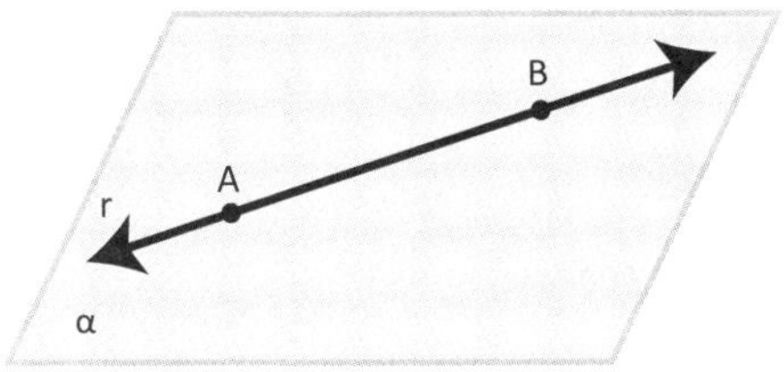

$$\left.\begin{array}{l} A \in \alpha \text{ e } B \in \alpha \\ A \in r \text{ e } B \in r \end{array}\right. \Rightarrow r \subset \alpha$$

Reta Concorrente ou Incidente ao Plano

Dizemos que a reta r "fura" o plano α ou que r e α são concorrentes em P quando $r \cap \alpha = \{P\}$.

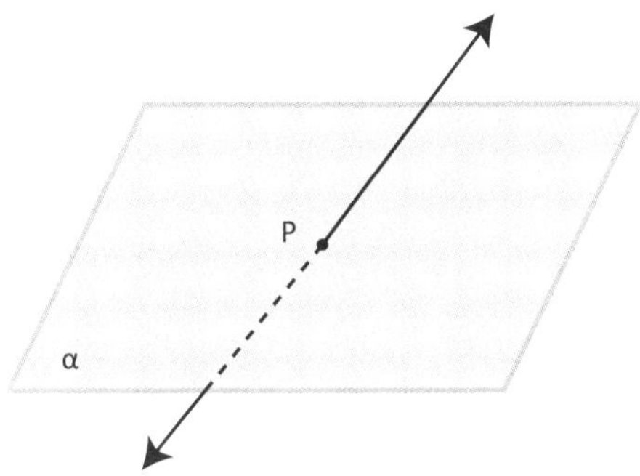

Reta Paralela ao Plano

Se uma reta r e um plano α não tem ponto em comum, então, a reta r é paralela a uma reta t contida no plano α; portanto, $r \parallel \alpha, r \parallel t$ e $t \subset \alpha \Rightarrow r \parallel \alpha$

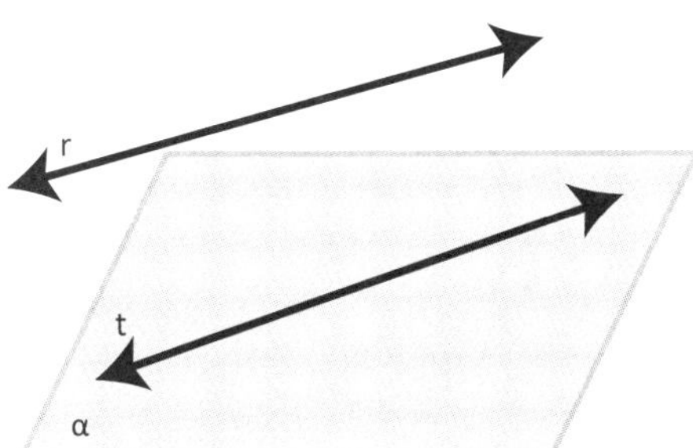

Se dois planos distintos têm um ponto em comum, então, a sua interseção é dada por uma única reta que passa por esse ponto.

Perpendicularismo entre Reta e Plano

Uma reta r é perpendicular a um plano α se, e somente se, r for perpendicular a todas as retas de α que passam pelo ponto de interseção de r e α.

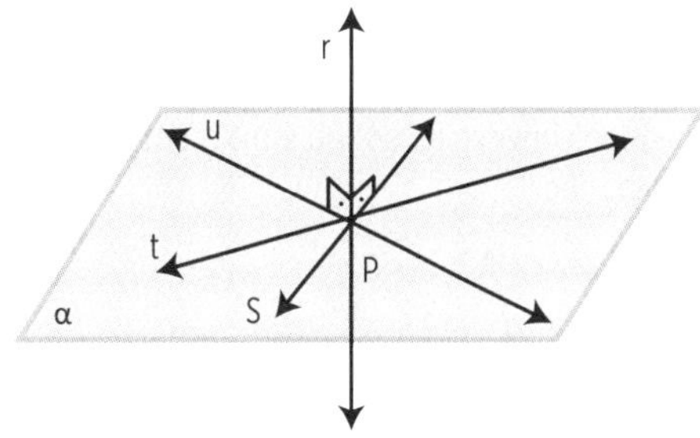

Posições Relativas de Dois Planos

Planos Coincidentes ou Iguais

Planos Concorrentes ou Secantes

Dois planos, α e β, são concorrentes quando sua interseção é uma única reta:

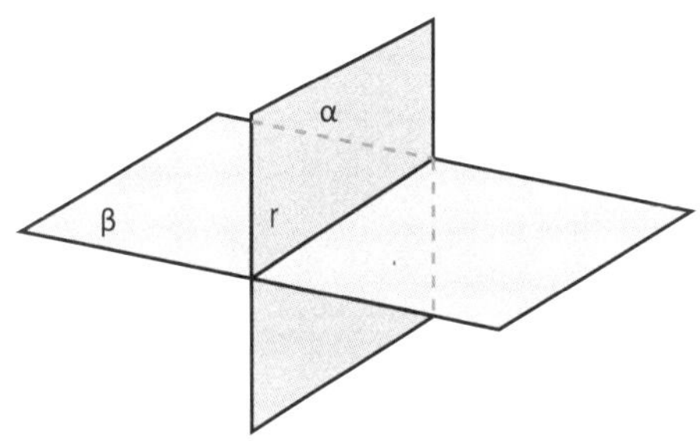

Planos Paralelos

Dois planos, α e β, são paralelos quando sua interseção é vazia:

Perpendicularismo entre planos

Dois planos, α e β, são perpendiculares se, e somente se, exista uma reta de um deles que seja perpendicular ao outro:

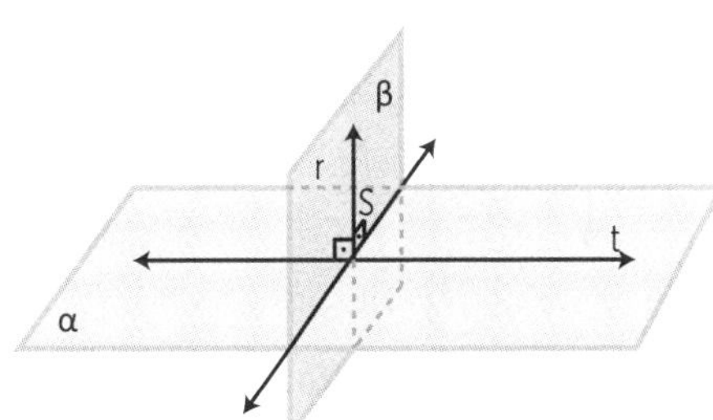

17.2 Prismas

Na figura abaixo, temos dois planos paralelos e distintos, α e β, um polígono convexo R contido em a e uma reta r que intercepta a e β, mas não R:

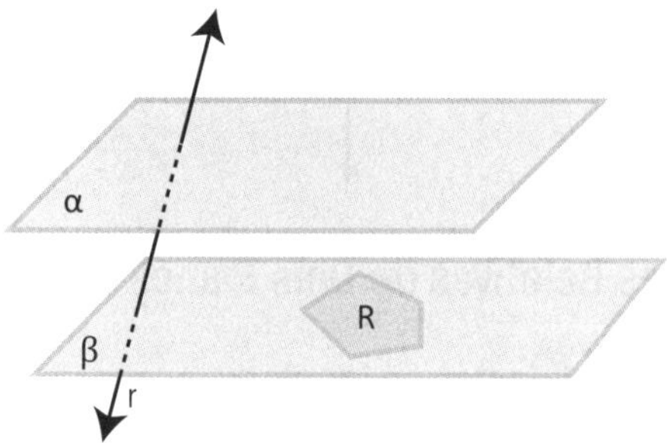

Para cada ponto P da região R, vamos considerar o segmento $\overline{PP}$, paralelo à reta r (P linha, pertence a Beta.)

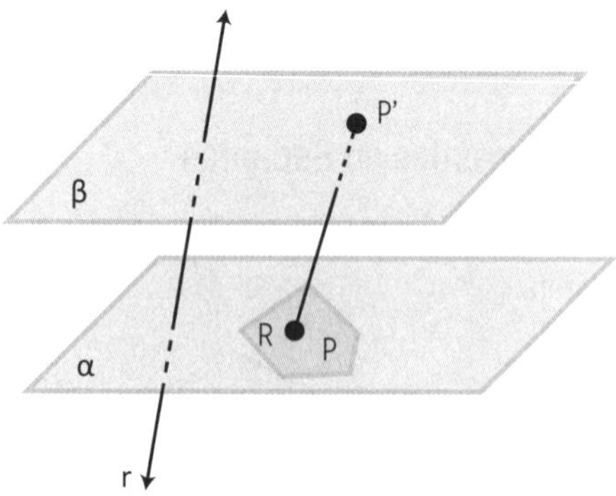

Assim, temos:

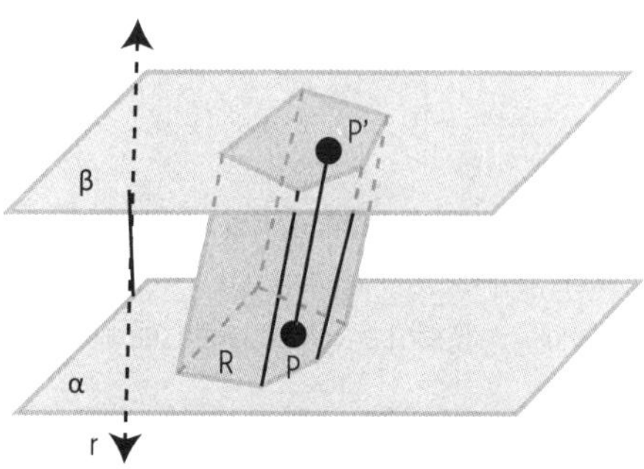

Chama-se de prisma ou prisma limitado o conjunto de todos os segmentos congruentes $\overline{PP}$ paralelos a r.

Elementos do Prisma

Dado o prisma a seguir, considere os seguintes elementos:

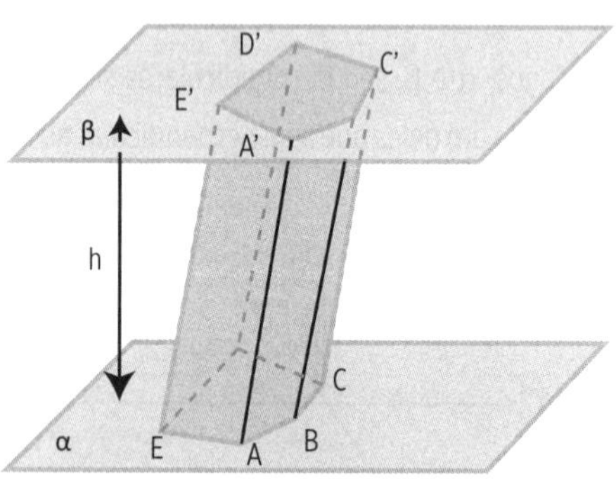

Bases: as regiões poligonais R e S

Altura: a distância h entre os planos α e β

Arestas das bases:

Lados AB, BC, CD, DE, EA, A'B', B'C', D'E', E'A' (dos polígonos)

Arestas laterais:

Os segmentos AA', BB', CC', DD', EE'

Faces laterais: os paralelogramos AA'BB', BB'C'C, CC'D'D, DD'E'E, EE'A'A

Classificação

Um prisma pode ser:

Reto: quando as arestas laterais são perpendiculares aos planos das bases;

Oblíquo: quando as arestas laterais são oblíquas aos planos das bases.

Prisma Reto

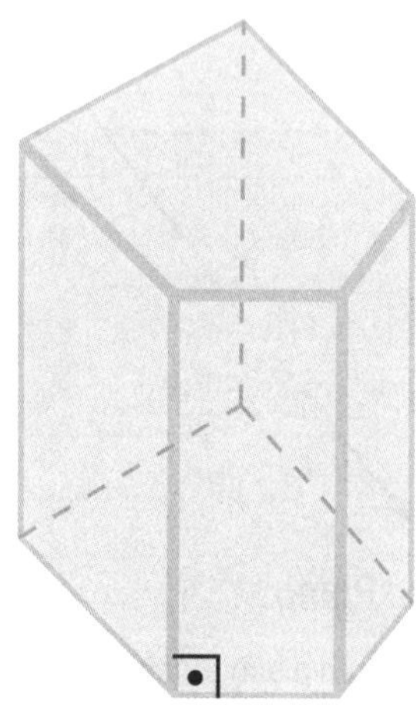

Prisma Oblíquo

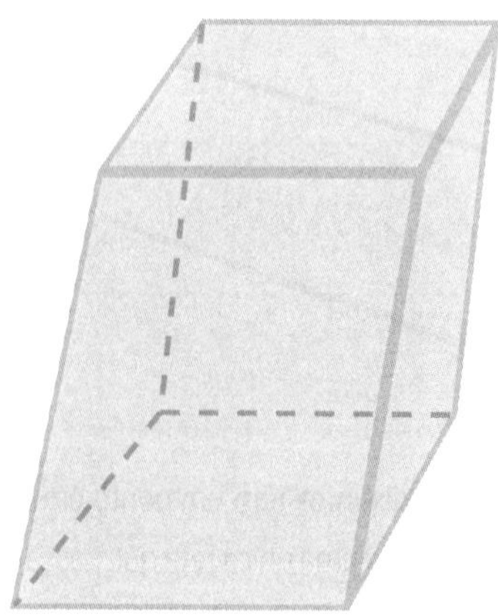

Prisma Regular Triangular

Chama-se de prisma regular todo prisma reto cujas bases são polígonos regulares:

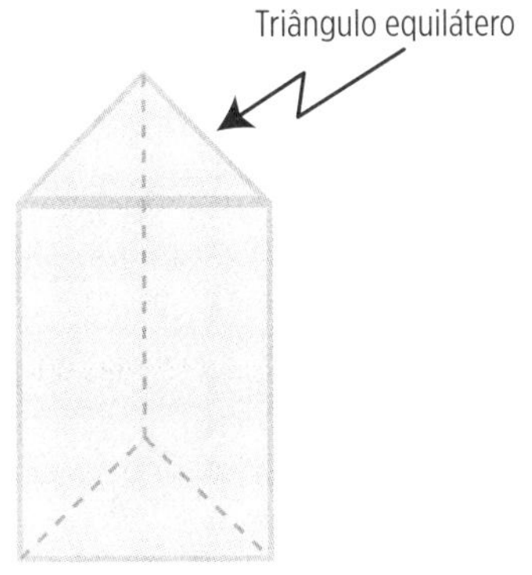

Prisma Regular Hexagonal

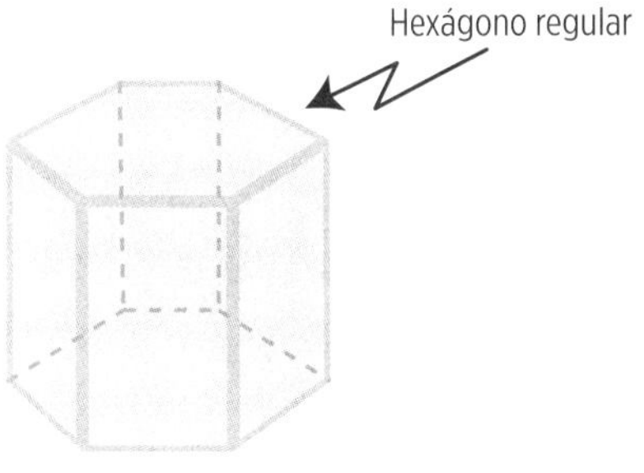

As faces de um prisma regular são retângulos congruentes.

Áreas

Num prisma, distinguimos dois tipos de superfície: as faces e as bases. Assim, temos de considerar as seguintes áreas:

No prisma regular, temos:

AL = n . AF (n = número de lados do polígono da base).

Área de uma face (A_F): área de um dos paralelogramos que constituem as faces.

Área lateral (A_L): soma das áreas dos paralelogramos que formam as faces do prisma.

Área da base (A_B): área de um dos polígonos das bases.

Área total (A_T): soma da área lateral com a área das bases:

$$A_T = A_L + 2A_B$$

Paralelepípedo

Todo prisma cujas bases são paralelogramos recebe o nome de paralelepípedo. Assim, podemos ter:

Paralelepípedo Oblíquo

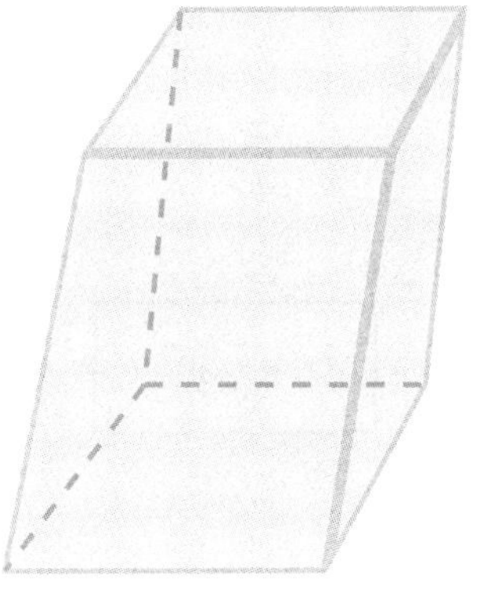

Paralelepípedo Reto

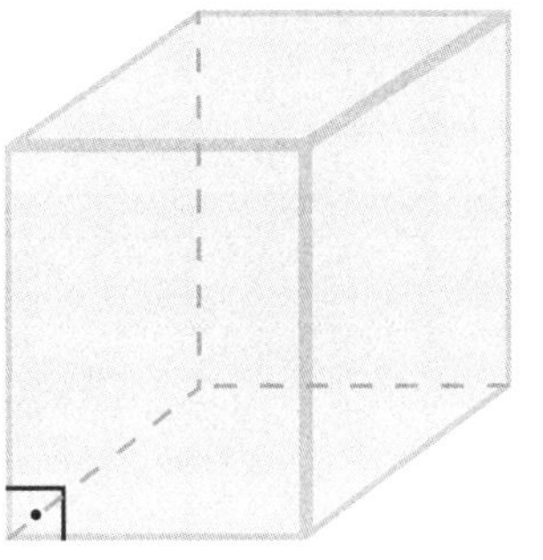

Se o paralelepípedo reto tem bases retangulares, ele é chamado de paralelepípedo reto-retângulo, ortoedro ou paralelepípedo retângulo.

Paralelepípedo Retângulo

Diagonais da base e do paralelepípedo:

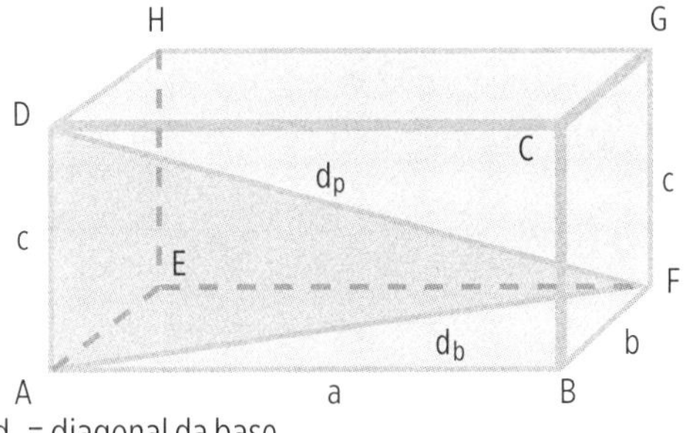

d_b = diagonal da base

d_p = diagonal do paralelepípedo

Na base, ABFE, tem-se:

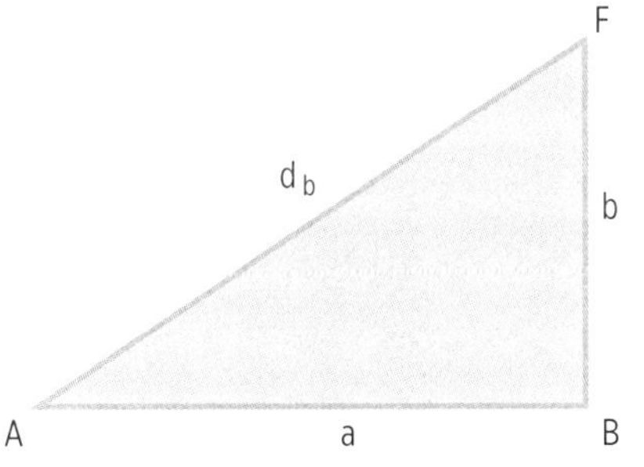

$$d_b^2 = a^2 + b^2 \Longrightarrow d_b = \sqrt{a^2 + b^2}$$

No triângulo AFD, tem-se:

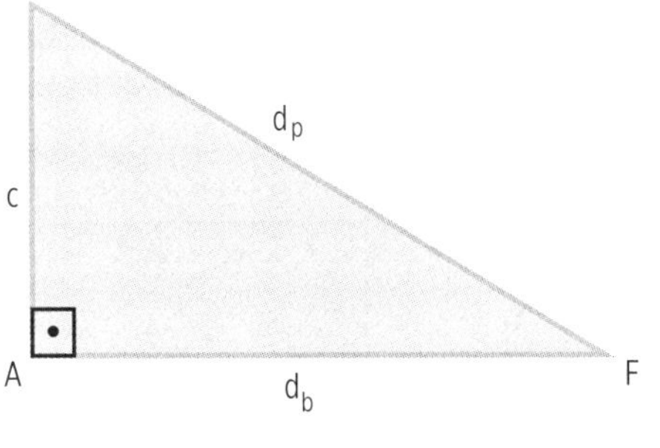

$$d_p^2 = d_b^2 + c^2 = a^2 + b^2 + c^2 \Rightarrow d_p = \sqrt{a^2 + b^2 + c^2}$$

Área Lateral

Sendo A_L a área lateral de um paralelepípedo retângulo, tem-se:

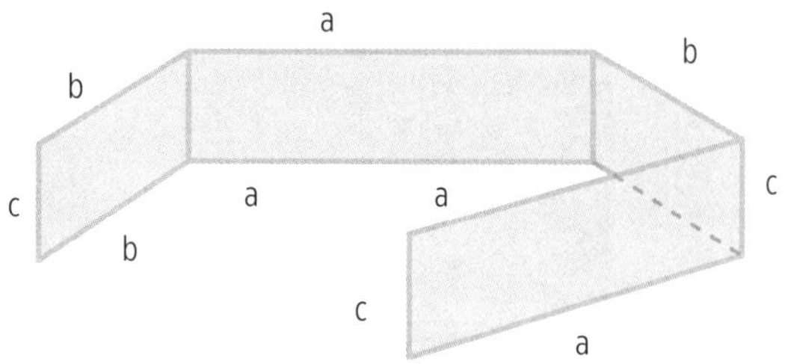

$$A_L = ac + bc + ac + bc = 2ac + 2bc \Rightarrow A_L = 2(ac + bc)$$

Área Total

Planificando o paralelepípedo, verificamos que a área total é a soma das áreas de cada par de faces opostas:

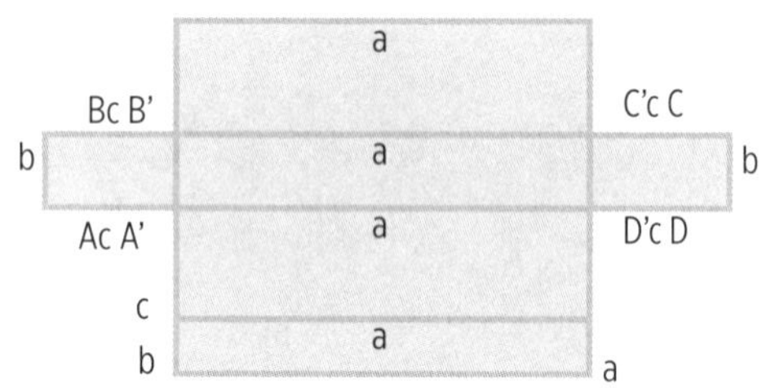

$$A_T = 2(ab + ac + bc)$$

Volume

O volume de um paralelepípedo retângulo de dimensões a, b e c é dado por:

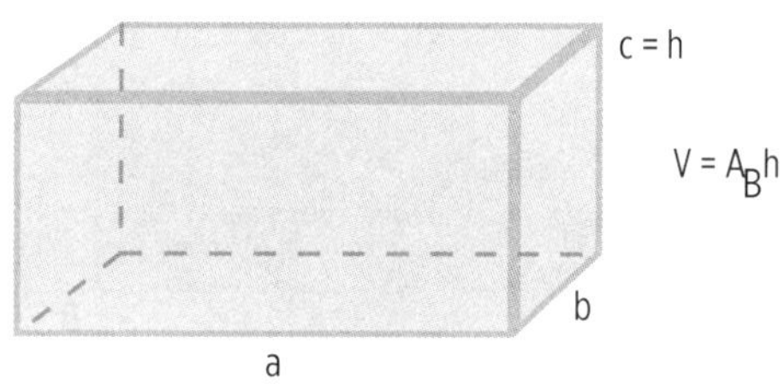

$$V = a.b.c$$

Cubo

Um paralelepípedo retângulo com todas as arestas congruentes (a = b = c) recebe o nome de cubo. Dessa forma, cada face é um quadrado.

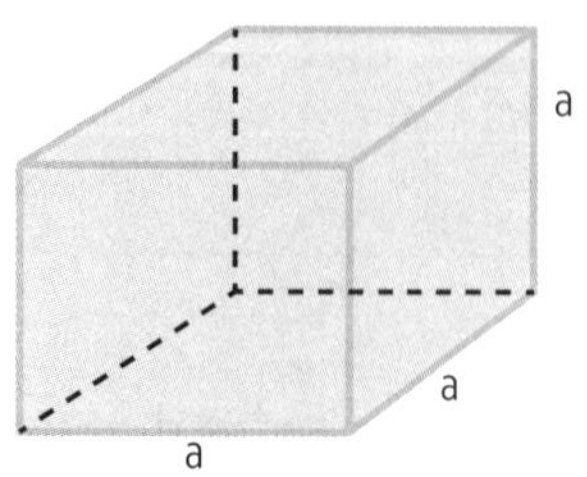

Diagonais da base e do cubo

Considere a figura a seguir:

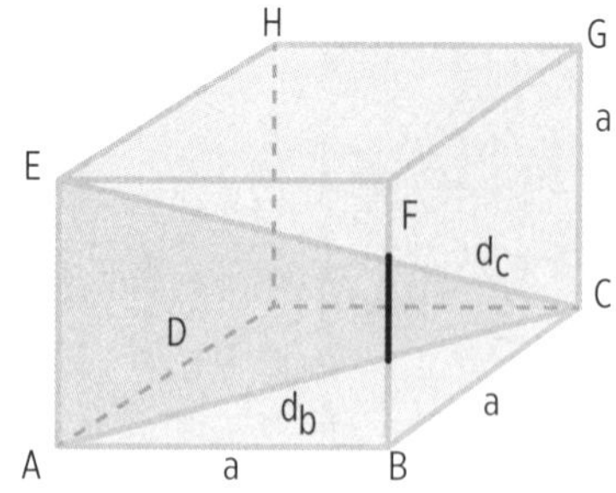

d_c = diagonal do cubo

d_b = diagonal da base

Na base ABCD, tem-se:

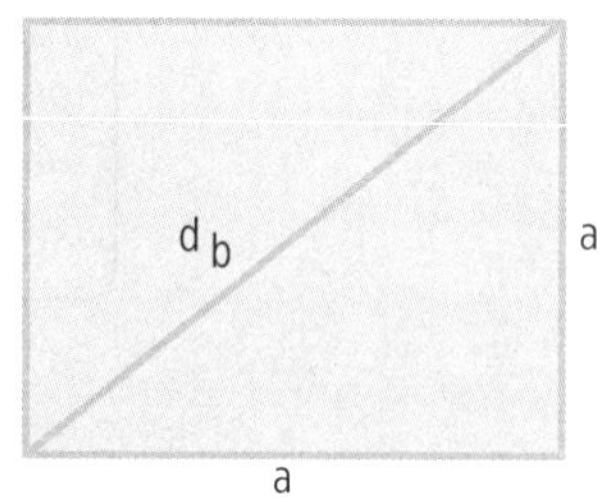

$$d_c^2 = a^2 + a^2 = 2a^2 \Rightarrow d_b = a\sqrt{2}$$

No triângulo ACE, tem-se:

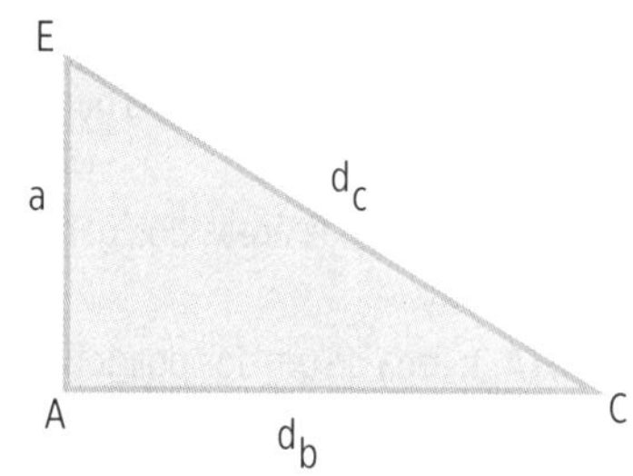

$$d_c^2 = a^2 + d_b^2 = a^2 + 2a^2 = 3a^2 \Rightarrow d_c = a\sqrt{3}$$

Área Lateral

A área lateral A_L é dada pela área dos quadrados de lado a:

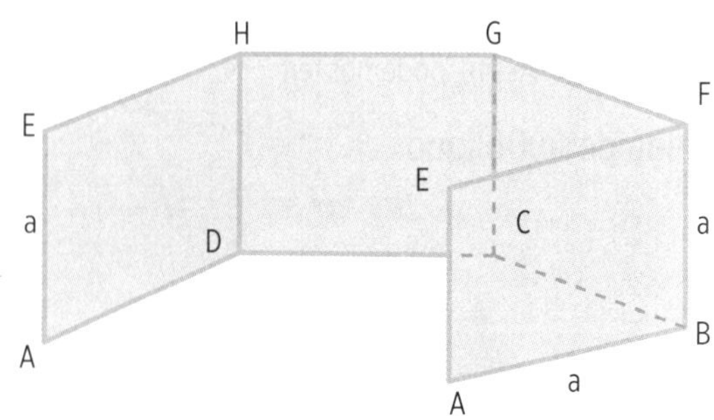

$$A_L = 4a^2$$

Área Total

A área total A_T é dada pela área dos seis quadrados de lado a:

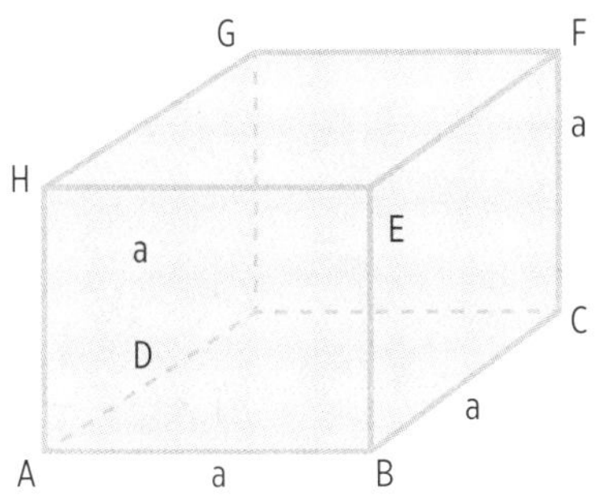

$$A_T = 6a^2$$

Volume

De forma semelhante ao paralelepípedo retângulo, o volume de um cubo de aresta a é dado por:

$$V = a \cdot a \cdot a = a^3$$

Generalização do volume de um prisma:

$V_{prisma} = A_B \cdot h$

17.3 Cilindro

Elementos do Cilindro

Dado o cilindro a seguir, considere os seguintes elementos:

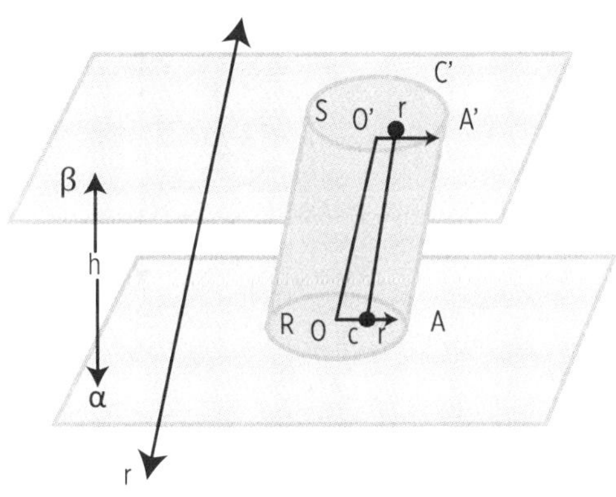

Bases: os círculos de centro O e O' e raios r.

Altura: a distância h entre os planos α e β.

Geratriz: qualquer segmento de extremidades nos pontos das circunferências das bases (por exemplo, $\overline{AA'}$) e paralelo à reta r.

Classificação do Cilindro

Um cilindro pode ser:

> **Circular oblíquo:** quando as geratrizes são oblíquas às bases;

> **Circular reto:** quando as geratrizes são perpendiculares às bases.

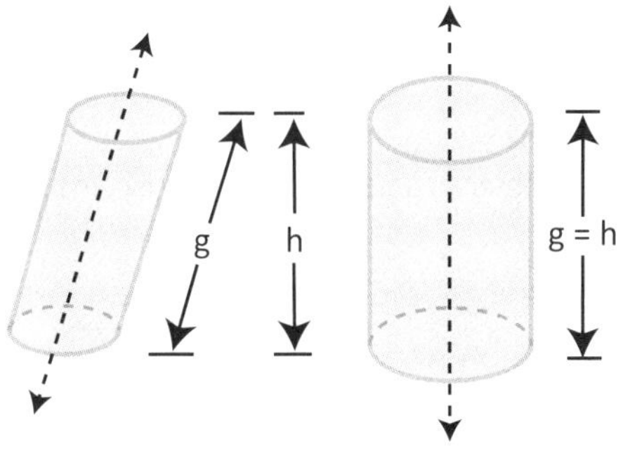

O cilindro circular reto é também chamado de cilindro de revolução, por ser gerado pela rotação completa de um retângulo por um de seus lados. Assim, a rotação do retângulo ABCD pelo lado $\overline{BC}$ gera o cilindro a seguir:

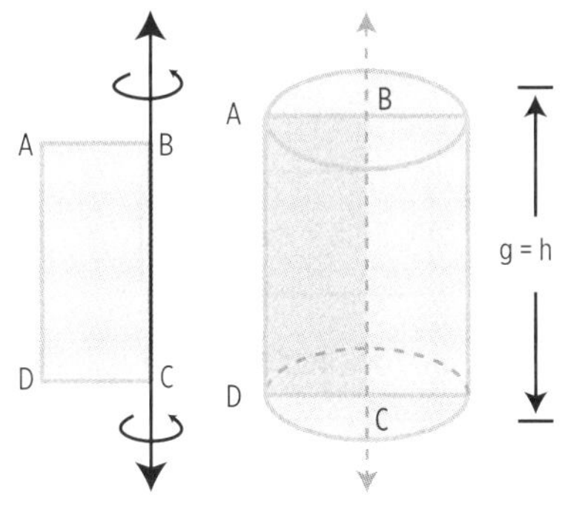

A reta $\overline{BC}$ contém os centros das bases e é o eixo do cilindro.

Seção

Seção transversal é a região determinada pela interseção do cilindro com um plano paralelo às bases. Todas as seções transversais são congruentes.

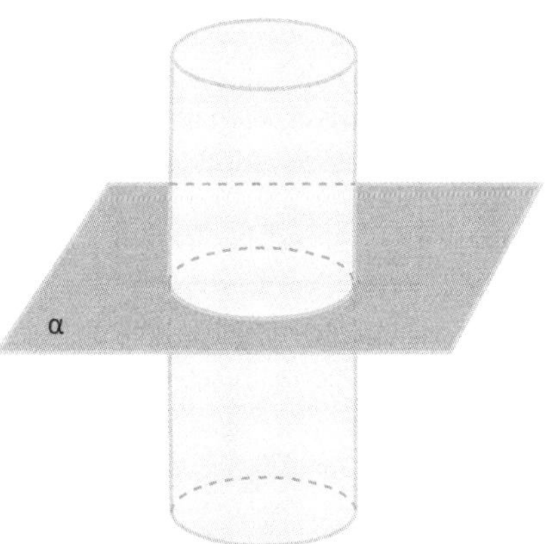

Seção meridiana é a região determinada pela interseção do cilindro com um plano que contém o eixo.

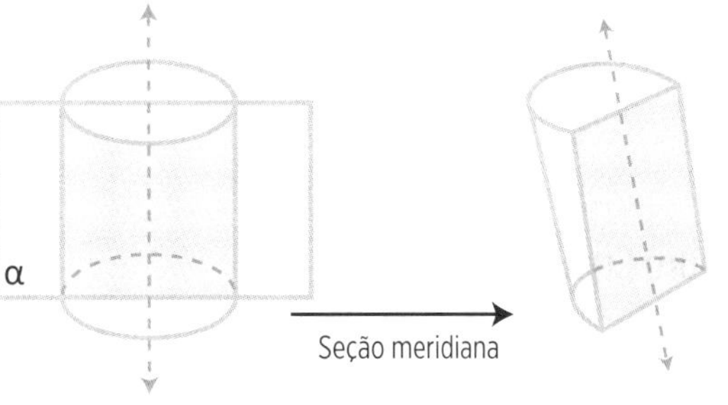

Áreas

Num cilindro, consideramos as seguintes áreas:

Área Lateral (A_L)

Pode-se observar a área lateral de um cilindro fazendo a sua planificação:

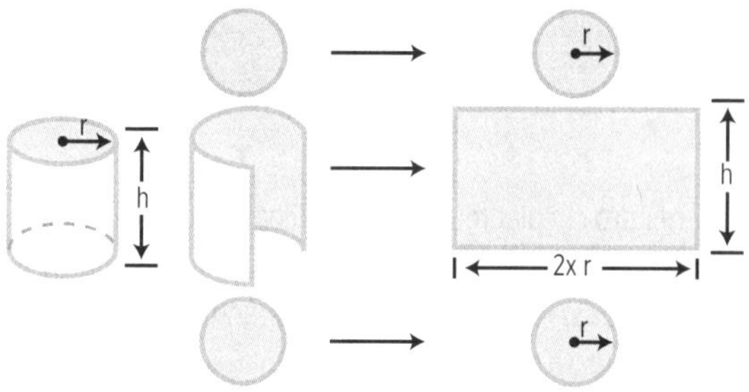

Assim, a área lateral do cilindro reto cuja altura é h e cujos raios dos círculos das bases são r é um retângulo de dimensões 2 π r e h:

$$A_L = 2\pi r h$$

Área da base (A_B): área do círculo de raio r

$$A_B = 2\pi r^2$$

Área total (A_T): soma da área lateral com as áreas das bases

$$A_T = A_L + 2_{AB} = 2\pi r h + 2\pi r^2 = 2\pi r (h + r)$$

Volume

O volume de todo paralelepípedo retângulo e de todo cilindro é o produto da área da base pela medida de sua altura:

$$V_{cilindro} = A_B \cdot h$$

No caso do cilindro circular reto, a área da base é a área do círculo de raio r, $A_B = \varpi r^1 h$; portanto, seu volume é:

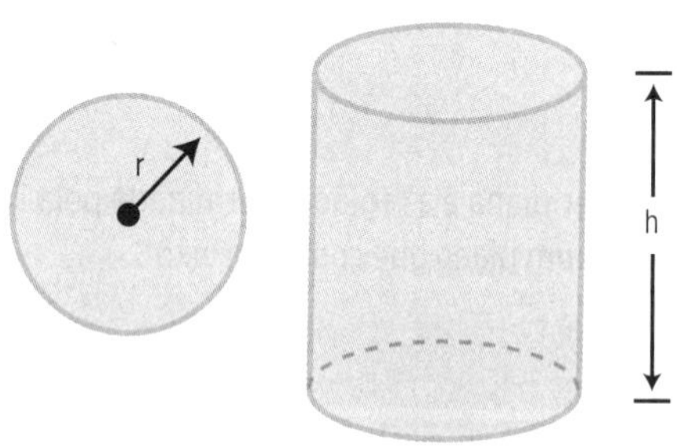

$$V = r^2 h$$

Cilindro Equilátero

Todo cilindro cuja seção meridiana é um quadrado (altura igual ao diâmetro da base) é chamado cilindro equilátero.

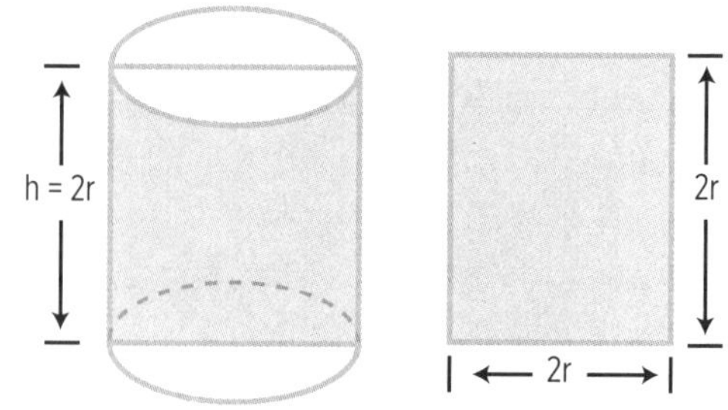

$$A_L = 2r \cdot 2\pi r = 4\pi r^2$$

$$A_T = A_L + A_B = 4\pi r^2 + 2\pi r^2 = 6\pi r^2$$

17.4 Cone Circular

Dado um círculo C, contido num plano α, e um ponto V (vértice) fora de α, chamamos de cone circular o conjunto de todos os segmentos $\overline{VP}$, $P \in C$.

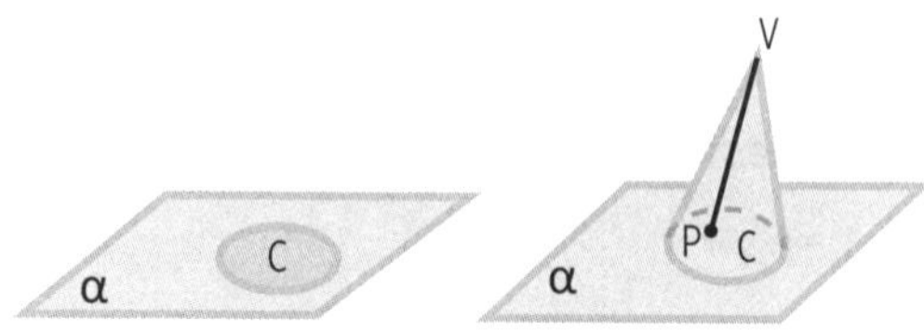

Elementos do cone Circular

Dado o cone a seguir, consideramos os seguintes elementos:

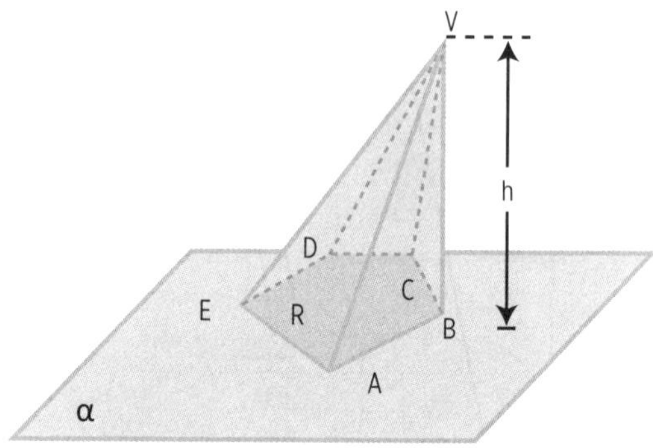

Altura: distância h do vértice V ao plano α.

Geratriz (g): segmento com uma extremidade no ponto V e outra num ponto da circunferência.

Raio da base: raio R do círculo.

Eixo de rotação: reta $\overline{VO}$ determinada pelo centro do círculo e pelo vértice do cone.

Cone Reto

Todo cone cujo eixo de rotação é perpendicular à base é chamado cone reto, também denominado cone de revolução. Ele pode ser gerado pela rotação completa de um triângulo retângulo em torno de um de seus catetos.

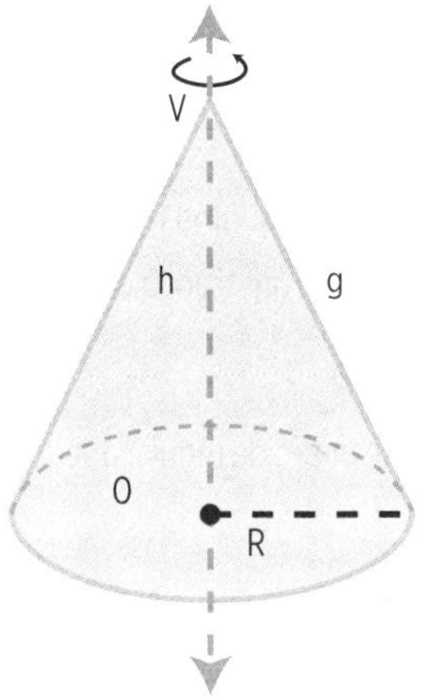

Da figura, e pelo Teorema de Pitágoras, temos a seguinte relação:

$$g^2 = h^2 + R^2$$

Seção Meridiana

A seção determinada, num cone de revolução, por um plano que contém o eixo de rotação é chamada seção meridiana.

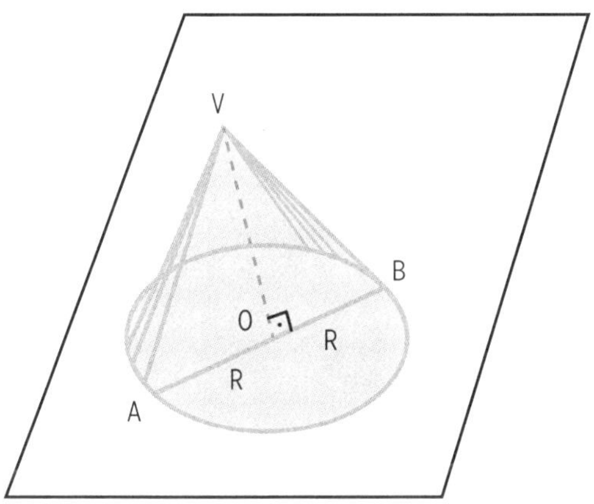

Se o triângulo AVB for equilátero, o cone também será equilátero:

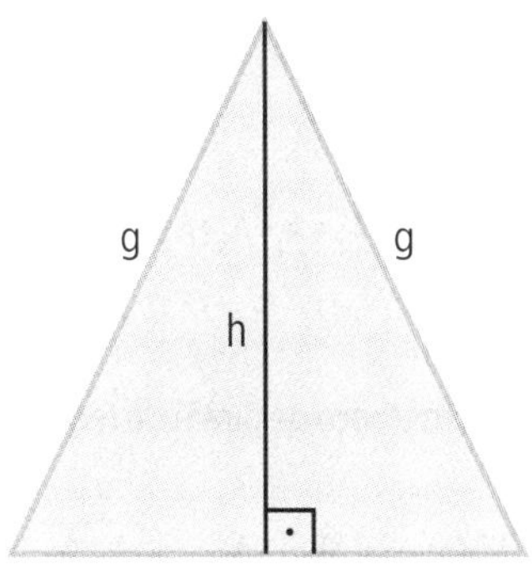

$$g = 2R$$
$$h = R\sqrt{3}$$

Áreas

Desenvolvendo a superfície lateral de um cone circular reto, obtemos um setor circular de raio g e comprimento $L = 2\pi R$

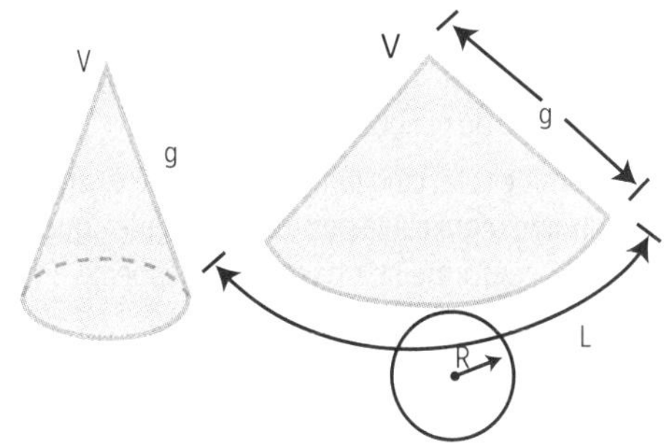

Assim, há de se considerar as seguintes áreas:

Área lateral (AL): área do setor circular

$$A_L = \frac{gl}{2} = \frac{g \cdot 2\pi R}{2} \Rightarrow A_L = \pi R g$$

Área da base (AB): área do círculo do raio R

$$A_B = \pi R^2$$

Área total (AT): soma da área lateral com a área da base

$$A_T = A_L + A_B = \pi R g + \pi R^2 \rightarrow A_T\ \pi R\,(g+R)$$

Volume

$$V_{cone} = 2\pi d S = 2\pi \cdot \frac{r}{3} \cdot \frac{rh}{2} \Rightarrow V_{cone} = \frac{1}{3} \cdot \pi r^2 h$$

17.5 Pirâmides

Dado um polígono convexo R, contido em um plano α, e um ponto V (vértice) fora de α, chamamos de pirâmide o conjunto de todos os segmentos $\overline{VP}$, $P \in R$.

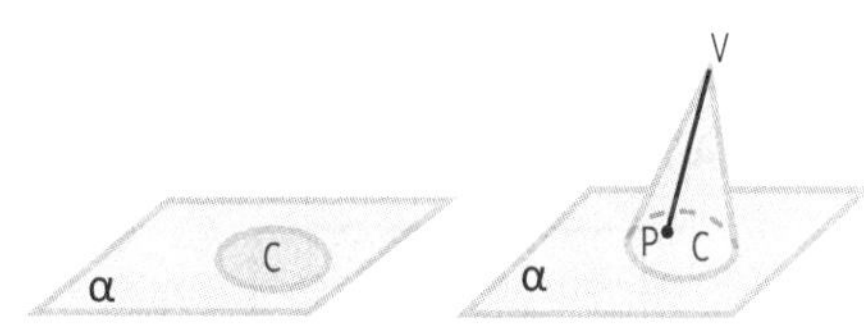

Elementos da Pirâmide

Dada a pirâmide a seguir, tem-se os seguintes elementos:

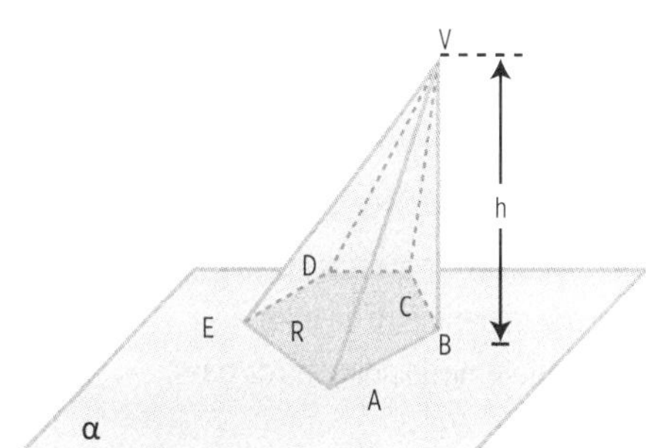

Base: o polígono convexo R.

Arestas da base: os lados AB, BC, CD, DE, EA do polígono.

Arestas laterais: os segmentos VA, VB, VC, VD, VE. .

Faces laterais: os triângulos VAB, VBC, VCD, VDE, VEA.

Altura: distância h do ponto V ao plano.

Classificação

Uma pirâmide é reta quando a projeção ortogonal do vértice coincide com o centro do polígono da base.

Toda pirâmide reta, cujo polígono da base é regular, recebe o nome de pirâmide regular. Ela pode ser triangular, quadrangular, pentagonal, etc., conforme sua base, seja, respectivamente, um triângulo, um quadrilátero, um pentágono, etc.

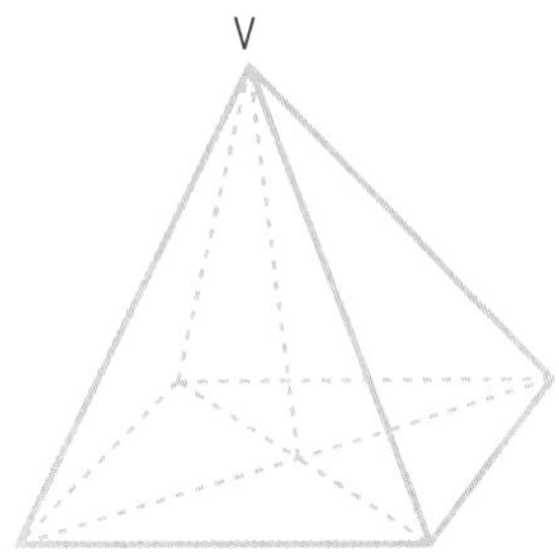

Pirâmide regular quadrangular

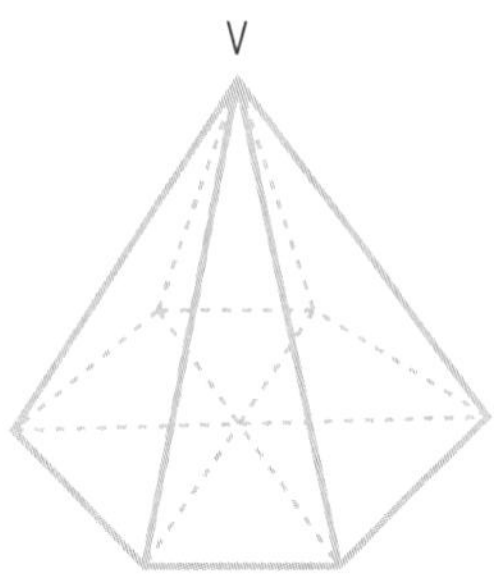

Pirâmide regular hexagonal

Áreas

Numa pirâmide, temos as seguintes áreas:

Área lateral (A_L): reunião das áreas das faces laterais.

Área da base (A_B): área do polígono convexo (base da pirâmide).

Área total (A_T): união da área lateral com a área da base.

$$A_T = A_L + A_B$$

Para uma pirâmide regular, temos:

$$A_L = n \cdot \frac{bg}{2} \qquad A_B = pa$$

Em que:

- **b** é a aresta;
- **g** é o apótema;
- **n** é o número de arestas laterais;
- **p** é o semiperímetro da base;
- **a** é o apótema do polígono da base.

Volume

$$V_{cone} = \frac{1}{3} \cdot \underbrace{\pi \cdot R^2}_{\text{Área da base}} h \rightarrow \boxed{V_{pirâmide} = \frac{1}{3} \cdot ABh}$$

Troncos

Se um plano interceptar todas as arestas de uma pirâmide ou de um cone, paralelamente às suas bases, o plano dividirá cada um desses sólidos em dois outros: uma nova pirâmide e um tronco de pirâmide; e um novo cone e um tronco de cone.

Tronco da Pirâmide

Dado o tronco de pirâmide regular a seguir, tem-se:

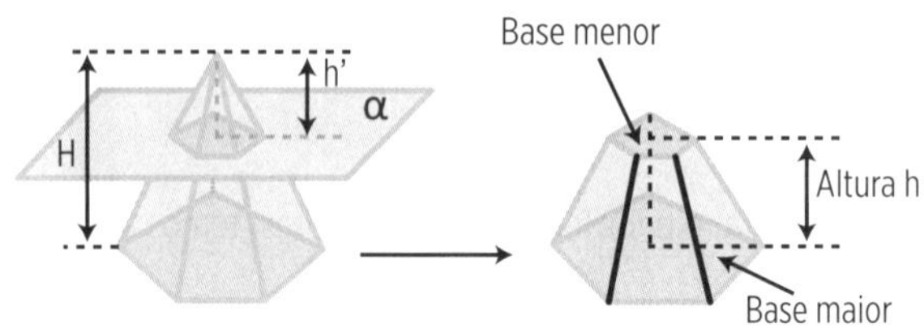

Pirâmide — Tronco da pirâmide

As bases são polígonos regulares paralelos e semelhantes;

As faces laterais são trapézios isósceles congruentes.

Áreas

Área lateral (A_L): soma das áreas dos trapézios isósceles congruentes que formam as faces laterais.

Área total (A_T): soma da área lateral com a soma das áreas da base menor (A_b) e maior (A_B).

$$A_T = A_L + A_B + A_b$$

Volume

O volume de um tronco de pirâmide regular é dado por:

$$V_r = \frac{h}{3}\left(A_B + A_b + \sqrt{A_B A_b}\right)$$

Sendo V o volume da pirâmide e V' o volume da pirâmide obtido pela seção, é válida a relação:

$$\frac{V'}{V} = \left(\frac{h'}{H}\right)^3$$

Tronco do Cone

Sendo o tronco do cone circular regular a seguir, tem-se:

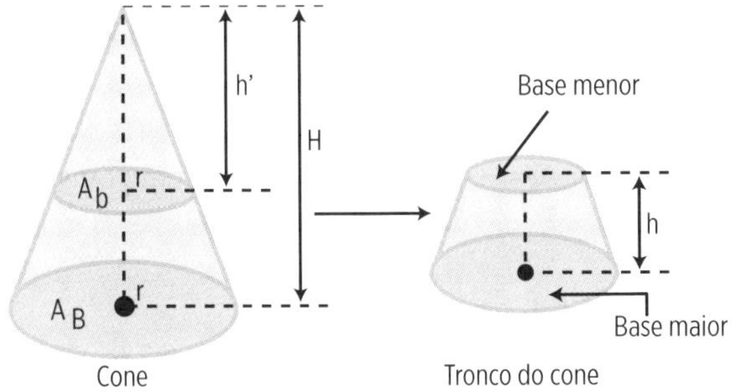

As bases maior e menor são paralelas;

A altura do tronco é dada pela distância entre os planos que contém as bases.

Áreas

Tem-se: área lateral

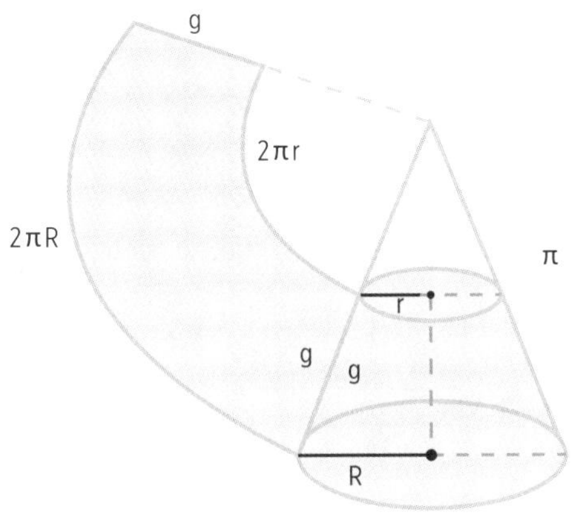

$$A_L = \pi(R + r)g$$

Área total

$$A_T = A_L + A_B + A_b = \pi(R + r)g + \pi R^2 + \pi r^2$$
$$\Downarrow$$
$$A_T = \pi[(R + r)g + R^2 + r^2]$$

Volume

$$V = \frac{h}{3}\left(A_B + A_b + \sqrt{A_B A_b}\right) = \frac{h}{3}\left(\pi R^2 + \pi r^2 + \sqrt{\pi R^2 \cdot \pi r^2}\right)$$
$$\Downarrow$$
$$V = \frac{\pi h}{3}(R^2 + r^2 + Rr)$$

Sendo V o volume do cone e V' o volume do cone obtido pela seção, são válidas as relações:

$$\frac{r}{r'} = \frac{H}{h'}$$

$$\frac{A_B}{A_b} = \left(\frac{H}{h'}\right)^2$$

$$\frac{V}{V'} = \left(\frac{H}{h'}\right)^3$$

17.6 Esfera

Chama-se de esfera de centro O e raio R o conjunto de pontos do espaço cuja distância ao centro é menor ou igual ao raio R.

Considerando a rotação completa de um semicírculo em torno de um eixo e, a esfera é o sólido gerado por essa rotação. Assim, ela é limitada por uma superfície esférica e formada por todos os pontos pertencentes a essa superfície e ao seu interior.

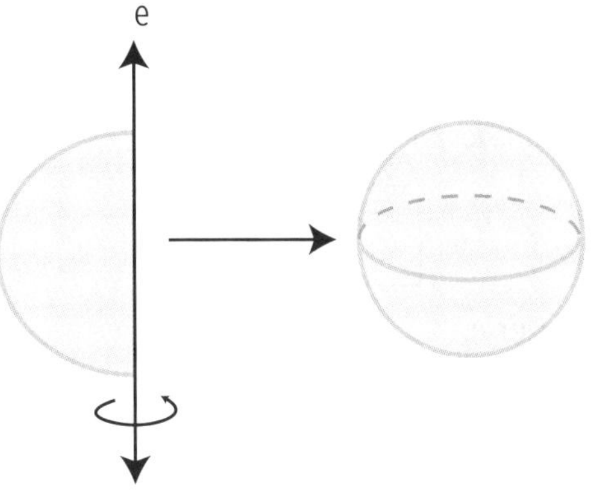

Volume

O volume da esfera de raio R é dado por:

$$V_e = \frac{4}{3} \cdot \pi R^3$$

Partes da Esfera

Superfície Esférica

A superfície esférica de centro O e raio R é o conjunto de pontos do espaço cuja distância ao ponto O é igual ao raio R.

Se considerar a rotação completa de uma semicircunferência em torno de seu diâmetro, a superfície esférica é o resultado dessa rotação.

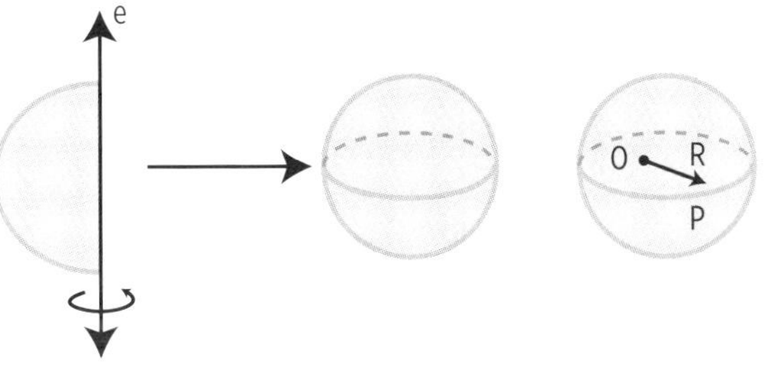

A área da superfície esférica é dada por:

$$A_s = 4\pi R^2$$

Zona Esférica

É a parte da esfera gerada do seguinte modo:

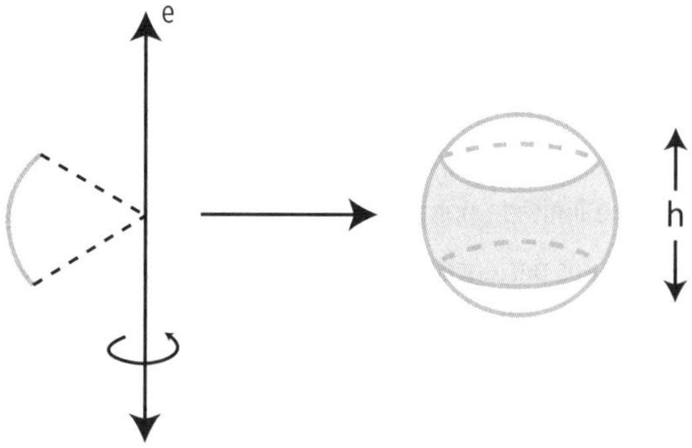

A área da zona esférica é dada por:

$$S = 2\pi Rh$$

Calota Esférica

É a parte da esfera gerada do seguinte modo:

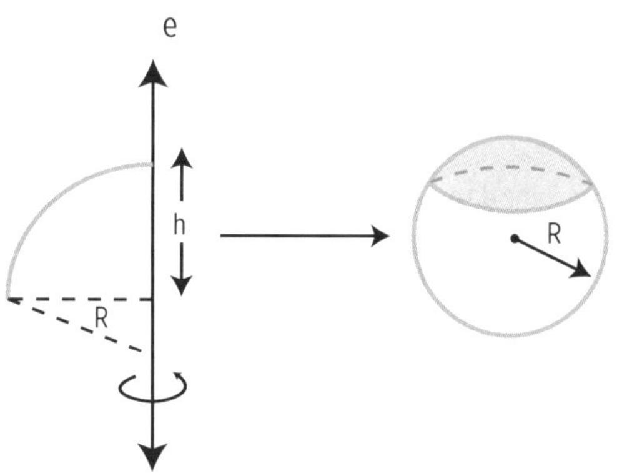

A área da calota esférica é dada por:

$$S = 2\pi Rh$$

Fuso Esférico

O fuso esférico é uma parte da superfície esférica que se obtém ao girar uma semicircunferência de um ângulo $\alpha(0 < \alpha < 2\pi)$ em torno de seu eixo:

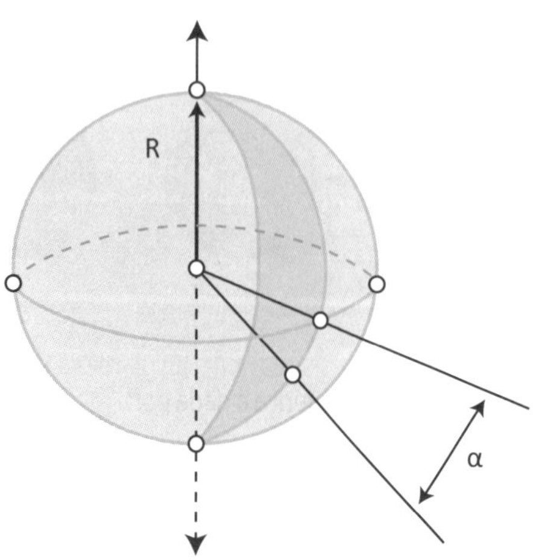

A área do fuso esférico pode ser obtida por uma regra de três simples:

$$\begin{matrix} A_S - 2\pi \\ A_F - \alpha \end{matrix} \quad A_F = \frac{4\pi R^2\alpha}{2\pi} \Rightarrow A_F = 2R^2\alpha \text{ (}\alpha\text{ em radianos)}$$

$$\begin{matrix} A_S = 360^o \\ A_F - \alpha \end{matrix} \quad A_F = \frac{4\pi R^2\alpha}{360^o} \Rightarrow A_F = \frac{\pi R^2\alpha}{90^o} \text{ (}\alpha\text{ em graus)}$$

Cunha Esférica

Parte da esfera que se obtém ao girar um semicírculo em torno de seu eixo de um ângulo $\alpha(0 < \alpha < 2\pi)$:

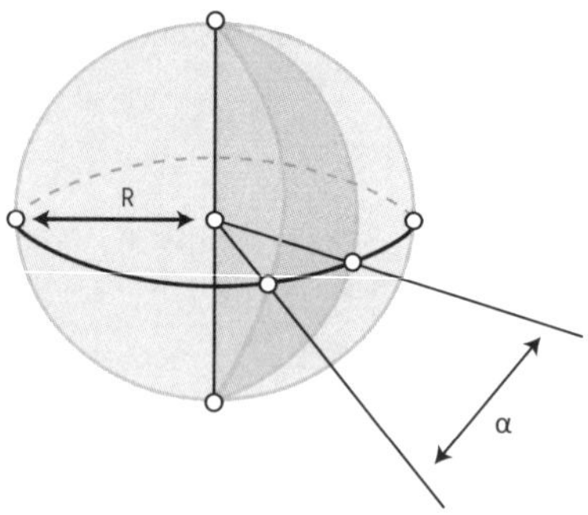

O volume da cunha pode ser obtido por uma regra de três simples:

$$\left.\begin{matrix} V_e - 2\pi \\ V_c - \alpha \end{matrix}\right\} \Rightarrow V_c = \frac{\frac{4}{3}\pi R^3\alpha}{2\pi} \Rightarrow V_c = \frac{2}{3} \cdot R^3\alpha \text{ (}\alpha\text{ em radianos)}$$

$$\left.\begin{matrix} V_e - 360^o \\ V_c - \alpha \end{matrix}\right\} \Rightarrow V_c = \frac{\frac{4}{3}\pi R^3\alpha}{360^o} \Rightarrow V_c = \frac{\pi R^3\alpha}{270^o} \text{ (}\alpha\text{ em graus)}$$

Questões

01. (CESPE) O volume de um cubo que tem seus vértices sobre uma superfície esférica de raio igual $5\sqrt{3}$ a centímetros é menor que 1.000 cm3.

Certo ( ) Errado ( )

02. (CESPE) A figura seguinte mostra a planta baixa de um condomínio. O terreno ocupado pelo condomínio é um quadrado de lados que mede 60 m. Nesse condomínio, as áreas indicadas por E1, E2 e E3 correspondem aos locais onde estão construídos os prédios residenciais, e as regiões em branco correspondem às vias de livre circulação para pedestres e veículos.

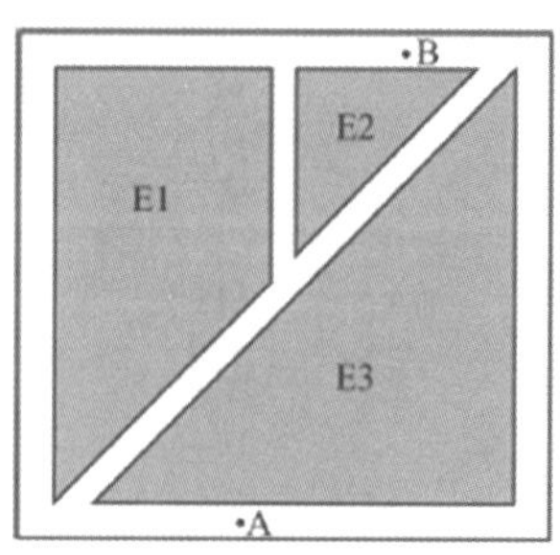

A partir da figura e das informações precedentes, julgue o item a seguir, considerando que a área de E2 seja igual a 200 m2.

Considere que um edifício residencial de 8 andares a partir do térreo ocupe toda a área E2. Nesse caso, se a altura de cada andar desse edifício for de 3 m, então o edifício forma um sólido de volume inferior a 5.000 m3.

Certo ( ) Errado ( )

03. (CESPE) – 2018 Os biscoitos de sal de determinada marca têm a forma de um paralelepípedo retângulo: a base é um quadrado de lados medindo 6 cm; a altura mede 0,25 cm. Os biscoitos são acondicionados em caixas com capacidade para 5.184 cm 3.

Nesse caso, a quantidade de biscoitos que podem ser acondicionados em uma dessas caixas é 576.

Certo ( ) Errado ( )

04. (CESPE) Em um almoxarifado há, em estoque, 100 caixas na forma de paralelepípedos retângulos. Na tabela a seguir são mostrados alguns valores da frequência absoluta, da frequência relativa e da porcentagem da variável volume interno da caixa, em litros (L).

volume da caixa (L)	frequência absoluta	frequência relativa	porcentagem (%)
10	10	*	*
20	*	*	*
45	*	0,2	*
60	*	*	40
Total	100	1	100

Considerando essas informações, julgue o seguinte item.

Se a área interna da base do paralelepípedo de uma caixa de 60 L for igual a 2.000 cm^2, então a altura interna dessa caixa medirá menos de 35 cm.

Certo ( ) Errado ( )

05. (CESPE) A figura a seguir mostra uma mesa em que o tampo é um hexágono regular cujo lado mede 80 cm.

Julgue o item que se segue, a respeito da geometria do tampo dessa mesa.

Se esse tampo tiver espessura de 2 cm, então o seu volume será superior a 0,04 m3.

Certo ( ) Errado ( )

Gabaritos

01	ERRADO
02	CERTO
03	CERTO
04	CERTO
05	ERRADO

Sumário

1. INTRODUÇÃO AO DIREITO ADMINISTRATIVO

Neste capítulo, vamos conhecer algumas características do Direito Administrativo, seu conceito, sua finalidade, seu regime jurídico peculiar que orienta toda a sua atividade administrativa, seja ela exercida pelo próprio Estado-administrador, ou por particular. Para entendermos melhor tudo isso, é preciso dar início ao nosso estudo pela compreensão adequada do papel do Direito na vida social.

O Direito é um conjunto de normas (regras e princípios) impostas coativamente pelo Estado que regularão a vida em sociedade, possibilitando a coexistência pacífica das pessoas.

1.1 Ramos do Direito

O Direito é historicamente dividido em dois grandes ramos: o Direito Público e o Direito Privado. Em relação ao Direito Privado, vale o princípio da igualdade (isonomia) entre as partes; aqui não há que se falar em superioridade de uma parte sobre a outra. Por esse motivo, dizemos que estamos em uma relação jurídica horizontal ou uma horizontalidade nas relações jurídicas.

O Direito Privado é regulado pelo princípio da autonomia da vontade, o que traduz a regra a qual diz que o particular pode fazer tudo que não é proibido (Art. 5º, II, da Constituição Federal).

No Direito Público, temos o Estado em um dos polos, representando os interesses da coletividade, e um particular desempenhando seus próprios interesses. Sendo assim, o Estado é tratado com superioridade ante ao particular, pois o Estado é o procurador da vontade da coletividade e, representada pelo próprio Estado, deve ser tratada de forma prevalente ante a vontade do particular.

O fundamento dessa relação jurídica vertical é encontrado no Princípio da Supremacia do Interesse Público, que estudaremos com mais detalhes no tópico referente aos princípios. Mas já podemos adiantar que, como o próprio nome o interesse público é supremo. Desse modo, são disponibilizadas ao Estado prerrogativas especiais para que possa atingir os seus objetivos. Essas prerrogativas são os poderes da administração pública.

Esquema da Divisão do Direito

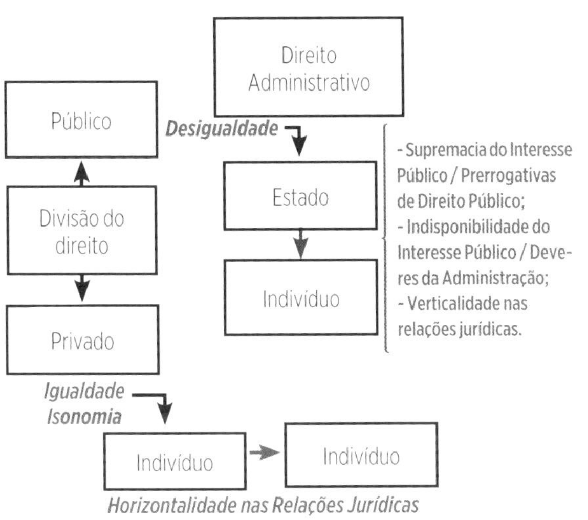

Os dois princípios norteadores do Direito Administrativo são: Supremacia do Interesse Público (gera os poderes) e Indisponibilidade do Interesse Público (gera os deveres da administração).

1.2 Conceito de Direito Administrativo

Vários são os conceitos que podem ser encontrados na doutrina para o Direito Administrativo. Descreveremos dois deles trazidos pela doutrina contemporânea e citados a seguir:

O Direito Administrativo é o ramo do direito público que tem por objeto órgãos, agentes e pessoas jurídicas administrativas que integram a Administração Pública. A atividade jurídica não contenciosa que exerce e os bens que se utiliza para a consecução de seus fins de natureza pública[1].

O Direito Administrativo é o conjunto harmônico de princípios jurídicos que regem órgãos, agentes e atividades públicas que tendem a realizar concreta, direta e imediatamente os fins desejados pelo Estado[2].

1.3 Objeto do Direito Administrativo

Os conceitos de Direito Administrativo foram desenvolvidos de forma que se desdobram em uma sequência natural de tópicos que devem ser estudados ponto a ponto para que a matéria seja corretamente entendida.

Por meio desses conceitos, podemos constatar que o objeto do Direito Administrativo são as relações da administração pública, sejam elas de natureza interna entre as entidades que a compõe, seus órgãos e agentes, ou de natureza externa entre a administração e os administrados.

Além de ter por objeto a atuação da administração pública, também é foco do Direito Administrativo o desempenho das atividades públicas quando exercidas por algum particular, como no caso das concessões, permissões e autorizações de serviços públicos.

Resumidamente, podemos dizer que o Direito Administrativo tem por objeto a administração pública e também as atividades administrativas, independentemente de quem as exerçam.

1.4 Fontes do Direito Administrativo

É o lugar de onde provém algo, no nosso caso, no qual emanam as regras do Direito Administrativo. Esse não está codificado em um único livro. Dessa forma, para o estudarmos de maneira completa, temos que recorrer às fontes, ou seja, a institutos esparsos. Por esse motivo, dizemos que o Direito Administrativo está tipificado (escrito), mas não está codificado em um único instituto.

Lei: fonte principal do Direito Administrativo. A lei deve ser compreendida em seu sentido amplo, o que inclui a Constituição Federal, as normas supra legais, as leis e também os atos normativos da própria administração pública. Temos como exemplo os Arts. 37 ao 41 da Constituição Federal, a Lei nº 8.666/93, a Lei nº 8.112/90, a Lei de Improbidade Administrativa (Lei nº 8.429/92), Processo Administrativo Federal (Lei nº 9.784/99), etc.

Jurisprudência: gênero que se divide entre jurisprudência e doutrina. Jurisprudência são decisões quais são editadas pelos tribunais e não possuem efeito vinculante; são resumos numerados

1 Direito Administrativo, Maria Sylvia Zanella di Pietro, 23ª edição.
2 Conceito de Direito Administrativo do professor Hely Lopes Meirelles.

que servem de fonte de pesquisa do direito materializados em livros, artigos e pareceres.

Doutrina tem a finalidade de tentar sistematizar e melhor explicar o conteúdo das normas de Direito Administrativo; doutrina pode ser utilizada como critério de interpretação de normas, bem como auxiliar a produção normativa.

Costumes: conjunto de regras não escritas, porém, observadas de maneira uniforme, as quais suprem a omissão legislativa acerca de regras internas da Administração Pública.

Segundo o doutrinador do Direito Administrativo, Hely Lopes Meirelles, em razão da deficiência da legislação, a prática administrativa vem suprindo o texto escrito e, sedimentada na consciência dos administradores e administrados, a praxe burocrática passa a saciar a lei e atuar como elemento informativo da doutrina.

Lei e Súmulas Vinculantes são consideradas fontes principais do Direito Administrativo. Jurisprudência, súmulas, doutrina e costumes são considerados fontes secundárias.

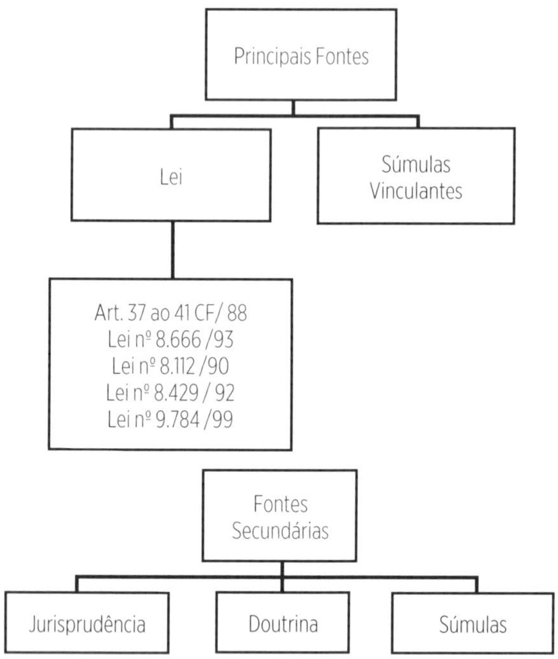

1.5 Sistemas Administrativos

É o regime que o Estado adota para o controle dos atos administrativos ilegais praticados pelo poder público nas diversas esferas e em todos os poderes. Existem dois sistemas que são globalmente utilizados.

O sistema francês (do contencioso administrativo), não utilizado no Brasil, determina que as lides administrativas podem transitar em julgado, ou seja, as decisões administrativas têm força de definibilidade. Nesse sentido, falamos em dualidade de jurisdição, já que existem tribunais administrativos e judiciais, cada qual com suas competências.

O sistema inglês, também chamado de jurisdicional único ou unicidade da jurisdição, é o sistema que atribui somente ao poder judiciário a capacidade de tomar decisões sobre a legalidade administrativa com caráter de coisa julgada ou definitividade.

O Direito Administrativo, no nosso sistema, não pode fazer coisa julgada e todas as decisões administrativas podem ser revistas pelo poder judiciário, pois somente ele pode dar resolução em caráter definitivo. Ou seja, não cabem mais recursos, por isso, falamos em trânsito em julgado das decisões judiciais e nunca das decisões administrativas.

A Constituição Federal de 1988 adotou o sistema Inglês ou o do não contencioso administrativo.

Via administrativa de curso forçado

São situações em que o particular é obrigado a seguir todas as vias administrativas até o fim, antes de socorrer ao poder judiciário. Isso é exceção, pois a regra é que, ao particular, é facultado socorrer ao poder judiciário, por força do Art. 5º, XXXV, da Constituição Federal.

> ***XXXV.*** *A lei não excluirá da apreciação do Poder Judiciário lesão ou ameaça a direito.*

Exemplos de via administrativa de curso forçado:

Aqui, o indivíduo deve esgotar as esferas administrativas obrigatoriamente antes de ingressar com ação no poder judiciário.

Justiça desportiva: só são admitidas pelo poder judiciário ações relativas à disciplina e as competições desportivas depois de esgotadas as instâncias da Justiça Desportiva. Art. 217, § 1º, CF.

Ato administrativo ou a omissão da administração pública que contrarie súmula vinculante: só pode ser alvo de reclamação ao STF depois de esgotadas as vias administrativas. Lei nº 11.417/2006, Art. 7º, §1º.

***Habeas data*:** é indispensável para caracterizar o interesse de agir no *Habeas Data* a prova anterior do indeferimento do pedido de informação de dados pessoais ou da omissão em atendê-lo sem que se confirme situação prévia de pretensão. *STF, HD, 22-DF Min. Celso de Mello.*

1.6 Regime Jurídico Administrativo

É o conjunto de normas e princípios de direito público que regulam a atuação da administração pública. Tais regras se fundamentam nos princípios da Supremacia e da Indisponibilidade do Interesse Público, conforme estudaremos adiante.

O Princípio da Supremacia do Interesse Público é o fundamento dos poderes da Administração Pública, afinal de contas, qualquer pessoa que tenha como fim máximo da sua atuação o interesse da coletividade, somente conseguirá atingir esses objetivos se dotadas de poderes especiais.

O Princípio da Indisponibilidade do Interesse Público é o fundamento dos deveres da Administração Pública, pois essa tem o dever de nunca abandonar o interesse público e de usar os seus poderes com a finalidade de satisfazê-lo.

Desses dois princípios decorrem todos os outros princípios e regras que se desdobram no regime jurídico administrativo.

1.7 Noções de Estado

Conceito de Estado

Estado é a pessoa jurídica territorial soberana.

Pessoa: capacidade para contrair direitos e obrigações.

Jurídica: é constituída por meio de uma formalidade documental e não por uma mulher, tal como a pessoa física.

Territorial soberana: quer dizer que, dentro do território do Estado, esse detém a soberania, ou seja, sua vontade prevalece ante a das demais pessoas (sejam elas físicas ou jurídicas). Podemos definir soberania da seguinte forma: soberania é a independência na ordem internacional (lá fora ninguém manda no Estado) e supremacia na ordem interna (aqui dentro quem manda é o Estado).

Elementos do Estado

Território: é a base fixa do Estado (solo, subsolo, mar, espaço aéreo).

Povo: é o componente humano do Estado.

Governo soberano: é o responsável pela condução do Estado. Por ser tal governo soberano, ele não se submete a nenhuma vontade externa, pois, relembrando, lá fora o Estado é independente e aqui dentro sua vontade é suprema, afinal, a vontade do Estado é a vontade do povo.

Formas de Estado

Temos duas formas de Estado:

Estado Unitário: é caracterizado pela centralização política; não existe divisão em estados membros ou municípios, há somente uma esfera política central que emana sua vontade para todo o país. É o caso do Uruguai.

Estado Federado: caracteriza-se pela descentralização política; existem diferentes entidades políticas autônomas que são distribuídas regionalmente e cada uma exerce o poder político dentro de sua área de competência. É o caso do Brasil.

Poderes do Estado

Os poderes do Estado estão previstos no texto Constitucional.

> ***Art. 2º.*** *São Poderes da União, independentes e harmônicos entre si, o Legislativo, o Executivo e o Judiciário.*

Os poderes podem exercer as funções para que foram investidos pela Constituição Federal (funções típicas) ou executar cargos diversas das suas competências constitucionais (funções atípicas). Por esse motivo, não há uma divisão absoluta entre os poderes, e sim relativa, pois o poder Executivo pode executar suas funções típicas (administrar) e pode também iniciar o processo legislativo em alguns casos (pedido de vagas para novos cargos). Além disso, é possível até mesmo legislar no caso de medidas provisórias com força de lei.

Poderes	Funções Típicas	Funções Atípicas
Legislativo	Criar Leis Fiscalizar (Tribunal de Contas)	Administrar Julgar Conflitos
Executivo	Administrar	Criar Leis Julgar Conflitos
Judiciário	Julgar Conflitos	Administrar Criar Leis

É importante notar que a atividade administrativa está presente nos três poderes, por isso, o Direito Administrativo, por ser um dos ramos do Direito Público, disciplina não somente a atividade administrativa do Poder Executivo, mas também a do Poder Legislativo e do Judiciário.

1.8 Noções de Governo

O governo é atividade política e discricionária, tendo conduta independente. Governar está relacionado com a função política do Estado, a de comandar, de coordenar, de direcionar e de fixar planos e diretrizes de atuação do Estado. O governo é o conjunto de Poderes e órgãos constitucionais responsáveis pela função política do Estado.

O governo está diretamente ligado com as decisões tomadas pelo Estado. Exerce a direção suprema e geral, ao fazer uma analogia, podemos dizer que o governo é o cérebro do Estado.

Função de governo e função administrativa

É comum aparecer em provas de concursos públicos questões que confundem as ideias de governo e de administração pública. Para evitar esse erro, analisaremos as diferenças entre as expressões:

Segundo o jurista brasileiro, Hely Lopes Meirelles, o governo é uma atividade política e discricionária e tem conduta independente.

De acordo com ele, a administração é uma atividade neutra, normalmente vinculada à lei ou à norma técnica, e exercida mediante conduta hierarquizada.

Não podemos confundir Governo com Administração Pública, pois governo se encarrega de definir os objetivos do Estado e definir as políticas para o alcance desses objetivos; a Administração Pública se encarrega simplesmente em atingir os objetivos traçados pelo governo.

O governo atua mediante atos de soberania ou, pelo menos, de autonomia política na condução dos negócios públicos. A Administração é atividade neutra, normalmente vinculada à lei ou à norma técnica. Governo é conduta independente, enquanto a Administração é hierarquizada.

O Governo deve comandar com responsabilidade constitucional e política, mas sem responsabilidade técnica e legal pela execução. A administração age sem responsabilidade política, mas com responsabilidade técnica e legal pela execução dos serviços públicos.

Sistemas de governo

Sistema de governo se refere ao grau de dependência entre o poder legislativo e executivo.

Parlamentarismo

É caracterizado por uma grande relação de dependência entre o poder legislativo e o executivo.

A chefia do Estado e a do Governo são desempenhadas por pessoas distintas.

Chefe de Estado: responsável pelas relações internacionais.

Chefe de Governo: responsável pelas relações internas, o chefe de governo é o da Administração pública.

Presidencialismo

É caracterizado por não existir dependência, ou quase nenhuma, entre o Poder Legislativo e o Executivo.

A chefia do Estado e a do Governo são representadas pela mesma pessoa.

O Brasil adota o presidencialismo.

Formas de governo

Conforme Hely Meirelles, a forma de governo se refere à relação entre governantes e governados.

Monarquia

Hereditariedade: o poder é passado de pai para filho.

Vitaliciedade: o detentor do poder fica no cargo até a morte.

Ausência de prestação de contas.

República

Eletividade: o governante precisa ser eleito para chegar ao poder.

Temporalidade: ao chegar ao poder, o governante ficará no cargo por tempo determinado.

Dever de prestar contas.

O Brasil adota a república como forma de governo.

2. ADMINISTRAÇÃO PÚBLICA

Antes de fazermos qualquer conceituação doutrinária sobre Administração Pública, podemos entendê-la como a ferramenta utilizada pelo Estado para atingir os seus objetivos. O Estado possui objetivos, e quem escolhe quais são eles é o seu governo, pois a esse é que cabe a função política (atividade eminentemente discricionária) do Estado e que determina as suas vontades, ou seja, o Governo é o cérebro do Estado. Para poder atingir esses objetivos, o Estado precisa fazer algo, e o faz por meio de sua Administração Pública. Sendo assim, essa é a responsável pelo exercício das atividades públicas do Estado.

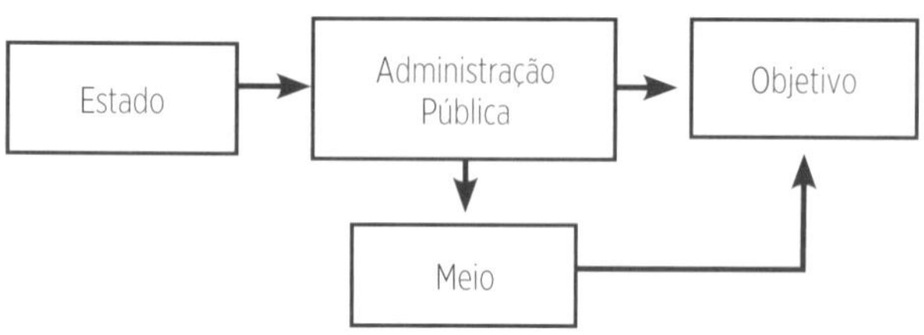

2.1 Classificação de Administração Pública

Sentido material/objetivo

Em sentido material ou objetivo, a Administração Pública compreende o exercício de atividades pelas quais se manifesta a função administrativa do Estado.

Compõe a Administração Pública material qualquer pessoa jurídica, seus órgãos e agentes que exercem as **atividades** administrativas do Estado. Como exemplo de tais atividades, há a prestação de serviços públicos, o exercício do poder de polícia, o fomento, a intervenção e as atividades da Administração Pública.

Essas são as chamadas atividades típicas do Estado e, pelo critério formal, qualquer pessoa que exerce alguma dessas é Administração Pública, não importa quem seja. Por esse critério, teríamos, por exemplo, as seguintes pessoas na Administração Pública:

> União, Estados, Municípios, DF, Autarquias, Fundações Públicas prestadoras de serviços públicos, Empresa Pública prestadora de serviço público, Sociedade de Economia Mista prestadora de serviços públicos e, ainda, as concessionárias, autorizatárias e permissionárias de serviço público.

Esse critério não é o adotado pelo Brasil. Assim sendo, a classificação feita acima não descreve a Administração Pública Brasileira, que, conforme veremos a seguir, adota o modelo formal de classificação.

Sentido formal/subjetivo

Em sentido formal ou subjetivo, a Administração Pública compreende o conjunto de órgãos e pessoas jurídicas encarregadas, por determinação legal, do exercício da função administrativa do Estado.

Pelo modelo formal, segundo Meirelles, a Administração Pública é o conjunto de entidades (pessoas jurídicas, seus órgãos e agentes) que o nosso ordenamento jurídico identifica como Administração Pública, pouco interessa a sua área de atuação, ou seja, pouco importa a atividade mas, sim, quem a desempenha. A Administração Pública Brasileira que adota o modelo formal é classificada em Administração Direta e Indireta.

2.2 Organização da Administração

A Administração Pública foi definida pela Constituição Federal no Art. 37.

> ***Art. 37.*** *A Administração Pública direta e indireta de qualquer dos Poderes da União, dos Estados, do Distrito Federal e dos Municípios obedecerá aos princípios de legalidade, impessoalidade, moralidade, publicidade e eficiência e, também, ao seguinte:*

O Decreto-Lei nº 200/67 determina quem é Administração Pública Direta e Indireta.

> ***Art. 4º.*** *A Administração Federal compreende:*
>
> ***I.*** *A Administração Direta, que se constitui dos serviços integrados na estrutura administrativa da Presidência da República e dos Ministérios.*
>
> ***II.*** *A Administração Indireta, que compreende as seguintes categorias de entidades, dotadas de personalidade jurídica própria:*
>
> ***a)*** *Autarquias;*
>
> ***b)*** *Empresas Públicas;*
>
> ***c)*** *Sociedades de Economia Mista.*
>
> ***d)*** *Fundações públicas.*

Dessa forma, temos somente quatro pessoas que representam a Administração Direta e nenhuma outra. São consideradas pessoas jurídicas de direito público e possuem várias características. As pessoas da Administração Direta recebem o nome de pessoas políticas do estado.

A Administração Indireta também representa um rol taxativo e não cabe ampliação. Existem quatro pessoas da Administração Indireta e nenhuma outra; elas possuem características marcantes. Contudo, não possuem a mais importante e que diferencia das pessoas políticas do Estado, ou seja, a capacidade de legislar (capacidade política).

2.3 Administração Direta

A Administração Direta é representada pelas entidades políticas. São elas: União, Estados, DF e os Municípios.

A definição no Brasil foi feita pelo Decreto-Lei nº 200/67, que dispõe sobre a organização da Administração Federal e estabelece diretrizes para a Reforma Administrativa.

É importante observar que esse decreto dispõe somente sobre a Administração Pública Federal, todavia, pela aplicação do princípio da simetria, tal regra é aplicada uniformemente por todo o território nacional. Assim sendo, tal classificação utilizada nesse decreto define expressamente a Administração Pública Federal e também, implicitamente, a Administração Pública dos demais entes da federação.

Os entes políticos possuem autonomia política (capacidade de legislar), administrativa (capacidade de auto-organizar-se) e capacidade financeira (capacidade de julgar as próprias contas). Não podemos falar aqui em hierarquia entre os entes, mas sim em cooperação, pois um não dá ordens aos outros, visto que eles são autônomos.

Características

São pessoas jurídicas de direito público interno - tem autonomia.

- > Unidas formam a República Federativa do Brasil: pessoa jurídica de direito público externo –tem soberania (independência na ordem externa e supremacia na interna).
- > Regime jurídico de direito público.
- > Autonomia Política: Administrativa e Financeira.
- > Sem subordinação: atuam por cooperação.
- > Competências: hauridas da CF.
- > Responsabilidade civil - regra - objetiva.
- > Bens: públicos, não pode ser objeto de sequestro, arresto, penhora etc.
- > Débitos judiciais: são pagos por precatórios.
- > Regime de pessoal: regime jurídico único.
- > Competência para julgamento de ações judiciais.
  - » União = Justiça Federal.
  - » Demais Entes Políticos = Justiça Estadual.

2.4 Noção de Centralização, Descentralização e Desconcentração

Centralização administrativa: órgãos e agentes trabalhando para a Administração Direta.

Descentralização administrativa: técnica administrativa em que a Administração direta passa a atividade administrativa, serviço ou obra pública para outras pessoas jurídicas ou físicas (para pessoa física somente por delegação por colaboração). A descentralização pode ser feita por outorga legal (titularidade + execução) ou diante delegação por colaboração (somente execução). A outorga legal cria as pessoas da Administração Indireta. A Delegação por colaboração gera os concessionários, permissionários e Autorizatários de serviços públicos:

- > **Descentralização por outorga legal** (também chamada de descentralização técnica, por serviços, ou funcional): é feita por lei e transfere a titularidade e a execução da atividade administrativa por prazo indeterminado para uma pessoa jurídica integrante da administração indireta.
- > **Descentralização por delegação** (também chamada de descentralização por colaboração): é feita em regra por um contrato administrativo e, nesses casos, depende de licitação; também pode acontecer descentralização por delegação por meio de um ato administrativo. Transfere somente a execução da atividade administrativa, e não a sua titularidade, por prazo determinado para um particular, pessoa física ou jurídica.

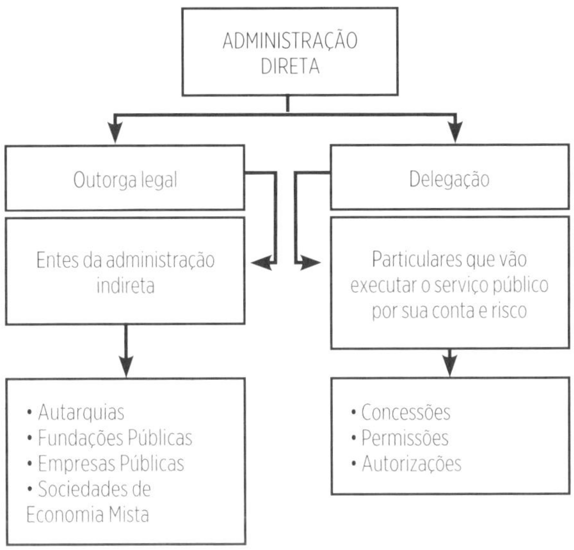

Outorga Legal

- > Feita por lei;
- > Transfere a titularidade e a execução do serviço público;
- > Não tem prazo.

Delegação

- > Feita por contrato, exceto as autorizações;
- > Os contratos dependem de licitação;
- > Transfere somente a execução do serviço público e não a titularidade;
- > Há fiscalização do Poder Público. Tal fiscalização decorre do exercício do poder disciplinar;
- > Tem prazo.
- > **Desconcentração administrativa**: técnica de subdivisão de órgãos públicos para que melhor desempenhem o serviço público ou atividade administrativa. Em outras palavras, na desconcentração, a Pessoa Jurídica distribui competências no âmbito de sua própria estrutura. É a distribuição de competências entre os diversos órgãos integrantes da estrutura de uma pessoa jurídica

da Administração Pública. Somente ocorre na Administração Direta ou Indireta, jamais para particulares, uma vez que não existem órgãos públicos entre particulares.

2.5 Administração Indireta

Pessoas / Entes / Entidades Administrativas

> **F**undações Públicas;
> **A**utarquias;
> **S**ociedades de Economia Mista;
> **E**mpresas Públicas.

Características

> Tem personalidade jurídica própria;
> Tem patrimônio e receita próprios;
> Tem autonomia:
» Administrativa;
» Técnica;
» Financeira.

Obs.:

> Não tem autonomia política;.
> Finalidade definida em lei;
> Controle do Estado.

Não há subordinação nem hierarquia entre os entes da administração direta e indireta, mas sim, vinculação que se manifesta por meio da **supervisão ministerial** realizada pelo ministério ou secretaria da pessoa política responsável pela área de atuação da entidade administrativa. Tal supervisão tem por finalidade o exercício do denominado **controle finalístico** ou **poder de tutela**.

Em alguns casos, a entidade administrativa pode estar diretamente vinculada à chefia do poder executivo e, nesse contexto, caberá a essa chefia o exercício do controle finalístico de tal entidade.

> São frutos da descentralização por outorga legal.
> Nomeação de Dirigentes.

Os dirigentes das entidades administrativas são nomeados pelo chefe do poder a que está vinculada a respectiva entidade, ou seja, as entidades administrativas ligadas ao poder executivo federal têm seus dirigentes nomeados pelo chefe de tal poder, que, nesse caso, é o(a) Presidente(a) da República.

É válido lembrar que, em todos os poderes, existe a função administrativa no executivo, de forma típica, e nos demais poderes, de forma atípica. Além disso, a função administrativa de todos os poderes é exercida pela sua Administração Pública (Administração Direta e Indireta), assim sendo, existe Administração Pública Direta e Indireta nos três poderes e, caso uma entidade administrativa seja vinculada ao Poder Legislativo ou Judiciário, caberá ao chefe do respectivo poder a nomeação de tal dirigente.

Excepcionalmente, a nomeação de um dirigente pode depender ainda de aprovação do Poder Legislativo. Na esfera federal, temos como exemplo a nomeação dos dirigentes das agências reguladoras. Tais nomeações são feitas pelo Presidente da República e, para terem efeito, dependem de aprovação do Senado Federal.

Via de regra, lembraremos que a nomeação do dirigente de uma entidade administrativa é feita pelo chefe do Poder Executivo, sendo que, em alguns casos, é necessária a prévia aprovação de outro poder. Excepcionalmente, o Judiciário e o Legislativo poderão nomear dirigentes para essas entidades, desde que vinculadas ao respectivo poder.

Criação dos entes da administração indireta

A instituição das entidades administrativas depende sempre de uma lei ordinária específica. Essa lei pode criar a entidade administrativa. Nesse caso, nasce uma pessoa jurídica de direito público, as autarquias. A lei também pode autorizar a criação das entidades administrativas. Nessa circunstância, nascem as demais entidades da administração indireta: fundações públicas, empresas públicas e sociedades de economia mista. Pelo fato dessas entidades serem autorizadas por lei, elas são pessoas jurídicas de Direito Privado.

A lei que cria ou que autoriza a criação de uma entidade administrativa é uma **lei ordinária específica.**

Quando a lei autoriza a criação de uma entidade da Administração Indireta, a sua construção será consumada após o registro na serventia registral pertinente (cartório ou junta comercial, conforme o caso).

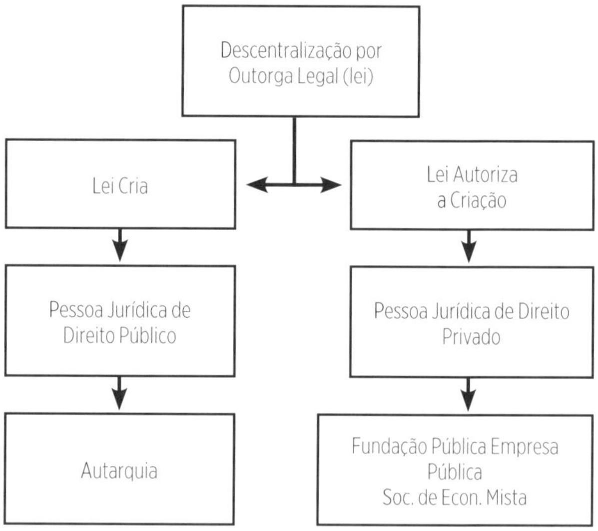

Extinção dos entes da administração indireta:

> Só lei revoga lei.
> Se a lei cria, a lei extingue.
> Se a lei autoriza a criação, autoriza também a extinção.

Relação da administração pública direta com a indireta

As entidades compreendidas na Administração Indireta vinculam-se ao Ministério em cuja área de competência estiver enquadrada sua principal atividade. Dessa forma, não há que se falar em hierarquia ou subordinação, mas, sim vinculação.

A vinculação entre a Administração Direta e a Administração Indireta gera o chamado controle finalístico ou supervisão ministerial. Assim, a Administração Direta não pode intervir nas decisões da Indireta, salvo se ocorrer a chamada fuga de finalidade.

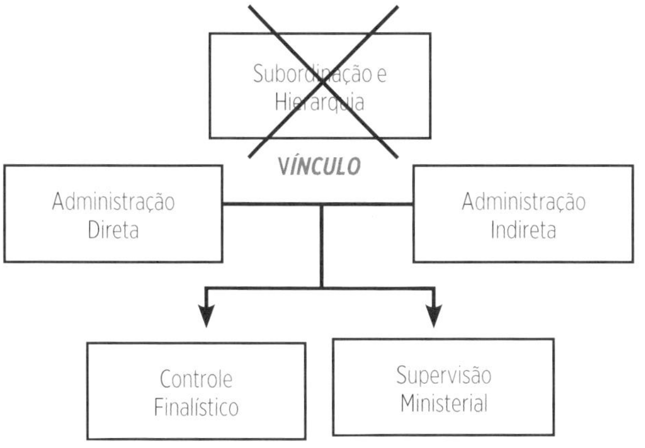

Autarquias

Autarquia é a pessoa jurídica de direito público, criada por lei, com capacidade de autoadministração, para o desempenho de serviço público descentralizado (atividade típica do Estado). É o próprio serviço público personificado.

Vejamos a seguir as suas características:

Personalidade Jurídica: Direito Público.

> Recebem todas as prerrogativas do Direito Público.

Finalidade: atividade típica do Estado.

Regime Jurídico: público.

Responsabilidade Civil: objetiva.

Bens: públicos (não podem ser objeto de penhora, arresto, sequestro).

> Ao serem constituídas, recebem patrimônio do Ente Instituidor e, a partir desse momento, seguem com sua autonomia.

Débitos Judiciais: pagamento por precatórios.

Regime de Pessoal: regime jurídico único.

Competência para o julgamento de suas ações judiciais:

> Autarquia Federal = Justiça Federal.

> Outras Esferas = Justiça Estadual.

Ex.: INSS, Banco Central do Brasil.

Espécies de autarquias

Comum ou Ordinária (de Acordo com Decreto-Lei nº 200/67)

São as autarquias que recebem as características principais, ou seja, criadas diretamente por lei, pessoas jurídicas de direito público e que desempenham um serviço público especializado; seu ato constitutivo é a própria lei.

Sob Regime Especial

As autarquias em regime especial são submetidas a um regime jurídico peculiar, diferente do jurídico relativo às autarquias comuns.

Por autarquia comum deve-se entender as ordinárias, aquelas que se submetem a regime jurídico comum das autarquias. Na esfera federal, o regime jurídico comum das autarquias é o Decreto-Lei nº 200/67.

Se a autarquia além das regras do regime jurídico comum ainda é alcançada por alguma regra especial, peculiar às suas atividades, será considerada uma autarquia em regime especial.

Agências Reguladoras

São responsáveis por regular, normatizar e fiscalizar determinados serviços públicos que foram delegados ao particular. Em razão dessa característica, elas têm mais liberdade e maior autonomia, se comparadas com as Autarquias comuns.

Ex.: ANCINE, ANA, ANAC, ANTAQ, ANATEL, ANEEL, ANP, ANTT.

Autarquia Territorial

É classificado como Autarquia Territorial, o espaço que faça parte do território da União, mas que não se enquadre na definição de Estado membro, DF ou município. No Brasil atual, não existem exemplos de Autarquias Territoriais, mas elas podem vir a ser criadas. Nesse caso, esses Territórios fazem parte da Administração Direta e são Autarquias Territoriais, pois são criados por lei e assumem personalidade jurídica de direito público.

Associações Públicas (Autarquias Interfederativas ou Multifederativas)

Também chamada de consórcio público de Direito Público.

O consórcio público é a pessoa jurídica formada exclusivamente por entes da Federação, na forma da Lei nº 11.107, de 2005, para estabelecer relações de cooperação federativa, inclusive a realização de objetivos de interesse comum, constituída como associação pública, com personalidade jurídica de direito público e natureza autárquica, ou como pessoa jurídica de direito privado, sem fins econômicos.

Sendo assim, não é todo consórcio público que representa uma Autarquia Interfederativa, mas somente os públicos de Direito Público.

Autarquia Fundacional ou Fundação Autárquica

As Fundações Públicas de Direito Público (exceção) são consideradas, na verdade, uma espécie de autarquia.

Agências Executivas

As agências executivas não se configuram como pessoas jurídicas, menos ainda outra classificação qualquer. Representam, na prática, um título que é dado às autarquias e fundações públicas que assinam contrato de gestão com a Administração Pública. Art. 37, §8º.

Conselhos fiscalizadores de profissões são considerados autarquias. Contudo, comportam uma exceção muito importante:

ADI 3.026-DF Min. Eros Graus. 08/06/2006. OAB: Considerada entidade sui generis, um serviço independente não sujeita ao controle finalístico da Administração Direta.

Fundação pública

A Fundação Pública é a entidade dotada de personalidade jurídica de Direito Privado, sem fins lucrativos, criada em virtude de autorização legislativa, para o desenvolvimento de atividades que não exijam execução por órgãos ou entidades de direito público, com autonomia administrativa, patrimônio próprio gerido pelos respectivos órgãos de direção e funcionamento custeado por recursos da União e de outras fontes.

Regra

> Autorizada por lei;

> Pessoa jurídica de Direito Privado;

> Depende de registro dos atos constitutivos na junta comercial;

> Depende de lei complementar que especifique o campo de atuação.

Exceção

> Criada diretamente por lei;
> Pessoa jurídica de direito público;
> Possui um capital personalizado (diferença meramente conceitual);
> Considerada pela doutrina como autarquia fundacional.

As fundações públicas de Direito Público, são espécie de autarquia, sendo chamadas pela doutrina como autarquias fundacionais.

Características

> **Personalidade Jurídica:** Direito Privado.
> **Finalidade:** lei complementar definirá – Sem fins lucrativos.
> **Regime Jurídico:** Híbrido (regras de Direito Público + Direito Privado) incontroverso.
> **Responsabilidade Civil:** se for prestadora de serviço público é objetiva, caso contrário é subjetiva.
> **Bens Privados, com exceção:** bens diretamente ligados à prestação de serviço público são bens públicos.
> **Débitos Judiciais:** são pagos por meio do seu patrimônio, com exceção dos bens diretamente ligados à prestação de serviços públicos, que são bens públicos e não se submetem a pagamento de débitos judiciais.
> **Regime de Pessoal:** Regime Jurídico **Único.**

Competência para o julgamento de suas ações judiciais:

» Justiça Federal.
» Outras esferas = Justiça Estadual.
» IBGE, Biblioteca Nacional, FUNAI.

Empresas públicas e sociedades de economia mista

São pessoas jurídicas de Direito Privado, criadas pela Administração Direta por meio de autorização da lei, com o respectivo registro, para a prestação de serviços públicos ou a exploração da atividade econômica.

A Lei 13.303/16 dispõe sobre o estatuto jurídico da empresa pública, da sociedade de economia mista e de suas subsidiárias, no âmbito da União, dos Estados, do Distrito Federal e dos Municípios.

A referida lei apresenta os seguintes conceitos:

Art. 3º *Empresa pública é a entidade dotada de personalidade jurídica de direito privado, com criação autorizada por lei e com patrimônio próprio, cujo capital social é integralmente detido pela União, pelos Estados, pelo Distrito Federal ou pelos Municípios.*

Art. 4º *Sociedade de economia mista é a entidade dotada de personalidade jurídica de direito privado, com criação autorizada por lei, sob a forma de sociedade anônima, cujas ações com direito a voto pertençam em sua maioria à União, aos Estados, ao Distrito Federal, aos Municípios ou a entidade da administração indireta.*

Empresas públicas e sociedades de economia mista exploradoras da atividade econômica

Segundo o Art. 173 da Constituição Federal:

Art. 173. *Ressalvados os casos previstos nesta Constituição, a exploração direta de atividade econômica pelo Estado só será permitida quando necessária aos imperativos da segurança nacional ou a relevante interesse coletivo, conforme definidos em lei.*

§ 1º *- A lei estabelecerá o estatuto jurídico da Empresa Pública, da sociedade de economia mista e de suas subsidiárias que explorem atividade econômica de produção ou comercialização de bens ou de prestação de serviços, dispondo sobre:*

I. *Sua função social e formas de fiscalização pelo Estado e pela sociedade;*

II. *A sujeição ao regime jurídico próprio das empresas privadas, inclusive quanto aos direitos e obrigações civis, comerciais, trabalhistas e tributários;*

III. *Licitação e contratação de obras, serviços, compras e alienações, observados os princípios da Administração Pública;*

IV. *A constituição e o funcionamento dos conselhos de administração e fiscal, com a participação de acionistas minoritários;*

V. *Os mandatos, a avaliação de desempenho e a responsabilidade dos administradores.*

§ 2º *- As empresas públicas e as sociedades de economia mista não poderão gozar de privilégios fiscais não extensivos às do setor privado.*

§ 3º *- A lei regulamentará as relações da Empresa Pública com o Estado e a sociedade.*

§ 4º *- A lei reprimirá o abuso do poder econômico que vise à dominação dos mercados, à eliminação da concorrência e ao aumento arbitrário dos lucros.*

§ 5º *- A lei, sem prejuízo da responsabilidade individual dos dirigentes da pessoa jurídica, estabelecerá a responsabilidade desta, sujeitando-a as punições compatíveis com sua natureza, nos atos praticados contra a ordem econômica e financeira e contra a economia popular.*

Empresas públicas e sociedades de economia mista prestadoras de serviço público

Essas entidades são criadas para a exploração da atividade econômica em sentido amplo, o que inclui o exercício delas em sentido estrito e também a prestação de serviços públicos que podem ser explorados com o intuito de lucro.

Segundo o Art. 175 da Constituição Federal:

Art. 175. *Incumbe ao Poder Público, na forma da lei, diretamente ou sob regime de concessão ou permissão, sempre através de licitação, a prestação de serviços públicos.*

Parágrafo único. *A lei disporá sobre:*

I. *O regime das empresas concessionárias e permissionárias de serviços públicos, o caráter especial de seu contrato e de sua prorrogação, bem como as condições de caducidade, fiscalização e rescisão da concessão ou permissão;*

II. *Os direitos dos usuários;*

III. *Política tarifária;*

IV. *A obrigação de manter serviço adequado.*

Não se inclui nessa categoria os serviços públicos relativos aos direitos sociais, pois esses não podem ser prestados com o intuito de lucro pelo Estado e, também, não são de titularidade exclusiva do Estado, podendo ser livremente explorados por particulares.

Características comuns das empresas públicas e sociedades de economia mista

Personalidade Jurídica: Direito Privado.

Finalidade: prestação de serviço público ou a exploração da atividade econômica.

Regime Jurídico Híbrido: se for prestadora de serviço público, o regime jurídico é mais público; se for exploradora da atividade econômica, o regime jurídico é mais privado.

Responsabilidade Civil: se for prestadora de serviço público, a responsabilidade civil é objetiva, se for exploradora da atividade econômica, a civil é subjetiva.

Bens Privados, com exceção: bens diretamente ligados à prestação de serviço público são bens públicos.

Débitos Judiciais: são pagos por meio do seu patrimônio, com exceção dos bens diretamente ligados à prestação de serviços públicos, que são bens públicos e não se submetem a pagamento de débitos judiciais.

Regime de Pessoal: CLT – Emprego Público.

Exemplo de Empresa Pública: Caixa Econômica Federal, Correios.

Exemplo de Sociedade de Economia Mista: Banco do Brasil e Petrobras.

Sociedade de economia mista

A Sociedade de Economia Mista é uma entidade dotada de personalidade jurídica de Direito Privado, autorizada por lei para a exploração de atividade econômica, sob a forma de sociedade anônima, cujas ações com direito a voto pertençam em sua maioria à União ou a entidade da Administração Indireta:

- Autorizada por lei;
- Pessoa jurídica de Direito Privado;
- Capital 50% + 1 ação no controle da Administração Pública;
- Constituição obrigatória por Sociedade Anônima (S.A.);
- Competência da Justiça Estadual.

Empresa pública

Entidade dotada de personalidade jurídica de Direito Privado, com patrimônio próprio e capital exclusivo da União, autorizado por lei para a exploração de atividade econômica que o Governo seja levado a exercer por força de contingência ou de conveniência administrativa, podendo revestir-se de qualquer das formas admitidas em direito.

- Autorizado por lei;
- Pessoa jurídica de Direito Privado;
- 100% na constituição de capital público;
- Constituído de qualquer forma admitido em direito;
- Competência da Justiça Federal.

Esse quadro foi desenvolvido para memorização das características mais importantes das pessoas da Administração Pública indireta.

Tabela Comparativa das Características dos Entes da Administração Pública

CARACTERÍSTICA	ENTIDADES POLÍTICAS	AUTARQUIA	FUNDAÇÃO PÚBLICA	EMPRESA PÚBLICA	SOCIEDADE DE ECONOMIA MISTA
PERSONALIDADE JURÍDICA	Direito Público	Direito Público	Direito Privado	Direito Privado	Direito Privado
FINALIDADE	Competências constitucionais	Atividade típica do Estado	Lei Complementar definirá	Exploração da atividade econômica OU prestação de serviço público	Exploração da atividade econômica OU prestação de serviço público
REGIME JURÍDICO	Direito Público	Direito Público	Híbrido: se PSP + público. Caso desenvolva outra atividade, mais privado.	Híbrido: se EAE + privado; se PSP + público	Híbrido: se EAE + privado; se PSP + público
RESPONSABILIDADE CIVIL	Objetiva: ação Subjetiva: omissão	Objetiva: ação Subjetiva: omissão	PSP = Objetiva, nos demais casos, subjetiva	PSP = Objetiva, EAE = Subjetiva	PSP = Objetiva, EAE = Subjetiva
BENS	Públicos	Públicos	Privados, exceção: bens diretamente ligados à prestação de serviços públicos são bens públicos.	Privados, exceção: bens diretamente ligados à prestação de serviços públicos são bens públicos.	Privados, exceção: bens diretamente ligados à prestação de serviços públicos são bens públicos.
DÉBITOS JUDICIAIS	Precatórios	Precatórios	Patrimônio	Patrimônio	Patrimônio
REGIME DE PESSOAL	Regime Jurídico Único	Regime Jurídico Único	Regime Jurídico Único	CLT	CLT
COMPETÊNCIA PARA JULGAMENTO	União: Justiça Federal; Demais: Justiça Estadual.	Federal: Justiça Federal; Demais: Justiça Estadual.	Federal: Justiça Federal; Demais: justiça Estadual.	Federal: Justiça Federal; Demais: justiça Estadual.	Todas: Justiça Estadual.

* EAE: Exploração da Atividade Econômica.

* PSP: Prestação de Serviço Público.

Questões

01. (Cespe) Em sentido subjetivo, a administração pública compreende o conjunto de órgãos e de pessoas jurídicas ao qual a lei confere o exercício da função administrativa do Estado.

Certo ( ) Errado ( )

02. (Cespe) A administração direta compreende os órgãos e as pessoas jurídicas de direito público que prestam serviços típicos do Estado; no âmbito federal, integram a administração direta os ministérios e as autarquias.

Certo ( ) Errado ( )

03. (Cespe) A desconcentração administrativa consiste na distribuição interna de competências, no âmbito de uma mesma pessoa jurídica; a descentralização administrativa pressupõe a distribuição de competência para outra pessoa, física ou jurídica.

Certo ( ) Errado ( )

04. (Cespe) A delegação ocorre quando a entidade da administração, encarregada de executar um ou mais serviços, distribui competências no âmbito da própria estrutura, a fim de tornar mais ágil e eficiente a prestação dos serviços.

Certo ( ) Errado ( )

05. (Cespe) A administração direta é o conjunto de órgãos que integram a União e exercem seus poderes e competências de modo centralizado, ao passo que a administração indireta é formada pelo conjunto de pessoas administrativas, como autarquias e empresas públicas, que exercem suas atividades de forma descentralizada.

Certo ( ) Errado ( )

06. (Cespe) As entidades compreendidas na administração indireta subordinam-se ao ministério em cuja área de competência estiver enquadrada sua principal atividade, mantendo com esse uma relação hierárquica de índole político-administrativa, mas não funcional.

Certo ( ) Errado ( )

07. (Cespe) As pessoas integrantes da administração indireta podem ser autorizadas e instituídas somente por lei, cujo teor deverá abordar a atividade descentralizada a ser exercida, e serão submetidas ao controle da administração direta da pessoa política a que são vinculadas.

Certo ( ) Errado ( )

08. (Cespe) A autarquia é uma pessoa jurídica criada somente por lei específica para executar funções descentralizadas típicas do Estado.

Certo ( ) Errado ( )

09. (Cespe) Como pessoas jurídicas de direito público, as autarquias têm personalidade jurídica, patrimônio e receita próprios e são criadas com a finalidade de desempenhar atividades próprias e típicas da administração pública.

Certo ( ) Errado ( )

10. (Cespe) A autarquia age por delegação.

Certo ( ) Errado ( )

Gabaritos

01	CERTO	06	ERRADO
02	ERRADO	07	CERTO
03	CERTO	08	CERTO
04	ERRADO	09	CERTO
05	CERTO	10	ERRADO

3. ÓRGÃO PÚBLICO

Neste capítulo, aprenderemos a respeito dos órgãos públicos, sua finalidade, seu papel na estrutura da Administração Pública, bem como as diversas teorias e classificações relativas ao tema. Começaremos a partir das teorias que buscam explicar o que é o órgão público.

3.1 Teorias

São três as teorias criadas para caracterizar e conceituar a ideia de órgão público: a Teoria do Mandato, Teoria da Representação e Teoria Geral do Órgão.

Teoria do mandato

Essa teoria preceitua que o agente, pessoa física, funcionaria como o mandatário da pessoa jurídica, agindo sob seu nome e com a responsabilidade dela, em razão de outorga específica de poderes (não adotado).

Teoria da representação

O agente funcionaria como um tutor ou curador do Estado, que representaria nos atos que necessita participar (não adotado).

Teoria geral do órgão

Tem-se presunção de que a pessoa jurídica exteriora sua vontade por meio dos órgãos, os quais são parte integrante da própria estrutura da pessoa jurídica, de tal modo que, quando os agentes que atuam nesses órgãos manifestam sua vontade, considera-se que essa foi manifestada pelo próprio Estado. Falamos em imputação da atuação do agente, pessoa natural, à pessoa jurídica (adotado pela CF/88).

Alguns órgãos possuem uma pequena capacidade, que é impetrar mandado de segurança para garantir prerrogativas próprias. Contudo, somente os órgãos independentes e autônomos têm essa capacidade.

Segundo o doutrinador Hely Lopes Meirelles, os órgãos não possuem personalidade jurídica, tampouco vontade própria, agem em nome da entidade a que pertencem, mantendo relações entre si e com terceiros, e não possuem patrimônio próprio. Os órgãos manifestam a vontade da Pessoa Jurídica à qual pertencem; os agentes, quando atuam para o Estado, dizemos que estão em imputação à pessoa jurídica a qual estão efetivamente ligados. Assim, falamos em imputação à pessoa jurídica.

Constatamos que órgãos são meros centros de competência, e os agentes que trabalham nesses órgãos estão em imputação à pessoa jurídica a que estão ligados; suas ações são imputadas ao ente federativo. Assim, quando um servidor público federal atua, suas ações são imputadas (como se o próprio Estado estivesse agindo) à União, pois o agente é ligado a um órgão que pertence a esse ente.

Ex.: Quando um Policial Federal está trabalhando, ele é um agente público que atua dentro de um órgão (Departamento de Polícia Federal) e suas ações, quando feitas, são consideradas como se a União estivesse agindo. Por esse motivo, os atos que gerem prejuízo a terceiros são imputados a União, ou seja, é a União que paga o prejuízo e, depois, entra com ação regressiva contra o agente público.

3.2 Características

Não possui personalidade jurídica

Muitas pessoas se assustam com essa regra devido ao fato de o órgão público ter CNPJ, realizar licitações e também por celebrar contratos públicos. Todavia, essas situações não devem ser levadas em consideração nesse momento.

O CNPJ não é suficiente para conferir personalidade jurídica para o órgão público, a sua instituição está ligada ao direito tributário, e realmente o órgão faz licitação, celebra contratos, mas ele não possui direitos, não é responsável pela conduta dos seus agentes e tudo isso por que ele não possui personalidade jurídica, órgão público não é pessoa.

Integram a estrutura da pessoa jurídica que pertencem

O órgão público é simplesmente o integrante da estrutura corporal (orgânica) da pessoa jurídica a que está ligado. O órgão público é para a pessoa jurídica a que está ligado, o que o coração, os rins, o fígado, o estômago e o pulmão, dentre tantos outros órgãos do corpo humano são para nós, essenciais.

- Não possui capacidade processual, salvo os órgãos independentes e autônomos que podem impetrar Mandado de Segurança em defesa de suas prerrogativas constitucionais, quando violadas por outro órgão.
- Não possui patrimônio próprio.
- São hierarquizados.
- São frutos da desconcentração.
- Estão presentes na Administração Direta e Indireta.
- Criação e extinção: por meio de Lei.
- Estruturação: pode ser feita por meio de decreto autônomo, desde que não impliquem em aumento de despesas.
- Os agentes que trabalham nos órgãos estão em imputação à pessoa jurídica que estão ligados.

3.3 Classificação

Dentre as diversas classificações pertinentes ao tema, a partir de agora, abordaremos as classificações quanto à posição estatal que leva em consideração a relação de subordinação e hierarquia, a estrutura que se relaciona com a desconcentração e a composição ou atuação funcional que se relaciona com a quantidade de agentes que agem e manifestam vontade em nome do órgão.

Posição estatal

Quanto à posição estatal, os órgãos são classificados em independentes, autônomos, superiores e subalternos:

Órgãos independentes

- São considerados o mais alto escalão do Governo.
- Não exercem subordinação.
- Seus agentes são inseridos por eleição.

> Têm suas competências determinadas pelo texto constitucional.
> Possuem alguma capacidade processual.

Órgãos autônomos

> São classificados como órgãos diretivos.
> Possuem capacidade administrativa, financeira e técnica.
> São exemplos os Ministérios e as Secretarias.
> Possuem alguma capacidade processual.

Órgãos superiores

> São órgãos de direção, controle e decisão.
> Não possuem autonomia administrativa ou financeira.
> Exemplos são as coordenadorias, gabinetes, etc.

Subalternos

> Exercem atribuições de mera execução.
> Exercem reduzido poder decisório.
> São exemplos as seções de expediente ou de materiais.

Estrutura

A classificação quanto à estrutura leva em consideração, a partir do órgão analisado, se existe ou não um processo de desconcentração, se há ramificações que levam a órgãos subordinados ao órgão analisado.

Simples: são aqueles que representam um só centro de competências, sem ramificações, independentemente do número de cargos.

Composto: são aqueles que reúnem em sua estrutura diversos órgãos, ou seja, existem ramificações.

A Presidência da República é um órgão composto, pois dela se origina outros órgãos de menor hierarquia, dentre esses o Ministério da Justiça, por exemplo, que também é órgão composto, pois, a partir dele, tem-se novas ramificações, tais como o Departamento Penitenciário Nacional, o Departamento de Polícia Federal, entre outros .

A partir da Presidência da República, tem-se também um órgão chamado de gabinete, e esse é considerado simples, pois a partir dele não há novos órgãos, ou seja, não nasce nenhuma ramificação a partir do gabinete da Presidência da República.

Atuação funcional/composição

Os órgãos públicos podem ser classificados em singulares ou colegiados:

Órgãos singulares ou unipessoais: a sua atuação ou decisões são atribuições de um único agente.

Ex.: Presidência da República.

Órgão colegiado ou pluripessoal: a atuação e as decisões dos órgãos colegiados acontecem mediante obrigatória manifestação conjunta de seus membros.

Ex.: Congresso Nacional, Tribunais de Justiça.

3.4 As Paraestatais

A expressão "paraestatais" gera divergência em nosso ordenamento jurídico, sendo que podemos mencionar três posicionamentos:

As paraestatais são as autarquias - posição de José Cretella Júnior – entendimento ultrapassado.

As paraestatais são: as fundações públicas, empresas públicas, sociedades de economia mista e os serviços sociais autônomos – posição de Hely Lopes Meirelles - corrente minoritária.

As paraestatais são os serviços sociais autônomos, as fundações de apoio, as organizações sociais – OS, as organizações da sociedade civil de interesse público – OSCIP'S e as organizações da sociedade civil – OSCs – posição de Maria Silvia Zanella di Pietro, entre outros - é o entendimento majoritário.

Obs.: nesse terceiro sentido, as paraestatais equivalem ao chamado terceiro setor. O primeiro setor é o Estado e o segundo setor é o mercado (iniciativa privada que visa ao lucro).

Serviços sociais autônomos – são pessoas jurídicas de direito privado sem fins lucrativos, instituídas por lei e vinculadas a categorias profissionais, sendo mantidas por dotações orçamentárias ou contribuições parafiscais. É o chamado sistema "S".

Ex.: SESI, SESC, SENAI, SENAC, SEBRAE etc. Não integram a Administração Pública nem direta e nem indireta.

Fundações de Apoio - segundo a professora Odete Medauar, são pessoas jurídicas de direito privado que se destinam a colaborar com instituições de ensino e pesquisa, sendo instituídas por professores, pesquisadores ou universitários (ver Lei 8.958/94). Exemplos: FUVEST, FIPE, CNPQ etc.

Organizações Sociais e Organizações da Sociedade Civil de Interesse Público – são pessoas jurídicas de direito privado sem fins lucrativos, instituídas por particulares que desempenham serviços não exclusivos de Estado, como a saúde, cultura, preservação do meio ambiente, etc.

→ **Características comuns entre as Organizações Sociais (Lei 9.637/98) e as Organizações da Sociedade Civil de Interesse Público (Lei 9.790/99).**

> São pessoas jurídicas de direito privado.
> Sem fins lucrativos.
> Instituídas por particulares.
> Desempenham serviços não exclusivos de Estado.
> Não integram a Administração Pública (seja direta ou indireta).
> Ambas integram o chamado terceiro setor.
> Sujeitam-se ao controle da Administração Pública e do Tribunal de Contas.
> Gozam de imunidade tributária, desde que atendidos os requisitos legais, conforme prevê o Art. 150, VI, "c", da CF/88.

Principais diferenças entre OS e OSCIPs

Organizações Sociais	Organizações da Sociedade Civil de Interesse Público
- o vínculo com o Estado se dá por Contrato de Gestão;	- o vínculo com o Estado se dá por Termo de Parceria;
- o ato de qualificação é discricionário, dado pelo Ministro da pasta competente;	- o ato de qualificação é vinculado, dado pelo Ministro da Justiça;
- pode ser contratada pela Administração com dispensa de licitação (hipótese de licitação dispensável);	- não há essa previsão;
- o Conselho deve ser formado por representantes do Poder Público;	- não há essa exigência;
- regulada pela Lei n.º 9.637/98 ;	- regulada pela Lei n.º 9.790/99 ;
- Ex.: Associação Roquette Pinto, IMPA (Instituto Nacional de Matemática Pura e Aplicada).	- Ex.: AMI (Amigo do Índio), AMAR (Associação de Amparo às Mães de Alto Risco).

→ **Observações sobre as Organizações Sociais:**

> O poder público pode destinar para as OSs recursos orçamentários e bens necessários ao cumprimento do contrato de gestão, mediante permissão de uso.

> O poder público pode ceder servidores públicos para as OSs com ônus para a origem.

> A Administração poderá dispensar a licitação nos contratos de prestação de serviços celebrados com as OSs (Art. 24, XXIV da Lei 8.666/93).

Organizações da Sociedade Civil – OSC - As Organizações da Sociedade Civil (OSCs) são entidades do terceiro setor criadas com a finalidade de atuar junto ao Poder Público, em regime de mútua cooperação, na execução de serviços públicos e tem o seu regime jurídico regulado pela Lei n. 13.019/2014.

Essas entidades atuam na prestação de serviço público não exclusivo do Estado e têm vínculo com a Administração Pública, de modo que essa conexão se dá mediante celebração de Termo de Fomento, Termo de Colaboração e Acordo de Cooperação. Vejamos tais conceitos:

Termo de Colaboração (Art. 2º, VII e Art. 16): instrumento por meio do qual são formalizadas as parcerias estabelecidas pela Administração Pública com organizações da sociedade civil para a consecução de finalidades de interesse público e recíproco propostas pela Administração Pública que envolvam a transferência de recursos financeiros. Assim, o Termo de Colaboração é utilizado para a execução de políticas públicas nas mais diversas áreas, para consecução de **planos de trabalho de iniciativa da própria Administração**, nos casos em que esta já tem parâmetros consolidados, com indicadores e formas de avaliação conhecidos, abarcando, reitere-se, o **repasse de valores por parte do erário**;

Termo de Fomento (Art. 2º, VIII e Art. 17): instrumento por meio do qual são formalizadas as parcerias estabelecidas pela Administração Pública com organizações da sociedade civil para a consecução de finalidades de interesse público e recíproco propostas pelas organizações da sociedade civil, que envolvam a transferência de recursos financeiros. Note-se, portanto, que o Termo de Fomento, ao contrário do Termo de Colaboração, tem como objetivo **incentivar iniciativas das próprias OSCs, para consecução de planos de trabalho por elas propostos**, buscando albergar nas políticas públicas tecnologias sociais inovadoras, promover projetos e eventos nas mais diversas áreas e expandir o alcance das ações desenvolvidas pelas organizações. Assim como no Termo de Colaboração, o Termo de Fomento também enseja a transferência de recursos financeiros por parte da Administração Pública;

Acordo de Cooperação (Art. 2º, VIII-A): instrumento por meio do qual são formalizadas as parcerias estabelecidas pela Administração Pública com organizações da sociedade civil para a consecução de finalidades de interesse público e recíproco que não envolvam a transferência de recursos financeiros. Portanto, o grande diferencial do Acordo de Cooperação com os demais é justamente a **ausência de repasse de valores financeiros**. O Acordo, como regra, também não exige prévia realização de chamamento público como ocorre no caso do Termo de Fomento e do Termo de Colaboração, o que será abordado mais adiante, salvo quando envolver alguma forma de compartilhamento de recurso patrimonial (comodato, doação de bens etc.).

Para facilitar, segue tabela comparativa:

	Iniciativa de plano de trabalho	Transferência de recursos públicos	Previsão na Lei 13.019/14
Termo de Colaboração	Administração	Sim	Art. 2º, VII e Art. 16
Termo de fomento	OSC	Sim	Art. 2º, VIII e Art. 17
Acordo de cooperação	Administração ou OSC	Não	Art. 2º, VIII-A

Chamamento público: trata-se do procedimento que o poder público deverá realizar obrigatoriamente na prospecção de organizações. É a partir desse chamamento que serão avaliadas diferentes propostas para escolher a OSC mais adequada à parceria, ou ainda um grupo de OSCs trabalhando em rede, a fim de tornar mais eficaz a execução do objeto. Tal procedimento deverá adotar procedimentos claros, objetivos e simplificados que orientem os interessados e facilitem o acesso direto aos órgãos e às instâncias decisórias.

Obs.: não se aplicará a Lei 8.666/93 às relações de parceria com as OSCs (Art. 84, Lei 13.019/14), uma vez que agora há lei própria.

Organizações não governamentais (ONGs)

A ONG é uma entidade civil sem fins lucrativos, formada por pessoas interessadas em determinado tema, o qual se constitui em seu objetivo e interesse principal. (Ex.: IDEC – Instituto Brasileiro de Defesa do Consumidor).

Normalmente são iniciativas de pessoas ou grupos que visam colaborar na solução de problemas da comunidade, como mobilizações, educação, conscientização e organização de serviços ou programas para o atendimento de suas necessidades.

Do ponto de vista jurídico, o termo ONG não se aplica. Nosso Código Civil prevê apenas dois formatos institucionais para entidades civis sem fins lucrativos, sendo a Associação Civil (Art. 44, I e Art. 53 ambos do Código Civil) e a Fundação Privada (Art. 44, III e 62, ambos do Código Civil).

Questões

01. (Cespe) Os órgãos são centros de competência com personalidade jurídica própria, cuja atuação é imputada aos agentes públicos que os representam.

Certo ( ) Errado ( )

02. (Cespe) Em regra, os órgãos, por não terem personalidade jurídica, não têm capacidade processual, salvo nas hipóteses em que eles são titulares de direitos subjetivos, o que lhes confere capacidade processual para a defesa de suas prerrogativas e competências.

Certo ( ) Errado ( )

03. (Cespe) Tanto a criação quanto a extinção de órgãos públicos depende da edição de lei específica; contudo, a estruturação e o estabelecimento das atribuições desses órgãos, desde que não impliquem aumento de despesa, podem ser processados por decreto do chefe do Poder Executivo.

Certo ( ) Errado ( )

04. (Cespe) Na Teoria da Representação, o agente funcionaria como um tutor ou curador do Estado, porém não representaria nos atos que necessita participar.

Certo ( ) Errado ( )

05. (Cespe) Segundo classificação doutrinária, quanto ao critério relacionado à posição estatal, os órgãos autônomos são aqueles originários da Constituição e que representam os três poderes do Estado, cujas funções são exercidas por agentes políticos.

Certo ( ) Errado ( )

06. (Cespe) Quanto à posição estatal, as secretarias estaduais e as municipais são consideradas órgãos públicos subalternos.

Certo ( ) Errado ( )

07. (Cespe) Embora, em regra, os órgãos públicos não tenham personalidade jurídica, a alguns órgãos é conferida a denominada capacidade processual, estando eles autorizados por lei a defender em juízo, em nome próprio, determinados interesses ou prerrogativas.

Certo ( ) Errado ( )

08. (Cespe) De acordo com a teoria do órgão da pessoa jurídica aplicada ao direito administrativo, as pessoas jurídicas estatais expressam suas vontades por meio dos seus órgãos, os quais, por sua vez, são representados por seus agentes, que atuam como mandatários da pessoa jurídica estatal.

Certo ( ) Errado ( )

09. (Cespe) As ações dos entes políticos - como União, estados, municípios e DF - concretizam-se por intermédio de pessoas físicas, e, segundo a teoria do órgão, os atos praticados por meio desses agentes públicos devem ser imputados à pessoa jurídica de direito público a que pertencem.

Certo ( ) Errado ( )

10. (Cespe) Órgão público pode ser definido como pessoa jurídica de natureza pública, dotada de personalidade jurídica própria e com atribuições para atuar em prol do interesse público.

Certo ( ) Errado ( )

Gabaritos

01	ERRADO	06	ERRADO
02	CERTO	07	CERTO
03	CERTO	08	ERRADO
04	ERRADO	09	CERTO
05	ERRADO	10	ERRADO

4. PRINCÍPIOS FUNDAMENTAIS DA ADMINISTRAÇÃO PÚBLICA

Neste capítulo, o objetivo é conhecer o rol de princípios fundamentais que norteiam e orientam toda a atividade administrativa do Estado, bem como toda a atuação da Administração Pública direta e indireta.

Tais princípios são de observância obrigatória para toda a Administração Pública, quer da União, dos Estados, do Distrito Federal, quer dos Municípios. São considerados expressos, pois estão descritos expressamente no *caput* do Art. 37 da Constituição Federal de 1988.

> ***Art. 37.*** *A Administração Pública direta e indireta de qualquer dos Poderes da União, dos Estados, do Distrito Federal e dos Municípios obedecerá aos princípios de legalidade, impessoalidade, moralidade, publicidade e eficiência e, também, ao seguinte (Ver CF/88).*

4.1 Classificação

Os princípios da Administração Pública são classificados como princípios explícitos (expressos) e implícitos.

É importante apontar que não existe relação de subordinação e de hierarquia entre os princípios expressos e os implícitos; na verdade, essa relação não existe entre nenhum princípio.

Isso quer dizer que, em um aparente conflito entre os princípios, um não exclui o outro, pois deve o administrador público observar ambos ao mesmo tempo, devendo nortear sua decisão na obediência de todos os princípios fundamentais pertinentes ao caso em concreto.

Como exemplo, não pode o administrador público deixar de observar o princípio da legalidade para buscar uma atuação mais eficiente (de acordo com o Princípio da Eficiência), devendo ele, na colisão entre os dois princípios, observar a lei e ainda buscar a eficiência conforme os meios que lhes seja possível.

Os princípios explícitos ou expressos são aqueles que estão descritos no *caput* do Art. 37 da CF. São eles:

LEGALIDADE
IMPESSOALIDADE
MORALIDADE
PUBLICIDADE
EFICIÊNCIA

Os princípios implícitos são aqueles que não estão descritos no *caput* do Art. 37 da CF. São eles:

> Supremacia do Interesse Público;
> Indisponibilidade do Interesse Público;
> Motivação;
> Razoabilidade;
> Proporcionalidade;
> Autotutela;
> Continuidade dos Serviços Públicos;
> Segurança Jurídica, entre outros.

A seguir, analisaremos as características dos princípios fundamentais da administração pública que mais aparecem nas provas de concurso público.

4.2 Princípio da Legalidade

O Princípio da Legalidade está previsto em dois lugares distintos na Constituição Federal. Em primeiro plano, no Art. 5º, II: ninguém será obrigado a fazer ou deixar de fazer alguma coisa senão em virtude de lei. O Princípio da Legalidade regula a vida dos particulares e, ao particular, é facultado fazer tudo que a lei não proíbe; é o chamado princípio da Autonomia da Vontade. Essa regra não deve ser aplicada à administração pública.

Em segundo plano, o Art. 37, *caput* do texto Constitucional, determina que a Administração Pública somente pode fazer aquilo que a lei determina ou autoriza. Assim, em caso de omissão legislativa (falta de lei), a Administração Pública está proibida de agir.

Nesse segundo caso, a lei deve ser entendida em sentido amplo, o que significa que a administração pública deve obedecer aos mandamentos constitucionais, às leis formais e materiais (leis complementares, leis delegadas, leis ordinárias, Medidas Provisórias) e também às normas infra legais (decretos, resoluções, portarias, entre outros), e não somente a lei em sentido estrito.

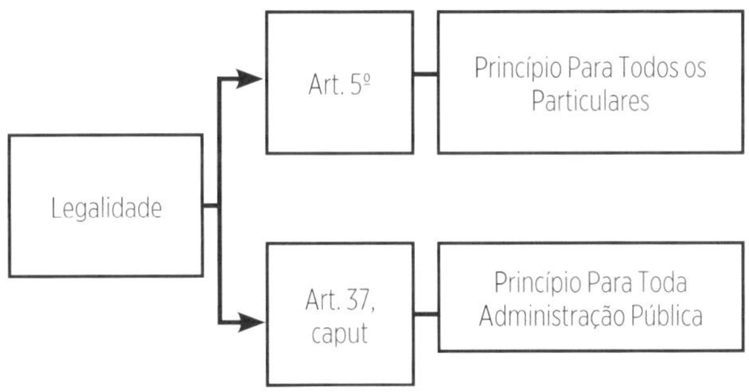

4.3 Princípio da Impessoalidade

O Princípio da Impessoalidade determina que todas as ações da administração pública devem ser revestidas de finalidade pública. Além disso, como segunda vertente, proíbe a promoção pessoal do agente público, como determina o Art. 37, § 1º da CF/88:

> ***Art. 37, § 1º -*** *A publicidade dos atos, programas, obras, serviços e campanhas dos órgãos públicos deverá ter caráter educativo, informativo ou de orientação social, dela não podendo constar nomes, símbolos ou imagens que caracterizem promoção pessoal de autoridades ou servidores públicos (Ver CF/88).*

O Princípio da Impessoalidade é tratado sob dois prismas, a saber:

→ Como determinante da finalidade de toda atuação administrativa (também chamado de princípio da **finalidade**, considerado constitucional implícito, inserido no princípio expresso da impessoalidade).

→ Como vedação a que o agente público se promova à custa das realizações da administração pública (vedação à promoção pessoal do administrador público pelos serviços, obras e outras realizações efetuadas pela administração pública).

É pelo Princípio da Impessoalidade que dizemos que o agente público age em imputação à pessoa jurídica a que está ligado, ou seja, pelo princípio da impessoalidade as ações do agente público são determinadas como se o próprio Estado estivesse agindo.

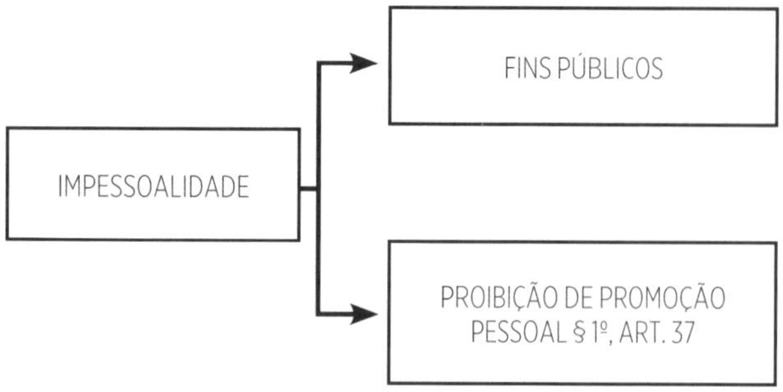

4.4 Princípio da Moralidade

O Princípio da Moralidade é um complemento ao da legalidade, pois nem tudo que é legal é moral. Dessa forma, o Estado impõe a sua administração a atuação segundo a lei e também segundo a moral administrativa. Tal princípio traz para o agente público o dever de probidade. Esse dever é sinônimo de atuação com ética, decoro, honestidade e boa-fé.

O Princípio da Moralidade determina que o agente deva sempre trabalhar com ética e em respeito aos princípios morais da administração pública. O princípio está intimamente ligado ao dever de probidade (honestidade) e sua não observação acarreta a aplicação do Art. 37, §4º da CF/88 e a Lei nº 8.429/92 (Lei de Improbidade Administrativa).

> ***§ 4º*** *- Os atos de improbidade administrativa importarão a suspensão dos direitos políticos, a perda da função pública, a indisponibilidade dos bens e o ressarcimento ao erário, na forma e gradação previstas em lei, sem prejuízo da ação penal cabível.*

O desrespeito ao Princípio da Moralidade afeta a própria legalidade do ato administrativo, ou seja, leva a anulação do ato, e ainda pode acarretar a responsabilização dos agentes por improbidade administrativa.

O Princípio da Moralidade não se refere ao senso comum de moral, que é formado por meio das instituições que passam pela vida da pessoa, tais como família, escola, igreja, entre outras. Para a administração pública, esse princípio refere-se à moralidade administrativa, que está inserida no corpo das normas de Direito Administrativo.

4.5 Princípio da Publicidade

Esse princípio deve ser entendido como aquele que determina que os atos da Administração sejam claros quanto à sua procedência. Por esse motivo, em regra, os atos devem ser publicados em diário oficial e, além disso, a Administração deve tornar o fato acessível (público). Tornar público é, além de publicar em diário oficial, apresentar os atos na Internet, pois esse meio hoje é o que deixa todas as informações acessíveis.

O Princípio da Publicidade apresenta dupla acepção em face do sistema constitucional vigente:

- Exigência de publicação em órgão oficial como requisito de eficácia dos atos administrativos que devam produzir efeitos externos e dos atos que impliquem ônus para o patrimônio público.

Essa regra não é absoluta, pois, em defesa da intimidade e também do Estado, alguns atos públicos não precisam ser publicados:

> ***Art. 5º, X, CF.*** *São invioláveis a intimidade, a vida privada, a honra e a imagem das pessoas, assegurado o direito a indenização pelo dano material ou moral decorrente de sua violação.*
>
> ***Art. 5º, XXXIII, CF.*** *Todos têm direito a receber dos órgãos públicos informações de seu interesse particular, ou de interesse coletivo ou geral, que serão prestadas no prazo da lei, sob pena de responsabilidade, ressalvadas aquelas cujo sigilo seja imprescindível à segurança da sociedade e do Estado.*

Sendo assim, o ato que tiver em seu conteúdo uma informação sigilosa ou relativa à intimidade da pessoa tem que resguardar o devido sigilo.

- Exigência de transparência da atuação administrativa:

> ***Art. 5º, XXXIII, CF.*** *Todos têm direito a receber dos órgãos públicos informações de seu interesse particular, ou de interesse coletivo ou geral, que serão prestadas no prazo da lei, sob pena de responsabilidade, ressalvadas aquelas cujo sigilo seja imprescindível à segurança da sociedade e do Estado.*

O Princípio da Publicidade orientou o poder legislativo nacional a editar a Lei nº 12.527/2011, que regulamenta o dispositivo do Art. 5º, XXXIII, da CF. Dispõe sobre o acesso à informação pública, sobre a informação sigilosa, sua classificação, bem como a informação pessoal, entre outras providências. Tal dispositivo merece ser lido, pois essa lei transpassa toda a essência do Princípio da Publicidade.

Podemos inclusive afirmar que esse princípio foi materializado em lei após a edição da Lei nº 12.527/2011. Veja a seguir a redação do Art. 3º dessa Lei:

> ***Art. 3º.*** *Os procedimentos previstos nesta Lei destinam-se a assegurar o direito fundamental de acesso à informação e devem ser executados em conformidade com os princípios básicos da administração pública e com as seguintes diretrizes:*
>
> ***I.*** *Observância da publicidade como preceito geral e do sigilo como exceção;*
>
> ***II.*** *Divulgação de informações de interesse público, independentemente de solicitações;*
>
> ***III.*** *Utilização de meios de comunicação viabilizados pela tecnologia da informação;*
>
> ***IV.*** *Fomento ao desenvolvimento da cultura de transparência na administração pública;*
>
> ***V.*** *Desenvolvimento do controle social da administração pública.*

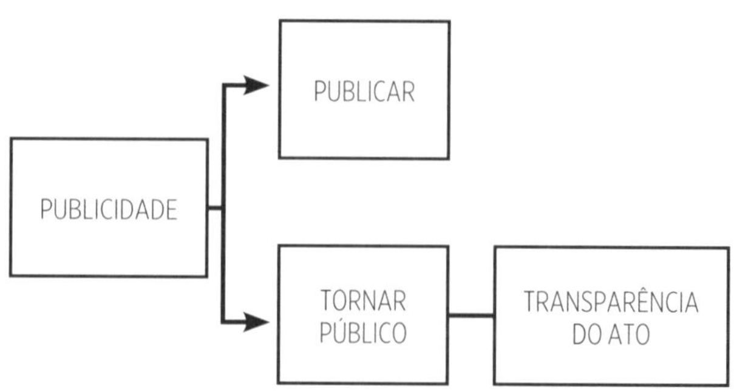

4.6 Princípio da Eficiência

O Princípio da Eficiência foi o último a ser inserido no bojo do texto constitucional (o Princípio da Eficiência foi incluído com a Emenda Constitucional nº 19/98), e apresenta dois aspectos principais:

- Relativamente à forma de atuação do agente público, espera-se o melhor desempenho possível de suas atribuições, a fim de obter os melhores resultados.
- Quanto ao modo de organizar, estruturar e disciplinar a Administração Pública, exigiu-se que esse seja o mais racional possível, no intuito de alcançar melhores resultados na prestação dos serviços públicos.

  Art. 37, § 8º, CF. *A autonomia gerencial, orçamentária e financeira dos órgãos e entidades da administração direta e indireta poderá ser ampliada mediante contrato, a ser firmado entre seus administradores e o poder público, que tenha por objeto a fixação de metas de desempenho para o órgão ou entidade, cabendo à lei dispor sobre.*

O Princípio da Eficiência orienta a atuação da administração pública de forma que essa busque o melhor custo benefício no exercício de suas atividades, ou seja, os serviços públicos devem ser prestados com adequação às necessidades da sociedade que o custeia.

A atuação da Administração Pública tem que ser eficiente, o que acarreta ao agente público o dever de agir com presteza, esforço, rapidez e rendimento funcional. O seu descumprimento poderá acarretar a perda do seu cargo por baixa produtividade apurada em procedimento da avaliação periódica de desempenho, tanto antes da aquisição da estabilidade, como também após.

4.7 Princípio da Supremacia do Interesse Público sobre o Privado

Esse princípio é também considerado o norteador do Direito Administrativo. Ele determina que o Estado, quando trabalhando com o interesse público, se sobrepõe ao particular. Devemos lembrar que esse princípio deve ser utilizado pelo administrador público de forma razoável e proporcional para que o ato não se transforme em arbitrário e, consequentemente, ilegal.

É o fundamento das prerrogativas do Estado, ou seja, da relação jurídica desigual ou vertical entre o Estado e o particular. A exemplo, temos o poder de império do Estado (também chamado de poder extroverso), que se manifesta por meio da imposição da lei ao administrado, admitindo até o uso da força coercitiva para o cumprimento da norma. Assim sendo, a administração pública pode criar obrigações, restringir ou condicionar os direitos dos administrados.

Limitações:

- Respeito aos demais princípios;
- Não está presente diretamente nos atos de gestão (Atos de gestão são praticados pela administração na qualidade de gestora de seus bens e serviços, sem exercício de supremacia sobre os particulares, assemelhando-se aos atos praticados pelas pessoas privadas. São exemplos de atos de gestão a alienação ou a aquisição de bens pela administração pública, o aluguel a um particular de um imóvel de propriedade de uma autarquia, entre outros).

Exemplos de Incidência:

- Intervenção na propriedade privada;
- Exercício do poder de polícia, limitando ou condicionando o exercício de direito em prol do interesse público;
- Presunção de legitimidade dos atos administrativos.

4.8 Princípio da Indisponibilidade do Interesse Público

Conforme dito anteriormente, o princípio da indisponibilidade do interesse público juntamente com o da supremacia do interesse público, formam os pilares do regime jurídico administrativo.

Esse princípio é o fundamento das **restrições** do Estado. Assim sendo, apesar de o Princípio da Supremacia do Interesse Público prever prerrogativas especiais para a Administração Pública em determinadas relações jurídicas com o administrado, tais poderes são ferramentas que a ordem jurídica confere ao agentes públicos para alcançar os objetivos do Estado. E o uso desses poderes, então, deve ser balizado pelo interesse público, o que impõe restrições legais a sua atuação, garantindo que a utilização do poder tenha por finalidade o interesse público e não o do administrador.

Sendo assim, é vedada a renúncia do exercício de competência pelo agente público, pois a atuação desse não é balizada por sua vontade pessoal, mas, sim, pelo interesse público, também chamado de interesse da lei. Os poderes conferidos aos agentes públicos têm a finalidade de auxiliá-los a atingir tal interesse. Com base nessa regra, concluímos que esses agentes não podem dispor do interesse público, por não ser o seu proprietário, e sim o povo. Ao agente público cabe a gestão da Administração Pública em prol da coletividade.

4.9 Princípios da Razoabilidade e Proporcionalidade

Os Princípios da Razoabilidade e da Proporcionalidade não se encontram expressos no texto constitucional. Esses são classificados como princípios gerais do Direito e são aplicáveis a vários ramos da ciência jurídica. São chamados de princípios da proibição de excesso do agente público.

A razoabilidade diz que toda atuação da Administração tem que seguir a teoria do homem médio, ou seja, as decisões devem ser tomadas segundo o critério da maioria das pessoas "racionais", sem exageros ou deturpações.

Razoabilidade: adequação entre meios e fins. O Princípio da Proporcionalidade diz que o agente público deve ser proporcional no uso da força para o cumprimento do bem público, ou seja, nas aplicações de penalidades pela Administração deve ser levada em conta sempre a gravidade da falta cometida.

Proporcionalidade: vedação de imposição de obrigações, restrições e sanções em medida superior àquela estritamente necessária ao interesse público.

Podemos dar como exemplo a atuação de um fiscal sanitário, que esteja vistoriando dois estabelecimentos e, em um deles, encontre um quilo de carne estragada e, no outro, encontre uma tonelada.

Na aplicação da penalidade, deve ser respeitada tanto a razoabilidade quanto a proporcionalidade, ou seja, aplica-se, no primeiro, uma penalidade pequena, uma multa, por exemplo, e, no segundo, uma penalidade grande, suspensão de 90 dias.

Veja que o administrador não pode fazer menos ou mais do que a lei determina, isso em obediência ao Princípio da Legalidade, senão cometerá abuso de poder.

4.10 Princípio da Autotutela

O Princípio da Autotutela propicia o controle da Administração Pública sob seus próprios atos em dois pontos específicos:

De legalidade: em que a Administração pode controlar seus próprios atos quando eivados de vício de ilegalidade, sendo provocado ou de ofício.

De mérito: a Administração Pública pode revogar seus atos por conveniência e oportunidade.

> ***Súmula 473 do STF**. A Administração pode anular seus próprios atos, quando eivados de vícios que os tornam ilegais, porque deles não se originam direitos; ou revogá-los, por motivo de conveniência ou oportunidade, respeitados os direitos adquiridos, e ressalvada, em todos os casos, a apreciação judicial.*

O Princípio da Autotutela não exclui a possibilidade de controle jurisdicional do ato administrativo previsto no Art. 5º, XXXV, da CF: a lei não excluirá da apreciação do Poder Judiciário lesão ou ameaça a direito.

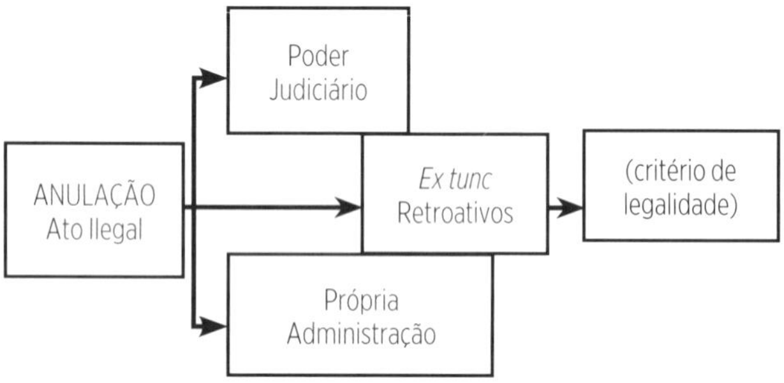

4.11 Princípio da Ampla Defesa

A ampla defesa determina que todos que sofrerem medidas de caráter de pena terão direito a se defender de todos os meios disponíveis legais em direito. Está previsto nos processos administrativos disciplinares:

> ***Art. 5º, LV, CF**. Aos litigantes, em processo judicial ou administrativo, e aos acusados em geral são assegurados o contraditório e ampla defesa, com os meios e recursos a ela inerentes;*

4.12 Princípio da Continuidade do Serviço Público

O Princípio da Continuidade do Serviço Público tem como escopo (objetivo) não prejudicar o atendimento dos serviços essenciais à população. Assim, evitam que esses sejam interrompidos.

O professor Celso Ribeiro Bastos[1] é um dos doutrinadores que defende a não interrupção do serviço público essencial: *O serviço público deve ser prestado de maneira contínua, o que significa dizer que não é passível de interrupção. Isso ocorre pela própria importância de que tal serviço se reveste, o que implica ser colocado à disposição do usuário com qualidade e regularidade, assim como com eficiência e oportunidade... Essa continuidade afigura-se em alguns casos de maneira absoluta, quer dizer, sem qualquer abrandamento, como ocorre com serviços que atendem necessidades permanentes, como é o caso de fornecimento de água, gás, eletricidade. Diante, pois, da recusa de um serviço público, ou do seu fornecimento, ou mesmo da cessação indevida desse, pode o usuário utilizar-se das ações judiciais cabíveis, até as de rito mais célere, como o mandado de segurança e a própria ação cominatória.*

Regra:

» Os serviços públicos devem ser adequados e ininterruptos.

Exceção:

» Aviso prévio;

» Situações de emergência.

Alcance:

> Todos os prestadores de serviços públicos;
> Administração Direta;
> Administração Indireta;
> Concessionárias, Autorizatárias e Permissionárias de serviços públicos.

Efeitos:

> Restrição de direitos das prestadoras de serviços públicos, bem como dos agentes envolvidos na prestação desses serviços, a exemplo do direito de greve.

Dessa forma, quem realiza o serviço público se submete a algumas restrições:

> Restrição ao direito de greve, Art. 37, VII CF/88;
> Suplência, delegação e substituição – casos de funções vagas temporariamente;
> Impossibilidade de alegar a exceção do contrato não cumprido, somente em casos em que se configure uma impossibilidade de realização das atividades;
> Possibilidade da encampação da concessão do serviço, retomada da administração do serviço público concedido no prazo na concessão, quando o serviço não é prestado de forma adequada.

O Código de Defesa do Consumidor, em seu Art. 22, assegura ao consumidor que os serviços essenciais devem ser contínuos, caso contrário, aos responsáveis, caberá indenização. O referido código não diz quais seriam esses serviços essenciais. Podemos usar, como analogia, o Art. 10 da Lei nº 7.783/89, que enumera os que seriam considerados fundamentais:

> ***Art. 10.** São considerados serviços ou atividades essenciais:*
>
> ***I.** Tratamento e abastecimento de água; produção e distribuição de energia elétrica, gás e combustíveis;*
>
> ***II.** Assistência médica e hospitalar;*
>
> ***III.** Distribuição e comercialização de medicamentos e alimentos;*
>
> ***IV.** Funerários;*
>
> ***V.** Transporte coletivo;*

1 Curso de direito administrativo, 2. ed. – São Paulo: Saraiva, 1996, p. 165.

VI. Captação e tratamento de esgoto e lixo;

VII. Telecomunicações;

VIII. Guarda, uso e controle de substâncias radioativas, equipamentos e materiais nucleares;

IX. Processamento de dados ligados a serviços essenciais;

X. Controle de tráfego aéreo;

XI. Compensação bancária.

4.13 Princípio da Segurança Jurídica

Esse princípio veda a aplicação retroativa da nova interpretação da norma.

Caso uma regra seja revogada ou alterada a sua redação ou interpretação, os atos praticados durante a vigência da norma antiga continuam valendo, pois tal princípio visa resguardar o direito adquirido, o ato jurídico perfeito e a coisa julgada.

Assim, temos que a nova interpretação da norma, via de regra, somente terá efeitos prospectivos, ou seja, da data em que for revogada para frente, não atingindo os atos praticados na vigência da norma antiga.

Questões

01. (Cespe) - Maria tomou posse recentemente no IPHAN e ficou responsável por desenvolver um projeto cujo objetivo era restaurar um acervo de pinturas pertencentes ao município do Rio de Janeiro e reformar uma área específica de um museu municipal, para a exposição das pinturas restauradas. Essas pinturas possuem grande valor histórico, artístico e cultural, consideradas peças de grande raridade pelo estilo e método de pintura utilizado. Essa restauração é uma tarefa que somente pode ser realizada por técnico especializado, e há no país somente uma profissional habilitada para o trabalho.

Em relação a essa situação hipotética, julgue o item a seguir.

Dado o princípio da legalidade, Maria, como funcionária do IPHAN responsável pelo projeto, só pode fazer o que lhe é permitido de forma expressa por legislação pertinente.

Certo ( ) Errado ( )

02. (Cespe) – Acerca da administração pública e de suas funções, julgue o item a seguir.

Em respeito ao princípio da publicidade, campanhas de órgãos públicos devem ser realizadas em caráter informativo, educativo ou de orientação social, não podendo nelas constar imagens que possam configurar promoção pessoal de autoridades ou de servidores públicos, sob pena de violação do princípio da impessoalidade.

Certo ( ) Errado ( )

03. (Cespe) – Com base em disposições normativas concernentes à administração pública, julgue o item a seguir.

De acordo com o princípio da presunção de legitimidade, as decisões administrativas das pessoas jurídicas de direito público são de execução imediata e têm a possibilidade de criar obrigações para o particular, independentemente de sua anuência.

Certo ( ) Errado ( )

04. (Cespe) – Com relação aos princípios aplicáveis à administração pública e ao enriquecimento ilícito por agente público, julgue o item a seguir.

Decorre do princípio de autotutela o poder da administração pública de rever os seus atos ilegais, independentemente de provocação.

Certo ( ) Errado ( )

05. (Cespe) - A respeito dos princípios da administração pública, de noções de organização administrativa e da administração direta e indireta, julgue o item que se segue.

Embora não estejam previstos expressamente na Constituição vigente, os princípios da indisponibilidade, da razoabilidade e da segurança jurídica devem orientar a atividade da administração pública.

Certo ( ) Errado ( )

Gabaritos

01	CERTO
02	ERRADO
03	CERTO
04	ERRADO
05	CERTO

5. AGENTES PÚBLICOS

Neste capítulo estudaremos a respeito dos agentes públicos, sua finalidade, seu papel na estrutura da administração pública, bem como as diversas classificações relativas ao tema.

5.1 Conceito

Considera-se agente público toda pessoa física que exerça, ainda que transitoriamente ou sem remuneração, por eleição, nomeação, designação, contratação ou qualquer outra forma de investidura ou vínculo, mandato, cargo, emprego ou função pública.

5.2 Classificação

- Agentes políticos.
- Agentes administrativos.
- Particulares em colaboração com o poder público.

Agentes Políticos

Estão nos mais altos escalões do Poder Público. São responsáveis pela elaboração das diretrizes governamentais e pelas funções de direção, orientação e supervisão geral da Administração Pública.

Características

- Sua competência é haurida da Constituição Federal.
- Não se sujeitam às regras comuns aplicáveis aos servidores públicos em geral.
- Normalmente são investidos em seus cargos por meio de eleição, nomeação ou designação.
- Não são hierarquizados, subordinando-se tão somente à Constituição Federal.

Exceção: auxiliares imediatos dos chefes do Executivo são, hierarquizados, pois se subordinam ao líder desse poder.

Ex.: Ministros de Estado; Secretários estaduais e municipais.

Poder	Federal	Estadual	Municipal
Executivo	Presidente da República; Ministros de Estados.	Governadores; Secretários Estaduais.	Prefeitos; Secretários Municipais.
Legislativo	Deputados Federais; Senadores.	Deputados Estaduais.	Vereadores
Judiciário	Membros do Poder Judiciário Federal.	Membros do Poder Judiciário Estadual.	Não há
Ministério Público	Membros do Ministério Público Federal.	Membros do Ministério Público Estadual.	Não há

Agentes Administrativos

São as pessoas que exercem atividade pública de natureza profissional, permanente e remunerada, estão sujeitos à hierarquia funcional e ao regime jurídico estabelecido pelo ente ao qual pertencem. O vínculo entre esses agentes e o ente ao qual estão ligados é um vínculo de natureza permanente.

Servidores Públicos (estrito): são os titulares de cargos públicos[1] (efetivos e comissionados), são vinculados ao seu cargo por meio de um estatuto estabelecido pelo ente contratante.

Empregados Públicos: são os ocupantes de Emprego Público[2]; são vinculados ao seu emprego por meio da CLT (Consolidação das Leis do Trabalho).

Temporários: são contratados por tempo determinado para atender necessidade temporária de excepcional interesse público. Exercem função pública temporária e remunerada, estão vinculados à administração pública por meio de um contrato de direito público e não de natureza trabalhista. O meio utilizado pelo Estado para selecionar os temporários é o processo seletivo simplificado e não o concurso público.

Algumas doutrinas dividem a classificação dos servidores públicos em sentido amplo e em estrito. Nesse último caso, servidor público é o que consta acima, ou seja, somente os titulares de cargos públicos; já em sentido amplo, adota-se a seguinte regra: servidor público é um gênero que comporta três espécies: os servidores estatutários, os empregados públicos e os servidores temporários. Então, caso se adote o conceito de servidor público em sentido amplo, este será sinônimo de agente administrativo.

Servidor Público (Amplo):

- Servidor Estatutário = servidor público (estrito)
- Empregado Público = empregado público
- Servidor Temporário = temporário

Particulares em Colaboração com o Poder Público

Agentes Honoríficos: são cidadãos que transitoriamente são requisitados ou designados para prestar certos serviços públicos específicos em razão da sua honra, da sua conduta cívica ou de sua notória capacidade profissional. Geralmente atuam sem remuneração. São os mesários, jurados, entre outros.

Agentes Delegados: são particulares que recebem a incumbência de exercer determinada atividade, obra ou serviço, por sua conta e risco e em nome próprio, sob permanente fiscalização do poder contratante, ou seja, são aquelas pessoas que recebem a incumbência de prestar certas atividades do Estado por meio da descentralização por delegação. São elas:

- Autorizatárias de serviços públicos;
- Concessionárias de serviços públicos;
- Permissionárias de serviços públicos.

Agentes Credenciados: são os particulares que recebem a incumbência de representar a administração em determinado ato ou praticar certa atividade específica, mediante remuneração do Poder Público credenciante.

1 Os cargos públicos estão presentes na Administração Direta da União, dos Estados, do DF e dos Municípios, e também nas suas autarquias e fundações públicas.
2 Os empregos públicos estão presentes nas empresas públicas e sociedades de economia mista.

Questões

01. (Cespe) – Acerca do direito administrativo, dos atos administrativos e dos agentes públicos, julgue o item a seguir.

Os empregados das empresas públicas submetem-se ao regime celetista e, por isso, estão fora do rol de agentes públicos.

Certo ( ) Errado ( )

02. (Cespe) – À luz das disposições constitucionais e doutrinárias a respeito de cargos e funções públicas, os cargos e as funções públicas são acessíveis a brasileiros e estrangeiros, na forma da lei.

Certo ( ) Errado ( )

03. (Cespe) – No que concerne aos agentes públicos, servidor público temporário não possui vínculo com a administração pública, mas exerce função relevante para ela.

Certo ( ) Errado ( )

04. (Cespe) – À luz das disposições constitucionais e doutrinárias a respeito de cargos e funções públicas, os cargos em comissão devem ser preenchidos por servidores ocupantes de cargo efetivo.

Certo ( ) Errado ( )

05. (Cespe) - À luz das disposições constitucionais e doutrinárias a respeito de cargos e funções públicas, função é o conjunto de atribuições exercidas pelo servidor, sem que lhe corresponda um cargo ou emprego público.

Certo ( ) Errado ( )

Gabaritos

01	ERRADO
02	CERTO
03	ERRADO
04	ERRADO
05	CERTO

6. ATO ADMINISTRATIVO

6.1 Conceito de Ato Administrativo

Ato administrativo é toda manifestação unilateral de vontade da Administração Pública que, agindo nessa qualidade, tenha por fim imediato adquirir, resguardar, transferir, modificar, extinguir e declarar direitos, ou impor obrigações aos administrados ou a si própria.

Da prática dos atos administrativos gera-se:

> **Superioridade**

> **Efeitos jurídicos**

6.2 Elementos de Validade do Ato

Competência

Poderes que a lei confere aos agentes públicos para exercer funções com o mínimo de eficácia. A competência tem caráter instrumental, ou seja, é um instrumento outorgado para satisfazer interesses públicos – finalidade pública.

Características da competência:

> Obrigatoriedade: ela é obrigatória para todos os agentes e órgãos públicos.

> Irrenunciabilidade: a competência é um poder-dever de agir e não pode ser renunciada pelo detentor do poder-dever. Contudo, tem caráter relativo uma vez que a competência pode ser delegada ou pode ocorrer a avocação.

> Intransferível: mesmo após a delegação, a competência pode ser retomada a qualquer tempo pelo titular do poder-dever, por meio da figura da revogação.

> Imodificável: pela vontade do agente, pois somente a lei determina competências.

> Imprescritível: a competência pode ser executada a qualquer tempo. Somente a lei pode exercer a função de determinar prazos prescricionais. **Ex.:** *o Art. 54 da Lei nº 9.784/99 determina o prazo decadência de cinco anos para anular atos benéficos para o administrado de boa-fé.*

Finalidade

Visa sempre ao interesse público e à finalidade específica prevista em lei. **Ex.:** *remoção de ofício.*

A Lei nº 9.784/99, que trata dos processos administrativos no âmbito da União, reza pelo Princípio do Informalismo, admitindo que existam atos verbais ou por meio de sinais (de acordo com o contexto).

Forma

O ato administrativo é, em regra, formal e escrito.

Motivo

O motivo é a causa imediata do ato administrativo. É a situação de fato e de direito que determina ou autoriza a prática do ato, ou, em outras palavras, o pressuposto fático e jurídico (ou normativo) que enseja a prática do ato.

Art. 40, § 1º, II, "a", CF. Trata da aposentadoria por tempo de contribuição.

Objeto

É o ato em si, ou seja, no caso da remoção o ato administrativo é o próprio instituto da remoção.

Exemplo dos elementos em um ato administrativo:

Demissão: quanto ao ato de demissão deve ter o agente competente para determiná-lo (competência), depois disso, deve ser revertido de forma escrita (forma), a finalidade deve ser o interesse público (finalidade), o motivo deve ser embasado em lei, ou seja, os casos do Art. 132 da Lei nº 8.112/90, o objeto é o próprio instituto da demissão que está prescrito em lei.

6.3 Motivação

É a exteriorização por escrito dos motivos que levaram a produção do ato.

> Faz parte do elemento forma e não do motivo.

> Teoria dos Motivos Determinantes.

A motivação é elemento de controle de validade dos atos administrativos. Se ela for falsa, o ato é ilegal, independentemente da sua qualidade (discricionário ou vinculado).

Devem ser motivados:

> Todos os atos administrativos vinculados;

> Alguns atos administrativos discricionários (atos punitivos, que geram despesas, dentre outros).

A Lei nº 9.784/99, em seu Art. 50, traz um rol dos atos que devem ser motivados. Veja a seguir:

> ***Art. 50.*** *Os atos administrativos deverão ser motivados, com indicação dos fatos e dos fundamentos jurídicos, quando:*
>
> ***I.*** *Neguem, limitem ou afetem direitos ou interesses;*
>
> ***II.*** *Imponham ou agravem deveres, encargos ou sanções;*
>
> ***III.*** *Decidam processos administrativos de concurso ou seleção pública;*
>
> ***IV.*** *Dispensem ou declarem a inexigibilidade de processo licitatório;*
>
> ***V.*** *Decidam recursos administrativos;*
>
> ***VI.*** *Decorram de reexame de ofício;*
>
> ***VII.*** *Deixem de aplicar jurisprudência firmada sobre a questão ou discrepem de pareceres, laudos, propostas e relatórios oficiais;*
>
> ***VIII.*** *Importem anulação, revogação, suspensão ou convalidação de ato administrativo.*
>
> ***§ 1º*** *- A motivação deve ser explícita, clara e congruente, podendo consistir em declaração de concordância com fundamentos de anteriores pareceres, informações, decisões ou propostas, que, nesse caso, serão parte integrante do ato.*
>
> ***§ 2º*** *- Na solução de vários assuntos da mesma natureza, pode ser utilizado meio mecânico que reproduza os fundamentos das decisões, desde que não prejudique direito ou garantia dos interessados.*
>
> ***§ 3º*** *- A motivação das decisões de órgãos colegiados e comissões ou de decisões orais constará da respectiva ata ou de termo escrito.*

6.4 Atributos do Ato

Qualidades especiais dos atos administrativos que lhes asseguram uma qualidade jurídica superior a dos atos de direito privado.

Presunção de Legitimidade e Veracidade

Presume-se, em caráter relativo, que os atos da administração foram produzidos em conformidade com a lei e os fatos deles. Para os administrados são obrigatórios. Ocorre aqui, a inversão do ônus da prova (cabe ao administrado provar que o ato é vicioso).

Consequências

Imediata executoriedade do ato administrativo, mesmo impugnado pelo administrado. Até decisão que reconhece o vício ou susta os efeitos do ato.

Impossibilidade de o Poder Judiciário analisar, de ofício, elementos de validade do ato não expressamente impugnados pelo administrado.

Imperatividade

Imperativo, ou seja, é impositivo e independe da anuência do administrado.

Exceção

Atos Negociais: a Administração concorda com uma pretensão do Administrado ou reconhece que ela satisfaz os requisitos para o exercício de certo direito (autorização e permissão - discricionário; licença - vinculado).

> Relacionado ao poder extroverso do Estado (expressão italiana do autor Renato Aless), esse poder é usado como sinônimo para imperatividade nas provas de concurso.

Atos Enunciativos: declaram um fato ou emitem uma opinião sem que tal manifestação produza por si só efeitos jurídicos.

Autoexecutoriedade

O ato administrativo, uma vez produzido pela Administração, é passível de execução imediata, independentemente de manifestação do Poder Judiciário.

Para Hely Lopes Meirelles, deve haver previsão legal, a exceção existe em casos de emergência. Esse atributo incide em todos os atos, com exceção dos enunciativos e negociais. A administração não goza de autoexecutoriedade na cobrança de débito, quando o administrado resiste ao pagamento.

Tipicidade

O ato deve observar a forma e o tipo previsto em lei para sua produção.

6.5 Classificação dos Atos Administrativos

Atos Vinculados: são os que a Administração pratica sem margem alguma de liberdade de decisão, pois a lei previamente determinou o único comportamento possível a ser obrigatoriamente adotado sempre que se configure a situação objetiva descrita na lei. Não cabe ao agente público apreciar a situação objetiva descrita nela.

Atos Discricionários: a Administração pode praticar, com certa liberdade de escolha, nos termos e limites da lei, quanto ao seu conteúdo, seu modo de realização, sua oportunidade e sua conveniência administrativa.

Atos Gerais: caracterizam-se por não possuir destinatários determinados. Os Atos Gerais são sempre determinados e prevalecem sobre os individuais. Podem ser revogados a qualquer tempo. Ex.: são os decretos regulamentares. Esses atos necessitam ser publicados em meio oficial.

Atos Individuais: são aqueles que possuem destinatários certos (determinados), produzindo diretamente efeitos concretos, constituindo ou declarando situação jurídicas subjetivas. **Ex.:** nomeação em concurso público e exoneração. Os atos podem ser discricionários ou vinculados e sua revogação somente é passível caso não tenha gerado direito adquirido.

Atos Simples: decorrem de uma única manifestação de vontade, de um único órgão.

Atos Complexos: necessitam, para formação de seu conteúdo, da manifestação de vontade de dois ou mais órgãos.

Atos Compostos: o seu conteúdo depende de manifestação de vontade de um único órgão, contudo, para funcionar, necessita de outro ato que o aprove.

Diferenças entre ato complexo e ato composto:

Ato Complexo	Ato Composto
1 ato	2 atos
2 vontades	2 vontades
2 ou + órgãos	1 órgão com a aprovação de outro

6.6 Espécies de Atos Administrativos

> **N**ormativo;
> **O**rdinatórios;
> **N**egociais;
> **E**nunciativos;
> **P**unitivos.

Atos Normativos

São atos caracterizados pela generalidade e pela abstração, isto é, um ato normativo não é prescrito para uma situação determinada, mas para todos os eventos assemelhados; a abstração deriva do fato desse ato não representar um caso concreto, determinado, mas, sim, um caso abstrato, descrito na norma e possível de acontecer no mundo real. A regra abstrata deve ser aplicada no caso concreto.

Finalidade: regulamentar as leis e uniformizar procedimentos administrativos.

Características:

> Não possuem destinatários determinados;
> Correspondem aos atos gerais;

> Não pode inovar o ordenamento jurídico;
> Controle.

Regra: os atos administrativos normativos não podem ser atacados mediante recursos administrativos ou judiciais.

Exceção: atos normativos que gerarem efeitos concretos para determinado destinatário podem ser impugnados pelo administrado na via judicial ou administrativa.

Decretos regulamentares, instruções normativas, atos declaratórios normativos.

Atos Ordinatórios

São atos administrativos endereçados aos servidores públicos em geral.

Finalidade: divulgar determinações aplicáveis ao adequado desempenho de suas funções.

Características:

> Atos internos;
> Decorrem do exercício do poder hierárquico;
> Vinculam os servidores subordinados ao órgão que o expediu;
> Não atingem os administrados;
> Estão hierarquicamente abaixo dos atos normativos;
> Devem obediência aos atos normativos que tratem da mesma matéria relacionada ao ato ordinatório.

Exs.: Instruções, circulares internas, portarias, ordens de serviço.

Atos Negociais

São atos administrativos editados quando o ordenamento jurídico exige que o particular obtenha anuência prévia da Administração para realizar determinada atividade de interesse dele ou exercer determinado direito.

Finalidade: satisfação do interesse público, ainda que essa possa coincidir com o interesse do particular que requereu o ato.

Características:

> Os atos negociais não são imperativos, coercitivos e autoexecutórios;
> Os atos negociais não podem ser confundidos com contratos, pois, nesses existe manifestação de vontade bilateral e, nos atos negociais, nós temos uma manifestação de vontade unilateral da Administração Pública, que é provocada mediante requerimento do particular;
> Podem ser vinculados, discricionários, definitivos e precários.

Atos Negociais Vinculados: reconhecem um direito subjetivo do particular, mediante um requerimento, desse particular, comprovando preencher os requisitos que a lei exige para a anuência do direito, a Administração obrigatoriamente deve praticar o ato.

Atos Negociais Discricionários: não reconhecem um direito subjetivo do particular, pois, mesmo que esse atenda às exigências necessárias para a obtenção do ato, a Administração poderá não praticá-lo, decidindo se executa ou não o ato por juízo de conveniência e oportunidade.

Atos negociais definitivos: não comportam revogação, são atos vinculados, mas podem ser anulados ou cassados. Sendo assim, esses atos geram, ao particular, apenas uma expectativa de definitividade.

Atos negociais precários: podem ser revogados a qualquer tempo, são atos discricionários; via de regra, a revogação do ato negocial não gera direito de indenização ao particular.

Espécies de Atos Negociais

Licença: fundamenta-se no poder de polícia da Administração. É ato vinculado e definitivo, pois reconhece um direito subjetivo do particular, mediante um requerimento desse, comprovando preencher os requisitos que a lei exige. Para a anuência do direito, a Administração, obrigatoriamente, deve praticar o ato. A licença não comporta revogação, mas ela pode ser anulada ou cassada, sendo assim, esses atos geram, ao particular, apenas uma expectativa de definitividade.

Ex.: Alvará para a realização de uma obra, alvará para o funcionamento de um estabelecimento comercial, licença para dirigir, licença para exercer uma profissão.

Admissão: é o ato unilateral e vinculado pelo qual a Administração faculta a alguém a inclusão em estabelecimento governamental para o gozo de um serviço público. O ato de admissão não pode ser negado aos que preencham as condições normativas requeridas.

Ex.: Ingresso em estabelecimento oficial de ensino na qualidade de aluno; o desfrute dos serviços de uma biblioteca pública como inscrito entre seus usuários.

Aprovação: é o ato unilateral e discricionário pelo qual a Administração faculta a prática de ato jurídico (aprovação prévia) ou manifesta sua concordância com ato jurídico já praticado (aprovação a posteriori).

Homologação: é o ato unilateral e vinculado de controle pelo qual a Administração concorda com um ato jurídico ou série de atos (procedimento) já praticados, verificando a consonância deles com os requisitos legais condicionadores de sua válida emissão.

Autorização: na maior parte das vezes em que é praticado, fundamenta-se no poder de polícia do Estado quando a lei exige a autorização como condicionante para prática de uma determinada atividade privada ou para o uso de bem público. Todavia, a autorização também pode representar uma forma de descentralizar, por delegação, serviços públicos para o particular.

A autorização é caracterizada por uma predominância do interesse do particular que solicita o ato, todavia, também existe interesse público na prática desse ato.

É um ato discricionário, pois não reconhece um direito subjetivo do particular; mesmo que esse atenda às exigências necessárias para a obtenção do ato, a Administração poderá não praticá-lo, decidindo se desempenha ou não o ato por juízo de conveniência e oportunidade.

É um ato precário, pois pode ser revogado a qualquer tempo. Via de regra, a revogação da autorização não gera direito de indenização ao particular, mas, caso a autorização tenha sido concedida por prazo certo, pode haver o direito de indenização para o particular.

Prazo: a autorização é concedida sem prazo determinado, todavia, pode havê-la outorgada por prazo certo.

Exs.:

Atividades potencialmente perigosas e que podem colocar em risco a coletividade, por isso, a necessidade de regulação do Estado;

Autorização para porte de arma de fogo;

Autorização para a prestação de serviços privados de educação e saúde;

Autorização de uso de bem público;

Autorização de serviço público: prestação de serviço de táxi.

Permissão: é o ato administrativo discricionário e precário, pelo qual a Administração Pública consente ao particular o exercício de uma atividade de interesse predominantemente da coletividade.

Características:

> Pode ser concedida por prazo certo;
> Pode ser imposta condições ao particular.

A Permissão é um ato precário, pois pode ser revogada a qualquer tempo. Via de regra, a revogação da permissão não gera direito de indenização ao particular, mas, caso a autorização tenha sido concedida por prazo certo ou sob condições, pode haver o direito de indenização para o particular.

A permissão concedida ao particular, por meio de um ato administrativo, não se confunde com a permissão para a prestação de serviços públicos. Nesse último caso, representa uma espécie de descentralização por delegação realizada por meio de contrato.

Ex.: Permissão de uso de bem público.

Atos Enunciativos

São atos administrativos enunciativos aqueles que têm por finalidade declarar um juízo de valor, uma opinião ou um fato.

Características:

> Não produzem efeitos jurídicos por si só;
> Não contêm uma manifestação de vontade da administração.

Certidão, atestado, parecer e apostila.

Certidão: é uma cópia de informações registradas em banco de dados da Administração. Geralmente, é concedida ao particular mediante requerimento da informação registrada pela Administração.

Atestado: declara uma situação de que a Administração tomou conhecimento em virtude da atuação de seus agentes. O atestado não se assemelha à certidão, pois essa declara uma informação constante em banco de dados e aquele declara um fato que não corresponde a um registro de um arquivo da Administração.

Parecer: é um documento técnico, confeccionado por órgão especializado na respectiva matéria tema do parecer, em que o órgão emite sua opinião relativa ao assunto.

Apostila: apostilar significa corrigir, emendar, complementar um documento. É o aditamento de um contrato administrativo ou de um ato administrativo. É um ato de natureza aditiva, pois sua finalidade é adicionar informações a um registro já existente.

Ex.: Anotar alterações na situação funcional de um servidor.

Atos Punitivos

São os atos administrativos por meio dos quais a Administração Pública impõe sanções a seus servidores ou aos administrados.

Fundamento

> **Poder Disciplinar:** quando o ato punitivo atinge servidores públicos e particulares ligados à Administração por algum vínculo jurídico específico.
> **Poder de Polícia:** quando o ato punitivo atinge a particulares não ligados à Administração Pública por um vínculo jurídico específico.

Os atos punitivos podem ser internos e externos:

> **Atos Punitivos Internos:** têm como destinatários os servidores públicos e aplicam penalidades disciplinares, ou seja, os atos punitivos internos decorrem sempre do poder disciplinar.
> **Atos Punitivos Externos**: têm como destinatários os particulares. Podem ter fundamento decorrente do poder disciplinar, quando punem particulares sujeitos à disciplina administrativa, ou podem ter fundamento no poder de polícia, quando punem particulares não ligados à Administração Pública.

Todo ato punitivo interno decorre do poder disciplinar, mas nem todo ato que decorre do poder punitivo que surge do poder disciplinar é um ato punitivo interno, pois, quando a Administração aplica punição aos particulares ligados a administração, essa punição decorre do poder disciplinar, mas também representa um ato punitivo externo.

Todo ato punitivo decorrente do poder de polícia é um ato punitivo externo, pois, nesse caso, temos a Administração punindo sempre o particular.

6.7 Extinção dos Atos Administrativos

Anulação ou Controle de Legalidade

É o desfazimento do ato administrativo que decorre de vício de legalidade ou de legitimidade na prática do ato.

Cabimento

> Ato discricionário;
> Ato vinculado.

Competência para Anular

> Entidade da Administração Pública que praticou o ato: pode anular o ato a pedido do interessado ou de ofício em razão do princípio da autotutela.
> Poder Judiciário: pode anular somente por provocação do interessado.

Efeitos da Anulação: *Ex tunc*, retroagem desde a data da prática do ato, impugnando a validade do ato.

Prazo: 5 (cinco) anos

> Contagem;

> Prática do ato.

No caso de efeitos patrimoniais contínuos, a partir do primeiro pagamento.

Revogação ou Controle de Mérito

É o desfazimento do ato administrativo por motivos de conveniência e oportunidade.

Cabimento

> Ato discricionário legal, inconveniente e inoportuno;

> Não é cabível a revogação de ato vinculado.

Competência para Revogar

Apenas a entidade da Administração Pública que praticou o ato.

Não pode o controle de mérito ser feito pelo Poder Judiciário na sua função típica de julgar. Todavia, a Administração Pública está presente nos três poderes da União e, caso uma entidade dos Poderes Judiciário, Legislativo ou Executivo pratique um ato discricionário legal, que com o passar do tempo, se mostre inconveniente e inoportuno, somente a entidade que criou o ato tem competência para revogá-lo.

Assim, o poder judiciário não tem competência para exercer o controle de mérito dos atos da Administração Pública, mas a essa do Poder Judiciário pratica atos administrativos e cabe somente a ela a revogação dos atos praticados por ela mesma.

Efeitos da Revogação: *Ex nunc*, não retroagem, ou seja, a revogação gera efeitos prospectivos, para frente.

Cassação

É o desfazimento do ato administrativo decorrente do descumprimento dos requisitos que permitem a manutenção do ato. Na maioria das vezes, a cassação representa uma sanção aplicada ao particular que deixou de atender às condições exigidas para a manutenção do ato.

Como exemplo, temos a cassação da carteira de motorista, que nada mais é do que a cassação de um ato administrativo classificado como licença. A cassação da licença para dirigir decorre da prática de infrações de trânsito praticadas pelo particular, sendo assim, nesse caso, essa cassação é uma punição.

6.8 Convalidação

Convalidação é a correção com efeitos retroativos do ato administrativo com defeito sanável, o qual pode ser considerado:

Vício de Competência Relativo à Pessoa

Exceção: competência exclusiva (não cabe convalidação).

O vício de competência relativo à matéria não é considerado um defeito sanável e também não cabe convalidação.

Vício de Forma

Exceção: a lei determina que a forma seja elemento essencial de validade de determinado ato (também não cabe convalidação).

Convalidação Tácita

O Art. 54 da Lei nº 9.784/99 prevê que a Administração tem o direito de anular os atos administrativos de que decorram efeitos favoráveis para os destinatários. O prazo é de cinco anos, contados da data em que forem praticados, salvo comprovada má-fé. Transcorrido esse prazo, o ato foi convalidado, pois não pode ser mais anulado pela Administração.

Convalidação Expressa

> ***Art. 55, Lei nº 9.784/99.*** *Em decisão na qual se evidencie não acarretarem lesão ao interesse público nem prejuízo a terceiros, os atos que apresentarem defeitos sanáveis poderão ser convalidados pela própria Administração.*

Questões

01. (Cespe) - Com relação ao processo administrativo federal, julgue o item que se segue.

A administração pública deve anular seus próprios atos quando eivados de vício de legalidade, respeitados os direitos adquiridos.

Certo ( ) Errado ( )

02. (Cespe) – A respeito da extinção de atos administrativos, julgue o próximo item.

Tanto a anulação como a revogação retiram do mundo jurídico atos com defeitos e produzem efeitos prospectivos.

Certo ( ) Errado ( )

03. (Cespe) – A respeito da extinção de atos administrativos, julgue o próximo item.

A cassação de um ato administrativo corresponde a extingui-lo por descumprimento dos requisitos estabelecidos para a sua execução.

Certo ( ) Errado ( )

04. (Cespe) – Julgue o item, a respeito da administração pública direta e indireta.

Pode a administração pública anular atos administrativos caso estejam eles marcados por vício ou, ainda, revogá-los conforme juízo de oportunidade e conveniência.

Certo ( ) Errado ( )

05. (Cespe) - Pedro, após ter sido investido em cargo público de determinado órgão sem a necessária aprovação em concurso público, praticou inúmeros atos administrativos internos e externos.

Tendo como referência essa situação hipotética, julgue o item que se segue.

Atos administrativos externos praticados por Pedro em atendimento a terceiros de boa-fé têm validade, devendo ser convalidados para evitar prejuízos.

Certo ( ) Errado ( )

Gabaritos

01	CERTO
02	ERRADO
03	CERTO
04	CERTO
05	CERTO

7. PODERES E DEVERES ADMINISTRATIVOS

Para um desempenho adequado do papel que compete à administração pública, o ordenamento jurídico confere a ela poderes e deveres especiais. Nesse capítulo, conheceremos seus deveres e poderes de modo a diferenciar a aplicabilidade de um ou de outro poder ou dever na análise de casos concretos, bem como apresentado nas questões de concurso público.

7.1 Deveres

Os deveres da administração pública são um conjunto de obrigações de direito público que a ordem jurídica confere aos agentes públicos com o objetivo de permitir que o Estado alcance seus fins.

O fundamento desses deveres é o Princípio da Indisponibilidade do Interesse Público, pois, como a administração pública é uma ferramenta do Estado para alcançar seus objetivos, não é permitido ao agente público usar dos seus poderes para satisfazer interesses pessoais ou de terceiros. Com base nessa regra, concluímos que esses agentes não podem dispor do interesse público, por não ser o seu proprietário, e sim o povo. A ele cabe a gestão da administração pública em prol da coletividade.

A doutrina, de um modo geral, enumera, como alguns dos principais deveres impostos aos agentes administrativos pelo ordenamento jurídico, quatro obrigações administrativas, a saber:

> Poder-Dever de Agir;
> Dever de Eficiência;
> Dever de Probidade;
> Dever de Prestar Contas.

Poder-Dever de Agir

O poder-dever de agir determina que toda a Administração Pública tem que agir em caso de determinação legal. Contudo, essa é temperada, uma vez que o administrador precisa ter possibilidade real de atuar.

***Art. 37**, § 6º, CF. Policiais em serviço que presenciam um cidadão ser assaltado e morto e nada fazem. Nessa situação, além do dever imposto por lei, havia a possibilidade de agir. Nesse caso concreto, gera-se a possibilidade de indenização por parte do Estado, com base na responsabilidade civil do Estado.*

Enquanto no direito privado agir é uma faculdade do administrador, no direito público, agir é um dever legal do agente público.

Em decorrência dessa regra temos que os **poderes** administrativos são **irrenunciáveis**, devendo ser **obrigatoriamente exercidos** por seus titulares nas situações cabíveis.

A inércia do agente público acarreta responsabilização a ela por abuso de poder na modalidade omissão. A Administração Pública também responderá pelos danos patrimoniais ou morais decorrentes da omissão na esfera cível.

Dever de Eficiência

A Constituição implementou o dever de eficiência com a introdução da Emenda Constitucional nº 19 de 1998, a chamada reforma administrativa. Esse novo modelo instituiu a denominada "administração gerencial", tendo vários exemplos dispostos no corpo do texto constitucional, como:

> Possibilidade de perda do cargo de servidor estável em razão de insuficiência de desempenho (Art. 41, § 1º, III);
> O estabelecimento como condição para o ganho da estabilidade de avaliação de desempenho (Art. 41, § 4º);
> A possibilidade da celebração de contratos de gestão (Art. 37, § 8º);
> A exigência de participação do servidor público em cursos de aperfeiçoamento profissional como um dos requisitos para a promoção na carreira (Art. 39, § 2º).

Dever de Probidade

O dever de probidade determina que todo administrador público, no desempenho de suas atividades, atue sempre com ética, honestidade e boa-fé, em consonância com o Princípio da Moralidade Administrativa.

***Art. 37, § 4º, CF.** Os atos de improbidade administrativa importarão a suspensão dos direitos políticos, a perda da função pública, a indisponibilidade dos bens e o ressarcimento ao erário, na forma e gradação previstas em lei, sem prejuízo da ação penal cabível.*

Efeitos:

> A suspensão dos direitos políticos;
> Perda da função pública;
> Ressarcimento ao erário;
> Indisponibilidade dos bens.

Dever de Prestar Contas

O dever de prestar contas decorre diretamente do Princípio da Indisponibilidade do Interesse Público, sendo pertinente à função do agente público, que é simples gestão da coisa pública.

***Art.70, Parágrafo único, CF.** Prestará contas qualquer pessoa física ou jurídica, pública ou privada, que utilize, arrecade, guarde, gerencie ou administre dinheiros, bens e valores públicos ou pelos quais a União responda, ou que, em nome dessa, assuma obrigaçoes de natureza pecuniária.*

7.2 Poderes Administrativos

São mecanismos que, utilizados isoladamente ou em conjunto, permitem que a administração pública possa cumprir suas finalidades. Dessa forma, os poderes administrativos representam um conjunto de prerrogativas de direito Público que a ordem jurídica confere aos agentes administrativos para o fim de permitir que o Estado alcance os seus fins, assim leciona o professor José dos Santos Carvalho Filho.

O fundamento desses poderes é o princípio da supremacia do interesse público, pois, como a administração pública é uma ferramenta do Estado para alcançar seus objetivos, e tais objetivos são de interesse de toda coletividade, é necessário que o Estado possa ter prerrogativas especiais na busca de seus objetivos. Como exemplo, podemos citar a aplicação de uma multa de trânsito. Imagine que a lei fale que ultrapassar o sinal vermelho é errado, mas que o Estado não tenha o poder de aplicar a multa. De nada vale a previsão da infração na lei.

São Poderes Administrativos descritos pela doutrina pátria:

- Poder Vinculado;
- Poder Discricionário;
- Poder Hierárquico;
- Poder Disciplinar;
- Poder Regulamentar;
- Poder de Polícia.

Poder Vinculado

O poder vinculado determina que o administrador somente pode fazer o que a lei determina; aqui não se gera poder de escolha, ou seja, está o administrador preso (vinculado) aos ditames da lei.

O agente público não pode fazer considerações de conveniência e oportunidade. Caso descumpra a única hipótese prevista na lei para orientar a sua conduta, praticará um ato ilegal, sendo assim, deve o ato ser anulado.

Poder Discricionário

O poder discricionário gera a margem de escolha, que é a conveniência e a oportunidade, o mérito administrativo. Diz-se que o agente público pode agir com liberdade de escolha, mas sempre respeitando os parâmetros da lei.

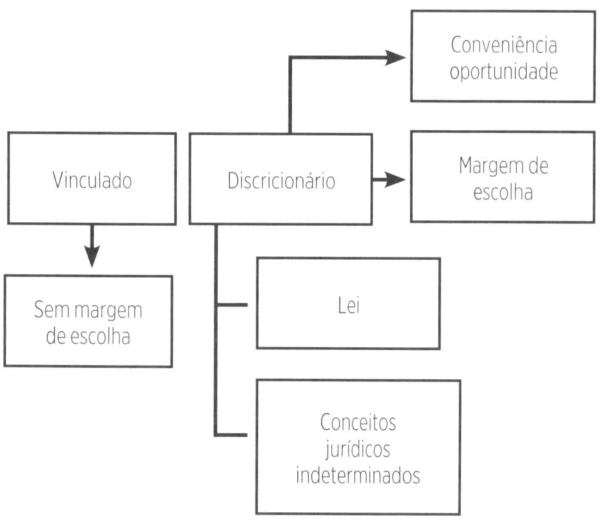

Duas são as vertentes que autorizam o poder discricionário: a lei e os conceitos jurídicos indeterminados. Esses últimos são determinações da própria lei, por exemplo: quando a Lei prevê a boa-fé, quem decide se o administrado está de boa ou má-fé é o agente público, sempre sendo razoável e proporcional.

Poder Hierárquico

Manifesta a noção de um escalonamento vertical da Administração Pública, já que temos a subordinação entre órgãos e agentes, sempre no âmbito de uma mesma pessoa jurídica.

Observação

Não há subordinação nem hierarquia:

- Entre pessoas distintas;
- Entre os poderes da república;
- Entre a administração e o administrado.

Prerrogativas

Dar ordens: cabe ao subordinado o dever de obediência, salvo nos casos de ordens manifestamente ilegais.

Fiscalizar a atuação dos subordinados.

Revisar os atos dos subordinados e, nessa atribuição:

- Manter os atos vinculados legais e os atos discricionários legais convenientes e oportunos.
- Convalidar os atos com defeitos sanáveis.
- Anular os atos ilegais.
- Revogar os atos discricionários legais inconvenientes e inoportunos.

A caraterística marcante é o grau de subordinação entre órgãos e agentes, sempre dentro da estrutura da mesma pessoa jurídica. O controle hierárquico permite que o superior aprecie todos os aspectos dos atos de seus subordinados (quanto à legalidade e quanto ao mérito administrativo) e pode ocorrer de ofício ou a pedido, quando for interesse de terceiros, por meio de recurso hierárquico.

Aplicar sanções aos servidores que praticarem infrações funcionais.

Delegar Competência

Delegação é o ato discricionário, revogável a qualquer tempo, mediante o qual o superior hierárquico confere o exercício temporário de algumas de suas atribuições, originariamente pertencentes ao seu cargo, a um subordinado.

É importante alertar que, excepcionalmente, a lei admite a delegação para outro órgão que não seja hierarquicamente subordinado ao delegante, conforme podemos constatar da redação do Art. 12 da Lei nº 9.784/99:

> ***Art. 12.*** *Um órgão administrativo e seu titular poderão, se não houver impedimento legal, delegar parte da sua competência a outros órgãos ou titulares, ainda que estes não lhe sejam hierarquicamente subordinados, quando for conveniente, em razão de circunstâncias de índole técnica, social, econômica, jurídica ou territorial.*

Características da Delegação

Não podem ser delegados

- Edição de atos de caráter normativo;
- A decisão de recursos administrativos;
- As matérias de competência exclusiva do órgão ou autoridade.

Consequências

- Não acarreta renúncia de competências;
- Transfere o exercício da atribuição e não a titularidade, pois pode ser revogada a delegação a qualquer tempo pela autoridade delegante;
- O ato de delegação e sua revogação deverão ser publicados em meio oficial.

Avocação Competência

Avocar é o ato discricionário mediante o qual o superior hierárquico traz para si o exercício temporário de determinada competência, atribuída por lei a um subordinado.

Cabimento: é uma medida excepcional e deve ser fundamentada.

Restrições: não podem ser avocadas competências exclusivas do subordinado.

Consequências: desonera o agente de qualquer responsabilidade relativa ao ato praticado pelo superior hierárquico.

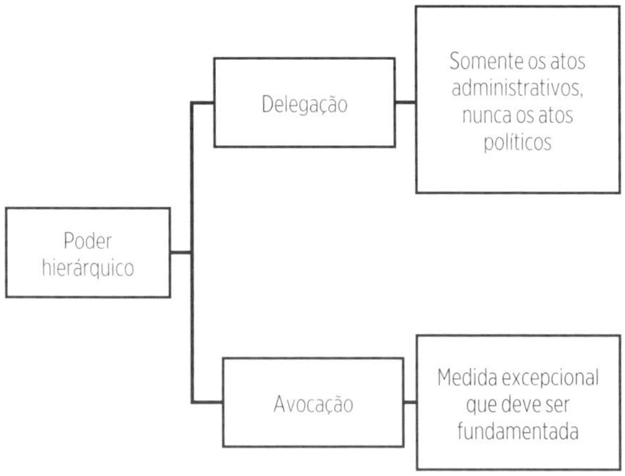

> Segundo a Lei nº 9.784/99, que trata do processo administrativo federal:
>
> Art. 13. Não podem ser objeto de delegação:
>
> I. a edição de atos de caráter normativo;
>
> II. a decisão de recursos administrativos;
>
> III. as matérias de competência exclusiva do órgão ou autoridade.

Poder Disciplinar

O poder disciplinar é uma espécie de poder-dever de agir da Administração Pública. Dessa forma, o administrador público atua de forma a punir internamente as infrações cometidas por seus agentes e, em exceção, atua de forma a, punir particulares que mantenham um vínculo jurídico específico com a Administração.

O poder disciplinar não pode ser confundido com o *jus puniendi* do Estado, ou seja, com o poder do Estado de aplicar a lei penal a quem comete uma infração penal.

Em regra, o poder disciplinar é discricionário, algumas vezes, é vinculado. Essa discricionariedade se encontra na escolha da quantidade de sanção a ser aplicada dentro das hipóteses previstas na lei, e não na faculdade de punir ou não o infrator, pois puni-lo é um dever, sendo assim, a punição não é discricionária, quantidade de punição que em regra é. Porém, é importante lembrar que, quando a lei apontar precisamente a penalidade ou a quantidade dela que deve ser aplicada para determinada infração, o poder disciplinar será vinculado.

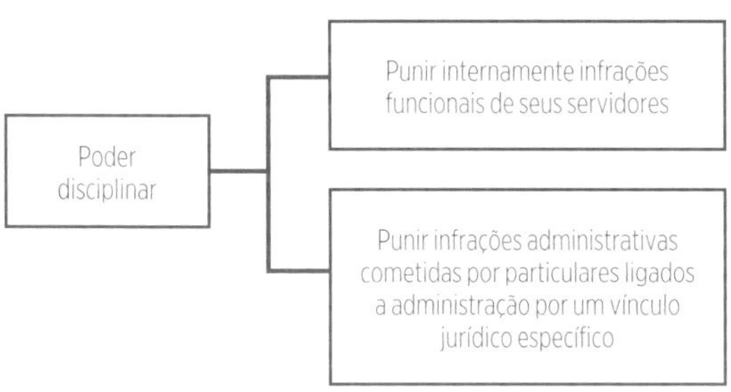

Poder Regulamentar

Quando a Administração atua punindo particulares (comuns) que cometeram falta, ela está usando o poder de polícia. Contudo, quando atua penalizando particulares que mantenham um vínculo jurídico específico (plus), estará utilizando o poder disciplinar.

Existem duas formas de manifestação do poder regulamentar: o decreto regulamentar e o autônomo, sendo que o primeiro é a regra e o segundo é a exceção.

Decreto Regulamentar

Também denominado decreto executivo ou regulamento executivo.

O decreto regulamentar é uma prerrogativa dos chefes do poder executivo de regulamentar a lei para garantir a sua fiel aplicação.

Restrições

- Não inova o ordenamento jurídico;
- Não pode alterar a lei;
- Não pode criar direitos e obrigações;
- Caso o decreto regulamentar extrapole os limites da lei, haverá quebra do princípio da legalidade. Nessa situação, se do decreto regulamentar for federal, caberá ao Congresso Nacional sustar os seus dispositivos violadores da lei.

Exercício

- Somente por decretos dos chefes do poder Executivo (Presidente da República, Governadores e Prefeitos), sendo uma competência exclusiva, indelegável a qualquer outra autoridade.

Natureza

- **Decreto:** Natureza secundária ou derivada;
- **Lei:** Natureza primária ou originária.

Prazo para regulamentação

- A lei a ser regulamentada deve apontar;
- A ausência do prazo é inconstitucional;
- Enquanto não regulamentada, a lei é inexequível (não pode ser executada);
- Se o chefe do executivo descumprir o prazo, a lei se torna exequível (pode ser executada);
- A competência para editar decreto regulamentar não pode ser objeto de delegação.

Decreto Autônomo

A Emenda Constitucional nº 32, alterou o Art. 84 da Constituição Federal e deu ao seu inciso VI a seguinte redação:

> ***Art. 84.*** *Compete privativamente ao Presidente da República:*
>
> ***VI.*** *dispor, mediante decreto, sobre:*
>
> ***a)*** *organização e funcionamento da administração federal, quando não implicar aumento de despesa nem criação ou extinção de órgãos públicos;*
>
> ***b)*** *extinção de funções ou cargos públicos, quando vagos;*

Essa previsão se refere ao que a doutrina chama de decreto autônomo, pois se refere à predição para o presidente da república tratar mediante decreto de determinados assuntos, sem lei anterior, balizando a sua atuação, pois a baliza foi a própria Constituição Federal. O decreto é autônomo porque não depende de lei.

Características

- Inova o ordenamento jurídico;
- O decreto autônomo tem natureza primária ou originária;
- Somente pode tratar das matérias descritas no Art. 84, VI, da Constituição Federal;
- O Presidente da República poderá delegar as atribuições mencionadas para edição de decretos autônomos aos Ministros de Estado, ao Procurador-Geral da República ou ao Advogado-Geral da União, que observarão os limites traçados nas respectivas delegações, conforme prevê o inciso único do Art. 84.

As regras relativas às competências do Presidente da República no uso do decreto regulamentar e do autônomo são estendidas aos demais chefes do executivo nacional dentro das suas respectivas administrações públicas. Sendo assim, governadores e prefeitos podem tratar, mediante decreto autônomo, dos temas estaduais e municipais de suas respectivas administrações que o Presidente da República pode resolver, mediante decreto autônomo, na esfera da administração pública federal.

DECRETO DE EXECUÇÃO
É a regra;
Pode ser editado pelos chefes do Executivo;
Não inova o ordenamento jurídico e necessita de amparo de uma lei;
É de competência exclusiva, não pode ser delegável.
DECRETO AUTÔNOMO
É a exceção;
Somente pode ser editado pelo Presidente da República;
Inova lei nos casos do Art. 84, IV, a e b do texto constitucional;
É de competência privativa e pode ser delegável de acordo com o Art. 84, parágrafo único.

Poder de Polícia

O Código Tributário Nacional, em seu Art. 78, ao tratar dos fatos geradores das taxas, assim conceitua poder de polícia:

> ***Art. 78.*** *Considera-se poder de polícia atividade da Administração Pública que, limitando ou disciplinando direito, interesse ou liberdade, regula a prática de ato ou abstenção de fato, em razão de interesse público concernente à segurança, à higiene, à ordem, aos costumes, à disciplina da produção e do mercado, ao exercício de atividades econômicas dependentes de concessão ou autorização do Poder Público, à tranquilidade pública ou ao respeito à propriedade e aos direitos individuais ou coletivos.*

Hely Lopes Meirelles conceitua poder de polícia como a faculdade que dispõe a Administração Pública para condicionar, restringir o uso, o gozo de bens, atividades e direitos individuais, em benefício da coletividade ou do próprio Estado.

É competente para exercer o poder de polícia administrativa sobre uma dada atividade o ente federado, ao qual a Constituição da República atribui competência para legislar sobre essa mesma atividade, para regular a prática dessa.

Assim, podemos dizer que o poder de polícia é discricionário em regra, podendo ser vinculado nos casos em que a lei determinar. Ele dispõe que toda a Administração Pública pode condicionar ou restringir os direitos dos administrados em caso de não cumprimento das determinações legais.

O poder de polícia **fundamenta-se** no de **império** do Estado (Poder **Extroverso**), que decorre do Princípio da Supremacia do Interesse Público, pois, por meio de imposições limitando ou restringindo a esfera jurídica dos administrados, visa à Administração Pública à defesa de um bem maior, que é proteção dos direitos da coletividade, pois o interesse público prevalece sobre os particulares.

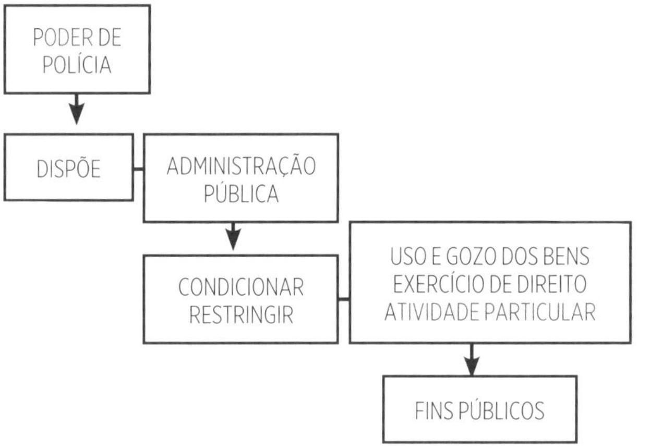

Atributos do Poder de Polícia

Discricionariedade: o poder de polícia, em regra, é discricionário, pois dá margem de liberdade dentro dos parâmetros legais ao administrador público para agir; contudo, se a lei exigir, tal poder pode ser vinculado.

O Estado escolhe as atividades que sofrerão as fiscalizações da polícia administrativa. Essa escolha é manifestação da discricionariedade do poder de polícia do Estado. Também é manifestação da discricionariedade do poder de polícia a majoração da quantidade de pena aplicada a quem cometer uma infração sujeita à disciplina do poder de polícia.

Nos casos em que a lei prever uma pena que tenha duração no tempo e não fixar exatamente a quantidade, dando uma margem de escolha de quantidade ao julgador, temos o exercício do poder discricionário na atuação de polícia e, como limite desse poder de punir, temos a própria lei que traz a ordem de polícia e ainda os princípios da razoabilidade e da proporcionalidade que vedam a aplicação da pena em proporção superior à gravidade do fato ilícito praticado.

Autoexecutoriedade: é a prerrogativa da Administração Pública de executar diretamente as decisões decorrentes do poder de polícia, por seus próprios meios, sem precisar recorrer ao judiciário.

Cabimento

> Autorização da Lei;

> Medida Urgente.

A **autoexecutoriedade** no uso do poder de polícia não é absoluta, tendo natureza relativa, ou seja, não são todos os atos decorrentes do poder de polícia que são autoexecutórios. Para que um ato assim ocorra, é necessário que ele seja exigível e executório ao mesmo tempo:

> **Exigibilidade**: exigível é aquela conduta prevista na norma que, caso seja infringida, pode ser aplicada uma **coerção indireta**, ou seja, caso a pessoa venha a sofrer uma penalidade e se recuse a aceitar a aplicação da sanção, a aplicação dessa somente poderá ser executada por decisão judicial. É o caso das multas, por exemplo, que podem ser lançadas a quem comete uma infração de trânsito, a administração não pode receber o valor devido por meio da coerção, caso a pessoa penalizada se recuse a pagar a multa, o seu recebimento dependerá de execução judicial pela Administração Pública. A exigibilidade é uma característica de todos os atos praticados no exercício do poder de polícia.

> **Executoriedade**: executória é a norma que, caso seja desrespeitada, permite a aplicação de uma **coerção direta**, ou seja, a administração pode utilizar da força coercitiva para garantir a aplicação da penalidade, sem precisar recorrer ao judiciário.

É o caso das sanções de interdição de estabelecimentos comerciais, suspensão de direitos, entre outras. Não são todas as medidas decorrentes do poder de polícia executórias.

O ato de polícia para ser autoexecutório precisa ser ao mesmo tempo exigível e executório, ou seja, nem todos os atos decorrentes do poder de polícia são autoexecutórios.

> **Coercibilidade**: esse atributo informa que as determinações da Administração podem ser impostas coercitivamente ao administrado, ou seja, o particular é obrigado a observar os ditames da administração. Caso ocorra resistência por parte desse, a administração pública estará autorizada a usar força, independentemente de autorização judicial, para fazer com que seja cumprida a regra de polícia. Todavia, os meios utilizados pela administração devem ser legítimos, humanos e compatíveis com a urgência e a necessidade da medida adotada.

Classificação

O poder de polícia pode ser originário, no caso da Administração Pública direta e derivada. Quando diz respeito as autarquias, a doutrina orienta que fundações públicas, sociedade de economia mista e empresas públicas não possuem o poder de polícia em suas ações. Classificação:

Poder de Polícia Originário:

> Dado à Administração Pública Direta.

Poder de Polícia Delegado:

> Dado às pessoas da Administração Pública Indireta que possuem personalidade jurídica de direito público. Esse poder somente é proporcionado para as autarquias ligadas à Administração Indireta.

O poder de polícia não pode ser exercido por particulares ou por pessoas jurídicas de direito privado da administração indireta, entretanto, o STJ em uma recente decisão entendeu que os atos de consentimento de polícia e de fiscalização dessa, que por si só não têm natureza coercitiva, podem ser delegados às pessoas jurídicas de direito privado da Administração Indireta.

Meios de Atuação

O poder de polícia pode ser exercido tanto preventivamente quanto repressivamente.

Prevenção: manifesta-se por meio da edição de atos normativos de alcance geral, tais como leis, decretos, resoluções, entre outros, e também por meio de várias medidas administrativas, tais como a fiscalização, a vistoria, a notificação, a licença, a autorização, entre outros.

Repressão: manifesta-se por meio da aplicação de punições, tais como multas, interdição de direitos, destruição de mercadorias etc.

Ciclo de Polícia

O ciclo de polícia se refere às fases de atuação desse poder, ordem de polícia, consentimento, fiscalização e sanção de polícia, sendo assim, esse ciclo, para se completar, pode passar por quatro fases distintas:

Ordem de Polícia: é a Lei inovadora que tem trazido limites ou condições ao exercício de atividades privadas ou uso de bens.

Consentimento: é a autorização prévia fornecida pela Administração para a prática de determinada atividade privada ou para usar um bem.

Fiscalização: é a verificação, por parte da administração pública, para certificar-se de que o administrado está cumprindo as exigências contidas na ordem de polícia para a prática de determinada atividade privada ou uso de bem.

Sanção de Polícia: é a coerção imposta pela administração ao particular que pratica alguma atividade regulada por ordem de polícia em descumprimento com as exigências contidas.

É importante destacar que o ciclo de polícia não precisa necessariamente comportar essas quatro fases, pois as de ordem e fiscalização devem sempre estar presentes em qualquer atuação de polícia administrativa, todavia, as fases de consentimento e de sanção não estarão presentes em todos os ciclos de polícia.

Prescrição

O prazo de prescrição das ações punitivas decorrentes do exercício do poder de polícia é de **5 anos** para a esfera federal, conforme constata-se na redação do Art. 1º da Lei nº 9.873/99:

> ***Art. 1º.*** *Prescreve em cinco anos a ação punitiva da Administração Pública Federal, direta e indireta, no exercício do poder de polícia, objetivando apurar infração a legislação em vigor, contados da data da prática do ato ou, no caso de infração permanente ou continuada, do dia em que tiver cessado.*

Polícia Administrativa X Polícia Judiciária

Polícia Administrativa: atua visando evitar a prática de infrações administrativas, tem natureza preventiva, entretanto, em alguns casos ela pode ser repressiva. A polícia administrativa atua sobre atividades privadas, bens ou direitos.

Polícia Judiciária: atua com o objetivo de reprimir a infração criminal, tem natureza repressiva, mas, em alguns casos, pode ser preventiva. Ao contrário da polícia administrativa que atua sobre atividades privadas, bens ou direitos, a atuação da judiciária recai sobre as pessoas.

Poder de Polícia X Prestação de Serviços Públicos

Não podemos confundir toda atuação estatal com a prestação de serviços públicos, pois, dentre as diversas atividades desempenhadas pela Administração Pública, temos, além da prestação de serviços públicos, o exercício do poder de polícia, o fomento, a intervenção na propriedade privada, entre outras.

Distingue-se o poder de polícia da prestação de serviços públicos, pois essa é uma atividade positiva, que se manifesta numa obrigação de fazer.

Poder de Polícia: atividade negativa, que traz a noção de não fazer, proibição, excepcionalmente pode trazer uma obrigação de fazer. Seu exercício sofre tributação mediante taxa e é indelegável a particulares.

Serviço Público: atividade positiva, que traz a noção de fazer algo. A sua remuneração se dá por meio da tarifa, que não é um tributo, mas sim, uma espécie de preço público, e o serviço público, mesmo sendo de titularidade exclusiva do Estado, é delegável a particulares.

7.3 Abuso de Poder

O administrador público tem que agir obrigatoriamente em obediência aos princípios constitucionais, do contrário, sua ação pode ser arbitrária e, consequentemente, ilegal, o que gerará o chamado abuso de poder.

Excesso de Poder: quando o agente público atua fora dos limites de sua esfera de competência.

Desvio de Poder: quando a atuação do agente, embora dentro de sua órbita de competência, contraria a finalidade explícita ou implícita na lei que determinou ou autorizou a sua atuação, tanto é desvio de poder a conduta contrária à finalidade geral (ou mediata) do ato – o interesse público –, quanto a que discrepe de sua finalidade específica (ou imediata).

Todos os atos que forem praticados com abuso de poder são ilegais e devem ser anulados; essa anulação pode acontecer tanto pela via administrativa quanto pela via judicial.

O remédio constitucional para combater o abuso de poder é o Mandado de Segurança.

Omissão de Poder: ocorre quando o agente público fica inerte diante de uma situação em que a lei impõe o uso do poder.

Questões

01. (Cespe) - No que se refere às características do poder de polícia e ao regime jurídico dos agentes administrativos, julgue o item que se segue.

As multas de trânsito, como expressão do exercício do poder de polícia, são dotadas de autoexecutoriedade.

Certo ( ) Errado ( )

02. (Cespe) – A respeito dos poderes administrativos, de licitações e contratos e do processo administrativo, julgue o item subsequente.

Embora o poder de polícia da administração seja coercitivo, o uso da força para o cumprimento de seus atos demanda decisão judicial.

Certo ( ) Errado ( )

03. (Cespe) – No que se refere aos poderes administrativos, julgue o item que se segue.

O poder de polícia consiste na atividade da administração pública de limitar ou condicionar, por meio de atos normativos ou concretos, a liberdade e a propriedade dos indivíduos conforme o interesse público.

Certo ( ) Errado ( )

04. (Cespe) – Julgue o item a seguir, relativos aos poderes da administração pública.

As atividades da polícia judiciária não se confundem, necessariamente, com o exercício do poder de polícia administrativo.

Certo ( ) Errado ( )

05. (Cespe) - Julgue o item subsecutivo, a respeito dos poderes da administração pública.

A administração pública exerce o poder disciplinar ao aplicar sanções, por exemplo, a um motorista particular que dirige seu veículo em velocidade acima da máxima permitida.

Certo ( ) Errado ( )

Gabaritos

01	ERRADO
02	ERRADO
03	CERTO
04	CERTO
05	ERRADO

8. LICITAÇÃO

8.1 Conceito de Licitação

Art. 37, XXI. *Ressalvados os casos especificados na legislação, as obras, serviços, compras e alienações serão contratados mediante processo de licitação pública que assegure igualdade de condições a todos os concorrentes, com cláusulas que estabeleçam obrigações de pagamento, mantidas as condições efetivas da proposta, nos termos da lei, o qual somente permitirá as exigências de qualificação técnica e econômica indispensáveis à garantia do cumprimento das obrigações.*

Procedimento administrativo, de observância obrigatória pelas entidades governamentais, em que, observada a igualdade entre os participantes, deve ser selecionada a melhor proposta entre as apresentadas pelos interessados e com elas travar determinadas relações de conteúdo patrimonial, uma vez preenchidos os requisitos mínimos necessários ao bom cumprimento das obrigações a que eles se propõem (preceito da Lei 8.666/93).

Regras gerais sobre licitações

As regras gerais de licitação são de suma importância para quem fará um concurso público, pois, de forma objetiva, conseguimos entender as questões propostas, dessa maneira, iniciaremos com indagações frequentes:

O que é licitação?

Licitação é o procedimento administrativo que autoriza a execução de obras, a prestação de serviços e o fornecimento de bens para atendimento de necessidades públicas; as alienações e locações devem ser contratadas mediante licitações públicas.

Por que licitar?

A Constituição Federal, Art. 37, XXI, prevê, para a Administração Pública, a obrigatoriedade de licitar.

O procedimento de licitação objetiva permite que a administração contrate aqueles que reúnem as condições necessárias para o atendimento do interesse público, levando em consideração aspectos relacionados à capacidade técnica e econômico-financeira do licitante, à qualidade do produto e ao valor do objeto, sempre procurando atender ao princípio da isonomia (igualdade) e objetivando a proposta mais vantajosa.

Quem deve licitar?

Estão sujeitos à regra de licitar, prevista na Lei nº 8.666, de 1993, além dos órgãos integrantes da administração direta, os fundos especiais, as autarquias, as fundações públicas, as empresas públicas, as sociedades da economia mista e demais entidades controladas direta e indiretamente pela União, Estados, Distrito Federal e Municípios.

As concessionárias e permissionárias de serviços públicos sempre devem licitar, isso por força do Art. 175 da Constituição Federal.

Art. 175. *Incumbe ao Poder Público, na forma da lei, diretamente ou sob regime de concessão ou permissão, sempre por meio de licitação, a prestação de serviços públicos.*

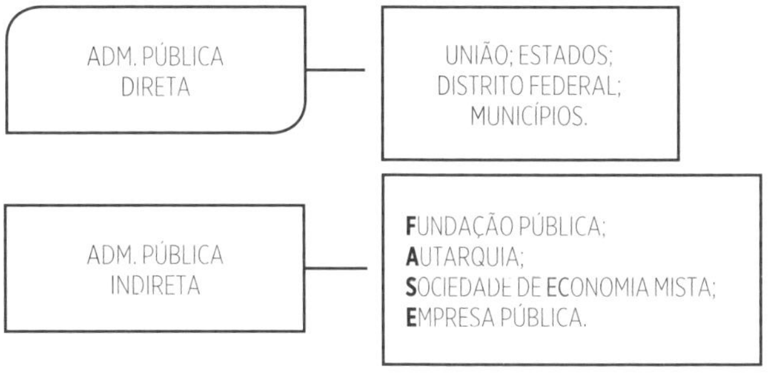

Como licitar?

Em primeiro lugar, deve ser definido o objeto que se quer contratar. Depois disso, é necessário estimar o valor total da obra, do serviço ou do bem a ser licitado, mediante realização de pesquisa de mercado. É importante, ainda, verificar se há previsão de recursos orçamentários para o pagamento da despesa e se essa se encontrará em conformidade com a Lei de Responsabilidade Fiscal.

Assim, após apuração da estimativa, deve ser adotada a modalidade de licitação adequada, com prioridade especial para o pregão, quando o objeto pretendido referir-se a bens e serviços comuns listados no Decreto nº 3.555, de 8 de agosto de 2002, que regulamenta essa modalidade. Lembrando que a modalidade pregão não está expressamente prevista na Lei nº 8.666/93.

8.2 Princípios Explícitos

- Legalidade;
- Impessoalidade;
- Moralidade e Probidade Administrativa;
- Igualdade;
- Publicidade;
- Vinculação ao Instrumento Convocatório;
- Julgamento Objetivo.

Estão previstos no Art. 3º da Lei nº 8.666/93:

Art. 3º. *A licitação destina-se a garantir a observância do princípio constitucional da isonomia, a seleção da proposta* ***mais vantajosa*** *para a Administração e a promoção do desenvolvimento nacional sustentável e será processada e julgada em estrita conformidade com* ***os princípios básicos da legalidade, da impessoalidade, da moralidade, da igualdade, da publicidade, da probidade administrativa, da vinculação ao instrumento convocatório, do julgamento objetivo e dos que lhes são correlatos.***

O Art. 3º, que trata dos princípios da licitação, determina a estrita obediência a vários princípios básicos expressos. Contudo, dá relevância a um deles, ou seja, **o princípio da isonomia tem um tratamento diferenciado.**

A licitação, por si só, traz uma ideia de disputa isonômica e a finalidade é a de conseguir a proposta mais vantajosa para a Administração a fim da celebração do contrato administrativo. O propósito específico é a realização de obras, serviços, concessão, permissões, compras, alienações ou locações.

Devemos nos atentar, pois a competência para legislar acerca de licitação é privativa da União, sempre sobre normas gerais, e está prevista no Art. 22, XXVII, da Constituição Federal:

Art. 22. *Compete privativamente à União legislar sobre:*

XXVII. Normas gerais de licitação e contratação, em todas as modalidades, para as administrações públicas diretas, autárquicas e fundacionais da União, Estados, Distrito Federal e Municípios, obedecido o disposto no Art. 37, XXI, e para as empresas públicas e sociedades de economia mista, nos termos do Art. 173, § 1º, III;

É de se notar que os Estados, Distrito Federal e municípios podem legislar sobre normas específicas acerca de licitação pública e contratos administrativos, mesmo sem autorização da União, desde que as leis promulgadas não ofendam a Constituição Federal e também não contrariem as normas gerais.

Dessa forma, é importante frisar que a Lei nº 8.666/93 é aplicável a toda Administração Pública, de acordo com os Arts. 1º e 2º da lei:

Art. 1º. Esta Lei estabelece normas gerais sobre licitações e contratos administrativos pertinentes a obras, serviços, inclusive de publicidade, compras, alienações e locações no âmbito dos Poderes da União, dos Estados, do Distrito Federal e dos Municípios.

Parágrafo único. Subordinam-se ao regime desta Lei, além dos órgãos da administração direta, os fundos especiais, as autarquias, as fundações públicas, as empresas públicas, as sociedades de economia mista e demais entidades controladas direta ou indiretamente pela União, Estados, Distrito Federal e Municípios.

Art. 2º. As obras, serviços, inclusive de publicidade, compras, alienações, concessões, permissões e locações da Administração Pública, quando contratadas com terceiros, serão necessariamente precedidas de licitação, ressalvadas as hipóteses previstas nesta Lei.

Parágrafo único. Para os fins desta Lei, considera-se contrato todo e qualquer ajuste entre órgãos ou entidades da Administração Pública e particulares, em que haja um acordo de vontades para a formação de vínculo e a estipulação de obrigações recíprocas, seja qual for a denominação utilizada.

Princípios explícitos em espécie

Legalidade

Nos procedimentos de licitação, esse princípio vincula os licitantes e a Administração Pública às regras estabelecidas, nas normas e princípios em vigor, ou seja, o administrador fica vinculado aos ditames na lei, tendo alguma liberdade (discricionariedade) somente quando a própria lei assim autorizar ou determinar, como é o caso da licitação dispensável e licitação dispensada.

Todos os atos de licitação devem estar estritamente na lei. Sendo assim, o administrador público não pode exigir do licitante condições de habilitação econômica com certa margem acima do necessário ao cumprimento das obrigações a serem contratadas. Assim, somente permitirá as exigências de qualificação técnica e econômicas indispensáveis à garantia do cumprimento das obrigações.

Impessoalidade

Esse princípio obriga a Administração a observar, nas suas decisões, critérios objetivos previamente estabelecidos, afastando a discricionariedade e o subjetivismo na condução dos procedimentos da licitação. Aqui, o princípio obedece aos ditames da Constituição Federal e tem por finalidade a obediência estrita aos fins coletivos, impedindo, de qualquer modo, a promoção pessoal do administrador e as chamadas "facilidades" para qualquer particular envolvido no procedimento.

Moralidade e probidade administrativa

Aqui devemos nos atentar, pois, de acordo com a Constituição Federal, a moralidade administrativa é tida como princípio e a probidade como dever. Contudo, o texto da Lei nº 8.666/93 traz insculpido os dois como sendo princípios norteadores da licitação, em que a conduta dos licitantes e dos agentes públicos tem que ser, além de lícita, compatível com a moral, ética, bons costumes e com as regras da boa administração.

Igualdade

É o mais relevante princípio da lei de licitação e significa dar tratamento igual a todos os interessados. É condição essencial para garantir em todas as fases da licitação. Também chamado de princípio da isonomia entre os licitantes. A igualdade aqui tem dois sentidos: primeiro, a administração deve dispensar tratamento isonômico entre os licitantes; segundo, deve a igualdade garantir que a concorrência seja viável entre os particulares.

O Art. 3º, § 2º, da Lei, reza que em igualdade de condições será assegurado à preferência sucessivamente a bens e serviços em caso de empate, seguindo o seguinte critério de desempate:

- Produzidos no país;
- Produzidos ou prestados por empresas brasileiras;
- Produzidos ou prestados por empresas que invistam em pesquisa e no desenvolvimento de tecnologia no país.
- Produzidos ou prestados por empresas que comprovem cumprimento de reserva de cargos prevista em lei para pessoa com deficiência ou para reabilitado da Previdência Social e que atendam às regras de acessibilidade previstas na legislação.

Publicidade

O Princípio da Publicidade reza que qualquer interessado deve ter acesso às licitações públicas e seu controle, mediante divulgação dos atos praticados pelos administradores em todas as fases da licitação. No entanto, o conteúdo dos propostos são sigilosos, conforme prevê o Art. 3º, § 3º, Lei nº 8.666/93.

§ 3º. A licitação não será sigilosa, sendo públicos e acessíveis ao público os atos de seu procedimento, salvo quanto ao conteúdo das propostas, até a respectiva abertura.

Dessa forma, quanto maior o valor do contrato, maior será a publicidade de seus atos. Assim, no convite, a divulgação será mínima, devido ao reduzido valor do contrato, e, na concorrência, a divulgação será a maior possível.

Os avisos contendo os resumos dos editais das concorrências, das tomadas de preço, dos concursos e dos leilões, embora realizados no local da repartição interessada, deverão ser publicados com antecedência, como dispõe o Art. 21 da Lei de Licitação:

Art. 21. Os avisos contendo os resumos dos editais das concorrências, das tomadas de preços, dos concursos e dos leilões, embora realizados no local da repartição interessada, deverão ser publicados com antecedência, no mínimo, por uma vez:

I. No Diário Oficial da União, quando se tratar de licitação feita por órgão ou entidade da Administração Pública Federal e, ainda, quando se tratar de obras financiadas parcial ou totalmente com recursos federais ou garantidas por instituições federais;

II. No Diário Oficial do Estado, ou do Distrito Federal quando se tratar, respectivamente, de licitação feita por órgão ou entidade da Administração Pública Estadual ou Municipal, ou do Distrito Federal;

III. em sítio eletrônico oficial do respectivo ente federativo, facultado aos Estados, ao Distrito Federal e aos Municípios, alternativamente, a utilização de sítio eletrônico oficial da União, conforme regulamento do Poder Executivo federal. (Redação dada pela Medida Provisória nº 896, de 2019)

Dessa forma, os prazos do Art. 21 são os seguintes:

Prazo do edital	Modalidades
45 dias para	> Concurso. > Concorrência, quando o contrato a ser celebrado contemplar o regime de empreitada integral ou quando a licitação for do tipo "melhor técnica" ou "técnica e preço".
30 dias para	> Concorrência, nos casos não especificados na alínea "b" do inciso anterior. > Tomada de preços, quando a licitação for do tipo "melhor técnica" ou "técnica e preço".
15 dias para	> Quinze dias para a tomada de preços, nos casos não especificados na alínea "b" do inciso anterior, ou leilão.
5 dias úteis para	> Convite.
8 dias úteis (no mínimo para)	> Pregão.

Esses prazos começam a ser contados a partir:
- da última publicação do edital;
- da expedição do convite;
- da efetiva disponibilidade do edital ou do convite.

Prevalece a data que ocorrer mais tarde.

Vinculação ao instrumento convocatório

O instrumento convocatório, que pode ser edital ou carta convite, obriga a administração e o licitante a observarem as normas e condições estabelecidas no ato convocatório. Dessa forma, nada poderá ser criado ou feito sem que haja previsão em relação a esse ato.

Julgamento objetivo

O princípio, em tela, determina que o administrador deve observar critérios objetivos definidos no ato convocatório para o julgamento das propostas. Afasta a possibilidade de o julgador utilizar-se de fatores subjetivos ou de critérios não previstos no ato referido, mesmo que em benefício da própria administração.

8.3 Princípios Implícitos

Competitividade

A lei e a própria Constituição Federal estabelecem a obrigatoriedade do caráter competitivo no procedimento licitatório. Isso se dá, pois na competição entre os licitantes não pode haver manipulações de preços. Dessa forma, a administração deve ser capaz de assegurar a obtenção da proposta mais vantajosa a execução dos fins públicos.

Nessa perspectiva, a lei veda a realização de licitação cujo objeto inclua bens e serviços sem similaridade ou de marcas, caraterísticas e especificações exclusivas, salvo nos casos em que for tecnicamente justificável (Art. 7º, § 5º).

Sigilo das propostas

Decorrência lógica do Art. 3º da Lei de Licitações, uma vez que o princípio explícito é o da publicidades dos atos. Sigilo, somente na apresentação das propostas e, ainda assim, até a abertura das mesmas, que devem ser liberadas ao público após regular escolha do vencedor.

Adjudicação compulsória

Esse princípio diz que a administração só poderá atribuir o objeto da licitação ao vencedor. Não pode tal objeto ser concedido a outro licitante. O vendedor, uma vez que preencheu todos os requisitos formais, tem prevalência na assinatura do contrato. Essa não garante direito adquirido, uma vez que o ato licitatório pode ser revogado pela administração antes da assinatura do contrato. O licitante também pode desistir do contrato caso consiga provar justo motivo.

8.4 Modalidades de Licitação

As licitações, segundo a Lei nº 8.666/93, serão efetuadas no local onde se situar a repartição interessada, salvo por motivo de interesse público devidamente justificado. Essa regra, no entanto, não impede a habilitação de interessados que sejam residentes ou sediados em outros locais.

Modalidade de licitação é a forma específica de conduzir o procedimento licitatório, a partir de critérios definidos em lei. O valor estimado para contratação é o principal fator para escolha da modalidade de licitação, exceto quando se trata de pregão, que não está limitado a valores. Dessa forma, além do leilão e do concurso, as demais modalidades de licitação admitidas são exclusivamente as seguintes:

Concorrência

- Concorrência;
- Tomada de Preço;
- Convite;
- Concurso;
- Leilão;
- Pregão;
- Consulta.

Modalidade da qual podem participar quaisquer interessados que, na fase de habilitação preliminar, comprovem possuir requisitos mínimos de qualificação exigidos no edital para execução do objeto da licitação. Todas as licitações para bens imóveis devem ser feitas nessa modalidade, também as concessões de direito real de uso, para alienações internacionais e para as parcerias público privadas. Seja qual for o valor da licitação, em tese, a concorrência pode ser utilizada.

A concorrência está prevista no **Art. 22, § 1º, da Lei nº 8.666/93:**

> ***Art. 22, §1º*** *- Concorrência é a modalidade de licitação entre quaisquer interessados que, na fase inicial de habilitação preliminar, comprovem possuir os requisitos mínimos de qualificação exigidos no edital para execução de seu objeto.*

→ **Características:**

> Possui fase preliminar;

> É considerada mais complexa;

> Admite qualquer valor;

> É a mais competitiva;

> Contratações de maior valor;

→ **A Concorrência é utilizada obrigatoriamente para:**

> Compra ou alienação de imóveis;

> Concessão de direito real de uso;

> Licitações internacionais;

> Concessão de serviços públicos;

> Contrato de parcerias público privada.

Tomada de preços

Modalidade realizada entre interessados devidamente cadastrados ou que atenderem a todas as condições exigidas para cadastramento até o terceiro dia anterior à data do recebimento das propostas, observada a necessária qualificação.

A tomada de preço está prevista no Art. 22, § 2º, da Lei nº 8.666/93:

> ***Art. 22, § 2º.*** *Tomada de preços é a modalidade de licitação entre interessados devidamente cadastrados ou que atenderem a todas as condições exigidas para cadastramento até o terceiro dia anterior à data do recebimento das propostas, observada a necessária qualificação.*

→ **Características:**

Interessados têm que estar devidamente cadastrados, contudo, pelo princípio da competitividade, podem inscrever-se até o terceiro dia anterior à data do recebimento das propostas.

Contratação de valores intermediários.

A modalidade "tomada de preços" não se confunde com o "registro de preços". O chamado "Sistema de Registro de Preços - SRP" não é modalidade de licitação, mas sim um cadastramento formal de prestadores de serviços e fornecedores de bens e seus respectivos preços para as **contratações futuras e habituais**.

O SRP é válido por 12 meses, e para fazer parte dele é necessário participar de licitação na modalidade concorrência ou pregão do tipo menor preço. O SRP é regulado pelo Decreto 7.892/13 e não confere ao licitante o direito adquirido à contratação, entretanto, se a Administração necessitar do bem ou serviço durante a validade do SRP, em igualdade de condições, o cadastrado terá prioridade na contratação.

Obs.: os órgãos e entidades que não participaram do registro de preços, quando desejarem fazer uso da ata de registro de preços, deverão consultar o órgão gerenciador da ata para manifestação sobre a possibilidade de adesão (é a chamada "licitação carona" prevista no Art. 22, §1º do Dec. 7.892/13).

Convite

A modalidade convite está prevista no Art. 22, § 3º, da Lei nº 8.666/93:

> ***Art. 22, §3º.*** *Convite é a modalidade de licitação entre interessados do ramo pertinente ao seu objeto, cadastrados ou não, escolhidos e convidados em número mínimo de 3 (três) pela unidade administrativa, a qual afixará, em local apropriado, cópia do instrumento convocatório e o estenderá aos demais cadastrados na correspondente especialidade que manifestarem seu interesse com antecedência de até 24 (vinte e quatro) horas da apresentação das propostas.*

Modalidade realizada entre interessados do ramo de que trata o objeto da licitação, escolhidos e convidados em número mínimo de três pela administração.

O convite é a modalidade de licitação mais simples. A administração escolhe quem quer convidar, entre os possíveis interessados, cadastrados ou não. A divulgação deve ser feita mediante afixação de cópia do convite em quadro de avisos do órgão ou entidade, localizado em lugar de ampla divulgação, dispensando a publicação em Diário Oficial.

No convite, é possível a participação de interessados que não tenham sido formalmente convidados, mas que sejam do ramo do objeto licitado, desde que cadastrados no órgão ou entidade licitadora ou no Sistema de Cadastramento Unificado de Fornecedores – SICAF. Esses interessados devem solicitar o convite com antecedência de até 24 horas da apresentação das propostas.

Para que a contratação seja possível no convite, são necessárias pelo menos três propostas válidas, isto é, que atendam a todas as exigências do ato convocatório. Não é suficiente a obtenção de três propostas, é preciso que elas sejam válidas. Caso isso não ocorra, a administração deve repetir o convite e chamar mais um interessado, enquanto existirem cadastrados não convidados nas últimas licitações, ressalvadas as hipóteses de limitação de mercado ou manifesto desinteresse dos incitados, circunstâncias essas que devem ser justificadas no processo de licitação.

A publicação na imprensa e em jornal de grande circulação confere ao convite divulgação idêntica à da concorrência e à tomada de preços, afastando a discricionariedade do agente público.

Quando for impossível a obtenção de três propostas válidas, por limitações do mercado ou manifesto desinteresse dos convidados, essas circunstâncias deverão ser devidamente motivadas e justificadas no processo, sob pena de repetição de convite.

Limitações de mercado ou manifesto desinteresse das empresas convidadas não se caracterizam nem podem ser justificados quando são inseridas, na licitação, condições que só uma ou outra empresa pode atender.

→ **Características:**

> É a modalidade de licitação entre interessados do ramo pertinente ao seu objeto, cadastrados ou não, escolhidos e convidados em número mínimo de três pela unidade administrativa;

> Contratação de menor valor;

> O procedimento é simples, permitindo, excepcionalmente, nas pequenas unidades administrativas, a substituição da comissão por servidor formalmente designado pela autoridade competente.

Concurso

O Art. 22, § 4º, da Lei nº 8.666/93 define a modalidade concurso como sendo a licitação entre quaisquer interessados para a escolha de trabalho técnico, científico ou artístico, mediante à instituição de prêmios ou remuneração aos vencedores do procedimento, sempre conforme previsto em edital publicado na imprensa oficial com antecedência mínima de 45 dias.

O julgamento da modalidade concurso é feita por uma comissão especial. Pode participar da comissão servidor ou não, de acordo com o Art. 51, § 5º.

A modalidade concurso está prevista no **Art. 22, § 4º, da Lei** nº **8.666/93:**

> ***Art. 22, §4º.*** *Concurso é a modalidade de licitação entre quaisquer interessados para escolha de trabalho técnico, científico ou artístico, mediante à instituição de prêmios ou remuneração aos vencedores, conforme critérios constantes de edital publicado na imprensa oficial com antecedência mínima de 45 (quarenta e cinco) dias.*

→ **Características:**

- > Trabalho técnico;
- > Científico;
- > Artístico;
- > Edital tem que ser publicado com antecedência mínima de 45 dias;
- > O que determina a necessidade da realização da **licitação é a natureza do seu objeto,** não o valor do contrato;
- > O procedimento é um tanto diverso, pois o julgamento será feito por uma comissão especial integrada por pessoas de **reputação ilibada e reconhecido conhecimento da matéria em exame,** servidor público ou não.

Leilão

É a modalidade de licitação, entre quaisquer interessados, para venda, a quem oferecer o maior lance, igual ou superior ao valor da avaliação, dos seguintes bens:

- > Bens móveis inservíveis para a Administração.
- > Produtos legalmente apreendidos ou penhorados.
- > Bens imóveis da Administração Pública, cuja aquisição haja derivado de procedimentos judiciais ou de dação em pagamento (Art. 19, III).

O leilão, além dessas disposições, está previsto em dois lugares:

Primeiro, no Art. 22, § 5º, da Lei nº 8.666/93:

> ***Art. 22, §5º.*** *Leilão é a modalidade de licitação entre quaisquer interessados para a venda de bens móveis inservíveis para a Administração ou de produtos legalmente apreendidos ou penhorados, ou para a alienação de bens imóveis prevista no Art. 19, a quem oferecer o maior lance, igual ou superior ao valor da avaliação.*

Segundo, no Art. 53, da Lei nº **8.666/93:**

> ***Art. 53.*** *O leilão pode ser cometido a leiloeiro oficial ou a servidor designado pela administração, procedendo-se na forma da legislação pertinente.*
>
> ***§ 1º -*** *Todo bem a ser leiloado será previamente avaliado pela administração para fixação do preço mínimo de arrematação.*
>
> ***§ 2º -*** *Os bens arrematados serão pagos à vista ou no percentual estabelecido no edital, não inferior a 5% (cinco por cento) e, após a assinatura da respectiva ata lavrada no local do leilão, imediatamente entregues ao arrematante, o qual se obrigará ao pagamento do restante no prazo estipulado no edital de convocação, sob pena de perder em favor da administração o valor já recolhido.*

Limitado a bens avaliados, isolada ou globalmente, em quantia não superior a R$ 650.000,00. Acima disso e para bens imóveis, deve ser utilizada a modalidade concorrência.

> ***§ 3º -*** *Nos leilões internacionais, o pagamento da parcela à vista poderá ser feito em até vinte e quatro horas.*
>
> ***§ 4º -*** *O edital de leilão deve ser amplamente divulgado, principalmente no município em que se realizará.*

Consulta

A modalidade consulta não está prevista na Lei nº 8.666/93. Está prevista na Lei nº 9.472/97 (a mesma que criou a Anatel); é uma modalidade prevista **apenas para as agências reguladoras.**

A lei diz que a consulta é a modalidade de licitação adequada à contratação de bens e serviços não classificados como comuns e que não sejam obras e serviços de engenharia civil.

A consulta é modalidade de licitação exclusiva de agências reguladoras, para aquisição de bens e serviços não comuns, excetuados obras e serviços de engenharia civil, na qual as propostas são julgadas por um júri, segundo critério que leve em consideração, ponderadamente, custo e benefício.

Os valores utilizados para configurar grande, médio ou pequeno vulto constam do Art. 23, I e II da Lei 8.666/93. Tais valores foram atualizados pelo Decreto 9.412/18. Para facilitar a assimilação, apresentamos a tabela abaixo:

	Serviços de Engenharia	Outros serviços ou aquisição de bens
Concorrência	Acima de R$ 3.300.000,00	Acima de R$ 1.430.000,00
Tomada de Preços	Até 3.300.000,00	Até R$ 1.430.000,00
Convite	Até R$ 330.000,00	Até R$ 176.000,00

*O valor de R$ 650.000,00 que consta na pág. 47 deve ser alterado para R$ 1.430.000,00 (Com base no Decreto 9.412/18).

O valor de R$ 4.000,00 que consta na pág. 54 deve ser alterado para R$ 8.800,00 (Com base no Decreto 9.412/18).

*O valor de R$ 80.000,00 que consta na pág. 58 deve ser alterado para R$ 176.000,00 (Com base no Decreto 9.412/18).

*O Decreto 9.507/18, em seu Art. 17, revoga o antigo Decreto 2.271/97 que tratava de terceirização. Sendo assim, o texto da pág. 64 está desatualizado e deve ser retirado. Segue abaixo sugestão de novo texto com base no Decreto 9.507/18.

Modalidade (Art. 22)	Valor (Art. 23)	Nº de Licitantes	Participação	Objeto	Forma de Divulgação (Art. 21)
Concorrência	Grandes valores	Independente	Sem restrição	Sem restrição	Edital publicado com 30 dias de antecedência em relação ao recebimento das propostas (ver Art. 21, § 2º, 45 dias).
Tomada de Preço	Valores médios	Independente	Cadastrado ou que atendam todos os requisitos até 3 dias antes do recebimento da proposta.	Sem restrição	Edital publicado com 15 dias de antecedência.
Convite	Valores pequenos	Pelo menos 3 licitantes	Cadastrado ou não (edital estendendo aos demais cadastrados - manifestação antes de 24 horas do recebimento da proposta).	Sem restrição	Carta-convite remetidas aos interessados com 5 dias de antecedência (fixação no mural).
Concurso	Não interessa o valor	Independente	Sem restrição	Trabalho técnico, científico ou artístico.	Edital publicado com 45 dias de antecedência.
Leilão	Não interessa o valor	Independente	Sem restrição	Alienação de bens inservíveis, produtos apreendidos ou bens imóveis.	Edital com ênfase na localidade em que se realizará o leilão.

Pregão

O pregão constitui a sexta modalidade de licitação e está previsto na Lei nº 10.520/2002, que expressamente o estendeu a todas as esferas da Federação.

É a modalidade de licitação para aquisição de bens e serviços comuns pela União, Estados, Distrito Federal e Municípios, conforme disposto em regulamento, qualquer que seja o valor estimado da contratação, na qual a disputa pelo fornecimento é feita por meio de propostas e lances em sessão pública.

Os licitantes apresentam suas propostas de preço por escrito e por lances verbais, independentemente do valor estimado da contratação.

Ao contrário do que ocorre em outras modalidades, no pregão, a escolha da proposta é feita antes da análise da documentação, razão maior de sua celeridade.

O pregão é a modalidade alternativa ao convite, à tomada de preços e à concorrência para contratação de bens e serviços comuns. Não é obrigatória, mas deve ser prioritária e é aplicável a qualquer valor estimado de contratação.

→ **Características:**

- O pregão é a sexta modalidade de licitação;
- O pregão pode ser utilizado para qualquer valor de contrato;
- É considerado pouco complexo;
- Permite lances verbais;
- Não se leva em consideração o vulto do contrato (valor da contratação), mas sim a característica dos bens ou serviços, que devem ser comuns, simples e rotineiros;
- O tipo da licitação é sempre o de menor preço;
- Não se exige capacitação técnica especializada.

8.5 Obrigatoriedade de Licitação e Casos de Exceções

Licitação obrigatória

A regra constitucional é, pela obrigatoriedade para toda a Administração Pública no que tange a licitar para compras e alienações de bens e serviços, mas a própria Constituição Federal informa que a lei pode prever algumas hipóteses de exceção à realização da licitação.

Todavia, a Constituição Federal informa que, quando o objeto da contração é uma concessão ou permissão de serviço público, a realização da licitação é obrigatória.

Exceções à Obrigatoriedade das Licitações

Apesar de a regra geral instituir a obrigatoriedade das licitações, a própria lei de licitação faz ressalvas acerca dela, ou seja, por determinação legal, pode haver a celebração do contrato administrativo sem a prevalência da obrigação de licitar, e isso ocorre nos casos de Dispensa de Licitação (Licitação Dispensada e Licitação Dispensável) e Inexigibilidade de Litação.

A principal diferença entre dispensa e inexigibilidade é que, na dispensa de licitação, a competição é possível, mas a lei dispensa ou permite que a licitação seja dispensada e na licitação inexigível, a competição é impossível devido à falta de possíveis competidores.

> ***Art. 17.*** *Licitação dispensada* (a lei declarou-a como tal; não se faz licitação).
>
> ***Art. 24.*** *Licitação dispensável* (a administração pode dispensar se assim lhe convier).
>
> ***Art. 25.*** *Licitação inexigível* (quando houver inviabilidade de competição).

Inexigibilidade de licitação

Conforme o Art. 25 da Lei nº 8.666/93, a inexigibilidade de licitação se faz quando há inviabilidade de competição, em razão do bem ou serviço possuir singularidade de fornecimento; desde que devidamente comprovada sua exclusividade, a contratação direta poderá ser efetivada.

Devemos notar que o Art. 25 é um rol exemplificativo, ou seja, a administração no caso concreto pode prever outras situações em que ocorra impossibilidade jurídica de competição e que o serviço possua singularidade.

> ***Art. 25.*** *É inexigível a licitação quando houver inviabilidade de competição, em especial:*
>
> ***I.*** *Para aquisição de materiais, equipamentos, ou gêneros que só possam ser fornecidos por produtor, empresa ou representante comercial exclusivo, vedada a preferência de marca, devendo a comprovação de exclusividade ser feita por meio de atestado fornecido pelo órgão de registro do comércio do local em que se realizaria a licitação ou a obra ou o serviço, pelo Sindicato, Federação ou Confederação Patronal, ou, ainda, pelas entidades equivalentes;*
>
> ***II.*** *Para a contratação de serviços técnicos enumerados no Art. 13 desta Lei, de natureza singular, com profissionais ou empresas de notória especialização, vedada a inexigibilidade para serviços de publicidade e divulgação;*
>
> ***III.*** *Para contratação de profissional de qualquer setor artístico, diretamente ou por meio de empresário exclusivo, desde que consagrado pela crítica especializada ou pela opinião pública.*
>
> ***§ 1º*** *- Considera-se de notória especialização o profissional ou empresa cujo conceito no campo de sua especialidade, decorrente de desempenho anterior, estudos, experiências, publicações, organização, aparelhamento, equipe técnica, ou de outros requisitos relacionados com suas atividades, permita inferir que o seu trabalho é essencial e indiscutivelmente o mais adequado à plena satisfação do objeto do contrato.*
>
> ***§ 2º*** *- Na hipótese deste artigo e em qualquer dos casos de dispensa, se comprovado superfaturamento, respondem solidariamente pelo dano causado à Fazenda Pública o fornecedor ou o prestador de serviços e o agente público responsável, sem prejuízo de outras sanções legais cabíveis.*

Os serviços técnicos profissionais especializados possibilitam a inexigibilidade, mas é fundamental atentar que não é o simples fato de um serviço enquadrar-se como técnico profissional especializante que acarreta a inexigibilidade. É necessário que o serviço tenha natureza singular, ou seja, não pode ser usual e corriqueiro, por essa razão, justifique, a fim de garantir a sua satisfatória prestação, a contratação de um profissional ou de uma empresa de notória especialidade

A regra geral é que a contratação de serviços técnicos profissionais especializados seja precedida de licitação na modalidade concurso (Art. 13, § 1º). Somente quando for serviço singular, prestado por profissional ou empresa de notória especialização, é que a licitação será inexigível.

Dispensa de licitação

A dispensa de licitação é um gênero que engloba duas espécies, são elas: a licitação dispensada e a licitação dispensável.

Licitação dispensada

A licitação dispensada diferencia-se da dispensável, pois, nessa, o administrador pode fazer ou não o procedimento, já na dispensada, ele fica impedido de fazer pela própria lei. São os casos descritos no Art. 17.

As alíneas do inciso I do Art. 17 trazem a lista de hipóteses de dispensa de licitação em operações relativas a bens imóveis da Administração, enquanto as alíneas do inciso II do Art. 17 enumeram os casos de licitação dispensada para a alienação de bens móveis.

> ***Art. 17.*** *A alienação de bens da Administração Pública, subordinada à existência de interesse público devidamente justificado, será precedida de avaliação e obedecerá às seguintes normas:*

Dispensa de licitação de bens imóveis

> ***I.*** *Quando imóveis, dependerá de autorização legislativa para órgãos da administração direta e entidades autárquicas e fundacionais, e, para todos, inclusive as entidades paraestatais, dependerá de avaliação prévia e de licitação na modalidade de concorrência, dispensada está nos seguintes casos:*
>
> ***a)*** *Dação em pagamento;*
>
> ***b)*** *Doação, permitida exclusivamente para outro órgão ou entidade da Administração Pública, de qualquer esfera de governo, ressalvado o disposto nas alíneas f, h, e i;*
>
> ***c)*** *Permuta, por outro imóvel que atenda aos requisitos constantes do inciso X do Art. 24 dessa Lei;*
>
> ***d)*** *Investidura;*
>
> ***e)*** *Venda a outro órgão ou entidade da Administração Pública, de qualquer esfera de governo;*
>
> ***f)*** *Alienação gratuita ou onerosa, aforamento, concessão de direito real de uso, locação ou permissão de uso de bens imóveis residenciais construídos, destinados ou efetivamente utilizados no âmbito de programas habitacionais ou de regularização fundiária de interesse social desenvolvidos por órgãos ou entidades da Administração Pública;*
>
> ***g)*** *Procedimentos de legitimação de posse de que trata o art. 29 da Lei nº 6.383, de 7 de dezembro de 1976, mediante iniciativa e deliberação dos órgãos da Administração Pública em cuja competência legal inclua-se tal atribuição;*
>
> ***h)*** *Alienação gratuita ou onerosa, aforamento, concessão de direito real de uso, locação ou permissão de manuseio de bens imóveis de uso comercial de âmbito local com área de até 250 m^2 (duzentos e cinquenta metros quadrados) e inseridos no âmbito de programas de regularização fundiária de interesse social desenvolvidos por órgãos ou entidades da Administração Pública;*
>
> ***i)*** *Alienação e concessão de direito real de uso, gratuita ou onerosa, de terras públicas rurais da União e do Incra, onde incidam ocupações até o limite de que trata o § 1º do art. 6º da Lei nº 11.952, de 25 de junho de 2009, para fins de regularização fundiária, atendidos os requisitos legais; e (Redação dada pela Lei nº 13.465, 2017).*

Dispensa de licitação de bens móveis

> ***II.*** *Quando móveis, dependerá de avaliação prévia e de licitação, dispensada esta nos seguintes casos:*
>
> ***a)*** *Doação, permitida exclusivamente para fins e uso de interesse social, após avaliação de sua oportunidade e conveniência socioeconômica, relativamente à escolha de outra forma de alienação;*
>
> ***b)*** *Permuta, permitida exclusivamente entre órgãos ou entidades da Administração Pública;*
>
> ***c)*** *Venda de ações, que poderão ser negociadas em bolsa, observada a legislação específica;*
>
> ***d)*** *Venda de títulos, na forma da legislação pertinente;*
>
> ***e)*** *Venda de bens produzidos ou comercializados por órgãos ou entidades da Administração Pública, em virtude de suas finalidades;*
>
> ***f)*** *Venda de materiais e equipamentos para outros órgãos ou entidades da Administração Pública, sem utilização previsível por quem deles dispõe.*

Licitação dispensável

Na licitação dispensável, a Administração tem a faculdade de não realizar o procedimento licitatório para algumas hipóteses determinadas na própria Lei nº 8.666/93.

As situações nas quais a licitação poderá ser dispensável se encontram indicadas no Art. 24, I, "a", XXVIII da Lei Federal nº 8.666/93.

Dessa forma, veremos cada uma das hipóteses de licitação dispensável, salientando que essa listagem também possui caráter taxativo, não cabendo ao administrador à criação de outras situações. Devemos nos atentar, pois as questões de concursos nesse tópico costumam ser texto de lei. Assim, ler e fazer a diferenciação entre licitação dispensável (Art. 24) e inexigibilidade de licitação (Art. 25) é de suma importância.

> ***Art. 24.*** *É dispensável a licitação:*
>
> ***I.*** *Para obras e serviços de engenharia de valor até 10% (dez por cento) do limite previsto na alínea "a", do inciso I do artigo anterior, desde que não se refiram a parcelas de uma mesma obra ou serviço ou ainda para obras e serviços da mesma natureza e no mesmo local que possam ser realizadas conjunta e concomitantemente;*
>
> ***II.*** *Para outros serviços e compras de valor até 10% (dez por cento) do limite previsto na alínea "a", do inciso II do artigo anterior e para alienações, nos casos previstos nesta Lei, desde que não se refiram a parcelas de um mesmo serviço, compra ou alienação de maior vulto que possa ser realizada de uma só vez;*
>
> ***III.*** *Nos casos de guerra ou grave perturbação da ordem;*
>
> ***IV.*** *Nos casos de emergência ou de calamidade pública, quando caracterizada urgência de atendimento de situação que possa ocasionar prejuízo ou comprometer a segurança de pessoas, obras, serviços, equipamentos e outros bens, públicos ou particulares, e somente para os bens necessários ao atendimento da situação emergencial ou calamitosa e para as parcelas de obras e serviços que possam ser concluídas no prazo máximo de 180 (cento e oitenta) dias consecutivos e ininterruptos, contados da ocorrência da emergência ou calamidade, vedada a prorrogação dos respectivos contratos;*
>
> ***V.*** *Quando não acudirem interessados à licitação anterior e esta, justificadamente, não puder ser repetida sem prejuízo para a Administração, mantidas, neste caso, todas as condições pré-estabelecidas;*

Vale ressaltar que temos a chamada licitação deserta, ou seja, quando essa é convocada e não aparece nenhum interessado. Nesse caso, torna-se inviável a licitação, e a administração pode contratar diretamente, contanto que, motivadamente, demonstre que não ocorrerá prejuízo para a administração.

Não existe limite de valor para esse tipo de licitação, e a única exigência é que as cláusulas do contrato original sejam respeitadas.

Faz-se necessário diferenciar licitação deserta de licitação fracassada. Temos essa quando aparecem interessados, mas nenhum é selecionado, em decorrência de inabilitação ou desclassificação das propostas.

> ***§ 3º -*** *Quando todos os licitantes forem inabilitados ou todas as propostas forem desclassificadas, a administração poderá fixar aos licitantes o prazo de oito dias úteis para a apresentação de nova documentação ou de outras propostas escoimadas das causas referidas neste artigo, facultada, no caso de convite, a redução deste prazo para três dias úteis.*

Devemos nos atentar que, em regra, a licitação fracassada não representa uma forma de licitação dispensável. Assim, devemos aplicar o disposto no Art. 48, § 3º, da Lei nº 8.666/93.

> ***VI.*** *Quando a União tiver que intervir no domínio econômico para regular preços ou normalizar o abastecimento;*
>
> ***VII.*** *Quando as propostas apresentadas consignarem preços manifestamente superiores aos praticados no mercado nacional, ou forem incompatíveis com os fixados pelos órgãos oficiais competentes, casos em que, observado o parágrafo único do Art. 48 desta Lei e, persistindo a situação, será admitida a adjudicação direta dos bens ou serviços, por valor não superior ao constante do registro de preços, ou dos serviços;*
>
> ***VIII.*** *Para a aquisição, por pessoa jurídica de direito público interno, de bens produzidos ou serviços prestados por órgão ou entidade que integre a Administração Pública e que tenha sido criado para esse fim específico em data anterior à vigência desta Lei, desde que o preço contratado seja compatível com o praticado no mercado;*
>
> ***IX.*** *Quando houver possibilidade de comprometimento da segurança nacional, nos casos estabelecidos em decreto do Presidente da República, ouvido o Conselho de Defesa Nacional;*
>
> ***X.*** *Para a compra ou locação de imóvel destinado ao atendimento das finalidades precípuas da administração, cujas necessidades de instalação e localização condicionem a sua escolha, desde que o preço seja compatível com o valor de mercado, segundo avaliação prévia;*
>
> ***XI.*** *Na contratação de remanescente de obra, serviço ou fornecimento, em consequência de rescisão contratual, desde que atendida a ordem de classificação da licitação anterior e aceitas as mesmas condições oferecidas pelo licitante vencedor, inclusive quanto ao preço, devidamente corrigido;*
>
> ***XII.*** *Nas compras de hortifrutigranjeiros, pão e outros gêneros perecíveis, no tempo necessário para a realização dos processos licitatórios correspondentes, realizadas diretamente com base no preço do dia;*
>
> ***XIII.*** *Na contratação de instituição brasileira incumbida regimental ou estatutariamente da pesquisa, do ensino ou do desenvolvimento institucional, ou de instituição dedicada à recuperação social do preso, desde que a contratada detenha inquestionável reputação ético-profissional e não tenha fins lucrativos;*
>
> ***XIV.*** *Para a aquisição de bens ou serviços nos termos de acordo internacional específico aprovado pelo Congresso Nacional, quando as condições ofertadas forem manifestamente vantajosas para o Poder Público;*
>
> ***XV.*** *Para a aquisição ou restauração de obras de arte e objetos históricos, de autenticidade certificada, desde que compatíveis ou inerentes às finalidades do órgão ou entidade.*
>
> ***XVI.*** *Para a impressão dos diários oficiais, de formulários padronizados de uso da administração, e de edições técnicas oficiais, bem como para prestação de serviços de informática a pessoa jurídica de direito público interno, por órgãos ou entidades que integrem a Administração Pública, criados para esse fim específico;*
>
> ***XVII.*** *Para a aquisição de componentes ou peças de origem nacional ou estrangeira, necessários à manutenção de equipamentos durante o período de garantia técnica, junto ao fornecedor original desses equipamentos, quando tal condição de exclusividade for indispensável para a vigência da garantia;*
>
> ***XVIII.*** *Nas compras ou contratações de serviços para o abastecimento de navios, embarcações, unidades aéreas ou tropas e seus meios de deslocamento quando em estada eventual de curta duração em portos, aeroportos ou localidades diferentes de suas sedes, por motivo de movimentação operacional ou de adestramento, quando a exiguidade dos prazos legais puder comprometer a normalidade e os propósitos das operações e desde que seu valor não exceda ao limite previsto na alínea "a" do inciso II do Art. 23 desta Lei:*

XIX. *Para as compras de material de uso pelas Forças Armadas, com exceção de materiais de uso pessoal e administrativo, quando houver necessidade de manter a padronização requerida pela estrutura de apoio logístico dos meios navais, aéreos e terrestres, mediante parecer de comissão instituída por decreto;*

XX. *Na contratação de associação de portadores de deficiência física, sem fins lucrativos e de comprovada idoneidade, por órgãos ou entidades da Administração Pública, para a prestação de serviços ou fornecimento de mão de obra, desde que o preço contratado seja compatível com o praticado no mercado.*

XXI. *Para a aquisição ou contratação de produto para pesquisa e desenvolvimento, limitada, no caso de obras e serviços de engenharia, a 20% (vinte por cento) do valor de que trata a alínea "b" do inciso I do caput do art. 23; (Incluído pela Lei nº 13.243, de 2016);*

XXII. *Na contratação de fornecimento ou suprimento de energia elétrica e gás natural com concessionário, permissionário ou autorizado, segundo as normas da legislação específica;*

XXIII. *Na contratação realizada por empresa pública ou sociedade de economia mista com suas subsidiárias e controladas, para a aquisição ou alienação de bens, prestação ou obtenção de serviços, desde que o preço contratado seja compatível com o praticado no mercado.*

XXIV. *Para a celebração de contratos de prestação de serviços com as organizações sociais, qualificadas no âmbito das respectivas esferas de governo, para atividades contempladas no contrato de gestão.*

XXV. *Na contratação realizada por Instituição Científica e Tecnológica - ICT ou por agência de fomento para a transferência de tecnologia e para o licenciamento de direito de uso ou de exploração de criação protegida.*

XXVI. *Na celebração de contrato de programa com ente da Federação ou com entidade de sua administração indireta, para a prestação de serviços públicos de forma associada nos termos do autorizado em contrato de consórcio público ou em convênio de cooperação.*

XXVII. *Na contratação da coleta, processamento e comercialização de resíduos sólidos urbanos recicláveis ou reutilizáveis, em áreas com sistema de coleta seletiva de lixo, efetuados por associações ou cooperativas formadas exclusivamente por pessoas físicas de baixa renda reconhecidas pelo poder público como catadores de materiais recicláveis, com o uso de equipamentos compatíveis com as normas técnicas, ambientais e de saúde pública.*

XXVIII. *Para o fornecimento de bens e serviços, produzidos ou prestados no País, que envolvam, cumulativamente, alta complexidade tecnológica e defesa nacional, mediante parecer de comissão especialmente designada pela autoridade máxima do órgão.*

XXIX. *Na aquisição de bens e contratação de serviços para atender aos contingentes militares das Forças Singulares brasileiras empregadas em operações de paz no exterior, necessariamente justificadas quanto ao preço e à escolha do fornecedor ou executante e ratificadas pelo Comandante da Força.*

XXX. *Na contratação de instituição ou organização, pública ou privada, com ou sem fins lucrativos, para a prestação de serviços de assistência técnica e extensão rural no âmbito do Programa Nacional de Assistência Técnica e Extensão Rural na Agricultura Familiar e na Reforma Agrária, instituído por lei federal.*

XXXI. *Nas contratações visando ao cumprimento do disposto nos Arts. 3º, 4º, 5º e 20 da Lei nº 10.973, de 2 de dezembro de 2004, observados os princípios gerais de contratação dela constantes.*

XXXII. *Na contratação em que houver transferência de tecnologia de produtos estratégicos para o Sistema Único de Saúde - SUS, no âmbito da Lei nº 8.080, de 19 de setembro de 1990, conforme elencados em ato da direção nacional do SUS, inclusive por ocasião da aquisição destes produtos durante as etapas de absorção tecnológica.*

XXXIII. *Na contratação de entidades privadas sem fins lucrativos, para a implementação de cisternas ou outras tecnologias sociais de acesso à água para consumo humano e produção de alimentos, para beneficiar as famílias rurais de baixa renda atingidas pela seca ou falta regular de água.*

XXXIV. *Para a aquisição por pessoa jurídica de direito público interno de insumos estratégicos para a saúde produzidos ou distribuídos por fundação que, regimental ou estatutariamente, tenha por finalidade apoiar órgão da administração pública direta, sua autarquia ou fundação em projetos de ensino, pesquisa, extensão, desenvolvimento institucional, científico e tecnológico e estímulo à inovação, inclusive na gestão administrativa e financeira necessária à execução desses projetos, ou em parcerias que envolvam transferência de tecnologia de produtos estratégicos para o Sistema Único de Saúde – SUS, nos termos do inciso XXXII deste artigo, e que tenha sido criada para esse fim específico em data anterior à vigência desta Lei, desde que o preço contratado seja compatível com o praticado no mercado. (Incluído pela Lei nº 13.204, de 2015)*

XXXV. *Para a construção, a ampliação, a reforma e o aprimoramento de estabelecimentos penais, desde que configurada situação de grave e iminente risco à segurança pública. (Incluído pela Lei nº 13.500, de 2017)*

§ 1º - *Os percentuais referidos nos incisos I e II do caput deste Art. serão 20% (vinte por cento) para compras, obras e serviços contratados por consórcios públicos, sociedade de economia mista, empresa pública e por autarquia ou fundação qualificadas, na forma da lei, como Agências Executivas.*

§ 2º - *O limite temporal de criação do órgão ou entidade que integre a Administração Pública estabelecido no inciso VIII do caput deste artigo não se aplica aos órgãos ou entidades que produzem produtos estratégicos para o SUS, no âmbito da Lei nº 8.080, de 19 de setembro de 1990, conforme elencados em ato da direção nacional do SUS.*

§ 3º *- A hipótese de dispensa prevista no inciso XXI do caput, quando aplicada a obras e serviços de engenharia, seguirá procedimentos especiais instituídos em regulamentação específica. (Incluído pela Lei nº 13.243, de 2016)*

§ 4º *- Não se aplica a vedação prevista no inciso I do caput do art. 9º à hipótese prevista no inciso XXI do caput. (Incluído pela Lei nº 13.243, de 2016)*

<table>
<tr><th>Licitação Deserta Art. 24 - V</th><th>Licitação Fracassada Art. 24 - VII</th></tr>
<tr><td>Não aparecem concorrentes</td><td>Aparecem interessados, mas nenhum é selecionado devido ao fato das propostas apresentadas consignarem preços manifestamente superiores aos praticados no mercado nacional, ou forem incompatíveis com os fixados pelos órgãos oficiais competentes.</td></tr>
<tr><td rowspan="2">Licitação dispensável</td><td>Abertura de prazo para a apresentação de novas propostas:
- 8 dias (regra);
- 3 dias (convite).</td></tr>
<tr><td>Se os preços apresentados forem superiores aos de mercado, podem levar à licitação dispensável.</td></tr>
</table>

Formalidades da dispensa e da inexigibilidade

Os atos de dispensa e de inexigibilidade de licitação devem ser obrigatoriamente motivados, e deverão ser comunicados, dentro de 3 dias, à autoridade superior, para ratificação e publicação na imprensa oficial, no prazo de 5 (cinco) dias, como condição para a eficácia dos atos.

Em casos de dispensa ou inexigibilidade de licitação, se houver superfaturamento da obra, haverá responsabilidade solidária do agente público responsável e também do fornecedor ou prestador de serviços.

Questões

01. (Cespe) É dispensável a licitação para a contratação de artista consagrado pela crítica especializada.

Certo ( ) Errado ( )

02. (Cespe) É constitucional dispositivo de lei que determine a inclusão, na análise da proposta mais vantajosa, dos valores de impostos já pagos pela participante do certame à fazenda pública que realiza a licitação.

Certo ( ) Errado ( )

03. (Cespe) O adjudicatário que se recusar, injustificadamente, a assinar contrato administrativo está sujeito às penalidades pelo descumprimento total da obrigação assumida.

Certo ( ) Errado ( )

04. (Cespe) Em razão de o INSS ser autarquia especial de intervenção no domínio econômico, nos aspectos de ingerência no setor privado, ele não se submeterá a procedimentos licitatórios.

Certo ( ) Errado ( )

05. (Cespe) Suponha que a União pretenda contratar organização social para o desenvolvimento de atividades contempladas em contrato de gestão. Nesse caso, haverá inexigibilidade de licitação.

Certo ( ) Errado ( )

06. (Cespe) Considere que a administração tenha anulado licitação durante a execução do respectivo contrato administrativo. Nessa situação, há dever de indenizar o contratado na parte do contrato que este já houver executado.

Certo ( ) Errado ( )

07. (Cespe) As empresas estatais exploradoras de atividade econômica ou de produção ou comercialização de bens ou de prestação de serviços estão dispensadas de observar os princípios da licitação.

Certo ( ) Errado ( )

08. (Cespe) A contratação de parceria público-privada deve ser precedida de licitação na modalidade convite, estando a abertura do processo licitatório condicionada a autorização, fundamentada em estudo técnico, da autoridade competente.

Certo ( ) Errado ( )

09. (Cespe) É dispensável a licitação para a aquisição ou restauração de obras de arte e objetos históricos, de autenticidade certificada, desde que sejam compatíveis ou inerentes às finalidades do órgão ou entidade adquirente.

Certo ( ) Errado ( )

10. (Cespe) Considere que órgão da Administração Pública abra processo licitatório na modalidade tomada de preços entre interessados do ramo pertinente ao seu objeto devidamente cadastrados ou não. Nessa situação, a unidade administrativa poderá escolher o número mínimo de três interessados, desde que atendam a todas as condições exigidas para cadastramento, até o quinto dia anterior à data do recebimento das propostas, e à necessária qualificação.

Certo ( ) Errado ( )

Gabaritos

01	ERRADO	06	CERTO
02	ERRADO	07	ERRADO
03	CERTO	08	ERRADO
04	ERRADO	09	CERTO
05	ERRADO	10	ERRADO

9. RESPONSABILIDADE CIVIL DO ESTADO

A responsabilidade civil consubstancia-se na obrigação de indenizar um dano patrimonial decorrente de um fato lesivo voluntário. É modalidade de obrigação extracontratual e, para que ocorra, são necessários alguns elementos previstos no Art. 37, § 6º, da Constituição Federal:

> ***§6º** - As pessoas jurídicas de direito público e as pessoas jurídicas de direito privado prestadoras de serviço público responderão pelos danos seus agentes, nessa qualidade, causarem a terceiros, assegurado o direito de regresso contra o responsável nos casos de dolo ou culpa.*

9.1 Teoria do Risco Administrativo

É a responsabilidade objetiva do Estado, que paga o terceiro lesado, desde que ocorra o dano por ação praticada pelo agente público, mesmo o agente não agindo com dolo ou culpa.

Enquanto para a Administração a responsabilidade independe da culpa, para o servidor, ela depende: aquela é objetiva, esta é subjetiva e se apura pelos critérios gerais do Código Civil.

Requisitos

O fato lesivo causado pelo agente em decorrência de culpa em sentido amplo, a qual abrange o dolo (intenção), e a culpa em sentido estrito, que engloba a negligência, a imprudência e a imperícia.

A ocorrência de um dano patrimonial ou moral.

O nexo de causalidade entre o dano havido e o comportamento do agente, o que significa ser necessário que o dano efetivamente haja decorrido diretamente, da ação ou omissão indevida do agente.

> As Pessoas Jurídicas de Direito Privado prestadoras de serviço público estão também sob a responsabilidade na modalidade risco administrativo.

Situações de quebra do nexo causal da Administração Pública (Rompimento do Nexo Causal).

Caso I

Culpa exclusiva de terceiros ou da vítima.

Ex.: Marco, Agente Federal, dirigindo regularmente viatura oficial em escolta, atropela Sérgio, um suicida. Nessa situação, a Administração Pública não está obrigada a indenizar, pois o prejuízo foi causado exclusivamente pela vítima.

Caso II

Caso fortuito, evento da natureza imprevisível e inevitável.

Ex.: A PRF apreende um veículo em depósito. No local, cai um raio e destrói por completo o veículo apreendido. Nessa situação, a Administração não estará obrigada a indenizar o prejuízo sofrido, uma vez que não ocorreu culpa.

Caso III

Motivo de força maior, evento humano imprevisível e inevitável.

Ex.: A PRF apreende um veículo em depósito. Uma manifestação popular intensa invade-o e depreda todo o veículo, inutilizando-o. Nessa situação, a Administração não estará obrigada a indenizar o prejuízo sofrido, uma vez que não ocorreu culpa.

> Estão incluídas todas as pessoas jurídicas de Direito Público, ou seja, a Administração Direta, as autarquias e as fundações públicas de direito público, independentemente de suas atividades.

9.2 Teoria da Culpa Administrativa

Segundo a Teoria da Culpa Administrativa, também conhecida como Teoria da Culpa Anônima ou Falta de Serviço, o dever do Estado de indenizar o dano sofrido pelo particular somente existe caso seja comprovada a existência de falta de serviço. É possível ainda ocorrer a responsabilização do Estado aos danos causados por fenômenos da natureza quando ficar comprovado que o Estado concorreu de alguma maneira para que se produzisse o evento danoso, seja por dolo ou culpa. Nessa situação, vigora a responsabilidade subjetiva, pois temos a condição de ter ocorrido com dolo ou culpa. A culpa administrativa pode decorrer de uma das três formas possíveis de falta do serviço:

- Inexistência do serviço.
- Mau funcionamento do serviço.
- Retardamento do serviço.

Cabe sempre ao particular prejudicado pela falta comprovar sua ocorrência para fazer justa indenização.

Para os casos de omissão, a regra geral é a responsabilidade subjetiva. No entanto, há casos em que mesmo na omissão a responsabilidade do Estado será objetiva como, por exemplo, no caso de atendimento hospitalar deficiente e de pessoas sob a custódia do Estado, ou seja, o preso, pois, nesse caso, o Estado tem o dever de assegurar integridade física e mental do custodiado.

9.3 Teoria do Risco Integral

A Teoria do Risco Integral representa uma exacerbação da responsabilidade civil da Administração. Segundo essa teoria, basta a existência de evento danoso e do nexo causal para que surja a obrigação de indenizar para a administração, mesmo que o dano decorra de culpa exclusiva do particular.

Alguns autores consideram essa teoria para o caso de acidente nuclear.

9.4 Danos Decorrentes de Obras Públicas

Só Fato da Obra: sem qualquer irregularidade na sua execução.

Responsabilidade Civil **Objetiva** da Administração Pública ou particular (tanto faz quem execute a obra).

Má Execução da Obra

- **Administração Pública:** Responsabilidade Civil Objetiva, com direito de ação regressiva.
- **Particular:** Responsabilidade Civil Subjetiva.

9.5 Responsabilidade Civil Decorrente de Atos Legislativos

Regra: irresponsabilidade do Estado.

Exceção:

Leis Inconstitucionais

> Depende de declaração de inconstitucionalidade do STF;

> Depende de ajuizamento de ação de reparação de danos.

Leis de Efeitos Concretos

9.6 Responsabilidade Civil Decorrente de Atos Jurisdicionais

Regra: irresponsabilidade do Estado.

Exceção: Erro judiciário – Esfera Penal, ou seja, erro do judiciário que acarretou na prisão de um inocente ou na manutenção do preso no cárcere por tempo superior ao prolatado na sentença, Art. 5º, LXXV, da CF. Segundo o STF, essa responsabilidade não alcança outras esferas.

Caso seja aplicada uma prisão cautelar a um acusado criminal e ele venha a ser absolvido, o Estado não responderá pelo erro judiciário, pois se entende que a aplicação da medida não constitui erro do judiciário, mas sim, uma medida cautelar pertinente ao processo.

9.7 Ação de Reparação de Danos

Administração Pública X Particular:

Pode ser amigável ou judicial.

Não pode ser intentada contra o agente público cuja ação acarretou o dano.

Ônus da Prova:

Particular: nexo de causalidade direto e imediato entre o fato lesivo e o dano.

Administração Pública:

> Culpa exclusiva da vítima.

> Força Maior.

> Culpa concorrente da vítima.

Valor da Indenização destina-se à cobertura das seguintes despesas:

> O que a vítima perdeu;

> O que a vítima gastou (advogados);

> O que a vítima deixou de ganhar.

Em caso de morte:

> Sepultamento;

> Pensão alimentícia para os dependentes com base na expectativa de vida da vítima.

Prescrição:

***Art. 1º** da Lei nº 9.494/97: 5 anos.*

Tal prazo aplica-se inclusive às delegatárias de serviço público.

9.8 Ação Regressiva

Administração Pública X Agente Público:

O Art. 37, § 6º, da CF permite à Administração Pública ou delegatária (Concessionárias, Autorizatárias e Permissionárias) de serviço público a ingressar com uma ação regressiva contra o agente cuja atuação acarretou o dano, desde que comprovado dolo ou culpa.

Requisitos:

> Trânsito em julgado da sentença que condenou a Administração ou Delegatária a indenizar.

> Culpa ou dolo do agente público (responsábilidade civil subjetiva).

Regras Especiais:

> O dever de reparação se estende aos sucessores até o limite da herança recebida.

> Pode acontecer após a quebra do vínculo entre o agente público e a Administração Pública.

> A ação de ressarcimento ao erário é imprescritível.

O agente ainda pode ser responsabilizado nas esferas administrativa e criminal se a conduta que gerou o prejuízo ainda incorrer em crime ou em falta administrativa, conforme o caso, podendo as penalidades serem aplicadas de forma cumulativa.

Questões

01. (Cespe) - Julgue o item a seguir, relativo ao regime jurídico dos servidores públicos civis da União, às carreiras dos servidores do Poder Judiciário da União e à responsabilidade civil do Estado.

Um servidor público federal que, no exercício de sua função, causar dano a terceiros poderá ser demandado diretamente pela vítima em ação indenizatória.

Certo ( ) Errado ( )

02. (Cespe) - João, servidor público civil, motorista do Exército brasileiro, enquanto conduzia veículo oficial, no exercício da sua função, colidiu com o automóvel de Maria, que não possui qualquer vínculo com o poder público. Após a devida apuração, ficou provado que os dois condutores agiram com culpa.

A partir dessa situação hipotética e considerando a doutrina majoritária referente à responsabilidade civil do Estado, julgue o item que se segue.

A União tem direito de regresso em face de João, considerando que, no caso, a responsabilidade do agente público é subjetiva.

Certo ( ) Errado ( )

03. (Cespe) – Julgue o item a seguir, relativo à responsabilidade civil do Estado.

Excetuados os casos de dever específico de proteção, a responsabilidade civil do Estado por condutas omissivas é subjetiva, devendo ser comprovados a negligência na atuação estatal, o dano e o nexo de causalidade.

Certo ( ) Errado ( )

04. (Cespe) – Julgue o item a seguir, relativo à responsabilidade civil do Estado.

As empresas prestadoras de serviços públicos responderão pelos danos que seus agentes, nessa qualidade, causarem a terceiros, assegurado o direito de regresso contra o responsável exclusivamente no caso de dolo.

Certo ( ) Errado ( )

05. (Cespe) - Julgue o item a seguir, relativo à responsabilidade civil do Estado.

A responsabilidade civil do Estado por atos comissivos abrange os danos morais e materiais.

Certo ( ) Errado ( )

Gabaritos

01	ERRADO
02	CERTO
03	CERTO
04	ERRADO
05	CERTO

10. CONTROLE DA ADMINISTRAÇÃO PÚBLICA

É um conjunto de instrumentos que o ordenamento jurídico estabelece a fim de que a própria administração Pública, os três poderes, e, ainda, o povo, diretamente ou por meio de órgãos especializados, possam exercer o poder de fiscalização, orientação e revisão da atuação de todos os órgãos, entidades e agentes públicos, em todas as esferas do poder.

10.1 Classificação

Quanto à Origem

Controle Interno

Acontece dentro do próprio poder, decorrente do princípio da autotutela.

Finalidade:

***Art. 74**, CF. Os Poderes Legislativo, Executivo e Judiciário manterão, de forma integrada, sistema de controle interno com a finalidade de:*

***I.** Avaliar o cumprimento das metas previstas no plano plurianual, a execução dos programas de governo e dos orçamentos da União;*

***II.** Comprovar a legalidade e avaliar os resultados, quanto à eficácia e eficiência, da gestão orçamentária, financeira e patrimonial nos órgãos e entidades da administração federal, bem como da aplicação de recursos públicos por entidades de direito privado;*

***III.** Exercer o controle das operações de crédito, avais e garantias, bem como dos direitos e haveres da União;*

***IV.** Apoiar o controle externo no exercício de sua missão institucional.*

***§ 1º** - Os responsáveis pelo controle interno, ao tomarem conhecimento de qualquer irregularidade ou ilegalidade, dela darão ciência ao Tribunal de Contas da União, sob pena de responsabilidade solidária.*

Exs.:

Pode ser exercido no âmbito hierárquico ou por órgãos especializados (sem hierarquia);

O controle finalístico (controvérsia doutrinária, alguns autores falam que é modalidade de controle externo);

A fiscalização realizada por um órgão da Administração Pública do Legislativo sobre a atuação dela própria;

O controle realizado pela Administração Pública do poder judiciário nos atos administrativos praticados pela própria Administração Pública desse poder.

Controle Externo

É exercido por um poder sobre os atos administrativos de outro poder.

A exemplo, temos o controle judicial dos atos administrativos, que analisa aspectos de legalidade dos atos da Administração Pública dos demais poderes; ou o controle legislativo realizado pelo poder legislativo, nos atos da Administração Pública dos outros poderes.

Controle Popular

É o controle exercido pelos administrados na atuação da Administração Pública dos três poderes, seja por meio da ação popular, do direito de petição ou de outros.

É importante lembrar que os atos administrativos devem ser publicados, salvo os sigilosos. Todavia, uma outra finalidade da publicidade dos atos administrativos é o desenvolvimento do controle social da Administração Pública[1].

Quanto ao Momento de Exercício

Controle Prévio

É exercido antes da prática ou antes da conclusão do ato administrativo.

Finalidade:

É um requisito de validade do ato administrativo.

Ex.: A aprovação do Senado Federal da escolha de ministros do STF ou de dirigente de uma agência reguladora federal. Em tais situações, a referida aprovação antecede a nomeação de tais agentes.

Controle Concomitante

É exercido durante a prática do ato.

Finalidade:

Possibilitar a aferição do cumprimento das formalidades exigidas para a formação do ato administrativo.

Ex.: Fiscalização da execução de um contrato administrativo; acompanhamento de uma licitação pelos órgãos de controle.

Controle Subsequente/Corretivo/Posterior

É exercido após a conclusão do ato.

Finalidade:

- Correção dos defeitos sanáveis do ato;
- Declaração de nulidade do ato;
- Revogação do ato discricionário legal inconveniente e inoportuno.
- Cassação do ato pelo descumprimento dos requisitos que são exigidos para a sua manutenção.
- Conferir eficácia ao ato.

Ex.: Homologação de um concurso público.

Quanto ao Aspecto Controlado

Controle de Legalidade

Sua finalidade é verificar se o ato foi praticado em conformidade com o ordenamento jurídico, e, por esse, entendemos que o

1 Lei de Acesso à Informação Pública - Lei 12.527-Art. 3º. Os procedimentos previstos nesta Lei destinam-se a assegurar o direito fundamental de acesso à informação e devem ser executados em conformidade com os princípios básicos da Administração Pública e com as seguintes diretrizes:
I. observância da publicidade como preceito geral e do sigilo como exceção;
II. divulgação de informações de interesse público, independentemente de solicitações;
III. utilização de meios de comunicação viabilizados pela tecnologia da informação;
IV. fomento ao desenvolvimento da cultura de transparência na Administração Pública;
V. desenvolvimento do controle social da Administração Pública.

ato tem que ser praticado de acordo com as leis e também com os princípios fundamentais da administração pública.

Lei deve ser entendida, nessa situação, em sentido amplo, ou seja, a Constituição Federal, as leis ordinárias, complementares, delegadas, medidas provisórias e as normas infralegais.

Exercício

Própria Administração Pública: pode realizar o controle de legalidade a pedido ou de ofício. Em decorrência do princípio da autotutela, é espécie de controle interno.

Poder Judiciário: no exercício da função jurisdicional, pode exercer o controle de legalidade somente por provocação. Nesse caso, é uma espécie de inspeção externo.

Poder Legislativo: somente pode exercer controle de legalidade nos casos previstos na Constituição Federal. É forma de controle externo.

Consequências:

Confirmação da validade do ato.

Anulação do ato com vício de validade (ilegal).

Um ato administrativo pode ser anulado pela própria Administração2 que o praticou, por provocação ou de ofício (controle interno) ou pelo poder judiciário. Nesse caso, somente por provocação (controle externo). A anulação gera efeitos retroativos (*ex tunc*), desfazendo todas as relações do ato resultadas, salvo, entretanto, os efeitos produzidos para os terceiros de boa-fé.

Prazo para anulação na via administrativa: cinco anos, contados a partir da prática do ato, salvo comprovada má-fé .

Segundo o STF, quando o controle interno acarretar o desfazimento de um ato administrativo que implique em prejuízo à situação jurídica do administrado, a administração deve antes instaurar um procedimento que garanta a ele o contraditório e a ampla-defesa, para que, dessa forma, possa defender os seus interesses.

Convalidação do ato é a correção com efeitos retroativos do ato administrativo com defeito sanável. Considera-se problema reparável:

> **I.** Vício de competência relativo à pessoa.
>
> » **Exceção**: Competência exclusiva (também não cabe convalidação).
>
> » O vício de competência relativo à matéria não é caracterizado como um defeito sanável.
>
> **II.** Vício de Forma
>
> » **Exceção**: Lei determina que a forma seja elemento essencial de validade de determinado ato (também não cabe convalidação).

Sendo assim, somente os vícios nos elementos forma e competência podem ser convalidados. Em todos os demais casos, a administração somente pode anular o ato.

Mesmo quando o defeito admite convalidação, a administração pública tem a possibilidade de anular, pois a regra é a anulação e a convalidação uma faculdade disponível ao agente público em hipóteses excepcionais.

Convalidação Tácita:

O Art. 54 da Lei 9.784 prevê que a administração tem o direito de anular os atos administrativos de que decorram efeitos favoráveis; para os destinatários, decai em cinco anos, contados da data em que forem praticados, salvo comprovada má-fé. Transcorrido esse prazo, o ato foi convalidado, pois não pode ser mais anulado pela administração.

Convalidação Expressa:

> **Art. 55, Lei 9.784/99.** *Em decisão na qual se evidencie não acarretar lesão ao interesse público nem prejuízo a terceiros, os atos que apresentarem defeitos sanáveis poderão ser convalidados pela própria Administração.*

O prazo que a Administração Pública tem para convalidar um ato é o mesmo que ela tem para anular, ou seja, cinco anos contados a partir da data da prática do feito. Como analisamos, a convalidação, se trata de um controle de legalidade que verificou que o ato foi praticado com vício, todavia, na hipótese descrita no Art. 55 da Lei 9.784/99, a autoridade com competência para anular tal ato, pode optar pela sua convalidação.

Controle de Mérito

Sua finalidade é verificar a conveniência e a oportunidade dos atos administrativos discricionários.

Exercício

Em regra, é exercido discricionariamente pelo próprio poder que praticou o feito.

Excepcionalmente, o poder legislativo tem competência para verificar o mérito de atos administrativos dos outros poderes, esse é um controle de mérito de natureza política.

Não pode ser exercido pelo poder judiciário na sua função típica, mas pode ser executado pela Administração Pública do poder judiciário nos atos dela própria.

Consequências

Manutenção do ato discricionário legal, conveniente e oportuno;

Revogação do ato discricionário legal, inconveniente e inoportuno.

Nas hipóteses em que o Poder Legislativo exerce controle de mérito da atuação administrativa dos outros poderes, não lhe é permitida a revogação de tais atos.

Quanto à Amplitude

Controle Hierárquico

Decorre da hierarquia presente na Administração Pública, que se manifesta na subordinação entre órgãos e agentes, sempre no âmbito de uma mesma pessoa jurídica. Acontece na Administração Pública dos três poderes.

Consequências

É um controle interno permanente (antes/durante/após a prática do ato) e irrestrito, pois verifica aspectos de legalidade e de

2 Súmula 473, STF. A Administração pode anular seus próprios atos, quando eivados de vícios que os tornem ilegais, porque deles não se originam direitos; ou revogá-los, por motivo de conveniência ou oportunidade, respeitados os direitos adquiridos, e ressalvada, em todos os casos, a apreciação judicial.

mérito de um ato administrativo praticado pelos agentes e órgãos subordinados.

Esse controle está relacionado às atividades de supervisão, coordenação, orientação, fiscalização, aprovação, revisão, avocação e aplicação de meios corretivos dos desvios e irregularidades verificados.

Controle Finalístico/Tutela Administrativa/ Supervisão Ministerial

É exercido pela administração direta sobre as pessoas jurídicas da administração indireta.

Efeitos

Depende de norma legal que o estabeleça, não se enquadrando como um controle específico, e sua finalidade é verificar se a entidade está atingindo as suas intenções estatutárias.

10.2 Controle Administrativo

É um controle interno, fundado no poder de autotutela, exercido pelo poder executivo e pelos órgãos administrativos dos poderes legislativo e judiciário sobre suas próprias condutas, tendo em vista aspectos de legalidade e de mérito administrativo[3].

> *Súmula 473, STF: A Administração pode anular seus próprios atos, quando eivados de vícios que os tornam ilegais, porque deles não se originam direitos; ou revogá-los, por motivo de conveniência ou oportunidade, respeitados os direitos adquiridos, e ressalvada, em todos os casos, a apreciação judicial.*

O controle administrativo é sempre interno. Pode ser hierárquico, quando é feito entre órgãos verticalmente escalonados integrantes de uma mesma pessoa jurídica, seja da Administração Direta ou Indireta; ou não hierárquico, quando exercido entre órgãos que, embora integrem uma só pessoa jurídica, não estão na mesma linha de escalonamento vertical e também no controle finalístico exercido entre a Administração Direta e a Indireta.

O controle administrativo é um controle permanente, pois acontece antes, durante e depois da prática do ato; também é irrestrito, pois como já foi dito, analisa aspectos de legalidade e de mérito.

Ainda é importante apontar que o controle administrativo pode acontecer de ofício ou a pedido do administrado.

Quando interessado em provocar a atuação da Administração Pública, o administrado pode se valer da reclamação administrativa, que é uma expressão genérica para englobar um conjunto de instrumentos, tais como o direito de petição, a representação, a denúncia, o recurso, o pedido de reconsideração, a revisão, dentre outros meios.

O meio utilizado pela Administração Pública para processar o pedido do interessado é o processo administrativo, que, na esfera federal, é regulado pela Lei nº 9.784/99.

10.3 Controle Legislativo

É a fiscalização realizada pelo Poder Legislativo, na sua função típica de fiscalizar, na atuação da Administração Pública dos três poderes.

Quando exercido na atuação administrativa dos outros poderes, é espécie de controle externo; quando realizado na Administração Pública do próprio poder legislativo, é espécie de controle interno.

Hipóteses de Controle

O controle legislativo na atuação da Administração Pública somente pode ocorrer nas hipóteses previstas na Constituição Federal, não sendo permitidas às Constituições Estaduais ou às leis orgânicas criarem novas modalidades de controle legislativo no respectivo território de sua competência. Caso se crie nova forma de controle legislativo por instrumento legal diverso da Constituição Federal, tal norma será inconstitucional.

Como as normas estaduais e municipais não podem criar novas modalidades de controle legislativo, nessas esferas, pelo princípio da simetria, são aplicadas as hipóteses de controle legislativo previstas na Constituição Federal para os estados e municípios. Todavia, vale ressaltar que como o sistema legislativo federal adota o bicameralismo, as hipóteses de controle do Congresso Nacional, do Senado, das comissões e do Tribunal de Contas da União são aplicadas às assembleias legislativas na esfera estadual e às câmaras de vereadores nas esferas municipais.

Modalidades

Controle de Legalidade

Quando se analisa aspectos de legalidade da atuação da Administração Pública dos três poderes, tais como dos atos e contratos administrativos.

Controle de Mérito (Político)

É um controle de natureza política, que possibilita ao Poder Legislativo, nas hipóteses previstas na Constituição Federal, a intervir na atuação da Administração Pública do Poder Executivo, controlando aspectos de eficiência da atuação e também de conveniência da tomada de determinadas decisões do poder executivo.

> **Ex.:** Quando o Senado tem que aprovar o ato do Presidente da República, que nomeia um dirigente de uma agência reguladora.

Efeitos:

Não acarreta revogação do ato, pois esse ainda não conclui o seu processo de formação enquanto não for aprovado pelo poder legislativo, ou seja, tal ato não gera efeitos até a aprovação, por isso, não há o que se falar em revogação.

Controle Exercido pelo Congresso Nacional

A competência exclusiva do Congresso Nacional vem descrita no Art. 40 da Constituição Federal:

> *V. Sustar os atos normativos do Poder Executivo que exorbitem do poder regulamentar ou dos limites de delegação legislativa;*

Tal situação acontece quando, no exercício do poder regulamentar, o presidente da república edite um decreto para complementar determinada lei e, nesse decreto, ele venha a inovar o ordenamento jurídico, ultrapassando os limites da lei. Todavia, a sustação do ato normativo pelo Congresso Nacional não invalida todo o decreto mas somente o trecho dele que esteja exorbitando do exercício do poder regulamentar.

3 ALEXANDRINO, Marcelo & PAULO Vicente. Direito Administrativo Descomplicado. 19ª edição. São Paulo - 2011.

IX. Julgar anualmente as contas prestadas pelo Presidente da República e apreciar os relatórios sobre a execução dos planos de governo;

X. Fiscalizar e controlar, diretamente, ou por qualquer de suas Casas, os atos do Poder Executivo, incluídos os da administração indireta;

Controle Exercido Privativamente pelo Senado Federal

As competências privativas do Senado Federal vêm descritas no Art. 52 da Constituição Federal, dentre essas, algumas se referem ao exercício de atividades de controle:

I. Processar e julgar o Presidente e o Vice-Presidente da República nos crimes de responsabilidade, bem como os Ministros de Estado e os Comandantes da Marinha, do Exército e da Aeronáutica nos crimes da mesma natureza conexos com aqueles;

II. Processar e julgar os Ministros do Supremo Tribunal Federal, os membros do Conselho Nacional de Justiça e do Conselho Nacional do Ministério Público, o Procurador-Geral da República e o Advogado-Geral da União nos crimes de responsabilidade;

Nesses dois primeiros casos, o julgamento será presidido pelo presidente do STF, limitando-se este à condenação, que somente será proferida por dois terços dos votos do Senado Federal.

III. Aprovar previamente, por voto secreto, após arguição pública, a escolha de:

a) Magistrados, nos casos estabelecidos nesta Constituição;

b) Ministros do Tribunal de Contas da União indicados pelo Presidente da República;

c) Governador de Território;

d) Presidente e diretores do Banco Central;

e) Procurador-Geral da República;

f) titulares de outros cargos que a lei determinar.

IV. Aprovar previamente, por voto secreto, após arguição em sessão secreta, a escolha dos chefes de missão diplomática de caráter permanente;

V. Autorizar operações externas de natureza financeira, de interesse da União, dos Estados, do Distrito Federal, dos Territórios e dos Municípios;

VI. Fixar, por proposta do Presidente da República, limites globais para o montante da dívida consolidada da União, dos Estados, do Distrito Federal e dos Municípios;

VII. Dispor sobre limites globais e condições para as operações de crédito externo e interno da União, dos Estados, do Distrito Federal e dos Municípios, de suas autarquias e demais entidades controladas pelo Poder Público Federal;

VIII. dispor sobre limites e condições para a concessão de garantia da União em operações de crédito externo e interno;

IX. Estabelecer limites globais e condições para o montante da dívida mobiliária dos Estados, do Distrito Federal e dos Municípios;

X. Aprovar, por maioria absoluta e por voto secreto, a exoneração, de ofício, do Procurador-Geral da República antes do término de seu mandato;

XI. Avaliar periodicamente a funcionalidade do Sistema Tributário Nacional, em sua estrutura e seus componentes, e o desempenho das administrações tributárias da União, dos Estados e do Distrito Federal e dos Municípios.

Controle Exercido pela Câmara dos Deputados

A competência da Câmara dos Deputados vem descrita no Art. 51 da Constituição Federal, e nesse momento analisaremos as competências relativas à área de controle da administração:

Compete privativamente à Câmara dos Deputados:

I. Autorizar, por dois terços de seus membros, a instauração de processo contra o Presidente e o Vice-Presidente da República e os Ministros de Estado;

II. Proceder à tomada de contas do Presidente da República, quando não apresentadas ao Congresso Nacional dentro de sessenta dias após a abertura da sessão legislativa;

Fiscalização Contábil, Financeira e Orçamentária na Constituição Federal

Também chamado de controle financeiro, em sentido amplo, vem descrito no Art. 70 da CF, que traz as seguintes regras:

Art. 70, CF. *A fiscalização contábil, financeira, orçamentária, operacional e patrimonial da União e das entidades da administração direta e indireta, quanto à legalidade, legitimidade, economicidade, aplicação das subvenções e renúncia de receitas, será exercida pelo Congresso Nacional, mediante controle externo, e pelo sistema de controle interno de cada Poder.*

Como podemos observar, segundo os ditames do Art. 70 da Constituição Federal, a fiscalização contábil, financeira e orçamentária é realizada tanto por meio de controle interno como de externo.

Áreas alcançadas pelo controle financeiro (amplo):

Contábil: controla o cumprimento das formalidades no registro de receitas e despesas.

Financeira: controla a entrada e a saída de capital, sua destinação.

Orçamentária: fiscaliza e acompanha a execução do orçamento anual, plurianual.

Operacional: controla a atuação administrativa, observando se estão sendo respeitadas as diretrizes legais que orientam a atuação da Administração Pública, bem como avaliando aspectos de eficiência e economicidade.

Patrimonial: controle do patrimônio público, seja ele móvel ou imóvel.

Aspectos Controlados: as áreas alcançadas pelo controle financeiro (sentido amplo) abrangem os seguintes aspectos:

Legalidade: atuação conforme a lei.

Legitimidade: atuação conforme os princípios orientadores da atuação da Administração Pública.

O controle financeiro realizado pelo Congresso Nacional não analisa aspectos de mérito.

Para que o controle financeiro seja eficiente, é necessária a prestação de contas por parte das pessoas físicas ou jurídicas que, de qualquer forma, administrem dinheiro ou direito patrimonial público; tal regra vem descrita no parágrafo único do Art. 70:

Art. 70, Parágrafo único. *Prestará contas qualquer pessoa física ou jurídica, pública ou privada, que utilize, arrecade, guarde, gerencie ou administre dinheiros, bens e valores públicos ou pelos quais a União responda, ou que, em nome desta, assuma obrigações de natureza pecuniária.*

Controle Exercido pelos Tribunais de Contas

Os Tribunais de Contas são órgãos de controle vinculados ao Poder Legislativo. A finalidade que possuem é auxiliar na função de exercer o controle externo da Administração Pública.

Apesar da expressão órgãos auxiliares, os tribunais de contas não se submetem ao poder legislativo, ou seja, não existe hierarquia nem subordinação entre os tribunais de contas e o poder legislativo.

A Constituição Federal, no Art. 71, estabelece as competências do Tribunal de Contas da União (TCU), e, pelo princípio da simetria, os tribunais de contas estaduais e municipais detêm as mesmas competências nas suas esferas de fiscalização, não sendo permitidas às Constituições Estaduais e às leis orgânicas municipais criar novas hipóteses de controle. Veja as competências dos Tribunais de Contas a seguir.

Hipóteses de Controle

> ***Art. 71.*** *O controle externo, a cargo do Congresso Nacional, será exercido com o auxílio do Tribunal de Contas da União, ao qual compete:*
>
> ***I.*** *Apreciar as contas prestadas anualmente pelo Presidente da República, mediante parecer prévio que deverá ser elaborado em sessenta dias a contar de seu recebimento;*
>
> ***II.*** *Julgar as contas dos administradores e demais responsáveis por dinheiros, bens e valores públicos da administração direta e indireta, incluídas as fundações e sociedades instituídas e mantidas pelo Poder Público federal, e as contas daqueles que derem causa a perda, extravio ou outra irregularidade de que resulte prejuízo ao erário público;*
>
> ***III.*** *Apreciar, para fins de registro, a legalidade dos atos de admissão de pessoal, a qualquer título, na administração direta e indireta, incluídas as fundações instituídas e mantidas pelo Poder Público, excetuadas as nomeações para cargo de provimento em comissão, bem como a das concessões de aposentadorias, reformas e pensões, ressalvadas as melhorias posteriores que não alterem o fundamento legal do ato concessório;*
>
> ***IV.*** *Realizar, por iniciativa própria, da Câmara dos Deputados, do Senado Federal, de Comissão técnica ou de inquérito, inspeções e auditorias de natureza contábil, financeira, orçamentária, operacional e patrimonial, nas unidades administrativas dos Poderes Legislativo, Executivo e Judiciário, e demais entidades referidas no inciso II;*
>
> ***V.*** *Fiscalizar as contas nacionais das empresas supranacionais de cujo capital social a União participe, de forma direta ou indireta, nos termos do tratado constitutivo;*
>
> ***VI.*** *Fiscalizar a aplicação de quaisquer recursos repassados pela União mediante convênio, acordo, ajuste ou outros instrumentos congêneres, a Estado, ao Distrito Federal ou a Município;*
>
> ***VII.*** *Prestar as informações solicitadas pelo Congresso Nacional, por qualquer de suas Casas, ou por qualquer das respectivas Comissões, sobre a fiscalização contábil, financeira, orçamentária, operacional e patrimonial e sobre resultados de auditorias e inspeções realizadas;*
>
> ***VIII.*** *Aplicar aos responsáveis, em caso de ilegalidade de despesa ou irregularidade de contas, as sanções previstas em lei, que estabelecerá, entre outras cominações, multa proporcional ao dano causado ao erário;*
>
> ***IX.*** *Assinar prazo para que o órgão ou entidade adote as providências necessárias ao exato cumprimento da lei, se verificada ilegalidade;*
>
> ***X.*** *Sustar, se não atendido, a execução do ato impugnado, comunicando a decisão à Câmara dos Deputados e ao Senado Federal;*
>
> ***XI.*** *Representar ao Poder competente sobre irregularidades ou abusos apurados.*
>
> ***§ 1º*** *- No caso de contrato, o ato de sustação será adotado diretamente pelo Congresso Nacional, que solicitará, de imediato, ao Poder Executivo as medidas cabíveis.*
>
> ***§ 2º*** *- Se o Congresso Nacional ou o Poder Executivo, no prazo de noventa dias, não efetivar as medidas previstas no parágrafo anterior, o Tribunal decidirá a respeito.*
>
> ***§ 3º*** *- As decisões do Tribunal de que resulte imputação de débito ou multa terão eficácia de título executivo.*
>
> ***§ 4º*** *- O Tribunal encaminhará ao Congresso Nacional, trimestral e anualmente, relatório de suas atividades.*

Pontos relevantes

A partir dessas regras, analisaremos alguns aspectos relevantes referentes ao controle da Administração Pública quando feito pelos tribunais de contas, nas suas respectivas áreas de competências:

> Contas do Presidente da República são somente apreciadas mediante parecer prévio do tribunal de contas, a competência para julgá-las é do Congresso Nacional.

Apreciação e julgamento das contas públicas

O TCU tem a competência de apreciar e julgar as contas dos administradores públicos.

O julgamento das contas feito pelo TCU não depende de homologação ou parecer do Poder Legislativo, pois, lembrando, os Tribunais de Contas não são subordinados ao Poder Legislativo.

Julgamento das Contas do Próprio Tribunal de Contas

Como a Constituição Federal não se preocupou em estabelecer quem é que detém a competência para julgar as contas dos Tribunais de Contas, o STF entendeu que podem as Constituições Estaduais e Leis Orgânicas Municipais submeterem as contas dos Tribunais de Contas a julgamentos das suas respectivas casas legislativas.

Controle dos Atos Administrativos

O TCU tem o poder de sustar a execução do ato e, nesse caso, deve dar ciência dessa decisão à Câmara dos Deputados e ao Senado Federal.

> ***Súmula Vinculante nº 3.*** *Nos processos perante ao Tribunal de Contas da União, asseguram-se o contraditório e a ampla defesa quando da decisão puder resultar anulação ou revogação de ato administrativo que beneficie o interessado, excetuada a apreciação da legalidade do ato de concessão inicial de aposentadoria, reforma e pensão.*

Controle dos Contratos Administrativos

Regra: o TCU não pode sustar os contratos administrativos, pois tal competência é do Congresso Nacional, que deve solicitar de imediato ao Poder Executivo a adoção das medidas cabíveis.

Exceção: caso o Congresso Nacional ou o Poder Executivo não tomem as medidas necessárias para a sustação do contrato em 90 dias, o TCU terá competência para efetuar a sua sustação.

Declaração de inconstitucionalidade das Leis

Segundo o STF, os tribunais de contas, no exercício de suas competências, podem declarar uma norma inconstitucional e afastar a sua aplicação nos processos de sua apreciação. Todavia, tal declaração de inconstitucionalidade deve ser feita pela maioria absoluta dos membros dos tribunais de contas.

> ***Súmula 347, STF.*** *O Tribunal de Contas, no exercício de suas atribuições, pode apreciar a constitucionalidade das leis e dos atos do poder público.*

10.4 Controle Judiciário

É um controle de legalidade (nunca de mérito) realizado pelo poder judiciário, na sua função típica de julgar, nos atos praticados pelas Administração Pública de qualquer poder.

Esse controle por abranger somente aspectos de legalidade, fica restrito à possibilidade de anulação dos atos administrativos ilegais, não podendo o poder judiciário realizar o controle de mérito dos atos administrativos e, em consequência, não podendo revogar os atos administrativos praticados pela Administração Pública.

O controle judiciário somente será exercido por meio da provocação do interessado, não podendo o poder judiciário apreciar um ato administrativo de ofício, em decorrência do atributo da presunção de legitimidade dos atos administrativos.

É importante lembrar que a própria Administração Pública faz o controle de legalidade da sua própria atuação, todavia as decisões administrativas não fazem coisa julgada. Assim sendo, a decisão administrativa pode ser reformada pelo poder judiciário, pois somente as decisões desse poder é que tem o efeito de coisa julgada.

Os meios para provocar a atuação do poder judiciário são vários, dentre eles, encontramos:

> Mandado de Segurança.

> Ação Popular.

> Ação Civil Pública.

> Dentre outros.

Questões

01. (Cespe) - Com relação ao controle no âmbito da administração pública, julgue o item seguinte.

O controle administrativo deriva do poder-dever de autotutela que a administração pública tem sobre seus próprios atos e agentes.

Certo ( ) Errado ( )

02. (Cespe) – Julgue o item a seguir, referente a conceitos, tipos e formas de controle na administração pública.

No caso das autarquias e das empresas estatais em geral, o controle é pleno e ilimitado.

Certo ( ) Errado ( )

03. (Cespe) – Julgue o item a seguir, referente a conceitos, tipos e formas de controle na administração pública.

A administração pública, no exercício de suas funções, controla seus próprios atos e se sujeita ao controle dos Poderes Judiciário, Legislativo e Executivo.

Certo ( ) Errado ( )

04. (Cespe) – Julgue o item a seguir, acerca das disposições constitucionais a respeito de direito administrativo.

Cabe ao Congresso Nacional o exercício do controle externo dos atos administrativos de concessões e permissões de emissoras de rádio e televisão.

Certo ( ) Errado ( )

05. (Cespe) - Acerca dos controles externo e interno na administração pública, julgue o item subsequente.

O controle externo é exercido mediante provocação, ao passo que o controle interno é exercido apenas por iniciativa própria.

Certo ( ) Errado ( )

Gabaritos

01	ERRADO	06	CERTO
02	ERRADO	07	CERTO
03	ERRADO	08	CERTO
04	ERRADO	09	ERRADO
05	ERRADO	10	CERTO

1. DIREITOS FUNDAMENTAIS - DIREITOS E GARANTIAS INDIVIDUAIS E COLETIVOS

1.1 Direitos e Garantias Fundamentais

Já vimos que, na concepção ideal de constituição, esta deve prever os direitos de defesa do indivíduo contra o Poder do Estado, que são os chamados direitos fundamentais. Porém, modernamente se admite que estes vão muito além dessa limitação, abarcando também o direito a uma vida digna e com plena participação na vida política da nação.

Nossa Constituição estabelece que as normas que consubstanciam direitos fundamentais são de eficácia imediata.

Diferenciação entre Direitos e Garantias Fundamentais

Alguns autores fazem diferenciação entre direitos e garantias fundamentais, afirmando que aqueles preveem a proteção do indivíduo contra o arbítrio estatal e estas proveem meios ao exercício destes direitos, mormente quando violados, tendo assim, um caráter instrumental e assecuratório.

Assim, por exemplo, o direito à liberdade seria um direito fundamental, ao passo que o *Habeas Corpus* seria uma garantia fundamental.

Gerações dos Direitos Fundamentais

Embora hoje se fale de direitos fundamentais de até sétima geração, a doutrina tradicionalmente identifica três gerações – ou dimensões – de direitos fundamentais, de acordo com sua evolução histórica, baseando-se na "Teoria das Gerações dos Direitos Fundamentais", aventada pelo professor e jurista alemão Karel Vasak.

A partir da quarta geração, começa a haver divergência entre os constitucionalistas, seja sobre sua existência, seja sobre seu conteúdo, sendo por isso, quase nunca cobrados em provas, que costumam normalmente cobrar até a terceira geração (teoria de Vasak). Ainda assim, apresentam-se as quatro primeiras gerações ou dimensões:

> Direitos de primeira geração: direitos civis e políticos. Constituem as liberdades negativas, clássicas ou formais. Constituem limites à ingerência do Estado na vida privada. Estão ligados fundamentalmente à liberdade do indivíduo.

> Direitos de segunda geração: direitos econômicos, sociais e culturais. Não só impõem limites ao Estado, mas também buscam garantir uma existência digna aos cidadãos. São chamadas de liberdades positivas, e podem ser associados à igualdade.

> Direitos de terceira geração: materializam poderes de titularidade coletiva, cujo exercício e benefício não se atém ao bem do indivíduo somente, mas de toda a coletividade (interesses difusos).

Ex.: Direito a um meio ambiente equilibrado, progresso, a paz. Por não tutelarem direitos individuais nem de uma coletividade específica, estão ligados ao ideal de solidariedade ou fraternidade.

> Direitos de quarta geração: compreendem os direitos à democracia, informação e pluralismo, para uns, e os direitos relativos à biotecnologia, manipulação genética, para outros.

Relatividade dos Direitos Fundamentais

Embora seja reconhecida a essencialidade dos direitos fundamentais, estes não são absolutos, sofrendo limitações em função de outros direitos fundamentais, tudo para o bem da própria sociedade.

Assim, por exemplo, não se admite que práticas ilícitas sejam acobertadas pelo pretenso exercício de um direito fundamental e, no caso, de conflitos entre direitos fundamentais e outros direitos, esses poderão sofrer restrições.

Destinatários dos Direitos Fundamentais

Não obstante nossa constituição afirmar que os direitos e garantias fundamentais são assegurados ao brasileiro e ao estrangeiro residente no Brasil, essa titularidade dos direitos deve ser ampliada para abarcar todos aqueles que se encontram no território brasileiro, sejam nacionais ou não.

Da mesma forma, essa extensão alcança também as pessoas jurídicas, no que couber, evidentemente.

Classificação dos Direitos Fundamentais Segundo a nossa Constituição

A classificação prevista em nossa Constituição permite identificar cinco classes de direitos e garantias fundamentais:

> Direitos e garantias individuais e coletivos;

> Direitos sociais;

> Direitos de nacionalidade;

> Direitos políticos;

> Direitos relacionados à existência e organização dos partidos políticos.

1.2 Direitos e Garantias Individuais e Coletivos

Os direitos e garantias individuais e coletivos estão elencados no Art. 5º de nossa Constituição Federal, o maior de todos os seus artigos, que, em seus 78 incisos, trata do tema organizando-o por assuntos.

Princípio da Igualdade

Art. 5º. *Todos são iguais perante a lei, sem distinção de qualquer natureza, garantindo-se aos brasileiros e aos estrangeiros residentes no País a inviolabilidade do direito à vida, à liberdade, à igualdade, à segurança e à propriedade, nos termos seguintes:*

I. *Homens e mulheres são iguais em direitos e obrigações, nos termos desta Constituição;*

O caput do Art. 5º destaca a importância deste princípio, ao afirmar que *todos são iguais perante a lei*. Não bastasse isso, complementa dizendo *sem distinção de qualquer natureza*. A igualdade é a base de um sistema jurídico justo.

Evidentemente, essa igualdade prevista na Constituição deve ser vista em termos relativos, no sentido de que os iguais devem ser tratados igualmente e as situações distintas devem ser tratadas distintamente, na medida de sua desigualdade, de acordo com a máxima aristotélica de que os *iguais devem ser tratados de forma igual, e os desiguais, de forma desigual, na medida de sua desigualdade.*

O que se veda é a discriminação arbitrária e injustificada. Assim, por exemplo, não seria inconstitucional a norma que preveja a contratação somente de homens para concurso de agente penitenciário de uma prisão masculina, ou o pagamento de determinados benefícios em dinheiro somente para os reconhecidamente pobres, por exemplo.

Embora o *caput* do Art. 5º consagre a igualdade genérica entre todos os brasileiros *sem distinção de qualquer natureza*, o primeiro inciso do Art. 5º de nossa Constituição achou por bem reforçar, em virtude das históricas injustiças contra o sexo feminino, a igualdade entre homens e mulheres.

Note-se que a expressão *nos termos dessa Constituição* indica que a Magna Carta pode estabelecer distinções que, a princípio, não serão julgados à luz desse princípio (como é o caso da isenção do serviço militar às mulheres, em tempos de paz), ao passo que a legislação inferior somente pode estabelecer as distinções que visem o estabelecimento da igualdade (tratar desigualmente os desiguais).

Princípio da Legalidade

Dispõe o inciso II do Art. 5º de nossa CF:

> ***II.*** *Ninguém será obrigado a fazer ou deixar de fazer alguma coisa senão em virtude de lei;*

Sendo o Brasil um Estado democrático de direito, a lei encontra-se acima dos particulares e do próprio Estado (império da lei), sendo que a exigência de comando legal para a imposição de obrigações se caracteriza como a principal garantia do cidadão contra o arbítrio estatal e também contra a opressão por parte de outros particulares.

A palavra *lei* aqui deve ser entendida no sentido de uma das espécies normativas previstas no Art. 59 de nossa Constituição Federal:

> Emendas constitucionais (aprovadas, passam a integrar a Constituição Federal sem qualquer distinção em relação às normas originárias);
> Leis complementares;
> Leis ordinárias;
> Leis delegadas;
> Medidas provisórias;
> Decretos legislativos;
> Resoluções.

Evidentemente, para que a lei possa impor obrigações ou restringir direitos, deve ser elaborada de acordo com as regras do processo legislativo e ser materialmente compatível com as normas constitucionais. Se tal não ocorrer, será inconstitucional, não gerando quaisquer efeitos, como se nunca tivesse existido (efeitos *ex tunc* da declaração de inconstitucionalidade).

Diferenciação entre o Princípio da Legalidade e o Princípio da Reserva Legal

Embora a maioria utilize os conceitos como sinônimos, outros, como Alexandre de Moraes e José Afonso da Silva, os distinguem.

De acordo com eles, o princípio da legalidade seria mais amplo, e envolveria todas as espécies normativas previstas na Constituição Federal (conforme vimos).

Já o princípio da reserva legal ocorreria quando a Constituição reservasse o tratamento de determinada matéria à disciplina de lei formal, que é aquela aprovada pelo Poder Legislativo de forma solene, e excluiria, por exemplo, as Medidas Provisórias e as Leis Delegadas. Como exemplo, temos o inciso XXXIX do Art. 5º:

> ***XXXIX.*** *Não há crime sem lei anterior que o defina, nem pena sem prévia cominação legal;*

Proibição da Tortura

Além de colocar a dignidade da pessoa humana como um dos fundamentos de nossa República, a Constituição Federal, claramente influenciada pelos excessos do regime ditatorial que lhe antecedeu, expressamente declara no inciso III do Art. 5º a inadmissibilidade da tortura (tanto física como psicológica) e do tratamento desumano ou degradante:

> ***III.*** *Ninguém será submetido a tortura nem a tratamento desumano ou degradante;*

Essa proibição não comporta exceção de qualquer natureza quanto à justificativa e alcança a todos indistintamente, nacionais ou não, até mesmo os criminosos e os que representem sérios riscos à sociedade: esses devem ser neutralizados, todavia sem a utilização da tortura e do tratamento indigno ou cruel.

A norma do inciso III é complementada pelo comando do inciso XLIII:

> ***XLIII.*** *A lei considerará crimes inafiançáveis e insuscetíveis de graça ou anistia a prática da tortura, o tráfico ilícito de entorpecentes e drogas afins, o terrorismo e os definidos como crimes hediondos, por eles respondendo os mandantes, os executores e os que, podendo evitá-los, se omitirem;*

Tal dispositivo, por tratar de norma de direito penal, é de eficácia limitada, e é regulamentada, no que se refere à tortura, pela Lei nº 9.455/97, definindo a tortura como sendo o ato de constranger alguém com emprego de violência ou grave ameaça, causando-lhe sofrimento físico ou mental.

Liberdade de Pensamento e Direito de Resposta

Nossa constituição prevê a plena liberdade de expressão nos incisos IV e IX de seu Art. 5º:

> ***IV.*** *É livre a manifestação do pensamento, sendo vedado o anonimato;*
>
> ***IX.*** *É livre a expressão da atividade intelectual, artística, científica e de comunicação, independentemente de censura ou licença;*

A manifestação do pensamento tem o significado de exteriorização de ideias, e abrange todas as formas de comunicação, não podendo o Estado impor censura ou exigir licença prévia. O Estado não pode proibir ninguém de expressar seu pensamento, porém, uma vez expresso, será possível sempre o controle de sua legalidade, através do Poder Judiciário.

A liberdade de expressão, porém, está condicionada à identificação do autor, para que se evitem manifestações levianas que ofendam terceiros e para que se possa responsabilizar aqueles que as fizerem.

Tal exigência, porém, não impede que o jornalista guarde o sigilo de suas fontes, respondendo ele, porém, no caso de optar por esse sigilo, por declarações injuriosas, difamatórias ou caluniosas sem base fática.

O inciso V assegura o direito de resposta, sem prejuízo da indenização por dano material ou moral:

> ***V.*** *É assegurado o direito de resposta, proporcional ao agravo, além da indenização por dano material, moral ou à imagem;*

Proporcional ao agravo significa que deve ser dado à vítima o direito de resposta no mesmo veículo de comunicação e com o mesmo espaço dado à notícia injuriosa.

Liberdade de Consciência e Crença Religiosa, Convicção Filosófica ou Política

Dispõe o inciso VI, do Art. 5º:

> ***VI.*** *É inviolável a liberdade de consciência e de crença, sendo assegurado o livre exercício dos cultos religiosos e garantida, na forma da lei, a proteção aos locais de culto e a suas liturgias;*

O Brasil é um Estado laico (ou leigo), mas não ateu. O Estado brasileiro não pode subvencionar ou privilegiar qualquer segmento religioso, mas respeita todas as convicções religiosas.

Nossa constituição garante tanto a liberdade de consciência e de crença como a liberdade de culto.

Enquanto a liberdade de crença refere-se à convicção íntima do indivíduo, a liberdade de culto refere-se à exteriorização dessa crença.

E não se contenta a Carta Magna em somente permitir a liberdade de culto, mas também garante a proteção dos locais de culto e às suas liturgias contra a ação de terceiros. Além disso, os templos são isentos do pagamento de impostos.

Nessa mesma linha, temos o inciso VII:

> ***VII.*** *É assegurada, nos termos da lei, a prestação de assistência religiosa nas entidades civis e militares de internação coletiva;*

Sendo o direito à religiosidade um direito fundamental do cidadão, o Estado deve garantir o exercício deste direito àqueles que estiverem custodiados sob sua responsabilidade ou de terceiros, em presídios, hospitais, casernas, manicômios, etc.

A expressão nos termos da lei indica tratar-se de norma de eficácia limitada.

> ***VIII.*** *Ninguém será privado de direitos por motivo de crença religiosa ou de convicção filosófica ou política, salvo se as invocar para eximir-se de obrigação legal a todos imposta e recusar-se a cumprir prestação alternativa, fixada em lei;*

O inciso VIII diz que ninguém pode ser penalizado em virtude de sua crença religiosa, convicção filosófica ou política.

Existe somente uma hipótese em que isto pode ocorrer: recusa ao cumprimento de obrigação a todos imposta. Mesmo nesse caso, porém, deve-se dar ao indivíduo a oportunidade de cumprir prestação alternativa prevista em lei, e somente se este se recusar a cumprir tal prestação, é que poderá sofrer a restrição de direitos.

Exemplo de aplicação desse dispositivo é a recusa de determinadas pessoas em cumprir o tempo de serviço militar obrigatório por convicção filosófica, devendo cumprir a prestação alternativa prevista na Lei nº 8.239/91.

Direito à Privacidade e à Preservação da Honra

> ***X.*** *São invioláveis a intimidade, a vida privada, a honra e a imagem das pessoas, assegurado o direito a indenização pelo dano material ou moral decorrente de sua violação;*

O inciso X do Art. 5º de nossa CF, assegura a inviolabilidade da intimidade, vida privada, honra e imagem dos cidadãos, prevendo indenização em caso de violação indevida.

Intimidade: relações subjetivas e de trato íntimo da pessoa, suas relações familiares e de amizade.

Vida privada: os demais relacionamentos humanos, inclusive os que envolvem relações não íntimas, como relações comerciais, de trabalho, mas que dizem respeito somente ao cidadão e aos demais diretamente envolvidos.

Tal princípio, porém, no que se refere à intimidade e à vida privada, deve ser relativizado quando se tratar das chamadas pessoas públicas, ou seja, pessoas que, devido ao seu ofício ou condição, estão sujeitas a uma maior exposição (artistas, políticos, etc.).

Nesses casos, embora o Judiciário entenda que tais pessoas também tenham direito à proteção à intimidade, seus limites são menos definidos do que os aplicáveis aos cidadãos comuns.

Inviolabilidade do Domicílio

> ***XI.*** *A casa é asilo inviolável do indivíduo, ninguém nela podendo penetrar sem consentimento do morador, salvo em caso de flagrante delito ou desastre, ou para prestar socorro, ou, durante o dia, por determinação judicial;*

Como regra geral, ninguém – nem mesmo a polícia ou representantes da Justiça ou mesmo o Presidente da República – pode entrar no domicílio alheio sem permissão do proprietário.

No entanto, existem quatro exceções:

- Caso de flagrante delito (crime que está sendo praticado);
- Caso de desastre (inundação, desabamento, explosão, etc.);
- Para prestar socorro (por exemplo, alguém que sofre um infarto);
- Por determinação judicial, durante o dia (nesse caso, nunca à noite).

Importante observar que, de acordo com o Supremo Tribunal Federal, a expressão **domicílio** abarca não somente a residência, mas qualquer local que constitua um recinto fechado ou de acesso controlado, como um escritório de advocacia, um consultório médico ou um ateliê, uma vez que o que se busca proteger é a privacidade do indivíduo.

Inviolabilidade das Comunicações

> ***XII.*** *É inviolável o sigilo da correspondência e das comunicações telegráficas, de dados e das comunicações telefônicas, salvo, no último caso, por ordem judicial, nas hipóteses e na forma que a lei estabelecer para fins de investigação criminal ou instrução processual penal;*

Tal garantia abrange também as comunicações por meios eletrônicos.

A exceção somente se aplica às comunicações telefônicas e nos casos de investigação ou instrução penal, ou seja, em que houver suspeita de prática de crime.

Por último, cabe observar que somente um juiz pode decretar a quebra de sigilo telefônico, respeitadas as condições impostas pela lei.

A jurisprudência tem admitido a possibilidade de quebra de sigilos de comunicações eletrônicas (como e-mails e SMS).

Devido à relatividade dos direitos fundamentais, a jurisprudência admite a interceptação das comunicações epistolares (por meio de cartas) emitidas por detentos, pelo responsável pela unidade prisional.

Liberdade do Exercício de Profissão

> ***XIII.*** *É livre o exercício de qualquer trabalho, ofício ou profissão, atendidas as qualificações profissionais que a lei estabelecer;*

A priori, o exercício de qualquer trabalho, ofício ou profissão é livre, não havendo a necessidade do preenchimento de qualquer requisito especial.

No entanto, trata-se de norma de eficácia contida, ou seja, a lei pode exigir o preenchimento de determinados requisitos de qualificação profissional para o desempenho de determinadas atividades (por exemplo, exigir diploma para o exercício da medicina, exigir diploma em Direito e aprovação no exame da OAB para o desempenho da advocacia, etc.).

Assim, se a lei não exigir expressamente a comprovação de qualificação profissional, qualquer pessoa poderá exercer qualquer atividade econômica.

No entanto, não basta a existência de lei exigindo a qualificação, mas é necessário que tal exigência seja razoável. Assim, por exemplo, o STF decidiu, no julgamento do Recurso Extraordinário 511.961, que a exigência de diploma universitário para o exercício da profissão de jornalista, imposta pelo Decreto-Lei nº 972/69, era inconstitucional.

Direito à Informação

> ***XIV.*** *É assegurado a todos o acesso à informação e resguardado o sigilo da fonte, quando necessário ao exercício profissional;*

Este inciso trata do direito de todas as pessoas de obter informações sobre os assuntos mais diversos e provenientes das mais diversas fontes. Assim, seria inconstitucional uma lei que vedasse o acesso das pessoas a determinada fonte de informações (sites da internet, periódicos, etc.).

O Estado não pode dizer a quais informações e provenientes de quais fontes o cidadão terá acesso.

Visando justamente preservar o direito à informação, a Constituição permite aos profissionais (especialmente jornalistas) não revelar a fonte de informações que divulgam.

Obviamente, o direito à informação não impede que informações de interesse íntimo e privado de alguém sejam protegidas do conhecimento público.

Direito à Locomoção Dentro do Território Nacional

> ***XV.*** *É livre a locomoção no território nacional em tempo de paz, podendo qualquer pessoa, nos termos da lei, nele entrar, permanecer ou dele sair com seus bens;*

Não pode haver qualquer limitação à movimentação de pessoas dentro do território nacional. Assim, por exemplo, um Estado-membro da Federação não pode impor uma "tarifa de entrada" para um viajante que venha de outro Estado, nem pode exigir um "visto" para isso.

Essa garantia somente pode ser relativizada em tempos de guerra ou no caso de estado de sítio.

No que se refere ao ingresso de alguém de fora no território nacional, porém, a norma acima é de eficácia contida, podendo a lei estabelecer condições para aqui ingressar, aqui permanecer ou daqui sair com seus bens.

Direito de Reunião

> ***XVI.*** *Todos podem reunir-se pacificamente, sem armas, em locais abertos ao público, independentemente de autorização, desde que não frustrem outra reunião anteriormente convocada para o mesmo local, sendo apenas exigido prévio aviso à autoridade competente;*

Nossa constituição garante que todos podem reunir-se em locais públicos sem necessidade de solicitar autorização ao ente público.

Porém, impõe algumas condições:

- A reunião deve ser pacífica;
- Os manifestantes não podem portar armas;
- Não devem frustrar outra manifestação anteriormente convocada para o mesmo local; e
- Deve haver aviso prévio à autoridade competente para que esta possa, por exemplo, verificar se já não há uma reunião marcada para o mesmo local e horário, organizar o trânsito local, garantir a proteção dos que participarão da reunião, etc.

Esse direito de reunião pode ser restringido nos casos de guerra, estado de defesa e estado de sítio.

Direito de Associação

> ***XVII.*** *É plena a liberdade de associação para fins lícitos, vedada a de caráter paramilitar;*

Quando a Constituição Federal diz que é plena a liberdade de associação, está a dizer que as pessoas podem se associar para os fins que desejarem, desde que não seja para fins paramilitares.

> ***XVIII.*** *A criação de associações e, na forma da lei, a de cooperativas independem de autorização, sendo vedada a interferência estatal em seu funcionamento;*

O Estado não pode interferir nas associações e cooperativas, que tem o direito de se organizarem conforme quiserem, desde que respeitem as normas legais (por exemplo, Código Civil).

Além disso, o Estado não pode exigir qualquer autorização para a criação de associações. No que se refere às cooperativas, tal norma é de eficácia contida.

XIX. *As associações só poderão ser compulsoriamente dissolvidas ou ter suas atividades suspensas por decisão judicial, exigindo-se, no primeiro caso, o trânsito em julgado;*

Para a suspensão (interrupção temporária das atividades) ou para a dissolução (extinção definitiva) de associações exige-se sempre uma decisão judicial.

No caso da dissolução exige-se ainda que de tal decisão não caiba mais nenhum recurso, ou seja, exige-se o trânsito em julgado da decisão judicial.

XX. *Ninguém poderá ser compelido a associar-se ou a permanecer associado;*

Assim como é garantido o direito de associação, também se garante o de direito de não se associar ou de desassociar-se a qualquer momento.

O desrespeito a tal preceito pode inclusive configurar crime (Art. 199 do Código Penal).

XXI. *As entidades associativas, quando expressamente autorizadas, têm legitimidade para representar seus filiados judicial ou extrajudicialmente;*

Permite-se às associações representar seus filiados perante terceiros e perante o próprio Judiciário (propondo ações judiciais, por exemplo), desde que elas sejam expressamente autorizadas para isso, no estatuto ou em decisão da assembleia geral.

Direito de Propriedade

XXII. *É garantido o direito de propriedade;*

XXIII. *A propriedade atenderá a sua função social;*

Nossa Constituição Federal reconhece o direito de propriedade, entendido como o direito de usar, fruir e dispor da coisa. No entanto, tal direito não é absoluto.

A propriedade, no entanto, deve atender sua função social, entendendo-se que o direito de propriedade não pode ser exercido em prejuízo da sociedade (manutenção de uma grande propriedade rural improdutiva, enquanto muitos não possuem terra para plantar, por exemplo).

A Constituição estabelece as condições para que as propriedades urbanas e rurais atendam sua função social.

Função Social da Propriedade

A Constituição define os requisitos para que as propriedades urbanas e rurais sejam consideradas como cumprindo sua função social:

Propriedade Urbana

Art. 182 *(...)*

§ 2º. *A propriedade urbana cumpre sua função social quando atende às exigências fundamentais de ordenação da cidade expressas no plano diretor.*

Propriedade Rural

Art. 186. *A função social é cumprida quando a propriedade rural atende, simultaneamente, segundo critérios e graus de exigência estabelecidos em lei, aos seguintes requisitos:*

I. *Aproveitamento racional e adequado;*

II. *Utilização adequada dos recursos naturais disponíveis e preservação do meio ambiente;*

III. *Observância das disposições que regulam as relações de trabalho;*

IV. *Exploração que favoreça o bem-estar dos proprietários e dos trabalhadores.*

Desapropriação

XXIV. *A lei estabelecerá o procedimento para desapropriação por necessidade ou utilidade pública, ou por interesse social, mediante justa e prévia indenização em dinheiro, ressalvados os casos previstos nesta Constituição;*

Desapropriação é o ato administrativo pelo qual o Estado retira a propriedade de alguém.

Nossa Constituição traz as razões pelas quais isso pode ser feito: necessidade ou utilidade pública (a coletividade precisa).

Necessidade pública: a administração está diante de uma situação de risco iminente;

Utilidade pública: a desapropriação é conveniente ao atendimento do interesse público;

Interesse social: finalidade de reduzir as desigualdades sociais.

Nessas três hipóteses, o proprietário deverá ser desapropriado pelo desfalque sofrido em seu patrimônio.

O inciso XXIV atribui à lei o procedimento da desapropriação, trazendo, porém, três requisitos em relação à indenização (salvo nos casos excepcionados pela própria Constituição Federal):

- Deverá ser em dinheiro (não se pode pagar com títulos públicos, como ocorre com a desapropriação para reforma agrária, por exemplo);
- Deverá ser prévia (ou seja, o valor deve ser disponibilizado ao proprietário antes da desapropriação efetiva);
- Deverá ser justa, correspondendo realmente ao valor do imóvel desapropriado.

Requisição Administrativa

XXV. *No caso de iminente perigo público, a autoridade competente poderá usar de propriedade particular, assegurada ao proprietário indenização ulterior, se houver dano;*

Aqui não se trata de desapropriação, uma vez que o dono do imóvel não perde a propriedade. Trata-se da possibilidade de a Administração Pública utilizar-se temporária e compulsoriamente de um imóvel particular, cabível somente no caso de iminente perigo público (desabamento, inundação, etc.).

O dispositivo deixa claro que somente haverá indenização se houver dano (deterioração do imóvel, lucros cessantes, etc.).

Impenhorabilidade do Pequeno Imóvel Rural

XXVI. *A pequena propriedade rural, assim definida em lei, desde que trabalhada pela família, não será objeto de penhora para pagamento de débitos decorrentes de sua atividade produtiva, dispondo a lei sobre os meios de financiar o seu desenvolvimento;*

Penhora é o ato judicial através do qual é tomada a propriedade de um bem para pagamento de alguma dívida.

O inciso XXVI proíbe que a pequena propriedade rural (cuja definição cabe à lei), que seja trabalhada pela família (sem utilização de mão de obra de terceiros), sofra penhora para quitar débitos decorrentes de sua própria atividade produtiva.

Direitos dos Autores

XXVII. *Aos autores pertence o direito exclusivo de utilização, publicação ou reprodução de suas obras, transmissível aos herdeiros pelo tempo que a lei fixar;*

Os autores de obras literárias e artísticas possuem direitos perpétuos sobre as suas obras (mas que podem ser transmitidos a terceiros, se aqueles assim concordarem).

Além disso, seus herdeiros também terão esses mesmos direitos, porém, nesse caso, por tempo limitado, estabelecido em lei ordinária.

Direitos de Participação

XXVIII. *São assegurados, nos termos da lei:*

a) *a proteção às participações individuais em obras coletivas e à reprodução da imagem e voz humanas, inclusive nas atividades desportivas;*

b) *o direito de fiscalização do aproveitamento econômico das obras que criarem ou de que participarem aos criadores, aos intérpretes e às respectivas representações sindicais e associativas.*

Esse dispositivo garante a participação econômica nas obras coletivas, bem como o direito de fiscalização desse aproveitamento econômico.

Deve-se observar que o direito de fiscalização é diferente de direito de disposição, que é o direito de negociar a obra. Assim, embora os participantes tenham o direito de fiscalização, a propriedade não necessariamente pertencerá a eles.

Direitos do Inventor e Proteção da Marca

XXIX. *A lei assegurará aos autores de inventos industriais privilégio temporário para sua utilização, bem como proteção às criações industriais, à propriedade das marcas, aos nomes de empresas e a outros signos distintivos, tendo em vista o interesse social e o desenvolvimento tecnológico e econômico do País;*

Diferentemente dos autores de obras literárias e artísticas, os autores de inventos industriais têm titularidade temporária sobre os direitos da criação. Essa limitação visa permitir que a indústria nacional possa se beneficiar mais rapidamente das inovações tecnológicas aqui desenvolvidas.

Ademais, o inciso XXIX também prevê proteção às marcas, aos nomes de empresas e outros signos distintivos (slogans, logotipos, etc.), proteção essa que deve levar em conta não somente o interesse dos titulares, mas também o do País.

Direitos Relativos à Sucessão *Causa Mortis*

XXX. *É garantido o direito de herança;*

XXXI. *A sucessão de bens de estrangeiros situados no País será regulada pela lei brasileira em benefício do cônjuge ou dos filhos brasileiros, sempre que não lhes seja mais favorável a lei pessoal do de cujus;*

Além de garantir o direito de herança (transmissão da propriedade do de cujus a seus herdeiros, legais ou testamentários), nossa CF também estabelece que, no caso de um estrangeiro que tiver bens no Brasil vier a falecer, para regular a sucessão desses bens situados no Brasil serão aplicadas as leis brasileiras, no que se refere aos direitos dos filhos ou cônjuge brasileiros, a não ser que lhes seja mais favorável a lei patrícia do falecido.

O seguinte exemplo deve esclarecer o exposto acima:

Imagine que um viúvo saudita (chamado Hassan) que tenha como primogênito um brasileiro (chamado Ubirajara) venha a falecer, deixando entre seus bens uma fazenda no interior do Mato Grosso. Considere ainda que, a lei saudita estabeleça que o primogênito tenha direito à metade da herança do pai e que o de cujus tenha mais três filhos (Mohammed, Ibrahim e Hosni), nascidos na Arábia Saudita.

Nesse caso, qual lei é mais favorável a Ubirajara: a lei brasileira ou a hipotética lei saudita?

A saudita, pois de acordo com a lei brasileira, Ubirajara teria direito a apenas um quarto dos bens, e de acordo com a lei saudita, teria direito à metade.

Assim, aplicar-se-ia a lei saudita em relação à fazenda em Mato Grosso.

Agora, se no lugar de um filho brasileiro, Hassan tivesse uma filha brasileira (chamada Iracema), e a lei saudita, por hipótese dissesse que somente os filhos homens pudessem herdar, seria aplicada a lei brasileira na divisão da fazenda, uma vez que esta seria mais favorável a Iracema.

Direitos do Consumidor

XXXII. *O Estado promoverá, na forma da lei, a defesa do consumidor;*

Nossa Constituição prevê que o Estado deve tutelar os direitos do consumidor, visto como hipossuficiente em relação às empresas, especialmente os grandes conglomerados.

Hoje, o principal diploma que promove essa proteção é o Código de Defesa do Consumidor (Lei nº 8.078/90).

Direito à Obtenção de Informações de Órgãos Públicos

XXXIII. *Todos têm direito a receber dos órgãos públicos informações de seu interesse particular, ou de interesse coletivo ou geral, que serão prestadas no prazo da lei, sob pena de responsabilidade, ressalvadas aquelas cujo sigilo seja imprescindível à segurança da sociedade e do Estado;*

A ideia é que o Estado forneça aos cidadãos todas as informações solicitadas por ele, desde que não tenham caráter sigiloso e que não se refiram a informações pessoais de terceiros.

Atualmente, esse dispositivo da Constituição é regulamentado pela Lei nº 12.527/11 (Lei de Acesso à Informação).

No entanto, nem todas as informações podem ser exigidas, uma vez que a CF excetua aquelas que sejam indispensáveis à segurança do Estado, além de também proteger a intimidade de terceiros. Essa restrição, porém, não se aplica aos dados relativos à própria pessoa do solicitante, de acordo com a maioria dos doutrinadores.

Direito de Petição e Obtenção de Certidões

> ***XXXIV.*** *São a todos assegurados, independentemente do pagamento de taxas:*
>
> ***a)*** *o direito de petição aos Poderes Públicos em defesa de direitos ou contra ilegalidade ou abuso de poder;*
>
> ***b)*** *a obtenção de certidões em repartições públicas, para defesa de direitos e esclarecimento de situações de interesse pessoal;*

Todos têm o direito de peticionar, ou seja, de requerer providências do Poder Público, visando a defesa de seus direitos ou para denunciar qualquer ilegalidade ou abuso de poder, não sendo permitida a exigência de pagamento de taxas para o exercício deste direito.

Direito de petição pode ser definido como o direito de invocar a atenção do Poder Público sobre uma questão ou situação.

O direito de petição traz como corolário a exigência de obtenção de resposta em um prazo razoável.

Também é garantido o direito de obtenção de certidões. Certidão é uma declaração de um órgão público sobre um fato determinado. A esse direito corresponde uma obrigação de o Estado, salvo nas hipóteses constitucionais de sigilo, fornecer as informações solicitadas e num prazo razoável, se o mesmo não for fixado em lei.

Apreciação de Lesão ou Ameaça de Lesão pelo Poder Judiciário

> ***XXXV.*** *A lei não excluirá da apreciação do Poder Judiciário lesão ou ameaça a direito;*

Nenhuma lei pode impedir o Judiciário de apreciar uma alegada lesão ou ameaça de lesão a direito, e, por outro lado, os juízes não podem se furtar de cumprir sua função jurisdicional.

Assim, seria inconstitucional, por exemplo, uma lei que proibisse os contribuintes de recorrerem ao Poder Judiciário para questionar a cobrança de um tributo.

Inexiste, por outro lado, a obrigatoriedade de esgotamento da via administrativa para que a parte possa acessar o Judiciário.

O texto constitucional não proíbe que os particulares, por sua livre e espontânea vontade, ao invés de submeterem a questão ao Judiciário, acordem por delegar a resolução da questão a terceiro, através da chamada arbitragem.

Direito Adquirido, Ato Jurídico Perfeito e Coisa Julgada

> ***XXXVI.*** *A lei não prejudicará o direito adquirido, o ato jurídico perfeito e a coisa julgada;*

O respeito ao direito adquirido, ao ato jurídico perfeito e à coisa julgada é a base da chamada "segurança jurídica". Se eles não fossem respeitados, ficaríamos à mercê de alterações legislativas que poderiam atingir situações jurídicas já consolidadas.

Direito adquirido pode ser definido como o direito que já se incorporou ao patrimônio de seu detentor, mesmo que ainda não tenha sido exercido (por exemplo, direito à aposentadoria).

Ato jurídico perfeito é aquele que se aperfeiçoou, que reuniu todos os elementos necessários à sua formação (por exemplo, contrato assinado).

Por fim, coisa julgada é o objeto da decisão judicial transitada em julgado, ou seja, da qual não caiba mais qualquer recurso, estando a questão definitivamente resolvida pelo Poder Judiciário.

Proibição de Juízo de Exceção

> ***XXXVII.*** *Não haverá juízo ou tribunal de exceção;*

Juízo é um termo que indica a primeira instância do Poder Judiciário, em que o julgamento é feito de forma monocrática.

Tribunais são as instâncias superiores do Judiciário, em que os julgamentos são feitos de forma colegiada (por um grupo de juízes).

Juízo ou tribunal de exceção é aquele criado especialmente para julgamento de determinados crimes, após a prática desses crimes. Tal tipo de juízo ou tribunal contraria o princípio do juiz natural, que estabelece que as pessoas devem ser julgadas por juízes previamente determinados pela lei.

Isso porque o réu, além de saber de antemão que determinado ato é crime e qual é a pena imputada, também deve saber em qual juízo será julgado, se praticar aquele crime. Tudo para evitar perseguições e julgamentos injustos.

Exemplo de tribunal de exceção foi o Tribunal de Nuremberg, criado para julgar os nazistas por crimes cometidos durante a Segunda Guerra Mundial.

Júri Popular

> ***XXXVIII.*** *é reconhecida a instituição do júri, com a organização que lhe der a lei, assegurados:*
>
> ***a)*** *a plenitude de defesa;*
>
> ***b)*** *o sigilo das votações;*
>
> ***c)*** *a soberania dos veredictos;*
>
> ***d)*** *a competência para o julgamento dos crimes dolosos contra a vida;*

O júri é um tribunal formado por sete juízes leigos, escolhidos dentre o povo, que decidirão sobre um processo judicial.

Nossa Constituição garante-lhe uma competência mínima: julgamento dos crimes dolosos contra a vida (não há júri para julgamento cíveis, no Brasil), porém a lei pode ampliar essa competência.

As decisões dos jurados são sigilosas, ou seja, não se sabe o que cada jurado decidiu, sendo que os mesmos não devem sequer conversar entre si durante o julgamento, sobre o assunto do crime que está sendo julgado.

A soberania de seus veredictos implica que os mesmos não podem ser reformados por outro juiz ou tribunal. O máximo que pode ocorrer é a anulação do julgamento, pelo Tribunal de Justiça, para que seja novo julgamento pelo júri – e isso somente pode ser feito uma única vez.

Princípio da Reserva Legal Penal ou Princípio da Legalidade do Direito Penal

> ***XXXIX.*** *Não há crime sem lei anterior que o defina, nem pena sem prévia cominação legal;*

Para que alguém seja condenado por um crime, é necessário que a conduta ilícita praticada por ele tenha sido descrita na norma penal antes de sua prática.

Ou seja, quando o agente comete a ação, ele já saberá que aquilo é crime, uma vez que ninguém pode alegar desconhecimento da lei.

Da mesma forma, a pena imputada àquele crime também deve ter previsão legal anterior à sua prática.

Princípio da Irretroatividade da Lei Penal

> ***XL.*** *A lei penal não retroagirá, salvo para beneficiar o réu;*

Via de regra, a lei penal (e as leis em geral) não retroagem, o que quer dizer que, uma vez em vigor, a lei penal somente produzirá efeitos para as situações que ocorrerem dali em diante.

Existe, porém, uma exceção: a lei retroagirá se a alteração trazida pela lei ocorrer em benefício do réu (novatio legis in melius).

> **Ex.:** O adultério deixou de ser crime pela Lei nº 11.106, que entrou em vigor dia 29/03/2005. Assim, a partir desse dia, até mesmo aqueles que já haviam sido condenados e cumpriam pena pelo delito tiveram sua pena extinta, sendo que, a "abolitio criminis" trazida pela lei fez com que tudo ocorresse como se o crime nunca tivesse existido.

Também existe retroação da lei, quando esta diminui a pena aplicável ao crime, por exemplo.

Atentado aos Direitos e Liberdades Fundamentais

> ***XLI.*** *A lei punirá qualquer discriminação atentatória dos direitos e liberdades fundamentais;*

Não basta que o Estado Brasileiro respeite os direitos e liberdades fundamentais, ele deve, além disso, punir àqueles que não os respeitam e fazem discriminações que os ofendam.

Veja-se que, pelo princípio da reserva legal, cabe à lei (em sentido estrito) definir quando ocorrerá essa discriminação atentatória, que pode ser, por exemplo, por motivo de raça, sexo, origem, condição social, etc.

Combate ao Racismo

> ***XLII.*** *A prática do racismo constitui crime inafiançável e imprescritível, sujeito à pena de reclusão, nos termos da lei;*

A sociedade brasileira é multirracial e assim, o racismo, além de ser odioso do ponto de vista individual, acaba sendo prejudicial à própria nação, por isso deve ser combatido pela lei.

Inafiançável: não admite o pagamento de fiança para que o réu responda em liberdade ao processo.

Imprescritível: prescrição é o instituto de direito penal pelo qual o Estado tem um tempo determinado para punir alguém por um delito. No caso do racismo, isso não ocorre, podendo, por exemplo, alguém responder por uma ofensa racista 50 anos depois de tê-la praticado.

Reclusão: tipo mais severo de prisão, que, entre outras coisas, não admite o início de cumprimento da pena no regime aberto.

Combate à Tortura, Tráfico de Drogas, Terrorismo, Crimes Hediondos e Cometidos por Entidades Paramilitares

> ***XLIII.*** *A lei considerará crimes inafiançáveis e insuscetíveis de graça ou anistia a prática da tortura, o tráfico ilícito de entorpecentes e drogas afins, o terrorismo e os definidos como crimes hediondos, por eles respondendo os mandantes, os executores e os que, podendo evitá-los, se omitirem;*
>
> ***XLIV.*** *Constitui crime inafiançável e imprescritível a ação de grupos armados, civis ou militares, contra a ordem constitucional e o Estado Democrático;*

O inciso XLIII trata de crimes que o Constituinte entendeu como sendo de gravidade exacerbada e que, por isso, merecem um tratamento mais rigoroso.

O inciso XLIV trata da ação de grupos paramilitares e visa proteger o Estado Democrático de Direito contra a ação de grupos militares extraoficiais. Nesse caso, a lei deve definir tal crime, determinando a Constituição Federal que será inafiançável e imprescritível, assim como ocorre com o crime de racismo.

Intransferibilidade da Pena

> ***XLV.*** *Nenhuma pena passará da pessoa do condenado, podendo a obrigação de reparar o dano e a decretação do perdimento de bens ser, nos termos da lei, estendidas aos sucessores e contra eles executadas, até o limite do valor do patrimônio transferido;*

Esse inciso traz o princípio de que a pena não pode ultrapassar a pessoa do apenado. Ou seja, ninguém (nem mesmo os sucessores do condenado) deve responder pelos crimes executados por outrem.

As únicas exceções que ocorrem são referentes à obrigação de reparar o dano e a decretação da perda de bens, que podem ser estendidas aos sucessores, mas somente até o valor da herança (não é justo que os herdeiros tenham um acréscimo patrimonial enquanto outros sofrem prejuízo causado pelo autor da herança).

Individualização e Tipos de Penas

> ***XLVI.*** *a lei regulará a individualização da pena e adotará, entre outras, as seguintes:*
>
> ***a)*** *privação ou restrição da liberdade;*
>
> ***b)*** *perda de bens;*
>
> ***c)*** *multa;*
>
> ***d)*** *prestação social alternativa;*
>
> ***e)*** *suspensão ou interdição de direitos;*

Nossa Constituição Federal exige que a gradação (cálculo) e a execução da pena sejam individualizadas, isto é, que sejam adaptadas de acordo com a personalidade e idade do apenado, circunstâncias do crime etc.

A seguir, o inciso traz exemplos de penas que deverão ser adotadas pela lei, e que serão impostas de acordo com o caso concreto.

Penas Proibidas

> ***XLVII.*** *Não haverá penas:*
>
> ***a)*** *de morte, salvo em caso de guerra declarada, nos termos do art. 84, XIX;*
>
> ***b)*** *de caráter perpétuo;*
>
> ***c)*** *de trabalhos forçados;*
>
> ***d)*** *de banimento;*
>
> ***e)*** *cruéis;*

Pela interpretação a contrariu sensu da alínea "a", extrai-se que a pena de morte é admitida no Brasil em tempos de guerra externa declarada, vedada em qualquer outra época.

Pena de caráter perpétuo não necessariamente significa prisão perpétua, mas qualquer pena que oprima o condenado pelo resto da vida.

Pena de banimento é a pena de exílio.

Pena cruel é a infringe sofrimento físico ou mental, sendo comparável à tortura.

Direitos dos Sentenciados

> ***XLVIII.*** *A pena será cumprida em estabelecimentos distintos, de acordo com a natureza do delito, a idade e o sexo do apenado;*
>
> ***XLIX.*** *É assegurado aos presos o respeito à integridade física e moral;*
>
> ***L.*** *Às presidiárias serão asseguradas condições para que possam permanecer com seus filhos durante o período de amamentação;*

Embora os condenados devam pagar por seus delitos, é função do Estado fazer com que sejam apenados nos termos da lei, responsabilizando-se por sua integridade física e moral.

Presos de diferentes características e personalidades devem ser segregados, de forma a proteger os mais vulneráveis e, além disso, evitar que os menos perigosos sejam "contaminados" pelos mais perigosos.

Extradição

> ***LI.*** *Nenhum brasileiro será extraditado, salvo o naturalizado, em caso de crime comum, praticado antes da naturalização, ou de comprovado envolvimento em tráfico ilícito de entorpecentes e drogas afins, na forma da lei;*
>
> ***LII.*** *Não será concedida extradição de estrangeiro por crime político ou de opinião;*

Extradição é o envio ao estrangeiro de pessoa que lá tenha cometido crime para que seja julgado e punido.

O brasileiro nato nunca será extraditado. Já o brasileiro naturalizado somente o pode ser em dois casos:

- Se comprovada participação em tráfico de drogas praticado no exterior (nesse caso, não importando se tal crime ocorreu antes ou depois da naturalização); ou
- No caso de crime comum praticado antes da naturalização (crime comum é aquele que não é crime político nem de opinião).

Ninguém será extraditado (seja estrangeiro, seja brasileiro naturalizado) por crime político ou de opinião.

Disposições Processuais

> ***LIII.*** *Ninguém será processado nem sentenciado senão pela autoridade competente;*
>
> ***LIV.*** *Ninguém será privado da liberdade ou de seus bens sem o devido processo legal;*

Uma das maiores garantias que um cidadão pode ter é o respeito ao princípio do chamado "juiz natural", que determina que, tal pessoa somente pode ser julgada e sentenciada pela autoridade estabelecida previamente pela lei.

O devido processo legal é um conceito aberto, mas que pode ser resumido como um processo justo, em que as partes tenham direito ao contraditório, ampla defesa, que seja conduzido por um juiz competente e que respeite as prescrições legais.

> ***LV.*** *Aos litigantes, em processo judicial ou administrativo, e aos acusados em geral são assegurados o contraditório e ampla defesa, com os meios e recursos a ela inerentes;*
>
> ***LVI.*** *São inadmissíveis, no processo, as provas obtidas por meios ilícitos;*

Litigantes são as partes de um processo judicial.

A Constituição prevê que não somente em um processo judicial, mas também nos administrativos e nos processos em geral (por exemplo, exclusão de sócio de clube), as partes têm direito ao contraditório (direito de conhecer e rebater os argumentos e provas trazidos pela parte contrária) e à ampla defesa (produzir todas as provas que julgarem necessárias).

Nosso sistema processual não admite as provas produzidas por meios ilícitos (no cível esse princípio é absoluto, na esfera criminal admite raras exceções em benefício do réu). Os fins não justificam os meios.

Presunção de Inocência

> ***LVII.*** *Ninguém será considerado culpado até o trânsito em julgado de sentença penal condenatória.*

O princípio da presunção de inocência, trazido pelo inciso LVII, estabelece que, até prova cabal e definitiva em contrário (consubstanciada na decisão judicial da qual não caiba mais recurso), todos são considerados inocentes.

O estigma de culpado por um crime somente pode ser atribuído a alguém após o término de um processo no qual tenha sido dada oportunidade de ampla defesa ao acusado.

Importante observar que o princípio da presunção de inocência não impede que seja decretada a prisão preventiva do réu, nos casos excepcionais previstos em lei.

Vedação de Identificação Criminal ao Civilmente Identificado

> ***LVIII.*** *O civilmente identificado não será submetido a identificação criminal, salvo nas hipóteses previstas em lei;*

Civilmente identificado é aquele que possui um documento de identidade reconhecido por lei emitido pelo órgão competente.

> **Exs.:** carteira de identificação – RG – expedida pelo órgão estadual ou forças armas; carteira nacional de habilitação; carteira de trabalho e previdência social, carteira da OAB, etc.).

Se alguém suspeito de algum crime apresentar um desses documentos, em regra não será submetido à identificação criminal na delegacia (não precisará tirar foto, imprimir as digitais – "tocar piano", etc.).

Porém, trata-se de norma de eficácia contida, conforme se extrai da expressão *salvo nas hipóteses previstas em lei*, o que quer dizer que a lei pode estabelecer hipóteses em que o civilmente identificado deverá submeter-se à identificação criminal.

Ex.: no caso de suspeita de falsidade do documento apresentado).

Ação Penal Privada Subsidiária

> ***LIX.*** *Será admitida ação privada nos crimes de ação pública, se esta não for intentada no prazo legal;*

Crimes de ação penal pública são aqueles em que o réu somente pode ser acusado e processado por iniciativa do Ministério Público, que apresenta a denúncia e acusa o réu durante o processo. Quase todos os crimes são de ação penal pública.

Crimes de ação pena privada são aqueles em que o processo somente pode ser iniciado por iniciativa do particular, que apresenta a queixa-crime, como ocorre, por exemplo, com os crimes de calúnia, injúria e difamação.

O que o inciso LIX diz é que, no caso de ação penal pública, se o Ministério Público não apresentar a denúncia, não pedir o arquivamento e não solicitar diligências no prazo estabelecido na lei, ou seja, se o MP ficar inerte, o particular poderá apresentar queixa-crime no lugar da denúncia do Ministério Público, para que o acusado não seja beneficiado pela inação do órgão ministerial.

O prazo para o Ministério Público apresentar a denúncia, de acordo com o Código de Processo Penal, é de 5 (cinco) dias se o réu estiver preso, e de 15 (quinze) dias, se estiver solto.

Publicidade dos Atos Processuais

> ***LX.*** *A lei só poderá restringir a publicidade dos atos processuais quando a defesa da intimidade ou o interesse social o exigirem;*

Via de regra, todos os atos processuais serão públicos, devem ser do conhecimento de todos, o que quer dizer que qualquer pessoa poderá, por exemplo, assistir a audiências, mesmo que o assunto não lhes diga respeito, e poderá pedir para ver um processo, desde que não o retire do cartório e não atrapalhe o trabalho do juiz e das partes. Além disso, todas as decisões tomadas pelo juiz serão publicadas no Diário Oficial.

No entanto, a Constituição Federal estabelece a possibilidade de restrição excepcional dessa publicidade no caso de defesa da intimidade ou do interesse social (como ocorre, por exemplo, em ações de separação litigiosa; estupro com violência; casos em que estejam envolvidos segredos militares, etc.).

1.3 Hipóteses de Prisão

> ***LXI.*** *Ninguém será preso senão em flagrante delito ou por ordem escrita e fundamentada de autoridade judiciária competente, salvo nos casos de transgressão militar ou crime propriamente militar, definidos em lei;*

No caso dos civis, a Constituição Federal somente admite que alguém seja levado à prisão em duas hipóteses: se a pessoa for pega em flagrante (próprio ou impróprio) ou se houver uma ordem judicial para isso (mandado de prisão).

Desta forma, não existe mais a possibilidade da chamada "prisão para averiguação", muito praticada na época ditatorial.

Para os militares, porém, que possuem na hierarquia e disciplina os dois pilares de sua organização, admite-se, além das duas hipóteses anteriores, a prisão administrativa (por ordem de um superior).

Direitos dos Presos Provisórios

> ***LXII.*** *A prisão de qualquer pessoa e o local onde se encontre serão comunicados imediatamente ao juiz competente e à família do preso ou à pessoa por ele indicada;*

Não podem existir "prisões secretas" no Brasil. Sempre que alguém for preso, tanto o ato da prisão como o local onde a pessoa está detida serão comunicados:

- À família do acusado (ou àquele que ele indicar), para que ele possa ter a assistência necessária (contratação de advogado, recebimento de visitas, etc.).
- Ao juiz competente, para que este possa apreciar a legalidade da prisão. Se a prisão for ilegal, o juiz deverá soltar imediatamente o acusado, conforme dispõe o inciso LXV:

> ***LXV.*** *A prisão ilegal será imediatamente relaxada pela autoridade judiciária;*

> ***LXIII.*** *O preso será informado de seus direitos, entre os quais o de permanecer calado, sendo-lhe assegurada a assistência da família e de advogado;*

Imediatamente à prisão do acusado, a autoridade policial deverá informá-lo a respeito de seus direitos, os quais incluem (mas não se resumem a esses):

- Direito a permanecer calado: ninguém pode ser obrigado a produzir prova contra si mesmo. O preso tem o direito de ficar calado perante o delegado e perante o juiz, se preferir não se manifestar.
- Assistência da família.
- Assistência de um advogado.

> ***LXIV.*** *O preso tem direito à identificação dos responsáveis por sua prisão ou por seu interrogatório policial;*

A garantia de que o preso tenha conhecimento de quem o prendeu ou interrogou tem o objetivo de permitir que ele possa representar contra eventuais abusos cometidos, o que ajuda a coibir a prática desses atos.

No entanto, esse direito não é absoluto, podendo ser preservada a identidade dos policiais envolvidos no caso em que sua revelação possa envolver graves e comprovados riscos a esses.

Ex.:, no caso de prisão de chefes de grandes organizações criminosas.

> ***LXVI.*** *Ninguém será levado à prisão ou nela mantido, quando a lei admitir a liberdade provisória, com ou sem fiança;*

A regra geral é a de que a pessoa responda ao processo criminal em liberdade, somente sendo preso após o trânsito em julgado da decisão judicial.

A liberdade provisória é a concessão, ao preso em flagrante, de liberdade, o que sempre deve ser feito se não estiverem presentes os requisitos da prisão preventiva. Isso ocorre porque existem muitos casos que, embora a pessoa tenha sido presa em flagrante, não se justifica a manutenção dessa prisão provisória, por não estarem presentes os requisitos da prisão preventiva (por exemplo, alguém que é preso em flagrante por furtar uma galinha de um vizinho, sendo primário e de bons antecedentes).

Assim, sempre que não estiverem presentes os requisitos da prisão preventiva, ninguém deverá ser ou permanecer preso.

Proibição de Prisão por Dívidas

> ***LXVII.*** *Não haverá prisão civil por dívida, salvo a do responsável pelo inadimplemento voluntário e inescusável de obrigação alimentícia e a do depositário infiel;*

Via de regra, uma pessoa somente pode ser presa pelo fato de ter cometido um crime. Ou seja, ninguém será preso por dívidas.

Porém, de acordo com a Constituição, haveria dois casos em que pode haver prisão do devedor:

- Inadimplemento voluntário e inescusável de obrigação alimentícia (pensão alimentícia).
- Depositário infiel – alguém que tem a responsabilidade pela guarda de um objeto de outrem e dolosamente não o devolve ou o destrói.

O STF decidiu que a prisão por depositário infiel é inconstitucional, uma vez que o Brasil é signatário do Pacto de San José da Costa Rica sobre direitos humanos (HC 96.772, 09/06/2009; HC 94.013, 10/02/2009).

Ou seja, atualmente somente existe a possibilidade de prisão civil por dívida no caso de não pagamento injustificado de pensão alimentícia.

Remédios Constitucionais

Os incisos LXVIII a LXXIII do Art. 5º tratam dos chamados "remédios constitucionais", que são garantias fundamentais que visam oferecer meios processuais rápidos e eficientes para defesa de direitos fundamentais, os quais veremos a seguir:

Habeas Corpus

> ***LXVIII.*** *Conceder-se-á "habeas-corpus" sempre que alguém sofrer ou se achar ameaçado de sofrer violência ou coação em sua liberdade de locomoção, por ilegalidade ou abuso de poder;*

Assim, o que esse remédio constitucional tutela é a liberdade de locomoção do indivíduo, ou seja, seu direito de ir, vir e permanecer.

Somente se pode utilizar do *Habeas Corpus* para corrigir alguma inidoneidade que implique em coação direta ou indireta à liberdade de ir, vir e permanecer. Desta forma, não se conhecerá do mesmo se seu objetivo for, por exemplo, questionar pena pecuniária imposta ou que possa vir a ser imposta ao acusado.

Intervenientes

No *Habeas Corpus*, temos três sujeitos envolvidos:

- Impetrante: quem apresenta, protocoliza o ***Habeas Corpus***.
- Impetrado: quem está sendo acusado de praticar a coação ilegal.
- Paciente: aquele em favor de quem está sendo pedido a ordem de ***Habeas Corpus*** (pode ser a mesma pessoa que o impetrante, ou seja, pode-se impetrar ***Habeas Corpus*** em defesa própria).

Impossibilidade de Produção de Provas em *Habeas Corpus*

O *Habeas Corpus*, devido a seu caráter sumaríssimo, não se presta a reexame da análise probatória apreciada em ação anterior.

Também não se admite, via de regra, pedido de produção de provas em *Habeas Corpus*, ou seja, o impetrante já deverá apresentar, junto com a petição inicial, todas as provas que julgar pertinentes.

Na análise do caso, o juiz ou tribunal não está vinculado à causa de pedir ou pedido formulados, podendo conceder a ordem se vislumbrar razão diversa das alegadas pelo impetrante.

Legitimação Ativa

Legitimação ativa é a capacidade jurídica de alguém de impetrar um *Habeas Corpus*. Ou seja, é a capacidade de ser autor numa ação de *Habeas Corpus*.

A legitimação para ajuizamento do *Habeas Corpus* é a mais ampla possível, não se exigindo nem que seja assinado por advogado.

Qualquer um, nacional ou estrangeiro, independentemente de sua condição civil, ainda que não esteja no gozo dos direitos políticos ou que seja menor de idade, pode recorrer ao chamado "remédio heroico", em seu favor ou de outro, podendo ele mesmo assinar a petição.

Também a pessoa jurídica pode impetrar *Habeas Corpus* em favor de terceiro pessoa física, não podendo, porém, ser paciente.

O próprio juiz não está obrigado a esperar provocação para conceder a ordem de *Habeas Corpus*. Neste caso, a ordem será concedida de ofício, não se falando em impetração.

Apesar da ampla legitimidade ativa, é vedada a petição apócrifa (identificação falsa do impetrante ou anônima), podendo o juiz, porém, mesmo não conhecendo do pedido, concedê-lo de ofício.

Legitimação Passiva

Quando se fala de legitimação passiva está se referindo à possibilidade de alguém ter impetrado contra si o *Habeas Corpus*.

O *Habeas Corpus* deverá ser impetrado contra o ato do coator, que poderá ser autoridade pública ou simplesmente um particular.

Quando se tratar de ato coator praticado por particular, normalmente a conduta constituirá crime (cárcere privado, constrangimento ilegal), bastando a intervenção da autoridade policial para fazê-la cessar. Isso, porém, não impede a impetração do *Habeas Corpus*, até porque existem casos em que será difícil ou impossível a intervenção da polícia para fazer cessar a coação ilegal (internações em hospitais ou clínicas psiquiátricas).

Excepcionalmente o *Habeas Corpus* pode ser utilizado em processos cíveis, não existindo crime (**Ex.:** menor de idade que alegue cerceamento ilegal de seu direito de locomoção por seu responsável ou prisão decretada por não pagamento de pensão).

Pacientes

Qualquer um pode ser paciente em um *Habeas Corpus*, desde que, como visto, seu direito de locomoção esteja sendo lesado ou ameaçado.

As pessoas jurídicas, embora possam ser impetrantes, não podem se beneficiar de uma ordem de *Habeas Corpus*, uma vez que não estão sujeitas ao deslocamento físico.

Nada impede que um mesmo *Habeas Corpus* tenha mais de um paciente, desde que a causa de pedir (o ato coator ilegal) seja o mesmo.

Habeas Corpus Preventivo e Repressivo

O *Habeas Corpus* pode ser preventivo (salvo-conduto) ou repressivo (também chamado de liberatório)

O *Habeas Corpus* preventivo é cabível quando houver ameaça à liberdade de locomoção. Concede um salvo-conduto, que busca prevenir que a ameaça se efetive (**Ex.:** HC impetrado por prostitutas visando garantir o seu direito de "trabalhar"). Evidentemente, o salvo-conduto limitar-se-á aos motivos que ensejaram a ordem e terá a abrangência por ela definidos. Assim, se alguém, processado por furto, consegue um HC para que não seja preso provisoriamente por aquele crime, por ser primário e o crime não ser grave, nada impede que ele seja preso se for flagrado traficando drogas.

Já o *Habeas Corpus* repressivo (ou liberatório) aplica-se aos casos em que a violência ou coação à liberdade de locomoção esteja ocorrendo. Tem o objetivo de fazer cessar o desrespeito à liberdade de locomoção.

Liminar em *Habeas Corpus*

Não obstante seja o rito do *Habeas Corpus* sumaríssimo e tenha ele prioridade absoluta de julgamento nos Tribunais e juízos singulares, há a possibilidade de concessão de medida liminar, para se evitar possível constrangimento irreparável à liberdade de locomoção.

A possibilidade de concessão de liminar vale tanto para os *Habeas Corpus* preventivos como liberatórios.

A admissão de decisão liminar não é prevista na lei, mas é resultado da construção jurisprudencial.

A concessão da liminar exige a convergência de dois requisitos: o periculum in mora (possibilidade de dano irreparável) e o fumus boni iuris (elementos da impetração que indiquem a existência de ilegalidade no constrangimento). Esses dois requisitos serão analisados de forma sumária.

Habeas Corpus e Punições Disciplinares Militares

O Art. 142, §2º, da CF, estabelece que não caberá *Habeas Corpus* em relação a punições disciplinares militares.

O que o dispositivo quer dizer, no entanto, é que não caberá HC em relação ao mérito das punições disciplinares administrativas, uma vez que o juiz sempre pode analisar os pressupostos de legalidade de qualquer ato administrativo (competência, forma legal, pena passível de ser aplicada disciplinarmente, etc.).

Mandado de Segurança

> ***LXIX.*** *Conceder-se-á mandado de segurança para proteger direito líquido e certo, não amparado por "habeas corpus" ou "habeas data", quando o responsável pela ilegalidade ou abuso de poder for autoridade pública ou agente de pessoa jurídica no exercício de atribuições do Poder Público;*

Direito líquido e certo: direito certo é aquele que está determinado, que não necessita de mais provas, que é induvidoso. Por exigir direito certo é que não se admite a produção de provas no bojo processual do MS (o MS não admite dilação probatória). Importante observar que o direito é sempre certo, sendo que os fatos é que podem ser duvidosos.

Liquidar é atribuir um valor. Direito líquido é aquele que já tem seu valor definido, que não precisa de averiguações para se verificar sua extensão econômica. Assim, o direito pode ser certo, mas não líquido.

> **Ex.:** Alguém ganha uma ação de indenização, mas o valor desta indenização será definido somente na liquidação da sentença, até lá o direito é certo, mas não líquido.

Para que o mandado de segurança possa ser conhecido, ambos os requisitos: certeza e liquidez do direito devem estar preenchidos.

Não amparado por *Habeas Corpus* ou *Habeas Data*: se o direito for amparado por um desses remédios, o interessado deverá socorrer-se deles, e não do mandado de segurança.

Ilegalidade ou abuso de poder: o ato, para poder ser atacado pelo mandado de segurança deve ser ilegal (no sentido amplo).

Autoridade pública ou agente de pessoa jurídica no exercício de atribuições do Poder Público: o Mandado de Segurança é instrumento de defesa dos direitos individuais do cidadão perante o Estado e, assim, somente terá cabimento contra atos de seus representantes. Assim, vê-se que não caberá mandado de segurança contra particular (a não ser que este aja por delegação do poder público).

Se for particular que estiver ferindo direito líquido e próprio de terceiro, este deverá recorrer a outra ação judicial para fazer cessar o ato ilegal.

Espécies de Mandado de Segurança

A exemplo do *Habeas Corpus*, o Mandado de Segurança pode ser:

- Repressivo, quando visa combater uma ilegalidade já cometida seja, quando o direito líquido e certo do impetrante já foi atingido; ou
- Preventivo, quando o impetrante demonstrar justo receio de sofrer uma violação de direito líquido e certo por parte da autoridade impetrada. Evidentemente, este receio deve ser lastreado em evidências concretas de um ato ou omissão que esteja pondo em risco o direito do impetrante.

Legitimidade Ativa

Possui legitimação ativa para impetrar Mandado de Segurança todo o titular de direito líquido e certo, não amparado por *Habeas Corpus* ou *Habeas Data*. Tanto pode ser pessoa física como jurídica, nacional ou estrangeiro, domiciliada ou não em nosso país.

É reconhecida legitimação ativa às universalidades reconhecidas por lei, mesmo não possuindo personalidade jurídica.

> **Ex.:** Espólio e massa falida) e também aos órgãos despersonalizados (Mesas do Congresso, Senado e Câmara, Assembleias, etc.

Legitimidade Passiva

Já vimos que somente podem figurar no polo passivo de um MS autoridade pública ou agente de pessoa jurídica no exercício de atribuições do Poder Público.

Liminar

O rito do Mandado de Segurança prevê que, ao apresentar a petição inicial, o impetrante poderá requerer a concessão de medida liminar, se presentes o *fumus bonus iuris* e o *periculum in mora*.

Da decisão que conceder ou negar a liminar cabe agravo de instrumento.

Mandado de Segurança Coletivo

> ***LXX.*** *O mandado de segurança coletivo pode ser impetrado por:*
>
> ***a)*** *partido político com representação no Congresso Nacional;*
>
> ***b)*** *organização sindical, entidade de classe ou associação legalmente constituída e em funcionamento há pelo menos um ano, em defesa dos interesses de seus membros ou associados;*

A finalidade do mandado de segurança coletivo é permitir que certas pessoas jurídicas defendam o interesse de seus membros ou associados, ou ainda da sociedade em geral (partidos políticos) evitando-se a multiplicidade de demandas.

Objeto

Tem por objeto a defesa dos mesmos direitos que podem ser objeto do Mandado de Segurança individual (líquidos e certos), porém direcionado à defesa dos interesses coletivos, tanto da sociedade como um todo, como de uma classe especial, representada por um sindicato ou associação.

Legitimação Ativa

A legitimação para a impetração de mandado de segurança coletivo é extraordinária, e somente é concedida às entidades previstas no Art. 5º, LXX, da CF, quais sejam:

- Partido político com representação no Congresso Nacional;
- Organização sindical ou entidade de classe;
- Associação legalmente constituída e em funcionamento há pelo menos um ano.

No que se refere aos sindicatos, entidades de classe e associações, o objeto do MS deve guardar pertinência temática com seus objetivos institucionais. Em relação aos partidos políticos, a maioria dos doutrinadores os exime da comprovação deste vínculo, mas esta ainda é uma questão controversa.

No caso de sindicatos e associações, não se exige que os mesmos apresentem autorização expressa de cada um de seus associados representados em juízo, bastando uma autorização genérica em seus estatutos sociais.

Não há necessidade de constar na petição inicial o nome de todos os associados, sendo que a situação individual de cada um será levada em conta quando da execução da sentença, devendo a autoridade impetrada, ao cumprir a decisão judicial, exigir que cada beneficiário comprove sua filiação à entidade beneficiária.

Mandado de Injunção

> ***LXXI.*** *Conceder-se-á mandado de injunção sempre que a falta de norma regulamentadora torne inviável o exercício dos direitos e liberdades constitucionais e das prerrogativas inerentes à nacionalidade, à soberania e à cidadania;*

O mandado de injunção é o instrumento previsto para combater a inércia do Poder Legislativo ou Executivo na regulamentação de direitos e liberdades constitucionais e aqueles relacionados à nacionalidade, à soberania e à cidadania.

Ele visa combater a falta de efetividade das normas constitucionais de eficácia limitada, relacionada àqueles assuntos.

O Supremo Tribunal Federal decidiu pela autoaplicabilidade do inciso LXXI do Art. 5º da Constituição, independentemente de edição de lei regulamentando o mandado de injunção, tendo em vista o Art. 5º, §1º, que determina que as normas definidoras dos direitos e garantias fundamentais têm aplicação imediata.

Competência

Compete ao STF processar e julgar, originalmente, o mandado de injunção, quando a elaboração da norma regulamentadora for atribuição do Presidente da República, do Congresso Nacional, da Câmara Federal, do Senado Federal, da Mesa de uma dessas Casas, do TCU, de um dos Tribunais Superiores, ou do próprio STF.

Ao STJ compete julgar originariamente o mandado de injunção quando a norma omissa for atribuição de órgão, entidade ou autoridade federal, excetuados os casos de competência do STF, da Justiça Eleitoral, da Justiça do Trabalho e da Justiça Federal.

As Justiças Estaduais também têm competência para julgar o mandado de injunção na forma prevista nas Constituições Estaduais.

Efeitos da Decisão

Uma vez reconhecida, pelo julgamento do Mandado de Injunção, a mora do Poder Legislativo na elaboração da norma regulamentadora, qual deve ser o papel do Judiciário? De acordo com a resposta a essa pergunta, temos duas correntes:

- Corrente não concretista: o Judiciário deve somente reconhecer a inércia do Legislativo, não podendo expedir norma que permita ao impetrante exercer imediatamente seu direito, uma vez que não cabe ao Judiciário legislar, suprindo a omissão do Parlamento.
- Corrente concretista: O Judiciário deve não só reconhecer a inércia do Legislativo como deve permitir o exercício imediato do direito obstado pela falta da norma, dizendo qual solução deve ser aplicada ao caso em questão. A corrente concretista subdivide-se em duas:
  - Concretista Individual: o Judiciário estabelece como o impetrante poderá exerceu o direito prejudicado pela falta da norma, mas os efeitos da decisão só valem para o impetrante.
  - Concretista Geral: o Judiciário estabelece como a ausência da norma será suprida, e essa decisão terá efeitos erga omnes, podendo ser aproveitada por todos que se encontrarem na mesma situação, até que seja editada a norma faltante.

Atualmente o STF tem adotado a corrente concretista geral.

Habeas Data

> ***LXXII.*** *Conceder-se-á Habeas Data:*
>
> ***a)*** *para assegurar o conhecimento de informações relativas à pessoa do impetrante, constantes de registros ou bancos de dados de entidades governamentais ou de caráter público;*

> ***b)*** *para a retificação de dados, quando não se prefira fazê-lo por processo sigiloso, judicial ou administrativo;*

Diante do texto constitucional, pode-se definir o *Habeas Data* como o remédio constitucional de que podem se valer todas as pessoas para solicitar judicialmente a exibição dos registros públicos ou privados de caráter público, nos quais estejam incluídos seus dados pessoais, para que deles tome conhecimento e, se necessário for, requerer sua retificação.

Porém, de acordo com a Lei nº 9.507/97, o impetrante deve provar que seu pedido foi negado administrativamente, para que possa recorrer ao *Habeas Data*.

Legitimação Ativa

O *Habeas Data* poderá ser impetrado tanto por pessoa física como por pessoa jurídica, brasileira ou estrangeira.

Somente poderão ser requeridas informações relativas ao próprio impetrante, nunca de terceiros (caráter personalíssimo da ação), embora a jurisprudência tenha admitido que os sucessores do de cujus possa impetrar *Habeas Data* em nome do mesmo.

Diferentemente do que ocorre com o *Habeas Corpus*, a petição inicial do *Habeas Data* deve sempre ser subscrita por advogado.

Legitimação Passiva

Podem ser sujeitos passivos do *Habeas Data* os responsáveis por entidades governamentais, da administração pública direta e indireta.

Além disso, o *Habeas Data* também pode ser impetrado contra representantes de pessoas jurídicas privadas que prestem serviços para o público ou de interesse público, e desde que detenham dados referentes às pessoas físicas ou jurídicas (Ex.: SERASA).

Liminar em *Habeas Data*

A exemplo do *Habeas Corpus*, a lei silencia-se sobre a possibilidade de concessão de liminar em *Habeas Data*. No entanto, os tribunais têm admitido essa possibilidade, desde que presentes o fumus boni iuris e o periculum in mora.

De observar-se que, nos Tribunais, via de regra, os processos de *Habeas Data* terão prioridade sobre todos os atos judiciais, exceto *Habeas Corpus* e mandado de segurança.

Ação Popular

> ***LXXIII.*** *Qualquer cidadão é parte legítima para propor ação popular que vise a anular ato lesivo ao patrimônio público ou de entidade de que o Estado participe, à moralidade administrativa, ao meio ambiente e ao patrimônio histórico e cultural, ficando o autor, salvo comprovada má-fé, isento de custas judiciais e do ônus da sucumbência;*

A ação popular é um importante instrumento processual que a sociedade tem para controlar os atos dos agentes públicos e anular atos lesivos ao patrimônio público.

É um instrumento bastante democrático e que pode ser exercido por qualquer cidadão brasileiro.

É regulada pela Lei nº 4.717/65, sendo, assim, anterior à própria Constituição Federal de 1988. Na verdade, consta a previsão de ação popular (embora com outro escopo) desde a Constituição de 1824.

Assim, a ação popular tem por finalidade pleitear a anulação ou declaração de nulidade de atos lesivos:

- Ao patrimônio da União, Estados, DF e Municípios, bem como de qualquer entidade em que o tesouro público participe;
- À moralidade administrativa;
- Ao meio-ambiente;
- Patrimônio histórico, cultural, econômico, artístico, estético ou turístico.

Legitimação Ativa

Pode propor a ação popular qualquer cidadão.

Para esse efeito, considera-se cidadão aquele que esteja apto a votar e a ser votado (conceito restrito de cidadania). A prova da cidadania se faz com a apresentação do título de eleitor.

Legitimação Passiva

Deverão figurar no polo passivo de uma ação popular:

- União, Estado, DF ou Municípios do qual emanou o ato lesivo;
- Autoridades, funcionários ou administradores que autorizaram, aprovaram, ratificaram, praticaram ou se omitiram em relação ao ato;
- Beneficiários diretos do ato.

Assistência Jurídica Gratuita

> ***LXXIV.*** *O Estado prestará assistência jurídica integral e gratuita aos que comprovarem insuficiência de recursos;*

Todos têm direito a um advogado, seja para defendê-los em processos criminais, seja para mover ações em defesa de seus direitos (cíveis, trabalhistas, etc.).

A Constituição Federal determina que aqueles que não puderem pagar por um advogado deverão ter um indicado e pago pelo Estado, desde que a pessoa comprove não ter condições de arcar com os honorários.

Atualmente, todos os Estados brasileiros possuem Defensorias Públicas, que visam justamente prestar assistência jurídica gratuita aos reconhecidamente pobres. Além disso, existem também as Defensorias Públicas Federais (que oficiam junto à Justiça Federal).

O STF tem entendido que também as pessoas jurídicas têm direito à justiça gratuita, quando não possuírem condições de pagar por um advogado, sem comprometer seu funcionamento.

Indenização por Erro Judiciário

> ***LXXV.*** *O Estado indenizará o condenado por erro judiciário, assim como o que ficar preso além do tempo fixado na sentença;*

É sabido que até o Judiciário está sujeito a cometer erros, podendo tanto vir a absolver um culpado como, eventualmente, vir a condenar alguém que, na verdade, era inocente.

No caso de condenação de alguém que não deveria sê-lo, prevê nossa Constituição a possibilidade de indenização dessa pessoa.

Também que, aqueles que ficarem presos mais tempo do que o devido (circunstância relativamente comum, resultado da falta de assistência jurídica de muitos condenados) poderão exigir do Estado essa compensação.

Gratuidades

> ***LXXVI.*** *São gratuitos para os reconhecidamente pobres, na forma da lei:*
>
> ***a)*** *o registro civil de nascimento;*
>
> ***b)*** *a certidão de óbito;*
>
> ***LXXVII.*** *São gratuitas as ações de "Habeas Corpus" e "Habeas Data", e, na forma da lei, os atos necessários ao exercício da cidadania.*

Para aqueles que comprovarem não terem condições financeiras, o Estado deverá proceder gratuitamente ao registro dos nascimentos e dos óbitos (até porque o correto registro desses eventos interessa também ao próprio Estado).

Também são gratuitas a ações de *Habeas Corpus* e *Habeas Data*, bem como os atos necessários ao exercício da cidadania (emissão de documentos, por exemplo). Nesse último caso, na forma que a lei estabelecer (norma de eficácia limitada).

Razoável Duração do Processo

> ***LXXVIII.*** *A todos, no âmbito judicial e administrativo, são assegurados a razoável duração do processo e os meios que garantam a celeridade de sua tramitação.*

Existe um binômio que precisa ser levado em consideração na prestação jurisdicional: justiça-celeridade.

Essas duas características, a princípio antagônicas (quanto mais rápido um processo, com menos recursos, menos justo ele tendo a ser, e vice-versa), precisam ser combinadas de forma que se busquem decisões justas, que respeitem o direito ao contraditório, ampla defesa e possibilidade de recursos e que, ao mesmo tempo não sejam por demais tardias.

A Constituição não define o que seja razoável duração do processo, porém essa definição está ligada ao binômio acima, ou seja, deve-se procurar que o processo seja o mais rápido possível, porém não tão rápido de forma a prejudicar a busca da justiça.

O mesmo vale para os processos administrativos.

Disposições Gerais

Os parágrafos do Art. 5º da CF trazem uma série de disposições gerais aplicáveis aos direitos e garantias individuais e coletivos:

Aplicação imediata das Normas Definidoras de Direitos e Garantias Fundamentais

> ***§ 1º.*** *As normas definidoras dos direitos e garantias fundamentais têm aplicação imediata.*

Isso significa que a intenção do constituinte era que as normas constitucionais que tratam de direitos e garantias fossem imediatamente aplicadas. Em se tratando de normas de eficácia limitada, cabe a impetração de mandado de injunção para que a omissão seja suprida.

Não Taxatividade dos Direitos e Garantias Fundamentais

> ***§ 2º.*** *Os direitos e garantias expressos nesta Constituição não excluem outros decorrentes do regime e dos princípios por ela adotados, ou dos tratados internacionais em que a República Federativa do Brasil seja parte.*

Além dos direitos e garantias expressos no Art. 5º e em outros artigos da Constituição, o rol pode ser constantemente ampliado por meio de tratados internacionais assinados pelo Brasil.

Aprovação de Tratados internacionais sobre Direitos Humanos com Status de Norma Constitucional

> ***§ 3º.*** *Os tratados e convenções internacionais sobre direitos humanos que forem aprovados, em cada Casa do Congresso Nacional, em dois turnos, por três quintos dos votos dos respectivos membros, serão equivalentes às emendas constitucionais.*

De acordo com o parágrafo 3º do Art. 5º, os tratados internacionais que passarem pelo mesmo rito de aprovação das emendas constitucionais (aprovação na Câmara e no Senado, em dois turnos, por três quintos dos votos dos deputados federais e senadores) terão status de norma constitucional.

Diferente situação ocorre com os tratados internacionais sobre direitos humanos que forem aprovados pela forma ordinária de ratificação de tratados: nesse caso, tais tratados terão o status de norma supralegal, mas hierarquicamente inferior às normas constitucionais.

Tribunal Penal Internacional

> ***§ 4º.*** *O Brasil se submete à jurisdição de Tribunal Penal Internacional a cuja criação tenha manifestado adesão.*

Para evitar discussões a respeito da legitimidade de julgamento de brasileiros por tribunais internacionais, o parágrafo 4º do Art. 5º deixa claro que, se o Brasil manifestar adesão à criação de um Tribunal Penal Internacional, cidadãos brasileiros poderão ser julgados por esse Tribunal, nos termos estabelecidos no tratado de constituição.

Questões

01. (Cespe) A Constituição Federal de 1988 aponta, em seu art. 1.º, a cidadania como um dos seus princípios fundamentais, embora limite o alcance desse princípio ao direito do indivíduo de votar e ser votado.

Certo ( ) Errado ( )

02. (Cespe) A garantia da dignidade da pessoa humana é um objetivo da República Federativa do Brasil e tem consolidado decisões judiciais para a efetivação de direitos fundamentais previstos na CF.

Certo ( ) Errado ( )

03. (Cespe) De acordo com as disposições da Constituição Federal de 1988 (CF) sobre princípios, direitos e garantias fundamentais, julgue o seguinte item.

A defesa da paz e a solução pacífica de conflitos são fundamentos da República Federativa do Brasil.

Certo ( ) Errado ( )

04. (Cespe) No que diz respeito aos princípios fundamentais previstos na Constituição Federal de 1988, julgue o item.

São princípios da República Federativa do Brasil, dentre outros, a defesa da paz, da igualdade entre estados e da prevalência dos direitos humanos.

Certo ( ) Errado ( )

05. (Cespe) Acerca dos princípios, fundamentos e objetivos da Constituição Federal de 1988 (CF), julgue o item a seguir.

A soberania, que consiste em um poder político supremo e independente, é um dos fundamentos da República Federativa do Brasil.

Certo ( ) Errado ( )

Gabaritos

01	ERRADO
02	CERTO
03	ERRADO
04	CERTO
05	CERTO

2. DIREITOS SOCIAIS

Os direitos sociais são direitos fundamentais típicos da chamada segunda geração, e visam garantir uma existência digna aos cidadãos.

São consideradas verdadeiras obrigações que o Estado possui para com seus nacionais e, precipuamente, buscam garantir melhores condições de vida aos menos favorecidos, funcionando assim como instrumentos de equalização de condições sociais desiguais.

Sua extensão varia de país para país, de acordo com a concepção do papel atribuído ao Estado em cada um deles.

Assim, existem alguns países que reconhecem um número maior de direitos sociais, como é o caso do Brasil e de vários países da Europa continental, sendo chamados de Estados-Provedores ou Estados-Sociais. Por outro lado, existem outros que consideram que o Estado deve possuir menos obrigações em relação ao particular, recebendo normalmente o nome de Estados liberais.

O Art. 6º de nossa Constituição define quais são eles:

> ***Art. 6º*** *São direitos sociais a educação, a saúde, a alimentação, o trabalho, a moradia, o transporte, o lazer, a segurança, a previdência social, a proteção à maternidade e à infância, a assistência aos desamparados, na forma desta Constituição. (Redação dada pela Emenda Constitucional nº 90, de 2015)*

Embora os direitos sociais sejam bastante amplos, conforme se verifica acima, em seu Capítulo II - Direitos Sociais, nossa CF trata basicamente dos direitos trabalhistas, que regem as relações entre patrões e empregados. Outros direitos sociais são abordados em dispositivos diferentes da Constituição Federal.

O Art. 7º da Constituição Federal traz os principais direitos trabalhistas. Importante observar que nem todos se aplicam aos servidores públicos e, mesmo os que se aplicam, podem ser regulamentados de forma diferente por leis específicas, uma vez que os servidores são regidos por estatutos próprios.

Os empregados domésticos também não possuem todos os direitos citados nos incisos do Art. 7º, por conta do disposto em seu parágrafo único, embora a EC nº 72/2013 tenha ampliado significativamente os seus direitos, quase que os equiparando aos demais trabalhadores.

Vejamos o que diz o Art. 7º da Constituição Federal:

> ***Art. 7º*** *São direitos dos trabalhadores urbanos e rurais, além de outros que visem à melhoria de sua condição social:*

O caput do Art. 7º deixa claro que os direitos sociais apresentados em seus incisos se aplicam indistintamente aos trabalhadores urbanos e rurais, e que não excluem outros, previstos na própria Constituição ou em leis específicas. Ou seja, tal artigo traz somente o mínimo considerado necessário pelo constituinte para que o trabalhador possa ter condições de trabalho e de vida dignas.

E os incisos do Art. 7º trazem quais são esses direitos:

2.1 Proteção contra Despedida sem Justa Causa

> ***I.*** *Relação de emprego protegida contra despedida arbitrária ou sem justa causa, nos termos de lei complementar, que preverá indenização compensatória, dentre outros direitos;*

A demissão arbitrária ou sem justa causa pode trazer graves consequências para o trabalhador, inclusive no que se refere ao seu sustento e de sua família.

Diante disso, a Constituição exige que lei complementar o proteja dessa situação, buscando amenizar os impactos decorrentes de tal despedida com o pagamento de uma indenização, entre outras providências que podem ser adicionadas.

Essa lei complementar referida no dispositivo ainda não existe. Diante disso, permanece em vigor disposto no Art. 10 do ADCT (Ato das Disposições Constitucionais Transitórias), que afirma o seguinte:

> ***Art. 10.*** *Até que seja promulgada a lei complementar a que se refere o Art. 7º, I, da Constituição:*
>
> ***I.*** *fica limitada a proteção nele referida ao aumento, para quatro vezes, da porcentagem prevista no Art. 6º, "caput" e § 1º, da Lei nº 5.107/66;*
>
> ***II.*** *fica vedada a dispensa arbitrária ou sem justa causa:*
>
> ***a)*** *do empregado eleito para cargo de direção de comissões internas de prevenção de acidentes, desde o registro de sua candidatura até um ano após o final de seu mandato;*
>
> ***b)*** *da empregada gestante, desde a confirmação da gravidez até cinco meses após o parto.*

A multa citada no inciso I do Art. 10 do ADCT é justamente a multa de 40% do valor depositado pelo empregador na conta do FGTS do empregado, no caso de demissão sem justa causa.

2.2 Seguro-Desemprego

> ***II.*** *Seguro-desemprego, em caso de desemprego involuntário;*

O seguro-desemprego é atualmente regulamentado pela Lei nº 7.998/90, e busca amparar temporariamente o trabalhador, em virtude de despedida sem justa causa.

A lei do seguro-desemprego, além de trazer o pagamento do chamado auxílio-desemprego, também dispõe que o Governo deve oferecer meios para ajudar o trabalhador a encontrar um outro emprego.

2.3 FGTS

> ***III.*** *Fundo de garantia do tempo de serviço;*

Trata-se do FGTS, equivalente a aproximadamente um salário por ano (8% do salário por mês), depositado pelo empregador em conta vinculada e exclusiva do empregado, administrada pela Caixa Econômica Federal e sujeito a saques em hipóteses específicas, como despedida sem justa causa e aposentadoria.

A ideia do FGTS é que o empregador faça uma poupança forçada para o empregado, o qual, por sua vez, somente poderá sacá-la nas hipóteses previstas em lei. Por sua vez, a lei prevê que os recursos "parados" nas contas do FGTS dos empregados brasileiros podem ser usados pelo Governo para financiamento do Sistema Financeiro da Habitação - SFH.

O servidor público estatutário ocupante de cargo efetivo não tem direito ao FGTS.

2.4 Salário-Mínimo

IV. Salário-mínimo, fixado em lei, nacionalmente unificado, capaz de atender a suas necessidades vitais básicas e às de sua família com moradia, alimentação, educação, saúde, lazer, vestuário, higiene, transporte e previdência social, com reajustes periódicos que lhe preservem o poder aquisitivo, sendo vedada sua vinculação para qualquer fim;

O salário-mínimo deveria garantir uma existência digna para uma família com dois filhos. Sabe-se que está muito longe disso. No entanto, um aumento repentino e substancial no salário-mínimo poderia trazer consequências desastrosas para a economia, como por exemplo, demissões em massa, falta de recursos para pagamento de benefícios da Previdência Social, etc. Por conta disso, entende-se que se deve aumentar paulatinamente o valor do salário mínimo, até que ele atenda a todas as necessidades previstas no texto constitucional.

De acordo com o inciso IV do Art. 7º, o salário- mínimo também deve ser:

a) fixado em lei: é o Poder Legislativo quem deve estabelecer o valor do salário-mínimo ou aprovar os critérios para a definição de seu valor.

b) nacionalmente unificado: embora os Estados possam ter salários-mínimos regionais, esses devem ser sempre iguais ou superiores ao salário-mínimo nacional.

c) reajustado periodicamente: esse reajuste é previsto para garantir a preservação do valor do salário- mínimo, diante da inflação. É realizado anualmente.

d) proibido de vinculação para qualquer fim: tem por objetivo não criar "amarras" ao aumento do salário-mínimo.

2.5 Piso Salarial

V. Piso salarial proporcional à extensão e à complexidade do trabalho;

Além do salário-mínimo, que se aplica a todos os trabalhadores brasileiros, a Constituição prevê que haja também pisos salariais, que são salários-mínimos aplicáveis a determinadas categorias profissionais, e cujo valor deve levar em conta a extensão e a complexidade do trabalho em cada uma delas.

Esses pisos salariais são negociados pelos sindicatos de cada categoria profissional junto aos sindicatos dos empregadores, ou podem ser obtidos pelos sindicatos profissionais mediante dissídios coletivos na Justiça do Trabalho.

Obviamente, os valores dos diversos pisos salariais devem ser sempre iguais ou superiores ao valor do salário-mínimo.

2.6 Irredutibilidade do Salário

VI. Irredutibilidade do salário, salvo o disposto em convenção ou acordo coletivo;

Uma vez estabelecido o valor de salário no contrato de trabalho, ele não pode ser reduzido, mesmo que o empregado concorde, exceto se tal redução for aceita por negociação feita junto à respectiva entidade sindical respectiva.

A diferença entre convenção coletiva e acordo coletivo é que a primeira é um pacto firmado entre os sindicatos dos trabalhadores, de um lado, e o sindicato dos empregadores, de outro, ao passo que o acordo coletivo é firmado pelo sindicato dos trabalhadores, de um lado, e um ou mais empregadores, de outro (no acordo coletivo não há participação do sindicato dos empregadores).

Assim, a convenção coletiva vale para os trabalhadores de toda a categoria profissional e o acordo vale somente para os trabalhadores das empresas envolvidas.

De qualquer forma, a redução salarial do empregado pode ser negociada tanto por convenção como por acordo coletivo.

2.7 Salário-Mínimo para os que Recebem Remuneração Variável

VII. Garantia de salário, nunca inferior ao mínimo, para os que percebem remuneração variável;

Esse inciso visa garantir que aqueles que percebem remuneração variável, como os garçons, que recebem, além do salário, gorjetas, ou aqueles que tenham seus salários atrelados a metas de desempenho, que esses também tenham direito a receber todo mês, no mínimo, o valor de um salário-mínimo.

2.8 13º Salário

VIII. Décimo terceiro salário com base na remuneração integral ou no valor da aposentadoria;

O décimo terceiro salário, ou gratificação natalina, deve ser pago até o final do ano, podendo ser dividido em duas parcelas, sendo a primeira paga até dia 30 de novembro e a segunda até dia 20 de dezembro.

É calculado com base na remuneração devida no pagamento de dezembro.

2.9 Adicional Noturno

IX. Remuneração do trabalho noturno superior à do diurno;

O homem tem hábitos diurnos. Por isso, nossa Constituição entendeu que quem trabalha durante o período noturno trabalha fora de seu horário natural e que, portanto, deve receber uma compensação.

De acordo com a Consolidação das Leis do Trabalho - CLT, o trabalho noturno urbano estende-se das 22 horas de um dia às 5 horas do outro. Já nas atividades rurais, é considerado noturno o trabalho executado na lavoura entre 21 horas horas de um dia às 5 horas do dia seguinte, e na pecuária, entre 2 horas às 4 horas do dia seguinte.

Quem trabalhar nesses horários terá direito a um adicional, calculado com base nas horas de trabalho que coincidirem com esses períodos.

2.10 Proteção ao Salário

X. Proteção do salário na forma da lei, constituindo crime sua retenção dolosa;

O salário do trabalhador é o seu sustento, sendo que o empregado conta com ele para o atendimento de suas necessidades básicas e de sua família.

Por isso, a lei deverá protegê-lo, inclusive considerando crime sua retenção intencional por parte do empregador.

2.11 Participação nos Lucros e na Gestão das Empresas

> ***XI.*** *Participação nos lucros, ou resultados, desvinculada da remuneração, e, excepcionalmente, participação na gestão da empresa, conforme definido em lei;*

A Constituição estabelece a possibilidade de que os trabalhadores venham a ter participação nos lucros da empresa (a chamada PLR), conforme definido em lei, além de haver a possibilidade - excepcional - de participação na gestão da própria empresa, também nas hipóteses previstas em lei.

A lei que trata sobre a PLR estabelece que a mesma deverá ser negociada entre os sindicatos dos trabalhadores e a empresa.

Para que seja considerado de fato participação nos lucros, o valor recebido pelo empregado não deve estar atrelado à sua remuneração, mas sim à contribuição dada por ele para o atingimento do resultado. Se o valor da PLR estiver vinculado ao salário do empregado, o montante recebido será considerado remuneração e como tal tributado.

2.12 Salário-Família

> ***XII.*** *Salário-família pago em razão do dependente do trabalhador de baixa renda, nos termos da lei;*

O salário-família tem a função de auxiliar o trabalhador de baixa renda a sustentar sua família, cabendo à lei definir qual seria o valor de salário considerado como baixo.

Deve ser pago em função do número de dependentes do trabalhador, de forma que aquele que tenha mais filhos receba mais.

2.13 Jornada de Trabalho

> ***XIII.*** *Duração do trabalho normal não superior a oito horas diárias e quarenta e quatro semanais, facultada a compensação de horários e a redução da jornada, mediante acordo ou convenção coletiva de trabalho;*

No Brasil a duração da jornada semanal de trabalho é de, no máximo, 44 horas semanais e 8 diárias. O que for trabalhado além disso, seja no limite diário, seja no limite semanal, deve ser pago como hora extra, com os acréscimos legais.

A Constituição, porém, permite a compensação de horários (banco de horas) e a redução da jornada, mediante negociação que envolva o sindicato da categoria profissional.

> ***XIV.*** *Jornada de seis horas para o trabalho realizado em turnos ininterruptos de revezamento, salvo negociação coletiva;*

Turno interrupto de revezamento é aquele no qual o trabalhador é obrigado a trabalhar hora num horário, ora em outro, como ocorre com algumas pessoas que trabalham em regime de escala.

Como essa troca de horários traz dificuldades de adaptação e pode até ser prejudicial à saúde do trabalhador, a Constituição Federal estabelece que, nesse caso, a jornada normal máxima será de seis horas diárias, salvo negociação coletiva.

2.14 Descanso Semanal Remunerado

> ***XV.*** *Repouso semanal remunerado, preferencialmente aos domingos;*

Todo trabalhador tem direito a pelo menos um dia de descanso remunerado na semana, em que não trabalhará e não terá o dia descontado. Esse dia de descanso deve ser preferencialmente, o domingo, podendo, no entanto, ser estabelecido outro dia, havendo necessidade do empregador. Trabalhando no domingo, o empregado terá direito a um acréscimo em sua remuneração.

Para todos os trabalhadores, o descanso semanal tem a duração de 24 horas consecutivas.

2.15 Horas Extras

> ***XVI.*** *Remuneração do serviço extraordinário superior, no mínimo, em cinquenta por cento à do normal;*

O serviço extraordinário condiz com as chamadas horas extras.

Deve-se observar que o valor de 50% é o mínimo de acréscimo. É muito comum que determinadas categorias profissionais consigam acréscimo maior em função de negociação coletiva.

2.16 Férias

> ***XVII.*** *Gozo de férias anuais remuneradas com, pelo menos, um terço a mais do que o salário normal;*

As férias são um período de até 30 dias de descanso concedidos a cada trabalhador após 12 meses de trabalho, que serão gozados de uma só vez, salvo em casos excepcionais, em que o período de férias poderá ser dividido em dois períodos, um dos quais não deverá ser inferior a 10 dias consecutivos.

A CLT permite que o empregado venda até 10 dias de suas férias, cabendo ao patrão decidir sobre o momento de concedê-las, não podendo, no entanto, deixar acumular mais de dois períodos de aquisição, sob pena de pagamento de multa.

Durante as férias, o trabalhador receberá, além de seu salário normal, um adicional correspondente a 1/3 desse salário. É o conhecido adicional de férias, concedido ao empregado para que o mesmo tenha meios para, de fato, poder aproveitar o período de descanso.

No caso do servidor público civil, o estatuto federal, estadual ou municipal é que disciplinará a aquisição e o gozo das férias.

2.17 Licença-Maternidade

> ***XVIII.*** *Licença à gestante, sem prejuízo do emprego e do salário, com a duração de cento e vinte dias;*

É a licença-maternidade. Embora a Constituição preveja uma licença de 120 dias, atualmente a lei incentiva as empresas a estenderem sua duração até os seis meses, que é o período de amamentação considerado como o mínimo adequado, de acordo com a OMS - Organização Mundial da Saúde.

O objetivo da licença-maternidade é principalmente proteger o recém-nascido, permitindo o contato com a mãe durante um período mínimo, o que é importante tanto pelo aspecto emocional da criança, como também para que ela possa ser devidamente amamentada com leite materno.

2.18 Licença-Paternidade

> ***XIX.*** *Licença-paternidade, nos termos fixados em lei;*

Em relação à licença-paternidade, a Constituição não prevê um período mínimo de duração, sendo que, atualmente, a legislação prevê no mínimo 5 dias de afastamento, contados do dia do nascimento da criança.

2.19 Proteção ao Mercado de Trabalho Feminino

> ***XX.*** *Proteção do mercado de trabalho da mulher, mediante incentivos específicos, nos termos da lei;*

Essa disposição visa combater a desigualdade entre gêneros em termos de oportunidades no mercado de trabalho.

Norma de eficácia limitada, deve ser regulamentada por lei.

2.20 Aviso-Prévio

> *XXI. Aviso-prévio proporcional ao tempo de serviço, sendo no mínimo de trinta dias, nos termos da lei;*

Aviso prévio é o intervalo de tempo entre a comunicação da intenção da ruptura do contrato de trabalho por uma das partes e sua efetiva rescisão, a fim de que a outra parte se prepare para essa ruptura.

No caso de a iniciativa da rescisão partir do empregador, ele deve avisar o empregado com um prazo que varia de 30 dias a 90 dias de antecedência, dependendo do número de anos que o empregado trabalhou na empresa. Se preferir não o fazer, deverá pagar o salário correspondente a esses dias, no momento da rescisão.

Se a iniciativa da rescisão partir do empregado, ele também tem a obrigação de avisar o empregador com 30 dias de antecedência. Se não o fizer, terá descontado de suas verbas rescisórias o valor correspondente.

2.21 Redução dos Riscos do Trabalho

> ***XXII.*** *Redução dos riscos inerentes ao trabalho, por meio de normas de saúde, higiene e segurança;*

A legislação deve cuidar de proteger o trabalhador contra os acidentes e demais riscos no trabalho, como prejuízo à sua saúde, por exemplo. Toda atividade profissional envolve riscos, umas mais outras menos, mas a obrigação do Estado é procurar reduzir esses riscos, principalmente através de normas dirigidas ao empregador, cabendo ao Estado fiscalizar se essas normas estão ou não sendo cumpridas.

Exemplo de aplicação dessa norma é a exigência de que o empregador disponibilize a seus empregados equipamentos de proteção individual – EPI, quando o trabalho envolver riscos físicos, químicos ou biológicos.

2.22 Adicionais de Penosidade, Insalubridade e Periculosidade

> ***XXIII.*** *Adicional de remuneração para as atividades penosas, insalubres ou perigosas, na forma da lei;*

Atividades penosas são as tarefas árduas, difíceis, cansativas, que ocasionam um grande desgaste físico ou mental para o trabalhador, como aquelas exercidas sem possibilidade de descanso ou o sujeite a intempéries, ou mesmo que obrigue a levantar muito cedo ou dormir muito tarde.

Atividades insalubres são aquelas que causam prejuízo ou risco à saúde do trabalhador, como ocorre, por exemplo, com trabalhadores em minas subterrâneas, que podem ter seu sistema respiratório comprometido com a aspiração de pequenas partículas de pó, podendo, com o passar do tempo, inclusive desenvolver a silicose, grave doença que causa o endurecimento dos pulmões e que pode levar à morte.

Por fim, atividades perigosas são aquelas que causam risco imediato à vida ou integridade física, como ocorre, por exemplo, com os eletricistas que trabalham na manutenção de redes de alta tensão.

Tratando-se de atividade penosa, insalubre ou perigosa, terá o trabalhador direito a um adicional em sua remuneração, como uma forma de compensação.

2.23 Aposentadoria

> ***XXIV.*** *Aposentadoria;*

Aposentadoria é o direito que o trabalhador que preencheu os requisitos legais de tempo de contribuição e/ou idade tem de receber do estado um auxílio para o seu sustento.

É oferecida pela Previdência Social, com exceção da aposentadoria por idade (sem o tempo mínimo de contribuição), que é um benefício da Assistência Social.

Os requisitos para aposentadoria do servidor público são diferenciados daqueles exigidos do trabalhador da iniciativa privada.

2.24 Assistência em Creches e Pré-Escolas

> ***XXV.*** *Assistência gratuita aos filhos e dependentes desde o nascimento até 5 (cinco) anos de idade em creches e pré-escolas;*

A partir dos seis anos, a criança deve ser matriculada no ensino regular, que começa com o fundamental.

Antes dessa idade, porém, o Poder Público deve garantir assistência às crianças em creches e pré-escolas públicas.

2.25 Convenções e Acordos Coletivos

> ***XXVI.*** *Reconhecimento das convenções e acordos coletivos de trabalho;*

As negociações efetuadas entre os empregadores e os sindicatos representantes das categorias profissionais têm força de lei entre as partes, desde que não desrespeitem os limites impostos pela legislação.

As convenções coletivas são celebradas entre um sindicato patronal e outro profissional e que os acordos coletivos são firmados entre um sindicato profissional e um ou mais empregadores específicos.

2.26 Proteção Face à Automação

> ***XXVII.*** *Proteção em face da automação, na forma da lei;*

Automação é a substituição da mão de obra humana pela mecanizada. Essa automação, embora necessária para aprimorar a competitividade da indústria nacional, pode causar sérios prejuízos ao emprego, se seus efeitos não forem bem administrados.

Por isso a Constituição determina que a lei deverá proteger os empregados dos efeitos nocivos dessa automação, por exemplo, providenciando cursos de atualização e mecanismos de realocação desses empregados em outras atividades.

2.27 Seguro contra Acidentes de Trabalho

XXVIII. Seguro contra acidentes de trabalho, a cargo do empregador, sem excluir a indenização a que este está obrigado, quando incorrer em dolo ou culpa;

A lei deve instituir seguro que indenize o trabalhador em caso de acidente laboral, sendo que esse seguro deve ser pago pelo empregador.

O valor do prêmio do seguro pago pelo empregador depende do grau de risco da atividade desenvolvida pelo empregado.

Se o acidente ocorrer por dolo ou culpa do empregador (que não forneceu os equipamentos de segurança obrigatórios, por exemplo), o trabalhador, além de receber o valor correspondente ao seguro, também poderá cobrar, na Justiça, indenização do empregador.

2.28 Ações Trabalhistas

XXIX. Ação, quanto aos créditos resultantes das relações de trabalho, com prazo prescricional de cinco anos para os trabalhadores urbanos e rurais, até o limite de dois anos após a extinção do contrato de trabalho;

Esse inciso trata da chamada ação trabalhista, instrumento utilizado pelo empregado ou ex-empregado para cobrar na Justiça direitos não respeitados pelo empregador.

A norma estabelece dois prazos prescritivos, os quais, se não obedecidos, levarão à perda do direito do empregado ou ex-empregado de cobrar tais direitos:

a) prazo para entrar com a ação: máximo de dois anos após a extinção do contrato de trabalho, se o autor entrar com a ação após o fim do vínculo empregatício, que é o que normalmente ocorre, pois é muito raro que alguém entre com uma ação trabalhista enquanto ainda trabalha da empresa acionada.

b) prazo para cobrança dos créditos trabalhistas: somente podem ser cobrados os créditos trabalhistas referentes aos cinco anos anteriores ao ingresso da ação judicial.

2.29 Proibição de Discriminação Profissional

XXX. Proibição de diferença de salários, de exercício de funções e de critério de admissão por motivo de sexo, idade, cor ou estado civil;

Esse inciso proíbe a discriminação profissional arbitrária, buscando combater o preconceito e a desigualdade no ambiente de trabalho.

XXXI. Proibição de qualquer discriminação no tocante a salário e critérios de admissão do trabalhador portador de deficiência;

A norma tem o objetivo de facilitar o acesso do deficiente ao mercado de trabalho e impedir que venha a receber menos que outro trabalhador pelo simples fato de ser deficiente.

No entanto, no que se refere a critérios de admissão essa disposição não é absoluta, uma vez que existem determinadas funções que dificilmente podem ser exercidas por deficientes, seja pelas atribuições do emprego (cargo de segurança, por exemplo), seja pela falta de acessibilidade no local de trabalho.

Porém, não havendo tais restrições, o empregador não deve recusar-se a contratar alguém alegando tratar-se de um deficiente.

XXXII. Proibição de distinção entre trabalho manual, técnico e intelectual ou entre os profissionais respectivos;

Esse inciso evidentemente não proíbe que se paguem diferentes salários em função da complexidade do trabalho (um engenheiro pode e deve ganhar mais do que um porteiro), mas simplesmente veda a diferenciação discriminatória em razão do tipo de trabalho.

Assim, por exemplo, o empregador não pode conceder determinados benefícios somente a determinados empregados e negá-los a outros.

É uma disposição dirigida não só aos empregadores, mas também aos próprios legisladores, para que estes não criem leis que privilegiam determinadas categorias de trabalhadores, em detrimento de outras.

2.30 Idade Mínima para o Trabalho

XXXIII. Proibição de trabalho noturno, perigoso ou insalubre a menores de dezoito e de qualquer trabalho a menores de dezesseis anos, salvo na condição de aprendiz, a partir de quatorze anos;

O menor de quatorze anos não pode trabalhar em nenhuma hipótese. A partir dessa idade e até dezesseis, somente pode trabalhar como aprendiz (regulamentado pela Lei nº 10.097/2000 e pelo Decreto nº 5.598/2005). A partir de dezesseis anos, pode trabalhar normalmente, sendo vedados somente os trabalhos noturnos, perigosos e insalubres. A partir de dezoito anos, não há restrições.

A Constituição Federal buscou retardar a entrada no mercado de trabalho do jovem como uma forma de que este possa se dedicar melhor aos estudos, na fase inicial de sua vida.

2.31 Trabalhador Avulso

XXXIV. Igualdade de direitos entre o trabalhador com vínculo empregatício permanente e o trabalhador avulso.

Trabalhador avulso é aquele que, apesar de não ser autônomo, não tem vínculo empregatício com o tomador de seu serviço, sendo vinculado ao chamado Órgão Gestor de Mão de Obra, por força de lei.

É o caso dos estivadores, que são carregadores que trabalham em portos, e de alguns trabalhadores rurais.

A Constituição Federal garante a eles os mesmos direitos do trabalhador com vínculo permanente. Assim, atualmente eles terão direito a benefícios como 13º salário, licença-maternidade e licença-paternidade, férias remuneradas, etc.

2.32 Trabalhador Doméstico

***Parágrafo único.** São assegurados à categoria dos trabalhadores domésticos os direitos previstos nos incisos IV, VI, VII, VIII, X, XIII, XV, XVI, XVII, XVIII, XIX, XXI, XXII, XXIV, XXVI, XXX, XXXI e XXXIII e, atendidas as condições estabelecidas em lei e observada a simplificação do cumprimento das obrigações tributárias, principais e acessórias, decorrentes da relação de trabalho e suas peculiaridades, os previstos nos incisos I, II, III, IX, XII, XXV e XXVIII, bem como a sua integração à previdência social.*

A Lei nº 5.859/72 traz o conceito de empregado doméstico: é aquele que presta serviços de natureza contínua e de finalidade não lucrativa a pessoa ou família, no âmbito residencial destas.

Enquadram-se nesse conceito: a empregada doméstica, propriamente dita; as babás, os caseiros e motoristas particulares, entre outros, desde que tenham vínculo empregatício com uma pessoa física e prestem serviços na residência dessa pessoa e que seu trabalho não propicie ganhos econômicos a ela.

O trabalhador doméstico não tem exatamente os mesmos direitos dos demais empregados, mas a EC nº 72/2013 ampliou bastante os seus direitos, praticamente equiparando-os com os direitos do trabalhador empregado e do trabalhador avulso.

Atualmente, os únicos direitos trabalhistas garantidos aos demais trabalhadores e que os empregados domésticos não possuem são os seguintes (até porque vários deles são incompatíveis com as características do trabalho do empregado doméstico):

a) piso salarial;

b) participação nos lucros, ou resultados, desvinculada da remuneração, e, excepcionalmente, participação na gestão da empresa, conforme definido em lei;

c) jornada de seis horas para o trabalho realizado em turnos ininterruptos de revezamento, salvo negociação coletiva;

d) proteção do mercado de trabalho da mulher, mediante incentivos específicos, nos termos da lei;

e) adicional de remuneração para as atividades penosas, insalubres ou perigosas, na forma da lei;

f) proteção em face da automação, na forma da lei;

g) proibição de distinção entre trabalho manual, técnico e intelectual ou entre os profissionais respectivos.

2.33 Servidor Público

De acordo com o Art. 39, § 3º, da Constituição, aplicam-se aos servidores públicos os direitos previstos nos incisos IV, VII, VIII, IX, XII, XIII, XV, XVI, XVII, XVIII, XIX, XX, XXII e XXX do Art. 7º, quais sejam:

a) salário-mínimo, fixado em lei, nacionalmente unificado, capaz de atender às suas necessidades vitais básicas e às de sua família com moradia, alimentação, educação, saúde, lazer, vestuário, higiene, transporte e previdência social, com reajustes periódicos que lhe preservem o poder aquisitivo, sendo vedada sua vinculação para qualquer fim;

b) garantia de salário, nunca inferior ao mínimo, para os que percebem remuneração variável;

c) décimo terceiro salário com base na remuneração integral ou no valor da aposentadoria;

d) remuneração do trabalho noturno superior à do diurno;

e) salário-família pago em razão do dependente do trabalhador de baixa renda nos termos da lei;

f) duração do trabalho normal não superior a oito horas diárias e quarenta e quatro semanais, facultada a compensação de horários e a redução da jornada, mediante acordo ou convenção coletiva de trabalho;

g) repouso semanal remunerado, preferencialmente aos domingos;

h) remuneração do serviço extraordinário superior, no mínimo, em cinquenta por cento à do normal;

i) gozo de férias anuais remuneradas com, pelo menos, um terço a mais do que o salário normal;

j) licença à gestante, sem prejuízo do emprego e do salário, com a duração de cento e vinte dias;

k) licença-paternidade, nos termos fixados em lei;

l) proteção do mercado de trabalho da mulher, mediante incentivos específicos, nos termos da lei;

m) redução dos riscos inerentes ao trabalho, por meio de normas de saúde, higiene e segurança;

n) aposentadoria;

o) proibição de diferença de salários, de exercício de funções e de critério de admissão por motivo de sexo, idade, cor ou estado civil;

p) proibição de qualquer discriminação no tocante a salário e critérios de admissão do trabalhador portador de deficiência;

q) proibição de distinção entre trabalho manual, técnico e intelectual ou entre os profissionais respectivos;

No entanto, é importante observar esses direitos mínimos garantidos pela Constituição Federal aos servidores públicos, sendo que os estatutos dos servidores da União, Estados e Municípios costumam conceder muitos outros direitos além desses, como, por exemplo, adicionais de periculosidade e insalubridade e assistências em creches e pré-escolas (através do pagamento de auxílio-creche).

2.34 Organização Sindical

> ***Art. 8º*** *É livre a associação profissional ou sindical, observado o seguinte:*
>
> ***I.*** *A lei não poderá exigir autorização do Estado para a fundação de sindicato, ressalvado o registro no órgão competente, vedadas ao Poder Público a interferência e a intervenção na organização sindical;*

Qualquer categoria profissional (empregados) ou econômica (empregadores) pode criar um sindicato próprio, sendo que não haverá necessidade, para isso, de qualquer autorização do Poder Público, o qual também não poderá intervir na organização dos sindicatos (prática muito comum em regimes ditatoriais, em que se busca controlar a ação política dos sindicatos).

No entanto, todos os sindicatos, para serem reconhecidos como tais, deverão ser registrados junto ao órgão competente.

> ***II.*** *É vedada a criação de mais de uma organização sindical, em qualquer grau, representativa de categoria profissional ou econômica, na mesma base territorial, que será definida pelos trabalhadores ou empregadores interessados, não podendo ser inferior à área de um Município;*

O inciso II traz o chamado princípio da "unicidade sindical" ou do "monismo sindical", o qual determina que, no Brasil, somente poderá haver um sindicato, em cada local, responsável pela representação de cada categoria profissional ou econômica. Desta forma, se já existir, por exemplo, um sindicato dos motoristas de ônibus do Município de Capim Alto, não poderá ser criado outro sindicato dos motoristas de ônibus na mesma região.

Vê-se assim, que não existe a possibilidade de concorrência entre os sindicatos, o que obriga os trabalhadores, se desejarem se sindicalizar, a aderir a um determinado sindicato, o que facilita as negociações com os trabalhadores, que terão somente um interlocutor, e, na visão do constituinte, evita o enfraquecimento do movimento sindical, o que poderia ocorrer se houvesse a possibilidade de sindicatos múltiplos.

Quem define a área de atuação do sindicato são os próprios trabalhadores ou empregadores, sendo que esta não poderá ser inferior à área de um Município.

> ***III.*** *Ao sindicato cabe a defesa dos direitos e interesses coletivos ou individuais da categoria, inclusive em questões judiciais ou administrativas;*

O inciso III deixa claro que os sindicatos existem para representar as diversas categorias profissionais e econômicas, tanto na esfera administrativa (junto à Administração Pública) como na judicial (perante os processos que correm perante o Poder Judiciário).

> *IV. A assembleia geral fixará a contribuição que, em se tratando de categoria profissional, será descontada em folha, para custeio do sistema confederativo da representação sindical respectiva, independentemente da contribuição prevista em lei;*

O inciso IV criou uma nova categoria de contribuição sindical: a contribuição confederativa, que deve ser descontada na folha de pagamento do trabalhador, independentemente do mesmo ser filiado ao sindicato ou não.

O valor dessa contribuição deve ser necessariamente definido pela Assembleia Geral, vedado a sua estipulação, por exemplo, pela Diretoria do sindicato.

> ***V.*** *Ninguém será obrigado a filiar-se ou a manter-se filiado a sindicato;*

Assim como ninguém pode ser obrigado a filiar-se ou manter-se filiado a qualquer associação, conforme dispõe o Art. 5º, XX, da Constituição Federal, também ninguém pode ser obrigado a sindicalizar-se ou a manter-se sindicalizado.

No entanto, deve-se observar que mesmo o trabalhador ou empregador não sindicalizado está sujeito ao pagamento de contribuições impostas pela lei.

> ***VI.*** *É obrigatória a participação dos sindicatos nas negociações coletivas de trabalho;*

Sendo as negociações coletivas de trabalho acordos firmados entre os trabalhadores e os empregadores, e sendo os sindicatos os representantes naturais de ambos, é necessário que as negociações coletivas sejam travadas com a participação desses sindicatos.

Já vimos a diferença entre convenção e acordo coletivo quando comentamos o inciso VI do Art. 7º da Constituição. No caso de acordo coletivo, somente há a necessidade de participação do sindicato dos trabalhadores, uma vez que ele é firmado entre esse e um ou mais empregadores. Já no caso das convenções, deverão sentar-se à mesa de negociações tanto o sindicato dos trabalhadores como o sindicato dos empregadores.

Os acordos e convenções coletivas são assinados pela diretoria do sindicato, mas precisam ser ratificados, ou seja, confirmados, por uma decisão da Assembleia Geral, que reúne todos os trabalhadores associados ao sindicato.

> ***VII.*** *O aposentado filiado tem direito a votar e ser votado nas organizações sindicais;*

Como o sindicato muitas vezes decide questões que são de interesse direito e indireto dos aposentados, a Constituição obriga os sindicatos a permitirem a participação dos aposentados na escolha e na formação das chapas eleitorais. Antes da promulgação da Constituição, a CLT vedava a participação dos inativos na administração dos sindicatos.

> ***VIII.*** *É vedada a dispensa do empregado sindicalizado a partir do registro da candidatura a cargo de direção ou representação sindical e, se eleito, ainda que suplente, até um ano após o final do mandato, salvo se cometer falta grave nos termos da lei.*

O inciso VIII busca proteger o sindicalista de pressões ilegítimas por parte do empregador. Assim, garante ao trabalhador que for candidato a algum cargo no sindicato uma estabilidade temporária, que vai da data em que apresenta o registro de sua candidatura junto ao sindicato até, se eleito, um ano após o final do mandato.

Não houvesse essa proteção, poderia haver fundados receios de represálias do empregador contra aqueles trabalhadores que decidissem assumir algum cargo no sindicato.

Obviamente, se o trabalhador praticar alguma falta grave durante o pedido de estabilidade, poderá ser demitido por justa causa.

> ***Parágrafo único.*** *As disposições deste artigo aplicam-se à organização de sindicatos rurais e de colônias de pescadores, atendidas as condições que a lei estabelecer.*

O objetivo do constituinte foi deixar claro que as regras constantes do Art. 8º aplicam-se também aos sindicatos rurais e de colônias de pescadores.

2.35 Direito de Greve

> ***Art. 9º*** *É assegurado o direito de greve, competindo aos trabalhadores decidir sobre a oportunidade de exercê-lo e sobre os interesses que devam por meio dele defender.*
>
> ***§ 1º.*** *A lei definirá os serviços ou atividades essenciais e disporá sobre o atendimento das necessidades inadiáveis da comunidade.*
>
> ***§ 2º.*** *Os abusos cometidos sujeitam os responsáveis às penas da lei.*

A Constituição Federal garante amplamente o direito de greve dos trabalhadores, diferentemente do tratamento que era dado pela Constituição anterior.

Cabe aos trabalhadores decidir sobre a realização ou não de uma greve e sobre o que irão pleitear por meio dela.

No entanto, o Art. 9º traz duas ressalvas importantes em seus parágrafos:

a) para os chamados serviços ou atividades essenciais, definidos pela lei, poderá haver restrição na forma do exercício da greve, de forma a evitar prejuízos demasiados à coletividade. Nesses casos, o direito de greve subsiste, mas estará sujeito à regulamentação, para que se atendam às necessidades inadiáveis da coletividade.

Importante observar que aqui não se trata dos serviços públicos, uma vez que a greve nestes serviços deverá ser regulamentada por outra lei, prevista no Art. 37, VII, da Constituição Federal.

A lei que atualmente trata do direito de greve prevê que, entre outras, são consideradas serviços ou atividades essenciais:

- tratamento e abastecimento de água;
- produção e distribuição de energia elétrica, gás e combustíveis;
- assistência médica e hospitalar;
- distribuição e comercialização de medicamentos e alimentos;
- funerários;
- transporte coletivo;
- captação e tratamento de esgoto e lixo;
- telecomunicações;
- guarda, uso e controle de substâncias radioativas, equipamentos e materiais nucleares;
- processamento de dados ligados a serviços essenciais;
- controle de tráfego aéreo;
- compensação bancária.

b) eventuais abusos cometidos no exercício do direito de greve deverão ser punidos, na forma estabelecida em lei. Isso porque não existe direito absoluto, e mesmo um direito legítimo pode ser exercido de forma abusiva, o mesmo aplicando-se em relação ao direito de greve.

2.36 Participação em Colegiados de Órgãos Públicos

> ***Art. 10.*** *É assegurada a participação dos trabalhadores e empregadores nos colegiados dos órgãos públicos em que seus interesses profissionais ou previdenciários sejam objeto de discussão e deliberação.*

A participação dos trabalhadores e empregadores nos órgãos mencionados no Art. 10 busca torná-los mais democráticos e representativos e conferir maior legitimidade às suas decisões.

2.37 Eleição de Representante pelos Trabalhadores

> ***Art. 11.*** *Nas empresas de mais de duzentos empregados, é assegurada a eleição de um representante destes com a finalidade exclusiva de promover-lhes o entendimento direto com os empregadores.*

A ideia do Art. 11 da Constituição é que, nas empresas maiores (com mais de 200 empregados), os trabalhadores possam eleger um dentre eles, chamado de delegado, que fará a intermediação entre os seus colegas e a Administração da empresa.

Esse delegado será o representante dos empregados dentro da empresa, mas por não ser um representante sindical, não terá direito à estabilidade temporária prevista no Art. 8º, VIII.

Importante observar que o objetivo desse delegado é de facilitar a comunicação entre empregador e empregados e intermediar acordos dentro da empresa, não podendo, por exemplo, celebrar convenções ou acordos coletivos com força de lei, pelo fato de não ser o representante do sindicato.

Questões

01. (CESPE) Acerca de direitos humanos, direitos de minorias e movimentos sociais urbanos, julgue o item seguinte.

A Constituição Federal de 1988, por possuir expressivo conjunto de normas diretamente relacionado aos direitos sociais, preserva os direitos fundamentais das minorias, como, por exemplo, o direito a terra dos povos indígenas e das comunidades quilombolas.

Certo ( ) Errado ( )

02. (CESPE) Considerando o que dispõe a CF acerca dos direitos sociais, direitos de nacionalidade e direitos políticos, bem como dos partidos políticos, julgue o item subsequente.

Por imposição de lei, se um órgão estadual for criado, os servidores ocupantes de cargo efetivo desse órgão poderão, desde que com prévia autorização do órgão estatal competente, fundar sindicato.

Certo ( ) Errado ( )

03. (CESPE) Com relação aos direitos sociais, aos direitos de nacionalidade, aos direitos políticos e aos partidos políticos, julgue o próximo item.

O transporte e o lazer são direitos sociais expressamente previstos na CF.

Certo ( ) Errado ( )

04. (CESPE) Julgue o item a seguir, que se referem aos direitos e garantias fundamentais previstos na CF e à administração pública.

Recentemente, o transporte foi incluído no rol de direitos sociais previstos na CF, que já contemplavam, entre outros, o direito à saúde, ao trabalho, à moradia e à previdência social, bem como a assistência aos desamparados.

Certo ( ) Errado ( )

05. (CESPE) Com referência à CF e às políticas de seguridade, julgue o item subsecutivo.

O artigo da CF que prevê os direitos sociais, em consonância com a Declaração Universal dos Direitos Humanos, de 1948, ainda que represente uma conquista, deixou de contemplar o direito básico à moradia ao cidadão brasileiro.

Certo ( ) Errado ( )

Gabaritos

01	CERTO	04	CERTO
02	ERRADO	05	ERRADO
03	CERTO		

3. DIREITOS DE NACIONALIDADE

Os Arts. 12 e 13 da Constituição Federal estão localizados na Seção que faz referência aos chamados direitos de nacionalidade.

Esses direitos dizem respeito à condição, ao *status*, do indivíduo em relação ao Estado.

E em relação ao Estado, a pessoa pode assumir duas condições ou *status*:

> Nacional: quem possui a nacionalidade daquele Estado, possuindo um vínculo permanente com ele, sendo formalmente seu súdito. É o caso dos brasileiros, em relação ao Brasil; dos argentinos, em relação à Argentina, etc.

> Estrangeiro: quem possui outra nacionalidade que não a daquele país ou não possui nenhuma nacionalidade (nesse último caso, são os chamados apátridas), mas que deve submeter-se à lei do país em que estiver. O estrangeiro pode ser residente, quando morar no país, ou não residente, quando sua estadia for temporária, como é o caso dos turistas e viajantes a negócios.

A definição de quem é nacional e quem é estrangeiro, em relação a um determinado Estado, é importantíssima para definir o status legal da pessoa e a extensão de seus direitos e deveres em relação ao país, de acordo com o que estabelecer o ordenamento jurídico local.

A aquisição da nacionalidade pode ser dar por dois modos: modo originário e modo derivado.

Os que possuem a nacionalidade originária são chamados de cidadãos natos, que quer dizer "nascidos", já os que possuem a nacionalidade derivada são chamados de cidadãos naturalizados.

Assim, o nacional pode ser:

> **Nato:** quem já nasce com aquela nacionalidade ou é equiparado para todos os efeitos àqueles que nascem. Tem o que se chama de nacionalidade originária.

> **Naturalizado:** quem possuía outra nacionalidade originária, mas optou, em determinado momento e na forma da lei, por tornarem-se nacionais daquele país. Sua nacionalidade diz-se derivada.

Embora a maior parte das pessoas possua somente uma nacionalidade originária, nada impede que possua dupla nacionalidade. Nesse caso são chamados de polipátridas. Também existem casos de pessoas que não possuem nenhuma nacionalidade, são os chamados apátridas.

No Direito Constitucional Comparado existem dois critérios utilizados para se definir a nacionalidade originária de alguém, ou seja, para definir quem serão os cidadãos natos, critérios esses que podem ser utilizados de forma simples ou conjugada:

> Critério territorial, também chamado de critério do ***ius solis*** (direito da terra): os países que adotam esse critério estabelecem que será cidadão daquele Estado quem nascer em seu território, independentemente do fato de seus progenitores serem ou não nacionais daquele país.

É um dos critérios adotados pela Constituição Brasileira, a qual afirma que, via de regra, os nascidos no Brasil são brasileiros, mesmo que de pais estrangeiros, exceto se eles estiverem a serviço de seu país de origem.

> Critério sanguíneo, também chamado de critério do ***ius sanguinis*** (direito do sangue): os Estados que adotam esse critério consideram que será cidadão nato somente quem for descendente de nacionais, mesmo que nasçam em território daquele país.

O Brasil, como regra geral, adotou-se o critério do *ius solis*, havendo, porém, também aplicação do *ius sanguinis*, de forma relativa e em alguns casos, no que se refere aos filhos de brasileiros nascidos no exterior.

Vejamos o que o Art. 12 da Constituição Federal diz sobre o assunto:

3.1 Brasileiros Natos

Art. 12. *São brasileiros:*

I. Natos:

a) *os nascidos na República Federativa do Brasil, ainda que de pais estrangeiros, desde que não estejam a serviço de seu país;*

Exemplo de aplicação do *ius solis*, a alínea "a" do inciso II afirma que, como a regra geral, nascendo alguém no Brasil, será brasileiro, mesmo que seus pais sejam estrangeiros.

Existe somente uma exceção: se um de seus pais estiver aqui a serviço de seu país, como ocorre, por exemplo, com os filhos de embaixadores de outros países lotados aqui no Brasil e de militares estrangeiros que estejam em missão oficial aqui no Brasil (normalmente como adidos em embaixadas). No caso de um dos pais estar a serviço de seu país, seus filhos, mesmo nascidos aqui no Brasil não terão a nacionalidade brasileira.

A grande maioria dos brasileiros tem sua nacionalidade originária definida por esse dispositivo da constituição, ou seja, são brasileiros porque nascem no território brasileiro.

b) *os nascidos no estrangeiro, de pai brasileiro ou mãe brasileira, desde que qualquer deles esteja a serviço da República Federativa do Brasil;*

Aqui, é o outro lado da moeda da exceção vista acima. Via de regra, se alguém nascer no exterior, será estrangeiro. Porém, tratando-se de filho de brasileiro que esteja no exterior a serviço do Brasil, a criança será considerada brasileira, como se aqui tivesse nascido.

Entende-se que, estando algum brasileiro servindo o Brasil no exterior, é justo que nossa nação acolha seus filhos e faça deles também brasileiros, mesmo que nascidos fora do território nacional.

Assim, por exemplo, o filho de um embaixador brasileiro em qualquer país do mundo será considerado brasileiro.

Aliás, isso vale para os filhos de todos os brasileiros que estejam no exterior a serviço de entidades da administração direta ou indireta, de qualquer das entidades da Federação, incluindo as empresas públicas e sociedades de economia mista.

Deve ser observado que nada impede que a criança também tenha a nacionalidade do país onde nasceu, se tal o permitiu a legislação local.

> ***c)*** *os nascidos no estrangeiro de pai brasileiro ou de mãe brasileira, desde que sejam registrados em repartição brasileira competente ou venham a residir na República Federativa do Brasil e optem, em qualquer tempo, depois de atingida a maioridade, pela nacionalidade brasileira;*

Esta é a única hipótese de brasileiro nato que não nasce já brasileiro.

Trata-se de filho de brasileiro, que, mesmo nascido no exterior, será considerado brasileiro nato em suas hipóteses:

> ***a)*** *se for registrado por seus pais em repartição brasileira competente (consulado ou embaixada); ou*
>
> ***b)*** *se vier a residir aqui no Brasil e optar, após os 18 anos, pela nacionalidade brasileira.*

Ocorrendo uma dessas duas situações, será ele considerado brasileiro nato, sem nenhuma distinção em relação aos demais, exatamente como se tivesse nascido em território nacional.

3.2 Brasileiros Naturalizados

> ***Art. 12.*** *São brasileiros:*
>
> ***II.*** *Naturalizados:*
>
> ***a)*** *os que, na forma da lei, adquiram a nacionalidade brasileira, exigidas aos originários de países de língua portuguesa apenas residência por um ano ininterrupto e idoneidade moral;*

Essa é uma norma de eficácia limitada, ou seja, precisa ser regulamentada por lei. Ela é que estabelecerá os critérios exigidos para a naturalização do estrangeiro, podendo exigir, por exemplo, que ele fale português, que tenha emprego, endereço fixo, que more no Brasil há algum tempo, que não tenha condenações criminais, etc.

No entanto, a Constituição Federal determina que, no caso dos estrangeiros oriundos de países lusófonos, que são aqueles onde se fala português, tais como Portugal, Angola, Guiné-Bissau e Moçambique, somente serão exigidas residência no Brasil por um ano ininterrupto e idoneidade moral.

> ***b)*** *os estrangeiros de qualquer nacionalidade, residentes na República Federativa do Brasil há mais de quinze anos ininterruptos e sem condenação penal, desde que requeiram a nacionalidade brasileira.*

De acordo com esse dispositivo, os estrangeiros que aqui vivam há mais de 15 anos ininterruptos e que não tenham condenação criminal poderão solicitar sua nacionalização, independentemente de preencher quaisquer outros requisitos.

Vê-se assim, que há duas formas de naturalização:

> ***a)*** *se o estrangeiro tiver menos de quinze anos de residência no Brasil, terá que se submeter às todas as exigências da lei para naturalizar-se;*
>
> ***b)*** *se tiver mais de quinze anos de residência aqui, bastará não ter condenação criminal e solicitar a naturalização;*

A Constituição atual, diferentemente das que a precederam, deixou claro que a naturalização depende de solicitação do interessado, não havendo mais a chamada naturalização automática. Assim, se o estrangeiro estiver no Brasil há mais de 15 anos e não tiver condenação criminal, mas não solicitar sua naturalização, continuará sendo estrangeiro.

3.3 Equiparação entre o Brasileiro e o Português Residente no Brasil

> ***§ 1º.*** *Aos portugueses com residência permanente no País, se houver reciprocidade em favor de brasileiros, serão atribuídos os direitos inerentes ao brasileiro, salvo os casos previstos nesta Constituição.*

Esse dispositivo equipara um estrangeiro específico – o português – ao brasileiro, desde que presentes os seguintes requisitos:

> ***a)*** *o português seja residente no País;*
>
> ***b)*** *haja reciprocidade nesse tratamento diferenciado em relação aos brasileiros residentes em Portugal, ou seja, para que seja válido, os brasileiros que moram em Portugal devem ter os mesmos direitos do português;*
>
> ***c)*** *haja respeito às diferenciações trazidas pela Constituição.*

Embora o texto constitucional não diga, entende-se que o português estaria equiparado ao brasileiro naturalizado.

3.4 Proibição de Diferenciação entre Brasileiros Natos e Naturalizados

> ***§ 2º.*** *A lei não poderá estabelecer distinção entre brasileiros natos e naturalizados, salvo nos casos previstos nesta Constituição.*

O único diploma que pode fazer diferenciações entre os brasileiros natos e naturalizados é a Constituição Federal.

E quando o faz, sempre as estipula em benefício do brasileiro nato. Ocorre, assim, por exemplo, quando determina que os brasileiros natos nunca serão extraditados e que os naturalizados em certos casos poderão sê-lo, ou ainda quando reserva determinados públicos somente aos brasileiros natos.

Já a Lei e o Poder Público, através de seus atos administrativos, não podem criar quaisquer distinções entre os brasileiros, independentemente da forma de aquisição de sua nacionalidade, se originária ou derivada.

Assim, seria inconstitucional uma lei que dissesse que determinado cargo (exceto aqueles ressalvados na Constituição) não pudesse ser ocupado por brasileiro naturalizado.

3.5 Cargos Exclusivos de Brasileiros Natos

> ***§ 3º.*** *São privativos de brasileiro nato os cargos:*
>
> ***I.*** *De Presidente e Vice-Presidente da República;*
>
> ***II.*** *De Presidente da Câmara dos Deputados;*
>
> ***III.*** *De Presidente do Senado Federal;*
>
> ***IV.*** *De Ministro do Supremo Tribunal Federal;*
>
> ***V.*** *Da carreira diplomática;*
>
> ***VI.*** *De oficial das Forças Armadas.*
>
> ***VII.*** *De Ministro de Estado da Defesa.*

Determinados cargos públicos são considerados vitais para a segurança e desenvolvimento do País.

Por outro lado, deve-se sempre ter em mente que, o brasileiro naturalizado, apesar de possuir a nacionalidade pátria, ainda continua ligado por laços familiares, emocionais e outros, ao seu país de origem.

Assim, o constituinte entendeu que aqueles cargos mais importantes para a condução dos destinos da nação ou para a conservação de sua segurança deveriam ser ocupados somente por brasileiros natos, até para evitar também que outros países eventualmente "plantem" cidadãos seus como brasileiros naturalizados e possam vir a prejudicar os interesses nacionais.

3.6 Perda da Nacionalidade Brasileira

§ 4º. Será declarada a perda da nacionalidade do brasileiro que:

***I.** Tiver cancelada sua naturalização, por sentença judicial, em virtude de atividade nociva ao interesse nacional;*

***II.** Adquirir outra nacionalidade, salvo no casos:*

***a)** de reconhecimento de nacionalidade originária pela lei estrangeira;*

***b)** de imposição de naturalização, pela norma estrangeira, ao brasileiro residente em estado estrangeiro, como condição para permanência em seu território ou para o exercício de direitos civis;*

Existem duas hipóteses de perda da nacionalidade brasileira.

A primeira hipótese trata especificamente do brasileiro naturalizado, que poderá ter sua naturalização cancelada por praticar atividade nociva ao interesse nacional. Nesse caso, porém, a perda somente poderá ocorrer por decisão judicial que tenha transitado em julgado, ou seja, da qual não caiba mais recurso.

A segunda hipótese aplica-se tanto aos brasileiros natos como naturalizados: adquirindo o brasileiro outra nacionalidade, deixará ele de ser brasileiro, exceto em duas situações:

a) de reconhecimento de nacionalidade originária pela lei estrangeira: quer dizer que o país em relação ao qual o brasileiro está se nacionalizando o considerará como um cidadão nato e não naturalizado.

Ex.: descendentes de italianos que adquirem a cidadania daquele país não deixam de ser brasileiros porque a legislação italiana os considera italiano natos.

b) de imposição de naturalização, pela norma estrangeira, ao brasileiro residente em estado estrangeiro, como condição para permanência em seu território ou para o exercício de direitos civis: nesse caso, o brasileiro não tem opção, ou seja, a naturalização não foi totalmente voluntária. Assim, para não o prejudicar, a Constituição Federal admite que ele acumule as duas nacionalidades.

3.7 Idioma Oficial e Símbolos da República Federativa do Brasil

***Art. 13.** A língua portuguesa é o idioma oficial da República Federativa do Brasil.*

***§ 1º.** São símbolos da República Federativa do Brasil a bandeira, o hino, as armas e o selo nacionais.*

***§ 2º.** Os Estados, o Distrito Federal e os Municípios poderão ter símbolos próprios.*

Dizer que a língua portuguesa é o idioma oficial não proíbe, obviamente, de que se falem outras línguas em nosso país.

O que se está a dizer é que esta língua deverá ser ensinada em todas as escolas e que todas as leis e documentos oficiais devem estar em português.

Embora o idioma nem sempre seja fundamental para a formação de uma identidade nacional, haja vista a existência de vários países que possuem várias línguas oficiais, no caso brasileiro a língua portuguesa teve papel importante na construção de nossa nação, sendo, durante todo o período colonial e até o início de nossa República um dos poucos elementos em comum compartilhados entre os diversos habitantes de nossa extensa pátria e que com certeza ajudou a contribuir para evitar o esfacelamento da antiga colônia de Portugal em diversos países distintos.

Provavelmente por isso a Constituição resolveu formalizar o português como nosso idioma nacional.

Seguem abaixo a representação das armas e do selo nacionais:

Armas Nacionais

Selo Nacional

Por fim, o § 2º do Art. 13 da Constituição permite que os Estados e Municípios tenham suas próprias bandeiras, hinos, armas e selos.

Questões

01. (Cespe) Os indivíduos que possuem multinacionalidade vinculam-se a dois requisitos de aquisição de nacionalidade primária: o direito de sangue e o direito de solo.

Certo ( ) Errado ( )

02. (Cespe) Estrangeiro que resida no Brasil há mais de quinze anos ininterruptos e não tenha condenação penal poderá tornar-se, após requerimento, brasileiro naturalizado e, nessa condição, candidatar-se a deputado federal ou senador, mas, se eleito, estará impedido de presidir a casa legislativa à qual pertencer.

Certo ( ) Errado ( )

03. (Cespe) Um cidadão originário de um país de língua portuguesa que adquiriu a nacionalidade brasileira por meio da sua residência no Brasil e devido à sua idoneidade moral não poderá ser impedido de ocupar o cargo de oficial das Forças Armadas brasileiras.

Certo ( ) Errado ( )

04. (Cespe) Ainda que, em regra, inexista distinção entre brasileiros natos e naturalizados, o cargo de oficial das Forças Armadas só poderá ser exercido por brasileiro nato.

Certo ( ) Errado ( )

05. (Cespe) Considerando o que dispõe a CF acerca dos direitos sociais, direitos de nacionalidade e direitos políticos, bem como dos partidos políticos, julgue o item subsequente.

Situação hipotética: Cláudio, brasileiro nato, por interesse exclusivamente pessoal, residiu em país estrangeiro, onde teve um filho com uma cidadã local. Assertiva: Nessa situação, segundo a CF, o filho de Cláudio poderá ser considerado brasileiro nato, ainda que não venha a residir no Brasil.

Certo ( ) Errado ( )

Gabaritos

01	CERTO	04	CERTO
02	CERTO	05	CERTO
03	ERRADO		

4. DIREITOS POLÍTICOS E PARTIDOS POLÍTICOS

4.1 Direitos Políticos

A Constituição Federal trata dos direitos políticos em seus Arts. 14 a 16.

> ***Art. 14.*** *A soberania popular será exercida pelo sufrágio universal e pelo voto direto e secreto, com valor igual para todos, e, nos termos da lei, mediante:*
>
> ***I.*** *plebiscito;*
>
> ***II.*** *referendo;*
>
> ***III.*** *iniciativa popular.*

O Art. 1º, parágrafo único, da Constituição Federal, estabelece que todo o poder emana do povo, que o exerce por meio de representantes eleitos ou diretamente, nos termos desta Constituição.

Assim, a regra geral é que o poder será exercido por pessoas escolhidas pelo povo.

A forma de eleição desses representantes será a do voto direto e secreto, de caráter universal (todos os capazes poderão votar).

Além disso, em situações específicas, a Constituição Federal estabelece que a lei deverá permitir a participação direta da população nas decisões políticas, através de três institutos: plebiscito, referendo e iniciativa popular.

Plebiscito

O plebiscito consiste numa consulta feita à população sobre determinado assunto ainda foi votado pelo Legislativo.

É sempre prévio, ou seja, é realizada antes da aprovação da lei pelo Legislativo.

O plebiscito pode:

a) apresentar várias opções de respostas, como ocorreu, por exemplo, no plebiscito de 1993, sobre o regime de governo no Brasil, em que o povo tinha três opções de escolha: república presidencialista, república parlamentarista ou monarquia parlamentarista; ou

b) ser apresentado na forma de quesito (resposta sim ou não).

Referendo

O referendo consiste numa consulta à população para ratificação ou não de lei já aprovada pelo Poder Legislativo. É feito posteriormente à aprovação da lei, mas antes de sua vigência, e podem ter objeto todo o diploma legal ou apenas parte dele.

No referendo, a consulta será feita na forma de quesito (somente admitem-se as respostas "sim" ou "não").

Exemplo de referendo foi aquele que decidiu sobre a não proibição de venda de armas no Brasil (Estatuto do Desarmamento).

Competência para Convocação do Plebiscito e do Referendo

De acordo com o Art. 48, XV, da Constituição Federal, compete exclusivamente ao Congresso Nacional autorizar o referendo e convocar plebiscito.

Iniciativa Popular de Projeto de Lei

A iniciativa popular é uma forma de apresentação de proposta de lei (ordinária ou complementar) feita diretamente pela população. Para que o projeto de lei de iniciativa popular seja aceito, deve:

a) ser subscrito por, no mínimo, 1% (um por cento) do eleitorado nacional;

b) tais subscritores devem estar distribuídos por no mínimo 5 (cinco) Estados;

c) em cada um desses Estados, devem ser colhidas as assinaturas de pelo menos 0,3% (três décimos por cento) dos eleitores locais.

Alistamento Eleitoral e Dever de Votar

> ***§ 1º.*** *O alistamento eleitoral e o voto são:*
>
> ***I.*** *obrigatórios para os maiores de dezoito anos;*
>
> ***II.*** *facultativos para:*
>
> ***a)*** *os analfabetos;*
>
> ***b)*** *os maiores de setenta anos;*
>
> ***c)*** *os maiores de dezesseis e menores de dezoito anos.*
>
> *(...)*
>
> ***§ 2º.*** *Não podem alistar-se como eleitores os estrangeiros e, durante o período do serviço militar obrigatório, os conscritos.*

No Brasil, os estrangeiros não podem votar.

Os brasileiros naturalizados podem votar e ser votados, somente não podendo ser candidatos a Presidente da República e Vice-Presidente da República.

Aqueles que estão prestando o serviço militar obrigatório (conscritos) também não poderão votar.

A Constituição Federal estabeleceu dois tipos de eleitores:

a) Eleitores obrigatórios: devem alistar-se eleitoralmente (tirar o título) e votar em todas as eleições. Em regra, são todos os brasileiros com mais de 18 anos.

Deve-se observar que o Código Eleitoral permite que, em vez de votar, o eleitor justifique ou pague multa, podendo fazê-lo sem número de limite de vezes.

b) Eleitores facultativos: não precisam alistar-se eleitoralmente (tirar o título) e, mesmo que o façam, não são obrigados a votar em todas as eleições. São: os analfabetos, quem tem mais de 70 anos e quem tem entre 16 e 18 anos.

No caso do analfabeto, para que seja considerado como tal seu analfabetismo deve ser completo, não sendo considerado eleitor facultativo o chamado "analfabeto funcional", que é aquela pessoa que sabe ler, embora tenha dificuldades para interpretar um texto lido.

Requisitos para Ser Candidato

O § 3º do Art. 14 traz os requisitos para que alguém seja candidato a algum cargo público:

> ***§ 3º*** *São condições de elegibilidade, na forma da lei:*
>
> ***I.*** *a nacionalidade brasileira;*
>
> ***II.*** *o pleno exercício dos direitos políticos;*
>
> ***III.*** *o alistamento eleitoral;*
>
> ***IV.*** *o domicílio eleitoral na circunscrição;*
>
> ***V.*** *a filiação partidária;*

> ***VI.*** *a idade mínima de:*
>
> ***a)*** *trinta e cinco anos para Presidente e Vice-Presidente da República e Senador;*
>
> ***b)*** *trinta anos para Governador e Vice-Governador de Estado e do Distrito Federal;*
>
> ***c)*** *vinte e um anos para Deputado Federal, Deputado Estadual ou Distrital, Prefeito, Vice-Prefeito e juiz de paz;*
>
> ***d)*** *dezoito anos para Vereador.*

Vejamos cada um desses requisitos:

I - a nacionalidade brasileira:

Estrangeiro não pode votar nem ser votado. Brasileiro naturalizado pode votar e ser votado, somente não podendo concorrer aos cargos de Presidente e Vice-Presidente da República e, se eleito senador ou deputado federal, não pode concorrer aos cargos de Presidente da Câmara dos Deputados ou do Senado Federal.

II - o pleno exercício dos direitos políticos:

Aquele que perder seus direitos políticos (ex.: alguém que sofra de incapacidade civil absoluta) ou estiver com eles suspensos (condenado por crime, por exemplo), não poderá ser candidato.

Além disso, o candidato deverá ter votado, ou justificado, ou pago a multa, em todas as eleições anteriores.

III - o alistamento eleitoral:

Para ser candidato, é necessário estar alistado na Justiça Eleitoral, ou seja, deve-se possuir título de eleitor.

IV - o domicílio eleitoral na circunscrição:

Domicílio eleitoral é o município onde o eleitor vota.

O candidato deve estar domiciliado eleitoralmente no local cujo cargo pleiteia. Assim, candidato a vereador de Manaus deve estar alistado em Manaus, candidato a governador de São Paulo deve estar alistado em Município deste Estado, e assim por diante.

V - a filiação partidária:

No Brasil, todo candidato deve estar vinculado a um partido político. Não existe, assim, aqui, a possibilidade dos chamados "candidatos independentes", ou seja, sem filiação partidária.

A legislação eleitoral exige que os candidatos devem estar filiados ao partido pelo qual vão concorrer à eleição um ano antes do pleito.

VI - a idade mínima de:

a) trinta e cinco anos para Presidente e Vice-Presidente da República e Senador;

b) trinta anos para Governador e Vice-Governador de Estado e do Distrito Federal;

c) vinte e um anos para Deputado Federal, Deputado Estadual ou Distrital, Prefeito, Vice-Prefeito e juiz de paz;

d) dezoito anos para Vereador.

De acordo com a Lei das Eleições, o requisito da idade precisa estar preenchido no momento da posse, e não necessariamente no momento do registro da candidatura ou da eleição.

Condições de Elegibilidade

Os § 4º e 9º do Art. 14 da Constituição trazem algumas condições adicionais para que alguém seja candidato, trazendo hipóteses de inelegibilidade (casos em que a pessoa não poderá ser candidato):

A inelegibilidade pode ser absoluta (impedindo a pessoa de candidatar-se a qualquer cargo público) ou relativo (impedindo a candidatura para um ou alguns cargos).

> ***§ 4º.*** *São inelegíveis os inalistáveis e os analfabetos.*

O § 4º traz hipóteses de inexigibilidade absoluta.

Inalistável é aquele que não pode ser eleitor. Assim, quem não pode votar não pode também ser votado.

Os analfabetos podem votar, mas não podem ser candidatos. Aqui também, para que seja inelegível, deve o cidadão ser analfabeto completo.

> ***§ 5º.*** *O Presidente da República, os Governadores de Estado e do Distrito Federal, os Prefeitos e quem os houver sucedido, ou substituído no curso dos mandatos poderão ser reeleitos para um único período subsequente.*

A Constituição Federal permite que o ocupante de um cargo eletivo do Executivo concorra apenas uma vez à reeleição.

Se reeleito, somente poderá ser candidato a outro cargo eletivo, não ao mesmo. Mas poderá concorrer de novo ao cargo desde que aguarde o período de um mandato.

Tal restrição se aplica não somente ao ocupante efetivo do cargo, mas também àqueles que o houverem sucedido, em qualquer momento do mandato.

Suceder é assumir o lugar do titular definitivamente. Substituir é assumir o lugar do titular apenas temporariamente.

Assim, por exemplo, se vagar o cargo de Presidente e o Vice-Presidente assumir o seu lugar (em 2015, por exemplo), este poderá disputar a próxima eleição para Presidente (em 2018), mas não poderá concorrer à reeleição para Presidente na eleição seguinte (em 2022), uma vez que exerceu o cargo de Presidente como titular no mandato anterior.

> ***§ 6º.*** *Para concorrerem a outros cargos, o Presidente da República, os Governadores de Estado e do Distrito Federal e os Prefeitos devem renunciar aos respectivos mandatos até seis meses antes do pleito.*

Além de não poderem se reeleger para o mesmo cargo mais de uma vez, os ocupantes de cargos eletivos do Executivo, se quiserem concorrer a outros cargos (como senadores, deputados, vereadores), precisam se desincompatibilizar do cargo que ocupam em até seis meses antes da data da eleição.

Essa restrição não se aplica ao Vice-Presidente, aos Vice-Governadores nem aos Vice-Prefeitos, desde que não tenham sucedido ou substituído o titular nos seis meses anteriores à eleição (Lei Complementar nº 64/90).

> ***§ 7º.*** *São inelegíveis, no território de jurisdição do titular, o cônjuge e os parentes consanguíneos ou afins, até o segundo grau ou por adoção, do Presidente da República, de Governador de Estado ou Território, do Distrito Federal, de Prefeito ou de quem os haja substituído dentro dos seis meses anteriores ao pleito, salvo se já titular de mandato eletivo e candidato à reeleição.*

Essa disposição visa impedir que os ocupantes de cargos se utilizem de sua influência para eleger seus cônjuges ou parentes até o segundo grau, consanguíneos ou afins (pais, filhos, avós, netos, irmãos, sogros, genros e cunhados).

Veja-se que a restrição se aplica somente ao território de jurisdição do titular. Assim, por exemplo, o filho do Governador do

Estado de Minas Gerais não pode concorrer à prefeitura de Belo Horizonte, mas pode ser candidato a Presidente da República.

O texto abre somente uma exceção: se o parente ou cônjuge já for titular de mandato eletivo, ele pode concorrer à reeleição.

De acordo com o STF, a inelegibilidade não é afastada pela dissolução da sociedade ou do vínculo conjugal, no curso do mandato. Ou seja, mesmo que o cônjuge se separe do titular do cargo durante o mandato, continuará inelegível.

> ***§ 8º.*** *O militar alistável é elegível, atendidas as seguintes condições:*
>
> ***I.*** *se contar menos de dez anos de serviço, deverá afastar-se da atividade;*
>
> ***II.*** *se contar mais de dez anos de serviço, será agregado pela autoridade superior e, se eleito, passará automaticamente, no ato da diplomação, para a inatividade.*

Se o militar puder votar também poderá ser candidato, exigindo, porém, a CF, que os que tiverem menos de 10 anos de atividade, deverão afastar-se da atividade (deverão pedir baixa). Já os que tiverem mais de 10 anos somente passarão para a inatividade se forem eleitos.

De qualquer forma, em qualquer hipótese a Constituição Federal veda que um militar da ativa venha a assumir um cargo eletivo.

> ***§ 9º.*** *Lei complementar estabelecerá outros casos de inelegibilidade e os prazos de sua cessação, a fim de proteger a probidade administrativa, a moralidade para exercício de mandato considerada vida pregressa do candidato, e a normalidade e legitimidade das eleições contra a influência do poder econômico ou o abuso do exercício de função, cargo ou emprego na administração direta ou indireta.*

Atualmente, a Lei Complementar que cumpre tal papel é a LC, 64/90, conhecida como "Lei das Inelegibilidades".

> ***§ 10.*** *O mandato eletivo poderá ser impugnado ante a Justiça Eleitoral no prazo de quinze dias contados da diplomação, instruída a ação com provas de abuso do poder econômico, corrupção ou fraude.*

Diplomação é o ato formal pelo qual a Justiça Eleitoral reconhece os candidatos eleitos e seus suplentes, entregando-lhes um certificado (diploma).

> ***§ 11.*** *A ação de impugnação de mandato tramitará em segredo de justiça, respondendo o autor, na forma da lei, se temerária ou de manifesta má-fé.*

4.2 Partidos Políticos

Conceito

Partido político é uma livre associação de pessoas, que possuem interesses em comum e objetivam o exercício do poder político, por meio do voto.

Natureza Jurídica dos Partidos Políticos

Os partidos políticos, segundo previsão expressa da Constituição, possuem ***natureza jurídica de direito privado***. Vejamos o disposto no Art. 17, § 2º:

> ***§ 2º*** *– Os partidos políticos, após adquirirem personalidade jurídica, na forma da lei civil, registrarão seus estatutos no Tribunal Superior Eleitoral.*

Quando a Constituição determina que os partidos devem adquirir sua personalidade jurídica na forma da lei civil, praticamente afirma que devem ser considerados como pessoa jurídica de direito privado, apesar de ser exigido seu registro no TSE.

Criação e Limites dos Partidos

A CF assegura, no *caput* do Art. 17, a liberdade de criação, fusão, incorporação e extinção de partidos políticos:

> ***Art. 17.*** *É livre a criação, fusão, incorporação e extinção de partidos políticos, resguardados* ***a soberania nacional, o regime democrático, o pluripartidarismo, os direitos fundamentais da pessoa humana*** *e observados os seguintes preceitos: (...)* (grifo nosso)

Contudo, essa liberdade não é absoluta, devendo os partidos resguardarem:

> soberania nacional;
> regime democrático;
> pluripartidarismo;
> direitos fundamentais da pessoa humana.

Além disso, os partidos devem observar os seguintes preceitos que funcionam como verdadeiras limitações aos partidos políticos:

> ***Art. 17.*** *É livre a criação, fusão, incorporação e extinção de partidos políticos, resguardados a soberania nacional, o regime democrático, o pluripartidarismo, os direitos fundamentais da pessoa humana e observados os seguintes preceitos:*
>
> ***I.*** *caráter nacional;*
>
> ***II.*** *proibição de recebimento de recursos financeiros de entidade ou governo estrangeiros ou de subordinação a estes;*
>
> ***III.*** *prestação de contas à Justiça Eleitoral;*
>
> ***IV.*** *funcionamento parlamentar de acordo com a lei.*
>
> ***§ 4º*** *– É vedada a utilização pelos partidos políticos de organização paramilitar.*

Seriam exemplos de organizações paramilitares as milícias do Rio de Janeiro ou uma facção criminosa.

Autonomia e não verticalização

As regras constitucionais de autonomia dos partidos políticos receberam nova redação pela EC 97/2017. A CF assegura aos partidos políticos autonomia para definir sua estrutura interna e estabelecer regras sobre escolha, formação e duração de seus órgãos permanentes e provisórios e sobre sua organização e seu funcionamento e para adotar os critérios de escolha e o regime de suas coligações nas eleições majoritárias, além de estabelecer normas de disciplina e fidelidade partidária. A EC 97/2017 proibiu a celebração de coligações para as eleições proporcionais.

> ***§ 1º** É assegurada aos partidos políticos autonomia para definir sua estrutura interna e estabelecer regras sobre escolha, formação e duração de seus órgãos permanentes e provisórios e sobre sua organização e funcionamento e para adotar os critérios de escolha e o regime de suas coligações nas eleições majoritárias, vedada a sua celebração nas eleições proporcionais, sem obrigatoriedade de vinculação entre as candidaturas em âmbito nacional, estadual, distrital ou municipal, devendo seus **estatutos** estabelecer normas de disciplina e fidelidade partidária. (Redação dada pela Emenda Constitucional nº 97, de 2017)*[1]

A regra da vedação das coligações nas eleições proporcionais só terá aplicação nas eleições de 2020.

Esse dispositivo ainda determina que não é mais exigida a ***regra da verticalização***. Isto é, não é preciso haver vinculação das candidaturas nos diversos níveis federativos (União, Estados, Distrito Federal e Municípios).

Direito de Antena e recursos do fundo partidário

A EC 97/2017 estabeleceu novas regras para que os partidos tenham acesso gratuito ao rádio e à televisão (direito de antena). De acordo com a nova redação do § 3º, só terá direito de antena e acesso a recursos do fundo o partido político que, alternadamente:

> ***§ 3º** Somente terão direito a recursos do fundo partidário e acesso gratuito ao rádio e à televisão, na forma da lei, os partidos políticos que **alternativamente**:*
>
> *I - obtiverem, nas eleições para a Câmara dos Deputados, no mínimo, 3% (três por cento) dos votos válidos, distribuídos em pelo menos um terço das unidades da Federação, com um mínimo de 2% (dois por cento) dos votos válidos em cada uma delas; ou*
>
> *II - tiverem elegido pelo menos quinze Deputados Federais distribuídos em pelo menos um terço das unidades da Federação.* (grifo nosso)

Essa regra, que cria uma nova cláusula de barreira (ou desempenho), no entanto, só vai passar a valer nas eleições de 2030. Até lá funcionará da seguinte forma – **REGRA DE TRANSIÇÃO**:

> ***Parágrafo único.** Terão acesso aos recursos do fundo partidário e à propaganda gratuita no rádio e na televisão os partidos políticos que:*
>
> *I - na legislatura seguinte às eleições de 2018:*
>
> ***a)** obtiverem, nas eleições para a Câmara dos Deputados, no mínimo, 1,5% (um e meio por cento) dos votos válidos, distribuídos em pelo menos um terço das unidades da Federação, com um mínimo de 1% (um por cento) dos votos válidos em cada uma delas; ou*
>
> ***b)** tiverem elegido pelo menos nove Deputados Federais distribuídos em pelo menos um terço das unidades da Federação;*
>
> *II - na legislatura seguinte às eleições de 2022:*
>
> ***a)** obtiverem, nas eleições para a Câmara dos Deputados, no mínimo, 2% (dois por cento) dos votos válidos, distribuídos em pelo menos um terço das unidades da Federação, com um mínimo de 1% (um por cento) dos votos válidos em cada uma delas; ou*
>
> ***b)** tiverem elegido pelo menos onze Deputados Federais distribuídos em pelo menos um terço das unidades da Federação;*
>
> *III - na legislatura seguinte às eleições de 2026:*
>
> ***a)** obtiverem, nas eleições para a Câmara dos Deputados, no mínimo, 2,5% (dois e meio por cento) dos votos válidos, distribuídos em pelo menos um terço das unidades da Federação, com um mínimo de 1,5% (um e meio por cento) dos votos válidos em cada uma delas; ou*
>
> ***b)** tiverem elegido pelo menos treze Deputados Federais distribuídos em pelo menos um terço das unidades da Federação.*

Desfiliação com justa causa

Sabe-se que o candidato eleito no sistema proporcional que se desfiliar, sem justa causa, perde o mandato, ressalvadas as hipóteses legais de justa causa (Art. 22-A LPP).

A EC 97/2017 trouxe uma hipótese de justa causa para a desfiliação partidária. De acordo com o § 5º do Art. 17, o candidato que for eleito por um partido que não preencher os requisitos para obter recursos do fundo partidário e do tempo de rádio e TV, poderá mudar de partido, sem perder o mandato por infidelidade partidária:

> ***§ 5º** Ao eleito por partido que não preencher os requisitos previstos no § 3º deste artigo é assegurado o mandato e facultada a filiação, sem perda do mandato, a outro partido que os tenha atingido, não sendo essa filiação considerada para fins de distribuição dos recursos do fundo partidário e de acesso gratuito ao tempo de rádio e de televisão. (Incluído pela Emenda Constitucional nº 97, de 2017)*

Questões

01. (Cespe) No texto constitucional, os direitos políticos estão vinculados ao exercício da soberania popular, restritos, portanto, aos direitos de votar e de ser votado.

Certo ( ) Errado ( )

02. (Cespe) Alistamento eleitoral é o ato jurídico pelo qual a pessoa natural adquire, perante a justiça eleitoral, capacidade eleitoral ativa e passa a integrar o corpo de eleitores de determinada zona e seção eleitoral.

Certo ( ) Errado ( )

03. (Cespe) O alistamento eleitoral e o voto são facultativos para analfabetos, portadores de necessidades especiais, maiores de setenta anos de idade e para os maiores de dezesseis e menores de dezoito anos de idade.

Certo ( ) Errado ( )

04. (Cespe) Julgue o item seguinte, referentes ao alistamento eleitoral, ao cancelamento da inscrição eleitoral e exclusão do eleitor do cadastro nacional de eleitores.

As únicas hipóteses de cancelamento da inscrição e a consequente exclusão do eleitor do cadastro nacional são: suspensão dos direitos políticos, falecimento do eleitor, pluralidade de inscrições e o fato de o eleitor deixar de votar em três eleições consecutivas.

Certo ( ) Errado ( )

---

1 Redação anterior: § 1º É assegurada aos partidos políticos autonomia para definir sua estrutura interna, organização e funcionamento e para adotar os critérios de escolha e o regime de suas coligações eleitorais, sem obrigatoriedade de vinculação entre as candidaturas em âmbito nacional, estadual, distrital ou municipal, devendo seus estatutos estabelecer normas de disciplina e fidelidade partidária. (Redação dada pela Emenda Constitucional nº 52, de 2006)

05. (Cespe) Os institutos do cancelamento e de exclusão de eleitores não se complementam: não há entre eles relação de causa e consequência.

Certo ( ) Errado ( )

06. (Cespe) De acordo com o STF, é inconstitucional proibir que emissoras de rádio e TV difundam áudios ou vídeos que ridicularizem candidato ou partido político durante o período eleitoral.

Certo ( ) Errado ( )

07. (Cespe) Em propaganda partidária, é vedada a participação de pessoas integrantes de outros partidos.

Certo ( ) Errado ( )

08. (Cespe) É constitucional, como condição para a participação de candidato em debate eleitoral, a exigência de representação mínima, no Congresso Nacional, de seu correspondente partido político.

Certo ( ) Errado ( )

09. (Cespe) A utilização de organização paramilitar por determinado partido político em um estado da Federação é permitida desde que autorizada pelo governador desse estado e pelo respectivo tribunal regional eleitoral.

Certo ( ) Errado ( )

10. (Cespe) Os partidos políticos têm autonomia administrativa garantida pela Constituição Federal e poderão definir o regime de suas coligações eleitorais, que vincularão as candidaturas no âmbito federal, estadual, distrital e no municipal.

Certo ( ) Errado ( )

Gabaritos

01	ERRADO	06	CERTO
02	CERTO	07	CERTO
03	ERRADO	08	CERTO
04	ERRADO	09	ERRADO
05	ERRADO	10	ERRADO

5. DA SEGURANÇA PÚBLICA

A expressão "segurança pública" envolve a manutenção da ordem pública e a proteção das pessoas e do patrimônio público e privado, contra a ação de criminosos.

Diferentemente das forças armadas, as forças de segurança pública não têm por objetivo garantir a integridade nacional contra agressões estrangeiras.

5.1 Polícias

O *caput* do Art. 144 da Constituição Federal estabelece quais são as forças policiais que podem ser organizadas pela União ou pelos Estados:

> ***Art. 144.*** *A segurança pública, dever do Estado, direito e responsabilidade de todos, é exercida para a preservação da ordem pública e da incolumidade das pessoas e do patrimônio, através dos seguintes órgãos:*
>
> ***I.*** *polícia federal;*
>
> ***II.*** *polícia rodoviária federal;*
>
> ***III.*** *polícia ferroviária federal;*
>
> ***IV.*** *polícias civis;*
>
> ***V.*** *polícias militares e corpos de bombeiros militares.*
>
> ***VI.*** *polícias penais federal, estaduais e distrital.*

Polícia Federal

De acordo com o § 1º do Art. 144, a polícia federal, instituída por lei como órgão permanente, organizado e mantido pela União e estruturado em carreira, destina-se a:

> ***I.*** *Apurar infrações penais contra a ordem política e social ou em detrimento de bens, serviços e interesses da União ou de suas entidades autárquicas e empresas públicas, assim como outras infrações cuja prática tenha repercussão interestadual ou internacional e exija repressão uniforme, segundo se dispuser em lei;*
>
> ***II.*** *Prevenir e reprimir o tráfico ilícito de entorpecentes e drogas afins, o contrabando e o descaminho, sem prejuízo da ação fazendária e de outros órgãos públicos nas respectivas áreas de competência;*
>
> ***III.*** *Exercer as funções de polícia marítima, aeroportuária e de fronteiras; (Redação dada pela Emenda Constitucional nº 19, de 1998);*
>
> ***IV.*** *Exercer, com exclusividade, as funções de polícia judiciária da União.*

A expressão "polícia judiciária" indica a competência para realizar investigações e cumprir mandados judiciais.

Polícia Rodoviária Federal

A polícia rodoviária federal, órgão permanente, organizado e mantido pela União e estruturado em carreira, destina-se, na forma da lei, ao patrulhamento ostensivo das rodovias federais.

Polícia Ferroviária Federal

A polícia ferroviária federal, órgão permanente, organizado e mantido pela União e estruturado em carreira, destina-se, na forma da lei, ao patrulhamento ostensivo das ferrovias federais.

Polícias penais

A Emenda Constitucional 104/2019 trouxe a previsão constitucional das chamadas polícias penais (no plural porque são organizadas em nível federal e estadual) às quais, de acordo com o § 5º-A do Art. 144 da Constituição, cabe a segurança dos estabelecimentos penais, estando vinculadas ao órgão administrador do sistema penal da unidade federativa a que pertencem.

Polícias Civis e Militares

De acordo com o § 4º do Art. 144 da CF, às polícias civis, dirigidas por delegados de polícia de carreira, incumbem, ressalvada a competência da União, as funções de polícia judiciária e a apuração de infrações penais, exceto as militares.

Já às polícias militares cabem a polícia ostensiva e a preservação da ordem pública; aos corpos de bombeiros militares, além das atribuições definidas em lei, incumbe a execução de atividades de defesa civil.

As polícias militares e corpos de bombeiros militares, forças auxiliares e reserva do Exército, subordinam-se, juntamente com as polícias civis, aos Governadores dos Estados, do Distrito Federal e dos Territórios.

Guardas Municipais

O § 8º do Art. 144 estabelece que os Municípios poderão constituir guardas municipais destinadas à proteção de seus bens, serviços e instalações, conforme dispuser a lei.

Remuneração dos Servidores Policiais

De acordo com o § 9º do Art. 144, a remuneração dos servidores policiais será fixada exclusivamente por subsídio fixado em parcela única, vedado o acréscimo de qualquer gratificação, adicional, abono, prêmio, verba de representação ou outra espécie remuneratória.

Segurança Viária

O § 10 do Art. 144 estabelece que a segurança viária, exercida para a preservação da ordem pública e da incolumidade das pessoas e do seu patrimônio nas vias públicas:

> ***I.*** *Compreende a educação, engenharia e fiscalização de trânsito, além de outras atividades previstas em lei, que assegurem ao cidadão o direito à mobilidade urbana eficiente; e*
>
> ***II.*** *Compete, no âmbito dos Estados, do Distrito Federal e dos Municípios, aos respectivos órgãos ou entidades executivos e seus agentes de trânsito, estruturados em Carreira, na forma da lei.*

Questões

01. (Cespe) A competência da PRF, instituição permanente, organizada e mantida pela União, inclui o patrulhamento ostensivo das rodovias e das ferrovias federais.

Certo ( ) Errado ( )

02. (Cespe) A vedação absoluta ao direito de greve dos integrantes das carreiras da segurança pública é compatível com o princípio da isonomia, segundo o STF.

Certo ( ) Errado ( )

03. (Cespe) Com relação à defesa do Estado e das instituições democráticas, julgue o item que se segue.

É permitida aos municípios a criação de guardas municipais para a proteção de seus bens, serviços e instalações, inclusive com a atribuição de poder de polícia de trânsito.

Certo ( ) Errado ( )

04. (Cespe) O policiamento naval é atribuição privativa da Marinha de Guerra, atividade de natureza meramente militar.

Certo ( ) Errado ( )

05. (Cespe) A segurança viária compreende a educação, a engenharia e a fiscalização de trânsito, vetores que asseguram ao cidadão o direito à mobilidade urbana eficiente.

Certo ( ) Errado ( )

Gabaritos

01	ERRADO	04	ERRADO
02	CERTO	05	CERTO
03	CERTO		

Sumário

Sumário

1. INTRODUÇÃO AO DIREITO PENAL E APLICAÇÃO DA LEI PENAL

1.1 Introdução ao Estudo do Direito Penal

A Infração Penal é gênero que se divide em duas espécies: **crimes** (conduta mais gravosa) e **contravenções penais** (conduta de menor gravidade). Essa divisão é chamada de dicotômica. A diferença básica incide sobre as penas aplicáveis aos infratores, enquanto o crime é punível com pena de reclusão e detenção, as contravenções penais implicam prisão simples e multa, podendo ser aplicada de forma cumulativa ou não.

O Direito Penal é chamado de Direito das Condutas Ilícitas.

Para que a conduta seja definida como crime, tem que estar tipificada (escrita) em alguma norma penal. Não somente o próprio Código Penal as descreve como também as Leis Complementares Penais ou Leis Especiais, por exemplo: Estatuto do Desarmamento (Lei nº 10.826/2003), Lei de Tortura (Lei nº 9.455/1997), entre outras. Por conseguinte, as Contravenções Penais estão previstas em Lei específica, Lei nº 3.688/41, esta também é conhecida como **Crime Anão**, visto seu reduzido potencial ofensivo. Como essa conduta não é o cerne do estudo não convém aprofundar o assunto, basta apenas ressaltar que as Contravenções Penais não admitem tentativas, enquanto o Crime é punível, mas, somente se existir previsão legal (Código Penal).

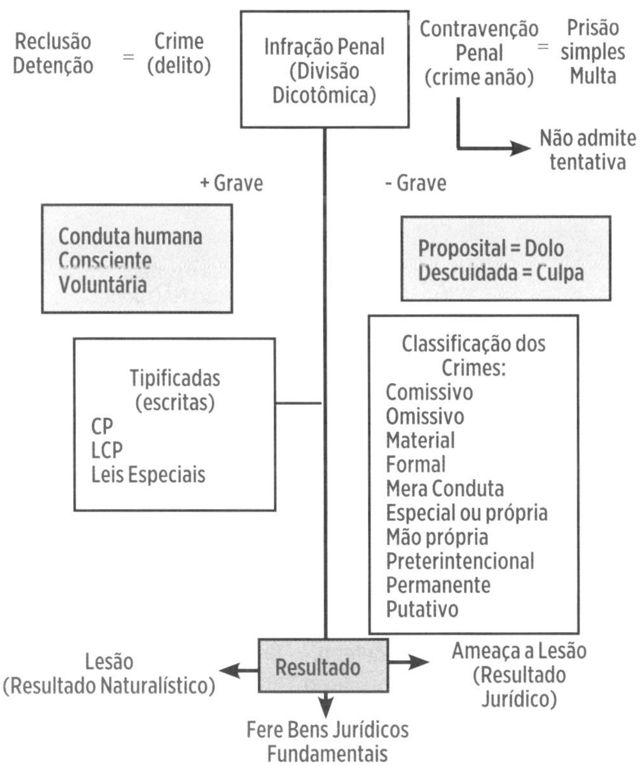

→ **Para configurar em infração penal, são necessários alguns pressupostos:**

Deve ser uma **conduta humana**, ou seja, o simples ataque de um animal não configura em crime, porém, caso ele seja instigado por outra pessoa, passa a ser um mero objeto utilizado na prática da conduta do agressor.

Deve ser uma **ação consciente**, possível de ser prevista pelo agente, quando esse é descuidado responderá de forma culposa, entretanto se realmente houver intenção, o desejo do indivíduo, sua conduta com um propósito específico será dolosa.

Necessita ser **voluntária**, por exemplo, caso o agente venha agredir alguém por conta de um espasmo muscular, essa conduta é tida como involuntária.

→ **A infração penal sempre gera um resultado que pode ser:**

Todo crime gera um resultado, porém, nem todo crime gera um resultado naturalístico (lesão).

Naturalístico: quando ocorre efetivamente a lesão de um bem jurídico tutelado - protegido - da vítima. Por exemplo, no crime de homicídio, quando a vida de alguém é interrompida, causa um resultado naturalístico, pois modificou o mundo exterior, não somente do de cujus (falecido) como de sua família.

Jurídico: quando a lesão não se consuma, utilizando o mesmo exemplo acima, caso o agressor não tivesse êxito na sua conduta, ele responderia pela tentativa de homicídio, desde que não cause lesão corporal. Convém ressaltar que, embora o agente não obteve êxito no resultado pretendido, o Código Penal sempre irá punir por aquilo que ele queria fazer (elemento subjetivo), contudo nesse caso gerou apenas um resultado jurídico.

1.2 Teoria do Crime

Sendo o crime (delito) espécie da infração penal, possui uma nova divisão. Nesse caso, existem diversas correntes doutrinárias para este conceito, entretanto, adotaremos a majoritária, a qual vigora no Direito Penal Brasileiro, classificada como Teoria Finalista Tripartida ou Tripartite.

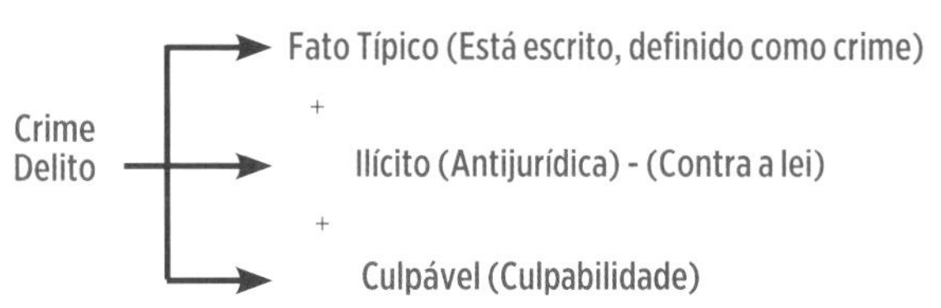

Conceito de crime no direito penal brasileiro

→ Fato Típico: para ser considerado fato típico, é fundamental que a conduta esteja tipificada, ou seja, escrita, em alguma norma penal. Não obstante, é necessário que exista:

> Conduta: é a ação do agente, seja ela culposa (descuidada) ou dolosa, intencional; comissiva (ação) ou omissiva (deixar de fazer).

> Resultado: que seja naturalístico (modificação provocada no mundo exterior pela conduta) ou jurídico (quando não houver resultado jurídico não existe crime).

> Nexo Causal: é o elo entre a ação e o resultado, ou seja, se o resultado foi provocado diretamente pela ação do agente, houve nexo causal.

> Tipicidade: tem que ser considerado crime, estar tipificado, escrito.

→ Ilícito (antijurídico): neste quesito a ação do agente tem que ser ilícita, pois, nosso ordenamento jurídico prevê legalidade em determinadas situações em que, mesmo sendo antijurídicas, serão permissivas. São as chamadas de excludentes de ilicitude ou de antijuridicidade, sendo: Legítima Defesa, Estado de Necessidade, Estrito Cumprimento do Dever Legal ou no Exercício Regular de um Direito.

Caso não existam alguns destes elementos na conduta, pode-se dizer que o fato é atípico.

→ Culpável (culpabilidade): é a capacidade de o agente receber pena. Em alguns casos, mesmo o agente cometendo um fato típico e ilícito, ele não poderá ser culpável, ou seja, não pode ser "preso", pois incidirá nas excludentes de culpabilidade. A mais conhecida é o menor em conflito com a lei, ele pode cometer uma infração penal (crime), mas não poderá ir preso. É quando, no momento da ação ou da omissão, o agente é totalmente incapaz de entender o caráter ilícito do fato, ou de determinar-se de acordo com esse entendimento. Ainda dentro dessa espécie, haverá três desdobramentos que são a imputabilidade, a potencial consciência da ilicitude e a exigibilidade de conduta diversa.

Para que o crime ocorra, é necessário preencher todos os requisitos, caso exclua alguns dos elementos do fato típico ou se não for ilícito/antijurídico, dizemos que **excluiu** o crime; caso não possa ser culpável, o agente será **isento** de pena.

Pode ocorrer de o agente cometer um fato descrito como crime – Matar alguém – e esse fato não ser considerado crime.

Ex.: quem mata em legítima defesa comete um fato típico, ou seja, escrito e definido como crime. Contudo, esse fato não é ilícito, pois a própria lei autoriza o sujeito a matar em certos casos pré-definidos.

Pode ocorrer também, de o agente cometer um fato definido como crime, ou seja, fato típico – escrito e definido no CP – e ilícito, o ordenamento jurídico não autoriza aquela conduta, e mesmo assim ficar isento de PENA. Assim, pode o sujeito cometer um crime e não ter pena.

Ex.: quem é obrigado a cometer um crime. Uma pessoa encosta a arma carregada na cabeça de outra e diz que, se ela não cometer tal crime, irá morrer.

1.3 Princípio da Legalidade (Anterioridade - Reserva Legal)

Art. 1º. *Não há crime sem lei anterior que o defina. Não há pena sem prévia cominação legal.*

Somente haverá crime quando existir perfeita correspondência entre a conduta praticada e a previsão legal (Reserva Legal), que não pode ser vaga, deve ser específica. Exige-se que a lei esteja em vigor no momento da prática da infração penal (Anterioridade). Fundamento Constitucional: Art. 5º, XXXIX.

→ Princípio: *Nullum crimem, nulla poena sine praevia lege.*

As normas penais incriminadoras não são proibitivas e sim descritivas. Por exemplo, o Art. 121 - Matar alguém, no Código Penal, ele não proíbe, ou seja, não matar. Ele descreve uma conduta, que, se cometida possuirá uma sanção (punição).

A Analogia no Direito Penal só é aceita para beneficiar o agente. Por exemplo, no antigo ordenamento jurídico, só era permitido realizar o aborto em decorrência do estupro (pênis x vagina), entretanto, a norma penal não abrangia o caso do violento atentado ao pudor (pênis x ânus). Caso a mulher viesse engravidar em decorrência disso, realizava-se a analogia in bonam partem, permitindo também neste caso, o aborto. Ressaltamos que não existe mais o crime de violento atentado ao pudor, atualmente no Código Penal é tido como estupro.

Medida Provisória não pode dispor sobre matéria penal, criar crimes e cominar penas, Art. 62, § 1º, I, b CF/88, somente Lei Ordinária.

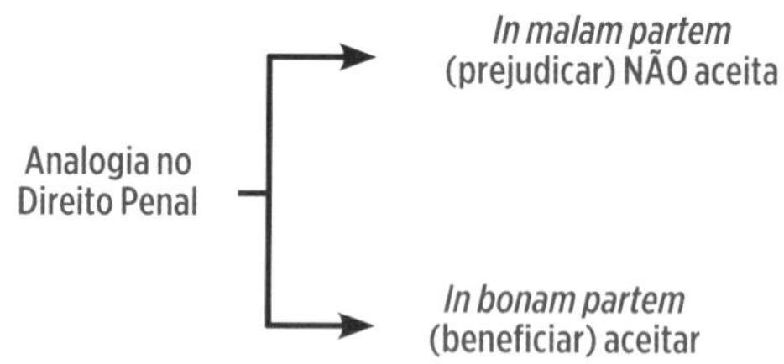

Normas Penais em branco são aquelas que precisam ser complementadas para que analisemos o caso concreto. Por exemplo, a vigente Lei de Drogas nº 11.343/06 dispõe sobre diversas condutas ilícitas, entretanto, o que é droga? Para analisar se determinada substância é droga ou não, o direito penal analisa uma portaria da Anvisa (Agência Nacional de Vigilância Sanitária) nº 344/98, em que todas as substâncias que estiverem descritas serão consideradas como droga.

O princípio da Reserva Legal admite o uso de Normas Penais em branco.

A Analogia Penal é diferente de Interpretação Analógica, nessa situação, a conduta do agente é analisada dentro da própria norma penal, ou seja, é observado a forma como a conduta foi praticada, quais os meios utilizados. Sendo assim, a Interpretação Analógica sempre será possível, ainda que mais gravosa para o agente.

> ***Art. 121.*** *Matar alguém:*
>
> ***Pena*** *- reclusão, de seis a vinte anos.*
>
> ***§ 2º.*** *Se o homicídio é cometido:*
>
> ***III.*** *Com emprego de veneno, fogo, explosivo, asfixia, tortura ou outro meio insidioso ou cruel, ou de que possa resultar perigo comum;*
>
> ***Pena*** *- reclusão, de doze a trinta anos.*

Nessa situação, caso o agente tenha cometido o homicídio utilizando-se de alguma das formas expostas no inciso III, ocorrerá a aplicação de uma pena mais gravosa, é o exemplo de Interpretação Analógica.

1.4 Interpretação da Lei Penal

A matéria **Interpretação da Lei Penal** passou a ser abordada com mais frequência pelos editais de concurso público. No entanto, quando cobrada, não costuma gerar muita dificuldade. Isso porque geralmente a banca examinadora traz na questão uma espécie de interpretação e questiona quanto ao seu significado.

A Interpretação da Lei Penal consiste em buscar o significado e a extensão da letra da lei em relação à realidade e à vontade do legislador.

Assim, a Interpretação da Lei Penal divide-se em:

Quanto ao sujeito

Autêntica ou legislativa

É aquela realizada pelo mesmo órgão da qual emana, podendo vir no próprio texto legislativo ou em lei posterior: Conceito de funcionário público previsto no Art. 327, CP.

Doutrina

É aquela realizada pelos doutrinadores – estudiosos do direito penal – normalmente encontrada em livros, artigos e documentos: Código Penal comentado.

Jurisprudencial ou judicial

É aquela realizada pelo Poder Judiciário na aplicação do caso concreto, na busca pela vontade da lei. É a análise das decisões reiteradas sobre determinado assunto legal: Súmulas do Tribunais Superiores e Súmula Vinculante.

Quanto ao modo

Literal ou gramatical

É aquela que busca o sentido literal das palavras.

Teleológica

É aquela que busca compreender a intenção ou vontade da lei.

Histórica

É aquela que busca compreender o sentido da lei por meio da análise do momento e contexto histórico em que foi editada.

Sistemática

É aquela que analisa o sentido da lei em conjunto com todo o ordenamento jurídico (as legislações em vigor, os Princípios Gerais de Direito, a Doutrina e a Jurisprudencial).

Progressiva

É aquela que busca adaptar a lei aos progressos obtidos pela sociedade.

Quanto ao resultado

Declarativa

É aquela em que se encontra a perfeita correspondência entre a letra da lei e a intenção do legislador.

Restritiva

É aquela em que se restringe o alcance da letra da lei para que corresponda à real intenção do legislador. A lei diz mais do que deveria dizer.

Extensiva

É aquela em que se amplia o alcance da letra da lei para que corresponda à real intenção do legislador. A lei diz menos do que deveria dizer.

Analógica

É aquela em que a Lei Penal permite a ampliação de seu conteúdo por meio da utilização de uma expressão genérica ou aberta pelo legislador: *Art. 121, § 2º, III, CP. Homicídio qualificado por emprego de veneno, fogo, explosivo, asfixia, tortura ou outro meio insidioso ou cruel, ou de que possa resultar perigo comum.*

1.5 Conflito Aparente de Normas Penais

Fala-se em conflito aparente de normas penais quando duas ou mais normas aparentemente parecem reger o mesmo tema. Na prática, uma conduta pode se enquadrar em mais de um tipo penal, mas isso é tão somente aparente, pois os princípios do direito penal resolvem esse fato. São eles os princípios:

a) Princípio da Especialidade;
b) Princípio da Subsidiariedade;
c) Princípio da Consunção;
d) Princípio da Alternatividade.

Princípio da especialidade

A regra, nesse caso, é que a norma especial prevalecerá sobre a norma geral. Dessa forma, a norma no tipo penal incriminador é mais completa que a prevista na norma geral.

Isso ocorre por exemplo no crime de homicídio e infanticídio. O crime de infanticídio possui em sua elementar dados complementares que o tornam mais especial – completo – que a norma geral.

Repare as elementares do Art. 123 do CP: 1) matar o próprio filho; 2) logo após o parto; 3) sob o estado puerperal. Esses são dados que, se presentes, tornam a conduta de matar alguém um crime específico, diferente do homicídio. Logo, o Art. 123 (infanticídio) é considerado especial em relação ao Art. 121 (homicídio), que pode ser entendido, nesse caso, como uma conduta genérica.

Princípio da subsidiariedade

Usa-se esse princípio sempre que a norma principal mais grave não puder ser utilizada. Nesse caso, usamos a norma menos grave subsidiária.

A subsidiariedade pode ser expressa ou tácita. Será expressa sempre que o próprio artigo de lei assim determinar. Um bom exemplo é o Art. 239 que trata da simulação de casamento. Ele prevê a pena de detenção, de um a três anos, se o fato não constitui elemento de crime mais grave. Assim, caso não tenha ocorrido crime mais grave será aplicada a pena expressa em lei. Por outro lado, se ocorrer crime mais grave, deve ser aplicado somente esse, ficando atípico o fato menos grave.

A subsidiariedade Tácita ocorre quando não há expressa referência na lei, mas, se um fato mais grave ocorrer, a norma subsidiária ficará afastada. Isso ocorre, por exemplo, no crime do Art. 311 do CTB. Existe, expressa nesse artigo, a proibição da conduta de trafegar em velocidade incompatível com a segurança nas proximidades de escolas, hospitais, estações de embarques e desembarques de passageiros, logradouros estreitos, ou onde houver grande movimentação ou concentração de pessoas, gerando perigo de dano.

Contudo, se o agente estiver conduzindo nessas condições e acabar por atropelar e matar alguém, responderá ele pelo crime do Art. 302 do CTB, que é homicídio culposo na direção de veículo automotor. Assim, esse crime – mais grave – afastará aquele crime de perigo.

Princípio da consunção

Esse princípio pode ocorrer quando um crime "meio" é necessário ou fase normal de preparação para outro crime. Como, por exemplo, o crime de lesão corporal fica absorvido pelo crime de homicídio, ou mesmo, o crime de invasão de domicílio que fica absorvido pelo crime de furto.

Não estamos falando em norma especial ou geral, mas sim do crime mais grave que absorveu o crime menos grave que simplesmente foi um meio necessário para a execução do crime mais grave.

Ocorre também o princípio da consunção quando, por exemplo, o agente falsifica um documento com o intuito de cometer o crime de estelionato. Como o crime de falso é meio necessário para o crime de estelionato, funcionando como a elementar fraude, fica por esse absorvido.

Nesse sentido o STJ editou a Súmula 17 que diz o seguinte:

> ***Súm. 17.*** *Quando o falso se exaure no estelionato, sem mais potencialidade lesiva, é por este absorvido.*

Outro ponto importante é quando falamos acerca do assunto crime progressivo e progressão criminosa. Podemos afirmar o seguinte:

No **crime progressivo** o agente tem um fim específico mais grave, contudo, necessariamente deve passar por fases anteriores menos graves. No final das contas, o crime progressivo é um meio para um fim. Isso ocorre no caso do dolo de matar, em que o agente obrigatoriamente tem que ferir a vítima antes – causando lesões corporais.

Aqui, temos o Princípio da Consunção Imperando. Por outro lado, a progressão criminosa acontece quando o dolo inicial é menos grave e no meio da conduta o agente muda sua intenção para uma mais grave (repare que temos dois dolos).

Temos o exemplo do agente que inicia uma ação com dolo de lesionar desferindo socos na vítima e no meio da ação muda de intenção, vindo a esfaqueá-la, causando sua morte.

Veja que, temos duas intenções, contudo, o código penal punirá o agente somente pelo crime mais grave. Aqui também usaremos o Princípio da Consunção no exemplo em tela.

No entanto, pode ocorrer progressão criminosa com efeito concurso material, ou seja, aplicação de mais de um crime. Isso ocorre, por exemplo, no crime de roubo em que o agente no meio da conduta resolve estuprar a vítima, ou seja, aqui temos uma progressão criminosa com dois dolos, em que o agente responderá por dois crimes diversos.

Princípio da Alternatividade

Temos esse princípio quando tivermos os chamados crimes de ação múltipla ou de conteúdo variado. Aqui, os tipos penais descrevem várias condutas para um único crime. Temos, como exemplo, o Art. 33 da Lei nº 11.343/2006:

> ***Art. 33.*** *Importar, exportar, remeter, preparar, produzir, fabricar, adquirir, vender, expor à venda, oferecer, ter em depósito, transportar, trazer consigo, guardar, prescrever, ministrar, entregar a consumo ou fornecer drogas, ainda que gratuitamente, sem autorização ou em desacordo com determinação legal ou regulamentar:*
>
> ***Pena*** *- reclusão de 5 (cinco) a 15 (quinze) anos e pagamento de 500 (quinhentos) a 1.500 (mil e quinhentos) dias-multa.*

Assim, podemos afirmar que, se o agente tiver em depósito e vender a droga não responderá ele por dois crimes, mas somente por um único. Isso se dá, pois qualquer ação nuclear do tipo representa o mesmo crime. Na prática, não há concurso material, respondendo o agente por uma pena somente.

→ **Costume NÃO revoga nem altera lei:**

Sendo assim, podemos dizer que temos três princípios intrínsecos no Art. 1º do Código Penal, quais sejam, da Legalidade, da Anterioridade e da Reserva Legal. É importante ressaltar que apenas a Lei Ordinária pode versar sobre matéria penal, tanto para criá-las quanto para extingui-las.

Não obstante, convém ressaltar os preceitos existentes nos tipos penais, por exemplo: Art. 121, CP, Matar alguém. Pena - 6 a 20 anos. O preceito primário seria a conduta do agente - matar alguém - e o preceito secundário seria a cominação da pena - 6 a 20 anos. Para ser considerado crime, é fundamental que existam os dois preceitos.

1.6 Lei Penal no Tempo

> ***Art. 2º.*** *Ninguém pode ser punido por fato que lei posterior deixa de considerar crime, cessando em virtude dela a execução e os efeitos penais da sentença condenatória.*
>
> ***Parágrafo único.*** *A Lei posterior, que de qualquer forma modo favorecer o agente, aplica-se aos fatos anteriores, ainda que decididos por sentença transitada em julgado.*

Conflito Temporal

Regra: Irretroatividade da Lei;

Exceção: Retroatividade para beneficiar o réu.

Retroatividade da Lei

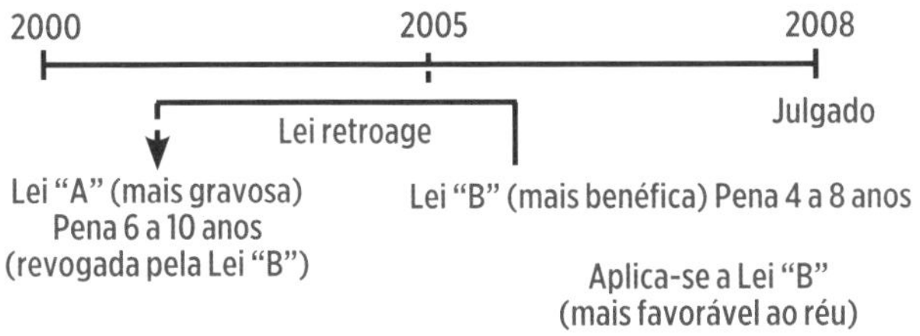

Em regra, o Código Penal sempre adota a Lei vigente, "A", no momento da ação ou omissão do agente, sendo assim, se nesta época é cometido um crime, aquele irá responder sobre o fato descrito no tipo penal. Contudo, por vezes, o processo se estende no tempo, e o julgamento do agente demora a acontecer, nesse lapso temporal, caso surgir uma nova Lei, "B", que torne mais branda a sanção aplicada sobre o agente, esta irá retroagir ao tempo do fato, beneficiando o réu.

Ultratividade da Lei

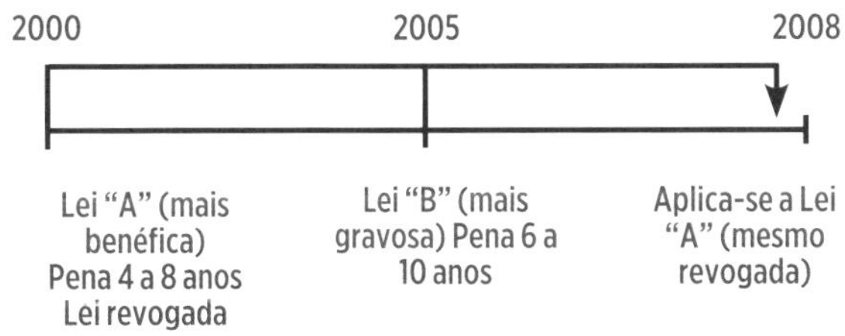

Não obstante, a regra da irretroatividade, pode ocorrer a chamada ultra-atividade de lei mais benéfica. Seria o caso em que, no momento da ação vigorava a Lei "A", entretanto, no decorrer do processo, entrou em vigência nova Lei "B", revogando a Lei "A", tornando mais gravosa a conduta anteriormente praticada pelo agente.

Sendo assim, no momento do julgamento, ocorrerá a ultra-atividade da lei, ou seja, a Lei "A", mesmo não estando mais em vigor, irá ultra-agir ao momento do julgamento para beneficiar o réu, por ser menos gravosa a punição que o agente irá receber.

Abolitio Criminis (Abolição do Crime)

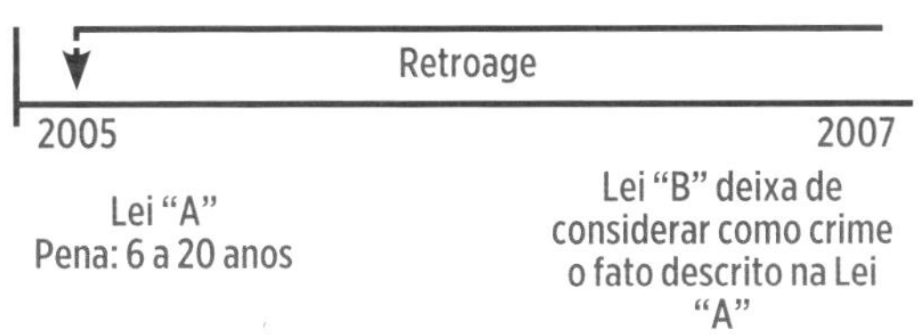

Consequências:

- Tranca e extingue o inquérito policial e a ação penal;
- Cassam imediatamente a execução de todos os efeitos penais.
- Não alcança os efeitos Civis da condenação.

Em relação ao Abolitio Criminis, ocorre o seguinte fato: quando uma conduta que antes era tipificada como crime pelo Código Penal, deixa de existir, ou seja, passa a não ser mais considerada crime, dizemos que ocorreu a abolição do crime. Diante disso, cessam imediatamente todos os efeitos penais que incidiam sobre o agente: tranca e extingue o inquérito policial, caso o acusado esteja preso deve ser posto em liberdade. Entretanto, não extingue os efeitos civis, ou seja, caso o agente tenha sido impelido em ressarcir a vítima da sua conduta mediante o pagamento de multa, essa, ainda assim, deverá ser paga.

Importante ressaltar que, a lei que beneficia o réu, não é uma faculdade do Juiz, é um dever, sempre adotada em benefício do acusado.

1.7 Crimes Permanentes ou Continuados

Nos crimes permanentes, ou seja, naqueles em que a consumação se prolonga enquanto não cessa a atividade, aplica-se ao fato a lei que estiver em vigência quando cessada a atividade, mesmo que mais grave (severa) que aquela em vigência quando da prática do primeiro ato executório. O crime se perpetua no tempo, enquanto não cessada a permanência. É o que ocorre, por exemplo, com o crime de sequestro e cárcere privado. Assim, será aplicada lei que estiver em vigência quando da soltura da vítima. Observa-se, então, o momento em que cessa a permanência para daí se determinar qual a norma a ser aplicada. É o que estabelece a Súmula 711 do STF.

> ***Súm. 711.*** *A lei penal mais grave aplica-se ao crime continuado ou ao crime permanente, se a sua vigência é anterior à cessação da continuidade ou da permanência.*

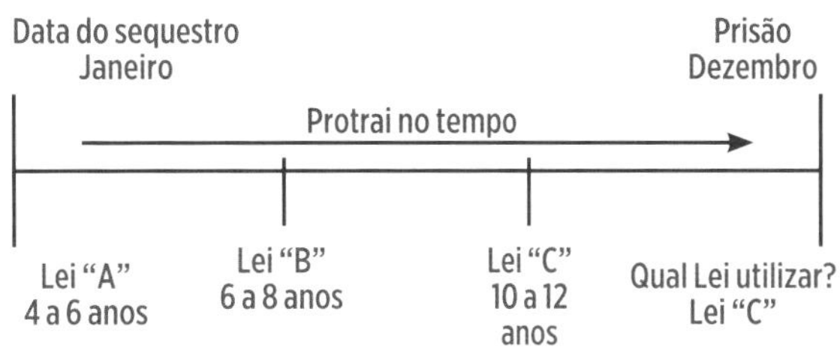

Ex.: O crime de sequestro é um crime que se protrai no tempo, ou seja, a todo instante ele está se consumando, qualquer que seja o momento da prisão ela estará em flagrante. Sendo assim, nos casos dos crimes permanentes ou continuados, aplica-se a pena no momento que cessar a conduta do agente, ainda que mais grave ou mais branda, independe nessa circunstância a quantificação da pena, o que será considerado, será a lei vigente no momento que cessou a conduta do agente ou a privação de liberdade da vítima, com a prisão dos acusados.

1.8 Lei Excepcional ou Temporária

> ***Art. 3º*** *A Lei excepcional ou temporária, embora decorrido o período de sua duração ou cessada as circunstâncias que a determinaram, aplica-se ao fato praticado durante sua vigência.*

Lei Excepcional: utilizada em períodos de anormalidade social.

Ex.: Guerra, calamidades públicas, enchentes, grandes eventos, etc.

Lei Temporária: período de tempo previamente fixado pelo legislador.

Ex.: Lei que configura o crime de pescar em certa época do ano - piracema -, após lapso de tempo previamente determinado, a Lei deixa de considerar tal conduta como crime.

→ De 2005 a 2006, o fato "A" era considerado crime. Aqueles que infringiram a Lei responderam posteriormente, mesmo o fato não sendo considerado mais crime.

→ Só ocorre retroatividade se a Lei posterior expressamente determinar.

É importante ressaltar que são leis excepcionais e temporárias, ou seja, a lei irá vigorar por determinado tempo, após isso, tal conduta não mais será considerada crime. Entretanto, durante a sua vigência, todos aqueles que cometerem o fato tipificado em tais normas, mesmo encerrada sua vigência, serão punidos.

> Não existe "abolitio criminis" de Lei Temporária ou Excepcional.

1.9 Tempo do Crime

> ***Art. 4º*** *Considera-se praticado o crime no momento da ação ou omissão, ainda que outro seja o momento do resultado.*

> A imputabilidade do agente deve ser aferida no momento em que o crime é praticado.

Teoria da Atividade: O crime reputa-se praticado no momento da conduta (momento da execução).

Este princípio traz o momento da ação do crime, ou seja, independente do resultado, para aplicação da lei penal, é considerado o momento exato da prática delituosa, seja ela comissiva - ação - ou omissiva - omissão.

Ex.: Caso um menor "A", cometa disparos de arma de fogo contra "B", vindo a feri-lo, entretanto, devido às lesões causadas pelos disparos, três meses depois do fato, "B" vem a falecer. Nessa época, mesmo "A" tendo completado sua maioridade penal - 18 anos - ainda assim não poderá ser punido, pois, no momento em que praticou a conduta (disparos contra "B"), era inimputável.

Devemos, contudo, ficar atentos aos crimes permanentes e continuados, no caso do sequestro, por exemplo, em que o crime se consuma a todo instante em que houver a privação de liberdade da vítima.

Nesta situação em questão, "A" não será mais inimputável, pois no momento de sua prisão já havia completado 18 anos, não considerado neste caso, o momento em que se iniciou a ação, mas sim, quando cessou.

1.10 Lugar do Crime

> ***Art. 6º.*** *Considera-se praticado o crime no lugar em que ocorreu a ação ou omissão, no todo ou em parte, bem como onde se produziu ou deveria produzir-se o resultado.*

Teoria da Ubiquidade: utilizada no caso de um crime ser praticado em território nacional e o resultado ser produzido no estrangeiro. O foro competente será tanto o do lugar da ação ou omissão quanto o do local em que produziu ou deveria produzir-se o resultado.

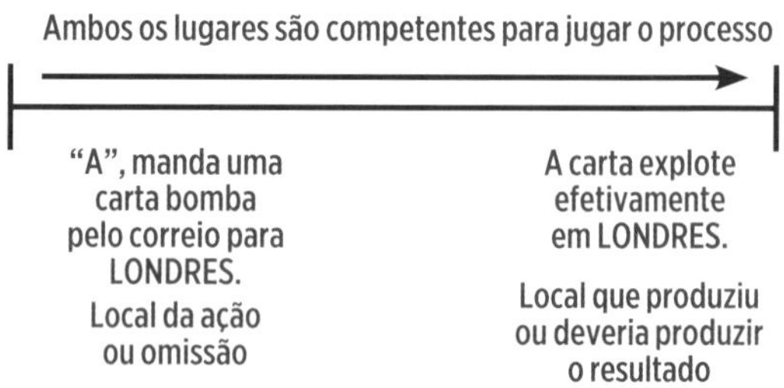

Ex.: Nesse caso "A", residente do Brasil, enviou uma carta bomba pelo correio para Londres, sendo assim, a carta efetivamente explode. Desse modo, tanto o Brasil, quanto a Inglaterra serão competentes para julgá-lo.

Não existe a teoria do "resultado".

São considerados para os crimes à distância, países diferentes.

Não confundir os artigos.

L ugar **U** biquidade	Art. 6º
T empo **A** tividade	Art. 4º

1.11 Da Lei Penal no Espaço

Da Territorialidade

Antes de iniciar o estudo do tópico, temos que ter em mente que iremos estudar a Lei Penal e não a Lei Processual Penal, que segue outra regra específica.

Aqui trataremos de como se comporta a Lei Penal Brasileira quando ocorrerem crimes no exterior, ou seja, Extraterritorialidade de lei. Portanto, quando falamos em extraterritorialidade estamos tratando somente da Lei Penal e não da Lei Processual Penal.

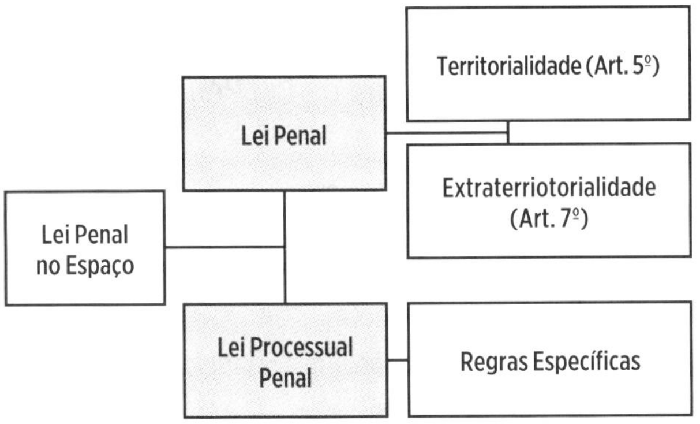

Falamos em Territorialidade quando se faz a aplicação da lei penal dentro do próprio Estado que a editou. Dessa forma, quando aplicamos a lei brasileira em nosso solo, estamos usando o conceito de Territorialidade.

A Territorialidade é tratada no Art. 5°, CP: *aplica-se a lei brasileira, sem prejuízo de convenções, tratados e regras de direito internacional, ao crime cometido no território nacional.*

Território Nacional Próprio

Art. 5º

> Lei Brasileira:
  » Sem prejuízo;
> Convenções, tratados e regras internacionais:
  » Imunidades.

***§1º** Território por extensão ou assimilação.*

Embarcação ou aeronave brasileira pública (em qualquer lugar).

Embarcação ou aeronave brasileira privada a serviço do Estado brasileiro (em qualquer lugar).

Embarcação ou aeronave brasileira mercante ou privada, desde que não esteja em território alheio.

A Extraterritorialidade é tratada no Art 7:

> ***Art. 7º.** Ficam sujeitos a Lei Brasileira, embora cometidos no estrangeiro:*
>
> ***I.** Os crimes:*
>
> ***a)** contra a vida ou a liberdade do Presidente de República;*
>
> ***b)** contra o patrimônio ou a fé pública da União, do Distrito Federal, de Estado, de Território, de Município, de empresa pública, sociedade de economia mista, autarquia ou fundação instituída pelo Poder Público;*
>
> ***c)** contra a administração pública, por quem está a seu serviço;*
>
> ***d)** de genocídio, quando o agente for brasileiro ou domiciliado no Brasil;*
>
> ***II.** Os crimes:*
>
> ***a)** que, por tratado ou convenção, o Brasil se obrigou a reprimir;*
>
> ***b)** praticados por brasileiros;*
>
> ***c)** praticados em aeronaves ou embarcações brasileiras, mercantes ou de propriedade privada, quando em território estrangeiro e aí não venham a ser julgados.*
>
> ***§ 1º** Nos casos do inciso I, o agente é punido segundo a lei brasileira, ainda que absolvido ou condenado no estrangeiro.*
>
> ***§ 2º** Nos casos do inciso II, a aplicação da lei brasileira depende do concurso das seguintes condições:*
>
> ***a)** entra o agente no território nacional;*
>
> ***b)** ser o fato punível também no país em que foi praticado;*
>
> ***c)** estar o crime incluído entre aqueles pelos quais a lei brasileira autoriza a extradição;*
>
> ***d)** não ter sido o agente absolvido no estrangeiro ou aí não ter cumprido pena;*
>
> ***e)** não ter sido o agente perdoado no estrangeiro, ou, por outro motivo não estar extinta a punibilidade, segundo a lei mais favorável.*
>
> ***§ 3º** A lei brasileira aplica-se também ao crime cometido por estrangeiro contra brasileiro fora do Brasil, se reunidas as condições previstas no parágrafo anterior:*
>
> ***a)** não pedida ou negada sua extradição;*
>
> ***b)** houve requisição do Ministro da Justiça.*

Território Nacional

Podemos conceituar território nacional como sendo o espaço onde certo Estado possui sua soberania.

Elementos que constituem um determinado Estado soberano:

> Território;
> Povo;
> Organização jurídica.

Consideramos como território nacional as limitações que temos no mapa do país e mais o mar territorial, que representa a extensão de 12 milhas do mar a contar da costa, e sempre na maré baixa. O código considera, também, território nacional o espaço aéreo respectivo e o espaço aéreo correspondente ao território nacional. Esse sempre devemos considerar como território próprio.

Temos que considerar, também, como território nacional, o chamado território por extensão, assimilação ou impróprio descrito no §1º do Art. 5º do Código Penal.

> ***§ 1º** Para os efeitos penais, consideram-se como extensão do território nacional as embarcações e aeronaves brasileiras, de natureza pública ou a serviço do governo brasileiro, onde quer que se encontrem, bem como as aeronaves e as embarcações brasileiras, mercantes ou de natureza privada, que se achem, respectivamente no espaço aéreo correspondente ou em alto mar.*
>
> ***§ 2º** É também aplicável a lei brasileira aos crimes praticados a bordo de aeronaves ou embarcações estrangeiras, de propriedade privada, achando-se aquelas em pouso no território nacional ou em voo no espaço aéreo correspondente, e estas em porto ou mar territorial do Brasil.*

Como mencionado, a Lei Penal aplica-se em todo o território nacional próprio ou por assimilação. Por esse princípio aplica-se aos nacionais ou estrangeiros (mesmo que irregular) a Lei Penal brasileira.

Contudo, em alguns casos, mesmo o fato sendo praticado no Brasil, não será aplicada a Lei Penal a esse fato, isso se deve quando ocorrer por meio de convenções, tratados e regras de direito internacional, aqui o Brasil abre mão de punir, ou seja, nesses casos não se aplicará a Lei Brasileira.

Dessa forma, o Princípio da Territorialidade da Lei Penal é mitigado, isto é, não é adotado de forma absoluta e sim temperada, por esse motivo falamos em Princípio da Territorialidade Temperada.

Podemos dar como exemplo as imunidades diplomáticas e consulares concedidas por meio de adesão do Brasil às convenções de Viena (1961 e 1963), aos diplomatas e aos cônsules que exercem suas atividades no Brasil.

Quando falamos em território nacional, obrigatoriamente temos que pensar em algumas regras: Todas as embarcações ou aeronaves brasileiras de natureza pública, onde quer que se encontrem são consideradas parte do território nacional.

Para as embarcações e aeronaves de natureza privada, serão estas consideradas extensão do território nacional quando se acharem, respectivamente, no mar territorial brasileiro ou no espaço aéreo correspondente. Preste bem atenção, as de natureza privada, sem estar a serviço do Brasil, somente responderão pela lei brasileira se estiverem dentro do Brasil.

Ex.: Um navio brasileiro privado pelo mar da Argentina deverá responder pelas Leis Penais Argentinas, ou seja, caso um brasileiro mate o outro, a lei a ser aplicada é a Lei Penal Argentina, pois o navio não estava a serviço do Brasil.

Por outro lado, se o navio estiver em alto mar (terra de ninguém - aplica-se o princípio do pavilhão ou da bandeira) e ostentar a bandeira brasileira e lá um marujo matar o outro, a competência é da lei brasileira.

A mesma regra utilizamos para aeronaves. Uma questão interessante é por exemplo, se uma aeronave pousar em um país distinto e o piloto cometer um crime e essa aeronave estiver a serviço do Brasil, aplica-se a lei brasileira. Caso a aeronave for particular aplica-se a lei do país em que a aeronave estiver pousada.

Questão interessante é se o piloto sair do aeroporto e lá fora cometer um crime. Nesse caso temos que perguntar se o piloto estava em serviço oficial ou não, se estiver em serviço oficial aplicamos a lei penal brasileira, do contrário, aplica-se a lei do país onde cometeu o crime.

Resumo dos Conceitos

- Território nacional: é o espaço onde determinado estado exerce com exclusividade sua soberania.
- Território próprio: toda a base territorial por nós conhecida (o mapa), acrescida do mar territorial, que é extensão de 12 milhas mar a dentro, a contar da baixa maré.
- Território por extensão: embarcações e aeronaves brasileiras: públicas ou a serviço do estado (qualquer lugar do globo) e privadas em águas ou terras de ninguém.
- Territorialidade: aplicação da lei penal no território nacional.
- Territorialidade absoluta: impossibilidade para aplicação de convenções, tratados e regras de direito internacional, ao crime cometido no território nacional.
- Territorialidade temperada: adota como regra a aplicação da lei penal brasileira no território nacional. Entretanto, com determinadas hipóteses, permite a aplicação de lei penal estrangeira a fatos cometidos no Brasil (Art. 5º do CP).
- Imunidade: exclusão da aplicação da lei penal.
- Imunidade diplomática e consular: são imunidades previstas em convenções internacionais chancelados pelo Brasil.
- Imunidade parlamentar: previstas na Constituição Federal aos membros do Poder Legislativo.

Princípios da Aplicação da Lei Penal no Espaço

- Próprio.
- Por assimilação ou extensão.

Embarcação e aeronaves brasileiras: públicas ou a serviço do Estado (em qualquer parte do planeta) e privadas ou marcantes em águas ou terras de ninguém.

Passaremos a tratar agora dos princípios que regulam a aplicação da Lei Penal no Espaço.

Princípio da Territorialidade

A lei penal de um país terá aplicação aos crimes cometidos dentro de seu território. Aqui, o Estado soberano tem o dever de exercer jurisdição sobre as pessoas que estejam sem seu território.

Princípio da Nacionalidade

Classificado também como Princípio da Personalidade. Aqui os cidadãos de um determinado país devem obediência às suas leis, onde quer que se encontrem. Podemos dividir esse princípio em:

Princípio da Nacionalidade Ativa

Aplica-se a lei nacional ao cidadão que comete crime no estrangeiro, independentemente da nacionalidade do sujeito passivo ou do bem jurídico lesado.

Princípio da Nacionalidade Passiva

O fato praticado pelo nacional deve atingir um bem jurídico de seu próprio estado ou de um concidadão.

Princípio da Defesa, Real ou de Proteção

Aqui se leva em consideração a nacionalidade do bem jurídico lesado (sujeito passivo), independentemente da nacionalidade do sujeito ativo ou do local da prática do crime.

Princípio da Justiça Penal Universal ou da Universalidade

Aqui, todo Estado tem o direito de punir todo e qualquer crime, independentemente da nacionalidade do criminoso ou do bem jurídico lesado, ou do local em que o crime foi praticado, bastando que o criminoso se encontre dentro do seu território. Assim, quem quer que seja que cometa crime dentro do território nacional será processado e julgado aqui.

Princípio da Representação

A Lei Penal brasileira também será aplicada aos delitos cometidos em aeronaves e embarcações privadas brasileiras quando se encontrarem no estrangeiro e aí não venham a ser julgadas.

O Código Penal brasileiro adota o princípio da Territorialidade como regra e os outros como exceção. Assim, os outros princípios visam disciplinar a aplicação extraterritorial da Lei Penal brasileira.

Extraterritorialidade

> O Código Penal brasileiro adota o princípio da Territorialidade como regra e os outros como exceção. Assim, os outros princípios visam disciplinar a aplicação extraterritorial da Lei Penal brasileira.

***Art. 7º**. Ficam sujeitos à lei brasileira, embora cometidos no estrangeiro:*

***I.** Os crimes:*

***a)** contra a vida ou a liberdade do Presidente da República;*

***b)** contra o patrimônio ou a fé pública da União, do Distrito Federal, de Estado, de Território, de Município,de empresa pública, sociedade de economia mista, autarquia ou fundação instituída pelo Poder Público;*

***c)** contra a administração pública, por quem está a seu serviço;*

***d)** de genocídio, quando o agente for brasileiro ou domiciliado no Brasil;*

***II.** Os crimes:*

***a)** que, por tratado ou convenção, o Brasil se obrigou a reprimir;*

***b)** praticados por brasileiro;*

***c)** praticados em aeronaves ou embarcações brasileiras, mercantes ou de propriedade privada, quando em território estrangeiro e aí não sejam julgados.*

***§ 1º**. Nos casos do inciso I, o agente é punido segundo a lei brasileira, ainda que absolvido ou condenado no estrangeiro.*

***§ 2º**. Nos casos do inciso II, a aplicação da lei brasileira depende do concurso das seguintes condições:*

***a)** entrar o agente no território nacional;*

***b)** ser o fato punível também no país em que foi praticado;*

***c)** estar o crime incluído entre aqueles pelos quais a lei brasileira autoriza a extradição;*

***d)** não ter sido o agente absolvido no estrangeiro ou não ter aí cumprido a pena;*

***e)** não ter sido o agente perdoado no estrangeiro ou, por outro motivo, não estar extinta a punibilidade, segundo a lei mais favorável.*

***§ 3º**. A lei brasileira aplica-se também ao crime cometido por estrangeiro contra brasileiro fora do Brasil, se, reunidas as condições previstas no parágrafo anterior:*

***a)** não foi pedida ou foi negada a extradição;*

***b)** houve requisição do Ministro da Justiça.*

A regra é de que a lei penal brasileira apenas aplica-se aos crimes praticados no Brasil (conforme estudado no Art. 5º do Código Penal). No entanto, há situações que, por força do Art. 7º, permitem o Estado aplicar sua legislação penal no estrangeiro. Nesta norma, encontram-se diversos princípios, são eles:

Defesa (também chamado de Real): amplia a aplicação da lei penal em decorrência da gravidade da lesão. É o aplicável no Art. 7º nas alíneas do inciso I, são elas:

> ***a)** contra a vida ou a liberdade do Presidente da República.*

Caso seja a prática de latrocínio, não há a extensão da lei brasileira, visto que o latrocínio é considerado crime contra o patrimônio.

> ***b)** contra o patrimônio ou a fé pública da União, do Distrito Federal, de Estado, de Território, de Município, de empresa pública, sociedade de economia mista, autarquia ou fundação instituída pelo Poder Público;*
>
> ***c)** contra a administração pública, por quem está a seu serviço;*
>
> ***d)** de genocídio, quando o agente for brasileiro ou domiciliado no Brasil.*

Há discussão qual o princípio aplicável neste caso, havendo quem sustente ser da defesa, outros dizem ser da nacionalidade ativa e outra corrente, ainda, afirmando ser relacionado ao princípio da Justiça Penal Universal.

Justiça Penal Universal (também chamada de Justiça Cosmopolita): amplia a aplicação da legislação penal brasileira em decorrência da de tratado ou convenção que o Brasil é signatário. Vem normatizada pelo Art. 7º, II, "a":

> ***a)** Que, por tratado ou convenção, o Brasil se obrigou a reprimir.*

Nacionalidade Ativa: amplia a aplicação da legislação penal brasileiro ao exterior caso o crime seja praticado por brasileiro. Está prevista no Art. 7º, II, "b":

> ***b)** Praticados por brasileiro;*

Representação (também chamado de Pavilhão ou da Bandeira ou da Substituição): amplia a aplicação da legislação penal brasileira em decorrência do local em que o crime é praticado. Vem normatizada pelo Art. 7º, II, "c":

> ***c)** Praticados em aeronaves ou embarcações brasileiras, mercantes ou de propriedade privada, quando em território estrangeiro e aí não sejam julgados.*

Nacionalidade Passiva: amplia a aplicação da legislação penal brasileira em decorrência da nacionalidade da vítima do crime. Vem normatizada pelo Art. 7º, §3º:

> ***§3º**. A lei brasileira aplica-se também ao crime cometido por estrangeiro contra brasileiro fora do Brasil.*

Tais regras, de que a legislação penal brasileira será aplicada no exterior, valem apenas para os crimes e nunca para as contravenções penais. Apesar da lei prever, no Art. 7º, que a lei brasileira também será aplicada no anterior, há determinadas regras para esta aplicação, também normatizadas pelos parágrafos do artigo em questão, vejamos:

Incondicionada: é a prevista para os casos normatizados no Art. 7º, I, alíneas "a" até "d". Segundo o Código Penal, o agente será processado de acordo com a lei brasileira, mesmo que for absolvido ou condenado no exterior (conforme normatizado pelo §1º do Art. 7º). Não exige qualquer condição.

Condicionada: é a prevista para os casos normatizados no Art. 7º, §2º, alíneas "a" até "e": São as condições:

> ***a)** Entrar o agente no território nacional.*
>
> ***b)** Ser o fato punível também no país em que foi praticado.*
>
> ***c)** Estar o crime incluído entre aqueles pelos quais a lei brasileira autoriza a extradição.*
>
> ***d)** Não ter sido o agente absolvido no estrangeiro ou cumprido a pena.*
>
> ***e)** Não ter sido o agente perdoado no estrangeiro.*

Não estará extinta a punibilidade do agente, seja pela brasileira, seja pela lei estrangeira.

Hipercondicionada: é a prevista para os casos normatizados no Art. 7º, §3º. Chama-se pela doutrina de hipercondicionada porque exige, além das condições da condicionada, outras duas. São condições:

> Não ser pedida ou, se pleiteada, negada a extradição.

> Requisição do Ministro da Justiça.

1.12 Pena Cumprida no Estrangeiro

Art. 8º. *A pena cumprida no estrangeiro atenua a pena imposta no Brasil pelo mesmo crime, quando diversas, ou nela é computada, quando idênticas.*

Caso o agente seja processado no exterior e lá, condenado e cumprido pena, estipula-se neste artigo que caso venha no Brasil a ser condenado pelo mesmo fato (no caso da extraterritorialidade incondicionada), deverá se verificar:

Se as penas são idênticas, ou seja, da mesma qualidade, deverá ser computada como cumprida no Brasil.

Ex.: As duas são privativas de liberdade.

Se as penas são diversas, ou seja, de qualidade diferente, deverá haver uma atenuação.

Ex.: no exterior o agente cumpriu pena restritiva de liberdade e, no Brasil, foi condenado e teve sua pena substituída pela prestação de serviços comunitários. Neste caso, deverá se atenuar a pena no Brasil.

1.13 Eficácia de Sentença Estrangeira

Art. 9º. *A sentença estrangeira, quando a aplicação da lei brasileira produz na espécie as mesmas consequências, pode ser homologada no Brasil para:*

I. *Obrigar o condenado à reparação do dano, a restituições e a outros efeitos civis;*

II. *Sujeitá-lo a medida de segurança.*

Parágrafo único. *A homologação depende:*

a) *para os efeitos previstos no inciso I, de pedido da parte interessada;*

b) *para os outros efeitos, da existência de tratado de extradição com o país de cuja autoridade judiciária emanou a sentença, ou, na falta de tratado, de requisição do Ministro da Justiça.*

A regra geral é de que a sentença penal estrangeira não precisa ser homologada para produzir efeitos no Brasil. No entanto, o Art. 9º traz duas situações que necessitam da homologação para que a sentença produza efeitos no Brasil, são elas:

Para a produção de efeitos civis (Ex.: Reparação de danos, restituições, entre outros). Neste caso, depende do pedido da parte interessada.

Para a aplicação de medida de segurança ao agente da Infração Penal: caso exista tratado de extradição, necessita de requisição do Procurador-Geral da República. Caso inexista tratado de extradição, necessita de requisição do Ministro da Justiça.

1.14 Contagem de Prazo

Art. 10. *O dia do começo inclui-se no cômputo do prazo. Contam-se os dias, os meses e os anos pelo calendário comum.*

A regra, aqui, é diversa da processual, visto que o dia do começo do prazo penal inclui-se no cômputo do prazo. Por exemplo, determinado agente pratica uma infração penal em 10 de agosto de 2012. Supondo que esta infração penal possui um prazo prescricional de 08 (oito) anos, a pretensão punitiva irá prescrever em 09 de agosto de 2020.

1.15 Frações não Computáveis da Pena

Art. 11. *Desprezam-se, nas penas privativas de liberdade e nas restritivas de direitos, as frações de dia, e, na pena de multa, as frações de cruzeiro.*

Ou seja, caso após o cálculo da pena, remanescer frações de dia (por exemplo: o agente é condenado a pena de 15 (quinze) meses de detenção, com uma causa de aumento de 1/2, a pena torna-se em 22,5 dias. Com a norma deste artigo, despreza-se a fração de metade e a pena final é de 22 dias.

Do mesmo modo, aplica-se a regra à pena de multa, não sendo condenado o agente a pagar os centavos.

1.16 Legislação Especial

Art. 12. *As regras gerais deste Código aplicam-se aos fatos incriminados por lei especial, se esta não dispuser de modo diverso.*

As infrações penais não estão apenas descritas no Código Penal, mas também em outras leis, que se denominam de leis especiais. Nestes casos, aplica-se, desde que a lei especial não dispuser de modo diverso, as regras gerais do Código Penal.

Questões

01. (CESPE) Depois de adquirir um revólver calibre 38, que sabia ser produto de crime, José passou a portá-lo municiado, sem autorização e em desacordo com determinação legal. O comportamento suspeito de José levou-o a ser abordado em operação policial de rotina. Sem a autorização de porte de arma de fogo, José foi conduzido à delegacia, onde foi instaurado inquérito policial.

Tendo como referência essa situação hipotética, julgue os itens seguintes.

Se, durante o processo judicial a que José for submetido, for editada nova lei que diminua a pena para o crime de receptação, ele não poderá se beneficiar desse fato, pois o direito penal brasileiro norteia-se pelo princípio de aplicação da lei vigente à época do fato.

Certo ( ) Errado ( )

02. (CESPE) A aplicação do princípio da retroatividade benéfica da lei penal ocorre quando, ao tempo da conduta, o fato é típico e lei posterior suprime o tipo penal.

Certo ( ) Errado ( )

03. (CESPE) À luz do Código Penal, julgue o item que se segue. No caso de entrar em vigor lei penal que inove o ordenamento jurídico ao prever como crime conduta até então considerada atípica, será aplicada a retroatividade.

Certo ( ) Errado ( )

04. (CESPE) Tendo como referência a jurisprudência sumulada dos tribunais superiores, julgue o item a seguir, acerca de crimes, penas, imputabilidade penal, aplicação da lei penal e institutos. Tratando-se de crimes permanentes, aplica-se a lei penal mais grave se esta tiver vigência antes da cessação da permanência.

Certo ( ) Errado ( )

05. (CESPE) À luz do Código Penal, julgue o item que se segue. No caso de entrar em vigor lei penal que inove o ordenamento jurídico ao prever como crime conduta até então considerada atípica, será aplicada a retroatividade.

Certo ( ) Errado ( )

Gabaritos

01	ERRADO
02	CERTO
03	ERRADO
04	CERTO
05	ERRADO

2. DO CRIME

2.1 Relação de Causalidade

Teoria da Equivalência dos Antecedentes

A ação ou omissão tem que dar causa ao resultado:

Relação de Causalidade

> ***Art. 13.*** *O resultado, de que depende a existência do crime, somente é imputável a quem lhe deu causa. Considera-se causa a ação ou omissão sem a qual o resultado não teria ocorrido.*

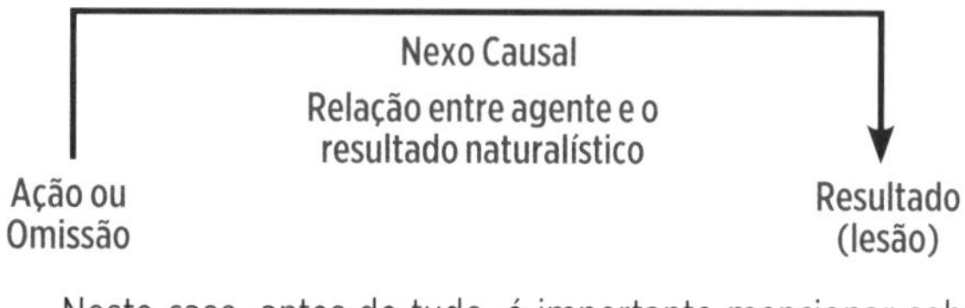

Neste caso, antes de tudo, é importante mencionar sobre a responsabilidade do agente. Para o Código Penal existem duas formas de responsabilidades: subjetiva e objetiva.

Subjetiva: nesta situação, o agente pode ser punido na modalidade culposa, quando não queria o resultado. É o imperito, imprudente ou negligente. Na modalidade dolosa, quando o agente quis ou assumiu o risco do resultado. O Código Penal sempre irá punir sobre aquilo que o agente queria causar, sobre a intenção no momento da conduta.

Objetiva: a responsabilidade objetiva não é mais adotada, visto que sempre haveria a punição por dolo, não se admitindo a forma culposa.

Ex.: "A" dispara dois tiros em "B". Os tiros efetivamente acertam "B" causando sua morte. Nessa situação, a ação de "A" deu causa ao resultado, que é morte de "B", mantendo uma relação de causa x efeito, com resultado naturalístico: morte.

Causa Relativamente Independente Superveniência de Causa Independente:

> ***§ 1º.*** *A superveniência de causa relativamente independente exclui a imputação quando, por si só, produziu o resultado; os fatos anteriores, entretanto, imputam-se a quem os praticou.*

Ex.: "A" atira em "B", contudo "B" morre devido a um veneno ingerido anteriormente. A causa efetiva da morte de "B" foi o envenenamento e não o disparo efetuado por "A". Nessa situação, "A" responderá apenas por tentativa de homicídio.

Nesta situação, a causa da morte não foi efetivamente o tiro disparado por "A", mas o veneno ingerido anteriormente.

Sendo assim, não foi efetivamente o disparo que causou o resultado naturalístico da morte de "B".

Ex.: "A" atira na cabeça de "B", esse é socorrido em ambulância, no trajeto para o hospital a ambulância capota causando a morte de "B". Mesmo "A" tendo concorrido diretamente para que "B" estivesse na ambulância, o código penal manda que "A" responda somente por tentativa de homicídio.

Fato que ocorre após a conduta do agente, entretanto, não ocorreria se a ação ou omissão não tivesse acontecido.

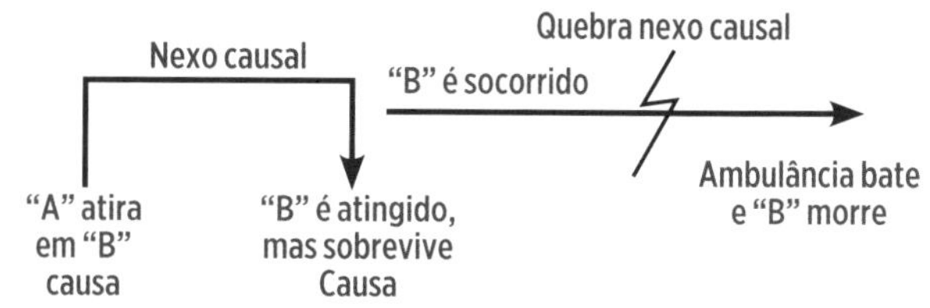

No exemplo citado, digamos que "B" seja socorrido com sucesso. Entretanto, devido ao ferimento na cabeça, tenha que ser submetido à intervenção cirúrgica imprescindível e, durante o procedimento, devido a complicações, vem a falecer. Nesta situação, "A" responderá por homicídio consumado, pois ninguém está obrigado a submeter-se a intervenções cirúrgicas. A mesma situação ocorre se, devido à internação, "B" contraia infecção hospitalar, vindo a falecer. Nessas duas hipóteses, "A" responderá pelo crime consumado, segundo entendimento do STJ - Superior Tribunal de Justiça. Cabe ressaltar que, mesmo "B", estando no hospital, porém, este falece devido a um desmoronamento provocado por um terremoto, haverá novamente a quebra do nexo causal, como no acidente com a ambulância, "A" responderá somente pela tentativa de homicídio.

Relevância da Omissão

O "dever" de agir é um dever Jurídico, é o poder do garantidor ou garantia, ou seja, imposto por Lei. Quando da omissão, o agente tem a possibilidade e o dever jurídico de agir e omite-se.

Ex.: Dois policiais observam uma pessoa sendo vítima de roubo e nada fazem, nesse caso, os agentes, tendo a possibilidade e o dever de agir, omitiram-se. Nesta situação ambos responderão pelo resultado, ou seja, por roubo.

> ***§ 2º.*** *A omissão é penalmente relevante quando o omitente devia e podia agir para evitar o resultado. O dever de agir incumbe a quem:*
>
> ***a)*** *Tenha por Lei obrigação de cuidado, proteção ou vigilância;* (**dever legal**).

Exs.: Pai que deixa de alimentar o filho, e este vem a morrer de inanição.

Carcereiro que observa o preso agonizando à beira da morte e nada faz.

> ***b)*** *De outra forma, assumiu a responsabilidade de impedir o resultado;* (**dever do garantidor**).

Ex.: Babá que descuida da criança e a deixa morrer.Salva-vidas que observa banhista se afogar e nada faz.

> ***c)*** *Com seu comportamento anterior, criou o risco da ocorrência do resultado.*

Ex.: Homem se propõe a ajudar um idoso a atravessar na faixa de pedestres. Porém, no meio do caminho, o homem abandona o idoso e este morre atropelado.

Esses crimes são chamados de crimes omissivos impróprios ou comissivos por omissão, ou ainda participação por omissão. Em todos esses casos, o omitente responderá pelo resultado, a não ser que este não lhe possa ser atribuído nem por dolo nem por culpa. O agente tem que ter consciência de que se encontra na função de agente garantidor.

2.2 Da Consumação e Tentativa

Art. 14º. *Diz-se do Crime:*

I. *Consumado, quando nele se reúnem todos os elementos de sua definição legal.*

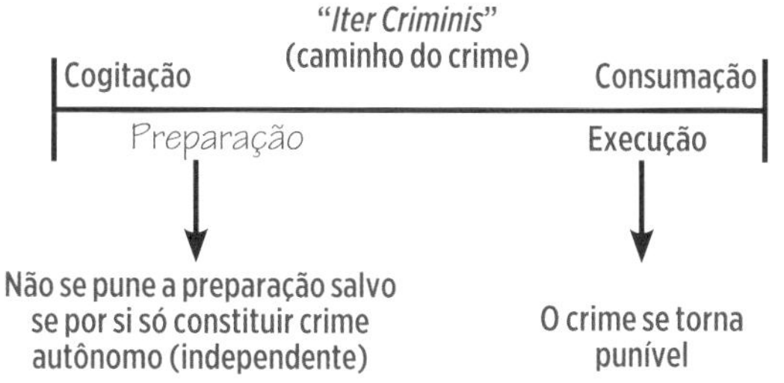

Para que o crime seja consumado, é necessário que ele percorra todas as fases do ***iter criminis***, quais sejam: cogitação, preparação, execução e consumação. O agente, com sua conduta, "caminha" por todas as fases até atingir o resultado.

Ex.: Fabrício, com "*animus necandi*"(vontade de matar) Pedro, pensa em uma forma de consumar seu desejo (***cogitação***). Para isso, compra um revólver e munições (***preparação***) e desloca-se até a casa da vítima. Ao avistá-lo, inicia os disparos (***execução***) contra Pedro, ferindo-o mortalmente (***consumação***).

O Código Penal não admite a punição nas fases de **cogitação** e **preparação**, salvo se constituírem **crimes autônomos**. No caso citado acima, se Fabrício fosse preso no momento em que estava com o revólver, deslocando-se à casa de Pedro para matá-lo, iria configurar apenas o crime de porte ilegal de arma de fogo, não poderia de forma alguma ser punido pela tentativa de matar Pedro. Só se pode punir a intenção do agente, a partir do momento que entra na esfera de **execução**.

Outra situação, seria a união de 3 ou mais pessoas que planejam assaltar um banco, para isso, compram ferramentas: picaretas, pás, marretas, conseguem a planta do banco, alugam uma casa nas proximidades, contudo, no momento que planejavam a forma como iriam realizar o assalto, são surpreendidos pela polícia com todos os materiais. Nesse caso, essas pessoas não responderão pelo crime de "roubo" (Art. 157 CP), na forma tentada, mas sim pelo crime de "associação criminosa" (Art. 288 CP). Mesmo com a posse de todos os materiais que seriam utilizados, eles não haviam entrado na esfera de execução do roubo.

Por conseguinte, o Código Penal sempre irá punir o agente por aquilo que ele queria cometer (**Elemento Subjetivo**), ou seja, qual era a intenção do agente, ainda que outro seja o resultado.

Ex.: "A", com intenção de matar "B", efetua vários disparos em sua direção, contudo, acerta apenas um tiro no dedo do pé de "B". Independente desse resultado, "A" vai responder por tentativa de homicídio, pois era sua intenção inicial.

É importante sempre atentar-se para a vontade do agente, pois o Código Penal irá puni-lo somente pelo resultado ao qual quis causar, ou seja, sempre pelo Elemento Subjetivo do agente.

Tentativa

Diz que o crime é tentado, quando, iniciada a execução, não se consuma por circunstâncias alheias à vontade do agente.

Não se admite Tentativa para:

> Crime culposo;

> Contravenções Penais (Art. 4º, L, CP);

> Mera conduta;

> Crime Preterdoloso.

Alguns tipos penais não aceitam a forma "tentada", sendo assim, o fato de iniciar a execução já o torna consumado, como por exemplo o crime de: Concussão (Art. 316, CP), nessas situações, a consumação é um mero exaurimento.

Os crimes "tentados" são aqueles que iniciam a fase de execução, mas não chegam à consumação por circunstâncias alheias à vontade do agente, ou seja, o autor quer praticar a conduta, mas é impedido de alguma forma.

Exs.: "A" com intenção de matar "B", compra um revólver; ao encontrar "B", no momento que iria iniciar os disparos, é flagrado por um policial que o impede.

"A" com intenção de matar "B", compra um revólver; ao encontrar "B" do outro lado da rua, no momento que começa a efetuar os disparos, atinge uma caçamba de entulhos que trafegava pela via.

As circunstâncias alheias à vontade do agente podem ser quaisquer fatos, que impeçam que o crime seja consumado.

Pena do Crime Tentado

É a mesma do crime consumado. Devendo ser reduzida de 1/3 a 2/3. Quanto mais próximo o crime chegar da consumação, maior deverá ser a pena.

Se, quando iniciada a execução, o crime não se consumar por circunstâncias alheias à vontade do agente, incidirá a pena do crime consumado, com redução no *quantum* da pena.

Homicídio: pena de 6 a 20 anos.

Ex.: João fez disparos contra José causando sua morte.

Pena - 12 anos

Tentativa de homicídio: pena de 6 a 20 anos reduzida de 1 a 2/3.

Ex.: João fez disparos contra José que ferido foi socorrido e sobreviveu.

Pena - 4 anos (melhor cenário) - 8 anos (pior cenário).

Ex.: João, armado de pistola, efetua 15 disparos contra José ficando este em coma por 40 dias, quase vindo a falecer, mas sobrevive.

Pena - mesmo nesse caso, haverá redução de pena, nesse caso, à mínima, 1/3 - 8 anos - mas deve ser aplicada.

Existem dois tipo de tentativas, perfeita e imperfeita, ambas podem ser cruentas e incruentas.

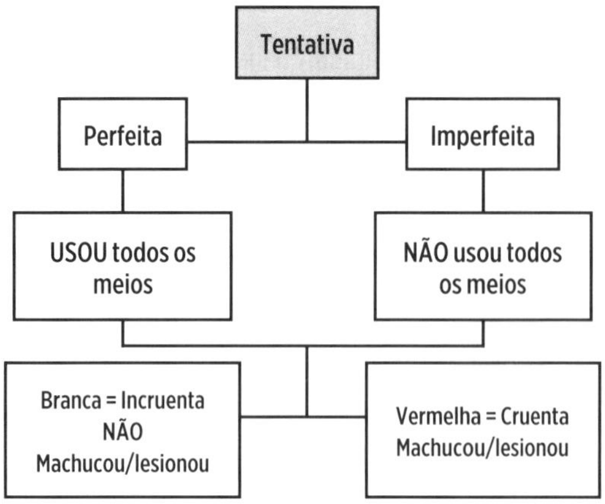

A tentativa será perfeita - crime falho - quando o agente esgotar todos os meios, vindo a acertar ou não a vítima. E imperfeita, quando **NÃO** esgotou todos os meios, mesmo que já tenha atingido a vítima ou ainda sem feri-la, por circunstâncias alheias à sua vontade.

A doutrina ainda classifica a tentativa em idônea ou inidônea (neste último caso, também apelidada de "crime impossível"), quanto à possibilidade de alcançar o resultado.

2.3 Desistência Voluntária e Arrependimento Eficaz

> ***Art. 15.*** *O agente que, voluntariamente, desiste de prosseguir na execução ou impede que o resultado se produza, só responde pelos atos já praticados.*

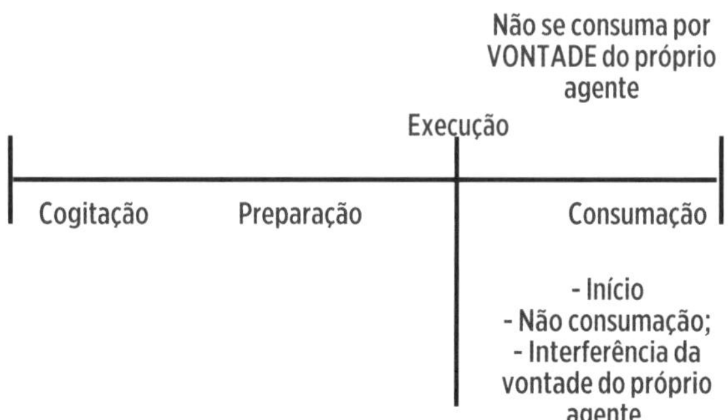

Desistência Voluntária: o agente interrompe voluntariamente a execução do crime impedindo a consumação.

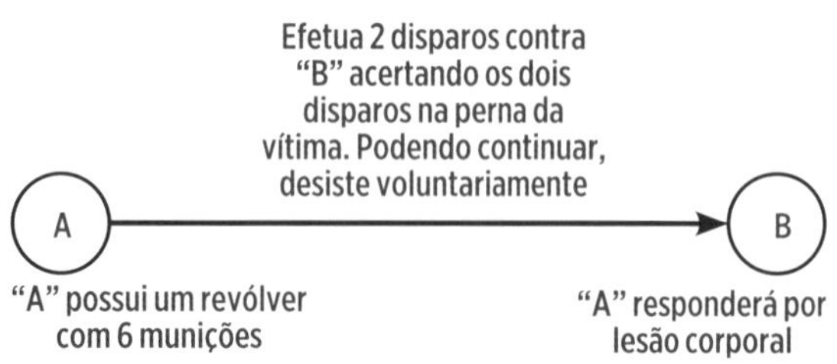

Nessa situação, o agente poderia efetuar mais disparos, porém desiste de continuar a efetuá-los e vai embora, é importante ressaltar que a desistência não teve influência de nenhuma outra circunstância, senão a vontade do próprio agente.

Arrependimento Eficaz: encerrada a execução do crime, o agente voluntariamente impede o resultado. Aqui, ele leva a execução até o fim. Contudo, com sua ação impede que o resultado seja produzido.

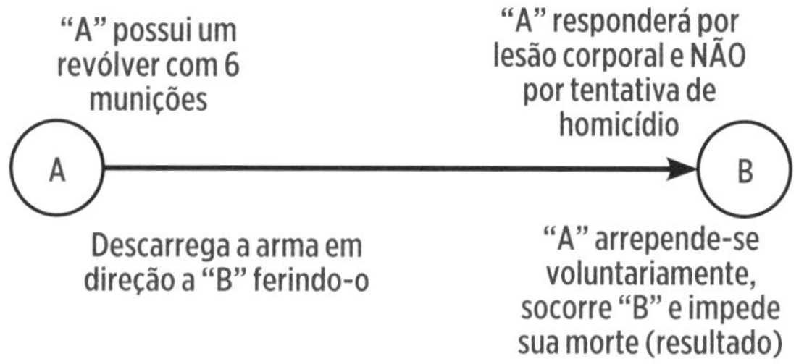

Nesta situação, o agente esgota os meios efetuando todos os disparos, contudo, após finalizá-los, arrepende-se do que fez, socorre "B" levando-o para um hospital, vindo a salvá-lo.

A "desistência voluntária" (ato negativo) e o "arrependimento eficaz" (ato positivo) têm como consequência a DESCLASSIFICAÇÃO DA FIGURA TÍPICA, ou seja, exclui a modalidade tentada. Dessa forma o agente responderá pelos atos até então praticados; nessas situações, considera-se lesão corporal.

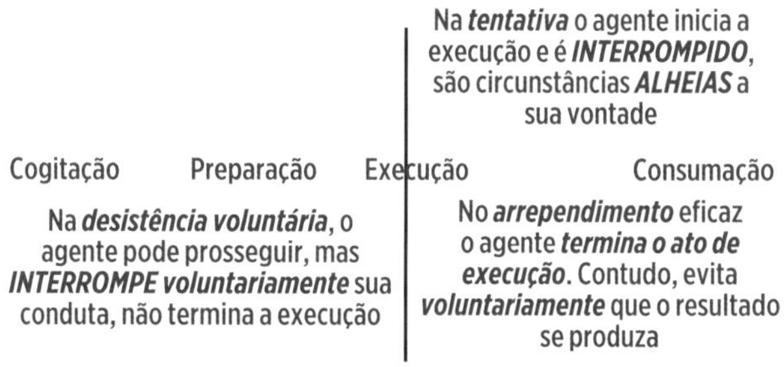

Tentativa: após o início da execução, o crime não se consuma por vontades alheias ao desejo do agente.

Desistência voluntária: mesmo podendo prosseguir, o agente desiste, interrompe por sua vontade própria.

Arrependimento eficaz: finalizados todos os atos de execução, o agente por vontade própria, socorre a vítima, impedindo que o resultado (morte) ocorra.

2.4 Arrependimento Posterior

> ***Art. 16.*** *Nos crimes cometidos sem violência ou grave ameaça à pessoa, reparado o dano ou restituída a coisa, até o recebimento da denúncia ou da queixa, por ato voluntário do agente, a pena será reduzida de um a dois terços.*

É requisito fundamental que não ocorra violência ou grave ameaça. Após a consumação do crime, antes que do recebimento da denúncia ou queixa - instauração no Poder Judiciário - o agente repara o dano causado anteriormente.

> **Ex.:** Um rapaz é preso pelo furto (Art. 155, CP) de uma televisão de 14 polegadas, antes do recebimento da denúncia, seu advogado - ou representante legal - repara à vítima todos os danos que o agente causou quando subtraiu o bem, nessa hipótese, a pena do agente será reduzida.

Caso a reparação do dano ocorra após o recebimento da denúncia, a pena será atenuada, por exemplo, em vez de iniciar a pena no regime de reclusão, irá iniciar em regime semi-aberto.

2.5 Crime Impossível - "Quase Crime"

> ***Art. 17.*** *Não se pune a tentativa quando, por ineficácia absoluta do meio ou por absoluta impropriedade do objeto, é impossível consumar-se o crime.*

Ineficácia absoluta do meio: o meio empregado ou o instrumento utilizado para a execução do crime jamais o levarão a consumação.

> Tentar matar alguém utilizando uma arma de brinquedo.

> Tentar envenenar alguém com sal.

"A" com intenção de envenenar "B", coloca sal - erro do tipo putativo - em sua comida, pensando ser arsênico.

Impropriedade absoluta do objeto material: Nessa hipótese, a pessoa ou a coisa sobre a qual recai a conduta é absolutamente inidônea para produção de algum resultado lesivo.

> Matar quem já está morto.

"A" com intenção de matar "B", enquanto este está dormindo, efetua vários disparos. Contudo, "B" já estava morto devido ao veneno administrado por "C" horas atrás.

Embora o elemento subjetivo do agente seja o dolo - homicídio - esses casos não serão puníveis, pois o meio empregado "sal" ou o objeto material "o morto" tornam o crime impossível de ser consumado.

Caso a ineficácia absoluta do meio seja relativa, será considerado crime, por exemplo, uma arma antiga de um colecionador, da segunda guerra mundial, seria quase impossível cometer um crime com um meio desses, entretanto, caso ela tenha potencial para causar lesão (esteja funcionando) o crime que o agente tentou praticar com esta arma, será considerado punível.

2.6 Crime Doloso

> ***Art. 18.*** *Diz-se o crime:*
>
> ***I.*** *doloso, quando o agente quis o resultado ou assumiu o risco de produzi-lo.*

> **Doloso direto**: quis resultado.

> **Doloso eventual ou indireto**: assumiu o risco de produzir o resultado.

Ex.: "A" atira em direção de "B" querendo que a morte desse aconteça.

"A", caçador, efetua vários disparos a fim de abater animal. Contudo, é advertido por "B" que naquela direção em que está atirando é local habitado. "A" não se importa e continua os disparos, mesmo consciente que poderia acertar alguém. Um de seus projéteis acerta "C", inocente morador das redondezas. Nessa situação, deverá "A" responder por homicídio doloso - eventual - pois assumiu o risco de produzir o resultado não observando a advertência que "B" lhe havia feito. O agente sabe o que pode vir a causar, mas não se importa com o resultado.

Ex.: "A" dirigindo em altíssima velocidade e disputando um racha com amigos perto de uma movimentada escola vem a atropelar "B", estudante, no momento que este atravessava a via. "A" nessa situação tinha consciência que sua conduta poderia matar alguém. Contudo, não se importou em continuar. Novamente, o agente sabe que pode acontecer, mas não se importa.

> **Dolo Direto** - Teoria da Vontade - Quer o resultado.

> **Dolo Eventual** - Teoria do Assentimento - Assume o risco do resultado.

2.7 Crime Culposo

> ***Art. 18, II.*** *Culposo, quando o agente deu causa ao resultado por imprudência, negligência ou imperícia.*
>
> ***Parágrafo único.*** *Salvo os casos expressos em lei, ninguém pode ser punido por fato previsto como crime, senão quando o pratica dolosamente.*

Culpa

Na conduta culposa, há uma ação voluntária dirigida a uma finalidade lícita, mas, pela quebra do dever de cuidado a todos exigidos, sobrevém um resultado ilícito não desejado, cujo risco nem sequer foi assumido.

Requisitos do crime culposo

Quebra do dever objetivo de cuidado

A culpa decorre da comparação que se faz entre o comportamento realizado pelo sujeito no plano concreto e aquele que uma pessoa de prudência normal, mediana, teria naquelas mesmas circunstâncias. Haverá a conduta culposa sempre que o evento decorrer de quebra do dever de cuidado por parte do agente mediante uma conduta imperita, negligente ou imprudente.

Previsibilidade

Não basta tão somente a quebra do dever de cuidado para que o agente responda pela modalidade culposa, pois é necessário que as consequências de sua ação descuidada sejam previsíveis.

Modalidades do crime culposo

Imprudência

É o fazer sem a obrigação de cuidado.

É a culpa de quem age, ou seja, aquela que surge durante a realização de um fato sem o cuidado necessário.

Ex.: Ultrapassagem em local proibido, excesso de velocidade, trafegar na contramão, manejar arma carregada, atravessar o sinal vermelho, etc.

Imperícia

É a falta de conhecimento técnico ou habilitação para o exercício de profissão ou atividade.

Ex.: Médico ao realizar uma cirurgia e esquece uma pinça dentro do abdômen do paciente. Atirador de elite que acerta a vítima, em vez do criminoso. Médico que faz lipoaspiração e causa a morte de paciente.

Negligência

É o não fazer sem a obrigação de cuidado.

É a culpa na sua forma omissiva. Consiste em deixar alguém de tomar o cuidado devido antes de começar a agir.

Ex.: Deixar de conferir os pneus antes de viajar, bem como de realizar a devida manutenção do veículo. Deixar substância tóxica ao alcance de crianças, etc.

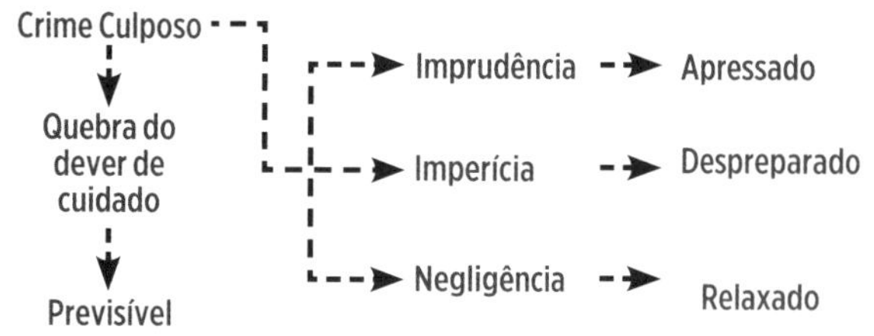

Culpa consciente

Na culpa consciente, o agente antevê o resultado, mas não o aceita, não se conforma com ele. O agente age na crença de que não causará o resultado danoso:

O atirador - não o substituto - de facas no circo. Ele atira a faca na crença de que, habilidoso que é, acertará a maça. Mas, ao contrário do que acreditava, ele acerta a moça.

2.8 Preterdolo

Art. 19. *Pelo resultado que agrava especialmente a pena, só responde o agente que o houver causado ao menos culposamente.*

Quando o resultado agravador for imputado a título de culpa, estaremos diante de um crime PRETERDOLOSO. Nele, o agente quer praticar um crime, mas acaba excedendo-se e produzindo culposamente um resultado mais gravoso do que o desejado.

Ex.: O agente desfere soco no rosto da vítima com intenção de lesioná-la, no entanto, ela perde o equilíbrio, bate a cabeça e morre.

Art. 157. *Subtrair coisa móvel alheia, para si ou para outrem, mediante grave ameaça ou violência à pessoa, ou depois de havê-la, por qualquer meio, reduzido a impossibilidade de resistência:*
Pena *- Reclusão, de quatro a dez anos, e multa.*
§ 3º. *Se da violência resulta lesão corporal grave, a pena é de reclusão, de sete a quinze anos, além da multa; se resulta morte, a reclusão é de vinte a trinta anos, sem prejuízo da multa.*
Art. 129. *Ofender a integridade corporal ou a saúde de outrem:*
§ 3º. *Se resulta morte e as circunstâncias evidenciam que o agente não quis o resultado, nem assumiu o risco de produzi-los;*
Pena *- Reclusão, de quatro a doze anos.*

2.9 Erro sobre Elemento do Tipo

Art. 20. *O erro sobre elemento constitutivo do tipo legal de crime exclui o dolo, mas permite a punição por crime culposo, se previsto em lei.*

Elementares: é a descrição típica do crime. Geralmente o próprio *caput*. Quando se extrai a elementar, o crime não existe.

Art. 155. *Subtrair coisa alheia móvel: Caso o indivíduo subtraia coisa própria por engano não haverá o crime, pouco importando sua intenção. Assim, se o agente subtrai sua própria bicicleta por "engano", pensando que está a subtrair bicicleta de seu vizinho não comete crime algum. Não há como punir uma pessoa que subtrai suas próprias coisas.*

Circunstâncias: são dados assessórios do crime, que suprimidos não impedem a punição do agente. Só servem para aumentar ou diminuir a pena.

Ladrão que furta um bem de pequeno valor pensando ser de grande valor. Responderá pelo furto simples sem redução de pena do privilégio.

Erro Essencial

Incide sobre situação, de tal importância, para o tipo que se o erro não existisse o agente não teria cometido o crime, ou pelo menos, não naquelas circunstâncias.

Erro inevitável (invencível ou escusável)

É aquele que não podia ter sido evitado, nem mesmo com o emprego de uma diligência mediana.

Nessas duas situações, exclui-se o dolo e a culpa do agente, sendo assim, exclui o crime.

Agente furta caneta pensando que é própria.

Ex.: Sujeito que mantém conjunção carnal com menor de 13 anos que aparenta ter 20 anos pela sua proporção física.

Ex.: Bêbado que sai de uma festa e liga carro alheio com sua chave normalmente, sendo o carro de mesma cor e modelo que o seu.

Erro evitável (vencível ou inescusável)

É aquele que poderia ser evitado pela prudência normal do homem médio. Exclui o dolo, mas permite a modalidade culposa se prevista em lei. Quando não prevista a modalidade culposa, não ocorre o crime.

Exs.: Caçador confunde vulto em uma moita com o animal que caçava e atira, vindo a causar a morte de um lavrador. Nessa situação, caso o fato pudesse ser previsível, deverá o caçador responder por homicídio culposo.

Bêbado sai de uma festa, ao observar carro idêntico ao seu, tenta desativá-lo com a chave do próprio carro, não obtendo êxito, quebra o vidro com uma pedra, força a ignição e vai para sua casa. Nesse caso, o agente será punido na modalidade culposa, embora não tendo a intenção, utilizou-se de uma conduta reprovável.

Erro do Tipo

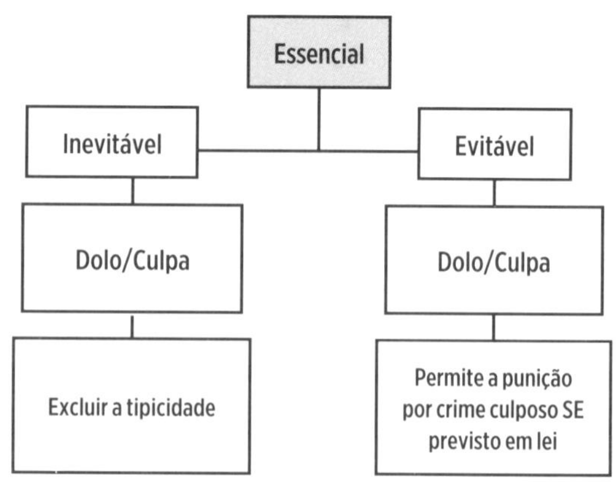

Erro do tipo acidental

Já o erro do tipo acidental **não exclui nada**, visto que o agente tem o elemento subjetivo do tipo e apenas erra na execução da ação criminosa.

- **Erro sobre o objeto**: o agente furta um quadro que acredita ser verdadeiro, mas no outro dia descobre que é falso. Aqui, ele responde como se tivesse furtado o quadro verdadeiro.
- **Erro sobre a pessoa** (error in persona): o agente tenta matar A, mas mata B, executando fielmente o que havia planejado. Neste caso, responde normalmente por homicídio.
- **Erro sobre a execução** (aberratio ictus): o agente tenta matar a sua namorada ao vê-la com outro, mas por não saber manusear a arma, quando atira, acerta em pessoa diversa. Nesse caso, ele responde como se tivesse matado a namorada.
- **Resultado diverso do esperado** (aberratio criminis): ocorrendo resultado diverso do pretendido, a consequência para o agente é responder pelo crime, a título de culpa (se houver), conforme Art. 74 do CP. Se ocorrer também o resultado pretendido, haverá concurso formal (1 ação = 2 crimes).
- **Erro sucessivo** (Dolo Geral ou aberratio causae): o agente, após acreditar ter matado a sogra por veneno, "desova" o corpo em um lago. Após a perícia analisar o caso, é constatado que não houve morte por envenenamento, mas por afogamento. Nessa situação, o agente responde como se tivesse envenenado a vítima.

2.10 Erro sobre a Pessoa

> ***Art. 20, § 3º.*** *O erro quanto à pessoa contra a qual o crime é praticado não isenta de pena. Não se consideram, neste caso, as condições ou qualidades da vítima, senão as da pessoa contra quem o agente queria praticar o crime.*

É o erro na representação do agente, que olha um desconhecido e o confunde com a pessoa que quer atingir. O erro é tão irrelevante, que o legislador determinou que o autor fosse punido pelo crime que efetivamente cometeu contra o terceiro inocente - vítima efetiva - como se tivesse atingido a pretendida - vítima virtual -, por exemplo:

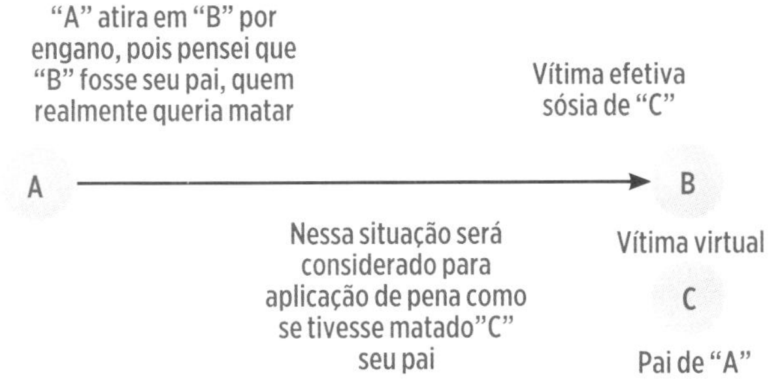

Esta situação é considerada um irrelevante penal, ou seja, o agente quer cometer uma coisa - matar "C" - entretanto, acaba matando "B", porém, independente do resultado, o Código Penal sempre adota o elemento subjetivo, ou seja, irá puni-lo pelo fato que ele realmente queria praticar, como na situação exposta era contra seu pai, incidirá ainda aumento de pena.

2.11 Erro sobre a Ilicitude do Fato

Erro de proibição

> ***Art. 21.*** *O desconhecimento da lei é inescusável. O erro sobre a ilicitude do fato, se inevitável, isenta de pena; se evitável, poderá diminuí-la de um sexto a um terço.*

É a errada compreensão de uma determinada regra legal. Pode levar o agente a supor que certa conduta seja lícita.

Ex.: Um rústico aldeão, que nasceu e passou toda a sua vida em um vilarejo afastado do sertão, agride levemente sua mulher, por suspeitar que ela o traísse. É de irrelevante importância se o aldeão sabia ou não que sua conduta era ilícita.

Nesse caso é crime, porém o CP determina que, devido às circunstâncias - por força do ambiente onde vive e as experiências acumuladas -, o sujeito não terá PENA, ou seja, exclui-se a culpabilidade.

Nesta situação, devido à origem do agente ser de lugar ermo, e o mesmo não possuiu conhecimento suficiente sobre fatos que não são permitidos, embora sua conduta seja criminosa, nesse caso fático o Juiz não aplicará pena sobre o agente.

Tipos de erro de proibição

Erro Inevitável ou Escusável = Isenta de Pena

Dona de casa de prostituição cujo funcionamento era de pleno conhecimento das autoridades fiscais, tendo, inclusive, licença de funcionamento fornecido pela Prefeitura Municipal, circunstância que sugeriam o desempenho de atividade lícita.

> ***Parágrafo único.*** *Considera-se evitável o erro se o agente atua ou se omite sem a consciência da ilicitude do fato, quando lhe era possível, nas circunstâncias, ter ou atingir essa consciência.*

Erro Evitável ou Inescusável = Não isenta de pena, mas terá direito a uma redução de pena 1/6 a 1/3.

Ex.: Atendente de farmácia que, apesar de ciente de que a venda de medicamentos com tarja preta configura transgressão administrativa, não tem consciência de que tal prática, com relação a alguns dos medicamentos controlados, caracteriza também o crime de tráfico de drogas.

Diferenças

Erro de Tipo	X	Erro de Proibição
Agente erra sobre dados do próprio crime. Isenta do dolo e culpa se inevitável e isenta de dolo mas permite a punição por culpa se evitável.		O agente acha que sua conduta é legal, quando na verdade é ilegal. Aqui o agente comete crime, mas não tem pena pois culpabilidade fica excluída.

É importante que diferenciemos bem a relação entre erro do tipo - exclui o crime - com o erro de proibição - isenta de pena . Naquele o agente sabe que sua conduta é ilícita, entretanto, erra sobre o próprio tipo penal, ou seja, sua intenção é realizar uma conduta, mas acaba cometendo outra. Contudo, nesse o agente desconhece o caráter ilícito do fato, imagina estar praticando uma conduta lícita, quando na verdade é ilícita - criminosa.

2.12 Coação Irresistível e Obediência Hierárquica

> ***Art. 22.*** *Se o fato é cometido sob coação irresistível ou em estrita obediência a ordem, não manifestamente ilegal, de superior hierárquico, só é punível o autor da coação ou da ordem.*

Para que se possa considerar alguém culpado do cometimento de uma infração penal, é necessário que esta tenha sido praticada em condições e circunstâncias normais, pois, do contrário, não será possível exigir do sujeito conduta diversa da que, efetivamente acabou praticando.

Nessa situação, o agente obriga uma terceira pessoa a cometer um crime ou ao cumprimento de uma ordem ilegal, a pessoa coagida não será punida, mas sim, quem o coagiu e o obrigou a realizar a conduta contra seu consentimento.

Coação Irresistível

É o emprego de força física ou de grave ameaça para que alguém faça ou deixe de fazer alguma coisa.

Coação Física - *vis absoluta* - o sujeito não comete crime.

Ex.: "A" imobiliza "B", depois, coloca uma arma em sua mão e força-o a apertar o gatilho. O disparo acerta "C", que morre. Nessa situação, devido à coação FÍSICA irresistível, "B" ***NÃO*** comete crime. "A" responderá por homicídio.

A coação física recai sobre a conduta do agente - elemento do fato típico - pois este foi forçado, nessa situação, exclui-se o crime.

Coação Moral - *vis relativa* - o sujeito comete crime, mas ocorre isenção de pena.

Ex.: "A" encosta uma arma carregada na cabeça "B" e ordena que ele atire em "C", caso contrário quem irá morrer é "B". "B" atira e "C" morre. Nessa situação, ambos cometem crime ("A" e "B"). Contudo, somente "A" terá PENA, "B" estará ***ISENTO*** de pena devido a coação MORAL irresistível.

Assim sendo, mesmo "B" tendo praticado o ato, sua conduta foi forçada mediante grave ameaça moral, em que este, temendo por sua própria vida, cometeu o crime. Nessa situação a conduta de "B" é típica e ilícita, contudo, não culpável, pois ficará isento de pena.

Obediência Hierárquica

É a obediência à ordem não manifestamente ilegal de superior hierárquico, tornando viciada a vontade do subordinado e afastando a exigência de conduta diversa. Também exclui a culpabilidade.

Ordem de superior hierárquico: é a manifestação de vontade do titular de uma função pública a um funcionário que lhe é subordinado.

Ex.: Um delegado de polícia manda seu subordinado, aspirante recém-chegado da corporação, que prenda um desafeto seu, para que esse aprenda uma lição.

Caso o aspirante cumpra esta ordem ilegal de seu superior, ambos estarão cometendo crime, abuso de autoridade; pois, embora ordem de superior, o aspirante no caso não é obrigado a cumpri-la.

Ordem manifestamente não ilegal: a ordem deve ser aparentemente legal. Se for manifestamente ilegal, deve o subordinado responder pelo crime.

Ex.: Delegado de polícia determina que agente prenda Antônio, indiciado por crime de latrocínio e alega que Antônio tem contra si um mandado de prisão expedido pela autoridade judiciária. O agente então prende Antônio e o conduz até a delegacia. Acontece que não existia mandado algum contra Antônio. Nessa situação, tanto o delegado quanto o agente cometeram crime de abuso de autoridade. Contudo, somente o delegado terá PENA, o agente ficará isento devido à "aparência" de ordem manifestamente NÃO ilegal.

Nessa conduta, o agente pensava estar praticando uma ação lícita, entretanto, este foi enganado por seu superior, sob alegação de posse de falso mandado de prisão.

2.13 Exclusão da Ilicitude

> ***Art. 23.*** *Não há crime quando o agente pratica o fato:*
>
> ***I.*** *Em estado de necessidade;*
>
> ***II.*** *Em legítima defesa;*
>
> ***III.*** *Em estrito cumprimento de dever legal ou no exercício regular de direito.*

Excesso Punível

> ***Parágrafo único.*** *O agente, em qualquer das hipóteses deste artigo, responderá pelo excesso doloso ou culposo.*

O agente que extrapolar os limites das excludentes deve responder pelo resultado produzido de forma dolosa ou culposa.

Ex.: João saca sua arma para matar Manoel, esse, prevendo o ocorrido, vale-se de sua arma e atira primeiro, ferindo João. Mesmo após a cessação da agressão por parte de João, Manoel efetua mais dois disparos para garantir o resultado.

Nessa situação, Manoel excedeu-se e deverá responder por homicídio na modalidade dolosa.

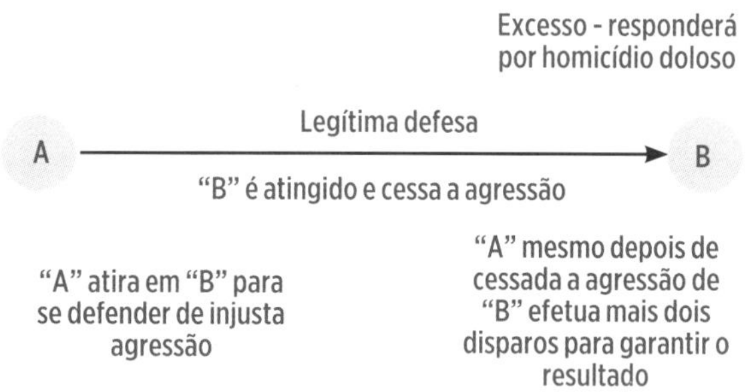

Não obstante, as excludentes de ilicitude, como o próprio nome já diz, excluem o caráter ilícito do fato, tornando a conduta lícita e jurídica.

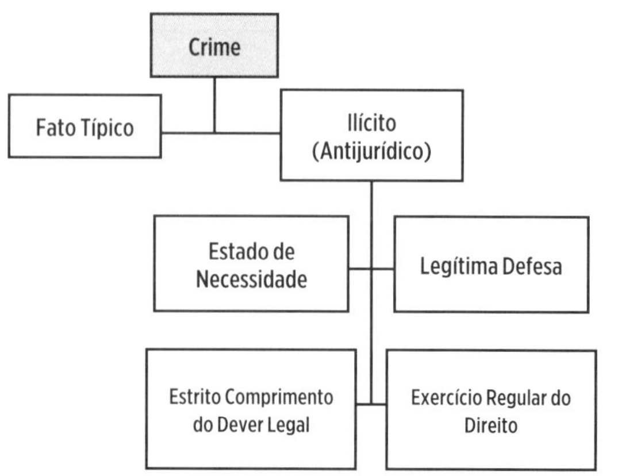

Ocorrendo o fato diante de uma dessas excludentes, exclui-se também o crime.

São situações em que a norma penal permite que se cometa crime em determinadas situações, pois, apesar de serem condutas ilícitas, o agente não será punido.

Estado de Necessidade

> ***Art. 24.*** *Considera-se em estado de necessidade quem pratica o fato para salvar de perigo atual, que não provocou por sua vontade, nem podia de outro modo evitar, direito próprio ou alheio, cujo sacrifício, nas circunstâncias, não era razoável exigir-se.*

Ocorre quando um bem é lesado para se salvar outro bem em perigo de ser igualmente ofendido. Ambos possuidores desses bens têm direito de agir para proteger-se.

→ **Requisitos para configuração do estado de necessidade:**

> Perigo atual.

> Direito próprio ou alheio.

> Perigo não causado voluntariamente pelo agente.

> Inevitabilidade de comportamento.

> Razoabilidade do sacrifício.

> Requisito subjetivo.

Ex.: Em um cruzeiro marítimo, 10 passageiros estão a bordo de um navio. No entanto, só existem 9 salva-vidas e o navio está afundando em alto-mar. O único que ficou sem o apetrecho não sabe nadar e para salvar sua vida do perigo atual desfere facadas em outro passageiro a fim de conseguir se salvar.

Trabalhador desempregado e vendo os filhos passarem fome, entra em supermercado e furta dois pacotes de arroz e um pedaço de carne seca (furto famélico).

Cidadão não tem carteira de motorista e observa um motorista em avançado estado de infarto, nessa situação, toma a direção de veículo automotor e dirige perigosamente até o hospital, gerando perigo de dano.

Não irá incidir em estado de necessidade caso o agente dê causa ao acontecimento.

> ***§ 1º*** *Não pode alegar estado de necessidade quem tinha o deve legal de enfrentar o perigo.*

Um exemplo disso é o bombeiro. Poderá, no entanto, recusar-se a uma situação perigosa quando impossível o salvamento ou o risco for inútil.

Legítima Defesa

> ***Art. 25*** *- Entende-se em legítima defesa quem, usando moderadamente dos meios necessários, repele injusta agressão, atual ou iminente, a direito seu ou de outrem. (Redação dada pela Lei nº 7.209, de 11.7.1984)*
>
> ***Parágrafo único.*** *Observados os requisitos previstos no caput deste artigo, considera-se também em legítima defesa o agente de segurança pública que repele agressão ou risco de agressão a vítima mantida refém durante a prática de crimes. (Incluído pela Lei nº 13.964, de 2019) -* ***ANTICRIME***

Agora temos uma nova (mas não tão nova assim) previsão de legítima defesa para agentes de segurança pública que repelirem (ao meu ver já era assim) agressão ou risco de agressão (bom, até onde sei, já era assim também, a injusta agressão ATUAL ou IMINENTE) vítima mantida REFÉM (eis aí a injusta agressão acontecendo) durante a prática de crimes.

Bom, conclui-se que até aqui nada de novo, senão já preenchidos todos os requisitos da legítima defesa do caput do art. 25 do CP.

No entanto, novidade mesmo, encontra-se no novíssimo art. 14-A no Código de Processo Penal (introduzido também pelo pacote ANITICRIME), onde esses agentes terão um Inquérito PRIVILEGIADO, e com direito a contraditório (direito a serem CITADOS EM 48 HORAS e ampla defesa com direito a DEFENSOR).

Ocorre um efetivo ataque ilícito contra o agente ou terceiro, legitimando repulsa.

Requisitos para que subsista a legítima defesa:

> Agressão humana.

> Agressão injusta.

> Agressão atual ou iminente.

> Agressão a direito próprio ou de terceiro.

> Meios necessários.

> Requisito subjetivo.

Ex.: "A" desafeto de "B" arma-se com um machado e prestes a desferir um golpe é surpreendido pela reação de "B", que saca um revólver e efetua um disparo.

"A" munido de um cão, atiça o animal na direção de "B" que para repelir a injusta agressão atira no enfurecido animal.

"A", menor de idade, pega um fuzil e, prestes a atirar em "B", é surpreendido por esse que pega uma bazuca, único meio disponível no momento, vindo a "explodir" "A".

Os meios necessários para conter a injusta agressão podem ser quaisquer que estejam disponíveis, inexiste equiparação dos meios utilizados.

É necessário que seja atual e iminente. Caso "B" ferido por "A" desloque-se até sua casa, depois de sofrida agressão, para apanhar revólver com intuito de se defender, não será mais válido, caso venha efetuar disparos contra "A".

Não Configura Legítima Defesa

Ex.: "A" marido traído chega a casa e surpreende "C" sua esposa em conjunção carnal com "B". Enfurecido, pega sua arma e dispara contra a esposa traidora.

"A" surpreendido por cão feroz, dispara para que não seja atacado.

"A" desafeto de "B" vai a sua procura e efetua disparo. Mais tarde provou-se que "B" também estava armado e queria igualmente executar "A".

Estrito Cumprimento do Dever Legal

Em síntese, é a ação praticada por um dever imposto por lei. É necessário que o cumprimento seja nos exatos ditames da lei. Do contrário, o agente incorrerá em excesso, podendo responder criminalmente.

Exs.: Policial que prende foragido da justiça vindo a causar-lhe lesões devido sua resistência.

Soldado que, em tempos de guerra, executa inimigo.

A execução efetuada pelo carrasco, quando o ordenamento jurídico admite.

Exercício Regular de Direito

É o desempenho de uma atividade ou a prática de uma conduta autorizada em lei.

> Tratamento médico ou intervenção cirúrgica, comete lesão corporal para realizar o ato cirúrgico.

> Ofendículos - (exercício regular do direito de defesa da propriedade), cerca elétrica, cacos de vidro, arame farpado, etc.

A lei não permite o emprego da violência física como meio para repelir injúrias ou palavras caluniosas, visto que não existe legítima defesa da honra. Somente a vida ou a integridade física são abrangidas pelo instituto da legítima defesa.

Admite-se a excludente de legítima defesa real contra quem pratica o fato acobertado por causa de exclusão da culpabilidade, como o inimputável.

Nos termos do Código Penal e na descrição da excludente de ilicitude, haverá legítima defesa sucessiva na hipótese de excesso, que permite a defesa legítima do agressor inicial.

É possível legítima defesa de provocações por meio de injúrias verbais, segundo a sua intensidade e conforme as circunstâncias, pode ou não ser agressão.

Agressão de inimputável constitui legítima defesa.

Agressão decorrente de desafio, duelo, convite para briga não constitui legítima defesa.

Agressão passada constitui vingança e não legítima defesa.

Agressão futura não autoriza legítima defesa (mal futuro).

Não existe legítima defesa da honra.

O agente tem que saber que está na legítima defesa.

Legítima defesa e porte ilegal de arma de fogo: Se portar anteriormente, responde pelo crime do Art. 14 ou Art. 16, caput do estatuto do desarmamento. Se for contemporâneo, não responde pelo crime dos artigos mencionados.

2.14 Da Imputabilidade Penal

Inimputáveis

Art. 26. *É isento de pena o agente que, por doença mental ou desenvolvimento mental incompleto ou retardado, era, ao tempo da ação ou da omissão, inteiramente incapaz de entender o caráter ilícito do fato ou de determinar-se de acordo com esse entendimento.*

Redução de Pena

Parágrafo único. *A pena pode ser reduzida de um a dois terços, se o agente, em virtude de perturbação de saúde mental ou por desenvolvimento mental incompleto ou retardado não era inteiramente capaz de entender o caráter ilícito do fato ou de determinar-se de acordo com esse entendimento.*

Imputabilidade: é a capacidade de entender o caráter ilícito do fato e de determinar-se de acordo com esse entendimento. É a capacidade de entendimento e a faculdade de controlar e comandar suas próprias ações.

→ Imputável (regra): Pode-se imputar (aplicar) pena ao sujeito.

→ **INI**mputável (exceção): Não pode sofrer pena. Ou seja, é a capacidade de compreensão do agente de que sua conduta é ilícita, inapropriada, é uma das espécies da culpabilidade que compõem o fato típico, ou seja, a capacidade de punir, ou não, o agente da conduta.

Exclusão da Imputabilidade

Doença Mental

É a doença mental de qualquer ordem. Compreende a infindável gama de moléstias mentais.

Ex.: Alcoolismo patológico.

Desenvolvimento Mental Incompleto ou Retardado

Ex.: Silvícola inadaptado - índio - menor de 18 anos.

Sistema Adotado pela Legislação Brasileira

Regra: BIOpsicológico

Não basta ter a enfermidade. No momento da ação ou omissão, o sujeito tem que ser inteiramente incapaz de entender e compreender o caráter ilícito do fato e determinar-se de acordo com esse entendimento.

Exceção: Biológico

Basta tão somente a menoridade - menos de 18 anos - para configurar a inimputabilidade.

Embriaguez

Art. 28, II. *A embriaguez, voluntária ou culposa, pelo álcool ou substância de efeitos análogos.*

§ 1º *É isento de pena o agente que, por embriaguez completa, proveniente de caso fortuito ou força maior, era, ao tempo da ação ou da omissão, inteiramente incapaz de entender o caráter ilícito do fato ou de determinar-se de acordo com esse entendimento.*

NÃO Exclui a Imputabilidade	Exclui a Imputabilidade
Voluntária	Caso Fortuito
Culposa	Força Maior
Preordenada	

A embriaguez não exclui a imputabilidade, quais sejam: a voluntária - toma por conta própria -, a culposa - toma além da conta - e a preordenada - toma para criar coragem - sendo que a última, é causa de aumento de pena, actio libera in causa.

§ 2º *A pena pode ser reduzida de um a dois terços, se o agente, por embriaguez, proveniente de caso fortuito ou força maior, não possuía, ao tempo da ação ou da omissão, a plena capacidade de entender o caráter ilícito do fato ou de determinar-se de acordo com esse entendimento.*

No caso da embriaguez por caso fortuito, caso ela seja completa, será causa de isenção de pena, caso seja semicompleta (semi-imputabilidade), incidirá em diminuição de pena - redução de culpabilidade - de 1/3 a 2/3.

Emoção e Paixão

__Art. 28.__ Não excluem a imputabilidade penal:

__I.__ A emoção ou a paixão;

A emoção pode, em alguns casos, servir como diminuição de pena - privilégio -, como no caso do homicídio e lesão corporal privilegiado. Os requisitos são: a emoção deve ser intensa; o agente deve estar sob o domínio dessa emoção; deve ter sido provocado por ato injusto da vítima; a reação do agente deve ser logo após a essa provocação.

A injusta provocação pode ser de forma indireta, por exemplo, alguém que maltrata um animal, com intenção de provocar o agente, utilizando desse objeto - cachorro - para obter seu desejo.

Menores de Dezoito Anos

__Art. 27.__ Os menores de 18 (dezoito) anos são penalmente inimputáveis, ficando sujeitos às normas estabelecidas na legislação especial.

Fundamento Constitucional

O Art. 228 da CF prevê que ***são penalmente inimputáveis os menores de dezoito anos, sujeitos às normas de legislação especial***.

Critério adotado pelo Código Penal: Sistema Biológico

→ **Crime + contravenção penal maior de 18 anos.**

→ **Ato infracional menor de 18 anos.**

Não sofrem sanção penal pela prática do ilícito, em decorrência da ausência de culpabilidade. Estão sujeitos ao procedimento e as medidas socioeducativas previstas no ECA em virtude das condutas descritas como crime e contravenção penal ser consideradas ato infracional.

Para auxiliar, convém esquematizar as Excludentes de Imputabilidade:

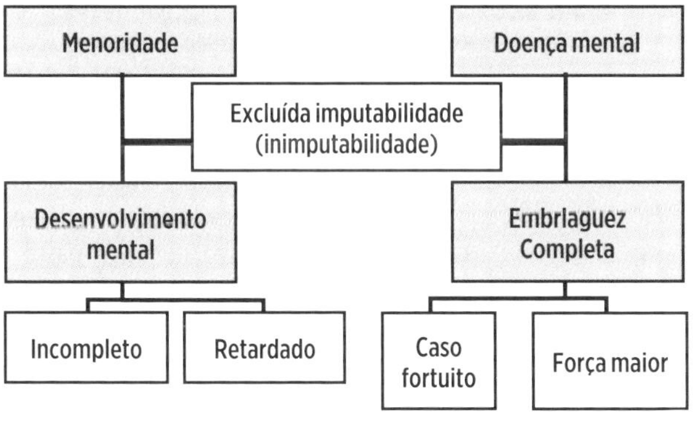

De acordo com entendimento, essas são as causas justificantes para a exclusão da imputabilidade, podemos dizer que são subespécies da culpabilidade, e a espécie que compõem os elementos do crime, juntamente com fato típico e a antijuridicidade.

2.15 Do Concurso de Pessoas

__Art. 29.__ Quem, de qualquer modo, concorre para o crime incide nas penas a este cominadas, na medida de sua culpabilidade.

Sujeitos da infração penal:

> Sujeito Ativo (quem comete a ação).

> Sujeito Passivo (quem sofre a ação).

Foco do estudo = Sujeito Ativo do Crime.

Quem pode ser sujeito ativo da infração penal:

> Maiores de dezoito anos:

Menor comete ato infracional (tudo que representa crime, para o menor é ato infracional, que, na verdade, constitui um tipo específica, tratado no ECA).

> Pessoas Jurídicas em atos lesivos ao **meio ambiente.**

As pessoas jurídicas podem ser responsabilizadas penalmente.

O Concurso de Pessoas também conhecido como concurso de agentes, ocorre quando duas ou mais pessoas concorrem para o mesmo crime. Colaborar ou concorrer para o crime é praticar o ato (moral ou material) que tenha relevância para a perpetração do ilícito.

Requisitos para Concursos de Pessoas

Pluralidade de agentes

Quem participa na execução do crime é coautor. Quem não executa o verbo do tipo é **partícipe.**

Ex.: "A" segura "B" enquanto "C" o esfaqueia até a morte. "A" e "C" são coautores do crime de homicídio. (divisão de tarefas no crime, ambos participam da execução)

"A" empresta arma para "B". "B" usa-se da arma para executar "C". "B" é autor (executou) e "A" é partícipe (auxiliou de forma material).

O código penal adotou a **Teoria Monista** de agentes, ou seja, todos responderão pelo mesmo crime, independente, de qual seja sua participação.

Relevância causal

A conduta deverá ser relevante. Do contrário, não ocorrerá o concurso de pessoas.

Ex.: "A" empresta arma para "B", que para matar "C" usa um pedaço de pau. Nessa situação, o auxilio de "A" foi irrelevante para que o crime existisse. Somente "B" responde por homicídio. Contudo, se ao emprestar a arma, "A" de qualquer forma incentivou moralmente a atitude de "B", esse será partícipe do crime de homicídio.

Não houve nexo entre o homicídio e o empréstimo da arma, nessa situação, a conduta de "A" é atípica.

Liame subjetivo

É a vontade de participar do crime. Pelo menos um agente tem que querer participar do crime do outro.

Ex.: "A", desafeto de "B", posiciona-se para matá-lo. "C", também inimigo mortal de "B", sabendo da vontade de "A", adere à vontade dele e juntos disparam a arma. Ambos responderão por homicídio como coautores.

Identidade de infração

O Código Penal adotou a teoria Unitária ou Monista, em que todos que concorrem para o crime, responderão pelo mesmo crime, na medida de sua culpabilidade (responsabilidade).

Teorias do Concurso de Pessoas

Teoria do Caput

- Regra: Monista/ Igualitária / Unitária.
- Exceção: Pluralista (não tem concurso de pessoas).

Ex.: Corrupção passiva e ativa.

Teoria do Autor

- Regra: Restritiva (Código Penal); Quem pratica o núcleo do tipo (verbo).
- Exceção: Domínio do Fato (Doutrina e Jurisprudência); Teoria do Partícipe.
- Acessoriedade Limitada

Não pratica o verbo; contudo, auxilia de qualquer forma.

- Moral: instigado ou induzido.
- Material: qualquer auxílio.

- Não Ocorre Concurso de Pessoas.
  - Autor Mediato (homem por trás).
  - Autoria Colateral.
  - Participação Inócua (ineficaz).
  - Crimes de concurso necessário.

Autoria Sucessiva ou Participação Sucessiva TEM Concurso de Pessoas!

Ex.: Associação criminosa - Art. 288

A exceção é a teoria pluralista:

Corrupção passiva e ativa.

Autor (Teoria Restrita):

- Quem pratica o núcleo do tipo (verbo).

Partícipe:

- **Não** pratica o verbo; contudo, auxilia de qualquer forma.
  - **Moral**: instigado ou induzido.
  - **Material:** qualquer auxílio.

Mandante = Partícipe.

Autor Mediato (não ocorre concurso):

- São usados como instrumentos do crime:
  - Inimputável.
  - Doente mental.
  - Coação irresistível.
  - Obediência hierárquica.

Exceção: Teoria Pluralista.

Participação em crime diverso

§ 1º Se a participação for de menor importância, a pena pode ser diminuída de um sexto a um terço

§ 2º Se algum dos concorrentes quis participar de crime menos grave, ser-lhe-á aplicada a pena deste; essa pena será aumentada até metade, na hipótese de ter sido previsível o resultado mais grave.

Há hipóteses, todavia, em que o partícipe colabora com um crime e o autor, no momento da prática do ilícito vai além do imaginado pelo partícipe.

Ex.: É o caso em que dois indivíduos combinam um furto. Sendo que, um deles fica esperando no carro da fuga e o outro entra na residência. No interior da casa, o autor além de furtar, encontra a moradora e contra ela dispara vários tiros. Nessa situação, por força do Art. 29, § 2º, do CP, os agentes deverão responder por crimes diferentes. O que ficou no carro por furto (pois era esse que queria praticar) e o autor, por latrocínio.

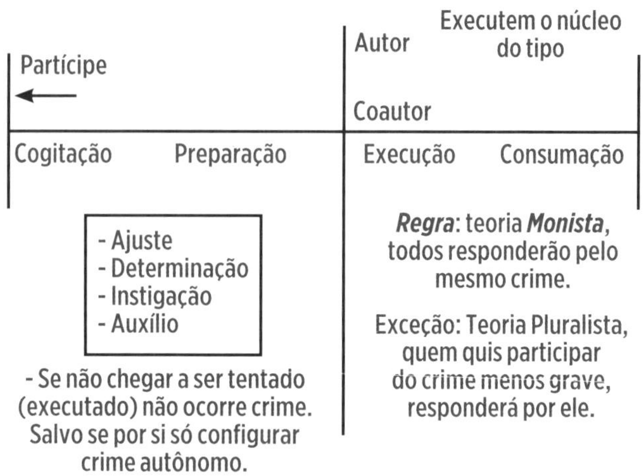

2.16 Circunstâncias Incomunicáveis

Art. 30. *Não se comunicam as circunstâncias e as condições de caráter pessoal, salvo quando elementares do crime.*

Ex.: "A", funcionário público, convida "B" para furtar repartição pública em que trabalha. "B", desconhecendo a função de "A", acaba aceitando. Nesse caso, "A" responderá por peculato (Art. 312 CP) e "B" por furto (Art. 155 CP). Porém, caso "B" soubesse da função pública de "A", ambos responderiam por peculato.

Art. 31. *O ajuste, a determinação ou instigação e o auxílio, salvo disposição expressa em contrário, não são puníveis, se o crime não chega, pelo menos, a ser tentado.*

> No crime culposo admite-se coautoria, mas NÃO participação.
>
> Não existe tentativa em crime Preterdoloso.

Ex.: "A" é induzido por "B" a cometer suicídio em momento depressivo por qual passava, entretanto, "A" nada faz. Nessa situação, a conduta de "B" é atípica.

Questões

01. (CESPE) Crime doloso é aquele em que o sujeito passivo age com imprudência, negligência ou imperícia.
Certo ( ) Errado ( )

02. (CESPE) Pune-se a tentativa no crime de lesão corporal leve dolosa.
Certo ( ) Errado ( )

03. (CESPE) Determinado policial, ao cumprir um mandado de prisão, teve de usar a força física para conter o acusado. Após a concretização do ato, o policial continuou a ser fisicamente agressivo, mesmo não havendo a necessidade. Nessa situação hipotética, o policial abusou do exercício regular de direito.

Certo ( ) Errado ( )

04. (CESPE) Durante o cumprimento de um mandado de prisão a determinado indivíduo, este atirou em um investigador policial, o qual, revidando, atingiu fatalmente o agressor. Nessa situação hipotética, a conduta do investigador configura legítima defesa própria.

Certo ( ) Errado ( )

05. (CESPE) A respeito da aplicação da lei penal, do crime e da imputabilidade penal, julgue o item a seguir. Um crime é classificado como crime culposo quando o agente quis o resultado ou assumiu o risco de produzi-lo.

Certo ( ) Errado ( )

Gabaritos

01	ERRADO
02	CERTO
03	ERRADO
04	CERTO
05	ERRADO

3. DOS CRIMES CONTRA A PESSOA

Os direitos e garantias individuais não têm caráter absoluto, por esse motivo, o direito à vida é relativo.

Ex.: Pena de morte em caso de guerra externa. (Art. 5º, XLVII, "a", CF/88). O crime de homicídio, capitulado nos crimes contra a vida, está descrito no Art. 121 do Código Penal, e versa sobre a eliminação da vida humana extrauterina.

Vejamos no quadro abaixo quais são os crimes dolosos contra a vida, e suas principais peculiaridades:

Crimes Contra a Vida	
Homicídio (Art. 121, CP)	São todos crimes de Ação penal incondicionada. São Julgados pelo tribunal do Júri. **Obs.:** O homicídio culposo é julgado pelo Juiz.
Participação em Suicídio (Art. 122, CP)	
Infanticídio (Art. 123, CP)	
Aborto (Arts. 124 a 126, CP)	

Dos crimes culposos contra a vida, só temos o homicídio. Os demais não comportam a modalidade culposa, o aborto culposo pode ser resultado qualificado, mas crime autônomo ele não é. Não temos infanticídio culposo também. Só o homicídio admite a forma culposa.

3.1 Dos Crimes Contra a Vida

Homicídio

***Art. 121.** Matar alguém:*

***Pena** - reclusão, de seis a vinte anos*

Caso de diminuição de pena

***§ 1º** Se o agente comete o crime impelido por motivo de relevante valor social ou moral, ou sob o domínio de violenta emoção, logo em seguida a injusta provocação da vítima, o juiz pode reduzir a pena de um sexto a um terço.*

Homicídio qualificado

***§ 2°** Se o homicídio é cometido:*

***I.** mediante paga ou promessa de recompensa, ou por outro motivo torpe;*

***II.** por motivo futil;*

***III.** com emprego de veneno, fogo, explosivo, asfixia, tortura ou outro meio insidioso ou cruel, ou de que possa resultar perigo comum;*

***IV.** à traição, de emboscada, ou mediante dissimulação ou outro recurso que dificulte ou torne impossivel a defesa do ofendido;*

***V.** para assegurar a execução, a ocultação, a impunidade ou vantagem de outro crime:*

***Pena** - reclusão, de doze a trinta anos.*

Feminicídio (Incluído pela Lei nº 13.104, de 2015)

***VI.** contra a mulher por razões da condição de sexo feminino: (Incluído pela Lei nº 13.104, de 2015)*

***VII.** contra autoridade ou agente descrito nos arts. 142 e 144 da Constituição Federal, integrantes do sistema prisional e da Força Nacional de Segurança Pública, no exercício da função ou em decorrência dela, ou contra seu cônjuge, companheiro ou parente consanguíneo até terceiro grau, em razão dessa condição: (Incluído pela Lei nº 13.142, de 2015)*

***VIII.** (VETADO): (Incluído pela Lei nº 13.964, de 2019)*

***Pena** - reclusão, de doze a trinta anos.*

***§ 2º-A** Considera-se que há razões de condição de sexo feminino quando o crime envolve: (Incluído pela Lei nº 13.104, de 2015)*

***I.** violência doméstica e familiar; (Incluído pela Lei nº 13.104, de 2015)*

***II.** menosprezo ou discriminação à condição de mulher. (Incluído pela Lei nº 13.104, de 2015)*

Homicídio culposo

***§ 3º** Se o homicídio é culposo: (Vide Lei nº 4.611, de 1965)*

***Pena** - detenção, de um a três anos.*

Aumento de pena

***§ 4º** No homicídio culposo, a pena é aumentada de 1/3 (um terço), se o crime resulta de inobservância de regra técnica de profissão, arte ou ofício, ou se o agente deixa de prestar imediato socorro à vítima, não procura diminuir as conseqüências do seu ato, ou foge para evitar prisão em flagrante. Sendo doloso o homicídio, a pena é aumentada de 1/3 (um terço) se o crime é praticado contra pessoa menor de 14 (quatorze) ou maior de 60 (sessenta) anos. (Redação dada pela Lei nº 10.741, de 2003)*

***§ 5º** Na hipótese de homicídio culposo, o juiz poderá deixar de aplicar a pena, se as conseqüências da infração atingirem o próprio agente de forma tão grave que a sanção penal se torne desnecessária. (Incluído pela Lei nº 6.416, de 24.5.1977)*

***§ 6º** A pena é aumentada de 1/3 (um terço) até a metade se o crime for praticado por milícia privada, sob o pretexto de prestação de serviço de segurança, ou por grupo de extermínio. (Incluído pela Lei nº 12.720, de 2012)*

***§ 7º** A pena do feminicídio é aumentada de 1/3 (um terço) até a metade se o crime for praticado: (Incluído pela Lei nº 13.104, de 2015)*

***I.** durante a gestação ou nos 3 (três) meses posteriores ao parto; (Incluído pela Lei nº 13.104, de 2015)*

***II.** contra pessoa menor de 14 (catorze) anos, maior de 60 (sessenta) anos, com deficiência ou portadora de doenças degenerativas que acarretem condição limitante ou de vulnerabilidade física ou mental; (Redação dada pela Lei nº 13.771, de 2018)*

***III.** na presença física ou virtual de descendente ou de ascendente da vítima; (Redação dada pela Lei nº 13.771, de 2018)*

***IV.** em descumprimento das medidas protetivas de urgência previstas nos incisos I, II e III do caput do art. 22 da Lei nº 11.340, de 7 de agosto de 2006. (Incluído pela Lei nº 13.771, de 2018)*

Homicídio Simples

***Art. 121.** Matar alguém:*

***Pena** - reclusão, de seis a vinte anos.*

Caso de Diminuição de Pena

***§ 1º** Se o agente comete o crime impelido por motivo de relevante valor social ou moral, ou sob o domínio de violenta emoção, logo em seguida a injusta provocação da vítima, ou juiz pode reduzir a pena de um sexto a um terço.*

Homicídio Qualificado

***§ 2º** Se o homicídio é cometido:*

***I.** Mediante paga ou promessa de recompensa, ou por outro motivo torpe;*

***II.** Por motivo fútil;*

***III.** Com emprego de veneno, fogo, explosivo, asfixia, tortura ou outro meio insidioso ou cruel, ou de que possa resultar perigo comum;*

***IV.** À traição, de emboscada, ou mediante dissimulação ou outro recurso que dificulte ou torne impossível a defesa do ofendido;*

***V.** Para assegurar a execução, a ocultação, a impunidade ou vantagem de outro crime:*

***Pena** - reclusão, de doze a trinta anos.*

Homicídio Culposo

***§ 3º**. Se o homicídio é culposo:*

***Pena** - detenção, de um a três anos.*

Aumento de pena

***§ 4º**. No homicídio culposo, a pena é aumentada de 1/3 (um terço), se o crime resulta de inobservância de regra técnica de profissão, arte ou ofício, ou se o agente deixa de prestar imediato socorro à vítima, não procura diminuir as consequências do seu ato, ou foge para evitar prisão em flagrante. Sendo doloso o homicídio, a pena é aumentada de 1/3 (um terço) se o crime é praticado contra pessoa menor de 14 (quatorze) ou maior de 60 (sessenta) anos.*

***§ 5º**. Na hipótese de homicídio culposo, o juiz poderá deixar de aplicar a pena, se as consequências da infração atingirem o próprio agente de forma tão grave que a sanção penal se torne desnecessária.*

O homicídio é morte injusta de uma pessoa praticada por outrem. De acordo com Nelson Hungria É o Crime por excelência.

No Art. 121, caput tem-se o chamado Homicídio Doloso Simples. No Art. 121, §1º, tem-se o chamado Homicídio Doloso Privilegiado. O Art. 121, §2º, traz o Homicídio Doloso qualificado. O Art.121, §3º, traz o Homicídio Culposo. O Art. 121, §4º, do CP traz as Majorantes de Pena, o §5º traz o Perdão Judicial.

E o homicídio preterdoloso? Está previsto no Art. 129, §3º do CP: é a lesão corporal seguida de morte.

Homicídio não é genocídio, são dois crimes distintos. Nem todo homicídio em massa vai ser genocídio. Para ser genocídio tem que se enquadrar na lei, o propósito tem que ser de exterminar total ou parcialmente um grupo étnico, social ou religioso. Se o objetivo não for esse, não temos o genocídio. Pode ser genocídio segregando membros de um grupo, impedindo o nascimento no seio de um grupo. Foi o que Saddam Hussein fez com os Curdos no Iraque.

Homicídio Simples

***Art. 121.** Matar alguém:*

Sujeito Ativo: é crime comum, pode ser praticado por qualquer pessoa.

Sujeito Passivo: da mesma forma, pode ser praticado por qualquer pessoa. Noronha entende que o Estado também figura como vítima do homicídio, justificando existir um interesse do ente político na conservação da vida humana, sua condição de existência.

Alguns autores dizem ainda que, quando a vítima for Presidente da República, do Senado Federal ou da Câmara dos Deputados, o crime pode ser contra a Segurança Nacional. Pode estar enquadrado no Art. 121 do CP ou do Art. 29 da Lei nº 7.170/83, que é matar alguém com motivação política. Caso isso ocorra, se está diante do Princípio da Especialidade.

Conduta Punida

A conduta punível nesse tipo penal nada mais é que tirar a vida de alguém. Atente-se para a diferença:

> **Vida intrauterina**: abortamento – aborto.

> **Vida extrauterina**: homicídio ou infanticídio.

Quanto ao início do parto, existem três correntes:

> 1ª Corrente: dá-se com o completo e total desprendimento do feto das entranhas maternas;

> 2ª Corrente: ocorre desde as dores do parto;

> 3ª Corrente: ocorre com a dilatação do colo do útero.

Forma de execução: trata-se de delito de execução livre, podendo ser praticado por ação ou omissão, meios de execução diretos ou indiretos.

Tipo Subjetivo: o Art. 121, caput é punido a título de dolo direto ou dolo eventual.

A finalidade do agente pode servir como privilégio ou como qualificadora.

Verifica-se o dolo eventual quando o agente assumiu o risco de praticar a conduta delituosa. Atualmente os tribunais vêm entendendo que quando o agente, embriagado, pratica homicídio de trânsito, pode ser condenado pelo homicídio do Art. 121 do CP, tendo em vista que, ao ingerir bebida alcoólica e tomar a direção de um veículo, assumiu o risco de produzir o evento danoso.

Consumação e Tentativa

Trata-se de delito material ou de resultado, ou seja, o delito consuma-se com a morte. A morte dá-se com a cessação da atividade encefálica. Cessando a atividade encefálica, o agente será considerado morto, conforme se extrai da Lei nº 9.434/97 – Lei de Transplantes. A tentativa é possível, considerando que o homicídio se trata de crime plurissubsistente, permitindo a execução fracionamento.

O homicídio simples pode ser considerado crime hediondo quando praticado em atividade típica de grupo de extermínio. É o chamado homicídio condicionado. O homicídio pode ser praticado através de relações sexuais ou atos libidinosos.

Ex.: "A", portador do vírus HIV (AIDS) e sabedor desta condição, com a intenção de matar, tem relação sexual com "B", com o fim de transmitir voluntária e dolosamente o vírus a este último. Nesta situação, após a transmissão, enquanto "B" não morrer, "A" responderá por tentativa de homicídio, após a morte de "B", "A" responderá por homicídio consumado.

Homicídio Privilegiado

***Art. 121**, § 1º. Se o agente comete o crime impelido por motivo de relevante valor social ou moral, ou sob o domínio de violenta emoção, logo em seguida a injusta provocação da vítima, ou juiz pode reduzir a pena de um sexto a um terço.*

O Homicídio Privilegiado é caso de diminuição de pena, havendo diminuição de pena de 1/6 a 1/3. Essa diminuição de pena é direito subjetivo do réu, sendo que, presentes os requisitos, o juiz deve reduzir a pena.

Hipóteses Privilegiadoras

Se o agente comete o crime por motivo de relevante valor social

No valor social, o agente mata para atender os interesses de toda coletividade.

Ex.: Matar estuprador do bairro; matar um assassino que aterroriza a cidade.

Se o agente comete o crime por relevante valor moral: o agente mata para atender interesses particulares, diferente do valor social

Esses interesses morais são ligados aos sentimentos de compaixão, misericórdia ou piedade.

Ex.: Eutanásia; A mata B porque matou o filho.

Alguns autores salientam que há uma doutrina cada vez mais recente de que a ortotanásia não seja crime, mas essa questão, indagada em concurso do MP de SC, foi considerada tão crime como a eutanásia.

Se o agente comete o crime sob o domínio de violenta emoção, logo em seguida a injusta provocação da vítima - Homicídio Emocional

Atente-se que domínio não se confunde com mera influência. A mera influência é uma atenuante de pena prevista no Art. 65 do CP.

É necessário observar que o homicídio deve ocorrer logo após a injusta provocação da vítima, ou seja, deve haver imediatidade da reação (reação sem intervalo temporal). Entende a jurisprudência que, enquanto perdurar o domínio da violenta emoção, a reação será considerada imediata.

Observa-se ainda que a provocação da vítima deve ser injusta, e isso não traduz, necessariamente, um fato típico. Pode haver injusta provocação sem configurar fato típico, mas serve para configurar o homicídio emocional.

Ex.: Adultério.

Se for injusta a agressão da vítima, será caso de legitima defesa.

O privilégio é sempre circunstância do crime. Sendo que as circunstâncias subjetivas são incomunicáveis, nos termos do Art. 30 do CP. Já as circunstâncias objetivas são comunicáveis, nos termos do Art. 30, in fine.

Circunstâncias Subjetivas	Circunstâncias Objetivas
Não se comunicam.	Comunicam-se.
Ligam-se ao motivo ou estado anímico do agente	Ligam-se ao meio / modo de execução
Como as privilegiadoras aqui citadas são subjetivas, não haverá comunicabilidade em relação aos demais autores do crime, logo não se aplica ao **coautor** se não restarem comprovados os mesmos requisitos.	

Homicídio qualificado

Posição Majoritária – 6ª Turma do STJ (HC 78.643/PR), Nelson Hungria, Raúl Eugênio Zaffaroni e Alexandre Araripe Marinho – As qualificadoras não são, a rigor, circunstâncias, mas sim elementares do Tipo Derivado, porque dão pena abstrata nova, ou seja, podem ser identificadas antes mesmo da fixação da pena-base. Então sempre se comunicam.

O homicídio qualificado é sempre crime hediondo.

Homicídio Qualificado

§ 2º. *Se o homicídio é cometido:*

I. *Mediante paga ou promessa de recompensa, ou por outro motivo torpe;*

II. *Por motivo fútil;*

III. *Com emprego de veneno, fogo, explosivo, asfixia, tortura ou outro meio insidioso ou cruel, ou de que possa resultar perigo comum;*

IV. *À traição, de emboscada, ou mediante dissimulação ou outro recurso que dificulte ou torne impossível a defesa do ofendido;*

V. *Para assegurar a execução, a ocultação, a impunidade ou vantagem de outro crime:*

Pena *- reclusão, de doze a trinta anos.*

Motivo torpe

É o motivo abjeto, ignóbil, vil, espelhando ganância.

É indagado se a qualificadora da torpeza se aplica também ao mandante, ou apenas para o executor.

Alguns autores dizem que a resposta depende se se entende que essa qualificadora é uma elementar ou se é circunstância. Entendendo que se trata de circunstância, somente o executor responde pelo homicídio qualificado já que a circunstância subjetiva não se comunica. Por outro lado, entendendo-se que se trata de elementar subjetiva do crime, haverá comunicabilidade, estendendo-se a qualificadora ao mandante (ambos respondem pela qualificadora – mandante e executor).

Atualmente, prevalece a segunda hipótese, ou seja, que se trata de elementar subjetiva do crime, e mandante e executor respondem pelo crime qualificado.

Mediante paga ou promessa de recompensa

No caso de o agente matar mediante paga ou promessa de recompensa de natureza diversa da econômica, por exemplo, sexual, continua se tratando de motivo torpe, pois não deixa de se ajustar ao encerramento genérico, somente não configurando o exemplo dado no início do inciso. É o chamado homicídio mercenário.

Esse homicídio mercenário que nada mais é que um exemplo de torpeza. O executor é chamado de matador de aluguel.

O crime, mediante paga ou promessa, é crime de concurso necessário (plurisubsistente – plurilateral – plurisubjetivo), exigindo-se pelo menos duas pessoas (mandante e executor).

Neste caso, necessariamente a natureza é econômica, logo se a vantagem era promessa sexual, entre outras, não incidirá a qualificadora.

Nesse inciso I o legislador aqui encerrou de forma genérica, o que permite a interpretação analógica, ou seja, permite ao juiz a análise de outras situações que aqui podem se enquadrar.

CIÚME não é considerado motivo torpe.
AUSÊNCIA de motivo não é considerado motivo fútil.
Um motivo não pode ser FÚTIL e TORPE ao mesmo tempo, pois um exclui o outro.

Por motivo fútil

Segundo alguns autores é aquele que ocorre quando o móvel apresenta real desproporção entre o delito e a sua causa moral. Tem-se a pequeneza do motivo (matar por pouca coisa).

Ex.: Briga de trânsito.

Tem caráter SUBJETIVO, pois se refere à motivação do agente para cometer o crime.

É um motivo insignificante, de pouca importância, completamente desproporcional à natureza do crime praticado.

Atente-se que, motivo fútil não se confunde com motivo injusto, uma vez que a injustiça é característica de todo e qualquer crime - injusto penal.

Se não há motivo comprovado nos autos, poderá ser denunciado por homicídio qualificado pelo motivo fútil? Aqui há duas correntes:

1ª Corrente: a ausência de motivos equipara-se ao motivo fútil, pois seria um contrassenso conceber que o legislador punisse com pena mais grave quem mata por futilidade, permitindo que o que age sem qualquer motivo receba sanção mais branda. (MAJORITÁRIA)

2ª Corrente: a ausência de motivos não pode ser equiparada ao motivo fútil, sob pena de se ofender o princípio da reserva legal. É o que entende Cezar Roberto Bitencourt – para ele o legislador que deve incluir a ausência de motivo no rol das qualificadoras.

Com emprego de veneno, fogo, explosivo, asfixia, tortura ou outro meio insidioso ou cruel, ou de que possa resultar perigo comum

Neste inciso, novamente se permite a interpretação analógica, trazendo alguns exemplos o inciso.

Tem caráter objetivo, pois se refere aos meios empregados pelo agente para o cometimento do homicídio.

Esse inciso permite igualmente a interpretação analógica, trazendo como exemplos o emprego de veneno, fogo, explosivo, asfixia ou tortura.

No caso do emprego de veneno, é imprescindível que a vítima desconheça estar ingerindo a substância letal.

No caso de tortura, o sofrimento é aquele desnecessário da vítima antes da sua morte.

Homicídio qualificado pela tortura (Art. 121, § 2º, III, CP)	Tortura com resultado morte (Art. 1º, § 3º, Lei nº 9.455/97)
Morte DOLOSA.	Morte PRETERDOLOSA.
O agente utiliza a tortura para provocar a morte da vítima.	O agente tem o dolo de torturar a vítima, e da tortura resulta culposamente sua morte.
Competência do tribunal do júri.	Competência do juiz.
A tortura foi o meio utilizado para a morte.	A tortura foi o fim desejado, mas a morte foi culposa.

A traição, de emboscada, ou mediante dissimulação ou outro recurso que dificulte ou torne impossível a defesa do ofendido

O legislador cita como exemplos a traição, emboscada ou dissimulação, finalizando de maneira genérica o que também permite a interpretação analógica.

Tem caráter objetivo (modo de execução do crime).

Traição: ataque desleal, quebra de confiança.

Emboscada: aquele que ataca a vítima com surpresa. Ele se oculta para surpreender a vítima.

Dissimulação: significa fingimento, disfarçando o agente a sua intenção hostil.

Ex.: Aquele que convida para ir à casa de outrem e, lá chegando, mata o convidado.

Para assegurar a execução, ocultação, a impunidade ou vantagem de outro crime

Tem caráter subjetivo (refere-se aos motivos do crime). Trata das hipóteses de conexão teleológica e consequencial.

→ Quando se comete o crime para assegurar a execução, classifica-se o homicídio como qualificado teleológico.

Ex.: "A" pretendendo cometer um crime de extorsão mediante sequestro contra uma pessoa muito importante e para assegurar a execução mata o segurança do empresário.

→ Já no homicídio consequencial são as seguintes hipóteses:

Conexão Consequencial	
Ocultação	Quer evitar a descoberta do crime cometido pelo agente. **Ex.:** Ocultar o cadáver após o homicídio.
Impunidade	O criminoso procura evitar que se descubra que ele foi o autor do crime. **Ex.:** Matar a testemunha ocultar de um crime.
Vantagem	O agente que usufruir a vantagem decorrente da prática de outro crime. **Ex.:** Um ladrão mata o outro para ficar com todo o dinheiro do roubo praticado por ambos.

O STF tem admitido a coexistência do privilégio (caráter subjetivo) com as qualificadoras de caráter objetivo (chamado homicídio privilegiado-qualificado).

Ex.: "A" matou "B" envenenado porque este último estuprou a filha de "A".

O homicídio privilegiado-qualificado não é considerado hediondo (pois a existência do privilégio afasta a hediondez do homicídio qualificado).

Matar por ocasião de outro crime, sem vínculo finalístico, não qualifica o crime.

O crime futuro deve ocorrer para gerar a conexão teleológica? O crime futuro não precisa ocorrer para gerar esta qualificadora, bastando matar para essa finalidade.

Matar para assegurar uma contravenção penal não qualifica o crime nesta modalidade, mas pode qualificá-lo pelo motivo fútil.

Há possibilidades do homicídio qualificado ser privilegiado? Sim. Há essa possibilidade, quando as qualificadoras são objetivas.

Ou seja, uma da privilegiadoras, e uma das qualificadoras do meio cruel ou da torpeza (objetivas).

Para a maioria da doutrina, o homicídio qualificado quando também privilegiado não será hediondo, uma vez que o privilégio é preponderante.

Feminicídio

> ***VI.*** *Contra a mulher por razões da condição de sexo feminino:*
>
> ***VII.*** *Contra autoridade ou agente descrito nos Arts. 142 e 144 da Constituição Federal, integrantes do sistema prisional e da Força Nacional de Segurança Pública, no exercício da função ou em decorrência dela, ou contra seu cônjuge, companheiro ou parente consanguíneo até terceiro grau, em razão dessa condição: (Incluído pela Lei nº 13.142, de 2015).*
>
> ***Pena*** *- reclusão, de doze a trinta anos.*

§ 2º-A. Considera-se que há razões de condição de sexo feminino quando o crime envolve:

I. Violência doméstica e familiar;

II. Menosprezo ou discriminação à condição de mulher.

§ 7º A Pena do feminicídio é aumentada de 1/3 (um terço) até a metade se o crime for praticado:

I. Durante a gestação ou nos 3 (três) meses posteriores ao parto;

II. Contra pessoa menor de 14 (catorze) anos, maior de 60 (sessenta) anos ou com deficiência;

III. Na presença de descendente ou de ascendente da vítima.

***Pena** - reclusão, de doze a trinta anos.*

A Lei nº 13.104/2015 introduziu no Código penal uma nova figura típica: o feminicídio. A pena para homicídio qualificado é de 12 a 30 anos de prisão, e será aumentada em um terço se o crime acontecer durante a gestação ou nos três meses posteriores ao parto; se for contra adolescente menor de 14 anos ou adulto acima de 60 anos ou ainda pessoa com deficiência. Também se o assassinato for cometido na presença de descendente ou ascendente da vítima.

Podemos definir como uma qualificadora do crime de homicídio motivada pelo ódio contra as mulheres, tendo como ente motivador por circunstâncias específicas em que o pertencimento da mulher ao sexo feminino é central na prática do delito. Entre essas circunstâncias estão incluídos: os assassinatos em contexto de violência doméstica ou familiar e o menosprezo ou discriminação à condição de mulher.

Temos essa qualificadora conhecida como crime fétido.

Razões de Gênero

A qualificadora do feminicídio não poderá ser provada por um laudo pericial ou exame cadavérico, porque nem sempre um assassinado de uma mulher será considerado "feminicídio". Assim, para ser configurada a qualificadora do feminicídio, a acusação tem que provar que o crime foi cometido contra a mulher por razões da condição de sexo feminino.

O feminicídio foi acrescentado no § 2º-A. Essa conduta tomou a forma de uma norma explicativa do termo razões da condição de sexo feminino, podendo ocorrer em duas situações:

> Violência doméstica e familiar;
> Menosprezo ou discriminação à condição de mulher;

O § 7º do Art. 121 do CP estabelece causas de aumento de pena para o crime de feminicídio.

A pena será aumentada de 1/3 até a metade se for praticado:

> Durante a gravidez ou nos 3 meses posteriores ao parto;
> Contra pessoa menor de 14 anos, maior de 60 anos ou com deficiência;
> Na presença de ascendente ou descendente da vítima.

***Art. 1º.** São considerados hediondos os seguintes crimes, todos tipificados no Decreto-Lei nº 2.848, de 7 de dezembro de 1940 - Código Penal, consumados ou tentados:*

I. homicídio (Art. 121), quando praticado em atividade típica de grupo de extermínio, ainda que cometido por um só agente, e homicídio qualificado (Art. 121, § 2º, incisos I, II, III, IV, V, VI e VII);

Como todo homicídio qualificado, o feminicídio também é considerado hediondo de acordo com o Art. 1º da Lei nº 8.072/90 (Lei de Crimes Hediondos).

Homicídio Funcional

Essa qualificadora foi inserida pela Lei nº 13.142/2015, que acrescentou objetivamente essa ação no rol dos crimes hediondos no Art. 1º inciso I-A e também aumentou a pena de 1/3 a 2/3 no Art. 129 (lesão corporal).

VII. Contra autoridade ou agente descrito nos Arts. 142 e 144 da Constituição Federal, integrantes do sistema prisional e da Força Nacional de Segurança Pública, no exercício da função ou em decorrência dela, ou contra seu cônjuge, companheiro ou parente consanguíneo até terceiro grau, em razão dessa condição:

São autoridades previstas no Art. 142 da CF/88

***Art. 142.** As Forças Armadas, constituídas pela Marinha, pelo Exército e pela Aeronáutica, são instituições nacionais permanentes e regulares, organizadas com base na hierarquia e na disciplina, sob a autoridade suprema do Presidente da República, e destinam-se à defesa da Pátria, à garantia dos poderes constitucionais e, por iniciativa de qualquer destes, da lei e da ordem.*

São autoridades do Art. 144 da CF/88:

***Art. 144.** A segurança pública, dever do Estado, direito e responsabilidade de todos, é exercida para a preservação da ordem pública e da incolumidade das pessoas e do patrimônio, através dos seguintes órgãos:*

I. Polícia federal;

II. Polícia rodoviária federal;

III. Polícia ferroviária federal;

IV. Polícias civis;

V. Polícias militares e corpos de bombeiros militares.

Homicídio Culposo

§ 3º. Se o homicídio é culposo:

***Pena** - detenção, de um a três anos.*

Ocorre o homicídio culposo quando o agente realiza uma conduta voluntária, com violação de dever objetivo de cuidado a todos imposto, por negligência, imprudência ou imperícia, produzindo, por consequência, um resultado (morte) involuntário, não previsto e nem querido, mas objetivamente previsível, que podia ter sido evitado caso observasse a devida atenção.

NÃO incide aumento quando o agente foge em razão de sérias ameaças de linchamento.

Modalidades de Culpa	
Negligência	Culpa negativa. O agente deixa de fazer aquilo que a cautela manda. **Ex.:** Viajar de carro com os freios danificados.
Imprudência	Culpa positiva. O agente pratica um ato perigoso. **Ex.:** Trafegar com veículo no centro da cidade a 180 km/h.
Imperícia	Culpa profissional. É a falta de aptidão para o exercício de arte, profissão ou ofício para a qual o agente, apesar de autorizado a exercê-la, não possui conhecimentos teóricos ou práticos para tanto. **Ex.:** Médico ginecologista que começa a realizar cirurgias plásticas sem especialização para tanto.

Por se tratar de infração de médio potencial ofensivo (já que a pena mínima é de um ano) há possibilidade de suspensão condicional do processo.

Já quando ocorre o delito previsto no Art. 302 do CTB – homicídio culposo na condução de veículo automotor – a pena é detenção de dois a quatro anos + a suspensão ou proibição da permissão de conduzir veículo.

Art. 121, §3º, CP	Art. 302, CTB
Norma geral	Norma especial: na direção de veículo automotor.
Pena varia de 01 a 03 anos à infração penal de médio potencial ofensivo.	A pena é de 02 a quatro anos à infração penal de grande potencial ofensivo.
Admite a suspensão do processo.	Não admite suspensão condicional do processo.

Aumento de Pena

§ 4º. No homicídio culposo, a pena é aumentada de 1/3 (um terço), se o crime resulta de inobservância de regra técnica de profissão, arte ou ofício, ou se o agente deixa de prestar imediato socorro à vítima, não procura diminuir as consequências do seu ato, ou foge para evitar prisão em flagrante. Sendo doloso o homicídio, a pena é aumentada de 1/3 (um terço) se o crime é praticado contra pessoa menor de 14 (quatorze) ou maior de 60 (sessenta) anos.

> NÃO incide aumento quando o agente foge em razão de sérias ameaças de linchamento.

Aqui se tem o rol das majorantes do homicídio doloso e o rol das majorantes do homicídio culposo.

Aumento de pena de 1/3

Se o crime resulta de inobservância de regra técnica de profissão, arte ou ofício: neste caso, apesar do agente dominar a técnica, não observa o caso concreto. É diferente da imperícia, pois nessa hipótese, o agente não domina a técnica.

Se o agente deixa de prestar imediato socorro à vítima: neste caso, é necessário para a incidência da majorante que o socorro seja possível, e que o agente não tenha risco pessoal na conduta.

Não incide aumento quando terceiros prestarem socorro ou morte instantânea incontestável.

Neste caso, não incide também o Art. 135 do CP (omissão de socorro), para evitar o bis in idem.

De acordo com o STF, se o autor do crime, apesar de reunir condições de socorrer a vítima não o faz, concluindo pela inutilidade da ajuda em face da gravidade da lesão, sofre a majorante do Art. 121, §4º, do CP:

Se não procura diminuir as consequências do seu ato;

Se foge para evitar prisão em flagrante: para a maioria da doutrina esta majorante é aplicável, pois o agente demonstra, ao fugir do flagrante, ausência de escrúpulo e diminuta responsabilidade moral, lembrando que prejudica as investigações.

Para a doutrina moderna, essa majorante não deveria incidir, pois a pessoa estaria obrigada, nessa hipótese, a produzir prova contra si mesma, o que vai de encontro ao instituto de liberdade, e já que a fuga sem violência não é crime e daí que não poderia também incidir essa majorante. (Defensoria Pública).

No homicídio doloso a pena é aumentada de 1/3 se o crime é praticado contra:

- Menor de 14 anos;
- Maior de 60 anos (não abrange aquele que tem idade igual a 60 anos).

A idade da vítima deve ser conhecida pelo agente.

E se, quando do disparo de arma de fogo, a vítima tenha menos de 14 anos, e quando falece já é maior de 14, incide a majorante? SIM, neste caso analisa-se se na ocasião da ação a vítima era menor de 14 anos.

Perdão Judicial

§ 5º. Na hipótese de homicídio culposo, o juiz poderá deixar de aplicar a pena, se as consequências da infração atingirem o próprio agente de forma tão grave que a sanção penal se torne desnecessária.

Conceito: Segundo alguns autores, perdão judicial é o instituto pelo qual o Juiz, não obstante a prática de um fato típico e ilícito, por um agente comprovadamente culpado, deixa de lhe aplicar, nas hipóteses taxativamente previstas em lei, o preceito sancionador cabível, levando em consideração determinadas circunstâncias que concorrem para o evento.

O perdão judicial somente é concedido após a sentença.

O perdão judicial é uma causa extintiva da punibilidade. E caso seja indagado pelo examinador acerca da diferença do perdão judicial para o perdão do ofendido, é necessário observar que:

Perdão Judicial	Perdão do Ofendido
É ato unilateral (não precisa ser aceito pelo agente).	É ato bilateral (precisa ser aceito pelo agente).
Homicídio culposo ou lesão corporal culposa.	Somente na ação penal privada.

O perdão judicial somente ocorre no homicídio culposo, se as circunstâncias da infração atingirem o agente de forma tão grave que a sanção penal se torne desnecessária.

Ex.: Pai culposamente atropela filho na garagem de casa.

Natureza jurídica da sentença concessiva de perdão judicial: De acordo com a Súmula 18 do STJ: A sentença concessiva do perdão judicial é declaratória da extinção da punibilidade, não subsistindo qualquer efeito condenatório.

Perdão Judicial e Código de Trânsito Brasileiro: O perdão judicial no CTB estava previsto no Art. 300, mas este foi vetado.

> O CP afirma que a sentença é condenatória, considerando que há previsão no Art. 120 que a sentença não é considerada para fins de reincidente.

Causa Específica de Aumento de Pena

§ 6º. A pena é aumentada de 1/3 (um terço) até a metade se o crime for praticado por milícia privada, sob o pretexto de prestação de serviço de segurança, ou por grupo de extermínio.

Esse parágrafo foi introduzido no Código Penal pela Lei nº 12.720 de 27 de setembro de 2012, juntamente com a mudança no §7º do crime de lesão corporal (Art. 129 do CP) e o novo crime de constituição de milícia privada (Art. 288-A do CP).

É uma majorante de concurso necessário, visto que um grupo não pode ser constituído por uma ou duas pessoas.

O legislador omitiu qual o número mínimo exigido para a configuração desses grupos de extermínio ou milícias, mas a interpretação que predomina é de no mínimo 03 pessoas.

Para que ocorra essa causa especial de aumento de pena, se faz necessário um especial fim de agir do grupo de milícia privada (pretexto de prestação de serviço de segurança). Essa majorante também é aplicada se for cometida por somente um integrante do grupo, somente se o referido homicídio já teria sido planejado pela milícia anteriormente.

Ex.: O que ocorre nas favelas do Rio de Janeiro.

Induzimento, Instigação ou Auxílio ao Suicídio

Induzimento, instigação ou auxílio a suicídio ou a automutilação

Art. 122. *Induzir ou instigar alguém a suicidar-se ou a praticar automutilação ou prestar-lhe auxílio material para que o faça: (Redação dada pela Lei nº 13.968, de 2019)*

Pena *- reclusão, de 6 (seis) meses a 2 (dois) anos. (Redação dada pela Lei nº 13.968, de 2019)*

§ 1º *Se da automutilação ou da tentativa de suicídio resulta lesão corporal de natureza grave ou gravíssima, nos termos dos §§ 1º e 2º do art. 129 deste Código: (Incluído pela Lei nº 13.968, de 2019)*

Pena *- reclusão, de 1 (um) a 3 (três) anos. (Incluído pela Lei nº 13.968, de 2019)*

§ 2º *Se o suicídio se consuma ou se da automutilação resulta morte: (Incluído pela Lei nº 13.968, de 2019)*

Pena *- reclusão, de 2 (dois) a 6 (seis) anos. (Incluído pela Lei nº 13.968, de 2019)*

§ 3º *A pena é duplicada: (Incluído pela Lei nº 13.968, de 2019)*

I. *se o crime é praticado por motivo egoístico, torpe ou fútil; (Incluído pela Lei nº 13.968, de 2019)*

II. *se a vítima é menor ou tem diminuída, por qualquer causa, a capacidade de resistência. (Incluído pela Lei nº 13.968, de 2019)*

§ 4º *A pena é aumentada até o dobro se a conduta é realizada por meio da rede de computadores, de rede social ou transmitida em tempo real. (Incluído pela Lei nº 13.968, de 2019)*

§ 5º *Aumenta-se a pena em metade se o agente é líder ou coordenador de grupo ou de rede virtual. (Incluído pela Lei nº 13.968, de 2019)*

§ 6º *Se o crime de que trata o § 1º deste artigo resulta em lesão corporal de natureza gravíssima e é cometido contra menor de 14 (quatorze) anos ou contra quem, por enfermidade ou deficiência mental, não tem o necessário discernimento para a prática do ato, ou que, por qualquer outra causa, não pode oferecer resistência, responde o agente pelo crime descrito no § 2º do art. 129 deste Código. (Incluído pela Lei nº 13.968, de 2019)*

§ 7º *Se o crime de que trata o § 2º deste artigo é cometido contra menor de 14 (quatorze) anos ou contra quem não tem o necessário discernimento para a prática do ato, ou que, por qualquer outra causa, não pode oferecer resistência, responde o agente pelo crime de homicídio, nos termos do art. 121 deste Código. (Incluído pela Lei nº 13.968, de 2019)*

Para o Direito Penal Brasileiro, não é passível de punição a conduta do agente que tem como objetivo o extermínio da sua própria vida, ou seja, aquele que comete o suicídio (autocídio/autoquíria), bem como a possível lesão que o sujeito venha a sofrer caso sua tentativa não obtenha sucesso, devido à falta de previsão legal para tal conduta.

Contudo, o objetivo da norma penal ao tipificar essa conduta é punir o agente que participa na ocorrência do crime, auxiliando, induzindo ou instigando alguém a cometer o suicídio.

Classificação

É crime simples, comum, e material, pois sua consumação exige resultado. É crime de forma livre. Pode ser praticado por ação ou por omissão IMPRÓPRIA, quando presente o dever de agir. (Art. 13, § 2º, CP)

Condutas acessórias à prática do suicídio:

> Induzir: Implantar a ideia.

> Instigar: Reforçar a ideia preexistente.

> Auxiliar: Intromissão no processo físico de causação.

Sujeitos

Sujeito Ativo: crime comum, pode ser praticado por qualquer um.

Sujeito Passivo: alguém que tenha capacidade para agir, pois caso contrário será crime de homicídio. Se ela tiver relativa capacidade (de 14 até fazer 18 anos – Art. 224, "a" e 217-A, CP), incorrerá na pena do Art. 122, parágrafo único, II, CP.

O crime previsto no Art. 122, CP é um crime condicionado ao resultado (morte ou lesão), pois se não se consumar, não terá relevância penal alguma e, portanto, não admite tentativa.

Natureza Jurídica do Art. 122, CP: Nelson Hungria, Luiz Regis Prado, Aníbal Bruno e Rogério Greco – Condição Objetiva de Punibilidade, porque o crime se perfaz quando se instiga, induz ou auxilia. Mas a lei condiciona a punibilidade dessa conduta à ocorrência do suicídio, ou pelo menos da lesão grave. São resultados que se encontram fora do Tipo e, por isso, são condições que a Lei coloca para que o Estado possa exercer o *ius puniendi*.

> ***Art. 13***, *§ 2º, CP. A omissão é penalmente relevante quando o omitente devia e podia agir para evitar o resultado. O dever de agir incumbe a quem:*
>
> ***a)*** *Tenha por lei obrigação de cuidado, proteção ou vigilância;*
>
> ***b)*** *De outra forma, assumiu a responsabilidade de impedir o resultado;*
>
> ***c)*** *Com seu comportamento anterior, criou o risco da ocorrência do resultado.*

A conduta só é punida na forma dolosa (o agente que participa), NÃO existindo previsão para modalidade culposa.

Descrição do crime: é conhecido também como o crime de participação em suicídio. Ademais, a participação deve dirigir-se a pessoa(as) determinada (as), pois NÃO é punível a participação genérica (um filme, livro, que estimule o pensamento suicida).

Sendo a conduta criminosa composta de vários verbos (induzir, instigar, auxiliar), ainda que o agente realize as três condutas, o crime será único, respondendo desta forma, apenas pelo Art. 122 do CP.

Na participação material, o auxílio deve ser acessório, pois, caso seja direto e imediato, o crime será o de homicídio, visto que o sujeito não pode, em hipótese alguma, realizar uma conduta apta a eliminar a vida da vítima.

Ex.: "A" empresta sua arma de fogo para "B", contudo, "B" solicita para que esse ("A") efetue o disparo em sua cabeça.

O auxílio deve ser eficaz, ou seja, precisa contribuir efetivamente para o suicídio. Desse modo, se "A" empresta uma arma de fogo para "B" se matar, mas este acabe utilizando uma corda (enforcamento), nesse caso, a conduta de "A" será atípica.

Exige-se que o agente imprima seriedade em sua conduta, querendo que a vítima efetivamente se suicide (dolo).

Não há crime se o agente fala, por brincadeira, para a vítima se matar e esta realmente se mata.

Não caracteriza constrangimento ilegal a coação (força) exercida para impedir o suicídio (Art. 146, §3º, II, CP).

Ex.: "A" induz "B" a suicidar-se e "C" empresta a arma de fogo. "B" se mata. "A" e "C" responderão como autores do crime previsto no Art. 122, CP.

Pacto de Morte ou Suicídio a Dois

Duas pessoas resolvem se suicidar conjuntamente. Ex.: câmara de gás. Podem ocorrer as seguintes situações:		
"A" e "B" sobreviveram e não ocorreu lesão corporal grave (ou gravíssima).	Os dois abriram a torneira de gás.	Os dois responderão por tentativa de homicídio.
"A" e "B" sobreviveram e não ocorreu lesão corporal grave (ou gravíssima).	"A" abriu a torneira.	"A" responderá por tentativa de homicídio e "B" não responderá por nada (Fato Atípico).
"A" e "B" sobreviveram, mas "B" ficou com lesão corporal grave (ou gravíssima).	"A" abriu a torneira.	"A" responderá por tentativa de homicídio e "B" responderá por participação em suicídio (Art. 122).
"A" morreu e "B" sobreviveu.	"A" abriu a torneira.	"B" responderá por participação em suicídio (Art. 122).
"A" morreu e "B" sobreviveu.	"B" abriu a torneira.	"B" responderá por homicídio.

Roleta-Russa e Duelo Americano

Os Sobreviventes Responderão pelo Crime:	
Roleta-russa	A arma de fogo (revólver) é municiada com um único projétil, sendo o gatilho acionado por ambos os participantes – conforme sua ordem – girando o "tambor" da arma a cada nova tentativa. "A" gira o tambor, mira em sua cabeça, e aciona o gatilho.
Duelo-Americano	Existem duas armas, sendo que apenas uma está municiada, cada um escolhe a sua e efetiva o disparo contra si mesmo, desconhecendo qual efetivamente está carregada.

Formas Qualificadas

Portanto verificar o aluno que com as modificações introduzidas no referido crime, temos agora as qualificadoras de lesão gravíssima ou grave (que antes tornava atípico o crime) e morte, em que ambas eram apenas consideradas como condição para a tipificação do crime:

a) Se da automutilação ou da tentativa de suicídio resulta lesão corporal de natureza grave ou gravíssima, nos termos dos §§ 1º e 2º do art. 129 deste Código – pena de 1 a 3 anos

b) Se o suicídio se consuma ou se da automutilação resulta morte – pena de 2 a 6 anos

Formas majoradas

a) A pena é duplicada (aqui o aumento será aplicado em dobro, o que não é até o dobro, mas sim em dobro)

> se o crime é praticado por motivo egoístico, torpe ou fútil;

> se a vítima é menor ou tem diminuída, por qualquer causa, a capacidade de resistência.

b) A pena é aumentada até o dobro se a conduta é realizada por meio da rede de computadores, de rede social ou transmitida em tempo real.

Portanto perceba que não havia essa previsão na redação anterior. Através da evolução comportamental da sociedade, uma maior punição agora se impõe aos que, através dos novos meios de comunicação em massa – internet e redes sociais.

c) Aumenta-se a pena em metade se o agente é líder ou coordenador de grupo ou de rede virtual

O que antes também não era previsto, agora se tem uma maior punição dos líderes/administradores/fundadores de grupos de comunicação, devido ao seu imenso poder de persuasão sobre seus "seguidores".

Infanticídio

Art. 123. *Matar, sob a influência do estado puerperal, o próprio filho, durante o parto ou logo após:*

Pena *- detenção, de dois a seis anos.*

O Art. 123 do CP é um homicídio especial, dotado de especializastes, possuindo pena menor, o que implica o fato de ser considerado Homicídio Privilegiado.

Requisitos

- Praticado pela própria mãe contra seu filho;
- Durante ou logo após o parto;
- Contra recém-nascido (neonato);
- Sob influência de estado puerpério (lapso temporal até que a mulher volte ao ciclo menstrual normal).

Trata-se de um crime próprio (praticado pela própria mãe).

É um crime comissivo (ação) ou omissivo (omissão imprópria), sendo também um crime material, consuma-se, efetivamente, com a morte da vítima.

Sujeitos

Sujeito Ativo: o sujeito ativo aqui é a mãe, sob influência do estado puerperal.

Indaga-se se o crime em questão admite concurso de pessoas (coautoria e participação)?

Sobre essa pergunta existem duas correntes:

1ª Corrente: o estado puerperal é condição personalíssima incomunicável, logo, não admite concurso de pessoas. Mas atente-se que o CP não reconhece essa condição personalíssima – não tem previsão do Art. 30 do CP.

2ª Corrente: o estado puerperal é condição pessoal comunicável, pelo que é admitido o concurso de agentes. (Majoritária)

→ Alguns autores dividem dessa forma:

1ª Situação: parturiente e médico matam o nascente ou neonato. Parturiente responde pelo Art. 123 e o médico também responde pelo Art. 123 em coautoria.

2ª Situação: parturiente, auxiliada pelo médico, mata nascente ou neonato. A parturiente responde pelo Art. 123 e o médico também, como partícipe.

3ª Situação: médico, auxiliado pela parturiente, mata nascente ou neonato. O médico responderá pelo crime de homicídio e a parturiente, também responderia pelo Art. 121 do CP na qualidade de partícipe. Mas aqui surgem duas correntes em face da injustiça existente:

Corrente Majoritária: o médico responde pelo Art. 121 do CP e a parturiente responde pelo Art. 123 para sanar a injustiça existente.

Sujeito Passivo: é próprio, ou seja, somente aquele que é o nascente (durante o parto) ou neonato (logo após o parto).

Diante da especialidade, tanto do sujeito ativo como do sujeito passivo, o crime é considerado bipróprio.

Supondo que a mãe mate aquele que supõe ser seu filho, mas na verdade é filho de outrem. Nesse caso continuará respondendo pelo crime de infanticídio, diante da aplicação do Art. 20 do CP, que determina a consideração das qualidades da vítima virtual.

Conduta

A conduta punível é tirar a vida extrauterina do próprio filho, durante ou logo após o parto.

→ Tem-se o matar + as seguintes especializantes:

Elemento temporal constitutivo do tipo: durante ou logo após o parto. Se for antes do parto, o crime é de aborto. Se, após o parto, o crime é de homicídio.

Influência do estado puerperal: a doutrina afirma que, o logo após perdura enquanto presente a influência do estado puerperal. Enquanto a gestante estiver sob a influência do estado puerperal, o elemento temporal constitutivo estará presente. Estado puerperal é um desequilíbrio fisio-psíquico.

Estado puerperal: Conforme Sanches, é o estado que envolve a parturiente durante a expulsão da criança do ventre materno, produzindo profundas alterações psíquicas e físicas.

Puerpério é o período que se estende do início do parto até a volta da mulher às condições pré-gravidez.

É preciso, também, que haja uma relação de causa e efeito entre o estado puerperal e o crime, pois nem sempre ele produz perturbações psíquicas na parturiente. Esse alerta se encontra na exposição de motivos do CP.

Dependendo do grau do estado puerperal é possível que a parturiente seja tratada como inimputável ou semi-imputável? Sim. Dependendo do grau de desequilíbrio fisio-psíquico, a parturiente pode sofrer o mesmo tratamento do inimputável ou semi-imputável. Essa é a posição de Mirabete.

Tipo subjetivo

O crime descrito no Art. 123 é punido a título de dolo, não havendo possibilidade de punição na modalidade culposa.

Consumação e tentativa:

O crime se consuma com a morte, sendo perfeitamente possível a tentativa.

Aborto provocado pela gestante ou com seu consentimento

> ***Art. 124.*** *Provocar aborto em si mesma ou consentir que outrem lhe provoque:*
>
> ***Pena*** *- detenção, de um a três anos.*

O crime de aborto ocorre quando há a interrupção da gravidez, ocasionando a morte do produto da geração, procriação, concepção, ou seja, é a eliminação da vida intrauterina.

Sob o aspecto jurídico, a gravidez tem início com a nidação (implantação do óvulo fecundado no útero – parede uterina).

Portanto, não há crime de aborto quando da utilização de meios que inibem a fixação do ovo na parede uterina. É o que ocorre com o DIU (diafragma intrauterino).

Espécies de Aborto

Criminoso	Interrupção dolosa da gravidez (Arts. 124 a 127, CP).
Legal ou Permitido	Não há crime por expressa previsão legal. Art. 128, CP: I) Quando não há outro meio para salvar a vida da gestante (aborto necessário ou terapêutico); II) Quando a gravidez resulta de estupro (aborto sentimental ou humanitário).
Natural	Interrupção espontânea da gravidez. Não há crime.
Acidental	A gestante sofre um acidente qualquer e perde o bebê. Não é crime, por ausência de dolo.

Eugênico ou Eugenésico	Interrupção da gravidez quando há anomalia ou algum defeito genético. É crime, exceto o aborto de anencéfalo.
Econômico ou Social	Interrupção da gravidez para não agravar a situação de miséria enfrentada pela mãe ou por sua família. É crime.

Objetividade jurídica

Vida humana. No aborto provocado por terceiro SEM o consentimento da gestante (Art. 125), protege-se também a integridade física e psíquica da gestante.

Objeto material

O produto da concepção (óvulo fecundado, embrião ou feto).

Deve haver prova da gravidez, pois se a mulher não está grávida, ou se o feto já havia morrido por outro motivo qualquer será crime impossível por absoluta impropriedade do objeto (Art. 17, CP).

O feto deve estar alojado no útero materno. Desse modo, se ocorrer a destruição de um tubo de ensaio que contém um óvulo fertilizado in vitro não haverá aborto.

O feto não necessita ter viabilidade. Basta que esteja vivo antes do crime.

Sujeitos do crime

Sujeito Ativo: Os crimes do Art. 124, CP são de mão própria, pois somente a gestante pode provocar aborto em si mesma ou consentir que um terceiro lhe provoque. Não admitem coautoria, mas admite participação. É crime comum nos demais casos.

Sujeito Passivo: é o feto. No aborto provocado por terceiro SEM o consentimento da gestante (Art. 125) as vítimas são o feto e a gestante.

É crime de forma livre. Pode ser praticado de forma comissiva ou omissiva (Ex.: deixar dolosamente de ingerir medicamentos necessários para a preservação da gravidez). Se, contudo, o meio de execução for absolutamente ineficaz será crime impossível (Ex.: despachos, rezas e simpatias).

Elemento subjetivo

É o dolo, direto ou eventual

Não existe o crime de aborto culposo

Se a própria gestante agir culposamente e ensejar o aborto, o fato será atípico. Já o terceiro que provoca aborto por culpa responde por lesão corporal culposa contra a gestante.

Consumação e tentativa

Ocorre com a morte do feto. É dispensável a expulsão do produto da concepção.

É admitida a tentativa.

Ex.: Realizou manobras abortivas e o feto foi expulso com vida: tentativa de aborto.

O agente quer ferir a gestante e realiza manobras abortivas e o feto é expulso com vida: lesão corporal grave (aceleração de parto – Art. 129, § 1º, IV, CP).

Realizou manobras abortivas e o feto foi expulso com vida. Logo em seguida o agente mata o feto: tentativa de aborto e homicídio em concurso material.

Realizou manobras abortivas e o feto foi expulso com vida, mas morreu alguns dias depois em razão da manobra realizada: aborto consumado.

Classificação doutrinária

O aborto é crime: material, próprio e de mão própria ou comum, instantâneo, comissivo ou omissivo, de dano, unissubjetivo, unilateral ou de concurso eventual, plurissubjetivo ou de concurso necessário, plurissubsistente, de forma livre, progressivo.

O Art. 20 da LCP diz que constitui contravenção penal a conduta de anunciar processo, substância ou objeto destinado a provocar aborto.

Análise do tipo penal

1ª parte: provocar aborto em si.

É o autoaborto, um crime próprio e de mão própria.

Admite participação:

Ex.: Mulher gestante ingere medicamento abortivo que lhe foi dado por seu namorado e provoca o aborto. Nesta situação a gestante é autora de autoaborto e seu namorado é partícipe (induzir, instigar ou auxiliar) deste crime. Todavia, se o namorado tivesse executado qualquer ato de provocação do aborto seria autor do crime previsto no Art. 126, CP (aborto com o consentimento da gestante).

O partícipe do autoaborto, além de responder por este crime, pratica ainda homicídio culposo ou lesão corporal culposa se ocorrer morte ou lesão corporal grave em relação à gestante, pois o disposto no Art. 127 não se aplica ao crime do Art. 124.

Quanto à gestante que provoca aborto em si mesma, o aborto legal ou permitido, duas situações podem ocorrer:

- Se for aborto necessário ou terapêutico: não há crime (estado de necessidade);
- Se for aborto sentimental ou humanitário: há crime, pois nesta modalidade somente é autorizado no aborto praticado pelo médico.

2ª parte: consentir para que 3º lhe provoque o aborto.

O legislador criou uma exceção à teoria monista ou unitária no concurso de pessoas (Art. 29, Caput, CP) e criou crimes distintos: a gestante responde pelo Art. 124, 2ª parte, CP e o terceiro que provoca o aborto responde pelo Art. 126, CP.

Esse crime é de mão própria, pois somente a gestante pode prestar o consentimento. Não admite coautoria, mas admite participação.

A gestante dever ter capacidade e discernimento para consentir (ser maior de 14 anos e ter integridade mental). E o consentimento deve ser válido (isento de fraude e não tenha sido obtido por meio de violência ou grave ameaça).

Aborto Provocado por Terceiro

Art. 125. *Provocar aborto, sem o consentimento da gestante:*
Pena *- reclusão, de três a dez anos.*

Sujeito ativo: qualquer pessoa

Sujeito passivo: produto da concepção e a gestante.

Art. 126. *Provocar aborto com o consentimento da gestante:*

> ***Pena*** *- reclusão, de um a quatro anos.*
>
> ***Parágrafo único.*** *Aplica-se a pena do artigo anterior, se a gestante não é maior de quatorze anos, ou é alienada ou débil mental, ou se o consentimento é obtido mediante fraude, grave ameaça ou violência.*

Considerações

É crime de concurso necessário.

O legislador criou uma exceção à teoria monista ou unitária no concurso de pessoas (Art. 29, Caput, CP) e criou crimes distintos: a gestante responde pelo Art. 124, 2ª parte, CP e o terceiro que provoca o aborto responde pelo Art. 126, CP.

O consentimento da gestante (expresso ou tácito) deve subsistir até a consumação do aborto. Se durante a prática do crime ela se arrepender e solicitar ao terceiro a paralisação das manobras letais, mas não for obedecida, para ela o fato será atípico, e o terceiro responderá pelo crime do Art. 125, CP.

Se três ou mais pessoas associarem-se para o fim de praticarem abortos, responderão pelo crime de Associação Criminosa (Art. 288, CP) em concurso material com os abortos efetivamente realizados.

Se não tiver o consentimento da gestante responde pelo Art. 125 do CP.

Caso a gestante consentir, mas seu consentimento não seja válido, por se enquadrar em alguma das hipóteses do parágrafo único do Art. 126 (gestante não maior de 14 anos ou alienada mental ou consentimento obtido através de fraude, grave ameaça ou violência), os agentes responderão pelo crime do Art. 125 do CP.

Forma Qualificada

> ***Art. 127.*** *As penas cominadas nos dois artigos anteriores são aumentadas de um terço, se, em consequência do aborto ou dos meios empregados para provocá-lo, a gestante sofre lesão corporal de natureza grave; e são duplicadas, se, por qualquer dessas causas, lhe sobrevém a morte.*

Esses resultados são preterdolosos advindos da prática abortiva, ou seja, são resultados que só poderão ser imputados a título de culpa. Se houver dolo em relação a esses resultados haverá concurso.

> O aborto de feto anencefálico é uma espécie de aborto eugênico.

Aborto Necessário

> ***Art. 128.*** *Não se pune o aborto praticado por médico:*

Se não há outro meio de salvar a vida da gestante;

Depende de dois requisitos:

- Que a vida da gestante corra perigo em razão da gravidez;
- Que não exista outro meio de salvar sua vida. (Desse modo, há crime de aborto quando interrompida a gravidez para preservar a saúde da gestante).

O risco para a vida da gestante não precisa ser atual. Basta que exista, isto é, que no futuro possa colocar em perigo a vida da mulher.

Não necessita do consentimento da gestante e não haverá crime quando a gestante se recusa a fazê-lo e o médico provoca o aborto necessário.

Se o aborto necessário for realizado por ENFERMEIRA, ou por qualquer pessoa que não o médico, duas situações podem ocorrer:

- Há perigo atual para a gestante: estado de necessidade (Art. 24, CP);
- Não há perigo atual: há crime de aborto.

Aborto no Caso de Gravidez Resultante de Estupro

> ***II.*** *Se a gravidez resulta de estupro e o aborto é precedido de consentimento da gestante ou quando incapaz, de seu representante legal.*

Necessita de três requisitos:

- Ser praticado por médico;
- Consentimento válido da gestante ou de seu representante legal (se for incapaz);
- Gravidez resultante de estupro.

Nesta hipótese, como não há perigo atual para a vida da gestante, haverá o crime de aborto se praticado por qualquer pessoa que não seja o médico.

O aborto será permitido mesmo que a gravidez resulte de ato libidinoso diverso da conjunção carnal (Ex.: Sexo anal, estupro de vulnerável) em razão da mobilidade dos espermatozoides. É considerada uma hipótese de analogia in bonam partem.

Não se exige autorização judicial para a realização desta espécie de aborto permitido.

São causas especiais de exclusão da ilicitude. Embora o aborto praticado em tais situações seja fato típico, não há crime pelo fato de serem hipóteses admitidas pelo ordenamento jurídico.

Ambos devem ser praticados por médico (este não precisa de autorização judicial para realizar estas espécies de aborto).

Aborto sentimental também é autorizado quando a gravidez decorrer de estupro de vulnerável (analogia in bonam partem).

Aborto Econômico: não está previsto no ordenamento jurídico. Se praticado será crime de aborto.

De acordo com o Código Penal, existem apenas duas modalidades permissivas de aborto previstas no Art. 128 do CP (aborto necessário e aborto sentimental).

No entanto, em abril de 2012, o STF no julgamento da ADPF 54 passou a admitir uma terceira modalidade: o aborto de feto anencefálico (malformação fetal que leva à ausência de cérebro e à impossibilidade de vida).

Para tanto, não há necessidade de autorização judicial. Basta um laudo formal do médico atestando a anencefalia e a inviabilidade de vida.

3.2 Das Lesões Corporais

> ***Art. 129.*** *Ofender a integridade corporal ou a saúde de outrem:*
>
> ***Pena*** *- detenção, de três meses a um ano.*
>
> *Lesão Corporal de Natureza Grave*
>
> ***§ 1º.*** *Se resulta:*
>
> ***I.*** *Incapacidade para as ocupações habituais, por mais de trinta dias;*
>
> ***II.*** *Perigo de vida;*
>
> ***III.*** *Debilidade permanente de membro, sentido ou função;*
>
> ***IV.*** *Aceleração de parto:*

Pena - *reclusão, de um a cinco anos.*

§ 2º*. Se resulta:*

I. *Incapacidade permanente para o trabalho;*

II. *Enfermidade incurável;*

III. *Perda ou inutilização do membro, sentido ou função;*

IV. *Deformidade permanente;*

V. *Aborto:*

Pena - reclusão, de dois a oito anos.

Lesão Corporal Seguida de Morte

§ 3º*. Se resulta morte e as circunstâncias evidenciam que o agente não quis o resultado, nem assumiu o risco de produzi-lo:*

Pena - *reclusão, de quatro a doze anos.*

Diminuição de Pena:

§ 4º*. Se o agente comete o crime impelido por motivo de relevante valor social ou moral ou sob o domínio de violenta emoção, logo em seguida a injusta provocação da vítima, o juiz pode reduzir a pena de um sexto a um terço.*

Substituição da Pena:

§ 5º*. O juiz, não sendo graves as lesões, pode ainda substituir a pena de detenção pela de multa, de duzentos mil réis a dois contos de réis:*

I. *Se ocorre qualquer das hipóteses do parágrafo anterior;*

II. *Se as lesões são recíprocas.*

Lesão Corporal Culposa

§ 6º*. Se a lesão é culposa:*

Pena - *detenção, de dois meses a um ano.*

Aumento de Pena

§ 7º*. Aumenta-se a pena de 1/3 (um terço) se ocorrer qualquer das hipóteses dos §§ 4º e 6º do Art. 121 deste Código.*

§ 8º*. Aplica-se à lesão culposa o disposto no § 5º do Art. 121.*

Violência Doméstica

§ 9º*. Se a lesão for praticada contra ascendente, descendente, irmão, cônjuge ou companheiro, ou com quem conviva ou tenha convivido, ou, ainda, prevalecendo-se o agente das relações domésticas, de coabitação ou de hospitalidade.*

Pena - *detenção, de 3 (três) meses a 3 (três) anos.*

§ 10*. Nos casos previstos nos §§ 1º a 3º deste artigo, se as circunstâncias são as indicadas no § 9º deste artigo, aumenta-se a pena em 1/3 (um terço).*

§ 11*. Na hipótese do § 9º deste artigo, a pena será aumentada de um terço se o crime for cometido contra pessoa portadora de deficiência.*

§ 12*. Se a lesão for praticada contra autoridade ou agente descrito nos Arts. 142 e 144 da Constituição Federal, integrantes do sistema prisional e da Força Nacional de Segurança Pública, no exercício da função ou em decorrência dela, ou contra seu cônjuge, companheiro ou parente consanguíneo até terceiro grau, em razão dessa condição, a pena é aumentada de um a dois terços.*

Essa qualificadora foi inserida pela Lei nº 13.142/2015.

São autoridades previstas no Art. 142 da CF/88:

Art. 142. *As Forças Armadas, constituídas pela Marinha, pelo Exército e pela Aeronáutica, são instituições nacionais permanentes e regulares, organizadas com base na hierarquia e na disciplina, sob a autoridade suprema do Presidente da República, e destinam-se à defesa da Pátria, à garantia dos poderes constitucionais e, por iniciativa de qualquer destes, da lei e da ordem.*

São autoridades do Art. 144 da CF/88:

Art. 144. *A segurança pública, dever do Estado, direito e responsabilidade de todos, é exercida para a preservação da ordem pública e da incolumidade das pessoas e do patrimônio, através dos seguintes órgãos:*

I. *Polícia federal;*

II. *Polícia rodoviária federal;*

III. *Polícia ferroviária federal;*

IV. *Polícias civis;*

V. *Polícias militares e corpos de bombeiros militares.*

§8º*. Guardas municipais*

Lesão corporal é a ofensa humana direcionada à integridade corporal ou à saúde de outra pessoa, quer do ponto de vista anatômico, quer do ponto de vista fisiológico ou mental. A dor, por si só, não caracteriza lesão corporal.

No crime de lesão corporal, protege-se a incolumidade física em sentido amplo: Saúde física ou corporal; Saúde fisiológica (correto funcionamento do organismo) e Saúde mental (psicológica).

Topografia do Art. 129	
Art. 129, *caput*	Lesão dolosa leve.
Art. 129, §1º	Lesão dolosa grave - Atenção! O § 1º não traz somente a lesão dolosa grave. Ele também tem lesão preterdolosa grave.
Art. 129, §2º	Lesão dolosa gravíssima - também no § 2º tem preterdolo.
Art. 129, §3º	Lesão seguida de morte (está genuinamente preterdolosa).
Art. 129, §4º	Lesão dolosa privilegiada.
Art. 129, §5º	Lesão culposa.
Art. 129, §6º	Majorantes.
Art. 129, §7º	Perdão judicial.
Art. 129, §§ 9, 10 e 11	Violência doméstica e familiar (aqui não é só contra mulher).
Art. 129, § 12	Praticada contra autoridade policial.

Classificação

Pode ser praticado por ação ou omissão, quando presente o dever de agir para evitar o resultado, Art. 13, §2º, CP.

Ex.: A mãe que deixa o filho pequeno sozinho na cama, desejando que ele caísse e se machucasse.

É crime de forma livre. Pode ser praticado por ação ou omissão. Pratica lesão quem cria ferimento ou quem agrava o ferimento que já existe.

Elemento subjetivo é o dolo (direto ou eventual) conhecido como animus laedendi, mas há também a culpa no §6º (lesão corporal culposa) e o preterdolo no §3º (lesão corporal seguida de morte).

> Qual crime é praticado, pelo policial militar que agride uma pessoa? Abuso de autoridade e lesão corporal.

Sujeitos do crime

Sujeito Ativo: é crime comum, podendo ser praticado por qualquer pessoa.

Sujeito Passivo: em regra, qualquer pessoa.

Exceções: Art. 129, §1º, IV (aceleração de parto) e Art. 129, §2º, V (lesão que resulta aborto). Nestas duas hipóteses as vítimas são, necessariamente, gestantes. Também na lesão qualificada pela violência doméstica a vítima precisa ser ascendente, descendente, irmã, cônjuge ou companheira do agressor.

Exceções:

> Art. 129, §1º, IV (aceleração de parto).
> Art. 129, §2º, V (lesão que resulta aborto).

Nestas duas hipóteses as vitimas são, necessariamente, gestantes.

> Contra ascendente, descendente, irmã, cônjuge ou companheira do agressor.
> Agentes de Segurança descritos no Art. 129, §12º, assim com parente consanguíneo até terceiro grau.

Consumação e tentativa

Por ser crime material se consuma com a efetiva lesão da vítima. A pluralidade de lesões contra a mesma vítima e no mesmo contexto temporal caracteriza crime único, mas deve influenciar na dosimetria da pena-base (Art. 59, CP).

A tentativa só é cabível nas modalidades dolosas. Não cabe tentativa na lesão culposa e na lesão corporal seguida de morte.

Lesão corporal (Art. 29, CP)	Contravenção penal de vias de fato (Art. 21, LCP)
Lesionar a vítima.	Agredir a vítima, sem lesioná-la Ex.: empurrão, puxão de cabelo.

Lesão corporal leve

A ação penal é pública condicionada à representação da vítima, de competência dos Juizados Especiais Criminais.

O conceito de Lesão Leve é considerado por exclusão: será de natureza leve se não for a lesão de natureza grave ou gravíssima.

Há jurisprudência admitindo o princípio da insignificância na lesão corporal, quanto às lesões levíssimas. Na doutrina, esse posicionamento é Pierangeri.

Lesão corporal de natureza grave

> ***§ 1º***. *Se resulta*
>
> ***I.*** *Incapacidade para as ocupações habituais, por mais de trinta dias;*
>
> ***II.*** *Perigo de vida;*
>
> ***III.*** *Debilidade permanente de membro, sentido ou função;*
>
> ***IV.*** *Aceleração de parto:*
>
> ***Pena*** *- reclusão, de um a cinco anos.*

Trata-se de infração de médio potencial ofensivo, considerando que a pena mínima é de um ano.

A ação penal é pública incondicionada.

Incapacidade para as ocupações habituais por mais de trinta dias

As ocupações habituais são aquelas rotineiras, física ou mental, do cotidiano do ofendido e não apenas seu trabalho. É suficiente tratar-se de ocupação concreta, pouco importando se lucrativa ou não.

A atividade deve ser lícita, sendo indiferente se moral ou imoral.

Prostituta pode. Ladrão não pode.

Um bebê de tenra idade pode ser vítima dessa lesão? A resposta é afirmativa e há jurisprudência nesse sentido, trazendo como exemplo a hipótese em que o bebê, em razão da agressão não pode ser alimentado, pelo prazo de 30 dias.

É irrelevante a idade da vítima (pode ser idosa ou criança).

São exigidos dois exames periciais: um inicial realizado logo após o crime; e um exame complementar realizado logo que decorra o prazo de 30 dias da data do crime.

Supondo que a vítima sofra uma lesão ficando com um hematoma no olho, e, por vergonha não saiu de casa pelo prazo superior a trinta dias, nessa hipótese, restou configurado o delito de lesões corporais graves? Ensina a doutrina, seguida pela jurisprudência, que a relutância por vergonha de praticar as ocupações habituais não agrava o crime. É a lesão que deve incapacitar o agente e não a vergonha da lesão.

Perigo de vida

Perigo de vida é a possibilidade grave, concreta e imediata de a vítima morrer em consequência das lesões sofridas. Trata-se de perigo concreto, comprovado por perícia médica, que deve indicar, de modo preciso e fundamentado, no que consistiu o perigo de vida proporcionado à vítima.

Nesta hipótese, é crime tipicamente PRETERDOLOSO, pois o resultado agravador deve resultar de culpa do agente.

Se o agente, ao praticar a lesão, quis o resultado ou assumiu o risco de produzi-lo, responderá por tentativa de homicídio.

O crime preterdoloso não está apenas na lesão corporal seguida de morte. O perigo de vida é um resultado necessariamente preterdoloso. O inciso II ora discutido nada mais é que um crime preterdoloso, isto é, dolo na lesão e culpa no perigo de vida. Está-se, pois, diante de um crime necessariamente preterdoloso.

Debilidade permanente de membro, sentido ou função

Debilidade é a diminuição ou o enfraquecimento da capacidade funcional. Há de ser permanente, isto é, duradoura e de recuperação incerta. Não se exige perpetuidade.

Ex.: O agente não fica cego, mas tem reduzida a capacidade visual.

Membros	São os braços, pernas, mãos e pés.
Sentidos	São os mecanismos sensoriais por meio dos quais percebemos o mundo externo: visão, audição, tato, olfato e paladar.
Função	É a atividade inerente a um órgão ou aparelho do corpo humano: respiratória, circulatória, digestiva etc.

A perda ou inutilização de membro sentido ou função é lesão corporal gravíssima (Art. 129, §2º, III, CP).

Órgãos duplos: (Ex.: Rins, olhos, pulmões) a perda de um deles caracteriza lesão grave pela debilidade permanente. Já a perda de ambos configura lesão corporal gravíssima pela perda ou inutilização.

A recuperação do membro, sentido ou função por meio cirúrgico ou ortopédico não exclui a qualificadora, pois a vítima não é obrigada a submeter-se a tais procedimentos.

Aceleração de parto

É a antecipação do parto, o parto prematuro. A criança nasce com vida e continua a viver.

Para incidir essa qualificadora do inciso IV, é imprescindível que o agente saiba ou pudesse saber que a vítima da lesão era gestante, sob pena de restar caracterizada a responsabilidade penal objetiva, vedada pelo ordenamento jurídico. É necessário observar ainda que, em nenhuma dessas hipóteses o agente aceita ou quer o abortamento.

Se em consequência da lesão o feto for expulso morto do ventre materno, o crime será de lesão corporal gravíssima em razão do aborto (Art. 129, §2º, V, CP).

Lesão Corporal dolosa gravíssima

> ***§ 2º***. *Se resulta*
>
> ***I.*** *Incapacidade permanente para o trabalho;*
>
> ***II.*** *Enfermidade incurável;*
>
> ***III.*** *Perda ou inutilização do membro, sentido ou função;*
>
> ***IV.*** *Deformidade permanente;*
>
> ***V.*** *Aborto:*
>
> ***Pena*** *- reclusão, de dois a oito anos.*

Em concurso, restou indagado se a expressão gravíssima era criação da lei, doutrina ou jurisprudência. Referida expressão é criação da doutrina que foi seguida pela jurisprudência.

A Lei nº 9.455/97, que é a lei de tortura, adotou a expressão doutrinária gravíssima. Na lei de tortura, no Art. 1º, §3º, há expressa menção à lesão grave ou gravíssima.

Incapacidade permanente para o trabalho

Deve tratar-se de incapacidade genérica para o trabalho, ou seja, a vítima fica impossibilitada de exercer qualquer tipo de atividade laborativa remunerada.

A incapacidade não significa perpetuidade, basta que seja uma incapacidade duradoura, dilatada no tempo.

Enfermidade incurável.

É a alteração prejudicial da saúde por processo patológico, físico ou psíquico, que não pode ser eficazmente combatida com os recursos da medicina à época do crime. Deve ser provada por exame pericial.

Também é considerada incurável a enfermidade que somente pode ser enfrentada por procedimento cirúrgico complexo ou mediante tratamentos experimentais ou penosos, pois a vítima não pode ser obrigada a enfrentar tais situações.

A transmissão intencional do vírus da AIDS no Brasil é tida como de natureza letal, pelo que é considerada tentativa de homicídio. O certo seria a criação de tipo penal específico sobre a transmissão intencional do vírus da AIDS.

Em recente julgado o STF afastou essa ideia. Entendeu o STF, recentemente, que não se trata de tentativa de homicídio a transmissão intencional do vírus da AIDS.

Perda ou inutilização de membro, sentido ou função

Perda: é a ablação, a destruição ou privação de membro (Ex.: arrancar um braço), sentido (Ex.: perda da audição), função (Ex.: ablação do pênis que extingue a função reprodutora). Pode concretizar-se por meio de mutilação (o membro, sentido ou função é eliminado diretamente pela conduta do agressor) ou amputação (resulta da intervenção médico-cirúrgica realizada para salvar a vida do ofendido).

Inutilização: falta de aptidão do órgão para desempenhar sua função específica. O membro ou órgão continua ligado ao corpo da vítima, mas incapacitado para desempenhar as atividades que lhe são próprias.

Ex.: A vítima ficou paraplégica.

A correção corporal da vítima por meios ortopédicos ou próteses não afasta a qualificadora, ao contrário do reimplante realizado com êxito.

A perda de parte do movimento de um membro (braço, perna, mão ou pé) configura lesão grave pela debilidade permanente. Todavia, a perda de todo o movimento caracteriza lesão corporal gravíssima pela inutilização.

Deformidade permanente

Segundo doutrina e jurisprudências majoritárias, esta qualificadora está intimamente relacionada a questões estéticas. Desse modo, precisa ser visível, mas não necessariamente na face, e capaz de causar impressão vexatória em quem olha a vítima.

A vítima não é obrigada a se submeter a intervenção cirúrgica para a reparação da deformidade. Caso, no entanto, se submeta, e a deformidade for corrigida, desaparecerá a qualificadora, sendo cabível, inclusive, a revisão criminal. A correção da deformidade com o uso de prótese (Ex.: olho de vidro, orelha de borracha ou aparelho ortopédico) não exclui a qualificadora.

Aborto

Essa qualificadora é necessariamente preterdolosa. Há dolo na lesão e culpa no aborto. Se o agente quer, ou assume o risco do aborto haverá concurso de crimes.

A interrupção da gravidez, com a consequente morte do produto da concepção, deve ter sido provocada culposamente, pois se trata de crime preterdoloso.

Se a morte do feto foi proposital, o sujeito responderá por dois crimes: lesão corporal em concurso formal impróprio com aborto sem o consentimento da gestante (Art. 125). É obrigatório o conhecimento da gravidez por parte do agressor.

Lesão Corporal Seguida de Morte

> ***§ 3º***. *Se resulta morte e as circunstâncias evidenciam que o agente não quis o resultado, nem assumiu o risco de produzi-lo.*
>
> ***Pena*** *- reclusão, de quatro a doze anos.*

É crime exclusivamente preterdoloso (dolo no antecedente – lesão - e culpa no consequente – morte). Esse crime não vai a júri, considerando que não há dolo na morte.

A morte foi ocasionada a título culposo – temos o típico caso de crime preterdoloso (dolo na conduta antecedente e culpa na posterior).

Se presente o dolo direto ou dolo eventual quanto ao resultado morte, o sujeito responderá por homicídio doloso.

Essa modalidade de lesão corporal não admite tentativa.

Lesão Corporal Privilegiada

Diminuição de Pena

***§ 4º**. Se o agente comete o crime impelido por motivo de relevante valor social ou moral ou sob o domínio de violenta emoção, logo em seguida a injusta provocação da vítima, o juiz pode reduzir a pena de um sexto a um terço.*

Esse privilégio se aplica a todos os tipos de lesão dolosa, contudo, é incabível nas lesões culposas.

Mesmas características do homicídio privilegiado (Art. 121, §1º, do CP).

Substituição da Pena

***§ 5º**. O juiz, não sendo graves as lesões, pode ainda substituir a pena de detenção pela de multa:*

***I.** Se ocorre qualquer das hipóteses do parágrafo anterior;*

***II.** Se as lesões são recíprocas.*

A situação da substituição de penas somente se aplica ao caput, considerando que exige que as lesões corporais não sejam graves. A possibilidade de substituição, assim, somente se dá com a hipótese de lesões leves.

Quando a Lesão Corporal Leve for Privilegiada

Desse modo, caso as lesões sejam leves, o juiz terá duas opções: reduzir a pena de 1/6 a 1/3 (§4º) ou substituí-la por multa (§5º).

Se as Lesões Leves Forem Recíprocas

Uma pessoa agride outra e, cessada essa primeira agressão, ocorrer uma outra lesão pela primeira vítima.

Lesão Corporal Culposa

***§ 6º**. Se a lesão é culposa:*

***Pena** - detenção, de dois meses a um ano.*

Ocorre lesão corporal culposa quando o agente faltou com seu dever de cuidado objetivo por meio de imprudência, negligência ou imperícia. Desse modo, as consequências, embora previsíveis, não foram previstas pelo agente, ou se foram, ele não assumiu o risco de produzir o resultado.

Essa espécie de lesão depende de representação da vítima ou de seu representante legal (Art. 88, Lei nº 9.099/95), pois é crime de ação penal pública condicionada a representação e infração penal de menor potencial ofensivo (pena máxima menor que dois anos).

Diferentemente do que ocorre com as lesões dolosas (que podem ser leves, graves ou gravíssimas) o CP não fez distinção com relação às lesões culposas. Desse modo, qualquer que seja a intensidade da lesão, o agente responderá por lesão corporal CULPOSA. A gravidade da lesão será levada em consideração na fixação da pena-base (Art. 59).

Aumento de Pena

***§ 7º**. Aumenta-se a pena de um terço, se ocorrer qualquer das hipóteses do Art. 121, §§ 4º e 6º.*

***Art. 121**, §4º, CP. No homicídio culposo, a pena é aumentada de 1/3 (um terço), se o crime resulta de inobservância de regra técnica de profissão, arte ou ofício, ou se o agente deixa de prestar imediato socorro à vítima, não procura diminuir as consequências do seu ato, ou foge para evitar prisão em flagrante. Sendo DOLOSO o homicídio, a pena é aumentada de 1/3 (um terço) se o crime é praticado contra pessoa menor de 14 (quatorze) ou maior de 60 (sessenta) anos.*

***Art. 121**, §4º, CP. A pena é aumentada de 1/3 (um terço) até a metade se o crime for praticado por milícia privada, sob o pretexto de prestação de serviço de segurança, ou por grupo de extermínio.*

***§ 8º**. Aplica-se à lesão culposa o disposto no § 5º do Art. 121.*

***Art. 121**, § 5º, CP. Na hipótese de homicídio CULPOSO, o juiz poderá deixar de aplicar a pena, se as consequências da infração atingirem o próprio agente de forma tão grave que a sanção penal se torne desnecessária.*

Violência Doméstica

***§ 9º**. Se a lesão for praticada contra ascendente, descendente, irmão, cônjuge ou companheiro, ou com quem conviva ou tenha convivido, ou, ainda, prevalecendo-se o agente das relações domésticas, de coabitação ou de hospitalidade:*

***Pena** - detenção, de 3 (três) meses a 3 (três) anos.*

***§ 10**. Nos casos previstos nos §§ 1º a 3º deste artigo, se as circunstâncias são as indicadas no § 9º deste artigo, aumenta-se a pena em 1/3 (um terço).*

***§ 11**. Na hipótese do § 9º deste artigo, a pena será aumentada de um terço se o crime for cometido contra pessoa portadora de deficiência.*

A forma qualificada do §9º só se aplica à lesão corporal LEVE.

Pode ser causa supralegal de exclusão da ilicitude (somente na lesão corporal leve), desde que presentes os seguintes requisitos, cumulativos:

- Deve ser expresso;
- Livre (não pode ter sido concedido em razão de coação ou ameaça);
- Ser moral e respeitar os bons costumes;
- Deve ser prévio à consumação da lesão;
- O ofendido deve ser capaz para consentir (maior de 18 anos e mentalmente capaz).

Durante a relação sexual, a mulher pede ao seu parceiro que a bata com força.

É irrelevante o consentimento do ofendido nos crimes de lesão corporal grave, gravíssima e seguida de morte, pois o bem jurídico protegido nestas hipóteses é indisponível.

Autolesão: em razão do princípio da alteridade, não se pune a autolesão. Todavia, pode caracterizar o crime descrito no Art. 171, §2º, V, CP.

Ex.: Jogador de golfe quebra o próprio braço para receber o valor do seguro.

Lesões em atividades esportivas: há a exclusão da ilicitude em razão do exercício regular do direito.

Cirurgias emergenciais: se há risco de morte de paciente, o médico que atua sem o consentimento do operado estará amparado pelo estado de necessidade de terceiro. Se não há risco de morte, a cirurgia depende de consentimento da vítima ou de seu representante legal para afastar o crime pelo exercício regular do direito.

Cirurgia de mudança de sexo: não há crime de lesão corporal gravíssima por ausência de dolo de lesionar a integridade corporal ou a saúde do paciente. Atualmente é permitida a realização dessa cirurgia – redesignação sexual – inclusive na rede pública de saúde (Portaria do Ministério da Saúde nº 1.707 de 19/08/08). Desse modo, o médico que realiza esta cirurgia não comete crime por estar acobertado pelo exercício regular de direito.

Cirurgia de esterilização sexual: não há crime na conduta do médico que realiza esta cirurgia (vasectomia, ligadura de trompas etc.) com a autorização do paciente, apesar da eliminação da função reprodutora. Exercício regular de direito.

3.3 Da Periclitação da Vida e da Saúde

Perigo de Contágio Venéreo

Art. 130. *Expor alguém, por meio de relações sexuais ou qualquer ato libidinoso, a contágio de moléstia venérea, de que sabe ou deve saber que está contaminado:*

Pena *- detenção, de três meses a um ano, ou multa.*

§ 1º. *Se é intenção do agente transmitir a moléstia:*

Pena *- reclusão, de um a quatro anos, e multa.*

§ 2º. *Somente se procede mediante representação.*

Esse crime configura-se quando o agente transmite ou expõe a perigo de contágio de uma doença venérea (sífilis, gonorreia etc.), bem como, caso ele a desconheça, venha a infectar uma possível vítima.

A forma de transmitir a doença pode ser por meio de relações sexuais (pênis x vagina), ou por qualquer outro ato libidinoso (ação que satisfaça a libido do agente, beijo lascivo, sexo oral, sexo anal, masturbação, etc.).

> A AIDS não é considerada uma moléstia venérea, visto que pode ser contraída ou transmitida de formas diversas, além do contato sexual.

Se a intenção é transmitir, por tratar-se de crime formal, não é necessária a transmissão.

O §1º traz a forma qualificada do crime, ou seja, quando o agente tem intenção de transmitir a doença.

Perigo de Contágio de Moléstia Grave

Art. 131. *Praticar, com o fim de transmitir a outrem moléstia grave de que está contaminado, ato capaz de produzir o contágio:*

Pena *- reclusão, de um a quatro anos, e multa.*

É crime de Dano (caso exponha a perigo sem querer ou assumir o risco será hipótese do Art. 132, CP), Formal (não precisa transmitir) e de Forma Livre.

Nesse delito, o agente tem o fim especial de agir, ou seja, pratica um ato (diverso do contato sexual) com a intenção de transmitir uma moléstia grave (qualquer doença que acarrete em prejuízo a saúde da vítima – não sendo venérea), por exemplo, sarampo, tuberculose etc.

Ademais, em relação à AIDS, visto seu grau letal, é considerado como tentativa de homicídio (Art. 121 do CP), não há possibilidade alguma de enquadrá-la como moléstia grave.

Perigo para Vida ou Saúde de Outrem

Art. 132. *Expor a vida ou a saúde de outrem a perigo direto e iminente:*

Pena *- detenção, de três meses a um ano, se o fato não constitui crime mais grave.*

Parágrafo único. *A pena é aumentada de um sexto a um terço se a exposição da vida ou da saúde de outrem a perigo decorre do transporte de pessoas para a prestação de serviços em estabelecimentos de qualquer natureza, em desacordo com as normas legais.*

Estará configurado o crime quando o agente, de qualquer forma, expor em perigo a vida de uma pessoa determinada. Tal ação pode ser praticada de forma livre, ou seja, não exige uma conduta específica.

Soltar uma pedra do alto de um viaduto em um carro que passa pela rodovia com intenção de causar um acidente.

Caso a conduta do agente não seja contra uma pessoa determinada, será configurado um crime diverso que será avaliado de acordo com a situação (Arts. 250 a 259 do CP).

O incapaz não precisa ser necessariamente uma criança. Por exemplo, uma instrutora de escola de natação que deixa os alunos sozinhos na piscina enquanto vai ao banheiro.

Se o abandono se dá em uma situação em que não há risco, não haverá crime.

Para esse crime deve haver o dolo de perigo.

Abandono de Incapaz

Art. 133. *Abandonar pessoa que está sob seu cuidado, guarda, vigilância ou autoridade, e, por qualquer motivo, incapaz de defender-se dos riscos resultantes do abandono:*

Pena *- detenção, de seis meses a três anos.*

§ 1º. *Se do abandono resulta lesão corporal de natureza grave:*

Pena *- reclusão, de um a cinco anos.*

§ 2º. *Se resulta a morte:*

Pena *- reclusão, de quatro a doze anos.*

Aumento de Pena

§ 3º. *As penas cominadas neste artigo aumentam-se de um terço:*

I. *Se o abandono ocorre em lugar ermo;*

II. *Se o agente é ascendente ou descendente, cônjuge, irmão, tutor ou curador da vítima.*

III. *Se a vítima é maior de 60 (sessenta) anos.*

Essa figura típica incrimina a conduta do agente, que tendo o dever de cuidado, guarda, vigilância ou autoridade abandona, desampara, deixa de prestar o devido cuidado para quem seja incapaz.

Ex.: A mãe deixa o filho em um parque central enquanto percorre lojas realizando compras, ou então, deixa-o dentro do veículo enquanto está no interior de um supermercado. Uma babá, que deixa a criança sozinha dentro de casa enquanto vai à feira.

Ademais, existem as figuras qualificadas caso, do abandono, resulte em lesão corporal de natureza grave, ou a morte do incapaz. Por conseguinte, ocorre também o aumento de pena nas hipóteses descritas nos incisos do § 3º deste artigo.

Exposição ou Abandono de Recém-Nascido

Art. 134. *Expor ou abandonar recém-nascido, para ocultar desonra própria:*

Pena *- detenção, de seis meses a dois anos.*

§ 1º. *Se do fato resulta lesão corporal de natureza grave:*

Pena *- detenção, de um a três anos.*

§ 2º. *Se resulta a morte:*

Pena *- detenção, de dois a seis anos.*

Esse delito é considerado uma forma privilegiada do crime de abandono de incapaz, artigo anterior, no entanto, nesse caso, a vítima é determinada – o recém-nascido – ademais, tal conduta visa proteção da honra do agente.

Uma jovem de 18 anos, mãe solteira, que abandona seu filho recém-nascido para preservar sua imagem perante a família.

Por conseguinte, também existe a forma qualificada do crime, expressa nos parágrafos primeiro e segundo, no caso de a ação resultar em lesão corporal de natureza grave ou a morte do recém-nascido.

Omissão de Socorro

> ***Art. 135.*** *Deixar de prestar assistência, quando possível fazê-lo sem risco pessoal, à criança abandonada ou extraviada, ou à pessoa inválida ou ferida, ao desamparo ou em grave e iminente perigo; ou não pedir, nesses casos, o socorro da autoridade pública:*
>
> ***Pena*** *- detenção, de um a seis meses, ou multa.*
>
> ***Parágrafo único.*** *A pena é aumentada de metade, se da omissão resulta lesão corporal de natureza grave, e triplicada, se resulta a morte.*

Essa norma penal tipifica a conduta omissa do agente que não presta auxílio – desde que tal prestação não incorra em risco pessoal – ou, quando não puder fazê-lo, deixa de pedir socorro para autoridade pública.

Classificação

É considerado um crime COMUM, visto que pode ser praticado por qualquer pessoa.

É um crime OMISSIVO PRÓPRIO ou PURO, pois a conduta omissiva está prevista no artigo em tela do Código Penal que ocorre quando o agente deixa de fazer o que lhe é imposto por lei – prestar socorro.

Comumente é praticado apenas por uma pessoa, sendo que é perfeitamente possível que haja o concurso de agentes, Art. 29 do CP.

Sujeitos do Crime

Sendo um crime comum, o sujeito ativo pode ser qualquer pessoa, enquanto o sujeito passivo são as pessoas elencadas no caput do próprio artigo: Criança abandonada ou extraviada (Perigo Abstrato). Pessoa ferida ou inválida com sérias dificuldades de movimentação (Perigo Abstrato). Ao desamparo ou em grave e eminente perigo (Perigo Concreto).

Consumação e Tentativa

O crime se consuma no momento da omissão, ademais, não será configurado o crime quando a vítima ofereça resistência que torne impossível a prestação de auxílio, ou então, caso ela esteja manifestamente em óbito.

Não admite tentativa.

Descrição do Crime

O crime pode ser cometido de duas formas distintas:

Falta de assistência imediata: o agente pode prestar socorro, sem risco pessoal, mas deliberadamente não o faz.

Falta de assistência mediata: o agente não pode prestar pessoalmente o socorro, mas também não solicita o auxílio da autoridade pública.

A simples condição de médico não o coloca como garantidor.

Pessoa inválida e pessoa ferida: é imprescindível que se encontrem ao desamparo no momento da omissão.

Se apenas uma pessoa presta o socorro, quando diversas poderiam tê-lo feito sem risco pessoal, não há crime para ninguém.

Omissão de socorro a pessoa idosa (igual ou superior a 60 anos), responde conforme o Art. 97, Lei nº 10.741/03 – Estatuto do Idoso.

> ***Parágrafo único.*** *A pena é aumentada de metade, se da omissão resulta lesão corporal de natureza grave, e triplicada, se resulta a morte.*

A causa de aumento de pena é exclusivamente preterdolosa, o agente tem o dolo de se omitir (não presta o socorro) e disto, acaba resultando uma consequência não deseja pelo omitente.

Condicionamento de Atendimento Médico-Hospitalar Emergencial

> ***Art. 135-A.*** *Exigir cheque-caução, nota promissória ou qualquer garantia, bem como o preenchimento prévio de formulários administrativos, como condição para o atendimento médico-hospitalar emergencial:*
>
> ***Pena*** *- detenção, de 3 (três) meses a 1 (um) ano, e multa.*
>
> ***Parágrafo único.*** *A pena é aumentada até o dobro se da negativa de atendimento resulta lesão corporal de natureza grave, e até o triplo se resulta a morte.*

Esse delito tipifica a conduta do estabelecimento que presta atendimento médico-hospitalar emergencial e venha a exigir cheque, nota promissória ou qualquer garantia, como também, que sejam preenchidos formulários como condição necessária para que o socorro possa ser prestado.

Existe ainda o aumento de pena, tratado no parágrafo único, que é quando resulta em lesão corporal grave ou ainda a morte.

Inserido no Código Penal pela Lei nº 12.653/12 coibindo uma prática que era comum em estabelecimentos médico-hospitalares particulares.

Maus-Tratos

> ***Art. 136.*** *Expor a perigo a vida ou a saúde de pessoa sob sua autoridade, guarda ou vigilância, para fim de educação, ensino, tratamento ou custódia, quer privando-a de alimentação ou cuidados indispensáveis, quer sujeitando-a a trabalho excessivo ou inadequado, quer abusando de meios de correção ou disciplina:*
>
> ***Pena*** *- detenção, de dois meses a um ano, ou multa.*
>
> ***§ 1º.*** *Se do fato resulta lesão corporal de natureza grave:*
>
> ***Pena*** *- reclusão, de um a quatro anos.*
>
> ***§ 2º.*** *Se resulta a morte:*
>
> ***Pena*** *- reclusão, de quatro a doze anos.*
>
> ***§ 3º.*** *Aumenta-se a pena de um terço, se o crime é praticado contra pessoa menor de 14 (catorze) anos.*

Esse artigo tipifica a conduta do agente que pratique, sob a pessoa que esteja subordinada à sua autoridade, guarda ou vigilância, atos não condizentes como forma ou a pretexto de educá-la, ensiná-la, tratá-la ou reprimi-la.

Classificação

Trata-se de um crime PRÓPRIO, ou seja, o sujeito ativo deve ser superior hierárquico do sujeito passivo.

É um crime comissivo ou omissivo, porém suas condutas são vinculadas, ou seja, o artigo traz, expressamente, a forma como a conduta do agente deve ocorrer.

Haverá crime único desde que as condutas sejam praticadas contra a mesma vítima e no mesmo contexto fático.

Sujeitos do Crime

Sujeito Ativo: é um crime próprio, ou seja, somente aquele que tem o sujeito passivo sob sua autoridade, guarda ou vigilância, para fins de educação, ensino, tratamento ou custódia.

Sujeito Passivo: é aquele que se encontra sob a autoridade, guarda ou vigilância de outra pessoa, para fins de educação, ensino, tratamento ou custódia.

Consumação e Tentativa

O crime consuma-se com a exposição da vítima ao perigo. Não se exige o dano efetivo.

A conduta de privação de alimentos ou cuidados indispensáveis (modalidade omissiva) não admite tentativa. Contudo, as demais condutas admitem a tentativa.

Descrição do Crime

Apenas pode ser executado pelos meios/condutas indicados no tipo penal, sendo as seguintes:

> Privar a vítima de alimentos ou cuidados indispensáveis: caso a intenção do agente, ao privar a vitima de alimentos, seja matá-la, responderá pelo crime de homicídio (tentado ou consumado);

> Sujeitar a vítima a trabalhos excessivos ou inadequados;

> Abusar dos meios de disciplina ou correção.

As formas qualificadas do crime de maus-tratos (lesão corporal de natureza grave e morte) são exclusivamente preterdolosas – conduta dolosa no antecedente e culpa no consequente.

Aumenta-se a pena de 1/3 se o crime é praticado contra pessoa menor de 14 anos.

A esposa não pode ser vítima de maus-tratos pelo marido, visto que não se encontra sob sua autoridade, guarda ou vigilância. Desse modo, o marido poderá responder pelo crime de lesão corporal (Art. 129 do CP).

Tratando-se de criança ou adolescente sujeita à autoridade, guarda ou vigilância de alguém e submetida a vexame ou constrangimento, aplica-se o Art. 232 da Lei nº 8.069/90 (ECA): submeter criança ou adolescente sob sua autoridade, guarda ou vigilância a vexame ou a constrangimento: pena: detenção de seis meses a dois anos.

A diferença entre o crime de maus-tratos e o crime de Tortura (Lei nº 9.455/97), reside no fato de que nesta a vítima é submetida a intenso sofrimento físico ou mental como forma de aplicar castigo pessoal ou medida de caráter preventivo (Art. 1º, II, Lei nº 9.455/97).

Caso a vítima seja idosa, incide o crime previsto no Art. 99 da Lei nº 10.741/2003 - Estatuto do Idoso.

3.4 Da Rixa

Art. 137. *Participar de rixa, salvo para separar os contendores:*
Pena *- detenção, de quinze dias a dois meses, ou multa.*

Parágrafo único. *Se ocorre morte ou lesão corporal de natureza grave, aplica-se, pelo fato da participação na rixa, a pena de detenção, de seis meses a dois anos.*

A rixa é um conflito tumultuoso que ocorre entre três ou mais pessoas, acompanhada de vias de fato (luta, briga), em que os participantes desferem violências recíprocas, não sendo possível identificar dois grupos distintos.

É um crime comum, pois pode ser praticado por qualquer pessoa.

Ainda, enquadra-se em um delito plurissubjetivo, plurilateral ou de concurso necessário, visto que, para configurar o crime, devem existir no mínimo três pessoas. Por conseguinte, basta que apenas um dos participantes seja imputável (dois menores e um maior de 18 anos).

Também é considerado um crime de condutas contrapostas, ou seja, todos os participantes estão trocando agressões entre si, ora apanha, ora bate.

Sujeitos do Crime

No crime de rixa, ao mesmo tempo em que o agente é sujeito ativo, ele também é um sujeito passivo, pois assim como ele agride também está sofrendo uma agressão - reciprocidade.

Consumação e Tentativa

A consumação ocorre no momento em que os participantes iniciam as vias de fato ou ainda as violências recíprocas.

Admite a tentativa, quando ocorre, por exemplo, a intervenção policial no momento em que iriam se iniciar as agressões.

Descrição do Crime

Os três ou mais rixosos devem combater entre si, pois participa da rixa quem nela pratica, agressivamente, atos de violência material.

Não há rixa quando lutam entre si dois ou mais grupos contrários, perfeitamente definidos. Nesse caso, os membros de cada grupo devem ser responsabilizados pelos ferimentos produzidos nos membros do grupo contrário.

O crime pode ser praticado de forma comissiva (o agente que participa efetivamente da rixa), ou omissiva (quando o omitente podia e devia agir para evitar o resultado).

Ex.: O policial que assiste a três pessoas brigando entre si e nada faz para impedir o resultado.

Não há crime na conduta de quem ingressou no tumulto somente para separar os contendores.

Sendo considerado um crime de perigo abstrato, para que se configure o crime não há necessidade de que os participantes sofram lesões, o simples fato de participar da rixa já acarreta em crime.

O contato físico é dispensável, sendo perfeitamente possível a rixa a distância com o arremesso de objetos, tiros, etc.

Na possibilidade em que ocorre lesão corporal de natureza leve em algum dos participantes e o agente que a causou possa ser identificado, nessa hipótese, ele responderá pelo crime de rixa em concurso material com o crime de rixa, se resulta em lesão corporal grave/gravíssima ou a morte, estará configurado o crime de rixa qualificada.

Quando houver briga entre torcidas, não configura rixa, mas sim o tipo penal descrito no Art. 41-B da Lei nº 10.671/2003 – Estatuto do Torcedor - tem-se um tipo penal específico incluído pela Lei nº 12.299/2010.

Rixa qualificada: também é conhecida como rixa complexa, sendo:

> ***Parágrafo único.*** *Se ocorre morte ou lesão corporal de natureza grave, aplica-se, pelo fato da participação na rixa, a pena de detenção, de seis meses a dois anos.*

A rixa qualificada é um dos últimos resíduos da responsabilidade penal objetiva - antigamente adotada pelo ordenamento jurídico brasileiro - pois, nesta hipótese, independe qual dos rixosos foi o responsável pela produção do resultado agravador – lesão corporal grave ou morte - todos aqueles que participaram responderão na modalidade qualificada.

Ainda, não importa se a morte ou a lesão corporal grave seja produzida em um dos rixosos ou então em uma terceira pessoa, alheia à rixa (apaziguador ou mero transeunte).

Há aqui três sistemas de punição:

Sistema da solidariedade absoluta: se da rixa resultar lesão grave ou morte, todos os participantes respondem pelo evento (lesão grave ou homicídio), independentemente de se apurar quem foi o seu real autor.

Sistema da cumplicidade correspectiva: havendo lesão grave ou morte, e não sendo apurado seu autor, todos os participantes respondem por esse resultado, sofrendo, entretanto, sanção intermediária à de um autor e de um partícipe.

Sistema da autonomia: a rixa é punida por si mesma, independentemente do resultado morte ou lesão grave, o qual, se ocorrer, somente qualificará o delito. Apenas o causador da lesão grave ou morte, se identificado, é que responderá também pelos delitos dos Arts. 121 e 129 do CP.

O CP adotou o princípio ou sistema da autonomia, nos termos do Art. 137, parágrafo único:

> ***Parágrafo único.*** *Se ocorre morte ou lesão corporal de natureza grave, aplica-se, pelo fato da participação na rixa, a pena de detenção, de seis meses a dois anos.*

Até mesmo o rixoso que sofreu lesão corporal grave responde pela rixa qualificada (todos os que se envolvem no tumulto, daí sobrevindo lesão corporal grave ou morte respondem pela rixa qualificada).

O resultado agravador (lesão corporal grave ou a morte) pode ser doloso ou culposo, não se tratando de crime essencialmente preterdoloso.

Caso o resultado seja lesões leves ou ocorra uma tentativa de homicídio, não é capaz de qualificar a rixa.

Ex.: "A" participou da rixa, mas abandonou ANTES da produção do resultado agravador (lesão corporal grave ou morte): "A" responde por rixa qualificada, pois concorreu com o seu comportamento anterior para a produção do resultado.

"A" ingressou na rixa DEPOIS da produção do resultado agravador (lesão corporal grave ou morte): "A" responde por rixa simples.

RIXA versus LEGÍTIMA DEFESA – Durante uma rixa um dos participantes, "A", empunha uma arma para matar "B", este, em sua defesa, consegue defender-se, toma a arma de "A" e o mata. Nessa situação, caso "A" conseguisse matar "B", deveria responder pelo crime de rixa qualificada (resultando morte de um dos participantes) em concurso material com o crime de homicídio. Contudo, como "B" conseguiu reagir, em relação ao crime de homicídio que "A" tentara contra ele, caberá à exclusão de ilicitude – legítima defesa – em relação ao crime de homicídio (morte de "A"), porém, ainda assim, "B" e "C" responderão por rixa qualificada, pois a legítima defesa não é relevante para excluir a qualificação do crime de rixa.

3.5 Dos Crimes Contra Honra

Crime	Conduta	Honra ofendida
Calúnia: Art. 138, CP	Imputar fato criminoso sabidamente falso.	Há ofensa da honra objetiva. Ofende-se a reputação, diz respeito ao conceito perante terceiros.
Difamação: Art. 139, CP	Imputar fato desonroso, em regra não importando se verdadeiro ou falso.	Ofende-se a honra objetiva.
Injúria: Art. 140, CP	É a atribuição de qualidade negativa.	Ofende-se a honra subjetiva, a autoestima, ou seja, o que a vítima pensa dela mesma.

Calúnia

> ***Art. 138.*** *Caluniar alguém, imputando-lhe falsamente fato definido como crime:*
>
> ***Pena*** *- detenção, de seis meses a dois anos, e multa.*
>
> ***§ 1º****. Na mesma pena incorre quem, sabendo falsa a imputação, a propala ou divulga.*
>
> ***§ 2º****. É punível a calúnia contra os mortos.*
>
> *Exceção da Verdade*
>
> ***§ 3º****. Admite-se a prova da verdade, salvo:*
>
> ***I.*** *Se, constituindo o fato imputado crime de ação privada, o ofendido não foi condenado por sentença irrecorrível;*
>
> ***II.*** *Se o fato é imputado a qualquer das pessoas indicadas no nº I do Art. 141;*
>
> ***III.*** *Se do crime imputado, embora de ação pública, o ofendido foi absolvido por sentença irrecorrível.*

Honra objetiva (o que os outros pensam de mim).

Sujeitos do Crime

Sujeito Ativo/Passivo: qualquer pessoa (crime comum).

Os mortos também podem ser caluniados, mas seus parentes é que serão os sujeitos passivos do crime. Não há regra semelhante no tocante aos demais crimes contra a honra.

Podem, ainda, serem vítimas os menores e os loucos.

A pessoa jurídica também pode ser sujeito passivo do crime de calúnia, pois pode cometer crimes ambientais (Lei nº 9.605/98).

Mas, observe-se que não podem praticar tal crime pessoas que desfrutam de inviolabilidade.

Ex.: Parlamentares.

Aqui se indaga se advogados são imunes à prática do crime de calúnia. Os advogados não têm imunidade profissional na calúnia, possuindo a imunidade somente no que tange à difamação e à injúria.

Objeto Material

É a pessoa que tem sua honra objetiva ofendida.

Núcleo do Tipo

A conduta típica consiste em caluniar alguém (imputar falsamente um fato definido como crime).

A imputação de fato definido como Contravenção Penal (Decreto-Lei nº 3.688/41) não constitui calúnia, pois não é crime, mas poderá caracterizar difamação.

Atribuir falsamente a alguém a prática de um fato atípico não constitui crime de calúnia, mas poderá configurar outro crime contra a honra.

Ex.: dano culposo.

Fato Determinado

É imprescindível a imputação da prática de um fato determinado, ou seja, de uma situação concreta, contendo autor, objeto e suas circunstâncias.

Pessoa Certa e Determinada

A ofensa deve se dirigir a pessoa certa e determinada.

Ex.: Dizer que no dia 25 de dezembro, por volta de 20h00min, Roberto se fantasiou de papai noel e praticou um furto na casa de Pedro, o qual reside no centro da cidade de Cascavel/PR.

Falsidade da Imputação

Deve ser falsa a imputação do fato definido como crime. Essa falsidade pode recair sobre o fato (o crime imputado à vitima não ocorreu) ou sobre o envolvimento no fato (o crime ocorreu, mas a vítima não praticou tal delito).

Quando o ofensor, agindo de boa-fé, supõe erroneamente ser verdadeira a afirmação, incidirá em Erro de Tipo. Desse modo, o fato será atípico, pois excluirá o dolo do fato típico.

Consumação

O crime de calúnia se consuma quando 3ª pessoa toma conhecimento do fato imputado. Não é necessário que a vítima tome conhecimento da ofensa.

Calúnia X Denunciação Caluniosa

Calúnia (Art. 138, CP)	Denunciação Caluniosa (Art. 339, CP)
Caluniar alguém, imputando-lhe falsamente fato definido como crime.	Dar causa à instauração de investigação policial, de processo judicial, instauração de investigação administrativa, inquérito civil ou ação de improbidade administrativa contra alguém, imputando-lhe crime de que o sabe inocente.
É crime contra honra.	É crime contra a Administração da Justiça.
Regra: Ação Penal Privada.	Ação Penal Pública Incondicionada.
Não admite a imputação falsa de contravenção.	Admite (é circunstância que importa na diminuição da pena pela metade (Art. 339 §2º, CP).

***§ 1º.** Na mesma pena incorre quem, sabendo falsa a imputação, a propala ou divulga.*

- > Propalar: relatar verbalmente.
- > Divulgar: relatar por qualquer outro meio (panfletos, outdoors, gestos etc).

Observa-se que também é punível a conduta daquele que propaga, divulga a calúnia criada por outrem.

Responde pelo caput quem cria a falsidade e responde pelo §1º do CP a pessoa que divulga (diversa da pessoa que criou – se for a mesma pessoa, o §1º configura pos facto impunível).

Exclui-se o crime quando o agente age:

- > Com animus jocandi: intenção de brincar.
- > Com animus consulendi: intenção de aconselhar.
- > Com animus narrandi: intenção de narrar (é o animus da testemunha).
- > Com animus corrigendi: intenção de corrigir.
- > Com animus defendendi: intenção de defender direito

Exceção da Verdade

***§ 3º.** Admite-se a prova da verdade, salvo:*

***I.** Se, constituindo o fato imputado crime de ação privada, o ofendido não foi condenado por sentença irrecorrível;*

***II.** Se o fato é imputado a qualquer das pessoas indicadas no nº I do Art. 141;*

***III.** Se do crime imputado, embora de ação pública, o ofendido foi absolvido por sentença irrecorrível.*

Trata-se de incidente processual, forma de defesa indireta, por meio da qual o acusado de ter praticado calúnia pretende provar a veracidade do que alegou.

Somente haverá o crime de calúnia quando o fato for falso. Desse modo, se a imputação é verdadeira o fato é atípico.

A exceção da verdade é o instrumento adequado para se provar a veracidade do fato imputado a outrem.

A regra é a admissibilidade da exceção da verdade. Todavia, em três situações previstas pelo CP não será admitida a sua utilização:

***I.** Se, constituindo o fato imputado crime de ação privada, o ofendido não foi condenado por sentença irrecorrível;*

***II.** Se o fato é imputado a qualquer das pessoas indicadas no inciso I do Art. 141;*

(Presidente da República ou chefe de governo estrangeiro).

***III.** Se do crime imputado, embora de ação pública, o ofendido foi absolvido por sentença irrecorrível.*

Difamação

***Art. 139.** Difamar alguém, imputando-lhe fato ofensivo à sua reputação:*

***Pena** - detenção, de três meses a um ano, e multa.*

Difamar é imputar a alguém um fato ofensivo à sua reputação.

Subsiste o crime de difamação ainda que seja verdadeira a imputação (salvo quando o ofendido é funcionário público e a ofensa é relativa ao exercício de suas funções), desde que dirigida a ofender a honra alheia.

Objetividade Jurídica

Honra objetiva (o que os outros pensam de mim).

O fato pode ser: Verdadeiro ou Falso / Criminoso ou não criminoso / Contravenção penal;

O fato deve ser Determinado.

Objeto Material

É a pessoa que tem sua honra objetiva ofendida.

Espécie de Honra Ofendida

A difamação ofende a honra objetiva.

Consumação e Tentativa

Se consuma no momento em que um terceiro toma conhecimento da ofensa.

Morto não pode ser vítima de difamação.

Tendo em vista que pessoa jurídica tem reputação, então pode ser vítima de difamação.

O crime é punido a título de dolo, sendo imprescindível a vontade de ofender a reputação, a intenção de ofender a honra.

Em regra, admite tentativa. No caso de difamação verbal, não se admite a tentativa.

Exceção da Verdade

Parágrafo único. *A exceção da verdade somente se admite se o ofendido é funcionário público e a ofensa é relativa ao exercício de suas funções.*

Na difamação, a exceção da verdade somente é admitida se o ofendido é funcionário público e a ofensa é relativa ao exercício de suas funções. É indispensável a relação de causalidade entre a imputação e o exercício da função pública.

Na difamação, a consequência da exceção da verdade, ao contrário da calúnia, atinge a ilicitude, e não a atipicidade da conduta, pois é uma hipótese especial de exercício regular do direito.

A procedência da exceção da verdade na difamação gera a absolvição, sendo uma forma especial de exercício regular de direito.

Art. 138	Art. 139
Admite prova da verdade.	A regra é não admitir a prova da verdade.
Exceções: Art. 138, § 3º I, II e III.	Exceção: Art. 139, Parágrafo único. Ofendido funcionário público mais ofensa funcional.
Procedência gera a absolvição sob o fundamento da atipicidade.	Procedência gera a absolvição, pois se trata de hipótese de exercício regular de direito. Descriminante especial.
Admite exceção de notoriedade.	Também.

Injúria

Art. 140. *Injuriar alguém, ofendendo-lhe a dignidade ou o decoro:*

Pena *- detenção, de um a seis meses, ou multa.*

§ 1º. *O juiz pode deixar de aplicar a pena:*

I. *Quando o ofendido, de forma reprovável, provocou diretamente a injúria;*

II. *No caso de retorsão imediata, que consista em outra injúria.*

§ 2º. *Se a injúria consiste em violência ou vias de fato, que, por sua natureza ou pelo meio empregado, se considerem aviltantes:*

Pena *- detenção, de três meses a um ano, e multa, além da pena correspondente à violência.*

§ 3º. *Se a injúria consiste na utilização de elementos referentes a raça, cor, etnia, religião, origem ou a condição de pessoa idosa ou portadora de deficiência:*

Pena *- reclusão de um a três anos e multa.*

Injuriar é atribuir qualidade negativa à alguém.

Espécie de Honra Ofendida

Ofende a honra subjetiva da pessoa (o que a pessoa acha de si própria). A consumação ocorre quando a ofensa chega ao conhecimento da vítima.

Ofende a dignidade ou o decoro da vítima:

Na injúria, é irrelevante o fato de a qualidade negativa atribuída à vítima ser ou não verdadeira. Desse modo, se o agente chama uma pessoa de gorda, com a intenção de injuriar, estará configurado o crime de injúria, mesmo que a vítima seja mesmo gorda ou obesa.

> Dignidade: ofende as qualidades morais da pessoa.

Ex.: Chamar alguém de vagabundo.

> Decoro: ofende as qualidades físicas.

Exs.: Chamar alguém de monstro) ou intelectuais

Chamar alguém de retardado, idiota.

Queixa-Crime ou Denúncia

A queixa-crime ou denúncia ajuizada pelo crime de injúria deve descrever, minuciosamente sob pena de inépcia, quais foram as ofensas proferidas contra a vítima, por mais baixas e repudiáveis que possam ser.

Formas de Execução

Pode ser praticado por ação ou omissão.

Ex.: "A" estende a mão para cumprimentar "B" e este recusa o cumprimento.

Consumação e Tentativa

É crime de execução livre: pode ser praticado por meio de palavras, gestos, escritos etc. Aliás, pode ser praticado por ação ou omissão (o único exemplo dado pela doutrina de injúria por omissão é ignorar ou não retribuir um cumprimento, como forma de humilhar a pessoa na frente de outras).

Como a injúria protege a honra subjetiva, o crime se consuma quando a vítima toma conhecimento da injúria, dispensando-se o efetivo dano à sua honra (é crime formal). Consuma no momento em que o fato chega ao conhecimento da vítima, dispensando efetivo dano a sua dignidade ou decoro.

A tentativa é possível somente na forma escrita. A injúria realizada verbalmente não admite tentativa.

Exceção da verdade: a injúria não admite exceção da verdade, pois o ofensor atribui uma qualidade negativa à vítima e não um fato.

Elemento Subjetivo

É o dolo (direto ou eventual). Não admite a modalidade culposa de injúria.

Injúria Contra Funcionário Público X Desacato

Injúria contra funcionário público	Desacato (Art. 331, CP)
Atribuir qualidade negativa ao funcionário público durante sua ausência.	A ofensa é realizada na presença do funcionário público no exercício da função ou em razão dela.
É crime contra a honra.	É crime contra a Administração Pública.
Ação Penal Privada (Regra).	Ação Penal Pública Incondicionada.
Ex.: "A" Fala a seus vizinhos que o Promotor da cidade é bandido.	Ex.: "A" Durante uma audiência judicial chama o Juiz de corrupto.

Atenção às imunidades! Quem detém imunidade por palavras, opiniões e votos não pratica calúnia, injúria ou difamação. São eles: senadores, deputados federais, deputados estaduais/distritais, vereadores no limite da vereança, advogado (que tem imunidade profissional na injúria - Art. 7º, §2º, do EOAB - a calúnia foi afastada pelo STF).

Pessoa jurídica pode ser vítima de injúria? Não, pois ela não tem honra subjetiva, não tem dignidade, decoro. Quanto a isso não há divergência.

Mirabete entende que pessoa jurídica não pode ser vítima de nenhum crime contra a honra, pois esse capítulo se aplicaria apenas às pessoas físicas.

Perdão Judicial

> *§ 1º. O juiz pode deixar de aplicar a pena:*
>
> ***I.** Quando o ofendido, de forma reprovável, provocou diretamente a injúria;*
>
> ***II.** No caso de retorsão imediata, que consista em outra injúria.*

O perdão judicial é causa de extinção da punibilidade (Art. 107, IX, CP). A sentença que concede o perdão judicial é declaratória da extinção da punibilidade (Súmula 18, STJ).

Só o perdão do ofendido tem que ser aceito, o perdão do juiz não é oferecido, mas sim imposto.

Trata-se de um direito subjetivo do acusado, e não uma faculdade do juiz. Preenchidos os requisitos, o juiz deve perdoar.

> Quando o ofendido, de forma reprovável, provocou diretamente a injúria;

A provocação tem que ser reprovável e direta.

> No caso de retorsão imediata, que consista em outra injúria.

Retorsão é o revide. Deve ser imediata. É modalidade anômala de legítima defesa. Não há retorsão contra ofensa passada. Existe apenas retorsão imediata no crime de injúria.

Injúria Real

> ***§ 2º.** Se a injúria consiste em violência ou vias de fato, que, por sua natureza ou pelo meio empregado, se considerem aviltantes:*
>
> ***Pena** - detenção, de três meses a um ano, e multa, além da pena correspondente à violência.*

É a injúria praticada com um meio de execução especial: mediante violência ou vias de fato. Aqui a violência ou as vias de fato são o meio e a injúria é o fim. O agente usa da violência para injuriar.

Jogar ovos em um cantor, cuspir na cara, dar tapa no rosto.

Aviltantes: humilhantes.

O meio de execução é a violência ou então as vias de fato. Se a injúria real for praticada com vias de fato, a vias de fato fica absorvida.

A lei impõe o concurso material obrigatório entre as penas de injúria real e do resultante da violência (homicídio, lesão corporal etc.).

> Não podemos confundir a injúria preconceito (Art. 140, §3º, CP) com o crime de racismo (Lei nº 7.716/89). Na injúria, ocorre a atribuição de qualidade negativa. Já no racismo, ocorre a segregação da vítima do convívio social.

Injúria Qualificada

> ***§ 3º.** Se a injúria consiste na utilização de elementos referentes a raça, cor, etnia, religião, origem ou a condição de pessoa idosa ou portadora de deficiência:*
>
> ***Pena** - reclusão de um a três anos e multa.*

Assim como nos demais crimes contra a honra, a ofensa deve ser dirigida a pessoa ou pessoas determinadas.

Injúria Qualificada X Crime de Racismo

Injúria Qualificada (Art. 140, § 3º, CP)	Crime de Racismo (Lei nº 7.716/89)
É crime afiançável.	É crime inafiançável.
Ação Penal Pública Condicionada a Representação.	Ação Pública Incondicionada.
Prescritível.	Imprescritível.
Atribuir a alguém qualidade negativa.	Manifestações preconceituosas generalizadas ou segregação racial.
Ex.: Chamar uma pessoa negra de macaco.	Ex.: Hotel que proíbe a hospedagem de pessoas negras. Ex.: Empresa que não contrata pessoas da religião evangélica.

Prevalece na doutrina, que a injúria preconceito não admite o perdão judicial do Art. 140, § 1º, tratando-se de violação mais séria à honra da vítima, ferindo uma das metas fundamentais do Estado Democrático de Direito, qual seja, dignidade da pessoa humana.

Disposições Comuns

Art. 141 *- As penas cominadas neste Capítulo aumentam-se de um terço, se qualquer dos crimes é cometido:*

I. *contra o Presidente da República, ou contra chefe de governo estrangeiro;*

II. *contra funcionário público, em razão de suas funções;*

III. *na presença de várias pessoas, ou por meio que facilite a divulgação da calúnia, da difamação ou da injúria.*

IV – contra pessoa maior de 60 (sessenta) anos ou portadora de deficiência, exceto no caso de injúria. (Incluído pela Lei nº 10.741, de 2003)

§ 1º *- Se o crime é cometido mediante paga ou promessa de recompensa, aplica-se a pena em dobro. (Redação dada pela Lei nº 13.964, de 2019)*

§ 2º *- (VETADO). (Incluído pela Lei nº 13.964, de 2019)*

Este artigo não traz qualificadoras, mas sim causas de aumento de pena, majorantes (a serem consideradas pelo juiz na terceira fase de aplicação da pena).

É uma majorante aplicada a todos os crimes do capítulo – injúria, difamação e calúnia. Nenhum desses crimes escapa do aumento quando preenchidos os requisitos.

Aumentam-se de um terço, se qualquer dos crimes é cometido:

I. *Contra o Presidente da República, ou contra chefe de governo estrangeiro;*

A pena é aumentada de 1/3, em razão da importância das funções desempenhadas pelo Presidente da República e pelo chefe de governo estrangeiro. A conduta criminosa, além de atentar contra a honra de uma pessoa, ofende também os interesses de toda a nação que ela representa.

II. *Contra funcionário público, em razão de suas funções.*

Esse aumento de pena não se aplica quando a conduta se refere à vida privada do funcionário público.

É necessário o nexo de causalidade entre a ofensa e o exercício da função pública.

III. *Na presença de várias pessoas, ou por meio que facilite a divulgação da calúnia, da difamação ou da injúria.*

A expressão "várias pessoas" se refere a no mínimo três pessoas. Não se incluindo neste número o ofensor, a vítima e eventuais coautores e partícipes.

O STF, após o julgamento da ADPF nº 130-7/DF decidiu que a Lei de Imprensa (Lei nº 5.250/67) não foi recepcionada pela CF/88. Desse modo, aos crimes contra a honra praticados por meio da imprensa (oral ou escrita) serão aplicadas as disposições do Código Penal (Arts. 138 a 145).

IV. *Contra pessoa maior de 60 (sessenta) anos ou portadora de deficiência, exceto no caso de injúria.*

Esse inciso foi inserido no CP pela Lei nº 10.741/03 (Estatuto do Idoso). O ofensor tem que ter conhecimento da idade da vítima no momento do crime.

Não se aplica este inciso no caso de injúria, pois neste crime já existe a figura da injúria qualificada (Art. 140, §3º, CP) razão pela qual evita-se o bis in idem desta forma.

Parágrafo único. *Se o crime é cometido mediante paga ou promessa de recompensa, aplica-se a pena em dobro.*

Hipótese de crime plurissubjetivo ou de concurso necessário. O pagamento, em ambos os casos, pode ser em dinheiro ou qualquer outro bem e a vantagem não precisa ser necessariamente econômica.

Ex.: Promessa de emprego, de casamento, de favores sexuais.

Essa majorante não se aplica ao mandante, apenas ao executor.

Exclusão do Crime

Art. 142. *Não constituem injúria ou difamação punível:*

I. *A ofensa irrogada em juízo, na discussão da causa, pela parte ou por seu procurador;*

II. *A opinião desfavorável da crítica literária, artística ou científica, salvo quando inequívoca a intenção de injuriar ou difamar;*

III. *O conceito desfavorável emitido por funcionário público, em apreciação ou informação que preste no cumprimento de dever do ofício.*

Parágrafo único. *Nos casos dos ns. I e III, responde pela injúria ou pela difamação quem lhe dá publicidade.*

Esse dispositivo não se aplica ao crime de calúnia, pois há neste crime o interesse do Estado e da sociedade em realizar a sua apuração advogado diz que o promotor foi subornado pelo réu para pedir sua absolvição.

A imunidade é relativa: para a maioria, a ressalva exarada pela expressão salvo quando se tem intenção de injuriar ou difamar se aplica não apenas ao inciso II, como também aos incisos I e III. Esse é o entendimento da maioria.

Nas hipóteses dos incisos I e III responde pela injúria ou difamação aquele que dá publicidade ao fato. É imprescindível, para tanto, o animus ofendendi.

I. *A ofensa irrogada em juízo, na discussão da causa, pela parte ou por seu procurador;*

Esta excludente de ilicitude não se aplica quando a ofensa é dirigida ao juiz (magistrado), pois este não é parte na causa.

Para o advogado, de acordo com o Art. 7º, §2º, da Lei nº 8.906/94 (Estatuto da OAB): O advogado tem imunidade profissional, não constituindo injúria, difamação ou desacato puníveis em qualquer manifestação de sua parte, no exercício de sua atividade, em juízo ou fora dele, sem prejuízo das sanções disciplinares perante a OAB, pelos excessos que cometer.

A expressão ou desacato foi declarada inconstitucional pelo STF, nos autos da ADIN 1.127-8. Desse modo, o advogado pode praticar o crime de desacato.

II. *A opinião desfavorável da crítica literária, artística ou científica, salvo quando inequívoca a intenção de injuriar ou difamar;*

III. *O conceito desfavorável emitido por funcionário público, em apreciação ou informação que preste no cumprimento de dever do ofício.*

Cuida-se de modalidade especial de estrito cumprimento do dever legal.

Ex.: Delegado de Polícia que, ao relatar o inquérito policial, refere-se ao indiciado como pessoa de alta periculosidade, covarde e impiedoso.

Retratação

Art. 143. *O querelado que, antes da sentença, se retrata cabalmente da calúnia ou da difamação, fica isento de pena.*

__Parágrafo único.__ Nos casos em que o querelado tenha praticado a calúnia ou a difamação utilizando-se de meios de comunicação, a retratação dar-se-á, se assim desejar o ofendido, pelos mesmos meios em que se praticou a ofensa.

É necessário observar que, retratação não se confunde com confissão da calúnia ou da difamação. Retratar-se é escusar-se, retirar o que disse, trazer a verdade novamente à tona. Trata-se de causa extintiva da punibilidade.

Se o querelado se retrata, há exclusão do crime, mas isso não importa em exclusão de indenização na seara cível.

Atente-se que, somente em relação a calúnia e a difamação há possibilidade de retratação, não abrangendo a injúria. Atente-se que, na lei de imprensa, havia previsão relativa a injúria, mas esta não foi recepcionada pela CF, nos termos de decisão proferida pelo STF.

> É possível retratação extintiva da punibilidade no crime contra a honra de funcionário público no exercício da função? Em regra, não, pois não haverá querelado (a ação penal é pública).

Na retratação não se exige a concordância do ofendido.

A retratação deve ser total e incondicional. Deve ainda, abranger tudo o que foi dito pelo ofensor.

Pedido de Explicações

__Art. 144.__ Se, de referências, alusões ou frases, se infere calúnia, difamação ou injúria, quem se julga ofendido pode pedir explicações em juízo. Aquele que se recusa a dá-las ou, a critério do juiz, não as dá satisfatórias, responde pela ofensa.

Possui as seguintes características:

- É medida facultativa, pois a vítima não precisa dele se valer para o oferecimento da ação penal.
- Somente pode ser utilizado antes do ajuizamento da ação penal.
- Não possui procedimento específico.
- Não interrompe ou suspende o prazo decadencial.

O requerido não pode ser compelido a prestar as informações solicitadas. Desse modo, caso se omita, não poderá sofrer qualquer espécie de sanção.

Ação Penal

__Art. 145.__ Nos crimes previstos neste Capítulo somente se procede mediante queixa, salvo quando, no caso do Art. 140, § 2º, da violência resulta lesão corporal.

__Parágrafo único.__ Procede-se mediante requisição do Ministro da Justiça, no caso do inciso I do caput do Art. 141 deste Código, e mediante representação do ofendido, no caso do inciso II do mesmo artigo, bem como no caso do § 3º do Art. 140 deste Código. (Redação dada pela Lei nº 12.033. de 2009).

Espécies de Ação Penal

A regra geral é que os crimes contra a honra (Calúnia/Difamação/Injúria) são de Ação Penal privada.

→ Todavia, há três exceções:

- Pública Condicionada a requisição do Ministro da Justiça (crime contra o Presidente da República ou chefe de governo estrangeiro);
- Pública Condicionada a representação do ofendido (crime contra funcionário público em razão de suas funções ou crime de injúria qualificada – discriminação);
- Pública incondicionada: injúria real se resulta lesão corporal.

Crime contra a honra de funcionário público: Tratando-se de ofensa em razão da função, a ação penal é pública condicionada a representação.

Tratando-se de ofensa sem vínculo com a função pública, a ação penal é privada.

Súm. 714, STF. É concorrente a legitimidade do ofendido mediante queixa e do MP condicionada a representação do ofendido, para a ação penal por crime contra a honra de servidor público em razão do exercício de suas funções.

Caso a injúria preconceito tenha sido praticada antes da Lei nº 12.033/09 quando tal crime dependia de queixa e ao ingressar com a inicial já está em vigor tal lei. Será cabível queixa ou deverá ser oferecida representação para que o MP denuncie? Essa é uma alteração irretroativa pela qual a ação penal continuará sendo privada, nessa hipótese.

3.6 Dos Crimes contra Liberdade Individual

Dos Crimes contra a Liberdade Pessoal

Constrangimento ilegal

__Art. 146.__ Constranger alguém, mediante violência ou grave ameaça, ou depois de lhe haver reduzido, por qualquer outro meio, a capacidade de resistência, a não fazer o que a lei permite, ou a fazer o que ela não manda:

__Pena__ - detenção, de três meses a um ano, ou multa.

Aumento de Pena

__§ 1º.__ As penas aplicam-se cumulativamente e em dobro, quando, para a execução do crime, se reúnem mais de três pessoas, ou há emprego de armas.

__§ 2º.__ Além das penas cominadas, aplicam-se as correspondentes à violência.

__§ 3º.__ Não se compreendem na disposição deste artigo:

__I.__ A intervenção médica ou cirúrgica, sem o consentimento do paciente ou de seu representante legal, se justificada por iminente perigo de vida;

__II.__ A coação exercida para impedir suicídio.

Ameaça

__Art. 147.__ Ameaçar alguém, por palavra, escrito ou gesto, ou qualquer outro meio simbólico, de causar-lhe mal injusto e grave:

__Pena__ - detenção, de um a seis meses, ou multa.

__Parágrafo único.__ Somente se procede mediante representação.

Sequestro e Cárcere Privado

__Art. 148.__ Privar alguém de sua liberdade, mediante sequestro ou cárcere privado:

__Pena__ - reclusão, de um a três anos.

__§ 1º.__ A pena é de reclusão, de dois a cinco anos:

__I.__ Se a vítima é ascendente, descendente, cônjuge ou companheiro do agente ou maior de 60 (sessenta) anos;

__II.__ Se o crime é praticado mediante internação da vítima em casa de saúde ou hospital;

__III.__ Se a privação da liberdade dura mais de quinze dias.

IV. Se o crime é praticado contra menor de 18 (dezoito) anos;

V. Se o crime é praticado com fins libidinosos.

§ 2º. Se resulta à vítima, em razão de maus-tratos ou da natureza da detenção, grave sofrimento físico ou moral:

***Pena** - reclusão, de dois a oito anos.*

Trata-se de infração de médio potencial ofensivo, admitindo-se a suspensão condicional do processo.

As pessoas que são impossibilitadas de se locomover podem ser vítimas do delito? A liberdade de movimento não deixa de existir quando se exerce à custa de aparelhos ou com o auxílio de outrem.

Essa é a posição que prevalece no Brasil. Há doutrinadores estrangeiros que afirmam que não seria esse o delito, mas sim o de constrangimento ilegal em se tratando de pessoas que não podem se locomover.

Caso a vítima seja Presidente da República, do SF, CD e STF, e, havendo motivação política, o delito pode ser considerado crime contra a Segurança Nacional (Art. 28 da Lei nº 7.170/83).

→ Conduta: é a privação da liberdade. Pode ser executada mediante:

> Sequestro: é privação da liberdade sem confinamento.

Ex.: Sítio, casa.

> Cárcere Privado: é a privação da liberdade com confinamento.

Ex.: Porão.

Quando o crime for praticado mediante cárcere privado, deve fixar esse meio mais gravoso na fixação da pena.

O crime pode ser praticado por ação ou omissão.

Médico que não concede alta para paciente já curado.

→ Tipo subjetivo: O dolo é a finalidade especial do crime.

Se a finalidade for obter vantagem econômica, o delito será o previsto no Art. 159 do CP. Se o fim for satisfazer pretensão, deixa de ser o delito do Art. 148 e passa a ser o delito previsto no Art. 345 (exercício arbitrário das próprias razões). Ex.: médico que não concede alta para paciente com a finalidade de satisfazer pretensão tida como legítima – pagamento do tratamento – o delito será de exercício arbitrário das próprias razões.

Na hipótese em que a finalidade é causar sofrimento físico ou mental, o delito será o de tortura.

→ Consumação e tentativa: Trata-se de delito permanente, e sua consumação se protrai no tempo. Consuma-se com a efetiva privação da liberdade ou locomoção da vítima.

A tentativa é perfeitamente difícil já que a privação da liberdade pode ser antecedida de violência e se o agente age de forma violenta, mas não consegue privar sua liberdade por circunstâncias alheias a sua vontade, terá havido tentativa.

→ Qualificadoras: Art. 148, §1º:

I. Ascendente, descendente, cônjuge ou companheiro do agente ou maior de 60 anos.

Neste caso, para qualificar não abrange o parentesco colateral, por afinidade, padrasto, ou madrasta do agente.

O idoso deve ter MAIS de 60 anos quando de sua libertação, não importando se quando da privação da liberdade tinha menos de 60 anos.

II. Se o crime é praticado mediante internação da vítima em casa de saúde ou hospital: Neste caso, tem que ser internação simulada ou fraudulenta.

III. Se a privação da liberdade dura mais de quinze dias: Este prazo inicia-se no momento da privação da vítima, até sua libertação.

IV. Crime praticado contra menor de 18 anos: neste inciso basta que a vítima seja maior de 18 anos ao final do sequestro, pouco importando se tinha menos que 18 anos no inicio do cárcere.

V. Se praticado com fins libidinosos: trata-se de ação penal pública incondicionada (e não ação privada, como era anterior a 2005).

Redução a Condição Análoga à de Escravo

***Art. 149.** Reduzir alguém a condição análoga à de escravo, quer submetendo-o a trabalhos forçados ou a jornada exaustiva, quer sujeitando-o a condições degradantes de trabalho, quer restringindo, por qualquer meio, sua locomoção em razão de dívida contraída com o empregador ou preposto:*

***Pena** - reclusão, de dois a oito anos, e multa, além da pena correspondente à violência.*

§ 1º. Nas mesmas penas incorre quem:

I. Cerceia o uso de qualquer meio de transporte por parte do trabalhador, com o fim de retê-lo no local de trabalho;

II. Mantém vigilância ostensiva no local de trabalho ou se apodera de documentos ou objetos pessoais do trabalhador, com o fim de retê-lo no local de trabalho.

§ 2º. A pena é aumentada de metade, se o crime é cometido:

I. Contra criança ou adolescente;

II. Por motivo de preconceito de raça, cor, etnia, religião ou origem.

Tráfico de Pessoas

***Art. 149-A.** Agenciar, aliciar, recrutar, transportar, transferir, comprar, alojar ou acolher pessoa, mediante grave ameaça, violência, coação, fraude ou abuso, com a finalidade de: (Incluído pela Lei nº 13.344, de 2016)*

I. remover-lhe órgãos, tecidos ou partes do corpo; (Incluído pela Lei nº 13.344, de 2016)

II. submetê-la a trabalho em condições análogas à de escravo; (Incluído pela Lei nº 13.344, de 2016)

III. submetê-la a qualquer tipo de servidão; (Incluído pela Lei nº 13.344, de 2016)

IV. adoção ilegal; ou (Incluído pela Lei nº 13.344, de 2016)

V. exploração sexual. (Incluído pela Lei nº 13.344, de 2016)

Pena. reclusão, de 4 (quatro) a 8 (oito) anos, e multa. (Incluído pela Lei nº 13.344, de 2016)

§ 1º. A pena é aumentada de um terço até a metade se: (Incluído pela Lei nº 13.344, de 2016)

I. o crime for cometido por funcionário público no exercício de suas funções ou a pretexto de exercê-las; (Incluído pela Lei nº 13.344, de 2016)

II. o crime for cometido contra criança, adolescente ou pessoa idosa ou com deficiência; (Incluído pela Lei nº 13.344, de 2016)

III. o agente se prevalecer de relações de parentesco, domésticas, de coabitação, de hospitalidade, de dependência econômica, de autoridade ou de superioridade hierárquica inerente ao exercício de emprego, cargo ou função; ou (Incluído pela Lei nº 13.344, de 2016)

IV. a vítima do tráfico de pessoas for retirada do território nacional. (Incluído pela Lei nº 13.344, de 2016)

§ 2º. A pena é reduzida de um a dois terços se o agente for primário e não integrar organização criminosa. (Incluído pela Lei nº 13.344, de 2016)

Dos Crimes contra a Inviolabilidade do Domicílio

Violação de Domicílio

***Art. 150** - Entrar ou permanecer, clandestina ou astuciosamente, ou contra a vontade expressa ou tácita de quem de direito, em casa alheia ou em suas dependências:*

***Pena** - detenção, de um a três meses, ou multa.*

***§ 1º** - Se o crime é cometido durante a noite, ou em lugar ermo, ou com o emprego de violência ou de arma, ou por duas ou mais pessoas:*

***Pena** - detenção, de seis meses a dois anos, além da pena correspondente à violência.*

***§ 2º** - (Revogado pela Lei nº 13.869, de 2019)*

***§ 3º** - Não constitui crime a entrada ou permanência em casa alheia ou em suas dependências:*

***I.** durante o dia, com observância das formalidades legais, para efetuar prisão ou outra diligência;*

***II.** a qualquer hora do dia ou da noite, quando algum crime está sendo ali praticado ou na iminência de o ser.*

***§ 4º** - A expressão "casa" compreende:*

***I.** qualquer compartimento habitado;*

***II.** aposento ocupado de habitação coletiva;*

***III.** compartimento não aberto ao público, onde alguém exerce profissão ou atividade.*

***§ 5º** - Não se compreendem na expressão "casa":*

***I.** hospedaria, estalagem ou qualquer outra habitação coletiva, enquanto aberta, salvo a restrição do n.º II do parágrafo anterior;*

***II.** taverna, casa de jogo e outras do mesmo gênero*

Dos Crimes contra a Inviolabilidade de Correspondência

Violação de Correspondência

***Art. 151.** Devassar indevidamente o conteúdo de correspondência fechada, dirigida a outrem:*

***Pena** - detenção, de um a seis meses, ou multa.*

Sonegação ou Destruição de Correspondência

***§ 1º.** Na mesma pena incorre:*

***I.** Quem se apossa indevidamente de correspondência alheia, embora não fechada e, no todo ou em parte, a sonega ou destrói;*

Violação de Comunicação Telegráfica, Radioelétrica ou Telefônica

***II.** Quem indevidamente divulga, transmite a outrem ou utiliza abusivamente comunicação telegráfica ou radioelétrica dirigida a terceiro, ou conversação telefônica entre outras pessoas;*

***III.** Quem impede a comunicação ou a conversação referidas no número anterior;*

***IV.** Quem instala ou utiliza estação ou aparelho radioelétrico, sem observância de disposição legal.*

***§ 2º.** As penas aumentam-se de metade, se há dano para outrem.*

***§ 3º.** Se o agente comete o crime, com abuso de função em serviço postal, telegráfico, radioelétrico ou telefônico:*

***Pena** - detenção, de um a três anos.*

***§ 4º.** Somente se procede mediante representação, salvo nos casos do § 1º, IV, e do § 3º.*

Correspondência Comercial

***Art. 152.** Abusar da condição de sócio ou empregado de estabelecimento comercial ou industrial para, no todo ou em parte, desviar, sonegar, subtrair ou suprimir correspondência, ou revelar a estranho seu conteúdo:*

***Pena** - detenção, de três meses a dois anos.*

***Parágrafo único.** Somente se procede mediante representação.*

Dos Crimes contra a Inviolabilidade dos Segredos

Divulgação de Segredo

***Art. 153.** Divulgar alguém, sem justa causa, conteúdo de documento particular ou de correspondência confidencial, de que é destinatário ou detentor, e cuja divulgação possa produzir dano a outrem:*

***Pena** - detenção, de um a seis meses, ou multa.*

***§ 1º.** Somente se procede mediante representação.*

***§ 1º-A.** Divulgar, sem justa causa, informações sigilosas ou reservadas, assim definidas em lei, contidas ou não nos sistemas de informações ou banco de dados da Administração Pública:*

***Pena** - detenção, de 1 (um) a 4 (quatro) anos, e multa.*

***§ 2º.** Quando resultar prejuízo para a Administração Pública, a ação penal será incondicionada.*

Violação do Segredo Profissional

***Art. 154.** Revelar alguém, sem justa causa, segredo, de que tem ciência em razão de função, ministério, ofício ou profissão, e cuja revelação possa produzir dano a outrem:*

***Pena** - detenção, de três meses a um ano, ou multa.*

***Parágrafo único.** Somente se procede mediante representação.*

***Art. 154-A.** Invadir dispositivo informático alheio, conectado ou não à rede de computadores, mediante violação indevida de mecanismo de segurança e com o fim de obter, adulterar ou destruir dados ou informações sem autorização expressa ou tácita do titular do dispositivo ou instalar vulnerabilidades para obter vantagem ilícita: (Incluído pela Lei nº 12.737, de 2012)*

***Pena** - detenção, de 3 (três) meses a 1 (um) ano, e multa. (Incluído pela Lei nº 12.737, de 2012)*

***§ 1º** Na mesma pena incorre quem produz, oferece, distribui, vende ou difunde dispositivo ou programa de computador com o intuito de permitir a prática da conduta definida no caput. (Incluído pela Lei nº 12.737, de 2012)*

***§ 2º** Aumenta-se a pena de um sexto a um terço se da invasão resulta prejuízo econômico. (Incluído pela Lei nº 12.737, de 2012)*

***§ 3º** Se da invasão resultar a obtenção de conteúdo de comunicações eletrônicas privadas, segredos comerciais ou industriais, informações sigilosas, assim definidas em lei, ou o controle remoto não autorizado do dispositivo invadido: (Incluído pela Lci nº 12.737, de 2012)*

***Pena** - reclusão, de 6 (seis) meses a 2 (dois) anos, e multa, se a conduta não constitui crime mais grave. (Incluído pela Lei nº 12.737, de 2012)*

***§ 4º** Na hipótese do § 3o, aumenta-se a pena de um a dois terços se houver divulgação, comercialização ou transmissão a terceiro, a qualquer título, dos dados ou informações obtidos. (Incluído pela Lei nº 12.737, de 2012)*

***§ 5º** Aumenta-se a pena de um terço à metade se o crime for praticado contra: (Incluído pela Lei nº 12.737, de 2012)*

***I.** Presidente da República, governadores e prefeitos; (Incluído pela Lei nº 12.737, de 2012)*

***II.** Presidente do Supremo Tribunal Federal; (Incluído pela Lei nº 12.737, de 2012)*

***III.** Presidente da Câmara dos Deputados, do Senado Federal, de Assembleia Legislativa de Estado, da Câmara Legislativa do Distrito Federal ou de Câmara Municipal; ou (Incluído pela Lei nº 12.737, de 2012)*

***IV.** dirigente máximo da administração direta e indireta federal, estadual, municipal ou do Distrito Federal. (Incluído pela Lei nº 12.737, de 2012)*

Ação penal

(Incluído pela Lei nº 12.737, de 2012)

Art. 154-B. *Nos crimes definidos no art. 154-A, somente se procede mediante representação, salvo se o crime é cometido contra a administração pública direta ou indireta de qualquer dos Poderes da União, Estados, Distrito Federal ou Municípios ou contra empresas concessionárias de serviços públicos. (Incluído pela Lei nº 12.737, de 2012)*

Questões

01. (CESPE) Mário, ao envolver-se em uma briga, lesionou Júlio. Nessa situação hipotética, Mário responderá por lesão corporal de natureza grave se tiver provocado em Júlio debilidade permanente de função, como, por exemplo, a redução da capacidade mastigatória pela perda dentária.

Certo ( ) Errado ( )

02. (CESPE) Considerando a doutrina e a jurisprudência dos tribunais superiores acerca dos crimes em espécie, julgue o seguinte item. Situação hipotética: Um servidor público, no exercício de suas funções, foi vítima de injúria e difamação. Assertiva: Nessa situação, será concorrente a legitimidade do servidor ofendido, mediante queixa, e do Ministério Público, condicionada à representação do ofendido, para a ação penal correspondente.

Certo ( ) Errado ( )

03. (CESPE) No que se refere aos crimes contra a pessoa, a pena pela prática do homicídio doloso simples será aumentada de um terço se o agente deixar de prestar imediato socorro à vítima, não procurar diminuir as consequências do seu ato ou fugir para evitar a prisão em flagrante.

Certo ( ) Errado ( )

04. (CESPE) O Código Penal estabelece como hipótese de qualificação do homicídio o cometimento do ato com emprego de veneno, fogo, explosivo, asfixia, tortura ou outro meio insidioso ou cruel, ou de que possa resultar perigo comum. Esse dispositivo legal é exemplo de interpretação analógica.

Certo ( ) Errado ( )

05. (CESPE) Pune-se a tentativa no crime de induzimento a suicídio sem resultado lesivo.

Certo ( ) Errado ( )

Gabaritos

01	CERTO
02	CERTO
03	ERRADO
04	CERTO
05	ERRADO

4. DOS CRIMES CONTRA O PATRIMÔNIO

4.1 Do Furto

Art. 155 *- Subtrair, para si ou para outrem, coisa alheia móvel:*

Pena *- reclusão, de um a quatro anos, e multa.*

§ 1º *- A pena aumenta-se de um terço, se o crime é praticado durante o repouso noturno.*

§ 2º *- Se o criminoso é primário, e é de pequeno valor a coisa furtada, o juiz pode substituir a pena de reclusão pela de detenção, diminuí-la de um a dois terços, ou aplicar somente a pena de multa.*

§ 3º *- Equipara-se à coisa móvel a energia elétrica ou qualquer outra que tenha valor econômico.*

Furto qualificado

§ 4º *- A pena é de reclusão de dois a oito anos, e multa, se o crime é cometido:*

I. *com destruição ou rompimento de obstáculo à subtração da coisa;*

II. *com abuso de confiança, ou mediante fraude, escalada ou destreza;*

III. *com emprego de chave falsa;*

IV. *mediante concurso de duas ou mais pessoas.*

§ 4º*-A A pena é de reclusão de 4 (quatro) a 10 (dez) anos e multa, se houver emprego de explosivo ou de artefato análogo que cause perigo comum. (Incluído pela Lei nº 13.654, de 2018)*

§ 5º *- A pena é de reclusão de três a oito anos, se a subtração for de veículo automotor que venha a ser transportado para outro Estado ou para o exterior. (Incluído pela Lei nº 9.426, de 1996)*

§ 6º *A pena é de reclusão de 2 (dois) a 5 (cinco) anos se a subtração for de semovente domesticável de produção, ainda que abatido ou dividido em partes no local da subtração. (Incluído pela Lei nº 13.330, de 2016)*

§ 7º *A pena é de reclusão de 4 (quatro) a 10 (dez) anos e multa, se a subtração for de substâncias explosivas ou de acessórios que, conjunta ou isoladamente, possibilitem sua fabricação, montagem ou emprego. (Incluído pela Lei nº 13.654, de 2018)*

O crime de furto está descrito no rol dos crimes contra o patrimônio, mais precisamente, no Título II do Código Penal. Furto é se apropriar de algo alheio para si ou para outra pessoa.

Existem várias modalidades de furto, dentre as quais se destacam: o furto de coisa comum, furto privilegiado e o furto qualificado. Há que se distinguir furto de roubo: a principal diferença entre os dois é que no roubo há emprego de violência e no furto não há.

Bem Jurídico Tutelado

Tutela-se a propriedade, a posse e a detenção, desde que legítimas.

Classificação

É considerado um crime COMUM (praticado por qualquer pessoa) e MATERIAL (para sua consumação exige um resultado).

É um crime doloso (ânimo de assenhoramento definitivo da coisa. Vontade de se tornar dono / proprietário do bem).

Sujeitos do Crime

Sujeito Ativo: qualquer pessoa (exceto o proprietário).

Sujeito Passivo: qualquer pessoa (proprietário, possuidor ou detentor do bem). Pode ser pessoa física ou jurídica.

Consumação e Tentativa

De acordo com a teoria da inversão da posse, ocorre a consumação do furto no momento em que o bem sai da esfera de disponibilidade da vítima e passa para a do autor do delito.

E de acordo com o STJ não se exige a posse mansa e pacífica do bem para a sua consumação, bastando que o agente obtenha a simples posse do bem, ainda que por um curto período de tempo.

Precedentes do STJ e STF considera-se consumado o crime de furto com a simples posse, ainda que breve, do bem subtraído, não sendo necessária que a mesma se dê de forma mansa e pacífica, bastando que cesse a clandestinidade, ainda que por curto espaço de tempo.

01. Pungista (vulgarmente conhecido como batedor de carteira) coloca a mão no bolso da vítima, mas a carteira está no outro bolso: tentativa de furto.
02. Pungista coloca a mão no bolso da vítima, mas a carteira está em casa: crime impossível (Art. 17, CP).

Furto Consumado

Há perda dos bens subtraídos;

APF (Auto de Prisão em Flagrante) de apenas um dos agentes e fuga dos comparsas;

Subtração e posse de apenas parte dos bens;

APF (Auto de Prisão em Flagrante) no caso de flagrante presumido.

Por circunstâncias alheias à vontade do agente, este não consegue consumar o furto. É admitida a tentativa, pois se trata de crime material (exige resultado).

Tipo Subjetivo

O delito é punido a título de dolo. Mas, atente-se que é necessária a vontade de apoderamento definitivo, ou seja, a intenção de não mais devolver a coisa à vítima.

O furto de uso é fato atípico. Mas para ser caracterizado o furto de uso são necessários três requisitos: a internação desde o início de uso momentâneo da coisa, ser coisa não consumível (infungível) e a restituição seja imediata e integral à vítima.

Qual crime pratica o proprietário que subtrai coisa sua na legítima posse de terceiro? Há prática do delito de exercício arbitrário das próprias razões. E, aqui, pode se enquadrar no Art. 345 ou 346 do CP, a depender da qualidade da posse do agente.

E a coisa pública de uso comum, pode ser objeto material de furto?

A coisa pública, de uso comum, a todos pertence, não podendo ser subtraída e configurar furto. Sucede que, dependendo da situação, há possibilidade da prática de crime ambiental, do delito de usurpação de águas e do crime de dano.

Ex.: Furto de parte de estátua.

A vigilância física ou eletrônica em estabelecimentos comerciais torna o crime impossível? Primeiramente, deve-se analisar a natureza do equipamento. Se, por exemplo, se tem um equipamento que impede por si só a saída do estabelecimento com o bem seria configurado o crime impossível. O fato de haver câmeras ou seguranças apenas dificulta a consumação.

Furto Noturno

> ***Art. 155, § 1º, CP.*** *A pena aumenta-se de um terço, se o crime é praticado durante o repouso noturno.*

O repouso noturno só era aplicado ao furto simples (caput). Porém a jurisprudência hoje admite a previsão do aumento de pena tanto para o furto simples (caput) quanto para o furto qualificado (§§ 4º, 5º)

Aplica-se esta causa de aumento de pena, desde que o fato seja praticado durante o repouso noturno.

Não importa se a casa estava ou não habitada, ou o seu morador estava ou não dormindo (divergência).

Aplica-se esta majorante, também, aos furtos cometidos durante o repouso noturno em veículos estacionados em vias públicas, bem como em estabelecimentos comerciais (Divergência jurisprudencial).

Repouso Noturno	Noite
Período em que as pessoas se recolhem em suas casas para descansarem (dormirem). Varia conforme a região: grandes metrópoles ou pequenas cidades do interior.	Ausência de luz solar. Período que vai da aurora ou crepúsculo.

Furto Privilegiado

> ***§ 2º.*** *Se o criminoso é primário, e é de pequeno valor a coisa furtada, o juiz pode substituir a pena de reclusão pela de detenção, diminuí-la de um a dois terços, ou aplicar somente a pena de multa.*

Aplica-se apenas ao furto simples (*caput*) e ao furto noturno. Não se aplica ao furto qualificado (§§ 4º e 5º).

Criminoso primário: aquele que não é reincidente. Não precisa ser portador de bons antecedentes. Se já transcorrido o prazo de 5 anos entre a data de cumprimento ou extinção da pena e a infração penal posterior, o agente readquire a sua condição de primário (Art. 64, I, CP).

Coisa subtraída de pequeno valor: bem cujo valor seja de até um salário mínimo na data do fato.

"Coisa de pequeno valor" não se confunde com "coisa de valor insignificante". A primeira, se também presente a primariedade do agente, enseja a incidência do privilégio; a segunda conduz à atipicidade do fato, em decorrência do princípio da insignificância (criminalidade de bagatela).

Presentes estes dois requisitos legais, o juiz é obrigado a aplicar o privilégio ao criminoso (direito subjetivo do acusado).

Furto Qualificado-Privilegiado

O STF aceita a possibilidade de se aplicar o privilégio (Art. 155, §2º, CP) às figuras qualificadas (Art. 155, §§ 4º e 5º, CP) desde que não haja imposição isolada de pena de multa em decorrência do privilégio.

STF entendeu que no furto qualificado pelo concurso de agentes, não há óbice ao reconhecimento do privilégio, desde que estejam presentes os requisitos ensejadores de sua aplicação, quais sejam, a primariedade do agente e o pequeno valor da coisa furtada.

> ***§ 3º.*** *Equipara-se à coisa móvel a energia elétrica ou qualquer outra que tenha valor econômico.*

Trata-se de normal penal interpretativa. Entende por qualquer outra energia térmica, mecânica, radioatividade e genética (sêmen de animal).

Furto de Sinal de TV a Cabo

1ª Corrente: não é crime. A energia se consome, se esgota e pode, inclusive, terminar, ao passo que sinal de TV não se gasta, não diminui. É adotada por Bittencourt.

2ª Corrente: o furto de sinal de TV se encaixa no §3º do Art. 155, pois é uma forma de energia. É uma corrente adotada pelo STJ.

Furto de Energia X estelionato no Consumo de Energia

Furto de Energia Elétrica	Estelionato no Consumo de Energia
No furto de energia elétrica, o agente **não está autorizado via contrato, a gastar energia**.	Nesse caso o agente está autorizado, via contrato, a gastar energia.
O agente, mediante artifício, por exemplo, ligação clandestina, subtrai a energia.	O agente, mediante fraude, altera o medidor de consumo da energia, indicando valor menor que o efetivamente consumido.

Furto Qualificado

> ***§ 4º.*** *A pena é de reclusão de dois a oito anos, e multa, se o crime é cometido:*
>
> ***I.*** *Com destruição ou rompimento de obstáculo à subtração da coisa;*

Ex.: Arrombamento de fechaduras, janelas, portas, cadeados, cofres, trincos.

Se o obstáculo destruído for inerente à própria coisa não incidirá esta forma qualificada.

Ex.: Quebrar o vidro da porta de um carro com o objetivo de furtar o veículo (furto simples).

Todavia, caso o agente quebre o vidro apenas para viabilizar o furto do CD-Player, ou de qualquer outro objeto que se encontra em seu interior, responderá por furto qualificado.

Se o agente, apenas desliga o alarme não incidirá a qualificadora, pois não houve destruição ou rompimento de obstáculo.

Caso a violência seja empregada após a consumação do furto, o agente responderá por furto em concurso com o crime de dano (Art. 163).

De acordo com Fernando Capez, o furto da bolsa para obter o que está em seu interior não qualifica o delito, pois a bolsa não é obstáculo e sim forma de transportar as coisas. O obstáculo seria um cadeado.

Há decisões que entendem pela aplicabilidade da qualificadora quando há ligação direta no veículo.

***II.** Com abuso de confiança, ou mediante fraude, escalada ou destreza;*

> Confiança é circunstância subjetiva incomunicável o concurso de pessoas (Art. 30, CP).

Ex.: Famulato (furto praticado por empregado doméstico contra o patrão).

Essa qualificadora pressupõe dois requisitos:

> A vítima tem que depositar, por qualquer motivo (amizade, parentesco, relações profissionais etc.), uma especial confiança no agente;
> O agente deve se aproveitar de alguma facilidade decorrente da confiança nele depositada para cometer o crime.

A vítima tem que depositar, por qualquer motivo (amizade, parentesco, relações profissionais etc.), uma especial confiança no agente;

O agente deve se aproveitar de alguma facilidade decorrente da confiança nele depositada para cometer o crime.

Furto Mediante Abuso de Confiança	Apropriação Indébita
O agente tem mero contato com a coisa. O agente pode até ter posse, mas essa é uma posse precária vigiada.	O agente exerce a posse em nome de outrem. O agente tem posse desvigiada
O dolo está presente desde o início da posse.	O dolo é superveniente à posse.

Fraude é o artifício (emprego de algum objeto, instrumento ou vestimenta para enganar o titular do bem) ou ardil (conversa enganosa), isto é, o meio enganoso empregado pelo agente para diminuir a vigilância da vítima ou de terceiro sobre um bem móvel, permitindo ou facilitando sua subtração.

> A fraude como qualificadora há de ser empregada antes ou durante a subtração da coisa, ou seja, antecede a consumação do crime.
> Um ponto muito relevante é a diferenciação entre furto mediante fraude e estelionato.

Destreza: trata-se de peculiar habilidade física ou manual permitindo ao agente despojar a vítima sem que esta perceba.

Ex.: Batedores de carteira ou punguistas.

FRAUDE	Furto Mediante Fraude	Estelionato (Art. 171, CP)
	É qualificadora do crime.	É elementar do crime.
	Deve ser empregada antes ou durante a subtração do bem.	Antecede o apossamento da coisa.
	É utilizada para **diminuir a vigilância** da vítima sobre o bem, permitindo ou facilitando a substrução.	É utilizada para induzir a vítima em erro, mediante uma falsa percepção da realidade.
	Há a subtração do bem sem que a vítima perceba.	Ocorre a entrega espontânea (embora viciada) do bem pela vítima ao agente.
	Ex.: "A" e "B", banidos, se disfarçam de técnicos de TV a cabo e pedem para consertar a TV de "C". Enquanto "C" permanece em seu quarto "A" e "B" aproveitam sua distração para furtar objetos na sala de estar.	**Ex.:** "A" se disfarça de manobrista e fica parado em frente a um restaurante. "B" entrega seu veículo para que o falso manobrista o estacione. "A" desaparece com o carro.

***III.** Com emprego de chave falsa;*

Segundo alguns autores, chave falsa é todo o instrumento, com ou sem forma de chave, destinado a abrir fechaduras

Ex.: Grampos, arames, estiletes, micha etc.

A chave verdadeira, obtida fraudulentamente, não gera a qualificadora do inciso III.

***IV.** Mediante concurso de duas ou mais pessoas.*

Responderá por furto qualificado mesmo se um dos integrantes for menor de 18 anos.

***§ 4º**-A A pena é de reclusão de 4 (quatro) a 10 (dez) anos e multa, se houver emprego de explosivo ou de artefato análogo que cause perigo comum.*

A Lei 13.645, de 2018, inseriu uma nova qualificadora ao crime do furto, com o intuito de criminalizar mais gravemente a conduta relacionada à subtração com o emprego de explosivo ou artefato análogo, como o que acontece com os caixas de banco.

***§ 5º.** A pena é de reclusão de 3 (três) a 8 (oito) anos, se a subtração for de veículo automotor que venha a ser transportado para outro Estado ou para o exterior.*

***§ 6º** A pena é de reclusão de 2 (dois) a 5 (cinco) anos se a subtração for de semovente domesticável de produção, ainda que abatido ou dividido em partes no local da subtração.*

***§ 7º** A pena é de reclusão de 4 (quatro) a 10 (dez) anos e multa, se a subtração for de substâncias explosivas ou de acessórios que, conjunta ou isoladamente, possibilitem sua fabricação, montagem ou emprego.*

Outra modificação feita pela Lei 13.654 de 2018 foi a inserção do § 7º no Art. 155 do CP. Essa alteração pune mais gravemente a subtração de explosivos ou acessórios para a fabricação, montagem ou emprego.

Bens Imóveis e Energia Elétrica

Os bens considerados imóveis pela legislação civil e que puderem ser deslocados de um local para outro podem ser objeto de furto.

Ex.: Navios, prédios, terrenos, carro, moto, animal de estimação, celular.

A energia elétrica ou qualquer outra que possua valor econômico é equiparada a coisa móvel (Art. 155, §3º, CP).

Ex.: Energia genética, energia nuclear, energia mecânica. Desse modo, a ligação clandestina de energia elétrica "gato" é crime de furto.

Modalidades de Furto

Abigeato: furto de gado.

Famulato: furto praticado pelo empregado doméstico contra o patrão. Não precisa ser realizado na residência do patrão, pode ser em qualquer lugar.

Furto famélico: hipótese em que o agente subtrai alimentos para saciar sua fome ou de sua família, pois se encontra em situação de extrema miséria e pobreza.

O furto famélico configura estado de necessidade, preenchidos os seguintes requisitos:

> Fato praticado para mitigar a fome;
> Que haja subtração de coisa capaz de contornar imediatamente e diretamente a emergência (fome).

> Inevitabilidade do comportamento lesivo.
> Impossibilidade de trabalho ou insuficiência dos recursos auferidos.

Somente pode ser aplicado o furto famélico àquele que está desempregado? Não. Caso os recursos obtidos sejam insuficientes, pode ser reconhecido o furto famélico.

O consentimento do ofendido, antes ou durante a subtração, torna o fato atípico (bem disponível), mas após a subtração, o fato será típico.

Não existe furto culposo.

É possível o furto privilegiado + repouso noturno.

É possível o furto privilegiado + furto qualificado desde que não haja imposição isolada da pena de multa em decorrência do privilégio.

Princípio da Insignificância no Furto

O princípio da insignificância é causa supralegal de exclusão da tipicidade (o fato não será crime).

Exige a Presença dos Seguintes Requisitos

Requisitos objetivos: mínima ofensividade da conduta; ausência de periculosidade social; reduzido grau de reprovabilidade do comportamento; e inexpressividade da lesão jurídica.

Requisitos subjetivos: importância do objeto material para a vítima (situação econômica + valor sentimental do bem); e circunstâncias e resultado do crime.

O princípio da insignificância, desde que presentes seus requisitos objetivos e subjetivos, é em tese aplicável tanto ao furto simples como ao furto qualificado.

Ex.: Duas pessoas, em concurso de agentes, furtam uma penca de bananas.

Subtração de cartão bancário ou de crédito: não há crime de furto (princípio da insignificância). Eventual utilização do cartão, para saques em dinheiro ou compras em geral, caracteriza o crime de estelionato (Art. 171, CP).

Furtos X Outros Crimes Semelhantes

Principais diferenças entre os crimes que mais são confundidos em provas de concurso:

Furto X Apropriação Indébita

O furto é diferente da apropriação indébita (Art. 168, CP), pois no primeiro a posse é vigiada e a subtração reside exatamente na retirada do bem desta esfera de vigilância. Já no segundo, a vítima entrega ao agente a posse desvigiada de um bem.

Furto X Peculato

O funcionário público que subtrai ou concorre para que seja subtraído bem público ou particular, que se encontra sob a guarda ou custódia da Administração Pública, valendo-se da facilidade que seu cargo lhe proporciona, pratica o crime de peculato furto (Art. 312, §1º, CP), também conhecido como peculato impróprio.

Furto X Exercício Arbitrário das Próprias Razões

Se um credor subtrai bens do devedor para se ressarcir de dívida não paga, o crime não será de furto, mas de exercício arbitrário das próprias razões (Art. 345, CP).

É pacífico o entendimento de que a coisa abandonada (*res derelicta*), a coisa de ninguém (*res nullius*) não podem ser objeto do crime de furto, como também a coisa perdida (*res desperdita*), porém a coisa perdida constitui o crime de apropriação de coisa achada, Art.169, II, do CP.

O ser humano não pode ser objeto de furto, salvo se forem partes definidas e com valor econômico.

Ex.: Cabelo.

Cadáver pode ser objeto de furto, desde que possua dono.

Ex.: Cadáver de faculdade de medicina.

> ***§ 5º.*** *A pena é de reclusão de três a oito anos, se a subtração for de VEÍCULO AUTOMOTOR que venha a ser transportado para outro Estado ou para o exterior. (Incluído pela Lei nº 9.426, de 1996)*

Esta majorante só incide quando o furto for de veículo automotor, não abrangendo embarcação nem aeronave, além disso, o veículo automotor deve ser levado para outro Estado ou país. Esqueceu-se de colocar o DF na qualificadora, porém a doutrina penal entende que o DF está abrangido também, pois o legislador ao utilizar a expressão Estado considerou os entes da federação, dentre eles o DF.

Não basta a intenção de ultrapassar os limites do Estado ou do país, sendo necessário que este ato seja consumado.

Furto de Coisa Comum

> ***Art. 156.*** *Subtrair o condômino, coerdeiro ou sócio, para si ou para outrem, a quem legitimamente a detém, a coisa comum:*
> ***Pena -*** *detenção, de seis meses a dois anos, ou multa.*
> ***§ 1º.*** *Somente se procede mediante representação.*
> ***§ 2º.*** *Não é punível a subtração de coisa comum fungível, cujo valor não excede a quota a que tem direito o agente.*

4.2 Do Roubo e da Extorsão

Roubo

> ***Art. 157*** *- Subtrair coisa móvel alheia, para si ou para outrem, mediante grave ameaça ou violência a pessoa, ou depois de havê-la, por qualquer meio, reduzido à impossibilidade de resistência:*
> ***Pena*** *- reclusão, de quatro a dez anos, e multa.*
> ***§ 1º*** *- Na mesma pena incorre quem, logo depois de subtraída a coisa, emprega violência contra pessoa ou grave ameaça, a fim de assegurar a impunidade do crime ou a detenção da coisa para si ou para terceiro.*
> ***§ 2º*** *A pena aumenta-se de 1/3 (um terço) até metade: (Redação dada pela Lei nº 13.654, de 2018)*
> ***I.*** *(revogado); (Redação dada pela Lei nº 13.654, de 2018)*
> ***II.*** *se há o concurso de duas ou mais pessoas;*
> ***III.*** *se a vítima está em serviço de transporte de valores e o agente conhece tal circunstância.*
> ***IV.*** *se a subtração for de veículo automotor que venha a ser transportado para outro Estado ou para o exterior; (Incluído pela Lei nº 9.426, de 1996)*
> ***V.*** *se o agente mantém a vítima em seu poder, restringindo sua liberdade. (Incluído pela Lei nº 9.426, de 1996)*

> ***VI.*** *se a subtração for de substâncias explosivas ou de acessórios que, conjunta ou isoladamente, possibilitem sua fabricação, montagem ou emprego. (Incluído pela Lei nº 13.654, de 2018)*
>
> ***VII.*** *se a violência ou grave ameaça é exercida com emprego de arma branca; (Incluído pela Lei* nº 13.964, de 2019) - ***ANTICRIME***
>
> ***§ 2º****-A A pena aumenta-se de 2/3 (dois terços): (Incluído pela Lei nº 13.654, de 2018)*
>
> ***I.*** *se a violência ou ameaça é exercida com emprego de arma de fogo; (Incluído pela Lei nº 13.654, de 2018)*
>
> ***II.*** *se há destruição ou rompimento de obstáculo mediante o emprego de explosivo ou de artefato análogo que cause perigo comum. (Incluído pela Lei nº 13.654, de 2018)*
>
> ***§ 2º****-B. Se a violência ou grave ameaça é exercida com emprego de arma de fogo de uso restrito ou proibido, aplica-se em dobro a pena prevista no caput deste artigo. (Incluído pela Lei nº 13.964, de 2019) -* ***ANTICRIME***
>
> ***§ 3º*** *Se da violência resulta: (Redação dada pela Lei nº 13.654, de 2018)*
>
> ***I.*** *lesão corporal grave, a pena é de reclusão de 7 (sete) a 18 (dezoito) anos, e multa; (Incluído pela Lei nº 13.654, de 2018)*
>
> ***II.*** *morte, a pena é de reclusão de 20 (vinte) a 30 (trinta) anos, e multa. (Incluído pela Lei nº 13.654, de 2018)*

O crime de roubo está tipificado no rol dos crimes contra o patrimônio. Esse crime assemelha-se muito ao crime de furto, contudo possui elementos que, agregados à conduta "subtrair", formam um novo crime.

No roubo há a subtração de coisa móvel alheia, porém com o emprego de violência ou grave ameaça contra a pessoa, elementos esses que empregados, fazem com que a vítima entregue a coisa móvel, funcionando como circunstâncias especiais que relevam a distinção para o crime furto.

Classificação

É crime comum / Formal (STJ e STF) / instantâneo / plurissubsistente / de dano / de concurso eventual.

Ofende o patrimônio, integridade física e liberdade individual do indivíduo (Crime COMPLEXO).

É crime de forma livre: admite qualquer meio de execução.

Emprego de Grave Ameaça

Também denominada de violência moral ou vis compulsiva (consiste na promessa de mal grave, iminente e passível de realização).

Emprego de Violência

Também denominada de violência própria, violência física ou vis absoluta (consiste no emprego de força física sobre a vítima, mediante lesão corporal ou vias de fato, para facilitar a subtração do bem.

Qualquer Outro Meio que Reduza a Vítima à Impossibilidade de Resistência

Também conhecida como **violência imprópria ou violência indireta**. Abrange todos os outros meios (diferentes da violência ou grave ameaça) que impossibilitam a resistência da vítima no momento da execução do roubo.

Ex.: Drogar ou embriagar a vítima, usar soníferos (o famoso "Boa noite Cinderela") ou hipnose etc.

Não admite o princípio da insignificância, pois o desvalor da conduta é elevado, o que justifica a rigorosa atuação do direito penal.

O elemento subjetivo é o dolo e exige-se o fim de assenhoramento definitivo da coisa (*animus rem sibi habendi*). Não é admitida a modalidade culposa.

O crime de roubo admite arrependimento posterior? Para a maioria da doutrina o roubo próprio admite arrependimento posterior quando praticado mediante violência imprópria (Ex.: uso de psicotrópicos). Para a minoria, violência imprópria não admite arrependimento posterior, pois não deixa de ser espécie de violência.

Sujeitos do Crime

Sujeito Ativo: qualquer pessoa (crime comum), exceto o proprietário da coisa alheia móvel.

Sujeito Passivo: o proprietário, possuidor ou detentor da coisa alheia móvel, assim como qualquer outra pessoa que seja atingida pela violência ou grave ameaça. Pessoa Jurídica também pode ser sujeito passivo.

Consumação e Tentativa

Consuma-se o crime de roubo, no momento em que o agente se torna possuidor do bem subtraído mediante grave ameaça ou violência. Para que o agente se torne possuidor, é desnecessário que a coisa saia da esfera de vigilância da vítima, bastando que cesse a clandestinidade ou a violência. (Para esta corrente, o crime de Roubo é Formal).

A tentativa é plenamente admitida, haja vista o caráter plurissubsistente do crime de roubo.

Situações nas quais o roubo é considerado consumado:

- Destruição ou perda do bem subtraído;
- Prisão em flagrante de um dos ladrões e fuga do(s) comparsa(s) com o bem subtraído.

Roubo Impróprio

> ***§ 1º.*** *Na mesma pena incorre quem, logo depois de subtraída a coisa, emprega violência contra pessoa ou grave ameaça, a fim de assegurar a impunidade do crime ou a detenção da coisa para si ou para terceiro.*

	Roubo Próprio (caput)	Roubo Impróprio (§ 1º)
Meios de Execução	Violência ou Grave ameaça ou qualquer outro meio que reduza a vítima à impossibilidade de resistência (violência imprópria).	Violência ou Grave Ameaça.
Momento de Emprego do meio de execução	Antes ou Durante a subtração do bem.	Logo depois de subtrair a coisa, mas antes da consumação do furto.
Finalidade do meio de execução	Permitir a subtração do bem.	Assegurar a impunidade do crime ou a detenção da coisa (o bem já foi subtraído).

O roubo impróprio não admite a violência imprópria (qualquer outro meio que reduza a vítima à impossibilidade de resistência).

Para falarmos em roubo impróprio é imprescindível o prévio apoderamento da coisa.

O roubo impróprio consuma-se no momento em que o sujeito utiliza a violência à pessoa ou grave ameaça, ainda que não tenha êxito em sua finalidade de assegurar a impunidade do crime ou a detenção da coisa subtraída para si ou para terceiro (**é Crime Formal**).

Causas de Aumento de Pena

§ 2º. A pena aumenta-se de um terço até metade:

***I.** (Revogado)*

***II.** Se há o concurso de duas ou mais pessoas;*

***III.** Se a vítima está em serviço de transporte de valores e o agente conhece tal circunstância.*

***IV.** Se a subtração for de veículo automotor que venha a ser transportado para outro Estado ou para o exterior;*

***V.** Se o agente mantém a vítima em seu poder, restringindo sua liberdade.*

Se o crime é cometido em concurso de agentes e somente um deles utiliza a arma, a causa de aumento de pena se estende a todos os envolvidos no roubo, independentemente de serem coautores ou partícipes.

Arma de fogo	Efetivo uso: incide a causa de aumento. Porte ostensivo: Incide a causa de aumento. Porte simulado de arma: não incide a causa de aumento, mas caracteriza o roubo simples (grave ameaça).
Arma com defeito	Absoluta ineficácia de arma: não incide a causa de aumento, mas caracteriza o roubo simples (grave ameaça). Relativa ineficácia de arma: incide a causa do aumento.
Arma desmuniciada	Não incide a causa de aumento, mas caracteriza o roubo simples (grave ameaça). Conforme o STF, arma desmuniciada ou sem possibilidade de pronto municiamento não configura o crime tipificado no Art. 14 da Lei 10.826/03 (Estatuto do Desarmamento).
Arma de brinquedo	Não incide a causa de aumento, mas caracteriza o roubo simples (grave ameaça).

Se há o concurso de duas ou mais pessoas

Incide esta qualificadora ainda que um dos envolvidos seja inimputável (Ex.: Menor de 18 anos) ou não possa ser identificado.

Essa qualificadora incide ainda que apenas um dos envolvidos no roubo pratique atos executórios ou esteja presente no local do crime. Desse modo, aplica-se tanto aos coautores quanto aos partícipes.

Se a vítima está em serviço de transporte de valores e o agente conhece tal circunstância

Tem por finalidade conceder maior proteção às pessoas que prestam serviços relacionados ao transporte de valores, exclui-se o proprietário dos bens.

Ex.: Carros-fortes, office-boys, estagiários, funcionários de bancos etc.

Exige-se que o agente tenha conhecimento desta circunstância.

Se a subtração for de veículo automotor que venha a ser transportado para outro Estado ou para o exterior

Fundamenta-se na maior dificuldade de recuperação do bem pela vítima, quando ocorre a ultrapassagem das fronteiras estaduais ou internacionais.

Não incide esta causa de aumento de pena na hipótese de transporte de componentes isolados (peças) do veículo automotor para outro Estado ou para o exterior.

Esta majorante só incide quando o roubo for de veiculo automotor, não abrangendo embarcação nem aeronave. Além disso a causa de aumento de pena somente terá incidência quando o veículo automotor efetivamente for transportado para outro Estado ou para o Exterior.

De acordo com Cleber Masson, a majorante é compatível com a forma tentada em uma única hipótese: quando o agente é perseguido logo após a subtração e foge em direção a fronteira de outro País ou Estado, mas acaba sendo preso antes que transponha a fronteira. Nesse caso basta a intenção do agente de transpor a fronteira para a aplicação do aumento de pena.

Ex.: Um veículo foi roubado e desmanchado em Cascavel/PR e suas peças foram encaminhadas para São Paulo ou para o Paraguai.

Esta majorante só incide quando o roubo for de veículo automotor, não abrangendo embarcação nem aeronave, além disso, o veículo automotor deve ser levado para outro Estado ou país.

Se o agente mantém a vítima em seu poder, restringindo sua liberdade

Na hipótese desta qualificadora, a vítima deve ter restringida sua liberdade por tempo juridicamente relevante.

Ex.: Pedro, mediante grave ameaça, subtrai o carro de Rafael, e com ele permanece até abandoná-lo em um local distante, evitando, dessa forma, o pedido de socorro às autoridades.

Se a subtração for de substâncias explosivas ou de acessórios que, conjunta ou isoladamente, possibilitem sua fabricação, montagem ou emprego

Trata-se de mais uma alteração marcada pela Lei 13.654/2018. Nesse caso, vale a pena destacar o objeto material do roubo. Em se tratando de explosivos ou acessórios para fabricação, montagem ou emprego, haverá aumento de pena.

Em se tratando de simulacro, permanece o entendimento de que ainda é roubo (pois tem capacidade de constranger), mas é descaracterizado do aumento de pena!

Se a violência ou ameaça é exercida com emprego de arma de fogo

Aqui incide o aumento apenas com o uso da arma de fogo (arma PRÓPRIA) e desde que não seja de uso restrito ou proibido (já que com a alteração do pacote **ANITCRIME**, agora há a previsão do §2º-B com aumento de pena até o DOBRO).

E uma outra inovação do mesmo pacote legislativo, foi a "ressurreição" do uso de arma branca (ou arma IMPRÓPRIA) no §2º em seu novel inciso VII (aumento de 1/3 a ½).

§ 2º-A A pena aumenta-se de 2/3 (DOIS TERÇOS):

I. se a violência ou ameaça é exercida com emprego de arma de fogo.

A Lei 13.654 de 2018 inseriu o parágrafo 2º A, restringindo o aumento de pena no crime de furto. Agora, será considerado aumento de pena apenas em se tratando de arma própria (fogo), não abrangendo mais a arma imprópria. Além disso, entende o STF que é desnecessária a perícia na arma e a apreensão (desde que haja outros meios de prova) para o enquadramento do aumento. Cabe à parte comprovar a ineficácia do meio.

*II. se há **destruição ou rompimento de obstáculo** mediante o emprego de **EXPLOSIVO** ou de **ARTEFATO** análogo que cause **PERIGO COMUM**. (grifo nosso)*

Perceba aqui a única diferença com furto (art. 155), já que lá, no furto, há a previsão de qualificadora para rompimento ou destruição de obstáculo em qualquer modalidade de ruptura ou destruição. Ao contrário aqui, no roubo (art. 157), não se trata de qualificadora, mas sim de majorante (ou causa de aumento) onde apenas incidirá tal majoração caso de rompimento ou destruição com explosivos ou artefato análogo.

Se a violência ou grave ameaça é exercida com emprego de arma de fogo de uso restrito ou proibido

A inovação do pacote ANTICRIME, tivemos um aumento em dobro para tal utilização de arma de uso proibido como fruto da violência ou ameaça empregada pelo agente, além de também ter inserido tal previsão no rol dos crimes HEDIONDOS.

Roubo Qualificado

§ 3º Se da violência resulta: (Redação dada pela Lei nº 13.654, de 2018)

I. lesão corporal grave, a pena é de reclusão de 7 (sete) a 18 (dezoito) anos, e multa; (Incluído pela Lei nº 13.654, de 2018)

II. morte, a pena é de reclusão de 20 (vinte) a 30 (trinta) anos, e multa. (Incluído pela Lei nº 13.654, de 2018)

Assim, existem duas qualificadoras do crime de roubo: a qualificação por lesão grave e ou pela morte, fato conhecido como latrocínio

De acordo com o texto legal, somente é possível a incidência das qualificadoras quando o resultado agravador resultar de violência. Desse modo, se resultar de grave ameaça não incidirá esta qualificadora.

Imagine a seguinte situação hipotética: "A" apontou uma arma de fogo para "B", senhora de 80 anos, e anunciou o assalto. "B", com o susto da situação, sofreu um infarto fulminante e morreu em razão da grave ameaça empregada, momento em que "A" subtrai a bolsa da vítima. Nesta situação, "A" responderá por roubo consumado em concurso formal com homicídio culposo.

Segundo o Art. 1º da Lei nº 8.072/90, O latrocínio, consumado ou tentado, **é crime hediondo**.

De acordo com a **Súmula 603 do STF** a competência para o processo e julgamento do latrocínio é do **Juiz Singular** e não do Tribunal do Júri. Isso ocorre porque o latrocínio é crime contra o patrimônio e o Tribunal do Júri só julga os crimes dolosos contra a vida.

O resultado agravador (morte) pode ter sido causado de forma **dolosa ou culposa**. Percebe-se, então, que o latrocínio não é crime exclusivamente preterdoloso (dolo no antecedente e culpa no consequente). Admite-se a tentativa se o resultado agravador, morte, ocorrer de forma dolosa.

Qual crime pratica o assaltante que, duas semanas após o assalto, mata gerente que o reconheceu como um dos criminosos? Não pode ser o Art. 157, § 3º, uma vez que exige o fator tempo e o fator nexo. O crime será de roubo em concurso material com homicídio qualificado pela conexão consequencial.

De acordo com a Súmula 610 do STF: Há crime de latrocínio, quando o homicídio se consuma, ainda que não realize o agente a subtração de bens da vítima. Atenção para as seguintes situações:

Subtração do Bem	Morte da Vítima	Latrocínio
Consumado	Consumado	Consumado
Tentada	Consumado	Consumado
Tentada	Tentada	Tentada
Consumado	Tentada	Tentada

Extorsão

***Art. 158.** Constranger alguém, mediante violência ou grave ameaça, e com o intuito de obter para si ou para outrem indevida vantagem econômica, a fazer, tolerar que se faça ou deixar fazer alguma coisa:*

***Pena -** reclusão, de quatro a dez anos, e multa.*

***§ 1º.** Se o crime é cometido por duas ou mais pessoas, ou com emprego de arma, aumenta-se a pena de um terço até metade.*

***§ 2º.** Aplica-se à extorsão praticada mediante violência o disposto no § 3º do artigo anterior.*

***§ 3º.** Se o crime é cometido mediante a restrição da liberdade da vítima, e essa condição é necessária para a obtenção da vantagem econômica, a pena é de reclusão, de 6 (seis) a 12 (doze) anos, além da multa; se resulta lesão corporal grave ou morte, aplicam-se as penas previstas no Art. 159, §§ 2º e 3º, respectivamente.*

A extorsão, ao contrário do roubo, não pode ser praticada mediante violência imprópria (Qualquer outro meio que reduza a vítima à impossibilidade de resistência).

Segundo Nelson Hungria, uma das formas mais frequentes de extorsão é a famosa "Chantagem" (praticada mediante ameaça de revelação de fatos escandalosos ou difamatórios, para coagir o ameaçado a "comprar" o silêncio do ameaçador). É um crime de ação penal pública incondicionada.

Classificação

Extorsão é crime comum / de forma livre / formal / instantâneo / plurissubsistente / de dano / doloso (não admite a modalidade culposa) / de concurso eventual.

É considerado um crime complexo, pois protege vários bens jurídicos. (patrimônio, integridade física e liberdade individual).

É crime formal / de consumação antecipada. A obtenção da indevida vantagem econômica pelo agente é exaurimento do crime que será levado em consideração na dosimetria da pena-base (Art. 59, CP).

Sujeitos do Crime

Por ser um crime comum, não se exige uma qualidade especial do sujeito ativo ou passivo, portanto pode ser cometido/sofrido por qualquer pessoa.

Consumação e Tentativa

> ***Súm. 96, STJ.*** *O crime de extorsão consuma-se independentemente da obtenção da vantagem indevida.*

A tentativa é admitida.

Causa de Aumento de Pena

> Se o crime é COMETIDO por duas ou mais pessoas;

> Se o crime é cometido com emprego de arma;

Extorsão (Art. 158, §1º, primeira parte, CP)	Roubo (Art. 157, §2º, II, CP)
Crime COMETIDO por duas ou mais pessoas.	Se há o CONCURSO de duas ou mais pessoas.
Admite coautoria, mas não admite participação.	Admite coautoria e participação.

Extorsão Qualificada

> ***Art. 158, § 2º, CP.*** *Aplica-se à extorsão praticada mediante violência o disposto no § 3º do artigo anterior.*

Se, da **violência** resulta lesão corporal grave (7 a 15 anos), se resulta morte (20 a 30 anos).

Se, o resultado agravador (lesão corporal grave ou morte) ocorrer em razão da grave ameaça empregada, o agente responderá pelo crime de Extorsão simples (*caput*).

A extorsão qualificada pela morte, consumada ou tentada é **crime hediondo** (Art. 1º, IV, Lei nº 8.072/90).

Extorsão mediante restrição da liberdade da vítima

> ***§ 3º.*** *Se o crime é cometido mediante a restrição da liberdade da vítima, e essa condição é necessária para a obtenção da vantagem econômica, a pena é de reclusão, de 6 (seis) a 12 (doze) anos, além da multa; se resulta lesão corporal grave ou morte, aplicam-se as penas previstas no Art. 159, §§ 2º e 3º, respectivamente.*

Popularmente conhecido como o crime de "Sequestro relâmpago".

Este crime, além de atentar contra o patrimônio da vítima, viola também sua liberdade de locomoção.

Ex.: "A", mediante uso de arma de fogo, ameaça de morte "B", o qual estava saindo de sua residência, e o constrange a dirigir seu veículo até um caixa eletrônico para que "B" saque dinheiro para entregar a "A".

Diferencia-se do Roubo (Art. 157, §2º, V, CP), pois é imprescindível um comportamento de "B" (digitar a senha do cartão do banco) para a consumação do crime de extorsão.

Diferenças entre o "sequestro relâmpago" com a extorsão mediante sequestro

Sequestro Relâmpago (Art. 158, §3º, CP)	Extorsão Mediante Sequestro (Art. 159, CP)
Restrição da liberdade.	Privação da liberdade.
Não há encarceramento da vítima.	A vítima é colocada no cárcere.
Finalidade de se obter indevida vantagem econômica.	Finalidade de se obter qualquer vantagem, como condição ou preço do resgate.

Se a vantagem é devida (legítima), verdadeira ou supostamente, o agente responderá pelo crime de exercício arbitrário das próprias razões (Art. 345, CP).

A vantagem indevida deve ser econômica, pois se não o for, estará afastado o crime de extorsão.

Ex.: "A", mediante violência ou grave ameaça, coage "B" a assumir a autoria de um crime de difamação praticado contra "C".

Diferenças entre o crime de extorsão e roubo:

Roubo	Extorsão
O ladrão subtrai.	O extorsionário faz com que a vítima lhe entregue.
O agente busca vantagem imediata.	O agente busca vantagem mediata (futura).
Não admite bens imóveis.	Admite bens imóveis também.
Admite violência imprópria.	Não admite violência imprópria.
A colaboração da vítima é dispensável.	A colaboração da vítima é indispensável.

Diferenças entre o crime de Extorsão e Constrangimento ilegal

A **extorsão** se distingue do crime de constrangimento ilegal (Art. 146, CP), pois, no primeiro há a presença de um elemento subjetivo do tipo (especial fim de agir do agente) representado pela vontade de **obter indevida vantagem econômica, para si ou para outrem**.

Diferenças entre o crime de Extorsão e Concussão

Extorsão (Art. 158)	Concussão (Art. 316)
Crime Contra o Patrimônio.	Crime contra a Administração Pública.
Há emprego de violência ou grave ameaça.	Não há emprego de violência ou grave ameaça.
Em regra é praticado por particular, mas funcionário público pode praticar caso empregue violência ou grave ameaça.	Em regra é praticado por funcionário público, mas particular pode ser coautor ou partícipe.

É possível concurso de crimes de roubo e extorsão, por exemplo o agente, após roubar o carro da vítima, a obriga a entregar o cartão 24h com a senha, conforme STJ.

Extorsão Mediante Sequestro

> ***Art. 159.*** *Sequestrar pessoa com o fim de obter, para si ou para outrem, qualquer vantagem, como condição ou preço do resgate:*
>
> ***Pena*** *- reclusão, de oito a quinze anos.*
>
> ***§ 1º.*** *Se o sequestro dura mais de 24 (vinte e quatro) horas, se o sequestrado é menor de 18 (dezoito) ou maior de 60 (sessenta) anos, ou se o crime é cometido por bando ou quadrilha:*
>
> ***Pena*** *- reclusão, de doze a vinte anos.*
>
> ***§ 2º.*** *Se do fato resulta lesão corporal de natureza grave:*
>
> ***Pena*** *- reclusão, de dezesseis a vinte e quatro anos.*
>
> ***§ 3º.*** *Se resulta a morte:*
>
> ***Pena*** *- reclusão, de vinte e quatro a trinta anos.*
>
> ***§ 4º.*** *Se o crime é cometido em concurso, o concorrente que o denunciar à autoridade, facilitando a libertação do sequestrado, terá sua pena reduzida de um a dois terços.*

Objetividade Jurídica

Patrimônio e liberdade individual. Integridade física e vida humana (§2º e §3º).

→ **É crime complexo.**

Resulta da fusão da extorsão (Art. 158) e sequestro (Art. 148).

Objeto Material

A pessoa privada de sua liberdade e também aquela lesada em seu patrimônio.

É crime hediondo em todas as suas modalidades (tentados ou consumados). (Art. 1º, IV, Lei nº 8.072/90).

Núcleo do Tipo

"Sequestrar": privar uma pessoa de sua liberdade de locomoção por tempo juridicamente relevante.

Sujeitos do Crime

Sujeito Ativo: qualquer pessoa (crime comum). Se o sujeito ativo for funcionário público e cometer o crime no exercício de suas funções, responderá também pelo crime de abuso de autoridade (Arts. 3º, "a" e 4º, "a", Lei nº 4.898/65).

Pessoa que simula o próprio sequestro para extorquir seus pais, mediante o auxílio de terceiros, responde por extorsão (Art. 158).

Sujeito Passivo: pessoa que sofre a lesão patrimonial e pessoa privada de sua liberdade.

A vítima deve ser necessariamente uma pessoa humana. Desse modo, a privação da liberdade de um animal (de extinção ou raça) configura o crime de extorsão (Art. 158, CP).

Se a vítima for menor de 18 anos ou maior de 60 anos o crime será qualificado (§1º).

Supondo que haja subtração de animal de outrem e informa que somente será devolvido caso seja pago resgate. Há prática do crime de extorsão mediante sequestro? Não haverá tal crime já que o tipo penal se remete à pessoa. Nessa hipótese, será configurado o delito de extorsão.

Elemento Subjetivo

Dolo + (especial fim de agir) com o fim de obter, para si ou para outrem, qualquer vantagem, como condição ou preço do resgate. Não se admite a modalidade culposa.

Espécie da Vantagem

A maioria da doutrina entende que a vantagem deve ser econômica e indevida.

Se a vantagem for devida, o agente responderá pelos crimes de sequestro (Art. 148) e exercício arbitrário das próprias razões (Art. 345) em concurso formal.

Consumação e Tentativa

Consuma-se com a privação da liberdade da vítima, independente da obtenção da vantagem pelo agente. É crime formal. A tentativa é possível.

Juízo Competente

O Juízo Competente para julgamento é o do local em que ocorreu o sequestro da vítima, e não o da entrega do eventual resgate.

Se os parentes da vítima realizarem o pagamento do resgate, ocorrerá o exaurimento do crime.

Crime Permanente

É Crime Permanente (a consumação se prolonga no tempo e dura todo o período em que a vítima estiver privada de sua liberdade).

Por ser crime permanente, é cabível a prisão em flagrante a qualquer tempo, enquanto durar a permanência.

A privação da liberdade do sequestrado há de ser mantida por tempo juridicamente relevante.

Classificação Doutrinária

Crime comum / de forma livre/ FORMAL / PERMANENTE / plurissubsistente / de dano / de concurso eventual.

Ação Penal

A Ação Penal é pública incondicionada em todas as espécies do crime.

Figuras Qualificadas

> ***§ 1º.*** *Se o sequestro dura mais de 24 (vinte e quatro) horas, se o sequestrado é menor de 18 (dezoito) ou maior de 60 (sessenta) anos, ou se o crime é cometido por bando ou quadrilha. Pena - reclusão de 12 a 20 anos.*

Incide a qualificadora quando na data do sequestro a vítima possuía, por exemplo, 59 anos e 11 meses e na data da libertação possuía mais de 60 anos, pois o crime de extorsão mediante sequestro é crime permanente (a consumação prolonga-se no tempo por vontade do agente).

E se o crime se deu em exatas 24 horas, incide a qualificadora? Não. Tem que ser mais de 24 horas.

Se o crime é cometido por associação criminosa e esta for usada para qualificar o delito, não pode haver a punição pelo Art. 288 do CP, sob pena de ocorrência do *bis in idem*.

> ***§ 2º.*** *Se do fato resulta lesão corporal de natureza grave:*
>
> *Pena - reclusão de 16 a 24 anos.*
>
> ***§ 3º.*** *Se resulta a morte:*
>
> *Pena - reclusão de 24 a 30 anos.*

No roubo e na extorsão só existe a qualificadora quando a lesão corporal de natureza grave ou a morte resultam da "violência", ao passo que nesta hipótese o crime será qualificado quando do FATO resultar lesão corporal de natureza grave ou morte. Portanto o resultado agravador pode ser provocado por violência própria, violência imprópria ou GRAVE AMEAÇA.

Não incidirá esta qualificadora se o resultado agravador for produzido por força maior, caso fortuito ou culpa de terceiro.

Ex.: cai um raio no barraco onde a vítima era mantida em cativeiro e esta morre.

A morte ou lesão corporal grave podem ter sido provocadas dolosa ou culposamente. Não é crime exclusivamente preterdoloso (dolo no antecedente e culpa no consequente).

A pena da extorsão mediante sequestro qualificada pela morte (24 a 30 anos) é a maior do Código Penal.

Delação Premiada

> ***§ 4º.*** *Se o crime é cometido em concurso, o concorrente que o denunciar à autoridade,* ***facilitando a libertação do sequestrado****, terá sua pena reduzida de um a dois terços.*

É causa especial de diminuição da pena que somente pode ser aplicada pelo Juiz (Delegados e Promotores não podem).

Requisitos para a incidência deste parágrafo:

- > Prática do crime em concurso de pessoas: não é exigível Associação Criminosa, basta o concurso de pessoas;
- > Esclarecimento por parte de um dos criminosos a autoridade sobre o crime;
- > Facilitação da libertação do sequestrado, ou seja, que a delação seja eficaz.

De acordo com a jurisprudência, deve ser aplicada a delação premiada quando a vítima é libertada diretamente por um dos sequestradores.

A redução de pena é proporcional conforme a maior ou menor colaboração do agente. Quanto mais auxiliar, maior a redução.

A delação deve ser EFICAZ, ou seja, deve ter contribuído decisivamente para a libertação da vítima. Desse modo, a pena não será diminuída se o refém foi solto por outro motivo qualquer, diverso da informação prestada pelo sequestrador.

Presentes os requisitos legais, o juiz é obrigado a reduzir a pena do criminoso (é direito subjetivo do réu).

A redução da pena da delação premiada não se comunica aos demais coautores ou partícipes que não denunciaram o fato à autoridade (circunstância pessoal), pois não facilitaram a libertação do refém.

Extorsão Indireta

> ***Art. 160.*** *Exigir ou receber, como garantia de dívida, abusando da situação de alguém, documento que pode dar causa a procedimento criminal contra a vítima ou contra terceiro:*
>
> ***Pena -*** *reclusão, de um a três anos, e multa.*

O crime de extorsão se consuma no momento em que é realizada a conduta de constrangimento mediante o uso de violência ou grave ameaça, portanto considerado crime formal. A obtenção da vantagem indevida configura mero exaurimento do crime.

4.3 Da Usurpação

Alteração de Limites

> ***Art. 161.*** *Suprimir ou deslocar tapume, marco, ou qualquer outro sinal indicativo de linha divisória, para apropriar-se, no todo ou em parte, de coisa imóvel alheia:*
>
> ***Pena -*** *detenção, de um a seis meses, e multa.*
>
> ***§ 1º.*** *Na mesma pena incorre quem:*

Usurpação de Águas

> ***I.*** *Desvia ou represa, em proveito próprio ou de outrem, águas alheias;*

Esbulho Possessório

> ***II.*** *Invade, com violência a pessoa ou grave ameaça, ou mediante concurso de mais de duas pessoas, terreno ou edifício alheio, para o fim de esbulho possessório.*
>
> ***§ 2º.*** *Se o agente usa de violência, incorre também na pena a esta cominada.*
>
> ***§ 3º.*** *Se a propriedade é particular, e não há emprego de violência, somente se procede mediante queixa.*

Supressão ou Alteração de Marca em Animais

> ***Art. 162.*** *Suprimir ou alterar, indevidamente, em gado ou rebanho alheio, marca ou sinal indicativo de propriedade:*
>
> ***Pena -*** *detenção, de seis meses a três anos, e multa.*

4.4 Do Dano

> ***Art. 163.*** *Destruir, inutilizar ou deteriorar coisa alheia:*
>
> ***Pena -*** *detenção, de um a seis meses, ou multa.*
>
> ***Dano Qualificado***
>
> ***Parágrafo único.*** *Se o crime é cometido:*
>
> ***I.*** *Com violência à pessoa ou grave ameaça;*
>
> ***II.*** *Com emprego de substância inflamável ou explosiva, se o fato não constitui crime mais grave;*
>
> ***III.*** *contra o patrimônio da União, de Estado, do Distrito Federal, de Município ou de autarquia, fundação pública, empresa pública, sociedade de economia mista ou empresa concessionária de serviços públicos; (Redação dada pela Lei nº 13.531, de 2017)*
>
> ***IV.*** *Por motivo egoístico ou com prejuízo considerável para a vítima:*
>
> ***Pena -*** *detenção, de seis meses a três anos, e multa, além da pena correspondente à violência.*

Objetividade Jurídica

Patrimônio das pessoas físicas ou jurídicas.

Não há crime de dano quando a conduta do agente recair sobre *res derelicta* (coisa abandonada) ou *res nullius* (coisa de ninguém). Todavia se a conduta recair sobre *res despedita* (coisa perdida) haverá crime, pois se trata de coisa alheia.

Objeto Material

Coisa alheia, móvel ou imóvel, sobre a qual incide a conduta do agente.

Dano em Documentos (Públicos ou Privados)

Se o agente danificou para impedir utilização do documento como prova de algum fato juridicamente relevante, responderá pelo crime de supressão de documento (Art. 305, CP). Todavia, se a conduta foi praticada unicamente com o objetivo de prejudicar o patrimônio da vítima, responderá o agente pelo crime de dano (Art. 163, CP).

Tipo Misto Alternativo, Crime de Ação Múltipla ou de Conteúdo Variado

Haverá crime único na prática de várias condutas com objeto material no mesmo contexto fático.

É Crime de Forma Livre = Admite qualquer meio de execução.

Pode ser praticado por omissão, desde que presente o dever jurídico de agir (Art. 13, §2º, CP).

Empregada doméstica deixa, dolosamente, de fechar as janelas da casa da patroa durante uma chuva para que sejam danificados os objetos eletrônicos da casa.

O agente que pratica a conduta de pichar, grafitar ou por qualquer outro meio conspurcar (poluir) edificação ou monumento urbano responderá pelo crime previsto no Art. 65 da Lei nº 9.605/98 (Lei dos Crimes Ambientais).

Núcleos do Tipo

Destruir: extinguir a coisa (dano físico total).

Ex.: Quebrar totalmente um espelho; queimar um telefone celular.

Inutilizar: tornar uma coisa imprestável aos fins a que se destina.

Retirar a bateria de um carro.

Deteriorar: estragar parcialmente um bem, diminuindo-lhe o valor ou a utilidade (dano físico parcial).

Ex.: Riscar a lataria de um veículo.

Conduta de fazer DESAPARECER coisa alheia não é crime de dano.

Exs.: Pedro faz sumir o celular de Rafael, seu desafeto. Nesta situação Pedro responderá civilmente por sua conduta. Não responderá pelo crime de dano (Art. 163, CP).

"A" abre a porteira da fazenda de "B", seu desafeto, para que desapareça o cavalo de propriedade deste último. "A" responderá civilmente por sua conduta.

Sujeitos do Crime

Sujeito Ativo: é crime comum, pode ser praticado por qualquer pessoa, exceto o proprietário da coisa.

Se o proprietário danificar coisa própria, que se acha em poder de terceiro por determinação judicial ou convenção, responderá pelo previsto no Art. 346, CP.

Sujeito Passivo: qualquer pessoa (proprietário ou possuidor legítimo da coisa).

Elemento Subjetivo

É o Dolo. A finalidade do agente deve ser unicamente destruir, inutilizar ou deteriorar coisa alheia.

Importante: não existe o crime de dano culposo.

Se o dano constituir-se em meio para a prática de outro crime, ou então como qualificadora de outro crime, será por este absorvido. Ex.: Furto qualificado pela destruição ou rompimento de obstáculo (Art. 155, §4º, I, CP): o dano, crime-meio, será absorvido pelo furto, crime-fim.

Consumação e Tentativa

É crime material. Desse modo, ele se consuma quando o agente efetivamente destrói, inutiliza ou deteriora a coisa alheia. A tentativa é plenamente possível.

Dano Simples

O crime de dano simples (*caput*) é IMPO, Infração de Menor Potencial Ofensivo, de competência do Juizado Especial e de ação penal privada (Art. 167, CP).

Classificação Doutrinária

Crime comum / material / doloso / de forma livre / instantâneo / plurissubjetivo / de concurso eventual e não transeunte (deixa vestígios materiais).

Dano Qualificado

Parágrafo único. *Se o crime é cometido:*

I. *Com violência à pessoa ou grave ameaça;*

II. *Com emprego de substância inflamável ou explosiva, se o fato não constitui crime mais grave;*

III. *contra o patrimônio da União, de Estado, do Distrito Federal, de Município ou de autarquia, fundação pública, empresa pública, sociedade de economia mista ou empresa concessionária de serviços públicos; (Redação dada pela Lei nº 13.531, de 2017)*

IV. *Por motivo egoístico ou com prejuízo considerável para a vítima:*

Pena - *detenção, de seis meses a três anos, e multa, além da pena correspondente à violência.*

Com Violência à Pessoa ou Grave Ameaça

A vítima da violência ou grave ameaça pode ser pessoa diversa da vítima do dano.

Ex.: Ameaçar a empregada doméstica de seu vizinho para quebrar a vidraça de sua janela.

A violência ou grave ameaça deve ocorrer antes ou durante a prática do crime de dano, pois, se ocorrer depois, o agente responderá pelo crime de dano simples em concurso material com o crime de lesão corporal (Art. 129) ou ameaça (Art. 147).

De acordo com o Art. 167, CP, nesta hipótese de dano a ação penal será pública incondicionada.

Com Emprego de Substância Inflamável ou Explosiva, se o Fato não Constitui Crime Mais Grave

A expressão "**se o fato não constitui crime mais grave**" informa que esta qualificadora é expressamente subsidiária, ou seja, somente incidirá o dano qualificado quando a lesão ao patrimônio alheio não caracterizar um crime mais grave, nem funcionar como meio de execução de um delito mais grave.

Ex.: "A" explode o carro de "B" que estava no estacionamento: "A" responderá pelo crime de dano qualificado. Todavia se "A" explodiu o carro de "B" com a intenção de matá-lo, e efetivamente alcançou este resultado responderá pelo crime de homicídio qualificado (Art. 121, §2º, III, CP).

De acordo com o Art. 167 do CP, nesta hipótese de dano, **a ação penal será pública incondicionada**.

Contra o patrimônio da União, de Estado, do Distrito Federal, de Município ou de autarquia, fundação pública, empresa pública, sociedade de economia mista ou empresa concessionária de serviços públicos;

A Lei 13.531, de 2017, adicionou ao crime de dano qualificado todos os entes da Administração direta mais os concessionários de serviços públicos, o que de fato foi bem aplicado ao que acontece no dia a dia.

De acordo com o entendimento do STJ, o preso que danifica (destrói, deteriora ou inutiliza) as paredes e grades da cela dos presídios ou delegacias, com o objetivo de fuga não responde pelo crime de dano. Vejamos uma jurisprudência sobre o tema:

> *Conforme entendimento, há muito fixado nesta Corte Superior (STF), para a configuração do crime de dano, previsto no Art. 163 do CPB, é necessário que a vontade seja voltada para causar prejuízo patrimonial ao dono da coisa (animus nocendi).* **Dessa forma, o preso que destrói ou inutiliza as grades da cela onde se encontra, com o intuito exclusivo de empreender fuga, não comete crime de dano.** *2. Parecer do MPF pela concessão da ordem. 3. Ordem concedida, para absolver o paciente do crime de dano contra o patrimônio público (Art. 163, Parágrafo Único, III, do CPB).*

De acordo com o Art. 167 do CP, nesta hipótese de dano **a ação penal será pública incondicionada**.

Por Motivo Egoístico ou com Prejuízo Considerável para a Vítima

Motivo egoístico é aquele ligado à obtenção de um futuro benefício, de ordem moral ou econômica. Ex.: "A" e "B" foram aprovados na segunda fase do concurso de Delegado de Polícia Civil de um Estado qualquer. Então, no dia da prova oral, "A" sabota o carro de "B" para que este não consiga chegar a tempo para realizar o exame e seja eliminado do concurso.

> Aquele que destrói cadáver ou parte dele responde pelo crime previsto no Art. 211 do CP.

De acordo com o Art. 167 do CP, nesta hipótese de dano **a ação penal é privada**.

Introdução ou Abandono de Animais em Propriedade Alheia

> ***Art. 164.*** *Introduzir ou deixar animais em propriedade alheia, sem consentimento de quem de direito, desde que o fato resulte prejuízo:*
>
> ***Pena -*** *detenção, de quinze dias a seis meses, ou multa.*

Dano em Coisa de Valor Artístico, Arqueológico ou Histórico

> ***Art. 165.*** *Destruir, inutilizar ou deteriorar coisa tombada pela autoridade competente em virtude de valor artístico, arqueológico ou histórico:*
>
> ***Pena -*** *detenção, de seis meses a dois anos, e multa.*

Alteração de Local Especialmente Protegido

> ***Art. 166.*** *Alterar, sem licença da autoridade competente, o aspecto de local especialmente protegido por lei:*
>
> ***Pena -*** *detenção, de um mês a um ano, ou multa.*

Ação Penal

> ***Art. 167.*** *Nos casos do art. 163, do inciso IV do seu parágrafo e do Art. 164, somente se procede mediante queixa.*

4.5 Da Apropriação Indébita

> *Apropriação indébita*
>
> ***Art. 168.*** *Apropriar-se de coisa alheia móvel, de que tem a posse ou a detenção:*
>
> ***Pena -*** *reclusão, de um a quatro anos, e multa.*
>
> ***Aumento de Pena***
>
> ***§ 1º.*** *A pena é aumentada de um terço, quando o agente recebeu a coisa:*
>
> ***I.*** *Em depósito necessário;*
>
> ***II.*** *Na qualidade de tutor, curador, síndico, liquidatário, inventariante, testamenteiro ou depositário judicial;*
>
> ***III.*** *Em razão de ofício, emprego ou profissão.*

A principal característica do crime de apropriação indébita é a existência de uma situação de **quebra de confiança**, pois a vítima entrega, voluntariamente, uma coisa móvel ao agente, e este, logo após, inverte seu ânimo no tocante ao bem, passando a comportar-se como seu dono.

Objetividade Jurídica

Patrimônio.

Objeto Material

Coisa alheia móvel sobre a qual recai a conduta criminosa (imóveis não).

Para o STJ é possível a prática do crime de apropriação indébita de coisas fungíveis (móveis que podem substituir-se por outros da mesma espécie, qualidade e quantidade).

Ex.: Dinheiro.

Núcleo do Tipo

É o verbo "apropriar" que significa tomar para si, fazer sua coisa alheia.

Posse/Detenção Legítima e Desvigiada

A posse ou a detenção do bem deve ser LEGÍTIMA e também desvigiada. Desse modo, o crime de apropriação indébita deve preencher os seguintes requisitos:

A vítima entrega o bem voluntariamente: se houver fraude para a entrega o crime será de estelionato, se houver violência ou grave ameaça à pessoa o crime será de roubo ou de extorsão.

O agente tem a posse ou detenção desvigiada do bem: se a posse ou detenção for vigiada e o bem for retirado da vítima sem sua autorização o crime será de furto.

O agente recebe o bem de boa-fé: se ao receber o bem o agente já tinha a intenção de apropriar-se dele, o crime será de estelionato. Obs.: a boa-fé é presumida.

Modificação posterior no comportamento do agente: após entrar licitamente (de boa-fé) na posse ou detenção da coisa, o agente passa a se comportar como se fosse dono. Momento em que apresenta seu ânimo de assenhoramento definitivo (*animus rem sibi habendi*). Essa alteração no comportamento do agente ocorre de duas formas:

a) **Prática de algum ato de disposição** (venda, doação, locação, troca etc.). Também conhecida como apropriação indébita própria.

b) **Recusa na restituição** (a vítima solicita a devolução do bem e o agente expressamente se recusa a devolver). Também denominada **negativa de restituição**.

Sujeitos do Crime

Ex.: Se o agente é funcionário público e apropria-se de dinheiro, valor ou qualquer outro bem móvel, público ou particular (sob a guarda ou custódia da Administração Pública), de que tem a posse em razão do cargo, responderá pelo crime de peculato-apropriação (Art. 312, caput, 1ª parte, CP). Em regra, a prova desse delito depende da prática de algum ato incompatível com a vontade de restituir.

Sujeito Ativo: qualquer pessoa, desde que tenha a posse ou detenção lícita da coisa alheia móvel. Sempre pessoa diversa do proprietário.

Sujeito Passivo: proprietário ou possuidor (pessoa física ou jurídica) do bem.

Elemento Subjetivo

Dolo. Doutrina e jurisprudência defendem a necessidade do ânimo de assenhoramento definitivo da coisa. Desse modo, não responderá por este crime aquele que simplesmente se esquece de devolver o bem na data previamente combinada. Não se admite a modalidade culposa.

Apropriação Indébita "De Uso"

Não se pune a apropriação indébita "de uso": situação em que a pessoa usa momentaneamente a coisa alheia, para em seguida restituí-la integralmente ao seu proprietário.

Apropriação Indébita X Estelionato

Apropriação indébita (Art. 168, CP)	Estelionato (Art. 171, CP)
O dolo é posterior ou subsequente.	O dolo é anterior ou antecedente.
A pessoa recebe a posse ou detenção de coisa de maneira legítima, surgindo a vontade de se apropriar posteriormente.	O agente já possuía a intenção de se apropriar do bem antes de alcançar a sua posse ou detenção.
Ex.: Pessoa vai a uma locadora de veículos, aluga um veículo, gosta dele e decide não devolver.	**Ex.:** Pessoa vai a uma locadora de veículos, já com a intenção de alugar o veículo e não devolvê-lo.

Consumação

Ocorre no momento em que o agente inverte seu ânimo em relação a coisa alheia móvel, ou seja, ele passa a se comportar como dono do bem. Pode se dar de duas maneiras:

Apropriação indébita própria	Se consuma com a prática de algum ato de disposição do bem, incompatível com a condição de possuidor ou detentor. **Ex.:** Vender, doar, permutar, emprestar o bem.
Negativa de restituição	Se consuma no momento em que o agente se recusar expressamente a devolver o bem ao seu proprietário.

Tentativa

A apropriação indébita própria admite tentativa.

Ex.: "A" é preso em flagrante no momento em que doava os DVDs de "B", do qual tinha a posse legítima e desvigiada.

A apropriação indébita negativa de restituição não admite tentativa (conatus), pois é crime unissubsistente: ou o sujeito recusa a devolver o bem, e o crime estará consumado, ou o devolve ao dono, e o fato será atípico.

Ação Penal

A Ação Penal é pública incondicionada.

Competência

Local em que o agente se apropria da coisa alheia móvel, dela dispondo ou negando-se a restituí-la ao seu titular. (Art. 70, *caput*, CPP).

Quando o crime de apropriação indébita for praticado por algum representante (comercial ou não) da vítima, a competência será do local em que o agente deveria ter prestado contas dos valores recebidos.

Classificação Doutrinária

Crime comum / material / de forma livre / de concurso eventual / doloso / em regra plurissubsistente, ou unissubsistente (negativa de restituição) / instantâneo.

Ex.:

01. O Art. 102 do Estatuto do Idoso (Lei nº 10.741/2003) prevê uma modalidade especial de apropriação indébita, quando praticada contra idoso:

    Art. 102. *Apropriar-se de ou desviar bens, proventos, pensão ou qualquer outro rendimento do idoso, dando-lhes aplicação diversa da de sua finalidade:*

    Pena *- reclusão de 1 a 4 anos.*

02. O Art. 5º, "caput", da Lei dos Crimes Contra o Sistema Financeiro Nacional (Lei nº 7.492/86) também contém uma modalidade especial de apropriação indébita:

    Art. 5º. *Apropriar-se, quaisquer das pessoas mencionadas no Art. 25 desta lei, de dinheiro, título, valor ou qualquer outro bem móvel de que tem a posse, ou desviá-lo em proveito próprio ou alheio:*

    Pena *- reclusão de 2 a 6 anos e multa.*

Trata-se de crime próprio, pois somente pode ser praticado pelo controlador e pelos administradores de instituição financeira (diretores e gerentes).

Aumento de Pena

§ 1º. *A pena é aumentada de um terço, quando o agente recebeu a coisa:*

I. *Em depósito necessário;*

II. *Na qualidade de tutor, curador, síndico, liquidatário, inventariante, testamenteiro ou depositário judicial;*

III. *Em razão de ofício, emprego ou profissão.*

A pena será aumentada de um terço quando o agente recebeu a coisa:

Em Depósito Necessário

De acordo com a doutrina majoritária, esta causa de aumento de pena incide apenas no **depósito necessário miserável, previsto no Art. 647, II, CC** (é o que se efetua por ocasião de alguma calamidade, como inundação, incêndio, saque ou naufrágio).

A palavra "síndico" deve ser substituída pela expressão "administrador judicial", em razão da alteração ocorrida pela Lei nº 11.101/2005 (Lei de Falência e Recuperação Judicial do Empresário e da Sociedade Empresária).

Na Qualidade de Tutor, Curador, Síndico, Liquidatário, Inventariante, Testamenteiro ou Depositário Judicial

O fundamento do tratamento penal mais rigoroso repousa na relevância das funções exercidas pelas pessoas indicadas neste inciso, as quais recebem coisas alheias para guardar consigo, necessariamente, até o momento da devolução.

Em Razão de Ofício, Emprego ou Profissão

Não necessita de relação de confiança entre o agente e a vítima.

Emprego	Prestação de serviço em subordinação e dependência. **Ex.:** Dono de um supermercado e seus funcionários.
Ofício	Ocupação mecânica ou manual, que necessita de um determinado grau de habilidade, e que seja útil ou necessário às pessoas em geral. **Ex.:** Mecânico, sapateiro etc.
Profissão	Atividade em que não há hierarquia e necessita de conhecimentos específicos (técnico e intelectual). **Ex.:** Advogado, dentista, médico, arquiteto, contador etc.

Apropriação Indébita Privilegiada

O Art. 170 do Código Penal dispõe o seguinte:

Nos crimes previstos neste Capítulo, aplica-se o disposto no Art. 155, § 2º.

Art. 155*, §2º, CP. Se o criminoso é primário, e é de pequeno valor a coisa furtada, o juiz pode substituir a pena de reclusão pela de detenção, diminuí-la de um a dois terços, ou aplicar somente a pena de multa.*

Portanto, é possível a caracterização da apropriação indébita privilegiada, em qualquer de suas espécies.

Apropriação Indébita Previdenciária

Art. 168-A. *Deixar de repassar à previdência social as contribuições recolhidas dos contribuintes, no prazo e forma legal ou convencional:*

Pena *- reclusão, de 2 (dois) a 5 (cinco) anos, e multa.*

§ 1º. *Nas mesmas penas incorre quem deixar de:*

I. *Recolher, no prazo legal, contribuição ou outra importância destinada à previdência social que tenha sido descontada de pagamento efetuado a segurados, a terceiros ou arrecadada do público;*

II. *Recolher contribuições devidas à previdência social que tenham integrado despesas contábeis ou custos relativos à venda de produtos ou à prestação de serviços;*

III. *Pagar benefício devido a segurado, quando as respectivas cotas ou valores já tiverem sido reembolsados à empresa pela previdência social.*

§ 2º. *É extinta a punibilidade se o agente, espontaneamente, declara, confessa e efetua o pagamento das contribuições, importâncias ou valores e presta as informações devidas à previdência social, na forma definida em lei ou regulamento, antes do início da ação fiscal.*

§ 3º. *É facultado ao juiz deixar de aplicar a pena ou aplicar somente a de multa se o agente for primário e de bons antecedentes, desde que:*

I. *Tenha promovido, após o início da ação fiscal e antes de oferecida a denúncia, o pagamento da contribuição social previdenciária, inclusive acessórios; ou*

II. *O valor das contribuições devidas, inclusive acessórios, seja igual ou inferior àquele estabelecido pela previdência social, administrativamente, como sendo o mínimo para o ajuizamento de suas execuções fiscais.*

§ 4º *A faculdade prevista no § 3º deste artigo não se aplica aos casos de parcelamento de contribuições cujo valor, inclusive dos acessórios, seja superior àquele estabelecido, administrativamente, como sendo o mínimo para o ajuizamento de suas execuções fiscais.*

Objetividade Jurídica

Seguridade social (saúde, previdência e assistência social - Art. 194, CF/88). Não se trata de crime contra o patrimônio.

Objeto Material

Contribuição previdenciária arrecadada e não recolhida.

Núcleo do Tipo

Deixar de repassar, significa **deixar de recolher**. (Recolher é depositar a quantia recebida - descontada ou cobrada).

É crime omissivo próprio ou puro (não admite tentativa).

Lei Penal em Branco Homogênea

Deve ser complementada pela legislação previdenciária em relação aos prazos de recolhimento.

Sujeitos do Crime

Sujeito Ativo: qualquer pessoa, crime comum (admite coautoria e participação).

Sujeito Passivo: União Federal.

> Pessoa Jurídica não pode ser sujeito ativo.

Competência

Sendo o sujeito ativo União Federal, a competência será da Justiça Federal (crime praticado em detrimento dos interesses da União).

Elemento Subjetivo

É o dolo.

É dispensável (prescindível) o fim de assenhoramento definitivo (animus rem sibi habendi), pois o núcleo do tipo é "deixar de repassar", e não "apropriar-se" como no crime de apropriação indébita.

Não se admite a forma culposa.

Consumação

Para a maioria da doutrina é crime formal. Para o STF é crime material, pois deve haver a efetiva lesão aos cofres da União.

Se a conduta for praticada mediante fraude, o crime será de sonegação de contribuição previdenciária, previsto no Art. 337-A, CP.

É Crime Unissubsistente

A conduta se exterioriza em um único ato, suficiente para a consumação.

Ação Penal

Ação penal pública incondicionada.

Hipótese de Dificuldades Financeiras

Firmou-se o entendimento de que há inexigibilidade de conduta diversa (causa supralegal de exclusão da culpabilidade).

O STJ já decidiu que o fato é atípico em face da ausência de dolo.

> Para o Cespe o fato se enquadra em estado de necessidade (excludente de ilicitude). Veja a questão:
> (Cespe) Em razão de sérias dificuldades de ordem financeira, causadas pelos desajustes da economia nacional, o proprietário de determinada empresa se viu obrigado a não recolher aos cofres previdenciários os recursos relativos às contribuições arrecadadas de seus empregados. Nessa situação, comprovadas as dificuldades insuperáveis que motivaram a conduta do empresário e, em consequência, o estado de necessidade, não terá havido qualquer ilicitude a legitimar a persecução penal.
> A questão está correta.

Extinção da Punibilidade

§ 2º. É extinta a punibilidade se o agente, espontaneamente, declara, confessa e efetua o pagamento das contribuições, importâncias ou valores e presta as informações devidas à previdência social, na forma definida em lei ou regulamento, antes do início da ação fiscal.

A ação fiscal tem início com a lavratura do Termo de Início da Ação Fiscal (TIAF).

Para que ocorra a extinção da punibilidade, devem-se preencher, cumulativamente, três requisitos:

- Espontânea declaração e confissão do débito;
- Prestação de informações à Previdência Social;
- Pagamento integral do débito previdenciário ANTES do início da Ação Fiscal.

Perdão Judicial e Aplicação Isolada de Pena de Multa

§ 3º. É facultado ao juiz deixar de aplicar a pena ou aplicar somente a de multa se o agente for primário e de bons antecedentes, desde que:

I. Tenha promovido, após o início da ação fiscal e antes de oferecida a denúncia, o pagamento da contribuição social previdenciária, inclusive acessórios; ou

> Para o STJ o pagamento integral do débito previdenciário, ANTES ou DEPOIS do recebimento da denúncia, é causa de extinção da punibilidade (Art. 9º, §2º, Lei nº 10.684/03). HC 63.168/SC.

A hipótese do inciso I não se aplica mais, em razão regra contida no Art. 9, §2º, Lei nº 10.684/03 e do entendimento do STJ sobre o assunto.

II. O valor das contribuições devidas, inclusive acessórios, seja igual ou inferior àquele estabelecido pela previdência social, administrativamente, como sendo o mínimo para o ajuizamento de suas execuções fiscais.

Perdão Judicial e Parcelamento

§ 4º A faculdade prevista no § 3º deste artigo não se aplica aos casos de parcelamento de contribuições cujo valor, inclusive dos acessórios, seja superior àquele estabelecido, administrativamente, como sendo o mínimo para o ajuizamento de suas execuções fiscais.

Justa Causa e Prévio Esgotamento da Via Administrativa

Lei nº 9.430/96. Dispõe sobre a legislação tributária federal, as contribuições para a seguridade social, o processo administrativo de consulta; e dá outras providências:

***Art. 83.** A representação fiscal para fins penais relativa aos crimes contra a ordem tributária previstos nos Arts. 1º e 2º da Lei no 8.137, de 27 de dezembro de 1990, e aos crimes contra a Previdência Social, previstos nos Arts. 168-A e 337-A do Decreto-Lei no 2.848, de 7 de dezembro de 1940 (Código Penal), será encaminhada ao Ministério Público depois de proferida a decisão final, na esfera administrativa, sobre a exigência fiscal do crédito tributário correspondente. (Redação dada pela Lei nº 12.350, de 2010).*

***§ 1º.** Na hipótese de concessão de parcelamento do crédito tributário, a representação fiscal para fins penais somente será encaminhada ao Ministério Público após a exclusão da pessoa física ou jurídica do parcelamento. (Incluído pela Lei nº 12.382, de 2011).*

***§ 2º.** É suspensa a pretensão punitiva do Estado referente aos crimes previstos no caput, durante o período em que a pessoa física ou a pessoa jurídica relacionada com o agente dos aludidos crimes estiver incluída no parcelamento, desde que o pedido de parcelamento tenha sido formalizado antes do recebimento da denúncia criminal. (Incluído pela Lei nº 12.382, de 2011).*

***§ 3º.** A prescrição criminal não corre durante o período de suspensão da pretensão punitiva. (Incluído pela Lei nº 12.382, de 2011).*

***§ 4º**. Extingue-se a punibilidade dos crimes referidos no caput quando a pessoa física ou a pessoa jurídica relacionada com o agente efetuar o pagamento integral dos débitos oriundos de tributos, inclusive acessórios, que tiverem sido objeto de concessão de parcelamento. (Incluído pela Lei nº 12.382, de 2011).*

Princípio da Insignificância

Para o STF, é possível a aplicação do princípio da insignificância (causa supralegal de exclusão da tipicidade - o fato não será crime) quando o valor do débito previdenciário não ultrapassar R$10.000,00 (dez mil reais). O fundamento está no Art. 20 da Lei nº 10.522/02, que determina o arquivamento das execuções fiscais, sem cancelamento na distribuição, quando os débitos inscritos como dívida ativa da União não excedam este valor.

Forma Privilegiada

Nos termos do Art. 170 do CP aplica-se o Art. 155, §2º, para este crime (forma privilegiada).

Apropriação de Coisa Havida por Erro, Caso Fortuito ou Força da Natureza

***Art. 169.** Apropriar-se alguém de coisa alheia vinda ao seu poder por erro, caso fortuito ou força da natureza:*

***Pena -** detenção, de um mês a um ano, ou multa.*

***Parágrafo único**. Na mesma pena incorre:*

Apropriação de Tesouro

***I.** Quem acha tesouro em prédio alheio e se apropria, no todo ou em parte, da quota a que tem direito o proprietário do prédio;*

Apropriação de Coisa Achada

***II.** Quem acha coisa alheia perdida e dela se apropria, total ou parcialmente, deixando de restituí-la ao dono ou legítimo possuidor ou de entregá-la à autoridade competente, dentro no prazo de quinze dias.*

***Art. 170.** Nos crimes previstos neste Capítulo, aplica-se o disposto no Art. 155, § 2º.*

4.6 Do Estelionato e outras Fraudes

Estelionato

***Art. 171** - Obter, para si ou para outrem, vantagem ilícita, em prejuízo alheio, induzindo ou mantendo alguém em erro, mediante artifício, ardil, ou qualquer outro meio fraudulento:*

***Pena** - reclusão, de um a cinco anos, e multa, de quinhentos mil réis a dez contos de réis. (Vide Lei nº 7.209, de 1984)*

***§ 1º** - Se o criminoso é primário, e é de pequeno valor o prejuízo, o juiz pode aplicar a pena conforme o disposto no art. 155, § 2º.*

***§ 2º** - Nas mesmas penas incorre quem:*

Disposição de coisa alheia como própria

***I.** vende, permuta, dá em pagamento, em locação ou em garantia coisa alheia como própria;*

Alienação ou oneração fraudulenta de coisa própria

***II.** vende, permuta, dá em pagamento ou em garantia coisa própria inalienável, gravada de ônus ou litigiosa, ou imóvel que prometeu vender a terceiro, mediante pagamento em prestações, silenciando sobre qualquer dessas circunstâncias;*

Defraudação de penhor

***III.** defrauda, mediante alienação não consentida pelo credor ou por outro modo, a garantia pignoratícia, quando tem a posse do objeto empenhado;*

Fraude na entrega de coisa

***IV.** defrauda substância, qualidade ou quantidade de coisa que deve entregar a alguém;*

Fraude para recebimento de indenização ou valor de seguro

***V.** destrói, total ou parcialmente, ou oculta coisa própria, ou lesa o próprio corpo ou a saúde, ou agrava as conseqüências da lesão ou doença, com o intuito de haver indenização ou valor de seguro;*

Fraude no pagamento por meio de cheque

***VI.** emite cheque, sem suficiente provisão de fundos em poder do sacado, ou lhe frustra o pagamento.*

***§ 3º** - A pena aumenta-se de um terço, se o crime é cometido em detrimento de entidade de direito público ou de instituto de economia popular, assistência social ou beneficência.*

Estelionato contra idoso

***§ 4º** Aplica-se a pena em dobro se o crime for cometido contra idoso. (Incluído pela Lei nº 13.228, de 2015)*

***§ 5º** Somente se procede mediante representação, salvo se a vítima for: (Incluído pela Lei nº 13.964, de 2019)*

I.** a Administração Pública, direta ou indireta; (Incluído pela Lei nº 13.964, de 2019) **ANTICRIME

***II.** criança ou adolescente; (Incluído pela Lei nº 13.964, de 2019)*

III.** pessoa com deficiência mental; ou (Incluído pela Lei nº 13.964, de 2019) **ANTICRIME

IV.** maior de 70 (setenta) anos de idade ou incapaz. (Incluído pela Lei nº 13.964, de 2019) **ANTICRIME

Esse crime tem o objetivo de punir a conduta do agente que, utilizando-se de uma **fraude**, induz ou mantém alguém em erro, no intuito de obter uma vantagem ilícita sobre essa vítima.

Classificação

É um crime COMUM, ou seja, pode ser praticado por qualquer pessoa.

É um crime instantâneo - consuma-se no momento da prática do ato - com efeitos permanentes.

Admite a modalidade comissiva (pratica a conduta do estelionato) ou omissiva (mantém a vítima em erro).

Sujeitos do Crime

Sujeito Ativo: sendo um crime comum, admite qualquer pessoa.

Sujeito Passivo: qualquer pessoa - física ou jurídica - que seja mantida em erro, desde que seja determinada, NÃO se admite uma vítima incerta.

O crime de estelionato **exige** VÍTIMA CERTA E DETERMINADA, logo, se a vítima for incerta ou indeterminada, trata-se de crime contra a economia popular - Art. 2º, XI, Lei nº 1.521/51.

Ex.: Adulteração de balança, de bomba de combustível, de taxímetro.

Se a vítima for incapaz ou alienada, o crime será o do Art. 173 do CP: abuso de incapazes - Abusar, em proveito próprio ou alheio, de necessidade, paixão ou inexperiência de menor, ou da alienação ou debilidade mental de outrem, induzindo qualquer deles à prática de ato suscetível de produzir efeito jurídico, em prejuízo próprio ou de terceiro.

Consumação e Tentativa

ADMITE tentativa, ademais a fraude deve ser idônea a ludibriar a vítima, pois, do contrário, será **crime impossível** em face da ineficácia absoluta do meio de execução (Art. 17 do CP).

Consuma-se com a obtenção da vantagem ilícita causando o prejuízo à vitima, passando pelos momentos de:

> Emprego de fraude pelo agente;
> Situação de erro na qual a vítima é colocada ou mantida;
> Obtenção de vantagem ilícita pelo agente;
> Prejuízo sofrido pela vítima.

Descrição

A vantagem **ilícita** deve ser de natureza econômica (patrimonial): se a vantagem for **lícita**, estará configurado o crime de exercício arbitrário das próprias razões, Art. 345 do CP: fazer justiça pelas próprias mãos, para satisfazer pretensão, **embora legítima**, salvo quando a lei o permite.

> Daí que o STF entendeu que o ponto eletrônico, ou a cola eletrônica são fatos atípicos em face da inexistência de vantagem econômica. Esse foi o entendimento prevalecente, apesar de haver minoria do STF que afirma tratar-se de fato típico.
> O silêncio pode ser usado como meio fraudulento para a prática de estelionato, bem como a mentira (tem que ser fraudulenta).
> A fraude bilateral não exclui o crime.

Formas de Execução

Ardil - caracteriza-se pela fraude de forma intelectual, fraude moral, representada pela conversa enganosa. É a lábia.

Ex.: "A", alegando ser especialista em conserto de computadores, convence "B" a entregar-lhe seu notebook para conserto.

Artifício - caracteriza-se pela fraude de forma material. O agente utiliza algum instrumento ou objeto para enganar a vítima.

Ex.: "A" se disfarça de manobrista e fica parado na porta de um restaurante para que "B" voluntariamente lhe entregue seu carro. Ou ainda, aquele que utiliza o bilhete premiado ou um documento falso.

Qualquer Outro Meio Fraudulento - é uma situação de interpretação analógica.

O silêncio. "A" comerciante entrega a "B", cliente, troco além do devido, mas este nada fala e nada faz, ficando com o dinheiro para si.

Estelionato e Crime Impossível - Qualquer que seja o meio de execução (artifício, ardil ou outro meio fraudulento) empregado na prática da conduta, somente haverá a tentativa quando apresentar idoneidade para enganar a vítima. A idoneidade leva em conta as condições pessoais do ofendido.

Se o meio fraudulento for capaz de enganar a vítima, estará caracterizado o conatus. Caso não tenha intenção de iludir a vítima ou apresente-se grosseiro será crime impossível, pois há impropriedade absoluta do meio de execução. (Art. 17 do CP).

Estelionato e Reparação do Dano: a reparação do dano não apaga o crime de estelionato, porém, dependendo do momento que ocorrer a indenização à vítima, podem ocorrer as seguintes situações:

> Se ANTERIOR ao RECEBIMENTO da DENÚNCIA ou QUEIXA, é possível o reconhecimento do arrependimento posterior, isso irá diminuir a pena de um a dois terços, nos termos do Art. 16 CP.
> Se ANTES da SENTENÇA, pode ser aplicada a atenuante genérica de acordo com o Art. 65, III, c, parte final, do CP.
> Se POSTERIOR à SENTENÇA, não surte efeito algum.

Pratica estelionato em sua modalidade fundamental (Art. 171, caput, do CP):

Exs.: "A" portando folha de cheque de "B" chega ao comércio e, se passando por "B", emite a cártula e obtém vantagem em prejuízo alheio.

"A" se apodera (furto, roubo...) de folha de cheque de "B" e a preenche indevidamente utilizando-a como meio fraudulento para induzir ou manter alguém em erro, e, por consequência, obtém vantagem ilícita em prejuízo alheio.

"A" está com sua conta bancária encerrada, mas continua comprando objetos e pagando com as folhas de cheques que ainda possui;

"A" cria uma conta bancária com documentos falsos e, posteriormente, emite cheques sem suficiente provisão de fundos para comprar objetos.

Regra contida no Art. 9, §2º, Lei nº 10.684/03 e do entendimento do STJ sobre o assunto.

Estelionato Privilegiado

*§1º. Se o criminoso é primário, e é de **pequeno valor o prejuízo**, o juiz pode aplicar a pena conforme o disposto no Art. 155, § 2º.*

O prejuízo de "pequeno valor" deve ser dano igual ou inferior a um salário mínimo vigente à época do fato.

Absorção do Crimes de Falso

***Súm. 17, STJ.** Quando o falso se exaure no estelionato, sem mais potencialidade lesiva, é por este absorvido.*

Empregando a fraude, sem a intenção de se enriquecer e só com a intenção de prejudicar alguém, não se trata de estelionato. É necessário buscar a obtenção de indevida vantagem econômica.

Quando o agente, mediante fraude, consegue obter da vítima um título de crédito, o delito está consumado? Não, enquanto o título não é convertido em valor material, não há efetivo proveito do agente, podendo ser impedido de realizar a conversão por circunstâncias alheias a sua vontade. Assim, o crime ainda está na fase de execução. (**MAJORITÁRIA**).

Figuras Equiparadas

***§ 2º.** Nas mesmas penas incorre quem:*

Disposição de Coisa Alheia como Própria

***I.** Vende, permuta, dá em pagamento, em locação ou em garantia coisa alheia como própria;*

Nessa situação, admite-se que o bem seja móvel ou imóvel. É quando o agente, na posse do bem de um terceiro, utiliza-o como se fosse próprio.

Ex.: O inquilino de um imóvel, que aluga para uma terceira pessoa por um valor superior, na intenção de obter lucro, sem o consentimento ou ciência do proprietário real do imóvel.

Alienação ou Oneração Fraudulenta de Coisa Própria

***II.** Vende, permuta, dá em pagamento ou em garantia coisa própria inalienável, gravada de ônus ou litigiosa, ou imóvel que prometeu vender a terceiro, mediante pagamento em prestações, silenciando sobre qualquer dessas circunstâncias;*

Nessa situação, o bem é da própria pessoa, podendo também ser imóvel ou móvel.

Ex.: O agente vende veículo para três pessoas ao mesmo tempo, no entanto, tal bem se encontra em busca e apreensão por falta de pagamento, existe um ônus judicial sobre o patrimônio.

Trata-se de crime de duplo resultado: vantagem + prejuízo, punindo-se aquele que pratica um dos núcleos do tipo, silenciando sobre a circunstância.

Defraudação de Penhor

***III.** Defrauda, mediante alienação não consentida pelo credor ou por outro modo, a garantia pignoratícia, quando tem a posse do objeto empenhado;*

Seria a hipótese em que, um devedor, recebendo algo como penhor (garantia) de um credor, pratica ato de posse do bem, sem o consentimento dele (credor).

Ex.: Um empresário resolve penhorar seu veículo para levantar fundos para o investimento na sua empresa, entretanto a empresa que penhorou o veículo decide alugá-lo para que possa obter lucro.

Fraude na Entrega de Coisa

***IV.** Defrauda substância, qualidade ou quantidade de coisa que deve entregar a alguém;*

Pode ocorrer tanto em bens móveis quanto imóveis.

Ex.: Uma construtora vende imóveis na planta com dimensão de 200m^2, contudo, ao cabo das obras, na entrega da chave aos proprietários, esses constatam que os imóveis só possuem 170m^2.

Caso a qualidade, quantidade do objeto seja superior, não existe o crime (se o imóvel tivesse 230m^2, por exemplo).

Deve-se ter em mente que, na hipótese de RELAÇÃO COMERCIAL, pode-se estar diante do Art. 175 do CP.

Fraude para Recebimento de Indenização ou Valor de Seguro

***V.** Destrói, total ou parcialmente, ou oculta coisa própria, ou lesa o próprio corpo ou a saúde, ou agrava as consequências da lesão ou doença, com o intuito de haver indenização ou valor de seguro;*

É pressuposto fundamental deste crime, a prévia existência de um contrato de seguro em vigor. Caso não exista seguro, será crime impossível, diante da impropriedade absoluta do objeto material (Art. 17 do CP). Nessa situação o sujeito passivo deste crime será necessariamente a seguradora, sendo também admissível a hipótese de tentativa.

Por conseguinte, é um crime FORMAL, ou seja, consuma-se com a prática da conduta típica (destruir, ocultar, autolesionar e agravar), ainda que o sujeito NÃO consiga alcançar a indevida vantagem econômica pretendida.

Cuidado para não confundir esta hipótese de estelionato com o crime de incêndio doloso qualificado (Art. 250, §1º, I, CP).

Ex.: Pedro ateou fogo em sua loja de tecidos, com a finalidade de obter o respectivo seguro, colocando em risco os imóveis vizinhos. Em razão dessa conduta, Pedro responderá por crime de incêndio doloso qualificado pelo intuito de obter vantagem econômica em proveito próprio.

Na hipótese em que a fraude é perpetrada por terceiro, sem o conhecimento do segurado, sabendo que esse será o beneficiário do valor da apólice, o delito será o previsto no Art. 171, *caput*, do CP.

> Somente existe o crime, quando provado que, desde o início, EXISTE a má-fé do agente, ou seja, desde o momento em que colocou o cheque em circulação ele já não tinha intenção de honrar seu pagamento; seja pela ausência de suficiência de provisão de fundos, seja pela frustração de seu pagamento. Sendo assim, deve haver a finalidade específica que é a intenção de fraudar / enganar a vítima.

Fraude no Pagamento por meio de Cheque

> ***VI.*** *Emite cheque, sem suficiente provisão de fundos em poder do sacado, ou lhe frustra o pagamento.*

Sujeito Ativo: é um crime próprio (o titular da conta bancária), ademais, ADMITE coautoria e participação.

Sujeito Passivo: a pessoa física ou jurídica que suporta prejuízo patrimonial.

> ***Súm. 246, STF.*** *Comprovado NÃO ter havido fraude, não se configura crime de emissão de cheque sem fundos.*

"A" compra um produto na loja de "B", no momento da compra não possui dinheiro na conta. Ocorre que pretendia realizar o depósito na conta antes que "B" apresentasse a folha de cheque ao banco. Todavia acaba se esquecendo de realizar o depósito. Desse modo o cheque é devolvido por falta de fundos. NÃO É CRIME, pois o inciso VI do Art. 171 do CP, NÃO admite a forma culposa.

Esse crime se consuma no instante em que o banco se nega a efetuar o pagamento do cheque, quer pela ausência de fundos, quer pelo recebimento de contraordem (sustação) expedida pelo correntista, daí resulta o prejuízo patrimonial do ofendido. É crime material.

A falsidade ideológica é *ante factum* impunível, pois quem assina o cheque é o responsável pela fraude e não outra pessoa.

O crime do inciso VI do Art. 171, pode ser praticado de DUAS formas:

- O agente coloca o cheque em circulação sem ter dinheiro suficiente na conta;
- O agente possui fundos quando da emissão do cheque, no entanto, antes do beneficiário apresentar o título, o agente retira todo o numerário depositado ou apresenta uma contraordem de pagamento (sustação).

Fraude do cheque ocorre pelo agente que tem a conta encerrada, não é este estelionato do inciso VI, é estelionato simples do *caput*.

Competência até o Recebimento da Denúncia

> ***Súm. 521, STF.*** *O foro competente para o processo e julgamento dos crimes de estelionato, sob a modalidade da emissão dolosa de cheque sem provisão de fundos, é o do local onde se deu a recusa do pagamento pelo sacado.*
>
> ***Súm. 244, STJ.*** *Compete ao foro do local da recusa processar e julgar o crime de estelionato mediante cheque sem provisão de fundos.*

O Art. 70, caput, 1ª parte, CPP diz que a competência é, em regra, do local da consumação do delito.

> ***Súm. 554, STF.*** *O pagamento de cheque emitido sem provisão de fundos, APÓS o recebimento da denúncia, não obsta ao prosseguimento da ação penal.*

Desse modo, entende-se que o pagamento de cheque sem previsão de fundos, ATÉ o RECEBIMENTO da DENÚNCIA, impede o prosseguimento da ação penal, ou seja, é causa extintiva de punibilidade.

Na hipótese do inciso VI do Art. 171, a tentativa é possível, por exemplo: o correntista dolosamente emite um cheque sem suficiente provisão de fundos, mas seu pai, agindo sem seu conhecimento, deposita montante superior em sua conta corrente antes da apresentação da folha de cheque.

Segundo STJ, a emissão de cheques como garantia de dívida (pós-datado), e não como ordem de pagamento à vista, não constitui crime de estelionato, na modalidade prevista no Art. 171, §2º, VI, CP. Entretanto, é possível a responsabilização do agente pelo estelionato na modalidade fundamental, se demonstrado seu dolo em obter vantagem ilícita em prejuízo alheio no momento da emissão fraudulenta do cheque.

Mas atente-se que, se o agente pós-datar o cheque sabendo da inexistência de fundos, há má-fé e configurará o Art. 171, *caput,* do CP. Assim, se emissão do cheque é fraudulenta - presente a má-fé - caracteriza o Art. 171, *caput*.

NÃO é crime de estelionato a emissão de cheque sem fundos para pagamento de:

A. Dívida anteriormente existente;

Nessa hipótese a razão do prejuízo da vítima é diferente da fraude no pagamento por meio de cheque.

Ex.: "A" compra algumas roupas fiado na loja de "B" e não efetua o pagamento na data combinada. Seis meses após a compra, após insistentes cobranças de "B", "A" emite um cheque sem fundos para quitar a dívida.

B. Dívidas de jogos ilícitos.

Ex.: Apostas ilegais ou jogo do bicho.

C. Programas sexuais com prostitutas ou garotos de programa.

Cheque

- Emitir cheque, encerrando, logo após, a conta: tem-se o Art. 171, §2º, VI, aplicando-se as Súmulas 521 do STF e 224 do STJ.
- Emitir cheque de conta encerrada: aplica-se o Art. 171, ***caput***, sem aplicação das súmulas.
- Frustrar pagamento de cheque para não pagamento de dívida de jogo é crime? Nos termos do Art. 814 do CC, as dívidas de jogo não obrigam a pagamento, mas não se pode recobrar dívida dessa natureza entao paga.

Causa de Aumento de Pena

> ***Art. 171, § 3º, CP.*** *A pena aumenta-se de um terço, se o crime é cometido em detrimento de entidade de direito público ou de instituto de economia popular, assistência social ou beneficência.*

Fundamenta-se na maior extensão dos danos produzidos, pois com a lesão ao patrimônio público e ao interesse social toda coletividade é prejudicada.

> ***Súm. 24, STJ.*** *Aplica-se ao crime de estelionato, em que figure como vítima entidade autárquica da Previdência Social, a qualificadora do § 3º do Art. 171, CP.*

Súm. 73, STJ.
A utilização de papel-moeda GROSSEIRAMENTE falsificado configura, em tese, o crime de estelionato, de competência da Justiça Estadual.

Não se aplica o §3º no caso de estelionato contra o Banco do Brasil, considerando que esta não é entidade de Direito Público.

Jogos de Azar: há o crime de estelionato caso seja empregado meio fraudulento visando eliminar totalmente a possibilidade de vitória por parte dos jogadores.

Adulteração de máquina de caça-níquel para que os apostadores nunca vençam.

Falsidade Documental: o sujeito que falsifica documento (público ou particular) e, posteriormente, dele se vale para enganar alguém, obtendo vantagem ilícita em prejuízo alheio responderia, EM TESE, por dois crimes: estelionato e falsidade documental (Art. 171, *caput*, e Art. 297 - documento público ou 298 - documento particular), contudo, nessa situação, o crime de estelionato absorve o crime de falsidade documental. É esse o teor da súmula do STJ:

> ***Súm. 17, STJ.*** *Quando o falso se exaure no estelionato, sem mais potencialidade lesiva, é por este absorvido.*

Ocorre o "Princípio da Consumação", que é quando o crime-fim (estelionato) absorve o crime-meio (falsidade documental). Isso desde que a fé pública, o patrimônio ou outro bem jurídico qualquer não possam mais ser atacados pelo documento falsificado e utilizado por alguém como meio fraudulento para obtenção de vantagem ilícita em prejuízo alheio.

Competência

O Art. 70 do CPP prevê que a competência será, em regra, determinada pelo **lugar em que se consumar a infração**. Verifica-se nesta regra que no estelionato o juízo competente será o do local em que o sujeito obteve a vantagem ilícita em prejuízo alheio.

> ***Súm. 107, STJ.*** *Compete à justiça comum estadual processar e julgar crime de estelionato praticado mediante falsificação das guias de recolhimento das contribuições previdenciárias,* ***quando não ocorre lesão à autarquia federal.***

É crime de competência da Justiça Estadual. No entanto, será de competência da Justiça Federal quando for praticado em detrimento de bens, serviços ou interesses da União ou suas entidades autárquicas ou empresas públicas. (Art. 109, inciso IV, CF).

> ***Súm. 48, STJ.*** *Compete ao juízo do local da obtenção da vantagem ilícita processar e julgar crime de estelionato cometido mediante falsificação de cheque. Esta súmula está relacionada ao crime definido pelo estelionato em sua modalidade fundamental (caput).*
>
> ***Súm. 521, STF.*** *O foro competente para o processo e julgamento dos crimes de estelionato, sob a modalidade da emissão dolosa de cheque sem provisão de fundos, é o do local onde se deu a recusa do pagamento pelo sacado. (Ou seja, local da agência bancária)*

Ação Penal

Perceba mais uma alteração do pacote ANtiCRIME, revelando agora expressamente que a ação penal será CONDICIONADA à representação da vítima, salvo quando:

> a Administração Pública, direta ou indireta
> criança ou adolescente
> pessoa com deficiência mental
> maior de 70 (setenta) anos de idade ou incapaz.

Duplicata Simulada

> ***Art. 172.*** *Emitir fatura, duplicata ou nota de venda que não corresponda à mercadoria vendida, em quantidade ou qualidade, ou ao serviço prestado.*
>
> ***Pena -*** *detenção, de 2 (dois) a 4 (quatro) anos, e multa.*
>
> ***Parágrafo único.*** *Nas mesmas penas incorrerá aquele que falsificar ou adulterar a escrituração do Livro de Registro de Duplicatas.*

Abuso de Incapazes

> ***Art. 173.*** *Abusar, em proveito próprio ou alheio, de necessidade, paixão ou inexperiência de menor, ou da alienação ou debilidade mental de outrem, induzindo qualquer deles à prática de ato suscetível de produzir efeito jurídico, em prejuízo próprio ou de terceiro:*
>
> ***Pena -*** *reclusão, de dois a seis anos, e multa.*

Induzimento à Especulação

> ***Art. 174.*** *Abusar, em proveito próprio ou alheio, da inexperiência ou da simplicidade ou inferioridade mental de outrem, induzindo-o à prática de jogo ou aposta, ou à especulação com títulos ou mercadorias, sabendo ou devendo saber que a operação é ruinosa:*
>
> ***Pena -*** *reclusão, de um a três anos, e multa.*

Fraude no Comércio

> ***Art. 175.*** *Enganar, no exercício de atividade comercial, o adquirente ou consumidor:*
>
> ***I.*** *Vendendo, como verdadeira ou perfeita, mercadoria falsificada ou deteriorada;*
>
> ***II.*** *Entregando uma mercadoria por outra:*
>
> ***Pena -*** *detenção, de seis meses a dois anos, ou multa.*
>
> ***§ 1º.*** *Alterar em obra que lhe é encomendada a qualidade ou o peso de metal ou substituir, no mesmo caso, pedra verdadeira por falsa ou por outra de menor valor; vender pedra falsa por verdadeira; vender, como precioso, metal de outra qualidade:*
>
> ***Pena -*** *reclusão, de um a cinco anos, e multa.*
>
> ***§ 2º.*** *É aplicável o disposto no Art. 155, § 2º.*

Outras Fraudes

> ***Art. 176.*** *Tomar refeição em restaurante, alojar-se em hotel ou utilizar-se de meio de transporte sem dispor de recursos para efetuar o pagamento:*
>
> ***Pena -*** *detenção, de quinze dias a dois meses, ou multa.*
>
> ***Parágrafo único.*** *Somente se procede mediante representação, e o juiz pode, conforme as circunstâncias, deixar de aplicar a pena.*

Fraudes e Abusos na Fundação ou Administração de Sociedade por Ações

> ***Art. 177.*** *Promover a fundação de sociedade por ações, fazendo, em prospecto ou em comunicação ao público ou à assembleia, afirmação falsa sobre a constituição da sociedade, ou ocultando fraudulentamente fato a ela relativo:*
>
> ***Pena -*** *reclusão, de um a quatro anos, e multa, se o fato não constitui crime contra a economia popular.*
>
> ***§ 1º.*** *Incorrem na mesma pena, se o fato não constitui crime contra a economia popular:*
>
> ***I.*** *O diretor, o gerente ou o fiscal de sociedade por ações, que, em prospecto, relatório, parecer, balanço ou comunicação ao público ou à assembleia, faz afirmação falsa sobre as condições econômicas da sociedade, ou oculta fraudulentamente, no todo ou em parte, fato a elas relativo;*
>
> ***II.*** *O diretor, o gerente ou o fiscal que promove, por qualquer artifício, falsa cotação das ações ou de outros títulos da sociedade;*

__III.__ O diretor ou o gerente que toma empréstimo à sociedade ou usa, em proveito próprio ou de terceiro, dos bens ou haveres sociais, sem prévia autorização da assembleia geral;

__IV.__ O diretor ou o gerente que compra ou vende, por conta da sociedade, ações por ela emitidas, salvo quando a lei o permite;

__V.__ O diretor ou o gerente que, como garantia de crédito social, aceita em penhor ou em caução ações da própria sociedade;

__VI.__ O diretor ou o gerente que, na falta de balanço, em desacordo com este, ou mediante balanço falso, distribui lucros ou dividendos fictícios;

__VII.__ O diretor, o gerente ou o fiscal que, por interposta pessoa, ou conluiado com acionista, consegue a aprovação de conta ou parecer;

__VIII.__ O liquidante, nos casos dos nºs I, II, III, IV, V e VII;

__IX.__ O representante da sociedade anônima estrangeira, autorizada a funcionar no País, que pratica os atos mencionados nos nºs I e II, ou dá falsa informação ao Governo.

__§ 2º.__ Incorre na pena de detenção, de seis meses a dois anos, e multa, o acionista que, a fim de obter vantagem para si ou para outrem, negocia o voto nas deliberações de assembleia geral.

Emissão Irregular de Conhecimento de Depósito ou "*Warrant*"

__Art. 178.__ Emitir conhecimento de depósito ou warrant, em desacordo com disposição legal:

__Pena -__ reclusão, de um a quatro anos, e multa.

Fraude à Execução

__Art. 179.__ Fraudar execução, alienando, desviando, destruindo ou danificando bens, ou simulando dívidas:

__Pena -__ detenção, de seis meses a dois anos, ou multa.

__Parágrafo único__. Somente se procede mediante queixa.

4.7 Da Receptação

__Art. 180.__ Adquirir, receber, transportar, conduzir ou ocultar, em proveito próprio ou alheio, coisa que sabe ser produto de crime, ou influir para que terceiro, de boa-fé, a adquira, receba ou oculte:

__Pena -__ reclusão, de um a quatro anos, e multa.

Receptação Qualificada

__§ 1º.__ Adquirir, receber, transportar, conduzir, ocultar, ter em depósito, desmontar, montar, remontar, vender, expor à venda, ou de qualquer forma utilizar, em proveito próprio ou alheio, no exercício de atividade comercial ou industrial, coisa que deve saber ser produto de crime:

__Pena -__ reclusão, de três a oito anos, e multa.

__§ 2º__. Equipara-se à atividade comercial, para efeito do parágrafo anterior, qualquer forma de comércio irregular ou clandestino, inclusive o exercício em residência.

__§ 3º.__ Adquirir ou receber coisa que, por sua natureza ou pela desproporção entre o valor e o preço, ou pela condição de quem a oferece, deve presumir-se obtida por meio criminoso:

__Pena -__ detenção, de um mês a um ano, ou multa, ou ambas as penas.

__§ 4º__. A receptação é punível, ainda que desconhecido ou isento de pena o autor do crime de que proveio a coisa.

__§ 5º.__ Na hipótese do § 3º, se o criminoso é primário, pode o juiz, tendo em consideração as circunstâncias, deixar de aplicar a pena. Na receptação dolosa aplica-se o disposto no § 2º do Art. 155.

__§ 6º__. Tratando-se de bens e instalações do patrimônio da União, Estado, Município, empresa concessionária de serviços públicos ou sociedade de economia mista, a pena prevista no caput deste artigo aplica-se em dobro.

__Art. 180-A.__ Adquirir, receber, transportar, conduzir, ocultar, ter em depósito ou vender, com a finalidade de produção ou de comercialização, semovente domesticável de produção, ainda que abatido ou dividido em partes, que deve saber ser produto de crime: (Incluído pela Lei nº 13.330, de 2016)

__Pena__ - reclusão, de 2 (dois) a 5 (cinco) anos, e multa. (Incluído pela Lei nº 13.330, de 2016)

Esse artigo tipifica a conduta do agente que adquire, recebe, transporta, conduz, dentre outras condutas, com intuito de obter vantagem, produto de crime (furto, roubo, extorsão, estelionato etc.). É considerado como delito, a conduta de adquirir (receptação própria), como a de influenciar para que uma terceira pessoa adquira esses produtos (receptação imprópria).

Classificação

A conduta do *caput* é considera como um crime comum, pois pode ser praticada por qualquer agente. Ademais, no § 1º, considera-se um crime PRÓPRIO, pois exige uma qualidade específica do agente, devendo ele ser comerciante ou industrial, mesmo que ele exerça de forma clandestina ou ilegal.

Ex.: Um ferro velho que vende peças de veículos furtados.

A receptação é crime acessório, pois depende da existência do crime anterior. Não é necessário que o crime anterior seja contra o patrimônio.

Ex.: Receptar bem oriundo do crime de corrupção passiva.

É um crime de ação múltipla e conteúdo variado, ou seja, a prática de várias condutas contra o mesmo bem, caracteriza crime único (adquire e vende).

O bem imóvel não pode ser objeto material do crime de receptação, somente bens móveis.

Sujeitos do Crime

Sujeito Ativo (*caput*): pode ser qualquer pessoa, exceto quem seja autor ou coautor do crime antecedente (furto, extorsão, roubo).

Sujeito Ativo (da receptação qualificada §1º): é um crime próprio, somente aquela pessoa que desempenha atividade comercial ou industrial.

Dono de ferro velho de carros e peças usadas.

- Admite a participação.
- A atividade deve ser habitual ou contínua.

Sujeito Passivo: é a vítima do crime anterior, ou seja, donde veio o produto do furto.

Consumação e Tentativa

Receptação Própria (***caput***): Adquirir, receber - crime material/instantâneo - transportar, conduzir ou ocultar - crime permanente - ambos **admitem** a tentativa.

Receptação Imprópria (**2ª parte do *caput***): INFLUIR - crime FORMAL e UNISSUBSISTENTE - **NÃO** admite tentativa.

Receptação Própria X Imprópria

Própria: adquirir, receber, transportar, conduzir ou ocultar, em proveito próprio ou alheio, coisa que SABE ser produto de crime.

Imprópria: ou **Influir** para que terceiro, de boa-fé, a adquira, receba ou oculte:

Na receptação **imprópria**, caso o agente influenciador seja o autor do crime antecedente, responderá **APENAS** por este delito, e não pela receptação. Trata-se de *post factum impunível* (Ex.: "A" coautor do furto de um computador, influi para que "B", de boa-fé, o compre).

A expressão "coisa que sabe" é indicativa de dolo direto e implicitamente abrange o dolo eventual? Prevalece que, a expressão coisa que sabe indica apenas dolo direto. Assim, o *caput* do artigo não pune o dolo eventual.

Imaginando que Rogério venda um carro à Vânia. Após uma semana que vendeu o carro, Vânia fica sabendo que o carro é produto de crime, mas permanece com ele. Houve prática de receptação? Nesse caso, não se pode esquecer que se trata de dolo superveniente, e esse não configura o crime. Assim, o dolo superveniente não configura o crime. A má-fé deve ser contemporânea a qualquer das condutas previstas no tipo.

Receptação Culposa

> ***§ 3º.*** *Adquirir ou receber coisa que, por sua natureza ou pela desproporção entre o valor e o preço, ou pela condição de quem a oferece, deve presumir-se obtida por meio criminoso: (Alterado pela Lei nº 9.426, de 1996):*
>
> ***Pena -*** *detenção, de 1 (um) mês a 1 (um) ano, ou multa, ou ambas as penas.*

É necessário observar três circunstâncias que indicam ser o bem produto de crime:

- Sua natureza;
- Desproporção entre valor e preço;
- Condição de quem a oferece.

No crime de receptação simples (caput) é necessário que o agente tenha certeza de que o bem é produto de crime, pois, em caso de dúvida (culpa ou dolo eventual), o agente responderá pelo crime de receptação culposa (§3º).

Norma Penal Explicativa

> ***§ 4º.*** *A receptação é punível, ainda que desconhecido ou isento de pena o autor do crime de que proveio a coisa.*

Ainda que ocorra a extinção da punibilidade do crime antecedente, haverá o crime de receptação (Art. 180 do CP).

Ex.: A morte do agente do crime anterior, prescrição etc.

Esse parágrafo dá certa autonomia ao crime de receptação em relação ao crime antecedente.

Ex.: Ricardo, menor de idade, subtrai o DVD de um veículo e o vende a Pedro, o qual conhece a origem criminosa do bem. Nesta situação, mesmo sendo Ricardo inimputável, Pedro responderá pelo crime de receptação.

Segundo alguns autores, a receptação é crime acessório e pressupõe outro crime para que exista. Sucede que não há submissão à punição do crime principal para que seja punido, ou seja, sua punição é independente.

Se o crime pressuposto está prescrito ou teve extinta a punibilidade, não desaparece a receptação.

Receptação Privilegiada

> ***§ 5º.*** *Na hipótese do § 3º. Receptação CULPOSA. se o criminoso é primário, pode o juiz, tendo em consideração as circunstâncias, deixar de aplicar a pena.*

Na receptação dolosa aplica-se o disposto no § 2º do Art. 155:

> ***Art. 155, § 2º.*** *Se o criminoso é primário, e é de pequeno valor a coisa furtada, o juiz pode substituir a pena de reclusão pela de detenção, diminuí-la de um a dois terços, ou aplicar somente a pena de multa.*

A receptação privilegiada (2ª parte do §5º) somente se aplica à receptação dolosa (própria ou imprópria); culposa e qualificada NÃO!

Receptação <u>Culposa</u> (§3º) + **Criminoso primário** + **Tendo em consideração as circunstâncias** = **<u>Perdão Judicial</u>** **(Juiz deixa de aplicar a pena)**	Receptação <u>dolosa</u> (*caput*) + Criminoso primário + Coisa de pequeno valor = <u>Art. 155, §2º, CP:</u> Substituir a pena de reclusão pena de detenção; Diminuí-la de um a dois terços ou aplicar somente a pena de multa.

Causa de Aumento de Pena

> ***§6º.*** *Tratando-se de bens e instalações do patrimônio da União, Estado, Município, empresa concessionária de serviços públicos ou sociedade de economia mista, a pena prevista no caput deste artigo APLICA-SE EM DOBRO.*

Caso o bem seja produto de contravenção penal, NÃO existirá o crime de receptação. O fato será atípico, pois este delito somente existe em caso de bem produto de CRIME.

Aplicável somente para a receptação **SIMPLES** (*caput*). Não se aplica à receptação qualificada nem à culposa.

É possível a **receptação da receptação**, por exemplo, "A" adquire um relógio produto de furto e o vende a "B", este vende o mesmo bem a "C" ciente de sua origem criminosa.

> ***Art. 180-A.*** *Adquirir, receber, transportar, conduzir, ocultar, ter em depósito ou vender, com a finalidade de produção ou de comercialização, semovente domesticável de produção, ainda que abatido ou dividido em partes, que deve saber ser produto de crime:*
>
> ***Pena*** *- reclusão, de 2 (dois) a 5 (cinco) anos, e multa.*

4.8 Disposições Gerais

Imunidades Penais Absolutas ou Escusas Absolutórias

> ***Art. 181.*** *É isento de pena quem comete qualquer dos crimes previstos neste título, em prejuízo:*
>
> ***I.*** *Do cônjuge, na constância da sociedade conjugal;*
>
> ***II.*** *De ascendente ou descendente, seja o parentesco legítimo ou ilegítimo, seja civil ou natural.*

Trata-se de causa de extinção da punibilidade.

No caso do inciso I, abrange-se também a união estável, os separados de fato e ainda as uniões homoafetivas.

Não importa o Regime de comunhão de bens do casamento.

Ex.: Separação total de bens.

No caso do inciso II, não se aplica esta escusa na hipótese de parentesco por afinidade (sogra, genro, cunhado...). Outrossim, verifica-se que não há abrangência aos colaterais e afins.

Imunidade Patrimonial Relativa

> ***Art. 182.*** *Somente se procede mediante representação, se o crime previsto neste título é cometido em prejuízo:*
>
> ***I.*** *Do cônjuge desquitado ou judicialmente separado;*
>
> ***II.*** *De irmão, legítimo ou ilegítimo;*
>
> ***III.*** *De tio ou sobrinho, com quem o agente coabita.*

Após a entrada em vigor da Lei nº 6.515/77, o desquite não existe mais no ordenamento jurídico brasileiro.

Aos ex-cônjuges divorciados não se aplica essa imunidade.

No caso dos incisos II e III, é necessária efetiva coabitação, para incidência desta imunidade.

Este é um dos artigos do Código Penal que mais caem em concurso. Portanto, é muito importante decorá-lo!

Inaplicabilidade das Imunidades

> ***Art. 183.*** *Não se aplica o disposto nos dois artigos anteriores:*
>
> ***I.*** *Se o crime é de roubo ou de extorsão, ou, em geral, quando haja emprego de grave ameaça ou violência à pessoa;*
>
> ***II.*** *Ao estranho que participa do crime;*
>
> ***III.*** *Se o crime é praticado contra pessoa com idade igual ou superior a 60 (sessenta) anos.*

Este inciso foi incluído pelo Estatuto do Idoso (Lei nº 10.741/03). **Preste muita atenção,** pois este é um dos dispositivos deste assunto que mais cai em concurso público.

É aplicada a imunidade na violência doméstica e familiar contra a mulher no ambiente familiar?

1ª Corrente: para Maria Berenice Dias, jurista brasileira, não se admite imunidade patrimonial na violência doméstica e familiar contra a mulher, benefício afastado pelo Art. 7º, IV, da Lei nº 11.340/06.

2ª Corrente: diz que a Lei Maria da Penha não vedou, expressamente, qualquer imunidade, diferente do Estatuto do Idoso que vedou a imunidade para o idoso.

Tem prevalecido a 2ª Corrente.

Questões

01. (CESPE) Depois de adquirir um revólver calibre 38, que sabia ser produto de crime, José passou a portá-lo municiado, sem autorização e em desacordo com determinação legal. O comportamento suspeito de José levou-o a ser abordado em operação policial de rotina. Sem a autorização de porte de arma de fogo, José foi conduzido à delegacia, onde foi instaurado inquérito policial. Tendo como referência essa situação hipotética, julgue os itens seguintes.

    A receptação praticada por José consumou-se a partir do momento em que ele adquiriu o armamento.

    Certo ( ) Errado ( )

02. (CESPE) A inversão da posse do bem mediante o emprego de violência não configura o crime de roubo, mas sua tentativa, se a coisa roubada for recuperada brevemente após perseguição imediata ao agente.

    Certo ( ) Errado ( )

03. (CESPE) Tratando-se do crime de furto, a comprovação inequívoca da presença de seguranças no interior do estabelecimento comercial da vítima configura crime impossível.

    Certo ( ) Errado ( )

04. (CESPE) No interior de um estabelecimento comercial, João colocou em sua mochila diversos equipamentos eletrônicos, com a intenção de subtraí-los para si. Após conseguir sair do estabelecimento sem pagar pelos produtos, João foi detido, ainda nas proximidades do local, por agentes de segurança que visualizaram trechos de sua ação pelo sistema de câmeras de vigilância.

    Os produtos em poder de João foram recuperados e avaliados em R$ 1.200.

    Nessa situação hipotética, caracterizou-se a prática de crime de furto.

    Certo ( ) Errado ( )

05. (CESPE – 2019) Constatada a utilização de arma de fogo desmuniciada na perpetração de delito de roubo, não se aplica a circunstância majorante relacionada ao emprego de arma de fogo.

    Certo ( ) Errado ( )

Gabaritos

01	CERTO
02	ERRADO
03	ERRADO
04	CERTO
05	CERTO

5. DOS CRIMES CONTRA ADMINISTRAÇÃO PÚBLICA

5.1 Dos Crimes Praticados por Funcionário Público Contra a Administração em Geral

Peculato

> ***Art. 312**. Apropriar-se o funcionário público de dinheiro, valor ou qualquer outro bem móvel, público ou particular, de que tem a posse em razão do cargo, ou desviá-lo, em proveito próprio ou alheio:*
>
> ***Pena** - reclusão, de dois a doze anos, e multa.*
>
> ***§ 1º**. Aplica-se a mesma pena, se o funcionário público, embora não tendo a posse do dinheiro, valor ou bem, o subtrai, ou concorre para que seja subtraído, em proveito próprio ou alheio, valendo-se de facilidade que lhe proporciona a qualidade de funcionário.*
>
> ***Peculato Culposo***
>
> ***§ 2º**. Se o funcionário concorre culposamente para o crime de outrem:*
>
> ***Pena** - detenção, de três meses a um ano.*
>
> ***§ 3º**. No caso do parágrafo anterior, a reparação do dano, se precede à sentença irrecorrível, extingue a punibilidade; se lhe é posterior, reduz de metade a pena imposta.*

Esse artigo tem por objetivo tipificar a conduta do funcionário público que, aproveitando do cargo que ocupa, apropria-se de bem público ou particular. É necessário que o agente utilize das facilidades do seu cargo, pois, se não o fizer, responderá normalmente, a depender do caso concreto, nos crimes elencados no Titulo II. Dos Crimes Contra O Patrimônio, do Código Penal, por exemplo, o furto. (Art. 155 do CP).

Peculato Apropriação

> ***Art. 312. apropriar-se** o funcionário público de dinheiro, valor ou qualquer outro bem **móvel, público ou particular**, de que tem a posse em razão do cargo.(...)*

Nessa situação o funcionário público já possui a posse ou detenção lícita do bem (em razão do cargo que ocupa), porém passa a se comportar como se fosse o dono (pratica atos de disposição da coisa, venda, troca, doação etc.), não mais devolvendo ou restituindo o bem à Administração Pública.

Peculato-Desvio

> ***Art. 312.** (...) ou desviá-lo, em proveito próprio ou alheio.*

Também chamado de **peculato próprio**, valendo-se do cargo, o agente desvia, em proveito próprio ou de outrem; dinheiro, valor ou qualquer outro bem móvel, público ou particular.

Peculato Furto

Também chamado de **peculato impróprio**. Só haverá este crime se o funcionário público valer-se dessa qualidade para subtrair o bem. Caso contrário, o crime será o de furto (Art. 155 do CP). Caso o particular não tenha conhecimento da qualidade de funcionário público, responderá por furto, enquanto esse último, responderá por peculato.

Exs.: "A" funcionário público, valendo-se do cargo, subtrai bem móvel da administração com auxílio de "B", o qual conhecia sua função. Ambos respondem por peculato, Art. 312 do CP.

"A" funcionário público, valendo-se do cargo, subtrai bem móvel da administração com auxílio de "B", o qual desconhecia a função de "A". "A" responderá por peculato (Art. 312 do CP), e "B" por furto (Art. 155 do CP).

"A" funcionário público, sem aproveitar do cargo que ocupa, com auxilio de "B", subtrai bem móvel da repartição em que "A" trabalha. Ambos respondem por furto (Art. 155 do CP).

São considerados crimes próprios, pois exigem a qualidade de funcionário público para sua classificação.

A conduta é sempre dolosa (apropriar-se, desviar, subtrair). Existe, no entanto, previsão para modalidade culposa (vide § 2º, peculato culposo).

É um crime comissivo, por conseguinte, pode incorrer em omissão imprópria, quando o agente, como garantidor, podendo evitar, nada faz para que o crime não seja consumado (Art. 13, §2°, do CP).

Sujeitos do Crime

Sujeito Ativo: o funcionário público (crime próprio), mas admite-se coautoria e participação de particulares, desde que tenham conhecimento da qualidade de funcionário público do agente.

Se, comprovado que o particular desconhecia a qualidade funcional do agente, responde por apropriação indébita.

Sujeito Passivo: o Estado e secundariamente o particular, pessoa física ou jurídica, diretamente lesada em seu patrimônio.

Consumação e Tentativa

Admite tentativa.

Tratando-se do peculato apropriação, peculato furto e peculato culposo, são crimes materiais, pois estarão consumados com a efetiva posse do bem móvel. No caso do peculato desvio, é um crime formal, pois se consuma no momento em que ocorre o desvio do destino da verba.

Figura Culposa

> ***§ 2º**. Se o funcionário concorre culposamente para o crime de outrem:*

Essa situação é quando o funcionário público, por imprudência, imperícia ou negligência, diante de sua conduta, permite que um terceiro pratique um crime contra a Administração Pública.

Caso o agente não seja funcionário público, ou sendo, não se utilize das facilidades que o cargo lhe proporciona para a subtração, incorrerá no crime de furto.

É importante considerar que:

- É o único crime culposo da espécie dos delitos funcionais.
- É o único crime de menor potencial ofensivo entre os delitos funcionais.

O funcionário público só responderá por este crime se o crime doloso de outrem (terceiro) chegar a se consumar.

Qual crime de outrem? Qualquer crime de outrem? Ou apenas algumas modalidades de crime?

O § 2º merece uma interpretação topográfica. Então, esse crime de outrem só pode ser o do §1º. Só pode ser o do caput. Desse modo, só existe o crime de peculato culposo quando o funcionário público concorre culposamente para um peculato-furto ou peculato próprio (apropriação ou desvio), de outrem. Prevalece essa corrente, que é a restritiva.

No que tange ao diretor de sindicato que se apropria de quantia, ele não irá praticar peculato, pois não é funcionário público, sequer por equiparação. Não é o diretor de sindicato funcionário público típico ou atípico.

> ***§ 3º.*** *No caso do parágrafo anterior, a reparação do dano, se precede à sentença irrecorrível, extingue a punibilidade; se lhe é posterior, reduz de metade a pena imposta.*

No crime de peculato culposo, a reparação do DANO, se precede (é anterior) à sentença irrecorrível , extingue a punibilidade; se lhe é posterior, reduz de metade a pena imposta. Somente para o peculato culposo. No Peculato Doloso não é possível aplicação do § 3°.

Sentença Irrecorrível

Antes da sentença irrecorrível, extingue a punibilidade.

A reparação do dano após a sentença irrecorrível, há redução de metade da pena imposta. E, isso é feito pelo juiz da execução penal.

Peculato X Roubo

Se a posse do bem (peculato apropriação ou desvio) decorre de violência ou grave ameaça, há crime de roubo (Art. 157) ou extorsão (Art. 158 do CP).

Peculato	
Peculato Doloso	Peculato apropriação (caput 1ª parte); Peculato desvio (peculato próprio) (caput 2ª parte); Peculato mediante erro de outrem (peculato estelionato) (Art. 313).
Peculato Culposo	(§2)

O Peculato de Uso não é crime, mas pode caracterizar ato de improbidade administrativa (Art. 9º, Lei nº 8.429/92). É o fato em que, por exemplo, um funcionário público apropria-se temporariamente de veículo público, no intuito de realizar diligências de caráter pessoal, restituindo o veículo ao pátio da repartição logo após o uso.

Se há desvio da verba em proveito da própria Administração, com utilização diversa da prevista em sua destinação, temos configurado o crime do Art. 315 do CP.

Princípio da Insignificância

O princípio da insignificância é causa supralegal de exclusão da tipicidade, ou seja, o fato não será considerado crime. Sendo assim, há duas posições sobre o assunto:

- STJ: **não** admite a incidência do princípio da insignificância nos crimes contra a Administração Pública, pois a norma penal busca resguardar não somente o aspecto patrimonial, mas a moral administrativa.
- STF: **admite** a aplicação do princípio da insignificância nos crimes contra a administração pública. (HC 107370/SP, rel. Min. Gilmar Mendes, 26.4.2011).

Peculato Mediante Erro de Outrem

> ***Art. 313.*** *Apropriar-se de dinheiro ou qualquer utilidade que, no exercício do cargo, recebeu por erro de outrem:*
> ***Pena*** *- reclusão, de um a quatro anos, e multa.*

Conduta

Pune-se a conduta do agente que inverter, no exercício do seu cargo, a posse de valores recebidos por erro de terceiro. O bem apoderado, ao contrário do que ocorre no peculato apropriação, não está naturalmente na posse do agente, derivando de erro alheio.

O erro do ofendido deve ser espontâneo, pois, se provocado pelo funcionário, poderá configurar o crime de estelionato.

Classificação

São considerados crimes próprios, pois exigem a qualidade de funcionário público para sua Classificação.

A conduta é sempre dolosa (apropriar-se). Não existe, no entanto, a forma culposa.

É um crime comissivo, por conseguinte, pode incorrer em omissão imprópria, quando o agente, como garantidor, podendo evitar, nada faz para que o crime não seja consumado (Art. 13, §2º do CP).

Sujeitos do Crime

Sujeito Ativo: o funcionário público (crime próprio), mas admite-se coautoria e participação de particulares, desde que tenham conhecimento da qualidade de funcionário público do agente.

Sujeito Passivo: o Estado e secundariamente o particular, pessoa física ou jurídica, diretamente lesada em seu patrimônio.

Consumação e Tentativa

ADMITE Tentativa

Sendo esse um crime material, consuma-se com a efetiva apropriação. Neste caso há divergência, alguns autores sustentam que a consumação se dará somente no momento em que o agente percebe o erro de terceiro e não o desfaz, ou seja, a consumação não se dá no momento do recebimento da coisa, mas sim no instante em que o agente se apropria da coisa recebida por erro, agindo como se dono fosse.

Descrição

O funcionário público que, no exercício do cargo, recebeu de terceiro, o qual estava em erro, dinheiro ou qualquer outra utilidade, e não prossegue com a efetiva destinação correta do recurso.

Apropriação Coisa Havida por Erro

Se o funcionário público se apropriou de dinheiro ou qualquer utilidade que recebeu fora do exercício do cargo, responderá pelo crime de: Apropriação de coisa havida por erro, caso fortuito ou força da natureza.

> ***Art. 169****, CP. Apropriar-se alguém de coisa alheia vinda ao seu poder por erro, caso fortuito ou força da natureza.*

Se o particular, por engano quanto à pessoa, coisa ou obrigação, entrega objeto a funcionário público, em razão do cargo deste, e se ele se apropria do bem, há crime de peculato mediante erro de outrem (Art. 313, CP).

Inserção de Dados Falsos em Sistema de Informações

> ***Art. 313-A.*** *Inserir ou facilitar, o funcionário autorizado, a inserção de dados falsos, alterar ou excluir indevidamente dados corretos nos sistemas informatizados ou bancos de dados da Administração Pública com o fim de obter vantagem indevida para si ou para outrem ou para causar dano:*
>
> ***Pena*** *- reclusão, de 2 (dois) a 12 (doze) anos, e multa.*

Pune-se a conduta do funcionário público autorizado que insere ou facilita inserção de dados falsos, altera ou exclui indevidamente dados nos sistema de informação da Administração Pública com o objetivo de receber vantagem indevida, tal crime é também conhecido como **peculato eletrônico**.

Classificação

Trata-se de crime de mão própria, pois exige a qualidade de funcionário público autorizado para sua Classificação, ou seja, não é qualquer funcionário público, mas sim aquele autorizado a inserir, alterar ou excluir dados nos sistemas informatizados ou banco de dados.

A conduta é sempre dolosa (inserir, alterar ou excluir). Não existe, no entanto, a possibilidade da forma culposa.

É um crime comissivo, por conseguinte, pode incorrer em omissão imprópria, quando o agente, como garantidor, podendo evitar, nada faz para que o crime não seja consumado (Art. 13, §2º, CP).

Sujeitos do Crime

Sujeito Ativo: o funcionário público autorizado (crime de mão própria), sendo possível a coautoria e participação do particular que tenha consciência da função pública do agente.

Sujeito Passivo: o Estado e secundariamente o particular, pessoa física ou jurídica, diretamente lesada em seu patrimônio.

Consumação e Tentativa

ADMITE Tentativa

Sendo um crime formal, consuma-se com a devida inserção, alteração ou exclusão, não sendo necessário o efetivo recebimento da vantagem indevida, considerada apenas mero exaurimento do crime.

Descrição

Visa punir o funcionário autorizado, o qual detém acesso aos sistemas de informação da Administração Pública, e, aproveitando-se dessa situação, realiza condutas indevidas causando prejuízo para Administração, bem como, aos particulares.

Erro de Tipo

É possível a ocorrência do erro do tipo, escusável ou inescusável, do agente que acredita estar agindo corretamente e acaba inserindo, excluindo ou alterando de forma equivocada, dados verdadeiros.

Mesmo sendo um crime de mão própria, é possível a figura da participação e coautoria, seja ela material ou moral.

Modificação ou Alteração Não Autorizada de Sistema de Informações

> ***Art. 313-B.*** *Modificar ou alterar, o funcionário, sistema de informações ou programa de informática sem autorização ou solicitação de autoridade competente:*
>
> ***Pena*** *- detenção, de 3 (três) meses a 2 (dois) anos, e multa.*
>
> ***Parágrafo único.*** *As penas são aumentadas de um terço até a metade se da modificação ou alteração resulta dano para a Administração Pública ou para o administrado.*

Consiste em punir a conduta do funcionário público que modifica ou altera, sem autorização, os sistemas de informações da Administração Pública.

Classificação

São considerados crimes próprios, pois exigem a qualidade de funcionário público para sua Classificação.

A conduta é sempre dolosa (modificar, alterar). NÃO existe, no entanto, a possibilidade da forma culposa.

É um crime comissivo, por conseguinte pode incorrer em omissão imprópria, quando o agente, como garantidor, podendo evitar, nada faz para que o crime não seja consumado (Art. 13, §2º, CP).

Sujeitos do Crime

Sujeito Ativo: o funcionário público (crime próprio), não exige a qualidade de ser funcionário autorizado, ademais é possível a coautoria e participação do particular que tenha consciência da função pública do agente.

Sujeito Passivo: o Estado e secundariamente o particular, pessoa física ou jurídica, diretamente prejudicada.

Consumação e Tentativa

ADMITE Tentativa

O crime se consuma no momento da efetiva modificação ou alteração do sistema de informação, sendo que, se resultar em dano, é causa de aumento de pena conforme parágrafo único desse artigo.

Descrição

Para configuração do crime em tela é necessário que a modificação ou alteração ocorra sem autorização, pois tal conduta resume-se ao dolo do agente, à vontade livre de provocar as modificações.

Os crimes previstos nos Arts. 313-A e 313-B, ambos do CP, são conhecidos como peculato eletrônico.

Extravio, Sonegação ou Inutilização de Livro ou Documento

> ***Art. 314.*** *Extraviar livro oficial ou qualquer documento, de que tem a guarda em razão do cargo; sonegá-lo ou inutilizá-lo, total ou parcialmente:*

Pena - reclusão, de um a quatro anos, se o fato não constitui crime mais grave.

Para configuração deste crime, é indispensável que o funcionário público tenha a posse do livro ou documento em razão do cargo que ocupa. É considerado como sendo um **crime subsidiário**, pois comumente sendo aplicado, caso o resultado não constitua crime mais grave.

Classificação

É considerado crime próprio, pois exige a qualidade de funcionário público para sua Classificação.

A conduta é sempre dolosa (extravio, inutilização, sonegação). Não existe, no entanto, a possibilidade da forma culposa.

É um crime comissivo, por conseguinte, pode incorrer em omissão imprópria, quando o agente, como garantidor, podendo evitar, nada faz para que o crime não seja consumado (Art. 13, §2º, CP).

Sujeitos do Crime

Sujeito Ativo: somente funcionário público (crime próprio), ademais é possível a coautoria e participação do particular que tenha consciência da função pública do agente.

Sendo o sujeito ativo servidor em exercício junto a repartição fiscal ou tributária, o extravio de livre oficial, processo fiscal, ou qualquer documento por ele causado, configura crime especial previsto no Art. 3°, I, da Lei nº 8.137/90.

Sujeito Passivo: o Estado e, por conseguinte, o particular, pessoa física ou jurídica prejudicada.

Consumação e Tentativa

ADMITE Tentativa

O crime se consuma no momento do efetivo extravio ou inutilização, mesmo que seja de forma parcial, bem como, com a sonegação.

Descrição

Por ser um crime subsidiário, há depender do resultado naturalístico que ocasionar, o crime será absorvido de acordo com sua especificidade (princípio da consunção), conforme em alguns dos casos exposto abaixo.

> Quando há o dolo específico de agir, responde pelo Art. 305 do CP.

> Caso o funcionário não seja o responsável pela guarda do livro ou do documento, responderá pelo Art. 337 do CP.

> Se praticado por advogado ou procurador, responderá pelo Art. 356 do CP.

O crime tipificado no Art. 314, além de ser próprio, é subsidiário em relação ao delito previsto no Art. 305, que exige dolo específico. Veja as diferenças:

	Art. 305. Supressão de documento público.	Art. 314. Extravio, sonegação ou inutilização de livro ou documento.
Objetividade Jurídica	Crime contra a fé pública.	Crime contra a administração pública.
Sujeito Ativo	Qualquer pessoa (crime comum).	Funcionário público (crime próprio).
Conduta	Destruir, suprimir ou ocultar documento público ou particular verdadeiro.	Extraviar, sonegar ou inutilizar livro oficial ou qualquer documento de que tem guarda em razão do cargo.
Tipo Subjetivo	Há finalidade específica de tirar proveito próprio ou de outrem, ou visando causar prejuízo alheio.	Não se exige qualquer finalidade específica.
Pena	Reclusão, de 2 a 6 anos, e multa, se o documento é público, e reclusão, de 1 a 5 anos, e multa, se o documento é particular.	Reclusão de 1 a 4 anos, se o fato não constitui crime mais grave.

Emprego Irregular de Verbas ou Rendas Públicas

***Art. 315**. Dar às verbas ou rendas públicas aplicação diversa da estabelecida em lei:*

***Pena** - detenção, de um a três meses, ou multa.*

Este tipo penal visa penalizar o administrador público que destina a verba pública para projetos, despesas ou gastos que não foram previstos no Orçamento Público, ou então, que não foram autorizados pela Lei Orçamentária Anual.

Classificação

São considerados crimes próprios, pois exigem a qualidade específica do funcionário público dotado de competência para utilizar e destinar as verbas públicas.

A conduta é sempre dolosa (destinar a verba para outra situação a qual não era prevista). Não existe possibilidade para modalidade culposa.

É um crime comissivo, por conseguinte, pode incorrer em omissão imprópria, quando o agente, como garantidor, podendo evitar, nada faz para que o crime não seja consumado (Art. 13, §2°, CP).

Sujeitos do Crime

Sujeito Ativo: é crime próprio, pois o sujeito ativo será somente aquele funcionário público que tenha o poder de administração de verbas ou rendas pública (Ex.: Presidente da República, Ministros, Governadores etc.), ademais, é possível a coautoria e participação do particular que tenha consciência da função pública do agente.

Tratando-se de Prefeito Municipal, há crime próprio, prevalecendo pelo principio da especialidade o disposto no Art. 1º, III, do Decreto-Lei nº 201/67.

Sujeito Passivo: o Estado e secundariamente o particular, pessoa física ou jurídica, diretamente prejudicada.

Consumação e Tentativa

ADMITE Tentativa

O crime se consuma no momento da efetiva destinação ou aplicação das verbas ou rendas públicas.

A simples destinação, sem posterior aplicação, constitui tentativa, gerando perigo para a regularidade administrativa.

Descrição

Caso o agente público seja o Presidente da República, ele responderá pela lei de improbidade administrativa, Art. 11, Lei nº 1.079/50. Por conseguinte, sendo prefeito, responderá pelo Art. 1º, III, do Decreto-Lei nº 201/67.

Entendimento STF

Segundo o STF

RT 617/396. Se o orçamento for aprovado por decreto do próprio Poder Executivo, e não por lei, não há o que se falar neste crime.

RT 883/462. Para que caracterize esse crime, é necessário que a lei que destina as verbas ou rendas públicas, seja em sentido formal e material.

Concussão

Art. 316. *Exigir, para si ou para outrem, direta ou indiretamente, ainda que fora da função ou antes de assumi-la, mas em razão dela, vantagem indevida:*

Pena *- reclusão, de 2 (dois) a 12 (doze) anos, e multa. (Redação dada pela Lei nº 13.964, de 2019) -* ***ANTICRIME***

§ 1º. *Se o funcionário exige tributo ou contribuição social que sabe ou deveria saber indevido, ou, quando devido, emprega na cobrança meio vexatório ou gravoso, que a lei não autoriza:*

Pena *- reclusão, de três a oito anos, e multa.*

§ 2º. *Se o funcionário desvia, em proveito próprio ou de outrem, o que recebeu indevidamente para recolher aos cofres públicos:*

Pena *- reclusão, de dois a doze anos, e multa.*

No crime de concussão, o funcionário público exige uma vantagem indevida e a vítima, temendo represálias, cede a essa exigência.

Trata-se de uma forma especial de extorsão, executada por funcionário público.

Classificação

São considerados crimes próprios, pois exigem uma qualidade específica, ser funcionário público.

A conduta é sempre dolosa (**exigir**). Não existe possibilidade para modalidade culposa.

É um crime comissivo, por conseguinte pode incorrer em omissão imprópria, quando o agente, como garantidor, podendo evitar, nada faz para que o crime não seja consumado (Art. 13, §2º, do CP).

Sujeitos do Crime

Sujeito ativo: somente funcionário público (crime próprio), ademais, é possível a coautoria e participação do particular que tenha consciência da função pública do agente.

Sujeito passivo: o Estado e, por conseguinte, o particular, pessoa física ou jurídica prejudicada.

Consumação e Tentativa

ADMITE Tentativa

O crime é formal, sendo assim, está consumado no momento da exigência.

Descrição

É atípica a conduta do particular (vítima) que efetivamente entregou o dinheiro exigido pelo funcionário público, pois ele agiu assim por medo de represálias.

Sendo um crime formal, e a consumação ocorrendo com a mera exigência da vantagem indevida. Pouco importa se o funcionário público recebe ou não. Porém, caso receba, haverá o exaurimento do crime.

Vantagem Devida

Se a vantagem for devida, o agente funcionário público responderá pelo crime de abuso de autoridade, Lei nº 4.898/65.

Caso a vantagem seja **para a própria Administração Pública**, poderá haver o crime de excesso de exação (Art. 316, §1º, CP).

O particular que se disfarça de policial e exige dinheiro (vantagem indevida) para não efetuar a prisão de alguém, responderá pelo crime de extorsão (Art. 158, CP).

Mesmo que seja funcionário público, mas que não tenha a competência para a prática do mal prometido, não responde por este crime, mas por extorsão.

No crime de concussão, o agente exige a vantagem indevida. Ademais, no crime de corrupção passiva, Art. 317 do CP, O agente solicita, recebe ou aceita promessa de vantagem indevida.

Excesso de Exação

Art. 316, §1º. *Se o funcionário exige tributo ou contribuição social que sabe ou deveria saber indevido, ou, quando devido, emprega na cobrança meio vexatório ou gravoso, que a lei não autoriza:*

Pena *- reclusão, de três a oito anos, e multa.*

Art. 316, §2º. *Se o funcionário desvia, em proveito próprio ou de outrem, o que recebeu indevidamente para recolher aos cofres públicos:*

Pena *- reclusão, de dois a doze anos, e multa.*

Trata-se da cobrança integral e pontual de tributos, em que o funcionário público exige ilegalmente tributo ou contribuição social em benefício da Administração Pública.

Classificação

São considerados crimes próprios, pois exige uma qualidade específica, ser funcionário público.

A conduta é sempre dolosa (**exigir tributo ou contribuição social ou desviar o recebimento indevido**). NÃO existe possibilidade para modalidade culposa.

É um crime comissivo, por conseguinte, pode incorrer em omissão imprópria, quando o agente, como garantidor, podendo evitar, nada faz para que o crime não seja consumado (Art. 13, §2º, CP).

Sujeitos do Crime

Sujeito Ativo: somente funcionário público (crime próprio), ademais, é possível a coautoria e participação do particular que tenha consciência da função pública do agente.

Sujeito Passivo: o Estado e, por conseguinte, o particular, pessoa física ou jurídica prejudicada.

Consumação e Tentativa

ADMITE Tentativa

O §1º diz que o crime é formal, sendo assim, está consumado no momento da exigência do tributo ou contribuição social por meio vexatório e gravoso, mesmo que a vítima não realize o pagamento.

O § 2º refere-se ao crime material, sendo consumado no momento que ocorre o desvio em proveito próprio ou de outrem, tendo recebido indevidamente.

Descrição

§ 1º do Excesso de Exação

Exigir um tributo ou contribuição social que **sabe ou deveria saber indevido**.

Ex.: Tributo que já foi pago pelo contribuinte; ou a quantia cobrada é superior à fixada em lei.

Exigir um tributo ou contribuição social devido, porém **empregando meio vexatório ou gravoso, que a lei não autoriza**.

Ex.: Meio vexatório: humilhar, causar vergonha ou constrangimento na vítima. Meio gravoso: causar maiores despesas ao contribuinte.

§ 2º da Qualificadora

O **desvio** do tributo ou contribuição social **indevido** ocorre antes de sua incorporação aos cofres públicos, pois, caso ocorra depois, o funcionário público responderá pelo crime de peculato desvio (Art. 312, *caput*, 2ª parte do CP).

Tributos

De acordo com o STF, existem cinco espécies de tributos: **impostos, taxas, contribuições de melhoria, empréstimos compulsórios e contribuições sociais.**

Segundo o STJ, **a custa e emolumentos concernentes aos serviços notariais e registrais possuem natureza tributária**, qualificando-se como taxas remuneratórias de serviços públicos. Desse modo, comete o crime de excesso de exação aquele que exige custas ou emolumentos que sabe ou deveria saber indevido.

Prevalece que a expressão deveria saber configura dolo eventual, entretanto há doutrina no sentido de que se trata de modalidade culposa do tipo.

Corrupção Passiva

> ***Art. 317.*** *Solicitar ou receber, para si ou para outrem, direta ou indiretamente, ainda que fora da função ou antes de assumi-la, mas em razão dela, vantagem indevida, ou aceitar promessa de tal vantagem:*
>
> ***Pena*** *- reclusão, de 2 (dois) a 12 (doze) anos, e multa.*
>
> ***§ 1º.*** *A pena é aumentada de um terço, se, em consequência da vantagem ou promessa, o funcionário retarda ou deixa de praticar qualquer ato de ofício ou o pratica infringindo dever funcional.*
>
> ***§ 2º.*** *Se o funcionário pratica, deixa de praticar ou retarda ato de ofício, com infração de dever funcional, cedendo a pedido ou influência de outrem:*
>
> ***Pena*** *- detenção, de três meses a um ano, ou multa.*

Apesar de possuir certas semelhanças com o delito de concussão, nesse delito podemos dizer que é menos constrangedor para a vítima, pois não há a coação moral da exigência, a honra da imagem do emprego vexatório, ocorre simplesmente a solicitação, o recebimento ou a simples promessa de recebimento.

Classificação

São considerados crimes próprios, pois exigem uma qualidade específica, ser funcionário público.

A conduta é sempre dolosa (**solicita, recebe ou aceita promessa**). Não existe possibilidade para modalidade culposa.

É um crime comissivo, por conseguinte, pode incorrer em omissão imprópria, quando o agente, como garantidor, podendo evitar, nada faz para que o crime não seja consumado (Art. 13, §2º, do CP).

Sujeitos do Crime

Sujeito Ativo: é o funcionário público no exercício da função, aquele fora da função, mas em razão dela, ou o particular que está na iminência de assumir, e atue criminosamente em razão dela. Pode ter a participação do particular que tenha consciência da função pública do agente.

Sujeito Passivo: o Estado e, por conseguinte, o particular, pessoa física ou jurídica prejudicada.

O particular só será vítima se a corrupção partir do funcionário corrupto.

Consumação e Tentativa

Admite tentativa somente na modalidade solicitar, quando formulada por meio escrito (carta interceptada).

O crime é formal, sendo assim, nesse delito, existem três momentos em que o crime pode se consumar. No momento da **solicitação**, no momento do **recebimento**, ou então no instante em que o agente aceita a **promessa** de **recebimento**, independe do efetivo pagamento ou recebimento para o crime estar consumado, caso ocorra, será mero exaurimento do crime.

Descrição

Solicitar: a conduta parte do funcionário público que pede a vantagem indevida. Nesta situação, o funcionário público responde por corrupção passiva e **o particular, caso entregue a vantagem indevida, não responderá por crime algum (fato atípico).**

Receber: a conduta parte do particular que oferece a vantagem indevida e o funcionário público recebe. Nesta situação, o funcionário público responde por corrupção passiva e o particular por corrupção ativa.

Aceitar promessa de tal vantagem: a conduta parte do particular que promete vantagem indevida ao funcionário público e este aceita a promessa. Nesta situação, o funcionário público responde por corrupção passiva e o particular por corrupção ativa. OBS.: não é necessário que o funcionário público efetivamente receba a vantagem prometida, pois o crime estará consumado com a mera aceitação de promessa.

Espécies de Corrupção Passiva

Corrupção Passiva Própria	Corrupção Passiva Imprópria
O funcionário público negocia um ato ILÍCITO. **Ex.:** PRF solicita R$ 100,00 para não multar motorista sem carteira de habilitação.	O funcionário público negocia um ato LÍCITO. **Ex.:** Juiz de Direito recebe dinheiro de autor de ação judicial para agilizar os trâmites do processo.

Mesmo que a propina seja para a prática de ato LEGAL, ocorrerá o crime em estudo.

Ex.: Comerciantes dão dinheiro para que policiais militares realizem rondas diárias no bairro onde os comerciantes trabalham. É crime, pois os servidores públicos já são remunerados pelo Estado para realizarem estas atividades.

Promessa Vantagem Indevida

Particular que oferece ou promete vantagem indevida: O particular que oferece ou promete vantagem indevida ao funcionário público, responde pelo crime de corrupção ativa, Art. 333, do CP.

Exceção à teoria unitária ou monista no concurso de pessoas:

> ***Art. 29**, CP. Quem, de qualquer modo, concorre para o crime incide nas penas a este cominadas, na medida de sua culpabilidade.*

Portanto, a regra é que todos aqueles que concorrem para a prática de um crime responderão pelo mesmo crime. Como se trata de **exceção**, o funcionário público que recebe ou aceita promessa de vantagem indevida responde por corrupção passiva, Art. 317, enquanto o particular que oferece ou promete vantagem indevida responde por corrupção ativa, Art. 333.

Não configura o crime de corrupção passiva o recebimento, pelo funcionário público, de gratificações usuais de pequeno valor por serviços extraordinários (desde que não se trate de ato contrário à lei), ou pequenas doações ocasionais, geralmente no Natal ou no Ano Novo.

Caso a vantagem recebida seja revertida em favor da própria Administração Pública não haverá o crime de corrupção passiva. Todavia, o funcionário público estará sujeito à prática de ato de improbidade administrativa (Lei nº 8.429/92).

Causa de Aumento de Pena

> ***§ 1º.** A pena é aumentada de um terço, se, em consequência da vantagem ou promessa, o funcionário retarda ou deixa de praticar qualquer ato de ofício ou o pratica infringindo dever funcional.*

O que seria o exaurimento do crime funciona como causa de aumento de pena para o funcionário público. A pena será aumentada em 1/3.

Se a violação praticada pelo agente público constitui, por si só, um novo crime, haverá concurso formal ou material entre a corrupção e a infração dela resultante. Todavia, nessa hipótese, a corrupção deixa de ser qualificada, pois do contrário incidirá no *bis in idem*, considerando-se o mesmo fato duas vezes em prejuízo do funcionário réu.

Corrupção Passiva Privilegiada

> ***§ 2º.** Se o funcionário pratica, deixa de praticar ou retarda ato de ofício, com infração de dever funcional, cedendo a pedido ou influência de outrem:*
>
> ***Pena** - detenção, de três meses a um ano, ou multa.*

Punem-se, nesse dispositivo, os famigerados favores administrativos.

Nesta hipótese, o particular não oferece ou promete vantagem indevida ao funcionário público. Ele apenas **pede** para que esse DÊ UM JEITINHO de praticar, deixar de praticar ou retardar ato de ofício, com infração de dever funcional.

Ex.: Pedro é abordado numa Blitz e seu veículo está com o IPVA atrasado. Diante disso, ele pede ao policial rodoviário que não aplique a devida multa ou apreenda o veículo. O policial atende ao pedido. Nesta situação, o policial praticou o crime de corrupção passiva privilegiada e Pedro é partícipe deste crime.

O § 2º tem grande incidência em concursos. É o famoso Dar um jeitinho.

Diferenças Importantes

Corrupção Passiva Privilegiada (Art. 317, §2º, CP)	Prevaricação (Art. 319, CP)
Se o funcionário pratica, deixa de praticar ou retarda ato de ofício, com infração de dever funcional, CEDENDO A PEDIDO OU INFLUÊNCIA DE OUTREM.	Retardar ou deixar de praticar, indevidamente, ato de ofício, ou praticá-lo contra disposição expressa de lei, PARA SATISFAZER INTERESSE OU SENTIMENTO PESSOAL. **Obs.:** Não há intervenção alheia nesse crime.

Facilitação de Contrabando ou Descaminho

> ***Art. 318.** Facilitar, com infração de dever funcional, a prática de contrabando ou descaminho (Art. 334):*
>
> ***Pena** - reclusão, de 3 (três) a 8 (oito) anos, e multa.*

Conduta: a conduta criminosa consiste em facilitar, por ação ou omissão, o contrabando ou o descaminho.

Sujeitos do Crime

Sujeito Ativo: é crime próprio, somente o funcionário público incumbido de impedir a prática do contrabando ou descaminho poderá intentá-lo. Caso não ostente essa atribuição funcional, responderá pelo delito de contrabando ou descaminho, na condição de partícipe.

Sujeito Passivo: O Estado.

Exceção à teoria unitária ou monista no concurso de pessoas (Art. 29, CP)

O funcionário público que facilita, com infração de dever funcional, a prática de contrabando ou descaminho, responde pelo crime do Art. 318. Já o particular que realiza o contrabando ou descaminho responde pelo crime do elo crime do Art. 334 ou Art. 334 - A.

Conceito

Contrabando: é a importação ou exportação de mercadoria cuja entrada ou saída é proibida no Brasil. Ex.: máquinas caça-níquel, cigarros, quando em desacordo com autorização legal.

Descaminho: a importação ou exportação é permitida, porém o agente frauda o pagamento do tributo devido.

> Se a mercadoria importada ou exportada for arma de fogo, acessório ou munição, sem autorização da autoridade competente, o agente responderá pelo crime previsto no Art. 18 da Lei nº 10.826/03 (Estatuto do Desarmamento). Tráfico internacional de arma de fogo.

Consumação

Ocorre no momento em que o funcionário público efetivamente facilita o contrabando ou descaminho. **É crime formal ou de consumação antecipada**.

Não é necessário que a outra pessoa (autor do crime de contrabando ou descaminho - Art. 334) tenha sucesso em sua empreitada criminosa. Desse modo, mesmo que esta outra pessoa não obtenha êxito na realização do crime do Art. 334, o crime de contrabando e descaminho estará consumado, pois é crime formal.

Tentativa

Admitida somente na forma comissiva (ação). **A forma omissiva não admite o *conatus***.

Elemento Subjetivo

Dolo. Não se admite a modalidade culposa.

> Súm. 151, STJ. A competência para o processo e julgamento por crime de contrabando e descaminho define-se pela prevenção do Juízo Federal do lugar da apreensão dos bens.

Competência

Os crimes de contrabando e descaminho é da competência da **Justiça Federal**, pois ofende interesse da União (Art. 109, IV, CF/88).

Prevenir e reprimir o contrabando e o descaminho são atribuições da Polícia Federal (Art. 144, §1º, II, CF/88).

Prevaricação

Art. 319. *Retardar ou deixar de praticar, indevidamente, ato de ofício, ou praticá-lo contra disposição expressa de lei, para satisfazer interesse ou sentimento pessoal:*

Pena *- detenção, de três meses a um ano, e multa.*

Para que configure o delito de prevaricação, faz-se necessário que a ação ou omissão seja praticada de forma indevida, infrinja o dever funcional do agente público.

Classificação

É considerado crime de mão própria, pois exige uma qualidade específica, ser funcionário público e possuir determinado dever funcional.

Assim, é imprescindível que o funcionário tenha a atribuição para a prática do ato, pois, do contrário, não se pode considerar violação ao dever funcional.

A conduta é sempre dolosa, a qual se divide em três tipos: 1) Retardar indevidamente ato de ofício; 2) Deixar de praticar ato de ofício; 3) Praticar contra disposição expressa em lei.

NÃO admite a forma culposa.

Sujeitos do Crime

Sujeito Ativo: somente funcionário público (crime próprio).

Sujeito Passivo: o Estado e, por conseguinte, o particular, pessoa física ou jurídica prejudicada.

Consumação e Tentativa

Consuma-se o crime com o retardamento, a omissão ou a prática do ato, sendo dispensável a satisfação do interesse visado pelo servidor.

A tentativa não é admitida nas condutas retardar deixar de praticar, pois é crime omissivo próprio ou puro. Já a conduta praticá-lo contra disposição expressa de lei admite a tentativa por ser crime comissivo, ou seja, que exige uma ação.

É um crime formal. Para a consumação basta a intenção do funcionário público de satisfazer interesse ou sentimento pessoal, mesmo que não consiga êxito na concretização deste resultado.

Descrição

Crime de ação múltipla ou de conteúdo variado: Retardar, deixar de praticar ou praticá-lo. A realização de mais de um destes verbos, no mesmo contexto fático, caracteriza crime único. Todavia, tal fato será levado em conta pelo juiz no momento de fixação da pena-base (Art. 59 do CP).

Considerações

Retardar (atrasar / adiar): o funcionário público não realiza o ato de ofício dentro do prazo legal. Deixar de praticar (abster-se de praticar): não praticar o ato de ofício.

+

Indevidamente: (injustificavelmente / ilegalmente)

=

Prevaricação

Nessas duas hipóteses a prevaricação é crime omissivo próprio ou puro (condutas omissivas). Não admite tentativa (*conatus*).

NÃO há crime quando o funcionário público deixa de agir em razão de caso fortuito ou força maior.

Ex.: A falta de efetivo (pessoal) na repartição, incêndio, inundação etc.

Praticar (realizar um ato)
+
Contra Disposição Expressa de Lei
=
Prevaricação

Nesta hipótese a prevaricação é crime comissivo. Admite tentativa (*conatus*).

> No caso concreto, se ausente o interesse de satisfazer interesse ou sentimento pessoal e o funcionário público receber uma ordem que deveria cumprir e não cumpri-la, não estará configurado o crime de prevaricação. Todavia, poderá caracterizar ato de improbidade administrativa (Art. 11, II, Lei nº 8.429/92).

Pessoalidade

Interesse Pessoal: é qualquer vantagem ou proveito de caráter moral ou patrimonial. Caso o funcionário público exija ou receba uma vantagem indevida a pretexto de praticar, retardar ou omitir a prática de um ato de ofício, o crime será de concussão (Art. 316 do CP) ou corrupção passiva (Art. 317 do CP).

Sentimento Pessoal: vingança, ódio, amizade, inimizade, inveja, amor.

Ex.: Promotor de Justiça solicita o arquivamento de inquérito policial o qual investiga crime que supostamente foi praticado por seu amigo de infância.

A desídia (preguiça), negligência ou comodismo (sem o fim de satisfazer interesse ou sentimento pessoal): não há crime de prevaricação. Todavia, o funcionário público poderá incorrer em ato de improbidade administrativa.

Diferenças Importantes

Prevaricação (Art. 319, CP)	Condescendência Criminosa (Art. 320, CP)
Retardar ou DEIXAR de PRATICAR, indevidamente, ATO DE OFÍCIO, ou praticá-lo contra disposição expressa de lei, para SATISFAZER INTERESSE OU SENTIMENTO PESSOA.	DEIXAR o funcionário, POR INDULGÊNCIA, DE RESPONSABILIDADE subordinado que cometeu infração no exercício do cargo ou, quando lhe falte competência, não levar o fato ao conhecimento da autoridade competente.

Prevaricação Imprópria

> ***Art. 319-A.*** *Deixar o Diretor de Penitenciária e/ou agente público de cumprir seu dever de vedar ao preso o acesso a aparelho telefônico, de rádio ou similar, que permita a comunicação com outros presos ou com o ambiente externo:*
>
> ***Pena*** *- detenção, de 3 (três) meses a 1 (um) ano.*

Esse crime foi introduzido pela Lei nº 11.466/07 e recebe várias denominações por parte da doutrina, prevaricação imprópria, prevaricação em presídios, omissão do dever de vedar ao preso o acesso a aparelhos de comunicação. Todas essas classificações são aceitáveis, haja vista o legislador não conferir, na elaboração do tipo, o *nomem iuris* da conduta, deixando para que a doutrina o fizesse.

Classificação

É um crime doloso, não exigindo qualquer fim específico da conduta. Não é admitida a culpa.

É um crime simples, pois ofende um único bem jurídico e é um crime próprio, ou seja, podendo ser cometido somente por agente público que tenha o dever funcional de impedir a entrada de aparelhos de comunicação ou Diretor de Penitenciária.

Sujeitos do Crime

Sujeito Ativo: por ser um crime próprio, pode ser cometido por agente público que deve ser interpretado de forma restrita, pois o agente deve ser incumbido de evitar a conduta descrita no tipo, para exemplificar podemos citar os agentes penitenciários, carcereiros e até mesmo pelos policiais responsáveis pela escolta.

O preso que for encontrado na posse de aparelho de comunicação não comete este crime, contudo incide em falta grave. Já o particular que fornece o aparelho para o preso comete o crime do Art. 349-A do CP.

Consumação e Tentativa

Por ser um crime formal, dá-se a consumação no momento em que o agente público ou Diretor de Penitenciária não faz nada para impedir a entrada de aparelho de comunicação ao preso, contudo devendo saber que tal situação é ilícita. É dispensável o efetivo acesso do preso ao aparelho de comunicação.

Não é possível a tentativa, haja vista ser este um crime omissivo próprio.

Descrição do Crime

A finalidade deste crime é impedir que o preso tenha acesso a qualquer tipo de aparelho de comunicação que possa se comunicar com qualquer pessoa (familiares, advogados, outros presos).

Os aparelhos eletrônicos podem ser, telefones (fixos ou móveis) *walkie-talkies* ou até mesmo uma *webcam*.

O fato é atípico quando o aparelho não tem nenhuma capacidade de comunicação ou, de qualquer forma, impossibilitado de funcionar. O mesmo acontece para cópias falsas de aparelhos.

Telefones celulares sem crédito tipificam a conduta, pois se verifica a possibilidade da obtenção de créditos de formas ilícitas, por exemplo, extorsões baseadas em falsos sequestros. Caracteriza-se a conduta, até mesmo quando o aparelho não tiver bateria, visto que existem meios alternativos para a sua ativação.

Condescendência Criminosa

> ***Art. 320.*** *Deixar o funcionário, por indulgência, de responsabilizar subordinado que cometeu infração no exercício do cargo ou, quando lhe falte competência, não levar o fato ao conhecimento da autoridade competente:*
>
> ***Pena*** *- detenção, de quinze dias a um mês, ou multa.*

Esse tipo penal tem por objetivo punir o superior hierárquico que por indulgência (clemência) deixa de punir seu subordinado, bem como aquele que, sem competência para responsabilização, tendo conhecimento de alguma infração, não leva a informação aquém de competência para punir o agente público.

Tem como base o poder disciplinar da Administração Pública.

Classificação

É considerado um crime próprio: omissivo próprio: sendo que ato está na inação (deixar de agir).

O dolo está na conduta de se OMITIR, sendo assim, não admite a forma culposa.

Sujeitos do Crime

Sujeito Ativo: somente funcionário público hierarquicamente superior ao servidor infrator.

Sujeito Passivo: o Estado e, por conseguinte, o particular, pessoa física ou jurídica prejudicada.

Consumação e Tentativa

NÃO Admite Tentativa

É um crime formal e omissivo próprio ou PURO. Consuma-se no momento em que o funcionário superior, depois de tomar conhecimento da infração, suplanta prazo legalmente previsto para a tomada de providências contra o subordinado infrator.

Descrição do Crime

O **crime** ocorre com a mera omissão do funcionário público que, ao tomar conhecimento da infração (administrativa ou penal) cometida pelo subordinado no exercício do cargo, deixa de tomar qualquer providência para responsabilizá-lo, ou, quando lhe faltar competência para tanto, não levar o fato ao conhecimento da autoridade competente. Não necessita da efetiva impunidade do infrator.

O fato será atípico quando o superior hierárquico, por negligência, não tomar conhecimento da infração cometida pelo funcionário público subalterno no exercício do cargo

> Se o funcionário público superior hierárquico se omite para atender sentimento ou interesse pessoal, responderá pelo crime de prevaricação.
> Se o superior hierárquico se omite com o objetivo de receber alguma vantagem indevida do funcionário público infrator, responderá pelo crime de corrupção passiva (Art. 317 do CP).
> Não configura o crime em tela, eventuais irregularidades praticadas pelo subordinado "extra officio" (fora do cargo) e toleradas pelo superior hierárquico.

Nexo Funcional

Deve haver o nexo funcional, ou seja, a infração deve ter sido praticada no exercício do cargo público ocupado pelo funcionário público.

Ex.: Policial civil pratica peculato e o Delegado, após tomar conhecimento do caso, por indulgência (tolerância) nada faz.

Indulgência: é sinônimo de tolerância, perdão, clemência.

Advocacia Administrativa

Art. 321. *Patrocinar, direta ou indiretamente, interesse privado perante a administração pública, valendo-se da qualidade de funcionário:*

Pena *- detenção, de um a três meses, ou multa.*

Parágrafo único. *Se o interesse é ilegítimo:*

Pena *- detenção, de três meses a um ano, além da multa.*

Esse delito visa tipificar a conduta do agente que tem por objetivo defender, apadrinhar, advogar, interesse alheio perante a Administração Pública.

Classificação

É considerado crime próprio, pois exige uma qualidade específica, ser funcionário público.

A conduta é sempre dolosa. que pode ser praticada pela ação ou omissão. Não existe possibilidade para modalidade culposa.

É um crime comissivo, por conseguinte pode incorrer em omissão imprópria, quando o agente, como garantidor, podendo evitar, nada faz para que o crime não seja consumado (Art. 13, §2º, CP).

Sujeitos do Crime

Sujeito Ativo: somente funcionário público (crime próprio). Não necessariamente advogado, como diversas questões afirmam.

Admite-se o concurso de terceiro não qualificado, na modalidade de coautoria ou participação, desde que conhecedor da condição funcional do agente público.

Sujeito Passivo: o Estado e, por conseguinte, o particular, pessoa física ou jurídica prejudicada.

Consumação e Tentativa

ADMITE Tentativa

Consuma-se com a prática de ato revelador do patrocínio, que ofenda a moralidade administrativa, independente de obtenção de vantagem.

Descrição do Crime

Utilizando da qualidade de funcionário, o agente público defende interesse alheio de forma direta: pelo próprio funcionário, ou então, de forma indireta: participação de uma terceira pessoa.

Necessidade de Patrocínio

A advocacia administrativa exige mais do que um mero ato de encaminhamento ou protocolado de papéis. É necessário que se verifique o efetivo patrocínio de uma causa, complexa ou não, perante a administração.

Figura Qualificadora

Parágrafo único. *Se o interesse é ilegítimo:*

Para ensejar na qualificadora, o agente que pratica o ato de patrocínio deve ter conhecimento de que o pleito é ilegítimo.

Responsabilidade

Caso o patrocínio seja referente à instauração de processo licitatório ou a celebração de contrato junto à Administração Pública, cuja invalidação seja decretada pelo Judiciário, o agente responderá pelo Art. 91 da Lei nº 8.666/90.

Violência Arbitrária

Art. 322. *Praticar violência, no exercício de função ou a pretexto de exercê-la:*

Pena *- detenção, de seis meses a três anos, além da pena correspondente à violência.*

Esse delito tem por objetivo tipificar a conduta do agente público que atua com violência no exercício da sua função ou a pretexto dela.

Grande parte da doutrina entende que o presente artigo foi revogado tacitamente pela Lei nº 4.898/65 (Lei de abuso de autoridade). Entretanto, há decisões de Tribunais Superiores reconhecendo a vigência do artigo em comento.

Classificação

A conduta é sempre dolosa: que pode ser praticada pela ação ou omissão. Não existe possibilidade para modalidade culposa.

É um crime comissivo, por conseguinte, pode incorrer em omissão imprópria, quando o agente, como garantidor, podendo evitar, nada faz para que o crime não seja consumado (Art. 13, §2º, CP).

Sujeitos do Crime

Sujeito Ativo: somente funcionário público (crime próprio), não exige a qualidade específica de ser um policial, ademais, é possível a coautoria e participação do particular que tenha consciência da função pública do agente.

Sujeito Passivo: o Estado e, por conseguinte, o particular, pessoa física ou jurídica prejudicada.

Consumação e Tentativa

ADMITE Tentativa

Consuma-se no momento da prática do ato de violência (ação), com a lesão provocada.

Descrição do Crime

Conforme já mencionado, não é condição necessária que para incidir em violência arbitrária ou abuso de autoridade a condição específica de policial.

> **Ex.:** Um fiscal sanitário que, no gozo de suas atribuições, ao encontrar uma bandeja de iogurte vencida, decide por lacrar o estabelecimento pelo prazo de noventa dias, além da aplicação da multa de R$ 100.000,00. Nessa hipótese, é claro observar que o agente abusou da atribuição do seu cargo prejudicando um particular. Pois, sua decisão, não foi proporcional ao agravo.

Figura Qualificadora Especial

Caso o agente seja ocupante de cargo em comissão, função de direção ou assessoramento, Art. 327,§2º, CP.

O simples emprego de intimidação moral, formada por ameaças, não é suficiente para caracterizar o crime desse artigo.

A pena do crime de violência arbitrária será somada à pena correspondente à violência.

Abandono de Função

> ***Art. 323***. *Abandonar cargo público, fora dos casos permitidos em lei:*
>
> ***Pena*** *- detenção, de quinze dias a um mês, ou multa.*
>
> ***§ 1º.*** *Se do fato resulta prejuízo público:*
>
> ***Pena*** *- detenção, de três meses a um ano, e multa.*
>
> ***§ 2º.*** *Se o fato ocorre em lugar compreendido na faixa de fronteira:*
>
> ***Pena*** *- detenção, de um a três anos, e multa.*

Tutela-se o regular desenvolvimento das atividades administrativas, punindo-se a interrupção do trabalho do servidor público que abandona suas atividades, fora dos casos permitidos em lei.

Classificação

Trata-se de um crime de mão própria, ou seja, que só pode ser cometido pelo próprio agente.

É um crime omissivo próprio, cometido por um funcionário específico, no momento em que não cumpre com suas funções.

Pune-se somente na modalidade dolosa.

Sujeitos do Crime

Sujeito Ativo: embora o dispositivo diga abandono de função, entende a doutrina que somente o funcionário ocupante de cargo público pode cometer o crime, logo não prevalece a regra do Art. 327, CP.

Sujeito Passivo: A Administração Pública.

Consumação e Tentativa

NÃO Admite Tentativa

É consumado após um tempo relevante, sendo previsto uma probabilidade de dano à Administração, porém sem necessidade que esse realmente ocorra para a efetiva consumação do crime.

Há doutrinadores que dizem que só haverá o crime de abandono após 31 dias ou mais de ausência injustificada no trabalho.

Descrição do Crime

Forma Qualificada pelo Prejuízo

> ***§ 1º.*** *Se do fato resulta prejuízo público:*
>
> ***Pena*** *- detenção, de três meses a um ano, e multa.*

Nessa hipótese, compreende duas espécies de prejuízo, sendo o prejuízo social ou coleto, bem como aquele que afeta os serviços públicos e o interesse da coletividade.

Forma Qualificada Pelo Lugar de Fronteira

> ***§ 2º.*** *Se o fato ocorre em lugar compreendido na faixa de fronteira:*
>
> ***Pena*** *- detenção, de um a três anos, e multa.*

Considera-se fronteira a faixa situada até 150 Km de largura, ao longo das fronteiras terrestres.

Exercício Funcional Ilegalmente Antecipado ou Prolongado

> ***Art. 324.*** *Entrar, no exercício de função pública antes de satisfeitas as exigências legais, ou continuar a exercê-la, sem autorização, depois de saber oficialmente que foi exonerado, removido, substituído ou suspenso:*
>
> ***Pena*** *- detenção, de quinze dias a um mês, ou multa.*

O exercício ilegal de função pública afeta toda uma estrutura organizacional da Administração Pública, influindo diretamente na prestação de serviço público e no seu normal funcionamento. O referido crime tem por finalidade punir quem entra, exerce ou continua no serviço público de forma ilegal. É um crime de ação penal pública incondicionada.

Classificação

É um crime simples, de mão própria e formal.

É um crime doloso, não existindo a modalidade culposa.

Sujeitos do Crime

Sujeito Ativo: é o funcionário público já nomeado que ainda não cumpriu todas as exigências para entrar no cargo ou que deixou de ser funcionário por ter sido exonerado, suspenso, removido etc.

Se for pessoa inteiramente alheia à função pública, o crime é o previsto no Art. 328 do CP.

Sujeito Passivo: é o Estado.

Consumação e Tentativa

Por ser um crime formal, o delito se consuma com o primeiro ato realizado pelo funcionário público em alguma das condições do tipo penal, não necessitando que a Administração Pública sofra um efetivo dano ou prejuízo. A tentativa é possível, haja vista o caráter plurissubsistente do crime.

Descrição do Crime

A primeira parte do *caput* versa uma norma penal em branco homogênea, pois necessita de complementação por legislação específica para saber quais são as exigências legais.

A segunda parte do *caput* descreve um elemento normativo específico, sendo necessário que o agente tenha o efetivo conhecimento de sua situação perante a Administração Pública.

Aquele que ingressa no exercício da função pública, antes de apresentar sua declaração de bens, incide no crime em tela se praticar algum ato inerente ao cargo.

Violação de Sigilo Funcional

Art. 325. *Revelar fato de que tem ciência em razão do cargo e que deva permanecer em segredo, ou facilitar-lhe a revelação:*

Pena *- detenção de seis meses a dois anos, ou multa, se o fato não constitui crime mais grave.*

§1º. *Nas mesmas penas deste artigo incorre quem:*

I. *Permite ou facilita, mediante atribuição, fornecimento e empréstimo de senha ou qualquer outra forma, o acesso de pessoas não autorizadas a sistemas de informações ou banco de dados da Administração Pública;*

II. *Se utiliza, indevidamente, do acesso restrito.*

§2º. *Se da ação ou omissão resulta dano á Administração Pública ou a outrem:*

Pena *- reclusão, de dois a seis anos, e multa.*

Certos assuntos da Administração Pública possuem caráter sigiloso e são imprescindíveis à segurança da sociedade e do Estado. Esse artigo tem por finalidade preservar os interesses públicos, privados e coletivos do sigilo das informações necessárias ao normal funcionamento da máquina pública. É um crime de ação penal pública incondicionada.

Classificação

É um crime simples, de mão própria (somente pode ser cometido por funcionário público que tenha o dever de assegurar o sigilo) e formal.

É considerado um crime doloso não tendo especificado em seu tipo penal um especial fim de agir. Não admite a modalidade culposa.

Sujeitos do Crime

Sujeito Ativo: por ser um crime de mão própria, exige-se uma qualidade especial do sujeito ativo do crime, podendo ser tanto o funcionário público em efetivo exercício, quanto o aposentado, afastado ou em disponibilidade, podendo o particular ser partícipe do crime (Art. 325 do CP) se concorreu de qualquer modo com a revelação da informação.

Sujeito Passivo: é o ente público que teve o seu segredo revelado e, eventualmente, o particular lesado pela revelação do segredo.

Consumação e Tentativa

O delito passa a ser consumado no momento em que a informação sigilosa é revelada a terceira pessoa, não exigindo que tal informação seja de conhecimento geral do público.

A tentativa somente é aceita se for uma conduta por escrito e, por circunstâncias alheias à vontade do agente, a carta não chega ao destino.

Descrição do Crime

Figuras Equiparadas do §1º

Inciso I, exemplo: "A", um analista da Receita Federal, revela a senha do banco de dados do cadastro dos contribuintes, para que sua amiga encontre o endereço de seu ex-namorado.

Inciso II, exemplo: "A", analista da Receita Federal, utiliza a senha restrita do banco de dados dos servidores para descobrir informações fiscais de seus colegas de repartição.

Qualificadora §2º

Nessa figura, existe a lesão à Administração Pública ou a algum particular, ou seja, é considerado um crime de dano.

Aplicando-se o princípio da especialidade, a violação de sigilo funcional envolvendo certames de interesse público não caracteriza o crime do Art. 325, mas sim o do Art. 311-A do CP.

Violação de Sigilo de Proposta de Concorrência

Art. 326. *Devassar o sigilo de proposta de concorrência pública, ou proporcionar a terceiro o ensejo de devassá-lo:*

Pena *- detenção, de três meses a um ano, e multa.*

Revogado tacitamente pelo Art. 94 da Lei nº 8.666/93 (Lei das Licitações).

Funcionário Público

Art. 327. *Considera-se funcionário público, para os efeitos penais, quem, embora transitoriamente ou sem remuneração, exerce cargo, emprego ou função pública.*

§ 1º. *Equipara-se a funcionário público: quem exerce cargo, emprego ou função em entidade paraestatal, e quem trabalha para empresa prestadora de serviço contratada ou conveniada para a execução de atividade típica da Administração Pública.*

§ 2º. *A pena será aumentada da terça parte quando os autores dos crimes previstos neste Capítulo forem ocupantes de cargos em comissão ou de função de direção ou assessoramento de órgão da administração direta, sociedade de economia mista, empresa pública ou fundação instituída pelo poder público.*

Para fins penais, considera-se funcionário público aquele que trabalha para uma empresa particular que mantém convênio com o Poder Público, e para este presta serviço.

São funcionários públicos não só aqueles que desempenham cargos criados por lei, regularmente investidos e nomeados, remunerados pelo cofres públicos, como também os que exercem emprego público (contratados, mensalistas, diaristas, tarefeiros, nomeados a título precário) e, ainda, todos que, de qualquer forma, exercem função pública.

5.2 Dos Crimes Praticados por Particular contra a Administração em Geral

Usurpação de Função Pública

Art. 328. *Usurpar o exercício de função pública:*
Pena *- detenção, de três meses a dois anos, e multa.*
Parágrafo único*. se do fato o agente aufere vantagem:*
Pena *- reclusão, de dois a cinco anos, e multa.*

Introdução

Esse crime foi criado com o intuito de punir aquele que exerce função pública sem possuir legitimidade para tanto, pois o Estado tem interesse em preservação da função das pessoas realmente investidas ao exercício das funções públicas. É um crime de ação penal pública incondicionada.

Classificação

É um crime simples, comum e formal.

É considerado um crime doloso, não dependendo de nenhuma finalidade. Não é admitida a culpa.

Sujeitos do Crime

Sujeito Ativo: Por ser um crime comum, pode ser praticado por qualquer pessoa, inclusive por funcionário público. **Ex.:** um escrivão que atue exercendo tarefas exclusivas de um Delegado de Polícia.

Sujeito Passivo: Imediatamente é a Administração Pública e secundariamente a pessoa física ou jurídica à qual recaiu a conduta criminosa.

Consumação e Tentativa

Trata-se de crime formal. Consuma-se o delito com a prática de ato exclusivo, que só pode ser praticado por pessoa legalmente investida no ofício usurpado.

A tentativa é plenamente possível. No caso do agente ser impedido de executar ato de ofício por circunstâncias alheias a sua vontade.

Descrição do Crime

A figura qualificada (Art. 328, parágrafo único) se refere a um crime material, visto que o agente aufere vantagem do delito, sendo a vantagem de qualquer natureza.

Resistência

Art. 329. *Opor-se à execução de ato legal, mediante violência ou ameaça a funcionário competente para executá-lo ou a quem lhe esteja prestando auxílio:*
Pena *- detenção, de dois meses a dois anos.*
§ 1º. *Se o ato, em razão da resistência, não se executa:*
Pena *- reclusão, de um a três anos.*
§ 2º. *As penas deste artigo são aplicáveis sem prejuízo das correspondentes à violência.*

Introdução

Esse crime visa proteger a Administração Pública e, também, a atuação do funcionário público na realização de atos legais e a integridade física e moral do particular que lhe presta auxílio. É um crime de ação penal pública incondicionada.

Classificação

É um crime **pluriofensivo** (atinge mais de um bem jurídico), comum e formal.

É um crime doloso e mais a intenção de impedir a execução de ato legal (especial fim de agir). Não se admite a modalidade culposa.

Sujeitos do Crime

Sujeito Ativo: pode ser praticado por qualquer pessoa (crime comum).

O funcionário público pode ser sujeito ativo deste crime nas situações em que age como particular.

O sujeito ativo (autor) pode ser pessoa alheia à execução do ato legal. Ex.: Filho que procura resistir à prisão legítima do pai mediante violência ou grave ameaça.

É indispensável que o particular esteja efetivamente acompanhado do funcionário público competente para a execução do ato para que se caracterize o crime de resistência, pois caso o particular esteja sozinho o agente responderá por outro crime (lesão corporal, ameaça, tentativa de homicídio etc.).

Sujeito Passivo: primariamente o Estado e, secundariamente, o funcionário público agredido ou ameaçado pela resistência.

Consumação e Tentativa

É crime formal. Não importa se o agente consegue ou não impedir a execução do ato legal, o crime estará consumado.

Em regra admite tentativa, com exceção de ameaça verbal.

Descrição do Crime

Opor-se: impedir a execução do ato legal. O ato legal deve ser específico e concreto, isto é, apto a gerar efeitos imediatos e dirigido a pessoa(s) determinada(s).

Espécies de Resistência

Resistência ATIVA: é o crime de resistência do Art. 329, *caput*, do Código Penal.

Resistência PASSIVA: o agente, sem o emprego de violência ou ameaça a funcionário público competente ou a quem lhe presta auxilio, se opõe à execução de ato legal.

Ex.: "A", policial civil, vai cumprir um mandado de prisão preventiva expedido em face de "B", este se agarra a um poste para não ser preso.

Nesta hipótese, (Resistência Passiva) não se configura o crime de Resistência. Todavia, o agente responderá pelo crime de Desobediência (Art. 330, CP).

Violência:

A violência deve ser dirigida contra pessoa, pois se for dirigida contra coisa o agente responderá pelo crime de dano qualificado (Art. 163, parágrafo único, III, CP).

A violência deve ser empregada durante a execução do ato legal, pois se for empregada antes ou depois o agente responderá pelo crime de ameaça (Art. 147, CP) ou lesão corporal (Art. 129, CP).

A violência deve ser empregada para impedir o cumprimento da ordem, se for outra a causa, o crime será outro.

Figura qualificada (Art. 329, §1º, CP): O que seria o exaurimento do crime funciona como uma qualificadora. Nesta hipótese o crime é material.

Legalidade do Ato

Legalidade do Ato: o ato deve ser legal, mesmo que injusto.

Ex.: O juiz decretou a prisão preventiva de "A" pois ele é o principal suspeito de ter estuprado oito mulheres numa pequena cidade do interior. No momento da realização da prisão, "A" agrediu os policiais militares, pois jurava que era inocente. Uma semana após a prisão, "B" o verdadeiro estuprador fez duas novas vítimas e foi preso em flagrante. O juiz mandou soltar "A", mas este responderá pelo crime de resistência, pois o ato, apesar de injusto, era legal.

Desobediência

> ***Art. 330.** Desobedecer a ordem legal de funcionário público:*
> ***Pena** - detenção, de quinze dias a seis meses, e multa.*

O crime de desobediência, também conhecido como "resistência passiva", apresenta pontos em comum com o crime de resistência (Art. 329 do CP), porém se diferencia pela ausência de violência ou grave ameaça ao funcionário público ou a pessoa que está auxiliando o funcionário. É um crime de ação penal pública incondicionada.

Classificação

É um crime simples, comum e formal.

Dolo. O agente deve ter consciência da legalidade da ordem e da competência do funcionário público, sob pena de atipicidade do fato (o fato não será crime). Não se admite a modalidade culposa.

Pode ser praticado por ação ou por omissão.

Sujeitos do Crime

Sujeito Ativo: qualquer pessoa, desde que vinculada ao cumprimento da ordem legal imposta pela autoridade pública.

Se o agente devia cumprir a ordem, por dever de ofício, tipifica-se, em tese, o delito de prevaricação.

Sujeito Passivo: é o Estado de forma imediata e mediatamente é o funcionário público o qual teve a ordem descumprida injustificadamente.

Consumação e Tentativa

→ **A consumação depende do tipo de ordem:**

Se for uma **omissão** do agente: no momento em que o agente atuar, violando, assim, a ordem de abster-se;

Se for uma **ação** do agente: no momento em que transcorrer o prazo para que o agente realize determinado ato e este não cumpra a ordem dada.

Admite-se a tentativa na modalidade comissiva (ação). Não é cabível na modalidade omissiva.

Conduta

Desobedecer (Recusar cumprimento / Desatender / Descumprir) ordem legal de funcionário público competente para emiti-la. Necessita da presença de dois requisitos:

Existência de uma ordem legal: não se trata de uma mera solicitação ou pedido.

Ordem emanada de funcionário público competente: o funcionário deve possuir competência funcional para emitir a ordem.

Legalidade

Segundo a Jurisprudência, pratica o crime de desobediência o indivíduo que se recusa a identificar-se criminalmente nos casos previstos em lei. Assim, como o indiciado que se recusa a identificar-se civilmente.

Pratica o crime previsto no Art. 307 da Lei nº 9.503/97 (Código de Trânsito Brasileiro), o indivíduo que viola a suspensão ou proibição de se obter a permissão ou a habilitação para dirigir veículo automotor.

Desobediência X Resistência

Desobediência (Art. 330, CP)	Resistência (Art. 329, CP)
Não há emprego de violência ou ameaça.	Há emprego de violência ou ameaça.

Apontamentos

→ Não é crime de desobediência a conduta do agente que se recusa a realizar:
  - > Teste de bafômetro;
  - > Exame de sangue (hematológico);
  - > Exame de DNA;
  - > Dosagem alcoólica;
  - > Exame grafotécnico.

Lembre-se de que ninguém é obrigado a produzir prova contra si mesmo, pois trata-se de desdobramento lógico da garantia constitucional ao silêncio.

Desacato

Art. 331. *Desacatar funcionário público no exercício da função ou em razão dela:*

Pena *- detenção, de seis meses a dois anos, ou multa.*

Todo funcionário público representa o Estado e age em seu nome a todo o momento em que exerce sua função. O crime de desacato (Art. 332 do CP) foi criado com o intuito de proteger o agente público e o prestígio da função exercida pelo funcionário público. É um crime de ação penal pública incondicionada.

Classificação

Crime de forma livre, admitindo qualquer meio de execução.

Dolo. Vontade livre e consciente de agir com a finalidade de desprestigiar a função pública do ofendido. Não se admite a modalidade culposa.

É um crime formal. Independe, para sua consumação, de um resultado naturalístico.

Sujeitos do Crime

Sujeito Ativo: crime comum (pode ser praticado por qualquer pessoa).

É possível que o funcionário público seja autor do crime de desacato, pois, ao cometer este delito, ele se despe de sua qualidade de funcionário público e passa a atuar como um particular. Nesta situação não importa se o agente é ou não superior hierárquico do funcionário público ofendido.

Não há crime de desacato na hipótese em que o ofendido, no momento da conduta, não possui mais a condição de funcionário público (Ex.: aposentado, demitido etc). Todavia, poderá haver crime contra a honra (calúnia/difamação/injúria), pois neste caso há lesão contra um particular e não contra a Administração Pública.

O advogado pode praticar (ser sujeito ativo) o crime de desacato caso ofenda funcionário público no exercício da função ou em razão dela.

Sujeito Passivo: o Estado, primariamente, e o funcionário público ofendido, secundariamente.

Será vítima somente o funcionário público assim definido no caput do Art. 327 do CP, não abrangendo o equiparado.

Consumação e Tentativa

É crime Formal. Ocorre no momento em que o funcionário público é ofendido. Não importa se sente ou não ofendido com os atos praticados. Não é necessário que outras pessoas presenciem a ofensa proferida.

Admite-se a tentativa, salvo quando a ofensa é praticada verbalmente.

Descrição do Crime

O autor deste crime deve ter ciência de que o ofendido é funcionário público e se encontra no exercício da função pública ou que a ofensa é proferida em razão dela. Deve ter ainda o propósito de desprestigiar a função pública do funcionário público (especial fim de agir).

Não é necessário que o funcionário público se encontre no interior da repartição pública. Basta que esteja no exercício da função pública.

Ex.: Pedro encontra o Juiz de Direito no supermercado e o chama de corrupto.

Haverá crime único de desacato caso o agente ofenda vários funcionários públicos no mesmo contexto fático, pois o sujeito passivo é a Administração Pública.

Considerações

Não haverá o crime de desacato caso a ofensa diga respeito à vida particular do funcionário público. Todavia, poderá caracterizar crime contra a honra.

Ex.: Afirmar que o Promotor de Justiça foi visto saindo de um prostíbulo.

Vejamos as diferenças entre os crimes de injúria (Art. 140 do CP) e desacato (Art. 331 do CP).

Desacato (Art. 331, CP)	Injúria (Art. 140, CP)
A ofensa é proferida na PRESENÇA do funcionário público.	A ofensa é proferida na AUSÊNCIA do funcionário público.
Crime contra a Administração Pública.	Crime contra a honra.
Ação Penal Pública Incondicionada.	Regra: Ação Penal iniciativa privada.

Tráfico de Influência

Art. 332. *Solicitar, exigir, cobrar ou obter, para si ou para outrem, vantagem ou promessa de vantagem, a pretexto de influir em ato praticado por funcionário público no exercício da função:*

Pena *- reclusão, de 2 (dois) a 5 (cinco) anos, e multa*

Parágrafo único. *a pena é aumentada da metade, se o agente alega ou insinua que a vantagem é também destinada ao funcionário.*

O crime de tráfico de influência foi criado pela Lei nº 9.127/95, porém antes de sua criação, o delito era chamado de exploração de prestígio (Art. 357 do CP), sendo esse um crime contra a Administração da justiça e o tráfico de influência (Art. 332 do CP) contra a Administração Pública. O crime em apreço é de ação penal pública incondicionada.

Classificação

É classificado como crime simples, comum e FORMAL.

É um crime doloso e com um especial fim de agir (vantagem para si ou para outrem). Não é admitida a modalidade culposa.

Sujeitos do Crime

Sujeito Ativo: por ser um crime comum, pode ser praticado por qualquer pessoa.

Sujeito Passivo: de maneira imediata é o Estado e mediatamente, o comprador da influência (pessoa que paga ou promete vantagem), com o fim de obter benefício do funcionário público.

Consumação e Tentativa

É um crime de consumação antecipada ou formal, caracterizando-se pela realização da conduta descrita no tipo penal, independentemente da obtenção da vantagem. Observação: com o núcleo do tipo "obter", o crime é material, consumando o delito no momento da obtenção da vantagem.

Tentativa é possível em determinados casos, do contrário não será admitida, pois se a conduta for realizada verbalmente não há que se falar em tentativa.

Descrição do Crime

Por haver vários núcleos do tipo (exigir, solicitar, obter, cobrar), o crime de tráfico de influência é classificado como crime de ação múltipla ou de conteúdo variado, respondendo o agente se praticado no mesmo contexto fático, por crime único, mesmo se realizar mais de um núcleo do tipo.

Segundo STJ é dispensável para a caracterização do delito que o agente efetivamente influa em ato praticado por funcionário público, basta que o mesmo alegue ter condições para tanto.

> **Ex.:** "A", dizendo ser amigo de um Delegado de Polícia, sem realmente sê-lo, solicita a "B" que entregue certo valor a pretexto de convencer (influir) o Delegado a não instaurar uma investigação contra o filho de "A".

Influência

Caso a aludida influência seja real, poderá haver outro crime (corrupção).

Causa de Aumento de Pena, Parágrafo Único

Caso o agente, além de toda a fraude empregada, alega que a vantagem também se destina ao funcionário público, será aquele merecedor de pena majorada, visto que o bem jurídico tutelado no tipo é mais gravemente afetado, qual seja, o prestígio da Administração Pública.

Corrupção Ativa

> ***Art. 333.*** *Oferecer ou prometer vantagem indevida a funcionário público, para determiná-lo a praticar, omitir ou retardar ato de ofício:*
>
> ***Pena*** *- reclusão, de 2 (dois) a 12 (doze) anos, e multa.*
>
> ***Parágrafo único.*** *A pena é aumentada de um terço, se, em razão da vantagem ou promessa, o funcionário retarda ou omite ato de ofício, ou o pratica infringindo dever funcional.*

O crime de corrupção ativa está tipificado no Art. 333 do Código Penal e faz parte dos crimes cometidos por particular contra a Administração Pública. Isso não quer dizer que não possa ser cometido por funcionário público que, se praticá-lo, estará se despindo de sua função pública e agindo como um particular.

É um crime de ação penal pública incondicionada.

Classificação

É considerado um crime formal, que para sua consumação não se exige um resultado.

Classificado como plurissubsistente, podendo sua conduta ser fracionada em diversos atos.

É um crime doloso, acrescido de um especial fim de agir (determinar o funcionário público a praticar, omitir ou retardar ato de ofício).

Sujeitos do Crime

Sujeito Ativo: crime comum (qualquer pessoa).

Funcionário público também pode ser sujeito ativo deste crime, desde que realize a conduta sem aproveitar-se das facilidades inerentes à sua condição funcional.

> **Ex.:** Pedro, analista judiciário do TRF, oferece dinheiro a um Delegado de Polícia para que este não o prenda em flagrante pela prática do crime de porte ilegal de arma de fogo.

O particular só responderá por corrupção ativa se este oferecer ou prometer vantagem indevida. A simples entrega de vantagem ilícita solicitada por funcionário público não configura crime nestes casos, o particular será vítima secundária de corrupção passiva (Art. 317 do CP).

Sujeito Passivo: o Estado e, secundariamente, a pessoa física ou jurídica prejudicada pela conduta criminosa.

Consumação e Tentativa

É crime formal. Ocorre a consumação com a oferta ou promessa de vantagem indevida ao funcionário público, independentemente da sua aceitação. Ofereceu ou prometeu, o crime já está consumado.

Também não é necessária a prática, omissão ou retardamento do ato de ofício. Desse modo, se o agente oferece ou promete a vantagem indevida ao funcionário público, o crime estará consumado.

A tentativa é possível, salvo quando o crime é praticado verbalmente.

Descrição do Crime

Vantagem Indevida: não precisa ser necessariamente patrimonial/econômica. Pode ter qualquer natureza: patrimonial, sexual, moral etc.

Meios de Execução: o delito de corrupção ativa pode ser praticado de duas formas:

Oferecer vantagem indevida: nesta hipótese, a conduta parte do particular que põe à disposição a vantagem indevida ao funcionário público e este a recebe. Desse modo, o particular praticou o crime de corrupção ativa (Art. 333 do CP) e o funcionário público o crime de corrupção passiva (Art. 317 do CP).

PROMETE vantagem indevida: nesta hipótese, a conduta parte do particular que promete a vantagem indevida ao funcionário público e este a aceita. Desse modo, o particular praticou o crime de corrupção ativa (Art. 333 do CP) e o funcionário público o crime de corrupção passiva (Art. 317 do CP). Não é necessário que o particular efetivamente cumpra sua promessa para que ocorra a consumação do delito, basta a simples promessa.

Não se configura a infração penal quando a oferta ou promessa tem o fim de impedir ou retardar ato ilegal.

Causa de Aumento de Pena

> ***Parágrafo único.*** *A pena é aumentada de um terço, se, em razão da vantagem ou promessa, o funcionário retarda ou omite ato de ofício, ou o pratica infringindo dever funcional.*

A corrupção ativa é um crime formal. Desse modo, o que seria o exaurimento do crime (retardar ou omitir ato de ofício, ou o praticar infringindo dever funcional) funciona como uma causa de aumento de pena.

Considerações

O crime de corrupção ativa é uma exceção à Teoria Unitária ou Monista do concurso de pessoas (Art. 29 do CP), pois o particular que oferece ou promete vantagem indevida responde pelo crime de corrupção ativa (Art. 333 do CP), já o funcionário público que recebe ou aceita promessa de vantagem indevida responde pelo crime de corrupção passiva (Art. 317 do CP).

Corrupção Ativa (Art. 333, CP)	Corrupção Passiva (Art. 317, CP)
Sujeito Ativo: Particular	Sujeito Ativo: Funcionário Público
Fato Atípico ←	Solicitar
Oferecer →	Receber
Prometer →	Aceitar Promessa

É possível que ocorra o crime de corrupção ativa sem que ocorra corrupção passiva.

Ex.: Pedro oferece ou promete dinheiro, vantagem indevida, para que João (Delegado de Polícia) não o prenda em flagrante, mas João não recebe ou aceita a promessa.

Também é possível que ocorra o crime de corrupção passiva sem que ocorra corrupção ativa.

Ex.: Ronaldo (auditor fiscal) solicita vantagem indevida a André (empresário) para não aplicar uma multa milionária na empresa deste último.

Duas situações podem ocorrer: André realiza a entrega da vantagem indevida, ou não. Nas duas hipóteses, apenas Ronaldo praticou crime, pois a conduta de André é atípica.

Apontamentos

Na hipótese em que o particular pede para o funcionário público dar um jeitinho não responderá pelo crime de corrupção ativa, pois o agente não ofereceu nem prometeu vantagem indevida. Nessa hipótese, duas situações podem ocorrer:

> O funcionário público Dá o jeitinho. Responderá por corrupção passiva privilegiada (Art. 317, §2º, CP) e o particular será partícipe deste crime;

> O funcionário público Não dá o jeitinho. O fato é atípico para ambos.

Contrabando e Descaminho

Descaminho - Art. 334

Antes da publicação da Lei nº 13.008/14, o Art. 334 do Código Penal tipificava a prática dos crimes de contrabando e descaminho como crime único, atribuindo pena de reclusão de um a quatro anos. Com a nova redação ocorre a separação dos crimes de contrabando e descaminho, tornando-os crimes autônomos.

Art. 334. *Iludir, no todo ou em parte, o pagamento de direito ou imposto devido pela entrada, pela saída ou pelo consumo de mercadoria*

Pena *- reclusão, de 1 (um) a 4 (quatro) anos.*

§ 1º. *Incorre na mesma pena quem:*

I. *pratica navegação de cabotagem, fora dos casos permitidos em lei;*

II. *pratica fato assimilado, em lei especial, a descaminho;*

III. *vende, expõe à venda, mantém em depósito ou, de qualquer forma, utiliza em proveito próprio ou alheio, no exercício de atividade comercial ou industrial, mercadoria de procedência estrangeira que introduziu clandestinamente no País ou importou fraudulentamente ou que sabe ser produto de introdução clandestina no território nacional ou de importação fraudulenta por parte de outrem;*

IV. *adquire, recebe ou oculta, em proveito próprio ou alheio, no exercício de atividade comercial ou industrial, mercadoria de procedência estrangeira, desacompanhada de documentação legal ou acompanhada de documentos que sabe serem falsos.*

§ 2º. *Equipara-se às atividades comerciais, para os efeitos deste artigo, qualquer forma de comércio irregular ou clandestino de mercadorias estrangeiras, inclusive o exercido em residências.*

§ 3º. *A pena aplica-se em dobro se o crime de descaminho é praticado em transporte aéreo, marítimo ou fluvial.*

No Descaminho, as mercadorias apreendidas são legais no território brasileiro, porém não há o devido pagamento de tributos pela entrada e saída de mercadorias.

Descrição do Crime

> Objeto Material: tributos não recolhidos.

> Núcleo do Tipo: iludir, ou seja, ludibriar, frustrar o pagamento do tributo.

> Sujeito Ativo: crime comum (qualquer pessoa) por ser um crime comum, pode ser praticado por qualquer pessoa, até mesmo um funcionário público, desde que o funcionário não tenha o dever funcional de impedir a prática do crime de contrabando e descaminho.

> Sujeito Passivo: o Estado

Apesar de existir divergência entre o STF e o STJ é cabível o princípio da insignificância no crime de Descaminho. Para a aplicação desse princípio o STJ estipula o valor de R$ 10.000,00, enquanto o STF entende que o valor é de R$ 20.000,00. Diante disso é de suma importância atentar-se para o comando da questão e observar qual dos posicionamentos a banca irá abordar.

Ex.: Tício, policial civil, auxilia Caio a contrabandear caixas de cigarro para o outro lado da fronteira. Tício não tem um especial dever funcional de evitar tal conduta, portanto responderá pelo crime de descaminho ou contrabando capitulados, respectivamente, nos Art. 334 e 334-A do CP, como partícipe ou coautor, a depender do contexto fático.

Contrabando - Art. 334-A

Art. 334-A. *Importar ou exportar mercadoria proibida:*

Pena *- reclusão, de 2 (dois) a 5 (cinco) anos.*

§ 1º. *Incorre na mesma pena quem:*

I. *pratica fato assimilado, em lei especial, a contrabando;*

II. *importa ou exporta clandestinamente mercadoria que dependa de registro, análise ou autorização de órgão público competente;*

III. *reinsere no território nacional mercadoria brasileira destinada à exportação;*

IV. vende, expõe à venda, mantém em depósito ou, de qualquer forma, utiliza em proveito próprio ou alheio, no exercício de atividade comercial ou industrial, mercadoria proibida pela lei brasileira;

V. adquire, recebe ou oculta, em proveito próprio ou alheio, no exercício de atividade comercial ou industrial, mercadoria proibida pela lei brasileira.

§ 2º. Equipara-se às atividades comerciais, para os efeitos deste artigo, qualquer forma de comércio irregular ou clandestino de mercadorias estrangeiras, inclusive o exercido em residências.

§ 3º. A pena aplica-se em dobro se o crime de contrabando é praticado em transporte aéreo, marítimo ou fluvial.

Diferentemente do que ocorre no Descaminho, no crime de Contrabando as mercadorias são proibidas no território brasileiro. Dessa forma, NÃO é possível a aplicação do princípio da insignificância.

Descrição do Crime:

- Objeto Material: mercadoria contrabandeada.
- Núcleos do Tipo: importar, exportar mercadoria contrabandeada.
- Sujeito Ativo: crime comum (qualquer pessoa).
- Sujeito Passivo: o Estado.

Importante

A importação de bebidas é legal, porém a legislação traz uma restrição quanto à quantidade. Caso ocorra o excesso da quantidade permitida incidirá o Contrabando, Art. 334-A. Diferentemente ocorre no caso do crime de Descaminho, Art. 334, no qual ocorre a sonegação do tributo devido.

> A redação anterior do Código Penal considerava que a pena seria aplicada em dobro mediante transporte aéreo. De acordo com o §3º dos Arts. 334 e 334-A, a nova redação passou a considerar esta previsão também para os transportes marítimos e fluviais.

É mais uma exceção à teoria monista ou unitária no concurso de pessoas (Art. 29, *caput*, CP). Haja vista ser a conduta do funcionário público que facilita o contrabando ou descaminho (Art. 318 do CP) ser mais reprovável em razão de sua natureza funcional perante a administração pública, as condutas foram separadas e com penas distintas, porém, ambos os crimes tipificam o mesmo resultado, qual seja, o descaminho ou o contrabando.

O funcionário público que:

Não possui o dever funcional de impedir o contrabando ou descaminho. Será coautor ou partícipe do crime de contrabando ou descaminho (Art. 334, CP).

Possui o dever funcional de impedir a prática do contrabando ou descaminho e concorre para a realização de qualquer destes crimes. Responderá pelo crime de facilitação de contrabando ou descaminho (Art. 318, CP).

- Trata-se de mais uma exceção à Teoria Unitária ou Monista do concurso de pessoas (Art. 29, CP)

São crimes materiais (consumam-se com a produção de um resultado)	
Contrabando	O agente importa ou exporta a mercadoria proibida pelas vias ordinárias (caminhos normais), ou seja, pela fiscalização alfandegária: o crime estará consumado no instante em que a mercadoria é liberada pela autoridade alfandegária.
	O agente se vale dos meios clandestinos para importar ou exportar a mercadoria proibida. O crime estará consumado no momento da entrada ou saída da mercadoria do território nacional.
Descaminho	Se consuma com a liberação da mercadoria (permitida) sem o pagamento de tributo devido pela sua entrada ou saída do Brasil.

No crime de contrabando a mercadoria não precisa ser necessariamente estrangeira (produzida no exterior). Desse modo é possível a fabricação da mercadoria em território nacional desde que seja destinada exclusivamente à exportação.

Ex.: Empresa fabrica explosivos no Brasil e os exporta para a Coreia do Norte. Posteriormente, um norte coreano ingressa com estes explosivos em território brasileiro.

Crimes específicos: por ter natureza genérica ou residual, o crime de contrabando e descaminho somente será aplicado quando a conduta de descaminho ou contrabando de mercadoria não configurar algum crime específico.

Ex.: O indivíduo que importar ou exportar drogas, sem autorização ou em desacordo com determinação legal, responderá pelo crime de tráfico internacional de drogas (Art. 33, Lei nº 11.343/06. Lei de Drogas).

O indivíduo que importar ou exportar arma de fogo, acessório ou munição, sem autorização da autoridade competente, responderá pelo crime de tráfico internacional de arma de fogo (Art. 18, Lei nº 10.826/03. Estatuto do Desarmamento).

Competência para julgamento: Justiça federal, pois ofendem interesses da União (Art. 109, IV, CF/88).

> Súm. 151, STJ: A competência para o processo e julgamento por crime de contrabando ou descaminho define-se pela prevenção do Juízo Federal do lugar da apreensão dos bens.

Impedimento, Perturbação ou Fraude de Concorrência

Art. 335. *Impedir, perturbar ou fraudar concorrência pública ou venda em hasta pública, promovida pela administração federal, estadual ou municipal, ou por entidade paraestatal; afastar ou procurar afastar concorrente ou licitante, por meio de violência, grave ameaça, fraude ou oferecimento de vantagem:*

Pena *- detenção, de seis meses a dois anos, ou multa, além da pena correspondente à violência.*

Parágrafo único. *Incorre na mesma pena quem se abstém de concorrer ou licitar, em razão da vantagem oferecida.*

Revogado tacitamente pelos Art. 93 e 95 da Lei nº 8.666/93 (Lei das Licitações)

Inutilização de Edital ou de Sinal

Art. 336. *Rasgar ou, de qualquer forma, inutilizar ou conspurcar edital afixado por ordem de funcionário público; violar ou inutilizar selo ou sinal, empregado por determinação legal ou por ordem de funcionário público, para identificar ou cerrar qualquer objeto:*

Pena *- detenção, de um mês a um ano, ou multa.*

O que é protegido nesse crime é a Administração Pública, pois acarreta complicação ao interesse público e o normal desenvolvimento de suas atividades.

Classificação

É considerado um crime simples, pois ofende um único bem jurídico e também material, pois para sua consumação gera um resultado naturalístico.

É um crime doloso, não possuindo um especial fim de agir. Não é admitida a modalidade culposa.

Sujeitos do Crime

Sujeito Ativo: por ser um crime comum, pode ser praticado por qualquer pessoa, até mesmo funcionário público.

Sujeito Passivo: o Estado.

Consumação e Tentativa

É exigido para sua consumação um resultado naturalístico, não sendo suficiente para a consumação a conduta descrita no tipo.

É possível que haja o fracionamento do *iter criminis*, portanto é admitida a tentativa.

Descrição do Crime

Edital: tem natureza administrativa (licitação) ou judicial (citação).

Selo ou sinal: qualquer tipo de marca feita por determinação legal (lacre de interdição da vigilância sanitária).

Núcleos do tipo: rasgar, inutilizar, conspurcar (sujar) e violar.

Não haverá o crime se os objetos materiais referidos no tipo perderam utilidade, como na hipótese do edital com prazo vencido.

Não pratica o crime aquele que reage, moderadamente, contra ato abusivo (ilegal) de funcionário público, rasgando, por exemplo, tira de papel afixada por oficial de justiça na porta de sua moradia, anunciando seu despejo.

Subtração ou Inutilização de Livro ou Documento

Art.337. *Subtrair, ou inutilizar, total ou parcialmente, livro oficial, processo ou documento confiado à custódia de funcionário, em razão de ofício, ou de particular em serviço público:*

Pena *- reclusão, de dois a cinco anos, se o fato não constitui crime mais grave.*

Essa conduta de subtração, inutilização de livro oficial, processo ou documento é prevista em vários tipos do Código Penal. As leituras dos Arts. 305, 314, 337 e 356 são relativamente semelhantes, porém cada crime possui uma especificação diferente que os caracteriza. Esse crime é de ação penal pública incondicionada.

Classificação

Considerado um crime simples, pois ofende um único bem jurídico e comum, podendo ser praticado por qualquer pessoa.

É um crime doloso, e não depende de nenhuma finalidade específica. Não admite a modalidade culposa.

Sujeitos do Crime

Sujeito Ativo: por ser um crime comum, pode ser cometido por qualquer pessoa, desde que não seja pelo funcionário público responsável pela custódia dos documentos.

Caso o agente seja funcionário público, incumbido ratione officci da guarda dos objetos materiais, a conduta será enquadrada no Art. 314 do CP. Se o agente for advogado ou procurador que, nessa qualidade, tiver retirado o processo ou documentos, o crime será o do Art. 356 do CP.

Sujeito Passivo: primeiramente é o Estado, e secundariamente a pessoa jurídica ou física que foi prejudicada pela ação criminosa.

Consumação e Tentativa

Consuma-se o crime no momento da subtração de livro oficial, processo ou documento, mediante apoderamento do agente ou no momento da inutilização total ou parcial da coisa.

A tentativa é possível devido o crime ser de caráter plurissubsistente.

Descrição do Crime

Subtrair e inutilizar são os núcleos do tipo. Subtrair é retirar um dos elementos do tipo (livro oficial, processo ou documento) da custódia do funcionário público, se apoderando do item.

Sonegação de Contribuição Previdenciária

Art. 337-A. *Suprimir ou reduzir contribuição social previdenciária e qualquer acessório, mediante as seguintes condutas:*

I. *Omitir de folha de pagamento da empresa ou de documento de informações previsto pela legislação previdenciária segurados, empregado, empresário, trabalhador avulso ou trabalhador autônomo ou a este equiparado que lhe prestem serviços;*

II. *Deixar de lançar mensalmente nos títulos próprios da contabilidade da empresa as quantias descontadas dos segurados ou as devidas pelo empregador ou pelo tomador de serviços;*

III. *Omitir, total ou parcialmente, receitas ou lucros auferidos, remunerações pagas ou creditadas e demais fatos geradores de contribuições sociais previdenciárias:*

Pena *- reclusão, de 2 (dois) a 5 (cinco) anos, e multa.*

§ 1º. *É extinta a punibilidade se o agente, espontaneamente, declara e confessa as contribuições, importâncias ou valores e presta as informações devidas à previdência social, na forma definida em lei ou regulamento, antes do início da ação fiscal.*

§ 2º. *É facultado ao juiz deixar de aplicar a pena ou aplicar somente a de multa se o agente for primário e de bons antecedentes, desde que:*

II. *O valor das contribuições devidas, inclusive acessórios, seja igual ou inferior àquele estabelecido pela previdência social, administrativamente, como sendo o mínimo para o ajuizamento de suas execuções fiscais.*

§ 3º. Se o empregador não é pessoa jurídica e sua folha de pagamento mensal não ultrapassa R$ 1.510,00 (um mil, quinhentos e dez reais), o juiz poderá reduzir a pena de um terço até a metade ou aplicar apenas a de multa.

§ 4º. O valor a que se refere o parágrafo anterior será reajustado nas mesmas datas e nos mesmos índices do reajuste dos benefícios da previdência social.

No caso do §1º, preenchidos os requisitos para a concessão, é dever do juiz conceder o perdão ou aplicar a pena de multa. Trata-se de direito público subjetivo do réu.

5.3 Dos Crimes Praticados por Particular contra a Administração Pública Estrangeira

Corrupção Ativa em Transação Comercial Internacional

Art. 337-B. *Prometer, oferecer ou dar, direta ou indiretamente, vantagem indevida a funcionário público estrangeiro, ou a terceira pessoa, para determiná-lo a praticar, omitir ou retardar ato de ofício relacionado à transação comercial internacional:*

Pena *- reclusão, de 1 (um) a 8 (oito) anos, e multa.*

Parágrafo único. *A pena é aumentada de 1/3 (um terço), se, em razão da vantagem ou promessa, o funcionário público estrangeiro retarda ou omite o ato de ofício, ou o pratica infringindo dever funcional.*

Tráfico de Influência em Transação Comercial Internacional

Art. 337-C. *Solicitar, exigir, cobrar ou obter, para si ou para outrem, direta ou indiretamente, vantagem ou promessa de vantagem a pretexto de influir em ato praticado por funcionário público estrangeiro no exercício de suas funções, relacionado a transação comercial internacional:)*

Pena *- reclusão, de 2 (dois) a 5 (cinco) anos, e multa.*

Parágrafo único. *A pena é aumentada da metade, se o agente alega ou insinua que a vantagem é também destinada a funcionário estrangeiro.*

Funcionário Público Estrangeiro

Art. 337-D. *Considera-se funcionário público estrangeiro, para os efeitos penais, quem, ainda que transitoriamente ou sem remuneração, exerce cargo, emprego ou função pública em entidades estatais ou em representações diplomáticas de país estrangeiro.*

Parágrafo único. *Equipara-se a funcionário público estrangeiro quem exerce cargo, emprego ou função em empresas controladas, diretamente ou indiretamente, pelo Poder Público de país estrangeiro ou em organizações públicas internacionais.*

5.4 Dos Crimes contra a Administração da Justiça

Reingresso de Estrangeiro Expulso

Art. 338. *Reingressar no território nacional o estrangeiro que dele foi expulso:*

Pena *- reclusão, de um a quatro anos, sem prejuízo de nova expulsão após o cumprimento da pena.*

A expulsão do estrangeiro está regulada na Lei nº 6.815/80. Estatuto do Estrangeiro. Ocorrendo qualquer das hipóteses elencadas no Art. 65 desta lei, caberá ao Presidente da República, por meio de decreto, analisar o cabimento e conveniência da expulsão (ato discricionário administrativo).

Para tipificar a conduta, é indispensável, após a edição do decreto de expulsão, que o agente tenha efetivamente saído do país, retornando em seguida. Desta forma, não configura o crime a recusa do estrangeiro expulso em deixar o país.

Denunciação Caluniosa

Art. 339. *Dar causa à instauração de investigação policial, de processo judicial, instauração de investigação administrativa, inquérito civil ou ação de improbidade administrativa contra alguém, imputando-lhe crime de que o sabe inocente:*

Pena *- reclusão, de dois a oito anos, e multa.*

§ 1º. *A pena é aumentada de sexta parte, se o agente se serve de anonimato ou de nome suposto.*

§ 2º. *A pena é diminuída de metade, se a imputação é de prática de contravenção.*

O crime de denunciação caluniosa está capitulado no Art. 339 do Código Penal e versa sobre dar causa à instauração de algum procedimento de investigação contra alguém, imputando-lhe falsamente crime, sabendo que esse não o cometeu. O crime de denunciação caluniosa é de ação penal pública incondicionada.

Tal crime é também chamado calúnia qualificada.

Classificação

É considerado um crime pluriofensivo, ou seja, ofende mais de um bem jurídico como estudaremos no tópico **Sujeitos do Crime**, desse mesmo artigo.

É um crime comum, podendo ser praticado por qualquer pessoa e unissubjetivo, praticado por um só agente, mas admite concurso de pessoas.

O elemento subjetivo é o dolo direto, pois é indispensável que o agente tenha o conhecimento da inocência da pessoa a quem imputou falsamente o crime, segundo STJ.

Sujeitos do Crime

Sujeito Ativo: qualquer pessoa (crime comum).

Sujeito Passivo: o Estado e a pessoa acusada falsamente de crime.

Consumação e Tentativa

Por ser um crime material, consuma-se no momento em que se tem a efetiva instauração da investigação policial, de processo judicial, instauração de investigação administrativa, inquérito civil ou ação de improbidade administrativa contra alguém que o sabe ser inocente.

É admitida a tentativa.

Ex.: "A" vai à Delegacia e de forma dolosa, imputa "B" a prática de um crime de roubo, de que o sabia não ter cometido, com o fim de instaurar inquérito policial contra "B". O Delegado, contudo, já havia encerrado o referido caso e prendido o verdadeiro responsável pelo crime. Constatando a manobra de "A", o Delegado o prendeu em flagrante.

É necessário observar que não se faz necessário que seja a informação formalizada no inquérito policial. Basta que a conduta criminosa desencadeie atos preliminares de investigação. Aqui já se encontra consumado o crime e esse é o entendimento que prevalece.

Descrição do Crime

A falsa imputação deve estar relacionada com crime, se for contravenção, estará caracterizada a forma privilegiada de denunciação caluniosa (Art. 339, §2º, do CP).

A expressão "contra alguém" versa que deve ser dada a falsa imputação de pessoa determinada, indicando nome e atributos pessoais.

Considerações

Diferença entre o crime de calúnia e denunciação caluniosa.

CALÚNIA (Art. 138, CP)	DENUNCIAÇÃO CALUNIOSA (Art. 339, CP)
Caluniar alguém, imputando-lhe falsamente fato definido como crime.	Dar causa à instauração de investigação policial, de processo judicial, instauração de investigação administrativa, inquérito civil ou ação de improbidade administrativa contra alguém, imputando-lhe crime de que o sabe inocente.
É crime contra a honra.	É crime contra a Administração da Justiça.
Regra: Ação Penal Privada.	Ação Penal Pública Incondicionada.
Não admite a imputação falsa de Contravenção Penal.	Admite (é circunstância que importa na diminuição da pena pela metade (Art. 339, §22, CP).

Ex.: José assaltou o Banco do Brasil → Calúnia.

José assaltou o Banco do Brasil: eu afirmo isso para o Delegado, querendo a instauração de procedimento inútil e criminoso → denunciação caluniosa.

O advogado não tem imunidade penal na calúnia e, nem tampouco, na denunciação caluniosa.

> Pode ser praticado o crime de denunciação caluniosa até mesmo pelo Promotor de Justiça que denuncia alguém sabendo ser inocente. Essa denúncia criminosa do Promotor de Justiça é denominada denúncia temerária ou abusiva.

Denunciação Caluniosa Privilegiada

***§2º. A** pena é diminuída de metade, se a imputação é de prática de contravenção.*

A pena é reduzida de metade se a imputação é de contravenção penal. Passa-se a ter infração de menor potencial ofensivo, admitindo-se a suspensão condicional do processo.

Comunicação Falsa de Crime ou Contravenção

***Art. 340.** Provocar a ação de autoridade, comunicando-lhe a ocorrência de crime ou contravenção que sabe não se ter verificado:*

***Pena** - detenção, de um a seis meses, ou multa.*

Introdução

Em que pese ser muito semelhante o *caput* ao crime de denunciação caluniosa, veremos que suas diferenças são facilmente perceptíveis.

Classificação

É considerado um crime SIMPLES por ofender um único bem jurídico e COMUM, podendo ser cometido por qualquer pessoa.

É um crime CAUSAL ou MATERIAL, sendo que a consumação depende de alguma medida tomada pela autoridade.

O elemento subjetivo do agente é o DOLO direto, portanto se a pessoa tem DÚVIDA sobre a existência da infração o fato é atípico.

Ex.: "A" não tem certeza se seu relógio foi furtado ou se foi perdido, e mesmo assim comunica à autoridade), não tendo previsão da modalidade culposa.

Sujeitos do Crime

Sujeito Ativo: por ser um crime comum ou geral, pode ser cometido por qualquer pessoa.

Sujeito Passivo: o Estado.

Consumação e Tentativa

Por ser um crime material, a mera comunicação falsa não é suficiente para a consumação do delito, exigindo a provocação da ação da autoridade para fazer algo (conduta positiva). Consuma-se no momento em que a autoridade toma providência para apurar a ocorrência do crime, ou contravenção, comunicado falsamente.

A tentativa é possível. Vejamos como exemplo um indivíduo que comunica à autoridade um crime ou contravenção que sabe inexistente e, por circunstâncias alheias a sua vontade, a autoridade não toma nenhuma providência, tem-se o crime tentado.

Descrição do Crime

O delito é comunicação falsa de crime ou contravenção (Art. 340 do CP). O agente não acusa nenhuma pessoa, mas a ocorrência de um crime inexistente. Se o agente vier a individualizar o autor, o STF já decidiu: responde por denunciação caluniosa (Art. 339 do CP).

O núcleo do tipo provocar significa dar causa à ação da autoridade, podendo ocorrer de várias formas, uma delas é que o crime ou contravenção penal comunicado não existiu ou houve o fato, mas foi absolutamente diverso do comunicado para a autoridade. Por isso é considerado um crime de forma livre.

Considerações

Caracteriza uma figura equiparada de estelionato (Art. 171, §2º, V, do CP) quando a comunicação falsa de crime ou contravenção é um meio fraudulento para que o agente obtenha o valor do seguro. O delito (Art. 340 do CP) se torna um antefactum impunível. Aplica-se o princípio da consunção.

Ex.: "A" esconde seu automóvel que é amparado por contrato de seguro e comunica à autoridade que sofreu um furto, já com a intenção de receber o dinheiro do seguro.

Atentem-se às diferenças:

Na denunciada caluniosa, o agente imputa a infração penal imaginária a pessoa certa e determinada.

Na comunicação falsa de crime, apenas comunica a fantasiosa infração, não a imputando a ninguém ou, imputando, aponta personagem fictício.

Autoacusação Falsa

> ***Art. 341.*** *Acusar-se, perante a autoridade, de crime inexistente ou praticado por outrem:*
>
> ***Pena*** *- detenção, de três meses a dois anos, ou multa.*

O que leva uma pessoa a se autoacusar falsamente tem fundamento em vários motivos, por exemplo, alguém que recebe certa vantagem para assumir um crime praticado por outra pessoa ou o próprio pai diz ter sido o autor de um delito para que o filho não seja preso.

Para evitar esse comportamento, o crime de autoacusação falsa está tipificado no Art. 341 do Código Penal. Crime de ação penal pública incondicionada.

Classificação

Considerado um crime simples por ofender um único bem jurídico que é a Administração da justiça. Comum, podendo ser cometido por qualquer pessoa.

É um crime doloso, não tendo previsão para crime culposo.

Crime formal, não exigindo para sua consumação um resultado naturalístico, sendo possível então a tentativa.

Sujeitos do Crime

Sujeito Ativo: por ser um crime comum, pode ser praticado por qualquer pessoa, porém se ocorreu realmente o crime, não pode ser sujeito ativo o próprio autor, coautor ou partícipe do crime ocorrido.

Sujeito Passivo: é o Estado.

Consumação e Tentativa

É um crime formal, consumando-se no momento em que o sujeito efetua a autoacusação perante a autoridade, independentemente se a autoridade tomou alguma providência.

A tentativa só é possível quando a autoacusação é cometida por meio escrito, não se admitindo quando praticado verbalmente.

Descrição do Crime

Não há que se falar em autoacusação falsa quando essa conduta for de CONTRAVENÇÃO PENAL.

O agente que se autoacusa não pode ser autor, coautor ou partícipe do delito anterior.

A autoridade que recebe essa notícia de crime legalmente deve ter poderes de investigar a prática de delitos.

Não configura o crime quando o réu chama para si a exclusiva responsabilidade de ilícito penal de que deve ser considerado concorrente (RT 371/160).

Considerações

Para facilitar o entendimento do crime, exemplos:

Vantagem Pecuniária:

Ex.: "A" recebe dinheiro do verdadeiro autor do crime para autoacusar-se.

Sacrifício:

Ex.: Mãe se autoacusa para livrar o filho que cometeu um crime.

Exibicionismo:

Ex.: Criminoso se autoacusa para que tenha reputação entre a bandidagem de sua comunidade.

Álibi:

Ex.: "A" imputa a si próprio crime menos grave para se livrar de crime mais grave, alegando ser no mesmo horário, porém em lugar diferente.

Supondo que João assuma autoria de crime praticado por outrem, e não só assume a autoria, mas também imputa a coautoria a outrem, que não o autor do delito.

Nessa situação, Fernando Capez[1] diz que o agente irá responder pelos Art. 341 e 339, em concurso formal imperfeito, soma das penas.

Falso Testemunho ou Falsa Perícia

> ***Art. 342.*** *Fazer afirmação falsa, ou negar ou calar a verdade como testemunha, perito, contador, tradutor ou intérprete em processo judicial, ou administrativo, inquérito policial, ou em juízo arbitral:*
>
> ***Pena*** *- reclusão, de um a três anos, e multa.*
>
> ***§ 1º.*** *As penas aumentam-se de um sexto a um terço se o crime é praticado mediante suborno ou se cometido com o fim de obter prova destinada a produzir efeito em processo penal, ou em processo civil em que for parte entidade da administração pública direta ou indireta.*
>
> ***§ 2º.*** *O fato deixa de ser punível se, antes da sentença no processo em que ocorreu o ilícito, o agente se retrata ou declara a verdade.*

Muitas vezes o testemunho é o único meio probatório para a autoridade competente louvar-se da decisão. A testemunha que mente, nega ou cala a verdade não sacrifica apenas interesses individuais, mas atinge o Estado, responsável por assegurar a eficácia da justiça.

O Código Penal, visando preservar a busca pela verdade, versa em seu Art. 342 o crime de falso testemunho ou falsa perícia, sendo esse um crime de ação penal pública incondicionada.

Classificação

É um crime de ação múltipla ou de conteúdo variado, pois a prática de várias condutas típicas no tocante ao mesmo objeto material acarreta crime único.

Trata-se de crime de médio potencial ofensivo, admitindo-se a suspensão condicional do processo.

É um crime doloso, não exigindo qualquer finalidade específica.

Crime de mão própria, comissivo ou omissivo e instantâneo.

1 - Fernando Capez é um professor, jurista e político brasileiro.

Sujeitos do Crime

Sujeito Ativo: crime de mão própria, somente podendo ser praticado pela testemunha, perito, contador, tradutor ou intérprete.

Crime de mão própria. Em que pese o STF já ter admitido a coautoria quando o advogado instrui a testemunha, são frequentes as decisões de nossos Tribunais afirmando a incompatibilidade do instituto com o delito de falso testemunho, face a sua característica de mão própria. Desta forma, deve se tratar de mera participação.

Toda testemunha pratica o delito, ou apenas aquela que presta compromisso? A corrente majoritária entende que se a lei não submete a testemunha informante ao compromisso de dizer a verdade, não pode cometer o ilícito do Art. 342 do CP. Entretanto, já teve julgados no STF dizendo ser crime.

A vítima, por não ser testemunha (sequer equiparada), não pratica o crime do Art. 322, podendo ser autora de outro delito, como por exemplo, denunciação caluniosa. Art. 339 do CP.

Sujeito Passivo: é o Estado e, secundariamente, a pessoa prejudicada pelo falso testemunho ou pela falsa perícia.

Consumação e Tentativa

Consumação ocorre no momento em que o depoimento é encerrado ou que o laudo pericial, os cálculos, a tradução ou interpretação são entregues concluídos. Sendo admitida a tentativa.

É fato atípico a conduta de mentir para evitar sua própria incriminação, pois ninguém é obrigado a produzir prova contra si mesmo.

Descrição do Crime

Testemunha: aquela pessoa chamada para depor no processo, sob o compromisso de dizer a verdade fática. Perito: quem fornece laudos técnicos de conhecimentos específicos, que escapam da ciência do Juiz. Contador: especialista em assuntos contábeis. Pessoa que apresenta os cálculos a serem eventualmente efetuados. Tradutor: tem a função de adaptar textos em língua estrangeira para o vernáculo (idioma pátrio). Intérprete: responsável pela comunicação daquele que não conhece o idioma nacional.

O crime em tela possui três núcleos:

→ **Fazer Afirmação Falsa:**

- Falsidade positiva;
- Mentir para a autoridade.

Pedro mente para o juiz, dizendo que na data do crime estava viajando com Ronaldo (acusado) para Florianópolis.

→ **Negar a Verdade:**

- Falsidade negativa;
- Recusar-se a confirmar a veracidade de um fato.

Ex.: "A" nega que presenciou o latrocínio praticado por "B" contra "C".

→ **Calar a Verdade:**

- Reticência;
- Permanecer em silêncio sobre a verdade de determinado fato.

O juiz, durante a oitiva da testemunha formula várias perguntas a esta, mas ela nada responde.

O agente deve saber que falta com a verdade. Não há crime quando a testemunha ou perito é acometido por erro indesejado, pelo esquecimento dos fatos ou mesmo pela deformação inconsciente da lembrança em razão da passagem do tempo.

É imprescindível que a falsidade verse sobre fato juridicamente relevante (apto a influir de algum modo na decisão final da causa). Desse modo, exige-se que a falsidade tenha potencialidade lesiva, de modo a influir no futuro julgamento da causa.

Considerações

Falso Testemunho e Carta Precatória: na hipótese de falso testemunho prestado através de carta precatória, o foro competente para processar e julgar este crime é do juízo deprecado (comarca onde o falso testemunho foi prestado e onde o delito se consumou).

Falso Testemunho em CPI: responde pelo crime previsto no Art. 4º, II da Lei nº 1.579/52 a pessoa que presta falso testemunho perante CPI (Comissão Parlamentar de Inquérito).

O depoimento falso, prestado perante autoridade incompetente, não exclui o crime.
O depoimento falso, prestado em processo nulo, exclui o crime.
O compromisso de dizer a verdade (Art. 203, CPP) representa mera formalidade relacionada ao procedimento para a oitiva do juiz. Desse modo, tal ato é dispensável para a caracterização do crime.

Apontamentos

Teoria Subjetiva: O crime em estudo adotou a teoria subjetiva: só há crime quando o depoente (testemunha) tem consciência da divergência entre sua versão e o fato presenciado. Desse modo, é possível que haja o crime de falso testemunho ainda que o fato seja verdadeiro. Nesta hipótese, é necessário que a testemunha narre um fato que realmente ocorreu, mas não foi presenciado por ela.

Se o falso testemunho ou falsa perícia se der perante a justiça do trabalho, o seu processo e julgamento estarão afetos ao juízo criminal federal, por ser atingido interesse da União.

É perfeitamente possível o falso testemunho sobre fato verdadeiro, como no caso do agente que detalha minuciosamente episódios verdadeiros/ocorridos, que jamais presenciou.

Aumento de Pena

§1º. As penas aumentam-se de um sexto a um terço, se o crime é praticado mediante suborno ou se cometido com o fim de obter prova destinada a produzir efeito em processo penal, ou em processo civil em que for parte entidade da administração pública direta ou indireta.

→ **São três as causas de aumento de pena:**

- Mediante suborno;
- Com o fim de obter prova destinada a produzir efeito em processo penal;

> Com o fim de obter prova destinada a produzir efeito em processo civil em que for parte entidade da administração pública direta ou indireta.

Retratação: Art. 342, §2º. O fato deixa de ser punível se, antes da sentença, no processo em que ocorreu o ilícito, o agente se retrata ou declara a verdade. Trata-se de causa de extinção da punibilidade (Art. 107, VI, do CP).

A retratação formulada pelo autor deve comunicar-se aos partícipes do delito.

Em processo de competência do Tribunal do Júri, é possível a retratação extintiva da punibilidade, mesmo após a decisão de pronúncia, desde que anterior à sentença de mérito.

> Se o perito, contador, tradutor ou intérprete solicitar, receber ou aceitar promessa de vantagem indevida a fim de fazer afirmação falsa, negar ou calar a verdade, mas não o faz, incorrerá no crime de corrupção ativa, pois o crime em estudo depende da efetiva afirmação falsa, negação ou omissão da verdade.

Corrupção Ativa de Testemunha ou Perito

Art. 343. *Dar, oferecer ou prometer dinheiro ou qualquer outra vantagem a testemunha, perito, contador, tradutor ou intérprete, para fazer afirmação falsa, negar ou calar a verdade em depoimento, perícia, cálculos, tradução ou interpretação: (Redação dada pela Lei nº 10.268, de 28.8.2001)*

Pena - *reclusão, de três a quatro anos, e multa.(Redação dada pela Lei nº 10.268, de 28.8.2001)*

Parágrafo único. *As penas aumentam-se de um sexto a um terço, se o crime é cometido com o fim de obter prova destinada a produzir efeito em processo penal ou em processo civil em que for parte entidade da administração pública direta ou indireta.*

> O tipo pode ser executado de forma livre (palavras, escritos, gestos etc). Entretanto, se o agente se utilizar de violência ou grave ameaça, o crime será o de coação no curso do processo. Art. 344 CP.

Conduta: trata se de modalidade especial de corrupção ativa, abrangendo o mesmo comportamento criminoso, acrescido do núcleo dar.

Para configurar o delito em tela é necessário que haja algum procedimento oficial em andamento.

Consumação: trata-se de crime formal, logo se consuma com a simples realização de uma das condutas previstas no caput, sendo desnecessária a prática de qualquer ato pelos possíveis corrompidos.

Coação no Curso do Processo

Art. 344. *Usar de violência ou grave ameaça, com o fim de favorecer interesse próprio ou alheio, contra autoridade, parte, ou qualquer outra pessoa que funciona ou é chamada a intervir em processo judicial, policial ou administrativo, ou em juízo arbitral:*

Pena - *reclusão, de um a quatro anos, e multa, além da pena correspondente à violência.*

A razão pela qual existe esse crime é para impedir que frustrem a eficiência da Administração da justiça com violência ou ameaças e para garantir o regular andamento dos processos ou em juízo arbitral. Crime esse de ação penal pública incondicionada.

Classificação

É um crime **pluriofensivo**, pois atinge mais de um bem jurídico, primeiramente a Administração da justiça, e secundariamente a integridade física ou a liberdade individual.

Doloso e com um especial fim de agir, apresentado no tipo com o fim de favorecer interesse próprio ou alheio. Não admite a modalidade culposa.

Considerado um crime comum, instantâneo, de concurso eventual, e em regra comissivo.

Sujeitos do Crime

Sujeito Ativo: por ser um crime comum, pode ser cometido por qualquer pessoa, não sendo necessário que o agente tenha interesse no próprio processo.

Sujeito Passivo: é o Estado e de forma mediata, e secundariamente, figurará no polo passivo o indivíduo que sofreu a coação.

Magistrado, delegado, réu, testemunha, jurado etc.

Consumação e Tentativa

Ocorre a consumação no momento do emprego da violência ou grave ameaça do agente.

A tentativa é possível, visto que o crime tem caráter plurissubsistente.

Ex.: "A" manda uma carta ameaçadora para uma testemunha de um processo judicial, mas por circunstâncias alheias a sua vontade, a carta se extravia nos Correios.

Segundo STJ, o crime de coação no curso do processo, por ser um crime formal, se consuma tão só com o emprego da grave ameaça ou violência contra qualquer das pessoas referidas no Art. 344 do CP, independentemente do efetivo resultado pretendido ou de a vítima ter ficado intimidada. (STJ. REsp 819.763/PR)

Descrição do Crime

Se a conduta descrita no tipo penal for realizada no curso de processo de uma CPI, o agente incidirá no crime previsto no Art. 4º, I, da Lei nº 1.579/52 que versa sobre as Comissões Parlamentares de Inquérito.

Não basta para a configuração do delito que a violência ou grave ameaça seja proferida às pessoas do Art. 344. É necessário que se faça tal injusto com o interesse de favorecimento próprio ou alheio.

Ex.: "A" amigo do réu, ameaça a testemunha a depor em favor do amigo. / "B" réu em processo judicial, intimida o perito a não revelar o verdadeiro resultado do laudo pericial.

Considerações

Se da conduta criminosa resulta violência, restarão caracterizados dois crimes, incidindo em concurso material obrigatório, somando as penas da coação no curso do processo mais o crime de violência (lesão corporal ou homicídio).

Exercício Arbitrário das Próprias Razões

> ***Art. 345.*** *Fazer justiça pelas próprias mãos, para satisfazer pretensão, embora legítima, salvo quando a lei o permite:*
>
> ***Pena -*** *detenção, de quinze dias a um mês, ou multa, além da pena correspondente à violência.*
>
> ***Parágrafo único.*** *Se não há emprego de violência, somente se procede mediante queixa.*

Como disposto no Art. 345 do Código Penal, não é aceita a justiça entre particulares e a ninguém é dado o direito de versar sobre a justiça privada se não o próprio poder judiciário, que tem a competência para resolver as divergências existentes entre os indivíduos. Em regra, esse crime é de ação penal privada, contudo será de ação penal pública incondicionada se estiver presente a violência.

Classificação

Crime simples, pois atinge um único bem jurídico. Comum, cometido por qualquer pessoa.

É um crime doloso, acompanhado com um elemento subjetivo específico "para satisfazer pretensão, embora legítima". Não sendo admitida a modalidade culposa.

Em regra é comissivo e instantâneo, consumando-se em um momento determinado.

A ação penal será pública incondicionada quando o crime é praticado em detrimento do patrimônio ou interesse da União, Estado ou Município.

Sujeitos do Crime

Sujeito Ativo: pode ser cometido por qualquer pessoa, mas se o agente for funcionário público e comete o delito prevalecendo-se de sua condição, serão imputados dois crimes: exercício arbitrário das próprias razões + abuso de autoridade (Lei nº 4.898/65).

> **Ex.:** "A" policial, proprietário de uma casa, encosta a viatura na frente de seu imóvel, entra na residência e, de arma em punho, expulsa "B", que não pagara o aluguel do mês anterior.

Sujeito Passivo: primeiramente é o Estado, e secundariamente a pessoa física ou jurídica prejudicada pela conduta criminosa.

> Não é regra que, sendo funcionário responda por abuso de autoridade, somente se ele se prevalecer das condições de seu cargo.

Consumação e Tentativa

Existe divergência entre os doutrinadores, mas majoritariamente foi classificado como um crime formal, consumando-se mesmo que a pretensão não seja atingida.

É plenamente aceitável a tentativa, visto o caráter plurissubsistente (ação composta por vários atos) do crime.

Descrição do Crime

O núcleo do tipo fazer justiça pelas próprias mãos, tem sentido de satisfazer pretensão pessoal. Essa pretensão pode ser de qualquer natureza, ligada ou não à propriedade, mas exigindo-se ao menos uma aparência de direito legítimo.

> **Ex.:** Marido indignado com a traição da esposa, a expulsa da casa que construíram juntos.

A pretensão deve ser legítima, pois do contrário, a conduta acarretará na incidência de outros crimes, tais como o furto, roubo, estelionato, apropriação indébita, entre outros.

> **Ex.:** "A", indignado com a traição de sua esposa, vai até a casa de "B" que é o homem que se deitou com ela e, para fazer justiça com as próprias mãos, obriga a mulher de "B" a manter relações sexuais com "A".

5.5 Subtração ou Dano de Coisa Própria em Poder de Terceiro

> ***Art. 346.*** *Tirar, suprimir, destruir ou danificar coisa própria, que se acha em poder de terceiro por determinação judicial ou convenção:*
>
> ***Pena -*** *detenção, de seis meses a dois anos, e multa.*

Sujeitos do Crime

Sujeito Ativo: somente pode ser executado pelo proprietário da coisa (crime próprio). Sendo que o concurso de pessoas é plenamente possível.

Sujeito Passivo: será o estado, e secundariamente o indivíduo possuidor da coisa ou aquele contra quem foi empregada violência.

Fraude Processual

> ***Art. 347.*** *Inovar artificiosamente, na pendência de processo civil ou administrativo, o estado de lugar, de coisa ou de pessoa, com o fim de induzir a erro o juiz ou o perito:*
>
> ***Pena -*** *detenção, de três meses a dois anos, e multa.*
>
> ***Parágrafo único.*** *Se a inovação se destina a produzir efeito em processo penal, ainda que não iniciado, as penas aplicam-se em dobro.*

O crime de fraude processual é um crime tacitamente subsidiário, somente sendo aplicável quando o fato não constituir crime mais grave. Delito esse de ação penal pública incondicionada.

Classificação

Considera-se um crime **simples**, pois ofende um único bem jurídico que é a Administração da justiça.

O crime de fraude processual também é considerado um crime **formal** ou de consumação antecipada, pois independe do resultado naturalístico.

Em regra é comissivo, considerado também um crime de dano, pois causa lesão à Administração da justiça.

Crime de concurso eventual, normalmente praticado por um só agente, mas o concurso é plenamente possível.

Sujeitos do Crime

Sujeito Ativo: considerado um crime comum, logo, é passível de ser cometido por qualquer pessoa. (vítima, acusado ou mesmo advogado)

Foge do alcance do tipo o perito, uma vez que, se inovar o estado de coisa, pessoa ou lugar no decorrer dos exames periciais, incorrerá no crime previsto no Art. 342 do CPI.

Sujeito Passivo: de forma imediata é o Estado, e de forma mediata é a pessoa prejudicada no processo administrativo, penal ou civil.

Consumação e Tentativa

Consuma-se no momento em que o agente utiliza o meio fraudulento para a inovação na pendência do processo.

A tentativa, entretanto, deve apresentar potencialidade real para enganar o juiz ou o perito. Se o artifício (fraude) for grosseiro ou perceptível é crime impossível (Art. 17 do CP) por ineficácia absoluta do meio.

Para o STJ não é exigido para a consumação do crime de fraude processual que o Juiz ou o perito sejam realmente induzidos a erro, basta que a inovação seja apta para produzir o resultado, mesmo que a pessoa não tenha interesse no processo. (STJ. HC 137.206/SP).

Descrição do Crime

> Para o STJ não é exigido para a consumação do crime de fraude processual que o Juiz ou o perito sejam realmente induzidos a erro, basta que a inovação seja apta para produzir o resultado, mesmo que a pessoa não tenha interesse no processo. (STJ. HC 137.206/SP).

É um crime doloso e também necessita de um elemento subjetivo específico que é a intenção de induzir a erro o juiz ou perito, não sendo admitida a modalidade culposa.

Estado de lugar, de coisa ou de pessoa é onde deve recair a conduta artificiosa, para enganar o juiz ou perito.

Ex.: Limpar as manchas de sangue onde ocorreu o crime / Colocar uma arma de fogo na mão de uma pessoa assassinada para simular um suicídio.

Nem toda a inovação caracteriza o surgimento do crime de fraude processual, pois esse elemento normativo do tipo deve ser empregado de forma artificiosa (ardil, fraude).

> STJ pronunciou que o direito à não autoincriminação (nemo tenetur se detegere), não abrange a possibilidade dos acusados de mudarem a cena do crime de forma artificiosa, com o fim de induzir a erro Juiz ou perito. (STJ. HC 137.206/SP)

O parágrafo único aparentemente versa **uma causa especial de aumento de pena** sendo um tipo penal autônomo, pois a conduta de inovar artificiosamente foi cometida em processo penal que ainda não foi iniciado.

> Trata-se de infração subsidiária, logo absorvida quando a finalidade constituir crime mais grave.

Conduta: os objetos materiais do crime são taxativos, e desta forma, descabida qualquer integração analógica em relação às inovações que poderão ser praticadas pelo agente.

Pressupõe-se a existência de processo - civil ou administrativo - em andamento.

Em atenção ao princípio da inexigibilidade de conduta diversa, já se entendeu que não ocorre o ilícito quando o autor de um crime de homicídio nega a autoria e dá sumiço à arma, atuando no direito natural de autodefesa (RT 258/356).

Favorecimento Pessoal

> ***Art. 348.*** *Auxiliar a subtrair-se à ação de autoridade pública autor de crime a que é cominada pena de reclusão:*
> ***Pena -*** *detenção, de um a seis meses, e multa.*
> ***§ 1º.*** *Se ao crime não é cominada pena de reclusão:*
> ***Pena -*** *detenção, de quinze dias a três meses, e multa.*
> ***§ 2º.*** *Se quem presta o auxílio é ascendente, descendente, cônjuge ou irmão do criminoso, fica isento de pena.*

O crime de favorecimento pessoal basicamente consiste em prestar auxílio ao agente condenado com pena de reclusão para que escape da ação da autoridade pública. É um crime de ação penal pública incondicionada.

Classificação

Em análise ao Art. 348 do CP pode ser verificado que se trata de um crime acessório, pois depende da prática anterior de um crime com pena de reclusão (contravenção não).

Somente pode ser praticado de forma comissiva (ação), não havendo possibilidade de auxílio à subtração de autor de crime mediante uma conduta omissiva.

Sujeitos do Crime

Sujeito Ativo: não é exigida qualquer qualidade específica do agente.

A vítima do crime anterior pode ser sujeito ativo do crime de favorecimento pessoal (Art. 348 do CP). Ex.: uma vítima de roubo (Art. 157 do CP), logo após a ocorrência do crime, engana os policiais, prestando-lhes falsas informações do paradeiro do criminoso para que tenha êxito em sua fuga.

Consumação e Tentativa

Por ser um crime material, o crime se consuma com o efetivo auxílio, ainda que seja por curto período de tempo. Caso o criminoso tenha sido pego, o agente responderá pelo crime da mesma forma, já que a conduta de auxiliar o criminoso teve êxito, mesmo que breve.

É plenamente possível a tentativa.

O agente que deixa de comunicar à autoridade pública o local onde está escondido o autor do crime, mesmo que esta circunstância seja de conhecimento do agente, não comete crime algum.

Descrição do Crime

Não é necessário que o autor do crime esteja em perseguição, fuga ou esteja sendo procurado pela autoridade pública no momento em que recebe o auxílio. Basta que, de forma idônea, o agente auxilie o criminoso a escapar da ação da autoridade pública.

Não esqueça, se quem presta o auxílio é cônjuge, ascendente, descendente ou irmão do criminoso, fica isento de pena. É a chamada escusa absolutória, presente no §2º do Art. 348 do CP.

Não existe o crime de favorecimento pessoal (Art. 348 do CP) quando a conduta de auxiliar a subtrair-se à ação de autoridade pública for referente a um crime cometido por um agente menor de idade ou qualquer outro inimputável, já que estes inimputáveis não cometem crimes, mas atos infracionais que acabarão sofrendo medidas de proteção ou medidas socioeducativas no caso dos menores de idade ou medidas de segurança quando forem doentes mentais ou tiverem desenvolvimento mental incompleto ou retardado.

Não há crime quando o agente estiver em escusa absolutória (cônjuge, ascendente, descendente ou irmão), quando o agente que cometeu o crime anterior estiver acobertado por uma excludente de ilicitude ou causa excludente de culpabilidade. E se o agente for absolvido pelo crime anterior, estará excluído o crime de favorecimento pessoal.

O favorecimento deve ocorrer APÓS o cometimento do crime e nunca para o cometimento do crime. Se o favorecimento for ajustado previamente, antes da consumação do crime, incidirá o agente como partícipe segundo o Art. 29 do Código Penal: *Quem de qualquer modo concorre para o crime, incide nas penas a este cominadas, na medida de sua culpabilidade*.

O agente que presta o auxílio deve ter ciência da atual situação do criminoso, se não, tem-se excluído o dolo.

Ex.: Tício de forma voluntária, empresta seu carro a Mévio para que este faça uma viajem de negócios, quando na verdade, Mévio, que acabara de cometer um crime, pretendia fugir da polícia. Desta forma Tício não responde pelo crime.

Favorecimento Real

Art. 349. *Prestar a criminoso, fora dos casos de coautoria ou de receptação, auxílio destinado a tornar seguro o proveito do crime:*

Pena - *detenção, de um a seis meses, e multa.*

O Código Penal prevê mais uma espécie de favorecimento, demonstrando ser este um crime acessório, pois necessita de algum crime já praticado anteriormente não alcançando as contravenções penais.

Classificação

É um crime de forma livre, ou seja, o favorecimento pode acontecer de diversas formas, como esconder o bem subtraído, aplicar no banco os valores provenientes de um estelionato, deixar um cofre aberto para que o agente que cometeu o crime guarde os documentos roubados no assalto.

É um crime doloso com um elemento subjetivo específico, no qual a finalidade do agente é tornar seguro o proveito do crime, porquanto o agente deve ter a ciência de que seu comportamento será efetivo para auxiliar o criminoso, não se admitindo portanto a modalidade culposa.

Sujeitos do Crime

Sujeito Ativo: o crime de favorecimento real é comum, podendo ser praticado por qualquer pessoa, salvo coautor ou partícipe do crime que antecede o favorecimento.

Ex.: Tício, conhecido de Mévio, se dispõe a auxiliar Mévio a esconder o dinheiro que será roubado de uma casa lotérica. Se efetivamente vier a ocorrer o roubo, Tício será partícipe do crime, por auxiliar Mévio. O intuito de auxiliar deve vir de forma posterior ao cometimento do crime.

Sujeito Passivo: é o Estado e secundariamente, a vítima do delito anterior.

Consumação e Tentativa

É considerado um crime formal ou de consumação antecipada, ou seja, o crime se consuma no instante em que o agente presta devido auxílio ao criminoso no intuito de tornar seguro o proveito do crime, mesmo que não venha a ocorrer efetivamente essa finalidade. A tentativa é plenamente aceitável em face do caráter plurissubsistente do delito.

Descrição do Crime

O auxílio deve ser destinado a tornar seguro o proveito do crime.

Favorecimento Pessoal. Art. 348 CP:

> **Objeto material:** autor de crime anterior; Se busca a fuga do criminoso.

> **Quanto ao resultado:** crime material (prevalece).

> **Escusa absolutória:** possui hipótese de escusa absolutória, se quem presta o auxílio é cônjuge, ascendente, descendente ou irmão do criminoso, fica isento de pena. É a chamada escusa absolutória, presente no §2º do Art. 348 do CP.

Favorecimento Real. Art. 349 CP:

> **Objeto material:** proveito de crime anterior; Presta-se auxílio não ao criminoso em si, mas indiretamente, assegurando para ele a ocultação da coisa, proveito do crime (real).

> **Quanto ao resultado:** crime formal.

> **Escusa absolutória:** não tem previsão de escusa absolutória.

Para que possa ocorrer o crime do Art. 349, é necessário que o crime anterior tenha alcançado a consumação e se no crime não houve qualquer tipo de proveito, também não haverá o crime de favorecimento real.

Considerações

Quem estuda de maneira superficial o crime de favorecimento real, certamente poderia interpretar de forma errônea as diferenças entre os crimes de receptação própria (CP, Art. 180, caput, 1ª parte) na modalidade "ocultar" e favorecimento real (CP, Art. 349). Vamos observar as diferenças:

Receptação própria "ocultar" (Art. 180, caput, 1ª parte, CP)	Favorecimento real (Art. 349, CP)
Crime Contra o Patrimônio.	Crime contra a Administração da Justiça.
Quem se beneficia é qualquer outra pessoa que não seja o autor do crime anteriormente praticado.	O próprio autor do crime anteriormente cometido é o beneficiado pela conduta.
Exige-se que o proveito seja econômico.	O proveito pode ser tanto econômico quando de outra natureza.

Favorecimento Real Impróprio

Art. 349-A. *Ingressar, promover, intermediar, auxiliar ou facilitar a entrada de aparelho telefônico de comunicação móvel, de rádio ou similar, sem autorização legal, em estabelecimento prisional.*

Pena - *detenção, de 3 (três) meses a 1 (um) ano.*

Esse crime foi introduzido pela Lei nº 12.012/2009 e o legislador não atribuiu denominação alguma para esse crime, transferindo essa tarefa à jurisprudência e à doutrina.

Classificação

É um crime de ação múltipla ou de conteúdo variado, ou seja, se o agente vier a cometer mais de um núcleo do tipo no mesmo contexto fático, configurará crime único.

É um crime de forma livre, admitindo qualquer meio de execução.

Ex.: A esposa de um detento que oculta um aparelho celular em suas partes íntimas e leva ao interno no dia de visita ou joga o aparelho por cima dos muros da cadeia e até mesmo coloca os aparelhos no interior de alimentos (bolo, torta).

Sujeitos do Crime

Sujeito Ativo: é um crime comum, podendo ser praticado por qualquer pessoa, vale ressaltar que até mesmo um preso pode ser sujeito ativo do crime tipificado no Art. 349-A, somente se este estiver em alguma permissão de saída ou saída temporária e também pode ser partícipe, por exemplo, o preso que induz sua esposa a levar a ele o aparelho de comunicação.

Sujeito Passivo: é o Estado.

Consumação e Tentativa

É considerado crime de mera conduta, ou seja, a lei sequer prevê qualquer resultado naturalístico. Consuma-se o crime quando é praticada qualquer das condutas descritas no tipo (ingressar, promover, intermediar, auxiliar ou facilitar a entrada de aparelho de comunicação ou similar em estabelecimento prisional).

A tentativa é plenamente possível.

Ex.: Tício, em horário de visita, ao tentar ingressar no presídio onde seu primo está preso, esconde em sua blusa um aparelho celular e acaba sendo preso em flagrante durante a revista pessoal.

Descrição do Crime

O objeto material do crime pode ser qualquer instrumento que tenha potencial de comunicação. (aparelho telefônico, *walkie-talkie*, *webcam*).

Não é exigido qualquer fim específico, basta o dolo, por parte do agente, de levar ao poder do preso o aparelho de comunicação.

Exercício Arbitrário ou Abuso de Poder

Art. 350. *Ordenar ou executar medida privativa de liberdade individual, sem as formalidades legais ou com abuso de poder:*

Pena - *detenção, de um mês a um ano.*

Parágrafo único. Na mesma pena incorre o funcionário que:

I. *Ilegalmente recebe e recolhe alguém a prisão, ou a estabelecimento destinado a execução de pena privativa de liberdade ou de medida de segurança;*

II. *Prolonga e execução de pena ou de medida de segurança, deixando de expedir em tempo oportuno ou de executar imediatamente a ordem de liberdade;*

III. *Submete pessoa que está sob sua guarda ou custódia a vexame ou a constrangimento não autorizado em lei;*

IV. *Efetua, com abuso de poder, qualquer diligência.*

Os crimes de exercício arbitrário e abuso de poder, tanto o caput como as figuras equiparadas do parágrafo único foram revogados pela Lei nº 4.898/65.

Fuga de Pessoa Presa ou Submetida a Medida de Segurança

Art. 351. *Promover ou facilitar a fuga de pessoa legalmente presa ou submetida a medida de segurança detentiva:*

Pena - *detenção, de seis meses a dois anos.*

§ 1º. *Se o crime é praticado à mão armada, ou por mais de uma pessoa, ou mediante arrombamento, a pena é de reclusão, de dois a seis anos.*

§ 2º. *Se há emprego de violência contra pessoa, aplica-se também a pena correspondente à violência.*

§ 3º. *A pena é de reclusão, de um a quatro anos, se o crime é praticado por pessoa sob cuja custódia ou guarda está o preso ou o internado.*

§ 4º. *No caso de culpa do funcionário incumbido da custódia ou guarda, aplica-se a pena de detenção, de três meses a um ano, ou multa.*

> Súmula 75 do STJ. Compete à justiça comum estadual processar e julgar o policial militar por crime de promover ou facilitar a fuga de preso de estabelecimento penal.

Evasão Mediante Violência contra a Pessoa

Art. 352. *Evadir-se ou tentar evadir-se o preso ou o indivíduo submetido a medida de segurança detentiva, usando de violência contra a pessoa:*

Pena - *detenção, de três meses a um ano, além da pena correspondente à violência*

Arrebatamento de Preso

Art. 353. *Arrebatar preso, a fim de maltratá-lo, do poder de quem o tenha sob custódia ou guarda:*

Pena - *reclusão, de um a quatro anos, além da pena correspondente à violência.*

Conduta

Somente uma conduta é prevista para a prática do crime, consubstanciada no núcleo arrebatar preso, com o fim de maltratá-lo (linchamento). Arrebatar significa arrancar, levar, retirar com violência.

Se não tiver o fim de maltratá-lo, não configurará este crime, mas poderá incorrer no Art. 351 do CP. promover ou facilitar fuga de pessoa presa.

O arrebatamento de pessoa submetida à medida de segurança (ou adolescente apreendido) com a finalidade de maltratá-la não configurará o crime do Art. 353 do CP. Nesses casos a retirada do internado da custódia da autoridade será atípica, respondendo o agente somente por eventual conduta posterior praticada contra o arrebatado (morte, lesões corporais etc).

Motim de Presos

Art. 354. Amotinarem-se presos, perturbando a ordem ou disciplina da prisão:

Pena - detenção, de seis meses a dois anos, além da pena correspondente à violência.

Considerações

No tipo penal não há descrição de quantos presos são necessários para configurar o motim. Para alguns autores, três presos são suficientes. Já Mirabete exige no mínimo quatro. Todavia, nenhum entendimento está consolidado, sendo essencial que constitua um ajuntamento tumultuário de aprisionados.

Patrocínio Infiel

Art. 355. Trair, na qualidade de advogado ou procurador, o dever profissional, prejudicando interesse, cujo patrocínio, em juízo, lhe é confiado:

Pena - detenção, de seis meses a três anos, e multa.

Patrocínio Simultâneo ou Tergiversação

Parágrafo único. Incorre na pena deste artigo o advogado ou procurador judicial que defende na mesma causa, simultânea ou sucessivamente, partes contrárias.

Sujeitos

Sujeito Ativo: o crime em tela somente poderá ser praticado por advogado ou procurador judicial devidamente inscrito nos quadros da OAB. Não estão incluídos no dispositivo os promotores e procuradores de justiça.

Sujeito Passivo: é o Estado e, possivelmente, o outorgante do mandato que foi prejudicado.

Conduta

Pode se dar por ação (Ex.: Manifesta-se no processo de forma contrária aos interesses da parte defendida), ou por omissão (Ex.: Deixa de recorrer).

Conforme alguns autores, o patrocínio infiel deve ser empreendido em causa judicial, pouco importando a natureza ou espécie. Desta forma, a atuação extrajudicial do profissional, como em inquérito policial, sindicância etc. não caracteriza o crime em estudo, sendo o agente passível, apenas, de punição disciplinar.

Consumação e Tentativa

Consuma-se com a ocorrência do efetivo prejuízo ao patrocinado, ainda que a situação possa ser revertida.

A tentativa é possível apenas na forma comissiva.

O dispositivo traz duas formas de infidelidade profissional:

> Não é necessário que o patrocínio se dê no mesmo processo, bastando ser a mesma causa.

Patrocínio simultâneo: consiste na conduta do advogado ou procurador que, concomitantemente, zela (ainda que por interposta pessoa) os interesses de partes contrárias.

Patrocínio sucessivo ou tergiversação: consiste na conduta do advogado que renuncia ao mandato de uma parte (ou por ela é dispensado) e passa, em seguida, a representar a outra.

No parágrafo único é dispensável a comprovação de efetivo prejuízo ao patrocinado traído - delito formal.

Sonegação de Papel ou Objeto de Valor Probatório

Art. 356. Inutilizar, total ou parcialmente, ou deixar de restituir autos, documento ou objeto de valor probatório, que recebeu na qualidade de advogado ou procurador:

Pena - detenção, de seis meses a três anos, e multa.

Exploração de Prestígio

Art. 357. Solicitar ou receber dinheiro ou qualquer outra utilidade, a pretexto de INFLUIR em juiz, jurado, órgão do Ministério Público, funcionário de justiça, perito, tradutor, intérprete ou testemunha:

Pena - reclusão, de um a cinco anos, e multa.

Parágrafo único. As penas aumentam-se de um terço, se o agente alega ou insinua que o dinheiro ou utilidade também se destina a qualquer das pessoas referidas neste artigo.

Introdução

Versa de forma similar ao crime de tráfico de influência Art. 332 do CP. Com a edição da Lei nº 9.127/95, esses dois crimes foram diferenciados e o Art. 332 passou a ser o crime de tráfico de influência. Esse delito é de ação penal pública incondicionada.

Classificação

É um crime simples, pois ofende um único bem jurídico que é a administração da justiça.

Considerado um crime comum, podendo ser praticado por qualquer pessoa.

É um crime formal quando o agente (SOLICITAR) ou material (RECEBER).

É conhecido como um crime de ação múltipla ou de conteúdo variado, mesmo o agente praticando mais de um verbo do tipo no mesmo contexto, responderá por um único crime.

Sujeitos do Crime

Sujeito Ativo: por ser considerado um crime comum, pode ser cometido por qualquer pessoa, pois a própria Descrição do Crime não exige qualquer qualidade do agente.

Sujeito Passivo: o Estado, e também o servidor utilizado na fraude, bem como a pessoa ludibriada pelo agente.

Consumação e Tentativa

A consumação dependerá da conduta praticada:

Se a conduta do agente for solicitar, o crime se consuma com o simples pedido, independentemente do aceite da vítima enganada (crime formal).

A TENTATIVA é possível, porém dependerá de como será praticado o delito.

> STF diz que, para a configuração do delito de exploração de prestígio, não é necessário que o agente influa na atuação das pessoas do tipo (juiz, jurado, perito etc.), bastando que o pedido da vantagem seja a PRETEXTO de influir. (STF. RHC 75.128/RJ)

Ex.: "A", alegando conhecer um jurado, sem realmente conhecê-lo, solicita a "B" uma determinada vantagem para supostamente convencer o jurado a absolver seu irmão, réu em determinada ação penal.

Descrição do Crime

Exige-se um especial fim de agir por parte do agente, portanto só caracteriza o crime na forma dolosa, não admitindo a forma culposa.

Causa de Aumento de Pena

> ***Parágrafo único.*** *As penas aumentam-se de um terço, se o agente alega ou insinua que o dinheiro ou utilidade também se destina a qualquer das pessoas referidas no artigo.*

Não é exigida a afirmação explícita de qualquer das pessoas indicadas no caput desse artigo, basta a insinuação.

Se restar provado que o destinatário da vantagem é uma das pessoas indicadas no tipo penal, restará a este a corrupção passiva (Art. 317 do CP) e ao particular e ao intermediador o crime de corrupção ativa (Art. 333 do CP).

Considerações

Exploração de prestígio (Art. 357 do CP)	Tráfico de influência (Art. 332 do CP)
Solicitar ou receber.	Solicitar, exigir, cobrar ou obter.
Ato de disposição específica relativa aos órgão ou funcionários da administração da justiça.	Ato praticado por funcionário público no exercício da função.

Violência ou Fraude em Arrematação Judicial

> ***Art. 358.*** *Impedir, perturbar ou fraudar arrematação judicial; afastar ou procurar afastar concorrente ou licitante, por meio de violência, grave ameaça, fraude ou oferecimento de vantagem:*
>
> ***Pena -*** *detenção, de dois meses a um ano, ou multa, além da pena correspondente à violência.*

Desobediência a Decisão Judicial Sobre Perda ou Suspensão de Direito

> ***Art. 359.*** *Exercer função, atividade, direito, autoridade ou múnus, de que foi suspenso ou privado por decisão judicial:*
>
> ***Pena -*** *detenção, de três meses a dois anos, ou multa.*

5.6 Dos Crimes contra as Finanças Públicas

Contração de Operação de Crédito

> ***Art. 359-A.*** *Ordenar, autorizar ou realizar operação de crédito, interno ou externo, sem prévia autorização legislativa:*
>
> ***Pena -*** *reclusão, de 1 (um) a 2 (dois) anos.*
>
> ***Parágrafo único.*** *Incide na mesma pena quem ordena, autoriza ou realiza operação de crédito, interno ou externo:*
>
> ***I.*** *Com inobservância de limite, condição ou montante estabelecido em lei ou em resolução do Senado Federal;*
>
> ***II.*** *Quando o montante da dívida consolidada ultrapassa o limite máximo autorizado por lei.*

Inscrição de Despesas não Empenhadas em Restos a Pagar

> ***Art. 359-B.*** *Ordenar ou autorizar a inscrição em restos a pagar, de despesa que não tenha sido previamente empenhada ou que exceda limite estabelecido em lei:*
>
> ***Pena -*** *detenção, de 6 (seis) meses a 2 (dois) anos.*

Assunção de Obrigação no Último Ano do Mandato ou Legislatura

> ***Art. 359-C.*** *Ordenar ou autorizar a assunção de obrigação, nos dois últimos quadrimestres do último ano do mandato ou legislatura, cuja despesa não possa ser paga no mesmo exercício financeiro ou, caso reste parcela a ser paga no exercício seguinte, que não tenha contrapartida suficiente de disponibilidade de caixa:*
>
> ***Pena -*** *reclusão, de 1 (um) a 4 (quatro) anos.*

Ordenação de Despesa não Autorizada

> ***Art. 359-D.*** *Ordenar despesa não autorizada por lei:*
>
> ***Pena -*** *reclusão, de 1 (um) a 4 (quatro) anos.*

Prestação de Garantia Graciosa

> ***Art. 359-E.*** *Prestar garantia em operação de crédito sem que tenha sido constituída contragarantia em valor igual ou superior ao valor da garantia prestada, na forma da lei:*
>
> ***Pena -*** *detenção, de 3 (três) meses a 1 (um) ano.*

Não Cancelamento de Restos a Pagar

> ***Art. 359-F.*** *Deixar de ordenar, de autorizar ou de promover o cancelamento do montante de restos a pagar inscrito em valor superior ao permitido em lei:*
>
> ***Pena -*** *detenção, de 6 (seis) meses a 2 (dois) anos.*

Aumento de Despesa Total com Pessoal no Último Ano do Mandato ou Legislatura

> ***Art. 359-G.*** *Ordenar, autorizar ou executar ato que acarrete aumento de despesa total com pessoal, nos cento e oitenta dias anteriores ao final do mandato ou da legislatura:*
>
> ***Pena -*** *reclusão, de 1 (um) a 4 (quatro) anos.*

Oferta Pública ou Colocação de Títulos no Mercado

> ***Art. 359-H.*** *Ordenar, autorizar ou promover a oferta pública ou a colocação no mercado financeiro de títulos da dívida pública sem que tenham sido criados por lei ou sem que estejam registrados em sistema centralizado de liquidação e de custódia:*
>
> ***Pena -*** *reclusão, de 1 (um) a 4 (quatro) anos.*

Questões

01. (CESPE) Segundo o STJ, a previsão legal do crime de desacato a funcionário público no exercício da função não viola o direito à liberdade de expressão e de pensamento previstos no Pacto de São José da Costa Rica.

Certo ( ) Errado ( )

02. (CESPE) José, de sessenta e nove anos de idade, fiscal de vigilância sanitária municipal, viúvo e único responsável pelos cuidados de seu filho, de onze anos de idade, foi denunciado à polícia por comerciantes que alegavam que o referido fiscal lhes solicitava dinheiro para que não fossem por ele autuados por infração à legislação sanitária. Durante investigação conduzida por autoridade policial em razão dessa denúncia, foi deferida judicialmente interceptação da comunicação telefônica de José. Nesse ato, evidenciou-se, em uma degravação, que José havia solicitado certa quantia em dinheiro a um comerciante, Pedro, para não interditar seu estabelecimento comercial, e que José havia combinado encontrar-se com Pedro para realizarem essa transação financeira. Na interceptação, foram captadas, ainda, conversas em que José e outros quatro fiscais não identificados discutiam a forma de solicitar dinheiro a comerciantes, em troca de não autuá-los, e a repartição do dinheiro que seria obtido com isso. No dia combinado, Pedro encontrou-se com José, e, pouco antes de entregar-lhe o dinheiro que carregava consigo, policiais que haviam instalado escuta ambiental na sala do fiscal mediante autorização judicial prévia deram voz de prisão em flagrante a José, conduzindo-o, em seguida, à presença da autoridade policial. Em revista pessoal, foi constatado que José portava três cigarros de maconha. Questionado, o fiscal afirmou ter comprado os cigarros de um estrangeiro que trazia os entorpecentes de seu país para o Brasil e os revendia perto da residência de José. A autoridade policial deu andamento aos procedimentos, redigiu o relatório final do inquérito policial e o encaminhou à autoridade competente. Considerando essa situação hipotética, julgue o item subsequente. A autoridade policial não poderá arbitrar fiança para a soltura de José, pois o crime de corrupção passiva é equiparado a crime hediondo.

Certo ( ) Errado ( )

03. (CESPE) Se o falso se exaurir no estelionato, sem outras potencialidades lesivas, será por este absorvido.

Certo ( ) Errado ( )

04. (CESPE) Milton, valendo-se de sua condição de servidor público e cedendo a pedido de amigo íntimo, deixou de cumprir seu dever funcional ao não ter promovido ação para apurar infração de determinada empresa vinculada à administração pública. Nessa situação hipotética, apurada a conduta de Milton, ele deverá responder pelo crime de concussão.

Certo ( ) Errado ( )

05. (CESPE) Joaquim, fiscal de vigilância sanitária de determinado município brasileiro, estava licenciado do seu cargo público quando exigiu de Paulo determinada vantagem econômica indevida para si, em função do seu cargo público, a fim de evitar a ação da fiscalização no estabelecimento comercial de Paulo. Nessa situação hipotética, Joaquim praticou o delito de corrupção passiva.

Certo ( ) Errado ( )

Gabaritos

01	CERTO
02	ERRADO
03	CERTO
04	ERRADO
05	ERRADO

SUMÁRIO

1. DISPOSIÇÕES CONSTITUCIONAIS APLICÁVEIS AO PROCESSO PENAL

→ **Princípio da presunção de inocência ou do estado de inocência, da situação jurídica de inocência ou da não culpabilidade.**

> ***CF: Art. 5º LVII:*** *ninguém será considerado culpado até o trânsito em julgado de sentença penal condenatória.*

Decorrente desse princípio é que o ônus da prova pertence à acusação, cabendo-lhes provar que o fato é típico e de circunstâncias qualificadoras ou causas de aumento de pena. Caberá ao réu, no entanto, provar as excludentes da ilicitude, culpabilidade e as causas extintivas da punibilidade. Vale ressaltar que a acusação deverá trazer um juízo de certeza para que se condene o réu e, ao contrário, caso o réu crie uma dúvida sobre a existência de uma excludente, deverá o juiz sentenciar em favor do acusado.

→ **Princípio da igualdade processual ou da paridade das armas - *par conditio***

> ***CF: Art. 5º:*** *Todos são iguais perante a lei, sem distinção de qualquer natureza, garantindo-se aos brasileiros e aos estrangeiros residentes no País a inviolabilidade do direito à vida, à liberdade, à igualdade, à segurança e à propriedade, nos termos seguintes:*

Procede desse princípio a necessidade de um advogado para defesa do acusado, exceto quando ele mesmo o for. Esse princípio se materializa sempre que para uma das partes for deferida uma oportunidade de se pronunciar no processo, da mesma forma a outra parte terá esse direito.

→ **Princípio da ampla defesa**

> ***CF: LV*** *- aos litigantes, em processo judicial ou administrativo, e aos acusados em geral são assegurados o contraditório e ampla defesa, com os meios e recursos a ela inerentes.*

A ampla defesa se subdivide em autodefesa e defesa técnica.

A segunda é aquela exercida pelo advogado, pois este sim tem capacidade postulatória, com exceção de o próprio acusado ser advogado. A defesa técnica é indisponível.

A primeira é exercida pelo próprio acusado de forma que pode influenciar o magistrado no seu interrogatório. Vale notar que a autodefesa é disponível, podendo o acusado ficar calado quando da audiência (direito ao silêncio). No entanto, o interrogatório é dividido em duas partes: a qualificação e as perguntas, não podendo o acusado mentir na 1ª, sob pena de estar cometendo a contravenção Penal prevista no artigo 68 da Lei de Contravenções penais; caso atribua outra identidade a si, restará configurado o crime do artigo 307 do CP (falsa identidade). Na segunda parte do interrogatório não pode o acusado imputar falsamente um crime a si, pois estaria cometendo o delito de autoacusação falsa (art. 341 CP).

→ **Princípio da plenitude da defesa**

> ***CF: XXXVIII:*** *é reconhecida a instituição do júri, com a organização que lhe der a lei, assegurados:*
> *A plenitude de defesa.*

A plenitude da defesa significa que, em se tratando de tribunal do júri, pode o acusado alegar quaisquer tipos de justificativas, mesmo não sendo técnicas. Pode, por exemplo, apelar para o sentimentalismo a fim de convencer o conselho de sentença. Pode até invocar uma excludente de ilicitude não existente, como, por exemplo, a legítima defesa da honra.

→ **Princípio do favor rei, favor *libertatis, in dubio* pro réu, favor inocente ou da prevalência do interesse do réu.**

> ***CF: ART 5º LVII:*** *ninguém será considerado culpado até o trânsito em julgado de sentença penal condenatória.*

Esse princípio decorre diretamente do princípio da inocência, de forma que, havendo dúvida sobre a culpabilidade do réu, deve o juiz absolvê-lo. Importante notar que ele não tem aplicação na denúncia, pois na dúvida o promotor denuncia, e também não tem aplicação na pronúncia (1º fase do júri).

→ **Princípio do contraditório ou da bilateralidade da audiência.**

> ***CF: ART. 5º LV:*** *aos litigantes, em processo judicial ou administrativo, e aos acusados em geral são assegurados o contraditório e ampla defesa, com os meios e recursos a ela inerentes.*

É o princípio pelo qual oportuniza a parte contraditar tudo o que é dito contra ela. Se a acusação alega algum fato, deverá o acusado ter a oportunidade de desconstituir a alegação da acusação. É com base nisso que o tempo de audiência é distribuído. Se no júri a acusação tem uma hora e meia para falar e mais uma hora de réplica, a defesa também terá uma hora e meia para falar mais uma hora para a tréplica.

→ **Princípio do juiz natural**

> ***CF: ART. 5º LIII:*** *ninguém será processado nem sentenciado senão pela autoridade competente.*

Esse princípio garante ao acusado que ele seja julgado por um juiz imparcial e definido anteriormente à ocorrência do crime; veda-se, portanto, o juízo ou tribunal de exceção ou tribunais *ad hoc*. Vale ressaltar que não fere o princípio do juiz natural a convocação de juízes de primeiro grau feita pelos tribunais e a criação de novas varas para igualar os acervos do juízo.

→ **Princípio da publicidade**

> ***CF: ART. 5ºXXXIII:*** *todos têm direito a receber dos órgãos públicos informações de seu interesse particular, ou de interesse coletivo ou geral, que serão prestadas no prazo da lei, sob pena de responsabilidade, ressalvadas aquelas cujo sigilo seja imprescindível à segurança da sociedade e do Estado.*
>
> ***CF: ART. 5º LX:*** *a lei só poderá restringir a publicidade dos atos processuais quando a defesa da intimidade ou o interesse social o exigirem.*
>
> ***CF: ART. 93 IX:*** *todos os julgamentos dos órgãos do Poder Judiciário serão públicos, e fundamentadas todas as decisões, sob pena de nulidade, podendo a lei limitar a presença, em determinados atos, às próprias partes e a seus advogados, ou somente a estes, em casos nos quais a preservação do direito à intimidade do interessado no sigilo não prejudique o interesse público à informação.*

É o princípio que traduz a transparência da atividade jurisdicional do Estado, de forma que, em regra, os atos serão públicos. Essa norma, porém, admite exceções, de forma que, se a defesa da intimidade ou o interesse social o exigir, o ato não será público. No inquérito policial vigora o sigilo.

→ **Princípio da vedação das provas ilícitas**

> ***CF: ART. 5º LVI:*** *são inadmissíveis, no processo, as provas obtidas por meios ilícitos.*

Provas ilícitas são aquelas que violam dispositivos legais ou constitucionais, não acolhendo o CPP a posição doutrinária de que ela seria aquela que violasse direito material, e prova ilegítima a que violasse direito processual. Também são vedadas as provas derivadas das ilícitas pela teoria do fruto das árvores envenenadas ou do efeito à distância (*fruits of the poisonous tree*).

Como exceções à vedação das provas derivadas das ilícitas, temos a teoria da fonte independente, a da descoberta inevitável, a da mancha purgada ou tinta diluída e, por último, a teoria da proporcionalidade que aceita a utilização da prova ilícita em defesa do acusado inocente.

→ **Princípios da economia processual, celeridade processual e duração razoável do processo.**

> ***CF: ART. 5º LXXVIII:*** *a todos, no âmbito judicial e administrativo, são assegurados a razoável duração do processo e os meios que garantam a celeridade de sua tramitação.*

O princípio em comento traduz a ideia de, que para que o processo penal seja justo, deverá ele também ser célere. São consequências desse princípio da duração razoável das prisões cautelares e a chamada carta precatória itinerante.

→ **Princípio do devido processo legal *(due process of law)***

> ***CF: ART. 5º LIV:*** *ninguém será privado da liberdade ou de seus bens sem o devido processo legal.*

Esse princípio traduz a ideia da própria existência do processo penal, de forma que não se poderá culpar alguém sem um mínimo de produção de provas por meio de um processo e que possa ser garantido o seu direito de defesa.

Questões

01. (CESPE) São princípios processuais penais expressos na CF a presunção de não culpabilidade, o devido processo legal e o direito do suspeito ou indiciado ao silêncio.

Certo ( ) Errado ( )

02. (CESPE) O Código de Processo Penal, a jurisprudência e os princípios gerais do direito são considerados fontes formais diretas do direito processual penal.

Certo ( ) Errado ( )

03. (CESPE) A lei não poderá restringir a divulgação de nenhum ato processual penal, sob pena de ferir o princípio da publicidade.

Certo ( ) Errado ( )

04. (CESPE) A garantia, aos acusados em geral, de contraditar atos e documentos com os meios e recursos previstos atende aos princípios constitucionais do contraditório e da ampla defesa.

Certo ( ) Errado ( )

05. (CESPE) A disposição constitucional que assegura ao preso o direito ao silêncio consubstancia o princípio da indisponibilidade.

Certo ( ) Errado ( )

Gabaritos

01	CERTO
02	ERRADO
03	ERRADO
04	CERTO
05	ERRADO

2. INTRODUÇÃO AO DIREITO PROCESSUAL PENAL

Após a prática de um crime, cabe ao Estado a sua apuração para fins da aplicação da pena prevista no Direito Penal. Ele é o único titular do *jus puniendi*, que é o direito de aplicar uma sanção a quem comete um delito.

Como vivemos em um Estado Democrático de Direito, o Estado sofre limitações quanto ao uso de determinadas modalidades de penas, quanto aos meios utilizados para apurar um crime, às medidas adotadas e ao andamento processual, visando a respeitar a dignidade da pessoa humana, harmonizando-a com as medidas legais pertinentes à elucidação de um delito, bem como com a consequente aplicação posterior da pena.

Dessa forma, definimos o processo penal como um conjunto de normas jurídicas tendentes a direcionar a atuação da polícia judiciária, assim como de todo o poder judiciário criminal, objetivando a uma investigação, um processo e uma sentença justa, que se fundamentem na verdade dos fatos, a fim de respeitar todos os direitos constitucionais do homem, a ampla defesa, a presunção de inocência, dentre outros.

A manifestação da aplicação das normas de processo penal é o que chamamos de persecução penal, sendo esta o objeto do nosso estudo.

Ela comporta duas fases distintas: uma preliminar, de natureza administrativa, em que ocorrem as investigações presididas pela autoridade policial; e outra fase de natureza judicial, em que se desenrola o processo propriamente dito e é presidida por um juiz de direito.

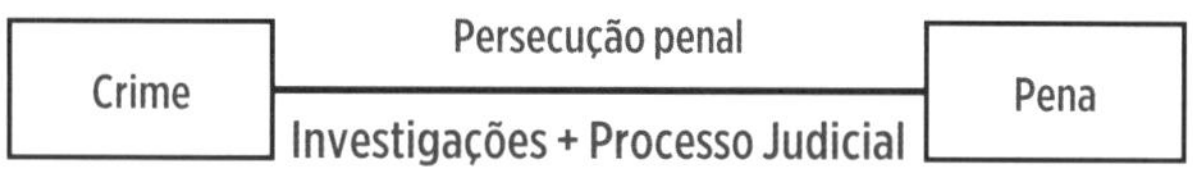

Os princípios do Direito Processual Penal serão trabalhados ao longo do material, para que assim você veja a aplicação dele nas diversas fases da persecução penal.

2.1 Lei Processual Penal no Espaço

O Código de Processo Penal, no Art. 1º, estabelece o Princípio da Territorialidade da Lei Processual Penal (Locus Regit Actum ou Lex Fori) de forma que se aplicam em território brasileiro as normas de cunho processual penal a todas as infrações penais relacionadas com o Estado brasileiro, de maneira a não haver hipóteses de extraterritorialidade de lei processual penal (princípio da absolutoriedade da lei processual penal).

> A doutrina atual entende que não existe hipótese de incidência de lei processual penal fora do Brasil. Por isso a aplicação da lei processual penal tem como característica a absoluta territorialidade.

E o que vem a ser território brasileiro? O Art. 5º do Código Penal facilita o entendimento do que é território brasileiro.

> ***Art. 5º**, CP - Aplica-se a lei brasileira, sem prejuízo de convenções, tratados e regras de direito internacional, ao crime cometido no território nacional.*
>
> ***§ 1º** - Para os efeitos penais, consideram-se como extensão do território nacional as embarcações e aeronaves brasileiras, de natureza pública ou a serviço do governo brasileiro onde quer que se encontrem, bem como as aeronaves e as embarcações brasileiras, mercantes ou de propriedade privada, que se achem, respectivamente, no espaço aéreo correspondente ou em alto-mar.*
>
> ***§ 2º** - É também aplicável a lei brasileira aos crimes praticados a bordo de aeronaves ou embarcações estrangeiras de propriedade privada, achando-se aquelas em pouso no território nacional ou em voo no espaço aéreo correspondente, e estas em porto ou mar territorial do Brasil.*

O Art. 1º do CPP estabelece cinco exceções em relação à aplicação do Código de Processo Penal:

> ***I.** Os tratados, as convenções e regras de direito internacional;*

Quando o Brasil homologa a sua participação em um tratado ou convenção internacional que disciplina regras processuais próprias, o Código de Processo Penal Brasileiro não é adotado, ou seja, determinados crimes, mesmo que cometidos no território brasileiro, podem ser julgados por tribunal estrangeiro. **Ex.:** a Convenção de Viena sobre Relações Diplomáticas estabelece que os diplomatas, quando cometerem crimes no território de outro país, serão julgados pelas leis de sua nação de origem.

> ***II.** As prerrogativas constitucionais do Presidente da República, dos ministros de Estado, nos crimes conexos com os do Presidente da República, e dos ministros do Supremo Tribunal Federal, nos crimes de responsabilidade (Constituição, Arts. 86, 89, § 2º, e 100);*

Aqui tratamos das infrações político-administrativas, definidas na Lei 1.079/50, os chamados de crimes de responsabilidade que, na verdade, não se referem à matéria criminal e são julgados pelo Senado Federal, adotando o procedimento específico da referida lei para o seu processo e julgamento.

> ***III.** Os processos da competência da Justiça Militar;*

A Justiça Militar tem a competência constitucional para a deliberação das infrações penais militares, descritas nos Arts. 9º e 10 do Código Penal Militar. No julgamento desses casos, a justiça militar adota os procedimentos previstos no Código Processual Penal Militar (Decreto-Lei 1.002).

> ***IV.** Os processos da competência do tribunal especial;*
>
> ***V.** Os processos por crimes de imprensa.*

Quanto às duas últimas exceções referentes à aplicação do CPP na apuração e julgamento dos crimes, o parágrafo único do Art. 1º prevê que, na falta de norma, sejam aplicada as regras previstas no Código de Processo Penal de forma subsidiária. Um exemplo de tribunal especial seria o próprio tribunal militar que adota procedimentos próprios. Nos casos de crimes de imprensa, vale o CPP, pois a referida Lei teve os seus efeitos suspensos temporariamente pelo STF, enquanto aguarda decisão do plenário quanto à constitucionalidade da Lei.

A regra então é a aplicação do CPP nos delitos cometidos no território nacional, somente não sendo aplicadas suas normas, nas hipóteses acima descritas.

2.2 Lei Processual Penal no Tempo

A lei processual penal é aplicada no tempo da sua vigência, ou seja, a partir do momento em que ela entra em vigor, começa a regular todos os atos processuais penais que serão praticados daquele dia em diante, até a revogação da Lei.

É importante analisarmos que, se um processo estiver em andamento, sendo regulado pelas normas vigentes do CPP, e tivermos uma alteração nas normas, os atos praticados na vigência da lei anterior continuarão válidos, pois o que importa é o tempo da vigência da lei. A legislação nova será aplicada aos processos futuros e não aos passados.

2.3 Interpretação da Lei Processual Penal

A aplicação da lei processual penal segue as mesmas regras de hermenêutica que disciplinam a interpretação da legislação em geral. Interpretar significa definir o sentido e alcance de determinado conceito.

Em função da impossibilidade de se poder escrever na lei todo o seu significado ou ainda se prever todas as situações possíveis de ocorrer na vida real, o Art. 3º do Código de Processo Penal prevê que a lei processual penal admitirá:

→ Interpretação extensiva.

→ Aplicação analógica.

→ Suplemento dos princípios gerais de direito.

2.4 Juiz das Garantias

A Lei 13.964/2019 (conhecida como "pacote anticrime") introduziu ao processo penal brasileiro o juiz das garantias. Antes mesmo de regular o instituto, o Código de Processo Penal, no art. 3-A, adota textualmente que o processo penal terá estrutura acusatória, sendo proibida a iniciativa do juiz na fase de investigação e a substituição da atuação probatória do órgão de acusação. Passa o Código Processual Penal, portanto, a obedecer com mais precisão o já determinado pela Constituição Federal, que no art. 129, inciso I, atribui privativamente ao Ministério Público a titularidade da ação penal.

A ideia do instituto é permitir que uma autoridade judiciária, diferente daquela que vai julgar o mérito da ação, atue na fase investigativa. Sua função não é a de presidir o inquérito ou interferir nos atos de investigação, mas, em verdade, atuar como instancia de controle da legalidade da investigação, visando salvaguardar, isto é, proteger os direitos individuais que dependam de prévia decisão judicial para serem limitados. Nesse sentido, são atribuições do juiz de garantias:

> ***I.*** *receber a comunicação imediata da prisão;*
>
> ***II.*** *receber o auto da prisão em flagrante para o controle da legalidade da prisão;*
>
> ***III.*** *zelar pela observância dos direitos do preso, podendo determinar que este seja conduzido à sua presença, a qualquer tempo;*
>
> ***IV.*** *ser informado sobre a instauração de qualquer investigação criminal;*
>
> ***V.*** *decidir sobre o requerimento de prisão provisória ou outra medida cautelar;*
>
> ***VI.*** *prorrogar a prisão provisória ou outra medida cautelar, bem como substituí-las ou revogá-las, assegurado, no primeiro caso, o exercício do contraditório em audiência pública e oral;*
>
> ***VII.*** *decidir sobre o requerimento de produção antecipada de provas consideradas urgentes e não repetíveis, assegurados o contraditório e a ampla defesa em audiência pública e oral;*
>
> ***VIII.*** *prorrogar o prazo de duração do inquérito, estando o investigado preso, em vista das razões apresentadas pela autoridade policial;*
>
> ***IX.*** *determinar o trancamento do inquérito policial quando não houver fundamento razoável para sua instauração ou prosseguimento;*
>
> ***X.*** *requisitar documentos, laudos e informações ao delegado de polícia sobre o andamento da investigação;*
>
> ***XI.*** *decidir sobre os pedidos de:*
>
> ***a)*** *interceptação telefônica, do fluxo de comunicações em sistemas de informática e telemática ou de outras formas de comunicação;*
>
> ***b)*** *afastamento dos sigilos fiscal, bancário, de dados e telefônico;*
>
> ***c)*** *busca e apreensão domiciliar;*
>
> ***d)*** *acesso a informações sigilosas;*
>
> ***e)*** *outros meios de obtenção da prova que restrinjam direitos fundamentais do investigado;*
>
> ***XII.*** *julgar o habeas corpus impetrado antes do oferecimento da denúncia;*
>
> ***XIII.*** *determinar a instauração de incidente de insanidade mental;*
>
> ***XIV.*** *decidir sobre o recebimento da denúncia ou queixa;*
>
> ***XV.*** *assegurar prontamente, quando se fizer necessário, o direito outorgado ao investigado e ao seu defensor de acesso a todos os elementos informativos e provas produzidos no âmbito da investigação criminal, salvo no que concerne, estritamente, às diligências em andamento;*
>
> ***XVI.*** *analisar pedido de admissão de assistente técnico para acompanhar a produção da perícia;*
>
> ***XVII.*** *decidir sobre a homologação de acordo de não persecução penal ou os de colaboração premiada, quando formalizados durante a investigação;*
>
> ***XVIII.*** *outras matérias inerentes às suas atribuições.*

Caso o investigado esteja preso, o juiz das garantias poderá, mediante representação da autoridade policial e ouvido o Ministério Público, prorrogar, **uma única vez**, a duração do inquérito **por até 15 dias**, após o que, se ainda assim a investigação não for concluída, a prisão será imediatamente relaxada.

A competência do juiz das garantias abrange todas as infrações penais, exceto as de menor potencial ofensivo (mantidas sob a competência dos Juizados Especiais Criminais – Lei 9.099/1995), e **termina** com o recebimento da denúncia ou queixa. A partir desse recebimento, as questões pendentes serão decididas pelo juiz da instrução e julgamento.

Importante anotar que as decisões proferidas pelo juiz das garantias não vinculam, isto é, não limitam o juiz da instrução e julgamento, que, após o recebimento da denúncia ou queixa, **deverá reexaminar a necessidade das medidas cautelares** em curso, no prazo máximo de 10 dias.

Os autos que compõem as matérias de competência do juiz das garantias ficarão acautelados (guardados) na secretaria do juízo, à disposição do Ministério Público e da defesa, e não serão apensados aos autos do processo enviados ao juiz da instrução e julgamento, ressalvados os documentos relativos às provas irrepetíveis, medidas de obtenção de provas ou de antecipação de provas, que deverão ser remetidos para apensamento em apartado. Ademais, conforme determinado inclusive pela Súmula Vinculante 14 do Supremo Tribunal Federal, fica assegurado às partes o amplo acesso aos autos acautelados na secretaria do juízo das garantias.

O juiz que, na fase de investigação, praticar qualquer ato incluído nas atribuições do juiz das garantias ficará impedido de funcionar no processo. Naquelas comarcas em que funcionar apenas um juiz, os tribunais criarão um sistema de rodízio de magistrados, a fim de atender às disposições deste Capítulo. De todo modo, a regra é que o juiz das garantias será designado conforme as normas de organização judiciária da União, dos Estados e do Distrito Federal, observando critérios objetivos a serem periodicamente divulgados pelo respectivo tribunal.

Cabe, ainda, o registro de que o juiz das garantias deverá assegurar o cumprimento das regras para o tratamento dos presos, impedindo o acordo ou ajuste de qualquer autoridade com órgãos da imprensa para explorar a imagem da pessoa submetida à prisão, sob pena de responsabilidade civil, administrativa e penal. Por meio de regulamento, as autoridades deverão disciplinar, em 180 dias da vigência do pacote anticrime, o modo pelo qual as informações sobre a realização da prisão e a identidade do preso serão, de modo padronizado, transmitidas à imprensa, assegurados a efetividade da persecução penal, o direito à informação e a dignidade da pessoa submetida à prisão.

Preste atenção! A implantação do juiz das garantias (arts. 3º-A a 3º-F do CPP) foi suspensa um dia antes de entrar em vigência por medida liminar concedida pelo Supremo Tribunal Federal (ADIs 6.298, 6.299 e 6.300, rel. Min. Luiz Fux, j. 22.01.2020). Assim, embora o tema conste formalmente do Código de Processo Penal, sua eficácia encontra-se suspensa até julgamento final pelo STF.

Questões

01. (CESPE) A CF determina que o Brasil se submeta à jurisdição do Tribunal Penal Internacional, porém veda absolutamente a entrega de brasileiro naturalizado a jurisdição estrangeira.

Certo ( ) Errado ( )

02. (CESPE) Iniciada a audiência de instrução, o juiz determinou que o réu da ação penal fosse algemado. Nesse caso, de acordo com o Supremo Tribunal Federal, o juiz agiu licitamente se comprovado que a segurança do próprio réu estava em risco.

Certo ( ) Errado ( )

03. (CESPE – 2018) Situação hipotética: Pretendendo reunir provas para obter vantagens de uma colaboração premiada, Cláudio, partícipe, junto com Flávio, de organização criminosa, gravou conversas entre ambos, sem que este tivesse conhecimento das gravações. Assertiva: Nessa situação, as gravações não poderão ser usadas como prova em ação penal, porque são provas ilícitas.

Certo ( ) Errado ( )

04. (CESPE) A Lei processual penal não deve ser interpretada sempre restritivamente.

Certo ( ) Errado ( )

Gabaritos

01	ERRADO
02	CERTO
03	ERRADO
04	CERTO

3. INQUÉRITO POLICIAL

Vamos partir da ideia de que a persecução penal é ferramenta utilizada pelo Estado para materializar a aplicação da pena ao autor de um crime. Ela se compõe de duas fases distintas: uma administrativa e outra judicial. Vamos agora estudar essa fase administrativa, chamada de inquérito policial.

3.1 Polícia Administrativa X Polícia Judiciária

Polícia Administrativa

É chamada também de polícia ostensiva, pois manifesta a sua atuação por meio do uso de fardas e viaturas caracterizadas, para que, dessa forma, mostre à sociedade que está presente. A polícia administrativa não é responsável pela produção do inquérito policial, pois ela atua visando prevenir o crime.

Ex.: Polícia Militar, Polícia Rodoviária Federal, Polícia Ferroviária Federal, Polícia Marítima (desempenhada pela PF).

Polícia Judiciária

É polícia de **Repressão**, que atua após a prática do crime, pois é utopia acreditar que a existência da polícia administrativa (PM, por exemplo) é suficiente para impedir a criminalidade. Sua atuação é marcada pela realização de diligências que objetivam descobrir a autoria e a existência de um crime.

Características da Polícia Judiciária:

Direção: delegado de polícia de carreira (bacharel em direito aprovado em concurso público).

Espécies: a polícia judiciária é dividida em Polícia Judiciária Estadual e Federal.

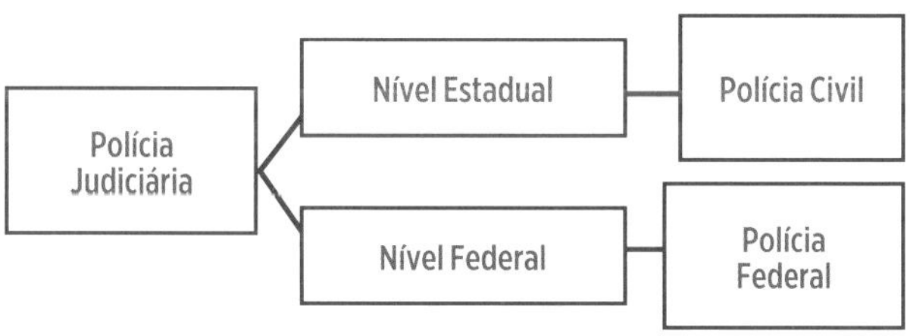

3.2 Conceito de Inquérito Policial

Inquérito policial é um procedimento administrativo inquisitivo, anterior ao processo, presidido pela autoridade policial (delegado de polícia) que conduz diligências, as quais objetivam apurar a autoria (responsável pelo crime) e a materialidade (existência) da infração penal. Essas informações colhidas no inquérito policial (indícios de autoria e materialidade do crime) serão disponibilizadas ao titular da ação penal para que este possa promover o processo judicial, que é a 2ª fase da persecução penal. Mas fiquemos ainda com o inquérito.

Finalidade

Informar o titular da ação penal sobre o resultado da investigação, colaborando na formação da sua opinião quanto à existência e à autoria de determinado crime.

Natureza Jurídica

Procedimento administrativo inquisitivo

Procedimento

Não pode ser confundido com processo, pois as regras são outras; é comum as provas de concursos falarem que o inquérito policial é um PROCESSO, o que está errado.

Administrativo

O inquérito policial é um procedimento administrativo, porque é realizado pela polícia judiciária, que é um órgão do poder executivo, a qual tem a função de administrar a coisa pública. Apesar do nome polícia judiciária, ela não é subordinada ao poder judiciário e sim ao poder executivo, haja vista o delegado de polícia ser subordinado ao secretário de segurança pública e este ser submisso ao governador do Estado, responsável pela administração pública.

Destinatário do IP

Como o principal fim do IP é subsidiar a opinio delicti, o destinatário imediato é o titular da ação penal, vale dizer, o MP (nos crimes de ação penal pública), ou o ofendido (nos casos de ação penal privada). Como de praxe, o procedimento de envio do relatório produzido como resultado da investigação criminal passa pelas mãos da autoridade judiciária, para que, em alguns casos, possa atender a alguma medida cautelar. No entanto, não é o juiz quem determina se haverá ou não oferecimento da denúncia, por isso tal autoridade funciona como destinatário mediato do IP.

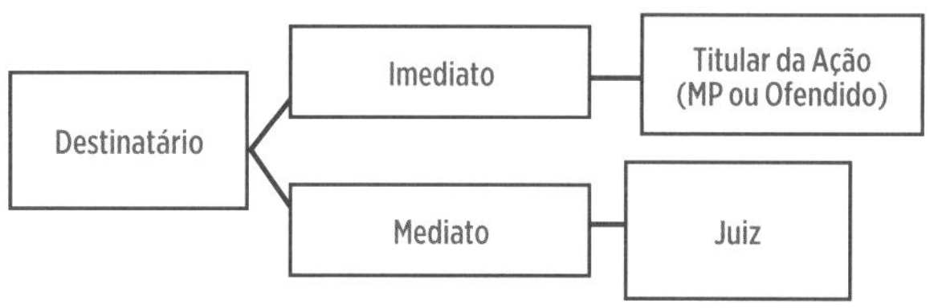

3.3 Atribuição

É a delimitação legal do poder conferido à autoridade policial para investigar crimes. Por essas regras, saberemos se a investigação é de competência da polícia federal ou estadual e de qual delegacia ou comarca. As regras são as seguintes:

Territorial

Regra Geral: teoria do resultado.

A atribuição é definida pela circunscrição (delimitação territorial da atuação daquela delegacia) da **Consumação** do crime.

Exceção: teoria da atividade.

A atribuição é definida pela circunscrição da Prática dos Atos Executórios.

Essa regra é aplicada nos seguintes casos:

> Crimes tentados

> Homicídio doloso e culposo (STJ)

Apesar de o homicídio doloso ser um crime que tem resultado, o STJ decidiu que as investigações referentes a tal fato devem ser realizadas pela polícia com circunscrição no local da prática dos atos executórios, pois assim se garante uma colheita de provas mais eficiente e também pode ser dada uma resposta mais satisfatória à sociedade lesada.

Ex.: Uma pessoa dispara uma arma de fogo com a intenção de matar outra em uma pequena cidade do interior do país e o disparo não mata imediatamente a vítima, que é levada para o pronto socorro de uma cidade vizinha maior e lá ocorre o óbito. Se fosse adotada a teoria do resultado, toda a investigação ficaria por conta da polícia do local onde a vítima morreu, mas adota-se a teoria da atividade e a investigação é realizada pela polícia do local da prática dos atos executórios.

Material

A atribuição é definida pela natureza do crime, com a atuação de uma delegacia especializada em determinado tipo de delito.

Essa regra é subsidiária à territorial, pois, em regra, temos que descobrir a atribuição territorial e, se no local do crime tiver uma delegacia especializada, ela assumirá a investigação.

Ex.: Delegacias especializadas: Delegacia Antissequestro, Delegacia de Repressão a Roubos e Assaltos, Delegacia da Mulher, Delegacia de Homicídios e Proteção à Pessoa, dentre outras.

Por meio da aplicação das normas de atribuição material, nós teremos a definição da investigação realizada pela polícia civil (âmbito estadual) e polícia federal (âmbito federal).

3.4 Características do Inquérito Policial

Inquisitivo

Assunto comum de ser cobrado em concurso público. No inquérito policial não há partes, acusação e defesa; temos somente o delegado de polícia investigando um crime e, consequentemente, um suspeito.Nele não há contraditório nem ampla-defesa.

Realmente, a investigação não observa o contraditório, pois a polícia não tem a obrigação de avisar um suspeito que o está investigando; e não há ampla-defesa, porque o inquérito não pode, em regra, fundamentar uma sentença condenatória, tendo o suspeito possibilidade de se defender durante o processo.

Atenção à redação do Art. 5º, LV da CF:

> *Aos litigantes, em processo judicial ou administrativo, e aos acusados em geral são assegurados o contraditório e ampla defesa, com os meios e recursos a ela inerentes.*

Como na fase da investigação não existe nenhuma acusação e nem partes, não há que se falar em contraditório e ampla defesa, pois o direito constitucional previsto no Art. 5º inciso LV da CF é válido para as partes de um processo. Além do inquérito policial não ter partes, é um procedimento e não um processo, conforme descrito na Constituição Federal.

Escrito

Todas as diligências realizadas no curso de um inquérito policial devem ser passadas a termo (escritas), para que seja facilitada a troca de informações entre os órgãos responsáveis pela persecução penal.

O delegado de polícia tem a faculdade de filmar ou gravar diligências realizadas, mas isso não afasta a obrigação de transcrever todas por escrito.

> ***Art. 405, § 1º, CPP.*** *Sempre que possível, o registro dos depoimentos do investigado, indiciado, ofendido e testemunhas será feito pelos meios ou recursos de gravação magnética, estenotipia, digital ou técnica similar, inclusive audiovisual, destinada a obter maior fidelidade das informações.*

Sendo assim, é possível que o delegado, havendo meios, documente os atos do IP através das formas de tecnologia existentes, inclusive captação de som e imagem.

Discricionário

Discricionariedade é a liberdade dentro da lei (esta determina ou autoriza a atuação do Estado). Assim sendo, o delegado tem liberdade na adoção e condução das diligências adotadas no curso de um inquérito policial.

O Art. 6º do CPP traz um rol de possíveis procedimentos que podem ser adotados pela polícia na condução de um inquérito; ele não é taxativo, pois a polícia pode adotar qualquer uma daquelas diligências na ordem que entender melhor, ou seja, o rol é exemplificativo.

Não podemos entender discricionariedade como uma faculdade do delegado de iniciar ou não uma investigação, porque, conforme veremos adiante, em alguns casos a investigação é obrigatória. A discricionariedade se refere ao fato de o delegado, sendo obrigado ou não a investigar, poder adotar as diligências que considere convenientes para a solução do crime, desde que esteja prevista tal diligência na lei.

Explica essa regra o fato de que cada crime é um acontecimento único no mundo e, sendo assim, a solução deles não tem uma receita certa, devendo a autoridade policial saber utilizar, dentre os meios disponíveis, aqueles adequados à solução do caso.

Sigiloso

Não aplicamos o princípio da publicidade ao inquérito policial, pois as investigações são sigilosas. Se a polícia anuncia em veículo de informação oficial, e ainda na mídia convencional, que tenciona iniciar uma investigação a determinado contrabandista (que deveria se preparar para isso), este poderia prejudicar todo o sucesso da averiguação.

Compete ao delegado zelar pelo sigilo do inquérito policial, pois ele é a autoridade responsável pela condução.

Finalidade do sigilo

O sigilo do inquérito policial tem a finalidade de preservar a imagem do suspeito e, ainda, garantir a eficiência das investigações.

Classificação do sigilo

Sigilo Externo: destinado aos terceiros desinteressados e a imprensa.

Sigilo Interno: destinado aos interessados no processo.

O sigilo do inquérito policial não atinge o **juiz**, o Ministério Público e o **advogado** do suspeito.

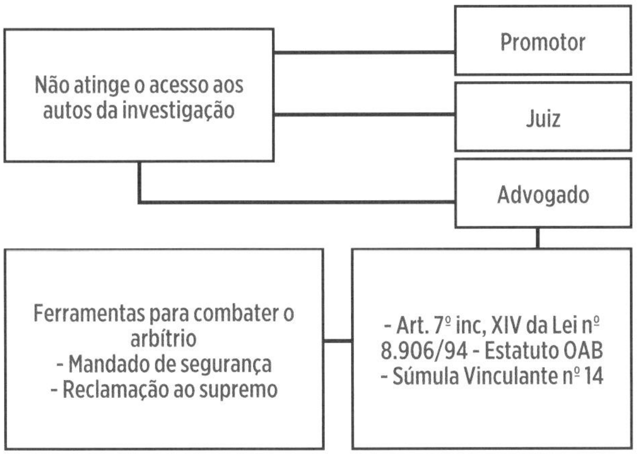

> ***Art. 7º, XIV, Estatuto da OAB.*** *São direitos do advogado: examinar em qualquer repartição policial, mesmo sem procuração, autos de flagrante e de inquérito, findos ou em andamento, ainda que conclusos à autoridade, podendo copiar peças e tomar apontamentos.*

> ***Súmula Vinculante 14.*** *É direito do defensor, no interesse do representado, ter acesso amplo aos elementos de prova que, já documentados em procedimento investigatório realizado por órgão com competência de polícia judiciária, digam respeito ao exercício do direito de defesa.*

É comum, em questões de concurso público, perguntar sobre esse tema, e as questões geralmente falam que o sigilo do inquérito se estende ao advogado, podendo o delegado negar a ele o acesso aos autos do inquérito policial. É evidente que se trata de questão errada, uma vez que ao advogado e, para acabar de vez com a dúvida, o STF editou a Súmula Vinculante 14. Sendo assim, o advogado pode se valer de duas ferramentas, caso algum delegado viole o seu direito de acesso aos autos de inquérito: um mandado de segurança ou uma reclamação ao supremo, que é a ferramenta eficaz para combater o desrespeito a uma súmula vinculante.

É importante saber que o advogado somente tem acesso aos autos do inquérito policial referente às investigações já concluídas e passadas a termo, ele não deve e não pode ter acesso às investigações em andamento, sendo tal acesso disponibilizado ao advogado após o término da diligência.

Ex.: Se um advogado, ao ter acesso aos autos do inquérito policial, ficar sabendo que a polícia está fazendo uma interceptação telefônica das conversas de seu cliente e estiver mal intencionado, irá informar o seu cliente e prejudicar todo o sucesso das investigações.

Apesar do inquérito policial ser sigiloso, o delegado, quando achar conveniente, pode quebrar o sigilo, prestando informações à imprensa, tais como: diligências que serão realizadas, divulgar o retrato de um suspeito, etc.

> **Decretação do segredo de justiça (preservar a imagem da vítima)**

Como acabamos de ver, o delegado pode, em alguns casos, quando achar conveniente, divulgar informações à imprensa. Para evitar tal conduta, visando especificamente a proteger a imagem da **vítima ou do acusado**, o juiz pode decretar o segredo de justiça da investigação; então as informações não poderão vazar. Mas, nesse caso, é mantido o acesso aos autos pelo **juiz, MP e advogados.**

Indisponível

Toda investigação iniciada deve ser concluída e encaminhada ao juízo competente, ou seja, o delegado não pode desistir de uma investigação iniciada.

> **O delegado não pode arquivar o inquérito policial**

Questões de prova envolvendo esse tema também são frequentes e a dica é a seguinte: o delegado **nunca** pode arquivar o inquérito, independente do motivo trazido; essa regra é absoluta. Quanto ao arquivamento do inquérito, estudaremos logo adiante, mas é bom saber: "o delegado não pode, nunca, arquivar um inquérito policial". Vale a pena ser redundante aqui.

Dispensável

O inquérito visa coletar indícios de autoria e materialidade do crime para que o titular da ação penal possa ingressar em juízo. Assim sendo, se ele tiver esses indícios colhidos por outros meios, como por um inquérito não policial, o inquérito policial se torna dispensável.

Assim, pode ser promovido um processo sem que seja realizado um inquérito policial. Aproveitando o tópico, vamos falar de outras espécies de inquérito.

Inquéritos extra-policiais ou não policiais: são aqueles presididos por outras autoridades e não pelo do delegado de polícia (Art. 4º do CPP).

Inquéritos parlamentares (CPI): presidido por parlamentares.

Inquéritos policiais militares: presididos por oficiais de carreira, visa à apuração das infrações militares.

Inquéritos presididos pelo promotor (MP): não é possível a presidência do IP por membro do MP, haja vista este ter o poder de requisitar a abertura de inquérito, a realização de diligências, bem como fiscalizar a atuação da polícia judiciária.

O STF trouxe, em recente decisão, a possibilidade do promotor presidir investigação criminal, porém, esta não deve ser confundida com a realizada a cargo da polícia. A investigação realizada sob a presidência do membro do MP conviverá harmonicamente com a realizada pela polícia, assim como as demais formas de inquérito.

Devemos observar também o teor da Súmula 234 do STJ:

> *A participação de membro do Ministério Público na fase investigatória criminal não acarreta seu impedimento ou suspeição para o oferecimento da denúncia.*

Ressaltamos mais uma vez que o promotor não pode presidir um inquérito policial. É questão comum no mundo do concurso público e a resposta é negativa, pois somente o delegado de polícia, e mais ninguém, preside o inquérito policial. Além disso, aquele pode presidir a sua própria investigação, que não se confunde com a policial.

Oficialidade

A realização do inquérito policial é atribuição de um órgão **oficial** do Estado (Polícia Judiciária).

Oficiosidade

Na maioria dos casos (crimes de ação penal pública incondicionada), a polícia judiciária é obrigada a investigar, independente de provocação de terceiros. Para isso, basta que aconteça o crime e que, de alguma forma, a polícia tome conhecimento para que ela atue de **ofício**, ou seja, sem provocação.

Autoritariedade

O presidente do inquérito policial (delegado de polícia) é a **Autoridade** oficial do Estado.

3.5 Valor Probatório do Inquérito Policial

O Inquérito Policial tem valor probatório relativo, pois ele serve para embasar o início do processo, mas não tem a força de, sozinho, sustentar uma sentença condenatória, porque as provas colhidas durante o IP não se submeteram ao contraditório e à ampla defesa. Enfatizamos que o valor probatório é relativo, uma vez que não fundamenta uma decisão judicial, porém pode dar margem à abertura de um processo criminal contra alguém.

> ***Art. 155, CPP.*** *O juiz formará sua convicção pela livre apreciação da prova produzida em contraditório judicial, não podendo fundamentar sua decisão exclusivamente nos elementos informativos colhidos na investigação, ressalvadas as provas cautelares, não repetíveis e antecipadas.*

Provas Cautelares, não Repetíveis e Antecipadas

São as provas extraídas do IP e que têm a força de, eventualmente, sustentar uma sentença condenatória, conforme orienta o Art. 155 do CPP.

Provas Cautelares

São aquelas em que existe um risco de desaparecimento do objeto pelo decurso do tempo. Justificam-se pela necessidade, pela urgência.

Interceptação telefônica, busca e apreensão.

Provas Não Renováveis ou Irrepetíveis

São colhidas na fase investigatória, porque não podem ser produzidas novamente na fase processual devido ao seu fácil perecimento.

Perícia nos vestígios do crime.

Para que essas provas tenham valor probatório de justificar uma sentença na fase processual, é necessário que elas sejam submetidas à ampla defesa e ao contraditório diferido ou postergado, ou seja, durante a fase processual.

Prova Antecipada

Aqui nos referimos às provas que, em regra, deveriam ser colhidas durante o curso do processo e não durante o inquérito policial. Em alguns casos, é possível que o juiz antecipe a oitiva de uma testemunha para a fase das investigações, quando houver receio de que ela morra (idade avançada ou doença grave), ou então que a vítima se mude definitivamente para outro lugar, inviabilizando a sua audição. Nesse caso, não tem o que se falar em contraditório e ampla defesa diferido, pois o exercício desses direitos acontecerá durante a realização da prova, que será antecipada para o inquérito policial. Esse é o contraditório real.

> **Art. 225, CPP.** Se qualquer testemunha houver de ausentar-se, ou, por enfermidade ou por velhice, inspirar receio de que ao tempo da instrução criminal já não exista, o juiz poderá, de ofício ou a requerimento de qualquer das partes, tomar-lhe antecipadamente o depoimento.

3.6 Vícios

Os vícios do inquérito policial são seus defeitos ou nulidades e a dúvida é se aqueles podem ou não causar nulidades ao processo futuro. A resposta é negativa, pois o inquérito policial não tem a força de condenar ninguém, sendo assim, os seus defeitos serão apurados pelos órgãos competentes (corregedoria, MP). Dessa forma, podemos concluir que o delegado não pode ser considerado impedido ou suspeito de presidir o IP pelas futuras partes.

Prazos para a Conclusão dos Inquéritos Policiais

Autoridade	Indiciado Preso	Indiciado Solto
Delegado Estadual Art. 10 do CPP	10 dias improrrogáveis	30 dias prorrogáveis pelo juiz por quantas vezes forem necessárias
Delegado Federal Art. 66 da Lei 5.010/66	15 dias prorrogáveis uma única vez por mais 15 dias	Mesma regra do delegado Estadual
Investigações relativas ao combate ao tráfico de drogas e ao crime organizado	30 dias prorrogáveis uma única vez por mais 30 dias	90 dias prorrogáveis uma única vez

Toda prorrogação de prazo para a conclusão de um inquérito policial deve ser feita somente pelo juiz, pois o delegado não tem essa competência.

No caso das prorrogações referentes às investigações sobre tóxicos (Lei 11.343), é condicionada a prévia oitiva do MP. Esta não vincula a decisão do juiz de prorrogar ou não o prazo do inquérito, mas é uma formalidade que deve ser respeitada.

3.7 Incomunicabilidade

A incomunicabilidade visava a impedir a comunicação do suspeito preso com terceiros, durante um prazo de tempo, para que assim não viesse a interferir nas investigações. Tal regra é considerada não recepcionada pela Constituição Federal, ou seja, ela não tem mais aplicação prática, pois a CF em seu Art. 136, que trata do Estado de Defesa, veda a adoção dessa medida em tal ocasião. Então, o entendimento é que se eu não posso utilizar da incomunicabilidade em uma situação de anormalidade, não posso fazer uso dela em caso de normalidade.

É importante saber que a incomunicabilidade não foi recepcionada pela CF e está tacitamente sem efeitos, mas suas regras são cobradas em questão de concurso público e vamos estudá-las, a fim de que possamos enfrentá-las com facilidade.

Regras

- **Cabimento:**
  - Interesse da sociedade.
  - Conveniência da investigação o exigir.

> **Prazo:**
    » 3 dias.

> **Forma:**
    » Decreto fundamentado do juiz a requerimento do delegado ou do MP.

A incomunicabilidade não atinge o juiz, o MP e os advogados.

3.8 Notícia Crime

Notícia crime *(notitia criminis)* é a forma como é denominado o conhecimento espontâneo ou provocado por parte da autoridade policial de um fato aparentemente criminoso. Por meio dela, a autoridade policial dará início às investigações.

Destinatários da Notícia Crime

Um fato aparentemente criminoso pode ser comunicado ao Juiz, ao MP ou ao Delegado.

Quando quem recebe a notícia crime é o juiz ou o MP, eles requisitarão ao delegado o início das investigações.

Classificação da Notícia Crime

Ela é classificada em direta ou indireta, conforme veremos a seguir:

Notícia crime direta (cognição imediata ou espontânea)

A autoridade policial toma conhecimento de um fato supostamente criminoso por meio da atuação da própria polícia, quando noticiado o crime pela imprensa ou comunicado anonimamente por um particular.

Quanto à anônima, também chamada de notícia crime apócrifa, é uma forma de comunicação válida do crime, haja vista a existência, em todos os Estados, do serviço de *disk*-denúncia, pelo qual as pessoas podem comunicar delitos sem se identificarem.

É comum encontrarmos questões de concursos falando que tal modalidade de notícia é inválida, pois a CF veda o anonimato. Tal afirmativa está errada, porque apesar da CF vedar o anonimato, a denúncia anônima, hoje, é estimulada pelos órgãos oficiais do Estado responsável pela persecução do crime. Antes que uma comunicação anônima leve a instauração do inquérito, a autoridade policial deverá realizar diligências preliminares a fim de constatar se existe possibilidade da declaração anônima ser verdadeira.

Notícia Crime Indireta (cognição mediata ou provocada)

A polícia judiciária toma conhecimento do crime por meio da comunicação de um terceiro identificado.

Espécies de Notícia Crime Indireta

> **Requerimento**

É a comunicação de um fato supostamente criminoso, realizado pela **vítima** ou por seu **representante legal** (para menores de 18 anos de idade ou loucos). Além de comunicar o crime, também serve como um pedido para que a polícia inicie as investigações.

Segundo o CPP, diante de um requerimento, o delegado pode se recusar a iniciar as investigações e, neste caso, é cabível recurso ao chefe de polícia (Art. 5º, §2º do CPP). O código usa a expressão chefe de polícia, entretanto, tal cargo hoje não existe mais, mas é a resposta certa para a sua prova. Pense assim: O delegado pode negar o requerimento? SIM. Cabe recurso ao Requerente? SIM. A quem é encaminhado o recurso? Ao Chefe de Polícia.

> **Requisição**

É a comunicação do crime feita à autoridade policial pelo **promotor** ou pelo **juiz** e também uma determinação para o início das investigações. O delegado não pode se recusar a cumprir uma requisição.

É importante falarmos que, apesar da requisição ser sinônimo de ordem, o delegado não é subordinado hierarquicamente ao MP ou ao Juiz, entretanto, a requisição é uma ordem lastreada na lei. O Art. 13, §2º do CPP, determina que aquele deve cumprir as requisições emanadas pelo juiz ou pelo membro do MP.

Caso o delegado se negue a cumprir uma requisição, ele será responsabilizado na esfera administrativa e, em tese, pode haver responsabilização criminal por prevaricação, e não por desobediência, pois não existe desobediência de um servidor público para outro.

> **Delação**

É a comunicação do crime realizada por um terceiro identificado, também visa a pedir que a polícia inicie as investigações. A delação só é cabível em crimes de ação penal pública incondicionada.

> **Representação**

É a comunicação do crime e também uma autorização para que o Estado atue, seja investigando, seja processando o possível autor. A representação é apresentada pela vítima ou por seu representante legal nos crimes de ação penal pública condicionada a ela.

É importante saber que a falta da representação, nos casos em que a investigação dependa dela, impede definitivamente a atuação do Estado, ou seja, a polícia não pode investigar o fato, não pode lavrar um auto de prisão em flagrante e não haverá processo.

> **Requisição do Ministro da Justiça**

É a **comunicação** do crime e também uma **autorização política** para que o delegado inicie as investigações. Será necessária especificamente em crimes de ação penal pública condicionada à requisição do Ministro da Justiça, a qual não tem caráter de ordem como a do juiz ou do promotor. O nome requisição foi adotado, porque o ato é praticado por uma autoridade da alta cúpula do Poder Executivo.

A falta da requisição do Ministro da Justiça nos casos em que a apuração do fato dependa dela tem os mesmos efeitos da falta da representação, pois impede a investigação pela polícia, a lavratura de auto de prisão em flagrante e ainda o início do processo.

Notícia Crime com Força Coercitiva ou Notícia Crime por Apresentação

É comunicação de um crime decorrente de uma prisão em flagrante, porque a notícia crime se manifesta com a simples apresentação do autor do delito à autoridade policial, pela pessoa que realizou a prisão. Essa modalidade de notícia crime pode ser classificada como direta ou indireta.

Direta: prisão em flagrante realizada por forças policiais.

Indireta: prisão em flagrante feita por qualquer pessoa do povo.

3.9 Procedimentos do Inquérito Policial

Após estudarmos as regras fundamentais sobre o inquérito policial, podemos ver os procedimentos adotados na sua confecção. São eles: o início, o desenvolvimento e o final do Inquérito Policial.

Início

Após o recebimento da notícia crime, o delegado dá início ao inquérito policial através de um documento chamado PORTARIA. Ela é a peça que inicia o inquérito policial e nela deve conter as seguintes informações:

> O fato a ser investigado.
> Envolvidos.
> Diligências a serem imediatamente realizadas.
> Determinação do início das investigações.

Desenvolvimento

O IP se desenvolve por meio da realização de diligências que objetivam apurar a autoria e a materialidade do crime. O Art. 6º do CPP traz um rol exemplificativo de algumas diligências que podem ser adotadas pela polícia judiciária no curso de um inquérito policial.

Esse rol é exemplificativo, pois o inquérito é um procedimento discricionário, ou seja, o delegado tem liberdade para escolher as diligências que achar conveniente para o sucesso da investigação. A seguir, veja a redação do Art. 6º do CPP.

> ***Art. 6º.*** *Logo que tiver conhecimento da prática da infração penal, a autoridade policial deverá:*
>
> ***I.*** *Dirigir-se ao local, providenciando para que não se alterem o estado e conservação das coisas, até a chegada dos peritos criminais;*
>
> ***II.*** *Apreender os objetos que tiverem relação com o fato, após liberados pelos peritos criminais;*
>
> ***III.*** *Colher todas as provas que servirem para o esclarecimento do fato e suas circunstâncias;*
>
> ***IV.*** *Ouvir o ofendido;*
>
> ***V.*** *Ouvir o indiciado, com observância, no que for aplicável, do disposto no Capítulo III do Título VII, deste Livro, devendo o respectivo termo ser assinado por duas testemunhas que lhe tenham ouvido a leitura;*
>
> ***VI.*** *Proceder a reconhecimento de pessoas e coisas e a acareações;*
>
> ***VII.*** *Determinar, se for caso, que se proceda a exame de corpo de delito e a quaisquer outras perícias;*
>
> ***VIII.*** *Ordenar a identificação do indiciado pelo processo datiloscópico, se possível, e fazer juntar aos autos sua folha de antecedentes;*
>
> ***IX.*** *Averiguar a vida pregressa do indiciado, sob o ponto de vista individual, familiar e social, sua condição econômica, sua atitude e estado de ânimo antes e depois do crime e durante ele, e quaisquer outros elementos que contribuírem para a apreciação do seu temperamento e caráter.*

Reprodução Simulada do Fato

Também chamada de reconstituição do crime, é uma diligência prevista no Art. 7º do CPP, cobrada em questões de concursos públicos com frequência.

A reprodução simulada do fato é a famosa reconstituição do crime; tem a finalidade de verificar se a infração foi praticada de determinado modo. Nesse caso, o suspeito não é obrigado a contribuir com a diligência, mas é obrigado a comparecer.

Não será admitida uma reprodução simulada do fato que contrarie a **moralidade** ou a **ordem pública**. Imagine uma reprodução simulada do fato que tentasse reproduzir um crime de estupro; não é possível, pois estaria contrariando a moralidade. Ou imagine uma reconstituição do delito que tentasse reproduzir um incêndio; também não é possível, porque estaria contrariando a ordem pública.

> Combate ao Crime Organizado

Além de todas as diligências necessárias à elucidação de crimes praticados por organizações criminosas, ainda é prevista, em lei própria, a infiltração por agentes de polícia ou de inteligência em tarefas de investigação, constituída pelos órgãos especializados pertinentes, mediante circunstanciada autorização judicial. Essa autorização judicial será estritamente sigilosa e permanecerá nessa condição enquanto perdurar a infiltração.

Indiciamento

É o ato da autoridade policial que comunica a uma pessoa que ela é a suspeita de ter praticado determinado crime e está sendo investigada em um inquérito policial. O indiciamento não é um ato discricionário, pois se fundamenta nas provas colhidas durante as diligências. Se as provas apontam um suspeito, ele DEVE ser indiciado; se não apontam, o delegado não pode indiciar ninguém.

Indiciado menor

O CPP, em seu Art. 15, fala da figura do indiciado menor que era a pessoa suspeita de ter praticado determinado crime e que tinha entre 18 e 21 anos na data do fato. Segundo o código, nesse caso, o acusado deveria ser acompanhado de um curador. Entretanto, esse artigo está tacitamente revogado pelo Código Civil, pois à época da edição do código de processo penal, a maioridade civil era atingida somente aos 21 anos, e tal regra foi alterada no ano de 2002. Sendo assim, a maioridade hoje é atingida aos 18 anos de idade, ou seja, não existe mais o indiciado menor, porque ninguém é menor de idade tendo entre 18 e 21 anos. Essa norma então está tacitamente revogada.

Nomeação de defensor para membros da segurança pública e das forças armadas

De acordo com o art. 14-A do CPP, inserido pela Lei 13.964/2019, nos casos em que servidores vinculados às instituições previstas no art. 144º da Constituição Federal (membros dos órgãos de segurança pública) figurarem como investigados em inquéritos policiais, inquéritos policiais militares e demais procedimentos extrajudiciais, que tenham como objeto a investigação de fatos relacionados ao uso da força letal praticados no exercício profissional, de forma consumada ou tentada, incluindo as situações previstas como excludentes de ilicitude (art. 23° do Código Penal), o indiciado poderá constituir defensor.

Nessas hipóteses, o investigado deverá ser citado da instauração do procedimento investigatório, podendo constituir defensor no prazo de até 48 horas a contar do recebimento da citação. Esgotado esse prazo, com ausência de nomeação de defensor pelo investigado, a autoridade responsável pela investigação deverá intimar a instituição a que estava vinculado o investigado à época da ocorrência dos fatos, para que essa, no prazo de 48 horas, indique defensor para a representação do investigado.

Essa previsão também se aplica aos **servidores militares** vinculados às instituições dispostas no art. 142° da Constituição Federal quando os fatos investigados digam respeito a missões para a Garantia da Lei e da Ordem.

Final do Inquérito Policial

Após a abertura do inquérito, realizada por meio da portaria, e o seu desenvolvimento, veremos o seu desfecho.

O inquérito policial é finalizado com a produção de um documento chamado **relatório**. Nele, o delegado vai relatar as diligências realizadas, dentre outras. Veja as suas características:

> É uma peça descritiva.

> Vai indicar as diligências realizadas durante o IP.

> Justifica as diligências que não foram realizadas por algum motivo.

> O delegado não deve emitir opinião.

Após a confecção desse relatório o inquérito policial estará concluído.

Destino do Relatório

Concluído o relatório, o delegado o encaminhará ao Juiz e este irá remetê-lo ao Ministério Público.

Classificação dos Destinatários

Os destinatários do relatório são classificados da seguinte forma:

» Destinatário IMEDIATO: **MP**

» Destinatário MEDIATO: **Juiz**

É pertinente reparar na inversão que temos aqui. O delegado encaminha o relatório ao juiz (destinatário mediato) que encaminha ao promotor (destinatário imediato). Essa classificação não leva em consideração a ordem de recebimento e sim a finalidade dada por essas autoridades ao inquérito. O juiz exerce um certo controle e, por isso, ele é destinatário também do inquérito, mas o inquérito policial é feito para que o titular da ação penal, em regra o MP, possa promover o processo.

De posse do inquérito policial, o promotor terá as seguintes opções:

> **Iniciar a Ação Penal**

Acontece através do **oferecimento da denúncia**. Resulta do êxito obtido pelo IP, ou seja, ele conseguiu provas da materialidade do crime e traz indícios de autoria.

> **Requisitar Novas Diligências ao Delegado**

Caso o inquérito policial não tenha conseguido colher os indícios necessários de autoria e materialidade do crime, mas as investigações estejam no caminho certo. É a hipótese que justifica a prorrogação de um inquérito policial.

> **Requerer o Arquivamento do IP ao Juiz**

Caso o MP entenda que o inquérito não obteve êxito algum, não prova nem quanto ao fato nem quanto a autoria.

3.10 Arquivamento do Inquérito

Quando o MP entender que o inquérito não obteve êxito algum, não prova nada quanto a fato ou quanto à autoria, nem existe, no momento, expectativa de que novas diligências vão mudar esse cenário, o promotor irá requerer ao juiz o arquivamento do inquérito policial e, caso este concorde com o pedido, ele irá homologá-lo, arquivando o IP. Se discordar do pedido, ele irá encaminhar ao Procurador Geral de República (Nível Federal), para que este decida sobre o arquivamento do IP.

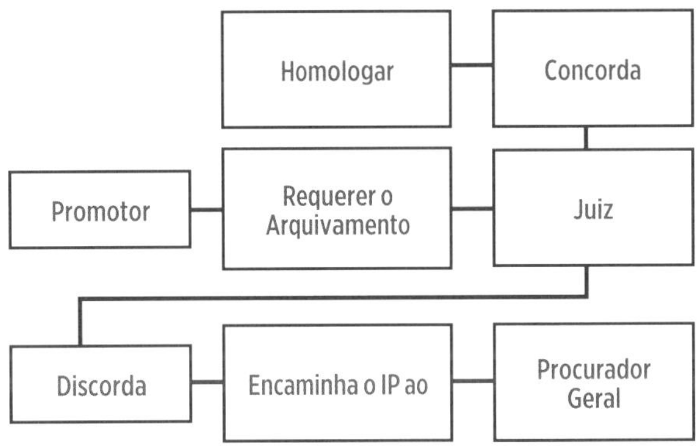

O Procurador de Justiça, nesse caso, poderá adotar as seguintes medidas:

> Caso concorde com o juiz:

» Oferecer a denúncia.

» Designar outro membro do MP para oferecer a denúncia.

Neste caso, o Procurador de Justiça somente pode designar outro promotor para oferecer a denúncia e não pode determinar que o mesmo que requereu o arquivamento apresente a acusação, pois os membros do MP tem independência funcional, e se o promotor entendeu que não há denúncia a oferecer, não é justo que este deva oferecê-la simplesmente por que o Procurador de Justiça determinou, pois assim não haveria empenho do promotor para conduzir o processo.

> Caso o Procurador de Justiça concorde com o Promotor:

» Determina o arquivamento do IP e, nesse caso, o juiz está obrigado a arquivar.

É importante notarmos o procedimento que leva ao arquivamento do inquérito policial. Quem arquiva é somente o juiz, mas desde que provocado pelo MP, ou seja, o juiz não pode arquivar o IP de ofício; o ato de arquivamento do inquérito policial é considerado complexo, pois depende da manifestação de vontade de dois órgãos, um que requere (MP) e outro que homologa (Judiciário).

Modificação do procedimento de arquivamento pelo Pacote Anticrime

Com a edição da Lei 13.964/2019 houve uma grande modificação do teor do art. 28° do Código de Processo Penal. A modificação legislativa determina que, uma vez ordenado o arquivamento do inquérito policial ou de quaisquer elementos informativos da mesma natureza, o órgão do Ministério Público comunicará à vítima, ao investigado e à autoridade policial e encaminhará os autos para a instância de revisão ministerial para fins de homologação, na forma da lei.

Assim, pelo teor do art. 28° modificado pela Lei 13.964/2019, caberá ao Ministério Público, e não mais ao Poder Judiciário, a promoção do arquivamento.

O art. 28° § 1º do CPP prevê, ainda, que se a vítima, ou seu representante legal, não concordar com o arquivamento do inquérito policial, poderá, no prazo de 30 dias do recebimento da comunicação, submeter a matéria à revisão da instância competente do órgão ministerial, conforme dispuser a respectiva lei orgânica.

Ademais, nas ações penais relativas a crimes praticados em detrimento da União, Estados e Municípios, a revisão do arquivamento do inquérito policial poderá ser provocada pela chefia do órgão a quem couber a sua representação judicial.

Contudo, em razão da liminar deferida pelo Supremo Tribunal Federal (ADI 6.305, rel. Min. Luiz Fux, j. 22.01.2020) essa modificação encontra-se, atualmente, suspensa, de modo que o procedimento em vigência continua sendo o exposto no item anterior.

Efeitos do Arquivamento do IP

Arquivado o inquérito policial, por despacho do juiz, a requerimento do promotor de justiça, não pode a ação penal ser iniciada sem novas provas (Súmula 524 do STF). Assim sendo, o arquivamento do IP veda o oferecimento da denúncia para a promoção da ação penal, mas tal vedação não é absoluta, pois, se surgirem novas provas, a acusação poderá ser oferecida e ser iniciada a ação penal.

> ***Art. 18, CPP.*** *Depois de ordenado o arquivamento do inquérito pela autoridade judiciária, por falta de base para a denúncia, a autoridade policial poderá proceder a novas pesquisas, se de outras provas tiver notícia.*

Essa regra também é importante, pois encontramos, com frequência, questões de concurso falando que, se surgirem novas provas, a autoridade policial poderá proceder a novas pesquisas, desde que autorizado pelo poder judiciário. Tal questão está errada, uma vez que não é necessária autorização alguma. O simples surgimento de novas provas autoriza a polícia a reiniciar as investigações, independente de autorização judicial, pois a lei já autorizou.

Conjugando o Art. 18 do CPP, acima estudado, com a Súmula 524 do STF, concluímos que o arquivamento do inquérito policial não tem caráter definitivo, porque, em regra, quando surgirem novos indícios, a investigação poderá ser reiniciada pela polícia judiciária independente de autorização judicial.

Arquivamento Definitivo

Antigamente, pairava sobre o MP o medo de solicitar o arquivamento, visto que isso trancafiava os fatos investigados. No entanto, com o artigo 18 e a súmula 524 do STF, a polícia poderá produzir novas provas, ainda que o inquérito seja arquivado. Com isso, caso surjam novas provas, é possível o desarquivamento. Devido à possibilidade de se discutir novamente o fato investigado, diz-se que o arquivamento do IP faz coisa julgada FORMAL, em regra, com efeitos endoprocessuais (apenas quanto ao fato investigado).

No entanto, vale ressaltar um posicionamento dos tribunais superiores e da doutrina. O inquérito não poderá ser desarquivado, nem mediante novas provas (pois faz coisa julgada MATERIAL), quando houver incidência de fato atípico (STF) ou extinção da punibilidade (doutrina); o mesmo NÃO vale para excludente de ilicitude (STF).

3.11 Termo Circunstanciado de Ocorrência (TCO)

Na apuração dos crimes de menor potencial ofensivo (crimes com pena máxima de até 2 anos e todas as contravenções comuns), o IP será substituído pelo Termo Circunstanciado de Ocorrência. Este será lavrado no momento da prática criminosa pela polícia civil ou militar e será diretamente encaminhado ao juizado especial criminal, para que se processe o julgamento.

Outros Arquivamentos

Por fim, cabe ressaltar algumas modalidades de arquivamento salientadas pela doutrina:

> Arquivamento ORIGINÁRIO é a solicitação de arquivamento feita diretamente pelo Procurador-Geral. Neste caso, não há discricionariedade ao juiz quanto à discordância do arquivamento, devendo este obrigatoriamente arquivar o IP.

> Arquivamento IMPLÍCITO é aquele realizado quando o houver oferecimento da denúncia de menos crimes (objetivo) ou menos autores (subjetivo) em relação ao indiciamento. É repudiado pela Jurisprudência do STF e do STJ.

> Arquivamento INDIRETO é aquele realizado quando houver investigação criminal acerca de um delito em que o membro do MP e o juiz são incompetentes para apreciar.

Não se arquiva investigação proveniente de crimes de ação penal privada!

Questões

01. (CESPE) Em relação a inquérito policial, ação penal e competência, julgue o próximo item, de acordo com o entendimento da doutrina majoritária e dos tribunais superiores.

É de seis meses o prazo para que o ministro da Justiça requeira a instauração de inquérito policial em crime de ação penal pública condicionada. Findo esse prazo, opera-se a decadência do direito de ação.

Certo ( ) Errado ( )

02. (CESPE) No âmbito do inquérito policial, cuja natureza é inquisitiva, não se faz necessária a aplicação plena do princípio do contraditório, conforme a jurisprudência dominante.

Certo ( ) Errado ( )

03. (CESPE) Em cada item seguinte, é apresentada uma situação hipotética seguida de uma assertiva a ser julgada com relação à competência para requerer o arquivamento de autos de IP e às consequências da promoção desse tipo de arquivamento.

Relatado o IP, sob a tese de atipicidade penal do fato, o MP requereu o arquivamento dos autos, o que foi determinado pelo competente juízo, em acolhimento à tese do MP. Nessa situação, o arquivamento dos autos nos termos do requerimento do MP impede a reabertura das investigações pela autoridade policial.

Certo ( ) Errado ( )

04. (CESPE) João integra uma organização criminosa que, além de contrabandear e armazenar, vende, clandestinamente, cigarros de origem estrangeira nas ruas de determinada cidade brasileira.

A partir dessa situação hipotética, julgue os itens subsequentes.

Caso haja indício de transnacionalidade no crime de contrabando praticado, a competência para apurar e julgar o delito é da justiça federal e, se João estiver preso, a Polícia Federal deverá concluir o inquérito em até dez dias.

Certo ( ) Errado ( )

05. (CESPE) Depois de adquirir um revólver calibre 38, que sabia ser produto de crime, José passou a portá-lo municiado, sem autorização e em desacordo com determinação legal. O comportamento suspeito de José levou-o a ser abordado em operação policial de rotina. Sem a autorização de porte de arma de fogo, José foi conduzido à delegacia, onde foi instaurado inquérito policial. Tendo como referência essa situação hipotética, julgue os itens seguintes. O inquérito instaurado contra José é procedimento de natureza administrativa, cuja finalidade é obter informações a respeito da autoria e da materialidade do delito.

Certo ( ) Errado ( )

Gabaritos

01	ERRADO
02	CERTO
03	CERTO
04	ERRADO
05	CERTO

4. LEI Nº 9.099/1995 - JUIZADOS ESPECIAIS CÍVEIS E CRIMINAIS

4.1 Disposições Gerais

Os Juizados Especiais Cíveis e Criminais, órgãos da **Justiça Ordinária**, serão criados pela União, no Distrito Federal e nos Territórios, e pelos Estados, para conciliação, processo, julgamento e execução, nas causas de sua competência.

Essa Lei aplica-se para a Justiça Comum Estadual. Na **Justiça Federal** ela pode ser utilizada de forma **subsidiária**, pois o Juizado Especial Federal tem legislação própria (Lei nº 10.259/2001).

O processo orientar-se-á pelos critérios da **oralidade, simplicidade, informalidade, economia processual e celeridade**, buscando, **sempre que possível**, a conciliação ou a transação.

O sistema dos **Juizados Especiais Civis** (JEC) aplica-se para **causas cíveis de menor complexidade**, enquanto os **Juizados Especiais Criminais** (JECRIM) são utilizados **em infrações penais de menor potencial ofensivo.**

4.2 Dos Juizados Especiais Cíveis

Competência

O Juizado Especial Cível tem competência para conciliação, processo e julgamento das causas cíveis de **menor complexidade**, sendo que essa Lei define quais são esses casos.

Podem ser apreciadas pelo JEC:

> Causas que não excedam 40 vezes o salário mínimo.

> Hipóteses enumeradas no Art. 275, II, do Código de Processo Civil (rito sumário do CPC).

> A ação de despejo para uso próprio.

> As ações possessórias sobre bens imóveis de valor não excedente a 40 salários-mínimos.

Essa competência é **facultativa**, isto é, o autor **pode optar** por ingressar com ação na Justiça Comum, mesmo que esteja enquadrada uma dessas hipóteses.

Se determinada ação for de valor superior a 40 salários-mínimos, e a parte optar por esse procedimento, estará **renunciando ao crédito excedente ao teto** estabelecido, salvo conciliação (as partes podem fazer um acordo de valor superior).

O Juizado Especial também é competente para **executar seus próprios julgados e dos títulos executivos extrajudiciais de valor até 40 salários-mínimos** (observadas as restrições estabelecidas na Lei nº 9.099/95).

Algumas ações, independentemente do valor, não podem ser apreciadas pelo Juizado Especial Cível, devendo tramitar na via comum.

São **excluídas** da competência do JEC as causas:

> De natureza Alimentar, Falimentar e Fiscal.

> De interesse da Fazenda Pública.

> Relativas a acidentes de trabalho, a resíduos e ao estado das pessoas (ainda que de cunho patrimonial).

Mesmo quando o valor for igual ou inferior a 40 salários mínimos, essas causas não poderão tramitar no JEC.

A Lei nº 9.099/95 também traz algumas regras de competência (locais em que a ação deve ser proposta).

Competência do foro:

> **Domicílio do réu** (autor pode optar pelo local onde o réu exerça atividades profissionais ou econômicas ou mantenha estabelecimento, filial, agência, sucursal ou escritório).

> **Local onde a obrigação deva ser satisfeita.**

> **Domicílio do Autor ou do local do ato/fato** – Reparação de danos de qualquer natureza.

Apesar dessas regras, em qualquer hipótese o autor pode optar por propor a ação no domicílio do réu.

Do Juiz, dos Conciliadores e dos Juízes Leigos

A Lei nº 9.099/95 traz um procedimento simplificado. O juiz possui **ampla liberdade** para determinar as provas a serem produzidas, para apreciá-las e para dar especial valor as regras de experiência comum ou técnica.

Ele adotará em cada caso a decisão que reputar **mais justa e equânime**, atendendo aos **fins sociais da lei** e às **exigências do bem comum**.

O juizado especial é fortemente caracterizado pelos princípios da **conciliação** e da **celeridade**. Para privilegiar esses princípios, a Lei nº 9.099/95 traz a figura de dois auxiliares da justiça no âmbito da competência dessa lei.

São auxiliares da Justiça:

> **Conciliadores** (bacharéis em Direito).

> **Juízes leigos** (advogados com mais de 5 anos de experiência – impedidos de exercer a advocacia perante os Juizados Especiais enquanto no desempenho de suas funções).

Das Partes no Juizado Especial

No Juizado Especial **não podem ser partes**:

> O incapaz.

> O preso.

> As pessoas jurídicas de direito público.

> As empresas públicas da União.

> A massa falida.

> O insolvente civil.

Independente do valor da causa ou matéria tratada, não poderão ser partes no JEC qualquer um dos acima indicados.

Somente podem **propor ação** perante o Juizado Especial (legitimados ativos):

> **As pessoas físicas capazes** (cessionários de direito de pessoas jurídicas são excluídos; considera-se capaz o **maior de 18 anos**, inclusive para conciliação).

> **As microempresas.**

> **OSCIP** (pessoas jurídicas qualificadas como Organização da Sociedade Civil de Interesse Público).

> **As sociedades de crédito ao microempreendedor.**

Nos termos dessa Lei, a obrigatoriedade de assistência por advogado depende do valor da causa:

> **Até 20 salários-mínimos** – **Facultativa** (as partes comparecem pessoalmente, elas constituem advogados apenas se quiserem).

> **Valor superior** – **Obrigatória** (devem obrigatoriamente constituir um advogado, não podem praticar os atos processuais pessoalmente).

No caso de **assistência facultativa**, se uma das partes comparecer assistida por advogado, ou se o réu for pessoa jurídica ou firma individual, terá a **outra parte, se quiser, assistência judiciária prestada por órgão instituído junto ao Juizado Especial, na forma da lei local**.

O Juiz alertará as partes da conveniência do patrocínio por advogado, quando a causa o recomendar.

O mandato ao advogado **poderá ser verbal**, salvo quanto aos poderes especiais (não precisa de procuração escrita para conferir poderes gerais de foro para o advogado).

Não é admitida, no processo, nenhuma forma de intervenção de terceiro ou de assistência (mas o litisconsórcio é admitido).

O Ministério Público intervirá nos casos previstos em lei.

Atos Processuais

Os atos processuais são **públicos** e poderão ser realizados em **horário noturno**, de acordo com o disposto nas **normas de organização judiciária**.

Sempre que **preencherem as finalidades** para as quais forem realizados, eles serão **considerados válidos** (atendidos os critérios definidos pela Lei nº 9.099/05, Art. 2º).

Aqui a Lei adota o princípio da **instrumentalidade das formas**, isto é, caso a Lei preveja determinada forma para a prática de um ato, sem cominação de nulidade, e o ato seja praticado de forma diversa, tendo ele alcançado a sua finalidade essencial, não será o mesmo anulado.

A prática de atos processuais em outras comarcas poderá ser solicitada por qualquer meio idôneo de comunicação.

Registro dos atos – serão registrados apenas aqueles atos que forem considerados essenciais (de forma resumida), em notas manuscritas, datilografada ou estenotipadas.

Os demais atos (não considerados essenciais) poderão ser gravados em fita magnética ou equivalente, que será **inutilizada após o trânsito em julgado da decisão**.

Do Pedido

O processo é instaurado com a **apresentação do pedido** à Secretaria do Juizado (isso pode ser feito **por escrito** ou até mesmo de **forma oral**). Nele constará de forma simples e em linguagem acessível:

> O nome, a qualificação e o endereço das partes.

> Os fatos e os fundamentos, de forma sucinta.

> O objeto e seu valor (pode ser formulado pedido genérico quando não for possível determinar, desde logo, a extensão da obrigação).

No caso de **pedido oral**, ele será **reduzido a escrito pela Secretaria do Juizado**, podendo ser utilizado o sistema de fichas ou formulários impressos.

Os pedidos Lei poderão ser **alternativos** ou **cumulados**. No caso de cumulação de pedidos, eles devem ser conexos e a **soma não ultrapasse o limite fixado na Lei** (40 salários-mínimos).

Registrado o pedido, independentemente de distribuição e autuação, a Secretaria do Juizado designará a sessão de conciliação, a realizar-se no prazo de **quinze dias.**

Comparecendo inicialmente ambas as partes, instaurar-se-á, desde logo, a sessão de conciliação, dispensados o registro prévio de pedido e a citação.

Havendo pedidos contrapostos, poderá ser dispensada a contestação formal e ambos serão apreciados na mesma sentença.

Das Citações e Intimações

A citação é a forma pela qual o réu tem ciência de que contra ele, corre um processo, sendo, nesse ato, chamado para integrar a relação processual.

A **citação** é feita:

> Por correspondência, com aviso de recebimento em mão própria.

> Tratando-se de pessoa jurídica ou firma individual, mediante entrega ao encarregado da recepção, que será obrigatoriamente identificado.

> Sendo necessário, por oficial de justiça, independentemente de mandado ou carta precatória.

O **comparecimento espontâneo suprirá a falta ou nulidade da citação**. Dessa forma, caso o réu não tenha sido citado ou a mesma tenha ocorrido de maneira nula (citou por engano o vizinho por exemplo), mas ele compareça espontaneamente em juízo, esse vício estará sanado.

A citação conterá cópia do pedido inicial, dia e hora para comparecimento do citando e advertência de que, não comparecendo este, considerar-se-ão verdadeiras as alegações iniciais, e será proferido julgamento, de plano (efeitos gerados pela revelia do réu).

Intimações - feitas na forma prevista para citação, ou por qualquer outro meio idôneo de comunicação.

Dos atos praticados na audiência, considerar-se-ão, desde logo, cientes as partes (não precisam ser intimados, pois tiveram ciência desses atos no momento em que os mesmos foram praticados).

As partes devem comunicar as mudanças de endereço que ocorrerem no curso do processo. Se não o fizerem, as intimações enviadas ao local anteriormente indicado serão **reputadas eficazes**.

Da Revelia

Não comparecendo o demandado à sessão de conciliação ou à audiência de instrução e julgamento, reputar-se-ão verdadeiros os fatos alegados no pedido inicial, salvo se o contrário resultar da convicção do Juiz.

Da Conciliação e do Juízo Arbitral

Aberta a sessão, o Juiz togado ou leigo esclarecerá as partes presentes sobre as vantagens da conciliação, mostrando-lhes os riscos e as consequências do litígio, especialmente quanto ao disposto no § 3º do Art. 3º desta Lei (renúncia ao crédito que exceder a 40 salários-mínimos).

A conciliação será conduzida pelo Juiz togado ou leigo ou por conciliador sob sua orientação. Obtida a conciliação, esta será **reduzida a escrito e homologada** pelo Juiz togado, mediante **sentença com eficácia de título executivo.**

Não comparecendo o demandado (revelia), o Juiz togado proferirá sentença.

Não obtida a conciliação, as partes poderão optar, de comum acordo, pelo juízo arbitral. O juízo arbitral considerar-se-á instaurado, **independentemente de termo de compromisso**, com a escolha do árbitro pelas partes. Se este não estiver presente, o Juiz convocá-lo-á e designará, de imediato, a data para a audiência de instrução. Esse árbitro será escolhido dentre os juízes leigos.

O árbitro conduzirá o processo com os mesmos critérios do Juiz (dirigirá o processo com liberdade para determinar as provas a serem produzidas, para apreciá-las e para dar especial valor às regras de experiência comum ou técnica), **podendo decidir por equidade**.

O árbitro apresentará o **laudo ao Juiz togado para homologação por sentença irrecorrível** ao término da instrução, ou nos cinco dias subsequentes.

Da Instrução e Julgamento

Caso não seja instituído o juízo arbitral, proceder-se-á imediatamente à audiência de instrução e julgamento, desde que não resulte prejuízo para a defesa.

Não sendo possível a sua realização imediata, será a audiência designada para um dos **quinze dias subsequentes**, cientes, desde logo, as partes e testemunhas eventualmente presentes.

Na audiência de instrução e julgamento, serão ouvidas as partes, colhidas as provas e, em seguida, proferida a sentença (as partes serão inquiridas ou interrogadas antes da produção das demais provas).

Serão **decididos de plano** (imediatamente) todos os incidentes que **possam interferir** no regular prosseguimento da audiência. As demais questões serão decididas na sentença.

As partes irão se **manifestar imediatamente** sobre os documentos apresentados pela parte contrária, **sem interrupção da audiência.**

Da Resposta do Réu

A contestação pode ser apresentada de **forma escrita ou oral**. Na contestação, deve estar contida **toda a matéria de defesa**, exceto arguição de suspeição ou impedimento do Juiz, que se processará na forma da legislação em vigor.

No âmbito dos Juizados Especiais, não se admitirá a reconvenção. Entretanto, é lícito ao réu, na contestação, formular pedido em seu favor, nos limites do Art. 3º desta Lei, desde que fundado nos mesmos fatos que constituem objeto da controvérsia (pedido contraposto).

O autor poderá responder ao pedido do réu na própria audiência ou requerer a designação da nova data, que será desde logo fixada, cientes todos os presentes.

Das Provas

Todos os meios de prova moralmente legítimos, ainda que não especificados em lei, são hábeis para provar a veracidade dos fatos alegados pelas partes.

Dessa forma, mesmo que determinado meio de prova não esteja previsto na legislação, mas seja moralmente legítimo, ele poderá ser utilizado para demonstrar a veracidade dos fatos narrados pelas partes.

Todas as provas serão produzidas na audiência de instrução e julgamento, **ainda que não requeridas previamente**, podendo o Juiz limitar ou excluir as que considerar excessivas, impertinentes ou protelatórias. Assim, não é requisito para a produção da prova que a parte a tenha requerido previamente.

No Juizado Especial Cível, é possível trazer até **três testemunhas**. Essas testemunhas comparecem à audiência de instrução e julgamento levadas pela parte que as tenha arrolado, **independentemente de intimação**, ou mediante esta, se assim for requerido (só ocorre a intimação de testemunha se a parte o requerer).

Esse requerimento para intimação das testemunhas será apresentado à Secretaria, no **mínimo, cinco dias antes** da audiência de instrução e julgamento.

Se, mesmo após regularmente intimada, a testemunha não comparecer, o Juiz poderá determinar sua imediata condução, valendo-se, se necessário, do auxílio da força pública (condução coercitiva).

Quando a prova do fato exigir, o Juiz poderá inquirir técnicos de sua confiança, permitida às partes a apresentação de parecer técnico. No curso da audiência, poderá o Juiz, de ofício ou a requerimento das partes, realizar inspeção em pessoas ou coisas, ou determinar que o faça pessoa de sua confiança, que lhe relatará informalmente o verificado.

A prova oral não será reduzida a escrito, a sentença deverá referir, no essencial, os informes trazidos nos depoimentos.

A instrução do processo poderá ser dirigida por Juiz leigo, sob a supervisão de Juiz togado.

Da Sentença

A sentença mencionará os elementos de convicção do Juiz (com breve resumo dos fatos relevantes ocorridos em audiência), **dispensado o relatório**.

Não se admitirá sentença condenatória por quantia ilíquida, **ainda que genérico o pedido**. Dessa forma, mesmo que a parte tenha formulado um pedido genérico, o juiz não pode proferir sentença ilíquida, ela já deve apresentar o valor da condenação.

É ineficaz a sentença condenatória na parte que exceder a alçada estabelecida nesta Lei. Dessa forma, caso a sentença condene o réu em quantia superior à 40 salários mínimos, ela será ineficaz (sem produção de efeitos) no que ultrapassar esse valor.

O Juiz Leigo que tiver dirigido a instrução proferirá sua decisão e, imediatamente a submeterá ao Juiz Togado, que **poderá homologá-la, proferir outra em substituição** ou, antes de se manifestar, determinar a realização de atos probatórios indispensáveis.

Da sentença proferida, caberá recurso para o próprio Juizado (excetuada a homologatória de conciliação ou laudo arbitral). Esse recurso será julgado por uma turma composta por três Juízes togados, em exercício no primeiro grau de jurisdição, reunidos na sede do Juizado (Turma Recursal).

Apesar de, em determinados casos, a assistência de advogado ser facultativa no âmbito dos Juizados Especiais, no recurso, as partes serão obrigatoriamente representadas por advogado.

O prazo para interposição de recurso é de **dez dias**, contados da ciência da sentença, por petição escrita, da qual constarão as razões e o pedido do recorrente.

Após a interposição, a parte recorrente tem que realizar o preparo em 48 horas, independentemente de intimação, sob pena de deserção. Após o preparo, a Secretaria intimará o recorrido para oferecer resposta escrita no prazo de dez dias.

O recurso terá somente efeito devolutivo, mas o Juiz poderá dar-lhe efeito suspensivo, para evitar dano irreparável para a parte.

O julgamento em segunda instância constará apenas da ata, com a indicação suficiente do processo, fundamentação sucinta e parte dispositiva. **Se a sentença for confirmada pelos próprios fundamentos, a súmula do julgamento servirá de acórdão**.

Dos Embargos de Declaração

Os embargos de declaração constituem o recurso cabível quando, na sentença ou acórdão, houver **obscuridade, contradição, omissão ou dúvida**. Tratando-se apenas de erros materiais, esses podem ser corrigidos de ofício.

Os embargos de declaração serão interpostos **por escrito ou oralmente**, no prazo de **cinco dias**, contados da ciência da decisão. Quando interpostos contra a sentença, os embargos de declaração **suspenderão o prazo para recurso**.

Da Extinção do Processo Sem Julgamento do Mérito

O processo será extinto (sem resolução do mérito), além dos casos previstos em lei, quando:

> O autor deixar de comparecer a qualquer das audiências do processo (caso comprove ter sido por motivo de força maior, a parte poderá ser isentada pelo Juiz do pagamento das custas).

> Inadmissível o procedimento instituído por esta Lei ou seu prosseguimento, após a conciliação.

> For reconhecida a incompetência territorial.

> Falecido o autor, a habilitação depender de sentença ou não se der no prazo de trinta dias.

> Falecido o réu, o autor não promover a citação dos sucessores no prazo de trinta dias da ciência do fato.

A extinção do processo **independerá**, em qualquer hipótese, de prévia intimação pessoal das partes.

Da Execução

O Juizado possui competência para executar suas próprias decisões. A execução da sentença processar-se-á, no próprio Juizado, aplicando-se, no que couber, o disposto no Código de Processo Civil, com as seguintes alterações:

> As sentenças serão necessariamente líquidas, contendo a conversão em Bônus do Tesouro Nacional - BTN ou índice equivalente.

> Os cálculos de conversão de índices, de honorários, de juros e de outras parcelas serão efetuados por servidor judicial.

> A intimação da sentença será feita, sempre que possível, na própria audiência em que for proferida. Nessa intimação, o vencido será instado a cumprir a sentença tão logo ocorra seu trânsito em julgado, e advertido dos efeitos do seu descumprimento (inciso V).

> Não cumprida voluntariamente a sentença transitada em julgado, e tendo havido solicitação do interessado, que poderá ser verbal, proceder-se-á desde logo à execução, dispensada nova citação.

> Nos casos de obrigação de entregar, de fazer, ou de não fazer, o Juiz, na sentença ou na fase de execução, cominará multa diária, arbitrada de acordo com as condições econômicas do devedor, para a hipótese de inadimplemento. Não cumprida a obrigação, o credor poderá requerer a elevação da multa ou a transformação da condenação em perdas e danos, que o Juiz de imediato arbitrará, seguindo-se a execução por quantia certa, incluída a multa vencida de obrigação de dar, quando evidenciada a malícia do devedor na execução do julgado.

> Na obrigação de fazer, o Juiz pode determinar o cumprimento por outrem, fixado o valor que o devedor deve depositar para as despesas, sob pena de multa diária.

> Na alienação forçada dos bens, o Juiz poderá autorizar o devedor, o credor ou terceira pessoa idônea a tratar da alienação do bem penhorado, a qual se aperfeiçoará em juízo até a data fixada para a praça ou leilão. Sendo o preço inferior ao da avaliação, as partes serão ouvidas. Se o pagamento não for à vista, será oferecida caução idônea, nos casos de alienação de bem móvel, ou hipotecado o imóvel.

> É dispensada a publicação de editais em jornais, quando se tratar de alienação de bens de pequeno valor.

> O devedor poderá oferecer embargos, nos autos da execução, versando sobre:
>
> » Falta ou nulidade da citação no processo, se ele correu à revelia.
>
> » Manifesto excesso de execução.
>
> » Erro de cálculo.
>
> » Causa impeditiva, modificativa ou extintiva da obrigação, superveniente à sentença.

A execução de **título executivo extrajudicial**, no valor de **até 40 salários-mínimos**, obedecerá ao disposto no Código de Processo Civil, com as modificações introduzidas por esta Lei.

Efetuada a penhora, o devedor será intimado a comparecer à audiência de conciliação, quando poderá oferecer embargos (Art. 52, IX), por escrito ou verbalmente.

Na audiência, será buscado o **meio mais rápido e eficaz para a solução do litígio**, se possível com dispensa da alienação judicial, devendo o conciliador propor, entre outras medidas cabíveis, o pagamento do débito a prazo ou a prestação, a dação em pagamento ou a imediata adjudicação do bem penhorado.

Não apresentados os embargos em audiência, ou julgados improcedentes, qualquer das partes poderá requerer ao Juiz a adoção de uma das alternativas acima descritas.

Não encontrado o devedor ou inexistindo bens penhoráveis, o processo será imediatamente extinto, devolvendo-se os documentos ao autor.

Das Despesas

Em primeiro grau de jurisdição, o acesso ao Juizado Especial independerá do pagamento de custas, taxas ou despesas.

O preparo do recurso, na forma do § 1º do Art. 42 desta Lei (O preparo será feito, independentemente de intimação, nas quarenta e oito horas seguintes à interposição, sob pena de deserção), compreenderá todas as despesas processuais, inclusive aquelas dispensadas em primeiro grau de jurisdição, ressalvada a hipótese de assistência judiciária gratuita.

Em primeiro grau de jurisdição, não há condenação do vencido em custas e honorários de advogado (salvo se configurada litigância de má-fé)

Em segundo grau, o recorrente, vencido, **pagará as custas e honorários de advogado**, que serão fixados entre 10% e 20% do valor de condenação (não havendo condenação, utiliza-se do valor corrigido da causa como base de cálculo).

Na execução não serão contadas custas, salvo quando:

> Reconhecida a litigância de má-fé.

> Improcedentes os embargos do devedor.

> Tratar-se de execução de sentença que tenha sido objeto de recurso improvido do devedor.

Disposições Finais

Instituído o Juizado Especial, serão implantadas as curadorias necessárias e o serviço de assistência judiciária.

O **acordo extrajudicial**, de qualquer natureza ou valor, **poderá ser homologado**, no juízo competente, independentemente de termo, valendo a sentença como **título executivo judicial**.

Valerá como **título extrajudicial** o acordo celebrado pelas partes, por instrumento escrito, **referendado pelo órgão competente do Ministério Público**.

Nas causas sujeitas ao procedimento instituído pela Lei nº 9.099/95 **não é admitida a ação rescisória**.

4.3 Dos Juizados Especiais Criminais

Disposições Gerais do JECRIM

O Juizado Especial Criminal, **provido por juízes togados ou togados e leigos**, tem competência para a conciliação, o julgamento e a execução das **infrações penais de menor potencial ofensivo**, respeitadas as regras de conexão e continência.

Na hipótese de reunião de processos, perante o juízo comum ou o tribunal do júri, decorrentes da aplicação das regras de conexão e continência, **observar-se-ão os institutos da transação penal e da composição dos danos civis.**

→ Consideram-se infrações penais de menor potencial ofensivo (para os efeitos da Lei nº 9.099/95):

> As contravenções penais;

> Os crimes a que a lei comine pena máxima não superior a 2 anos (cumulada ou não com multa).

O processo perante o Juizado Especial orientar-se-á pelos critérios da oralidade, informalidade, economia processual e celeridade, objetivando, sempre que possível, a reparação dos danos sofridos pela vítima e a aplicação de pena não privativa de liberdade.

Da Competência e dos Atos Processuais

Competência do Juizado → determinada pelo lugar em que foi praticada a infração penal.

Os atos processuais serão públicos e poderão realizar-se em horário noturno e em qualquer dia da semana, conforme dispuserem as normas de organização judiciária.

Os atos processuais serão válidos sempre que preencherem as finalidades para as quais foram realizados, atendidos os critérios indicados no Art. 62 da Lei nº 9.099/95 (*critérios da oralidade, informalidade, economia processual e celeridade, objetivando, sempre que possível, a reparação dos danos sofridos pela vítima e a aplicação de pena não privativa de liberdade*).

No âmbito do Juizado Especial Criminal, a nulidade somente será pronunciada se houver prejuízo para alguma das partes.

A prática de atos processuais em outras comarcas poderá ser solicitada por qualquer meio hábil de comunicação.

Somente serão registrados por escrito os atos havidos por essenciais. Os atos realizados em audiência de instrução e julgamento poderão ser gravados em fita magnética ou equivalente.

A citação será pessoal e far-se-á no próprio Juizado, sempre que possível, ou por mandado. Não encontrado o acusado para ser citado, o Juiz encaminhará as peças existentes ao Juízo comum para adoção do procedimento previsto em lei.

A intimação far-se-á por correspondência, com aviso de recebimento pessoal ou, tratando-se de pessoa jurídica ou firma individual, mediante entrega ao encarregado da recepção, que será obrigatoriamente identificado, ou, sendo necessário, por oficial de justiça, independentemente de mandado ou carta precatória, ou ainda por qualquer meio idôneo de comunicação.

Dos atos que forem praticados em audiência, são consideradas intimadas desde logo cientes as partes, os interessados e defensores.

Do ato de intimação do autor do fato e do mandado de citação do acusado, constará a necessidade de seu comparecimento acompanhado de advogado, com a advertência de que, na sua falta, ser-lhe-á designado defensor público.

Da Fase Preliminar

A autoridade policial que tomar conhecimento da ocorrência lavrará termo circunstanciado e o encaminhará imediatamente ao Juizado, com o autor do fato e a vítima, providenciando-se as requisições dos exames periciais necessários.

Depois da ocorrência do fato, a autoridade policial lavra o TC (Termo Circunstanciado) e encaminha para o Juizado. Não há inquérito.

Se o autor do fato (trata-se do réu, mas a Lei usa o termo "autor do fato") que, após a lavratura do termo, for imediatamente encaminhado ao juizado ou assumir o compromisso de a ele comparecer, não se imporá prisão em flagrante, nem se exigirá fiança.

Em caso de violência doméstica, o juiz poderá determinar, como medida de cautela, seu afastamento do lar, domicílio ou local de convivência com a vítima.

Comparecendo o autor do fato e a vítima, e não sendo possível a realização imediata da audiência preliminar, será designada data próxima, da qual ambos sairão cientes.

Na falta do comparecimento de qualquer dos envolvidos, a Secretaria providenciará sua intimação e, se for o caso, a do responsável civil (intimação feita na forma dos Arts. 67 e 68 da Lei nº 9.099/95, acima visto).

Na audiência preliminar, presente o representante do Ministério Público, o autor do fato e a vítima e, se possível, o responsável civil, acompanhados por seus advogados, o Juiz esclarecerá sobre a possibilidade da composição dos danos e da aceitação da proposta de aplicação imediata de pena não privativa de liberdade.

A conciliação será conduzida pelo Juiz ou também por conciliador (sob orientação do juiz).

Esses conciliadores são auxiliares da Justiça, recrutados, na forma da lei local, **preferentemente** entre bacharéis em Direito (mas aqueles que exerçam funções na administração da Justiça Criminal estão excluídos, não podem atuar como conciliadores).

Na audiência de conciliação, devem estar presentes o Juiz, o Promotor, a vítima e o autor do fato. Nessa audiência eles podem fazer acordo.

A composição (acordo) dos danos civis:

> Será reduzida a escrito.

> Homologada pelo Juiz (sentença irrecorrível).

> Eficácia de título a ser executado no juízo civil competente.

Tratando-se de ação penal de iniciativa privada ou de ação penal pública condicionada à representação, o acordo homologado acarreta a **renúncia ao direito de queixa ou representação**.

Não obtida a composição dos danos civis, será dada imediatamente ao ofendido a oportunidade de exercer o direito de **representação verbal, que será reduzida a termo**. O não oferecimento da representação na audiência preliminar não implica decadência do direito, que poderá ser exercido no prazo previsto em lei.

Havendo representação ou tratando-se de crime de ação penal pública incondicionada, não sendo caso de arquivamento, o Ministério Público poderá propor a aplicação imediata de pena restritiva de direitos ou multas, a ser especificada na proposta.

Nas hipóteses de ser a pena de multa a única aplicável, o Juiz poderá reduzi-la **até a metade**.

Entretanto, **não se admitirá a proposta** se ficar comprovado:

> Ter sido o autor da infração **condenado**, pela prática de crime, à pena **privativa de liberdade**, por **sentença definitiva**.

> Ter sido o agente beneficiado anteriormente, no prazo de **cinco anos**, pela aplicação de pena restritiva ou multa, nos termos deste Art..

> **Não indicarem** os antecedentes, a conduta social e a personalidade do agente, bem como os motivos e as circunstâncias, **ser necessária e suficiente a adoção da medida**.

Se a proposta for aceita pelo autor da infração e seu defensor, será submetida à apreciação do Juiz.

Se acolher essa proposta, o Juiz aplicará a pena restritiva de direitos ou multa, que não importará em reincidência, sendo registrada apenas para impedir novamente o mesmo benefício no prazo de cinco anos.

A imposição dessa sanção não constará de certidão de antecedentes criminais, salvo para os fins previstos no mesmo dispositivo, e não terá efeitos civis, cabendo aos interessados propor ação cabível no juízo cível.

Dessa sentença cabe apelação (mas ela segue as regras previstas para esse recurso na Lei nº 9.099/95).

Do Procedimento Sumaríssimo

Na ação penal de iniciativa pública, quando não houver aplicação de pena, pela ausência do autor do fato (ou pela não ocorrência da aceitação da proposta acima estudada) o Ministério Público oferecerá ao Juiz, de imediato, denúncia oral, se não houver necessidade de diligências imprescindíveis.

Para o oferecimento da denúncia, que será elaborada com base no termo de ocorrência acima tratado, com dispensa do inquérito policial, prescindir-se-á do exame do corpo de delito quando a materialidade do crime estiver aferida por boletim médico ou prova equivalente (nesse caso, então, não é preciso o exame de corpo de delito).

Se a complexidade ou circunstâncias do caso não permitirem a formulação da denúncia, o Ministério Público poderá requerer ao Juiz o encaminhamento das peças existentes, na forma do parágrafo único do Art. 66 da Lei nº 9.099/95 (Não encontrado o acusado para ser citado, o Juiz encaminhará as peças existentes ao Juízo comum para adoção do procedimento previsto em lei).

Na ação penal **de iniciativa do ofendido**, poderá ser oferecida **queixa oral**, cabendo ao Juiz verificar se a complexidade e as circunstâncias do caso determinam a adoção das providências previstas no parágrafo único do Art. 66 dessa lei (anteriormente citado).

Oferecida a denúncia ou queixa, será reduzida á termo, entregando-se cópia ao acusado, que com ela ficará citado e imediatamente cientificado da designação de dia e hora para a audiência de instrução e julgamento, da qual também tomarão ciência o Ministério Público, o ofendido, o responsável civil e seus advogados.

Se o acusado não estiver presente, será citado na forma dos Arts. 66 e 68 da Lei nº 9.099/95 (pessoalmente no próprio Juizado ou por mandado) e cientificado da data da audiência de instrução e de julgamento, devendo a ela trazer suas testemunhas ou apresentar requerimento para intimação, no mínimo, cinco dias antes de sua realização.

Não estando presentes o ofendido e o responsável civil, serão intimados nos termos do Art. 67 desta Lei para comparecerem à audiência de instrução e julgamento (intimado por carta com aviso de recebimento ou qualquer outro meio idôneo).

As testemunhas arroladas serão intimadas por correspondência com aviso de recebimento ou qualquer outro meio idôneo.

No dia e hora designados para a audiência de instrução e julgamento, se na fase preliminar não tiver havido possibilidade de tentativa de conciliação e de oferecimento de proposta pelo Ministério Público, proceder-se-á a tentativa de conciliação (na forma acima estudada – fase preliminar).

Nenhum ato será adiado, determinando o Juiz, **quando imprescindível, a condução coercitiva** de quem deva comparecer.

Aberta a audiência, será dada a palavra ao defensor para responder à acusação. Após isso o Juiz receberá, ou não, a denúncia ou queixa; havendo recebimento, serão ouvidas a vítima e as testemunhas de acusação e defesa, interrogando-se a seguir o acusado, se presente, passando-se imediatamente aos debates orais e à prolação da sentença.

Todas as provas serão produzidas na audiência de instrução e julgamento, podendo o Juiz limitar ou excluir as que considerar excessivas, impertinentes ou protelatórias.

De todo o ocorrido na audiência será lavrado termo, assinado pelo Juiz e pelas partes, contendo breve resumo dos fatos relevantes ocorridos em audiência e a sentença. A sentença, dispensado o relatório, mencionará os elementos de convicção do Juiz.

O recurso cabível no caso de decisão que rejeite a denúncia ou queixa e também da sentença é a **APELAÇÃO**, que poderá ser julgada por turma composta de três Juízes em exercício no primeiro grau de jurisdição, reunidos na sede do Juizado.

A apelação será interposta no prazo de **dez dias**, contados da ciência da sentença pelo Ministério Público, pelo réu e seu defensor, por petição escrita, da qual constarão as razões e o pedido do recorrente (o recorrido será intimado para oferecer resposta escrita também no prazo de dez dias).

As partes poderão requerer a transcrição da gravação da fita magnética e serão intimadas da data da sessão de julgamento pela imprensa.

Se a sentença for confirmada pelos próprios fundamentos, a súmula do julgamento servirá de acórdão (nesse caso a Turma recursal confirmou a sentença dada, o acórdão é simplificado, consistirá apenas na súmula do julgamento).

Embargos de declaração:

> Recurso cabível quando houver obscuridade, contradição, omissão ou dúvida (em sentença ou em acórdão).

> Serão opostos por escrito ou oralmente.

> Opostos no prazo de cinco dias (contados da ciência da decisão).

Quando opostos contra sentença, os embargos de declaração suspenderão o prazo para o recurso.

Os erros materiais podem ser corrigidos de ofício (o próprio Juiz corrige, sem que ninguém requeria).

Da Execução

Se a única pena aplicada for a de multa, seu cumprimento far-se-á mediante pagamento na Secretaria do Juizado. Efetuado o pagamento, o Juiz declarará extinta a punibilidade, determinando que a condenação **não fique constando** dos registros criminais, exceto para fins de requisição judicial.

Mas caso não seja efetuado o pagamento de multa, será feita a conversão **em pena privativa da liberdade**, ou **restritiva de direitos**, nos termos previstos em lei.

A execução das penas privativas de liberdade e restritivas de direitos, ou de multa cumulada com estas, será processada perante o órgão competente, nos termos da lei.

Das Despesas Processuais

Nos casos de homologação do acordo civil e aplicação de pena restritiva de direitos ou multa, as despesas processuais serão reduzidas, conforme dispuser lei estadual.

Disposições Finais

Além das hipóteses do Código Penal e da legislação especial, dependerá de representação a ação penal relativa aos crimes de lesões corporais leves e lesões culposas.

Nos crimes em que a pena mínima cominada for igual ou inferior a um ano, abrangidas ou não por esta Lei, o Ministério Público, ao oferecer a denúncia, poderá propor a suspensão do processo, por dois a quatro anos, desde que o acusado não esteja sendo processado ou não tenha sido condenado por outro crime, presentes os demais requisitos que autorizariam a suspensão condicional da pena (Os requisitos para suspensão da pena são tratados no Art. 77 do Código Penal).

Aceita a proposta pelo acusado e seu defensor, na presença do Juiz, este, recebendo a denúncia, **poderá suspender o processo**, submetendo o acusado **a período de prova**, sob as **seguintes condições**:

> Reparação do dano (salvo impossibilidade de fazê-lo).

> Proibição de frequentar determinados lugares.

> Proibição de ausentar-se da comarca onde reside, sem autorização do Juiz.

> Comparecimento pessoal e obrigatório a juízo, mensalmente, para informar e justificar suas atividades.

O Juiz **poderá especificar outras condições** a que fica subordinada a suspensão, desde que adequadas ao fato e à situação pessoal do acusado.

A suspensão PODERÁ SER REVOGADA se o acusado vier a ser processado, no curso do prazo, por contravenção, ou descumprir qualquer outra condição imposta.

Se no curso do prazo da suspensão o beneficiário vier a ser processado por outro crime ou não efetuar a reparação do dano (sem motivo justificado) a suspensão SERÁ REVOGADA.

Expirado o prazo sem revogação, o Juiz declarará extinta a punibilidade. Não correrá a prescrição durante o prazo de suspensão do processo.

Se o acusado não aceitar a proposta para que seja feita a suspensão o processo prosseguirá em seus ulteriores termos.

As disposições desta Lei não se aplicam aos processos penais cuja instrução já estiver iniciada.

Sobre esse Art.: ADIN nº 1.719/90 do STF: *O Tribunal , por votação unânime , deferiu , em parte , o pedido de medida cautelar , para , sem redução de texto e dando interpretação conforme à Constituição , excluir , com eficácia ex tunc , da norma constante do Art. 090 da Lei nº 9099 /95, o sentido que impeça a aplicação de normas de direito penal , com conteúdo mais favorável ao réu , aos processos penais com instrução já iniciada à época da vigência desse diploma legislativo.*

As disposições previstas na Lei nº 9.099/95 **não se aplicam no âmbito da Justiça Militar.**

Nos casos em que esta Lei passa a exigir representação para a propositura da ação penal pública, o ofendido ou seu representante legal será **intimado para oferecê-la no prazo de trinta dias, sob pena de decadencia**.

Aplicam-se subsidiariamente as disposições dos Códigos Penal e de Processo Penal, no que não forem incompatíveis com esta Lei.

4.4 Disposições Finais Comuns

Lei Estadual disporá sobre o Sistema de Juizados Especiais Cíveis e Criminais, sua organização, composição e competência.

Os serviços de cartório poderão ser prestados, e as audiências realizadas fora da sede da Comarca, em bairros ou cidades a ela pertencentes, ocupando instalações de prédios públicos, de acordo com audiências previamente anunciadas.

Os Estados, Distrito Federal e Territórios criarão e instalarão os Juizados Especiais no prazo de seis meses, a contar da vigência desta Lei.

No prazo de 6 meses, contado da publicação desta Lei, serão criados e instalados os Juizados Especiais Itinerantes, que deverão dirimir, prioritariamente, os conflitos existentes nas áreas rurais ou nos locais de menor concentração populacional

Questões

01. (Cespe) Nos juizados especiais cíveis, não é admitida a reconvenção.

Certo ( ) Errado ( )

02. (Cespe) Os atos processuais dos juizados especiais criminais poderão ser realizados nos finais de semana, à exceção dos domingos e feriados.

Certo ( ) Errado ( )

Gabaritos

01	CERTO
02	ERRADO

5. DA PRISÃO, DAS MEDIDAS CAUTELARES E DA LIBERDADE PROVISÓRIA

5.1 O que é Prisão?

É uma restrição à liberdade de ir e vir (liberdade ambulatorial ou de locomoção), por meio do recolhimento ao cárcere.

Constitucionalidade das Prisões

> ***Art. 5º, LXI, CF.*** *Ninguém será preso senão em flagrante delito ou por ordem escrita e fundamentada de autoridade judiciária competente, salvo nos casos de transgressão militar ou crimes propriamente militares definidos em lei.*

Assim sendo, exceto nas transgressões militares, a prisão só ocorrerá, em regra, por ordem escrita e fundamentada do juiz competente e, excepcionalmente, nos casos de flagrante delito. Somente o juiz pode decretar a prisão de alguém e mais nenhuma outra autoridade.

Princípio da Presunção de Inocência Durante a Prisão Cautelar

> ***Art. 5º, LVII, CF.*** *Ninguém será considerado culpado até o trânsito em julgado de sentença penal condenatória.*

Com base nessa norma, o STF consagrou o entendimento de que o princípio da presunção de inocência se estende até a sentença condenatória transitar em julgado, e, antes desse marco, a prisão é exceção que só se justifica naquelas situações expressamente consagradas em lei.

Modalidades de Prisão

Prisão Pena: é aquela que decorre do trânsito em julgado de uma sentença condenatória.

Prisão sem pena (Processual / Provisória / Cautelar): é modalidade de prisão cabível à persecução penal, ou seja, durante o inquérito policial e também durante o processo penal, e antes do trânsito em julgado da sentença penal condenatória.

- Prisão em Flagrante.
- Prisão Preventiva.
- Prisão Temporária.

5.2 Prisões processuais

Prisão em Flagrante

É a prisão cautelar de natureza administrativa que funciona como ferramenta de preservação social, autorizando a captura daquele que é surpreendido no instante em que pratica ou termina de concluir a infração penal. Caracteriza-se pela imediatidade entre o crime e a prisão. Essa modalidade de prisão comporta várias delas, e, a seguir, exemplificaremos cada hipótese de flagrante, conforme o que vem sendo cobrado nos principais concursos do país.

Modalidades de Flagrante

Existem várias modalidades de flagrantes; elas são estabelecidas nas leis, nas doutrinas e também na jurisprudência. A seguir, veremos cada uma delas:

Flagrante Obrigatório ou Compulsório

É o flagrante imposto pela lei às forças policiais (polícia militar e civil), ou seja, é um dever funcional do policial a realização da prisão em flagrante sempre que necessário, e, caso o policial não cumpra com o seu dever, ele é responsabilizado tanto na esfera criminal quanto na administrativa.

> ***Art. 301*** *do CPP. Qualquer do povo poderá e as autoridades policiais e seus agentes deverão prender quem quer que seja encontrado em flagrante delito.*

Flagrante Facultativo

É a possibilidade da realização da prisão em flagrante por qualquer do povo, pois a lei nos traz que, enquanto as forças policiais têm a obrigação de prender em flagrante, aquele pode realizar a prisão em flagrante. Quando uma pessoa comum do povo a realiza, ela está amparada pelo excludente de ilicitude denominado exercício regular de direito.

> ***Art. 301*** *do CPP. Qualquer do povo poderá e as autoridades policiais e seus agentes deverão prender quem quer que seja encontrado em flagrante delito.*

Flagrante Próprio (Real / Perfeito / Propriamente dito)

Tem cabimento em duas hipóteses:

- Quando o agente está cometendo o delito, ou seja, está em plena prática dos atos executórios.

Ex.: O agente saca uma faca e parte na direção de outra pessoa na tentativa de produzir lesões corporais, entretanto, antes que consiga ter sucesso é surpreendido pela polícia ou por terceiro que lhe domina e lhe dá a voz de prisão.

- Acaba de cometer o delito, isto é, o agente terminou de concluir a prática da infração penal, ficando evidente que é o autor do crime. Apesar do delito já ter se consumado, o agente ainda continua no local do crime, e por isso pode ser preso. Caso o autor consiga sair do de lá, o flagrante não será mais próprio.

O agente saca uma faca e parte na direção de outra pessoa na tentativa de produzir um homicídio; consegue, então, desferir os golpes e provocar a morte da vítima. Imediatamente a isso e antes de conseguir empreender fuga, o assassino é surpreendido ainda no local do crime pela polícia ou por terceiros e é preso.

> ***Art. 302, I e II, CPP.*** *Considera-se em flagrante delito quem:*
> ***I.*** *Está cometendo a infração penal;*
> ***II.*** *Acaba de cometê-la;*

Flagrante Impróprio (Irreal / Imperfeito / Quase flagrante)

É a espécie de flagrante que ocorre quando o criminoso conclui o crime ou é interrompido pela chegada de terceiros e foge, sem ser preso no local, fazendo com que se inicie uma perseguição, seja pela polícia, pela vítima ou por terceiro.

Ex.: O agente dispara vários tiros de arma de fogo contra a vítima, sai da casa desta com a arma na mão e logo após é visto pela polícia que estava de patrulha na região. Inicia-se, então, uma perseguição que acaba resultando na prisão do agente.

> ***Art. 301, III, CP.*** *Considera-se em flagrante delito quem:*
> ***III.*** *É perseguido, logo após, pela autoridade, pelo ofendido ou por qualquer pessoa, em situação que faça presumir ser autor da infração.*

→ **Notas quanto à Perseguição:**

Tanto a polícia quanto qualquer pessoa do povo podem prender alguém em flagrante. Sendo assim, será caracterizada a perseguição quando o perseguidor, por informação própria ou de terceiro, logo após o crime, descobrir que o criminoso partiu em determinada direção e, a partir daí, seguir em seu encalço.

Não há prazo pré-fixado em lei. A perseguição se estende pelo tempo que for necessária, mesmo que não exista contato visual. Ela não pode ser interrompida; existe um mito quanto a um prazo para a perseguição, que seria de 24 horas.

Esse prazo não existe e a perseguição pode durar o tempo que for necessária, como exemplo, um mês, um ano. Ela só não pode ser interrompida.

Parte da doutrina entende que a invasão domiciliar só se justifica no flagrante próprio, sendo assim, em qualquer outra modalidade de flagrante, incluindo esta, não poderá haver invasão domiciliar para realizar a prisão. Também adota essa posição a Polícia Federal (instrução normativa 1/92 publicada no Diário Oficial da União, do Diretor do Departamento de Polícia Federal):

> ***Art. 73.*** *A autoridade policial somente procederá à busca domiciliar sem mandado judicial quando houver consentimento espontâneo do morador ou quando tiver certeza da situação de flagrância. (...) 73.2: Na segunda hipótese, é imprescindível ter-se certeza de que o delito está sendo praticado naquele momento.*

Flagrante presumido (Ficto ou Assimilado)

O criminoso é encontrado, logo depois de praticar o crime, com objetos, armas ou papéis que faça presumir ser ele o autor do delito. Nesse caso, não há perseguição.

Ex.: É o que acontece com frequência nos crimes patrimoniais, quando a vítima comunica à polícia a ocorrência de um roubo e a viatura sai pelas ruas próximas do bairro à procura do objeto subtraído, por exemplo. Então, o criminoso é encontrado de posse do bem logo após e a polícia lhe dá voz de prisão.

> ***Art. 301, IV, CPP.*** *Considera-se em flagrante delito quem:*
> ***IV.*** *É encontrado, logo depois, com instrumentos, armas, objetos ou papéis que façam presumir ser ele autor da infração.*

Flagrante Forjado

É o flagrante realizado para incriminar um inocente. A prisão é ilegal e o forjador irá responder criminalmente por denunciação caluniosa (Art. 339 do CP). E, caso o forjador seja um funcionário público, além da denunciação caluniosa, responde também por Abuso de Autoridade.

Alguém coloca na mochila de outra pessoa certa quantidade de entorpecente, para, abordando-o depois, conseguir dar voz de prisão em flagrante por transportar ou portar a droga.

Flagrante Esperado

Ocorre quando a polícia toma conhecimento da possibilidade da ocorrência de um crime, então, fica em campana, aguardando que se iniciem os primeiros atos executórios, na expectativa de concretizar a captura. Devido à falta de previsão legal do flagrante esperado, quando a tomada se concretiza, ele se transforma em flagrante próprio, sendo assim, essa é uma modalidade viável para autorizar a prisão em flagrante.

No flagrante esperado, a polícia em nada contribui com a prática do delito, ela simplesmente toma conhecimento do crime que está por vir e aguarda o delito acontecer para realizar a prisão. Não confundir com o flagrante preparado.

Flagrante Preparado (Provocado / Delito Putativo por Obra do Agente Provocador)

Ocorre quando o agente provocador (em regra, a polícia, podendo também ser terceiro) induz ou instiga alguém a cometer um crime. Não é admitido no Brasil, a prisão é ilegal, e o fato praticado não constitui crime, pois o é atípico, sendo a consumação da ação impossível, haja vista que, durante os atos executórios, haverá a prisão.

> ***Súmula 145, STF.*** *Não há crime, quando a preparação do flagrante pela polícia torna impossível a sua consumação.*

Flagrante Postergado (Diferido / Estratégico / Ação Controlada)

Caracteriza-se pela possibilidade que a polícia (e somente ela) tem de retardar a prisão em flagrante, na expectativa de realizá-lo num momento mais adequado para a colheita de provas, para a captura do maior número de infratores e também a fim de conseguir o enquadramento no delito principal da facção criminosa. Ele é possível:

No Art. 2º *caput* e inciso II da Lei nº 9.034/95 – Crime Organizado

> ***Art. 2º.*** *Em qualquer fase de persecução criminal, são permitidos, sem prejuízo dos já previstos em lei, os seguintes procedimentos de investigação e formação de provas:*
> ***II.*** *A ação controlada, que consiste em retardar a interdição policial do que se supõe ação praticada por organizações criminosas ou a ela vinculado, desde que mantida sob observação e acompanhamento para que a medida legal se concretize no momento mais eficaz do ponto de vista da formação de provas e fornecimento de informações.*
>
> ***Art. 53, Lei 11.343/06.*** *Tráfico de Drogas*
> ***Art. 53.*** *Em qualquer fase da persecução criminal relativa aos crimes previstos nesta Lei, são permitidos, além dos previstos em lei, mediante autorização judicial e ouvido o Ministério Público, os seguintes procedimentos investigatórios:*
> ***I.*** *A infiltração por agentes de polícia, em tarefas de investigação, constituída pelos órgãos especializados pertinentes;*
> ***II.*** *A não atuação policial sobre os portadores de drogas, seus precursores químicos ou outros produtos utilizados em sua produção, que se encontrem no território brasileiro, com a finalidade de identificar e responsabilizar maior número de integrantes de operações de tráfico e distribuição, sem prejuízo da ação penal cabível.*
> ***Parágrafo único.*** *Na hipótese do inciso II deste artigo, a autorização será concedida desde que sejam conhecidos o itinerário provável e a identificação dos agentes do delito ou de colaboradores.*

Dentre as modalidades de flagrante aqui estudadas, é importante ressaltar que estão previstos, no Código de Processo Penal, somente os flagrantes facultativo, obrigatório, próprio, impróprio e presumido.

Os flagrantes esperado, preparado e forjado são construções doutrinárias que caem com frequência em concursos públicos, conforme você poderá ver nos exercícios no final do capítulo.

O postergado não vem no Código Penal, mas tem previsão legal na lei que trata do crime organizado e também na Lei de Tráfico de Drogas.

Procedimento

Captura: é a restrição ao direito de locomoção que ocorre imediatamente ao crime.

Condução Coercitiva: é a apresentação do capturado à autoridade policial.

Formalização da Prisão: ocorre por meio da lavratura do auto de prisão em flagrante.

Recolhimento à Prisão: lavratura do Auto de Prisão em Flagrante.

Formalização

Observação quanto aos sujeitos envolvidos na Formalização:

» **Condutor:** quem captura o criminoso e o leva à autoridade policial.

» **Conduzido:** é o capturado.

» **Delegado:** é a autoridade que vai presidir a lavratura do auto de prisão em flagrante.

A autoridade que vai presidir a lavratura do auto é o delegado do local da prisão, e, caso não tenha um, o auto de prisão em flagrante será lavrado no local mais próximo onde haja delegado.

> ***Art. 308, CPP.*** *Não havendo autoridade no lugar em que se tiver efetuada a prisão, o preso será logo apresentado à do lugar mais próximo.*

É possível que o juiz presida a lavratura do auto de prisão em flagrante caso:

> O crime seja praticado contra ele.

> O crime seja realizado na presença dele.

É imprescindível que o juiz esteja no seu exercício funcional.

> ***Art. 307, CPP.*** *Quando o fato for praticado em presença da autoridade, ou contra esta, no exercício de suas funções, constarão do auto a narração deste fato, a voz de prisão, as declarações que fizer o preso e os depoimentos das testemunhas, sendo tudo assinado pela autoridade, pelo preso e pelas testemunhas e remetido imediatamente ao juiz a quem couber tomar conhecimento do fato delituoso, se não o for a autoridade que houver presidido o auto.*

Sequência dos Atos

Oitiva do Condutor

» Serão colhidas as declarações do condutor, e reduzidas a termo;

» Na sequência, é recolhida também a sua assinatura;

» E, por fim, ao condutor é entregue pelo delegado um recibo de entrega atestando que o preso lhe foi apresentado e também as condições físicas deste;

» É dispensado o condutor.

> **Art. 304, CPP, primeira parte.** *Apresentado o preso à autoridade competente, ouvirá esta o condutor e colherá, desde logo, sua assinatura, entregando a este cópia do termo e recibo de entrega do preso.*

Oitiva das Testemunhas

Devem ser ouvidas ao menos duas testemunhas, as quais são chamadas de numerárias, porque elas têm conhecimento do fato ocorrido:

» Serão colhidas suas declarações e reduzidas a termo;

» Na sequência, serão recolhidas suas assinaturas;

» As testemunhas serão dispensadas.

> ***Art. 304, CPP, segunda parte e parte final.*** *Em seguida, procederá à oitiva das testemunhas que o acompanharem colhendo, após cada oitiva, suas respectivas assinaturas.*

Caso tenhamos apenas uma testemunha, o condutor funcionará como a segunda testemunha.

Se não tivermos nenhuma testemunha numerária, o auto será lavrado com a utilização de duas testemunhas instrumentais, ou seja, elas nada sabem sobre o crime, declarando apenas que presenciaram a apresentação do preso ao delegado. São também chamadas de testemunhas de apresentação ou fedatárias.

> **Art. 304, § 2º, CPP.** *A falta de testemunhas da infração não impedirá o auto de prisão em flagrante; mas, nesse caso, com o condutor, deverão assiná-lo pelo menos duas pessoas que hajam testemunhado a apresentação do preso à autoridade.*

Qualquer um pode ser uma testemunha instrumental, inclusive o delegado de polícia, pois, segundo o STJ, quem escolhe aquela não é a autoridade, é o destino.

Oitiva do Conduzido

Ao preso será informado o direito ao silêncio e também o de assistência, ou seja, de comunicar alguém da sua escolha que ele está preso.

Fundamentação legal:

> ***Art. 5º, LXIII, CF.*** *O preso será informado de seus direitos, entre os quais o de permanecer calado, sendo-lhe assegurada a assistência da família e de advogado.*

As declarações prestadas serão reduzidas a termo, ou seja, a escrito e o conduzido irá assinar as suas declarações. Caso o preso não saiba assinar, não queira ou não possa, a falta da sua assinatura será sanada com a utilização de duas testemunhas.

> ***Art. 304, § 3º, CPP.*** *Quando o acusado se recusar a assinar, não souber ou não puder fazê-lo, o auto de prisão em flagrante será assinado por duas testemunhas, que tenham ouvido sua leitura na presença deste.*

A presença do advogado não é necessária, nem obrigatória para a lavratura do auto de prisão em flagrante, ela é um direito e não uma obrigação.

Desfecho

Caso o delegado entenda que:

» O crime existiu;

» Que a captura foi legal;

» O conduzido é o responsável pelo crime.

Lavrará o auto de prisão em flagrante e o conduzido será recolhido ao cárcere, caso contrário, o auto não será lavrado e a prisão será relaxada.

> ***Art. 304, § 1º, primeira parte.*** *Resultando das respostas fundada a suspeita contra o conduzido, a autoridade mandará recolhê-lo à prisão.*

Comunicação da prisão

A prisão de qualquer pessoa deve ser comunicada imediatamente ao:

> Juiz competente;

> MP;

> Família do preso à pessoa por ele indicada.

Art. 306, CPP. *A prisão de qualquer pessoa e o local onde se encontre serão comunicados imediatamente ao juiz competente, ao Ministério Público e à família do preso ou à pessoa por ele indicada.*

Em até 24 (vinte e quatro) horas após a realização da prisão, será encaminhado ao juiz competente o auto de prisão em flagrante e, caso o autuado não informe o nome de seu advogado, cópia integral para a Defensoria Pública.

Art. 306, § 1º, CPP. *Em até 24 (vinte e quatro) horas após a realização da prisão, será encaminhado ao juiz competente o auto de prisão em flagrante e, caso o autuado não informe o nome de seu advogado, cópia integral para a Defensoria Pública.*

Art. 306, § 2º, CPP. *No mesmo prazo, será entregue ao preso, mediante recibo, a nota de culpa, assinada pela autoridade que lavrou o auto, com o motivo da prisão, o nome do condutor e os das testemunhas, com o objeto de materializar a regra constitucional abaixo exposta.*

Art. 5º, LXIV, CF. *O preso tem direito à identificação dos responsáveis por sua prisão ou por seu interrogatório policial.*

Após receber o auto de prisão em flagrante, no prazo máximo de até 24 horas após a realização da prisão, o juiz deverá promover audiência de custódia com a presença do acusado, seu advogado constituído ou membro da Defensoria Pública e o membro do Ministério Público, e, nessa audiência, o **juiz deverá, fundamentadamente**:

> Relaxar a prisão ilegal.

> Converter a prisão em flagrante em preventiva, quando cabível.

> Quando a prisão for legal, mas não for cabível a sua conversão em prisão preventiva será, então, concedida a liberdade provisória, com ou sem fiança.

Caso o juiz verifique, pelo auto de prisão em flagrante, que o agente praticou o fato amparado por causa excludente da ilicitude (previstas no art. 23º do Código Penal), poderá, fundamentadamente, conceder ao acusado liberdade provisória, mediante termo de comparecimento obrigatório a todos os atos processuais, sob pena de revogação.

De outro lado, se o juiz verificar que o agente é reincidente ou que integra organização criminosa armada ou milícia, ou que porta arma de fogo de uso restrito, deverá denegar a liberdade provisória, com ou sem medidas cautelares.

A autoridade que der causa, sem motivação idônea, à não realização da audiência de custódia no prazo de 24 horas responderá administrativa, civil e penalmente pela omissão.

Transcorridas as 24 horas após o decurso do prazo para realização da audiência de custódia sem motivação idônea ensejará também a ilegalidade da prisão, a ser relaxada pela autoridade competente, sem prejuízo da possibilidade de imediata decretação de prisão preventiva. **Cuidado! Essa previsão**, constante do art. 310° § 4º, do CPP, acrescentada pela Lei 13.694/2019, contudo, teve a **eficácia suspensa** por decisão do Supremo Tribunal Federal (ADI 6.305, rel. Min. Luiz Fux, j. 22.01.2020)

Prazo

A lei não fala nada quanto ao prazo da prisão em flagrante, entretanto, com a alteração sofrida recentemente pelo CPP, subentende-se que agora ela tem a duração de 24 horas, pois esse é o prazo que o juiz tem para analisá-la e, conforme for o caso, relaxá-la, convertê-la em prisão preventiva ou conceder a liberdade provisória.

Se a prisão em flagrante se estender por mais de 24 horas, ela se tornará ilegal e deverá ser relaxada.

Caso um militar seja preso em flagrante, após a lavratura do auto de prisão em flagrante, ele deverá ser conduzido a uma prisão militar.

Art. 300*, parágro único, CPP. O militar preso em flagrante delito, após a lavratura dos procedimentos legais, será recolhido a quartel da instituição a que pertencer, onde ficará preso à disposição das autoridades competentes.*

Análise da Prisão em Flagrante em Alguns Casos Específicos

Em regra, a prisão em flagrante é possível para todos os crimes e contravenções. Destacaremos agora algumas situações especiais.

> **Crimes Permanentes**

Nessa hipótese, a prisão em flagrante pode ocorrer a qualquer tempo, enquanto perdurar a consumação, autorizando-se inclusive invasão domiciliar independente da hora do dia ou da noite.

> **Crimes de ação penal privada e de ação penal pública condicionada**

A lavratura do auto de prisão em flagrante depende de uma manifestação de vontade do legítimo interessado.

> **Infrações de menor potencial ofensivo (crimes com pena de até 2 anos e todas as contravenções comuns)**

Nessas hipóteses, o auto de prisão em flagrante é substituído pelo TCO (Termo Circunstanciado de Ocorrência), desde que o agente se comprometa a comparecer ao juizado, ou seja, imediatamente para lá encaminhado. Caso ele não aceite o compromisso, o APF será lavrado e o indivíduo recolhido ao cárcere.

> **Porte para uso de drogas e cultivo para uso próprio**

Nesse caso, o APF é substituído pelo TCO, mesmo que o capturado não assuma o compromisso de comparecer aos juizados, afinal, esses crimes não levam o criminoso à prisão.

> **Crimes Habituais**

É crime que exige reiteração de condutas para a sua consumação e pela dificuldade de constatarmos a habitualidade no momento da captura. O entendimento prevalente é de que não cabe flagrante.

5.3 Prisão Preventiva

É a medida cautelar de constrição da liberdade pessoal, cabível durante toda a persecução penal (IP + processo), decretada a requerimento do MP, do querelante, do assistente ou por representação da autoridade policial. Não tem prazo e se justifica na presença dos requisitos estabelecidos nos Art. 312° e 313° do CPP.

Preste atenção! Com a edição do Pacote Anticrime (Lei 13.964/2019) o juiz não tem mais o poder de decretar a prisão preventiva de ofício!

Requisitos

Fumus commissi delicti (fumaça da prática do crime): prova da materialidade e indícios de autoria.

Periculum libertatis *(perigo da liberdade): consiste na necessidade de demonstração do perigo gerado pelo estado de liberdade do imputado (terminologia acrescentada ao art. 312° do CPP pela Lei 13.964/2019), consistente na comprovação de ocorrência de uma das seguintes hipóteses para a decretação da prisão preventiva:*

Garantia da ordem pública: objetiva evitar que o agente continue a delinquir. Só pode ser aplicada quando, provavelmente, se possa concluir isso por meio dos seus antecedentes ou modo de vida.

Não justifica a decretação da prisão preventiva com base na garantia da ordem pública visando a proteger a integridade física do indiciado ou réu, tampouco com base no clamor social.

Garantia da ordem econômica: o objetivo é evitar a prática de novos delitos contra a ordem econômica.

Garantia da instrução criminal: é a prisão que tem por objetivo garantir a livre produção de provas.

Garantia da aplicação da lei penal: objetiva evitar a ocorrência de fugas. Caso o réu não compareça, injustificadamente, a um ato do processo, caberá condução coercitiva e não prisão preventiva.

Também é cabível a prisão preventiva quando houver descumprimento de qualquer das obrigações impostas por força das medidas cautelares previstas no Art. 319 do CPP.

> ***Art. 312°*** *§ 1º A prisão preventiva também poderá ser decretada em caso de descumprimento de qualquer das obrigações impostas por força de outras medidas cautelares (art. 282° § 4º). (Redação dada pela Lei nº 13.964, de 2019)*
>
> ***Art. 282°*** *§ 4º No caso de descumprimento de qualquer das obrigações impostas, o juiz, mediante requerimento do Ministério Público, de seu assistente ou do querelante, poderá substituir a medida, impor outra em cumulação, ou, em último caso, decretar a prisão preventiva, nos termos do parágrafo único do art. 312° deste Código. (Redação dada pela Lei nº 13.964, de 2019)*

Importante registrar que a decisão que decretar a prisão preventiva deve ser motivada e fundamentada em receio de perigo e existência concreta de fatos novos ou contemporâneos que justifiquem a aplicação da medida adotada.

Cabimento da Prisão Preventiva

> ***I.*** *Nos crimes dolosos punidos com pena privativa de liberdade máxima superior a 4 (quatro) anos.*
>
> ***II.*** *Se tiver sido condenado por outro crime doloso, em sentença transitada em julgado, ressalvado o disposto no inciso I do caput do art. 64 do Decreto-Lei nº 2.848, de 7 de dezembro de 1940 - Código Penal.*
>
> ***III.*** *Se o crime envolver violência doméstica e familiar contra a mulher, criança, adolescente, idoso, enfermo ou pessoa com deficiência, para garantir a execução das medidas protetivas de urgência.*

Também será admitida a prisão preventiva quando houver dúvida sobre a identidade civil da pessoa ou quando esta não fornecer elementos suficientes para esclarecê-la, devendo o preso ser colocado imediatamente em liberdade após a identificação, salvo se outra hipótese recomendar a manutenção da medida.

Importante registrar que **não será admitida a decretação da prisão preventiva com a finalidade de antecipação de cumprimento de pena ou como decorrência imediata de investigação criminal ou da apresentação ou recebimento de denúncia**.

Impossibilidade de Decretação da Prisão Preventiva

Havendo indícios nos autos da presença de uma excludente de ilicitude, o juiz estará impedido de decretar a prisão preventiva. Por analogia, a mesma regra é aplicada quando existirem, nos autos, indícios de excludente de culpabilidade.

Ademais, não será admitida a decretação da prisão preventiva com a finalidade de antecipação de cumprimento de pena ou como decorrência imediata de investigação criminal ou da apresentação ou recebimento de denúncia.

Fundamentação do Mandado

De acordo com o art. 93°, IX, da CF e com o art. 315° do CPP (modificado pela Lei 13.964/2019), a decisão que decretar, substituir ou denegar a prisão preventiva será sempre motivada e fundamentada. Na motivação da decretação da prisão preventiva ou de qualquer outra cautelar, o juiz deverá indicar concretamente a existência de fatos novos ou contemporâneos que justifiquem a aplicação da medida adotada.

Não se considera fundamentada qualquer decisão judicial, seja ela interlocutória, sentença ou acórdão, que:

> ***I.*** *limitar-se à indicação, à reprodução ou à paráfrase de ato normativo, sem explicar sua relação com a causa ou a questão decidida;*
>
> ***II.*** *empregar conceitos jurídicos indeterminados, sem explicar o motivo concreto de sua incidência no caso;*
>
> ***III.*** *invocar motivos que se prestariam a justificar qualquer outra decisão;*
>
> ***IV.*** *não enfrentar todos os argumentos deduzidos no processo capazes de, em tese, infirmar a conclusão adotada pelo julgador;*
>
> ***V.*** *limitar-se a invocar precedente ou enunciado de súmula, sem identificar seus fundamentos determinantes nem demonstrar que o caso sob julgamento se ajusta àqueles fundamentos;*
>
> ***VI.*** *deixar de seguir enunciado de súmula, jurisprudência ou precedente invocado pela parte, sem demonstrar a existência de distinção no caso em julgamento ou a superação do entendimento.*

Tempo da Prisão Preventiva

Não há prazo definido em lei acerca da duração da prisão preventiva, e se estende no tempo enquanto houver necessidade, que é dosada pela presença de seus requisitos legais. O juiz poderá, de ofício ou a pedido das partes, revogar a prisão preventiva se, no correr da investigação ou do processo, verificar a falta de motivo para que ela subsista, bem como novamente decretá-la, se sobrevierem razões que a justifiquem.

De todo modo, uma vez decretada a prisão preventiva, deverá o órgão emissor da decisão revisar a necessidade de sua manutenção a cada 90 dias, mediante decisão fundamentada, de ofício, sob pena de tornar a prisão ilegal.

5.4 Prisão Temporária (Lei 7.960/89)

É a prisão cautelar cabível apenas ao longo do IP, decretada pelo juiz a requerimento do MP ou por representação da autoridade policial (o juiz não pode decretar a medida de ofício e também não pode ser requerida pelo querelante nos casos de ação penal privada), com prazo pré-estabelecido em lei, uma vez presente os requisitos do Art. 1º da Lei 7.960/89.

→ **Prisão Temporária:**

> É a prisão cautelar.

> Cabível apenas ao longo do IP.

> Decretada pelo juiz.

> Requerida pelo MP ou pelo delegado.

> Com prazo pré-estabelecido em lei.

> Uma vez presente os seus requisitos.

Cabimento

Art. 1º da Lei 7.960/89. *Caberá prisão temporária:*

I. *quando imprescindível para as investigações do inquérito policial;*

II. *quando o indicado não tiver residência fixa ou não fornecer elementos necessários ao esclarecimento de sua identidade;*

III. *quando houver fundadas razões, de acordo com qualquer prova admitida na legislação penal, de autoria ou participação do indiciado nos seguintes crimes:*

a) *homicídio doloso (art. 121, caput, e seu § 2º);*

b) *sequestro ou cárcere privado (art. 148, caput, e seus §§ 1º e 2º);*

c) *roubo (art. 157, caput, e seus §§ 1º, 2º e 3º);*

d) *extorsão (art. 158, caput, e seus §§ 1º e 2º);*

e) *extorsão mediante sequestro (art. 159, caput, e seus §§ 1º, 2º e 3º);*

f) *estupro (art. 213, caput, e sua combinação com o art. 223, caput, e parágrafo único); (Vide Decreto-Lei nº 2.848, de 1940)*

g) *atentado violento ao pudor (art. 214, caput, e sua combinação com o art. 223, caput, e parágrafo único); (Vide Decreto-Lei nº 2.848, de 1940)*

h) *rapto violento (art. 219, e sua combinação com o art. 223 caput, e parágrafo único); (Vide Decreto-Lei nº 2.848, de 1940)*

i) *epidemia com resultado de morte (art. 267, § 1º);*

j) *envenenamento de água potável ou substância alimentícia ou medicinal qualificado pela morte (art. 270, caput, combinado com art. 285);*

l) *quadrilha ou bando (art. 288), todos do Código Penal;*

m) *genocídio (arts. 1º, 2º e 3º da Lei nº 2.889, de 1º de outubro de 1956), em qualquer de suas formas típicas;*

n) *tráfico de drogas (art. 12 da Lei nº 6.368, de 21 de outubro de 1976);*

o) *crimes contra o sistema financeiro (Lei nº 7.492, de 16 de junho de 1986).*

p) *crimes previstos na Lei de Terrorismo. (Incluído pela Lei nº 13.260, de 2016)*

O crime de quadrilha ou bando não existe mais com essa nomenclatura. Agora, o crime abarcado é o de "associação criminosa"!

Esse rol de crimes descrito acima é taxativo, o que significa que somente esses delitos comportam a medida e mais nenhum outro. Para facilitar a memorização, vai uma dica: o rol acima comporta todos os crimes hediondos e mais alguns.

→ **Interpretação dos Incisos**

Inc. III + (Inc. I e/ou Inc. II) = Prisão temporária.

Procedimento

Requerimento do MP ou representação feita pelo delegado e apresentadas ao juiz, que não pode decretar de ofício. Ele tem 24 horas para decidir e, antes de decidir, deve ouvir o MP.

O mandado prisional será expedido em duas vias, a 1ª via ficará nos autos e a 2ª será entregue ao preso, funcionando como nota de culpa, a qual tem por finalidade informá-lo sobre os motivos da prisão e os seus responsáveis.

Tanto a Lei 7.960/89, no seu Art. 3º, quanto o CPP, em seu Art. 300, estabelecem que o preso provisório (aquele que sofre prisão cautelar) deve ficar separado do definitivo, entretanto, segundo a doutrina, a separação dependerá da existência de estrutura prisional.

Prazo

> Crimes Comuns:

Em regra, o prazo máximo é de 5 dias, mas esse tempo pode ser prorrogado por + 5 dias, havendo necessidade e desde que autorizado pelo juiz.

> Crimes Hediondos e Equiparados:

Em regra, o prazo máximo é de 30 dias, mas pode ser prorrogado por + 30 dias, havendo necessidade e desde que autorizado pelo juiz.

Só o juiz pode decretar a prisão temporária e também autorizar a prorrogação do seu prazo.

Fiscalização da Prisão Temporária pelo Juiz

No curso da prisão temporária, como forma de fiscalizar se o preso não está sofrendo maus tratos, o juiz, a qualquer tempo, pode adotar as seguintes medidas:

> Determinar que o preso lhe seja apresentado.

> Submeter o preso a exame de corpo de delito.

> Requisitar informações ao delegado.

5.5 Uso de Algemas

Devido a uma ausência de Decreto Federal tratando da matéria, o STF publicou a Súmula Vinculante nº 11 para disciplinar o uso das algemas no Brasil.

Cabimento

> Risco de fuga;

> Possibilidade de resistência: caracteriza-se pelo emprego de violência ou de ameaça para que o ato não se concretize;

> Risco à integridade física dos envolvidos (tanto o capturado como os executores da prisão e também terceiros).

Formalidade

Fundamentação por escrito da autoridade que decretou a medida ou dos agentes executores, a qual será lançada nos autos (IP ou processo).

Consequências do Descumprimento das Regras

- A prisão é ilegal, cabendo relaxamento.
- Nulidade do ato processual ou do ato praticado com a utilização irregular das algemas.
- Responsabilização dos agentes responsáveis pela medida nas esferas:
  - Cível.
  - Administrativa.
  - Criminal.
- Responsabilização do Estado na esfera:
  - Cível (responsabilidade objetiva).

5.6 Liberdade Provisória

É o remédio destinado ao combate da prisão em flagrante legal, porém, desnecessária, porque não estão presentes os requisitos da prisão preventiva, permitindo que o agente enfrente a persecução penal em liberdade, evitando os prejuízos da prisão a ele.

Modalidades

- Liberdade provisória sem fiança.
- Liberdade provisória mediante fiança.

Liberdade Provisória sem Fiança

É o direito de permanecer em liberdade ao longo da persecução penal, quando não presente os requisitos que provocam a decretação da prisão preventiva, como forma de não enfrentar a persecução penal preso.

Cabimento

O juiz concederá a liberdade provisória, quando entender, pela leitura do auto de prisão em flagrante, que o capturado não se enquadra nos requisitos que justificariam a decretação da prisão preventiva (Art. 312, CPP).

Formalidades

- Obrigação de comparecimento a todos os atos do IP e do processo para os quais seja convocado.
- O juiz, antes de decidir pela concessão da liberdade provisória sem fiança, deve ouvir o MP.

Medidas cautelares alternativas

Nas hipóteses de liberdade provisória sem fiança, o art. 319° do Código de Processo Penal prevê a possibilidade de imposição de medidas cautelares alternativas, a saber:

- **comparecimento periódico em juízo**, no prazo e nas condições fixadas pelo juiz, para informar e justificar atividades;
- **proibição de acesso ou frequência a determinados lugares** quando, por circunstâncias relacionadas ao fato, deva o indiciado ou acusado permanecer distante desses locais para evitar o risco de novas infrações;
- **proibição de manter contato com pessoa determinada** quando, por circunstâncias relacionadas ao fato, deva o indiciado ou acusado dela permanecer distante;
- **proibição de ausentar-se da Comarca** quando a permanência seja conveniente ou necessária para a investigação ou instrução;
- **recolhimento domiciliar** no período noturno e nos dias de folga quando o investigado ou acusado tenha residência e trabalho fixos;
- **suspensão do exercício de função pública ou de atividade de natureza econômica ou financeira** quando houver justo receio de sua utilização para a prática de infrações penais;
- **internação provisória** do acusado nas hipóteses de crimes praticados com violência ou grave ameaça, quando os peritos concluírem ser inimputável ou semi-imputável (art. 26° do Código Penal) e houver risco de reiteração; e
- **monitoração eletrônica** (a famosa "tornozeleira").

Vale registrar que a proibição de se ausentar do País será comunicada pelo juiz às autoridades encarregadas de fiscalizar as saídas do território nacional, intimando-se o indiciado ou acusado para entregar o passaporte, no prazo de 24 horas.

Liberdade Provisória com Fiança

A fiança é uma garantia pecuniária paga pelo acusado preso em flagrante, até antes do trânsito em julgado da sentença, como meio para garantir que ele possa permanecer em liberdade durante o curso do processo penal.

Vedação da Fiança

A fiança não poderá ser concedida ao acusado nos seguintes casos:

- Nos crimes de racismo.
- Nos crimes de tortura, tráfico ilícito de entorpecentes e drogas afins, terrorismo e nos definidos como crimes hediondos.
- Nos crimes cometidos por grupos armados, civis ou militares, contra a ordem constitucional e o Estado Democrático.
- Aos que, no mesmo processo, tiverem quebrado fiança anteriormente concedida ou infringido, sem motivo justo, qualquer das seguintes obrigações:
- Deixar o afiançado de comparecer perante à autoridade todas as vezes que for intimado para atos do inquérito e da instrução criminal e para o julgamento.
- Quando o réu não comparecer, a fiança será considerada quebrada.

- Se o afiançado mudar de residência, sem prévia permissão da autoridade processante, ou ausentar-se por mais de 8 (oito) dias de sua residência, sem comunicar àquela autoridade o lugar onde será encontrado.
- Em caso de prisão civil ou militar.
- Quando presentes os motivos que autorizam a decretação da prisão preventiva (Art. 312).

Quem Pode Aplicar a Fiança

- Delegado: quando a pena máxima da infração penal não for superior a 4 anos.
- Juiz: qualquer pena.

Valor da Fiança

O valor da fiança será estabelecido pela autoridade que conceder a medida e obedecerá os seguintes critérios: a natureza da infração, as condições pessoais de fortuna e vida pregressa do acusado, as circunstâncias indicativas de sua periculosidade, bem como a importância provável das custas do processo, até final julgamento. Além dos seguintes padrões:

- De 1 (um) a 100 (cem) salários mínimos, quando se tratar de infração cuja pena privativa de liberdade, no grau máximo, não for superior a 4 (quatro) anos.
- De 10 (dez) a 200 (duzentos) salários mínimos quando o máximo da pena privativa de liberdade cominada for superior a 4 (quatro) anos.

O afiançado, após pagar a fiança, estará obrigado a comparecer a todos os atos processuais ou da investigação que for convocado e, caso descumpra com tal obrigação, a fiança será considerada quebrada e a liberdade provisória convertida em prisão preventiva.

Formas de Pagamento da Fiança

- Depósito de dinheiro.
- Pedras.
- Objetos ou metais preciosos.
- Títulos da dívida pública, federal, estadual ou municipal.
- Hipoteca inscrita em primeiro lugar.

Destino da Fiança

O dinheiro ou objetos dados como fiança servirão ao pagamento das custas, da indenização do dano, da prestação pecuniária e da multa, se o réu for condenado.

Restituição da Fiança

Se a fiança for declarada sem efeito ou passar em julgado sentença que houver absolvido o acusado ou declarada extinta a ação penal, o valor que a constituir, atualizado, será restituído sem desconto.

Cassação da Fiança

A fiança que se reconheça não ser cabível na espécie será cassada em qualquer fase do processo, quando reconhecida a existência de delito inafiançável, no caso de inovação na classificação do delito.

Reforço da Fiança

- Quando a autoridade tomar, por engano, fiança insuficiente.
- Quando houver depreciação material ou perecimento dos bens hipotecados ou caucionados, ou depreciação dos metais ou pedras preciosas.
- Quando for inovada a classificação do delito.

Caso seja exigido o reforço e o réu não atenda à exigência, a fiança se tornará sem efeito e o réu será levado à prisão.

Quebra da Fiança

- Regularmente intimado para ato do processo, deixar de comparecer sem motivo justo.
- Deliberadamente praticar ato de obstrução ao andamento do processo.
- Descumprir medida cautelar imposta cumulativamente com a fiança.
- Resistir, injustificadamente, à ordem judicial.
- Praticar nova infração penal dolosa.

Caso a fiança seja quebrada, o réu perderá a metade do seu valor, além do juiz poder impor outras medidas cautelares, bem como a decretação da prisão preventiva.

Se for condenado e não comparecer para dar cumprimento à pena, perderá a fiança em sua totalidade e, nesse caso, será deduzido de tal valor as custas judiciais e os demais encargos que o acusado estiver obrigado a pagar e o restante será recolhido ao fundo penitenciário. Caso o réu compareça para cumprir a pena, o valor da fiança será utilizado para o pagamento das custas judiciais também, além do pagamento de demais encargos que couber ao acusado e o restante será devolvido a quem houver prestado a fiança (terceiros podem pagar a fiança para o réu, se quiserem e, nesse caso, eles sofrerão as consequências pecuniárias advindas dos casos acima estudados. As demais medidas, é claro, somente serão aplicadas ao réu.).

A Liberdade Provisória e Alguns Casos Específicos

Crimes Hediondos (8.072/90)

Não se admite a liberdade provisória com fiança, mas a sem fiança.

Crimes Equiparados a Hediondos

- Tortura (9.455/97) e Terrorismo

Não se admite fiança, mas a liberdade provisória sem fiança.

- Tráfico de Drogas (Art. 44 da Lei 11.343/06)

Segundo a lei, não é admitida a liberdade provisória com ou sem fiança. Entretanto, os tribunais superiores já a concederam para traficantes. O assunto ainda não está concluso, devemos esperar o parecer final do STF. Mas, caso caia na sua prova alguma questão a respeito da liberdade provisória no crime de tráfico de drogas, pode dizer que cabe a sem fiança, pois já foi concedida; agora, caso a sua prova pergunte com base no texto da Lei 11.343/06, não caberá a liberdade provisória.

Crime Organizado (Lei 9.034/95)

Não é admitida a liberdade provisória com ou sem fiança para as pessoas que tiveram intensa participação na organização criminosa.

Lavagem de Dinheiro (Lei 9.613/98)

Não se admite liberdade provisória com ou sem fiança.

Estatuto do Desarmamento

> Comércio ilegal de arma.

> Tráfico internacional de arma.

> Porte ilegal de arma de uso proibido.

Esses três crimes são inafiançáveis, mas, de acordo com o STF, passaram a comportar liberdade provisória sem fiança.

Questões

01. (CESPE) Depois de adquirir um revólver calibre 38, que sabia ser produto de crime, José passou a portá-lo municiado, sem autorização e em desacordo com determinação legal. O comportamento suspeito de José levou-o a ser abordado em operação policial de rotina. Sem a autorização de porte de arma de fogo, José foi conduzido à delegacia, onde foi instaurado inquérito policial.

    Tendo como referência essa situação hipotética, julgue o item seguinte. Os agentes de polícia podem decidir, discricionariamente, acerca da conveniência ou não de efetivar a prisão em flagrante de José.

02. (CESPE) José subtraiu o carro de Ana mediante grave ameaça exercida com arma de fogo. Após a prática do ato, ele fugiu do local dirigindo o veículo em alta velocidade, mas foi perseguido por outros condutores que passavam pela via e atenderam ao pedido de ajuda da vítima. A interrupção da perseguição de José descaracteriza o flagrante impróprio, embora José possa ser preso se encontrado, em seguida, com o objeto do crime e em situação pela qual se presuma ser ele o autor do fato.

    Certo ( ) Errado ( )

03. (CESPE) João integra uma organização criminosa que, além de contrabandear e armazenar, vende, clandestinamente, cigarros de origem estrangeira nas ruas de determinada cidade brasileira.

    A partir dessa situação hipotética, julgue o item subsequente. Se João for preso em flagrante e o escrivão estiver impossibilitado de proceder à lavratura do auto de prisão, a autoridade policial poderá designar qualquer pessoa para fazê-lo, desde que esta preste o compromisso legal anteriormente.

    Certo ( ) Errado ( )

04. (CESPE) A fim de garantir o sustento de sua família, Pedro adquiriu 500 CDs e DVDs piratas para posteriormente revendê-los. Certo dia, enquanto expunha os produtos para venda em determinada praça pública de uma cidade brasileira, Pedro foi surpreendido por policiais, que apreenderam a mercadoria e o conduziram coercitivamente até a delegacia.

    Com referência a essa situação hipotética, julgue o item subsequente.

    Em regra, após a condução coercitiva de Pedro à delegacia, a competência para lavrar o auto de prisão em flagrante é da autoridade policial.

    Certo ( ) Errado ( )

05. (CESPE) João, aproveitando-se de distração de Marcos, juiz de direito, subtraiu para si uma sacola de roupas usadas a ele pertencentes. Marcos pretendia doá-las a instituição de caridade. João foi perseguido e preso em flagrante delito por policiais que presenciaram o ato. Instaurado e concluído o inquérito policial, o Ministério Público não ofereceu denúncia nem praticou qualquer ato no prazo legal. Considerando a situação hipotética descrita, julgue o item a seguir. O prazo previsto para que a autoridade policial comunique a prisão de João ao juiz competente é de cinco dias.

    Certo ( ) Errado ( )

Gabaritos

01	ERRADO
02	CERTO
03	CERTO
04	CERTO
05	ERRADO

Sumário

1. TEORIA GERAL E CARACTERIZAÇÃO DOS DIREITOS HUMANOS

1.1 Conceitualização

A conceitualização dos Direitos Humanos não obedece a uma forma absoluta de definição universal. Muitos foram, e continuam sendo, os teóricos que refletem esse âmbito do Direito. Vejamos, a título de exemplos, alguns conceitos:

> "Compreendemos por Direitos Humanos os direitos que o homem possui pelo fato de ser homem, por sua própria natureza humana, pela dignidade que a ela é inerente. São direitos que não resultam de uma concessão da sociedade política. Pelo contrário, são direitos que a sociedade política tem o dever de consagrar".
>
> João Baptista Herkenhoff (Advogado e escritor).

> "O conjunto institucionalizado de direitos e garantias do ser humano que tem por finalidade básica o respeito à sua dignidade por meio de sua proteção contra o arbítrio do poder estatal e o estabelecimento de condições mínimas de vida e desenvolvimento da personalidade humana".
>
> Alexandre de Moraes (jurista, magistrado, ex-político e atual ministro do Supremo Tribunal Federal-STF).

> "A expressão Direitos Humanos refere-se obviamente ao homem, e como "direitos" só se pode designar aquilo que pertence à essência do homem, que não é puramente acidental, que não surge e desaparece com a mudança dos tempos, da moda, do estilo ou do sistema, deve ser algo que pertence ao homem como tal".
>
> Charlles Malik (Relator da comissão de Direitos Humanos da ONU, 1947).

Após analisarmos os conceitos dados, uma dúvida pode surgir: "Qual a diferença entre **direitos do Homem**, **Direitos Fundamentais** e **Direitos Humanos**?". Pode-se dizer que a principal diferença entre esses conceitos reside na positivação ou não dos referidos direitos, bem como o local onde se encontram positivados. Porém, as expressões têm sido, equivocadamente, usadas indistintamente como sinônimos. Observe:

- **Direitos do Homem:** é a universalidade de direitos naturais (caráter jusnaturalista) que garantem a proteção global do homem e válido em todos os tempos. Trata-se de direito que não estão nos textos constitucionais ou, nem mesmo, em tratados de proteção aos direitos humanos. Portanto, podemos caracterizar como direitos que:
  - condicionam ao ser humano exercer sua humanidade;
  - são universais, válidos em qualquer tempo e em qualquer lugar;
  - são naturais, inseparáveis e imprescindíveis a qualquer ser humano.
- **Direitos Fundamentais:** representam os direitos naturais positivados ou escritos no Texto Constitucional, ganhando uma conotação de direitos positivos constitucionais. Um exemplo é o Título II da Constituição de 1988.

  É importante também ter cuidado para não confundir os direitos fundamentais com garantias fundamentais. A primeira espécie são os bens protegidos pela Constituição, já a segunda é aquela que visa proteger esses bens, ou seja, instrumentos constitucionais.
- **Direitos Humanos:** é evolução dos direitos fundamentais, ou seja, quando esses direitos previstos nas normas internas passaram a ser regulados em **tratados internacionais** (seja no plano global ou regional).

Um tratado é um acordo entre os Estados, que se comprometem com regras específicas. Tratados internacionais têm diferentes designações, como pactos, cartas, protocolos, convenções e acordos. Um tratado é legalmente vinculativo para os Estados que tenham consentido em se comprometer com as disposições do tratado – em outras palavras, que são parte do tratado.

A expressão Direito Humanitário também pode gerar novas dúvidas, portanto fazemos bem em conceituá-la. O **Direito Humanitário** visa ao mínimo de dignidade para os participantes de conflitos armados ou feridos e doentes vítimas de guerras e proteção para aqueles que não participam ou que fugiram de determinado conflito.

1.2 Concepções

Ao analisarmos os Direitos Humanos, devemos nos perguntar quais as premissas filosóficas que os precedem e os projetam, e o alicerce sobre o qual estão levantadas as colunas que estruturam todos os direitos humanos e suas ramificações. Neste sentido, é possível afirmar as seguintes teorias basilares:

- **Naturalismo:** a pessoa humana é o fundamento atemporal dos Direitos Humanos, pois, a partir dela, verificamos a existência de direitos pré-concebidos e precedentes a qualquer modo de positivação estatal. A dignidade, não importa a cultura na qual a pessoa esteja imersa, deve ser objeto de zelo e amparo, pois está presente no homem enquanto homem. Neste sentido, os Direitos Humanos não são criados pelos homens, não são criados pelo Estado, mas resta a este o reconhecimento destes direitos.
- **Positivismo:** os Direitos Humanos não podem ser caracterizados como absolutos. Devem obedecer à ordem prática do Direito que, como fruto social, leva em consideração fatores culturais, morais e sociais, variáveis em sua constituição. Portanto, não poderíamos almejar uma fundamentação absoluta, ou caráter permanente para algo que necessariamente irá sofrer alterações. Isso gera uma tendência natural à positivação dos Direitos Humanos pelas Constituições nacionais.

Observação: não devemos estabelecer um ponto exato no nascimento dos Direitos Humanos, mas percebê-los como fruto do tempo e das experiências. Eles nasceram fragmentados em resposta às atrocidades cometidas arbitrariamente sobre o ser humano durante guerras e conflitos. O direito à liberdade e à vida são exemplos de alguns desses direitos. Mesmo com perspectivas de fundamentação distintas, os Direitos Humanos permanecem tendo como horizonte de ação a **DIGNIDADE DO HOMEM**, que, na condição de humano, já merece respeito e dignidade, sendo estes inseparáveis de sua natureza.

A dignidade pode ser definida como consciência do próprio valor, respeito que se tem para com a própria pessoa e o reconhecimento de suas próprias qualidades. Neste sentido, o ser capaz de reconhecimento de si e autoconsciência, inferindo valores a seu contexto social, artístico e cultural, capaz de dar sentido e promover a Liberdade é o ser humano.

1.3 Características

Os Direitos Humanos são caracterizados pela:

- **Historicidade:** não nasceram todos de uma única vez em um único momento histórico. Surgindo de maneira gradual, são resultados de lutas contra o Poder vigente, evoluem com o tempo e obedecem a fluxos circunstanciais do contexto a que estão inseridos, sendo assegurados pela positivação jurídica dos Estados.
- **Universalidade:** destinam-se para todo ser humano. Não limita, distingue ou separa os homens por conta de sexo, orientação política, religião, cor ou nacionalidade, almejando respeitar e considerar o princípio de Liberdade e o princípio da Dignidade presente em todo e qualquer ser humano só pelo fato de o sê-lo.
- **Inalienabilidade:** os direitos não podem ser alienados, não podem ser vendidos.
- **Inexaurabilidade:** os Direitos humanos não são esgotados em si mesmos, não assumem rol taxativo. É admissível a esses direitos sua ampliação não sua redução, respeitando-se sempre o núcleo essencial de tais direitos.
- **Irrenunciabilidade:** os titulares de tais direitos não podem renunciá-los. Os Direitos Humanos são inerentes à existência humana e, tomando consciência disso, o Estado impede que os indivíduos deliberem sobre direitos de ordem natural.
- **Imprescritibilidade:** podem ser exercidos em qualquer tempo. Mesmo levando em conta um intervalo de tempo que não tenham sido exercidos, não significa que não podem ser exigidos.
- **Inviolabilidade:** os Direitos Humanos não podem ser violados e cabe ao Estado zelar para que a violação de tais direitos não ocorra.
- **Complementariedade:** a evolução dos Direitos Humanos é marcada pela complementação que cada direito dá ao outro. Eles se complementam.
- **Efetividade:** a concretização, a realização no mundo real. Os direitos não permanecem somente no plano teórico, mas efetivam-se no mundo.
- **Concorrência:** os Direitos humanos não têm efeito isoladamente. Eles coexistem entre si, ativam-se conjuntamente e um direito não anula outro.
- **Limitabilidade:** os limites dos direitos são postos por outros direitos. A ponderação e o bom senso sobre determinadas situações irá confirmar que tipo de limitação será essa. Exemplo: direito de propriedade x direito à vida.
- **Vedação ao retrocesso:** compreende-se a ampliação dos Direitos Humanos enquanto Direitos Fundamentais, porém a redução destes Direitos não é permitida.
- **Indivisibilidade:** os Direitos Humanos formam um todo, um conjunto de direitos que não podem ser analisados de maneira isolada.
- **Aplicabilidade imediata:** segundo o Art. 5º, §1º, da Constituição Federal, a aplicação desses direitos é de ordem imediata.
- **Essenciabilidade:** os Direitos Humanos são inerentes à natureza humana e fundamentam-se no princípio da Dignidade de caráter supremo e inigualável.

Questões

Em relação à proteção internacional dos Direitos Humanos:

01. O Direito Internacional Humanitário restringe-se à proteção das populações civis na hipótese de conflitos armados, excluindo-se os militares postos fora de combate.

Certo ( ) Errado ( )

02. O Direito Internacional dos Refugiados representa a proteção dos refugiados em aspectos relativos ao deslocamento do seu local de residência e à concessão do refúgio, não interagindo com a proteção dos direitos humanos em si.

Certo ( ) Errado ( )

03. O Direito Internacional Humanitário é menos abrangente que o Direito Internacional dos Direitos Humanos, tendo precedido historicamente este último.

Certo ( ) Errado ( )

04. O Direito Internacional dos Direitos Humanos não incide na hipótese de conflitos armados internacionais e internos.

Certo ( ) Errado ( )

05. O Direito Internacional dos Direitos Humanos consolidou-se normativamente logo após a Primeira Guerra Mundial, com a relativização da soberania dos Estados Nacionais e atribuição ao indivíduo da condição de sujeito de direitos no plano internacional.

Certo ( ) Errado ( )

Gabaritos

01	ERRADO
02	ERRADO
03	CERTO
04	ERRADO
05	ERRADO

2. AFIRMAÇÃO HISTÓRICA E VERTENTES DOS DIREITOS HUMANOS

"Os direitos do homem nascem como direitos naturais universais, desenvolvem-se como direitos positivos particulares, para finalmente encontrarem sua plena realização como direitos positivos universais."

Norberto Bobbio

2.1 Principais Documentos

Observação: devemos evitar anacronismos para melhor compreender a evolução dos direitos humanos na história.

Devemos evitar anacronismos para melhor compreender a evolução dos direitos humanos na história.

> **Magna Carta, 1215:** documento que limitava o poder monárquico inglês. Neste caso, o Rei João Sem-Terra o assinou, afastando qualquer possibilidade de absolutismo. Por meio deste documento, o rei reconhecia que sua vontade estava sujeita à lei. A Magna Carta surge como primeiro passo histórico no caminho para o Constitucionalismo.

> **"Habeas Corpus", 1679:** bem antes da Magna Carta, o Habeas Corpus já era presente em território inglês, no caso de arbitrariedades cometidas pela justiça. Não tínhamos muita eficácia na realização desse direito até a formulação da Lei de 1679 que se definia como:

> **Bill of Rights, 1689:** o Bill of Rights ou lista de direitos, referentes à Declaração dos Direitos, foi uma proposta de lei aprovada em 1689, pelo Parlamento inglês, imposta aos monarcas Guilherme III e Maria II.

> **Declaração de Direitos do Povo da Virgínia, 1776:** é um documento que emerge em um contexto de luta pela independência dos Estados Unidos. Possui em sua essência aspirações iluministas e contratualistas. Esse documento precede a Declaração de Independência dos Estados Unidos.

> **Declaração de Independência dos Estados Unidos, 1776:** promovido pelas treze colônias dos Estados Unidos da América, este documento surgiu em resposta à dominação da Grã-Bretanha, mobilizando a sociedade estadunidense em busca de sua independência.

> **Declaração dos Direitos do Homem e do Cidadão, 1789:** um dos legados mais importantes deixados pela Revolução. É um dos principais documentos da história garantidores de direitos essenciais ao homem e aplicados como garantias inalteráveis nas Constituições democráticas dos tempos atuais. A Declaração seria um tipo de preâmbulo para a futura Constituição Francesa e fundamentava-se nos princípios iluministas e nas declarações americanas. Pela primeira vez foi institucionalizada uma ordem baseada na liberdade, na igualdade e na fraternidade, que vai ao encontro dos direitos individuais, não apenas com aplicação para França, mas para qualquer Estado, oferecendo, assim, outro conceito de Homem e de Cidadão.

SOCIEDADE ANTECEDENTE À REVOLUÇÃO	CAUSAS	FASES DA REVOLUÇÃO
Monárquica absolutista Estamental Feudal	Excessiva intervenção do Estado. Insatisfação da burguesia e das massas populares. Contato com ideais revolucionários iluministas e da revolução norte americana.	Monarquia Constitucional (criada a Declaração dos Direitos do Homem e do Cidadão) Convenção Republicana e Período do Terror. Diretório.

DECLARAÇÃO DE DIREITOS DO HOMEM E DO CIDADÃO (DESTAQUES)
Art. 1º - Os homens nascem e são livres e iguais em direitos. As distinções sociais só podem fundamentar-se na utilidade comum; Art. 2º - A finalidade de toda associação política é a conservação dos direitos naturais e imprescritíveis do homem; Art. 4º - A liberdade consiste em poder fazer tudo o que não prejudique o próximo. Assim, o exercício dos direitos naturais de cada homem não tem por limites senão aqueles que asseguram aos outros membros da sociedade o gozo dos mesmos direitos. Estes limites somente podem ser determinados pela lei; Art. 7º - Ninguém pode ser acusado preso ou detido senão nos casos determinados pela Lei e de acordo com as formas por esta prescrita. Os que solicitam, expedem, executam ou mandam executar ordens arbitrárias devem ser punidos. Mas qualquer cidadão convocado ou detido em virtude da lei deve obedecer imediatamente, caso contrário torna-se culpado de resistências. Art. 9º - Todo acusado é considerado inocente até ser declarado culpado e, se julgar indispensável prendê-lo, todo rigor desnecessário à guarda da sua pessoa deverá ser severamente reprimido pela lei. Art. 11 - A livre comunicação das ideias e das opiniões é um dos mais preciosos direitos do homem. Todo cidadão pode, portanto, falar, escrever, imprimir livremente, respondendo, todavia, pelos abusos desta liberdade nos termos previstos na lei. Art. 16 - A sociedade em que não esteja assegurada a garantia dos direitos nem estabelecida a separação dos poderes não tem Constituição.

> **Convenções de Genebra:** sequência de tratados constituídos em Genebra na Suíça. Em função dos Direitos Humanitários, as convenções contaram com apoio e liderança de Henri Durant, testemunha das atrocidades da Batalha de Solferino (os tratados foram elaborados entre 1864 – 1949).

CONVENÇÃO	ANO	DESTAQUE
1º convenção	1864	Criação da Cruz Vermelha
2º Convenção	1906	Olhar sobre forças navais
3º Convenção	1929	Prisioneiros de Guerra
4º Convenção	1949	Proteção dos civis durante a guerra
PROTOCOLOS	**ANO**	**DESTAQUE**
Protocolo I	1977	Trata das vítimas de guerra em conflitos internacionais
Protocolo II	1977	Trata das vítimas de guerras em conflitos não internacionais
Protocolo III	2005	Adicional à Cruz vermelha: Cristal Vermelho

Tratado de Versalhes/ Liga das Nações/ Organização Internacional do Trabalho (OIT), 1919.

TRATADO DE VERSALHES (1919)	LIGA DAS NAÇÕES (1919)	OIT (1919)
Acordo de Paz assinado entre países europeus que pôs fim oficialmente à primeira guerra mundial.	Organização internacional constituída por potências europeias vencedoras da primeira guerra mundial idealizada em Paris. Um dos principais pontos foi a criação de uma organização com a função de promover e assegurar a paz no mundo.	Visa a condições de trabalho que respeitem os direitos inerentes ao homem. Instituída pelo Tratado de Versalhes e configurando a parte XIII do mesmo tratado, tem como base argumentativa as vertentes humanitárias, política e econômica.

Tribunal de Nuremberg/ Carta das Nações Unidas, 1945.

Tribunal de Nuremberg (entre 1945 e 1946)
Série de julgamentos realizados pelos países da aliança vitoriosa pós-guerra contra lideranças da Alemanha Nazista. Ocorreram em Nuremberg na Alemanha.

Observação: Podemos evidenciar o Tribunal de Nuremberg, inclusive pelos erros, como um grande passo no processo de Internacionalização dos Direitos dos Humanos.

Criação da Organização das Nações Unidas (1945)
Nasceu em resposta à Segunda Guerra mundial e ao fracasso da Liga das Nações.

A Organização das Nações Unidas, em sua origem, contava com 51 estados membros. Atualmente, possui 193, com os seguintes objetivos:

> Apoio ao desenvolvimento econômico;

> Zelar pela segurança e paz mundial;

> Promoção dos Direitos do Homem;

> Estimulo ao progresso social;

> Defesa do meio ambiente.

Alguns dos principais órgãos:

> **Assembleia Geral:** composta por todos os Estados membros. É o órgão deliberativo máximo que tem como atribuições principais discutir, iniciar estudos e deliberar sobre qualquer questão que afete a paz e a segurança em qualquer âmbito, exceto quando ela estiver sendo debatida pelo Conselho de Segurança.

> **Conselho de Segurança:** composto por 15 Estados membros (5 permanentes 10 temporários). Embora outros conselhos possam deliberar sobre questões de segurança, este é o único que toma as decisões que os países membros são obrigados a cumprir.

> **Conselho Econômico e Social:** composto por 54 membros. Coordena o trabalho econômico e social da ONU e das demais instituições integrantes, além de formular recomendações relacionadas a diversos setores.

> **Tribunal Internacional da Justiça:** órgão jurídico máximo da ONU que, por meio de convenções ou costumes internacionais, princípios gerais de direito reconhecidos pelas nações civilizadas, jurisprudência e pareceres ou mesmo por meio de acordos, tem o poder de decisão sobre qualquer litígio internacional, seja ele parte integrante de seu estatuto ou solicitado por qualquer país membro ou não membro (apenas países, não indivíduos), desde que, no último caso, obedeça alguns critérios.

CARTA DAS NAÇÕES UNIDAS (DESTAQUES)
Art. 1º - Os propósitos das Nações Unidas são: 1. Manter a paz e a segurança internacionais, e para esse fim: tomar coletivamente medidas efetivas para evitar ameaças à paz e reprimir os atos de agressão ou outra qualquer ruptura da paz e chegar, por meios pacíficos, e de conformidade com os princípios de Justiça e do direito internacional, a um ajuste ou solução das controvérsias ou situações que possam levar a uma perturbação da paz. 3. Conseguir uma cooperação internacional para resolver os problemas internacionais de caráter econômico, político, cultural ou humanitário, e para promover e estimular o respeito aos direitos humanos e às liberdades fundamentais para todos, sem distinção de raça, sexo, língua ou religião. 4. Ser um centro destinado a harmonizar a ação das nações para a consecução desses objetivos comuns. Art. 2º - A Organização e seus Membros, para a realização dos propósitos mencionados no Artigo 1, agirão de acordo com os seguintes Princípios: 1. A organização é baseada no princípio de igualdade de todos os seus membros.

2.2 Vertentes da Proteção Internacional da Pessoa Humana

A Proteção Internacional da Pessoa Humana foi pautada no Direito Internacional e é caracterizada por três vertentes: o direito humanitário, o direito internacional dos refugiados, o direito internacional dos direitos humanos.

→ **Direito Humanitário:** especialmente aplicado nos conflitos armados internacionais ou não internacionais, tem origem convencional e consuetudinário. Neste caso, os limites de práticas de guerra são limitados por princípios humanitários.

> **Convenções de Haia, 1899 e 1907:** Assim como as convenções de Genebra trata sobre leis e crimes de Guerra, os acordos das Convenções Haia versam sobre os limites das condutas procedidas pelos envolvidos militarmente na guerra. Sobre os tratados mais importantes, destacam-se:

Conferência Internacional da Paz de Haia	1899
Segunda Conferência Internacional da Paz de Haia	1907

Direito Internacional dos Refugiados

Observação: Para o direito internacional o conceito de refugiado corresponde àqueles que por receio bem fundamentado, contundente ameaça de perseguição por razões de raça, religião, opinião política ou grupo social, não podem ou não querem permanecer em seus Estados, pois a permanecia em seus Estados configura ameaça à vida.

Origem desta vertente:

- Criação do Alto Comissariado das Nações Unidas para Refugiados (ACNUR);
- Convenção de 1951 (especificações sobre a proteção dos refugiados).

A convenção de 1951 é completada com o Protocolo de 1967. Para este último, a preocupação principal era a de superar a conceitualização e a definição limitada de Refugiado construída na convenção de 1951.

Questões

Considerando a sua evolução histórica, bem como o sistema internacional de proteção dos direitos humanos, assinale a alternativa correta.

01. No sistema processual de proteção dos direitos humanos, as pessoas físicas são titulares de direitos perante os órgãos de supervisão internacional, mas carecem de capacidade processual nesse sistema.
Certo ( ) Errado ( )

02. No campo dos direitos humanos, desde a Declaração Universal de 1948, verifica-se a coexistência de diversos instrumentos de proteção estabelecendo regras de efeitos e conteúdo essencialmente formais.
Certo ( ) Errado ( )

03. A resolução de conflitos nos casos concretos de violações de direitos humanos é tema de interesse exclusivamente nacional dos Estados.
Certo ( ) Errado ( )

04. Os tratados podem agir como normas de direito interno, desde que ratificados e incorporados, podendo influenciar a alteração, ou criação, de regulamentação nacional específica.
Certo ( ) Errado ( )

05. A partir de 1950, depois de estabelecida uma unidade conceitual dos direitos humanos, sua proteção internacional viu-se em acentuado declínio.
Certo ( ) Errado ( )

Gabaritos

01	ERRADO
02	ERRADO
03	ERRADO
04	CERTO
05	ERRADO

3. DIREITOS HUMANOS E RESPONSABILIDADE DO ESTADO

3.1 O Estado

O Estado é um corpo político administrativo, delimitado juridicamente e territorialmente e constituído por forma de poder soberana com a função de garantir os direitos dos que o constituem e o bem-estar social. Formado sobre três pilares fundamentais que permitem sua articulação, o Executivo, o Legislativo e o Judiciário, o Estado possui responsabilidades nas áreas, política, econômica, social que devem garantir a eficiência, a estabilidade e equidade social.

No entanto, ao falarmos de Direitos Humanos, o Estado surge como fenômeno garantidor e destrutivo, isto é, possui um lado positivo e outro negativo: **O Estado que garante é o mesmo que pode violar** os Direitos Humanos. **A Revolução Francesa foi um momento da História que**, além de marcar o início da Idade Contemporânea, **serve de exemplo para análise das responsabilidades do Estado** e como esse Estado estabelecido em prol do bem comum pode se tornar autoritário e violar vários direitos.

Contrato social ou contratualismo indica uma classe de teorias que tentam explicar os caminhos que levam as pessoas a formarem Estados e/ou manterem a ordem social. Essa noção de contrato traz implícito que as pessoas abrem mão de certos direitos para um governo ou outra autoridade a fim de obter as vantagens da ordem social. Nesse prisma, o contrato social seria um acordo entre os membros da sociedade, pelo qual reconhecem a autoridade, igualmente sobre todos, de um conjunto de regras, de um regime político ou de um governante.

3.2 Gerações ou Dimensões

Em 1979, Karel Vasak (primeiro secretário-geral do Instituto Internacional de Direitos Humanos em Estrasburgo), inspirado nos ideais da Revolução Francesa (Liberdade, Igualdade e Fraternidade), foi o primeiro a propor uma divisão dos direitos humanos em gerações.

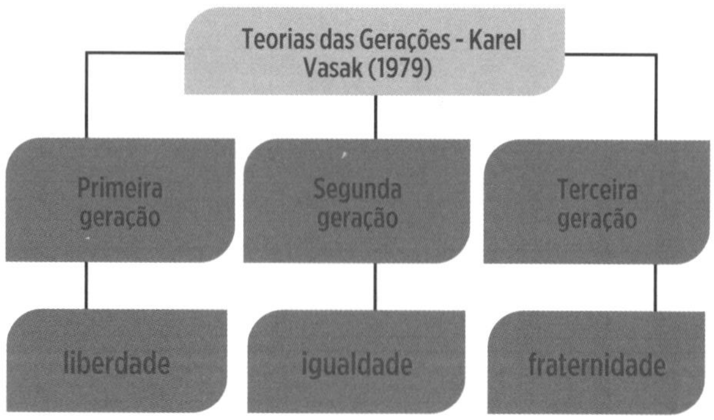

Alguns doutrinadores divergem sobre a terminologia mais coerente para se denominar o evento de evolução histórica dos direitos fundamentais, e isto acontece principalmente sobre o uso das expressões **gerações** e **dimensões**. É muito comum encontrarmos doutrinadores utilizando o termo gerações, porém parte da doutrina têm-se posicionado contrário ao uso desse termo, defendendo o uso do termo dimensões, uma vez que o fato de que o termo gerações poderia desencadear a falsa ideia de que, conforme fossem evoluindo, ocorreria uma substituição de uma geração por outra.

> **Primeira Geração ou Dimensão:** referem-se às liberdades negativas ou clássicas, são chamados também de direitos de resistência ou de defesa. Enfatizam o princípio da liberdade, configurando os direitos civis e políticos. A gênese dessa geração de direitos foi a resistência burguesa contra o Estado absolutista opressor, contra os privilégios da nobreza, contra o sistema feudal que oprimia a burguesia incipiente. Para a realização dos direitos de primeira geração, bastou o surgimento do Estado de Direito, em que a atuação dos entes estatais deveria ser feita mediante lei, suprimindo a vontade despótica do rei.

Observação: a Constituição imperial brasileira de 1824, em seu Art. 179 (o último da Carta Magna), seguindo os passos da Declaração dos Direitos do Homem e do Cidadão, decretada pela Assembleia Nacional Francesa em 1789, afirmou que a inviolabilidade dos direitos civis e políticos tinha por base a liberdade, a segurança individual e a propriedade.

Art. 179. *A inviolabilidade dos Direitos Civis, e Politicos dos Cidadãos Brasileiros, que tem por base a liberdade, a segurança individual, e a propriedade, é garantida pela Constituição do Imperio, pela maneira seguinte.*

I. *Nenhum Cidadão pode ser obrigado a fazer, ou deixar de fazer alguma cousa, senão em virtude da Lei. (...)*

V. *Ninguém pode ser perseguido por motivo de Religião, uma vez que respeite a do Estado, e não ofenda a Moral Publica. (...)*

Trecho do texto original da Constituição de 1824.

> **Segunda Geração ou Dimensão:** associam-se com as liberdades positivas, reais ou concretas, assegurando o princípio da isonomia material entre os seres humanos. A Revolução Industrial foi o estopim da consagração dos direitos de segunda geração, a partir do século XIX, implicando na luta da classe proletária, na defesa de seus direitos básicos: alimentação, saúde, educação etc. O início do século XX é marcado pela Primeira Grande Guerra e pela fixação desses direitos. Isso fica evidenciado, dentre outros documentos, pela Constituição de Weimar e pelo Tratado de Versalhes, ambos de 1919.

Observação: A partir da Constituição de 1934, em meio à primeira passagem de Getúlio Vargas pelo poder, verifica-se uma maior inserção dos direitos de segunda geração nas Constituições brasileiras. Eles exigem do Estado uma maior participação para que possam ser implementados, ou seja, há a necessidade de uma atuação Estatal positiva.

Art. 148. *Cabe à União, aos Estados e aos Municípios favorecer e animar o desenvolvimento das ciências, das artes, das letras e da cultura em geral, proteger os objetos de interesse histórico e o patrimônio artístico do País, bem como prestar assistência ao trabalhador intelectual. (...)*

Trecho do texto original da Constituição de 1934.

> **Terceira Geração ou Dimensão:** baseada no princípio da fraternidade (ou solidariedade), tendem a proteger interesses de titularidade coletiva ou difusa, não se destinando especificamente à proteção dos interesses individuais, de um grupo ou de um determinado Estado, mostrando uma grande preocupação com as gerações humanas, presentes e futuras. Possui origem na Revolução Técnico-científico-informacional ou Terceira Revolução Industrial.

Observação: em seu Art. 225, a Constituição de 1988, a "cidadã", enuncia que todos têm direito ao meio ambiente ecologicamente equilibrado, bem de uso comum do povo e essencial à sadia qualidade de vida, impondo-se ao poder público e a coletividade o dever defendê-lo e preservá-lo para as presentes e futuras gerações. Assim, é a primeira, dentre as Constituições brasileiras, que insere em seu texto um direito conhecido como de 3ª geração, ou seja, direito de solidariedade.

> ***Art. 225.*** *Todos têm direito ao meio ambiente ecologicamente equilibrado, bem de uso comum do povo e essencial à sadia qualidade de vida, impondo se ao Poder Público e à coletividade o dever de defendê-lo e preservá-lo para as presentes e futuras gerações.*
>
> Trecho do texto original da Constituição de 1988.

GERAÇÕES OU DIMENSÕES DOS DIREITOS HUMANOS		
1ª geração	2ª geração	3ª geração
Surge com a Revolução Francesa, afirma-se durante os séculos XVIII e XIX. Tinha como função a limitação do poder estatal e a garantia de liberdade para os indivíduos ou grupos.	Surge com a queda do Estado Liberal e aparecimento de um Estado de Bem estar social. O que está em jogo não são mais as individualidades e sim as categorias: direitos do idoso, direitos dos trabalhadores.	O papel do Estado é de proteger, não o homem individual, mas o coletivo, no sentido de entender que todos têm dignidade enquanto seres humanos, sem nenhum tipo de distinção.

Na atualidade, existem doutrinadores que defendem a existência dos direitos de quarta e quinta gerações ou dimensões, apesar de ainda não haver consenso na doutrina sobre qual o conteúdo dessa espécie de direito.

> **Quarta Geração ou Dimensão:** para Noberto Bobbio, tratam-se dos direitos relacionados à engenharia genética. Já para Paulo Bonavides, trata-se de aspectos introduzidos pela globalização política, relacionados à democracia, à informação e ao pluralismo. Além de Bobbio e Bonavides, outros doutrinadores vêm promovendo o reconhecimento dos direitos de quarta geração ou dimensão.

> **Quinta Geração ou Dimensão:** o próprio Paulo Bonavides vem afirmando nas últimas edições de seu livro, que a Paz seria um direito de quinta geração.

3.3 Dimensão (ou Eficácia) Subjetiva e Objetiva

> **Dimensão Subjetiva**: nessa perspectiva, os direitos fundamentais geram direitos subjetivos aos seus titulares, permitindo que estes ordenem comportamentos (negativos ou positivos) dos destinatários. Constata-se que a referência aos direitos fundamentais como direitos subjetivos atribui a estes a característica de serem exigíveis judicialmente.

> **Dimensão Objetiva:** os direitos fundamentais são dotados de certos valores que penetram por todo o ordenamento jurídico, condicionando e inspirando a interpretação e aplicação de outras normas (**efeito irradiante**) e criando dever geral de proteção sobre aqueles bens jurídicos salvaguardados.

Questões

Assinale a alternativa que corretamente disserta sobre aspectos conceituais dos direitos humanos em sua evolução histórica.

01. Os direitos humanos da terceira dimensão marcam a passagem de um Estado autoritário para um Estado de Direito e, nesse contexto, o respeito às liberdades individuais, em uma perspectiva de absenteísmo estatal, fruto do pensamento liberal-burguês do século XVIII.

Certo ( ) Errado ( )

02. Os direitos de quarta dimensão, ou direitos de liberdade, têm como titular o indivíduo, são oponíveis ao Estado, traduzem-se como faculdades ou atributos da pessoa e ostentam uma subjetividade que é seu traço mais característico, sendo, assim, direitos de resistência ou oposição ao Estado.

Certo ( ) Errado ( )

03. Os direitos fundamentais da primeira dimensão são marcados pela alteração da sociedade por profundas mudanças na comunidade internacional, identificando-se consequentes alterações nas relações econômico-sociais, sobretudo na sociedade de massa, fruto do desenvolvimento tecnológico e científico.

Certo ( ) Errado ( )

04. A evidenciação de direitos sociais, culturais e econômicos, correspondendo aos direitos de igualdade, sob o prisma substancial, real e material, e não meramente formal, mostra-se marcante nos documentos pertencentes ao que se convencionou classificar como segunda dimensão dos direitos humanos.

Certo ( ) Errado ( )

05. Os direitos da quinta dimensão são direitos transindividuais que transcendem os interesses do indivíduo e passam a se preocupar com o gênero humano, com altíssimo teor de humanismo e universalidade, inserindo-se o ser humano em uma coletividade que passa a ter direitos de solidariedade ou de fraternidade.

Certo ( ) Errado ( )

Gabaritos

01	ERRADO
02	ERRADO
03	ERRADO
04	CERTO
05	ERRADO

4. A CONSTITUIÇÃO E OS TRATADOS INTERNACIONAIS DE DIREITOS HUMANOS

4.1 Conceitualização

Antes de abordarmos os Tratados Internacionais de Direitos Humanos e sua relação com a legislação nacional, é necessário entendermos o que são Tratados Internacionais. Segundo a Convenção de Viena (1969), configura um Tratado Internacional um acordo entre duas partes ou mais em âmbito internacional concretizado e formalizado por meio de texto escrito, com ciência de função de efeitos jurídicos no plano internacional. É o mecanismo por meio do qual os Estados estabelecem obrigações para si em nível internacional e coparticipativo.

Contexto: Os ataques à vida humana, as diversas atrocidades e atentados cometidos contra os seres humanos durante a Segunda Guerra Mundial e logo após seu fim, em guerras pontuais, levaram a comunidade internacional:

- a estabelecer ações que visavam punir os próprios Estados em casos de violação dos Direitos Humanos;
- a relativizar a Soberania dos Estados envolvidos que, a partir dos Tratados, colocavam seus acordos internacionais acima de suas vontades particulares.

Atrocidades Durante A Segunda Guerra Mundial

- **Genocídio:** aproximadamente seis milhões de judeus mortos em campos de concentração.
- **Tortura e Crueldade:** a polícia militar japonesa (Kempeitai) a serviço do Império, aplicava técnicas de tortura em prisioneiros como lascas de metal marteladas embaixo das unhas, ferro em brasa nas genitálias.
- **Crimes de guerra:** prisioneiros alemães na Noruega foram obrigados a fazer a limpeza em campos minados, o saldo foi de 392 feridos e 275 mortos.
- **Estupros:** O Exército Vermelho estuprou milhares de alemãs, bem como os militares japoneses utilizavam-se de mulheres capturadas em guerra como escravas sexuais.

O breve século XX fez emergir, então, o Direito Internacional dos Direitos Humanos. Era a resposta que a comunidade internacional daria:

- aos Estados devastados pela Guerra e que almejavam um futuro de paz;
- às violações aos Direitos Humanos ocorridos em alta escala durante a Guerra;
- aos países como mecanismo de prevenção contra tentativas de uma nova guerra.

Apesar do movimento mundial pós-guerra, de todo empenho entre as nações para consolidar acordos e tratados que mantivessem o respeito à dignidade humana e aos Direitos humanos e prevenissem outra "catástrofe bélica" como havia sido a segunda grande guerra, o Brasil só começou a participar intensamente do corpo Internacional dos Direitos Humanos a partir de 1985, quando o país volta a dar passos no retorno à Democracia.

Vários Tratados, Pactos e Convenções foram ratificados pelo Brasil. As propostas trazidas pela Carta Constitucional de 1988, evidenciando os Direitos Humanos como norteadores das relações internacionais, exibiram uma nova forma de compreensão dos Direitos Humanos. Temos, então, uma clara relação entre Direitos Humanos e Processo de Democratização do Estado brasileiro.

4.2 A Redemocratização e os Tratados Internacionais de Direitos Humanos

Juntamente com a necessidade de afirmação democrática, em 1985, tem início no Brasil o processo de ratificação de diversos Tratados Internacionais de Direitos Humanos. Esse processo tem como ponto iniciante a ratificação em 1989 da Convenção contra a Tortura e outros Tratamentos cruéis, Desumanos ou Degradantes.

> ***Art. 5º**, §3º. Os tratados e as convenções internacionais sobre direitos humanos que forem aprovados, em cada Casa do Congresso Nacional, em dois turnos, por três quintos dos votos dos respectivos membros, serão equivalentes às emendas constitucionais. (Incluído pela Emenda Constitucional nº 45, de 2004)*
>
> Trecho do texto original da Constituição de 1988.

Problema: Os Tratados Internacionais anteriores à Emenda Constitucional 45, de 2004, teriam força de Emenda constitucional com sistema de votação de maioria simples. Isto significa que haveria um ferimento no processo legislativo ao utilizar processo de votação para leis ordinárias elegendo Emendas Constitucionais. **Solução:** Os tratados e as convenções internacionais sobre direitos humanos que foram incorporados ao ordenamento jurídico brasileiro pela forma comum, ou seja, sem observar o disposto no artigo 5º, §3º, da Constituição Federal, possuem, segundo a posição que prevaleceu no Supremo Tribunal Federal, status supralegal, mas infraconstitucional.

Norma Supralegal: está acima das leis, mas abaixo da Constituição Federal.

- Rito Ordinário → Maioria simples (todos os tratados anteriores à emenda 45, de 2004).
- Rito de Emenda → Maioria qualificada (3/5, 2 turnos, 2 casas do Congresso Nacional).

O Direito constitucional, depois de 1988, conta com relações diferenciadas frente ao Direito Internacional dos Direitos Humanos. A visão da supralegalidade deste último encontra amparo em vários dispositivos constitucionais (CF, Art. 4º, Art. 5º, parágrafo 2º, e parágrafo 3º e 4º do mesmo Art. 5º).

Localização dos Tratados Internacionais dos Direitos Humanos na Pirâmide de Hans Kelsen segundo a normatização jurídica constitucional:

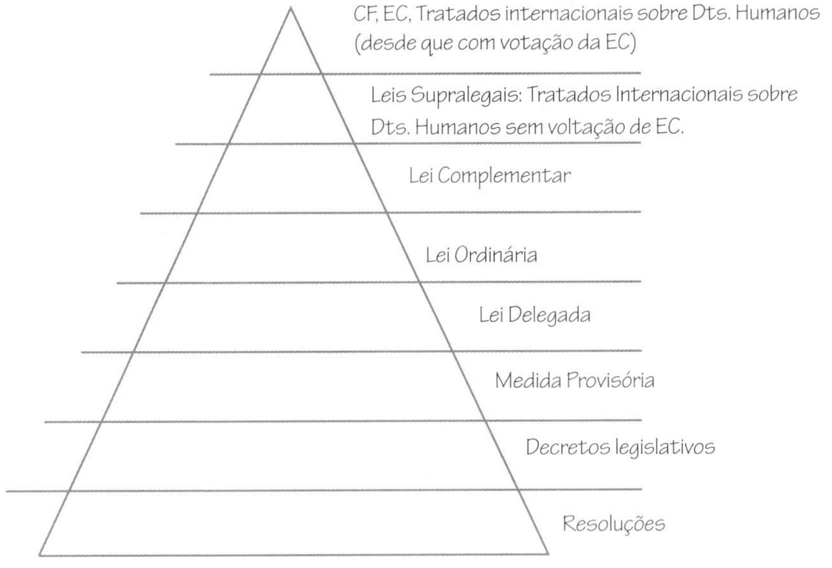

A Constituição Brasileira de 1988 é um marco de ruptura com o processo jurídico ditatorial dos anos que a precederam. Neste sentido, os diversos vínculos existentes na Constituição Federal com os Direitos Humanos podem ser evidenciados em toda redação jurídica constitucional.

Dignidade da Pessoa Humana	Art. 1º, III
Interação entre o Direito Brasileiro e os Tratados Internacionais de Direitos Humanos	Art. 5º, §2º
Sobre julgamento de causas relativas aos Direitos Humanos	Art. 109, V

Ao considerarmos os Tratados Internacionais e seu encontro com a Legislação Constitucional Brasileira, podemos extrair como conclusão que a natureza do Direito encontrado no Tratado Internacional poderá:

Gerar conflitos entre um TIDH e o Direito interno.

Exemplo: se, na existência de conflito entre um Direito interno e os Direitos Internacionais dos Direitos Humanos, a conclusão a que chegamos é: prevalece a norma que melhor beneficia os direitos da pessoa humana.

CF/88 (Art. 5º, LXVII)	Pacto de San José de Costa Rica (Art. 7, VII)
Não haverá prisão civil por dívida, salvo a do responsável pelo inadimplemento voluntário e inescusável de obrigação alimentícia e a do depositário infiel.	Ninguém deve ser detido por dívidas. Este princípio não limita os mandatos de autoridade judiciária competente expedidos em virtude de inadimplemento de obrigação alimentar.

Identificar-se com um Direito já presente na Constituição

Exemplo:

CF/88 (Art. 5º, III)	DOCUMENTOS INTERNACIONAIS
Ninguém será submetido à tortura ou a tratamento desumano ou degradante.	**Art. 5º.** Declaração Universal dos Direitos Humanos (1948). **Art. 7º.** Pacto Internacional de Direitos Civis e Políticos (1966). **Art. 5º.** Convenção Americana de Direitos Humanos (1969).

Complementar e aumentar o território dos direitos previstos constitucionalmente

Exemplo:

Direito de toda a pessoa a um nível de vida adequado para si próprio e sua família inclusive à alimentação, vestimenta e moradia.	**Art. 11.** Pacto Internacional dos Direitos Econômicos, Sociais e Culturais.
Proibição de qualquer propaganda em favor da guerra.	**Art. 20.** Pacto Internacional dos Direitos Civis e Políticos.

4.3 Fases de Incorporação

Primeira Fase (Celebração): é o ato de celebração do tratado, convenção ou ato internacional, para posteriormente e internamente o parlamento decidir sobre sua viabilidade, conveniência e oportunidade. Tal etapa compete privativamente ao Presidente da República, pois a este cabe celebrar todos os tratados e atos internacionais (CF, Art. 84, VIII). No Brasil, concedem-se poderes de negociação de convenções internacionais a pessoas específicas, ou seja, aqueles considerados aptos para negociar em nome do Presidente da República: os Chefes de Missões Diplomáticas, sob a responsabilidade do Ministério das Relações Exteriores. Com isso, exime-se o Chefe de Estado de negociação corriqueiro no âmbito das relações internacionais.

Segunda Fase (Aprovação Parlamentar): é de competência exclusiva de o Congresso Nacional, pois cabe a este resolver definitivamente sobre tratados, acordos ou atos internacionais que acarretam encargos ou compromissos gravosos ao patrimônio nacional (Art. 49, I CF). Concordando o Congresso Nacional com a celebração do ato internacional, elabora-se um decreto legislativo, de acordo com o Art. 59, VI da Constituição Federal, que é o instrumento adequado para referendar e aprovar a decisão do Chefe do Executivo, dando-se a este uma carta branca para que possa ratificar ou aderir ao tratado se não o tinha feito.

Terceira Fase (Ratificação pelo Presidente): com o objetivo que o tratado se incorpore e, com isso, passe a poder ter efeitos no ordenamento jurídico interno, é a fase em que o Presidente da República, mediante decreto, promulga o texto, publicando-o em português, em órgão da imprensa oficial, dando-se, pois, ciência e publicidade da ratificação da assinatura já lançada. Com a promulgação do tratado esse ato normativo passa a ser aplicado de forma geral e obrigatória.

A doutrina mais moderna de direito internacional defende uma força mais expressiva dos tratados e convenções sobre a legislação infraconstitucional. Chegam a defender até uma equivalência entre normas constitucionais e tratados, especialmente aqueles que versarem sobre direitos humanos, de tal modo que, afora o controle de constitucionalidade, o intérprete deve ainda verificar se o caso sob análise está de acordo com a "legislação" internacional, seria o Controle de Convencionalidade.

Questões

Sobre os tratados internacionais, assinale a alternativa correta.

01. Podem ser celebrados pelo Presidente da República ou pelo Presidente do Senado.

Certo ( ) Errado ( )

02. Celebrados pela autoridade competente, precisam ser referendados pelo Congresso Nacional.

Certo ( ) Errado ( )

03. Compete exclusivamente ao Senado Federal resolver definitivamente sobre tratados, acordos ou atos internacionais que acarretem encargos ou compromissos gravosos ao patrimônio nacional.

Certo ( ) Errado ( )

04. Os tratados e convenções internacionais sobre direitos humanos que forem aprovados, em cada Casa do Congresso Nacional, em dois turnos, por maioria simples dos votos dos respectivos membros, serão equivalentes às emendas constitucionais.

Certo ( ) Errado ( )

05. Nas hipóteses de grave violação de direitos humanos, o Procurador Geral da República, com a finalidade de assegurar o cumprimento de obrigações decorrentes de tratados internacionais de direitos humanos dos quais o Brasil seja parte, poderá suscitar, perante o Supremo Tribunal Federal, em qualquer fase do inquérito ou processo, incidente de deslocamento de competência para a Justiça Federal.

Certo ( ) Errado ( )

Gabaritos

01	ERRADO
02	CERTO
03	ERRADO
04	ERRADO
05	ERRADO

5. OS DIREITOS HUMANOS E A CONSTITUIÇÃO FEDERAL

A Constituição Brasileira de 1988 é esquematizada em dez títulos, sendo estes: Princípios Fundamentais, Direitos e Garantias Fundamentais, Organização do Estado, Organização dos Poderes, Defesa do Estado e das Instituições, Tributação e Orçamento, Ordem Econômica e Financeira, Ordem Social e Disposições Gerais, tudo em uma organização estabelecida de respeitabilidade exemplar.

O título I da Constituição brasileira de 1988, composto por quatro artigos, é dedicado aos princípios fundamentais do Estado brasileiro. O nosso constituinte utilizou essa expressão princípios fundamentais para expressar o pensamento de que em seus artigos já se estabelecem a forma de Estado e de governo, proclama-se o regime político democrático pautado na soberania popular e institui a garantia da separação de funções entre os poderes. Também neles se encontram os valores e os fins mais gerais orientadores de nosso ordenamento constitucional, funcionando como diretrizes para todos os órgãos mediante os quais atuam os poderes constituídos.

5.1 Título I - Dos Princípios Fundamentais

> ***Art. 1º** A República Federativa do Brasil, formada pela união indissolúvel dos Estados e Municípios e do Distrito Federal, constitui-se em Estado* **Democrático de Direito**[1] *e tem como fundamentos:*

01. Estado Democrático de Direito: O Estado democrático de direito é um conceito que designa qualquer Estado que se aplica a garantir o respeito das liberdades civis, ou seja, o respeito pelos direitos humanos e pelas garantias fundamentais, por meio do estabelecimento de uma proteção jurídica. Em um estado de direito, as próprias autoridades políticas estão sujeitas ao respeito das regras de direito.

> *I - a soberania;*
>
> *II - a cidadania*
>
> ***III - a dignidade da pessoa humana**[2]**;***
>
> *IV - os valores sociais do trabalho e da livre iniciativa;*
>
> ***V - o pluralismo político**[3]**.***
>
> ***Parágrafo único. Todo o poder emana do povo**[4], que o exerce por meio de representantes eleitos ou diretamente, nos termos desta Constituição.*

02. Dignidade da pessoa humana: é um valor moral e espiritual inerente à pessoa, ou seja, todo ser humano é dotado desse preceito, o qual constitui o princípio máximo do estado democrático de direito. Abrange uma diversidade de valores existentes na sociedade. Trata-se de um conceito adequável à realidade e à modernização da sociedade, devendo estar em conluio com a evolução e as tendências modernas das necessidades do ser humano. É dever do Estado fornecer condições mínimas de vida aos indivíduos, a fim de preservar sua dignidade.

Temos a importância do reconhecimento da dignidade expressa também na Declaração Universal dos Direitos Humanos (DUDH) de 1948 em pelo menos cinco trechos, destacando-se:

- **A parte inicial do preâmbulo:** considerando que o reconhecimento da dignidade inerente a todos os membros da família humana e de seus direitos iguais e inalienáveis é o fundamento da liberdade, da justiça e da paz no mundo (...).
- **O Artigo I:** todos os seres humanos nascem livres e iguais em dignidade e direitos. São dotados de razão e consciência e devem agir em relação uns aos outros com espírito de fraternidade.

03. Pluralismo político: é a possibilidade de existência de várias opiniões e ideias com o respeito por cada uma delas. O pluralismo político, como base do Estado democrático de direito, aponta o reconhecimento de que a sociedade é formada por vários grupos, portanto composta pela multiplicidade de vários centros de poder e pensamento em diferentes setores.

Na DUDH encontramos também elementos que se referem à importância da proteção dos elementos que marcam o pluralismo, como podemos destacar:

- **Artigo 18:** todo ser humano tem direito à liberdade de pensamento, consciência e religião; esse direito inclui a liberdade de mudar de religião ou crença e a liberdade de manifestar essa religião ou crença pelo ensino, pela prática, pelo culto em público ou em particular.
- **Artigo 19:** todo ser humano tem direito à liberdade de opinião e expressão; esse direito inclui a liberdade de, sem interferência, ter opiniões e de procurar, receber e transmitir informações e ideais por quaisquer meios e independentemente de fronteiras.

04. Todo poder emana do povo: temos aqui a ideia da soberania popular como base da nossa democracia, permitindo a participação das pessoas na escolha de seus representantes, ou no poder de decisão social: plebiscito, referendo e iniciativa popular (CF/88, Art. 14, I, II e III). Nada mais é do que a compreensão da existência e aceitação da não existência, no plano interno de um Estado soberano, de qualquer poder superior ao da coletividade de seus cidadãos.

De acordo com a Constituição Federal, a sociedade pode apresentar um projeto de lei à Câmara dos Deputados desde que a proposta seja assinada por um número mínimo de cidadãos distribuídos por pelo menos cinco Estados brasileiros: "A iniciativa popular pode ser exercida pela apresentação à Câmara dos Deputados de projeto de lei subscrito por, no mínimo, um por cento do eleitorado nacional, distribuído pelo menos por cinco Estados, com não menos de três décimos por cento dos eleitores de cada um deles" (Art. 61, § 2º, CF). Atendida a exigência constitucional, o projeto deve ser protocolizado junto à Secretaria-Geral da Mesa, obedecendo ao disposto no Art. 252 do Regimento Interno da Câmara dos Deputados.

Fonte: http://www2.camara.leg.br/participacao/sugira-um-projeto

> ***Art. 2º** São* **Poderes** *da União,* **independentes e harmônicos**[5] *entre si, o Legislativo, o Executivo e o Judiciário.*

05. Poderes independentes e harmônicos: vemos aqui um dos elementos limitadores do poder estatal, a tripartição do poder, que consiste em um modelo político que visa à melhor governança de um Estado pela fragmentação do seu poder em órgãos distintos e independentes, cada qual especializado em um aspecto ou área de governo. Embora seja mencionada quase como sinônimo da tripartição de poderes proposta por Montesquieu, a separação de poderes é um princípio muito mais amplo e antigo do que o modelo do filósofo francês, sendo identificado na Grécia Antiga e aplicado em diversas ocasiões.

Observação: o princípio da separação de poderes é cláusula pétrea (de acordo com o Art. 60, §4º, III).

A Teoria dos Freios e Contrapesos ("Checks and Balances"), oriunda dos Estados Unidos da América, justifica a independência e a harmonia entre os três órgãos do Poder de Soberania do Estado, sendo estes o Legislativo, o Executivo e o Judiciário, cada qual com atribuições próprias e impróprias. A Constituição Federal consagra esse complexo mecanismo de controles recíprocos entre os "três poderes", de forma que, ao mesmo tempo, um poder controle os demais e por eles seja controlado.

> ***Art. 3º*** *Constituem objetivos fundamentais6 da República Federativa do Brasil:*
>
> *I - construir uma sociedade livre, justa e solidária;*
>
> *II - garantir o desenvolvimento nacional;*
>
> *III - erradicar a pobreza e a marginalização e reduzir as desigualdades sociais e regionais;*
>
> *IV - promover o bem de todos, sem preconceitos de origem, raça, sexo, cor, idade e quaisquer outras formas de discriminação.*

06. Objetivos Fundamentais: a Constituição de 1988 destaca-se por ser programática (diretiva ou dirigente), ou seja, caracteriza-se por conter normas definidoras de tarefas e programas de ação a serem concretizados pelos poderes públicos. Os objetivos Fundamentais são verdadeiros programas de governo, estabelecidos em um rol exemplificativo a ser adotado, cujo conteúdo é de extrema importância. Os objetivos elencados como fundamentais consagram metas previstas na maioria dos tratados e convenções internacionais sobre direitos humanos.

> ***Art. 4º*** *A República Federativa do Brasil rege-se nas suas relações internacionais pelos seguintes princípios:*
>
> *I - independência nacional;*
>
> *II - prevalência dos direitos humanos7;*
>
> *III - autodeterminação dos povos;*
>
> *IV - não-intervenção;*
>
> *V - igualdade entre os Estados;*
>
> *VI - defesa da paz;*
>
> *VII - solução pacífica dos conflitos;*
>
> *VIII - repúdio ao terrorismo e ao racismo;*
>
> *IX - cooperação entre os povos para o progresso da humanidade;*
>
> *X - concessão de asilo político.*
>
> ***Parágrafo único.*** *A República Federativa do Brasil buscará a integração econômica, política, social e cultural dos povos da América Latina, visando à formação de uma comunidade latino-americana de nações.*

07. Prevalência dos Direitos Humanos: a prevalência dos direitos humanos nas relações internacionais ganha maior relevância no momento histórico em que vivemos, no qual, em virtude do desenvolvimento tecnológico, as distâncias entre as nações tendem a se encurtar cada vez mais e todas as pessoas tendem a se tornar verdadeiras cidadãs do mundo. Um estado regido pelo princípio fundamental da dignidade da pessoa humana não pode desprezar as violações dos direitos humanos praticadas por ou em outros estados. Com a adoção desse princípio, o Brasil une-se à comunidade internacional, assumindo com ela e perante ela a responsabilidade pela dignidade de toda pessoa humana.

Questões

A Teoria dos Freios e Contrapesos ("Checks and Balances"), oriunda dos Estados Unidos da América, justifica a independência e harmonia entre os três órgãos do Poder de Soberania do Estado, sendo estes o Legislativo, o Executivo e o Judiciário, cada qual com atribuições próprias e impróprias. Diante do exposto:

01. O Poder Legislativo exerce atividade primária, em face do Estado Democrático de Direito, em que todos se submetem ao império da lei – inclusive o próprio Estado – não podendo dela se afastar.

Certo ( ) Errado ( )

02. Ao Poder Legislativo legislar é atribuição própria, enquanto administrar a si mesmo e julgar o Presidente da República nos crimes de responsabilidade (Lei nº 1.079/50) são atribuições impróprias.

Certo ( ) Errado ( )

03. Ao Poder Judiciário, é atribuição própria julgar as lides e controvérsias judiciais em curso processual ou procedimental, enquanto administrar a si mesmo e aos seus serventuários subordinados é atribuição imprópria.

Certo ( ) Errado ( )

04. Ao Poder Executivo, administrar a coisa pública mediante atos normativos e legislar mediante leis delegadas e medidas provisórias é atribuição própria, enquanto julgar infrações em processo administrativo é atribuição imprópria.

Certo ( ) Errado ( )

05. Os Poderes Executivo e Judiciário exercem atividade secundária, devido à obrigatoriedade da lei. O primeiro a aplica aos casos concretos, porém genéricos, atingindo a todos os administrados; o segundo também a aplica aos casos concretos, porém específicos, atingindo as partes que componham a relação jurídica controvertida instaurada em juízo.

Certo ( ) Errado ( )

Gabaritos

01	CERTO
02	CERTO
03	CERTO
04	ERRADO
05	CERTO

6. PROGRAMA NACIONAL DE DIREITOS HUMANOS (PNDH-3)

O PNDH3 tem como base uma estrutura sistemática e que tenta englobar o máximo possível, com eficácia e eficiência, os pontos discutidos em todos os momentos que anteciparam sua afirmação, que foram:

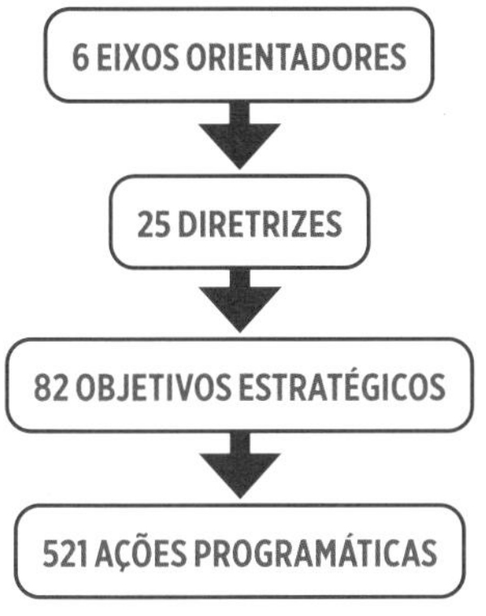

Os objetivos estratégicos e as ações programáticas constam no anexo ao decreto 7037/2009

Eixo orientador I: Interação democrática entre Estado e Sociedade Civil.

Diretriz 1: Interação democrática entre Estado e sociedade civil como instrumento de fortalecimento da democracia participativa.

Diretriz 2: Fortalecimento dos Direitos Humanos como instrumento transversal das políticas públicas e de interação democrática.

Diretriz 3: Interação e Ampliação dos sistemas de informação em Direitos Humanos e construção de mecanismos de avaliação e monitoramento de sua efetivação.

6 objetivos – 28 ações programáticas

Eixo orientador II: Desenvolvimento e Direitos Humanos.

Diretriz 4. Efetivação de modelo de desenvolvimento sustentável, com inclusão social e econômica, ambientalmente equilibrado e tecnologicamente responsável, cultural e regionalmente diverso, participativo e não discriminatório.

Diretriz 5: Valorização da pessoa humana como sujeito central do processo de desenvolvimento.

Diretriz 6: Promover e proteger os direitos ambientais como Direitos Humanos, incluindo as gerações futuras como sujeitos de direitos.

8 objetivos – 54 ações programáticas

Eixo orientador III: Universalizar direitos em um contexto de desigualdades.

Diretriz 7: Garantia dos Direitos Humanos de forma universal, indivisível e interdependente, assegurando a cidadania plena.

Diretriz 8: Promoção de direitos de crianças e adolescentes para o seu desenvolvimento integral, de forma não discriminatória assegurando seu direito de opinião e participação.

Diretriz 9: Combate às desigualdades estruturais.

Diretriz 10: Garantia da igualdade na diversidade.

25 objetivos – 213 ações programáticas

Eixo orientador IV: Segurança Pública, acesso à Justiça e Combate à violência.

Diretriz 11: Democratização e modernização do sistema de segurança pública.

Diretriz 12: Transparência e participação popular no sistema de segurança pública e justiça criminal.

Diretriz 13: Prevenção da violência e da criminalidade e profissionalização da investigação de atos criminosos.

Diretriz 14: Combate à violência institucional, com ênfase na erradicação da tortura e na redução da letalidade policial e carcerária.

Diretriz 15: Garantia dos direitos das vítimas de crimes e de proteção das pessoas ameaçadas.

Diretriz 16: Modernização da política de execução penal, priorizando a aplicação de penas e medidas alternativas à privação de liberdade e melhoria do sistema penitenciário.

Diretriz 17: Promoção de sistema de justiça mais acessível, ágil e efetivo, para o conhecimento, a garantia e a defesa dos direitos.

29 objetivos – 161 ações programáticas

Eixo orientador V: Educação e Cultura em Direitos Humanos

Diretriz 18: Efetivação das diretrizes e dos princípios da política nacional de educação em Direitos Humanos para fortalecer cultura de direitos.

Diretriz 19: Fortalecimento dos princípios de democracia e dos Direitos Humanos nos sistemas de educação básica, nas instituições de ensino superior e nas instituições formadoras.

Diretriz 20: Reconhecimento da educação não formal como espaço de defesa e promoção dos Direitos Humanos.

Diretriz 21: Promoção da educação em Direitos Humanos no serviço público.

Diretriz 22: Garantia do direito à comunicação democrática e o acesso à informação para a consolidação de uma cultura em Direitos Humanos.

11 objetivos – 59 ações

Eixo orientador VI: Direito à Memória e à Verdade.

Diretriz 23: Reconhecimento da memória e da verdade como Direito Humano da cidadania e dever do Estado.

Diretriz 24: Preservação da memória histórica e a construção pública da verdade.

Diretriz 25: Modernização da Legislação relacionada com a promoção do direito à memória e à verdade, fortalecendo a democracia.

3 objetivos – 11 ações

Eixo I	Eixo II	Eixo III
• Diálogo entre Estado e Sociedade Civil; • Pressuposição de que a participação social está no monitoramento das políticas públicas que garantem a realização dos Direitos Humanos e da legitimação da Democracia.	• Evidencia a inclusão social; • A ampliação do espaço da cidadania; • Levanta reflexões acerca das futuras gerações; • Além de atitudes que garantam os direitos dos cidadãos futuros.	• Evidencia a necessidade de reconhecimento das desigualdades; • A concretização da igualdade frente a uma sociedade desigual; • Iniciativas para diminuição ou erradicação de problemas sociais que impeçam o desenvolvimento dos Direitos Humanos.
Eixo IV	**Eixo V**	**Eixo VI**
• Metas a serem traçadas no combate à violência; • Aplicação de medidas que promovam mais acesso à justiça; • Transparência da justiça e dos indivíduos que a ela promovem.	• Atitudes com relação à ponte Educação – Direitos humanos; • Atitudes com relação à ponte Cultura – direitos Humanos.	• Valorização dos princípios históricos como valorização dos Direitos Humanos; • Reflexão acerca do processo histórico dos Direitos Humanos, evitando o retorno a momentos de violação desses direitos.

A seguir apresentaremos o texto do decreto 7037/09 na íntegra, porém com algumas contextualizações importantes para o entendimento de cada Eixo Orientador, retirados do anexo do próprio decreto.

Decreto nº 7.037, de 21 de dezembro de 2009.

Aprova o Programa Nacional de Direitos Humanos - PNDH-3 e dá outras providências.

O PRESIDENTE DA REPÚBLICA, no uso da atribuição que lhe confere o art. 84, inciso VI, alínea "a", da Constituição,

DECRETA:

> ***Art. 1º*** *Fica aprovado o Programa Nacional de Direitos Humanos – PNDH-3, em consonância com as diretrizes, objetivos estratégicos e ações programáticas estabelecidos, na forma do Anexo deste Decreto.*
>
> ***Art. 2º*** *O PNDH-3 será implementado de acordo com os seguintes eixos orientadores e suas respectivas diretrizes:*
>
> ***I.*** *Eixo Orientador I: Interação democrática entre Estado e sociedade civil:*

CONTEXTUALIZAÇÃO

A partir da metade dos anos 1970, começam a ressurgir no Brasil iniciativas de rearticulação dos movimentos sociais, a despeito da repressão política e da ausência de canais democráticos de participação. Fortes protestos e a luta pela democracia marcaram esse período. Paralelamente, surgiram iniciativas populares nos bairros reivindicando direitos básicos como saúde, transporte, moradia e controle do custo de vida. Em um primeiro momento, eram iniciativas atomizadas, buscando conquistas parciais, mas que ao longo dos anos foram se caracterizando como movimentos sociais organizados.

Com o avanço da democratização do País, os movimentos sociais se multiplicaram. Alguns deles se institucionalizaram e passaram a ter expressão política. Os movimentos populares e sindicatos foram, no caso brasileiro, os principais promotores da mudança e da ruptura política em diversas épocas e contextos históricos. Com efeito, durante a etapa de elaboração da Constituição Cidadã de 1988, esses segmentos atuaram de forma especialmente articulada, afirmando-se como um dos pilares da democracia e influenciando diretamente os rumos do País.

Nos anos que se seguiram, os movimentos passaram a se consolidar por meio de redes com abrangência regional ou nacional, firmando-se como sujeitos na formulação e no monitoramento das políticas públicas. Nos anos 1990, desempenharam papel fundamental na resistência a todas as orientações do neoliberalismo de flexibilização dos direitos sociais, privatizações, dogmatismo do mercado e enfraquecimento do Estado. Nesse mesmo período, multiplicaram-se pelo País experiências de gestão estadual e municipal em que lideranças desses movimentos, em larga escala, passaram a desempenhar funções de gestores públicos.

Com as eleições de 2002, alguns dos setores mais organizados da sociedade trouxeram reivindicações históricas acumuladas, passando a influenciar diretamente a atuação do governo e vivendo de perto suas contradições internas. Nesse novo cenário, o diálogo entre Estado e sociedade civil assumiu especial relevo, com a compreensão e a preservação do distinto papel de cada um dos segmentos no processo de gestão. A interação é desenhada por acordos e dissensos, debates de ideias e pela deliberação em torno de propostas. Esses requisitos são imprescindíveis ao pleno exercício da democracia, cabendo à sociedade civil exigir, pressionar, cobrar, criticar, propor e fiscalizar as ações do Estado.

Essa concepção de interação democrática construída entre os diversos órgãos do Estado e a sociedade civil trouxe consigo resultados práticos em termos de políticas públicas e avanços na interlocução de setores do poder público com toda a diversidade social, cultural, étnica e regional que caracteriza os movimentos sociais em nosso País. Avançou-se fundamentalmente na compreensão de que os Direitos Humanos constituem condição para a prevalência da dignidade humana, e que devem ser promovidos e protegidos por meio do esforço conjunto do Estado e da sociedade civil.

Uma das finalidades do PNDH-3 é dar continuidade à integração e ao aprimoramento dos mecanismos de participação existentes, bem como criar novos meios de construção e monitoramento das políticas públicas sobre Direitos Humanos no Brasil. No âmbito institucional o PNDH-3 amplia as conquistas na área de direitos e garantias fundamentais, pois internaliza a diretriz segundo a qual a primazia dos Direitos Humanos constitui princípio transversal a ser considerado em todas as políticas públicas.

> ***a)*** *Diretriz 1: Interação democrática entre Estado e sociedade civil como instrumento de fortalecimento da democracia participativa;*
>
> ***b)*** *Diretriz 2: Fortalecimento dos Direitos Humanos como instrumento transversal das políticas públicas e de interação democrática; e*
>
> ***c)*** *Diretriz 3: Integração e ampliação dos sistemas de informações em Direitos Humanos e construção de mecanismos de avaliação e monitoramento de sua efetivação;*

As diretrizes deste capítulo discorrem sobre a importância de fortalecer a garantia e os instrumentos de participação social, o caráter transversal dos Direitos Humanos e a construção de mecanismos de avaliação e monitoramento de sua efetivação. Isso inclui a construção de sistema de indicadores de Direitos Humanos e a articulação de políticas e instrumentos de monitoramento existentes.

O Poder Executivo tem papel protagonista na coordenação e implementação do PNDH-3, mas faz-se necessária a definição de responsabilidades compartilhadas entre a União, Estados, Municípios e Distrito Federal na execução de políticas públicas, tanto quanto a criação de espaços de participação e controle social nos Poderes Judiciário e Legislativo, no Ministério Público e nas Defensorias, em ambiente de respeito, proteção e efetivação dos Direitos Humanos. O conjunto dos órgãos do Estado – não apenas no âmbito do Executivo Federal – deve estar comprometido com a implementação e o monitoramento do PNDH-3.

Aperfeiçoar a interlocução entre Estado e sociedade civil depende da implementação de medidas que garantam à sociedade maior participação no acompanhamento e monitoramento das políticas públicas em Direitos Humanos, num diálogo plural e transversal entre os vários atores sociais e deles com o Estado. Ampliar o controle externo dos órgãos públicos por meio de ouvidorias, monitorar os compromissos internacionais assumidos pelo Estado brasileiro, realizar conferências periódicas sobre a temática, fortalecer e apoiar a criação de conselhos nacional, distrital, estaduais e municipais de Direitos Humanos, garantindo-lhes eficiência, autonomia e independência são algumas das formas de assegurar o aperfeiçoamento das políticas públicas por meio de diálogo, de mecanismos de controle e das ações contínuas da sociedade civil.

Fortalecer as informações em Direitos Humanos com produção e seleção de indicadores para mensurar demandas, monitorar, avaliar, reformular e propor ações efetivas, garante e consolida o controle social e a transparência das ações governamentais. A adoção de tais medidas fortalecerá a democracia participativa, na qual o Estado atua como instância republicana da promoção e defesa dos Direitos Humanos e a sociedade civil como agente ativo – propositivo e reativo – de sua implementação.

***II.** Eixo Orientador II: Desenvolvimento e Direitos Humanos:*

CONTEXTUALIZAÇÃO

O tema "desenvolvimento" tem sido amplamente debatido por ser um conceito complexo e multidisciplinar. Não existe modelo único e preestabelecido de desenvolvimento, porém pressupõe-se que ele deva garantir a livre determinação dos povos, o reconhecimento de soberania sobre seus recursos e riquezas naturais, respeito pleno à sua identidade cultural e a busca de equidade na distribuição das riquezas.

Durante muitos anos, o crescimento econômico, medido pela variação anual do Produto Interno Bruto (PIB), foi usado como indicador relevante para medir o avanço de um país. Acreditava-se que, uma vez garantido o aumento de bens e serviços, sua distribuição ocorreria de forma a satisfazer as necessidades de todas as pessoas. Constatou-se, porém, que, embora importante, o crescimento do PIB não é suficiente para causar, automaticamente, melhoria do bem estar para todas as camadas sociais. Por isso, o conceito de desenvolvimento foi adotado por ser mais abrangente e refletir, de fato, melhorias nas condições de vida dos indivíduos.

A teoria predominante de desenvolvimento econômico o define como um processo que faz aumentar as possibilidades de acesso das pessoas a bens e serviços, propiciadas pela expansão da capacidade e do âmbito das atividades econômicas. O desenvolvimento seria a medida qualitativa do progresso da economia de um país, refletindo transições de estágios mais baixos para estágios mais altos, por meio da adoção de novas tecnologias que permitem e favorecem essa transição. Cresce nos últimos anos a assimilação das ideias desenvolvidas por *Amartya Sem*, que abordam o desenvolvimento como liberdade e seus resultados centrados no bem estar social e, por conseguinte, nos direitos do ser humano.

São essenciais para o desenvolvimento: as liberdades e os direitos básicos como alimentação, saúde e educação. As privações das liberdades não são apenas resultantes da escassez de recursos, mas sim das desigualdades inerentes aos mecanismos de distribuição, da ausência de serviços públicos e de assistência do Estado para a expansão das escolhas individuais. Este conceito de desenvolvimento reconhece seu caráter pluralista e a tese de que a expansão das liberdades não representa somente um fim, mas também o meio para seu alcance. Em consequência, a sociedade deve pactuar as políticas sociais e os direitos coletivos de acesso e uso dos recursos. A partir daí, a medição de um índice de desenvolvimento humano veio substituir a medição de aumento do PIB, uma vez que o Índice de Desenvolvimento Humano (IDH) combina a riqueza per capita indicada pelo PIB aos aspectos de educação e expectativa de vida, permitindo, pela primeira vez, uma avaliação de aspectos sociais não mensurados pelos padrões econométricos.

No caso do Brasil, por muitos anos o crescimento econômico não levou à distribuição justa de renda e riqueza, mantendo-se elevados índices de desigualdade. As ações de Estado voltadas para a conquista da igualdade socioeconômica requerem ainda políticas permanentes, de longa duração, para que se verifique a plena proteção e promoção dos Direitos Humanos. É necessário que o modelo de desenvolvimento econômico tenha a preocupação de aperfeiçoar os mecanismos de distribuição de renda e de oportunidades para todos os brasileiros, bem como incorpore os valores de preservação ambiental.

Os debates sobre as mudanças climáticas e o aquecimento global, gerados pela preocupação com a maneira com que os países vêm explorando os recursos naturais e direcionando o progresso civilizatório, está na agenda do dia. Esta discussão coloca em questão os investimentos em infraestrutura e modelos de desenvolvimento econômico na área rural, baseados, em grande parte, no agronegócio, sem a preocupação com a potencial violação dos direitos de pequenos e médios agricultores e das populações tradicionais.

O desenvolvimento pode ser garantido se as pessoas forem protagonistas do processo, pressupondo a garantia de acesso de todos os indivíduos aos direitos econômicos, sociais, culturais e ambientais, e incorporando a preocupação com a preservação e a sustentabilidade como eixos estruturantes de proposta renovada de progresso. Esses direitos têm como foco a distribuição da riqueza, dos bens e serviços.

Todo esse debate traz desafios para a conceituação sobre os Direitos Humanos no sentido de incorporar o desenvolvimento como exigência fundamental. A perspectiva dos Direitos Humanos contribui para redimensionar o desenvolvimento. Motiva a passar da consideração de problemas individuais a questões de interesse comum, de bem-estar coletivo, o que alude novamente o Estado e o chama à corresponsabilidade social e à solidariedade.

a) Diretriz 4: Efetivação de modelo de desenvolvimento sustentável, com inclusão social e econômica, ambientalmente equilibrado e tecnologicamente responsável, cultural e regionalmente diverso, participativo e não discriminatório;

b) Diretriz 5: Valorização da pessoa humana como sujeito central do processo de desenvolvimento; e

c) Diretriz 6: Promover e proteger os direitos ambientais como Direitos Humanos, incluindo as gerações futuras como sujeitos de direitos;

Ressaltamos que a noção de desenvolvimento está sendo amadurecida como parte de um debate em curso na sociedade e no governo, incorporando a relação entre os direitos econômicos, sociais, culturais e ambientais, buscando a garantia do acesso ao trabalho, à saúde, à educação, à alimentação, à vida cultural, à moradia adequada, à previdência, à assistência social e a um meio ambiente sustentável. A inclusão do tema Desenvolvimento e Direitos Humanos na 11ª Conferência Nacional reforçou as estratégias governamentais em sua proposta de desenvolvimento.

Assim, este capítulo do PNDH-3 propõe instrumentos de avanço e reforça propostas para políticas públicas de redução das desigualdades sociais concretizadas por meio de ações de transferência de renda, incentivo à economia solidária e ao cooperativismo, à expansão da reforma agrária, ao fomento da aquicultura, da pesca e do extrativismo e da promoção do turismo sustentável. O PNDH-3 inova ao incorporar o meio ambiente saudável e as cidades sustentáveis como Direitos Humanos, propõe a inclusão do item "direitos ambientais" nos relatórios de monitoramento sobre Direitos Humanos e do item "Direitos Humanos" nos relatórios ambientais, assim como fomenta pesquisas de tecnologias socialmente inclusivas.

Nos projetos e empreendimentos com grande impacto socioambiental, o PNDH-3 garante a participação efetiva das populações atingidas, assim como prevê ações mitigatórias e compensatórias. Considera fundamental fiscalizar o respeito aos Direitos Humanos nos projetos implementados pelas empresas transnacionais, bem como seus impactos na manipulação das políticas de desenvolvimento. Nesse sentido, avalia como importante mensurar o impacto da biotecnologia aplicada aos alimentos, da nanotecnologia, dos poluentes orgânicos persistentes, metais pesados e outros poluentes inorgânicos em relação aos Direitos Humanos.

Alcançar o desenvolvimento com Direitos Humanos é capacitar as pessoas e as comunidades a exercerem a cidadania, com direitos e responsabilidades. É incorporar, nos projetos, a própria população brasileira, por meio de participação ativa nas decisões que afetam diretamente suas vidas. É assegurar a transparência dos grandes projetos de desenvolvimento econômico e mecanismos de compensação para a garantia dos Direitos Humanos das populações diretamente atingidas. Por fim, este PNDH-3 reforça o papel da equidade no Plano Plurianual, como instrumento de garantia de priorização orçamentária de programas sociais.

***III.** Eixo Orientador III: Universalizar direitos em um contexto de desigualdades:*

CONTEXTUALIZAÇÃO

A Declaração Universal dos Direitos Humanos afirma em seu preâmbulo que o "reconhecimento da dignidade inerente a todos os membros da família humana e de seus direitos iguais e inalienáveis é o fundamento da liberdade, da justiça e da paz no mundo". No entanto, nas vicissitudes ocorridas no cumprimento da Declaração pelos Estados signatários, identificou-se a necessidade de reconhecer as diversidades e diferenças para concretização do princípio da igualdade.

No Brasil, ao longo das últimas décadas, os Direitos Humanos passaram a ocupar uma posição de destaque no ordenamento jurídico. O País avançou decisivamente na proteção e promoção do direito às diferenças. Porém o peso negativo do passado continua a projetar no presente uma situação de profunda iniquidade social. O acesso aos direitos fundamentais continua enfrentando barreiras estruturais, resquícios de um processo histórico, até secular, marcado pelo genocídio indígena, pela escravidão e por períodos ditatoriais, práticas que continuam a ecoar em comportamentos, leis e na realidade social.

O PNDH-3 assimila os grandes avanços conquistados ao longo dos últimos anos, tanto nas políticas de erradicação da miséria e da fome quanto na preocupação com a moradia e saúde, e aponta para a continuidade e ampliação do acesso a tais políticas, fundamentais para garantir o respeito à dignidade humana. Os objetivos estratégicos direcionados à promoção da cidadania plena preconizam a universalidade, indivisibilidade e interdependência dos Direitos Humanos, condições para sua efetivação integral e igualitária. O acesso aos direitos de registro civil, alimentação adequada, terra e moradia, trabalho decente, educação, participação política, cultura, lazer, esporte e saúde, deve considerar a pessoa humana em suas múltiplas dimensões de ator social e sujeito de cidadania.

À luz da história dos movimentos sociais e de programas de governo, o PNDH-3 orienta-se pela transversalidade, para que a implementação dos direitos civis e políticos transitem pelas diversas dimensões dos direitos econômicos, sociais, culturais e ambientais. Caso contrário, grupos sociais afetados pela pobreza, pelo racismo estrutural e pela discriminação dificilmente terão acesso a tais direitos.

As ações programáticas formuladas visam enfrentar o desafio de eliminar as desigualdades, levando em conta as dimensões de gênero e raça nas políticas públicas, desde o planejamento até a sua concretização e avaliação. Há, neste sentido, propostas de criação de indicadores que possam mensurar a efetivação progressiva dos direitos. Às desigualdades soma-se a persistência da discriminação, que muitas vezes se manifesta sob a forma de violência contra sujeitos que são histórica e estruturalmente vulnerabilizados.

O combate à discriminação mostra-se necessário, mas insuficiente enquanto medida isolada. Os pactos e as convenções que integram o sistema regional e internacional de proteção dos

Direitos Humanos apontam para a necessidade de combinar essas medidas com políticas compensatórias que acelerem a construção da igualdade, como forma capaz de estimular a inclusão de grupos socialmente vulneráveis. Além disso, as ações afirmativas constituem medidas especiais e temporárias que buscam remediar um passado discriminatório. No rol de movimentos e grupos sociais que demandam políticas de inclusão social encontram-se crianças, adolescentes, mulheres, pessoas idosas, lésbicas, gays, bissexuais, travestis, transexuais, pessoas com deficiência, pessoas moradoras de rua, povos indígenas, populações negras e quilombolas, ciganos, ribeirinhos, varzanteiros e pescadores, dentre outros.

a) Diretriz 7: Garantia dos Direitos Humanos de forma universal, indivisível e interdependente, assegurando a cidadania plena;

b) Diretriz 8: Promoção dos direitos de crianças e adolescentes para o seu desenvolvimento integral, de forma não discriminatória, assegurando seu direito de opinião e participação;

c) Diretriz 9: Combate às desigualdades estruturais; e

d) Diretriz 10: Garantia da igualdade na diversidade;

Definem-se, neste capítulo, medidas e políticas que devem ser efetivadas para reconhecer e proteger os indivíduos como iguais na diferença, ou seja, para valorizar a diversidade presente na população brasileira para estabelecer acesso igualitário aos direitos fundamentais. Trata-se de reforçar os programas de governo e as resoluções pactuadas nas diversas conferências nacionais temáticas, sempre sob o foco dos Direitos Humanos, com a preocupação de assegurar o respeito às diferenças e o combate às desigualdades, para o efetivo acesso aos direitos.

Por fim, em respeito à primazia constitucional de proteção e promoção da infância, do adolescente e da juventude, o capítulo aponta suas diretrizes para o respeito e a garantia das gerações futuras. Como sujeitos de direitos, as crianças, os adolescentes e os jovens são frequentemente subestimados em sua participação política e em sua capacidade decisória. Preconiza-se o dever de assegurar-lhes, desde cedo, o direito de opinião e participação.

Marcadas pelas diferenças e por sua fragilidade temporal, as crianças, os adolescentes e os jovens estão sujeitos a discriminações e violências. As ações programáticas promovem a garantia de espaços e investimentos que assegurem proteção contra qualquer forma de violência e discriminação, bem como a promoção da articulação entre família, sociedade e Estado para fortalecer a rede social de proteção que garante a efetividade de seus direitos.

IV. *Eixo Orientador IV: Segurança Pública, Acesso à Justiça e Combate à Violência:*

CONTEXTUALIZAÇÃO

Por muito tempo, alguns segmentos da militância em Direitos Humanos mantiveram-se distantes do debate sobre as políticas públicas de segurança no Brasil. No processo de consolidação da democracia, por diferentes razões, movimentos sociais e entidades manifestaram dificuldade no tratamento do tema. Na base dessa dificuldade, estavam a memória dos enfrentamentos com o aparato repressivo ao longo de duas décadas de regime ditatorial, a postura violenta vigente, muitas vezes, em órgãos de segurança pública, a percepção do crime e da violência como meros subprodutos de uma ordem social injusta a ser transformada em seus próprios fundamentos.

Distanciamento análogo ocorreu nas universidades, que, com poucas exceções, não se debruçaram sobre o modelo de polícia legado ou sobre os desafios da segurança pública. As polícias brasileiras, nos termos de sua tradição institucional, pouco aproveitaram da reflexão teórica e dos aportes oferecidos pela criminologia moderna e demais ciências sociais, já disponíveis há algumas décadas às polícias e aos gestores de países desenvolvidos. A cultura arraigada de rejeitar as evidências acumuladas pela pesquisa e pela experiência de reforma das polícias no mundo era a mesma que expressava nostalgia de um passado de ausência de garantias individuais e que identificava na ideia dos Direitos Humanos não a mais generosa entre as promessas construídas pela modernidade, mas uma verdadeira ameaça.

Estavam postas as condições históricas, políticas e culturais para que houvesse um fosso aparentemente intransponível entre os temas da segurança pública e os Direitos Humanos. Nos últimos anos, contudo, esse processo de estranhamento mútuo passou a ser questionado. De um lado, articulações na sociedade civil assumiram o desafio de repensar a segurança pública a partir de diálogos com especialistas na área, policiais e gestores. De outro, começaram a ser implantadas as primeiras políticas públicas buscando caminhos alternativos de redução do crime e da violência, a partir de projetos centrados na prevenção e influenciados pela cultura de paz.

A proposição do Sistema Único de Segurança Pública, a modernização de parte das nossas estruturas policiais e a aprovação de novos regimentos e leis orgânicas das polícias, a consciência crescente de que políticas de segurança pública são realidades mais amplas e complexas do que as iniciativas possíveis às chamadas "forças da segurança", o surgimento de nova geração de policiais, disposta a repensar práticas e dogmas e, sobretudo, a cobrança da opinião pública e a maior fiscalização sobre o Estado, resultante do processo de democratização, têm tornado possível a construção de agenda de reformas na área.

O Programa Nacional de Segurança Pública com Cidadania (Pronasci) e os investimentos já realizados pelo Governo Federal na montagem de rede nacional de altos estudos em segurança pública, que têm beneficiado milhares de policiais em cada Estado, simbolizam, ao lado do processo de debates da 1ª Conferência Nacional de Segurança Pública, acúmulos históricos significativos, que apontam para novas e mais importantes mudanças.

a) *Diretriz 11: Democratização e modernização do sistema de segurança pública;*

b) *Diretriz 12: Transparência e participação popular no sistema de segurança pública e justiça criminal;*

c) *Diretriz 13: Prevenção da violência e da criminalidade e profissionalização da investigação de atos criminosos;*

d) *Diretriz 14: Combate à violência institucional, com ênfase na erradicação da tortura e na redução da letalidade policial e carcerária;*

e) *Diretriz 15: Garantia dos direitos das vítimas de crimes e de proteção das pessoas ameaçadas;*

f) *Diretriz 16: Modernização da política de execução penal, priorizando a aplicação de penas e medidas alternativas à privação de liberdade e melhoria do sistema penitenciário; e*

g) *Diretriz 17: Promoção de sistema de justiça mais acessível, ágil e efetivo, para o conhecimento, a garantia e a defesa de direitos;*

As propostas elencadas neste eixo orientador do PNDH-3 articulam-se com tal processo histórico de transformação e exigem muito mais do que já foi alcançado. Para tanto, parte-se do pressuposto de que a realidade brasileira segue sendo gravemente marcada pela violência e por severos impasses estruturais na área da segurança pública.

Problemas antigos, como a ausência de diagnósticos, de planejamento e de definição formal de metas, a desvalorização profissional dos policiais e dos agentes penitenciários, o desperdício de recursos e a consagração de privilégios dentro das instituições, as práticas de abuso de autoridade e de violência policial contra grupos vulneráveis e a corrupção dos agentes de segurança pública demandam reformas tão urgentes quanto profundas.

As propostas sistematizadas no PNDH-3 agregam, nesse contexto, as contribuições oferecidas pelo processo da 11ª Conferência Nacional dos Direitos Humanos e avançam também sobre temas que não foram objeto de debate, trazendo para o PNDH-3 parte do acúmulo crítico que tem sido proposto ao País pelos especialistas e pesquisadores da área.

Em linhas gerais, o PNDH-3 aponta para a necessidade de ampla reforma no modelo de polícia e propõe o aprofundamento do debate sobre a implantação do ciclo completo de policiamento às corporações estaduais. Prioriza transparência e participação popular, instando ao aperfeiçoamento das estatísticas e à publicação de dados, assim como à reformulação do Conselho Nacional de Segurança Pública. Contempla a prevenção da violência e da criminalidade como diretriz, ampliando o controle sobre armas de fogo e indicando a necessidade de profissionalização da investigação criminal.

Com ênfase na erradicação da tortura e na redução da letalidade policial e carcerária, confere atenção especial ao estabelecimento de procedimentos operacionais padronizados, que previnam as ocorrências de abuso de autoridade e de violência institucional, e confiram maior segurança a policiais e agentes penitenciários. Reafirma a necessidade de criação de ouvidorias independentes em âmbito federal e, inspirado em tendências mais modernas de policiamento, estimula as iniciativas orientadas por resultados, o desenvolvimento do policiamento comunitário e voltado para a solução de problemas, elencando medidas que promovam a valorização dos trabalhadores em segurança pública. Contempla, ainda, a criação de sistema federal que integre os atuais sistemas de proteção a vítimas e testemunhas, defensores de Direitos Humanos e crianças e adolescentes ameaçados de morte.

Também como diretriz, o PNDH-3 propõe profunda reforma da Lei de Execução Penal que introduza garantias fundamentais e novos regramentos para superar as práticas abusivas, hoje comuns. E trata as penas privativas de liberdade como última alternativa, propondo a redução da demanda por encarceramento e estimulando novas formas de tratamento dos conflitos, como as sugeridas pelo mecanismo da Justiça Restaurativa.

Reafirma-se a centralidade do direito universal de acesso à Justiça, com a possibilidade de acesso aos tribunais por toda a população, com o fortalecimento das defensorias públicas e a modernização da gestão judicial, de modo a garantir respostas judiciais mais céleres e eficazes. Destacam-se, ainda, o direito de acesso à Justiça em matéria de conflitos agrários e urbanos e o necessário estímulo aos meios de soluções pacíficas de controvérsias.

O PNDH-3 apresenta neste eixo, fundamentalmente, propostas para que o Poder Público se aperfeiçoe no desenvolvimento de políticas públicas de prevenção ao crime e à violência, reforçando a noção de acesso universal à Justiça como direito fundamental, e sustentando que a democracia, os processos de participação e transparência, aliados ao uso de ferramentas científicas e à profissionalização de instituições e trabalhadores da segurança, assinalam os roteiros mais promissores para que o Brasil possa avançar no caminho da paz pública.

V. *Eixo Orientador V: Educação e Cultura em Direitos Humanos:*

CONTEXTUALIZAÇÃO

A educação e a cultura em Direitos Humanos visam à formação de nova mentalidade coletiva para o exercício da solidariedade, do respeito às diversidades e da tolerância. Como processo sistemático e multidimensional que orienta a formação do sujeito de direitos, seu objetivo é combater o preconceito, a discriminação e a violência, promovendo a adoção de novos valores de liberdade, justiça e igualdade.

A educação em Direitos Humanos, como canal estratégico capaz de produzir uma sociedade igualitária, extrapola o direito à educação permanente e de qualidade. Trata-se de mecanismo que articula, dentre outros elementos:

a) a apreensão de conhecimentos historicamente construídos sobre Direitos Humanos e a sua relação com os contextos internacional, regional, nacional e local;

b) a afirmação de valores, atitudes e práticas sociais que expressem a cultura dos Direitos Humanos em todos os espaços da sociedade;

c) a formação de consciência cidadã capaz de se fazer presente nos níveis cognitivo, social, ético e político;

d) o desenvolvimento de processos metodológicos participativos e de construção coletiva, utilizando linguagens e materiais didáticos contextualizados;

e) o fortalecimento de políticas que gerem ações e instrumentos em favor da promoção, da proteção e da defesa dos Direitos Humanos, bem como da reparação das violações.

O PNDH-3 dialoga com o Plano Nacional de Educação em Direitos Humanos (PNEDH) como referência para a política nacional de Educação e Cultura em Direitos Humanos, estabelecendo os alicerces a serem adotados nos âmbitos nacional, estadual, distrital e municipal. O Plano Nacional de Educação em Direitos Humanos (PNEDH), refletido neste programa, se desdobra em cinco grandes áreas:

• Na educação básica, a ênfase do PNDH-3 é possibilitar, desde a infância, a formação de sujeitos de direito, priorizando as populações historicamente vulnerabilizadas. A troca de experiências entre crianças de diferentes raças e etnias, imigrantes, com deficiência física ou mental, fortalece, desde cedo, sentimento de convivência pacífica. Conhecer o diferente, desde a mais tenra idade, é perder o medo do desconhecido, formar opinião respeitosa e combater o preconceito, às vezes arraigado na própria família.

• No PNDH-3, essa concepção se traduz em propostas de mudanças curriculares, incluindo a educação transversal e permanente nos temas ligados aos Direitos Humanos e, mais especificamente, o estudo da temática de gênero e orientação sexual, das culturas indígena e afro-brasileira entre as disciplinas do ensino fundamental e médio.

• No ensino superior, as metas previstas visam a incluir os Direitos Humanos, por meio de diferentes modalidades como disciplinas, linhas de pesquisa, áreas de concentração, transversalização incluída nos projetos acadêmicos dos diferentes cursos de graduação e pós-graduação, bem como em programas e projetos de extensão.

• A educação não formal em Direitos Humanos é orientada pelos princípios da emancipação e da autonomia, configurando-se como processo de sensibilização e formação da consciência crítica. Desta forma, o PNDH-3 propõe inclusão da temática de Educação em Direitos Humanos nos programas de capacitação de lideranças comunitárias e nos programas de qualificação profissional, alfabetização de jovens e adultos, dentre outros. Volta-se, especialmente, para o estabelecimento de diálogo e parcerias permanentes como o vasto leque brasileiro de movimentos populares, sindicatos, igrejas, ONGs, clubes, entidades empresariais e toda sorte de agrupamentos da sociedade civil que desenvolvem atividades formativas em seu cotidiano.

• A formação e a educação continuada em Direitos Humanos, com recortes de gênero, relações étnico-raciais e de orientação sexual, em todo o serviço público, especialmente entre os agentes do sistema de Justiça de segurança pública, são fundamentais para consolidar o Estado Democrático e a proteção do direito à vida e à dignidade, garantindo tratamento igual a todas as pessoas e o funcionamento de sistemas de Justiça que promovam os Direitos Humanos.

a) Diretriz 18: Efetivação das diretrizes e dos princípios da política nacional de educação em Direitos Humanos para fortalecer uma cultura de direitos;

b) Diretriz 19: Fortalecimento dos princípios da democracia e dos Direitos Humanos nos sistemas de educação básica, nas instituições de ensino superior e nas instituições formadoras;

c) Diretriz 20: Reconhecimento da educação não formal como espaço de defesa e promoção dos Direitos Humanos;

d) Diretriz 21: Promoção da Educação em Direitos Humanos no serviço público; e

e) Diretriz 22: Garantia do direito à comunicação democrática e ao acesso à informação para consolidação de uma cultura em Direitos Humanos; e

Aborda-se também o papel estratégico dos meios de comunicação de massa, no sentido de construir ou desconstruir ambiente nacional e cultura social de respeito e proteção aos Direitos Humanos. Daí a importância primordial de introduzir mudanças que assegurem ampla democratização desses meios, bem como de atuar permanentemente junto a todos os profissionais e as empresas do setor (seminários, debates, reportagens, pesquisas e conferências), buscando sensibilizar e conquistar seu compromisso ético com a afirmação histórica dos Direitos Humanos.

***VI.** Eixo Orientador VI: Direito à Memória e à Verdade:*

CONTEXTUALIZAÇÃO

A investigação do passado é fundamental para a construção da cidadania. Estudar o passado, resgatar sua verdade e trazer à tona seus acontecimentos caracterizam forma de transmissão de experiência histórica, que é essencial para a constituição da memória individual e coletiva.

O Brasil ainda processa com dificuldades o resgate da memória e da verdade sobre o que ocorreu com as vítimas atingidas pela repressão política durante o regime de 1964. A impossibilidade de acesso a todas as informações oficiais impede que familiares de mortos e desaparecidos possam conhecer os fatos relacionados aos crimes praticados e não permite à sociedade elaborar seus próprios conceitos sobre aquele período.

A história que não é transmitida de geração a geração torna-se esquecida e silenciada. O silêncio e o esquecimento das barbáries geram graves lacunas na experiência coletiva de construção da identidade nacional. Resgatando a memória e a verdade, o País adquire consciência superior sobre sua própria identidade, a democracia se fortalece. As tentações totalitárias são neutralizadas e crescem as possibilidades de erradicação definitiva de alguns resquícios daquele período sombrio, como a tortura, por exemplo, ainda persistente no cotidiano brasileiro.

O trabalho de reconstituir a memória exige revisitar o passado e compartilhar experiências de dor, violência e mortes. Somente depois de lembrá-las e fazer seu luto, será possível superar o trauma histórico e seguir adiante. A vivência do sofrimento e das perdas não pode ser reduzida a conflito privado e subjetivo, uma vez que se inscreveu num contexto social, e não individual.

A compreensão do passado por intermédio da narrativa da herança histórica e pelo reconhecimento oficial dos acontecimentos possibilita aos cidadãos construírem os valores que indicarão sua atuação no presente. O acesso a todos os arquivos e documentos produzidos durante o regime militar é fundamental no âmbito das políticas de proteção dos Direitos Humanos.

As violações sistemáticas dos Direitos Humanos pelo Estado durante o regime ditatorial são desconhecidas pela maioria da população, em especial pelos jovens. A radiografia dos atingidos pela repressão política ainda está longe de ser concluída, mas calcula-se que pelo menos cinquenta mil pessoas foram presas somente nos primeiros meses de 1964; cerca de vinte mil brasileiros foram submetidos a torturas e cerca de quatrocentos cidadãos foram mortos ou estão desaparecidos. Ocorreram milhares de prisões políticas não registradas, cento e trinta banimentos, quatro mil, oitocentos e sessenta e duas cassações de mandatos políticos, uma cifra incalculável de exílios e refugiados políticos.

a) Diretriz 23: Reconhecimento da memória e da verdade como Direito Humano da cidadania e dever do Estado;

b) Diretriz 24: Preservação da memória histórica e construção pública da verdade; e

c) Diretriz 25: Modernização da legislação relacionada com promoção do direito à memória e à verdade, fortalecendo a democracia.

As ações programáticas deste eixo orientador têm como finalidade assegurar o processamento democrático e republicano de todo esse período da história brasileira, para que se viabilize o desejável sentimento de reconciliação nacional. E para se construir consenso amplo no sentido de que as violações sistemáticas de Direitos Humanos registradas entre 1964 e 1985, bem como no período do Estado Novo, não voltem a ocorrer em nosso País, nunca mais.

Parágrafo único. A implementação do PNDH-3, além dos responsáveis nele indicados, envolve parcerias com outros órgãos federais relacionados com os temas tratados nos eixos orientadores e suas diretrizes.

Art. 3º *As metas, prazos e recursos necessários para a implementação do PNDH-3 serão definidos e aprovados em Planos de Ação de Direitos Humanos bianuais.*

Art. 4º *(Revogado pelo Decreto nº 10.087, de 2019)*

Art. 5º *Os Estados, o Distrito Federal, os Municípios e os órgãos do Poder Legislativo, do Poder Judiciário e do Ministério Público, serão convidados a aderir ao PNDH-3.*

Art. 6º *Este Decreto entra em vigor na data de sua publicação.*

Art. 7º *Fica revogado o Decreto no 4.229, de 13 de maio de 2002.*

Questões

01. Acerca do Programa Nacional de Direitos Humanos III (PNDH-3), julgue os itens que se seguem.

A diretriz referente à garantia dos direitos humanos de forma universal, indivisível e interdependente, de modo a assegurar a cidadania plena, consta no eixo orientador denominado Desenvolvimento e Direitos Humanos do PNDH-3.

Certo ( ) Errado ( )

02. Com base na desconstrução da heteronormatividade, o PNDH-3 recomenda que as configurações familiares constituídas por lésbicas, gays, bissexuais, travestis e transexuais (LGBT) sejam reconhecidas e incluídas nos sistemas de informação do serviço público.

Certo ( ) Errado ( )

03. Uma importante diretriz do PNDH-3 refere-se ao combate à violência institucional, com ênfase na erradicação da tortura e na redução da letalidade policial e carcerária.

Certo ( ) Errado ( )

04. Entre as diretrizes contidas no PNDH-3, estão a democratização e a modernização do sistema de segurança pública, o que requer transparência e efetiva participação da sociedade na abordagem do tema.

Certo ( ) Errado ( )

05. Ao propor um eixo orientador centrado na relação entre desenvolvimento e direitos humanos, o PNDH-3 defende, entre outros objetivos, um modelo de desenvolvimento sustentável, assinalado pela inclusão social e econômica, tecnologicamente responsável e ambientalmente equilibrado.

Certo ( ) Errado ( )

06. Entre as diretrizes do Programa Nacional de Direitos Humanos (PNDH-3), não estão inseridas, entre os direitos humanos, a promoção e a proteção dos direitos ambientais.

Certo ( ) Errado ( )

07. A modernização da política de execução penal, que prioriza a aplicação de penas e medidas alternativas à privação de liberdade e a melhoria do sistema penitenciário, é uma das diretrizes do Programa Nacional de Direitos Humanos (PNDH-3).

Certo ( ) Errado ( )

08. Entre as principais diretrizes do PNDH-3/2009, no eixo de segurança pública, acesso à justiça e combate à violência, incluem-se a democratização e modernização do sistema de segurança pública; a transparência e participação popular no sistema de segurança pública e justiça criminal; e o combate à violência institucional, com ênfase na erradicação da tortura e na redução da letalidade policial e carcerária.

Certo ( ) Errado ( )

09. No eixo orientador do PNDH-3 que diz respeito à segurança pública, ao acesso à justiça e ao combate à violência, é disposta diretriz para a modernização da política de execução penal; a diretriz para a modernização do sistema de segurança pública não é, contudo, abrangida por esse eixo.

Certo ( ) Errado ( )

10. De acordo com o PNDH, toda pessoa tem direito à instrução, que deverá ser gratuita em todos os níveis de escolaridade.

Certo ( ) Errado ( )

Gabaritos

01	ERRADO	06	ERRADO
02	CERTO	07	CERTO
03	CERTO	08	CERTO
04	CERTO	09	ERRADO
05	CERTO	10	ERRADO

SUMÁRIO

1. HARDWARE

O Hardware consiste da parte física de um computador, ou seja, são as peças que o compõem. As questões comumente cobradas nos concursos relacionam os tipos de periféricos e a sua classificação.

1.1 Classificação dos Dispositivos quanto à Finalidade

Os periféricos do computador são classificados de acordo com sua finalidade e uso. Assim, como classificações principais, temos as que se seguem.

Entrada

Dispositivos de Entrada são aqueles por meio dos quais o usuário entra com alguma informação para o computador. Muito cuidado: para ser classificado como de entrada, os dispositivos têm de ser apenas de entrada. A seguir os exemplos de dispositivos de entrada de dados:

> Teclado;
> Mouse;
> Webcam;
> Microfone;
> Scanner de mesa;
> Scanner de mão;
> Scanner Biométrico;
> Tablets[1];
> Kinect[2].

Saída

Classificamos como dispositivos de saída aqueles que têm por finalidade informar ao usuário o resultado de algum processamento. São exemplos de dispositivos de saída:

> Monitor;
> Impressora;
> Caixa de som.

Entrada/Saída

Os periféricos classificados nesta categoria são os que devemos tomar mais cuidado durante as provas, porque aqui se encaixam aqueles dispositivos que podemos chamar de dispositivos híbridos devido a sua capacidade de realizar tanto a tarefa de entrada como a de saída de dados. São exemplos desses dispositivos:

> Impressoras Multifuncionais;
> Telas sensíveis ao toque (TouchScreen);
> Kits multimídias[3].

1 Tablets: aqueles utilizados para desejar ou digitalizar assinaturas.
2 Kinect: é o dispositivo usado no vídeo game Xbox para entrada de movimentos do usuário, a Microsoft também o disponibilizou para ser utilizado como entrada para o computador.
3 Kit multimídia: é composto em geral por dispositivos de entrada e de saída, por isso é classificado como de Entrada/Saída.

Armazenamento

Os dispositivos de armazenamento são aqueles que nos permitem armazenar os dados e os mantêm armazenados mesmo quando não são alimentados por uma fonte de energia. A seguir temos exemplos de dispositivos de armazenamento:

> Disquete;
> CD-Rom;
> DVD-Rom;
> BD-Rom (BlueRay Disk);
> HD (Hard Disk – Disco Rígido);
> HD Externo;
> PenDrive;
> Fita Magnética;
> HD SSD;
> Cartão de Memória.

1.2 Classificação dos Dispositivos Quanto ao Tipo de Tecnologia

Podemos ainda classificar os dispositivos de acordo com a tecnologia que eles utilizam para ler as informações ou escrevê-las.

Óticos

Um dispositivo ótico é aquele que se utiliza de sinais luminosos para, principalmente, ler informações, como por exemplo:

> Scanner;
> CD;
> DVD;
> BD;
> Webcam;
> Alguns mouses.

Magnéticos

Enquanto outros dispositivos utilizam o magnetismo como forma de operação, tomamos certos cuidados com os disquetes. Atualmente as pessoas se descuidam e esquecem que os computadores usam dispositivos magnéticos como principal forma de armazenamento e acabam passando por portas magnéticas com seus notebooks, o que pode vir a danificar partes do HD.

Assim, vemos que ainda hoje é muito comum, entre os servidores de backup, o uso de fitas magnéticas, como a fita cassete, para armazenar os dados.

Elétricos

Atualmente os dispositivos elétricos são os que mais vêm sendo utilizados, principalmente pela sua velocidade de operação e praticidade de uso, como, por exemplo, o pendrive e os cartões de memória. Ainda é uma tecnologia emergente entre os usuários o HD Sólido (HD SSD), devido ao alto valor aquisitivo, porém, é um dispositivo de altíssima velocidade que resolve o maior gargalo hoje dos computadores, ou seja, substitui os HDs convencionais, que são as peças mais lentas do computador.

1.3 Arquitetura

Podemos dividir as tecnologias de hardware em arquiteturas de x86 de 32bits e a arquitetura de 64bit. Essa divisão se baseia na forma como o sistema processa as informações, quer dizer, a quantidade de informações simultâneas que o processador opera.

1.4 Processador

O termo CPU significa Unidade Central de Processamento; muitas vezes as pessoas chamam o gabinete de CPU, o que está errado, pois o processador é apenas uma das peças que compõe o gabinete. Também podemos comparar a CPU como sendo o cérebro do computador, porque ela é responsável por processar as informações e gerar um resultado.

Um processador é composto por vários registradores que possuem finalidades específicas; os principais são a ULA (Unidade Lógico-Aritmética), responsável pelos cálculos e comparações lógicas; e a UC (Unidade de Controle), que tem como responsabilidade controlar o que está sendo feito no processador.

Também faz parte do processador a memória Cache. Ela é uma pequena memória, em relação à principal, porém muito mais rápida, operando quase na mesma velocidade que o processador; alguns modelos operam na mesma velocidade que o processador.

Em um processador, podemos encontrar vários níveis de cache, nos atuais normalmente encontramos 2 níveis (level), sendo que os mais modernos já possuem 3 níveis. Em alguns modelos a cache de nível 3 é interna ao processador, junto às demais, enquanto que em outros ela fica externa a ele.

A finalidade da cache é fornecer informações mais rapidamente ao processador, a fim de minimizar o tempo em que ele fica ocioso.

Memórias

Existem diversos tipos de memórias, quando tratamos de um computador. Elas podem ser classificadas de diversas formas de acordo com suas características, o que ilustra a tabela a seguir.

<table>
<tr><th>Tipo de memória</th><th>Categoria</th><th>Mecanismo de apagamento</th><th>Mecanismo de escrita</th><th>Volatilidade</th></tr>
<tr><td>Memória de acesso aleatório (RAM)</td><td>Memória de leitura e escrita</td><td>Eletricamente, em nível de Bytes</td><td>Eletricamente</td><td>Volátil</td></tr>
<tr><td>Memória apenas de leitura (ROM)</td><td rowspan="2">memória apenas de leitura</td><td rowspan="2">Não é possível</td><td>Máscaras</td><td rowspan="5">Não Volátil</td></tr>
<tr><td>ROM programável (PROM)</td><td rowspan="4">Elétrico</td></tr>
<tr><td>PROM apagável (EPROM)</td><td rowspan="3">Memória principalmente de leitura</td><td>Luz UV, em nível de pastilha.</td></tr>
<tr><td>Memória flash</td><td>Eletricamente, em níveis de blocos.</td></tr>
<tr><td>PROM eletricamente apagável (EEPROM)</td><td>Eletricamente, em nível de bytes.</td></tr>
</table>

A memória RAM é a Principal do computador, também conhecida como memória de trabalho. É uma memória de leitura e escrita, porém possui natureza volátil, ou seja, quando desconectada da energia, perde todas as informações que estavam nela, por isso que, quando não salvamos um documento e o fornecimento de energia acaba, desligando o computador, perdemos parte desse trabalho. Já o HD pode ser chamado de memória secundária por ser uma memória de armazenamento não volátil.

A memória RAM é expansível, ao contrário da memória ROM.

1.5 Unidades de Medida

Na Informática, a menor unidade de medida é o bit, que consiste em um sinal verdadeiro ou falso para o computador, que, por questões de facilidade, transcreve-se na forma de 0 (zeros) e 1 (uns).

Porém, o bit apenas é uma informação pequena, então foi criado o conceito de "palavra", que passou a ser chamada de Byte. Um Byte é composto por 8 bits.

A partir disso temos as unidades K, M, G, T, P, e assim por diante, para designar tamanhos de arquivos e capacidades de armazenamentos. A cada letra multiplicamos por 1024 a quantidade da anterior. A tabela abaixo ilustra as equivalências de valores.

1 Peta (PB)	1 Tera (TB)	1 Giga (GB)	1 Mega (MB)	1 Kilo (KB)	1 Byte	bit
1024 (TB)	1024 GB	1024 MB	1024 KB	1024 Bytes	8 bits	0 ou 1

Questões

(UFPR) Sobre os componentes de um computador, considere as afirmativas abaixo:

01. O processador (ou CPU) é a parte principal do hardware do computador e é responsável pelos cálculos, execução de tarefas e processamento de dados. A velocidade com que o computador executa as tarefas ou processa dados está diretamente ligada à velocidade do processador.

Certo ( ) Errado ( )

02. A unidade lógica e aritmética (ULA) é a unidade central do processador, que realmente executa as operações aritméticas e lógicas entre dois números. Seus parâmetros incluem, além dos números operandos, um resultado, um comando da unidade de controle e o estado do comando após a operação.

Certo ( ) Errado ( )

03. A CPU contém um conjunto restrito de células de memória chamados registradores, que podem ser lidos e escritos muito mais rapidamente que em outros dispositivos de memória.

Certo ( ) Errado ( )

04. A memória secundária ou memória de massa é usada para gravar grande quantidade de dados, que não são perdidos com o desligamento do computador, por um período longo de tempo. Exemplos de memória de massa incluem o disco rígido e mídias removíveis, como CD-ROM, DVD, disquete e pen-drive.

Certo ( ) Errado ( )

05. Os dispositivos de entrada e saída (E/S) são periféricos usados para a interação homem-máquina.

Certo ( ) Errado ( )

Gabaritos

01	CERTO
02	CERTO
03	CERTO
04	CERTO
05	CERTO

2. SOFTWARE

Cerca de 90% das questões de Informática abordam conceitos relacionados aos softwares, na forma de definições e de modos de operação, tanto em provas de nível médio como de nível superior. Por esse motivo, ele será abordado em nosso primeiro tópico.

O software é a parte **abstrata** de um computador, também conhecido como a parte **lógica**. É um programa instalado em um dispositivo, que pode ser um computador ou mesmo um celular.

Os Programas são a aplicação de regras de maneira digital, para que, dada uma situação, ocorra uma reação pré-programada. Assim, temos que um programa é uma representação de tarefas manuais; com eles podemos automatizar processos, o que torna as tarefas mais dinâmicas.

2.1 Licenças de Software

Uma licença de software define o que um usuário pode ou não fazer com ele, ela se baseia essencialmente no direito autoral. Existem vários tipos de licenças de software, mas, no que tange ao concurso público, apenas duas são de valor significativo: a licença de software livre e a licença de software proprietário.

Software Proprietário

A licença de software proprietário procura reservar o direito de autor do programa.

Um software proprietário é também conhecido como software não livre, pois uma de suas principais características é manter o **Código Fonte[1] fechado.**

Há vários softwares proprietários gratuitos. Por outro lado, existem aqueles que, para o usuário adquirir o direito de uso, exigem a compra de uma licença de uso, a qual não lhe dá direito de propriedade sobre o programa, apenas concede a ele o direito de utilizá-lo, além de impor algumas regras quanto ao seu uso.

São exemplos de softwares proprietários: Windows, Microsoft Office, Mac OS, aplicativos da Adobe, Corel Draw, WinRAR, WinZip, MSN entre outros tantos.

Software Livre

Em contrapartida ao software proprietário, um grupo criou o software livre. Como princípio atribuem-se às leis que regem a definição de **liberdades** como forma de protesto em relação ao software proprietário.

O software livre tem como primordial característica o **Código Fonte Aberto.**

A principal organização que mantém e promove o software livre é a Free Software Foundation (FSF).

Para que um software seja classificado como Software Livre, ele deve obedecer a quatro **liberdades de software** do projeto **GNU** - *General Public License* (Licença Pública Geral) - idealizado por Richard Matthew Stallman, ativista e fundador do movimento software livre:

Liberdade 0: a liberdade para executar o programa, para qualquer propósito;

Liberdade 1: a liberdade de estudar como o programa funciona e adaptá-lo às suas necessidades;

Liberdade 2: a liberdade de redistribuir cópias do programa de modo que você possa ajudar ao seu próximo;

Liberdade 3: a liberdade de modificar o programa e distribuir essas modificações, de modo que toda a comunidade se beneficie.

A GPL (*CopyLeft*) é um reforço a essas quatro liberdades, garantindo que o código fonte de um programa software livre não possa ser apropriado por outra pessoa ou empresa, principalmente para que não seja transformado em software proprietário.

A GPL só possui versão em inglês devido a possíveis erros de tradução que possam vir a ser inseridos em sua descrição.

São exemplos de softwares livres: Apache, Linux, BrOffice, LibreOffice, Mozilla Firefox, Mozilla Thunderbird, entre outros.

O Linux é um dos principais projetos desenvolvidos sob a licença de software livre, assim como o BrOffice, mas o principal responsável por alavancar o software livre, assim como o próprio Linux, foi o projeto Apache[2] que no início só rodava em servidores Linux e hoje é multiplataforma.

Shareware

A Licença do tipo Shareware é comumente usada quando se deseja permitir ao usuário uma degustação do programa, é uma licença que oferece funcionalidades reduzidas ou mesmo em sua totalidade, porém, com um prazo para esse uso que, depois de encerrado, o programa limita as funcionalidades ou pode deixar de funcionar.

Um exemplo de software popular que utiliza essa licença é o WinRAR, que, após os 40 dias, começa a exibir uma mensagem toda vez que é aberto, contudo, continua funcionando mesmo que o usuário não adquira a licença.

Esta permite a cópia e redistribuição do software, porém, não permite a alteração, pois o código fonte não é público.

2.2 Tipos de Software

Existem diversos tipos de software, mas somente alguns nos interessam durante a prova. Dessa forma, iremos focar o estudo no que nos é pertinente.

Podemos classificar os softwares de acordo com os itens a seguir:

> **Firmwares;**
> **Sistemas Operacionais;**
> **Escritório;**
> **Utilitários;**
> **Entretenimento;**
> **Malwares.**

1 Código Fonte: conjunto de instruções feitas em uma linguagem de programação, que definem o funcionamento e o comportamento do programa.

2 Apache: servidor responsável pelo processamento da maior parte das páginas disponibilizadas atualmente na Internet, cerca de 51%..

Firmwares

Um Firmware é normalmente um software embarcado, ou seja, ele é um software desenvolvido para operar sobre um hardware específico. De forma geral, um Firmware é incorporado ao hardware já no momento de sua fabricação, mas, dependendo do tipo de memória em que é armazenado, ele pode ser atualizado ou não. O software do tipo Firmware que interessa ao nosso estudo é o BIOS.

BIOS (Basic Input/Output System)

O Sistema Básico de Entrada e Saída é um software embarcado em uma **memória do tipo ROM**, nos computadores atuais é mais comum em memórias do tipo **Flash ROM.**

O BIOS é o primeiro programa que roda quando ligamos o computador. Ele é composto pelo **SETUP,** que são suas configurações, e pelo **POST,** responsável por realizar os testes de hardware.

Durante o processo de boot[3], o BIOS aciona a memória CMOS[4], onde ficam armazenadas as últimas informações sobre o hardware do computador e sobre a posição de início do sistema operacional no disco. Em posse dessas informações, o BIOS executa o POST, a etapa que verifica se todos os dispositivos necessários estão conectados e operantes.

Após as verificações de compatibilidade, o BIOS inicia o processo de leitura do disco indicado como primário a partir do ponto onde se encontra o sistema operacional, que é carregado para a memória principal do computador.

Em um mesmo computador podem ser instalados dois ou mais sistemas operacionais diferentes, ou mesmo versões diferentes do mesmo sistema.

Quando há apenas um sistema operacional instalado no computador, este é iniciado diretamente pelo BIOS, porém, se houver dois ou mais se faz necessário optar por qual dos sistemas se deseja utilizar.

Em uma situação em que existem dois sistemas operacionais atribui-se a caracterização de Dual boot.

Um computador que possua uma distribuição Linux instalada e uma versão Windows, por exemplo, ao ser concluído o processo do BIOS, inicia um gerenciador de boot. Em geral é citado nas provas ou o **GRUB** ou o **LILO**, que são associados ao Linux.

Sistemas Operacionais (SO)

O conteúdo de sistemas operacionais é cobrado de duas formas nas provas: prática e conceitual. Questões de caráter conceitual são colocadas de forma comparativa entre os sistemas, enquanto que as práticas estão associadas às ferramentas e modos de operação de cada sistema. O conteúdo referente à parte prática é abordado em específico nos tópicos Windows e Linux.

O sistema operacional é o **principal programa do computador**. Ele é o responsável por facilitar a interação do usuário com a máquina, além de ter sido criado para realizar as tarefas de controle do hardware, livrando assim os aplicativos de conhecer o funcionamento de cada peça existente no mundo.

3 boot: processo de inicialização do sistema operacional.

4 CMOS: uma pequena memória RAM alimentada por uma pilha de 9V.

As tarefas de responsabilidade do SO são, principalmente, de níveis gerenciais. O sistema operacional é o responsável por administrar a Entrada e a Saída de dados de forma que, quando um usuário seleciona uma janela, ele está trazendo-a para o primeiro plano de execução. Assim, sempre que o usuário digita um texto, por exemplo, o SO tem de gerenciar qual a janela, ou seja, qual aplicativo irá receber as informações entradas pelo teclado, mas ao mesmo tempo o SO irá receber uma solicitação do aplicativo para que exiba na tela as informações recebidas.

É de responsabilidade do SO gerenciar o uso da memória RAM e do processador. O controle estabelecido pelo sistema operacional dita que programa será executado naquele instante e quais espaços de memória estão sendo usados por ele e pelos demais aplicativos em execução.

Para que o sistema operacional consiga se comunicar com cada dispositivo, aquele precisa saber antes como estes funcionam, para tanto, é necessário instalar o **driver**[5] do dispositivo. Atualmente, a maioria dos drivers são identificados automaticamente pelo SO, mas o sistema nem sempre possui as informações sobre hardwares recém-lançados. Nesse caso, o sistema, ao não conseguir o driver específico, solicita ao usuário que informe o local onde ele possa encontrar o driver necessário.

Aplicativos	
Hardware	Gerenciamento de Entrada/Saída
	Gerenciamento de Drivers de dispositivos
	Gerenciamento de Memória
	Gerenciamento de CPU
Hardware	

Dentre os sistemas operacionais modernos, o Windows ainda é o que mais se destaca em termos de número de usuários em computadores pessoais. Por outro lado, quando se questiona em relação ao universo de servidores na Internet, nos deparamos com o Linux como mais utilizado; o principal motivo relaciona-se à segurança mais robusta oferecida pelo Linux.

Os exemplos de SO para computadores pessoais (PC) que podem ser citados em provas são:

> Windows;
> Linux;
> Mac OS;
> Chrome OS;
> Solaris.

Porém, esses sistemas derivaram de duas vertentes principais o **DOS** e o **UNIX**. É de interesse da prova saber que o DOS foi o precursor do Windows e que a plataforma UNIX foi a base do Linux e também do Mac OS.

Contudo, não encontramos SO apenas em PCs. Celulares, smartphones e tablets também utilizam sistemas operacionais. Atualmente, fala-se muito no sistema do Google para esses dispositivos, o Google Android, no entanto, a Microsoft lançou em 2012 o Windows 8, inclusive para o mercado de dispositivos móveis.

5 Driver: Conjunto de informações sobre como funciona um dispositivo de hardware.

Os Sistemas Operacionais podem ser divididos em duas partes principais: Núcleo e Interface.

O Kernel é a principal parte do Sistema Operacional.

O **Núcleo de um Sistema Operacional** é chamado de **Kernel**. Ele é a parte responsável pelo gerenciamento do hardware, como já explanado, enquanto que a **interface** é parte de interação com o usuário, seja ela uma interface apenas textual ou uma interface com recursos gráficos.

A interface com recursos gráficos é comumente chamada de **GUI (Graphic User Interface)**, Interface Gráfica do Usuário, também citada como gerenciador de interface gráfica. O nome Windows foi baseado, justamente, nessa característica de trabalhar com janelas gráficas como forma de comunicação com o usuário.

Sistema Operacional	Kernel
Windows XP	NT 5.2
Windows Vista	NT 6.0
Windows 7	NT 6.1
Windows 8	NT 6.2
Linux	Linux 3.10

Em relação às **GUIs**, cada versão do Windows utiliza e trabalha com apenas uma única interface gráfica, que só passou a ter um nome específico a partir do Windows Vista.

Windows	GUI
XP	Sem nomenclatura
Vista	Aero
7	Aero
8	Metro

Por outro lado, existem diversas GUIs para o Linux, algumas Distribuições Linux[6] trabalham com apenas um gerenciador de interface gráfica, enquanto que outras trabalham com múltiplas. As principais GUIs do Linux são:

Ao contrário do Windows, o Linux tem suporte a várias Interfaces Gráficas.

> Gnome;
> KDE;
> Unity;
> XFCE;
> FluxBox;
> BlackBox;
> Mate;
> Cinnamon.

Características de um Sistema Operacional

Os Sistemas Operacionais podem ser classificados de acordo com suas características comportamentais.

6 Distribuição Linux: uma cópia do Linux desenvolvida, geralmente, com base em outra cópia, mas com algumas adaptações.

Multitarefa

Um Sistema Operacional é dito multitarefa quando consegue executar mais de uma tarefa simultânea, como: tocar uma música enquanto o usuário navega na Internet e escreve um texto no Word.

Contudo, há duas formas de multitarefa empregadas pelos SO modernos: Multitarefa Preemptiva e Multitarefa Real.

Windows, Linux e Mac OS.

Monotarefa

Sistema Monotarefa é o sistema que, para executar uma tarefa, deve aguardar a que está em execução terminar ou mesmo forçar o seu término para que possa executar. Trabalha com um item de cada vez.

DOS e algumas versões UNIX.

Multiusuário

É quando o Sistema Operacional permite mais de uma **sessão** de usuário ativa simultaneamente.

Se dois ou mais usuários estiverem com sessões iniciadas, elas são de certa maneira tratadas independentemente, ou seja, um usuário não vê o que o outro estava fazendo, como também, em um uso normal, não interfere nas atividades que estavam sendo executadas pelo outro usuário.

O sistema multiusuário geralmente possui a opção trocar de usuário, que permite bloquear a sessão ativa e iniciar outra sessão simultânea.

Monousuário

Em um Sistema Monousuário, para que outro usuário inicie sessão, é necessário finalizar a do usuário ativo, também conhecido como efetuar *Logoff*.

Softwares de Escritório

São aplicativos com utilização mais genérica, de forma a possibilitarem as diversas demandas de um escritório como também suprirem muitas necessidades acadêmicas em relação à criação de trabalhos.

Nesta seção apenas é apresentado um comparativo entre as suítes de escritório que são cobradas na prova.

Editor	Microsoft Office	BrOffice
Texto	Word	Writer
Planilha	Excel	Calc
Apresentação de Slides	PowerPoint	Impress
Desenho	Publisher	Draw
Banco de Dados	Access	Base
Fórmula	Equation	Math

Os editores de Texto, Planilha e Apresentação são os mais cobrados em provas de concursos. Sobre esses programas podem aparecer perguntas a respeito do seu funcionamento, ainda que sobre editores de apresentação sejam bem menos frequentes.

Outro ponto importante a se ressaltar é que o **Microsoft Outlook** é componente da suíte de aplicativos Microsoft Office. Não foi destacado na tabela acima por não existir programa equivalente no BrOffice.

Por vezes o concursando pode se deparar na prova com o nome **LibreOffice**, o que está correto, pois o BrOffice é utilizado no Brasil apenas, mas ele é baseado no Libre Office. Até a versão 3.2, o BrOffice era fundamentado no OpenOffice e, após a compra da Sun pela Oracle a comunidade decidiu mudar para o Libre por questões burocráticas.

Softwares Utilitários

Alguns programas ganharam tamanho espaço no dia a dia do usuário que, sem eles, podemos por vezes ficar sem acesso às informações contidas em arquivo, por exemplo.

São classificados como utilitários os programas compactadores de arquivos e leitores de PDF. Esses programas assumiram tal patamar por consolidarem seus formatos de arquivos. Entre os compactadores temos os responsáveis pelo formato de arquivos ZIP, apesar de que, desde sua versão XP, o Windows já dispunha de recurso nativo para compactar e descompactar arquivos nesse formato, muitos aplicativos se destacavam por oferecer o serviço de forma mais eficiente ou prática. Os compactadores mais conhecidos são: WinZip, BraZip e 7-Zip. Outro compactador que ganhou espaço no mercado foi o WinRar com o formato .RAR, que permite uma maior compactação do que o ZIP.

Softwares de Entretenimento

Nesta categoria, entram os aplicativos multimídias como players de áudio e vídeo, como o Windows Media Player, o Winamp, o iTunes, VLC player e BS player, dentre inúmeros outros, assim como também os jogos como Campo Minado, Paciência, Pinball e outros tantos de mais alto nível.

Questões

Com relação à instalação, à configuração e ao suporte de aplicativos, julgue o item a seguir.

01. (Cespe) O BrOffice.org possui código fechado, assim como o Microsoft Office, embora seja considerado software livre.

Certo ( ) Errado ( )

02. (Cespe) A fim de se proteger do ataque de um spyware — um tipo de vírus (malware) que se multiplica de forma independente nos programas instalados em um computador infectado e recolhe informações pessoais dos usuários —, o usuário deve instalar softwares antivírus e antispywares mais eficientes que os firewalls no combate a esse tipo de ataque.

Certo ( ) Errado ( )

Gabaritos

01	ERRADO
02	ERRADO

3. REDES DE COMPUTADORES

Dois computadores conectados entre si já caracterizam uma rede. Contudo, ela normalmente é composta por diversificados dispositivos como: celulares, smartphones, tablets, computadores, servidores, impressoras, roteadores, switches, hubs, modens, etc. Devido a essa grande variedade de dispositivos, o nome genérico HOST é atribuído aos dispositivos conectados na rede.

Todo Host possui um endereço que o identifica na rede, o qual é o endereço IP. Mas também cada peça possui um número único de fábrica que o identifica, o MAC Address.

3.1 Paradigma de Comunicação

Paradigma é um padrão a ser seguido e, no caso das redes, é o modelo Cliente/Servidor. Nesse modelo, o usuário é o cliente que envia uma solicitação ao servidor; ao receber a solicitação, o servidor a analisa e, se é de sua competência, provê a informação/dado.

3.2 Dispositivos de Rede

Os Dispositivos de Rede são citados até mesmo em provas cujo conteúdo programático não cita a matéria de Hardware. E na maioria das vezes em que aparecem questões sobre o assunto, se questiona em relação à finalidade de cada dispositivo na rede, portanto, nesta seção são descritos alguns dos principais dispositivos de rede:

Modem	Modulador/Demulador Responsável por converter o sinal analógico da linha telefônica em um sinal digital para o computador e vice-versa.
Hub	Conecta vários dispositivos em rede, mas não oferece muita segurança, pois envia as informações para todos na rede.
Switch	É um dispositivo que permite interligar vários dispositivos de forma mais inteligente que o Hub, pois no switch os dados são direcionados aos destinos corretos.
Roteador	Um roteador já trabalha no nível de rede; em um mesmo roteador podemos definir várias redes diferentes. Ele também cria uma rota para os dados.
Access Point	Um Ponto de Acesso opera de forma similar a um Switch, só que em redes sem fio.
Backbone	É a estrutura principal dentro de uma rede, na Internet é a espinha dorsal que a suporta, ou seja, as principais ligações internacionais.

3.3 Topologia de Rede

Topologia diz respeito à estrutura de organização dos dispositivos em uma rede.

Barramento

Na Topologia de Barramento, todos os dispositivos estão conectados no mesmo canal de comunicação, o que torna o tráfego de dados mais lento e, se o barramento se rompe, pode isolar parte da rede.

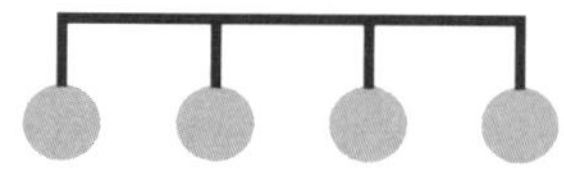

Anel

A estrutura em Anel conecta um dispositivo no outro; para que todos os computadores estejam conectados, é necessário que estejam ligados. Se o anel for simples, ou seja, de única via de dados, um computador desligado já é suficiente para tornar a rede inoperante para algum outro computador; o problema pode ser resolvido em partes, utilizando o anel duplo, trafegando dados em duas direções da rede, porém, se dois pontos forem desconectados, pode-se chegar à situação de duas redes isoladas.

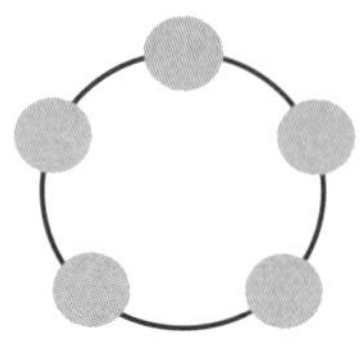

Estrela

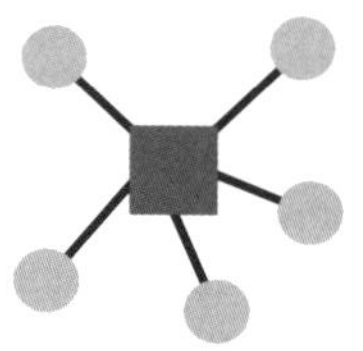

Uma rede organizada em forma de estrela possui um nó centralizador. Esse modelo é um dos mais utilizados, pois um nó pode estar desconectado sem interferir no resto da rede, porém, o centro é o ponto crítico.

Estrela Estendida

A Estrela Estendida é utilizada em situações como, por exemplo, em uma universidade multicampi, em que um nó central é a conexão principal, a partir da qual se conecta com a Internet, enquanto que os outros campi possuem centrais secundárias como conexão entre seus computadores. A estrutura entre o nó principal e as centrais secundárias é o que chamamos de Backbone dessa rede.

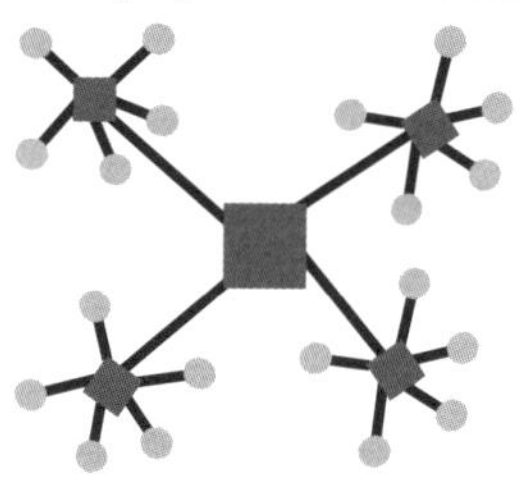

Malha

A conexão em malha é o modelo da Internet, em que encontramos vários nós principais, mas também várias ligações entre diversos nós.

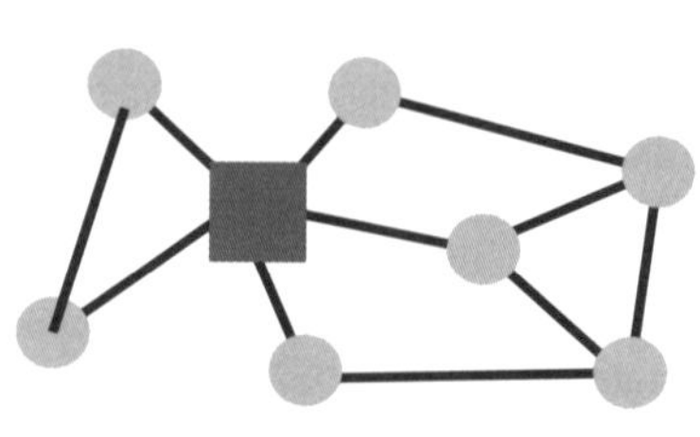

Pilhas de Protocolos

Também colocadas pelas bancas examinadoras como modelos, as pilhas de protocolos definem um conjunto de protocolos e em quais camadas de rede devem operar.

Neste tópico temos dois tipos de questões que podem ser associados na prova. Questões que fazem relação com os tipos de redes e questões que tratam da finalidade dos principais protocolos utilizados em uma navegação na Internet.

As pilhas de protocolos são:

TCP/IP	OSI

O modelo TCP/IP é o **padrão utilizado nas redes.** Mas, em redes privadas, mesmo o TCP/IP sendo padrão, pode ser implantado o modelo OSI.

Como o modelo TCP/IP é o padrão na seção seguinte são destacados os principais protocolos de navegação.

Principais Protocolos

Um protocolo é uma regra de comunicação em redes, portanto, a transferência de arquivos, mesmo entre computadores de uma mesma rede, utiliza um protocolo como forma de padronizar o entendimento entre os dois.

HTTP

HTTP (Hyper Text Transport Protocol) é o protocolo de transferência de hipertexto. É o mais utilizado pelo usuário em uma navegação pela Internet. Hipertexto **consiste em um arquivo no formato HTML** (HyperText Markup Language) **-** Linguagem de Marcação de Hipertexto.

HTML é um arquivo que pode ser gerado por qualquer editor de texto, pois, quando é aberto no bloco de notas ou wordpad, ele apresenta apenas informações de texto. No entanto, quando é aberto pelo navegador, este interpreta o código em HTML e monta o conteúdo **Multimídia** na página. Entende-se por conteúdo multimídia: textos, áudio, vídeos e imagens.

HTTPS

HTTPS (Hyper Text Transport Protocol Secure), também conhecido como HTTP Seguro, é um protocolo que tem como diferença entre o HTTP apenas a segurança que oferece, pois, assim como o HTTP, serve para visualizar o conteúdo multimídia.

O que se questiona em relação a sua segurança é como ela é feita. O protocolo HTTPS utiliza o processo de **Criptografia** para manter sigilo sobre os dados transferidos entre o usuário e o servidor, para isso, são utilizados os protocolos **TLS** ou **SSL**.

Um detalhe muito importante é o de saber identificar se a navegação está sendo realizada por meio do protocolo HTTP ou pelo protocolo HTTPS. A forma mais confiável é observar a barra de endereços do navegador:

Firefox 10.02

IE 9

Google Chrome

Logo no início da barra, observamos a indicação do protocolo HTTPS, que, sempre que estiver em uso, deverá aparecer. Porém, deve-se ter muita atenção, pois, quando é utilizado o HTTP, alguns navegadores atuais têm omitido a informação no começo da barra de endereços.

Outra informação que nos ajuda a verificar se o acesso é por meio de uma conexão segura é o símbolo do cadeado fechado.

FTP

FTP (File Transport Protocol) é o protocolo de transferência de arquivos utilizado quando um usuário realiza download ou upload de um arquivo na rede.

O protocolo FTP tem como diferencial o fato de operar sobre duas portas: uma para tráfego dos dados e outra para autenticação e controle.

3.4 Firewall

O Firewall pode ser Software, Hardware, ou ambos. Ele é o responsável por **monitorar as portas da rede/computador,** permitindo ou negando a passagem dos dados na rede, seja na entrada ou saída.

O Firewall é o monitor que fica na porta olhando para uma lista na qual contém as regras que um dado tem de cumprir para passar por ela. Essa lista são os protocolos, por exemplo, o Firewall monitorando a porta 80, relativa ao protocolo HTTP, o qual só trabalha com conteúdo multimídia. Então, se um arquivo .EXE tentar passar pela porta 80, ele deve ser barrado; essa é a função do Firewall.

3.5 Tipos de Redes

Podemos classificar as redes de acordo com sua finalidade; neste tópico expõe-se a diferença entre as redes: Internet vs Intranet vs Extranet.

Internet

É a rede das redes, também conhecida como rede mundial de computadores.

Muitas provas citam o sinônimo WWW (World Wide Web) para internet, ou por vezes apenas Web. Ela é definida como uma rede **Pública** a qual todos com computador e servidor de acesso podem conectar-se.

Intranet

É uma rede empresarial, também chamada de rede corporativa. Tem como principal característica ser uma rede **Privada**, portanto, possui controle de acesso, o qual é restrito somente a pessoas autorizadas.

Uma Intranet geralmente é constituída com o intuito de compartilhar recursos entre os funcionários de uma empresa, de maneira que pessoas externas não tenham acesso a eles. Os recursos compartilhados podem ser: impressoras, arquivos, sistemas, entre outros.

Extranet

É quando parte de uma Intranet é disponibilizada por meio da Internet.

Também dizemos que Extranet é quando duas empresas com suas distintas Intranets possuem um sistema comum que acessam apenas parte de cada uma das Intranets.

VPN

VPN é uma forma de criar uma Intranet entre localizações geograficamente distantes, com um custo mais baixo do que ligar cabos entre os pontos. Para isso, emprega-se o processo de criptografia nos dados antes de enviá-los por meio da Internet e, quando o dado chega na outra sede, passa pelo processo de descriptografia. Dessa maneira, quem está navegando na Internet não tem acesso às informações da empresa, que continuam restritas; esse processo também é chamado de tunelamento.

3.6 Padrões de Infraestrutura

São padrões que definem como deve ser organizada e quais critérios precisam ser seguidos para montar uma estrutura de rede de acordo com os padrões estabelecidos pelo IEEE (Instituto de Engenheiros Eletricistas e Eletrônicos).

O padrão Ethernet define as regras para uma infraestrutura cabeada, como tipos de cabos que devem ser utilizados, distância máxima, tipos e quantidade de dispositivos, entre outras. Já o padrão 802.11 define as regras para uma estrutura Wi-Fi, ou seja, para a rede sem fio.

3.7 Correio Eletrônico

O serviço de e-mail é outro ponto bastante cobrado nos concursos públicos. Em essência, o que se pede é se o concursando sabe sobre as diferentes formas de se trabalhar com ele.

O e-mail é uma forma de comunicação assíncrona, ou seja, no momento do envio apenas o emissor precisa estar conectado.

Formas de Acesso

Podemos ler e escrever e-mail utilizando duas formas diferentes. Na última década, o webmail ganhou mais espaço no mercado e se tornou majoritário no ramo de e-mails, mas muitas empresas utilizam ainda os clientes de e-mail:

Webmail

O Webmail é uma interface de acesso para o e-mail via Browser (navegador de Internet), ou seja, uma forma de visualizar o e-mail via uma página de web. Diante disso, é possível destacar que usamos os protocolos HTTP ou HTTPS para visualizar páginas da Internet. Dessa forma, ao acessar sites de e-mail como gmail.com, hotmail.com, yahoo.com.br e outlook.com, fazemos uso desses protocolos, sendo o HTTPS o mais usado atualmente pelos grandes serviços de e-mail, pois confere ao usuário maior segurança no acesso.

Dizemos que o webmail é uma forma de ler e escrever e-mails, dificilmente citado como forma de enviar e receber, uma vez que quem realmente envia é o servidor e não o computador do usuário.

Quando um e-mail é enviado, ele parte diretamente do servidor no qual o remetente possui conta para o servidor do serviço de e-mail do destinatário.

Cliente de E-mail

Um Cliente de E-mail é um programa específico para enviar e receber mensagens de e-mail e que é, necessariamente, instalado no computador do usuário.

Exs.:

Outlook;

Mozilla Thunderbird;

Eudora;

IncredMail;

Outlook Express;

Windows Live Mail.

Os programas clientes de e-mail usam protocolos específicos para envio e recebimento das mensagens de e-mail.

Protocolos utilizados pelos Clientes de E-mail

Para o envio, um cliente de e-mail utiliza o protocolo SMTP (Simple Mail Transport Protocol – Protocolo de transporte de mensagens simples). Como todo protocolo, o SMTP também opera sobre uma porta específica, que pode ser citada como sendo a porta 25, correspondente ao padrão, mas atualmente ela foi bloqueada para uso dos usuários, vindo a ser substituída pela 587.

Com isso, em questões de Certo e Errado, apenas a 587 é a correta, quando abordado sobre o usuário, pois entre servidores a 25 ainda é utilizada. Já nas questões de múltipla escolha, vale o princípio da menos errada, ou seja, se não tiver a 587, a 25 responde a questão.

Mesmo que a mensagem de e-mail possua arquivos anexos a ela, envia-se por SMTP; assim o protocolo FTP não é utilizado.

Já para o recebimento, o usuário pode optar em utilizar o protocolo POP ou o protocolo IMAP, contudo, deve ser observada a diferença entre os dois, pois essa diferença é ponto para muitas questões.

O protocolo POP tem por característica baixar as mensagens de e-mail para o computador do usuário, mas por padrão, ao baixá-las, elas são apagadas do servidor. Portanto, as mensagens que um usuário está lendo estão, necessariamente, em seu computador.

Por outro lado, se o usuário desejar, ele pode configurar o protocolo de forma que sejam mantidas cópias das mensagens no servidor, no entanto, a que o usuário está lendo, efetivamente, está em seu computador. Sobre essa característica são citadas questões relacionando à configuração a uma espécie de backup das mensagens de e-mail.

Atualmente o protocolo POP encontra-se na versão 3; dessa forma ele pode aparecer nos textos de questão como POP3, não afetando a compreensão da mesma. Uma vez que o usuário necessita conectar na internet apenas para baixar as mensagens, é possível que ele desconecte-se da internet e mesmo assim leia seus e-mails. E, uma vez configurado o SMTP, também é possível redigir as respostas off-line, sendo necessário, no entanto, conectar-se novamente para que as mensagens possam ser enviadas.

Ao invés de utilizar o POP, o usuário pode optar em fazer uso do protocolo IMAP, que é para acesso a mensagens de e-mail, as quais, por sua vez, residem no servidor de e-mails. Portanto, se faz necessário estar conectado à internet para poder ler o e-mail por meio do protocolo IMAP.

Spam

Spam é uma prática que tem como finalidade divulgar propagandas por e-mail, ou mesmo utilizar-se de e-mails que chamem a atenção do usuário e o incentivem a encaminhar para inúmeros outros contatos, para que, com isso, levantem uma lista de contatos que pode ser vendida na Internet ou mesmo utilizada para encaminhar mais propagandas.

Geralmente um spammer utiliza-se de e-mail com temas como: filantropia, hoax (boatos), lendas urbanas, ou mesmo assuntos polêmicos.

3.8 URL (Uniform Resource Locator)

É um endereço que identifica um site, um serviço, ou mesmo um endereço de e-mail. Abaixo temos um exemplo de URL; observe que podemos dividi-la em várias partes.

Domínio

É o nome registrado de um site para que possa ser acessado por meio da Internet. Assim como a URL, um Domínio também pode ser dividido em três partes, como ilustra a figura abaixo.

site.com.br

O .br indica que esse site está registrado no conjunto de domínios do Brasil, que é administrado e regulamentado pelo Registro.Br, componente do CGI (Comitê Gestor de Internet no Brasil)

O Registro.Br define várias normas em relação à criação de um domínio, como por exemplo o tamanho máximo de 26 caracteres, a limitação para apenas letras e números e recentemente a opção de criar domínios com letras acentuadas e o caractere **ç**.

Também compete ao Registro.Br a normatização da segunda parte do domínio, representado na figura pelo **.com**. Essa informação diz respeito ao ramo de atividade a que se destina o domínio, mas não nos garante qual a real finalidade do site. A última parte, por fim, é o próprio nome do site que se deseja registrar.

Protocolo IP

Cada equipamento na rede ganha o nome genérico de Host, o qual deve possuir um endereço para que seja localizado na rede. Esse é o endereço IP.

O protocolo IP é o responsável por trabalhar com essa informação, para tanto, um endereço IP possui versões: IPv4 e IPv6.

Um IP também é um endereço, portanto, pode ser inserido diretamente na barra de endereços de um navegador.

O IPv4 é composto por até quatro grupos de três dígitos que atingem valor máximo de 255 cada grupo, suportando, no máximo, cerca de 4 bilhões (4.294.967.296) de endereços.

200.201.88.30 endereço IP da Unioeste[1].

O IPv6 é uma proposta que está gradativamente substituindo o IPv4, justamente pela pouca quantidade de endereço que ele oferece. O IPv6 é organizado em 8 grupos de 4 dígitos hexadecimais, suportando cerca de 3,4 x 1038, aproximadamente 3,6 undecilhões de endereços IP.

0123:4567:89AB:CDEF:1011:1314:5B6C:88CC2

DNS (Domain Name System)

O Sistema de Nomes de Domínios é o responsável por traduzir (resolver por meio de consultas aos servidores Raiz da Internet) um Domínio para o endereço IP do servidor que hospeda (armazena) o site desejado. Esse processo ocorre em questão de segundos e obedece uma estrutura hierárquica.

3.9 Navegadores

Navegadores são programas que permitem acesso às páginas da Internet, são muitas vezes citados em provas pelo termo em inglês Browser.

Internet Explorer

Mozilla Firefox

Opera

Google Chrome

Safari

Também são cobrados os conceitos dos tipos de dados de navegação que estão relacionados aos navegadores.

Cache

É um armazenamento temporário. No caso dos navegadores, trata-se de uma pasta onde são armazenados os conteúdos multimídias como imagens, vídeos, áudio e inclusive textos, para que, no segundo momento em que o mesmo conteúdo for acessado, ele possa ser mostrado ao usuário mais rapidamente.

Cookies

São pequenas informações que alguns sites armazenam no computador do usuário. Exemplos de informações armazenadas nos Cookies: Senhas, obviamente que são armazenadas criptografadas; também são muito utilizados em sites de compras, para armazenar o carrinho de compras.

Dados de Formulários

Quando preenchemos um formulário, os navegadores oferecem opção para armazenar os dados digitados em cada campo, assim, quando necessário preencher o mesmo formulário ou ainda outro formulário com campos de mesmo nome, o navegador sugere os dados já usados a fim de autocompletar o preenchimento do campo.

1 Universidade Estadual do Oeste do Paraná
2 IP fictício.

3.10 Conceitos Relacionados à Internet

Nesta seção são apresentados alguns conceitos, tecnologias e ferramentas relacionadas à Internet que são cobrados nas provas dos concursos.

Motores de Busca

Os Motores de Busca são normalmente conhecidos por buscadores e têm como representante mor o Google. Dentre os principais estão:

> Google;
> Yahoo;
> Cadê? - O primeiro buscador nacional (comprado pelo Yahoo), pode ser chamado de Yahoo! Cadê?;
> Aonde;
> Altavista;
> MSN transformado em Bing.

É importante observar que, nos navegadores atuais, os motores de busca são integrados, com isso podemos definir qual se deseja utilizar, por exemplo: o Google Chrome e o Mozilla Firefox utilizam como motor de busca padrão o Google, já o Internet Explorer utiliza o Bing. Essa informação é relevante, pois é possível nesses navegadores digitar os termos buscados diretamente na barra de endereços, ao invés de acessar previamente o site do motor de busca.

Busca Avançada

Os motores de busca oferecem alguns recursos para otimizar a busca, como operadores lógicos, também conhecidos como operadores booleanos[3]. Dentre eles podemos destacar a negação (-). Ao realizar uma busca na qual se deseja encontrar resultados que sejam relacionados a determinado assunto, porém os termos usados são comuns a outro, podemos utilizar o sinal de menos precedendo o termo do assunto irrelevante, como o exemplo de uma questão que já caiu em prova: realizar a busca por leite e cão, contudo, se for inserido apenas estes termos na busca, muitos resultados serão relacionados a gatos e leite. Para que as páginas que contenham a palavra gato não sejam exibidas na lista de páginas encontradas, basta digitar o sinal de menos (-) antes da palavra gato (sem espaço entre o sinal e a palavra), assim a pesquisa a ser inserida no buscador fica **Cão Leite -Gato**.

Também é possível realizar a busca por uma frase exata, assim, somente serão listados os sites que contenham exatamente a mesma expressão. Para isso, basta digitar a frase desejada entre aspas duplas.

Busca por/em Domínio Específico: para buscar sites que possuam determinado termo em seu nome de domínio, basta inserir o texto site: seguido da palavra desejada, lembrando que não deve haver espaço entre site: e o termo desejado. De forma similar, também pode-se utilizar **inurl: termo** para buscar sites que possuam o termo na URL.

Quando o domínio já é conhecido, é possível realizar a busca por determinado termo apenas nas páginas do domínio. Para tanto, deve-se digitar **site:Dominiodosite termo.**

3 Em referência à lógica de Boole, ou seja, a lógica que você estuda para o concurso.

Calculadora: é possível, ainda, utilizar o Google como uma calculadora, bastando digitar a expressão algébrica que se deseja resolver como 2+2 e, como resultado da "pesquisa", é apresentado o resultado da operação.

Operador: quando não se sabe exatamente qual é a palavra para completar uma expressão, pode-se completar a lacuna com um asterisco, assim o motor de busca irá entender que naquele espaço pode ser qualquer palavra.

Busca por tipo de arquivo: podemos refinar as buscas a resultados que consistam apenas em determinado formato de arquivo. Para tanto, podemos utilizar o operador filetype: assim, para buscar determinado tema, mas que seja em PDF, por exemplo, pode-se digitar **filetype: pdf tema.**

Tipos de Busca

Os principais motores de busca permitem realizar as buscas de forma orientada a conteúdos gerais da web, como refinar a busca para exibir apenas imagens, vídeos ou mapas relacionados aos termos digitados.

Chat

Um chat é normalmente citado como um bate-papo em tempo real; é a forma de comunicação em que ambos os interlocutores estão conectados (on-line) simultaneamente. Muitos chats operam com salas de bate-papo. Um chat pode ser em um site específico como o chat do Uol. Conversas pelo MSN ou Facebook podem ser consideradas como Chat, desde que ambos interlocutores estejam conectados.

Fórum

Também conhecidos como Listas de Discussão, os fóruns funcionam como debates sobre determinados assuntos. Em um fórum não é necessário que os envolvidos estejam conectados para receberem os comentários, pois estes ficam disponíveis para acesso futuro pelo usuário ou mesmo por pessoas que não estejam cadastradas no fórum, contudo, existem muitos fóruns fechados, nos quais só se entra por convite ou mediante aquisição. A maioria deles vincula o e-mail dos envolvidos a uma discussão, alertando-os assim, caso um novo comentário seja acrescentado.

Moodle

O Moodle é uma ferramenta fortemente utilizada pelo setor público, e também privado, para dar suporte ao Ensino a Distância (EAD).

Questões

01. (Cespe) Considerando o acesso a uma intranet por meio de uma estação Windows 7 para navegação e uso de correio eletrônico do tipo webmail, julgue os itens que seguem.

Na utilização de uma interface webmail para envio e recebimento de correio eletrônico, é boa prática de segurança por parte do usuário verificar o certificado digital para conexão https do webmail em questão.

Certo ( ) Errado ( )

02. (Cespe) Por meio do software Microsoft Outlook pode-se acessar o serviço de correio eletrônico, mediante o uso de certificado digital, para abrir a caixa postal do usuário de um servidor remoto.

Certo ( ) Errado ( )

A respeito de navegadores de Internet e aplicativos de correio eletrônico, julgue o próximo item.

03. (Cespe) O programa Thunderbird não permite o envio de arquivos anexados às mensagens de e-mail.

Certo ( ) Errado ( )

Julgue os itens subsequentes, a respeito de segurança para acesso à Internet e a intranets.

04. (Cespe) No acesso a uma página na Internet com o protocolo HTTP, esse protocolo protege o endereço IP de origem e de destino na comunicação, garantindo ao usuário privacidade no acesso.

Certo ( ) Errado ( )

05. (Cespe) Quando se usa o protocolo HTTPS para acessar página em uma intranet, o certificado apresentado é, normalmente, do tipo autoassinado com prazo de expiração ilimitado.

Certo ( ) Errado ( )

Gabaritos

01	CERTO
02	CERTO
03	ERRADO
04	ERRADO
05	ERRADO

4. ARQUITETURA DE REDES

Uma rede consiste em uma forma de ligação e comunicação de dispositivos que utilizam regras, denominadas de protocolos, para estabelecer a organização e padronização da comunicação.

Existem vários protocolos em diferentes níveis de organização de comunicação. Estes protocolos são organizados em grupos denominados suítes de protocolos. Embora existam duas principais suítes de protocolos, foi preciso eleger uma como padrão para a comunicação de dados entre os dispositivos em rede.

Apesar de usarmos apenas uma suíte na prática, faz-se necessário conhecer as duas, pois cada uma das coleções organiza os protocolos em quantidades de camadas diferentes. As suítes são: TCP/IP, proposto pela empresa RAND Co, em 1964, e OSI (*Open Systems Interconnection*), proposto pela ISO (*Iternational Organization for Standarization*), em 1984. O modelo TCP/IP, também conhecido como Pilha TCP/IP, é o adotado como padrão atualmente, após padronização e implementação pela ARPAnet entre 1980 e 1985, enquanto o OSI é utilizado como modelo de referência para a criação de novos protocolos.

Antes de abordar as estruturas, é necessário entender alguns conceitos:

> Camada: é a forma encontrada para dividir os problemas de comunicação em redes, segmentando em níveis distintos de responsabilidade. Assim, os dados trafegam entre os equipamentos de rede sem que, necessariamente, tenham de acessar os dados transmitidos. Uma camada presta serviços para a camada superior a ela e usa serviços da camada inferior a ela; não é possível pular camadas.

> Interface: é parte que realiza a comunicação direta entre duas máquinas; dentre os níveis de camada, é uma das mais inferiores.

4.1 Modelo OSI

O modelo OSI foi proposto como um sistema aberto de regras. Para atender a objetivos como: Portabilidade da aplicação; Interoperabilidade; Interconectividade e Estabilidade. Assim, diferentes equipamentos, com sistemas operacionais distintos, podem se comunicar.

A organização do modelo OSI se divide entre 7 camadas:

Nº	Camada	Finalidade
7	Aplicação	Manipulação de conteúdo específico (conteúdo multimídia, acesso remoto, e-mail, transferência de Arquivos).
6	Apresentação	Formatar os dados e converter códigos e caracteres.
5	Sessão	Estabelecer uma sessão de comunicação com outros dispositivos, ou seja, gerencia a *conversa* entre os equipamentos.
4	Transporte	Estabelecer conectividade fim a fim entre as aplicações, além de oferecer métodos de entrega de dados com ou sem controle de entrega.
3	Rede	Realizar o endereçamento dos dados e roteamento das informações na rede.
2	Enlace de dados	Verificar se os dados trafegados estão livres de erros de comunicação antes de entregá-los à camada de rede.
1	Física	Especificação das interfaces físicas; responsável pela transmissão dos bits através do meio físico.

As três camadas de nível mais alto, 7, 6 e 5, representadas na tabela 1, não se preocupam em como os dados serão transmitidos pela rede, pois seu objetivo é manipular a informação para atender às necessidades do usuário e dos aplicativos. Além dos conceitos gerais apresentados na tabela 1, as provas de concursos costumam cobrar alguns conceitos mais específicos das principais camadas.

A **camada de Aplicação** é a de nível mais alto na organização de camadas, pois é a camada que, em níveis de abstração, mais se aproxima do usuário. Nesta camada encontram-se os protocolos que manipulam diretamente os dados das aplicações (programas). Pode-se dizer que ela usa os serviços prestados pela camada de Apresentação.

Os principais protocolos da camanda de aplicação são: HTTP, RTP, SMTP, FTP, SSH, Telnet, IRC, SNMP, NNTP, POP3, IMAP, BitTorrent, DNS, Ping. O detalhamento dos protocolos é apresentado em outra seção deste material.

Na camada de transporte, podem-se destacar dentre os protocolos desta camada o **TCP** e o **UDP**, enquanto na **camada de Rede** destacam-se IP, IPsec, ICMP, NAT e ARP. A **camada de Enlace**, presente entre a camada de rede e física, é responsável, também, pela preparação dos dados para que sejam enviados para o meio físico. Para tanto, utiliza protocolos como: Ethernet, IEEE 802.1Q, Token Ring, PPP, Frame ralay.

Já a **camada Física** é a de mais baixo nível por estar mais próxima ao *hardware*, sendo em alguns casos o próprio *hardware* de transmissão de dados. Ela é conhecida como camada 1, conforme classificado na tabela anterior.

Pode-se dizer que uma camada encapsula outra. Deste modo, a camada de nível inferior conterá os dados da superior a ela e ainda acrescentará alguns dados de cabeçalho, conforme ilustra o quadro a seguir.

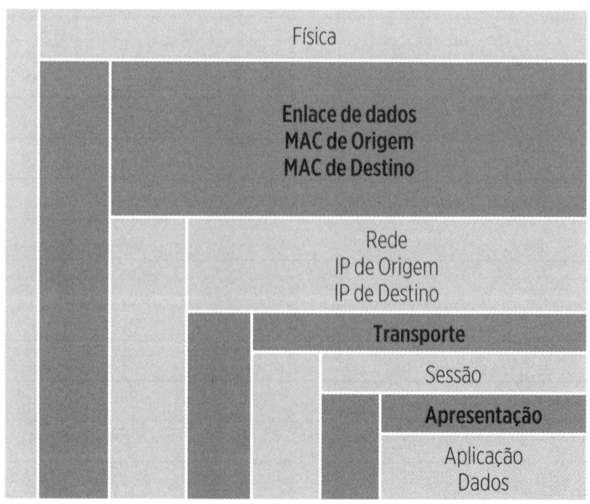

Os protocolos são divididos em camadas para que cada uma seja responsável por ações isoladas, que são utilizadas por vários protocolos da camada superior. Assim, a tabela a seguir, representa quais recursos conseguem acessar as camadas.

Camada	Usada por
Aplicação	Programas e aplicativos em nível do usuário
Apresentação	
Sessão	
Transporte	Sistema Operacional de Rede
Rede	
Enlace de dados	
Física	Hardware

4.2 Modelo TCP/IP

A arquitetura TCP/IP surge com os primórdios da Internet, ainda quando estava no ventre acadêmico, para interligar os centros de computação das universidades dos Estados Unidos. Seu nome origina-se dos principais protocolos usados na comunicação de redes o TCP (Transport Control Protocol – Protocolo de Controle de Transporte) e o IP (Internet Protocol – Protocolo de Internet).

Este modelo permite a interconexão de redes e sistemas heterogêneos, ou seja, redes em que existam diferentes tecnologias, equipamentos e softwares desenvolvidos por fabricantes diferentes.

Embora tenha uma origem comercial, a suíte TCP/IP pode ser (e é) utilizada livremente, tanto que é o atual modelo de organização de protocolos aplicados nas redes. Mesmo uma rede isolada da Internet utiliza por padrão o conjunto TCP/IP.

Para conectar duas ou mais redes, é necessário utilizar um equipamento específico, denominado Roteador.

A arquitetura TCP/IP se divide em 4 camadas:

Nº	Camada	Finalidade
4	Aplicação	Manipulação de conteúdo específico (conteúdo multimídia, acesso remoto, e-mail, transferência de Arquivos)
3	Transporte	Estabelecer conectividade fim a fim entre as aplicações, além de oferecer métodos de entrega de dados com ou sem controle de entrega.
2	Rede (Rede Lógica)	Realizar o endereçamento dos dados e roteamento das informações na rede.
1	Interface de Rede (Rede Física)	Preparar e transmitir os dados.

Embora na prática o modelo TCP/IP seja o empregado, ele possui algumas relações e similaridades com a suíte OSI. A tabela 4 representada a seguir ilustra as camadas do modelo TCP/IP que agregam funcionalidades de diferentes camadas do modelo OSI.

Modelo OSI		Modelo TCP/IP	
Nº	Camada	Camada	Nº
7	Aplicação	Aplicação	4
6	Apresentação		
5	Sessão		
4	Transporte	Transporte	3
3	Rede	Rede	2
2	Enlace de dados	Interface de Rede	1
1	Física		

O modelo TCP/IP proposto inicialmente apresenta 4 camadas, conforme ilustra a tabela 3. Entretanto, na prática e nas provas, ele é considerado com 5 camadas (também conhecido como TCP/IP híbrido), conforme ilustrado na tabela anterior.

Nº	Camada
5	Aplicação
4	Transporte
3	Rede (Rede Lógica)
2	Enlace
1	Física

Para memorizar as camadas, podemos usar a mnemônica **OFERTA**:

O TCP/IP é dividido nas camadas:

F ísica

E nlace

R ede

T ransporte

A plicação

Convém notar que no modelo TCP/IP de 5 camadas, a camada de Interface de Rede se divide em camadas Física e de Enlace, como no modelo de referência OSI. Para o TCP/IP a camada física consiste no meio físico por onde são trafegados os dados.

Os principais protocolos do conjunto TCP/IP que devem ser estudados são listados a seguir.

Camada de Aplicação: DHCP, DNS, FTP, HTTP, HTTPS, IMAP, Ping, POP, SMTP, SNMP, SSH, Telnet, BitTorrent e TLS/SSL.

> Camada de Transporte: TCP e UDP.
> Camada de Rede: ARP, ICMP, NAT, IPv4 e IPv6.
> Camada de Enlace: MAC, Ethernet.
> Camada Física: Modem, Bluetooth, Cabos, Wi-fi.

Encapsulamento

Como já visto, o protocolo da camada de aplicação é que manipula os dados diretamente. Contudo, muitas vezes, os dados são grandes e é necessário segmentá-los para transmiti-los pela rede. Assim, as camadas dividem os dados em outros tipos de informação, além de acrescentar um pedaço, chamado de cabeçalho.

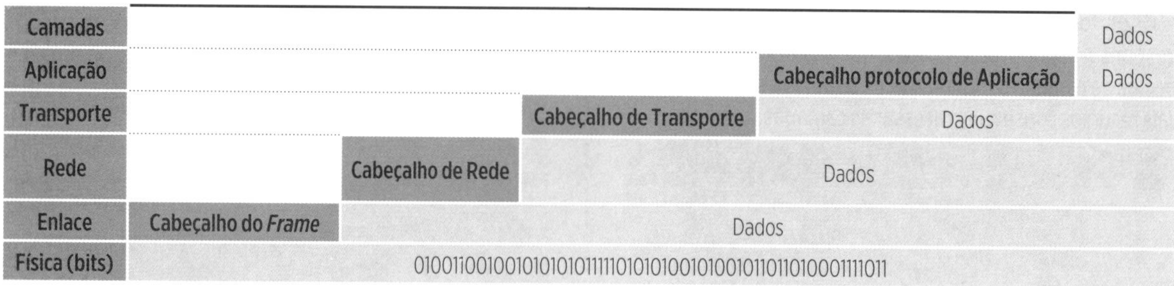

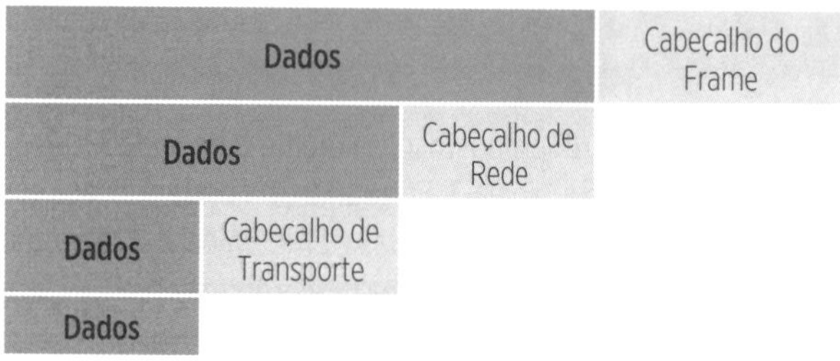

TCP

O protocolo TCP é um dos protocolos da família de protocolos do TCP/IP. Ele oferece um serviço **orientando a Conexão**, além de ser um serviço confiável que **garante a entrega** dos dados ao cliente.

Durante a fase de transferência, o TCP está equipado com vários mecanismos que asseguram confiabilidade e robustez:

> números de sequência que garantem a **entrega ordenada**;

> código detector de erros (***checksum***) para detecção de falhas em segmentos específicos;

> confirmação de recepção e temporizadores que permitem o ajuste e contorno de eventuais atrasos e perdas de segmentos.

UDP (*User Datagram Protocol* – Protocolo de Datagrama de Usuário)

É um protocolo simples da camada de transporte. Ele permite que a aplicação escreva um datagrama encapsulado em um pacote IPv4 ou IPv6, e então enviado ao destino. Mas não garante se o segmento irá chegar ou não. Este protocolo também não oferece segurança na comunicação, portanto não é um serviço confiável. Também dizemos que o UDP é um serviço sem conexão.

Este protocolo é utilizado pelos serviços de Stream e pelo DNS.

ARP (*Address Resolution Protocol*)

É um protocolo usado para mapear um endereço da camada de enlace (Ethernet, por exemplo) a partir do endereço da camada de rede (como um endereço IP).

A tabela ARP é a estrutura utilizada para mapear os endereços MAC dos dispositivos aos seus respectivos endereços IP.

Tabela NAT (*Network Address Translation*)

A tabela NAT é utilizada apenas no IPv4 nas conexões de borda de rede, ou seja, para mapear endereços de sub-redes, ou mesmo da rede "fria" (Intranet) para endereços da rede "quente" (Internet).

Em IPv6 a tabela NAT não se faz necessária.

4.3 Endereços

Em uma rede de computadores trabalhamos com endereços para os dispositivos. Estes dispositivos recebem endereços lógicos e endereços Físicos.

Endereço Físico

Um endereço Físico é um endereço original de fábrica, que é único no mundo. Tal endereço é controlado pela IANA, que distribui (vende) as faixas de endereços para as empresas fabricantes. Cada endereço é armazenado em uma memória do tipo ROM, ou seja, não alterável.

O MAC é o endereço Físico de uma rede. Ele identifica o equipamento, mas não a rede; assim, ele não é roteável; é descrito com 48 bits.

Endereço Lógico

Endereço lógico é o endereço IP, que pode ser definido por *software*. Ele é utilizado para identificar tanto a rede como também o Host. Este endereço é roteável.

4.4 Endereçamento IPv4

Um endereço IPv4 possui tamanho de 32 bits, o que viabiliza um total de 4.294.967.296 combinações possíveis, ou seja, pouco mais de 4 bilhões. Considerando que todo dispositivo em rede recebe um endereço IP que deve ser único para identificá-lo, rapidamente nota-se que não há endereços para todos os dispositivos conectados à rede, ainda mais se considerarmos um dispositivo para cada pessoa no mundo.

Inicialmente, o IPv4 foi organizado em classes de endereços (*Classful*) para que as redes locais não utilizassem endereços IPs reais nos seus dispositivos internos. Deste modo, se uma empresa possui uma rede com 100 computadores, para a Internet é como se todos eles fossem apenas um. Neste cenário a tabela NAT se torna necessária.

Porém, com o tempo, até mesmo essa proposta se mostrou ineficiente para atender à alta demanda de endereços. Logo, novas versões de protocolo IP foram apresentadas, mas até que estivessem aptas para uso no mercado outra solução provisória foi tomada: a criação do Classless para o gerenciamento de endereços de redes e sub-redes.

Classful

Na divisão classful foram apresentadas cinco classes distintas, sendo as mais usadas as classes A, B e C, pois D e E são classes de endereços reservados. Assim, na primeira concepção as classes eram tomadas pelo endereço IP, conforme ilustra a tabela a seguir.

Classe	Gama de Endereços
A	0.0.0.0 até 127.255.255.255
B	128.0.0.0 até 191.255.255.255
C	192.0.0.0 até 223.255.255.255
D	224.0.0.0 até 239.255.255.255
E	240.0.0.0 até 255.255.255.254

Classe	Nº de Endereços por Rede
A	16.777.216
B	65.536
C	256

Como identificado anteriormente, tal proposta logo se tornou obsoleta, e o emprego de máscaras foi utilizado para identificar as classes de rede. Na anterior são identificados quantos endereços cada classe (*classful*) suporta por rede. Contudo, destas quantias é necessário reduzir dois endereços (de rede e de *broadcast*) para saber quantos endereços poderão ser usados por dispositivos de rede. Desse modo, uma rede classe C suporta 256 endereços por rede dos quais 254 podem ser usados por *Hosts*, uma vez que dois são reservados.

Uma máscara é um número de estrutura similar ao endereço IP. Porém, relaciona-se a este por cálculos lógicos bit a bit para identificar o endereço que representa a rede e o endereço de *broadcast*.

Portanto, como o IP, cada grupo pode ter o valor máximo 255. Porém, no caso das máscaras, o mais comum é usar estes valores máximos, como identifica a tabela a seguir.

Classe	Máscara de Rede	CIDR
A	255.0.0.0	/8
B	255.225.0.0	/16
C	255.255.255.0	/24

Máscaras

O número que expressa uma máscara normalmente é alto, pois ele representa os bits mais à esquerda de um octeto marcados como 1 e os demais zeros. Com isso, as máscaras podem sumir apenas valores, como apresenta a tabela a seguir.

Octeto (8 bits)	Decimal
1000 0000	128
1100 0000	192
1110 0000	224
1111 0000	240
1111 1000	248
1111 1100	252
1111 1110	254
1111 1111	255

É importante lembrar que o IPv4 é composto por 4 grupos, chamados octetos quando trabalhados em binário. Por isso, cada grupo pode assumir valor máximo 255, pois é o maior valor possível de ser representado com 8 bits.

Uma máscara assumirá apenas os valores apresentados, postos à esquerda. No exemplo a seguir, a máscara é 255.0.0.0. Cumpre observar os respectivos octetos: os números identificados com 1 representam uma rede. Assim, se algum número deles for alterado no endereço IP de um *Host*, significa que este se encontra em uma rede diferente.

1111 1111	0000 0000	0000 0000	0000 0000
255	0	0	0

Caso 1:

Se um *Host* X possui endereço IP 10.0.0.0, um *Host* Y possui endereço IP 10.12.14.0 e um *Host* Z possui endereço IP 15.0.3.1 e os três pertençam ao classful A, ou seja, possuem a máscara 255.0.0.0, anteriormente representada, pode-se concluir que X e Y pertencem à mesma rede, uma vez que o primeiro grupo não tem seu valor alterado. Já o *Host* Z apresenta um número diferente para o primeiro grupo, indicando não pertencer à mesma rede que X e Y. Na prática, o computador realiza um AND bit a bit com o IP binário e a máscara para verificar se pertencem à mesma rede.

255	0	0	0	Máscara
1111 1111	0000 0000	0000 0000	0000 0000	Classe A
0000 1010	0000 0000	0000 0000	0000 0000	IP X
10	0	0	0	
0000 1010	0000 0000	0000 0000	0000 0000	Endereço Rede

255	0	0	0	Máscara
1111 1111	0000 0000	0000 0000	0000 0000	Classe A
0000 1010	0000 1100	0000 1110	0000 0000	IP Y
10	12	14	0	
0000 1010	0000 0000	0000 0000	0000 0000	Endereço Rede

255	0	0	0	Máscara
1111 1111	0000 0000	0000 0000	0000 0000	Classe A
0000 1111	0000 0000	0000 0011	0000 0001	IP Z
15	0	3	1	
0000 1111	0000 0000	0000 0000	0000 0000	Endereço Rede

Caso 2: Um exemplo Classful C

Se um *Host* X possui endereço IP 192.168.0.100, um *Host* Y possui endereço IP 192.168.0.250 e um Host Z possui endereço IP 192.168.5.120, sendo classful C possuem a máscara 255.255.255.0, pode-se concluir que X e Y pertencem à mesma rede, uma vez que o primeiro, o segundo e o terceiro octetos não têm seus valores alterados. Já o *Host* Z apresenta um número diferente para o terceiro grupo, assim o *Host* Z não pertence à mesma rede que X e Y.

255	255	255	0	Máscara
1111 1111	1111 1111	1111 1111	0000 0000	Classe C
1100 0000	1010 1000	0000 0000	0110 0100	IP X
192	168	0	100	
1100 0000	1010 1000	0000 0000	0000 0000	Endereço Rede

255	255	255	0	Máscara
1111 1111	1111 1111	1111 1111	0000 0000	Classe C
1100 0000	1010 1000	0000 0000	1111 1010	IP Y
192	168	0	250	
1100 0000	1010 1000	0000 0000	0000 0000	Endereço Rede

255	255	255	0	Máscara
1111 1111	1111 1111	1111 1111	0000 0000	Classe C
1100 0000	1010 1000	0000 0101	0111 1000	IP Z
192	168	5	120	
1100 0000	1010 1000	0000 0101	0000 0000	Endereço Rede

Observa-se que o endereço de rede obtido para X e Y é o mesmo, mas para Z é outro.

Para saber quantos são os endereços por rede, a máscara é de fundamental ajuda, principalmente se for dada pela questão na forma CIDR, como apresenta a tabela 8. Este é um dos tópicos mais cobrados nas provas.

Sabe-se que o endereço IPv4 possui 32 bits e que uma máscara identifica os bits à esquerda que serão usados para identificar a rede. Assim, os bits que sobram à direita (zerados) são usados para identificar endereços por rede. Um CIDR representa exatamente o total de bits da máscara que são marcados como 1, ou seja, o total de bits que representam redes.

Portanto, ao calcular pelo complemento, temos:

32 (tamanho do IPv4, portanto sempre será 32) – CIDR (normalmente informado pela questão) = X

Para calcular quantos são os endereços por rede, deve-se elevar 2 por X, ou seja, $2^X=Y$.

Já para identificar a quantidade de Host utilizáveis, basta calcular Y-2.

Deste modo, dado o exemplo:

Em uma rede classe C, quantos endereços IPs podem ser usados por *Hosts*?

Classe C = 255.255.255.0, ou seja, CIDR /24.

32-24=8

$2^8=256$ endereços por rede.

256-2 = 254 endereços para Hosts.

Classless

Como a proposta de divisão em *classful* também se mostrou limitada, surge a proposta classless, agora permitindo uma maior subdivisão, além de apresentar melhor aproveitamento das faixas de endereços IPs.

A lógica de trabalho e cálculo é similar ao *classful*, com a diferença de que agora parte de um octeto pode ser usada como máscara. Assim, os valores apresentados na tabela a seguir são mais presentes.

No exemplo a seguir, dado o endereço IP 192.168.1.0 e a máscara 255.255.255.240, quantos são os endereços por rede?

1100 0000	1010 1000	0000 0001	0000 0000	**IP**
192	168	1	0	
1111 1111	1111 1111	1111 1111	**1111** 0000	**Máscara**
255	255	255	240	

A forma mais simples vista até aqui é utilizar o CIDR. Mas é possível notar que nem sempre a questão o irá informar. Se o candidato possuir habilidades em converter decimais para binários ou mesmo se tiver decorado a tabela 9, então só resta contar os números 1, ou neste caso, usar o menor esforço e contar os zeros da máscara, que afinal é o que se deseja. Portanto, a máscara apresentada corresponde ao CIDR /28, ou seja, os 4 últimos dígitos são os endereços por rede. Calculando, temos:

256 – 240 = 16 endereços por rede

Ou

32 – 28 = 4

$2^4=16$ endereços por rede

Para a quantidade de Hosts utilizáveis, é importante lembrar-se de subtrair destes 16 os 2 endereços reservados.

Nota-se que as máscaras 255.255.255.254 e 255.255.255.255 não fazem muito sentido: a primeira por não existirem endereços para Hosts; e a segunda, além de não possuir endereços por rede, é um endereço reservado, utilizado para *broadcast*.

Vejamos, a seguir, as diferentes redes que podem ser criadas com o endereço 192.168.1.0/27, lembrando que o /27 é o CIDR, ou seja, os 27 bits à esquerda serão para rede, e os 5 bits que sobram são para cada rede. Verifica-se que ao mudar um dos três bits à esquerda do último octeto (em destaque) se tem uma rede distinta. À direita os valores indicam o primeiro endereço IP de cada rede, que é o endereço que a identifica.

0	23	27 31	
1100 0000 1010 1000 0000 0001	000	0 0000	192.168.1.0/27
1100 0000 1010 1000 0000 0001	001	0 0000	192.168.1.32/27
1100 0000 1010 1000 0000 0001	010	0 0000	192.168.1.64/27
1100 0000 1010 1000 0000 0001	011	0 0000	192.168.1.94/27
1100 0000 1010 1000 0000 0001	100	0 0000	192.168.1.128/27
1100 0000 1010 1000 0000 0001	101	0 0000	192.168.1.160/27
1100 0000 1010 1000 0000 0001	110	0 0000	192.168.1.192/27
1100 0000 1010 1000 0000 0001	111	0 0000	192.168.1.224/27

Assim, podemos concluir que a primeira rede/sub-rede que pode ser composta vai de 192.168.1.0/27 até 192.168.1.31/27, o endereço 192.168.1.32/27 marca o início da segunda rede/sub-rede. A tabela a seguir, destaca os intervalos de endereços e os respectivos endereços reservados.

Endereço de rede	Faixa de endereços utilizáveis por *Hosts*		Endereço de *broadcast*	Sub-rede
192.168.1.0	192.168.1.1	192.168.1.30	192.168.1.31	0
192.168.1.32	192.168.1.33	192.168.1.62	192.168.1.63	1
192.168.1.64	192.168.1.65	192.168.1.92	192.168.1.93	2
192.168.1.94	192.168.1.95	192.168.1.126	192.168.1.127	3
192.168.1.128	192.168.1.129	192.168.1.158	192.168.1.159	4
192.168.1.160	192.168.1.161	192.168.1.190	192.168.1.191	5
192.168.1.192	192.168.1.193	192.168.1.222	192.168.1.223	6
192.168.1.224	192.168.1.225	192.168.1.254	192.168.1.255	7

Conversão Binário → Decimal

A conversão de número binários para decimais é obtida somando-se potências de base 2, conforme ilustra a figura a seguir.

1001

$$\begin{array}{cccc} 1 & 0 & 0 & 1 \\ x & x & x & x \\ 2^3 + & 2^2 + & 2^1 + & 2^0 = 9 \end{array}$$

Conversão Decimal → Binário

Para converter um número decimal para um número binário, devemos realizar divisões inteiras sucessivas por 2, ou seja, mantendo o resto. Ao final deve-se pegar do último resto ao primeiro. Vejamos o exemplo.

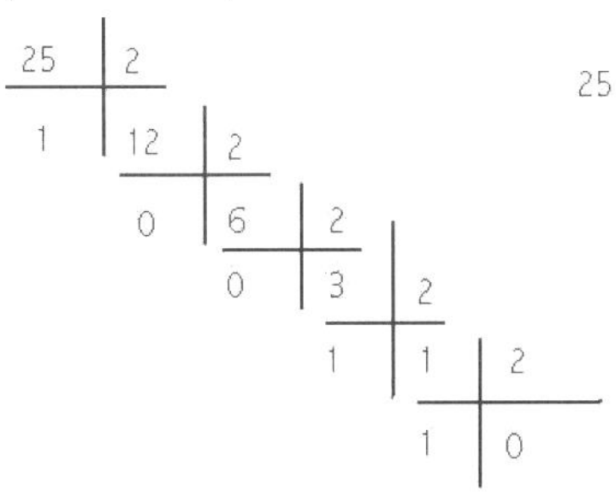

25 = 11001

5. CLOUD COMPUTING

Em português, Computação na Nuvem é o nome usual para identificar o paradigma de computação em que as infraestruturas, serviços e aplicações ficam nas redes, principalmente na Internet. No entanto, também pode ser empregado para distinguir serviços de processamento dos serviços de armazenamento.

Pode-se dizer que a computação na nuvem é uma forma de evolução do conceito de Mainframes.

Os Mainframes são supercomputadores normalmente usados em redes privadas (intranets), os quais são responsáveis pelo trabalho pesado de processamento de informações. De forma geral, quando se emprega o uso de mainframes, associa-se o uso de thin clients pelos usuários, ou seja, terminais burros, apenas pontas para interação do usuário, pois os dados coletados e apresentados a ele são processados e armazenados nos mainframes.

A computação na nuvem é uma ideia similar a ser feito uso de computadores (servidores) localizados na Internet, otimizando assim seu uso, em vez de manter supercomputadores internamente na empresa.

A Figura 1 ilustra um serviço em que os dados são processados na nuvem e os resultados são exibidos no computador do usuário.

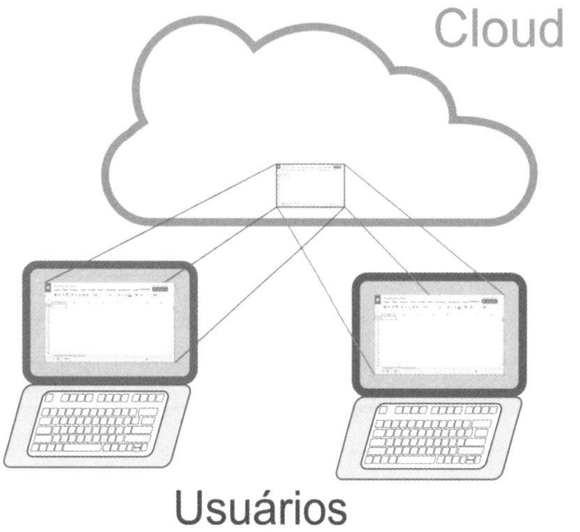

Figura 1: Cloud Computing

5.1 Características

Estuda-se, nesta seção, as características comuns tanto ao armazenamento quanto ao processamento de dados em nuvem.

Ao utilizar os serviços da nuvem não é preciso instalar aplicativos, porém, é possível. Ou seja, a instalação de aplicações relacionadas aos serviços da nuvem é apenas de caráter opcional.

Com isso, os serviços da nuvem se tornam uma prática alternativa, pois o usuário precisa do básico em seu computador para acessar aos serviços. Assim, basta ter um computador conectado à Internet e que seja dotado de um browser para utilizar os serviços da nuvem.

Contudo, uma característica negativa do serviço é a dependência frente aos servidores e provedores de serviço, pois, uma vez que não se tenha acesso à Internet ou o serviço esteja fora do ar, o usuário não tem condições de utilizar os serviços da nuvem, salvo exceção do modelo on premise.

É importante observar que, dentre os pré-requisitos básicos, o sistema operacional não foi citado, porque os serviços da nuvem independem do sistema instalado, pois normalmente são serviços que utilizam protocolos de navegação como HTTP e HTTPS, dentre outros.

Assim, como também não dependem de hardware específico para funcionar, podem inclusive ser citadas como multiplataforma, tanto no sentido de diferentes hardwares como no de diferentes sistemas operacionais. É comum usar serviços da nuvem também em tablets e smartphones, além dos computadores pessoais.

Outra característica dos serviços em nuvem diz respeito à segurança dos dados, em que o usuário não precisa se preocupar em fazer backups, controlar a segurança ou ter que realizar manutenção, pois essas são atribuições do fornecedor do serviço contratado.

A computação em nuvem também oferece praticidade no compartilhamento de informações, além de eximir o usuário de ter conhecimento sobre como funciona o serviço, possibilitando utilizá-lo sem preocupações.

Com todos esses detalhes, pode-se ainda destacar que a nuvem possibilita iniciar um trabalho em um computador e dar continuidade a ele por meio de outro computador.

Processamento na Nuvem

É o processamento realmente dito nos termos de Cloud Computing, em que os dados são processados na nuvem.

É bastante comum hoje nos aparelhos celulares, smartphones e tablets, em aplicações como o talk to text (fale para escrever). Lembre-se de que a instalação não é obrigatória, mas pode ser feita. Nos aparelhos em que o usuário pode simplesmente pronunciar próximo a eles o texto que deseja escrever, o recurso usado precisa que o aparelho esteja conectado à Internet para poder funcionar.

Isso ocorre porque os aparelhos atuais, por mais que possuam alta tecnologia e capacidade de processamento, ainda não são suficientes para processar dados como identificação de texto em falas. Com isso, a alternativa é usar servidores localizados na Internet (nuvem) que recebem o áudio que os aparelhos gravam e processam a informação, oferecendo ao usuário o resultado na forma de texto.

Outro exemplo são os serviços do Google e da Microsoft, conhecidos respectivamente como Google Docs e Microsoft WebApps. Mas atenção às nomeclaturas, pois Google Drive/Disco ou Skydrive/OneDrive são serviços de outra natureza.

No Google Docs WebApps, o usuário encontra recursos como editores de texto, planilhas, apresentação, formulários e desenhos on-line usando a computação em nuvem. Ao utilizar esses serviços, o usuário não precisa possuir em seu computador editores similares, uma vez que basta executar o navegador de internet e nele acessar o site do serviço; ao logar, terá acesso aos recursos.

Armazenamento na Nuvem

Já o armazenamento na nuvem, em inglês Cloud Storage, identifica os serviços que têm por característica armazenar os dados do usuário, de modo que, para acessá-los, seja necessário apenas um dispositivo (computador, smartphone ou tablet) conectado à Internet e que possua um browser. Com a ascensão desse tipo de serviço, pode-se apostar na queda da venda de dispositivos para transporte de dados como os Pendrives.

São exemplos citados nas provas o Google Drive/Disco, o Microsoft Skydrive, atualmente chamado de OneDrive, o Dropbox, Mega, Minus e Copy. A maioria deles oferece contas gratuitas com limite de armazenamento, a fim de demonstrar seus serviços. Mas, caso o usuário deseje e/ou precise, ele pode adquirir mais espaço de armazenamento.

A grande maioria dos serviços de Storage possui uma aplicação (opcional) que o usuário pode instalar em vários dispositivos, com o intuito de manter seus dados sincronizados. Ao instalar o aplicativo, ele criará uma pasta no dispositivo que estará em sincronia com a pasta on-line do usuário. Desse modo, todo arquivo salvo na referida pasta automaticamente (quando conectado à Internet) será enviado para a pasta on-line.

> Pode-se então afirmar que possuir a pasta com os arquivos locais (no dispositivo) e on-line, simultaneamente, é uma forma de backup dos dados.

O Google Drive oferece gratuitamente aos usuários 15GB de espaço, no entanto, ele é compartilhado com a caixa de entrada de e-mails.

O One Drive também oferece 15GB, mas inicialmente são 7GB; para ganhar mais, o usuário deve enviar convites.

O Dropbox inicialmente oferece 2GB gratuitos, mas, por meio de convites, o usuário pode ter até 18GB; recebendo um convite, o usuário ganha 500MB.

Já o Copy oferece inicialmente 20GB gratuitos e, a cada convite enviado e recebido, o usuário ganha mais 5GB de espaço.

Questões

01. (Cespe) O conceito de cloud storage está associado diretamente ao modelo de implantação de nuvem privada, na qual a infraestrutura é direcionada exclusivamente para uma empresa e são implantadas políticas de acesso aos serviços; já nas nuvens públicas isso não ocorre, visto que não há necessidade de autenticação nem autorização de acessos, sendo, portanto, impossível o armazenamento de arquivos em nuvens públicas.

Certo ( ) Errado ( )

02. (Cespe) O Microsoft Office Sky Driver é uma suíte de ferramentas de produtividade e colaboração fornecida e acessada por meio de computação em nuvem (cloud computing).

Certo ( ) Errado ( )

A respeito da Internet, julgue os itens que se seguem, relativos a ferramentas de acesso e serviços disponibilizados nessa rede.

03. (Cespe) Em cloud computing, cabe ao usuário do serviço se responsabilizar pelas tarefas de armazenamento, atualização e backup da aplicação disponibilizada na nuvem.

Certo ( ) Errado ( )

04. (Cespe) O Cloud Storage, um serviço pago como o Google Drive e o Microsoft SkyDrive, possibilita ao usuário armazenar seus arquivos em nuvens, tornando esses arquivos acessíveis em sistemas operacionais diferentes. Por meio desse serviço, o usuário pode fazer backups de seus arquivos salvos no desktop, transferindo-os para nuvens, podendo, ainda, acessá-los mediante a utilização de um computador com plataforma diferente ou um celular, desde que estejam conectados à Internet.

Certo ( ) Errado ( )

05. (Cespe) Determinado técnico instalou um pequeno servidor capaz de compartilhar arquivos e conexão ADSL, utilizando um proxy transparente, em um computador com processador Pentium 133 com 32 MB de memória RAM, sem nobreak. Para um segundo servidor, Linux, o mesmo técnico utilizou um computador com processador Athlon 64 com 1 GB de RAM, com nobreak, e nele instalou o sítio de determinada empresa, <www.empresa.com.br>. Após sua instalação, esse sítio passou a receber a média de 300.000 visitas diárias e cerca de 700.000 visualizações de página (pageviews). Além disso, tal sítio possui fórum com 1,7 milhão de mensagens e 55.000 usuários registrados e sistemas de becape e indexação de conteúdo e correio eletrônico (e-mail).

Com base na situação hipotética acima apresentada, julgue o item que segue.

Devido ao grande volume de tráfego no sítio do servidor Linux, seus administradores poderão optar por armazenar os dados em local do tipo nuvem (cloud storage). Esse recurso proporciona melhora no compartilhamento de arquivos entre sistemas operacionais diferentes e possibilita a recuperação de arquivos, caso ocorram problemas inesperados no equipamento físico onde estiver instalado o servidor.

Certo ( ) Errado ( )

Com relação aos sistemas operacionais Linux e Windows e aos programas de navegação na Internet, julgue os itens a seguir.

06. (Cespe) Uma página web inserida nativamente em Favoritos, no Google Chrome 21, será inserida automaticamente, e sem a necessidade de configurações adicionais, na nuvem do Google (Google Cloud), o que possibilita que o usuário tenha acesso a essa página em outro computador.

Certo ( ) Errado ( )

07. (Cespe) A versão Microsoft Office 365, disponível na forma de serviço na nuvem (cloud), inclui o Word, o PowerPoint, o Excel, o Outlook e o OneNote, e permite criar, editar e compartilhar documentos e mensagens instantâneas online.

Certo ( ) Errado ( )

08. (Cespe) É possível criar e editar documentos de texto e planilhas em uma nuvem (cloudcomputing) utilizando serviços oferecidos pelo Google Docs. Para isso, é obrigatório que tenham sido instalados, no computador em uso, um browser e o Microsoft Office ou o BrOffice, bem como que esse computador possua uma conexão à Internet ativa.

Certo ( ) Errado ( )

Gabaritos

01	ERRADO	05	CERTO
02	ERRADO	06	ERRADO
03	ERRADO	07	CERTO
04	ERRADO	08	ERRADO

6. WINDOWS

O Windows é o sistema operacional mais cobrado sobre ações e tarefas executadas pelo usuário. Nesta seção, serão abordadas algumas de suas ferramentas e características.

6.1 Componentes

Neste tópico, são apresentadas as principais opções do Windows que são cobradas nas provas dos concursos.

Área de Trabalho

A Área de Trabalho do Windows é composta pela Barra de Tarefas, Menu ou Botão Iniciar, ícones e papel de parede. A figura acima ilustra a área de trabalho do Windows 7.

Meu Computador

Na janela Computador são disponibilizadas informações sobre as unidades de disco e armazenamento que estão conectadas ao computador. Por meio dessa janela podemos obter a informação do tamanho das unidades e o quanto estão ocupadas.

A cada novo dispositivo que conectamos, observamos que uma nova letra é usada, por exemplo, a figura a seguir ilustrando a janela Computador do Windows 7. Ela indica a presença do HD primário C: e de uma unidade de CD no D:; se um pendrive for conectado a esse computador, então será atribuída a ele a letra E:.

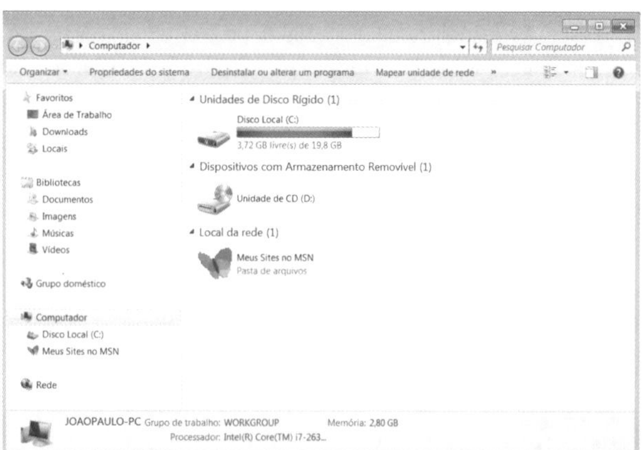

A opção Computador ou Meu Computador usa a janela do Windows Explorer.

Mapear Unidade de Rede

O recurso Mapear Unidade de Rede auxilia o acesso a uma pasta compartilhada na rede, criando uma espécie de atalho para ela na janela Computador, como se fosse mais uma unidade.

Para realizar esse procedimento, basta clicar com o botão direito do mouse sobre a opção Computador ou sobre a opção Rede e escolher a opção Mapear Unidade de Rede, como ilustra a figura a seguir:

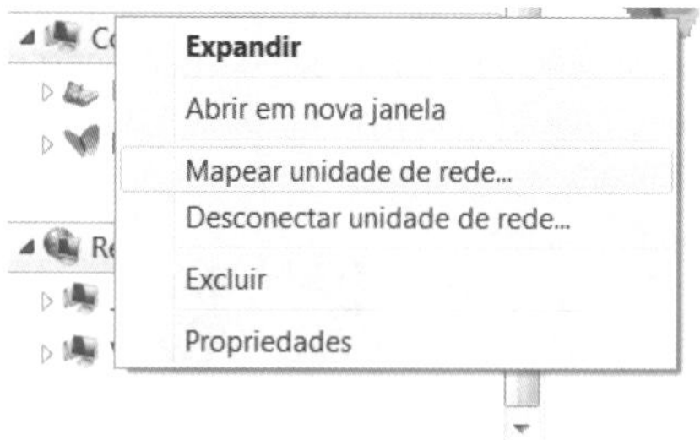

Após realizado esse passo, uma janela será aberta como a ilustrada a seguir, na qual o usuário pode navegar pela rede e escolher a pasta que deseja mapear e a letra que quer atribuir a esta unidade que será criada. Letras em uso não podem ser usadas, como o C:.

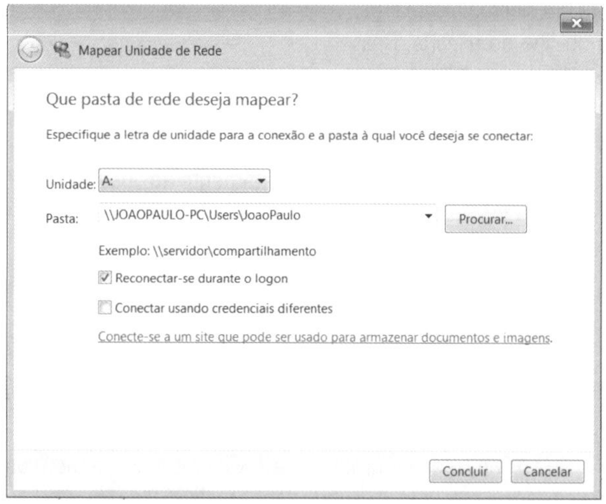

Findos esses passos, na janela Computador encontrar-se-á a pasta da rede mapeada para um acesso mais rápido a ela.

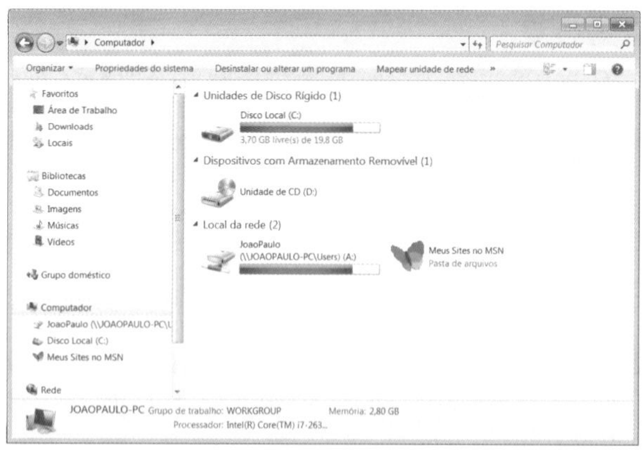

Windows Explorer

O Windows Explorer é um programa responsável por possibilitar a navegação entre as pastas e arquivos armazenados no computador. Por definição, ele é um Gerenciador de arquivos, mas por meio dele é possível acessar páginas na Internet, basta digitar o endereço desejado na barra de endereços do programa. Ao detectar que é o endereço de um site, ele abre o navegador com o site digitado.

Para abrir a janela Windows Explorer, podemos ir por meio do botão iniciar - Todos os Programas - Acessórios - e, por fim, Windows Explorer, ou podemos lançar mão do conjunto de teclas de atalho Windows + E.

Operação com Arquivos e Pastas

Quando estamos em um gerenciador de arquivos, tanto no Windows quanto no Linux, podemos realizar algumas ações com os arquivos e pastas, como Copiar, Colar e Recortar. Contudo, esses procedimentos podem ser feitos com maior agilidade, utilizando o mouse combinado com o teclado.

Vamos tratar das situações em que o usuário clica, mantém clicado e arrasta um arquivo ou pasta.

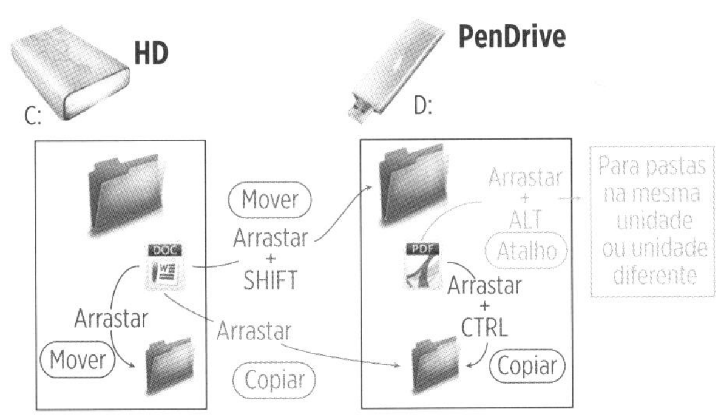

Na figura anterior temos duas unidades: **C: (HD) e D: (pendrive)**. Quando tratamos de clicar e arrastar, a regra é de acordo com as unidades. Se for clicado e arrastado um arquivo ou pasta de uma pasta para outra da mesma unidade, os arquivos ou pastas selecionados serão movidos. Porém, se a ação tivesse como destino outra unidade de armazenamento, então a ação padrão seria criar uma cópia dos arquivos ou pastas selecionados na pasta de destino.

Por outro lado, podemos inverter essas ações com o uso simultâneo de teclas de atalho. Quando formos arrastar um arquivo ou pasta dentro da mesma unidade com o intuito de criar apenas uma cópia, em vez de mover, devemos segurar pressionada a tecla CTRL. Já ao arrastarmos para uma pasta de unidade diferente sem que seja criada uma cópia, mas seja movido para a pasta de destino, devemos realizar o procedimento com a tecla SHIFT pressionada.

Outra situação é quando arrastamos com a tecla ALT pressionada. Neste caso, independentemente se for para uma pasta da mesma unidade ou de unidade diferente, o resultado será o mesmo: será criado um atalho.

Modos de Exibição

Por meio da janela do Windows Explorer também podemos optar entre alguns modos de exibição diferentes para visualizar os arquivos e pastas dispostos em uma pasta.

Para alterar entre os modos de exibição, podemos usar a tecla CTRL pressionada enquanto rolamos o Scrool do mouse (rodinha); e a barra à esquerda da figura abaixo é alterada de acordo com o zoom.

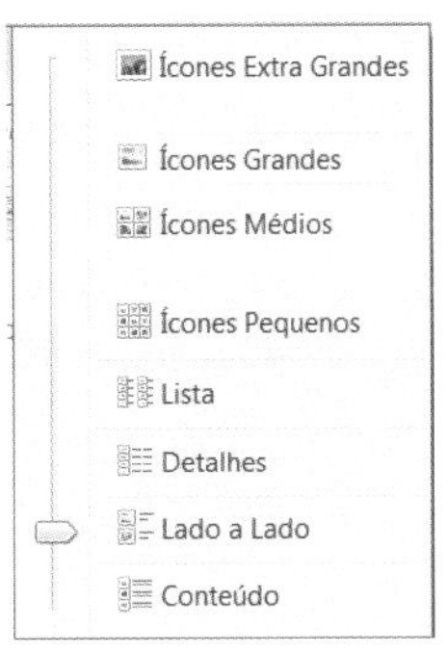

Ou podemos clicar no botão Modos de Exibição, que pode assumir a forma de qualquer um dos botões ilustrados nesta seção de acordo com o modo que estiver em exibição.

No Windows 7, está disponível o modo de exibição Conteúdo, que não existia no Windows XP.

O modo de exibição mais importante é o modo Detalhes, pois, por meio dele, podemos visualizar diversas informações sobre um arquivo sem abri-lo, além de permitir a organização dos dados por diversos critérios.

Lixeira

Por padrão, a Lixeira no Windows pode ocupar até 10% da capacidade da unidade, mas é possível alterar esse tamanho por meio das propriedades dela.

Nem todo arquivo que é deletado é enviado para a lixeira. Por exemplo, um arquivo apagado de um disquete ou pendrive não são enviados para a lixeira do computador, no caso dos pendrives é criado uma espécie de lixeira dentro do próprio pendrive, mas isto depende do driver do dispositivo.

Por outro lado, toda forma de remoção de um arquivo, quando combinada com a tecla SHIFT pressionada, remove o arquivo ou pasta sem enviar para a lixeira, ou seja, é uma remoção permanente.

Painel de Controle

O Painel de Controle é o local onde são concentradas as opções de configuração do sistema Windows.

Acessórios

O Windows conta com um conjunto de acessórios que são programas de uso geral que auxiliam tarefas do usuário. São os acessórios do Windows:

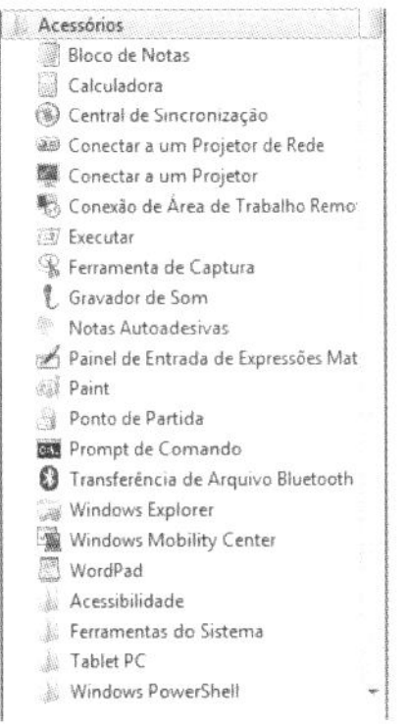

Ferramentas de Sistema

As Ferramentas de Sistema do Windows 7 têm sido muito cobradas nas últimas provas de concursos, por fornecerem um conjunto de opções e conceitos diferentes.

Nesta seção, faremos breves comentários sobre essas ferramentas e suas finalidades.

Monitor de Recursos

O Monitor de Recursos é uma ferramenta que nos permite verificar o desempenho do computador, visualizando o uso da memória e do processador, a banda de rede e o espaço em disco. A figura a seguir ilustra a visão do consumo do processador do meu computador no momento em que estava escrevendo este material. Na imagem são ilustrados até o CPU7, porque se trata de um processador i7 com 8 núcleos.

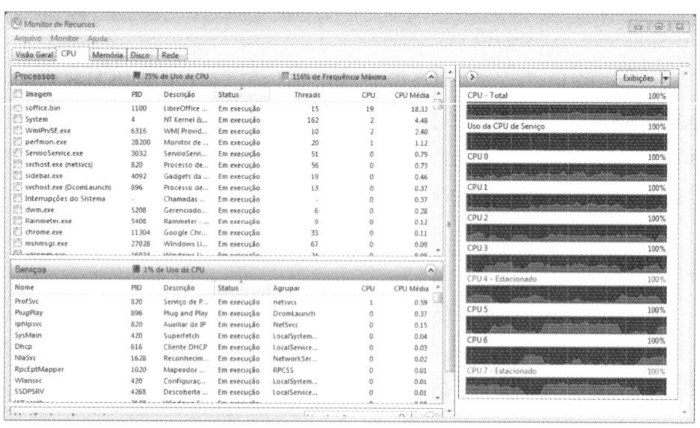

Limpeza de Disco

A Limpeza de Disco é uma ferramenta que permite limpar (apagar) os arquivos temporários do computador como forma de obter mais espaço livre. A figura a seguir ilustra a janela da Limpeza de Disco.

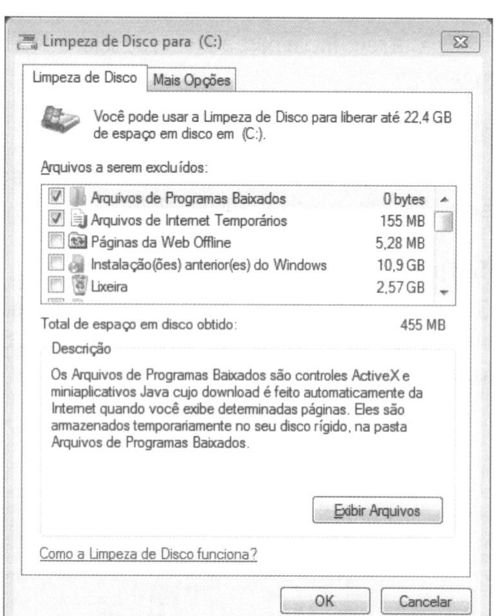

No Windows 7, além de se poder esvaziar a lixeira e apagar os arquivos temporários de navegação da Internet, existe a opção de apagar as miniaturas criadas quando arquivos de imagem são visualizados no Windows Explorer no modo de miniaturas (ícones grandes).

Desfragmentador

O Desfragmentador de Disco é a ferramenta de Sistema responsável por organizar os arquivos no disco, pois, com o tempo, usando o computador, copiamos, colamos, recortamos e movemos muitos arquivos criando fragmentos no HD. Um HD muito fragmentado se torna mais lento para ser lido.

O processo de Desfragmentação, por realizar uma leitura e escrita intensa no disco, torna-se um processo lento, portanto não se recomenda seu uso muito frequentemente. Deve-se obedecer a uma regularidade, mas nada exagerado.

Para que o desfragmentador seja executado, é necessário possuir espaço em disco. Caso não haja, será sugerido ao usuário que realize uma Limpeza de Disco a fim de liberar mais espaço.

> O Desfragmentador não corrige falhas de disco muito menos a Limpeza de Disco, essa tarefa é responsabilidade do ScanDisk.

Ao final do processo, os dados estarão organizados, a maioria, de maneira contígua para serem acessados mais rapidamente, bem como será organizado o espaço livre em disco de forma que fique contínuo também para minimizar futuras fragmentações.

Informações do Sistema

O recurso Informações do Sistema também pode ser acessado por meio das teclas de atalho (Windows) + Pause.

A janela de Informações do Sistema exibe dados sobre o usuário e sobre a chave de ativação do Windows. No caso do Windows 7, também é exibida uma avaliação do hardware por parte do sistema, além de informação do tamanho da memória RAM e do nome do processador. A figura a seguir mostra a janela das Informações sobre o Sistema.

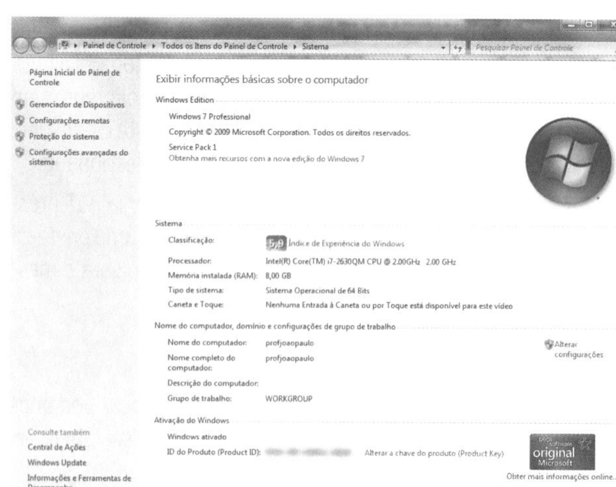

Agendador de Tarefas

O Agendador de Tarefas permite que você agende tarefas automatizadas para que realizem ações em um horário específico ou quando um determinado evento ocorrer.

Transferência Fácil do Windows

O recurso de Transferência Fácil do Windows é uma ferramenta criada para copiar as configurações e preferências de um usuário em um computador e passá-las para outro, não necessitando ao usuário reconfigurar todas suas preferências novamente quando trocar de computador.

Restauração do Sistema

A Restauração do Sistema permite retornar o estado do sistema a um ponto anterior no tempo, chamado de ponto de restauração, que é criado automaticamente pelo Windows quando um novo programa é instalado no sistema. Ele também pode ser criado manualmente pelo usuário.

A ferramenta restaura somente o sistema e a instalação dos programas. Os arquivos criados, alterados ou excluídos entre os pontos de restauração não são afetados, ou seja, a restauração do Sistema não recupera arquivos.

Tipos de Backup

Um backup, algumas vezes descrito como becape, nada mais é do que uma **cópia de segurança** dos dados. Essa cópia tem por finalidade manter os dados mais atuais salvos, de maneira que se porventura os dados originais sejam perdidos por falha ou exclusão, a perda não tenha um grande impacto, pois é possível restaurar a partir das versões salvas, minimizando assim a perda. Um backup não impede que os dados sejam acessados por terceiros.

Em um backup devem ser salvos os **dados do usuário**, ou seja, não é necessário, muito menos indicado, salvar os arquivos dos sistemas, como os que ficam na pasta Arquivos de Programas. Os dados devem ser salvos, preferencialmente, em outras unidades de armazenamento, diferentes de onde estão os dados originais como CD, DVD, BluRay, Pendrive, outro HD, disquetes e até mesmo fitas magnéticas.

A **frequência** de realização de uma cópia de segurança depende da importância dos dados, bem como da sua alteração, ou melhor, se os dados sofrem constante alteração, o backup deve ser realizado com maior regularidade. Já, se raramente sofrem alteração, a frequência de backup também cai.

Existem diversos tipos de backup, dos quais podemos destacar o **Backup Completo, o Backup Incremental e o Backup Diferencial.**

Backup Completo

Também chamado de Backup Total, é aquele em que todos os dados são salvos em uma única cópia de segurança. Ele é indicado para ser feito com menor frequência, pois é o mais demorado para ser processado como também para ser recuperado. Contudo, localizar um arquivo fica mais fácil, já que se tem apenas uma cópia dos dados.

Backup Incremental

Neste tipo de backup, são salvos apenas os dados que foram alterados após a última cópia de segurança realizada. Esse procedimento é mais rápido de ser processado, porém, leva mais tempo para ser restaurado, pois envolve restaurar todos os backups anteriores. Os arquivos criados são menores do que os gerados pelo backup diferencial.

Backup Diferencial

Este procedimento de backup grava os dados alterados desde o último backup completo; assim, no próximo backup diferencial, somente são salvos os dados modificados desde o último backup completo. No entanto, esse becape é mais lento de ser processado do que o incremental, porém é mais rápido de ser restaurado, pois é necessário apenas restaurar o último backup completo e o último backup diferencial.

Questões

Julgue o item a seguir, a respeito de gerenciamento de informações, arquivos, pastas e programas.

01. (Cespe) A ferramenta Scandisk permite a formatação do disco rígido, por meio da leitura dos dados de setores defeituosos, transferindo-os para setores bons e marcando os defeituosos, de modo que o sistema operacional não os use mais.

Certo ( )   Errado ( )

Acerca dos conceitos do Windows 7 e das tecnologias aplicadas à Internet, julgue o item a seguir.

02. (Cespe) A restauração do sistema é uma forma de desfazer alterações do sistema do computador para um ponto anterior no tempo. A restauração do sistema, entretanto, não pode ser usada para recuperação de arquivos pessoais.

Certo ( )   Errado ( )

Acerca de conceitos básicos de Informática e sistemas operacionais, julgue o item a seguir.

03. (Cespe) No ambiente Windows, a opção de Mapear unidade de rede permite associar um atalho a uma unidade remota.

Certo ( )   Errado ( )

A respeito dos ambientes Windows XP e Linux, julgue os itens a seguir.

04. (Cespe) O Windows 7 possui, por padrão, uma interface gráfica, enquanto o Linux tem disponíveis várias interfaces gráficas, que podem ser instaladas e customizadas segundo a necessidade do usuário.

Certo ( )   Errado ( )

05. (Cespe) Os sistemas Windows 7 e Linux têm kernel comum, aberto, que pode ser facilmente customizado pelo usuário.

Certo ( )   Errado ( )

Acerca de conceitos de informática e de segurança da informação, julgue o item a seguir.

06. (Cespe) Diferentemente do que ocorre no sistema Windows 7, no Linux, para se obter maior velocidade de acesso, os dados são armazenados diretamente em pastas, e não em subpastas.

Certo ( )   Errado ( )

Com relação aos ambientes Windows, Internet e Intranet, julgue o item a seguir.

07. (Cespe) O Windows Explorer é utilizado tanto para acesso aos diretórios e arquivos armazenados na máquina do usuário como para acesso a áreas de armazenamento na rede, caso o computador esteja conectado a um ambiente de rede ou à Internet.

Certo ( )   Errado ( )

Gabaritos

01	ERRADO	05	ERRADO
02	CERTO	06	ERRADO
03	CERTO	07	CERTO
04	CERTO		

7. SISTEMA WINDOWS 10

O Windows 10 é um sistema operacional da Microsoft lançado em 29 de julho de 2015. Essa versão trouxe inúmeras novidades, principalmente, por conta da sua portabilidade para celulares e também tablets.

7.1 Requisitos Mínimos

Para instalar o Windows 10, o computador deve possuir no mínimo 1 GB de memória RAM para computadores com processador 32 bits de 1GHz, e 2GB de RAM para processadores de 32bits de 1GHz. Todavia, recomenda-se um mínimo de 4GB.

A versão 32 bits do Windows necessita, inicialmente, de 16GB de espaço livre em disco, enquanto o Windows 64 bits utiliza 20GB. A resolução mínima recomendada para o monitor é de 1024 x 768.

7.2 Novidades

O Windows 10 nasce com a promessa de ser o último Windows lançado pela Microsoft. Isso não significa que não será atualizado. A proposta da Microsoft é não lançar mais versões, a fim de tornar as atualizações mais constantes, sem a necessidade de aguardar para atualizar junto de uma versão enumerada. Com isso, ao passar dos anos, a empresa espera não usar mais a referência Windows 10, mas apenas Windows.

O novo sistema trouxe inúmeras novidades como também alguns retrocessos.

O objetivo do projeto do novo Windows foi baseado na interoperabilidade entre os diversos dispositivos como tablets, smartphones e computadores, de modo que a integração seja transparente, sem que o usuário precise, a cada momento, indicar o que deseja sincronizar.

A barra Charms, presente no Windows 8 e 8.1, foi removida, e a tela inicial foi fundida ao botão (menu) Iniciar.

Algumas outras novidades apresentadas pela Microsoft são:

> Xbox Live e o novo Xbox app que proporcionam novas experiências de jogo no Windows 10. O Xbox, no Windows 10, permite que jogadores e desenvolvedores acessem à rede de jogos do Xbox Live, tanto nos computadores Windows 10 quanto no Xbox One. Os jogadores podem capturar, editar e compartilhar seus melhores momentos no jogo com Game DVR, e disputar novos jogos com os amigos nos dispositivos, conectando a outros usuários do mundo todo. Os jogadores também podem disputar jogos no seu computador, transmitidos por stream diretamente do console Xbox One para o tablet ou computador Windows 10, dentro de casa.

> Sequential Mode: em dispositivos 2 em 1, o Windows 10 alterna facilmente entre teclado, mouse, toque e tablet. À medida que detecta a transição, muda convenientemente para o novo modo.

> Novos apps universais: o Windows 10 oferece novos aplicativos de experiência, consistentes na sequência de dispositivos, para fotos, vídeos, música, mapas, pessoas e mensagens, correspondência e calendário. Esses apps integrados têm design atualizado e uniformidade de app para app e de dispositivo para dispositivo. O conteúdo é armazenado e sincronizado por meio do OneDrive, e isso permite iniciar uma tarefa em um dispositivo e continuá-la em outro.

Área de Trabalho

A barra de tarefas do Windows 10 apresenta como novidade a busca integrada.

Cortana

Tal recurso opera junto ao campo de pesquisa localizado na barra de tarefas do Windows.

Está é uma ferramenta de execução de comandos por voz. Porém, ainda não conta com versão para o Português do Brasil. Outro ponto importante é a privacidade, pois tal ferramenta guarda os dados.

Continue de onde Parou

Tal característica, presente no Windows 10, permite uma troca entre computador – tablet – celular, sem que o usuário tenha de salvar os arquivos e os enviar para os aparelhos; o próprio Windows se encarrega da sincronização.

Ao abrir um arquivo, por exemplo, em um computador e editá-lo, basta abri-lo em outro dispositivo, de modo que as alterações já estarão acessíveis (a velocidade e disponibilidade dependem da velocidade da conexão à Internet).

Desbloqueio Imediato de Usuário

Trata-se de um recurso disponível, após a atualização do Windows, que permite ao usuário que possua *webcam*, devidamente instalada, usar uma forma de reconhecimento facial para *logar* no sistema, sem a necessidade de digitar senha.

Múltiplas Áreas de Trabalho

Uma das novidades do Windows 10 é a possibilidade de manipular "múltiplas Áreas de Trabalho", uma característica que já estava há tempos presente no Linux e no MacOS. Ao usar o atalho Windows + Tab, é possível criar uma nova Área de Trabalho e arrastar as janelas desejadas para ela.

Botão Iniciar

Com essa opção em exibição, ao arrastar o mouse ligeiramente para baixo, são listados os programas abertos pela tela inicial. Programas abertos dentro do desktop não aparecem na lista, conforme ilustrado a seguir:

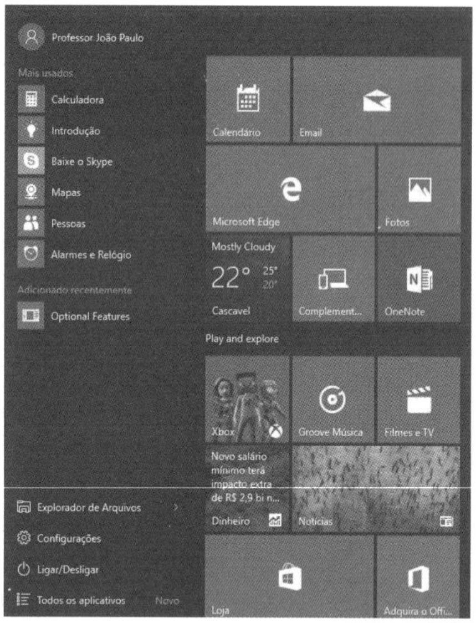

Aplicativos

Os aplicativos podem ser listados clicando-se no botão presente na parte inferior do Botão Iniciar, mais à esquerda.

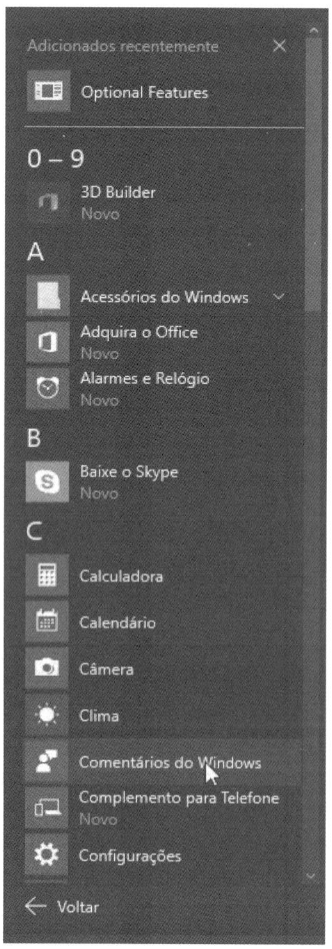

Acessórios

O Windows 10 reorganizou seus acessórios ao remover algumas aplicações para outro grupo (sistema do Windows).

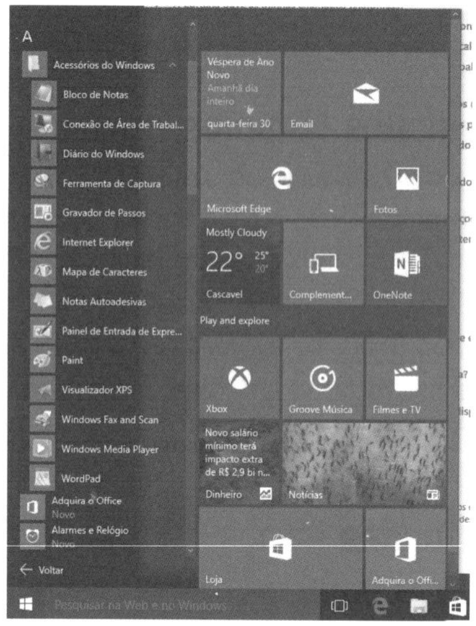

Os aplicativos listados como acessórios são, efetivamente:

> Bloco de Notas
> Conexão de Área de Trabalho Remota
> Diário do Windows
> Ferramenta de Captura
> Gravador de Passos
> Internet Explorer
> Mapa de Caracteres
> Notas Autoadesivas
> Painel de Entrada de Expressões Matemática
> Paint
> Visualizador XPS
> Windows Fax and Scan
> Windows Media Player
> Wordpad

Bloco de Notas

O Bloco de Notas é um editor de texto simples, e apenas texto, ou seja, não aceita imagens ou formatações muito avançadas. A imagem a seguir ilustra a janela do programa.

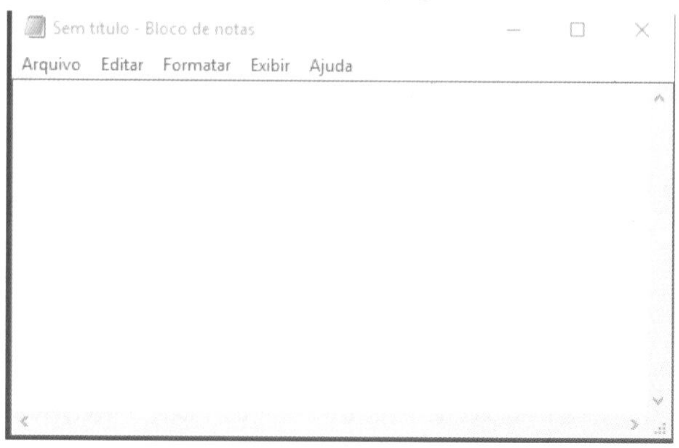

Contudo, são possíveis algumas formatações de fonte:

> Tipo/nome da fonte;

> Estilo de fonte (Negrito Itálico);

> Tamanho da fonte.

Atenção, pois a cor da fonte não é uma opção de formatação presente. A janela a seguir ilustra as opções.

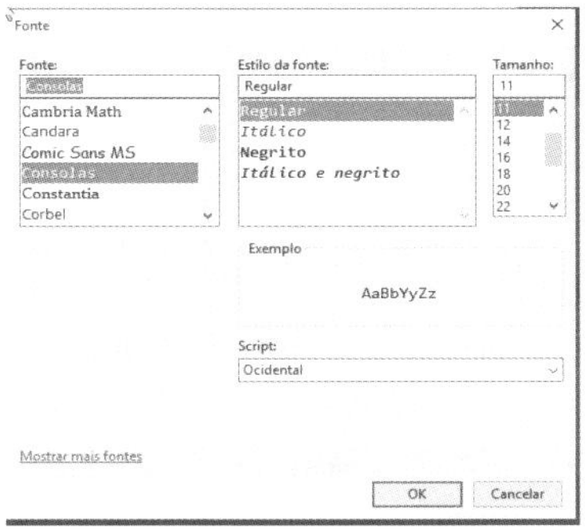

Conexão de Área de Trabalho Remota

A conexão remota do Windows não fica ativa por padrão, por questões de segurança.

Para habilitar a conexão, é necessário abrir a janela de configuração das Propriedades do Sistema, ilustrada a seguir. Tal opção é acessível pela janela Sistema do Windows.

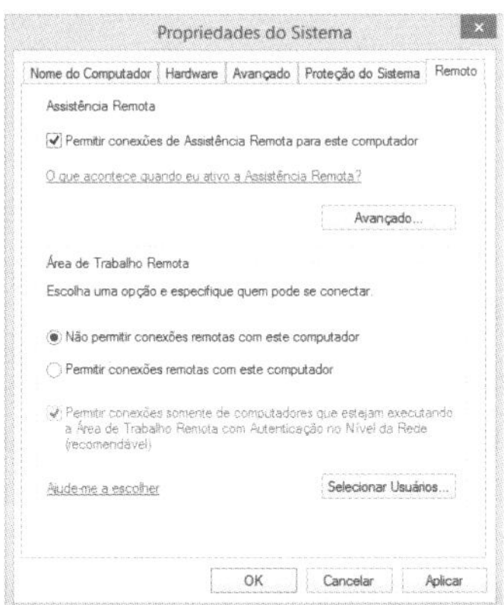

A conexão pode ser limitada à rede por restrição de autenticação em nível de rede, ou pela Internet usando contas de e-mail da Microsoft.

A figura a seguir ilustra a janela da Conexão de Área de Trabalho Remota.

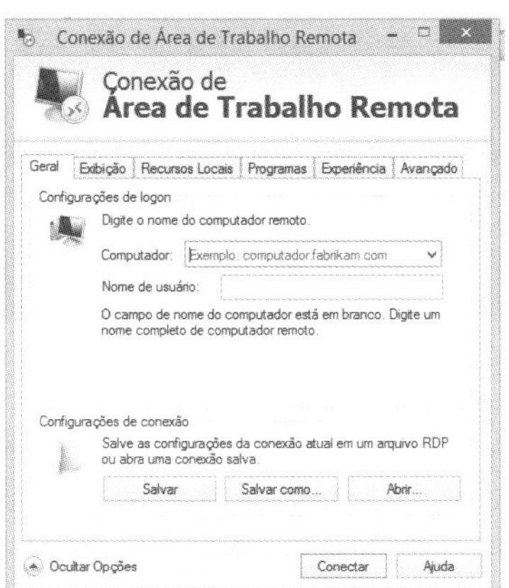

Diário do Windows

A ferramenta Diário do Windows é uma novidade no Windows 8. Ela permite que o usuário realize anotações como em um caderno.

Os recursos de formatação são limitados, de modo que o usuário pode escrever manuscritamente ou por meio de caixas de texto.

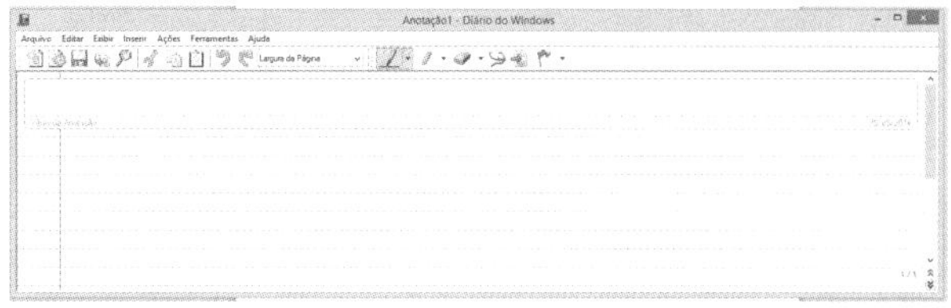

Ferramenta de Captura

A ferramenta de captura, presente desde o Windows 7, permite a captura de partes da tela do computador. Para tanto, basta selecionar a parte desejada usando o aplicativo.

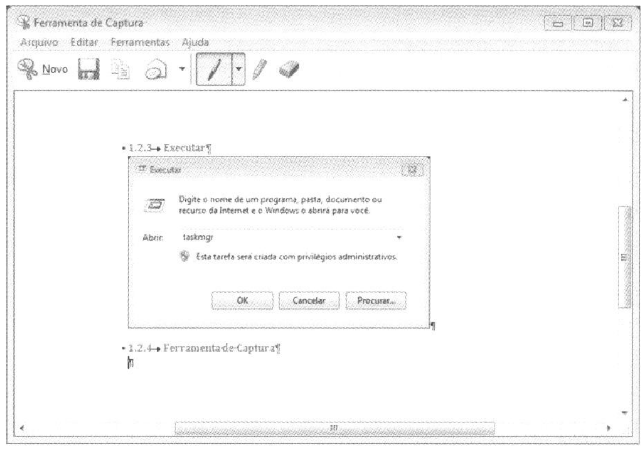

Gravador de Passos

O Gravador de Passos é um recurso novo do Windows 8, muito útil para atendentes de suporte que precisam apresentar o passo a passo das ações que um usuário precisa executar para obter o resultado esperado.

A figura a seguir ilustra a ferramenta com um passo gravado para exemplificação.

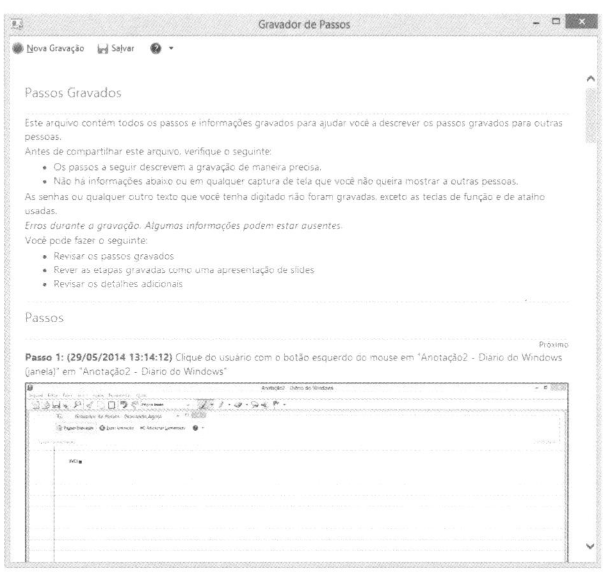

Mapa de Caracteres

Frequentemente, faz-se necessário utilizar alguns símbolos diferenciados. Esses símbolos são chamados de caracteres especiais. O Mapa de Caracteres permite listar os caracteres não presentes no teclado para cada fonte instalada no computador e copiá-los para a área de transferência do Windows.

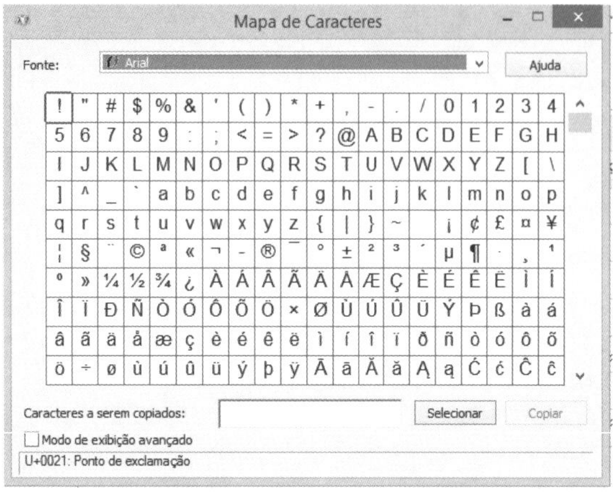

Notas Autoadesivas

Por padrão, as notas autoadesivas são visíveis na Área de Trabalho, elas se parecem com Post its.

Painel de Entrada de Expressões Matemáticas

Esta ferramenta possibilita o usuário de desenhar, utilizando o mouse ou outro dispositivo de inserção como *tablet canetas*, fórmulas matemáticas como integrais e somatórios, e ainda colar o resultado produzido em documentos.

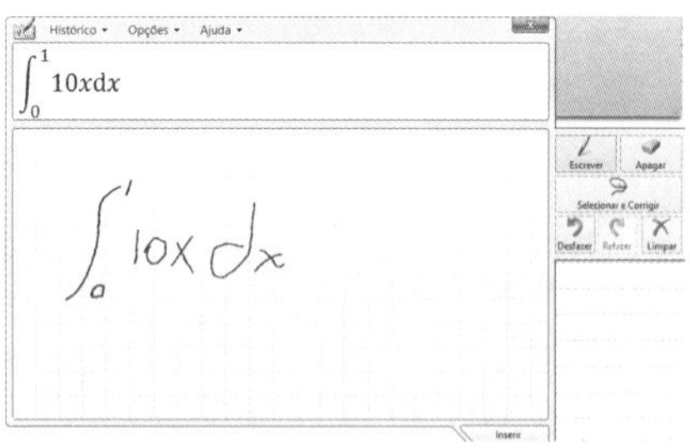

Paint

O tradicional editor de desenho do Windows, que salva seus arquivos no formato PNG, JPEG, JPG, GIF, TIFF e BMP (Bitmap), não sofreu mudanças em comparação com a versão presente no Windows 7.

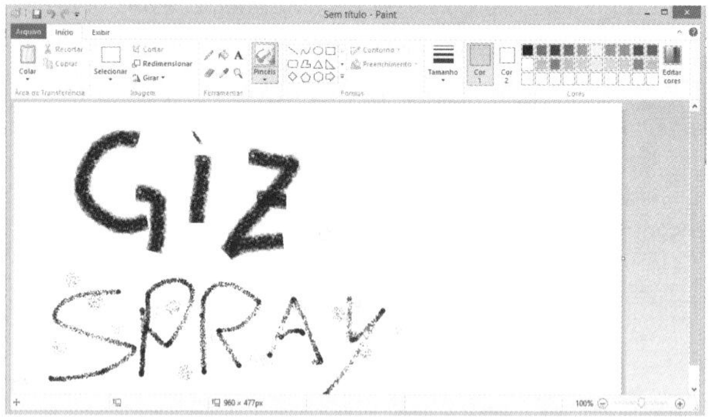

WordPad

É um editor de texto que faz parte do Windows, ao contrário do MS Word, com mais recursos que o Bloco de Notas.

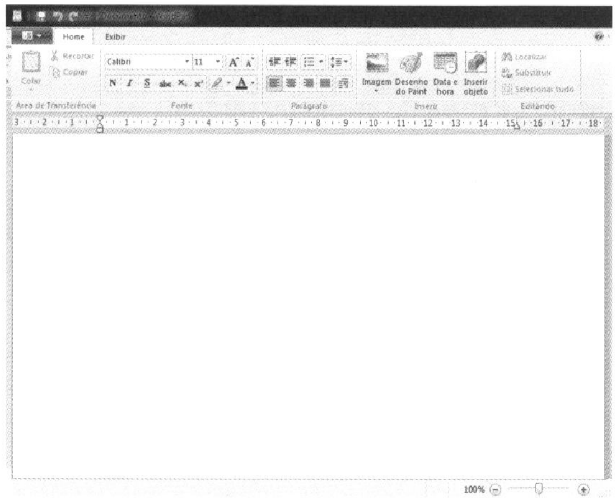

Facilidade de Acesso

Anteriormente conhecida como ferramentas de acessibilidade, são recursos que têm por finalidade auxiliar pessoas com dificuldades para utilizar os métodos tradicionais de interação com o computador.

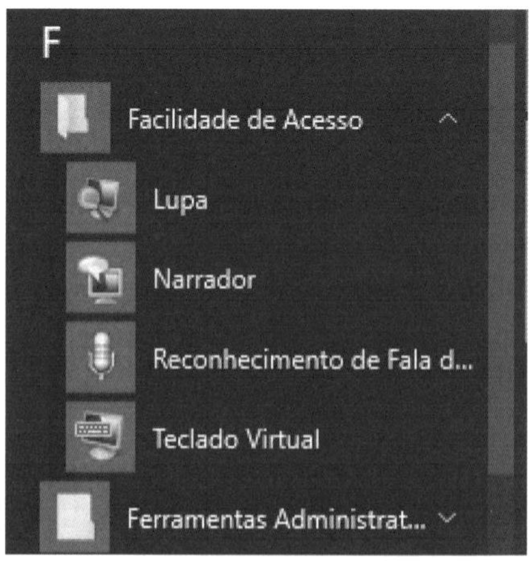

Lupa

Ao utilizar a lupa, pode-se ampliar a tela ao redor do ponteiro do mouse, como também é possível usar metade da tela do computador exibindo a imagem ampliada da área próxima ao ponteiro.

Narrador

O narrador é uma forma de leitor de tela que lê o texto das áreas selecionadas com o mouse.

Teclado Virtual

É preciso ter muito cuidado para não confundir o teclado virtual do Windows com o teclado virtual usado nas páginas de Internet Banking.

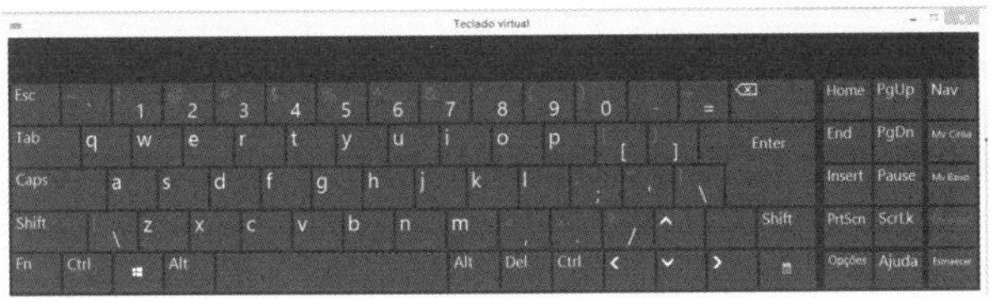

Outras Ferramentas

O Windows 10 separou algumas ferramentas a mais que o Windows 8, tais como a calculadora e o calendário.

Calculadora

A calculadora do Windows 10 deixa de ser associada aos acessórios. Outra grande mudança é o fato de que sua janela pode ser redimensionada, bem como perde um modo de exibição, sendo eles:

> Padrão;

> Científica;

> Programador;

A calculadora do Windows 10 apresenta inúmeras opções de conversões de medidas, conforme ilustrado respectivamente ilustradas a seguir.

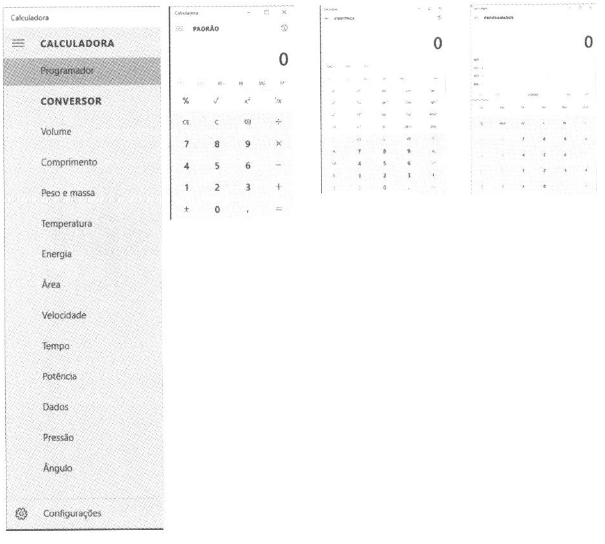

Painel de Controle

O Painel de Controle do Windows é o local onde se encontram as configurações do sistema operacional Windows.

Ele pode ser visualizado em dois modos: ícones ou categorias. As imagens a seguir representam, respectivamente, o modo ícones e o modo categorias.

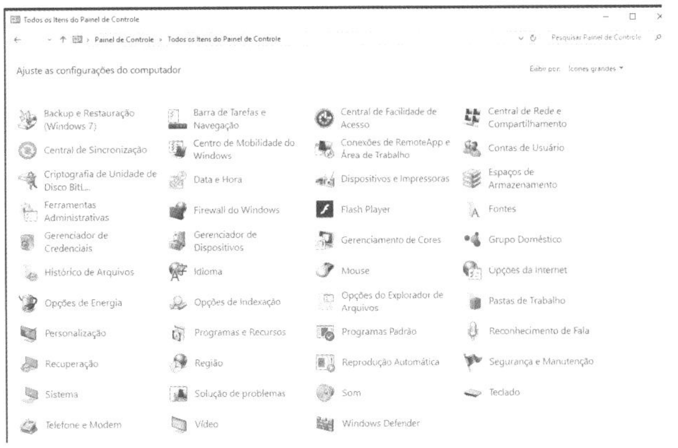

No modo Categorias, as ferramentas são agrupadas de acordo com sua similaridade, como na categoria Sistema e Segurança, que envolve o Histórico de Arquivos e a opção Corrigir Problemas.

A opção para remover um programa possui uma categoria exclusiva chamada de Programas.

Na categoria Relógio, Idioma e Região, temos acesso às opções de configuração do idioma padrão do sistema. Por consequência, é possível também o acesso às unidades métricas e monetárias, como também alterar o layout do teclado ou botões do mouse.

Algumas das configurações também podem ser realizadas pela janela de configurações acessível pelo botão Iniciar.

Scgurança e Manutenção

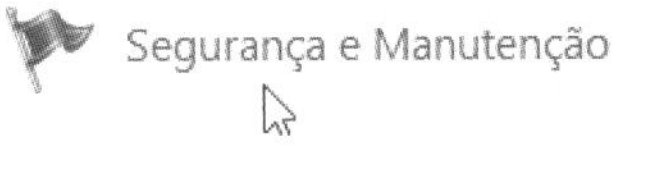

Dispositivos e Impressoras

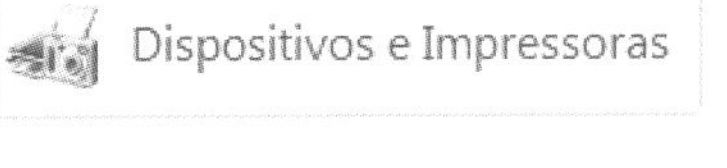

Firewall do Windows

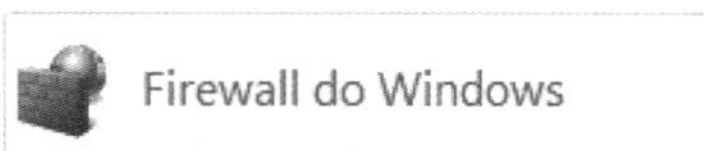

Data e Hora

Contas de Usuário

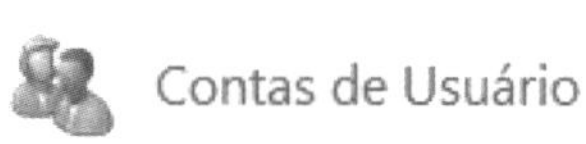

Opções de Energia

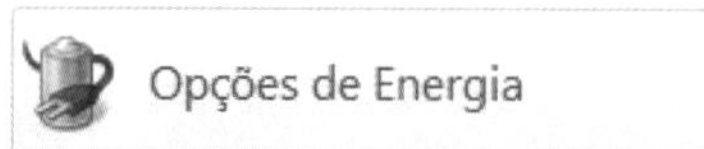

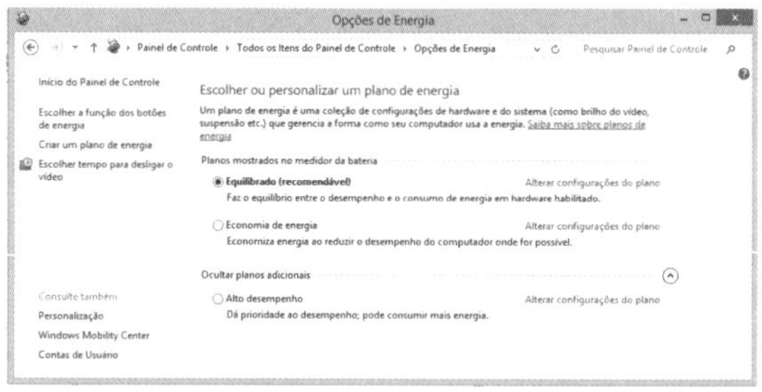

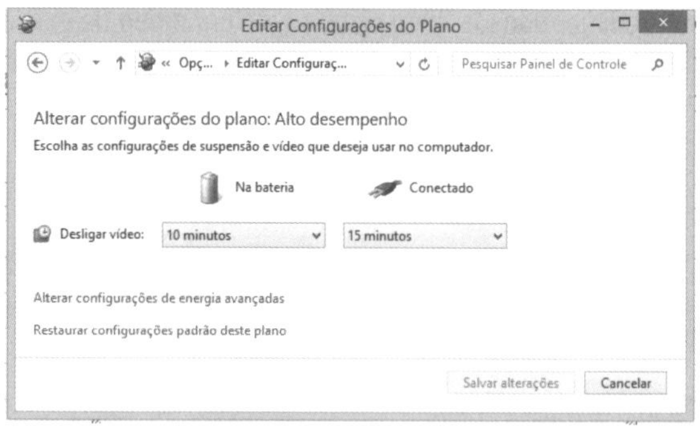

Opções do Explorador de Arquivos

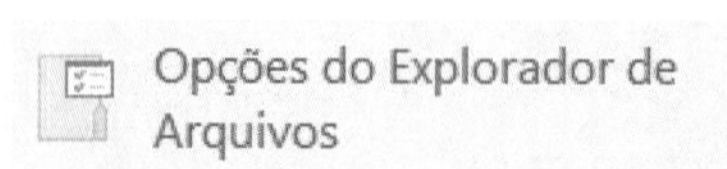

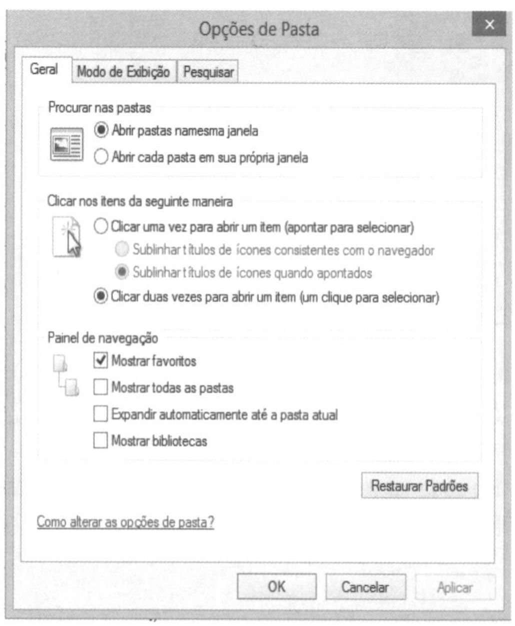

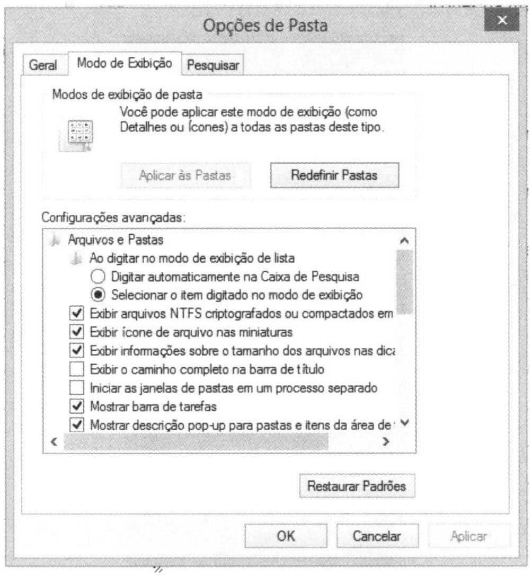

Programas e Recursos

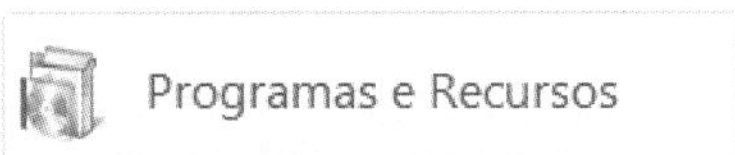

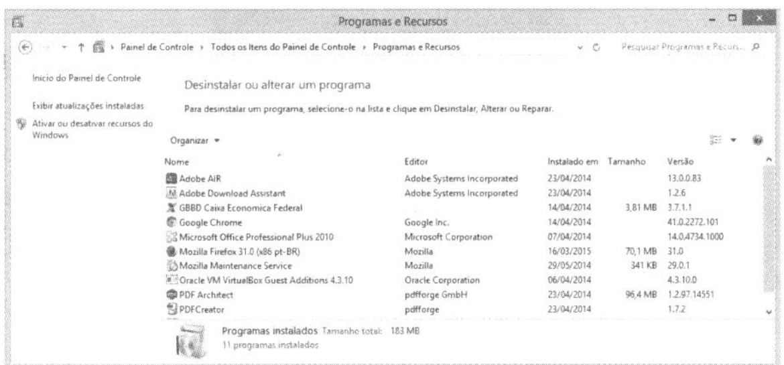

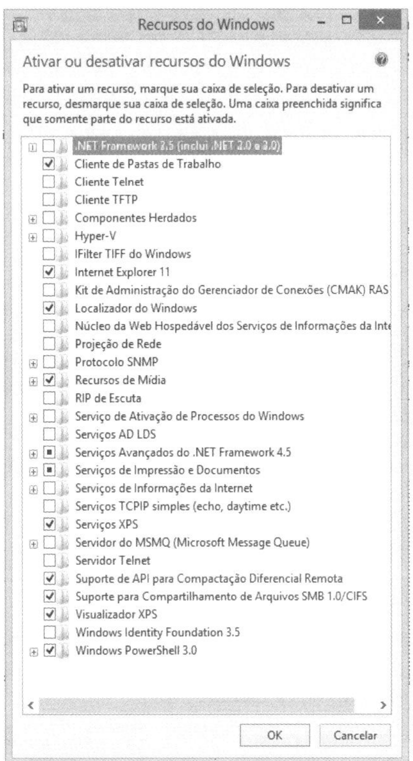

Programas Padrão

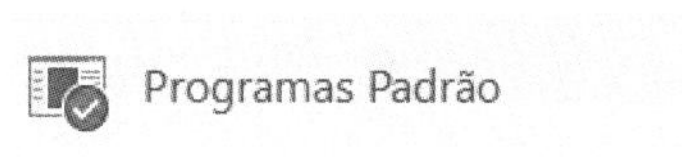

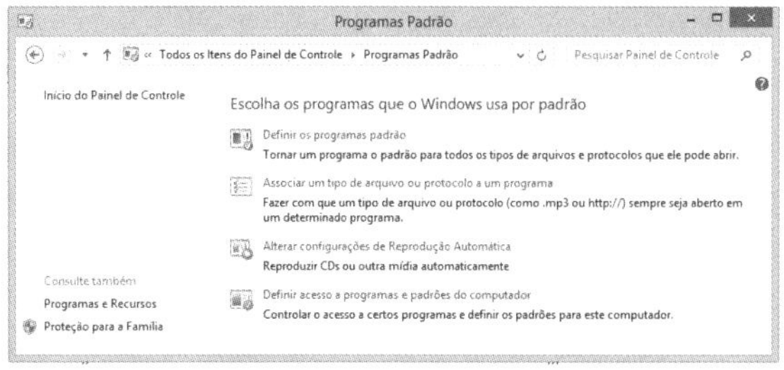

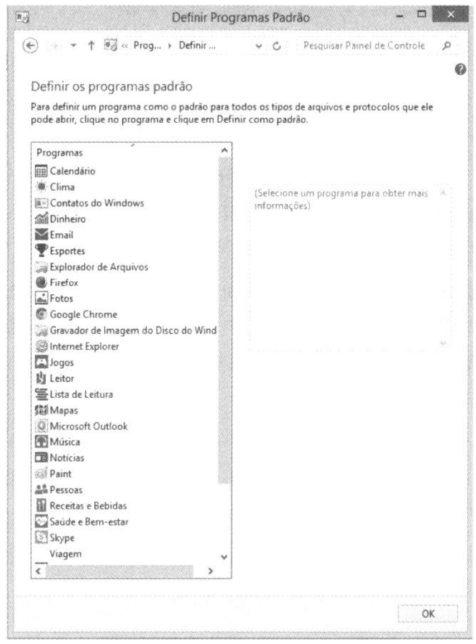

Sistema

Windows Defender

No Windows 10, o Windows Defender passou a ser também antivírus além de ser antispyware.

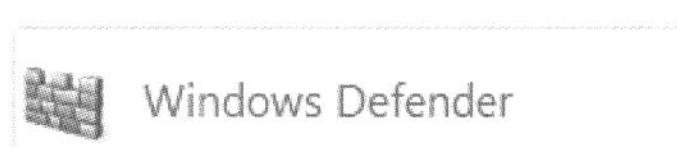

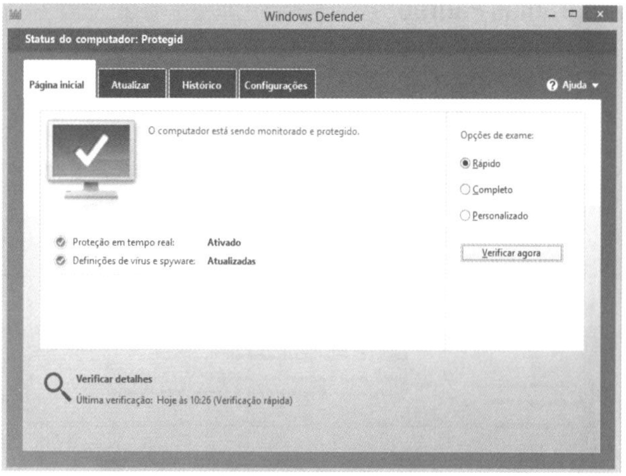

Estrutura de Diretórios

Uma estrutura de diretórios é como o Sistema Operacional organiza os arquivos, separando-os de acordo com sua finalidade.

O termo diretório é um sinônimo para pasta, que se diferencia apenas por ser utilizado, em geral, quando se cita alguma pasta Raiz de um dispositivo de armazenamento ou partição.

Quando citamos o termo Raiz, estamos fazendo uma alusão a uma estrutura que se parece com uma árvore que parte de uma raiz e cria vários ganhos, que são as pastas, e as folhas dessa árvore são os arquivos.

Dessa maneira, observamos que o **diretório Raiz do Windows** é o diretório **C:** ou **C:** enquanto que o **diretório Raiz do Linux** é o **/**.

Podemos ser questionados com relação à equivalência dos diretórios do Windows em relação ao Linux.

Principais Diretórios Windows

C:\windows	**Armazena os arquivos do Sistema Operacional Windows.**
C:\Arquivos de Programas	**Armazena os arquivos dos programas instalados no Computador.**
C:\Usuários	**Armazena as configurações, arquivos e pastas de cada usuário do sistema.**

Ferramentas Administrativas

Limpeza de Disco

Apaga os arquivos temporários, como, por exemplo, arquivos da Lixeira, da pasta Temporários da Internet e, no caso do Windows, a partir da versão Vista, as miniaturas.

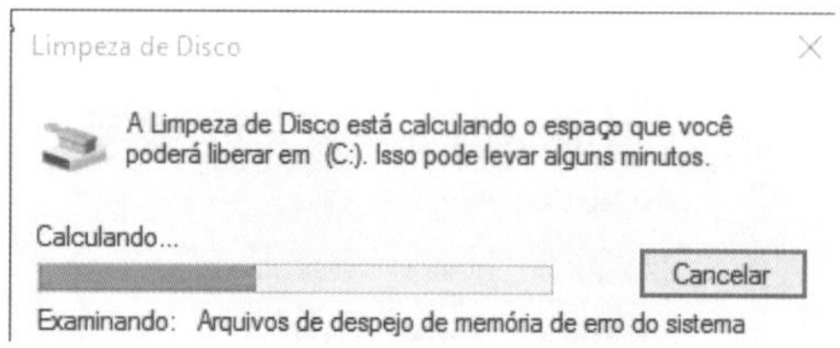

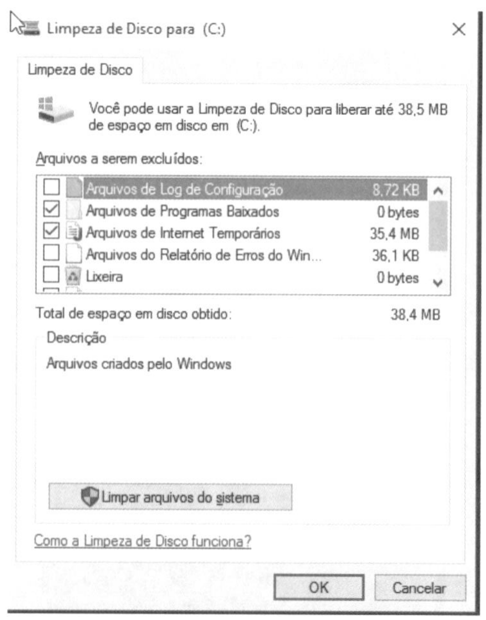

Lixeira

A capacidade da Lixeira do Windows é calculada. Assim, para HDs de até 40GB, a capacidade é de 10%. Todavia, para discos rígidos maiores que 40GB, o cálculo não é tão direto. Vamos a um exemplo: caso um HD possua o tamanho de 200GB, então é necessário descontar 40GB, pois até 40GB a lixeira possui capacidade de 10%; assim, sobram 160GB. A partir desse valor, deve-se calcular mais 5%, ou seja, 8GB. Com isso, a capacidade total da lixeira do HD de 200GB fica com 4GB + 8GB = 12GB.

É importante, ainda, destacar que a capacidade da lixeira é calculada para cada unidade de armazenamento. Desse modo, se um HD físico de 500GB estiver particionado, é necessário calcular separadamente a capacidade da lixeira para cada unidade.

A Lixeira é um local, e não uma pasta. Ela lista os arquivos que foram excluídos, porém nem todos arquivos excluídos vão para a Lixeira. Vejamos a lista de situações em que um arquivo não será movido para a lixeira:

- Arquivos maiores do que a capacidade da Lixeira;
- Arquivos que estão compartilhados na rede;
- Arquivos de unidades removíveis;
- Arquivos que foram removidos de forma permanente pelo usuário.

Desfragmentar e Otimizar Unidades

É responsabilidade do Desfragmentador organizar os dados dentro do HD de forma contínua/contígua para que o acesso às informações em disco seja realizado mais rapidamente.

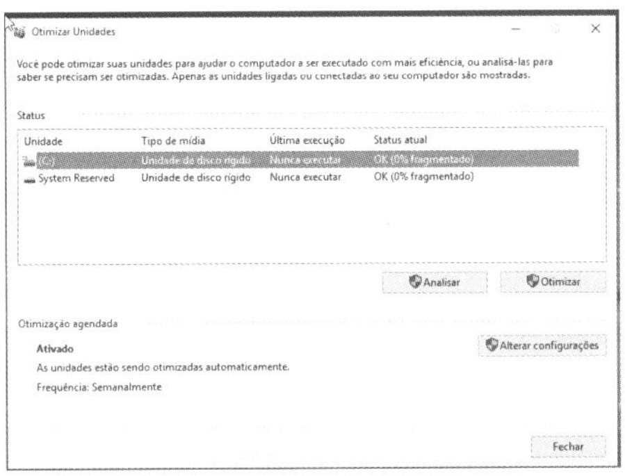

Configuração do Sistema

A Configuração do Sistema é também acessível ao ser digitado o comando msconfig na janela Executar. Permite configurar quais serviços serão carregados com o Sistema. No entanto, para configurar quais programas serão carregados junto com o sistema operacional, deve-se proceder ao acesso pelo Gerenciador de Tarefas.

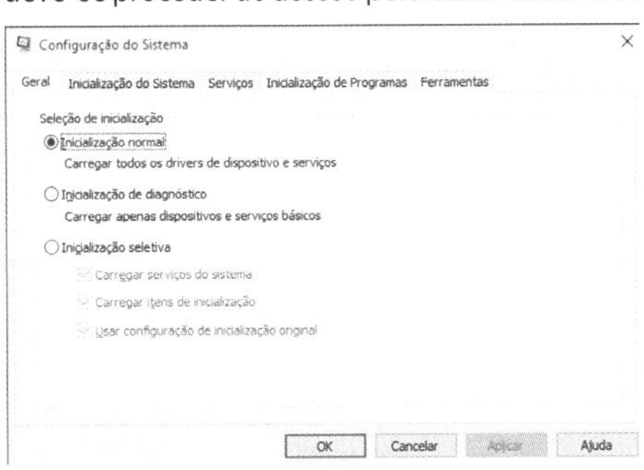

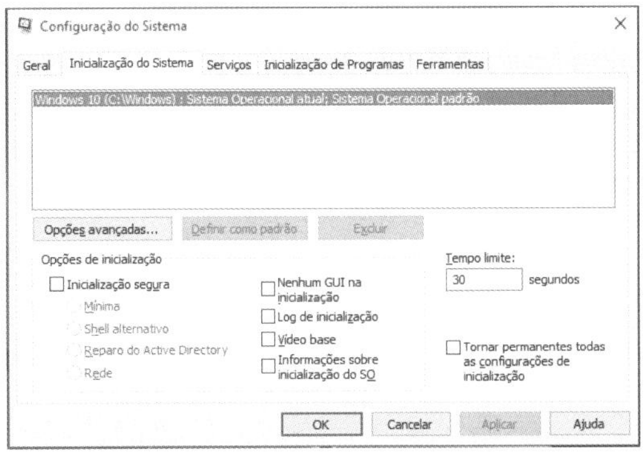

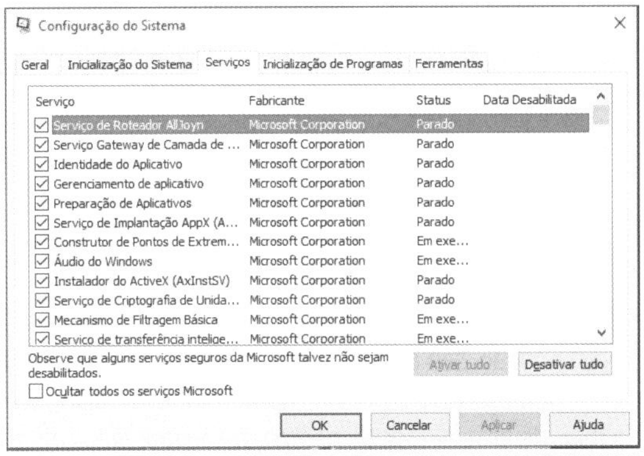

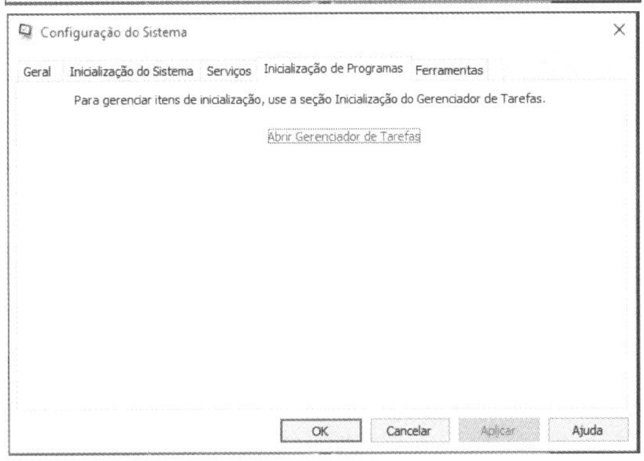

Monitor de Recursos

Permite monitorar os recursos do computador e qual o uso que está sendo realizado.

ScanDisk

O ScankDisk é o responsável por verificar o HD em busca de falhas de disco. Às vezes, ele consegue corrigi-las.

Configurações

Uma novidade do Windows 10 é a opção Configurações, presente no Botão Iniciar, que apresenta uma estrutura similar ao Painel de Controle, inclusive realizando a separação por categorias de ferramentas, conforme ilustra a figura a seguir.

Opção Sistema

Nesta opção, são apresentadas as ferramentas de configuração de resolução de tela, definição de monitor principal (caso possua mais de um), modos de gestão de energia (mais utilizados em notebooks).

Também é possível encontrar a opção Mapas Offline, que permite o download de mapas para a pesquisa e o uso por GPS, principalmente usado em dispositivos móveis ou dotados de GPS.

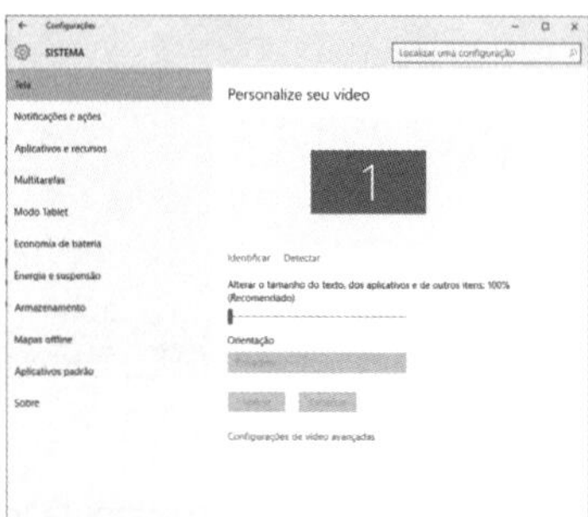

Opção Dispositivos

A opção Dispositivos lista os dispositivos que foram instalados em algum momento no sistema, como as impressoras.

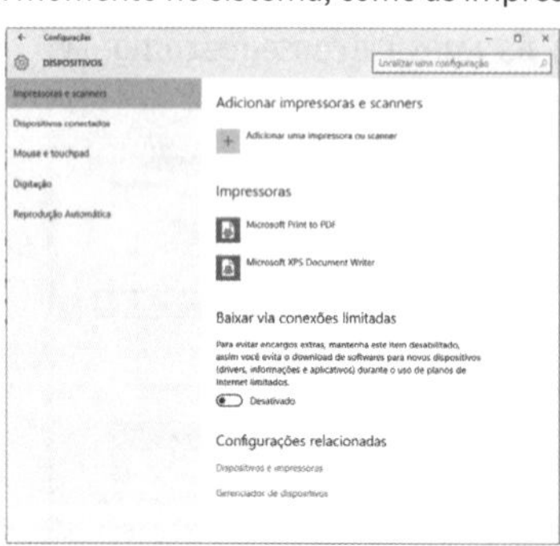

Opção Rede e Internet

Para configurar rapidamente o proxy de uma rede, ou ativar/desativar a wi-fi, a opção Rede e Internet oferece tais opções com facilidade, inclusive a opção para configurar uma VPN.

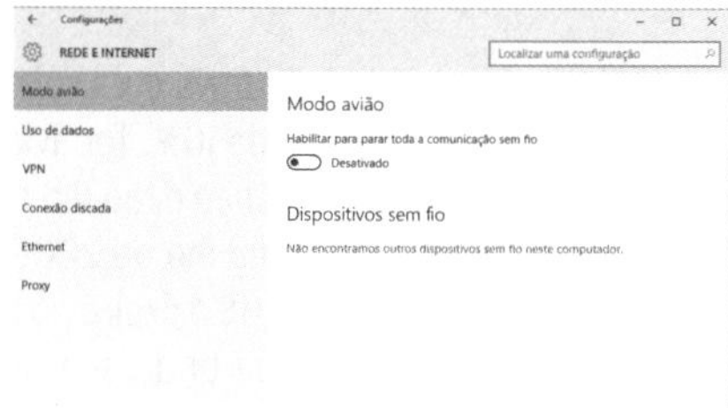

Opção Personalização

Para personalizar os temas de cores da Área de Trabalho do Windows e os papéis de parede, a opção de personalização pode ser acessada pelas Configurações. Também é possível clicar com o botão direito do mouse sobre uma área vazia da Área de Trabalho e selecionar a opção Personalizar.

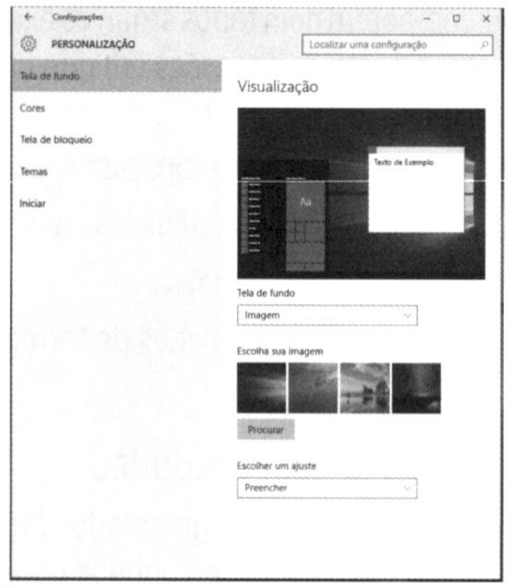

Opção Contas

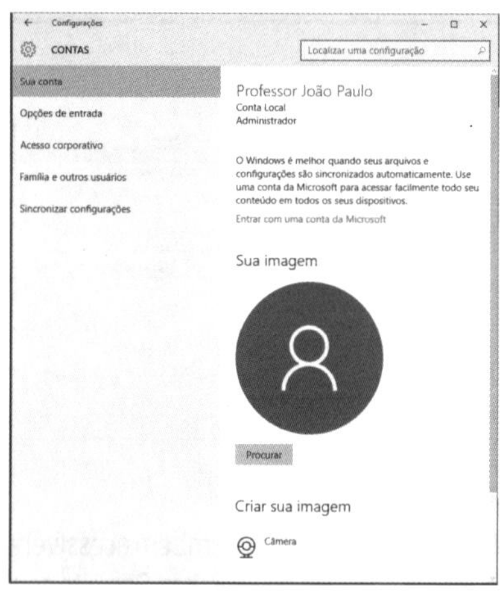

Opção Hora e Idioma

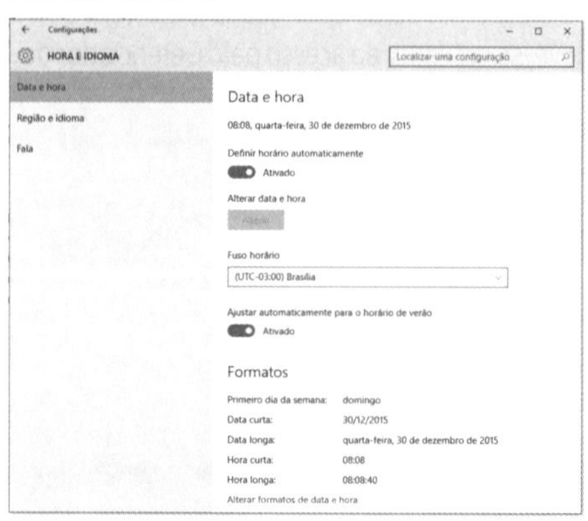

Opção Facilidade de Acesso

Além de contar com as ferramentas para acessibilidade, é possível configurar algumas características com Alto Contraste para melhorar o acesso ao uso do computador.

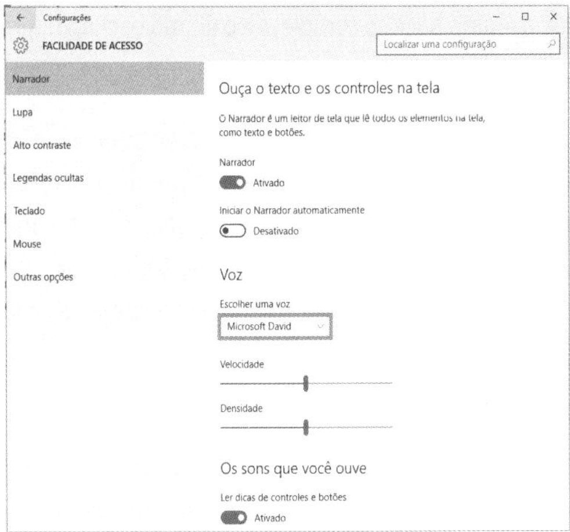

Opção Privacidade

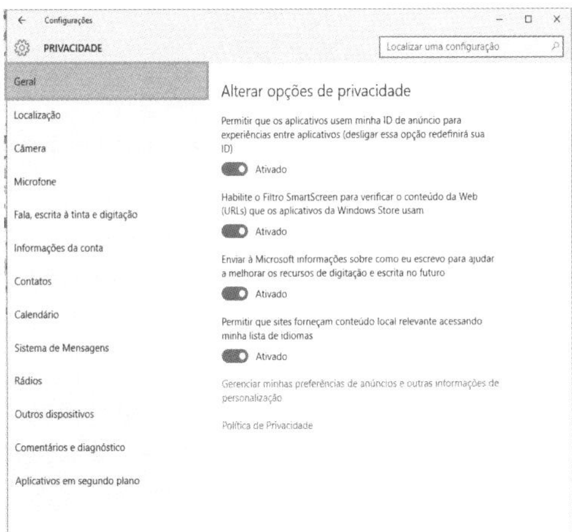

Opção Atualização e Segurança

A opção Atualização e Segurança talvez seja uma das principais opções da janela de configurações, pois, como necessidade mínima para a segurança, o Sistema Operacional deve estar sempre atualizado, assim como precisa possuir um programa antivírus que também esteja atualizado.

Vale lembrar que a realização periódica de backups também é considerada como um procedimento de segurança.

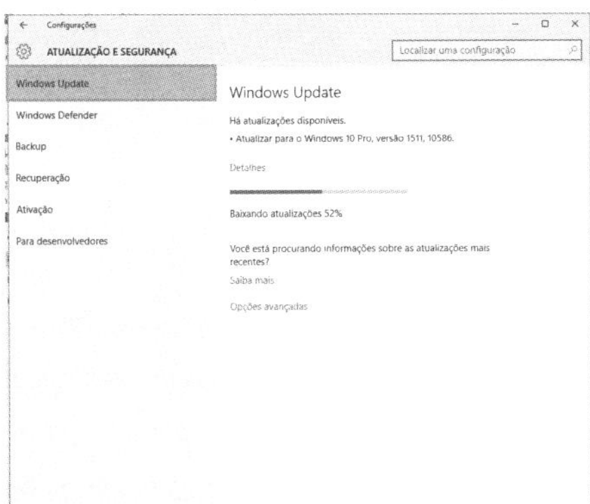

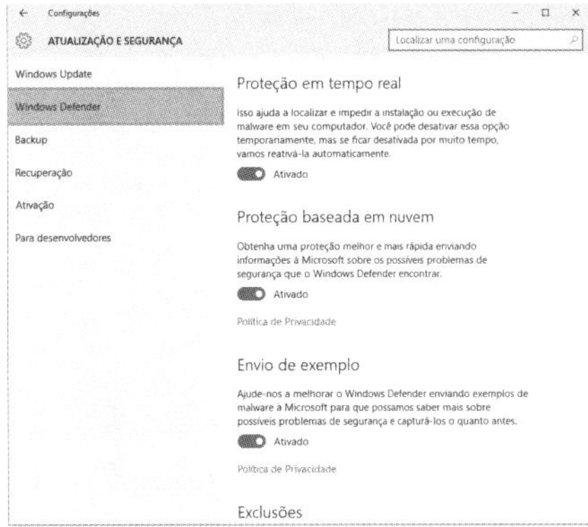

O Windows 10 realiza o backup dos arquivos usando a ferramenta Histórico de Arquivos (conforme ilustra a figura a seguir), embora ainda permita realizar backups como no Windows 7.

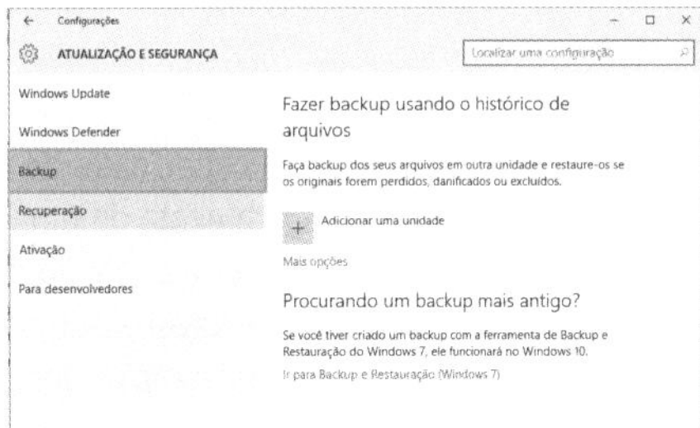

A opção Para desenvolvedores é uma novidade do Windows que assusta alguns usuários desavisados, pois, ao tentarem instalar algum aplicativo que não seja originário da Loja da Microsoft, não logram êxito. Esse impedimento ocorre por segurança. De qualquer forma, para poder instalar aplicativos "externos", basta selecionar a opção Sideload ou Modo Desenvolvedor.

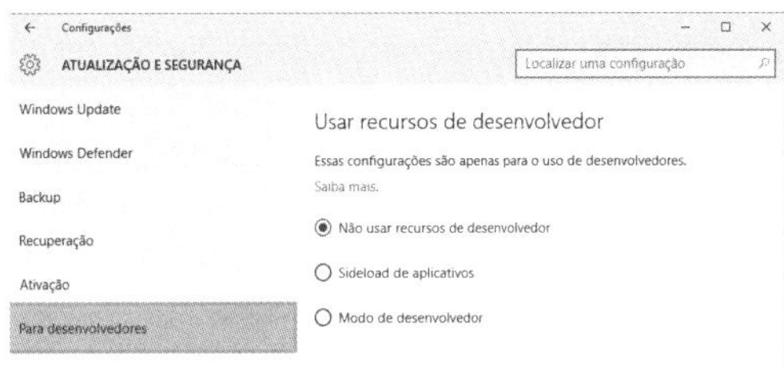

Backup no Windows 10

Um backup consiste em uma cópia de segurança dos Arquivos, que deve ser feita periodicamente, preferencialmente em uma unidade de armazenamento separada do computador.

Apesar do nome cópia de segurança, um backup não impede que os dados sejam acessados por outros usuários. Ele é apenas uma salvaguarda dos dados para amenizar os danos de uma perda.

No Windows 8 e Windows 10, o backup é gerenciado pelo Histórico de Arquivos, ilustrado a seguir.

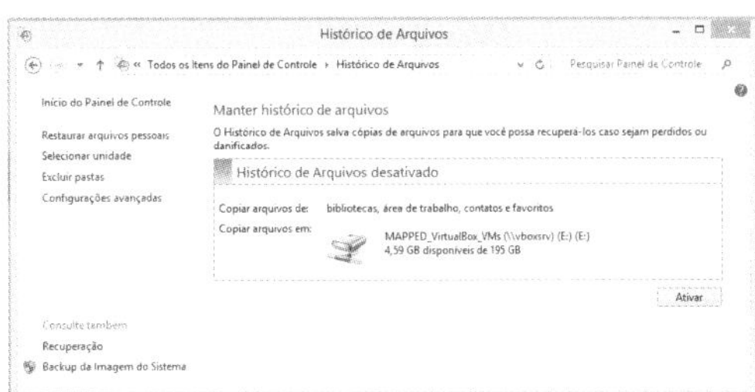

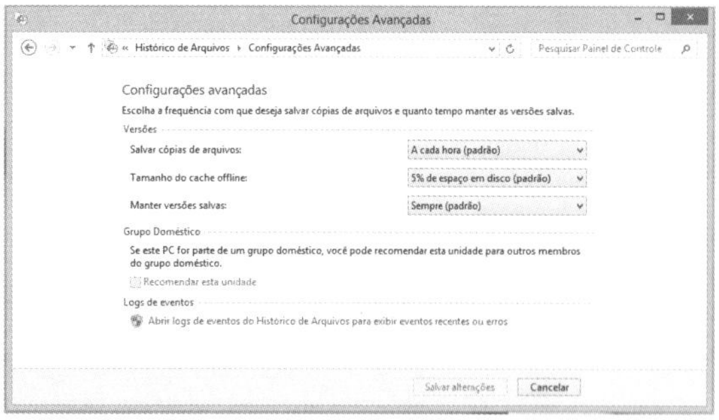

Backup e Restauração (Windows 7)

Esta ferramenta existe para manter a compatibilidade com a versão anterior de backup do Windows.

Na sequência, são citados os tipos de backup e ferramentas de backup.

Backup da Imagem do Sistema

O Backup do Windows oferece a capacidade de criar uma imagem do sistema, que é uma imagem exata de uma unidade. Uma imagem do sistema inclui o Windows e as configurações do sistema, os programas e os arquivos. É possível usar uma imagem do sistema para restaurar o conteúdo do computador, se em algum momento o disco rígido ou o computador pararem de funcionar. Quando se restaura o computador a partir de uma imagem do sistema, trata-se de uma restauração completa; não é possível escolher itens individuais para a restauração, e todos os atuais programas, as configurações do sistema e os arquivos serão substituídos. Embora esse tipo de backup inclua arquivos pessoais, é recomendável fazer backup dos arquivos regularmente, usando o Backup do Windows, a fim de que seja possível restaurar arquivos e pastas individuais conforme a necessidade. Quando for configurado um backup de arquivos agendado, o usuário poderá escolher se deseja incluir uma imagem do sistema. Essa imagem do sistema inclui apenas as unidades necessárias à execução do Windows. É possível criar manualmente uma imagem do sistema, caso o usuário queira incluir unidades de dados adicionais.

Disco de Restauração

O disco de restauração armazena os dados mais importantes do sistema operacional Windows, em geral, o que é essencial para seu funcionamento. Esse disco pode ser utilizado quando o sistema vier a apresentar problemas, por vezes decorrentes de atualizações.

Tipos de Backup

Completo/Normal

Também chamado de Backup Total, é aquele em que todos os dados são salvos em uma única cópia de segurança. Ele é indicado para ser feito com menor frequência, pois é o mais demorado para ser processado, como também para ser recuperado. Contudo, localizar um arquivo fica mais fácil, pois se tem apenas uma cópia dos dados.

Diferencial

Este procedimento de backup grava os dados alterados desde o último backup completo. Assim, no próximo backup diferencial, somente serão salvos os dados modificados desde o último backup completo. No entanto, esse backup é mais lento de ser processado do que o backup incremental, porém é mais rápido de ser restaurado do que o incremental, pois é necessário apenas restaurar o último backup completo e o último backup diferencial.

Incremental

Neste tipo de backup, são salvos apenas os dados que foram alterados após a última cópia de segurança realizada. Este procedimento é mais rápido de ser processado, porém leva mais tempo para ser restaurado, pois envolve restaurar todos os backups anteriores. Os arquivos gerados são menores do que os gerados pelo backup diferencial.

Backup Diário

Um backup diário copia todos os arquivos selecionados que foram modificados no dia de execução do backup diário. Os arquivos não são marcados como arquivos que passaram por backup (o atributo de arquivo não é desmarcado).

Backup de Cópia

Um backup de cópia copia todos os arquivos selecionados, mas não os marca como arquivos que passaram por backup (ou seja, o atributo de arquivo não é desmarcado). A cópia é útil caso o usuário queira fazer backup de arquivos entre os backups normal e incremental, pois ela não afeta essas outras operações de backup.

Explorador de Arquivos

Conhecido até o Windows 7 como Windows Explorer, o gerenciador de arquivos do Windows usa a chamada Interface Ribbon (por faixas) no Windows 8 e 10. Com isso, torna mais acessíveis algumas ferramentas como a opção para exibir as pastas e os arquivos ocultos.

A figura a seguir ilustra a janela Este Computador que apresenta os dispositivos e unidades de armazenamento locais como HDs e Drives de mídias ópticas, bem como as mídias removíveis.

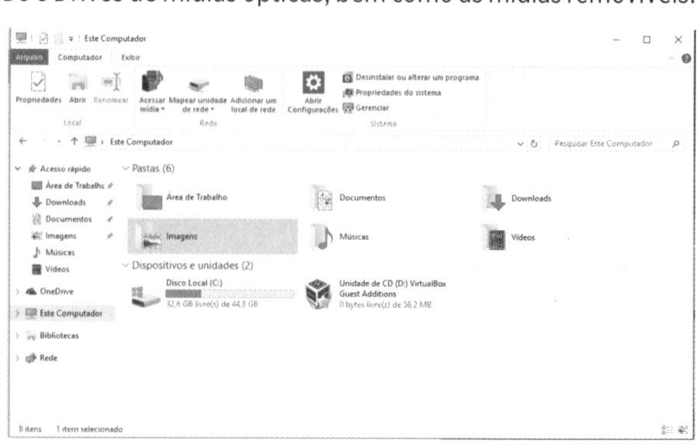

Um detalhe interessante sobre o Windows 10 é que as bibliotecas, ilustradas na figura, não estão visíveis por padrão; o usuário precisa ativar sua exibição.

Na figura a seguir, é ilustrada a guia Exibir da janela Este Computador.

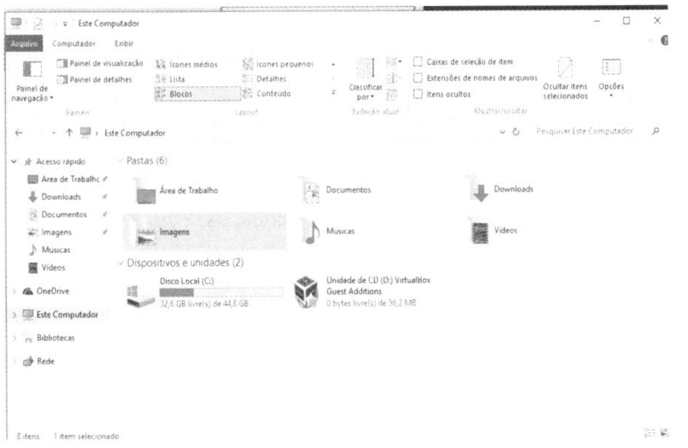

Ao selecionar arquivos ou pastas de determinados tipos, como imagens, algumas guias são exibidas como ilustra a série de figuras a seguir.

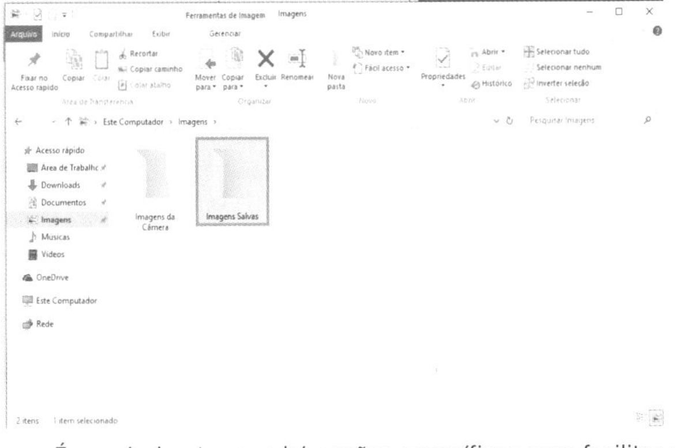

É possível notar que há opções específicas para facilitar o compartilhamento dos arquivos e pastas.

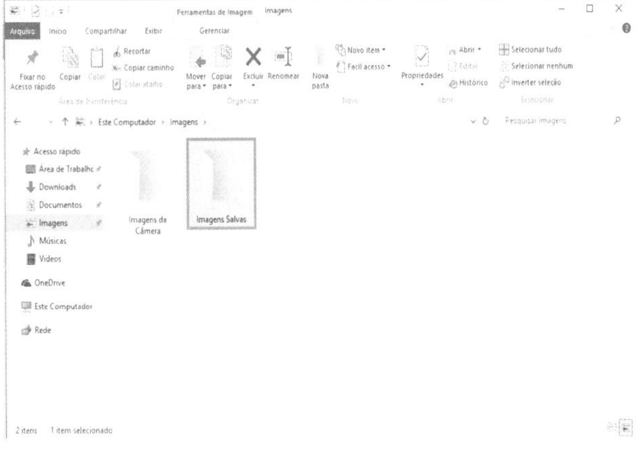

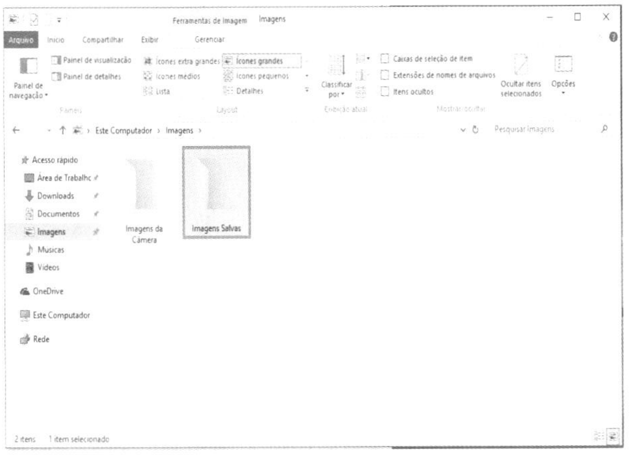

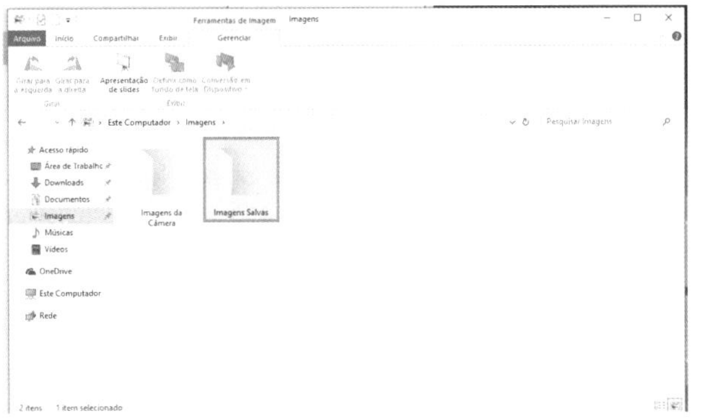

Questões

Com relação aos conceitos de redes de computadores, julgue os próximos itens.

01. (Cespe) O armazenamento do arquivo de dados no computador e na nuvem é considerado um procedimento de backup.

Certo ( ) Errado ( )

02. (Cespe) Procedimentos de becape são essenciais para a recuperação dos dados no caso de ocorrência de problemas técnicos no computador.

Certo ( ) Errado ( )

Gabaritos

01	CERTO
02	CERTO

8. LINUX

Linux é um Sistema Operacional criado por Linus Torvald, com base na plataforma UNIX. Muitas bancas de concurso apenas o citam no edital de conteúdo programático. Uma parte dos conceitos cobrados relacionados ao Linux já foram vistos na seção Sistemas Operacionais, onde são apontadas características baseadas no seu funcionamento.

8.1 Conceitos Básicos

Nesta seção são abordados os demais conceitos relacionados diretamente a algumas funcionalidades e definições do Linux.

Dual Boot

É possível instalar em um mesmo computador múltiplos sistemas operacionais, de forma que, ao ligar o computador, o usuário escolhe qual sistema deseja utilizar. A etapa de escolha do sistema é controlada por gerenciadores de boot; quando se instala o Linux, ele instala automaticamente um gerenciador de boot. Os gerenciadores de boot mais populares são o GRUB e o LILO.

Distribuições

Uma Distribuição é uma cópia modificada e compartilhada com a comunidade; o Linux possui várias distribuições diferentes. Isso se deve ao fato de ele ser um software livre e, assim, é permitido alterar uma distribuição e repassar a outras pessoas que, por sua vez, também podem efetuar as suas alterações.

No site da dristrowatch existem mais de 300 distribuições Linux registradas. As principais são:

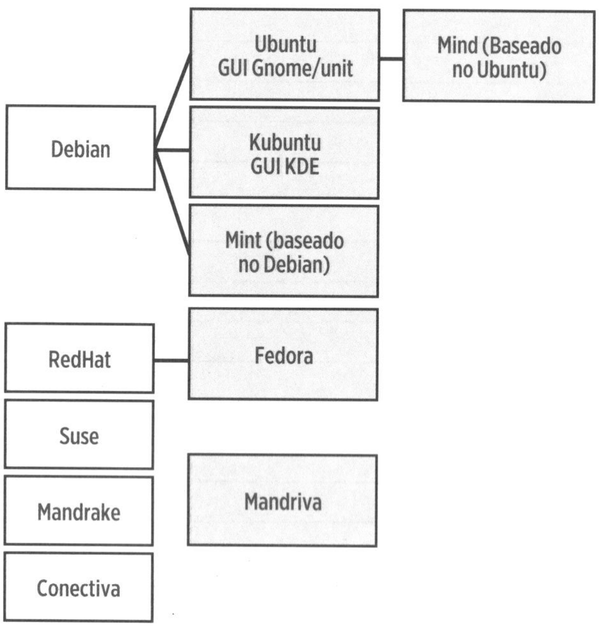

Estrutura de Diretórios

A estrutura de diretórios define quais são as pastas do Sistema e quais as suas finalidades perante os programas e o próprio sistema operacional.

As questões sobre a estrutura de diretórios do Linux assumem um formato relacional, cabendo ao concursando associar as pastas às suas finalidades.

A estrutura de diretório do Linux, assim como a do Windows, possui caráter hierárquico que toma como partida a raiz do Sistema - no caso do Linux, a raiz do SO é o diretório / (barra). O termo raiz é atribuído, pois a estrutura de diretórios observada de forma inversa apresenta características de uma árvore que, a partir da Raiz, possui seus galhos, as pastas e por fim, suas folhas, os arquivos.

/dev	(devices): Armazena os drivers /dev dos dispositivos.
/bin	(binaries): Armazena os binários essenciais para o funcionamento do sistema. Como também comandos básicos do SO como: rm, pwd, su, tar entre outros.
/ Sbin	(binaries): Armazena os binários essenciais para o funcionamento do sistema que sejam vinculados ao Super Usuário (administrador).
/mnt	(Mount): Conhecido como ponto de montagem padrão, é o local através do qual se tem acesso às unidades de armazenamento, CD-Roms e Pendrives conectados no computador.
/ etc	Armazena os arquivos de configuração do Sistema /etc Operacional.
/boot	Arquivos necessários para o boot do Sistema.
/tmp	Arquivos Temporários
/home	Armazena as pastas dos Usuários.
/root	Diretório do Administrador

Gerenciadores de Arquivos

Gerenciador de Arquivo é o programa que permite navegar entre as pastas do computador, como também realizar tarefas do tipo copiar, recortar, colar, renomear e mover arquivos e pastas.

O Nautilus é o gerenciador de arquivos utilizado nas distribuições Linux que trabalham com a interface gráfica Gnome, enquanto que as distribuições que utilizam o KDE têm como gerenciador de arquivos o Konqueror. O Konqueror também pode ser utilizado como navegador de Internet, já no Nautilus essa opção foi desabilitada por segurança.

Terminal Linux

O Shell é o aplicativo que permite operar com o Sistema Operacional Linux através de linhas de comandos, ou seja, é o responsável por ler e interpretar um comando do usuário. Ele é similar ao Prompt de comandos no Windows (DOS).

Comandos Linux

Embora o Linux possua várias interfaces gráficas que podem ser utilizadas, a boa e velha linha de comando ainda é o caminho mais prático e rápido para a execução de muitas tarefas.

Os comandos são cobrados no concurso justamente porque é a parte similar entre as diversas distribuições Linux. Mas você não precisa se desesperar, pois o que é pedido são apenas os comandos básicos e para que servem, ou seja, não é pedido a linha de comando e suas opções, mas apenas o comando. Assim, vejamos os principais comandos cobrados e suas ações:

cd	Permite navegar entre as pastas.
ls	Listar arquivos e pastas do diretório atual.
clear	Limpa a Tela.
exit	Sair do terminal.
cp	Copiar um arquivo ou pasta especificado.
rm	Remover um arquivo ou pasta especificado.
init 0	Desliga o Computador (é necessário ser administrador para executar este comando).
init 6	Reinicia o Computador (é necessário ser administrador para executar este comando)
chmod	Permite alterar as permissões de arquivos e pastas
mv	Mover arquivos e pastas. Também pode ser utilizado para renomear um arquivo ou pasta
pwd	Mostra o diretório em que você está
mkdir	Criar um diretório
reboot	Reinicia o Sistema Operacional
tar	Empacota os arquivos e pastas em um único arquivo. (Não compacta)
gzip	Compacta os arquivos e/ou pastas em um mesmo arquivo

Questões

01. (Cespe) Na árvore de diretórios do Linux, o /lib contém os programas necessários à inicialização do sistema e o /home contém os arquivos e diretórios dos usuários.

Certo ( ) Errado ( )

Com relação a conceitos básicos de Informática e sistema operacional Linux, julgue os itens a seguir.

02. (Cespe) O Linux é um sistema operacional multitarefa que pode ser instalado em servidores ou em computadores pessoais.

Certo ( ) Errado ( )

03. (Cespe) No ambiente Linux, o comando ls permite listar todos os arquivos do diretório atual.

Certo ( ) Errado ( )

04. (Cespe) Com relação à instalação, à configuração e ao suporte de aplicativos, julgue o item a seguir.

Caso se deseje reduzir o tamanho de um arquivo no Linux, é suficiente utilizar o software de compactação TAR.

Certo ( ) Errado ( )

05. (Cetap) Nos últimos anos, o sistema Linux tem sido cada vez mais adotado tanto para uso pessoal quanto para uso corporativo. Com relação ao sistema Linux, julgue o item subsequente.

O Linux oferece funcionalidades para gerenciamento e acesso somente a arquivos.

Certo ( ) Errado ( )

Gabaritos

01	ERRADO
02	CERTO
03	CERTO
04	ERRADO
05	ERRADO

9. WORD 2016

9.1 Tela de Abertura

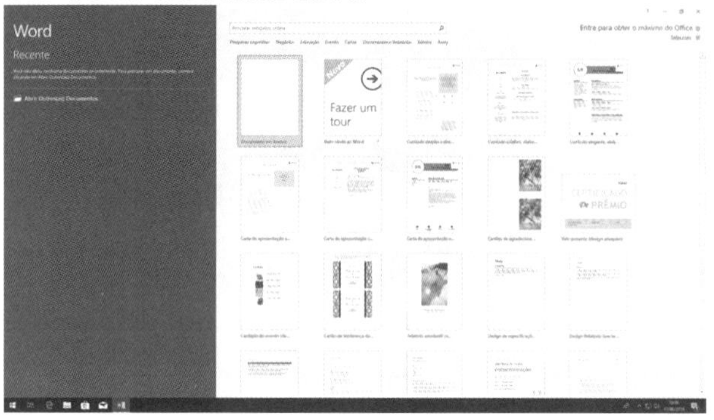

Figura 1: Tela de abertura Word 2016.

Assim como o MS Office 2013, o MS Office 2016 exibe uma tela de abertura ao iniciar algum programa da suíte, em vez de iniciar diretamente com um documento em branco. Vejamos a Figura 1.

Nessa janela, o usuário tem acesso à lista dos documentos abertos recentemente no programa, bem como pode criar um novo documento: ou um documento em branco, ou a partir de um modelo a ser baixado da Internet.

Os modelos disponíveis são atualizados, em sua maioria, pelos próprios usuários. Para facilitar a localização de um modelo que seja mais adequado à necessidade do usuário, há opção para pesquisa, assim como sugestões de categorias.

9.2 Janela do programa

A Figura 2 ilustra a janela do Microsoft Word 2016 com um documento em branco em edição.

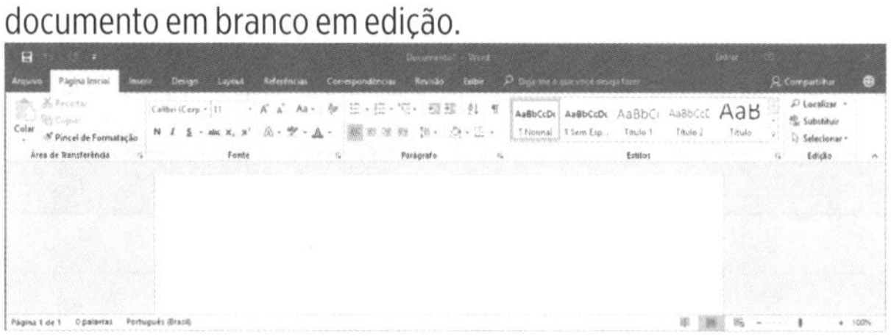

Figura 2: Janela Word 2016, aba Página Inicial.

A janela do Word 2016 apresenta pequenas mudanças nas opções da janela de edição em comparação com a versão anterior:

> **Cor das guias inativas: agora a cor segue o padrão de cores escolhido. Existem 3 temas que podem ser usados: Colorido; Cinza-Escuro e Branco. Na Figura 2 é ilustrado o padrão (Colorido), a seguir os demais.**

Figura 3: Janela do Word 2016, tema Cinza Escuro.

Figura 4: Janela Word 2016, tema Branco.

> Diga-me o que você deseja fazer: note que ao lado da guia Exibir existe um espaço para digitar, que não existia no 2016. Ele serve para acessar as ferramentas e opções; sua finalidade é facilitar a localização de ferramentas que o usuário não lembra em que aba estão. Conforme o usuário digita, vão sendo sugeridas opções relacionadas aos caracteres inseridos.

> Opção Entrar: foi movida para a barra de títulos; antes ficava onde aparece a carinha feliz (smile). Esse smile é o feedback ou também chamado de comentários, porém para a Microsoft, serve para o usuário contar sobre sua experiência em usar o MF Office 2016.

> Guias: no 2013 os títulos eram todos em caixa alta (maiúsculas) e a guia Layout era Layout de Página.

Assim como no 2013, o usuário pode logar com sua conta da Microsoft (Hotmail ou Outlook). Uma vez logado, o nome do usuário é imediatamente associado às propriedades do documento como seu autor. Observe a parte mais à direta da barra de títulos da janela ilustrada na Figura 2. Ao efetuar o login, o nome do usuário é representado no lugar da expressão "Entrar".

Observe e faça as anotações das partes da janela indicadas na figura acompanhando a aula.

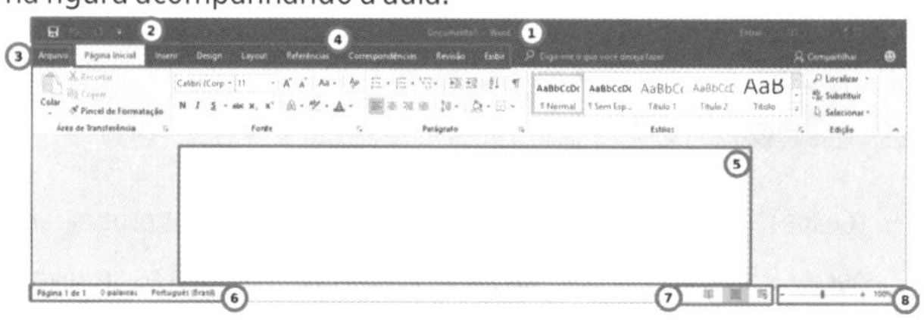

Figura 5: Janela do Word 2016, itens enumerados.

01. Barra de título: nesta barra são apresentadas as informações sobre o nome do documento em edição e seu formato, bem como o nome do programa que no caso da figura indica Microsoft Word. Também se observa na figura que não há a indicação do formato do arquivo. Isso significa que o documento em questão ainda não foi salvo em disco.

02. Barra de Ferramentas de Acesso Rápido: apresenta as opções mais frequentemente usadas, principalmente por meio das teclas de atalho. Por padrão mostra as opções Salvar, Desfazer e a opção que se alterna entre Repetir e Refazer. A opção () Repetir repete a última ação executada; corresponde a utilizar a tecla de atalho: F4, como também CTRL + R quando esta opção está exibida na barra. Já a opção Refazer (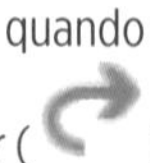) é como um desfazer para a ação Desfazer.

03. Menu Arquivo: a versão 2016 utiliza a mesma forma do menu Arquivo que a versão 2013, ou seja, mantém a interface Backstage view que exibe as opções do menu Arquivo, de modo que ocupem toda a tela da janela do programa.

04. Faixa de Opções: é possível aumentar a área útil da tela, fazendo com que as opções só sejam exibidas quando clicado na opção na Faixa de opções; basta utilizar o clique duplo do mouse sobre uma das Guias. O Word 2013 acrescentou ainda duas opções (botões) para poder alterar entre

os modos de exibição das guias, um ao lado esquerdo do botão Minimizar, conforme ilustra a Figura 7, e outro logo acima da barra de rolagem vertical (dentro da faixa de opções). Este último é uma seta para cima, que lembra o sinal gráfico ^ (acento circunflexo). Essas características se mantêm no 2016.

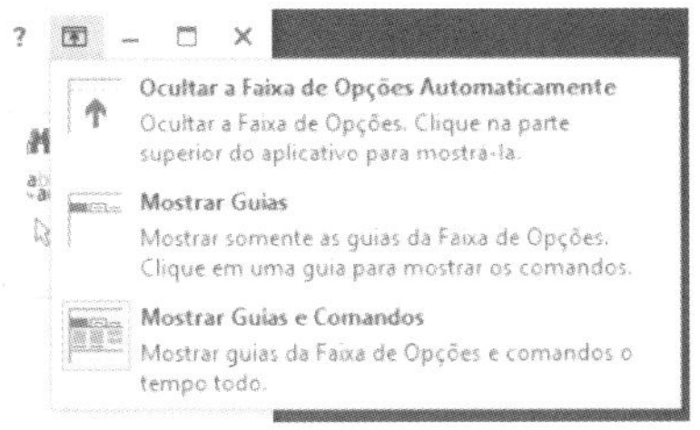

Figura 6: Modos de Exibição da Faixa de Opções em destaque.

05. Página do Documento em edição.
06. Barra de Status: nela são apresentadas algumas informações como número da página atual e total, total de palavras selecionadas e no documento inteiro.
07. Modos de Exibição: apenas três dos modos de exibição que o Word oferece estão dispostos nesse espaço para acesso rápido.
08. Zoom: o zoom também pode ser alterado utilizando-se a combinação da roda do mouse (scroll), enquanto se mantém pressionada a tecla CTRL.

Barra de Ferramentas de Acesso Rápido

A Figura 8 destaca a Barra de Ferramentas de acesso Rápido, na qual se encontram por padrão os botões Salvar, Desfazer e Repetir/Refazer.

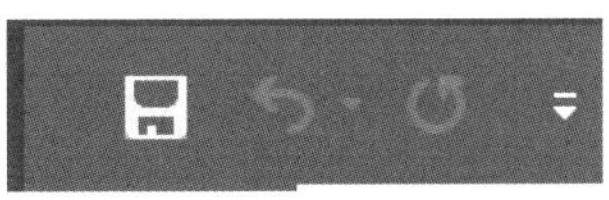

Figura 7: Barra de Ferramentas de Acesso Rápido.

O Botão Desfazer : permite voltar uma ou mais ações realizadas no programa, cuja tecla de atalho é a famosa combinação CTRL + Z. Note que há uma seta à sua direita, é possível desfazer um conjunto de ações de uma única vez.

O botão Repetir : esta opção repete a última ação realizada, como aplicar negrito a um texto, ou mudar a cor de uma fonte. A combinação de teclas de atalho para esta opção é CTRL + R no Word 2013.

O Botão Refazer : este botão só é exibido quando o Desfazer é acionado, permitindo retroceder uma ação desfeita. As teclas de atalho são as mesmas do botão Repetir, até porque aparece no lugar dele.

9.3 Menu Arquivo

O menu Arquivo do Office 2016 utiliza a interface BackStage, que ocupa toda a tela do programa e oferece vários recursos integrados.

Por padrão, ao abrir o menu Arquivo, ele apresenta selecionada a opção Informações, a qual oferece dois conjuntos de opções: ferramentas de geração de documento e as propriedades do documento em edição.

Opção Informações

A Figura 9 apresenta a opção Informações do menu Arquivo do Office 2016 e suas opções.

Figura 8: o menu Arquivo.

Na janela de informações, temos acesso a um dos conjuntos de opções mais importantes (em termos de concurso) do menu Arquivo. Também se deve observar o painel de propriedades à direta da janela.

Opção Proteger Documento

Figura 9: Opção Proteger Documento, a partir do menu Arquivo.

Marcar Como Final: a opção serve para salvar o arquivo como Somente leitura, assim ajuda a evitar que sejam feitas alterações no arquivo, ou seja, desabilita ou desativa a inserção de texto, a edição e as marcas de controle. Além disso, define o "Status" do documento como Final. Contudo, o comando Marcar como Final não é um recurso de segurança, pois basta que o usuário remova o Status Marcar como Final para que possa editar novamente o arquivo.

O Recurso Marcar como Final só tem efeito se o documento for aberto pela mesma versão do Ms Office; se for aberto por versões anteriores, como no 2003, irá abrir normalmente, permitindo ao usuário alterar o arquivo.

Criptografar com Senha: por meio desta opção, é possível definir uma senha para que o documento possa ser acessado. Contudo, vale ressaltar que a criptografia realizada pela opção Criptografar com Senha não tem relação com Certificação Digital.

Restringir Edição: por intermédio da opção Restringir Edição, é possível escolher dentre três opções de ação:

> Restrições de Formatação: pela qual é possível limitar as opções de formatação, permitindo apenas que seja escolhido dentre um conjunto de estilos selecionados no momento da ativação do recurso.

> Restrições de edição: esta opção está relacionada às ferramentas de controle de edição, como controle de alterações e comentários, até mesmo preenchimento de formulários. Com ela o usuário pode limitar que opções outro usuário que acessar o documento pode realizar. Ainda é possível determinar apenas partes do documento para que possam ser editadas, protegendo assim o resto das alterações.

> Aplicar proteção: depois de configuradas as opções de um ou ambos os itens acima, a opção Sim, Aplicar Proteção fica habilitada. Com isso, será aberta uma janela para determinar uma senha ou para que seja utilizado um ID (e-mail) de usuários.

Restringir Permissão por Pessoas: esta opção permite limitar o acesso ao documento utilizando como critério contas do Windows Live ID ou uma conta do Microsoft Windows.

Adicionar uma Assinatura Digital: por meio desta opção, é possível assinar digitalmente o documento em edição, a fim de garantir a Integridade e a Autenticidade dele, por consequência também o Não Repúdio. Contudo, é necessário possuir Certificado Digital para realizar este procedimento.

Opção Verificando Problemas

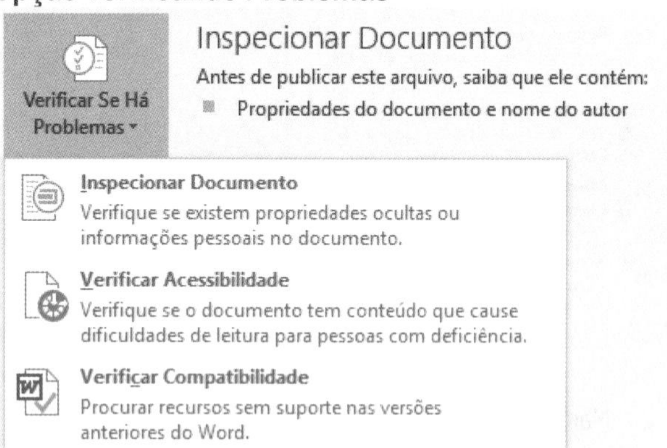

Figura 10: Opção Verificando Se Há Problemas.

Inspecionar Documento: esta opção também pode ser citada como Inspetor do documento, que possibilita diversas opções, com a finalidade de buscar no documento por dados pessoais, informações ocultas, marcas, comentários, estruturas de controle, dentre outras, para que possam ser facilmente removidas, com o auxílio desta opção.

Verificar Acessibilidade: permite verificar se a estrutura do elemento possui recursos ou formatações que dificultem a leitura por pessoas com deficiência, por exemplo, documentos que serão lidos por leitores de telas, utilizados por pessoas com baixa visão ou ausência dela.

Verificar Compatibilidade: esta opção permite verificar se o documento possui estruturas que não existem nas versões anteriores do Word. Assim, quando o documento for salvo em .DOC, não apresentará problemas de compatibilidade.

Opção Novo

Já a opção Novo abre no próprio menu Arquivo as opções de criação de um novo documento, conforme Figura 12.

Note que, além de criar um simples documento em branco, podemos criar um arquivo com base em um modelo da Internet.

Figura 11: Opção Novo, menu Arquivo.

Opção Imprimir

O Word 2016 apresenta diretamente no menu Arquivo →Imprimir as propriedades da Impressão, que também podem ser acessadas por meio da combinação de teclas CTRL+P. Com isso, uma etapa é reduzida no procedimento para impressão, o que torna a ação mais simples e direta. Nesta mesma opção, é ilustrada a pré-visualização do documento a ser impresso.

Vale observar que desde o Word 2013 a opção Configurar Página também é encontrada no menu Arquivo, exatamente na opção imprimir. A Figura 13 representa estas observações.

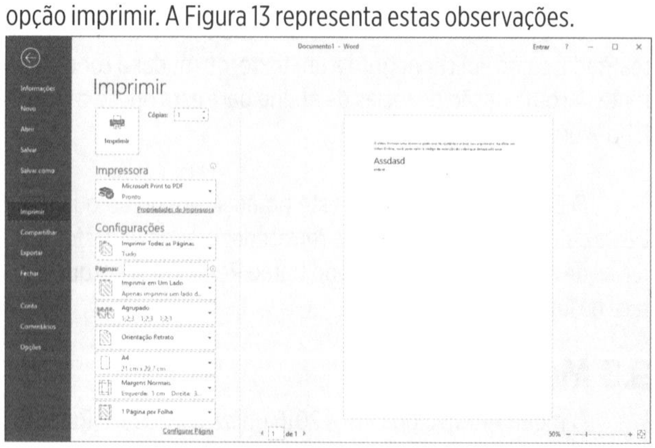

Figura 12: Opção Imprimir.

Outro fato importante é a pré-visualização, que também é ilustrada junto à opção imprimir.

Opção Salvar e Enviar

Figura 13: Opção Salvar Como.

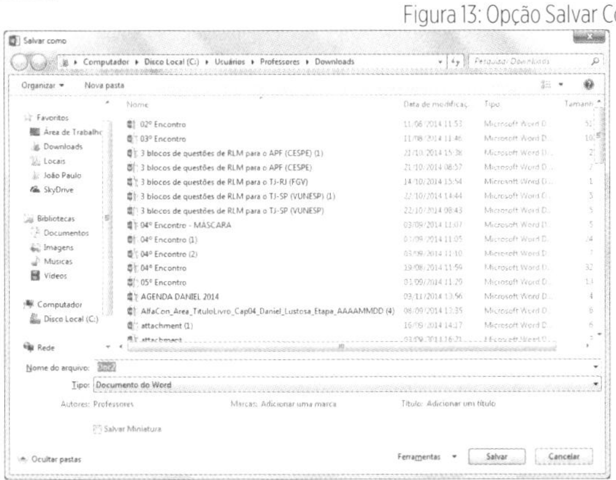

Figura 14: Janela para Salvar Documento.

Devemos dar ênfase no que diz respeito à integração com o Microsoft OneDrive. Uma vez logado na contra do MS Office, consequentemente o usuário estará logado com sua conta do OneDrive, assim possibilitando salvar o arquivo diretamente em sua conta na Nuvem.

9.4 Aba Página Inicial

Na Aba Página Inicial do Word 2013, encontramos as opções divididas nos blocos: Área de Transferência; Fonte; Parágrafo; Estilo; Edição, conforme ilustra a figura a seguir.

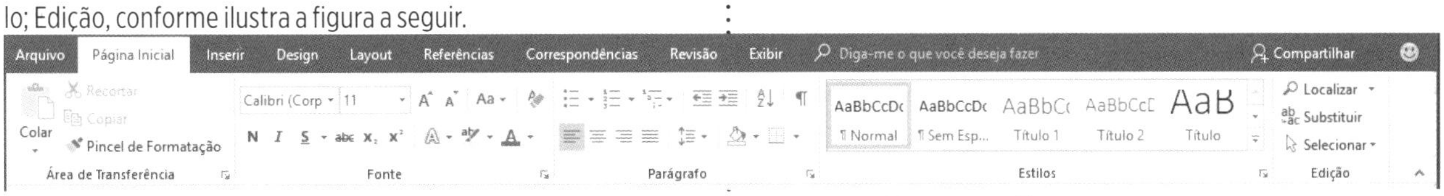

Bloco Área de Transferência

A Área de Transferência é uma área temporária, onde são colocadas as estruturas (textos, imagens, etc.) que são copiadas de algum lugar, seja um documento, página da Internet, ou mesmo do Sistema Operacional, para que possam ser coladas.

A Área de Transferência do Word possui 24 posições, conforme figura a seguir, de forma que armazena não apenas a última informação copiada, mas sim as 24 últimas. Com isso, é possível colar trechos copiados ou recortados em momentos anteriores. Vale lembrar que a área de transferência fica em memória RAM, portanto quando o computador é desligado, ela é esvaziada.

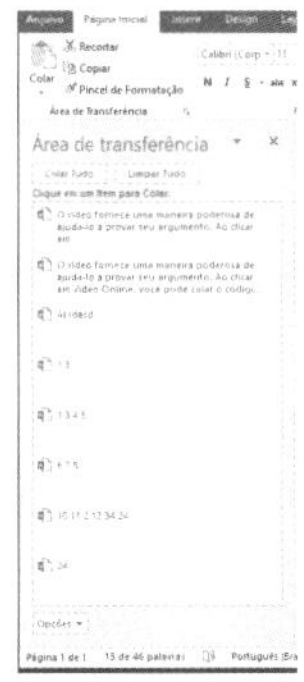

Opção Colar

No bloco Transferência, encontra-se a opção Colar. Deve-se atentar ao detalhe do botão que, quando sobreposto pelo mouse, apresenta uma divisão, como ilustrado na sequência, ou seja, executa duas ações diferentes: ao clicar na parte superior, é colado o dado que foi colocado por último na área de transferência de forma equivalente a utilizar as teclas de atalho CTRL + V; já ao clicar na parte inferior, o Word exibe uma lista de opções de colagem, bem como dá acesso à opção Colar Especial.

Pincel de Formatação

O Pincel de Formatação, ilustrado a seguir, permite realizar a cópia de formatação de um trecho de texto previamente selecionado e aplicar em outro trecho de texto a ser selecionado a posteriori, clique no botão Pincel.

Bloco Fonte

Neste bloco, são encontradas as ferramentas mais usadas durante a edição de um documento, as opções relacionadas à formatação de Fonte. A figura a seguir ilustra as opções existentes neste bloco, que analisaremos na sequência.

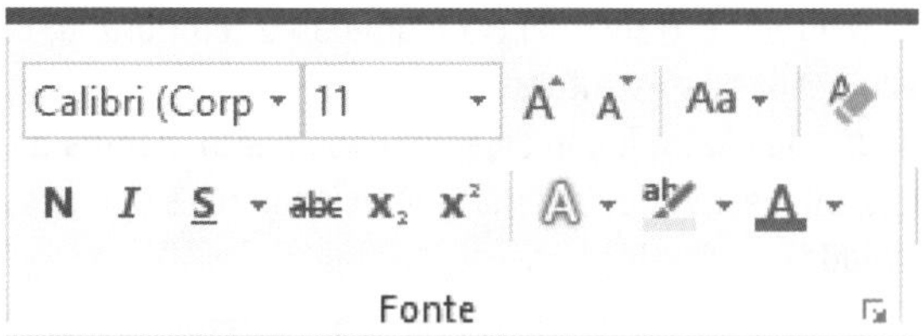

Tipo/Nome da Fonte

Esta opção permite alterar a grafia da fonte, ou seja, o seu traço. Ao alterar o tipo da fonte, ela pode sofrer alteração no seu tamanho, no entanto mantendo o mesmo valor numérico de tamanho de fonte. A figura a seguir destaca o campo; por padrão, no estilo normal do Word 2013, a fonte predefinida é a Calibri.

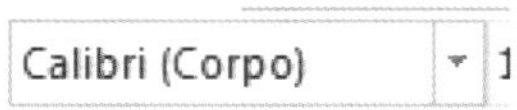

Tamanho da Fonte

A opção de tamanho de fonte oferece um campo, ilustrado na sequência, para definir o tamanho das letras de um texto selecionado. É possível também selecionar o tamanho pela alça.

Aumentar e Diminuir Fonte

Também é possível controlar o tamanho das fontes pelos botões Aumentar Fonte, à esquerda da figura a seguir, e Diminuir Fonte, à direita da figura a seguir, que alteram o tamanho da fonte de um texto previamente selecionado, de acordo com os valores da lista disponibilizada na alça Tamanho da Fonte. Também se podem acionar estas opções por meio das teclas de atalho CTRL + SHIFT + > para aumentar o tamanho da fonte como CTRL + SHIFT + < para diminuir o tamanho da fonte.

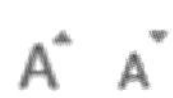

Maiúsculas e Minúsculas

A opção, ilustrada acima, permite alterar o trecho selecionado entre letras maiúsculas e minúsculas, de acordo com as opções ilustradas a seguir.

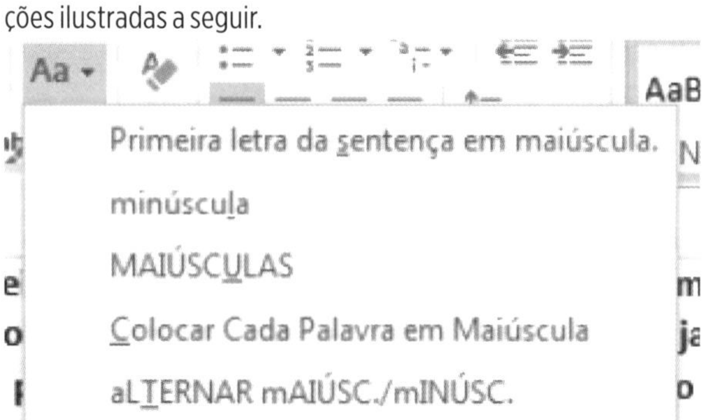

Limpar Formatação

A opção acima é útil quando se deseja limpar a formatação de um texto de forma rápida e prática, como um texto extraído da Internet, que possui fontes grandes, fundo e letras coloridas. Basta que o usuário selecione o trecho no qual deseja limpar a formatação e, em seguida, clique no botão.

Estilos de Fonte

Cuidado para não confundir o efeito de texto com o estilo de fonte, ou ainda com os estilos de formatação. As opções de efeito de fonte são a opção de **Negrito,** *Itálico* e Sublinhado, conforme ilustrado na figura a seguir. As teclas de atalho para estas funções são, respectivamente, CTRL + N, CTRL + I, CTRL + S.

Observe que o sublinhado no Word 2013 apresenta uma seta para baixo, indicando mais opções de formatação do traço do sublinhado, permitindo escolher entre o traço simples (padrão) e outros como: duplo, espesso, pontilhado, tracejado, traço/ponto, traço/ponto/ponto, dentre outros. A figura a seguir ilustra o resultado de se acionar a alça do sublinhado. Também é possível se alterar a cor do traço do sublinhado.

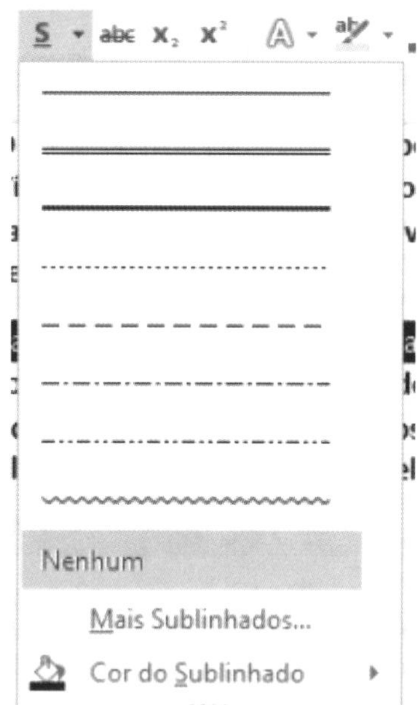

Tachado

A propriedade Tachado é comumente utilizada em textos de lei e resoluções, sobre itens que foram revogados e que, contudo, permanecem no corpo da lei. Para acionar esta opção, basta selecionar o texto desejado e clicar no botão Tachado, ilustrado a seguir.

O efeito proporcionado por esta opção é o de um traço à meia altura da linha, sobrepondo às palavras, como o ~~exemplo. Também é possível utilizar o tachado duplo por meio da janela Propriedades de Fonte, como exemplo.~~

Subscrito e Sobrescrito

Por vezes, desejamos escrever um texto com estruturas diferenciadas, ou mesmo indicar numerais de forma reduzida, como primeiros = 1os. Para colocar as letras "os" com fonte reduzida na parte superior da linha, basta clicar no botão Sobrescrito, que o cursor de texto será posicionado no topo, digitar o texto desejado, e clicar novamente no Sobrescrito. O botão Sobrescrito fica à direita do botão Subscrito, conforme figura a seguir, que permite escrever um texto com fonte reduzida na parte inferior da linha, como utilizado em algumas equações químicas, por exemplo: texto normal texto subscrito.

Efeitos de Texto

O Office 2007 inovou nos recursos de efeitos de texto. Essas propriedades e ferramentas foram mantidas e melhoradas no Office 2013; para o 2016 não houve mudanças na ferramenta. Os efeitos de texto permitem formatar os caracteres de texto de maneira mais chamativa visualmente, a fim empregar destaque a um texto, como exemplo.

Para utilizar este recurso, basta selecionar o texto desejado e clicar no botão Efeitos de Texto no bloco Fonte, indicado por um A com efeito de brilho azul ao redor, ilustrado no canto superior esquerdo da figura a seguir.

Este recurso ainda permite trabalhar as características de formatação de maneira separada, como a sombra, o reflexo e o brilho do caractere dado à cor escolhida.

Realce

A ferramenta Realce é uma opção que aplica um resultado similar ao obtido por uma caneta marca-texto. Inclusive, o conjunto de cores disponibilizado é bem limitado; apenas algumas cores estão disponíveis, como ilustra a figura a seguir.

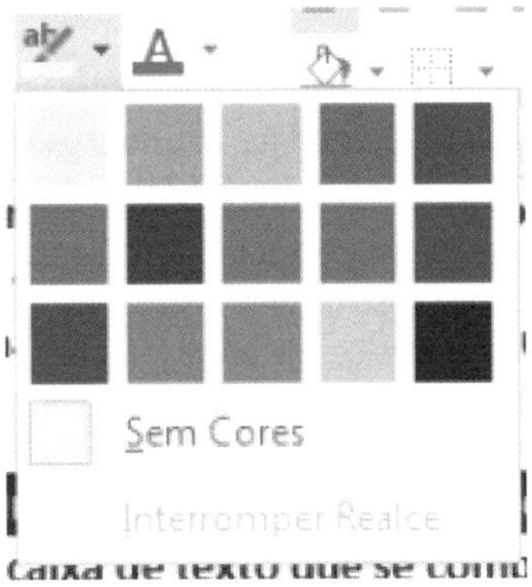

Cor da Fonte

Já quando falamos nas cores que podem ser aplicadas ao caractere (fonte), por exemplo, estas abrangem um conjunto maior, também citado nas provas como Paleta de Cores do MS Office.

O botão que corresponde a esta opção é a letra A com uma barra abaixo, que indica a última cor utilizada, como ilustrado no canto superior esquerdo da figura a seguir.

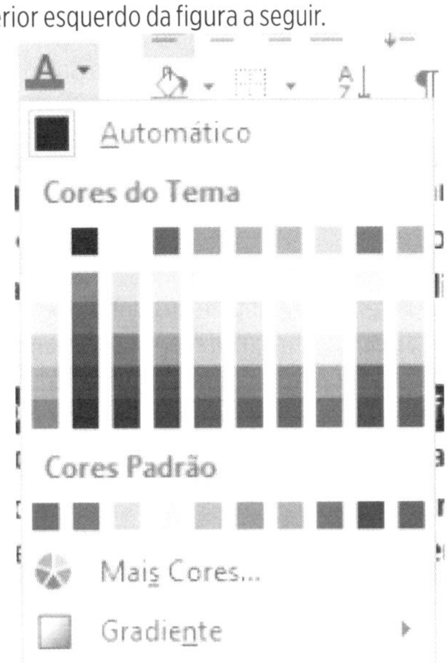

Observe que o botão Cor da Fonte apresenta uma ligeira divisão da seta à sua direita. Isso deve ser levado em conta na resolução das questões, pois se apenas o A for indicado como clicado, significa que será aplicada diretamente sobre o texto selecionado a última cor utilizada; enquanto que se for indicada a seta para baixo também, significa que foi clicado sobre ela, assim a alça exibe mais opções de cores e gradientes.

1.1. Bloco Parágrafo

Na aba Página Inicial encontram-se também as opções de formatação de parágrafo mais utilizadas, como ilustrado a seguir. Algumas opções menos frequentemente usadas estão no bloco Parágrafo da aba Layout de Página.

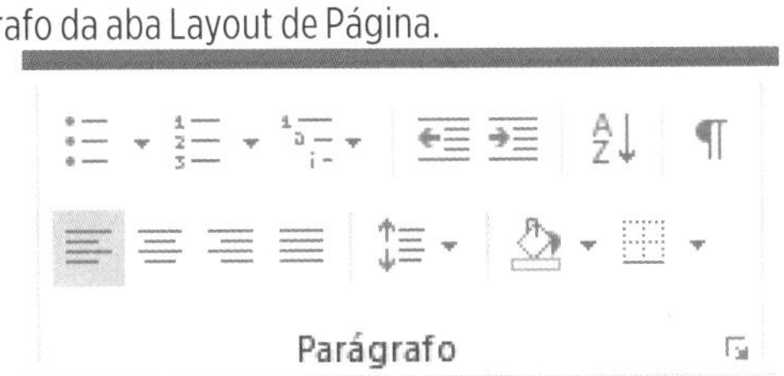

Marcadores

A opção Marcadores permite acrescentar símbolos, caracteres ou mesmo imagens, como uma foto do usuário, como itens de marcação de tópicos para cada parágrafo.

A figura a seguir ilustra o botão Marcadores, que como pode ser observado apresenta uma sutil divisão. Desse modo, se a figura apresentada nas questões de prova for igual à figura a seguir, significa que o clique foi dado na seta à direta do botão, o que remete a mais opções, como escolher o símbolo que se deseja utilizar. Mas caso seja apresentado sem a seta, o resultado é a inserção do último marcador utilizado.

Numeração

Cuidado com a diferença entre os marcadores e a numeração. A finalidade de ambos é similar, porém a Numeração segue uma sequência que pode ser numérica, utilizando-se números romanos maiúsculos ou minúsculos, letras maiúsculas ou minúsculas ou ainda números arábicos. A figura a seguir ilustra o botão Numeração que, de forma equivalente ao botão Marcadores, apresenta seta à direta apontando para baixo.

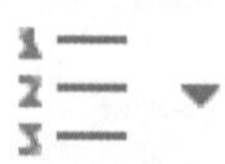

Lista de Vários Níveis

Permite gerenciar e atribuir marcadores diferentes para níveis diferentes, mas de forma a manter a relação entre eles como de título, subtítulo e tópico. A figura a seguir ilustra o botão Lista de Vários Níveis.

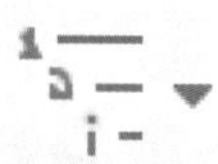

Quando clicado na seta à direita, um menu Dropdown é aberto, como ilustrado a seguir.

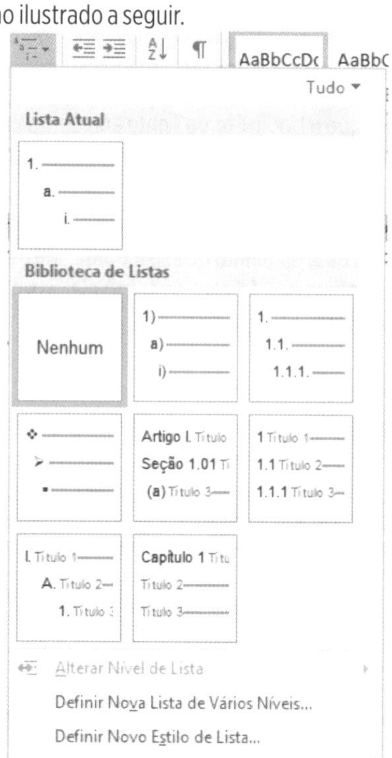

Além dos formatos de listas sugeridos pelo Word, é possível que o usuário crie a sua própria configuração de lista. Esta configuração pode ser criada para ser utilizada apenas no documento em edição, como também pode ser atribuída ao programa de forma que fique disponível para a criação e edição de outros documentos.

Diminuir e Aumentar Recuo

As opções de Diminuir e Aumentar o Recuo estão relacionadas ao recuo esquerdo do parágrafo selecionado. Ao aumentar o recuo, com o botão da direita na figura a seguir, é aumentado inclusive o recuo da primeira linha na mesma proporção. O espaço acrescido é o mesmo de uma tabulação, ou seja, o mesmo de quando pressionada a tecla TAB (1,25 cm por padrão).

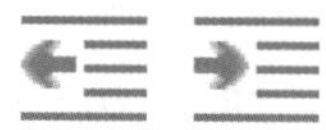

Classificar

Esta opção pode parecer estanha ao pensá-la no grupo de opções do bloco Parágrafo. Contudo, com isso, demonstra-se que é possível ordenar os textos de parágrafos, e não apenas dados em tabelas.

Uma vez clicado no botão classificar ilustrado acima, é aberta uma janela ilustrada a seguir, pela qual é possível parametrizar as regras de classificação, que pode ser por colunas em caso de tabelas. Os tipos de dados que podem ser selecionados, de maneira que o programa possa classificá-los em ordem crescente ou decrescente, são: Texto, Número e Data.

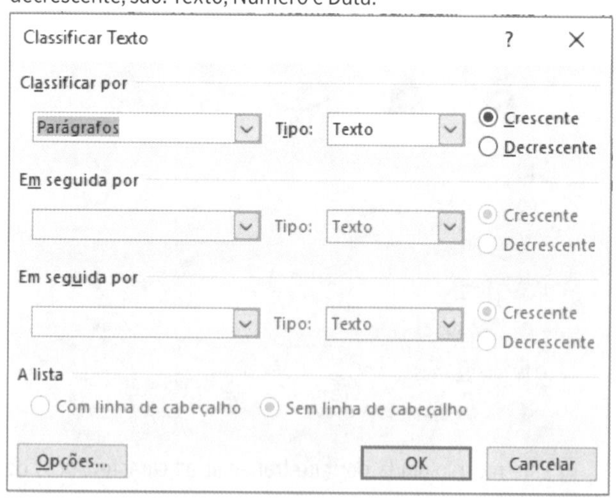

Mostrar Tudo

A opção Mostrar Tudo, ilustrada a seguir, é responsável por exibir os caracteres não imprimíveis, que auxiliam na edição de um documento ao exibir marcas de edição, espaços e marcações de parágrafos. Esta opção é muito importante para que se possa definir onde inicia e onde termina um parágrafo no texto.

O trecho a seguir ilustra o que é apresentado quando tal opção é selecionada.

Exemplo·de·texto·para·a·vídeo·aula·do·professor·João·Paulo·de·Informática·com·o·botão·Mostrar·Tudo·habilitado.¶

Segundo·parágrafo...¶

............Quebra de página............¶

Muitas pessoas entram em pânico quando, sem querer, ativam esta opção e cometem o equívoco de utilizar o Desfazer com a esperança de remover tais símbolos e acabam perdendo informações ou formatações executadas. No entanto, para remover tais marcas, basta desabilitar a opção, clicando-se novamente no botão. Alinhamentos de Parágrafo

Muito cuidado com as opções de alinhamento, pois existe também o alinhamento de Tabulação, que oferece opções diferentes das do alinhamento de parágrafo, porém com fins similares.

A figura anterior ilustra os quatro únicos alinhamentos de parágrafo: Esquerdo, Centralizado, Direito e Justificado. Também é possível acionar tais opções por meio das respectivas teclas de atalho: CTRL+Q, CTRL+E, CTRL+G, CTRL+J.

Espaçamento Entre Linhas

A opção Espaçamento entre Linhas, disponível no bloco Parágrafo, apresenta alguns valores que não são ilustrados diretamente na janela Propriedades de Parágrafo, como 1,15. Contudo é possível chegar a ela de maneira manual, como selecionar a opção Múltiplos e, em seguida, digitar o valor 1,15.

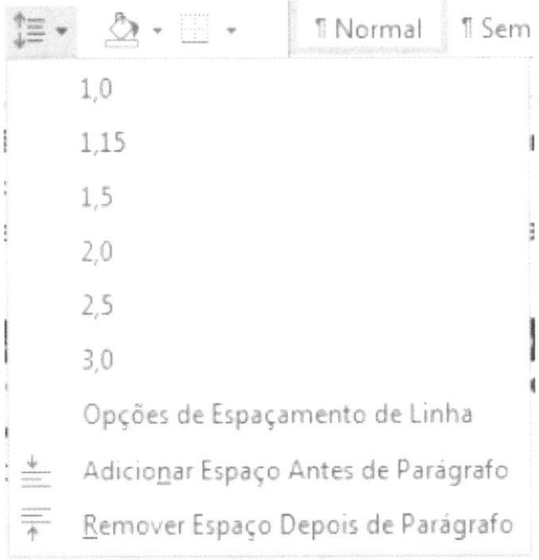

A figura anterior ilustra o botão Espaçamento entre Linhas aberto. Ele é apresentado no canto superior esquerdo da figura. Convém perceber que, por meio dele, é possível também alterar o espaçamento antes e depois do parágrafo.

Sombreamento

A opção Sombreamento permite atribuir uma cor ao plano de fundo de um parágrafo, como no exemplo:

Exemplo: mesmo o parágrafo sendo menor que a linha, toda ela - espaço de margem a margem - é preenchida com a cor selecionada.

A figura a seguir ilustra o botão Sombreamento - balde de yinta - selecionado pela alça, assim ilustrando a paleta de cores do Word para que seja determinada a cor desejada.

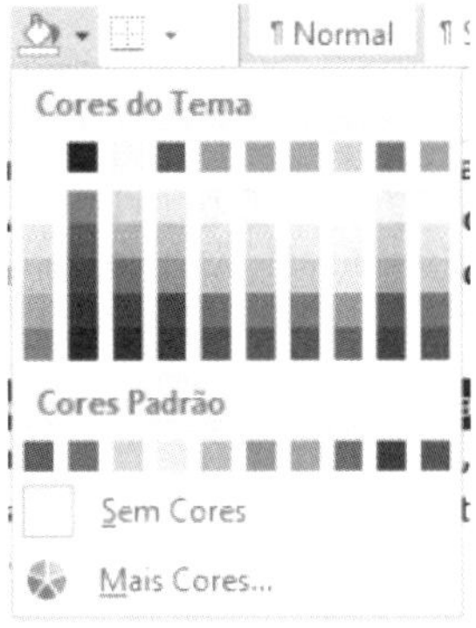

Bordas

Também é possível se atribuir uma borda a um parágrafo, como também à página do documento. A opção Bordas, apresentada a seguir, pode ser utilizada tanto para aplicar uma borda a um parágrafo como a uma tabela, caso esteja selecionada.

Bloco Estilos

Os estilos de formatação são uma importante ferramenta que auxiliam e otimizam o processo de edição de documentos que devam obedecer a padrões de formatação, além de serem necessários para a inserção de sumário automático.

O Office 2007 inovou muitos estilos, como também melhorou alguns, estes foram mantidos no Office 2013. O estilo padrão apresentado é o estilo Normal, que define, por exemplo, a fonte como Calibri, tamanho 11, espaçamento entre linhas múltiplo de 1,15 e espaço após o parágrafo de 10pt.

A figura a seguir ilustra o bloco Estilo com vários dos estilos de formatação. Para sumário, devem-se utilizar os estilos de título.

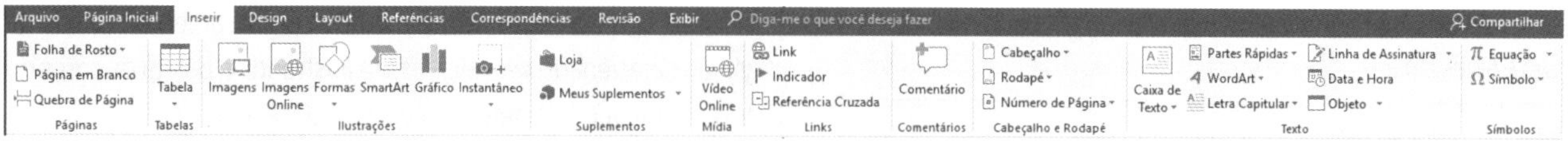

Bloco Edição

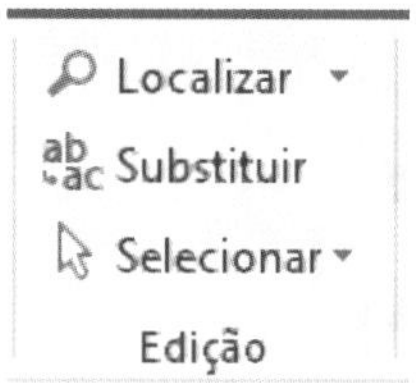

O bloco Edição é o bloco no qual foram disponibilizadas as opções que estavam no menu Editar do Office 2003, e ficaram perdidas, pode-se assim dizer. A figura a seguir ilustra o bloco com suas opções.

Localizar

A opção Localizar oferece três opções quando se clica na seta: Localizar, Localização Avançada... e Ir Para....

Clicar direto no botão Localizar é o mesmo que clicar na opção que ele oferece como Localizar. O Word abre um painel à esquerda da janela do programa, ilustrada na sequência. O mesmo painel pode ser acionado por opção encontrada na aba Exibir.

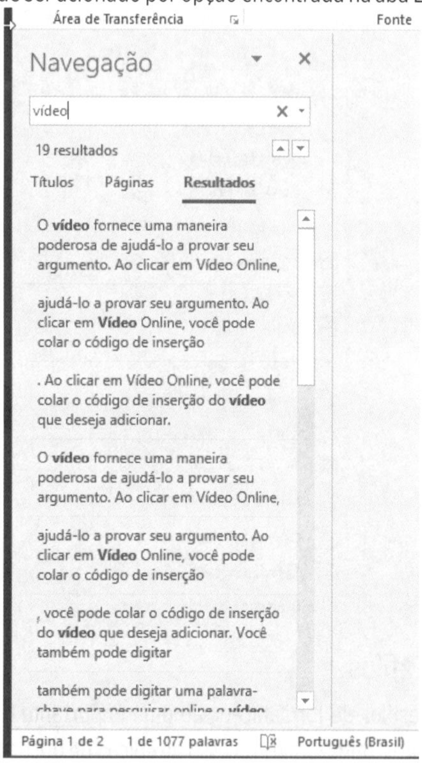

Por meio deste painel, é possível realizar uma busca rápida de forma incremental, ou seja, à medida que o usuário insere o texto no campo de busca, o Word vai filtrando no texto as ocorrências.

As opções Localização Avançada..., Ir Para... e Substituir, ao serem acionadas, abrem a mesma janela, porém com as respectivas abas selecionadas. Vale lembrar que a combinação de teclas de atalho CTRL + U no Word abre a opção Substituir.

9.5 Aba Inserir

A aba Inserir é alvo de várias questões capciosas, então é preciso ter muita atenção com relação às suas opções. A figura a seguir ilustra as opções da Guia.

Bloco Páginas

No Bloco Páginas, ilustrado a seguir, é onde se encontra uma das Quebras possíveis de se inserir em um documento, e justamente a que pode ser alvo de questões que visem confundir o candidato, pois na Aba Inserir é encontrada apenas a opção Quebra de Página; as demais ficam na aba Layout de Página.

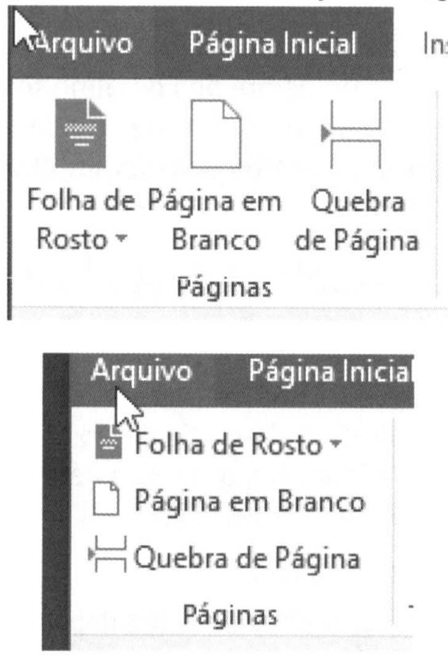

Figura 15: Bloco Páginas, Aba Inserir (à direita com forma reduzida).

A opção Folha de Rosto é uma opção para inserir uma página no documento em edição com mais recursos gráficos com o intuito de dar uma ênfase ao documento.

A opção Página em Branco permite inserir uma página em branco no documento a partir da posição do cursor de texto.

Bloco Tabelas

No bloco Tabelas é disponibilizada apenas a opção Tabela, ilustrada a seguir, por meio da qual podemos tanto inserir uma Tabela no documento em edição como uma Planilha.

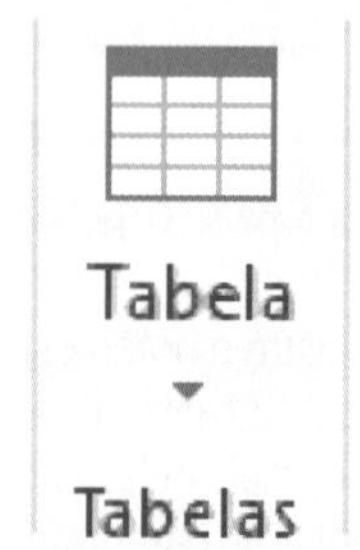

Opção Tabela

Ao clicar na opção Tabela, é aberto o menu Dropdown, ilustrado a seguir, no qual se pode observar a opção Planilha, que permite inserir uma planilha no documento. Mas, cuidado: a estrutura de planilhas é diferente de uma tabela.

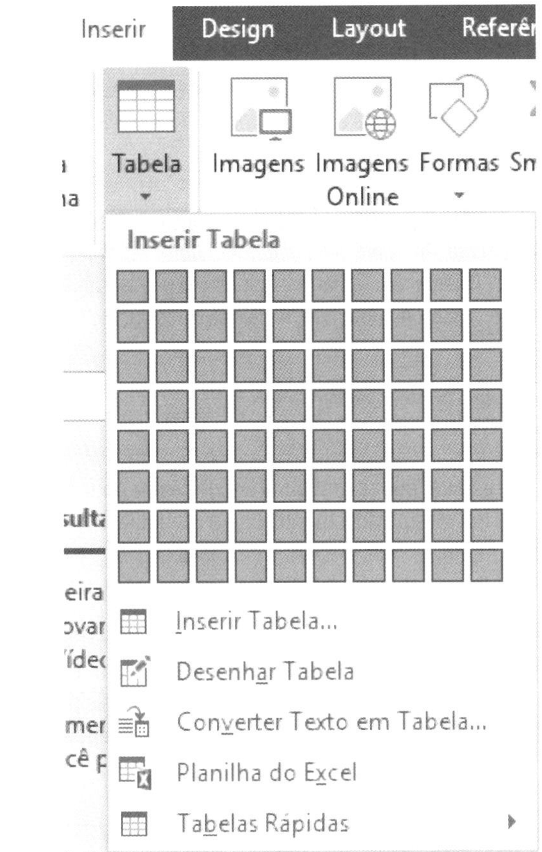

Bloco Ilustrações

A figura abaixo ilustra o bloco Ilustrações. Esta figura, como as demais deste material, foi obtida por meio da ferramenta Instantâneo.

Outra funcionalidade apresentada no MS Office 2013 e mantida no 2016 é a possibilidade de incorporar recursos de aplicativos disponíveis na Windows Store, como também a opção Vídeo Online.

Mas devemos tomar cuidado com a opção Comentário, que, além de existir na aba Revisão, também é apresentada na aba Inserir.

Bloco Links

No bloco Links, são disponibilizadas três opções: Hiperlink, Indicador e Referência Cruzada. A opção Hiperlink tem como tecla de atalho a combinação CTRL+K.

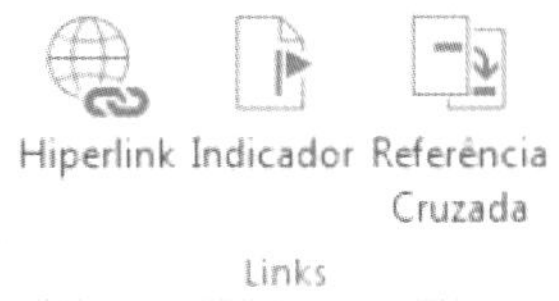

Hiperlink

A respeito da opção Hiperlink, é importante ressaltar que é possível linkar um site da Internet como arquivos da Internet, bem como arquivos do computador do usuário.

Indicador

A opção Indicador serve para criar um link para um ponto do documento em edição. Assim, é possível criar um link por meio da opção Hiperlink para este ponto.

Referência Cruzada

Esta opção permite criar referências para citações, como figuras, tabelas, quadros, entre outros.

Bloco Cabeçalho e Rodapé

A estrutura de cabeçalho e rodapé é utilizada principalmente quando se deseja inserir uma informação em várias páginas de um documento, como numeração de páginas ou uma figura. Mas, cuidado: em um mesmo documento é possível utilizar cabeçalhos e rodapés diferentes, pois essas estruturas são as mesmas para todas as páginas da mesma seção.

Bloco Texto

No bloco Texto devemos destacar a opção WordArt e Linha de Assinatura.

A opção WordArt, desde o Office 2010, mudou sua forma de formatação e estrutura; ela gera agora resultado similar ao obtido pela opção Efeitos de Texto da Aba Página Inicial.

Já a opção Linha de Assinatura permite inserir uma assinatura digital no documento em edição. Contudo, para isso, é necessário possuir um Certificado Digital. Esta opção também pode ser utilizada para inserir as linhas normalmente usadas para posterior assinatura manual.

Observe a diferença sutil entre o botão Caixa de Texto 

e o botão Letra Capitular  .

Bloco Símbolos

O bloco Símbolos oferece as opções Equação e Símbolo, conforme figura a seguir. A opção Equação auxilia a escrever, em um documento de texto, funções complexas. Entretanto, ela não resolve as equações, apenas desenha; por exemplo, inserir um somatório

Já a opção Símbolo permite que sejam inseridos símbolos, como caracteres especiais, em meio ao texto.

9.6 Aba Design

A Aba Design surge no Word 2013 como uma forma de liberar espaço para as opções que, no 2010, estavam na guia Layout da Página.

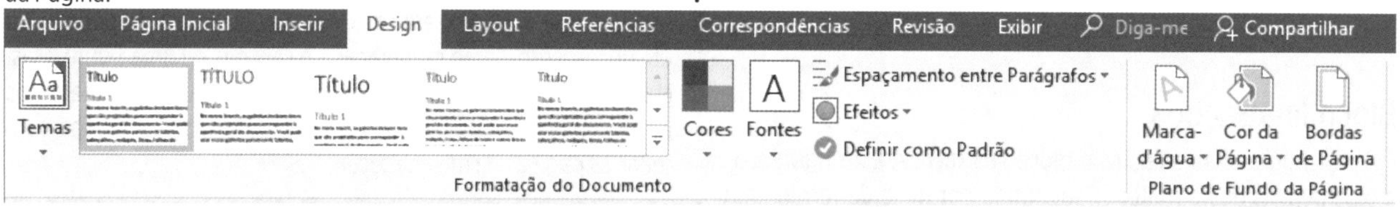

Além de possibilitar a escolha do tema de cores e estilo de formatação que será utilizado no documento, o bloco Plano de Fundo da Página merece ser destacado dentre as opções da guia, pois são comuns as questões capciosas a respeito de suas opções.

Quanto a este tema, a opção que mais tem gerado confusão em provas é a Marca d'Água, pois para "inserir" uma marca d'água, a opção específica encontra-se na guia Design, diferentemente do que a ideia de ação produz.

9.7 Aba Layout

A aba Layout é muito importante durante a edição de um documento, pois concentra as ferramentas de formatação de páginas.

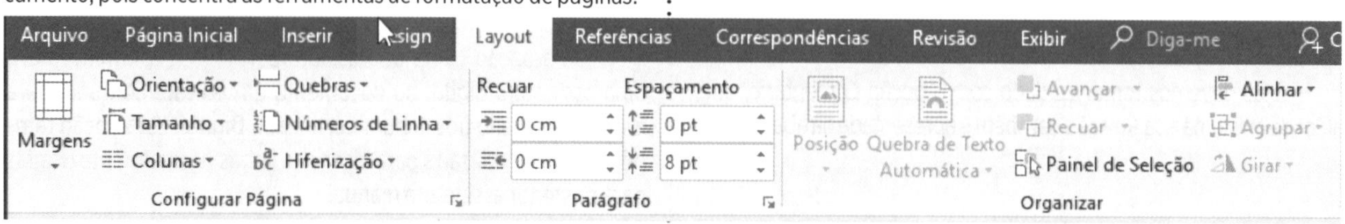

Na Aba Layout são disponibilizados os blocos: Configurar Página; Parágrafo e Organizar, conforme ilustrado na figura a seguir.

Muito cuidado com as provas que podem apresentar o termo Leiaute, o qual não está errado.

Bloco Configurar Página

O bloco Configurar Página é um dos principais blocos da Aba Layout de Página. Por meio dele, podemos alterar as configurações de: Margens; Orientação; Tamanho; Colunas; Quebras; Números de Linhas e Hifenização. A figura a seguir ilustra estas opções.

Vale ressaltar que as configurações de página podem ser diferentes em um mesmo documento, pois a configuração é aplicada à seção. Assim, é possível em um mesmo documento trabalhar com páginas na orientação retrato e paisagem intercaladas.

Quebras

As quebras permitem empurrar para a próxima estrutura os dados, como também criar divisões dentro de um documento para que se possam utilizar formatações de página distintas no mesmo arquivo.

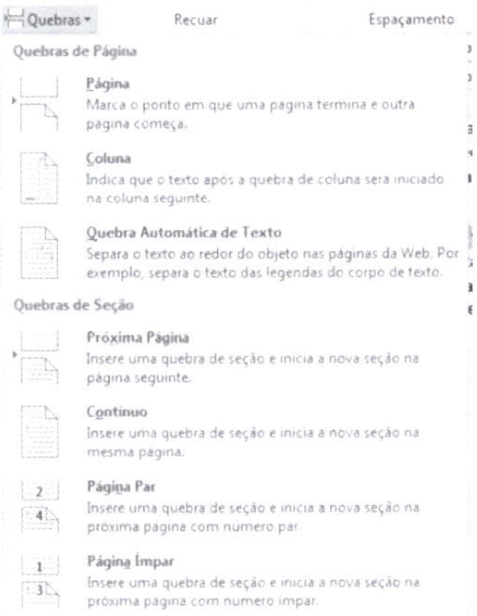

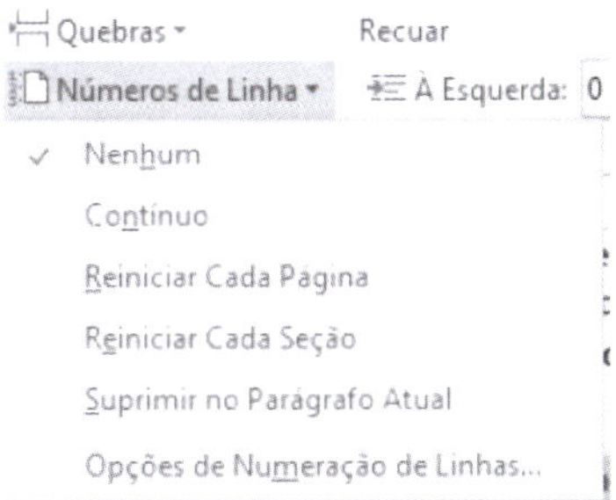

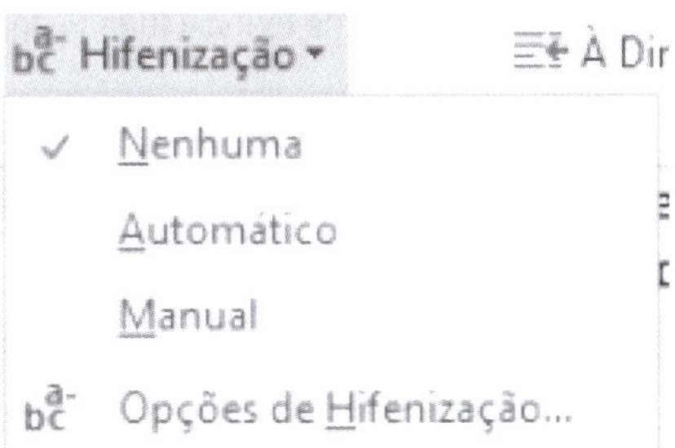

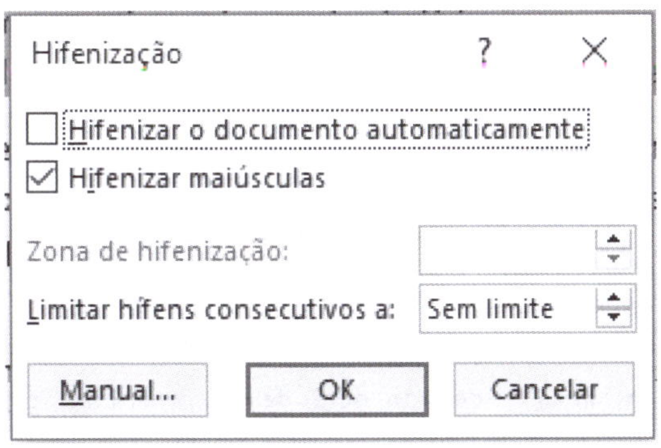

9.8 Aba Referências

A guia Referências dispõe os blocos: Sumário; Notas de Rodapé; Citações e Bibliografia; Legendas; Índice e Índice de Autoridades, conforme ilustrado a seguir.

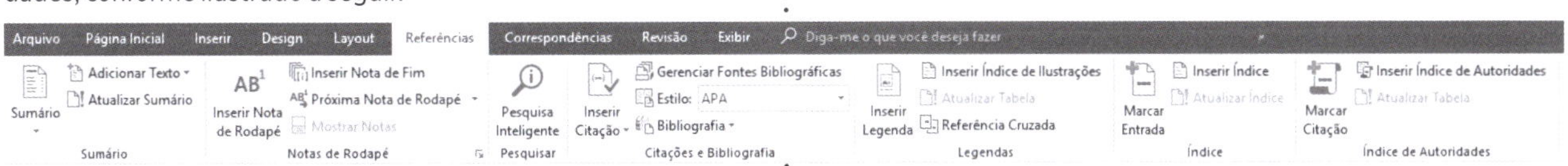

Bloco Sumário

Por meio do Bloco Sumário, pode-se ter acesso à opção Sumário para a inserção do Sumário Automático no documento em edição. Lembrando que o sumário depende da utilização dos estilos de formatação de título ao longo do documento para poder listar tais títulos e as referidas páginas em que aparecem.

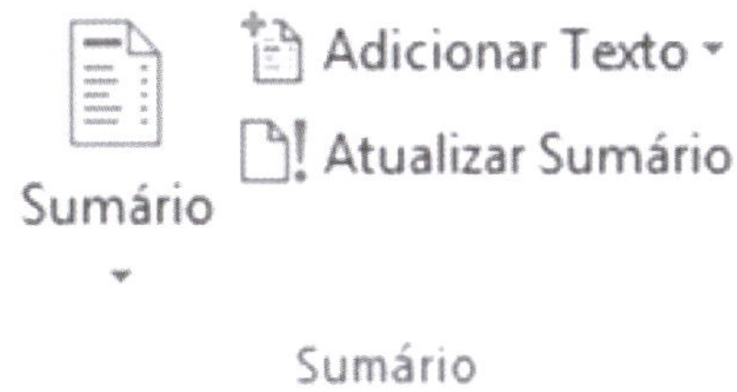

Se novos títulos forem adicionados no documento após a inserção do sumário, o sumário deverá ser atualizado por inteiro; caso apenas sejam mudadas as páginas em que os títulos estavam, pode-se atualizar o sumário por meio da opção Atualizar Apenas Números de Páginas.

Bloco Notas de Rodapé

Por meio do bloco Notas de Rodapé, é possível inserir tanto notas de rodapé como notas de fim. A diferença é que as notas de rodapé são exibidas no rodapé das páginas em que são citadas, já as notas de fim podem ser configuradas para aparecerem no fim da seção ou no fim do documento.

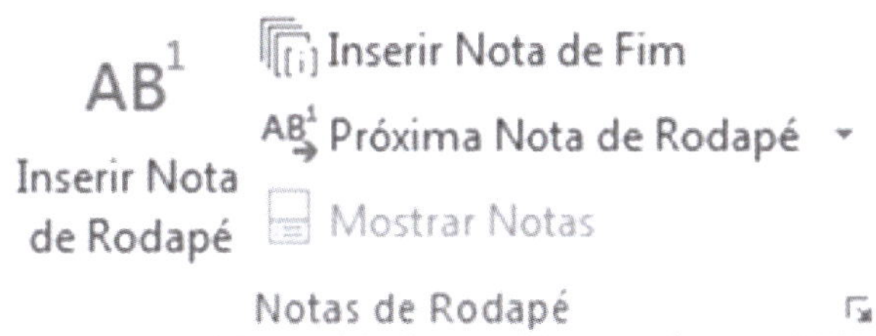

Bloco Citações e Bibliografia

O Word oferece opções de criar um cadastro de fontes bibliográficas para uso facilitado. Assim, quando desejar citar alguma referência, basta utilizar a opção Inserir Citação, disponível no Bloco Citações e Bibliografia, ilustrado a seguir.

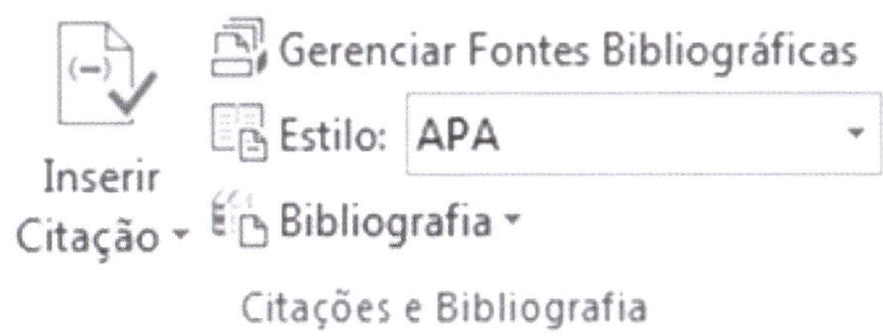

Bloco Legendas

O bloco Legenda permite inserir legendas acima ou abaixo das figuras, tabelas, quadros e outras estruturas inseridas no documento em edição, de maneira que, quando necessário, é possível inserir um índice automático que indique cada figura e a página em que é citada.

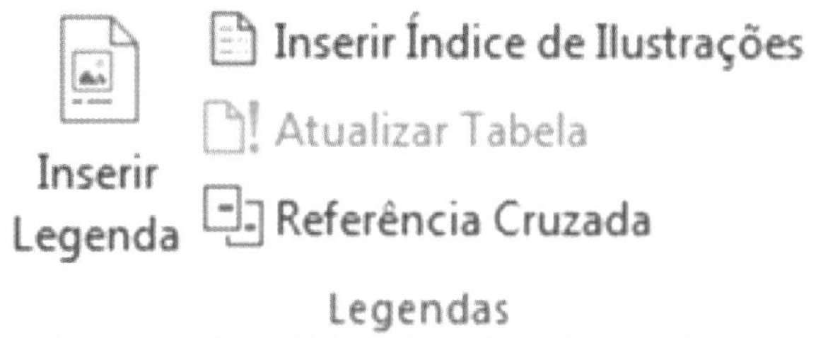

Bloco Índice

O Bloco Índice oferece a opção Marcar Entrada e Inserir Índice, que funciona de forma similar ao sumário, mas com a finalidade de criar um índice remissivo.

Bloco Índice de Autoridades

Os Índices de Autoridades são novidade no Word 2013. Por meio destas opções, podem-se criar listas de leis, artigos, resoluções, dentre outras estruturas da legislação que sejam citadas em meio ao documento.

9.9 Aba Correspondências

A aba Correspondências é bastante utilizada por escritórios, pois é nela que encontramos as opções de trabalhar com Mala Direta para a geração de envelopes e etiquetas, de forma facilitada e dinâmica. Mas, atenção: é comum se questionar sobre como montar a lista de "contatos" para se trabalhar com a mala direta; para isso, é possível criar a lista utilizando o Excel ou o Access.

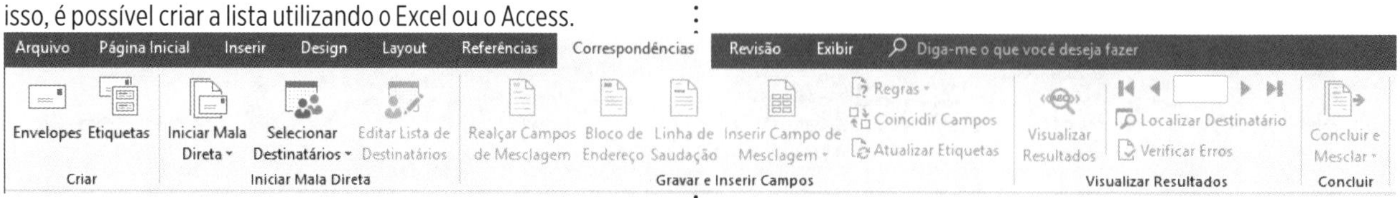

9.10 Aba Revisão

A aba Revisão oferece opções de correção e controle do conteúdo do documento, por meio dos blocos: Revisão de Texto; Idioma; Comentários; Controle; Alterações; Comparar e Proteger, conforme ilustrado a seguir.

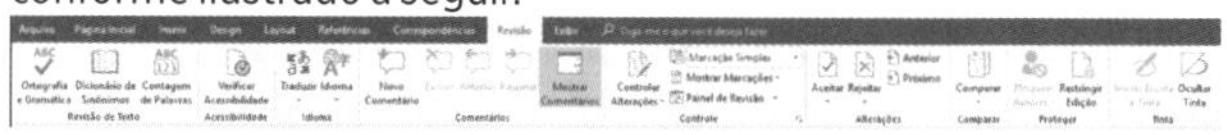

Bloco Revisão de Texto

Neste Bloco é que se encontra a ferramenta Ortografia e Gramática, que pode ser acionada por meio da tecla de atalho F7. Há também a ferramenta Pesquisar. Mas, cuidado: esta ferramenta serve para pesquisar na Internet, e não no documento em edição.

Outra opção interessante é o Dicionário de Sinônimos, que se torna muito útil quando é preciso encontrar uma palavra diferente para se referenciar a algo de forma a fugir de ter de repetir algum termo.

A ferramenta Contar Palavras, ao ser acionada, abre a janela ilustrada a seguir, na qual é informada a quantidade de palavras em várias situações. O que conta mais para a prova é saber que, se um trecho do texto foi selecionado previamente à seleção da opção, os dados apresentados serão apenas referentes à seleção; porém, se nada estiver selecionado, os dados serão referentes ao documento inteiro.

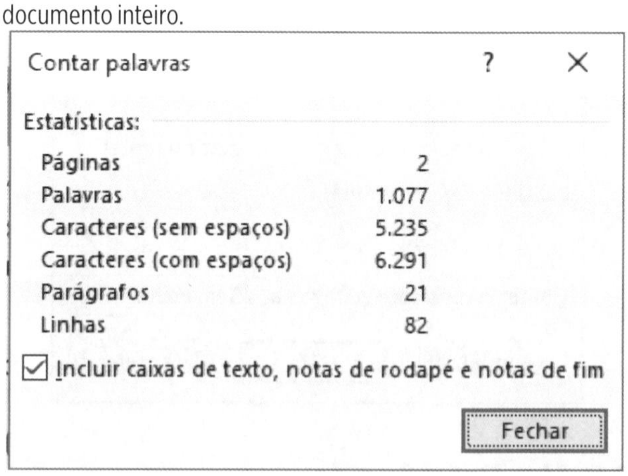

Bloco Idioma

Uma novidade também no Word 2013 é a opção Traduzir, disponível no bloco Idioma, que permite traduzir um texto selecionado utilizando a ferramenta de tradução online da Microsoft. Obviamente observa-se a necessidade de estar conectado à Internet.

Muitas vezes, precisamos digitar trecho ou textos inteiros em outro idioma e ficamos em dúvida se as palavras estão corretas, pois aparecem sublinhadas em vermelho indicando erro. Porém, o MS Word é mais inteligente, uma vez que busca detectar o idioma automaticamente, de forma a se autoajustar. Contudo, às vezes precisamos definir manualmente o idioma de algumas palavras, para isso podemos utilizar a opção Idioma do Bloco Idioma.

Bloco Comentários

É possível inserir comentários no documento em edição, principalmente com a finalidade de explicar alguma alteração realizada.

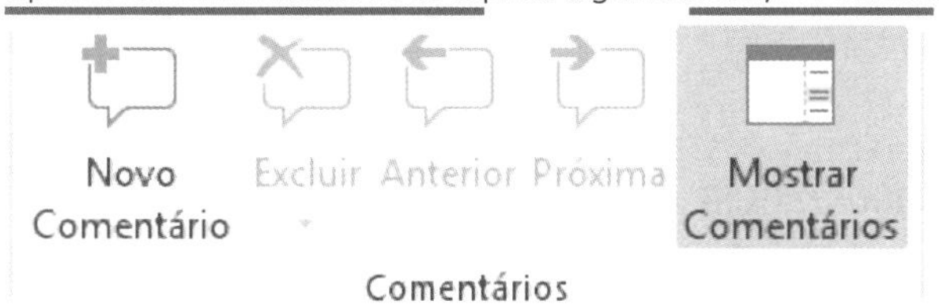

Cuidado: embora a aba Inserir apresente a opção Comentários, as demais ferramentas e opções relacionadas aos comentários e à correção de texto se encontram na aba Revisão.

Bloco Controle

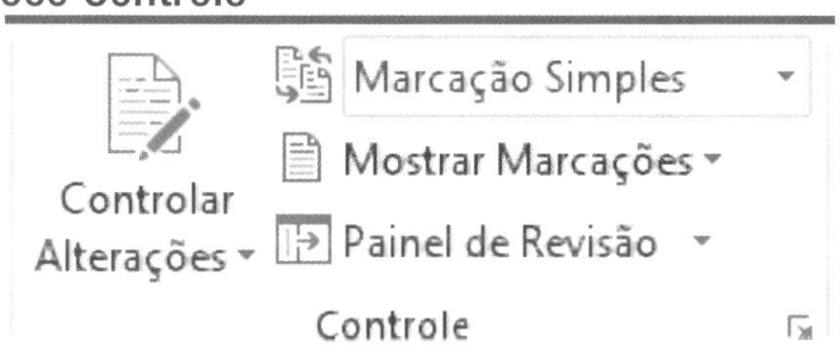

O bloco Controle é uma excelente ferramenta para a correção de documentos, de forma que o escritor, ao terminar sua parte, ativa a opção Controlar Alterações e salva o documento, e envia-o para um corretor, que simplesmente apaga trechos do texto, insere novas estruturas, porém estas ações apenas são marcadas no documento, como ilustrado na sequência, de forma que o corretor, ao terminar, salva novamente o documento e o envia ao escritor para que aceite ou não as alterações realizadas.

Bloco Alterações

Ao receber o documento com as sugestões de alteração, o escritor apenas tem o trabalho de aceitar ou rejeitar as sugestões realizadas.

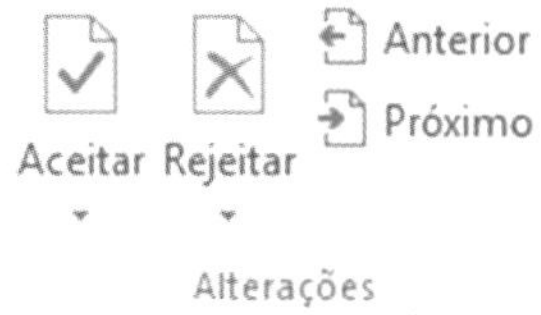

Bloco Comparar

O bloco Comparar oferece a opção Comparar pela qual é possível escolher dentre as opções: Comparar... ou Combinar...

A opção Comparar... permite comparar versões diferentes de um mesmo documento, a fim de destacar as diferenças. Já a opção Combinar... serve para combinar as diferentes sugestões de alteração que várias pessoas fizeram com base no mesmo documento.

Bloco Proteger

A opção Restringir Edição, disponível no Bloco Proteger, é a mesma apresentada no menu Arquivo.

9.11 Aba Exibir

Note que no Word 2013 o nome da aba era Exibição; na versão 2016 ficou mais sucinta. As opções encontradas nesta Guia estão relacionadas a itens que se remetem à forma de apresentação da janela, do zoom, entre outas visões. A figura a seguir ilustra a aba que é composta pelos blocos: Modos de Exibição de Documento; Mostrar; Zoom; Janela e Macros.

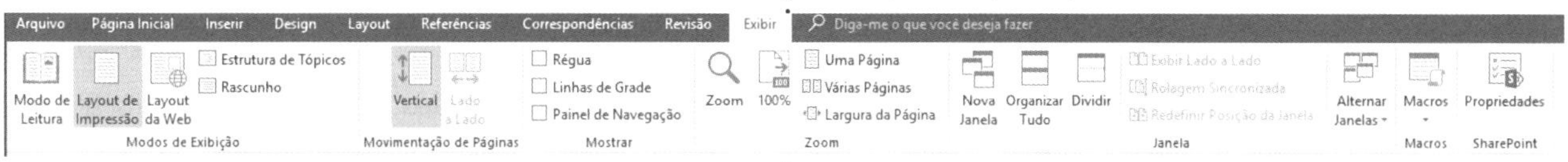

Bloco Modos de Exibição

Trata-se de um dos principais blocos da aba Exibição, em relação à cobrança nas provas, pois neste bloco são disponibilizados os cinco modos de exibição da janela do Word: Layout de Impressão; Leitura em Tela Inteira; Layout da Web; Estrutura de Tópicos e Rascunho, conforme ilustra a figura a seguir.

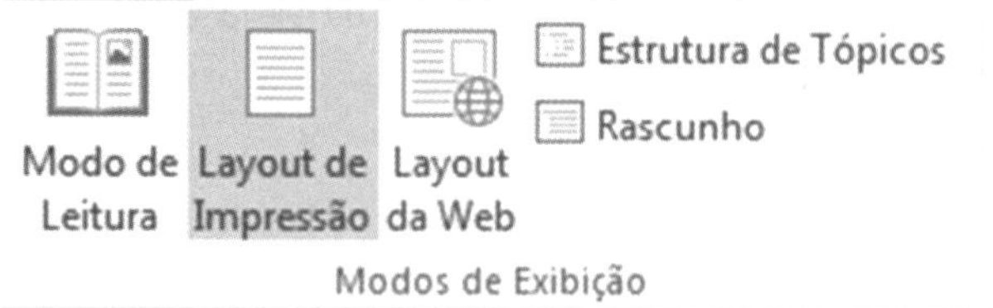

O modo Layout de impressão é o padrão. Quando ele esta ativado, é possível se visualizar os limites das páginas, e as réguas são exibidas tanto da horizontal como da vertical.

O modo Leitura em Tela Inteira oferece uma visualização na qual o tamanho da fonte é aumentado, bem como os espaçamentos, proporcionando assim uma melhor visualização do texto.

No Layout da Web não há a divisão em páginas, e apenas aparece a régua da horizontal.

A Estrutura de Tópicos exibe o texto com um marcador para cada parágrafo, como ilustrado a seguir.

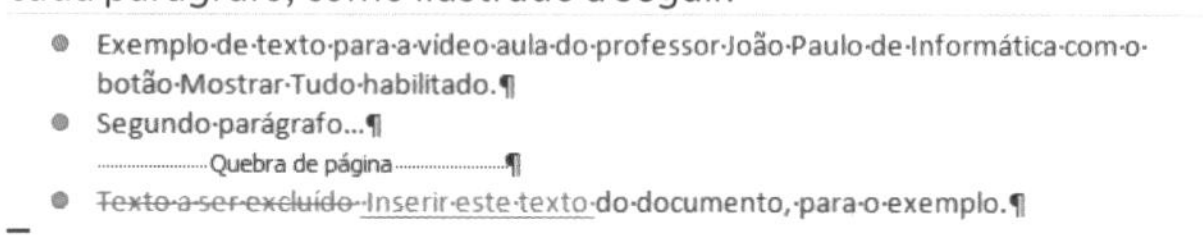

O modo Rascunho é o mais simples, as figuras são omitidas, e apenas o texto é exibido.

Bloco Mostrar

Por meio deste bloco é possível se exibir ou ocultar algumas estruturas do Word, como: a Régua, as Linhas de Grade e o Painel de Navegação, conforme a figura a seguir.

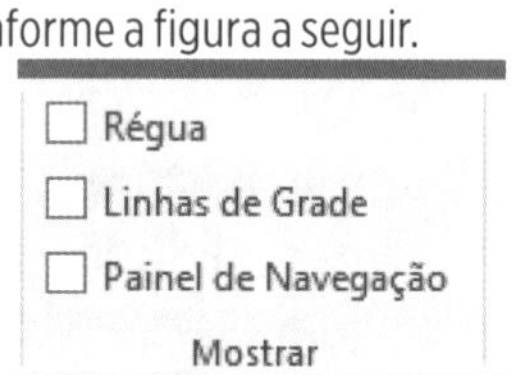

A opção Régua, por padrão, é habilitada; mas, ao desativá-la, apenas são ocultadas as réguas da janela.

Já a opção Linhas de Grade exibe o reticulado, a fim de auxiliar na edição do documento como ilustrado a seguir.

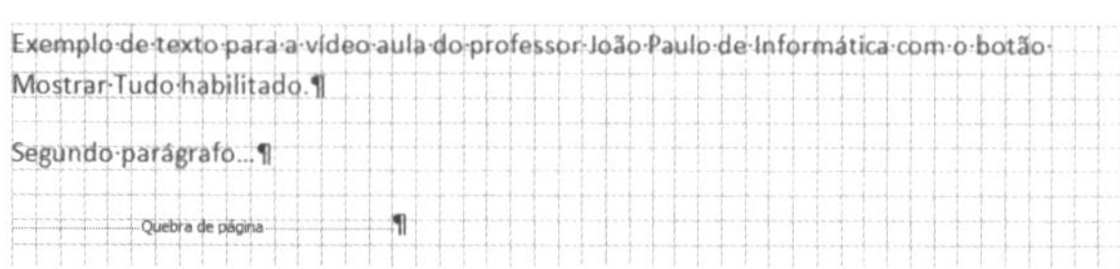

A opção Painel de Navegação habilita a exibição ao lado esquerdo da janela do Word, um painel no qual são exibidos os títulos do documento, como ilustrado a seguir. Ao se clicar em um título, o cursor de texto é disposto na posição do título clicado, também é possível se reorganizar o documento clicando e mantendo clicado, arrastar o arquivo para o local desejado.

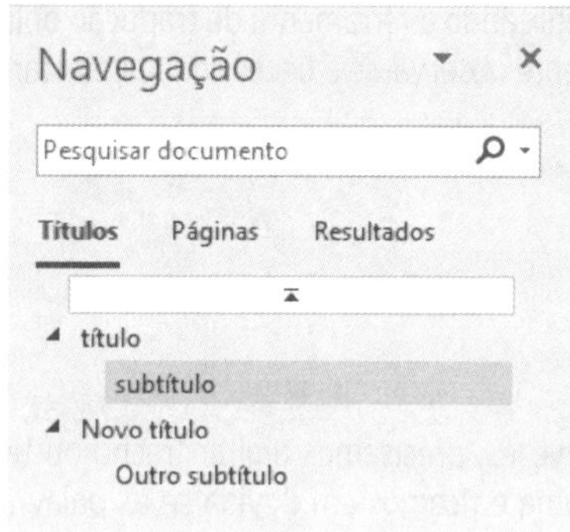

Bloco Zoom

Por meio deste bloco, ilustrado a seguir, é possível se alternar entre os diversos níveis de zoom do documento.

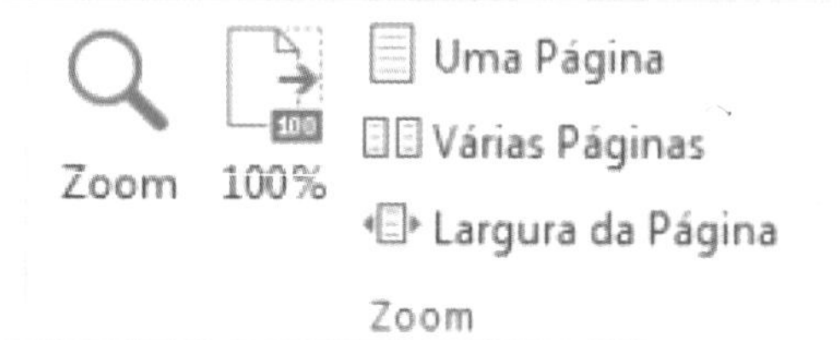

Bloco Janela

As opções deste bloco estão associadas à visualização da janela do programa.

A opção mais usual é a opção Dividir, que permite dividir a tela em duas, de forma a possibilitar a visualização de duas partes distantes de um mesmo documento simultaneamente, como ver a primeira e a última página de um documento com várias páginas.

Questões

01. No Word 2013, ao se clicar, com o botão esquerdo do mouse, a seta no botão , localizado na guia Página Inicial, grupo Fonte, serão mostradas opções para sublinhar um texto, tais como sublinhado duplo e sublinhado tracejado.

Certo ( ) Errado ( )

Julgue o próximo item, relativo aos aplicativos para edição de textos, planilhas e apresentações do ambiente Microsoft Office 2013.

02. Uma forma de realçar uma palavra, em um documento no Word 2013, é adicionar um sombreamento a ela; no entanto, esse recurso não está disponível para aplicação a um parágrafo selecionado.

Certo ( ) Errado ( )

Julgue o próximo item, relativo aos aplicativos para edição de textos, planilhas e apresentações do ambiente Microsoft Office 2013.

03. No canto esquerdo superior da janela inicial do Excel 2013, consta a informação acerca do último arquivo acessado bem como do local onde ele está armazenado.

Certo ( ) Errado ( )

Com relação ao sistema operacional Windows e ao ambiente Microsoft Office, julgue o item que se segue.

04. No MS Office, o uso da ferramenta Pincel de Formatação permite copiar a formatação de um parágrafo do documento em edição e aplicá-la a outro parágrafo.

Certo ( ) Errado ( )

Com relação ao sistema operacional Windows e ao ambiente Microsoft Office, julgue o item que se segue.

05. No MS Word, a atribuição de estilos a títulos de seções do documento em edição permite a geração automática e padronizada de numeração e formatação.

Certo ( ) Errado ( )

Julgue o próximo item, relativo ao sistema operacional Windows 8 e à edição de textos no ambiente Microsoft Office 2013.

06. No Word 2013, entre as opções de colagem disponibilizadas no botão Colar, localizado na guia Página Inicial, encontra-se a opção Mesclar Formatação.

Certo ( ) Errado ( )

Julgue o próximo item, relativo ao sistema operacional Windows 8 e à edição de textos no ambiente Microsoft Office 2013.

07. No Word 2013, é possível definir uma fonte padrão para ser utilizada somente no documento em edição.

Certo ( ) Errado ( )

Com relação ao sistema operacional Linux, ao editor de texto Microsoft Office Word 2013 e ao programa de navegação Microsoft Internet Explorer 11, julgue o próximo item.

08. Para a rápida inserção de uma tabela em documento do Word 2013, é suficiente clicar com o botão direito do mouse sobre a área na qual a tabela será inserida; na lista disponibilizada, escolher a opção Inserir e, em seguida, clicar em Tabela.

Certo ( ) Errado ( )

Com relação ao sistema operacional Linux, ao editor de texto Microsoft Office Word 2013 e ao programa de navegação Microsoft Internet Explorer 11, julgue o próximo item.

09. No leiaute de um mesmo documento do Word 2013, as páginas podem ter orientações diferentes.

Certo ( ) Errado ( )

Acerca da inserção de seções em planilhas e textos criados no Microsoft Office, julgue.

10. Em um documento Word, as seções podem ser utilizadas para que, em uma mesma página, parte do texto esteja em uma coluna e outra parte, em duas colunas.

Certo ( ) Errado ( )

Acerca da inserção de seções em planilhas e textos criados no Microsoft Office, julgue.

11. No Word, as seções são utilizadas como meio padrão para se inserir rodapé e cabeçalho no documento.

Certo ( ) Errado ( )

Acerca da inserção de seções em planilhas e textos criados no Microsoft Office, julgue.

12. No Excel, as seções são utilizadas para separar figuras de um texto que estejam em quadros.

Certo ( ) Errado ( )

Acerca da inserção de seções em planilhas e textos criados no Microsoft Office, julgue.

13. A inserção de índices analíticos no Word não implica a inserção de seções entre as páginas, em todo o documento.

Certo ( ) Errado ( )

Acerca da inserção de seções em planilhas e textos criados no Microsoft Office, julgue.

14. No Excel, as seções são utilizadas para separar gráficos e valores em uma mesma planilha.

Certo ( ) Errado ( )

Acerca do pacote Microsoft Office, julgue o item a seguir.

15. No Word, para que as orientações das páginas do documento se alternem entre retrato e paisagem, é necessário haver quebras de seções entre cada mudança de orientação.

Certo ( ) Errado ( )

Acerca de aplicativos para edição de textos e planilhas e do Windows 10, julgue o próximo item.

16. Situação hipotética: Elisa recebeu a tarefa de redigir uma minuta de texto a ser enviada para sua chefia superior, com a condição de que todos os servidores do setor pudessem colaborar com a redação da minuta, ficando Elisa encarregada de consolidar o documento final. Após digitar a primeira versão do documento, Elisa compartilhou o respectivo arquivo, a partir de sua estação de trabalho. Todos realizaram a edição do texto no mesmo arquivo por meio do LibreOffice Writer com a função Gravar Alterações ativada.

Assertiva: Nessa situação, quando da revisão final do texto, Elisa terá acesso a diversas informações, tais como: tipo de alteração, data e hora da alteração e autor da alteração.

Certo ( ) Errado ( )

Com relação à informática, julgue o item que se segue.

17. Para se editar o cabeçalho de um documento no Writer, deve-se clicar o topo da página para abrir o espaço para edição. Por limitações técnicas desse editor de textos, não é possível colar textos ou imagens nesse espaço.

Certo ( ) Errado ( )

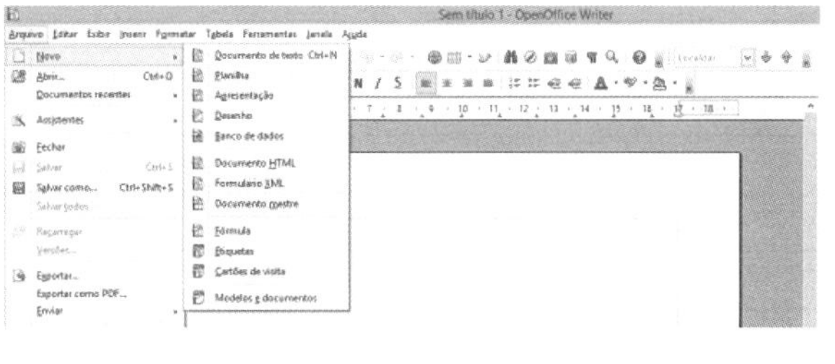

Gabaritos

01	CERTO	10	CERTO
02	ERRADO	11	ERRADO
03	CERTO	12	ERRADO
04	CERTO	13	CERTO
05	CERTO	14	ERRADO
06	CERTO	15	CERTO
07	CERTO	16	CERTO
08	ERRADO	17	ERRADO
09	CERTO		

10. EXCEL 2016

10.1 Janela Inicial

Assim como no Word e no PowerPoint 2016, o Excel inicia, por padrão, com a tela que exibe os documentos recentes e modelos, disponíveis online, como sugestões para iniciar um novo documento.

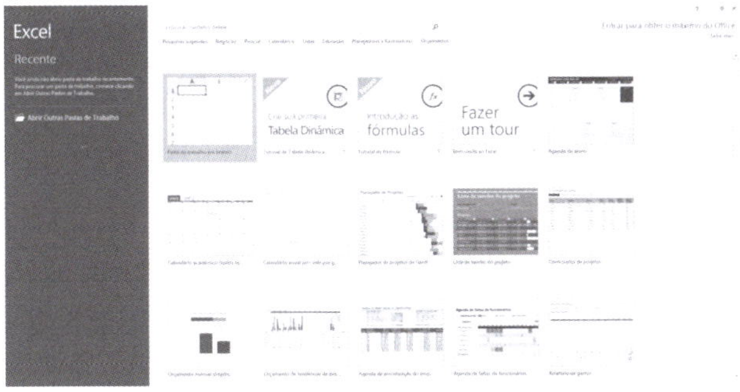

10.2 Formatos de arquivos

Um arquivo do Excel é uma Pasta de Trabalho, composta por uma ou mais Planilhas.

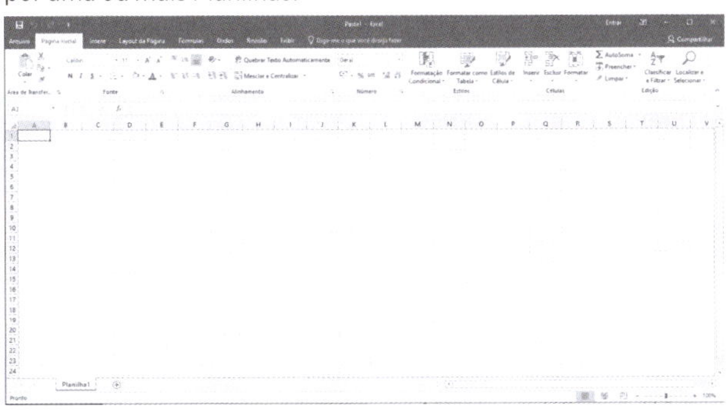

Note que, na versão 2016, o nome padrão das planilhas não é mais Plan1, e sim Planilha1, similar ao BrOffice/LibreOffice Calc.

Formato	*Excel 2003*	*Excel 2007 e 2010*	*Excel 2013 e 2016*	*Calc*
Pasta de trabalho	*XLS*	*XLSX*	*XLSX*	*ODS*
Modelo	*XLT*	*XLTX*	*XLTX*	*OTS*
Demais formatos	*csv e CML*	*XLS, ODS, csv e XML*	*XLS, ODS, csv e XML*	*XLSX, XLS, csv e XML*
PDF	*Não trabalha com*	*SALVA em PDF*	*Exporta em PDF*	*Exporta em PDF*

Nota: cada pasta de Trabalho agora opera em uma janela diferente. Assim, torna-se possível utilizar recursos como o AERO SNAP para exibir duas janelas do Excel lado a lado na tela.

Em uma tabela, o comportamento é diferente do comportamento de uma planilha. Em uma planilha, as células possuem endereços que podem ser referenciados em fórmulas e funções.

Ainda comparando tabela com planilha, ao inserir uma tabela são desejadas as células já com suas bordas em evidência, e a quantia de linhas e colunas pode ser inserida na tabela indefinidamente, ao contrário das planilhas que ao criar uma planilha ela exibe apenas suas linhas de grade e não suas bordas, tanto que se visualizarmos a impressão irá aparecer uma página em branco.

	Nº de Linhas	*Nº Colunas*
Excel 2003	*65.536*	*256*
Excel 2007 → 2016	*1.048.576 = 2^{20}*	*16.384 = 2^{14}*
Calc	*1.048.576*	*1.024 = 2^{10}*

Contudo, as planilhas já são criadas com um número específico de linhas e colunas. Este número é fixo, ou seja, não podemos criar novas linhas ou colunas muito menos excluí-las. Neste ponto você deve estar se perguntando: mas o Excel tem uma opção para inserir linhas e colunas. É... infelizmente você acabou de descobrir que o programa está lhe enganando.

10.3 Novidades

Uma das maiores novidades (pelo menos para efeito de provas em concursos) do Excel 2016 são os novos gráficos disponíveis.

Note, na figura a seguir, que os minigráficos continuam a existir no 2016, e ainda são apresentados separadamente dos gráficos tradicionais, por conta da forma que são representados. Os minigráficos são limitados ao tamanho de uma célula, enquanto os gráficos tradicionais podem ser incorporados como figuras ou como uma guia de planilha.

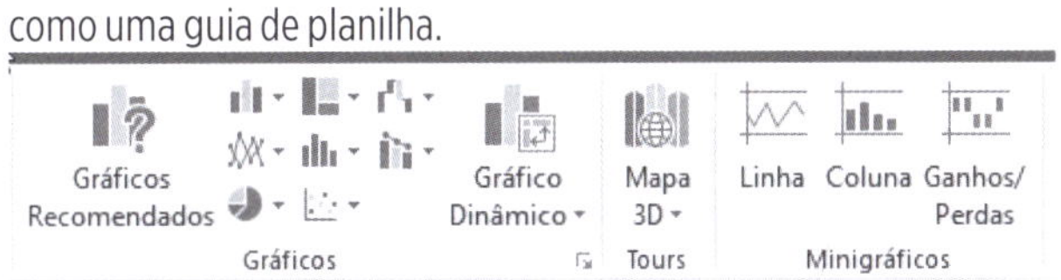

No Excel 2016, recomenda-se selecionar os dados antes de inserir um gráfico, pois o programa busca apresentar primeiramente os gráficos recomendados de acordo com o conjunto de dados selecionados. Por exemplo, se apenas uma linha, ou apenas uma coluna for selecionada o mais indicado será um gráfico de Pizza, ou sua variação Rosca. A figura a seguir representa os gráficos disponíveis no programa.

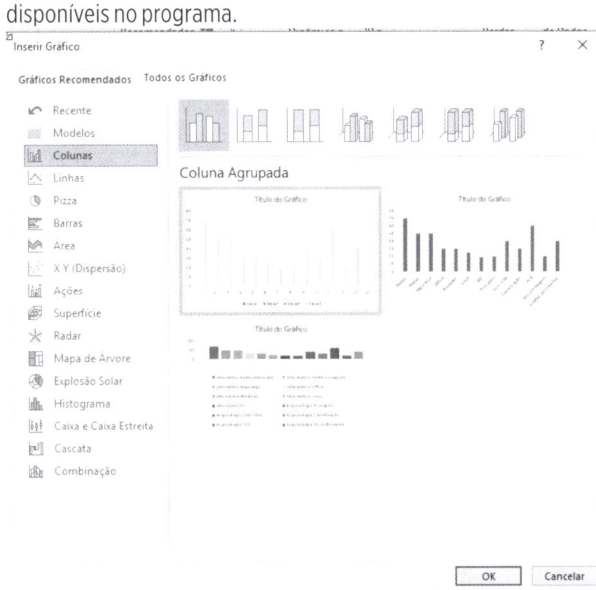

Dos gráficos disponíveis são novos, ou seja, não existiam na versão anterior, os seguintes:

> Mapa de Árvore;
> Explosão Solar;
> Histograma;
> Caixa e Caixa Estreita (boxplot);
> Cascata;
> Funil.

Os demais gráficos já existiam na versão anterior:

> Coluna (Agrupada ou empilhadas - 2D e 3D);
> Barra (Agrupada ou empilhadas - 2D e 3D);
> Linha;
> Pizza;
> Rosca (é uma variação de pizza);
> Área;
> X Y (também chamado de Dispersão);
> Bolhas (variação de dispersão);
> Ações;
> Superfície;
> Combinação (inserido no Excel 2013);
> Radar.

A seguir consta um exemplo do gráfico de explosão solar. Veja que é possível, e necessário, usar mais que duas colunas, ou linhas. Este gráfico permite analisar dados categorizados e sua participação (%) dentro de cada categoria.

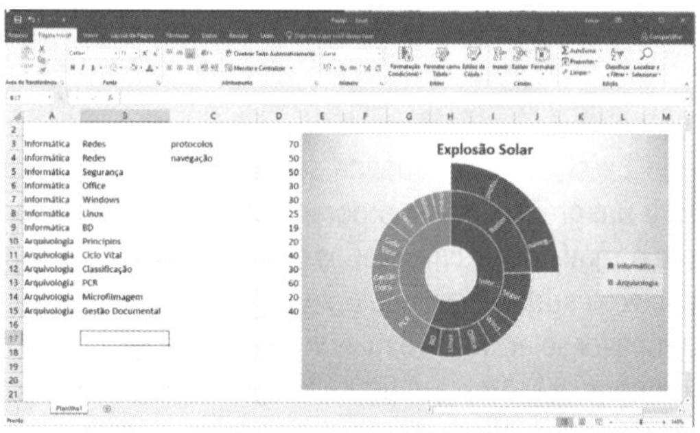

Outro gráfico, excepcional, adicionado que auxilia e muito a área de estatística é o gráfico boxplot (Caixa) que apresenta várias informações estatísticas, como máximos e mínimos, média entre outras informações.

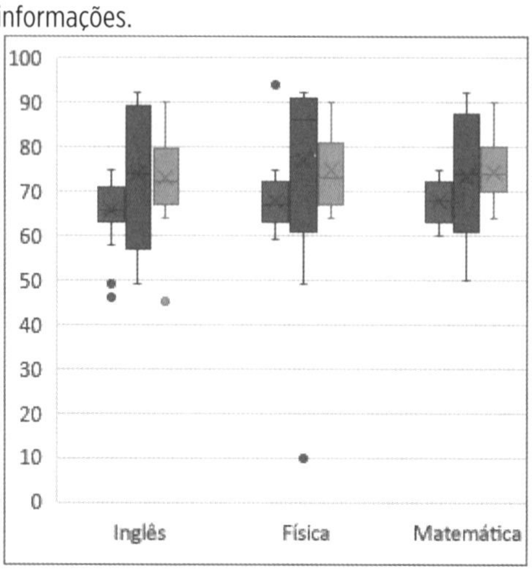

Um gráfico caixa e caixa estreita mostra a distribuição dos dados em quartis, realçando a média e as exceções. As caixas podem ter linhas estendendo-se verticalmente chamadas de "caixa estreita". Essas linhas indicam variabilidade fora do quartis superiores e inferiores e qualquer ponto fora dessas linhas ou caixas estreitas é considerado uma exceção (Microsoft).

Os gráficos de caixa estreita são frequentemente usados na análise estatística. Por exemplo, você poderia usar um gráfico de caixa estreita para comparar os resultados de avaliações médicas ou as pontuações de teste de professores (Microsoft).

10.4 Operadores

Células de Absorção

Uma das principais funcionalidades de um editor de planilhas é permitir a realização de cálculos matemáticos e operar com diversas funções lógicas não somente com números, mas também com textos. Contudo, é necessário informar ao programa quando temos a intenção de realizarmos alguma destas operações. Para isso, devemos utilizar um indicador antes das fórmulas e funções.

Dentre os símbolos utilizados para iniciar uma Fórmula ou Função o mais conhecido e cobrado é o sinal de igualdade **"="**, porém ele não é o único que pode ser utilizado Na tabela a seguir estão descritos os demais sinais que podem ser utilizados.

Fórmulas	*Exemplo*	*Funções*	*Exemplo*
=	=5+5	=	=SOMA(A1:A5)
+	+5+5	+	+SOMA(A1:A5)
-	-5+5	-	-SOMA(A1:A5)
		@	@SOMA(A1:A5)

A observação sobre estes sinais está relacionada à origem do Excel. Nas primeiras versões do programa era utilizado o símbolo "@" (arroba) para indicar ao programa o início de uma função, enquanto para fórmulas se utilizava o "=", Como forma de padronizar, a Microsoft alterou o programa para que as funções também aceitassem o sinal de igualdade como indicar de início. Portanto o @ só funciona associado a funções no Excel.

Você deve estar se perguntando neste momento qual a diferença entre Fórmula e Função. Entenda por fórmula aquelas operações que envolvem os operadores matemáticos, as sentenças aritméticas, ou mesmo operações que envolvem mais de uma função.

Não podemos dizer que uma fórmula pode iniciar pelo sinal "@" pelo fato de que existe situação em que ele não funciona, como por exemplo, se for inserido em uma célula o seguinte "@5+5" Excel apresentará erro; mas se o que for inserido, por exemplo, "@B3+C3" o Excel também apresentará erro. Porém após fechar a caixa da mensagem de erro ele traz o trecho "@B3" selecionado. Assim quando o usuário clicar em alguma célula o trecho selecionado será substituído pelo sinal "=" seguido do endereço da célula selecionada.

Contudo, algumas bancas como CESPE e FCC consideraram em provas anteriores que o sinal "@" pode ser utilizado tanto para indicar o início de Fórmulas como também Funções. E, na prova o que considerar? Considere a forma correta, pois se a banca considerar o diferente utilize o exemplo dado, da situação que ocorre o erro, para anular a questão.

Operadores Aritméticos

Quando trabalhamos com expressões aritméticas ou fórmulas, utilizamos constantemente os operadores, e, por este fato, muitas bancas colocam cobram questões a respeito. Os principais operadores são ilustrados na tabela a seguir.

Operador	*Ação*	*Exemplo*	*Resultado*
+	*Soma*	*=5+5*	*10*
-	*Subtração*	*=5-5*	*0*
*	*Multiplicação*	*=5*5*	*25*
/	*Divisão*	*=5/5*	*1*
%	*Percentagem*	*=200 * 10%*	*20*
^	*Potenciação*	*=2^3*	*8*

Quando uma célula estiver selecionada no Excel e se pressionar a tecla "/", o menu Arquivo será selecionado no Excel 2003 e, a partir do 2007, irá exibir as letras de cada guia da faixa de opções, ou seja, no Excel a barra faz o mesmo que a tecla Alt. Para iniciar o conteúdo de uma célula com a barra, deve-se posicionar o cursor de texto dentro da célula.

NOTA: o operador % equivale a uma divisão por 100.

Operador de Texto

O operador de texto é o & que realiza a operação de concatenação, ou seja, junta os dados das células indicadas na célula em que foi inserida a fórmula.

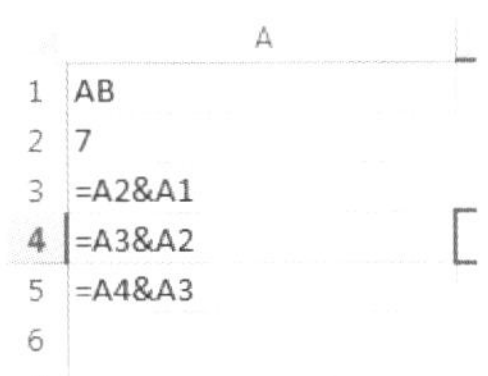

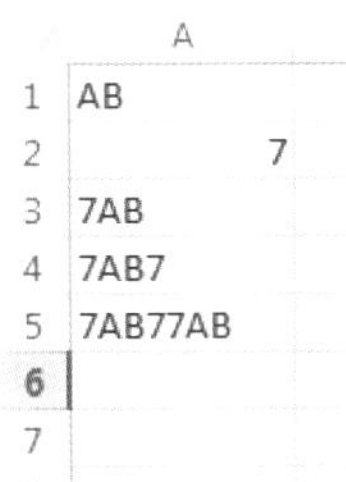

Outros exemplos:

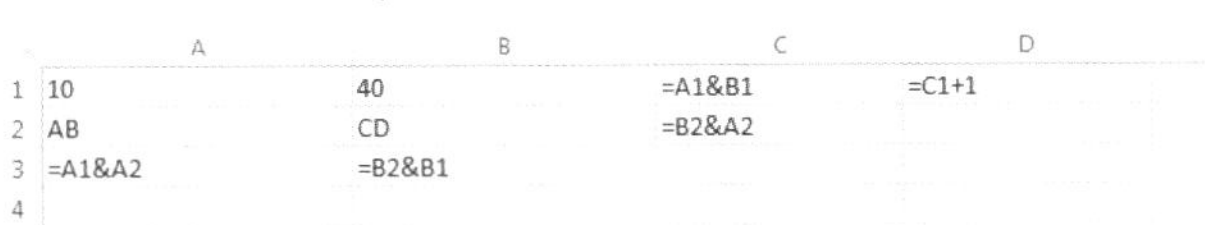

Resultados:

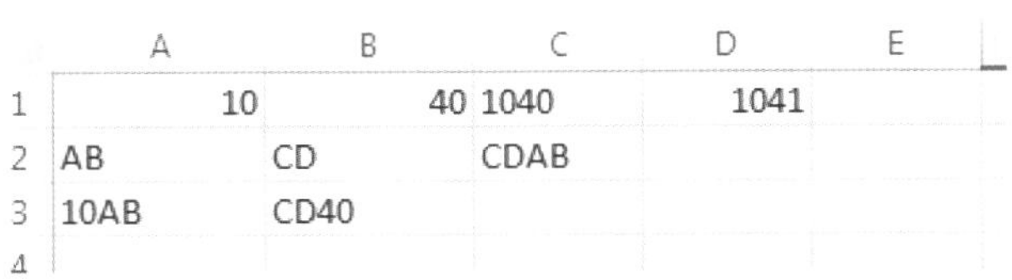

10.5 Operadores de Referência

Em conjunto com o uso de funções, necessitamos utilizar um indicador para especificar os valores que devem ser considerados em uma função. A presença desses indicadores é tão importante, que houve questões nas quais o erro era justamente o uso incorreto desses sinais. A tabela a seguir mostra o sinal e como o devemos ler em uma expressão.

;	*E*	*União*
:	*Até*	*Intervalo*

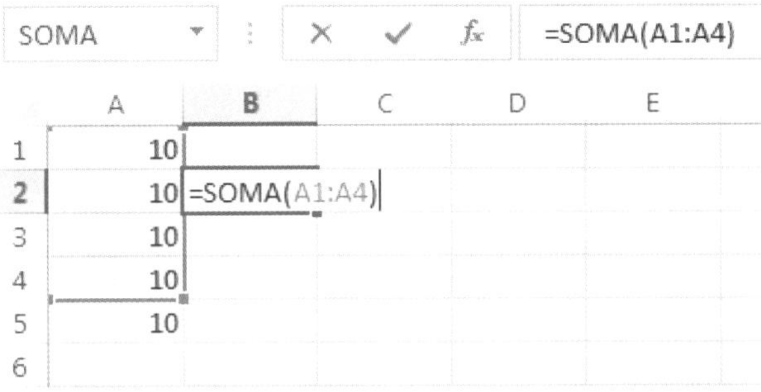

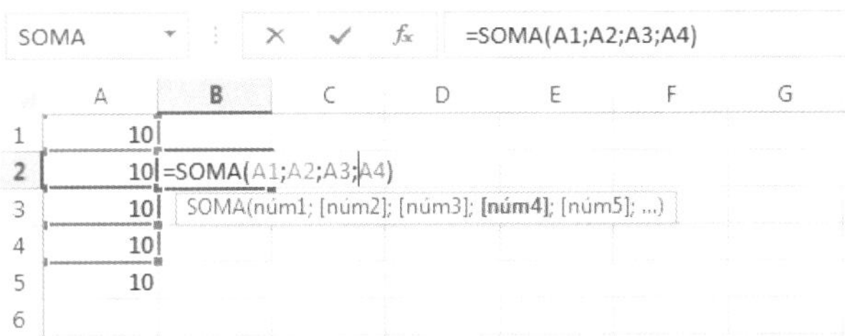

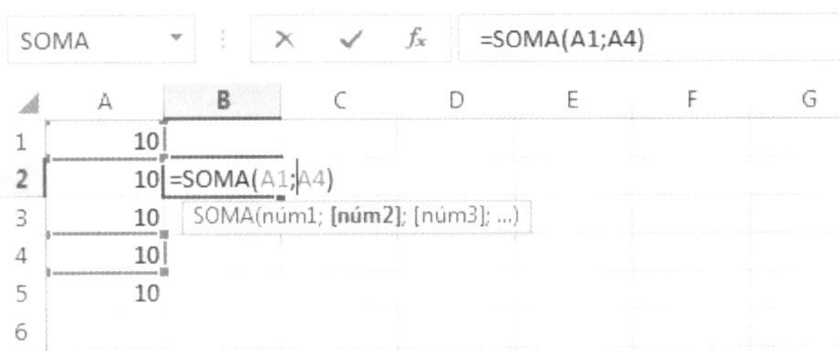

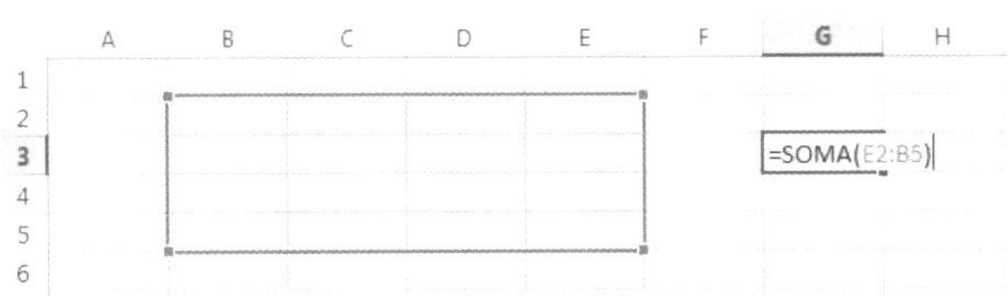

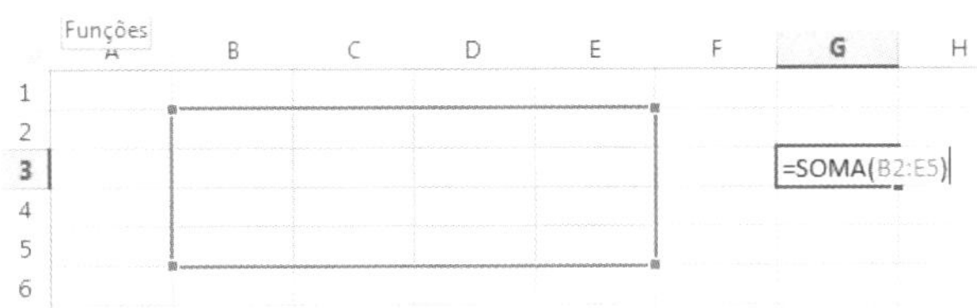

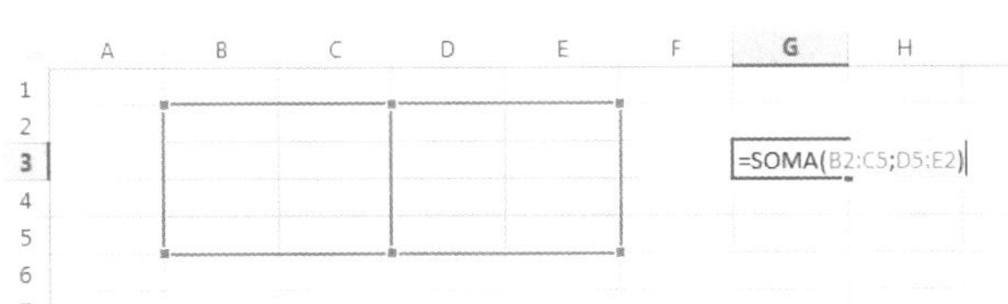

O sinal de ponto e vírgula ainda pode ser entendido como operador de união, e o sinal dois-pontos define um intervalo.

Ex.: dadas as funções

=SOMA(A3:A6)

=SOMA(A3;A6)

Na primeira função será apresentado o resultado da soma dos valores das células A3, A4, A5 e A6, enquanto que na segunda será apenas calculada a soma dos valores das células A3 e A6.

Operador de Comparação

Operador	*Símb.*	*Exemplo de uso*	*Resultado*
Menor que	<	*=7<10*	*VERDADEIRO*
Maior que	>	*=7>10*	*FALSO*
Igual à	=	*=7=10*	*FALSO*
Maior ou igual à	>=	*=7>=10*	*FALSO*
Menor ou igual à	<=	*=7<=10*	*VERDADEIRO*
Diferente de	<>	*=7<>10*	*VERDADEIRO*

10.6 Funções

OO Excel oferece diversas funções para a realização de operações e cálculos. Para auxiliar o usuário a encontrar a função necessária, o programa as separa em grupos, separadas em uma biblioteca de funções. O recurso citado pode ser encontrado na aba Fórmulas, como ilustra a figura a seguir.

Categorias

- Financeira;
- Lógica;
- Texto;
- Data e Hora;
- Pesquisa e Referência;
- Matemática e Trigonométrica;
- Mais funções:
  - Estatística;
  - Engenharia;
  - Cubo;
  - Informações;
  - Compatibilidade
  - Web.

Também é possível inserir uma função por meio do botão Inserir Função 

presente nesta mesma aba, como pelo mesmo botão representado na aba barra de fórmulas ilustrada a seguir.

Dentre as tantas funções existentes no programa, vamos destacar as principais, ou seja, as que têm maior probabilidade de serem cobradas nas provas.

Soma

A função Soma apresenta o resultado da soma dos valores contidos nas células indicadas no espaço de parâmetros da mesma .

Logo, tomando o recorte da planilha abaixo, e seus dados, ao inserir a função =SOMA(A1:A5), obtemos como resposta o valor 20.

	A	B	C
1	7	3	
2	3	7	
3		7	
4	7	3	
5	3	5	
6			
7			

Média

O cálculo da média é a obtenção do resultado da soma de um conjunto de valores e dividir essa soma pelo total de elementos desse conjunto.

A sintaxe da função é

=MÉDIA(<parâmetros>)

Em que: os <parâmetros> são o conjunto de endereços das células que serão consideradas. Dada a figura anterior, consideremos a função: =MÉDIA(A1:A5). O resultado dessa função será 20, pois a função Média ignora células vazias.

	A	B	C
1	7	3	
2	3	7	
3		7	
4	7	3	
5	3	5	
6			
7			

Mediana

A mediana calcula o elemento central de um conjunto de dados. Mas, cuidado: devemos lembrar que esta é uma função estatística que considera os valores ordenados. Assim, ao aplicar a função:

=MED(B1:B5)

Obteremos como resposta o valor 5, pois se encontra no centro do conjunto de dados. Já no caso de aplicar a função:

=MED(A1:A5)

A resposta será também 5, porque quando o conjunto de dados possui uma quantidade par de elementos, a mediana corresponde à média dos dois elementos centrais do conjunto.

Mod

A função MOD calcula o resto de uma divisão inteira. Dessa forma, ao aplicar a função:

=MOD(A1;A2) teremos como resposta 1, uma vez que o número 7 dividido por 3 resulta em 2 e sobra 1.

Potência

Esta função calcula um valor elevado a outro. Sua sintaxe é a seguinte:

=POTÊNCIA(<número>;<potência>)

Como exemplo, temos:

=POTÊNCIA(2;3)

que resulta em 8.

Ainda, podemos comparar com o uso do operador de potenciação:

=2^3

Máximo

A função Máximo retorna o valor mais alto do conjunto de dados especificados, ao aplicar a função para o conjunto de dados inicial.

=MÁXIMO(B1:B5)

A resposta será 7.

Maior

A função maior possui dois campos em sua sintaxe.

=MAIOR(<intervalo>;<Número de Ordem>)

Ao aplicar

=MAIOR(B1:B5;3)

Podemos entender como a busca pelo terceiro maior número de B1 até B5.

Mínimo

Esta função resulta no valor mais baixo de um conjunto de dados. Logo ao aplicar:

=MÍNIMO(B1:B5)

a resposta obtida será 3.

Menor

Assim como a função Maior a função menor possui dois campos obrigatórios, seja o exemplo:

=MENOR(B1:B5;4)

Em que se lê: quarto menor número de B1 até B5, que resulta em 7.

Agora

Outro grupo de funções é o das funções de data, no caso específico a função Agora é um exemplo.

Esta função não recebe parâmetros, apenas é escrita:

=AGORA( )

Seu resultado é a expressão da data e da hora atual, ou seja, do momento em que foi inserida. Cuidado: por padrão, o resultado desta função não se atualiza automaticamente. No entanto, ao inserir uma outra função ou cálculo em outra célula e teclar Enter, os dados da função Agora serão atualizados.

Hoje

A função Hoje retorna apenas a Data atual. Para usá-la, basta inserir =HOJE( ) e a data será impressa na célula.

Dias

A função DIAS retorna a diferença entre duas datas.

=DIAS(<data_Final> ; <data_Inicial>)

Cont.Núm

Esta função realiza a contagem de células cujo conteúdo é um valor numérico. Sua sintaxe apresenta-se da seguinte forma:

=CONT.NÚM(A1:A5)

Para o conjunto de dados inicial, a resposta será 4, pois uma célula está vazia.

Cont.Se

Enquanto a função Cont.Núm contabiliza a quantidade de células de conteúdo numérico, a função Cont.Se conta a quantidade de células que possuem conteúdo que atendam a um critério fornecido como parâmetro.

=CONT.SE(<intervalo>;<Critério>)

Assim, se aplicarmos:

=CONT.SE(B1:B5; "=7")

A resposta obtida será 2, pois existem apenas duas células com conteúdo igual a 7. Observe atentamente a necessidade do uso das aspas duplas.

SomaSe

Por meio da função SomaSe, podemos realizar a soma apenas das células que interessam.

Sua sintaxe é apresentada de seguinte forma:

=SOMASE(<intervalo a ser comparado> ; <critério> ; <intervalo a ser somado>)

Para isso, utilizaremos o conjunto de dados a seguir:

	A	B	C	D
1	7	3	A	
2	3	7	A	
3		3	B	
4	7	7	C	
5	3	5	A	
6		5	C	
7				

Ao utilizar a função:

=SOMASE(C1:C6; "=A"; B1:B6)

A resposta será 15, pois corresponde à soma das células presentes na coluna B, que estão na mesma linha das células da coluna C, que tem como conteúdo o texto comparado "A".

SE

A função SE também é conhecida como condicional. Esta função é utilizada para a tomada de decisões, pois permite analisar os dados e realizar uma ação de acordo com o que for encontrado.

A sintaxe da função possui por padrão três campos:

=SE(<teste lógico> ; <ação caso teste verdadeiro> ; <ação caso teste falso>)

Assim, dado o exemplo:

=SE(7>5;"verdade";"falso")

A resposta será verdade, pois é o texto expresso na ação, caso a condição seja verdadeira. Como 7 é maior do 5, isso se confirma.

=SE(7<5; "verdade"; "falso")

Como 7 não é menor do que 5, a condição é falsa; o que leva ao resultado Falso.

E

A função E retorna o resultado do tipo lógico, sendo verdadeiro somente quando todas as expressões sejam verdadeiras. A seguir consta a sintaxe desta função:

=E(expressão1; Expressão2; Expressão n)

Ou

A função OU retorna o resultado do tipo lógico, sendo falso somente quando todas as expressões sejam falsas. A seguir consta a sintaxe desta função:

=OU(expressão1; Expressão2; Expressão n)

Não

A função Não é a negação. Ela aceita apenas um parâmetro e inverte o resultado deste. Assim, se o valor da expressão resulta em verdadeiro, a resposta gerada por ela é falso e vice-versa. A seguir consta a sintaxe desta função:

=Não(Expressão)

Ou exclusivo

A função XOR retorna o resultado lógico verdadeiro apenas quando o número de proposições verdadeiras for ímpar.

=XOR(Expressão1 ; Expressão2; Expressão n)

Maiúsculas

No Excel, ao contrário do Word, para formatar um texto para letras maiúsculas não existe uma ferramenta, mas apenas a função Maiúsculas . A seguir consta a sintaxe desta função:

=MAIÚSCULA("texto")

O resultado será TEXTO.

Minúsculas

Assim como para formatar como maiúsculas, também é possível utilizar a função Minúsculas. A seguir consta a sintaxe desta função:

=MINÚSCULA("TexTo")

O resultado será texto.

10.7 Seleção de Células

Durante a edição de uma planilha, podemos usar um comando do teclado para navegar entre as células. Dentre uma das ações mais comuns está o uso da tecla ENTER que, em uma planilha, seleciona a célula abaixo da célula em edição, enquanto que em uma tabela do Word é inserido um novo parágrafo na nova linha dentro da mesma célula.

	Shift + Enter	
Shift + Tab		Tab
	Enter	

Já a tecla Tab produz o mesmo resultado tanto em uma Planilha como em uma tabela no Word. Ao teclar TAB, a célula à direita da célula em uso será selecionada.

O uso da tecla HOME tanto no Word como no Excel posiciona o cursor na primeira posição da linha atual. No caso das planilhas, a primeira posição trata-se da primeira célula.

Ao utilizar a combinação CTRL + HOME, a primeira célula é selecionada, ou seja, a célula A1.

A combinação CTRL + END seleciona a última posição do documento; esta, por sua vez, é a célula do encontro da última coluna com a última linha com conteúdo.

De modo geral, também podemos realizar a seleção de um conjunto de células.

10.8 Alça de Preenchimento

A alça de preenchimento é um dos recursos que mais possui possibilidades de uso e, por consequência, respostas diferentes.

Antes de entendê-la vamos ver quem é ela. Veja a figura a seguir.

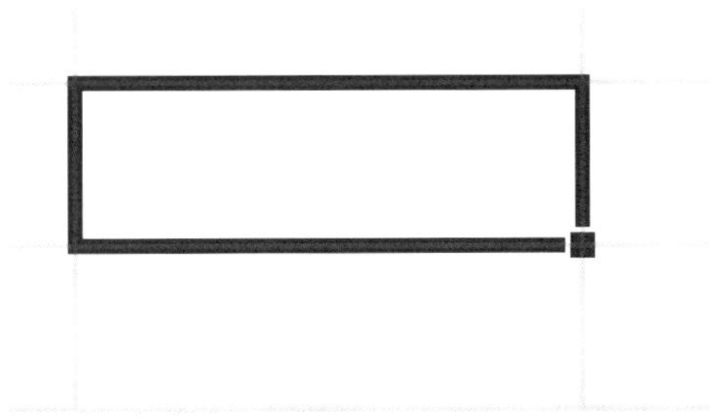

Observe que, quando uma ou mais células estão selecionadas, sempre no canto inferior direito é ilustrado um quadrado um pouco mais destacado; essa é a alça de preenchimento.

Ela possui esse nome porque é utilizada para facilitar o preenchimento de dados que obedeçam a uma regra ou padrão.

Quando uma única célula está selecionada e o seu conteúdo é um valor numérico, ao clicar sobre a alça de preenchimento e arrastar, seja na horizontal ou vertical, em qualquer sentido, exceto diagonal, no Excel o valor presente na célula é copiado para as demais sobre as quais foi arrastada a alça. A figura a seguir ilustra tal comportamento.

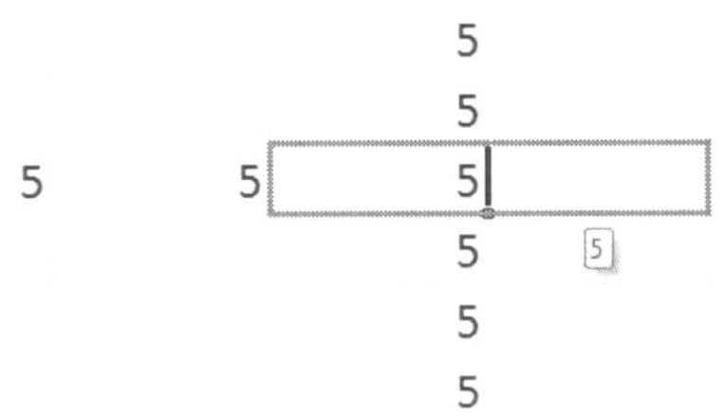

Já em uma situação em que existem duas células adjacentes selecionadas contendo valores numéricos diferentes entre si, ao se arrastar pela alça de preenchimento as células serão preenchidas com uma PA, cuja razão é a diferença entre os dois valores selecionados. A figura a seguir ilustra esse comportamento. Podemos observar que o valor que irá ser exibido na célula B6 será o número 30. Com isso observamos que a célula B4 receberá o valor 20, enquanto que B5 receberá 25, conforme vemos na figura da direita.

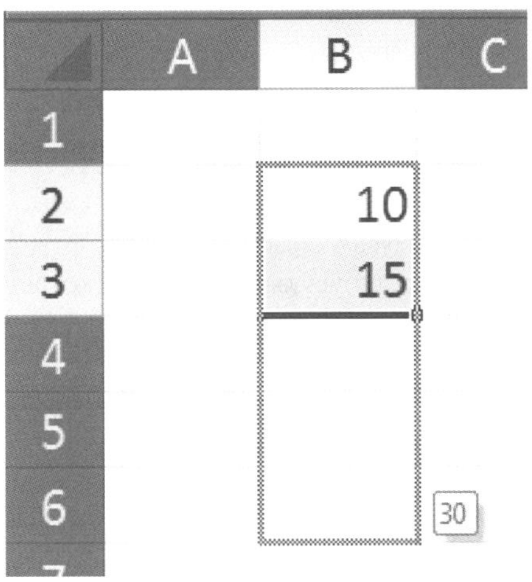

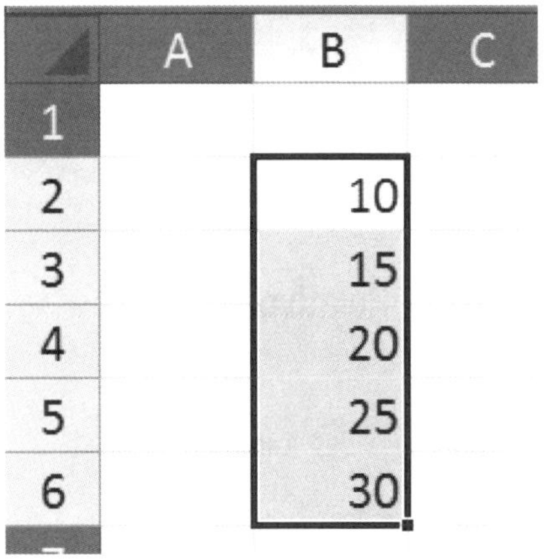

Mas devemos nos lembrar da exceção do Excel, em que se forem duas células selecionadas uma abaixo da outra, ao arrastar na horizontal as células são preenchidas com o mesmo valor; caso sejam duas células uma ao lado da outra as selecionadas, ao arrastar na vertical também apenas será copiado o valor das células selecionadas. Veja a figura a seguir ilustrando esse comportamento.

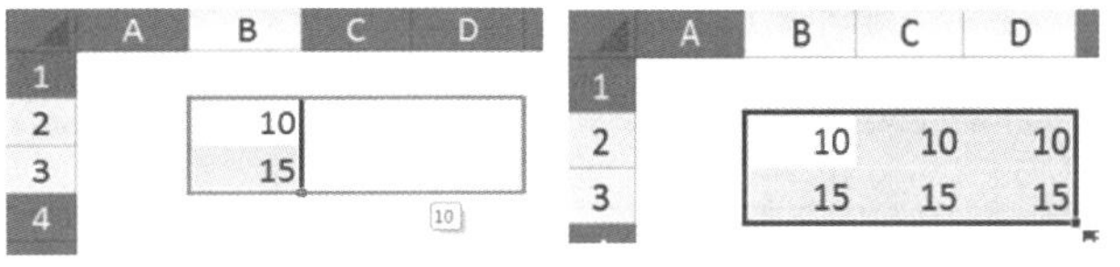

Quando o conteúdo de uma única célula selecionada for um texto, esse será copiado para as demais células. Mas se o conteúdo, mesmo sendo um texto, fizer parte de uma série conhecida pelo programa, as células serão preenchidas com o próximo valor da série. Por exemplo, se Janeiro for o conteúdo inserido na célula, então ao arrastar pela alça de preenchimento para a direita ou para baixo, a célula adjacente será preenchida com Fevereiro. Por outro lado, se for arrastado para cima ou para a esquerda, a célula adjacente será preenchida com Dezembro. O mesmo vale para as sequências Jan, Seg e Segunda-feira. Atenção: A, B, C não são conhecidos como série nos programas, mas o usuário pode criá-las.

Já na situação em que haja duas células que contenham textos diferentes selecionadas, ao arrastar será preenchido com o padrão encontrado. Veja o exemplo abaixo.

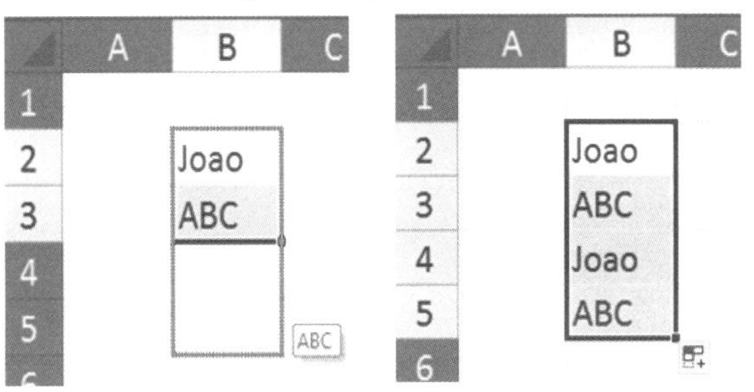

10.9 Endereçamento de Células

Para endereçar uma célula, podemos utilizar 3 modos diferentes: Relativo, Misto e Absoluto.

Os modos de endereçamento não mudam em nada o valor ou qual célula está sendo utilizada, apenas influenciam a ação de copiar a célula com um endereço para outra célula.

Relativo	Misto		Absoluto
Coluna Linha	$Coluna Linha	Coluna $Linha	$Coluna$Linha
CL	$CL	C$L	CL
A2	$A2	A$2	$A$2

Endereçamento Relativo

Fórmulas

Deslocamento	
Origem	*Destino*
L=	
C=	

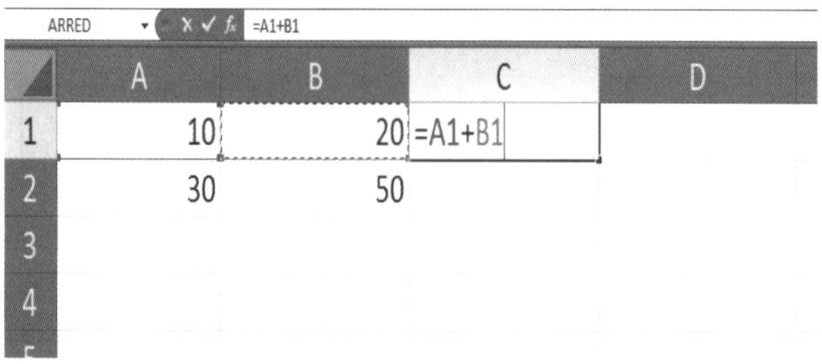

Resultados

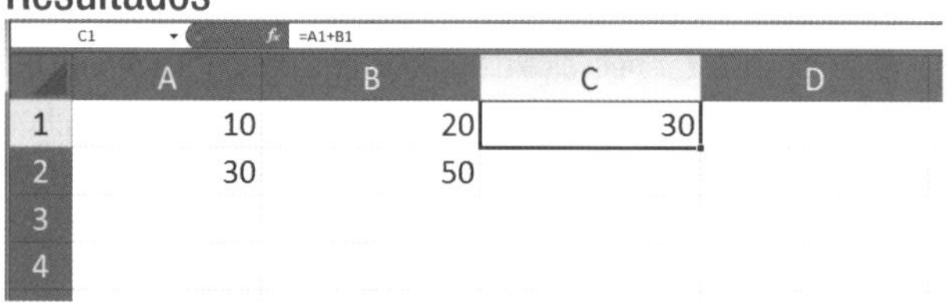

Endereçamento Misto

Deslocamento	
Origem	*Destino*
L=	
C=	

Fórmulas

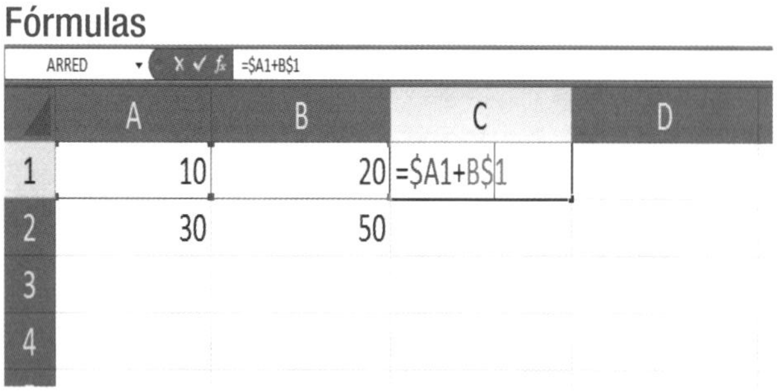

Resultados

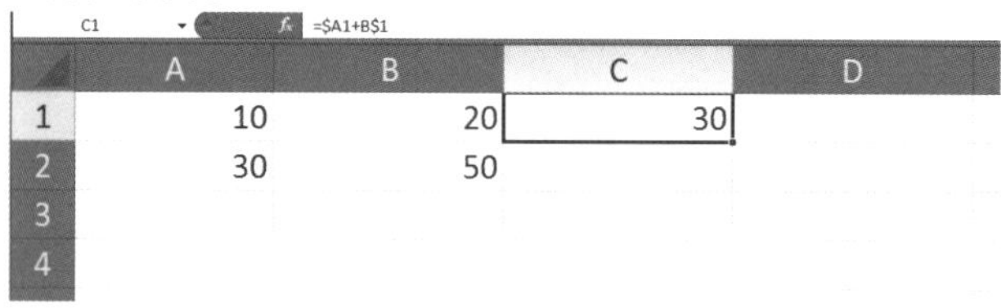

Endereçamento Absoluto

Fórmulas

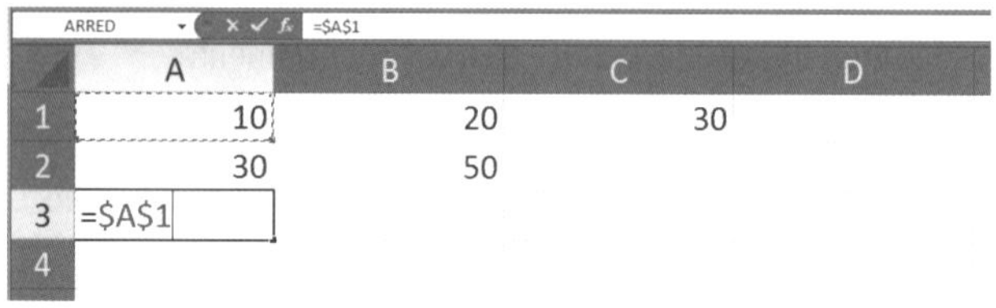

Resultados

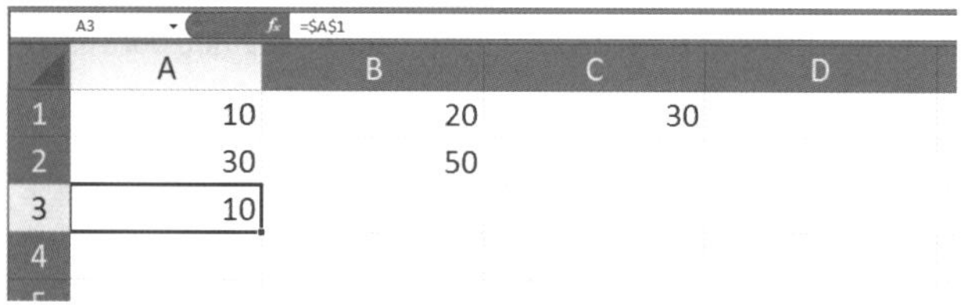

Questões

Julgue o próximo item, relativo aos aplicativos para edição de textos, planilhas e apresentações do ambiente Microsoft Office 2013.

01. Em uma planilha do Excel 2013, ao se tentar inserir a fórmula =a3*(b3-c3), ocorrerá erro de digitação, pois as fórmulas devem ser digitadas com letras maiúsculas.

Certo ( ) Errado ( )

Julgue o próximo item, relativo aos aplicativos para edição de textos, planilhas e apresentações do ambiente Microsoft Office 2013.

02. No canto esquerdo superior da janela inicial do Excel 2013, consta a informação acerca do último arquivo acessado bem como do local onde ele está armazenado.

Certo ( ) Errado ( )

Julgue o próximo item, relativos ao sistema operacional Windows 8, ao Microsoft Office Excel 2013 e ao programa de navegação Microsoft Internet Explorer 11.

03. No Excel 2013, o ponto e vírgula (;) presente na fórmula =SOMA(-F10;F20) indica que todos os valores compreendidos entre as células F10 e F20 devem ser somados.

Certo ( ) Errado ( )

Com relação ao sistema operacional Windows e ao ambiente Microsoft Office, julgue o item que se segue.

04. No MS Excel, as referências relativas são fixas e identificadas pelo símbolo $.

Certo ( ) Errado ( )

Utilizando o Excel 2010, um analista desenvolveu e compartilhou com os demais servidores de sua seção de trabalho uma planilha eletrônica que pode ser editada por todos os servidores e que, ainda, permite a identificação do usuário responsável por realizar a última modificação. Para compartilhar suas atualizações individuais na planilha, o analista tem de selecionar a opção correspondente em Compartilhar Pasta de Trabalho, do menu Revisão, do Excel 2010.

Com relação a essa situação hipotética, Julgue.

05. Caso dois servidores editem a mesma célula, será possível resolver conflitos de edição.

Certo ( ) Errado ( )

Utilizando o Excel 2010, um analista desenvolveu e compartilhou com os demais servidores de sua seção de trabalho uma planilha eletrônica que pode ser editada por todos os servidores e que, ainda, permite a identificação do usuário responsável por realizar a última modificação. Para compartilhar suas atualizações individuais na planilha, o analista tem de selecionar a opção correspondente em Compartilhar Pasta de Trabalho, do menu Revisão, do Excel 2010.

Com relação a essa situação hipotética, Julgue.

06. Dois ou mais servidores não poderão editar o mesmo arquivo simultaneamente.

Certo ( ) Errado ( )

Utilizando o Excel 2010, um analista desenvolveu e compartilhou com os demais servidores de sua seção de trabalho uma planilha eletrônica que pode ser editada por todos os servidores e que, ainda, permite a identificação do usuário responsável por realizar a última modificação. Para compartilhar suas atualizações individuais na planilha, o analista tem de selecionar a opção correspondente em Compartilhar Pasta de Trabalho, do menu Revisão, do Excel 2010.

Com relação a essa situação hipotética, Julgue.

07. Se um servidor acessar a planilha para edição, este procedimento não causará o bloqueio do arquivo, de modo que outro servidor não poderá abri-lo, ainda que seja somente para consulta.

Certo ( ) Errado ( )

Utilizando o Excel 2010, um analista desenvolveu e compartilhou com os demais servidores de sua seção de trabalho uma planilha eletrônica que pode ser editada por todos os servidores e que, ainda, permite a identificação do usuário responsável por realizar a última modificação. Para compartilhar suas atualizações individuais na planilha, o analista tem de selecionar a opção correspondente em Compartilhar Pasta de Trabalho, do menu Revisão, do Excel 2010.

Com relação a essa situação hipotética, Julgue.

08. O Word é o único programa do Microsoft Office que permite que mais de um usuário edite, simultaneamente, arquivos de texto.

Certo ( ) Errado ( )

Utilizando o Excel 2010, um analista desenvolveu e compartilhou com os demais servidores de sua seção de trabalho uma planilha eletrônica que pode ser editada por todos os servidores e que, ainda, permite a identificação do usuário responsável por realizar a última modificação. Para compartilhar suas atualizações individuais na planilha, o analista tem de selecionar a opção correspondente em Compartilhar Pasta de Trabalho, do menu Revisão, do Excel 2010.

Com relação a essa situação hipotética, Julgue.

09. A planilha poderá ser editada por mais de um servidor simultaneamente.

Certo ( ) Errado ( )

Acerca de aplicativos para edição de textos e planilhas e do Windows 10, julgue o próximo item.

10. Situação hipotética: Fábio, servidor do INSS, recebeu a listagem dos cinco últimos rendimentos de um pensionista e, para que fosse calculada a média desses rendimentos, ele inseriu os dados no LibreOffice Calc, conforme planilha mostrada abaixo.

	A
1	R$ 1.896,21
2	R$ 2.345,78
3	R$ 2.145,09
4	R$ 2.777,32
5	R$ 5.945,97
6	
7	

Assertiva: Nessa situação, por meio da fórmula =MED(A1:A5;5), inserida na célula A6, Fábio poderá determinar corretamente a média desejada.

Certo ( ) Errado ( )

Com relação às ferramentas e às funcionalidades do ambiente Windows, julgue o item que se segue.

11. A alça de preenchimento do Excel é utilizada para somar valores numéricos contidos em um conjunto de células selecionadas pelo usuário.

Certo ( ) Errado ( )

12. Em uma planilha que está sendo editada no Excel 2007, um triângulo vermelho no canto superior direito de uma célula indica que, naquela célula, há algum erro: por exemplo, se a célula tem uma fórmula matemática associada a ela, pode ser um erro nessa fórmula.

Certo ( ) Errado ( )

13. No Excel, os sinais de @ (arroba), + (soma), - (subtração) e = (igual) indicam ao programa o início de uma fórmula.

Certo ( ) Errado ( )

Gabaritos

01	ERRADO	08	ERRADO
02	CERTO	09	ERRADO
03	ERRADO	10	ERRADO
04	ERRADO	11	ERRADO
05	CERTO	12	ERRADO
06	ERRADO	13	CERTO
07	CERTO		

11. POWERPOINT 2016

O PowerPoint é o editor de Apresentações de Slides da Microsoft.

Atenção: algumas provas podem citar o termo slides em português: eslaide.

11.1 Tela de abertura

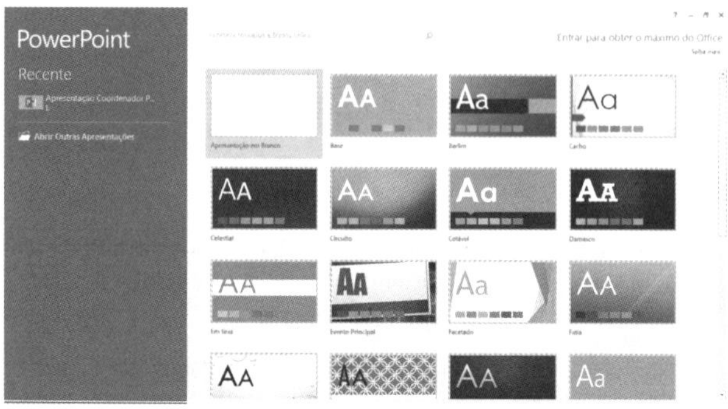

11.2 Tela de Edição

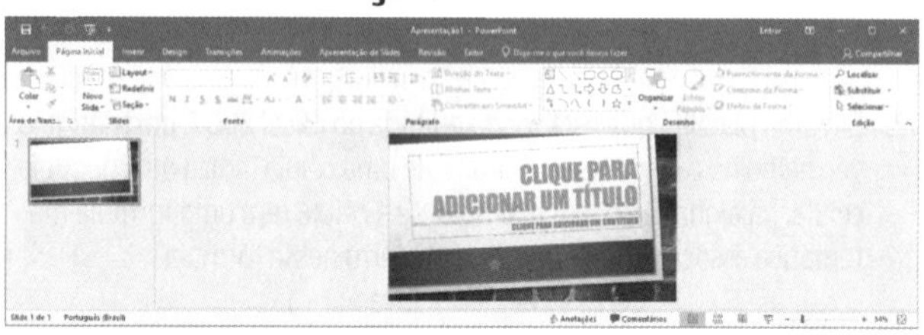

11.3 Formato de Arquivo

O PowerPoint possui dois formatos principais: um relacionado à edição dos slides (PPTX), e outro que abre diretamente no modo de exibição (PPSX).

11.4 Aba Página Inicial

Ao comparar a Página Inicial do Word com o PowerPoint, é possível notar algumas diferenças, como o bloco Slides e o Bloco Desenho, como também algumas diferentes opções nos Blocos Fonte e Parágrafo. A figura a seguir ilustra esta aba.

Contudo, é possível mudar o Layout (organização) de um slide mesmo após sua inserção, bastando para tanto selecionar o slide desejado e alterar seu layout pela opção Layout.

Já a opção Redefinir possibilita reestabelecer às configurações padrões de posicionamento, tamanho e formatação dos espaços reservados de um slide.

Bloco Fonte

O bloco Fonte apresenta as opções: sombra de texto e espaçamento entre caracteres que não aparecem no Word, como ilustra a figura a seguir.

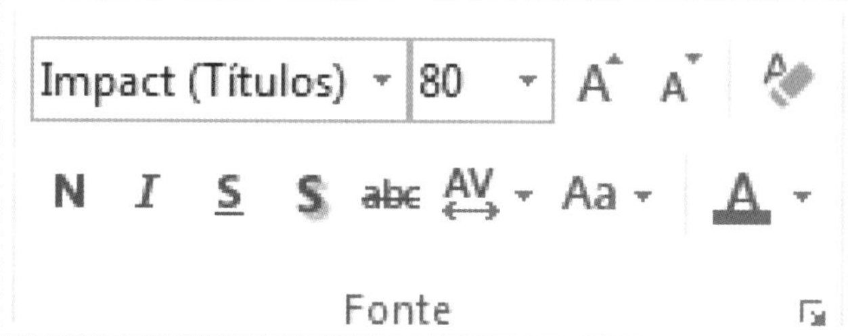

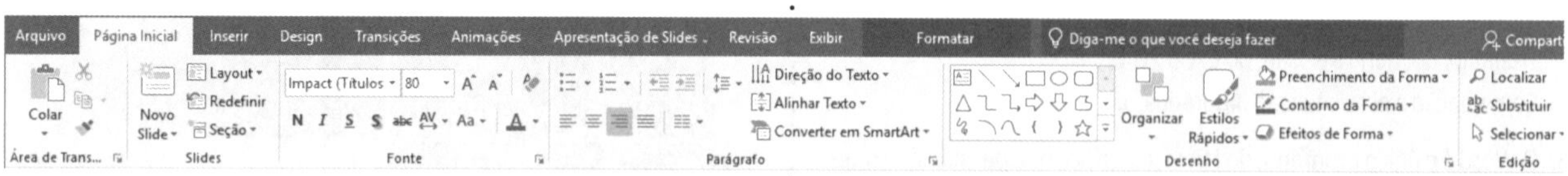

Bloco Slides

Este é um dos blocos mais utilizados. Atente à opção Novo Slide na figura a seguir, ela apresenta uma seta para baixo, o que significa que um menu Dropdown será aberto, conforme ilustra a figura da sequência, permitindo que seja selecionado o layout do slide a ser inserido.

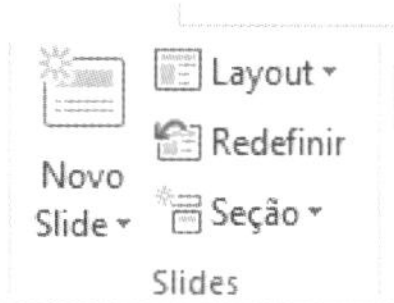

A opção Sombra indicada pela letra S mais espessa, conforme ilustrado a seguir, permite aplicar um efeito de sombra que confere um destaque ao texto, dando a impressão de volume.

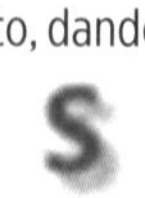

No PowerPoint também é possível alterar o espaço entre os caracteres de texto, a fim de distribuir melhor um texto em um slide. Para isso, basta selecionar o texto e a opção desejada junto à alça da opção Espaçamento Entre Caracteres, ilustrada a seguir.

Bloco Parágrafo

Neste bloco há novas funcionalidades, como: colunas, Direção do Texto, Alinhar Texto e Converter em SmartArt, como pode ser visualizado na figura a seguir.

A opção Colunas permite formatar uma caixa de texto selecionada para que exiba seu texto em diversas colunas. Para isso, pode-se utilizar a opção ilustrada a seguir.

A opção **Direção do Texto permite alterar a forma como um texto é exibido no PowerPoint**, a fim de causar um efeito mais chamativo. A opção Direção do Texto é ilustrada a seguir.

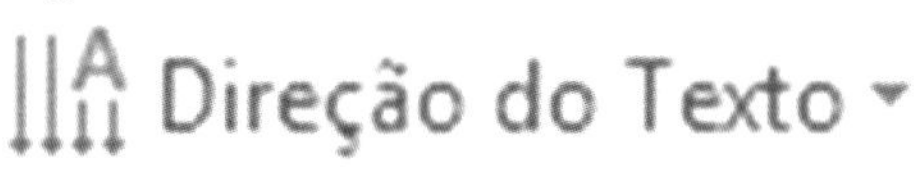

As opções encontradas ao clicar na opção Direção do Texto são: Horizontal; Girar em 90º; Girar em 270º e Empilhado, conforme ilustrado na sequência.

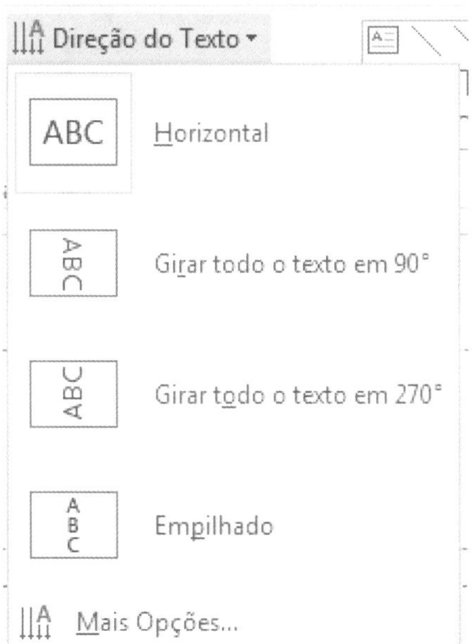

Também é possível alinhar o texto verticalmente na caixa de texto. Para isso, pode-se utilizar a opção Alinhar Texto, representada pela figura que se segue.

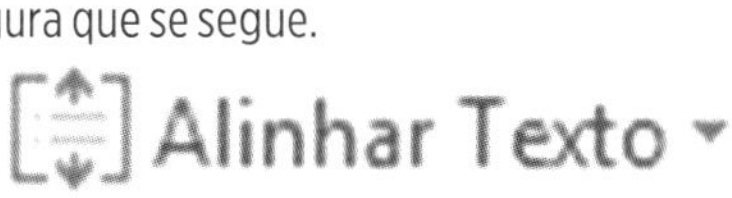

As opções são: Em Cima, no Meio e Embaixo.

O recurso SmartArt também existe no Word, contudo no PowerPoint é possível converter uma estrutura de um texto, em parágrafo ou tópicos, em um esquema do SmartArt.

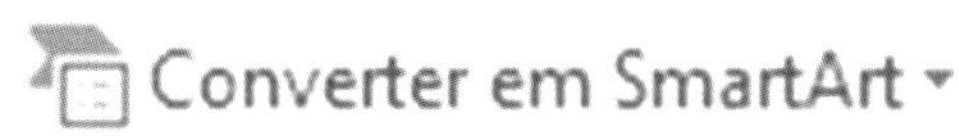

Algumas das opções possíveis são ilustradas na figura a seguir.

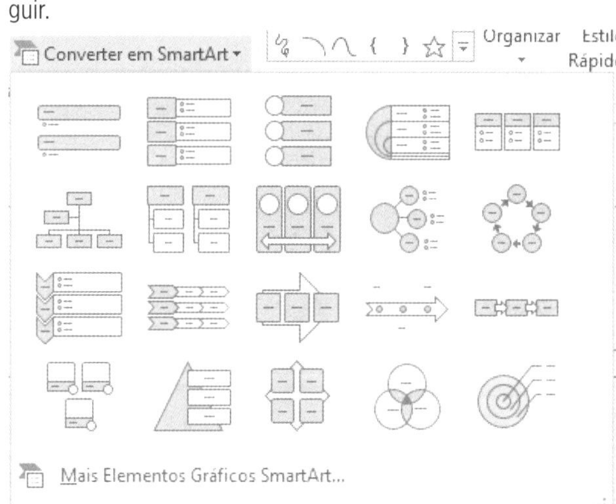

Bloco Desenho

O bloco Desenho é o substituto da barra de ferramentas de desenho encontrada no Microsoft Office 2003. Nele encontramos as mesmas opções e algumas a mais. A figura a seguir ilustra o bloco.

Formas

A opção Formas permite inserir um desenho no documento em edição que pode ser dimensionado e preenchido.

Algumas das opções de formas são ilustradas na figura a seguir.

Organizar

A opção Organizar oferece recursos de posicionamento dos objetos em relação a outros, como ordená-los um à frente do outro, ou seja, controlar a sobreposição dos itens. Como também podemos agrupar os itens para movimentá-los e dimensioná-los de maneira uniforme.

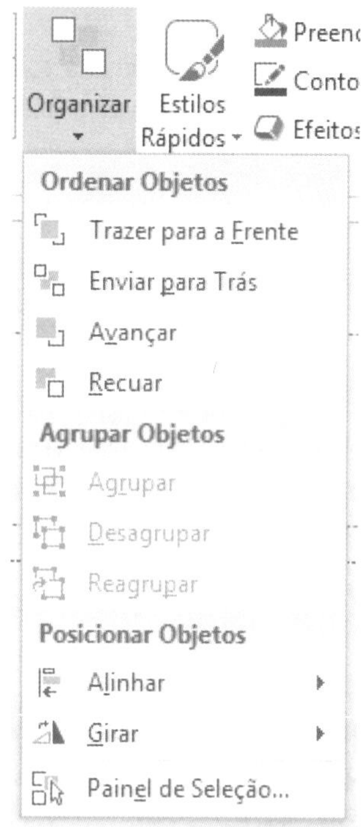

Efeitos

Os efeitos são recursos do Office 2007 que permitem atribuir mais vida às estruturas, como a possibilidade de formatar uma imagem de modo que ela pareça um botão utilizando o efeito Bisel.

Bloco Edição

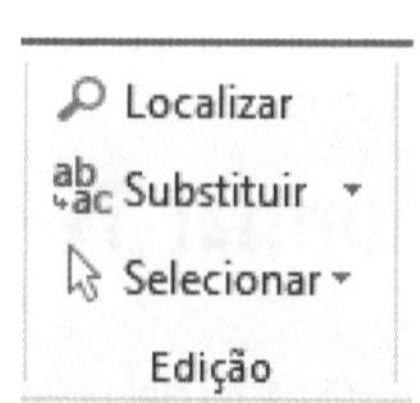

11.5 Aba Inserir

Na aba Inserir são disponibilizadas inúmeras opções de estruturas que podem ser inseridas na apresentação em edição, conforme ilustrado a seguir.

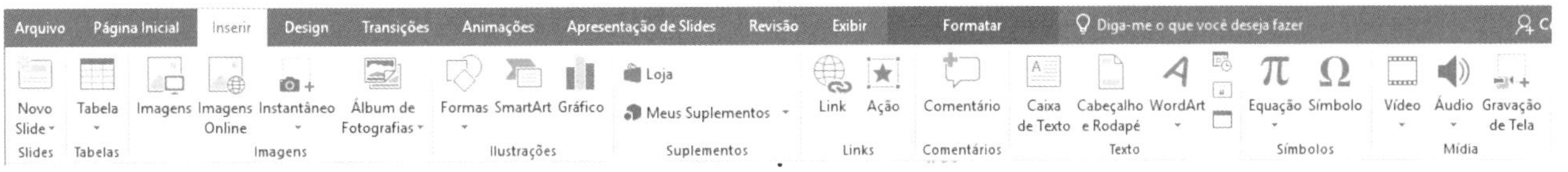

A grande maioria das opções também é encontrada no Word, todavia, as opções Novo Slide, Álbum de Fotografias, Ação, número do Slide, Vídeo e Áudio são específicas do editor de apresentação de slides.

Vale também destacar que a estrutura de cabeçalho e rodapé de um slide é diferente daquela do editor de texto. Observe que o botão apresenta a característica das duas funções em um.

Álbum de fotografias

Pode-se enfatizar a opção Álbum de Fotografias, opção que permite criar rapidamente, por meio da seleção de uma pasta contendo as imagens um álbum de fotos, colocando apenas uma foto por slide ou mais.

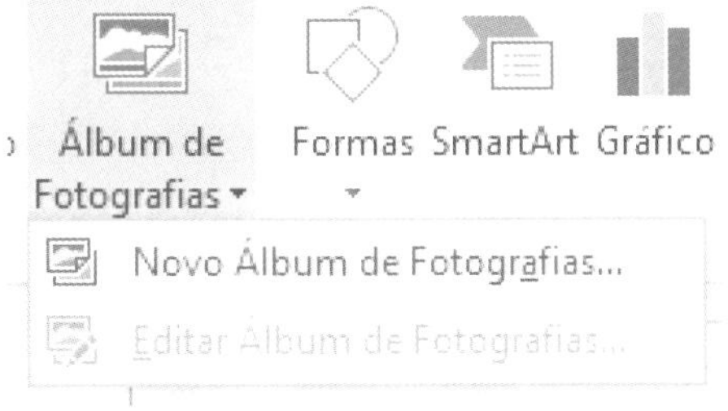

SmartArt

O recurso SmartArt permite criar esquemas organizacionais; tal recurso passou a existir a partir da versão 2007 do MsOffice

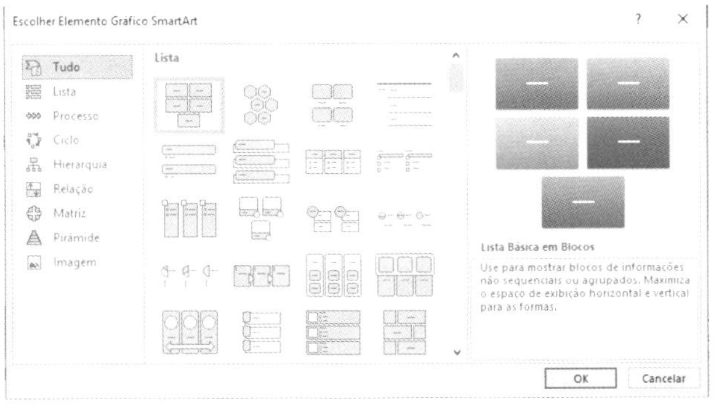

Gráficos

Com relação aos gráficos, apenas lembre-se de que eles necessitam de uma planilha com os dados que serão representados no gráfico.

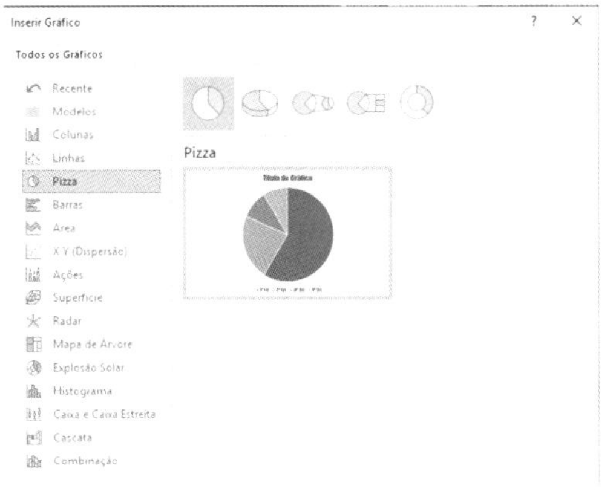

Ação

Por meio do botão Ação, podemos criar interações em meio à apresentação de slides, como navegar de modo aleatório entre os slides.

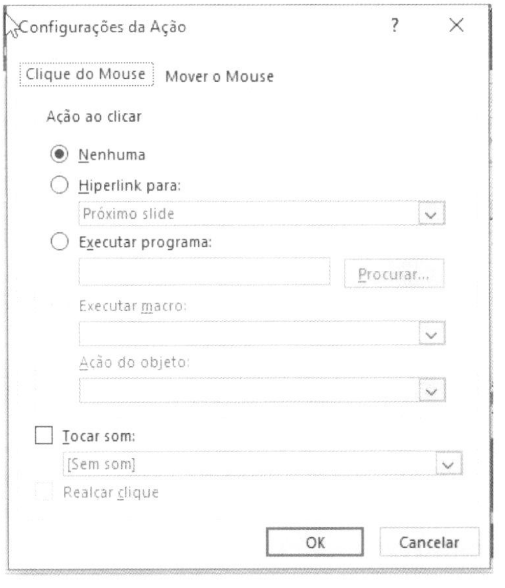

Cabeçalho e Rodapé

Cuidado com a estrutura de cabeçalho e rodapé, pois no Word ela opera de modo diferente do que no PowerPoint. Nos slides também podemos trabalhar com rodapé, mas não cabeçalhos, apesar de a ferramenta possuir este nome. Na verdade, é porque o cabeçalho pode ser inserido no formato das anotações e folhetos, como mostra a segunda figura que ilustra a aba **Anotações e Folhetos.**

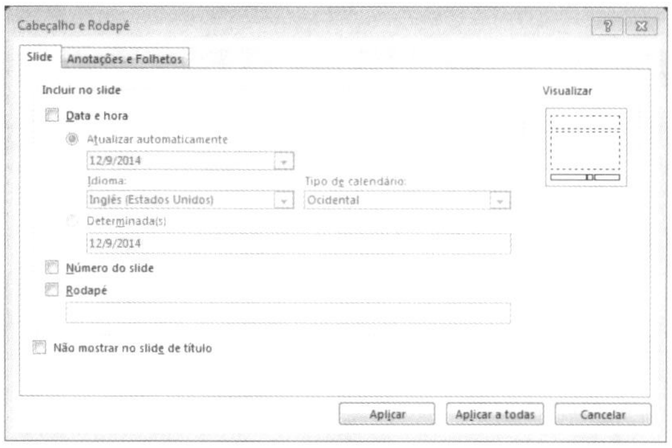

Observe ainda que existem espaços específicos para cada campo: o canto esquerdo inferior é reservado para a Data e Hora, enquanto que o rodapé ocupa o espaço ao centro e o número de slide à direita.

Contudo, este posicionamento pode variar de acordo com o Design usado na apresentação, ou seja, de acordo com a formatação do Slides Mestre.

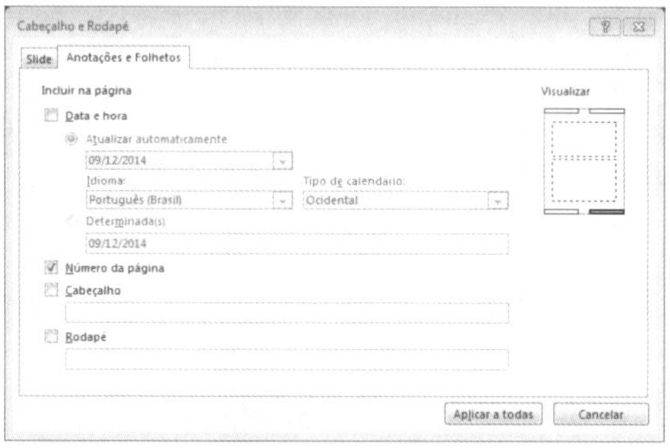

Já nos folhetos e anotações, o cabeçalho ocupa o canto superior esquerdo, enquanto que o rodapé usa o campo inferior esquerdo. Na posição superior direita, podemos exibir a data e a hora, enquanto que no canto inferior direto, temos o espaço para o número da página.

Bloco Mídia

Aqui, notamos que é possível inserir em uma apresentação de slides um filme. como também um arquivo de áudio.

Uma outra novidade da versão 2016 é a opção Gravação de Tela, que permite gravar a tela inteira ou apenas uma área selecionada. Incluindo ou não o ponteiro do mouse e som, normalmente alguma narração.

11.6 Aba Design

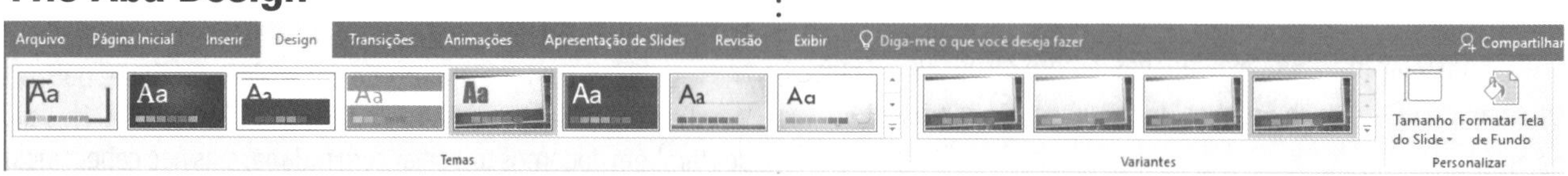

Por meio desta aba, é possível mudar a configuração de um slide, colocando-o com orientação diferente do padrão, paisagem, ou mesmo mudar suas dimensões, bem como alterar o conjunto de cores de fundo e fontes por meio dos temas.

11.7 Aba Transações

Na Aba Transições, encontram-se as opções referentes à troca dos slides durante a apresentação. No Office 2016, não há novas transições se comparado à versão anterior. Contudo, a renderização passou por melhorias para que os efeitos possuam uma melhor qualidade visual. Também é possível configurar tempos para cada slide e para o efeito de transição, por meio das opções disponibilizadas no bloco Intervalo.

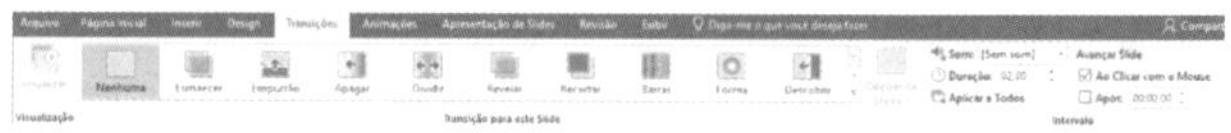

Efeitos de Transição

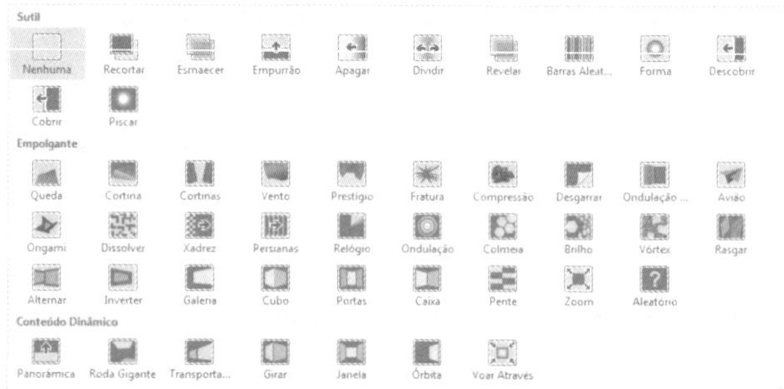

11.8 Aba Animações

Já na aba animações são encontradas opções que podem ser aplicadas a elementos em um slide, como figuras e textos. Da mesma maneira que é possível configurar o tempo de uma troca de slides, é possível configurar a duração de uma animação.

Efeitos de Animações

Os efeitos de animação são organizados em 4 grupos: Entrada, Ênfase, Saída e Caminhos de Animação, sendo os 3 primeiros os principais.

É possível utilizar mais de um efeito por objeto, porém é necessário usar a opção Adicionar Animação caso já tenha aplicado alguma ao elemento, pois se for apenas selecionada outra animação, ela irá substituir o efeito selecionado anteriormente.

11.9 Aba Apresentação de Slides

Na Aba apresentação podemos configurar a apresentação como um todo.

A opção do começo exibe a apresentação de slides a partir do primeiro Slide. A tecla de atalho correspondente é a tecla F5, já a opção do Slide atual exibe a apresentação a partir do slide selecionado, a tecla de atalho para esta opção é SHIFT + F5.

O PowerPoint 2016 é integrado com recursos Online, como a opção Apresentar Online, que possibilita disponibilizar uma apresentação de slides para que possa ser visualizada via Internet enquanto é exibida. Para tanto, é necessário utilizar uma Windows Live ID.

Outra opção Interessante é a opção Modo de Exibição de apresentador, que permite a um monitor e um projetor, ou mesmo dois monitores conectados ao computador, exibir a apresentação em um (normalmente no projetor) e no outro monitor uma tela de acompanhamento que exibe as anotações de cada slide, a sua miniatura e o tempo decorrido do início da apresentação.

Bloco Configurar Apresentação

Configurar Apresentação de Slides

A configuração de uma apresentação permite definir se a apresentação será exibida em tela inteira ou na forma de janela, bem como a forma de avanço dos slides e quais serão os slides.

Ocultar Slide

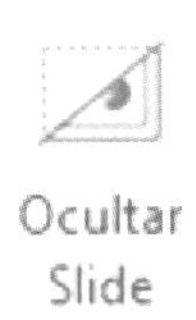

Essa opção permite ocultar o slide selecionado; tal slide também não é exibido na apresentação.

Testar Intervalos

Esse recurso é muito utilizado para animações com textos com transição automática. Uma vez acionada essa função, a apresentação de slides é iniciada e, a cada vez que um slide é avançado, o tempo é gravado a fim de que esse tempo seja usado na exibição dos slides.

Modo Apresentador

Outra opção Interessante é a opção modo de exibição de apresentador, que permite a um monitor e um projetor, ou mesmo dois monitores conectados ao computador, exibir a apresentação em um (normalmente no projetor) e no outro monitor uma tela de acompanhamento que exibe as anotações de cada slide, a sua miniatura e o tempo decorrido do início da apresentação.

11.10 Aba Revisão

A aba Revisão do PowerPoint apresenta as mesmas opções que o Word. Portanto, a probabilidade é que, seja cobrada alguma função em questões sobre o editor de texto, por conta da sua relevância.

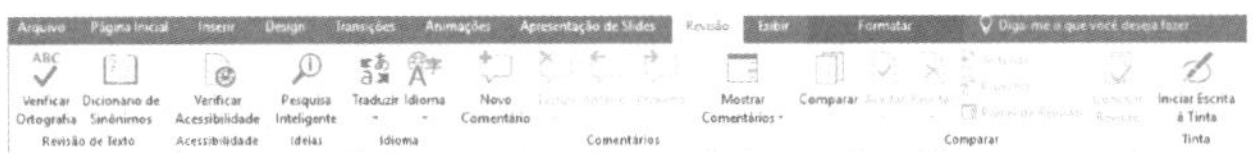

11.11 Aba Exibir

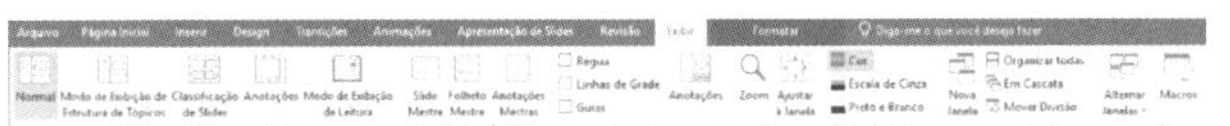

No PowerPoint, temos os seguintes modos de exibição que podem ser selecionados mediante a Aba Exibição.

Normal

O modo normal é o modo padrão de edição. Neste modo, a finalidade é a edição dos slides. Na lateral esquerda são exibidas as miniaturas dos slides em edição. É importante notar que há uma linha bem sutil abaixo do slide principal (em edição) que se encontra com a linha que separa as miniaturas. Essa linha pode ser movida para cima, a fim de exibir o espaço das anotações do slide. Também é possível clicar na opção Anotações que está na barra de Status.

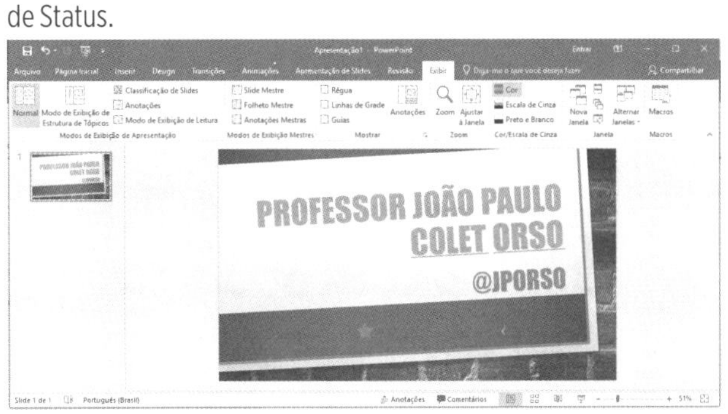

Estrutura de Tópicos

A principal característica desse modo é não apresentar características visuais, como imagens ou plano de fundo. Observe que esse modo altera apenas a visualização do painel à esquerda. Nele são indicados os slides e cada parágrafo é apresentado como um tópico.

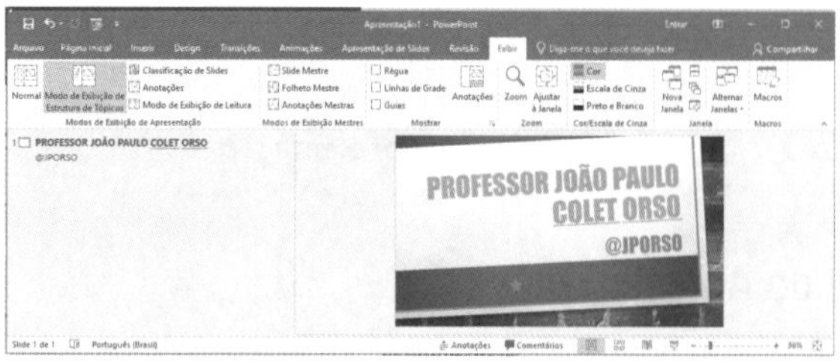

Classificação de Slides

Este modo de visualização é útil para reordenar os slides da apresentação, visualizando-os em miniatura.

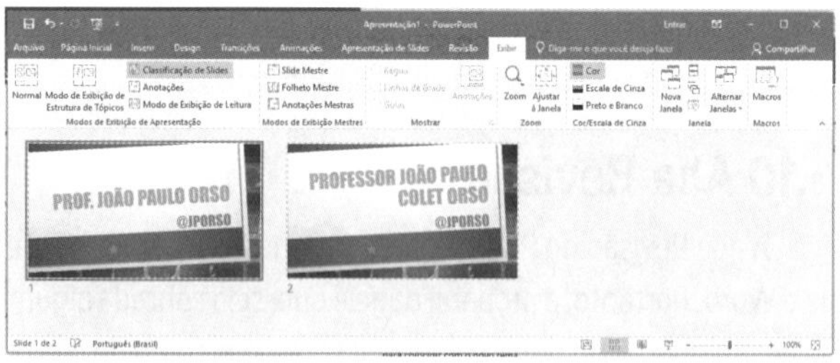

Anotações

Esta opção permite que sejam inseridas anotações que podem ser impressas, porém que não aparecem no momento da apresentação de slides.

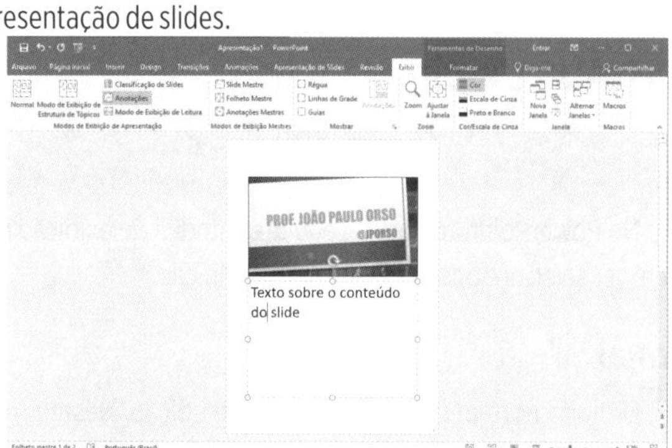

11.12 Slide Mestre

Por meio do **Slide Mestre é possível alterar os espaços reservados para os slides, os cabeçalhos e os rodapés**.

Mediante o **Folheto Mestre** é possível alterar cabeçalhos e rodapés.

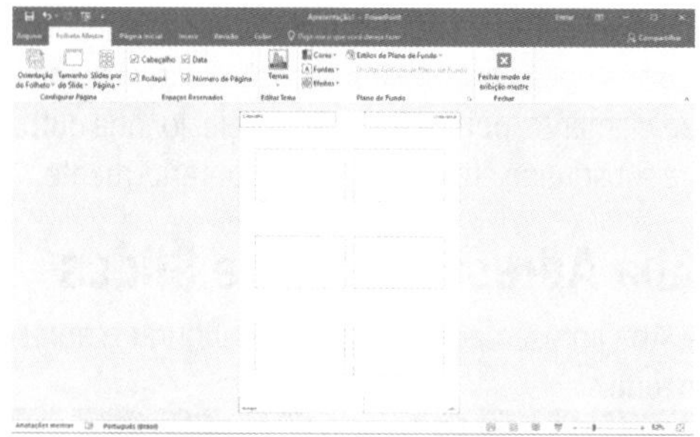

Já nas **Anotações Mestras podemos alterar os espaços reservados para os slides, as anotações, os cabeçalhos e** os rodapés.

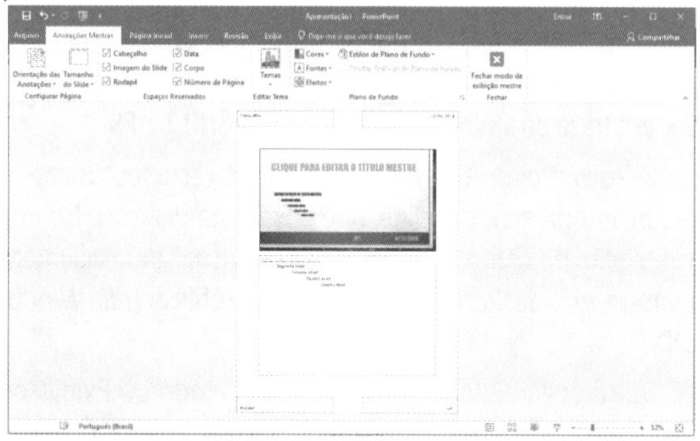

Questões

Julgue o próximo item, relativo aos aplicativos para edição de textos, planilhas e apresentações do ambiente Microsoft Office 2013.

01. Uma apresentação criada no PowerPoint 2013 não poderá ser salva em uma versão anterior a esta, visto que a versão de 2013 contém elementos mais complexos que as anteriores.

Certo ( ) Errado ( )

Com relação ao sistema operacional Windows e ao ambiente Microsoft Office, julgue o item a seguir.

02. No PowerPoint 2010, ao selecionar a opção Salvar e Enviar no menu Arquivo e, em seguida, a opção Criar vídeo, o usuário poderá converter uma apresentação de eslaides em vídeo para publicação na Web ou em outras mídias e ajustar, se necessário, o tamanho do arquivo multimídia e a qualidade do vídeo.

Certo ( ) Errado ( )

Acerca do pacote Microsoft Office, julgue o item a seguir.

03. Arquivos do PowerPoint salvos no formato de apresentação de eslaides (pps/ppsx) são, automaticamente, abertos no modo de exibição e, nessa condição, não podem ser editados.

Certo ( ) Errado ( )

Com relação à informática, julgue o item que se segue.

04. Em um texto ou imagem contido em eslaide que esteja em edição no programa Libre Office Impress, é possível, por meio da opção Hyperlink, criar um link que permita o acesso a uma página web.

Certo ( ) Errado ( )

Com relação ao PowerPoint, programa utilizado para produzir apresentações de eslaides, julgue o item que se segue.

05. É possível imprimir um arquivo salvo em formato PPT agrupando-se, no máximo, três eslaides por página.

Certo ( ) Errado ( )

06. Com relação ao PowerPoint, programa utilizado para produzir apresentações de eslaides, julgue o item que se segue.A partir de um conjunto de estilos e temas, é possível escolher o formato dos eslaides de uma apresentação.

Certo ( ) Errado ( )

07. Com relação ao PowerPoint, programa utilizado para produzir apresentações de eslaides, julgue o item que se segue.O PowerPoint oferece muitos recursos para a elaboração de uma apresentação de eslaides, sendo possível, utilizando-se esse programa, criar uma apresentação de eslaides personalizada.

Certo ( ) Errado ( )

08. Com relação ao PowerPoint, programa utilizado para produzir apresentações de eslaides, julgue o item que se segue.Para se criar uma apresentação, cada eslaide deve ser salvo como um arquivo separado e, posteriormente, devem-se agrupar os eslaides salvos, por meio de um arquivo em formato de vídeo.

Certo ( ) Errado ( )

09. Com relação ao PowerPoint, programa utilizado para produzir apresentações de eslaides, julgue o item que se segue.Não é permitido incluir outros arquivos do Microsoft Office em uma apresentação, exceto os salvos em formatos de imagens GIF ou JPEG.

Certo ( ) Errado ( )

10. Com relação ao Microsoft PowerPoint, julgue o item que se segue.A inclusão de autoformas permite que o usuário crie apenas novos desenhos para serem inseridos na apresentação de maneira customizada.

Certo ( ) Errado ( )

11. Com relação ao Microsoft PowerPoint, julgue o item que se segue.Ao inserir um novo eslaide em uma apresentação já existente, o usuário poderá selecionar o tema.

Certo ( ) Errado ( )

12. Com relação ao Microsoft PowerPoint, julgue o item que se segue. Ao se criar uma nova apresentação, o leiaute dos eslaides poderá ser previamente escolhido sendo possível alterá-lo depois de salvo.

Certo ( ) Errado ( )

13. Com relação ao Microsoft PowerPoint, julgue o item que se segue.A ferramenta Pincel é utilizada para pintar o conteúdo de uma caixa de texto ou de imagem.

Certo ( ) Errado ( )

14. Com relação ao Microsoft PowerPoint, julgue o item que se segue.A área de transferência é utilizada para armazenar conteúdos que foram apagados dos eslaides para uso posterior, se necessário.

Certo ( ) Errado ( )

15. Com relação às ferramentas e às funcionalidades do ambiente Windows, julgue o item que se segue.
No Microsoft Power Point, para se utilizar um dos temas de modelos de leiaute de eslaides, é necessário seguir a formatação adotada pelo estilo selecionado, não sendo possível, por exemplo, alterar o tipo de fonte e de cores, ou inserir outros efeitos.

Certo ( ) Errado ( )

Gabaritos

01	ERRADO	09	ERRADO
02	CERTO	10	ERRADO
03	CERTO	11	CERTO
04	CERTO	12	CERTO
05	ERRADO	13	ERRADO
06	CERTO	14	ERRADO
07	CERTO	15	ERRADO
08	ERRADO		

12. BROFFICE WRITER – EDITOR DE TEXTO

12.1 Formatos de Arquivos

Quando se fala nos editores do BrOffice (Libre Office), devemos conhecer seus formatos de arquivos padrões, ou seja, o formato com o qual será salvo um arquivo ao acionar a opção **Salvar Como.**

A suíte de aplicativos como um todo possui um formato genérico ODF (Open Document File – Formato de Documento Aberto). Assim, é, possível no editor de texto, salvar neste formato, bem como no Calc e Impress.

No entanto, o formato específico do Writer é o ODT (Open Document Text). As provas costumam relacionar os formatos com as versões dos editores. Então, vale lembrar que o Word2003 não consegue trabalhar com esse formato de arquivo. Mas, pelo Writer, é possível salvar um documento de modo que ele possa ser aberto pelo Word 2003, ou seja, é possível salvar nos formatos DOC e DOCX. Em relação ao Word 2007 e 2010, por padrão, esses programas conseguem abrir e salvar arquivos no formato ODT.

12.2 Formatação de Texto

A principal finalidade do Writer é editar textos. Portanto, suas principais ferramentas são para a formatação de documentos. Podemos encontrar essas opções de formatação por meio de quatro caminhos:

Barra de Ferramentas de Formatação

Menu Formatar

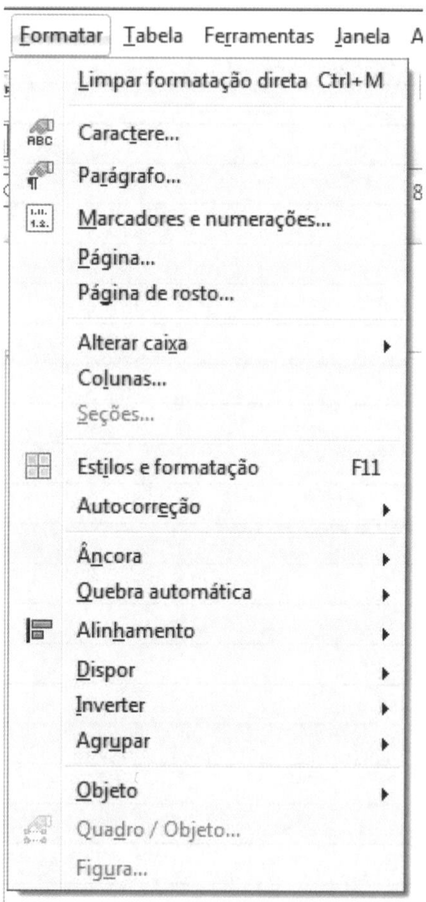

Atalhos

Botão Direito do Mouse

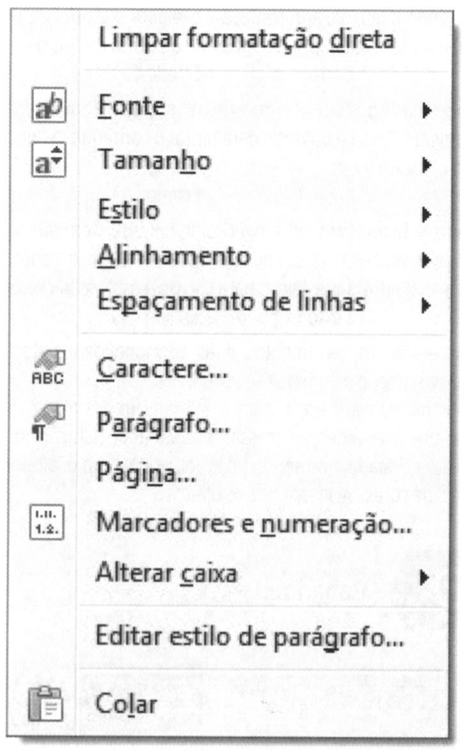

Menu Formatar

Caractere

Ao acionar esta opção, será aberta a janela ilustrada a seguir, por meio da qual podemos formatar as propriedades de fonte, como tipo/nome, estilo e tamanho e, pela aba Efeitos de Fonte, alterar a cor da fonte.

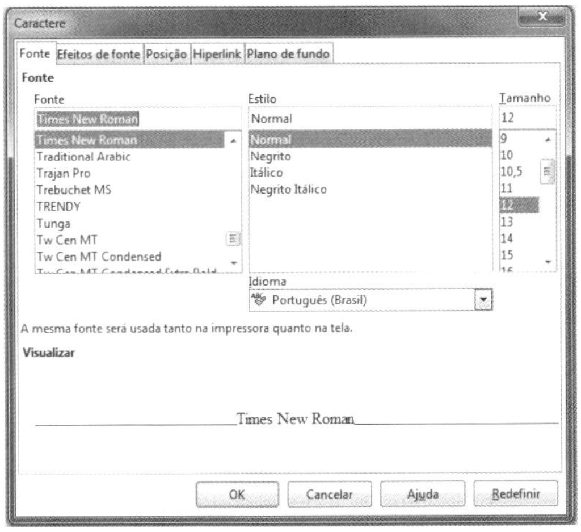

Parágrafo

As propriedades de Parágrafo englobam opções como recuos, espaçamento e alinhamentos, conforme ilustrado nas figuras na sequência:

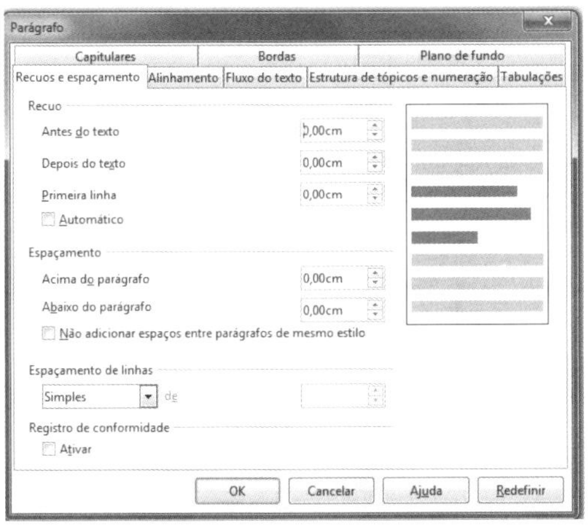

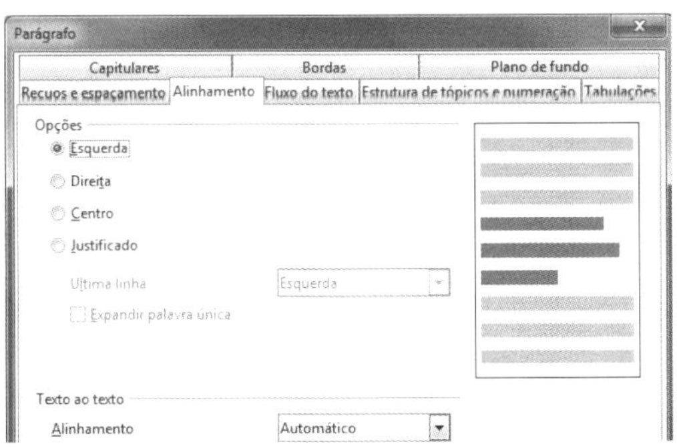

Marcadores e Numeração

Fique atento à identificação de uso deste recurso, pois, pelo menu Formatar, elas estão descritas em conjunto. Porém, na barra de Ferramentas padrão elas são apresentadas em dois botões separados.

Ao acionar a opção pelo menu Formatar, a janela aberta apresenta os Marcadores em uma guia e a numeração em outra, conforme ilustram as duas figuras da sequência:

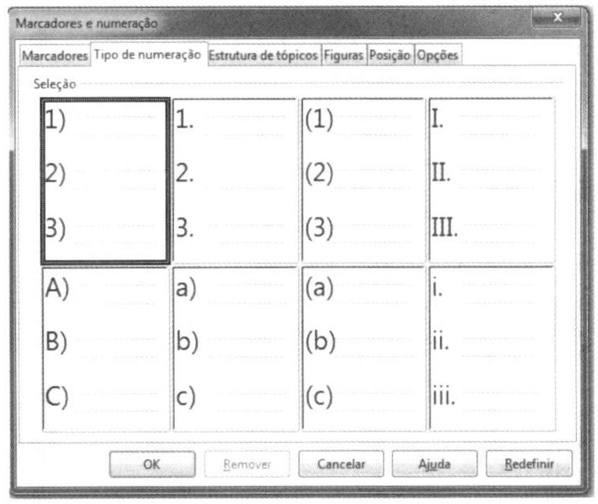

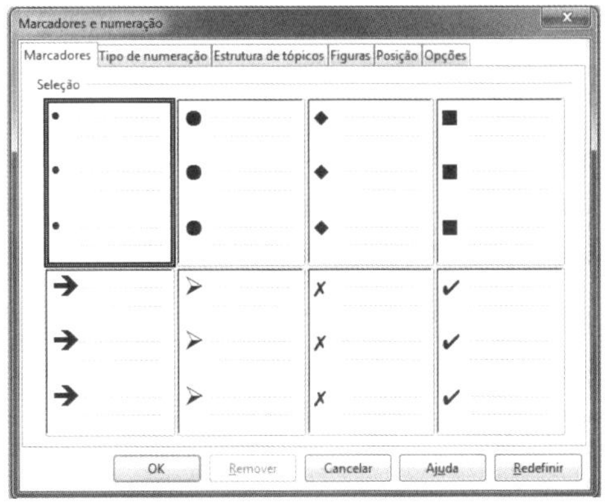

Página

Nesta opção, encontramos os recursos equivalentes aos encontrados na opção Configurar Página do Word, como dimensões das margens, dimensões de cabeçalho e rodapé, tamanho do papel e orientação da página. A imagem a seguir ilustra parte dessa janela:

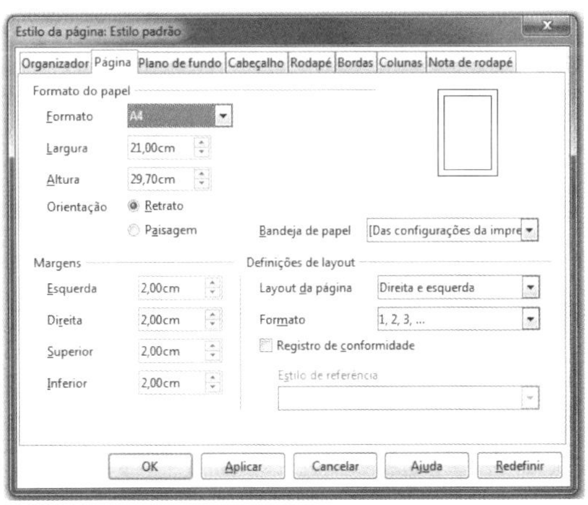

Página de Rosto

Por meio deste recurso, é possível inserir páginas em uma seção separada, para que, de uma forma mais simples, sejam trabalhadas com cabeçalhos e rodapés diferentes em um mesmo documento, mais especificamente, no que tange à numeração de páginas.

Alterar Caixa ►

Equivalente à opção Maiúsculas e Minúsculas do Word, essa opção permite alterar a forma do caractere de texto. É importante conhecer as cinco opções desse recurso, conforme ilustrado a seguir:

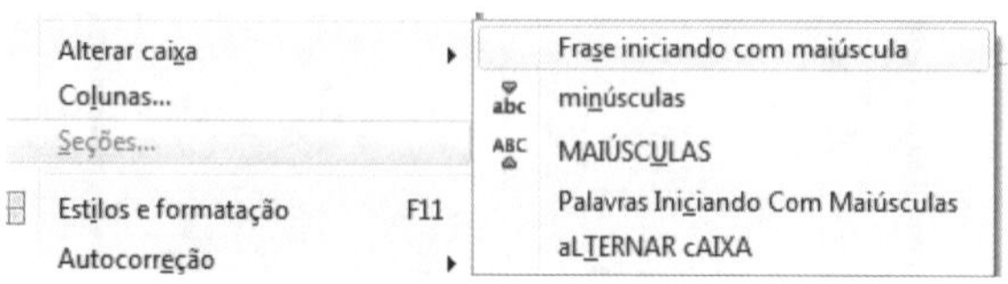

Estilos de Formatação (F11)

Por essa opção, podemos definir estilos de formatação para o texto selecionado, como título 1, título 2, título 3, entre outros, para que a edição do documento seja mais prática, além de favorecer a padronização.

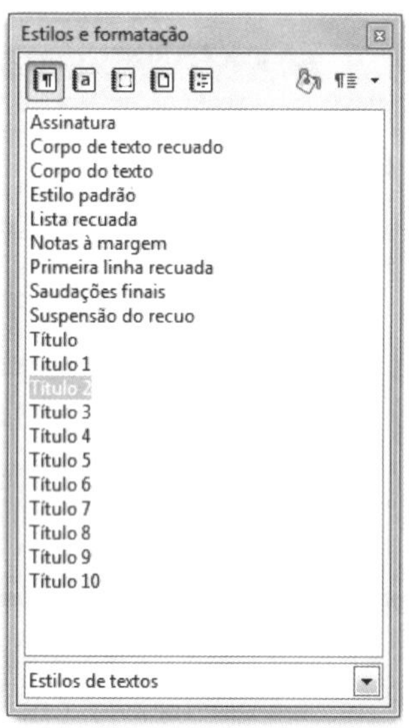

Ferramentas de Formatação

Caractere

O campo descrito por Times New Roman define a grafia com que o texto será escrito, a exemplo: ARIAL, TIMES, Vivaldi . Este campo também é conhecido como Tipo/Nome da Fonte.

Negrito (CTRL + B)

Itálico (CTRL + I)

Sublinhado (CTRL + U)

Cor da Fonte

Realçar (exemplo do efeito)

Parágrafo

Alinhamento à Esquerda (CTRL + L)

Alinhamento Centralizado (CTRL + E)

Alinhamento à Direita (CTRL + R)

Alinhamento Justificado (CTRL + J)

Ativar/Desativar Numeração (F12)

Ativar/Desativar Marcadores (Shift + F12)

Diminuir o Recuo

Aumentar o Recuo

Tabulações

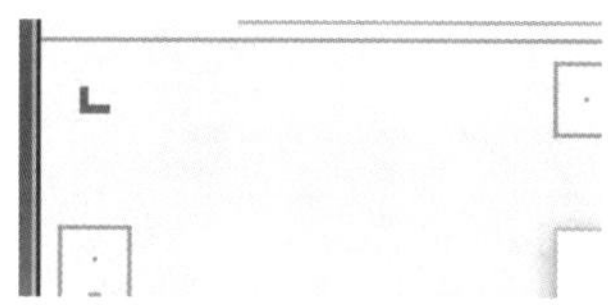

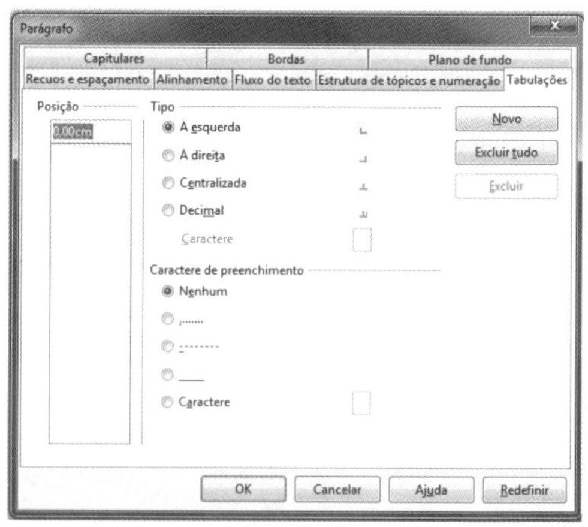

¶ Caracteres não imprimíveis (CTRL + F10)

Exibe as marcas de edição, que, como o próprio nome já informa, não aparecem na impressão. Essas marcações são úteis para um maior controle do documento em edição, como ilustrado a seguir. Os pontos à meia altura da linha representam um espaço e o mesmo símbolo do botão indica o final de um parágrafo. Assim, no exemplo a seguir, existem dois parágrafos.

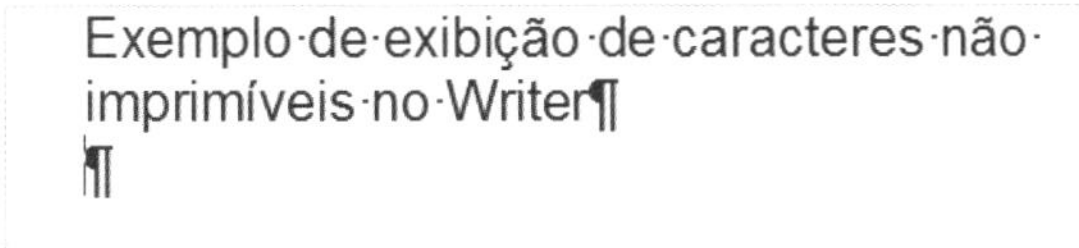

Cor do Plano de Fundo

Atenção para não confundir a cor do fundo do parágrafo com a ferramenta Realçar, pois a função Realçar aplica uma cor ao fundo do texto selecionado, enquanto que a opção do Plano de Fundo aplica ao parágrafo, mesmo que tenha sido selecionada apenas uma palavra.

Estilos e Formatação (F11)

Por meio deste botão ou pela tecla de atalho, é exibido o painel de estilos que oferece diversos estilos para a formatação do texto, por exemplo: Título 1, título 2, título 3, entre outros. A imagem a seguir ilustra o painel:

Além desse painel, também é possível escolher e aplicar um estilo por meio do Campo Estilos, ilustrado a seguir, presente na barra de ferramentas de formatação logo à esquerda do campo do tipo da fonte.

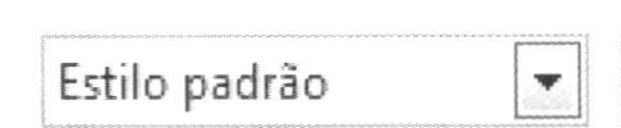

Os estilos de formatação são importantes estruturas na edição de um texto, principalmente se for necessário trabalhar com sumário, pois para utilizar o recurso de sumário, de forma que ele seja automático, é necessário utilizar os estilos de título.

Pincel de Estilo

A ferramenta de Pincel de Estilo serve para copiar apenas a formatação. Ela não copia textos, apenas as suas características, como cor da fonte, tamanho, tipo de fonte entre outras, com o intuito de aplicar em outro trecho de texto.

O funcionamento da ferramenta parte de uma seleção prévia do trecho de texto que possui a formatação desejada, clicar no botão pincel de estilo, na sequência selecionar o trecho de texto ao qual se deseja aplicar as mesmas formatações, como que pintando a formatação. Ao terminar a seleção o texto selecionado já estará formatado tal qual o selecionado inicialmente, e o mouse volta ao normal para a edição.

12.3 Ferramentas

Exportar Diretamente como PDF

O BrOffice como um todo possui este recurso que permite gerar um arquivo PDF a partir do documento em edição. A janela aberta por este botão é muito similar à janela de Salvar Como, em que se deve apontar o local onde o arquivo será salvo e com qual nome se deseja salvá-lo.

Imprimir Arquivo Diretamente

Este é um recurso diferente da impressão habitual pelo atalho CTRL+P. Essa ferramenta de impressão direta manda o arquivo diretamente para a impressora que estiver definida, pelo painel de controle, como padrão, usando as propriedades padrão de impressão.

Visualizar Página

Este é simplesmente o recurso de visualizar o que será impresso, útil para ter uma maior noção de como ficarão distribuídas as informações no papel.

Ortografia e Gramática (F7)

Essa ferramenta exibe uma janela, ilustrada a seguir, por meio da qual é possível corrigir as palavras "erradas" no texto. Erradas porque na verdade, são indicadas as palavras não conhecidas pelo dicionário do programa. Uma vez que ela esteja correta, é possível acrescentá-la ao dicionário.

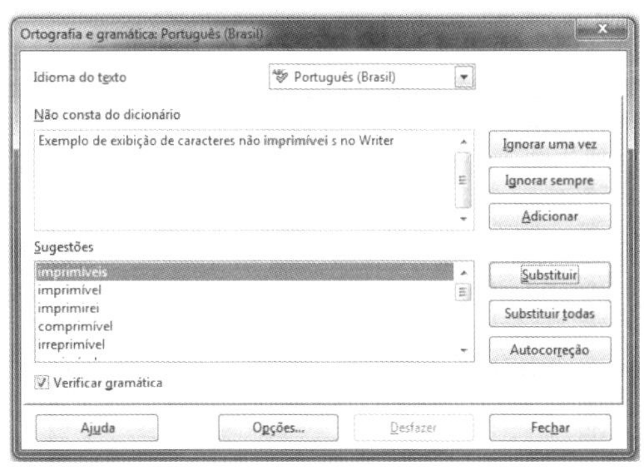

Autoverificação Ortográfica

A Autoverificação é uma ferramenta presente apenas no BrOffice, cuja finalidade é apenas habilitar ou desabilitar a exibição do sublinhado vermelho das palavras desconhecidas.

Navegador (F5)

O Navegador tem aparecido nas provas apenas a título de conhecimento de seu nome, associado ao símbolo e atalho. Essa ferramenta é um recurso para navegar no texto, a partir das suas estruturas, como títulos, tabelas, figuras e outros itens que podem ser visualizados na figura a seguir:

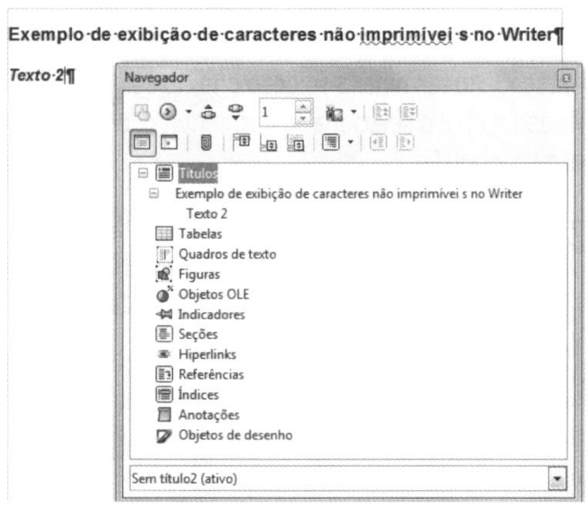

Galeria

O recurso Galeria tem peso similar ao Navegador nas provas. Acionar essa ferramenta resulta na exibição do painel ilustrado a seguir, por meio do qual é possível inserir, em meio ao documento, estruturas de navegação Web, como botões, sons e outros itens.

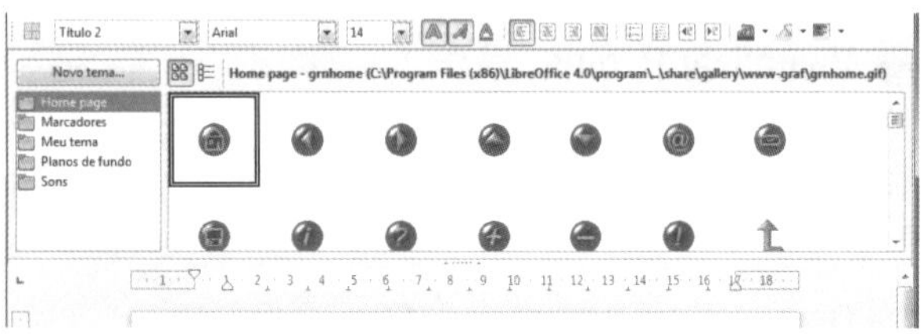

Tabela (CTRL + F12)

O botão Tabela pode ser usado de duas maneiras. Clicando no desenho da tabela, é aberta a janela ilustrada a seguir. Caso seja clicado na flecha, é exibido um reticulado, pelo qual é possível selecionar a quantidade de células que se deseja criar numa tabela.

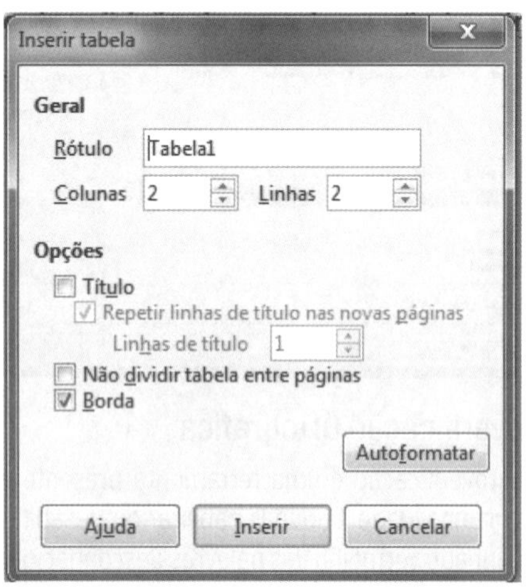

Formatar → Página

Aba Página

A aba Página é a principal da janela de formatação de página. A figura a seguir ilustra essa aba. Observe que as margens estão definidas por padrão em 2cm, e que o tamanho do papel padrão é o A4.

Também é possível determinar a orientação da página. Vale lembrar que, em um mesmo documento, é possível intercalar páginas com orientações diferentes. Para isso, devem ser utilizadas seções.

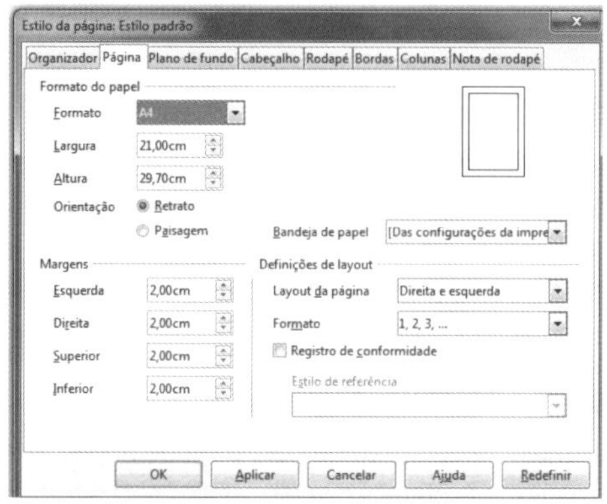

12.4 Barra de Menus

A seguir, é ilustrada a Barra de Menus e, por meio dela, temos acesso a quase todas as funcionalidades do programa. Observe que cada menu possui uma letra sublinhada. Por exemplo, o menu Arquivo possui a letra A sublinhada, essa letra sublinhada é a letra que pode ser utilizada após pressionar a tecla ALT, com o intuito de abrir o devido menu. Não é uma combinação necessariamente simultânea. Ela pode ser sequencial, ou seja, teclar ALT soltar e então pressionar a letra.

Menu Arquivo

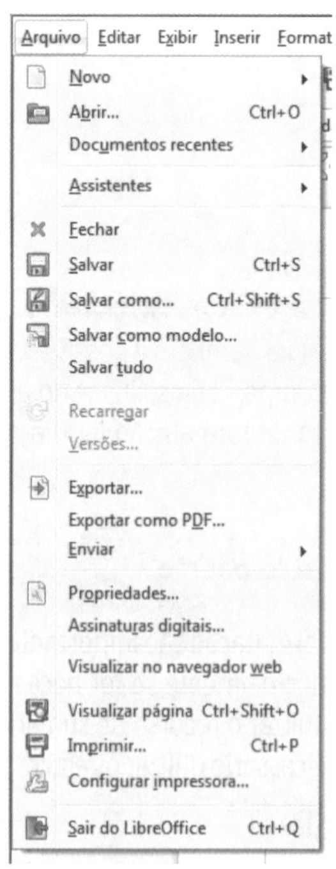

Novo ►

Dentre as opções do menu Arquivo, damos destaque para a opção **Novo. Ela aponta a característica do BrOffice de ser uma suíte de aplicativos integrada, pois, mesmo estando no Writer, é possível criar uma planilha do Calc. No entanto, ao escolher na**

opção Novo, uma planilha será criada no Calc. Porém, ao realizar o acesso por meio deste caminho, o Calc é carregado mais rapidamente do que se o BrOffice estivesse fechado.

Para criar um Novo Documento em Branco podemos também utilizar a opção do atalho CTRL + N.

Abrir (Ctrl + O)

Permite abrir um arquivo existente em uma unidade de armazenamento, navegando entre os arquivos e pastas.

Documentos Recentes ►

Exibe a lista com os últimos documentos abertos, como também aqueles salvos, no Writer, com o intuito de fornecer um acesso mais rápido a eles.

Assistentes ►

Conforme ilustrado a seguir, existem vários assistentes no BrOffice. Eles são nada mais do que procedimentos realizados em etapas, a fim de auxiliar na criação ou estruturação de informações.

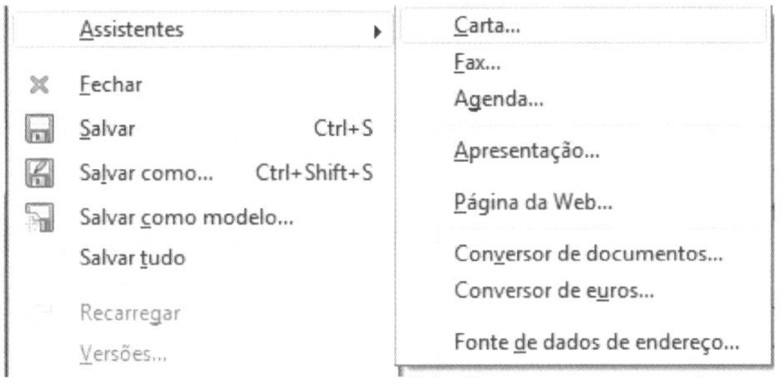

Fechar

A opção Fechar serve para fechar apenas o documento em edição, mantendo o programa aberto. Tem como teclas de atalho CTRL+W ou CTRL + F4.

Salvar

A opção Salvar apenas se preocupa em salvar as últimas alterações realizadas em um documento em edição. Seu atalho é CTRL + S no Writer. Mas essa opção possui uma situação de exceção, quando o arquivo em edição é novo, ou seja, que nunca tenha sido salvo. Essa opção salvar corresponde à opção Salvar Como.

Salvar Como

Esse recurso tem como princípio gerar um novo arquivo. Assim, se um arquivo for aberto e sejam realizadas várias alterações, sem salvar, e utilizar o comando Salvar Como, será aberta uma janela em que se solicita o local desejado e o nome do arquivo. Também é possível alterar o tipo de documento, após salvá-lo. O documento que fica em edição é o que acabou de ser salvo. O arquivo aberto inicialmente é apenas fechado, sem nenhuma alteração.

Salvar como Modelo

Podemos criar um documento-base para outros documentos, utilizando formatações específicas. Assim, essa opção é a utilizada para salvar este arquivo, de modo que possa ser utilizado para esse fim.

Salvar Tudo

Essa ferramenta aplica o comando salvar todos os documentos em edição no BrOffice, até mesmo os que estiverem em edição no Calc.

Recarregar

Ao acionar essa opção, a última versão salva do documento é restaurada. Com isso, as alterações não salvas serão perdidas.

Exportar

É possível pelo BrOffice exportar o documento de texto para outros formatos utilizados por outros programas como: XML, HTML, HTM, ou mesmo o PDF.

Exportar como PDF

A opção Exportar como PDF é basicamente um caminho mais curto e explícito para gerar um arquivo PDF, a partir do documento em edição.

Assinaturas Digitais

Assim como o Microsoft Office no BrOffice, é possível assinar um documento digitalmente. Claro que, para utilizar a funcionalidade por completo, é necessário possuir um certificado digital. Contudo, mesmo não possuindo um, é possível utilizar esse recurso para assinar um documento. Porém, apenas será garantida a integridade do mesmo e apenas no próprio computador do usuário.

Visualizar no Navegador Web

Já que podemos criar páginas da Internet, é interessante que, no mínimo, possamos visualizar como ela ficaria no navegador. Diante disso, ao acionar essa ferramenta, será aberto o navegador de Internet (Browser) padrão exibindo como página o documento em edição.

Sair

Em comparação com a opção Fechar, a opção Sair fecha o programa inteiro, podendo utilizar, para isso, os atalhos ALT+F4 ou CTRL + Q.

Menu Editar

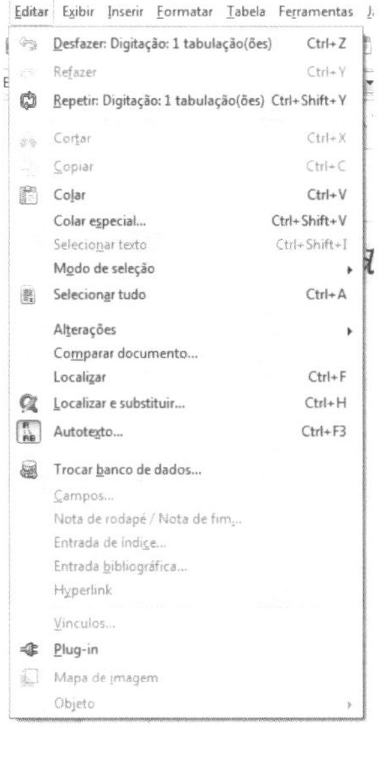

Do menu Editar anteriormente ilustrado, podemos destacar duas opções principais:

Colar Especial

Esse recurso permite colar um determinado dado de acordo com a necessidade de formatação, ou seja, é possível manter a formatação igual à do local de onde foi copiado ou não utilizar formatação.

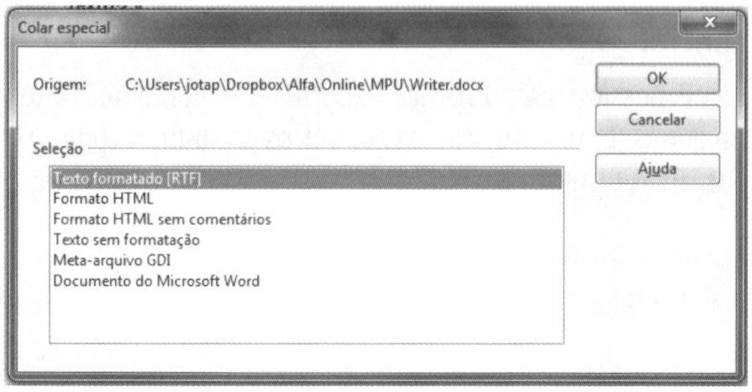

Selecionar Tudo

A opção Selecionar Tudo tem como observação a sua tecla de atalho CTRL + A, que é a mesma utilizada para selecionar todos os arquivos e pastas de um diretório por meio dos gerenciadores de arquivos.

Menu Exibir

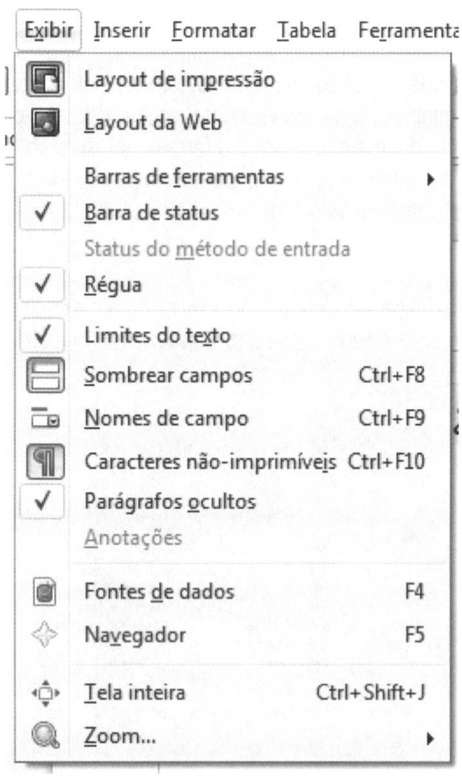

Do menu Exibir devemos conhecer os modos de exibição, bem como alguns itens importantes, listados a seguir. Mas, de modo geral, podemos pensar que as opções que normalmente encontramos nesse menu são coisas que não vemos e gostaríamos de ver, ou que estamos vendo, mas não desejamos mais ver.

Modos de Exibição

São dois os Modos de Exibição: Layout de Impressão (Padrão) e Layout da Web. Contudo, poderíamos até considerar, dependendo da situação, a opção Tela Inteira como um modo de exibição.

Barra de Ferramentas

A principal Barra de Ferramentas questionada nas provas é a barra de Desenho, que existe também no Writer e Calc, mas que é exibida por padrão apenas no Impress. A figura a seguir ilustra as barras disponíveis:

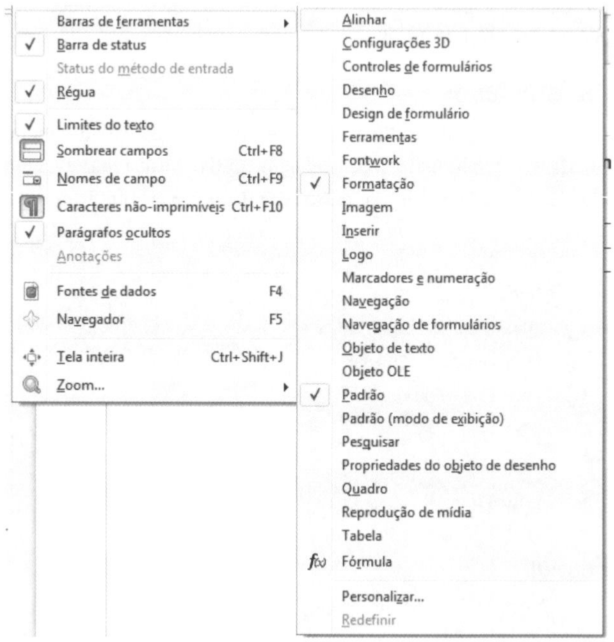

Barra de *Status*

Essa é a barra que aparece por padrão nos editores. Ela fica localizada no fim da janela, ou seja, é a última barra dentro do programa. Nela encontramos informações como número da página atual e total de páginas do documento, idioma em uso e a ferramenta de zoom à direita.

Régua

Para ocultar a régua, basta desabilitar essa opção.

Limites de Texto

Os Limites de Texto que são exibidos por padrão são, na verdade, as linhas que indicam as margens da página, ou seja, a área útil do documento.

Caracteres Não Imprimíveis (CTRL + F10)

Os caracteres não imprimíveis também podem ser ativados pelo menu Exibir, como pelas teclas de atalho.

Navegador (F5)

O Navegador, anteriormente citado, também é encontrado no menu Exibir.

Tela Inteira (CTRL + SHIFT + J)

Modo de exibição que oculta as barras e ferramentas, objetivando a leitura do documento.

Zoom

Também podemos alterar o zoom utilizando o scroll do mouse, combinado com a tecla CTRL.

Menu Inserir

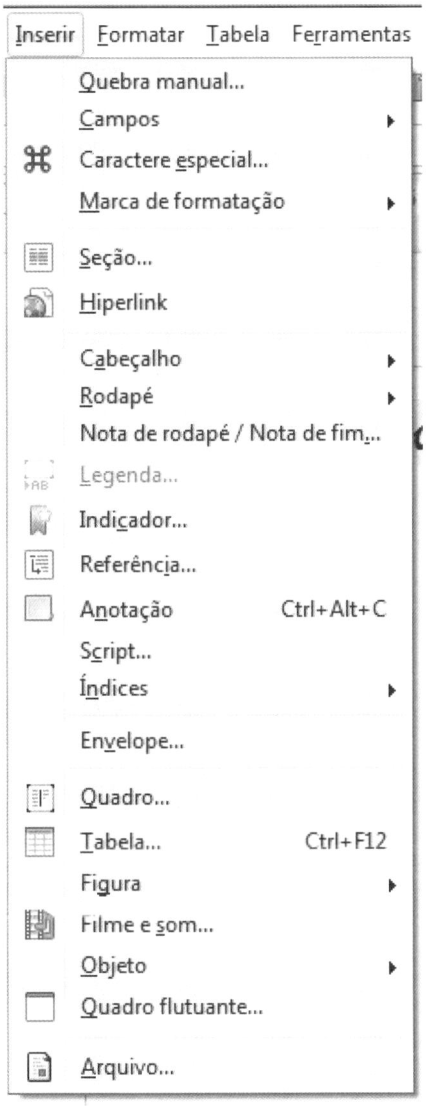

Quebra Manual

Este recurso permite utilizar estruturas que sejam auto-organizadas, como as quebras de página. Existem três quebras de texto possíveis, além das quebras de seção.

Quebra de Linha (SHIFT + ENTER)

Faz com que o conteúdo, após a quebra, seja iniciado na próxima linha.

Quebra de Coluna (CTRL + SHIFT + ENTER)

Faz com que o conteúdo, após a quebra, seja iniciado na próxima coluna.

Quebra de Página (CTRL + ENTER)

Faz com que o conteúdo, após a quebra, seja iniciado na próxima página.

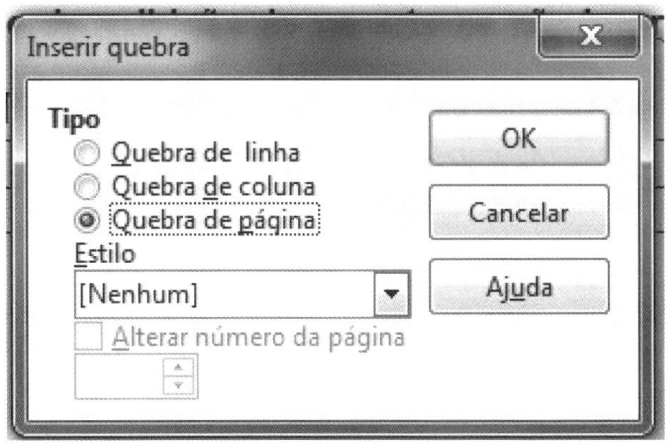

Campos ►

Os Campos são estruturas de dados que utilizam propriedades do arquivo como nome do autor, título, dentre outras como Data e Hora do sistema.

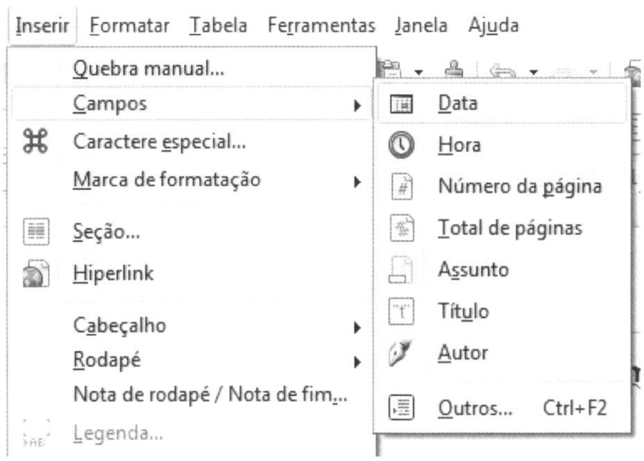

Caractere Especial

A opção Caractere Especial pode ser utilizada para inserir símbolos como este ► entre inúmeros outros possíveis.

Seção

Uma Seção é o recurso-base para poder, em um mesmo documento, trabalhar com páginas com cabeçalhos e rodapés distintos, ou mesmo configurações de páginas distintas, como intercalar páginas em retrato e paisagem.

Cabeçalho ►

Rodapé ►

As estruturas de cabeçalhos e rodapés têm por princípio poupar trabalho durante a edição, de modo que o que for inserido nestas estruturas se repete nas demais páginas, não necessariamente do documento como um todo, mas em todas as páginas da mesma Seção.

Hiperlink

Um link nada mais é do que um caminho, um atalho para algum lugar. Esse lugar pode ser uma página na Internet, ou computador, como um arquivo que esteja na Internet ou mesmo no computador local. Também é possível fazer com que um link aponte para algum ponto do mesmo documento, criando uma espécie de navegação. Contudo, para realizar esse procedimento, deve-se antes inserir Indicadores. A imagem a seguir ilustra a janela de inserir Hiperlink:

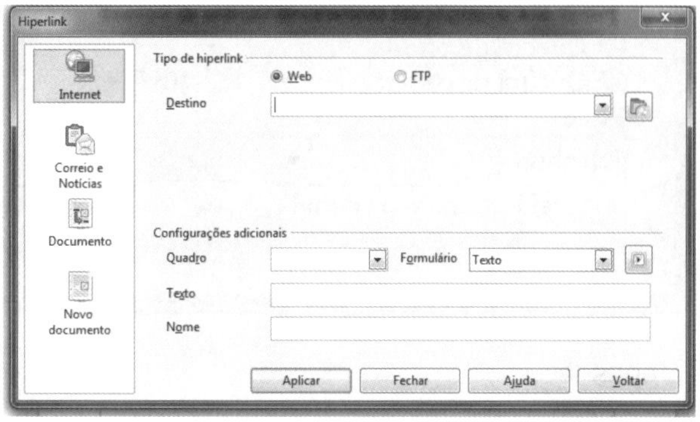

Nota de Rodapé/Nota de Fim

Notas de Rodapé e Notas de Fim são observações que, por vezes, utilizamos para explicar algo que fugiria ao contexto de uma frase1. A identificação ao lado da palavra/frase serve para que, no rodapé da mesma página ou ao final do documento, o leitor busque a devida explicação para a observação.

Legenda

Uma Legenda é um recurso que poderia ser utilizado neste documento para identificar as figuras e referenciá-las em meio ao texto, mas como a estrutura de apresentação do conteúdo é linear e procura ser direta, não utilizamos esse recurso.

Indicador

Um Indicador é um ponto de referência para ser apontado por um hiperlink.

Referência

Uma Referência é uma citação pela qual utilizamos a ideia de informar algo do tipo, "conforme **Figura 1". Em vez de escrever a palavra figura 1, estaria utilizando uma referência a ela, para que caso seja inserida uma nova figura antes da 1 no documento, os locais em que havia sido citado como figura 1 sejam refatorados para 2.**

Anotação

É o recurso de comentário que pode ser inserido em um documento como uma anotação do que deve ser feito.

Índices ►

Os Índices são os sumários e listas automáticas que podem ser inseridas em um documento, desde que se tenha utilizado os estilos de título e o recurso de legenda.

Quadro

Um quadro, basicamente, é uma caixa de texto para que seja inserido em seu interior uma estrutura qualquer.

1 Por exemplo, aqui falaria sobre o que é uma frase.

Tabela

É mais um caminho possível para inserir uma tabela dentro do editor, dentre as quatro formas possíveis, como o atalho CTRL + F12.

Figura ►

O recurso Figura permite inserir imagens de diferentes formatos (PNG, GIF, JPG) em um documento.

Filme e Som

É possível inserir uma música ou um vídeo em meio a um documento de texto.

Objeto ►

Destaque para a opção Objeto OLE (Object Linked Embeded) pela qual podemos inserir uma Planilha do Calc dentro de um documento de texto e ainda utilizá-la com suas características de planilha.

Menu Tabela

O menu Tabela apresenta as opções próprias de trabalho com uma tabela, como inicialmente inserir uma tabela no documento em edição. Várias opções aparecem desabilitadas, isso ocorre porque uma tabela não foi selecionada.

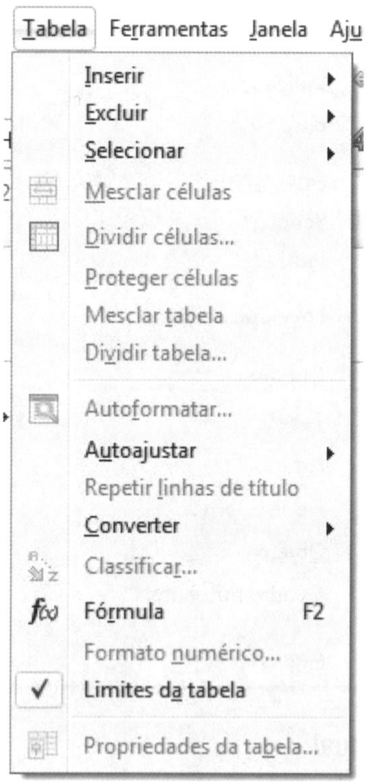

Outro caminho para se inserir uma tabela, além do menu Inserir e do atalho, dá-se por meio do menu Tabela opção Inserir e somente depois a opção Tabela.

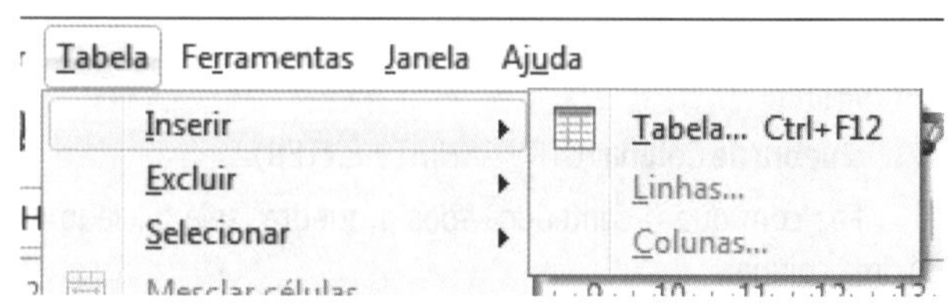

Mesclar Células

Essa ferramenta só fica habilitada quando duas ou mais células de uma tabela estão selecionadas. Ao acioná-las, as células se tornam uma, ou seja, são mescladas.

Dividir Células

Atente-se para esse recurso, pois somente em uma tabela é possível dividir células, ou seja, esse recurso não existe para planilhas.

Proteger Células

É um recurso que pode ser utilizado para bloquear as alterações em uma determinada célula e em uma tabela.

Dividir Tabela

Assim como é possível dividir uma célula, também podemos dividir uma tabela em duas ou mais, mas apenas tabelas.

Repetir Linhas de Título

Quando se trabalha com tabelas muito extensas, que se distribuem em várias páginas, é difícil manter a relação do que se tem em cada coluna e linha. Para não ter que copiar manualmente os títulos, podemos utilizar o recurso repetir linhas de título.

Converter ▶

É possível converter tanto um texto em tabela como uma tabela em texto, utilizando, para isso, alguns critérios como espaços entre palavras ou tabulações, entre outros.

Menu Ferramentas

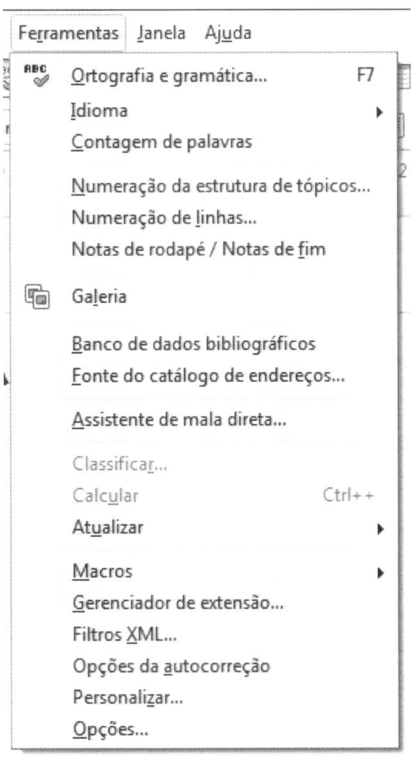

Ortografia e Gramática (F7)

Abre uma janela para verificar o documento em busca de palavras desconhecidas ao dicionário do programa.

Idioma ▶

No BrOffice Writer, podemos definir o idioma que está sendo trabalhado no texto selecionado, como no parágrafo e até para o documento de modo geral.

Contagem de Palavras

O Writer também possui recurso de contabilização de total de palavras que compõem o texto.

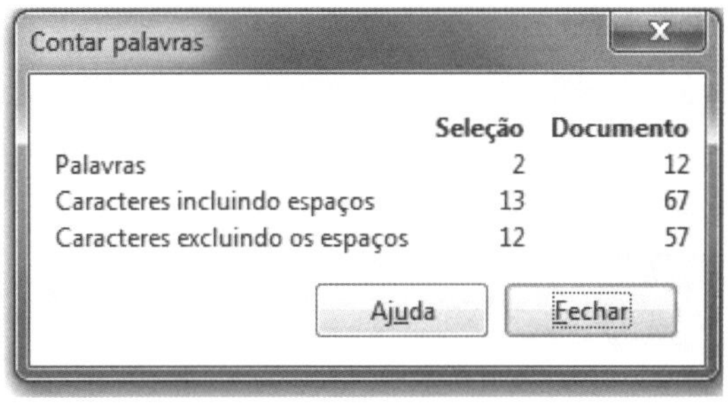

Numeração de Linhas

Este recurso é bastante utilizado nas provas de Língua Portuguesa, em que ao lado das linhas, nos textos apresentados, aparece uma numeração, que não necessita ser exibida em todas as linhas. Atenção às questões que o comparam com o recurso Numeração, usado para numerar parágrafos.

Uma forma de identificar a diferença é pela presença dos indicadores de fim de parágrafo, visíveis quando a ferramenta "caracteres não imprimíveis" está ativa.

Notas de Rodapé/Notas de Fim

Já vimos esse nome no menu Inserir. No entanto, são ferramentas distintas, mas relacionadas, pois esse recurso do menu Ferramentas abre a janela de configuração das notas, conforme ilustrado a seguir:

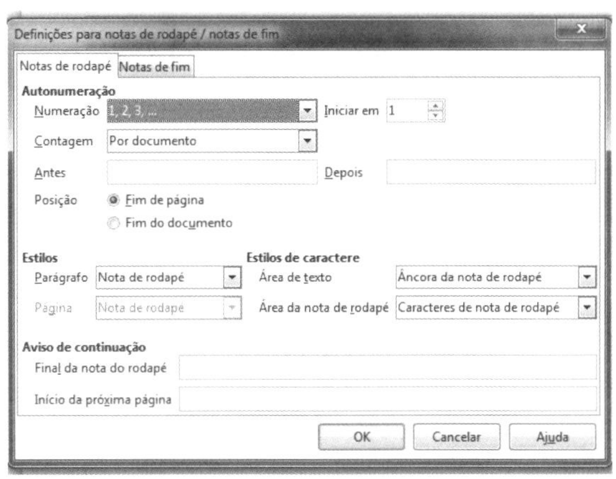

Galeria

A ferramenta que exibe a galeria também é encontrada no menu Ferramentas, além da barra de ferramentas padrão.

Assistente de Mala Direta

Uma ferramenta interessante para quem quer começar a entender o recurso de mala direta. Por meio dela, é possível criar uma mala direta passo a passo.

Macros ▶

De uma forma geral, as Macros são regras criadas para automatizar tarefas repetitivas. Por meio dessa ferramenta é possível executar as macros existentes.

Opções de Autocorreção

O recurso de Autocorreção é o responsável por corrigir palavras logo após a sua inserção, como colocar acento na palavra, caso digitada sem.

Opções

Esse recurso concentra as opções do programa como dados do usuário e recursos.

Questões

01. (Cespe) Acerca de edição de textos, planilhas e apresentações nos ambientes Microsoft Office 2010 e BrOffice 3.0, julgue o item a seguir:

As caixas de seleção 

, presentes na barra de ferramentas do BrOffice Writer 3.0, exibem e permitem alterar, respectivamente, o tipo e o tamanho da fonte.

Certo ( ) Errado ( )

Julgue o próximo item, referente aos aplicativos dos ambientes Microsoft Office e BrOffice.

02. (Cespe) No BrOffice Writer 3, é possível aplicar estilos de texto no documento em edição, como, por exemplo, título 1 e título 2, e, com esses estilos, criar sumários, por meio da opção Índices do menu Inserir ou, ainda, criar referências cruzadas, por meio da opção Referência, no mesmo menu.

Certo ( ) Errado ( )

03. (Cespe) Por meio do botão , é possível exportar o documento em edição para um arquivo no formato PDF (portable document format). O pincel de estilo, acessado pelo botão , possibilita copiar a formatação de um objeto ou de uma seleção de texto e aplicá-la em outro objeto ou em outra seleção de texto.

Certo ( ) Errado ( )

Gabaritos

01	CERTO
02	CERTO
03	CERTO

13. BROFFICE CALC – EDITOR DE PLANILHAS

O BrOffice Calc é um editor de planilhas eletrônicas pelo qual pode-se estruturar um controle de livro-caixa ou estoque, dentre inúmeras outras estruturas para atender a necessidades básicas de um escritório, por exemplo, que deseja controlar suas atividades. A figura a seguir ilustra a janela principal desse programa.

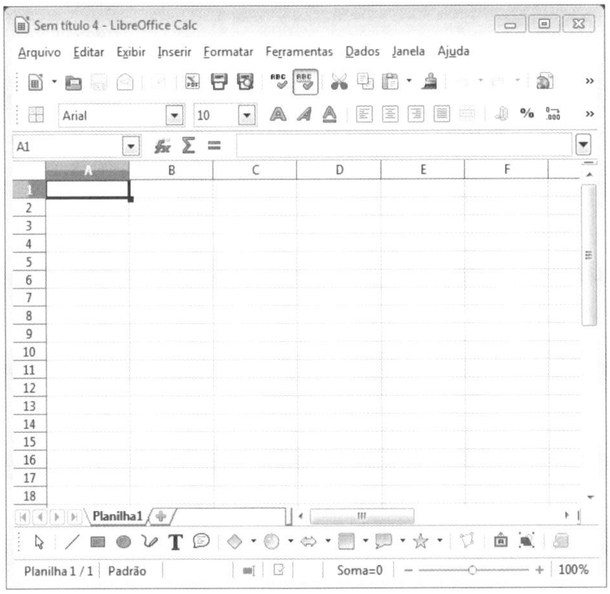

Para utilizar adequadamente esse programa, devemos entender as suas estruturas, com as quais iremos operar, como o formato de arquivo gerado.

Por padrão, um arquivo salvo no Calc é salvo no formato ODS (*Open Document Spreadsheet*), no entanto é possível por meio deste editor também salvar nos formatos padrões do Microsoft Office Excel, XLS (2003) e XLSX (2007 e 2010).

Vale lembrar que o formato ODF é o formato genérico do BrOffice, conhecido como *Open Document Format*, ou seja, Formato de Documento Aberto. Fique atento, pois o PDF (Formato de Documento Portátil) também é possível de ser gerado pelo Calc, porém por meio da opção Exportar como PDF.

13.1 Planilha

Uma planilha nada mais é do que um reticulado de linhas e colunas, as quais são preenchidas com dados e fórmulas com o intuito de se obter algum resultado ou estruturar alguma informação.

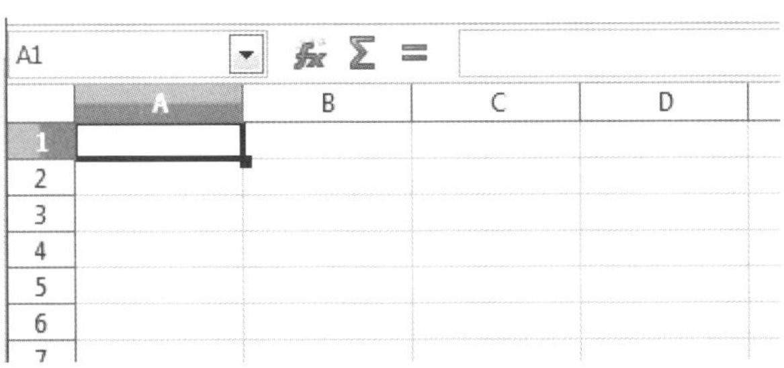

Por padrão, as linhas são identificadas por números enquanto que as colunas são identificadas por letras, conforme ilustrado na figura acima. Vale lembrar que, uma vez que existe um padrão, que existe também outra forma de se trabalhar, neste caso, é possível utilizar números para as colunas, mas é necessário alterar as opções do programa.

Uma planilha já possui um total de 1.048.576 linhas por 1024 colunas, contudo, como o alfabeto vai apenas até a letra Z, a próxima coluna é dada pela combinação AA, seguida por AB até chegar a AZ, seguida por BA, BB e assim por diante até completar as 1024 colunas, sendo a última representada pela combinação AMJ.

O mais importante a ser observado sobre essa característica é que esses valores são fixos, ou seja, uma planilha sempre terá essa estrutura, mas quando usado o recurso inserir Linhas ou Colunas, ocorre um deslocamento de conteúdo para baixo, no caso de linhas, e para a direita, no caso de colunas.

13.2 Célula

Uma célula é a menor unidade estrutural de um editor de planilhas, elas são dadas pelo encontro de uma coluna com uma linha. Assim são identificadas pelos títulos das colunas e das linhas que são exibidas.

A célula A1 é a primeira célula de uma planilha, ou seja, é a célula que se encontra na coluna A e na linha 1.

Células de Absorção

Dentre as características das células podemos citar as de Absorção, também conhecidas como células de resultado. Basicamente são aquelas que apresentam o resultado de algum cálculo.

Os indicadores de Células de Absorção são símbolos usados para identificar para o programa quais células devem ser calculadas. No Calc, são três os indicadores de células de absorção:

=	=5+5	10
+	+5+5	10
-	-5+5	0

Modos de Endereçamento

Os modos de endereçamento são formas de identificar o endereço de uma célula, contudo para fins de identificação os três modos de endereçamento não possuem diferença, sua aplicação é apenas para os procedimentos de copiar e colar uma célula cujo conteúdo é uma fórmula, por vezes citado pelo clicar e arrastar.

Relativo: no modo de endereçamento relativo apenas precisamos indicar a coluna e a linha de uma célula. Como o exemplo: B2, ou seja, a célula que se encontra na junção da linha 2 com a coluna B.

Misto: no modo de endereçamento misto é utilizado o símbolo $ (cifrão) para indicar que o dado que estiver imediatamente à sua direita será sempre o mesmo, ou seja, não poderá ser alterado.

Existem duas formas de endereçamento misto, em uma bloqueamos a coluna, enquanto que na outra a linha é que é bloqueada.

Quando desejamos travar a coluna, escrevemos o endereço da célula, =$B2, assim a linha pode ser alterada quando houver deslocamento, porém a coluna será sempre a coluna B.

Por outro lado, quando desejamos fixar uma linha, devemos escrever o $ antes da linha, exemplo, =B$2, dessa forma, a coluna pode ser alterada quando houver deslocamento em relação à coluna, contudo a linha será sempre a linha 2.

Absoluto: no endereçamento absoluto tanto a coluna quanto a linha são fixadas, assim podemos dizer que a célula será sempre a mesma.

Endereço da Planilha

<nome da Planilha>.<endereço da célula>

=Planilha1.B4+Planilha2.B4

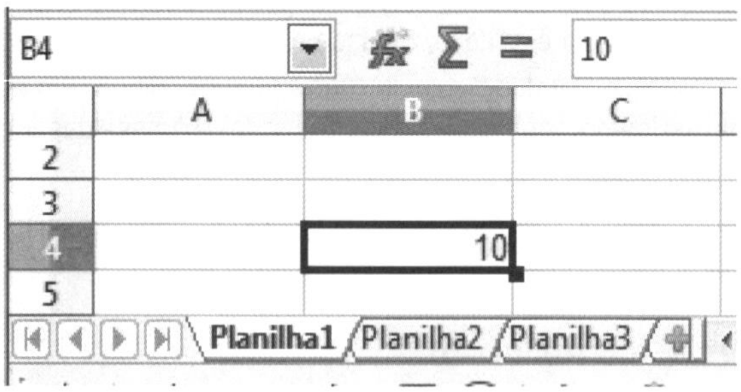

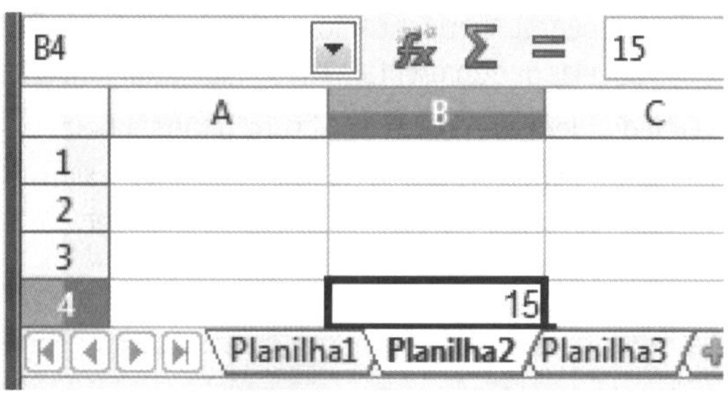

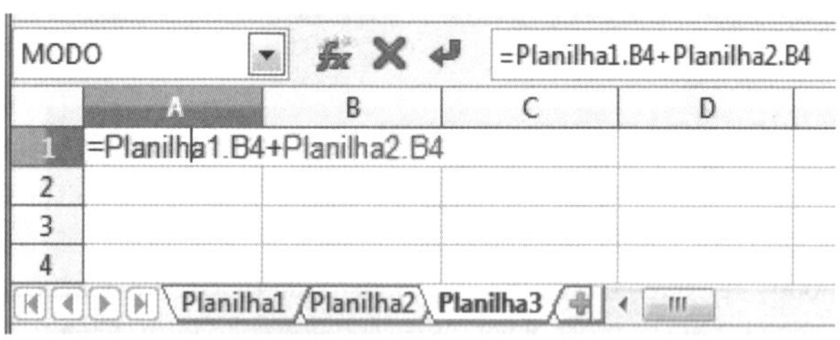

13.3 Operadores

No BrOffice Calc existem quatro tipos de operadores básicos: aritméticos, texto, referência e comparação, cada qual com suas peculiaridades.

Operadores Aritméticos

Sobre Operadores Aritméticos, assim como sobre Células de Absorção, a maioria das perguntas é direta, mas as questões são colocadas na matemática destes operadores, ou seja, as regras de prioridade de operadores devem ser observadas para que não seja realizado um cálculo errado.

Operador	Símbolo	Exemplo de uso	Resultado
Adição	+	=5+5	10
Subtração	-	=5-5	0
Multiplicação	*	=5*5	25
Divisão	/	=5/5	1
Potenciação	^	=5^2	25
Percentagem	%	=200*10%	20

Operador de Texto

Os editores também contam com um operador que permite atuar com texto. O operador de concatenação **&** tem a função de reunir o conteúdo das células na célula resultado. Atenção, nesse caso a ordem dos operadores altera o resultado.

A figura a seguir ilustra as células com operações de concatenação.

	A	B	C	D
1	3	4	=B1&A1	=C1+8
2	ab	cd	=A2&B2	
3	=A1&A2&A4	=CONCATENAR(A1;A2;A4)		
4	=A2&A1			
5				

A figura a seguir mostra os resultados obtidos pelas fórmulas inseridas, atente aos resultados e perceba que a ordem dos fatores muda o resultado. Também observe que, por ter sido utilizado um operador de texto, o resultado por padrão fica alinhado à esquerda.

	A	B	C	D
1	3	4	43	51
2	ab	cd	abcd	
3	3abab3	3abab3		
4	ab3			
5				

Referência

Os operadores de referência são aqueles utilizados para definir o intervalo de dados que uma função deve utilizar.

; ~	E	União
:	Até	Intervalo
!		Interseção

Considere o seguinte conjunto de dados em uma planilha em edição no Calc:

	A
1	10
2	20
3	30
4	40
5	50
6	
7	
8	

=SOMA(A1 : A4)

A função é lida como Soma de A1 até A4, ou seja, todas as células que estão no intervalo de A1 até A4 inclusive. No caso de exemplo o resultado = 100.

De forma equivalente pode-se escrever a função como se segue:

=SOMA(A1 ; A2 ; A3 ; A4)

A qual se lê Soma de A1 e A2 e A3 e A4, assim é possível especificar células aleatórias de uma planilha para realizar um cálculo.

=SOMA(A1 ; A4)

Neste caso fique atento pois, a leitura é Soma de A4 e A1, ou seja, apenas estão sendo somadas as células A1 com A4 as demais não entram no conjunto especificado. Sendo assim, o resultado seria 50.

=SOMA(A1 : A4 ! A3 : A5)

Já nesta última situação apresentada, deseja-se somar apenas as células que são comuns ao intervalo de A1 até A4 com A3 até A5, que no caso são as células A3 e A4, assim a soma destas células resulta em 70.

13.4 Elemento Fixador

O $ (cifrão) é um símbolo usado para travar alguma informação, via de regra o que estiver vinculado à direita.

As questões normalmente descrevem uma planilha e citam que uma determinada fórmula foi inserida em uma célula. Na sequência, a célula é selecionada, copiada e colada em outra célula, ou mesmo clicado pela alça de preenchimento e arrastado para outra célula.

No caso a seguir, foi inserida na célula C1 a fórmula =A1+$A2+A$2, após foi arrastada pela alça de preenchimento desta célula para a célula C2, assim a fórmula presente em C2 será:

1º de C1 para C2 foi acrescido apenas uma linha, sem alterar a coluna, assim as letras não são alteradas, mas existem modos de endereçamento misto, em que aparece $2 significa que a linha será sempre a linha 2, não podendo modificá-la.

	A	B	C	D
1	10	100	=A1+$A2+A$2	
2	50	200	=A2+$A3+A$2	
3	=$A$1+A1			
4		=$A$1+B2		
5				=B5+$A6+B$2
6				

	A	B	C	D
1	10	100	110	
2	50	200	120	
3	20			
4		210		
5				200
6				

C1	→	C2
Origem		Destino

	Destino		Origem	Deslocamento
Linha	2	-	1	1
Coluna	C 3ª	-	C 3ª	0

C1	→	D5
Origem		Destino

	Destino		Origem	Deslocamento
Linha	5	-	1	4
Coluna	D 4ª	-	C 3ª	1

A3	→	B4
Origem		Destino

	Destino		Origem	Deslocamento
Linha	4	-	3	1
Coluna	B 2ª	-	A 1ª	1

	→	
Origem		Destino

	Destino		Origem	Deslocamento
Linha		-		
Coluna		-		

13.5 Alça de Preenchimento

A Alça de Preenchimento é um dos recursos que mais possui possibilidades de uso e por consequência respostas diferentes.

Observe que, quando uma ou mais células estão selecionadas, sempre no canto direito inferior é ilustrado um quadrado um pouco mais destacado, essa é a alça de preenchimento.

Ela possui esse nome porque é utilizada para facilitar o preenchimento de dados que obedeçam a uma regra ou padrão.

Quando uma única célula está selecionada e o seu conteúdo é um valor numérico. Ao clicar sobre a alça de preenchimento e arrastar seja na horizontal ou vertical, em qualquer sentido, exceto diagonal, será preenchido com uma Progressão Aritmética (PA) de razão 1, caso seja arrastado para esquerda ou para cima a razão é -1. A figura a seguir ilustra o comportamento.

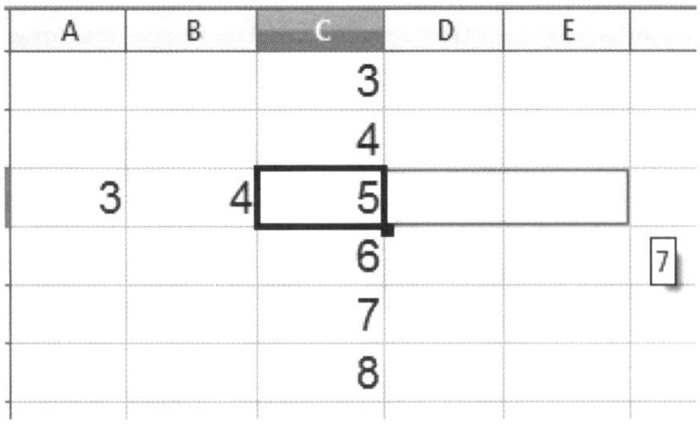

Já na situação em que existem duas células adjacentes selecionadas contendo valores numéricos diferentes entre si, ao se arrastar pela alça de preenchimento as células serão preenchidas com uma PA cuja razão é a diferença entre os dois valores selecionados. A figura a seguir ilustra esse comportamento. Podemos observar que o valor que irá ser exibido na célula B6 será o número 30, com isso a célula B4 receberá o valor 20, enquanto que a B5 receberá 25, conforme vemos na figura da direita.

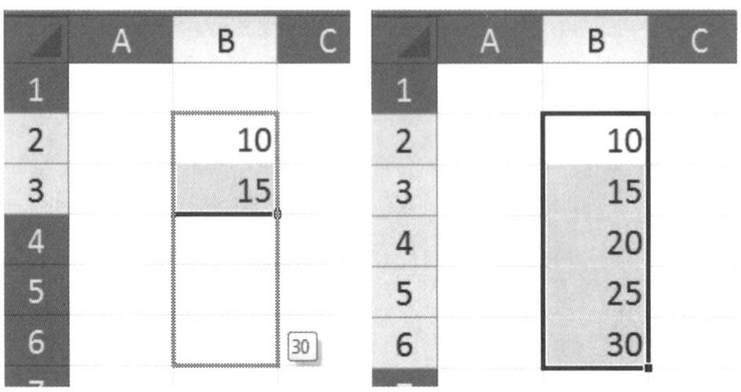

Quando o conteúdo de uma única célula selecionada for um texto esse, será copiado para as demais células. Mas se o conteúdo, mesmo sendo um texto, fizer parte de uma série conhecida pelo programa às células serão preenchidas com o próximo valor da série. Por exemplo, se **Janeiro** for o conteúdo inserido na célula então ao arrastar pela alça de preenchimento para a direita ou para baixo a célula adjacente será preenchida com **Fevereiro**, por outro lado se for arrastado para cima ou para a esquerda a célula adjacente será preenchida com **Dezembro.** O mesmo vale para as sequências Jan, Seg e Segunda-feira. Atenção: A, B, C não são conhecidos como série nos programas, mas o usuário pode criá-las.

Já na situação em que haja duas células que contenham textos diferentes selecionadas, ao arrastar será preenchido com o padrão encontrado, veja o exemplo abaixo.

Quando o conteúdo da célula for uma fórmula ao arrastar pela alça de preenchimento o resultado é o mesmo, ou seja, deverá ser calculada a nova fórmula de acordo com o deslocamento.

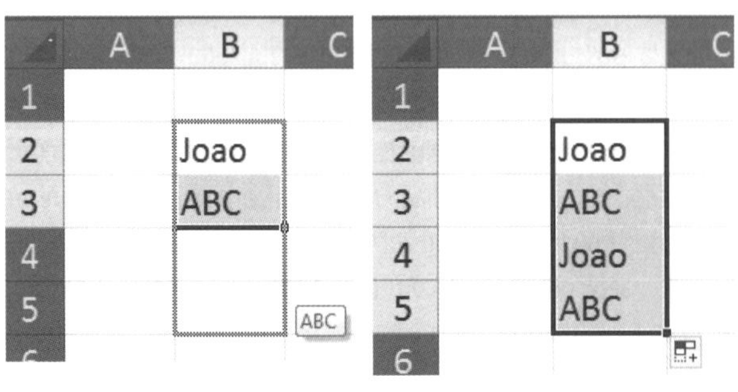

13.6 Funções

As Funções são estruturas prontas criadas para que o usuário não se preocupe em como elas funcionam, mas apenas com que informações devem descrever para obter o resultado. Contudo, para as provas de concurso precisamos saber como elas funcionam.

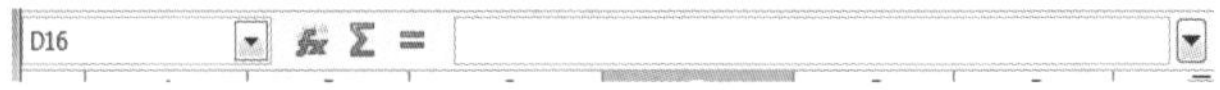

A figura acima ilustra a barra de fórmulas e funções do Calc, por meio dela podemos inserir as funções, além de poder digitá-las diretamente. Essa barra também tem importante informação, pois é nela que é exibido o real conteúdo de uma célula, ou seja, se o que foi inserido foi uma fórmula ou um dado (valor) direto.

Caso ainda não conheça muito bem as funções é possível contar com o assistente de funções, que pode ser acessado pelo ícone *fx* presente nessa mesma barra. À direita dele encontra-se o botão SOMA, que pode ser usado para inserir a função =SOMA( ) já o sinal de igual presente na sequência é o mesmo que digitar o símbolo na célula selecionada a fim de inserir uma fórmula ou função, tanto que seu nome é Função.

Principais Funções

=SOMA( )

=MÉDIA( )

=MED( )

=MÁXIMO( )

=MAIOR(;)

=MÍNIMO( )

=MENOR(;)

=MODO( )

	A	B	C	D
1	3	7	10	
2	7	3	20	
3		7	30	
4	3	3	40	
5	7	5	10	
6				
7				

=MÉDIA(A1:A5)

Calcula-se a Média de A1 até A5. O cálculo da média é a soma de um conjunto de valores dividido pelo total de valores **somados**, assim para o caso apresentado na figura acima o resultado da média de A1 até A5 é 20/4 totalizando 5, ou seja, as células vazias são ignoradas. Caso a célula A3 possua o valor 0, o resultado seria 4, pois 0 (zero) é número.

=MÉDIA(A1;A2;A3;A4;A5)

Nesta segunda forma, apenas se mudou os operadores de referência, mas o resultado será o mesmo, pois o conjunto de dados é o mesmo.

=MÉDIA(B1:B5)

O conjunto apresentado também resulta em 5.

=SOMA(B1:B5)/5

Muito comum de ser usado nas provas as estruturas de funções combinadas com expressões aritméticas como somar o conjunto de B1 até B5 e na sequência dividir o resultado por 5. Atente-se, pois para o caso em questão a expressão acima calcula a média, porém não se pode dizer o mesmo para a frase, **a função =SOMA(B1:B5)/5 calcula a média dos valores de B1 até B5 qualquer que seja o valor nas células**, pois se alguma célula estiver vazia não será dividido por 5 o total somado, a fim de calcular a média.

=B1+B2+B3+B4+B5/5

Cuidado com a expressão acima, porque ela não calcula a média, mas é bastante usada nas provas para induzir o candidato ao erro, lembre-se que os cálculos devem ser realizados respeitando as precedências de operadores. Assim, a expressão para calcular a média seria **=(B1+B2+B3+B4+B5)/5** usando os parênteses para mudar a precedência indicando que o que está entre eles é que deve ser calculado por primeiro.

=MED(B1:B5)

Atenção a essa função, pois as provas induzem o candidato a pensar que se trata da função que calcula a média, contudo o que ela calcula é a **Mediana**, que é o elemento central de um conjunto de elementos. Porém, outra questão recorrente pode ser apresentada: ocorre quando o conjunto de dados é similar ao apresentado, ou seja, com números repetidos e fora de ordem, devemos lembrar que a mediada leva em consideração os valores em ordem e que estes se repetem. Desse modo, na mediana de B1 até B5 devemos observar os valores (3, 3, 5, 7, 7), com base nesse conjunto tem-se que a mediana é 5, pois é o elemento central.

=MED(A1:A5)

Contudo, quando o conjunto possui uma quantidade par de elementos, a mediana é a média dos elementos centrais. Dado do conjunto (3, 3, 7, 7) a mediana é a média de 3 e 7, ou seja, 5.

=MÁXIMO(B1:B5)

Essa função retorna o valor mais alto do conjunto de dados especificado.

=MAIOR(B1:B5;3)

Em comparação com a função Máximo, é comum aparecer a função Maior que permite identificar o enésimo termo de um conjunto.

No exemplo anterior podemos ler como o terceiro maior número do intervalo de B1 a B5.

Neste caso, como se deseja o maior valor o conjunto, deve ser considerado em ordem decrescente (7, 7, 5, 3, 3), assim o terceiro maior número é 5.

=MÍNIMO(B1:B5)

Enquanto que o máximo traz como resposta o valor mais alto, o mínimo retorna o mais baixo.

Para o exemplo acima a resposta é 3.

=MENOR(B1:B5;1)

A função Menor exibe o enésimo menor número de um conjunto, desta forma, no exemplo dado, pede-se o primeiro menor número do intervalo de B1 a B5 (3, 3, 5, 7, 7), na função menor o conjunto de dados deve ser considerado em ordem crescente, assim o primeiro menor é 3, o mesmo que o mínimo de B1 até B5.

=MODO(A1:A5)

Esta função retorna o valor que aparece com maior frequência no conjunto especificado. No caso do exemplo, a resposta é 3.

=MODO(B1:B5)

Observe que o resultado será sempre o valor mais baixo que mais se repete, mesmo que outro valor apareça com a mesma frequência, como no segundo exemplo a resposta também é 3.

Outras Funções Comuns

	A	B	C	D	E
1	3	7	10	A	
2	7	3	20	B	
3		7	30	A	
4	3	3	40	A	
5	7	5	10	B	
6					

=SE(; ;)

A função SE é também conhecida como condicional, por meio dela é possível definir ações a serem executadas diante de determinadas situações (condições).

Sua sintaxe é composta por três campos sendo que no primeiro é colocado um teste lógico, após o ponto e vírgula temos o campo que contém a ação a ser executada, caso o teste lógico seja verdadeiro e na sequência. No último campo, contém a ação caso o teste lógico seja falso.

=CONT.NÚM( )

Esta função exibe o total de células de um intervalo que possui como conteúdo um valor numérico.

=CONT.SE(;)

Enquanto que a função CONT.SE retorna a quantidade de células que atendem ao critério estabelecido no segundo campo.

=SOMASE(; ;)

Já a função SOMASE, permite somar apenas o conteúdo das células de interesse ao montante.

Assim se aplicada a função **=SOMASE(D1:D5;"=A";C1:C5)** a resposta será o montante da soma das células da coluna C que estiverem na mesma linha das células da coluna D que possuírem a letra A como conteúdo. Assim a resposta é 80.

Exs.:

=SE(C1>=10; "maior ou igual"; "Menor")

Se o valor contido na célula C1 for maior ou igual a 10, então será escrito na célula o texto expresso no segundo campo da função. Por ser um texto, a ação desejada ele obrigatoriamente deve ser expresso entre aspas, contudo as aspas não serão exibidas na resposta.

Mas se o valor da célula C1 for menor do que então será escrito como resposta o texto **Menor.**

=CONT.NÚM(A1:A5)

Como a célula A3 está vazia, a resposta desta função é 4, pois existem apenas 4 células cujo conteúdo é um número.

=CONT.SE(D1:D5; "=A")

Ao se aplicar a função acima, ela irá contar quantas células possuem o texto A, neste caso a resposta é 3.

13.7 Formatos de Células

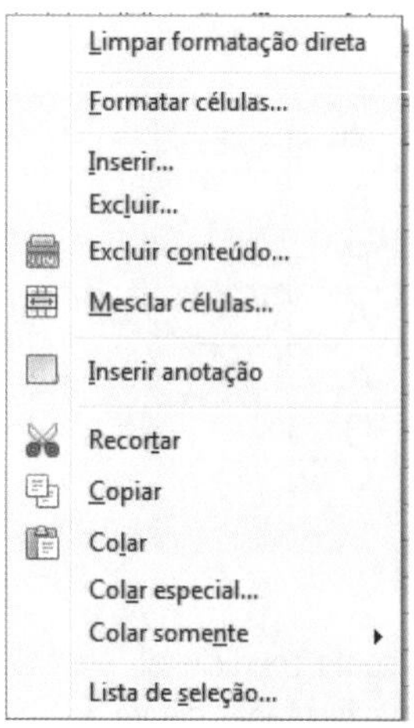

Ao clicar com o botão direito do mouse sobre uma ou mais células selecionadas é aberto o menu suspenso, ilustrado a seguir. Neste momento nos interessa a opção Formatar Células que, ao ser acionada, abre a janela de formatação de células.

Guia Números

A figura a seguir ilustra a janela Formatar Células exibindo as opções da aba Números, as principais abas são as guias Número e Alinhamento.

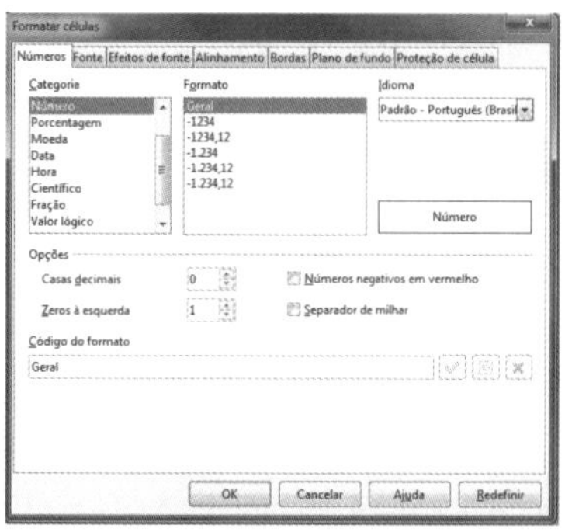

Na figura abaixo estão listados os formatos de células e exibidas as células formatadas.

	A	B
1	Número	5,70
2	Porcentagem	500,00%
3	Moeda	R$ 50,00
4	Data	09/04/13
5	Hora	23:20:00
6	Científico	5,00E+000
7	Fração	3/4
8	Valor Lógico	VERDADEIRO
9	Texto	teste
10		

Os formatos Moeda e Percentagem também podem ser definidos pelas opções da barra de Ferramentas de Formatação. A figura a seguir ilustra parte desta barra com as opções citadas.

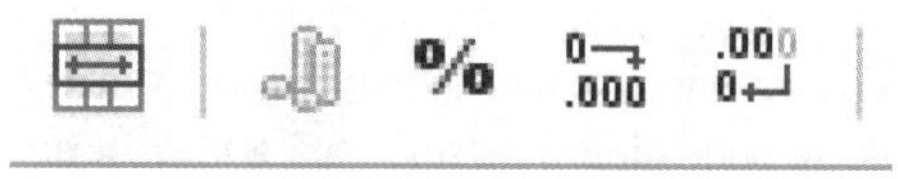

Guia Alinhamento

Por meio desta guia, podemos formatar o alinhamento vertical e/ou horizontal de uma célula bem como a orientação do texto, ou seja, sua direção aplicando um grau de inclinação.

Também encontramos a opção Quebra Automática de texto que permite distribuir o conteúdo de uma célula em várias linhas de texto dentro da mesma célula. A figura a seguir ilustra estas opções.

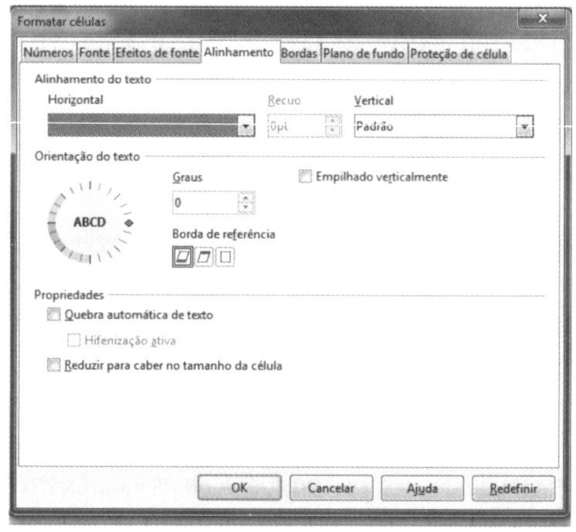

Outras Ferramentas

Mesclar e Centralizar

A opção Mesclar e Centralizar do Calc centraliza tanto na horizontal como na vertical. Porém, é possível exibir apenas o conteúdo da célula superior esquerda, como também se pode mover o conteúdo das células selecionadas que serão ocultas para a célula superior esquerda.

A sequência de imagens a seguir ilustra a operação de mesclar em que se opta por exibir apenas a célula superior esquerda, observe que as demais células são apenas ocultas, assim seus valores são mantidos e podem ser referenciados.

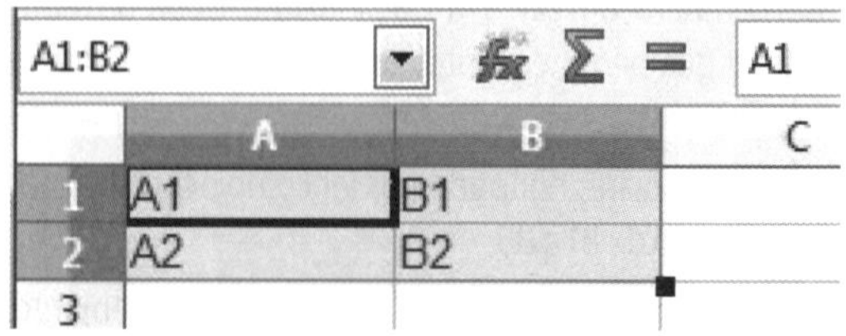

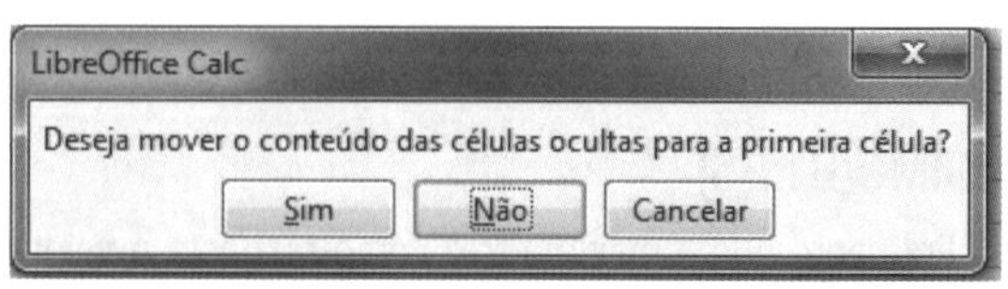

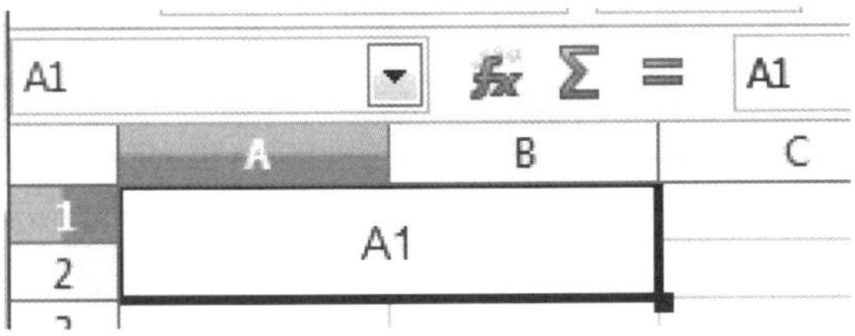

Nessa próxima sequência foi optado por mover o conteúdo para a célula superior esquerda, atente que a ordem dos dados é a mesma de leitura (esquerda para a direita e de cima para baixo).

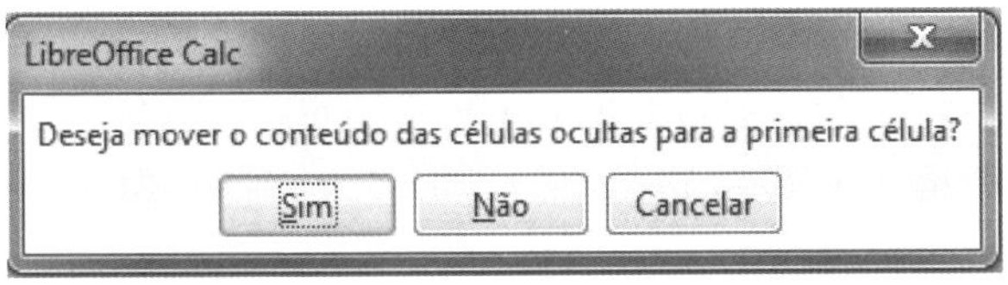

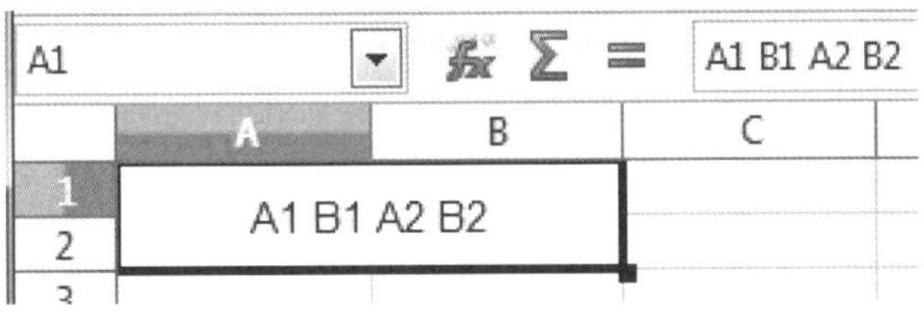

Bordas

Por padrão, em uma planilha, o que vemos são as linhas de grade e não as bordas das células, tanto que se realizarmos a impressão nenhuma divisão aparece. As bordas devem ser aplicadas manualmente de acordo com a necessidade, para isso, pode-se usar o botão Bordas presente na barra de ferramentas de formatação que, ao ser acionado, exibe as opções de bordas, como: bordas externas, internas, esquerda, direita, dentre as demais que podem ser visualizadas na figura abaixo.

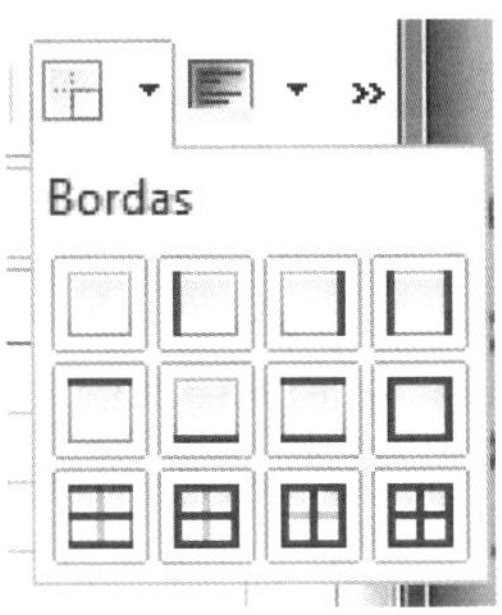

Classificar

Outra opção que podemos destacar é a de classificação de dados, pela qual podemos ordenar um conjunto de dados selecionados em ordem crescente ou mesmo decrescente, por meio dos ícones acima representados, respectivamente.

Questões

01. (Cespe - Adaptada) No Calc, por meio da ferramenta , é possível, entre outras tarefas, copiar o conteúdo da área de transferência do Windows e colá-lo na célula desejada, sendo possível, ainda, formatar o estilo de uma célula em moeda, por exemplo.

Certo ( ) Errado ( )

02. (Cespe) No BrOffice Calc 3.3, é possível salvar as planilhas em formato ODS ou XLS, sendo possível, ainda, sem a necessidade de instalação de componentes adicionais, exportar a planilha em formato PDF.

Certo ( ) Errado ( )

03. (Cespe) No BrOffice Calc 3, ao se digitar a fórmula =Planilha2!A1 + $A$2 na célula A3 da planilha Planilha1, será efetuada a soma do valor constante na célula A1 da planilha Planilha2 com o valor absoluto da célula A2 da planilha Planilha1.

Certo ( ) Errado ( )

04. (Cespe) No aplicativo BrOfficeCalc 3.0, o valor da célula A2 poderá ser testado utilizando-se a função =SE(A2>1000;A2*0,15;A2*0,05); se o referido valor for maior que 1.000, deverá ser multiplicado por 0,05.

Certo ( ) Errado ( )

Gabaritos

01	ERRADO	03	ERRADO
02	CERTO	04	ERRADO

14. BROFFICE IMPRESS - EDITOR DE APRESENTAÇÃO

É também conhecido como editor de slides. Fique atento com as palavras expressas em português como eslaide, que aparenta ser errada, pelo fato de não ser empregada com frequência, comumente usada para induzir o candidato ao erro.

14.1 Janela do Programa

Devemos, primeiramente, conhecer algumas funções da Janela do Editor para melhor entender seus recursos.

A primeira barra ao topo, onde encontramos os botões Fechar, Maximizar/Restaurar e Minimizar é a chamada Barra de Título, pois expressa o nome do arquivo e o programa no qual está sendo trabalhado.

A barra logo abaixo é a Barra de Menu, onde se encontram as ferramentas do programa. Observe, à direita do menu Ferramentas, a existência de um menu diferente dos encontrados no Writer e Calc, o menu Apresentação de Slides. Nele, são encontradas as opções específicas das operações com slides como Cronometrar, Transição e Apresentação de Slides.

Na sequência, são exibidas as duas barras de ferramentas (Padrão e de Formatação). Fique atento às divisões da janela. Na lateral esquerda, está o painel Slides, nele são exibidas as miniaturas dos slides a fim de navegação na apresentação, bem como de organização. Uma vez que, para deslocar o slide, basta clicar e arrastá-lo para o local desejado.

A última é a barra de Status, por meio dela podemos visualizar em qual slide estamos, além de poder alterar o zoom do slide em edição.

Acima da barra de Status está a barra de Desenhos, ilustrada a seguir. Essa barra é comum aos demais editores (Calc e Writer). Porém, ela só aparece por padrão no Impress. Para ocultá-la ou exibi-la, basta selecionar a barra no menu Exibir → Barras de Ferramentas → Desenho.

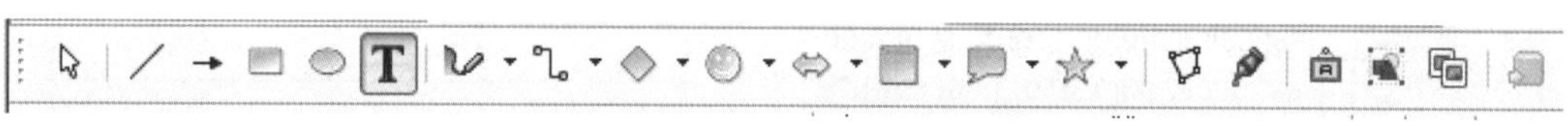

A área central da tela é onde fica o slide em edição, também conhecida como palco, quem sabe uma associação ao espaço onde o artista expõe a sua obra.

Já à direita, é exibido o Painel de Tarefas. Essa estrutura oferece diversas opções, conforme ilustrado a seguir:

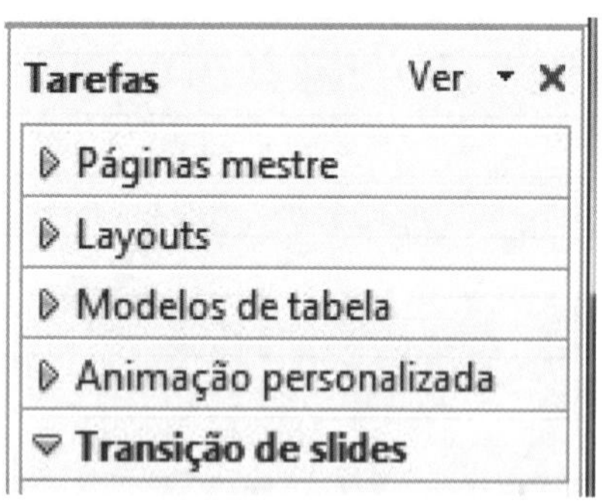

Acima do slide em edição, podem-se encontrar cinco opções, elas são modos de exibição que podem ser alternados.

14.2 Mestre

Um mestre é aquele que deve ser seguido, ou seja, uma estrutura base para a criação de um conjunto de slides. Por meio dele podemos criar um modelo no qual se definem estilos de título, parágrafo, tópicos, planos de fundo e os campos de data/hora, rodapé e número do slide, conforme pode ser visualizado na imagem a seguir:

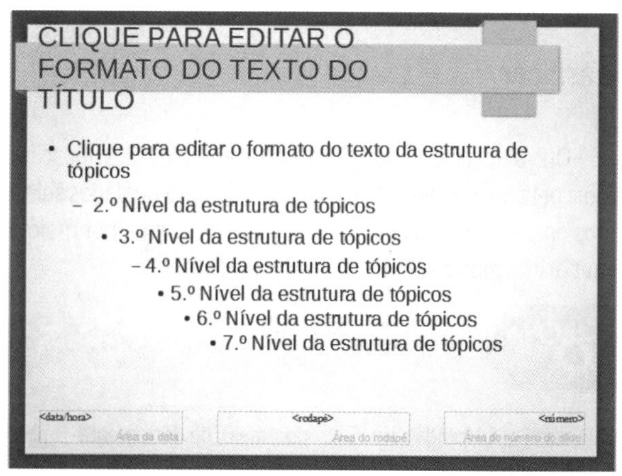

Para acionar o modo exibido, basta clicar no menu Exibir → Mestre → Slide Mestre.

A Nota Mestre serve para formatar as características das anotações (notas) que podem ser associadas a cada slide, conforme ilustrado a seguir.

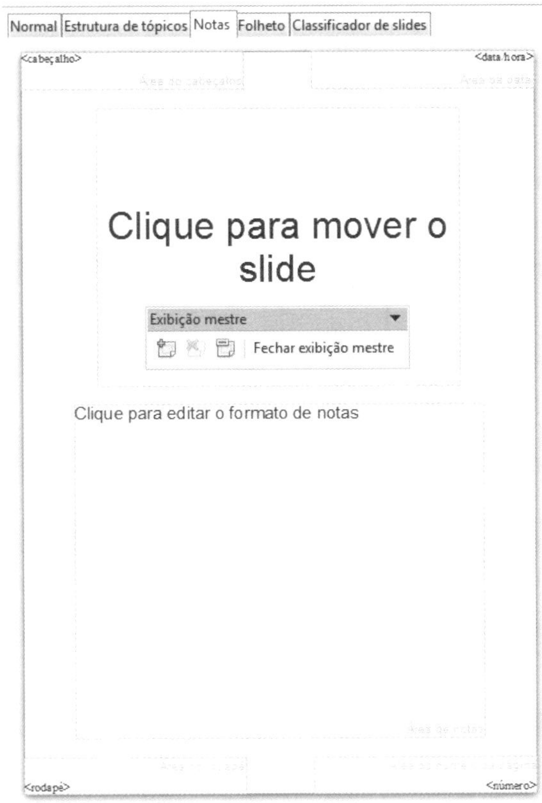

Já o item Elementos do Slide Mestre, serve para indicar quais elementos devem aparecer nos slides ou notas.

No painel de Tarefas, a opção Páginas Mestre apresenta alguns modelos de Slides Mestres que podem ser utilizados pelo usuário.

14.3 Layouts

Também podendo ser citado como Leiaute, são as estruturas que um slide pode possuir, como slides de título, título e subtítulo, slide em branco entre outros.

A figura a seguir ilustra os diversos layouts disponíveis no Impress. Esses podem ser definidos a qualquer momento da edição, inclusive após o slide já ter sido inserido.

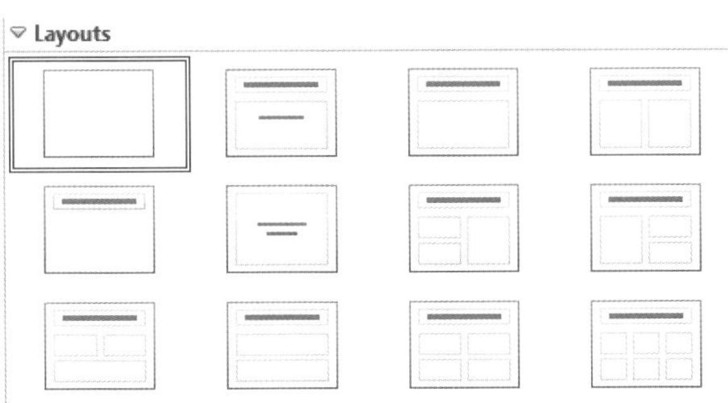

Por meio do botão Inserir Slide , presente na barra de ferramentas padrão, é possível escolher no momento da inserção o layout do slide. Após este já ter sido inserido, basta selecioná-lo no painel de slides, à esquerda, e escolher o novo layout desejado pelo botão de Layout do Slide  ou pelo painel de Tarefas.

14.4 Formatos de Arquivos

O Formato de Arquivo salvo por padrão no BrOffice (LibreOffice) Impress é o ODP (*Open Document Presentation*). Contudo, é possível salvar uma apresentação no formato PTT do PowerPoint (2003) ou PTTX do PowerPoint 2007 e 2010.

Existe também um formato de arquivo PPS (2003) e PPSX (20007 e 2010). Ele é um formato de autoplay, ou seja, ao ser acionado o arquivo com esse formato ele automaticamente é exibido no modo de exibição de slides.

14.5 Modos de Exibição

Os Modos de Exibição refletem em diferentes estruturas e não apenas formas de visualizar os slides. No Impress existem cinco modos de exibição principais, mas pode-se acrescentar também o modo de Apresentação de Slides como sendo um modo de exibição.

Para alternar entre os modos de exibição, pode-se escolher o modo desejado pelo Menu Exibir ou pelas opções presentes no topo do palco de edição.

Normal

Este é o modo de exibição padrão para a edição dos slides, conforme ilustrado a seguir. Com esse modo, é possível alterar os textos do slide, bem como suas formatações de texto, layout e plano de fundo.

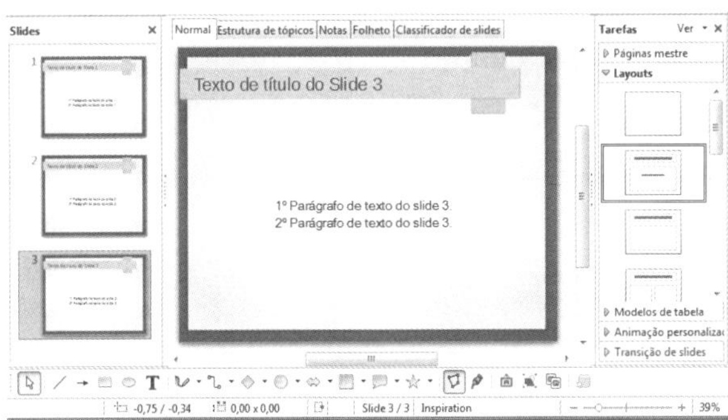

Estrutura de Tópicos

Já no modo de Estruturas de Tópicos, as características de formatação do slide não são exibidas, mas apenas o conteúdo do slide. Cada slide é indicado, bem como cada parágrafo de conteúdo, conforme ilustrado a seguir. Propriedades como o tamanho e o tipo da fonte, bem como negrito, sublinhado e itálico são aparentes neste modo de exibição, ao contrário da cor da fonte.

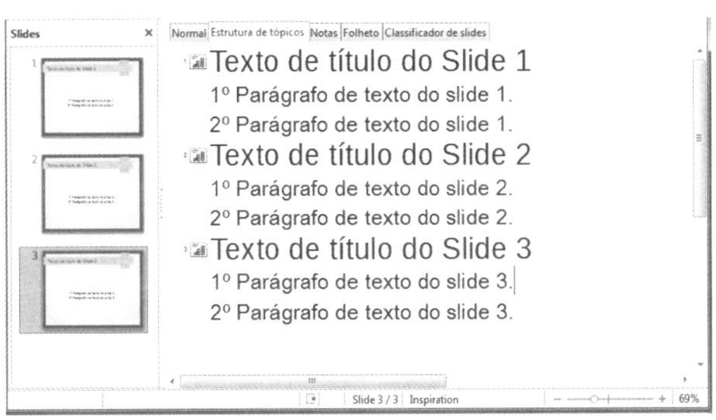

Notas

Este modo de exibição serve para que se possa inserir as anotações sobre um slide, muitas vezes usadas para descrever o assunto, ou conteúdo do slide, ou seja, são os tópicos a serem seguidos e apontados. Assim, as notas servem como um lembrete.

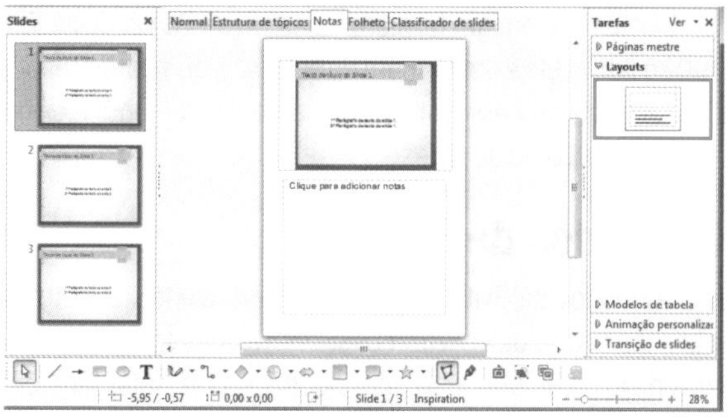

Folhetos

O modo de exibição de Folhetos, ilustrado a seguir, tem por objetivo as estruturas de cabeçalho e rodapé do modo de impressão de folhetos, ou seja, aquele em que são impressos vários slides por página.

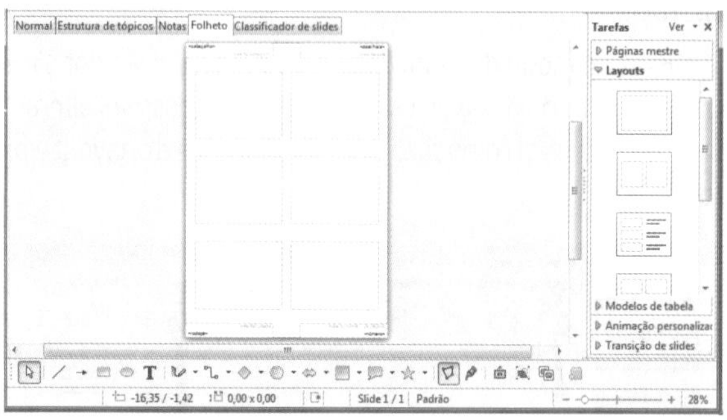

Também é possível dimensionar como ficaram os slides. Além do conteúdo do cabeçalho e rodapé, é possível inserir dados como data, hora e números de páginas. A figura a seguir ilustra com maior precisão os detalhes deste modo de exibição:

Classificador de Slides

O modo Classificador de Slides serve para organizar a sequência dos slides na apresentação, oferecendo uma interface onde são exibidas as miniaturas das telas para que, ao clicar e arrastar os slides, seja possível movê-los para às posições desejadas. Na imagem a seguir, pode-se observar sua disposição:

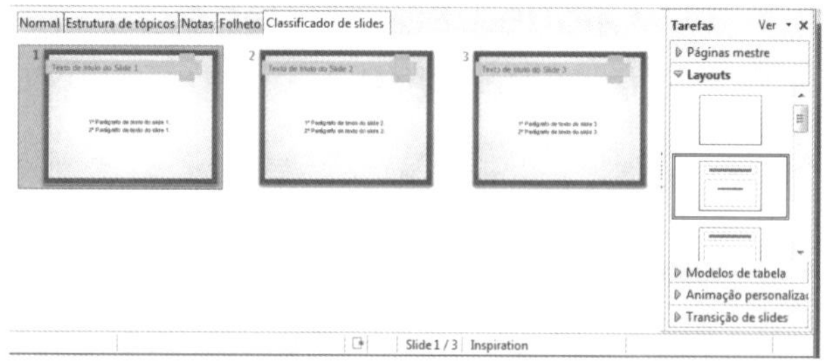

14.6 Inserir Slide

Para inserir um slide em uma apresentação, podemos contar com o recurso Inserir Slide, que pode ser acionado a partir de três locais, dentro do editor de apresentação Impress: Menu Inserir, Botão direito do mouse e Barra de Ferramentas.

Além de poder inserir um novo slide pelo Menu Inserir, é possível duplicá-lo, ou seja, criar uma cópia do(s) slide(s) selecionado(s), conforme ilustrado a seguir.

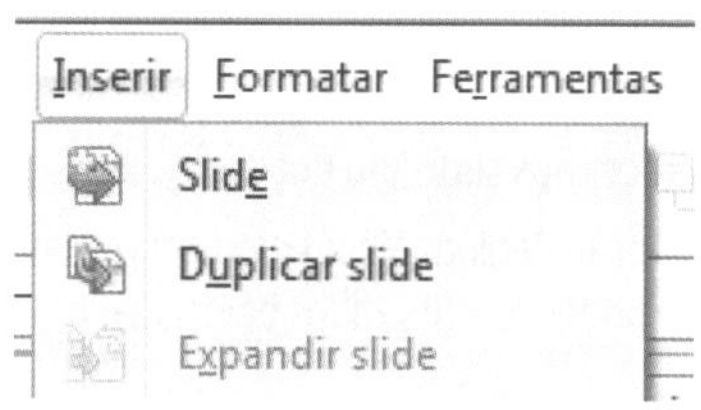

Com o clique do botão direito do mouse sobre um slide, é exibida a lista suspensa ilustrada a seguir, que possui tanto a opção de inserir novo slide, como duplicar o slide selecionado.

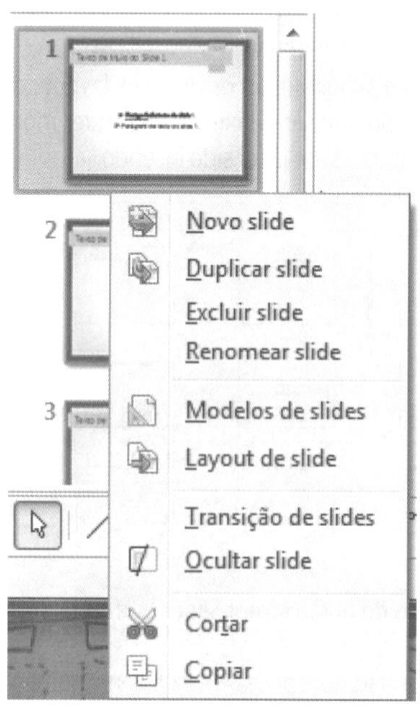

Caso o clique com o botão direito seja feito no espaço vazio, entre os slides é exibida apenas a opção Novo Slide, conforme ilustrado a seguir.

Já na barra de Ferramentas padrão, encontramos o ícone  que permite a inserção de um slide. Caso seja clicado na seta à sua direita, é possível ainda escolher o layout do slide que está sendo inserido.

14.7 Menu Apresentação de Slides

Neste menu é que se encontram as opções específicas de uma edição de apresentação de slides, como os efeitos de animação e transição de slides. Assim, se a prova citar alguma opção solicitando o menu em que ela é apresentada, se a opção tiver relação à apresentação de slides, então provavelmente estará no menu Apresentação de Slides.

Dentre os itens deste menu, podem-se destacar:

Apresentação de Slides

É a opção que permite exibir a apresentação de slides em tela cheia, de forma a poder visualizá-la. Também é possível encontrar essa opção no Menu Exibir, assim como acioná-la por meio da tecla de atalho F5 que, no caso do Impress, sempre inicia a partir do slide selecionado.

Configuração da Apresentação de Slides

Por meio desta opção é possível configurar características da exibição da apresentação como tempo de transição de slides automática e também a possibilidade padrão de trocar de slide a cada clique do mouse ou com tecla do teclado. A figura a seguir ilustra a janela de configurações de apresentação:

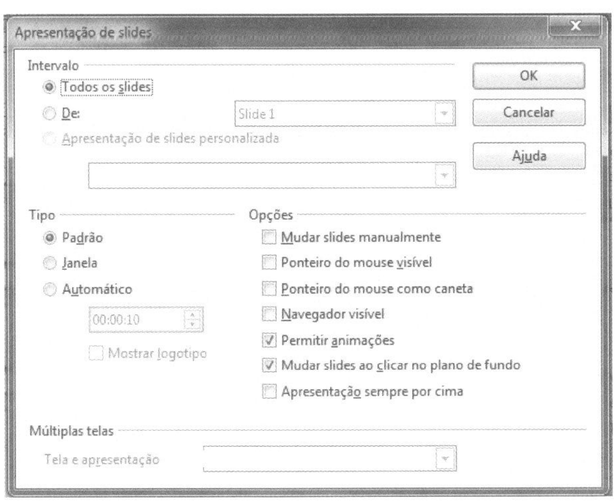

Cronometrar

A opção Cronometrar do Impress é muito inferior ao mesmo recurso no PowerPoint, se comparados. Em teoria, essa ferramenta deveria permitir marcar o tempo que seria gasto para explanar sobre uma apresentação. Contudo, o tempo é marcado por slide e exibido apenas enquanto este está sendo exibido, após, no próximo slide, o contador é novamente zerado.

Interação

Por meio deste recurso é possível modificar a sequência de exibição de uma apresentação, atribuindo a elementos do slide, como figuras e textos, ações como ir para determinado slide da apresentação, como que criando botões de navegação. Para isso, no entanto, faz-se necessário que algum elemento esteja selecionado.

Animação Personalizada

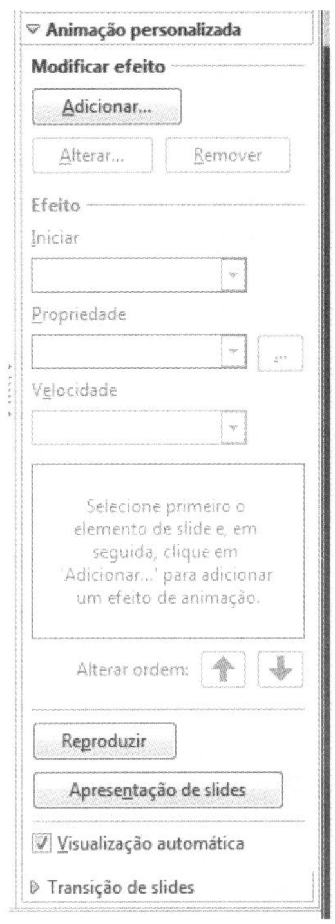

Esse recurso permite atribuir um efeito a um elemento no slide. Ao ser acionado, exibe suas opções no Painel de Tarefas à direita da tela, conforme ilustrado a seguir.

Para adicionar um efeito, é necessário selecionar algum elemento do slide, como texto ou figura e, na janela que se abre ao clicar em Adicionar (ilustrada a seguir), selecionar o efeito desejado, de acordo com categorias pré-definidas na forma de guias da janela, conforme ilustrado:

Transição de Slides

Já a opção de Transição de Slides serve para aplicar um efeito a ser executado durante a troca de slide para outro. Permite, ainda, definir tempos específicos para cada slide em uma exibição automática.

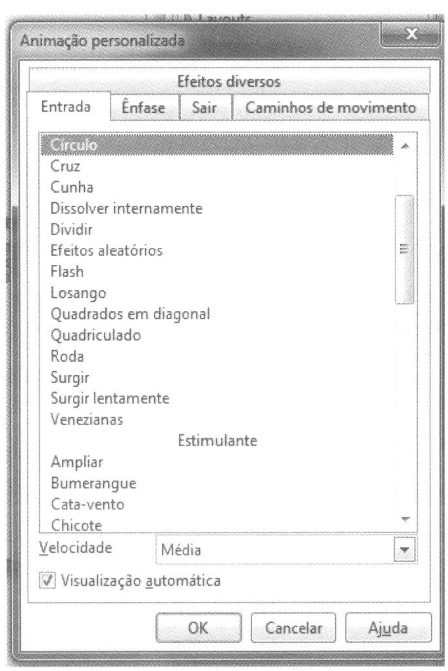

14.8 Impressão

É possível também imprimir a apresentação de slides de acordo com a necessidade, como imprimir um slide em cada página, como ilustrado na sequência, no modo **Slide:**

Slide

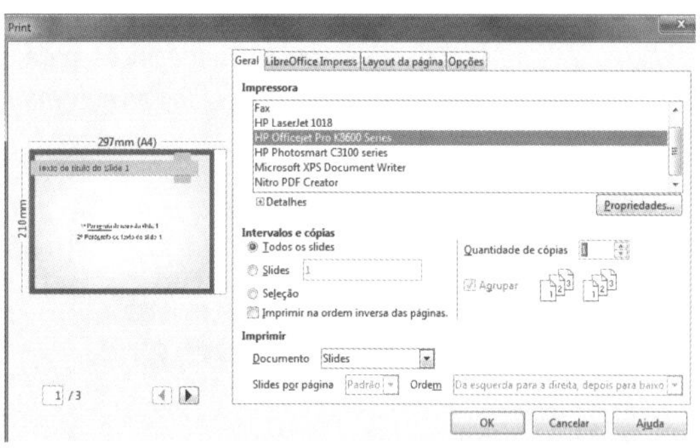

Folhetos

Caso necessário, para imprimir mais de um slide por página, pode-se escolher a opção Folheto, no campo Documento:

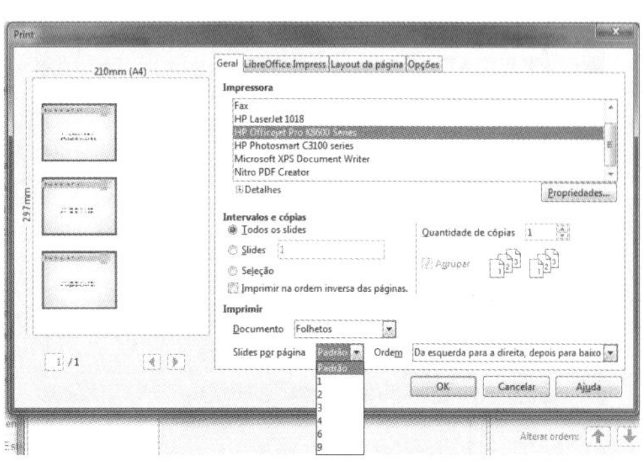

É importante observar que a janela anterior está com o número de três Slides por página, notando-se, assim, na pré-visualização à esquerda, que os slides ficam um abaixo do outro, nesta opção de impressão, enquanto que nas demais quantias os slides são distribuídos como representado a seguir, no modo de impressão de quatro slides por página:

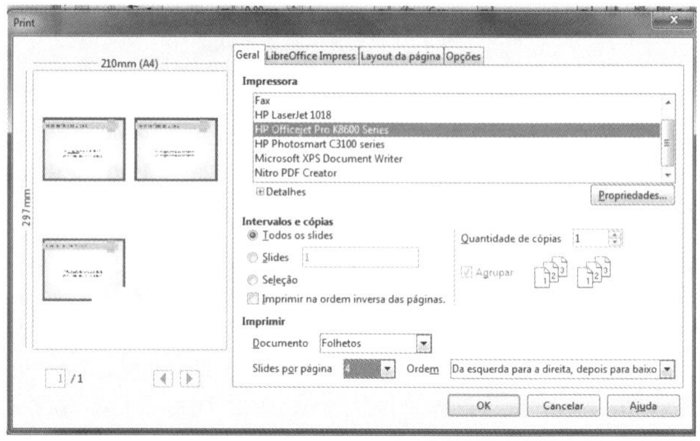

Notas

No modo de impressão de Notas, cada folha recebe um slide e, abaixo dele, são impressas as anotações referentes a ele.

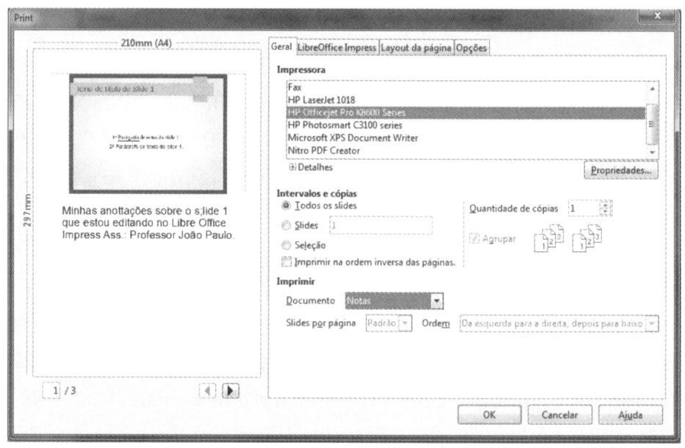

Estrutura de Tópicos

Já na forma de impressão de Estrutura de Tópicos, a impressão fica tal qual ao modo de exibição.

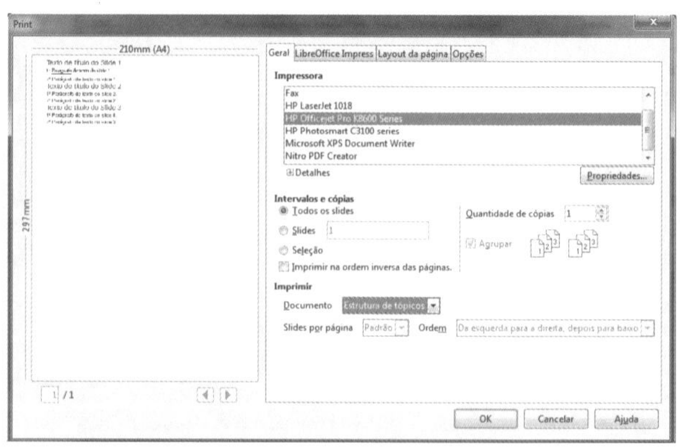

Questões

01. (Cespe) No aplicativo Impress, do pacote BrOffice.org, para se inserir um novo eslaide na apresentação que esteja sendo editada, é necessário realizar a seguinte sequência de ações: clicar o menu Arquivo; clicar a opção Novo e, por fim, clicar a opção Slide.

Certo ( ) Errado ( )

02. (Cespe) O eslaide mestre é um elemento do modelo de design que armazena informações sobre o modelo, inclusive estilos de fontes, tamanhos e posições de espaços reservados, design do plano de fundo e esquemas de cores.

Certo ( ) Errado ( )

03. (Cespe) Após elaborar uma apresentação de eslaides no Impress, o usuário poderá exportá-la para o formato pdf, opção que permite a anexação da apresentação a um documento em formato pdf e sua leitura por qualquer editor de textos.

Certo ( ) Errado ( )

04. (Cespe) No BrOffice Impress, caso se selecione o modo de exibição de eslaides em estrutura de tópicos, apenas os textos dos eslaides serão exibidos.

Certo ( ) Errado ( )

Gabaritos

01	ERRADO	03	ERRADO
02	CERTO	04	CERTO

15. BANCO DE DADOS

Sistemas gerenciadores de bancos de dados (SGBD), modelagem conceitual de dados (a abordagem entidade relacionamento), modelo relacional de dados

CONCEITO

Um banco de dados é uma coleção de dados inter-relacionados, representando informações sobre um domínio específico, ou seja, sempre que for possível agrupar informações que se relacionam e tratam de um mesmo assunto, pode-se dizer que há um banco de dados.

É possível exemplificar situações clássicas como:

- uma lista telefônica;
- um catálogo de CDs; ou
- um sistema de controle de RH de uma empresa.

Porém, possui algumas características comuns:

- é projetado, construído e povoado com dados para algum objetivo específico;
- pode ser gerado e mantido manualmente ou informatizado.

15.1 Sistema Gerenciador de Banco de Dados - SGBD

Uma vez que estabelecemos que um banco de dados é tão somente um conjunto de arquivos, que contém os dados referentes a um sistema qualquer, podemos nos fazer as seguintes perguntas:

- Mas como esses dados são administrados?
- Como definimos a estrutura de cada registro?
- Como definir regras de acesso aos dados?

Todas as tarefas acima, e ainda outras, são realizadas por meio do uso de um conjunto de softwares conhecidos por **Sistema Gerenciador de Banco de Dados**.

Definindo um SGBD

Coleção de programas que possibilita a definição, construção e manutenção de um banco de dados:

- Definir: especificar os tipos de dados, estruturas e restrições para os dados do banco;
- Construir: armazenar os dados em um meio de armazenamento controlado pelo SGBD;
- Manipular: funções para consultas e atualizações nos dados armazenados.

Muitas outras funções são disponibilizadas pelos SGBDs atuais, como, por exemplo, ferramentas para backup e restore, extração e importação de dados, gerenciamento de transações e acesso concorrente, geração de relatórios, análise de dados etc.

Há vários produtos disponíveis no mercado. Cada um deles com suas próprias características e disponibilizando diferentes funcionalidades, dependendo da versão escolhida. Nos últimos anos, praticamente todas as empresas disponibilizam alguma versão sem necessidade de pagamento de licença dos seus SGBDs. Algumas dessas versões possuem limitações em relação às versões pagas; outros produtos somente existem em versões livres.

Os mais conhecidos no mercado são ORACLE, IBM DB2, MS-SQL Server, MYSQL, PostGreSQl, FireBird, DB4 e SYBASE.

15.2 Arquitetura de Sistema de Banco de Dados

Os SGBD possuem algumas características operacionais elementares, listadas a seguir:

01. Controle de Redundâncias - A redundância consiste no armazenamento de uma mesma informação em locais diferentes, provocando inconsistências. Em um Banco de Dados, as informações só se encontram armazenadas em um único local, não existindo duplicação descontrolada dos dados. Quando existem replicações dos dados, estas são decorrentes do processo de armazenagem típica do ambiente Cliente-Servidor, totalmente sob controle do Banco de Dados.

02. Compartilhamento dos Dados - O SGBD deve incluir software de controle de concorrência ao acesso dos dados, garantindo em qualquer tipo de situação a escrita/leitura de dados sem erros.

03. Controle de Acesso - O SGDB deve dispor de recursos que possibilitem selecionar a autoridade de cada usuário. Assim, um usuário poderá realizar qualquer tipo de acesso, outros poderão ler alguns dados e atualizar outros, e outros ainda poderão somente acessar um conjunto restrito de dados para escrita e leitura.

04. Interfaceamento - Um Banco de Dados deverá disponibilizar formas de acesso gráfico, em linguagem natural, em SQL ou ainda via menus de acesso, não sendo uma "caixa-preta" somente sendo passível de ser acessada por aplicações.

05. Esquematização - Um Banco de Dados deverá fornecer mecanismos que possibilitem a compreensão do relacionamento existente entre as tabelas e de sua eventual manutenção.

06. Controle de Integridade - Um Banco de Dados deverá impedir que aplicações ou acessos pelas interfaces possam comprometer a integridade dos dados.

07. Backups - O SGBD deverá apresentar facilidade para recuperar falhas de hardware e software, por meio da existência de arquivos de "pré-imagem" ou de outros recursos automáticos, exigindo minimamente a intervenção de pessoal técnico.

Para garantir que essas características sejam satisfeitas, os sistemas de banco de dados são implementados em diferentes camadas. Cada uma representa um nível de abstração e possui diferentes responsabilidades.

A modelagem de dados está dividida em:

Modelo conceitual: a modelagem conceitual baseia-se no mais alto nível e deve ser usada para envolver o cliente, pois o foco aqui é discutir os aspectos do negócio do cliente, e não da tecnologia. Os exemplos de modelagem de dados vistos pelo modelo conceitual são mais fáceis de compreender, já que não há limitações ou aplicação de tecnologia específica. O diagrama de dados que deve ser construído aqui é o Diagrama de Entidade e Relacionamento, no qual deverão ser identificadas todas as entidades e os relacionamentos entre elas. Este diagrama é a chave para a compreensão do modelo conceitual de dados.

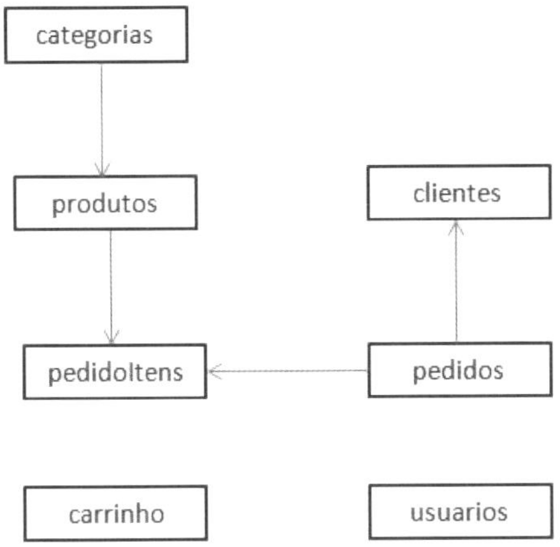

Exemplo simples de Diagrama de Entidade e Relacionamento

Modelo lógico: o modelo lógico já leva em conta algumas limitações e implementa recursos, como adequação de padrão e nomenclatura; define as chaves primárias e estrangeiras, normalização, integridade referencial, entre outras. O modelo lógico deve ser criado levando em conta os exemplos de modelagem de dados criados no modelo conceitual.

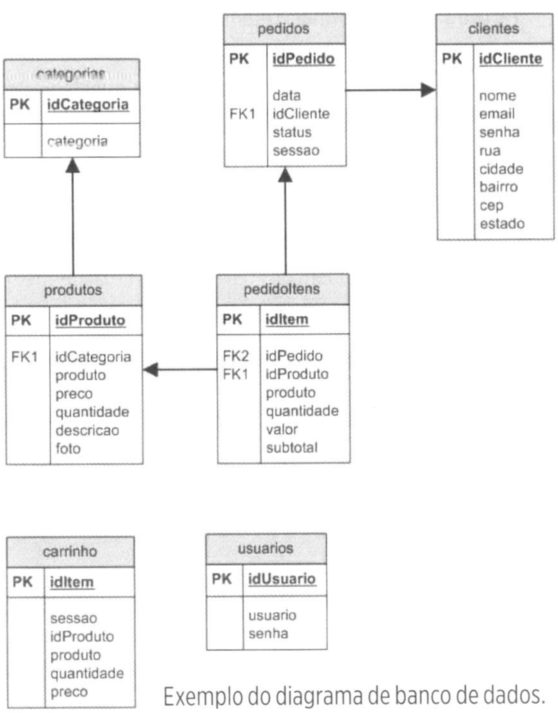

Exemplo do diagrama de banco de dados.

15.3 O Conceito de Chave no Modelo Relacional

Chave Primária (Primary Key): em uma tabela, existe uma coluna ou conjunto de colunas concatenados, cujo valor é único na tabela, ou seja, nunca se repete aquele valor em nenhuma outra linha da tabela, e que identifica uma e somente uma única linha da tabela.

Então, dizemos que esta coluna ou conjunto de colunas formam a chave primária da tabela.

Chave Estrangeira (Foreign Key): quando dizemos que duas tabelas estão relacionadas por intermédio de atributos (colunas) comuns, devemos observar que esta coluna é a chave primária em uma das tabelas. Na outra tabela, este atributo irá caracterizar o que chamamos de "chave estrangeira", propiciando, assim, uma ligação lógica (relacionamento) entre as tabelas.

Cód_Depto	Departamento
1	TI-Análise
2	TI-Programação
3	TI-Operações
4	RH
5	TI-Gerência

Nome	Sexo	Matrícula	Depto
João Carlos	M	373	3
Carlos Brito	M	872	2
Silvia Moraes	F	963	1
Cláudia Tereza	F	161	5
Pedro Júlio	M	292	4
Pedro Júlio	M	574	1

Chave primária — Chave estrangeira

Chave Candidata: uma tabela relacional pode assumir alternativas de identificador único, ou seja, várias colunas ou concatenações delas podem ter essa propriedade. Esses identificadores são candidatos à chave primária.

Como somente um poderá ser o escolhido (uma tabela só pode ter uma chave primária – que pode ser composta pela concatenação de mais de uma coluna), o restante passa a ser considerado como chave alternativa (secundária).

Chave Secundária (Secundary Key): serve para definir uma "segunda chave primária", por meio da criação de índices únicos de pesquisa. As chaves secundárias mantêm a integridade das tabelas que possuem mais de uma chave candidata.

15.4 Normalização de Dados

CONCEITO

Normalização é o processo de modelar o banco de dados, projetando a forma como as informações serão armazenadas, a fim de eliminar, ou pelo menos minimizar, a redundância no banco. Tal procedimento é feito a partir da identificação de uma anomalia em uma relação, decompondo-as em relações mais bem estruturadas.

Normalmente, precisamos remover uma ou mais colunas da tabela, dependendo da anomalia identificada, e criar uma segunda tabela, obviamente com suas próprias chaves primárias, e relacionarmos a primeira com a segunda para assim tentarmos evitar a redundância de informações.

O processo de normalização compreende o uso de um conjunto de regras, chamado de "formas normais". Ao analisarmos o banco de dados e verificarmos que ele respeita as regras da primeira forma normal, então podemos dizer que o banco está na "primeira forma normal". Caso o banco respeite as primeiras três regras, então ele está na "terceira forma normal". Mesmo existindo mais conjuntos de regras para outros níveis de normalização, a terceira forma normal é considerada o nível mínimo necessário para grande parte das aplicações.

[Microsoft 2007]

Formas Normais

Primeira Forma Normal: uma relação está na primeira forma normal quando todos os atributos contêm apenas um valor correspondente, singular, e não existem grupos de atributos repetidos — ou seja, não se admitem repetições ou campos que tenham mais que um valor.

O procedimento inicial é identificar a chave primária da tabela. Após, devemos reconhecer o grupo repetitivo e removê-lo da entidade. Em seguida, criamos uma nova tabela com a chave primária da tabela anterior e o grupo repetitivo.

Código	Nome	Endereço	Telefone
1001	Diego Machado	Rua Tal 321 Porto	5312345678 5398765432
1002	Fulano de Tal	Avenida Tal 71 Centro	5187654321 5143215678

Tabela 1: A tabela não está na primeira forma normal.

Analisando o exemplo acima, podemos observar dois problemas: temos uma pessoa com dois números de telefone e um endereço com diferentes valores, a rua e o bairro. A fim de normalizar, teremos que colocar cada informação em uma coluna diferente e criar uma nova tabela, relacionando a pessoa a seus números de contato.

Código	Nome	Endereço	Bairro
1001	Diego Machado	Rua Tal 321	Porto
1002	Fulano de Tal	Avenida Tal 71	Centro

Tabela 2: A tabela está na primeira forma normal.

Dessa forma, como mostrado na tabela acima, temos uma tabela na primeira forma normal, evitando assim repetições e campos com múltiplos valores, conforme observamos na tabela abaixo:

Código	Telefone
1001	5312345678
1001	5398765432
1002	5112345678
1002	5187654321

Tabela 3: Nova tabela criada para evitar campos com mais de um valor.

Segunda Forma Normal: diz-se que uma tabela está na segunda forma normal se ela atende a todos os requisitos da primeira forma normal e se os registros na tabela, que não são chaves, dependam da chave primária em sua totalidade, e não apenas de parte dela. A segunda forma normal trabalha com essas irregularidades e previne que haja redundância no banco de dados.

Para isso, devemos localizar os valores que dependem parcialmente da chave primária e criar tabelas separadas para conjuntos de valores que se aplicam a vários registros e relacionar estas tabelas com uma chave estrangeira.

cd_locacao	cd_filme	titulo_filme	devolucao	cd_cliente
1010	201	The Matrix	2011-10-12	743
1011	302	O Grito	2011-12-10	549
1012	201	The Matrix	2011-12-30	362

Tabela 4: A tabela não está na segunda forma normal.

Podemos observar que a tabela acima apresenta uma coluna responsável por armazenar o título do filme, onde este foi alugado e está associa-se a um número de locação. Porém, ele também está associado a um código, tornando-o então um valor que não é totalmente dependente da chave primária da tabela.

cd_filme	titulo_filme
201	The Matrix
302	O Grito

Tabela 5: Tabela criada para armazenar os filmes.

Se, em algum momento, tivermos que alterar o título de um filme, teríamos que procurar e alterar os valores em cada tupla (linha) da tabela. Isso demandaria trabalho e tempo desnecessários. Porém, ao criarmos uma tabela e as vincularmos com o recurso da chave estrangeira, tornamos o nosso banco mais organizado e ágil para as futuras consultas e manutenções que podem vir a ser necessárias.

cd_locacao	cd_filme	devolucao	cd_cliente
1010	201	2011-10-12	743
1011	302	2011-12-10	549
1012	201	2011-12-30	362

Tabela 6: Tabela na segunda forma normal.

Terceira Forma Normal: se analisarmos uma tupla e não encontrarmos um atributo não chave dependente de outro atributo não chave, podemos dizer que a entidade em questão está na terceira forma normal - contanto que esta não vá de encontro às especificações da primeira e da segunda forma normal.

Como procedimento principal para configurar uma entidade que atenda às regras da terceira forma normal, identificamos os campos que não dependem da chave primária e dependem de outro campo não chave. Depois, separamo-los para criar outra tabela distinta, se necessário.

placa	modelo	qtd_kmetro	cod_fab	nome_fab
qwe1234	Modelo1	867	3004	fabricante1
asd456	Modelo2	928	3005	fabricante2

Tabela 7: A tabela não está na terceira forma normal.

No exemplo acima, temos uma entidade que lista os carros cadastrados, bem como o modelo, a quantidade de quilômetros rodados, o código do fabricante e o nome do fabricante. Observamos que "nome_fab" se dá em função de "cod_fab". Para adequarmos esta tabela de acordo com os padrões da terceira forma normal, devemos remover a coluna do nome do fabricante.

placa	modelo	qtd_kmetro	cod_fab
qwe1234	Modelo1	867	3004
asd456	Modelo2	928	3005

Tabela 8: Tabela na terceira forma normal.

A coluna que removemos deve ser colocada em uma nova tabela, relacionando corretamente o nome do fabricante com o seu código. Abaixo, podemos observar como ficaria esta nova entidade.

cod_fab	nome_fab
3004	fabricante1
3005	fabricante2

Tabela 9: Tabela criada para armazenar o nome do fabricante.

15.5 Banco de dados SQL [linguagem SQL (SQL2008), linguagem HIVEQL (HIVE 2.2.0)]

SQL

É a linguagem padrão para a manipulação de bancos de dados relacionais. Por corresponder a um padrão aceito pela indústria, é suportada por todos os SGBDs relacionais - o que inclui produtos como Oracle, Microsoft SQL Server, MySQL, PostgreSQL, SQLite e IBM DB2.

Embora seja uma linguagem muito poderosa, o escopo da SQL é claro e direto, oferecendo instruções para a recuperação e manipulação de dados em tabelas, controle de transações, definição de objetos e controle de acesso. A tabela abaixo apresenta as principais instruções SQL e suas respectivas funções.

Instruções SQL

INSTRUÇÃO	FUNÇÃO
SELECT	Recuperação de dados.
INSERT UPDATE DELETE	Manipulação de dados.
CREATE ALTER DROP RENAME TRUNCATE	Definição de objetos.
COMMIT ROLLBACK SAVEPOINT	Controle de transações.
GRANT REVOKE	Controle de acesso.

A SQL possui a limitação de ser uma linguagem declarativa. Isto significa que não é possível criar um programa inteiro em SQL, pois a linguagem não possui comandos para tomada de decisão (ex.: IF-ELSE) e nem para execução de laços (ex.: WHILE e FOR).

Classificação das Declarações SQL

Existem cinco categorias do SQL, que são comumente usadas em todos os bancos de dados.

Data Definition language (DDL) - Linguagem de Definição de Dados: usada para a estrutura ou o esquema do banco de dados.

> A declaração CREATE cria objetos.

> A declaração ALTER altera a estrutura dos objetos no banco de dados.

> A declaração DROP apaga os objetos do banco de dados.

Data Control Language (DCL) Linguagem de controle de dados: usada para controlar o acesso aos dados e garantir a segurança. A seguir, constam algumas declarações importantes:

> GRANT - usada para atribuir privilégios de acesso aos objetos do banco para um usuário.

> REVOKE - usada para retirar privilégios de acesso usando a declaração GRANT.

> DENY - usada para proibir determinados usuários de desempenhar certas tarefas.

Data Manipulation Language (DML): usada para gerenciar os dados no esquema de objetos. A seguir, constam algumas importantes declarações:

> INSERT - Para inserir dados na tabela.

> UPDATE - para modificar um dado já existente na tabela.

> DELETE - para deletar o que foi gravado na tabela.

> SELECT - para selecionar o que está gravado na tabela.

Data Transaction Language (DTL): utilizado pelos desenvolvedores em transações. Os principais comandos são:

> COMMIT - Finaliza a transação tornando as alterações permanentes.

> ROLLBACK [TO SAVEPOINT nome].

> ROLLBACK - Finaliza a transação descartando as alterações pendentes. Com a opção TO SAVEPOINT descarta as alterações subsequentes ao savepoint escolhido.

> SAVEPOINT - Marca um ponto de gravação dentro da transação atual

Data Query Language (DQL): o mais importante dentre estes, pois consultas são realizadas a todo instante. O comando que é utilizado pelo DQL é o:

> SELECT - para selecionar o que está gravado na tabela.

Principais Instruções em SQL

SELECT: esta instrução seleciona registros e campos específicos de uma tabela. A sintaxe geral da instrução SELECT é a seguinte:

SELECT <Campos> FROM <Tabelas> WHERE <Critérios>

Vamos dar um exemplo e selecionar apenas um determinado produto da tabela Animais, mostrando todos os campos da tabela:

SELECT * FROM Produtos WHERE CódigoDoProduto=1234

Sobre a instrução acima, temos que:

SELECT Campos: instrução SQL que seleciona para apresentar os campos determinados. O sinal de * (asterisco) indica que TODOS os campos da entidade (tabela) serão mostrados. Se for necessário especificar os nomes dos campos a serem mostrados, eles devem ser separados por , (vírgula).

FROM Tabelas: indica de que tabelas os campos serão selecionados, para informar mais de uma tabela, separe seus nomes por, (vírgula).

WHERE Critérios: indica a condição que deverá ser respeitada (avaliada) para a seleção dos registros da tabela.

INSERT: permite inserir dados nas tabelas do BD. A Sintaxe geral é assim:

INSERT INTO <Tabela (campo1, campo2, campo3)> VALUES <(valor1, valor2, valor3>)

Por exemplo, caso o usuário deseja inserir um novo Produto de código 1235, Nome Impressora HP 380sx, preço 120,80 pode fazer o seguinte:

INSERT INTO Produtos (CodigoDoProduto, NomedoProduto, PreçoUnitário) VALUES (1235, "Impressora HP 380sx", 120,80).

A instrução INSERT INTO não retorna uma listagem de registros, como a instrução SELECT, mas modifica os dados de uma tabela, inserindo um registro novo no fim da tabela.

UPDATE: a Instrução UPDATE da linguagem SQL permite que o usuário altere os valores contidos em um ou vários registros específicos da tabela. Esta instrução se escreve assim:

UPDATE <Tabela> SET <Campo=Valor> WHERE <Critérios>

Vamos dar um exemplo: se todos os Produtos cujos códigos sejam maiores que 1000, receberam um reajuste de 15% no seu valor, pode-se fazer o seguinte:

UPDATE Produtos SET PreçoUnitário=PreçoUnitário*1,15 WHERE CódigoDoProduto>1000

DELETE: como o nome já mostra, esta instrução exclui um ou mais registros de acordo com um critério. A sintaxe desta instrução é:

DELETE * FROM <Tabela> WHERE <Critérios>

Um exemplo pode ser o seguinte: vamos excluir o Produto 1234 da tabela Produtos do nosso Banco de Dados. DELETE * FROM Produtos WHERE CódigoDoProduto=1234

Lembre-se: a instrução DELETE não apaga apenas um campo do registro (como, por exemplo, apagar apenas os nomes dos produtos). Esta instrução exclui o registro inteiro da tabela.

Funções

MAX(exp) – Máximo da expressão.

MIN(exp) – Mínimo da expressão.

AVG(n) – Valor médio de n ignorando valores nulos.

SUM(n) – Soma os valores de n ignorando valores nulos.

COUNT(*) – Conta todas as linhas selecionadas, incluindo as repetidas e que contenham valores nulos.

Hive

O projeto Apache Hive é uma solução de data warehousing de software livre construída pela Equipe de Infraestrutura de dados do Facebook no ambiente Hadoop. O principal objetivo do projeto é levar conceitos de bancos de dados relacionais (por exemplo, tabelas, colunas, partições) e um subconjunto de SQL ao mundo desestruturado do Hadoop, ao mesmo tempo em que mantém a extensibilidade e a flexibilidade desfrutada no Hadoop. Assim, ele oferece suporte a todos os principais tipos primitivos (por exemplo, números inteiros, flutuações, sequências) e tipos complexos (por exemplo, mapas, listas, estruturas). O Hive oferece suporte às consultas expressas em HiveQL (Hive Query Language), uma linguagem declarativa similar à SQL e, portanto, pode ser entendido facilmente por qualquer pessoa familiarizada com a SQL. Essas consultas são compiladas automaticamente nas tarefas do MapReduce que são executadas usando Hadoop. Além disso, a HiveQL permite que os usuários realizem o plug in de scripts customizados de MapReduce nas consultas.

A HiveQL oferece suporte às instruções de Linguagem de Definição de Dados (DDL), que podem ser usadas para criar, eliminar e alterar as tabelas de um banco de dados. Ela permite que os usuários carreguem dados de fontes externas e insiram os resultados das consultas em tabelas do Hive por meio do carregamento e inserção de instruções de Linguagem de Manipulação de Dados (DML), respectivamente.

No entanto, atualmente a HiveQL não oferece suporte à atualização e exclusão de linhas das tabelas existentes (em particular, as instruções INSERT, UPDATE e DELETE INTO), o que permite o uso de mecanismos bastante simples para lidar com operações simultâneas de leitura e gravação sem precisar implementar protocolos de bloqueio complexos. O componente de metaloja é o catálogo do sistema Hive, que armazena metadados sobre a tabela subjacente. Esses metadados são especificados durante a criação da tabela e são reutilizados sempre que é feita referência à tabela na HiveQL. A metaloja distingue o Hive como uma solução tradicional de warehousing em comparação aos sistemas similares de processamento de dados que são construídos em arquiteturas similares ao MapReduce, como a Pig Latin.

Abaixo, constam exemplos das instruções de HiveQL que descrevem as operações para criar uma tabela, carregar dados e consultar o conteúdo das tabelas.

CREATE TABLE employee (empID INT, name STRING, salary BIGINT)

ROW FORMAT DELIMITED

FIELDS TERMINATED BY '\t'

STORED AS TEXTFILE;

LOAD DATA INPATH "employee_data" INTO TABLE employee;

SELECT * FROM employee WHERE salary > 100000 SORT BY salary DESC;

O Hive também oferece suporte à manipulação de dados por meio de funções criadas pelos usuários.

INSERT OVERWRITE TABLE employee

SELECT

TRANSFORM (empID, name, salary, address, department)

USING 'python employee_mapper.py'

AS (empID, name, salary, city)

FROM employee_data;

Em geral, o Hive é uma ótima interface para qualquer pessoa envolvida no mundo de bancos de dados relacionais, embora os detalhes da implementação subjacente não sejam completamente ocultos. Ainda, é preciso se preocupar com algumas diferenças em termos da melhor maneira para especificar as junções para o melhor desempenho e alguns recursos ausentes de linguagem. O

Hive oferece a capacidade de fazer *plug in* de códigos customizados para situações que não se ajustam à SQL, bem como muitas ferramentas para manipular as entradas e saídas. Ele sofre algumas limitações, como a falta de suporte às instruções UPDATE ou DELETE ,INSERT em linhas únicas, e tipos de dados de data ou horário, já que elas são tratadas como sequências.

15.6 Lista encadeada, pilha, fila, noções sobre árvore binária

Árvore binária

Até o momento, estudamos a organização dos dados de uma maneira linear, em que a propriedade básica é a relação sequencial mantida entre seus elementos.

Agora, vamos tratar de outra forma de organizar os dados, chamada genericamente de "não linear". Essa forma permite que outros tipos de relação entre dados possam ser representados, como, por exemplo, hierarquia e composição. Um dos exemplos mais significativos de estruturas não lineares é a árvore.

Em uma árvore binária, encontramos alguns nomes específicos para classificar alguns tipos características e informações. Veremos algumas das principais delas:

Nó = é um dado armazenado em uma árvore binária, é de um tipo específico ao qual a árvore está preparada para armazenar, uma árvore é um container para N nós semelhantes em sua estrutura.

Raiz = é o primeiro item de uma árvore binária, ele começa uma estrutura que se repete da seguinte forma: cada item tem 0, 1 ou 2 itens relacionados à eles, dessa forma a raiz é denominada pai e os itens relacionados são os seus filhos. Cada filho pode ter outros filhos, até o final da árvore.

Subárvores = são partes da árvore principal que usam como raiz qualquer nó que não seja a raiz inicial e criam outras árvores menores; são árvores sempre menores que a árvore principal e que têm as mesmas características estruturais dessa árvore. Dessa forma, é fácil entender que uma árvore binária é a soma de todos os nós da subárvore com a raiz sendo o seu filho esquerdo e a subárvore com a raiz sendo o seu filho direito.

Folha = é um nó que não possui filhos.

Altura de um nó = a quantidade de pais que é necessária para se chegar até a raiz é a altura desse nó. Por exemplo, se tivermos uma árvore com uma configuração dessa forma: A tem B e C como filhos, B tem X e Y como filhos, teríamos o seguinte: A tem altura 0, B e C, 1 e X e Y, com altura 2.

Grau de um nó = é semelhante à altura, mas sendo que é a contagem inversa. Ao invés de a quantidade de pais até a raiz, a contagem se baseia pela quantidade de filhos até a folha mais longe. No exemplo acima, teríamos: A com grau 2, B e C com grau 1 e X e Y com grau 0.

Uma árvore binária é uma estrutura de dados de árvore binária baseada em nós, em que todos os nós da subárvore esquerda possuem um valor numérico inferior ao nó raiz e todos os nós da subárvore direita possuem um valor superior ao nó raiz.

PERCURSO

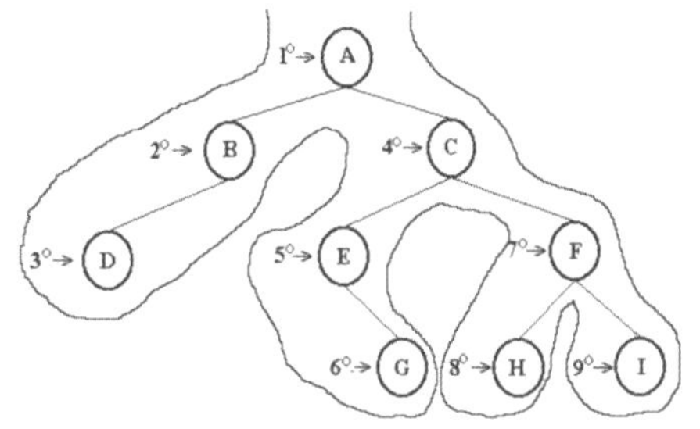

Percorrer uma árvore visitando cada nó uma única vez gera uma sequência linear de nós, e então passa a ter sentido falar em sucessor e predecessor de um nó segundo um determinado percurso. Há três maneiras recursivas de percorrer árvores binárias.

Travessia em Pre-Ordem

01. se árvore vazia, fim;
02. visitar o nó raiz;
03. percorrer em pré-ordem a subárvore esquerda;
04. percorrer em pré-ordem a subárvore direita.

ABDCEGFHI

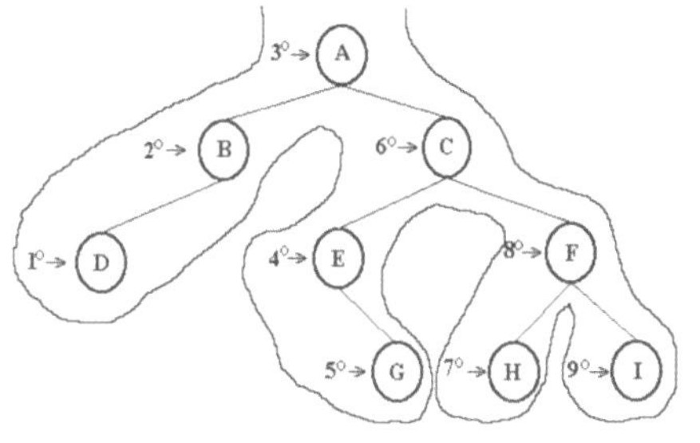

Travessia em In-Ordem

01. se árvore vazia, fim;
02. percorrer em in-ordem a subárvore esquerda;
03. visitar o nó raiz;
04. percorrer em in-ordem a subárvore direita.

DBAEGCHFI

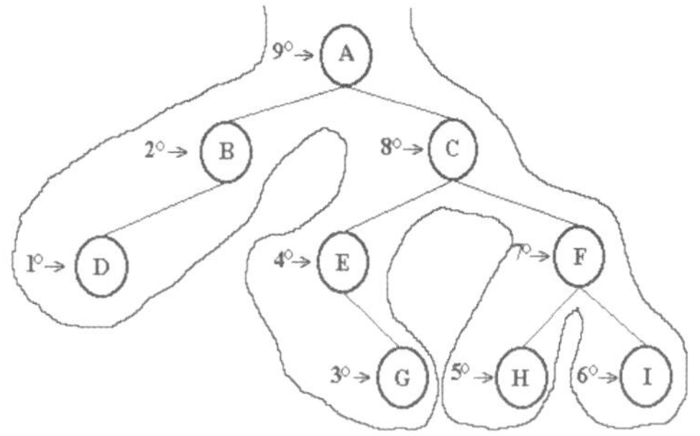

Travessia em Pós-Ordem

01. se árvore vazia, fim;
02. percorrer em pós-ordem a subárvore esquerda;
03. percorrer em pós-ordem a subárvore direita;
04. visitar o nó raiz.

Lista encadeada

Uma lista é uma sequência finita de elementos ligados entre si, em que cada elemento (ou nó) da lista tem a seguinte estrutura:

> um atributo com o valor do elemento; e

> um atributo com uma referência para o próximo elemento da lista (será nula se for o último elemento).

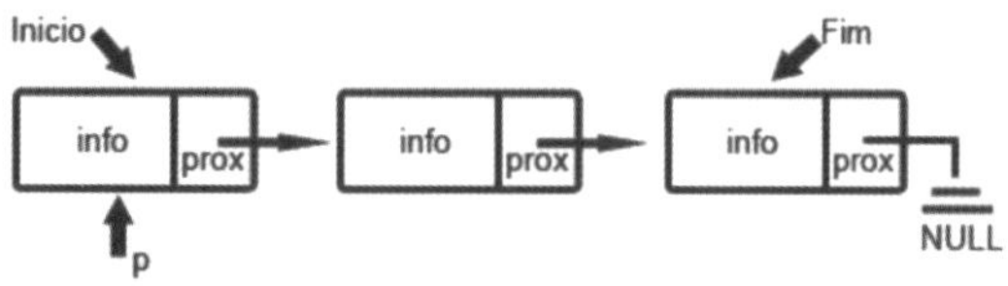

Observações:

> a ordem dos elementos na lista é relevante;

> os elementos de uma lista são todos do mesmo tipo;

> o armazenamento de uma lista não requer uma área contígua de memória. ,

Pilha

Pilhas são listas em que a inserção de um novo item ou a remoção de um item já existente se dá em uma única extremidade, no topo.

Em uma estrutura de pilha (stack), estabelecemos uma política LIFO - last in, first out.

Uma estrutura de pilha também oferece basicamente duas operações de

manipulação, PUSH, para inserção no topo da pilha, e POP, para retirada do topo da pilha.

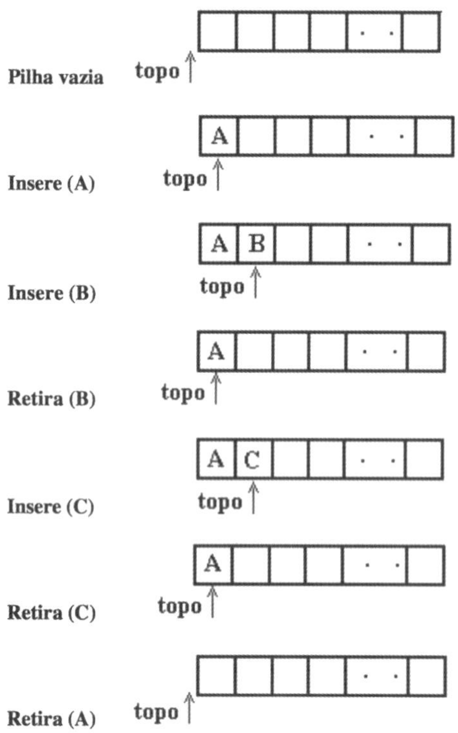

Fila

Uma fila (queue) tipicamente estabelece uma política FIFO - first in, first out - de acesso aos dados. Em outras palavras, a ordem estabelecida na lista é a ordem de inserção. No momento de retirar um nó da lista, o nó mais antigo (o primeiro que entrou) é o primeiro a ser retirado.

(a1, a2 , ... , an)

eliminações no início — inserções no final

15.7 Busca sequencial e busca binária sobre arrays

Quando trabalhamos com listas, existem ocasiões em que necessitamos ordená-las para facilitar uma busca de um de seus elementos. Esta ordenação dos valores de uma lista pode ser tanto em ordem crescente como decrescente, mas sem esse tipo de ordenação pesquisa em uma lista seria muito difícil e demorada.

Basicamente, teríamos que posicionar o "ponteiro" no topo da lista e ir comparando cada um dos elementos com o valor procurado. Para uma lista pequena, esse "método" não é assim algo tão complexo e talvez seja o mais utilizado. Mas para matrizes um pouco maiores, esse método consome muito tempo de processamento, tempo este de que muitas vezes o sistema não dispõe. Nesses casos, o melhor é ordenar a matriz para somente então começar as pesquisas. As modalidades de buscas descritas acima são chamadas de *sequencial* e *binária*, respectivamente.

Busca sequencial

Compara o elemento desejado com cada item na array ou lista, até encontrar um item cujo valor é igual ao valor do elemento desejado.

Lista = [Márcio, Dayana, Thales, Eduarda, Dexter, Emanoella, Rafael, Kellen]

Márcio	Dayana	Thales	Eduarda	Dexter	Emanoella	Rafael	Kellen
0	1	2	3	4	5	6	7

Algoritmo de busca sequencial em um array Lista, com 8 posições (0 até N-1), sendo Dexter o elemento procurado for (i=0; i<8; i++) {

if (Lista[i]=="Dexter"){ return(i); /*elemento encontrado*/

}

}

return("Não consta na lista"); /*elemento não encontrado*/

Busca binária

Estando o array ou a lista ordenados, podemos tirar vantagens dessa ordenação usando a busca binária. Neste caso, o elemento procurado é comparado ao elemento do meio do arranjo e:

> se igual, busca bem-sucedida;

> se menor, busca-se na metade inferior do array;

> se maior, busca-se na metade superior do array.

Compara o elemento desejado com cada item na array ou lista, até encontrar um item cujo valor é igual ao valor do elemento desejado.

Lista = [Dayana, Dexter, Eduarda, Emanoella, Kellen, Márcio, Rafael, Thales]

Lista[4] = "Dexter" (Falso, Dexter é menor)

Dayana	Dexter	Eduarda	Emanoella	Kellen	Márcio	Rafael	Thales
0	1	2	3	4	5	6	7

Procura na metade inferior do array

Lista[2] = "Dexter" (Verdadeiro, busca bem-sucedida)

Dayana	Dexter	Eduarda	Emanoella
0	1	2	3

15.8 Ordenação - métodos da bolha, ordenação por seleção, ordenação por inserção

Em Ciência da Computação, usamos um algoritmo de ordenação para colocarmos os elementos de uma dada sequência em uma certa ordem. Em outras palavras, efetua sua ordenação completa ou parcial. O objetivo da ordenação é facilitar a recuperação dos dados de uma lista.

Neste material, vamos tratar de alguns dos principais métodos de ordenação:

> Bolha;

> Seleção;

> Inserção.

Ordenação Bolha - Bubble Sort

Bubble sort é o algoritmo mais simples, mas o menos eficiente. Neste algoritmo, cada elemento da posição i será comparado com o elemento da posição i + 1, ou seja, um elemento da posição 2 será comparado com o elemento da posição 3. Se o elemento da posição 2 for maior que o da posição 3, eles trocam de lugar, e assim sucessivamente. Por causa dessa forma de execução, o vetor terá que ser percorrido quantas vezes forem necessárias, tornando o algoritmo ineficiente para listas muito grandes.

1ª Passagem do Bubble Sort

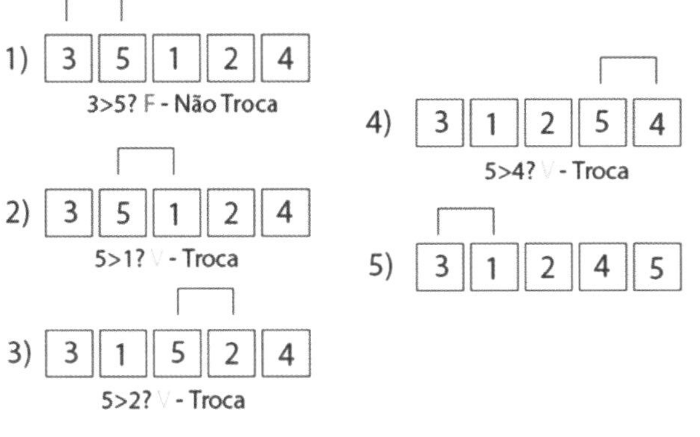

Funcionamento do Buble Sort

> É verificado se o 3 é maior que 5; por essa condição ser falsa, não há troca.

> É verificado se o 5 é maior que 1; por essa condição ser verdadeira, há uma troca.

> É verificado se o 5 é maior que 2; por essa condição ser verdadeira, há uma troca.

> É verificado se o 5 é maior que 4; por essa condição ser verdadeira, há uma troca.

> O método retorna ao início do vetor realizando os mesmos processos de comparações, isso é feito até que o vetor esteja ordenado.

Ordenação por Seleção - Selection Sort

Este algoritmo é baseado em se passar sempre o menor valor do vetor para a primeira posição (ou o maior dependendo da ordem requerida), depois o segundo menor valor para a segunda posição, e assim sucessivamente, até os últimos dois elementos.

Neste algoritmo de ordenação, é escolhido um número a partir do primeiro. Este número escolhido é comparado com os números a partir da sua direita. Quando encontrado um número menor, o número escolhido ocupa a posição do menor número encontrado. Este número encontrado será o próximo número escolhido. Caso não for encontrado nenhum número menor que este escolhido, ele é colocado na posição do primeiro número escolhido, e o próximo número à sua direita vai ser o escolhido para fazer as comparações. É repetido esse processo até que a lista esteja ordenada.

Selection Sort

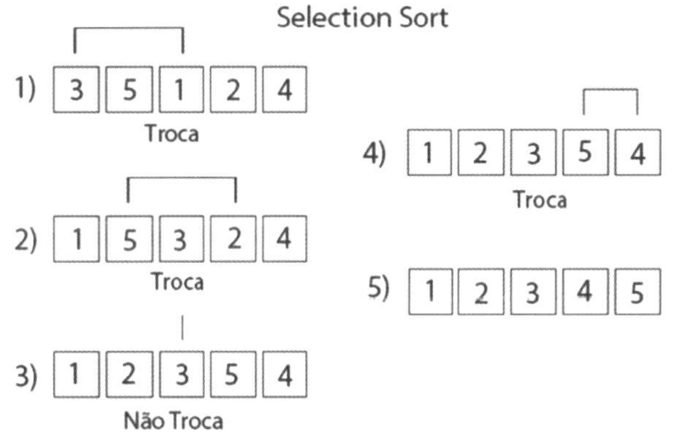

Funcionamento do Selection Sort

> Neste passo, o primeiro número escolhido foi o 3; ele foi comparado com todos os números à sua direita, e o menor número encontrado foi o 1, então os dois trocam de lugar.

> O mesmo processo do passo 1 acontece; o número escolhido foi o 5, e o menor número encontrado foi o 2.

> Não foi encontrado nenhum número menor que 3, então ele fica na mesma posição.

> O número 5 foi escolhido novamente, e o único número menor que ele à sua direita é o 4, então eles trocam.

> Vetor já ordenado.

Ordenação por Inserção - Insertion sort

O Insertion sort é um algoritmo simples e eficiente quando aplicado em pequenas listas. Neste algoritmo, a lista é percorrida da esquerda para a direita. À medida que avança, vai deixando os elementos mais à esquerda ordenados.

O algoritmo funciona da mesma forma como as pessoas usam para ordenar cartas em um jogo de baralho como o pôquer.

Insertion Sort

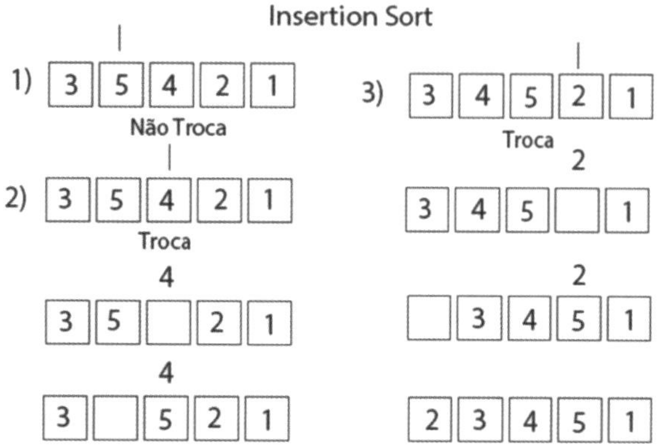

Funcionamento do Insertion Sort

> Neste passo, é verificado se o 5 é menor que o 3; como essa condição é falsa, então não há troca.

> É verificado se o 4 é menor que o 5 e o 3; ele só é menor que o 5, então os dois trocam de posição.

> É verificado se o 2 é menor que o 5, 4 e o 3; como ele é menor que 3, então o 5 passa a ocupar a posição do 2, o 4 ocupa a posição do 5, e o 3 ocupa a posição do 4; assim a posição do 3 fica vazia, e o 2 passa para essa posição.

> O mesmo processo de comparação acontece com o número 1; após esse processo o vetor fica ordenado.

16. NOÇÕES DE SISTEMAS OPERACIONAIS EMBARCADOS/ MÓVEIS – ANDROID E IOS

16.1 Sistemas Operacionais Móveis (Android e IOS)

Hoje em dia os smartphones representam a principal interface de acesso à internet, e o sistema operacional Android, do Google, é hoje o sistema operacional mais utilizado do mundo. Este quadro se traduz no serviço público, em que o desenvolvimento de aplicativos em diversas áreas da Administração Pública representa uma forma de levar o serviço público para a sociedade.

Exemplos recentes de aplicativos para telefonia móvel são aqueles de informações sobre a Covid-19 e o aplicativo da Caixa Econômica Federal, referente ao cadastro do valor emergencial por conta da pandemia do coronavírus.

Definição de Sistemas Operacionais

INICIALIZAÇÃO (BOOT)

É possível existirem dois ou mais sistemas operacionais no mesmo computador, mas não inicializar os dois simultaneamente, e quando isto ocorre, é habilitado o recurso DUAL BOOT para que o usuário escolha qual o sistema operacional que será inicializado.

> Inicialização do Android – Automática ao iniciar o smartphone;

> Inicialização do IOS – Automática ao iniciar o smartphone;

> Inicialização no Windows – A tecla de atalho F8 abre um menu de opções de inicialização do Windows, que permite configurar a forma em que o Boot se dará;

> Inicialização no Linux – Existem rotinas de inicialização, como GRUB e LILO, executadas em modo texto, e que permitem ao usuário configurar opções de Boot.

Sistema De Arquivos

Os sistemas de arquivos determinam a forma como o sistema operacional manipula (edita, copia, move, exclui) as informações. De início, dois computadores que possuam sistemas operacionais com sistemas de arquivos distintos não podem ter compartilhamento de arquivos.

Emuladores

O termo "emulador" ou "emular", na Informática, representa a simulação de uma plataforma em outra. Por conta da diferença de sistemas de arquivos, originalmente não é possível o compartilhamento e aplicação de dados entre sistemas operacionais Windows e Linux, porém existem emuladores que possibilitam, a partir do sistema operacional Linux, acessar sistemas de arquivos do Windows, Android ou IOS.

Modos de Trabalho

Existem diversas formas de se trabalhar com sistemas operacionais, e estas formas definem como será a interface com o usuário.

> **Modo Shell** – Baseado em comandos texto, e cada comando executa uma ação. Geralmente tem uma tela preta e comandos inseridos pelo usuário.
>
> Exemplos de sistemas operacionais que atuam em modo Shell: Dos, Unix, Linux.

> **Modo Gráfico** (Interface Gráfica Amigável) – Baseado em elementos visuais como ícones e pastas, permite que o usuário trabalhe com a interação de mouse e comandos visuais.
>
> Exemplos de sistemas operacionais que atuam em modo Gráfico: Android, IOS, Windows e Linux.

Prompt de Comando

Os sistemas operacionais possuem inda um aplicativo que possibilita trabalhar com arquivos de lote, por meio de comandos de texto (shell). Este aplicativo, denominado Prompt de Comando, operado com os comandos do Ms DOS, permite, por exemplo, visualizar o conteúdo de determinado diretório, mediante o comando DIR ou ainda visualizar o IP de algum site da internet, por meio do comando PING.

16.2 Versões do Android

> **Cupcake (Android 1.5)** - Essa, na verdade, não foi a primeira versão do Android lançada. Ela é a terceira versão; contudo, a primeira a inaugurar o padrão de se adotar nomes de sobremesas para o sistema. Liberado em abril de 2009, o Cupcake abriu as portas para que dispositivos Android chegassem com telas inteiramente sensíveis ao toque, graças à introdução do teclado virtual. Até então, a "moda" era o smartphone com teclado físico, com Nokia e BlackBerry dominando esse mercado.
>
> Também chegaram, com essa versão, os widgets de apps para a tela inicial, além de pastas para organizar os aplicativos. O Cupcake foi substituído rapidamente, em 15 de setembro do mesmo ano, pelo Android Donut (1.6), que, por sua vez, tornou mais fácil pesquisar conteúdos do smartphone e da web. Com ele, chegou a caixa de pesquisa rápida do Android, além do suporte a diferentes densidades e tamanhos de tela.

> **Eclair (Android 2.0) –** No mês seguinte, em 26 de outubro de 2009, chegou o Android Eclair com a navegação pelo Google Maps e reconhecimento de fala para textos em e-mails e mensagens. Chegaram também os live wallpapers.

> **Froyo (Android 2.2) –** Essa versão chegou em 20 de maio de 2010, levando os recursos de voz do Android a um outro nível com as ações de voz, que permitiam a execução de funções do smartphone por meio de comandos de voz.

> **Gingerbread (Android 2.3)** – Já em 6 de dezembro de 2010 foi lançado o Gingerbread, com recursos de gerenciamento de bateria que informavam exatamente como o dispositivo estava usando a bateria, desde o brilho da tela a aplicativos ativos.

> **Honeycomb (Android 3.0)** – Essa versão chegou em 22 de fevereiro de 2011, trazendo um layout maior e suporte a animações sofisticadas, aproveitando ao máximo as telas maiores dos tablets. Essa versão ficou marcada como a primeira destinada a diferentes formatos de dispositivos.

> **Ice Cream Sandwich (Android 4.0) –** Em 19 de outubro do mesmo ano, chegou o Ice Cream Sandwich. A versão simplificou o design do Android e trouxe novos recursos, como pastas de aplicativos redesenhadas, além de uma bandeja de favoritos e widgets. Também foi aqui que chegou a conectividade NFC.

> **Jelly Bean (Android 4.1) –** A data de 9 de julho de 2012 foi quando o Jelly Bean começou a chegar, trazendo o Google Now como um precursor do Google Assistente. O Now permitia obter informações rápidas sobre o clima, por exemplo, tudo em tempo real assim como acontece hoje com o Assistente.

Aqui, as notificações ficaram mais ricas, permitindo a expansão da janela para exibir mais notificações de uma só vez.

> **KitKat (Android 4.4) –** Já o KitKat começou a ser liberado em 15 de janeiro de 2014, unindo a utilidade do Google Now com melhorias na tecnologia de voz, aliando o melhor dos dois mundos. Assim, o usuário começou a dar comandos de voz para que o Now fosse capaz de fazer ainda mais ações com o comando "Ok Google".

> **Lollipop (Android 5.0) –** O Lollipop chegou no dia 3 de novembro de 2014, reunindo as novidades em funcionalidades do KitKat, mas trazendo o Material Design ao Android. Uma transparência totalmente nova facilitou a navegação pelo dispositivo.

> **Marshmallow (Android 6.0) –** E então, em 5 de outubro de 2015, chegou o Marshmallow, que representou outro próximo passo para a criação do Assistente como o conhecemos. O Now, aqui, foi aprimorado, permitindo simplesmente tocar e segurar o botão "home" para acioná-lo — eliminando a necessidade de se abrir manualmente o aplicativo para tal.

Chegaram aqui novos recursos de economia de bateria; entre eles, um que colocava automaticamente o dispositivo em estado de repouso quando em inatividade, e o App Standby, que limitava o impacto de apps usados com menos frequência na vida da bateria.

> **Nougat (Android 7.0) –** Esta versão, que ainda é bastante popular, chegou em 22 de agosto de 2016. O Nougat melhorou a maneira de se usar o smartphone, adicionando várias janelas para permitir a execução de apps lado a lado, além de respostas instantâneas por meio das notificações, tamanho de exibição ajustável para melhor acessibilidade e melhor economia de dados, limitando a quantidade de dados usados por apps em segundo plano.

O Modo VR chegou aqui também, possibilitando experiências de realidade virtual para apps, e chegaram ainda 63 novos emojis — todos com seis opções de tons de pele.

> **Oreo (8.0) –** Em 21 de agosto de 2017, a Google revelou o aguardadíssimo Oreo ao mundo, que introduziu formas ainda mais simples de navegar em tarefas no smartphone (como o preenchimento automático para o acesso rápido de apps e o modo picture-in-picture). Com o Oreo, a experiência Android foi simplificada ainda mais graças a uma melhor coesão visual e gestos mais fáceis (como o deslizar da tela inicial para ver todos os aplicativos).

> **Pie (Android 9.0) –** Encerrando o momento "vale a pena ver de novo", temos, então, o Android Pie, que chegou em 6 de agosto de 2018. Com esta versão, o sistema trouxe novas formas de o usuário controlar o seu bem-estar digital, descobrindo exatamente quanto tempo gasta em cada app e podendo configurar um temporizador para limitar o uso de determinados apps "viciantes".

O sistema, equipado com inteligência artificial, também aprende com o usuário e prioriza a energia da bateria para os apps mais usados, bem como aqueles que a IA identifica que você possa usar em breve.

> **Android 10 (Android 10) –** Acabaram as sobremesas. O Google decidiu acabar com os nomes fofinhos e deliciosos que víamos nos sistemas anteriores para reformular de vez a identidade do seu SO. Além do nome, as novidades de maior destaque desta versão do Android ficam por conta do suporte nativo à conexão 5G e smartphones dobráveis, navegação por gestos aprimorada, modo noturno nativo para o sistema, análise prévia de links enviados por meio dos aplicativos, além de novas features de acessibilidade, como a conversão de voz para textos dentro dos vídeos e em aplicativos.

Fontes – https://www.android.com/intl/pt-BR_br/ e https://canaltech.com.br/

16.3 Características do Android

> **Tenha proteção e controle.** Google Play Protect, atualizações de segurança regulares e controle sobre como seus dados são compartilhados. Trabalhamos todos os dias para proteger os mais de 2,5 bilhões de dispositivos Android ativos e para manter a privacidade dos usuários.

- **Deixe o mundo acessível. -** Leitores de tela, conversão de voz em texto e algumas das maneiras mais recentes de conhecer o mundo do seu jeito.
- **Dispositivos para tudo e todos**. Opções para trabalhar, jogar, fazer streaming em 5G e muito mais. Globalmente, há mais de 24.000 smartphones e tablets com o Android. Então, não importa o que você esteja procurando, temos algo para você.

Segurança no Android (Estrutura oficial do Google)

- **Segurança em camadas:** Cada parte do ecossistema do Android trabalha em conjunto para criar uma defesa forte que seja executada de forma tranquila e eficaz.
- **Transparência e abertura:** Somos transparentes em tudo que fazemos. Desde a plataforma de código aberto até a disponibilização de informações para os usuários, compartilhamos nosso conhecimento com toda a comunidade.
- **Tecnologia do Google:** Trabalhamos em parceria com especialistas de todo o Google para manter os mais de 2,5 bilhões de dispositivos Android em segurança.
- **Google Play Protect:** A segurança começa na camada do app com a defesa integrada contra malware. Contando com o aprendizado de máquina do Google, ela está sendo cada vez mais aperfeiçoada. Todos os dias, o sistema de defesa verifica automaticamente todos os apps em smartphones Android e trabalha para impedir que sejam infectados por aplicativos nocivos, o que o torna o serviço de proteção contra ameaças para dispositivos móveis mais implantado no mundo. Além disso, o recurso Encontre Meu Dispositivo integrado protege os smartphones mesmo se forem perdidos.
- **Uma plataforma com proteções integradas:** Além da camada do app, a plataforma mantém os dispositivos protegidos por dentro. O sandbox isola e protege cada app Android, impedindo que outros aplicativos acessem suas informações particulares. Também protegemos o acesso a componentes internos do sistema operacional, para evitar que bugs se tornem exploráveis. Por fim, a criptografia completa manterá os dados seguros, mesmo se você perder o dispositivo.
- **Hardware criado para proteger:** No nível mais profundo, aproveitamos o hardware para proteger o acesso ao dispositivo. Atualizações de segurança periódicas para manter tudo sempre em ordem.

  Todas essas camadas são reforçadas por atualizações de segurança. Atualizações de segurança são realizadas mensalmente nos dispositivos Pixel e nos que fazem parte do programa Android One. Além disso, os dispositivos Android Enterprise Recommended são atualizados pelo menos a cada 90 dias. Esses dados de atualizações e vulnerabilidades são compartilhados com nossos parceiros e usuários em um boletim de segurança abrangente. O mais novo SO, Android 9 Pie, também conta com um hardware certificado e protegido contra adulterações.

Fonte - https://www.android.com/intl/pt-BR_br/

16.4 Comandos Android

1. Descubra o IMEI	Digite *#06# - Com esse comando você consegue descobrir o IMEI do seu smartphone, uma informação essencial em caso de roubo ou furto do aparelho.
2. Desligue o smartphone	Digite *#*#7594#*#* - Esse comando desliga o telefone diretamente ao pressionar o botão Power, eliminando menus intermediários.
3. Veja mais informações sobre o aparelho	Digite *#*#4636#*#* - Esse comando exibe informações gerais do aparelho, além de dados sobre uso da bateria e do Wi-Fi.
4. Faça a restauração de fábrica	Digite *#*#7780#*#* - Esse comando fará uma restauração de fábrica automática em seu smartphone, apagando todos os apps, arquivos e informações gerais.
5. Apague tudo de uma vez	Digite *2767*3855# - Esse comando serve para apagar absolutamente tudo do seu dispositivo, incluindo o firmware. Não brinque com ele e tome muito cuidado.
6. Faça um backup de fotos e vídeos	Digite *#*#273283*255*663282*#*#* - Com esse comando você poderá fazer um rápido backup de suas fotos e vídeos no celular.
7. Teste o GPS	Digite *#*#1472365#*#* - Esse comando serve para executar um teste de GPS no seu aparelho. Se notar algum problema com ele, essa pode ser uma forma de descobrir se está tudo funcionando como deveria.
8. Veja mais informações do firmware	Digite *#*#1234#*#* - Esse código dará acesso às informações gerais do firmware do seu aparelho. Simples e rápido.
9. Exiba o endereço Mac do Wi-Fi	Digite *#*#232338#*#* - Esse código permite que você confira o endereço Mac do seu Wi-Fi de uma forma bastante ágil.
10. Acesse informações do e-mail	Digite *#*#36245#*#* - Com esse código você verá informações de depuração do seu e-mail principal registrado no aparelho.
11. Veja eventos do calendário	Digite *#*#225#*#* - Com esse código você tem acesso direto aos eventos salvos no calendário do seu aparelho.
12. Veja mais informações da câmera	Digite *#*#34971539#*#* - Com esse código você pode visualizar algumas informações gerais sobre a câmera do seu aparelho.
13. Teste a iluminação interna	Digite *#*#0842#*#* - Com esse código você pode iniciar um teste da iluminação interna do aparelho. Função indicada apenas para pessoas com conhecimentos avançados do Android.
14. Teste a tela touch	Digite *#*#2664#*#* - Com esse código você iniciará um teste da tela touch do seu smartphone. Função indicada apenas para pessoas com conhecimentos avançados do Android.
15. Veja mais informações sobre o software e o hardware	Digite *#12580*369# - Esse código mostrará algumas informações gerais sobre o software e o hardware do seu aparelho.
16. Veja o status de bloqueio do aparelho	Digite *#7465625# - Esse código serve para mostrar o status atual de bloqueio do seu celular.

17. Teste a LAN Wireless	Digite *#*#232339#*#* – Esse código iniciará um teste relacionado à LAN Wireless. Função indicada apenas para pessoas com conhecimentos avançados do Android.
18. Teste a tela	Digite *#*#0*#*#* – Esse código realiza um pequeno teste da tela de LCD de alguns smartphones. Fique atento, pois ele não funciona em todos os aparelhos, especialmente nos mais novos.
19. Teste o áudio	Digite *#*#0673#*#* ou *#*#0289#*#* – Esses dois códigos ativam um rápido teste de áudio do seu aparelho.
20. Teste o sensor de proximidade	Digite *#*#0588#*#* – Esse código fará um teste do sensor de proximidade do aparelho. Fique atento, pois ele não funciona em todos os aparelhos, especialmente nos mais novos.
21. Veja qual é a versão da memória RAM	Digite *#*#3264#*#* – Esse código permite que você veja mais informações sobre a memória RAM do aparelho.
22. Teste o Bluetooth	Digite *#*#232331#*#* – Esse código aplica alguns testes com ao seu Bluetooth, verificando se há algo de errado com ele.
23. Teste o USB	Digite *#08008# – Esse código serve para checar o USB do seu aparelho e apontar qual é o seu status atual. Fique atento, pois ele não funciona em todos os aparelhos, especialmente nos mais novos.
24. Acesse o menu de serviço	Digite *#0*# – Esse código permite que você entre no menu de serviço do seu smartphone. Por lá é possível realizar diversas ações e conferir informações.
25. Entre em modo de testes	Digite *#*#197328640#*#* – Esse código colocará seu celular em um modo de testes do Android. Função indicada apenas para pessoas com conhecimentos avançados do Android.
26. Veja a versão do software	Digite *#*#1111#*#* – Este código exibe informações sobre a versão atual do software do seu aparelho.
27. Veja a versão do hardware	Digite *#*#2222#*#* – Esse código exibe informações sobre a versão atual do hardware do seu aparelho.
28. Faça uma configuração diagnóstica	Digite *#9090# – Esse código mostra a configuração diagnóstica do seu celular. Fique atento, pois ele não funciona em todos os aparelhos, especialmente nos mais novos. Função indicada apenas para pessoas com conhecimentos avançados do Android.
29. Ative a discagem por voz	Digite *#*#8351#*#* – Esse código ativa a discagem de números por voz. Fique atento, pois ele não funciona em todos os aparelhos, especialmente nos mais novos.
30. Desative a discagem por voz	Digite *#*#8350#*#* – Esse código permite que você desative a discagem por voz, caso a tenha habilitado antes.
31. Remova a conta do Google	Digite *#*#7780#*#* – Esse código remove todas as configurações da sua conta do Google no smartphone. Função indicada apenas para pessoas com conhecimentos avançados do Android.
32. Veja qual é o código do produto	Digite *2767*4387264636* – Esse código exibe o código de produto do seu smartphone, um número único criado pelo fabricante.
33. Exiba o menu de atualização	Digite *#8736364# – Esse código leva o usuário para o menu de atualização do Android, que também pode ser encontrado normalmente nas configurações do aparelho.
34. Veja o status de uso de dados	Digite *#3282*727336*# – Esse código exibe mais informações sobre o status de uso dados do seu smartphone.
35. Acesse um menu secreto	Digite *#*#4986*2650468#*#* – Esse código permite ao usuário entrar em um menu secreto do smartphone. Ele mostrará informações que você não encontrara normalmente no aparelho.
36. Veja a build do aparelho	Digite *#*#44336#*#* – Esse código serve para que você saiba mais sobre a build do aparelho bem como o código da versão do Android instalada nele.
37. Teste o Wi-Fi	Digite *#*#528#*#* – Esse código serve para fazer um rápido teste do Wi-Fi do seu aparelho.
38. Acesse o painel SDPA/HSUPA	Digite *#301279# – Esse código serve para acessar o painel de controle SDPA/HSUPA do seu dispositivo.
39. Faça um hard reset	Digite *#*#786#*#* – Esse código permite que você realize o Hard Reset no seu aparelho. Pode ser indicado em situações mais extremas de travamentos ou mau funcionamento.
40. Acesse as configurações de superusuário	Digite *#*#7873778#*#* – Esse código serve para abrir suas configurações de superusuário. Não tente realizar nenhuma alteração se não tiver um conhecimento mais profundo sobre o sistema.

16.5 Apple IOS

> **Privacidade** – Novos controles de localização e recursos de transparência ajudam a aumentar o controle sobre suas informações. Você pode permitir que apps acessem sua localização apenas uma vez e está ainda mais protegido contra quem tenta rastrear você sem sua permissão.

> **Mapa** – Depois de mais de seis milhões de quilômetros percorridos, chegamos a um novo mapa com visualização muito mais informativa e realista. Ele traz detalhes ainda mais precisos sobre estradas, praias, marinas, parques, prédios, aeroportos e o que você procurar. Já está disponível nos EUA e chegará a outros países ainda em 2020.

> **Navegação orienta você a cada curva. –** Se você estiver dirigindo ou andando, o Mapas ajuda você a encontrar o caminho com navegação ponto a ponto e itinerários falados. Durante o trajeto, o app leva em consideração informações em tempo real sobre o trânsito, incluindo o limite de velocidade, para que você saiba exatamente quanto tempo vai levar para chegar. E agora o Mapas oferece orientações ainda mais precisas, indicando o caminho completo até uma loja dentro de um shopping. Ele fixa no mapa até o local onde você estacionou.

- **A Siri** pode fazer ligações ou enviar mensagens se você estiver dirigindo, com as mãos ocupadas ou sem tempo para digitar. Ela também pode avisar sobre mensagens direto nos seus AirPods e oferecer sugestões proativas, como enviar uma mensagem de texto quando você estiver atrasado para uma reunião. Com a Siri, é muito fácil ficar sempre em contato.
- **Funções da Siri** – Defina alarmes, timers e lembretes, descubra como chegar a um lugar ou confira seu calendário. Com a Siri, você faz tudo isso sem precisar tocar no aparelho. Ela até se antecipa à sua rotina para saber como ajudar. E, agora, com os Atalhos da Siri, você acessa seus apps favoritos de um jeito ainda mais rápido.

Questões

01. (Autor) O sistema operacional Android foi desenvolvido para atuar em plataforma única.

Certo ( ) Errado ( )

02. (Cespe) Os sistemas operacionais oferecem serviços como acesso ao ambiente computacional, execução de programas e gerenciamento de entrada e saída de dados. O Android apresenta exemplo de sistema operacional gratuito para uso em computadores do tipo desktop.

Certo ( ) Errado ( )

03. (Autor) Foi apenas na nona versão do Android, denominada Pie que os comandos de voz foram inseridos no sistema operacional Mobile.

Certo ( ) Errado ( )

04. (Autor) Assim como a Siri é o assistente pessoal do IOS, o Android possui um assistente pessoal similar em seu sistema operacional denominado OK Google.

Certo ( ) Errado ( )

05. (Autor) Os sistemas operacionais têm como característica serem multiplataforma, e os sistemas Windows 10, as diversas distribuições Linux, Android e IOS podem ser instalados e executados tanto em computadores pessoais, quanto desktops ou smartphones.

Certo ( ) Errado ( )

Gabaritos

01	ERRADO
02	ERRADO
03	ERRADO
04	CERTO
05	ERRADO

17. NOÇÕES DE MINERAÇÃO DE DADOS, NOÇÕES E CARACTERÍSTICAS, NOÇÕES DE APRENDIZADO DE MÁQUINAS

17.1 Mineração de Dados

A mineração de dados é formada por um conjunto de ferramentas e técnicas que, por meio do uso de algoritmos de aprendizagem ou classificação, baseados em redes neurais e estatística, são capazes de explorar um conjunto de dados, extraindo ou ajudando a evidenciar padrões nestes dados e auxiliando na descoberta de conhecimento. Esse conhecimento pode ser apresentado por essas ferramentas de diversas formas: agrupamentos, hipóteses, regras, árvores de decisão, grafos, ou dendrogramas.

O ser humano sempre aprendeu observando padrões, formulando hipóteses e testando-as para descobrir regras. A novidade da era do computador é o volume enorme de dados que não pode mais ser examinado à procura de padrões em um prazo razoável. A solução é instrumentalizar o próprio computador para detectar relações que sejam novas e úteis. A mineração de dados (MD) surge para essa finalidade e pode ser aplicada tanto para a pesquisa científica como para impulsionar a lucratividade da empresa madura, inovadora e competitiva. Também a multidisciplinaridade da mineração de dados pode ser considerada inevitável devido à integração de diversas áreas de conhecimento no processo de análise, abordando áreas de pesquisas que envolvem estatística, matemática e a computação, as quais são disciplinas fundamentais para a realização do processo de mineração de dados.

Com o uso da mineração de dados, é possível descobrir informações relacionadas a associações, sequências, classificação, aglomeração e prognósticos.

- **Associações:** São ocorrências ligadas a um único evento. Por exemplo: um estudo de modelos de compra em supermercados pode revelar que, na compra de salgadinhos de milho, compra-se também um refrigerante tipo "cola" em 65% das vezes: mas, quando há uma promoção, o refrigerante é comprado em 85% das vezes. Com essas informações, os gerentes podem tomar decisões mais acertadas, pois aprenderam a respeito da rentabilidade de uma promoção.
- **Sequências:** Na sequência, os eventos estão ligados ao longo do tempo. Pode-se descobrir, por exemplo, que quando se compra uma casa, em 65% das vezes se adquire uma nova geladeira no período de duas semanas; e que em 45% das vezes, um fogão também é comprado um mês após a compra da residência.

> **Classificação:** Reconhece modelos que descrevem o grupo ao qual o item pertence por meio do exame dos itens já classificados e pela inferência de um conjunto de regras. Exemplo: empresas de operadoras de cartões de crédito e companhias telefônicas preocupam-se com a perda de clientes regulares. A classificação pode ajudar a descobrir as características de clientes que provavelmente virão a abandoná-las e oferecer um modelo para ajudar os gerentes a prever quem são, de modo que se elaborem antecipadamente campanhas especiais para reter esses clientes.

> **Aglomeração** (clustering): Funciona de maneira semelhante à classificação quando ainda não foram definidos grupos. Uma ferramenta de data mining descobrirá diferentes agrupamentos dentro da massa de dados. Por exemplo, ao encontrar grupos de afinidades para cartões bancários ou ao dividir o banco de dados em categorias de clientes com base na demografia e em investimentos pessoais.

> **Prognóstico:** Embora todas essas aplicações envolvam previsões, os prognósticos as utilizam de modo diferente. Partem de uma série de valores existentes para prever quais serão os outros valores. Por exemplo, um prognóstico pode descobrir padrões nos dados que ajudam os gerentes a estimar o valor futuro de variáveis com números de vendas.

17.2 Padrões em Mineração

Passo 1: A primeira etapa é perceber que existe uma sequência de letras que se repete bastante. Encontramos as sequências "AB" e "ABC" e observamos que elas ocorrem com frequência superior à das outras sequências.

Passo 2: Após determinarmos as sequências "ABC" e "AB", verificamos que elas segmentam o padrão original em diversas unidades independentes:

"ABCXY"

"ABCZK"

"ABDKC"

"ABCTU"

"ABEWL"

"ABCWO"

Passo 3: Fazem-se agora induções, que geram algumas representações genéricas dessas unidades:

"ABC??" "ABD??" "ABE??" e "AB???", onde '?' representa qualquer letra.

No final desse processo, toda a sequência original foi substituída por regras genéricas indutivas, o que simplificou (reduziu) a informação original a algumas expressões simples. Essa explicação é um dos pontos essenciais da mineração de dados, como se pode fazer para extrair certos padrões de dados brutos. Contudo, mais importante do que simplesmente obter essa redução de informação, esse processo nos permite gerar formas de predizer futuras ocorrências de padrões.

Desde o surgimento dos sistemas computacionais, um dos principais objetivos das organizações tem sido o de armazenar dados. Nas últimas décadas essa tendência ficou ainda mais evidente com a queda nos custos para a aquisição de hardware, tornando possível armazenar quantidades cada vez maiores de dados. Novas e mais complexas estruturas de armazenamento foram desenvolvidas, tais como: banco de dados, Data Warehouses, Bibliotecas Virtuais, Web e outras.

Bramer exemplifica o enorme volume de dados gerado pelas aplicações atuais:

> Os satélites de observação da NASA geram cerca de um terabyte de dados por dia.

> O projeto Genoma armazena milhares de bytes para cada uma das bilhões de bases genéticas.

> Instituições mantêm repositórios com milhares de transações dos seus clientes.

Com o volume de dados armazenados crescendo diariamente, responder a uma questão tornou-se crucial: o que fazer com os dados armazenados? As técnicas tradicionais de exploração de dados não são mais adequadas para tratar a grande maioria dos repositórios. Com a finalidade de responder a essa questão, foi proposta, no final da década de 80, a mineração de dados, do inglês *data mining*.

A mineração de dados é uma das tecnologias mais promissoras da atualidade. Um dos fatores deste sucesso é o fato de dezenas, e muitas vezes centenas, de milhões de reais serem gastos pelas companhias na coleta dos dados e, no entanto, nenhuma informação útil é identificada. Em seu trabalho, Han refere-se a essa situação como *rico em dados, pobre em informação*. Além da iniciativa privada, o setor público e o terceiro setor (ONGts) também podem se beneficiar com a mineração de dados.

Fonte - http://ww2.inf.ufg.br/

17.3 Aprendizado de Máquina

O aprendizado de máquina é definido por um sistema computacional que busca realizar uma tarefa T, aprendendo a partir de uma experiência E, procurando melhorar uma performance P.

Basicamente, um algoritmo pode aprender a atingir um objetivo a partir de um grande volume de dados - suas experiências. Eis um exemplo para ficar mais claro. Suponha que nossa tarefa seja prever o resultado de um jogo de futebol. Como podemos fazer isso?

Poderíamos fornecer ao computador dados sobre o técnico, composição do time, formação tática, etc., seguidos dos resultados das partidas. Com um grande volume de dados em formato de pares (variáveis, resultados), esperamos que o computador possa aprender quais padrões levam à vitória. Também esperamos que o computador acerte mais conforme lhe apresentamos mais dados, pois ele terá mais exemplos de padrões que pode generalizar para situações ainda não vistas. Assim, quanto mais dados, isto é, quanto mais experiência, melhores serão os resultados, isto é, melhor será a nossa performance.

Aprendizado Supervisionado

Isto é o que chamamos de aprendizado de máquina supervisionado: quando tentamos prever uma variável dependente a partir de uma lista de variáveis independentes. Por exemplo:

Var. Independentes	Var. Dependentes
Anos de Carreira, Formação, Idade	Salário
Idade do Carro, Idade do Motorista	Risco de Acidente Automotivo
Texto de um livro	Escola Literária
Temperatura	Receita de venda de sorvete
Imagem da Rodovia	ângulo da direção de um carro autônomo
Histórico escolar	nota no ENEM

Note que a característica básica de sistemas de aprendizado supervisionado é que os dados que utilizamos para treiná-los contêm a resposta desejada, isto é, contêm a variável dependente resultante das variáveis independentes observadas. Nesse caso, dizemos que os dados são anotados com as respostas ou classes a serem previstas.

Dentre as técnicas mais conhecidas para resolver problemas de aprendizado supervisionado estão: regressão linear, regressão logística, redes neurais artificiais, máquina se suporte vetorial (ou máquinas kernel), árvores de decisão, k-vizinhos mais próximos e Bayes ingênuo. O aprendizado de máquina supervisionado é a área que concentra a maioria das aplicações bem-sucedidas e onde a maioria dos problemas já está bem definida.

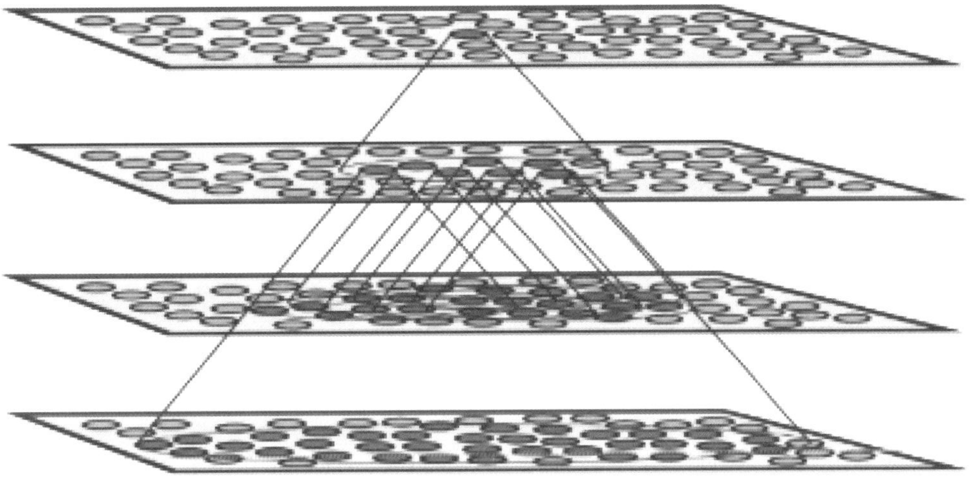

Aprendizado Não Supervisionado

Mas nem todos os problemas podem ser resolvidos desta forma. Em alguns casos, conseguir dados anotados é extremamente custoso ou até mesmo impossível. Por exemplo, imagine que você seja dono de um comércio e queira conhecer o perfil dos seus consumidores. Pode haver um perfil de consumidor que sempre compre vinho e queijo ou que compre carne e carvão ou ainda leite em pó e fralda. Se esse for o caso, colocar esses produtos em prateleiras distantes pode aumentar vendas, já que aumentará o tempo e o percurso do cliente no mercado. No entanto, nesse caso, não estamos anotando, para cada compra, a qual perfil o consumidor pertence. Mais ainda, sequer sabemos quantos perfis de consumidores há.

Nesse caso, o computador terá que descobrir os perfis sem dados anotados e precisaremos de métodos de aprendizado não supervisionados. Uma opção seria observar nos registros de compras se existem padrões repetidos e que permitiriam a inferência de um grupo ou perfil de consumidor. Outra opção seria ver diretamente quais produtos são frequentemente comprados juntos e, então, aprender uma regra associativa entre eles.

De uma forma geral, com aprendizado não supervisionado, queremos achar uma representação mais informativa dos dados que temos. Geralmente, essa representação mais informativa é também mais simples, condensando a informação em pontos mais relevantes. Alguns exemplos são:

Dados	Forma Representativa
Transações bancárias	Normalidade de transação
Registros de Compras	Associação entre produtos
Dados Multidimensionais	Dados com dimensão reduzida
Registro de Compras	Perfil dos consumidores
Palavras em um texto	Representação matemática das palavras

Aprendizagem por reforço

A terceira abordagem de aprendizagem de máquinas é a chamada "aprendizagem por reforço", em que a máquina tenta aprender qual é a melhor ação a ser tomada, dependendo das circunstâncias nas quais essa ação será executada.

O futuro é uma variável aleatória: como não se sabe *a priori* o que irá acontecer, é desejável uma abordagem que leve em consideração essa incerteza, e consiga incorporar as eventuais mudanças no ambiente do processo de tomada da melhor decisão. Essa ideia de fato deriva do conceito de "aprendizagem por reforço" da Psicologia, em que uma recompensa ou punição é dada a um agente, dependendo da decisão tomada; com o tempo e a repetição dos experimentos, espera-se que o agente consiga associar as ações que geram maior recompensa para cada situação que o ambiente apresenta, e passe a evitar as ações que geram punição ou recompensa menor. Na Psicologia, essa abordagem é chamada de Behaviorismo e tem B. F. Skinner como um dos principais expoentes, um famoso psicólogo que, dentre outros experimentos, usou a ideia de recompensas e punições para treinar pombos para conduzir mísseis na Segunda Guerra Mundial.

Essa mesma ideia é vista no aprendizado de máquinas: a máquina observa um "estado da natureza" dentre o conjunto de cenários futuros possíveis e, com base nisso, escolhe uma ação a se tomar e recebe a recompensa associada a essa ação específica e nesse estado específico, obtendo, assim, a informação dessa combinação. O processo se repete até que a máquina seja capaz de escolher a melhor ação a se tomar para cada um dos cenários possíveis a serem observados no futuro.

Ilustrando com um exemplo bem simples: suponha que você queira adestrar seu cão a se sentar sob o seu comando por essa abordagem. De primeira, dificilmente o animal executará o comando requerido, e você responde a isso dando um "reforço negativo" (punição), repreendendo-o verbalmente, com suas expressões faciais ou mesmo com uma pancada de jornal (ou algo mais hostil, a depender do seu temperamento...). Quando o cão se aproxima do que deveria fazer, você pode dar "reforços positivos" como sinais de aprovação ou incentivo. Se o cão de fato sentar após o comando, você lhe dá uma recompensa - um biscoitinho, por exemplo. Com várias repetições desse mesmo experimento, espera-se que, com o tempo, o cão passe a associar a relação de "causa-efeito" entre o comando e a recompensa a ser recebida, e com isso "aprenda" a obedecer a esse comando. O famoso experimento do "cão de Pavlov" ilustra bem esse paradigma de aprendizagem. Ivan Pavlov foi um cientista russo notório por apresentar a ideia do "reflexo condicionado", baseado no seguinte experimento: apresentando um pedaço de carne a um cão, o animal passa a salivar, desejando o alimento. Em vez de apresentar apenas a carne, Pavlov soava uma campainha sempre que isso acontecia; com a repetição, o cão passava a associar os dois "estímulos" (carne e campainha) e salivar assim que ouvia a campainha.

Fonte - https://lamfo-unb.github.io/2017/07/27/tres-tipos-am/

17.4 BigData

Em Tecnologia da Informação, o termo "Big Data" refere-se a um grande conjunto de dados armazenados. Big Data é um termo amplamente utilizado na atualidade para nomear conjuntos de dados muito grandes ou complexos, com que os aplicativos de processamento de dados tradicionais ainda não conseguem lidar. Os desafios dessa área incluem: análise, captura, curadoria de dados, pesquisa, compartilhamento, armazenamento, transferência, visualização e informações sobre privacidade dos dados. Esse termo muitas vezes se refere ao uso de análise preditiva e de alguns outros métodos avançados para extrair valor de dados, e raramente a um determinado tamanho do conjunto de dados.

A maior precisão nos dados pode levar à tomada de decisões com mais confiança. Além disso, melhores decisões podem significar maior eficiência operacional, redução de risco e redução de custos. Diz-se que o Big Data se baseia em 5 Vs :

- Velocidade;
- Volume;
- Variedade;
- Veracidade;
- Valor.

Conceitos de MapReduce, HDFS/Hadoop

Com a evolução das aplicações e a dependência do ser humano pelas informações, mais e mais aplicações vêm surgindo, deixando o homem cada vez mais refém da informação. Para isso, basta pensar na evolução da relação homem/computador em que num passado existiam muitas pessoas para uma máquina (como o mainframe), em seguida uma pessoa por máquina (o caso do computador pessoal) e, nos tempos atuais, cada pessoa possui várias máquinas (notebook, ultrabook, PC, tablet, smartphone, etc.). Com tantos aplicativos surgindo, as informações são geradas exponencialmente, com isso a capacidade de gerenciar tantas informações se torna primordial para as aplicações atuais. Esse mesmo crescimento de dados acontece nos aplicativos empresariais com crescimento anual de 60%. Estima-se que uma empresa com mil funcionários gera anualmente 1000 terabytes, sem falar que essa quantidade tende a aumentar cinquenta vezes até 2020.

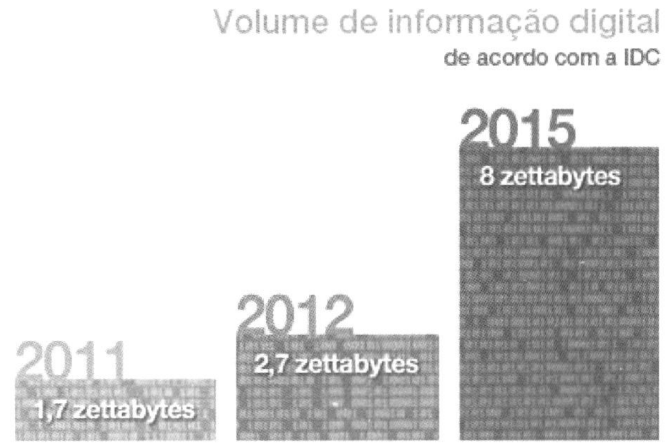

Quando pensamos em Big Data, é comum fazermos uma tradução literal da expressão e imaginarmos o termo "Grandes Dados", relacionado à grande quantidade de dados a ser analisada. Mas a significação é um pouco mais abrangente, levando como base os 3 Vs do Big Data.

- Volume, que está relacionado à grande quantidade de dados que possuímos dentro e fora da empresa.
- Velocidade, pois a cada segundo muitos dados novos são criados na internet, e alguns destes dados podem ser interessantes para sua empresa.
- Variedade, sendo que o dado pode ser um compartilhamento de um texto em uma rede social, um post no blog, um review em um e-commerce.

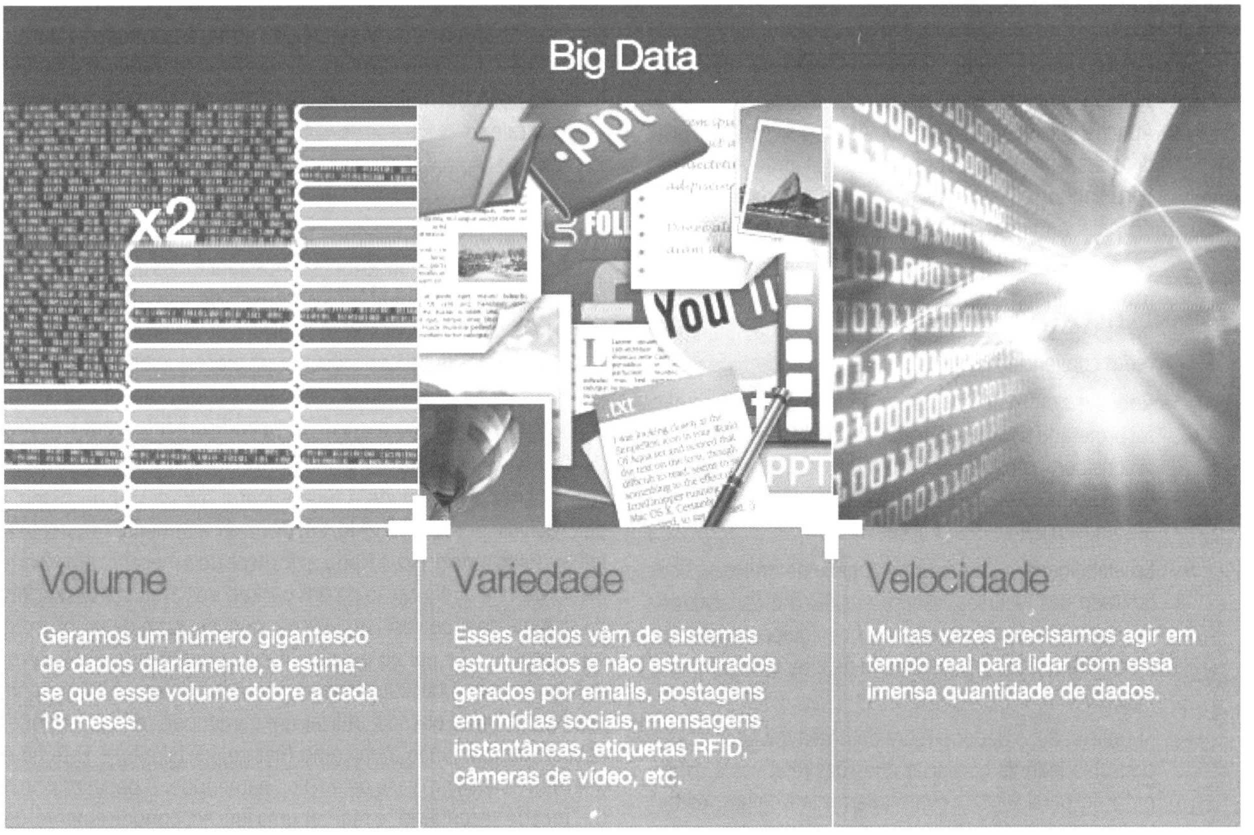

Juntando estes três pilares, é possível analisar praticamente tudo o que está público, envolvendo dados estruturados, no caso de nós conhecermos a estrutura de armazenamento daquele contexto, e também os dados não estruturados, como imagens, vídeos, áudios e documentos.

Na organização de dados visando à análise, podemos classificar como:

> Estruturados (bancos de dados corporativos relacionais).
> Semiestruturados (arquivos de logs de servidores, por exemplo).
> Não estruturados (não relacionais, fora do ambiente corporativo e de inúmeras fontes e de várias formas e meios diferentes).

Trabalhar com tantos dados assim exige que a indústria se adapte a novas formas de avaliar e compreender esses dados. Novas ferramentas e soluções surgem a todo o momento, e uma delas é o framework de código aberto Hadoop, criado pela Fundação Apache.

O que o Hadoop faz é organizar melhor esse volume exaustivo de dados para encontrar informações específicas sobre eles, de maneira mais rápida e eficiente. Trata-se de conjuntos de clusters que trabalham para executar um grande número de tarefas simultâneas sem comprometer a infraestrutura de processamento da rede.

Hadoop

O Apache Hadoop é considerado atualmente uma das melhores ferramentas para processamento de alta demanda de dados. Entre os benefícios de utilizá-lo, podem-se destacar:

> Código aberto: todo projeto de software livre de sucesso tem por trás uma comunidade ativa. No projeto Apache Hadoop, essa comunidade é composta por diversas empresas e programadores independentes partilhando seus conhecimentos no desenvolvimento de melhorias, funcionalidades e documentação.
> Economia: um dos grandes benefícios para quem faz uso do Hadoop é a possibilidade realizar o processamento da sua massa de dados utilizando máquinas e redes convencionais.
> Robustez: outro diferencial do Hadoop é que como ele foi projetado para ser executado em hardware comum, já considera a possibilidade de falhas frequentes nesses equipamentos e oferece estratégias de recuperação automática para essas situações.
> Escalabilidade: o aumento no volume de dados só fica limitado aos recursos, espaço em disco e capacidade de processamento, disponíveis nos equipamentos do aglomerado, sem a necessidade de alteração da codificação.
> Simplicidade: o Hadoop retira do desenvolvedor a responsabilidade de gerenciar questões relativas à computação paralela, tais como tolerância a falhas, escalonamento e balanceamento de carga, ficando estas a cargo da própria ferramenta.

Podemos afirmar que o framework do Hadoop é formado por diversos componentes, entre eles encontramos dois principais que tratam do armazenamento e processamento. O primeiro é o HDFS (*Hadoop Distributed File System*), que manipula o armazenamento de dados entre todas as máquinas nas quais o cluster do Hadoop está sendo executado. O segundo, o MapReduce, manipula a parte do processamento do framework. Vamos observar as duas individualmente.

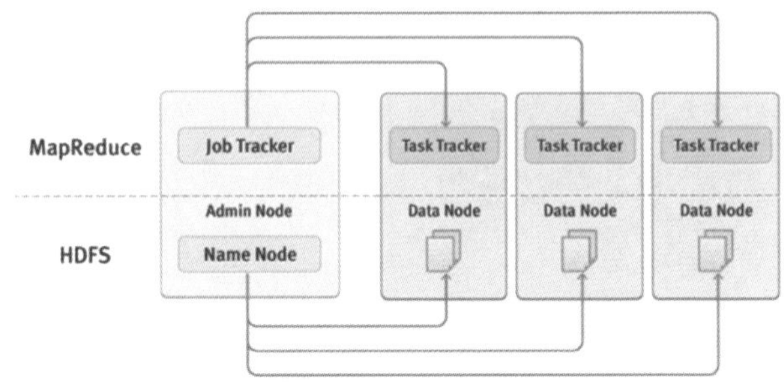

HDFS (Hadoop Distributed File System)

O HDFS é um sistema de arquivos escalonável e distribuído, cujo desenho é baseado fortemente no GFS (*Google File System*), que também é um sistema de arquivo distribuído. Sistemas de arquivo distribuídos são necessários, uma vez que os dados se tornem grandes demais para serem armazenados em apenas uma máquina. Por conta disso, toda a complexidade e as incertezas provenientes do ambiente de rede entram em cena, o que faz com que sistemas de arquivos de rede sejam mais complexos do que sistemas de arquivos comuns. O HDFS armazena todos os arquivos em blocos. O tamanho do bloco padrão é 64Mb. Todos os arquivos no HDFS possuem múltiplas réplicas, o que auxilia o processamento em paralelo.

Em termos de funcionamento, o HDFS necessita de dois tipos de nós de armazenamento: um namenode (mestre) e um ou mais datanodes (trabalhadores). O mestre comanda todo o sistema de arquivos, mantendo metadados para todos os arquivos e diretórios da árvore de diretórios e arquivos do sistema. Ele também sabe quais datanodes possuem os blocos de determinado arquivo. Já os datanodes guardam e recuperam blocos, quando mandados pelo nó mestre (os datanodes não fazem nada por conta própria), e enviam relatórios ao namenode periodicamente, com as listas dos blocos que eles estão armazenando.

Como o namenode é fundamental para o uso do sistema de arquivos, por comandá-lo, ele deve ser altamente resistente a falhas. Pensando nisso, o Hadoop fornece dois mecanismos. O primeiro deles é a realização de um backup dos arquivos essenciais do sistema de arquivos. Isto faz com que, em caso de problemas, seja possível retornar ao estado imediatamente anterior ao erro, de acordo com o backup, evitando perdas de dados muito significativas. A outra opção é utilizar um namenode secundário, que, apesar do nome, não atua como mestre, inicialmente. Este nó é utilizado apenas em caso de erro no namenode. O papel principal do "mestre secundário" é realizar uma junção, periodicamente, da imagem do sistema de arquivos com o log de edição, evitando que o log fique muito grande. Assim, como o estado desse namenode secundário é praticamente o mesmo do primário, em caso de falha do nó primário, é muito mais simples a recuperação do sistema. Basta copiar os arquivos de metadados do mestre para o secundário e rodar este como o novo primário.

> **Namenode**: administra o namespace do sistema de arquivos. Ele gerencia todos os arquivos e diretórios. Namenodes possuem o mapeamento entre arquivos e os blocos nos quais estes estão armazenados. Todos os arquivos são acessados usando esses namenodes e datanodes.
> **Datanode**: armazena os dados em forma de blocos. Datanodes se reportam a namenodes sobre os arquivos que possuem armazenados para que o namenode esteja ciente e os dados possam ser processados. Namenode é talvez o principal ponto crucial de falha do sistema, sem o qual os dados não podem ser acessados.
> **Namenodes secundários**: esse node é responsável por checar a informação do namenode. No caso de falha, podemos usar esse nó para reiniciar o sistema.

17.5 MapReduce

MapReduce é um modelo de programação projetado para processamento paralelo e distribuído de grandes conjuntos de dados. A distribuição dos dados é feita no formato chave-valor, em que a chave é o identificador do registro, e valor é o seu conteúdo.

Como o próprio nome diz, as funções do MapReduce são:

> Mapeamento: os dados são separados em pares (chave-valor) e assim distribuídos para os nodes e então processados.
> Redução: os dados são agregados em conjuntos de dados (datasets) menores.
> O processo do MapReduce se inicia com a requisição feita pelo usuário e assim os dados são distribuídos pelos nodes do cluster no formato chave-valor e divididos em fragmentos.

A etapa de redução processa cada fragmento e produz um output (saída de dados) que são distribuídos pelos diferentes nodes do cluster.

Ao final do processo, um output é gravado.

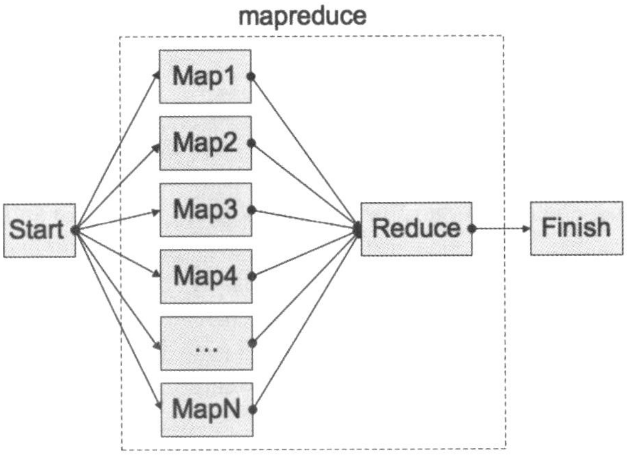

Ambas as tarefas rodam paralelamente no cluster. O armazenamento necessário para essa funcionalidade é fornecido pelo HDFS. A seguir estão os principais componentes do MapReduce.

> **Job Tracker**: tarefas de MapReduce são submetidas ao Job Tracker. Ele precisa falar com o Namenode para conseguir os dados. O Job Tracker submete a tarefa para os nós task trackers. Esses task tracker precisam se reportar ao Job Tracker em intervalos regulares, especificando que estão "vivos" e efetuando suas tarefas. Se o task tracker não se reportar a eles, então o nó é considerado "morto" e seu trabalho é redesignado para outro task tracker. O Job tracker é novamente um ponto crucial de falha. Se o Job Tracker falhar, não poderemos rastrear as tarefas.
> **Task Tracker**: o Task Tracker aceita as tarefas to Job Tracker. Essas tarefas são tanto de map, reduce ou ambas (shuffle). O Task Tracker cria um processo JVM separado para cada tarefa a fim de se certificar de que uma falha no processo não resulte em uma falha de Task Tracker. Task trackers também se reportam ao Job Tracker continuamente para que este possa manter o registro de tarefas bem ou mal sucedidas.

17.6 YARN 2.7.4, Ferramentas de ingestão de dados (Sqoop 1.4.6, Flume 1.7.0, NiFi 1.3.0 e Kafka 0.11.0)

Linguagens orientadas a objetos são, atualmente, dominantes na maioria dos sistemas corporativos em funcionamento. Com diversos benefícios como o baixo acoplamento e a divisão de responsabilidades, a criação e manutenção de aplicações projetadas a partir desse conceito se torna uma tarefa extremamente produtiva e, devido a isso, altamente atrativa para a indústria.

Essa produtividade se deve, principalmente, à capacidade de reúso de componentes criados seguindo os conceitos da orientação a objeto. Explicando um pouco mais, linguagens que seguem esse tipo de paradigma (orientado a objetos) tendem a permitir que o desenvolvedor crie módulos totalmente desacoplados, ou seja, sem nenhuma dependência entre si. Portanto, a solução de um problema maior pode ser dividida em diversas soluções menores que, em conjunto, resolvem o objetivo principal.

A vantagem disso é que, caso surja um novo projeto que seja semelhante a um já resolvido, essas pequenas soluções podem ser reaproveitadas, evitando duplicação de código e outros problemas.

No entanto, para projetos de grande porte, a configuração manual dessas bibliotecas se torna extremamente complexa e custosa, especialmente do ponto de vista de manutenção da aplicação, o que pode gerar um oneroso trabalho na busca e inclusão de todos os arquivos necessários para o funcionamento de uma biblioteca.

Visando resolver esse problema, foram criadas algumas ferramentas chamadas de Gerenciadores de dependências, que têm como objetivo gerenciar essas bibliotecas externas ao projeto.

Ferramentas para gerenciar suas dependências

Os chamados gerenciadores de dependências servem para que seja possível, ao desenvolvedor, facilmente definir as bibliotecas que devem ser incluídas, bem como a versão de cada uma.

Além disso, uma das grandes vantagens desse tipo de ferramenta é a capacidade de realizar o download das bibliotecas automaticamente, por meio do uso de certos sites que fornecem o chamado "repositório de dependências".

Esses repositórios servem como uma espécie de arquivo público com diversos pacotes, que por sua vez podem ser baixados por meio dos gerenciadores de dependências.

A maioria das principais linguagens do mercado possui algum gerenciador de dependências, vamos a alguns exemplos:

- PHP tem o Composer (https://getcomposer.org/);
- Ruby tem o RubyGems (https://rubygems.org/);
- C# (e todo o ecossistema .NET) tem o Nuget (https://www.nuget.org/);
- Java tem o Maven que, dentre várias coisas, também consegue desempenhar essa função.
- (https://maven.apache.org/)

YARN 2.7.4

No dia 11 de outubro de 2016, o Facebook anunciou o seu novo gerenciador de pacotes para Javascript: o Yarn, que vem com a proposta de ser mais rápido, seguro e confiável que o NPM. O Yarn é open source, e nasceu com a colaboração, também, das empresas Exponent, Google, e Tilde.

O Yarn funciona exatamente como o NPM e o Bower, abrangendo, inclusive, as bibliotecas que estão presentes nestes gerenciadores. Uma das coisas mais interessantes, além da rapidez, é a possibilidade de instalação de pacotes off-line. Quando você instala um pacote, ele cria um cache em sua máquina que possibilita a futura instalação deste sem precisar estar conectado à internet.

O Yarn por padrão realiza o download de dependências de um pacote de forma paralela. O que em alguns casos faz com que ele seja até 10x mais rápido que o NPM que realiza a mesma tarefa de forma sequencial.

SQOOP 1.4.6

O Apache Sqoop – abreviação de "SQL para Hadoop" – tem como objetivo executar a transferência eficiente e bidirecional de dados entre o Hadoop e diversos serviços de armazenamento externo de dados estruturados.

Apache Hadoop é um framework projetado para o processamento massivo de dados de diversos tipos (estruturados, semiestruturados e não estruturados), no qual esses são armazenados no HDFS (*Hadoop Distributed File System*) e manipulados por tarefas MapReduce. As tarefas MapReduce são responsáveis por fazer o processamento, a combinação entre dados e, por fim, a produção de algum resultado a partir desse processamento.

Apesar de o Hadoop ser amplamente conhecido por sua capacidade de armazenamento e processamento de grandes quantidades de dados, muita informação ainda hoje está armazenada em bancos de dados relacionais. Assim, surgiu o Apache Sqoop, cujo objetivo é executar a transferência eficiente e bidirecional de dados entre o Hadoop e diversos serviços de armazenamento externo de dados estruturados.

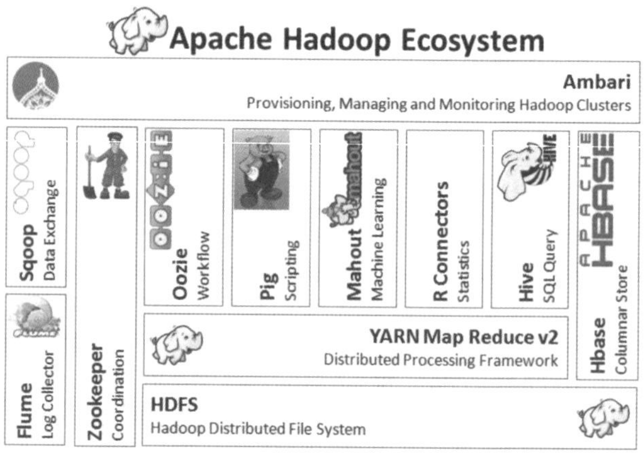

O Apache Sqoop pode ser útil quando se deseja utilizar ferramentas de Big Data para o processamento de bases relacionais, para a integração de bases relacionais e mainframes com dados já presentes no Hadoop ou, ainda, para o arquivamento dos dados no Hadoop.

O Sqoop atualmente possui duas frentes de desenvolvimento. Uma delas, chamada de Sqoop 1, é a evolução natural do projeto inicial. Encontra-se na versão 1.4.6, responsável em realizar o processo de importação de um banco relacional para o HDFS. Esse processo será apoiado pelo Sqoop.

Uma das facilidades oferecidas pelo Sqoop é a capacidade de importação dos dados direto para o Hive. Hive é um dos projetos mais famosos do ecossistema Hadoop e foi iniciado pelo Facebook em 2007, mas atualmente é um projeto toplevel da Apache Software Foundation, assim como o Sqoop, e recebe contribuição de outras grandes empresas.

O data warehouse do Facebook havia sido construído inicialmente com soluções comerciais de bancos de dados relacionais. Contudo, devido à necessidade de processamento e armazenamento de grandes volumes de dados exigida pelo Facebook, foi decidido utilizar o Hadoop, por permitir aumentar a capacidade de armazenamento com baixo custo e sem tempo de inatividade e por possuir um framework de processamento distribuído que reduziu consideravelmente o tempo de execução das consultas.

Bancos de dados suportados

Por padrão, o Sqoop utiliza JDBC (*Java Database Connectivity*) para se conectar aos bancos e, por esse motivo, acredita-se que ele é compatível com uma grande quantidade de bancos de dados, uma vez que os fornecedores implementam essa API. No entanto, o Sqoop não garante a compatibilidade e a performance com todos os bancos que possuem conectores JDBC, devido às formas de implementação dessa API e a ligeiras diferenças que possam existir na sintaxe SQL de cada banco.

A Tabela a seguir contém uma relação completa dos bancos e suas respectivas versões que foram testadas com o Sqoop. Pode ser necessário instalar os drivers de conexão, mesmo com o banco de dados estando presente na lista.

Banco de dados	Versão	String de conexão
HSQLDB	1.8.0+	jdbc:hsqldb:*//
MySQL	5.0+	jdbc:mysql://
Oracle	10.2.0+	jdbc:oracle:*//
PostgreSQL	8.3+	jdbc:postgresql://
CUBRID	9.2+	jdbc:cubrid:*

FLUME 1.7.0

Logs são uma fonte básica de informação e ajudam a monitorar a "saúde" de sistemas, detectando falhas em hardwares e serviços. Podem ajudar também na solução de problemas. Embora, de uma forma geral, um log represente registro de eventos, esta é uma ferramenta importante na administração de sistemas.

Com o surgimento de tecnologias e ferramentas para Big Data, a geração ea utilização dos logs se tornaram cada vez mais importantes, uma vez que agora é possível "prever" quando um equipamento precisa de manutenção, o comportamento de um indivíduo em um e-commerce e a geração de recomendações, entre outras coisas.

Administrar o volume de logs que é gerado por diversos sistemas/ dispositivos não é uma tarefa fácil. Em 2011, a Cloudera criou o Flume, um sistema distribuído, confiável e disponível para coletar, agregar e mover grandes quantidades de dados de muitas fontes diferentes para um armazenamento de dados centralizado. Em 2012, esse passou a ser um projeto top level na Apache Software Foundation.

O Apache Flume não se restringe apenas à coleta de logs, e pode ser usado para transportar grandes quantidades de dados, como os gerados em *social media*, e-mails e qualquer fonte de dados possível.

O objetivo principal do Flume é ingerir dados de eventos no HDFS (*Hadoop Distributed File System*) de forma simples e automatizada. Porém, seu uso não se limita apenas ao HDFS; é possível enviar também dados para um arquivo ou banco de dados, entre outros.

NiFi 1.3.0

Com o Apache NiFi, podemos fazer desde uma análise de tráfego de redes até conversões de um banco de dados para outro (quem já converteu ou tentou converter sabe o quanto é difícil); podemos analisar e transformar mensagens do twitter e outras redes sociais e, principalmente, usá-lo para IoT.

No caso da Internet das Coisas, ao contrário de outros sensores que só enviam dados para "fora", o software precisará receber esses dados e se comunicar com o dispositivo novamente, e o NiFi se encaixa muito bem neste processo.

O Apache NiFi é um projeto de software da Apache Software Foundation, que permite a automação do fluxo de dados entre sistemas.

KAFKA 0.11.0

Apache Kafka é uma plataforma distribuída de mensagens e streaming.

> O usuário produz uma mensagem.
> Essa mensagem é anexada em um tópico.
> O usuário então consome essa mensagem.

No mundo atual, dados em tempo real estão sendo continuamente gerados por todos os tipos de aplicativos (ERP, CRM, Web Sites, Mídias Sociais, Vídeos, Logs, Sensores e muito mais) e estes dados precisam estar disponíveis de forma confiável e rápida para diferentes tipos de receptores. Na maioria das vezes, as aplicações que produzem os dados e as aplicações que precisam receber estes dados não "conversam" umas com as outras. Estas aplicações heterogêneas, requerem algum tipo de desenvolvimento para que exista uma integração entre elas. Com o aumento do volume de dados, isso se torna um ponto ainda mais crítico.

Com a explosão do Big Data, o primeiro desafio é coletar a imensa quantidade de dados e o segundo desafio, analisar tudo isso. Analytics é frequentemente apontando como um dos maiores desafios associados com Big Data, mas antes de a análise acontecer, os dados devem ser ingeridos e disponibilizados para os usuários. É onde entra o Apache Kafka.

O Apache Kafka foi originalmente desenvolvido pelo LinkedIn e posteriormente liberado como um projeto open-source, em 2011. O Apache Kafka é um sistema para gerenciamento de fluxos de dados em tempo real, gerados a partir de web sites, aplicações e sensores. Algumas das empresas que usam Kafka: LinkedIn, Netflix, PayPal, Spotify, Uber, AirBnB, Cisco, Goldman Sachs e SalesForce. Recentemente a IBM anunciou a criação de dois projetos envolvendo o Apache Kafka. O LinkedIn possui o maior ambiente Kafka do qual se tem notícia, com 1.1 trilhões de mensagens por dia.

Essencialmente, o Kafka age como uma espécie de "sistema nervoso central", que coleta dados de alto volume, como, por exemplo, a atividade de usuários (clicks em um web site), logs, cotações de ações etc. e torna estes dados disponíveis como um fluxo em tempo real para o consumo por outras aplicações. O Kafka vem ganhando cada vez mais popularidade em Big Data, pois além de ser um projeto open-source de alta qualidade, possui a capacidade de lidar com fluxos de alta velocidade de dados, característica cada vez mais procurada para uso em Internet das Coisas, por exemplo.

Questões

01. (Cespe) Acerca de inteligência cibernética, julgue o item a seguir.

O registro e a análise de conjuntos de dados referentes a eventos de segurança da informação são úteis para a identificação de anomalias; esse tipo de recurso pode ser provido com uma solução de Big Data.

Certo ( ) Errado ( )

02. (Cespe) Julgue o item que se segue, relativo a noções de mineração de dados, Big Data e aprendizado de máquina. Situação hipotética: Na ação de obtenção de informações por meio de aprendizado de máquina, verificou-se que o processo que estava sendo realizado consistia em examinar as características de determinado objeto e atribuir-lhe uma ou mais classes; verificou-se também que os algoritmos utilizados eram embasados em algoritmos de aprendizagem supervisionados.

Assertiva: Nessa situação, a ação em realização está relacionada ao processo de classificação.

Certo ( ) Errado ( )

03. (Cespe) Julgue o item que se segue, relativo a noções de mineração de dados, Big Data e aprendizado de máquina.

Pode-se definir mineração de dados como o processo de identificar, em dados, padrões válidos, novos, potencialmente úteis e, ao final, compreensíveis.

Certo ( ) Errado ( )

04. (Cespe) A regressão ou predição promove o aprendizado de uma função que pode ser usada para mapear dados em uma de várias classes discretas definidas previamente, bem como encontrar tendências que possam ser usadas para entender e explorar padrões de comportamento dos dados.

Certo ( ) Errado ( )

05. (Cespe) Os métodos de classificação supervisionada podem ser embasados em separabilidade (entropia), utilizando árvores de decisão e variantes, e em particionamento, utilizando SVM (support vector machines).

Certo ( ) Errado ( )

Gabaritos

01	CERTO
02	CERTO
03	CERTO
04	ERRADO
05	CERTO

18. NOÇÕES DE APLICAÇÃO R, OLAP E PYTHON

18.1 R 3.4.2 e R Studio 5.1

A linguagem R é utilizada por cientistas, estatísticos e, mais recentemente, cientistas de dados como um meio conveniente para a análise exploratória de dados interativos. Ao contrário do que se imagina sobre a linguagem R, ela não é limitada a apenas sessões iterativas, pois devido ao fato de ser uma linguagem de programação, os scripts podem ser criados e empacotados como bibliotecas. As soluções com base em scripts fornecem resultados mais consistentes e confiáveis do que os fluxos de trabalho tradicionais, que requerem uma grande quantidade de interações manuais com uma interface gráfica de usuário.

Essa linguagem, muitas vezes, não é considerada como uma linguagem de programação, sendo mais comparada a um produto estatístico especializado, como é o caso do SAS. Este é um tema amplamente discutido quando se considera a manipulação de dados usando planilhas do Excel ou um banco de dados relacional como o servidor SQL. A linguagem R é mais usada para manipulação de conjuntos de dados de tamanho médio, análises estatísticas e produção de documentos e apresentações centradas em dados. Além disso, fornece uma ampla variedade de modelagens lineares e não lineares, testes estatísticos clássicos, análise de séries temporais, clustering, além de ser altamente extensível.

Um dos pontos fortes do R é a facilidade que podemos ter com uma melhor qualidade em relação a plotagens bem desenhadas, inclusão de símbolos matemáticos e de fórmulas, quando estas passam a ser necessárias, já que o R é um conjunto integrado de facilidades de software voltado para a manipulação de dados e a exibição gráfica. Duas das maiores empresas presentes no mercado, Facebook e FourSquare, utilizam a linguagem R tanto para recomendações quanto para modelagem de comportamentos dos usuários.

R usa uma interface de linha de comando, mas há também vários front-ends gráficos para ele, como RStudio.

Aparência do R Studio

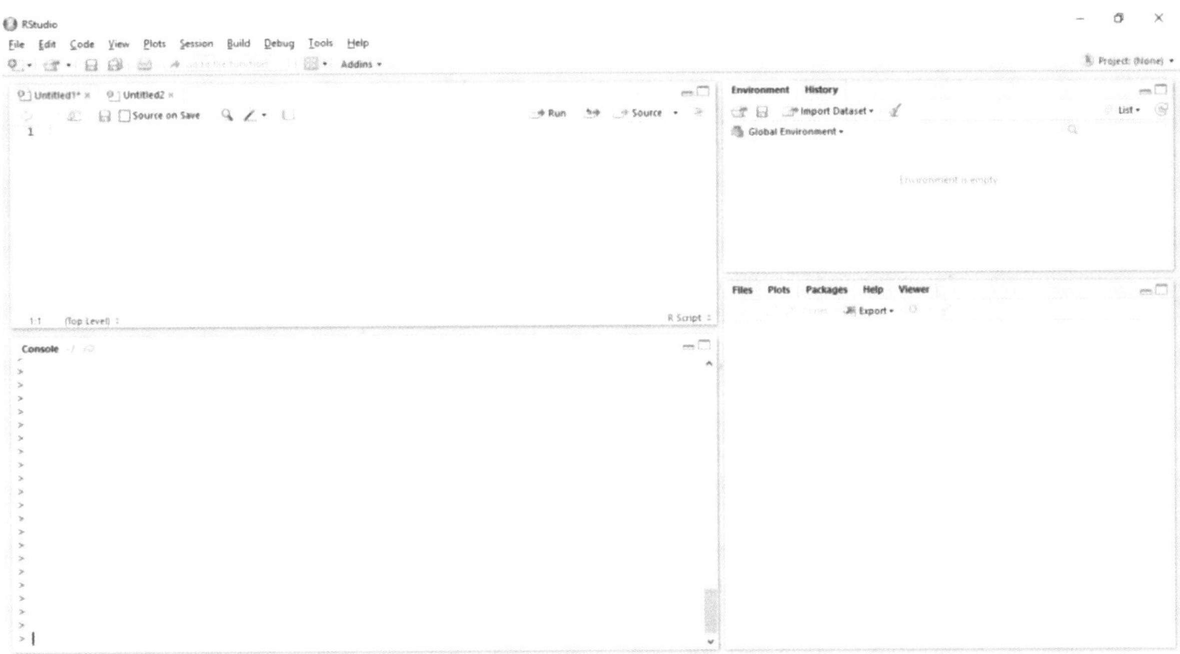

18.2 OLAP - On-Line Analytical Processing (Processamento Analítico On-Line)

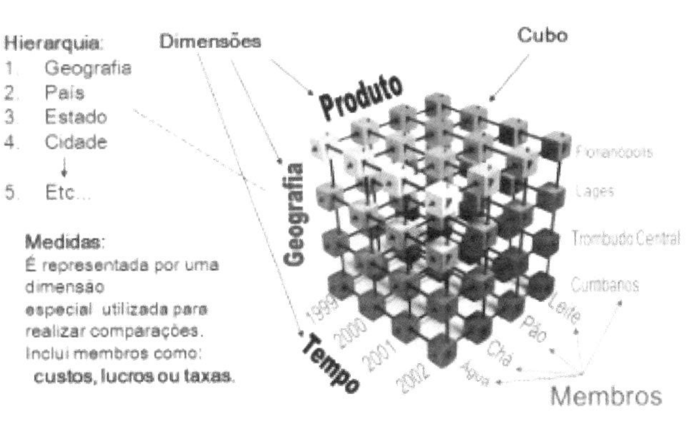

O OLAP é uma tecnologia usada para organizar grandes bancos de dados comerciais e oferecer suporte à inteligência comercial. Os bancos de dados OLAP são divididos em um ou mais cubos, e cada cubo é organizado e projetado por um administrador de cubo para se ajustar à forma que você recupera e analisa os dados, de maneira que seja mais fácil criar e usar os relatórios de tabela dinâmica e os relatórios de gráfico dinâmico que de que você precisa.

A ideia da ferramenta é criar uma interface em que o usuário possa analisar os dados profundamente em diversos ângulos.

O OLAP e o Data Warehouse são destinados a trabalharem juntos. Enquanto o DW armazena as informações de forma eficiente, o OLAP deve recuperá-las com a mesma eficiência, porém com muita rapidez. As duas tecnologias se complementam, ao ponto de que um Data Warehouse, para ser bem-sucedido, já na sua concepção, deve levar em consideração o que se deseja apresentar na interface OLAP.

O OLAP é uma interface com o usuário e não uma forma de armazenamento de dados, porém se utiliza do armazenamento para poder apresentar as informações.

Os métodos de armazenamento são:

- ROLAP (OLAP Relacional): os dados são armazenados de forma relacional.
- MOLAP (OLAP Multidimensional): os dados são armazenados de forma multidimensional.
- HOLAP (OLAP Híbrido): uma combinação dos métodos ROLAP e MOLAP.
- DOLAP (OLAP Desktop): o conjunto de dados multidimensionais deve ser criado no servidor e transferido para o desktop. Permite portabilidade aos usuários OLAP que não possuem acesso direto ao servidor.

Uma das características que devem estar presentes em ferramentas OLAP é a capacidade de efetuar algumas operações:

- Drill Down: aumento do nível de detalhe da informação e consequente diminuição do nível de granularidade. Ex.: uma análise de vendas por estado é alterada para uma análise de vendas das cidades de um determinado estado.
- Drill Up: diminuição no nível de detalhe e consequente aumento do nível de granularidade. Ex.: uma análise de vendas é alterada de uma cidade para seu estado correspondente.
- Slice: corta o cubo, mas mantém a mesma perspectiva de visualização dos dados. Funciona como um filtro que restringe uma dimensão a apenas um ou alguns de seus valores. Ex.: em uma dimensão de tempo de um modelo é selecionado somente o ano de 2000.
- Dice: mudança de perspectiva da visão multidimensional, como se o cubo fosse girado. Permite descobrir comportamentos e tendências entre os valores das medidas analisadas em diversas perspectivas. Ex.: a análise é alterada de região (linha) por produto (coluna) para produto (linha) por região (coluna).
- Drill Across: o nível de análise dentro de uma mesma dimensão é alterado, ou seja, o usuário avança um nível intermediário dentro de uma mesma dimensão. Ex.: o nível da análise é alterado direto de ano para mês dentro da dimensão tempo, quando esta é composta por ano, semestre e mês. Cubo sempre que tiver necessidade.

Comandos e Funções do R

Utiliza-se sempre uma variável qualquer seguida do símbolo "<-" para indicar que os dados a serem digitados serão memorizados na variável escolhida e podem-se apresentar os dados entre parênteses: > X<-(83) <ENTER>

> X <ENTER>

[1] 83

Ao criar uma sequência arbitrária, devemos digitar "c" antes dos parênteses para indicar que os dados a serem digitados serão agrupados na forma de vetor:

>Y<- c(1,2,3,4,5,9) <ENTER>

>Y <ENTER>

[1] 1 2 3 4 5 9

Length => indica o número de termos existentes:

>length (Y) <ENTER>

[1] 6

NA => indica ausência de dados

NaN => indica que o valor não é um número válido

Factorial(X) => indica o fatorial de X

Sequência:

>X<-1:5 <ENTER>

>X <ENTER>

[1] 1 2 3 4 5

Obs.: podem-se fazer operações matemáticas simples com sequências:

>X<-X+1 <ENTER>

>X <ENTER>

[1] 2 3 4 5 6

Colchetes são usados para a extração de elementos especificados:

>X [2] <ENTER>

[1] 3

(foi retirado o 2° elemento da sequência X, o número 3)

>X [2:4] <ENTER>

[1] 3 4 5

>X [X<5] <ENTER>

[1] 2 3 4

(elementos de X que são menores que 5)

>X [X<= 5] <ENTER>

[1] 2 3 4 5

(elementos de X que são menores ou iguais a 5)

>K<- c(1:5,5) <ENTER>

>K <ENTER>

[1] 1 2 3 4 5 5

>K [K == 5] <ENTER>

[1] 5 5

(valores de K que são iguais a 5)

Y~X => indica Y em função de X.

" " => delimitam um caractere.

'Inf' ou '-inf' => indica que o valor tende a mais ou menos infinito.

mean(X) => indica a média de X.

var(X) => indica a variância de X.

sd(X) => indica o desvio padrão.

max(X)-min(X) => indica a amplitude total.

Range(X) => indica o menor e o maior valor de X, respectivamente.

tapply(X, Y, mean) => indica a média de X para cada nível de Y.

Obs.: nesse comando, pode-se usar qualquer medida (usou-se 'mean' apenas como exemplo).

median(X) => indica a mediana de X.

quantile(X) => indica ao quartis de X.

table(X) => fornece as frequências dos valores de X.

subset(table(X),table(X)==max(table(X))) => indica a moda de X.

summary => obtém-se resumo de dados estatísticos.

?nome da função => para obter informações de ajuda sobre a função desejada.

help(nome do pacote) => para obter informações de ajuda sobre o pacote desejado.

library(pacote) => carrega ou ativa o pacote desejado (o uso de pacotes será explicado mais à frente).

rm(objeto) => remove o objeto desejado da memória do R.

factor(objeto) =>transforma o objeto escolhido em fator, isto é, divide-o em níveis.

attach(variável) => reconhece como objeto isolado cada coluna de um Data Frame.

detach(variável) => desfaz a função anterior, é aconselhável para evitar conflitos de memória no R.

fix(K) => edita K, podendo este ser vetor, matriz ou data frame.

example(nome da função) => exibe exemplos da função escolhida.

demo(package="nome do pacote") => informa os nomes dos demos (*scripts* que contêm demonstrações, demos, de funcionalidades do pacote), caso existam para o pacote especificado, o qual deve estar ativo e possuir demonstrações durante este comando.

demo(nome do demo, package="nome do pacote") => executa o demo especificado.

choose(n,k) => indica combinação de n tomado de k a k.

sqrt(X) => indica raiz quadrada de X.

Comandos usados para criar vetores:

rep(5,n) => vetor que contém n vezes o número 5. Exemplo:

>rep(7,3) <ENTER>

[1] 7 7 7

seq(a,b,c) => cria o intervalo [a,b] separado em c unidades. Exemplo:

> seq(1,10,2)

[1] 1 3 5 7 9

gl(i,r) => cria um vetor representado pela sequência de 1 até i com r repetições em cada nível. Exemplo:

> gl(4,3)

[1] 1 1 1 2 2 2 3 3 3 4 4 4

Levels: 1 2 3 4

rank(V) => exibe a posição de cada valor do vetor V ordenado.

sort(V) => exibe os valores do vetor V em ordem crescente.

Comandos usados para criar matrizes:

Primeiramente, deve-se criar o código que iremos atribuir à matriz.

Em seguida, deve-se criar o vetor que indicará cada item das linhas e colunas da matriz.

Por último, indicar o número de linhas e o número de colunas, respectivamente, que a matriz terá.

Obs.: o número de linhas e de colunas deve ser múltiplo ou submúltiplo do número de elementos do vetor.

Exemplo:

>M1<-matrix(c(1,3,5,7,9,11),nrow=2,ncol=3) <ENTER>

>M1 <ENTER>

[,1] [,2] [,3] [1,] 1 5 9

[2,] 3 7 11

Pode-se também criar o vetor isolado da matriz. Veja:

>V<-1:6 <ENTER>

>V <ENTER>

[1] 1 2 3 4 5 6

>M2<-matrix(data=V,nrow=3,ncol=2) <ENTER>

>M2 <ENTER>

[,1] [,2]

[1,] 1 4

[2,] 2 5

[3,] 3 6

Pode-se também escrever de forma direta a matriz, ocultando "nrow" e "ncol". Considerando o primeiro valor como o indicador do número de linhas e o segundo como indicador do número de colunas. Observe:

>M3<-matrix(c(7,20,9,212,1,2,3,4,15,23,65,77),4,3) <ENTER>

>M3 <ENTER>

[,1] [,2] [,3]

[1,] 7 1 15 [2,] 20 2 23 [3,] 9 3 65 [4,] 212 4 77

>M4<-matrix(1:6,6,2) <ENTER>

>M4 <ENTER>

[,1] [,2]

[1,] 1 1

[2,] 2 2

[3,] 3 3

[4,] 4 4

[5,] 5 5

[6,] 6 6

O R tem como padrão seguir a ordem dos dados por colunas, mas pode-se mudá-la para linhas, veja o exemplo utilizando ainda M4:

>M4<-matrix(1:6,6,2,byrow=T) <ENTER>

M4 <ENTER>

[,1] [,2]

[1,] 1 2

[2,] 3 4

[3,] 5 6

[4,] 1 2

[5,] 3 4

[6,] 5 6

Pode-se retirar apenas parte da matriz. Exemplo:

>M1[1,2] <ENTER>

[1] 5

>M4[,2] <ENTER>

[1] 2 4 6 2 4 6

>M2[1,] <ENTER>

[1] 1 4

As funções "cbind" e "rbind" adicionam coluna e linha, respectivamente. Elas podem ser adicionadas no final ou no início da matriz. Veja:

>m1<-cbind(M1,c(7,8)) <ENTER>

>m1 <ENTER>

[,1] [,2] [,3] [,4]

[1,] 1 5 9 7 [2,] 3 7 11 8

>m1<-rbind(c(7,8,9,10),m1) <ENTER>

>m1 <ENTER>

[,1] [,2] [,3] [,4]

[1,] 7 8 9 10

[2,] 1 5 9 7 [3,] 3 7 11 8

Multiplicação de matrizes:

>M1%*%M2 <ENTER>

[,1] [,2] [1,] 38 83

[2,] 50 113

Outros comandos:

Considerando uma matriz M qualquer:

fix(M) => abre uma janela da matriz M editada, podendo fazer alterações na matriz.

solve(M) =>calcula a inversa da matriz M.

t(M) => calcula a transposta da matriz M.

det(M) => calcula o determinante da matriz M.

Comandos usados para criar Data Frame:

Um Data Frame pode ser criado por meio da entrada de dados externos ou pode ser criado no próprio R, adotando cada coluna do Data Frame como um vetor. Ao criar os vetores, pode-se usar a função c( ),já conhecida, ou a função scan( ) da seguinte maneira:

> X<-scan()<ENTER>

1: 2 <ENTER>

2: 3 <ENTER>

3: 4 <ENTER>

4: 5 <ENTER>

5: <ENTER>

Read 4 items

>X <ENTER>

[1] 2 3 4 5

> Y<-c("A","B","C","D") <ENTER>

> Y <ENTER>

[1] "A" "B" "C" "D"

(foram criados os vetores X e Y utilizando a função scan( ))

Após criar os vetores desejados, basta juntá-los em um Data Frame e apagar os vetores criados da memória, pois eles já estarão armazenados no Data Frame.

>D1<-data.frame(X,Y) <ENTER>

>rm(X,Y) (para remover os vetores X e Y) <ENTER>

>D1 <ENTER>

X Y

2 A

3 B

4 C

5 D

É possível alterar o nome das colunas criadas no Data Frame por meio do seguinte comando:

>names(D1)<-c("coluna1","coluna2") <ENTER>

>attach(D1) <ENTER>

(para poder usar as colunas criadas apenas com o nome delas, veja:)

>coluna1 <ENTER>

[1] 2 3 4 5

É possível isolar colunas também com o seguinte comando:

D1$(nome da coluna)

No caso, D1$coluna1

18.3 Python 3.6

Python é uma linguagem de programação interpretada, de código-fonte aberto e disponível para vários sistemas operacionais. Diz-se que uma linguagem é interpretada se esta não precisar ser compilada (traduzida para uma linguagem da máquina), mas sim "lida" por um outro programa (chamado de interpretador) que traduzirá para a máquina o que seu programa quer dizer.

Variáveis:

Em Python, os tipos de dados básicos são: tipo inteiro (armazena números inteiros), tipo float (armazena números em formato decimal), e tipo string (armazena um conjunto de caracteres). Cada variável pode armazenar apenas um tipo de dado a cada instante.

Python é uma linguagem dinamicamente tipada. Diferentemente de outras linguagens de programação, não é preciso declarar de que tipo será cada variável no início do programa. Quando se faz uma atribuição de valor, automaticamente a variável se torna do tipo do valor armazenado, como apresentado nos exemplos a seguir:

Exemplos:

>>> a = 10

>>> a

10

A variável a se torna uma variável do tipo inteiro.

Listas, Tuplas e Dicionários:

Lista é um conjunto sequencial de valores, em que cada valor é identificado por meio de um índice. O primeiro valor tem índice 0. Uma lista em Python é declarada da seguinte forma:

Nome_Lista = [valor1, valor2, ..., valorN]

Uma lista pode ter valores de qualquer tipo, incluindo outras listas.

Exemplos:

```
>>> L = [3 , 'abacate' , 9.7 , [5 , 6 , 3] , "Python" , (3 , 'j')]
>>> print(L[2])
9.7
>>> print(L[3])
[5,6,3]
>>> print(L[3][1])
6
```

FUNÇÕES PARA MANIPULAÇÃO DE LISTAS

A lista é uma estrutura mutável, ou seja, ela pode ser modificada. Na tabela a seguir estão algumas funções utilizadas para manipular listas.

Função	Descrição	Exemplo
len	retorna o tamanho da lista.	L = [1, 2, 3, 4] len(L) → 4
min	retorna o menor valor da lista.	L = [10, 40, 30, 20] min(L) → 10
max	retorna o maior valor da lista.	L = [10, 40, 30, 20] max(L)→ 40
sum	retorna soma dos elementos da lista.	L = [10, 20, 30] sum(L)→ 60
append	adiciona um novo valor na no final da lista.	L = [1, 2, 3] L.append(100) L → [1, 2, 3, 100]
remove	remove um elemento da lista, dado seu índice.	L = [1,2,3,4] remove L[1] L→[1, 3, 4]

A tupla, assim como a lista, é um conjunto sequencial de valores, em que cada valor é identificado por meio de um índice. A principal diferença entre elas é que as tuplas são imutáveis, ou seja, seus elementos não podem ser alterados.

Dentre as utilidades das tuplas, destacam-se as operações de empacotamento e desempacotamento de valores.

Uma tupla em Python é declarada da seguinte forma:

Nome_tupla = (valor1, valor2, ..., valorN)

Exemplos:

```
>>>T = (1,2,3,4,5)
>>> print(T)
(1, 2, 3, 4, 5)
>>> print(T[3])
4
```

Dicionário é um conjunto de valores, em que cada valor é associado a uma chave de acesso. Um dicionário em Python é declarado da seguinte forma:

Nome_dicionario = { chave1 : valor1, chave2 : valor2, chave3 : valor3,...... chaveN : valorN}

Exemplo:

```
>>> D={"arroz": 17.30, "feijão":12.50,"carne":23.90,"alface":3.40}
>>> print(D)
{'arroz': 17.3, 'carne': 23.9, 'alface': 3.4, 'feijão': 12.5}
>>> print(D["carne"])
23.9
```

ALGUNS OPERADORES

A linguagem Python pode apresentar alguns operadores diferentes dos usuais em outras linguagens:

Operadores Matemáticos:

Adição	+	idade + 1 = somando 1 a idade
Subtração	-	idade - 1 = subtraindo 1 a idade
Multiplicação	*	valor * 10 = multiplicando o por 10
Divisão	/	quantidade / 10 = dividindo a quantidade por 10
Resto	%	número % 3 = trazendo o resto da divisão de um número por 3
Potência	**	número ** 2 = elevando número a segunda potência

Operadores Relacionais:

Maior	>
Menor	<
Maior ou igual	>=
Menor ou igual	<=
Igual	==
Diferente	!=

Operadores Lógicos:

OU	Or
E	And
Negação	Not

Comandos Python

zip(...)

cria uma tupla com uma combinação sequencial de listas (empacota):

```
>>> a = [1,2,3,4,5]
>>> b = [6,7,8,9,10]
>>> zip(a,b)
[(1, 6), (2, 7), (3, 8), (4, 9), (5, 10)]
>>> c = [11,22,33,44,55]
>>>zip(a,b,c)
```

[(1, 6, 11), (2, 7, 22), (3, 8, 33), (4, 9, 44), (5, 10, 55)]

reverte uma tupla em listas (desempacota):

```
>>> pts = [(0, 0), (1, 0), (1, 1), (2, 1), (2, 2)]
>>> x, y = zip(*pts)
>>> print x, y
(0, 1, 1, 2, 2) (0, 0, 1, 1, 2)
```

enumerate(...)

Enumera um objeto iterável. Retorna um contador (x) e o elemento[x] do objeto.

Exemplo:

```
mangueio='caqui'
>>> for x, letra in enumerate(mangueio):
>>> print letra, '(%d)' % x
c (0)
a (1)
q (2)
u (3)
i (4)
```

range(início, fim, passo)¶

Cria uma lista sequencial de números.

Exemplos:

```
>>> range(10)
[0, 1, 2, 3, 4, 5, 6, 7, 8, 9]
>>> range(2,5)
[2, 3, 4]
>>> range(1,10,2) #passo=2, pula de 2 em 2
[1, 3, 5, 7, 9]
```

help(...)

O mais importante dos comandos:

Aperte a tecla "q" para sair.

type(...)

```
>>> type('abacate')
<type 'str'>
```

id (...)

Return the identity of an object. This is guaranteed to be unique among simultaneously existing objects. (Hint: it's the object's memory address.)

```
>>> id(a)
34434567
```

[dir(...)

Retorna os atributos (métodos) de um objeto.

```
>>> dir('laranja')
```

['__add__', '__class__', '__contains__', '__delattr__', '__doc__', '__eq__', '__format__', '__ge__', '__getattribute__', '__getitem__', '__getnewargs__', '__getslice__', '__gt__', '__hash__', '__init__', '__le__', '__len__', '__lt__', '__mod__', '__mul__', '__ne__', '__new__', '__reduce__', '__reduce_ex__', '__repr__', '__rmod__', '__rmul__', '__setattr__', '__sizeof__', '__str__', '__subclasshook__', '_formatter_field_name_split', '_formatter_parser', 'capitalize', 'center', 'count', 'decode', 'encode', 'endswith', 'expandtabs', 'find', 'format', 'index', 'isalnum', 'isalpha', 'isdigit', 'islower', 'isspace', 'istitle', 'isupper', 'join', 'ljust', 'lower', 'lstrip', 'partition', 'replace', 'rfind', 'rindex', 'rjust', 'rpartition', 'rsplit', 'rstrip', 'split', 'splitlines', 'startswith', 'strip', 'swapcase', 'title', 'translate', 'upper', 'zfill']

str(...)

Converte um objeto para texto (string).

```
>>> str(12)
'12'
```

int(...)

Converte um objeto para número inteiro.

```
>>> a= '33' #uma string
>>> int(a)
33
```

Atribuições múltiplas

Atribui simultaneamente valores às variáveis.

```
>>> a = 1
>>> b = 'jota'
>>> a, b = b, a
>>> a
'jota'
>>> b
1
>>> c, d, e = 'sol'
>>> c
's'
>>> d
'o'
>>> e
'l'
```

input(...)

Abre o prompt para receber um valor. (Em Python 3, a entrada de input é uma string).

```
>>>idade = input('qual a sua idade? ')
qual a sua idade? 23
>>> print ('%d anos' %idade)
23 anos
```

Operadores relacionais e lógicos

Comparadores: é uma pergunta.

a > b – é maior?

a < b – é menor?

a == b – é igual?

a != b – é diferente?

Resposta à comparação: (iniciam com maiúscula)

True – verdadeiro

False – falso

Atenção!

a = b – não é um comparador, à variável 'a' está sendo atribuído o conteúdo da variável 'b'.

Conectores de comparações:

and: todas as condições devem ser satisfeitas

or: pelo menos uma condição deve ser satisfeita

Para repetir os comandos anteriores do interpretador:

alt+p ou alt+n

Print

Marcadores

%d – números decimais

%s – string (texto)

%f – float (números com vírgula) → %.2f nesse caso o 2 estipula quantas casas decimais serão exibidas:

```
>>> a=5
>>> b='casas'
>>> c=1.5
>>> print ('As %d belas %s têm %f telhados' %(a,b,c))
As 5 belas casas têm 1.500000 telhados
```

Uso com format e função

```
teste = 639884962
print('O renavam {} é {}.'.
format(teste, 'válido' if validar_renavam(teste) else 'inválido'))
```

Expressões Condicionais

if

Se a condição for True (verdadeira), então execute o comando.

No caso de haver mais de uma condição, fica assim:

```
if condição1 and/or condição2:
comando
```

else

Usado para o caso de a condição testada dar False.

Se a condição for True, execute comando 1; senão (ELSE), execute comando 2.

```
if condição:
comando1
else:
comando2
```

elif

Usado para verificação de vários casos.

Se a condição1 for True, então execute comando1; se a condição2 for True, execute comando2; senão execute o comando3.

```
if condição1:
comando1
elif condição2:
comando2
else:
comando3
```

Lists

list.count(valor) → conta o número de ocorrências de "valor"

```
>>> mangueio = ['banana', 'maca', 'jaca', 'laranja', 'banana']
>>> mangueio.count('banana')
2
```

list.append(valor) → adiciona "valor" ao final da lista

```
>>> mangueio = ['banana', 'maca', 'jaca', 'laranja']
>>> mangueio.append('melao')
>>> print mangueio
['banana', 'maca', 'jaca', 'laranja', 'melao']
```

Strings

Strings são concatenáveis por meio de soma

```
>>> 'laranja' + ' e amarelo'
'laranja e amarelo'
```

string.split(...)

Separa uma string em uma lista. Se o caractere separador não for especificado, ele usa o espaço por padrão.

```
>>> mangueio = 'hoje vieram 3 mangas tommy e 2 mangas palmer'
>>> mangueio.split()
['hoje', 'vieram', '3', 'mangas', 'tommy', 'e', '2', 'mangas', 'palmer']
>>> mangueio.split('manga')
['hoje vieram 3 ', 's tommy e 2 ', 's palmer']
```

Trabalhando com índices em Strings

```
>>> fruta = 'abatace'
>>> print fruta [2:]
atace
>>> print fruta [1:-1]
batac
>>> print fruta[2::2] # mostra o conteúdo da posição 2 até o final, pulando de 2 em 2.
aae
>>> print fruta[::-1] # mostra o conteúdo do início até o fim, mas de trás para frente
ecataba
```

string.find (...)

Encontra a posição onde inicia uma palavra.

```
>>> mangueio = 'hoje vieram 3 mangas tommy e 2 mangas palmer'
>>> mangueio.find('manga')
14
>>> mangueio.find('manga', 20) #encontra a palavra a partir do índice 20.
```

31

>>> mangueio.find('manga', 33)

-1 # -1 indica que a palavra não foi encontrada.

'...'.join(variável)

Junta uma lista numa string. Podemos especificar o separador.

>>> frutas = ['laranja', 'maca', 'pera']

>>> ' + '.join(frutas)

'laranja + maca + pera'

string.title()

Coloca a primeira letra de cada palavra da string em maiúscula.

string.capitalize()

Coloca a primeira letra da string em maiúscula.

'string'.zfill(n)

Completa uma string com zeros à esquerda até completar n caracteres.

>>>fruta = 'manga'

>>>fruta.zfill(10)

'00000manga'

Questões

01. (Cespe) Com relação à programação Python e R, julgue o item que segue.

Considere os seguintes comandos na programação em Python.

a = " Hello, World! "

print(a.strip())

Esses comandos, quando executados, apresentarão o resultado a seguir.

a[0]=Hello,

a[1]=World!

Certo ( ) Errado ( )

02. (Cespe) Julgue o próximo item, relativo a noções de programação Python e R.

Considere o programa a seguir, na linguagem Python.

if 5 > 2

{

print("True!")

}

A sintaxe do programa está correta e, quando executado, ele apresentará o seguinte resultado.

True!

Certo ( ) Errado ( )

03. (Cespe) Julgue o próximo item, relativo a noções de programação Python e R.

Considere o programa a seguir, na linguagem Python.

letras == ["P", "F"]

for x in letras

{

print(x)

}

A sintaxe do programa está correta e, quando executado, ele apresentará o seguinte resultado.

PF

Certo ( ) Errado ( )

04. (Cespe) Julgue o próximo item, relativo a noções de programação Python e R.

Considere o programa a seguir, escrito em R.

x <- TRUE y <- FALSE print (xy)

Após a execução do programa, será obtido o seguinte resultado.

[1] FALSE

Certo ( ) Errado ( )

05. (Cespe) Julgue o próximo item, relativo a noções de programação Python e R.

Considere o programa a seguir, escrito em R.

x <- c (3, 5, 7)

y <- c (1, 9, 11)

print (x + y)

Após a execução do programa, será obtido o seguinte resultado.

[1] 36

Certo ( ) Errado ( )

Gabaritos

01	ERRADO
02	ERRADO
03	ERRADO
04	ERRADO
05	ERRADO

19. METADADOS DE ARQUIVOS E TEORIA DA INFORMAÇÃO

19.1 Metadados

Metadados podem ser descritos como *informações estruturadas que descrevem, expliquem, localizem ou tornem mais fácil recuperar, usar ou gerenciar um recurso de informações.*

No contexto de repositórios digitais, um metadado descreve um item, também denominado de objeto digital.

Exemplos de metadados:

> Um título é um metadado que descreve um filme.
> A quantidade de páginas é um metadado que descreve um livro.
> O autor é um metadado que descreve uma dissertação.
> Um item é composto por um conjunto de metadados e um ou mais arquivos que são descritos por esses metadados.
> Padrões de metadados:
> Os metadados devem ser padronizados a fim de facilitar a compreensão deles, tanto para os computadores quanto para os humanos. Normalmente cada metadado é composto por:
> uma chave que identifica o tipo da informação ex.: título, autor, ano;
> um valor que descreve a informação. Ex.: "Senhor dos Anéis", "J. R. R. Tolkien", 1954;
> o idioma em que a informação é descrita. Ex.: português, inglês.

19.2 Padrões de Metadados

Existem padrões internacionais de metadados desenvolvidos para descreverem diferentes tipos de informações. Cada padrão define uma série de regras para a estruturação das chaves e dos valores, e também um conjunto de chaves padrão, que pode ser expandido respeitando as regras definidas.

> O padrão mais usado em repositórios digitais é o "Dublin Core".
> Define as chaves como: "dc.<elemento>[.<qualificador>]".
> Ex.: dc.title, dc.date.created, dc.description.abstract, dc.format.color.
> São aproximadamente 100 chaves padrões.

Fonte - http://www.inf.ufpr.br/

19.3 Normalização de Dados

Conceito

Normalização é o processo de modelar o banco de dados projetando a forma como as informações serão armazenadas a fim de eliminar, ou pelo menos minimizar, a redundância no banco. Tal procedimento é feito a partir da identificação de uma anomalia em uma relação, decompondo-as em relações melhor estruturadas.

Normalmente precisamos remover uma ou mais colunas da tabela, dependendo da anomalia identificada e criar uma segunda tabela, obviamente com suas próprias chaves primárias, e relacionar a primeira com a segunda para assim tentarmos evitar a redundância de informações.

O processo de normalização compreende o uso de um conjunto de regras, chamados de "formas normais". Ao analisarmos o banco de dados e verificarmos que ele respeita as regras da primeira forma normal, então podemos dizer que o banco está na "primeira forma normal". Caso o banco respeite as primeiras três regras, então ele está na "terceira forma normal". Mesmo existindo mais conjuntos de regras para outros níveis de normalização, a terceira forma normal é considerada o nível mínimo necessário para grande parte das aplicações. [Microsoft 2007]

19.4 Formas Normais

Primeira Forma Normal: uma relação está na primeira forma normal quando todos os atributos contêm apenas um valor correspondente, singular, e não existem grupos de atributos repetidos - ou seja, não admite repetições ou campos que tenham mais que um valor.

O procedimento inicial é identificar a chave primária da tabela. Após, devemos reconhecer o grupo repetitivo e removê-lo da entidade. Em seguida, criamos uma nova tabela com a chave primária da tabela anterior e o grupo repetitivo.

Código	Nome	Endereço	Telefone
1001	Diego Machado	Rua Tal 321 Porto	5312345678 5398765432
1002	Fulano de Tal	Avenida Tal 71 Centro	5187654321 5143215678

Tabela 1: Tabela não está na primeira forma normal.

Analisando o exemplo acima, podemos observar dois problemas: temos uma pessoa com dois números de telefone e um endereço com diferentes valores, a rua e o bairro. A fim de normalizar, teremos que colocar cada informação em uma coluna diferente e criar uma nova tabela relacionando a pessoa a seus números de contato.

Código	Nome	Endereço	Bairro
1001	Diego Machado	Rua Tal 321	Porto
1002	Fulano de Tal	Avenida Tal 71	Centro

Tabela 2: Tabela está na primeira forma normal.

Dessa forma, como mostrado na tabela acima, temos uma tabela na primeira forma normal, evitando assim repetições e campos com múltiplos valores, conforme observamos na tabela abaixo.

Código	Telefone
1001	5312345678
1001	5398765432
1002	5187654321
1002	5143215678

Tabela 3: Nova tabela criada para evitar campos com mais de um valor.

Segunda Forma Normal: é dito que uma tabela está na segunda forma normal se ela atende a todos os requisitos da primeira forma normal e se os registros na tabela, que não são chaves, dependam da chave primária em sua totalidade e não apenas parte dela. A segunda forma normal trabalha com essas irregularidades e previne que haja redundância no banco de dados.

Para isso, devemos localizar os valores que dependem parcialmente da chave primária e criar tabelas separadas para conjuntos de valores que se aplicam a vários registros e relacionar estas tabelas com uma chave estrangeira.

cd_locacao	cd_filme	titulo_filme	devolucao	cd_cliente
1010	201	Te Matrix	2011-10-12	743
1011	302	O Grito	2011-12-10	549
1012	201	The Matrix	2011-12-30	362

Tabela 4: Tabela não está na segunda forma normal.

Podemos observar que a tabela acima apresenta uma coluna responsável por armazenar o título do filme, onde este foi alugado e está associado a um número de locação. Porém, ele também está associado a um código, tornando-o então um valor que não é totalmente dependente da chave primária da tabela.

cd_filme	titulo_filme
201	Te Matrix
302	O Grito
201	The Matrix

Tabela 5: Tabela criada para armazenar os filmes.

Se em algum momento tivermos que alterar o título de um filme, teríamos que procurar e alterar os valores em cada tupla (linha) da tabela. Isso demandaria trabalho e tempo desnecessários. Porém, ao criarmos uma tabela e a vincularmos com o recurso da chave estrangeira, tornamos o nosso banco mais organizado e ágil para as futuras consultas e manutenções que podem vir a ser necessárias.

cd_locacao	cd_filme	titulo_filme	cd_cliente
1010	201	Te Matrix	743
1011	302	O Grito	549
1012	201	The Matrix	362

Tabela 6: Tabela na segunda forma normal.

Terceira Forma Normal: se analisarmos uma tupla e não encontrarmos um atributo não chave dependente de outro atributo não chave, podemos dizer que a entidade em questão está na terceira forma normal - contanto que esta não vá de encontro às especificações da primeira e da segunda forma normal.

Como procedimento principal para configurar uma entidade que atenda às regras da terceira forma normal, identificamos os campos que não dependem da chave primária e dependem de um outro campo não chave. Após, separamo-los para criar uma outra tabela distinta, se necessário.

placa	modelo	qtd_kmetro	cod_fab	nome_fab
qwe1234	Modelo1	867	3004	fabricante1
asd456	Modelo2	928	3005	fabricante2

Tabela 7: Tabela não está na terceira forma normal.

No exemplo acima temos uma entidade que lista os carros cadastrados, bem como o modelo, a quantidade de quilômetros rodados, o código do fabricante e o nome do fabricante. Observamos que "nome_fab" se dá em função de "cod_fab". Para adequarmos essa tabela de acordo com os padrões da terceira forma normal, devemos remover a coluna do nome do fabricante.

placa	modelo	qtd_kmetro	cod_fab
qwe1234	Modelo1	867	3004
asd456	Modelo2	928	3005

Tabela 8: Tabela na terceira forma normal.

A coluna que removemos deve ser colocada em uma nova tabela, relacionando corretamente o nome do fabricante com o seu código. Abaixo, podemos observar como ficaria esta nova entidade.

cod_fab	nome_fab
3004	fabricante1
3005	fabricante2

Tabela 9: Tabela criada para armazenar o nome do fabricante.

Questões

01. (Cespe) Julgue o item a seguir, a respeito da Teoria da Informação e de metadados de arquivos.

Na gestão de documentos digitalizados, os arquivos são criados em formato de imagens, e seus atributos são armazenados em metadados para facilitar a pesquisa e a localização desses arquivos.

Certo ( ) Errado ( )

02. (Cespe) A criptografia moderna tem três tipos de ferramentas básicas: algoritmos criptográficos simétricos e assimétricos e as funções de resumo de mensagem. Acerca dos principais algoritmos para esses tipos de ferramenta criptográfica, julgue o item subsequente.

O DES e o seu sucessor como padrão de criptografia do governo norte-americano, o AES, são cifradores de bloco que obedecem ao esquema geral de cifradores de Feistel. Nesses cifradores, os blocos cifrados são divididos em metades (lado esquerdo e lado direito) de mesmo tamanho, que são processadas independentemente, a cada rodada de cifração. Esse processo faz que apenas metade dos bits do bloco cifrado sofra influência da chave, em cada rodada, introduzindo confusão no processo criptográfico.

Certo ( ) Errado ( )

03. (Cespe) Julgue o item a seguir, a respeito da Teoria da Informação e de metadados de arquivos.

O conhecimento é embasado na inteligência das informações que são coletadas e analisadas para uma organização.

Certo ( ) Errado ( )

04. (Cespe) Acerca da segurança da informação, julgue o item subsequente.

Os rótulos físicos são a forma mais usada para definir a classificação de uma informação, mas são substituídos, em algumas situações, por procedimentos e metadados.

Certo ( ) Errado ( )

05. (Cespe) Acerca de organização, processos e gerenciamento de informações, julgue o item que se segue.

Título, assunto, palavras-chave e comentários de um documento são metadados típicos presentes em um documento produzido por processadores de texto como o BrOffice e o Microsoft Office.

Gabaritos

01	CERTO
02	ERRADO
03	ERRADO
04	CERTO
05	CERTO

20. CONCEITOS DE INFORMAÇÕES, DADOS, REPRESENTAÇÃO DE DADOS, CONHECIMENTOS, SEGURANÇA, INTELIGÊNCIA

20.1 Sistemas de Informação

Sistemas de Informação é a expressão utilizada para descrever um sistema, seja ele automatizado (que pode ser denominado como Sistema Informacional Computadorizado), seja manual, que abrange pessoas, máquinas e/ou métodos organizados para coletar, processar, transmitir e disseminar dados que representam informação para o usuário e/ou cliente.

Informações são dados oferecidos de uma forma significativa e útil para os indivíduos. Dados são correntes de fatos brutos que importam eventos que estão ocorrendo nas organizações ou no ambiente físico, antes de terem sido organizados e arranjados de uma forma que as pessoas possam entendê-los e usá-los.

Fases dos Sistemas de Informação

As fases de um sistema de informação são:

> levantamento de requisitos;
> desenvolvimento de sistemas de informação;
> testes a sistemas de informação;
> implementação de sistemas de informação;
> manutenção de sistemas de informação;
> gestão de sistemas de informação;
> avaliação de sistemas de informação.

Principais etapas do desenvolvimento de uma aplicação:

> planejamento;
> construção;
> implantação;
> avaliação e manutenção.

20.2 Teoria da Informação

A Teoria da Informação ou Teoria Matemática da Comunicação é um ramo da Teoria da Probabilidade e da Matemática Estatística que lida com Sistemas de Comunicação, Transmissão de Dados, Criptografia, Codificação, Teoria do Ruído, Correção de Erros, Compressão de Dados, etc. Ela não deve ser confundida com Tecnologia da Informação e Biblioteconomia.

Claude Shannon (1916-2001) é conhecido como "o pai da Teoria da Informação". Sua teoria foi a primeira a considerar comunicação como um problema matemático rigorosamente embasado na estatística e deu aos engenheiros da comunicação um modo de determinar a capacidade de um canal de comunicação em termos de ocorrência de bits. A teoria não se preocupa com a semântica dos dados, mas pode envolver aspectos relacionados com a perda de informação na compressão e na transmissão de mensagens com ruído no canal.

Alan Turing, em 1940, durante a Segunda Guerra Mundial, aplicou ideias similares como parte da análise estatística para decifrar a criptografia da máquina alemã Enigma.

As 6 etapas fundamentais de um projeto de software

> conhecer as necessidades do cliente;
> definir os requisitos;
> avaliar a viabilidade do projeto;
> documentar todos os procedimentos;
> escolher a metodologia de desenvolvimento;
> testar as funcionalidades criadas.

20.3 Gestão de Projetos de Softwares

Uma organização que tem bem definido seu planejamento, tendo clareza quanto aos objetivos traçados e deste planejamento sistêmico consegue desenvolver o planejamento tático e operacional, está preparada para vincular projetos e metas ao planejamento.

Considerando que o planejamento estratégico é de longo prazo, ele é composto por projetos que são desenvolvidos paralelamente.

A gestão pública tem essa característica que é inerente a suas ações, pois vários projetos são desenvolvidos por setores e ministérios distintos, e a junção deles forma o planejamento estratégico. Para que um projeto possa ser de fato realizado, é necessário que se apresente sua proposta, e nesta proposta de desenvolvimento de um projeto deve ser observados os seguintes aspectos.

> Responsabilidade. Será definido um setor ou departamento responsável pelo desenvolvimento nem sempre quem é proponente do projeto será seu responsável.
> Prazo. Todo projeto deve ter um prazo, que geralmente é de médio e longo prazo. O prazo de um projeto nunca pode ser maior do que aquele que indica o final do planejamento estratégico.
> Objetivos. Os objetivos devem ser mensuráveis, podendo ser quantitativos, qualitativos ou estatísticos.
> Escopo. É necessário definir qual a abrangência do projeto, quem será o público e setores atingidos pelo seu desenvolvimento.
> Insumos. Todo projeto para ser executado demanda a definição de recursos, que podem ser de pessoas, materiais e/ou orçamentários.

Cada projeto tem metas de curto prazo, que podem ser analisadas ao final de seu cumprimento, e desta análise nos insumos podem ser destinados para o cumprimento da próxima meta.

Escritório de Gerenciamento de Projetos

O escritório de projetos é um departamento constituído de forma legal, com chefia e servidores, material e orçamento destinados a ele. Portanto, é um departamento permanente. O escritório de projetos tem a responsabilidade de coordenar os projetos para que eles estejam sintonizados com os objetivos do planejamento estratégico. Também cabe ao escritório de projetos a reengenharia ou refinamento após a aferição das metas.

20.4 Fases de um Projeto – PMI / PMBok

De acordo com o PMBOK, o gerenciamento de projetos têm 5 fases (ou grupo de processos):

1. Iniciação: fase de identificação das necessidades, da viabilidade, orçamentos e cronogramas, a equipe que irá trabalhar e a proposta. É a fase na qual se inicia oficialmente o projeto por meio do Termo de Abertura.

2. Planejamento: estudos e análises, recursos e o detalhamento do plano.

3. Execução: execução dos planos do projeto, coordenação de pessoas e outros recursos para executar o plano.

4. Controle: monitoramento, controle e modificações.

5. Finalização: aceitação formal do projeto (com verificação de escopo) ou fase para a sua finalização.

20.5 Ciclo de Vida de um Projeto de Software

Cálculo de Tempo de vida de um projeto

> Técnica PERT – O cálculo de tempo de um projeto leva em consideração três cenários possíveis para a realização do projeto, o otimista, o mais provável e o pessimista. Fórmula PERT = (OTIMISTA + 4 x MAIS PROVÁVEL + PESSIMISTA) / 6.

Exemplo:

Estimativa Otimista = 20 dias.

Estimativa Pessimista = 35 dias.

Estimativa Mais Provável = 25 dias.

PERT = (35 + 4 x 25 + 20)/6 = 25,83 dia.

Ou seja, a estimativa PERT apontada para a atividade é de 25,83 dias.

Desvio Padrão (Pessimista – Otimista) /6

O desvio padrão indica o quanto a duração calculada na fórmula PERT ainda poderá variar, para mais e para menos. Seguindo nosso exemplo, o desvio padrão da atividade será:

Desvio Padrão = (35 – 20) /6 = 2,5 dias.

> Estimativa Paramétrica – Deve ter muita precisão, pois analisa dados históricos e consolidados. A estimativa paramétrica estabelece uma relação estatística entre dados históricos.

Exemplo:

Dado histórico = 50 peças por dia.

Necessidade de produção = 500 peças.

Estimativa de tempo = 10 dias.

20.6 Teoria Geral dos Sistemas

A Teoria Geral dos Sistemas (também conhecida pela sigla, TGS) surgiu com os trabalhos do biólogo austríaco Ludwig von Bertalanffy, publicados entre 1950 e 1968.

A TGS não busca solucionar problemas ou tentar soluções práticas, mas sim produzir teorias e formulações conceituais que possam criar condições de aplicação na realidade empírica. Os pressupostos básicos da TGS são:

> Existe uma nítida tendência para a integração entre as ciências naturais e sociais;

> Essa integração parece orientar-se rumo a uma Teoria dos Sistemas;

> Essa Teoria dos Sistemas pode ser uma maneira mais abrangente de estudar os campos não físicos do conhecimento científico, especialmente as ciências sociais;

> Essa Teoria dos Sistemas, ao desenvolver princípios unificadores que atravessam verticalmente os universos particulares das diversas ciências envolvidas, aproxima-nos do objetivo da unidade da ciência;

> Isso pode levar a uma integração muito necessária da educação científica.

A importância da TGS é significativa, tendo em vista a necessidade de se avaliar a organização como um todo e não somente em departamentos ou setores. O mais importante ou tanto quanto é a identificação do maior número de variáveis possíveis, externas e internas que, de alguma forma, influenciam em todo o processo existente na organização. Outro fator também de significativa importância é o feedback, que deve ser realizado ao planejamento de todo o processo.

A Teoria dos Sistemas começou a ser aplicada na Administração, principalmente em função da necessidade de uma síntese e uma maior integração das teorias anteriores (Científicas e Relações Humanas, Estruturalista e Comportamental oriundas das Ciências Sociais) e da intensificação do uso da cibernética e da Tecnologia da Informação nas empresas.

Os sistemas vivos, sejam indivíduos ou organizações, são analisados como "sistemas abertos", mantendo um contínuo intercâmbio de matéria/energia/informação com o ambiente. A Teoria dos Sistemas permite reconceituar os fenômenos em uma abordagem global, permitindo a inter-relação e integração de assuntos que são, na maioria das vezes, de naturezas completamente diferentes.

Conceitos fundamentais

> Entropia - todo sistema sofre deterioração;

> Sintropia, negentropia ou entropia negativa - para que o sistema continue existindo, tem que desenvolver forças contrárias à Entropia;

> Homeostase - capacidade de o sistema manter o equilíbrio, adaptando-se ao ambiente;

> Heterostase - toda vez que há uma ação imprópria (desgaste) do sistema, ele tende a se equilibrar. (Obs.: o "estado de equilíbrio", segundo a lei da entropia, é um pouco diferente do que pode parecer pelo senso comum);

> Para as ciências administrativas, o pensamento sistêmico é muito importante, pois as organizações envolvem vários aspectos:

> Transformações físicas necessárias à fabricação dos produtos e prestação dos serviços;

- Comunicação entre os agentes e colaboradores para desenvolver, produzir e entregar o produto ou serviço atendendo as expectativas e necessidades do cliente;
- Envolvimento das pessoas para que elas se empenhem no processo cooperativo;
- Desenvolvimento de competências, habilidades e conhecimentos, para que as pessoas tenham condições de realizar o trabalho da maneira esperada;
- Por esses motivos, as organizações podem ser entendidas como sistemas abertos.

20.7 Segurança da Informação

A segurança da informação não é, ao contrário do que muitos acreditam, um adjetivo, uma característica genérica de um site, serviço ou software, e sim uma área da Tecnologia da Informação que tem quatro critérios centrais.

Como a privacidade de dados, o fluxo de informações em sigilo e principalmente os ataques externos a uma rede de computadores de uma organização pública ou privada podem comprometer dados, prejudicar a prestação de serviços ou mesmo comprometer procedimentos, as organizações estão cada vez mais focadas em criar um ambiente elevado de segurança, e por essa razão esse tópico é tema recorrente em provas de concursos públicos.

Critérios da Segurança

Toda análise de segurança deve ter quatro critérios definidos, que são os critérios universais da segurança da informação, tanto ataques como procedimentos de segurança podem visar a um ou mais critérios para violação ou proteção de dados. Uma informação ou ambiente é considerado completamente seguro quando apresenta a segurança relativa aos quatro critérios.

Seguem abaixo os critérios de segurança da informação:

- Autenticidade. É quebrada quando alguém autentica algo ou se autentica em determinado local sem ser a pessoa autorizada para isso. Como exemplos, temos o furto de uma senha e o acesso indevido, por terceiros, em uma rede social.
- Integridade. É quebrada quando alguém altera o conteúdo da informação não sendo a pessoa autorizada para isso. Como exemplo, temos a alteração do conteúdo de um site governamental, por um ataque realizado por terceiros.
- Disponibilidade. Quando a informação é atacada e torna-se indisponível para os que deveriam visualizar. Como exemplo, temos a queda de um servidor no último dia de inscrições para um concurso público por grande quantidade de acessos simultâneos.
- Confidencialidade. Quando a informação é visualizada por quem não deveria ter acesso a ela. Como exemplo, temos a visualização de um conteúdo por um terceiro.

Diferença Entre o Hacker e o Cracker

- **Hackers** - São especialistas em Tecnologia da Informação que invadem sistemas, quebram senhas e códigos sem intenções claramente maliciosas, e muitas vezes são autorizados pelos proprietários da informação, para testar os níveis de segurança da rede de uma organização. São considerados invasores e assim podem ser apresentados em uma prova, porém não tem como objetivo final dos ataques cometer o crime da fraude, prejudicando terceiros com o furto de dados, desvio de dinheiro ou cópia de conteúdo privado.
- **Crackers** – São especialistas em Tecnologia da Informação que invadem sistemas, quebram senhas e códigos com intenções maliciosas, sem a autorização do proprietário da informação, em linhas gerais, é o criminoso virtual que tem a intenção de prejudicar terceiros obtendo vantagens próprias, seja com desvio de dinheiro, invasão a redes sociais alheias ou mesmo furto de dados privados para benefício próprio.

Tipos de Malwares

- Pharming – É um dos malwares mais perigosos que existem, pois atacam o DNS da máquina, fazendo com que usuário digite na sua máquina a URL correta, levando-o para o Servidor DNS, no servidor DNS é que acontece o ataque Pharming, com a relação original de URL e IP, levando a vítima até um site fraudulento.

- Worm - Software malicioso que atua em redes de computadores e tem o objetivo de se propagar na rede, pois ele tem a capacidade de se replicar, criar cópias de si mesmo, e caminhar com os protocolos de rede, infectando outros computadores. Geralmente os worms deixam a rede gradativamente mais lenta até que cause a queda da rede, atacando a disponibilidade da informação.
- Bot – É um software malicioso que tem características parecidas com o Worm, pois ele se replica, criando cópias dele mesmo e caminhando com os protocolos de uma rede de computadores, infectando os demais computadores de uma rede. Fora essa característica, também permite que se estabeleça comunicação com o computador invasor, permitindo que este controle o bot e decida qual a ação que será executada no computador infectado.
- Botnet é uma rede estabelecida por meio da propagação de bots.

- Sniffer – O Sniffer é um malware que pode ser tanto um hardware quanto um software, é ele fareja pacotes de redes, copiando o conteúdo compartilhado em uma rede, atacando o critério da confidencialidade.
- Sniffer Lógico – Software malicioso.
- Sniffer físico – conector dentado.
- Trojan (Cavalo de Troia) – Um programa malicioso que se passa por um presente, algo inofensivo, mas que tem uma ação maliciosa interna, executada de forma oculta enquanto o usuário é distraído com a ação "original" do programa que é o presente. O malware executa ação que é originalmente destinada para ele, como um cartão virtual, falso game, site de banco, etc.
- Ransomware – É uma subcategoria de Trojan Horse que sequestra o conteúdo de um computador, restringindo o acesso ao conteúdo por meio de criptografias ou senhas e solicita um resgaste, uma recompensa financeira para que tal conteúdo seja disponibiliza novamente por quem de direito.
- Spyware – Termo que designa diversos softwares maliciosos que atuam ocultos, em segundo plano, e que tem a intenção de se apropriar de dados pessoais para que o criminoso cometa algum tipo de fraude.
- Keylogger – Um dos mais antigos tipos de Spywares, o Keylogger, registra e captura aquilo que é digitado no teclado físico do computador e envia estes dados para o cracker. Na maioria das vezes, ele é ativado em situações prévias, como o acesso aos bancos e comércio eletrônico. A forma de se proteger de que senhas e dados pessoais sejam roubados por meio de keyllogers é a utilização de teclados virtuais.
- Screenlogger – É um software malicioso que registra instantâneos sequenciais da tela do computador e tem a intenção de registrar a posição do cursor do mouse e
- a imagem na tela, toda vez que o usuário clica com o mouse. O screeenlogger pode copiar a senha digitada em um teclado virtual.
- Adware (Advertising Software) – É um software malicioso que tem o objetivo central de enviar propagandas, direcionadas, pela internet. Seu objetivo é a divulgação de produtos e serviços e não tem a intenção de furtar dados pessoais dos usuários. Geralmente, os adwares são instalados nos computadores quando é realizado o download de determinado conteúdo ou ainda instalado um programa de computador.
- Backdoor – Software malicioso que permite aos invasores um acesso remoto não autorizado. As backdoors são geralmente ocultas, levando o computador infectado a ser controlado ou monitorado sem que o usuário atacado perceba tal invasão.
- Hijackers – Softwares maliciosos que têm o objetivo de modificar a página inicial do navegador ou mesmo de outros programas do computador. Os hijackers podem tanto direcionar o usuário para uma página determinada, quanto abrir automaticamente abas ou mesmo instalar no browser uma barra de ferramentas de determinada empresa.
- Rootkit – Representa um conjunto de softwares maliciosos que têm como finalidade manter a presença de um invasor no computador infectado. Ele não é utilizado para alterar o status de administradores e demais contas, e sim assegurar, de variadas formas combinadas, a manutenção no invasor que controla o computador infectado por meio de acesso remoto.

Vírus de computadores

Durante muito tempo, o termo vírus serviu, de forma genérica para caracterizar todos os ataques realizados nos computadores e todos os tipos de softwares maliciosos, e inclusive hoje, de forma coloquial, o termo vírus é utilizado de forma errônea para designar todos os ataques, quando na verdade vírus representa uma categoria dentro dos malwares, e não todos os ataques. Na Informática para concursos públicos, a denominação "vírus de computador" é caracterizada como um software malicioso que é desenvolvido por crackers e que tem sempre uma intenção maliciosa de determinada natureza. Essa denominação tem origem nos vírus da biologia, pois em uma alusão a estes, infecta o computador da vítima causando malefícios.

Tipos de vírus

- Vírus de boot – Um dos mais antigos tipos de vírus ele se localiza em setores de inicialização do Hard Disk, alocando-se na inicialização do sistema operacional, e assim que este sistema operacional é carregado. Sendo Windows, Linux ou qualquer outro, ele é carregado e gera a ação maliciosa muitas vezes antes mesmo do antivírus existente entrar em operação.
- Time Bomb (bomba-relógio) – Essa categoria de vírus é programada para atuar em uma data futura predefinida, em data determinada pelo cracker. Na data definida, ele atua, e apenas nessa data gera algum tipo de dano ao computador infectado. Os mais conhecidos exemplos de malwares da categoria de vírus do tipo "Time Bomb" são o "Sexta-Feira 13" e o "1º de Abril".
- Estado zombie – Esta categoria de vírus se caracteriza pelo acesso indevido e o controle do computador infectado por terceiros, deixando o computador infectado como um verdadeiro zombie, de modo que o usuário perde o controle do computador, e o invasor detém controle sobre a máquina infectada. A partir do momento em que o estado zombie é estabelecido, o invasor pode-se utilizar dessa situação para instalar qualquer tipo de malware, como trojans, spywares, worms, bots, etc. Geralmente, o estado zombie é estabelecido em computadores que tenham o firewall desabilitado ou mesmo tenham sistemas operacionais com falhas de segurança. Quando os computadores apresentam estas fragilidades, têm grande chance de serem infectados e entrarem em uma condição de estado zombie.

> Vírus de macro (Vírus de aplicativo) – São ataques por meio de vírus que ficam hospedados em arquivos de aplicativos de escritórios, como editores de textos (Word e Writer), aplicativos de planilhas de cálculos (Excel e Calc), aplicativos de apresentações (PowerPoint) e aplicativos de bancos de dados (Access e Base). Uma macro não é necessariamente uma ação maliciosa, e sim uma ação automática, porém quando ela executa um vírus, ele gera ações nocivas ao computador infectado.

> O pacote de aplicativos de escritório Microsoft Office e seus aplicativos internos (Word, Excel, PowerPoint e Access) até a versão 2003 habilitava macros de forma automática, assim que o arquivo fosse aberto, gerando uma fragilidade muito grande e facilitando o ataque por vírus de macro. Já o pacote Microsoft Office nas versões 2007, 2010 e 2013 bloqueia as macros quando o arquivo é aberto, apresentando uma caixa de diálogo em que o usuário tem a opção de executar ou não a macro contida no arquivo.

> Splog – Essa categoria de vírus é muito particular, pois são caracterizadas por falsos blogs, que por meio da indução por engenharia social, induz o usuário a navegar e com isso acessar páginas que apresentam propagandas comerciais. Os splogs não têm intenção fraudulenta, pois geralmente possibilitam a aquisição do produto oferecido, porém, ao se passarem por um blog, de notícias em que de forma indireta vendem produtos, são classificados na literatura especialistas como malwares.

Antimalwares

Como se tornou comum na Informática a definição genérica de vírus como sendo todos os ataques existentes na Informática, também de forma igualmente errônea se caracterizam os programas para combater os ataques de antivírus. Por esta definição genérica, porém amplamente adotada e aceita comercialmente, não existe base para recursos e anulações em provas.

Todavia, tecnicamente, um programa de segurança que tem o objetivo de verificar os dispositivos de armazenamento massivo como Hard Disk (interno ou externo), pen-drive, etc., e que pode identificar variados tipos de ataques, ou seja, variados tipos de malwares, deve ser denominado como antimalware. É por essa razão que esse termo tem surgido com cada vez mais relevância em provas para concursos públicos de diversas bancas organizadoras.

Características dos antimalwares

Os antimalwares são programas de segurança desenvolvidos para ações de prevenção ou correção de danos causados por ataques de softwares maliciosos nos computadores. Sua forma de funcionamento é permissiva, ou seja, permite qualquer ação do usuário no computador em que ele está conectado, bloqueando apenas as ações que são proibidas. Existem diversas empresas que distribuem antimalwares, e o ideal é utilizar em cada computador apenas um programa, pois utilizando dois ou mais pode haver conflito entre as configurações destes. O critério de eficácia de um antimalware não está no fato de ser um programa gratuito ou pago, ou ser um software de livre distribuição ou proprietário, na verdade o único critério que torna um antimalware mais ou menos eficaz é a atualização constante da biblioteca de vírus ou de malwares. Segue lista dos principais antimalwares (ou antivírus) do mercado:

> AVG

> Norton Antivírus

> Malwarebytes

> Avast

> Avira

Métodos de funcionamento

Dependendo do desenvolvedor e das características dos programas de segurança da categoria de antimalwares, eles apresentam formas variadas de funcionamento na identificação de possíveis ameaças, assim como na resolução de programas gerados pelos ataques já realizados e na prevenção contra possíveis ataques futuros. A seguir, constam as principais formas identificação de malwares:

Verificação de malwares por meio da biblioteca de vírus (malwares) – Quando uma nova ameaça é identificada, o desenvolvedor isola uma parte de sua estrutura que não é comum a outros arquivos maliciosos. Essa parte da estrutura, um grupo de caracteres, é denominada string. Os strings que identificam um arquivo malicioso permitem a identificação de tal arquivo no computador ou rede verificados pelo antimalware por meio de uma verificação completa de todas as pastas do sistema. Assim que o antimalware identifica o string do arquivo malicioso, ele avisa o usuário do comprometimento do computador e este decide pelo procedimento adequado.

Verificação de ações em execução – Também chamado de sensoreamento heurístico, é um método mais complexo e, portanto, passível de erros, pois é baseado na análise das ações de cada executável quando é feita a verificação. Em linhas gerais, é a análise de programas que estão em execução. Cada programa é varrido em busca de instruções que não são executadas por programas usuais, como a modificação de arquivos executáveis. Esse método muitas vezes traz a necessidade de executar ações sobre programas já em execução, o que nem sempre é realizado com total segurança.

Verificação por algoritmos – é uma verificação na qual o programa antimalware busca algoritmos para encontrar um resultado. Na verdade todos os programas de segurança trabalham com algoritmos, porém esta denominação esta vinculada aos antimalwares gratuitos, para se diferenciarem dos programas pagos que realizam buscas por meio de critérios publicitários.

Verificação de integridade – É um método de busca por arquivos maliciosos, em que é conferido o registro de cada arquivo existente nos computadores protegidos em comparação com os dígitos em comparações posteriores. Caso exista alguma alteração entre a verificação da situação anterior e da situação posterior, o antimalwares indica ao usuário que pode haver comprometimento de segurança no computador verificado.

Firewall

O recurso de segurança denominado Firewall corresponde a um software ou um hardware que tem a função de verificar o conteúdo que é proveniente da Internet ou de uma rede externa qualquer e realizar os bloqueios, caso seja necessário, ou permissões quando estas forem previamente autorizadas. Em linhas gerais os firewalls físicos (hardwares) ou lógicos (softwares) tem o objetivo de proteger a rede interna contra ataques externos. O firewall não é um antimalware ou antivírus, e não tem a função, portanto, de verificar os arquivos internos dos computadores atrás de ações maliciosas. O ideal, portanto, é que uma combinação básica de segurança congregue tanto recursos de firewall com programas de segurança da categoria antimalware.

Firewall (softwares)

O sistema operacional geralmente tem um software firewall nativo, como as versões do Windows, garantindo a proteção contra ataques externos desde o momento em que o computador é ligado e o sistema operacional é inicializado. Como o firewall funciona com permissões, por meio de regras restritivas, caso exista no computador um programa instalado que demanda acesso externo, como um programa de compartilhamento de dados para download e upload que utiliza o conceito torrente, por meio de conexão Peer-to-Peer, deve ter autorização em exceção para funcionamento e ser liberada a conexão pelo firewall.

Firewall (hardware)

Os recursos de segurança dos firewalls físicos, em forma de um hardware, representam equipamentos conectados aos computadores geralmente de uso corporativo, em organizações públicas e privadas. Uma importante característica do firewall como hardware é que ele é dedicado ao computador ou rede instalados, e não compartilhado. Essa característica permite que esse firewall aumente o desempenho no atendimento de solicitações de bloqueio ou exceções com muito mais agilidade.

Gerações de Firewall

Ao longo de desenvolvimento da Informática, a relevância cada vez maior do uso da Tecnologia da Informação nas organizações e consequentes ataques gerados para furtar tais informações, os firewalls tanto físicos na forma de hardware como lógicos na forma de softwares, foram sendo desenvolvidos e alterados para que atendessem a demandas diferenciadas de proteção. A seguir, consta a descrição das diferentes gerações de firewalls:

1ª Geração de firewalls

Função de restringir o tráfego com base nos endereços de dispositivos (endereço IP) tanto de origem quanto de destino.

Função de restringir o tráfego baseado nas portas TCP ou UDP utilizadas pelo serviço que solicita acesso à rede interna.

2ª Geração de Firewalls

Além de verificar o transporte padrão de dados, no transporte padrão que é o TCP, também verifica demais características de conexão.

Os firewalls de segunda geração também podem ser denominados como firewalls de circuito.

Firewall Statefull

São firewalls que têm a função de testar a velocidade de conexão em determinado segmento de rede, filtrando os dados de envio e recebimento.

Servidor Proxy

Os firewalls do tipo servidor proxy verificam o fluxo na conexão de rede, por meio de método de tratar requisições como uma aplicação e posteriormente originando um novo pedido sob sua responsabilidade para o servidor que recebeu tal requisição. A resposta do pedido, enviada pelo servidor, é recebida pelo firewall proxy e este é analisado antes de ser liberado para o cliente que solicitou a comunicação. Sua consequência é bloquear o IP de entrada e saída.

20.8 Criptografia

A criptografia, palavra que tem origem nos termos gregos *kryptós* (escondido) e *gráphein* (escrita) é uma área de estudo que analisa princípios e técnicas para transformar uma informação, como um arquivo de texto, em um código cifrado, que não possibilita a leitura, pois é ilegível, sendo lida apenas pelo seu emissor e receptor, que são os elementos que detêm as chaves (códigos) para criptografar e reverter a criptografia, garantindo com isso a confidencialidade, pois se for interceptada por outra pessoa, não poderá ser lida.

Neste sentido, este ramo da Matemática visa ao estudo dos métodos para garantir o sigilo da informação, por meio da utilização de duas chaves possíveis, a pública e a privada, gerando duas formas de criptografia:

- simétricas (criptografia de chave única);
- assimétricas (criptografia de chave pública);
- objetivos da criptografia.

Garantir o critério da confidencialidade – Apenas o receptor previamente autorizado e detentor da chave que descriptografa (decripta) a informação está autorizado a extrair o conteúdo cifrado. Informações prévias sobre o arquivo enviado em criptografia devem ser igualmente sigilosas, para dificultar a quebra da criptografia.

Garantir o critério da integridade – A criptografia garante que o receptor se certifique que a mensagem recebida não sofreu alteração em seu envio, e não tendo alterações de conteúdo não autorizadas, é garantida a integridade da informação.

Garantir o critério da autenticidade – Quando o receptor decripta a mensagem e esta não sofre alterações, é garantido que o emissor é quem diz ser, com isso se garante o critério da autenticidade da informação.

Gerar o não repúdio ou irretratabilidade – A partir do momento em que a autenticidade é confirmada e quando a informação não sofreu alteração, garantindo com isso a integridade, o emissor perde o direito de se retratar, repudiando a mensagem.

Criptografia Simétrica

A criptografia simétrica usa a mesma chave tanto para criptografar como para descriptografar o conteúdo. Os algoritmos são mais básicos que a criptografia assimétrica e com isso mais fáceis de serem quebrados. Na criptografia simétrica é utilizada uma mesma chave tanto para criptografar quanto para descriptografar a mensagem. Essa chave, denominada "chave pública", é criada pelo receptor, que a entrega para os emissores e, ao receber, descriptografa com a mesma chave.

Neste sentido, a criptografia simétrica é frágil, pois qualquer um que tiver a chave pode revertera criptografia, e ela só é confiável com um círculo restrito de confiança.

Estrutura da criptografia simétrica – O emissor criptografa com a chave pública criada pelo receptor, e o receptor descriptografa com a chave pública criada pelo próprio receptor.

Criptografia Assimétrica

Na criptografia assimétrica existe mais segurança, pois são utilizadas duas chaves, aumentando o nível de segurança na informação compartilhada em criptografia. Nessa criptografia, o receptor cria duas chaves, uma privada e uma pública. Ele envia a chave pública para o emissor criptografar e quando recebe a mensagem, descriptografa o conteúdo com a chave privada.

Estrutura da criptografia assimétrica – O emissor criptografa com a chave pública criada pelo receptor, e o receptor descriptografa com a chave privada criada pelo próprio receptor.

Questões

01. (Cespe) Acerca da Teoria Geral dos Sistemas, julgue o item subsequente.

Essa teoria contribui para a unidade da ciência, ao desenvolver princípios unificadores que atravessam verticalmente os universos particulares das diversas ciências envolvidas.

Certo ( ) Errado ( )

02. (Cespe) Com base na Teoria Geral dos Sistemas (TGS), julgue o próximo item.

Segundo os conceitos da TGS, o resultado de um sistema é igual ao somatório dos resultados de seus componentes, caso funcionem de forma independente.

Certo ( ) Errado ( )

03. (Cespe) Com base na Teoria Geral dos Sistemas (TGS), julgue o próximo item.

De acordo com a TGS, heterostase é a capacidade do sistema em voltar à sua situação de normalidade quando ocorre uma ação imprópria.

Certo ( ) Errado ( )

04. (Cespe) Julgue o próximo item, relativo à segurança da informação.

Identificação e autenticação são requisitos de segurança da informação que consistem em identificar usuários do sistema e verificar as suas identidades, como pré-requisito para permitir o acesso desses usuários ao sistema.

Certo ( ) Errado ( )

05. (Cespe) Com relação a conceitos básicos de Informática, julgue o item que se segue.

Um certificado digital validado por uma autoridade certificadora permite associar uma mensagem ao seu remetente, garantindo-se, assim, a autenticidade da comunicação.

Certo ( ) Errado ( )

Gabaritos

01	CERTO
02	ERRADO
03	ERRADO
04	CERTO
05	CERTO

1. ESTATÍSTICA DESCRITIVA

1.1 Conceitos Básicos

Estatística

A Estatística compreende os métodos científicos utilizados para coleta, organização, resumo, apresentação e análise, ou descrição, de dados de observação. Também abrange métodos utilizados para tomadas de decisões sob condições de incerteza.

Estatística Descritiva

Inclui as técnicas empregadas para coleta e descrição de dados. Também é empregada na análise exploratória de dados.

Estatística Inferencial

Utiliza informações incompletas para tomar decisões e tirar conclusões satisfatórias. O alicerce das técnicas de estatística inferencial está no cálculo de probabilidades. As duas técnicas de estatística inferencial são: estimação e teste de hipóteses.

População

Emprega-se para designar um conjunto de indivíduos que possuem pelo menos uma característica, ou atributo, em comum.

Amostra

Refere-se a qualquer subconjunto de uma população. A amostragem é uma das etapas mais importantes na aplicação de métodos estatísticos e envolve aspectos como determinação do tamanho da amostra, metodologia de formação e representatividade da amostra com relação à população.

Variável

É usada para atribuição dos valores correspondentes aos dados observados. É importante ressaltar que os dados em questão não são necessariamente numéricos, uma vez que podem dizer respeito a atributos qualitativos observados na população.

Censo

É um conjunto de dados obtidos de todos os membros da população.

Experimento Aleatório

Fenômeno que, quando repetido inúmeras vezes em processos semelhantes, possui resultados imprevisíveis. As variáveis podem ser quantitativas (discreta ou contínua) ou qualitativas (nominal ou ordinal).

Quantitativa discreta: pode assumir apenas alguns valores.

Ex.: Número de filhos.

Quantitativa contínua: pode assumir infinitos valores.

Ex.: Peso, altura.

Qualitativa nominal: apenas identifica as categorias.

Ex.: Gênero (feminino e masculino).

Qualitativa ordinal: podem-se ordenar as categorias.

Ex.: Grau de instrução.

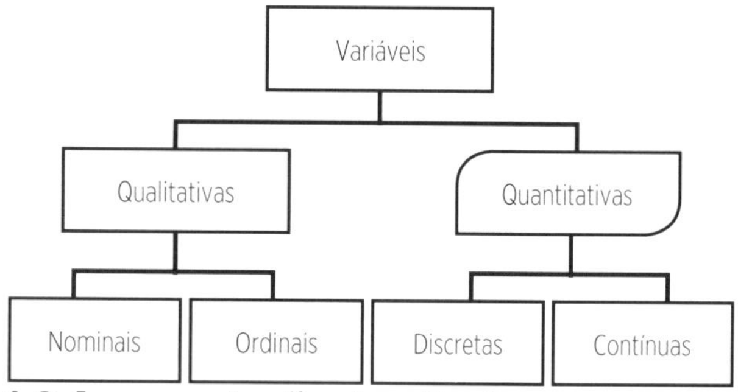

1.2 Apresentação dos Dados

A apresentação dos dados pode ocorrer basicamente de três maneiras:

> Dados Isolados
> Dados Ponderados
> Dados Agrupados

Dados Isolados: representam os dados na forma bruta.

Ex.: 2, 2, 3, 5, 7, 8, 8, 9

Dados Ponderados: consistem em uma tabela que contém, para cada valor observado, o número de vezes que ele ocorre (frequência), mas não se pode saber a quem corresponde cada valor. **Ex.:**

Nota	Frequência
0	2
1	1
1,5	1
2	2
2,5	1
3,5	2
4	3
4,5	3
5	5
5,5	2
6	3
6,5	2
7	3
8	1
8,5	1
Total	32

Dados agrupados: apenas para dados quantitativos. É uma tabela que contém divisões da variável em estudo (intervalos), em que é observado o número de vezes que ocorrem os valores contidos nestes intervalos. **Ex.:**

Intervalo de Nota	Frequência
0 ⊢ 2	4
2 ⊢ 4	5
4 ⊢ 6	13
6 ⊢ 8	8
8 ⊢ 10	2
Total	32

Dados Brutos

Trata-se da designação para um conjunto de dados não ordenados.

Ex.: 42, 41, 58, 50, 41, 42, 41, 60, 43, 44, 46, 45, 57, 46, 50, 51, 52, 60, 54, 58.

Rol

É um conjunto de dados ordenados.

Ex.: 41, 41, 41, 42, 42, 43, 44, 45, 46, 46, 50, 50, 51, 52, 54, 57, 58, 58, 60, 60.

Tabelas

Servem para organizar e apresentar os dados coletados, por meio das variáveis, no sentido de facilitar a sua interpretação. Os dados obtidos por meio das variáveis também podem ser organizados no ROL, que consiste em colocar os dados em ordem crescente, mesmo que estes sejam ou estejam repetidos.

Ex.: Quantidade de alunos matriculados no Empresa X.

Tabela 01 Quantidade de alunos matriculados por curso na Empresa X	
Curso	**Número de Alunos**
Polícia Federal	250
DEPEN	150
INSS	350
Receita Federal	250

Obs.: ROL: 150, 250, 250, 350.

Tabela de Frequência

A tabela de frequência serve para organizar dados. A frequência absoluta (F.A) é o valor real do dado e a frequência relativa (F.R) é o valor em porcentagem quando comparado ao total.

Ex.: As idades dos alunos de uma sala são: 12, 13, 13, 14, 11, 12, 15, 14, 13, 14, 15, 11, 12, 13, 13, 13, 15, 12, 12, 13. Ao organizar no ROL e na tabela de frequência, como fica?

No ROL fica: 11, 11, 12, 12, 12, 12, 12, 13, 13, 13, 13, 13, 13, 13, 14, 14, 14, 15, 15, 15.

Na tabela, fica:

Tabela 02			
Idade	**F.A**	**F.R (%)**	**Frequência Acumulada**
11	2	10	2
12	5	25	7
13	7	35	14
14	3	15	17
15	3	15	20
TOTAL	20	100	

Tipos de Frequência

Geralmente, dados isolados são agrupados na forma de tabelas de frequência, que consistem em dados ponderados ou agrupados. Existem quatro tipos de frequência:

- Frequência Absoluta Simples (fi);
- Frequência Relativa Simples (fri);
- Frequência Acumulada (Fi);
- Frequência Acumulada Relativa (Fri).

Ex.: 0, 2, 1, 2, 3, 1, 2, 2, 3, 4

x	f_i	f_{ri}	F_i	F_{ri}
0	1	1/10 = 10%	1	10%
1	2	2/10 = 20%	3	30%
2	4	4/10 = 40%	7	70%
3	2	2/10 = 20%	9	90%
4	1	1/10 = 10%	10	100%
Σ	10	1 = 100%	-	-

Gráficos

Servem para representar e apresentar os dados coletados. Os gráficos podem ser em barra, coluna, setores ***(pizzas)***, linhas, dentre outros.

Barras

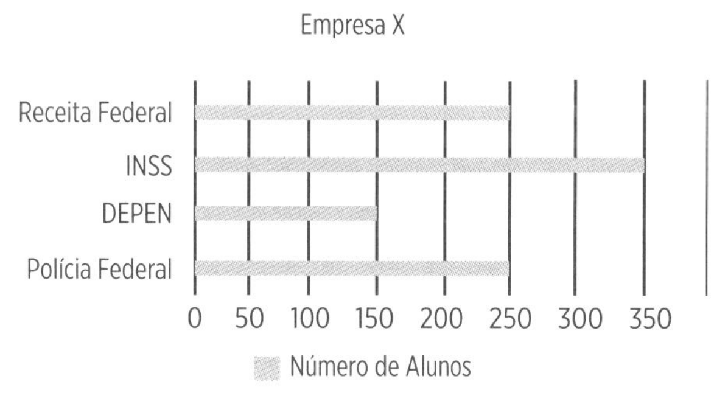

Colunas

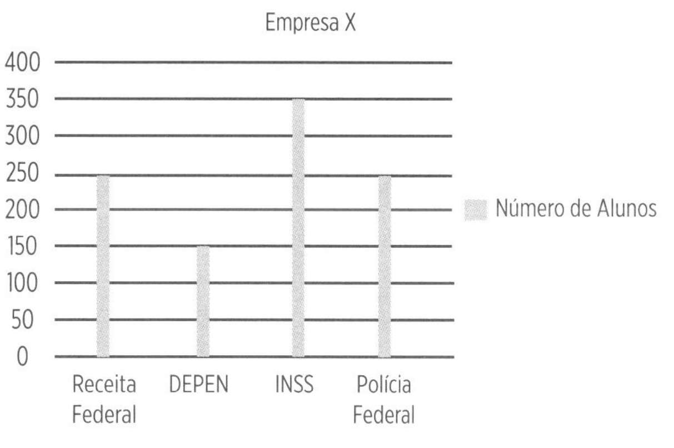

Setores

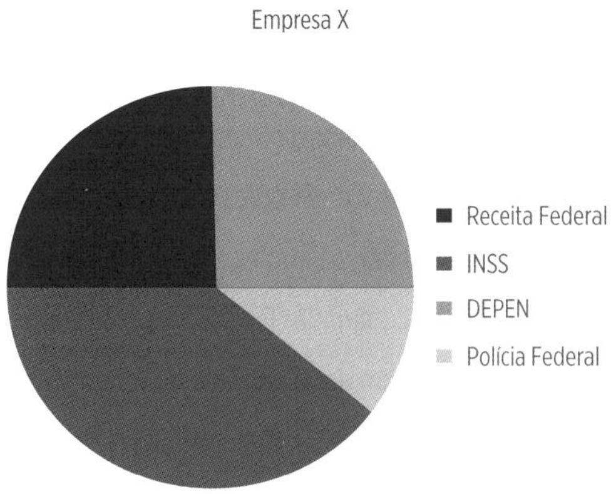

Linhas

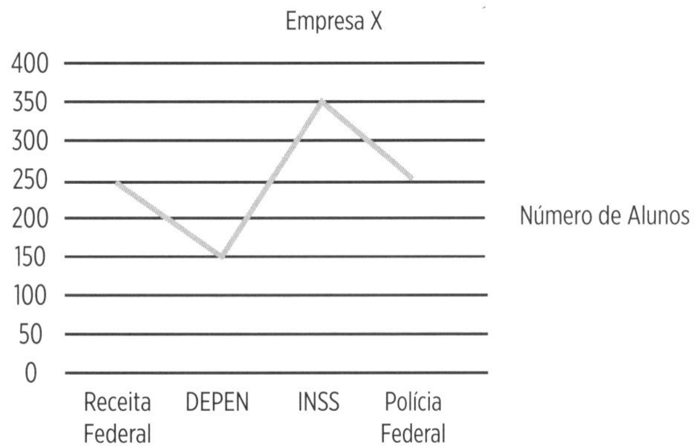

Diagrama de Ramos e Folhas

Há ainda outra forma de apresentação de dados que tem sido explorada frequentemente em provas: o diagrama de ramos e folhas.

Em um diagrama de ramos e folhas cada número é separado em um ramo e uma folha

Vejamos alguns exemplos:

Ex. 1: Consideramos a tabela de dados a seguir:

155	159	144	129	105	145	126	116	130	114	122	112	142	126
118	118	108	122	121	109	140	126	119	113	117	118	109	119
139	139	122	78	133	126	123	145	121	134	119	132	133	124
129	112	126	148	147									

Representação dos dados no diagrama de ramos e folhas:

Chave: 15|5=155

Ramos	Folhas
7	8 (Ponto discrepante)
8	
9	
10	5 8 9 9 9
11	2 2 2 3 4 6 7 8 8 8 9 9 9
12	1 1 2 2 2 3 4 4 6 6 6 6 6 9 9
13	0 2 3 3 4 9 9
14	0 2 4 5 5 7 8
15	5 9

Ex. 2: Construir o diagrama de ramos e folhas dos seguintes dados:

56, 62, 63, 65, 65, 65, 68, 70, 72

Unidade das Folhas - 1

Ramos	Folhas
5	6
6	235558
7	02

As folhas contêm o último dígito, e os ramos contêm os restantes em sequência (mesmo que alguns ramos fiquem sem folhas).

1.3 Distribuição de Frequências

Uma distribuição de frequência é um método de agrupar dados em classes de modo a fornecer a quantidade (e/ou a percentagem) de dados em cada classe.

Uma distribuição de frequência (absoluta ou relativa) pode ser apresentada em tabelas ou gráficos.

Intervalo de Classe

Os limites de cada classe podem ser definidos de quatro modos distintos, mostrados a seguir.

01. Intervalo "exclusive - exclusive" ——

02. Intervalo "inclusive - exclusive" |——

03. Intervalo "inclusive - inclusive" |——|

04. Intervalo "exclusive - inclusive" ——|

Distribuição de Frequência (sem intervalos de classe)

É a simples condensação dos dados conforme as repetições de seus valores. **Ex.:**

Dados	Frequência
41	3
42	2
43	1
44	1
45	1
46	2
50	2
51	1
52	1
54	1
57	1
58	2
60	2
Total	20

Distribuição de Frequência (com intervalos de classe)

Quando o tamanho da amostra é elevado é mais racional efetuar o agrupamento dos valores em vários intervalos de classe.

Classes	Frequências
41 ⊢ 45	7
45 ⊢ 49	3
49 ⊢ 53	4
53 ⊢ 57	1
57 ⊢ 61	5
Total	20

Elementos de uma Distribuição de Frequência (com intervalos de classe)

Classe: corresponde aos intervalos de variação da variável e é simbolizada por **i**; e o número total de classes é simbolizado por **k**.

Ex.: Na tabela anterior k=5 e 49 ⊢ 53 é a 3ª classe, em que **i**=3.

Limites de classe: são os extremos de cada classe. O menor número é o limite inferior de classe (li) e o maior número, limite superior de classe (Li).

Ex.: Em 49 ⊢ 53 l3= 49 e L3= 53

Amplitude do intervalo de classe: é obtida por meio da diferença entre o limite superior e inferior da classe e é simbolizada por

$$hi = Li - li$$

Ex.: na tabela anterior h_i = 53 - 49 = 4.

Obs.: Na distribuição de frequência com classe o $\mathbf{h_i}$ será igual em todas as classes.

Amplitude total da distribuição (AT): é a diferença entre o limite superior da última classe e o limite inferior da primeira classe.

$$AT = L_{(max)} - l_{(min)}$$

Ex.: Na tabela anterior AT = 61 - 41= 20.

Amplitude total da amostra (AA): é a diferença entre o valor máximo e o valor mínimo da amostra (ROL). em que $AA = X_{máx} - X_{mín}$. Em nosso exemplo, $AA = 60 - 41 = 19$.

Obs.: **AT** sempre será maior que AA.

Ponto médio de classe (Xi): é o ponto que divide o intervalo de classe em duas partes iguais.

$$Xi = \frac{Li + Ll}{2}$$

Em que:

Li: limite inferior da classe.

Ll: limite superior da classe.

X3: Ponto médio da 3ª classe.

Ex.: Em 49 ⊢ 53 o ponto médio x3 = (53+49)/2 = 51.

Representações Gráficas

As distribuições de frequências podem ser representadas por meio de três tipos de gráficos, não mutuamente exclusivos.

Histograma

É formado por um conjunto de retângulos justapostos, cujas bases se localizam sobre o eixo horizontal, de tal modo que seus pontos médios coincidam com os pontos médios dos intervalos de classe. A área de um histograma é proporcional à soma das frequências simples ou absolutas.

Histograma de pontuações

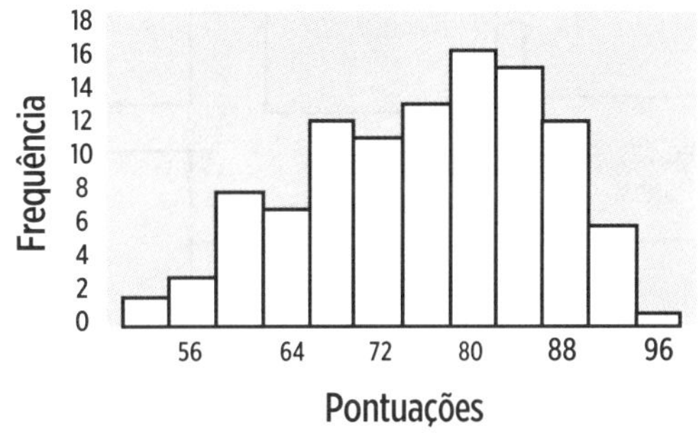

Polígono de Frequências

É um gráfico em linha, sendo as frequências marcadas sobre perpendiculares ao eixo horizontal, levantadas pelos pontos médios dos intervalos de classe. Para realmente obtermos um polígono (linha fechada), devemos completar a figura, ligando os extremos da linha obtida aos pontos médios da classe anterior à primeira, e da posterior à última da distribuição.

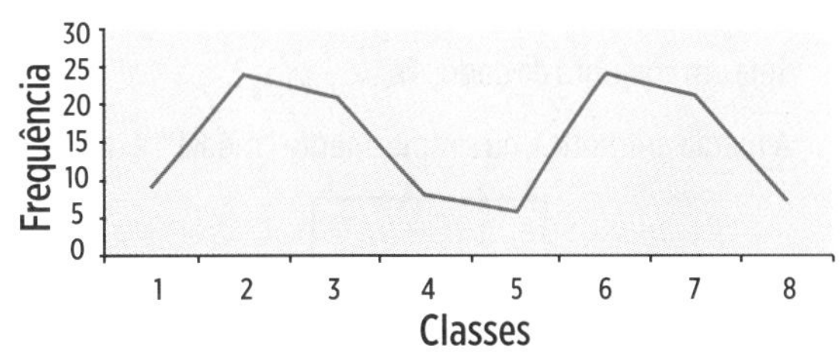

Obs.: é importante notar que tanto o histograma quanto o polígono de frequência indicam a frequência absoluta de cada classe.

Curva de Frequências

Enquanto o polígono de frequência nos dá a imagem real do fenômeno estudado, a curva de frequência nos dá a imagem tendencial. O polimento (geometricamente, corresponde à eliminação dos vértices da linha poligonal) de um polígono de frequência nos mostra o que seria tal polígono com um número maior de dados em amostras mais amplas.

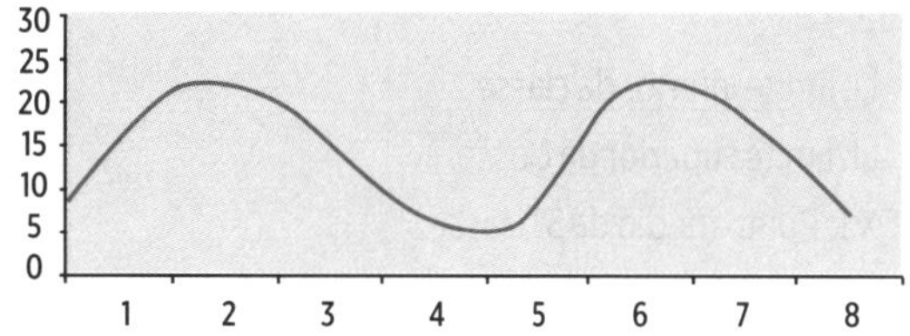

1.4 Medidas de Tendência Central ou de Posição

São medidas utilizadas principalmente para a descrição de dados. As principais medidas de posição são a média aritmética, a mediana e a moda.

O esquema a seguir resume a classificação das Medidas de Tendência Central ou de Posição:

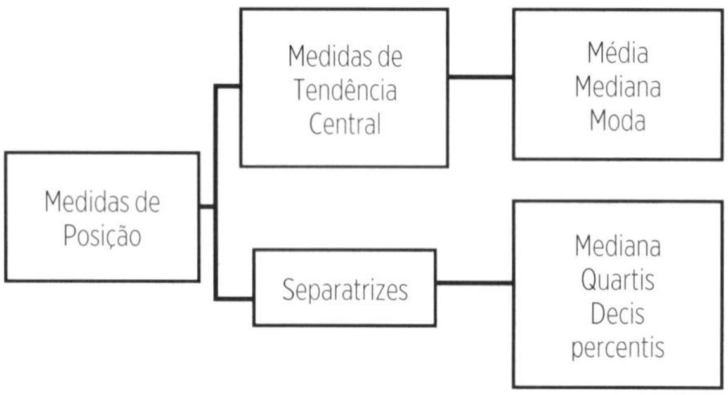

Na sequência, calcularemos as medidas de tendência central ou de posição para três possibilidades a seguir:

> 1º - para dados não agrupados;

> 2º - para dados agrupados sem intervalos de classes; e

> 3º - para dados agrupados com intervalos de classes.

Média Aritmética ($\overline{x}$)

Para Dados Não Agrupados

Seja um conjunto de dados $\{x_1, x_2, \dots, x_n\}$.

A média aritmética, ou simplesmente "média", é dada por:

$$\overline{x} = \sum_{i=1}^{n} x_i$$

Ex.: Seja o conjunto {2, 4, 3, 5, 6, 2, 5}.

Então, a média aritmética é:

$$\overline{x} = \frac{2+4+3+5+6+2+5}{7} = 3{,}8571$$

Obs.: a notação $\overline{x}$ é empregada para representar a média de uma amostra de valores. A média da população costuma ser representada pela letra grega μ (mi).

Para Dados Agrupados sem Intervalos de Classes

Para dados agrupados em distribuições de frequências, calcula-se a média ponderada, sendo que a frequência observada para cada valor é o peso dele, então a média aritmética é dada por:

$$\overline{x} = \frac{\sum_{i=1}^{k} x_i f_i}{\sum_{i=1}^{k} f_i}$$

Ex.: Considerando a distribuição:

x	f_1
2	1
4	3
5	2

$$\overline{x} = \frac{2\cdot 1+4\cdot 3+5\cdot 2}{1+3+2} = \frac{2+12+10}{6} = 6$$

Para Dados Agrupados com Intervalos de Classes

Consideramos a seguinte tabela que representa o tempo de utilização de um aparelho de ginástica de uma academia pelos seus usuários:

Tempo de Utilização (em minutos)	Frequência Absoluta
1 ⊢ 4	18
4 ⊢ 7	108
7 ⊢ 10	270
10 ⊢ 13	150
13 ⊢ 16	54
Total	600

Seja x_i o ponto médio de um determinado intervalo.

Tempo de Utilização (em minutos)	Ponto Médio	Frequência Absoluta	Frequência Relativa
1 ⊢ 4	2,5	18	18/600 = 0,03
4 ⊢ 7	5,5	108	108/600 = 0,18
7 ⊢ 10	8,5	207	270/600 = 0,45
10 ⊢ 13	11,5	150	150/600 = 0,25
13 ⊢ 16	14,5	54	54/600 = 0,09

O tempo médio de utilização do aparelho é dado por:

$$\overline{x} = \frac{18\cdot 2{,}5+108\cdot 5{,}5+270\cdot 11{,}5+54\cdot 14{,}5}{600}$$

$$\overline{x} \cong 9{,}07 \text{ minutos}$$

Propriedades da Média Aritmética

P1: se a cada x_i (i = 1, 2, ..., n) **adicionarmos** uma constante real ***k***, a média aritmética fica **adicionada** de ***k*** unidades.

P2: se **multiplicarmos** cada x_i (i = 1, 2, ..., n) por uma constante real ***k***, a média aritmética fica **multiplicada** por ***k***.

Outros Tipos de Média

Podemos definir outros tipos de média de um conjunto de dados, tais como:

> Média Aritmética Ponderada;
> Média Geométrica;
> Média Harmônica; e
> Média das Médias.

Média Aritmética Ponderada

A média aritmética ponderada é calculada por meio do somatório das multiplicações entre valores e as frequências desses valores divididas pelo somatório dessas frequências.

Ex.: Notas de um aluno.

Nota	Peso
7,0	1
6,0	2
8,0	3
7,5	4

A média ponderada é:

$$\frac{7,0\cdot 1+6,0\cdot 2+8,0\cdot 3+7,5\cdot 4}{1+2+3+4}=\frac{73}{10}=7,3$$

Média Geométrica (G)

A média geométrica é definida como n-ésima raiz (em que n é a quantidade de termos) da multiplicação dos termos.

Calcular a média geométrica entre os valores 2 e 8.

$$G=\sqrt{2\cdot 8}=\sqrt{16}=4$$

Média Harmônica (H)

A média harmônica H dos números reais positivos $x_1,...,x_n > 0$ é definida como sendo o número de membros dividido pela soma do inverso dos membros.

Calcular a média harmônica entre os valores 2 e 8.

$$H=\frac{2}{\frac{1}{2}+\frac{1}{8}}=\frac{2}{\frac{5}{8}}=2\cdot\frac{8}{5}=\frac{16}{5}=3,2$$

Para um conjunto de observações não negativas, vale a seguinte relação:

$$\overline{X}\geq G\geq H$$

Média das Médias (Média Global)

Sejam os conjuntos A com valores, B com valores, ..., e K com valores. Se A tem média , B tem média , ..., e K tem média , então a média do conjunto maior, que é formado pela reunião de todos os elementos dos conjuntos A, B, ..., K em um único conjunto, é dada por:

$$\overline{x}=\frac{n_A\overline{x}_A+n_B\overline{x}_A+...\ n_K\overline{x}_K}{n_A+n_B+...\ n_K}$$

Ex.: Em uma empresa, há 400 homens e 100 mulheres. Os salários médios pagos aos empregados dos gêneros masculinos e femininos são de R$ 2550,00 e 2480,00, respectivamente. Calcule a média global dos salários.

$$\overline{x}=\frac{n_H\overline{x}_H+n_M\overline{x}_M}{n_H+n_M}$$

$$=\frac{400\ x\ 2550+100\ x\ 2480}{400+100}=2536$$

Mediana (M_e)

É uma medida de tendência central que indica exatamente o valor central de uma amostra de dados.

Observações:

> os valores da amostra devem ser colocados em ordem crescente;
> se a quantidade de valores da amostra for ímpar, a mediana é o valor central da amostra; e
> se a quantidade de valores da amostra for par, é preciso tirar a média dos valores centrais para calcular a mediana.

Para Dados Não Agrupados

Ex.: 1:

3 - 4 - 9 - 6 - 3 - 8 - 2 - 4 - 5 - 6

M_e = 2 - 3 - 3 - 4 - **4 - 5** - 6 - 6 - 8 - 9

$M_e=\frac{4+5}{2}=\frac{9}{2}=$ **4,5**

Ex.: 2:

4 - 5 - 7 - 2 - 9

M_e = 2 - 4 - **5** - 7 - 9

M_e = **5**

Para Dados Agrupados sem Intervalos de Classes

O valor que divide a distribuição de frequências em 2 grupos com mesmo número de elementos estará na posição dada por:

$$\frac{\sum f_i}{2}$$

Neste caso basta identificar a frequência acumulada imediatamente superior à metade da soma das frequências:

Ex.: Calcule a Mediana da seguinte distribuição:

x_i	f_i	F_i
0	2	2
1	6	8
2	10	18
3	12	30
4	4	34
	$\sum = 34$	

$$\frac{\sum f_i}{2} = \frac{34}{2} = 17$$

X_i	f_i	F_i
0	2	2
1	6	8
2	10	18
3	12	30
4	4	34
	$\sum = 34$	

frequência acumulada imediatamente superior à metade da soma das frequências

$M_e = 2$

Ex.: Calcule a Mediana da seguinte distribuição:

X_i	f_i	F_i
12	1	1
14	2	3
15	1	4
16	2	6
17	1	7
20	1	8
	$\sum = 8$	

Temos que:

$$\frac{\sum f_i}{2} = \frac{8}{2} = 4$$

Neste caso, a mediana será a média aritmética entre o valor da variável correspondente a essa frequência acumulada e o seguinte.

X_i	f_i	F_i
12	1	1
14	2	3
15	1	4
16	2	6
17	1	7
20	1	8
	$\sum = 8$	

Logo,

$$M_e = \frac{15 + 16}{2}$$

$M_e = 15{,}5$

Para Dados Agrupados com Intervalos de Classes

Neste caso, devemos seguir os seguintes passos:

- determinar as frequências acumuladas;
- calcular $\Sigma f_i/2$;
- marcar a classe correspondente à frequência acumulada imediatamente à $\Sigma f_i/2$ (classe mediana) e, em seguida, aplicar a seguinte fórmula:

$$M_e = Li + h \cdot \frac{\sum fi\ /\ 2 - F_{(ant)}}{f}$$

Legenda:

Li: limite inferior da classe mediana;

$F_{(ant)}$: frequência acumulada da classe anterior à classe mediana;

f: frequência acumulada da classe anterior à classe mediana;

h: amplitude do intervalo da classe mediana.

Calcule a Mediana da seguinte distribuição:

Classes	f_i
150 ⊢ 154	4
154 ⊢ 158	9
158 ⊢ 162	11
162 ⊢ 166	8
166 ⊢ 170	5
170 ⊢ 174	3
	$\sum = 40$

1º Passo: determinar as frequências acumuladas

Classes	f_i	F_i
150 ⊢154	4	14
154 ⊢158	9	13
158 ⊢162	11	24
162 ⊢166	8	32
166 ⊢170	5	37
170 ⊢174	3	40
	$\sum = 40$	

← frequência acumulada

2º Passo: calcular $\frac{\sum fi}{2}$

$$\frac{\sum fi}{2} = \frac{40}{2} = 20$$

3º Passo:

h=4 F(ant)

Classes	f_i	F_i
150 ⊢154	4	14
154 ⊢158	9	(13)
(158)⊢162	(11)	24 ← classe mediana
162 ⊢166	8	32
166 ⊢170	5	37
170 ⊢174	3	40
	$\sum = 40$	

Li f

Logo,

$$Me = Li + h . \frac{\Sigma fi/2 - F_{(ant)}}{f}$$

$$Me = 158 + 4 . \frac{20 - 13}{11}$$

Me = 158 + 2,54

Me = 160,54

Propriedades da Mediana

P1. A mediana não depende de todos os valores observados; além disso, não sofre influência de valores extremos.

P2. Não pode ser aplicada a variáveis nominais.

P3. Adequado quando os dados apresentam grande variabilidade ou distribuição assimétrica, além de valores extremos indefinidos (Ex.: maior do que...).

Moda (M_0)

A moda de uma série de valores é o valor de maior frequência absoluta, ou seja, o valor que aparece o maior número de vezes na distribuição.

Para Dados Não Agrupados

Ex.: 1:

6 - 9 - 12 - 9 - 4 - 5 – 9

M_o = 9

Ex.: 2:

12 - 13 - 19 - 13 - 14 - 12 – 16

M_o = 12 e 13 (Bimodal)

Ex.: 3: 4 - 29 - 15 - 13 - 18

M_o = Não há moda (**Amodal),** pois não existe valor mais presente.

Pode haver mais de uma moda em um conjunto de valores. Se houver apenas uma moda, a distribuição é dita Unimodal; se houver duas, é Bimodal; se houver três é Trimodal, e assim sucessivamente.

Para Dados Agrupados sem Intervalos de Classes

Ex.: Consideremos a seguinte distribuição:

x	f_i
2	1
4 ←	(3)
5	2

O valor de frequência máxima é o 4.

Logo, M_o – 4.

Para Dados Agrupados com Intervalos de Classes

Neste caso, a classe que apresenta a maior frequência é denominada classe modal. Se os dados de uma variável quantitativa estão dispostos em uma tabela agrupada em classe, e não há acesso aos dados originais, é possível encontrar a Moda por vários procedimentos. São eles:

- > Moda Bruta;
- > Moda de Pearson;
- > Moda Czuber;
- > Moda Kink.

Vejamos os exemplos a seguir.

Cálculo da Moda Bruta: é o método mais simples; consiste em tomar como Moda o ponto médio da classe modal.

Ex.: 1: Determine a Moda Bruta da seguinte distribuição:

Altura	f_i
155 ⊢165	3
165 ⊢175	18
175 ⊢185	11
185 ⊢195	9

Altura	f_i	X_i
155 ⊢165	3	160
165 ⊢175	18	170
175 ⊢185	11	180
185 ⊢195	9	190

classe modal

classe modal

$$M_o: \frac{165+175}{2} = 170$$

Cálculo da Moda de Pearson, Czuber e King: para o cálculo da Moda de Pearson, Czuber e King utilizaremos as seguintes fórmulas:

> **Moda de Pearson**:

$$M_o = 3.M_e - 2\overline{x}$$

> **Moda de Czuber**:

$$Mo = Li + h \cdot \frac{F_{max} - F_{ant}}{2F_{max} - \left(F_{ant} + F_{post}\right)}$$

> **Moda King:**

$$Mo = Li + h \cdot \frac{F_{post}}{F_{ant} + F_{post}}$$

Legenda:

M_o = Moda;

M_e = Mediana;

$\overline{x}$ = Média;

Li = Limite inferior da classe modal;

h = Intervalo da classe modal;

$F_{máx}$ = Frequência da classe modal;

F_{ant} = Frequência da classe anterior à classe modal;

F_{post} = Frequência da Classe Posterior à classe modal.

Estes três procedimentos são aproximações; a Moda real seria obtida a partir dos dados brutos.

Ex.: 2: Calcule a Moda de Pearson, King e Czuber, da tabela abaixo:

Classes	f_i
0 ⊢10	1
10 ⊢20	3
20 ⊢30	6
30 ⊢40	2

Obs.: Vamos determinar a classe modal:

Classes	f_i
0 ⊢10	1
10 ⊢20	3
20 ⊢30	6
30 ⊢40	2

classe modal

Moda de Pearson

Classes	f_i
0 ⊢10	1
10 ⊢20	3
20 ⊢30	6
30 ⊢40	2

1º Passo: determinar a Mediana (M_e).

Classes	f_i	F_i
0 ⊢10	1	1
10 ⊢20	3	4
20 ⊢30	6	10
30 ⊢40	2	12
		-

Freq. Acumulada

$$M_e = Li + h \cdot \frac{\sum fi - F_{(ant)}}{f}$$

$$M_e = 20 + 10 \cdot \frac{12/2 - 4}{6}$$

$$M_e = 23,33$$

2º Passo: calcular a Média.

Classes	f_i	X_i
0 ⊢10	1	5
10 ⊢20	3	15
20 ⊢30	6	25
30 ⊢40	2	35
	$\sum = 12$	

X_i = Ponto médio

$$\overline{x} = \frac{1.5 + 3.15 + 6.25 + 2.35}{12} = \frac{270}{12} = 22,5$$

3º Passo: aplicar a fórmula.

$$M_e = 3.M_e - 2\overline{x}$$

$$M_e = 3.23,33 - 2(22,5) = 25$$

Moda King

Classes	f_i
0 ⊢10	1
10 ⊢20	3
20 ⊢30	6
30 ⊢40	2

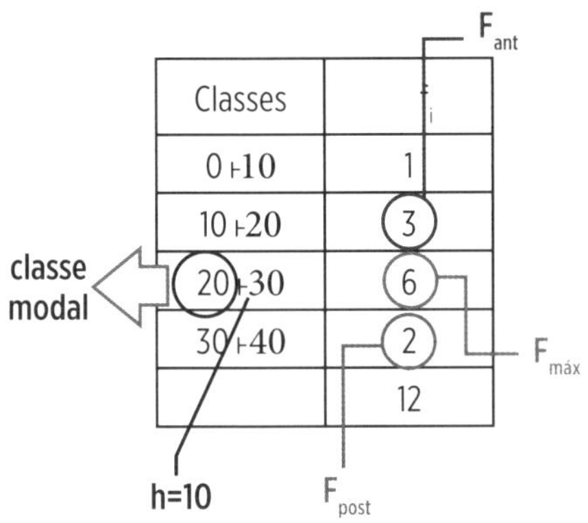

$$Mo = Li + h.\frac{F_{post}}{F_{ant} + F_{post}}$$

$$Mo = 20 + 10.\frac{2}{3+2}$$

$$Mo = 24$$

Moda Czuber

Classes	f_i
0 ⊢10	1
10 ⊢20	3
20 ⊢30	6
30 ⊢40	2

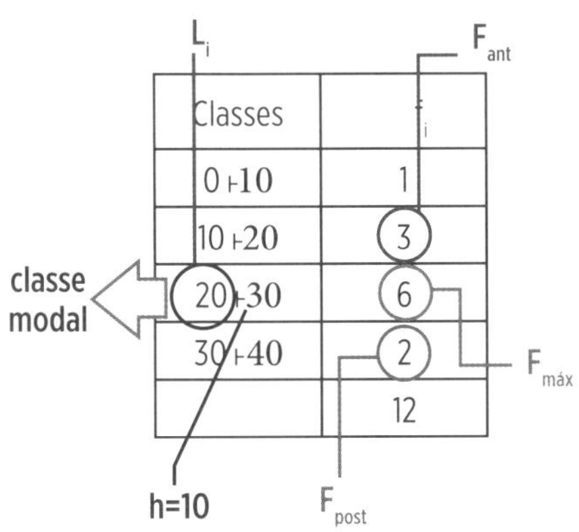

$$Mo = Li + h.\frac{F_{\max} - F_{ant}}{2.F_{\max} - (F_{ant} + F_{post})}$$

$$Mo = 20 + 10.\frac{6-3}{2(6) - (3+2)}$$

$$Mo = 24,29$$

A Moda é o ponto de maior probabilidade. Ao contrário da Média e da Mediana, a Moda tem de ser um valor existente no conjunto de dados.

Quando todos os dados de uma série estatística são iguais, a média, a mediana e a moda coincidirão com este valor e, portanto qualquer uma delas representará bem a série.

Separatrizes

As separatrizes são os valores que dividem as séries em partes iguais. As principais medidas separatrizes são: a mediana (já estudada) e os quartis, os decis e os percentis.

Quartis

Chamamos de quartis os valores que dividem a distribuição em 4 partes iguais e podem ser obtidos da seguinte maneira:

Temos três quartis:

1º Quartil (Q1): é o valor que tem 25% dos dados à sua esquerda e o restante (75%) à direita.

2º Quartil (Q2): tem 50% dos dados de cada lado, coincide com a mediana.

3º Quartil (Q3): tem 75% dos dados à sua esquerda e 25% à direita.

Fórmulas

1º Quartil	P = 0,25.(n+1)
2º Quartil	P = 0,50.(n+1)
3º Quartil	P = 0,75.(n+1)

Em que:

n – nº de dados

Ex.: 1 Calcule os quartis da série: {5, 2, 6, 9, 10, 13, 15}.

O primeiro passo a ser dado é o da ordenação (crescente ou decrescente) dos valores:

{2, 5, 6, 9, 10, 13, 15}.

Se n for ímpar, a Mediana é o valor central do rol: 4º número.

O valor que divide a série acima em duas partes iguais é igual a 9, logo a M_d = 9 que será = Q2.

Temos agora {2, 5, 6} e {10, 13, 15} como sendo os dois grupos de valores iguais. Para o cálculo do primeiro quartil e do terceiro quartil, basta calcular as medianas de cada uma das partes.

Em {2, 5, 6} a mediana é 5, ou seja: Q1 = 5 e

Em {10, 13, 15 } a mediana é 13, ou seja:

Q3 = 13

Ex.: 2 Encontre os quartis da série:

{1, 1, 2, 3, 5, 5, 6, 7, 9, 9, 10, 13}

Q2=(5+6)/2=5,5

5,5

↓

{1, 1, 2, 3, 5, 5, 6, 7, 9, 9, 10, 13}

{1, 1, 2, 3, 5, 5}   {6, 7, 9, 9, 10, 13}

Q1={1, 1, 2, 3, 5, 5}   Q3={6, 7, 9, 9, 10, 13}

Q1= (2+3)/2=2,5   Q3= (9+9)/2=9

Portanto, os quartis encontrados foram:

Q1= 2,5

Q2 = 5,5

Q3 = 9

Decis

Chamamos de decis os valores que dividem uma série em 10 partes iguais. Portanto, temos nove decis; o primeiro tem 10% dos dados à sua esquerda, e 90% à sua direita; o segundo tem 20% dos dados à sua esquerda, e 80% à sua direita, e assim por diante, até o nono decil, que tem 90% dos dados à sua esquerda, e 10% à sua direita.

Fórmulas

1º Decil	P = 0,10.(n+1)
2º Decil	P = 0,20.(n+1)
3º Decil	P = 0,30.(n+1)
4º Decil	P = 0,40.(n+1)
5º Decil	P = 0,50.(n+1)
6º Decil	P = 0,60.(n+1)
7º Decil	P = 0,70.(n+1)
8º Decil	P = 0,80.(n+1)
9º Decil	P = 0,90.(n+1)

Em que:

n: nº de dados

Percentis

Chamamos de percentis os 99 valores que separam uma série em 100 partes iguais. O cálculo dos percentis está relacionado com a percentagem. No quadro abaixo são mostrados alguns percentis:

Fórmulas

4º Percentil (P_4)	**P = 0,04.(n+1)**
12º Percentil (P_{12})	**P = 0,12.(n+1)**
20º Percentil (P_{50})	**P = 0,20.(n+1)**

Em que:

n: nº de dados

Cálculos das Separatrizes para Dados Agrupados com Intervalos de Classes

Para determinar os **quartis**, utilizaremos as seguintes fórmulas:

$$Q1 = Li + h.\frac{1.\sum fi/4 - F_{(ant)}}{f}$$

$$Q2 = Li + h.\frac{2.\sum fi/4 - F_{(ant)}}{f}$$

$$Q3 = Li + h.\frac{3.\sum fi/4 - F_{(ant)}}{f}$$

Legenda:

Li = Limite inferior da classe quartílica;

h = Intervalo de classe;

f = Frequência simples da classe quartílica;

$F_{(ant)}$ = Frequência acumulada da classe anterior à classe quartílica.

As expressões:

1. Σ fi/4, 2. fi/4 e 3. fi/4 servem também para determinar a Classe Quartílica.

Vejamos o exemplo a seguir:

Consideremos a seguinte distribuição de frequências em classe:

Classes	f_i
150 ⊢ 154	4
154 ⊢ 158	9
158 ⊢ 162	11
162 ⊢ 166	8
166 ⊢ 170	5
170 ⊢ 174	3
	$\sum = 40$

Vamos determinar a Frequência acumulada:

Classes	f_i	F_i ⇦ **Freq. acumulada**
150 ⊢ 154	4	4
154 ⊢ 158	9	13
158 ⊢ 162	11	24
162 ⊢ 166	8	32
166 ⊢ 170	5	37
170 ⊢ 174	3	40
	$\sum = 40$	

Vamos calcular o Q1, Q2 e Q3:

1º Quartil (Q1):

$$Q1 = Li + h.\frac{1.\sum fi / 4 - F_{(ant)}}{f}$$

1º Passo: determinar a classe quartílica para o Q1:

1.Σ fi/4 = 1. 40/4 = **10**

Classes	f_i	F_i
150 ⊢154	4	4
154 ⊢158	9	13
158 ⊢162	11	24
162⊢ 166	8	32
166 ⊢170	5	37
170⊢174	3	40
	$\sum = 40$	

Frequência acumulada anterior à classe quartílica (4)

classe quartílica (154 ⊢158)

Logo, $Q1 = 154 + 4.\frac{(10-4)}{9}$

Q1 = 156,66...

2º Quartil (Q2):

$$Q2 = Li + h.\frac{2.\sum fi / 4 - F_{(ant)}}{f}$$

1º Passo: determinar a classe quartílica para o Q2:

2.Σ fi/4 = 2 . 40/4 = **20**

Classes	f_i	F_i
150 ⊢154	4	4
154 ⊢158	9	13
158 ⊢162	11	24
162⊢ 166	8	32
166 ⊢170	5	37
170⊢174	3	40
	$\sum = 40$	

Frequência acumulada anterior à classe quartílica (13)

classe quartílica (158 ⊢162)

$$Q2 = 158 + 4.\frac{(20-13)}{11}$$

Q2 = 160,5454...

3º Quartil (Q3):

$$Q3 = li + h.\frac{3.\sum fi / 4 - F_{(ant)}}{f}$$

1º Passo: determinar a classe quartílica para o Q3:

3.Σ fi/4 = 3 . 40/4 = **30**

Classes	f_i	F_i
150 ⊢154	4	4
154 ⊢158	9	13
158 ⊢162	11	24
162⊢ 166	8	32
166 ⊢170	5	37
170⊢174	3	40
	$\sum = 40$	

Frequência acumulada anterior à classe quartílica (24)

classe quartílica (162⊢ 166)

$$Q3 = 162 + 4.\frac{(30-24)}{8}$$

Q3 = 165

Analogamente, para calcular os Decis e os Percentis de uma distribuição, adaptamos as fórmulas utilizadas anteriormente para o cálculo dos *Quartis*, conforme o disposto a seguir:

Para os Decis:

$$Dn = Li + h.\frac{n.\sum fi / 10 - F_{(ant)}}{2}$$

Para os Percentis:

$$P_n = Li + h.\frac{n\sum fi / 100 - F_{ant}}{f}$$

Vejamos o seguinte exemplo:

Consideremos a seguinte distribuição de frequências em classe:

Classes	f_i
150 ⊢154	4
154 ⊢158	9
158 ⊢162	11
162⊢ 166	8
166 ⊢170	5
170⊢174	3
	$\sum = 40$

Determine o 1º Decil (D1) e o 90º Percentil (P90).

1º Decil (D1):

1º Passo: determinar a classe quartílica para o Q1:

1.Σ fi/10 = 1. 40/10 = **4**

Classes	f_i	F_i
150 ⊢ 154	4	4
154 ⊢ 158	9	13
158 ⊢ 162	11	24
162 ⊢ 166	8	32
166 ⊢ 170	5	37
170 ⊢ 174	3	40
	$\sum = 40$	

$$D_n = Li + h.\frac{n.\sum fi/10 - F_{(ant)}}{f}$$
$$D_1 = 150 + 4\frac{[4-0]}{4}$$
$$D_1 = 154$$

90º Percentil (P90):

1º Passo: Determinar a classe quartílica para o Q1:

90.Σ fi/100 = 90. 40/100 = **36**

$$P_n = Li + h.\frac{n\sum fi/100 - F_{(ant)}}{f}$$
$$P_{90} = 166 + 4.\frac{(90\cdot 40/100 - 32)}{5}$$
$$P_{90} = 169,2$$

No caso da Mediana, vimos que ela divide o conjunto em duas metades. Já o Quartil, separa o conjunto em quatro partes iguais; o Decil, em dez partes e, finalmente, o Centil (ou Percentil), em cem partes iguais! Observemos esta relação visual entre as separatrizes:

```
!------------------!------------------!
                   Md
!---------!---------!---------!---------!
          Q1        Q2        Q3
!---!---!---!---!---!---!---!---!---!---!
    D1  D2  D3  D4  D5  D6  D7  D8  D9
!---!---!---!---!---!---!---!---!---!---!
   C10 C20 C30 C40 C50 C60 C70 C80 C90
```

Com isso, concluímos que:

Md = Q2 = D5 = C50

Questões

01. (Esaf) A coleta de dados do município, relativa ao ensino fundamental, apresentou a seguinte composição etária:

Faixa etária	Masculino	Feminino
Até 06 anos	9.000	10.200
De 07 a 08 anos	10.000	9.300
De 09 a 10 anos	8.000	8.500
De 11 a 12 anos	7.000	5.500
De 12 a 14 anos	5.000	3.500
De 15 a 18 anos	3.000	2.500
Acima de 18 anos	1.000	1.500
Total	43.000	41.000

Com base nos dados acima, temos as seguintes sentenças:

I. A Moda está na faixa etária até os 06 anos.

II. A Média de alunos está na faixa etária de 12 a 14 anos.

III. A Mediana é superior à média.

Apontando nos 3 (três) itens acima como V - Verdadeiro e F - Falso, a opção correta é:

a) V, V, V

b) V, F, V

c) F, V, F

d) F, F, F

e) V, V, F

02. (FCC) Considere a tabela abaixo, que mostra a distribuição de salários (em reais) de 160 funcionários de determinada empresa, com suas respectivas frequências relativa acumuladas.

Classes em reais	Frequência relativa acumulada (%)
[600,100]	10
[1000,1400]	30
[1400,1800]	70
[1800,2200]	95
[2200,2600]	100

O valor modal dos salários (desprezando os centavos), é:

a) 1784

b) 1666

c) 1648

d) 1636

e) 628

03. (Esaf) Determine a mediana do seguinte conjunto de dados:

58, 95, 17, 44, 63, 9, 57, 21, 88, 12, 31, 28, 73, 5 e 56.

a) 28

b) 31

c) 44

d) 50

e) 56

04. (FCC) O valor da moda, obtida com a utilização da fórmula de Czuber, é igual a (desprezar os centavos na resposta):

Salários dos empregados da empresa XYZ em dezembro de 2005	
Salário (R$)	**Frequências Simples Absolutas**
1 000.00 ⊢ 2 000.00	2
2 000.00 ⊢ 3 000.00	8
3 000.00 ⊢ 4 000.00	16
4 000.00 ⊢ 5 000.00	10
5 000.00 ⊢ 6 000.00	4

Dados:

$$Moda = L_i + h\frac{Z_{\max} - Z_{ant}}{2 \cdot Z_{\max} - (Z_{ant} + Z_{post})}$$

Em que:

L_i = Limite inferior da classe modal;

h = Intervalo de classe modal;

$Z_{máx}$ = Frequência da classe modal;

Z_{ant} = Frequência da classe anterior à classe modal;

Z_{post} = Frequência da classe posterior à classe modal.

a) R$ 3.201,00

b) R$ 3.307,00

c) R$ 3.404,00

d) R$ 3.483,00

e) R$ 3.571,00

05. (FGV) A média, a mediana e a variância das idades de um grupo de vinte pessoas são, hoje, iguais, respectivamente, a 34, 35 e 24. Daqui a dez anos, os valores da média, da mediana e da variância das idades dessas pessoas serão, respectivamente:

a) 44, 35 e 34

b) 44, 45 e 12

c) 44, 45 e 24

d) 34, 35 e 12

e) 44, 45 e 124

06. (Esaf) Para um conjunto determinado de números positivos temos: X como a média aritmética, G como a média geométrica e H como a média harmônica, podemos afirmar que:

a) X menor ou igual a G menor ou igual a H.

b) G maior do que X maior do que H.

c) X menor ou igual a H menor ou igual a G.

d) H menor ou igual a G menor ou igual a X.

e) H maior do que G maior do que X.

07. (FGV) Em uma repartição, foi tomada uma amostra do número de filhos de 4 funcionários. O resultado foi {2, 1, 4, 2}. A média geométrica simples dessa amostra é

a) 2,25.

b) 1,75.

c) 2.

d) 2,4.

e) 2,5.

08. (Fundatec) A tabela a seguir representa a distribuição de frequências da idade de uma amostra de moradores de um asilo.

X_i	f_i
70 ⊢ 74	7
74 ⊢ 78	19
78 ⊢ 82	13
82 ⊢ 86	11
86 ⊢ 90	6
90 ⊢ 94	4
Total	60

A idade aproximada da mediana é:

a) 78,22.

b) 80,00.

c) 79,38.

d) 78,55.

e) 79,23.

09. (Fundatec) A tabela a seguir representa a distribuição de frequências da idade de uma amostra de moradores de um asilo.

X_i	f_i
70 ⊢ 74	7
74 ⊢ 78	19
78 ⊢ 82	13
82 ⊢ 86	11
86 ⊢ 90	6
90 ⊢ 94	4
Total	60

O valor da moda pelo método de King é:

a) 72,8.

b) 76,6.

c) 80,0.

d) 76,0.

e) 19,0.

10. (Esaf) Considere o diagrama de ramos e folhas abaixo correspondente à sequência de observações (91, 91, ..., 140, 145, 158). Assinale a opção que dá a mediana das observações de X.

9	11
9	9
10	002234
10	57778
11	013
11	66
12	00012
12	558
13	004
13	555
14	0
14	5
15	
15	8

a) 110
b) 120
c) 116
d) 113
e) 111

Gabaritos

01	D	**06**	D
02	E	**07**	C
03	C	**08**	E
04	E	**09**	B
05	C	**10**	C

2. MEDIDAS DE DISPERSÃO OU DE VARIAÇÃO

As medidas de dispersão ou variabilidade permitem visualizar a maneira como os dados espalham-se (ou concentram-se) em torno do valor central. Essas medidas indicam se um conjunto de dados é homogêneo ou heterogêneo. Como medida de variabilidade, consideremos as seguintes:

- Amplitude total;
- Desvio Médio;
- Variância;
- Desvio padrão;
- Coeficiente de variação; e
- Desvio Interquartílico.

2.1 Amplitude Total ou Range (R)

É a medida estatística de variabilidade ou dispersão mais simples, definida pela diferença entre o maior e o menor valor.

$$AT = X_{máx} - X_{mín}$$

Legenda:

AT: Amplitude total ou Range (R);

$X_{máx}$: o maior valor no conjunto de dados;

$X_{mín}$: o menor valor no conjunto de dados.

Ex.: Verificar a situação em que foram medidas as idades das pessoas de uma família, sendo elas: 5; 10; 12; 35; 38. Qual é a amplitude das idades nessa família?

$AT = X_{máx} - X_{mín}$

AT = 38 – 5

AT = 33 anos

Obs.: essa medida de dispersão não leva em consideração os valores intermediários, perdendo a informação de como os dados estão distribuídos. É baseada somente em duas observações, sendo altamente influenciada pelos valores extremos; quanto maior a amplitude, maior será a variabilidade.

2.2 Desvio Médio

O Desvio é uma medida da dispersão dos dados em relação à média de uma sequência; o "afastamento" em relação a essa média.

Para determinar o Desvio (D) e o Desvio Médio (DM), utilizamos as seguintes fórmulas:

Fórmula para calcular o Desvio (D):

$$D = | Xi - \overline{X} |$$

Fórmula para calcular o Desvio Médio (DM):

$$DM = \frac{\sum | Xi - \overline{X} |}{n}$$

Resumindo, o desvio médio corresponde à média dos valores absolutos dos desvios.

Legenda:

D: Desvio;

DM: Desvio Médio;

Xi: Valores observados;

$\overline{x}$: Média aritmética;

n = Tamanho da amostra.

Ex.: Determine o desvio médio da seguinte série: 3, 5, 7, 8, 10.

1º Passo: determinar a Média Aritmética.

$$\overline{X} = \frac{(3+7+8+10)}{5} = 6,6$$

2º Passo: Calcular o Desvio (D).

3 - 6,6 = -3,6 = |-3,6| = 3,6

5 - 6,6 = -1,6 = |-1,6| = 1,6

7 - 6,6 = 0,4 = |0,4| = 0,4

8 - 6,6 = 1,4 = |1,4| = 1,4

10 - 6,6 = 3,4 = |3,4| = 3,4

3º Passo: Calcular o Desvio Médio (DM).

DM = (|-3,6| + |-1,6| + |0,4| + |1,4| + |3,4|) / 5

DM = (3,6 + 1,6 + 0,4 + 1,4 + 3,4) / 5

DM = 2,08

2.3 Variância

É uma medida que expressa um desvio quadrático médio do conjunto de dados, e sua unidade é o quadrado da unidade dos dados.

Notação:

Na amostra, denominamos por S^2.

Na população, denominamos por: σ^2.

Fórmulas:

Variância Populacional:

$$\sigma^2 = \frac{\sum_{i=1}^{N}(X_i - \mu)^2}{N}$$

Variância Amostral:

$$S^2 = \frac{\sum_{i=1}^{N}(X_i - \overline{x})^2}{n-1}$$

Legenda:

Xi: Valores observados;

μ: Média populacional;

$\overline{X}$: Média amostral;

N: Tamanho da população;

n: Tamanho da amostra.

Há uma **fórmula alternativa**, que é útil quando o valor da média não é exato e até é mais correto, pois não depende da média que pode ter sofrido arredondamento.

VARIÂNCIA = MÉDIA DOS QUADRADOS – QUADRADO DA MÉDIA

Variância Populacional:

Para dados não agrupados:	Para dados ponderados/ agrupados:
$\sigma^2 = \frac{\sum x_i^2}{N} - \mu^2$	$\sigma^2 = \frac{\sum f_i x_i^2}{N} - \mu^2$

Variância Amostral:

Para dados não agrupados:	Para dados ponderados/ agrupados:
$s^2 = \frac{\sum x_i^2 - \frac{\left(\sum x_i\right)^2}{n}}{n-1}$	$s^2 = \frac{\sum f_i x_i^2 - \frac{\left(\sum f_i x_i\right)^2}{n}}{n-1}$

Propriedades da Variância:

P1: Se a cada X_i (i = 1, 2, ... , n) for **adicionada** uma constante real ***k***, a variância **não se altera**.

P2: Se cada X_i (i = 1, 2, ... , n) for **multiplicado** por uma constante real ***k***, a variância fica multiplicada por ***k*²**.

Ex.: calcule a variância dos seguintes valores: 2 – 3 – 4 – 7.

Resolução Passo a Passo:

1º Passo: calcular a média aritmética.

$$\overline{X} = \frac{2+3+4+7}{4} = 4$$

2º Passo: subtrair cada valor da média aritmética.

2 – **4** = -2

3 – **4** = -1

4 – **4** = 0

7 – **4** = 3

3º Passo: elevar cada valor ao quadrado e somá-los.

$$\left.\begin{array}{l}(-2)^2 = 4 \\ (-1)^2 = 1 \\ (0)^2 = 0 \\ (3)^2 = 9\end{array}\right] \sum = 14$$

4º Passo: dividir o valor encontrado pela quantidade.

14/4 = 3,5

2.4 Desvio Padrão

O desvio padrão dá uma ideia de distribuição dos desvios ao redor do valor da média. Para obtermos o desvio padrão, basta que se extraia a **raiz quadrada da variância**.

Notação:

Na amostra denominamos por: S.

Na população denominamos por: σ.

Fórmulas:

População: $\sigma = \sqrt{\sigma^2}$

Amostra: $S = \sqrt{S^2}$

Propriedades do Desvio Padrão:

P1: Quando **adicionamos** uma constante a cada elemento de um conjunto de valores, o desvio padrão **não se altera**.

P2: Quando **multiplicamos** cada elemento de um conjunto de valores por uma constante real ***k***, o desvio padrão fica **multiplicado** por ***k***.

Ex.: Considerando o exemplo citado no caso da Variância em que a Variância encontrada foi de 3,5, o cálculo do desvio padrão fica bastante simples, ou seja:

Ex.: $\sigma = \sqrt{variância} = \sqrt{3{,}5} \cong 1{,}87$

Obs.: Para saber se o desvio padrão está alto ou baixo, devemos compará-lo com o valor da média. Quanto maior o valor do desvio padrão em relação à média, maior então será a variação dos dados e mais heterogêneo é o nosso conjunto de observações.

Quadro Resumo das Propriedades da Soma e Produto

Se tomarmos todos os elementos de um conjunto e os ...

	... somarmos a uma constante	... multiplicarmos por uma constante
A nova **média** será	também somada a esta constante	também multiplicada por esta constante
O novo **desvio padrão** será	inalterado	multiplicado pelo módulo desta constante
A nova **variância** será	inalterada	multiplicada pelo quadrado desta constante

O Desvio Padrão é a raiz quadrada da variância, e sua unidade de medida é a mesma que a do conjunto de dados.

$$\sigma = \sqrt{\text{variância}} = \sqrt{\sigma^2}$$

2.5 Coeficiente de Variação (CV) ou de Dispersão

É uma medida de variabilidade relativa, definida como a razão percentual entre o desvio padrão e a média, e assim sendo uma medida adimensional expressa em percentual. O CV é também conhecido por Dispersão Relativa.

$$CV = \frac{S}{\overline{x}}$$

Quanto à representatividade em relação à média, podemos dizer que quando o coeficiente de variação (CV) é ou está:

Menor que 10%: significa que é um ótimo representante da média, pois existe uma pequena dispersão (desvio padrão) dos dados em torno da média;

Entre 10% e 20%: é um bom representante da média, pois existe uma boa dispersão dos dados em torno da média;

Entre 20% e 35%: é um razoável representante da média, pois existe uma razoável dispersão dos dados em torno da média;

Entre 35% e 50%: representa fracamente a média, pois existe uma grande dispersão dos dados em torno da média;

Acima de 50%: não representa a média, pois existe uma grandíssima dispersão dos dados em torno da média.

Ex.: 1: calcule o coeficiente de variação (CV) para o seguinte conjunto de dados:

5; 10; 12; 35; 38

$$\overline{X} = \frac{5+10+12+35+38}{5} = 20$$

$$S = 15,31$$

$$CV = S/\overline{X} = 15,31/20 = 0,7655 = \mathbf{76,55\%}$$

Conclusão: verifica-se uma grande variação, ou seja, uma alta dispersão dos dados e, assim, a média não seria uma boa representante para estes conjuntos de dados.

Ex.: 2: Para uma distribuição cuja média é 161cm e o desvio padrão é s = 5,57 cm, calcule o coeficiente de variação:

$$CV = 8/\overline{X} = \frac{5,57}{161} \times 100 = 3,459 = 3,5\%$$

2.6 Desvio Interquartílico (IQR – *Interquartile Range*)

O Desvio Interquartílico (IQR), ou simplesmente Intervalo Quartílico, corresponde à diferença entre o 3º quartil (Q3 = 75%) e o 1º quartil (Q1 = 25%).

IQR = Q3 – Q1

As características mais importantes são:

> Medida simples e fácil de ser calculada.

> Mede a distribuição da metade central dos dados, em torno da mediana.

> É uma medida resistente, pois não é afetada pelos extremos.

> Não é suficiente para avaliar a variabilidade, pois despreza 50% dos dados (os extremos).

> É utilizada na determinação de ***outliers*** (valores atípicos) de uma amostra.

01. **Em distribuições Simétricas, a distância entre Q1 e Q2 é igual a Q2 e Q3, enquanto em distribuições Assimétricas essas distâncias são diferentes.**
02. **O Intervalo Interquartil é uma medida de dispersão mais "robusta" para outliers, pois não é tão afetada pelos outliers como a média aritmética.**
03. **O Desvio ou Amplitude Semi-Interquartílica é definido por:**

$$\frac{Q3 - Q1}{2}$$

2.7 *BoxPlot* ou Diagrama de Caixas ou Diagrama de Extremos e Quartis

O gráfico *Boxplot* nos fornece informações sobre a posição central, dispersão e assimetria da respectiva distribuição de frequências dos dados. Utiliza **cinco** medidas estatísticas: mínimo, máximo, mediana, primeiro quartil, terceiro quartil.

O *Boxplot* é a forma gráfica de representar estas cinco medidas estatísticas, em um único conjunto de resultados, conforme mostrado a seguir:

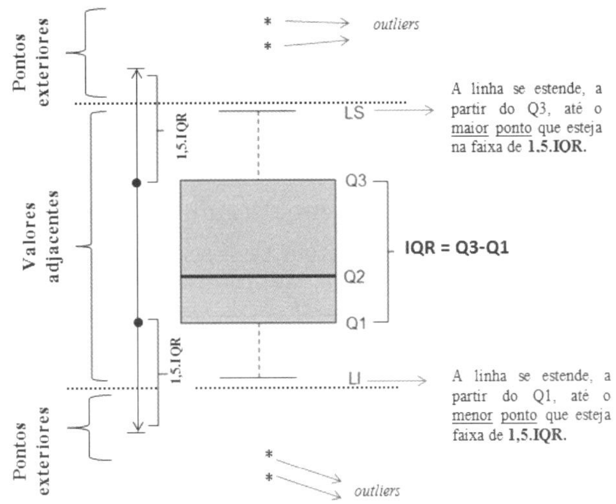

A posição central é dada pela mediana, e a dispersão define-se pelo chamado "desvio interquartílico".

Observações:

> As posições dos quartis Q1, Q2 e Q3 fornecem evidência sobre o nível de assimetria da distribuição dos dados.

> Os comprimentos das caudas da distribuição são dados pelas linhas que vão do retângulo aos valores atípicos. Estes valores atípicos são chamados de ***outliers***.

> Um ***outlier*** pode ser produto de um erro de observação ou de arredondamento. Contudo, as denominações "pontos exteriores" e "***outliers***" são frequentemente usadas. Outros sinônimos: ***pontos discrepantes, atípicos ou observações fora de lugar***.

> A média aritmética é sensível a ***outliers***. Uma única observação pode distorcer a média, ou seja, pode colocar a média longe do centro da distribuição de frequências.

> De modo geral, um ponto será considerado ***outlier*** quando estiver fora do intervalo denotado por (LI; LS), em que:

Limite Inferior (LI): Q1 – 1,5.IQR

Limite Superior (LS): Q3 + 1,5.IQR

O gráfico *BOXPLOT* pode também ter o seguinte aspecto:

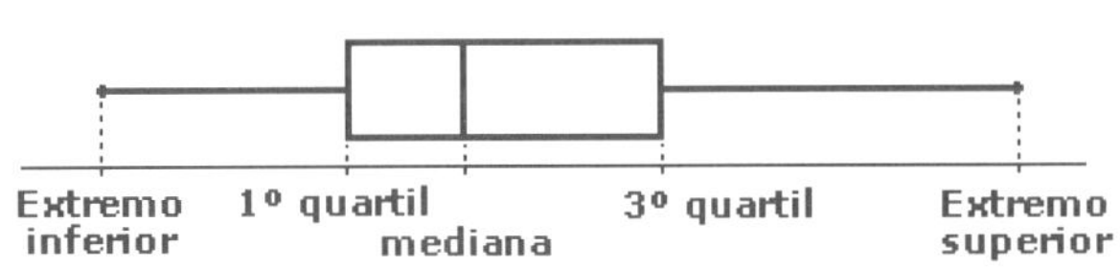

Ex.: 1: Considere a seguinte amostra aleatória de um experimento:

0,5	2,3	4,0	6,4	8,0	9,8	12,0	13,5	15,3

Vamos determinar algumas estatísticas sobre os dados:

> Mediana = 8,0

> 1º Quartil (Q1) = (2,3 + 4)/2 = 3,15

> 3º Quartil (Q3) = (12 + 13,5)/2 = 12,75

> IQR: Q3 – Q1 = 12,75 – 3,15 = 9,6

Vamos determinar os Limites (LI e LS):

(LI): Q1 – 1,5.IQR = 3,15 – 1,5.(9,6) = **-11,25**

(LS): Q3 + 1,5.IQR = 12,75+1,5.(9,6) = **27,15**

Quaisquer valores fora desse intervalo [-11, 25, 27, 15] são os chamados *outliers*. Observemos que, nesse caso, não há nenhum.

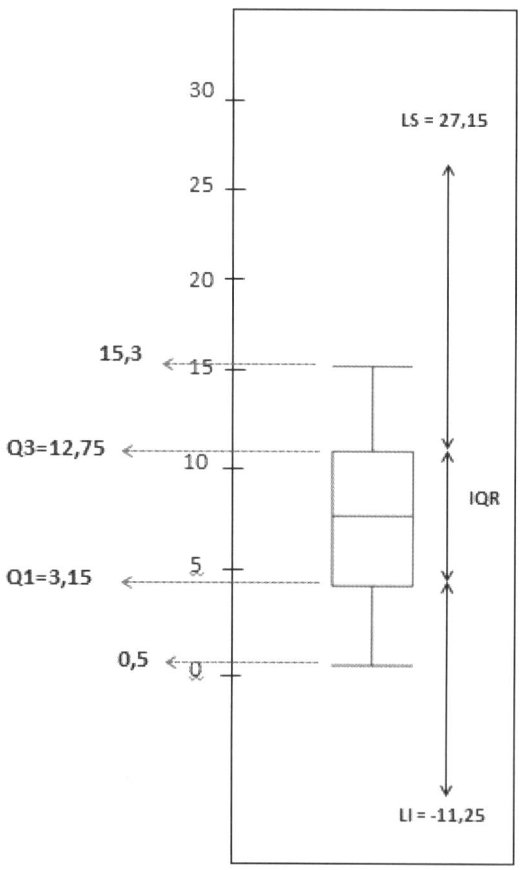

Ex.: 2: O quadro a seguir mostra o número de horas de estudo de 50 alunos de uma determinada escola:

3	3	3	3	3	4	4	4	4	4
4	4	4	4	4	5	5	5	5	5
5	5	5	5	5	5	5	6	6	6
6	6	7	7	7	7	7	8	8	8
8	8	8	9	9	9	9	10	15	17

Vamos determinar algumas estatísticas sobre os dados:

> Mediana: 5

> 1º Quartil (Q1) = 4

> 3º Quartil (Q3) = 8

> IQR: Q3 – Q1 = 8 – 4 = 4

Vamos determinar os Limites (LI e LS):

(LI): Q1 – 1,5.IQR = 4 – 1,5.(4) = **– 2**

(LS): Q3 + 1,5.IQR = 8 + 1,5.(4) = **14**

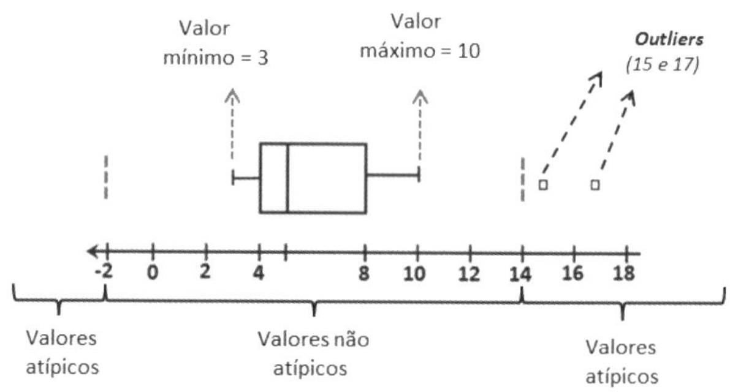

Qualquer observação menor que -2 ou maior que 14 será considerada valor atípico e terá tratamento diferenciado. Observamos os valores e verificamos que não há observação menor que -2. Porém, há 2 observações maiores que 14, denominadas outliers (15 e 17).

2.8 Esquema dos Cinco Números

Existe ainda outra representação das cinco medidas estatísticas já mencionadas; é o "**esquema dos cinco números**", conforme mostrado genericamente a seguir:

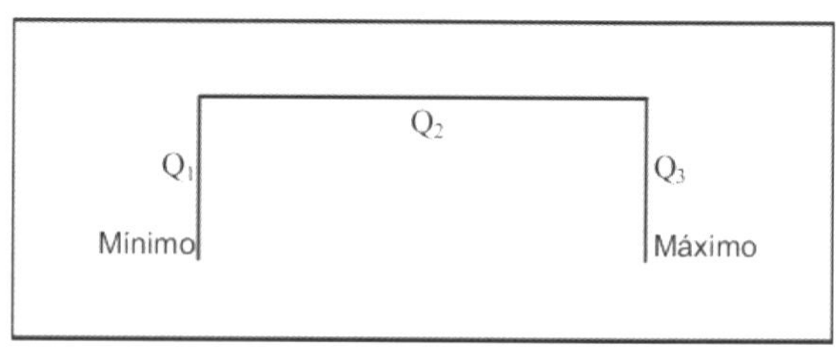

Vejamos um exemplo de representação do esquema dos cinco números:

População das UFs Brasileiras (em 1000 hab.)

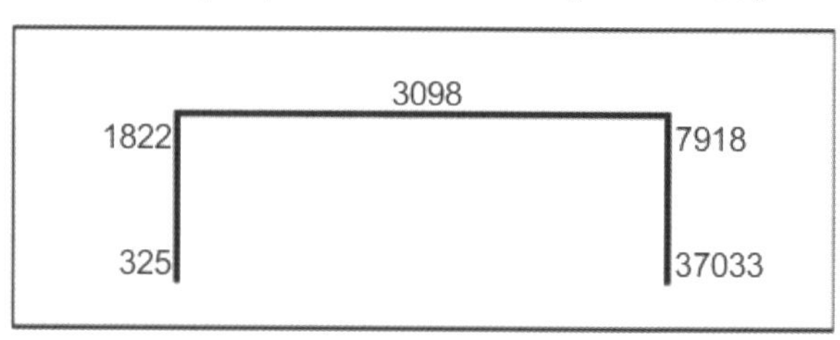

Questões

01. (Esaf) A tabela mostra a distribuição de frequências relativas populacionais (f') de uma variável X:

X	f '
– 2	6a
1	1a
2	3a

Sabendo que "a" é um número real, então a média e a variância de X são, respectivamente:

a) $\mu_X = -0,5 \quad e \quad \sigma_X^2 = 3,45$

b) $\mu_X = 0,5 \quad e \quad \sigma_X^2 = -3,45$

c) $\mu_X = 0 \quad e \quad \sigma_X^2 = 1$

d) $\mu_X = -0,5 \quad e \quad \sigma_X^2 = 3,7$

e) $\mu_X = 0,5 \quad e \quad \sigma_X^2 = 3,7$

02. (Esaf) A variância da amostra formada pelos valores 2, 3, 1, 4, 5 e 3 é igual a:

a) 3.

b) 2.

c) 1.

d) 4.

e) 5.

03. (Esaf) Calcule o valor mais próximo do desvio padrão da amostra representada pela distribuição de frequências abaixo representada pelos pontos médios das classes x e respectivas frequências f.

X	F
5	5
15	10
25	31
35	10
45	5

a) 1.

b) 2,44.

c) 5,57.

d) 7,056.

e) 10.

04. (FCC) A média aritmética dos salários de todos os empregados de uma empresa é igual a R$ 2.000,00, com um coeficiente de variação igual a 10%. A partir de uma certa data, é concedido um reajuste de 10% e um adicional fixo de R$ 300,00 para estes salários. Então, é correto afirmar que

a) o novo coeficiente de variação continua sendo igual a 10%.

b) a nova variância é igual a 242% da variância anterior.

c) o novo desvio padrão é igual a R$ 250,00.

d) o novo desvio padrão supera o anterior em R$ 20,00.

e) o novo desvio padrão é igual ao anterior acrescido de 21%.

05. (FMP) Uma empresa compra um lote de produtos do exterior, ao preço médio de US$ 100,00 e desvio padrão de US$ 20,00. Convertendo o valor para reais, considerando uma taxa de câmbio de R$ 2,00/US$, e as afirmações:

I. O preço médio, calculado em R$, será de R$ 200,00 e desvio padrão R$ 40,00.

II. O preço médio, calculado em R$, será de R$ 200,00 e desvio padrão de R$ 80,00.

III. O preço médio, calculado em R$, será R$ 200,00 e o desvio padrão R$ 20,00.

IV. O coeficiente de variação, calculado em R$, será 2 vezes maior do que aquele calculado em US$.

É correto afirmar que:

a) apenas I é correta.

b) apenas II é correta.

c) apenas III é correta.

d) apenas I e IV são corretas.

e) apenas II e IV são corretas.

06. (FCC) A soma dos valores de todos os 50 elementos de uma população X é igual a 2.750. O coeficiente de variação para esta população apresenta o valor de 20%. Então, o valor da soma dos quadrados de todos os elementos de X é:

a) 157.300.

b) 154.275.

c) 151.250.

d) 80.025.

e) 8.800.

07. (FGV) Considere as informações contidas no BoxPlot abaixo, referente aos salários dos engenheiros de uma empresa, por sexo.

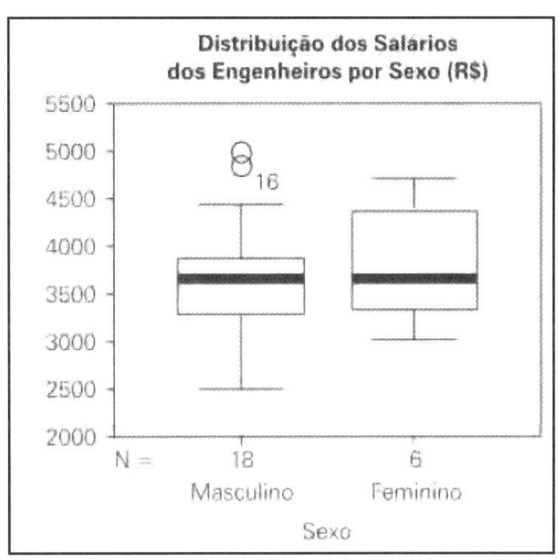

É correto afirmar que:

a) o salário médio dos homens é igual ao das mulheres.

b) a distribuição dos salários das mulheres é assimétrica negativa.

c) o desvio interquartílico dos salários das mulheres é maior do que o dos homens.

d) a distribuição dos salários dos homens é atípica.

e) o salário mediano das mulheres é superior ao dos homens.

08. (FCC) Seja uma amostra aleatória simples extraída de uma população, com tamanho 10 e representada por Xi; i = 1, 2, ... , 10. Sabe-se que

$$\sum_{i=1}^{10} X_i = 270 \quad e \quad \sum_{i=1}^{10} X_i^2 = 7.803$$

A variância desta amostra apresenta o valor de

a) 67,3

b) 63,0

c) 61,0

d) 59,7

e) 57,0

09. (FGV) Uma companhia utiliza um sistema de avaliação de desempenho de seus funcionários por meio de dois indicadores de performance: Qualidade das tarefas e a Tempestividade com que as tarefas são realizadas. Os funcionários receberam, na última avaliação, as medidas indicadas na tabela a seguir:

Medidas	Indicador	
	Qualidade	Tempestividade
Média	50	25
Desvio-Padrão	10,0	6,0
Coeficiente de Variação (%)	20	24

Com base na tabela, é correto afirmar que:

a) a média aritmética não é uma boa medida para representar a performance dos funcionários em face do elevado nível de dispersão das avaliações.

b) as avaliações da Qualidade foram mais dispersas do que as avaliações da Tempestividade.

c) as avaliações da Qualidade foram mais homogêneas do que as da Tempestividade.

d) os funcionários demoram mais para realizar as tarefas, mas a qualidade das tarefas, mas a qualidade das tarefas é melhor.

e) nada se pode afirmar sem o conhecimento do tamanho da amostra.

10. (FCC) Considerando as respectivas definições e propriedades relacionadas às medidas de posição e de variabilidade, é correto afirmar:

a) Concedendo-se um reajuste de 10% em todos os salários de uma empresa, tem-se também que a respectiva variância fica multiplicada por 1,10.

b) Definindo-se coeficiente de variação (CV) como sendo o quociente da divisão do desvio padrão pela respectiva média aritmética (diferente de zero) de uma sequência de valores, tem-se então que CV também poderá ser obtido dividindo a correspondente variância pelo quadrado da média aritmética.

c) Subtraindo um valor fixo de cada salário dos funcionários de uma empresa, tem-se que o respectivo desvio padrão dos novos valores é igual ao valor do desvio padrão dos valores anteriores.

d) Dividindo todos os valores de uma sequência de números estritamente positivos por 4, tem-se que o respectivo desvio padrão fica dividido por 2.

e) Em qualquer distribuição de valores em estudo, a diferença entre a mediana e a moda é sempre diferente de zero.

Gabaritos

01	A	06	A
02	B	07	C
03	E	08	E
04	D	09	C
05	A	10	C

3. MEDIDAS DE FORMA: ASSIMETRIA E CURTOSE

3.1 Assimetria

A medida de assimetria indica o grau de distorção da distribuição em relação a uma distribuição simétrica. As distribuições podem ser:

01. Simétrica;
02. Assimétrica à Direita (ou de Assimetria Positiva); e
03. Assimétrica à Esquerda (ou de Assimetria Negativa).

01. Simétrica: existe um eixo de simetria no gráfico gerado pela tabela de frequência. Esse eixo divide o gráfico em duas partes iguais.

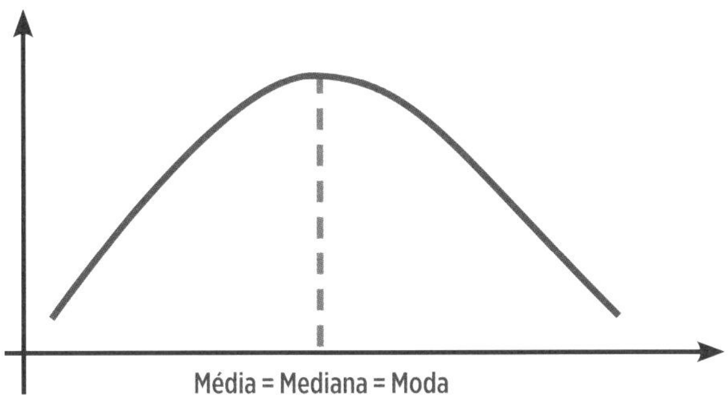

$X = Me = Mo$

02. Assimétrica à Direita (ou de Assimetria Positiva): nesse caso, a cauda à direita é mais alongada que a cauda à esquerda.

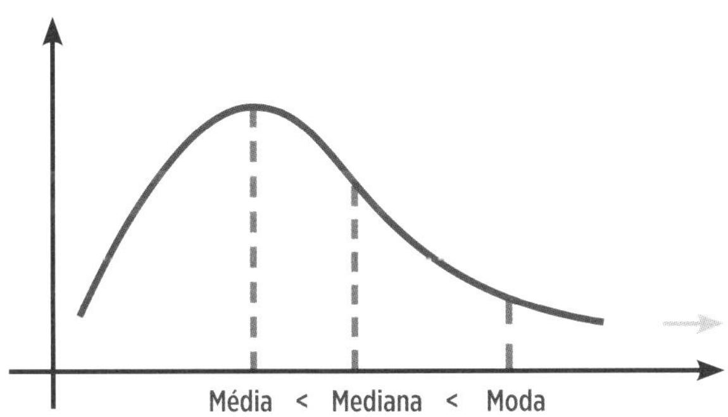

$X > Me > Mo$

03. Assimétrica à Esquerda (ou de Assimetria Negativa): nesse caso, a cauda à esquerda é mais alongada que a cauda à direita.

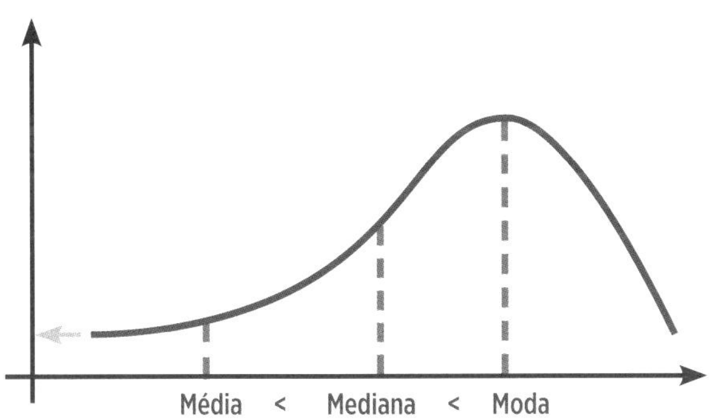

$X<Me<Mo$

Quadro Resumo (Tipos de Assimetria)	
Simétrica	$X = M_e = M_o$
Assimetria Positiva	$X > M_e > M_o$
Assimetria Negativa	$X < M_e < M_o$

Legenda:

X: Média da Distribuição;

M_o: Moda da Distribuição;

M_e: Mediana da Distribuição.

Sempre que os dados tiverem média, mediana e moda iguais, a distribuição será simétrica.

Classificação da Distribuição por meio do Coeficiente da Assimetria de *Pearson*

1º Coeficiente: $As = \dfrac{(X-Mo)}{S}$

2º Coeficiente: $As = \dfrac{3(X-Me)}{S}$ → mais usada

Se:

- > **AS = 0**, diz-se que a distribuição é <u>simétrica</u>.
- > **AS > 0**, diz-se que a distribuição é assimétrica positiva ou à direita.
- > **AS < 0**, diz-se que a distribuição é assimétrica negativa ou à esquerda.

Quanto maior o coeficiente de Assimetria de Pearson, mais assimétrica é a curva:

Se **As < 0,15** → então, a distribuição é praticamente simétrica.

Se **0,15 < As < 1,00** → então, a distribuição é moderadamente assimétrica.

Se **As > 1** → então, a distribuição é fortemente assimétrica.

Obs.: os valores dos dois coeficientes de Assimetria de Pearson serão iguais somente quando a distribuição for simétrica.

Coeficiente Quartílico de Assimetria

$$\mathbf{As = \frac{Q3+Q1-2\cdot Me}{Q3-Q1}}$$

Obs.: o coeficiente quartílico de assimetria está sempre compreendido entre −1 e +1.

Legenda:

As: Coeficiente de Assimetria;

X: Média da Distribuição;

M_o: Moda da Distribuição;

M_e: Mediana da Distribuição;

S: Desvio Padrão da Distribuição;

Q1: Primeiro Quartil;

Q3: Terceiro Quartil.

Ex.: Um estudo sobre as distribuições dos pesos dos alunos da escola "ABC", em que já calculamos os valores de

X: (59,3 kg);

$\mathbf{M_o}$: (56,8 kg); e

S: (9,0 kg).

Calcule o coeficiente de assimetria da distribuição e classifique a distribuição.

$$As = \frac{X - Mo}{S}$$

$$As = \frac{59{,}3 - 56{,}8}{9{,}0}$$

$$As = 2{,}5/9{,}0 = 0{,}28$$

Portanto, a distribuição é moderadamente assimétrica.

3.2 Curtose (ou Achatamento)

A medida de curtose nos indica a forma da curva de distribuição em relação ao seu achatamento. A forma da curva de distribuição em relação à curtose pode ser:

01. **Leptocúrtica;**
02. **Mesocúrtica; e**
03. **Platicúrtica.**

01. Leptocúrtica: quando a distribuição apresenta uma curva de frequência mais fechada que a normal (ou mais aguda em sua parte superior).

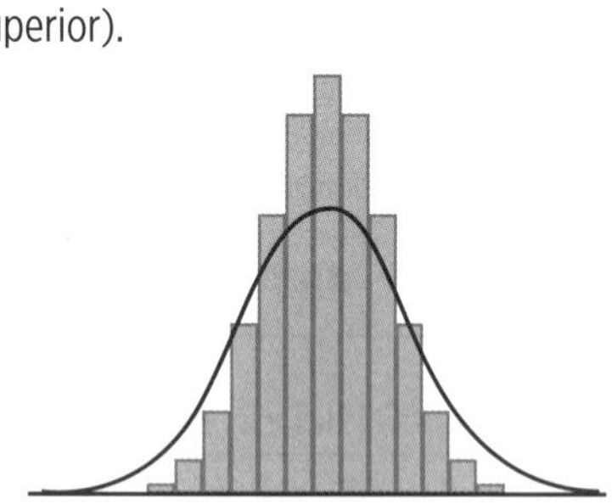

02. Mesocúrtica: a curva é normal e é a referencial.

3. Platicúrtica: quando a distribuição apresenta uma curva de frequência mais aberta que a normal (ou mais achatada na sua parte superior).

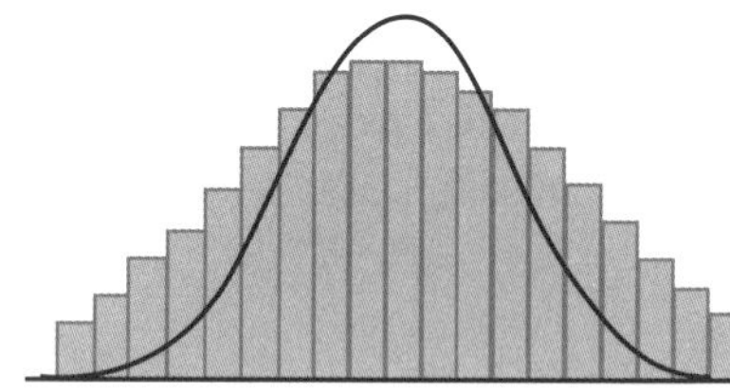

Coeficiente Percentílico de Curtose (C)

$$C = \frac{Q_3 - Q_1}{2(P_{90} - P_{10})}$$

Outra forma de apresentar o Coeficiente Percentílico de Curtose é a seguinte:

$$C = \frac{K}{(D9 - D1)}$$

Legenda:

C: Coeficiente de curtose;

Q_1: Primeiro quartil;

Q_3: Terceiro quartil;

P_{10}: Décimo percentil;

P_{90}: Nonagésimo percentil;

K: Amplitude semi-interquartílica: (Q3-Q1)/2;

D1: Primeiro decil;

D9: Nono decil.

Classificação do Coeficiente Percentílico de Curtose

Se:

> $C = 0{,}263 \rightarrow$ corresponde à curva mesocúrtica;

> $C < 0{,}263 \rightarrow$ corresponde à curva leptocúrtica;

> $C > 0{,}263 \rightarrow$ corresponde à curva platicúrtica.

Uma curva normal apresenta um coeficiente de curtose de valor C = 0,263. Assim, podemos estabelecer comparações entre as diversas curvas e classificá-las.

Ex.: Considere o seguinte resultado, relativo à distribuição de frequência:

Tabela

Distribuição	Q_1	Q_3	P_{10}	P_{90}
A	3	15	2	25

Determine o coeficiente de curtose e classifique a distribuição.

$$C_A = \frac{Q_3 - Q_1}{2(P_{90} - P_{10})} = \frac{15 - 3}{2(25 - 2)} = C_A = 0{,}261$$

→ **corresponde à curva** **leptocúrtica**

Coeficiente Momento de Curtose (Cm)

O Coeficiente Momento de Curtose é definido como o quociente entre o momento centrado de quarta ordem (m_4) e o quadrado do momento centrado de segunda ordem (variância).

Será dado pela seguinte fórmula:

$$Cm = \frac{m_4}{S^4}$$

Legenda:

m_4: é o momento de 4ª Ordem Centrado na Média Aritmética;

S^4: é o Desvio Padrão do conjunto, elevado à quarta potência.

Calculando isoladamente o valor do numerador e depois o valor do denominador, as fórmulas seriam as seguintes:

Numerador:

$$m_4 = \frac{\Sigma(Xi - \overline{X})^4 \cdot fi}{n}$$

Denominador:

$$S^4 = (S^2)^2 = \left[\frac{\Sigma(Xi - \overline{X})^2 \cdot fi}{n}\right]$$

Fica assim:

$$Cm = \frac{\dfrac{\Sigma(Xi - \overline{X})^4 \cdot fi}{n}}{\left[\dfrac{\Sigma(Xi - \overline{X})^2 \cdot fi}{n}\right]^2}$$

Obs.: o valor deste coeficiente para a curva normal é 3,00.

Legenda:

Xi = Valores observados.

X = Média aritmética (colocar a barrinha em cima do X)

Classificação do Coeficiente Momento de Curtose (Cm)

Portanto:

> Quando Cm ≅ 3,00 → diremos que a distribuição é mesocúrtica.

> Quando Cm < 3,00 → diremos que a distribuição é platicúrtica.

> Quando Cm > 3,00 → diremos que a distribuição é leptocúrtica.

A quarta potência do Desvio Padrão é o quadrado da Variância.

Questões

01. (Esaf) Em um ensaio para o estudo da distribuição de um atributo financeiro (X), foram examinados 200 itens de natureza contábil do balanço de uma empresa. Esse exercício produziu a tabela de frequências a seguir. A coluna Classes representa intervalos de valores de X em reais, e a coluna P representa a frequência relativa acumulada. Não existem observações coincidentes com os extremos das classes.

Classes	P (%)
70-90	5
90-110	15
110-130	40
130-150	70
150-170	85
170-190	95
190-210	100

Seja S o desvio padrão do atributo X, assinale a opção que corresponde à medida de assimetria de X como definida pelo primeiro Coeficiente de *Pearson*.

a) 3/S
b) 4/S
c) 5/S
d) 6/S
e) 0

02. (Esaf) Em um ensaio para o estudo da distribuição de um atributo financeiro (X), foram examinados 200 itens de natureza contábil do balanço de uma empresa. Esse exercício produziu a tabela de frequências a seguir. A coluna Classes representa intervalos de valores de X em reais, e a coluna P representa a frequência relativa acumulada. Não existem observações coincidentes com os extremos das classes.

Classes	P (%)
70-90	5
90-110	15
110-130	40
130-150	70
150-170	85
170-190	95
190-210	100

Entende-se por curtose de uma distribuição seu grau de achatamento, em geral medido em relação à distribuição normal. Uma medida de curtose é dada pelo quociente.

$$K = \frac{Q}{P_{90} - P_{10}}$$

Em que Q é a metade da distância interquartílica e P90 e P10 representam os percentis de 90% e 10%, respectivamente. Assinale a opção que dá o valor da curtose k para a distribuição de X.

a) 0,263
b) 0,250
c) 0,300
d) 0,242
e) 0,000

03. (Esaf) Sendo a moda menor que a mediana e, esta, menor que média, pode-se afirmar que se trata de uma curva

a) Simétrica.
b) Assimétrica, com frequências desviadas para a direita.
c) Assimétrica, com frequências desviadas para a esquerda.
d) Simétrica, com frequências desviadas para a direita.
e) Simétrica, com frequências desviadas para a esquerda.

04. (Esaf) O desenho esquemático (diagrama de caixa) apresentado abaixo representa o resumo de cinco números {51,00;54,75;69,50;78,00;95,00} para um conjunto de observações amostrais do atributo Y. Assinale a opção que dá o valor do Coeficiente de Assimetria de Pearson para a amostra em apreço.

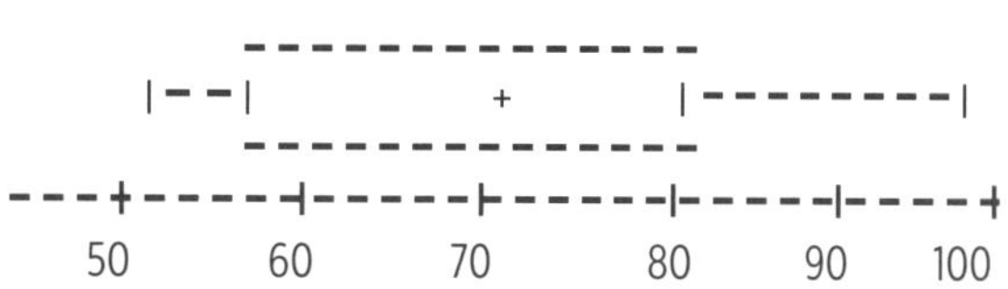

a) -0,269
b) -0,500
c) 0,000
d) 0,294
e) -0,294

05. (FGV) Para comparar as rendas de dois grupos de pessoas, A e B, foram preparados diagramas de caixas (*box-plots*) com os valores observados dos salários, representados na figura a seguir:

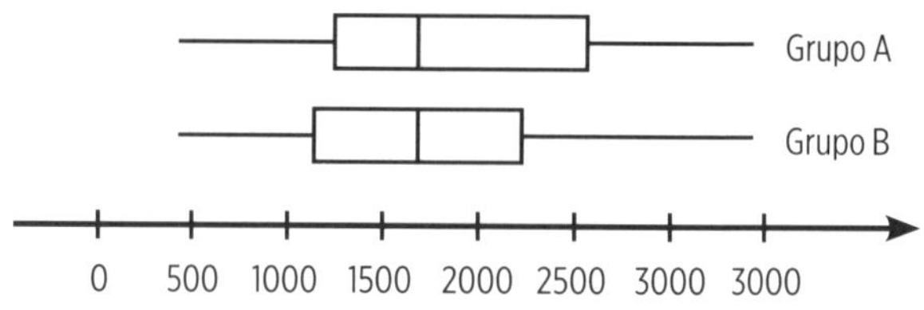

A respeito desses diagramas, considere as seguintes afirmativas:

I. O salário médio dos dois grupos é o mesmo.
II. A distribuição dos salários no grupo A é assimétrica à direita.
III. Há mais pessoas no grupo A do que no grupo B.

Assinale:

a) se somente a afirmativa I for verdadeira.
b) se somente a afirmativa II for verdadeira.
c) se somente a afirmativa III for verdadeira.
d) se somente as afirmativas I e II forem verdadeiras.
e) se somente as afirmativas II e III forem verdadeiras.

06. (Esaf) Em um experimento, obteve-se uma amostra de 15 valores da variável discreta x. A amostra é dada pelo conjunto {1, 2, 3, 1, 3, 4, 3, 4, 3, 2, 3, 5, 2, 4, 5}. Assim, para esta amostra, a média aritmética, a moda, a mediana e o tipo de distribuição obtidas são, respectivamente:

a) 3, 5, 3, assimétrica positiva.
b) 3, 5, 3, assimétrica negativa.
c) 3, 5, 3, simétrica.
d) 3, 3, 3, simétrica.
e) 3, 3, 5, assimétrica negativa.

07. (Esaf) Uma variável aleatória apresenta distribuição assimétrica positiva. Neste caso, tem-se que a:

a) média aritmética é menor do que a moda.
b) moda é maior do que a média aritmética.
c) média aritmética é maior do que a mediana.
d) média aritmética é igual à moda.
e) moda é maior do que a mediana.

08. (Esaf) No gráfico abaixo, as colunas representam as frequências relativas do número de aparelhos de rádio por domicílio em uma certa área da cidade:

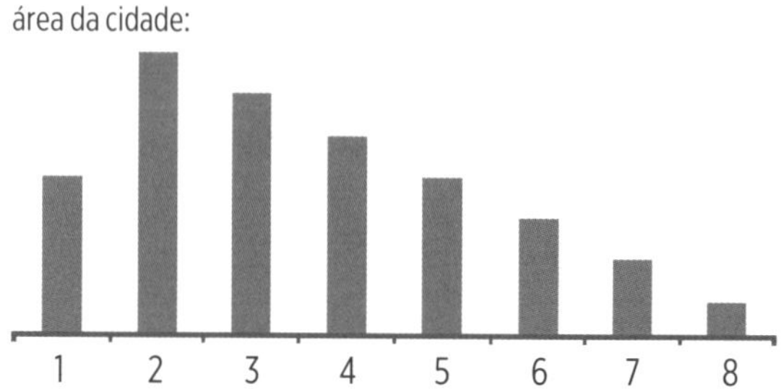

O exame da forma da distribuição das frequências relativas permite concluir corretamente que, nesse caso, e para essa variável:

a) A moda é maior do que a mediana, e a mediana maior do que a média.

b) A média é maior do que a moda, e a moda maior do que a mediana.

c) A média é maior do que a mediana, e a mediana maior do que a moda.

d) A moda é maior do que a média, e a média maior do que a mediana.

e) A mediana é maior do que a moda, e a moda maior do que a média.

09. (FCC) Numa distribuição de frequências com assimetria negativa, mais de 50% dos dados situam-se

a) sobre a média.

b) acima da média.

c) entre a média e a moda.

d) entre a média e a mediana.

e) acima da mediana.

10. (Cetro) Foram obtidos os seguintes dados para a idade dos filhos de uma amostra aleatória de 50 pessoas:

4, 5, 5, 6, 6, 6, 6, 7, 7, 7, 7, 7, 7, 8, 8, 8, 8, 8, 8, 8, 8, 8, 9, 9, 9, 9, 9, 9, 10, 10, 10, 10, 10, 10, 10, 10, 10, 11, 11, 12, 12, 13, 13, 14, 15, 15, 15, 16, 16, 18, 23

Dessa amostra, conclui-se que a distribuição

a) tem assimetria negativa.

b) indica subpopulações com assimetria negativa.

c) é simétrica.

d) tem assimetria positiva.

e) é parte assimétrica positiva e parte simétrica.

Gabaritos

01	A	06	D
02	D	07	C
03	B	08	C
04	A	09	B
05	B	10	D

1. CONCEITO, OBJETIVO E FINALIDADE DA CONTABILIDADE. PATRIMÔNIO. RESULTADO

1.1 Conceito de Contabilidade

Dentre os diversos conceitos que podem ser dados para a Contabilidade, podemos defini-la como o ramo das Ciências Sociais que tem por objetivo estudar, registrar e controlar as variações quantitativas e qualitativas que acontecem no patrimônio de uma entidade.

Assim, tem-se que o patrimônio das entidades é considerado o objeto da Contabilidade, uma vez que é sobre ele que a Contabilidade se debruçará, para controlá-lo e estudá-lo.

Disto já se extrai que a Contabilidade se caracteriza por ser uma ciência aplicada, ou seja: prática. Aliás, a Contabilidade como prática surgiu muito antes do que como ciência.

1.2 Objetivo e Finalidade da Contabilidade

Embora os termos: objetivo e finalidade da Contabilidade possam ser tratados como sinônimos, alguns fazem distinção entre os dois.

Assim, o objetivo da Contabilidade seria estudar, controlar e apurar o patrimônio e os resultados da entidade (antigamente chamada de azienda) – ao passo que a finalidade da Contabilidade seria fornecer informações desse patrimônio aos usuários em geral, que podem ser internos (sócios e administradores) ou externos (investidores, credores, Governo etc.).

Deve-se ter em mente que a Contabilidade existe para fornecer informações sobre o patrimônio das entidades, e não para administrá-lo. Quem toma decisões sobre o que fazer com o patrimônio são os administradores, que se valem principalmente da ciência da Administração.

O campo de aplicação da Contabilidade alcança todas as entidades que possuem patrimônio, sejam físicas ou jurídicas, com fins lucrativos ou não, formalizadas ou informais.

Deve-se observar que, embora normalmente a contabilidade seja aplicada especialmente pelas empresas, seu campo de aplicação é muito mais amplo, porque as empresas são somente as pessoas jurídicas com fins lucrativos, não abarcando as entidades sem fins lucrativos e muito menos as pessoas físicas. Por isso que é tecnicamente mais correto dizer que a contabilidade controla o patrimônio das entidades – e não só das empresas – em geral.

No exercício de sua atividade, a Contabilidade utiliza-se das técnicas contábeis, que são, na verdade, os diversos procedimentos utilizados para cumprir sua função – são eles: escrituração, demonstração, auditoria e análise.

→ **Escrituração**: Consiste no registro dos diversos fatos que interferem ou podem interferir no patrimônio das entidades. É por meio da escrituração que são controladas todas as alterações ocorridas no patrimônio.

É feita por intermédio dos chamados lançamentos contábeis, os quais devem sempre obedecer ao método das partidas dobradas.

→ **Demonstração**: Tem por objetivo apresentar aos diversos usuários as informações patrimoniais da entidade, seguindo alguns padrões e recomendações expedidos pelo CFC.

É mediante as demonstrações que os usuários, especialmente os externos, terão acesso às informações contábeis que foram escrituradas.

Dentre os exemplos de demonstrações contábeis temos: balanço patrimonial (BP), demonstração do resultado do exercício (DRE), demonstração dos lucros ou prejuízos acumulados (DLPA) e demonstração dos fluxos de caixa (DFC).

→ **Auditoria**: Esta técnica tem por objetivo verificar a correção dos procedimentos de escrituração e de demonstração, se foram de forma apropriada e seguindo as normas legais e contábeis.

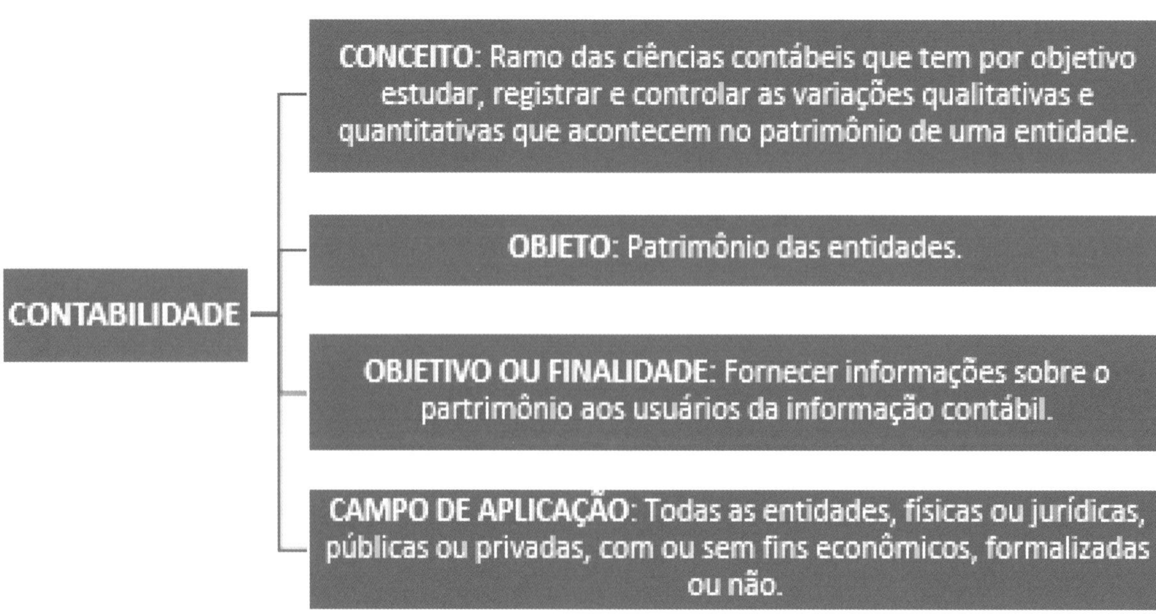

A auditoria pode ser interna, quando feita por pessoas da própria instituição, ou independente (também chamada de externa), quando realizada por profissionais contratados especificamente para isso.

→ **Análise**: Busca comparar as informações fornecidas nas demonstrações e mensurar índices que evidenciem a situação financeira e patrimonial da entidade, bem como compará-la com as de outras empresas do mesmo ramo.

1.3 Patrimônio

O patrimônio – também chamado de patrimônio líquido de uma entidade – é a soma de seus bens e direitos, excluídas as suas obrigações.

Já vimos que o patrimônio das entidades é o objeto da Contabilidade.

Mas o que ele vem a ser?

O patrimônio – normalmente denominado em contabilidade de patrimônio líquido – é definido como o conjunto de bens, direitos e obrigações (dívidas) de uma entidade. Ele mede a riqueza da entidade, e possui outros nomes, como: situação líquida, capital próprio, passivo não exigível e patrimônio residual.

O patrimônio líquido possui dois componentes positivos – estes, quanto maiores, maior o valor do patrimônio, que são os bens e os direitos – e um componente negativo, que quanto maior, menor o patrimônio, que são as obrigações.

Para a contabilidade, somente interessam os bens, direitos e obrigações que possuírem valor econômico. Assim, por exemplo, a reputação de uma entidade, ou o direito à privacidade ou a obrigação de obedecer às leis não são contabilizados, porque não possuem valor econômico. Porém a marca de uma empresa, o direito à indenização por ter a privacidade desrespeitada ou a obrigação de pagar um tributo o são, desde que seu valor possa ser devidamente aferido.

Os bens podem ser corpóreos (aqueles que possuem existência física, como os imóveis, os veículos, as mercadorias, o dinheiro) ou incorpóreos (que não possuem existência física, sendo produto do intelecto humano), como as marcas, as patentes, as licenças para uso de softwares etc.

Os bens incorpóreos diferenciam-se dos direitos porque estes possuem um devedor, alguém que deve pagar algo, diferentemente daqueles. Assim, por exemplo: uma marca é um bem incorpóreo, e não um direito, porque não existe um "devedor" de quem o valor da marca seja cobrado. Por outro lado, se a empresa efetua uma venda a prazo, surge para esta um direito (e não um bem incorpóreo), uma vez que neste caso existe um devedor, de quem o valor será cobrado.

Ligado ao conceito de patrimônio líquido, temos também os conceitos de ativo e de passivo.

Ativo, passivo e patrimônio líquido

ATIVO

O Ativo é a parte positiva do patrimônio, sendo normalmente definido como a soma dos bens e direitos de uma entidade. Quanto maior o ativo, maior o patrimônio da entidade. Pode ser chamado também de Patrimônio Bruto ou de Recursos Aplicados.

Também se fala em ativos (com letra minúscula), indicando cada um dos bens e direitos que compõem o Ativo total. Assim, pode-se dizer: "a empresa vendeu determinado ativo", ou: "o Ativo daquela entidade é bem valioso".

O CPC 00, por sua vez, traz uma definição mais específica, definindo ativo da seguinte forma: *"ativo é um recurso econômico presente controlado pela entidade como resultado de eventos passados"*.

Importante observar que, de acordo com o referido pronunciamento, a entidade controla um recurso econômico se ela tem a capacidade presente de direcionar o uso do recurso econômico e obter os benefícios econômicos que podem fluir dele, mesmo que não tenha sua propriedade legal.

Assim, imagine, por exemplo, a situação de uma entidade que faça um "leasing" de uma determinada máquina, arrendando o bem até o final do contrato, quando poderá decidir se devolverá o bem ou ficará com a propriedade, pagando a diferença de preço (o chamado "valor residual"). Enquanto a entidade arrendatária estiver pagando o aluguel, a máquina não será sua, sendo juridicamente de propriedade da arrendadora. No entanto, como é a entidade arrendatária que está na posse do bem e que o utiliza para obter benefícios econômicos, ela deverá registrá-lo em seu ativo.

Da mesma forma, imagine que uma fábrica ocupa um determinado terreno, onde instalou seu galpão de produção e o estoque os produtos a serem vendidos, mas que há uma discussão na justiça sobre a propriedade do imóvel. Neste caso, deverá a entidade registrar o terreno em seu ativo, mesmo que a propriedade jurídica não lhe seja assegurada? A resposta é afirmativa, uma vez que a empresa em questão pode direcionar o uso do terreno como lhe aprouver e pode extrair dele seus benefícios econômicos (bens produzidos).

Essa distinção entre controle e propriedade é importante para que a atividade contábil não venha a ser contaminada com discussões jurídicas. Para a contabilidade, a essência deve prevalecer sobre a forma.

Deve-se observar que, embora tecnicamente o CPC 00 não use mais essa definição, o ativo ainda pode ser conceituado – e cobrado em provas – como o conjunto de bens e direitos de uma entidade.

Como exemplos de ativos de uma entidade, podemos citar:

→ Dinheiro em caixa ou em conta corrente bancária;

→ Aplicações financeiras;

→ Valores a receber;

→ Adiantamentos feitos a fornecedores;

→ Adiantamentos feitos a funcionários;

→ Créditos com relação a fornecedores ou funcionários;

→ Mercadorias (bens adquiridos pela entidade para revenda, no exercício de suas atividades normais);

- → Veículos;
- → Máquinas e Equipamentos;
- → Semoventes;
- → Móveis e Utensílios;
- → Imóveis;
- → Marcas;
- → Patentes;
- → Participações societárias em outras empresas.

Passivo

Assim como ocorre com o ativo, pode-se falar em passivo em seu sentido de conjunto ou em sentido individual. Com relação ao sentido de conjunto, existem duas acepções para a expressão "Passivo" (o contexto é que muitas vezes definirá em que sentido a palavra está sendo utilizada).

Primeiro: o Passivo pode ser entendido como a soma das obrigações da entidade, a parte negativa do Patrimônio, também sendo chamado de Passivo Exigível ou Capital de Terceiros. Algumas vezes, porém, refere-se ao Passivo como sendo a soma do Passivo Exigível com o Patrimônio Líquido. Nesse sentido se diz que, no balanço, o valor do Ativo deve ser igual ao valor do Passivo.

O CPC 00, por sua vez, traz uma definição de passivo, individualmente considerado, conceituando-o como *"uma obrigação presente da entidade de transferir um recurso econômico como resultado de eventos passados"*. Assim, o passivo indica uma obrigação da entidade de pagar alguém.

Importante observar que o passivo representa uma forma de financiamento da entidade, ou seja, uma forma de obtenção de recursos, os quais deverão ser repassados ou devolvidos a terceiros.

Para que um passivo seja registrado na contabilidade, é essencial que se saiba o seu valor exato ou que pelo menos se possa fazer uma estimativa confiável.

Como exemplos de passivos de uma entidade, podemos citar:

- → Empréstimos e financiamentos tomados;
- → Tributos a pagar;
- → Salários a pagar;
- → Fornecedores a pagar;
- → Contas a pagar;
- → Adiantamentos recebidos de clientes;
- → Provisões para pagamentos prováveis.

PATRIMÔNIO LÍQUIDO

O Patrimônio Líquido (PL), também chamado de situação líquida, capital próprio, passivo não exigível e patrimônio residual, é a diferença entre o ativo e o passivo de uma entidade. Sendo assim, pode ser positivo, negativo ou nulo. Se for positivo, significa que a entidade possui mais bens e direitos do que obrigações. Se for negativo, significa que a entidade possui mais dívidas do que bens e direitos.

O PL mede, na verdade, a riqueza total de uma entidade em um determinado momento, indicando as fontes dos recursos da entidade que não precisarão ser devolvidos a ninguém, porque são seus recursos próprios, como, por exemplo, os valores entregues pelos sócios quando da criação da empresa ou os valores que a empresa obteve a partir de lucros auferidos.

Equação fundamental do patrimônio

Pelo que já vimos, podemos representar a relação entre Patrimônio Líquido (PL), Ativo e Passivo por meio de uma equação matemática, que é chamada de "equação fundamental do patrimônio", e que possui a seguinte forma:

PL = BENS + DIREITOS - OBRIGAÇÕES

Ou, colocando de outra forma:

PL = ATIVO - PASSIVO

- → Se o Ativo for maior do que o Passivo, temos uma situação líquida positiva;
- → Se o Ativo for igual ao Passivo, temos uma situação líquida nula;
- → Se o Ativo for menor do que o Passivo, temos uma situação líquida negativa, também chamada de "passivo a descoberto".

A situação de passivo a descoberto, porém, embora seja desconfortável, não significa que a empresa está falida, ou que não conseguirá pagar os seus credores, pois essa situação dependerá de outras circunstâncias, como o prazo de vencimento das dívidas e a capacidade de produção de receitas da entidade.

Representação gráfica do patrimônio

A partir da relação apresentada entre o PL, Ativo e Passivo pela equação fundamental, e considerando que normalmente o Ativo é maior do que o Passivo Exigível (ou seja, normalmente espera-se que o PL seja positivo), costuma-se, para representar graficamente o patrimônio, isolar-se o Ativo (colocando o Passivo no outro termo da equação, junto com o PL), ficando assim:

ATIVO = PL + PASSIVO

A partir dessa relação, costuma-se representar graficamente o patrimônio da seguinte forma, que é a base para a elaboração do balanço patrimonial – o qual será visto adiante – de uma entidade:

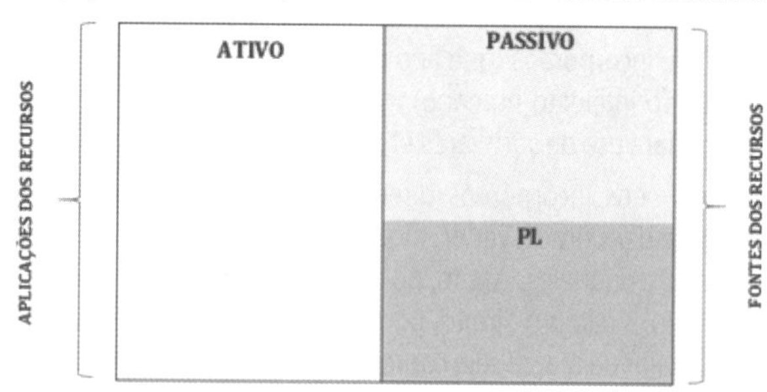

Veja que, como já dito, pode-se chamar todo o lado direito da representação gráfica de "passivo", indicando, assim, as fontes de recursos da entidade, tanto de terceiros, que terão de ser devolvidos (passivo exigível), como os próprios da entidade, que não precisarão ser devolvidos a ninguém (patrimônio líquido).

O ativo, por sua vez, indica onde tais recursos foram aplicados (no caixa, em bancos, em mercadorias, imóveis, veículos etc.)

Exemplos

- → Considere que a Empresa Hipotética Ltda. possua os seguintes bens, direitos e obrigações (valores em R$):

- Dinheiro em caixa: 1.000
- Dinheiro em bancos: 8.000
- Dívidas com funcionários: 10.000
- Dívidas com fornecedores: 25.000
- Valores a receber de clientes: 30.000
- Mercadorias em estoque: 15.000
- Patentes registradas em nome da empresa: 20.000
- Financiamentos bancários (saldo devedor): 60.000
- Veículos: 50.000

Neste caso, qual o valor do ativo, passivo e patrimônio líquido da entidade?

RESPOSTA: Para resolvermos a questão, basta lembrarmos que o ativo é a soma de todos os bens e direitos, que o passivo é soma de todas as obrigações e que o patrimônio líquido é a diferença entre eles:

a) Ativo: 1.000 + 8.000 + 30.000 + 15.000 + 20.000 + 50.000 = 124.000

b) Passivo: 10.000 + 25.000 + 60.000 = 95.000

c) PL = Ativo – Passivo = 124.000 – 95.000 = R$ 29.000

→ Uma empresa possuía em determinado momento o seguinte saldo de ativos e passivos:

- Dinheiro em caixa: 5.000
- Mercadorias em estoque: 20.000
- Valores a receber de clientes: 25.000
- Aluguéis a pagar: 10.000
- Salários a pagar: 15.000
- Patrimônio líquido: 12.000

Sabendo que além desses bens, direitos e obrigações, possuía também uma dívida de financiamento feito junto ao banco, calcular o valor dessa dívida.

RESPOSTA: Para resolvermos a questão, mais uma vez devemos nos socorrer da equação fundamental do patrimônio, lembrando que queremos encontrar o valor de um dos passivos, que chamaremos de "Financiamentos":

PL = Ativo Total – Passivo Exigível Total.

PL = 12.000

Ativo = 5.000 + 20.000 + 25.000 = 50.000

Passivo = 10.000 + 15.000 + Financiamentos = 25.000 + Financiamentos.

Agora, é só substituir os valores acima na equação fundamental:

12.000 = 50.000 – (25.000 – Financiamentos)

12.000 = 25.000 – Financiamentos

Financiamentos = R$ 13.000,00

→ Considere, para uma determinada entidade:

- Dinheiro em caixa: R$ 30.000.
- Veículos: R$ 200.000.
- Valores a receber de clientes: R$ 100.000
- Dívida com bancos: R$ 150.000
- Dívida com funcionários: R$ 50.000

Neste caso, o valor do patrimônio líquido da entidade é de (em R$)

a) 330.000

b) 280.000

c) 180.000

d) 130.000

e) 100.000

Resolução: o PL é igual ao Ativo menos o Passivo. O Ativo é dado pela soma dos bens e direitos (dinheiro em caixa, veículos e valores a receber de clientes), somando R$ 330.000. Já o Passivo é dado pela soma das obrigações (dívida com bancos e dívida com funcionários), somando R$ 200.000.

Sendo assim, verifica-se que o valor do PL é de R$ 130.000, alternativa D.

Exercício social

Antes de passarmos à divisão do Ativo e do Passivo, é importante entender um conceito que será muito referenciado daqui para frente: o de exercício social.

O exercício social pode ser conceituado como o período que uma determinada empresa deve elaborar suas demonstrações contábeis.

Representa um intervalo de tempo no qual serão apuradas suas receitas e suas despesas e seu resultado (lucro ou prejuízo), devendo também divulgar aos interessados a composição atual de seu patrimônio.

De acordo com o art. 175 da Lei 6.404/76, o exercício social das empresas deve ter a duração de 1 (um) ano, podendo, porém, cada empresa escolher a data de seu término.

Assim, por exemplo, uma empresa pode determinar em seu estatuto ou contrato social que seu exercício financeiro será de 1º de janeiro a 31 de dezembro, ou de 1º de julho de um ano a 30 de junho do ano seguinte, ou de 1º de setembro de um ano a 30 de agosto do ano seguinte etc.

> *Se nada for dito, deve-se considerar que o exercício social adotado pela entidade coincide com o ano civil, ou seja, que vai de 1º de janeiro a 31 de dezembro de cada ano.*

Divisão do ativo

Já vimos que o ativo representa os bens e direitos de uma entidade. Este é dividido em dois grandes ramos (Circulante e Não Circulante), sendo que o segundo é dividido em quatro subgrupos (Realizável a Longo Prazo, Investimentos, Imobilizado e Intangível).

Vejamos cada um deles:

Ativo Circulante

O Ativo Circulante (AC) representa os recursos de maior liquidez da entidade, o capital com o qual ela pode contar no curto prazo (até o final do exercício social seguinte).

Por conta disso, no Ativo Circulante ficam registradas as disponibilidades financeiras (dinheiro em caixa e em bancos) e os bens e direitos realizáveis até o final do exercício social subsequente.

"Realizar", em Contabilidade, significa transformar um ativo em receita, ou seja, transformá-lo em dinheiro.

Em outras palavras, constarão do Ativo Circulante aquilo que já é dinheiro e aqueles bens e direitos que a entidade espera transformar em dinheiro (realizar) até o final do exercício social seguinte.

Com relação à classificação no Ativo Circulante, porém, cabem algumas observações importantes:

- Os estoques são sempre classificados no Ativo Circulante.
- Se, excepcionalmente, a empresa tiver um ciclo operacional (tempo entre a compra da mercadoria e o recebimento do valor das vendas dos clientes) maior do que um ano, a classificação no Ativo Circulante terá como base a duração desse ciclo. Imagine-se, por exemplo, o caso de um estaleiro, em que o tempo entre a encomenda do navio pelo cliente e o recebimento do pagamento costume é de 3 (três) anos, em média. Neste caso, serão classificados no Ativo Circulante os bens e direitos realizáveis em até 3 anos.
- Os empréstimos e as vendas feitos pela entidade a suas coligadas/controladas, sócios, acionistas e diretores e que não decorram das atividades normais da entidade **não** devem ser colocados no Ativo Circulante, independentemente do prazo de exigibilidade, devendo ser classificados sempre no Ativo Não Circulante. Isso por uma questão de prudência, porque nesses casos sempre existe a possibilidade de o devedor requerer a "rolagem" da dívida, adiando seu pagamento.

Em se tratando de direitos, se nada for dito quanto ao seu prazo, considera-se que são realizáveis até o final do exercício seguinte, devendo constar do Ativo Circulante.

Exemplos

Vejamos os seguintes exemplos para ilustrar:

- Considere-se que uma empresa adote o exercício social padrão, ou seja, de 1º de janeiro a 31 de dezembro de cada ano, e que essa possua os seguintes ativos, em 31/12/X1 (valores em R$):
  - Dinheiro em caixa: 2.000
  - Dinheiro em bancos: 10.000
  - Aplicações financeiras de liquidez imediata: 20.000
  - Aplicações financeiras com resgate em 15/02/X3: 35.000
  - Valores a receber de clientes até 31/12/X2: 40.000
  - Valores a receber de clientes após 31/12/X2: 20.000
  - Veículos: 80.000
  - Imóveis: 400.000

A empresa não tem intenção de vender seus veículos e imóveis no curto prazo.

Diante disso, qual o valor do Ativo Circulante (AC)?

RESPOSTA: Deverá constar do AC as disponibilidades de dinheiro (caixa, bancos e aplicações de liquidez imediata) e tudo aquilo que a entidade espera realizar até o final do exercício social seguinte (no caso, até 31/12/X2, uma vez que a data-base é 31/12/X1).

Assim:

AC = 2.000 + 10.000 + 20.000 + 40.000 = R$ 72.000,00.

- Uma empresa vende, em junho de X1, um imóvel, para recebimento em 48 prestações de R$ 10.000, com a primeira para 10/07/X1. Considerando que o exercício social da entidade coincide com o ano civil, qual valor desse direito será colocado no Ativo Circulante?

RESPOSTA: A empresa deverá classificar no Ativo Circulante a parte do direito que for receber até 31/12/X2 (final do exercício seguinte, uma vez que a data-base é JUN/X1 e a empresa adota o exercício social de 1º/JAN a 31/DEZ).

Até 31/12/X2 a entidade receberá 18 parcelas referentes à venda do terreno. Assim, deverá colocar no Ativo Circulante o valor de R$ 180.000,00 (18 X R$ 10.000).

O restante dos valores a receber (R$ 300.000) será alocado no Ativo Não Circulante.

Ativo Não Circulante

No Ativo Não Circulante serão classificados todos os bens e direitos da entidade que não forem alocados no Ativo Circulante.

O Ativo Não Circulante, por sua vez, divide-se em: Realizável a Longo Prazo, Investimentos, Imobilizado e Intangível.

Ativo Realizável a Longo Prazo

Ativo Realizável a Longo Prazo (ARLP) abrange os bens e direitos com realização prevista para após o final do exercício seguinte. Deve incluir também os direitos relativos a vendas, adiantamentos e empréstimos feitos a coligadas/controladas, diretores e acionistas, qualquer que seja seu prazo.

Assim, por exemplo, se uma empresa, em 31/12/X1 possui valores a receber em 30/06/X3, tais valores devem ser classificados no Ativo Realizável a Longo Prazo.

Como já visto quando falamos sobre o Ativo Circulante, os empréstimos e as vendas feitos pela entidade a suas coligadas ou controladas, sócios, acionistas e diretores devem sempre ser colocados no Ativo Realizável a Longo Prazo, independentemente do prazo de exigibilidade.

Investimentos

De acordo com o Art. 179, inciso III, da Lei 6.404/76 (Lei das S/A), o Ativo Investimentos deve trazer:

a) Os bens não destinados à manutenção das atividades da empresa, tais como imóveis para aluguel, terrenos não utilizados e obras de arte;

b) As participações permanentes no capital de outras sociedades, como ações de coligadas, de controladas e de não coligadas e de não controladas.

Participações permanentes são ações adquiridas pela entidade com a intenção de permanência, ou seja, sem a intenção de revenda no curto prazo, representando uma extensão da atividade econômica da entidade.

Se a empresa adquirir ações com objetivo especulativo, isto é, de revendê-las no curto prazo, serão elas tratadas como participações temporárias e classificadas no ativo circulante.

Imobilizado

No Ativo Imobilizado devem ser classificados os bens tangíveis (corpóreos, que possuem existência física) e que sejam necessários à manutenção das atividades da entidade.

Ou seja, são os bens corpóreos adquiridos pela entidade para serem utilizados em sua atividade, mas que não sejam mercadorias, tais como veículos, máquinas e equipamentos e imóveis em uso.

Se forem mercadorias, ou seja, bens que são usualmente comprados pela entidade para serem revendidos em sua atividade normal, serão classificadas como estoque, no circulante.

Intangível

Classificam-se no Ativo Intangível os bens incorpóreos (que não possuem existência física) destinados à manutenção da companhia ou exercidos com essa finalidade, inclusive o fundo de comércio adquirido.

Veja-se que o Ativo Intangível é semelhante ao Ativo Imobilizado, pois em ambos são classificados os bens utilizados pela entidade em sua atividade. A diferença é que os bens que possuem existência física ficam no Imobilizado e os que não possuem ficam no Intangível.

A classificação de um determinado bem na contabilidade de uma entidade depende não só da natureza do bem, mas também do tipo de atividade exercida e da sua intenção ao adquiri-lo.

Exemplo: Para uma loja de sapatos, os veículos adquiridos para entrega de mercadorias vendidas serão classificados no Ativo Imobilizado. Se, por outro lado, a loja adquirir um veículo antigo que não seja utilizado em suas atividades, somente para ficar no museu da empresa, então será classificado no Ativo Investimentos.

Já no caso de uma loja de veículos, os veículos adquiridos, via de regra, serão classificados como estoque, no Circulante (exceto se a loja tiver adquirido o veículo para outros fins que não revenda, como transporte de vendedores, por exemplo, caso em que será classificado no Imobilizado).

Resumo da Divisão do Ativo

A divisão do ativo é assunto de grande importância em Contabilidade, até para o entendimento dos pontos que serão abordados mais à frente.

Por isso, segue resumo do que vimos:

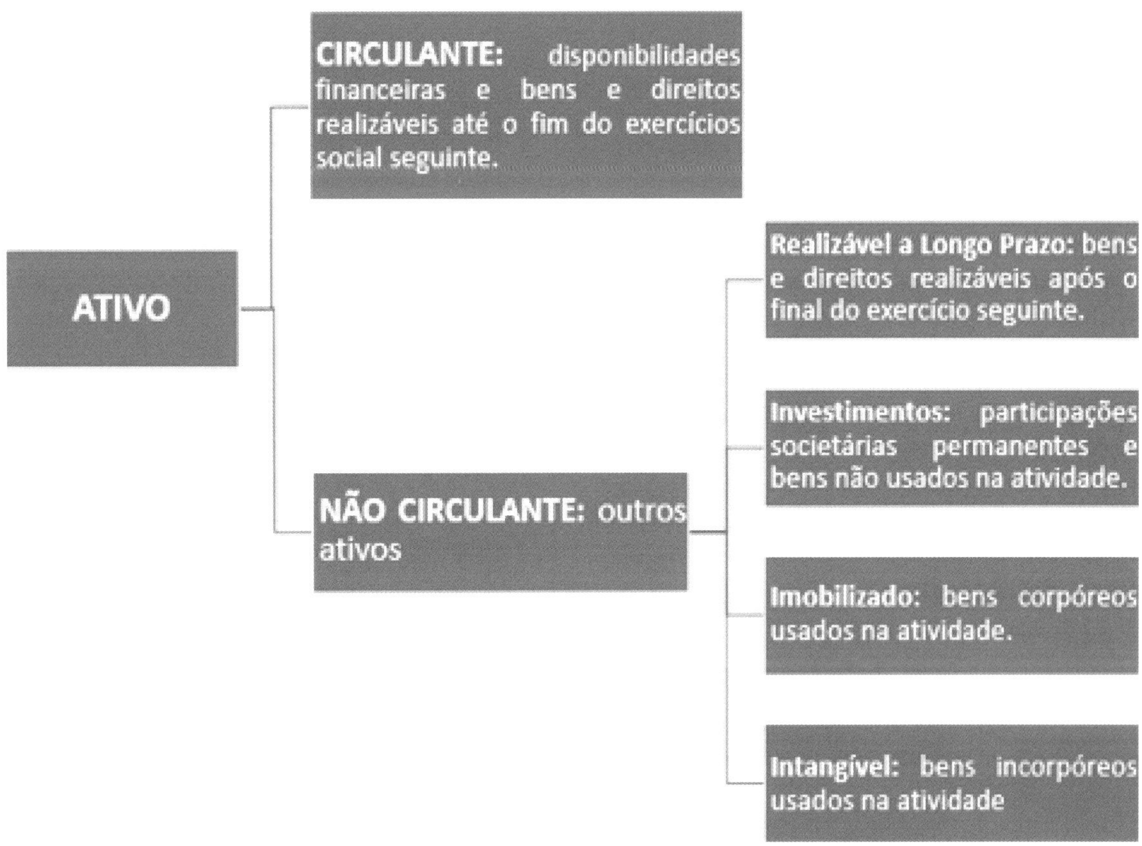

Divisão do passivo exigível

Assim como o Ativo, o Passivo divide-se em Circulante e Não Circulante e, da mesma forma, também é utilizado o critério temporal para sua diferenciação.

Passivo Circulante

O Passivo Circulante (PC) é composto pelas obrigações exigíveis ao longo do exercício seguinte. Ou seja, representa as dívidas de curto prazo, aquelas que deverão ser pagas pela entidade até o final do exercício social seguinte.

→ Assim como ocorre com o Ativo Circulante, se excepcionalmente a empresa tiver um ciclo operacional maior do que um ano, a classificação no Passivo Circulante terá como base a duração desse ciclo.

→ Os empréstimos tomados pela entidade de suas coligadas/controladas, sócios, acionistas e diretores **não** devem ser colocados no Passivo Circulante, independentemente do prazo de exigibilidade, devendo ser classificados no Passivo Não Circulante. Isso por uma questão de prudência, pois nesses casos sempre existe a possibilidade de o devedor requerer a antecipação do pagamento da dívida.

Passivo Não Circulante

Também chamado de Passivo Exigível a Longo Prazo (PELP), o Passivo Não Circulante (PNC) traz os demais passivos, ou seja, aqueles que deverão ser pagos após o final do exercício social seguinte.

O Passivo Não Circulante não possui as divisões internas que o Ativo Não Circulante apresenta.

Exemplo

→ Considere-se que uma empresa, que adota como final do exercício social o dia 31 de dezembro de cada ano, tenha tomado, em janeiro de X1, um financiamento para pagamento em 120 parcelas mensais de R$ 5.000, com a primeira parcela vencendo em março de X1. Neste caso, quanto do valor seria lançado no Passivo Circulante e quanto seria colocado no Passivo Realizável a Longo Prazo?

RESPOSTA: No Passivo Circulante devem ser lançados os valores que deverão ser pagos até 31/12/X2 (final do exercício social seguinte). Como a primeira parcela será em março de X1, deverão ser pagas até 31/12/X2 o total de 22 parcelas, o que dá um montante de R$ 110.000,00 (22 X R$ 5.000,00).

Já no Passivo Exigível a Longo Prazo (Não Circulante) deverá ser lançado o valor restante do financiamento, ou seja, R$ 490.000,00.

Observe-se que, com o tempo, os valores vão "migrando" do Passivo Não Circulante, pois as dívidas que estavam longe de vencer vão aos poucos passando para o curto prazo.

Resumo da Divisão do Passivo

Segue o resumo da divisão do Passivo:

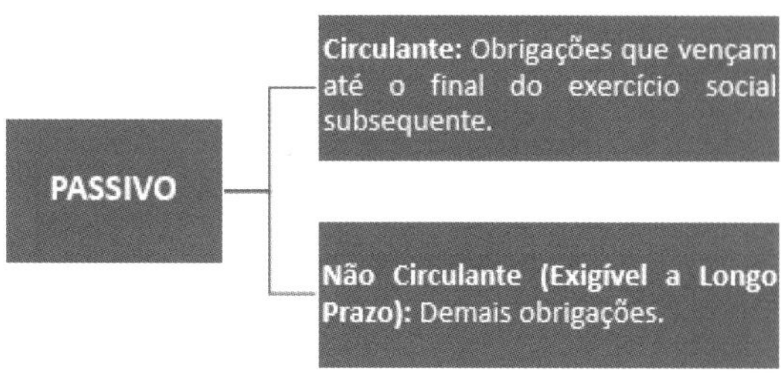

Componentes do patrimônio líquido

O Patrimônio Líquido (PL), diferente do Ativo e do Passivo, não possui divisões internas, possuindo somente componentes, que podem ser positivos ou negativos.

Já vimos que o valor do PL é igual ao valor do Ativo menos o Valor do Passivo. Esse valor do PL, porém, estará sempre ligado a um ou mais de seus componentes internos. Em outras palavras, o valor do PL (que é igual ao Ativo menos o Passivo) é igual à soma dos seus componentes positivos, menos a soma dos componentes negativos.

Componentes positivos do PL

Os componentes positivos do PL, como o nome indica, aumentam o seu valor, aumentando, em consequência, a riqueza da entidade.

São eles:

→ Capital Social: Representa o capital subscrito pelos sócios, ou seja, o dinheiro que os sócios se comprometeram a colocar na sociedade, quando a formaram.

→ Reservas de Lucros: Valores oriundos de lucros obtidos pela sociedade e que não foram retirados pelos sócios (foram reinvestidos). Essas reservas podem ser de vários tipos, de acordo com sua finalidade, conforme veremos adiante: reserva legal, reserva estatutária, reserva para contingências etc.

→ Reservas de Capital: Valores provenientes de ingressos realizados por sócios (que não configurem realização de capital) ou terceiros que entram diretamente no patrimônio da entidade, não advindo de lucros obtidos pela entidade. Exemplo: injeção de dinheiro feita por sócio além de sua parte no capital social e ganhos na venda de ações da empresa.

→ Ajustes de Avaliação Patrimonial (se positivos): Representam aumentos do valor atribuído a elementos do ativo ou a diminuição de elementos do passivo, em decorrência da sua avaliação a valor justo, ou seja, preço de mercado.

→ Lucros Acumulados: Uma conta que contabiliza o valor dos lucros acumulados da entidade em diversos períodos.

> A partir de 2007 não é mais permitido às sociedades anônimas e empresas de grande parte manterem a conta "Lucros Acumulados" com saldo em seu balanço, devendo eventual saldo ser transferido para reservas de lucros, distribuídos aos sócios ou utilizado para aumento do capital social.
> Assim, atualmente, essa conta é utilizada somente de forma transitória, em caso de lucro no exercício.

Componentes negativos do PL

Os componentes negativos do PL, também como o próprio nome indica, diminuem o valor do patrimônio líquido, reduzindo, em consequência, a riqueza da entidade.

São eles:

→ Capital a Integralizar (ou a Realizar): Indica o quanto do capital prometido (subscrito) pelos sócios ainda não foi entregue por eles. É uma conta que reduzirá o valor de Capital Social.

- → Prejuízos Acumulados: Representa os valores acumulados de prejuízos de exercícios anteriores. Se a entidade tiver prejuízo, primeiro ele deverá absorver todas as reservas de lucros porventura existentes. Após isso, a entidade poderá (mas não é obrigada) absorver as reservas de capital. Se ainda houver prejuízo remanescente, será deixado da conta Prejuízos Acumulados.
- → Ações em Tesouraria: Representa os valores das ações da companhia que estão em seu próprio poder. Surge quando a empresa recompra parte de suas ações no mercado e as guarda para venda futura.
- → Ajustes de Avaliação Patrimonial (se negativos): Representam diminuições do valor atribuído a elementos do ativo, ou aumento de elementos do passivo, em decorrência da sua avaliação a valor justo, ou seja, preço de mercado.

Observação: A maior parte das empresas utiliza uma mesma conta para registrar lucros ou prejuízos acumulados, a qual pode ter saldo devedor ou credor. Se tiver saldo devedor, significa que há prejuízos acumulados. Se tiver saldo credor, significa que há lucros acumulados, devendo, neste último caso, como já dito anteriormente, dar-se uma destinação ao lucro (aumento do capital, aumento de reservas de lucros ou distribuição de dividendos aos acionistas).

1.4 Resultado

O resultado, também chamado de rédito, é a diferença entre as receitas e as despesas apuradas por uma entidade para um determinado período de tempo, medindo o desempenho econômico da entidade naquele período.

Se o total de receitas for maior do que o de despesas, temos um resultado positivo, chamado de lucro. Se, pelo contrário, o total de despesas for maior do que o de receitas, temos um resultado negativo, chamado de prejuízo. Se forem iguais, teremos um resultado nulo.

Relação entre resultado e patrimônio

Embora o resultado de uma entidade não tenha relação direta com o seu patrimônio (pois uma empresa pode ter um patrimônio grande e ter prejuízo, e uma outra pode ter um patrimônio pequeno e ter grandes lucros), o resultado – lucro ou prejuízo – acaba por impactar no patrimônio.

Isso porque quando a entidade aufere lucro, o seu patrimônio aumenta com o ganho obtido. Por outro lado, quando tem um prejuízo, o seu patrimônio irá reduzir, pois o prejuízo será coberto ou com a redução de seus ativos ou com o aumento do endividamento (ou seja, do passivo).

Assim, temos:

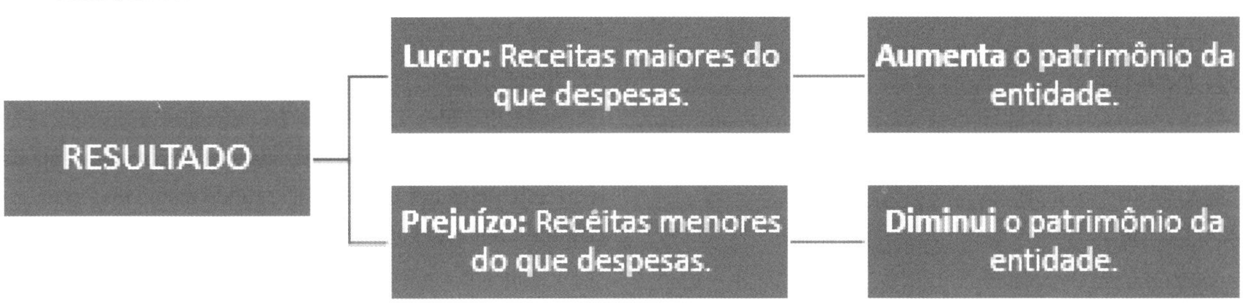

O resultado de uma entidade é demonstrado na Demonstração do Resultado do Exercício (DRE), que será objeto de nosso estudo mais à frente.

1.5 Receitas

As receitas são variações positivas do patrimônio líquido e que não decorrem de valores injetados diretamente pelos sócios ou acionistas, como ocorre, por exemplo, com a subscrição de novas ações.

O CPC 00 as define da seguinte forma: *"receitas são aumentos nos ativos, ou reduções nos passivos, que resultam em aumentos no patrimônio líquido, exceto aqueles referentes a contribuições de detentores de direitos sobre o patrimônio."*

As receitas decorrem de aumentos do Ativo ou diminuições do Passivo e contribuem para o aumento do resultado, ou seja, para o lucro da entidade.

Classificação das receitas

Atualmente, costuma-se classificar as receitas nas seguintes categorias:

a) Receitas de vendas: É a receita da venda de mercadorias, produtos e serviços da entidade, recebendo outros nomes, como: "receita bruta", "vendas brutas" ou somente "vendas". São as receitas das atividades normais da entidade. Assim, por exemplo, no caso de uma loja de sapatos, sua receita de vendas é composta pelos valores obtidos com a venda de sapatos, bolsas, cintos e outros acessórios. No caso de um posto de gasolina, a receita de vendas é aquela obtida com a venda de combustíveis, de produtos da loja de conveniência e de serviços automotivos prestados.

A receita de vendas, via de regra, constitui a principal categoria de receitas de uma entidade, uma vez que decorre de sua atividade principal.

b) Receitas financeiras: Remuneração recebida pela cessão de capital a terceiros. Exemplos:

- → Juros recebidos por recebimentos com atraso;
- → Juros recebidos do banco por aplicações financeiras;
- → Descontos condicionais obtidos (descontos obtidos pelo pagamento de dívidas antecipadas).

c) Receita de equivalência patrimonial: É a receita apurada em uma empresa investidora (que possui ações de uma outra entidade, chamada de investida) em função do resultado positivo (lucro) obtido por uma coligada ou controlada.

d) Outras receitas: Também chamadas de outras receitas operacionais, este grupo representa as receitas da entidade que não se enquadrem nas categorias anteriores. Exemplos:

→ Ganhos na venda de bens do ativo imobilizado (ganhos de capital);

→ Aluguéis recebidos;

→ Receitas de royalties.

1.6 Despesas

As despesas são exatamente o contrário das receitas, ou seja, são variações negativas do patrimônio líquido, e que não estejam relacionadas à distribuição de recursos aos sócios ou acionistas.

O CPC 00 as define da seguinte forma: *"despesas são reduções nos ativos, ou aumentos nos passivos, que resultam em reduções no patrimônio líquido, exceto aqueles referentes a distribuições aos detentores de direitos sobre o patrimônio."*

Decorrem de aumentos do Passivo ou diminuições do Ativo e contribuem para a diminuição do resultado – para o prejuízo da entidade.

Classificação das despesas

Atualmente, costuma-se classificar as despesas nas seguintes categorias:

a) Despesas com vendas: Também chamadas de despesas comerciais, representam todos os gastos com a comercialização e a distribuição de mercadorias ou produtos, após sua produção. As despesas com vendas têm seu valor diretamente relacionado às vendas realizadas.

Como exemplos de despesas de vendas, temos:

→ Comissões de vendas;

→ Despesas com embalagens;

→ Gastos com propaganda;

→ Royalties pagos pela utilização da marca de terceiros;

→ Brindes.

b) Despesas financeiras: Despesas com remuneração aos capitais de terceiros, utilizados para financiar as atividades da entidade. Exemplos:

→ Juros passivos (juros pagos pela entidade a terceiros, como bancos, por exemplo);

→ Descontos condicionais concedidos (descontos dados para pagamento antecipado pelo cliente de um título com vencimento futuro).

c) Despesas administrativas: São os gastos referentes à direção e administração da entidade, para que esta possa exercer suas atividades. Exemplos:

→ Salários;

→ Décimo terceiro salário;

→ Despesas com férias;

→ Despesa com INSS e FGTS;

→ Contas de consumo (água, luz, telefone, internet);

→ Gastos com seguros;

→ Aluguéis pagos;

→ Depreciação;

→ IPTU;

→ IPVA.

d) Despesas gerais: Despesas comuns às despesas administrativas e de vendas como, por exemplo:

→ Despesas com material de limpeza;

→ Despesas com material de higiene;

→ Gastos com refeitório.

Quanto mais a empresa separar as suas despesas por área de vendas ou de administração, menores tendem a ser as despesas gerais.

e) Outras despesas: Todas as despesas que não possam ser classificadas nas quatro categorias anteriores. Temos como exemplos: perdas na venda de bens do ativo imobilizado (perdas de capital) e multas.

Embora não sejam considerados despesas no sentido estrito do termo, possuem a mesma natureza, pois diminuem o resultado da entidade e podem ser considerados como despesas no sentido amplo do termo:

a) As deduções de vendas: Valores que são recebidos pela entidade junto com sua receita bruta, mas que não ficarão em seu poder, pois deverão ser devolvidos ou repassados a terceiros, como os tributos sobre vendas e as devoluções de vendas.

b) Custos: Representam os gastos dispendidos especificamente com a aquisição de mercadorias, com a fabricação de bens e com a prestação de serviços. Assim, por exemplo, numa fábrica de móveis, serão considerados custos o valor da matéria-prima adquirida, das tintas e vernizes utilizados, da mão de obra dos trabalhadores da produção etc. Deve-se observar, porém, que os gastos subsequentes, relacionados à comercialização das mercadorias e dos produtos, são considerados como despesas de vendas.

c) Perdas: Representam diminuições anormais e eventuais do patrimônio líquido, por diminuição de valores do ativo, e que não decorrem das atividades normais da entidade. Exemplos: perdas do estoque, perda por não recebimento de vendas a prazo e perdas por incêndio, furto ou roubo de bens do ativo imobilizado.

Daqui para frente, quando falarmos em despesas, via de regra estaremos nos referindo ao sentido amplo do termo, incluindo as deduções de vendas, os custos e as perdas.

Os quadros a seguir resumem a classificação das receitas e das despesas:

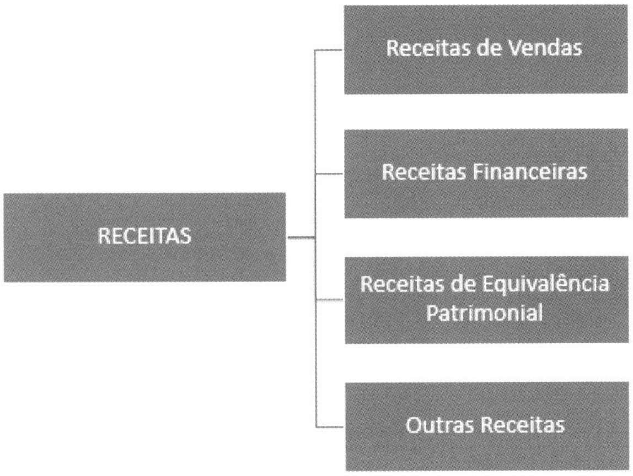

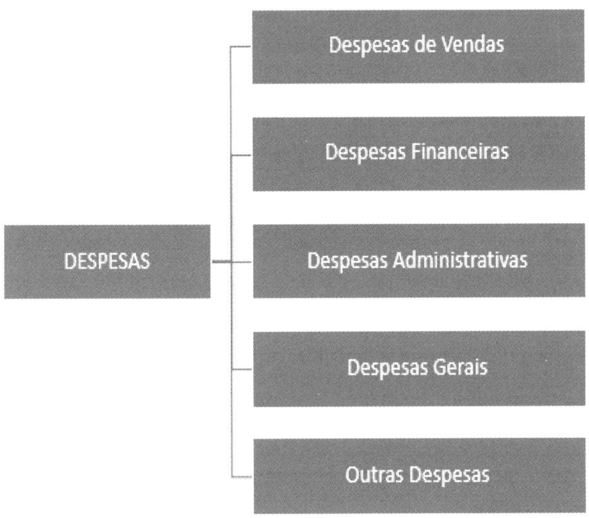

1.7 Regimes de Caixa e de Competência

Historicamente, existem dois regimes para a contabilização das receitas e despesas, e que estão relacionados ao momento em que elas serão reconhecidas: regime de caixa e regime de competência, sendo que, atualmente, pela legislação empresarial e contábil, somente o segundo deve ser utilizado.

Regime de caixa

De utilização não mais permitida na contabilidade – exceto para alguns efeitos, como elaboração da Demonstração de Fluxos de Caixa –, o regime de caixa contabiliza as receitas e as despesas conforme ocorrem os respectivos recebimentos e pagamentos.

Recebe este nome porque a contabilização das receitas e despesas segue a movimentação financeira.

Assim, por exemplo:

→ Se a empresa recebe uma conta de energia elétrica do mês de maio, com vencimento em junho, pelo regime de caixa tal despesa será considerada como de junho – se o pagamento for feito neste mês.

→ Se a empresa paga em junho os salários referentes a maio – como normalmente ocorre –, pelo regime de caixa tal despesa será contabilizada somente em junho.

→ Se a empresa vende a prazo uma mercadoria em dezembro do ano X1, para recebimento em fevereiro de X2, somente contabilizará a receita em fevereiro de X2, quanto o dinheiro for recebido.

Regime de competência

Diferentemente do regime de caixa, o regime de competência registra as receitas e as despesas no período ao qual elas se referem (período em que surge o direito de receber ou a obrigação de pagar, ou seja, do fato gerador da receita ou da despesa), independentemente do recebimento ou pagamento dar-se no mesmo ou em período diferente.

Assim, por exemplo:

→ Se a empresa recebe uma conta de energia elétrica do mês de maio, com vencimento em junho, pelo regime de competência tal despesas será considerada como de maio, pois a conta refere-se a maio, que foi o mês em que houve o consumo de energia e, portanto, já surgiu a obrigação de pagar, ainda que o vencimento seja no mês seguinte.

→ Se a empresa paga em junho os salários referentes a maio, pelo regime de competência tal despesa já será contabilizada em maio.

→ Se a empresa vende a prazo uma mercadoria em dezembro do ano X1, para recebimento em fevereiro de X2, pelo regime de competência contabilizará a receita (pelo valor total da venda) ainda no ano de X1, que foi quando ocorreu a venda e, portanto, surgiu o direito de receber o valor do cliente, ainda que o pagamento somente ocorra em X2.

Embora a Resolução CFC 750/93, que tratava sobre o "princípio fundamental da competência" tenha sido revogada, as receitas e despesas ainda devem ser contabilizadas segundo o regime de competência.

Essa exigência consta, inclusive, no Art. 177 da Lei 6.404/76 (grifou-se):

> ***Art. 177.*** *A escrituração da companhia será mantida em registros permanentes, com obediência aos preceitos da legislação comercial e desta Lei e aos princípios de contabilidade geralmente aceitos, devendo observar métodos ou critérios contábeis uniformes no tempo e registrar as mutações patrimoniais* ***segundo o regime de competência.***

Momento de contabilização da receita e da despesa pelo regime de competência

Resumidamente, as receitas devem ser consideradas realizadas:

→ Nas transações com terceiros, quando estes efetuarem o pagamento ou assumirem compromisso firme de efetivá-lo, quer pela investidura na propriedade de bens anteriormente pertencentes à Entidade, quer pela fruição de serviços prestados por esta;

→ Quando da extinção, parcial ou total, de um passivo, qualquer que seja o motivo, sem o desaparecimento concomitante de um ativo de valor igual ou maior;

→ Pela geração natural de novos ativos, independentemente da intervenção de terceiros;

→ No recebimento efetivo de doações e subvenções.

Já as despesas devem ser consideradas incorridas:

- → Quando deixar de existir o correspondente valor ativo, por transferência de sua propriedade para terceiro;
- → Pela diminuição ou extinção do valor econômico de um ativo;
- → Pelo surgimento de um passivo, sem o correspondente ativo.

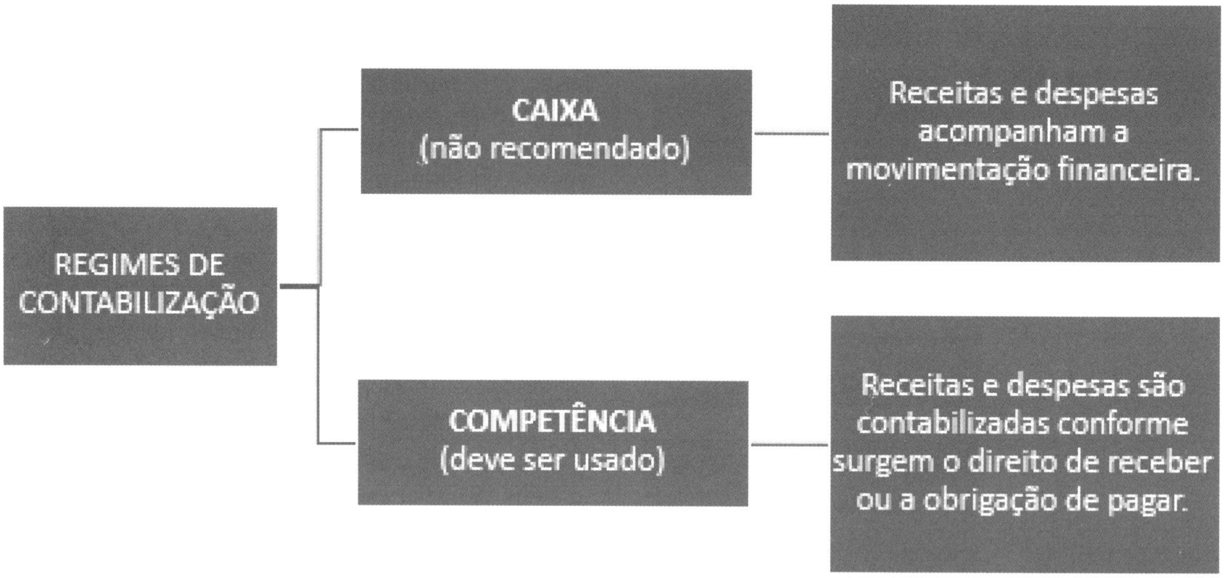

a) O conceito de receita e de despesa é o mesmo, tanto para o regime de caixa quanto para o de competência. O que muda de um regime para o outro é o momento em que as receitas e as despesas serão reconhecidas.

b) Embora, de uma maneira geral, a observância do regime de competência seja obrigatória, existe uma demonstração contábil que é feita seguindo-se o regime de caixa: a DFC – Demonstração dos Fluxos de Caixa.

Receitas e despesas diferidas ou antecipadas

Apesar do nome, receitas e despesas diferidas – também chamadas de antecipadas – não são de fato receitas e despesas, pelo menos não do período em que são recebidas ou pagas.

Isso porque as receitas e despesas diferidas correspondem a valores recebidos ou pagos pela entidade, mas que se referem a receitas ou despesas cujo fato gerador ainda não ocorreu. Neste caso, as entradas ou saídas de recursos devem ser contabilizadas, mas não serão reconhecidas como receitas e despesas, somente sendo apropriadas como tal após a ocorrência do fato gerador, ou seja, da situação que ocasiona o direito de receber ou o dever de pagar.

Assim, por exemplo, se uma empresa receber um adiantamento de um cliente (receita antecipada), deve dar entrada no caixa do valor recebido, mas não o reconhecerá como receita do período, e o recebimento causará o surgimento de um passivo (em contrapartida ao aumento do valor em caixa), pois surgirá para a empresa a obrigação de entregar o produto ou prestar o serviço. A receita somente será reconhecida quando da efetiva entrega do produto ou prestação do serviço.

Da mesma forma, se a mesma empresa efetua um pagamento antecipado a um fornecedor – para, por exemplo, segurar o preço da mercadoria, ao saber que o fornecedor pretende aumentá-lo – trata-se de uma despesa antecipada, somente sendo reconhecida como despesa quando o fornecedor entregar a mercadoria ou prestar o serviço à empresa.

Questões

01. (Cespe) Considerando que a contabilidade é a ciência que estuda os fenômenos patrimoniais sob o aspecto da finalidade organizacional, julgue o item a seguir, no que se refere a conceitos, objetivos e finalidades da contabilidade.

A contabilidade integra o rol das ciências exatas por estar dedicada à mensuração da riqueza do ente contábil.

Certo ( ) Errado ( )

02. (Cespe) Considerando que a contabilidade é a ciência que estuda os fenômenos patrimoniais sob o aspecto da finalidade organizacional, julgue o item a seguir, no que se refere a conceitos, objetivos e finalidades da contabilidade.

Sob a ótica citada, o objeto da contabilidade é o patrimônio do ente contábil específico.

Certo ( ) Errado ( )

03. (Cespe) Julgue os itens seguintes, relativos a registros contábeis de empresas comerciais.

Segundo o regime de competência, o registro de venda de mercadorias a prazo será efetuado no momento da venda.

Certo ( ) Errado ( )

04. (Cespe) Acerca das normas contábeis brasileiras, julgue o item a seguir.

A reserva legal, a de contingências e a de lucros a realizar fazem parte do patrimônio líquido da empresa.

Certo ( ) Errado ( )

05. (Cespe) Acerca de registros contábeis de empresas comerciais e sua influência nas demonstrações contábeis, julgue os itens a seguir.

O patrimônio líquido deve apresentar o registro dos bens e direitos da empresa.

Certo ( ) Errado ( )

Gabaritos

01	ERRADO
02	CERTO
03	CERTO
04	CERTO
05	ERRADO

2. CPC 00 - RELATÓRIOS FINANCEIROS DE PROPÓSITO GERAL

E CARACTERÍSTICAS QUALITATIVAS DAS INFORMAÇÕES CONTÁBEIS

Já vimos que a finalidade da Contabilidade é fornecer informações aos usuários da informação contábil.

O CPC 00 trata sobre a estrutura conceitual para relatório financeiro, ou seja, traz diversos conceitos que deverão ser observados quando da elaboração das demonstrações contábeis.

Apesar de sua importância, o próprio texto do CPC estabelece que ele não é um pronunciamento propriamente dito e que nada nele contido se sobrepõe a qualquer pronunciamento ou qualquer requisito em pronunciamento. Ou seja, o CPC 00 funciona como uma introdução às demonstrações contábeis, trazendo conceitos importantes, mas que são genéricos, devendo ser observados os pronunciamentos específicos, quando for o caso. O CPC 00 busca auxiliar na aplicação das IFRS no Brasil.

Embora seja importante tratarmos sobre o CPC 00 logo no início, é natural que a primeira leitura, realizada por quem ainda não está minimamente familiarizado com os conceitos contábeis traga alguma dificuldade de compreensão. Por isso, se este é o seu caso, recomenda-se que posteriormente releia este capítulo com mais calma, para melhor fixação de suas disposições.

2.1 Usuários da Informação Contábil

Usuários da informação contábil são todos aqueles que possuem interesse legítimo nas informações relativas ao patrimônio de uma entidade.

A teoria costuma dividi-los em usuários internos e usuários externos.

Usuários internos

Usuários internos são aqueles que estão diretamente relacionados à atividade rotineira da empresa e utilizam os dados contábeis em sua atividade profissional. Dentre eles, temos: os administradores da entidade; os proprietários, os acionistas; os contadores e auditores internos; funcionários em geral.

Usuários externos

Os usuários externos das informações contábeis são aqueles que se interessam pelos dados contábeis, mas não participam ativamente dos processos rotineiros da entidade. Dentre eles, podemos citar: Governo, bancos (especialmente na hora de decidir sobre concessão de crédito à entidade), fornecedores (especialmente para decidir sobre o fornecimento de bens e mercadorias a prazo para a entidade); acionistas potenciais.

Os usuários externos podem ser divididos em primários e secundários. Os primários são os investidores e credores. Já os secundários são os órgãos governamentais e reguladores, como o CFC, a CVM, a SUSEP – Superintendência de Seguros Privados etc.

O esquema a seguir resume essa classificação:

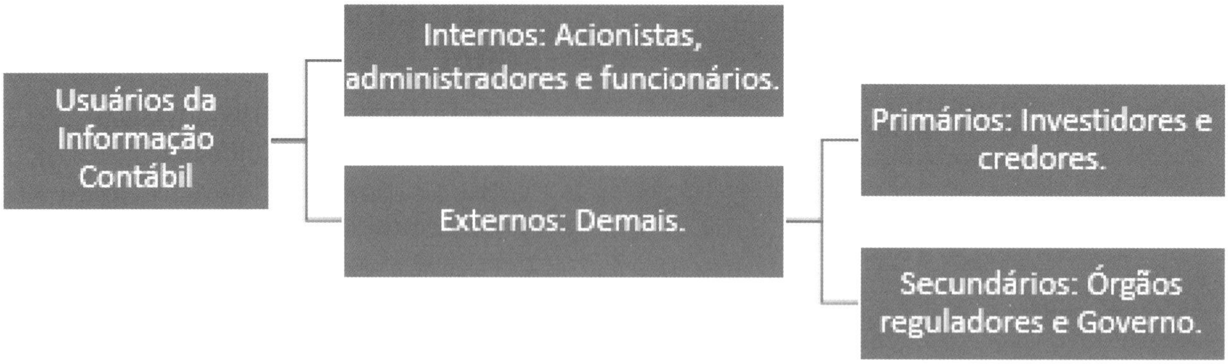

2.2 Relatórios Financeiros de Próposito Geral

Os chamados "relatórios financeiros de propósito geral", ou "relatórios financeiros para fins gerais", buscam, de acordo com o CPC 00, fornecer informações financeiras sobre a entidade que reporta que sejam úteis para investidores, credores por empréstimos e outros credores, existentes e potenciais, na tomada de decisões referente à oferta de recursos à entidade.

Na verdade, pela definição do CPC 00 fica evidente que os relatórios financeiros de propósito geral são voltados especialmente aos usuários externos, e em especial aos primários. Isso porque os usuários internos, como os administradores e os acionistas, têm muito mais facilidade para obter as informações que necessitam de forma personalizada, por meio de relatórios específicos. Também os usuários externos secundários, que são os órgãos reguladores governamentais, podem obter outras informações que necessitam por meio de requisição direta à entidade, embora normalmente também se aproveitem das informações constantes dos relatórios financeiros para fins gerais.

Apesar disso, os relatórios financeiros para fins gerais, de acordo com o próprio CPC 00, não fornecem nem podem fornecer todas as informações de que necessitam investidores, credores por empréstimos e outros credores, existentes e potenciais. Esses usuários precisam considerar informações pertinentes de outras fontes como, por exemplo: condições e expectativas econômicas gerais, eventos políticos e ambiente político e perspectivas do setor e da empresa.

Os relatórios financeiros para fins gerais não se destinam a apresentar o valor da entidade que reporta, mas fornecem informações para auxiliar investidores, credores por empréstimos e outros credores, existentes e potenciais, a estimar o valor da entidade.

Ainda de acordo com o CPC 00, em grande medida, relatórios financeiros baseiam-se em estimativas, julgamentos e modelos, e não em representações exatas, como ocorre, por exemplo, com as estimativas de perdas ou de valor de mercado dos ativos da entidade.

2.3 Características Qualitativas da Informação Contábil

De acordo com o CPC 00, as características qualitativas das informações contábeis permitem que essas sejam úteis aos usuários da informação contábil. Isso porque não basta fornecer as informações, uma vez que elas devem obedecer a determinados critérios e exigências para que possam ser consideradas úteis pelos usuários.

O CPC 00 divide as características qualitativas da informação contábil em características qualitativas fundamentais e características qualitativas de melhoria.

Características qualitativas fundamentais

As características qualitativas fundamentais são relevância e representação fidedigna.

De acordo com o CPC 00, as características qualitativas de melhoria devem ser maximizadas tanto quanto possível. Contudo as características qualitativas de melhoria, seja individualmente ou como grupo, não podem tornar informações úteis se essas informações forem irrelevantes ou não fornecerem representação fidedigna do que pretendem representar.

a) Relevância: De acordo com o CPC 00, informações financeiras relevantes são aquelas capazes de fazer diferença nas decisões tomadas pelos usuários, ainda que alguns deles optem por não tirar vantagem delas ou já tenham conhecimento delas a partir de outras fontes.

Uma informação, para ser relevante, precisa ter valor preditivo ou confirmatório, ou ambos.

Informações financeiras têm valor preditivo se podem ser utilizadas como informações em processos empregados pelos usuários para prever resultados futuros.

Informações financeiras têm valor confirmatório se fornecem *feedback* sobre (confirmam ou alteram) avaliações anteriores.

Os valores preditivo e confirmatório das informações financeiras estão inter-relacionados. Informações que possuem valor preditivo frequentemente possuem também valor confirmatório. Por exemplo: informações sobre receitas para o ano corrente, que podem ser utilizadas como base para prever receitas em anos futuros, também podem ser comparadas a previsões de receitas para o ano corrente que tenham sido feitas em anos anteriores. Os resultados dessas comparações podem ajudar o usuário a corrigir e a melhorar os processos que foram utilizados para fazer essas previsões anteriores.

Ligado ao conceito de relevância, temos o conceito de materialidade. De acordo com o CPC 00, a informação é material se a sua omissão, distorção ou obscuridade puder influenciar, razoavelmente, as decisões que os principais usuários de relatórios financeiros para fins gerais tomam com base nesses relatórios. Em outras palavras, materialidade é um aspecto de relevância específico da entidade com base na natureza ou magnitude, ou ambas, dos itens aos quais as informações se referem no contexto do relatório financeiro da entidade individual.

Desta forma, não se pode especificar um limite quantitativo uniforme para materialidade ou predeterminar o que pode ser material em uma situação específica, porque isso dependerá do caso concreto. Por exemplo: em uma pequena empresa que já teve problemas sérios com o Fisco anteriormente, por conta de não pagamento de tributos, a informação sobre um pequeno valor que esteja sendo cobrado pela Receita Federal pode ser material, ao passo que esse pode não ser material em uma grande empresa que nunca enfrentou cobranças tributárias.

b) Representação fidedigna: A representação fidedigna tem a ver com a representação adequada da realidade. De acordo com o CPC 00, para ser representação perfeitamente fidedigna, a informação contábil deve ter três características: deve ser completa, neutra e isenta de erros.

A representação completa inclui todas as informações necessárias para que o usuário compreenda os fenômenos que estão sendo representados, inclusive todas as descrições e explicações necessárias. Por exemplo: a representação completa de grupo de ativos inclui, no mínimo, a descrição da natureza dos ativos do grupo, a representação numérica de todos os ativos do grupo e a descrição daquilo que a representação numérica retrata (como o custo histórico ou valor justo). Para alguns itens, uma representação completa pode envolver, também, explicações de fatos significativos sobre a qualidade e natureza do item, fatores e circunstâncias que podem afetar sua qualidade e natureza e o processo utilizado para determinar a representação numérica.

A representação neutra não é tendenciosa na seleção ou na apresentação de informações financeiras. A representação neutra não possui inclinações, não é parcial, não é enfatizada ou deixa de ser enfatizada, nem é, de outro modo, manipulada para aumentar a probabilidade de que as informações financeiras serão recebidas de forma favorável ou desfavorável pelos usuários. Informações neutras não significam informações sem nenhum propósito ou sem nenhuma influência sobre o comportamento.

Livre de erros significa que não há erros ou omissões na descrição do fenômeno e que o processo utilizado para produzir as informações apresentadas foi selecionado e aplicado sem equívocos, intencionais ou não, no processo. Assim, livre de erros não significa perfeitamente precisa em todos os aspectos. Por exemplo: a entidade pode ter que fazer estimativas, em algumas situações, como ocorre no caso de preços de ativos da entidade pouco encontrados no mercado. Contudo a representação dessa estimativa pode ser fidedigna se o valor for descrito de forma clara e precisa como sendo a estimativa, se a natureza e as limitações do processo de estimativa forem explicadas e se nenhum erro tiver sido cometido na escolha e na aplicação do processo apropriado para o desenvolvimento da estimativa.

Características qualitativas de melhoria

As características qualitativas, de acordo com o CPC 00, são a comparabilidade, a capacidade de verificação, a tempestividade e a compreensibilidade.

a) Comparabilidade: É a característica qualitativa que permite aos usuários identificar e compreender similaridades e diferenças entre itens dos relatórios financeiros, seja em relação a outras entidades do mesmo setor, seja em relação à mesma entidade em períodos anteriores. Diferente das outras características qualitativas, a comparabilidade não se refere a um único item. A comparação exige, no mínimo, dois itens.

O CPC 00 deixa claro que comparabilidade não é exatamente o mesmo que consistência nem que uniformidade.

Consistência refere-se ao uso dos mesmos métodos para os mesmos itens, seja de período a período na entidade que reporta ou em um único período para diferentes entidades. Comparabilidade é a meta; a consistência ajuda a atingir essa meta.

Comparabilidade não é uniformidade, de acordo com o pronunciamento, porque para que informações sejam comparáveis, coisas similares devem parecer similares e coisas diferentes devem parecer diferentes. A comparabilidade de informações financeiras, ainda de acordo com as palavras do CPC 00, não é aumentada fazendo com que coisas diferentes pareçam similares, tanto quanto se fazendo com que coisas similares pareçam diferentes.

b) Capacidade de verificação: Capacidade de verificação significa que diferentes observadores bem informados e independentes podem chegar ao consenso, embora não a um acordo necessariamente completo, de que a representação específica é representação fidedigna. A capacidade de verificação ajuda a garantir aos usuários que as informações representem de forma fidedigna os fenômenos econômicos que pretendem representar.

Para que isso ocorra, é importante que as informações contábeis estejam baseadas em documentos e estimativas devidamente explicadas.

A verificação pode ser direta ou indireta. Verificação direta significa verificar o valor ou outra representação por meio de observação direta, por exemplo: contando-se dinheiro. Verificação indireta significa verificar os dados de entrada de modelo, fórmula ou outra técnica e recalcular os dados de saída utilizando a mesma metodologia. Um exemplo é verificar o valor contábil do estoque, checando as informações (quantidades e custos) e recalculando o estoque final, utilizando a mesma premissa de fluxo de custo (por exemplo: utilizando o método primeiro a entrar, primeiro a sair).

c) Tempestividade: Tempestividade significa disponibilizar informações aos tomadores de decisões a tempo para que sejam capazes de influenciar suas decisões. De modo geral, quanto mais antiga a informação, menos útil ela é. Contudo algumas informações podem continuar a ser tempestivas por muito tempo após o final do período de relatório porque alguns usuários podem precisar identificar e avaliar tendências, por exemplo.

A entidade, no entanto, deve tomar cuidado para somente divulgar a informação após ter feito as devidas checagens sobre sua representação fidedigna e relevância, evitando, por exemplo, precipitar-se e divulgando informações que não sejam verdadeiras.

d) Compreensibilidade: A compreensibilidade faz com que todos os usuários que tenham conhecimento razoável das atividades comerciais e econômicas e que revisam e analisam as informações de modo diligente possam compreendê-las adequadamente.

De acordo com o CPC 00, classificar, caracterizar e apresentar informações de modo claro e conciso as torna compreensíveis.

Alguns fenômenos são inerentemente complexos, e pode não ser possível tornar a sua compreensão fácil. Excluir informações sobre esses fenômenos dos relatórios financeiros pode tornar mais fácil a compreensão das informações contidas nesses relatórios financeiros. Contudo deve-se tomar cuidado para que esses relatórios não sejam, por conta disso, incompletos e, portanto, possivelmente distorcidos.

Resumindo o que foi visto sobre as características qualitativas das informações contábeis, temos:

2.4 Demonstrações Contábeis

O CPC 00 considera as demonstrações contábeis como um tipo específico de relatório financeiro para fins gerais. De acordo com o referido pronunciamento, o objetivo das demonstrações contábeis é fornecer informações financeiras sobre os ativos, passivos, patrimônio líquido, receitas e despesas da entidade que reporta que sejam úteis aos usuários das demonstrações contábeis na avaliação das perspectivas para futuros fluxos de entrada de caixa líquidos para a entidade que reporta e na avaliação da gestão de recursos da administração sobre os recursos econômicos da entidade.

As demonstrações contábeis são elaboradas para um período de tempo específico (normalmente anual). Para ajudar os usuários das demonstrações contábeis a identificarem e avaliarem mudanças e tendências, as demonstrações contábeis também fornecem informações comparativas de pelo menos um período de relatório anterior. Assim, se a entidade está divulgando uma demonstração relativa ao ano de 2020, por exemplo, deve trazer também as mesmas informações (normalmente em uma coluna ao lado) referentes ao ano de 2019.

A Lei 6.404/76 estabelece a obrigatoriedade das seguintes demonstrações contábeis para as sociedades anônimas de capital aberto, as quais devem ser elaboradas e divulgadas anualmente:

→ **Balanço Patrimonial (BP):** Demonstra a posição patrimonial da entidade em um determinado momento.

→ **Demonstração do Resultado do Exercício (DRE):** Demonstra o lucro ou prejuízo que a entidade obteve em um período.

→ **Demonstração dos Fluxos de Caixa (DFC):** Demonstra as entradas e saídas de disponibilidades (dinheiro e equivalentes) ocorridas no patrimônio da entidade no período.

→ **Demonstração das Mutações do Patrimônio Líquido (DMPL):** Tem como função apresentar as alterações ocorridas nas contas do patrimônio líquido da entidade. Para sociedades anônimas de capital fechado (que não vendem títulos na bolsa de valores), a DMPL pode ser substituída pela DLPA – Demonstração dos Lucros e Prejuízos Acumulados – que é mais resumida.

→ **Demonstração do Valor Adicionado (DVA):** Tem como objetivo evidenciar a criação de riqueza durante o período e a forma que ela foi distribuída entre funcionários, fornecedores, agentes financiadores, acionistas e governo.

Princípio da continuidade

De acordo com o CPC 00, as demonstrações contábeis são normalmente elaboradas com base na suposição de que a entidade que reporta está em continuidade operacional e continuará em operação no futuro previsível. Assim, presume-se que a entidade não tem a intenção nem a necessidade de entrar em liquidação ou deixar de negociar. Se existe essa intenção ou necessidade, as demonstrações contábeis podem ter que ser elaboradas em base diferente.

Exemplo: Se os sócios pretendem extinguir a entidade, ou percebem que ela pode vir à falência, no próximo ano, devem elaborar as demonstrações contábeis com isso em mente, o que pode, por exemplo, influenciar nos valores dos ativos e passivos daquela. No entanto, se não houver nenhuma razão para pensar na descontinuidade da entidade, as demonstrações devem ser feitas pensando que ela permanecerá em atividade por prazo indeterminado.

Isso representa a aplicação do antigo princípio da continuidade, o qual, embora não exista mais formalmente, ainda mantém sua obrigatoriedade.

Demonstrações contábeis consolidadas

De acordo com o CPC 00, se uma entidade for controladora de outra, além de divulgar demonstrações contábeis de seu próprio patrimônio, também deve divulgar, de forma separada, demonstrações que considerem seu patrimônio e os de suas entidades controladas como se fossem uma só entidade, ou seja, demonstrações do grupo econômico como um todo. Essas são as chamadas demonstrações contábeis consolidadas.

Pela sua natureza, as demonstrações contábeis consolidadas não se destinam a fornecer informações sobre ativos, passivos, patrimônio líquido, receitas e despesas de qualquer controlada específica ou mesma da controladora. As demonstrações contábeis próprias da controlada e da controladora é que se destinam a fornecer essas informações.

Questões

01. (Cespe) Uma instituição europeia, ao analisar demonstrações contábeis de entidades brasileiras com a finalidade de realizar investimentos, tomou conhecimento de que os relatórios financeiros publicados no Brasil possuem diversos atributos, entre eles as características qualitativas fundamentais da relevância e da representação fidedigna.

A respeito dessa situação hipotética, julgue o próximo item.

Por serem passíveis de comparação com demonstrações contábeis de entidades de outros países, os relatórios publicados pelas entidades brasileiras representam para a investidora uma informação relevante e fidedigna.

Certo ( ) Errado ( )

02. (Cespe) Julgue o item seguinte, de acordo com os princípios de contabilidade e as normas do Conselho Federal de Contabilidade (CFC).

Relevância e comparabilidade são características qualitativas fundamentais da informação contábil-financeira útil, pois tornam a informação capaz de fazer a diferença nas decisões tomadas pelos usuários.

Certo ( ) Errado ( )

03. (Cespe) Julgue o item seguinte, de acordo com os princípios de contabilidade e as normas do Conselho Federal de Contabilidade (CFC).

O relatório contábil-financeiro de propósito geral não atende a todas as informações de que os investidores, os credores por empréstimos e outros credores, existentes e em potencial, necessitam, nem mesmo é elaborado no sentido de apurar o valor da entidade que reporta a informação.

Certo ( ) Errado ( )

04. (Cespe) Julgue o item seguinte, de acordo com os princípios de contabilidade e as normas do Conselho Federal de Contabilidade (CFC).

O relatório contábil-financeiro de propósito geral não atende a todas as informações de que os investidores, os credores por empréstimos e outros credores, existentes e em potencial, necessitam, nem mesmo é elaborado no sentido de apurar o valor da entidade que reporta a informação.

Certo ( ) Errado ( )

05. (Cespe) De acordo com o pronunciamento técnico CPC 00 (R1) — estrutura conceitual para elaboração e divulgação de relatórios contábil-financeiros —, julgue o item a seguir, referente a conceito, objetivos e usuários da contabilidade.

O objetivo do relatório contábil-financeiro de propósito geral é fornecer informações contábil-financeiras úteis acerca da entidade para a tomada de decisão por parte de usuários internos, como os gerentes de produção, e de usuários externos, como os acionistas.

Gabaritos

01	ERRADO
02	ERRADO
03	CERTO
04	CERTO
05	ERRADO

3. CONTAS CONTÁBEIS

Conta contábil é um nome técnico representativo de um elemento patrimonial (bem, direito, obrigação, componente do PL) ou de uma variação patrimonial (receita ou despesa). Controlam o valor e as alterações das grandezas que representam.

Os registros da contabilidade são feitos em contas contábeis, por meio de lançamentos.

3.1 Classificação das Contas Contábeis

Historicamente, a classificação das contas contábeis tem dividido os doutrinadores entre várias respostas, resultando em formas diferentes de classificação e interpretação das contas. Isto fez com que aparecessem várias escolas defensoras de seus princípios para justificar os critérios adotados por elas para essa classificação, como a teoria materialista e a teoria personalista.

No entanto a teoria que se consagrou, e que é atualmente utilizada, é a chamada teoria patrimonialista, sendo esta que será objeto de nosso estudo, a qual divide as contas contábeis em três categorias: patrimoniais, de resultado (as mais importantes) e de compensação.

Contas patrimoniais

As contas patrimoniais registram valores do Ativo, Passivo Exigível e Patrimônio Líquido, sendo usadas para controle e apuração do patrimônio da entidade. Controlam as chamadas variações qualitativas no patrimônio.

Os saldos das contas patrimoniais são indicados no Balanço Patrimonial elaborado pela entidade. Diversas dessas contas serão objeto de estudo mais aprofundado em outros tópicos desta obra.

Citamos a seguir diversos exemplos de contas patrimoniais, com seus nomes mais usuais:

Exemplo de contas patrimoniais do Ativo

→ **Caixa:** Registra o valor de dinheiro físico em poder da entidade, normalmente em sua tesouraria.

→ **Bancos ou bancos conta movimento:** Registra o valor do dinheiro que a entidade possui em conta corrente nos bancos.

→ **Aplicações financeiras:** Registra o valor que a entidade possui em aplicações financeiras.

→ **Mercadorias ou estoque:** Registra o valor de mercadorias que a entidade adquiriu para revenda.

→ **Clientes ou duplicatas a receber**: Registra os valores que a empresa possui para receber de venda a prazo.

→ **Despesas antecipadas:** Registra valores pagos antecipadamente pela empresa, e que ocasionam, por isso, o surgimento de um direito.

→ **Veículos:** Registra os valores de veículos adquiridos pela entidade para serem utilizados em suas atividades.

→ **Máquinas e equipamentos:** Conta do ativo imobilizado que registra os valores de máquinas e equipamentos adquiridos pela entidade e utilizados em suas atividades.

→ **Imóveis**: Registra os valores de imóveis de propriedade ou pelo menos controlados pela entidade.

→ **Participações em controladas:** Registra os valores das participações que a entidade possui em outra entidade, da qual detenha a maioria do capital com direito a voto.

→ **Participações em coligadas:** Registra os valores das participações que a entidade possui em outra entidade, na qual detenha influência significativa, sem a controlar.

→ **Marcas:** Representa o valor das marcas de propriedade da entidade.

→ **Patentes:** Representa o valor de custo das patentes registradas em nome da entidade.

Exemplo de contas patrimoniais do passivo exigível

→ **Fornecedores ou duplicatas a pagar:** Representa os valores devidos aos fornecedores, referentes a compras a prazo ainda não quitadas pela entidade.

→ **Salários a pagar:** Representa os valores devidos pela empresa a seus funcionários, normalmente relativos ao mês anterior.

→ **Tributos a pagar:** Designa o valor de tributos que a entidade deve pagar, como impostos, taxas e contribuições.

→ **Empréstimos e financiamentos:** Registra o valor de empréstimos e financiamentos tomados pela entidade, incluindo eventuais juros.

→ **Receitas antecipadas:** Representa os valores recebidos pela entidade, mas cujo fato gerador da receita ainda não ocorreu, significando uma obrigação da entidade para quem a pagou.

> As contas do Ativo Realizável a Longo Prazo e do Passivo Não Circulante normalmente recebem o mesmo nome das contas do Ativo Circulante e do Passivo Circulante, mas com o acréscimo da expressão "Longo Prazo" ou da sigla "LP", após o nome da conta. Assim, por exemplo: a conta "Clientes" representa uma conta do ativo circulante. Já a conta "Clientes – Longo Prazo" ou "Clientes – LP" representa uma conta do ativo não circulante.
>
> Da mesma forma, a conta "Fornecedores" representa as obrigações de curto prazo da entidade com seus fornecedores. Para representar as dívidas de longo prazo com eles, usa-se a conta "Fornecedores – LP" ou "Fornecedores – Longo Prazo".

Exemplos de contas patrimoniais do patrimônio líquido

Na verdade, já tratamos sobre as contas do PL quando falamos sobre os componentes do patrimônio líquido, mas seguem novamente:

→ **Capital social:** Representa o capital subscrito pelos sócios, ou seja, o dinheiro que os sócios se comprometeram a colocar na sociedade, quando a formaram.

→ **Reservas de lucros:** Valores oriundos de lucros obtidos pela sociedade e que não foram retirados pelos sócios (foram reinvestidos). Essas reservas podem ser de vários tipos, de acordo com sua finalidade, conforme veremos adiante: reserva legal, reserva estatutária, reserva para contingências etc.

→ **Reservas de capital:** Valores provenientes de ingressos realizados por sócios (que não configurem realização de capital) ou terceiros que entram diretamente no patrimônio da entidade, não advindo de lucros obtidos pela entidade.

→ **Lucros ou prejuízos acumulados:** Representa os valores acumulados de lucros ou prejuízos de exercícios anteriores.

→ **Ações em tesouraria:** Representa os valores das ações da companhia que estão em seu próprio poder.

→ **Ajustes de avaliação patrimonial:** Representam aumentos ou diminuições do valor atribuído a elementos do ativo ou do passivo, em decorrência da sua avaliação a valor justo, ou seja, preço de mercado.

Contas retificadoras

Além das contas que vimos acima, chamadas de principais, também são patrimoniais as contas retificadoras (também chamadas de redutoras), que são contas negativas dos grupos aos quais pertencem. Elas servem para reduzir o valor de contas principais. Existem contas retificadoras do Ativo, Passivo e PL.

No balanço patrimonial, as contas retificadoras aparecem logo abaixo das contas principais que estão reduzindo, precedidas pelo sinal de negativo (–), sendo que seu saldo costuma aparecer entre parênteses, para reforçar que se trata de um valor negativo.

Exemplos de contas patrimoniais retificadoras:

→ **Capital a Integralizar (ou a Realizar):** É uma retificadora do PL, mais especificamente da conta Capital Social, e indica quanto do capital prometido (subscrito) pelos sócios ainda não foi integralizado.

Assim, imagine-se, por exemplo, que os sócios tenham subscrito capital no valor de R$ 100.000 e que tenham entregue somente R$ 40.000. Neste caso, o capital não integralizado é de R$ 60.000. Assim, no balanço da entidade constaria:

ATIVO	PASSIVO
(...)	(...)
	PL
	Capital Social........ 100.000
	(–) Capital a Integralizar........ (60.000)

→ **Perda Estimada em Créditos de Liquidação Duvidosa (PECLD):** É uma conta retificadora de Clientes (portanto, do Ativo), que demonstra o quanto das vendas a prazo que a entidade espera não receber, por conta da inadimplência dos clientes.

Assim, se a empresa possui valores a receber de clientes de R$ 500.000 e estima que a inadimplência será de 3% (R$ 15.000), constará em seu balanço patrimonial:

ATIVO	PASSIVO
Clientes........ 500.000	(...)
(–) PECLD........ (15.000)	**PL**
	(...)

→ **Depreciação Acumulada:** É uma conta retificadora do Ativo Imobilizado, que representa a estimativa de perda de valor dos bens utilizados pela entidade em sua atividade, por conta da passagem do tempo, que causa obsolescência, desgaste dos bens etc.

Como exemplo, imagine que uma empresa possui um veículo, adquirido pelo valor de R$ 120.000, e que esteja depreciado em 30.000. Neste caso, no balanço da empresa constará:

ATIVO	PASSIVO
Veículo........ 120.000	(...)
(–) Depreciação Acumulada........ (30.000)	**PL**
	(...)

Semelhantemente à depreciação acumulada, também são contas retificadoras amortização acumulada e exaustão acumulada, que serão estudadas mais à frente, junto com a depreciação.

→ **Juros a Vencer (ou a Apropriar ou a Transcorrer):** É uma conta que pode ser retificadora tanto de contas do ativo como do passivo, e indica quanto dos juros embutidos em uma operação ainda não transcorreram, podendo ou devendo ser objeto de desconto se a operação for quitada naquele momento.

Exemplo: Considere que uma empresa tomou um financiamento de R$ 300.000 para a compra de uma máquina, e que sobre a operação incidam juros totais de R$ 100.000. Assim, a entidade, na verdade, está devendo R$ 400.000 (R$ 300.000 de principal e mais R$ 100.000 de juros). No balanço ficaria assim:

ATIVO	PASSIVO
(...)	Financiamentos........ 400.000
	(–) Juros a Vencer........ (100.000)
	PL
	(...)

Se a empresa quitasse a operação neste momento (mesmo dia da contratação), teria direito a pagar somente R$ 300.000, uma vez que ainda não transcorreu nenhum prazo e, portanto, nenhum juro deverá ser cobrado.

Com o passar do tempo, porém (a cada dia, na verdade), os juros vão transcorrendo, e o saldo de Juros a Vencer vai sendo reduzido, tendo como contrapartida o reconhecimento de uma despesa pela empresa (despesa financeira), fazendo com que diariamente, o desconto pelo pagamento antecipado seja menor.

Em função do fato de reduzirem o saldo das contas principais, veremos que as contas retificadoras possuem natureza oposta à das contas que retificam. Assim, enquanto as contas do ativo possuem saldo devedor, por exemplo, as retificadoras do ativo possuem saldo credor. Enquanto as contas do passivo e do PL possuem saldo credor, suas retificadoras possuem saldo devedor.

Contas de resultado

As contas de resultado registram valores de receitas e despesas e, por conta disso, diferente das patrimoniais, sempre afetam o resultado do exercício, ou seja, contribuem para o lucro ou prejuízo da entidade, produzindo as chamadas variações quantitativas no patrimônio. Os saldos das contas de resultado são indicados na Demonstração do Resultado do Exercício (DRE).

Também diferente das contas patrimoniais, as contas de resultado são zeradas a cada final de exercício social, na apuração do resultado. Isso porque o lucro ou prejuízo de cada exercício são independentes entre si, e a cada novo exercício a empresa começa a computar o seu lucro ou prejuízo "do zero".

As contas de resultado não possuem retificadoras.

Exemplos de contas de resultado

→ **Vendas Brutas (receita):** Também chamada somente de Vendas, ou de Receita Bruta, registra o valor total das vendas realizadas pela entidade no período, não importando, por conta do regime de competência, se são à vista ou a prazo. É a receita mais importante para as empresas em geral.

→ **Juros Ativos (receita):** Conta que representa os juros positivos (que serão recebidos) apropriados pela entidade, pela cessão de seu capital, de forma direta ou indireta, a terceiros. Possuem a natureza de receitas financeiras.

Ex.: Um cliente paga um título com atraso e a entidade recebe juros; alguém que pegou um dinheiro emprestado da entidade o devolve pagando juros; numa venda a prazo, a entidade cobra juros embutidos (esses juros serão reconhecidos como juros ativos, no momento oportuno).

→ **Juros Passivos (despesa):** Conta que representa os juros negativos (que serão pagos) apropriados pela entidade, pela utilização, direta ou indireta, do capital de terceiros. Possuem a natureza de despesas financeiras.

Exemplo: A entidade quita um título com atraso e tem que pagar juros; a entidade pega dinheiro emprestado com alguém e devolve pagando juros; numa compra a prazo, o fornecedor cobra juros embutidos (esses juros serão reconhecidos como juros passivos, no momento oportuno).

→ **Deduções de Vendas (despesa):** Representam valores recebidos pela entidade quando de suas vendas, mas que não ficarão com ela, pois serão devolvidos ou repassados a outra pessoa.

Exemplo: Impostos sobre vendas, devoluções de vendas, vendas canceladas, abatimentos sobre vendas e descontos incondicionais concedidos (descontos concedidos no momento da venda). Embora tecnicamente não sejam despesas, pois possuem uma classificação à parte, possuem a mesma natureza destas, sendo assim uma conta de resultado negativa.

→ **Custo da Mercadoria Vendida – CMV (despesa): Indica** o quanto custou para a entidade uma mercadoria que foi vendida. Assim como as deduções de vendas, tecnicamente o CMV não é uma despesa, mas tem natureza de tal, sendo tratado como tal.

Nas indústrias, o CMV é chamado de CPV (Custo dos Produtos Vendidos) e, nas prestadoras de serviços, de CSP (Custo dos Serviços Prestados).

→ **Despesas com fretes:** Despesas comerciais relacionadas a fretes de entregas de produtos (os fretes relacionados a compras de mercadorias integrarão o custo das mercadorias vendidas).

→ **Salários**: Despesa relacionada ao pagamento de salários de funcionários. Vai acumulando as despesas com pagamento de salários até o final do exercício, quando é zerada. Não deve ser confundida com a conta "salários a pagar", que indica o quanto a empresa está devendo a seus funcionários.

→ **Depreciação**: Conta que mede a perda mensal da empresa com a desvalorização de bens do ativo imobilizado pela passagem do tempo. É a contrapartida do reconhecimento de "depreciação acumulada".

→ **Ganhos (receitas) ou perdas (despesas) de capital:** Representam os ganhos ou as perdas ocorridas na venda de bens do ativo imobilizado, intangível ou investimentos.

Devemos sempre lembrar que não podemos confundir as contas de receitas e de despesas com as contas de receitas e despesas antecipadas ou diferidas, pois estas representam ingressos ou desembolsos de recursos financeiros sem que tenha ocorrido o fato gerador da receita ou da despesa, e que só posteriormente (quanto ocorrer o fato gerador) é que serão reconhecidas no resultado.

Recordando, mais uma vez, as receitas antecipadas (como adiantamentos a fornecedores, por exemplo) representam uma obrigação para a entidade, sendo classificadas no passivo, e as despesas antecipadas (como adiantamentos de clientes) representam um direito para a empresa, sendo classificadas no ativo.

Resumo sobre contas patrimoniais e contas de resultado

O quadro a seguir resume o que acabamos de ver:

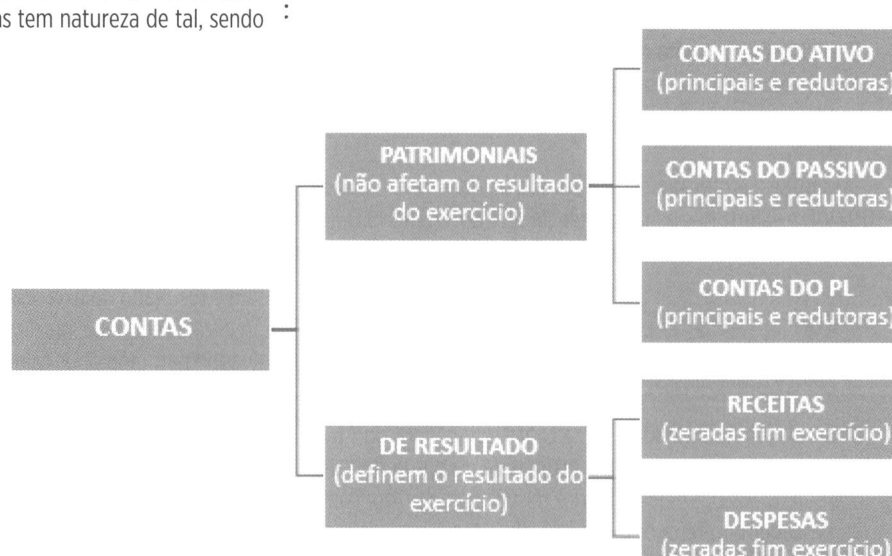

Contas de compensação

As contas de compensação – também chamadas de contas de controle –, diferente das patrimoniais e de resultado, são de utilização facultativa e quase não são usadas pelas empresas em geral. Por conta disso, via de regra somente se exige um conhecimento superficial sobre essas contas, especialmente sua função.

As contas de compensação registram os chamados atos administrativos – eventos que não alteram o patrimônio da entidade (por isso não precisam ser registrados), mas que podem vir a alterar no futuro (por isso que a entidade pode ter interesse administrativo em registrá-los).

Exemplos de contas de compensação:

→ **Duplicatas em Cobrança Bancária:** Representa os valores das duplicatas emitidas pela empresa e que foram enviadas para que o banco faça sua cobrança.

→ **Veículos Segurados:** Traz o valor segurado dos veículos (não o valor pago pela apólice, que é controlado em contas patrimoniais e de resultado, mas sim o valor de eventual indenização).

→ **Linhas de Crédito:** Representa o valor das linhas de crédito à disposição da entidade. Observe-se que se a entidade tomar um empréstimo, isso vai gerar um passivo e será registrado em uma conta patrimonial, mas enquanto ela não o tomar, não haverá impacto em seu patrimônio, sendo o valor à disposição da entidade registrado – se ela quiser – nesta conta de compensação.

Daqui para frente, quando tratarmos sobre contas contábeis, via de regra nos referiremos somente às contas patrimoniais e de resultado.

As contas de compensação caracterizam-se por constituírem um sistema fechado, ou seja, em um lançamento – vide sobre lançamento adiante – se um débito é feito em uma conta de compensação, o crédito também deve ser feito em uma conta de compensação, diferente das contas patrimoniais e de resultado, que podem ser utilizadas conjuntamente em um mesmo lançamento contábil.

3.2 Contas Sintéticas de Contas Analíticas

Toda conta contábil – seja patrimonial ou de resultado – é sintética ou analítica.

As contas sintéticas são aquelas que se desdobram em outras, ou seja, representam, na verdade, um agrupamento de contas semelhantes. Exemplo: uma empresa possui uma conta sintética "Veículos", a qual se desdobra em três outras contas: Veículo ABC-1234, Veículo BCD-2345 e Veículo CDE-3456.

Já as contas analíticas não se desdobram em outras, representando o último nível de detalhamento contábil, e são as contas nas quais os lançamentos são realizados de fato.

O porte e as necessidades individuais de cada entidade é que vão definir se ela vai precisar de mais ou menos contas sintéticas, sendo que, via de regra, grandes empresas costumam utilizar mais esse tipo de conta.

Exemplo

Imagine que a empresa Sempre Crescendo S/A inicialmente tenha só uma conta bancária, no Banco Dinheiro Fácil. Neste caso, basta que ela tenha uma conta analítica para controlar seu saldo bancário, chamada, por exemplo, de "1.1.1.2.1. Bancos".

Alguns meses depois, a empresa resolve abrir outra conta bancária em outra instituição financeira, a Bancobrás. Agora, como possui duas contas bancárias, precisará desdobrar a conta 1.1.1.2.1. Bancos, para poder controlar o saldo de cada conta. Assim, ela transforma tal conta em sintética e a divide em duas:

Conta 1.1.1.2.1. Bancos (sintética)	Conta 1.1.1.2.1.1. Banco Dinheiro Fácil (análitica)
	Conta 1.1.1.2.1.1. Bancobrás (analítica)

Vamos supor ainda que, algum tempo depois, a empresa Sempre Crescendo precise abrir mais uma conta no Bancobrás. Agora, a conta 1.1.1.2.2.1. Bancobrás, que era analítica, vai virar sintética, desdobrando-se em duas contas analíticas.

3.3 Elementos das Contas

Os elementos das contas são as informações que cada conta contábil deve possuir para que sua informação seja completa. Costumam-se identificar os seguintes elementos de contas:

→ Número (utilização opcional): Índice que facilita a identificação da natureza conta, sendo que cada entidade tem o seu próprio padrão. Assim, por exemplo, a empresa pode definir que todas as contas do Ativo começarão com 1, as do Passivo com 2, as do PL com 3, as receitas com 4 e as despesas com 5, e que cada dígito seguinte representará um subgrupo, com 1.1. indicando as contas do Ativo Circulante, 1.2. as do Ativo Não Circulante e assim sucessivamente.

→ Título ou nome: descreve o que a conta representa, como "caixa", "bancos", "clientes" etc.

→ Saldo: Número que representa a expressão monetária daquele elemento. Assim, por exemplo, se a conta Veículos tiver o saldo de R$ 500.000, significa que a soma dos valores dos veículos adquiridos pela entidade é de R$ 500.000.

→ Natureza Saldo: Quanto à natureza do saldo, as contas podem ser devedoras, credoras ou mistas, conforme veremos adiante.

3.4 Plano de Contas

O plano de contas é o conjunto composto pela relação ordenada e codificada das contas utilizadas pela entidade, bem como de todas as normas e procedimentos contábeis por ela adotados.

É composto pelo elenco de contas e pode contar com um manual de contas.

→ **Elenco de Contas**: Traz a estrutura do Plano de Contas, a relação ordenada e codificada de todas as contas utilizadas pela entidade.

A codificação das contas começa nos grupos de contas (Ativo, Passivo Exigível, Patrimônio Líquido, Receitas e Despesas) e termina nas contas analíticas, adotando-se tantos graus de divisão quantos forem julgados necessários pela entidade.

Via de regra, cada empresa define seu elenco de contas. Porém as entidades de setores da economia sujeitas a maior controle governamental (como bancos e seguradoras), têm seu elenco de contas padronizado pelos órgãos de fiscalização.

Se a entidade utilizar-se de contas de compensação, essas também deverão estar previstas em seu plano de contas.

A seguir veja um exemplo de elenco de contas:

1 ATIVO

1.1 ATIVO CIRCULANTE
1.1.1 Caixa
1.1.1.01 Caixa Geral
1.1.2 Bancos C/Movimento
1.1.2.01 Banco Alfa
1.1.3 Contas a Receber
1.1.3.01 Clientes
1.1.3.02 Outras Contas a Receber
1.1.3.03(-) Duplicatas Descontadas
1.1.4 Estoques
1.1.4.01 Mercadorias
1.1.4.02 Produtos Acabados
1.1.4.03 Insumos
1.1.4.04 Outros

1.2 NÃO CIRCULANTE
1.2.1 Contas a Receber
1.2.1.01 Clientes
1.2.1.02 Outras Contas
1.2.2 INVESTIMENTOS
1.2.2.01 Participações Societárias
1.2.3 IMOBILIZADO
1.2.3.01 Terrenos
1.2.3.02 Construções e Benfeitorias
1.2.3.03 Máquinas e Ferramentas
1.2.3.04 Veículos
1.2.3.04 Veículos
1.2.3.05 Móveis
1.2.3.98 (-) Depreciação Acumulada
1.2.3.99 (-) Amortização Acumulada
1.2.4 INTANGÍVEL
1.2.4.01 Marcas
1.2.4.02 Softwares
1.2.4.99 (-) Amortização Acumulada

2 PASSIVO

2.1 CIRCULANTE
2.1.1 Impostos e Contribuições a Recolher
2.1.1.01 Simples a Recolher
2.1.1.02 INSS
2.1.1.03 FGTS
2.1.2 Contas a Pagar
2.1.2.01 Fornecedores
2.1.2.02 Outras Contas
2.1.3 Empréstimos Bancários

2.2 NÃO CIRCULANTE
2.2.1 Empréstimos Bancários

2.3 PATRIMÔNIO LÍQUIDO
2.3.1 Capital Social
2.3.2.01 Capital Social Subscrito
2.3.2.02 Capital Social a Realizar
2.3.2. Reservas
2.3.2.01 Reservas de Capital
2.3.2.02 Reservas de Lucros
2.3.3 Prejuízos Acumulados

3 CUSTOS E DESPESAS

3.1 Custos dos Produtos Vendidos
3.1.1 Custos dos Materiais
3.1.1 Custos dos Materiais
3.1.1.01 Custos dos Materiais Aplicados
3.1.2 Custos da Mão-de-Obra
3.1.2.01 Salários

3.2 Custo das Mercadorias Vendidas
3.2.1 Custo das Mercadorias
3.2.1.01 Custo das Mercadorias Vendidas

3.3 Custo dos Serviços Prestados
3.3.1 Custo dos Serviços
3.3.1.01 Materiais Aplicados
3.3.1.02 Mão-de-Obra
3.3.1.03 Encargos Sociais

3.4 Despesas Operacionais
3.4.1 Despesas Gerais
3.4.1.01 Mão-de-Obra
3.4.1.02 Encargos Sociais

3.5 Perdas de Capital
3.5.1 Baixa de Bens do Ativo Não Circulante
3.5.1.01 Custos de Alienação de Investimentos
3.5.1.02 Custos de Alienação do Imobilizado

4 RECEITAS

4.1 Receita Líquida
4.1.1 Receita Bruta de Vendas
4.1.1.01 De Mercadorias
4.1.1.02 De Produtos
4.1.1.03 De Serviços Prestados
4.1.2 Deduções da Receita Bruta
4.1.2.01 Devoluções

4.2 Outras Receitas Operacionais
4.2.1 Vendas de Ativos Não Circulantes
4.2.1.01 Receitas de Alienação de Investimentos
4.2.1.02 Receitas de Alienação do Imobilizado

→ **Manual de Contas**: É um conjunto de instruções que detalham o uso de cada uma das contas do plano. Nele é especificado quais os lançamentos que cada conta deve receber, a situação em que isso ocorre, bem como a contrapartida que, normalmente, é feita com a movimentação dessa conta. Serve para saber quando e como cada conta deve ser utilizada, servindo para consulta tanto dos usuários internos quanto dos usuários externos que precisem entender como cada conta é usada.

Embora o plano de contas seja feito para uso interno da entidade, deve o mesmo ser fornecido à fiscalização tributária e governamental em geral, sempre que exigido.

No caso das entidades do setor público, o plano de conta costuma ser definido por lei ou por um ato normativo.

3.5 Natureza das Contas

Quanto à sua natureza, as contas contábeis podem ser devedoras, credoras e, algumas poucas, mistas.

Se uma conta for devedora, ela aumenta seu saldo por meio de débitos e diminui por meio de créditos.

Se uma conta for credora, ela aumenta seu saldo por meio de créditos e diminui por meio de débitos.

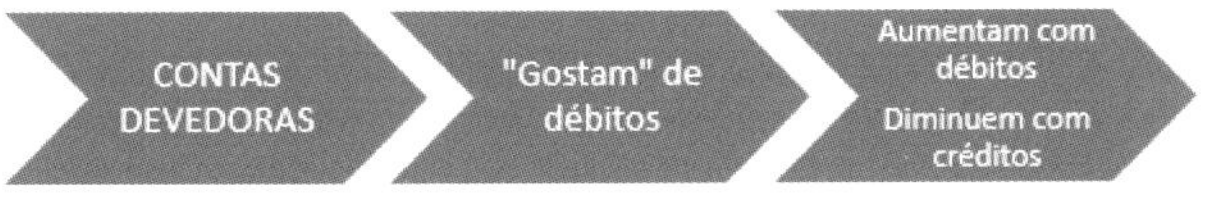

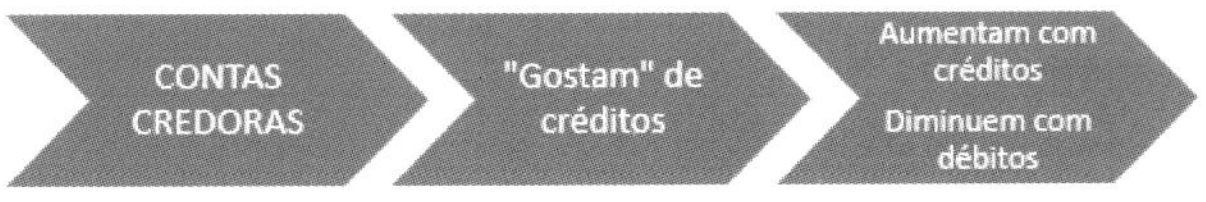

Contas devedoras

A primeira coisa que o estudante de Contabilidade deve ter em mente é que as contas devedoras e as contas credoras são definidas por uma convenção, ou seja, alguém, em determinado momento, assim o definiu, da mesma forma que ocorreu quando se definiu qual lado seria chamado de esquerdo e qual lado seria chamado de direito, ou que para indicar "sim" balançamos a cabeça no sentido vertical e para indicar "não" balançamos no sentido horizontal.

Assim, não se deve ficar buscando uma lógica para essa divisão, até porque todas as explicações possíveis apresentam falhas.

Muito bem. Dito isto, é importante sabermos que, por convenção, são contas contábeis devedoras:

- → As contas de despesas;
- → As contas do ativo;
- → As contas retificadoras do passivo.
- → As contas retificadoras do patrimônio líquido.

Por serem devedoras, aumentam por meio de débitos e diminuem por meio de créditos (se for mais fácil para guardar, entenda-se que as contas devedoras têm esse nome porque "gostam" de débitos, que vão a favor de sua natureza, aumentando assim o seu saldo. Já os créditos vão contra a sua natureza de conta devedora, então diminuem o seu saldo).

As contas devedoras sempre apresentam saldo devedor, normalmente sendo indicado pela letra D após o valor. Exemplo:

- → Caixa: 10.000D
- → Bancos: 50.000D

Exemplo

Uma empresa adquire mercadorias à vista no valor de R$ 1.000. Neste caso, estão ocorrendo duas coisas: saída de dinheiro do caixa (redução do saldo da conta Caixa) e entrada de mercadorias (aumento do saldo da conta Mercadorias). Ambas são contas principais do Ativo, possuindo, portanto, natureza devedora.

Sendo assim, a entidade deverá creditar a conta Caixa em R$ 1.000 para registrar a saída de dinheiro (lembrando que créditos diminuem o saldo de contas devedoras) e debitar a conta Mercadorias também em R$ 1.000 (lembrando que débitos aumentam o saldo de contas devedoras).

Contas credoras

Também por convenção, são contas devedoras:

- → As contas de receitas;
- → As contas do passivo;
- → As contas do patrimônio líquido.
- → As contas retificadoras do ativo.

Ao contrário das devedoras, as contas credoras aumentam por meio de créditos e diminuem por meio de débitos (mais uma vez, se for mais fácil para guardar, entenda-se que as contas credoras têm esse nome porque "gostam" de créditos, que vão a favor de sua natureza, aumentando, assim, o seu saldo. Já os débitos vão contra a sua natureza de conta credora, então diminuem o seu saldo).

As contas credoras sempre apresentam saldo credor, normalmente sendo indicado pela letra C após o valor. Exemplo:

- → Fornecedores: 20.000C
- → Capital Social: 100.000C

Exemplo

Uma empresa adquire mercadorias a prazo no valor de R$ 5.000. Neste caso, estão ocorrendo duas coisas: entrada de mercadorias (aumento do saldo da conta Mercadorias, do ativo) e crescimento do endividamento da empresa (aumento do saldo da conta Fornecedores, do passivo).

Sendo assim, a entidade deverá debitar a Mercadorias em R$ 5.000 para registrar a entrada de mercadorias (lembrando que como conta do ativo, Mercadorias tem saldo devedor e, portanto, para aumentar seu saldo deve ser feito um débito) e creditar a conta Fornecedores também em R$ 5.000, uma vez que Fornecedores, por ser conta do passivo, tem natureza credora e para aumentar seu saldo deve ser feito um crédito.

Contas mistas

As contas mistas são contas que, diferente das devedoras ou credoras, podem apresentar saldo devedor ou saldo credor. Em Contabilidade são bem raras, podendo ser citados como exemplos:

- → Lucros ou Prejuízos Acumulados;
- → Apuração do Resultado do Exercício;
- → Ajustes de Avaliação Patrimonial.

Como apresentam saldo ora devedor, ora credor, é fundamental que aquele seja sempre acompanhado dessa indicação, por meio da já vista utilização das letras D ou C. Exemplos:

- → Lucros ou Prejuízos Acumulados: 200.000D
- → Apuração do Resultado do Exercício: 300.000C

Resumo sobre contas devedoras e credoras

O quadro a seguir resume o que foi dito sobre a natureza das contas contábeis e seu funcionamento:

CONTA	SALDO	DÉBITO	CRÉDITO
Ativo	Devedor	Aumenta saldo	Diminui saldo
Retificadora do Ativo	Credor	Diminui saldo	Aumenta saldo
Passivo	Credor	Diminui saldo	Aumenta saldo
Retificadora do Passivo	Devedor	Aumenta saldo	Diminui saldo
PL	Credor	Diminui saldo	Aumenta saldo
Retificadora do PL	Devedor	Aumenta saldo	Diminui saldo
Receitas	Credor	Diminui saldo	Aumenta saldo
Despesas	Devedor	Aumenta saldo	Diminui saldo

3.6 Contas Unilaterais e Contas Bilaterais

Quanto à possibilidade de receberem débitos e créditos ao longo do exercício, as contas contábeis podem ser unilaterais ou bilaterais.

As contas unilaterais são aquelas que sofrem variações apenas num sentido (somente aceitam débitos ou somente aceitam créditos). Exemplo: as contas de receitas serão, via de regra, somente creditadas e as de despesas debitadas.

Contas bilaterais são as que sofrem variações nos dois sentidos, ou seja: aceitam tanto débitos quanto créditos – a maioria das contas contábeis é dessa categoria. Exemplo: a conta Caixa aceita débito pela entrada de dinheiro e crédito pela saída de dinheiro; a conta Fornecedores aceita débitos, para a redução de seu saldo, e créditos para o aumento.

As contas de receita normalmente só recebem créditos ao longo do exercício e as contas de despesas normalmente só recebem débitos.

Somente em duas situações as contas de receitas serão debitadas e as contas de despesa serão creditadas:

a) No encerramento do exercício, quando todas as contas de receitas e despesas deverão estar zeradas, contra a conta "ARE - Apuração do Resultado do Exercício";

b) No caso de necessidade de estorno de lançamento feito indevidamente em contas de receita ou de despes.

Questões

01. (Cespe) Determinada sociedade comercial criou uma rubrica contábil para abrigar os valores dos estoques em trânsito. Na abertura do exercício corrente, essa rubrica possuía saldo de R$ 50.000.

A respeito dessa situação hipotética, julgue o próximo item.

A referida conta é de natureza credora.

Certo ( ) Errado ( )

02. (Cespe) O saldo devedor de caixa representa disponibilidade financeira imediata que a entidade possui na data do balancete.

Certo ( ) Errado ( )

03. (Cespe) Com relação à natureza do patrimônio e aos mecanismos para o seu controle, julgue o item a seguir.

O plano de contas deve reunir os elementos necessários para o registro das operações desenvolvidas, as quais podem sofrer variações significativas de uma empresa para outra.

Certo ( ) Errado ( )

04. (Cespe) Considerando as normas de contabilidade aplicáveis às demonstrações financeiras, julgue o item a seguir.

As ações em tesouraria, que representam as ações de uma companhia adquiridas pela própria sociedade, devem ser registradas no patrimônio líquido, em conta devedora, reduzindo-se, assim, o valor do capital.

Certo ( ) Errado ( )

05. (Cespe) As contas de ativo reduzem seus saldos quando se registra movimento a débito.

Certo ( ) Errado ( )

Gabaritos

01	ERRADO
02	CERTO
03	CERTO
04	CERTO
05	ERRADO

4. ATOS ADMINISTRATIVOS E FATOS CONTÁBEIS. ESCRITURAÇÃO. BALANCETE DE VERIFICAÇÃO

4.1 Atos Administrativos e Fatos Contábeis

A doutrina contábil faz clara distinção entre ato administrativo (ou ato contábil) e fato contábil (ou fato administrativo).

Atos administrativos ou atos contábeis

O ato administrativo é conceituado como um evento que não produz de imediato qualquer alteração no patrimônio da entidade, e normalmente não é sequer registrado na contabilidade. Se puder produzir efeitos futuros no patrimônio, pode ser contabilizado (o que não é obrigatório) somente em contas de compensação.

Como exemplos de atos administrativos ou contábeis temos:

→ Assinatura de contrato: A mera assinatura de um contrato, via de regra, não produz efeitos patrimoniais porque não costuma causar o surgimento de nenhuma obrigação ou direito. É que existe um princípio em direito, chamado de *"exceptio non adimpleti contractus"*, que determina que, em um contrato, uma das partes somente pode exigir o cumprimento da obrigação da outra parte se ela mesma já cumpriu a sua. Exemplo: a entidade assina um contrato de compra de mercadorias com seu fornecedor. A mera celebração do negócio jurídico não afeta o patrimônio da entidade, a qual, na verdade, somente reconhecerá uma dívida quando o fornecedor entregar a mercadoria.

→ Admissão de empregados: A mera admissão de um empregado também não produz efeitos patrimoniais, uma vez que a empresa somente passa a ter que pagar o funcionário ou pagar os encargos sociais a partir do momento em que aquele começar de fato a trabalhar.

→ Aval e fiança em favor de terceiros: Quando a empresa se torna avalista ou fiadora de alguém não está assumindo uma obrigação presente, uma vez que esta somente surgirá se o devedor principal não quitar a dívida.

Fatos contábeis ou fatos administrativos

O fato contábil (também chamado de fato administrativo) é um evento ocorrido que causa uma modificação no patrimônio da entidade, seja quantitativa - impactando o resultado e aumentando ou diminuindo o patrimônio líquido - seja meramente qualitativa - somente alterando a composição do patrimônio.

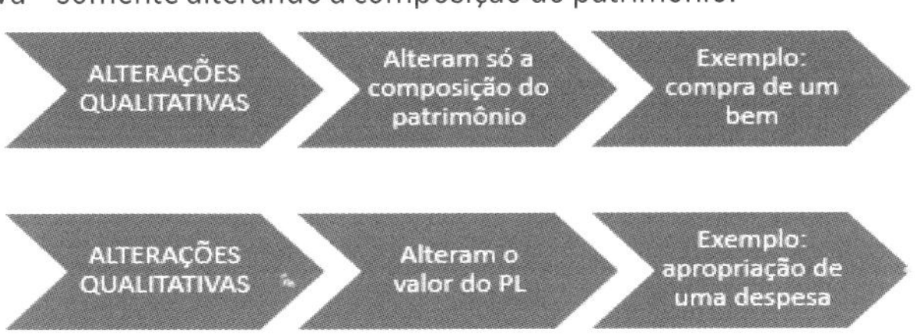

São os fatos contábeis que de fato interessam à Contabilidade, uma vez que são eles que alteram o patrimônio, sendo registrados em contas patrimoniais ou de resultado. Os fatos contábeis podem ser permutativos ou modificativos.

Fatos Permutativos

Os fatos contábeis permutativos somente alteram a composição do patrimônio, causando uma permuta (troca) de valores em contas do ativo, passivo ou patrimônio líquido, não causando uma variação no valor do patrimônio líquido. Ou seja, não representam ganhos nem perdas para a entidade.

Por somente alterarem a composição do patrimônio, produzem o que se chama de alteração qualitativa.

Exemplos de fatos permutativos:

→ **Compra de bens**: A compra de bens produz um aumento do ativo causado pela entrada do bem no patrimônio da entidade, mas também produz uma redução do ativo, de mesmo valor, pela saída de dinheiro (se a compra for à vista) ou um aumento do passivo, de mesmo valor, se a compra for a prazo.

→ **Resgate de uma aplicação financeira**: Neste caso, há somente uma transferência - uma permuta - entre as contas Bancos e Aplicações Financeiras, não representando ganho nem perda para a entidade.

→ **Pagamento de uma duplicata sem juros nem desconto**: Imagine-se, por exemplo, que uma empresa tem uma duplicata de R$ 10.000 sem juros nem desconto. Neste caso, ela está simplesmente trocando o dinheiro pela redução do passivo, não alterando sua riqueza.

Fatos modificativos

Os fatos modificativos, diferente dos permutativos, alteram o valor do patrimônio líquido, produzindo as chamadas variações quantitativas.

Costumam envolver pelo menos uma receita ou uma despesa, pois são as receitas e despesas que normalmente alteram o valor do PL.

Embora os fatos modificativos normalmente envolvam receitas ou despesas, há situações em que isso não ocorre.

Como exemplo, imagine a situação em que um dos sócios aumenta o capital social da entidade, integralizando-o na hora e entregando R$ 100.000 à empresa.

Neste caso, houve um aumento do capital social e, portanto, do patrimônio líquido da entidade, embora não tenha havido tecnicamente uma receita conforme considerado pela contabilidade, porque o CPC 00 define as receitas como sendo *"aumentos nos ativos, ou reduções nos passivos, que resultam em aumentos no patrimônio líquido, exceto aqueles referentes a contribuições de detentores de direitos sobre o patrimônio."*

Da mesma forma, a distribuição de dividendos aos sócios representa uma diminuição no valor do patrimônio líquido - parte da riqueza da entidade representada pelo lucro no exercício será destinada a terceiros -, mas isso não se configura como uma despesa nos termos definidos pelo CPC 00, que define as despesas como *"reduções nos ativos, ou aumentos nos passivos, que resultam em reduções no patrimônio líquido, exceto aqueles referentes a distribuições aos detentores de direitos sobre o patrimônio."*

Os fatos modificativos, por sua vez, podem ser aumentativos, diminutivos ou mistos.

→ **Serão aumentativos** – também chamados de simples aumentativos – quando envolverem uma conta de receita e somente uma conta patrimonial. Exemplo: reconhecimento de receitas juros de aplicações financeiras. Esse fato envolve uma conta de receita (juros ativos) e uma somente patrimonial (aplicações financeiras).

→ **Os fatos modificativos serão diminutivos** – também chamados de simples diminutivos – quando envolverem uma conta de despesa e somente uma conta patrimonial. Exemplo: reconhecimento das despesas de salários do mês, que serão pagos no mês seguinte. Esse fato envolve uma conta de despesa (despesas de salários) e somente uma conta patrimonial (salários a pagar).

→ **Os fatos modificativos mistos** – também chamados de compostos – são aqueles que envolvem uma conta de resultado (receita ou despesa) e mais de uma conta patrimonial.

Assim como os simples, podem ser aumentativos (se envolverem receitas) ou diminutivos (se envolverem despesas).

Exemplo de fato modificativo misto aumentativo é o pagamento de um título com desconto. Para ilustrar, imagine que uma entidade deva um título de R$ 4.000, mas que o pague com desconto de 10%. Neste fato contábil, estão envolvidas três contas: contas a pagar (passivo), que será debitada em R$ 4.000 para dar baixa no passivo; caixa (ativo), que será creditada em R$ 3.600 para diminuir seu saldo; descontos recebidos (receita), que será creditada em R$ 400 para representar o ganho que a entidade teve com a redução. Veja que estão envolvidas uma conta de receita e duas patrimoniais, sendo assim, um fato modificativo misto aumentativo.

Exemplo de fato modificativo misto diminutivo é o pagamento de um título com juros. Mais uma vez para ilustrar, imagine que a entidade deva um título de R$ 4.000, mas que o pague em atraso, tendo que pagar juros de 5%. Neste fato contábil estão envolvidas as seguintes contas: caixa (ativo), que será creditada em R$ 4.200; contas a pagar (passivo), que será debitada em R$ 4.000; juros passivos (despesa), que será debitada em R$ 200, representando a perda que a entidade teve com o acréscimo do valor. Como estão envolvidas uma conta de despesa e duas patrimoniais, trata-se de um fato contábil misto diminutivo.

O quadro a seguir resume os conceitos que vimos:

ATOS E FATOS

4.2 Escrituração

Escrituração é o processo de registro das alterações ocorridas no patrimônio da entidade em livros próprios. A escrituração é feita por meio de lançamentos contábeis.

Métodos de escrituração

Historicamente, foram dois os métodos utilizados para escrituração:

→ **Método das Partidas Simples**: Também denominado unigrafia, foi o primeiro a ser criado, mas não deve mais ser utilizado.

→ **Método das Partidas Dobradas**: Popularizado por Luca Pacioli, ainda no século XV, é o método utilizado atualmente em todo o mundo. Sua principal característica é ser bilateral, isto é, em cada lançamento, para cada débito deve haver pelo menos um crédito, e vice-versa, e a soma dos débitos deve ser igual à dos créditos. Também é chamado de digrafia.

No método das partidas dobradas, cada lançamento tem pelo menos duas "pernas" (chamadas de "partidas"): uma que debita determinada conta e uma que credita outra conta. Pode haver mais de um débito ou crédito, porém sempre, em um lançamento, a soma de todos os débitos deve ser igual à dos créditos.

Elementos essenciais do lançamento

Considera-se que todo lançamento, para ser completo, deve trazer os seguintes elementos essenciais: local e data, conta(s) debitada(s) e conta(s) creditada(s), histórico e valor.

Local e data

Indicam o local em que o lançamento foi feito (se o lançamento for feito no Livro Diário, que será estudado mais à frente, o local dos lançamentos consta no próprio termo de abertura do livro) e a data da ocorrência do fato contábil.

Conta(s) debitada(s) e contas(s) creditada(s)

Indicam quais contas estão envolvidas no lançamento realizado. Normalmente, para indicar a(s) conta(s) debitadas, coloca-se a letra "D" na frente de seu nome. Já para indicar a(s) conta(s) creditadas(s), usa-se a letra "C".

Por um padrão já consagrado, primeiro colocam-se as contas debitadas e depois as creditadas.

Histórico

O histórico consiste em uma descrição sucinta do fato contábil, trazendo informações complementares, como, por exemplo, número da nota fiscal que o comprova, nome do fornecedor de quem foi adquirida a mercadoria, se trata-se de um lançamento de estorno ou correção etc.

Valor

Traz os valores envolvidos de cada débito e crédito feitos em cada conta contábil.

Embora os elementos essenciais do lançamento sejam todos que vimos acima, na grande maioria das vezes, ao se cobrar um lançamento em provas, normalmente somente se pedem as contas debitadas e creditadas e o valor, omitindo-se a data e o local, bem como o histórico.

Exemplos de lançamentos

Vejamos alguns exemplos envolvendo lançamentos:

a) Compra de mercadorias à vista, no valor de R$ 1.000, feitos em um estabelecimento no Município de São Paulo-SP, em 05/10/2020:

São Paulo-SP, 05/10/2020

D – Mercadorias.......................... 1.000

C – Caixa.. 1.000

Histórico: compra de mercadorias do fornecedor XYZ Ltda, conforme NF 123.

Veja que neste caso a conta Mercadorias está sendo debitada porque queremos aumentar o seu saldo (em razão da entrada de mercadorias), e sendo conta do ativo possui saldo devedor. Assim, para aumentá-la temos que fazer um débito. Já a conta Caixa está sendo creditada porque queremos diminuir o seu saldo (em razão da saída de dinheiro), e sendo conta do ativo possui saldo devedor. Assim, para diminui-la temos que fazer um crédito.

A propósito, trata-se de um fato contábil permutativo, pois não altera o valor do patrimônio líquido da entidade.

b) Recebimento de duplicata de um cliente via rede bancária, no valor de R$ 5.000, com desconto de 10%, em um estabelecimento no Município do Rio de Janeiro-RJ, em 10/06/2020:

Rio de Janeiro-RJ, 10/06/2020

D – Bancos....................................... 4.500

D – Descontos Concedidos........ 500

C – Clientes.................................... 5.000

Histórico: Recebimento da duplicata de número 9876, do cliente Paga Rápido Ltda., com desconto de 10% conforme autorizado pelo departamento financeiro.

Neste caso, debitamos a conta Bancos porque queremos registrar um aumento de seu saldo, e como a conta é do ativo, possui saldo devedor e aumenta por débito. Por outro lado, creditamos a conta Clientes porque queremos registrar uma diminuição de seu saldo (baixa do valor recebido), e como ela também é do ativo, possui saldo devedor e diminui por crédito. Por fim, debitamos a conta de despesa Descontos Concedidos para representar a perda patrimonial que a empresa teve com a concessão do desconto, uma vez que trocou um crédito de R$ 5.000 por um pagamento de R$ 4.500.

Trata-se de um fato contábil modificativo misto diminutivo (uma despesa e mais de uma conta patrimonial envolvidas).

c) Pagamento de uma dívida com fornecedor, no valor de R$ 10.000, com desconto de 5%:

Neste caso, faremos o lançamento em sua forma simplificada, sem colocarmos data e local, nem o histórico:

D – Fornecedores.................................. 10.000

C – Caixa.. 9.500

C – Descontos Obtidos......................... 500

Debitamos a conta "Fornecedores" porque queremos reduzir o seu saldo, dando baixa na dívida, e como é uma conta do passivo, possui saldo credor e diminui por débito. Creditamos a conta Caixa porque queremos diminuir o seu saldo (pela saída do dinheiro), e como ela é do ativo, possui saldo devedor e diminui por crédito. Além disso, creditamos a conta de receita Descontos Obtidos para registrar o ganho patrimonial que a empresa teve com o desconto que conseguiu, uma vez que deu baixa em um passivo de R$ 10.000 pagando apenas R$ 9.500.

Este é um fato modificativo misto aumentativo (uma receita e mais de uma conta patrimonial).

d) Subscrição de capital social, no valor de R$ 100.000, pelos sócios:

D – Capital a Integralizar...................... 100.000

C – Capital Social...................................... 100.000

A subscrição do capital social não significa entrada de recursos para a entidade, mas somente uma promessa de entrega futura de dinheiro ou de bens pelos sócios.

A subscrição do capital pelos sócios é o primeiro fato contábil que ocorre em uma entidade, e juridicamente se consuma com a assinatura pelos sócios e o registro do contrato social ou estatuto da entidade no órgão competente.

Esse ato, que constitui a sociedade formalmente, faz com que surja a conta Capital Social no PL da empresa. Como tal conta tem saldo credor, deve-se fazer um crédito nesta para aumentar seu saldo de zero para o valor subscrito. Por outro lado, como não houve ainda a integralização do capital social, deve-se também constituir a conta Capital a Integralizar pelo mesmo valor, a qual, por ser retificadora do PL, tem saldo devedor e é aumentada por débito.

Ao realizar esse lançamento, surge no Balanço Patrimonial da empresa:

ATIVO	PASSIVO
(...)	(...)
	PL
	Capital Social.. 100.000
	(–) Capital a Integralizar.................. (100.000)

e) Integralização do capital social pelos sócios, R$ 30.000 em dinheiro, e R$ 70.000 em veículos:

D – Bancos...................................... 30.000

D – Veículos.................................. 70.000

C – Capital a Integralizar......... 100.000

Agora, debitamos Bancos e Veículos porque são contas do ativo e, por isso, têm saldo devedor e aumentam por débito. Por outro lado, creditamos Capital a Integralizar porque queremos reduzir seu saldo (como os sócios integralizaram todo o valor subscrito, temos que zerar o saldo de Capital a Integralizar), e como a conta é retificadora do PL, tem saldo devedor e diminui por crédito.

f) Reconhecimento de despesa com pagamento de funcionários no valor total de R$ 200.000, no mês de competência, com pagamento no mês posterior.

Pelo regime de competência, o reconhecimento das despesas com salários deve ser feito no mês ao qual o salário se refere, ainda que o pagamento seja feito no mês seguinte, como normalmente é feito pelas entidades em geral.

Assim, no mês de competência, deve ser feito o seguinte lançamento:

D – Salários (despesa com salários)

C – Salários a Pagar.. 200.000

Neste caso, colocamos somente uma vez o valor de R$ 200.000 porque, havendo somente uma conta debitada e uma creditada, presume-se que o valor do débito será o mesmo que o do crédito, não havendo necessidade de colocar o valor duas vezes.

Este é um fato modificativo simples diminutivo, pois há a diminuição do PL, pela despesa, e tem somente uma conta patrimonial envolvida.

No mês subsequente, no momento do pagamento, a entidade fará o seguinte lançamento:

D – Salários a Pagar

C – Caixa (ou Bancos)... 200.000

Este último lançamento representa um fato contábil permutativo, uma vez que somente envolve contas patrimoniais e não altera o valor do PL, até porque a despesa de salários já foi reconhecida no mês anterior (mês de competência) e seu reconhecimento novamente no mês de pagamento faria com que ela fosse registrada em duplicidade.

Mais à frente, quando tratarmos de operações com pessoal, veremos que o fechamento da folha de salários e seu pagamento também produzem outros fatos contábeis, como o reconhecimento de encargos sociais a pagar e descontos de imposto de renda e contribuição social.

Fórmulas de lançamento

A teoria contábil identifica 4 (quatro) fórmulas de lançamentos, definidas de acordo com o número de contas debitadas e de contas creditadas:

Assim, temos:

Lançamentos de 1ª Fórmula

Caracterizam-se por serem compostos por somente 1 (uma) conta debitada e 1 (uma) conta creditada. É o tipo de lançamento mais simples possível.

→ Exemplo: Compra de veículo à vista, no valor de R$ 25.000,00

D – Veículos (ativo)...................... 25.000,00

C – Caixa (ativo)............................. 25.000,00

Lançamentos de 2ª Fórmula

Os lançamentos de 2ª fórmula apresentam somente 1 (uma) conta debitada e mais de uma creditada.

→ Exemplo: Recebimento de duplicata de R$ 5.000 com juros de 10%.

D – Caixa (ativo)... 5.500

C – Duplicatas a Receber (ativo).......... 5.000

C – Juros Ativos (receita)........................ 500

Lançamentos de 3ª fórmula

Apresentam mais de 1 (uma) conta debitada e somente 1 (uma) creditada.

Exemplo: Pagamento de duplicata de R$ 10.000 com juros de 5%.

D - Duplicatas a Pagar (passivo)............ 10.000

D - Juros Passivos (despesa)..................... 500

C - Caixa (ativo)... 10.500

Lançamentos de 4ª fórmula

Por fim, temos os lançamentos de 4ª fórmula, que apresentam mais de 1 (uma) conta debitada e mais de 1 (uma) conta creditada. É o tipo de lançamento mais complexo.

→ Ex.: Venda à vista por R$ 8.000 máquina de valor original de R$ 10.000 e depreciada em R$ 4.000.

D - Caixa (ativo).. 8.000

D - Depreciação Acumulada (ativo - redutora)............ 4.000

C - Máquinas e Equipamentos (ativo)........................... 10.000

C - Receita Venda Bens Ativo Imobilizado (receita)..... 2.000

MNEMÔNICO PARA GUARDAR AS FÓRMULAS DE LANÇAMENTO

Embora seja um assunto simples de entender, nem sempre as fórmulas de lançamento são fáceis de guardar, especialmente a 2ª e a 3ª.

Para facilitar, temos um mnemônico que ajuda a memorizá-las, e que funciona assim: coloque em ordem crescente as quatro dezenas que podem ser formadas com os algarismos 1 e 2: 11, 12, 21 e 22. O primeiro dígito de cada dezena indica o número de contas debitadas e o segundo o número mínimo de contas creditadas. Aí é só associar a cada uma delas as fórmulas de lançamento, na ordem natural (1ª, 2ª, 3ª e 4ª), que a correspondência estará correta.

A tabela a seguir demonstra como funciona:

Contas Debitadas	Contas Creditadas	Fórmula de Lançamento
1	1	1ª
1	2	2ª
2	1	3ª
2	2	4ª

Observação: O número 2 da tabela do mnemônico não significa que somente poderão ser debitadas ou creditadas 2 contas, mas sim que serão debitadas ou creditadas 2 ou mais, pois há lançamentos de 2ª fórmula, por exemplo, em que são creditadas muitas contas.

Retificação de lançamentos

A retificação de um lançamento consiste na correção de um lançamento feito de forma errônea, e é feito por meio de um outro lançamento, uma vez que os livros contábeis não podem ser rasurados.

Existem três técnicas para a correção de um lançamento feito erroneamente: estorno, complementação e transferência.

ESTORNO

O estorno consiste na realização de um lançamento para anular os efeitos de um lançamento errado. No estorno se realiza é realizado basicamente o mesmo lançamento que foi feito de forma equivocada, mas trocando as contas debitadas e creditadas, ou seja, debitam-se as contas que foram creditadas e creditam-se as contas que foram debitadas no lançamento errado.

O estorno é uma técnica que sempre pode ser utilizada na correção de lançamentos, não importa qual tenha sido o erro, mas que exige que, após sua realização, seja feito um outro lançamento para a contabilização correta do fato contábil que originalmente foi registrado errado.

Isso porque, na verdade, o estorno somente anula os efeitos do lançamento indevido, devendo, então, ser seguido do lançamento correto.

Exemplo: Imagine que uma empresa, ao contabilizar uma compra de mercadorias a prazo, no valor de R$ 10.000, tenha feito o seguinte lançamento:

D - Mercadorias........................ 10.000

C - Caixa...................................... 10.000

O lançamento está errado porque, tendo sido feita a compra a prazo, deveria ter sido creditada a conta Fornecedores, e não Caixa.

Para estornar o lançamento errado, basta fazer outro, invertendo as contas debitadas e creditadas:

D - Caixa............................. 10.000

C - Mercadorias.............. 10.000

Histórico: Estorno do lançamento nº tal, feito de forma errada, por se tratar de uma venda a prazo.

Após a realização do estorno, deve-se proceder ao lançamento correto.

COMPLEMENTAÇÃO

A complementação é uma técnica de correção de lançamentos que é utilizada quando o **erro for de valor**, a maior ou a menor.

Exemplo: Uma empresa registra uma operação de compra de mercadorias à vista, no valor de R$ 2.000, da seguinte forma:

D - Mercadorias

C - Caixa................................ 200

Como as contas estão corretas e o erro é somente de valor, pode-se utilizar a complementação. Neste caso, seria feito o seguinte lançamento:

D - Mercadorias

C - Caixa............................. 1.800

Histórico: Correção do lançamento nº tal, feito a valor menor.

No exemplo acima, o erro de valor foi a menor, por isso bastou repetir os lançamentos feitos nas contas, registrando-se o valor faltante. Mas e se o erro de valor for a maior? Neste caso, será feita uma "complementação negativa" também chamada de "estorno parcial", em que invertem-se as contas debitadas e creditadas, lançando-se a diferença.

Ex.: Uma empresa registra erroneamente uma operação de compra de mercadorias a prazo, no valor de R$ 3.000, da seguinte forma:

D - Mercadorias

C - Fornecedores................. 4.000

Neste caso, o lançamento foi feito a maior em R$ 1.000. Para corrigir o erro, pode-se usar a complementação, mas da seguinte forma:

D - Fornecedores................. 1.000

C - Mercadorias................... 1.000

Histórico: correção do lançamento nº tal, feito a valor maior.

Transferência

A transferência é uma forma de correção de lançamentos que pode ser usada quando o erro for em uma das contas utilizadas. Neste caso, a conta indevidamente debitada/creditada será creditada/debitada tendo como contrapartida a conta que deveria ter sido utilizada.

Ex.: Vamos aproveitar o mesmo exemplo que usamos para o estorno, em que uma empresa, ao contabilizar uma compra de mercadorias a prazo, no valor de R$ 10.000, tenha feito o seguinte lançamento errado:

D – Mercadorias

C – Caixa.................................... 10.000

O problema do lançamento é que creditou a conta Caixa, quando deveria ter creditado a conta Fornecedores. Neste caso, a retificação por transferência seria feita assim:

D – Caixa

C – Fornecedores.................. 10.000

Histórico: Lançamento feito para correção do lançamento nº tal, em que a conta Caixa foi creditada indevidamente.

Veja que em todos os casos poderíamos, se quiséssemos, ter usado o estorno, mas aí teríamos sempre que, depois, fazer o lançamento correto.

Livros de escrituração

Os livros de escrituração são documentos nos quais são registrados fatos contábeis (livros contábeis) e outros eventos exigidos pela legislação fiscal, trabalhista ou societária.

Atualmente, a maior parte desses livros é escriturada na forma digital.

Categorias dos Livros de Escrituração

Costumam-se dividir os livros de escrituração, de acordo com a sua função e eventos que registram, em quatro categorias: livros fiscais, livros sociais, livros trabalhistas e livros contábeis.

Em Contabilidade, veremos especialmente os livros contábeis, sendo que os demais livros somente serão citados – porque são objeto de estudos específicos por parte de outras disciplinas, como Direito Tributário, Direito Empresarial e Direito do Trabalho.

Livros Fiscais

Os livros fiscais são aqueles exigidos pelas Administrações Tributárias (Fiscos) Federal, Estaduais e Municipais, por meio de legislação específica de cada uma dessas esferas. São utilizados especialmente para controle do pagamento de tributos.

Livros Sociais

Os livros sociais são aqueles exigidos pela legislação societária e que registram informações de interesse dos sócios e acionistas. Atualmente estão previstos especialmente na Lei 6.404/76, como o Livro de Registro de Acionistas e o Livro de Atas de Reuniões da Diretoria.

Livros trabalhistas

Os livros trabalhistas são aqueles exigidos pela Consolidação das Leis do Trabalho – CLT, e que devem ser mantidos pelos empregadores em seus estabelecimentos. São dois: Livro de Registro de Empregados e Livro de Inspeção do Trabalho.

Livros contábeis

Os livros contábeis são aqueles utilizados para controle do patrimônio das entidades. Podem ser exigidos pelas normas contábeis ou pela legislação empresarial, como é o caso do Livro Diário.

Veremos com mais detalhes os livros contábeis, por serem eles que interessam, de fato, à Contabilidade.

Livros Contábeis

Como já dito, os livros contábeis servem ao controle do patrimonial, registrando os diversos elementos patrimoniais – incluindo as receitas e despesas – e suas variações.

Classificação dos Livros Contábeis

Os **livros contábeis** podem ser classificados de diversas maneiras.

A primeira é quanto à obrigatoriedade. Por este critério, os livros contábeis podem ser facultativos (de utilização opcional pelas entidades) ou obrigatórios (de utilização compulsória). Os livros obrigatórios, por sua vez, podem ser obrigatórios comuns, que são exigidos de todas as entidades ou obrigatórios específicos, que são exigidos somente de algumas entidades específicas.

Quanto à abrangência dos fatos contábeis que registram, os livros contábeis podem ser principais ou auxiliares. Os livros principais registram todos os fatos contábeis ocorridos na entidade, independentemente de sua natureza, como o Livro Diário e o Livro Razão. Já os livros auxiliares registram somente alguns fatos contábeis específicos, como o Livro Caixa e o Livro de Registro de Duplicatas.

E quanto à ordem interna, os livros contábeis podem ser cronológicos ou sistemáticos. Os livros sistemáticos possuem algum critério de organização interna, como, por exemplo, nome da conta, nome do cliente ou do fornecedor etc. Já os livros cronológicos não possuem qualquer critério de organização, sendo os lançamentos registrados conforme ocorrem os fatos contábeis, na linha imediatamente disponível no livro.

Segue um resumo da classificação dos livros contábeis:

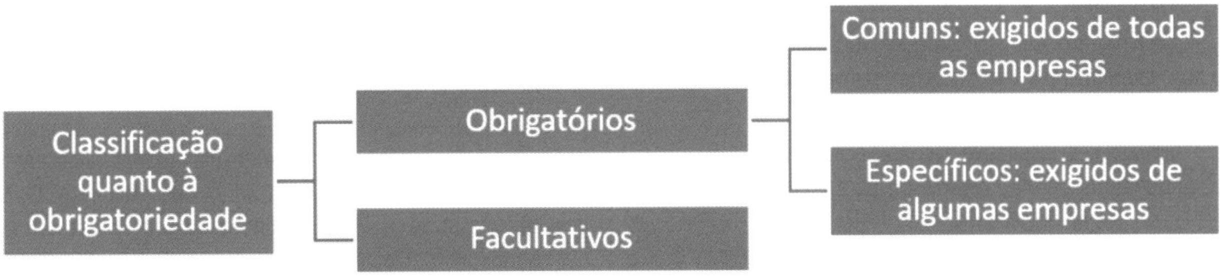

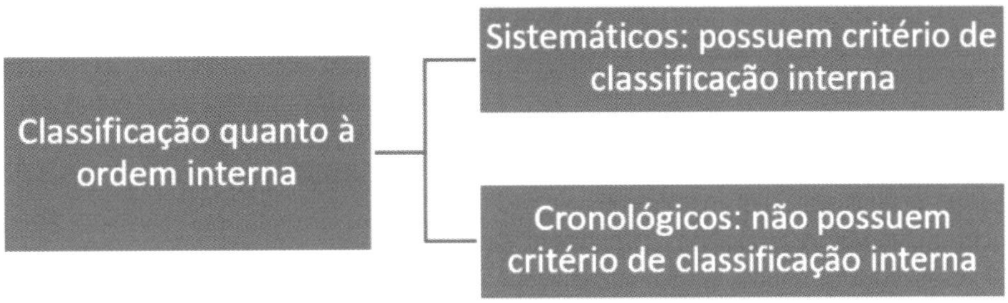

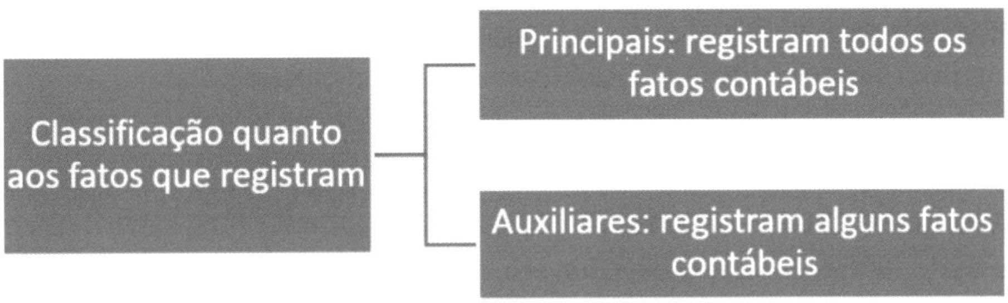

Livros Contábeis em Espécie

Veremos agora algumas informações e classificação dos principais livros, que são os seguintes:

- → Diário;
- → Razão;
- → Caixa;
- → Contas Correntes;
- → Registro de Duplicatas.

Livro Diário

O **Livro Diário** registra todos os fatos contábeis ocorridos na entidade, na ordem em que acontece. É considerado o principal livro contábil e o único que é exigido de todas as empresas pela legislação empresarial.

É no Diário que são feitos os lançamentos propriamente ditos, conforme já estudamos. Além de ser obrigatório, esse também é um livro principal, pois registra todos os fatos contábeis e cronológicos, pois não apresenta nenhum critério de organização interna, registrando os fatos contábeis por dia, mês e ano.

De acordo com o art. 1.184 do Código Civil, *"no Diário serão lançadas, com individuação, clareza e caracterização do documento respectivo, dia a dia, por escrita direta ou reprodução, todas as operações relativas ao exercício da empresa"*.

O empresário ou sociedade empresária que adotar o sistema de fichas de lançamentos pode substituir o livro Diário pelo livro Balancetes Diários e Balanços, observadas as mesmas formalidades extrínsecas exigidas para aquele.

Livro Razão

O Livro Razão traz os razonetes de todas as contas contábeis, permitindo a rápida identificação de seus saldos.

Apesar de sua importância, não é um livro obrigatório pela legislação, ou seja, é facultativo, exceto para pessoas jurídicas que recolham o Imposto de Renda pelo chamado Lucro Real.

Apesar de facultativo para as empresas em geral, o Livro Razão é um livro principal, pois todos os fatos contábeis devem ser nele registrados. Além disso, é sistemático, pois está organizado por conta contábil.

Livro Caixa

O Livro Caixa é um livro facultativo, auxiliar e cronológico, no qual são registrados os fatos que envolvem movimentação financeira, inclusive a bancária.

Embora seja facultativo pela legislação contábil e empresarial, é obrigatório, pela legislação fiscal, para as empresas optantes pelo Lucro Presumido para o Imposto de Renda e pelo SIMPLES, se não fizerem escrituração contábil na forma da lei comercial.

Livro Contas Correntes

O Livro Contas Correntes é um livro facultativo, auxiliar e sistemático, no qual são registrados os fatos que envolvam direitos e deveres da empresa, como aqueles relacionados às contas Clientes, Fornecedores e Bancos.

Livro de Registro Duplicatas

O Livro de Registro de Duplicatas é um livro obrigatório específico, sendo exigido de empresas que trabalham com emissão de duplicatas e no qual são registrados todos esses títulos emitidos pela empresa como decorrência de vendas a prazo. Além disso, é um livro auxiliar e sistemático.

Exigências ou Formalidades do Livro Diário

Já vimos que o Livro Diário é o principal livro contábil – e o único exigido pela legislação empresarial de todas as empresas. O Livro Diário, além de ter que ser necessariamente escriturado por contabilista com registro no Conselho Regonal de Contabilidade (CFC), deve obediência a algumas formalidades – também conhecidas como requisitos – chamadas de intrínsecas e extrínsecas:

Formalidades intrínsecas

São aquelas que dizem respeitos aos lançamentos feitos no Diário, ou seja, devem ser obedecidas quando se escreve "dentro do livro".

De acordo com a legislação, obedecerá às formalidades intrínsecas a escrituração que for feita (Art. 1.183 do Código Civil):

a) *Em idioma e moeda nacionais;*

b) *Na forma contábil, ou seja, com respeito às normas contábeis;*

c) *Por ordem cronológica de dia, mês e ano;*

d) *Sem intervalos em branco, entrelinhas, borrões, rasuras, emendas ou transportes para as margens.*

Formalidades extrínsecas

As formalidades extrínsecas dizem respeito ao livro contábil em si, ao seu aspecto exterior, e não aos lançamentos nele realizados.

Obedecerá às formalidades extrínsecas o livro contábil que contiver:

a) Autenticação pela Junta Comercial;

b) Lavratura de termos de abertura e encerramento do livro.

Efeitos da Escrituração com Obediências às Formalidades

O Art. 226 do Código Civil determina que os livros e as fichas dos empresários e das sociedades provam contra as pessoas a que pertencem e, em seu favor, quando, escriturados sem vício extrínseco ou intrínseco, forem confirmados por outros subsídios.

4.3 Balancetes De Verificação

O balancete de verificação é um demonstrativo que auxilia na elaboração de demonstrações contábeis e de outros relatórios.

Também serve para verificar a correta aplicação do método das partidas dobradas, especialmente quando traz os lançamentos feitos a débito e a crédito, situação em que o total dos débitos deve ser igual ao de créditos. São feitos tanto com contas patrimoniais como com contas de resultado.

Os balancetes de verificação podem ser elaborados de várias maneiras diferentes. Normalmente são feitos sob a forma de uma relação de contas e seus respectivos saldos extraídos do Livro Razão (no qual estão os razonetes das diversas contas). Além dos saldos das contas, podem trazer outras informações, como total de débitos e o total de créditos em cada conta.

De acordo com o número de informações que apresenta, um balancete de verificação pode ter de 2 (duas) a 8 (colunas) numéricas. Em todos os balancetes deve constar uma coluna com o nome das contas (normalmente é a primeira coluna).

Por não se tratar de uma demonstração contábil, não são de elaboração obrigatória, e nem existem modelos predeterminados para sua elaboração, sendo feitos por cada entidade de acordo com suas necessidades específicas.

O balancete mais simples é o de somente 2 (duas) colunas numéricas, que traz o nome das contas contábeis, uma coluna para os saldos devedores e outra para os saldos credores, conforme mostrado a seguir:

CONTAS	SALDOS DEVEDORES	SALDOS CREDORES
CAIXA	10.000	
CLIENTES	20.000	
MERCADORIAS	25.000	
VEÍCULOS	90.000	
DEPRECIAÇÃO ACUMULADA		35.000
IMÓVEIS	300.000	
FORNECEDORES		50.000
SALÁRIOS A PAGAR		30.000
EMPRÉSTIMOS		120.000
CAPITAL SOCIAL		150.000
LUCROS OU PREJUÍZOS ACUMULADOS		60.000
TOTAL	445.000	445.000

Outra forma de elaborar o balancete de 2 colunas é com a soma dos lançamentos a débito e a crédito em cada conta. Exemplo:

CONTAS	DÉBITOS	CRÉDITOS
CAIXA	100.000	80.000
CLIENTES	85.000	70.000
MERCADORIAS	40.000	90.000
VEÍCULOS	90.000	
DEPRECIAÇÃO ACUMULADA		115.000

IMÓVEIS	400.000	300.000
FORNECEDORES	70.000	60.000
SALÁRIOS A PAGAR	110.000	120.000
EMPRÉSTIMOS	40.000	-
CAPITAL SOCIAL		100.000
TOTAL	935.000	935.000

Erros detectáveis por meio de balancetes de verificação

Os balancetes de verificação, além de serem usados para auxiliar a montagem das demonstrações contábeis, uma vez que traz os saldos finais das contas contábeis, também são utilizados para detectar erro na aplicação dos métodos das partidas dobradas.

Isso porque, se em cada lançamento o total débitos não coincidir com o de créditos, o balancete acusará uma diferença no número total de débitos e de créditos, ou uma diferença no total de saldos devedores e credores.

No entanto, existem alguns erros de escrituração que não são detectáveis pelos balancetes porque, mesmo com eles, o total de débitos continua a bater com o de créditos.

Dentre os erros que não são detectados pela análise do balancete de verificação, temos:

→ Omissão de lançamentos;

→ Lançamentos em duplicidade;

→ Inversão das contas que deveriam ser debitadas e creditadas;

→ Erros de histórico.

EXEMPLO PRÁTICO

Considere os seguintes lançamentos:

1) D – Caixa... 10.000
   C – Vendas...................................... 10.000

2) D – Mercadorias............................ 3.000
   C – Caixa... 3.000

3) D – Máquinas e Eqptos................ 6.000
   C – Fornecedores........................... 6.000

A partir deles, monte um balancete de verificação de duas colunas, com o total de lançamentos a débito e a crédito.

O balancete montado ficaria assim:

CONTAS	DÉBITOS	CRÉDITOS
CAIXA	10.000	3.000
VENDAS	-	10.000
MERCADORIAS	3.000	-
FORNECEDORES	-	6.000
MÁQUINAS E EQUIPAMENTOS	6.000	-
TOTAL	**19.000**	**19.000**

Questões

01. (Cespe) Com relação à escrituração contábil nos livros das sociedades, julgue o item subsequente.

A aquisição à vista de um veículo pelo valor de R$ 80.000, ainda que esse valor resulte de um desconto, negociado no momento da aquisição, no valor de R$ 4.000, representa-se por meio de um lançamento de primeira fórmula.

Certo ( ) Errado ( )

02. (Cespe) Com relação à natureza do patrimônio e aos mecanismos para o seu controle, julgue o item a seguir.

Caso uma empresa compre mercadorias a prazo, no momento do pagamento de uma das duplicatas referentes a essa compra ocorrerá um fato permutativo.

Certo ( ) Errado ( )

03. (Cespe) Acerca dos registros contábeis de empresas comerciais, de seus livros fiscais, da avaliação de ativos, da influência do ICMS e das demonstrações contábeis, julgue o item seguinte.

Os livros obrigatórios de uma empresa comercial incluem o balanço patrimonial, que registra as contas de ativo, passivo e patrimônio líquido.

Certo ( ) Errado ( )

04. (Cespe) O fato contábil registrado no lançamento de 4.ª fórmula abaixo pode ser entendido como recebimento por uma venda a prazo, após o vencimento da obrigação, e concessão de abatimento por problemas com a mercadoria ou sua entrega.

D bancos

D abatimentos

C cliente

C juros

Certo ( ) Errado ( )

05. (Cespe) Julgue o item a seguir, com base nos conceitos e normas aplicáveis à escrituração contábil.

Os livros diário e razão, por constituírem os registros permanentes de uma entidade e por serem obrigatórios, devem ser registrados no registro público competente.

Certo ( ) Errado ( )

Gabaritos

01	CERTO
02	CERTO
03	ERRADO
04	CERTO
05	ERRADO

5. DEPRECIAÇÃO

5.1 Conceito De Depreciação

A depreciação representa perdas que deverão ser assumidas pela empresa em virtude de desgaste de bens pela passagem do tempo, por razões como desgaste pelo uso, obsolescência ou ação da natureza.

5.2 Vedações

A legislação proíbe a depreciação dos seguintes bens:

a) Terrenos, exceto com relação a benfeitorias e construções: isso porque os terrenos não necessariamente perdem valor com o tempo;

b) Bens que aumentam de valor com o tempo, como antiguidades e obras de arte;

c) Bens para os quais sejam registradas contas de amortização ou exaustão: isso porque cada bem da entidade é depreciado, amortizado ou exaurido.

d) Bens móveis ou imóveis que não estejam intrinsicamente relacionados à produção ou comercialização de bens e serviços pela entidade. Isso porque somente podem ser depreciados bens do ativo imobilizado, que são justamente aqueles utilizados na produção ou comercialização de bens e serviços.

5.3 Base De Cálculo

A base de cálculo da depreciação (valor sobre o qual o valor da depreciação será calculado) é o custo de aquisição do bem, incluindo os gastos necessários à sua colocação em funcionamento e os acréscimos posteriores, tais como correção monetária e reavaliação, além de eventuais despesas com sua instalação e desinstalação, estas se puderem ser estimadas.

Se houver valor residual, deverá ele ser deduzido desse valor para encontrar a base de cálculo.

5.4 Valor Da Depreciação Anual

O valor da depreciação anual é obtido dividindo a base de cálculo pelo número de anos de vida útil do bem.

OBSERVAÇÃO

Se for necessário calcular a depreciação por um número "quebrado" de anos, seu valor anual deve ser proporcionalizado. Assim, por exemplo: a depreciação de 6 meses equivale à metade da depreciação anual. Frações de meses devem ser contadas como meses inteiros.

Exemplo: Um bem que deva ser depreciado de 20/07 a 31/12 de determinado ano terá sua depreciação calculada contando julho como um mês inteiro, dando, no caso, 6 meses.

5.5 Valor Residual

O valor residual de um bem corresponde ao valor da provável realização do bem, após totalmente depreciado. Ou seja, é o valor que a empresa espera obter na venda do bem após o final de sua vida útil.

Isso porque, mesmo após o final de sua vida útil, considera-se que o bem normalmente tem valor econômico.

Se o valor residual não for informado, deve ser considerado igual a zero. Já se o valor residual for informado, a base de cálculo da depreciação será o valor de aquisição do bem e acréscimos posteriores menos o valor residual, conforme visto acima.

5.6 Início da Depreciação

De acordo com as normas contábeis, a depreciação de um bem não é calculada a partir da data de sua aquisição, mas sim a partir do mês em que o bem for colocado em funcionamento, ou pelo menos em plenas condições de produzir.

No entanto, se não for informada a data de colocação em funcionamento, deve-se considerar que essa corresponde à data de aquisição.

Assim, por exemplo: no caso de uma máquina adquirida em janeiro, mas que somente tenha sido terminada sua instalação em junho, a depreciação deve ser contabilizada a partir de junho.

5.7 Vida Útil

Vida útil é o tempo em que se considera que um determinado bem poderá ser utilizado pela entidade em sua atividade produtiva, sendo também o prazo pelo qual o bem será depreciado.

Após expirar o tempo de vida útil o bem não será mais depreciado, mas poderá ter ainda algum valor econômico, que é o chamado valor residual.

5.8 Valor Líquido Contábil

Valor líquido contábil – ou somente valor líquido ou, ainda, somente valor contábil – é a diferença entre o valor do bem e o de sua depreciação acumulada, e representa o quanto se estima que a entidade pode obter, naquele momento, com a venda do bem.

Quando o bem estiver totalmente depreciado, o valor líquido contábil coincidirá com o valor residual.

Deve-se observar que, se além da depreciação acumulada, o bem possuir também perda por redução ao valor recuperável (perda por *impairment test*), esse valor também deverá ser deduzido do valor original para o cálculo do valor contábil.

5.9 Métodos de Cálculo da Depreciação

A depreciação pode ser calculada por três métodos diferentes:

a) Método Linear, também chamado de Método das Quotas Constantes.

b) Método da Soma dos Dígitos Decrescentes, também chamado de Método de Cole.

c) Método da Soma dos Dígitos Crescentes.

O método linear ou das quotas constantes é o método mais simples, mais comum e que é considerado padrão. Sendo assim, se nada for dito, é ele que deve ser utilizado.

No método linear, o valor da depreciação é o mesmo para cada período (mensal ou anual). Assim, por exemplo: se um bem possui vida útil de 10 anos, sua depreciação anual será de 10% ao ano, se possui vida útil de 5 anos, 20% ao ano, e assim sucessivamente.

Como é calculado linearmente, para obter-se a depreciação mensal a partir da depreciação anual, basta dividir esta última por 12. Já para obter a depreciação anual a partir da mensal, multiplica-se por 12.

Os demais métodos, por serem pouco utilizados, serão vistos mais à frente.

5.10 Contabilização Da Depreciação

A contabilização da depreciação faz com que a entidade reconheça uma perda – portanto, uma despesa – relacionada ao prejuízo causado pela diminuição do valor do bem do ativo imobilizado.

Por outro lado, essa perda vai sendo acumulada em uma conta específica – chamada de "depreciação acumulada" –, que tem natureza de retificadora do ativo, pois justamente reduz o valor da conta relativa ao bem depreciado.

Sendo assim, o lançamento a ser feito é:

D – Depreciação (despesa)

C – Depreciação Acumulada (retificadora do ativo imobilizado)

A depreciação acumulada, por ser retificadora do ativo, aparecerá no balanço logo após a conta do ativo imobilizado que retifica. Exemplos:

Veículos.. 300.000

(–) Depreciação acumulada................ (120.000)

Máquinas e Equipamentos.................. 600.000

(–) Depreciação acumulada................ (250.000)

Veja que, no primeiro caso, o valor contábil do bem será de R$ 180.000 (R$ 300.000 menos R$ 120.000). Já no segundo caso, o valor contábil será de R$ 350.000.

A conta "depreciação acumulada", como o próprio nome indica, vai acumulando a depreciação do bem, ou seja, não é zerada no final do exercício, até porque ela é conta patrimonial (retificadora do ativo).

Já a conta "depreciação", por ser uma despesa, terá o seu saldo necessariamente zerado ao final do exercício, na hora de calcular o resultado.

5.11 Exemplo Prático

Para melhor entendimento e fixação da matéria, apresentamos a seguir um exemplo prático envolvendo depreciação:

→ Uma empresa adquiriu um ativo em 01/01/2019, o qual foi registrado por R$ 15.000. Sua vida útil foi estimada em cinco anos. Espera-se que o ativo, ao final dos cinco anos, possa ser vendido por R$ 3.000. Usando-se o método linear para cálculo da depreciação, ao final de 2020, qual será o valor líquido contábil do ativo?

RESOLUÇÃO: Primeiramente, devemos achar o valor da base de cálculo:

BC = valor bem – valor residual

BC = 15.000 – 3.000 = R$ 12.000

Como o bem será depreciado em 5 anos, o valor da depreciação anual será:

Depreciação Anual = R$ 12.000/5 = R$ 2.400.

A depreciação acumulada, de janeiro de 2019 a dezembro de 2020, será, portanto, de R$ 4.800.

O valor líquido contábil é a diferença entre o valor original do bem menos o valor da depreciação acumulada:

Valor líquido = 15.000 – 4.800 = 10.200.

5.12 Depreciação Acelerada

A taxa normal de depreciação é aquela calculada de acordo com a vida útil do bem, conforme determinado pela Receita Federal. Assim, veículos de passeio, por exemplo, que possuem uma vida útil definida de 5 anos, têm uma taxa de depreciação anual de 20%; edificações, com a vida útil definida de 25 anos, têm taxa de depreciação anual de 4%, e assim sucessivamente.

Esses valores de vida útil – e consequentemente, de percentual de depreciação – foram definidos pensando que os bens fossem utilizados por um turno de 8 horas diárias. Se os bens forem usados em dois ou três turnos de 8 horas diárias, deverá ser utilizado um coeficiente para acelerar a depreciação (pois, quanto mais se utiliza o bem, mais rápido ele deprecia).

Ocorre que existe um coeficiente contábil, que pode ser usado pela entidade internamente, em sua contabilidade, e um coeficiente fiscal, estabelecido pela Receita Federal, e que deve ser utilizado pela entidade sempre que o valor da depreciação interferir no pagamento de tributos.

A tabela a seguir demonstra os valores desses multiplicadores:

Número de Turnos de 8 horas diárias	Coeficiente de Aceleração Contábil	Coeficiente de Aceleração Fiscal
1	1	1
2	2	1,5
3	3	2

5.13 Baixa De Bem Depreciado

Quando da baixa de um bem depreciado, seja por venda, por doação, por sinistro ou por qualquer outra razão, deverá também ser baixada a conta "Depreciação Acumulada" correspondente.

No caso de venda, se o bem for alienado por um valor maior do que seu valor líquido (valor bem menos a depreciação acumulada), a diferença será considerada como uma receita. Caso contrário, teremos uma despesa.

5.14 Cálculo da Depreciação pelo Método da Soma dos Dígitos

Até aqui, sempre calculamos a depreciação pelo método linear ou das quotas constantes, que é o padrão utilizado pelas entidades e que normalmente costuma ser cobrado em provas em geral.

No entanto é importante conhecer também o método da soma dos dígitos, o qual se subdivide em dois: método da soma dos dígitos decrescentes e método da soma dos dígitos crescentes.

Método da Soma dos Dígitos Decrescentes

Falaremos primeiro do método da soma dos dígitos decrescentes – também denominado método de Cole – porque ele é muito mais comum na prática do que o crescente, sendo a vertente considerada padrão, dentro do método da soma dos dígitos.

Isso porque como no método de Cole as despesas com depreciação vão diminuindo com o tempo, elas acabam sendo mais ou menos compensadas com o aumento de gastos com manutenção – que tendem a aumentar com o tempo –, o que facilita a gestão de custos da entidade.

No método de Cole, assim como no método linear, a primeira coisa a ser feita é encontrar a base de cálculo de depreciação, que será calculada exatamente da mesma forma que já vimos – valor do bem mais outras despesas relacionadas ao seu transporte, instalação e desinstalação (se essa última puder ser estimada no momento da aquisição), menos o valor residual, se houver.

O próximo passo é calcular a soma dos dígitos (normalmente indicada pela letra S).

Para obtê-la, somam-se todos os números de 1 até o número de anos de vida útil do bem. Assim, por exemplo: se o tempo de vida útil for de 4 anos, S será igual a 10 (1+2+3+4); se a vida útil de for de 5 anos, S será igual a 15 (1+2+3+4+5); se a vida for útil for de 10 anos, S será igual a 55 (1+2+3+4+5+6+7+8+9+10).

Após encontrado o valor de S, deve-se considerar para depreciação do primeiro ano a taxa de N/S, onde N é o número de anos de vida útil do bem; no segundo ano, a taxa será de (N-1)/S; no terceiro, (N-2)/S, e assim sucessivamente, até chegar ao último período, em que a taxa será de 1/S.

Apesar de parecer bastante complicado, quando explicado teoricamente, um exemplo prático nos ajudará a ver que na prática é bastante simples:

→ Exemplo: Calcule os valores de depreciação anual, pelo método da soma dos dígitos decrescentes, para um bem de valor de aquisição de R$ 200.000, com valor residual de R$ 50.000 e vida útil de 5 anos.

Passo 1: Achar a base de cálculo (BC): BC = 200.000 – 50.000 = 150.000.

Passo 2: Achar o valor de S: S = 1+2+3+4+5 = 15.

Passo 3: Calcular os valores de depreciação anual para os 5 anos de vida útil:

→ Depreciação no 1º ano: 150.000 X 5/15 = 50.000.

→ Depreciação no 2º ano: 150.000 X 4/15 = 40.000.

→ Depreciação no 3º ano: 150.000 X 3/15 = 30.000.

→ Depreciação no 4º ano: 150.000 X 2/15 = 20.000.

→ Depreciação no 1º ano: 150.000 X 1/15 = 10.000.

Método da Soma dos Dígitos Crescente

O cálculo da depreciação pelo método da soma dos dígitos crescente é muito semelhante ao cálculo pelo método da soma dos dígitos decrescentes, sendo os dois passos primeiros idênticos. A única alteração é no terceiro passo, no qual será invertida a ordem de cálculo nos anos de vida útil. Assim, no primeiro ano de depreciação o multiplicador utilizado será de 1/S; no segundo, o multiplicador será 2/S; no terceiro, 3/S e assim por diante, até chegar ao último ano, em que o coeficiente será de N/S, onde N é o número de anos de vida útil do bem.

Para ilustrar melhor, vamos calcular a depreciação pelo método da soma dos dígitos crescente para o mesmo exemplo apresentado para o método de Cole:

→ Exemplo 2: Calcule os valores de depreciação anual, pelo método da soma dos dígitos crescente, para um bem de valor de aquisição de R$ 200.000, com valor residual de R$ 50.000 e vida útil de 5 anos.

Passo 1: Achar a base de cálculo (BC): BC = 200.000 – 50.000 = 150.000.

Passo 2: Achar o valor de S: S = 1+2+3+4+5 = 15.

Passo 3: Calcular os valores de depreciação anual para os 5 anos de vida útil:

→ Depreciação no 1º ano: 150.000 X 1/15 = 10.000.

→ Depreciação no 2º ano: 150.000 X 2/15 = 20.000.

→ Depreciação no 3º ano: 150.000 X 3/15 = 30.000.

→ Depreciação no 4º ano: 150.000 X 4/15 = 40.000.

→ Depreciação no 1º ano: 150.000 X 5/15 = 50.000.

a) Independentemente do método utilizado no cálculo, o valor total da depreciação acumulada ao final da vida útil será sempre o mesmo, e que corresponderá à diferença entre o valor original do bem e seu valor residual.

b) Em questões de provas, somente deve-se utilizar o método da soma dos dígitos se isso for solicitado, pois o padrão é o método linear. Se for informado que deve ser utilizado o método da soma dos dígitos, mas não disser se é crescente ou decrescente, deve-se utilizar este último.

Questões

01. (Cespe) Determinada sociedade comercial realizou, no período corrente, as transações apresentadas a seguir.

- Apropriou a terceira cota anual cheia de depreciação de um veículo, originalmente adquirido por R$ 60.000, com vida útil estimada em 5 anos. A empresa tem como política considerar um valor residual de 10% para todos os seus bens. O método de depreciação empregado é o da soma dos dígitos dos anos.
- Descontou, no banco onde mantém conta, uma duplicata a vencer em 60 dias. O título, com valor nominal de R$ 100.000, gerou um crédito de R$ 97.000 na conta-corrente da empresa.
- Vendeu mercadorias por R$ 10.000, líquido de tributos, realizando a baixa dos estoques correspondentes, no valor de R$ 5.500.

Nessa situação hipotética, a depreciação do veículo gerou um crédito de R$ 10.800 na conta de depreciação acumulada.

Certo ( ) Errado ( )

02. (Cespe) Julgue os próximos itens, acerca do ativo imobilizado de companhias abertas.

O valor contábil de um ativo imobilizado é o valor pelo qual ele é reconhecido na contabilidade, sendo deduzido da depreciação acumulada e da perda, também acumulada, por redução ao valor recuperável.

Certo ( ) Errado ( )

03. (Cespe) Julgue o item a seguir, a respeito da composição e das variações do patrimônio público e da mensuração dos seus elementos.

Os imóveis são ativos imobilizados e, portanto, sofrem depreciação; no entanto, essa depreciação recai somente sobre a parcela do imóvel correspondente à construção, mas não sobre a parcela correspondente ao terreno.

Certo ( ) Errado ( )

04. (Cespe) De acordo com os padrões contábeis do CPC, para os itens do imobilizado que não tenham sido totalmente depreciados, a depreciação deverá cessar na data em que o valor residual do ativo for menor que o seu valor contábil.

Certo ( ) Errado ( )

05. (Cespe) A conta depreciação acumulada de imobilizado, cujo saldo é aumentado por lançamentos a crédito, tendo como contrapartida uma conta de despesa de depreciação, é retificadora do ativo imobilizado.

Certo ( ) Errado ( )

Gabaritos

01	CERTO
02	CERTO
03	CERTO
04	ERRADO
05	CERTO

6. COMPRAS E VENDAS

6.1 Introdução

As operações de compras e vendas de mercadorias – normalmente chamadas simplesmente de "compras de mercadorias" – representam a principal atividade das empresas em geral e também sua maior fonte de receitas.

Veremos neste capítulo as principais informações sobre o assunto, começando pela definição de alguns conceitos importantes.

6.2 Conceitos Iniciais

Seguem alguns conceitos que serão importantes para podermos entender o desenvolvimento da matéria:

→ **Mercadorias**: Bens adquiridos pela entidade com o objetivo de revenda, no exercício de suas atividades habituais. São sempre classificadas no ativo circulante, na conta "Estoque" ou "Mercadorias" ou ainda "Estoques de Mercadorias". Bens que forem adquiridos pela entidade fora de suas atividades habituais ou que não estiverem destinados à venda não são considerados mercadorias.

As entradas "entram" no estoque pelo seu valor de compra (na verdade, pelo valor das chamadas "compras líquidas", conforme veremos adiante) e "saem" pelo valor do custo das mercadorias vendidas, os quais, numericamente, se equivalem – uma vez que o custo da mercadoria vendida é exatamente o valor que ela custou, quando de sua compra.

→ **Devolução de vendas e vendas canceladas**: A devolução de vendas é um ato pelo qual as mercadorias são devolvidas pelo comprador ao vendedor, por qualquer que seja a razão (estarem em desacordo com o pedido, desistência da compra etc.). A devolução de vendas faz com que o vendedor não possa mais cobrar o cliente relativamente àquele valor ou tenha que lhe devolver o valor eventualmente já pago. A diferença entre a devolução de vendas e o cancelamento de vendas é que na primeira a mercadoria chegou a sair do estabelecimento do vendedor e depois retornou, ao passo que na segunda a mercadoria sequer chegou a sair do estabelecimento do vendedor.

→ **Abatimento**: Valor que o fornecedor concorda em reduzir do preço a receber, para evitar uma devolução. Não aparece na nota fiscal, pois é posterior à venda. No abatimento concedido pela empresa a clientes haverá uma redução no valor a receber. Já no abatimento obtido pela empresa junto a fornecedores haverá uma redução no valor a pagar.

→ **Desconto incondicional**: Recebe este nome porque não depende das condições de pagamento. O desconto incondicional é dado sempre no momento da venda das mercadorias, podendo ser concedido, por exemplo, para compras em grande quantidade, por interesse promocional, para clientes preferenciais ou mesmo por "pechincha" do comprador. Como é dado no momento da venda, deverá aparecer na nota fiscal.

→ **Desconto condicional**: Também chamado de desconto financeiro, consistem em uma redução do valor recebido devido à antecipação do pagamento feito pelo devedor. Exemplo: uma empresa possui R$ 10.000 a receber de um cliente com vencimento para dali a seis meses, mas o cliente paga adiantado e obtém uma redução de R$ 500. Neste caso, trata-se de um desconto condicional, e será registrado como receita financeira na contabilidade de quem o recebeu (cliente), e como despesa financeira, na contabilidade de quem o concedeu (empresa credora).

Assim como o abatimento, também não consta da nota fiscal, uma vez que sua concessão é posterior à realização da operação de venda.

6.3 Tributos Cumulativos e não Cumulativos

As operações de venda de mercadorias estão normalmente sujeitas ao pagamento de tributos, que são os chamados tributos sobre o consumo, como o ICMS, o ISS, o IPI, o PIS/PASEP e a COFINS.

Esses tributos, por sua natureza, são repassados pelo vendedor no preço cobrado do comprador, existindo duas categorias de contribuintes: o contribuinte de direito, que é o vendedor, ou seja, aquele de quem o Fisco cobrará o tributo se não for pago; e o contribuinte de fato, no caso o comprador, que acaba sofrendo o "ônus tributário", uma vez que paga mais caro pelo produto, por conta do valor do tributo embutido.

Os tributos sobre vendas dividem-se em cumulativos e não cumulativos.

Tributos cumulativos

Os tributos cumulativos são aqueles em que o contribuinte, no cálculo do valor devido, não pode se creditar dos valores do mesmo tributo pago pelos seus antecessores na cadeia produtiva. Ou seja, o contribuinte paga-os sobre o "valor cheio" da venda. Também são chamados de "tributos em cascata", e tendem a aumentar cada vez mais, conforme o bem vai sendo vendido de um para outro.

Os tributos cumulativos comporão o custo da mercadoria adquirida pela entidade.

Tributos não cumulativos

Já os tributos não cumulativos - também chamados de tributos sobre o valor agregado - são permitidos ao contribuinte, ao pagar o tributo, deduzir o montante já pago daquele tributo pelos elos antecedentes da cadeia produtiva, o que reduz o valor a pagar pelo contribuinte, pois, ao apurar o montante de imposto devido, poderá se creditar do valor do imposto devido pelos fornecedores e informados na nota fiscal de entrada. Na verdade, no caso dos tributos não cumulativos, o contribuinte paga o imposto somente sobre o valor que agregou ao preço da mercadoria adquirida.

No momento da aquisição de um produto com tributo não cumulativo incluso no valor da nota, o comprador contabiliza o valor do tributo como um crédito, que será utilizado no momento em que for pagar seus tributos sobre a venda.

Os tributos não cumulativos não compõem o custo da mercadoria adquirida, uma vez que a empresa compradora irá "receber" de volta o valor do tributo embutido no preço pago ao vendedor, quando do pagamento dos tributos sobre suas vendas, pois poderá descontar do valor deste o montante do tributo incluído pelo fornecedor no momento da venda. Por conta disso, a empresa compradora deve contabilizar separadamente do valor da mercadoria adquirida os valores de créditos desses tributos.

6.4 Compras

A compra de mercadorias é sempre um fato permutativo (seja à vista, seja a prazo, com tributos ou sem tributos), pois simplesmente houve uma troca de dinheiro - ou assunção de uma dívida - por bens, não afetando o resultado da entidade.

O resultado somente será impactado, com o reconhecimento da despesa correspondente, no momento da venda da mercadoria, conforme veremos mais à frente. Assim, pode-se dizer que as mercadorias entram no estoque pelo valor de aquisição (somando-se todos os custos incidentes) e saem como custo da mercadoria vendida.

No caso de compras de mercadorias, deve-se primeiramente verificar se o caso envolve ou não tributos incidentes. Se envolver, deve-se verificar se a empresa compradora poderá ou não se creditar do valor devido pelo fornecedor. Se sim, o valor do tributo deverá ser contabilizado separadamente do custo da mercadoria.

Se a questão envolver ICMS, ISS, PIS/PASEP ou COFINS, considera-se que, salvo se for dito diferente, esses estão inclusos no valor pago pelas mercadorias. Já no caso do IPI, considera-se que, via de regra, este não está incluso, pois seu valor vem destacado na nota fiscal, separado do valor das mercadorias em si, conforme veremos à frente.

Já as mercadorias são contabilizadas no estoque pelo seu custo total, pelo valor integral que a empresa teve de despender para levar a mercadoria até seu estabelecimento - líquido dos tributos recuperáveis -, incluindo fretes e seguros sobre compras.

> As mercadorias são contabilizadas no estoque pelo seu custo total de aquisição, incluindo o valor pago por elas, eventuais fretes e seguros sobre compras e tributos não recuperáveis.
> Analisaremos a seguir cada uma das situações possíveis de ocorrer, no que se refere às compras de mercadorias e aos tributos incidentes.

Compras de mercadorias sem tributos

Se as mercadorias forem adquiridas sem tributos, o lançamento que deverá ser realizado quando da compra será:

D - Mercadorias

C - Caixa/Bancos/Fornecedores

Lembrando que serão contabilizados no valor de mercadorias todos os custos da entidade com a aquisição dessas, como valor pago por elas, tributos não recuperáveis, transporte, seguros etc.

→ Exemplo: Uma empresa adquire R$ 20.000 em mercadorias, metade a prazo, metade à vista, em dinheiro. Além disso, pagou ao vendedor pelo frete de entrega, no valor de R$ 300 à vista.

Neste caso, o lançamento a ser feito será:

D - Mercadorias............................... 20.300

C - Caixa... 10.300

C - Fornecedores........................... 10.000

Veja que o valor do frete integrou o custo da mercadoria, uma vez que se tratou de um dispêndio necessário para sua aquisição.

Compras de mercadorias com tributos

Algumas considerações sobre os tributos incidentes sobre compras

Na verdade, embora falemos em "tributos sobre compras", para deixar claro que estamos olhando sob a ótica do comprador, quem deve sempre recolher o tributo é o vendedor, que é o contribuinte de direito ou o sujeito passivo.

Quando se fala em compras de mercadorias, os tributos que podem incidir na operação são:

→ ICMS - Imposto sobre a Circulação de Mercadorias e Serviços;

→ IPI - Imposto sobre Produtos Industrializados;

→ PIS/PASEP;

→ COFINS.

Excepcionalmente, pode alguma questão falar também sobre Imposto de Exportação - II.

Para provas, porém, os dois que costumam ser cobrados são o ICMS e o IPI.

Deve-se sempre observar que, via de regra, todas as empresas comerciais e industriais são contribuintes do ICMS, PIS/PASEP e COFINS.

Já o IPI – Imposto sobre Produtos Industrializados, via de regra, somente é pago por estabelecimentos industriais.

Além disso, normalmente considera-se que o ICMS está incluso no valor das mercadorias adquiridas.

O IPI, por sua vez, normalmente é cobrado "por fora" do preço das mercadorias.

Por isso, no caso do IPI costuma-se diferenciar o valor da compra/venda (preço pago pelas mercadorias) do valor na nota, que é o valor da compra/venda + IPI incidente. Exemplo: uma empresa adquire mercadorias no valor de R$ 10.000, com IPI incidente de 10%. Neste caso, o valor das mercadorias é de R$ 10.000, mas o valor da nota fiscal é de R$ 11.000.

Resumindo:

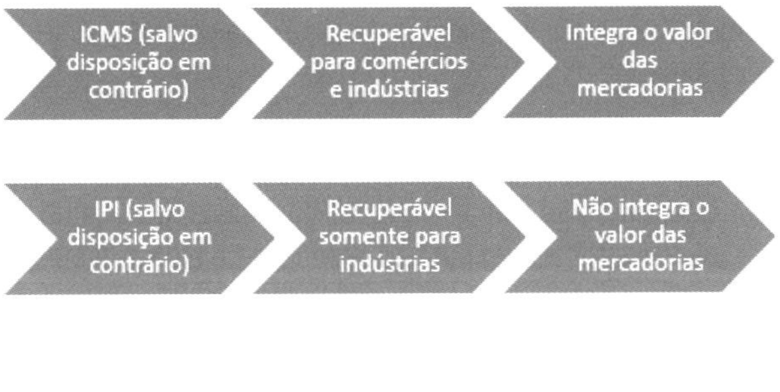

Ao dizer que o IPI é cobrado "por fora" não significa que ele não consta da nota fiscal. O IPI deve sempre constar da nota, mas ele vem separado do preço pago pelas mercadorias, diferentemente do ICMS e dos demais tributos, que são considerados componentes do preço.

O PIS/PASEP, COFINS e, quando for o caso, o Imposto de Importação, seguem as mesmas aplicáveis ao ICMS.

Se houver incidência de tributos sobre as mercadorias compradas, deve-se atentar para duas situações possíveis:

a) Se o tributo não for recuperável.

b) Se o tributo for recuperável pela empresa compradora (ou seja, se for não cumulativo e a empresa for sua contribuinte).

Se o tributo não for recuperável, deverá integrar o custo da mercadoria adquirida. Se for recuperável, não deverá integrá-lo, isso porque a empresa irá "receber de volta" o valor quando for pagar o seu tributo, devendo o valor correspondente ser contabilizado como um direito, no ativo, em conta como "tributo a recuperar". Esse direito será utilizado no momento em que o contribuinte for pagar os seus tributos sobre as vendas.

O esquema a seguir ajuda a guardar a diferença de tratamento contábil:

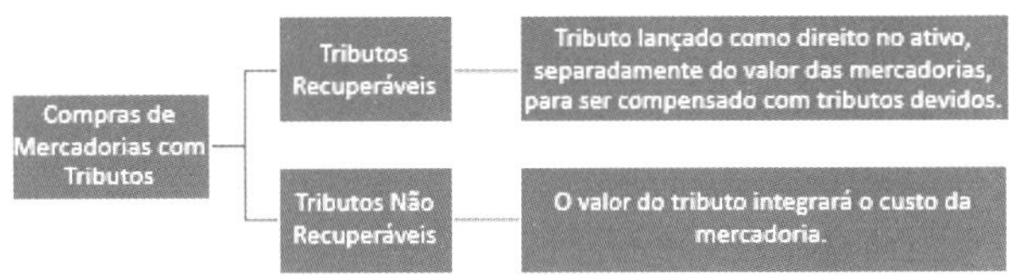

Vejamos a seguir exemplos de situações de contabilização com tributos não recuperáveis e tributos recuperáveis.

Compras de Mercadorias com Incidência de Tributos Não Recuperáveis

Neste caso, a contabilização será semelhante àquela efetuada no caso de compras sem tributos, pois como o imposto não é recuperável, ele deverá ser computado como parte do custo da mercadoria.

→ Exemplo 1: Empresa comercial adquire mercadorias no valor de R$ 10.000, havendo também a incidência de IPI no valor de 10%. O pagamento foi feito à vista, mediante transferência bancária.

Como é uma empresa comercial, considera-se que não é contribuinte de IPI e, portanto, não poderá se creditar do valor de IPI pago pelo seu fornecedor, o qual integrará o custo da mercadoria.

Além disso, devemos nos lembrar que, exceto se for dito o contrário, deve-se considerar que o valor do IPI não está incluso no valor das mercadorias, mas somente no da nota fiscal. Sendo assim, o valor total que a empresa pagará ao fornecedor será R$ 11.000,00 (R$ 10.000 pelas mercadorias, mais 10% correspondente ao IPI).

O lançamento de contabilização da compra ficará assim:

D - Mercadorias

C - Bancos.. 11.000

→ Exemplo 2: Empresa prestadora de serviços adquire, à vista e em dinheiro, insumos para suas atividades no valor de R$ 10.000, havendo a incidência de ICMS na operação no percentual de 18%. Além disso, teve que desembolsar mais R$ 500 com o transporte dos produtos até seu estabelecimento. Como é prestadora de serviços, não é contribuinte de ICMS.

Na situação descrita, o ICMS para a entidade não é recuperável e, sendo assim, deve integrar o custo da mercadoria.

Ocorre que, salvo disposição em contrário, o valor do ICMS já está incluso no valor da mercadoria (tributo por dentro), sendo assim, o valor de R$ 10.000 já está com o ICMS embutido.

Por outro lado, além do valor pago pelos produtos, a empresa também teve que pagar frete sobre compras, o que vai integrar o custo da mercadoria, o qual passará, assim, a ser de R$ 10.500.

Desta forma, o lançamento correspondente à compra fica:

D – Estoque de insumos

C – Caixa...10.500

Compras de Mercadorias com Incidência de Tributos Recuperáveis

Neste caso, como os tributos incidentes sobre a compra são recuperáveis, a empresa compradora deverá contabilizá-los no ativo separadamente do valor das mercadorias, em "tributos a recuperar", uma vez que eles não integrarão o custo das mercadorias (a empresa será "ressarcida" do valor de imposto pago quando compensá-lo com os tributos devidos em suas vendas).

→ Exemplo 1: Empresa comercial adquire, em abril de X1, mercadorias no valor de R$ 100.000, como ICMS incidente de 15%, sendo o pagamento feito a prazo. Como ficará a contabilização dessa operação?

O ICMS é considerado, via de regra, um tributo recuperável para todas as empresas comerciais e industriais. Sendo assim, deverá ser contabilizado em "tributos a recuperar".

Por outro lado, como o ICMS, salvo disposição em contrário, integra o preço da mercadoria, deverá ser ele retirado do valor de aquisição, justamente para ser lançado separadamente. Ou seja, a empresa pagará R$ 100.000 ao seu fornecedor, dos quais 15% (R$ 15.000) serão ICMS a recuperar e o restante será o custo de fato da mercadoria.

Assim, o lançamento da compra ficaria:

D – Mercadorias (ativo)... 85.000

D – ICMS a Recuperar (ativo).................................. 15.000

C – Fornecedores...100.000

Imaginemos que, ao final de abril de X1, a empresa apure um ICMS devido sobre suas vendas, contabilizado em ICMS a Pagar, no valor de R$ 35.000. Considerando que a única compra que a empresa tenha feito foi a contabilizada acima, ela compensará o valor do ICMS a Recuperar com o Valor do ICMS a Pagar, recolhendo a diferença.

O lançamento de compensação do ICMS a Recuperar com o ICMS a Pagar será feito assim:

D – ICMS a Pagar

C – ICMS a Recuperar...15.0000

No caso, como o valor do ICMS a Pagar era de R$ 35.000, a entidade deverá recolher a quantia de R$ 20.000 aos cofres públicos.

→ Exemplo 2: Empresa industrial adquire, à vista e em dinheiro, R$ 10.000 em mercadorias, havendo a incidência, na operação, de IPI de 5% e de ICMS de 20%.

Como a empresa é uma indústria, considera-se que é contribuinte tanto de IPI como de ICMS, podendo se creditar de ambos nas suas aquisições.

Assim, tanto o valor do IPI como do ICMS incidentes deverão ser lançados como direitos, no ativo, separadamente do valor das mercadorias em si.

Também não podemos nos esquecer que, via de regra, o ICMS considera-se incluso no valor pago pelas mercadorias (no caso, R$ 10.000) e o IPI não. Assim, como o percentual do IPI é de 5%, o valor total da nota será de R$ 10.500, que é o valor total pago ao fornecedor.

Uma dica importante é: quando se tratar de compras com tributos recuperáveis, começar a colocar o valor dos lançamentos "de baixo para cima", uma vez que o valor do pagamento devido é conhecido, o valor dos tributos recuperáveis também, sendo lançada a diferença em Mercadorias ou Estoque.

Desta forma, o lançamento correspondente ficaria assim:

D – Mercadorias... 8.500

D – IPI a Recuperar.................................... 500

D – ICMS a Recuperar................................ 2.000

C – Caixa...11.000

→ Exemplo 3: Vamos aproveitar os dados do exemplo anterior, mas considerando que, agora, trata-se de uma empresa comercial, e não indústria.

Tratando-se de empresa comercial, considera-se que esta é contribuinte do ICMS, mas não de IPI, o que significa que somente o primeiro será recuperável para ela, sendo que o segundo deverá integrar o custo da mercadoria que vai para o estoque.

Assim, o lançamento correspondente seria:

D – Mercadorias.. 9.000

D – ICMS a Recuperar................................. 2.000

C – Caixa..11.000

Comparando este lançamento com o anterior, verifica-se que o valor do IPI a Recuperar do primeiro "migrou" para o valor das mercadorias adquiridas, exatamente porque, como neste exemplo 3, o IPI não é recuperável, ele passa a integrar o custo da mercadoria.

→ Exemplo 4: Empresa comercial adquire R$ 20.000 em mercadorias, líquido de tributos, sendo que também houve a incidência, sobre este valor, de ICMS no percentual de 18%. O pagamento foi feito por pagamento de boleto via débito em conta corrente.

Neste caso, diferente dos anteriores, é expresso que o ICMS não está incluso no valor das mercadorias. Sendo assim, não há necessidade de que ele seja subtraído dos R$ 20.000, mas como é um tributo recuperável para a entidade, deverá ser lançado em separado. Observe que, como o ICMS está sendo cobrado separado, a empresa terá de desembolsar, na verdade, um total R$ 23.600 pela compra.

Assim, o lançamento correspondente ficaria:

D – Mercadorias... 20.000

D – ICMS a Recuperar.................................... 3.600

C – Bancos... 23.600

1) Se houver fretes ou seguros pagos separadamente pelo comprador, além de outros custos na compra, eles também deverão compor o custo da mercadoria adquirida. Se o frete ou seguro for pago pelo vendedor, considera-se que este já os inclui no preço da mercadoria, quando realizou o cálculo do preço de venda.

2) Se a empresa for contribuinte de PIS/PASEP e COFINS não cumulativos, deverá ser feita contabilização semelhante à realizada para o ICMS, nas contas "PIS/PASEP a recuperar" e "COFINS a recuperar".

3) Mensalmente, a empresa comparará o montante de IPI, ICMS e/ou PIS/PASEP e COFINS devido com os créditos de suas compras, e recolherá a diferença.

Compras brutas e compras líquidas

Dois conceitos importantíssimos em operações com mercadorias são os de compras brutas e de compras líquidas.

Compras brutas

Chama-se de compras brutas o valor pago pelas mercadorias em si (chamado simplesmente de compras), ajustado pelos efeitos dos tributos incidentes.

Assim, por exemplo, no caso de uma empresa comercial, a qual pode se creditar do ICMS incidente sobre as compras, mas não do IPI, para se achar o valor das compras brutas deve se somar ao valor da compra o montante de IPI incidente (uma vez que, como não está incluso no valor da mercadoria e não é recuperável para a empresa, aumentará o custo da mercadoria) e subtrair-se o valor do ICMS (uma vez que ele será contabilizado em separado no ativo como um tributo a recuperar).

Assim, no caso de uma empresa comercial, o valor das compras brutas (CB) fica:

CB = Compras + IPI - ICMS

Se for uma indústria, o valor do IPI também será recuperável e, assim, também deverá ser contabilizado em separado, o que fará com que seja subtraído, assim como o ICMS, o que fará com que o aumento provocado no preço das compras pelo pagamento do IPI seja anulado pela contabilização em separado.

Assim, no caso de uma empresa industrial, o valor das compras brutas (CB) fica:

CB = Compras + ~~IPI~~ – ICMS – ~~IPI~~

CB = Compras + ICMS

Compras líquidas

O valor das compras brutas (CB), mais fretes, mais seguros, menos as chamadas deduções de compras (devoluções de compras, abatimentos sobre compras e descontos incondicionais obtidos) é denominado compras líquidas (CL):

CL = CB + Fretes + Seguros – Deduções de Compras

As deduções de compras são valores que originalmente integrariam o custo da mercadoria adquirida, mas que deverão ser excluídos, porque a empresa não mais precisará pagá-los.

Podem ser:

a) **Devoluções de compras**: Representam os valores das mercadorias que a empresa adquiriu, mas que, por qualquer razão, foram devolvidas ao fornecedor. Como foram devolvidas, não precisarão ser pagas ou gerarão um crédito junto ao fornecedor, o que faz com que diminuam o custo total de aquisição das mercadorias.

b) **Abatimentos sobre compras**: São semelhantes às devoluções, porém aqui a empresa não chegou a devolver a mercadoria, mas obteve uma redução no preço concedida pelo fornecedor justamente para evitar a devolução, o que faz com que o custo total das mercadorias diminua.

c) **Descontos incondicionais obtidos**: São descontos obtidos pela entidade no momento da compra, fazendo também com que o custo de aquisição diminua.

Deve-se observar que os descontos condicionais obtidos, que são aqueles concedidos à empresa pelo pagamento antecipado de um título, não integram as deduções de compras, pois não são dados no momento da operação de compra, sendo considerados como receitas financeiras.

→ Ex.: Considere que uma empresa comercial tenha registrado, em sua contabilidade, os seguintes dados (valores em R$):

> Compras (valor pago pelas mercadorias em si): 10.000

> ICMS sobre compras: 1.000

> Fretes: 200

> Descontos incondicionais obtidos dos fornecedores: 800

> Descontos condicionais obtidos dos fornecedores: 500

> Devoluções de compras: 100

Nesse caso, qual o valor das compras líquidas?

Primeiramente, calculamos o valor das compras brutas:

CB = Compras + IPI - ICMS

CB = 10.000 + 0 – 1.000

CB = 9.000

Acharemos, agora, o valor das compras líquidas:

CL = CB + Fretes + Seguros – Deduções

CL = 9.000 + 200 + 0 – (800 + 100)

CL = R$ 8.300

O valor das compras líquidas é o valor pelo qual as mercadorias são registradas no estoque quando de sua aquisição, que será o mesmo pelas quais elas sairão, quando de sua venda (custo das mercadorias vendidas - CMV).

Embora o custo de cada mercadoria vendida seja igual ao seu valor de aquisição (valor da compra líquida), o total dos custos das mercadorias vendidas no período não necessariamente coincidirá com o total das compras líquidas, uma vez que a quantidade vendida pode ser maior ou menor do que a quantidade comprada no período. Além disso, mesmo que a quantidade seja igual, pode haver diferença em função de variação nos preços das mercadorias adquiridas e do método de cálculo do CMV utilizado, conforme veremos adiante.

De qualquer forma, devemos lembrar que as mercadorias entram no estoque pelo valor de "compras líquidas - CL" e saem pelo "custo das mercadorias vendidas – CMV":

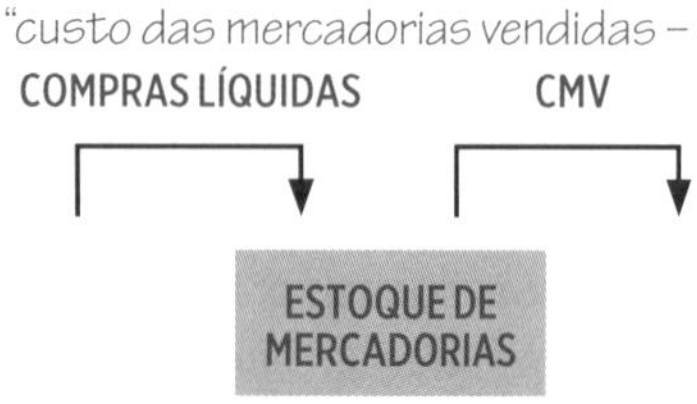

6.5 Custo das Mercadorias Vendidas

Um conceito essencial em operações com mercadorias é o de Custo das Mercadorias Vendidas – CMV.

O CMV apura o quanto a empresa despendeu para adquirir a mercadoria que está sendo vendida naquele momento. Em seu valor global, equivale ao valor de todas compras líquidas.

Assim, se uma empresa vender todas as mercadorias que adquirir, o valor do CMV será igual ao valor das compras líquidas.

Ocorre que normalmente não há uma equivalência entre a quantidade comprada e a vendida em um mesmo período e, assim, o CMV precisa ser calculado separadamente, por um dos meios que veremos.

Métodos de cálculo do CMV

O CMV pode ser apurado somente ao final de um período (inventário periódico) ou a cada operação de venda (inventário permanente).

O CMV calculado pelo inventário periódico somente é conhecido quando da contagem dos estoques da empresa, ao final do período, confrontando-se com o estoque inicial e o valor das compras líquidas. É mais prático de ser utilizado, uma vez que dispensa um controle em tempo de real do estoque, mas tem a desvantagem de não permitir o acesso à informação atualizada, tanto sobre o valor do estoque quanto do próprio CMV.

Já o CMV, quando calculado pelo inventário permanente, é conhecido a cada operação de venda, isso faz com que também o valor do estoque seja atualizado a cada operação. Por outro lado, sua utilização exige uma atualização constante das informações sobre a situação do estoque, o que faz com que seja de uso menos prático do que o inventário periódico. No entanto o uso cada vez maior de computadores na Contabilidade tem levado a um predomínio cada vez mais da utilização do método do inventário permanente.

O esquema a seguir resume as características básicas do inventário periódico e do inventário permanente:

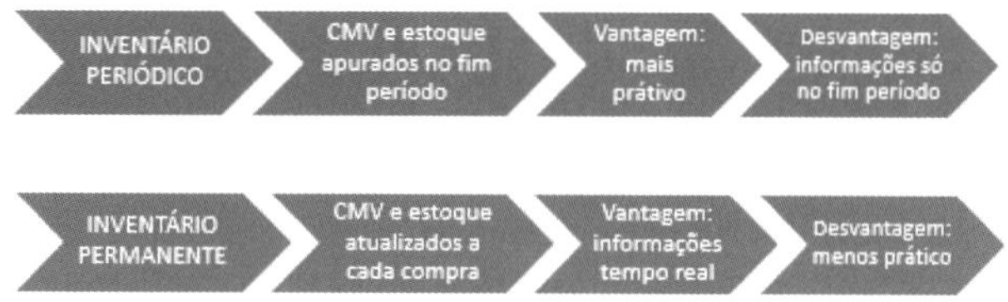

Vejamos, primeiramente, como funciona o CMV pelo inventário periódico e depois pelo inventário permanente:

Cálculo do cmv pelo inventário periódico

Como já dito, no inventário periódico o CMV é calculado somente ao final do período – normalmente anual, mas também pode ser mensal – ocasião em que o estoque de mercadorias será contado (obtendo-se o estoque final) e comparado com o estoque do início no período e com as compras líquidas realizadas.

No inventário periódico o CMV é calculado pela seguinte fórmula:

CMV = EI + CL – EF

Onde,

EI = Estoque Inicial no período

CL = Compras Líquidas

EF = Estoque Final no período

A demonstração para essa fórmula é bem simples: para entendê-la, primeiramente temos que ter em mente que o estoque final (EF) de qualquer coisa, sejam mercadorias em estoque, seja dinheiro no banco, sejam laranjas em uma caixa etc. é sempre igual ao estoque inicial (EI) mais as entradas no período, excluídas as saídas no mesmo período.

Assim:

EF = EI + Entradas – Saídas

Em contabilidade, as mercadorias entram no estoque pelo valor das compras líquidas (CL) e saem pelo custo das mercadorias vendidas (CMV).

Assim, substituindo Entradas por CL e Saídas por CMV na equação anterior, temos:

EF = EI + CL – CMV

Isolando-se o CMV, temos a igualdade que queríamos demonstrar:

CMV = EI + CL – EF

Vejamos dois exemplos para auxiliar na fixação do conteúdo:

→ Exemplo 1: Considere os seguintes dados, extraídos da contabilidade da empresa Mais Prática Ltda., que utiliza o método do inventário periódico para o cálculo de seu resultado:

- Estoque Inicial Mercadorias: R$ 5.000

- Estoque Final Mercadorias: R$ 4.000

- Compras brutas: R$ 2.000

- Devoluções Compras: R$ 200

Com base nisso, calcule o valor do CMV.

Resolução: No caso do inventário periódico, deve-se usar a fórmula vista acima:

CMV = EI + CL – EF

EI = 5.000

EF = 4.000

CL = 2.000 – 200 = 1.800

CMV = 5.000 + 1.800 - 4.000

CMV = 2.800

→ Exemplo 2: Determinada empresa comercial apresentou os seguintes valores extraídos de sua contabilidade:

Item	Valores em R$
Estoque Final	80.000,00
Devolução de Compras	11.00,00
Fretes sobre Compras	3.000,00
Descontos incondicionais Concedidos	2.000,00
Estoque inicial	70.000,00
Compras no Período	60.000,00

Com base nesses dados, qual o valor do custo das mercadorias vendidas no período?

Resolução:

CMV = EI + CL – EF

EF = 80.000

EI = 70.000

CL = 60.000 + 3.000 – 11.000 – 2.000 = 50.000 (o valor do frete sobre compras integra o valor das compras líquidas, já as devoluções de compras e os descontos incondicionais concedidos são deduções)

CMV = 70.000 + 50.000 – 80.000

CMV = 40.000

Cálculo do CMV pelo inventário permanente

O inventário permanente permite o controle em tempo real, tanto do valor do estoque quanto do valor do custo das mercadorias vendidas, sendo o método atualmente mais utilizado.

Nesse sistema, a cada venda realizada é calculado o custo das mercadorias vendidas respectivo, o que permite um controle mais preciso do estoque de mercadorias.

Normalmente são utilizados computadores para sua aplicação, sendo que, em caso de uso de sistema manual, são utilizadas as chamadas fichas de controle de estoque, nas quais são registradas as operações de entrada e saída de mercadorias.

Fichas de controle de estoque

As fichas de controle de estoque são formulários utilizados com o objetivo de controlar as entradas e saídas do estoque, a cada compra e venda. Segue a seguir um modelo, já com uma coluna para o cálculo do CMV (na sua forma mais comum, a ficha de controle de estoque não vem com esta última coluna, devendo, então, o CMV ser calculado separadamente):

DATA	COMPRAS		VENDAS		ESTOQUE ATUAL		CMV	
	Unid.	Valor Unit.	Unid.	Valor Unit.	Unid.	Valor Unit.	Unid.	Valor Unit.

Vejamos um exemplo prático de uso de uma ficha de estoque.

Exemplo: Uma determinada empresa possuía, no início de mês de janeiro de 2020, 100 unidades em seu estoque, com valor unitário de R$ 20,00.

Ao longo do ano ocorreram as seguintes operações, nas datas indicadas:

→ 20/01: compra de 200 unidades, com valor unitário de R$ 21,00

→ 10/03: compra de mais 150 unidades, com valor unitário de R$ 25,00

→ 12/06: venda, pelo valor unitário de R$ 50,00, de 80 unidades que ingressaram a R$ 20,00.

→ 15/10: venda de 20 unidades que ingressaram a R$ 20,00 e de 30 unidades que ingressaram a R$ 21,00.

→ 20/11: compra de 100 unidades ao custo unitário de R$ 30,00.

Vejamos, a cada operação, como ficaria o preenchimento da ficha de estoque, observando que a coluna do CMV somente deverá ser preenchida quando houver venda de mercadorias:

a) Registro do estoque inicial:

Data	Compras		VENDAS		ESTOQUE ATUAL		CMV	
	Unid.	Valor Unit.	Unid.	Valor Unit.	Unid.	Valor Unit.	Unid.	Valor Unit.
01/01	ESTOQUE INICIAL				100	20,00		

b) 20/01: Compra de 200 unidades, com valor unitário de R$ 21,00 (deve-se registrar as entradas das mercadorias e atualizar o estoque, mantendo-se separadas as quantidades compradas por cada valor unitário):

DATA	COMPRAS		VENDAS		ESTOQUE ATUAL		CMV	
	Unid.	Valor Unit.	Unid.	Valor Unit.	Unid.	Valor Unit.	Unid.	Valor Unit.
01/01	ESTOQUE INICIAL				100	20,00		
20/01	200	21,00			100 200	20,00 21,00	100 21200	20,00 21,00

c) 10/03: Compra de mais 150 unidades, com valor unitário de R$ 25,00 (procedimento semelhante ao anterior):

DATA	COMPRAS		VENDAS		ESTOQUE ATUAL		CMV	
	Unid.	Valor Unit.	Unid.	Valor Unit.	Unid.	Valor Unit.	Unid.	Valor Unit.
01/01	ESTOQUE INICIAL				100	20,00		
20/01	200	21,00			100 200	20,00 21,00		
10/03	150	25,00			100 200 150	20,00 21,00 25,00		

d) 12/06: Venda, pelo valor unitário de R$ 50,00, de 80 unidades que ingressaram a R$ 20,00 (como está ocorrendo uma venda, deve-se dar baixa nas mercadorias vendidas, na coluna de saída, e apurar-se o CMV):

DATA	COMPRAS		VENDAS		ESTOQUE ATUAL		CMV	
	Unid.	Valor Unit.	Unid.	Valor Unit.	Unid.	Valor Unit.	Unid.	Valor Unit.
01/01	ESTOQUE INICIAL				100	20,00		
20/01	200	21,00			100 200	20,00 21,00		
10/03	150	25,00			100 200 150	20,00 21,00 25,00		
12/06			80	50,00	20 200 150	20,00 21,00 25,00	80	20,00

e) 15/10: Venda, pelo valor unitário de R$ 55,00, de 20 unidades que ingressaram a R$ 20,00 e de 30 unidades que ingressaram a R$ 21,00 (procedimentos semelhantes aos do item anterior):

DATA	COMPRAS		VENDAS		ESTOQUE ATUAL		CMV	
	Unid.	Valor Unit.	Unid.	Valor Unit.	Unid.	Valor Unit.	Unid.	Valor Unit.
01/01	ESTOQUE INICIAL				100	20,00		
20/01	200	21,00			100 200	20,00 21,00		
10/03	150	25,00			100 200 150	20,00 21,00 25,00		
12/06			80	50,00	20 200 150	20,00 21,00 25,00	80	20,00
15/10			50	55,00	0 170 150	20,00 21,00 25,00	20 30	20,00 21,00

f) 20/11: Compra de 100 unidades ao custo unitário de R$ 30,00:

DATA	COMPRAS		VENDAS		ESTOQUE ATUAL		CMV	
	Unid.	Valor Unit.	Unid.	Valor Unit.	Unid.	Valor Unit.	Unid.	Valor Unit.
01/01	ESTOQUE INICIAL				100	20,00		
20/01	200	21,00			100 200	20,00 21,00		
10/03	150	25,00			100 200 150	20,00 21,00 25,00		
12/06			80	50,00	20 200 150	20,00 21,00 25,00	80	20,00
15/10			50	55,00	170 150	21,00 25,00	20 30	20,00 21,00
20/11	100	30,00			170 150 100	21,00 25,00 30,00		

Métodos de Cálculo do Custo no Inventário Permanente

Como as mercadorias normalmente entram no estoque com valores diferentes, deve-se escolher um critério a ser usado para a baixa das mercadorias, no momento das vendas: se serão as mais antigas que estão no estoque, se serão as mais novas, ou se será calculado um preço médio, dentre outras soluções.

Em provas, são quatro os principais métodos utilizados:

- Método do Custo Específico.
- Método PEPS (Primeiro a Entrar é o Primeiro a Sair).
- Método UEPS (Último a Entrar é o Primeiro a Sair).
- Método do Custo Médio (Custo Móvel).

Vejamos cada um deles.

Método do custo específico

O método do custo específico é utilizado para mercadorias de valor significativo, distinguíveis entre si e que possam ser individualizadas, como automóveis, imóveis etc.

Nele são registrados exatamente o custo de cada item ou lote de itens do estoque, comparando-se, depois, o resultado obtido com sua venda, para apurar-se o resultado. Assim, por exemplo, se a loja de automóveis vende o veículo de placa ABC-1234, ela compara com o valor obtido na sua aquisição. O uso do método do custo específico exige que cada mercadoria seja registrada por seu custo individual.

É considerado o mais preciso dos métodos de cálculo de CMV pelo inventário permanente, mas pelo fato de ser necessário distinguir individualmente cada mercadoria, normalmente não é utilizado, porque nem sempre isso é possível.

→ Exemplo: Uma entidade adquire um lote de mercadorias por R$ 20.000 em março de determinado ano. No mês seguinte, revende 50% desse lote pelo valor de R$ 40.000. Neste caso, qual o valor do custo das mercadorias vendidas?

No exemplo, é possível o método do custo específico porque se sabe exatamente qual o custo particular das mercadorias vendidas.

Como foram vendidos 50% do total adquirido (R$ 20.000), o valor do custo das mercadorias vendidas é de precisamente R$ 10.000.

Método peps – primeiro que entra é o primeiro a sair

Também chamado de FIFO (*First In, First Out*), no método PEPS (Primeiro a Entrar, Primeiro a Sair), quando ocorre a venda de mercadorias, primeiro se dá a saída naquelas que estão no estoque há mais tempo (mercadorias mais antigas), ficando no estoque aquelas que entraram por último.

Assim, à medida que ocorrem as saídas, a baixa no estoque é realizada a partir das primeiras compras, o que equivale ao raciocínio de que são vendidas primeiro as primeiras unidades adquiridas, ou seja, a primeira unidade a entrar no estoque é a primeira a ser utilizada no processo de produção ou a ser vendida.

→ Exemplo 1: No início de um período, havia no estoque da Empresa ABC Ltda. 40 unidades da mercadoria X a R$ 8,00/unidade. Ou seja, o valor do estoque inicial era de R$ 320.

Ao longo do período, ocorreram os seguintes eventos:

a) Compra de 60 unidades a R$ 9 cada.

b) Compra de 50 unidades a R$ 10 cada.

c) Venda de R$ 120 unidades a R$ 16 cada.

d) Compra de 50 unidades a R$ 12 cada.

Vejamos como ficaria o valor do CMV (Custo das Mercadorias Vendidas) e do estoque final, apurado pelo método PEPS.

Para isso, utilizemos a ficha de controle de estoque:

Data	COMPRAS		VENDAS		ESTOQUE ATUAL		CMV	
	Unid.	Valor Unit.	Unid.	Valor Unit.	Unid.	Valor Unit.	Unid.	Valor Unit.
	ESTOQUE INICIAL				40	8,00		
a)	60	9,00			40 60	8,00 9,00		
b)	50	10,00			40 60 50	8,00 9,00 10,00		
c)			120	16,00	30	10,00	40 60 20	8,00 9,00 10,00
d)	50	12,00			30 50	10,00 12,00		

O CMV, calculado pelo PEPS, foi de 40 x 8,00 + 60 x 9,00 + 20 x 10,00 = R$ 1.060,00.

O valor do estoque final , também pelo PEPS, é de 30 x 10,00 + 50 x 12,00 = R$ 900.

Considerando que as mercadorias foram vendidas pelo valor total de R$ 1.920 e que o CMV foi de R$ 1.060, o lucro obtido nas vendas, apurado pelo PEPS, foi de R$ 860.

→ Exemplo 2: Uma empresa, que possui inicialmente um estoque inicial de 100 unidades de um determinado produto, adquirido pelo preço unitário de R$ 50,00. Imaginemos que ela adquiriu mais 200 unidades, a R$ 55,00 cada. Após essa compra, vendeu 150 unidades. Considerando que a entidade utiliza o método PEPS para controle de seu estoque, qual o valor do custo das mercadorias vendidas?

Resolução: Neste caso, nem é necessário montar a ficha de controle de estoques, sendo o cálculo do CMV bastante simples, se nos lembrarmos que, pelo PEPS, primeiro devemos dar saída às mercadorias que entraram primeiro (no caso as que estavam no estoque inicial):

CMV = 100 x 50 + 50 x 55 = R$ 7.750.

Em comparação com outros métodos, em um regime inflacionário – em que os preços das mercadorias tendem a aumentar com o tempo – o PEPS apresenta um menor CMV (uma vez que primeiro saem as mercadorias mais antigas, que entraram por um preço menor) e, consequentemente, um maior lucro.

Método ueps – último que entra é o primeiro que sai

Também chamado de LIFO (Last In, First Out), no método UEPS (Último a Entrar, Primeiro a Sair) se dá a saída primeiramente nas mercadorias mais recentes, ficando no estoque as mais antigas. Ou seja, no UEPS, faz-se exatamente o oposto do PEPS.

→ Exemplo 1: Para melhor comparação entre os resultados obtidos com os diferentes métodos, vamos aproveitar os mesmos dados do primeiro exemplo do PEPS, visto acima, mas agora calculando o CMV e o estoque final pelo PEPS. Assim, temos:

a) Estoque Inicial: 40 unid. a R$ 8 cada.

b) Compra de 60 unidades a R$ 9 cada.

c) Compra de 50 unidades a R$ 10 cada.

d) Venda de R$ 120 unidades a R$ 16 cada.

e) Compra de 50 unidades a R$ 12 cada.

Para maior clareza e para evitar erros, vamos nos valer mais uma vez da ficha de controle de estoques:

DATA	COMPRAS		VENDAS		ESTOQUE ATUAL		CMV	
	Unid.	Valor Unit.	Unid.	Valor Unit.	Unid.	Valor Unit.	Unid.	Valor Unit.
	ESTOQUE INICIAL				40	8,00		
a)	60	9,00			40 60	8,00 9,00		
b)	50	10,00			40 60 50	8,00 9,00 10,00		
c)			120	16,00	30	8,000	50 60 10	10,00 9,00 8,00
d)	50	12,00			30 50	8,00 12,00		

O CMV, calculado pelo UEPS, foi de 50 x 10,00 + 60 x 9,00 + 10 x 8,00 = R$ 1.120,00.

O valor do estoque final, também pelo UEPS, é de 30 x 10,00 + 50 x 12,00 = R$ 840,00.

Considerando que as mercadorias foram vendidas pelo valor total de R$ 1.920 e que o CMV foi de R$ 1.120, o lucro obtido nas vendas, apurado pelo UEPS, foi de R$ 800.

→ Exemplo 2: Também para uma melhor comparação entre os métodos, utilize os mesmos dados do segundo exemplo do PEPS, mas agora considerando que a entidade utiliza o UEPS para controlar o preço de seus estoques:

> Estoque inicial: 100 unidades de R$ 50,00.

> Compra de 200 unidades, a R$ 55,00 cada.

> Venda de 150 unidades.

Considerando que a entidade utiliza o método UEPS para controle de seu estoque, qual o valor do custo das mercadorias vendidas?

Resolução: Neste caso, o valor do CMV será:

CMV = 150 x 55 = R$ 8.250.

a) Em comparação com outros métodos, em um regime inflacionário – em que os preços das mercadorias tendem a aumentar com o tempo – o UEPS apresenta um maior CMV (uma vez que primeiro saem as mercadorias mais recentes, que entraram por um preço maior) e, consequentemente, um menor lucro.

b) O UEPS não é aceito pela legislação fiscal para fins de cálculo do Imposto de Renda Pessoa Jurídica – IRPJ. Assim, se uma empresa se utilizar do UEPS em sua contabilidade, deverá fazer os ajustes necessários na hora de calcular o imposto a pagar.

Método do custo médio móvel

No método do custo médio (MCM), também chamado de média ponderada móvel (MPM) ou ainda de custo móvel ponderado (CMP), a cada nova compra de mercadorias pela entidade é calculado um novo custo médio, calculado pela média ponderada e que deverá ser mantido até que haja uma nova aquisição.

Assim, ele exige que a entidade refaça o cálculo do custo médio a cada aquisição de mercadorias.

O exemplo a seguir ilustra como funciona:

→ Exemplo 1: Vamos aproveitar os mesmos dados do primeiro exemplo do PEPS e do UEPS, para uma melhor comparação:

a) Estoque Inicial: 40 unid. a R$ 8 cada.

b) Compra de 60 unidades a R$ 9 cada.

c) Compra de 50 unidades a R$ 10 cada.

d) Venda, em 03/05, de R$ 120 unidades a R$ 16 cada.

e) Compra de 50 unidades a R$ 12 cada.

Pelo método do custo móvel e utilizando a ficha de controle de estoques, temos:

DATA	COMPRAS		VENDAS		ESTOQUE ATUAL		CMV	
	Unid.	Valor Unit.	Unid.	Valor Unit.	Unid.	Valor Unit.	Unid.	Valor Unit.
	ESTOQUE INICIAL				40	8,00		
a)	60	9,00			100	8,60[1]		
b)	50	10,00			150	9,07[2]		
c)			120	16,00	30	9,07	120	9,07
d)	50	12			80	10,90[3]		

[1] Custo Médio = (40 x 8,00 + 60 x 9,00)/100 = 8,60

[2] Custo Médio = (100 x 8,60 + 50 x 10,00)/150 = 9,07

[3] Custo Médio = (30 x 9,07 + 50 x 12,00)/80 = 8,60

O CMV, calculado pela Média Ponderada Móvel (MPM), foi de 120 x 9,07 = R$ 1.088,40.O valor do estoque final, também pelo MPM, é de 80 x 10,90 = R$ 872,00.

Considerando que as mercadorias foram vendidas pelo valor total de R$ 1.920 e que o CMV foi de R$ 872, o lucro obtido nas vendas, apurado pela MPM, foi de R$ 831,60.

→ Exemplo 2: Também para uma melhor comparação entre os métodos, utilize os mesmos dados do segundo exemplo do PEPS e do UEPS, mas agora considerando que a entidade utiliza a MPM para controlar o preço de seus estoques:

> Estoque inicial: 100 unidades de R$ 50,00.

> Compra de 200 unidades, a R$ 55,00 cada.

> Venda de 150 unidades.

Qual o valor do custo das mercadorias vendidas pela média ponderada móvel?

Resolução: Neste caso, o valor do custo médio da mercadoria depois da última venda ficou em:

Custo Médio = (100 x 50,00 + 200 x 55,00)/300 = 53,33

CMV = 150 x 53,33 = R$ 7.999,50.

Em comparação com o PEPS e com o UEPS, o método do custo médio apresentará um valor de CMV – e também de lucro - intermediário entre os dois.

6.6 Vendas

Falamos sobre operações de compras de mercadorias e sua contabilização, bem como os métodos de cálculo do CMV.

Falaremos agora sobre as operações de vendas e sua contabilização. Deve-se ter em mente que, como ainda estamos tratando de operações com mercadorias, a venda a qual nos referimos é a venda de mercadorias do estoque da entidade.

Vendas brutas

Também chamadas de Receita Bruta, Receita de Vendas, ou simplesmente Vendas, as Vendas Brutas (VB) trazem o valor original das operações de vendas de mercadorias, antes das chamadas deduções de vendas.

Desta forma, por exemplo: se uma empresa vende mercadorias por R$ 10.000,00, com ICMS de 12% e concedendo ao cliente um desconto incondicional de 10%, o valor da venda bruta será de R$ 10.000,00 (não se consideram as deduções de vendas).

Vendas líquidas

O valor das Vendas Líquidas (VL) é igual ao valor das vendas brutas menos as deduções de vendas, e representa o valor recebido pelas vendas e que de fato ficará com a empresa, pois não foi nem será devolvido ou repassado a terceiros:

VL = VB – Deduções

As deduções de vendas podem ser:

→ Devoluções de Vendas;

→ Vendas Canceladas;

→ Abatimentos sobre Vendas;

→ Descontos Incondicionais Concedidos;

→ Tributos sobre Vendas (ICMS, ISS, PIS e COFINS);

Outros dispêndios da empresa com as vendas, mas que não se enquadram nas categorias acima, tais como comissões de vendedores, descontos condicionais concedidos e fretes sobre vendas, serão classificadas como despesas de vendas ou financeiras.

O IPI (Imposto sobre Produtos Industrializados), apesar de também ser um tributo sobre vendas, não é considerado uma dedução de venda porque seu valor não integra o valor da receita bruta da entidade.

> *Para guardar quais são as deduções de vendas, guarde a expressão* "DE DIA":
>
> DE = **de***voluções de vendas ou vendas canceladas;*
>
> D = **d***escontos incondicionais concedidos;*
>
> I = **i***mpostos sobre vendas;*
>
> A = **a***batimentos sobre vendas.*

Exemplo: A empresa Venda Certa Ltda. extraiu de seu Livro Razão os seguintes saldos das contas indicadas a seguir (valores em R$):

→ Vendas no mês: 200.000

→ ICMS sobre vendas: 20.000

→ Devoluções de vendas: 10.000

→ Descontos incondicionais concedidos: 15.000

→ Descontos condicionais concedidos: 12.000

→ Comissões sobre vendas: 8.000

→ Fretes e seguros sobre vendas: 4.500

Com base nesses dados, qual o valor das vendas líquidas da Venda Certa Ltda.?

Resolução: No cálculo das vendas líquidas somente serão considerados os quatro primeiros dados, uma vez que os descontos condicionais concedidos são despesas financeiras e as comissões sobre vendas e fretes e seguros sobre vendas são despesas de vendas. Assim, temos:

Vendas Líquidas = 200.000 – 20.000 – 10.000 – 15.000

Vendas Líquidas = R$ 155.000

Resultado com mercadorias

O Resultado com Mercadorias (RCM), também chamado de Lucro Bruto (LB) ou Resultado Operacional Bruto (ROB), é a diferença entre o valor das Vendas Líquidas (VL) e o Custo das Mercadorias Vendidas (CMV), e demonstra o quanto a empresa teve de lucro somente com as vendas das mercadorias:

RCM = VL – CMV

Se VL for maior que CMV, teremos Lucro Bruto. Caso contrário, Prejuízo Bruto.

Veja que o RCM não representa o lucro final (chamado de Lucro Líquido), pois não considera todas as despesas e receitas incorridas pela entidade, mas somente aquelas relacionadas à sua atividade principal. Isso fica evidente quando analisamos onde o RMC ou Lucro Bruto aparece na Demonstração do Resultado do Exercício (DRE), e comparamos com o Lucro Líquido (última linha):

DEMONSTRAÇÃO DO RESULTADO DO EXERCÍCIO

(=) Vendas Brutas

(–) Devolução de Vendas

(–) Descontos Incondicionais Concedidos

(–) Abatimentos Concedidos

(–) Tributos sobre Vendas (ICMS, ISS, PIS/PASEP e COFINS)

(–) Vendas Líquidas

(–) Custo das Mercadorias Vendidas

(=) Lucro Bruto ou Resultado com Mercadorias ← LUCRO BRUTO (operações com mercadorias)

(–) Despesas de Vendas, Gerais e Administrativas

(–) Despesas Financeiras

(–) Outras Despesas

(+) Receitas Financeiras

(+) Outras Receitas

(=) Lucro Antes do Imposto de Renda

(–) IRPJ/CSLL

(=) Lucro Antes das Participações

(–) Participações

(=) Lucro Líquido do Exercício ← LUCRO LÍQUIDO (lucro final)

Percebe-se, assim, que há uma longa distância entre o lucro bruto (resultado unicamente das operações com mercadorias) e o lucro líquido da entidade no exercício.

Exemplo: Considerando os saldos das contas a seguir, extraídos do Livro Razão da empresa ABC Ltda. em 31/12/2020 (valores todos em R$), calcule o valor do custo das mercadorias vendidas (CMV) e do lucro bruto obtido pela entidade:

→ Estoque inicial = R$ 20.000,00

→ Estoque final = R$ 70.000,00

→ Compras = 110.000

→ Frete sobre compras = 5.000

→ Descontos incondicionais obtidos = 6.000

→ Compras devolvidas = 4.000

→ Descontos incondicionais concedidos = 10.000

→ Vendas do período: 100.000

Primeiramente, calcularemos o CMV:

Como a questão fornece o estoque inicial, o estoque final e as informações sobre as compras, vamos calcular o CMV pelo método do inventário periódico.

Assim,

CMV = Estoque Inicial + Compras Líquidas – Estoque Final

Para acharmos o CMV precisamos, então, calcular o valor das Compras Líquidas (CL):

CL = Compras – ICMS + IPI + Fretes/Seguros sobre Compras – Deduções de Compras

CL = 110.000 + 5.000 – 6.000 – 4.000

CL = 105.000

Agora é só substituir os valores na fórmula do CMV acima:

CMV = 20.000 + 105.000 – 70.000 = R$ 55.000

Agora só falta calcular o valor do lucro bruto (LB):

LB = Vendas Líquidas – CMV

LB = 100.000 – 55.0000 = R$ 45.000

Contabilização de vendas

Na contabilização de vendas, pode-se utilizar o sistema da conta Mercadorias mista ou desdobrada. Veremos aqui o mais comum, que é o método pela conta Mercadorias desdobrada, sendo que o método da conta Mercadorias mista praticamente hoje não é mais cobrado em provas.

Nesse método, os lançamentos a serem feitos no momento de venda de mercadorias são os seguintes:

a) Venda sem Tributos

No caso de vendas sem tributos, registram-se dois lançamentos: um pela entrada do dinheiro (ou do direito de seu recebimento), reconhecendo-se a receita correspondente; outro pela saída da mercadoria do estoque, contabilizando-se também, no resultado, o custo da mercadoria vendida.

Ou seja, são feitos os seguintes lançamentos:

D – Caixa/Bancos/Clientes (ativo)

C – Vendas (receita)

e

D – CMV (despesa)

C – Mercadorias (ativo)

Ou, colocando tudo em um só lançamento de 4ª fórmula:

D – Caixa/Bancos/Clientes

D – CMV

C – Vendas

C – Mercadorias

→ Exemplo: Uma empresa vendeu à vista e em dinheiro, por R$ 1.000,00, mercadorias que foram adquiridas por R$ 400.

Neste caso, os lançamentos a serem feitos serão:

D – Caixa

C – Vendas.................................. 1.000

e

D – CMV

C – Mercadorias........................ 400

b) Venda com Tributos

Se a venda envolver tributos, serão feitos os dois lançamentos realizados na venda sem tributos mais um terceiro, para contabilizar os valores de tributos a serem pagos.

Ou seja:

D – Caixa/Bancos/Clientes (ativo)

C – Vendas (receita)

e

D – CMV (despesa)

C – Mercadorias (ativo)

e

D – Tributos sobre Vendas (despesa)

C – Tributos a Recolher (passivo)

Ou, colocando tudo em um só lançamento de 4ª fórmula:

D – Caixa/Bancos/Clientes

D – CMV

D – ICMS sobre Vendas

C – Vendas

C – Mercadorias

C – Tributos a Recolher

→ Exemplo: Uma empresa realizou uma venda a prazo de R$ 40.000,00, com ICMS de 18%, tendo sido o custo das mercadorias vendidas de R$ 25.000.

Efetue os lançamentos correspondentes.

Resolução:

D – Clientes........................... 40.000

C – Vendas Brutas............. 40.000

e

D – CMV................................ 25.000

C – Mercadorias.................. 25.000

D – ICMS sobre Vendas..... 7.200

C – ICMS a Recolher............ 7.200

Comumente, as contas de despesas "ICMS sobre Vendas", "IPI sobre Vendas", "ISS sobre Vendas", "PIS/PASEP sobre Vendas" e "COFINS sobre Vendas" são representadas somente por "ICMS", "IPI", "ISS", "PIS/PASEP" e "COFINS".

Assim, veja que no caso do ICMS, por exemplo, temos três contas que o envolvem:

→ ICMS: representa a despesa com o ICMS sobre vendas;

→ ICMS a Pagar (ou ICMS a Recolher): representa os valores de

ICMS referentes ao mês anterior que ainda não foram recolhidos;

→ ICMS a Recuperar: representa os créditos de ICMS que a entidade possui, referentes às compras efetuadas de seus fornecedores.

Questões

01. (Cespe) Julgue o item que se segue, relativo ao registro de fatos contábeis típicos.

A avaliação do estoque de mercadorias de uma empresa pelo método do preço específico é feita por meio do cálculo do custo das mercadorias vendidas ao final do período de apuração, levando-se em conta a média ponderada dos valores de aquisição e do estoque inicial.

Certo ( ) Errado ( )

02. (Cespe) Determinada sociedade comercial realizou, no período corrente, as transações apresentadas a seguir.

- Apropriou a terceira cota anual cheia de depreciação de um veículo, originalmente adquirido por R$ 60.000, com vida útil estimada em 5 anos. A empresa tem como política considerar um valor residual de 10% para todos os seus bens. O método de depreciação empregado é o da soma dos dígitos dos anos.
- Descontou, no banco onde mantém conta, uma duplicata a vencer em 60 dias. O título, com valor nominal de R$ 100.000, gerou um crédito de R$ 97.000 na conta-corrente da empresa.
- Vendeu mercadorias por R$ 10.000, líquido de tributos, realizando a baixa dos estoques correspondentes, no valor de R$ 5.500.

Nessa situação hipotética, a venda de mercadorias gerou um resultado com mercadorias de R$ 4.500.

Certo ( ) Errado ( )

03. (Cespe) Acerca do método das partidas dobradas, das operações típicas de uma empresa comercial, do regime de competência e do regime de caixa, julgue o item a seguir.

Um lote de mercadorias adquirido para revenda por R$ 15.800,00 com incidência de ICMS a 17%, ao ser vendido, no mesmo local de aquisição, por R$ 20.000,00, gera recolhimento de ICMS da ordem de R$ 714,00. Tal recolhimento fundamenta se na utilização do crédito tributário.

Certo ( ) Errado ( )

04. 3. (Cespe) Acerca do método das partidas dobradas, das operações típicas de uma empresa comercial, do regime de competência e do regime de caixa, julgue o item a seguir.

O ICMS a recuperar representa um crédito tributário e será debitado no ativo, quando a empresa adquirir mercadorias para revenda com incidência de ICMS.

Certo ( ) Errado ( )

05. (Cespe) Em cada um dos itens a seguir, é apresentada uma situação hipotética, seguida de uma assertiva a ser julgada, a respeito dos critérios de avaliação de estoques de companhias abertas.

Uma empresa comercial adquiriu, à vista, mercadorias para revenda por R$ 1.200.000,00. Nesse valor estavam embutidos R$ 155.000,00 de ICMS e R$ 200.000,00 de IPI, mais o gasto adicional de R$ 1.000,00 com frete e seguro de transporte das mercadorias adquiridas. Nessa situação, o custo de aquisição dessas mercadorias foi inferior a R$ 1.000.000,00.

Certo ( ) Errado ( )

Gabaritos

01	ERRADO	04	CERTO
02	CERTO	05	ERRADO
03	CERTO		

7. FOLHA DE PAGAMENTO

7.1 Conceito de Folha de Pagamento

Quando se fala de operações com folhas de pagamento – também chamadas de operações com pessoal – está a se falar dos fatos contábeis que envolvem os empregados da entidade e as pessoas que lhes prestam serviços, bem como a satisfação das obrigações trabalhistas pela entidade. Assim, abrangem fatos contábeis envolvendo folhas de pagamento e encargos sociais, estando intimamente ligadas às disposições da legislação trabalhista.

Dentre as principais operações com pessoal cobradas em provas, temos:

- → Apropriação de despesas com pagamento de pessoal;
- → Adiantamentos concedidos a funcionários;
- → Pagamento de salários, 13º salário e férias;
- → Retenção de contribuição previdenciária do empregado e de Imposto de Renda Pessoa Física.

Embora não seja um tema dos mais cobrados em provas, é importante que o candidato a um cargo público tenha uma boa noção do assunto, se este for previsto no edital.

7.2 Conceitos Importantes

Antes de analisarmos os lançamentos contábeis efetuados em operações com pessoal, convém entender alguns conceitos importantes:

Salário bruto

Salário bruto ou remuneração é o valor total relativo ao pagamento de cada empregado em um mês.

É a soma do salário normal mensal com adicionais (horas-extras, adicional noturno, comissões etc.) menos o valor relativo às faltas injustificadas.

Exemplo: Um empregado possui um salário registrado em carteira de R$ 3.000. No mês de maio de determinado ano, fez horas-extras que somaram R$ 1.000 e também fez jus a um adicional noturno no valor de R$ 200. No entanto, em virtude de falta injustificada, terá o valor de R$ 100 descontado de seu salário.

Neste caso, o valor do salário bruto no mês de maio ficaria:

Salário Bruto = 3.000 + 1.000 + 200 – 100

Salário Bruto = R$ 4.100,00

O salário bruto indicará a despesa com salários da entidade, a qual deve ser reconhecida seguindo o regime de competência. No caso acima, por exemplo, a despesa com salários do funcionário será de R$ 4.100, e será considerada despesa do mês de maio, ainda que o pagamento ocorra em junho.

Salário líquido

Sobre o valor do salário bruto normalmente incidem alguns descontos como contribuição para o INSS, retenção do Imposto de Renda, eventuais empréstimos consignados e seguros de vida – além do relativo a faltas injustificadas, que é diminuído diretamente do salário bruto, como vimos acima.

Ao excluírem-se esses valores do salário bruto do funcionário, encontra-se o chamado salário líquido, que é o valor que efetivamente lhe será pago.

Contribuição previdenciária

Corresponde ao valor mensal que a entidade é obrigada a recolher aos cofres públicos e que será destinado ao Instituto Nacional da Seguridade Social (INSS), para pagamento de benefícios da previdência social.

Todo mês a entidade que possui empregados ou que contrata serviços de pessoas físicas é obrigada a recolher aos cofres públicos um percentual sobre o valor pago àqueles, sendo esse tributo chamado de contribuição previdenciária patronal (CPP). Via de regra, esse percentual é de 20%.

Além disso, também todos os meses, a entidade deve descontar de seus empregados e recolher aos cofres públicos a contribuição que cabe a esses, que é a chamada contribuição previdenciária do empregado, a qual é calculada com base em uma tabela progressiva, de acordo com o salário recebido pelo trabalhador.

À contribuição previdenciária patronal é acrescido um percentual de 1%, 2% ou 3%, de acordo com o grau de risco da atividade desenvolvida pelos empregados, e que comporão um fundo para pagamento de indenizações por acidentes de trabalho, pagas pelo Governo aos trabalhadores em caso de sua ocorrência.

Encargos Sociais

Dá-se o nome genérico de contribuições sociais às obrigações trabalhistas e tributárias da empresa, relacionadas à folha de pagamento, e que não sejam salários devidos aos funcionários. Exemplos: Contribuição previdenciária patronal, FGTS, salário família etc.

Retenções

Retenções são valores que a empresa desconta da remuneração do empregado e que devem ser repassados a terceiros, como ocorre, por exemplo, com:

- → IRRF (Imposto de Renda Retido na Fonte);
- → Contribuição para a previdência social;
- → Contribuição sindical;
- → Prestações de empréstimos consignados assumidos pelo funcionário.

7.3 Apropriação de Despesas Com Salários

Normalmente a empresa paga em determinado mês o salário correspondente aos dias trabalhados pelos empregados no mês anterior. Assim, paga em fevereiro o salário referente a janeiro, em março o salário referente a fevereiro, e assim sucessivamente.

Conforme já vimos, porém, a contabilização das operações com pessoal deve seguir o regime de competência. Assim, no chamado "fechamento da folha", que é o momento em que a entidade apura suas despesas com pessoal no mês – em provas costuma-se considerar que isso ocorre no último dia do mês – deve-se fazer a contabilização dos salários a serem pagos no mês seguinte, da seguinte forma:

D – Salário (ou Despesas de Salários)

C – Salários a Pagar

Esse primeiro lançamento é feito pelo valor da folha bruta de salários (soma de todos os salários brutos).

No mês seguinte, (até o 5º dia útil, via de regra), serão pagos os salários e será feita a seguinte contabilização:

D – Salários a Pagar

C – Caixa ou Bancos

Esse segundo lançamento é feito pelo valor da folha de salários líquida, ou seja, pela soma de todos os salários líquidos devidos, uma vez que sobre os salários brutos incidem as retenções, que serão repassadas a terceiros.

→ Exemplo: Uma entidade apurou um total de R$ 300.000 de salários brutos a serem a seus funcionários, no mês de agosto de X1.

Após efetuar as devidas retenções, calculou o valor de R$ 240.000 como a soma do que deverá ser pago aos trabalhadores no mês seguinte, por meio de depósito em suas contas correntes.

Neste caso, o lançamento a ser feito no último dia de agosto seria:

D – Salários (despesa)

C – Salários a pagar (passivo).................................. 300.000

E no dia que ocorrer o pagamento:

D – Salários a pagar

C – Bancos... 240.000

7.4 Adiantamentos de Salários

Algumas empresas possuem a política de adiantar parte dos salários de seus empregados, antes do dia do pagamento, concedendo o chamado "vale" ou adiantamento de salários.

O adiantamento de salários tem, para a empresa, a natureza de despesa antecipada, uma vez que o pagamento está sendo feito antes que tenha ocorrido o fato gerador da despesa, que é o fechamento da folha.

Sendo assim, esse adiantamento – como toda despesa antecipada – gerará para a entidade um crédito, que será depois deduzido do valor a pagar aos funcionários.

Os lançamentos a serem efetuados são:

No momento da concessão:

D – Adiantamento a Funcionários (ativo)

C – Caixa/Bancos (ativo)

No fechamento da folha:

D – Salários a Pagar (passivo)

C – Adiantamento a Funcionários (ativo)

Veja que o adiantamento não envolve despesas, uma vez que seu valor está incluso no valor do salário bruto e, consequentemente, da despesa com salários (a qual é a contrapartida do lançamento em salários a pagar, como vimos no tópico anterior). Constitui-se, portanto, simplesmente no adiantamento da parte que posteriormente será paga ao funcionário.

→ Exemplo: Considere que uma empresa conceda um total de adiantamentos de R$ 50.000,00 em 15 de janeiro de X1 a seus empregados, sendo que, no fechamento da folha, apurou-se que o total de salários brutos de fevereiro de X1 foi igual a R$ 150.000,00.

Assim, no dia 15 de janeiro, o lançamento a ser feito pelo adiantamento de salários é:

D – Adiantamento a Funcionários

C – Caixa/Bancos... 50.000

No fechamento da folha (final de janeiro), devem ser feitos tanto o lançamento para apropriação da despesa com salários como a utilização do crédito obtido com o adiantamento, reduzindo-se os valores a pagar aos funcionários, da seguinte forma:

D – Salários

C – Salários a Pagar.................................... 150.000

e

D – Salários a Pagar

C – Adiantamento a Funcionários........ 50.000

Observe que a conta Salários a Pagar ficou, após os lançamentos acima, com um saldo credor de R$ 100.000, que é o valor que deverá ser pago efetivamente aos funcionários no mês de fevereiro, sendo tal fato registrado por meio do seguinte lançamento:

D – Salários a Pagar

C – Bancos.. 100.000

7.5 INSS a Recolher

A empresa deve contabilizar o INSS a pagar, que será composto em parte pela contribuição previdenciária patronal (CPP) e em parte pela contribuição descontada do empregado.

Esses valores a recolher normalmente são registrados em uma mesma conta do passivo, denominada "INSS a Recolher" ou "INSS a Pagar".

Vejamos passo a passo o processo:

a) Contabilização da contribuição patronal

A contribuição previdenciária patronal deve ser reconhecida como despesa da entidade, uma vez que os valores de fato saem do patrimônio da entidade, e é contabilizada da seguinte forma:

D – INSS ou Despesa com INSS (despesa)

C – INSS a Recolher (passivo)

b) Contabilização da contribuição descontada do empregado

A contribuição descontada do empregado é contabilizada da seguinte forma:

D – Salários a Pagar (passivo)

C – INSS a Recolher (passivo)

Veja que neste caso não há reconhecimento de despesa pela entidade, porque o ônus é do empregado, uma vez que o valor está sendo descontado de sua remuneração, por isso sendo reduzido o saldo da conta Salários a Pagar.

c) Recolhimento

No mês seguinte ao de competência, a entidade deve fazer o recolhimento aos cofres públicos, tanto da contribuição previdenciária patronal como da parte descontada do empregado, por meio do seguinte lançamento:

D – INSS a Recolher

C – Caixa ou Bancos

Exemplo: Uma entidade apurou, em julho de um determinado ano, o valor total de despesas com salários de R$ 100.000.

Considerando que a contribuição previdenciária patronal é de 20% e que a parte a ser descontada dos empregados é de 11%, seriam feitos os seguintes lançamentos:

D – INSS (despesa)

C – INSS a Recolher (passivo)............................ 20.000

e

D – Salários a Pagar (passivo)

C – INSS a Recolher.. 11.000

No mês seguinte, quando efetuasse o recolhimento do INSS, o lançamento a ser feito seria:

D – INSS a Recolher

C – Bancos... 31.000

A base de cálculo, tanto da contribuição previdenciária patronal quanto da descontada do empregado é denominada pela legislação de "salário de contribuição", e é constituída por toda a sua remuneração, assim entendida, de acordo com o Art. 28 da Lei 8.212/91: *"a totalidade dos rendimentos pagos, devidos ou creditados a qualquer título, durante o mês, destinados a retribuir o trabalho, qualquer que seja a sua forma, inclusive as gorjetas, os ganhos habituais sob a forma de utilidades e os adiantamentos decorrentes de reajuste salarial, quer pelos serviços efetivamente prestados, quer pelo tempo à disposição do empregador ou tomador de serviços nos termos da lei ou do contrato ou, ainda, de convenção ou acordo coletivo de trabalho ou sentença normativa"*.

Até mesmo a chamada remuneração indireta, como benefícios em dinheiro e reembolso de despesas do empregado pela empresa deve ser somada ao salário de contribuição.

No entanto a própria Lei 8.212/91, em seu Art. 28, §9º, traz várias exceções, citando valores recebidos pelo empregado mas que, excepcionalmente, não serão somados à base de cálculo de sua contribuição e à da CPP.

De acordo com o Art. 167, inciso XI, as contribuições previdenciárias (tanto da empresa quanto a do empregado) somente devem ser destinadas ao pagamento de benefícios da previdência social.

7.6 IRRF a Recolher

O Imposto de Renda Pessoa da Física (IRPF) é um tributo cobrado de todas as pessoas físicas que recebam rendimentos acima de um determinado valor anual.

No caso dos empregados, a legislação determina que cabe ao empregador realizar o cálculo do valor mensal devido – com base em uma tabela progressiva estipulada pela lei –, descontá-lo do empregado e efetuar o recolhimento correspondente.

O valor do IRPF descontado do empregado é normalmente indicado pela sigla IRRF, que significa Imposto de Renda Retido na Fonte.

O valor do IRRF retido dos empregados não constitui despesa para a empresa, sendo contabilizada de maneira semelhante à contribuição previdenciária descontada dos salários, da seguinte forma:

D – Salários a Pagar (passivo)

C – IRRF a Recolher (passivo)

Veja-se que ele não é reconhecido como despesa da entidade, porque o dinheiro não "saiu do bolso" da entidade, mas sim do empregado.

Já no momento do recolhimento, o lançamento a ser feito é:

D – IRRF a Recolher (passivo)

C – Caixa ou Bancos (ativo)

→ Exemplo: No fechamento da folha de determinado mês, calculou-se o valor de R$ 10.000 como sendo o total de IRRF que deverá ser recolhido pela entidade no dia 20 do mês subsequente.

Assim, no momento do fechamento da folha, temos:

D – Salários a Pagar

C – IRRF a Recolher....................................... 10.000

E no dia 20 do mês seguinte:

D – IRRF a Recolher

C – Bancos... 10.000

OBSERVAÇÃO

Se o empregado incidir em uma das hipóteses de obrigatoriedade, deverá fazer, no ano seguinte, a Declaração do Imposto de Renda Pessoa Física (DIRPF), também chamada de Declaração de Ajuste Anual (DAA), na qual serão comparados os valores devidos de IRPF no mês anterior com os valores descontados de sua remuneração e declarados pelo empregador.

Se o valor descontado for maior do que o valor devido, o empregado terá direito à restituição da diferença.

Se o valor descontado for menor do que o devido, terá que recolher a diferença.

7.7 FGTS

A legislação determina que todos os meses a empresa deve recolher o equivalente a 8% do salário bruto do empregado às contas do FGTS, atualmente administrado pela Caixa Econômica Federal, e que poderá ser sacado pelo empregado nas condições estabelecidas pela legislação.

O FGTS representa um encargo social para a empresa, assim como a CPP (contribuição previdenciária patronal), não sendo descontado do salário do empregado. Sendo assim, deve ser reconhecida como despesa da entidade, de forma semelhante ao que ocorre com a CPP, sendo, inclusive, os lançamentos muito parecidos, somente trocando a conta INSS (ou Despesas com INSS) por FGTS (ou despesas com FGTS).

Assim, os lançamentos a serem feitos envolvendo o FGTS são:

No fechamento da folha

D – Despesas com FGTS (despesa)

C – FGTS a Recolher (passivo)

No recolhimento

D – FGTS a Recolher (passivo)

C – Caixa ou Bancos (ativo)

Assim como ocorre com a contribuição previdenciária, a contribuição para o FGTS incidirá sobre o total da remuneração paga ao empregado, como salário, horas-extras, adicional de periculosidade, adicional de insalubridade, gratificações em geral etc.

7.8 Salário-Família

O salário-família é um adicional previsto constitucionalmente que os empregados de baixa renda recebem em sua remuneração, na forma de uma cota para cada filho menor de 14 anos que possuírem. Os valores são definidos periodicamente por portaria do Ministério competente.

O benefício do salário-família é pago mensalmente pela empresa, mas a legislação determina que poderá ser compensado do valor do INSS a Recolher. Por conta disso, não deve ser reconhecido como uma despesa para a entidade, uma vez que a empresa é "reembolsada" pelo Governo pela redução do valor a recolher de INSS.

O lançamento a ser efetuado para contabilização do salário-família, no fechamento da folha, é:

D – INSS a Recolher

C – Salários a Pagar

7.9 Salário-Maternidade

O salário-maternidade consiste na remuneração paga à empregada que esteja no gozo de licença-maternidade.

Assim como o salário-família, é pago pela empresa, mas pode ser compensado do valor do INSS a recolher, não podendo, desta forma, assim como aquele, ser reconhecido como uma despesa.

No caso do salário-maternidade, assim como no caso do salário-família, é feito o lançamento:

D – INSS a Recolher

C – Salários a Pagar

Algumas entidades, porém, preferem fazer o seguinte lançamento para o salário-maternidade:

D – Crédito de Salário-Maternidade

C – Salários a Pagar

Neste caso, antes de recolher o INSS devido, deverá ser feito o seguinte lançamento:

D – INSS a Recolher

C – Créditos de Salário-Maternidade

Se "sobrar" algum saldo na conta "Créditos de Salário-Maternidade", a empresa poderá solicitar sua restituição à Receita Federal.

Em provas, no entanto, costuma-se considerar que o valor do salário-família será descontado diretamente de INSS a Recolher, como aparece no primeiro lançamento.

a) O salário-maternidade é pago no valor da remuneração integral da empregada, sendo o único benefício da previdência social que sofre desconto de contribuição previdenciária.

b) Embora a Constituição Federal preveja licença-maternidade de 120 dias, a lei atualmente permite que as empresas estendam o benefício a 180 dias. A empresa também pode conceder licença por um prazo maior do que este, mas somente poderá realizar o desconto do INSS a Recolher durante o prazo estabelecido em lei.

Questões

01. (Cespe) A seguir, são apresentados fatos, numerados de I a VII, relativos à empresa Comercial Varejos Ltda., que utiliza o sistema de conta-corrente para apurar o ICMS.

Mês de janeiro de 2017

I. Venda de mercadorias a prazo no valor de R$ 6.000, com desconto incondicional concedido de R$ 250.

II. Contabilização de ajuste mensal relativo ao ICMS, considerando-se que já foi apurado saldo credor de R$ 500 na conta ICMS a recuperar.

III. Apropriação da despesa relativa ao aluguel do prédio onde a empresa está instalada, no valor de R$ 2.000.

IV. Apropriação das despesas relativas aos salários dos empregados (R$ 2.000) e registro dos valores retidos dos empregados, relativos a contribuições de previdência social (R$ 160).

V. Venda de veículo pelo valor de R$ 10.000, registrado no ativo imobilizado por R$ 30.000, com depreciação acumulada de R$ 25.000.

Mês de fevereiro de 2017

VI. Pagamento do aluguel referente ao mês de janeiro de 2017.

VII. Pagamento dos salários dos empregados e das contribuições de previdência social, relativos ao mês de janeiro de 2017.

Tendo como referência as informações apresentadas, julgue o próximo item, relativo à contabilização de operações contábeis diversas.

Os fatos IV e VII deverão ser registrados por meio dos seguintes lançamentos.

Fato IV

D – Salários – R$ 2.000

C – Salários a pagar – R$ 2.000

e

D – Salários a pagar – R$ 160

C – Contribuições previdenciárias a recolher – R$ 160

Fato VII

D – Salários a pagar – R$ 1.840

D – Contribuições previdenciárias a recolher – R$ 160

C – Caixa/Bancos – R$ 2.000

02. (Cespe) No que tange à contabilização de operações contábeis, julgue os itens subsecutivos.

Se uma empresa tiver apurado, sobre a folha de pagamento, INSS no valor de R$ 8.360, salário-maternidade no valor de R$ 6.000 e salário-família no valor de R$ 1.000 e se esses forem os únicos eventos relevantes a considerar, então a empresa deverá registrar um valor total a recolher de R$ 15.360

Certo ( ) Errado ( )

03. (Cespe) Julgue o item subsequente, relativo à contabilização de operações contábeis diversas.

A conta INSS a recolher ou a pagar, componente do passivo circulante de uma entidade, deve ser creditada, no mês de competência da folha de pagamento, exclusivamente pelo valor da cota patronal a ser recolhida, uma vez que a cota dos empregados é descontada diretamente de suas folhas de pagamento.

Certo ( ) Errado ( )

04. (Cespe) O registro dos eventos contábeis segue o que preconiza o método das partidas dobradas. Acerca desse tema, julgue o item subsequente.

A contabilização dos encargos sobre a folha de pagamento a cargo do empregador deve ser a débito de encargos sobre folha de pagamento e a crédito de salários a pagar.

Certo ( ) Errado ( )

05. (Cespe) Acerca de demonstração do resultado do exercício, julgue o item a seguir.

A subconta INSS, do agrupamento das despesas com pessoal, compreende o total dos recolhimentos de responsabilidade da empresa efetuados ao INSS, e constantes de seu passivo.

Certo ( ) Errado ( )

Gabaritos

01	CERTO
02	ERRADO
03	ERRADO
04	ERRADO
05	ERRADO

8. PROVISÕES. PASSIVOS CONTINGENTES. PERDAS ESTIMADAS DO ATIVO. VARIAÇÕES CAMBIAIS

8.1 Provisões

O termo "provisão" já teve vários significados em contabilidade, embora relacionados.

Atualmente, de acordo com o CPC 25, o termo "provisão" refere-se a itens do passivo de prazo ou valor incertos, mas prováveis.

Ou seja, a provisão representa um valor que a empresa provavelmente terá que pagar, porém não sabe ainda o número exato ou quando deverá pagá-lo, mas para o qual pretende fazer uma reserva de valor no seu passivo.

Assim, não existem mais provisões como: "provisão para 13º salário", "provisão para férias" ou "provisão para Imposto de Renda", que foram substituídas por "13º salário a pagar", "Férias a pagar" e "Imposto de Renda a pagar".

Com relação ao Ativo, o que antes era chamado de provisão passou a ser chamado de "perda estimada". Assim, não se fala mais, por exemplo, em Provisão para Créditos de Liquidação Duvidosa, mas sim em Perda Estimada em Créditos de Liquidação Duvidosa.

Podemos citar como exemplos de provisões:

→ **Provisão para riscos fiscais**: Feitas para pagamentos prováveis futuros de multas e acréscimos tributários;

→ **Provisão para riscos trabalhistas**: Utilizada para provisionamento de valores que a entidade considera que provavelmente deverão ser pagas em ações trabalhistas movidas contra ela;

→ **Provisão para indenizações ambientais**: Usada especialmente por empresas que trabalham com altos riscos de serem autuadas ou de terem que pagar indenizações por danos ambientais, como ocorre com mineradoras, por exemplo;

→ **Provisão para garantias de produtos**: Utilizada para reserva de valores que a entidade considera que sejam de pagamento provável, com relação à garantia concedida aos seus produtos.

Constituição de provisões

A constituição de uma provisão é o reconhecimento, no passivo de uma entidade, da obrigação provável.

Na contabilização de uma provisão, debita-se uma conta de despesa e a credita como conta de provisão correspondente, da seguinte forma:

D – Despesas com Provisão "X" (despesa)

C – Provisão "X" (passivo)

→ Exemplo: A empresa Esperta Indústria e Comércio de Picaretas Ltda. é ré em dois processos trabalhistas movidos por ex-empregados. Consultados seus advogados, estes disseram que consideram provável que a empresa seja obrigada a desembolsar valores, trazendo a tabela a seguir os desembolsos prováveis e chances de ocorrência:

Processo	Desembolso Provável	Probabilidade de Ocorrência
A	R$ 100.000	70%
B	R$ 150.000	80%

Neste caso, realize o lançamento de reconhecimento da provisão correspondente aos possíveis desembolsos.

Resolução:

Há duas formas possíveis de se calcular o valor de uma provisão:

a) Contabilizando todo o desembolso provável: neste caso, o valor seria de R$ 250.000.

b) Contabilizado o valor obtido pela multiplicação de cada desembolso provável pela probabilidade de ocorrência: 100.000 x 70% + 150.000 x 80% = 190.000.

Façamos pela segunda forma:

D – Despesas com Provisão para
Riscos Trabalhistas... 190.000

C – Provisão para Riscos Trabalhistas........................ 190.000

Realização de provisões

A realização da provisão ocorrerá:

a) Quando a saída de recursos que foi considerada provável de fato ocorrer;

b) Quando a saída de recursos de provável evoluir para certa, devendo então ser reconhecido um passivo.

Na realização, debita-se a conta de provisão correspondente e credita-se a conta de onde saíram os recursos, da seguinte forma:

D – Provisão "X" (passivo)

C – Bancos/Caixa/Passivo

Veja que a contabilização da realização da provisão não envolve despesas porque estas já foram reconhecidas quando da constituição da provisão.

→ Exemplo: Aproveitando o exemplo anterior, em que foi constituí da provisão de R$ 190.000 para riscos trabalhistas, considere que a empresa perdeu de fato as ações A e B e terá que desembolsar R$ 180.000,00.

Neste caso, a realização da provisão será feita da seguinte forma:

D – Provisão para Riscos Trabalhistas (passivo)....... 180.000

C – Indenizações Trabalhistas a Pagar (passivo)....... 180.000

8.2 Reversão de Provisões

Após realização da provisão (desembolso dos valores ou reconhecimento do passivo certo), pode restar um saldo, pelo fato de o valor pago ter sido menor do que o previsto, ou ainda a provisão pode nem chegar a se realizar, não ocorrendo a situação que motivou sua contabilização.

Neste caso, deve ser feita a reversão da provisão, tendo como contrapartida uma conta de receita, da seguinte forma:

D – Provisão "X" (passivo)

C – Receita com Reversão de Provisões (resultado)

Veja que, no resultado, a reversão da provisão, com o reconhecimento de uma receita, tem o impacto oposto de sua constituição, quando é reconhecida uma despesa.

→ Exemplo: Ainda levando em conta o nosso exemplo, verifica-se que após a realização da provisão restou um saldo de R$ 10.000,00 (diferença entre os R$ 190.000 provisionados e os R$ 10.000 que a empresa terá que de fato pagar). Neste caso, se não houver outras ações trabalhistas em curso com relação às quais queira a empresa fazer provisão, pode ele reverter o valor da provisão, o que será feito da seguinte forma:

D – Provisão para Riscos Trabalhistas............ 10.000

C – Receita com Reversão de Provisões......... 10.000

8.3 Passivos Contingentes

Conceito

De acordo com o CPC 25, que trata sobre provisões, passivos contingentes e ativos contingentes, um passivo contingente pode ser:

→ Uma obrigação possível (mas não provável) cuja existência será confirmada pela ocorrência ou não de eventos incertos.

→ Uma obrigação presente, mas cuja saída de recursos não seja provável;

→ Uma obrigação presente, mas acerca da qual não se possa fazer uma estimativa confiável de valor.

Em outras palavras, um passivo contingente é uma obrigação possível, mas improvável, ou uma obrigação com relação à qual não se possa estimar com segurança o valor do desembolso que poderá ter que ser feito.

Assim, as formas de distinguir provisão de passivo contingente referem-se:

a) À probabilidade de necessidade de pagamento: na provisão, a chance de ter que pagar é maior do que não ter que pagar (maior do que 50% de probabilidade); no passivo contingente, a probabilidade é menor do que 50%

b) À possibilidade de realizar uma estimativa confiável sobre o valor que deverá ser eventualmente pago: se não for possível fazer uma estimativa confiável, tratar-se-á de um passivo contingente.

Tratamento contábil

Diferente das provisões, os passivos contingentes não são contabilizados, constando somente das notas explicativas das demonstrações contábeis, conforme exigido pela Lei 6.404/76.

Importante observar que se o desembolso de recursos for muito pouco provável, ou seja, a probabilidade for remota, não será considerado passivo contingente. Assim, o passivo contingente pode ser pouco provável, mas não sua probabilidade não deve ser remota.

Desta forma, por exemplo, uma empresa não precisa colocar em suas notas explicativas a possibilidade de prejuízos com a ocorrência de um terremoto que pode eventualmente vir a ocorrer ou de que um meteorito caia sobre a empresa e venha a causar-lhe prejuízos!

Comparação entre passivos, provisões e passivos contingentes

A figura a seguir traz uma comparação, com base no que já vimos, sobre os passivos, provisões e passivos contingentes, no que se refere à probabilidade de sua ocorrência:

		50%		
Probabilidade de Ocorrência	Remota (perto de 0%)	Improvável menos de 50%)	Improvável (mens de 50%)	Certa (perto de 100%)
Natureza Providência	- -	Passivo Contingente Registrar em notas explicativas	Provisão Contabilizar	Passivo Contabilizar

8.4 Ativos Contingentes

Um ativo contingente é definido como um bem ou direito que pode vir a se tornar parte do patrimônio da entidade, sendo provável que isso ocorra. Esta incorporação dependerá de eventos futuros, que não são controlados pela entidade, podendo, então, não chegar a ser obtido por ela.

Por conta dessa incerteza e por uma questão de prudência, eles não são contabilizados, constando somente de notas explicativas.

No entanto se o surgimento do ativo vier a se confirmar, o valor do ativo será lançado contra receita, da seguinte forma:

D – Ativo

C – Receita

→ Exemplo: Uma empresa ganhou, em 2ª instância, uma ação de indenização contra um fornecedor no valor de R$ 2.000.000. Os advogados acham provável que a empresa ganhe definitivamente a ação, mas ainda cabe recurso por parte do fornecedor.

Nessa situação, a empresa deverá reconhecer, em notas explicativas, o valor, mas não efetuará nenhum lançamento.

Imagine que, algum tempo depois, a ação encerre-se, transitando em julgado e confirmando o direito da empresa de receber os R$ 2.000.000. Aí sim, será feito o seguinte lançamento:

D – Indenizações a Receber

C – Receita com Indenizações............................2.000.0000

8.5 Perdas Estimadas Do Ativo

Já vimos que, de acordo com os pronunciamentos técnicos do CPC, a expressão "provisões" só se aplica a **passivos** de prazo incerto ou valor indeterminado.

Assim, não se fala mais em provisão, em se tratando de componente do Ativo, usando-se o termo "perdas estimadas", mas os conceitos são semelhantes.

As perdas estimadas são registradas quando houver alta probabilidade de que ocorra diminuição no valor realizável de ativos.

Essas perdas são registradas em contas retificadoras do Ativo, sendo contabilizadas a débito de contas de despesas.

Entre as perdas estimadas do ativo mais comuns, temos:

a) Perda Estimada em Créditos de Liquidação Duvidosa (PECLD) – anteriormente denominada Provisão para Créditos de Liquidação Duvidosa (PCLD);

b) Perda Estimada em Estoques;

c) Perda Estimada por Redução ao Valor Recuperável.

Embora não existam tecnicamente provisões no ativo, algumas questões de prova ainda teimam em utilizar o termo quando se referem a perdas estimadas do ativo. No entanto, embora o nome "provisão" esteja incorreto, os procedimentos contábeis são os mesmos aplicáveis às perdas estimadas do ativo e que veremos aqui.

8.6 Perda Estimada em Créditos de Liquidação Duvidosa - PECLD

A Perda Estimada em Créditos de Liquidação Duvidosa (PECLD) é conta retificadora dos valores a receber de clientes (normalmente de "Duplicatas a Pagar" ou de "Clientes"), que traduz a perda estimada por inadimplência dos pagadores.

Assim, por exemplo: se uma empresa tem R$ 200.000 a receber de vendas a prazo, e estima que não receberá 2% desse valor por conta de inadimplência dos clientes, ela publicará em seu Ativo, no Balanço Patrimonial:

Clientes..200.000

(-) PECLD..(4.000)

Critérios de cálculo da PECLD

Há dois critérios distintos que podem ser utilizados para a apuração da PECLD:

→ Critério das Perdas Esperadas;

→ Critério das Perdas Efetivas.

Pelo critério das perdas esperadas, calcula-se a perda de acordo com sua experiência anterior, com o saldo de Clientes ou Duplicatas a Receber e com o nível de risco dos clientes.

A título de exemplo, considere que uma empresa tenha classificado a sua carteira de clientes com base no risco de inadimplência em três categorias: A, B e C, e que para cada uma delas calculou um percentual de PECLD que deva ser considerado, resumindo os dados na tabela a seguir:

Clientes	Valores a Receber	Percentual de PECLD	PECLD
Risco A	100.000	1%	1.000
Risco B	200.000	1,5%	3.000
Risco C	100.000	2%	2.000
TOTAL A SER CONTABILIZADO DE PECLD			**6.000**

Critério das perdas efetivas

O critério das perdas efetivas somente considera no cálculo da PECLD os créditos da entidade que preencham os requisitos da lei para que sejam considerados como de alto risco de não recebimento.

Os requisitos que a lei estabelece variam de acordo com o valor dos créditos, na forma estabelecida pelo Art. 9º da Lei 9.430/96:

> ***Art. 9º*** *As perdas no recebimento de créditos decorrentes das atividades da pessoa jurídica poderão ser deduzidas como despesas, para determinação do lucro real, observado o disposto neste artigo.*
>
> ***§ 1º*** *Poderão ser registrados como perda os créditos:*
>
> ***I.*** *em relação aos quais tenha havido a declaração de insolvência do devedor, em sentença emanada do Poder Judiciário;*
>
> ***II.*** *sem garantia, de valor:*
>
> ***a)*** *até R$ 5.000,00 (cinco mil reais), por operação, vencidos há mais de seis meses, independentemente de iniciados os procedimentos judiciais para o seu recebimento;*
>
> ***b)*** *acima de R$ 5.000,00 (cinco mil reais) até R$ 30.000,00 (trinta mil reais), por operação, vencidos há mais de um ano, independentemente de iniciados os procedimentos judiciais para o seu recebimento, porém, mantida a cobrança administrativa;*
>
> ***c)*** *superior a R$ 30.000,00 (trinta mil reais), vencidos há mais de um ano, desde que iniciados e mantidos os procedimentos judiciais para o seu recebimento;*
>
> ***III.*** *com garantia, vencidos há mais de dois anos, desde que iniciados e mantidos os procedimentos judiciais para o seu recebimento ou o arresto das garantias;*
>
> ***IV.*** *contra devedor declarado falido ou pessoa jurídica em concordata ou recuperação judicial, relativamente à parcela que exceder o valor que esta tenha se comprometido a pagar (...)"*

O critério das perdas esperadas não é aceito pela legislação do Imposto de Renda, que somente admite o critério das perdas efetivas. Assim, se a entidade se utilizar do critério das perdas esperadas para calcular a PECLD, o valor das despesas de reconhecimento correspondentes deverá ser adicionado ao lucro real.

Contabilização da PECLD

A contabilização das Perdas Estimadas com Créditos de Liquidação Duvidosa é feita a débito de conta de despesa com PECLD (uma despesa de vendas), contra conta própria de PECLD (retificadora de Clientes ou Duplicatas a Receber), da seguinte forma:

D - Despesa com PECLD (resultado)

C - PECLD (retificadora do ativo)

→ Exemplo: Suponha que uma empresa tenha a receber de clientes, em determinado momento, o valor de R$ 100.000, e considere que sua perda estimada com inadimplência é de 5%.

Neste caso, fará o seguinte lançamento para a constituição da PECLD:

D - Despesa com PECLD

C - PECLD.. 5.000

No balanço patrimonial, as contas aparecerão da seguinte forma no Ativo Circulante:

Clientes.. 100.000

(-) PECLD... (5.000)

Realização da PECLD

A PECLD vai sendo realizada conforme vão sendo baixados os valores incobráveis da conta "Clientes" ou "Duplicatas a Receber", sendo realizado o seguinte lançamento:

D - PECLD

C - Clientes

→ Exemplo: Aproveitando os dados do exemplo anterior, em que foi constituída a PECLD de R$ 5.000, imagine que nossa empresa precise dar baixa em uma duplicata de R$ 2.000, a qual não espera mais receber.

Neste caso, faria o seguinte lançamento:

D - PECLD

C - Clientes.. 2.000

> Se a empresa não tivesse constituído PECLD ou se essa já tivesse sido toda utilizada, a baixa do título se daria contra uma despesa, da seguinte forma:
>
> D – Perdas com Inadimplência (despesa)
>
> C – Clientes... 2.000

Reversão da PECLD

Assim como ocorre com as provisões, os valores de PECLD que não se realizarem poderão ser revertidos pela entidade, contra uma conta de receita, da seguinte forma:

D - PECLD

C - Receita com reversão de PECLD

→ Exemplo: Ainda aproveitando os dados dos dois exemplos anteriores, imagine que, do total estimado de PECLD (R$ 5.000), apenas os R$ 2.000 vistos no exemplo anterior é que não foram recebidos. Neste caso, a empresa poderá reverter o saldo de R$ 3.000, da seguinte forma:

D - PECLD

C - Receita com reversão de PECLD.................. 3.000

Uma outra opção da empresa, em vez de reverter a PECLD, é mantê-la e até reforçá-la para o período seguinte, embora a melhor técnica contábil recomende a reversão, ao final do ano, dos valores não realizados.

Perda estimada em estoques - PEE

A Perda Estimada em Estoques (PEE), é uma estimativa do quanto a empresa espera obter de perda nos seus estoques, pelas mais diversas razões, como deterioração – especialmente em estoques perecíveis, quebras por manuseio, furtos etc.

O valor da PEE aparece como uma conta retificadora do ativo, mais precisamente de "Estoques" ou "Mercadorias".

Assim, por exemplo: se uma empresa tiver um estoque de R$ 400.000 e estimar uma perda de R$ 10.000 no exercício, ela demonstrará em seu balanço, no ativo circulante:

Estoque de Mercadorias.............................. 400.000

(-) PEE.. (10.000)

Na sua essência, a PEE é muito semelhante à PECLD, tanto que os lançamentos são os mesmos, somente trocando-se os nomes das contas: onde consta PECLD coloca-se PEE, e onde consta Clientes coloca-se Estoque de Mercadorias.

Assim, temos:

Contabilização da PEE

D – Despesa com PEE

C – PEE

Realização da PEE (quando ocorrer perda)

D – PEE

C – Estoque de Mercadorias

Reversão da PEE (se as perdas não se confirmarem)

D – PEE

C – Receita com reversão de PEE

8.7 Variações Cambiais

Alguns ativos e obrigações de uma entidade podem estar indexados a uma moeda estrangeira, como ocorre, por exemplo, com vendas ou receber ou dívidas a pagar em dólar ou euro.

Neste caso, apesar do ativo ou passivo estar valorado em moeda estrangeira, a entidade deve sempre registrar em sua contabilidade o valor correspondente em reais.

Ocorre que a taxa de câmbio, no caso do Brasil e na maioria dos países é flutuante, ou seja, está sujeita a oscilações, e tais mudanças causarão aumento ou diminuição no patrimônio da entidade que possuir ativos ou passivos em moeda estrangeira.

Imagine, por exemplo, uma empresa que possui uma dívida com um banco estrangeiro no valor de US$ 1,000,000.00 (um milhão de dólares). Se a taxa de câmbio muda, causando uma desvalorização do real (e consequentemente uma valorização do dólar), o valor de sua obrigação em reais aumentará, devendo reconhecer uma perda. Se, por outro lado, ocorrer uma valorização do real (e uma consequente desvalorização do dólar), isso provocará um ganho para a entidade, uma vez que agora os mesmos um milhão de dólares representam menos reais.

Por ocasião da divulgação do balanço deverá ser usada a taxa de câmbio vigente na data do encerramento do exercício social, sendo que a entidade deverá ajustar seus ativos e passivos indexados à moeda estrangeira.

Contabilização das variações cambiais

A contabilização das variações cambiais será feita a débito ou a crédito da conta do ativo ou do passivo que estiver sendo atualizada (que é aquele indexado à moeda estrangeira), tendo como contrapartida uma conta de receita – variações monetárias ativas ou variações cambiais ativas – ou de despesa – variações monetárias passivas ou variações cambiais passivas –, se respectivamente trouxerem um ganho (aumento de um ativo ou redução de um passivo) ou uma perda (redução de um ativo ou aumento de um passivo).

Vejamos dois exemplos que nos ajudarão a esclarecer o assunto:

→ Exemplo 1: Uma empresa possui em seu passivo uma obrigação correspondente a US$ 100,000, contabilizada pelo valor de R$ 300.000 na conta "Fornecedores no Exterior". Em 31 de dezembro, quando a empresa deverá divulgar seu balanço, a taxa de câmbio está a R$ 3,50 por dólar.

Neste caso, observe que, pela cotação do dólar em 31 de dezembro, o valor da obrigação da contabilidade deve ser de R$ 350.000, e não de R$ 300.000. Ou seja, a entidade deve reconhecer um aumento do seu passivo em reais, o que representa uma redução de seu patrimônio líquido, devendo ser reconhecida uma despesa, portanto. Essa despesa é normalmente chamada de "variação cambial passiva".

Sendo assim, deve ser feito o seguinte lançamento:

D – Variações Cambiais Passivas (despesa)

C – Fornecedores no Exterior
(passivo)............................50.000

→ Exemplo 2: Uma empresa possui em seu ativo direitos a receber, cotados em euros, contabilizados em "Clientes no Exterior", relativos a contratos que somam 10.000 €.

Considerando que o saldo da conta "Clientes no Exterior", em 31 de dezembro, é de R$ 35.000,00 e que a cotação do euro é de R$ 4,60 para cada 1,00 €, qual lançamento deve ser feito para atualização do valor do direito?

Veja que, pela cotação atual, o valor de "Clientes no Exterior" deveria ser de R$ 46.000. Como tal conta apresenta um valor de R$ 35.000, seu saldo deve ser aumentado em R$ 11.000.

Tratando-se do aumento de um ativo, a contrapartida deve ser uma conta de receita: variações cambiais ativas.

Assim, o lançamento a ser feito para atualizar o saldo da conta é:

D – Clientes no Exterior (ativo)

C – Variações Cambiais Ativas (receita)...................... 11.000

Questões

01. (Cespe) Considerando a mensuração de passivos, julgue o item subsecutivo, acerca de provisões e passivos contingentes.

Os passivos contingentes devem ser imediatamente reconhecidos em contas patrimoniais e periodicamente avaliados para determinar a probabilidade da saída de recursos.

Certo ( ) Errado ( )

02. (Cespe) Julgue o item seguintes, relativos a registros contábeis de empresas comerciais.

O reconhecimento de provisão para devedores duvidosos deve ser feito por meio de um crédito no ativo e um débito no resultado do exercício.

Certo ( ) Errado ( )

03. (Cespe) Acerca dos conhecimentos vinculados aos procedimentos contábeis adotados no Brasil, julgue o item a seguir.

Ao se efetuar o registro de provisão passiva, o valor do patrimônio líquido aumenta.

Certo ( ) Errado ( )

04. (Cespe) Julgue o item a seguir, referente aos impactos provocados por fatos contábeis no patrimônio de uma companhia aberta.

No caso de disponibilidades em moeda estrangeira, a variação cambial decorrente do ajuste do saldo em moeda nacional à taxa de câmbio vigente na data de atualização da demonstração contábil deve ser reconhecida na conta ajustes de avaliação patrimonial, no patrimônio líquido.

Certo ( ) Errado ( )

05. (Cespe) Com relação aos critérios de avaliação de ativos de companhias abertas, julgue o item a seguir.

As disponibilidades em moeda estrangeira devem ter seus saldos contábeis convertidos para a moeda nacional com base na taxa de câmbio corrente na data do balanço. As variações cambiais resultantes dessa conversão devem ser registradas em conta de receita, caso haja valorização do real em relação à moeda estrangeira, ou em conta de despesa, se houver desvalorização do real em relação à moeda estrangeira.

Certo ( ) Errado ( )

Gabaritos

01	ERRADO
02	CERTO
03	ERRADO
04	ERRADO
05	ERRADO

9. DEMONSTRAÇÕES CONTÁBEIS: BALANÇO PATRIMONIAL E DEMONSTRAÇÃO DO RESULTADO DO EXERCÍCIO

9.1 Conceito e Disposições Gerais

As demonstrações contábeis atualmente são consideradas uma espécie de "relatórios financeiros para fins gerais", conforme o CPC 00.

Segundo o CPC 00, o objetivo dos relatórios financeiros para fins gerais é *"fornecer informações financeiras sobre a entidade que reporta que sejam úteis para investidores, credores por empréstimos e outros credores, existentes e potenciais, na tomada de decisões referente à oferta de recursos à entidade"*. Assim, eles são voltados especialmente aos usuários externos da entidade.

As demonstrações contábeis devem oferecer informações que sejam úteis, relevantes, confiáveis e tempestivas aos diversos usuários da informação contábil.

No Brasil, a Lei 6.404/76 (Lei das Sociedades Anônimas ou Lei das S.A.) regulamenta o assunto, estabelecendo regras para as sociedades anônimas e para as demais empresas de grande porte, assim consideradas as que tenham tido, no exercício social anterior, ativo total superior a R$ 240.000.000,00 (duzentos e quarenta milhões de reais) ou receita bruta anual superior a R$ 300.000.000,00 (trezentos milhões de reais).

9.2 Demonstrações Obrigatórias

A Lei 6.404/76 estipula que, ao fim de cada exercício social, a diretoria fará elaborar, com base na escrituração mercantil da companhia, as seguintes demonstrações financeiras, que deverão exprimir com clareza a situação do patrimônio da companhia e as mutações ocorridas no exercício:

a) **Balanço Patrimonial (BP):** Indica a posição patrimonial da entidade (composição e valor do patrimônio).

b) **Demonstração do Resultado do Exercício (DRE)**: Traz a demonstração do lucro ou prejuízo da entidade no exercício social.

c) **Demonstração dos Lucros ou Prejuízos Acumulados (DLPA):** Traz as alterações ocorridas na conta "Lucros ou Prejuízos Acumulados". No caso de companhias de capital aberto, devem apresentar a **Demonstração de Mutações do Patrimônio Líquido (DMPL),** a qual é mais completa e substitui a DLPA, pelo fato de trazer as alterações de todas as contas do PL, e não só da conta Lucros ou Prejuízos Acumulados.

d) **Demonstração dos Fluxos de Caixa (DFC):** Traz as alterações ocorridas, durante o exercício, no saldo de caixa e equivalentes de caixa (disponibilidades). A DFC somente é obrigatória para empresas com patrimônio líquido superior a R$ 2.000.000,00 (dois milhões de reais).

e) **Demonstração do Valor Adicionado (DVA):** Também chamada de Demonstração do Valor Agregado, a DVA é obrigatória somente para entidades de capital aberto e demonstra o valor da riqueza gerada pela companhia, a sua distribuição entre os elementos que contribuíram para a geração dessa riqueza, tais como empregados, financiadores, acionistas, governo e outros, bem como a parcela da riqueza não distribuída.

Veremos aqui com mais profundidade as duas demonstrações contábeis mais cobradas em prova, que são: o Balanço Patrimonial e a Demonstração do Resultado do Exercício.

QUADRO RESUMO DAS DEMONSTRAÇÕES CONTÁBEIS

DEMONSTRAÇÃO	CONTEÚDO	OBRIGATÓRIA PARA
Balanço Patrimonial (BP)	Composição e valor dos elementos patrimoniais	Todas as S/A e empresas de grande porte
Demonstração do Resultado do Exercício (DRE)	Valor e demonstração do lucro ou prejuízo do período	Todas as S/A e empresas de grande porte
Demonstração dos Lucros ou Prejuízos Acumulados (DLPA)	Variação do saldo da conta Lucros ou Prejuízos Acumulados	Todas as S/A e empresas de grande porte
Demonstração das Mutações do Patrimônio Líquido (DMPL)	Variação dos saldos de todas as contas do PL	S/A de capital aberto (substitui a DLPA)
Demonstração dos Fluxos de Caixa (DFC)	Variação das disponibilidades no período	Empresas com PL superior a R$ 2.000.000,00
Demonstração do Valor Adicionado (DVA)	Riqueza gerada pela companhia e sua distribuição	S/A de capital aberto

9.3 Regras Gerais para Elaboração das Demonstrações Contábeis

A Lei 6.404/76 e o CPC 00 estipulam que as demonstrações de cada exercício sejam publicadas com a indicação dos valores correspondentes das demonstrações do exercício anterior.

Isso é importante para permitir uma comparação com a evolução dos valores, de um ano para outro.

Nas demonstrações, as contas semelhantes poderão ser agrupadas; os pequenos saldos poderão ser agregados, desde que indicada a sua natureza e não ultrapassem um décimo do valor do respectivo grupo de contas; mas é vedada a utilização de designações genéricas, como "diversas contas" ou "contas-correntes".

As demonstrações devem registrar a destinação dos lucros segundo a proposta dos órgãos da administração, no pressuposto de sua aprovação pela Assembleia Geral.

9.4 Notas Explicativas

A Lei 6.404/76 estipula que as demonstrações deverão ser complementadas por notas explicativas e outros quadros analíticos ou demonstrações contábeis necessários para esclarecimento da situação patrimonial e dos resultados do exercício.

Isso porque nem todas as informações ficam claras e completas somente com os números apresentados nas demonstrações.

As notas explicativas funcionam como notas de rodapé, acrescentando, reforçando ou realçando informações consideradas importantes para um perfeito entendimento dos dados apresentados.

De acordo com o §5º do Art. 176, as notas explicativas devem:

> ***I.*** *apresentar informações sobre a base de preparação das demonstrações financeiras e das práticas contábeis específicas selecionadas e aplicadas para negócios e eventos significativos;*
>
> ***II.*** *divulgar as informações exigidas pelas práticas contábeis adotadas no Brasil que não estejam apresentadas em nenhuma outra parte das demonstrações financeiras;*
>
> ***III.*** *fornecer informações adicionais não indicadas nas próprias demonstrações financeiras e consideradas necessárias para uma apresentação adequada;*
>
> ***IV.*** *indicar:*
>
> ***a)*** *os principais critérios de avaliação dos elementos patrimoniais, especialmente estoques, dos cálculos de depreciação, amortização e exaustão, de constituição de provisões para encargos ou riscos, e dos ajustes para atender a perdas prováveis na realização de elementos do ativo;*
>
> ***b)*** *os investimentos em outras sociedades, quando relevantes;*
>
> ***c)*** *o aumento de valor de elementos do ativo resultante de novas avaliações;*
>
> ***d)*** *os ônus reais constituídos sobre elementos do ativo, as garantias prestadas a terceiros e outras responsabilidades eventuais ou contingentes;*
>
> ***e)*** *a taxa de juros, as datas de vencimento e as garantias das obrigações a longo prazo;*
>
> ***f)*** *o número, espécies e classes das ações do capital social;*
>
> ***g)*** *as opções de compra de ações outorgadas e exercidas no exercício;*
>
> ***h)*** *os ajustes de exercícios anteriores;*
>
> ***i)*** *os eventos subsequentes à data de encerramento do exercício que tenham, ou possam vir a ter, efeito relevante sobre a situação financeira e os resultados futuros da companhia.*

As notas explicativas são consideradas parte integrante das demonstrações e também são auditadas.

9.5 Balanço Patrimonial

O Balanço Patrimonial é uma demonstração estática que tem por objetivo evidenciar, qualitativa e quantitativamente, o patrimônio da entidade em um certo momento.

Ou seja, o Balanço traz uma demonstração do valor e da composição da entidade em um determinado dia, normalmente ao final do exercício social.

O Balanço somente traz contas patrimoniais (ativo, passivo e PL), não trazendo contas de resultado.

Modelo de balanço patrimonial

Segue um exemplo simplificado de balanço, relativo a 31 de dezembro do ano X1, bem como exemplos de notas explicativas:

BALANÇO PATRIMONIAL DA COMPANHIA ABC COMÉRCIO DE BALANÇAS S/A. RELATIVO A 31 DE DEZEMBRO DE X1

ATIVO	ANO X2	ANO X1	PASSIVO	ANO X2	ANO X1
Circulante	**190.000**	**149.000**	**Circulante**	**105.000**	**70.000**
Caixa	10.000	9.000	Fornecedores	50.000	21.700
Bancos	32.000	25.000	Salários a Pagar	40.000	35.000
Clientes	50.000	30.000	INSS a Recolher	9.000	8.000
Mercadorias	62.000	45.000	FGTS a Recolher	3.200	2.800
Empréstimos a Receber	36.000	40.000	IRRF a Recolher	2.800	2.500
Não Circulante	**365.000**	**191.000**	**Não Circulante**	**300.000**	**120.000**
Realizável a Longo Prazo			Financiamentos	300.000	120.000
Empréstimos a Receber – LP	72.000	118.000			
Investimentos					
Participações em coligadas	48.000	-	**PATRIMÔNIO LÍQUIDO**	**150.000**	**150.000**
Imobilizado			Capital Social	200.000	200.000
Veículos	90.000	125.000	(-) Capital a Integralizar	(50.000)	(50.000)
(-) Depreciação Acumulada	(45.000)	(52.000)			
Imóveis	200.000	-			
TOTAL DO ATIVO	555.000	340.000	TOTAL DO PASSIVO	355.000	340.000

NOTAS EXPLICATIVAS AO BALANÇO PATRIMONIAL

NOTA 1 – Contexto Operacional

A Companhia ABC Comércio de Balanças S/A é uma sociedade anônima de capital aberto que atua no ramo de compra e venda de balanças analógicas e digitais (...)

NOTA 2 – Formalidades da Escrituração Contábil

A Companhia ABC Comércio de Balanças S/A mantém um sistema de escrituração uniforme dos seus atos e fatos administrativos, por meio de processo eletrônico.

Os registros contábeis contêm o número de identificação dos lançamentos relacionados ao respectivo documento de origem externa ou interna ou, na sua falta, em elementos que comprovem ou evidenciem fatos e a prática de atos administrativos.

As demonstrações contábeis, incluindo as notas explicativas, elaboradas por disposições legais e estatutárias, serão transcritas no Livro Diário da Companhia ABC Comércio de Balanças S/A, e posteriormente registradas no Cartório de Registros de Pessoas Jurídicas.

A documentação contábil da Companhia ABC Comércio de Balanças S/A é composta por todos os documentos, livros, papéis, registros e outras peças que apoiam ou compõem a escrituração contábil.

(...)

Ordem de apresentação dos ativos e passivos no balanço

Na representação do Ativo, dentro de cada grupo, os bens e direitos devem estar organizados por ordem decrescente de liquidez.

Assim, por exemplo, no ativo circulante, a conta Caixa ou Disponibilidades é a primeira a ser apresentada. Já no ativo imobilizado, a conta Imóveis vem antes de Veículos.

Já no Passivo, as obrigações devem estar classificadas por ordem crescente de exigibilidade, ou seja: obrigações que vencem antes devem aparecer em primeiro lugar (mais em cima), e as que vencem depois, mais para baixo.

No entanto essas regras, tanto para as contas do ativo como do passivo não são absolutas, podendo a entidade relevá-las se houver melhor forma de apresentação das informações no caso concreto.

9.6 Demonstração do Resultado do Exercício

A Demonstração do Resultado do Exercício (DRE) tem por objetivo demonstrar o lucro ou prejuízo que a entidade obteve no período, trazendo somente receitas e despesas.

Sempre deve ser elaborada obedecendo-se ao regime de competência. Por conta disso, nem todas as receitas constantes da DRE já terão sido recebidas e nem todas as despesas já terão sido pagas.

É sempre divulgada junto com o Balanço Patrimonial, pelo fato de serem demonstrações complementares: enquanto o Balanço traz as contas patrimoniais (composição e valor do patrimônio em um determinado momento), a DRE traz as contas de resultado (variação do patrimônio no período).

Embora não exista um modelo único para a apresentação da DRE, para fins de provas, deve-se considerar a seguinte estrutura básica:

RECEITA BRUTA (-) DEVOLUÇÕES DE VENDAS (-) DESCONTOS INCONDICIONAIS CONCEDIDOS (-) ABATIMENTOS CONCEDIDOS (-) TRIBUTOS INDIRETOS (ICMS, ISS, PIS, COFINS) **(=) RECEITA LÍQUIDA** (-) CMV, CPV OU CSP	OPERAÇÕES COM MERCADORIAS
(=) LUCRO BRUTO (-) DESPESAS COM VENDAS (-) DESPESAS ADMINISTRATIVAS (-) DESPESAS GERAIS (-) DESPESAS FINANCEIRAS (+) OUTRAS RECEITAS (-) OUTRAS DESPESAS	DESPESAS E RECEITAS DIVERSAS
(=) RESULTADO ANTES DO IMPOSTO DE RENDA (-) IRPJ A PAGAR (-) CSLL A PAGAR	IRPJ E CSLL
(=) RESULTADO ANTES DAS PARTICIPAÇÕES (-) PARTICIPAÇÃO DOS DEBENTURISTAS (-) PARTICIPAÇÃO DOS EMPREGADOS (-) PARTICIPAÇÃO DOS ADMINISTRADORES (-) PARTICIPAÇÃO DAS PARTES BENEFICIÁRIAS (-) PARTICIPAÇÃO DE FUNDOS DE ASSISTÊNCIA E PREVIDÊNCIA PARA EMPREGADOS	PARTICIPAÇÕES DE TERCEIROS SOBRE O LUCRO
(=) RESULTADO LÍQUIDO DO EXERCÍCIO	

OBSERVAÇÃO: Às vezes, no caso de indústrias, a questão também traz as informações sobre o faturamento, que é obtido pela soma da Receita Bruta com o IPI (soma de todos os valores de notas fiscais emitidas pela entidade).

Neste caso, somente muda o início da DRE, que fica da forma mostrada a seguir:

FATURAMENTO

(–) IPI

(=) RECEITA BRUTA

(–) DEVOLUÇÕES DE VENDAS

(–) DESCONTOS INCONDICIONAIS CONCEDIDOS

(–) ABATIMENTOS CONCEDIDOS

(–) TRIBUTOS INDIRETOS (ICMS, ISS, PIS, COFINS)

(=) RECEITA LÍQUIDA

(...)

Já falamos sobre a maior parte dos componentes da DRE, restando falar sobre dois pontos importantes: cálculo do IRPJ e CSLL a pagar e cálculo das participações.

No entanto, para fins de fixação, segue um exemplo de elaboração de DRE:

→ Exemplo: A Companhia Lucro Certo apurou os seguintes saldos contábeis em suas contas de resultado, em 31/12/X1:

→ Vendas: 600.000

→ ICMS sobre Vendas: 60.000

→ Devoluções de Vendas: 20.000

→ Descontos Incondicionais Concedidos: 16.000

→ Custo das Mercadorias Vendidas: 200.000

→ Salários: 100.000

→ Fretes sobre Vendas: 12.000

→ Seguros sobre Vendas: 5.000

→ Comissões de Vendas: 10.000

→ Aluguéis Passivos: 50.000

→ Receitas Financeiras: 6.000

→ IRPJ: 22.000

→ CSLL: 12.000

→ Não serão pagas participações sobre o lucro.

Com base nisso, elabore a DRE respectiva.

Resolução:

A maioria das despesas simplesmente precisa ser transportada para a linha correspondente da DRE, mas deve ser observado que:

→ Salários e Aluguéis Passivos devem ser somados na rubrica Despesas Administrativas;

→ Fretes sobre Vendas, Seguros sobre Vendas e Comissões de Vendas comporão as Despesas de Vendas.

As linhas que estiverem zeradas não precisam ser lançadas na DRE.

Assim, temos:

DEMONSTRAÇÃO DO RESULTADO DO EXERCÍCIO DA COMPANHIA LUCRO CERTO NO ANO DE X1

Vendas Brutas	**600.000,00**
(-) Devoluções de Vendas	(20.000,00)
(-) Descontos Incondicionais Concedidos	(16.000,00)
(-) Tributos sobre Vendas	(60.000,00)
(=) Vendas Líquidas	**504.000,00**
(-) CMV	(200.000,00)
(=) Lucro Bruto	**304.000,00**
(-) Despesas com Vendas	(27.000,00)
(-) Despesas Administrativas	(150.000,00)
(+) Receitas Financeiras	6.000,00
(=) Lucro Antes do Imposto de Renda	**133.000,00**
(-) IRPJ	(22.000,00)
(-) CSLL	(12.000,00)
(=) Lucro Líquido do Exercício	**99.000,00**

Cálculo do IRPJ e CSLL a pagar

Tanto o IRPJ como a CSLL são calculados de forma "ad valorem" sobre o lucro obtido pela entidade, o qual, para fins fiscais não necessariamente coincide com o lucro contábil (que é demonstrado na linha "Resultado ou Lucro Antes do Imposto de Renda", na DRE. Ou seja, para encontrar o valor desses tributos, aplicam-se as alíquotas correspondentes sobre a sua base de cálculo, que é o chamado "lucro fiscal" obtido pela entidade do período.

Embora a base de cálculo do IRPJ e da CSLL seja sempre o lucro fiscal do período, este pode ser apurado de três formas distintas: lucro real, lucro presumido ou lucro arbitrado. Feito o cálculo de uma dessas três formas, a empresa aplicará as alíquotas dos tributos.

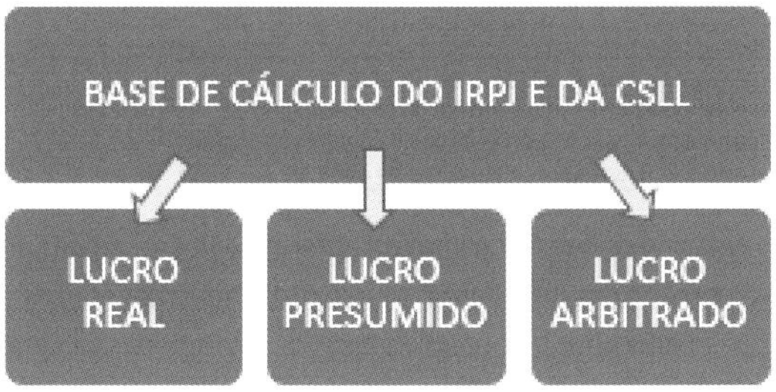

O Simples Nacional, embora seja uma forma de recolhimento do IRPJ e da CSLL, não pode ser considerado uma forma de apuração, porque nele a empresa não calcula os valores dos tributos separadamente, recolhendo, na verdade, um valor único que abrange diversos tributos, dentre eles o IRPJ e a CSLL.

Dependendo do regime de tributação utilizado, o período de apuração poderá ser trimestral (deve-se apurar e recolher o imposto a cada trimestre) ou anual (o contribuinte apura o imposto anualmente).

O IRPJ e a CSLL são tributos muito semelhantes entre si, podendo ser chamados de "tributos irmãos".

Isso porque ambos são calculados sobre exatamente a mesma base de cálculo (lucro real, presumido ou arbitrado), sendo que a legislação que os rege é a mesma.

Eles possuem somente duas diferenças:

a) Alíquotas: na CSLL, a alíquota a ser aplicada sobre o lucro é de 9%, exceto no caso de instituições financeiras, para quem é de 15%. Já o IRPJ possui uma alíquota básica, de 15%, e um adicional que será cobrado quando o lucro auferido por superior a um determinado valor, de 10%

Vejamos rapidamente como funcionam os três sistemas de apuração do lucro para fins do imposto de renda: lucro real, lucro presumido e lucro arbitrado.

a) Lucro Real

No cálculo pelo lucro real, a empresa apura o Resultado Antes do Imposto de Renda e, em caso de lucro, ajusta-o de acordo com o exigido pela legislação fiscal.

Qualquer empresa pode apurar o IRPJ e a CSLL pelo lucro real, sendo que algumas estão obrigadas a fazê-lo.

Seu período de apuração pode ser anual ou trimestral, a critério da empresa. Ou seja, a empresa é quem decide se deseja pagar o IRPJ e a CSLL todo trimestre ou somente ao final do ano. Se optar pelo período de apuração anual, deverá recolher mensalmente estimativas calculadas sobre a receita bruta, as quais serão, ao final do ano, comparadas com o total do imposto devido, devendo a empresa recolher a diferença ou podendo solicitar restituição da diferença.

O ajuste do lucro contábil para se encontrar o lucro real é feito em três etapas:

1º passo: Adições.

A legislação fiscal determina que a empresa deve adicionar ao Lucro Antes do Imposto de Renda (LAIR):

a) Custos, despesas, encargos, perdas, provisões, participações e quaisquer outros valores deduzidos na apuração do lucro que não sejam dedutíveis na determinação do lucro real. Exemplos: Despesas com multas, despesas com provisão.

b) Resultados, rendimentos, receitas e quaisquer outros valores não incluídos na apuração do lucro que devam ser computados no cálculo do lucro real. Exemplos: Resultados de controladas no exterior.

2º passo: Exclusões.

A legislação fiscal permite que a empresa exclua do Lucro Antes do Imposto de Renda (LAIR):

a) Os valores cuja dedução seja autorizada pela legislação fiscal e que não tenham sido computados na apuração do lucro do período de apuração. Exemplo: Despesas com depreciação acelerada incentivada.

b) Os resultados, rendimentos, receitas e quaisquer outros valores incluídos na apuração do lucro que, de acordo com as normas fiscais, não sejam computados no lucro real. Exemplo: Dividendos recebidos.

3º passo: Compensação com Prejuízos Fiscais Acumulados.

Após a efetivação das adições e exclusões, havendo resultado positivo, o contribuinte poderá compensar o valor do lucro líquido ajustado com o prejuízo fiscal apurado em períodos de apuração anteriores, limitada, porém, essa compensação, a 30% (trinta por cento) do lucro líquido ajustado pelas adições e exclusões.

O quadro a seguir resume esses passos:

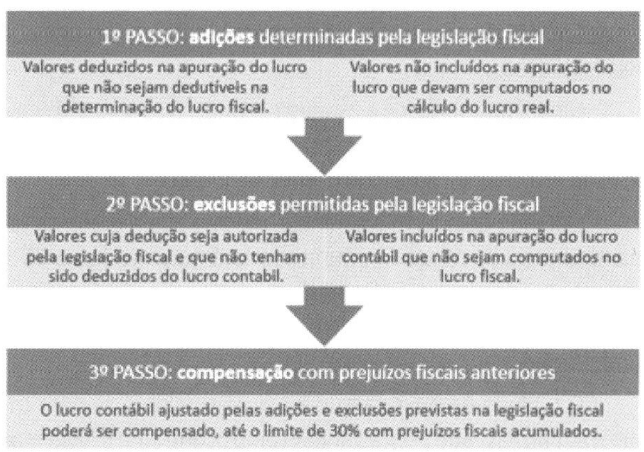

Vejamos um exemplo para ilustrar esses cálculos:

→ Exemplo: Em sua DRE, a empresa LUCRO CERTO S/A, que adota o lucro real, evidenciou um Lucro Antes do Imposto de Renda – LAIR, de R$ 900.000,00.

Na apuração do imposto, foram verificados os seguintes ajustes a serem feitos:

a) Foram deduzidas despesas com multas e provisões que são indedutíveis para fins do imposto de renda, no valor de R$ 200.000,00.

b) Na apuração do LAIR, somaram-se receitas com dividendos recebidos, no valor de R$ 100.000,00, os quais não são tributáveis pela legislação do imposto de renda.

c) A empresa possui prejuízos acumulados de R$ 500.000,00.

Primeiramente, calculemos o lucro ajustado pelas adições e exclusões:

Lucro Ajustado = 900.000 + 200.000 – 100.000 = 1.000.000

O valor máximo que pode ser compensado é igual a 30% deste valor, o que equivale a R$ 300.000.

Ou seja, o lucro real será:

Lucro Real = 1.000.000 – 300.000

Lucro Real = R$ 700.000,00.

Se a empresa recolher o IRPJ e a CSLL pelo lucro real, deverá demonstrar os cálculos vistos acima em um livro fiscal específico, denominado "Livro de Apuração do Lucro Real" (LALUR), o qual deve ser apresentado à fiscalização sempre que exigido.

Além disso, a legislação também estabelece que a empresa optante pelo lucro real deverá necessariamente possuir Livro Razão (o qual, como já vimos, é facultativo pelas normas contábeis para as demais empresas).

b) Lucro Presumido

No regime de apuração de IRPJ e CSLL pelo lucro presumido, como o próprio nome indica, presume-se que o contribuinte obteve um determinado lucro no período de apuração, calculado sobre sua receita bruta. Assim, a base de cálculo do IRPJ, não o lucro de fato obtido, mas assume-se como tal um valor determinado pela legislação.

Ninguém é obrigado a usar esse regime, ou seja, ele é sempre optativo. A opção pelo lucro presumido deve ser feita no início do exercício, e valerá para todo o ano-calendário.

Optando pelo lucro presumido, mesmo que a empresa tenha tido prejuízo contábil no trimestre terá que recolher o IRPJ, somente podendo alterar a forma de cálculo no exercício seguinte. Por outro lado, se obtiver um lucro real maior do que o presumido também não precisará recolher a diferença.

O período de apuração do lucro presumido é sempre trimestral, não havendo a opção anual, como ocorre com o lucro real.

O montante do lucro presumido é calculado a partir da aplicação de um percentual sobre a receita bruta, percentual esse definido pela lei e que varia de acordo com a atividade exercida pela pessoa jurídica.

A tabela a seguir traz esses percentuais:

Atividades	Percentuais
Atividades em geral	8%
Revenda de combustíveis	1,6%
Serviços de transporte (exceto de cargas)	16%
Serviços de transporte de cargas	8%
Serviços em geral (exceto hospitalares)	32%
Serviços hospitalares e de auxílio diagnóstico e terapia, patologia clínica, imagenologia, anatomia patológica e citopatológica, medicina nuclear e análises e patologias clínicas	8%

No caso de a pessoa jurídica auferir receita de atividades sujeitas a percentuais diferentes, o lucro presumido deverá ser calculado para cada uma das receitas dessas atividades, aplicando-se os percentuais respectivos.

As demais receitas que não sejam de vendas deverão, de acordo com a legislação, ser somadas posteriormente ao valor obtido pela aplicação dos percentuais acima sobre a receita bruta.

Vejamos um exemplo de cálculo do lucro presumido:

Exemplo: HONESTÍSSIMA REVENDA DE COMBUSTÍVEIS LTDA. apura seu IRPJ pelo lucro presumido.

No 1º trimestre de X1, obteve as seguintes receitas de vendas:

→ Vendas de combustíveis: R$ 1.000.000.

→ Vendas de mercadorias da loja de conveniência: R$ 100.000.

→ Prestação de serviços automotivos: R$ 50.000.

→ Ganho de capital na alienação de veículo: R$ 10.000.

Considerando somente os dados apresentados acima, como ficaria o cálculo de seu lucro?

Resolução:

Primeiramente, aplicamos os percentuais da tabela de presunção de lucro sobre cada uma das receitas e, após, somamos o valor do ganho de capital.

Assim:

→ Lucro presumido de revenda de combustíveis = 1.000.000 X 1,6% = 16.000

→ Lucro presumido da loja de conveniência = 100.000 X 8% = 8.000

→ Lucro presumido da prestação de serviços automotivos = 50.000 X 32% = 16.000

→ Outras receitas = 10.000

c) Lucro arbitrado

O arbitramento de lucro é uma forma de apuração da base de cálculo do imposto de renda que pode ser utilizada pela autoridade tributária ou pelo contribuinte, quando ocorrida uma das hipóteses legais, as quais impedem ou dificultam o cálculo exato do lucro real ou presumido.

Assim, diferente do lucro presumido, não é uma opção oferecida à empresa, mas deve ser necessariamente utilizado quando – e somente quando – ocorrer uma das hipóteses previstas na legislação.

Seu período de apuração é sempre trimestral, e poderá ser utilizado somente em um ou alguns trimestres do ano.

No arbitramento do lucro, o mesmo pode ser apurado de diversas formas, sendo que quando for conhecida a receita bruta, será ele calculado de forma semelhante ao lucro presumido, com a diferença de que os percentuais de presunção serão acrescidos em 20%.

Alíquotas do IRPJ e da CSLL

Apurada a base de cálculo do IRPJ e da CSLL por uma das formas vistas acima (lucro real, presumido ou arbitrado), devem-se aplicar as alíquotas correspondentes para o cálculo do IRPJ e da CSLL a pagar.

As alíquotas do IRPJ são:

a**)** **Alíquota básica**: 15%, que incide sobre todo o lucro calculado;

b) **Alíquota adicional**: 10%, que incide somente sobre o valor do lucro que ultrapassar o valor de R$ 20.000 X número de meses do período de apuração. Assim, se a empresa for Lucro Real período de apuração anual, pagará 10% sobre o que ultrapassar R$ 240.000. Se for Lucro Real período de apuração trimestral, Lucro Presumido ou Lucro Arbitrado (esses dois últimos são sempre trimestrais), pagará 10% sobre o que ultrapassar R$ 60.000.

A alíquota da **CSLL é de 9%,** exceto no caso de instituições financeiras, que pagam 15%.

Vejamos um exemplo para fixação.

→ Exemplo: Da escrituração da empresa comercial ABC Comércio de Tudo Ltda., que apura o IRPJ pelo Lucro Real, período de apuração anual, foram extraídos os seguintes dados:

> Lucro Antes do Imposto de Renda: R$ 500.000
> Adições exigidas pela legislação fiscal: R$ 100.000
> Exclusões admitidas pela legislação: R$ 50.000
> Saldo na conta "Prejuízos Acumulados": R$ 150.000

Neste caso, qual será o IRPJ e a CSLL devidos no ano pela empresa?

Resolução:

Primeiramente, devemos calcular o lucro real. Para isso, vamos antes calcular o lucro ajustado pelas adições e exclusões:

Lucro Ajustado = 500.000 + 100.000 – 50.000

Lucro Ajustado = 550.000

A empresa pode compensar somente 30% desse valor, o que dá R$ 165.000. Ocorre, no entanto, que ela só possui R$ 150.000 em Prejuízos Acumulados, estando, então, a compensação limitada a esse valor.

Assim, para acharmos o lucro real, abatemos R$ 150.000 de R$ 550.000:

Lucro Real = 550.000 – 150.000

Lucro Real = R$ 400.000

Encontrada a base de cálculo (o lucro real), basta aplicarmos as alíquotas de IRPJ e CSLL correspondentes:

Primeiramente, o IRPJ:

→ Pela alíquota básica: R$ 400.000 X 15% = 60.000.

→ Pela alíquota adicional de 10% (só sobre o que ultrapassar R$ 240.000, valor obtido pela multiplicação de R$ 20.000 pelo número de meses do período de apuração, que é de 12 meses, segundo o enunciado, o que dá (400.000 – 240.000) X 10% = 16.000.

Ou seja, o valor devido de IRPJ será de R$ 60.000 (IRPJ-alíquota básica) + R$ 16.000 (IRPJ-alíquota adicional):

IRPJ devido = 60.000 + 16.000

IRPJ devido = R$ 76.000,00.

Já a CSLL é obtida multiplicando-se o valor do lucro real (R$ 400.000) pela alíquota de 9%:

CSLL devida = 400.000 X 9%

CSLL devida = 32.000,00

Cálculo das participações

Algumas pessoas ou entidades, além dos sócios ou acionistas, poderão ter participação nos lucros da empresa, o que é evidenciado na última seção da Demonstração do Resultado do Exercício, logo após o Lucro (ou Resultado) Antes das Participações.

Essas participações são calculadas sobre o próprio Lucro Antes das Participações (que é o lucro após a reserva do valor a pagar de IRPJ e CSLL), e devem seguir a seguinte ordem (somente serão calculadas as participações devidas pela empresa):

1. Participação dos debenturistas.
2. Participação dos empregados.
3. Participação dos administradores.
4. Participação das partes beneficiárias.
5. Participação de fundos de assistência e de previdência para empregados.

A participação dos sócios ou acionistas ocorre após o lucro líquido e não é evidenciada na DRE, mas sim na Demonstração das Mutações do Patrimônio Líquido ou na Demonstração dos Lucros ou Prejuízos Acumulados.

É importantíssimo guardar a ordem de apuração das participações, pois veremos que sua base de cálculo vai se reduzindo gradualmente.

Assim, para guardar essa ordem, temos o mnemônico: Devo Estudar Até Passar no Final:

Debêntures
Empregados
Administradores
Partes Beneficiárias
Fundos

Vejamos o que são cada uma dessas participações, na ordem em que devem ser calculadas:

Participação dos Debenturistas

Debenturistas são os titulares de debêntures emitidas pela entidade e que prevejam participação nos lucros desta.

Mas o que são debêntures?

Debêntures são títulos emitidos pela empresa com a intenção de se financiar junto ao mercado. Ao emitir uma debênture, a empresa se compromete a recomprá-la, após um determinado período de tempo, pagando juros.

Nas debêntures ocorre mais ou menos o que acontece com títulos emitidos pelo Governo, em que ele as oferece ao mercado para recomprá-las depois, pagando juros.

A vantagem de emissão de debêntures para a empresa é que normalmente a empresa acaba com juros menores do que os exigidos pelos bancos.

Além do pagamento de juros fixos, as debêntures podem prever também participação nos lucros. Se previrem, originarão a "Participação dos Debenturistas".

A emissão de debêntures com participação nos lucros deve ter autorização da Assembleia Geral dos Acionistas.

Participação dos Empregados

Muitas empresas pagam participação nos lucros a seus empregados. É a famosa PLR – Participação nos Lucros e Resultados, a qual, para ser considerada como tal, deve obedecer às disposições legais e obedecer a critérios estabelecidos em acordo ou convenção coletiva.

O valor total da PLR a ser distribuído entre todos os funcionários é que constitui a Participação dos Empregados.

Participação dos Administradores

É muito comum que as empresas paguem bônus a seus diretores e membros do Conselho de Administração sobre o lucro obtido no período.

Esses bônus integrarão a participação dos administradores.

Participação das Partes Beneficiárias

Partes beneficiárias são títulos emitidos pela entidade que são direito à participação em seus lucros, embora não deem direito a voto na Assembleia Geral.

As partes beneficiárias podem ser oferecidas gratuitamente pela entidade (por exemplo, a empresa resolve homenagear o primeiro funcionário em sua aposentadoria concedendo-lhe uma parte beneficiária, ou então o antigo dono da empresa, ao vendê-la, exige que lhe seja concedida uma parte beneficiária para continuar a receber parte dos lucros) ou pode ser vendida no mercado.

Participação dos Fundos Previdenciários e Assistenciais dos Funcionários

Algumas empresas repassam parte de seus lucros a fundos de previdência ou de assistência fechados instituídos em prol de seus funcionários.

O valor dessas participações integra a Participação dos Fundos, que é a última a ser calculada.

Forma de Cálculo das Participações

O art. 189 da Lei 6.404/76 (Lei das S/A) determina que *"do resultado do exercício serão deduzidos, antes de qualquer participação, os prejuízos acumulados e a provisão para o Imposto sobre a Renda."*

Na estrutura que adotamos da DRE, a dedução relativa ao IRPJ e CSLL já ocorre naturalmente antes das participações. Além disso, conforme o texto legal visto, deve-se deduzir também da base de cálculo das participações o valor de eventuais prejuízos acumulados.

Assim, a primeira participação apurada tem como base de cálculo o Lucro Antes das Participações menos o saldo da conta prejuízos acumulados (se houver).

Por outro lado, na apuração de cada participação posterior, o valor das participações anteriores deve ser excluído de suas bases de cálculo, fazendo com que estas venham a se reduzir de uma participação para outra.

Assim, a segunda participação apurada terá como base de cálculo o Lucro Antes das Participações menos o saldo da conta prejuízos acumulados (se houver) e menos o valor da primeira participação calculada. A terceira terá como base de cálculo o Lucro Antes das Participações menos o saldo da conta prejuízos acumulados e menos a soma das duas primeiras participações calculadas, e assim sucessivamente.

Vê-se, assim, que a base de cálculo das participações vai cada vez mais diminuindo, pelo que a ordem citada acima deve ser seguida à risca.

Vejamos um exemplo de cálculo de participações:

→ Exemplo: Ao final de seu exercício social, a empresa Generosa S/A apurou, em sua Demonstração do Resultado do Exercício, um Lucro Antes do Imposto de Renda (LAIR) de R$ 200.000,00.

Considerando, ainda, que:

→ O valor de IRPJ e CSLL será de R$ 20.000,00;

→ Que a conta "Lucros ou Prejuízos Acumulados" apresenta um saldo devedor de R$ 50.000,00;

→ A empresa deverá pagar as seguintes participações sobre o lucro: aos administradores, de 5%, aos empregados, de 10%; e ao fundo de previdência de seus empregados, 5%.

Calcule o valor dessas participações.

Resolução:

O Lucro Antes das Participações, nesse caso, será de R$ 180.000 (LAIR – IRPJ e CSLL).

São três participações a calcular, as quais são as seguintes, na ordem: empregados (10%), administradores (5%) e fundos (5%).

Vejamos o cálculo de cada uma delas:

a) Participação dos Empregados (Pemp):

Neste caso, para acharmos a base de cálculo, teremos que excluir do Lucro Antes das Participações (R$ 180.000) o valor dos prejuízos acumulados (R$ 50.000), aplicando sobre o valor resultante (R$ 130.000) o percentual de 10%:

P_{emp} = (180.000 – 50.000) X 10%

P_{emp} = R$ 13.000

b) Participação dos Administradores (P_{adm}):

A base de cálculo da participação dos administradores é a base de cálculo da participação dos empregados (R$ 130.000) menos a própria participação dos empregados, que acabamos de calcular (R$ 13.000), o que resulta em R$ 117.000, aplicando sobre esse valor o percentual de 5%:

P_{adm} = (130.000 – 13.000) * 5%

P_{adm} = R$ 5.850,00

c) Participação do Plano de Previdência (Pprev):

A base de cálculo dessa participação será a base de cálculo da participação dos empregados (R$ 130.000) menos a participação dos empregados (R$ 13.000) e menos a participação dos administradores (R$ 5.850), o que resulta em R$ 111.150, aplicando sobre esse valor o percentual de participação, que é de 5%:

Pprev = (130.000 – 13.000 – 5850) X 5%

Pprev = R$ 5.557,50.

Assim, a parte final da DRE da empresa Generosa S/A ficaria:

(...)	**(...)**
(=) Lucro Antes do Imposto de Renda	**200.000,00**
(-) IRPJ e CSLL	(20.000,00)
(=) Lucro Antes das Participações	**180.000,00**
(-) Participação dos Empregados	(13.000,00)
(-) Participações dos Administradores	(5.850,00)
(-) Participações dos Fundos	(5.557,50)
Lucro Líquido do Exercício	**155.392,50**

Questões

01. (Cespe) Considere os dados da tabela a seguir, retidos da contabilidade de determinada sociedade empresarial, com valores em reais (R$). Com base nessas informações, julgue o item que segue.

O lucro bruto do exercício da referida empresa foi de R$ 50.000.

Certo ( ) Errado ( )

02. (Cespe) Previstas na Lei n.º 6.404/1976, as demonstrações contábeis obrigatórias para sociedades anônimas incluem o balanço patrimonial (BP) e a demonstração do resultado do exercício (DRE). Acerca desses demonstrativos, julgue o item seguinte.

A estrutura da DRE é delineada a partir da apresentação das receitas brutas, que, deduzidas de impostos, inclusive de imposto de renda, determinam o lucro operacional da entidade.

Certo ( ) Errado ( )

03. (Cespe) Previstas na Lei n.º 6.404/1976, as demonstrações contábeis obrigatórias para sociedades anônimas incluem o balanço patrimonial (BP) e a demonstração do resultado do exercício (DRE). Acerca desses demonstrativos, julgue o item seguinte.

O BP permite ao usuário da informação a análise da situação financeira da companhia em dado momento.

Certo ( ) Errado ( )

04. (Cespe) Previstas na Lei n.º 6.404/1976, as demonstrações contábeis obrigatórias para sociedades anônimas incluem o balanço patrimonial (BP) e a demonstração do resultado do exercício (DRE). Acerca desses demonstrativos, julgue o item seguinte.

O BP apresenta as contas de resultado da entidade, correspondentes a um exercício financeiro coincidente com o ano civil.

Certo ( ) Errado ( )

05. (Cespe) Julgue o próximo item, relativo às normas aplicáveis às pessoas jurídicas e a aspectos de custos.

É vedado o cálculo da contribuição social sobre o lucro líquido com base no resultado presumido.

Certo ( ) Errado ( )

Gabaritos

01	ERRADO
02	ERRADO
03	CERTO
04	ERRADO
05	ERRADO

10. NORMA BRASILEIRA DE CONTABILIDADE, NBC TSP ESTRUTURA CONCEITUAL, DE 23 DE SETEMBRO DE 2016

Aprova a NBC TSP ESTRUTURA CONCEITUAL – Estrutura Conceitual para Elaboração e Divulgação de Informação Contábil de Propósito Geral pelas Entidades do Setor Público.

O **CONSELHO FEDERAL DE CONTABILIDADE**, considerando o processo de convergência das Normas Brasileiras de Contabilidade aos padrões internacionais e que, mediante acordo firmado com a Ifac que autorizou, no Brasil, o CFC como um dos tradutores de suas normas e publicações, outorgando os direitos de realizar tradução, publicação e distribuição das normas internacionais e demais pronunciamentos em formato eletrônico, no exercício de suas atribuições legais e regimentais e com fundamento no disposto na alínea "f" do Art. 6º do Decreto-Lei n.º 9.295/1946, alterado pela Lei n.º 12.249/2010, faz saber que foi aprovada em seu Plenário a seguinte Norma Brasileira de Contabilidade (NBC), elaborada de acordo com o Pronunciamento intitulado *The Conceptual Framework for General Purpose Financial Reporting by Public Sector Entities*, emitido pelo *International Public Sector Accounting Standards Board* da *International Federation of Accountants* (IPSASB/Ifac):

NBC TSP ESTRUTURA CONCEITUAL – ESTRUTURA CONCEITUAL PARA ELABORAÇÃO E DIVULGAÇÃO DE INFORMAÇÃO CONTÁBIL DE PROPÓSITO GERAL PELAS ENTIDADES DO SETOR PÚBLICO

Prefácio

Introdução

1. A Estrutura Conceitual para Elaboração e Divulgação de Informação Contábil de Propósito Geral pelas Entidades do Setor Público (Estrutura Conceitual) estabelece os conceitos que devem ser aplicados no desenvolvimento das demais Normas Brasileiras de Contabilidade Aplicadas ao Setor Público (NBCs TSP) do Conselho Federal de Contabilidade (CFC) destinados às entidades do setor público. Além disso, tais conceitos são aplicáveis à elaboração e à divulgação formal dos Relatórios Contábeis de Propósito Geral das Entidades do Setor Público (RCPGs).

2. O objetivo principal da maioria das entidades do setor público é prestar serviços à sociedade, em vez de obter lucros e gerar retorno financeiro aos investidores. Consequentemente, o desempenho de tais entidades pode ser apenas parcialmente avaliado por meio da análise da situação patrimonial, do desempenho e dos fluxos de caixa. Os RCPGs fornecem informações aos seus usuários para subsidiar os processos decisórios e a prestação de contas e responsabilização (*accountability*). Portanto, os usuários dos RCPGs das entidades do setor público precisam de informações para subsidiar as avaliações de algumas questões, tais como:
   (a) se a entidade prestou seus serviços à sociedade de maneira eficiente e eficaz;
   (b) quais são os recursos atualmente disponíveis para gastos futuros, e até que ponto há restrições ou condições para a utilização desses recursos;
   (c) a extensão na qual a carga tributária, que recai sobre os contribuintes em períodos futuros para pagar por serviços correntes, tem mudado; e
   (d) se a capacidade da entidade para prestar serviços melhorou ou piorou em comparação com exercícios anteriores.

3. Os governos geralmente têm amplos poderes, incluindo a capacidade de estabelecer e fazer cumprir requisitos legais e alterar esses requisitos. Globalmente, o setor público varia consideravelmente em suas disposições constitucionais e em suas metodologias de funcionamento. No entanto, a governança no setor público, geralmente, envolve a realização de prestação de contas do Poder Executivo para o Poder Legislativo.

4. As seções a seguir destacam as características do setor público selecionadas para serem incluídas no desenvolvimento desta estrutura conceitual.

Volume e significância das transações sem contraprestação

5. Em transação sem contraprestação, a entidade recebe o valor da outra parte sem dar diretamente em troca valor aproximadamente igual. Tais transações são comuns no setor público. A quantidade e a qualidade dos serviços públicos prestados a um indivíduo ou a um grupo de indivíduos, normalmente, não são diretamente proporcionais ao volume de tributos cobrados. O indivíduo ou o grupo pode ter que pagar tarifa ou taxa adicional e/ou pode estar sujeito a cobranças específicas para ter acesso a determinados serviços. No entanto, essas operações são, geralmente, transações sem contraprestação, porque o valor dos benefícios que indivíduo ou grupo de indivíduos pode obter não será aproximadamente igual ao valor de quaisquer cobranças pagas por eles. A natureza das transações sem contraprestação pode impactar a forma pela qual elas são reconhecidas, mensuradas e evidenciadas, no sentido de dar suporte às avaliações por parte dos usuários dos serviços e dos provedores de recursos.

6. A tributação é uma transação que ocorre por força de lei e, portanto, uma transação sem contraprestação entre entidades (ou indivíduos) e o governo. A distribuição das competências tributárias entre os níveis de governo não é uniforme e depende da relação entre as competências tributárias do governo federal, dos demais entes federativos e de outras entidades do setor público. As entidades internacionais do setor público são financiadas principalmente por meio de transferências oriundas dos governos. Tal financiamento pode ser regido por tratados e convenções e pode também ser voluntário.

7. Os governos e outras entidades do setor público são responsabilizáveis perante os provedores de recursos, especialmente àqueles que proveem esses recursos por meio do pagamento de obrigações tributárias e de outras obrigações da mesma natureza. O objetivo da prestação de contas e responsabilização (*accountability*) relacionado com a elaboração e divulgação dos RCPGs consta no Capítulo 2, intitulado Objetivos e Usuários da Informação Contábil de Propósito Geral das Entidades do Setor Público.

Importância do orçamento público

8. O governo e outras entidades do setor público elaboram orçamentos. No Brasil, a Constituição exige a elaboração do orçamento anual, a sua aprovação pelo poder Legislativo e a sua disponibilização à sociedade. A legislação brasileira define o que a peça orçamentária deve conter. A sociedade fiscaliza a gestão das entidades públicas diretamente, respaldada pela

Constituição, ou indiretamente, por meio de representantes. O orçamento aprovado é utilizado como base para a definição dos níveis de tributação e de outras receitas, compondo o processo de obtenção de autorização legislativa para a realização do gasto público.

9. Devido à importância do orçamento público aprovado, as informações que possibilitam aos usuários compararem a execução orçamentária com o orçamento previsto facilitam a análise quanto ao desempenho das entidades do setor público. Tais informações instrumentalizam a prestação de contas e a responsabilização (*accountability*) e fornecem subsídios para o processo decisório relativo aos orçamentos dos exercícios subsequentes. A elaboração de demonstrativo que apresenta e compara a execução do orçamento com o orçamento previsto é o mecanismo normalmente utilizado para demonstrar a conformidade com os requisitos legais relativos às finanças públicas. As necessidades dos usuários quanto às informações orçamentárias são discutidas no Capítulo 2.

Natureza dos programas e longevidade do setor público

10. Muitos programas do setor público são de longo prazo, e a capacidade para cumprir os compromissos depende dos tributos e das contribuições a serem arrecadados no futuro. Muitos compromissos decorrentes dos programas do setor público e as prerrogativas para cobrar e arrecadar tributos futuros não se encaixam nas definições de ativo e passivo apresentados no Capítulo 5, intitulado Elementos das Demonstrações Contábeis. Portanto, os compromissos e as prerrogativas com essa característica não são reconhecidos nas demonstrações contábeis.

11. Consequentemente, as demonstrações que evidenciam a situação patrimonial e o desempenho não fornecem todas as informações que os usuários precisam conhecer a respeito dos programas de longo prazo. Os efeitos financeiros de determinadas decisões poderão ser observados após muitos anos. Dessa forma, os RCPGs, ao conterem informações financeiras prospectivas acerca da sustentabilidade em longo prazo das finanças e de programas essenciais da entidade do setor público, são documentos necessários para fins de prestação de contas e responsabilização (*accountability*) e tomada de decisão, como será visto no Capítulo 2.

12. Embora o controle político possa mudar periodicamente, os estados soberanos, geralmente, têm existências muito longas. Eles continuam a existir mesmo que passem por severas dificuldades financeiras e se tornem inadimplentes com as obrigações oriundas da sua respectiva dívida soberana. Se os entes subnacionais passarem por dificuldades financeiras, os governos nacionais podem, por exemplo, agir como credores em última instância ou podem prestar garantias em larga escala para os empréstimos tomados por esses entes. Nesse exemplo, os principais compromissos de prestação de serviços das entidades subnacionais podem continuar a serem financiados pelo governo nacional (ou central). Em outros exemplos, as entidades do setor público que são incapazes de liquidar as suas obrigações na data de vencimento podem continuar a existir por meio da reestruturação de suas operações.

13. A continuidade das entidades do setor público (*going concern principle*) fundamenta a elaboração das demonstrações contábeis. É necessário que a interpretação desse princípio expresse as questões discutidas nos itens 11 e 12.

Natureza e propósito dos ativos e passivos no setor público

14. No setor público, a principal razão de se manterem ativos imobilizados e outros ativos é voltada para o potencial de serviços desses ativos e, não, para a sua capacidade de gerar fluxos de caixa. Em razão dos tipos de serviços prestados, uma parcela significativa dos ativos utilizados pelas entidades do setor público é especializada, como, por exemplo, os ativos de infraestrutura e os ativos militares. Pode existir mercado limitado para esses ativos e, mesmo assim, eles podem necessitar de uma considerável adaptação para serem utilizados por outros operadores. Esses fatores têm implicações para a mensuração desses ativos. O Capítulo 7, intitulado Mensuração de Ativos e Passivos nas Demonstrações Contábeis, discute as bases de mensuração dos ativos no setor público.

15. Governos e outras entidades do setor público podem manter itens que contribuam para o legado cultural e histórico da nação ou da região, como, por exemplo, obras de arte, prédios históricos e outros artefatos. Os entes públicos também podem ser responsáveis por parques nacionais e outras áreas naturais relevantes com fauna e flora nativas. Esses itens geralmente não são mantidos para serem vendidos, mesmo que o mercado para eles exista. Além disso, os governos e as entidades do setor público, normalmente, têm a responsabilidade de preservá-los e mantê-los para as gerações atuais e futuras.

16. Governos frequentemente exercem poderes sobre recursos naturais e outros recursos, como reservas minerais, água, áreas de pesca, florestas e o espectro eletromagnético (bandas de frequência de transmissões de telecomunicações). Esses poderes conferem aos governos a prerrogativa de concessão de licenças, a obtenção de *royalties* ou a arrecadação de tributos pela utilização desses recursos. A definição e os critérios de reconhecimento de ativo são discutidos nos capítulos 5, intitulado Elementos das Demonstrações Contábeis, e 6, intitulado Reconhecimento nas Demonstrações Contábeis.

17. Governos e outras entidades do setor público incorrem em passivos relacionados aos seus objetivos de prestação de serviços. Muitos passivos são oriundos de transações sem contraprestação e isso inclui aqueles relacionados a programas direcionados ao fornecimento de benefícios sociais. Os passivos também podem ser oriundos do papel governamental de credor em última instância de entidades com problemas financeiros, e podem ser oriundos de quaisquer obrigações de transferência de recursos para afetados por desastres. A definição de passivo e os critérios de reconhecimento são discutidos nos capítulos 5 e 6.

Papel regulador das entidades do setor público

18. Muitos governos e outras entidades do setor público possuem poder de regulação de entidades que operam em determinados setores da economia, de forma direta ou por meio de agências reguladoras. A principal razão da regulação é assegurar o interesse público de acordo com objetivos definidos nas políticas públicas. A intervenção regulatória também pode ocorrer quando existem mercados imperfeitos ou falhas de mercado para determinados serviços, ou, ainda, para mitigar alguns fatores, como, por exemplo, a poluição. Essas atividades regulatórias são conduzidas de acordo com o estabelecido na legislação.

19. Governos podem também se autorregularem e regularem outras entidades do setor público. Pode ser necessário um julgamento para determinar se a regulação cria direitos ou obrigações para as entidades do setor público, os quais irão requerer o reconhecimento de ativos e passivos, ou se a prerrogativa de modificar essa regulação exerce impacto na forma que tais direitos e obrigações são contabilizados. O Capítulo 5 aborda os direitos e as obrigações das entidades do setor público.

Relacionamento com as estatísticas de finanças públicas (EFP)

20. Muitos governos produzem dois tipos de informações financeiras *ex-post*: (a) Estatísticas de Finanças Públicas (EFP) do Setor Governo Geral (SGG), com o propósito de permitir a análise macroeconômica e a tomada de decisão; e (b) Demonstrações Contábeis de Propósito Geral (Demonstrações Contábeis) para a prestação de contas e responsabilização (*accountability*) e tomada de decisão ao nível da entidade, incluindo as demonstrações contábeis consolidadas do governo.

20A. Os objetivos das informações contábeis e das estatísticas de finanças públicas são distintos e podem ocasionar interpretações diferentes para o mesmo fenômeno, mas deve-se buscar, sempre que possível, o alinhamento entre essas informações.

21. (Não convergido).

22. As demonstrações contábeis e os relatórios de EFP têm muito em comum. Ambas as estruturas de relatórios estão voltadas para (a) informação contábil, baseada no regime de competência, (b) ativos, passivos, receitas e despesas governamentais e (c) informações abrangentes sobre os fluxos de caixa. Há uma considerável sobreposição entre as duas estruturas de relatórios que sustentam essas informações.

23. No entanto, as NBCs TSP e as diretrizes para relatórios de EFP têm objetivos diferentes. O objetivo das demonstrações contábeis das entidades do setor público é o fornecimento de informações úteis sobre a entidade que reporta a informação, voltadas para os usuários dos RCPGs para fins de prestação de contas e responsabilização (*accountability*) e para a tomada de decisão. Os relatórios de EFP são utilizados, principalmente, para: (a) analisar opções de política fiscal, definir essas políticas e avaliar os seus impactos; (b) determinar o impacto sobre a economia; e (c) comparar os resultados fiscais nacional e internacionalmente. O foco é sobre a avaliação do impacto do SGG e do setor público em geral sobre a economia, no âmbito da estrutura conceitual das estatísticas macroeconômicas.

24. Os objetivos e o alcance distintos levam ao tratamento também distinto de algumas transações e eventos. A eliminação das diferenças não fundamentais para os objetivos das duas estruturas conceituais e a utilização de um único sistema de informação contábil integrado para gerar tanto as demonstrações contábeis quanto os relatórios de EFP podem proporcionar benefícios aos usuários em termos de qualidade, tempestividade e compreensibilidade dos relatórios. Essas questões e suas implicações foram consideradas no desenvolvimento dos capítulos 2, 4, e 7.

Capítulo 1 – Função, Autoridade e Alcance da Estrutura Conceitual

Função

1.1 A estrutura conceitual estabelece os conceitos que fundamentam a elaboração e a divulgação dos Relatórios Contábeis de Propósito Geral das Entidades do Setor Público (RCPGs), os quais devem ser elaborados com base no regime de competência. O Conselho Federal de Contabilidade (CFC) aplicará estes conceitos no desenvolvimento das Normas Brasileiras de Contabilidade Aplicadas ao Setor Público (NBCs TSP) e nas demais disposições aplicáveis à elaboração e divulgação dos RCPGs.

Autoridade

1.2 (Não convergido).

1.2A Os requisitos obrigatórios relacionados ao reconhecimento, mensuração e apresentação das transações e outros eventos e atividades evidenciados nos RCPGs são especificados nas demais NBCs TSP, aplicando-se, subsidiariamente, os conceitos descritos nesta estrutura conceitual.

1.2B Em caso de eventual conflito entre esta estrutura conceitual e outras NBCs TSP, prevalecem as disposições específicas vigentes nestas últimas em relação às constantes na primeira. As referências às NBCs TSP abrangem as NBCs T 16 nas partes não revogadas destas últimas (ver dispositivos de revogação nas disposições finais desta estrutura conceitual e nas demais NBCs TSP).

1.3 Esta estrutura conceitual pode fornecer orientações para lidar com situações a serem evidenciadas pelas entidades do setor público que não são tratadas por outras NBCs TSP ou por outras disposições do CFC aplicáveis às entidades do setor público. Nessas circunstâncias, os profissionais da contabilidade podem consultar e considerar a aplicabilidade das definições, dos critérios de reconhecimento, dos princípios de mensuração e de outros conceitos identificados nesta estrutura conceitual.

Relatório Contábil de Propósito Geral das Entidades do Setor Público (RCPG)

1.4 Os RCPGs são os componentes centrais da transparência da informação contábil dos governos e de outras entidades do setor público, aprimorando-a e favorecendo-a. Os RCPGs são relatórios contábeis elaborados para atender às necessidades dos usuários em geral, não tendo o propósito de atender a finalidades ou necessidades específicas de determinados grupos de usuários.

1.5 Alguns usuários da informação contábil podem ter a prerrogativa de exigir a elaboração de relatórios para atender às suas necessidades específicas. Mesmo que esses usuários identifiquem que a informação fornecida pelos RCPGs seja útil aos seus propósitos, esses relatórios não são elaborados especificamente para atender a essas necessidades.

1.6 Os RCPGs podem compreender múltiplos relatórios, cada qual atendendo a certos aspectos dos objetivos e do alcance da elaboração e divulgação da informação contábil. Os RCPGs abrangem as demonstrações contábeis, incluindo as suas notas explicativas (doravante referido como demonstrações contábeis, a menos que especificado em contrário). Os RCPGs abrangem também a apresentação de informações que aprimoram, complementam e suplementam as demonstrações contábeis.

1.7 O alcance da elaboração e divulgação da informação contábil estabelece o limite relacionado às transações e outros eventos e atividades que podem ser reportados nos RCPGs. O alcance dos relatórios é determinado pela necessidade de informações dos usuários primários dos RCPGs e pelos objetivos da elaboração e divulgação da informação contábil. Os fatores que determinam o que deve estar no alcance da informação contábil são abordados no Capítulo 2.

Alcance da estrutura conceitual e das NBCs TSP

1.8 (Não convergido).

1.8A Esta estrutura conceitual e as demais NBCs TSP aplicam-se, obrigatoriamente, às entidades do setor público quanto à elaboração e divulgação dos RCPGs. Estão compreendidos no conceito de entidades do setor público: os governos nacionais, estaduais, distrital e municipais e seus respectivos poderes (abrangidos os tribunais de contas, as defensorias e o Ministério Público), órgãos, secretarias, departamentos, agências, autarquias, fundações (instituídas e mantidas pelo poder público), fundos, consórcios públicos e outras repartições públicas congêneres das administrações direta e indireta (inclusive as empresas estatais dependentes).

1.8B As empresas estatais dependentes são empresas controladas que recebem do ente controlador recursos financeiros para pagamento de despesas com pessoal, despesas de custeio em geral ou despesas de capital, excluídos, no último caso, aqueles provenientes de aumento de participação acionária.

1.8C As empresas estatais independentes são todas as demais empresas controladas pelas entidades do setor público que não se enquadram nas características expostas no item 1.8B, as quais, em princípio, não estão no alcance desta estrutura conceitual e das demais NBCs TSP (ver item 1.8D).

1.8D As demais entidades não compreendidas no item 1.8A, incluídas as empresas estatais independentes, poderão aplicar esta estrutura conceitual e as demais NBCs TSP de maneira facultativa ou por determinação dos respectivos órgãos reguladores, fiscalizadores e congêneres.

Capítulo 2 – Objetivos e Usuários da Informação Contábil de Propósito Geral das Entidades do Setor Público

Objetivos da elaboração e divulgação da informação contábil

2.1 Os objetivos da elaboração e divulgação da informação contábil estão relacionados ao fornecimento de informações sobre a entidade do setor público que são úteis aos usuários dos RCPGs para a prestação de contas e responsabilização (*accountability*) e tomada de decisão.

1.2 A elaboração e a divulgação de informação contábil não são um fim em si mesmas. O propósito é o de fornecer informações úteis aos usuários dos RCPGs. Os objetivos da elaboração e divulgação da informação contábil são determinados com base nos usuários dos RCPGs e suas necessidades de informações.

Usuários dos RCPGs

1.3 Governos e outras entidades do setor público obtêm recursos dos contribuintes, doadores, credores por empréstimos e de outros provedores de recursos para serem utilizados na prestação de serviços aos cidadãos e aos outros usuários. Essas entidades são responsáveis pela gestão e utilização dos recursos perante os usuários desses serviços. Aqueles que proveem os recursos também requerem informações que sirvam de base para a tomada de decisão.

1.4 Consequentemente, os RCPGs devem ser elaborados e divulgados, principalmente, para atender às necessidades de informações dos usuários dos serviços e dos provedores de recursos, quando estes não detêm a prerrogativa de exigir que a entidade do setor público divulgue as informações que atendam às suas necessidades específicas. Os membros do poder Legislativo são também usuários primários dos RCPGs e utilizam extensiva e continuamente esses relatórios enquanto atuam como representantes dos interesses dos usuários de serviços e dos provedores de recursos. Assim, para os propósitos desta estrutura conceitual, os usuários primários dos RCPGs são os usuários dos serviços e seus representantes e os provedores de recursos e seus representantes (doravante identificados como usuários dos serviços e provedores de recursos, a não ser que sejam identificados de outra forma).

1.5 Os cidadãos recebem os serviços do governo e de outras entidades do setor público e proveem parte dos recursos para esse fim. Assim, eles são usuários primários dos RCPGs. Alguns usuários dos serviços e alguns provedores de recursos que dependem dos RCPGs para obter informações que eles necessitam para os propósitos de prestação de contas e responsabilização (*accountability*) e tomada de decisão podem não ser cidadãos, como, por exemplo: indivíduos que pagam tributos e recebem benefícios e não são considerados cidadãos; agências bilaterais ou multilaterais; provedores de recursos e corporações que realizam transações com o governo; bem como aqueles que financiam e/ou se beneficiam dos serviços fornecidos por organizações governamentais internacionais. Na maioria dos casos, os governos que proveem recursos para as organizações governamentais internacionais são dependentes dos RCPGs daquelas organizações para fins de prestação de contas e responsabilização (*accountability*) e tomada de decisão.

1.6 Os RCPGs, elaborados para atender às necessidades de informações dos usuários dos serviços e provedores de recursos com a finalidade de prestação de contas e responsabilização (*accountability*) e tomada de decisão, podem também fornecer informações úteis para outros indivíduos ou entidades para propósitos distintos. Por exemplo, os responsáveis pelas estatísticas de finanças públicas, os analistas, a mídia, os consultores financeiros, os grupos de interesse público ou privado podem entender que a informação fornecida pelos RCPGs é útil para os seus propósitos. As organizações que possuem a prerrogativa de exigir a elaboração de relatório contábil estruturado para atender as suas necessidades específicas de informação podem também utilizar a informação fornecida pelos RCPGs para os seus propósitos – como, por exemplo: agências reguladoras e supervisoras, entidades de auditoria, comissões do poder Legislativo ou de outro órgão do governo, órgãos centrais de orçamento e controle, agências de classificação de risco e, em alguns casos, entidades emprestadoras de recursos e de fomento. Mesmo que esses outros indivíduos ou entidades encontrem informações úteis nos RCPGs, eles não são usuários primários desses relatórios. Assim, os RCPGs não são elaborados e divulgados para atender a necessidades de informações específicas ou particulares.

Prestação de contas e responsabilização (*accountability*) e tomada de decisão

1.7 A principal função dos governos e de outras entidades do setor público é a de fornecer serviços que aprimorem ou mantenham o bem-estar dos cidadãos e dos outros indivíduos. Esses serviços incluem, por exemplo: programas e políticas de bem-estar, educação pública, segurança nacional e defesa nacional. Na maioria dos casos, esses serviços são fornecidos como resultado de transação sem contraprestação em ambiente não competitivo.

1.8 Governos e outras entidades do setor público devem prestar contas àqueles que proveem os seus recursos, bem como àqueles que dependam deles para que os serviços sejam prestados durante determinado exercício ou em longo prazo. O atendimento das obrigações relacionadas à prestação de contas e responsabilização (*accountability*) requer o fornecimento de informações sobre a gestão dos recursos da entidade confiados com a finalidade de prestação de serviços aos cidadãos e aos outros indivíduos, bem como a sua adequação à legislação, regulamentação ou outra norma que disponha sobre a prestação dos serviços e outras operações. Em razão da maneira pela qual os serviços prestados pelas entidades do setor público são financiados (principalmente pela tributação e outras transações sem contraprestação) e da dependência dos usuários dos serviços no longo prazo, o atendimento das obrigações relacionadas à prestação de contas e responsabilização (*accountability*) requer também o fornecimento de informação sobre o desempenho da prestação dos serviços durante o exercício e a capacidade de continuidade dos mesmos em exercícios futuros.

1.9 Os usuários dos serviços e os provedores de recursos também exigem informações como insumo para a tomada de decisão, como, por exemplo:

(a) credores, doadores e outros que proveem recursos voluntariamente, incluindo transação com contraprestação, tomam decisões sobre se proveem recursos para dar suporte às atividades atuais ou futuras do governo ou de outra entidade do setor público. Em algumas circunstâncias, os membros do legislativo ou órgão representativo semelhante, que dependem dos RCPGs para obter a informação de que necessitam, podem tomar ou influenciar as decisões sobre os objetivos da prestação do serviço dos departamentos, órgãos ou programas do governo e os recursos alocados para dar suporte à sua realização; e

(b) os contribuintes normalmente não proveem recursos ao governo ou a outra entidade do setor público voluntariamente ou como resultado de transação com contraprestação. Além disso, em muitos casos, eles não detêm a prerrogativa de escolher se aceitam ou não os serviços prestados pela entidade do setor público ou de escolher um prestador alternativo do serviço. Consequentemente, eles têm pouca capacidade direta ou imediata para tomar decisões sobre prover recursos ao governo, sobre os recursos a serem alocados para a prestação dos serviços por entidade do setor público em particular ou, ainda, se compram ou consomem os serviços prestados. Entretanto, os usuários dos serviços e os provedores de recursos podem tomar decisões sobre as suas preferências de voto e das representações que delegam aos eleitos ou aos órgãos governamentais - essas decisões, em tese, podem ter implicação na alocação de recursos para determinadas entidades, setores ou serviços públicos.

1.10 A informação fornecida nos RCPGs para fins de prestação de contas e responsabilização (*accountability*) subsidia e contribui para a tomada de decisão. Por exemplo, as informações sobre os custos, a eficiência ou a eficácia das atividades de prestação de serviços no passado, o montante e as fontes de recuperação de custos e os recursos disponíveis para dar suporte às atividades futuras, são necessárias para o atendimento da prestação de contas e responsabilização (*accountability*). Essa informação também é útil para a tomada de decisão pelos usuários dos RCPGs, inclusive as decisões que os doadores e outros patrocinadores tomam sobre o provimento de recursos à entidade.

Necessidade de informação dos usuários dos serviços e dos provedores de recursos

1.11 Para fins de prestação de contas e responsabilização (*accountability*) e tomada de decisão, os usuários de serviço e os provedores de recursos necessitam de informações que possam dar suporte às avaliações de questões como:

(a) o desempenho da entidade durante o exercício como, por exemplo, em:

(i) satisfazer a sua prestação de serviços e outros objetivos operacionais e financeiros;

(ii) administrar os recursos pelos quais é responsável; e

(iii) estar em conformidade com a legislação, regramentos orçamentários ou com os pronunciamentos de outro órgão ou entidade que regulamente a captação e a utilização dos recursos;

(b) a liquidez (por exemplo, a capacidade de satisfazer as obrigações atuais) e a solvência (por exemplo, a capacidade de satisfazer as obrigações em longo prazo) da entidade;

(c) a sustentabilidade da prestação de serviços pela entidade e de outras operações em longo prazo, e as mudanças decorrentes como resultado das atividades da entidade durante o exercício, incluindo, por exemplo:

(i) a capacidade de a entidade de continuar a financiar as suas atividades para satisfazer aos seus objetivos operacionais em futuro (a sua capacidade financeira), inclusive as fontes prováveis de financiamento e a extensão na qual a entidade depende de tais fontes e, portanto, é vulnerável ao financiamento ou a pressões por demandas que estariam fora do seu controle; e

(ii) os recursos físicos e outros disponíveis atualmente para dar suporte à prestação de serviços no futuro (a sua capacidade operacional); e

(d) a capacidade da entidade de se adaptar a novas situações, devido a mudanças demográficas ou nas condições econômicas nacionais ou globais que provavelmente irão impactar a natureza ou a composição das atividades que realiza ou os serviços que são prestados.

1.12 A informação que os usuários dos serviços e os provedores de recursos precisam para os propósitos citados no item 2.11, provavelmente, se sobrepõe em muitos aspectos. Por exemplo, os usuários de serviços exigem informação como insumo para avaliação de questões tais como se:

(a) a entidade está utilizando os recursos com eficácia, eficiência e economicidade, e da maneira pretendida, e se tal uso corresponde ao interesse público;

(b) o alcance, o volume e o custo dos serviços prestados durante o exercício são apropriados, bem como os montantes e as fontes de recuperação dos custos; e

(c) a carga tributária atual e outros recursos angariados são suficientes para manter o volume e a qualidade dos serviços prestados atualmente.

Os usuários dos serviços exigem, também, informação sobre as consequências das decisões tomadas e das atividades realizadas pela entidade durante o exercício e sobre os recursos disponíveis para dar suporte à prestação de serviços em períodos futuros, às atividades e objetivos da prestação de serviços, aos montantes e às fontes de recuperação dos custos necessários para dar suporte a essas atividades.

1.13 Os provedores de recursos exigem informação como subsídio para as avaliações sobre se a entidade:

(a) está alcançando os objetivos estabelecidos de modo a justificar os recursos angariados durante o exercício;

(b) financiou as operações atuais a partir dos recursos angariados dos contribuintes, de empréstimos ou de outras fontes no período atual; e

(c) provavelmente necessita de recursos adicionais (ou menos recursos) no futuro e as fontes prováveis destes recursos.

Os credores por empréstimos e outros credores exigem informação como insumo para avaliações da liquidez da entidade e, portanto, se o montante e o prazo para pagamento estarão em conformidade com o que foi contratado. Os doadores exigem informaçao para dar suporte às avaliações se a entidade está utilizando os recursos com eficácia, eficiência e economicidade, e da maneira pretendida. Eles também exigem informação sobre as atividades previstas de prestação de serviços e as necessidades de recursos.

Informação fornecida pelos RCPGs

Situação patrimonial, desempenho e fluxos de caixa

1.14 A informação sobre a situação patrimonial do governo ou outra entidade do setor público possibilita aos usuários identificarem os recursos da entidade e as demandas sobre esses recursos na data de divulgação do relatório. Isso fornece informação útil como subsídio às avaliações de questões tais como:

(a) a extensão na qual a administração cumpriu suas obrigações em salvaguardar e administrar os recursos da entidade;

(b) a extensão na qual os recursos estão disponíveis para dar suporte às atividades relativas à prestação de serviços futuros e as mudanças durante o exercício relativas ao montante ou à composição desses recursos, bem como as demandas sobre esses recursos; e

(c) os montantes e o cronograma de fluxos de caixa futuros necessários aos serviços e ao pagamento das demandas existentes sobre os recursos da entidade.

1.15 A informação sobre o desempenho do governo ou de outra entidade do setor público orienta as avaliações de questões, como, por exemplo, se a entidade adquiriu recursos com economicidade e os utilizou com eficácia e eficiência para atingir os seus objetivos de prestação de serviços. A informação sobre os custos da prestação de serviços e os montantes e fontes de recuperação desses custos durante o exercício irá auxiliar os usuários a determinar se os custos operacionais foram recuperados a partir de, por exemplo, tributos, cobranças aos usuários, contribuições e transferências, ou se foram financiados pelo aumento do nível de endividamento da entidade.

1.16 A informação sobre os fluxos de caixa do governo ou de outra entidade do setor público contribui para as avaliações do desempenho e da liquidez e da solvência da entidade. Ela indica como a entidade arrecadou e utilizou os recursos durante o período, inclusive os empréstimos tomados e pagos, bem como as suas aquisições e vendas, por exemplo, do seu ativo imobilizado. Identifica também os recursos recebidos a partir de, por exemplo, tributos e investimentos ou as transferências de recursos concedidas ou recebidas em transações com outros governos, órgãos governamentais ou organismos internacionais. A informação sobre os fluxos de caixa também pode subsidiar as avaliações sobre a conformidade da entidade com o que foi definido pelos responsáveis pela gestão financeira e informar a avaliação dos montantes e fontes prováveis de recursos para dar suporte aos objetivos da prestação de serviços.

1.17 As informações sobre a situação patrimonial, sobre o desempenho e sobre os fluxos de caixa são normalmente apresentadas nas demonstrações contábeis. Para auxiliar os usuários a entender, interpretar e inserir em contexto a informação apresentada nas demonstrações contábeis, os RCPGs também podem fornecer informações financeiras e não financeiras que aprimoram, complementam e suplementam as demonstrações contábeis, inclusive as informações sobre questões relacionadas ao governo ou outra entidade do setor público, tais como:

(a) a conformidade com os orçamentos aprovados e outra regulamentação relativa às suas operações;

(b) as atividades de prestação de serviços e os seus respectivos resultados durante o exercício; e

(c) as expectativas relacionadas às atividades da prestação de serviços e outras atividades no futuro, bem como as consequências, em longo prazo, das decisões tomadas e das atividades realizadas durante o exercício, inclusive aquelas que possam impactar as expectativas sobre o futuro.

Essa informação pode ser apresentada nas notas explicativas às demonstrações contábeis ou em relatórios separados incluídos nos RCPGs.

Informação orçamentária e cumprimento da legislação ou outra regulamentação relativa à captação e à utilização de recursos

1.18 O governo elabora, aprova e divulga o orçamento anual. O orçamento fornece informação financeira aos interessados sobre os planos operacionais da entidade para o período futuro, as suas necessidades de capital e, frequentemente, os seus objetivos e as suas expectativas em relação à prestação de serviços. O orçamento é utilizado para justificar a captação de recursos dos contribuintes e de outros provedores de recursos e estabelece os regramentos para os dispêndios de recursos.

1.19 Alguns recursos para dar suporte às atividades das entidades do setor público podem ser recebidos de doadores, credores por empréstimos ou como resultado de transações com contraprestação. Entretanto, os recursos se originam, predominantemente, de transações sem contraprestação advindas dos contribuintes e de outros, de acordo com as expectativas refletidas no orçamento aprovado.

1.20 Os RCPGs fornecem informação sobre os resultados (sendo descritos como "superávit ou déficit", "lucro ou prejuízo", ou por outros termos cabíveis), o desempenho e os fluxos de caixa da entidade durante o exercício, os ativos e os passivos na data do relatório e as alterações realizadas nesses itens durante o período (situação patrimonial), bem como os resultados obtidos na prestação de serviços.

1.21 A inclusão nos RCPGs de informação que auxilia os usuários na avaliação da extensão na qual as receitas, as despesas, os fluxos de caixa e os resultados financeiros da entidade devem estar em conformidade com as estimativas refletidas nos orçamentos aprovados, bem como a aderência da entidade à legislação ou outra regulamentação acerca da captação e da utilização dos recursos, é importante para a determinação de quão bem a entidade do setor público alcançou os seus objetivos financeiros. Tal informação é necessária para a prestação de contas e responsabilização (*accountability*) do governo ou de outra entidade do setor público perante os administrados, para o aprimoramento da avaliação do desempenho da entidade e para a tomada de decisão.

Resultado da prestação de serviços

1.22 O objetivo principal dos governos e da maioria das entidades do setor público é prestar os serviços necessários para a sociedade. Consequentemente, o desempenho dos governos e da maioria das entidades do setor público não está total ou adequadamente refletido em qualquer medida de resultados financeiros. Portanto, os resultados financeiros necessitam ser avaliados no contexto dos resultados da prestação de serviços à sociedade.

1.23 Em alguns casos, as mensurações quantitativas dos produtos e resultados das atividades de prestação de serviços da entidade durante o exercício fornecem informações relevantes sobre o cumprimento dos objetivos da prestação de serviços – por exemplo, a informação sobre o custo, o volume e a frequência da prestação de serviços e a relação dos serviços prestados com a quantidade de recursos da entidade. Em outros casos, pode ser necessário comunicar a realização dos objetivos da prestação de serviços por meio da explicação da qualidade de determinados serviços prestados ou do resultado de determinados programas.

1.24 A divulgação de informações não financeiras e de informações financeiras das atividades de prestação de serviços, desempenho e/ou os resultados durante o exercício, fornecem insumos para avaliações da economicidade, da eficiência e da eficácia das operações da entidade. A divulgação dessas informações é necessária para que o governo ou outra entidade do setor público cumpra com suas obrigações de prestação de contas e responsabilização (*accountability*) – isto é, justificar a utilização dos recursos captados da sociedade ou em nome dela. Decisões de doadores sobre a alocação de recursos para entidades e programas específicos são também tomadas com base em informação sobre os resultados da prestação de serviços durante o período e os objetivos da prestação de serviços no futuro (pelo menos em parte).

Informações financeiras e não financeiras prospectivas

1.25 Dada a longevidade das entidades do setor público e de muitos programas governamentais, os efeitos financeiros de muitas decisões tomadas no exercício somente podem se tornar evidentes vários anos depois. As demonstrações contábeis que apresentam informação sobre a situação patrimonial em um ponto no tempo e sobre o desempenho e os fluxos de caixa durante o exercício precisam ser avaliadas no contexto de longo prazo.

1.26 As decisões tomadas pelo governo ou por outra entidade do setor público em determinado período sobre programas para a prestação e financiamento de serviços no futuro podem ter consequências significativas para:

(a) os usuários que são dependentes desses serviços no futuro; e

(b) as gerações atuais e futuras de contribuintes e outros provedores involuntários que recolhem tributos e taxas para financiar as atividades planejadas de prestação de serviços e os compromissos financeiros relacionados.

1.27 As informações sobre os objetivos e atividades previstas de prestação de serviços futuros, bem como o impacto provável nas necessidades futuras de recursos pela entidade e as fontes de financiamento prováveis, são necessárias como subsídio para qualquer avaliação da capacidade do governo ou de outra entidade do setor público em satisfazer aos seus compromissos financeiros e de prestação de serviços no futuro. A evidenciação de tais informações nos RCPGs permite avaliações da sustentabilidade da prestação de serviços pelo governo ou outra entidade do setor público, aprimora a prestação de contas e responsabilização (*accountability*) e fornece informação útil adicional para fins de tomada de decisão.

Informação explicativa

1.28 As informações sobre os principais fatores relacionados ao desempenho e aos resultados da prestação de serviços da entidade durante o exercício e sobre as premissas que corroboram as expectativas sobre esses fatores que provavelmente irão influenciar o desempenho futuro da entidade podem ser apresentadas nos RCPGs em notas explicativas às demonstrações contábeis ou em relatórios separados. Tal informação irá auxiliar os usuários a entenderem melhor, e no contexto adequado, as informações financeiras e não financeiras incluídas nos RCPGs e, ainda, aprimorar o papel dos RCPGs, no sentido de fornecer informação útil para fins de prestação de contas e responsabilização (*accountability*) e tomada de decisão.

Demonstrações contábeis e a informação que as aprimore, complemente e suplemente

1.29 O alcance da informação contábil estabelece o limite das transações, outros eventos e atividades que podem ser reportadas nos RCPGs. Para responder às necessidades de informação dos usuários, esta estrutura conceitual reflete o alcance da informação contábil, que é mais abrangente do que é evidenciado pelas demonstrações contábeis. Ela fornece a apresentação nos RCPGs de informação adicional que aprimore, complemente e suplemente essas demonstrações.

1.30 Mesmo que a estrutura conceitual preveja que o alcance da informação contábil seja mais abrangente do que aquela evidenciada nas demonstrações contábeis, a informação apresentada nestas últimas permanece sendo o núcleo da informação contábil. A forma na qual os elementos das demonstrações contábeis são definidos, reconhecidos e mensurados e as formas de apresentação e comunicação que podem ser adotadas para a informação incluída nos RCPGs são consideradas em outros capítulos desta estrutura conceitual, e no desenvolvimento de outras normas, quando for apropriado.

Outras fontes de informação

2.31 Os RCPGs têm papel significativo em fornecer a informação necessária para dar suporte ao cumprimento da obrigação do governo ou de outra entidade do setor público em prestar contas, assim como o de fornecer informação útil para a tomada de decisão. Entretanto, é improvável que os RCPGs forneçam todas as informações que os usuários necessitem para fins de prestação de contas e responsabilização (*accountability*) e tomada de decisão. Consequentemente, os usuários dos serviços e os provedores de recursos podem também considerar informação de outras fontes, inclusive os relatórios sobre as condições econômicas atuais e projetadas, orçamentos e conjunturas governamentais, além de informação sobre as iniciativas de políticas governamentais não relatadas nos RCPGs.

Capítulo 3 – Características Qualitativas

Introdução

1.1 Os RCPGs apresentam informações financeiras e não financeiras sobre fenômenos econômicos, além de outros fenômenos. As características qualitativas da informação incluída nos RCPGs são atributos que tornam a informação útil para os usuários e dão suporte ao cumprimento dos objetivos da informação contábil. O objetivo da elaboração e divulgação da informação contábil é fornecer informação para fins de prestação de contas e responsabilização (*accountability*) e tomada de decisão.

1.2 As características qualitativas da informação incluída nos RCPGs são a relevância, a representação fidedigna, a compreensibilidade, a tempestividade, a comparabilidade e a verificabilidade.

1.3 As restrições inerentes à informação contida nos RCPGs são a materialidade, o custo-benefício e o alcance do equilíbrio apropriado entre as características qualitativas.

1.4 Cada uma das características qualitativas é integrada e funciona em conjunto com as outras características, de modo a fornecer informação útil nos RCPGs para cumprir os objetivos da informação contábil. Entretanto, na prática, talvez não seja possível alcançar todas as características qualitativas e, nesse caso, um equilíbrio ou compensação entre algumas delas poderá ser necessário.

3.5 As características qualitativas se aplicam a todas as informações financeiras e não financeiras apresentadas nos RCPGs, inclusive às informações histórica e prospectiva, além da informação explicativa. Contudo, pode haver variação no grau que as características qualitativas podem ser alcançadas, dependendo do nível de incerteza e de avaliação subjetiva envolvidos na compilação das informações financeiras e não financeiras. A necessidade de orientação adicional na interpretação e aplicação das características qualitativas àquilo que estende o alcance da informação contábil para além das demonstrações contábeis deve ser considerada no desenvolvimento de qualquer NBC TSP ou de outras disposições do CFC inerentes às entidades do setor público e que tratam de tais questões.

Relevância

1.6 As informações financeiras e não financeiras são relevantes caso sejam capazes de influenciar significativamente o cumprimento dos objetivos da elaboração e da divulgação da informação contábil. As informações financeiras e não financeiras são capazes de exercer essa influência quando têm valor confirmatório, preditivo ou ambos. A informação pode ser capaz de influenciar e, desse modo, ser relevante, mesmo se alguns usuários decidirem não considerá-la ou já estiverem cientes dela.

1.7 As informações financeiras e não financeiras têm valor confirmatório se confirmarem ou alterarem expectativas passadas (ou presentes). Por exemplo, a informação é relevante, para fins de prestação de contas e responsabilização (*accountability*) e tomada de decisão, se confirmar as expectativas sobre questões, tais como: a extensão na qual os gestores cumpriram as suas responsabilidades pelo uso eficiente e eficaz dos recursos; a realização dos objetivos especificados da prestação de serviços; e o cumprimento da legislação e de regulamentos orçamentários, além de outros.

1.8 Os RCPGs podem apresentar informação acerca dos objetivos, custos e atividades previstas de prestação de serviços, além do montante e das fontes de recursos que se destinam a serem alocadas na prestação de serviços no futuro. Tal informação voltada para o futuro tem valor preditivo e é relevante para fins de prestação de contas e responsabilização (*accountability*) e tomada de decisão. A informação sobre fenômenos econômicos e outros que existam ou já tenham ocorrido também pode ter valor preditivo ao auxiliar a formar expectativas sobre o futuro. Por exemplo, a informação que confirma ou refuta expectativas passadas pode reforçar ou alterar expectativas sobre o desempenho e os resultados da prestação de serviços que possam ocorrer no futuro.

1.9 As funções confirmatória e preditiva da informação são inter-relacionadas, por exemplo, a informação sobre o nível e a estrutura atual dos recursos da entidade e as demandas por esses recursos auxilia os usuários a confirmarem o resultado das estratégias de gestão durante o período, além de preverem a capacidade da entidade em responder às mudanças e às necessidades previstas relacionadas à prestação de serviços no futuro. A mesma informação auxilia a confirmar ou a corrigir as expectativas e previsões passadas dos usuários acerca da capacidade da entidade de responder a tais alterações. Auxilia também a confirmar ou corrigir as informações financeiras prospectivas incluídas nos RCPGs anteriores.

Representação fidedigna

1.10 Para ser útil como informação contábil, a informação deve corresponder à representação fidedigna dos fenômenos econômicos e outros que se pretenda representar. A representação fidedigna é alcançada quando a representação do fenômeno é completa, neutra e livre de erro material. A informação que representa fielmente um fenômeno econômico ou outro fenômeno retrata a substância da transação, a qual pode não corresponder, necessariamente, à sua forma jurídica.

1.11 Na prática, pode não ser possível ter certeza ou saber se a informação apresentada nos RCPGs está completa, neutra e livre de erro material. Entretanto, a informação deve estar completa, neutra e livre de erro material tanto quanto possível.

1.12 A omissão de algumas informações pode fazer com que a representação do fenômeno econômico ou outro qualquer seja falsa ou enganosa, não sendo útil para os usuários dos RCPGs. Por exemplo, a descrição completa de item do imobilizado nos RCPGs deve incluir a representação numérica do montante agregado do item juntamente com outras informações quantitativas, descritivas e explicativas necessárias para representar fielmente essa classe de ativo. Em alguns casos, isso pode incluir a evidenciação de informação sobre questões, tais como: as classes importantes do imobilizado; os fatores que afetaram a sua utilização no passado ou que podem impactar a sua utilização no futuro; e a base e o processo para determinar a sua representação numérica. Do mesmo modo, as informações financeiras e não financeiras prospectivas e a informação sobre o cumprimento dos objetivos e dos resultados incluídos nos RCPGs devem ser apresentadas em conjunto com as premissas-chave e quaisquer explicações que sejam necessárias para assegurar que a sua representação seja completa e útil para os usuários.

1.13 A neutralidade da informação contábil corresponde à ausência de viés. Isso significa que a seleção e a apresentação das informações financeiras e não financeiras não devem ser feitas com a intenção de se atingir um resultado particular predeterminado, por exemplo, para influenciar a avaliação dos usuários acerca da prestação de contas e responsabilização (*accountability*) por parte da entidade, para uma decisão ou julgamento que está para ser feito, ou, ainda, para induzir a determinado comportamento.

1.14 A informação neutra representa fielmente os fenômenos econômicos e outros fenômenos que ela se propõe a representar. Contudo, exigir que a informação incluída nos RCPGs seja neutra não significa que não haja propósito ou que não influencie algum comportamento. A relevância é uma característica qualitativa, e, por definição, a informação relevante é capaz de influenciar as avaliações e as decisões dos seus usuários.

1.15 Os fenômenos econômicos e outros fenômenos representados nos RCPGs ocorrem normalmente sob condições de incerteza. Desse modo, a informação incluída nos RCPGs frequentemente apresenta estimativas que incorporam o julgamento de valor dos gestores. Para representar fielmente o fenômeno econômico ou de outra natureza, a estimativa deve ser baseada em dados apropriados e cada um deles precisa refletir a melhor informação disponível. Deve-se ter o devido cuidado ao se lidar com condições de incerteza. Às vezes, pode ser necessário divulgar explicitamente o nível de incerteza das informações financeiras e não financeiras para representar fielmente fenômenos econômicos ou de outra natureza.

1.16 Estar livre de erro material não significa exatidão completa em todos os aspectos. Estar livre de erro material significa que não há erros ou omissões que sejam individualmente ou coletivamente relevantes na descrição do fenômeno, e que o processo utilizado para produzir a informação relatada foi aplicado conforme descrito. Em alguns casos, pode ser possível determinar a exatidão de alguma informação incluída nos RCPGs, por exemplo, o montante da transferência de disponibilidades para outra esfera de governo, o volume dos serviços prestados ou o valor pago pela aquisição de item do imobilizado. Entretanto, em outros casos pode não ser possível determinar a exatidão da informação, por exemplo, pode não ser possível estimar a eficácia de programa de prestação de serviços com exatidão ou o valor ou custo do item. Nesses casos, a estimativa está livre de erro material se o montante for descrito claramente como sendo uma estimativa, se a natureza e as limitações do processo de estimativa forem explicadas e se nenhum erro material tiver sido identificado na seleção e na aplicação do processo de elaboração da estimativa.

Compreensibilidade

1.17 A compreensibilidade é a qualidade da informação que permite que os usuários compreendam o seu significado. Os RCPGs devem apresentar a informação de maneira que corresponda às necessidades e à base do conhecimento dos usuários, bem como a natureza da informação apresentada. Por exemplo, as explicações acerca das informações financeiras e não financeiras e as informações adicionais acerca da prestação de serviços e outros resultados durante o exercício, além das expectativas para os períodos futuros, devem ser escritas em linguagem simples e apresentadas de maneira que sejam prontamente compreensíveis pelos usuários. A compreensão é aprimorada quando a informação é classificada e apresentada de maneira clara e sucinta. A comparabilidade pode também aprimorar a compreensibilidade.

1.18 Espera-se que os usuários dos RCPGs tenham conhecimento razoável das atividades da entidade e do ambiente no qual ela funciona, além de serem capazes e preparados para lerem os RCPGs e revisar e analisar a informação apresentada com a diligência apropriada. Alguns fenômenos econômicos e de outra natureza são particularmente complexos e difíceis de serem representados nos RCPGs, e alguns usuários podem precisar de ajuda de assistente para auxiliá-los em sua compreensão. Todos os esforços devem ser realizados para representar os fenômenos econômicos e de outra natureza incluídos nos RCPGs de maneira que seja compreensível para a grande quantidade de usuários. Contudo, a informação não deve ser excluída dos RCPGs somente pelo fato de ser muito complexa ou ser difícil para alguns usuários compreenderem sem a devida assistência.

Tempestividade

1.19 Tempestividade significa ter informação disponível para os usuários antes que ela perca a sua capacidade de ser útil para fins de prestação de contas e responsabilização (*accountability*) e tomada de decisão. Ter informação disponível mais rapidamente pode aprimorar a sua utilidade como insumo para processos de avaliação da prestação de contas e responsabilização (*accountability*) e a sua capacidade de informar e influenciar os processos decisórios. A ausência de tempestividade pode tornar a informação menos útil.

1.20 Alguns itens de informação podem continuar sendo úteis por bastante tempo após a publicação do relatório ou após o encerramento do exercício. Por exemplo, para fins de prestação de contas e responsabilização (*accountability*) e tomada de decisão, os usuários dos RCPGs podem precisar avaliar as projeções do desempenho e da prestação de serviços da entidade e a sua conformidade com os orçamentos por vários exercícios. Adicionalmente, o resultado e os efeitos de alguns programas de prestação de serviços podem não ser determináveis até períodos futuros, por exemplo, em relação aos programas em que se tenha a intenção de aprimorar o bem-estar econômico da sociedade, reduzir a incidência de determinada doença ou aumentar os níveis de alfabetização de determinados grupos etários.

Comparabilidade

1.21 Comparabilidade é a qualidade da informação que possibilita aos usuários identificar semelhanças e diferenças entre dois conjuntos de fenômenos. A comparabilidade não é uma qualidade de item individual de informação, mas, antes, a qualidade da relação entre dois ou mais itens de informação.

1.22 A comparabilidade difere da consistência. A consistência se refere à utilização dos mesmos princípios ou políticas contábeis e da mesma base de elaboração, seja de período a período dentro da entidade ou de um único período entre duas ou mais entidades. A comparabilidade é o objetivo, enquanto que a consistência auxilia a atingi-lo. Em alguns casos, os princípios ou políticas contábeis adotados pela entidade podem ser revisados para melhor representar determinada transação ou evento nos RCPGs. Nesses casos, a inclusão de evidenciação ou explicação adicional pode ser necessária para satisfazer às características da comparabilidade.

1.23 A comparabilidade também difere da uniformidade. Para que a informação seja comparável, coisas semelhantes devem parecer semelhantes e coisas distintas devem parecer distintas. A ênfase demasiada na uniformidade pode reduzir a comparabilidade ao fazer com que coisas distintas pareçam semelhantes. A comparabilidade da informação nos RCPGs não é aprimorada ao se fazer com que coisas distintas pareçam semelhantes, assim como ao fazer com que coisas semelhantes pareçam distintas.

1.24 A informação sobre a situação patrimonial da entidade, o desempenho, os fluxos de caixa, a conformidade com os orçamentos aprovados ou com outra legislação relevante ou com os demais regulamentos relacionados à captação e à utilização dos recursos, o desempenho da prestação de serviços e os seus planos futuros, é necessária para fins de prestação de contas e responsabilização (*accountability*) e tomada de decisão. A utilidade de tal informação é aprimorada se puder ser comparada com, por exemplo:

(a) informações financeiras e não financeiras prospectivas anteriormente apresentadas para aquele exercício ou data do relatório;

(b) informação similar sobre a mesma entidade referente a algum outro exercício ou a algum outro momento no tempo; e

(c) informação similar sobre outras entidades (por exemplo, entidades do setor público prestando serviços semelhantes em jurisdições distintas) para o mesmo exercício.

1.25 A aplicação consistente dos princípios contábeis, das políticas e da base de elaboração para as informações financeiras e não financeiras prospectivas aprimora a utilidade de qualquer comparação entre os resultados projetados e os reais. A comparabilidade com outras entidades pode ser menos significativa para as explicações da percepção ou opinião dos gestores acerca de fatores relacionados ao desempenho atual da entidade.

Verificabilidade

1.26 A verificabilidade é a qualidade da informação que ajuda a assegurar aos usuários que a informação contida nos RCPGs representa fielmente os fenômenos econômicos ou de outra natureza que se propõe a representar. A suportabilidade, ou seja, a qualidade referente àquilo que dá suporte a algo, algumas vezes é utilizada para descrever esta qualidade, quando aplicada em relação à informação explicativa e à informação quantitativa financeira e não financeira prospectiva divulgada nos RCPGs. Quer referida como verificabilidade ou como suportabilidade, a característica implica que dois observadores esclarecidos e independentes podem chegar ao consenso geral, mas não necessariamente à concordância completa, em que:

(a) a informação representa os fenômenos econômicos e de outra natureza, os quais se pretende representar sem erro material ou viés; ou

(b) o reconhecimento apropriado, a mensuração ou o método de representação foi aplicado sem erro material ou viés.

1.27 Para ser verificável, a informação não precisa ser um ponto único estimado. Um intervalo de possíveis valores e suas probabilidades relacionadas também pode ser utilizado.

1.28 A verificação pode ocorrer de forma direta ou indireta. Com a verificação direta, o montante ou outra representação podem ser verificados em si mesmos, tais como: pela contagem de caixa; pela observação de títulos negociáveis e suas cotações de preço; ou pela confirmação de que os fatores identificados que influenciaram o desempenho passado estejam presentes e relacionados com os efeitos identificados. Com a verificação indireta, o montante ou outra representação podem ser verificados ao se checar os dados e recalcular os resultados utilizando a mesma convenção ou metodologia contábil. Um exemplo corresponde à verificação do valor contábil do estoque por meio da conferência das entradas (quantidades e custos) e do recálculo do estoque final utilizando o mesmo método de mensuração (por exemplo, custo médio ou "primeiro que entra, primeiro que sai" (PEPS)).

1.29 A qualidade da verificabilidade (ou suportabilidade, se tal termo for utilizado para descrever essa característica) não é absoluta – alguma informação pode ser mais ou menos passível de verificação do que outra. Contudo, quanto mais verificável for a informação incluída nos RCPGs, mais se irá assegurar aos usuários de que a informação representa fielmente os fenômenos econômicos, ou de outra natureza os quais se pretende representar.

1.30 Os RCPGs podem incluir informação financeira e outra informação quantitativa, além de explicação sobre (a) as influências-chave a respeito do desempenho da entidade durante o período; (b) os efeitos ou resultados futuros projetados dos programas de prestação de serviços realizados durante o período; e (c) informações financeiras e não financeiras prospectivas. Pode não ser possível verificar a exatidão de todas as representações quantitativas e explicações de tal informação até período futuro.

1.31 Para ajudar a assegurar aos usuários de que a informação quantitativa financeira e não financeira (prospectivas) e as explicações incluídas nos RCPGs representam fielmente os fenômenos econômicos ou de outra natureza os quais se pretende representar, deve haver transparência nas premissas observadas em relação à informação divulgada, nas metodologias adotadas na compilação dessa informação e nos fatores e nas circunstâncias que apoiam quaisquer opiniões expressas ou evidenciações feitas. Isso possibilita aos usuários formar opinião sobre a adequabilidade dessas premissas e sobre o método de compilação, mensuração, representação e interpretação da informação.

Restrições acerca da informação incluída nos RCPGs

Materialidade

1.32 A informação é material se a sua omissão ou distorção puder influenciar o cumprimento do dever de prestação de contas e responsabilização (*accountability*), ou as decisões que os usuários tomam com base nos RCPGs elaborados para aquele exercício. A materialidade depende tanto da natureza quanto do montante do item analisado dentro das particularidades de cada entidade. Os RCPGs podem englobar informação qualitativa e quantitativa acerca do cumprimento da prestação de serviços durante o período de referência e das expectativas sobre a prestação de serviço e o desempenho no futuro. Consequentemente, não é possível especificar um limite quantitativo uniforme no qual determinada informação se torna material.

1.33 As avaliações de materialidade são feitas no contexto do ambiente legislativo, institucional e operacional dentro do qual as entidades funcionam e, em relação às informações financeiras e não financeiras prospectivas, o conhecimento de quem as elabora e as expectativas acerca do futuro. A evidenciação da informação sobre a conformidade, ou não, com a legislação, regulamentação ou outro normativo pode ser material devido à sua natureza, independentemente da magnitude de quaisquer dos montantes envolvidos. Nesse contexto, ao se determinar se um item é material, deve-se levar em consideração questões, tais como a natureza, a legalidade, a sensibilidade e os efeitos de eventos e transações passados ou previstos; as partes envolvidas em tais transações; e as circunstâncias que deram origem a essas transações.

3.34 De acordo com esta estrutura conceitual, a materialidade é classificada como uma restrição na informação incluída nos RCPGs. Ao se desenvolver as NBCs TSP e outras disposições, deve-se considerar a materialidade dos efeitos da aplicação de uma política contábil específica. Sujeitas aos requisitos de quaisquer NBCs TSP, a entidade, ao elaborar os RCPGs, deve considerar também a materialidade, por exemplo, da aplicação de uma política contábil específica e da evidenciação em separado de determinados itens da informação.

Custo-benefício

1.35 A informação contábil impõe custos, e seus benefícios devem justificá-los. Avaliar se os benefícios da informação justificam seus custos é, com frequência, uma questão de julgamento de valor, pois não é possível identificar todos os custos e todos os benefícios da informação incluída nos RCPGs.

1.36 Os custos, para fornecerem a informação, incluem os de coleta, de processamento e de verificação e/ou de apresentação das premissas e das metodologias que dão suporte a elas, além dos de disseminação. Os usuários incorrem nos custos da análise e interpretação. A omissão da informação útil também impõe custos, inclusive aqueles em que os usuários incorrem na obtenção de informação necessária de terceiros, além dos custos advindos da tomada de decisão utilizando dados incompletos fornecidos pelos RCPGs.

1.37 Os responsáveis pelos RCPGs envidam a maior parte dos seus esforços para agregar informação aos relatórios. Entretanto, os usuários dos serviços e os provedores de recursos acabam por assumir os custos desses esforços, uma vez que os recursos são redirecionados da prestação de serviços para a elaboração da informação dos RCPGs.

3.38 Os usuários em geral obtêm a maior parte dos benefícios das informações fornecidas nos RCPGs. Contudo, a informação elaborada para os RCPGs também pode ser utilizada internamente pela administração, influenciando o processo decisório por parte dela. A evidenciação da informação nos RCPGs, consistente com os conceitos desta estrutura conceitual e das NBCs TSP e com outras disposições do CFC, deve aprimorar e reforçar as percepções da transparência da informação contábil pelos governos e outras entidades do setor público, além de contribuir para a avaliação mais precisa da dívida pública por agentes externos. Portanto, as entidades do setor público podem beneficiar-se de diversas maneiras da informação fornecida nos RCPGs.

1.39 A aplicação da restrição custo-benefício envolve avaliar se os benefícios de divulgar a informação provavelmente justificam os custos incorridos para fornecê-la e utilizá-la. Ao fazer essa avaliação, é necessário considerar se uma ou mais características qualitativas podem ser sacrificadas até certo ponto para reduzir o custo.

3.40 Ao se desenvolverem as NBCs TSP, leva-se em consideração a informação obtida dos responsáveis pelas demonstrações, dos usuários, da academia e de outros atores, acerca da natureza e dos benefícios esperados, bem como dos custos dos requisitos propostos.

Equilíbrio entre as características qualitativas

1.41 As características qualitativas funcionam, conjuntamente, para contribuir com a utilidade da informação. Por exemplo, nem a descrição que represente fielmente um fenômeno irrelevante, nem a descrição que represente de modo não fidedigno um fenômeno relevante resultam em informação útil. Do mesmo modo, para ser relevante, a informação precisar ser tempestiva e compreensível.

1.42 Em alguns casos, o equilíbrio ou a compensação (*trade-off*) entre as características qualitativas pode ser necessário para se alcançar os objetivos da informação contábil. A importância relativa das características qualitativas em cada situação é uma questão de julgamento profissional. A meta é alcançar o equilíbrio apropriado entre as características para satisfazer aos objetivos da elaboração e da divulgação da informação contábil.

Capítulo 4 – Entidade que Reporta a Informação Contábil

Introdução

4.1 A entidade do setor público que reporta a informação contábil é um ente governamental ou outra organização, programa ou outra área identificável de atividade (doravante referida como entidade ou entidade do setor público) que elabora os RCPGs.

1.2 A entidade do setor público que reporta a informação contábil pode compreender duas ou mais entidades que apresentem os RCPGs como se fossem uma única entidade – tal entidade é referida como grupo de entidades que reportam a informação contábil.

Características-chave de entidade do setor público que reporta a informação contábil

1.3 As características-chave de entidade do setor público que reporta a informação contábil são:

(a) ser uma entidade que capta recursos da sociedade ou em nome desta e/ou utiliza recursos para realizar atividades em benefício dela; e

(b) existir usuários de serviços ou provedores de recursos dependentes de informações contidas nos RCPGs para fins de prestação de contas e responsabilização (*accountability*) e tomada de decisão.

1.4 O governo pode estabelecer e/ou funcionar por meio de unidades administrativas como, por exemplo, ministérios, secretarias ou departamentos. Ele pode funcionar também por meio de fundos, autoridades estatutárias, empresas estatais e outras entidades com identidade jurídica própria ou autonomia operacional para realizar, ou de outra maneira dar suporte à prestação de serviços à sociedade. Outras organizações do setor público, inclusive organizações internacionais do setor público e autoridades municipais, podem realizar também determinadas atividades por intermédio das entidades com identidade jurídica própria ou autonomia operacional e podem beneficiar-se e estarem sujeitas a encargo financeiro ou perda resultante das atividades.

1.5 Os RCPGs são elaborados para reportar informação útil aos usuários para fins de prestação de contas e responsabilização (*accountability*) e tomada de decisão. Os usuários de serviços ou os provedores de recursos são os usuários primários dos RCPGs. Consequentemente, uma característica-chave da entidade do setor público que reporta a informação, inclusive de grupo dessas entidades, é a existência de usuários de serviços ou provedores de recursos que são dependentes dos RCPGs para fins de prestação de contas e responsabilização (*accountability*) e tomada de decisão.

1.6 Os RCPGs englobam as demonstrações contábeis e a informação que as aprimore, complemente e suplemente. As demonstrações contábeis apresentam informação sobre os recursos e as demandas sobre estes, além dos fluxos de caixa da entidade ou grupo de entidades que reportam a informação durante o exercício. Portanto, para possibilitar a elaboração das demonstrações contábeis, a entidade que reporta a informação deve captar recursos e/ou deve utilizar recursos captados anteriormente para realizar atividades em benefício da sociedade ou em nome dela.

1.7 A existência de usuários dos RCPGs de entidade do setor público ou grupo de entidades pressupõe a existência de entidade que tenha a responsabilidade ou a capacidade de captar ou utilizar recursos, adquirir ou administrar bens públicos, incorrer em passivos ou realizar atividades para atingir os objetivos da prestação de serviços. Quanto maiores os recursos que a entidade do setor público capta, administra e/ou tem a capacidade de utilizar, e quanto maiores as obrigações que incorre e maior o impacto econômico ou social das suas atividades, é mais provável que existam usuários de serviços ou provedores de recursos que sejam dependentes dos RCPGs para obter informação para fins de prestação de contas e responsabilização (*accountability*) e tomada de decisão. Na ausência desses fatores, em que eles não sejam significativos, é improvável que existam usuários dos RCPGs dessas entidades.

1.8 A elaboração dos RCPGs não é um processo sem custos. Portanto, se a imposição de requisitos para a informação contábil pressupõe que estas devam ser eficientes e eficazes, é importante que seja exigido que os RCPGs sejam elaborados somente pelas entidades do setor público para as quais existam usuários.

1.9 Em muitos casos, é clara a existência, ou não, de usuários de serviços ou de provedores de recursos que dependam dos RCPGs para fornecer informação para fins de prestação de contas e responsabilização (*accountability*) e tomada de decisão. Por exemplo, tais usuários, provavelmente, existem para os RCPGs de governo em nível nacional, estadual ou municipal e para as organizações internacionais do setor público. Isso porque esses governos e organizações normalmente têm a capacidade de captar recursos substanciais e/ou empregar esses recursos em nome da sociedade, incorrer em responsabilidades e impactar o bem-estar econômico e/ou social das comunidades que dependem deles para a prestação de serviços.

1.10 Contudo, nem sempre está claro se há usuários de serviços ou provedores de recursos que dependam dos RCPGs de, por exemplo, departamentos ou órgãos individuais do governo, programas especiais ou áreas identificáveis de atividades com informação para fins de prestação de contas e responsabilização (*accountability*) e tomada de decisão. Determinar se essas organizações, programas ou atividades devem ser identificados como entidades que reportam a informação e, consequentemente, serem exigidas a elaborarem os RCPGs envolve o exercício de julgamento profissional.

1.11 O governo e algumas outras entidades do setor público têm identidade e enquadramento legal específicos (personalidade jurídica). Entretanto, as organizações, os programas e as atividades do setor público sem personalidade jurídica também podem captar ou empregar recursos, adquirir e administrar ativos, incorrer em obrigações, realizar atividades para atingir os objetivos da prestação de serviços ou, de outra maneira, implementar a política governamental. Os usuários de serviços e os provedores de recursos podem depender dos RCPGs para obter informação para os fins de prestação de contas e responsabilização (*accountability*) e tomada de decisão. Consequentemente, a entidade que reporta a informação contábil do setor público pode ter personalidade jurídica específica ou ser, por exemplo, organização, acordo administrativo ou programa sem personalidade jurídica.

Capítulo 5 – Elementos das Demonstrações Contábeis

Introdução

Propósito

1.1 Este capítulo define os elementos utilizados nas demonstrações contábeis e fornece explicação adicional acerca dessas definições.

Elementos e sua importância

1.2 As demonstrações contábeis retratam os efeitos financeiros e não financeiros das transações e outros eventos ao agrupá-los em classes amplas que compartilham características econômicas comuns. Essas classes amplas são denominadas elementos das demonstrações contábeis. Os elementos correspondem às estruturas básicas a partir das quais as demonstrações contábeis são elaboradas. Essas estruturas fornecem um ponto inicial para reconhecer, classificar e agregar dados e atividades econômicas de maneira a fornecer aos usuários informação que satisfaça aos objetivos e atinja as características qualitativas da informação contábil, levando em consideração as restrições sobre a informação incluída nos RCPGs.

1.3 Os elementos definidos neste capítulo não se referem aos itens individuais que são reconhecidos como resultado de transações e eventos. As subclassificações dos itens individuais dentro de um elemento e as agregações de itens são utilizadas para aprimorar a compreensibilidade das demonstrações contábeis. A apresentação dos RCPGs é tratada no Capítulo 8, intitulado Apresentação de Informação no Relatório Contábil de Propósito Geral das Entidades do Setor Público.

5.4 Em algumas circunstâncias, para assegurar que as demonstrações contábeis forneçam informação útil para uma avaliação significativa do desempenho e da situação patrimonial da entidade, o reconhecimento de fenômenos econômicos não capturados pelos elementos definidos neste capítulo pode ser necessário. Consequentemente, a identificação dos elementos neste capítulo não impede as NBCs TSP de exigirem ou permitirem o reconhecimento de recursos ou obrigações que não satisfaçam a definição de elemento identificada neste capítulo (doravante referidos como "outros recursos" ou "outras obrigações"), quando necessário no sentido de se alcançarem os objetivos da informação contábil.

Elementos

1.5 Os elementos definidos neste capítulo são:

(a) ativo;

(b) passivo;

(c) receita;

(d) despesa;

(e) contribuição dos proprietários;

(f) distribuição aos proprietários.

Ativo

Definição

1.6 Ativo é um recurso controlado no presente pela entidade como resultado de evento passado.

Recurso

1.7 Recurso é um item com potencial de serviços ou com a capacidade de gerar benefícios econômicos. A forma física não é uma condição necessária para um recurso. O potencial de serviços ou a capacidade de gerar benefícios econômicos podem surgir diretamente do próprio recurso ou dos direitos de sua utilização. Alguns recursos incluem os direitos da entidade a uma série de benefícios, inclusive, por exemplo, o direito a:

(a) utilizar o recurso para a prestação de serviços (inclusive bens);

(b) utilizar os recursos de terceiros para prestar serviços como, por exemplo, arrendamento mercantil;

(c) converter o recurso em caixa por meio da sua alienação;

(d) beneficiar-se da valorização do recurso; ou

(e) receber fluxos de caixa.

1.8 O potencial de serviços é a capacidade de prestar serviços que contribuam para alcançar os objetivos da entidade. O potencial de serviços possibilita a entidade alcançar os seus objetivos sem, necessariamente, gerar entrada líquida de caixa.

1.9 Os ativos do setor público que ensejam potencial de serviços podem ser representados pelos ativos de recreação, do patrimônio cultural, comunitários, de defesa nacional e outros que sejam mantidos pelos governos e outras entidades do setor público e que sejam utilizados para a prestação de serviços a terceiros. Tais serviços podem ser para consumo coletivo ou individual. Vários serviços podem ser fornecidos em áreas onde não haja concorrência de mercado ou concorrência limitada de mercado. A utilização e a alienação de tais ativos podem ser restritas, já que muitos ativos que ensejam potencial de serviços são especializados por natureza.

1.10 Os benefícios econômicos correspondem a entradas de caixa ou a reduções das saídas de caixa. As entradas de caixa (ou as reduções das saídas de caixa) podem derivar, por exemplo:

(a) da utilização do ativo na produção e na venda de serviços; ou

(b) da troca direta do ativo por caixa ou por outros recursos.

Controlado no presente pela entidade

1.11 A entidade deve ter o controle do recurso. O controle do recurso envolve a capacidade da entidade em utilizar o recurso (ou controlar terceiros na sua utilização) de modo que haja a geração do potencial de serviços ou dos benefícios econômicos originados do recurso para o cumprimento dos seus objetivos de prestação de serviços, entre outros.

1.12 Para avaliar se a entidade controla o recurso no presente, deve ser observada a existência dos seguintes indicadores de controle:

(a) propriedade legal;

(b) acesso ao recurso ou a capacidade de negar ou restringir o acesso a esses;

(c) meios que assegurem que o recurso seja utilizado para alcançar os seus objetivos; ou

(d) a existência de direito legítimo ao potencial de serviços ou à capacidade para gerar os benefícios econômicos advindos do recurso.

Embora esses indicadores não sejam determinantes conclusivos acerca da existência do controle, sua identificação e análise podem subsidiar essa decisão.

5.12A A propriedade legal do recurso, tal como terreno ou equipamento, é um dos métodos para se verificar o potencial de serviços ou os benefícios econômicos de um ativo. No entanto, os direitos ao potencial de serviços ou à capacidade de gerar benefícios econômicos podem existir sem que se verifique a propriedade legal do recurso. Por exemplo, os direitos ao potencial de serviços ou à capacidade de gerar benefícios econômicos por meio da manutenção e utilização de item patrimonial arrendado são verificados sem que haja a propriedade legal do próprio item arrendado. Portanto, a propriedade legal do recurso não é uma característica essencial de um ativo. No entanto, a propriedade legal é um indicador de controle.

5.12B O direito de acesso ao recurso pode fornecer à entidade a capacidade para determinar se pode, ou não:

(a) utilizar diretamente o potencial de serviços do recurso para prestar serviços aos usuários;

(b) trocar o recurso por outro ativo, tal como caixa; ou

(c) utilizar o ativo em quaisquer outras maneiras de modo a prestar serviços ou gerar benefícios econômicos.

5.12C Enquanto o acesso ao recurso é crucial, existem recursos aos quais a entidade tem acesso que não dá origem a ativos como, por exemplo, o ar. Portanto, a capacidade de acessar o recurso precisa ser suplementada pela capacidade de negar ou restringir o acesso de terceiros ao recurso, por exemplo, (a) a entidade pode decidir se estabelece entrada grátis ao museu ou restringe o acesso daqueles que não pagam a taxa, e (b) o governo pode controlar um recurso natural sob o seu território ao qual pode restringir o acesso de terceiros. Demandas legalmente aplicáveis relativas a recursos específicos como, por exemplo, o direito de acesso a uma rodovia ou o direito de explorar um território na busca por recursos minerais, poderia representar um ativo para o titular. No entanto, a entidade pode ser capaz de acessar o potencial de serviços ou a capacidade de gerar benefícios econômicos associados ao recurso sem que haja a necessidade de obtenção de direitos jurídicos.

Evento passado

1.13 A definição de ativo exige que o recurso controlado pela entidade no presente tenha surgido de transação ou outro evento passado. Podem existir diversas transações passadas ou outros eventos que resultem no ganho do controle do recurso pela entidade e, por conseguinte, o caracterize como ativo. As entidades podem obter ativos por intermédio da sua compra em transação com contraprestação, bem como pelo seu desenvolvimento. Os ativos também podem surgir de transações sem contraprestação, inclusive por meio do exercício dos direitos soberanos. O poder de tributar ou emitir licenças, acessar, restringir ou negar acesso aos benefícios oriundos de recursos intangíveis como, por exemplo, o espectro eletromagnético (bandas de frequência de transmissões de telecomunicações), são exemplos dos poderes específicos do setor público e dos direitos que podem dar origem a ativos. Ao se avaliar o surgimento do direito de controle de recursos, os seguintes eventos devem ser considerados: (a) a capacidade geral para exercer o poder; (b) a constituição de poder por meio de lei, estatuto ou instrumento congênere; (c) o exercício do poder de criar um direito; e (d) o evento que dá origem ao direito de receber recursos de terceiros. O ativo surge quando o poder for exercido e os direitos de receber recursos existirem.

Passivo

Definição

1.14 Passivo é uma obrigação presente, derivada de evento passado, cuja extinção deva resultar na saída de recursos da entidade.

Obrigação presente

1.15 As entidades do setor público podem ter uma série de obrigações. Obrigação presente é uma obrigação que ocorre por força de lei (obrigação legal ou obrigação legalmente vinculada) ou uma obrigação que não ocorre por força de lei (obrigação não legalmente vinculada), as quais não possam ser evitadas pela entidade.

Saída de recursos da entidade

1.16 Um passivo deve envolver uma saída de recursos da entidade para ser liquidado ou extinto. A obrigação que pode ser liquidada ou extinta sem a saída de recursos da entidade não é um passivo.

5.16A Para os fins desta estrutura conceitual, os termos "liquidado" ou "liquidação" não se confundem com os termos correspondentes utilizados na execução orçamentária, conforme legislação brasileira sobre orçamento.

Evento passado

1.17 Para satisfazer a definição de passivo, é necessário que a obrigação presente surja como resultado de transação ou de outro evento passado e necessite da saída de recursos da entidade para ser extinta. A complexidade inerente ao setor público faz com que eventos diversos referentes ao desenvolvimento, implantação e execução de determinado programa ou atividade possam gerar obrigações. Para fins de elaboração e divulgação da informação contábil, é necessário determinar se tais compromissos e obrigações, inclusive aqueles que não possam ser evitados pela entidade, mas que não ocorrem por força de lei (obrigações não legalmente vinculadas), são obrigações presentes e satisfazem a definição de passivo. Quando a transação tem forma jurídica e é vinculada, tal como um contrato, o evento passado pode ser identificado de forma inequívoca. Em outros casos, pode ser mais difícil identificar o evento passado e é necessário fazer uma avaliação de quando a entidade tem pouca ou nenhuma alternativa realista de evitar a saída de recursos. Ao se fazer tal avaliação, fatores jurisdicionais devem ser levados em consideração pela entidade.

Obrigações legais e não legalmente vinculadas

1.18 As obrigações vinculadas podem ser obrigações legais (ou legalmente vinculadas) ou não legalmente vinculadas. As obrigações vinculadas podem originar-se tanto de transações com contraprestação quanto de transações sem contraprestação. A obrigação deve estar relacionada a um terceiro para poder gerar um passivo. A entidade não pode obrigar a si mesma, mesmo quando tenha divulgado publicamente a intenção de se comportar de determinado modo. A identificação de terceiros é uma indicação da existência de obrigação que dá origem a um passivo. Entretanto, não é essencial saber a identidade dos terceiros antes da época da extinção do passivo para que a obrigação presente exista.

1.19 Muitas transações que dão origem à obrigação preveem prazos de liquidação. A existência de prazo de liquidação pode fornecer uma indicação de que a obrigação envolve a saída de recursos e origina um passivo. Entretanto, existem muitos contratos ou acordos que não preveem prazos para a liquidação. A ausência de data de liquidação não impede que a obrigação origine um passivo.

Obrigações legais

1.20 Obrigação legal (ou legalmente vinculada) é exigível por força de lei. Tais obrigações exigíveis podem advir de uma série de dispositivos legais. Transações com contraprestação normalmente são de natureza contratual e, portanto, exigíveis por meio do direito contratual ou equivalente. Para alguns tipos de transações sem contraprestação, é necessário julgamento profissional para se determinar se a obrigação é exigível por força de lei. Quando for definido que a obrigação é exigível por força de lei, não há dúvida que a entidade não tem realisticamente alternativa alguma para evitar a obrigação e que, consequentemente, o passivo existe.

1.21 Algumas obrigações relacionadas a transações com contraprestação não são rigorosamente exigíveis por terceiros na data de apresentação das informações contábeis, mas serão exigíveis no transcurso do tempo sem que terceiros tenham que satisfazer outras condições – ou ter que realizar qualquer outra ação – antes da liquidação. As demandas que são exigíveis incondicionalmente em razão do transcurso do tempo são obrigações exigíveis no contexto da definição de passivo.

1.22 O poder soberano é a autoridade maior do governo para fazer, aditar e vetar os dispositivos legais. A existência do poder soberano não é uma condição para se concluir que a obrigação não satisfaz a definição de passivo conforme esta estrutura conceitual. A situação jurídica deve ser avaliada a cada apresentação da informação contábil para determinar se a obrigação deixa de ser vinculada e de satisfazer a definição de passivo.

Obrigações não legalmente vinculadas

1.23 Passivos podem surgir de obrigações não legalmente vinculadas. Estas se diferenciam das obrigações legais, pois as partes a quem as obrigações dizem respeito não podem tomar ações legais para liquidá-las. Obrigações não legalmente vinculadas que geram passivos têm as seguintes características:

(a) a entidade indica a terceiros, por meio de um padrão estabelecido de práticas passadas, políticas publicadas ou de declaração específica, que aceitará certas responsabilidades;

(b) como resultado de tal indicação, a entidade cria uma expectativa válida da parte de terceiros de que cumprirá com essas responsabilidades; e

(c) a entidade tem pouca ou nenhuma alternativa realista para evitar o cumprimento da obrigação gerada a partir dessas responsabilidades.

1.24 No setor público, as obrigações podem surgir em uma série de eventos. Por exemplo, na implementação de programa ou serviço, a obrigação pode decorrer:

(a) da realização de promessa política, tal como compromisso eleitoral;

(b) do anúncio de política; e

(c) da proposta (e aprovação) do orçamento (que podem ser dois eventos distintos).

Os estágios iniciais de implementação não devem dar origem a obrigações presentes que atendem à definição de passivo. Fases posteriores como, por exemplo, requerimentos que cumpram os critérios de elegibilidade para o serviço a ser prestado, pode dar lugar a obrigações que atendem à definição de passivo.

5.25 O momento no qual a obrigação dá origem ao passivo depende da natureza da obrigação. Os fatores que provavelmente irão impactar os julgamentos de que terceiros podem concluir de maneira válida que a obrigação é tal que a entidade tem pouca ou nenhuma alternativa realista de evitar a saída de recursos incluem:

(a) a natureza do evento ou eventos passados que dão origem à obrigação. Por exemplo, a promessa feita em eleição é improvável que dê origem a uma obrigação presente, porque uma promessa eleitoral raramente cria uma expectativa válida por parte de terceiros de que a entidade tem obrigação que tem pouca ou nenhuma alternativa realista para evitar o seu cumprimento. No entanto, um anúncio em relação a evento ocorrido pode ter apoio político tal que o governo não possa se desobrigar de cumpri-lo. Onde o governo se comprometeu a introduzir e a assegurar a dotação orçamentária necessária, tal anúncio pode dar origem a uma obrigação não legalmente vinculada;

(b) a capacidade da entidade em modificar ou alterar a obrigação antes que ela se cristalize. Por exemplo, o anúncio de uma política geralmente não vai dar origem a uma obrigação não legalmente vinculada, que não possa ser modificada antes de ser implementada. Da mesma forma, se a obrigação depende da ocorrência de eventos futuros, pode haver discernimento para evitar a saída de recursos antes de ocorrerem esses eventos; e

(c) pode haver uma correlação entre a disponibilidade de fundos para liquidar uma obrigação particular e a criação de uma obrigação presente. Por exemplo, quando a despesa orçamentária foi aprovada e seu financiamento vinculado é assegurado por meio de apropriação, quando há disponibilidade de financiamento para uma contingência ou quando há transferência de nível diferente de governo, a obrigação não legalmente vinculada pode existir. No entanto, a ausência de dotação orçamentária própria não significa que a obrigação presente não surgiu.

1.26 "Coerção econômica", "necessidade política" ou outras circunstâncias podem criar situações em que, apesar de o setor público não ser legalmente obrigado a incorrer na saída de recursos, as consequências políticas ou econômicas de não as atender são tão significativas que não deixam alternativa à entidade a não ser a de despender recursos para liquidá-las.

Situação patrimonial líquida, outros recursos e outras obrigações

1.27 Conforme o item 5.4, em alguns casos, ao se desenvolver ou revisar uma NBC TSP, pode-se determinar que, para alcançar os objetivos da informação contábil, o recurso ou a obrigação que não satisfaça a definição de elemento definido nesta estrutura conceitual precise ser reconhecido nas demonstrações contábeis. Nesses casos, as NBCs TSP podem exigir ou permitir que esses recursos ou obrigações sejam reconhecidos como outros recursos ou outras obrigações, os quais são itens adicionais aos seis elementos definidos nesta estrutura conceitual.

1.28 A situação patrimonial líquida é a diferença entre os ativos e os passivos após a inclusão de outros recursos e a dedução de outras obrigações, reconhecida na demonstração que evidencia a situação patrimonial como patrimônio líquido. A situação patrimonial líquida pode ser um montante residual positivo ou negativo.

Receita e despesa

1.29 Receita corresponde a aumentos na situação patrimonial líquida da entidade não oriundos de contribuições dos proprietários.

1.30 Despesa corresponde a diminuições na situação patrimonial líquida da entidade não oriundas de distribuições aos proprietários.

1.31 Receitas e despesas originam-se de transações com contraprestação e sem contraprestação, de outros eventos, tais como: aumentos e decréscimos não realizados de ativos e passivos; do consumo dos ativos por meio da depreciação; e da redução do potencial de serviços e da capacidade de gerar benefícios econômicos por meio da redução ao valor recuperável. Receitas e despesas podem ser originadas de transações individuais ou de grupos de transações.

Superávit ou déficit do exercício

1.32 O superávit ou o déficit da entidade para o exercício é a diferença entre as receitas e as despesas que constam na demonstração que evidencia o desempenho das entidades do setor público.

Contribuição dos proprietários e distribuição aos proprietários

1.33 Contribuição dos proprietários corresponde a entrada de recursos para a entidade a título de contribuição de partes externas, que estabelece ou aumenta a participação delas no patrimônio líquido da entidade.

1.34 Distribuição aos proprietários corresponde a saída de recursos da entidade a título de distribuição a partes externas, que representa retorno sobre a participação ou a redução dessa participação no patrimônio líquido da entidade.

1.35 É importante distinguir os conceitos de despesa e receita dos conceitos de distribuição aos proprietários e contribuição dos proprietários, inclusive as entradas que estabelecem inicialmente suas participações na entidade. Além do aporte de recursos e do pagamento de dividendos que podem ocorrer, é relativamente comum que ativos e passivos sejam transferidos entre entidades do setor público. Sempre que tais transferências satisfizerem as definições de contribuição dos proprietários ou de distribuição aos proprietários, elas devem ser contabilizadas como tal.

1.36 As participações dos proprietários podem surgir na criação da entidade quando outra entidade contribui com recursos para dar à nova entidade a capacidade de iniciar suas operações. No setor público, as contribuições ou as distribuições de recursos são, algumas vezes, relacionadas à reestruturação do governo e irão tomar a forma de transferências de ativos e passivos em vez de transações em espécie. As participações dos proprietários podem tomar diferentes formas, podendo não ser evidenciadas por meio de instrumento de capital próprio.

1.37 A contribuição dos proprietários pode tomar a forma de aporte inicial de recursos na criação da entidade ou de aporte de recursos subsequente, inclusive quando da reestruturação da entidade. Já a distribuição aos proprietários pode ser: (a) o retorno sobre investimento; (b) o retorno total ou parcial de investimentos; ou (c) no caso da extinção ou reestruturação da entidade, o retorno de qualquer recurso residual.

Capítulo 6 – Reconhecimento nas Demonstrações Contábeis

Critérios de reconhecimento e sua relação com a evidenciação

1.1 Este capítulo identifica os critérios que devem ser satisfeitos para que um elemento seja reconhecido nas demonstrações contábeis. O reconhecimento é o processo de incorporar e de incluir um item, expresso em valores a serem demonstrados no corpo da demonstração contábil apropriada, que satisfaça a definição de elemento e possa ser mensurado de maneira que observe as características qualitativas, levando em consideração as restrições sobre a informação incluída nos RCPGs.

1.2 O item deve ser reconhecido nas demonstrações contábeis quando:

(a) satisfizer a definição de elemento; e

(b) puder ser mensurado de maneira que observe as características qualitativas, levando em consideração as restrições sobre a informação incluída nos RCPGs.

1.3 Todos os itens que satisfaçam os critérios de reconhecimento são inseridos nas demonstrações contábeis. Em algumas circunstâncias, determinada NBC TSP pode também especificar que, para alcançar os objetivos da elaboração e da divulgação da informação contábil, um recurso ou obrigação que não satisfaça a definição de elemento deve ser reconhecido nas demonstrações contábeis desde que possa ser mensurado de maneira que satisfaça as características qualitativas e as restrições sobre a informação incluída nos RCPGs. Outros recursos e outras obrigações são discutidos no Capítulo 5.

1.4 O reconhecimento envolve a avaliação da incerteza relacionada à existência e à mensuração do elemento. As condições que dão origem à incerteza, se existirem, podem mudar. Portanto, é importante que a incerteza seja avaliada em cada data de divulgação do relatório.

Definição de elemento

1.5 Para ser reconhecido como elemento, o item precisa satisfazer a definição de um dos elementos descritos no Capítulo 5. A incerteza sobre a existência de elemento é examinada ao considerar a evidência disponível para emitir julgamento neutro sobre se o item satisfaz todas as características essenciais da definição de elemento, considerando todos os fatos e circunstâncias disponíveis na data do relatório.

1.6 Caso se determine que o elemento, de fato, existe, a incerteza sobre o montante do potencial de serviços ou da capacidade de gerar benefícios econômicos representados por ele deve ser levado em consideração na sua mensuração (ver itens 6.7 e 6.8). Os responsáveis pela elaboração dos RCPGs revisam e avaliam toda a evidência disponível ao determinarem se o elemento existe e deve ser reconhecido, se aquele elemento continua a se qualificar para o reconhecimento (ver item 6.9), ou se houve mudança em elemento existente.

Incerteza quanto à mensuração

1.7 Para se reconhecer um item nas demonstrações contábeis, é necessário atribuir um valor monetário a ele. Isso requer escolher a base de mensuração apropriada e determinar se a mensuração do item cumpre as características qualitativas, levando-se em consideração as restrições acerca da informação nos RCPGs, inclusive que a mensuração seja suficientemente relevante e fidedignamente representativa para o item a ser reconhecido nas demonstrações contábeis. A seleção da base de mensuração adequada é considerada no Capítulo 7.

1.8 Pode haver incerteza associada à mensuração de montantes apresentados nas demonstrações contábeis. O uso de estimativas é parte essencial da contabilidade sob o regime de competência. Uma decisão acerca da relevância e da representação fidedigna da mensuração envolve a consideração de técnicas como, por exemplo, utilizar intervalos de resultados e estimativas pontuais, e se uma evidência adicional sobre as circunstâncias econômicas existentes na data do relatório está disponível. A evidenciação pode fornecer informação útil sobre as técnicas de estimativa empregadas. Pode haver raras circunstâncias nas quais o nível de incerteza em um único ponto da estimativa é tão grande que a relevância e a representação fidedigna da medida utilizada são questionáveis, mesmo que haja a evidenciação das técnicas de estimativa utilizadas. Nessas circunstâncias, o item não deve ser reconhecido.

Evidenciação e reconhecimento

1.9 A falha ao se reconhecer itens que satisfazem a definição de elemento e os critérios de reconhecimento utilizados não é convalidada pela evidenciação das políticas contábeis, notas ou outro detalhe explicativo. Contudo, a evidenciação pode fornecer informação sobre os itens que satisfazem muitas características que definem o elemento, mas nem todas. A evidenciação pode também fornecer informação sobre os itens que satisfazem a definição de elemento, mas que não podem ser mensurados de maneira que satisfaça suficientemente as características qualitativas e ir de encontro aos objetivos da elaboração e divulgação da informação contábil. A evidenciação é apropriada quando o conhecimento sobre o item é considerado relevante para a avaliação da situação patrimonial líquida da entidade e, portanto, satisfaz os objetivos da elaboração e divulgação da informação contábil.

Desreconhecimento

1.10 O desreconhecimento é o processo de avaliar se ocorreram mudanças, desde a data do relatório anterior, que justifiquem a remoção de elemento que tenha sido previamente reconhecido nas demonstrações contábeis, bem como remover esse item se tais mudanças ocorrerem. Ao se avaliar a incerteza sobre a existência do elemento, os mesmos critérios devem ser utilizados para o desreconhecimento, tais como aqueles utilizados no reconhecimento inicial.

Capítulo 7 – Mensuração de Ativos e Passivos nas Demonstrações Contábeis

Introdução

7.1 Este capítulo identifica os conceitos que orientam a seleção das bases de mensuração de ativos e passivos para as NBCs TSP e pelos responsáveis pela elaboração das demonstrações contábeis quando não existirem regramentos específicos constantes das NBCs TSP.

Objetivo da mensuração

7.2 O objetivo da mensuração é selecionar bases que reflitam de modo mais adequado o custo dos serviços, a capacidade operacional e a capacidade financeira da entidade de forma que seja útil para a prestação de contas e responsabilização *(accountability)* e tomada de decisão.

7.3 A seleção da base de mensuração para ativos e passivos contribui para satisfazer aos objetivos da elaboração e divulgação da informação contábil pelas entidades do setor público ao fornecer informação que possibilita os usuários avaliarem:

(a) o custo dos serviços prestados no período, em termos históricos ou atuais;

(b) a capacidade operacional – a capacidade da entidade em dar suporte à prestação de serviços no futuro por meio de recursos físicos e outros; e

(c) a capacidade financeira – a capacidade da entidade em financiar as suas próprias atividades.

7.4 A seleção da base de mensuração também pressupõe a avaliação do grau de observância das características qualitativas enquanto considera as restrições sobre a informação nos RCPGs.

Bases de mensuração e sua seleção

7.5 No nível de estrutura conceitual, não é possível identificar uma única base de mensuração que melhor atenda ao objetivo da mensuração. Portanto, a estrutura conceitual não propõe uma única base de mensuração (ou a combinação de bases de mensuração) para todas as transações, eventos e condições. A estrutura conceitual fornece orientação na seleção da base de mensuração para ativos e passivos.

7.6 As seguintes bases de mensuração para os ativos são identificadas e discutidas à luz da informação que fornecem sobre o custo de serviços prestados, a capacidade operacional e a capacidade financeira da entidade, além da extensão na qual fornecem informação que satisfaça as características qualitativas:

(a) custo histórico;

(b) valor de mercado[*];

(c) custo de reposição ou substituição;

(d) preço líquido de venda;

(e) valor em uso.

[*] Justificativa em relação à adoção do valor de mercado em substituição ao valor justo (*fair value*):

Esta estrutura conceitual não propôs o valor justo (*fair value*) como uma das bases de mensuração para ativos e passivos. Em substituição, propôs o valor de mercado, o qual foi definido do mesmo modo que o valor justo, ou seja, o valor pelo qual um ativo pode ser trocado, ou um passivo extinto, entre partes conhecedoras, dispostas a isso, em transação sem favorecimentos.

O IPSASB/Ifac alega que o valor justo, no contexto do setor público, é semelhante ao valor de mercado e a inclusão de ambas as bases de mensuração poderia ser confusa para os usuários dos RCPGs. Assim, esta estrutura conceitual convergida, em vez de incluir a definição de valor justo baseada em valor de saída, ou a definição de valor justo específica para o setor público, incluiu o valor de mercado como uma das bases de mensuração.

No entanto, ressalta-se que a base de mensuração sob o valor justo ainda deverá permanecer em algumas IPSAS editadas pelo IPSASB/Ifac após a estrutura conceitual e em algumas NBCs TSP convergidas, pois o IPSASB/Ifac, gradualmente, irá rever as bases de mensuração constante das IPSAS de modo a excluir o valor justo. Trata-se do projeto denominado Mensurações no Setor Público (*Public Sector Measurement*).

Os itens BC7.20 a 7.28 do documento original do IPSASB/Ifac (*The Conceptual Framework for General Purpose Financial Reporting by Public Sector Entities*) expõem de maneira detalhada as razões pelas quais houve a substituição da mensuração baseada no valor justo para o valor de mercado.

O Quadro 1 resume essas bases de mensuração em termos de: (a) se fornecem valores de entrada ou de saída; (b) se são observáveis no mercado; e (c) se são específicas, ou não, para a entidade(*).

(*) Em alguns casos, o julgamento de valor é emitido para se classificar a base de mensuração, em particular, como observável ou não observável e/ou como específica ou não específica para a entidade.

Quadro 1 – Resumo das bases de mensuração dos ativos

Base de mensuração	Entrada ou saída	Observável, ou não, no mercado	Específica, ou não, à entidade
Custo histórico	Entrada	Geralmente observável	Específica para a entidade
Valor de mercado (quando o mercado é aberto, ativo e organizado)	Entrada e saída	Observável	Não específica para a entidade
Valor de mercado (em mercado inativo)	Saída	Depende da técnica de atribuição de valor	Depende da técnica de atribuição de valor
Custo de reposição ou substituição	Entrada	Observável	Específica para a entidade
Preço líquido de venda	Saída	Observável	Específica para a entidade
Valor em uso	Saída(*)	Não observável	Específica para a entidade

(*) Como indicado no item 7.66, para os ativos não geradores de caixa o cálculo do valor em uso pode exigir, subsidiariamente, o uso de custo de substituição.

7.7 As seguintes bases de mensuração dos passivos são identificadas e discutidas à luz (a) da informação que fornecem sobre o custo dos serviços prestados, da capacidade operacional e da capacidade financeira da entidade, e (b) da extensão na qual fornecem informação que satisfaça as características qualitativas:

(a) custo histórico;

(b) custo de cumprimento da obrigação;

(c) valor de mercado;

(d) custo de liberação; e

(e) preço presumido.

O Quadro 2 resume essas bases de mensuração em termos de: (a) se fornecem valores de entrada ou de saída; (b) se são observáveis no mercado; e (c) se são específicas para a entidade ou não.

Quadro 2 – Resumo das bases de mensuração dos passivos

Base de mensuração	Entrada ou saída	Observável, ou não, no mercado	Específica, ou não, à entidade
Custo histórico	Entrada	Geralmente observável	Específica para a entidade
Custo de cumprimento da obrigação	Saída	Não observável	Específica para a entidade
Valor de mercado (quando o mercado é aberto, ativo e organizado)	Entrada e saída	Observável	Não específica para a entidade
Valor de mercado (em mercado inativo)	Saída	Depende da técnica de atribuição de valor	Depende da técnica de atribuição de valor
Custo de liberação	Saída	Observável	Específica para a entidade
Preço presumido	Entrada	Observável	Específica para a entidade

Valores de entrada e de saída

7.8 As bases de mensuração podem fornecer valores de entrada e valores de saída. Para o ativo, os valores de entrada refletem o custo da compra. O custo histórico e o custo de reposição são valores de entrada. Os valores de saída refletem os benefícios econômicos da venda e também o montante que será obtido com a utilização do ativo. Em economia diversificada, os valores de entrada e saída diferem à medida que as entidades, normalmente:

(a) adquirem ativos concebidos para suas particularidades operacionais para as quais outros participantes do mercado não estariam dispostos a pagar valor semelhante; e

(b) incorrem em custos de transação na aquisição.

7.9 As bases de mensuração para o passivo também podem ser classificadas em termos de valores de entrada ou de saída. Os valores de entrada se relacionam à transação na qual a obrigação é contraída ou ao montante que a entidade aceitaria para assumir um passivo. Os valores de saída refletem o montante exigido para cumprir a obrigação ou o montante exigido para liberar a entidade da obrigação.

Medidas observáveis e não observáveis

7.10 Determinadas medidas podem ser classificadas como sendo ou não observáveis em mercado aberto, ativo e organizado. As medidas observáveis em mercado são, provavelmente, mais fáceis de serem compreendidas e verificadas do que as medidas não observáveis. Elas também podem representar mais fielmente os fenômenos que estejam mensurando.

Medidas específicas e não específicas para a entidade

7.11 As medidas podem ser também classificadas conforme o fato de serem ou não específicas para a entidade. As bases de mensuração que são específicas para a entidade refletem as restrições de cunho econômico ou político presentes que afetam as utilizações possíveis de ativo e a extinção de passivo. As medidas específicas para a entidade podem refletir as oportunidades econômicas que não estão disponíveis para outras entidades e os riscos que não são vivenciados por estas. As medidas não específicas para a entidade refletem as oportunidades e os riscos gerais de mercado. A decisão de se utilizar ou não uma medida específica para a entidade é tomada com base no objetivo da mensuração e nas características qualitativas.

Nível de agregação ou desagregação para fins de mensuração

7.12 Para apresentar os ativos e os passivos nas demonstrações contábeis de modo a fornecer a informação que melhor satisfaça o objetivo da mensuração e a observar as características qualitativas pode ser necessário agregá-los ou desagregá-los para fins de mensuração. Os custos são comparados com os benefícios para se avaliar se tal agregação ou desagregação é apropriada.

Bases de mensuração para os ativos

Custo histórico

7.13 Custo histórico de um ativo é a importância fornecida para se adquirir ou desenvolver um ativo, o qual corresponde ao caixa ou equivalentes de caixa ou o valor de outra importância fornecida à época de sua aquisição ou desenvolvimento.

7.14 Custo histórico é o valor de entrada, específico para a entidade(*). No modelo do custo histórico, os ativos devem ser inicialmente reconhecidos pelo custo incorrido na sua aquisição. Subsequentemente ao reconhecimento inicial, esse custo pode ser alocado como despesa do exercício na forma de depreciação ou amortização para determinados ativos, à medida que o potencial de serviços ou a capacidade de gerar benefícios econômicos fornecidos por tais ativos são consumidos durante a sua vida útil. Após o reconhecimento inicial, a mensuração de ativo não é alterada para refletir as mudanças nos preços ou aumentos no valor do ativo.

(*) O termo "custo histórico" também pode ser apresentado como "modelo de custo" ou, genericamente, como "mensuração baseada em custos".

7.15 No modelo do custo histórico, o montante do ativo pode ser reduzido ao se reconhecer a redução ao valor recuperável. O referido ajuste corresponde à extensão na qual o potencial de serviços ou a capacidade de gerar benefícios econômicos fornecidos por ativo diminuiu devido às mudanças nas condições econômicas ou em outras condições, as quais são distintas do seu consumo. Isso envolve avaliações da capacidade de recuperação. Por outro lado, o montante do ativo pode ser aumentado para refletir o custo das adições e aprimoramentos (excluindo aumentos de preço para os ativos sem melhorias) ou outros eventos como, por exemplo, o incremento do valor de face de ativo financeiro.

Custo dos serviços

7.16 Quando o custo histórico for utilizado, o custo dos serviços reflete o montante dos recursos gastos para se adquirir ou desenvolver ativos consumidos na prestação de serviços. Normalmente, o custo histórico fornece um elo direto com as transações que, de fato, foram realizadas pela entidade. Como os custos utilizados são aqueles trazidos de exercícios anteriores sem ajuste pelas mudanças do preço, eles não refletem o custo dos ativos quando consumidos. Na medida em que o custo dos serviços é evidenciado utilizando-se preços passados, a informação fornecida pelo custo histórico não irá facilitar a avaliação do custo futuro de prestação de serviços caso as mudanças no valor cumulativo desde a sua aquisição sejam significativas.

Capacidade operacional

7.17 Caso o ativo tenha sido adquirido em transação com contraprestação, o custo histórico fornece informação sobre os recursos disponíveis para a prestação de serviços no futuro, baseada no seu custo de aquisição. À época em que o ativo é comprado ou desenvolvido, pode-se assumir que o valor do seu potencial de serviços para a entidade é igual ou maior do que o custo da aquisição(*). Quando a depreciação ou amortização é reconhecida, ela reflete a extensão na qual o potencial de serviços do ativo foi consumido. A informação do custo histórico mostra que os recursos disponíveis para serviços futuros são equivalentes ao montante no qual foram evidenciados. Os aumentos no valor do ativo não são refletidos no modelo do custo histórico. Caso o ativo tenha sido adquirido em transação sem contraprestação, o valor da transação não fornece informação sobre a capacidade operacional.

[*] Quando não for o caso, a mensuração inicial pelo custo histórico deve ser reduzida pelo montante da redução ao valor recuperável.

Capacidade financeira

7.18 O montante no qual os ativos são apresentados nas demonstrações contábeis auxilia na avaliação da capacidade financeira. O custo histórico pode fornecer informação sobre o montante dos ativos que pode ser utilizado como garantia efetiva para empréstimos. A avaliação da capacidade financeira também exige informação sobre o montante que poderia ser recebido pela venda do ativo e reinvestido em outros ativos para fornecer serviços diferentes. O custo histórico não fornece essa informação quando é significativamente diferente dos valores de saída atuais.

Aplicação das características qualitativas

7.19 Os itens 7.16 a 7.18 explicam as áreas nas quais o custo histórico fornece informação relevante em termos do seu valor confirmatório ou preditivo. Frequentemente, a aplicação do custo histórico é direta, porque a informação da transação está disponível prontamente. Como resultado, os montantes derivados do modelo do custo histórico são, geralmente, representações fidedignas na medida em que representam o que pretendem representar, isto é, o custo de se adquirir ou desenvolver um ativo baseado nas transações efetivamente ocorridas. As estimativas de depreciação e redução ao valor recuperável utilizadas no modelo do custo histórico, particularmente para ativos não geradores de caixa, podem afetar a fidedignidade da representação da informação. Pelo fato da aplicação do custo histórico geralmente refletir os recursos consumidos com referência às transações efetivamente ocorridas, as medidas dessa aplicação são verificáveis, compreensíveis e podem ser elaboradas em tempo hábil.

7.20 A informação do custo histórico é comparável na extensão em que os ativos tenham a mesma data de aquisição ou data similar. Como o custo histórico não reflete o impacto das mudanças do preço, não é possível comparar os montantes dos ativos que foram adquiridos em épocas distintas quando os preços variarem significativamente.

7.21 Em determinadas circunstâncias, a aplicação do custo histórico pressupõe o uso de alocações, por exemplo, quando:

(a) vários ativos são adquiridos em uma única transação;

(b) os ativos são construídos pela própria entidade e os custos operacionais e outros gastos têm que ser atribuídos; e

(c) a utilização de método de mensuração, tal como o primeiro a entrar é o primeiro a sair (PEPS), é necessária quando vários ativos semelhantes são mantidos. Na medida em que tais alocações forem arbitrárias, faz com que se reduza a extensão na qual a mensuração atende às características qualitativas.

Mensurações a valor corrente

7.22 As mensurações a valor corrente refletem o ambiente econômico vigente na data de apresentação do relatório.

7.23 Existem quatro bases de mensuração a valor corrente para os ativos:

(a) valor de mercado;

(b) custo de reposição ou substituição;

(c) preço líquido de venda; e

(d) valor em uso.

Valor de mercado

7.24 Valor de mercado para ativos é o montante pelo qual um ativo pode ser trocado entre partes cientes e dispostas, em transação sob condições normais de mercado.

7.25 Na aquisição, o valor de mercado e o custo histórico são os mesmos, caso os custos da transação sejam ignorados e a transação seja uma transação com contraprestação. A extensão na qual o valor de mercado satisfaz os objetivos da elaboração e divulgação da informação contábil e as necessidades de informação dos usuários depende, parcialmente, da qualidade das evidências do mercado. Essas, por sua vez, dependem das características do mercado no qual o ativo é comercializado. O valor de mercado é especialmente apropriado quando se julga que a diferença entre os valores de entrada e de saída provavelmente não será significativa ou o ativo é mantido com a intenção de ser vendido.

7.26 Em princípio, os valores de mercado fornecem informação útil porque refletem, de maneira adequada, o valor do ativo para a entidade. Em mercado aberto, ativo e organizado (ver item 7.28), o ativo não pode valer menos do que o valor de mercado, uma vez que a entidade pode obter esse montante pela venda, e o ativo também não pode valer mais do que o valor de mercado, uma vez que a entidade pode obter potencial de serviços equivalente ou capacidade de gerar benefícios econômicos pela compra do mesmo ativo.

7.27 A utilidade dos valores de mercado é mais questionável quando não se observa a premissa de que os mercados são abertos, ativos e organizados. Em tais circunstâncias, não se pode presumir que o ativo possa ser vendido pelo mesmo valor pelo qual ele pode ser adquirido e é necessário determinar se o valor de saída ou de entrada é a medida mais útil. Os valores de mercado baseados em valores de saída são úteis para ativos que são mantidos para comercialização como, por exemplo, certos instrumentos financeiros, mas pode não ser útil para ativos operacionais especializados. Além disso, enquanto a compra de um ativo fornece evidência de que o valor do ativo para a entidade é, pelo menos, tão grande quanto o seu preço de compra, os fatores operacionais podem significar que o valor para a entidade pode ser maior. Desse modo, os valores de mercado podem não refletir o valor do ativo para a entidade, representado pela sua capacidade operacional.

Valores de mercado em mercado aberto, ativo e organizado

7.28 Os mercados abertos, ativos e organizados têm as seguintes características:

(a) não existem barreiras que impeçam a entidade de realizar transações no mercado;

(b) eles são mercados ativos e, assim, há frequência e volume suficientes de transações para fornecer informação sobre o valor; e

(c) eles são organizados, com compradores e vendedores bem informados, agindo sem impulsos, de modo a haver garantia de imparcialidade na determinação dos preços correntes, inclusive que os preços não representem vendas precipitadas.

Mercado organizado é aquele que funciona de maneira confiável, segura, precisa e eficiente. Tais mercados lidam com ativos que são idênticos e, portanto, mutuamente intercambiáveis como, por exemplo, *commodities*, moedas e títulos em que os preços são públicos. Na prática, poucos mercados, se houver, exibem plenamente todas essas características, mas alguns poderão se aproximar de mercado organizado tal como descrito.

Valores de mercado em que os mercados não podem ser considerados abertos, ativos e organizados

7.29 Os mercados de ativos que sejam únicos e raramente comercializados não são abertos, ativos e organizados, ou seja, quaisquer compras e vendas são negociadas individualmente e pode haver grande amplitude de valores pelos quais uma transação pode ser acordada. Portanto, os participantes incorrem em custos significativos para comprar ou vender um ativo. Em tais circunstâncias, é necessário utilizar uma estimativa do valor de venda, à data de mensuração e conforme as condições presentes de mercado.

Custos dos serviços

7.30 A receita da prestação de serviços evidenciada nas demonstrações contábeis deve ser mensurada com base nos valores relativos ao exercício. Caso os ativos utilizados para prestar os serviços sejam mensurados pelo valor de mercado, a alocação do custo dos ativos para refletir o seu consumo no período se baseia nele.

7.31 A utilização de valores do mercado permite que o retorno sobre os ativos seja determinado. Contudo, as entidades do setor público normalmente não realizam atividades com o objetivo principal de gerar lucros, e os serviços, com frequência, são prestados por meio de transações sem contraprestação ou em condições subsidiadas. Consequentemente, pode haver pouca relevância nas informações de resultados decorrentes de saídas baseadas em valores de mercado.

7.32 Conforme observado no item 7.30, a receita da prestação de serviços evidenciada nas demonstrações contábeis deve ser mensurada com base nos valores correntes no exercício. Assim, o superávit ou o déficit do período inclui movimentações de valores que acontecem durante o período no qual os ativos e passivos são mantidos e nenhum resultado é evidenciado na venda do ativo. Quando o ativo é comercializado em mercado aberto, ativo e organizado, a existência do mercado fornece segurança à entidade para constatar o valor de mercado (e nada além disso) à data do relatório. Portanto, é desnecessário adiar o reconhecimento das mudanças no valor até que o ganho seja realizado no ato da venda. Contudo, quando os ativos utilizados para prestar serviços não são comercializados em mercados abertos, ativos e organizados (ou em mercados assemelhados), a relevância da receita e da despesa relacionadas às mudanças no valor de mercado é questionável.

Capacidade operacional

7.33 A informação sobre o valor de mercado dos ativos mantidos para prestar serviços futuros é útil se refletir o valor que a entidade é capaz de obter deles ao utilizá-los na prestação de serviços. Entretanto, se o valor de mercado baseado em valores de saída for significativamente menor do que o custo histórico, o valor de mercado é provavelmente menos relevante do que o custo histórico para fornecer informação sobre a capacidade operacional. Além disso, esse valor de mercado também é provavelmente menos relevante do que as medidas correntes baseadas em valores de entrada.

Capacidade financeira

7.34 A avaliação da capacidade financeira requer a informação sobre o montante que deveria ser recebido na venda do ativo. Essa informação é fornecida pelo valor de mercado.

Aplicação das características qualitativas

7.35 Os valores determinados em mercados abertos, ativos e organizados podem ser prontamente utilizados para fins de elaboração e divulgação da informação contábil. Nesses casos, a informação irá satisfazer as características qualitativas, isto é, é relevante, fidedignamente representada, compreensível, comparável e verificável. Em tais condições de mercado, os valores de entrada e de saída podem ser assumidos como sendo os mesmos ou muito semelhantes. Pelo fato de ser em tempo hábil, tal informação, provavelmente, também é tempestiva.

7.36 A extensão na qual os valores de mercado satisfazem as características qualitativas diminui na medida em que a qualidade das evidências de mercado diminui e a determinação de tais valores é baseada em estimativas. Conforme indicado acima, os valores de mercado baseados em valores de saída somente são relevantes para avaliações da capacidade financeira e, não, para as avaliações dos custos dos serviços e da capacidade operacional.

Custo de reposição ou substituição

7.37 Custo de reposição(*) ou substituição é o custo mais econômico exigido para a entidade substituir o potencial de serviços de ativo (inclusive o montante que a entidade recebe a partir de sua alienação ao final da sua vida útil) na data do relatório.

(*) O termo completo é "custo de reposição depreciado otimizado", que se refere à reposição do potencial de serviços incorporado em ativo e, não, o próprio ativo (ver item 7.41). O termo "custo de reposição" foi utilizado para fins desta estrutura conceitual.

1.38 O custo de reposição difere do valor de mercado porque:

(a) no contexto do setor público, é, explicitamente, um valor de entrada que reflete o custo de reposição do potencial de serviços do ativo;

(b) inclui todos os custos que seriam, necessariamente, incorridos na reposição do potencial de serviços do ativo; e

(c) é específico à entidade e, portanto, reflete a posição econômica da entidade em vez da posição predominante em mercado hipotético. Por exemplo, o custo de reposição de veículo é menor para a entidade que normalmente adquire grande número de veículos em uma única transação e é capaz de negociar descontos do que para a entidade que compra os veículos individualmente.

1.39 Como as entidades normalmente adquirem os seus ativos pelo meio mais econômico disponível, o custo de reposição reflete o processo de compra ou de construção que a entidade geralmente observa. O custo de reposição reflete a substituição do potencial de serviços no curso normal das operações e, não, os custos que poderiam ser incorridos caso surgisse a necessidade urgente resultante de evento imprevisível, tal como um incêndio.

1.40 O custo de reposição corresponde ao custo para substituir o potencial de serviços do ativo. O custo de reposição adota a abordagem otimizada e difere do custo de reprodução, que é o custo de se adquirir um ativo idêntico(*). Ainda que, em muitos casos, a substituição mais econômica do potencial de serviços corresponda à compra de ativo semelhante ao que é controlado, o custo de reposição se baseia em ativo alternativo caso forneça o mesmo potencial de serviços, com custo menor. Para os fins da informação contábil, portanto, é necessário evidenciar a diferença no potencial de serviços entre o ativo existente e o ativo substituto.

(*) Podem existir casos em que o custo de reposição seja igual ao custo de reprodução. Isto é, a maneira mais econômica de se substituir o potencial de serviços é reproduzir o ativo.

1.41 O potencial de serviços apropriado é aquele no qual a entidade seja capaz de utilizar ou espera utilizar, tendo em vista a necessidade de se manter capacidade de serviços suficiente para lidar com as contingências. Dessa maneira, o custo de reposição do ativo reflete a redução na capacidade de serviço exigida. Por exemplo, se a entidade possui uma escola que comporte quinhentos alunos, mas, devido a mudanças demográficas desde a sua construção, seja adequada uma escola para cem alunos para as necessidades atuais e razoavelmente requeridas, o custo de reposição do ativo é aquele de uma escola para cem alunos.

1.42 Em alguns casos, o valor a ser obtido do ativo será maior do que o seu custo de reposição. Contudo, não seria apropriado mensurar o ativo por aquele valor, uma vez que ele inclui os benefícios das atividades futuras, em vez do potencial de serviços na data do relatório. O custo de reposição representa o maior valor potencial do ativo, já que, por definição, a entidade deve ser capaz de assegurar o potencial de serviços equivalente ao incorrer no custo de reposição.

Custo dos serviços

1.43 O custo de reposição fornece uma medida relevante do custo de prestação de serviços. O custo de consumo do ativo é equivalente ao montante do sacrifício do potencial de serviços incorrido por essa utilização. Esse montante é o seu custo de reposição – a entidade é capaz de restaurar a sua posição para aquela imediatamente anterior ao consumo do ativo pelo desembolso igual ao custo de reposição.

1.44 Os custos dos serviços devem ser evidenciados em termos presentes quando baseados no custo de reposição. Assim, o montante do ativo consumido deve ser reconhecido pelo valor dos ativos à época em que foram consumidos – e não na época em que foram adquiridos, como custo histórico. Isso fornece uma base válida para a comparação entre o custo dos serviços e o montante de tributos e outras receitas recebidos no período – os quais são geralmente as transações do período atual e mensuradas aos valores atuais – e para avaliar se os recursos foram utilizados com economicidade e eficiência. Fornece também uma base útil para comparação com outras entidades que evidenciam na mesma base, já que os valores do ativo não são afetados pelas diferentes datas de aquisição, além de possibilitar a avaliação do custo de se prestar serviços futuros e das necessidades futuras de recursos, já que os custos futuros provavelmente serão mais assemelhados aos custos presentes do que aqueles incorridos no passado, quando os valores eram diferentes (ver também o item 7.48).

Capacidade operacional

1.45 Em princípio, o custo de reposição fornece uma medida útil dos recursos disponíveis para prestar os serviços no futuro, uma vez que está centrado no valor atual dos ativos e o seu potencial de serviços para a entidade.

Capacidade financeira

1.46 O custo de reposição não fornece informação sobre os montantes que seriam recebidos na venda de ativos. Portanto, não facilita a avaliação da capacidade financeira.

Aplicação das características qualitativas

1.47 Conforme observado anteriormente, o custo de reposição é relevante para avaliações do custo dos serviços e da capacidade operacional, mas não é relevante para avaliações da capacidade financeira. Em algumas circunstâncias, o cálculo do custo de reposição é complexo e exige opiniões subjetivas. Esses fatores podem reduzir a representação fidedigna do custo de reposição. Nesse contexto, a tempestividade, a comparabilidade e a verificabilidade da informação elaborada com base no custo de reposição podem ser afetadas e o custo de reposição pode ser mais dispendioso do que algumas outras alternativas. A informação do custo de reposição pode também não ser de compreensão direta, especialmente quando a informação reflete a redução na capacidade de serviços exigida (ver item 7.41).

1.48 A informação do custo de reposição é comparável dentro da entidade quando os ativos que fornecem potencial de serviços equivalentes são informados em montantes semelhantes, independentemente de quando tiverem sido adquiridos. Em princípio, entidades diferentes podem evidenciar ativos semelhantes em montantes diferentes porque o custo de reposição é uma medida específica que reflete as oportunidades de substituição que estão disponíveis para a entidade. As oportunidades de substituição podem ser as mesmas ou semelhantes para diferentes entidades do setor público. Quando são diferentes, a vantagem econômica da entidade que é capaz de adquirir o ativo de forma menos dispendiosa é evidenciada nas demonstrações contábeis por meio de valores mais baixos dos ativos e de menor custo de serviços, de modo a ser uma representação fidedigna.

Preço líquido de venda

1.49 Preço líquido de venda é o montante que a entidade pode obter com a venda do ativo após deduzir os gastos para a venda.

1.50 O preço líquido de venda é diferente do valor de mercado, uma vez que não exige mercado aberto, ativo e organizado ou estimativa de preço em tal mercado e que inclua os gastos para a venda da entidade. Portanto, o preço líquido de venda reflete as restrições na venda e é específico à entidade.

1.51 A utilidade potencial de mensurar ativos pelo preço líquido de venda é que o ativo não pode valer menos para a entidade do que o montante que ela poderia obter na venda do ativo. Entretanto, não é apropriado como base de mensuração se a entidade for capaz de utilizar os seus recursos de maneira mais eficiente ao empregar o ativo de outra maneira, por exemplo, ao utilizá-lo na prestação de serviços.

1.52 O preço líquido de venda é útil, portanto, quando o emprego mais eficiente para a entidade, sob o ponto de vista dos recursos, for vender o ativo. Esse é o caso quando o ativo não puder fornecer potencial de serviços ou gerar benefícios econômicos ao menos tão valiosos quanto seu preço líquido de venda. O preço líquido de venda pode fornecer informação útil quando a entidade estiver obrigada contratualmente a vender o ativo abaixo do valor de mercado. Pode haver casos em que o preço líquido de venda pode indicar uma oportunidade de negócios.

Custo dos serviços

1.53 Não é apropriado quantificar o custo da prestação de serviços pelo preço líquido de venda. Tal abordagem envolveria a utilização do valor de saída como base da despesa evidenciada.

Capacidade operacional

1.54 O registro de ativos mantidos para utilização na prestação de serviços ao preço líquido de venda não fornece informação útil para a avaliação da capacidade operacional. O preço líquido de venda demonstra o montante que poderia ser obtido na venda do ativo em vez do valor do potencial de serviços que poderia ser obtido daquele ativo.

Capacidade financeira

1.55 Conforme observado anteriormente, a avaliação da capacidade financeira exige informação sobre o montante que seria recebido na venda do ativo. Tal informação é fornecida pela utilização do preço líquido de venda. Entretanto, essa mensuração não é relevante para ativos que podem gerar potencial de serviços mais significativos ao continuar utilizando-os para prestar serviços.

Aplicação das características qualitativas

1.56 Conforme indicado no item 7.52, o preço líquido de venda fornece informação relevante somente quando o emprego mais eficiente para a entidade, sob o ponto de vista dos recursos, for vender o ativo. As avaliações do preço líquido de venda podem ser feitas por meio de referência aos mercados ativos onde eles existirem. Para os ativos mais importantes, pode ser possível obter, com custo-benefício razoável, avaliações de profissionais. O preço líquido de venda geralmente fornece informação compreensível.

1.57 Na maioria dos casos em que é relevante, o preço líquido de venda cumpre as características qualitativas da representação fidedigna, da verificabilidade e da tempestividade.

Valor em uso

1.58 Valor em uso é o valor presente, para a entidade, do potencial de serviços ou da capacidade de gerar benefícios econômicos remanescentes do ativo, caso este continue a ser utilizado, e do valor líquido que a entidade receberá pela sua alienação ao final da sua vida útil.

Adequação do valor em uso

1.59 O valor em uso é um valor específico à entidade que reflete o montante que pode ser obtido do ativo por meio da sua operação e de sua alienação ao final da sua vida útil. Como observado no item 7.42, o valor que deriva do ativo é, muitas vezes, maior do que seu custo de reposição – normalmente é, também, maior do que o seu custo histórico. Quando for esse o caso, evidenciar o ativo pelo seu valor em uso é de utilidade limitada, uma vez que, por definição, a entidade é capaz de garantir o potencial de serviços equivalente pelo custo de reposição.

1.60 O valor em uso também não é base de mensuração apropriada quando for menor que o preço líquido de venda, já que, nesse caso, o uso mais eficiente do ativo é vendê-lo em vez de continuar a utilizá-lo.

1.61 Portanto, o valor em uso é apropriado quando for menor do que o custo de reposição e maior do que o seu preço líquido de venda. Isso ocorre quando não vale a pena substituir o ativo, mas o valor do seu potencial de serviços ou da capacidade de gerar benefícios econômicos for maior do que o seu preço líquido de venda. Em tais circunstâncias, o valor em uso representa o valor do ativo para a entidade.

1.62 O valor em uso é base de mensuração apropriada para a avaliação de determinados ajustes de redução ao valor recuperável porque é utilizado na determinação do montante recuperável para o ativo ou grupo de ativos.

Custo dos serviços, capacidade operacional e capacidade financeira

1.63 Dada a sua complexidade potencial (ver item 7.66), a sua aplicabilidade limitada e o fato de que a sua operacionalização no contexto do setor público para ativos não geradores de caixa envolve, subsidiariamente, a utilização do custo de reposição, em regra, o valor em uso é inapropriado para determinar o custo dos serviços e sua utilidade para avaliações da capacidade operacional é limitada e provavelmente só deve ser significativa em circunstâncias atípicas quando as entidades têm grande número de ativos que não se justifique substituir, mas o seu valor em uso é maior do que o seu preço líquido de venda. Esse pode ser o caso, por exemplo, da descontinuidade da prestação do serviço no futuro, em que os recursos advindos da venda imediata sejam menores do que o potencial de serviços gerado pelos ativos. O valor em uso não envolve uma estimativa do montante líquido que a entidade receberá pela alienação do ativo. Entretanto, a sua aplicabilidade limitada reduz a sua relevância para as avaliações da capacidade financeira.

Aplicação das características qualitativas

1.64 Enquanto o valor em uso pode ser utilizado nas avaliações de determinadas perdas por redução ao valor recuperável, a sua relevância para a informação contábil é limitada às circunstâncias delineadas no item 7.61.

1.65 A extensão na qual o valor em uso satisfaz as outras características qualitativas depende de como ele for determinado. Em alguns casos, o valor em uso do ativo pode ser quantificado ao se calcular o valor que a entidade pode obter do ativo assumindo a sua utilização continuada. Isso pode se basear nas entradas de caixa futuras relacionadas ao ativo ou nas reduções de custo que se acumulam para a entidade por meio do controle do ativo. O cálculo do valor em uso leva em consideração o valor temporal do dinheiro e, em princípio, o risco das variações no montante e no cronograma dos fluxos de caixa.

1.66 O cálculo do valor em uso pode ser complexo. Os ativos que são empregados nas atividades geradoras de caixa fornecem, muitas vezes, fluxos de caixa juntamente com outros ativos. Nesses casos, o valor em uso pode ser estimado somente ao calcular o valor presente dos fluxos de caixa de grupo de ativos e então fazer a alocação para os ativos individuais.

1.67 No setor público, a maioria dos ativos é mantida com o objetivo primordial de contribuir para o fornecimento de serviços em vez da geração de retorno comercial, sendo que tais ativos são referidos como ativos não geradores de caixa. Como o valor em uso normalmente é derivado dos fluxos de caixa esperados, a sua operacionalização em tal contexto pode ser difícil. Pode ser inapropriado calcular o valor em uso com base nos fluxos de caixa esperados porque tal mensuração não seria uma representação fidedigna do valor em uso de tal ativo para a entidade. Portanto, seria necessário utilizar, subsidiariamente, o custo de reposição para fins de elaboração e divulgação da informação contábil.

1.68 O método de se determinar o valor em uso reduz a sua representação fidedigna em muitos casos. Afeta também a tempestividade, a comparabilidade, a compreensibilidade e a verificabilidade da informação elaborada com base no valor em uso.

Bases de mensuração para os passivos

1.69 Esta seção discute as bases de mensuração para os passivos, não repete toda a discussão sobre os ativos e considera as seguintes bases de mensuração:

(a) custo histórico;

(b) custo de cumprimento da obrigação;

(c) valor de mercado;

(d) custo de liberação; e

(e) preço presumido.

Custo histórico

1.70 Custo histórico para o passivo é a importância recebida para se assumir uma obrigação, a qual corresponde ao caixa ou equivalentes de caixa, ou ao valor de outra importância recebida à época na qual a entidade incorreu no passivo.

1.71 No modelo do custo histórico, as mensurações iniciais podem ser ajustadas para refletir fatores como o acúmulo de juros, o acréscimo de descontos ou a amortização de prêmio.

1.72 Quando o valor temporal do passivo é material – por exemplo, quando o prazo de vencimento for significativo – o montante do pagamento futuro é descontado de modo que, quando do reconhecimento inicial do passivo, ele represente o valor do montante recebido. A diferença entre o montante a ser pago no futuro e o valor presente do passivo é amortizada ao longo da vida do passivo, sendo registrada conforme a data do fato gerador.

1.73 As vantagens e as desvantagens de se utilizar a base do custo histórico para passivos são semelhantes às aplicadas em relação aos ativos. O custo histórico é apropriado quando os passivos provavelmente forem liquidados nos termos estabelecidos. No entanto, o custo histórico não pode ser aplicado para os passivos que não se originam de transação como, por exemplo, passivo para o pagamento de danos civis. É também improvável que o custo histórico forneça informação relevante quando o passivo decorrer de transação sem contraprestação, uma vez que esta não fornece uma representação fidedigna das demandas sobre os recursos da entidade. Também se torna difícil aplicar o custo histórico aos passivos que podem variar em seu montante como, por exemplo, aqueles relacionados a passivos previdenciários.

Custo de cumprimento da obrigação

1.74 Custo de cumprimento da obrigação corresponde aos custos nos quais a entidade incorre no cumprimento das obrigações representadas pelo passivo, assumindo que o faz da maneira menos onerosa.

1.75 Quando o custo de cumprimento depender de eventos futuros incertos, todos os resultados possíveis devem ser levados em consideração em sua estimativa, visando refletir todos esses possíveis resultados de forma imparcial.

1.76 Quando o cumprimento da obrigação exigir que algum trabalho venha a ser feito (obrigação de fazer) – por exemplo, quando o passivo for para sanar dano ambiental –, os custos relevantes devem corresponder àqueles em que a entidade irá incorrer; pode corresponder ao custo de reparação por conta própria ou por meio de terceiros. Contudo, os custos de contratar um terceiro somente são relevantes quando se tratar da maneira menos onerosa para se liquidar a obrigação.

1.77 Quando o cumprimento da obrigação vier a ser realizado por conta própria, o custo de cumprimento da obrigação não deve incluir qualquer ganho, dado que tais ganhos não representam a utilização dos recursos da entidade. Quando o cumprimento for baseado em terceiros, o montante deve incluir, implicitamente, o lucro exigido pelo contratado, já que o valor total cobrado por este é uma demanda por recursos da entidade – isso é consistente com a abordagem para ativos, em que o custo de reposição incluiria o lucro exigido pelo fornecedor, mas nenhum lucro seria incluído no custo de reposição para ativos que a entidade deve substituir por meio de desenvolvimento próprio.

1.78 Quando o cumprimento da obrigação não acontecer por período prolongado, os fluxos de caixa devem ser descontados para refletir o valor do passivo na data do relatório.

1.79 Geralmente, o custo de cumprimento da obrigação é relevante para mensurar passivos, com exceção das seguintes circunstâncias:

(a) quando a entidade puder ser dispensada da obrigação em montante menor do que o custo de seu cumprimento, então o custo dessa dispensa é a mensuração mais relevante do ônus do passivo, do mesmo modo que, para o ativo, o preço líquido de venda é mais relevante quando for maior do que o valor em uso; e

(b) no caso dos passivos assumidos por determinada importância, o preço presumido (ver itens 7.87 a 7.91) é mais relevante quando for maior que o custo de cumprimento da obrigação e o custo da liberação.

Valor de mercado

1.80 Valor de mercado para passivos é o montante pelo qual um passivo pode ser liquidado entre partes cientes e interessadas em transação sob condições normais de mercado.

1.81 As vantagens e desvantagens do valor de mercado para os passivos são as mesmas que para os ativos. Tal base de mensuração pode ser adequada, por exemplo, quando o passivo for atribuível a mudanças em determinada taxa, preço ou índice cotado em mercado aberto, ativo e organizado. Entretanto, quando a capacidade para transferir o passivo for restrita e os termos nos quais a transferência puder ser feita não estiverem claros, os casos nos quais os valores de mercado são aplicáveis, mesmo que existam, serão significativamente mais frágeis. Esse é particularmente o caso dos passivos originados das obrigações nas transações sem contraprestação, dado ser improvável que exista mercado aberto, ativo e organizado para tais passivos.

Custo de liberação

1.82 O custo de liberação é o termo utilizado no contexto dos passivos para se referir ao mesmo conceito de preço líquido de venda utilizado no contexto dos ativos. O custo de liberação se refere ao montante que corresponde à baixa imediata da obrigação. O custo de liberação é o montante que o credor aceita no cumprimento da sua demanda, ou que terceiros cobrariam para aceitar a transferência do passivo do devedor. Quando há mais de um modo de garantir a liberação do passivo, o custo de liberação é aquele que representa o menor montante — isso é consistente com a abordagem para os ativos, em que, por exemplo, o preço líquido de venda não refletiria o montante que deveria ser recebido na venda a sucateiro, caso o preço maior pudesse ser obtido na venda para o comprador que utilizaria o ativo.

1.83 Para alguns passivos, especialmente no setor público, a transferência de passivo é praticamente impossível e, assim, o custo de liberação corresponde ao montante que o credor aceita para o cumprimento da sua demanda. Esse montante é conhecido se estiver especificado no acordo com o credor – por exemplo, quando o contrato inclui cláusula específica de cancelamento.

1.84 Em alguns casos, pode haver evidência do valor pelo qual o passivo poderá ser transferido – por exemplo, no caso do passivo de algumas obrigações por pensões. Transferir o passivo pode ser diferente de celebrar um acordo com a parte que cumprirá a obrigação da entidade ou arcará com todos os custos decorrentes do passivo. Para o passivo ser transferido é necessário que todos os direitos do credor em relação à entidade sejam extintos. Caso esse não seja o efeito do acordo, o passivo da entidade permanece com ela.

1.85 Ao se avaliar se o custo de liberação é adequado para mensurar passivos, é necessário considerar se a maneira prevista é uma opção que, na prática, está aberta para entidade, estando ciente de quaisquer consequências da obtenção da liberação como, por exemplo, dano à reputação da entidade.

1.86 Assim como o preço líquido de venda é relevante somente quando a alternativa mais eficiente do recurso para a entidade for vender o ativo, o custo de liberação é relevante somente quando a alternativa mais eficiente for buscar a liberação imediata da obrigação. Em especial, quando o custo do cumprimento da obrigação for menor do que o custo de liberação, o primeiro fornece informação mais relevante do que o segundo, mesmo se for viável negociar a liberação da obrigação, conforme os métodos de transferência de passivos previstos no item 7.84.

Preço presumido

1.87 O preço presumido é o termo utilizado no contexto dos passivos para se referir ao mesmo conceito do custo de reposição para os ativos. Do mesmo modo que o custo de reposição representa o montante que a entidade pagaria racionalmente para adquirir o ativo, o preço presumido representa o montante que a entidade racionalmente aceitaria na troca pela assunção do passivo existente. As transações com contraprestação realizadas em condições normais fornecem evidência do preço presumido – esse não é o caso das transações sem contraprestação.

1.88 No contexto da atividade que é realizada visando lucro, a entidade assumirá o passivo somente se o montante pago para assumi-lo for maior do que o custo de cumprimento da obrigação ou que o custo de liberação, isto é, o montante da liquidação. Uma vez que o preço presumido tiver sido aceito pela entidade, a entidade tem a obrigação com o seu credor.

1.89 Quando se incorre em passivo pela primeira vez em transação com contraprestação, o preço presumido representa o montante que foi aceito pela entidade para assumi-lo – é razoável considerar que o preço presumido é o valor que a entidade racionalmente aceitaria para assumir um passivo semelhante. Seria cobrado um valor maior caso algumas pressões concorrenciais permitissem fazê-lo, mas não necessariamente um menor. Assim, como o custo de reposição é o valor atual, conceitualmente o preço presumido também é. Existem, contudo, problemas práticos ao se refletir mudanças nos valores das obrigações que são informadas no preço presumido.

1.90 Uma consequência de se informar as obrigações do exercício com base no preço presumido é que nenhum ganho é informado à época na qual a obrigação é aceita. O ganho ou a perda é evidenciado nas demonstrações contábeis no período em que ocorre o cumprimento da obrigação (ou liberação), já que corresponde à diferença entre a receita originada e o custo de cumprimento da obrigação.

1.91 A entidade pode ter a obrigação potencial que seja maior do que o preço presumido. Caso a entidade tenha que buscar a liberação do contrato, a outra parte no contrato poderá ser capaz de demandar compensação por perdas, bem como o retorno de quaisquer montantes pagos. Contudo, dado que a entidade pode liquidar a obrigação, ela pode evitar tais obrigações adicionais e seria uma representação fidedigna evidenciar a obrigação por valor inferior ao preço presumido – esta é uma situação análoga à situação do ativo que gera benefícios superiores ao custo de reposição. Em tais circunstâncias, como explicado no item 7.42, o custo de reposição (em vez do valor em uso) é a base de mensuração mais relevante.

Capítulo 8 – Apresentação de Informação no Relatório Contábil de Propósito Geral das Entidades do Setor Público

Introdução

1.1 Este capítulo estabelece os conceitos aplicáveis à apresentação da informação nos RCPGs, inclusive nas demonstrações contábeis dos governos e outras entidades do setor público.

1.2 A apresentação das informações nos RCPGs possui ligação com os capítulos 1 a 4 – os objetivos da elaboração e da divulgação da informação contábil, as necessidades dos usuários, as características qualitativas, as restrições na informação incluída nos RCPGs e a entidade que reporta a informação contábil influenciam as decisões relativas à apresentação das informações. Para a informação evidenciada nas demonstrações contábeis, a apresentação é relacionada também às definições dos elementos, critérios de reconhecimento e bases de mensuração identificados nos capítulos 5 a 7, por exemplo:

(a) a definição dos elementos afeta os itens que podem ser apresentados nas demonstrações contábeis;

(b) a aplicação dos critérios de reconhecimento afeta a localização da informação; e

(c) a seleção das bases de mensuração impacta a informação apresentada nas metodologias de mensuração.

Idioma no qual as demonstrações contábeis e outros RCPGs são divulgados

1.3 O idioma (ou idiomas) no qual as demonstrações contábeis e outros RCPGs são divulgados dá suporte à realização dos objetivos da elaboração e da divulgação da informação contábil e as características qualitativas. Todas as versões traduzidas precisam ser fiéis à versão do idioma original. A versão traduzida é disponibilizada para satisfazer as necessidades dos usuários em referência a:

(a) dispositivos legais na jurisdição da entidade; e

(b) relação custo-benefício da tradução.

Apresentação

1.4 A apresentação corresponde à seleção, à localização e à organização da informação que é evidenciada nos RCPGs.

1.5 A apresentação visa fornecer informação que contribua com os objetivos da elaboração e da divulgação da informação contábil e alcança as características qualitativas, enquanto considera as restrições na informação incluída nos RCPGs. As decisões sobre a seleção, a localização e a organização da informação são tomadas em resposta às necessidades dos usuários pela informação sobre os fenômenos econômicos, financeiros e de outra natureza.

1.6 O Capítulo 1 explica que os RCPGs compreendem relatórios múltiplos, cada um respondendo mais diretamente a determinados aspectos dos objetivos da elaboração e divulgação da informação contábil ou no alcance dessas informações. Adicionalmente às demonstrações contábeis, os RCPGs fornecem informação relevante, por exemplo, para avaliações do desempenho dos serviços da entidade e a sustentabilidade das suas finanças. Os objetivos da elaboração e divulgação da informação contábil aplicados à área coberta por determinado relatório orientam as decisões sobre a apresentação daquele relatório.

1.7 As decisões sobre a apresentação podem:

(a) resultar no desenvolvimento de novo RCPG, na movimentação da informação entre os relatórios ou na fusão dos relatórios existentes; ou

(b) ser decisões detalhadas sobre a seleção, a localização e a organização da informação no RCPG.

Decisões sobre a apresentação estão interligadas

1.8 As decisões sobre a seleção, a localização e a organização da informação estão interligadas e, na prática, provavelmente são consideradas em conjunto. O montante ou o tipo de informação selecionada pode ter implicações sobre se relatório é elaborado em separado ou organizado em quadros ou tabelas separados. As três seções seguintes focam separadamente em cada decisão sobre a apresentação.

Seleção da informação

1.9 As decisões sobre a seleção da informação tratam da informação que é evidenciada:

(a) nas demonstrações contábeis; e

(b) nos RCPGs que não correspondam às demonstrações contábeis (outros RCPGs).

1.10 Como explica o Capítulo 2, os objetivos da elaboração e da divulgação da informação contábil são o de fornecer informação sobre a entidade que seja útil para os usuários dos RCPGs para fins de prestação de contas e responsabilização (*accountability*) e tomada de decisão. O Capítulo 2 descreve os tipos de informações que os usuários necessitam para satisfazer esses objetivos. Aquela descrição orienta as decisões sobre se determinados tipos de relatórios são necessários. Este capítulo foca na seleção da informação a ser apresentada nos RCPGs, incluindo as demonstrações contábeis e outros relatórios.

Seleção e natureza da informação

Natureza da informação nas demonstrações contábeis

1.11 As necessidades de informação dos usuários identificados no Capítulo 2 corroboram a seleção da informação para as demonstrações contábeis. Essas necessidades incluem a informação sobre a situação patrimonial, o desempenho e os fluxos de caixa da entidade para:

(a) possibilitar aos usuários identificarem os recursos da entidade e as demandas por estes recursos na data do relatório;

(b) informar as avaliações de questões como se a entidade adquiriu recursos com economicidade e os utilizou de forma eficiente e eficaz para alcançar os seus objetivos na prestação de serviços; e

(c) informar as avaliações do desempenho e a liquidez e solvência da entidade.

1.12 As demonstrações contábeis podem fornecer também informação que auxilia os usuários na avaliação da extensão na qual:

(a) a entidade satisfez os seus objetivos financeiros;

(b) as receitas, as despesas, os fluxos de caixa e o desempenho da entidade estão em conformidade com os orçamentos aprovados; e

(c) a entidade observou a legislação vigente e outros regulamentos que regem a captação e a utilização de recursos públicos.

1.13 As demonstrações contábeis não evidenciam de modo abrangente o desempenho dos serviços da entidade. Contudo, a informação nas demonstrações contábeis pode fornecer informação relevante aos aspectos financeiros do desempenho dos serviços, como informação sobre:

(a) receita, despesa e fluxos de caixa relativos aos serviços; e

(b) os ativos e os passivos que orientam as avaliações dos usuários em relação à capacidade operacional da entidade ou aos riscos financeiros que podem impactar no fornecimento do serviço.

1.14 Outros relatórios nos RCPGs apresentam informação adicional às demonstrações contábeis. Tal informação poderia, por exemplo, incluir:

(a) informação sobre a sustentabilidade das finanças públicas da entidade;

(b) discussão e análise das demonstrações contábeis; ou

(c) informação sobre o desempenho dos serviços.

Informação selecionada para exposição ou evidenciação

1.15 A informação é selecionada para exposição ou para evidenciação nos RCPGs. A informação selecionada para exposição comunica mensagens-chave no RCPG, enquanto a informação selecionada para evidenciação torna a informação exposta mais útil ou fornece detalhes que auxiliam os usuários a entenderem a informação exposta. A evidenciação não substitui a exposição.

1.16 A repetição da informação no RCPG geralmente precisa ser evitada. Contudo, a mesma informação pode ser tanto exposta como evidenciada. Por exemplo, o montante exposto nas demonstrações contábeis pode ser repetido nas notas explicativas quando tais notas fornecem o detalhamento do total exposto. Do mesmo modo, a mesma informação pode ser apresentada em RCPGs diferentes para tratar diferentes propósitos.

Informação selecionada para exposição

1.17 Todos os RCPGs contêm mensagens-chave que são comunicadas, uma vez que todos eles contêm informação exposta. A informação exposta observa um nível conciso e compreensível de modo que os usuários possam focar nas mensagens-chave apresentadas e não serem distraídos por algum detalhe que, de outra maneira, poderia obscurecer essas mensagens. A informação exposta é destacadamente apresentada utilizando-se técnicas de apresentação apropriadas, como classificações, margens, quadros e gráficos.

1.18 Os itens expostos nas demonstrações contábeis fornecem informação sobre questões como, por exemplo, a situação patrimonial, o desempenho e os fluxos de caixa da entidade que reporta a informação.

1.19 A avaliação se o item satisfaz os critérios de reconhecimento é um dos principais mecanismos para se determinar se a informação deve ser exposta no demonstrativo que evidencia a situação patrimonial ou no demonstrativo que evidencia o desempenho das entidades do setor público e/ou divulgada nas notas explicativas ou em outro lugar nos RCPGs. Em outros casos, por exemplo, a demonstração dos fluxos de caixa apoia também o cumprimento dos objetivos da elaboração e da divulgação da informação contábil.

1.20 O desenvolvimento de requisitos para a exposição das rubricas dos relatórios e os respectivos totais envolve equilibrar a padronização da informação exposta (a qual facilita a compreensibilidade) com a informação que é elaborada para os fatores específicos à entidade. O objetivo tanto dos requisitos da exposição padronizada como da informação específica à entidade é assegurar que a informação necessária para satisfazer aos objetivos da elaboração e da divulgação da informação contábil esteja disponível para todas as entidades, ao permitir que a informação seja exposta de maneira que reflita a natureza e as operações de entidades específicas.

Informação selecionada para evidenciação

8.21 A informação evidenciada deve incluir:

(a) a base para a informação exposta como, por exemplo, políticas e metodologias aplicáveis;
(b) detalhamentos da informação exposta; e
(c) itens que compartilham alguns, mas nem todos os aspectos da informação exposta, por exemplo, evidenciações de itens que satisfaçam algumas, mas nem todas as características da definição de elemento ou evidenciações sobre itens que satisfaçam a definição de elemento, mas não os critérios de reconhecimento. O Capítulo 5 explica quais os outros recursos e outras obrigações que não satisfazem a definição de elementos e que podem ser reconhecidos para contribuir com os objetivos da elaboração e da divulgação da informação contábil.

1.22 O nível de detalhe fornecido pela informação exposta contribui para a realização dos objetivos da elaboração e da divulgação da informação contábil, desde que não seja excessivo. A informação evidenciada, assim como a informação exposta, é necessária para a realização dos objetivos da elaboração e da divulgação da informação contábil.

1.23 A informação evidenciada nas notas explicativas às demonstrações contábeis:

(a) é necessária para a compreensão dos usuários das demonstrações contábeis;
(b) fornece informação que apresenta as demonstrações contábeis no contexto da entidade e o seu ambiente operacional; e
(c) geralmente tem relação clara e demonstrável com a informação exposta nas demonstrações contábeis às quais ela pertence.

1.24 A informação evidenciada nas notas explicativas pode incluir também:

(a) os fatores relacionados à entidade que podem influenciar as opiniões sobre a informação evidenciada (por exemplo, informação sobre as partes relacionadas e entidades controladas ou participações em outras entidades);
(b) a fundamentação para o que é exposto (por exemplo, a informação sobre as políticas contábeis e critérios de mensuração, inclusive os métodos e as incertezas quanto à mensuração, quando aplicáveis);
(c) os detalhamentos dos montantes expostos nas demonstrações (por exemplo, a divisão do imobilizado em classes diferentes);
(d) os itens que não satisfazem a definição de elemento ou os critérios de reconhecimento, mas são importantes para a devida compreensão das finanças e da capacidade de prestar serviços da entidade, por exemplo, a informação sobre os eventos e as condições que podem afetar fluxos de caixa ou potencial de serviços futuros, inclusive as suas naturezas, os efeitos possíveis sobre os fluxos de caixa ou potencial de serviços, as probabilidades de ocorrência e as sensibilidades a mudanças nas condições; e
(e) a informação que pode explicar as tendências subjacentes afetando os totais expostos.

Princípios aplicáveis à seleção da informação

1.25 As decisões sobre qual informação precisa ser exposta e evidenciada envolve considerar:

(a) os objetivos da elaboração e da divulgação da informação contábil;
(b) as características qualitativas e as restrições das informações contidas nos RCPGs; e
(c) os fenômenos econômicos relevantes e outros fenômenos sobre os quais a informação seja necessária.

1.26 A seleção da informação contribui para satisfazer aos objetivos da elaboração e da divulgação da informação contábil, uma vez que deve ser aplicada à informação coberta por relatório em particular e fornecer o nível de detalhe apropriado. As decisões sobre a seleção da informação envolvem priorizar e resumir e evita a sobrecarga de informação, a qual reduz a compreensibilidade. Informação em demasia pode dificultar a compreensão das mensagens-chave por parte dos usuários e, consequentemente, comprometer a realização dos objetivos da elaboração e da divulgação da informação contábil.

1.27 Os responsáveis pela elaboração das demonstrações contábeis, que aplicam as normas e o julgamento profissional, são responsáveis por assegurar que a informação que satisfaça aos objetivos da elaboração e da divulgação da informação contábil e que alcance as características qualitativas fornecidas nos RCPGs.

1.28 As decisões sobre a seleção da informação exigem revisão contínua e crítica. A informação identificada para possível seleção é revisada à medida que for desenvolvida e considerada para apresentação, com referência especial à sua relevância, materialidade e custo-benefício, embora todas as características qualitativas e restrições sejam aplicadas às decisões sobre a seleção da informação. As decisões passadas podem exigir reconsideração porque nova informação pode tornar redundante a informação existente, fazendo com que esses itens não alcancem mais as características qualitativas e/ou as restrições.

1.29 Todas as transações materiais, eventos e outros itens reportados são apresentados de maneira que transmitam a sua essência em vez da sua forma jurídica ou outra forma, de modo que as características qualitativas da relevância e da representação fidedigna sejam alcançadas.

1.30 Os benefícios para os usuários ao receberem a informação precisam justificar os custos das entidades em coletar e apresentar a informação. Ao se fazer essa avaliação, é importante considerar como os itens individuais impactam o quadro geral apresentado e a natureza da informação apresentada. Os itens que aparentarem gerar pouco benefício quando vistos isoladamente, podem contribuir significativamente para o conjunto completo da informação apresentada.

1.31 A informação precisa ser apresentada em base suficientemente oportuna para possibilitar aos usuários manter a administração sujeita à prestação de contas e responsabilização (*accountability*) e para subsidiar a tomada de decisão por parte dos usuários.

1.32 Os RCPGs podem incluir informação adicional derivada de fontes distintas do sistema de informação financeira. As características qualitativas se aplicam a essa informação e a data da entrega dela precisa ser mais próxima possível da data da divulgação das demonstrações contábeis, de modo que seja tempestiva.

Princípios para a seleção da informação para a exposição ou evidenciação

1.33 As decisões sobre a exposição e a evidenciação se aplicam tanto às demonstrações contábeis quanto aos outros RCPGs. Os objetivos da elaboração e da divulgação da informação contábil são aplicados à área coberta por relatório em particular para orientar a identificação da informação para exposição ou evidenciação. A identificação da informação para exposição e evidenciação em RCPG em particular pode envolver o desenvolvimento de:

(a) princípios de classificação;

(b) lista de tipos gerais de informações que são expostas e de lista semelhante de tipos gerais de informações que são evidenciadas; e/ou

(c) listas de informação específica que aqueles que elaboram a informação precisam expor ou evidenciar.

1.34 As decisões sobre a seleção da informação a ser exposta e evidenciada são tomadas:

(a) com referência umas às outras, em vez de estarem isoladas; e

(b) para comunicar efetivamente o conjunto integrado de informação.

1.35 As decisões sobre a seleção da informação em outros RCPGs são tomadas após considerar, cuidadosamente, a relação dos outros RCPGs com as demonstrações contábeis.

Localização da informação

1.36 As decisões sobre a localização da informação são tomadas sobre:

(a) o local no qual a informação é contida no relatório; e

(b) o local no qual o componente do relatório está localizado.

1.37 A localização da informação tem impacto sobre a contribuição da informação para a realização dos objetivos da elaboração e da divulgação da informação contábil e para o atendimento das características qualitativas. A localização pode afetar a maneira que os usuários interpretam a informação e a comparabilidade da informação. A localização pode ser utilizada para:

(a) transmitir a importância relativa da informação e as suas conexões com os outros itens da informação;

(b) transmitir a natureza da informação;

(c) ligar itens de informação diferentes que se combinam para satisfazer a necessidade de um usuário em particular; e

(d) distinguir entre a informação selecionada para exposição e a informação selecionada para evidenciação.

Princípios para a alocação da informação entre diferentes relatórios

1.38 Os fatores relevantes para as decisões sobre alocar a informação entre as demonstrações contábeis e outros RCPGs incluem:

(a) *Natureza*: se a natureza da informação – por exemplo, histórica *versus* prospectiva – indica a inclusão da informação no mesmo ou em RCPG diferente em razão das considerações relacionadas a, por exemplo, comparabilidade e/ou compreensibilidade;

(b) *Especificidade à jurisdição*: se os fatores específicos à jurisdição, como, por exemplo, os dispositivos legais vigentes, especificarem regras acerca da localização da informação; e

(c) *Conexão*: se a informação adicional considerada precisa ou não estar conectada de modo estreito com a informação já incluída em relatório existente. As conexões entre todas as informações precisam ser avaliadas, não se restringindo somente à conexão entre a informação nova e a já existente.

1.39 Os fatores expostos nos itens 8.36 a 8.38, os quais representam a perspectiva de se adicionar informação ao conjunto de informação já existente, também se aplicam à consideração se o agrupamento da informação existente pode ser aprimorado, o que é discutido na seção sobre a organização da informação.

1.40 Um RCPG específico pode ser necessário quando:

(a) necessidades adicionais de informação do usuário, não satisfeitas por relatório existente, são identificadas; e
(b) um RCPG específico para satisfazer essas necessidades é mais adequado ao alcance dos objetivos da elaboração e da divulgação da informação contábil e do cumprimento das características qualitativas do que a inclusão da informação em relatório já existente.

Princípios para a localização da informação dentro do relatório

1.41 O item 8.17 afirma que a informação exposta é destacadamente apresentada utilizando-se técnicas de apresentação apropriadas – a localização é o modo de se alcançar isso. A localização da informação dentro do relatório assegura que a informação exposta tenha o destaque apropriado e não fique obscurecida por informação evidenciada com mais detalhe e extensão.

1.42 A localização da informação nas demonstrações contábeis contribui para representar um panorama financeiro mais abrangente da entidade.

1.43 Para as demonstrações contábeis, a informação exposta é mostrada na demonstração apropriada, enquanto as evidenciações encontram-se nas notas explicativas. Distinguir a informação exposta e a informação evidenciada por meio da localização assegura que esses itens, os quais se relacionam diretamente a questões de comunicação, como, por exemplo, os itens da demonstração que evidencia a situação patrimonial, o desempenho e os fluxos de caixa da entidade, podem ser realçados, com informação ainda mais detalhada fornecida por meio da evidenciação em notas explicativas.

1.44 Para outros RCPGs, a informação exposta pode estar localizada separadamente da informação evidenciada ou no mesmo local, mas difere-se da informação evidenciada e do destaque dado por meio de outra técnica de apresentação.

Organização da informação

1.45 A organização da informação trata da disposição, agrupamento e ordenamento da informação, a qual inclui decisões sobre:
(a) como a informação está disposta no RCPG;
(b) a estrutura geral do RCPG.

1.46 A organização da informação envolve uma série de decisões incluindo as decisões sobre a utilização de referência cruzada, quadros, tabelas, gráficos, cabeçalhos, numeração e a disposição dos itens dentro de determinado componente de relatório, incluindo decisões sobre a ordem dos itens. A forma na qual a informação está organizada pode afetar a sua interpretação por parte dos usuários.

Natureza da informação relevante para fins de organização

1.47 As decisões sobre a organização da informação levam em consideração:
(a) importantes relacionamentos entre a informação; e
(b) se a informação é para exposição ou para evidenciação.

Tipos de relacionamentos

1.48 Os relacionamentos importantes incluem, mas não se restringem a:
(a) aprimoramento;
(b) similaridade; e
(c) propósito comum.

1.49 *Aprimoramento:* a informação em determinado lugar no RCPG pode ser aprimorada por meio de informação fornecida em outro local. Por exemplo, o orçamento, a informação prospectiva e do desempenho de serviços aprimoram a informação das demonstrações contábeis. Os quadros e os gráficos podem ser utilizados para aprimorar a compreensão da informação narrativa. Os elos com a informação evidenciada fora dos RCPGs podem aprimorar a compreensibilidade da informação evidenciada pelos RCPGs.

1.50 *Similaridade:* a relação de similaridade existe quando a informação evidenciada em um lugar se baseia na informação relatada em outro local nos RCPGs, e a informação ou não foi ajustada ou teve ajustes relativamente menores. Por exemplo, caso a informação do desempenho dos serviços inclua o custo dos serviços, ou o valor dos ativos utilizados em diferentes serviços, pode auxiliar a demonstrar como aqueles totais se relacionam à despesa e aos ativos evidenciados nas demonstrações contábeis. Outro exemplo é a relação entre a despesa total evidenciada no orçamento e o total da despesa evidenciada na demonstração de desempenho. A conciliação ou aproximação, na medida do possível, entre os dois montantes diferentes, pode aprimorar a compreensão dos usuários sobre as finanças da entidade.

1.51 *Propósito comum:* o relacionamento de propósito comum existe quando a informação relatada em locais diferentes contribui para os mesmos fins. Um exemplo é quando demonstrações e evidenciações diferentes fornecem informação necessária para avaliações de responsabilização pelos serviços prestados. As informações sobre (a) o custo real e orçado de serviços diferentes, (b) os recursos financeiros e não financeiros utilizados na prestação de serviços diferentes e (c) o fornecimento futuro de serviços diferentes podem ser incluídos em locais diferentes. Para tornar clara a relação entre a informação em locais diferentes, é adequado organizar a informação por intermédio da utilização de técnicas como cabeçalhos e referências.

1.52 Podem existir relações entre informações expostas em diferentes:
(a) RCPGs;
(b) componentes dentro do RCPG;
(c) partes de um único componente.

Agrupamento da informação

1.53 Os três fatores constantes do item 8.38 da seção sobre localização da informação – natureza, especificidade à jurisdição e conexão – se aplicam também às considerações se o agrupamento da informação existente puder ser aprimorado. As decisões sobre o agrupamento efetivo da informação consideram as conexões entre os conjuntos de informações, a natureza dos diferentes conjuntos de informações e, na extensão apropriada, os fatores específicos à determinada jurisdição.

Princípios aplicáveis à organização da informação

1.54 A organização da informação:
(a) dá suporte ao alcance dos objetivos da elaboração e da divulgação da informação contábil; e
(b) auxilia a informação evidenciada a satisfazer as características qualitativas.

1.55 A organização da informação:
(a) busca assegurar que as mensagens-chave sejam compreensíveis;
(b) identifica claramente as relações importantes;

(c) fornece o destaque apropriado à informação que transmite mensagens-chave; e

(d) facilita as comparações.

1.56 A informação evidenciada está conectada por meio da utilização de cabeçalhos consistentes, ordem de apresentação e/ou outros métodos apropriados à relação e ao tipo de informação. Quando há conexões com informações evidenciadas fora dos RCPGs é importante que:

(a) as conexões com a informação proveniente de outras fontes não prejudiquem o alcance das características qualitativas do RCPG; e

(b) a data de emissão de qualquer informação conectada seja tão próxima quanto possível à data da divulgação das demonstrações contábeis, de modo que a informação evidenciada seja tempestiva.

Comparabilidade

1.57 A organização da informação leva em consideração os benefícios da apresentação consistente no decorrer do tempo. A apresentação consistente dá suporte à capacidade dos usuários em entenderem a informação e facilitam o seu acesso. Além disso, auxilia o alcance da característica qualitativa da comparabilidade.

Princípios da organização da informação nas demonstrações contábeis

1.58 A informação exposta nas demonstrações contábeis, usualmente, é organizada em totais e subtotais numéricos. A sua organização fornece um resumo estruturado de tais parâmetros por meio dos itens das demonstrações que evidenciam a situação patrimonial, o desempenho e os fluxos de caixa.

1.59 Nas demonstrações contábeis, algumas relações podem existir entre:

(a) subconjuntos de montantes expostos ou mudanças nos montantes expostos e o seu impacto nos itens das demonstrações que evidenciam a situação patrimonial, o desempenho e os fluxos de caixa da entidade;

(b) os diferentes montantes expostos em demonstrações contábeis diferentes, os quais refletem o impacto de determinado evento externo comum ou contribuem juntos para a compreensão de aspecto das demonstrações que evidenciam a situação patrimonial, o desempenho e os fluxos de caixa da entidade; e

(c) os montantes expostos e as evidenciações respectivas nas notas explicativas que explicam ou podem, de outra maneira, dar suporte à compreensão dos usuários acerca dos itens expostos.

1.60 A organização da informação nas demonstrações contábeis inclui decisões sobre:

(a) o tipo e o número de demonstrações;

(b) o detalhamento dos totais em subcategorias significativas;

(c) o ordenamento e o agrupamento de itens expostos em cada demonstração;

(d) a identificação de agregados (aditivos ou subtrativos); e

(e) a identificação de outra informação para inclusão na demonstração.

1.61 A informação evidenciada nas notas explicativas às demonstrações contábeis é organizada de modo que as relações com os itens evidenciados nas demonstrações contábeis sejam claras. As notas explicativas são parte integrante das demonstrações contábeis.

Princípios para a organização da informação em outros RCPGs

8.62 A organização da informação em outros RCPGs, assim como para as demonstrações contábeis, busca assegurar que as mensagens-chave que são transmitidas pela informação exposta são compreensíveis. A apresentação que identifica claramente as relações relevantes aprimora a extensão na qual o relatório:

(a) satisfaça os objetivos da elaboração e da divulgação da informação contábil;

(b) alcance as características qualitativas.

1.63 Conectar informações relacionadas auxilia os usuários a encontrar informações importantes. Algumas informações são mais compreensíveis quando organizadas em gráficos, quadros, tabelas, percentuais ou indicadores-chave de desempenho. Outra informação pode ser representada mais efetivamente de forma narrativa. A organização da informação apoia a compreensão por parte dos usuários acerca das conexões entre as informações no mesmo RCPG.

8.64 A organização da informação facilita as comparações ao tornar mais claro quando determinados itens são semelhantes ou não. A comparabilidade intertemporal é facilitada ao se evitar alterações no modo em que a informação é organizada, para a mesma entidade, ano após ano, a menos que tais mudanças aprimorem a relevância e a compreensibilidade. A comparação entre entidades é facilitada quando diferentes entidades que reportam a informação contábil organizam de maneira semelhante a informação que apresentam.

Disposições finais

1A. Esta estrutura conceitual entra em vigor na data de sua publicação, tendo os seus efeitos aplicados a partir de 1º de janeiro de 2017.

2A. Ficam revogados, a partir de 1º de janeiro de 2017:

(a) a Resolução CFC n.º 750/1993, publicada no D.O.U., Seção 1, de 31.12.1993;

(b) a Resolução CFC n.º 1.111/2007, publicada no D.O.U., Seção 1, de 5.12.2007;

(c) a Resolução CFC n.º 1.128/2008, publicada no D.O.U., Seção 1, de 25.11.2008;

(d) a Resolução CFC n.º 1.129/2008, publicada no D.O.U., Seção 1, de 25.11.2008;

(e) a Resolução CFC n.º 1.130/2008, publicada no D.O.U., Seção 1, de 25.11.2008;

(f) a Resolução CFC n.º 1.131/2008, publicada no D.O.U., Seção 1, de 25.11.2008;

(g) a Resolução CFC nº 1.132/2008, publicada no D.O.U., Seção 1, de 25.11.2008;

(h) os arts. 1º, 2º e 3º da Resolução CFC n.º 1.268/2009, publicada no D.O.U., Seção 1, de 21.12.2009;

(i) a Resolução CFC n.º 1.282/2010, publicada no D.O.U., Seção 1, de 2.6.2010;

(j) a Resolução CFC n.º 1.367/2011, publicada no D.O.U., Seção 1, de 29.11.2011;

(k) os arts. 1º e 2º da Resolução CFC n.º 1.437/2013, publicada no D.O.U., Seção 1, de 2.4.2013;

(l) os itens 12(a), 12(b), 12(c), 12(d), 27 e 28 da NBC T 16.6 (R1), publicada no D.O.U., Seção 1, de 31.10.2014.